苏东水 著

# 苏东水文集

复旦大学出版社

苏东水教授

1953年厦门大学毕业留影

**1991年苏东水教授主持东亚-中国沿海经济发展研讨会**

**1993年苏东水教授在泉州主持召开中国国民经济管理研究会年会**

1996年7月,苏东水教授(左二)率中国管理学界代表团出席在法国巴黎召开的第三届世界管理大会,并在会上作"东方管理文化的探索"学术报告

1997年7月,苏东水教授在IFSAM世界管理大会新闻发布会现场

苏东水教授在1997年IFSAM世界管理大会期间接受50多家媒体采访

1997年苏东水教授在上海泉州侨乡开发协会成立十周年大会作报告

1998年7月，苏东水教授率中国代表团出席在西班牙马德里召开的IFSAM第四届世界管理大会

苏东水教授在IFSAM第四届世界管理大会上

1998年苏东水教授与夫人张云珊摄于西班牙马德里

**1998**年东方管理学派创立学术会上,首届东水同学会全体成员合影

1998年10月,苏东水教授出席在越南河内国家大学召开的东亚经营学会第四次国际会议,并作"东方管理与东亚管理模式"学术报告

1999年6月,复旦大学东方管理研究中心成立,苏东水教授为中心主任。复旦大学副校长孙莱祥(左二)、时任青岛市市长王家瑞教授(左四)及复旦大学芮明杰教授等参加了成立大会

1999年11月,出席首届世界华商管理大会暨第二届世界管理论坛的香港华人总会会长古宣辉先生(左一)与大会执行主席苏东水教授(左五)以及其他代表合影。苏东水教授在会上作"弘扬东方管理文化,促进世界经济发展"主题报告

2000年10月在韩国汉阳大学召开的东亚经营学会第五次国际会议期间,苏东水教授(左四)与复旦大学东方管理研究中心出席会议的其他代表合影留念

2001年10月,苏东水教授在第五届世界管理论坛暨东方管理论坛上作"人为为人——回归管理学的真谛"主题报告

2002年12月,苏东水教授所著的《东方管理》在第六届世界管理论坛暨东方管理论坛上举行首发式

2003年11月,苏东水教授在第七届世界管理论坛暨东方管理论坛上作"论东方管理教育"主题报告

2004年12月苏东水教授执教五十年欢聚会现场

苏东水教授执教五十周年发行的首日封

2005年12月召开的第九届世界管理论坛暨东方管理论坛上,苏东水教授作"中国式管理的探索"主题报告

2006年12月在上海国际会议中心举办的第十届世界管理论坛暨东方管理论坛上,苏东水教授作"论东方管理哲学"主题报告

苏东水教授参加政协上海市第九届委员会第一次会议

2007年12月召开的第十一届世界管理论坛暨东方管理论坛上,苏东水教授作"论东学与国学"主题演讲

苏东水教授参加博鳌亚洲论坛2007年年会

2008年7月召开的IFSAM第九届世界管理大会上,苏东水教授作"东西方管理融合创新及其实践——东方管理学三十年的探索"主题报告

2009年10月召开的第十三届世界管理论坛暨东方管理论坛上,苏东水教授作"走向世界的东方管理"主题报告

2011年3月召开的第十五届世界管理论坛暨东方管理论坛上,苏东水教授作"论中国管理科学的发展"主题报告

2013年10月召开的第十七届世界管理论坛暨东方管理论坛上,苏东水教授作"人为为人、成功之道——东方管理人为科学研究"主题报告

2014年10月召开的第十八届世界管理论坛暨东方管理论坛上,苏东水教授作"东方管理研究回顾与展望"主题报告

苏东水教授在执教六十周年欢庆会上致辞

苏东水教授执教六十周年欢庆会上,中共上海市宝山区委书记汪泓代表东水同学会赠送礼品

东水同学会赠予苏东水教授的礼品

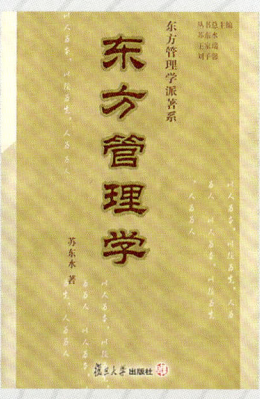 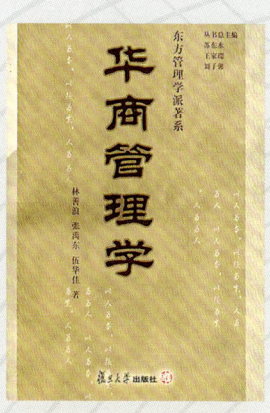 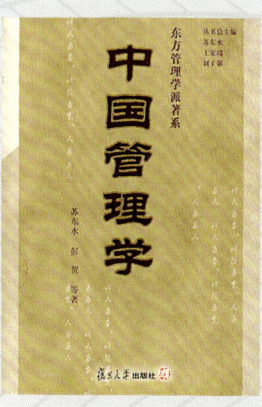  

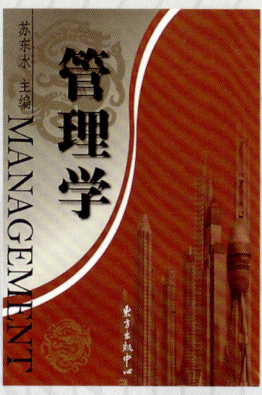 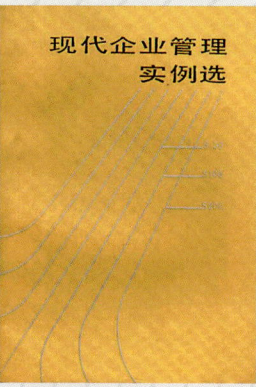 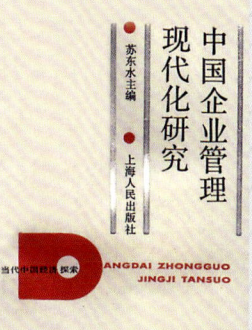 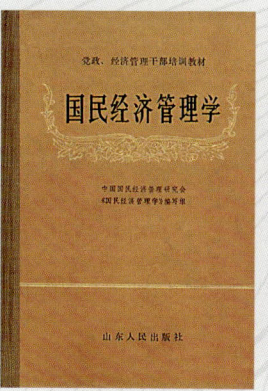 

 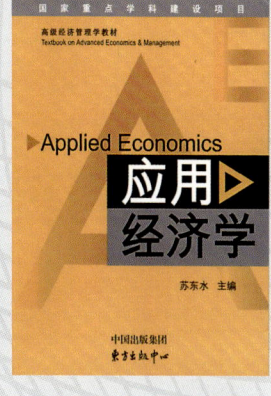 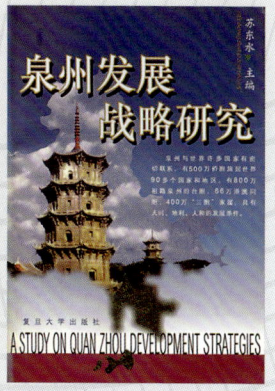 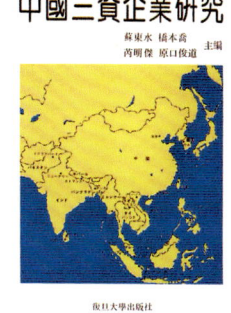 

 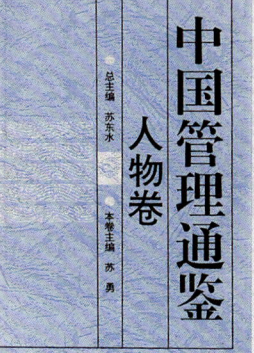  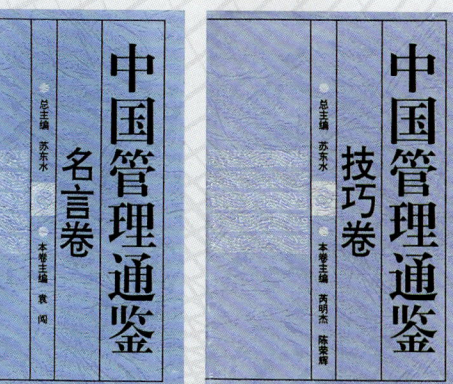

苏东水教授主要著作

 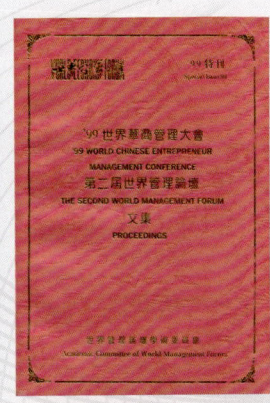   
  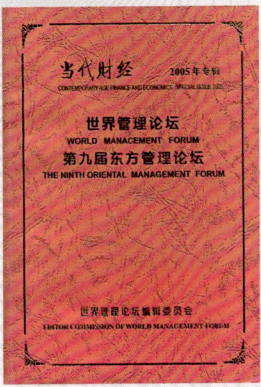  

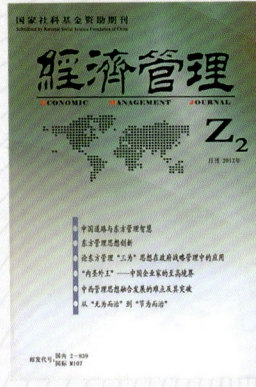   

1998—2015年东方管理论坛论文集

# 学术六十年，育人十百千[1]

苏东水教授出生于一个爱国华侨家庭。父亲苏祖鹤，母亲黄淑绵，平生慈善，义医济世，兴学济众，爱国爱乡，侨望仰敬，教子积德行善，人为为人，对苏教授一生行为有益。苏教授从小爱国爱民，胸怀大志。早期曾积极参加爱国运动。1953年毕业于厦门大学企业管理系。苏教授在校期间勤奋刻苦、博览群书，对《资本论》和文学产生兴趣，为后来的经济与管理知识创新打下了厚实的基础。他从厦门大学毕业后到重工业部任调研员，并曾多次深入工矿企业和农村开展调查研究。自1956年9月起，在上海社会科学院、上海财经大学、复旦大学等单位任教，从事实践、教学、科研工作。苏教授学术研究范围包括哲学、经济学、管理学、心理学和伦理学等。苏教授思维敏捷，博闻强记，德艺双馨，涉猎古今中外，将自己的聪明才智倾注于教书育人和追求学问，成果丰硕，获国际、国家级和省部级的特等奖、一等奖十余项，其余奖项多不胜数，主要著作近百部，两千多万字，在管理学、经济学和心理学等学科领域都做出了杰出的贡献。

## 一、学 术 生 涯

苏东水教授于厦门大学毕业后，1953年9月至1956年9月在重工业部的所属单位从事技术、经济、管理等调查研究工作，为调查研究员、秘书。1953年至1978年发表有关技术、经济管理等文章100余篇。1956年9月起，在上海社会科学院、上海财经大学等单位任教、从事科研工作，参与《中国工业管理》等书及文章的写作。1958年开始调研中国乡村小企业。1972年1月起进入复旦大学工作，先后在复旦大学经济系、经济管理系、经济管理研究所和东方管理研究中心担任系主任、教授、所长和博导，被授予复旦大学"首席教授"称号。

自1976年开始，苏教授就致力于中国特色经济与管理学思想的研究与探索，创造了众多个"第一"。

(1) 最早举办经济管理电视讲座。举办了《国民经济管理》《管理心理学》《经济与管理》《企业管理基础知识》等大型电视讲座，受众逾50万人次。

(2) 最早进行海上丝绸之路起点泉州发展战略的区域经济研究。

(3) 首提"泉州模式"及其五个特点：股份制的经济形式、外向型的市场经济、国际化的经营道路、侨洋式的生产条件、灵活的经济管理，并根据"泉州模式"转型升级发展而提出五个新特点。

---

[1] 本文原是东水同学会芮明杰、任浩、颜世富、王韧等教授编著《苏东水学术思想活动》等文的主要内容，2013年由余自武博士、林善浪教授等整理刊载于钱伟长总主编《20世纪中国知名科学家学术成就概览》（管理学卷），科学出版社2013年版，2014年结合《中国管理学术思想史》（经济管理出版社出版，苏东水、苏宗伟等著）内容作《学术六十年，育人十百千》。

(4) 最早提出发展泉台关系和联系世界华商的五缘理论(亲缘、地缘、文缘、商缘、神缘)。

(5) 出版中国第一部东方管理学著作。

(6) 最早承接国家自然科学基金重点项目"东方管理思想研究""中国企业管理现代化研究"等。

(7) 首提东方管理"以人为本、以德为先、人为为人"的"三为"思想。

(8) 首次承接"中国沿海经济发展战略研究"课题,并提出"以上海为中心,南北两翼齐飞,以沿海地区为轴心,内外市场联动"的沿海经济发展模式战略观点。

(9) 首发《中国企业管理教育丛书》18 部。

(10) 首发《中国乡镇企业家丛书》8 部。

(11) 首发《中国工业企业经营管理学》。

(12) 首发大型中国管理学研究巨著《中国管理通鉴》(四卷)。

(13) 首创东方管理"五字经"——"学(三学)、为(三为)、治(四治)、行(五行)、和(三和)"的完整理论体系。

(14) 首发《东方管理学著系》的"三学、四治、八论"等 15 部著作、《世界管理论坛》(15 部)、《2008 IFSAM 世界管理大会论文集(英文本)》等。

(15) 首发《世界管理论坛》与《东方管理评论》。

(16) 首创一系列管理论坛,创立并连续举办了 15 届世界管理论坛暨东方管理论坛、IFSAM '97世界管理大会、IFSAM 2008 世界管理大会、'99 世界华商管理论坛、东方精英大讲堂等。

(17) 首创一个新学科——东方管理学科,创建东方管理科学研究院。

(18) 国内外首设东方管理学专业博士点与硕士点,开国际管理教育之先河。

(19) 首提"人为为人"这一东西方管理的本质命题。

(20) 首创一个管理学派——东方管理学派,涌现出了一批突出的、大有可为的 300 余人的学术和管理精英。他们活跃于中国经济建设各条战线,长期从事中国经济学与管理学理论与实践研究,成为强大的生力军。

1992 年起苏东水教授被国务院学位委员会聘为经济学学科评议组成员,应用经济学、工商管理学科评议组成员。1982 年,苏东水教授被中国国民经济管理协会推选为会长,国务院研究中心主任马洪为名誉会长,主持编著《国民经济管理概论》教材。中共中央宣传部、组织部和国家计委给予了高度评价,并开会讨论决定把此书作为党政军的学习材料,发行量达 300 万册。1983 年由苏东水教授负责修订,更名为《国民经济管理学》。

组织召开了 IFSAM '97 世界管理大会,来自 30 多个国家和地区的代表 300 余人参会,国内外 50 余家媒体到会采访,《人民日报》的报道称这次会议标志着"东方管理文化在世界叫响"。1999 年 6 月,苏东水教授创立复旦大学东方管理研究中心和国家重点学科管理心理实验室,并担任研究中心主任;1999 年 11 月,苏教授组织召开第二届世界管理论坛暨'99 世界华商管理大会。2004 年 1 月引起广泛关注的 CCTV"世界著名大学"系列专题片"复旦大学"篇,对苏东水教授做了专访,并把东方管理学作为复旦管理学科的杰出代表,对东方管理学给予高度评价;2004 年 7 月参加上海世博会项目评审活动。2004 年 12 月 25—26 日苏东水执教五十周年庆祝大会暨第八届世界管理论坛与东方管理论坛在浦东上海国际会议中心举行。2008 年 7 月,IFSAM 第九届世界管理大会在上海举行,来自 33 个国家近 500 名代表参加了盛会。

苏东水教授著作等身,著书近百部,计两千余万字,在管理学、经济学、心理学等领域都做出了杰出贡献。体现在：对中国式管理理论与实践的贡献；对创立国民经济管理学科理论新体系的贡献；对创立以人为学为基础的管理心理学科理论体系的贡献；对创立应用经济学理论体系和中国沿海区域经济发展理论、乡镇企业经济学、经济监督学等的贡献；对建立现代管理科学体系的贡献，最先发表《试论管理科学的性质与对象》等；对发展我国工业经济和企业管理理论的贡献；对研究间接控制论的贡献；对建立现代企业家理论系统的贡献；对中国企业管理现代化研究的贡献；对创立中国产业经济学学科的贡献等；在复旦大学创建国内外第一个东方管理学博士点、硕士点。苏东水教授先后承担了国家自然科学基金重点项目"沿海地区经济发展战略研究"和"著名跨国公司在华竞争战略""东方管理学思想研究""虚拟研发组织运行机制与治理结构理论与实证研究"等一批国家自然科学基金、国家社会科学基金项目和其他项目；在《中国社会科学》《管理世界》《中国工业经济》等权威刊物先后发表《中国古代行为学说研究》《中国古代经营管理思想——〈孙子〉的经营和领导思想方法》《试论管理科学的对象与性质》《论东方管理哲学》《21 世纪东西方管理融合与发展趋势》《间接控制论研究》《走向世界的东方管理》《中国管理科学的发展》《三论泉州模式》以及《东方管理五缘理论与海西发展》等 300 余篇高水平的学术论文（其中《21 世纪东西方管理融合与发展趋势》2009 年 1 月被《新华文摘》全文转载）。在 IFSAM 历届世界管理大会上，多次以"东方管理文化"为主题发表"弘扬东方管理文化""东方管理走向世界"等报告，在国际管理学界有着广泛影响。出版了《东方管理学》、《产业经济学》（三版）、《管理心理学》（五版 100 余万册）、《应用经济学》、《中国管理通鉴》（四卷）、《国民经济管理学》（发行 300 万册）等有影响力的著作近百部。马洪教授指出："它为我国的经济管理理论填补了一项空白。"教育部在苏教授执教 50 年的贺信中高度评价道："苏东水教授是享有盛名的管理学家、经济学家，他热爱高等教育事业，为我国管理科学的发展和高层次人才培养做出了重要贡献，他潜心钻研，成果丰硕，并积极将自己的研究与我国现代化建设的实际紧密结合，探索出了独具特色的东方管理学派，为中国管理学走向世界做出了重要贡献。"苏教授创立并担任所长的复旦大学经济管理研究所教学科研成果在教育部重点高校 174 个研究机构评估中获得全国高校文科研究机构综合类研究所第一名、经济系研究所第一名和人均培养研究生第一名的"三个第一"。

苏教授是东方管理学派的创始人，是国内研究国民经济管理学、应用经济学、产业经济学、东方管理学、人为科学和管理心理学等学科的主要先行创造者，他提出的"以人为本、以德为先、人为为人"的东方管理学核心思想得到国内外学术界的广泛认同，被誉为中国管理学界的一代宗师。先生一直以弘扬中华优秀传统文化，探索东方管理文化的渊源、应用、体系，建立东方管理模式为己任，为中国管理学走向世界做出了重要贡献。1992 年开始苏东水教授连续 20 年率团参加在日本东京、美国达拉斯、法国巴黎、西班牙马德里和加拿大蒙特利尔、澳大利亚黄金海岸、瑞典哥德堡、德国柏林、中国上海、法国巴黎以及爱尔兰等地举行的 IFSAM 历届世界管理大会，提交了《中国古代管理行为学说》《弘扬中华优秀文化，建立中国特色的管理学体系》《东方管理文化的探索》《东方管理文化的复兴》《面向 21 世纪的东西方管理文化》等论文，颇受与会各国代表关注。同时，被聘为东亚国际经营学会联盟副主席、日本通产省中小企业委员会委员，参加了在日本、韩国、越南、俄罗斯等国家举办的国际会议，发表了"东亚模式"等学术报告。为了扩大东方管理学的影响，从 1997 年起，苏教授作为主席组织举办了十五届世界管理论坛暨东方管理论坛、两届世界华商管理大会，在海内外学术界和企业界引起了巨大反响。

苏东水教授热爱高等教育事业，乐育英才，甘为人梯，在复旦大学首设了东方管理学的硕士点和博士点，通过"传道授业"实现东方管理学派"经世济民"的理想。自执教以来，已培养硕士博士

300余名、博士后50余名。上海市政协副主席、复旦大学原校长王生洪教授称:"苏东水教授作为复旦大学的知名教授,为四化建设培养高层次的急需人才,在教育科学文化各方面都做出了重大贡献。苏东水教授桃李满天下,成就卓越。"《人民日报》等权威媒体也多次对苏教授及其教学科研成就进行了大篇幅的报道。目前,苏东水教授正组织编著宏大的《东方管理学派著系》(经典与案例丛书)十五册。先生素以"路漫漫其修远兮,吾将上下而求索"自勉,至今仍壮心不已,笔耕不辍,继续为中华民族的振兴,为东方管理学派的发展,为建设有中国特色的经济与管理学理论贡献着自己的力量。

## 二、研究领域与学术成就

苏东水教授创建了中国国民经济管理学科新体系、产业经济学新体系、东方管理科学新体系、人为科学新体系、以人为学为基础的管理心理学科理论体系等;在应用经济学、管理科学、企业管理理论等方面有较深的学术造诣;创建东方管理学派。曾多次应邀赴日本、美国、法国、西班牙、加拿大、瑞典等国讲学,率团出席了历届世界管理大会,最先提出"以人为本、以德为先、人为为人"的东方管理"三为"思想;创建上海管理教育学会、复旦大学经济管理研究所、东方管理研究中心;创建复旦大学企业管理、产业经济学和东方管理学的硕士点、博士点;是《中国管理通鉴》总主编,东方管理学派著系"三学""四治""八论"总主编,《世界管理论坛》(15部,2000多万字)总主编,《东方管理》总主编,担任《复旦学报》(社科版)编委。以东方管理学派创始人身份成为唯一入选"中国60年管理20人"的管理学者。苏东水教授在长期的教学、科研生涯中,积累了丰富的学术思想,涉猎哲学、经济学、管理学、心理学和伦理学等。其学术成就与思想主要如下:

### (一)创建东方管理学派

苏东水教授通过三十多年研究,融合古今中外学说,自成学术体系,将东方管理文化的精华概括为"以人为本、以德为先、人为为人"。

中国管理思想源远流长,苏东水自1976年开始发表研究中国古代管理思想的文章,开设《"红楼梦"经济管理思想》讲座。1986年在《文汇报》上发表《现代管理学中的古为今用》一文,引起社会极大反响。同年,在日本参加的现代化国际研讨会上,苏东水专门介绍了中国现代化管理中古为今用的事例,引起与会专家、学者、企业家高度重视。他们提出要共同合作研究,建立"管理的东方学派"。1990年,苏东水在日本东京国际学术交流会上发表《中国古代行为学派研究》的演讲,之后在日本、美国、法国、西班牙等国家召开的历届"世界管理大会"上,发表了《中国工业化道路的环境问题》《弘扬东方管理文化,建立中国特色的管理体系》《东方管理文化的探索》《中华文化与管理科学》《无形资产管理》《东方管理文化的复兴》《21世纪东西方管理融合与发展》《当代中国管理科学》《中国管理模式》《中国东方管理学发展》和《论东方管理哲学》等学术演讲。苏东水历时三年多时间主编的《中国管理通鉴》(四卷,280余万字)1996年出版。该书是中国第一部有关这方面的著作。《中国管理通鉴》在广泛搜集整理经、史、子、集等中国传统文化典籍中的管理思想的基础上,对中国传统管理思想进行了一番精心细致的梳理、提炼,内容涉及儒、墨、道、法、兵、纵横、阴阳、杂、农、技等百家流派、人物、思想;《通鉴》对中国传统管理的理论、实践效应等进行全方位的探索和研究。苏东水将这一理论体系概括为治国学、治家学、治生学和治身学。治国学、治家学、治生学、治身学四大系统及其子系统积累的实践经验与学问形成了东方独特的管理文化,形成了自己的管理传统学科体系。这个传统学科体系就管理哲学思想而论,包含有道、变、人、威、实、和、器、法、信、筹、谋、术、效、勤、圆等十五个要素。苏东水将东方管理的本质概括为"人为为人",在"'97世界管理大会"上所作的"面向21世纪的东西方管理文化"的主题报告,使国内外学术界更重视以中华文化为核心的东方管理文化,国内外有50多家新闻报道了此次大会的盛况,国内一家颇有影响的媒体作出了高度的评价,认为这次盛会标志着"东方管理文化在世界叫响"。

苏东水为继续弘扬中华优秀文化,融合古今中外管理学术,近期在主编东方管理精要(中英对照)、人为科学以及"东方管理学派著系"15部,包括:东方管理学、中国管理学、华商管理学、治国学、治生学、治家学、治身学、人本学、人德学、人为学、人道学、人心学、人缘学、人谋学、人才学等。经过多年研究,最近将出版《东方管理学精要》(中英对照)以及人为科学研究等,形成国际管理学界独树一帜的新学科。

### (二) 创立国民经济管理学科理论体系

苏东水先生自1982年起主持编写的《国民经济管理学》是我国第一部社会主义宏观经济管理专著,他还著有《经济管理导论》《国民经济管理学讲义》《国民经济管理500题》等。他主持编写的《国民经济管理学》受到学术界和国家有关部门的充分肯定和重视。该书主要是通过对国家经济生活的各部门、各组织、各环节、各领域,比较系统全面地论述了国民经济管理的目标、过程、内容、组织、方法和效益,对我国经济管理体制的改革、完善,提高我国经济管理水平,促进国民经济管理学科建立、教学与研究,均具有重大意义。第一,在我国首创了比较完整的、合理的国民经济管理学科理论体系;第二,在理论上有所突破,为建立中国特色的国民经济管理理论开拓了一条新路;第三,把传统与现代的管理科学结合起来;第四,应该如何提高社会效益;第五,在此基础上研究与建立了几个分支新学科,如经济监督学、经济决策学和城市经济学等。苏东水在总结10余年的教学经验及收集多方面意见与建议的基础上,又于1998年主编出版了《中国国民经济管理学》,总结改革开放20年以来的实践经验,形成了理论、主体、过程、行为和国民经济管理学的体系。它研究了作为国民经济管理主体的政府的管理模式、经济政策及领导行为;阐述了国民经济管理过程,如何有效制定发展战略,实施国民经济计划决策、监督调控,运用管理手段、协调平衡、发展经济;探索了国民经济运行中,如何有效地对产业、区域、资源、人力、市场、企业、涉外、国有资产及劳动与分配等经济行为进行管理;最后探讨了社会经济协调发展中的指标系统、发展道路和人的问题。本著作荣获国家、省、部级三个一等奖。

### (三) 创立以人为学为基础的管理心理学科理论体系

苏东水先生所著《管理心理学》已五版发行100余万册,是中国发行量最大的管理心理学著作。他认为,融合东西方论述的管理本质可以概括为"人为为人"。每一个人要注意自身的行为修养,"正人必正己",然后从"为人"的角度出发,来从事、控制和调整自己的行为,创造一种良好的人际关系和激励环境,使人们能够持久地处于激发状态下工作,使能动性得到充分的发挥,"人为"与"为人"二者具有辩证关系,互相联系并且可以转化。对任何管理者或被管理者,都有一个从个人行为逐步向为他人服务转变的过程,即从"人为"向"为人"转变的过程。这一过程体现在家庭、行业、国家一切方面的管理之中,管理者与被管理者越是注重自身行为的素质,其为人即管理的效果就越好。从领导学的角度看,"人为"侧重于"领",通过领导者修炼自我素养而为被领导者作出表率;"为人"侧重于"导",通过关注被领导者的情感、利益和需求来引导他们的行为,使之与领导的行为一致,与组织群体的目标相一致。"人为为人"的要旨是把伦理与管理结合起来,把合乎规范的"领"与合乎情理的"导"结合起来,把领导者的行为与被领导者的行为结合起来,把利己与利他结合,把激励与服务结合,并从中寻求中正、中和、中庸、中行的途径以达成群体目标。苏东水先生指出,要建立中国特色的社会主义经济体制,应该重视研究人的行为、企业本身的行为和国家对企业管理的行为,这是经济起飞发展的三个车轮。基于人为学思想,苏东水在《管理心理学》中对人的个性、人的需要、人的期望、人的挫折、人性管理、激励行为、决策行为、领导行为、组织行为、创造行为、劳动者心理、消费者心理、青年人心理、群体心理、心理测量等内容进行了深入、广泛的研究。本著作获国内外专家、企业家的广泛好评,荣获国家、上海市一等奖。

### (四) 在应用经济学研究领域的贡献

1. 对创立中国沿海区域经济发展理论的贡献

苏东水以马克思区域经济理论为指导,就该领域的理论、战略、区域、对策诸方面进行比较研究,并在日本"东亚地区开发协作国际研讨会"上作了题为《中国经济改革、发展与东亚地区协作关系》的学术报告,受到了与会各国代表的重视与好评。另外,他还主持召开了10余次中外管理模式比较、区域发展研究的国际学术研讨会,并于1991年4月18日在上海主办"东亚-中国沿海经济发展国际研讨会",提出了"以上海为中心,南北两翼齐飞,以沿海地区为轴心,内外市场联动"的中国沿海地区经济发展模式,国内外近10家新闻媒体报道了这一具有重要意义的战略观点。作为沿海地区经济研究的一部分,苏东水组织了对泉州市经济社会各方面的规划,并为泉州市制定了发展战略。他从1982年起通过实地调查研究,1986年发表"泉州经济发展模式",首次提出了股份制的经济形式、外向型的市场体系、侨洋式的生产条件、灵活性的经营管理、国际化的发展道路的观点,从理论与实践上阐述并论证了市场经济发展道路。

2. 对建立中国乡镇企业经济学科的贡献

苏东水对中国乡村小企业的调研始于1958年,并写了《社队工业》。1980年代,他主持了上海市"七五"重点科研项目"中国乡镇企业模式比较研究",并于1986年率先主持了全国性的"乡镇经济模式比较"研讨会,提出了把乡镇建设成"城乡融合的新型区域"的战略目标;他主编的《中国侨乡经济管理学》和《中国乡镇企业家丛书》共八册,几乎涉及了乡镇企业经营管理的所有方面。全国10多家报刊专门作了介绍,是我国最早创立民营企业管理的新学科。

3. 对建立经济监督学科的贡献

1986年出版的《经济监督学》是这方面的代表作。该著作研究了经济监督的对象、历史、概念、分类、目的、职能、过程、作用和体系等,较早提出了这门学科的理论体系和实施框架,是我国首创的新学科。

### (五) 对我国管理科学、企业管理理论的贡献

1. 对建立现代管理科学体系的贡献

1985年,苏东水在《复旦学报》上发表了《试论管理科学的性质与对象》,该论文获上海市哲学社会科学论文奖。他首先以马克思关于管理两重性的理论为指导,在率先挖掘中国历代管理思想宝库的基础上,第一次阐述了管理科学的多功能、多层次、多属性的特点,明确提出管理科学是一个综合性研究生产力、生产关系和上层建筑的科学体系,与自然科学、技术科学具有同等重要地位的论点。实践证明:这一具有开创性的观点,为中国式管理科学体系的建立明确了方向,奠定了坚实的基础。

2. 对发展我国工业经济和企业管理理论的贡献

苏东水教授编写出版了《工业经济管理》《企业经营管理教材丛书》等，系统地论述了企业的计划、生产、组织、销售诸环节，成为我国较早发行的较为完整、系统的生产经营管理人员的实用工具书，对发展我国工业经济和企业管理理论做出了有益的贡献。1982年出版的《工业企业经营管理学》，是我国关于中国管理的第一部著作，获上海市哲学社会科学奖。

3. 对研究间接控制论的贡献

1986年苏东水教授在江泽民同志主持的上海市理论双月会上提出了"间接控制论"等观点，全文被印发上报中央；他提出，建立新型的社会主义经济体制，主要在于增强企业活力、完善市场体系和搞好间接控制这相互关联的三个方面，公开提出了国家对企业的管理由直接控制改为间接控制为主的观点。

4. 对建立现代企业家理论系统的贡献

1987年苏教授主持了上海社科重点科研项目"现代企业家研究"，发出了对敢于在市场充分开拓创新的现代新型企业家的呼唤，并于1989年出版了《现代企业家手册》一书，首次就现代企业家的含义、特征、素质、性格、作风、行为、环境、经营管理及领导艺术作了全面论述，获江西省哲学社会科学一等奖。他组织指导设计的"现代企业家仿真测评"的科研项目被社会评价为"国内领先，具有国际先进水平"。

5. 对中国企业管理现代化研究的贡献

苏东水主持的《中国企业管理现代化研究》是上海市"六五"重点科研项目的成果，1989年由上海人民出版社出版。该书荣获上海市社科特等奖，获得社会广泛好评。该课题取得了如下显著成果：一是在我国首次提出较完整的中国企业管理现代化的体系内容，即思想、组织、人才、方法、手段现代化，并得到国家经委认可，被写入《企业管理现代化纲要》；二是就管理思想、组织、方法、手段、人才现代化开展系统研究，提出中国企业管理的理论及有关新观点；三是在比较国外企业管理现代化过程和经验的前提下，提出了中国企业管理现代化的模式及展望；四是研究现代管理中古为今用、洋为中用的问题；五是苏东水主编的《现代管理学》一书，在《企业管理》杂志连刊《企业管理现代化讲座》。这本专著是我国第一本系统地论述中国企业管理现代化的著作，具有较高学术价值和应用价值，被称为现代管理学派的新著作。

## 三、社会评价与荣誉

苏东水教授学术生涯60年，创立了独具特色的东方管理学派、世界管理论坛、东方管理论坛、华商管理论坛、东方精英大讲堂、泉州模式等，主要成就有《东方管理文库（世界管理论坛）》18卷、《中国管理通鉴》4卷、东水研究著系68册。先后独著、合著和主编并出版了近百部著作，10次荣获优秀著作特等奖、一等奖；发表论文300多篇；在中国权威报刊《人民日报》全文发表《伟大时代新学说——东方管理科学的兴起》《东方管理文化的复兴》等有影响的文章，为中华民族在国际管理学界独创了独树一帜之学派。苏东水教授先后获得国家级和省部级一等、特等奖12项，主要有：

《工业企业经营管理学》，1986年获上海市哲学社科著作奖；

《论管理科学性质与对象》，1986年获上海市哲学社科论文奖；

《国民经济管理学》（300多万册），1988年获国家教委高校优秀教材一等奖、全国优秀图书一等奖、上海市社科优秀著作一等奖；

《工业经济管理》,1989年获中国经济体制改革委员会优秀教材、上海市社科著作奖;

《现代企业家研究》,1989年获江西哲学社会科学优秀著作一等奖;

《中国沿海经济研究》,获日本赤羽学术奖一等奖,1992年;

《中国企业管理现代化研究》,1993年获上海市哲学社科著作特等奖;

《管理心理学》(复旦大学出版社,发行150余万册),获上海市哲学社科著作一等奖;

《中国管理研究》,1998年获上海市人民政府教学成果二等奖;

《中国管理通鉴》,荣获教育部第二届人文科学研究成果奖,1998年获上海市哲学社科一等奖、上海汽车工业教育基金一等奖、上海汽车工业教育基金十年重大成果奖;

《产业经济学》,高等教育出版社,2000年、2002年、2010年版,教育部确定为面向21世纪重点教材项目;

"东方管理学思想研究",2002年,国家自然科学基金项目总评优等;

《东方管理》,山西人民出版社,2003年版,是东方管理学派的名著,被誉为"红色风暴";

《东方管理学》,复旦大学出版社,2005年版,国家"十一五"重点规划项目;

《中国管理学》,复旦大学出版社,2006年版,国家"十一五"重点规划项目;

《华商管理学》,复旦大学出版社,2006年版,国家"十一五"重点规划项目。

苏东水教授2013年被教育部评为20世纪中国知名科学家,编入《20世纪中国知名科学家学术成就概览(管理学卷)》(总主编钱伟长,科学出版社,2013年第一版),复旦大学管理学院获此殊荣的仅二人。

2014年复旦"985工程"项目、苏东水、苏宗伟等著《中国管理学术思想史》(经济管理出版社),荣获中国管理科学奖。

## 四、苏东水教授主要著作与成果

[1] 苏东水:《东方管理学》,复旦大学出版社2005年版;

[2] 苏东水:《管理心理学》(第五版),复旦大学出版社2013年版;

[3] 苏东水、彭贺:《中国管理学》,复旦大学出版社2006年版;

[4] 苏东水:《产业经济学》(三版),高等教育出版社2010年版;

[5] 苏东水:《应用经济学》,东方出版中心2005年版;

[6] 苏东水:《管理学——东方管理学派的探索》,东方出版中心2003年版;

[7] 苏东水:《东方管理》,山西经济出版社2003年版;

[8] 苏东水:《管理学》,东方出版中心2001年版;

[9] 苏东水:《泉州发展战略研究》,复旦大学出版社1999年版;

[10] 苏东水:《中国三资企业研究》,复旦大学出版社1997年版;

[11] 苏东水:《企业现代管理学——原理·方法·应用》,山东人民出版社1987年版;

[12] 苏东水:《中国沿海经济研究》,复旦大学出版社1993年版;

[13] 苏东水:《中国乡镇企业管理学》,山东人民出版社1990年版;

[14] 苏东水:《经济监督学》,山东人民出版社1986年版;

[15] 苏东水:《现代企业家手册》,江西人民出版社1989年版;

[16] 苏东水:《中国乡镇企业家丛书》,浙江人民出版社1989年版;

[17] 苏东水:《中国乡镇经济管理学》,山东人民出版社 1988 年版;
[18] 苏东水:《中国国民经济管理学》,山东人民出版社 1998 年版;
[19] 苏东水:《中国管理通鉴》(四卷),浙江人民出版社 1996 年版;
[20] 苏东水:《中国企业管理现代化研究》,复旦大学出版社 1989 年版;
[21] 苏东水:《企业领导学》,浙江人民出版社 1988 年版;
[22] 苏东水:《乡镇经济学》,浙江人民出版社 1989 年版。

# 东方管理学创建发展大事记

1. 1976—1979年,苏东水教授首开"《红楼梦》管理思想研究"课程,为复旦大学工农兵学员及78届工业经济本科同学主讲,介绍东西方管理理论思想方法。

   从1980年起,苏东水教授为复旦大学企业管理研究班、高校师资班、经济管理专业本科生、硕士研究生等讲授融合东西方管理精华的"行为科学""管理心理学",为创建"东方管理学"打下基础。

2. 1984年,苏东水教授在日本东京现代化国际研讨会发表"中国古代行为学说研究"的主题报告。

3. 1985年,苏东水教授在《复旦学报》发表《试论管理科学的性质与对象》。

4. 1985年5月,苏东水教授在《管理世界》发表《中国古代经营管理思想——孙子的经营领导思想方法》。

5. 1986年7月1日,苏东水教授在文汇报发表《现代管理学的古为今用》,首次提出"以人为本、以德为先、人为为人"的东方管理理论的精髓和理念,在社会上引起广泛反响。

6. 1993年发表《中国管理哲学理论与实践几个问题的探讨》,为东方管理"十五哲学要素"打下基础。

7. 1994年8月,苏东水教授在美国达拉斯第二届世界管理大会上发表"弘扬东方管理文化,建立有中国特色的管理体系"主题报告。

8. 1992—1995年,组织全国有关专家70多名,通力合作研究,主编出版中国第一套《中国管理通鉴》,包括东方管理三千年的人物、要著、技巧、名言的四部著作,共200多万字,为创建东方管理古为今用打下基础,被评为上海市哲学社会科学著作一等奖。

9. 1996年8月,苏东水教授在法国巴黎举办的第三届世界管理大会上发表"东方管理文化的探索"主题报告,系统提出了东方管理学的"四治"体系和"三为"本质。

10. 1997年7月15日在上海举办世界管理协会联盟'97大会,苏东水教授作"面向21世纪的东方管理文化"的主题报告,完整提出东方管理"以人为本、以德为先、人为为人"的理念,与30多个国家和地区的代表研讨;国内外50多家媒体广泛报道,认为东方管理在世界叫响。

11. 1998年7月,苏东水教授在西班牙马德里第四届世界管理大会上发表"东方管理文化的伟大复兴"主题报告。

12. 1998年10月25日,举办第一届世界管理论坛暨东方管理论坛,同时举行了东方管理学派成立大会,来自复旦、清华、社科院等200多名管理学界知名人士参加了学派的成立,并成为学派的成员。

13. 1999年6月在复旦大学成立全国首个东方管理研究中心,复旦大学副校长孙莱祥、时任青岛市市长王家瑞教授、复旦大学芮明杰教授等参加成立大会,推选苏东水教授为中心主任;此后在上海交通大学、上海外国语大学、河海大学等全国高校先后成立了20多个研究中心、研究院等东方管理学教学、科研基地;东亚管理学院、上海外国语大学、上海工程技术大学还先后为本科、专科生开设了东方管理学课程。

14. 1999年11月27日,召开第二届世界管理论坛暨东方管理论坛,并举办首届世界华商管理大会,苏东水教授作"弘扬东方管理文化,促进世界经济发展"主题发言。

15. 2000年4月20日,召开第三届世界管理论坛暨东方管理论坛,主题:"东方管理文化与当代经济发展"。苏东水教授作"东方管理文化在新世纪的使命"主题发言。

16. 2000年7月,苏东水教授在加拿大蒙特利尔举办的第五届世界管理大会上作"走向21世纪的东方管理"主题报告。

17. 2001年10月26日,召开第五届世界管理论坛暨东方管理论坛,主题:"东方管理文化的创新与发展"。苏东水教授作"人为为人——回归管理学的真谛"主题发言。

18. 2002年7月,苏东水教授在澳大利亚黄金海岸举办的第六届世界管理大会发表"论东西方管理融合与创新"的论文。

19. 2002年11月,苏东水教授主持完成的国家自然科学基金项目"东方管理学思想研究",被国家自然科学基金管理科学部评为优秀绩效项目。

20. 2002年12月26日,在复旦大学召开第六届世界管理论坛暨东方管理论坛,主题:"东方管理与产业发展",苏东水教授作"伟大时代的新学说——东方管理学思想的兴起"主题报告。

21. 2003年2月10日,《人民日报》全文发表苏东水教授"伟大时代的新学说——东方管理学思想的兴起"与王家瑞教授"弘扬东方管理、促进世界文明"两个主题报告。

22. 2003年11月19日,在上海交通大学召开第七届世界管理论坛暨东方管理论坛,主题:"东方管理科学的创新与发展"。苏东水教授作"论东方管理教育"主题发言。

23. 2003年,复旦大学在全国率先设立东方管理学专业博士点、硕士点,由苏东水教授、王家瑞教授、苏勇教授担任博士生导师。

24. 2004年7月,苏东水教授在瑞典哥德堡举办的第七届世界管理大会上作"论东方管理教育"的主题报告。

25. 2004年12月26日,在上海国际会议中心召开第八届世界管理论坛暨东方管理论坛,主题:"东方管理、中国管理、华商管理——苏东水教授从教50周年欢聚会"。苏东水教授作"东方管理文化的发展与运用"主题发言。

26. 2005年在上海图书馆首次开创"东方精英大讲堂",至今为止已举办了六次学术论坛活动,来自学界、商界、政界的各界精英人士参加了论坛,并编辑出版了《东方精英大讲堂》(苏宗伟教授主编)。

27. 2005年9月,出版《东方管理学》,该专著是系统阐述东方管理学派理论与实践的原创性著作,以"三学"(中国管理学、西方管理学、华商管理学)、"四治"(治国学、治生学、治家学、治身学)、"五行"(人道行为、人心行为、人缘行为、人谋行为、人才行为)为主线,全面阐述了东方管理学的"学、为、治、行、和"完整理论体系。

28. 2005年,复旦大学开始招收东方管理学博士,至今已培养32名东方管理学博士,其中由苏东水教授指导23名(王家瑞教授联合指导10名),苏勇教授指导9名。

29. 2005年12月17日,在复旦大学召开第九届世界管理论坛暨东方管理论坛,主题:"东方管理与和谐社会"。苏东水教授作"中国式管理的探索"主题发言。

30. 2006年9月,苏东水教授在德国柏林举办的第八届世界管理大会上作"中国式管理的探索"主题报告。

31. 2006年,《环球时报》2006年8月11日"热门话题"报道:"中国管理学"成为德国各大学竞相开设的"新奇"专业之一。

32. 2006年12月9日,召开第十届世界管理论坛暨东方管理论坛,主题:"全球化背景下的东西方管理——上海管理教育学会创立25周年大会"。苏东水教授作"论东方管理哲学"主题发言。

33. 2007年12月8日,在北京大学召开第十一届世界管理论坛暨东方管理论坛,主题:"东方管理思想与中国管理创新"。苏东水教授作"论东学与国学"主题发言。

34. 2008年7月,在复旦大学举办第九届世界管理大会,主题:"东西方管理融合与发展"。苏东水教授作"当代中国的管理科学——东西方管理融合与发展"主题发言。

35. 2009年3—5月,中欧商业评论与网易联合举办"中国60年管理20人"评选,投票结果苏东水教授及东方管理学成为唯一入选的"学者管理思想"。

36. 2009年10月,在河海大学召开第十三届世界管理论坛暨东方管理论坛,苏东水教授作"走向世界的东方管理"主题报告。

37. 2010年7月,在法国巴黎举办第十届世界管理大会,大会专设"东方管理论坛",中国代表团共17人参加了大会并发言。

38. 2011年3月26日,在泉州华侨大学召开第十五届世界管理论坛暨东方管理论坛,主题:"东方管理、华商管理与中国软实力"。苏东水教授作"论中国管理科学的发展"主题发言。同时与泉州市人民政府联合举办"泉州模式"发展25周年专题研讨会。

39. 2011年5月,以"中国管理模式研究——东方管理思想的创新"为题成功申请复旦大学"985工程"社会科学研究项目,目前该项目正在按计划进行。

40. 2011年12月,在上海工程技术大学成功举办了第一届"东方管理大学生论坛"。

41. 2012年3月,成功与新加坡世界科技出版社合作,计划出版《东方管理学精要》(中英双语版)及《东方管理学教程》(英文版)两部专著。

42. 2012年12月15日,在上海工程技术大学召开第十六届世界管理论坛暨东方管理论坛,主题:"东方管理3 000年、30年和未来——中国管理模式创新研究"。苏东水教授作"未来中国管理模式的思考与展望"主题报告。

43. 2013年10月19日,在复旦大学召开第十七届世界管理论坛暨东方管理论坛,主题:"人与人、社会(组织)、自然的和谐发展——中国管理模式的融合创新"。苏东水教授作"构建东方人为科学体系"主题报告。

44. 2014年10月18日,在复旦大学召开第十八届世界管理论坛暨东方管理论坛,主题:"东方管理理论与实践——过去·现在·未来"。苏东水教授作"东方管理学的缘起与未来"主题报告。

45. 2014年12月14日,中国东方管理学者协会联盟成立,来自复旦大学、上海交通大学、上海外国语大学、河海大学、上海工程技术大学、江西财经大学、西安交通大学、华侨大学等院校东方管理研究机构的负责人参加了成立仪式。

46. 2015年12月5日,在东华大学召开第十九届世界管理论坛暨东方管理论坛,主题:"新常态·新思维·新实践"。苏东水教授作"新常态与东方管理创新发展"主题报告。从1997年创立东方管理论坛以来,已成功举办了19届,约1万人次参加大会,出版东方管理文库论文集19卷,收集论文 1 800 多篇,共计约 1 000 万字。

47. 1997 年至今东方管理学派著系已出版了《东方管理学》《中国管理学》《华商管理学》等著作,还将陆续出版《治国学》《治生学》《治家学》《治身学》等著作。

回顾东方管理学 30 多年的研究与发展,成就主要集中体现在:创立了一个新学派;创建了一个新体系;创设了一系列论坛;创立了一个新学科;培养了一批优秀的东方管理精英。

# 目 录

## 第一卷 管理篇

企业经营管理学的对象和方法(1979) ... 3
大力提高企业经营决策水平(1979) ... 6
企业行为科学及其应用(1979) ... 23
管理二重性和管理学的性质(1979) ... 68
计划管理是企业管理的重要组成部分(1979) ... 73
企业需求预测的程序与方法(1979) ... 82
促进企业管理的现代化(1979) ... 87
企业管理现代化的指导思想和内容(1984) ... 96
现代管理思想的历史发展(1984) ... 101
关于管理思想古为今用的几个问题(1984) ... 109
我国企业管理组织的现代化问题探讨(1985) ... 111
实行企业经济责任制(1985) ... 116
试论管理科学的研究任务(1985) ... 121
中国古代经营管理思想——《孙子》的经营和领导思想方法(1985) ... 124
关于中国古代行为学思想的探索(1985) ... 139
管理二重性与古代管理思想研究(1985) ... 142
现代管理的方法和手段(1985) ... 145
大力推进企业管理现代化(1985) ... 151
大力提高企业经营决策水平(1985) ... 157
管理心理学主要研究对象是"人"(1986) ... 161
管理心理学的研究对象和研究内容(1986) ... 162
企业联合与工业公司(1986) ... 165
企业领导者的功能测评(1986) ... 167
企业公共关系的研究(1989) ... 176
企业形象的评价探析(1989) ... 191
乡镇企业家的期望研究(1989) ... 195
现代企业家的特征辨析(1989) ... 201

中国企业管理现代化的战略目标和进程(1989) ………………………………………………… 205
管理心理学和人为学的关系(1992) …………………………………………………………… 211
弘扬东方管理文化,建立中国管理体系(1992) ……………………………………………… 213
中国管理哲学若干问题探讨(1993) …………………………………………………………… 217
东方管理文化的探索(1996) …………………………………………………………………… 222
论无形资产的管理(1996) ……………………………………………………………………… 229
东西方管理文化的比较研究(1996) …………………………………………………………… 235
《中国管理通鉴》的编纂意义(1996) …………………………………………………………… 243
世纪之交的管理文化变革(1997) ……………………………………………………………… 246
管理行为之本质(1998) ………………………………………………………………………… 250
管理的全球视野——21世纪企业管理发展趋势(1999) …………………………………… 251
东方管理文化的精髓(1999) …………………………………………………………………… 254
把握历史机遇,复兴东方管理文化(1999) …………………………………………………… 256
战略管理与中国企业(1999) …………………………………………………………………… 258
东方管理的现实基础(1999) …………………………………………………………………… 263
人为为人与无为而治(1999) …………………………………………………………………… 266
迎接21世纪世界管理新主流——复兴东方管理文化(1999) ……………………………… 269
管理的挑战(2000) ……………………………………………………………………………… 271
网络社会的东方管理——韩国管理文化的历史演进与发展趋势(2000) ………………… 273
新经济时代东方管理理论的创新与发展(2000) ……………………………………………… 280
21世纪世界管理的发展趋势(2000) …………………………………………………………… 285
管理学的世纪回归(2001) ……………………………………………………………………… 296
东方管理学研究的宗旨和现实意义(2001) …………………………………………………… 308
推进经济管理人才的培养方式创新(2001) …………………………………………………… 312
东方管理文化与华商的成功实践(2002) ……………………………………………………… 316
东方管理研究的出发点(2002) ………………………………………………………………… 321
弘扬东方管理文化,发展现代管理学科(2002) ……………………………………………… 323
在融合与创新中复兴东方管理思想(2002) …………………………………………………… 328
诚信:民企核心竞争力(2002) ………………………………………………………………… 335
诚信之道与诚信社会(2003) …………………………………………………………………… 336
以人为本与东方管理文化(2003) ……………………………………………………………… 340
东方管理文化的发展与应用(2004) …………………………………………………………… 342
"人为为人"与东方管理思想(2004) …………………………………………………………… 347
东方管理学精要(2005) ………………………………………………………………………… 348
东方管理的核心命题(2005) …………………………………………………………………… 349
全球化背景下东方管理思想的应用(2005) …………………………………………………… 357
闽台文化融合与发展(2005) …………………………………………………………………… 362
创建中国管理学新体系(2006) ………………………………………………………………… 368
和谐社会建设与东方管理理论应用(2006) …………………………………………………… 370

| 构建和谐社会重在新"三观"(2006) | 374 |
| 上海管理教育学会的过去、现在和未来(2006) | 375 |
| "东学"五字经(2007) | 380 |
| 中国管理的本质(2007) | 384 |
| 东西方管理融合的必然性(2008) | 385 |
| 中国"东学"三十年的探索(2008) | 389 |
| 东方管理文化的当代价值和实践典范(2008) | 398 |
| 二十一世纪东西方管理融合与发展趋势(2008) | 401 |
| 论东方管理的人道哲学(2010) | 407 |
| 论中国管理科学的发展(2011) | 413 |
| 《论持久战》与人本管理(2011) | 419 |
| 管理创新的魅力(2011) | 425 |
| 神经行为学与东方管理思想相吻合(2011) | 427 |
| 东方商道的普世价值(2011) | 429 |
| 东方管理思想创新——未来中国管理模式的思考与展望(2012) | 431 |
| 《管理心理学》第五版序言(2013) | 436 |
| 理论创新和东方管理学的体系结构(2014) | 437 |

## 第二卷　经济篇

| 从《红楼梦》看"康雍乾盛世"经济特征(1976) | 441 |
| 经济管理学的内容体系(1978) | 444 |
| 加强经济监督工作(1978) | 447 |
| 经济监督的特点和过程(1978) | 461 |
| 我国工业的形成和发展(1982) | 479 |
| 我国工业生产资料所有制结构及其发展(1982) | 489 |
| 国民经济管理学的研究对象和体系(1982) | 497 |
| 国民经济管理学的研究重点(1982) | 503 |
| 中国国民经济管理的转型特征(1982) | 509 |
| 国民经济管理的性质和任务(1982) | 514 |
| 关于间接控制的若干问题(1986) | 523 |
| 试论"泉州模式"的经济特点及其意义(1987) | 529 |
| 中国国民经济管理学研究(1988) | 535 |
| 中国企业管理现代化研究(1989) | 536 |
| 中国沿海经济发展战略研究(1990) | 537 |
| 中国乡镇经济的发展历史(1990) | 538 |
| 让开放度与经济成长水平相协调(1991) | 543 |
| 中国沿海经济发展的战略布局(1991) | 545 |
| 中国沿海经济发展的历史(1991) | 551 |

中国沿海经济发展的理论基础(1993) …… 563
中国沿海经济发展战略的总体构想(1993) …… 575
中国沿海地区经济发展的思路和重点(1993) …… 578
中国沿海地区产业发展政策研究(1993) …… 583
长江三角洲经济发展构想(1993) …… 595
闽粤区域经济发展构想(1993) …… 606
中国经济改革、发展与东亚的合作(1993) …… 617
东亚经济发展走势(1995) …… 619
经济增长的重要因素(1995) …… 622
应重视虹桥涉外贸易中心开发的质量(1996) …… 623
对著名跨国公司在华经营战略的思考(1997) …… 624
《满江红》——泉州十年巨变感怀(1997) …… 630
经济发展与中小企业(1998) …… 632
《泉州发展战略研究》序言(1999) …… 634
"泉州模式"的提出及其影响(1999) …… 635
泉州发展方略(1999) …… 637
发挥"五缘"特殊优势创建台商贸易加工区(1999) …… 648
关于开发泉州湾经济圈的建议(1999) …… 657
国内外产业结构变动研究(1999) …… 669
努力促进我国中小企业的快速发展(1999) …… 677
建立中国特色的产业经济学(2000) …… 681
加入WTO对中国汽车产业的影响(2000) …… 709
论上海科技在西部大开发中的作用与策略(2000) …… 717
关于大泉州两江沿海发展的一些建议(2001) …… 722
世界经济"寒流"中的中国经济(2001) …… 725
我国商业银行竞争力提升的系统研究(2001) …… 729
尊敬在很大程度上等于诚信——"2001年中国最受尊敬企业"评委苏东水专访(2001) …… 733
泉州申请世界遗产的建议及泉州市政府的回复(2002) …… 735
"东亚模式"的再思考(2004) …… 743
由"爱拼"到"会拼"(2004) …… 749
发展闽商新优势(2005) …… 751
高新技术需要理论创新与现实突破(2005) …… 753
基于东方管理"人为学"的产业经济学体系(2005) …… 755
建立有中国特色的应用经济学(2005) …… 758
应用经济学的研究对象和体系(2005) …… 762
提升泉州鞋业集群竞争力——兼谈晋江如何做大鞋业产业经济组团(2005) …… 773
升级制造业(2005)——中国创造系列观察之二 …… 779
再论"泉州模式"(2006) …… 781
解读"泉州模式"(2006) …… 789

再解读"泉州模式"(2006) ····· 790
创新·发展·构建·和谐——关于泉州发展的几点建议(2006) ····· 798
发挥泉州新优势(2006) ····· 801
文化理念推动泉州经济发展(2006) ····· 804
发挥"五缘"优势,促进海峡两岸合作交流(2006) ····· 806
海峡经济圈的战略构想(2006) ····· 809
海峡西岸经济区是海峡经济圈的过渡阶段(2006) ····· 815
打造文化时尚之都,晋江有优势(2006) ····· 818
泉州是海上丝绸之路的起点(2007) ····· 819
全球化背景下的组织发展(2009) ····· 820
解析企业家人力资本收益权(2009) ····· 822
企业家人力资本约束:自我、制度和市场(2009) ····· 827
战略性新兴产业集群与第三类金融中心的协同演进机理(2010) ····· 831
三论"泉州模式"(2011) ····· 839
"泉州模式"的启示(2011) ····· 841
"泉州模式"与二次创业(2012) ····· 844
民企要走国际化道路(2012) ····· 846
弘扬东亚文化,做强区域经济(2013) ····· 847
泉州未来可以瞄准五大市场(2013) ····· 849

## 第三卷 综合篇

**一、在世界管理论坛暨东方管理论坛的发言稿和相关文献** ····· 853
引言 ····· 855
1. '97世界管理大会暨首届世界管理论坛(1997) ····· 857
2. 第一届世界管理论坛暨东方管理学派创立学术研讨会(1998) ····· 865
3. 第二届世界华商管理大会暨世界管理论坛(1999) ····· 873
4. 第三届世界管理论坛暨东方管理论坛(2000.4) ····· 877
5. 第四届世界管理论坛暨东方管理论坛(2000.12) ····· 882
6. 第五届世界管理论坛暨东方管理论坛(2001) ····· 891
7. 第六届世界管理论坛暨东方管理论坛(2002) ····· 900
8. 第七届世界管理论坛暨东方管理论坛(2003) ····· 916
9. 第八届世界管理论坛暨东方管理论坛(2004) ····· 923
10. 第九届世界管理论坛暨东方管理论坛(2005) ····· 932
11. 第十届世界管理论坛暨东方管理论坛(2006) ····· 942
12. 第十一届世界管理论坛暨东方管理论坛(2007) ····· 950
13. 第十二届世界管理论坛暨东方管理论坛(2008) ····· 963
14. 第十三届世界管理论坛暨东方管理论坛(2009) ····· 966
15. 第十四届世界管理论坛暨东方管理论坛(2010) ····· 979

16. 第十五届世界管理论坛暨东方管理论坛(2011) ……………………………………………… 986
17. 第十六届世界管理论坛暨东方管理论坛(2012) ……………………………………………… 994
18. 第十七届世界管理论坛暨东方管理论坛(2013) ……………………………………………… 1011
19. 第十八届世界管理论坛暨东方管理论坛(2014) ……………………………………………… 1026

## 二、在 IFSAM 世界管理大会上的发言稿和相关文献 …………………………………………… 1039

引言 ……………………………………………………………………………………………… 1041
1. 1992 年 IFSAM 第一届世界管理大会(东京) ……………………………………………… 1043
2. 1994 年 IFSAM 第二届世界管理大会(达拉斯) …………………………………………… 1047
3. 1997 年 IFSAM 世界管理大会(上海) ……………………………………………………… 1048
4. 1998 年 IFSAM 第四届世界管理大会(马德里) …………………………………………… 1056
5. 2000 年 IFSAM 第五届世界管理大会(蒙特利尔) ………………………………………… 1064
6. 2006 年 IFSAM 第八届世界管理大会(柏林) ……………………………………………… 1073
7. 2008 年 IFSAM 第九届世界管理大会(上海) ……………………………………………… 1082
8. 2010 年 IFSAM 第十届世界管理论坛(巴黎) ……………………………………………… 1086

## 三、在其他国内外学术会议上发言稿和相关文献 ………………………………………………… 1095

1. 中国国民经济管理学研究会第一次年会纪要(1983) ……………………………………… 1097
2. 中国国民经济管理研究会的第二次年会报告(1985) ……………………………………… 1099
3. 东亚经营学会第五次国际会议观点综述(2000) …………………………………………… 1103
4. 在第二届经纪人国际论坛上的发言(2004) ………………………………………………… 1107
5. 东方管理学学科建设研讨会(2006) ………………………………………………………… 1110
6. 在中国·福建非公有制经济发展论坛上的发言(2005) …………………………………… 1123
7. 在苏州独墅湖高教区"湖畔论坛"上的演讲(2006) ………………………………………… 1129
8. 在中国第二届海峡旅游论坛上的主旨发言(2006) ………………………………………… 1140
9. 在复旦管理学国际论坛上的发言(2007) …………………………………………………… 1144
10. 上海泉州侨乡开发协会成立 20 周年庆典致辞(2007) …………………………………… 1147
11. 东方管理思想的创新与运用——在第十届中国 MBA 发展论坛上发言(2009) ………… 1149
12. "五缘"理论与海西发展——在海峡西岸经济区发展高级研讨会发言(2010) ………… 1152
13. 金融服务领域中的东方管理思想——在首届瑞特经济论坛上的发言(2010) ………… 1156
14. 秉承协会宗旨,为沪泉经济建设服务——在上海泉州侨乡开发协会创会 25 年
    暨第六次会员代表大会上的报告(2012) ………………………………………………… 1160
15. "泉州模式"的转型发展——提交"福建省民营经济发展论坛"的论文(2013) ………… 1165

## 四、社会各界对苏东水创建东方管理学派的评论和报道 ………………………………………… 1173

## 五、执教五十周年纪念活动 ………………………………………………………………………… 1289

(一)贺信贺电 ………………………………………………………………………………… 1291
  陈至立贺信 ………………………………………………………………………………… 1291
  教育部办公厅贺信 ………………………………………………………………………… 1292
  中共上海市科技教育工作委员会、上海市教育委员会贺信 ………………………… 1293
  浙江大学经济学院贺信 …………………………………………………………………… 1294
  福州大学管理学院贺信 …………………………………………………………………… 1295

福建师范大学经济学院贺电 …… 1296
上海政协之友社贺信 …… 1297
厦门大学上海校友会贺信 …… 1298
全国政协常委、全国工商联副主席施子清贺信 …… 1299
泉州市人大常委会主任薛祖亮贺电 …… 1300
著名经济学家乌家培贺信 …… 1301
南京大学商学院院长赵曙明贺信 …… 1302
学生朱明、曾华彬、何国栋、陈敬聪、王金定、王明权、陈麦陆贺电 …… 1303
学生爱新觉罗·德甄贺信 …… 1304

(二) 嘉宾贺词 …… 1305
　　中共中央对外联络部部长王家瑞贺词 …… 1305
　　复旦大学党委书记秦绍德贺词 …… 1307
　　复旦大学教授、中国科学院院士李大潜贺词 …… 1308
　　上海市教育党委书记李宣海贺词 …… 1309

(三) 好友祝词 …… 1310
　　原泉州市委书记、福建省慈善总会会长张明俊祝词 …… 1310
　　原全国政协常委、港澳台侨委员会副主任何添发贺词 …… 1312
　　上海市教委原党委副书记、上海市人大常委会华侨民族宗教委员会主任
　　　委员胡绿漪贺词 …… 1313
　　黄家顺：东水——东方巨人 …… 1315
　　廖泉文：乡情、校情、友情——我所认识的苏教授 …… 1317
　　甘当善：三角梅浮想 …… 1319

(四) 学子心声 …… 1321
　　颜世富：苏东水教授的治学与为人 …… 1321
　　朱永新：我眼中的苏老师 …… 1331
　　芮明杰：感恩 …… 1333
　　苏勇：仁者、智者、勇者 …… 1334
　　吴照云：喜贺苏东水先生执教50春秋 …… 1335
　　王方华：难忘师恩，涌泉相报 …… 1337
　　陈靖：世纪耕耘，一面旗帜 …… 1339
　　游宪生：严师与慈父，金子般人格 …… 1340
　　李仁发：祝贺苏东水先生执教五十周年 …… 1342
　　张阳：大音希声，大象无形 …… 1345
　　何志毅：苏东水教授与IFSAM …… 1347
　　邰展：中西毕贯　德艺双馨 …… 1348
　　李毅强：一代宗师 …… 1350
　　夏鲁青：东方之树礼赞 …… 1352
　　陈青洲：与苏东水先生在一起 …… 1353
　　王龙宝：从那时起，我们成为苏老师的学生 …… 1354

赵晓康：桃李不言　下自成蹊——为庆贺苏东水教授从教五十周年而作 …………… 1355
林善浪：大师风范，人生楷模 …………………………………………………………… 1357
罗进：苏老师的"为女者之三种境界" ………………………………………………… 1360
胡月星：感谢我的导师 …………………………………………………………………… 1362
邱杨：心声 ………………………………………………………………………………… 1364
郭英之：有感于苏东水先生的东方管理学思想 ……………………………………… 1365
谈义良：感悟东方智慧 …………………………………………………………………… 1369
楼屹：导师苏东水先生——我为你自豪和骄傲 ……………………………………… 1371

（五）苏东水教授致答谢词 …………………………………………………………………… 1372
　　　感谢信 ………………………………………………………………………………… 1373

（六）媒体报道 ………………………………………………………………………………… 1374
《人民日报》：东方之水源源来——写在复旦大学教授苏东水从教50年之际 ……… 1374
《文汇报》：苏东水教授执教50周年，陈至立表示祝贺 ……………………………… 1376
《解放日报》：苏东水教授执教50年，陈至立祝贺 …………………………………… 1377
《新闻晚报》：苏东水先生执教50周年庆祝活动 ……………………………………… 1378
《新民晚报》：复旦大学上午纪念苏东水执教50周年 ………………………………… 1379
《上海青年报》：苏东水执教50周年复旦举行庆贺活动 ……………………………… 1380
《复旦校刊》：东方管理学派创始人——苏东水教授 ………………………………… 1381
《上海闽商》：苏东水——东方管理学派的创建者 …………………………………… 1382
《泉州晚报》：苏东水执教50周年纪念活动 …………………………………………… 1385

六、执教六十周年欢庆会 ……………………………………………………………………… 1387
（一）东水同学会贺词 ………………………………………………………………………… 1389
（二）欢庆会现场盛况 ………………………………………………………………………… 1390
附录　苏东水教授主编和撰写的著作一览表 ……………………………………………… 1391
后记 ……………………………………………………………………………………………… 1395

# 第一卷 管理篇

第一卷　總理篇

# 企业经营管理学的对象和方法(1979)[①]

## 一、企业经营管理学研究的对象

企业经营管理学是一门综合性的科学。它是指导人们如何管理企业经营、生产、技术活动的一门学科。

企业经营管理学是从管理实践中概括形成的,是由一系列管理的理论、原则、形式、方法和制度等组成的科学体系。这门科学是由社会科学、自然科学和工程技术科学相互渗透综合而成的。它具有多功能、多层次、多性质的特点,它含有生产力、生产关系和上层建筑的多种属性。

社会主义企业经营管理学,是揭示企业管理的规律性,即如何按客观规律的要求来合理组织生产力、不断地完善生产关系,适时地调整上层建筑,以促进生产力的发展。

社会主义企业经营管理学,主要研究工业企业系统的生产管理和经营整个过程。在这点上,它与国民经济管理学和工业经济管理学在研究的广度、深度、具体化程度以及着重点上是有所区别的。前者是研究社会生产总过程的组织管理,后者是研究工业各部门经济活动的组织管理。两者都是研究宏观经济的管理问题。而企业管理所要研究的范围没有它们那么广泛,只限于企业的经营管理,即研究微观经济的管理问题。

社会主义经营管理学研究的内容主要包括以下三个方面:

其一,是研究生产力方面的内容,即如何合理地组织生产力的问题。如工厂布置、车间布置和工作场地的组织,产品生产过程的组织,制定产品技术标准、工艺规程和操作方法,制定产品劳动定额和物资消耗定额,安全生产与劳动保护,以及设备管理、质量管理、物资管理等。

其二,是研究生产关系方面的内容,即如何正确处理生产过程中人与人的关系和其他关系,以激励人们的工作积极性,提高生产效率的问题。如研究企业内部工人之间、工人与技术员之间、领导者与被领导者之间以及企业和职工之间的经济关系;研究企业与国家、部门、地区之间,企业与企业之间的经济关系。为了处理这些关系,企业就要搞好管理体制、责任制、劳动分工与协作、工资奖励、经济核算等工作。

其三,是研究上层建筑方面的内容,如党和国家有关的路线、方针、政策、法令,企业的计划、某些规章制度以及思想政治工作等等。这些上层建筑要反映经济基础的要求,适应生产力发展的需要,才能对企业生产起保护和促进作用。因此,它们也属于企业管理学研究的内容。

企业经营管理学这三方面的研究内容是紧密结合、不可分割的。这三个方面的内容是通过企

---

[①] 本文是1979年上海市电视教育讲座的讲稿,后收入1982年7月复旦大学出版社出版的《工业企业经营管理学》一书。

业管理的具体工作存在和表现的,可以归纳为三种形式:

第一,三个方面的内容分别表现为三种不同的管理工作。如对直接生产过程施加各种技术性的管理措施、生产能力的分析和控制、设备的合理布局、科研成果向生产技术转化中的技术决策,计划和组织指挥,等等。这些工作和任务,只属于生产力合理组织,属于生产力的范围。再如企业生产经营方面的自主权,生产经营过程中的各种经济手段和经济措施,各种经济活动分析,等等。这些工作和任务只属于完善生产关系,属于生产关系范围。又如,各种政治活动,各种经济立法,治安保卫,等等。这些工作属于调整上层建筑,属于上层建筑的范围。

第二,三个方面的内容共同表现为一种管理工作。有些企业管理工作是由多种因素共同引起和决定的,既具有合理组织生产力内容,又具有完善生产关系和上层建筑的内容。如劳动组织就是由多种因素引起和决定的。也就是由科学技术水平、生产社会化程度、产品的性质、劳动者数量和质量、劳动环境、组织指挥的手段和水平、生产资料所有制的性质、国家在政治经济方面的任务和要求,这些因素从不同方面影响和规定它的形式和内容。这样,同一个劳动组织就同时具有了多种性质。一方面表现为人与自然物质技术方面的联系即生产力的性质;另一方面,它又表现为人与人的生产关系;此外,劳动组织一些内容又往往体现人们的政治关系,即具有上层建筑的性质。

第三,两个方面的内容共同表现为一种管理工作。有些管理工作是由生产力和生产关系的变动引起和决定的,它同时具有生产力和生产关系两种属性。比如直接生产过程中增产节约活动,节约劳动时间,把生产成本降低到最低限度,这样在交换产品时原来的劳动关系就要发生量的变化,所以,含有生产关系的属性。"但这种节约就等于发展生产力","节约劳动时间＝发展生产力"。[①]因此,含有生产力的属性。

企业管理工作这三个方面的矛盾和统一,融合为一个企业管理的总体。我们要在工业企业管理的总体中,对上述三方面同时进行研究。

企业经营管理学既要研究生产力、生产关系和上层建筑三方面的问题,还要研究经济规律、生产力规律以及自然规律等有关问题,这就必然同许多学科如政治经济学、国民经济管理学、工业经济学、技术经济学、数学及各种技术科学等发生紧密的联系。所以,这门学科的性质不是单纯的经济科学或技术科学,而是一门介于经济科学和技术科学方面的边缘科学。因此,企业经营管理学的学科体系也应该按其研究对象的内容来建立。

## 二、企业经营管理学研究的方法

企业经营管理学的重要任务是要认识和利用支配企业管理活动的客观规律性,搞好企业的科学管理。因此,我们在研究和实践中,必须有正确的方法。马克思主义的唯物辩证法,就是我们学习和运用的方法。它是指导我们如何按照客观规律办事,正确对待科学的理论和方法;全面地分析问题,认真地总结历史经验教训,正确对待和学习国外企业管理的科学方法。

(一) 要坚持理论联系实际

理论联系实际是我党的三大作风之一,是毛泽东同志提倡的。我们知道,社会实践是理论的来源,实践是检验真理的唯一标准,这是马克思列宁主义的根本原理。毛泽东同志指出:"理论的基础

---

[①] 马克思:《政治经济学批判大纲》,第三分册,人民出版社1975年版,第364页。

是实践,又转过来为实践服务。判定认识或理论之是否真理,不能依主观上觉得如何而定,而是依客观上社会实践的结果如何而定。真理的标准只能是社会实践。"①他还指导我们:应当从客观存在着的实际事物出发,从其中引出规律,作为我们行动的向导。

我们学习研究企业管理学,不仅在"知"而在"行",不但要求学习书本上的理论知识,更重要的是把理论同企业管理的实践和自己的工作密切结合起来。在用实践检验理论、发展理论的同时,又用理论指导我们工业企业的管理工作,提高企业管理水平。理论联系实际,还要求我们在学习和研究企业管理学时,从企业的实际出发,实事求是,既要联系各个工业企业管理的共性方面,掌握共同的规律,也要注意联系各企业的个性方面,即联系各企业的特点进行学习和研究,从中找出具有规律性的东西,据以指导生产经营工作,从而获得更好的效果。

### (二) 要用全面的和历史的观点认识问题和解决问题

马克思主义唯物辩证法认为:一切现象都是相互联系和相互制约的,一切事物都是不断发展变化的;因此,都应当用全面的和历史的观点,都应依条件、地点和时间为转移去观察问题。我们学习和研究企业管理学也应当尊重这一原则,用全面的和历史的观点认识问题、分析问题。具体说,不应当把每个工业企业当成一个孤立的东西,而应将它看成是整个社会主义国家经济的一个基层单位,是国民经济的有机组成部分;分析、研究企业的生产经营活动和解决企业的问题,应当同整个社会主义建设事业紧密地联系起来;分析、研究企业的某项技术经济指标和成果及解决某个问题,应当同其他技术经济指标、成果和问题有机地结合起来;对于每一项管理技术和管理方法都不应当孤立地认识和对待,也不应把它们都看作是僵死的一成不变的东西,而应当用历史的观点来认识、分析和对待,昨天可能还是先进的新的技术和方法,今天可能已变成落后的旧的东西;等等。总之,在学习中,对待任何事物和任何问题,都应当用全面的和历史的观点,根据有关的条件和因素,具体分析、具体解决。

### (三) 要掌握和运用阶级观点和阶级分析的方法

社会主义工业企业经营管理学是随着我国社会主义工业的建立与发展而逐步形成起来的,是一门具有阶级性的学科。这就要求我们在学习和研究这门学科时,必须坚持用马克思列宁主义的观点,用阶级分析的方法去观察事物、分析矛盾和解决问题。无论是总结我国工业企业管理的经验教训,还是学习和运用外国企业管理的做法,都必须以马克思列宁主义、毛泽东思想为武器,从无产阶级的根本利益出发,进行分析和研究。凡是符合马克思列宁主义、毛泽东思想,同无产阶级的根本利益一致的,就肯定、学习、运用、推广,不符合马克思列宁主义、毛泽东思想,违背无产阶级根本利益的,就否定、批判。那种对于我国国营工业企业管理过去曾经实行的做法,或是对于外国企业管理理论和方法,采取一概肯定或一概否定的态度,都是形而上学的、错误的。

### (四) 要注意本门科学同其他科学之间联系

前面已经讲到,企业经营管理学是一门综合性的科学,它本身包括社会科学、技术科学和自然科学中的多方面的知识。同时,这门学科与其他学科之间,如政治经济学、国民经济管理学、工业经济学、技术科学、数学、会计学、统计学、运筹学和行为科学等等,都有密切的联系。所以,在学习和研究这门学科时,应注意运用其他科学的知识,深刻领会本科学的内容,使学习、研究取得更大的效果。

---

① 毛泽东:《毛泽东选集》(合订本),人民出版社 1966 年第 1 版,第 273 页。

# 大力提高企业经营决策水平(1979)[①]

## 一、决策在企业管理中的地位和作用

### (一)决策的概念

企业管理包括经营,管理的重点在经营,经营的中心是决策。所谓决策,是指为达到同一目标而在多种可以相互替代的方案中选择最优方案。这种方法用之于管理就叫管理决策,用之于经营就叫经营决策。

具体说,决策就是为了达到一定的目标,从两个以上的方案中,选择一个最好方案(或手段)的全过程。在实行决策时,一方面需要有"应该达成的既定目标",另一方面需要有能达成目标的"可利用的代替方案"。这就是说,决策需要有"目标"与"代替方案"这两方面因素。

在经营管理上,必须达成的最终目的就是经营目标。但是由于经营活动是透过组织体而实行的,所以为了达成最终目的,就要把这些最终目的分割成许多中间目的,而中间目的又分为若干直接目的。例如,企业管理中的生产活动、销售活动、财务活动等,是达到经营最终目的的中间目的;而广告活动又是达成销售活动目的的手段。而这些手段都须经过合理的选择,经营活动就是在这样有秩序的"目的-手段体系"的情况下进行决策活动的。从上述经营活动的特征来看,经营管理上的决策,就是为了达成目的所做的手段的合理选择的整个过程。

从广义上来说,现代化管理中的"经营决策",就是对企业的生产技术、经营活动的全过程进行管理。这种"经营决策"包含两大部分内容:一是经营分析,二是决策。所谓"经营分析",就是运用各种科学方法,对企业各项生产经营活动的目标、资源条件、外界因素与内部能力等进行技术经济效果的定量分析,并进行最优化的选择。所谓"决策",就是在经营分析的基础上,根据分析的结果及其技术经济效果的大小,列出几个可行的计划或行动方案,再结合企业中其他非定量化的条件和人的因素,经过综合判断,从中选择一个最适宜的方案,加以实施。

美国现代决策论学派的创始人西蒙认为,决策就是管理,也就是说决策与管理是同义词。其理由如下:

首先,认为决策贯串于整个经营管理过程的始终,是管理的核心和基础。经营管理的各项工作,包括:计划、组织、人员配备、领导和指挥与控制等工作,都存在着如何作出该项工作的合理决策问题。所以,决策工作是经营管理工作中最本质的东西。其次,认为决策是各级、各类管理人员

---

[①] 本文是1979年上海市电视教育讲座的讲稿,后收入1982年7月复旦大学出版社出版的《工业企业经营管理学》一书,原题《企业经营决策》。

的主要工作,不是传统决策论所说的决策仅仅是上层管理人员的事。上至国家的高级领导,下到基层的班、组长,均要作出决策,只是决策的重要程度和影响范围的不同而已。

以上介绍说明,"决策"是科学地预测、判断以至选择最优方案的过程,是一个制订和实现计划方案的 PDCA 过程。决策就是管理,经营决策也就是企业管理的全过程,是现代化企业管理的核心。

## (二)决策的作用

决策理论是一门年轻学科,是在第二次世界大战后,随着管理科学、行为科学、系统理论等管理理论和技术的迅猛发展而建立起来的。它代表了企业管理的一个更高阶段,是现代企业管理的核心问题。为什么经营决策在现代企业管理工作中占有这么重要的地位呢?其原因有以下几点:

1. 由现代企业经营环境的变化所决定

自 1950 年以后的时代,与过去时代比较,企业经营的技术、经济、社会和环境等条件,都发生了很大的变化。

就社会的技术环境而言,由于技术的不断革新,以至随之而来的新的生产方式的利用和新产品的开发等等,使各企业要耗用巨额的研究开发投资。

因此,为了适应企业技术革新和生产发展的需要,不仅在企业中的最高管理阶层,增加了决策问题,而且在中级管理阶层也加重了决策的分量。

可见,决策是适应环境变化,发现问题、解决问题所实施的一连串的经营行为。企业内外环境安定无变化的,必要的重要决策则无从发生。企业内外环境变化愈激烈,必要的决策问题就愈多。

在资本主义国家的企业里,不仅社会技术环境变化要求加强决策工作,而且企业经济环境变化也要求加强决策工作。由于在 50 年代后,消费者需要的变化更加激烈,随着经济高度成长所发生的技术人员的缺乏、人事费用的高昂等,成为影响企业利润率的重大原因;更由于技术革新的急速发展,使产业界发生了生产过剩与价格的竞争;再加上日益抬头的贸易、资本的自由化,国际间企业竞争更趋激烈。

在这企业内外环境变化激烈的时代,企业利润率的决定,并不在生产能力,几乎完全决定于决策的能力如何。一个企业之所以倒闭,往往并不在于生产效率不高,绝大部分是在设备投资、生产计划、销售计划、经营管理组织与人事制度等方面的决策,发生了错误或未能做到适时的决策所致。

所以,企业的生存与成长,决定于经营者或管理者所实施的决策的合理性与效率。

2. 由企业管理现代化的需要所决定

随着管理科学和行为科学的发展,使企业管理工作发生了很大变化,日趋现代化:

第一,从凭经验判断的传统管理,发展到运用科学方法进行经济效果分析的科学管理;

第二,从对"物"的管理,发展到重视人的因素及职工参加管理;

第三,从人脑控制发展到电脑控制。

在这三大变化中,经营决策方面表现得最为突出。

过去经营管理工作主要是依靠少数领导人的实践经验。在现代化企业管理中,则要求充分发挥各级专业人员与职工的集体才智,并运用"经营决策"的方法来实现企业的经营目标。以上所说:"管理的重心在经营,经营的中心在决策",就是这个意思。

3. 由需要获得最大的经济效果所决定

在不同的社会制度下,都存在着发展社会生产力的问题。要发展生产力,一方面,要合理地分配资源(包括人力、财力和物力);另一方面,又要合理地管理和利用这些资源。这两方面都存在如何决策的问题。因为在一定时期内,能投入的资源总是有限的,要取得尽可能好的经济效益,就需要合理分配和调节。

但要合理分配和调节,就需要把现有的人力、财力、物力经营管理好,使其发挥最大的经济效益。这里就必须具备有效的组织、合理的决策和良好的人群关系。在这三者之中,合理的决策又是整个经营管理工作的核心和基础。

### (三) 决策的分类

决策的种类很多,从广义方面来看,决策工作可以发生在几个等级上——个人、集体、组织、企业系统、整个社会、民族国家。

(1) 个人决策。个人决策的性质多半属于解决个人的、就业的或社会的问题。

(2) 集体决策。集体的决策不仅是把各成员的愿望搜集起来,而且要把他们的愿望加以协调和综合。在正常的情况下,集体提供了较广泛的知识和多方面的意见,对问题容易作出更深入的分析。

(3) 组织决策。集体是组织中的一个实体,而组织则指整个企业或机构。组织一级的决策主要通过管理人员的基本职能表达出来,包括计划、组织、人员配备、指导和控制。

(4) 企业系统的决策。企业系统的决策应当面向:消费者的利益;资源配给;产品和服务的分配。

(5) 社会决策。整个社会的决策目标则在于社会福利,表现为美好生活、文化、文明、秩序和正义。它不像企业系统那样,主要方向不是经济性质的。

(6) 民族国家决策。世界是由反映各种思想体系的民族国家所组成的。意识形态上的差异会造成民族国家之间的紧张局势,甚至公开的敌对行为。即使彼此意识形态属于同一类型,决策者仍然抱有实用目的,如贸易特权、地理、政治上的利益等的冲突,都需要进行协调和决策。

## 二、决策的内容和过程

1. 决策的内容

决策的内容是因决策的对象、层次、时间的不同而有差别。在企业管理工作中,经营决策工作的内容是广泛的,是多种多样的。一般有如下几种分类:

按计划时间划分的决策有长期战略决策和短期决策。

所谓"长期战略决策",包括:投资方向与生产规模的选择;新产品开发与产品设计的选择;设备与工艺方案的选择;生产过程的组织设计;工序设计(分工或合并);工厂系统的设置;厂址选择与生产布局等。

所谓"短期决策",包括:生产过程控制;储备控制;品质控制;劳动力控制;成本控制;系统的可靠的维护等。

按领导阶层划分的决策有战略决策、管理决策与业务决策等三种。

从企业经营全过程来看,有企业一级、车间一级,也有工段(班组)一级的决策。以上这三种决策,可适当地分配于企业中的三个管理阶层,即:最高管理阶层、中级管理阶层、作业监督者阶层。其中,最高管理阶层,大部分从事战略的决策与管理决策;作业监督者阶层,大部分从事业务的决策;中级管理阶层,则从事以上三种同等比重的决策。

企业这三种决策的分配图示如下：

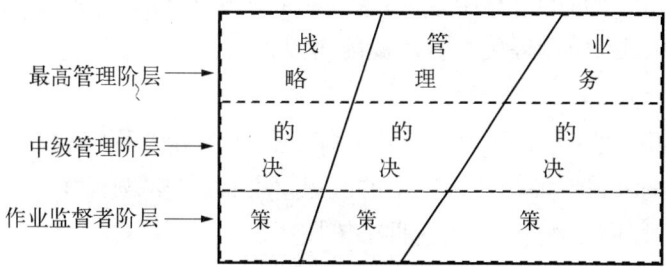

现将以上三种决策的内容分析如下：

战略的决策。所谓"战略的决策",就是企业与经常变化中的企业外在环境之间,谋求达成动态均衡的一种决策。具体包括下列三个内容：

(1) 企业经营目标体系的设定或改变的决策；

(2) 企业生产、市场体系和规模扩大的计划以及合并或合同的决策；

(3) 为适应企业内外变化所制定的多角化计划、新产品计划等决策。

管理的决策。所谓"管理的决策",有的叫战术性决策,它是在作出战略性的决策后,在执行中决策。就是对企业实行战略决策所需要的人力资源和资金资源的准备、结构及构造的改变的决策。具体包括四个内容：

(1) 企业的经营组织构造上的设计及变更的决策；

(2) 企业的财务体系的决策；

(3) 企业人力资源吸收、人群的组织和协作的决策；

(4) 企业内部的协调以及控制的决策。

业务的决策。所谓业务的决策,就是在一定的企业体系基础上,为了提高日常业务效率的一种决策。具体包括以下内容：

(1) 存货决策；

(2) 生产决策；

(3) 销售决策等。

在企业外部环境变化较少的时候,业务的决策所占的地位特别重要。但是在企业外部环境不断地急速变化时,战略决策就显得特别的重要。在现代的企业经营管理中,由于技术的不断革新,贸易竞争的激烈变化等情况下,战略决策是三项决策中最为决定性的主要的一种决策。这三种企业决策在特征上和解决问题的结构上也各有差异。例如,有关最高管理阶层的决策,大部分牵涉到长期而且是企业管理全体性的问题。而作业监督者的决策,则限于短期以及只牵涉一个工作场所的较小范围。

按管理职能划分的决策有：

(1) 生产决策。生产决策包括：生产量、生产规模、工厂位置、生产方法、材料购入、机械设备的更换及改良、存货量、技术研究方针等。

(2) 销售决策。销售决策包括：市场决定、销售路线、营业所位置、产品包装及商标、价格、广告种类与方法、促进销售方法、市场调查的方法与范围等。

(3) 财务决策。财务决策包括：资金结构、资金调度,决定产品成本、设备投资、企业合并等。

(4) 人事决策。人事决策包括：职工录用、职务分析、职务评价、工资形态、安全卫生、提案制度、退休金制度、团体交涉、利润和奖金分配等等。

在这些经营管理职能执行的过程中，都接连发生着决策的问题。通过以上整个经营的决策，才能使计划、组织、指挥、控制、协调等经营管理职能得以推行。

2. 决策的形态

根据决策组织活动形态，一般分为二种，即：程序化决策和非程序化决策。也有叫：定型化决策与非定型化决策，或称：肯定型与非肯定型的决策、例行性与非例行性决策。

(1) 程序化决策。程序化决策，是指这种决策属于反复的、定规的，当每一问题发生时，不必重新再实施新的决策，可以按原有设立的一定方式进行工作。这种决策，是属定型化、程式化或定规化的决策。例如：订货程序，材料和零配件的出入存放，工资的发放，日常的生产，技术管理，等等。由于这些活动不断地重复进行，人们积累了一套经验，把这种不断重复的工作方法和顺序，编成固定的工作规则和程序，使这类工作有章可循。对这种经常性的业务工作和管理工作所作的决策称为程序化决策。

一般来说，这类决策主要适用于组织内部的日常业务工作和管理工作，所以也称为日常管理决策和生产技术决策。这类程序化的决策的工作，主要由中、下层管理人员来承担。一般采用定量分析方法来制定。

(2) 非程序化决策。非程序化决策，是属于新规定的、一次的、非例行、未加程式化或定型化的决策。这类决策活动，并不是经常重复出现的。例如：新产品的开发，产品方向的变更，企业规模的扩大，企业发展多种经营的决定，等等。对这类活动所作的决策叫做非程序化决策。由于这类决策不仅要与企业内部环境保持平衡，而且更多地要与经常变化的外部环境保持动态平衡。所以，也称为经营战略性决策。

一般来说，这类决策主要由上层管理人员来承担的，这类决策的制定，除采用定量分析法外，还要采用定性分析法。

以上我们虽然区分了两种不同的决策，但是这两者实际上不能以如纯白或纯黑予以清楚地划分。在日常经营管理中，大部分决策乃属于黑白之间的灰色。但是，明白地区分这两种决策的形态在近现代决策论上，具有下列三个重大的意义：

第一，明确决策工作的性质，基本上可以从三方面来分为三大类：例行和非例行的；重复出现和非重复出现的；有把握解决和无把握解决的。

第二，明确在组织结构上，最高管理人员应集中时间和精力担负非定型化的决策，要把解决第一类定型化决策的权力下放到中级管理人员或执行管理人员上。高级管理人员对例行性质的问题，不要当作非例行性质的问题来看待，以免浪费时间和金钱。

第三，明确在定型化决策过程中，其机械化或自动化的利用将更为发达。结果会使中级管理阶层现在所实施的决策过程，趋于集权化。

从决策性质来看，基本上有二类，即肯定型、非肯定型的。有的认为还有第三种，即风险型，或第四种，即对抗的竞争性的博弈论决策。此外，有的认为：根据决策的问题，可以有单级决策与多级决策；根据其评价标准，还有多目标的决策等。

3. 决策的过程

决策工作是一项动态的完整的过程，而不是一成不变的手续。在各种类型的组织中，决策过程可以分成如下一些步骤或程序：

（1）确定目标。目标主要有三项特点：可以计算其成果，可以规定其时间，可以确定其责任。所以确定目标应力求明确具体，哪些是必须达到的目标，哪些是希望实现的目标；为了实现目标有哪些可利用的资源；如何具体规定衡量和评价目标的标准和尺度；明确规定实现目标的期限和具体负责人。

（2）探索方案。探索方案的工作是同时多方进行而不是依次进行的。有人把探索过程分为两种方式：一种是先探索一定数量的方案，再从中挑出少数与目标相符合的；另一种是要一直到探索出一个满意的解决办法为止。探索活动又是反复进行的，即使在执行时还可能有新的方案出现。不过，探索工作是受到时间和成本的限制的。而且哪怕花更多的时间和金钱也不可能搜集齐全部的资料。

（3）比较方案。在探索方案的工作完成以后，就要对这些方案加以比较和评价。不论个人和组织，目标总是要从有希望的方案中，选出一个或几个能获得最多合意的结果和最少不愿有的结果的方案。在把每个方案的预期结果加以比较和评价以后，决策者必须挑出一个最有希望达成目标的方案。

（4）选定方案。挑选一个最好的方案不像看起来那么简单。即使最好的方案，往往不过是几个不相上下的方案的折中办法。最后选定方案又不一定是对某个特定目标的最好方案，而只是或多或少能达成几个目标但又不至于妨碍任何一个目标的方案。在选择最有利方案时，决策者会遇到各式各样的困难：如同时有两个或更多看来同样可取的方案；或者没有单独一个方案能满足目标的要求，而必须同时采用几个方案；或者会产生过多不合意或不愿有的结果；或方案之多使决策者无所适从；有时，方案之中没有一个能完成预定目标的。可见，决策者能够用于鉴别有利方案的标准是很少的。

（5）执行决策。作出决策而不执行，就等于一句空话。方案选定后，就要制定具体的实施措施和政策；要使决策为广大执行者充分接受和透彻了解；要制定相应的各项具体政策，保证决策的正确执行；要把决策目标落实到每一个执行单位，明确具体责任；要通过控制系统的报告制度，迅速及时地掌握决策实施过程的具体情况。在执行决策中，人的因素是很重要的。

（6）跟踪检查。在决策已经付诸实施后，管理人员还不能确定结果一定符合于原定的目标，必须有一套跟踪和检查的办法，以保证所得结果与决策时的期望相一致。这套办法应包括三个步骤：规定标准；用标准衡量执行情况；纠正偏差。所定标准要用可以计量的词句来表示，但并非必须如此。标准应有灵活性，不要定得太死。纠正办法包括：重新安排工作，重新对执行人员发布指示，重新制定目标等。

## 三、决策的合理性及其原则

### （一）影响决策合理性的要素

企业经营管理活动要做到有效而且合乎经济原则，乃依存于决策的合理性。

影响决策合理性的要素，有以下三方面：

第一因素是：决策者的主观因素。

决策者的主观因素，是指决策者个人的直觉、经验、熟练等。

决策者的直觉，大部分是经过长期积累的经验或训练，在无意识中得来的。但是，只是靠直觉作决策，是不能适应现代化企业复杂的经营管理，也难确保其经营的合理性。

所谓根据经验的决策,就是将过去处理同类问题的解决方法,应用到当前的问题,进而提出决策的准则。决策者经验丰富与否,确实影响到决策的合理性。但是,解决问题的各种条件与要素,经常在变化,过去被认为是合理决策不一定可适用于现在的同样问题。所以,这种单凭过去经验的决策,往往会影响到现在决策的合理性。

第二因素是:目的。

决策者实行决策的时候,对于目的的认识和理解程度,是影响决策合理性的一个重要因素。

目的,大致上可分组织目的与个人目的。组织目的是由多数成员合作所达成的非个人的、客观的目的;而个人目的则是各构成人员个人的、主观的目的。这里我们必须注意的是个人目的所做的合理决策,并不一定是合乎组织目的的合理决策。企业的经营目的,并非各构成人员的个人目的。由于决策是为了达到目的的手段的选择,如果不能正确认识目的,就不能得到合理的决策。

为了做到决策合理化,应尽可能使个人目的与组织目的得以一致,这样能提高各构成人员的士气和工作情绪。

第三因素是:情况。

经营管理上的决策,并非真空中进行,而是在特定的具体情况和环境下实行的。具体地说,就是在一定的市场、一定的技术结构、一定的经济结构下实行的。因此,有关决策问题的各种情况的知识及其正确地运用,将成为影响决策合理性的重要因素。可以说,情况分析过程,是决策过程的重要组成部分。

有关经营管理上决策的情况有很多种,一般分为经营的外部情况与内部情况。外部经营情况包括市场经济、生产技术、政府政策、政治形势、工会活动等等。内部经营情况包括企业管理组织、技术结构、人群关系等等。经营管理各结构的内部,都存在各运动规律。研究和运用经营结构内在的各种运动规律,是各种有关经济管理学科的重要任务。这些规律,在进行决策分析过程中,结合具体的实际情况,都可以被适当地应用。换句话说,这些规律的知识也是实施决策时被运用的管理技术。

在了解和研究影响决策合理性的要素以后,决策者为了更有效地进行决策工作。还必须顾及环境结构的变化,考虑其产生的效果。

环境是一种开放体系,从这个体系输入的是资料、能量和材料,输出的是可以满意的决策。

环境结构可分为四类:(1)最不复杂而最难断定的,称为"平静散漫的环境";(2)对事态的原因可以辨别,对可能的结果也可以作出或然的断语的,称为"平静群集的环境";(3)存在许多体系和竞争性组织,这些体系、组织彼此之间,及其与决策的组织之间互有关联,只有在冒风险之下作出决定的,称为"反应纷扰的环境";(4)互相关联程度的复杂性和多重性达到顶点,只能在极大的不确定性下作出决定的,称为"动乱场的环境"。

各种环境结构又由几种力量或体系所组成。这些力量主要有四种:

(1)经济体系,包括职工、顾客、竞争者、工业部门与政府为保护公共利益而实行的管制及其金融财政政策等等。这个体系可以看作一个市场,买卖双方相互作用,为广大范围的商品和劳务建立起价格结构。这个体系的首要功能是分配资源,即土地、劳力、资金等;第二个功能是对产品和劳务维持有效的、集合的需求;第三个功能是提供及时而有效的货物与劳务的分配和交换。经济体系有各种不同性质的市场,如消费者市场、工业市场、政府市场、国际市场、金融市场等等。

(2)政治体系,其影响比经济体系更为微妙。

(3)社会体系,这使组织的决策者看得比盈利、财务等经济问题更远一些,要使决策起到社会的作用。也有人反对这项主张。不过社会总是在变化。如男女平等和民族平等的权利、环境污染等当前的社会问题；再如农村的贫困、城市的衰落、交通拥挤、犯罪等等也会增加决策的不确定性和风险。

（4）技术，这意味着把科学和其他的体系知识应用到实际工作中去。技术需要专业人才，同时又要把许多专家联合起来，所以组织工作本身也需要专家。复杂的大规模组织是先进技术的明显征象。从一些指数可以看出，技术是动态最大的一种环境力量。以美国的生产率为例，在第二次世界大战结束以前的 35 年中，每工时产量平均每年增长 0.2%，而在 1947—1965 年之间，私人企业的生产率每年增加 3.2%。美国的国民总产值，1965 年平均每人为 3 500 美元，据预计到 2000 年平均每人将为 15 000 美元。一项技术从发现到具有商业潜力的平均时间，从第一次世界大战前的 30 年左右下降到两次世界大战期间的 16 年，到第二次世界大战后再下降为 9 年。在同一时期内，从基本技术的发现到用于商业之间的外加时间，由 7 年减为 5 年。这样，整个发展周期就从 37 年降到 14 年。这些数字证实了：技术作为影响决策过程的环境力量，其重要性正在日益增长。

（二）怎样衡量决策的合理性

决策的合理性主要应从三方面来考虑：

（1）从经济方面考虑。在几个不同方案的对比中选定一个最优方案，可以运用边际分析法、成本效益分析法来计算和表明该方案的合理性，并运用电子计算机进行线性规划，找出以同样的资源投入获得最大的产出，或以最低的成本获得尽可能多收益方案，这就叫做决策结果的合理导向。这样的决策，从理论上讲是最经济最优的决策。

（2）从社会方面考虑。由于决策的目标可分为社会目标、集体目标和个人目标。因此，任何个人或集体所作合理决策，均不能有害于社会目标。例如，一个造纸厂，把污水直接排入河流中，污染了水流，影响了人类的健康，也影响了农业的灌溉和鱼类的养殖，因而从社会角度来看，该厂的决策是很不合理的。

（3）从心理学的角度方面考虑。虽然用数学方法可以求得最优的决策，但是在实践中不可能要求一个决策在什么方面都是最优的决策。只要能满足人们某种既定的需求，包括心理上的需求，那么这种决策就是令人满意的决策，也就是合理的决策。这样，就可大大简化决策的计算过程，节省大量的人力、财力、物力，同时又能达到预期的目的。

（三）选择合理的决策模型

选择合理的决策模型，对于进行有效的决策是很有意义和作用的。

很多经济学家、行为科学家和统计学者认为，经营决策的合理行为意味着：在评比所有的方案之后所作出的决策，会使决策者获得最大限度的满足或效用。这种行为包括：根据对决策所觉察到的利益来评价和选定有关方案。为了做到合理选择，需要先有一个目标，然后选定某个能够达到这一目标的方案。

如果不是按照本人对成本、收益和概率的最好估计而行动，就叫作无理性。

传统的经济理论把一家商行看成是一个关闭的决策模型。关闭型包括：（1）固定的或变动较少的目标；（2）一套已知的方案及其结果；（3）用现成的规律来找出最优方案；（4）对要达到的目标，如利润、收入、有形货物或效用形式等，求其最大值；（5）一般对环境约束不予理会。"关闭"型的意思就是决策者对环境考虑得最少。在经济学和统计学中，这种类型的决策得到广泛的接受，但是几乎人人都认为这种办法预测一家工商业的实况来说并不好。

开放型决策是满意行为的概念的基础,意思是:对于所从事活动的进程,只要得到满足,而不是要求取得最大值。开放型的内容包括的:(1) 先有一个理想目标,再找一个或几个行动目标,这就是决策者的"愿望";(2) 从事探索有限数量的方案和结果,以松弛的接近规律进行分析,作为深入探索的起点;(3) 找出按照愿望,而不是"最大值"的解决方法。

由此可见,开放型和关闭型的比较大致为:前者的目标是动态的,后者的目标是固定的;方案也是如此,开放型由于种种限制,只考虑较少的,而不是全部的方案;同时,开放型不要求从结果得到最大值,只求可以满意为止,而关闭型的特点则是要求最大值行为;前者对环境采取开放态度,而后者则不加理会。

关闭型的决策是不切合实际的,开放型则是比较有意义和有作用的。

### (四) 确定决策合理性的原则

在理论和实践上,对决策的合理性有不同看法。有的认为应从计量方面衡量决策的合理性;有的认为应着重从行为方面衡量。现代决策论学派西蒙的看法则不然。西蒙提出:以令人满意的准则代替最优化原则;主张把定量分析与定性分析相结合的原则。西蒙认为,用数学计算出的最优决策,也仅是令人满意的合理决策而已。要保证决策的合理性,就应把数学方法的计算与行为科学的社会因素和心理因素的研究有机地结合起来。

西蒙的"令人满意"的决策行为准则,就是在决策时,确定一套标准,用来说明什么是令人满意的最低限度的替代办法。如果考虑中的替代办法满足了或者超过了所有这些标准,那么这个替代的办法就是令人满意的。

西蒙明确地提出"令人满意"的决策原则,应该是他的贡献。但并不能由此推论,在资本主义制度下,经营管理的最主要目的已经不是追求最大利润,而是最有效地提高效率。

那么,怎样具体衡量经营决策的合理性呢?根据有关决策论学者提出的理论概念,可归纳为以下几条原则和观点:

(1) 要有整体观。首先,表现在决策是渗透到管理人员所有职能中的过程。其次,表现从制订计划到成品检查,管理人员经常在有关方案中作出选择。第三,表现在全部决策过程中,还包括发现新方案、改进执行方法、调整原定目标等。这种决策过程最适合第二类非定型的决策。

(2) 要有综合观。其一,表现在决策的行为科学和计量学科之处很多,而在整个决策过程中,行为科学的应用更为广泛,计量学科主要用于方案的比较和评价。其二,表现在心理因素则从制定目标到得出结果,处处都影响决策者的行为,再结合决策者的价值、伦理等观念,这些心理因素就使选择过程变得更为复杂。其三,如果从个人决策转变为集体决策,还要加上社会因素。其四,表现在行为科学与计量学科通过决定因素表而融合在一起,开放型决策就是融合这些学科的结果。

(3) 要有连锁观。第一,表现在连锁是把一个系统的各部分连在一起,每一部分要受到其他部分的制约。第二,由于决策工作者首先要受到搜集情报、成本、时间等限制,而且他本人的认识能力也有限度,所以,决策者还应对他的组织所处环境的力量,保持敏感和作出响应。

(4) 要有相互关系观。第一,表现在组织级的决策与管理过程的意义上是相同的。第二,表现在管理人员在所有的职能中固然常带决策的性质,而整个管理过程同决策过程在正式组织中的相互关系,最为明显。第三,表现在计划和决策,由于目标和资料而联系起来,不能分开。第四,表现在检查系统同计划不仅有关,而且同决策也有相互关系。

## 四、决策的方法及其应用

### （一）决策法的科学基础

决策法是一种综合性、完整的处理方法。它牵涉到人、自然科学、社会科学和管理科学的一些主要学科，并较广泛地应用这些学科的理论观点的技术方法。

1. 决策法与心理学的关系

心理学是研究心理现象的科学。人的任何活动中都有心理现象。决策者在选择方案过程中，不可避免地要反映出他的性格，反映他对人和人的作用以及对组织的理解，还要反映出他的价值观念和感情。

决策者的心理力量在决策的整个过程中是会发生影响的。

有的管理学家经过调查研究，认为人的性格在决策中作为决定因素的含义如下：

（1）任何人对决策过程中的各方面都不会是同样精明的。有人能做好其中的一部分，别人则能做好另一部分。

（2）不同性格的特点可能和不同决策因素结合起来，如决策者的技巧、智力或训练等等。

（3）根据性别、社会地位等因素，性格同决策过程的关系，由于从属于不同的社会集团而有所变化。

总之，决策过程中的心理作用包括很多可变因素，在不同时候以不同的结合方式，对决策者发生不同的影响，既难于辨别，更难于控制。

研究表明：个人决策者在作出选择时，接受风险的倾向性变化很大。特别是他的智力这个因素，在接受风险的行为上有很大影响。有的决策者倾向于结果并不可靠的策略，他会认为所冒风险越大，所得报酬也会越高。相反，也有人宁愿选择结果可以断定的策略，希望十拿九稳地成功。可是，在需要作出决策的实际情况中，这样的结果往往是不存在的。

还有一种影响决策的心理作用是感觉。在对人、对物、对事上，有许多原因难以避免获得不正确的印象。有时，这是由于观察者受到环境的影响。比如，在录用人员时，一般只根据简历、介绍信和见面印象，而不去考察其工作能力。又如，被观察者表现出某些言语动作上的特性，可能触犯观察者，而大大歪曲他所得的印象。

最后，决策者还会受到下意识的影响。以上所述各种内在力量都属于决策过程中的心理作用。由此可见，决策很难做到十分精确，最多只能希望所作的选择达到能令人满意的程度。

2. 决策法与社会学的关系

在社会学方面，决策者的个人价值观念是和广泛的社会价值观念混合在一起的。决策者总要尽力达到他自己的、所在组织的和他所效忠的集体（他的家属、朋友和同辈）的目标。决策人为了把争论和冲突减少到最低限度，在集体作决定时，常采取一定的表现方法，一般即采用多数或一致通过的办法。个人在集体决策中不但受本人心理影响，而且要受社会力量的约束，才能够求得一致。所以，团结好的集体才是有效的集体，才能作出有效的决策。

各种类型的组织，都采用集体方式，如小队、工作组、委员会等来作决策。在正式组织中采用集体决策方式是有种种理由的：一则经营管理日趋复杂，所需专门知识超过一个人所能掌握的；再则决定一经作出，要求所有直接间接有关的单位予以接受和执行，自然都应该参加决策过程。

集体的特点，首先是各人之间意见一致，这是集体发挥有效作用的基本条件；其次，既然要求意见一致,就需要成员之间能相互作用,因而必须有彼此联系的方便。所有这些要有一个先决条件,就是共同利益,还有一个条件是相互接近。至于集体究以若干人为宜,尚无定论,小的通常在七人以下,大的可达二十五人。

集体成员要规定一些准则。实施准则有三种方法:贯彻执行、内在化和集体压力。贯彻执行有四种方式,即教育、监督、警告、奖惩。所谓内在化就是把集体的准则作为自己行动的指针。集体压力可以是实际的也可以是想象的。

集体决策的优点,在理论上可以总结如下:

(1) 知识和资料的来源总量较大。

(2) 处理问题的途径较多。

(3) 参加决策过程,对最终作出的选择较易接受。

(4) 对决策有更好的理解。

集体决策同个人决策相比较,一般说来,集体决策常常趋向保守,不过有些怕冒险的个人,在集体决策中反而容易接受结果不甚可靠的决定。可以这样说,某些类型的决策最好由集体来做,另一些类型的则宜于由个人来做。许多研究结果表明,集体决策优于个人决策。

不管个人或集体决策,必须由个别管理人员来执行,由他亲自对作出的决定负责。跟踪和检查的手续,虽然可由决策的集体监督,但仍然要由个别管理人员负起直接责任。

3. 决策法与价值观念关系

在选择方案过程中,价值观念可以说是处于指导性地位的。因而有人把伦理学称为"决策的标准"。

所谓价值,可以看作是一种明显或不明显的概念。其意即指,经个人、集体或组织认为是可取的,用作从所有的方案中选择行动的手段和目标的依据。决策者个人的价值观念及其组织的价值观念,对于决策过程是有影响的。个人的价值体系实际上成为集体、组织和全社会的价值体系的基础,是个人性格的一部分。

在决策过程的每一步,决策者的个人价值观念都可能同组织的价值观念发生矛盾。为了维护集体的利益,往往有必要在个人价值观念上作出妥协。

西方管理学家有人把组织价值作为管理价值的同义语。据其调查,美国的工业经理们把他们的价值观念依照重要性列举如下:(1) 经济的;(2) 理论的和政治的;(3) 宗教的;(4) 美学的;(5) 社会的。

4. 决策与其他社会科学的关系

在各种组织所处的环境中存在着各种势力,如国家法制、政治组织、社会风俗习惯等,对决策工作都会发生影响。决策者必须时刻留心现行的和在制定中的会影响决策的各种法律,如对工人与对群众关系的法规。人类对决策工作具有间接影响,这是由于社会上的风俗习惯、传统势力,甚至人们的宗教信仰等等,不能不影响决策者的思想。在政治方面,决策者当然离不开国家的制度,此外,对政治潮流和群众态度的变化,也要随时注意。总之,环境对正式组织的决策具有左右目标、限制探索、约束方案的选择、直接影响决策的执行等作用。

5. 决策与数学的关系

在整个决策过程中,现代数学方法的应用也是较广泛的。这方面的内容将在下面阐述。

## (二) 决策中的计量方法

在整个决策过程中,有许多计量方法可以帮助决策者选择能达到目标的方案。这些方法,全凭决策者的训练和经验,可以适用于决策过程的任何一步,而特别适用于方案的比较和评价。计量方法对决策工作的贡献在于分析某项决策有无可能性,而并不能提出假设、说明或建议。但是方案一经确定,计量方法就成为作出迅速而精确的评价的有力工具。

然而计量方法所作出的评价并不构成决策的全部过程。有许多可变因素不能计量。所以,决策者只能在适当时机使用这些工具,并且要了解其局限性。以下简述决策中的这些计量方法和理论。

一是概率论。它在科学、工商业和许多日常生活问题中起重要作用。它分为两个学派。一派叫客观派,相信只有经过大量试验而反复出现的事态才能用概率论来分析;另一派叫主观派,是近年来新兴的,第二次世界大战后才应用于决策的学派。按照它的概念,决策者根据所能得到的证据,对一件事的发生具有什么样的信念,就是这件事的概率。

主观概率对决策是有用的,往往是必需的。一般来说,主观概率适合于非例行的、不重复的决策,而客观概率却可用于例行和重复的决策。

二是效用论。这主要以决策者要求的最大值作根据。效用的最大值的含意,就是决策者所要选择的目标,在于获得最大量的满足。计算效用的方法虽有几种,但如果遇到大量的、性质复杂而又结果很难确定的方案,任何一种计量方法都是没有意义的。

三是期望值。它是为了减少决策结果的不可靠性,采用的一种方法。即:决策者对一个方案可能出现的正反两种结果,分别估计其得失数值,再以其可能实现的概率加权,求得两项乘积的正或负的差额。再把各个方案的这个差额加以比较而作出决定。

四是决策树法。在上述理论和概念的基础上又出现两种分析方案的结构,称为决定因素表和决策树。它把各种方案分析成为枝节,列为表格,填入估计数据,以资比较,而示得失,供决策者取舍。

五是博弈论。博弈论含有冲突的因素,这种决策不能单顾自己一方,而要估计到对手一方,犹如两人对弈,是一个胜负问题。它的理论基础是数学。

六是模型和模拟。在决策过程中,数学是以制作模型、模拟实况的形式出现的。模型是任何概念的模拟,一般属于物体或数学的性质,可以用于实验性研究。在决策法的范围内,模型和模拟似乎适合下列用途:(1)在为探索方案而花费时间精力以前,先确定目标的现实性和有效性;(2)以最低限度的费用和努力从事正式探索活动,以发现广泛的有关方案;(3)把模型修改到实际效果符合于目标为止,作出方案的比较和评价,以减少其结果的不可靠性;(4)在决策已经作出并得到执行后,模型可以继续用于检查。

近年来,模型的用途日见推广,由于事物的不可靠在增加,决策不当的代价也越来越高。同时,制造模型的能力有显著改进。计算机技术又大大地便利了模型的研制和应用。

模型可分为有形与无形两种。有形模型又分平面与主体两类。前者如地图、蓝图、照片、厂房设计等;后者如船只、飞机、桥梁、建筑物等,再加上时间因素后,按比例尺寸制作的模型就成为操作模型。有些限于平面的三维模型也包括时间因素,如电影、雷达显示器。有形模型加上时间因素,就从静态变成动态。此外模型又可以是标准性的或说明性的。总之,有形模型通常是按比例尺寸制作的,是四维的。

无形模型大都用文字或数学来表示。有形模型接近实际,而无形模型则接近规律和原理,可以一用再用。

如果模型脱离实际,看来不像原型,就成为模拟模型,不过模拟模型和实物之间仍应十分符合。

模拟模型加上时间因素,就称为仿真模型。这种模型产生随时间而变动的结果。模拟计算机常用于操作加、减、乘、除的象征性运算。

计算机常常通过编制启发式程序而用于决策工作。这种程序成功地应用于模拟真实世界的决策情况,如,平衡生产装配线,百货公司顾客对价格和数量的选择,信托基金的投资决策等。

使用模型的优点是:它提供一个考虑问题的参考体系,而且是预测结果的最经济的方式。缺点是:具有抽象所常见毛病,而且它的象征性文字(如数学)也有局限性。

### (三) 决策中数学方法的应用

数学在决策中主要应用于以下几个方面:

(1) 在决定计划方案的应用。如,在制订生产计划方案时,由计划人员将各种资源条件、统计情报资料、生产目标要求等,采用线性规划的模式及预测方法,求出2—3个最优解和次优解。然后综合其他因素,进行分析平衡,从中选择一个最适宜的计划方案。

(2) 在决定新产品设计方案的应用。如,在设计新产品时,则运用"价值工程"和"几何规划"方法,对新产品的使用目的、结构、用料以及价格水平等进行技术性能、质量与价值的比较分析。再根据分析的结果来确定这个新产品最适宜的设计性能、结构、用料选择得出价格水平。

(3) 在决定加工方法的应用。如,在确定一项工艺加工方法或工艺配方中,则可运用"优选法"和"价值分析"进行技术经济分析,来选择一个最适宜的加工方法或配方比例,以达到优质、低耗。

(4) 在决定生产期、量的应用。如,在编制生产作业计划时,则可运用"投入产出分析"模式,做好产品、零部件投入产出平衡与生产能力平衡,确定最合理的生产期、量标准与在制品的储备周期。并运用"调度规划"方法安排好加工作业次序和装配线平衡,实现准时生产和"标准化"多品种生产,以适应市场的需要。

(5) 在决定厂址和生产规模的应用。如,在工厂的生产规模及厂址选择方面,要考虑到原材料来源、能源、交通运输手段以及市场等客观条件与环境因素,则可运用线性规划等确定一个最合适的方案。

(6) 在决定工艺路线和生产布局的应用。如,在厂内生产布局和工艺路线组织方面,则要运用最短巡回路线的原理来合理安排,以缩短工艺流程和生产传递路线,克服由于生产工艺流程混乱所造成的质量下降和浪费问题。

(7) 在决定物资管理方法的应用。如,在原材料使用管理上,要采用合理下料方法与物资调运方法,以提高材料利用率,节约运输费用。再如,在储存方面,则要应用A、B、C分类法及经济批量模式,制订最适宜的储备点和进料点,压缩原材料与在制品资金。

(8) 在质量管理工作中的应用。如,运用"正态分布""工程能力指数""品质控制图"等原理和方法来提高设计、工艺的质量和加工工程质量的可靠性,以控制质量,预防废品。

(9) 在评审工程项目中的应用。如,对新产品生产工程、基本建设及其他重大工程项目的组织与管理,则要运用"统筹方法"进行全面的计划协调与评审,以保证工程项目方案中各个环节相互密切衔接和配合,并如期完成。

(10) 在决定财务管理变革方案中的应用。如,在财务成本管理工作中,则要做到"事先的控制与预算"。对生产活动中将要采取的每一项变革方案或措施(包括设计、工艺、生产方法、设备或材料的变更等),都要先进行成本的盈亏临界分析,然后再决定采取哪一种措施或方案更能提高经济效益。

## 五、提高决策水平的方向

综上所述,决策是管理过程的核心,是执行各种管理职能的基础。不论管理者在管理组织中的地位如何,决策都是他们日常经营管理工作中不可缺少的部分,而且他的职位愈高,决策在他们工作中的地位就愈显得重要。对于企业的经营管理是如此,对于国民经济管理也是如此。决策是行动的基础,正确的行动来源于正确的决策,错误的行动来源于错误的决策。因此,对于每个管理者,尤其是领导者来说,不是是否需要作出决策的问题,因为他已经经常地在作决策,而是应当如何作出正确决策的问题,或者说如何把决策作得更好、更有效、更合理,以不断改进管理决策,提高决策水平。

### (一)提高管理决策水平的动力

从上可见,管理决策做得是否正确、是否合理,小则影响到经济管理工作的效率,大则决定企业的成败,关系到部门、地区甚至全国经济的盛衰的重大问题。因此,改进管理决策,提高决策水平,按理应当成为各级管理者注意重点,但事实上并非都是如此。这表现在管理人员有这么几种类型:一是无所作为的人;二是盲目行动的人;三是自觉谋略的人。

所谓无所作为的人,是指不愿意对已有的一切有任何改变,因而也不愿意采取任何改变现状的措施,碰到意见或建议,总是用"再研究研究"或"让我再考虑考虑"这一类的话搪塞过去。这种人并不是不作决策,他们的决策就是"什么也不做"。这种人根本就没有改进管理决策的动力。但是,他们之所以无所作为,并不是因为他们无能作为,而往往是由于一定的客观条件所造成,一旦这些客观条件发生变化,他们的态度也会有所改变。例如,在资本主义国家,在已经获得很大成就而且现在仍然不愁市场、不怕竞争的企业经理中,在一些非营利性事业单位的领导人中,都可能产生这类管理者。但是在资本主义剧烈竞争的条件下,原有的地位很快就会变化,无所作为者或者变为有所作为而改进管理决策,或者是永远无所作为而被解职或自己辞职。在我国,过去那种国家统收统支的经济体制,干部政策中不犯错误就永不丢官的制度,也助长了一些管理者采取那种与其大胆革新冒风险,不如无所作为、养尊处优以求保险态度。现在经济体制和干部制度正处于改革之中,这种状况将会随之改变的。

所谓盲目行动的人,是指虽然忙忙碌碌,辛辛苦苦,但不管方向,瞎指挥,蛮干一气。如果这种人是因为能力差,分不清方向,估计不了行动的后果,或属于思想上的懒汉,那么上级的教育或现实的教训会使他们清醒过来,一旦认识到这种盲目行动花费了自己大量的精力反而获得不良后果,就会产生改进管理决策的动力。

所谓自觉谋略的人,是指既努力工作,又头脑清醒,他们在干任何事之前都是事先想想干的结果。哪些是应该干的,哪些是不应该干的,都经过深思熟虑。这种人自觉地认识到决策的重要性,注意不断提高决策水平。对他们来说,不存在缺乏改进管理决策的动力的问题,需要的主要是让他们更好地了解改进管理决策的方向和办法,使他们的决策能力提高得更快,并能作出更有效的决策。

### (二)提高决策水平的方向

企业经营者要改进管理决策,把决策做得更好,首先必须知道什么样的决策才算好。对于不同性质的决策,好的标准并不完全一样,但总还是存在一般的共同标准,而对于经营管理的决策来说,还有它特有的标准。大致说来,管理决策要达到下列几个方面:

1. 要解决根本关键性的问题

在决策中,对于所要解决的问题,是要抓住其根本、关键而不是表面症状。管理决策就像医生看病开处方一样,要治本。只有找到病根,才能药到病除,不能头疼医头,脚疼医脚。所以现代决策论中也讲"诊断学",认为诊断是决策的第一步。日本雄狮会社扭转落后局面达到占领市场的"一〇一战略",就是因为它经过周密的调查诊断,抓住了提高洗涤剂的洗洁能力这个要害,不在其他次要因素上下功夫,结果获得巨大成功。

2. 要有明确的决策目标和衡量目标的具体标准

在管理决策中,如果目标含糊不清,就无从判断决策的好坏,空洞的口号是不解决任何问题的。它不但应当明确规定短期目标,而且还必须规定长远目标,清楚地了解上一级目标。只有这样,才有可能从更广阔的视野中作出合适的决策。

3. 要使决策具有可行性

任何决策必须注意切实可行。可行性研究是决策的重要环节。决策方案不但必须在技术上可行,而且应当考虑社会、政治、道德等各方面的因素,还要使决策结果的副作用(如环境污染)缩小到可以允许的范围。

4. 要具有资源保证

决策必须要充分考虑到人力、资金、设备、动力、原材料、技术、时间、市场、管理能力等各方面的资源条件,必须有资源作保证。只有这些条件得到满足,决策才可能实现。不能把决策建立在盲目蛮干的基础上。

5. 要有较高的经济效益

管理决策必须细算经济账,考虑经济效益与成本的比例,尽可能使这个比例达到最优,以最小的成本获得最大的效益,这是合理决策的一个基本原则。

6. 要具有组织和人事的保证

管理决策总是要通过一个或几个组织来执行的,这样的职能组织是否存在,行动的权力是否有保证、执行中的请示汇报制度是否建立、组织各部分之间的工作负担是否平衡、机构是否精练、人员配备是否合适等等,都必须在作决策时考虑落实。要知道,适合于一个具有高度组织的单位(如军事组织)的决策,并不一定适合于一个主要依靠个人创造性的独立工作的组织,如科研单位。因此,决策的执行必须有组织的保证和人事的安排。

7. 要具有切实可行的具体规划作保证

一个决策光有好的主意还不行,必须通过制定策略、确定职能、配备人员、组织作业、安排日程等,把这些主意变成具体行动规划,决策才能付诸实施。否则这个决策仍然是个空的东西,没有实际作用。世界上很多好主意就是因为没有变成具体行动规划而至少暂时宣告失败。

8. 要具有应付变化的能力

实践证明,一个好的决策必须有应付变化的能力。客观情况总是变化的,经营管理决策所面对的环境存在多样变化的可能性,决策者不但应当认识到变化的可能性,而且要在决策中事先考虑一些应变的措施,使决策具有一定的弹性,不要让决策成为没有回旋余地、无法应付变化的僵硬计划。

9. 要充分考虑到决策所承担的风险

事实上,百分之百不冒任何风险的决策,不但因为它过于保守不合管理需要,而且客观上也是难以存在的。决策总是面对未来,而未来总是带有不确定性,因此决策多少得冒一定风险。而且获得高成就的决策往往要冒较大的风险。对于决策者来说,问题不在于要不要冒风险,敢不敢冒风险,而是在于既要清醒地估计到各项决策方案所存在的风险的程度,又要在冒风险的代价与所得之间慎重的权衡,看看值得冒多大的风险,同时还要充分估计可以允许的风险的限度,使风险损失不致引起灾难性的不可挽回的后果。也就是说,决策要留有风险发生后生存的余地,才不至于失败。

10. 要具有全面的综合的整体观点

在认识某一些决策对象的客观规律时,必须考虑该事物所处的系统的整体性和综合性,进行系统分析。决策者在考虑问题时把注意力放在与决策对象相互联系的全局上,把决策对象和过程的各个要素看成是相互作用、相互制约的统一体,从他所处系统的整体出发,寻找系统内要素间相互结合的合理结构,协调各部分的相互关系,统筹兼顾,以起到驾驭全局的作用,达到整体优化。在决策中要注意切实处理好四个关系:一是近期目标和长远利益的关系。既要有短安排,也要有长规划;既要立竿见影,也要立足长远。二是局部和全局的关系。既要念好自己的"经",也要创造性地贯彻上级意图,全面推进本地各项事业。三是重点和一般的关系。既要突出重点,狠抓主要矛盾,也不能忽视一般。四是大决策和小决策的关系。大决策事关重大,必须稳妥、慎重;小决策也不能敷衍了事。

## 六、提高决策水平的途径

我们知道了决策好坏的标准,不等于马上就提高了决策水平。决策水平的提高是一个学习锻炼的过程。提高决策水平的办法很多,无法全面介绍,但是如果决策者能够在规律、信息和方法这三个重点方面不断地下功夫,他的决策水平就有可能不断提高。现分述如下几方面:

1. 逐步掌握决策对象的规律性

合理的决策必须建立在对决策对象有关因素间的客观必然联系的认识之上。不了解客观事物的规律,把决策建立在主观想当然的基础之上,是必然要失败的。

下面以企业管理为例,研究如何掌握企业三大类管理决策对象的规律。

第一,是战略性经营决策规律。如企业的新产品设计、技术革新计划、投资方面等。这方面决策最需要的知识是客观经济规律。现在西方有一门称为"管理经济学"的新学科,它研究企业和市场的关系,探讨市场构造、需求分析、价格变化、资金金融等方面的变化规律,是西方企业进行经营决策的理论依据。这门学科是建立在资产阶级微观经济学的基础之上,带有浓厚的主观价值论色彩,因而从根本上来说是违反马克思主义的经济科学原理的。但由于它在市场需求变化、需求弹性以及各类商品的需求特点等方面都作了数量关系上的细致分析,因而对我们也有一定的参考价值。但更主要的是根据社会主义经济规律的理论来研究企业战略性经营决策。

第二,是组织制度与人事问题方面决策的规律。这是有关企业的组织结构设计、指挥与监督等组织制度的建立、人员的选拔与使用等企业内部的决策。这方面需要的是管理决策与干部工作方面的知识。西方目前在管理现代化中盛行的"行为科学""组织学"之类学科,是资本主义国家企业管理中有关这一方面决策的理论依据。如,加查等人所著的《行政管理决策》一书是运用行为科学、组织学原理解决这方面决策问题的著作。这些学科虽然对我国管理决策也有一些参考价值,但对我们来说,更重要的是要针对我国的社会主义制度与管理体制的特点,总结出一套可作我们这方面决策依据的带有规律性的经验和理论。

第三,是同生产技术管理有关的决策对象规律。如作业安排、存货控制、质量管理、成本计划等,这方面不但需要生产管理知识,还必须懂得发展企业生产力的规律性问题。

2. 不断改进管理信息的组织

信息是决策的依据。如果说管理对象的规律和知识是管理决策的必要前提,那么管理信息则是管理决策的具体依据。规律只告诉我们客观事物之间的内在联系,而并不告诉我们客观的具体现状。但作决策时必须了解后者,因此就需要搜集、整理同决策有关的各种资料,用管理学的术语来说,就是要获得必要的信息。一个国家或企业的经济管理信息量有多少,及其加工处理方法是否先进,往往是这个国家或这个企业管理水平的重要反映。认识来源于实践,通过直接实践和间接实践所获得的信息是认识的唯一源泉。一个不重视管理信息的管理者只能是一个无所作为的人,或者是一个瞎指挥的人,决不会成为一个自觉谋略的高明决策者。

那么,如何组织信息,这是一个比较复杂的问题,这要对信息需要、信息源、信息通道、信息加工处理等方面问题做通盘的研究和解决。现在先进的外国企业中一般都有采用电子计算机作为信息处理手段的管理信息系统或自动化管理系统,它的中心任务就是组织信息,协助决策。当然,从本义来看,不论有没有电子计算机,企业中都得有个管理信息的系统,否则企业的管理工作就无法正常进行,只不过这个系统健全与否和效能高低有所不同而已。企业决策者往往也是领导者,他应当清楚地认识到,依靠零碎片断的资料来作决策是十分危险的,必须下决心大力抓好信息工作,只有这样,他的决策水平才有可能提高。

3. 努力学会管理决策的各种方法

企业管理者要作出合理的决策,除了要熟悉情况、掌握规律和信息以外,还必须方法对头。忽视方法,就好比作战中不重视武器和战术,即使知己知彼,也不一定能稳打胜仗。一个管理者必须不断学习和熟练运用各种决策方法,才能迅速而有效地作出合理的决策。第二次世界大战以后,随着科学技术的迅速发展,决策方法也出现了飞跃,那种单凭决策者个人经验和习惯来作决策的古老办法,已经远远不能满足日益复杂的管理决策需要了。因此,要学会决策的新的科学方法和理论。

在近三十年来,决策方法的特点是"硬""软"两类方法不但同时迅速发展,而且相互配合应用。首先,决策的"硬"方法,就是指管理决策中应用数学模型和电子计算技术、运筹学和系统分析中常用的一些方法,如线性规划、决策分析、多目标决策、模拟技术等等,已经越来越广泛地应用到管理决策中去,收到了显著效果。现在许多常用数学方法已经编成电子计算机的程序,供随时调用。这不但提高了决策的准确性和最优性,而且大大解放了管理者花在常规决策上的精力,使他有可能把注意力更加集中在关键性的重大复杂的战略决策上,即使后一类复杂的非规范化的决策,也因为可以用数学方法与计算技术先解决其中许多局部性问题,和初步筛选出一些方案,进而可以简化决策手续,这时只要决策者把精力花在关键性的判断上,就可明显地提高这类决策的效率。

其次,所谓决策的"软"方法,是指应用行为科学、心理学和社会心理学的成就,采用一些有效的组织形式,充分发挥专家的集体智慧。在总称为"专家创造力技术"的名义之下诸如德尔菲法、提喻法、畅谈会法、列名小组法、方案前提分析法等等,名目繁多,方法具体,弥补了"硬"方法对于人的因素、社会因素等难以奏效的缺陷。硬软两类方法互相配合,取长补短,给决策方法的改进开辟了广阔的前景。

在我国目前的管理实践中,学习决策方法之风正在初兴,可是对这二者不但硬方法学得不多,软方法学得更少,这不能不影响我国管理决策水平的提高。因此,我们必须急起直追,努力学习,在学用上下功夫,促使企业经营决策发挥更大的经济效益。

# 企业行为科学及其应用(1979)[①]

## 一、企业行为科学的对象

### (一)行为科学研究的对象和目的

行为科学是研究调动人的积极性的科学。它是以研究人的行为为对象,具体地说是在心理学、社会学、伦理学等科学原理的基础上,研究人类行为的规律,以及如何正确处理人群关系,激发人的积极性的一门综合性的学科。

从实质上来看,行为科学是研究人的行为激励问题,提供激励行为的各种途径和技巧,所以国外也有人把它称作"行为技艺学"(Behaviour technology)。现在行为科学的应用范围很广,我们讲的是企业管理中的行为科学,也叫"企业行为科学"。

从企业行为科学研究的主要内容和目的来看,有如下几方面:

第一,研究人类行为产生的原因,目的在于激发动机,推动行业;

第二,研究人类行业的控制与改造,目的在于保持正确的行为;

第三,研究人与物的配合,如人机工程,目的在于提高劳动生产率和经济效益;

第四,研究人与人的协调,如人际关系,目的在于创造一种良好的激励环境,使人们能够持久地处于激发状态下进行工作,保持高涨的情绪、饱满的兴致、十足的干劲、舒畅的心情,主观能动性得到充分发挥。

总之,研究行为科学的目的在于调动人的积极性。行为科学认为人的工作效绩是能力与激励的函数,能力靠培训,调动积极性靠激励。激励是管理上一个异常重要的功能。

### (二)行为科学的产生和发展

行为科学的主要特点是强调以人为中心进行管理,是研究人为、资源运用的学问。

对人的管理,在资本主义企业的劳动管理中,大致经历三个发展阶段:

1. 专制的因袭管理

资本主义企业从工场手工业时期到蒸汽机、纺织机发明以后的工业革命时期(这时工厂制度已经建立)基本上是实行因袭管理制,即根据资本家个人的经验和判断来进行管理,无章可循,企业内部缺乏严密的管理体制,下属则盲目接受上级的命令和指示去工作。工人的劳动条件是由资本家

---

[①] 本文是1979年上海市电视教育讲座的讲稿,后收入1982年7月复旦大学出版社出版的《工业企业经营管理学》一书,原题《企业行为科学》。

单方面决定的,工资十分低廉,劳动时间甚至延长到 14 小时以上,监督也不时采用暴力手段,用强制和饥饿的办法去进行"管理",完全是非人道的,即采用列宁所称的"饥饿的纪律"。

2. 从泰勒开始的"科学管理"

工人出身的美国工程师泰勒(F. M. Taylor 1850-1915)于 19 世纪末期对工人劳动从事工时消耗研究和操作方法的研究,制定标准操作法,首创实行计件工资制,提高了劳动生产率,使资本家和工人都增加了经济收入(资本家增加的收入远大于工人)。泰勒并且首次把管理与作业分离出来,开始建立职能管理。他的一套管理方法被称为"泰勒制"。1911 年泰勒的代表著作《科学管理原则》发表,在资本主义企业管理史上,泰勒被称为"科学管理之父"。有人认为,泰勒创造的"科学管理",是继蒸汽机的发明之后的第二次工业革命。

19 世纪末 20 世纪初是资本主义工业急剧发展的时期,由于工业大量发展,劳动力渐感缺乏,熟练工人更感不足,而靠增加劳动力是有一定限度的,迫使资本家寻求提高劳动生产率的途径,因此泰勒制受到各国的重视。泰勒制实行的初期,曾遭到美国工会反对,工会认为实行科学管理,提高劳动生产率会使工人不利。后经调查证明工人待遇、工作时间均有改善,而且生产成本也降低,反对才平息。可见这个时期资本主义企业的劳动管理是为了缓和劳资关系,对工人已开始采取某些比较温和的措施,由完全专制的管理变为"大棒加糖果"式的管理。

泰勒的管理方法为企业的"管理科学"奠定了基础,泰勒首创的时间研究、动作研究、制定作业标准等方法,至今仍为各国广泛应用。列宁对"泰勒制"采取了分析的态度,指出它有两个方面:一方面,它是为资产阶级服务的,榨取工人血汗的工资制度;另一方面,它又包含一系列最丰富的科学成就。

3. 开始应用"行为科学"的近代管理

这是行为科学的产生和发展阶段。"行为科学"的萌芽产生于 20 年代到 30 年代的美国,从 1927—1936 年,以美国教授梅奥(G. E. Mayo)为首的包括心理学、生理学、人类学、社会学和数学方面的专家,在美国西方电气公司霍桑工厂前后曾对 2 万多工人进行了一连串实验和调查研究,发现工人由于彼此相互协作,使产量得到提高;而工人和领班之间关系的好坏不同,效率也不同。因此提出,工人之间的关系如何,以及工人是否愿意同管理者合作,对劳动生产率的高低有重大影响。接着又进行了一系列试验,建立了"人群关系论"。梅奥也成为现代企业管理中应用行为科学的创始人。

由"霍桑实验"表明:

第一,用"社会人"的概念代替"经济人"的概念。

第二,生产率的增长与下降主要决定于职工士气的高低。

第三,企业不仅要重视"正式组织"的作用,而且要重视"非正式组织"的作用。

第四,对企业的领导提出新的要求。

第二次世界大战以后,由"霍桑实验"产生的"人群关系论"开始真正影响到企业管理,许多企业研究如何从行为科学的角度看待和处理问题。由于工人文化技术水平普遍提高,人在操纵现代技术中越来越起决定作用,而且工人也不再是进行单纯的体力劳动,使资本家再不能单靠"大棒加糖果"的方法来管理工人了。不得不使资本家承认雇主和雇员之间的人格是平等的,人和物比较起来,人才是企业主体,由原来重视机器的作用,逐步改变为更加重视人的作用,认为物只不过是企业被动的组成部分。这是生产力发展的必然结果。生产力的高度发展,要求工人的文化水平和技术熟练程度不断提高,不发挥人的主动作用,就不能充分发挥现代技术的作用,资本家就不能得到最大限度的利润。为了取得最大限度的利润,使得资本家去寻求"合理化的管理"。行为科学就被广泛运用到资本主义企业管理中来。

从行为科学作为一门独立学科的发生与发展来看,大致经历如下几个阶段:

40年代末期。行为科学作为一门独立的学科,开始于40年代末与50代年初。它是20年代和30年代人群关系理论发展的结果。在20世纪开头一段时期,科学发展愈分愈细的第二次世界大战后,科学领域里发生了两件事情:第一,欧洲一部分社会科学家、人文科学家和哲学家发起科学家统一运动,先后举行了许多国际性会议,到1947年成立了"科学统一研究所"的组织;第二,美国麻省理工学院教授威纳1949年出版专著《控制论》,它综合运用数学、物理、化学以及心理学、生理学、生物学的知识,把机器的通讯行为与人类的通讯行为融合为一。

科学统一运动和控制论的出现,给科学家们一个启示——利用各种有关的科学知识来研究生物和人类行为。在1940年美国芝加哥大学一次跨学科的科学会议上,讨论了有无可能用现成的科学知识来发展关于行为的一般性理论,会议肯定了这种可能性。当讨论这门综合性学科的名称时,有人主张沿用社会科学的名称。由于担心美国国会中的保守派议员和基金会人士可能将社会科学联想为社会主义,最后决定采用"行为科学"这一名词。这次会上特别对方法论进行了讨论,行为科学必须精确、严密、经得起客观事实的验证,不能以科学家个人的经验作为立论根据。

会议以后,福特基金会成立了"行为科学部"。1952年又成立了"行为科学高级研究中心",每年选拔40位美国行为科学家和10位其他国家的行为科学家进行研究讨论。1953年又拨款给哈佛、斯坦福、芝加哥、密执安及北加罗来纳等大学,委托它们从事行为科学的研究。此外,美国联邦政府和洛克菲勒基金会、卡内基基金会等,也先后拨款支持行为科学的研究。

50年代后期。在美国发生了二件大事:其一是1957—1958年的经济衰退,企业迫切要求维持利润水平,旧的人群关系片面强调搞好关系的观点需要加以纠正;其二是随着阿波罗登月计划实现而发生的空间技术的发展,给企业的组织形式、人与人之间、团体与团体之间的关系、企业效率要求等带来了巨大的影响。这时行为科学界出现了一个新的概念——"工业人本主义"。主要内容是:在企业中实行民主管理,恢复个人在工作中的尊严;个人和组织目标的一致性;从工作本身满足人的需要。最近二十多年来,行为科学基本上是围绕着这些课题和组织行为学的一些课题发展的。

60年代中叶之后。行为科学的又一个重要动向是组织行为概念的出现,内容主要论述企业性组织内人和团体的行为。其特征是既注意人的因素,又注意组织的因素,例如工作任务、组织结构、隶属关系等。在一定意义上,是人群关系学派和组织理论的综合。近期已发展到倾向行为科学与"科学管理理论"调和起来的新阶段。

行为科学的发展对企业管理的科学化与现代化产生了重大的影响,改变了传统管理对人的错误认识,从忽视人的作用而变为重视人的作用。行为科学的特点具体表现在以下几方面:

(1) 由原来以"事"为中心,发展到以"人"为中心;
(2) 由原来对"纪律"的研究,发展到对"行为"的研究;
(3) 由原来的"监督"管理,发展到"人性激发"的管理;
(4) 由原来"独裁式"管理,发展到"参与"管理。

目前,西方国家已将行为科学广泛应用于企业管理、公共行政、医学、教育、国际事务等领域,企业管理是应用的重点之一。

(三) 行为科学的性质和种类

要了解行为科学的性质是什么?就要弄清什么是人类行为及其种类。

1. 人类行为的概念

什么叫行为？简言之，行为是人类日常生活所表现的一切动作。

关于人类行为的定义，心理学家克特·列文曾写成如下公式：

$$B=f(p \cdot E)$$

式中：B——行为，P——个人内在心理因素。

$$E —— 环境 —— 外界环境的影响 \begin{cases} 自然 \\ 社会 \end{cases}$$

上式表示行为(B)是个人(P)与环境(E)，交互作用所发生的函数或结果。

从心理学的角度：行为起源于脑神经的辐射，形成精神状态，亦即所谓意识；由意识表现之于动作时，便形成了行为，而意识本身则成为一种内在行为。

人类行为是有共同的特征的。也就是不管男女、老少，属于何种社会阶层，以及任何时代，任何种族的人类，有其不同于其他动物的行为的共同点，综合心理学家研究的结果。人类行为特征至少有下列几方面：

第一自发的行为——指人类的行为是自动自发的而不是被动的。外力可能影响他的行为，但无法引发其行为，外在的权力、命令无法使一个人产生真正的效忠行为。

第二有原因的行为——指任何一种行为的产生都是有其起因的。遗传与环境可能是环境行为的因素，同时外在条件亦可能影响内在的动机。

第三有目的的行为——指人类的行为不是盲目的，它不但有起因而且是有目标的。有时候在第三者看来毫不合理的行为，对他本人来说却是合乎目标的。

第四持久性的行为——指行为指向目标，目标没有达成之前，行为是不会终止的。也许他会改变行为的方式，或由外显行为转为潜在行为，但还是继续不断地向目标行进。

第五可改变的行为——指人类为了谋求目标的达成，不但常变换其手段，而且人类的行为是可以经过学习或训练而改变的。这与其他受本能支配的动物行为不同，它是具有可塑性的。

根据行为的共同特征，探索动机的规律。在行为科学方面的研究，起码要达到两项标准：行为科学研究必须与人类行为有关，行为科学必须利用科学方法。

行为的基本单元是动作。所有的行为都是由一连串的动作所组成的。人生在世界上，总是在做某些事情，如走路、谈话、吃饭、睡觉；开汽车、造房子、织布等。在许多情况下，可以同时做一个以上的动作，如两个人一边走路，一边谈话一边吃东西。在任何一个时刻，我们还可以决定从一个动作改变成另一个动作。为什么某人做这个动作，而不做其他动作？他为什么要改变动作？他有什么想法，要达到什么目的？管理工作的重要任务之一，就是要了解、预测与控制一个人在什么时候可能从事什么动作(动作的发生)。同时要了解是什么动机或需要能在某一特定时间唤起某个动作。

2. 行为的种类

行为的种类极多，按其重要程度可分为下面几种：

个人行为，包括：个人的生长、好高骛远、适应、人格、动机、期望、志愿、学习、意见等行为。

群体行为，包括：团结、互助、合作、友好、谅解、默契、暗约、分歧、对抗、破坏等行为。

管理行为，包括：计划、组织、领导、激励、控制、决策、预测等行为。

政治行为,包括:选举、公务、行政、民族团结、国际关系等行为。

社会行为,包括:社会控制、社会变迁、社会问题、社会要求、社会保险、社会文明、社会进步、社会发展等行为。

文化行为,包括:文化、艺术、教育、体育、学术研究、文化团体等行为。

战争行为,包括:思想战、心理战、谋略战、情报战、团体战、宣传战、军事战等。

本章着重介绍有关个人行为、领导行为、组织行为、团体行为及有关行为科学应用的一些问题。

### 3. 行为科学的性质

对人的行为研究并不是今天才有的,也不只是西方独有的,在我国古代早已出现,只不过西方的科学家在实践中逐步加以系统化、条理化,形成一门完整的科学体系罢了。如在我国春秋战国时,关于"人性"问题,就有荀子的"性恶"论,孟子的"性善"论,还有老子的"性不定"论等的学术争鸣,这也是我国历史上第一次对行为学的"人性"命题进行了探索。又如三国纷争群雄割据时期,刘备、诸葛亮、曹操等人爱才用人的领导行为和人才开发就是证明。特别在历史变革、时代动荡之际,要想有所建树的人都要重视人的行为的研究。在我国革命史上,对于人的群体行为、领导行为、期望论、冲突论等等的研究和实践有大量而丰富的经验和理论。

行为科学是经过长期实践和理论探索逐步形成的,反映了人类行为的某些共同规律。尽管资本主义社会的工人与社会主义社会的工人有不同的阶级内容,但就心理活动来说,总存在某些共同规律性。因此,我们承认它是一门科学。对科学本身简单地标以"真"、"伪"是不恰当的。之所以有伪科学之说,是把运用"行为科学"的两重性与科学本身混淆起来。资产阶级运用这一科学手段来达到其攫取最大利润的目的。我们在企业管理中运用行为科学却正是为了尊重每个劳动者,更好地符合人的行为的客观规律,以调动他们的积极性,提高工作主动性,把各项工作搞好。

行为科学与企业管理科学一样,都具有两重性。

首先,表现在这门科学具有以下的共性:

(1) 表现在普遍的重要性。行为科学既然是研究人的积极性,发掘人的潜在能力,对提高劳动生产率,增强企业生存与竞争能力,无疑具有普遍的重要性。

(2) 表现在具有一定的科学性。由于行为科学是从人类各种活动中抽象出行为的共同规律,用心理学、社会学、人类学的理论作为根据,加以分析综合,因而具有一定的科学性。

(3) 表现在具有广泛的适应性。由于行为科学是研究做人的工作的学问,因此,它不受行为特点的限制,上至制定政策,可以作为基础,下至处理个人关系,可以解决实际问题,因而具有广泛的适应性。

(4) 表现在具有实效的可行性。由于行为科学是研究以"人"为中国的现代管理科学,它不需要特殊的技术装备,就能提供新的思考方式和正确处理人事的技巧,因而还具有简便而有效的可行性。

正因为如此,行为科学在国外受到了企业管理界的普遍重视与欢迎,被称为现代管理科学中的一个尖端的热门学科。

其次,表现在资本主义的行为科学具有一定的局限性和欺骗性。

资本主义企业管理中行为科学的产生有它的历史背景。由于工人阶级的日渐觉醒,早期资本主义企业采用的饥饿政策和棍棒纪律已不能奏效,后来泰勒推行定额管理及奖励工资,把金钱作为刺激积极性的唯一诱因也不再灵验,于是才在人的因素上找出路。由此可见,他们不仅意识到人的积极性比较晚,而且是被迫认识的,长期徘徊,直到1953年才正式定名为行为科学,其学科体系并不成熟,也不严谨。更值得我们注意的是有些资产阶级学者为了维持资产阶级的统治和谋取最大利润,把行为科学充当缓和矛盾,笼络人心的手段,因此渗入一定的虚伪性和欺骗性。其表现在如下几方面:

第一,在对待人性认识上带有明显的唯心主义色彩。

第二,在理论上暴露出资产阶段个人主义的色彩。

第三,在方法上玩弄资产阶级的权术。

第四,在科学研究的指导思想上反映出资产阶级的实用主义等等。

我们是社会主义国家,在社会制度、生产关系及其性质、人们在社会中的地位等都同资本主义社会有本质上的区别。在做人的思想工作、调动人的积极性方面,我们已经有了很多的经验,对于资本主义的一套管理,我们不能生搬硬套。我们要以马列主义、毛泽东思想为指导,借鉴其中一些科学的积极的适合内容,批判和抛弃其不适合的部分。

在这里,我们主要是介绍国外行为科学应用于企业管理的一些情况,并作一定的剖析和引申以启发思路,开阔眼界,作为加强企业经营管理工作的参考。

## 二、企业职工的个人行为

人、物和环境是企业经营管理的三要素,人是居于主导的地位。研究人的行为激励问题,是提高企业经营管理效益的重要方法和途径。

### (一) 企业职工个人行为的动机、模式和测量

人的行为是由人的思想、情绪、感情、能力和行为动机诸因素所决定的。可以说人的行为是人的思想、情绪、感情、能力和行为动机等因素的综合反映。研究人的行为,必须掌握和了解人的思想、情绪、感情、能力和行为动机等因素,这些都属于社会学、心理学研究的对象。所以最先提出人的行为动机和动机理论的是社会学家、心理学家。

管理人员所要处理的最大问题是"人"的问题,是如何调动职工积极性的问题。他不但要知道人类行为共同的特征,同时必须了解一个人为什么要工作?他有什么需求?在同样的工作条件下,为什么有人非常卖力,有人却感到沮丧,提不起工作情绪?只有了解人类行为才能预测行为,进而控制行为。研究动机的目的,就是为了解答人类行为发生、发展和预测及控制的问题。

1. 行为产生的动机和模式

首先,介绍动机的概念。动机,是心理学的概念,原意是引起动作,是行为的直接原因。所谓动机,是指引起个人行为,维持该行为,并将此行为导向某一目标(个人需要的满足)的过程。

例如,当一个人下班后饥饿的时候,他便急着寻找食物吃。假如到食堂没有买到可吃的东西,他不会就此罢休,他可能到外面买点什么,直到肚子填饱,行为才告停止。在这里饥饿就是动机,它引起觅食的行为。进食堂或跑到外面的行为可以有变化,但是与觅食有关而继续指向目标(食物),吃下食物,就是动机获得满足的过程。

像这种由动机引发、维持与导向的行为,即称为动机性行为。人类的行为仔细分析起来,可以说无一不是动机性行为。一个动机获得满足了,另一个动机继之而起,并同时有几个动机引导一个人复杂的行为。前节所列举的行为的共同特征,也正说明了动机性行为的含意。

其次,介绍动机的来源。动机是促使个人产生行为的原因,而动机的主要来源有二:一是内在

条件(需要),一是外在条件(刺激)。内在条件是个人缺乏某种东西的状态,称作需要。所缺乏的,可能是个人体内维持生理作用的物质因素(如水、食物等),也可能是社会环境中的心理因素(如爱情、社会赞许等)。个人缺乏这些东西的时候,身心便失去平衡,而产生紧张状态,感到不舒服。外在条件是个人身外的刺激,如食物的香味、电视的广告、优厚的报酬等。这些都是人身外部刺激的因素。

如果外在条件一定,则对某一物(如食物)的动机强度与身体组织缺乏的程度就直接相关。而内在条件若一定时,则对食物的需要强度,就随外部因素而变化,如人对食物的色、香或看到别人吃得津津有味,或使人忘却饥饿的紧迫环境(如突起的危险)所引起的变化。所以说,动机性的行为,是内在和外在条件交互影响的结果,人类的行为并非机械性的反映,人类的行为因时、因地、因情及其个人内部的身心状况不同,而表现出不同的反应,所以将行为定义为个体与环境交互作用的结果,即 B=f(P·E)较能说明行为的真正意义。

最后,介绍行为的模式。当代的心理学家都认为在刺激与反应之间,应该考虑有机体内在条件的问题,因此在 S(刺激)与 R(目标)之间,放入中间变项 O(个人),而以 S→O→R 的概念去了解个人的行为。人类行为的基本模式,如图 1 所示。

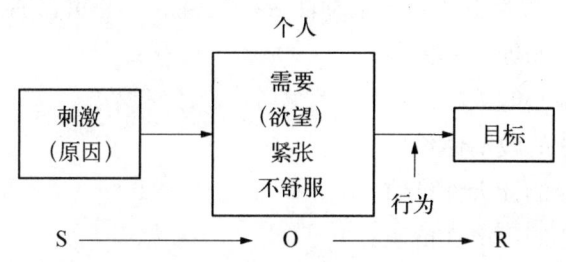

**图 1 人类行为的基本模式**

从上可以说明,个人欲望的产生,有赖于个人当时的生理状态、社会情况(环境因素),以及个人对此环境的认识。

把个人缺乏某种东西的状态叫做需要,而需要使一个人产生欲望与驱动力,引起个体活动。所以通常动机与需要、欲望及驱动力皆被视为同义词,而可互换应用。也有的心理学家认为驱动力是一种力量,但无特定的方向,而方向则引导个人至目标。

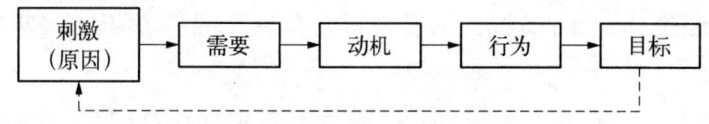

**图 2 需要、动机目标与行为的关系**

2. 行为动机的种类

从上对动机的定义的论述,可以说凡是有关行为发生的原因或条件,皆可称之为动机。动机的种类很多,一般可以分为:

(1) 生理性动机。起源于身体内部的生理平衡状态的变化,这是生物共同的需要,称为原始性驱动力或生理性动机,是一般性需要或有机性需要所产生的,包括饥饿、渴、睡眠、性、温冷、解除痛苦等。

(2) 衍生性动机。起源于心理和社会因素,一般是经过学习而产生的动机,因此,因人而可能有很大的差异,称为衍生性动机或心理性动机,是非机体性需要或个别性需要所产生的,包括爱情、亲和、成就、独立、社会赞许等。

(3) 优势动机。反映在我们实际生活中的行为动机,常常不只是一个,而是同时存在很多个,而这些动机的强度又同时会有变动。一个人的行为由其全部动机结构中强度最高的动机所决定,叫做优势动机。例如,当一个人爬山时,身边没有水,渴了,渴的动机驱使他到处去找水,弄得精疲力竭,再也走不动了,这时需要休息的动机,取代渴的动机,成为优势动机,它支配人的行为。这时,人会坐下来休息,等疲劳消除到某一个程度,渴的动机再度成为优势动机,才站起来继续找水。人类行为既然由优势动机所决定,管理人员对于组织成员的动机结构,更应该有所了解,不但要熟悉全体职工当前最大的需要是什么,同时也应该洞察各个部属在某一个期间内所最盼望的是什么。

对个人动机的模式具有决定性的影响作用的,有以下三种因素:

其一是:嗜好和兴趣。如果同时有好几种不同的目标,同样可以满足个人的某种需求,则个人在生活过程中养成的嗜好,决定选择哪一个目标。例如有人爱吃面,有人爱吃饭(同样为解决饥饿),有人喜欢喝茶,有人喜欢喝咖啡,有人兴趣收集邮票,有人兴趣收集火柴盒。

其二是:价值观。价值观的最终点便是理想。价值观与兴趣有关,但它强调生活的方式与生活的目标,牵涉到更广泛、更长期的行为。有人认为"人生以服务为目的",有人以追求真理为目标,有人则重视物质享受。如史布兰格认为在美国社会被重视的中心价值有六种,即:

(1) 以知识真理为中心的理论性价值;

(2) 以形式与调和为中心的美的价值;

(3) 以权力地位为中心的政治性价值;

(4) 以群众他人为中心的社会性价值;

(5) 以有效实惠为中心的经济性价值;

(6) 以信仰为中心的宗教性价值。

其三是:抱负水准。所谓抱负水准是指一种想将自己的工作做到某种质量标准的心理需要。一个人的嗜好与价值观决定其行为的方向,而抱负水准则决定其行为达到什么程度。如果个人在从事某一实际工作之前,自己内心预先估计所能达到的成就目标,然后驱使全力向此目标努力。假如工作的结果其质与量都达到或超过了自己的标准,便会有一种"有所成就"的感觉(成功感),否则就有失败感、挫折感。个人抱负水准的高低不同,基于三个因素:

(1) 个人的成就动机——遇事想做、想做好、想胜过他人。

(2) 过去的成败经验——与个人的能力及判断力有关,过去从事某事经常成功,自然就提高其抱负水准,反之则降低。

(3) 第三者的影响——如父母、老师、朋友、领导的希望期待,或整个社会气氛都指向较高目标,则个人的抱负水准自然也随之提高。

凡抱负水准低的人,做事马马虎虎,得过且过,缺乏好胜心。一般来说,一个士气高昂的企业团体,其成员都有较高的抱负水准。

3. 行为动机的测量方法

上述可见,行为的产生与维持都靠动机。但动机本身无法直接查知,管理人员如何去了解一个职工具有什么动机,而在某一状态下其动机的结构又如何,什么是优势动机? 这只能从职工个人表现于外的行为去推断、分析。其测定的方法通常有下列几种:

(1) 观察法。就是在实际生活中,或是在控制的情况下,观察职工的行动,加以推论动机的象征是:追寻、选择及注意某一个(或某一类)对象,继续某种合理的行为直到目标的达成,以及目标达成后,个人所表现的满足状态。例如,一个职工他平时就喜发表意见,一有什么团体活动便积极参与,对别人的事又很关心,且喜欢替别人出主意,我们就可以看出其领导或支配动机的情况。当他有机会被选为某某代表时,若表现极为兴奋、愉快,而落选时表现极为沮丧不乐,这样就更可确定他具有强烈的领导动机。

要想从行为的观察获得正确的推论,管理人员必须多与职工接触,而且做长期的观察,懂得察言观色,才能洞察对方的需要。

(2) 自陈法。人类的动机如果只靠第三者从外面观察,则无法完全了解,而必须直接问及本人,所要求的是什么？一般又可用下列几种方法了解:

其一,是问卷法,即让受试者按自己个人的情形,回答各种问题,常见的有是非法。如:
① 你喜欢一个人单独工作吗？
② 你愿意为了争取奖金,增加工作时间吗？

其二,是选择法,可以列出两种假设情况,让受试者根据自己的意见圈选其中之一。如:
① 我有什么意见就向上级主管表明。
② 我在上级主管面前总感觉到胆怯。

其三,是面谈法,即直接面对面地问职工一些问题,然后就其所陈加以分析,而推断其动机。

(3) 投射法。用自陈法虽然可以弥补观察法的不足,但因自陈法是一种主观报告,有时可能为了迎合主管所好,有不真实的答案。因此可以采用不让受试者了解测验目的方式,即看图说故事。例如让职工看三张幻灯片,内容为:
① 工作情景——两个工人在操作一架机器。
② 人事情景——一个主管模样的人与一个部属模样的人相对而立。
③ 办公情景——一个男人坐在桌前,桌上放一堆公文。

内容的设计不太明确,且具有多重意义。受试者看完图片后,凭个人的想象编造一个故事,故事的内容必须涉及下面几个问题:
① 图中所示为何等人,他们正在做什么事？
② 目前的情况是如何演变而成的？
③ 你认为他们的情况将来会有什么样的发展？
④ 个人的感想。

受试者在编造故事时,会不自觉地将自己的愿望投射进去。因此分析其故事内容,即可推知其动机的一部分。

以上三种方法各有其特征,如果能同时运用则更能正确地了解一个人的真正动机。但有时情况不允许,则可选择其中一种适当的方法。如对一群外来应征的职工可先用自陈法中的问卷法,做一个概括的了解,经采用后,再加以投射法深入分析,并配合观察法随时核对。这样了解,就较全面了。

测量个人的动机,是为了满足职工的需要。从心理学观点看,能满足个人要求的外在物叫诱因,在管理上则称激励。一定的需要往往是特定的激励来满足的,了解了个人的需要之后,就应找出适当的激励,才能提高人事管理的效果和水平。

(二) 企业个人行为的理论和性质

个人(个体)是构成组织的最基本细胞。个人行为是行为科学的重要组成部分。研究个人行为的目的是为了调动职工的积极性。企业管理的首要问题就是想方设法去调动每个职工的积极性,强化积极行为,预防消极行为,使全体职工齐心协力,去实现企业的目标。

积极性是一种内在的变量,是内部的心理活动过程。因此积极性是看不到,听不到,也感觉不到的。但是,却能从一个人的行为表现来考察他的积极性。从行为追溯至动机,从动机追溯至需要。需要是调动积极性的原动力。需要满足了,调动积极性的过程也就完成了。

另外,人的积极性还受个性、工作性质、生活条件、人群关系、社会环境等因素的影响。因此,必须从系统的观点出发,在可能的条件下,以满足需要为出发点,综合研究调动人的积极性的问题。以下介绍个人行为的理论。

1. 人性管理理论

传统管理,尤其在工业方面,忽视了人类天性与群体合作的重要性,认为只靠技术力量和经济力量就可以达到组织目标,事实并非如此。我们不否认技术力量与经济力量对于实现组织目标的作用,如计划决策、劳动定额、成本分析、新技术、新设备等,如果这些东西竞争不过别人,也可能导致企业的失败。

但是,每个职工是否能发挥最大的智慧与才能,为实现公司的组织目标而努力工作,相互间的合作是否协调而有效,在实现组织目标的同时是否也能满足职工个人的需要,这些都不是传统管理所能解决得了的问题。

行为管理学者认为,在管理上若不注意研究人性,必然忽略人的重要作用,不去鼓励人与机器的配合,而犯了偏重机器而约束人的错误。若能把握人性,正确地运用人性,则可以充分发挥人的工作价值。这种价值不单表现在工作的数量方面,更重要的表现在创造力与发挥经济力方面。明白地说,机械的发明与进步,有赖于创造力和经济力;而这种经济力与创造力是以人为主宰的运用和发展。因此,注重人性,不但可以提高工作效率,并可增进机械的运用程度,促进企业内职工的精诚合作,发挥社会和谐作用,提高人类精神文明和物质文明。

在阶级社会里,人性首先是一定社会生产关系的产物,是阶级性的问题。不同的阶级对人性的看法是不同的。人性除表现在阶级性方面以外,还有自然属性一方面。这里所说的人性,主要是侧重在自然属性方面。人有人的尊严,人有人的"自我"。这种自我的重要特征是渴望得到别人的尊敬。任何一种外界不良影响都可能或多或少伤害一个人的自尊心。一旦自尊心受到伤害时,就有可能进行反抗。这种反抗的行为,即使不表现出来,也可能埋藏在心底里,其结果可能形成情绪不安,工作消极,感到自卑或不合群,甚至导致有害的行为。

人性的特点主要表现在以下五个方面:

① 人有高度自我、自尊及求得生存的欲望;

② 人是有智慧和有感情的动物;

③ 人受先天的遗传与后天环境的影响;

④ 人的欲望并不完全相同,同一欲望也有强弱之差别;

⑤ 人可能受到某种激励而要求上进,努力去实现某一目标(理想),甚至不惜牺牲自己的生命,也可能因为受到某种刺激而感到内心的空虚,情绪的不安,甚至感到人生毫无意义。

在管理上,行为科学家提出所谓"人性管理"的论点。他们认为管理的指导思想是以对人性的假设为依据的。如美国麻省理工学院工业管理系教授麦格雷戈1960年著的《企业的人性问题》一书中所提出的X理论和Y理论,等等。

(1) X理论。麦格雷戈认为,人类本身蕴藏着极大的潜力,但没有全部发挥出来。其原因是传统管理理论对人的看法不正确,影响到企业领导者对人的看法,把人当作消极的因素,因而,对人性作了错误的假设。麦格雷戈把这种错误的假设称之为 X 理论,其要点如下:

① 大多数人的本性是好逸恶劳的,他们尽可能逃避工作;
② 大多数人没有上进心,不愿负责任,喜欢被人领导;
③ 大多数人没有胜任工作的创造力;
④ 大多数人的行为动机是建立在对生理和安全的需要上;
⑤ 大多数人要进行严格的管理和控制,才有可能达成组织目标。

基于上述对人类本性的认识,X 理论主张:

一是管理者的主要任务是组织生产,完成生产任务;
二是管理者对职工应采用监督、控制等手段来进行管理。

根据 X 理论的主张,产生了传统的管理组织、原则和措施等。形成"命令与统一""权威与服从"的管理方式。泰勒所创立的科学管理就是属于以 X 理论为指导的管理方式。

(2) Y 理论。麦格雷戈认为,X 理论并不符合现实生活中的许多情况。X 理论对人类本性的假设是消极的、错误的,以 X 理论为指导的传统管理并不能达成组织目标,它会受到职工的反对。麦格雷戈根据他对人类本性的认识,提出了与 X 理论相反的 Y 理论,其要点如下:

① 人并不是天生就厌恶工作的,人们对工作的喜恶,在于工作对他是一种满足还是一种惩罚;
② 外来的控制与赏罚并不是唯一使人达成组织目标的手段,人们的自我控制才是达成组织目标的重要条件;
③ 单纯追求生理、安全的需要,不愿负责任,缺乏雄心壮志并非人的本性,在适当的鼓励下,人们能够负起责任,有雄心壮志去完成工作;
④ 大多数人都有一定程度的想象力、创造力,能够解决工作中的问题;
⑤ 在现代工业社会中,一般人的智慧与能力只是部分地得到发挥。

基于上述对人类本性的认识,Y 理论主张:

一是人们并不是本性就消极的。管理者应当为职工发挥智慧和能力创造机会,提供条件,扫除障碍,进行指导;
二是管理者应给予职工一定的权力,让他们参与管理,以便充分发挥他们的聪明才智和创造力;
三是不否认管理者组织生产的作用,但管理者更重要的任务是用适当的方式方法,在达成组织目标的同时,也满足职工的需要。

根据 Y 理论的主张,产生了"目标管理""分权与授权""参与制管理""顾问式管理"等。

(3) 超 Y 理论(权变理论)。行为学者莫斯和赖斯卡对麦格雷戈的 X 理论和 Y 理论又进一步作了试验。他们认为,X 理论并非全部错误而毫无用处,Y 理论也并非全部正确而到处可用,而应当将 X 理论和 Y 理论两者结合起来,根据不同的情况灵活运用。因此,莫斯与赖斯卡又提出了第三种理论,称作超 Y 理论或权变理论。其要点如下:

① 人们是怀着不同的需要和动机去工作的,但最主要的需要是实现胜任感;
② 当工作的性质和领导方式得到适当配合时,人们工作的胜任感最能被满足;
③ 当一个目标达到后,人们的胜任感会继续被激励起来,去争取达到新的目标。

根据超 Y 理论的主张,新的管理应当是:

一是管理者应将组织、工作和人员进行适当的组织配合,将一定的工作分配给适当的团体和个人来担任；

二是管理者首先要对工作的性质、工作的时间及工作的目标等有深入的了解,然后再确定管理层次的划分,工作的分派,劳动的报酬及管理方式；

三是各种管理理论及管理方式,均有可用之处,主要应从实际出发,依据工作性质和不同的职工对象而定。

莫斯和赖斯卡提出的超 Y 理论,进一步发展和完善了麦格雷戈的理论,从此行为科学学派的管理理论开始基本形成了。

### 2. 需要层系理论

行为科学学派认为人的行为产生于动机,而动机来自人们的需要,人们的需要又是多种多样的。心理学家马斯洛提出把人的各种需要归纳为五大类,这五大类需要互相关系,并按其重要性和发生的先后次序排列成一个需要的等级,即：

(1) 生理需要。这是人类最原始的需要。包括吃饭、穿衣、居住、结婚及其他等生存必不可少的需要。这些需要不能得到满足,人就难以生存。

(2) 安全需要。当一个人的生理需要得到满足后,就想满足安全需要。如生活要有保障,要求摆脱失业的威胁；要求在年老时有依靠和生病时有保障；要求避免职业病的侵袭；希望解除严酷的监督和威胁；等等,都是属于安全上的需要。

(3) 社交需要。这就是感情或归属上的需要,从感情来说,希望伙伴之间、同事之间关系融洽或保持友谊和忠诚的良好关系；希望与他人取得友爱,得到爱情。从归属来说,因为人是"社会人",每个人都有一种属于某一集团或群体的感情,希望成为其中的一员,并得到相互照顾和关心。这种需要比前两种需要更细微,它和一个人的生理特性、经历、教育、信仰有关。

(4) 尊敬需要。这是指自尊和尊敬。就是对于名誉、地位的欲望,个人的能力、成就的要求等被人们承认。这是较高的需要,一般很少得到满足。

(5) 自我实现需要。这是实现个人理想抱负的需要,是需要层系中最高的一种需要。即如何充分发挥一个人的潜在能力。音乐家努力演奏好乐曲、科学家要尽力研究出新的成果、教师要教好学生等等,就是人们怎样才能使得自己为达到理想目标而努力。

马斯洛认为,上述需要的五个层次是逐级上升的。当低一级需要获得相对满足以后,追求高一级的需要,就成为继续努力的动力。而当满足了高级需要,却缺乏低级需要时,则可能牺牲高级需要,去谋取低级需要。因此必须首先满足低级需要,这是基础,然后逐级上升,才能有效地激发动机,推动行为。

马斯洛的理论有一定的局限性。但他也认为研究人类需要的层系并不是机械不变的。

### 3. 双因素理论

所谓双因素论,是美国的心理学家赫茨伯格在 50 年代后期提出的理论。他认为人类有两种需要,满足这两类需要的因素有两种,即"保健因素"和"激励因素"。赫茨伯格的理论认为,外部环境如公司的政策、管理和监督、人际关系、工资水平、工作条件、个人的生活、地位和安全等,这些因素处理好了,只能消除职工不满,使人安于工作,不能激发其积极性,促进生产率增长。这正像讲卫生一样,只能防止疾病,不能医治疾病。赫茨伯格把这一类因素称为"保健因素"。如使工作富有成就感、工作成绩得到认可、工作本身具有较大的挑战性、负有较大的责任、在职业上得到发展成长等,这些方面的改善能够激发职工的积极性和热情,从而会经常提高一个人的生产率。赫茨伯格把这一类因素称为"激励因素"。保健因素相当于马斯洛需要层次的第一、二、三级,而激励因素约相当于第四、五级。尽管双因素论把满意的事情归于自己,把不满意的事情归于外部条件,但 60 年代中叶以来,它越来越受人注意。把双因素理论用于管理实践,提出了新的劳动组织公式,即"工作事实化",通过事实化提高工作的意义,从而激发职工的积极性。以这种概念指导奖金工作,使奖金成为"激励因素",强调资金必须与企业经营好坏和个人的工作成绩挂起钩来。如果不顾经营好坏、成绩大小,给职工平均发放,那么奖金就沦为"保健因素"。花钱再多,也起不了激发作用。一旦取消,则会造成职工不满而影响生产。

4. 不成熟到成熟理论

美国哈佛大学教授克里斯·阿吉利斯在 1957 年出版的《个性与组织:体系和个人之间的冲突》一书中,提出了一种关于人类行为的"个性与组织"的假设或"不成熟—成熟"理论。他认为,在人的个性发展方面,如同婴儿成长为成人一样,也有一个不成熟的发展过程。据阿吉利斯分析,人转变为成熟的过程会发生七种变化:

(1) 从被动到主动;
(2) 从依赖到独立;
(3) 从行为的局限到多种行为;
(4) 从错误而浅薄的兴趣到较正确兴趣的深化;
(5) 从目光的短浅到目光比较远大;
(6) 从自己从属他人的地位到同等或优越的地位;
(7) 从缺乏自知之明到自我认识和自我控制。

一个人在这个"不成熟—成熟"连续发展过程中所处的位置就体现他自我实现的程度。阿吉利斯认为传统的管理组织强调专业化,限制了工人独立自主和创造性的发挥,导致"性格不能走向成熟",阻碍了"人性的自然发展"。如当一个组织使个人保持在不成熟状态,而妨碍自我实现时,于是个人就采取脱离组织,以便取得更多的自主权或采取冷漠不关心等手段来对抗。而组织则会采取高压或蒙骗等手段来对付个人的反抗,从而使矛盾更加激化。因此认为,企业管理者应当改变旧的管理方式,提供一种有利于职工成长和成熟的环境。如采取扩大工人工作范围或参加管理等,使工人的经验多样化,责任感加强并有更多的自知之明和自我控制。这就是说一个企业的领导者和管理者不能仅仅满足于了解和掌握职工的个性,还要注意创造条件,让他们的个性向着健康的方向发展,使企业和职工都达到目标和满足需要。根据这一理论,我们对个性尚未定型的年轻工人尤其应当注意,创造条件,才能促使其成熟,造就四化建设的有用人才。因为他们的经验浅,不模式化,其性格的可塑性超过成年人。当前我国正面临职工年龄结构的迅速变化,有的企业青工人数超过职工总数的一半。他们一般比老工人接受过较好的文化教育,对待事物敏感,但是他们没有身受旧社会的痛苦,而且又成长于"四人帮"造成的十年动乱之中,因此一部分人在个性成长过程中受到不少的"内伤",如何帮助他们填补这个心理上的缺陷,是我们企业管理中迫切需要解决的问题。

5. 期望理论

这是佛隆在 1964 年出版的《工作与激发》一书中提出的理论。这一理论可用下列公式表示:

$$激发力量 = 效价 \times 期望$$

"效价"指达到目标对于满足个人需要的价值。"期望"指根据一个人的经验,判断一定行为能够导致某种结果和满足需要的概率。

按照上列公式,激发对象对目标的价值看得愈大,估计能实现的概率愈高,激发的力量就愈大。我们常听人说看不到"奔头"、鼓不起干劲。这里的"奔头"实际就是期望。

期望与可行性是影响个人需要强度的两个重要因素。期望与可行性是有联系的,但又有一定的区别。期望是心理学所用的术语,是指过去经验的总和。根据个人过去的经验,可以了解某一需要获得满足的概率,这些过去的经验主要来源于个人认为合法的人与物。例如,父母、老师、上司、同僚及报章杂志、书籍等。因此,期望可以影响一个人的动机或需要。

可行性是指环境对动机或需要的某种限制。例如,夜间因大风雨停了电,不能看书也不能看电视。这些目标行动因为环境的限制而成为不可能。一个人有很强的读书欲求,他尝试寻求其他的照明方法,但是均遭到了挫折,因而读书的需要强度便降低,同时放心而做其他的事——如睡觉。因此可行性是一种环境变数。但是必须强调的是满足需要的目标是否可得并不重要,而现实环境本身才足以影响一个人的实际行动。

在制订期望目标时,要周密考虑可行性,期望的目标订得太高,缺乏可行性,达不到,受到挫折,可能影响职工的积极性,期望的目标订得太低,很容易达到,职工的积极性容易调动,但对生产发展的速度可能有影响。因此,期望目标要订在现实与可行的基础上。

有时期望目标订得也不高,可能性也是有的,但是由于没有认真地创造良好的环境,使可行性受到挫折,这是应避免的。

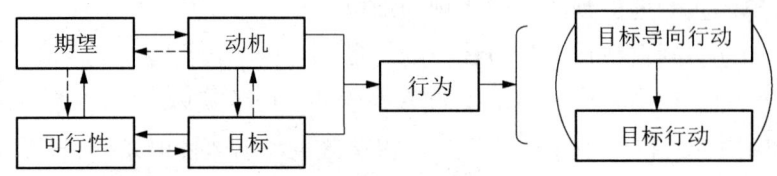

**图 3　激励状况扩展图**

上图表示一个扩展了的激励环境——包括期望及可行性。

### (三) 企业个人行为的激励和强化的办法

管理工作的重要任务之一,就是想办法激发动机、强化动机、运用动机的机能,影响职工的行为。把组织目标变成每个职工自己的需要,把企业的利益与满足职工个人的需要巧妙地结合起来,使人们积极地、自觉自愿地努力工作。这就是激励所要解决的问题。

1. 激励的原则和方式

激励是指引起行为的一种刺激,是促进行为一种重要手段。在某一特定情况下,受激励的行为将产生一定的结果,激励所研究的问题,就是认识和掌握这种因果关系的规律。

人类生产经济活动根本动机是从欲望出发的。形成欲望要具备两个条件:一是缺乏,有不足之感;二是期望,有求是之愿望。二者结合成一种心理现象,就是欲望。

首先,介绍人类欲望的特性:

(1) 人类的欲望是无限的。随着生产的发展,科学的发达,社会的进步,人类的物质生活和精神生活越来越丰富,人们的欲望也因之越来越高,这是必然的;

(2) 生理的欲望是有限度的,过度则反成痛苦;

(3) 欲望不是孤立的,而是有联系的;

(4) 欲望是有反复性的,满足以后,经过一段时间,还会发生;

(5) 欲望有竞争性,如果有两种或两种以上的欲望同时发生,强度高的欲望首先显露出来,甚至迫使其他欲望趋于消失。

如果能正确运用人类欲望的特性,社会在满足职工欲望的同时,又能实现组织目标,使企业与职工双方受益。

其次,介绍激励的原则。心理学上对于能满足个人需要的外在事物叫诱因,在管理上就是激励。为了实现组织目标,对职工的行为提出一定的要求,规定一些准则,尽量使职工的目标与企业的目标保持一致,为此,对职工的行为必须进行引导。了解职工目标与组织目标的差异及原因,用适当的诱因,满足职工的需要,从而激励起职工的积极性。

对职工的激励一般应遵循下列几项原则:

(1) 组织目标的设置与满足职工的需要尽量相一致。目标本身就是一种刺激,要激励职工,首先要明确目标,使职工了解他们要做的是什么?有什么意义?与个人的目前利益及长远利益有什么关系?同时规定一定的工作标准及奖励方式,以使每个职工均能按组织目标而努力工作。

(2) 公司企业的行政管理政策、规章制度,要有利于发挥职工的积极性和创造力,要使它们成为激励因素,成为推动力,避免成为遏制的力量。

(3) 要有良好的管理方式和管理行为,多实行参与制、民主管理、授权管理。学会运用影响和以身作则去推动工作,避免滥用权力。

(4) 建立良好的人群关系。领导与群众,上级与下级要互相信任、互相关心、互相尊重。上下左右要建立良好的意见沟通。

(5) 形成良好的风气。使每个职工热爱集体,以厂为家,有光荣感,形成一种和谐的气氛。

(6) 创造良好的生产条件和工作环境,保障职工的身体健康和精神愉快。

最后,介绍激励的方式和程序。激励的方式主要有以下两种:

(1) 外在的激励方式。包括:福利、晋升、授衔、表扬、嘉奖、认可等。

(2) 内在的激励方式。包括:学习新知识和新技能、责任感、光荣感、胜任感、成就感等。

外在激励方式虽然能显著提高效果,但不易持久,处理不好有时会降低工作情绪;而内在激励方式,虽然激励过程需时较长,但一经激励,不仅可提高效果,且能持久。

激励也要研究一定的程序,一般有如下的激励程序:

第一,了解需要。了解每个人各种需要的强度,需要的结构,满足需要的方法及需要不能满足时如何做工作。

第二,情况分析。主要是对影响个人行为周围环境的分析,以求改进,或引导职工适应环境。

第三,利益兼顾。要兼顾组织、团体和个人的利益。

第四,目标协调。达成企业目标的同时,满足职工的需要。

在综合考虑上述几方面的情况后,选择适当的奖励办法,采取有效的管理措施。

2. 影响行为激励效果的因素

人能够被某种因素所激励而积极,也可能被某种因素所刺激而消极。人本身是一个有机的系统,不是一个机械系统,人能接受各种激励,包括物质因素和精神因素。人的行为,一方面受其个体变数的影响,另一方面又受其环境因素的影响,这两个变数是影响行为的决定因素。

(1) 个体因素。人的思想、分析、推理、判断、行为及沟通等,不管如何理智,都免不了受个体情绪的影响。一般说来,考虑的问题越重要,受情绪因素的影响也越大。

① 中枢神经系统和内分泌系统功能的影响。当我们集中精力动脑筋想问题时,心跳加快,因

而对环境中其他刺激的接受程度降低；而在心跳正常时，对外界刺激的接受较为灵敏。

② 个人情绪的反应直接影响行为的引发和进行。如当领导批评得越是严厉，职工的"自卫反应"便越强烈。这说明，人们不可能完全以理性为主进行反应。当职工和领导在一起时，其内外行为会有变化，这是因为权力和地位对心理产生的冲击作用。情绪对行为的影响，自己对自己的体会较难，而发现别人则较为容易。所以，人们互相帮助，能够减轻或消除情绪对理性决策的影响。

③ 情绪虽有时被压抑，但其作用却不会消失。情绪总是不断地在影响人们的行为、思考、推理、判断和决策，当个人对某种情况有情绪反应时，该情况必与其本人的利益有关，绝对地客观看问题是不可能的，因为人是综合运用理性和情绪来思考问题的。

④ 情绪冲突行为的影响，情绪的冲突对行为的影响较大，如一个人平时工作不积极，偶尔一次受到了表扬引起强烈的情绪冲突，产生要求进步的需要，开始改变过去的不良行为。这种冲突是来自内在的需要，经过积极引导，新的生命力就注入到人的心或组织中去，会产生持久的效果。

(2) 环境因素。人所处的周围环境，会影响他的各种行为。如果要把人们引向某一方向，就必须使人们与环境间的关系有相应的变化和调整。不是改变环境，就是人去适应环境。如果人与环境经常处于不相适应的状态，不但影响行为，而且会导致生理上的变化。引导人们适应环境的方法主要有以下几种：

① 设置目标。对于所要完成的工作内容，要求有明确的规定，使人们积极努力奔向目标。

② 规定标准。标准不能定得太高，也不能定得太低。如果让一个人去做他力所不能及的工作，就会失去信心，产生挫折感；如果让他做轻而易举的事，就不会有什么激励作用，这种标准是经过努力可以达到的，所谓"跳一跳，才能摘到的果子"。

③ 制订方案建议制度。做任何一件事，都可能有几个方案可供选择，有了这种制度就能激发职工遇事动脑筋、想办法，采用最有效的工作方法，选择最经济合理的实施方案。对于优秀的工作和经济合理的方案应给予必要的奖励。

④ 公开的授权。权力和责任的公开化，使自己和他人都能正视权力和责任，避免有职无权和对工作不负责的现象。

不论是环境因素，还是个体因素，对不同的人来说是不一样的。因为人的动机、需要、行为虽有一般规律，但又都要因人而异。例如，职业、年龄、文化程度、经济状况、家庭出身等各人是不同的，因此，可用一个综合性的因素说明，这个综合性因素就是成熟度。所有的人都是从不成熟发展到成熟的，不过速度有快有慢，道路有曲有直，时间有早有晚。

对不同成熟程度的人，应采用不同的管理办法和不同的激励方式。对不成熟的人，应管得严一些、细一些、多一些；对成熟的人，则应管得松一些、粗一些、少一些。对不成熟的人多采用改变环境、满足生理安全上的需要来激励他，调动他的积极性；对成熟的人，则多用工作本身、满足社会性需要、成就、理想来激励他，调动他的积极性。如果把成熟的人当做不成熟的人来对待，管得很严、很细、很死，就容易束缚他的积极性；如果把不成熟的人当作成熟的人来对待，管得太松、太粗、太少，则会造成工作上的差错。

运用激励的目的，就是要达到一定的效果，否则就失去了激励的意义。一个人的能力，在一般情况下，并未完全发挥出来。能力发挥的程度越高，其工作效果越大，而能力发挥的程度主要决定于激励因素。虽然人的能力的发挥也有一个限度，因为激励太高，或者已经满足了预定的需要，随着需要的满足，激励便不起作用了。

激励效果的大小，还与激发的力量有密切的关系。

$$激发力量 = \sum 目标价值 \times 期望概率$$

这是一个期望值模式,它说明积极性被调动的程度与各种目标价值和期望概率有关。激发对象对目标的价值看得越大,估计能实现的概率越高,激发的力量越大。

目标价值表示这种需要对某个人来说有多大强度,或者说这一目标在他看来需要到什么程度。不同的目标,对不同的人有不同的价值。期望概率是指达到这一目标的可能性(可行性)。目标价值再大,如果期望概率很小,使人感到无望,也不可能调动起人的积极性。

目标价值和期望概率,多由个人自己判定。目标价值的确定与一个的思想境界有关,也与他当时所处的环境、地点、时间等条件有关。前者是内因,所者是外因。期望概率则多由个人根据自己的经验来作出判定。

期望在未达到之前,期望值只是一种估计,它所具有的激发力量最后究竟怎样,要看实际结果。实际结果与期望值比较,有以下三种可能:

① 实际结果＞期望值,使人高兴,信心增加,大大增加激发力量;
② 实际结果＝期望值,属预料之中,如无进一步激励,积极性只维持在期望值水平;
③ 实际结果＜期望值,产生挫折感,会使激发力量失去作用。

通过以上的分析可知:在运用激励方法时,要注意不同的目标价值或同一目标对不同人的不同价值。在管理工作中,通过积极引导使职工对目标价值有正确的认识。对实际结果小于期望值的情况,应采取预防性措施,如果确因本人估计不当,应把工作重点放在实际结果出现前改变本人对期望值的估计;或者改变他的目标,指出他对期望概率的估计与实际可能性的差距,以减少消极力量的增加。

3. 个人行为的激励强化方法

强化是心理学术语。按其作用,可分"正强化"和"负强化"两种。正强化是指对某种行为给予肯定或奖励,使该行为巩固、保持;负强化是指对某种行为给予否定或惩罚,使它减弱、消退。正强化是积极的强化,负强化是消极的强化。如果说引起一个行为靠动机的话,那么,巩固、保持这个行为或减弱、消退这个行为就得靠强化。没有强化,不可能有正确的行为。因此,强化与激励具有同样的意义。运用强化作为手段,来达到预期的行为结果,可采用以下方法:

① 设置鼓舞人心的目标。一个鼓舞人心的奋斗目标,不仅可以激发人的动机,而且可以强化行为。一个企业要有自己的近期、中期和长期的奋斗目标,如品种、产量、质量、利润、职工福利、技术改造等。围绕这个总目标,各部门、各单位和每个人都要定出自己的分目标。明确了目标,人们在生产中就会时刻把自己的行为与目标互相联系,这些大小目标就是人们的行为活动在不同阶段上所要达到的预期结果。

② 采用渐近法。所谓渐近法,就是根据人的认识规律,把一个复杂的行为过程分解成许多小的阶段,逐步加以完成。采用渐近法可以使职工树立信心,加强工作的计划性,使职工适时了解自己的工作成果。渐近法要求指标和计划定得合理,一般应比原来水平定得稍高些,使得大多数职工经过努力就能达到或超过。

③ 信息及时反馈。及时进行信息反馈,可使职工随时知道自己行为活动的结果如何。这样,就可针对问题,分析原因,及时改进,以达到修正行为,不断改进工作的目的。利用信息反馈强化行为,其效果是十分显著的。

④ 个人需要的满足。行为是由动机引起的,而动机是由人的需要激发的,这是客观规律。要

搞好管理工作,调动起人们的积极性,使每个职工保持旺盛的士气,就要按照职工心理活动的规律,承认需要,满足需要,以激发职工动机,强化行为。对于不能满足的需要,也要做好工作,避免产生消极情绪。

不同的强化因素,对不同的人,可能效果不同,如金钱可以激励某些人更努力地工作,但对于另外一些人,金钱可能没那么大的作用,工作成就可能是重要的。因此,管理者必须了解和掌握不同的强化因素对不同的人的作用。

强化与惩罚是有区别的。强化会增加良好行为发生的次数,对人有鼓励作用,即使是负强化,只要做好工作,也可消除副作用,而惩罚则只是终止或镇压行进中的行为,它对未来行为并没有长远或确切的影响,即使有也是间接的影响。同时,惩罚会给人带来心理上的创伤。因此,企业领导必须慎重行使惩罚手段。当然在必要时,仍需使惩罚手段,对一个人的惩罚,可教育大多数人,从这个角度讲也有一定的效果。

4. 个人行为改变的途径

行为科学研究人类行为的目的,归根结底是为了调动职工的积极性,提高工效,增加企业的盈利,同时也使职工的需要获得满足。由于人类本身及环境等各种因素的影响,人们所产生的行为,有的是合理的,有的是不合理的,有的是正确的,有的是不正确的。合理的、正确的行为,应给予强化;对于不合理的、不正确的行为,应加以引导,促使其转化,将消极因素变为积极因素。

行为的改变过程可以有四种情况:

(1) 知识的改变;
(2) 态度的改变;
(3) 行为的改变;
(4) 团体或组织行为的改变。

这四种改变的时间关系及相对的困难程度如下:

知识的改变最容易达成,态度上的改变次之。这两种改变的结构是不同的,前者受环境影响较多,后者受感情影响较多。行为的改变较知识和态度的改变困难多、时间长。而团体行为或组织行为的改变则更难,费时更久。

改变行为的关键在于学习。人类在遇到问题时,总是力求运用过去的经验(包括自己的与别人的经验),并吸取新知识、新技术想办法加以解决。如工人学习操纵一台新机器,管理人员要进行一项技术经济分析等。人类与其他动物的最大的不同点之一,是在适应环境的过程中,能保存和运用过去的经验,并能用以改变当前的行为。这种因经验而产生的行为改变,在心理学上称之为学习。人类日常的种种行为,如说话、做事、吃饭、走路等,无一不是受到经验影响的结果。在管理中,工人从事生产,领导处理问题,技术人员进行科学实验等,都要遇到学习的问题。因此,学习是产生行为改变的重要条件之一。

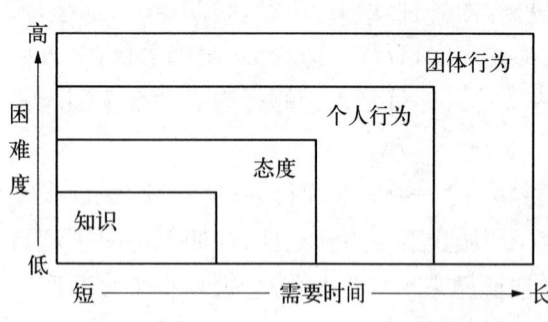

图4 不同的改变所需的时间及困难度

行为科学家将人类的学习机构与一部电脑机器相比较,指出人类具有学习所必需的硬件装置和软件机构。硬件装置包括:输入装置、输出装置、记忆装置和联合装置;软件机构包括三项法则: ① 省力有效的法则; ② 反应的法则; ③ 反馈的法则。

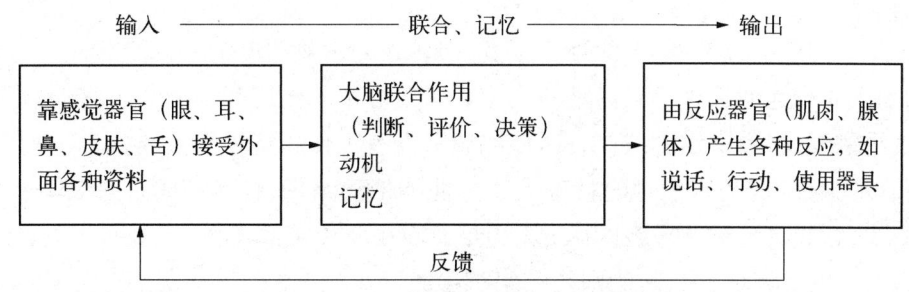

**图 5　学习的基本模式**

### （四）个人行为激励的手段

首先，分析职工工作情绪因素。激发满意因素，消除不满因素。一般说，影响职工工作情绪的因素如下：

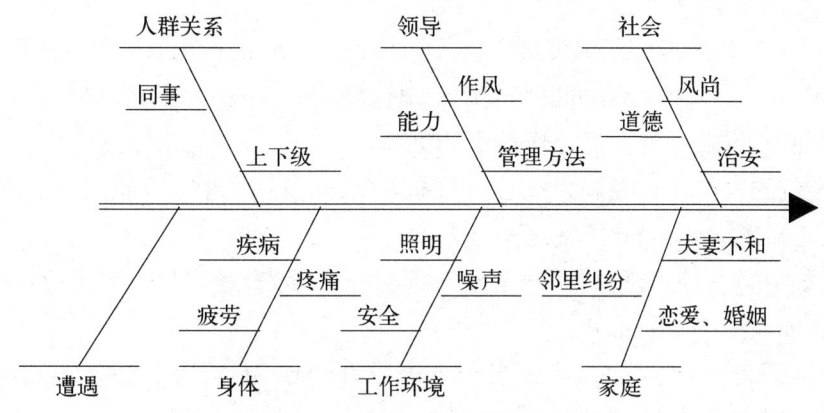

**图 6　职工工作情绪因果分析图**

其次，采取各种有效的管理制度，例：① 民主管理、参与管理；② 目标管理；③ 工资与奖励；④ 福利与服务；⑤ 工作丰富化；⑥ 弹性工作制；等等。

最后，开展劳动竞赛。

## 三、企业的领导行为

企业的领导对企业管理的好坏具有决定性的影响，它是组织领导企业人力、物力、财力，以及调动一切积极因素的关键，是实现组织目标和满足职工需要的带头人。

### （一）领导的概念和条件

1. 领导与领导行为

关于领导一词，历来有不同的解释。传统的管理理论认为领导是组织赋予一个人的职位和权力，以率领其部属完成组织目标。但多数行为科学家认为领导是一种行为和影响力，这种行为和影响力可以引导和激励人们去完成组织目标，是在一定的条件下实现组织目标的行动过程。这种行为和影响力并不排斥行使组织所赋予的权力，实行监督和控制，但更重要的是通过个人（领导者）依据组织内的实际情况，运用领导技能，采取正确的领导方式和领导行为，团结和带领全体职工高效率地去实现组织目标。

人们在组织中发生交互关系,彼此互相影响,但各人的影响程度并不完全相同。人群关系的性质不同,影响别人的行为效果也不同。某些人因其在组织中的作用和地位高于其他成员,或因其能满足成员的某种需要,具有一定的威信,良好的品德,富有工作才能等。因此,对成员有较大的影响力,博得了群众的信任,成为组织中的特殊人物。他能带动组织,控制组织,是组织的领袖,或叫领导者。在企业中,领导者与被领导者的区别,主要表现在职位上的不同。这种职位上的不同,有的是一开始就有的,如上级的任命;有的则是在组织中通过实践慢慢形成的,所谓"土生土长"的干部。

行为科学家们认为领导是透过人群关系去影响团体中的每一个成员,激发其努力实现组织目标,因此,领导与人群的关系如何,对实现组织目标有密切的影响。

行为科学家以因素分析法研究领导行为,认为领导行为包括下列四项因素:

(1) 支持——指领导重视与支持职工的价值观及感情的行为。

(2) 促进相互关系——指领导善于促进职工间密切合作互相满足的关系,并不断发展此种关系的行为。

(3) 强调目标——指领导善于激发职工努力达成组织目标的行为。

(4) 协助工作——指领导能协助职工拟订工作计划,调整工作关系;提供工作的知识、技术、器具、材料等,使其便于工作,并能提高工作效率的行为。

因此,过去传统的以个人与权力为核心的领导观念,以及强调个人人格特性,如写作能力高、有智慧、有雄心、有正义感、判断力强等都是不全面的。

领导者是组织中的一种角色,而领导是领导者的一种行为,是一种人与人之间的关系,及人与工作、人与目标之间关系的一种形式。

一个组织可以指定一个领导者,或选出一个领导者,但却不能指定或选出某种领导行为。因此,对领导行为的培养就显得特别重要。

人们往往将领导与管理视为一件事,其实这两个概念有重要的区别。从本质上讲,领导的观念较管理为广泛。管理是一种特殊的领导,其最高的目标就是实现组织目标。因此,两个概念的重要区别在于"组织"。领导虽然也同个人及团体共事来实现目标,但是,这些目标并不一定都是组织的目标。一个人可以尝试去实现他个人的目标而不去考虑组织目标。因此,一个人可能很成功地达成个人目标,而不一定能有效地达成组织目标。

2. 正式领导者与非正式领导者

领导者与组织一样,可分为正式领导者与非正式领导者两种。

(1) 正式领导者。正式领导者拥有组织结构中的正式职位、权力与地位,其主要功能是领导职工达成组织目标。如:

① 拟订和推行组织的计划、政策与方针;

② 提供情报知识与技巧;

③ 授权下级分担任务;

④ 对职工实行奖惩;

⑤ 代表组织对外交涉;

⑥ 控制组织内部关系,沟通组织内上下的意见。

正式领导者的功能是组织赋予的,能实现到何种程度,要看领导者的能力以及领导者本身是否为其部属所接受而定。

(2) 非正式领导者。非正式领导者虽然没有组织赋予他的职位与权力,但由于其个人的条件优于他人,如知识经验丰富,能力技术超人,善于关心别人或具有某种人格上的特点,令职工佩服,因而对职工具有实际的影响力,也可称为实际的领导者。其主要的功能是能满足职工的个别需要。如:

① 协助职工解决私人的问题(家庭的或工作的);
② 倾听职工的意见,安慰职工的情绪;
③ 协调与仲裁职工间的关系;
④ 提供各种资料情报;
⑤ 替职工承担某些责任;
⑥ 引导职工的思想、信仰及对价值的判断。

非正式的领导者,因其对职工具有实际的影响力,因此,如果他赞成组织目标,则可以带动职工推行组织的任务;反之,如果他不赞成组织目标,则他亦可能引导职工阻挠组织任务的执行。

一个正式的领导者要拟订政策,提供知识与技术等,当然需要适当的智慧与智力。但领导行为主要是人群关系的行为,因此必须具有较高的被组织内的职工所接受的感情,才能发挥其领导的结果。多年来许多学者一直想给有作为的领导者下一个定义,想找出具有哪些特性的人当领导能发挥最大的效率,所得的结论是:

① 敏感性——善于体贴别人,精于洞察问题;
② 个人的安全感——有安全感的人,情绪稳定,做事庄重,让人觉得可靠,可以依赖;
③ 适量的智慧——领导者需要某种程度的智慧才能处理许多事情,但也不需要太高的智慧,因为智慧太高者往往容易恃才傲物,不能体谅一般人。

由此可知,一个真正有作为的领导者,他同时应具有正式领导者与非正式领导者的功能。既能推行组织的目标,也能满足职工的个别需要,也就是他必须同时将工作领袖与情绪领袖两种角色集于一身。但是,这种标准或理想的领导者是不可多得的,通常的领导者皆偏向于工作领袖的性质,因此,容易忽略部属的社会性及情绪的需要。在这种情况下,职工中较善于体谅别人者,便逐渐变成大家的精神领袖,担负起安慰、激励、仲裁及协调等功能的作用。

3. 企业领导应具备的基本条件

具备怎样的条件才能做一个好的企业领导者呢?长期以来,对领导者应具备的条件存在许多不同的看法。有的人十分强调领导者个人的特性,如高尚品德,办事公正,不谋私利,有工作才能,有事业心,身体健康等。而更多的人认为领导是一种动态过程,要把研究的重点放在领导与被领导的行为和环境的相互影响上,而不是放在个人的特性上。行为科学家们认为应针对不同的情况和环境,创造出各种理论和模式,以帮助领导者在遇到某种具体情况和环境时,能采取的最适当的领导行为。有人提出一个企业的领导者,必须学习和具备技术、人文和观念的三种技能,才能实施有效的领导。

其一,技术技能。是指通过以往经验的积累,及新学到的知识、方法和新的专门技术,掌握必要的管理知识、方法,专业技术知识,计算工具等,能胜任特定任务的领导能力。善于把专业技术应用到管理中去。这是管理和领导现代化企业所必须具备的技术能力。

其二,人文技能。是指很好地与人共事并对部属实行有效领导的能力。善于把行为科学应用到管理中去。如对职工的激励方法和需要的了解,能帮助别人,为他人做出榜样,善于动员群众的力量,为实现组织目标而努力工作。一般认为这种技能比聪明才智、决策能力、工作能力和计算技术等更为重要。

其三，观念技能。是指了解整个组织及自己在该组织中的地位和作用，了解部门之间的相互依赖和相互制约的关系，了解社会团体及政治、经济、文化等因素对企业的影响能力。具有良好的个人品德和素质，有高度的事业心和进取精神。善于把社会学、经济学、市场学及财政金融等知识应用到企业管理中去。有了这种认识，可使一个领导者能按整个组织的目标行事。

领导职位高低的不同，对以上三种技能的学习和掌握的要求也不同。如图7所示。

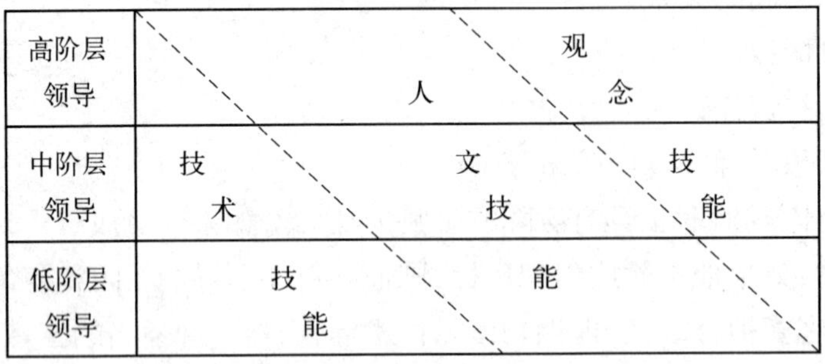

| 高阶层领导 | | 观 | |
| --- | --- | --- | --- |
| | 人 | 念 | |
| 中阶层领导 | 技 | 文 | 技 |
| | 术 | 技 | 能 |
| 低阶层领导 | 技 | 能 | |

**图7　企业不同的领导阶层所需的管理技能**

当一个人从较低的领导阶层上升到较高的领导阶层时，他所需要的技术技能相对地减少，而需要的观念技能则相对地增加。较低管理阶层的领导者因接触生产和技术较多，因此，他们需要相当的技术技能，而高阶层的领导者则不必过多了解某些技术上的问题，而特别需要能够明了这三种技能的互相结合运用，发挥各方面的力量，完成整个组织目标。

技术技能和观念技能可随领导阶层的不同有所变化，但人文技能则对每个阶层的领导者都具有重要的意义。

行为科学家利克特在《管理的新模式》一书中，提出一个优秀的领导必须具备下列条件：

第一，优秀的领导者虽对组织负全部责任，但并不单独作出所有的决策。他善于引导团体内的意见交流，虚心听取各种不同意见，由此获得有助于决策的情报资料、技术性知识及各种事实和经验。

第二，优秀的领导者有时无法等待团体讨论而必须临时做出某种决策时，他能预测此种临时的决策能够获得职工的支持，使团体迅速采取一致的行为。

第三，优秀的领导者首先应特别注意建立团体成员一贯合作支持的气氛，上下团体成员一贯合作支持的气氛，上下团结一致，为实现同一组织目标而努力。

第四，优秀的领导者必须能负起组织上交给自己的职责，但对于部属的影响应尽可能减少使用位置权力，即少利用其正式领导的地位与权力去指挥部属，而多利用自己的为人与指导去影响部署。

第五，优秀的领导者应具有善于同组织中的其他团体联系的能力，他能将本团体的见解、目标、价值及决策反映给别的团体，以收到影响别的团体的效果；同时，也能将别的团体的各种见解、目标等告知本团体，促使双方意见交流与相互影响。

第六，优秀的领导者必须善于处理团体所面临的技术问题，并随时将专门知识提供给团体，必要时可请技术专家或其他专家给予协助。

第七，优秀的领导者不仅是一位"以团体为中心的管理者"，并且他善于激发团体旺盛的士气，以达成组织的目标，努力促使团体成员对较大的组织也产生责任感与荣誉感。

第八,优秀的领导者应具有敏锐的感受性,能洞察问题的所在,了解成员的需要与感情,并随时伸出支援之手。

第九,优秀的领导必须能适应外部环境的变化,引导团体在环境中生存与发展。

第十,优秀的领导者要善于规划团体的目标,并引导各单位及个人依据团体的总目标设置分目标,并努力去实现各自的目标。

## (二)企业领导行为的理论和效率

企业中的领导行为包括的内容十分广泛,如工作行为,人群关系行为,规划目标行为,控制行为,决策行为,预测行为,等等。其中以人群关系行为为最重要。

### 1. 领导行为四分图理论

1945年,美国俄亥俄州立大学研究所设计的,他们经过调查研究列出了一千多种刻画领导行为的因素,通过逐步概括,最后归纳为"抓组织"和"关心人"两大类。"抓组织"主要包括组织机构的设置、明确职责和相互关系、确定工作目标、设立意见交流渠道和工作程序等。"关心人"主要包括建立互相信任的气氛,尊重部署的意见,注意部属的感情和问题等。按照"抓组织"与"关心人"的不同内容,他们设计了"领导行为描述答卷",每项内容列举了十五个问题,发给有关领导者进行调查。根据调查结果,发现两种领导行为在一个领导者身上有时一致,有时并不一致,因此,他们认为领导行为是两种行为的具体组合。他们用"四分图"的形式将这一概念加以表示。根据调查结果在图上评定领导者的类型。这是以二度空间表示领导行为的首次尝试。为以后领导行为的研究开辟了一条新的途径。

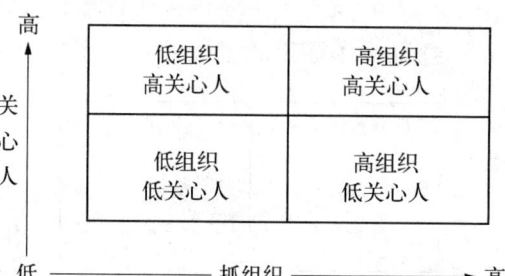

图8 俄亥俄州立大学领导行为四分图

### 2. 管理方格理论

在俄亥俄州立大学领导行为四分图的基础上,美国得克萨斯州立大学心理学教授布莱克和莫顿于1964年提出了"管理方格理论"。这是一张对等分的方格图,横坐标表示管理者对生产的关心,纵坐标表示管理者对人的关心。如图9所示。评价管理人员的工作时,就按其两方面的行为,在图上找出交叉点。这个交叉点便是他的类型。

布莱克和莫顿在提出管理方格图时,还列举了五种典型的管理方式:

(1)"9.1型管理"——偏重任务的管理。这种管理只注重任务的完成,而不注重人的因素,职工都变成了机器。这种领导是一种独裁式的领导,下级只能奉命行事,一切都受到上级的监督和控制,使职工失去进取精神,不肯用创造性的方法去解决各种问题,并且不愿施展他们所学到的本领。最后,管理者同职工可能转向"1.1型管理"。

(2)"1.9型管理"——一团和气的管理。这种管理同偏重任务的管理遥遥相对,即特别

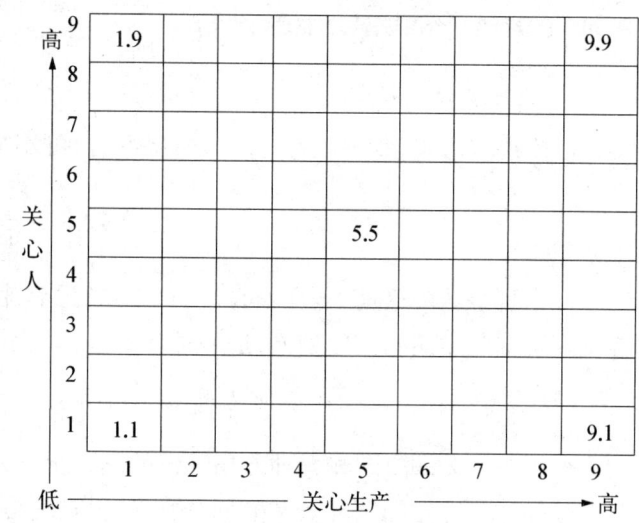

图9 管理方格图

关心职工。它的论点是,只要职工精神愉快,生产成绩自然很高。认为不管生产成绩好不好,都要首先重视职工的态度和情绪,这种管理的结果可能是很脆弱的,万一和谐的人群关系受到了影响,生产成绩就会随之降低。

(3)"5.5型管理"——中间的管理。这种管理是一种不高不低的管理。既不过分偏重人的因素,也不过分偏重任务,努力保持和谐的妥协,以免顾此失彼。碰到真正的问题,总想敷衍了事。这种管理虽比"1.9型管理"和"9.1型管理"强些,但是,由于公司牢守传统的习惯和产品的一般标准,从长远的观点看,会使企业逐渐落伍。

(4)"1.1型管理"——贫乏的管理。这种管理对生产任务的关心和对职工的关心都做得最差。这种管理是管理者和整个公司的失败,但是,一般很少出现这种情况。

(5)"9.9型管理"——集体精神的管理。这种管理对生产的关心和对职工的关心都达到了最高点。结果,管理工作发扬了集体精神,职工都能运用智慧和创造力进行工作,关系和谐,任务完成得出色。这种管理可以获得以下的良好结果:

① 增加了企业的竞争能力和盈利能力;
② 改善了各单位之间的相互关系;
③ 充分发挥了集体精神的管理;
④ 减少了职工的摩擦,增进了职工间的相互了解和谅解;
⑤ 促进了职工的创造力和对工作的责任感。

总之,在"9.9型管理"的情况下,职工在工作方面希望相互依赖,共同努力去实现企业的组织目标;领导诚心诚意地关心职工,努力使职工在完成组织目标的同时满足个人的需要。

管理方格理论创立后,美国很多公司都派大批人去参加研究讨论会,以改进管理方法和管理作用,提高管理水平和工作效率。

管理方格可以被认为是衡量一个管理者倾向的态度模型;领导行为四分图可以被认为是观察别人对领导行为感受的一种行为模型。这两个模型可以结合使用。如图10所示。

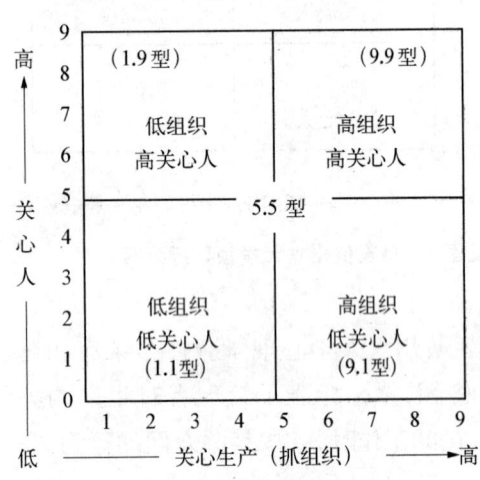

**图10 领导行为四分图与管理方格理论的结合**

3. 领导效率模型理论

在传统观念里,效率主要对产出成果而言,可用单位时间内完成工作量的大小来表示:

$$工作效率 = \frac{工作量}{工作时间}$$

行为科学认为这是不全面的,特别是对领导者来说更是如此。事实上,效率是领导者、被领导者及环境交互作用的函数结果,是一种动态过程。可用下列公式表示:

$$工作效率 = f(领导者、被领导者、环境)$$

在领导行为四方图和管理方格理论的基础上,美国学者雷丁于1970年出版的《管理的效果》一书中,提出"三度空间领导效率模型"的理论。在三度空间领导效率模型中,工作行为与关系行为相同于领导行为四分图中的抓组织与关心人。四种基本的领导行为分别是:高关系低工作,低工作低关系,高工作高关系,高工作低关系。如图 11 所示。

这四种基本的领导行为方式充分地描述了领导者的特性。当一个人趋于成熟时,他对各种刺激便发展出一套习惯的模式。

习惯 a,习惯 b,……,习惯 n=特性。

一个人在类似的状况下有类似的行为。这种行为便是其他人对这个人的认识,或者说是他的特性。通过对特性的了解和认识,可以预测人的某种行为。

领导行为是一个领导者整个特性的一部分,即所谓领导特性。领导特性是一个领导者在引导别人的行动时所表现的行为模式。这种模式通常包括工作行为或关系行为,或者是两者的结合。

工作行为:包括建立组织,明确职责,规定信息交流渠道,完成任务的时间、地点及方法等。

关系行为:包括建立情谊,互相信赖,意见交流,授权,让部属发挥智慧和潜力并给予感情上的支持。

雷丁在二度空间领导行为模型中,首次加入效率层面,构成了三度空间领导效率模型。认为应从三个角度去衡量领导行为,即:① 工作行为;② 关系行为;③ 效率。如图 12 所示。

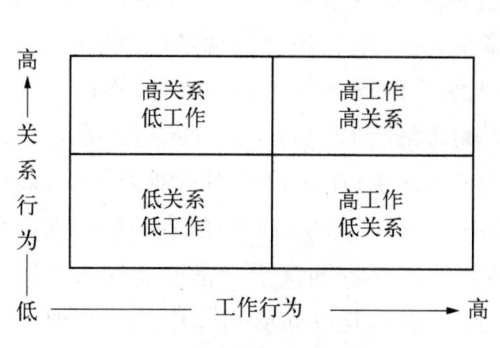

图 11　基本的领导行为方式

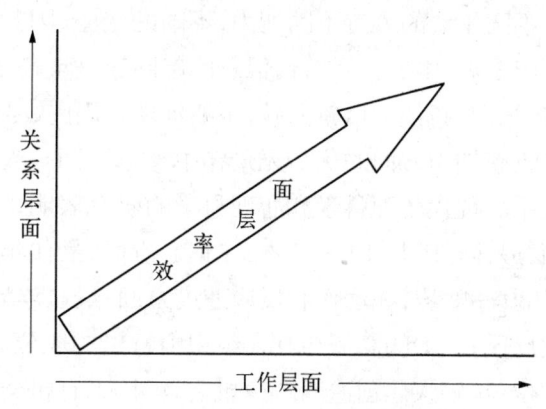

图 12　三度空间领导效率模型

4. 领导生命周期理论

在三度空间领导效率模型的基础上,卡曼创造了领导生命周期理论。他认为,有效的领导行为,要把工作行为、关系行为和被领导者的成熟度结合起来考虑。生命周期理论便是反映工作行为、关系行为和成熟度之间的曲线关系。它要说明的中心问题是让领导者了解自己的领导方式与部属成熟度之间的关系。因此,领导生命周期理论强调领导者对部属的行为。部属在任何情况下都是重要的,不只是因为他们可以接受或拒绝领导者,而更重要的是因为部属实际上决定了领导所拥有的个人权力的大小。

在生命周期理论中,成熟度与阿吉利斯的"不成熟—成熟理论"所阐述的概念是一致的。主要是指成就感的动机,负责任的意愿与能力,以及个人或群体与工作关系的教育与经验。生命周期理论认为如果被领导者从不成熟趋于成熟,领导行为必然从 D(高工作低关系)→C(高工作高关系)→A(高关系低工作)→B(低工作低关系)。如图 13 所示。

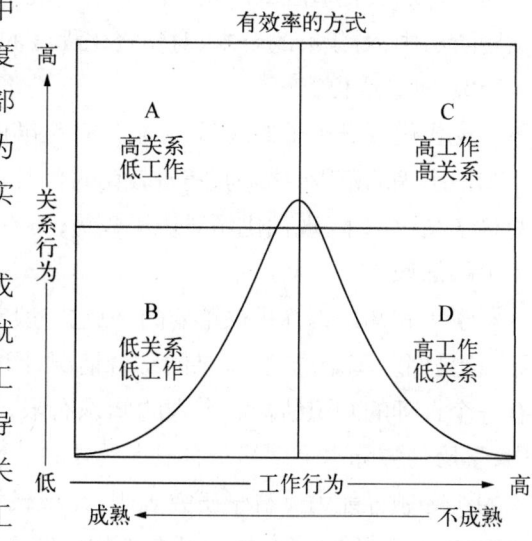

图 13　领导生命周期理论

提出生命周期理论的目的在于按照被领导者的成熟度来研究采用适当的领导方式。因此,这个周期的曲线方程式便可以描绘在三度空间领导效率模型中的效率层面。

### (三) 领导班子的合理结构

在任何一个组织中,人的行为都是互相影响、互相制约、互相补充和互相适应的。因此,每个单位的领导班子都必须有一个合理的结构。科学技术的全才是没有的,经营管理的全才也是极少的。可以说,绝大多数人都是"偏才",即具有某一方面的才能。但"偏才"组合得好,却可以构成真正的、更大的全才,这就是领导班子合理结构的问题。一个具有合理结构的领导班子,不仅能领导成员人尽其才,做好各种的工作,而且能通过有效的结构组合,发挥出新的巨大的集体力量。

领导班子的合理结构,主要包括:年龄结构、知识结构、智能结构、素质结构及专业结构等。因此,领导班子的结构是一个多维的、动态的综合体。

#### 1. 年龄结构

不同年龄的人有不同智力,不同的经验,因此,领导班子年龄的最佳结构是十分重要的。领导班子应是老、中、青三结合,但总的趋向应是年轻化。现代处于高度发展之中,知识老化周期越来越短,新知识、新技术日新月异,不断涌现。因此,尽管随着年龄的增长,也会增加知识数量的积累,但在吸收新知识方面的优势无疑在中青年下面。人的知识水平的提高与年龄的增长,不是一种正比的关系。现代生理科学和心理科学的研究表明,一个人的年龄与智力有一定的定量关系。在知觉方面,最佳年龄是10—17岁;在记忆方面,最佳年龄是18—29岁;在比较和判断能力方面,最佳年龄是30—49岁;在动作和反应速度方面,最佳年龄是15—25岁。人所具有的创造冲劲的强弱与年龄成反比;年龄的高低与其在组织中所居的职位高低成正比。年轻而富于创造冲劲的人多居于低级职位;年轻人想创造而缺少机会,年长者有机会却又不想创造,这在领导班子中是一个很突出的问题。当然这也不是绝对的,而只是一般的现象。

领导班子的年轻化,是现代社会的客观要求,是组织领导现代化大生产的需要。但是,也不能把领导班子的年轻化片面地理解为青年化,要从实际情况出发。领导年轻化,被认为是一个"模糊数学"的概念。不是斤斤计较年龄的高低,而是指一个领导集体应有一个合理的老中青比例,有一个与管理层次相适应的平均年龄界限。既要防止领导老化,又要保证领导的继承性。而且在不同领导阶层中,对年龄的要求,对年轻化程度的要求,也不完全一样。

#### 2. 知识结构

现代化领导班子的成员,必须具有足够的知识水平,在整个社会知识结构中,他们应该是属于高知识水平的范围。因为,随着教育的普及,现代社会成员,不论是专家还是工人,都具有越来越高的科学文化水平,现代化领导班子成员,不具有更高的知识水平,就不可能有效地领导具有高知识水平的部属。

学历和知识训练是很重要的,但它一般都是专业化的,而一个单位的领导,特别是高阶层的领导,总是面对着全局的、复杂的综合情况,因此,必须具有更广博的知识。因而在领导集体中,必须有一个合理的知识结构。个人的知识有限,集体的知识就可以全面得多,广泛得多。还应强调指出,学历与实际水平之间是有很大差异的。学历代表一个人曾经接受训练的程度,但不能代表一个人的实际领导能力。科学研究表明,在现代社会中,一个人大约只有10%的知识是在正规学校中学到的,有大约90%的知识是在工作实践和职业学习中获得的。在现实生活中,通过自学而成为专家的人是很多的,在实际工作中锻炼出来的领导干部也是不少见的。因此,在选择领导干部时,除了重视学历之外,还必须注意考察实际的工作能力和知识水平。

3. 智能结构

领导的知识化及其效能与他运用知识的能力有关,即领导不但有知识,而且还会运用知识,这就是智能的问题。智能主要包括:学习能力、研究能力、思维能力、表达能力、组织能力和创造能力等。知识的缺乏,可以查阅百科全书,而思考问题、设想方案却是任何东西也代替不了的。由于领导处于职工带头人的地位,智能就显得更为重要了。因此,领导班子应包括不同智能型的人,既具有高超创造能力的思想家,又有高度组织能力的组织家及具有实干精神的实干家,不清一色,一刀切,才能发挥最优的智能效能。

4. 素质结构

应具备怎样的条件可做一个领导者,在本章第一节已有详细论述。所谓素质结构是指具备不同素质的领导者在领导班子中互相支持、互相配合、互相补充,发挥各自的长处,共同搞好工作。素质结构是提高领导班子战斗力的基础。加强社会主义企业领导班子的素质结构对于坚持"四项基本原则"具有特别重要的意义。

5. 专业结构

专业结构是指在领导班子中,按其专业与职能的不同,形成一个合理化的比例构成。在现代化企业里,科学技术渗透一切领域,科学技术是提高劳动生产率的主要手段。因此,领导干部专业化,是现代生产的必然的客观要求。当然这种专业结构包括管理专业、工业技术、行为科学等。要懂技术、懂业务。领导阶段的不同,对专业结构的要求也不同。

## 四、企业的群体行为

这里所讲的群体行为,是指对企业的人群关系和团体行为的研究。这是企业管理行为科学的重要组成部分。

### (一)企业的人群关系

人群关系,是指在一定的社会制度下,人与人之间的关系,也就是个人同上级、同事、下层及顾客等之间的关系。

1. 研究人群关系的意义

人群关系对于工作效率有极大的影响,是决定企业成败的重要因素之一。因此,现代管理学者都特别重视人群关系的研究。努力寻求合理正确的方针、政策、方法、方式,以调动全体人员的积极性,达成企业的组织目标。同时,使职工获得最大的满足。

人群关系是行为科学的重要组成部分。行为科学在企业管理中的应用,是在人群关系研究的基础上发展起来的,它注重客观事实的依据,重点从单纯搞好人与人之间的关系转为人力资源的充分利用。行为科学认为,尽管人的行为复杂多变,但是从中可以找出可资遵循的规律和它的因果关系,作为预测和控制行为的武器。企业管理中应用行为科学,总的目的在于激发人们的工作积极性,搞好组织建设,改善并协调人与人的关系,改善并协调团体与团体的关系,以促进企业生产经营的发展。

行为科学应用于管理时,在研究方法上同某些社会科学有一个显著的不同点,就是重视实践的研究。社会科学家,或许以逻辑的抽象模式来分析人类行为,这种情况以经济学家为多。行为科学则着重在控制观察中去获得经验资料,因此,行为科学可以被当作是提取经验的丰富资源,可以直接用之于管理方法的改进。现代行为科学发展的趋势显示,已从管理理论上的研究,推及到管理实际上的应用。

人群关系已将现代科学管理应用于工商企业的管理事务。人事管理的活动,很多都是利用人群关系的研究成果与法则,如同医生看病一样。人群关系专家也采用"诊断"的方法,了解和认识企业的毛病发生在什么地方。医生经过对病人的诊断,确诊生了什么病,找出病源,对症下药。人群关系学家,对于企业的难题也可以找出病源,寻求合理的解决方法。

行为科学对于管理方面探讨的焦点,集中于将人类看作是一个社会的整体,而非单独的个人。行为科学的贡献,最重要的是将企业视为一个社会,虽然这种组织之目的在于追求经济利润。将企业视为社会,将人看作是"社会人",这是一种进步的观点。这种观点,使管理者打开了眼界,对于企业中出现的问题有了新的认识,有了新的解决方法。人群关系学派认为:在企业的构成因素中(如技术、经验、管理、领导、人事、物资、财务、成本等),其中重要的变数应是个人或群体的活动、交往与情绪。活动、交往与情绪三者交互影响,就产生了真正的行为,可以决定企业生产水平,促进职工的成长与发展,以及影响他们的满意与情绪。这种观点提供了一种系统的方法,用以分析企业中各种复杂行为的类型,预测管理决策时的行为结果。

人群关系学派十分重视人性的价值,因此,主张管理上的民主和实行参与制,这种观点影响了组织理论与管理实务,由于他们除在理论上探讨如何解决管理问题外,又进一步在实践上参与到管理的决策与执行之中。

2. 人群关系的实践和理论

在资本主义社会,早期着重从以下四方面研究人群关系的问题:

(1) 劳资关系的问题;

(2) 人事纠纷的问题;

(3) 职工工作情绪的问题;

(4) 对顾客及社会大众的态度的问题。

资本主义企业所以重视对这些问题的研究,其目的是为了**缓和劳资关系**,巩固资本家所有制,使企业获得更大的利润。

人群关系研究是从著名的霍桑实验开始的。1924年美国科学院组织人员到芝加哥西屋电气公司的霍桑工厂进行工作条件与生产效率相互关系的试验。实验目的是为了考察工作条件与生产效率的关系。

霍桑实验是对传统管理理论的一个突破,它主要提供了下列的观点:

(1) 传统管理把人假设为"经济人",认为金钱是刺激积极性的唯一动力。霍桑实验认为人是"社会人",除了有经济方面的需要以外,还有社会方面和心理方面的需要。

(2) 传统管理认为生产效率主要受工作方法和工作条件的制约。霍桑实验认为生产率的上升和下降主要取决于职工的态度,即所谓"士气",而士气则取决于家庭和社会生活以及企业中人与人的关系。

(3) 传统管理只注意"正式团体"的问题,诸如组织结构、职权划分、规章制度等。霍桑实验意识到"非正式团体"的存在。这种无形的组织有它的特殊感情、规模和倾向,影响着成员的行为。

(4) 霍桑实验还提出了新型领导的必要性。它提出领导在了解人们合乎逻辑的行为时,还须了解不合乎逻辑的行为;要善于倾听和沟通职工的意见,使正式组织的经济需要与非正式组织的个人及社会需要取得平衡。

根据霍桑实验所产生的许多看法,美国从30年代起便形成了以梅奥为创始人的"人群关系"学派。虽然有人对霍桑实验,特别是对它采取的研究方法,有怀疑和批评,但霍桑实验确已为美国企业管理开辟了道路,建立了人群关系理论。

第一是,得自心理学的看法,认为:
(1) 人们工作的动机有很多种;
(2) 人们的行为不一定都是合理的,有时会有不合逻辑的行为表现;
(3) 人与人是相互依存的,个人的行为常需用其社会关系加以说明;
(4) 管理人员可以经过训练而成为人群关系专家。

第二是,得自社会学的看法,认为:
(1) 职工的工作表现,不仅受管理者的影响同时也受组织内社会环境的影响;
(2) 组织内有非正式团体,常影响正式组织;
(3) 职务上的角色,因包括个人及社会的因素都极为复杂,但一般的工作分析对这些因素缺乏考虑;
(4) 组织体应视为由多数相互依存的单位组成的社会组织。

第三是,得自社会心理学的看法,认为:
(1) 人们不一定经常将自己的目标与组织的目标相配合;
(2) 意见沟通不仅传达组织内生产的及经济方面的情报消息,同时也传达职工的情绪与感受;
(3) 职工参与决策过程,有利于提高士气与生产;
(4) 团体合作是实现组织目标不可缺少的条件。

人群关系理论以多种学科的知识为基础,去了解人类的行为,同时更进一步地想解决有关人的各种问题。人群关系理论不只是多种学科知识的集合,且含有更多的意义,它除了以人类学、政治学、社会学、心理学、社会心理学的知识为骨干之外,还运用语言学及操纵学的方法,改善意见沟通的过程,至于研究有关人群关系在决策过程中所扮演的角色,则连数学也被采纳进去。

3. 建立有效的人群关系

首先,要具有良好的人群关系的标志,如:
(1) 有一套完整的、切合实际的正确处理人群关系的规律、原则、制度和方法;
(2) 企业在实现组织目标的同时,应使职工获得需要上的满足;
(3) 良好的人群关系,必须建立在人性管理的基础上;
(4) 良好的人群关系,有赖于良好的管理方式和公平有效的领导行为。

其次,要采用促进人群关系发展的有效方法,如:
(1) 树立正确选择管理者的观念;
(2) 建立良好的组织结构;
(3) 实行适当的职工参与制;
(4) 良好的意见沟通;
(5) 合理的态度调查。

上面所讲的人群关系,是作为科学的重要组成部分来介绍的,当然包括梅奥等人的研究成果。现代行为科学对人群关系的看法,较之以往的人群关系学派对人群关系的看法已有很大的进步。

人群关系学派对人群关系的看法是:搞好人群关系可以使企业领导的意图便于贯彻执行,对实现企业的组织目标有利;搞好人群关系可以使职工不闹事;吸收职工参与管理是为了使职工同意与接受。出发点是"利用"职工,迫使职工拿出更多的力量,来为资本家效劳。

行为科学家对人群关系的看法是:搞好人群关系是为了使部属贡献出自己的才智,汇集各方面的知识、意见、经验与决策技能,使公司的决策品质能获得改善。要求部属参与管理,就是要求其贡献"人力资源",同时给职工以自我成就。行为科学家认为,从"利用"职工的观点出发谈人群关系,是虚伪的,特别是当部属知道这种用意后,更可能引起反感。这也是为什么称行为科学,而不叫人群关系的重要原因之一。但不管怎样说,其实质都是维护资本家利益的。

另外,以往的人群关系学派过分地强调了"非正式团体"的作用,过分地贬低经济因素和环境因素对人的作用等,也是其不足之处。

### (二) 企业的团体行为

现代企业是由大小不同的团体所组成的,管理所面向的是团体,而不是散漫的个人。个人有个人的行为,团体有团体的行为特征,对团体行为的研究,是行为科学的重要内容之一。

#### 1. 团体的一般概念

团体是由两个或两个以上的人组成的,团体内的成员在工作上互相依附,在心理上彼此意识到对方,在感情上交互影响,在行为上有共同的规范。团体是组织的重要组成部分,如果将组织看作是一个完整的人体,团体便是构成人体的各类系统(如消化系统、循环系统等),而个人则是最基本的细胞。

根据上面对团体的认识,可以看出在组织中有正式和非正式两种类型的团体。

正式团体是为了达成组织赋予的任务所产生的,可按其延续时间的长短分为永久性正式团体与暂时性正式团体。前者如最高阶层的经理团体,组织中各部门的工作单位,提供意见的参谋,以及永久性的委员会等;后者也是为了某种特殊工作的需要而产生的,但在该项工作完成之后即行解散,例如,研究薪金制度的委员会,研究改善劳资关系的委员会,研究新产品或新服务方式的小组等。

非正式团体的形式是很复杂的,一般由于某种相同的利益、观点、社会背景及习惯、准则等原因而产生,是与人类需要的因素所结合而产生的。一般要靠下列几种因素的影响:

(1) 个人的因素。成员与成员间的社会背景、地位类似,或有共同的兴趣与价值观者,容易组成一个团体,因为他们不但有共同的话题,容易引起共鸣,在心理上也有"我们是志同道合者"的认同感。

此外,成员中有人具有领导力,或其人格对别人具有吸引力时,亦容易以他为中心,形成一个非正式团体。

(2) 工作位置的因素。工作位置靠近者,彼此接触多,容易形成一个团体。许多研究指出交友关系及非正式的人群关系,可以从观察谁与谁每天见面接触来推断,霍桑研究中有关配电盘卷线工作的报告,也指出由14个工人组成的正式工作团体,事实上分成两个非正式的团体:一是"前排的团体",在屋内前方工作的一群;一是"后排的团体",是屋内后方工作的一群。

(3) 工作性质的因素。成员在组织中所从事的工作,其性质相同者容易组成一个团体,配电盘卷线工作的"前排团体"与"后排团体",除了因工作位置的关系而外,"前排团体"因其工作较难,使成员都有我们比"后排团体"优越的感觉,而更增高其团体的意识。

(4) 作息时间及其他因素。工作的性质相同,工作位置也靠近,但如果组织没有安排适当的作息时间,如休息时间太短,或休息时间强迫大家做团体操、活动筋骨,或强迫睡午觉,而不让成员有自由交往的机会,则亦难以形成一非正式团体。

此外,组织若频繁调动个人,尤其是中心人物的工作岗位,或采用一种流动作业方式,使成员间不需要有交互作用,则非正式团体也难以产生。

2. 团体的作用

(1) 完成组织任务。团体对组织的主要作用是完成组织赋予的任务。一个庞大的组织要想有效地达到其目标,必须分工合作,把最终目标分成若干分目标,分配给较小的单位。正式团体的功能便是承担组织分配下来的目标,执行基本的任务,提供意见,负责联络等。

但非正式团体对于组织任务的达成也有其贡献。例如根据道尔顿的研究,上级经理人员利用非正式的消息传递线路,可以很快地了解组织内各部分的状况,如前所述,生产部的负责人可以通过非正式团体的关系,迅速地获得他所需要的维护,而不致耽误组织的工作。

因此企业的管理人员,很重视非正式团体的组织外的活动。因为由此可以彼此交换信息,获得许多在组织内无法获得的情报,因此,非正式团体不仅能满足许多个人的心理需求,同时也是维持组织的效能所必需的。

(2) 满足职工的需要。团体对个人的主要作用是满足其心理的需要。组织的成员有许多需要,有的是通过工作可以满足的,有的是经由团体的组成可以满足的。团体可以满足成员的需求有下列各种:

① 获得安全感:个人只有属于团体时,才能免于孤独的恐惧感,获得心理上的安全感;

② 满足社交的需要:在团体中个人可以与别人保持联系,获得友情、爱情、支持等;

③ 满足自我确认的需要:通过团体的参与,一个人不但可以体会自己是社会的一分子,且能确认自己在社会中的地位;

④ 满足自尊的需要:个人在团体中的地位,无论是职务上的地位或心理上的地位,如受人欢迎、受人尊重,皆可能满足其自尊的需要;

⑤ 增加自信:在团体中通过大家的交换意见,得出一致的结论,可以使个人对社会情境中某些不明确、无把握的看法,获得支持,增加信心;

⑥ 增加力量感:在对付共同的敌人或某种威胁时,团体可以增加个人的安全感与有力感,例如工人组织工会与资方讨价还价,团体的力量可以击败权威的行使;

⑦ 其他:除了以上人们共同的需要外,团体还可以满足其他属于个人的个别需要,例如收集资料消息、生病或疲倦时互相协助、消除无聊、彼此支持鼓励等。

正式团体的主要作用是执行组织的任务,但大多数的正式团体与非正式团体一样,可以满足成员的各种心理需要,即正式团体兼有非正式团体的功能。当正式团体无法满足个人的心理需要时,非正式团体自然形成。

团体的主要功能是执行组织任务和满足职工的需要。任何一个团体如果能同时达成这两项目标,便是高效率的团体。因此,一个团体的有效性可以从两方面加以测定:一是从该团体的生产或创造的成果加以衡量,二是从该团体对其成员欲望满足的多少加以评估。如果只完成第一项任务,而没完成第二项任务,只能算成功的团体,但不能算有效的团体。

3. 团体成员关系分析

用图表的形式分析团体成员相互之间的关系,了解谁是众望所归的人物,以及他们之间的关系组合,可作为管理部门安排人事和布置工作的参考。

心理学家卢因在40年代开展了"团体动力学"的研究,他认为人们结成的团体,不是静止不变的,而是一种相互作用、相互适应的过程,像河流一样,表面上似乎平静,实际在不断流动。

正确分析团体中成员之间的关系,是团体动力学的一项具体运用,迄今为止,还没有创造出分析这种关系的简便方法。下面的两种方法,已有30年的历史,但目前行为科学家的论著中仍经常介绍。

(1) 团体成员关系分析图。这一方法系社会心理学家莫雷诺所创造。他认为成员相互作用的关键在于彼此好恶的感情。他制订了一种由团体成员自行填报的调查表。根据填报的内容分为"吸引""排斥"和"不关心"三类,然后绘制成"团体成员关系图"。如图14所示。

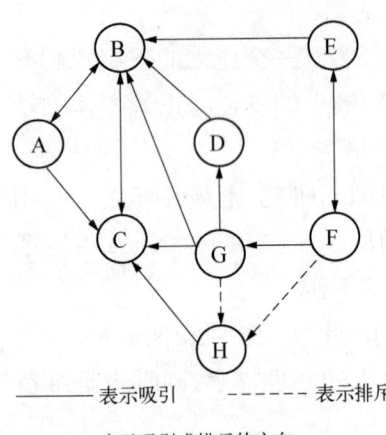

—— 表示吸引    ------ 表示排斥
⟶ 表示吸引或排斥的方向

**图14 团体成员关系分析图**

左图表示一个八人小组的成员关系。A、B、C可能是这个小组内部的一个小集团,B可能是这个小组的自然领袖,因为A、C、E、G都倾向他。E、F互相接近。但群众不喜欢他们,H可能是孤立的,E、D和F、D彼此不关心。

从成员关系分析图中,可看出谁是众望所归的人物,谁是孤立者,以及其他的关系组合。管理部门可以把它用作安排人事和布置工作的参考。

(2) 相互影响分析图。这是贝尔斯于1950年创造的一种分析团体成员关系的方法。他首先对一个团体的决策过程,进行实验性的研究。在没有领导人物参加的一个团体活动中,发现团体相互作用的行为可以分为两类:一是团体成员对工作任务的行为;另一是团体成员间相互关系的行为。这些行为有时起积极的、促进的作用;有时起消极的、促退的作用。如图15所示。

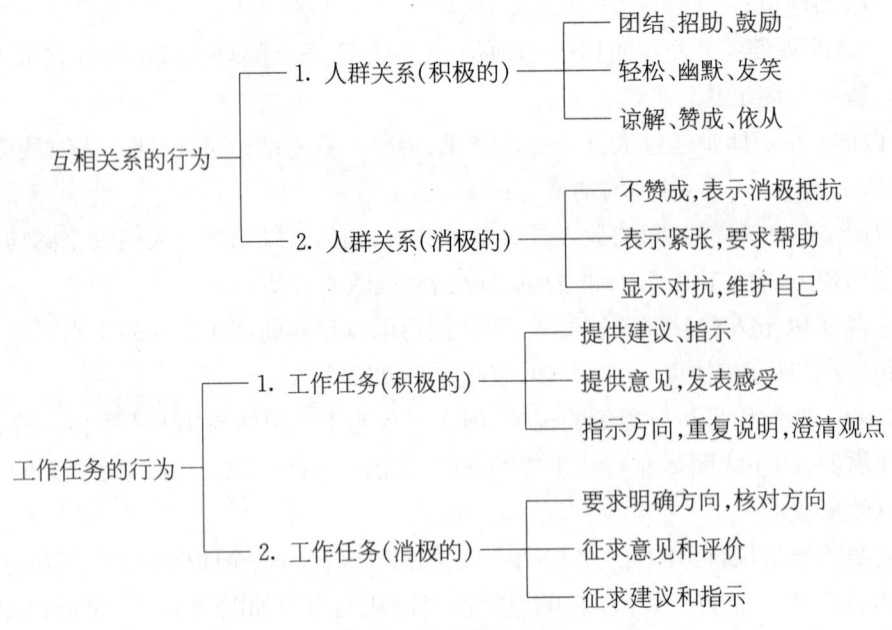

**图15 相互影响分析图**

贝尔斯还制定一种"谁对谁"的表式,用来记录团体讨论的次数,以及谁发动这次讨论,谁对全体成员讲话。经过以上的调查分析,他发现团体内存在着两种领袖人物:一个是对工作任务意见和建议最多,被称为"任务专家";一个是与大家关系很好,为大家所喜爱,被称为"群众关系专家"。他认为应该让这两个人分别发挥作用,前者集中精力,专管业务,完成任务;后者关心成员的需要,提高他们的满足感,协调成员之间的关系,使这一团体工作融洽进行。

个人所属的团体种类很多,性质也不一。例如,在团体的组织结构上,有的较严密,有的则松散。在团体的气氛上,有的是民主开放的,有的是专制封闭的;又有的团体以合作的方式推行工作,有的则采取竞争的方式。这些不同的特征,不但对个人行为有不同的影响,同时也决定整个团体的士气与效率的高低。

### (三) 企业群体行为冲突的处理方法

组织是由多数的团体组合而成的,因此组织中的团体所面临的主要问题,除了如何有效地达成组织的目标与满足成员的需要外,还要考虑如何建立团体与团体之间的良好关系,既使其能提高生产效率,又不破坏各团体之间的和谐。因为当一个团体忠于自己的规范与目标的达成时,他们强烈的团体意识往往容易与别的团体形成竞争,发生冲突,或企图阻挠对方的活动。因此,对整个组织来说,反而是一种负担。如何避免团体与团体间的冲突,以及减少由团体间竞争所带来的损失,是一个非常重要的问题。

#### 1. 冲突的性质

行为科学认为,以往人们常从反面来理解冲突。把冲突和暴力、破坏、无理取闹等等同起来。在30和40年代研究团体行为的人大多采取这种观点。当霍桑实验作结论时,也是把冲突单纯视为由于信息交流不善、人群关系不良、管理部门不能满足职工的需要所带来的后果。

近年来行为科学对冲突有了新的看法。认为冲突并非全是坏事。有破坏性的冲突,也有建设性的冲突。旧的观念所以把冲突总看成为坏事,是由于长期习惯于把和睦、融洽看成美德的缘故。事实上,和谐、和平、平静并不一定能使企业取得好的经营成绩;相反,某些冲突的存在反而有利于企业的健康发展,提高决策质量,刺激创造发明,鼓舞人们的进取心,开辟解决问题的途径以及防止"小集团思想意识"。

企业内的冲突,从性质上来看,可以分为两大类:一类是建设性冲突,一类是破坏性冲突。凡是由于双方目的一致,而手段(或途径)不同所产生的冲突,大都属于建设性冲突。这类冲突在其发展过程中,有如下几个特点:

(1) 双方对实现共同的目标都十分关心;
(2) 彼此乐意了解对方的观点、意见;
(3) 大家以争论问题为中心;
(4) 互相交换情况增加。

相反,凡是由于双方目的不同而造成的冲突,往往属于对抗性冲突。这类冲突的特点是:

(1) 双方对赢得自己观点的胜利十分关心;
(2) 不愿听取对方的观点、意见;
(3) 由问题的争论,而转变为人身攻击;
(4) 互相交换情况减少,以致完全停止。

一般来说,建设性冲突比较容易处理,对抗性冲突较难解决。但是这两类性质不同的冲突不是绝对的。处理得当,对抗性冲突可以转化为建设性冲突;反之,建设性冲突也会转化为对抗性冲突。对于领导者来说,要提倡建设性冲突,激发积极性,活跃创造力,推动生产发展,推动企业前进;控制、减少对抗性冲突。

但是,无论哪一种性质的冲突,如果不进行及时的妥善的处理,就会给企业活动带来不利的影响,甚至造成严重的事端。但是,即使出现了这样的情况,那也不是冲突本身的责任,而应归咎于领导者的处理不及时,或者处理不妥当。因为就冲突的本身而言,它是企业运动的一种特殊表现形式,只要企业领导者能够正确处理,就会产生积极的结果。

2. 处理冲突的方法

团体与团体之间不一定因为竞争的关系才发生敌对或冲突,由于目标的不同,利益的争夺,相互间亦可发生冲突。在组织内可能发生的冲突有以下几种:

第一,职工、权力、大小相同团体间的冲突,在企业里,如生产部门与销售部门;在大学里,如院与院、系与系之间或为争取经费、设备,或为争夺职工名额而发生冲突。

第二,权力、地位不同之团体间的冲突,如管理者与工人,老师与学生因其立场的不同而发生冲突。

第三,附属团体对抗大团体的冲突,如少数管理者对组织的管理政策不满而发生冲突,再如少数激进派学生与保守的大学当局发生冲突。

由于冲突的种类不同,其解决的方法亦不尽相同,较常见的有以下几种:

(1) 交涉与谈判。两个互相冲突的团体彼此提出条件,与对方讨价,或谋求共同解决的方法。例如销售部内的各小单位经由交涉与谈判,适当地分配销售市场,或劳资双方各提出自己的要求,互相调节适应。

(2) 第三者仲裁。当两个或两个以上的团体,经由交涉与谈判无法解决问题时,可以邀请局外的第三者或者较高阶层的主管调停处理,如决策会议,各代表无法选出一个最佳方案时,可以邀请没有参与工作的仲裁委员做决定。

(3) 吸收合并。一个大而有力的团体,对于其属内造反的小团体,往往采取吸收合并的方式。即大团体接受小团体的要求并使其失去继续存在的理由,终而与大团体完全融合成一体。例如对于少数不满意组织管理政策的管理者或工人,组织可以斟酌情形,接纳其意见,这样反抗团体自告解散,但组织经此过程中,其素质亦发生变化,即增加了原来所没有的因素,或等于施行改革。

(4) 运用权威或武力。当以上三种方法都被认为没有效果时,拥有正式权力的团体便利用权威、命令强制对方服从,或较大的团体便恃其雄厚的力量压迫对方投降,而较小无正式权力的团体便采取游击方式侧面攻击,或以不合法的恐吓、勒索的方式对抗之。运用武力并不能真正解决冲突,但因可以收到一时之效,因此在现代文明的社会里,亦常有所见闻。

3. 预防团体间冲突的方法

上述团体间的竞争有其好处,因为可以促进团体内部的团结,激发成员的工作动机。但因竞争所引起的团体之间的冲突,有碍于整个组织的效率。因此如何防止冲突所带来的害处,而又同时保留竞争的好处,是一个值得考虑的问题。要缓和冲突的基本原则是:

第一,必须找出两个团体(或两个以上的团体)都能同意的目标。

第二,应该建立团体与团体的沟通联系。

以下介绍几种具体的方法:

(1) 设立共同的竞争对象。例如将大学里各系球队互相争霸的状况,引导为全校对抗外校的竞赛,同样地,制造部与销售部的冲突,可以引导为全公司对其他公司。即把竞争的对象提高为学校与学校,公司与公司的地位,以确保校内与公司内的合作。

(2) 订立超级目标。拟订一个能够满足各团体的目标。例如新开发一种生产成本又低、又合乎消费者品味的产品,则制造部与销售部冲突或可能减少。

(3) 安排各团体互相来往的机会。在工作的程序上,或娱乐活动中,安排各团体的交流,亦可以利用工作轮换训练方法,增加沟通的机会,增进彼此的了解。

(4) 避免形成争胜负的情况。例如不要以单位奖励制度激励职工,而应以全体利润分享的方法激励之。此外增加储蓄资源,亦可以减少各部门因争夺资源而发生的冲突。

(5) 强调整体效率。强调整个组织效率,以及各部门对整体贡献的重要性。

(6) 加强教育。让大家明白团体与团体的竞争可能产生的后果,并令其讨论其得失,这样,有助于改善其观念与行为,预防冲突。

## 五、企业的组织行为

(一) 组织的概念和作用

组织是企业管理的重要功能之一。所谓组织是指对人员及事物进行有效的组合工作。组织是由许多功能相关的团体合并而成的,其规模可以大到几千几万人,也可以小到几十几百人。组织的主要特征是为了达成某一特定的目标,在分工协作的基础上各自分担明确的任务,在不同的权力配合下,扮演不同的角色。因此,可以说,组织就是对各种不同角色的组合工作。

企业的组织包括以下三项内容:

(1) 组织设计。设计和确定各部门及工作人员的职责范围。根据组织设计,确定企业的组织机构系统。

(2) 组织联系。确定各部门及工作人员的相互关系,在合理分工与协作的基础上,充分发挥协调配合的功效,使全体职工齐心协力去达成组织目标。

(3) 组织运用。执行组织所规定的各部门及工作人员的工作职责,根据原则,制定具体的方法,并开展正常的组织活动。

一般来说组织的构成要素,可分为无形和有形两种:

一是无形要素。指构成组织的道义及精神的条件。

二是有形要素。指构成组织的物质条件。

在企业里不仅存在正式组织,而且存在非正式组织。正式组织结构、成员的义务和权利,均由管理部门所规定,其活动要服从企业的规章制度和组织纪律;非正式组织,是未经管理部门规定的、自发形成的,是以感情为基础的无形组织。企业管理除必须重视正式组织之外,还必须重视非正式组织。

合理而有效的组织对于搞好企业管理、实现企业的组织目标、满足职工的需要,具有十分重要的意义和作用。

其一是,使组织中的每个成员都能充分认识到自己所进行的工作对达成企业组织目标的重要作用,从而使每个成员都能按时、按质和按量地完成自己的任务。在实现组织目标的同时也满足职工的需要。

其二是,使每个成员都能了解自己在组织中的工作关系和他的隶属关系,并能正确处理各种关系。

其三是,使每个成员不仅明确完成工作任务的职责和义务,而且了解自己应有的权利,并能正确地运用。

其四是,能及时调整与改变组织结构,使各部门及各工作人员的职责范围更加明确合理,以适应企业生产的变化和发展。

其五是,能增加企业的利润,提高企业的竞争能力。

如果一个企业的组织结构不健全,办事效率低,使职工的工作情绪低落,必将影响组织目标的实现。一个不良的组织结构,主要存在以下的问题:

第一是,分工与协作不合理,职责范围、工作内容及权力等不明确,指挥混乱。

第二是,管理层次或管理幅度划分的不合理,权力或过分集中,或过分分散。

第三是,目标混乱而不明确,相互缺乏协调一致的配合。

第四是,工作指派不合理,如属于甲单位应做的事,分给乙单位去做,应该甲负的责任,却责怪乙。

第五是,机构臃肿,人浮于事,办事效率低,扯皮现象严重,这是最危险的。

第六是,用人不当,将有能力的人安置于部属地位,而将无能之辈置于较高的位置。

### (二) 组织行为的程序与内容

组织的设计与反馈要经过一定的程序,如图 16 所示。

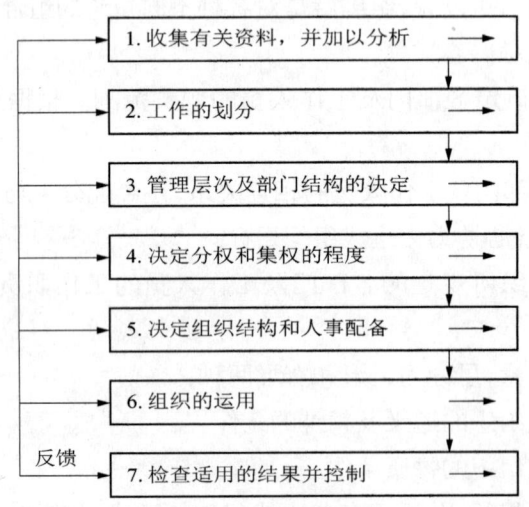

**图 16 组织行为的程序**

现将以上七个程序的内容分别介绍如下:

1. 收集有关资料,并加以分析

在组织的设计与改善之前,必须收集有关的资料,并加以分析。

(1) 收集和分析有关环境的资料。搞好企业管理的关键,在于发现问题,及时解决,并利用周围影响的有利条件,以取得最大的经济效果,而环境是不断变化的。因此,可能给企业带来某些问题,也可能带来某些机会,要应付这些问题,利用这些机会,就必须调整旧的组织或设计新的组织,以适应变化了的情况。为了使组织设计能有效地适应环境的变化,在组织设计之前,必须先收集并分析有关企业环境的资料,如经济、社会、政治、法令、市场、技术、原材料来源等。这样才能针对问题,把握机会,使组织更有成效。

(2) 收集和分析先进组织的资料。各类企业都有自己的特点和优点,因此,在组织设计之前,必须收集和分析各先进组织的情况,并了解他们的先进思想、组织形式和实施办法,以便作为本企业组织设计时的参考。

(3) 收集和分析本企业内职工的建议和意见。本企业的职工对本企业的组织是否合理最有发言权，要经常听取他们的建议和意见，以作为组织设计时的参考。

2. 工作的划分

企业的工作，一般可分"作业工作"和"管理工作"两大类。在收集和分析有关资料之后，就是对工作的划分。

(1) 作业工作的划分。作业工作划分的目的是为了决定最适当的内部单位，主要可采用以下三种方式：

一是，由上而下的方式。以最高层次的经理或厂长为出发点，层层向下进行划分，直至作业阶层为主。

二是，由下而上的方式。先将全部必须完成的作业工作，划分成由若干个人担任的工作项目，再将若干个人的工作归并成一个单位的工作，然后再将数个单位归并为一个部门，如此向上推，直到最高层次的经理或厂长。

三是，按流程划分的方式。针对某项工作的流程顺序，从工作开始到全部完成，逐步考查每一项基本作业，并使每一个步骤的工作确实有人承担。

划分作业工作时，必须注意下列问题：

① 必须利用分工专业化的优点，克服其缺点；

② 应力求管理上的方便；

③ 应有助于工作的协调；

④ 必须考虑职工的需要和满足；

⑤ 应减少作业的费用，取得最大的经济效果；

⑥ 有利于人群关系的发展。

(2) 管理工作的划分。管理工作要划分的内容很多，管理工作划分的目的是为了管理工作的分工与落实。以计划工作为例加以说明，计划工作划分的方式有以下三种：

① 按照计划的内容划分。这是最简单的一种划分方式。在通常情况下，某一作业由谁领导，就由谁进行计划。

② 按照计划的类型划分。如组织的总目标与政策由董事会决定；长期计划由职能参谋部门制订；部门计划则由部门主管制订等。

③ 按照计划的阶段划分。计划的制订一般可分以下五个阶段，每个阶段均有专人负责。

第一，问题的诊断和发展；

第二，解决问题的途径和方法的拟订；

第三，有关资料的收集和分析；

第四，每一途径和方法采用后，对可能效果的预测和比较；

第五，最佳途径和方法的选择。

3. 管理层次及部门结构的决定

组织内部部门及层级的多少，主要决定于组织规模及管理幅度的大小。

(1) 部门及单位的划分。影响部门及单位划分的因素主要有以下两项：

第一，业务性质。企业的业务性质复杂，分工需要精密，单位必然较多；反之，则单位较少。

第二，企业规模。企业的规模大，人员多，单位较多；反之，则单位较少。

企业组织内部的单位，可以下述五项基础进行划分：

① 依产品或产品生产线划分；
② 按生产程序,或设备的类型划分；
③ 按职能划分；
④ 按地区划分；
⑤ 按顾客划分。

划分部门及单位时,应注意：必须将该工作在性质上与其他工作相对地分开,或者可以自成体系,使组织体外部的联系尽量减少,分工与责任明确,避免扯皮现象。

(2) 层级的决定。企业规模大,工作人员众多,单位划分得也多。此时,除了横向单位增加外,也必然增加纵向单位。横向单位多,增加管理幅度；纵向单位多,增加管理层级。因此,减少管理层级与减小管理幅度是互相矛盾的。国外一般采用缩小企业规模的办法解决这一矛盾。

影响管理层级与管理幅度的因素主要有以下几方面：

第一,部属的能力。部属能力强,管理幅度可大些；反之,应小些。

第二,职务的性质。职务的性质繁杂、需要创造力大、对外接触多的管理人员,管理幅度宜小些；反之,宜大些。

第三,主管本身的条件。主管本身的条件优良,才智过人,管理幅度可大些；反之,宜小些。

第四,参谋的利用。由于职能参谋的利用,可协助指挥、监督和调整管理,管理幅度可稍大些。

第五,信息传递方式。信息传递方式良好,速度快,效率高,管理幅度可大些；反之,宜小些。

第六,管理手段现代化。如电子计算机的使用,能提高工作效率,管理幅度可大些。

第七,节约费用。组织层级少,管理人员少,意见沟通快,费用也少,层级多,管理人员多,意见沟通迟缓,费用也多。

总之,管理幅度与管理层级的相对划分,只能以实际情况而定,不可能有固定模式。

4. 决定分权和集权的程度

组织内部单位及层级决定后,下一步就是考虑有关的因素,以决定集权和分权的程度,然后才能确定组织结构。

管理方式,根据决策权的归属,可分为集权管理和分权管理两种：

① 集权管理。是指企业的一切决定权,均由高级管理层级掌握的管理方式。有的亦称为"独裁式"的管理方式。

② 分权管理。是指企业的一切决定权限不集中于高级管理层级,中、下级管理层级也有一定的决定权。各部门的管理者,对计划与管理有一定自主性的管理方式。

集权与分权各有利弊,集中与分散的程度必须视企业的具体情况而定。一般多趋向于实行分权管理,以利于调动中、下级管理人员的积极性和主动性。现代管理者主张"授权"。所谓授权,就是给予属下实施工作时所应有的权力。采用授权的方式比分权的方式效果更好。

5. 决定组织的结构和人事配备

组织结构的设计,应基于下述五项基本原理：

① 分工与协作原理。分工与协作为一件事的两个侧面,是不可分割的。分工是为了明确责任,达到协作的目的；协作是为了使工作结合,取得效果。合理的分工与协作,是推动企业发展的强大动力。

② 管理幅度原理。由于一个管理者受体力、精力、时间和知识的限制,因此,不能同时直接地个别地领导数百十人的活动,并使其相互配合,因此,必须确定合理的管理幅度。

③ 配合原理。在分工与协作的基础上,建立强有力的指挥系统,使各部门、各单位在统一指挥下彼此协调,密切配合。

④ 平衡原理。为了维持组织的生存与发展,不被淘汰,必须使组织能适应社会环境的变化,使组织的内在因素与外在因素维持平衡。

⑤ 效率原理。效率,是投入与产出之比,是衡量企业经营管理好坏的重要尺度,除短期的临时的组织之外,一切组织均须继续存在,因此,生存是对组织的绝对性考验。组织是否能生存,看其是否有成效,而成效又决定于组织是否有效率。

不管是什么样的组织,其管理的目的均在于使组织内的每一个人都能恪尽职责,每一个单位都能发挥其功能,并能彼此协调工作,共同达到组织目标。

如何才能有效地管理,除了必须考虑个人的各种要求与工作环境及物质条件外,属于组织社会环境方面的问题,应遵循以下几项原则:

第一,统一目标。组织目标明确后,必须让每一个人、每一个单位了解组织总目标的内容,了解自己的作用及他单位、他人的关系,不能只为了达成自己单位的目标,而影响大局。

第二,命令一致。在职能式组织中的工作人员,可能同时接到好几个不同单位主管的命令指挥,如果这些命令互相抵触,将使他不知如何是好。因此发号施令的主管应事先彼此协调,在不违背大目标的原则下,谋求命令的一致。

第三,权责相称。一般正式的组织对于工作人员的权责都有明确的划分。权力与责任不但需要明确的划分,而且要力求相称与公正,否则不仅影响职工的工作情绪,还可能没有充分的权力,使某些人无法完成自己的任务。

第四,划定管理范围,一个主管所能影响的部属人数有限,不宜将管理的范围过于扩大,应根据:① 工作的性质;② 主管的能力;③ 部属的训练;④ 上下沟通等实际情况,而划定一个适当的范围。

第五,良好的意见沟通。意见沟通具有上情下达、下情上达的作用,同时也是提供资料,以便组织作出决策。因此凡是阻碍上下沟通的情况,应尽量避免。管理的层次分得太多,有碍于下层意见向上传达,但层次分得太少,则又可能扩大各层次主管的管理范围,如何在此两者之间取得均衡,应慎重考虑。

第六,适当的授权。组织规模扩大,业务活动繁杂,在专业化之后,应建立授权制度。授权是指将决策权由高阶层下放至较低阶层,这是因为业务繁杂,高阶层管理人员无暇应付全盘事务;经营所需要的组织,日趋专精,一个主持人不可能对各种知识均能通晓;同时现有职工都希望被重视、参与管理。授权不但可以满足职工的成就欲,也激发其工作潜力,提高工作积极性。

第七,必须具有弹性。组织的管理应具有一定的弹性,不能墨守成规、一成不变,才能适应内外不断变化的情况。应该定期地检查技术方面的因素,如原料、工作设计与方法;人力方面的因素,如职工的动机、能力、称职与否;以及外在社会因素,如消费者的态度、嗜好,做适当的改进。

第八,各种工作应确定计划。各种工作都必须根据组织目标确定切实可行的计划。

第九,节约费用。组织要精干而有效,不能因人设事,因人设机构,规定几个人干就是几个人干,不能随意增加或减少。

第十,其他。如专业化、有效控制也可作为原则予以考虑。

6. 组织的运用

组织运用的具体方法主要有下面四种:

① 制定各种工作制度。工作制度,是指具体规定工作的起点,应经过的中间部门,以及工作的终点等,以便各部门的工作能按照一定的次序与方法进行,同时,集合全体组织,协调一致地执行工作制度。

② 制定各种作业方法。作业方法,是指以人或部门为基准,制定作业的方法,使各级人员对于职务与责任都有明确的观念,并且有完善地执行作业的标准方法。

③ 制定监控方法。监控方法,是指时常观察、监督和控制自己管理范围内的事务或作业,并予以协调统一,以便发现问题,及时解决,使各项工作顺利进行。

④ 建立表册记录和汇集报告。建立适当的表册以作记录。记录是一切报告的根据,汇集报告是监控事务或作业的依据,是意见沟通的重要渠道之一。

7. 检查运用结果并控制

组织控制可分狭义及广义两种。狭义的组织控制就是随时检查组织运用的结果,看其能否适应环境的变化,并作必要的修正。广义的组织控制则包括以下各项活动:

① 组织结构的设计,包括划分各部门、各单位,并说明其相互关系;

② 规定工作范围、控制范围及编制组织手册;

③ 组织的实施和人员的培训;

④ 随时检查运用结果,以考察其是否适合环境状况;

⑤ 组织的再设计,再实施,再定期审核。

经过以上七个程序,构成一个组织设计或改善的周期。将检查运用的结果和需控制的因素反馈至下一个程序。

### (三) 企业组织结构的现代化

企业的组织形态其经历有四种:一是直线式组织;二是直线参谋式组织;三是职能式组织;四是直接职能式组织。实际上,组织是一种动态形式,它必须不断地适应周围变换的条件,此时需要的职务工作,过些时候可能废除,而增添新职。因此,组织设计应根据企业实际情况,依环境的变化,予以调整和改善。

组织一经建立以后,应该保持相对的稳定性,但又必须适时地改善,以适应企业的发展和环境的变化。

组织与外部环境的关系是相当复杂而且是互相依附的。而在外部环境中的物理环境、文化环境、技术环境、经济环境和政治环境也是互相关联和不断变化的,同时影响组织,使组织内部环境发生各种变化。组织发展的历史,也就是适应环境变化的历史。同时,组织的调整与改善还应适应组织内部环境的变化,如职工需要的提高,人群关系的变化,国际贸易的扩大等。

组织所处的环境是复杂而多变的,这些复杂而多变的环境对组织结构和组织运用的影响极大。如何使组织适应这种复杂而多变的环境,近年来,管理专家们都采用系统研究的方法,从整体环境来研究组织的问题,而不只是研究某一问题的起因和影响。应全面考虑以下几方面:

一是组织与环境的关系;二是组织对环境的适应;三是组织适应环境应具备的条件。从而实现企业组织结构的现代化。

企业组织结构的现代化,一般要求做到:

1. **管理体制与组织结构的合理化**

资本主义国家的企业十分重视改善企业的管理体制与组织结构。他们认为这不仅是提高管理水平和节约管理费用的前提,而且是关系到企业经营成败的重要条件之一。所以一些资本主义企业管理学者认为:企业不仅需要有才能、有创造力的领导人,而且还必须有良好的合理的管理组织系统。一般认为,一个企业的管理体制和组织结构是否合理的主要标志是:① 必须适应于当前企业的生产技术和经营的情况;② 必须具有高度的效率和灵活性;③ 必须适应竞争的需要;④ 能获得高额利润。

2. 集中管理与分散经营的紧密结合

合理的管理体制和组织结构,首先必须要正确处理集权与分权的关系。集权多了,便于统一指挥,但不利于调动基层的积极性;分权多了,有利于调动基层的积极性,但不利于集中统一指挥。美国在20世纪20年代前的管理体制以集权为主,20年代到50年代的管理体制,是从集权逐步过渡到分权的事业部管理体制。以上过分集中和过分分散的管理体制都各有一定的缺点。60年代以后,美国的一些企业为了克服上述两方面的缺点,把集权与分权紧密地结合起来,加强系统观点,增加灵活性、适应性,提高了管理效果。

3. 寻求现代管理组织结构的新形式

美国工业企业为了寻求新的管理组织形式,试图建立合理的组织结构,以便能在各职能部门之间进行协作,把管理中的"垂直"联系和"水平"联系、集权和分权最有效地结合起来,尽快地达到企业的最终目标。

第一,规划-目标结构。规划-目标结构的实质在于:在已有的直线-职能结构中组成(暂时或长期的)专门机构,这种机构既保存着同原有的直线-职能机构的垂直联系,为了实现规划,又同有关的部门进行水平的联系。采用这种结构可以提高中层管理的机动性和责任感,而上层管理则可摆脱日常的事务性工作。

第二,多维结构。所谓多维结构是借用数学上的概念。"维"是几何和空间理论的基本概念。直线为一维,平面为二维,立体为三维,再加上时间,就构成了四维。企业管理组织结构中包括:事业部(制造、销售等)、职能部(科室)、地区、时间等四个方面,借用上述概念,也称为"四维"。多维结构,实际上是矩阵结构再加上地区和时间的发展,即把平面的矩阵变为四维的立体结构。

这种管理体制,能使事业部和职能部更好地取得协调,并考虑到地区和时间的因素,能及时准确地开展业务活动。

第三,超事业部制。这种组织形式,是在事业部的上面再建立一个"执行部"或"执行局"来统辖事业部,以便更好地协调各事业部的活动,减轻最高领导的日常事务工作,加强企业的灵活性、适应性,提高工作效率。

第四,模拟性分散管理结构。这种组织形式是借用自然科学中的概念,"模拟"是人们研究自然界的一种方法,用这种方法,人们并不直接研究某一个现象或某个过程的本身,而是先设计一个与该现象或过程在某些性能上相似的模型,然后通过这个模型来间接地研究该现象或过程,进行必要的处理,取得某项成果。

管理组织借用这个概念,是指在企业中,不真正实行分散管理,而是模拟其独立经营,独立核算的性能,达到改善经营管理的目的。采用这种结构的主要是一些大型的公司或联合企业。因为公司或企业生产过程和经营活动的整体性强,又不宜过于分权,于是按地区或其他标准把公司或企业分成若干"组织单位",这些"组织单位"被看作是独立的事业部,有相当大的自治权和自己的管理机构。各"组织单位"之间按内部的"转移价格"进行产品交换,并计算"利润",进行模拟性的独立核算,以此促进企业管理的改善。

第五,系统结构。这种组织结构,事实上也是从"规划-目标结构"形成发展而来的。所不同的不是由几个人或几个部门组成,而是由范围很广的各种完全独立的单位(如政府机关部门、企业、大专院校、科研单位等)参加,为完成一个共同的规划目标而抽调人力、物力组成一个复杂的系统。

目前,世界各主要资本主义国家,如美国、日本、西德以及苏联和东欧等国都力求使企业管理体制和管理机构合理化、科学化,设法恰当地解决集权与分权的矛盾,把集权与分权更好地结合起来,把高度的专业化与广泛的协作更好地结合起来,使之既具有灵活性,又具有原则性;既具有稳定性,又具有适应性;同时,要求机构精简、效率高,力求使机制与机构适应生产力发展的要求,具有强大的竞争能力。

## 六、行为科学的应用

近30年来,行为科学在资本主义管理理论中,独树一帜,风行一时,成为一个尖端的热门学科。美国、西欧及日本等主要资本主义国家,总结了过去企业管理的经验,愈来愈重视对行为科学的研究和实践,并将一些研究成果应用于企业管理,因而这些国家的企业管理有了一定的变革。其应用情况可概括为以下几方面。

### (一)从物质上和感情上激励职工

1. 实行终身雇佣制

这一制度是美国、日本某些大企业首先采用的。这一制度规定:只要职工能为公司卖力工作,干出成绩,不犯大的错误,公司一般不解雇职工(公司经营危机倒闭例外),职工可以工作到退休年龄退职。实行职工终身雇佣制加强了职工对工作的安全感,促使职工树立"以厂为家"的思想,调动了职工工作的积极性,稳定了技术力量,有利于公司的经营管理。

2. 职工各种特殊的福利待遇

当前,在欧、美、日主要资本主义国家的一些大公司、大企业,不仅职工的工资比一般中小企业职工工资要高,而且职工的福利待遇也比一般中小企业优厚。日本丰田汽车公司职工福利待遇最为突出。例如,职工没有住房,可以向公司领取500万日元以下的买房贷款,在20年内还清;职工没有汽车可以买公司生产的丰田车,给予八折优待。职工买车经济困难,还可享受公司的无息购车贷款,分期偿还。此外,丰田公司为职工提供了设备良好、环境安静的体育场、文娱室、医疗中心、图书馆和研究中心等。所有这些优厚的福利待遇,使职工们能安心工作,生活无后顾之忧。

3. 组织名目繁多的"会"笼络职工

这一措施是日本大企业大公司所特有的。如丰田公司利用职工中的同乡、同学、同年以及业余爱好等各种关系,组织了许多充满"乡土气""人情味"的业余组织——"会",把职工笼络起来,使职工为公司卖力地工作。公司对这些"会"热心扶植,积极帮助,为这些"会"组织的活动提供会场、设施、茶点等。一些重要的纪念活动,公司的经理、董事们也出席参加,以制造一种"劳资一家""劳资合作""丰田人爱丰田人"等气氛,将职工牢牢地笼络在公司内。

4. 通过各种方式掌握职工的思想感情及工作表现

在美、日等国一些企业,为掌握职工的思想及工作表现,采取了一些办法,以美国国际商用机器公司为例,该公司实行了一种职工"有意见就提"的制度,任何职工在顶头上司那里受到委屈,可以直接找董事长诉说苦衷,还可以通过书面发牢骚。此外,公司人事部门定期对职工进行意见调查。

在日本丰田公司也有一套掌握职工思想感情和工作表现的办法。如丰田工业公司的职工"能力评定制度"和"自我呈报制度"。"能力评定制度"是对职工工作能力考核评定的制度。考核评定时,除根据职工的直接上级的意见外,还要参考其他上级和职工群众的意见。"自我呈报制度"是职工定期向上级汇报思想、工作的制度。内容是每个职工根据年初所定的工作指标,年末向上级报告完成情况,评价自己的工作能力是否适合现任工作。此外,还有每月上级对下级提出工作要求等。

通过上述种种方式,掌握职工思想动态及工作表现,以作为职工晋升、提职和工资奖励的依据。

5. 改善劳动条件和工厂奖励

### (二)吸收职工参加企业管理

主要是实行所谓"参与管理制度"。参与管理是根据 Y 理论对人性的假设,所形成的一种管理制度。实行参与管理制度,要求在组织内的各层级,由其主管了解和接受这种目标或决策之后,会产生一种亲切感和目标承诺,可不必由外部进行严密的监督和控制,相反地,他会以"自我指导"和"自我控制"为企业的目标效力。实行参与管理的最大好处是可以鼓励职工最大限度地贡献出自己的智慧、经验和创造力,使整个组织发挥更大的效能。同时,可使职工获得"社会性的需要"和"自我实现需要"的满足。

参与管理,按其"参与"的方式,分为"个别参与"和"群体参与"两种:

一是个别参与。是指只由参与的部属提出建议,由主管予以考虑,而参与的部属不能反映别人的意见,也不能听到彼此的反映。

二是群体参与。是指参与的部属,不但可提出建议,而且可以在同时同地听到彼此的反映,并可以反映别人的意见。

当前,在行为科学指导下所产生的各种参与管理制度,在美国、日本等国极为盛行。名目繁多,现只介绍几种主要的参与管理制度:

(1) 生产委员会。由职工代表和管理人员的代表组成,主要的任务是讨论生产上的问题。这种委员会已有数十年的历史,对解决生产上的问题有一定成效,但不够普遍。

(2) 职工建议制度。在美国、日本采用这种制度的企业较多,著名的有伊斯曼·柯达公司和联合飞机公司。柯达公司的职工建议制度创立于 1898 年,由于该制度有助于提高产品质量、降低成本、改善生产程序、增进安全以及沟通不同阶层管理人员之间的意见,所以一直沿用至今。该制度的特点是,凡采纳的建议,发给建议人奖金;对不采纳的建议,也要用口头或书面提出理由,如果建议人要求试验,可由厂房协助进行试验,以鉴别该建议有无价值。

(3) "初级董事会"制度。这是麦考密克公司于 1932 年创立的一种参与制度,由于成效显著,现已为数百家公司所采用。该公司共成立了 11 个"初级董事会"。这些董事会成员由中下层管理人员中选出,力求能容纳不同部门的经理,使该董事会成为由各种管理专家混合组成的代表性机构。11 个"初级董事会"分别负责生产、销售和管理这三个方面的业务。每个董事会都有权自行选出自己的董事长,并有权调查公司的生产业务和档案,有权向公司董事会提出建议。"初级董事会"所提的建议,多数都被公司董事会采纳。这种"初级董事会"可以达到三个目的:① 训练和培养经理人才;② 促进各级管理人员之间的意见交流;③ 提出一些新观念,使公司更有效能,更现代化。这种董事会六个月改选一次,每次改选五分之一的董事,每个董事有额外的津贴和假期。其他公司在采用这种管理制度时,都根据自己的情况做了适当的修改。

(4) 建立生产线小组责任制。生产线小组责任制是美国通用汽车公司国内部负责人汤·马瑟斯创立的。就是将每一条生产线组成一个小组,每个小组管理人员连同生产工人由30—100人组成,选有一名小组长,任期四个月,定期轮换。第一任小组长通常是设计部门的主管,第二任小组长是机械部门的主管,第三任小组长是操作部门的主管。各小组财务上自成系统独立核算,编有年度预算,由国内部董事会核定,年终小组将纳税后利润的70%上交总公司,其余利润归小组支配使用。

(5) 实行工人参加小组管理。日本一些大企业实行工人参与小组管理搞得比较突出,如日本丰公司、小松制作所等企业。工人参与小组管理开始是以质量管理小组为中心内容,由公司提出产品质量要求,组织质量管理小组,给予质量管理小组一定的权力,由质量管理小组提出改进质量的措施来确保产品质量。后来,日本各企业在质量管理小组的基础上,进一步发展成所谓"自主管理"小组,管理的内容从质量问题扩大到生产率、成本、工艺、安全、设备、工具等各方面。

### (三) 工作内容的再设计

现代化生产分工愈来愈细,机械化和自动化程度越来越高,工序、操作单一,劳动节奏日益紧张,工人由于长期单一重复的劳动,而感到单调乏味,产生厌倦心理,导致旷工现象日趋严重。为了提高人们对工作的满意程度,使劳动丰富多样,因而采取了工作再设计的措施。内容包括:

(1) 扩大工作范围。对生产工序重新进行安排,不再是由一个人负责一道工序或一种操作,而是由几个工人组成作业组分管几道工序。如何工作,由组内灵活安排。一般说来,扩大工作范围,有三种办法:

① 延长加工周期。不使工人过于紧张,限时限制完成任务。但这种办法对某些工种,如汽车装配线、冲压生产线不太适用,因为周期延长了就得改变工艺流程。因此要考虑工人对加工周期长短的适应性和加工周期对生产效率的影响。

② 下放责任和职权。企业管理部门把部门事物的处理权,决策权和责任下放给车间、小组,如每周的生产计划交由小组自行制订,并负责安排执行,而且要保证产品的质量和数量。

③ 生产工人兼搞些辅助工作。就是分工适当粗些。如挡车工适当兼一些设备的维修、加油等工作。优点:可调节紧张程度。缺点:工时利用不充分,分工不易明确,职责不易划清。

(2) 实行工作轮换制。不适用于培训新工人。因为工种经常轮换,不利于专业化,使工人感到不适应。

(3) 实行弹性工时制。弹性工作时间,是近年来国外某些企业对工作制度的一种改革。在八小时工作时间内,除一部分时间须按照规定上班外,其余时间让职工自行安排。例如工厂的工作时间规定为上午7:30—下午6:00。其中上午10:00到下午4:00规定全体都到,其余两小时可以让职工自由安排。实行这种制度的公司都反映生产率提高,差错减少,缺勤和迟到显著降低。职工也认为能自由支配作息时间感到满意。

### (四) 实行目标管理

企业管理中,目标可能是外界实在的对象,如一定的产量、质量指标;也可能是理想的或精神的对象,如达到一定的思想水平。目标又有个人和集体之分,团体目标规定着个人目标,也使团体内各个人的行动趋向一致。

行为科学家强调通过目标的设置来激发动机,指导行为,这方面着重注意以下三点:其一,目标必须与需要和动机结合,它既是鼓舞人心的奋斗方向,又是满足人们需要的目的物。因此心理学通常把目标称为"诱因"。其二,无论设置个人目标或团体目标,要让职工本人参与,参与程度越深,义务感也越强。若上级为其设立目标,就会认为不是自己的目标,从而减低诱发力量。其三,当人们受到阻碍不能实现目标时,往往会发生两种不同的动向:一种是客观地分析原因,调整力量,部署或改订更适宜的目标;另一种是导致非理智的破坏行为。企业管理者要善于引导,避免后一种倾向的发生。

目标管理是美国企业管理专家德鲁克于1954年提出的。他认为,必须将企业的目的和任务转化为目标,企业的各级主管通过这些目标对下属进行领导,以此来达到企业的总目标。如果只有总目标而无分目标来指导各个部门和各个职工的工作,则企业规模越大、人员越多时,发生冲突和浪费的可能性越大。每个职工的分目标,就是企业总目标对他的要求,同时也是这个职工对企业总目标的贡献。企业各级领导者依据分目标对下属进行考核。如果每个职工和管理人员都完成了自己的分目标,则整个企业的总目标才有达成的希望。德鲁克的主张,对企业管理产生了巨大的影响,并在此基础上形成了目标管理制度。由于这种管理制度在美国应用非常广泛,而且特别适用于对管理人员的管理,因此,被称为"管理中的管理"。

近年的目标管理,主要是以长期规划或战略规划为中心,其主要特点如下:

(1) 目标管理是系统观念的实际应用。企业各部门及个人分目标的拟订是为企业总目标服务的,对各部门及个人分目标的评估也是以实现企业总目标的程度为依据的。

(2) 目标管理是参与管理的应用。对于工作目标及实现的方法,每一工作人员均有亲自参与研讨的机会。

(3) 目标管理是授权管理的应用。推行目标管理必须实行分级授权,采用成果评估的工作方法。每一部门及个人不仅都有自己的分目标,并且负有盈亏的责任。

(4) 目标管理是合作协调整体观念的应用。现代管理十分强调整体观念,因此,目标管理是一种组织的行为,只有在共同了解、合作及协调的情况下,才能实现。

(5) 目标管理是自我控制和自我评估观念的应用。在实施目标管理的过程中需要检查时,可由自己评估目标执行的情况,并提出工作改进的意见。

# 管理二重性和管理学的性质(1979)

要加强对管理科学的学习、研究和应用,就必须对这门学科的性质、对象、任务和职能有一定理解。前一个时期,对什么是管理科学,存在不同看法,有的把它仅仅理解为西方的"管理科学"学派的内容,有的仅仅把它理解为现代管理方法,有的认为管理科学就是电子计算机加数学,等等,这都是片面观点。

## 一、管理学的性质

管理学是一门综合性的学科。它是从管理实践中形成和发展起来的,是由一系列的管理理论、职能、原则、形式、方法和制度等组成的科学体系。这门学科是由社会科学、自然科学和技术科学相互渗透综合而成的。

从狭义上讲,管理的实质是经济意义上的管理,是用以指导人们如何有效地管理社会生产、交换、分配、消费诸过程所有一切活动的科学,是对社会生产总过程各环节的运动进行决策、计划、组织、指挥、监督和调节。

从广义上讲,管理学是包括政治、经济、科技等方面的管理。从内容上讲,仅经济管理这门学科就包括:企业管理、部门经济管理、国民经济管理和世界经济管理等。作为管理科学体系,它的构成如图1所示。

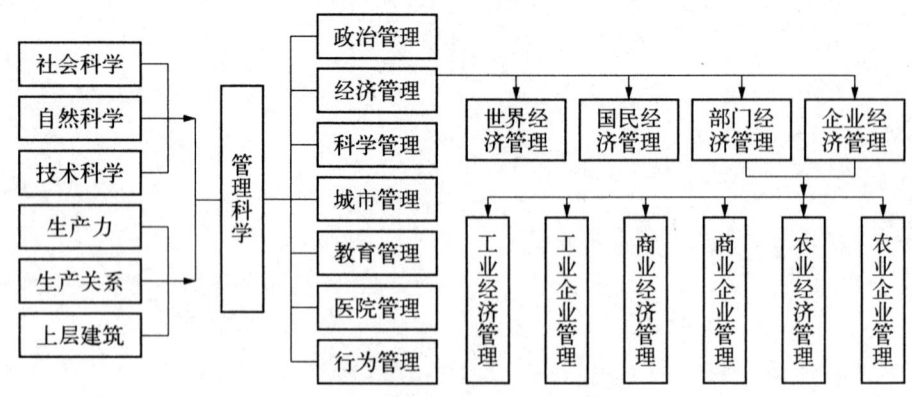

**图1 管理科学的构成体系**

---

① 本文是1979年上海市电视教育讲座的讲稿,后收入上海人民出版社1982年出版的《管理现代化》,原题《管理学的对象与任务》。

从图1可见,管理学并不是一门单纯属于计算方法的学科,它是一门具有多功能、多层次、多属性这样一些特点的学科,是一种综合地研究生产力、生产关系和上层建筑的科学体系。

学习管理学的理论,首先要明确管理的必要性和重要性。我们从历史实践得到启示和证实:加强管理,对于一个国家科学技术、经济文化的发展,对于一个部门和企业的成长,都有极其重要的意义。

马克思在《资本论》中告诉我们,管理是社会生产所引起的。随着社会生产水平的提高,管理也不断相应地有所发展,并且决定了管理的实质就是经济意义上的管理。就社会生产过程来说,加强管理的必要性,是由以下几个主要因素决定的:

首先,管理是进行社会生产所必需的。凡是许多人在一起共同劳动,都必须有管理。这种管理就表现为计划生产,组织劳动,指挥和协调各个生产环节的活动等一系列的职能。马克思说:"一切规模较大的直接社会劳动或共同劳动,都或多或少地需要指挥,以协调个人的活动,并执行生产总体的运动——不同于这一总体独立器官的运动——所产生的一般职能。一个单独的提琴手是自己指挥自己,一个乐队就需要一个乐队指挥。"[①]

其次,管理由于劳动分工和协作而产生并发展的。共同劳动的规模越大,劳动分工和协作越精细、复杂,管理工作也就越精细、复杂和重要。在手工业企业里,分工协作的共同劳动,已经使企业管理成为进行生产所不可缺少的条件。但是,一般说来,手工业为主的企业的生产规模比较小,生产技术和劳动分工也比较简单。因此,管理工作也是比较简单的。现代工业的生产,情况就大不相同了。现代工业运用机器和机器体系,不仅生产技术复杂,企业内部分工精细,而且社会化程度高,社会联系更加广泛。因此,现代化工业管理比手工业管理更加复杂,更加重要。

再次,管理是由现代科学和技术的发展所决定的。自第二次世界大战以后,科学技术突飞猛进,社会生产力的跳跃式发展,使得加强管理更为必要,并主要表现在这样几个方面:第一,生产企业规模的不断扩大和生产协作关系的错综复杂,技术越来越复杂。以产品结构为例,40年代生产的自行车、收音机,它们的零部件数量在100左右;50年代的电视机的零部件约为1 000,小型计算机的零部件约为1万;60年代生产的大型喷气式客机和大型计算机系统,零部件在10万左右,而导弹系统的组件达百万之多。第二,新产品和新工艺的升级换代不断加速。在20世纪初,一种产品可以生产几十年,而现在平均只有6—8年。对电子产品来说,只有2—3年,现代工业提供的消费品,有90%在20世纪初是没有的。新工艺的寿命也大为缩短,平均7年左右就要被淘汰,为更新的工艺所取代。第三,企业与社会的联系更加广泛。由于生产规模的扩大,为了解决生产所需的人力、原料、运输、动力和市场等问题,与社会要发生多方面的联系。近20年来,由于生产过程造成的"三废",多次酿成了严重的社会问题。

这些新出现的情况,对管理提出了一系列的新问题。譬如,由于生产力的发展,不断突破原有的行业、技术和地区的界限,如果在管理组织上不作相应的改变,就会影响甚至阻碍生产力的发展。就以电子计算机的生产来说,现在的电子计算机都是由主机、外部设备和数据传送设备而组成一个系统,但生产主机的是电子工业,不少外部设备要靠机械制造部门生产,而数据传送设备则由邮电部门生产,如果不打破这三种行业的界限,就不可能生产出先进的计算机系统。再如,由于产品和工艺变化很快,要办好一个企业,就必须向前看,要对下一步所能发生的变化作出科学的预测,若等到产生结果再发现问题就要吃苦头甚至被淘汰。又如,要设计和建造一座综合性大型化工厂,大概

---

① 《马克思恩格斯全集》第23卷,人民出版社1975年版,第367页。

要 10—15 年时间,而新工艺平均只有 7 年寿命,如果不作周密的考虑和科学的预测,等到工厂建成才发现落后就悔之已晚了。其余还如,一个企业不仅要考虑产量、质量、产值等指标,还要考虑所引起的三废、就业等社会后果。总之,原来那种只局限本企业生产的科学管理,已不适应现代化生产的发展了。因此,运用现代管理理论对现代社会经济活动进行科学的管理,无疑就更为重要了。

最后,加强管理是实现提高社会经济效益这一目标的重要途径。管理的产生和发展,已经明确它的实质就是经济的管理。管理,无论是作为一种观念,还是一门学科,从它本身的起因和目的来说就是为了提高一个企业、一个部门乃至一个国家的经济效益。不加强管理,企业、部门或者整个社会的生产和经济活动将会像乐队失去了指挥那样,一切都变得杂乱无章,连最起码的经济效益也会失去,更谈不上提高经济效益了。随着科学和生产技术的不断发展,生产社会化程度日益提高,加强管理就不仅是提高一个企业或一个部门经济效益的基本条件,而且是提高社会经济效益的基本条件了。

了解管理学科的性质,对于我们学习和运用这门科学的理论和方法是有直接关系的。管理具有二重性。这是马克思主义管理学说的基本理论组成部分,是我们正确理解管理的性质和职能的关键。研究和了解这个问题,对于建立与发展我国的社会主义管理科学,对于汲取国外先进的管理思想和方法,具有重要的意义。现在,我们从以下两方面来认识管理的二重性。

首先,要了解什么是管理的二重性?管理的二重性是指管理具有自然属性和社会属性。管理的自然属性,是管理所具有的组织、指挥和协调生产的特性,它反映了现代社会化大生产过程中协作劳动本身的要求,是各种不同的社会生产方式都可以共有的一系列科学方法的总结;而管理的社会属性,是管理所具有的监督职能,它反映了生产资料占有者或统治阶级的意志,受到一定生产关系的影响和制约,是为一定的经济基础服务的。

马克思在《资本论》中,就提出了管理二重性的理论。马克思认为:"凡是直接生产过程具有社会结合过程的形态,而不是表现为独立生产者的孤立劳动的地方,都必然会产生监督劳动,过程的联系和统一都必然要表现在一个指挥的意志上,表现在各种与局部劳动无关而与工场全部活动有关的职能上,就像一个乐队要有一个指挥一样。这是一种生产劳动,是每一种结合的生产方式中必须进行的劳动。另一方面,——完全撇开商业部门不说——凡是建立在作为直接生产者的劳动者和生产资料所有者之间的对立上的生产方式中,都必然会产生这种监督劳动。这种对立越严重,这种监督劳动所起的作用也就越大。"[①]

从以上马克思所论述的管理二重性的理论中,我们可以认识这样二层内涵:其一,管理的二重性是通过两种管理职能来表现的,即通过"指挥劳动"和"监督劳动"来分别表现管理的自然属性和社会属性。"指挥劳动"是一种生产劳动,它是进行社会化生产所必需的,是执行着组织和协调企业生产、技术、经营等整体活动的一般职能。"监督劳动",则是指在一定的生产资料占有方式下,社会劳动过程的一种特殊职能。其二,管理的二重性是由商品的二重性所决定的。资本主义的生产过程,也就是商品生产的过程。资本主义企业管理的二重性,是由它管理的生产过程本身具有二重性所决定的。资本主义的生产过程,一方面是制造产品的社会劳动的过程,这个过程反映在企业管理方面,是作为对生产使用价值的社会劳动过程的管理,它反映的是社会化大生产的一般要求。资本主义生产过程的另一方面,是资本的价值增殖过程,这个过程反映在企业管理方面,是作为对资本的价值增殖过程的管理,它表现了资本主义生产关系的剥削实质。然而,管理为什么具有二重性?为什么要通过管理的两种职能来表现?这是因为社会的生产过程是由生产力和生产关系这两个方

---

[①] 《马克思恩格斯全集》第 25 卷,人民出版社 1975 年版,第 431 页。

面组成的,是由组织生产和维护生产关系这样两种基本职能结合而发生作用的过程。所以,管理的二重性就是由组成企业生产过程的两种因素所决定的,是通过两种基本职能在企业生产过程中的作用表现出来的。

其次,要了解管理二重性的特点是什么?管理的二重性决定了在不同的社会生产方式下,管理具有两个重要特点。管理不仅要适应现代化大生产的要求,还要体现一定的生产关系的要求,并同上层建筑有着密切的联系。它是由占有生产资料的那个阶级来实行的,服从那个阶级的意志和利益。因此,资本主义企业的管理二重性,表现为资本主义剥削关系同社会化大生产的要求相结合的基础上的管理特点;而社会主义企业的管理二重性,则表现在社会主义生产关系同社会化大生产的要求相结合的基础上的管理特点。从这里可以看出,在不同的社会生产方式下,管理二重性具有不同的特点,它包括两个内容:其一,是它的永久性(或称之为"共性""继承性""连续性")。马克思在《资本论》中,已清楚地说明了,一切规模较大的直接社会劳动或共同劳动,都需要指挥和监督,以便协调各个劳动者的活动,达到预期的结果。这是任何有社会结合形态的地方所共有的性质,是不以社会制度性的变化为转移的,只要是协作劳动,就需要管理,一万年也永久不变。因此,在管理中有关合理组织社会化大生产的一些形式、方法,虽然是在一定的生产关系下产生的,但并不为某种生产方式所特有,只要对社会化的大生产都是适用的。可以认为按大生产客观规律要求组织管理是一切实行大生产的社会中管理的共性。从而,一切国家和民族的管理思想和经验只要是反映大生产的客观规律,而不是由其特有的社会制度所决定的,就都可以相互继承,相互吸收。其二,作为管理二重性特点的另一个内容,是它的特殊性(或称之为"易变性""个性""暂时性")。管理作为实现生产目的的一种手段,执行着维护生产关系的基本职能,则表现了劳动过程所采取的特殊的历史的方式。劳动的社会结合方式不同,管理的特点和性质也就不同。生产关系的性质发生变化,管理的社会性质也就不同。生产关系的性质发生变化,管理的社会性质也要随之而相应地变化。因此,在管理中有关维护某种生产关系的原则、措施就只能适应该种生产关系的需要,为实现其特定的生产目的服务,一般都具有历史的暂时性,并不为各种社会生产方式所共有。我们所说的管理性质的变化,主要是指管理二重性中社会性质的变化。

资本主义管理的社会属性的特点,集中表现在剥削社会劳动的职能上;社会主义管理的社会属性的特点,则主要表现在维护和加强集体劳动的职能上,它具有国家性、民主性和群众性等管理特征。

认识了管理二重性的这个特点,对于我们正确认识与处理社会主义企业与资本主义企业在管理问题上的共性和个性,有着重要的指导意义。

过去,在极"左"思潮泛滥的情况下,对于管理,只强调其社会属性,认为管理只是研究生产关系问题,把企业管理和政治工作混为一谈,完全抹杀了它是建立在劳动社会化和现代生产技术基础上的科学。在管理思想和理论上走向了极端,一概排斥国外先进的管理经验。这种只讲政治,不讲科学,只讲个性,不讲共性,只承认管理的社会属性,不承认管理的自然属性的错误观念,严重地破坏了我国管理思想和理论在生产实践中的科学发展。

现在,在这个问题上已经拨乱反正,正本清源,实践中的探索和理论上的论证,使大家都承认管理同生产力是密切联系的,管理是一门综合性的科学。

## 二、管理学的研究对象

管理学是介于自然科学和社会科学两者之间的一门新兴的学科。这门学科要综合地研究生产力和生产关系,经济基础和上层建筑。但是,这门学科的研究对象究竟是以哪方面为主呢?对此,有各种不同的看法,有的认为应当侧重于组织生产力的研究,有的认为应当侧重于生产关系的研究,有的则认为应当是两方面并重。

管理二重性是生产力和生产关系对立统一关系在管理上的具体表现,它体现了这两者的辩证关系。但是,管理作为一门独立的科学,侧重点主要是研究生产关系。这是因为:

第一,从理论上来说,马克思主义认为,生产关系是由生产力决定的,生产力也离不开一定的生产关系。管理侧重于生产关系的研究,并不是否定组织生产力的研究,它本身包含着对合理组织生产力的研究。

第二,从实践上来看,管理二重性反映在管理工作上,就是这门学科包括生产力范畴和生产关系范畴的管理内容。现在,据国内外对管理科学研究的实践,把生产力范畴的管理比喻为"硬技术",把生产关系范畴的管理比喻为"管理软技术"。近几年来,国外一些管理学派都很重视"管理软技术"的研究,他们注意利用心理学和社会学的原理、方法来充实管理的理论、措施。他们认为在一个企业系统中,物不过是被动的组成要素,人才是企业主体。企业的成长和发展,受到内外环境的影响,其中包括物质的影响和思想影响两个方面。因此,要提高劳动生产率,就要重视发挥人的作用。从现代管理的发展来看,越来越重视对人的研究,即人们在生产过程中相互关系的研究,也就是侧重于生产关系的研究。

因此,管理科学的研究,应当以马克思主义的哲学、政治经济学理论为指导,在以生产力和生产关系矛盾运动规律的研究中,掌握管理的规律性,它既涉及政治经济学,又涉及生产力的组织和技术科学。或者可以这样说,管理学的研究对象是如何合理地组织生产力,不断地完善生产关系,及时地调整上层建筑,以适应生产力发展的需要。

# 计划管理是企业管理的重要组成部分(1979)①

计划管理是企业管理的重要组成部分,是企业各项管理的首要环节。计划管理的内容很丰富,它涉及企业的生产、技术、经营活动各方面,它的工作好坏对企业生产发展有直接的影响。全面的实行计划管理,对于巩固和发展社会主义社会的经济基础,对于提高企业管理水平,对于发生社会生产力,都有重要的作用。

## 一、计划管理的意义

(一) 什么是计划?

计划是管理的重要职能,是一种意识形态,属于上层建筑的范畴。

马克思在《致路·库格曼》的书信中指出:"要想得到和各种不同的需要量相适应的产品量,就要付出各种不同的和一定数量的社会总劳动量,就要付出各种不同的和一定数量的社会总劳动量。"②这种按一定比例分配社会劳动就是计划的含义。马克思第一次提出了按比例分配社会劳动的计划规律,阐明了按比例安排社会需要和生产的必要性。

列宁在《非批判的批判》一文中又指出了计划的性质,他明确地说:"经常的、自觉地保持的平衡,实际上就是计划性。"③可见,所谓"计划",它包含着"比例""平衡"的意思。

在资本主义企业管理理论发展史上,首先把计划作为一种管理活动提出来的,是法国的法约尔。20 世纪初,法约尔在他的著作中,认为管理应包括计划、组织、命令、协调和控制等五种职能。1937 年,美国学者古立克提出,管理应包括计划、组织、人事、指挥、协调、报告和预算等七项职能。1947 年,美国企业家布朗则认为,管理只包括计划、执行和检查等三项职能。各种管理学派都认为计划是管理的第一重要职能,都把计划视为管理中不可缺少的一种劳动。

近代,外国研究企业管理、计划理论的专家,对"计划"含义也有不同的看法,有的认为"计划"是指集中控制或指公共开支方案;有的认为计划是指企业制订的详细指标、目标或规划;有的认为"计划"意味着限制、控制和失去自由。在他们的著作中也给计划下了定义。例如,有的教科书认为,"计划"是一种行动之系统,是研究行动的东西。计划系统,包含长程、中程、短程计划。这种系统具有四个性:集合性、联系性、目的性、适应性。这本书的作者还认为计划的重要性:是一种应付快速与奇妙的变动的时代的手段;是分析与决策的基础;是为了以最经济有效的方式达到所定的目的。

---

① 本文是 1979 年上海电视教育讲座讲稿,后收入 1985 年山东人民出版社出版的《企业计划管理》,原题《总论》。
② 马克思、恩格斯:《马克思恩格斯选集》第 4 卷,人民出版社 1972 年版,第 368 页。
③ 列宁:《列宁全集》第 3 卷,人民出版社 1984 年版,第 566 页。

又如：有一个研究学院的学者则认为，"计划"是理想的实验。这种理想是代表一种组织资源经济有效应用；是一种事先思考与预定行动方针的程序；是一种减少风险的计算。再如：美国的学者认为"计划"是指未来行动的方案。一般包括三个特征：一是它必须与未来有关；二是它必须与行动有关；三是某个机构必须对未来行动的实现负责。还有的认为，计划与预测相同，也是"未来学"研究的一部分。

综上说明，"计划"是科学地、及时地预测、制定未来行动的方案，以达到最好的经济效果。计划行为，一般有以下几方面：

(1) 进行预测：对未来可能发生的情况进行调查和研究。
(2) 树立目标：制定预期达到的目标。
(3) 拟定计划：安排完成各个步骤的先后次序。
(4) 编制预算：确定达到目标所需要的资源的分配方案。
(5) 制定方法：制定完成各项工作所需要的标准方法。
(6) 制定政策：为计划中可能出现的各种问题制定政策和措施。

## （二）计划管理的性质

计划管理，是用计划来管理企业的生产经营活动。具体说：是用计划来组织、领导、监督和调节企业生产、技术、经营活动的一项管理制度和办法。在不同社会制度下的计划管理有其共同的特性。

社会主义工业企业的计划管理，是在公有制基础上的有计划的商品经济条件下，在服从国家统一计划的前提下，通过计划的制定、执行和检查，对企业生产经营活动进行领导、监督和协调。在工业企业中，计划管理的内容一般包括三个方面：一是计划管理机构和制度的建立、完善；二是企业产销的预测、决策和信息；三是计划的制定、执行、检查和监督。

在资本主义社会，由于生产资料属于资本家所有，整个社会生产往往受着资本主义的竞争和生产无政府状态的规律的破坏。但在一个企业内，资本家为了获得超额利润，他们很重视经营管理，在计划管理上是力求严密、科学的。其中，也有可供借鉴的管理方法。如，美国、日本有些企业，现在执行一种叫"PDCA 管理环"，其目的也在于加强计划管理工作。

这种管理环就是把整个管理过程分成以下四个阶段，又把这四个阶段连起来，构成一个循环。

第一阶段(P)——计划：一是通过对市场和消费都需要的调查，提出明确的方针目标；二是制定活动计划，使全体职工都明确企业的计划方针和目标。

第二阶段(D)——实施：一是按照已经明确的方针目标，进一步订出具体实施的工作计划，如年、月度计划和作业计划；二是按计划实地去干。

第三阶段(C)——检查：一是对实行结果进行检查并用图解找原因；二是提出问题。

第四阶段(A)——处理：一是订出具体的改善措施，即防止问题再次发生的意见；二是为下一循环提出建议，并通过数据、各种图表分析，订出新内容的年度计划。这样一个周期接一个周期、环扣一环地向前转动，都是通过全体职工和各个部门的努力，从而达到新的标准，进入新的起点。

日本有的企业通过推行这种管理环后，认为 PDCA 环转动得好就是企业的进步，国家的进步。这个环，是进步的保证。他们在运用 PDCA 环时，强调注意以下几点：一是 PDCA 一定要形成一个循环，要使它转动起来，周而复始；二是班组→车间→厂级均有一个 PDCA 环，要想达到预期的效果，必须一层一层地解决问题；三是每通过一次 PDCA 的循环，就要修订一次工作标准或质量标准，克服缺点，改善工作，再进入第二次 PDCA 管理环。他们认为，管理工作要真正起到指导生产的作用,就必须严格按以上步骤进行工作,特别是在"P"阶段,决定方针目标,必须注意明确做到以下几点:为什么要有计划;计划要达到的目的;计划要落实的部门;计划的完成时间;计划的具体执行者。以上是告诉人们如何去制定和执行计划。

社会主义的企业计划管理与资本主义的企业计划管理,在方法上有其共同点,即都要通过计划的编制、执行、控制与总结的过程。但由于社会制度的不同,社会主义与资本主义的经营计划管理存在着一定差别。这些差别表现在以下几个方面:

(1) 在资本主义国家里,由于存在着生产资料私有制和社会化大生产之间的矛盾,无论有多么完善的国家经济计划和企业计划管理的办法,都不能阻止周期性经济危机的爆发。在社会主义国家里,由于不存在上述矛盾,也就不存在爆发周期性经济危机的必然性,只要宏观经济决策没有重大失误,经济危机是可以避免的,企业计划一般说来是可按一定目标实现的。

(2) 在资本主义国家里,企业的计划是最根本的,国家计划(如果有的话)是辅助性的,对企业没有法律上的约束力。

(3) 资本主义国家的企业,计划制定得细致,考虑得长远;与之相比,我国社会主义企业,过去对短、中期计划注意较多,今后计划工作的重点要转到长期计划,适当简化年度计划。

(4) 在资本主义国家里,同行业企业与企业之间存在着你死我活的竞争,双方的计划是无法协调的(协作企业例外)。

(5) 资本主义国家的企业在经济预测、计划制定(特别是长期计划、新产品计划、财务计划和研究与发展长期计划的制定)方面积累了丰富的经验;而社会主义国家的企业,在这方面的经验还不够丰富。

(三) 全面的计划管理

1982 年 1 月,党中央、国务院发布的《关于国营工业企业进行全面整顿的决定》中进一步提出了全面的计划管理的概念和含义,指出:"在国家计划指导下,实行企业内部的全面计划管理,把生产、技术、供销、财务等各方面工作,落实到每一个岗位,每一个人;在实行全面计划管理的同时,还要继续推行全面经济核算,以保证品种增加、质量提高、成本降低、利润增长,以实行全面的经济效益。"这里所谓全面的计划管理,就是指用计划把企业的各项工作组织起来,以生产和销售计划为中心进行综合性的管理。具体说,全面计划管理具有如下的含义:

(1) 是全面性计划,即指计划的内容包括目标、指标、措施,计划的时间有长、中、短,以及计划的编制、执行、控制等全面组织系统。

(2) 是全厂性的计划,即指计划的范围包括厂内各部门、车间、单位和岗位等等。

(3) 是全员性的计划,即指计划管理涉及企业全体职工,要使每个职工都有自己的计划。

(4) 是全程性的计划,即指对企业生产经营全过程的每一环节都实行计划管理。这样,使全厂建立上下左右、纵横交错的计划管理网,把企业生产经营活动都纳入计划轨道,以实现预期的经济效益目标。

## 二、计划管理的作用

(一) 在发展企业生产力中的作用

实行计划管理,是由现代化大生产的特点决定的,也是现代企业生产发展的客观需要。由于现代工业企业的生产过程十分复杂,要由成百上千的劳动者,使用各种不同的机器设备来完成,分工精细,协作严密,而且还有一系列生产、技术、经营等活动。因此,要使这一系列生产经营活动,按照大机器生产的要求,以生产为中心,有机地结合起来,使人力、物力、财力等各方面以及各个生产环节之间协调平衡,以保证生产的顺利进行,并获得良好的效果,这就必须有统一的计划,实行严格的计划管理。

工业企业加强计划管理,不仅是生产发展的客观要求,更重要的是客观经济规律的要求。在生产资料公有制的社会主义社会中,由于社会主义基本经济规律的作用,国民经济的有计划发展代替了生产的无政府状态,社会主义生产的目的是为了满足国家和人民的需要。因此,国家有可能而且有必要对国民经济各部门和所有企业实行集中统一的计划领导,通过国民经济计划,合理分配人力、物力、财力的生产任务,以保证国民经济有计划按比例地发展。

社会主义经济为工业实行计划管理提供了良好条件,这是社会主义制度优越性的一个重要标志。但这仅是可能性,要使可能变为现实,充分发挥计划经济的优越性,还要靠我们搞计划工作的同志去努力。这就要求我们加强计划管理,在计划工作中,正确认识和自觉运用客观经济规律,正确地反映企业生产经营活动客观规律的要求,使企业生产按一定比例协调地发展,使企业计划取得良好的成果。

### (二) 在发挥企业管理职能中的作用

有计划地组织企业的生产经营活动,正确处理各个生产环节各方面的相互关系等,是企业管理的职能。实行计划管理,就是这种企业管理职能本身的需要,也是加强企业管理的重要环节。现代化工业企业的生产经营活动,包括生产组织、产品销售、劳动安排、物资供应、质量管理、设备管理、财务管理以及技术工作等各个方面,如果对这些活动没有统一的计划进行合理的组织,势必造成工作中的混乱、生产上的脱节、人力物力的浪费。因此,加强企业管理,从合理组织生产经营活动这个角度来看,首先要抓住计划管理这个中心环节。这样才能使各个方面工作紧张而有秩序地进行,把各部门广大群众的力量拧成一股绳,共同为完成和超额完成国家计划而努力。

社会主义生产资料公有制,为工业企业实行计划管理创造了有利条件。企业可以根据国家下达的生产任务,进行需求预测,预先制定计划,明确生产什么产品,生产多少,何时投入和生产,并相应地对技术、物资、劳动、设备、动力等作出统一安排,保证各部门工作的相互配合与协调。因此,抓住计划管理这一环节,就有利于正确处理生产中各部门、各环节之间,以及人与人之间的相互关系,充分调动职工群众的积极性,推动生产不断发展。通过计划的制定,组织执行和检查,还能揭露生产中出现的矛盾,促进有关部门及时解决,从而使企业管理不断完善,出色地均衡地全面地完成任务。

可见,计划管理是企业管理的首要环节。它在企业管理中起着一个很重要的指导综合的作用,像人体的眼、嘴、鼻、耳、脚各有它的作用,但都离不开大脑的作用一样。企业要扩大品种,增加产量,提高质量,降低消耗,实行经济核算,搞好劳动工资,提高积累水平等工作,都要通过计划管理的渠道。

### (三) 在保证完成国家计划任务中的作用

社会主义企业计划是国家实行计划经济的重要组成部分。

历史的经验证明,凡是计划工作搞得好的时候,计划经济的优越性就能发挥出来,经济的发展就会快些。因此,我们一定要牢固地树立计划观念,明确社会主义计划经济是在公有制基础上的有计划的商品经济。在制定计划时,重视价值规律的作用。这样,才能把国民经济的计划性和企业生产经营活动的灵活性有机地结合起来,从而保证国民经济有计划按比例地发展。

### (四) 在提高企业经营管理水平中的作用

我国正在进行经济体制改革,企业的自主权逐步扩大,对外贸易不断增长,国内外市场的竞争也日趋剧烈,企业在经营管理上以及同外界关系等各方面,都出现了综合性很高的相互制约、相互联系的关系。因此,各部门、各个行业、各个企业为了求得发展,必须学会两三套本领:既要组织本身的生产,又要发展对外经济关系;既要利用国内资源,又要利用国外资源;既要开辟国内市场,又要开辟国外市场。面临这些变化和复杂的问题,每个企业必须全面地考虑,搞好市场预测,作出有效决策,制定有效的计划,使企业本身更快地发展。

### (五) 在提高企业经济效益中的作用

经济效益要求以尽可能少的人力、物力、财力的消耗,生产尽可能多的、适销对路、价廉物美的产品,以满足社会需要。实行全面的计划管理对实现全社会效益是非常重要的。计划的节约是最大的节约,计划的浪费是最大的浪费。企业全面计划制订的合理,反映客观规律和经济效益的要求,做到切实可行,又能妥善安排,层层落实,这就能充分调动企业全体职工的积极性,更有效地利用人力、物力、财力,正确指导企业的生产经营多快好省地发展。

## 三、计划管理的任务与原则

### (一) 计划管理的任务

计划管理的任务是:通过计划编制、执行和检查,充分利用一切潜力,制订最优方案,科学地组织、协调企业内部的全部生产经营活动和各项工作,保证全面完成企业计划目标,多快好省地发展生产。其任务,具体有以下几方面:

(1) 在市场调查和科学预测的基础上,为企业的发展方向、发展规模和发展速度等战略决策提供科学依据,制定企业的长远规划,并通过近期计划组织实施。

(2) 在国家计划的指导下,根据国家下达的计划任务、市场需要和企业能力,签订各项经济合同,编制企业的年、季度生产、技术、财务计划,使企业内部各生产环节的活动和各项工作在企业统一的计划下协调进行。

(3) 充分挖掘及合理利用企业的一切人力、物力、财力,全面完成企业的各项技术经济指标,以取得最大的经济效果。

为了履行上述任务,企业领导必须重视经营计划,加强综合计划机构的建设,提高它在企业中应有的地位。企业领导人应尽可能亲自主持或兼任计划管理工作;计划部门要有懂技术的经济管理人员参加工作;企业有些重要的方针决策应由计划部门提出;企业主要经营活动的调整和经营成果的综合汇总,应集中在计划部门;企业各部门、单位上报的有关技术组织措施方案都要通过计划部门。

### (二) 计划工作的原则

计划体现着党的路线、方针、政策。因此,企业的计划工作必须贯彻党的十一届三中全会以来的一系列方针、政策,严格按照客观规律办事,在计划工作中,一般应该遵守下列几项主要原则:

(1) 坚持社会主义方向,树立全局观点。社会主义企业生产的目的,是为了满足整个国家和人民的需要。企业一切生产经营活动都必须根据国家和社会的需要,在牢固树立顾全大局的思想下进行。在计划工作中,必须坚决反对违反党的政策和国家法令,片面追求产值,不生产国家、社会急需的短线产品,或者不顾产品质量变相抬价,搞资本主义歪门邪道的倾向。企业应具有相对独立自主性,应鼓励和发扬其正当的主动性和积极性。

(2) <u>坚持在公有制基础上实行有计划的商品经济</u>。社会主义经济的一个重要特征是计划经济,同时又是在社会主义公有制基础上有计划的商品经济。因此,在计划工作中,必须适应社会化大生产的需要,保证国民经济有计划按比例地发展,加强国民经济的计划性;必须充分利用价值规律的作用,发展社会主义商品生产和商品交换,使企业能够为满足市场需要展开一定的竞争,把整个国民经济的计划性和企业生产经营活动的灵活性有机地结合起来。

(3) <u>坚持速度、比例、效益三者统一的原则</u>。实行计划管理,首先就要把计划工作的指导思想真正转移到以提高经济效益为中心的轨道上来,通过计划的编制和平衡,把速度、比例、效益三者统一起来。速度、比例、效益之间的关系是辩证的关系。其中,比例是基础,效益是根本,速度是按比例、讲效益的必然结果。因此,发展生产,就必须把速度建立在按比例发展和提高经济效益的基础上,从节约中求速度,从好中求快。这些都应该在计划的编制、执行和考核等各个环节中体现出来。我们要把反映经济效益的指标列入计划,把提高经济效益的指导思想落实到计划管理上,走出一条发展速度比较实在,经济效益比较高,人民能得到更多实惠的发展经济的新路子。

(4) <u>坚持计划的科学性和群众性相结合的原则</u>。计划必须既要有充分的科学性,又要有广泛的群众性。计划的科学性就是要从实际出发,加强调查研究,经过科学计算,用数据说话。计划的群众性就是集中群众的智慧与经验,编制出既先进而又现实的计划。所以,一个科学的计划,不仅要广泛地吸取国内外的先进管理技术和最新成就,还要不断地总结群众的先进经验,集中群众的智慧,充分发挥人的主观能动性,这种科学性与群众性相结合的计划,才能切实可行。

### (三) 计划管理的指导思想

新中国成立三十多年的经验说明,企业经营的计划管理必须按照社会主义基本经济规律的要求,使企业为满足社会需要而生产,不能为生产而生产;必须遵循社会主义国民经济有计划按比例的发展规律和价值规律的要求。因此,企业的计划工作,需要有正确的指导思想,应树立以下观念:

(1) 要具有全局的观念。也就是说,计划工作必须坚持"全国一盘棋"的观念,局部要服从全局、小局要服从大局;要反对本位主义、分散主义及自由化倾向;要服从国家统一计划及计划经济的要求。

(2) 要具有效益的观念。也就是说,计划工作,要把宏观、中观与微观效益结合起来,把短期、中期与长期效益结合起来,把企业与国家和个人效益结合起来,把生产过程、流通过程和消费过程的效益结合起来,重视产需结合、效益与速度的统一。否则计划决策失误,就会造成巨大浪费,计划执行再好也无济于事。

(3) 要具有平衡的观念。综合平衡是计划工作的原则,又是计划工作的方法。企业计划工作,要求做到社会需要与企业生产可能性之间的平衡,当年生产与下年准备之间的平衡,各种经济效益指标之间的平衡,等等。做好计划平衡工作,要有实事求是的精神。

(4) 要具有群众的观念。依靠群众、走群众路线是搞好计划工作的关键。企业在计划工作中,要把计划制订与执行中的重大问题提交群众讨论,发动群众献计献策,参与决策过程,使计划具有群众基础。

(5) 要具有应变的观念。这就要求计划人员必须树立应变观点,使企业计划具有应变能力。

这样可以避免由于预测不准确,或由于企业内外各种因素、条件变化,而造成的被动或失误。

要搞好计划工作,还应积极改革我国现行经济管理体制的缺点,建立科学的计划管理工作制度和方法:

(1) 建立多层次的计划管理系统,实行统一计划,分级管理。

(2) 实行经济手段和行政手段相结合、定量分析与定性分析相结合的办法,搞好计划管理。

(3) 按照有计划的商品经济的原则实行不同的计划管理方法。

(4) 以提高经济效益为中心思想来指导计划工作。

## 四、计划管理的内容与指标

### (一) 企业计划的种类

为了有效地、全面地指导企业生产经营活动,工业企业所需的计划是多种多样的。一般有以下几种分类:按计划的时间可分为长期计划、年度计划和作业计划;按计划的内容可分为生产、销售、技术、劳动、物资、设备、成本和财务等计划;按计划的范围可分为企业厂级计划、车间计划、工段计划或小组计划。另外,按计划的领导方式还有直接计划和间接计划之分。

### (二) 企业计划的主要内容

在以上所有计划中,最主要的是长期计划、年度计划和作业计划。

(1) 企业的长期计划。长期计划也叫长远计划,一般是指一年以上的较长计划,如三年、五年、八年、十年的计划。它是规定企业生产、技术、经济活动发展远景的纲领性计划,所以又叫远景规划。长期计划规定了企业较长时期的发展方向和任务,它的主要内容一般有以下几个方面:一是生产发展方向;二是生产发展规模;三是科学技术发展水平;四是主要技术经济指标的发展;五是管理水平的提高;六是职工文化生活、福利事业的发展,以及职工技术水平的提高;等等。

以上各个方面都可以分别制定专题规则,订出赶超国内外先进水平的具体指标、期限和措施。某些行业结合生产特点,还可以制定专门的规划,如化工及其他一些企业编订的"三废"治理、综合利用规划;机器制造企业对产品零件的标准化、通用化、系列化制定的"三化"规划。有的企业为实现管理现代化,也可编制以电子计算机为中心的现代化企业管理系统的规划,等等。

(2) 企业的年度计划。企业年度计划是根据国家下达的计划任务,规定企业在计划年度内有关生产、经营、技术、财务等各个方面具体任务的计划,过去通常叫年度生产技术财务计划。年度计划在企业的各种计划形式中占有重要的地位,它解决企业一年内的战略布局问题,涉及企业各部门、各环节、各方面经济活动的平衡安排,包括生产、技术、财务各个方面的内容,它组织企业内外产供销平衡,并在此基础上确定企业生产经营各方面活动的具体指标,它是企业全体职工在计划年度内生产经营活动方面总的行动纲领。因此,年度计划是计划中最主要的形式,是加强计划管理的中心环节,是指导企业生产经营活动的最主要的计划。年度计划有哪些具体内容呢?由于企业性质和要求不完全一样,所以其内容有所不同,但是,一般是由以下几种计划组成的:

① 生产计划:是企业年度生产技术财务计划的主体部分。它的内容规定在计划年度内应当生产的品种、产量、质量、产值和产品生产期等指标内,这些指标是编制其他各项计划的主要依据。它是由生产部门编制的。它的作用是要保证计划的全面完成或超额完成。

② 销售计划:是确定企业在计划期内产品(或劳务)销售数量和销售收入的计划。它是企业在

计划期销售工作的行动纲领,也是企业编制生产计划和财务计划的重要依据。它的作用是促进企业综合计划的顺利实现,提高企业的经济效益,保证国民经济中产品的合理流转和分配。

③ 技术组织措施计划:是计划年度内革新技术和改进组织工作的计划。它规定着为保证完成国家计划任务,所采取的各项技术措施和组织措施的项目、效果、实现期限以及负责执行者和资金来源等。它是由技术部门组织编制的,它的作用是要保证生产计划和其他计划技术、组织的实现。

④ 劳动工资计划:是规定计划期内劳动生产率应达到的水平。为完成生产任务所需各类人员的数量,也规定着各类人员的工资总额和平均工资水平。它是根据生产计划来编制的,也是编制成本计划的依据。它由劳动工资部门负责编制。它的作用是要保证为完成生产计划所需要的劳动力,反映生产活动中的劳动消耗或效率。

⑤ 物资供应计划:是规定为完成生产计划以及其他有关计划所需要的各种原材料、燃料、动力、工具等的需要量、储备量、供应量以及供应来源和供应期限等。它是根据生产计划,设备维修计划、技术组织措施计划等物品需要来编制的。同时它又是计划产品成本和企业流动资金需要量的依据之一。这一计划由物资供应部门编制。它的作用是要保证为完成生产计划所需要供应的物资,反映生产中的物资消耗和材料利用率。

⑥ 产品成本计划:规定计划期内所需的生产费用,产品的单位计划成本和总成本,以及单位产品成本降低的任务。这与其他计划有着密切的联系,各项计划中的一些主要指标,如生产计划中产品产量,品种和质量,劳动工资中的工资总额,物资供应计划中的原材料消耗量等,都可以从成本计划中反映出来。这一计划一般由财务部门组织编制。它的作用是要求定期的货币形式综合反映企业生产经营各方面的工作质量,通过生产消耗和成果的比较,反映出企业生产经营的经济效果。

⑦ 财务计划:规定计划的财务收入和财务支出,流动资金定额以及利润总额等。它是以货币的形式反映企业全部生产经营活动的动态和成果计划,由财务部门负责编制。它的作用是要保证为完成生产计划所需要的资金,反映资金利用状况等。

此外,有基建任务的企业还有基建计划,有新产品试制任务的企业还应当编制新产品试制计划,等等。

以上是工业企业年度计划的几个主要组成部分,这些计划是相互联系、相互制约、相互促进的,是以生产计划为中心,以销售计划为依据,以技术措施计划为保证,构成一个统一的有机整体计划体系。

年度计划的任务数字一般是按季列示的,在计划表内除了列有全年计划数字外,还列有四个季度的数字。在年度计划的基础上需要进一步编制季度计划,作为企业一个季度的行动纲领,并将以上作为编制企业作业计划的依据。

(3) 作业计划。所谓作业计划,是年度或季度计划的具体执行,是用以指导和组织日常生产经营活动的一种计划形式。作业计划包括生产、新产品试制、物资供应,设备维修以及财务收支等方面的月度任务和进度计划。其中最主要的是生产作业计划,它具体规定着企业生产环节(车间、工段、小组、机床和个人)在各个较短时期(月、旬、日)内的生产任务。编制生产作业计划有利于合理地有计划地组织生产,保证各个生产环节和各个部门的工作相互协调,使生产经营活动能顺利地协调地进行。同时,由于它规定着较短时期的进度计划,便于随时检查,及时发现问题,迅速加以解决。因而,它对于防止前松后紧,忙乱突击,保证全面按质、按量、按品种、按期地完成或超额完成国家计划,都有着十分重要的作用。

上面介绍的企业长期计划、年度计划和作业计划是相互配合的、紧密联系的。长期计划是企业的远景的战略性计划,是年度计划的依据;年度计划像战役性计划,是长期计划的具体化和补充,是作业计划的依据;作业计划好比战斗计划或战术计划,是年度计划的具体化和补充。搞好工业企业的计划管理,应该加强各计划之间的衔接和配合,以保证国家计划任务的完成。

### (三) 企业计划的指标

工业企业计划的内容,都是通过各项经济技术指标来表示的。

上述每种计划都有自己的特定内容,这个内容是用一定指标规定着企业生产经营活动的任务。各种计划指标的相互联系,构成一个完整的体系,叫做企业的计划指标体系。

所以,指标是计划的基本表现形式。编制计划就是确定各项计划指标。所谓指标,是用来表示一定经济现象的数字。计划指标,则是对企业生产经营活动在各方面的预期目标。

企业年度生产技术财务计划所含的指标,从性质上可分为两类:一类是数量指标,一类是质量指标。

数量指标是表示在计划期内生产经营活动达到的数量要求,如企业年度计划的产品产量、产品品种,总产值、职工人数、工资总额等,都是属于数量指标。它通常是用绝对数表示的,如:产量指标中用实物单位台、件、吨等表示;产值指标用货币单位千元、万元来表示。

质量指标,是表示在计划期内,在利用人力、财力、物力以及发展技术等方面应达到的水平,也是对企业生产经营活动达到的质量要求。它通常是用相对数来表示的,如用比值、比例、百分率来表示。企业年度计划中的产品质量水平或等级品率,劳动生产率、工时利用率、设备利用率、利润率等都是质量指标。这里要说明的,上述质量指标主要是指企业生产经营活动中在工作质量上应达到的目标,而不是产品本身的质量标准。例如,废品率高低反映工作质量的高低,而不是反映产品质量的好坏。有的工厂,对产品质量负责,不合质量标准的一律不出厂,这样可能废品率要高些,但出厂产品的质量是高的。因此,工作的质量指标的考核,应以坚持产品质量标准为前提。否则不但起不到作用,甚至有害。

计划中应用的技术经济指标很多,一般有:产量、品种、质量、消耗、劳动生产率、流动资金、成本和利润等。

表1 企业计划指标综合表

| | 生产指标 | 劳动指标 | 物资指标 | 成本财务指标 |
|---|---|---|---|---|
| 数量指标 | 主要产品产量<br>主要产品品种<br>商品产值<br>总产值<br>新产品试制项目<br>单位设备产量<br>单位面积产量 | 职工总人数<br>生产工人数<br>工程技术人员数<br>管理人员数<br>工资总额 | 物资(原材料、燃料、动力、外购件、设备、工具等)<br>需要量<br>物资<br>储备量<br>物资供应量 | 产品总成本<br>利润总额<br>流动资金总额<br>生产费用总额<br>财政收入与支出总额 |
| 质量指标 | 产品合格率<br>产品等级率<br>产品废品率<br>设备利用率<br>设备完好率 | 劳动生产率(全员、生产工人)<br>单位产品工时定额<br>工时利用率<br>工人出勤率<br>平均工资<br>工人平均技术等级 | 材料利用率<br>单位产品原材料消耗定额<br>废品回收率<br>工具消耗定额 | 单位产品成本<br>可比产品成本降低率<br>百元产值流动资金占有额<br>流动资金周转率<br>百元产值利润率<br>成本利润率 |

# 企业需求预测的程序与方法(1979)[①]

## 一、企业需求预测的意义任务和种类

企业的需求预测和产销决策是商品经济发展到较高历史阶段的产物,也是大规模商品生产和流通以及社会化大生产的必然产物。它们都是企业计划管理的首要职能。研究企业的产品市场需求预测,对于搞好产销决策,编制经营计划,发展生产,满足社会需要,增强企业生命力,均具有重大意义。

(一)需求预测的概念与必要性

需求预测就是根据有关资料对产品未来的需求变化进行细致的分析研究,掌握需求的内在规律,对其发展趋势作出比较正确的估计和判断。

预测是和未来相联系的,它意味着研究未来,也就是根据过去和现在预测将来,从已知推测未知。预测是根据主观的经验和教训、客观的资料和条件及其演变等,对未来情况或结果进行推测、计算和研究,通过合乎逻辑和判断,来寻求事物发展的规律,提出解决现实问题和未来问题的设想和打算。因此,预测是进行决策和制定计划的一个重要前提。

在任何一项有目的的行动中,都有某些不确定的因素与未来的结果相联系,因而就要进行预测。这样做的目的是为了争取较好的前景。只有认真研究历史和现状,探索未来的变化,从实际出发,利用一切可以利用的条件,充分挖掘内部潜力,排除外界的干扰,才能达到预期的目的。尤其是当代科学技术的发展,不仅日新月异,瞬息万变,而且往往互相渗透,各种不确定的因素也越来越多,因此更需要进行有科学根据的预测,发现问题,解答问题。

企业产品市场需求预测是指对产品的需求、需求动机、购买标准、市场潜力以及与需求有关的一系列行为的分析,它包括产品从生产者转移到消费者手中的所有问题的研究和预测,一般说来,是研究和预测:产品的市场需求量及消费需求远景;消费者使用这种产品有什么价值,哪些产品对消费者最有吸引力;成本和价格水平;主要销售地区的分布;竞争厂家的活动和能力;消费者的支付能力以及其他一些有关因素。

(二)需求预测的主要任务

需求预测的任务,主要是:

(1)发现问题。首先是提出问题。提出拟议中的产销活动可能出现的情况,指出确定市场需

---

[①] 本文是1979年上海市电视教育讲座的讲稿,后收入1985年山东人民出版社出版的《企业计划管理》,原题《企业需求预测》。

求中不可忽视的重要因素和重要问题。其次是分解问题。把影响市场需求的主要因素分解为最基本的元素和情况,以便于探求事物的本质。

(2) 探索解决问题的途径。首先是通过分析比较,说明问题的原因,提出多种可供选择的方案和设想,并指出其可能产生的利弊。其次是估计影响市场需求的潜在问题,分析它的威胁性,研究可能预防的措施,并拟定应变的设想。

(3) 为产销决策提供根据。需求预测是根据一定的目标进行的,其目的在于为产销决策提供根据。产销决策是对未来将要进行的活动所作的决定,而企业的生产技术财务计划则是它的具体化。

目标、预测、决策和计划之间的关系如下图所示:

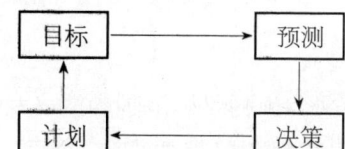

(4) 为提高计划的科学管理水平创造条件。做好需求预测工作,有助于提高计划的科学性和现实性。如果没有经过具有科学根据的预测,只凭主观愿望进行决策,盲目地、想当然地制定计划,必然脱离实际,也不可能有群众基础,这样的计划只不过是一纸空文,更不可能取得良好的经济效果。因此,搞好需求预测是企业正确进行产销决策、制定计划的关键。

### (三) 需求预测的内容

需求预测从其内容来看,大致有以下几种:

(1) 产销趋势的中长期预测。这种预测要求把注意力放在企业的长期经营方向上,侧重于根据科学技术的发展,深入研究影响产销的技术因素,结合市场竞争、资源条件等的变化,制定企业的产品发展计划。这个问题比较复杂,也很重要。在实践中要以产品为对象,研究某个特定产品在其生命周期中所处的阶段,作为产品更新换代的依据,通过发展品种来增强企业的竞争能力。一般说来,每种产品都有一定的生命周期。通常这个生命周期是由孕育、成熟、饱和及衰退等四个阶段构成的。通过预测,可以提前预见到产品的成熟期发展趋势,以便及时做好品种的更替工作,更好地适应市场需要。

(2) 产销趋势的短期预测。这种预测要求以本企业产品的原材料来源、成本、价格等为依据,与同行业同类产品比较,作出近期内市场需求对本厂产销影响的预报,以指导本企业作出相应的努力和改革。

(3) 单品种专题预测。主要是本企业新产品上市后的销售状况和消费者在价格、质量、花色、装潢等方面的反映进行研究和分析,提出改进或扩大新产品产销的建议。

## 二、企业需求预测的程序与方法

由于企业产品市场需求有许多事先难以预料的因素存在,因此,预测有时不可能十分准确。为了尽量缩小预测与实际的误差,提高这项工作的质量,一般应当遵循以下程序:

### (一) 确定预测的目标和项目

影响产品市场需求的因素很多,必须全盘考虑,并且分别主次,抓住影响产品需求的关键因素,侧重于对某一个或几个重要问题进行研究。只有明确预测的对象和项目,才有可能采取正确的方法,使有关方面互相协调,共同努力完成预测任务。如果预测对象不明确,项目不具体,必然会走弯路,达不到预期的目的。

对象和项目是有区别的。如预测 16 英寸座式电风扇的价格对需求的影响,对象就是这种电风扇而不是所有电风扇,项目就是价格对需求的影响而不是其他。总之,在这个问题上,要做到对象明确,项目具体,论证严谨。预测的对象和项目结合在一起,就成了特定的预测目标。

当多种因素影响市场需求时,要通过分析找出主要因素,然后逐个进行推算和分析。在分别预测之后,还要再按系统汇总,以求得预测的总结果。

### (二) 收集预测所需的资料

预测的目标确定以后,必须收集这个预测目标范围内的各种因素及其相互关系的材料,了解它们的历史和现状,积累数据,充分掌握资料。情报要真实、全面、系统、可靠、具体,并且尽可能表现为精确的数据。必要时可分为若干组成部分,通过各种渠道和手段进行收集。

收集资料大致可分为以下几个步骤:

(1) 研究已经占有的资料,确定需要补充的资料。

(2) 收集需要进一步补充的资料。

(3) 对所有资料进行筛选,分类排队,归档保管,以便随时检索。

### (三) 科学地选定预测模型

进行预测必须运用科学的方法,即正确地选定预测模型。预测的方法很多,大致可以归纳为三类:一是归纳预测法,就是从各方面收集对同一预测目标的意见和资料,把其中一致的结论归纳在一起,这种归纳预测也叫做定性分析法;二是数学模式法,就是根据预测项目中各因素内在的因果联系,通过一定数学模式的演算求得预测的数据,这种方法也叫定量分析法;三是演绎预测法,即根据公认的原理和经验,进行逻辑推理和数学演算取得预测的结果,这种方法也叫定性-定量分析法。

### (四) 进行综合研究与计算分析

在取得大量资料和确定预测模型之后,就要进行综合的研究,对影响产品市场需求的各个方面反复进行计算、分析和比较,审慎地提出各种设想。计算和分析的方法很多,这里简要地介绍几种:

(1) 汇集法。就是把许多资料汇合在一起,集中反映某个问题,勾画出这个片断的轮廓,以形成某个专题的素描,从而对需求动态作出预测。

(2) 纵深法。就是用一竿子插到底的办法,摸清某种产品市场需求和生产状况的来龙去脉,通过计算分析预测产销的趋势。

(3) 引证法。如通过一个地区、一个部门生产设备的变化,估计产量的增减和市场供求关系的变化,预测产品的发展前景。

(4) 指数法。如把同一产品不同时期的售价算出指数进行比较,预测价格变化的趋势。

(5) 连横法。如把几个竞争厂家的产品投入市场的情况连接起来进行比较,从中看出他们竞争能力的消长,并分析本厂的情况,扬长避短,作出自己的产销决策。

对需求预测的计算分析,实际上也就是综合和选优问题,它既是"去粗取精,去伪存真,由此及彼,由表及里"的加工过程,也是形成概念的过程。因此,一定要做到数据真实准确,认证充分可靠,

建议切实可行。为作好需求预测的计算分析,必须注意以下几个问题:

(1) 要把历史和现状结合起来进行比较。了解历史是为了研究现状。只有既了解历史又了解现状才能看到带方向性的问题,从而对市场需求情况有一个综合的、本质的了解,对所研究的问题作出中肯的分析,除了解产品需求量的一般趋势外,还要了解影响需求量的各种因素和条件。

(2) 要具有数量概念。要使需求预测尽量接近实际,既要定性,又要定量,不能只是文字的叙述,要尽可能利用统计图表以及其他数学方法予以精确的表达。统计图表可以包含大量的数据,展示用文字难以表达的内容。

(3) 要注意系统综合。在进行需求预测时一定要防止只顾一点不及其余,只作机械类比不顾情况变化,只凭主观设想寻找个别例证以偏概全,主观片面的偏向。一定要注意在系统分析的基础上进行系统综合,使分析的方法与统筹的方法结合起来,数学的方法和逻辑的方法结合起来,运用精确的运算和概括的思维,准确地预测发展趋势和可能的结果。

### (五) 对预测结果的判断

如上所述,需求预测的目的是预测工业产品市场的供求趋势,分析影响市场需求的各种因素,根据需要与可能,从客观实际出发,充分发挥本厂的优势,以谋求老产品的产销的新产品的开发都能取得较好的结果,对企业今后的经营活动进行正确的指导,提高竞争能力,取得较好的经济效果。因此,在需求预测中通过计算分析之后所提出的初步设想,要运用各种形式召集有关专家和职能部门进行判断和评价,反复地进行测算、研究、论证、对比,以提高预测的科学性。预测结果的判断有以下几种:

(1) 事实判断。就是要求所得到的资料必须如实地反映客观实际。因此,要认真分析各种数据,仔细研究所有资料,进行比较,提出问题,反复修正。

(2) 价值判断。就是判断所提出的预测方案是否合理,是否指出了重大的方向性的问题,是否在可能的情况下做到最优,从技术经济的角度进行所费与所得的比较以及确定最优化的标准,分析那些不确定因素的把握程度,等等。

(3) 经营方案优劣的评价。就是以预测中提出的各种经营方针、方式、措施等进行对比,看是否选择了最有利的方案。

为了对需求预测的结果作出正确的判断,必须注意以下原则:

(1) 统筹原则。对预定目标的预测结果,必须全面考虑所有因素(即各个构成部分)及其相互关系;必须同整个国民经济的发展联系起来,把小局与大局联系起来,按照它们之间的内在联系,通盘考虑,权衡利弊。

(2) 连锁原则。即在判断结果时,不仅要考虑到预测目标内部各因素相互影响的连锁性,也要考虑外部因素相互制约的连锁性。

(3) 发展原则。预测的目的是使我们的产销决策能走在时间前面。因此,预测必须要有远见。有人预测今后化工产品的品种更新速度会进一步加快。在扩大老产品的生产能力时,就要预见到这种趋势。另外,即使是比较科学的预测,也不是一成不变、一劳永逸的,而需要密切注视市场的新动向,根据变化了的情况,随时修订。

### (六) 进行预测误差的分析与纠正

预测的结果通过判断和评价,既可能肯定,又可能否定,更多的是需要修正。但是不论哪种情况都要有周密的调查、可靠的数据和有说服力的分析作基础。其重点应当放在预测误差的分析上，找出产生误差的原因。如果引起预测误差的原因是由于选择预测模型不当，那么就应当及时改变（如把定性预测改为定量预测），以求得到正确的数据。

  一般说来，上述程序对于搞好工业产品的需求预测是比较实用的。为了做好预测工作，还要注意每个步骤之间的联系。在搜集资料时，既要考虑预测的目标，也要考虑预测的模型，这样才能有针对性地筛选资料，分类排队，以便使已经搜集到的资料得到更充分、更合理的利用，使预测结果具有科学性、准确性。

# 促进企业管理的现代化(1979)[①]

## 一、管理现代化的必然性

管理现代化,是指用科学的思想、组织、方法和手段,对社会和经济进行有效管理,使之创造最佳经济效益。管理现代化,是开创社会主义现代化建设新局面的一项重要任务,已成为摆在我们面前的一项重要而紧迫的任务。

### (一)管理现代化是提高管理人员素质、增加经济效益的迫切需要

党的十一届三中全会以来,我国很多企业的产品技术水平有所提高,经济效益有所增长,归根到底是由于狠抓技术进步和管理现代化的结果。但是,我们也清醒地看到,当前我国管理人员素质还普遍比较低。主要表现在:(1)有些主要领导人的决策能力、业务能力、组织能力、协调能力还不强。(2)许多企业还没有转到以提高经济效益为中心的轨道上来,尚未完成由单纯生产型向生产经营型的转变。(3)多数企业管理方法、管理手段比较落后,经营管理水平低。(4)职工队伍素质不高。积极推广应用现代化管理方法,逐步实现管理现代化,就是要进一步提高各级领导班子的决策能力,使之适应现代化大生产的需要;促进技术素质提高,适应新产品开发,提高产品质量的需要;提高经营管理素质,实现"转轨""变型",使之适应外部条件变化的需要。一句话,就是提高领导素质,提高经济效益,适应新形势的严重挑战的迫切需要。

### (二)管理现代化是管理改革的迫切需要

当前,有一种看法,认为管理现代化是以后的事,目前的任务是搞改革、开放。从这种认识出发,有些人只抓改革整顿,不抓现代化管理,把改革、开放与推行现代化管理是截然分割了。

从企业管理角度看,搞好企业的全面整顿是推行现代化管理的必要前提,是为实现管理的现代化打下良好基础。在整顿过程中,应当充分考虑如何为管理现代化创造必要的条件。例如,整顿企业信息管理工作时,就要从报表、凭证的设计、数据收集和传递等方面认真考虑今后运用电子计算机管理的要求。否则,现在辛辛苦苦进行整顿,甚至新设计一套表格,到以后又要推倒,重新搞起。目前,有的同志还习惯于用传统的小生产方式管理企业。如果企业整顿后仍然停留在小生产管理水平上,那我们企业的经营管理素质什么时候才能提高呢?因此,推行现代化管理,是巩固企业整顿成果的需要,更是当前管理改革中亟待解决的问题。

---

[①] 本文是1979年上海市电视教育讲座的讲稿,后收入1982年上海人民出版社出版的《管理现代化》,原题《管理现代化》。

### (三) 管理现代化是社会大生产的客观要求

管理现代化是由现代化生产的基本特征引起的。一方面,现代化生产建立在高度发达的科学技术基础上,机器设备在生产过程中得到了广泛的应用,人是机器设备的创造者和使用者,却又受到机器运转规律的支配。另一方面,现代化生产建立在高度分工与协作的基础上,劳动的社会化程度大大提高,企业成为一个既有严密分工,又有高度协作的复杂的生产体系,企业之间、部门之间都有密切的技术经济联系。现代化生产的特征,对管理现代化提出了与之相适应的要求:

(1) 现代管理必须不断地把先进的科学技术成果应用到生产中去,而且要按照现代化生产技术的客观规律办事。因此,对企业生产和经营过程的管理就必须遵循现代生产技术的客观规律,把经济规律和生产技术上的科学规律结合起来,采用更科学更有效的管理组织和管理方式,运用更先进的管理工具的手段,以适应现代化大生产发展的需要。

(2) 现代管理体现高度的组织性,一个现代化的生产单位,进行着大规模的协作劳动,这就必然要求对生产和经营过程的管理,以及对全社会各种经济组织一切活动的管理,具有高度的组织性,实行高度集中的统一领导和指挥。恩格斯指出:"联合活动,互相依赖的工作过程的复杂化,正在取代个人的独立活动。但是,联合活动就是组织起来,而没有权威能够组织起来吗?"无产阶级的革命导师,把现代生产中的高度组织性和集中统一领导,提到了决定社会现代化生产存亡的高度。无论是资本主义的现代化大生产还是社会主义的现代化大生产,都要求高度的组织性和集中统一领导、指挥。

(3) 现代管理必须适应科学技术进步而不断发展。随着现代科学技术的迅猛发展及其在生产中的运用,现代生产的连续化、高速化和自动化的发展,既带来了巨大的经济效益,又对管理提出了更高的要求,采用更加科学的管理方法,更先进的管理工具,要有更高水平的管理人员。例如,为了使企业的生产和经营活动达到最合理、最经济、最有效的预定目标,必须迅速地掌握、运算和处理大量数据,这就必须把现代数学,特别是运筹学等广泛应用于生产经营管理,利用电子计算机的自动控制与企业的经营管理结合起来,逐渐形成以电子计算机为主要工具的生产管理系统,以及把电子计算机与现代通信技术结合起来,逐渐形成计算机网络管理系统,这样才能适应科学技术和生产力的发展,解决现代经济管理中出现的日益复杂的问题。

(4) 现代管理是迎接世界新的技术革命挑战的迫切需要。目前,世界上出现了新的技术革命的浪潮。我们应当根据我国国情,充分利用现在的有利时机和一切可能的条件,直接采用适合我们需要的新技术,来改造我们现有的产业,并且以此为出发点,来相应地发展若干新产业,使我们在经济技术上同发达国家的差距缩小,以较快的速度赶上或超过世界先进水平。

科学技术与管理是当今经济起飞的两个车轮。因此,在迎接新技术革命的挑战中,光发展科学技术是不够的,管理也应当面向世界,面向未来,加速推进现代化,与科学技术同步发展。同外国先进水平比较,我国工业生产的技术水平固然落后,但是我们的管理水平更加落后,我们的管理上的潜力比生产技术上的潜力要大得多。据外国经济学家估计,我国工业从某些部门的情况来说,在技术上相当于日本1970年的水平,落后于日本10年,但是在管理上只相当于日本1960年的水平,落后了20年。这种估计是否符合实际我们暂且不论,但是我们不能不承认我们的管理水平比技术水平更加落后这个事实。因此,为了迎接世界新技术革命的挑战,更要加速推进管理现代化,使我国企业具有与现代化工业大生产的技术进步相适应的组织管理水平。

## 二、管理现代化的指导思想与主要内容

### （一）管理现代化的指导思想

实现管理现代化必须坚持实事求是的原则，按照马克思关于管理二重性的理论和党的路线、方针、政策，逐步地建立起中国式的、社会主义现代化管理体系。

1. 必须从我国的国情出发

我国是一个社会主义国家，又是一个人口多、底子薄的国家。我国的科学技术和经济都比较落后，企业管理水平低，管理上受小生产的习惯势力影响大，这对实现管理现代化会带来许多困难。但是30多年来，我们在管理方面也积累了一些经验，并注意了发扬优良的革命传统。从这些实际情况出发，搞中国式的管理现代化，就是要充分发挥社会主义制度的优越性，使革命传统和科学管理相结合。我国工业企业构成中，大量是中小企业。因此，我们既要重视大型企业的管理现代化，又要重视中小企业的管理现代化。我国中小企业的管理比大型企业更加落后，如果只有极少数大企业的管理现代化，没有大量中小企业的管理现代化，就不能实现工业现代化。

2. 必须坚持社会主义原则

社会主义管理科学理论是在社会主义革命和建设的实践中形成和发展起来的，它的最主要的特点表现在三方面：是对社会主义有计划的商品经济进行管理；是在无产阶级政党的领导之下；是以马克思列宁主义为指导的。

我们是社会主义国家，搞企业管理现代化，必须根据马克思主义关于管理二重性的理论，使管理既适应我国生产力发展的要求，又适应社会主义生产关系的要求，坚持社会主义的原则。

3. 必须学习和借鉴国外对我有用的经验

学习、借鉴外国先进管理经验，必须坚持"以我为主，博采众长，融合提炼，自成一家"的方针，学、用、改、创逐步发展。"以我为主"，这是我们的出发点，就是要在重视和总结我国传统的管理经验的基础上，从我国国情出发，学习、研究外国经验，达到"洋为中用"的目的。"博采众长，融合提炼"，是我们的学习方法，就是要广泛收集、了解各国的管理经验和管理技术、管理方法，研究各个管理学派、各个学科的理论，集百家之长，为我所用。"自成一家"，是我们的目标，通过总结自己的经验和借鉴外国的经验，逐步建立起具有我国特色的社会主义企业管理科学。

4. 必须遵循客观经济规律的要求

社会主义企业，必须把企业的产、供、销紧密结合起来，以需定产、产需结合；以产定供，以供促产。要做到这一点，就要采用现代化的科学管理方法，进行深入的调查研究，掌握大量的科学数据，搞好市场预测和经营决策，制定出切实可行的生产计划，以尽可能少的人力、物力消耗，取得尽可能大的经济效果。对企业的经济活动，不仅要作定性和定向分析，而且要作精确的定量分析，通过一定的数字模型，评价和选择最优的组织措施和技术方案。要做到这一点，企业要做好原始记录、定额管理和管理信息反馈和处理等。不搞好这些管理基础工作，就不可能掌握大量的经济数据，做到核算有依据，考核有标准，了解经济活动的内在规律，选择出最优方案，实现最优管理。

### （二）管理现代化的主要内容

1. 我国管理现代化的现状

新中国成立以来，我国经济管理经过了曲折的发展过程，总的讲，是逐步提高的，但也应当承认

我们的管理现状还是比较落后,使现有一些先进技术装备不能发挥其应有的作用,而且在领导体制和经营管理制度方面,也还不够完善,没有能充分发挥社会主义制度的优越性。西方国家企业管理的发展大体经过传统管理(即经验管理)、科学管理已进入现代管理阶段;而我国的大中型企业,目前基本上处于科学管理阶段,有些方面进入了现代管理阶段,有些方面还停留在经验管理的水平。至于为数众多的小企业,管理水平参差不齐,有不少基本上还处于经验管理状态。近几年来,许多大中型企业在建立和应用现代化管理制度、方法、手段上已初见成效。根据典型调查表明,已经应用或开始应用现代化管理方法的大体有17种。具体可分为三类情况:

第一类,应用比较广泛,效果明显的有9种:经济责任制、统筹法(包括网络技术)、优选法(包括正交试验法)、全面质量管理、全面经济核算、全面计划管理(包括目标管理)、价值工程、市场预测、ABC管理法;

第二类,开始应用,初见成效的有4种:系统管理、滚动计划、量本利分析、全员设备管理;

第三类,处于试点和准备研究应用的有4种:决策技术、线性规划、成组技术、看板管理等。也有一些企业在管理上应用了微型电子计算机。

以上这些情况,说明我国管理现代化已经出现可喜的苗头。

关于企业管理现代化的要求,到2000年,我国应建立起比较完善的具有中国特色的社会主义现代化企业管理体系;经济效益要有一个大幅度的提高;大中型企业要达到工业发达国家八九十年代的水平,要有一批大中型骨干企业达到当时的国际先进水平。为了达到这个目标,在1985年以前,要按照中共中央、国务院的决定把现有企业全部整顿一遍,并有计划地抓一批现代化管理的试点;1985年以后,要结合经济管理体制的全面改革和技术进步,大力推进企业管理现代化;到1990年,我国社会主义现代化的企业管理体系要初步形成,企业素质要有一个根本性的提高。这是全国总的目标和步骤。由于地区之间、行业之间、企业之间实际情况不同,水平差异很大,因此,还应当有层次的具体目标。各部门、各地区和企业都要制定自己的目标。所有整顿合格的企业,都应当把工作重点转到技术进步和管理现代化上来,订出规划,努力实现。

2. 管理现代化的内容

管理现代化的内容包括合理地组织生产力和正确地调整生产关系这两个方面。具体地说,包括以下五个方面:

(1) 管理思想现代化。就是要确立现代管理思想,包括战略观念、市场观念、变革观念、竞争观念、开发观念、时间观念、效益观念等。

(2) 管理组织现代化。就是要根据生产关系适应生产力,上层建筑适应经济基础的原理,遵循现代管理组织的原则,如统一指挥,集权和分权相结合,信息化、高效化、全员管理、全面管理等原则,建立管理体制,设置管理机构,确定生产组织和劳动组织,克服官僚主义,提高工作效率,促进生产力的不断发展。

(3) 管理方法现代化。就是要运用一系列现代管理方法,包括现代决策方法、现代计划管理方法、现代理财方法、现代物资管理方法、现代生产管理方法、现代思想政治工作方法等等。

(4) 管理手段现代化。包括运用电子计算机、建立管理信息系统,以及运用经济、行政、法律等手段。

(5) 管理人才现代化。这是管理现代化的保证,应当培养一大批掌握现代领导艺术,具有指挥才能、参谋才能、监督才能、执行才能和各种专业知识的现代管理人才。

3. 管理现代化必须正确处理好几个方面的关系

管理现代化涉及的范围很广,当前必须注意处理好以下几个关系:

(1) 推行管理现代化要同整顿、改革、技术进步等结合起来。特别要强调企业的技术进步同管理现代化二者配套起来。搞管理现代化所必需的资金，也要与技术进步同时考虑统筹安排。过去，有的企业只顾引进先进技术设备，不注意研究掌握现代化管理的方法，结果影响先进技术装备性能的发挥，甚至造成损失和浪费。这样的教训应当吸取。

(2) 把总结国内先进管理经验和借鉴外国先进管理经验结合起来。在认真总结我们自己的管理的先进经验，使之系统化、科学化、理论化的同时，要积极学习和运用外国先进管理经验，取人之长，补己之短。

(3) 要处理好管理现代化与提高经济效益的关系。我们实现管理现代化的目的，是要提高经济效益，不能就管理而管理，管理要出效益，要为提高经济效益服务。这就是说，无论试点也好，面上推广也好，都要把那些对提高经济效益有显著效果的方法，放在优先的地位。

## 三、管理思想现代化

管理思想现代化是指在遵循党的四项基本原则的基础上，从我国实际出发，不断建立管理思想的科学化、民主化、高效化、系统化和经营思想现代化的过程，其目的是为了改变一切不适应的管理方式、活动方式和思想方式，以适应生产力的不断发展和生产关系不断完善的要求。

### (一) 管理科学化的思想

首先，要明确管理这门科学的性质。管理科学是在管理实践中形成和发展起来的，是由一系列的管理理论、职能、原则、形式、方法和制度等组成的科学体系。这门学科并不是一门单纯属于计算方法的学科，它是一门具有多功能、多层次、多属性这样一些特点的学科，是一种综合地研究生产力、生产关系和上层建筑的科学体系。同时，管理具有二重性，即管理的自然属性和社会属性。因此，我们应当运用马克思关于管理二重性的理论来指导我们企业管理科学的研究与实践。

其次，要明确当一个管理者应该具有广泛的基础知识。现代管理学建立在现代自然科学和社会科学的基础之上，包括了经济学、数学、物理学、各种技术科学、社会学、心理学等的成果，并且利用了信息论、控制论、运筹学、系统工程、经济计量学、计算技术等的最新的成就，使管理从定性的描述发展到定量的预测，成为一门多学科综合性的"横断"科学。一个管理人员，特别是高级管理人员，必须具备基础科学知识，通晓管理学，否则就管不好现代化企业。

再次，要明确一个管理者的任务。美国管理学家杜拉克认为管理者的任务是：(1) 取得经济成就；(2) 使工作具有生产性，并使工作人员有成就；(3) 完成企业的社会影响力与社会责任；(4) 始终考虑现在和将来、短期和长期；(5) 要有舍旧创新的精神；(6) 延续企业生命的潜能。美国人认为企业管理的基本任务有四项：(1) 营业额的增长；(2) 市场上所占份额的增加；(3) 利润额和利润率的增加；(4) 持续的良好经济效果。

### (二) 管理民主化的思想

管理民主化是管理思想现代人的主要标志。民主化不只是一个政治的概念，而是一个在各个思想领域里克服自以为是，不注意群众智慧，不按客观规律办事的开发群体智慧的科学观念。我国管理民主化是由生产资料公有制决定的。社会主义公有制的实质就在于职工群众是国家企业的主人，享有民主管理的权力。这是社会主义管理区别于资本主义管理的一个根本特征。

我国的民主管理是有优良传统的,但也还存在一些问题:由于几千年封建官僚政治和封建家长制的影响,有的企业搞"一言堂",把职工群众放在从属地位上;在现行体制中,企业的自主权太小,企业办得好不好与职工群众利益不挂钩,因此,职工群众对怎样办好企业没有多少发言权,很难体现当家做主的地位,也不能发挥主人翁的积极性。当前,我国正在进行经济体制改革,扩大了企业经营管理自主权,已经逐步实行厂长(经理)负责制。在这种情况下,企业不再吃国家的"大锅饭"了,职工的经济利益主要取决于本企业的经营管理水平;而要提高经营管理水平,必须广泛发动职工群众参加管理。实行厂长负责制,厂长的权力扩大了,但同时必须确保职工群众对企业领导的监督权力,避免把权力集中在厂长一个人身上产生的弊端。因此,切实实现民主管理,现在已经成为非常突出的问题。

切实保障职工群众参加管理的核心问题是真正确立职工群众主人翁的地位。为此,要在企业各级领导干部中牢固地树立职工群众是主人翁的思想;要通过完善职工代表大会制度保障职工参加民主管理的权利;要把职工群众是企业主人翁作为改革的一项重要课题,改革要使职工群众真正感到自己是公有制生产资料的主人,真正感觉到劳动不仅是为国家,为集体,也是为自己。

### (三) 管理高效化的思想

高经济效率、多经济效益、好经济效果构成了管理高效化的内容。"三效"是管理人员必须时刻记住的极为重要的原则。

#### 1. 树立经济效益多的观念

多经济效益就是企业向社会提供的尽可能多的有用产品和有效服务。我们经济工作中长期存在的一种错误倾向,就是片面追求高速度、高指标,不是为了获得经济效益,而是盲目地制造,结果产品积压其中不少是次品。听起来这似乎是可笑的,但这却是过去甚至今天仍然存在的大量现象。要解决这个问题,首先要树立重视经济效益的思想。现代化管理思想要求我们认识提供多经济效益是企业的根本目标,因此企业的决策人员必须具有经济头脑和战略眼光,改变传统的观念。如果我们还是在观念上认为,企业的任务就是完成产值、产量计划,而可以不管产品销售与产品开发,那么国民经济的综合效益就难以提高,人民也不能得到相应的实惠。其次,要积极应用现代管理科学的方法改进我们的计划工作,现代信息传递和加工技术的进步以及管理科学的发展,使我们有可能通过经济预测和市场调查,掌握产需规律和部门间的联系,指导国民经济按比例地协调发展。第三,要改革现行经济管理体制,充分利用市场机制,发挥市场调节的辅助作用。利用市场"反馈"机制,使企业具有内在的经济动力,才能解决由于计划过分集中带来的企业不关心生产成果的问题,促使企业注重经济效益。

#### 2. 树立经济效果好的观念

所谓经济效果,就是投入的劳动消耗(包括全部物化劳动消耗的活劳动消耗)与产出的经济效益(包括产品的使用价值和提供的有效服务)之间的比例关系。好的经济效果,就是要以最少的劳动消耗,获得最大的经济效益。经济效果低是我们30年来经济工作的根本问题。提高经济效果的途径是多方面,既包括减少物化劳动消耗和活劳动消耗这两个方面,也包括改进生产设备、工艺技术和改善经营管理这两个方面,还包括在生产领域节约和流通领域节约这两个方面。根本措施是要在管理思想上重视经济效果,在管理体制上建立全面的经济核算制度,在管理方法上有一套计算和考核经济效果的指标体系。

#### 3. 树立经济效率高的观念

人们设计一台新机器或者一个新的生产系统,首先要求效率高,即要从输入的每单位资源得到最大的输出成果。机器的物理效率总是小于100%的,经济效率则不同,它是用价值单位计算的,可以大于100%,而且一项新技术的经济效率必须大于100%,在经济上才是可行的。经济效率和经济效果这两个概念是相互联系的。计算经济效率是研究经济效果的基础。效率和效果的研究都离不开劳动消耗。无论是活劳动还是物化劳动都可以换算成劳动时间,任何劳动的节约都可以归结为时间的节约。"时间就是金钱"这句话不仅适用于资本主义社会,而且适合于所有扩大再生产的社会,是一句符合经济科学的名言。时间确实是有价值的。通俗地说,今年的一块钱比明年的一块钱更值钱,即资金贴现的时间越长,折合现值就越小。也可以说早收入的钱比以后几年收入的钱价值大,因为早收入的钱可以用于扩大再生产,取得更多的经济效益。我们的管理人员应该具有资金的时间价值观念,节约生产和建设资金,加速社会主义建设。

### (四)管理系统化的思想

现代化管理的重要指导思想是系统理论,系统论的运用与否,是现代化管理和小生产管理的本质区别。现代化管理的每一个基本要素,都不是孤立的,它既在自己的系统之内,又与其他各系统发生各种形式的联系。因此,为了达到现代化管理的优化目标,就必须运用系统理论,对管理进行充分的系统分析,这就是管理的系统化思想。

具有共同的生存条件和运动规律,为了同一目的组织在一起的若干元素,形成一个有机的整体称为系统。现代化企业本身是一个系统,由它担负一定生产经营任务所必需的人力、财力、物力,以及反映他们之间相互联系和运动的各种信息等基本要素组成。为了使系统的各基本要素按照确定的目标、方案正常运转,使人、财、物充分发挥使用,生产经营活动得以顺利进行,又按照其所有的功能分成各个不同的子系统进行活动,如计划、财务、生产技术、市场营销、人事教育等,各个子系统只是企业系统的一部分,特别是企业这个系统还要受到社会经济环境这个更大系统的客观条件的约束和影响。

系统论的基本思想是整体性、综合性,整体性应是系统论最重要的观点。系统的整体具有其组成部分在孤立状态中所没有的新质,如新的特性,新的功能,新的行为等。例如人体的功能不同于细胞功能的汇总。系统的规模越大,结构越复杂,它所具有的超过个体性能之和的性能就越多。因此,系统论告诉人们,在分析问题和解决问题时,仅重视各个单元的作用是不够的,应该把重点放在整体效益上。

运用系统思想来研究管理问题,必须对管理的对象进行系统的分析,这包括如下几个方面:(1)系统要素方面。组成系统的要素是什么?可以分为哪些子系统?(2)系统结构方面。分析系统的内部组织结构如何?组成系统的各要素相互作用的方式是什么?(3)系统功能方面。弄清系统及其要素具有什么功能?(4)系统集合方面。弄清维持、完善与发展系统源泉和因素是什么?(5)系统联系方面。研究此一系列同其他系统在纵、横各方面的联系怎样?(6)系统历史方面。弄清系统是如何产生的?经历了哪些阶段?它发展的历史前景如何?

### (五)现代化经营思想

1. 战略观念

现代企业都应当有自己的战略,一般可归结为以下五个方面:(1)战略思想,主要有两点:一是调动人的积极性,企业上下要沟通思想,让所有职工的想法与企业目标、任务以及最终目的一致起来;二是要让本企业的所有职工都能接受新思想、新事物,要把新东西运用到管理上,运用到自己的产品上,运用到事业发展上,跟上时代。(2)战略方针:企业的发展要把重点放在技术进步上。

(3) 战略管理,有五点：① 选好经理(这比投资还重要)；② 专家治厂；③ 科学管理；④ 应用新技术；⑤ 利润均衡发展。(4) 战略组织：管理机构应当是可变的,要根据企业总体发展而随时增加或减少。(5) 战略计划：应当有以下特性：① 全面性；② 完善性(每年要修改一次)；③ 统一性；④ 可靠性(生产最优质的产品)；⑤ 长远性(制定五年计划要考虑到以后十年的发展,十年计划要考虑到以后二十年的情况)；⑥ 现实性。

2. 市场观念

我国的企业管理正在由生产型向生产经营型转化,因此从多方面预测和观察市场发展趋势,了解社会需求情况,对搞好经营管理是十分重要的。(1) 首先要预测市场的发展变化；(2) 要研究经济发展趋势；(3) 考虑能源与其他物资供应情况及价格变化影响；(4) 在有关领域里采用新技术的快慢；(5) 世界经济发展影响。

3. 变革观念

从国内外企业的经验来看,主要有十点：(1) 领导层要相对稳定,但不称职的要马上换掉,选拔干部要注意事前的考察；(2) 保护和合理使用具有各种才干的人；(3) 增加管理方面的投资；(4) 组织机构和生产发展相适应；(5) 要研究企业增长与人的素质增长的关系,当大增长时要谨慎,防止犯错误；(6) 提高劳动生产率贵在新技术的采用；(7) 以财务管理为中心,利润就是目标,既注意眼前利益,也要看到长远利益；(8) 要有长远估计,领导层要把握方向,要保持向发展中变；(9) 要注意应变,不断修正设想；(10) 要接受政府的行政干预。

4. 竞争观念

没有竞争,不管是什么社会制度下都会死水一潭。竞争可以推动生产力发展,可以锻炼人才,可以"八仙过海,各显神通"。但竞争要在国家政策范围内,在政府指导下进行。

5. 服务观念

搞好销售前后服务,对用户热情周到,有求必应,是现代产品经营的重要观点,也是扩大销售的一个重要环节。

6. 专业化观念

按专业化原则组织生产是现代社会大生产的客观要求。从国外现状看,产品专业化和零部件专业化这两种形式仍占很大比重。就产品专业化,目前多注意发展横向专业化生产,即在多品种基础上发展专业化生产。如美国,从总公司看多系半而全,从事业部看多系生产同大类产品,从工厂看基本是单一或兼顾其他。

7. 素质观念

提高企业素质是提高企业经济效益的关键。企业素质是指构成企业生产经营能力的各种因素和总和。主要有五方面：(1) 领导班子的素质；(2) 职工队伍的素质；(3) 设备工艺的素质；(4) 产品开发素质；(5) 管理素质。衡量企业素质的主要标准是：(1) 满足社会需要的能力；(2) 有效利用人、财、物资源的能力；(3) 扩大再生产的能力；(4) 技术进步能力；(5) 竞争与协作能力。

8. 开发观念

主要指两方面：一是人才开发,二是产品开发。人才开发包括：(1) 选拔人才；(2) 培养人才。产品开发就是要重视科学研究,不断改革老产品,开发新产品,加速产品的更新换代,以满足社会多方面的需要。

9. 质量观念

国内外管理成功的企业总是把研究、保证和提高质量的工作放在重要地位。日本人提出："质量是企业的生命,关系到国家和企业的存亡。"美国的经理们认为:"质量是企业的生命,关系到国家和企业的存亡。"美国的经理们认为:"质量是成功的伙伴","公司的盛衰全赖于此"。国内很多企业管理人员也深知要"以质量求生存,以品种求发展",认为"名牌"是企业的无形资产。要在质量上取得成就,就要有效利用物(指物质与能源)和人(指人的创造性与技能)这两种因素或力量。

10. 信息观念

信息作为一种能创造价值并可用于交换的知识,已成为一种生产力。现代企业的生产与经营所需的信息量增长很快,必须加强信息观念。加强企业管理中的信息观念主要应做三件事:(1)提高对信息的认识;(2)建立管理信息系统;(3)领导者要善于运用信息,把信息迅速转变为生产力。

# 企业管理现代化的指导思想和内容(1984)[①]

企业管理现代化是一个使企业管理思想、组织、方法和手段不断得到完善、管理人员素质不断得到提高的过程,以达到既能适应生产力发展的需要,又能适应生产关系要求的目的,从而促使经济效益得到迅速提高。我们要进行现代化建设,企业管理必须现代化。这是开创社会主义现代化建设新局面的一项重要任务。推进企业管理现代化,已成为摆在我们面前的一项重要而紧迫的任务。

## 一、企业管理现代化的必然性

企业管理现代化的必然性是由以下几个方面决定的。

### (一)提高企业素质、增加经济效益的迫切需要

党的十一届三中全会以来,我国很多企业的产品技术水平有所提高,经济效益有所增长,归根到底是由于狠抓技术进步和管理现代化的结果。但是,我们也清醒地看到,当前企业素质还普遍比较低。主要表现在:(1)有些企业领导班子的素质不高,一些主要领导人的决策能力、业务能力、组织能力、协调能力还不强。(2)许多企业还没有转到以提高经济效益为中心的轨道上来,尚未完成由单纯生产型向生产经营型的转变。(3)多数企业管理方法、管理手段比较落后,经营管理水平低。(4)职工队伍素质不高。积极推广应用现代化管理方法,逐步实现企业管理现代化,就是要进一步提高企业领导班子的经营决策能力,使之适应现代化大生产的需要,促进技术素质提高,适应新产品开发,提高产品质量的需要,提高经营管理素质,实现"转轨""变型",使之适应外部条件变化的需要。一句话,就是提高企业素质,提高经济效益,适应新形势的严重挑战的迫切需要。

### (二)巩固企业整顿成果的迫切需要

当前,有一种看法,认为管理现代化是以后的事,目前的任务是搞好企业的全面整顿。从这种认识出发,不少企业只抓整顿,不抓现代化管理,也有的企业一旦整顿验收通过了,反过来又认为企业管理已经搞好了,就此收兵拔寨。这种看法,显然是把企业整顿与推行现代化管理截然分割了。搞好企业的全面整顿是推行现代化管理的必要前提,是为实现企业管理的现代化打下良好基础。在整顿过程中,应当充分考虑如何为管理现代化创造必要的条件。例如在整顿企业信息管理工作时,就要从报表、凭证的设计,数据收集和传递等方面认真考虑今后运用电子计算机管理的要

---

[①] 本文刊载于《企业管理》1984年第8期,原题《企业管理现代化的必然性》。

求。否则,现在辛辛苦苦进行整顿,甚至新设计一套表格,到以后又要推倒,重新搞起。但是,目前结合企业整顿推行企业管理现代化,进展还很不平衡。有的同志习惯于用传统的小生产方式管理企业。如果企业整顿后仍然停留在小生产管理水平上,那我们企业的经营管理素质什么时候才能提高呢?因此,推行现代化管理,是巩固企业整顿成果的需要,也是当前企业管理实践中亟待解决的问题。

(三) 社会大生产的客观要求

经济管理现代化是由现代化生产的基本特征引起的。一方面,现代化生产建立在高度发达的科学技术基础上,机器设备在生产过程中得到了广泛的应用。人是机器设备的创造者和使用者,却又受到机器运转规律的支配。另一方面,现代化生产建立在高度的分工与协作的基础上,劳动的社会化程度大大提高,企业成为一个既有严密分工,又有高度协作的复杂的生产体系,企业之间,部门之间都有密切的技术经济联系。现代化生产的特征,对经济管理现代化提出了与之相适应的要求。

(1) 经济管理必须不断地把先进的科学技术成果应用到生产中去,而且要按照现代化生产技术的客观规律办事。因此,对企业生产和经营过程的管理就必须遵循现代生产技术的客观规律,把经济规律和生产技术上的科学规律结合起来,采用更科学更有效的管理组织和管理方式,运用更先进的管理工具和手段,以适应现代化大生产发展的需要。

(2) 要求经济管理体现高度的组织性,实行高度集中的统一领导和指挥。一个现代化的生产单位,进行着大规模的协作劳动,这就必然要求对生产和经营过程的管理,以及对全社会各种经济组织一切活动的管理,具有高度的组织性,实行高度集中的统一领导和指挥。恩格斯指出:"联合活动,互相依赖的工作过程的复杂化,正在取代个人的独立活动。但是,联合活动就是组织起来,而没有权威能够组织起来吗?"无产阶级的革命导师,把现代生产中的高度组织性和集中统一领导,提到了决定社会现代化生产存亡的高度。无论是资本主义的现代化大生产还是社会主义的现代化大生产,都要求高度的组织性和集中统一领导、指挥。

(3) 经济管理必须适应科学技术的不断进步和发展。随着现代科学技术的迅速发展及其在生产中的运用,现代化生产的连续化、高速化和自动化的发展,既带来了巨大的经济效益,又对经济管

1982 年在泉州举办《中国国民经济管理学》出版研讨会,部分专家合影

理提出了更高的要求,要求各种技术准备和服务工作更加稳定可靠,生产计划、生产组织、生产调度和经济核算更加精确和及时,任何一个细小环节发生故障或处理不当,都往往会导致整个生产过程的中断。因此,客观上要求采用更加科学的管理方法,更先进的管理工具,要有更高水平的管理人员。例如,为了使企业的生产和经营活动达到最合理、最经济、最有效的预定目标,必须迅速地掌握、运算和处理大量数据,这就必须把现代数学,特别是运筹学等广泛应用于生产经营管理,利用电子计算机的自动控制与企业的经营管理结合起来,逐渐形成以电子计算机为主要工具的生产管理系统,以及把电子计算机与现代通信技术结合起来,逐渐形成计算机网络管理系统,这样才能适应科学技术和生产力的发展,解决现代经济管理中出现的日益复杂的问题。

### (四)迎接世界新的技术革命挑战的迫切需要

目前,世界上出现了新的技术革命的浪潮。我们应当根据我国国情,充分利用现在的有利时机和一切可能的条件,直接采用适合我们需要的新技术,来改造我们现有的产业,并且以此为出发点,来相应地发展若干新产业,使我们在经济技术上同发达国家的差距缩小,以较快的速度赶上或超过世界先进水平。

科学技术与管理是当今经济起飞的两个车轮。因此,在迎接新技术革命的挑战中,光发展科学技术是不够的,管理也应当面向世界,面向未来,加速推进现代化,与科学技术同步发展。同外国先进水平比较,我国工业生产的技术水平固然落后,但是我们的管理水平更加落后,管理上的潜力比生产技术上的潜力要大得多。据外国经济学家估计,我国工业从某些部门的情况来说,在技术上相当于日本1970年的水平,落后于日本10年,但是在管理上只相当于日本1960年的水平,落后了20年。这种估计是否符合实际我们暂且不论,但是我们不能不承认我们的管理水平比技术水平更加落后这个事实。因此,为了迎接世界新技术革命的挑战,更要加速推进管理现代化,使我国企业具有与现代化工业大生产的技术进步相适应的组织管理水平。

## 二、企业管理现代化的主要特征和指导思想

实现企业管理现代化必须坚持实事求是的原则,按照马克思关于管理二重性的理论和党的路线、方针、政策,逐步地建立起中国式的、社会主义现代化企业管理体系。

### (一)我国企业管理现代化必须从我国的国情出发

我国是一个社会主义国家,又是一个人口多、底子薄的国家。我国的科学技术和经济都比较落后,企业管理水平低,管理上受小生产的习惯势力影响大,这对实现企业管理的现代化会带来许多困难。但是30多年来,我们在企业管理方面也积累了一些经验,并注意了发扬优良的革命传统。从这些实际情况出发,搞中国式的企业管理现代化,就是要充分发挥社会主义制度的优越性,使革命传统和科学管理相结合。我国工业企业构成中,大量是中小企业。因此,我们既要重视大型企业的管理现代化,又要重视中小企业的管理现代化。我国中小企业的管理比大型企业更加落后,如果只有极少数大企业的管理现代化,没有大量中小企业的管理现代化,就不能实现工业现代化。

### (二)我国企业管理现代化必须坚持社会主义原则

我们是社会主义国家,搞企业管理现代化,必须根据马克思主义关于管理二重性的理论,使管

理既适应我国生产力发展的要求,又适应社会主义生产关系的要求,坚持社会主义的原则。

### (三)学习和借鉴国外的现代化企业管理经验,必须结合我国的实际

学习、借鉴外国先进管理经验,必须坚持"以我为主,博采众长,融合提炼,自成一家"的方针,学、用、改、创逐步发展。"以我为主",这是我们的出发点,就是要在重视和总结我国传统的企业管理经验的基础上,从我国国情出发,学习、研究外国经验,达到"洋为中用"的目的。"博采众长,融合提炼",是我们的学习方法,就是要广泛收集,了解各国管理经验和管理技术、管理方法,研究各个管理学派,各个学科的理论,集百家之长,为我所用。"自成一家",是我们的目标,通过总结自己的经验和借鉴外国的经验,逐步建立起具有我国特色的社会主义企业管理科学。

### (四)我国企业管理现代化必须遵循客观经济规律的要求

按照客观经济规律的要求来管理企业,就要把企业的产、供、销紧密结合起来,以需定产、产需结合,以产定供,以供促产。要做到这一点,就要采用现代化的科学管理方法,进行深入的调查研究,掌握大量的科学数据,搞好市场预测和经营决策,制订出切实可行的生产计划,以尽可能少的人力物力消耗,取得尽可能大的经济效果。对企业的经济活动,不仅要作定性和定向分析,而且要作精确的定量分析,通过一定的数学模型,评价和选择最优的组织措施和技术方案。要做到这一点,企业要做好原始记录,定额管理和管理信息反馈和处理等。不搞好这些管理基础工作,就不可能掌握大量的经济数据,做到核算有依据,考核有标准,了解经济活动的内在规律,选择出最优方案,实现最优管理。

## 三、企业管理现代化的标志和内容

### (一)我国企业管理现代化的现状与目标

新中国成立以来,我国企业管理经过了曲折发展的过程,总的讲,是逐步提高的,但也应当承认我们的管理现状还是比较落后的。不仅是生产技术的组织管理落后,使现有一些先进技术装备不能发挥其应有的作用,而且在领导体制和经营管理制度方面,也还不够完善,没有能充分发挥社会主义制度的优越性。西方国家企业管理的发展大体经过传统管理(即经验管理)、科学管理,已进入现代管理阶段。而我国的大中型企业,目前基本上处于科学管理阶段,有些方面进入了现代管理阶段,有些方面还停留在经验管理的水平。至于为数众多的小企业,管理水平参差不齐,有不少基本上还处于经验管理状态。近几年来,许多大中型企业在建立和应用现代化管理制度、方法、手段上已初见成效。根据典型调查表明,已经应用或开始应用现代化管理方法的大体有 17 种。具体可分为三类情况:

第一类,应用比较广泛,效果明显的有 9 种:经济责任制、统筹法(包括网络技术)、优选法(包括正交试验法)、全面质量管理、全面经济核算、全面计划管理(包括目标管理)、价值工程、市场预测、ABC 管理法;

第二类,开始应用,初见成效的有 4 种:系统管理、滚动计划、量本利分析、全员设备管理;

第三类,处于试点和准备研究应用的有 4 种:决策技术、线性规划、成组技术、看板管理等。

还有,在被调查的企业中,已有一半以上的企业应用了微型电子计算机。

以上这些情况,说明我国企业管理现代化已经出现可喜的苗头。

关于企业管理现代化的目标,总的说,到 2000 年,我国的企业管理应当同当时的技术水平大体

相适应,建立起比较完善的具有中国特色的社会主义现代化企业管理体系,经济效益要有一个大幅度的提高,大中型企业要达到工业发达国家八九十年代的水平,要有一批大中型骨干企业达到当时的国际先进水平。为了达到这个目标,在1985年以前,要按照中共中央、国务院的决定把现有企业全部整顿一遍,并有计划地抓一批现代化管理的试点;1985年以后,要结合经济管理体制的全面改革和技术进步,大力推进企业管理现代化;到1990年,我国社会主义现代化的企业管理体系要初步形成,企业素质要有一个根本性的提高。这是全国总的目标和步骤。由于地区之间、行业之间、企业之间实际情况不同,水平差异很大,因此,还应当有分层次的具体目标。各部门、各地区和企业都要制定自己的目标。所有整顿合格的企业,都应当把工作重点转到技术进步和管理现代化上来,订出规划,努力实现。

### (二) 企业管理现代化的内容

企业管理现代化的内容包括合理地组织生产力和正确地调整生产关系这两个方面。具体地说,包括以下五个方面:

(1) 管理思想现代化。就是要确立现代企业经营思想,包括战略观念、市场观念、变革观念、竞争观念、服务观念、质量观念、素质观念、开发观念、时间观念、效益观念等。

(2) 管理组织现代化。就是企业要根据生产关系适应生产力,上层建筑适应经济基础的原理,遵循现代企业管理组织的原则,如统一指挥原则,集权和分权相结合原则,信息化、高效化原则,全员管理、全面管理原则,建立管理体制,设置管理机构,确定生产组织和劳动组织,克服官僚主义,提高工作效率,促进生产力的不断发展。

(3) 管理方法现代化。就是要运用一系列现代企业管理方法,包括现代经营决策方法、现代计划管理方法、现代理财方法、现代物资管理方法、现代企业生产管理方法、现代企业思想政治工作等等。

(4) 管理手段现代化。包括运用电子计算机,建立管理信息系统,以及运用经济、行政、法律方法管理企业。

(5) 管理人才现代化。这是管理现代化的保证,应当培养一大批掌握现代领导艺术,具有指挥才能、参谋才能、监督才能、执行才能和各种专业知识的现代管理人才。

### (三) 企业管理现代化必须正确处理好几个方面的关系

企业管理现代化涉及的范围很广,当前必须注意处理好以下几个关系:

(1) 推行企业管理现代化要同企业的全面整顿、改革、技术进步等结合起来。特别是要强调,考虑企业的技术进步,包括引进先进技术,必须同时考虑管理现代化,使二者配套起来。搞管理现代化所必需的资金,也要与技术进步同时考虑统筹安排。过去,有的企业只顾引进先进技术设备,不注意研究掌握现代化管理的方法。结果影响先进技术装备性能的发挥,甚至造成损失和浪费。这样的教训应当吸取。

(2) 把总结国内先进管理经验和借鉴外国先进管理经验结合起来。在认真总结我们自己的企业管理的先进经验,使之系统化、科学化、理论化的同时,要积极学习和运用外国先进管理经验,取人之长,补己之短。

(3) 要处理好企业管理现代化与提高经济效益的关系。我们实现管理现代化的目的,是要提高经济效益,不能就管理而管理,管理要出效益,要为提高经济效益服务。这就是说,无论试点也好,面上推广也好,都要把那些对提高经济效益有显著效果的方法,放在优先的地位。

# 现代管理思想的历史发展(1984)[①]

管理思想是在一定的社会经济条件下,对管理整体的规律性的认识。现代管理思想是近一百年来社会生产技术和协作劳动发展的成果,是人类管理才能的积累。正确地研究现代管理思想,对于实现企业管理现代化具有重要意义。

## 一、西方管理思想

随着资本主义的发展,资本主义管理科学也跟着发展起来。资本主义管理科学的发展,大体经历了古典管理、行为科学、现代管理等三个阶段。

### (一)古典管理思想

这一阶段管理思想的特点是着重生产过程和行政控制的管理,是由三种思想理论形成的。

(1) 早期管理思想。1776年英国古典政治经济学的代表人物亚当·斯密第一个提出生产经济学的概念、计算投资效果的概念、生产合理化的概念。同时,提出了劳动分工的经济效益学说,动作与时间的研究。这些理论对以后管理思想发展均有重大的影响。在早期的管理理论学说中,一些空想社会主义者,如莫尔、康伯内拉、圣西门、欧文、傅立叶等,均有重要的论述。欧文的企业管理思想特点是:重视人的因素和人的作用,实行灵活稳健的人事政策和待人处事的方法,主张对人力开发进行投资;主张改善劳动条件和工资待遇;主张要同工人和睦相处,强调对人的本性进行深入了解和剖析;一丝不苟,准确无误的工作习惯。

(2) 经验管理思想。它的特点是,根据企业和个人多年管理实践的经验积累而成的整套管理理论和方法。这一阶段的代表人物有:巴贝奇、艾末生、麦尤斯、白朗等。1832年英国数学家巴贝奇发表了《机器与制造业的经济学》,影响很大。他在亚当·斯密的劳动分工学说的基础上,对专业化的有关问题进行了系统的研究。他对制造工序进行观察,得出劳动分工可以提高经济效益的结论:缩短学会操作的时间,节约变换工序所费的时间和原料,同时,由于简单操作的重复而产生的熟练技巧,可以促进专用工具和设备的发展。他对制造程序和工作时间的研究,以及把专业技能作为工资与奖金基础的原理,是后来被称为"科学管理"的基础,现代工业生产的流水线就是这个思想的应用。

(3) 科学管理思想。它的最显著的特点就是以科学技术作为建立企业管理理论的主要依据。

---

[①] 本文刊载于《企业管理》1984年第10期、11期。

其代表人物有：美国的泰罗、法国的法约尔、德国的韦伯，以及后来美国的古利克和厄威克。以泰罗为首倡导的科学管理，比较系统地探讨了企业管理问题。他们的目的是在解决如何提高企业的劳动生产率问题。1911年，美国工程师泰罗总结了他在企业中几十年的工作经验和研究成果，发表了《科学管理原理》一书。根据泰罗的理论所创立的一套科学管理制度被称为"泰罗制"，主要内容有：① 运用科学的方法对工人的操作进行细致的观察和分析，进行动作研究，使劳动方法标准化，以提高劳动效率；② 用秒表记录各项动作时间，进行时间研究，以达到工时的科学利用；③ 推行有差别的计件工资制度，对于达到和超过定额的工人按高工资率计算工资，对于达不到定额的工人则按低工资率计算工资；④ 按标准操作方法对工人进行培训；⑤ 把管理人员从工人中分离出来，使管理成为一项专门的工作。泰罗制的推广，使当时的劳动生产率提高了二三倍。

古典的科学管理思想的要点是：人尽其才，财尽其用；物无浪费，力无虚耗；增进效率，降低成本；分层负责，劳资合作。其管理思想、方法有广泛的影响。中国近代著名的铁路工程师、管理专家詹天佑与美国泰罗为同代人，他在领导京张铁路建设中，曾结合中国当时国情，开创一套行之有效的科学管理思想方法，主要表现：① 实行全盘在握、统筹兼顾的计划，使京张铁路125座桥梁运筹得当，"道基既成，桥工亦竣"；② 实行投标承包，按工计酬，使土石两项最为艰巨的工程，做到省费、省时、按期、按质，而成效速；③ 制定重奖严罚，鼓励"破除情面惩不肖"，调动人的积极性；④ 采取节省工料、降低成本的措施，使原来并不富裕的工程费最后还剩余白银28万余两；⑤ 提出全面重视质量的爱国主义管理思想，主张不苟且速成，讲究质量，为中国人争气，不受帝国主义耻笑；⑥ 树立以国计民生为急，以缩短工期为动力，维护国家主权的爱国主义精神。詹天佑创立这一套科学有效的管理和爱国主义精神，在中国近代管理史上写下了光辉的一页。

管理理论的古典研究的另一方面，是着重管理行政方面。如法约尔在他1916年发表的代表作《工业管理一般管理》中，提出管理活动的五种作用，即计划、组织、指挥、协调、控制。管理14条原则：分工；权限与责任；纪律；命令的统一性；指挥的统一性；个别利益服从于整体利益；报酬；集权；等级系列；秩序；公平；保持人员稳定；首创精神；集体精神。

### (二) 行为科学管理思想

这个阶段是着重人际关系和行为科学的管理，是科学管理理论的发展。其重要特点，认为管理应从人的行为本质中激发动力，才能提高效率。具体包括以下几个方面：由原来以"事"为中心，发展到以"人"为中心的管理；由原来对"纪律"的研究，发展到对"行为"的研究；由原来的"监督"管理，发展到"人性激发"的管理；由原来"独裁式"管理，发展到"参与"管理。其主要代表人物的思想理论：

(1) 人际关系理论。美国的梅奥和罗特利斯伯格，于19世纪20年代后期，在"霍桑试验"结果的基础上，提出了人际关系理论原则：工人是"社会人"，必须从社会、心理方面来鼓励工人提高劳动生产率，企业中并存着"正式组织"和"非正式组织"，非正式组织对生产率有很大的影响，通过对职工满足程度的提高来激发职工的积极性。提高生产率，是衡量领导能力的一种新型的标准。

(2) 人类需要层次理论。即研究人的需要、动机和激励问题。美国的马斯洛把人的需要按其重要性和发生的先后次序排成：生理上的需要、安全上的需要、感情和归属上的需要、地位和受人尊敬的需要、自我实现的需要等五个层次。

(3) 人性管理理论。即研究同企业管理有关的所谓"人性"问题。主要有：麦格雷戈"X理论-Y理论"和阿吉里斯的"不成熟-成熟理论"。麦格雷戈的所谓"Y理论"，是说人不是被动的。只要给予一定的外界条件，就能激励和诱发人的能动性。在目标和动机的支配下，努力工作，取得成就。

麦格雷戈认为,只有 Y 理论,才能在管理上有效而获得成功。他们主张建立以职工为中心的,参与式的领导方式,扩大职工的工作范围,加重职工的责任,依靠工人的自我控制和自觉行动。

此外,还有群体行为理论、领导行为理论等等。

西方行为科学的思想,有的来源于中国古代管理思想。如荀子的《性恶篇》中"人之性恶,其善者伪也",就是主张要使人变为能者、善者,必须通过"伪",即通过人的行为改造、通过培训。再如《孟子》中人性善的观点,就似"Y 理论"。《荀子·五制》中的"人之生不能无群"的集体行为思想,诸葛亮的"为官择人"和"赏以兴功,罚以禁奸"的用人思想等等,也都是最早研究人的行为的思想理论。

### (三) 现代管理思想

随着现代科学技术的飞跃发展,社会生产力的急速提高,生产的社会化程度也日益加强了,管理理论的发展也随之活跃起来,出现了一系列的管理学派,从而形成了管理理论的新阶段——现代管理理论。其特点是着重管理科学和系统分析。现将各种理论观点分述如下:

(1) 社会系统学派。这一学派的主要代表巴纳德认为,社会的各级组织都是一个由相互进行协作的个人组成的系统,它包括三个要素:协作的意愿;共同的目标;信息的联系。

(2) 决策理论学派。是在接受了行为科学、系统理论、运筹学和计算机程序等科学内容以后,从社会系统学派中发展形成的。其代表人物西蒙等人认为,决策贯穿于管理的全过程,强调决策和决策者在系统中的重要作用。

(3) 系统管理学派。也是从社会系统学派中衍生出来的,它侧重于从系统的观点来考察和管理企业,以提高生产效率。对当代系统管理中的自动化、控制论、管理情报系统、权变理论的发展有重要影响。

(4) 经验主义学派。它的代表人物是杜拉克和戴尔等人,他们强调要注意当今的企业管理现状和实际需要,主张注重大企业的管理经验,以此作为当代企业管理理论的基点。

(5) 权变理论学派。这一学派认为管理要根据企业所处的内外条件随机应变,不能致力于寻求,也不存在什么一成不变、普遍适用的"最好的"管理理论和方法。

(6) 管理科学学派。这种狭义的管理科学的创立者伯德等人认为,管理就是运用数学手段来表示计划、组织、控制、决策等合乎逻辑的程序,并借助于电子计算技术求出最优的解答,以达到企业的最终目标。

除此以外,还有组织行为学派、社会技术系统学派、经理角色学派、经营管理理论学派等等。

## 二、社会主义管理思想

社会主义管理科学理论,是在社会主义革命和建设的实践中形成和发展起来的。马克思主义基本原理构成了社会主义管理理论的质的规定性,决定了社会主义管理理论的形成和发展。

### (一) 马克思主义经典著作关于社会主义管理思想

这是指十月革命前马克思主义的社会主义管理理论。较有代表性的经典著作,是马克思的《资本论》、恩格斯的《反杜林论》以及列宁的《帝国主义论》等名著中的管理思想。主要表现如下:

(1) 管理的二重性与生产性思想。马克思首先提出管理职能的生产性表现为一种"生产力"和

"集体力"。同时,提出管理的二重性即指挥生产的自然属性和监督生产的社会属性。

(2) 管理的权威性和民主性思想。恩格斯在《论权威》中指出:管理是具有一定机构和服从的社会性的权威。同时,还在《共产主义原理》中指出:社会主义社会,一切生产部门将由整个社会来管理,要"在社会全体成员的参加下来经营"的管理民主性的观点。

(3) 管理的必要性和计划性思想。马克思论述了社会主义管理的长期性、必要性。认为即使到了共产主义社会,国家可以消亡,但社会经济管理的职能却会依然存在下去。马克思主义提出管理的计划性有三个基本点:一是马克思在《致路·库格曼》中指出这种计划的含义,就是"按一定比例分配社会劳动";二是认为这种分配仍会接受价值规律的作用;三是认为这种计划管理是一种"合理、自觉地组织社会劳动的活动"。

(4) 管理物质利益的原则。马克思主义认为,"每一个社会的经济关系,首先是作为利益表现出来",物质利益原则本质上就是一定的社会生产关系的体现。无产阶级的物质利益原则,就是为绝大多数人谋求利益。劳动者的物质利益分配不是全部产品,而是作了各种必要的社会扣除之后的部分。因此,社会主义的分配原则是实行"各尽所能,按劳分配"。

(5) 簿记监督必要性的思想。马克思在《资本论》中指出:"过程越是按照社会的规模进行,越是失去纯粹个人的性质,作为对过程的控制和观念的总结的簿记就越是必要。"因此,"簿记对公有生产,比对资本主义生产更为必要"。在这里,马克思强调了簿记监督的重要性和必要性。广义地讲,也说明了建立社会主义经济核算体制的重要性和必要性。

(6) 节约时间的观念。马克思认为在社会主义管理中有必要十分注意节约,并把时间的节约以及在各部门中有计划地分配劳动时间,当作社会主义基础和首要的经济规律。

无产阶级革命导师们对社会主义管理还提出了诸如再生产理论等原理和著述,这些理论虽然是产生在无产阶级夺取政权,从事社会主义管理的实践之前,但是,至今保持其旺盛的生命力。

### (二) 社会主义管理理论的实践

这是指苏联从十月革命以后,所进行的社会主义管理的初步实践。列宁的管理思想,最主要的有如下几个方面:

(1) 管理的紧迫性与艰巨性。列宁指出:"无产阶级政党在完成夺取政权和镇压剥削者的任务之后,紧接着就要解决管理这个任务。"同时认为:"要有效地进行管理,善于实际地进行组织工作,这是一个最困难的任务,需要在大量的日常工作中表现出来的最持久、最顽强、最难得的英勇精神。"

(2) 管理的必然性与严格性。列宁认为:"没有建筑在最新科学上的大资本主义技术,没有一个使千百万人在产品的生产和分配中最严格遵守统一标准的有计划的国家组织,社会主义就无从设想。"[1]列宁还特别强调社会主义的管理,"一定要比以前管理得严格、更坚决"[2]。

(3) 管理的实践性与长期性。列宁认为,管理规章和管理机构是在实践过程中不断建立和健全的。他说,我们"不能根据某种预定的指示一下就定出新的社会的组织形式"[3]。列宁认为管理实践具有曲折性和长期性。他说:"在新的基础上进行建设,这就要求我们对资本主义遗留给我们的习惯进行长期的、顽强的和耐心的改造工作。"

---

[1] 《列宁全集》第32卷,人民出版社1984年版,第324页。
[2] 《列宁全集》第33卷,人民出版社1984年版,第51页。
[3] 《列宁全集》第27卷,人民出版社1984年版,第384页。

(4) 培养有效管理者的重要性。列宁认为培养和选拔有才能的和内行的经济管理干部是搞好社会主义管理的关键。其主要论述有：① 强调管理人员的地位。认为："要管理，要建设国家，就应当拥有具备管理技术、治国经验的人才。"① ② 强调管理人员的素质修养。认为："要管理就要内行，就要精通生产的一切条件，就要懂得现代高度的生产技术，就要有一定的科学修养。"② ③ 强调培养管理人员的必要性。他指出要通过实践培养人才和发掘人才，要深入下层，大胆提拔大批的年轻的新生力量，让他们担负起社会主义建设的工作。④ 主张使用先前那个阶级的管理人员。列宁认为："必须吸收一切资产阶级专家，必须做到让我国的劳动群众按照我们党纲的要求切实地向这些专家学习。"③

(5) 引进管理科学的必要性。列宁认为，要搞好社会主义经济管理，就要吸取、掌握和利用资产阶级组织大生产的经验和构成形式，以及一切有关科学管理的新成果。其基本点有：① 提倡向托拉斯的组织者学习。认为："社会主义实现得如何，取决于我们苏维埃政权和苏维埃管理机构同资本主义最新的进步的东西结合得好坏。"④ ② 主张利用和改造资产阶级的经济管理机构。认为应"从资本主义那里把银行、辛迪加、良好的工厂、试验站、科学院等这些现成的组织形式夺取过来"，"不利用资本主义遗留下来的东西，就不能建成社会主义"。③ 主张学习和研究资本主义管理的一切科学成果。十月革命胜利，列宁就提倡在俄国研究和传授泰罗制的科学管理方法，指示要"翻译和出版有关组织劳动和管理工作的一切优秀的最新著作，特别是美国和法国的有关著作"。

(6) 计划管理思想。列宁在苏联国民经济恢复和社会主义建设的实践中，发展了马克思主义关于计划管理经济的思想，由一般论述计划经济的必然性、重要性，发展到了如何组织计划管理，并提出了物资、财政平衡，长期计划，计划制订程序等一系列极为重要的理论思想。

(7) 民主管理思想。列宁在实践中贯彻并发展了这一原则。主要表现如下：① 主张实际地吸收和组织广大工人，劳动群众参加管理工作，"使他们感到不参加管理就是犯罪"⑤。② 主张在经济管理中实行民主集中制。认为经济管理中的民主集中制既可以保证铁路等经济企业有绝对的严整性和统一性，又能使地方的特点、首创性、主动精神和各种各样达到总目标的道路、方式和方法都能充分顺利地发展。

(8) 经济核算和节约的思想。列宁认为，无产阶级夺取政权后，社会主义的经济核算和节约原则就成为实际遇到的一个重要问题：① 主张必须把经济核算的思想灌输到群众的意识中去，并把工人监督定为法律。② 强调要完全负起责任，使自己的企业不亏本。③ 各级企业和机关必须铲除依赖供给的思想。④ 主张把"精打细算，节省开支"当作迫切的主要口号。

(9) 党对经济工作的领导。列宁对这个问题十分重视，认为党对经济工作的领导是总体领导，是政治领导而不是细节的干涉。党的领导是通过党员的模范作用和与群众的密切联系而实现的。

1926 年以来各社会主义国家在经济管理方面的实践和理论有了进一步发展。这个时期，在企业管理理论上具有正反两方面的经验，比较显著地表现了社会主义管理理论在发展过程中的曲折性。1957 年起，苏联提出了改革经济管理体制的问题，此后，实行统一计划经济的一些社会主义国家也相继提出了这一问题，推动社会主义管理理论进入它的发展新阶段。社会主义管理理论在这

---

① 《列宁全集》第 30 卷，人民出版社 1984 年版，第 419 页。
② 同上书，第 394 页。
③ 同上书，第 371 页。
④ 《列宁全集》第 3 卷，人民出版社 1984 年版，第 511 页。
⑤ 《列宁全集》第 26 卷，人民出版社 1984 年版，第 269 页。

一阶段的发展,有如下几个方面:

(1) 按照社会主义经济规律管理经济。这是斯大林对社会主义管理科学的一大发展。表现在他的《苏联社会主义经济问题》中的以下观点:① 明确指出人们必须依据经济规律的客观要求进行社会主义的管理工作。② 第一次揭示了社会主义的基本经济规律,阐明社会主义生产的目的和手段。③ 揭示出有计划按比例地发展国民经济是社会主义的经济规律。这些观点对社会主义管理理论的实践有重大的指导意义。

(2) 关于再生产理论的发展——提出内部积累资金观点,并提出了解决积累来源的四种办法,把积累由可能转化为现实的四条道路以及合理利用积累的五条措施。这是斯大林在社会主义再生产理论问题上的一个突出贡献。

(3) 重视经济管理干部的培训。斯大林在《关于苏维埃经济状况和党的政策》中指出:"只有通晓经济的人才能做领袖工作。"提出了"干部决定一切"的口号,强调要培养、提拔和使用有事业心、有真才实学的经济干部。

(4) 强调管理要重视商品经济和价值规律的作用。斯大林在领导苏联经济管理的实践中,创立了比较完整的社会主义商品生产和商品交换的理论。其观点是:① 指出了两种公有制形式的存在是商品经济存在的原因。② 主张发展商品交换,建立健全商业网和流通渠道,加速商品流转。③ 认为价值规律在社会主义条件下仍起作用。

(5) 关于劳动群众参加管理的思想。① 强调依靠群众,采取各种形式,搞好民主管理。② 主张在经济单位建立政治工作组织,加强政治思想工作。③ 认为经济管理只有千百万工人阶级的直接、经常的支持,才能有真正的实效。④ 提倡建立"生产会议"等形式来更好地吸收劳动群众参加管理。

社会主义管理理论的发展阶段,是与无产阶级革命事业密切相连的。在这一阶段,毛泽东同志和中国共产党的其他卓越的领导者,在中国的社会主义经济建设中,不仅坚持了马克思主义的基本原理,而且吸取了苏联在这一阶段经济建设实践中正反两个方面的经验,结合中国的国情特点,逐步建立了比较完整的管理理论和体制,对于社会主义管理理论进一步发展产生了不可低估的影响。

## 三、我国企业管理思想的发展

纵观我国社会主义管理理论的发展全过程,大致可以分为传统管理、学习苏联、总结经验三个阶段。

### (一) 传统管理阶段

在这个时期,以毛泽东同志的企业管理思想为代表,主要表现在对如下十个问题的论述上:

(1) 全心全意依靠工人阶级办好企业是党的极其重要的方针。
(2) 提出"成本少,产品好,推销快"是工厂企业党政工三位一体的共同任务。
(3) 建立"集中领导,分散经营"和"集中领导,分级管理"的企业管理体制。
(4) 社会主义企业必须实行计划管理,工业化的进行需要有适当的、统一的计划。
(5) 强调质量管理,"一切产品,不但求数量多,而且要质量好"。
(6) 设想了社会主义企业经济核算制的五项内容:① 独立资金;② 有一定的收支制度和手续;③ 必须有成本核算;④ 生产计划完成情况的检查制度;⑤ 节约原料和保护工具的制度。
(7) 强调加强劳动纪律,提出劳动报酬要实行"各尽所能,按劳分配"的原则,提倡劳动竞赛以提高生产者的劳动热情。

(8) 倡导党委集体领导下的个人分工负责制。

(9) 提倡向一切可用于社会主义的人才学习技术和企业管理经验,要全党动员,向内行的人学经济工作,学习企业管理中合乎科学的方面。

(10) 要在企业管理中搞群众运动,实行管理民主化。毛泽东同志的这些论述对于我们当前探讨社会主义企业管理理论仍然有重大的现实指导意义。

周恩来同志对企业管理也有许多论述。特别是他在1943年所作的《怎样做一个好的领导者》的报告中,创建性地提出了规范一个处于领导地位的管理干部的条件,具体论述了管理作为一种领导工作应采取的方法。

### (二) 学习苏联阶段

1953年我国进入大规模经济建设时期,开始执行第一个五年计划,兴建了156项重点工程,并在全国范围内全面地引进了苏联当时的企业管理办法。在企业中普遍实行计划管理,推行生产作业计划,建立生产责任制;实行技术管理,推行工艺规程,技术检查制度,制定技术标准、劳动定额等,建立技术工作秩序;实行经济管理,建立经济核算制;大量培养各类干部和工人,开展社会主义劳动竞赛;实行各尽所能,按劳分配;等等。这些基本上符合客观规律要求的管理制度和方法,体现了社会主义制度的优越性,反映了现代化大生产和社会主义生产关系的客观要求,从而使我国企业管理开始走上科学管理的轨道,培养了一批管理人员,积累了一些管理经验,推动了工业生产建设的发展,保证了大规模经济建设的顺利进行。

### (三) 总结经验阶段

1956年以后,毛泽东同志和我国其他卓越的领导人及时总结了国内外正反两方面的经验,精辟地论述了我国社会主义管理理论的思想基础和实践的原则方向。

1958年我党制定了多快好省地建设社会主义的总路线,集中阐发了社会主义经济理论的核心内涵,对完成社会主义生产的目的和任务有一定的指导意义。1960年3月党中央和毛泽东同志批示的《鞍钢宪法》,1961年颁布的《工业七十条》,对我国的经济管理进行了科学的总结。综合起来有以下内容:

(1) 民主管理:技术民主、经济民主、政治民主。

(2) 干部、技术人员、工人三结合的管理方式和组织机构。

(3) 社会主义劳动竞赛。

(4) 合理化建议活动,树立主人翁观念。

(5) 精神鼓励和物质鼓励相结合。

(6) 做好调整人们相互关系的政治思想工作。

(7) 实行群众路线,关心群众生活。

(8) 建立岗位责任制。

(9) 实行班组"八大员"管理方法。

(10) 进行思想政治教育,树立共产主义道德观念与劳动态度。

(11) 实行职工代表大会制度。

(12) 实行民主选举企业管理干部。

这一阶段,我们的经济工作也出现了严重失误,在企业管理上主要表现为在第一个五年计划时期建立起来的科学管理制度和方法遭到批判和废除,导致企业管理混乱,不讲经济效果,造成巨大的浪费和损失。党及时提出了调整、巩固、充实、提高的八字方针,使经济管理的混乱状况有了好转。然而在十年动乱中,林、江反革命集团大肆煽动无政府主义,全盘否定企业管理,"砸烂一切规章制度",给社会主义经济事业带来了难以估量的损失。

粉碎"四人帮"以后,特别是十一届三中全会以来,我党全面地纠正了过去"左"的错误,决定了工作重点的转移,贯彻执行了国民经济调整、改革、整顿、提高的方针,进行了管理体制改革的试点,扩大企业的自主权,开展了企业整顿,明确了建设社会主义现代化企业的标准和要求。通过上述努力,我国企业管理才走上了科学管理的新阶段,工业生产有了较快的发展。

从我国社会主义企业管理三十多年来的发展过程中,我们看到:我国的企业管理理论和实践,是在马克思主义关于社会主义管理理论的指导下,继承了战争年代的优良传统,学习苏联企业管理的基础上发展起来的。它必然要在成功与失败、正确和错误之间寻求自己发展的道路,也必然使我国的企业管理理论和实践的发展具有长期性和复杂性的特点。认真总结我国企业管理发展中所取得的经验教训,对推进企业管理现代化具有重要的作用。

# 关于管理思想古为今用的几个问题(1984)[①]

我对中国博大精深的古代管理思想研究不够,今天仅就现代管理如何古为今用讲三个问题。

第一个问题:什么是管理思想。

研究古代管理思想,首先要了解管理思想的概念和含义。管理思想是在一定经济条件下对管理规律性的认识。这一点很重要。古代历史很长,每一个朝代都有它一定的管理,一定的规律性。规律性是客观事物内在联系的反映,也是在一定的经济条件下社会生产关系的反映。一般地说,管理规律有三种:一种是指古今中外、任何社会共同的管理规律。这种规律有三条:一是讲究劳动分工,二是讲究时间的效益,三是讲究物质利益。古今中外许多管理学说,讲管理都要讲如何平衡一个国家和集体以及个人的利益。所以,我们研究古代管理思想,能提炼出符合这一种规律性问题的理论思想,无论对国外,还是对我们中国,对今后都是有用的。现在世界上许多国家的学者、专家都在研究中国问题,中国古代文化、中国的管理问题,而我们国内系统研究的人却很少。把中国古代管理思想进行研究、整理出一个完整的体系,对管理科学的发展,对我国和其他国家管理的发展,都有很大作用。从现实意义上看,现在许多青年学者也想研究古代管理思想,但不知道如何下手,希望我们做一些组织联系工作。过去,我们在研究行为科学时曾经引进些国外东西,感到国外很多东西在中国古代就已经存在的。我曾经编了一本十几万多字的小册子,把国外的各种管理思想流派理了一理,发现有许多说法与我国古代管理思想相类似。这就是我讲的任何社会共同的管理规律问题。第二种就是个别社会管理。如我们社会主义社会就有社会主义的管理规律,我们要研究哪些古代管理思想是值得社会主义社会借鉴的。例如,民主管理是我们社会主义制度的特色,只有在中国社会主义社会才有主人翁地位。反映在企业管理方面,它有三个民主:经济民主、管理民主和技术民主。这是我们社会主义社会制度下的管理规律,也就是我们个别社会下的规律。第三种就是两个或几个社会共同的规律性问题,如价值规律在管理中如何应用问题,在不同社会形态下都存在过。

第二个问题:研究古代管理的指导思想。

我认为,马克思关于管理二重性的理论,可以作为我们研究古代管理的指导思想。马克思在《资本论》中许多处谈到管理的二重性的问题。一个是组织生产力的自然属性,一个是完善生产关系的社会属性。管理思想是否有二重性?管理思想本来是属于上层建筑的问题,它反映的管理活动具有二重性。奴隶社会、封建社会等古代社会的管理思想,它们所反映的管理活动也具有二重性。领会马克思的管理二重性思想,对研究古代管理思想具有重要的指导意义。在古代中国经济

---

[①] 本文是作者在1984年12月复旦大学经济管理研究所举办"中国古代管理研讨会"上的发言,根据录音整理。

管理中,有组织生产力,也有改善生产关系的问题。实际上,唐宋时代很多建筑物反映了古代管理的系统观念、信息观念等。这些都说明了管理有一个共性问题,它表现了管理的连续性、继续性、通用性。外国东西、古代东西,在现在也可以有选择地应用,它是连续性问题;连续就能继承,一代继承一代,就有继承性问题;通用性,就是指关联思想,在中国、外国都能用。但是,在研究和学习过程中,也要考虑个性问题。有些管理思想、方法在一定的时代用,在另一时代就不能用。用这个作为指导思想,来研究古代管理思想,就能分清是非。

第三个问题:现代管理中的古为今用问题。

现代管理的古为今用问题,包含非常丰富和深刻的内容,下面我举三个方面的内容。第一个方面是关于时效管理的思想。类似泰勒的管理,进行工作研究,时间研究,怎样提高效率,怎样做到人尽其才,财尽其用,物无浪费,力无虚耗,达到降低成本,提高效益。怎么提高时效?泰勒强调采取强制和经济办法,把人当作经济人来看待,就是通常讲的管、卡、压办法。我曾经讲授《红楼梦》经济管理思想,写了一篇大约二万多字的讲稿。其中,把王熙凤的管理手段概括了十个方面:第一是"理出头绪"。她一上马,看到大观园乱七八糟,就提出要理出头绪,就像我们现在讲的要整顿企业。第二是"依着我行",就是我们现在讲的奖罚管理,要我管理就要按照我的办法行事,像现代企业责任制。第三是"清白处治",赏罚分明,不论皇亲国戚,你要犯错误,我就要处理。第四是"少了分赔",也就是谁负责,谁在干活,少了东西,谁赔偿,而如果四个人共同一起干活少了一件东西将要四人分赔,从现代管理制度看,叫责任制度。第五是分班负责,各行其是,谁负责的事出了乱子,就找谁算账。第六是"点卯理事",也就是"俱有钟表",按时检查,看看大家是否按时上下班。第七是"领牌回事",就是领了牌子上班,下班再把牌子交上去,她就知道你今天到不到,几点钟下班。第八是"对牌发下",人家领了东西,王熙凤就要核查,看是否正确;预算清楚才能来领钱,预算不对的不给钱。第九是严格执法,将迟到的"打他二十板子",杀一儆百,"被打的含羞饮泣而去",众人也"不敢怠慢"。第十是各处查遍,"戌初烧过黄昏纸,我亲到各处查一遍,回来上夜的交明钥匙",巡查完整个大观园,然后才放心睡觉。

第二个方面是关于行为管理的思想。现代管理中很强调以人为中心的管理,企业管理中很大部分是研究以人为中心的管理。如何调动人的积极性,要讨论"激励"因素。我1980年也开始研究行为科学,编写了一本教材。那时,学术界对行为科学的认识有分歧,有的抱否定态度,有的抱支持态度。现在,情况好多了,上海都成立了行为科学研究会。但是,认真研究中国古代行为管理思想,发现行为科学的许多内容不是西方独有的,早在一千多年之前古代中国也有相关的思想。荀况在《荀子·性恶》中指出:"人之性恶,其善者伪也。"他认为人的本性是恶的,而性善则是人为的。人要从恶到善,从坏到好,有什么办法呢?他认为,要采取一套制度、一套办法来进行教育,是在于人为。荀况的这种性恶论类似西方行为科学的"X理论"。我曾经把中国古代行为学说整理成章,归纳出十个方面。

第三个方面是现代经营管理思想。上一次上海企业管理协会让我们写一篇关于古代经营管理思想的文章,我把古代经营管理思想与现代经营管理思想对照,对古代到近代的各种思想进行分类。

今天,我事先没有准备发言,临时谈点不成熟的看法,供大家参考。

# 我国企业管理组织的现代化问题探讨(1985)[①]

企业是国民经济统一体的一个有机细胞。随着城市经济体制改革的不断深入发展,企业将成为充满生机和活力的经济实体,而企业管理组织的现代化,对于搞活企业,提高国民经济管理水平,具有重大作用。

现代的企业管理组织是指按照统一指挥,集权和分权相结合及全员管理和全面管理的要求,从本企业的实际情况出发,对企业的组织机构、人员配置不断地进行调整,使其合理化、高效化,并建立科学的责任制和各种严格的规章制度。

## 一、现代企业管理组织的概念、作用与特点

### (一) 组织的概念

组织是企业管理的重要功能之一。国内外企业管理家都非常重视组织功能的研究,并形成了一套组织理论。国外的管理学家认为,组织功能的目的是通过任务结构和权力关系的设计来协调各方面的关系。组织功能是把总任务分解成一个个具体任务,然后再把它们合并成单位或部门,同时把权力分授予每个单位或部门的管理人员。因此,企业的组织职能应包含如下内容:

(1) 组织设计。设计和规定各部门及工作人员的职责范围。根据组织设计,确定企业的组织机构系统。

(2) 组织联系。确定各部门及工作人员的相互关系,规定命令下达和信息反馈的渠道,明确它们之间所规定的各部门及人员的工作职责,根据组织原则,制订具体的方法,并开展正常的组织活动。

### (二) 组织的作用

科学合理的有效的组织对于搞好企业管理,实现企业的组织目标,充分发扬民主,提高职工积极性,提高管理效能等,均具有十分重要的作用。

(1) 使组织中的每个成员都能充分认识到自己所进行的工作,对实现企业组织目标的重要作用,从而使每个成员都能按时、按质、按量地完成自己的工作任务。

(2) 使每个成员都能了解自己在组织中的工作关系和他的隶属关系,并能正确处理好各种关系。

(3) 使每个成员不仅明确完成工作任务的职责和义务。而且了解应有的权力,并能正确地加

---

[①] 本文刊载于《企业管理》1985年第1期,原题《现代企业管理组织》。

以运用。

(4) 能及时调整与改善组织结构,使各部门及人员的职责范围更明确合理,以适应企业生产的发展。

(5) 能增加企业的利润,提高企业的竞争能力。

### (三) 现代企业管理组织的发展特点

随着生产的现代化和社会化,各种社会组织和经济管理组织越来越多样化。企业管理组织的演变过程具有如下的特点:

(1) 随着生产的集中化,组织规模日益大型化。

(2) 随着所有权与管理权的分离,管理组织日益专职化。

(3) 随着管理组织和工作的复杂化,组织成员日益知识化。

(4) 随着现代企业管理实践的发展,组织理论日益科学化。

## 二、现代企业管理组织的因素与原则

### (一) 影响现代企业管理组织的因素

现代化企业本身是一个系统,它由决策系统、指挥系统、监督系统、操作系统等子系统所组成,它还与外界众多的系统发生联系。一个现代化企业至少要和行政部门、用户、银行、原材料提供者、协作单位、周围居民等外部环境发生各种关系,与其他系统发生各种形式的"输入"和"输出",同时还处在一个更大系统的统一范畴之内。因此,现代企业管理组织的影响因素,除了来自企业本身的特点外,还来自外部环境。来自外部环境的影响因素主要有:

(1) 社会经济性质的影响。

(2) 社会政治形势的影响。

(3) 文化背景与民族传统的影响。

来自企业本身的影响因素主要有:

(1) 企业的生产技术特点。劳动密集型企业、资金密集型企业和知识密集型企业的组织,在规模、层次、人员配备方面不尽相同。此外,企业的产品结构,生产线布局,生产的专业化、自动化程度等因素都影响生产管理部门的层次、人员、规模等。

(2) 企业的经营方式。单纯生产型企业,原料由国家统一分配,产品由国家经营,统购统销,企业的主要任务仅仅是在内部组织生产完成国家计划。生产经营型企业则要考虑与社会需求的衔接,考虑产品开发与技术服务,讲求经济效益。经营方式的不同,就需要不同的组织机构与之相适应。

(3) 专业化协作条件的影响。企业所在地区如果工业门类比较齐全,协作配套条件比较好,企业的专业化程度就可以高一些;反之,企业就要考虑必要的自我配套能力。

(4) 企业与国家的关系。不同的国家,如何处理国家与企业的关系,做法大不相同。就是同一国家内,不同时期做法也很不相同。过去,我国对企业的管理一直实行以行政手段为主的高度集中统一的方式,企业既无经济权力,也无经济责任。党的十二届三中全会作出了《关于经济体制改革的决定》,提出增强企业的活力,特别是增强全民所有制的大、中型企业的活力,是以城市为重点的整个经济体制改革的中心环节。通过改革,国家在一定范围内扩大企业自主权,使企业成为相对独立的经济实体,成为自主经营、自负盈亏的社会主义商品生产者和经营者,使企业具有充分的活力。

企业经济责任与经济权力的不同,直接影响到企业的组织功能。

## (二)现代企业管理组织的原则

随着我国社会主义经济建设的发展,企业的组织体制、组织结构和组织方法都进行了许多试验和探索。尤其是在企业领导制度、完善民主管理、强化生产指挥系统等方面,都有较好的经验,但是尚存在一系列的问题。所以吸取、借鉴国外组织理论的研究成果,探讨具有中国社会主义特色的工业企业组织建立的原则,是一个十分重要的问题。最基本的组织原则有:

(1) 统一指挥的原理。这是比较经典的但仍是较为基本的原理。根据这个原理,每个职务都应有人负责,每个人都知道他应向谁负责,还有哪些人要对他负责。在指挥和命令上,每个人只接受一个上级的命令和指挥并对其负责。上级了解下属情况,下属领会上级意图。因此如组织安排得当,效率可以提高。在应用中,往往还规定有必要的当机处理事后汇报之权,这样做,可以避免"多头领导"和"政出多门"所造成的混乱。但这种做法,在实行中也易造成呆滞、迂回,缺乏横向的联系。为克服这个缺点,法约尔提出"联系板原理",即在统一指挥下,由上级授权下属以互相直接的联系,但必须将行动、结果及时报告各自的上级。

(2) 集权与分权原则。职权绝对集中于一个人时,就不存在组织结构问题。反之,职权绝对分散。一个具体企业的职权分散或集中程度,涉及一系列因素,因而采用"一刀切"的方法,规定一个统一的模式,肯定是行不通的。例如:规模较大的企业倾向于职权分散,反之,则需集中;从内部扩展起来的公司,集权较多,合并或联合起来的公司则往往分权较多;各级管理人员的数量或素质不足,倾向于职权集中,控制手段较完备则倾向于职权分散;等等。

(3) 全面管理与专业管理的原则。为了对动态的物流和信息流进行有效的控制,越来越需要各方面的专门人才从事某一方面的管理工作,从而形成企业内部以专业为界限的专业管理,组成相应的职能部门。与此同时,企业管理作为一个系统,不仅需要分解为各种专业管理,而且必须加以有效的综合,为特定的目标而共同配合行动。这种横向的、目标一致的协调,涉及各个职能部门,因而是一种全面的管理。为了处理好全面管理与专业管理的关系,在组织结构上,可以借鉴国外矩阵组织的原理,以完善横向协调工作。

(4) 协调原则。整个组织结构之间,都要符合协调原则。为改善横向协调,可以采取以下措施:

① 使各项职能业务标准化,并明确横向的流程。通过工作保证体系进行横向协调。

② 把职务相近的部门合并。组成若干个系统,每个系统有一个主管领导。例如:工业企业通常可以建立经营开发系统、生产控制系统、人事教育系统、生活服务系统等。

③ 设立系统管理机构,进行横向协调。使系统管理与专业职能管理组成一种矩形的组织结构。

(5) 责权利相结合原则。明确划分职责范围,同等的职位必须赋予同等的权力,并与相应的经济利益相联系,建立起正常的工作秩序,发挥每个部门、每个人的积极性。责权利相结合的原则,在管理机构中的一种体现形式,就是经济责任制。实践证明,经济责任制是一种较为有效的经济管理制度。

## 三、现代企业组织结构的形式

随着现代大工业的产生和发展,企业具体采用的组织形式经历了一个不断演变和发展的过程。下面是几种基本组织形式:

## (一) 直线型组织形式

按其发展的不同阶段又可分为三种形式:

(1) 直线制。这是出现最早也是最简单的组织形式。其基本特点是组织中的各种职位均按垂直系统直线排列。而没有管理的职能分工。这种组织形式的优点是机构简化,权力集中、命令统一、决策迅速。其缺点是没有专业的职能机构和人员给厂长当助手,生产、财务、技术、销售等业务都要厂长亲自处理,一旦生产规模扩大,产品结构复杂,厂长势必顾此失彼,难以应付。

(2) 直线参谋制。由法约尔最早提出的这种组织形式把管理机构和人员分为两类;一类是直线指挥机构和人员,他们统一指挥整个企业生产经营活动;一类是参谋机构和人员,只给直线领导当助手,不对下级发布命令。这种组织形式弥补了直线制的缺点,但专业人员的意见和他们的责任与权力的行使上都有一定困难。

(3) 直线职能参谋制。1903年泰罗在《工厂管理》中提出一种"纯粹的职能制组织",即在工厂主任下设各种专业管理人员,他们对操作者都有指挥权。这种组织形式因为有"政出多门"使工人无所适从的严重弊病,实践中未得到推广。但其赋予专业管理人员某些权力的思想仍是可取的。直线职能参谋制就是在直线参谋制基础上,吸取职能制的优点而来。它将职能参谋部门分为顾问性、服务性、控制性和协调性四类,前两类基本上执行参谋与助手职能,后两类(如人事、质量检验、生产调度、经营销售等部门)在其业务范围内赋予相应的实权。这就比直线参谋制更完善和有效。

## (二) 事业部制与超事业部制

事业部制是美国通用汽车公司总裁斯隆于1924年提出的。这种组织形式的特点是总公司集中决策,事业部独立经营。在总公司下设立多个事业部,有关公司统一方针的确定与控制是集权化的;而有关方针的运用与执行则是分权化的。事业部长统一领导他主管的部门,除受总公司长期计划预算的严格监督,对公司负有完成利润计划的责任外,对其主管的事业部内的经营管理有很大的独立性。实行事业部的优点是:(1) 有利于发展产品专业化;(2) 事业部组成一个比较完整的相对独立的经营管理系统,提高了管理的灵活性与对市场的适应性;(3) 总公司可以摆脱具体事务,搞好战略决策与长远规划。

超事业部制也叫"执行部制",即在事业部与公司最高领导之间加一级管理机构,以协调所属各事业部的活动。这是美国一些大公司如通用电气公司于70年代起实行的组织形式。

## (三) 矩阵型组织形式

企业管理中的矩阵结构,是在传统的按直线职能参谋制垂直领导系统的基础上,又建立一种横向的领导系统,两者结合起来组成一个矩阵。企业为从事一项特定的具体规划任务,如研制某种新产品,从垂直领导的各单位中,把有关不同专业的人员调集在一起,组成临时或长期的工作单位,构成横向的领导系统。矩阵结构中的每个成员要接受两方面的领导,即日常工作接受本部门垂直领导;执行具体规划任务时接受规划负责人横向领导。这一组织形式大大加强了部门间的协作,便于集中各种专业知识和技能完成某项特定任务,提高了管理的灵活性。

## (四) 多维结构组织形式

这是在矩阵结构基础上发展起来的一种组织结构形式。美国的道科宁化工公司1967年建立的组织结构就是典型的多维结构。它主要分为三类管理机构：（1）按产品划分的事业部，是产品利润中心；（2）按职能划分的专业参谋机构，是专业成本中心；（3）按地区划分的管理机构，是地区利润中心。这样构成的三维立体结构，把产品事业经理、地区经理和总公司专业参谋部门三者管理很好统一和协调起来。

## 四、我国工业企业管理组织现代化的初步探讨

近年来，随着经济体制改革的发展，一些企业在总结我国工业企业管理经验的基础上，吸收国外先进管理经验，开始了提高企业管理水平，改善管理组织的新的探索。但是，应该看到，30多年来我国工业企业管理组织结构的基本模式，至今还没有实质性的改变。我国当前工业企业管理组织结构的主要缺点是：

（1）模式单一。直线参谋制组织形式，至今仍然是我国多数中小型企业的比较恰当的组织形式。但对大型企业来说，不仅无助于搞好系统管理，反而滋长官僚主义，降低办事效率，增加管理费用。

（2）层次过多。当前在大型企业的职能机构中，至少存在五个管理层次：厂长—分管副厂长—处（科）—组—个人。层次过多，使生产指令执行不易准确，信息反馈缓慢。

（3）协调困难。企业中几十个职能部门都分别对分管厂长负责，不太关心横向协调，经营决策缓慢，行动很难统一。

（4）缺乏弹性。组织机构的设置往往过分强调机构上下对口，而不是取决于企业本身需要，权责不清，集权与分权关系处理不好。

由此可见，我国工业企业管理的结构，已经不能适应需要。当前必须根据中共中央《关于经济体制改革的决定》精神，深入地研究具有中国社会主义特色的工业企业的组织理论；积极搞好组织结构的改革。在实行企业党政分开的组织领导原则下，不同规模的工业企业应当选定适当的组织形式，这方面的参考意见是：对大型企业，在完善企业内部体制和经过企业整顿的前提下，应加速分析步伐。在管理组织上，可以借鉴国外已经普遍实行的事业部制。事业部可以根据各企业特点，分别按地区、市场或产品来建立。

对一般大、中型企业，当前应考虑妥善解决全面管理与专业职能管理的结合问题。全面管理与专业职能管理，构成了一种矩阵结构，就某一职能管理而言，它体现了全面管理对该职能范围内的要求；就某一全面管理而言，它协调了各职能管理的综合任务。为此，需要对现行的直线参谋组织形式作一些必要的改革：（1）取消副厂长分管制，只设副厂长一人作为厂长的助手；（2）建立综合管理机构（如企业最高一级，可建立总经济师室、总工程师室、总会计师室、总人事室等），与专业职能机构一起，共同接受厂长的直接领导。

目前，随着经济体制改革的发展，不少企业已经开始认识到企业管理是一项系统工程，摸索运用系统的观点和方法进行管理组织设计，积累了不少经验，一些企业在组织结构上已经有所突破。只要我们结合我国国情，深入研究国外先进的组织理论，认真总结我国组织结构设计的经验教训，积极地实践与探索，就一定能创造出适合我国工业企业实际情况的管理组织形式。

# 实行企业经济责任制(1985)[①]

党的十二届三中全会《关于经济体制改革的决定》指出,为了增强城市企业的活力,提高广大职工的责任心和充分发挥他们的主动性、积极性、创造性,必须在企业内部明确对每个岗位、每个职工的工作要求,建立以承包为主的多种形式的经济责任制。工业企业内部建立和完善经济责任制,必将加速企业管理现代化的步伐,为搞活企业增加新的动力。

## 一、企业经济责任制的概念、形成和特点

经济责任制就是在国家计划和政策指导下,以正确处理国家、企业和职工之间的经济关系为原则,以提高经济效益为目的,以责、权、利紧密结合为特征的企业生产经营管理制度。企业经济责任制主要包括两个方面的内容:一是企业经营责任制,正确处理企业与国家之间的经济关系;二是企业内部经济责任制,正确处理企业与职工之间的经济关系。企业经营责任制是实行企业内部经济责任制的前提,企业内部经济责任制是实行企业经营责任制的保证,两者相辅相成,构成一个完整的工业企业经济责任制体系。

经济责任制是我国经济管理体制改革过程的产物,是1979年以来国家对企业扩大自主权的继续和发展。它一方面受农业生产责任制的启发,另一方面是工业企业本身长期实行各种责任制和岗位责任制的发展。

工业企业内部从一般的责任制发展到目前的经济责任制,大致经过了四个阶段:

第一个阶段是新中国成立初期到第一个五年计划时期。为适应社会主义建设的需要,结合民主改革、组织改革和生产改革,加强计划管理、技术管理、物资管理、生产管理、劳动管理和其他管理,建立了责任制和有关管理制度。

第二个阶段是1961年以后的国民经济调整时期。许多工业企业在贯彻执行"调整、充实、巩固、提高"方针的过程中,按照《国营工业企业工作条例(草案)》即"工业七十条"的规定,建立了行政领导、各种专职机构和专职人员的责任制,以及工人的岗位责任制。

第三个阶段是党的十一届三中全会召开以前的时期。1978年中央颁布了"工业三十条",开展企业整顿,要求企业在建立厂长分工负责制和企业的其他制度的基础上,建立和健全各个方面的专责制和各级干部、工人、技术人员的岗位责任制,做到事事有人管,人人有专责,并强调要建立以岗位责任制为中心的各项规章制度。

---

[①] 本文刊载于《企业管理》1985年第3期,原题《企业经济责任制》,与谢又乔合作。

第四个阶段是党的十一届三中全会的时期。这一阶段的特点是在加强各项规章制度的基础上,推行和完善经济责任制,使这项制度成为企业内部的一项基本制度。

随着经济体制改革的逐步发展,国家和企业之间的关系初步得到解决,企业内部经济责任制正在进一步完善发展。

目前实行的企业经济责任制,具有以下主要特点:(1) 其内容包括:各项专业责任制、岗位责任制、全面核算制和劳动报酬制;(2) 把企业的经济责任层层分解,落实到每个经营管理单位、每个生产岗位和生产者个人;(3) 根据各单位、岗位和个人所承担的经济责任,赋予相应的权力,按贡献享有相应的经济利益;(4) 把纵向承包和横向"互保"联成一体,对包、保指数实行严格考核。总之,经济责任制的一个最明显的特点是,运用经济手段和经济杠杆进行管理。

## 二、实行经济责任制的依据、原则和作用

### (一) 实行经济责任制的依据

在我国实行企业经济责任制是生产关系一定要适应生产力发展的客观规律的要求和必然结果。虽然从责任制、岗位责任制到经济责任制经历了一个发展过程,但它是有一定依据的:

(1) 符合社会化大生产的客观要求。社会化大生产是生产力发展的必然结果,它一方面要求专业化分工,责任明确;另一方面又要求整个生产和管理系统化、协作化。经济责任制正是保证这种既分工又协作的最好组织形式。

(2) 符合社会主义的物质利益原则。社会主义的物质利益分配关系,主要表现在国家、企业、职工个人三者之间,而社会主义企业是一个相对独立的商品生产者,具有自身的和劳动者的利益。因此,正确处理三者的利益关系,经济责任制正是处理这种内在联系的形式。

(3) 符合社会主义计划经济管理体制。社会主义企业,一方面要在国家计划的领导下有计划地发展生产;另一方面又是相对独立的经济实体,具有自主经营、自负盈亏、自我改造、自立发展的商品生产和经营单位。经济责任制能妥善处理好国家的计划性和企业的相对独立性,使两者协调一致。

(4) 符合社会主义的基本经济规律。社会主义企业以提高经济效益、满足国家和人民群众不断增长的物质和文化生活的需要为目的,经济责任制就是引导职工把积极性、主动性、创造性发挥在提高企业经营管理、促进企业技术进步、争取最好经济效益方面。经济责任制促使目的和手段相一致,客观地反映了经济规律的整体要求。

(5) 符合社会主义按劳分配原则。社会主义企业贯彻按劳分配包含两个方面:一是企业的利益与企业经营效果挂钩,二是职工个人所得与职工劳动好坏挂钩。实行经济责任制,正是使这两个方面更好地挂钩,打破这两个层次上的平均主义。

### (二) 实行经济责任制的原则

经济责任制作为一种生产经营管理制度与一般生产责任制的区别在于:责任制内容从定性发展到定量化;责任制的考核从只定责任发展到责、权、利的结合,把分配制度同企业的经济效益和职工个人劳动成果挂钩;责任制范围从制定共性的责任制和岗位责任制发展到制定各级、各单位和岗位的经济责任制。

因此,实行经济责任制必须遵循以下原则:责、权、利三者统一;国家、集体和个人三者利益正

确结合;职工劳动所得同劳动成果相联系。这里首先是明确规定经济责任,其次是为履行经济责任所必需的经济权利,最后才是应有的经济利益。所以在责、权、利三者关系中,责任是核心,权利是条件,利益是动力。同时,在国家、集体和职工个人三者利益关系中,国家利益放在第一位,其次是企业的集体利益,再次是个人利益,而个人利益必须和个人劳动成果挂钩,多劳多得,少劳少得,不劳不得。

### (三) 实行经济责任制的作用

在企业内部实行经济责任制是城市经济体制改革的一项重要内容。它的不断完善和发展,有利于促进和巩固社会主义生产关系,推动生产力向前发展,进一步贯彻按劳分配原则,打破平均主义,做到奖勤罚懒、奖优罚劣,充分调动职工的积极性、主动性和创造性,有利于加速企业管理现代化。

(1) 推动企业由单纯生产型转向生产经营型。首先,通过制定各种定额,促使企业内部形成数据管理体系,为有效地组织企业经营活动,实现转型打下基础;其次,通过制定各项专业经济责任制,增强专业管理人员搞好经营管理的压力和动力,起到推动企业转型的作用;再次,由于经济责任制同企业技术进步结合起来,提高企业技术上的应变能力,为企业实现转型创造条件。

(2) 提高管理组织的工作效率。实行经济责任制,尤其是各级领导干部的经济责任制,明确企业各级领导和各个岗位的责任、工作权限、协作要求和考核标准、奖惩办法,就要相应地进行管理组织改革,以提高领导水平和工作效率。

(3) 加强企业综合管理。通过落实经济责任制,把计划、组织、控制等综合管理同责权利紧密结合,统一到一个实施方案,既保证企业的系统管理,又使经济责任制具有科学的内容,使企业综合管理落到实处,促进生产发展。

(4) 加速企业管理手段的现代化。实行经济责任制后,管理过程的数据量急剧增加。收集、整理、传递、分析、储存靠人工无法解决。于是,把计算机运用到管理上,提高管理工作的准确性和可控性,促进管理手段的现代化。同时,管理手段的现代化,也必须为完善经济责任制进一步创造条件。

综上可见,经济责任制的实行,必然促进企业管理组织、管理内容和管理手段的现代化,它对提高企业经营管理水平和经济效益起着重大的作用。有人曾经为实行经济责任制概括了十大好处:一是增强了工人的主人翁责任感;二是改变了职工的劳动态度;三是体现了按劳分配原则,解决了部分工人贡献大,工资少的矛盾;四是弥补了生产和生活两方面的欠账;五是激发了职工学技术、学业务的积极性;六是兼顾了国家、集体、个人三者的利益;七是提高了职能科室人员的工作效率;八是加强了企业经济核算;九是推动了全面质量管理;十是促进了增产增收,提高了企业经营管理水平和效益。

## 三、企业经济责任制的基本内容和做法

建立和完善经济责任制,有以下五个方面的内容、做法、步骤和要求。

### (一) 建立目标管理体系

建立和健全目标管理,是推行经济责任制的基础和条件。而建立和完善经济责任制为实现目标管理提供了切实的保证,使企业的各项生产经营目标落到实处,目标管理体系由三个部分组成:(1) 生产经营目标,包括各项经济技术指标;(2) 工作质量目标;(3) 企业管理目标。这些目标在

企业经济责任制中作为"包、保、改"的主要内容。也就是包干主要经济技术指标,保证各项工作质量指标,改革企业管理工作和处理好横向协作关系。目标管理体系按时间可分为年度以上、年度、季度和月度的;按层次可分为厂部、科室、车间、班组(工段)和个人的;按性质可分为生产、经销、技术、质量、财务、成本等。

目标是明确各级、各单位经济责任的定量要求。一个完整的科学的目标管理体系,对建立和完善经济责任制是有重要作用的。

### (二)层层分解落实目标

层层分解落实各项目标也就是层层落实企业对国家承担的经济责任。各单位对厂部承担的经济责任,做到一级抓一级,一级保一级。层层分解落实必须通过一定的具体形式,这就是企业内部的经济责任制。这种责任制形式是多种多样的,可以根据不同企业、不同企业的生产性质和生产规模,不同的企业管理水平等而有所不同。一般情况,完整的企业内部经济责任制体系应包括以下三个方面:(1) 行政领导的经济责任制;(2) 各单位(包括科室、车间)和职能人员的经济责任制;(3) 工人的岗位经济责任制。

例如,有的企业经济责任制结构,分五个层次。即:厂长→副厂长、总师→中层干部→职能组长、工段长、生产班组长→职工个人。工厂对下层单位,采用"经济责任制任务书"形式;对职工个人,包括从厂长、副厂长、总师、各科科长、车间主任一直到技职人员和工人,采取专业岗位经济责任制和工人岗位经济责任制形式。"部门经济责任制任务书"内容包括"包、保、改"三个方面;"岗位经济责任制"内容包括岗位责任指标、岗位管理职责和自控目标三个方面,每个方面都明确规定了基本任务,工作内容,工作标准,考核条件和扣分规定,规定分和扣分标准,考核依据等。

### (三)建立经济责任制管理程序

在推行经济责任制过程中,除必须建立符合本企业生产特点的经济责任制及奖惩办法外,还应建立一个科学的经济责任制管理程序,使经济责任制做到系统化、程序化、规范化,这是切实保证经济责任制正常运转,以及提高工作质量和工作效率所必需的。例如,有的企业在建立和完善经济责任制的基础上,制定了经济责任制管理工作流程表,采用 PDCA 循环法,对经济责任制的制定、下达、实施、反馈、评分、计奖的每个阶段都规定工作内容及质量要求、完成期限、负责部门或负责人等。PDCA 每个季度循环一次,每年总结并考核经济责任制,使其不断完善提高。同时全厂各单位在厂部经济责任制管理工作总流程的指导下,制定了各自的子流程,以保证单位经济责任制的顺利执行。

### (四)实行严格的检查考核

严格的检查考核是实行经济责任制的一个关键环节,不管制度制定得如何全面和严密,缺乏严格的考核手段,就可能会走过场。检查考核必须与奖励制度密切结合,将单位和职工的经济利益与企业的经营好坏、部门的经济效益和个人的劳动成果紧密挂钩。

例如,有的企业对分厂、科室、车间等单位,按照责任轻重、贡献大小、任务繁简、技术高低,划分为五个经济区域,核定不同的标准分,每个季度结束之后,各单位根据经济责任制任务书实际执行结果,对照考核条件和加减分标准,先自查评分,上报企管办;同时,由各主要专业管理科室分几条线检查,对各单位提出评价意见,反馈给企管办;经企管办汇总平衡报厂部核定,最后由厂长批准发奖。对个人的岗位经济责任制，一律按千分制考核，规定只减分、不加分，每月由生产班长和职能组长根据每个岗位的考核条件检查评分，并经上一级领导核定发奖。对班组长以上干部的考核，采用正职考核副职，上一级考核下一级的办法，分层归口负责。此外，为了拉开分配差距，做到奖惩分明，各单位还结合实际情况，制定每个岗位的系数，作为岗位经济责任制评分后发奖的一个重要因素。岗位经济责任制的月度得分，作为核发月度奖金的依据，全年的积分高低，则作为享受浮动工资的主要条件之一。

### （五）加强各项管理基础工作

切实做好各项管理基础工作是有效地推行经济责任制的必要前提，也是提高企业素质的重要因素。企业管理基础工作包括定额、标准、计量、记录统计、规章制度以及基础教育等。例如，制定企业目标体系，规定各级经济责任，就需要先制定合理的各种定额和标准；检查、反馈和考核各级、各个岗位经济责任制的完成情况，就需要完整、准确的原始记录和统计报表，以及健全的计量器具；科学的规章制度是组织正常生产经营活动，正确处理国家、集体和个人三者利益，做到责、权、利相结合所必需的；等等。所以，如果企业管理基础工作薄弱、混乱，就不可能建立完善的经济责任制。

为了做好上述工作，在推行经济责任制过程中要求做到以下几点：

第一，要使经济责任制的内容尽量做到定量化。定量化才能使单位或工作岗位的经济责任与工作要求明确，容易检查考核，能具体衡量经济效益与劳动成果，真正做到一切以数据说话。如果当前还不能定量的项目，也应使定性要求明确。这里要指出的是，职工中二、三线人员岗位经济责任制内容的定量比较难搞，但这类人员在全厂职工中占有相当大的比重，为了加强企业内部经济责任制，这个问题值得研究解决，这样既可以解决一线工人与二、三线人员在责、权、利上的矛盾，又能将经济责任制全面深入地开展下去。其实，只要有工作岗位，其工作内容就一定有数量、质量和期限的要求，只要坚持积累数据，分析研究，是可以逐步做到定量化的。

第二，要在目标管理中突出抓好重点指标。在"包、保"指标中，要抓住重点标准，实行重奖重罚。企业、科室、车间和班组、个人，一般都有重点指标。重点指标应是能显著提高经济效益的，或者是生产经营管理上薄弱环节的那些指标。如有的机械行业的企业就是围绕机械工业部提出的"三上一提高"的方针，突出对各分厂、车间和各有关科室考核质量指标，把质量指标作为否决指标，实行重奖重罚。各生产工人也实行优质超额奖，鼓励生产优质品，规定优质品的奖励率比合格品高一倍左右，如果是消耗能源大的班组，重点指标应该抓能源节约等等。

第三，在奖金分配上拉开档次，克服平均主义。例如有的企业分车间、科室、班组（工段）、个人四个档次拉开差距，对单位划分五档经济区域，对班组和个人结合经济责任制记分计奖外，个人还实行"平产无奖，超产有奖，欠产扣罚"的办法。并在经济责任制中，对生产工人和技职人员都规定了超奖水平。同时，制定各个岗位的岗位系数，按系数奖罚。

第四，要从实际出发，采用不同形式的经济责任制。例如有的企业主要采用记分计奖，优质包产奖，优质超额分等奖，优质奖，指标包干奖，以及经济承包奖等。总之，企业内部经济责任制要结合生产特点，形式要灵活多样，手续不宜烦琐，以达到充分调动职工的积极性。

第五，要在推行经济责任制过程中，认真做好思想政治工作，并重视抓好外部条件，以利经济责任制的顺利执行，取得预计的效果。

# 试论管理科学的研究任务(1985)[①]

管理科学的研究任务,就是要研究和掌握管理的规律性,提高生产技术和经营管理水平。其目的是为了按照生产力、生产关系和上层建筑发展运动的客观规律来管理企业,提高社会经济效益,为此,管理科学具体的研究任务是:

## 一、按照生产关系运动规律的要求进行管理

生产关系运动的规律,即政治经济学所揭示的社会经济规律。按照这些规律的要求来研究经济管理,就应该:(1)按照生产关系一定要适合生产力性质的规律的要求进行管理。社会主义生产关系建立后,必须在大力发展生产力的基础上,适时适度地调整和完善生产关系,为生产力的发展开辟道路,以发挥社会主义经济制度的优越性。在改革经济管理体制,调整生产、分配、交换关系时,要根据生产关系和生产力之间客观存在的矛盾情况以及企业已成熟的物质条件所许可的限度去进行。(2)按照社会主义基本经济规律的要求进行管理,我们要在现代化的技术基础上,高速发展社会主义大生产,最大限度地满足社会日益增长的需要。在经济管理中就必须有计划、有步骤地进行企业或者部门的技术改造,尽快建立起强大的物质基础,使生产不断增长和不断完善。同时还必须彻底改变一些企业或部门不符合社会需要的情况,从以产定销转到以需定产的轨道上来,真正为满足国家建设和人民群众的需要服务。(3)要在确认社会主义计划经济必须自觉依据和运用价值规律,确认社会主义是公有制基础上的有计划的商品经济的前提下管理。(4)要按照社会主义按劳分配规律的要求进行管理,彻底克服平均主义,鼓励一部分人先富起来,从而使整个社会走上富裕的道路。(5)按照价值规律的要求进行管理。在确定商品价格时必须以生产它的社会必要劳动时间为基础,实行等价交换的原则。在企业里实行全面的经济核算,彻底改变供给制式的管理办法,从根本上扭转很多企业长期亏损的不合理状况。实行优质、高产、多品种、低消耗和增加收入的要求,争取最大的经济效益。

## 二、按照生产力发展规律进行管理

生产力发展的规律,也就是合理组织生产力所必须遵循的规律,过去由于这个问题成了"禁区",研究没有深入展开,作为规律还讲不清楚。但下面一些问题是合理组织生产力时必须考虑的:

---

[①] 本文刊载于《复旦学报》1985年第2期,原题《试论管理科学的性质和对象》,与史景星合作。

(1) 组织生产过程必须全面认识生产力的构成、各要素的相互作用及其发展趋势。科学的飞速发展,使劳动工具、劳动对象和劳动者的技能发生了巨大的变化,不断改变着生产力的构成。生产力中每一种要素的变化,必然引起其他要素相应地发生变化。要制造具有新性能的机器,必须使用能满足其新性能要求的新材料,对新材料进行加工又需要使用新的机器设备,并要求劳动者掌握新的更复杂的技能。生产力各种要素的变化,势必会引起生产组织和劳动组织的变化。因此,客观上要求我们进行管理时既要看到劳动者、劳动工具的重要性,又要看到劳动对象在生产发展中的作用正日益增强,还要看到生产力各种要素间相互作用,预见到生产力发展的一般趋势,充分估计到它们对生产组织的影响,才能适应科学技术进步的要求,合理地组织企业的生产过程。(2) 社会化大生产必须按专业化、协作化、联合化的形式加以组织。社会化大生产必须使劳动分工越来越细。在分工的基础上发展起来的专业化、协作化和联合化,综合了劳动分工与劳动协作、生产集中的成果,从而成为合理组织社会化大生产的客观规律。因此,不论是组织整个工业生产,还是组织企业的生产,都必须按照社会化大生产本身的客观要求,实行不同形式、不同水平的专业化、协作化和联合化的生产,才能从小生产经营方式逐步转到大生产经营方式的轨道上来,取得多方面的技术经济效果,实现多快好省的目标。(3) 企业的生产过程必须根据不同的生产特点和类型,争取不同的空间、时间组织方法。工业企业生产的产品不同,产品的结构不同,工艺方法不同,所以生产的特点和生产的类型也不同。这也是组织生产过程所必须遵循的客观规律。违背了这个规律的要求,企业的生产过程就不能保持连续性、比例性和节奏性。(4) 企业进行技术改造,建项目、上措施,必须符合生产合理布局的要求。合理配置生产力对新建企业固然重要,对老企业的技术改造也同样重要。(5) 在安排企业或部门各方面的比例关系,组织综合平衡时,必须以马克思的再生产理论为指导。它既是生产关系运动的规律,又是生产力运动的规律。在组织整个社会再生产和组织企业或部门的生产及再生产时,都必须反映它的要求。特别是在具体安排企业各方面、各环节的比例关系,在研究各项基金的形成和使用,在评价考核企业经营效果时,只有依据和运用马克思的再生产原理,才能保证企业取得生产和再生产正常进行所必需的各种条件。

## 三、按照上层建筑方面的规律进行管理

在管理过程中,除存在上述两个方面的规律外,还存在一些与生产关系紧密相联系的上层建筑方面的规律。它也需要我们认真地研究和反映,如我们制定管理企业的方针、政策、原则、办法等,必须适应加强社会主义经济基础和促进生产力发展的需要;政治思想工作也有规律性的问题,必须围绕着生产任务这个中心,研究职工的行为运动规律,激励其动机、积极性和创造性,以保证生产任务很好地完成等等,都是经济管理在企业范围内必须遵循的客观要求。

同时,还存在着与生产力直接有关的自然科学方面的很多规律。管理科学虽然不是技术科学,不是工艺学,不是专门研究这些规律的,但在经济管理中,尤其是在技术管理以及生产管理和劳动管理中,都要遇到和受到它们的影响。所以也必须适应这些规律的要求,才有可能全面地加强管理,提高整个社会的经济效益。

研究管理科学的中心任务,就是为了提高社会经济效益。我们必须明确这样一个主要观点,即:管理的目的是要以尽量少的活劳动消耗和物化劳动消耗,生产出更多的符合社会需要的产品,也就是要在符合社会需要上下功夫,从提高社会经济效益的探索中走出一条中国式的新的管理路子来。

从马克思主义诞生开始,社会主义经济管理思想的起源和发展已经有一百多年的历史。学习研究管理思想的发展历史,是为了坚持以马列主义、毛泽东思想为指导,从我国国情出发,总结过去的经验教训,掌握管理的规律性,提高管理科学水平,制定出一套适合我国情况的经济管理的科学制度,建立中国式的管理科学,为四个现代化的建设服务。研究经济管理理论的主要目的,是为了按照生产力、生产关系和上层建筑的要求,运用客观条件来管理好社会主义经济,管理好企业,提高社会经济效益。因此,它也是一门实践性很强的科学。

# 中国古代经营管理思想
## ——《孙子》的经营和领导思想方法(1985)[①]

中国古代管理思想是在一定经济条件下社会生产关系的反映,同时也是社会生产发展的管理规律的结果。发掘研究我国古代管理思想,对进一步探讨现代管理学的古为今用,建立有中国特色的管理科学,培养现代企业家精神,具有一定的现实意义。

马克思在《资本论》中多次谈到管理二重性的问题:一是组织生产力的自然属性,表现着管理的共性;二是改善生产关系的社会属性,表现着管理的个性。马克思的管理二重性理论对研究古代管理思想具有重大的指导意义。在现代管理科学中有关时间与效益的观念和有关经营战略、经营决策、市场竞争、组织原则、行为学说、选才用才之道等等,几乎都可以从我国古代管理思想宝库中直接或间接找到类似的内容。这说明古今中外的管理具有一个共性问题。但是,在研究和学习过程中,还要考虑到它的个性,有些管理思想、方法在一定的时代可用,在另一时代就不可用,这就是个性。用二重性的理论观点来研究古代管理思想,就能分清是非,避免生搬硬套。

现代管理学中的古为今用内容很丰富。这里,仅就与培养企业家有关的经营学思想、领导学思想和行为学思想进行分析。

## 一、关于经营学思想

中国古代思想中有许多值得探讨的经营学问。如《孙子》等不朽的名著中,可供企业经营管理借鉴的内容是十分丰富的。现在我们从企业生产经营的整个过程分为定计、生产、行销三个发展阶段,来探讨一些科学思想与方法的应用。

### (一) 运筹定计,知己知彼

企业管理的首要问题是如何制定战略目标计划,即运筹定计,筹算"满足"需要。《孙子》中的"用兵之道,以计为首","计先定于内,而后兵出境"对如何制定经营战略、设定经营目标及拟定经营计划的过程具有指导意义。《孙子》所说的运筹帷幄,其实就是企业管理者制定经营战略、设定经营目标和拟定经营计划的过程。

1. 知己知彼

《孙子·谋攻篇》说:"知己知彼,百战不殆;不知彼而知己,一胜一负;不知彼、不知己,每战必

---

[①] 本文第一部分刊载于《管理世界》1985年第1期,全文收入1989年江西人民出版社出版的《现代企业家手册》,原题《现代企业家的古为今用》。

殆。"孙武用简洁、鲜明的语言指明了战争指导者了解敌我双方情况的重要性,以及这种了解同战争指导者了解敌我双方情况的重要性,以及这种了解同战争胜负的关联。揭示了定计、用计必须心中有数,心中有数才能正确决策这一指导战争的普遍规律。这一规律,事实上已成为许多企业家从事生产经营活动的座右铭,成为经营决策的信条之一。实践中彼己尽知的决策,就是心中有数的决策。

在企业经营管理中,所谓"彼"包括竞争对手的各种状况以及与竞争对手相关的国家和地区的政治、经济情况,资源(资金、人力、物力、技术、情报)情况和市场情况。所谓"己",主要指企业自身的实力,它包括企业产品的长处和短处,产品的寿命周期,市场占有率以及企业现有资源和可获资源的总量,企业管理水平,经营能力,组织效率等等。

知彼知己的目的是为了方便决策者分析彼己情况,较量各自长短,以利于判断进、退、攻、守。《孙子》定计、用计的一个常法,是先把彼己情况概括转化为可计量的数,再对各种数进行分析比较。兵书上叫作计量较算之法。《孙子》把决定影响战争胜负的各种因素概括为"五事"(后人称为"兵之大经"),并依据"五事"推论出"七计"。企业在确定经营战略,拟定经营计划时怎样借用《孙子》经度五事?较量七计?试作比拟如下:

2. 经度五事

① 道:用兵之道,得道为本(政治,仁义)。用兵之妙,权术为道(法规,规律)。借用于企业经营管理,即要有正确的经营方针及符合经济规律,自然规律的管理思想、管理方法。

② 天(天时):用兵要考虑昼夜、晴雨、寒暑季节更换等对战争的影响。企业家则要了解客观情势,如国家或地区政治经济形势、自然状况、气候。

③ 地(地利):用兵要权衡战地远近、险易、广狭,是否有利于攻守进退。企业家对企业的地理位置、与位置相关的资源(人为资源、物质资源)可获量,本企业产品投放地区或国家,本企业与这些地区或国家相关的距离远近、交通运输条件,竞争对手的有无、多寡、强弱等要心中有数。

④ 将:将帅要具备智信仁勇严五德。企业领导则要德才兼备。

⑤ 法:用兵要有法令制度。一个企业则要有条例、条令、规章制度。比如企业组织结构,应变要求,人员配置,机构责权划分等。

3. 较量七计

① 主孰有道:用兵要比较敌我双方哪一方的国君(最高统帅)贤明?企业管理者要比较竞争双方哪一个企业的上级决策机构(例如企业上边的公司总公司或者管辖该企业的局、部)及其主管更英明?

② 将孰有能:比较敌我哪一方的将帅更有才能。即比较竞争双方哪个企业的经理(厂长)更有才能?德才素质更高?

③ 天地孰得:比较敌我哪一方占据比较有利的天时地利条件。即比较竞争双方哪个企业(或产品投放地)所处的政治经济环境、地理位置更具有利条件。

④ 法令孰行:比较敌我双方哪一方的法令能切实贯彻执行。即比较竞争双方哪个企业的条例、条令、规章制度更能有效地贯彻执行。

⑤ 兵众孰强:比较敌我双方哪一方的军队实力强盛。即比较竞争双方哪个企业更有实力?包括职工队伍的素质,各种资源(资金、人力、物力、技术、情报等)的数量、质量。

⑥ 士卒熟练:比较敌我双方哪一方的士卒训练有素。即比较竞争双方哪个企业对职工培训抓得有成效,职工技术操作能力更高,文化业务素质更强。

⑦ 赏罚分明：比较敌我双方哪一方赏罚严明。即比较竞争双方哪个企业奖惩赏罚更严明，更有成效。

4. 先知敌情智谋之计

先算，就是作决策一定要事先周密思考，深谋远虑。先算是用计的手段，知彼知己是先算的前提。"用师之本，在知敌情"，"未知敌情，则军不可举"。企业决策时必须知"彼"。所谓企业外部的"彼"，主要是市场和竞争对手情况。《孙子》是靠智谋和时间去知彼的。联系企业经营的实际，借鉴《孙子》，企业知彼有三种方法。

① 相敌：即直接观察法。所谓相敌，就是直接观察敌方情况。《孙子·行军篇》："凡处军相敌，绝山依谷，战隆无登，此处山之军也。"

类似"相敌法"（直接观察对象的方法）在企业经营决策中早已广为运用，具体做法有：厂长、经理站柜台，厂长访用户，经销人员走出去询问行情，邀请用户上门"做客"，展销巡检，函调，电话征询等等。

② 动敌：即导引法。所谓动敌，顾名思义就是牵动、调动敌人的意思。这里着重介绍可从企业管理市场调查、市场分析借鉴的几种具体方法。

其一，作之——火力侦察法。作：挑动，激动，触动之意。用今天的话讲，叫做火力侦察。企业使用"火力侦察法"，以直接观察无法了解或难以判断的情况，可以使之很快知道。

其二，形之——示形诱导法。"形"，是显露，表现的意思。把军事上的"形之"用于企业管理，则示以真相，通过亮真相，达到探求市场反应、牵动用户、吸引顾客。

其三，角之——交手较量法。《孙子·虚实篇》："角之而知有余不足处。"角，角斗交手、较量。交手较量法与火力侦察法都是为了试探虚实的方法。"角之"运用到企业管理中来，探听销售反应，适用于企业试销后，大批量生产前。

③ 用间：即情报收集法。用间就是使用间谍，通过间谍去掌握对方机密情报，这是军事斗争中一种手法。在经济竞争中，也被广为运用了，在资本主义世界中用得是很多的。《孙子·用间篇》归纳出"用间"有五："因间、内间、反间、死间、生间。"

所谓因间，是指在哪里作战或做生意，就利用哪里的人为间。

所谓内间，就是收买敌方官吏为间。这些内间通过书信、"投稿"、"出国考察"、与外商"洽谈贸易"等把经济情报、技术情报等廉价拍卖出去。

所谓反间，就是诱使敌人间谍为我所用。就是巧用反间，采用了佯为不觉欲擒故纵的方法。

所谓死间，指为了达到一定的目的，使间一方有时需要派出间谍给敌方散布假情况，敌方受骗后，使间一方的间谍往往被敌方处死，这种负责讹传情况，诱敌上当，事后难免一死的间谍。《孙子·用间篇》说："死间者，为之诳事于外。今吾间知之，而传于敌间也。"例如第二次世界大战中日本偷袭珍珠港前，日本政府派一个名叫来栖、娶了个美国太太的人到华盛顿，协助日本驻美大使野村进行所谓明确日美双方在太平洋利益的外交谈判，以此为掩护，既麻痹美国人，又摸美国情报；又如游击战中，布置"向导"引敌入围。这也是一种运用死间。

所谓生间，指来去方便，既能窥敌情况又能亲自返回报告敌情的人。《孙子·用间篇》说："生间者，反报也。"使用生间是最方便的情报获取术之一。企业派员外出或参观访问，或旅游，或到"目的地"进修、实习，派专家参加学术讨论，技术交流等等，从中收集情报。

《孙子》所列种种用间手法，资本主义企业都采用了。我们搞社会主义企业管理的，应该学会识别上述种种用间手法，而且还要学会使用其中某些手法，使我们在与不法外商接触中，能巧为周旋并战而胜之,并设法挤入国际市场中去。

5. 应敌而变制订计划

所谓应敌而变的原则,就是依据变化了的敌情制订或修订计划。就企业界管理说,就是要依据环境、市场、竞争对手的变化情况订好计划。"因敌而变""应变制胜"问题,在企业经营管理中是个十分重要的问题。当前市场变化复杂,经济竞争激烈。企业界是否能顺应这种变化而动,成为企业能否生存发展的症结所在。企业应该善于根据变化了的市场情况、竞争对手情况,应变和制订出或以新产品应变制胜,或以优质产品应变制胜等应变计划。应敌而变原则要求做到:

第一,践墨随敌、敌变我变。如指企业选择经营方向,制定经营方针,直至实施经营计划都应随市场变化,在多变的环境中求生存,争发展。

第二,避实击虚、把握主动。在筹算企业经营管理定计时运用践墨随敌的法则,实质上是强调企业计划要以需定产。但市场需要五花八门,竞争对手也多种多样,一个企业要用有限的资源去适应市场的无限需求,去对付各形各色的竞争对手,去争取自身最理想的发展,它将不得不使用选择性策略。避实击虚是企业选择产品和服务,对付竞争的可行法则。避实击虚的本意指避开敌人(对方)坚实之处而攻击敌人(对方)的弱点。避实击虚用于企业经营决策有以下几方面:

① 避市场饱和之实。

② 避竞争对手长处之实。企业选择经营的有效策略是"逃之""避之""打得赢就打,打不赢就走"。

③ 击市场之虚。市场或用户在某一方面有特殊需要和要求,我具备此种条件,能够实现其需要,这时的方针就要以我之实击彼之虚。

④ 击竞争对手之虚。与同行业竞争对手较量,我有余力而对手不足。我实彼虚,我在市场上占绝对优势,即可以我之实击彼之虚,以我之有余击敌之不足,在市场上对竞争对手发起全面进攻。

⑤ 变实为虚,变虚为实。有这样的情况,市场表面饱和,竞争对手在全局上占优势,而我在局部上有实力。这时,实行因敌性,避实击虚策略首先要争取在我方局部实力上突破,进而扩大战果,影响全局。

### (二)有效组织,治众用人

组织治众是经营管理的核心问题,也是企业管理发展的第二阶段,是研究如何运用组织,根据造势、治众和用将三原则用于生产管理,做到先胜后战,生产"满足"。

1. 造势

《孙子·势篇》说:"善战者,求之于势。"势者,形势、气势。又说:"善战人之势,如转圆石于千仞之山者,势也。"大意是说,高明的指挥官作战,犹如在八千尺的高山之巅转动圆石,石圆则易移,山高则势大。这是居高临下,高屋建瓴之势。

借用《孙子》造势的观点于企业管理,企业要通过有效的生产管理活动,搞好各方面工作,包括生产管理工作,提高企业素质,使企业各方面工作处于最佳状态,使企业的产品和服务形成巨大的滚石,居于市场之巅,不动则已,动之势不可挡。

根据上述企业生产经营活动造势观念的理解,造势内涵有二:一是目标,使企业的产品、服务、销售处最佳势态,竞争处最佳势态,为实现"两个满足"服务;二是手段,通过一系列生产经营管理,一系列的有效组织活动,去造就上述产品、销售、竞争的三个最佳势态,转圆石于千仞之山。

按《孙子》造势的观点,就组织企业内部生产管理活动而言,造势中有两项工作是必须十分注

意的:

第一,水之形的避高而趋下、按规律办事。《孙子·虚实篇》说:"夫兵形象水,水之形避高而趋下,兵之形避实而击虚。水因地而制流,兵因敌而制胜。"《孙子》在这里把打仗的一些道理通俗地用流水的规律予以解释。企业管理也有个"水之形"的问题,即按照有计划按比例规律办事,按照自然规律办事。

第二,合理组织生产,实行势治。《孙子》中《势篇》讲到,善于指挥作战的将帅,在战争中,总是依靠自己组织指挥才能,依靠有利形势,去造就新的最佳势态。去夺取战争胜利的,而不是苛求部属("善战者,求之于势,不责于人"),这就是所谓势治问题。企业生产经营活动的产品、销售、竞争的最佳势态也是实行势治和合理组织指挥而来的。

孙武在《势篇》中讲了很多关于组织好军事战争的事。如为了有效地组织军事活动,提出要注意组织指挥问题("治众如治寡,分数是也");要搞好通讯联络("斗众如斗寡,形名是也");要有效地调兵遣将组织战斗("受敌而无败者,奇正是也。"奇正,军事术语,指奇兵、正兵的战术运用,如正面攻击为正,迂回出击为奇等);搞好军事活动要靠合理组织,搞好企业管理,也要靠合理组织。分数是也,形名是也,奇正是也,虚实是也。这些理,企业管理中可参考运用。

2. 治众

治众,治,治理,管理;众,众人,许多人;治众就是治理、管理众人。治,在这里并非狭义的消极的惩治之意。管理企业之治众,犹如国家讲"治国",军队讲"治军",家庭讲"治家",都是很重要的事。

企业管理的造势问题,实际就是通过组织人、设备、物资诸因素而造就一个生产经营的优势。造势的主体是人。关键是在生产经营活动中起支配作用的人。由此可见管理企业的主要问题之一是管人,是治众,纵观古今任何一位成功的管理者,都具备"管人""治众"的本领,都具有利用"人"这个特殊资源的本领。如何"治众"? 用《孙子》观点来讲,有以下几方面:

① 令民与上同意,上下同欲者胜。办任何事都有一定的目的,企业管理者"管人"或"治众",目的是为了调动被管理者的积极性,以生产更多的"满足",被管理者能不能被调动? 被调动程度如何? 很大程度取决于被管理者的意愿。古人讲"政之所行,在顺民心,政之所废,在逆民心"(管子语);"天时不如地利,地利不如人和"(孟子语),讲的就是这个道理。在《孙子》用兵、治众的法则中,这种思想被称为要"得道",得道者多助,失道者寡助,什么是道?《孙子·计篇》说:"道者,令民与上同意也,可以与之死,可以与之生,而不畏危。"令民与上同意,就是通过确定路线、方针、政策,设法使"百将一心、三军同力",达到"人人欲战,所向无敌"。在管理企业过程中,要实现"上下同意",除了有正确的经营方针、经营目标等外,还需具备下列管理思想,采用下列管理方法:一是以欲从人,则可以人从欲,要给劳动者合理的利益;二是仁爱士卒,奖一劝百。

② 令之以文,齐之以武,文武结合。仁爱士卒、赏功励进、以欲从人是一种引导,一种鼓励,是一种启人向上的引发力。而督促的办法是一种催人向上的推动力。引发力、推动力,都是能激发人的。作为管理者,这两种力量都善于使用。

第一,奖惩分明,文武并用。根据需要管理者有时可以使用"引发力",有时可以使用"推动力"有时还可以将两种力综合使用。在孙武的用兵法则中,这叫有"文"有"武",文武并用。《孙子·行军篇》说:"令之以文,齐之以武,是谓必取。"《十一家注孙子·曹操》说:"文,仁也;武,法也。"《孙子》用于管理,所谓令之以文,就是要坚持不断地对被管理者进行思想政治教育,明之以理,晓之以义;所谓齐之以武,就是要辅之以法纪来统一步调;"是谓必取"是说这样做了就能取得预期的成功。在企业管理中领导者能如此行文用武,奖功罚过的,就能取得成功。

第二,聚三军之众,投之于险。这种方法,可以起到激励士卒奋勇杀敌的作用。在管理学中则被称为精神刺激法或叫救灾式管理法。所谓精神刺激法,就是利用特定环境和特定条件在人们心目中必然产生的特定影响,骤然激发人的动因,并给予深远影响;所谓"救灾式管理"就是利用灾难式的情况来促发被管理人员的潜能,使之具有"危机感"。

③ 善于借力,治百万之众,如使一人。任何人的能力都是有限的。要设法实现自身能力的扩展,自身精力的延长。这就需要借助其他力量予以帮助。因此,管理之道在于借力,即:

第一,治众如治寡,分数是也,借组织机构之力;

第二,斗众如斗寡,形名是也,借用通讯指挥之力;

第三,乱而不能治,不可用也,借法令规章之力。

3. 用将

将,在《孙子》里有两种解释:一为主将,统帅;二为部属,裨将。企业中的"将"泛指所有的管理者,细分一下,厂长、经理类似主将;科长、车间主任、工段长这一类干部虽也是"带兵的""挂长的",但从范围和隶属关系看,类似《孙子》中所讲的部属,他们是"将下将""被将之将",即我们通常讲的下级干部。"用将"着重讲怎样识别、使用部属干部。

① 选将。人才是国家财富中最宝贵的财富。战国时期,魏惠王与齐威王有一次一道打猎,谈到关于国宝的事,魏惠王以明珠为奇,齐威王以贤能将吏为宝,两相比较,使惠王自惭。

一个企业是一个经济组织,在我国是一个相对独立的经济作战体,人才同样是企业之宝。企业之间的竞争,本质地讲是人才竞争。选才任贤是管理者最重要的本事,是衡量管理者管理水平、能力高低的重要标准之一。作为一个企业,选好一个厂长,可能使整个厂面目全新、蓬勃发展,效益大增。古人说:"天下不患无臣,患无君以使之",人才是有的,问题是你善不善于识人用才。《孙子》中提供了若干个识人用才的原则可供企业管理者参考。

第一,择人而任势,不求全责备。所谓择人而任势,就是能根据势态发展状况,挑选适当人选去担负工作,其核心是"量人之才,随长短而用"。即承认每个人都有长有短,长就是才,用人才含义之一就是用人之长;不求全责备,就是看主流,不因人有所短而弃其长。

第二,要以成败论英雄。

② 用人。第一,用人不疑,信任下级。

《孙子·谋攻篇》:"君之所以患于军者三:不知军之不可进而谓之进,不知军之不可以退而谓之退,是谓縻军;不知三军之事而同三军之政者,则军士惑矣;不知三军之权而同三军之任,则军士疑矣。三军既惑且疑,则诸之难至矣,是谓乱军引胜。"縻军,就是束缚军队手脚,拦脚绊手的意思;同三军之政,同就是一起的意思,这里是讲干预军队内部事务;乱军引胜,扰乱自己的军队,导致敌人的胜利。整段话的意思是国君对于军队出现了以下三种情况是不利的:不懂军队不可进而硬让进;不懂得军队不能退回而硬让退,这是束缚了军队手脚;不懂得军事权变而干预军队指挥,就会使军队疑虑重重。三军的疑与惑导致各国诸侯进犯,扰乱了自己军队秩序,使敌人得到胜利。

孙武论述的是军事上的理。在企业管理中,高层领导对待下属的态度不端正也会坏事。也有三种情况值得注意:一是不信任下属工作,包办下属工作;二是不了解下属而干预下属工作;三是不懂某方面知识、权谋,却去干涉下属指挥。这三种情况,说到底,坏在高层领导对下属缺乏必要的信任。

第二,将能君不御,处好集权与分权的关系。《孙子·谋攻篇》指出:知胜有五……将能而君不御,按《十一家注孙子·张预》解释:"将有智勇之能,则当任以责成功,不可从中御也。"所谓从中御,就是从中干涉、牵制、阻遏,引申而言,只要下属有能力完成某项任务,能够"独立"行动,实现某个目标,上级就应赋予下级权力,对他的行动不干预,不牵制。只有这样才能绝疑,促进上下之间的相互信任。

在企业管理中,也必须坚持"将能君不御"的原则。管理者"用将"实行"将能君不御"的方针,必须注意的问题有:

一是:"将能君不御",要视能授权。而不能"视位授权"和"视资历授权"。因授权的目的是为了把事情办得更好。授权不是利益分配。要以被授权者的能力强弱,知识水平高低作为根据,因人因能授权。

二是:"将能君不御",作为领导者来说,不是撒手不管,授权并非卸责。权力下授责任未减,授权留责。

三是:"将能君不御",要能放能收。"不御"绝不是放羊,授权不允许失之妄滥。

第三,兵不在多而在精。《孙子·行军篇》指出:"兵非益多,惟无武进。足以并力、料敌、取人而已。"这话是说:用兵作战不在于兵力愈多愈好,只要不轻敌冒进,并能集中兵力,判明情况,也就足以和敌胜敌人了。兵非益多,就是人们通常讲的"兵不在多而在精",兵非益多是用兵作战的原则,也是选贤用人的原则。唐太宗李世民即位不久提出"官在得人,不在员多",提倡选官配员在质而不在量,讲的就是这个道理。

目前,我们一些企业中,用人不是精兵简政,而是"多而滥"。

### (三)审时度势

管理企业经过未战先算,定计用计,定经营方针、经营计划,筹算"满足"阶段;经过对生产经营中各种资源的有效组织,管人用人,生产出了产品,生产"满足"阶段。至此生产经营管理活动进入了销售流通,实现"满足"阶段。

产品销售是企业生产经营活动的重要环节。它是商品生产的继续,是连接生产消费的纽带,是商品流通的主要手段。假如搞不好行销工作,企业就会在激烈竞争中遭到失败。

竞争对企业来说已成为严重的考验问题。竞争是一种较量。这种竞争既是企业间实力较量,用《孙子》的话说,是"造势"的较量(《势篇》)(利用有利态势较量),也是行销谋略的较量,斗智斗法。关于斗智斗法问题,《孙子·形篇》中也有一段论述:"善守者,藏于九地之下,善攻者,动于九天之上,故能自保而全胜也。"其意是:一个善于战斗的人,他能灵活运用战争策略,或隐蔽自己力量于各种地形之下,或作用自己力量于各种天候之下,既保存自己,又取胜敌人。搞销售的也要像孙武所讲的那样去做。

《孙子》是一部研究战争规律的书。军事上的战争与经营管理上的竞争是不能等同而言的,但二者也有一些相似的东西存在着,如二者都讲较量,都存在一个胜负、高低的问题,都要讲战略战术,都要讲知彼知己等等,从这个意义上讲,研究军事活动中一些斗争谋略问题,取其符合社会主义竞争特点的部分,用于企业经营管理中,努力在竞争中获胜,是完全必要的,也是可行的。

关于如何竞争,《孙子》有以下思想可供借鉴:

1. 出奇制胜

竞争是产品的较量,从制定计划到售出产品,最难的是市场上的短兵相接。《十一家注孙子·张预》:"与人相对而争利,天下之至难也。"如何解决这个至难问题? 出奇制胜是在竞争中争取主动,夺取胜利不可不知,不能不用的战法之一。《孙子·势篇》:"三军之众,可使必受敌而无败者,奇正是也。""凡战者,以正合,以奇胜。"孙武这两句话的意思是,三军循敌进攻而不败,在于"奇正"策略运用得当。要用正兵挡敌,要用奇兵去夺取胜利。《十一家注孙子·李鉴》:"将三军无奇兵,未可与人争利。"所谓出奇制胜,就是运用"特殊"的手段,以"出人意料""变化莫测"的斗争谋略与方法取胜于敌。

① 动莫神于不意,谋莫善于不识。这是说,别人尚未想到的你先想到了。古人说:"出其不意,攻其不备,乃取胜之道。"在竞争中这个法则是可借鉴的。

市场上需要某种产品服务,别人尚未想到你先想到;别人尚未看到你先看到;别人看不上眼的事,你能抓住不放,悟出头绪,有所创新;别人尚未行动,你先行一步,成果先出。所有这些,借用孙武的话说就是:"善战者,胜于易胜者",这样做,在生产经营管理活动中就能收到以奇制胜的效果。

② 为众人之所不能,出奇以绝。善出奇者,在于他能为众人之所不能,别人没能做到的,你能做到,这是"绝招"。"绝招"是企业在市场竞争中制胜的法宝,相当于战场上的新式武器,谁有绝招,谁最可能有生存发展的自由。例如:出人意料的广告,具有出奇的效果;出奇的服务质量赢得出奇的声誉;出奇的产品质量,争得出奇的地位(贵州茅台酒挤进世界市场,就因它有一绝:出奇的"香");出奇的销售方针获得满意的效益;出奇的承诺引起出奇的反映。

③ 战胜不复,出奇无穷。出奇制胜是说,用别人没有想到的"招""法"取胜他人。出奇制胜的力量泉源在于思维。孙武说:最平常,最基本的东西只要进行认真思考,着手去利用它,改变它,就会产生千奇百态,无穷无尽的新事物。孙武在《势篇》中是这样说:"故善出奇者,无穷如天地,不竭如江河……声不过五,五声之变,不可胜听也;色不过五,五色之变,不可胜观也;味不过五,五味之变,不可胜尝也;战势不过奇正,奇正之变,不可胜穷也。"它形象地告诉人们:"应变出奇无有穷竭。"比如声有五声:宫、商、角、徵、羽,不同的人拿着这五个音阶,可以组合成不同的乐曲,有的组合可能平平,有的组合可能低劣,有的可能上上。同样道理,五色:青、赤、黄、白、黑;五味:甜、酸、苦、辣、咸,在不同人手中进行不同利用,其结果必定差异万千。它还告诉人们,善出奇者当不复前谋,能随宜制变。

在企业经营管理中,有些管理者不是以奇胜,走在前边,而是满足于一般见解,习惯于"赶浪头、跟人跑",市场上哪种产品热门、畅销,他就着力研究、仿制那种产品。这样做,省心省力,但不高明。很可能使企业"赔了夫人又折兵"——人、财、物投进去,还没形成生产能力就被淘汰。但任何事物都有两重性,真的能以奇制胜,当然是好的,运用得巧、用得好、获大利;但考虑不周,运用不好,奇兵不奇,可能会弄巧成拙。因此在运用出奇制胜原则时有些问题不能不注意:

第一,风险性。用奇创新有两种可能:比如某项新产品进入市场,有可能取得突出的成功,也可能彻底失败,而且失败与成功有时仅只一步之差。这是因为出奇在许多情况下是带有冒险性、戏剧性的。所以,管理者出奇以绝时,采取新产品取胜时不能不慎之又慎,它应当力求"筹不虚运,策不徒发",搞一点"作之"(火力侦察法)等试生产、试销售工作,努力加强对内外环境的了解和情况的掌握,如按前述的知彼知己、践墨随敌等原则去办。

第二,相关性、连续性。奇正是相辅相成的,以奇胜必须充分考虑诸方面的条件。在"用奇"具体实施的时候,不能忘记自己的行业、企业的特点,这就是相关性。即"出奇"而不"生怪",便于利用本系统的种种资源,利用原有生产条件,生产经验,本系统的各种行销途径,达到上下相通。如果不注意相关分析,因求奇图新而失去各方面的支撑,势必孤军作战冒更大的风险。

其次,要长短结合,不顾此失彼。因为"出奇""创新"不是一时的权宜之计,而是一种连续性的策略手段。

再次,"绝招"同其他事物一样是会转化的。随着外部条件的变化,"奇"将转为"正",再绝的招路终归都会被多数人掌握,并成为众人的通用工具,为此,管理者在不同时期应变换不同手法,示之以不同的"绝招"。

2. 迂直之计的思想

现代企业家,应是远见卓识的管理者。只有远见卓识,才会不失方向,才能在经济战线的争斗中防患于未然,立于不败之地。《孙子·军争篇》说:"军争之难者,以迂为直,以患为利","先知迂直之计者胜"。这是说,"与人相对而争利,天下之至难",而"天下之至难"中又以"知迂直之计"最难。能掌握谋划迂直关系的人就能取胜。《十一家注孙子·陈》:"苟不知以迂为直,以患为利,即不能与敌争利也。"所谓知迂直之计,就是要懂得"以迂为直"的计谋,这个计谋指表面上走迂回曲折的道路,而实际却为更直接更迅速地为获利创造条件。《孙子·军事篇》说:"故迂其途,而诱之以利,后人发,先人至,此知迂直之计也。"孙武在这里,把什么是迂直之计及意义说得很清楚了。这话是说知迂直之计的人故意迂回而行,投以小利,落后于他人行动,却先期到达目的地,收到了别人没有收到的效果。

在经营管理中,有一种情况,曲中有直。比如,为了筹算"满足",制定短期、中期甚至长远经营计划,企业需要动用大量人员、资金,尽可能收集有关资料,这是一种为了制定计划而进行的曲折、迂回的工作,这种工作做得越认真、越有效,决策的成功率越高。

曲中见直,还表现为能"预知远近","量敌审轻重而动"。

在经营管理中,还有一种情况,直中有曲。如,某企业多品种经营,其产品在市场信息的销售情况是,低质低价的丙产品畅销,高质高价的甲产品和中档的乙产品的市场影响甚微。知迂直之计的管理者,不仅要为扩大产品甲与乙的影响花脑筋,同时他还会为丙产品的眼前畅销,影响日益扩大而警惕。

知迂直之计者胜。管理者能曲中见直,直中见曲,为企业生产经营活动"权轻重""计迂直",这就为发展企业打下了基础。

3. 灵活机动的思想

《孙子·九变篇》说:"将在外,君命有所不受者胜;真将军也。""君命有所不受",就是说,在特殊情况下,对国君的命令有的可以不执行。这句话中的"将在外"就是一种特殊情况。

其实"君命有所不受"就是讲机动灵活。而与"因敌制胜"的灵活性亦有区别,后者一般指合乎"手续"的机动,而前者"不拘常道""不待君命"。后者是具体情况具体分析,前者是特殊情况特殊处置。

"将能而君不御"与"君命有所不受"是《孙子》论述如何处理上下关系的两条原则。前者是讲管理者协调与下级矛盾的原则方法,目的是为了发挥下级干部的主观能动性和创造力,把事情办得更好。后者是讲管理者处理自身与上级矛盾时,在特殊情况下的一种特殊指导原则。企业应在大原则许可的范围内认识特殊,学会采用特殊处置办法。凡事只要符合实际并有利于全局,就应大胆实践,大胆干。怎样做到特殊情况特殊处置。

第一,从实际出发,见义而行不待命。"见义而行不待命",是《十一家注孙子》对孙武的话"君命有所不受"的一种注释。义者,事之宜,见义而行不待命。就是说,从实际出发,只要行动合乎一定标准,能最有效地实现预期的目标,就可以不必先经批准而采取行动。

第二,苟利社稷专之可也。意思是,若对国家有利的,当事者可据情自行处理。

实行君命有所不受的原则,是有特定限制条件的。特定限制条件之一是:战道必胜。《孙子·地形篇》中说:"故战道必胜,主曰无战,必战可也;战道不胜,主必战,无战可也。"其意是:根据实际情况,若有成功把握,虽然上级不叫你这样干,你可以干;根据实际情况,若一定会失败,上级叫你那样干你可以不干。基本宗旨是:"与其从令而败事,不若违制而成功。"第二个限制条件是"利合于主"。意思是其行动本身和结果必须符合国君的利益。引申用之,社会主义企业干一件事情,其行动必须符合全局的、国家的根本利益。

"战道必胜"与"利合于主"是"君命有所不受"的前提或限制条件,是一个问题的两个方面,缺一不可。如果只讲成功而不讲利合于主,很可能出现某些事局部行得通而对全局不利的情况,这种将给全局造成损失的所谓"君命有所不受"是不可取的,是错误的;如果只讲利合于主,强调出发点是好的,不讲"必胜"、不讲"效果大小",动机和效果不统一也不行。

4. 兵贵神速思想

《孙子·九地篇》说:"兵之情主速。"强调用兵要抢速度,争时间。

时间是最稀有的资源。不能管理时间,便什么也不能管理。时间又是最丰富的资源,但失而不可复得。在战争中时间有是影响胜负的要素之一。企业之间的竞争,在一定意义上讲,是各企业以产品和服务为武器,以实现"满足"为目的,争夺时间、抢占空间的"战争"。如何做到兵贵神速?

第一,先处战地,争取主动。《孙子·虚实篇》说:"凡先处战地而待敌者佚,后处战地而趋战者劳。"这是说,凡先到达战地而等待敌人的就从容主动,反之,仓促应战的就疲劳,被动。企业为了在竞争中取胜。都会研究新技术、开发新产品,而且这些研究和开发常常是并行的。竞争的实现反复表明,谁先研究成功,谁先运用于实际,谁先满足市场需要,谁就是该项技术和产品的"主人";同类、同质、同价产品,谁先把它投进市场——先处战地,谁就能控制市场的"制高点",取得了主动。

先处战地捷足先登,靠速度。在企业经营管理,兵机贵速、兵贵神速的指导原则,作用于企业活动的全过程:在定计用计、筹算"满足"阶段,情报获得的要求是准与快,又准又快的情报比黄金还昂贵,善选择和果断是成功的关键;在有效组织管人用人,生产"满足"阶段,资金有效投入要快,新产品投产要快,产品出产要快,生产周期短,生产成本就低,竞争力就强;在产品销售,实现"满足阶段",产品生产出来后,投入市场要快,行销迅速就能加快企业资金的周转——加快企业"血液循环","货不停留利自生",从而促进企业肌体的新陈代谢,保证企业健康的发展。所以速度是企业生命力反映,有效管理的企业一般都是势速难御的。

第二,疾而有节,把握电动机。《孙子·势篇》说:"激水之疾,至于漂石者,势也;鸷鸟之疾,至于毁节者,节也。是故善战者,其势险,其节短。势如弓弩,节如发机。"这段话本意是说,用兵应造成一种险峻的态势,这种态势如同湍急奔流的水,像速飞猛击小鸟的鹰,像张满的弓弩,其所发出的节奏,是短促的,就像击发弩机一般。有这样险疾的态势,"鹰隼一击,百鸟无以争其势;猛虎一奋,万兽无以争其威"。

1979年中秋节前,福建、广东等地糕点厂根据有关信息,赶制了一批月饼运香港销售,首批到港,每个月饼售人民币一元,当地居民争相购买。信息传回来,糕点厂乐了,又继续做,继续往香港运。谁知第二批到港,所有代理商都不愿接货,临时削价为一角钱一个,还是没人要。为什么?因中秋已过,谁愿买月饼当饭吃?月饼价格变异是由时间价值决定的,月饼进港,过早不行——时不至,迟了更不行——事不究,最佳时机是中秋前一周内。糕点厂的经理们当时只注意了速度——疾,但忽略了"节",没有考虑运出月饼时对外部相关因素即时间的节量。

搞经营,既讲疾,速度;又讲节,时机。"疾而有节",就能把生意做好。

### 5. 兵不厌诈

《孙子·计篇》说："兵者,诡道也。"《十一家注孙子》中,曹操说："兵无常形,以诡诈为道。"诡道是达到杀敌取胜的一种策略和手段。自古以来,杀敌为果、致果为毅,在军事作战是惯用的手法。

诡道,是对抗策略。我们社会主义国家搞企业管理,如何看待诡诈之道呢?有战争,有对抗,有人就会施展诡诈术。我们对待诡道,如同对待"用间"问题的态度一样,不应为之,却不可不知之,不然就会吃大亏。例如,我们在对外贸易中,我们的主要对手不少是国际资本家,同国际资本家打交道,本身就是一场斗争,我们必须有斗争的策略。同时也应知道,在诡道中,还有另一类的策略方法,为了争取保护我之优势、主动和胜利,给人以不确实性,给自己以确定性的技术战术,对这类技术、战术我们不但要认识它,而且应自觉地使用它。

在《孙子·计篇》中,列举的诡道大体可分为三类:

第一类:诡作藏形,令敌失备。如"能而示之不能""用而示之不用""近而示之远""远而示之近""卑而骄之""怒而挠之"等。

第二类:示以小利,诱而克敌。如"利而诱之""乱而取之""伏而劳之""亲而离之"等。

第三类:趋利避害,以长击短。如,"实而备之""强之避之""攻其不备,出其不意"等。

"诡道"作为对抗策略之一,有的技术、战术手段在我们与资本主义国家商人打交通中是可以采用的。比如,为保护自己示以假象,令对方失备,运用"得而示之远,远而示之近"自然成了商业谈判的常法。我们在社会主义公德范围内有理、有利、有节地采用类似的方法是可以的。又如,趋利避害,以长击短,作为市场对抗策略,作为企业经营管理的普遍法则、基本法则,我们也是可以运用的。

市场竞争,实现"满足"在企业经营中是一件重要的事,也是一件严峻的事。如何学好、弄懂、用好《孙子》?毛泽东同志在《论持久战》中指出:"古人所谓'运用之妙,存乎一心',这个'妙'我们叫做灵活性。灵活,是聪明的指挥员,基于客观情况,'审时度势'(这个势,包括敌势、我势、地势等项)而采取及时的和适当的处置方法的一种才能。即是所谓'运用之妙'。"要遵循毛泽东同志指示的学习方法,去学好、弄懂、用好《孙子》用兵的思想、法则,并把它使用于企业经营管理中,指导市场竞争。

## 二、关于领导学思想

领导工作在现代已经发展成为一门科学。纵观这门科学的一些思想及方法,有不少是从古代思想派生的。

### (一)领导作用

《孙子》全书中多次论述了将帅的地位及作用。在《计篇》中,把"将"视为决定战争胜负的五个因素之一。在《作战篇》中说:"知兵之将,民之司命,国家安危之主也。"孙武在这里把将帅看成是国家安危的主宰。在《谋攻篇》说:"夫将者,国之辅也,辅周则国必强,辅隙则国必弱。"辅,用来增强车轮支力的辅木。这句话的意思是将帅是辅佐国家强盛的佐木。将帅在用兵作战中的地位是很重要的。

现代企业经营好坏决定于许多因素:管理因素、技术因素、队伍因素、领导人员因素。如同军事作战一样,将帅因素,即企业领导者因素是一个关键性因素。

企业的领导者,诸如厂长(经理)、副厂长(副经理)、总工程师、总经济师、总会计师,是他们组成了企业领导班子。是这个领导班子掌管着企业大致方针,对企业工作的好坏起决定性作用。对此,邓小平同志曾经明确提出：办好企业，"必须建立一个坚强的领导班子"。"领导班子就是作战指挥部。""指挥部不强，作战就没有力量。""解决领导班子的问题，主要是配备好一、二把手，一、二把手敢字当头，就可以把队伍带起来。"

### （二）领导方法

1. 人尽其才思想

量人之才随长短以任之，就是承认每个人都有长有短，使用人才的含义之一就是用人之所长，不求全责备。看主流，不因人有所短而弃其长。古人说："生才贵适用，慎勿多苛求。"历史上用人不求全责备而成大功的例子多得很。如齐桓借管仲之力九合诸侯；刘邦拜出身低贱曾受胯下之辱的韩信为将；唐太宗用太子建成的"洗马"魏征（曾劝太子早除当时的秦王李世民）为谏议大夫；成吉思汗使异族人耶律楚材为"国之辅"，得天下于马上，治天下于马下；等等。

2. 才尽其用思想

一个好的领导者要善于分权给下属。关于领导者分权的必要性，《孙子兵法》中有精辟的论述，可概括为"将能而君不御者胜"。就是说将有能力，君主又不瞎指挥，这样的军队才能打胜仗。从管理学的角度看，可把它作为一种分工，即高层领导和中层干部的分工。高层领导就是要给中层干部创造工作条件，指明方向，在细小问题上不要插嘴。如果不是这样，而是领导包揽一切，那么这就不是一个好领导。这说明光提拔人才还不行，还要提供条件，让人才放手工作。

3. 善用人才思想

司马迁的《史记》中关于刘邦怎样得天下的记载：有一天，刘邦和自己的大臣们喝酒，刘邦问："我为什么可以得天下？"大臣们有许多议论，但刘邦全加以否定。刘邦说："我在战略上不如张良，内政不如萧何，打仗不如韩信，这三个人很有才能，我在这三点上都不如他们，但我为什么能获得天下呢？因为我有管理他们的能力。"刘邦说："此三者皆人杰也，吾能用之，此吾所以取天下也。"韩信还对刘邦说："陛下不能将兵而善将。""陛下"指的是刘邦，其意说，刘邦不会带兵，但他能带将。领兵韩信比刘邦强，刘邦能领导善领兵的那个将。这句话中有封建思想，但是从工作分工这个角度看有领导和被领导，而要成为一个高明的领导者就必须善于用人。

4. 激励人才的思想

关于如何用人，调动人的积极性问题，在中国古典中也有精辟的论述。如《孙子兵法》中的"贵阳之计"的观点。"贵阳而贱阴"即军队在驻扎的时候，要住在朝阳的一面，不要驻在山阴背面，这也许是迷信，如果把这个思想加以发挥，也可以变成一种考虑问题的方法。从心理上讲，人们总是很喜欢光明，总是希望有一个光明的前途，总是希望积极的而不是消极的东西。这个问题，两千年前孙子就说清楚了，即"善动敌者，行之至必从之"。所以对《孙子兵法》由于角度不同，可以有很多学习方法，从中我们可以学到很多东西。

5. 开发人才的思想

现代管理学领域中，能力开发是一个重大问题。日本的管理领域对这个问题也是很重视的。能力开发有一个专有名词，叫做"OJT"。这种方法就是让你在实践中提高能力。这种方法一是从《论语》中"不愤不启，不悱不发"中引用的。就是说，如果心中没有强烈要求，我就不教你，如果很想说，可就是说不好，不到这种程度我就不教你。所以要想教好，首先要让对方产生学习的欲望，这就是启发。其次是从《论语》中"学而习之，不亦乐乎"引用的，"习"就是实践的意思。在企业中也是一样，学习一种新技术，自己经过实践，获得一定成果，就会很高兴，又会产生新的学习动机，再去学习。

#### 6. 发挥才能的思想

领导者要具有高超的管理组织能力。《论语》中有句名言叫"君子不器"。"君子"可解释为品格高尚的人,也可解释为统治阶级,但从今天的管理角度来看也可解释为领导者。"器"就是工具的意思。这句话的意思可以解释为"领导者不是工具,而是使用工具的人"。管理者要具有组织能力,主要任务是组织好工作。日本管理学家就是运用这一原理,研究企业领导与领导方法,并以图表如下:

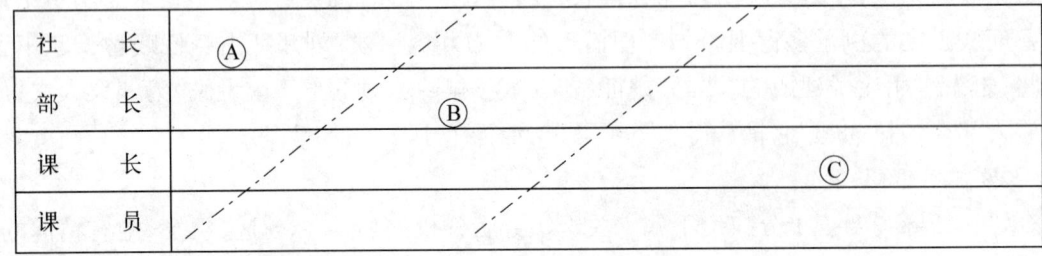

(注:课员指办公人员及工人)

上图表示企业中处于不同地位的人所要具备的不同的能力。A:指管理能力的组织能力。它说明工人阶层管理能力不要很多,随着地位升高,对管理能力的要求也越来越高。B:指处理人与人之间关系的能力。这种能力不管工人和总经理都是同样重要的。C:指人的专业技术能力。孔子所说的"君子不器"是指 A,即管理能力。

### (三)领导素质

提高企业素质的关键是提高领导自身的素质。《孙子》全书中多次论述了将帅的自身修养,以及将帅的素养条件问题。

#### 1. 将以道为心的思想

考虑将帅素质,政治条件是首要条件。

《孙子·计篇》提出了一个兵之大经问题,经以五事:道、天、地、将、法;校之以计:主孰有道?将孰有能?……道,政治、路线。从上述有关道、将问题的表述,可以得出三点看法:第一,从决定战争胜负因素说,"道"是第一位的,将是其次位的;第二,从"道""将"之间关系说,"道"制约"将","将"服从"道",政治路线决定干部路线;第三,将帅人选选择,要有利于"道"的推行。《孙子·计篇》讲:"将者,智、信、仁、勇、严也。"将的五德要求,都要以道的要求为前提,最本质的标准是道的标准。

《十一家注孙子·贾林》说:"将能以道为心,与人同利共患,则士卒服,自然心与上者同也。"将"以道为心"开展工作。育人者自己首先要懂"道",将必须符合一定政治要求,委将以德。一个企业领导,如同一支军队的统帅。选用企业干部,也要从有利贯彻政治路线来考虑。毛泽东同志说:政治路线确定之后,干部就是决定因素。

企业领导人,从政治素质的要求看,他必须具有较高的政治觉悟,坚持四项基本原则,坚决按照党的方针政策办事,自觉维护国家和全民的利益。

#### 2. 为"将"五德的思想

智信仁勇严,是《孙子·计篇》提出的将帅必须具备的五个品德。后人称之为将之五德。五德是有条件的,道制约将,五德要求服从于道。具体地说:智,智谋才能;信,赏罚有信;仁,仁受士卒;

勇,勇敢果断;严,军纪严明。一个高明的指挥官"宜五德皆备"。亦即"五德皆备,然后可为大将"。

所谓企业领导人的"五德":

智:要有智谋。必须加强知识素养,努力学习有关管理的种种知识,懂得马克思主义的哲学,政治经济学原理,学习工业经济管理、工业企业管理统计学、会计学知识,了解政治法律方面的知识,掌握一定的专业技术,包括生产技术和有关自然科学及技术科学的基本知识,尽可能使自己成为通才。

信:领导者要取信于人,实现号令统一。领导者只有取信于人,才能得信于人。

仁:领导者要以仁附众抚士,以深厚的阶级感情,真心诚意地去关心同志,处好领导成员之间的关系,处好与下属之间的关系,处好与职工之间的关系,而不是虚情假意待人,要实现集体感情的融洽。

勇:领导者具备勇敢果断的良好品德。遇到困难,敢于正视困难,向困难挑战。在情况紧急时刻敢于当机立断,而不是患得患失,优柔寡断,凡上级交给的任务,一定要设法完成。凡本企业出现问题,个人要勇于承担责任。

严:领导者要严明纪律,办事必须公正不偏,严以责己,严肃作风,从我开始。但严绝不是苛刻,"令过严则残",分寸能否把握好,取决于管理者的素养。

所谓从我开始,就是说领导者要以身作则。《论语》中有段话:"其身正,不令而行;其身不正,虽令不行。"这里说,领导人本身不正,虽下了命令也没人听;如果身正,不下命令大家也会跟你走的。西方一些管理学著作只讲了管理人如何去领导部下,却没有说管理者本身应是什么样子。恰是上述的中国古典思想,强调管理者如何保持自己做人的正确姿态。

3. "将"性贵特重的思想

培养自制力,控制自己的情绪,是对高层管理者的一种素质要求。感情用事,会因小失大,导致事业的失败。三国时的刘备,"耻关羽之殁","自将伐吴",结果被吴将陆逊以火攻破四十余营,自己落一个"白帝托孤"的下场;唐太宗李世民在公元645年,因贪功好大,不听群臣劝阻,亲率诸军进攻东北的高丽国,尽管唐帝国国大兵强,李世民用尽心计,但他得到的是悔不可追的失败。刘备和李世民遭到失败的同一原因:没能控制住自己的情绪。按《孙子·火攻篇》用兵法则:"主不可怒而兴师,将不可愠而致战,合于利而动,不合于利而止。怒可以复喜,愠可以复悦。亡国不可复存,死者不可以复生。故明君慎之,良将警之,此安国全军之道也。"孙武讲的不可怒而兴师,不可愠而战,讲的就是不能感情用事。这个道理对企业同样是适用的,一个容易感情冲动,好发脾气的人,是当不好领导的,作为企业领导人也应学会控制自己感情的本领,力求做到"卒然临之而不惊,无故加之而不怒",加强修养,努力使自己成熟起来。

能控制住自己的情绪,沉着老练,喜怒不形于色,这是管理者的一个良好品德。任何一个企业中都有矛盾,或者是内部关系矛盾,或者是产品销售困难,或者与同行业佼佼者比较有明显的技术差距和管理差距。处于企业生产经营活动总指挥地位的管理者,面对这样那样的矛盾,既不可掉以轻心,置若罔闻,也不可惊慌失措。而应以大将风度对待矛盾,遇事顺利成功,不沾沾自喜,得意忘形;遇事挫折,能临危不惧,处变不惊,以自己的谨慎稳重稳定"军心"、团结群众实现既定目标。

4. 自知之明的思想

知彼知己是指导用兵的原则,也是提高自身素质,指导自我管理的重要原则。按《孙子》主张,"将军之事,静以幽,正以治",将性贵持重。人因经历、学识、气质、风度不同,其性格也各不一样。而且不同企业,对管理者性格,气质要求也不一致,这就给管理者提出了一个实际而重要的问题,怎样认识自己的个性？怎样才能使自己的个性与管理要求相适应？成熟的管理者采取的聪明办法是，在全面加强自身修养的同时，不断告诫自己：要从实际出发，求适不求一，自我控制，提高适应能力。适者：适宜，适应。一者：统一，一个模式。反之，"庸常之将，守一而不知变"，是不可取的。

要做到求适不求一，关键在于有自知之明，自知自己优点缺点，自觉地去适应岗位责任对自己提出的德与才的要求。自感才能的不足，努力学习，自觉地提高适应能力，填补这个不足。

《孙子·谋攻篇》说："知彼知己，百战不殆；不知彼而知己，一胜一负；不知彼，不知己，每战必殆。"从这段话可以看到，认识环境重要，认识自己也同样重要。

# 关于中国古代行为学思想的探索(1985)①

关于行为学说,即行为管理的思想。现代管理中很注意研究管理哲学,强调以人为中心的管理,调动人的积极性。西方现代行为科学中很重视对人的"激励"的研究。我们的祖先早在两千年前,就开始了对人类行为学的研究,而且很精辟。我国古代行为学说可供现代管理借鉴的,归纳为十个方面:

(一) 人的行为规律

早在两千年前,春秋战国时期,我国古代思想家就提出了要研究人的问题:

荀况在《荀子·非相》中提出:"人之所为者,何已也? 曰:以其有辨也。"其意是,人之所以为人,同其他万物的区别,就在于人有意识。

韩非在《韩非子·杨权》中提出:"天有大命,人有大命。"其意是:天有天的规律,人有人的规律。

孙武《孙子兵法》中提出:"人情之理,不可不察。"其意是关于人的事情,应该进行研究,不研究是不合适的。

(二) 发挥人的主观能动性

荀况在《荀子·天论》中提出:"天有其时,地有其财,人有其治。夫是之谓能参,参其所参,而愿其所参,则惑矣。"其意是:天有四季的变化,地有蕴藏的财富,人有掌握天时,使用地利的办法,这就叫做善于同天地配合,如果放弃人的努力,期望天地的恩赐,那就太糊涂了。

(三) 人的本性

荀况在《荀子·性恶》中指出:"人之性恶,其善者伪也。"他认为人的本性是恶的,而性善则是人为的。人要从恶到善,从坏到好,从不能到能在于人为,这种人为是在制定制度、进行培养教育来促使。荀子的这种性恶论就是西方行为科学的"X理论"。

孟轲在《孟子·告子上》中指出:"人之善也,如水之下也。"后人编的《三字经》中认为:"人之初,性本善,性相近,习相远,苟不教,性乃迁。"孟子的这种性善论就是"Y理论"。

在汉代,有人认为性的善恶是混杂的,有点类似"Z理论"。

---

① 本文是作者1985年在复旦大学经济管理研究所举办的"中国管理思想古为今用"研讨会上的发言,后收入1989年江西人民出版社出版的《现代企业家手册》。

### (四)人的欲望和人的需要

荀况在《荀子·王霸》中提出:"夫人之情,目欲綦色,耳欲綦声,口欲綦味,鼻欲綦香,心欲佚。此五綦者,人之情之所必不可免也。养五綦者有具,其无具,则五綦者不可得而致也。"其意是:人的心情表现是,眼睛要看遍最美的颜色,耳朵要听遍最好的音乐,嘴要尝遍最好的味道,鼻子要闻尽最香的气味,心里想要享受最大的安逸。这五种最大的欲望是人情所不可避免的。满足这五种欲望得有条件,没有条件,这五种欲望就不可能达到。

### (五)奖励和惩罚

诸葛亮在《诸葛武侯文集》中指出:"赏以兴功,罚以禁奸,赏不可不平,罚不可不均。赏赐知其所施,则勇士知其所死,刑罚知其所加,则邪恶知其所畏。"就是说:用赏赐去鼓励人们不怕牺牲,去为国立功,用刑罚使干坏事的人害怕规章制度,并得到约束。

### (六)人和

我们的祖先很早就提倡人和。《论语》中提出了"和为贵",《荀子·王霸》中提出:"上不失天时,下不失地利,中得人和,则百事不废。"孟子也提出:"天时不如地利,地利不如人和。"

日本人很重视人和。认为"人和、气顺"是他们成功的关键。日本企业里到处宣传人和为贵,人和是个宝,只有人和,企业才能发展。把"和为贵"作为我们处理人与人关系的准则。

### (七)集体行为和组织行为

《荀子·王制》中指出:"离居不相待则穷。群而无分则争。""人之生不能无群,群而无分则争,争则乱,乱则穷。"这里,荀子提倡的就是集体行为。

《荀子·王制》中提出:"人有气,有生,有知,亦有义,故最为天下贵也。力不若牛,步不若马,而牛马为用,何也?曰:义。故义以分则和,和则一,一则多力,多力则强,强则胜物……故人生不能无群。"就是说:人有气力,有生命,有意识,而且有道德,所以说人是世界上最宝贵的。人的力量不如牛大,奔跑不如马快,而牛马都为人所使用,是什么原因呢?就是说人能组织起来。而牛马却不能,和谐相处就能团结起来,团结一致就能有力量,力量大就显得强,强就能战胜万物。因此,人为了生存不能没有组织。

### (八)用人

《荀子·王制》提出:"贤能不待次而举,罢不能不待顷而废。""王者之论,无德不贵,无能不官,无功不赏,无罪不为罚,朝无幸位,民无幸生,尚贤使能,而等位不遗。"这就是说,对有贤德有才能的人,要破格提拔,疲沓无用的人要立即免职。凡有德行的人,无不给以尊贵的地位;凡是有才能的人,无不给以官职;凡是立功的人,无不给以奖赏;凡是有过错的人,无不给以惩罚,朝中没有不靠称职而靠侥幸捞到官职的,百姓中没有侥幸而苟且偷生的。

诸葛亮提倡"为官择人"即要根据职务去接挑选人才,要因职配人,而反对"为人择官"即不因人设庙,不要为某一个人找到好的职位而设职位。

### (九)领导行为

《荀子·君道》中提出:"尚贤使能则民知方",意即尊重贤人,使用能者,人们就认清了方向。

## （十）怎样运用权力

《荀子·富国》中提出："威有三：有道德之威者，有暴察之威者，有狂妄之威者。此三威者，不可孰察也。……故赏不用而民劝。罚不用而威行，夫是之谓道德之威。"其意是，威力有三种，有道德的威力，有强制的威力，有狂妄的威力。这三种威力不可不认真加以考察。……所以不用赏赐，百姓就能尽力，不施刑罚，权威就能树立。这就是道德的威力。

荀子还说："道德之威成乎安强，暴察觉之威成乎危弱，狂妄之威成乎灭亡也。"其意是：道德的威力的结果是国家巩固和强盛。强权的威力，其结果是国家的必然灭亡。

以上介绍，说明我国古代思想家对人的行为早有研究，要建立我们自己的行为管理学，就要认真总结我国古代文化遗产，来丰富现代行为管理学，做到古为今用。

# 管理二重性与古代管理思想研究(1985)[①]

中国古代管理思想是在一定经济条件下社会生产关系的反映,同时也是社会产生发展的管理规律的结晶。发掘研究我国古代管理思想,对进一步探讨现代管理学中的古为今用,建立有中国特色的管理学科,具有一定的现实意义。

马克思在《资本论》中多次谈到管理二重性的问题:一是组织生产力的自然属性,表现管理的共性;二是改善生产关系的社会属性,表现管理的个性。马克思的管理二重性理论对研究古代管理思想具有重大的指导意义。在现代管理科学中有关时间与效率的观念和有关经营战略、经营决策、市场竞争、组织原则、行为学说、选材用才之道等等,几乎都可以从我国古代管理思想宝库中直接或者间接找到类似的内容,这说明古今中外的管理具有一个共性问题;但是在研究和学习过程中,还要考虑到它的个性,有些管理思想、方法在一定的时代可用,在另一时代就不可用,这就是个性。用二重性的理论观点来研究古代管理思想,就能分清是非,避免生搬硬套。

现代管理学中的古为今用究竟有哪些内容呢?我以为主要有以下几个方面:

1. 《红楼梦》中的管理术

关于时效观念,即时间与效益的问题。现代管理学科中很讲究时间和效益。泰勒强调采取强制和经济办法,把人当作经济人来看待。翻开《红楼梦》这部古典文学名著,我们可以看出王熙凤的一套管理手段也很讲究时效。王熙凤一上任就采取三个步骤和措施:第一是理出头绪,树立威信。第二是建立岗位责任制,把任务落实到人。第三是加强监督检查,讲究时效。王熙凤通过严密的布置、严格的要求和严肃的处理三者相结合的管理术,扭转了宁府那种"软、懒、散"的局面,变乱为治。其管理方式,就像泰勒的管理办法和现代美国管理学家麦克格里戈提出"X理论"的典型。他们都同样把管理职能着重放在控制、考核以及惩罚上。王熙凤运用的具体方法和手段:第一是"依着我行""点卯理事",就像现代企业中的"专制管理""一长制",要求管理者天天按着时刻理事,深入实际,亲自检查,做到心中有底。第二是"俱有钟表""领牌回事",就像现代企业管理的测时制和核算制,要求领牌上班,对牌发物,以避免偷工冒领。第三是"乱了算账""王法正治",即按任务大小实行定员,个人职责分明。从现代管理角度来看,叫责任制。第四是"少了分赔""扣发月钱"。第五是"清白处治""令行禁止"。这就像现代管理学家亨利·法约尔提出的"公平"管理的原则一样,对领导犯错者要一视同仁,严加处理。王熙凤为达到维持其管治和剥夺财富的目的,还采取一些诸如"打""榨""抢""杀"的毒辣手段。这就说明其管理思想方法也具有二重性,有反动的一面,也有可供借鉴参考的价值。

---

[①] 本文刊载于《文汇报》1985年7月1日,原题《试论现代管理学中古为中用》。

### 2. 荀况诸家的行为说

关于行为学说,即行为管理的思想。现代管理中很注意研究管理哲学,强调以人为中心的管理,调动人的积极性,西方现代行为科学中很重视对人的"激励"的研究。其实,早在两千多年之前我国古代思想家就开始对人类行为的研究。我国古代行为学说可供现代管理借鉴的归纳为十个方面:一、关于人的行为规律的研究。韩非提出"人有大命"。其意是,天有天的规律,人有人的规律。孙武提出"人情之理,不可不察"。这都说明在管理中,要重视研究人的规律,要根据一定的规律去满足人的欲望,办事情才能符合客观实际。二、关于发挥人的主观能动性的研究。荀况提出"天有其时,地有其财,人有其治"的观点,说明了人有掌握天时、使用地利的办法,如果放弃人的努力,期望天地的恩赐,那就太糊涂了。三、关于"人的本性"问题的研究。如荀子的性恶论,孟子的性善论,还有清代王夫之提出的人性"日生日成"的学说,也说明人的本性不是天生而成的,而是在新故相推的环境中变化发展的。四、关于人的欲望和人的需要问题的研究。如《荀子·理论》中提出:"人生而有欲,欲而不得,则不能无求。"荀况把人的各种需要分成几个层次,就类似西方行为科学中提出的人的需要层次理论。五、关于将来和惩罚问题的研究。如《荀子·富国》中提出:"赏不行,则贤者不可得而进也;罚不行,则不肖者不得退也。"诸葛亮的《诸葛武侯文集》中也指出:"赏以兴功,罚以禁奸,赏不可不平,罚不可不均。赏赐知其所施,则勇士知其所死,刑罚知其所加,则邪恶知其所畏。"这就是说要用赏赐去鼓励人们不怕牺牲,为国立功,用刑罚使干坏事的人害怕,并得到约束。六、关于"人和"的思想。在日本很讲究"人和",把它作为一个宝,认为只有"人和、气顺",企业才能发展。"人和"就是我国《论语》中提出的"和为贵"。《荀子·王霸》中也提出:"上不失天时,下不失地利,中得人和,则百事不废。"孟子也提出:"天时不如地利,地利不如人和。"最后还是"人和"第一。七、关于群体行为和组织行为的思想。《荀子·富国》中提出:"人之生不能无群,群而无分则乱,争则乱,乱则穷。"这里,荀子提倡的就是集体行为,他认为群体是人类本性之一,人为了生存不能没有组织。八、关于用人问题的研究。如《荀子·王制》中提出:"贤能不待次而举,罢不能不待顷而废",这就是说,对有贤德有才能的人,要破格提拔,疲沓无用的人要立即免职。诸如此类内容,在我国古代思想家、政治家著作中屡见论述。九、关于领导行为的研究。如荀子提出"篡伦公察""赏克罚偷""兼听明节""度己以绳""必先修正"等,都告诉人们怎样做一个有效的领导者。十、关于怎样运用权力问题的研究。《荀子·富国》中指出:"威有三:有道德之威者,有暴察之威者,有狂妄之威者。"他很强调领导者必须具有道德的威力,认为道德的威力的结果是国家巩固和强盛;而强权的威力,其结果是国家必然灭亡。

### 3.《孙子兵法》的经营学

关于经营思想。中国古代思想中许多值得探讨的经营学问,如《孙子兵法》这部不朽的军事名著中可供现代企业经营管理借鉴的内容是十分丰富的。这里仅介绍其中的一些观点与方法:第一是经营战略思想。现代经营战略强调:目标、能力和环境因素。在《孙子兵法·计篇》中所说的"道",就似现代企业经营战略强调目标管理,"天"和"地"似时机和环境,"将"指要有能力的干部,"法"则似企业内部的制度、纪律、组织,"将"和"法"就是经营学中的经营能力。第二是经营预测思想。《孙子兵法》中的"知己知彼"和较量"七计",就是从敌我比较预测战争胜负的思想方法。其中:一、"主孰有道",即比较谁能得民心,现代管理科学提倡的"目标管理"就是实现这一目的的一种方法;二、"将孰有能",即比较谁的将帅有才能,相当于现代经营学总强调企业经营成效取决于厂长(经理)的素质的观点;三、"天地孰得",即比较谁拥有天时地利的有利条件,就如现代管理所强调的企业家必须能动地去理解和运用"天时地利"的内在环境;四、"法令孰得",即比较谁认真执行法令,西方企业的"工作的职责条例",我国企业实行的经济责任制,都是"法令孰得"的体现;五、"兵将孰强",即比较谁的部队强大,就似企业强调职工队伍的素质和人才开发的重要性;六、"士卒孰练",即比较谁的士兵有训练,这就是强调培训对提高职工队伍素质的重要性;七、"赏罚孰明",赏罚是否分明是调动企业与职工积极性,影响士气的一个重要因素。第三是经营对策思想。如《孙子兵法》中"应敌而变"的对策思想,就像企业制定计划要求树立随机应变、以需定产的思想等等。这说明《孙子兵法》的观点对现代企业经营是有参考价值和意义。总之,我国古籍中有关可借鉴的管理思想资料是极为丰富的,这些对建立中国特色管理科学是具有现实意义的。

# 现代管理的方法和手段(1985)[①]

国家经委于1984年2月曾提出推广一批现代管理项目和方法。其目的是为了使管理人员了解和掌握一些最基本的与本职工作相适应的、现阶段最可行的管理方法,进行有效管理。

## 一、经济计划管理方法

现代经营计划管理可以应用的方法很多,这里主要介绍:市场预测、决策树技术、滚动计划、网络计划技术和目标管理。在这些方法中,"市场预测和决策树技术"是计划管理的基础,"滚动计划"是制定总体计划的方法,"网络计划技术"是制定具体计划项目的方法,而"目标管理"则是实施计划的方法。

### (一)市场预测的方法

市场预测是计划管理的基础。市场预测主要有五个方面的内容:(1)市场潜在需求量的预测;(2)销售潜量与销售预测;(3)资源预测;(4)新老产品预测;(5)成本价格预测。

市场预测的方法可以归纳为下列六种:

(1)判断法:即依靠专家、销售服务人员、顾客等的经验与意见,对市场趋势作出判断。这类方法有特尔菲法、购买意向调查法等。

(2)趋势法:即根据历史的资料与数据,按时间顺序排列,根据其动向趋势,加以推测。这类方法有移动平均法、指数平滑法和趋势外推法。

(3)相关分析法:根据市场变化内在的因果关系,找出变化的原因,然后进行预测。如回归分析法、相关分析法。

(4)投入产出法:即将投入产出表用于市场预测。

(5)寿命周期分析:即通过对产品的寿命周期阶段的分析来预测产品未来的趋势。

(6)成本数量利润分析:主要用盈亏平衡点来分析、预测销售价格、成本、利润、产品产量。

### (二)决策树技术

决策树,即利用树形的分枝和修剪法寻求最优方案,它把决策的不同方案和可能产生的几种不同自然状态画成树的分枝,形成树状结构,再逐枝求出不同方案的收益值,从中选出收益最大的方

---

[①] 本文刊载于《企业管理》(月刊)1985年第8期。

案。其要点是：(1) 列出解决这一问题的全部备选方案；(2) 列出各种方案可能遇到的各种状态，如产品面对市场变化，可能需求增长，也可能下降，决策者难以控制，称为自然状态；(3) 计算各方案在不同自然状态下可能的收益，据概率计算；(4) 根据期望收益值，进行最优方案选择等。

利用决策树进行决策，可由右向左，逐步进行分析。先依据各概率枝的损益值和概率，标出每一方案的期望损益值，再对各方案的期望值进行比较，决定取舍。

### (三) 滚动计划方法

滚动计划方法是编制总体计划的方法，它主要侧重计划本身的编制。在现代计划管理一系列方法中，它是中间环节。滚动计划的优点在于它使企业始终有一个较长时期的经营计划作指导，每年修订一次计划，使年度计划与长期计划能够紧密衔接，走一步看两步，真正发挥长期经营计划的作用。滚动计划主要用于编制五年计划，也可以用于编制年度计划或月度生产作业计划。滚动计划是在市场预测的基础上，每年都对上一个五年计划进行调整修改，并重新制定一个新的五年计划，如此反复循环。在这样的五年计划中，第一年的计划就是具体的年度计划，第二、三年的计划比较细一些，第四、五年的计划可以粗一些。这样就把长远规划和年度计划有机地结合起来，使广大职工群众有了奋斗方向与具体目标。

### (四) 网络计划技术

网络计划技术，也称统筹方法，是用网络图来表示某一项目（工程）的计划程序，它是对某一项目或工程计划的具体安排，是现代计划管理方法中常用的一种方法。网络计划技术中最具代表性的是关键路线法(CPM法)和计划评审技术(PERT)。这两种技术方法科学，实施容易、效益显著。这两种方法的基本原理是一致的，主要区别在于CPM法假定每项工作所需时间是确定的，而PERT对各项工作所需时间基于概率估计是不确定的。

网络图又称箭线图或统筹图。它是用图解形式表示一个生产任务或工作项目中各组成要素之间的逻辑关系，并形成时间的流程图。有了网络图，可以用它计算时间参数、规划任务和确定关键路线，因而是进行计划管理的重要环节。

网络的调整与优化主要通过对网络图中的关键路线的调整使计划工程工期等尽可能缩短。一般在组织上和技术上采取如下几种方法：(1) 在关键路线上寻找最有利的作业来缩短其作业时间；(2) 在可能条件下采取平行交叉作业缩短工期；(3) 采用新技术和新工艺，搞技术革新和技术改造，增加人力和设备等多种措施，缩短某些工作的作业时间；(4) 利用时差，从非关键路线上抽调适当的人力、物力集中于关键路线，以缩短关键路线的持续时间。

### (五) 目标管理

目标管理（简称MBO）又称成果管理，是实施计划的管理方法。简单地说，目标管理就是怎样通过制订一系列的目标，来激发职工积极工作，并以此为依据考核他们的成果。由于中长期计划、短期计划是表示经过一段时间企业所应达到的终点，那么从这个意义上来说它们就可称为中长期目标、短期目标。也基于这个意义，目标管理就成为现代计划管理方法之一。

制定目标的方法主要有以下几种：

(1) 个人目标由个人自己拟订，但其内容应由直接上级审核。

(2) 目标不应是上级强行下达的，要根据个人意愿来制定，使其感觉是为自己订目标。

(3) 制定目标的同时,要提出完成该目标的方法、时间。

(4) 上下级互相沟通,友好交换意见最终制定出符合大家心意的目标。

目标管理一般采用目标卡来记录已制定的目标。目标制定后,就要贯彻执行。目标管理的成败关键在于管理人员是否善于制定目标,使每个职工都为各自目标积极努力。

## 二、生产管理方法

生产管理是企业管理,特别是直接从事物质生产的企业管理的重要方面。生产管理的重要内容是合理地组织生产过程。它是指通过对各种生产要素和生产过程各阶段、环节、工序的合理安排,使其在时间上、空间上平衡衔接,紧密配合,结成一个协调的系统,使产品在行程最短、时间最省、耗费最小的条件下,按照计划规定的品种、质量、数量、交货期等,生产出社会需要的产品。

### (一) 投入产出法

投入产出法也称部门联系平衡法,是一种运用现代数学方法和计算机技术分析部门间数量联系的科学方法。在企业中运用投入产出法能分析出生产过程中所存在的基本数量关系,计算出其他方法无法得到的重要技术经济指标。

在投入产出法中的所谓"投入",就是指生产过程的消耗,包括原料、燃料、材料的使用,机器设备的磨损以及人力的消耗等等;"产出",就是生产经营过程的结果,包括合格的产品或者有效的服务等等。一个生产经营过程,既是投入过程,又是产出过程。如果用表格形式,把经济系统(如企业的生产经营体系)各构成部分之间的投入与产出相互依存关系集中地反映出来,就形成了投入产出表。利用投入产出表、数学模型如电子计算机分析研究经济各系统各构成部分生产、分配、消费之间的数量依存的关系以及社会再生产的综合比例,就叫做投入产出分析。

投入产出法的主要内容,包括:棋盘式的投入产出表,它反映各种产品、各个部门之间的平衡关系的线性方程组织,一系列经济技术系数,经济分析的现状。

### (二) 看板管理

看板也称传票卡,是联系各道工序之间的一种信号情报和指令情报的传递工具,是实现生产准时制的重要方法。看板的种类很多,归纳起来主要有以下几种:

(1) 工序内看板。这类看板又分为在制品看板和信号看板两种。在制品看板一般是用塑料袋装的卡片,上面写明零件号,零件名称,上、下工序名称,一箱装多少件等,适用于各生产流水线之间或各车间、各工段之间。信号看板的形式可以是卡片、料箱、管道、导轨、天线传递的圆球、圆铁片等,一般适用于生产线内部或相邻两工序之间。

(2) 订货外协看板,是联系主装厂与协作厂的纽带,起着相互传递情报和业务联系的作用。

实行看板管理除了要具备工艺先进,设备完好,工位器具齐全,厂内运输畅通合理,协作工厂相对集中等条件外,还要具备以下一些基本条件,才能使它发挥应有的作用:(1) 必须是流水作业,因为只有流水作业,才能实现生产准时制;(2) 必须是均衡生产,才能在时间上、数量上和品种上实现同步化;(3) 必须有稳定可靠的产品质量,才能使随看板运送的零件做到是100%的合格品;(4) 交货合同必须严格执行交货期。

运用看板还必须贯彻以下一些原则:(1) 看板与实物一齐流转。下道工序只向上道工序领取看板规定的品种和数量的零件。看板积压时说明任务紧急,要抓紧赶制。(2)上道工序只生产下道工序要提取的数量的零件,严格执行按看板传递的指示信息组织生产。(3)严格执行不合格件不给下道工序的规定,防止不合格件的流转再扩大浪费。同时还应及时中断生产排除异情,防止不合格件继续发生。(4)要求工序的稳定和合理化,生产现场运用看板管理,其目的就是消除作业时间和作业方法上的无效劳动和浪费。因此要求各工序工作的作业时间和作业方法都要按标准作业稳定性地生产。

### (三)ABC管理方法

ABC管理法或称ABC分类法。它是运用数理统计的方法对事物、问题进行分析排队,抓住事物的主要矛盾的一种定量的科学分类管理技术。

ABC管理法把事物(被管理对象),按影响因素或事物属性,或所占成本比重,划分为ABC三个部分,对此三部分分别给予重点和一般等不同程度的管理。

怎样运用ABC管理方法呢?(1)运用ABC管理的起点是对被管理对象进行正确的分类。(2)要注意处理好ABC三类的关系。(3)在运用与推行ABC管理法时,要特别注意并不是任何被管理对象都可以施行ABC分类的。一般来说ABC管理法应用物资储备、物资销售、物资消耗等方面,可以收到较好的效果。(4)运用与推广ABC管理方法的同时要培养和造就专职人员,发挥他们的积极性。

### (四)线性规划

线性规划研究的问题主要有两个方面:一是确定一项任务,如何统筹安排,尽量做到用最少的资源来完成它;二是一定量的人力、物力和资金资源,如何利用这些资源来完成最多的任务,获取最大的利润。线性规划一般来说可为运输、生产任务分配、生产计划安排、资源利用等问题提供解决方案,以取得最优效果。

### (五)正交试验法

正交试验法是利用一种排列整齐的标准化了的"正交表"来安排和分析多因素试验的科学方法。利用正交表来安排多因素试验,就能够通过少数的试验次数,找到较好的生产条件。一个企业为了开发新产品,革新技术,提高产品质量和产量,降低成本,寻求最佳的工艺操作条件,人们总要做各种各样的试验。合理安排试验和科学分析试验,往往对工作的成败具有重要作用。

正交试验基本步骤:(1)明确试验目的,定好考核指标;(2)挑因素,选水平,制订因素水平表;(3)选择适当正交表,合理安排试验;(4)比较试验结果,寻求较佳方案;(5)填写结果分析表,寻求最佳方案;(6)通过实践检验,确定最佳生产方案;(7)画趋势图,展望进一步试验;(8)小结。

## 三、财务管理方法

### (一)价值工程

价值工程是研究以最低的总成本来实现产品或作业合功能的致力于功能分析的有组织的活动。价值工程所要研究的产品的三个要素是:价值、功能、成本。这三者之间的关系如下:价值

$(V) = \dfrac{功能(F)}{成本(C)}$，因此，提高产品价值的途径可以有下列五种：

(1) $V\uparrow = \dfrac{F\uparrow}{C\rightarrow}$ 功能提高，成本不变，价值提高；

(2) $V\uparrow = \dfrac{F\rightarrow}{C\downarrow}$ 功能不变，成本降低，价值提高；

(3) $V\uparrow = \dfrac{F\downarrow}{C\Downarrow}$ 功能稍降，成本大降，价值提高；

(4) $V\uparrow = \dfrac{F\Uparrow}{C\uparrow}$ 功能大大提高，成本略提高，价值提高；

(5) $V\uparrow = \dfrac{F\uparrow}{C\downarrow}$ 功能提高，成本下降，价值提高。

价值工程亦称价值分析，可以运用于新产品的设计和老产品的改进等方面，近年来应用范围逐渐扩大，可用于对管理方法和工作的分析和改进。财务、技术、设计人员都应熟悉这项方法。

### （二）量本利分析法

量本利分析又称盈亏分析。它是根据业务量（指产量、销售量，销售额等）成本和利润三者之间的相互依存关系，进行综合分析，用以预测利润，控制成本的一种数学分析方法，在企业经营决策、利润规划、成本控制等方面应用很广。量本利分析的中心内容是盈亏临界点分析（或称盈亏平衡点分析、保本分析）。所谓盈亏临界点分析，就是利用成本习性，指明获利经营的业务量"界限"。

量本利的用途是：（1）判定企业经营状况。（2）确定目标成本。（3）分析影响利润的因素。（4）选择经营决策方案。

### （三）变动成本法

变动成本法是一种成本计算方法，其目的是为企业的短期决策、计划管理和成本控制提供更为适用的数据资料。正因为变动成本法不包括固定成本，又称为直接成本计算法，也叫边际成本计算法，它是西方管理会计中经常采用的成本计算方法。变动成本法是一种适应企业内部经营管理需要的特殊形式的成本计算方法和损益计算方法。这种方法可以为企业经营管理提供预测、决策、控制和分析所必需的资料，所以在西方企业中已广泛应用。变动成本法与完全成本法比较，具有以下三方面特点：

第一，成本类别的划分和产品成本包含的内容不同。

第二，产品和在产品期末盘存计价方面的区别。

第三，盈亏计算方面的区别。

变动成本法可以在以下几个方面加以应用：（1）优选产品设计方案；（2）预测成本；（3）控制成本；（4）在经营决策中应用。

## 四、现代企业管理的手段

电子计算机是现代管理的重要手段之一，它具有计算速度快、精确度高、记忆（储存）能力强、能自动进行计算的特点，可以准确而快速地处理管理中迫切需要解决的一些问题。

在电子计算机的使用中，摆正人-机关系是非常重要的。在使用电子计算机系统中，人要做的事情主要是三类：

(1) 系统分析要研究的对象，确定问题的性质。

(2) 编程序。

(3) 操作。

这几部分工作都是要人来做的，而且都是极为关键的。没有正确的系统分析，编写不出正确的程序，没有正确的程序，得不出要求的结果，正确的结果也将归于无用。而没有正确的操作，机器不能正确运行，或输入的数据不准，也得不到正确可靠的信息。因此，决不可以忽略人的因素，不能幻想没有人控制的自动化。

现代管理技术方法和手段是一个完整的体系，它还包括科学的行政方法、经济方法、法律方法、心理方法和思想政治方法等等。这些方法各有特点，互相补充、相辅相成。因此，在企业管理工作中，必须认真地研究、掌握，加以综合地运用，以达到提高效益的目的。

# 大力推进企业管理现代化(1985)[①]

如何开展企业管理现代化,建立中国特色的管理科学？这是我国四化建设的一个内容,是大家关心的大事。对此问题,全国召开了三次会议,一次比一次深入地进行了讨论研究。今天,就我参加会议了解到的向同志们介绍三个方面的情况。

## 一、我国企业管理现代化的基本情况

第一次会议于1983年初在北京召开。针对当时的情况,着重解决如何正确对待外国企业管理的经验问题。袁宝华同志总结了与会同志的发言,最后提出了"十六字"方针:"以我为主、博采众长、融合提炼、自成一家。"

以我为主——搞中国的企业管理,要从我们中国的国情、文化、民情、厂情的出发,要根据中国现在的管理水平。现在我国大部分企业尚处在"经验管理"的阶段,只有少数大型企业引入现代化管理,进入"科学管理"阶段。我们国家人多底子薄,但我国有几千年的优秀文化传统,搞现代化管理要古为今用。我们要研究我国古代的经济思想,军事思想,以丰富我们的管理科学。现在日本、美国都在比较系统地研究我国古代的思想,我们自己更应加以研究。我们要学习日本,日本经济的发展就注意自己的民族传统。

博采众长——广泛地采纳各国的长处。近几年来从学习美国、日本、西德、东欧国家,到最近研究苏联。最近有个动向,拟集中一批专家把各国管理特点整理出来,在这基础上,写一本约14万字的书。计划还要写一本以人为中心的管理学的书。

融合提炼——根据中国、外国的长处,形成我国自己的管理学。

自成一家——具有中国特色的管理科学。

第二次会议,1984年初在北京召开,围绕企业管理现代化的模式、内容、体系等三个问题展开了讨论。当时有四家意见：

一是"一制四全"观点,即以责任制为中心的全面计划、全面质量、全面核算、全面人事的管理；

二是以包、保、核为中心的责任制；

三是提出建立八大管理模式；

四是提出管理思想、管理组织、管理方法、管理手段、管理人才五个方面的现代化。

---

① 本文是作者1985年在泉州黎明大学举办的"中国国民经济管理学师资班"上所作的报告,后刊载于《黎明大学学报》1985年第2期,原题《大力推进企业管理现代化,建立中国特色的管理科学》。

这次会议总结时,提出要按照管理的思想、组织、方法、手段和人才五个方面现代化的要求,来探索具有中国特色的社会主义企业管理现代化体系问题。《企业管理》杂志从1984年第8期,开始刊登关于现代管理的"系列讲座",把这些内容都写了。

这次会议,通过大家介绍和过去学习现代管理的经验,提出了以推广一批现代化管理方法,手段为内容的试点企业。全国重点抓24个重点企业,先在这些重点企业进行多种模式的试验。企业管理的18种方法,也是厂长(经理)统考的主要内容。这18种管理方法是:

(1) 经济责任制——应用于解决为国家与企业在责、权、利上的互相关系,以及建立企业内部的岗位责任制。

(2) 全面计划管理——包括的面很广,着重研究目标管理,企业总体经营目标,以及总目标在企业内部的综合平衡。

(3) 全面质量管理——用于提高产品质量,工程质量,工作质量。

(4) 全面经济核算——用于核算、分析生产经营各环节影响经济效益的因素,并对这些环节进行系统的控制。

(5) 统筹法——是中国的提法,西方称之为"网络技术",用于工程施工,新产品试制,设备大修等方面。

(6) 优选法——即正交试验,用于质量、生产、技术、环保、综合利用等方面,选择最优的方法,减少试验次数,取得最好的效果。

(7) 系统工程——用于生产技术管理工作,以系统思想的各种方法管理企业。

(8) 价值工程——用于制定新产品开发,老产品的改造,新工艺的方案,以技术和经验统一的观点来进行评价和选择。

(9) 市场预测——为经营决策提供依据,包括预测的方法。

(10) 滚动计划——用于保持计划的衔接、稳定、平衡,制定年度计划,就要考虑第二年、第三年的情况。

(11) 决策技术——为经营决策、管理决策提供方法、主要是决策树方法。

(12) ABC管理法——用于物质、设备、再制品的管理,确定重点管理对象。

(13) 全员设备管理——用于对设备的研究、制造、维修、保养、报废等方面的管理。

(14) 线性规划——作于运输、生产任务公配,生产计划安排,资源利用,选择最优的方案,取得最好的效果。

(15) 成组技术——零部件制造过程的管理,把各种零部件组装成机器设备的技术管理。

(16) 看板管理——用于建筑材料供应方面,提供作业指令、反馈指令,使各种作业环节有较好的衔接。

(17) 量本利分析——制定合理的产品成本目标,目的是为了提高生产利润。

(18) 微型电子计算机——管理的手段,广泛应用于企业的各项专业管理,进行数据处理,为决策提供信息。

除以上18种方法以外,还有人机工程、投入产出、行为科学、可行性研究等等,这些都是现代管理方法。

这次会议后,又开了一个20个人的小型会议,研究管理现代化的概念及管理组织现代化问题,当时对什么是管理现代化提出四种看法,最后综合一种看法。这个看法的表述在《企业管理》杂志连载的系列讲座第一讲中都写了。

什么是企业管理现代化呢？简要地说，就是根据社会主义经济规律，为适应现代化生产力发展的客观要求，应用科学的思想、组织、方法和手段，对企业的生产经营，进行有效的管理，使之达到和接近国际先进水平，创造最佳经济效益的过程。

以上的表述，从质的方面看，是要改变我国企业落后的状态，实现企业管理的现代化；从量的方面看，是要求从管理思想、组织、方法与科技现代化达到国际先进水平，包括国防先进管理经验的普及；从时间方面看，企业管理现代化整个过程，不是静态的，而是动态的，不断发展的。考核企业，不再提"六好"，要看是否达到现代化；从目的看，是为了提高企业素质和经济效益。

## 二、企业管理现代化的基本精神和内容

第三次会议，最近在辽宁省抚顺市召开。这次会议是在党的十二届三中全会《决定》发表之后召开的。我们在认真总结试点经验的基础上，着重解决如何围绕增强企业活力，在改革中大力推行企业管理现代化有什么经验教训和措施。会议主要有四个方面的内容：

第一方面，先介绍一下推行企业管理现代化的新进展。

据18个省市统计，全国有177个企业推广管理现代化，初步形成一定体系的有54个企业，占全部试点企业的30%，取得一些成绩的有105个企业，占59.9%。说明推行企业管理化已有了一个比较扎实的基础。这表现在以下几个方面：

(1) 表现在企业的经营思想有了进一步的转变。随着体制改革工作从农村到城市和不断深入，利改税工作已进入第二阶段。我们明确了两点：一是社会主义经济是有计划的商品经济，城市的经济体制改革，要以搞活企业为中心环节；二是企业要成为相对独立的经济实体，成为自主经营、自负盈亏的社会主义商品生产者、经营者，要有自我改造、自我发展的能力，成为具有一定权利和义务的法人。

(2) 表现在思想观念上的变化，企业树立了新的观念，明确了方向，取得了效果。这表现在：① 比较好的企业，初步树立了一个经营战略思想，根据国内外经验，搞一套长期战略目标；② 提出长期的经营方针，进一步树立了市场观念和竞争观念；③ 在经营管理上，重视市场机制的作用；④ 加强市场预测、经济决策和销售业务。

第二方面内容，对企业组织机构的改革，进行了新的探索。表现在：① 试行厂长(经理)负责制；② 按照企业管理现代化要求，能运用系统论、控制论、信息论的原理管理生产、经营；③ 按照有利决策、统一指挥的原则，专业管理的原则和综合管理的原则设置组织机构；④ 比较重视和加强规划、经营、销售、技术开发、人才开发、信息网络这些部门的组织机构，使企业由生产型向生产经营型，继而向开拓经营型转变。

试点企业的组织机构类型比较好：如有的工厂试行的直线职能型和矩阵式相结合的形式，设"一室六部"，一室——经营决策办公室，六部——计划销售部、技术开发部、生产制造部、质量保证部、人事教育部、后勤服务部。

再如有的工厂试行订报的矩阵管理组织形式，其机构设置有三室五部一组，使企业的系统管理和横向联系加强了，办事效率提高了。

第三方面，企业现代化管理方法和手段的运用向纵深发展，应用范围越来越广。表现在以下几个方面：① 现代管理方法由单向向多向发展，在一些企业中，不少现代化管理方法已经在系统的运用；② 管理方法的现代化已从试行发展为逐步推广；③ 开始把电子计算机,应用于企业管理,据

2 131个企业的调查,已有61.2%的企业运用电子计算机了。如首钢目前有312台电子计算机了,其中有72台用于企业管理。

这样,就带来了应用与方法的五个转变:① 在组织管理上,工厂由自由发展向系统化有目标的方向发展;② 电子计算机机型选择上,由自由选择向统一型号发展;③ 在技术水平上,由单机型向局部网络化发展;④ 在软件开发上,从低水平向高水平发展;⑤ 在开发内容上,由初级阶段向较高级的管理决策方向发展。

第四方面,对建立企业管理现代化体系作了初步的探索。于第二次北京会议所归纳的四种模式,一年的试行后又有新的发展:如鞍钢创造出以方针目标管理为核心,以投入产出技术为基础,以电子计算机运用为手段,以经济责任制为保证的现代化管理的新模式;又如天津的一些企业推行的以厂长责任制以主体的天津型模式。

集中领导与分级管理相结合的管理体制,以全面经营计划管理为主导,以信息和技术进步为两翼,进一步加强民主管理和管理模式。总之,由于企业管理现代化的不断深入发展,已带来明显的经济效益。据辽宁省统计,全省授奖的1 842项现代化管理成果,共创造的纯收益达4.69亿元。

以上证实了这样一个基本概念:什么叫管理?管理也是一种资源,管理本身就是一种生产力,它不仅是生产关系。推行管理现代化,就是对资源的开发利用。

以上是第三次会议的四方面内容。下面我想着重谈谈几年来推行企业管理现代化的主要经验与存在的问题。

先谈推行企业管理现代化的经验:要推行企业管理现代化,必须认真解决好对企业管理现代化的认识问题。企业管理现代化是科学性很强的工作,不仅是管理手段上的改进,而且是管理工作的思想认识上的逐渐转变。在推行管理现代化的过程中,会遇到各种阻力,我们在有足够的思想上的准备。

当前,推行管理现代化有三种思想认识需要解决:一是安于现状的思想,认为企业已经进行整顿,也验收合格了,搞不搞管理现代化无关紧要;二是把企业管理化与生产对立起来,认为远水不解近渴;三是认为管理现代化高不可攀,好是好,就是学不了。以上的这些认识都是不正确的。所以要搞企业管理的现代化,要解决好以下的思想认识问题:

——要从四化建设的需要,来认识企业管理现代化。

——要从世界新技术革命的迅速发展来认识企业管理现代化的迫切性。

——要从经济体制改革及对外开放政策带来的有利条件,来认识管理现代化的可能性。

——要从已经进行企业管理现代化的企业所取得的经济效益来看管理工作现代化的优越性。

——要推行企业管理现代化,必须和体制改革工作结合起来,要同时部署工作,要同时交流工作经验,要同时检查工作情况。要实行经济责任制和厂长(经理)负责制以后,推行管理工作的现代化,要成为企业内在的要求。

——要把培训企业管理现代化人才作为一项战略任务来抓。小平同志讲《决定》的第九条最重要,要尊重知识,尊重人才。将来的法令上,可能要定上一条:企业要保证对职工的培训时间。我们要学习日本的管理经验,日本就十分重视对职工的培训。

——推行企业管理现代化,必须要有系统观念、整体观念。要合理组织人、财、物,充分运用时间、技术、信息、知识等等资源以适应世界管理新潮流。

怎么样按照系统观念、整体观念、搞好管理的现代化呢?

(1)要弄清楚管理现代化各项内容的内在联系:人才现代化是关键,管理思想现代化是先导,

组织现代化是保证,管理方法和手段的现代化是重要条件;

(2) 应用现代管理方法,按照各管理方法之间的内在联系,有针对性地配套应用,使之不断地向深度和广度发展,逐步形成系统化,职能部门应综合掌握各种方法,经营计划部门更要掌握预测、网络、滚动计划等手段,确定目标管理;

(3) 在建立什么样的企业管理现代化模式上,要从实际出发,不能单一地搬别人的模式,要明确我们搞管理现代化目的是为了提高生产力,提高经济效益,但在总体上,要有一个大的模式;

(4) 要制定必要的考核制度,作为评价企业管理现代化好、差的标准。

再谈点当前推行管理现代化工作中存在的一些问题:

——部分地区的一些企业对管理现代化认识不足,还没有把这项工作排到议事日程上;

——有些企业对搞这项工作的自觉性不高,因而行动迟缓;

——还有些企业对搞管理现代化,仅仅停留在应用方法上;

——一些企业尚未把电子计算机用于管理,即使使用了,也是机型杂乱,难以形成系统。

针对以上谈到的一些情况,我们推行企业管理现代化的总任务就是:加强领导,围绕增强企业活力的中心环节,加快企业管理现代化的步伐,把企业经济管理提高到一个新的水平。为此,这就要求我们提高试点工作的质量,在所有验收合格的企业中,都要制定实现企业管理现代化的规划。

为尽快实现上述任务,我们必须要抓好下面的几项工作:

第一项工作,按照有计划的商品经济的要求,确立现代化的经营思想。所谓现代化的经营思想,应该有五"破"五"立":

一破习惯于单纯地按指令性计划组织生产的思想观念,树立市场观念;

二破争项目、争投资,而不重视经济核算,很少注意经济效益的思想,树立投入产出的观念;

三破企业改造、发展时,习惯于靠国家拨款,增加企业自留资金,不敢也不善于运用银行贷款的观念,树立金融观念;

四破社会主义企业之间不能搞竞争,不敢在竞争中开拓企业新局面的观念,树立敢于竞争的观念;

五破轻视知识,轻视人才的观念,树立尊重知识,尊重人才,开发智力的观念。

第二项工作,按照十二届三中全会《决定》的要求,建立强有力的、统一的、高效率的管理系统,应坚持以下六条原则:

——实行高效率、讲效益的原则;

——统一指挥与专业分工相结合的原则;

——有效管理跨度的原则;

——不因人设事而因事设人的原则;

——纵向管理和横向管理协调配合的原则;

——改革组织机构要跟落实企业内部责任制紧密结合的原则。

至于组织管理的形式,各企业可从实际出发,因地制宜,择优设置。

第三项工作,为实现管理现代化的需要,必须加速人才培训。当前,企业主管部门,要抓到厂长、书记、总工程师、总会计师、总经济师等人才的培训。还要抓好企业的计划、统计、财务、劳资、物资、供销六个方面管理干部的培训。接受培训的人员,结构要配套,培训中要强调学习现代化管理的技术,要把理论学习和实践学习结合起来。要充分发挥现有人才的作用,还要把国外的智力资源引进来。今年全国计划选一百多个企业引进国外的管理人才,还要安排一千多人出国学习。

第四项工作,积极探索建立具有中国特色的企业管理现代化的体系,着眼于提高企业的素质,讲究经济效益。按两重性理论,正确调整生产关系,组织生产力,使企业人、财、物能得到合理使用。其实,企业管理现代化本身就是一项综合性的改革。对管理体系的模式也不能要求千篇一律。

什么是中国特色的企业管理体系呢?我们认为中国特色的企业管理体系,大致上应有以下的内容:

(1) 要以生产资料公有制为主体的多种经济形式并存的条件下,企业经营方式应灵活多样;

(2) 要按照有计划的商品经济的原则进行经营管理;

(3) 实行集中领导与民主管理相结合,这就既要有领导的权威,又要切实保证职工的主人翁地位;

(4) 要保证国家利益的前提下,国家、企业和职工个人三者的利益相结合;

(5) 坚持思想政治工作和按劳分配相结合,充分调动职工的积极性。

第五项工作,推行管理现代化,要把近期规划与远期规划有机地结合起来。

关于推行企业管理现代化的措施,由于时间关系,就不展开讲了,只是提几个要点:

(1) 要进一步加强对推行企业管理现代化工作的领导;

(2) 对已经推行管理现代化的企业,要实行考核、奖励制度,对推行管理现代化所取得的成果进行评价、鉴定,对积极推行管理现代化,并取得成绩的工作人员要进行精神鼓励和物质奖励,以后评选先进企业要结合考察该企业的管理现代化水平;

(3) 推行企业管理现代化所必需的资金,主管部门要尽力给予解决。

## 三、企业管理现代化的大趋势

(1) 企业的经营由封闭的生产型向开放的经营开拓型转变的趋势;

(2) 企业的结构由单纯的生产型向生产、科研、教育结合起来发展的趋势;

(3) 企业的计划管理,由指令型向指导型、市场型、预测型发展的趋势;

(4) 企业的领导方式,由金字塔型的一元化领导,向矩阵型多元化领导发展的趋势;

(5) 企业的管理由行政型向管理科学型发展的趋势;

(6) 企业的生产由大批量、少品种向小批量多品种方向发展的趋势;

(7) 企业的产品由十几年一贯制转向不断更新换代的趋势;

(8) 企业的领导者,由资历化向革命化、知识化、专业化、年轻化发展的趋势;

(9) 企业的职工,由体力型、纪律型向脑力型、智能型发展的趋势;

(10) 企业的策略由执行型向最佳型发展的趋势。

# 大力提高企业经营决策水平(1985)[1]

管理方法是企业管理现代化的重要内容。现代企业管理方法,包括经营决策方法、计划管理方法、劳动管理方法、理财方法、物资管理方法、生产管理方法和思想教育工作方法等等。这些方面的方法和各有特点,各起着不同的作用,但相辅相成,是一个定量方法与定性分析方法相结合的整体。

## 一、现代企业经营决策的内容

决策是指为达到同一目标而在多种可以相互替代的方案中选择最优方案。这种方法用之于管理就叫管理决策,用之于经营就叫经营决策。从广义上来说,现代化管理中的"经营决策",就是对企业的生产技术、经营活动的全过程进行管理。经营决策包含两大部分内容:一是经营分析,二是决策。所谓经营分析,就运用各种科学方法,对企业各项生产经营活动的目标,资源条件、外界因素与内部能力等进行技术经济效果的定量分析,并进行最优化的选择。所谓决策,就是在经营分析的基础上,根据分析的结果及其技术经济效果的大小,列出几个可行的计划或行动方案,再结合企业中其他非定量化的条件和人的因素,经过综合判断,从中选择一个最适宜的方案,加以实施。因此,"决策"就是科学地预测、判断,以至选择最优方案的过程,是一个制定和实现计划方案的过程。

决策的内容是因决策的对象、层次、时间的不同而有差别。在企业管理工作中,经营决策一般有如下几种分类和内容:

(1)按计划时间划分的决策有:长期战略决策和短期决策。长期战略决策包括:投资方向与生产规模的选择、新产品开发与产品设计的选择、设备与工艺方案的选择、生产过程的组织设计、工序设计(分工或合并)、工厂系统的设置、厂址选择与生产布局等。短期决策包括:生产过程控制、储备控制、品质控制、劳动力控制、成本控制、系统的可靠性的维护等。

(2)按领导阶层划分的决策有:战略决策、管理决策与业务决策等三种。从企业经营全过程来看,有企业一级,车间一级,也有工段(班组)一级的决策。以上这三种决策,可适当地分配于企业中的三个管理阶层,即:最高管理阶层、中级管理阶层、作业监督者阶层。其中,最高管理阶层,大部分从事战略的决策与管理决策;作业监督者阶层,大部分从事业务的决策;中级管理阶层,则从事以上三种同等比重的决策。

现将以上三种决策的内容分析如下:

---

[1] 本文刊载于《企业管理》杂志1985年第7期,原题《现代企业经营决策》。

战略决策。就是企业与经常变化中的企业外在环境之间,谋求达成动态均衡的一种决策。具体包括三个内容:① 企业经营目标体系的设定或改变的决策;② 企业生产、市场体系和规模扩大的计划或合同的决策;③ 为适应企业内外变化所制定的多角化计划、新产品计划等的决策。

管理决策,有的叫战术性决策。它是在作出战略性的决策后,在执行中的决策。就是对企业实行战略决策所需要的人力资源和资金资源的准备、结构及构造的改变的决策。具体包括四个内容:① 企业的经营组织构造上的设计及变更的决策;② 企业的财务体系的决策;③ 企业人力资源的吸收、人群的组织和协作的决策;④ 企业内部的协调以及控制的决策。

业务决策。就是在一定的企业体系基础上,为了提高日常业务效率的一种决策。具体包括以下内容:① 存货决策;② 生产决策;③ 销售决策等。

在企业外部环境变化较小的时候,业务决策特别重要。但是在企业外部环境不断地急速变化时,战略决策就显行特别的重要。在现代的企业经营管理中,由于技术的不断革新,贸易竞争的激烈变化,战略决策是三项决策中最为决定性的决策。这三种企业决策在特征上和解决问题的结构上也各有差异。例如,有关最高管理的阶层的决策,大部分牵涉到长期而且是企业管理全体性的问题。而作业监督者的决策,则限于短期以及只牵涉一个工作场所的较小范围。

(3) 按管理职能划分的决策:① 生产决策,包括:生产量、生产规模、工厂位置、生产方法、材料购入、机械设备的更换及改良、存货量、技术研究方针等。② 销售决策,包括:市场决定、销售路线、营业所位置、产品包装及商标、价格、广告种类与方法、促进销售方法、市场调查方法与范围等。③ 财务决策,包括:资金结构、资金调度、决定产品成本、设备投资、企业合并等。④ 人事决策,包括:职工录用、职务分析、职务评价、工资形态、安全卫生、提案制度、团体交涉、利润和资金分配等。

## 二、现代企业经营决策的方法

### (一) 决策中的计量方法

在整个决策过程中,有许多计量方法可以帮助决策者选择能达到目标的方案。这些方法,全凭决策者的训练和经验,可以适用于决策过程的任何一步,而特别适用于方案的比较和评价。计量方法对决策工作的贡献在于分析某项决策有无可能性,而并不能提出假设、说明或建议。但是方案一经确定,计量方法就成为作出迅速而精确的评价的有力工具。然而计量方法所作出的评价并不构成决策的全部过程。有许多可变因素不能计量。所以,决策者只能在适当时机使用这些工具,并且要了解其局限性。以下简述决策中的一些计量方法和理论。

一是概率论。它在科学、工商业和许多日常生活问题中起重要作用。它分为两个学派:一派叫客观派,相信只有经过大量试验而反复出现的事态才能用概率论来分析;另一派叫主观派,是第二次世界大战后才应用于决策的学派,按照它的概念,决策者根据所能得到的证据,对一件事的发生具有什么样的信念,就是这件事的概率。主观概率对决策是有用的,往往是必需的。一般来讲,主观概率适合于非例行的、不重复的决策,而客观概率却可用于例行和重复的选择。

二是效用论。这主要以决策者要求的最大值作根据。效用的最大值的含意,就是决策者所要选择的目标,在于获得最大量的满足。计算效用的方法虽有几种,但如果遇到大量的、性质复杂而又结果很难确定的方案,任何一种计量方法都是没有意义的。

三是期望值。它是为了减少决策结果的不可靠性采用的一种方法。即:决策者对一个方案可能出现的正反两种结果,分别估计其得失数值,再以其可能实现的概率加权,求得两项乘积的正或负的差额。把各个方案的这个差额加以比较而作出决定。

四是决策树法。在上述理论和概念的基础上又出现两种分析方案的结构,称为决定因素表和决策树。它把各种方案分析成为枝节,列为表格,填入估计数据,以资比较而示得失,供决策者取舍。

五是博弈论。博弈论含有冲突的因素。这种决策不能单顾自己一方,而要估计到对手一方,犹如两人对弈,是一个胜负问题。它的理论基础是数字。

六是模型和模拟。在决策过程中,数学是以制作模型、模拟实况的形式出现的。模型是任何概念的模拟,一般属于物理或数学的性质,可以用于实验性研究。在决策法的范围内,可以用于实验性研究。在决策法的范围内,模型和模拟适合下列用途:① 在为探索方案而花费时间精力以前,先确定目标的现实性和有效性;② 以最低限度的费用和努力从事正式探索活动,以发现广泛的有关方案;③ 把模型修改到实际效果符合于目标为止,作出方案的比较和评价,以减少其结果的不可靠性;④ 在决策已经作出并得到执行后,模型可以继续用于检查。

### (二) 决策中的数学方法

数学在决策中主要应用于以下几个方面:

(1) 在决定计划方案时的应用。如在制定生产计划方案时,由计划人员将各种资源条件、统计情报资料、生产目标要求等,采用线性规划的模式及预测方法,求出 2—3 个最优解和次优解,然后综合其他因素,进行分析平衡。从中选择一个最适宜的计划方案。

(2) 在决定新产品设计方案时的应用。如在设计新产品时,运用"价值工程"和"几何规划"方法,对新产品的使用目的、结构、用料以及价格水平等进行技术性能、质量与价值的比较分析,再根据分析的结果来确定这个新产品最适宜的设计性能、结构、用料选择,得出价格水平。

(3) 在决定加工方法时的应用。如在确定一项工艺加工方法或工艺配方中,运用"优选法"和"价值分析"进行技术经济分析,选择一个最适宜的加工方法或配方比例,以达到优质、低耗。

(4) 在决定生产期、量时的应用。如在编制生产作业计划时,运用"投入产出分析"模式,做好产品、零部件投入产出平衡与生产能力平衡,确定最合理的生产期、量标准与在制品的储备期。并运用"调度规划"方法安排好加工作业次序和装配线平衡。

(5) 在决定厂址和生产规模时的应用。如工厂的生产规模及厂址选择方向,要考虑到原材料来源、能源、交通运转手段以及市场等客观条件与环境因素,可运用线性规则等确定一个最合适的方案。

(6) 在决定工艺路线和生产布局时的应用。如在厂内生产布局和工艺路线组织方面,运用最短巡回路线的原理来合理安排。

(7) 在决定物资管理方法时的应用。如在原材料使用管理上,采用合理下料方法与物资调运方法,以提高材料利用率,节约运输费用。在储存方面,应用 ABC 分类法及经济批量模式,制定最适宜的储备点和进料点,压缩原材料与在制品资金。

(8) 在质量管理工作中的应用。如运用"正态分布""工程能力指数""品质控制图"等原理和方法来提高设计、工艺的质量和加工工程质量的可靠性,以控制质量,预防废品。

(9) 在评审工程项目中的应用。如对新产品生产工程、基本建设及其他重大工程式项目的组织与管理,运用"统筹方法"进行全面的计划协调与评审,以保证工程项目方案中各个环节相互密切衔接和配合,并如期完成。

(10) 在决定财务管理变革方案中的应用。如在财务成本管理工作中,要做到"事先的控制与预算"。

## 三、提前企业经营决策水平的途径

决策是管理过程的核心,是执行各种管理职能的基础。不论管理者在管理组织中的地位如何,决策都是他们日常经营管理工作中不可缺少的部分,职位愈高,决策在他们工作中的地位就愈显得重要。对于每个管理者,尤其是领导者来说,不是是否需要作出决策的问题,而是应当如何作出正确决策的问题。

企业经营者要改进管理决策,把决策做得更好,首先必须知道什么样的决策才算好,大致来说,管理政策要达到下列几个方面:① 要解决关键性问题。② 要有明确的决策目标和衡量目标的具体标准。③ 要使决策具有可行性。④ 要具有资源的保证。⑤ 要有较高的经济效益。⑥ 要具有组织和人事的保证。⑦ 要具有切实可行的具体规划作保证。⑧ 要具有应付变化的能力。⑨ 要充分考虑到决策所承担的风险。⑩ 要具有全面的综合的整体观点。

我们知道了决策好坏的标准,不等于马上就提高了决策水平。决策水平的提高是一个学习锻炼的过程。但是如果决策者能够在规律、信息和方法这三个重点方面不断地下功夫,他的决策水平就有可能不断提高。

# 管理心理学主要研究对象是"人"(1986)[①]

管理心理学是研究管理领域中人的心理行为运动规律的学科。学习研究这门学科是为推进社会主义精神文明、物质文明的现代化建设服务的。我认为要建立起中国特色的社会主义经济体制,应该重视研究人的行为问题、企业本身行为和国家对企业管理行为问题。这是经济起飞发展的三个车轮。三个车轮的同步飞跃,就能促使改革、开放和经济建设取得更大的成效。无论哪方面,"人"是活的生产力,社会的主体,企业的根本,是社会关系的总和。研究"人"还是一个新课题、新领域,也是本学科的出发点和关键。由于管理心理学主要研究对象是"人",因此它是研究人的学问,是研究如何最大限度地调动人的积极性和创造性的学科。所以说,学习这门课,对于如何做人的工作,使对人的管理逐渐走向科学化的轨道是很有启发帮助的,也是非常必要的。它将有助于我们建设一支精神文明的职工队伍,提高职工各方面素质,促进劳动生产率的提高,从而加速管理现代化的进程。

---

[①] 本文节选自复旦大学出版社 1986 年出版的《管理心理学》前言。

# 管理心理学的研究对象和研究内容(1986)

## 一、管理心理学的研究对象

管理心理学又称为行为管理学,是研究人的行为心理活动规律的科学。它是用管理学、行为学、心理学、社会学、生理学、伦理学、人类学等学科的原理,以研究人的心理行为和人际关系、人的积极性为对象的一门综合性的科学,同时也是一门边缘科学。

实质上,管理心理学是从现代管理科学和行为管理科学发展过程中派生出来的一门新兴的独立科学。主要是研究人的行为激励问题,探索人的心理活动,通过激励人心和行为的各种途径与技巧,达到最高限度提高效率的目的。

管理心理学为什么将企业中的人作为独特的研究对象呢?主要是基于以下原因。

(1)"企业就是人"。企业要靠人来实现企业的目标。即使是未来社会的管理中,最主要的管理仍然是对人的管理,随着新的工业革命的到来,机器人的出现,电脑可以代替一部分人脑的功能,但是设计和使用机器及电脑的仍然是人。因此研究企业中人的行为心理规律,以调动人的积极性,必然成为今后社会的主题。

(2)人是企业的首要资源。从现代企业管理的角度来看,企业中人、财、物资源中,人是最重要的资源。在现代科学技术发展中,重视人的因素,发挥人的主动精神,挖掘人的潜在能力,是极为重要的。因此,管理心理学着重研究人的行为心理,对充分运用人力资源,将起重要作用。

(3)人是企业管理的主体。现代企业管理的特点是强调以人为中心的管理,科学技术越发展,就越要重视人的因素,建立以人为中心的管理制度。因此,管理心理学着重研究企业中人的心理活动的规律性、人的行为的模式等,将有助于企业领导更能充分了解人的心理规律,使之能在科学分析的基础上,采取科学管理方法,促使企业管理取得最佳的成就。

## 二、管理心理学的研究内容

管理心理学的前身是工业社会心理,自从第二次世界大战后,开始以极快的速度发展,使之从个别局部经验研究向更广泛方面研究过渡,终于在1950年代美国正式定名为管理心理学。现在,它既是心理学的一个分支学科,又是管理科学的一个重要组成部分,是在行为科学发展基础上形成的学科。在国内外出版了许多专著和教材。美国、西欧国家管理心理学的理论体系及其主要内容

---

① 本文节选自复旦大学出版社1986年出版的《管理心理学》第一章。

在以下几本著作中得到了全面的反映：里维特(H. J. Leavitt)所著《管理心理学》，罗桑(F. Luthans)所著《组织行为》，沙因(E. H. Schein)所著《组织心理学》，考尔勃普主编的《组织心理学论文集》(诺贝尔奖获得者西蒙负责编辑的"企业行为科学丛书"之一)。我国台湾省汤淑贞所写《管理心理学》一书，其内容基本上是西方管理心理学理论体系的反映。上述著作中大体上都按个体心理、群体心理和组织心理三个层次编排，所讨论的问题大都涉及人性假设、激励、需要、挫折、知觉、学习、价值观、态度、群体动力学、群体决策、冲突、权利、信息沟通、组织结构、组织发展与变革等方面内容。

由季托夫(A. H. Khtob)所著，作为苏联高教系统正式教本的《管理心理学》，全书共 500 余页，共分为 6 个部分 25 章。其主要内容为："作为管理对象的个人和集体"，"在社会管理系统中的个人"，"在社会管理系统中的社会心理现象"，"决策心理学"，"决策执行的组织"。

就西方和苏联管理心理学的研究课题而论，其内容也不尽相同。

美国和西方国家的研究课题有"人类行为的动机和调节"，"工人的动机模型"，"群体决策的心理分析"，"人际通讯容量"，"小群体中的决策"，"决策过程和组织活动"等。

苏联和东欧国家的研究课题有"组织系统和管理活动的功能——结构分析"，"生产和管理集体的社会心理学分析"，"管理活动的职业分析"，"道德准则体现的心理方面"，"人际关系的机制"，"社会舆论和社会目标"等。

从上可见，由于社会制度的不同，苏联与美国两家管理心理学在研究的对象上虽有相同点，但在内容上还存在着不同之处。另外，美国、西欧国家倾向于将管理心理学的领域加以扩大，即管理心理学是一个广泛而没有固定界限的领域，其中同社会心理学、社会学、人类学、管理科学、运筹学等相互渗透、交叉。由此可见，西方的管理心理学不能单纯理解为应用于管理的心理学，而是一个更广泛的范畴。但是苏联的管理心理学却偏重于管理中的心理学问题的探索，这门学科的研究重点是企业管理中具体的社会、心理现象以及个体、群体、组织、领导人的具体心理活动的规律性等方面内容。

综上所述，管理心理学研究的重点内容是企业管理中具体的社会、心理现象，以及个体、群体、领导、组织中的具体心理活动的规律性。

## 三、管理心理学的内容体系

管理心理学是一门正在探索的新学科，其研究对象和内容也正在探求之中，我们认为它的体系结构，可以用图 1 表示。

在建立管理心理学理论体系的时候，我们对有关管理心理学与其他相关学科的关系应该及早讨论清楚，这样有利于学科之间的相互促进，又各自沿着自己的方向发展。

管理心理学与行为科学是既有联系又有区别的。管理心理学是在广大行为科学基础上发展起来的，是心理科学的一个分支，它同工程心理学一样，同属于心理学中的一门应用理论科学。如果以狭义的行为科学和组织行为学来看，在严格的意义上它们只能是一门应用科学。它们是采用包括心理学在内的各种学科的知识的综合，从而提出有效的管理方法，并在实践中检验这些方法的正确性。但是，管理心理学则是从心理学的角度出发，研究企业中个体、群体、组织、领导人的具体心理活动的形式和规律。管理心理学家的重点始终应该放在基础理论、实验技术、方法的研究上。当然，在这些研究的基础上也要提出为实际服务的有效的管理方法。

管理心理学与组织行为学也是既有联系又有区别的。管理心理学主要是研究行为内在的心理活动规律性的学科,它侧重于把心理学的原理原则应用于管理。而组织行为学则是研究作为心理的外在表现行为规律性的学科。

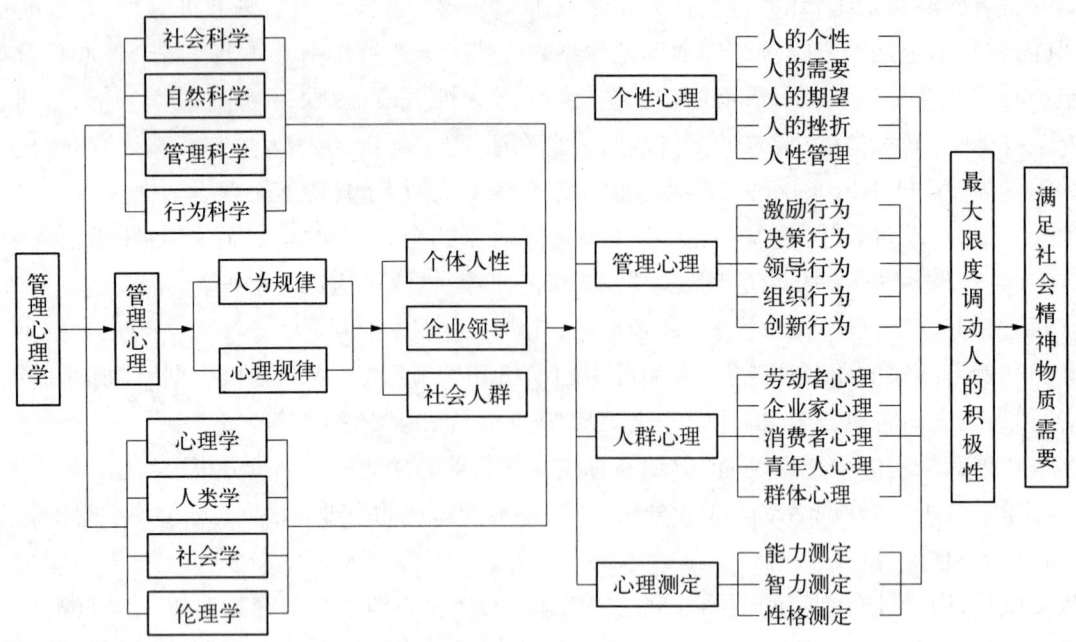

**图 1　管理心理学的内容体系**

从科学研究战略的观点上看,这种区分是十分必要的。这样有利于不同的科学工作者,从不同的角度,发挥各自的优势,从基础理论、方法、应用等不同方面将问题搞深搞透。根深才能叶茂,强调应用而忽略基础理论和方法的研究,其后果只能是跟着别人跑,无法建立自己的理论体系。当然,忽略应用和实践的需要,也会使基础理论研究失去方向,这也是不可取的。

# 企业联合与工业公司(1986)[①]

近几年来,随着经济体制工作的进展,工业公司这一名称已广为传播,几乎家喻户晓。然而,知道名称是一回事,是否了解其本质特点又是一回事。前几年,由于对"公司"这一企业组织形成的曲解,刮了一阵"公司"风,影响了"公司"的声誉。所以会产生这种情况,不是由"公司"本身的特点造成的,恰恰相反,正是因为人们不了解"公司"的性质与功能,以致产生了种种错误的理解。也有一些人,利用管理者对企业组织形式缺乏应有的常识以及在政策措施和组织管理方法上的不当,便以兴办"公司"为名,行投机诈骗为实,这是一个值得深思的教训。

什么叫"公司"? 从名词本身含义去理解:"公"者,共同也,"司"者,执掌经管也,即含有共同经营管理的意思。这个名词是从国外翻译过来的,在英语中,"Company"一词除了可解释为"公司"外,还有"伙伴""一群人"的意思。美国人称公司为"Corporation",同样,这个词还可解释为"法人",由此说明,企业以"公司"命名,其根本特征是在它的组织管理方式上,特别是在集资和企业联合方面有其特殊含义。

在历史上,早期以"公司"命名的经济组织,最有名的是1599年成立的英国东印度公司,它是英国皇室授权下由198个股东共同筹资建立的。正是由于公司组织的出现,为了要肯定它在法律上的地位,就引出了相对于"自然人"的"法人"概念;也因为它所具有的独特的组织管理方式,才能使企业所有权和企业经营管理权的分离成为可能。1683年英国大法官柯克(Sir Edward Coke)对"公司"下了一个很长的定义:"公司由许多人集合而成,是无形,永久的,是按照法律规定成立的。公司不能有叛逆的行为,不能做非法的业务,亦不能予以放逐,因为它们没有灵魂,除了依赖律师的途径,无法亲自出面,因为一个公司既是无形的团体,故不能宣誓效忠,公司不会受自然机体的衰老、死亡或其他各种不同情况等限制。"1918年美国大法官马歇尔(John Marshall)则把"公司"解释为:"公司是一种人为的团体,是无形的,不能捉摸的,只有在法律的构想之中存在。"可见,"公司"这种组织一出现,就同其法律地位联系在一起。经过一二百年的发展,在西方资本主义国家,公司已经发展成为一种经济组织的名称而已,它已经发展成为一种制度——公司制度,这种制度已延伸扩展到所有经济领域,主宰着整个资本主义社会的经济生活。

当前,我国企业联合的势头很猛,出现了一个新的高潮。为了有别于过去的"公司"风,把它称之为企业横向经济联合[②],意思是不同于由政府包办的以纵向条条管理为主的联合。既然称为联

---

[①] 本文节选自山东人民出版社1986年7月出版的《工业公司组织与管理》前言。

[②] 横向联合有两种意义:一种意义是指企业之间在按照其生产工艺流程的方向次序进行联合时,凡生产同一品种产品,并处于同一工艺阶段的企业,它们之间的联合称为横向联合,而处于不同生产工艺阶段(前工序或后工序)的企业,它们之间的联合称为纵向联合;另一种意义是指企业之间由行政领导按隶属关系自上而下组织企业之间的联合称为纵向联合,而打破行政隶属束缚,由企业自主结合的联合,称为横向联合,在这里是指后一种意义。

合，当然同企业之间一般经济联系不同。区别在哪里？一条最主要的分界线，就是有没有形成一个共同的经济组织，不管这个组织是松散的还是紧密的。凡是联合就一定要有组织，否则，再密切的经济联系，充其量也只能称作经济协作。而以联合为手段组建的经济组织，正是公司这种组织形式的基本特征。所以，尽管我们有意避开"公司"这个名称，然而在组织管理方式上，在法规制度的含义上，仍然有着一致的内涵。情况很清楚，如果我们不了解组织"公司"经营管理方法，那么，历史可能会重演，企业横向联合同样会遭遇到种种困难。

当今时代，企业组织形成作为一种特定制度的产物，其意义已远远超过名称本身。企业之间组织联合，不论是横向还是纵向，都是企业行为的表现，这种行为不仅影响到被联合的各个企业，而且影响到整个社会生活。所以探讨企业组织形成的合理性，不能认为只要打破行政控制，企业本身自愿结合就可以了。放任自流同行政直接控制是两个极端，其后果却是一样的，都会导致盲目行动，产生种种阻力。正确的途径应该既要使企业联合的决策者了解组织与管理公司的规律与方法，掌握基本知识，又要在行政上，在立法上，在政策上，创造一种能促使引导企业联合正常发展的调节机制与监督手段。这正是在当前我们必须深入探讨研究工业公司组织与管理的根本原因。

"工业公司组织与管理"是企业管理学科领域中的一个新的分支。如果说，生产管理、销售管理、财务管理是从企业管理的纵断面上去分析问题的，那么，工业公司组织与管理则是从企业管理的横断面上来研究问题的。在我国，企业管理体制教材一般多采用纵向分析结构，很少进行横断面研究，这是同我国过去所推行的管理体制相适应的。其明显的缺点是不能充分反映横向联系，条条分割，整体性、系统性不强。虽然论述的问题可以无所不包，但由于不分管理层次，难以深入，针对性实用性就较差。企业管理是一门应用科学，实践性特别强。不同的企业组织形成组织体系各不同的管理学科发展趋势中的一个热点。因此，从横断面上来建立企业管理的新学科，尽管是一项新的尝试，但对推动当前企业管理实践来说，无疑是一项非常重要的课题。

工业公司这种企业组织在世界上已经存在一两个世纪了，在我国还只能说是新生事物。新中国成立以来，我国曾几度推行过工业公司组织制度，由于种种原因，未能取得结果。1980年，国务院制定了《关于推动联合的暂行规定》，1986年3月又发布了《关于进一步推动横向经济联合的暂行规定》。这些规定无疑是推动我国企业联合的指导方针。然而随着联合的深入发展，不仅《规定》本身还将进一步充实完善，就是许多具体问题也难以全部包容在《规定》之中。例如，迄今为止还未明确各种企业组织形式的法律地位，还未规定应有的组织原则和程序，还未正式公布企业组织或公司法。

# 企业领导者的功能测评(1986)[①]

对领导者进行思想意识、能力和工作水平成效进行测量和评价,是选拔领导人才、提高领导素质与能力的重要手段和措施。

## 一、功能测评的含义、要求和程序

### (一) 什么是功能测评

所谓功能评测,就是对人的功能进行测量和评定。而功能则是指人的思想意识、能力水平和工作成效三方面的有机组合的综合表现。因此,我们讲领导者的功能测评,实际上就是指对领导者的思想意识、能力水平和工作成效进行测量与评定。

测量与评定,是整个功能测评中的两个部分。测量是人们根据一定的法则,用数学方法对人的行为进行描述的过程,共包括法则、数学方法和行为三个要素。行为是测量的对象,数学是测量的方法和手段,法则则是测量的中介。人们根据一定的法则来确定被测人员的行为,然而用数学方法进行描述分析。

评定,是对经过数学描述的人的行为进行价值权衡。在评定过程中,也涉及三个因素:第一个因素是定量描述,是进行评定的基础;第二个因素是价值,作为对人的行为进行权衡的标准,是连接定量描述与衡量要素的中介;第三个要素是权衡,是依据一定的价值标准而对人员功能的定性解释。

测量与评定是一个整体中的两个不可分割的部分,测量是评定的基础,评定是测量的目的,不进行测量,评定就无从谈起,或者流于表现化、经验化;有了测量,不进行评定,测量就失去了意义。

### (二) 人员功能测评的要求

如何做好人的功能测评工作,这是一个说起来很简单,但做起来很困难的事。这是因为对人员功能的测评的困难要远远大于对物品功能的测评,其主要原因就在于人是一个具有能动性的主体,因而人的功能千差万别、千变万化,人的心理、行为很难进行精确的直接测量。因此,在进行人员功能测评时,必须做好几个结合:

第一,在测评指标的设计中,要注意把结构分析和功能分析相结合。设计的测评要素,要考虑指标体系的整体性、层次性,同时,要把握结构的内在稳定性和功能的外在多变特点。

第二,就测评的过程、测评的计量方法和对测评的结果进行解释而言,必须注意测量与评定的

---

[①] 本文节选自浙江人民出版社 1988 年 12 月出版的《企业领导学》。

相结合。前面我们已经讲过,测评是由测量和评定两部分构成,前者是后者的基础和准备,后者是前者的继续和深化,也是最终的目的。两者不可分离。没有精确科学的测量,不会有符合实际的评定;不作科学的评定,再精确的测量也达不到目的。因此,在整个测评过程中,需要把两者紧密地结合起来。在计量方法和对结合进行解释时,也要考虑到两者不可分割的关系。

第三,就人员功能测评标准和计量过程方面,要特别注意定性与定量相结合。在测评过程中使用的标准和计量问题,既要用数学方法进行描述,又要运用各种经验进行定性分析。定量是定性的基础,而定性又是定量的出发点和结果,只有数学,无法解释人员所有的功能特点,因数学的描述又在一定程度上能较为精确地表示某种关系和程度。因此,定量与定性各有特点,不可替代,必须结合使用。

第四,在对测评要素、测评标准和结果解释时,要注意静态与动态相结合。所谓静态测评要素,是指一定阶段中人员功能的相对稳定状态。它假设人员功能由一系列相对静止的要素组成,这些要素分别由某一个行为表现出来。与静态要素相匹配的就是静态标准,通常是通过对各类人员在日常工作的行为表现的评价进行测量的。所谓动态测评要素,是指一定的时间、空间和情景序列中人员功能的变动状态。也就是说,人员功能具有动态性和过程性,各类人员的测评要素随着时间和条件的变化而变化,在某一个关键时刻,人们的行为往往能体现一系列的功能要素。与动态要素相匹配的是动态标准,通常是通过工作行为或情景模拟中测试行为的描述进行测量的。静态要素和标准简便易行,但易受人为因素干扰;动态要素和标准有效性高,但要花相当的人力与精力,而且必须具备一定的技术条件和管理基础方法推行。静态与动态相结合就是通过两者的有机统一,在标准行为和日常表现、工作行为和测试行为之间建立有机的联系,使人员功能测评从静态出发,通过静态与动态的结合,达到动态的彼岸。

### (三)人员功能测评的程序

整个人员功能测评由四个阶段组成:

第一个阶段:准备阶段,主要工作有:
(1) 领导根据目的做出测评决策。
(2) 建立测评机构(测评中心、小组等)。
(3) 调查研究、工作分析等。
(4) 进行量表设计。
(5) 样板预测。

第二阶段:实施阶段,主要工作有:
(1) 测评思想动员,明确意义。
(2) 测评人员培训。
(3) 进行测评工作。
(4) 产生测评结果后,取样调查。

第三阶段:统计阶段,主要工作有:
(1) 剔除废卷。
(2) 数据处理(原始得分标准化、计分、加权、误差调整)。
(3) 划分能级和类型。
(4) 信度和效度鉴定。

第四阶段:应用阶段,主要工作有:

(1) 形成测试报告。
(2) 结果反馈给领导、人事部门和本人。
(3) 进行人事决策（录用聘用、人才选拔、晋级晋升、评定职称、培训、自我提高等）。
(4) 追踪研究。
(5) 总结测评全过程。

## 二、领导者测评的要素设计与标准

### （一）领导者测评的要素设计的程序

所谓测评要素，就是指测评的指标。由一组指标形成一个要素体系，也称为要素的结构。一般来说，要素结构包括反映政治素质、思想素质和品德素质的素质结构，反映一般能力和知识结构的智体结构，反映特殊能力和专业的能力结构和反映工作效率和工作效果的绩效结构。

要确定测评要素，也就是说在确定用什么指标对各类人员进行测评时，一般要经过以下四步：

首先是工作分析，即对测评对象所从事的工作进行工作或职务分析。主要方法有现场观察法、工作写实法、访问面谈法以及问卷调查法。我们重点介绍一下对企业领导干部的问卷调查法。

问卷调查法就是通过请有经验的领导者填写对工作职务要素的看法来确定测评指标。

在表1中，要素等级表示对于每一类领导人起码要达到的等级，一般用1、2、3、4、5来表现非常差、较差、一般、较好和非常好。要素类型，则是指每一类干部应有的高层次要素和特殊要素，一般只要求标出四种高层次要素（即最重要的要素）和三种特殊要求。根据众多干部和调查结果的统计，最后就可以形成对某一类工作的测评应用那一种指标，或者说，测评的要素、指标结构就可以确定了。

表2主要是用文字来填写，目的也是通过概括总结出要素结构。

工作分析是整个要素设计的一步。

其次，要进行理论推导，要把在工作分析基础上产生的测评要素—雏形，进行理论上的论证推导，使之严密、简明和准确，使所设计的测评要素既行之有效又能达到目的。

再次，要进行专家评判，即请专家对设计的要素进行评价和判定，这种专家人员是指上下级领导、人事干部和有关测评问题的学者。

最后，进行预测，并在此基础上，发现问题作进一步的修订。预测在小范围内进行，目的是考察一下设计要素的可行性，有哪些问题需要进一步改进。

**表1　厂级干部职务分析问卷调查表（之一）**

| 结构 | 要素等级与要素类型 要素 | 职务 | 党委书记 | 党委副书记 | 厂长 | 经营副厂长 | 技术副厂长 | 人事副厂长 | 生产副厂长 | 生活副厂长 | 总工程师 | 总经济师 | 总会计师 |
|---|---|---|---|---|---|---|---|---|---|---|---|---|---|
| 素质结构 | 1 政策性 | 要素等级要素类型 | | | | | | | | | | | |
| | 2 事业心 | 要素等级要素类型 | | | | | | | | | | | |
| | 3 纪律性 | 要素等级要素类型 | | | | | | | | | | | |
| | 4 竞争性 | 要素等级要素类型 | | | | | | | | | | | |
| | 5 坚韧性 | 要素等级要素类型 | | | | | | | | | | | |
| | 6 民主性 | 要素等级要素类型 | | | | | | | | | | | |

| 结构 | 要素等级与要素类型 要素 | | 职务 | 党委书记 | 党委副书记 | 厂长 | 经营副厂长 | 技术副厂长 | 人事副厂长 | 生产副厂长 | 生活副厂长 | 总工程师 | 总经济师 | 总会计师 |
|---|---|---|---|---|---|---|---|---|---|---|---|---|---|---|
| 素质结构 | 7 | 正直性 | 要素等级要素类型 | | | | | | | | | | | |
| | 8 | 自知之明 | 要素等级要素类型 | | | | | | | | | | | |
| | 9 | 服务精神 | 要素等级要素类型 | | | | | | | | | | | |
| 智体结构 | 10 | 马列主义水平 | 要素等级要素类型 | | | | | | | | | | | |
| | 11 | 专业知识 | 要素等级要素类型 | | | | | | | | | | | |
| | 12 | 知识面 | 要素等级要素类型 | | | | | | | | | | | |
| | 13 | 管理科学知识 | 要素等级要素类型 | | | | | | | | | | | |
| | 14 | 自学能力 | 要素等级要素类型 | | | | | | | | | | | |
| | 15 | 综合分析能力 | 要素等级要素类型 | | | | | | | | | | | |
| | 16 | 体 质 | 要素等级要素类型 | | | | | | | | | | | |
| | 17 | 精 力 | 要素等级要素类型 | | | | | | | | | | | |
| | 18 | 口头表达能力 | 要素等级要素类型 | | | | | | | | | | | |
| 能力结构 | 19 | 文字表达能力 | 要素等级要素类型 | | | | | | | | | | | |
| | 20 | 承担风险能力 | 要素等级要素类型 | | | | | | | | | | | |
| | 21 | 决策能力 | 要素等级要素类型 | | | | | | | | | | | |
| | 22 | 协调能力 | 要素等级要素类型 | | | | | | | | | | | |
| | 23 | 计划能力 | 要素等级要素类型 | | | | | | | | | | | |
| | 24 | 应变能力 | 要素等级要素类型 | | | | | | | | | | | |
| | 25 | 创新能力 | 要素等级要素类型 | | | | | | | | | | | |
| | 26 | 授权能力 | 要素等级要素类型 | | | | | | | | | | | |
| | 27 | 组织能力 | 要素等级要素类型 | | | | | | | | | | | |
| | 28 | 处事能力 | 要素等级要素类型 | | | | | | | | | | | |
| | 29 | 人际交往能力 | 要素等级要素类型 | | | | | | | | | | | |
| | 30 | 说服能力 | 要素等级要素类型 | | | | | | | | | | | |
| 绩效结构 | 31 | 工作效率 | 要素等级要素类型 | | | | | | | | | | | |
| | 32 | 工作成绩 | 要素等级要素类型 | | | | | | | | | | | |
| | 33 | 群众威信 | 要素等级要素类型 | | | | | | | | | | | |

表2 厂级干部职务分析问卷调查表(之二)

| 职 务 | 所需主要知识 | 学 历 | 经 历 | 其 他 |
|---|---|---|---|---|
| 党委书记 | | | | |
| 党委副书记 | | | | |
| 厂 长 | | | | |

续 表

| 职 务 | 所需主要知识 | 学 历 | 经 历 | 其 他 |
|---|---|---|---|---|
| 经营副厂长 | | | | |
| 技术副厂长 | | | | |
| 人事副厂长 | | | | |
| 生产副厂长 | | | | |
| 生活副厂长 | | | | |
| 总工程师 | | | | |
| 总经济师 | | | | |
| 总会计师 | | | | |

## （二）领导者测评的标准

衡量事物的准则,称为标准。测评标准就是对被测人员的功能的数量和质量进行测评的准则。说得再通俗一点,就是判断被测人员功能的量度等级。

测评标准有许多形式表示,如分段式标准、评语式标准、量表式标准、对比式标准、隶属度标准、行为特征式标准、目标管理式标准和情景模拟式标准等等。我们主要结合领导者的测评标准,介绍一下评语式标准。

所谓评语式标准,就是将每一个要素分为若干等级,然后,规定每一等级的要求。这种方法比较简单易行,是目前测评工作中使用较多的一种。下面两张表都是属于这一种类型,可供在对领导者测评时参考。

**表3　企业管理人员功能测评标准的参考模式**

| 项目 | | 要 素 | 差 | 中 | 良 | 优 |
|---|---|---|---|---|---|---|
| 素质结构 | 政治素质 | 维护党和国家利益 | 不能维护 | 尚能维护 | 能维护 | 自觉维护 |
| | | 执行政策方针 | 不能执行 | 尚能执行 | 能执行 | 自觉执行 |
| | 工作作风 | 深入群众和现场 | 不愿意 | 不主动 | 能深入 | 主动深入 |
| | | 对人对己一分为二 | 自以为是 | 对人对己有片面性 | 有自知之明,能正确待人 | 严以律己 |
| | 品德 | 团结协作 | 不能 | 勉强 | 能够 | 主动 |
| | | 谦逊求实 | 骄傲浮夸 | 随大流 | 愿意学习,能实干 | 虚心好学,实干苦干 |
| | | 如实反映 | 欺上瞒下,见风使舵 | 不够如实 | 一般 | 主动积极,实事求是 |
| | 责任心 | 守职尽责 | 敷衍塞责 | 不太尽责 | 相当尽责 | 非常尽责 |
| | | 敢挑重担 | 推卸回避 | 勉强承担 | 能承担 | 主动抢挑 |
| | 劳动态度 | 劳动纪律 | 经常违反 | 偶有违反 | 能遵守 | 自觉维护 |
| | | 勤勉性 | 怠惰 | 需要督促 | 一般 | 主动勤奋 |

续　表

| 项目 | 要素 | | 差 | 中 | 良 | 优 |
|---|---|---|---|---|---|---|
| 智体结构 | 学识水平 | 专业知识 | 浅薄无学 | 尚能掌握 | 勤求知晓 | 精通钻研 |
| | | 知识面 | 狭 | 一般 | 较广 | 广博 |
| | 判断分析 | 周密性 | 主观片面 | 有些片面 | 较全面 | 全面深入 |
| | | 敏感性 | 麻木不仁 | 反应较迟钝 | 反应一般 | 反应灵敏 |
| | | 预见性 | 没有 | 很少 | 有一些 | 有 |
| | | 辨别能力 | 模糊 | 较模糊 | 较精明 | 精明 |
| | | 准确性 | 经常出错 | 时有差错 | 基本正确 | 准确,令人信赖 |
| | 体质状况 | 坚持工作能力 | 不能正常工作 | 常缺勤 | 很少缺勤,能守职 | 全勤,精力充沛 |
| | | 慢性疾病 | 多种 | 有 | 轻微 | 无 |
| 能力结构 | 专业能力 | 本职经验 | 无 | 较少 | 有经验 | 丰富 |
| | | 运用经验 | 不会 | 不熟练 | 能 | 善于 |
| | 处事能力 | 原则性 | 差 | 较差 | 较强 | 强 |
| | | 灵活性 | 死板 | 不灵活 | 较灵活 | 审时度势,处事自如 |
| | | 协调性 | 不会 | 一般不善于协调 | 能 | 善于 |
| | 组织能力 | 归纳性 | 差 | 较差 | 有 | 较强 |
| | | 条理性 | 紊乱 | 较紊乱 | 较清楚 | 清楚 |
| | | 用人 | 不当 | 时有不当 | 较恰当 | 恰当 |
| | 创造能力 | 创造能力 | 因循守旧 | 安于现状 | 尚能创新,但新的思想和见解不多 | 善于创新,常有新的点子和改革设想,并勇于实践 |
| | 口头表达能力 | 口头表达能力 | 词不达意,干巴啰嗦 | 较差 | 一般 | 熟练、准确、生动 |
| 绩效结构 | 工作效率 | 工作效率 | 低 | 较低 | 较高 | 高 |
| | 技术效果 | 技术效果 | 差 | 较差 | 较好 | 好 |
| | 经济效益 | 经济效益 | 差 | 较差 | 较好 | 好 |

**表4　领导能力行为特征测评标准的参考模式**

| 项目 | 要素 | 甲 | 乙 | 丙 |
|---|---|---|---|---|
| 组织敏锐性 | 心理灵敏性 | 在谈话和工作中,能迅速地理解别人的心理;设身处地为他人设想;平时能记住别人及其行为;对个人和集体力量怀有信心。 | 介于甲等与丙等之间。 | 在同人接触较长时间后也不甚了解对方心理,反应迟缓;谈不上为他人着想;粗心健忘;对个人和集体力量常抱有怀疑。 |
| | 知人善任 | 分配任务时总能考虑各人特点;恰如其分地顾及现有条件和组织气氛。 | 同上。 | 分配任务时常常用非所长;经常超越现有条件让人去做不适时宜的工作,使下级感到为难。 |
| | 心理适应力 | 对周围人朴实而自然;常根据人们的心理特点选择声调、语言和交往形式。 | 同上。 | 对下级刻板做作;与人交往时常显得不安,使人无所适从。 |

续表

| 项目 | 要素 | 甲 | 乙 | 丙 |
|---|---|---|---|---|
| 宣传启迪力 | 刚毅性 | 直率勇敢;常借助自己的面部表情、目光、手势和姿态感染人们;以自己的精力、情绪和榜样影响别人。 | 同上。 | 懦弱胆怯;缺乏非语言表情;在别人面前常显得疲乏、焦虑、精神不振。 |
| | 社会评价力 | 对社会现象和行为方式评价时常有独到之处;批评有深度和善意;逻辑性和论证性强。 | 同上。 | 评价缺乏主见;批评言不及义或挖苦讽刺;缺乏逻辑性。 |
| | 说服力 | 常以各种方式(从开玩笑到下命令)轻巧地使别人同意自己;说服人时常根据各人心理特点区别对待。 | 同上。 | 说服他人时不懂得把握别人心理,甚至不问青红皂白,因而容易与人发生冲突。 |
| 行政管理力 | 形成核心 | 能很快形成核心,并把下属和同事聚合成一个战斗集体 | 同上。 | 总是孤家寡人,因而所在的集体成为一盘散沙。 |
| | 信息的沟通力 | 善于得体地向上、下、左、右传递信息;能迅速地对获得的信息进行加工,并迅速作出反应。 | 同上。 | 信息传递的方向总是单一的;在新的信息面前麻木不仁。 |
| | 决策力 | 常能随机应变地采取管理决策;决策前善于征求意见;在决策实施中,善于提供帮助。 | 同上。 | 在突变事物前常拿不定主意;决策时常常没人呼应;决策实施中不能为别人创造条件与提供方便。 |

## 三、测 评 方 法

测评的方法很多,这里介绍几种:

### (一)上级部门测评

这是指测评对象所在单位的人事部门或管理测评对象的人事部门和干部部门所进行的一种测评。上级部门的测评应基于对对象了解的基础上进行。若了解和程度全面深入,测评的要素可全一些,权数可高一些;若了解某一结构,则侧重测评这一结构;若情况不甚熟悉,最好不要急于测评,在深入调查研究一番以后再定。上级部门测评可以单独进行,也可以在部门测评基础上进行加权。

### (二)直接领导测评

这是指对象所在部门的直接领导所进行的一种测评。直接领导对被测者的了解较为全面,是很重要的角度。直接领导测评应当采用复数测评(最好不少于3—5人),避免一个人说了算的单数测评,这样可以在同一角度上增加不同的测评位置(如党政领导分别从政治思想和工作业务两个角度进行测评)。但实行厂长负责制和部分人事权限下放后,也不能一概排斥部门行政主管的单独测评。行政主管单独测评时,应注意征求同级党组织的意见。

### (三)同级人员测评

这是指同对象的同级干部或人员所进行的测评。从这一角度进行测评的人数,一般应在5人以上。在产业部门和科技部门中,同级的管理人员和科技人员的相互关系有不同的属性。管理人员的"同级"是一种工作关系；科技人员的"同级"除工作关系外，还往往带有学术上的关系。因此科技人员的同级测评还可采取"同行"测评。

### （四）下级人员测评

这是指由被测对象的下级（包括干部和群众）所进的测评。下级测量和评定领导人员的一种测评角度，人数一般应在 15 人以上，并以无记名方式进行。下级测评上级主要侧重于领导作风和领导能力，一般不要求下级测评上级领导的所有功能结构及全部要素，因为下级人员不可能掌握领导的全面情况。下级测评不完全等同于一般的民意测验，而是一种规范化的态度量表，其结果可转换为分数。

### （五）自我测评

这是指被测对象本人所进行的一种测评。它是测评中不可忽视的一个有效角度，不仅有利于发扬测评民主，避免主观评量的某些通病，使主测者获得其他测评角度无法得到的信息，而且可以使被测者看到自己身上的长处和短处，明确今后的努力方向。自我测评打破了以往人事考核的关门倾向，体现了对被测者的信任和尊重，这对于造成良好的测评气氛，克服测评阻力是十分有利的。特别是在知识分子集中的地方，更加应当重视自我测评。

### （六）情景模拟测评法

在企业事业管理干部的选拔中，管理能力的鉴别是十分困难而复杂的。我们常常看到这样的情况：优秀的科技人员未必能成为理想的管理人员；工作出色的管理干部提升后，未必能胜任高一级的管理职务。即使是有经验的领导干部，也难以有把握地预测下级的管理潜能。因而，在测评空间的组织选择中，需要创造这样一个环境：它对每个被测者都能提供一个机会和条件均等的"舞台"，在接近真实情景的"管理岗位"上显示其管理的潜在能力。情景模拟测评法就是有效和方法之一。

情景模拟测评的内容主要包括：

第一项，文件处理的模拟。

这一项目通常应根据候选人将要担任的职务（如厂长）编制 15—20 个待处理文件，让被测以厂长的身份进行处理。这些待处理文件应是厂长经常要处理的会议通知、申请报告、电话记录和备忘录等，要求被测在两个小时内处理完毕。

待处理文件的编制大体可分为三类：第一类是工厂管理中已有正确结论的，可以在文书档案调查的基础上对某些文件略作加工提炼。这样产生的文件易对被测处理结果的有效性加价。第二类是尚缺少某些条件或信息的，看被测是否善于提出问题、假设或要求进一步获得有关信息。这类文件的处理具有一定的难度。第三类是文件处理的条件有容易处理的，也有比较难处理的。

文件编制后，首先应在小范围预试和修订，再征求企业中有经验的领导干部和人事部门的意见，作第二次修改。文件处理以团体测试方式进行。测试前，应由主持测评者作统一的指导语，说明测试的目的和要求，打消被测者的紧张情绪，以取得他们的配合。

第二项，小组集体讨论的模拟。

这个测试项目是以集体讨论形式进行的，通常将 5—6 名候选人编为一组，不明确谁是召集人或组长，因而也称为无领导式小组讨论。讨论的内容可以是生产经营问题，或是人事安排问题。为了引起被测对象的充分争论,应当注意将实际管理中经常碰到的复杂因素或似是而非的问题编入测试内容。该项目也以团体测试的形式进行,在主持测评者讲完指导语后即开始讨论。评价员和观察员通过闭路电视或现场观察,看谁善于集中正确意见,并说服他人。

第三项,上下级对话的模拟。

这个项目属于管理角色扮演。可以模拟企业领导干部找下级谈话或者做思想工作的情景编成测试材料。由被测者扮演上级,评价员担任下级。这种上下级的对话通常以个别测试的方式进行。事先应让候选人看阅有关材料,使其所扮演角色的背景和要求。测试时间可在半小时左右。

第四项,工作布置的模拟。

这个项目属于即席发言。要求被测者看阅一份上级文件或会议纪要后,以企业领导的身份,结合本厂工作实际,对职工或下级作一次动员,这一项目也以个别测试的方式进行。下级通常由测评人员担任。即席发言的时间一般以 15 分钟为宜。

由于情景模式的有效性和合理性在很大程度上取决于测评者(包括评价员和观察员)的素质与能力,因而通常要求评价员由专业研究人员和测评对象的上级领导(指测评对象不久可能任职的那个岗位的上级领导)担任。

在测评过程中,可以采用某一种方法,也可同时使用几种方法进行主体测评。

# 企业公共关系的研究(1989)[①]

## 一、什么是公共关系

在新技术迅猛发展、市场竞争日益加剧的现代社会中,乡镇企业作为这个社会有机体中的一个经济细胞,应该怎样向外界准确、及时、有效地传递自己的信息?又应该怎样根据外界信息的反馈协调企业和社会各界的关系,赢得企业内、外公众的了解和支持?公共关系能帮助企业解决这些问题,使其获得成功。

公共关系(Public Relations)在西方国家家喻户晓,但在我国还是一个比较陌生的名词。一次举行自行车公关拉力赛,途经某省的一个县,这个县的一位宣传干部竟把横幅上"公关"两字改为"关公"。他说只听说有关公,从没听说有公关,闹出了大笑话。不少人即使知道公共关系这个名词,但比较普遍地认为公共关系工作仅仅是搞接待而已。

事实上公共关系学是运用新闻学、传播学、社会学、经济学、心理学等现代科学知识,总结现代经营管理和行政管理的经验和方法所形成的一门新兴的管理科学。

先让我们从两个案例中,了解公共关系的内在含义。

(一)从案例谈起

案例一:公关挽救了褚木

1972年6月的一天,一大群愤怒的渔民闯入了日本名古屋褚木电力公司的大楼。他们的呼叫声、斥骂声使经理们惊呆了。

渔民是来抗议的。这个公司下属的一座发电厂没有处理好废水问题,使许多海洋生物遭了殃,严重影响了渔民的谋生资源。

其时,这家电力公司正处在进退两难的境地。为了减少环境污染,他们被迫采用了低硫燃料,可这一来,电的成本提高了,用户们怨声载道;公司计划建几座大核电厂来改变这个局面,但每次选定地点,又遭到当地反对。

渔民的抗议,使他们意识到问题已到了非解决不可的时候了。在着力建设新电厂的同时,他们立即实行了公司政策的一大转变——成立公共关系部,努力改善企业与公众的关系。

公共关系部成立以后,制定了一个相当庞大的长远计划,展开了持续几年的"消费者亲善运动"。每半年为一个阶段,都有不同的主题。比如,第一个主题是"让我们关心生活与电力";第二个

---

[①] 本文节选自浙江人民出版社1989年2月出版的《企业公共关系学》第一章。

是"说说未来的能源"。目的全在于提供各种知识、背景,让公众了解当前日本公用事业面临的困难,说明公司正在采取的某些积极措施的意义。

运动采取的方式多种多样,例如,邀请消费者参观、座谈,组织公开演讲,上门访问,等等。

最能显示公司决心和魄力的是它所确定的上门访问的工作计划。这家公司共有400万顾客,计划访问其中的40万。公司把这个任务落实到1.8万名职工头上,不惜抽出工作时间,让每位职工各走访20位顾客。为了让员工访问做到心中有数,公司还编写了访问指南,给员工提供了必需的资料。

当公司员工对这项访问活动发生兴趣之后,他们不仅登门访问,连走在路上也会沿途与市民聊天。他们与市民关系渐趋密切。后来,不少员工还主动参与当地的慈善活动,到养老院演戏,清洗马路上的交通标志。在干这种事的时刻,他们都爱穿上公司的工作服,市民们一看就说:公司又在做好事了!

几十万条渠道打通了,市民的意见、建议源源不断地流到公司里来,这些意见都经一个由推销部、公共关系部、人事部高级经理人员组成的委员会处理,作出答复。

公司在消费者心中的形象,也随着这些亲善活动而变化了!消费者知道这是一家具有社会责任感的公司,理解了他们的方针,也谅解了他们暂时的缺点与不足。

公共关系挽救了褚木这件事告诉我们,公共关系不只是对外接待而已,而是着眼于改善企业与公众的关系,以真情来树立企业的良好形象和信誉,赢得公众对企业的谅解、信任和支持,以实现企业的目标。

案例二:临终前的调动

1982年春节前夕,天低云暗。一架从上海飞来的波音737飞机平稳而又是沉重地降落在广州白云机场的跑道上。

一位男性中年人被担架抬下飞机,立即送上等候已久的救护车。白色救护车闪烁着令人心怵的紫光,疾驶南方医院。

这位男性中年人是上海医药研究所的科研人员梅放。他身患重病,是送往医院抢救的。但是谁又能想到,他今天是正式调来广州,向白云山制药厂报到的!

上星期,上海药研所挂来长途电话,告知不幸:梅放晚期胃癌复发,病情危急。并表示梅放调动之事可另议,由药研所负责照顾到底。

白云山制药厂毫不犹豫地答复:梅放调离上海的一切手续已办好,已是"白云山"的人了,不管病情如何,我们理应承担照顾责任,尽力抢救他的生命。

药研所说:梅放曾获全国科学大会优秀成果奖和上海市重大科技成果奖,对药研所贡献甚大,同意他调动,是顾及广州药研所事业需要,可眼下他重病在身,难以效力。

白云山制药厂声称:梅放在上海有功,与我们搞合作课题时在广州也有功,总之对祖国药研事业有功。如今他病魔缠身,我们厂更应照料他。

上海药研所和白云山制药厂的争议相持不下,最后征求梅放本人的意见。他说:上海的工作已经交脱,在世之日不多,难以接手新项目;广州有一件工作大约还来得及继续做,还是去"白云山"吧!

就这样,梅放在死亡判决之后,怀着满腔的热忱躺在担架上投奔"白云山"来了!

厂领导多方设法配合医院抢救,并委派5位工人轮流看护梅放。

梅放挂念的"一件工作"——甲苯咪唑有效结晶的重复试验,在他生命的最后热力的感应下,迅速展开了,并于当年3月取得了成功。

成功的第二天,梅放含着微笑,安详地停止了呼吸。

他终于投入了情高意厚的白云山的怀抱!

一个生命垂危的人,要调入一个新的工作单位,通常是难以想象的。可是上海医药研究所和白云山制药厂双方找出各自的理由不是把垂危者推给对方,而是拉到自己的身边,都愿意承担最后的责任。长途电话的对话是感人肺腑的,这条"热线"传播的是社会组织对自己员工真切的爱、赤诚的意,情意真切,动人心魄。这是社会主义企业开展内部公共关系的高尚品貌。

有人说公共关系是对外的,这至少是一种误解。公共关系的首要工作就是尊重员工的价值,使他们产生强烈的归属感。

归属感来自企业的凝聚力,凝聚力离不开对员工的真诚相待、尊重爱护。

### (二) 公共关系的多种定义

从上述案件中,我们形象地了解到企业公共关系的内在含义,即一个企业运用传播手段,在内部和外部以真情建立双向信息流通网络,不断改善管理和经营,促进目标的实现。

国外公共关系学术界人士半个多世纪来作了很多的努力,试图给公共关系下一个确切的定义。但由于各人站在不同的角度强调不同的侧面,因而产生了多种定义,至今没能取得一致结论。

美国公共关系学研究权威柯特利普和森特认为:"公共关系是以相互满意的双向传播为基础,以好名声和责任的行为影响舆论的有计划的努力。"

国际公共关系协会也曾经给公共关系下个定义:"公共关系是分析趋势、预测趋势,为组织领导提供决策咨询,执行既有利于组织又有利于公众的行动计划的艺术和科学。"

国外实际从事公共关系工作的人中间流传着三句解释公共关系的通俗易记的说法:

"公关就是争取自己有用的朋友";

"公关不可树立敌人";

"公关就是讨公众喜欢"。

这三句话比较通俗形象地点出了企业公共关系的内在含义就是争取企业在社会公众中有一个良好的形象。

## 二、公共关系的构成要素

从上述公共关系的含义中,我们可以清楚地看到公共关系有三个构成要素:社会组织、公众和传播。

#### 1. 社会组织

公共关系的主体是社会组织。社会组织是一种比较复杂的社会群体,是人们为了合理有效地达到自己的目标,有计划、有组织地建立起来的一种社会机构。这种机构有组织、有领导,成员之间有明确的分工和职责范围,有一套工作制度,有明确的目标。这里所指的组织既不是单个的人,也不是抽象意义上的社会,而是指一个包括政治组织、经济组织、文化组织、宗教组织、民间组织乃至军事组织等具体机构的社会组织。

一个社会组织一方面受到环境的影响和制约,一方面又要反过来对环境有所影响、有所改造、有所超载。从公共关系角度看,社会组织是行为的主体,应该而且必须按照自己的既定目标来策划各种旨在影响环境的公共关系行动。

社会组织是公共关系的主体,其主体性发挥与否是至关重要的。而这个主体性很大部分表现在公共关系目标的制定上,表现在公共关系目标与组织总目标的吻合上。一个社会组织如无明确的公共关系目标,那么等于没有公共关系,社会组织也就不成其为公共关系的主体了。

2. 公众和传播

公共关系的客体是公众,其与日常生活中的"公众""大众""群众"等词不同,有着特定的含义。公共关系所指的公众是与组织具有某种直接或间接利害关系的人或人群的总和。它是具体的而非一般广义上的人民大众或社会大众,如顾客、职工、竞争对手、新闻媒介等等。社会组织有时也可成为公众。

公共关系的公众具有三个最基本的性质:同质性、群体性和可变性。

(1) 同质性。公众的形成是因为公众成员遇到了共同的对自己有影响的问题。例如上述日本褚木电力公司下属发电厂没有处理好废水问题,使附近地区的海洋生物遭了殃,该地区的渔民就成了褚木公司的"公众"。很显然,这些受害的渔民面临着影响他们"谋生资源"的共同问题而形成了特定公众。而我们通常所说的大众或群众不具备这种同质性。

(2) 群体性。公共关系处理的是一种公众关系,它是与群体打交道的,而不是仅仅与一个人或两个人发生关系。

(3) 可变性。公共关系要处理的公众始终处于变化之中,犹如一支游行队伍。今天是某个社会组织的公众,明天可能就不是了。这是因公众的形成取决于共同问题的出现,因此一旦问题解决了,公共关系意义上的公众就不复存在。

公共关系过程是传播。传播是连接公共关系主体和客体的桥梁。公共关系的过程是一个信息交流和传播的过程。

## 三、企业公共关系的对象

### (一) 公众是企业公共关系的特定对象

企业作为公共关系的主体,其公共关系的对象自然是公共关系的客体——公众。企业界主要的公众大致有以下方面:

(1) 企业最重要的公众客户。没有客户的支持,企业就无法生存。所以企业往往投入较多的时间、人力和财力来维持和改善与他们的关系。

(2) 企业另一重要的公众便是本身的职工。它是企业公共关系的内部对象,被称作"内部公众"。内部公众关系处理得好坏直接关系到一个企业工作机器的运转,关系到企业目标的实现。尊重职工的价值,使他们产生强烈的归属感,这是企业公共关系的重要工作。归属感来自企业的凝聚力,凝聚力离不开对职工的真诚相待,尊重爱护。

(3) 社区也是企业的重要公众之一。社区主要指企业所在区域的社会。任何一个都希望与邻居和睦相处,企业也不例外,也要有一个良好的社区环境,以利于企业的发展。

(4) 新闻媒介对企业来说,是特殊的公众。新闻媒介具有双重作用,一方面是独立的公众,但又往往以其他各类公众代表的身份出现;另一方面是一种工具,企业可通过这一"工具"与各类公众取得联系。企业与新闻媒介合作,是搞好公共关系十分关键的一个环节。

(5) 企业的协作者和竞争者都是企业的公众。这类公众包括原材料供应者、产品推销者、产品部件配套者、同行等,搞好与这些公众的关系,有利于企业生产的正常运转。

(6) 企业的公众还有政府和各级行政管理机关、股东等等。企业公共关系所面对的公众,并不是孤立地存在的,各类公众之间必然会有各种联系,这种联系还应该是一种双向的信息交流。如图1所示。

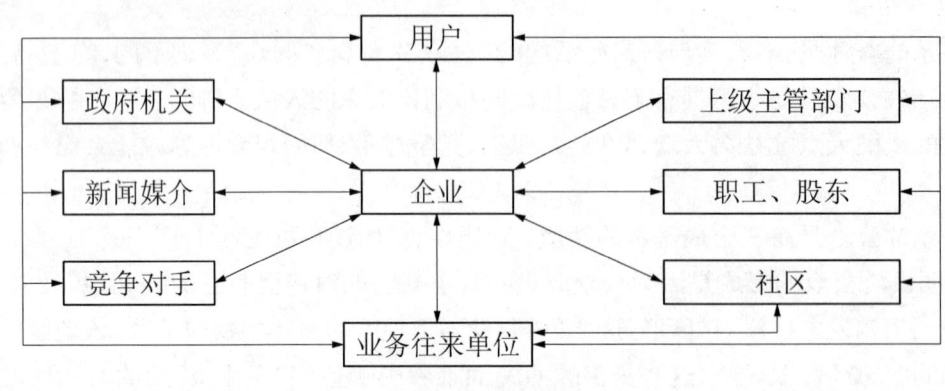

图 1  企业公共关系图

### (二) 对象的分类

公共关系人员在制定公关计划和行动以前,认清本单位的各类公众是极其重要的。初看起来,公共关系的公众似乎是极其复杂的,但是只要公共关系人员对企业所面对的公众仔细分析研究,分门别类地加以排列,那么各类关系脉络就会变得简单明了。只有将各类公众进行合理地分类,公共关系工作才能做到有的放矢,取得较大的成效。这些分析工作是公关人员的基本功,它能反映出公关人员对各类公众及其与本企业的关系程度的了解和判断的水准。现介绍几种较为常见分类法:

1. 从企业的亲疏来分公众

对一个企业的公众,最简单的分法,就是按照亲疏程度分为两大类,即内部公众和外部公众。内部公众指的是企业成员,如图1中的职工和股东。这类公众与企业关系最为直接与密切。所谓内部公共关系,就是针对这类公众所做的工作。除企业成员外,都是外部公众。

2. 从企业的利益关系来分公众

这种分法就是根据公众对组织的重要性的不同把他们分为首要公众和次要公众。企业的员工和股东、商店的顾客、宾馆的住客、工厂的用户都是首要公众。首要公众对企业最为关键,所以企业公共关系人员必须全力以赴处理好这类关系。其余的是次要公众,当然次要公众也不能忽略,否则也会给企业带来麻烦,影响企业目标的实现。

3. 根据公众对企业的态度来划分

根据此法,可把公众分为顺意公众、逆意公众和独立公众。对企业的政策和行为持赞赏和支持态度者,是顺意公众;反之,则是逆意公众;持中间态度或态度不明朗或未表态者,则是独立公众。一个企业公共关系工作的首要目标就是保持和扩大顺意公众的行列,因此往往把独立公众看作是企业公共关系工作的重点对象。作为公共关系人员要清醒地看到:企业的政策和行为会影响顺意公众转化为逆意公众,逆意公众也会转化为顺意公众,而独立公众向两面转化的可能性就更大。

4. 用发展的眼光来划分

根据此法,可把公众分成现在公众、潜在公众和将在公众。现在公众指已经与本企业发生直接而确定的利害关系的公众;潜在公众是指将来可能与组织发生利害关系的公众。我们常说的"潜在用户"、"潜在顾客",就是属这一类公众;将在公众则介乎于上述两者之间。例如对一家航空公司来说,持有该公司机票的乘客是它的现在公众;准备或欲乘机者是它的将在公众;而一般社会大众则可视为它的潜在公众。这种用发展眼光所作的划分,有助于企业公共关系人员根据公众的各个变化层次分别制定具有针对性的沟通策略。

## 四、企业的人际关系

人类为了生存,就必须进行生产,要生产就必须结成一定的生产关系。因而就必然形成个人与个人,个人与集体、社会的各种社会关系和矛盾。人都是生活在社会集体里,谁也不能脱离集体而单独生活。对一个领导者来说,要管理好企业,首先必须正确认识这些矛盾和关系,正确处理人与人之间的社会关系。

### (一)人际关系的意义

人际关系也叫人群关系,是指在一定的社会制度下,人与人之间的关系,也就是个人同上级、同事、下级及顾客等之间的关系。

人际关系对于工作效率有极大的影响,它是决定企业成败的重要因素之一。因此,现代管理学者都特别重视人际关系的研究,努力寻求合理正确的方针、政策、方法和方式,以调动全体人员的积极性,达成企业的组织目标,同时,使职工获得更大的满足。

人际关系是行为科学的重要组成部分。行为科学在企业管理中的应用,是在人际关系研究的基础上发展起来的。它注意以客观事实为依据,重点从单纯搞好人与人之间的关系转到对人力资源的充分利用。行为科学认为,尽管人行为复杂多变,但是从中可以找出可资遵循的规律性和它的因果关系,作为预测和控制行为的武器。企业管理中应用行为科学,总的目的在于激发人们的工作积极性,搞好组织建设,改善并协调人与人的关系,改善并协调团体与团体的关系,以促进企业生产经营的发展。

行为科学应用于管理时,在研究方法上同某些社会科学有一个显著的不同点,就是重视实践的研究。社会科学家,往往以逻辑的抽象模式来分析人类行为,这种情况以经济学家为多。行为科学则着重在控制观察中去获得经验资料,因此,行为科学可以被当作是提取经济的丰富资源,直接用之于管理方法的改进。现代行为科学发展的趋势显示,行为科学已从管理理论上的研究,发展到在管理中实际应用。

人际关系已将现代科学管理应用于工商企业的管理事务。人事管理的活动,很多都是利用了人际关系的成果与法则。如同医生看病一样,人际关系专家也采用"诊断"的方法,找出企业的病源,寻求合理的解决方法。

行为科学的贡献,最重要的是将企业视为一个社会,虽然这种组织之目的在于追求经济利润。将企业视为社会,将人看作是"社会人",这是一种进步的观点。这种观点,使管理者打开了眼界,对企业中出现的问题有了新的认识,有了新解决方法。人际关系学派认为:在企业的构成因素中(如技术、经济、管理、领导、人事、物资、财务、成本等),其中重要的变数应是个人或群体的活动、交往与情绪。活动、交往与情绪三者相互影响,就产生了真正的行为,可以决定企业的生产水平,促进职工的成长与发展,以及影响他们的情绪。这种观点提供了一种系统的方法,用以分析企业中各种复杂行为的类型,预测管理决策时的行为效果。

人际关系学派十分重视人性的价值,因此,主张管理上的民主和实行参与制,这种观点影响了组织理论与管理实务。

### (二) 人际关系的实践和理论

1. 资本主义早期对人际关系的研究

在资本主义社会的早期,企业着重从以下四方面研究人际关系的问题:
(1) 劳资关系的问题;
(2) 人事纠纷的问题;
(3) 职工情绪的问题;
(4) 对顾客及社会大众的态度问题。

资本主义企业所以重视对这些问题的研究,其目的是为了缓和劳资关系,巩固资本家所有制,使企业获得更大的利润。

2. 霍桑实验室对传统管理理论的突破

人际关系研究是从著名霍桑实验开始的。1924年美国科学院组织人员到芝加哥西屋电气公司的霍桑工厂进行实验,目的是为了考察工作条件与生产效率的关系。

霍桑实验是对传统管理理论的一个突破,它主要提供了下列观点:

(1) 传统管理把人假设为"经济人",认为金钱是刺激积极性的唯一行为。霍桑实验认为人是"社会人",除了有经济方面的需要以外,还有社会方面和心理方面的需要。

(2) 传统管理认为生产效率主要受工作方法和工作条件的制约。霍桑实验认为生产效率的上升和下降主要取决于职工的态度,即所谓"士气",而士气则取决于家庭和社会生活以及企业中人与人的关系。

(3) 传统管理只注意"正式团体"的问题,诸如组织结构、职权划分、规章制度等。霍桑实验意识到"非正式团体"的存在,这种无形的组织有它的特殊感情、规模和倾向,影响着成员的行为。

(4) 霍桑实验还提出了新型领导的必要性。它提出领导在了解人们合乎逻辑的行为时,还须了解不合乎逻辑的行为;要善于倾听和沟通职工的意见,使正式组织的经济需要与非正式组织的个人及社会需要取得平衡。

3. 人际关系理论对人类行为的看法

根据霍桑实验所产生的这许多看法,美国在20世纪30年代起便形成了以梅奥为创始人的人际关系学派。虽然有人对霍桑实验,特别是对它采取的研究方法,持有怀疑和批评,但霍桑实验确已为美国企业管理开辟了新的方向,并为后来行为科学在企业管理中的运用开辟了道路,建立了人际关系理论。

人际关系理论对人类行为的看法有如下几方面:

(1) 得自心理学的看法,认为:人们工作的动机有很多种;人们的行为不一定都是合理的,有时会有不合逻辑的行为表现;人与人是相互依存的,个人的行为常需用其社会关系加以说明;管理人员可以经过训练而成为人际关系专家。

(2) 得自社会学的看法,认为:职工的工作表现,不仅受管理者的影响,同时也受组织内社会环境的影响;组织内有非正式团体,常影响正式组织;职务上的角色,因包括个人及社会的因素故极为复杂,但一般的工作分析对这些因素缺乏考虑;组织体应视为由多数相互依存的单位组成的社会组织。

(3) 得自社会心理学的看法,认为:人们不一定经常将自己的目标与组织的目标相配合;意见沟通不仅传达组织内生产和经济方面的情报消息,同时也传达职工的情绪与感受;职工参与决策过程,有利于提高士气与生产效率;团体合作是实现组织目标不可缺少的条件。

人际关系理论以多种学科的知识为基础,去了解人类的行为,解决有关人的各种问题。人际关系理论不只是多种学科知识的集合,它含有更多的意义,除了以人类学、政治学、社会学、心理学、社会心理学的知识为骨干之外,还运用语言学及操纵学的方法,改善人与人之间意见沟通的过程。至于为了研究有关人际关系在决策过程中所扮演的角色,则连数学也被采纳进去。

### (三)建立有效的人际关系

1. 要有良好的人际关系的标志

(1) 有一套完整的,切合实际的正确处理人际关系的规范、原则、制度和方法;
(2) 在实现组织目标的同时,应使职工获得需要上的满足;
(3) 必须建立在人性管理的基础上;
(4) 有赖于良好的管理方式和公平有效的领导行为。

2. 要采用促进人际关系发展的有效方法

(1) 树立正确选择管理者的观念;
(2) 建立良好的组织结构;
(3) 实行适当的职工参与制;
(4) 良好的意见沟通;
(5) 合理的态度调查等。

上面所讲的人际关系,是作为科学的重要组成部分来介绍的,当然也包括梅奥等人的研究成果。现代行为科学对人际关系的看法,较之以往的人际关系学派对人际关系的看法已有很大的进步。

人际关系学派对人际关系的看法是:搞好人际关系可以使企业领导的意图便于贯彻执行,对实现企业的组织目标有利;搞好人际关系可以使职工不闹事;吸取职工参与管理是为了使职工同意与接受企业领导的意图。其出发点是:"利用"职工,迫使职工拿出更多的精力来为资本家效劳。

行为科学家对人际关系的看法是:搞好人际关系是为了使部属贡献出自己的才智,汇集各方面的知识、意见、经验与决策技能,使公司的决策品质获得改善。要求部属参与管理,就是要求其贡献"人力资源",同时给职工以自我成就。行为科学家认为,从"利用"职工的观点出发谈人际关系,是虚伪的,特别是当部属知道这种用意后,更可能引起反感。这也是为什么称行为科学,而不叫人际关系的重要原因之一。但不管怎样说,其实质都是为了维护资本家的利益。

另外,以往的人际关系学派过分地强调了"非正式团体"的作用,贬低经济因素和环境因素对人所起的作用等,也是其不足之处。

## 五、人际关系的分析

用图表的形式分析人们相互之间的关系,了解谁是众望所归的人物,以及他们之间关系组合,可作为管理部门安排人事和布置工作的参考。

心理学家卢因在 20 世纪 40 年代开展了"团体动力学"的研究,他认为人们结成的团体,不是静止不变的,而是一种相互作用、相互适应的过程,像河流一样,表面上似乎平静,实际在不断流动。

正确分析团体成员之间的关系,是团体动力学的一项具体运用,迄今为止,还没有创造出分析这种关系的简便方法。下面的两种方法,已有 30 年的历史,但在目前行为科学家的论著中仍被经常介绍。

### (一) 人际关系分析图

这一方法系社会心理学莫雷诺所创造。他认为团体成员相互作用的关键在于彼此好恶的感情。他制订了一种由团体成员自行填报的调查表,根据填报的内容分为"吸引""排斥"和"不关心"三类,然后绘制成"人际关系图"。如图 2 所示。

图 2 表示一个八人小组成员关系。A、B、C 可能是这个小组内部的一个小集团,B 可能是这个小组的自然领袖,因为 A、C、D、E、G 都倾向他。E、F 互相接近,但群众不喜欢他们。H 可能是孤立的,E、D 和 F、D 彼此不关心。

从人际关系分析图中,可看出谁是众望所归的人物,谁是孤立者,以及其他的关系组合。管理部门可以把它作为安排人事和布置工作的参考。

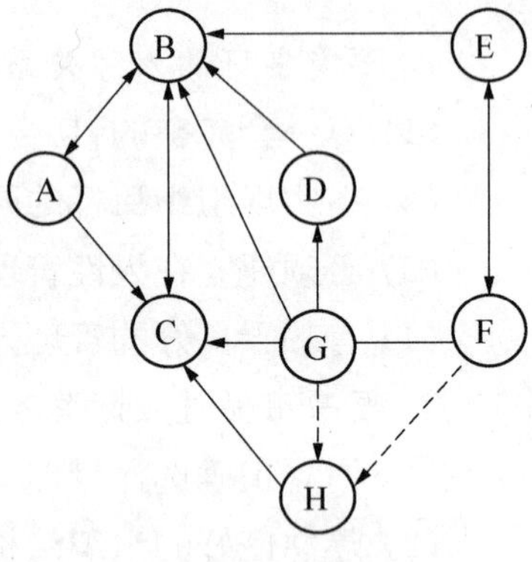

**图 2 人际关系分析图**

### (二) 相互影响分析图

这是贝尔斯于 1950 年创造的一种分析团体成员关系的方法。他首先对一个团体的决策过程进行实验性的研究,发现在没有领导人参加的一个团体活动中,团体相互作用的行为可以分为两类:一类是团体成员对工作任务的行为;另一类是团体成员之间相互关系的行为。这些行为有时起积极的、促进的作用,有时起消极的、促退的作用。如图 3 所示。

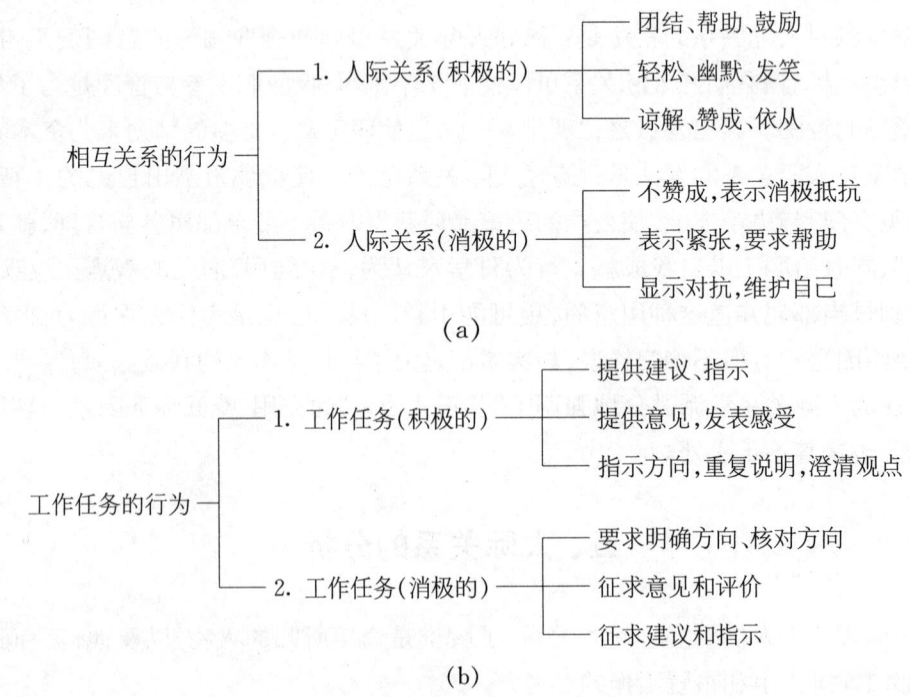

**图 3 团体成员相互影响分析图**

贝尔斯还制定了一种"谁对谁"的表式,用来记录团体讨论的次数,以及谁发动这次讨论,谁对全团体成员讲话。经过以上的调查分析,他发现团体内存在着两种领袖人物,一个是对工作任务的意见和建议最多,被称为"任务专家";一个是与大家关系很好,为大家所喜爱,被称为"群众关系专家"。他认为应该让这两个人分别发挥作用,前者集中精力,专管业务,使团体任务圆满完成;后者关心成员的需要,提高他们的满足感,协调成员之间的关系,使这一团体工作融洽进行。

个人所属的团体种类很多,性质也不一样。例如,在团体的组织结构上,有的较严密,有的则松散。在团体的气氛上,有的是民主开放的,有的是专制封闭的,有团体以合作的方式推动工作,有的则采取竞争的方式。这些不同之处,非但对个人行为有不同的影响,而且也决定了整个团体的士气与效率的高低。

### (三) 人群意见的沟通

#### 1. 人群意见沟通的意义

现代企业组织的规模日趋庞大,人员众多,与外界环境的关系日益复杂。因此,对内必须了解并统一各方面的意见,对外则需引进各方面的资料,这些都与意见沟通有密切的关系。同时,良好的人际关系,其开始建立与继续维持,都有赖于意见沟通和联系。意见沟通是影响行为的工具,也是改变行为的杠杆。因此,有关意见沟通与联系的问题,受到管理学者的普遍重视。

所谓意见沟通,是指人与人之间传达思想、观点或交换情报信息的过程,在此过程中有三种要素:一是意见或信息传达者;二是收受者;三是传达的内容。内容可以包括客观事实或私人的感受。

意见沟通按其功能可分为两种:

(1) 工具式沟通。是指为了传达情报,并将传达者自己的知识、经验、意见等告知收受者,企图影响收受者的知觉、思想及态度,进而改变其行为。

(2) 为满足需要的沟通。是指为了表达情绪,解除内心的紧张,赢得对方的同情、共鸣,确定与对方的关系等,主要满足个人精神上的需要。

由此可知,意见沟通对组织至少有以下三种作用:

(1) 搜集资料。通过组织外的意见沟通,可以获得有关外部环境各种变化的信息。组织为了适应周围的环境,谋求生存与发展,必须善于体察外部环境,如消费市场的动态、社会一般价值观念的趋向、政府经济政策的改变等,这些信息都要靠意见沟通才能获取。通过组织内的意见沟通,则可以了解职工的需要、工作的士气、各部门之间关系、管理的效能等,用以作为决策时的参考。

(2) 改变行为。当组织需要推行一项政策,或为了适应外部环境的变化,需要做某种改革时,与职工之间保持意见沟通,有助于改变他们原有的态度,而表现为合作的行为。

(3) 建立及改善人际关系。意见沟通不但能增进彼此的了解,同时个人也因情绪得以表达,而感到心情舒畅,因此能减少人与人之间不必要的冲突。

#### 2. 人群意见沟通的种类

(1) 按其组织系统可分为以下两种:

——正式的沟通系统。对外如组织与其他组织之间公函的来往及洽商会谈等。在组织内如命令传达、各项通知、主管讲话、定期会议、部属向上级报告及组织所举办的各种聚会活动等。

——非正式的沟通系统。包括所有正式沟通系统以外的信息传达与意见交流,如职工间的私人交谈及一般流传的"流言"等。因为非正式沟通不但表露或反映人们的真实动机,同时也常为组织提供没有预料到的内外消息,因此,现在的管理者都很重视非正式沟通,常利用私人会餐及非正式团体的娱乐活动等,与职工多接触,从中获取各种资料,作为改善管理或拟订政策的参考。

(2) 按沟通流动的方向可分为以下三种:

——下行沟通。即组织内最常见的将高阶层所拟定的组织目的、管理政策、工作程序传达至属于各阶层,如职工教育训练、技术指导等皆属于此种类型,传统的组织皆偏重于下行沟通。

——上行沟通。此为职工向上级报告工作情形、提出建议,或在工会刊物以及士气调查表上表达自己的意见、态度。现代的组织都鼓励职工的上行沟通。例如,很多主管都以"开放门户"或设立"建议箱"的方式欢迎部属随时与他交谈或提出意见。

——平行沟通。也就是横向联系,同阶层主管人员之间的沟通,如各种委员会及各部门之间的信函与备忘录的传递,工人在工作上的相互作用及工作外的来往交谈。组织扩大后这种横向联系非常重要,否则各部门之间容易产生隔阂,各自成为一个独立单位。影响整个组织的统一与团结。

(3) 按沟通的方法可分为以下两种:

——书面沟通。在组织内书面沟通有布告、通知、备忘录、公报、壁报、刊物、专题报告、职工手册、建议书及士气调查问卷等。对外则有市场调查问卷、广告、职工招募启事及新闻发布等。书面沟通的优点是具有权威性、正确性,不容易在传达过程中被歪曲。可以永久保留,收受者可以按照自己的速度详细阅读以求了解。

——口头沟通。在组织内有面对面的晤谈、各种讨论会、教育训练中的授课、演讲、电话联系等。对外则有街头宣传、推销访问、口头调查、与其他组织间的洽商会谈、向外发表演说等。口头沟通的优点是有亲切感,可以用表情、语调等增加沟通的效果,可以马上获得双方的反应,具有双向沟通的沟通,且富有弹性,可以临机应变,但如果传达者口齿不清或不能掌握要点做简洁的意志表达,则无法使收受者了解真意。沟通时收受者如果不专心、不注意,或心里有困扰,则因口头沟通一过即逝,无法回头再追认。

3. 人群意见沟通的形式

黎维特曾就意见沟通的方式问题做过实验研究,用两种不同的指示方法,要求受试者在纸上画下一连串的长方形,长方形的连接法有一定的限制,其接触点必须在角尖处或中点,其连接的角度则为 90 度或 45 度,如图 4 所示。

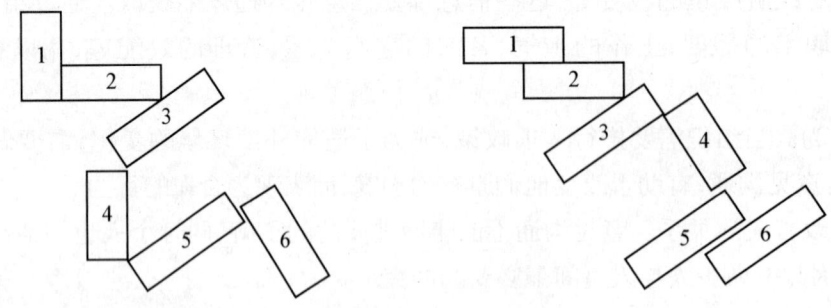

图 4　单向与双向沟通的实验

受试者必须遵照传达者的指示一个接一个地把长方形画下去。如同主管向部属说明复杂的工作内容及指示工作程序。指示的方法如下:

(1) 单向沟通。

——传达者背向收受者,没有视觉上的沟通。

——不准提出疑问,或发出笑声、叹气等任何表达收受状态的反应。
——传达者以尽快的速度说明长方形连接的模式。
(2) 双向沟通。
——传达者面向收受者,可以看到他们的表情,了解他们收受消息时的反应。
——收受者可以随时提出任何质询,要求传达者解答。
(3) 单向沟通与双向沟通的比较。

根据实验,黎维特将单向沟通与双向沟通进行比较得出以下结论:

——从速度上看,单向沟通比双向沟通快。
——从内容的正确性看,则双向沟通优于单向沟通。
——从表面的秩序来看,单向沟通显得安静规矩,而双向沟通则较吵闹而无秩序。
——从意见收受者的立场来看,他们在双向沟通中,可以知道什么是正确的,什么是错误的,对自己的行为较有把握。
——从意见传达者的立场来看,他们在双向沟通中所感到的心理压力较大,因为随时可能受到收受者的批评和挑剔。
——如果从传达者在沟通过程中,或沟通进行前所需准备的条件来说,则单向沟通需要较多的计划,要事先编好一套自圆其说的内容,选择适当的词句。因为单向沟通有如唱片,一开始就不停地唱到完,事先如果缺少有系统的计划,则不能顺利进行。反之,双向沟通则因随时可能遇到各种质询,无法预先做一套定型的计划,意见传达者需要当场做很多的判断及决策,因此必须是一个有关方面的专家,要有当机立断的能力。
——双向沟通的最大益处是能起到确实的沟通,而且可以由多方面的反应重新估计事情的状况,以及从不同的角度观察问题的所在。同时,透过双方的意见表达,可以增进彼此的了解,建立良好的人际关系。单向沟通中的意见传达者因得不到反馈,无法了解对方是否真正收到信息,而收受者因无机会核对其所接受的资料是否正确,又无法表达收受时所遇到的困难,如觉得说明的速度太快,内心会有一种不安与挫折感,容易产生抗拒心理,或埋怨传达者。因此严格说来,单向沟通并不是真正的意见沟通,而是一方把话告诉另一方。意见沟通有如以箭射靶,不但要把箭头射出,同时要击中靶子。单向沟通只管把箭头射出去,而不问中靶与否。双向沟通则可以借着收受者的反应作为反馈,了解射程、位置等中靶的情形,作为修正沟通关系的依据。

综合以上的结论,在组织的管理上应该采取哪种沟通方式较为适宜,必须因人因场合而定:

(1) 一个组织如果只重视工作的快速与成员的秩序,宜用单向沟通系统;
(2) 如果是熟悉的例行公事,或命令传达,可用单向沟通;
(3) 主管如果经验不够,无法当机立断,或不愿让部属指责自己的错误,想保全权威,采用单向沟通有利;
(4) 组织如果要求工作的正确性高,重视成员的人际关系,则宜采用双向沟通系统;
(5) 处理陌生的新问题,上层组织的决策会议,采用双向沟通效果较佳。

## 六、正确处理人际关系的方法

组织是由多数的团体组合而成的,因此组织中的团体所面临的主要问题,除了如何有效地达成组织的目标与满足成员的需要外,还要考虑如何建立团体与团体之间的良好关系,使其既能提高生产效率,又不破坏各团体之间的和谐。因为当一个团体忠于自己的规范与目标的达成时,强烈的团体意识往往使他们容易与别的团体形成竞争,发生冲突,或企图阻挠对方的活动。因此,对整个组织来说,反而是一种负担。如何避免团体与团体之间的冲突,以及减少由团体竞争所带来的损失,是一个非常重要的问题。

### (一) 冲突的性质

行为科学认为,以往人们常从反面来理解冲突。把冲突和暴力、破坏、无理取闹等等同起来。在 20 世纪 30—40 年代,研究团体行为的人大多采取这种观点。当有霍桑经验作结论时,也是把冲突单纯视为由于信息交流不善、人际关系不良、管理部门不能满足职工的需要所带来后果。

近年来行为科学对冲突有了新的看法,认为冲突并非全是坏事,冲突有破坏性的,也有建设性的。旧的观念所以把冲突看成为坏事,是由于长期习惯于把和睦、融洽看成美德的缘故。事实上,和谐、和平、平静并不一定能使企业取得好的经营成绩,相反,某些冲突的存在反而有利于企业的健康发展,提高决策质量,刺激创造发明,鼓舞人们的进取性,开辟解决问题的途径,以及防止"小集团思想意识"。

企业内的冲突,从性质上来看,可以分为两大类:一类是建设性冲突;一类是破坏性冲突。凡是由于双方目的一致,而手段(或途径)不同所产生的冲突,大都属于建设性冲突。这类冲突在其发展过程中,有如下几个特点:

(1) 双方对实现共同的目标都十分关心;
(2) 彼此乐意了解对方的观点、意见;
(3) 大家以争论问题为中心;
(4) 互相交换情况不断增加。

相反,凡是由于双方目的不同而造成的冲突,往往属于对抗性冲突。这类冲突的特点是:

(1) 双方对赢得自己观点的胜利十分关心;
(2) 不愿听取对方的观点、意见;
(3) 由问题的争论,转为人身攻击;
(4) 互相交换情况不断减少,以致完全停止。

一般说来,建设性冲突比较容易处理,对抗性冲突较难解决,但是这两类性质不同的冲突不是绝对的。处理得当,对抗性冲突可以转化为建设性冲突;反之,建设性冲突也会转化为对抗性冲突。对于领导者来说,要提倡建设性冲突,以激发积极性,活跃创造力,推动生产发展,推动企业前进,同时,还要控制、减少对抗性冲突。

但是,无论哪一种性质的冲突,如果不进行及时的妥善的处理,就会给企业界活动家带来不利的影响,甚至造成严重的事端。即使出现了这样的情况,那也不是冲突本身的责任,而应归咎于领导者处理不及时,或者处理不妥当。因为就冲突的本身而言,它是企业运动的一种特殊表现形式,只要企业领导者能够正确处理,就会产生积极因的结果。

### (二) 解决冲突的方法

#### 1. 冲突的种类

团体与团体之间不一定因为竞争的关系才发生敌对或冲突,由于目标的不同,利益的争夺,相互间亦可能发生冲突。在组织内可能发生的冲突有以下几种:

（1）职工、权力、大小相同团体之间的冲突。在企业里，如生产部门与销售部门；在大学里，如院与院、系与系之间，或为争取经费、设备，或为争取职工名额而发生冲突。

（2）权力、地位不同的团体之间的冲突。如管理者与工人、老师与学生因其立场的不同而发生冲突。

（3）附属团体对抗大团体的冲突。如少数管理者对组织的管理政策不满而发生冲突。

2. 解决冲突的方法

由于冲突的种类不同，其解决的方法亦不尽相同，较常见的有以下几种：

（1）交涉与谈判。两个互相冲突的团体彼此提出条件，与对方讨价，或谋求共同解决的方法。例如，销售部门的各小单位经由交涉与谈判，适当地分配其销售市场，或劳资双方各提出自己的要求，互相调节适应。

（2）第三者仲裁。当两个或两个以上团体，经由交涉与谈判无法解决的问题时，可以邀请局外的第三者或者较高阶层的主管调停处理，如在决策会议上，各代表无法选出一个最佳方案时，可以邀请没有参与工作的仲裁委员做决定。

（3）吸收合并。一个大而有力的团体，对于其属内"造反"的小团体，往往采取吸收合并的方式，即大团体接受小团体的要求，并使其失去继续存在为理由，终而与大团体完全融合成一体。

（4）运用权威或武力。当以上三种方法都被认为没有效果时，拥有正式权力的团体便利用权威，强制对方服从，或较大的团体持其雄厚的力量迫使双方投降，而较小无正式权力的团体便采取游击方式侧面攻击，或以不合法的恐吓、勒索的方式对抗之。运用武力并不能真正解决冲突，但因可以收到一时之效，因此在现代资本主义社会里，亦常有所见闻。

### （三）预防团体之间冲突的方法

上述团体间的竞争有其好处，因为可以促进团体内部的团结，激发成员的工作动机，但因竞争所引起的团体之间的冲突，有碍于整个组织的效率。因此，如何防止冲突所带来的害处，同时又保留竞争的好处，是一个值得考虑的问题。缓和冲突的基本原则是：第一，必须找出两个团体（或两个以上的团体）都能同意的目标；第二，应该建立团体与团体的沟通联系。

以下介绍几种具体的方法：

1. 设立共同的竞争对象

例如，将大学里各系球队互相争霸的状况，引导为全校对抗外校的竞赛。同样地，制造部与销售部的冲突，可以引导为全公司同其他公司的竞争。即把竞争的对象提高到学校与学校、公司与公司的地位，以确保校内或公司内的合作。

2. 订立超级目标

拟订一个能够满足各团体的目标，例如，新开发一种生产成本低，又合乎消费者口味的产品，则制造部与销售部的冲突可能减少。

3. 安排各团体互相来往的机会

在工作的程序上，或娱乐活动中，安排各团体的交流，亦可以利用工作轮换训练方法，增加沟通的机会，增进彼此间的了解。

4. 避免形成争胜负的情况

例如，不要以单位奖励制度激励职工，而应以全体利润分享的方法激励之，此外，增加储蓄资源，亦可以减少各部门因争夺资源而发生的冲突。

5. 强调整体效率

强调整个组织效率,以及各部门对整体贡献的重要性。

6. 加强教育

让大家明白团体与团体的竞争可能产生的后果,并令其讨论竞争得失,这样,有助于改善团体的观念与行为,预防冲突。

# 企业形象的评价探析(1989)[①]

企业形象最直接的作用对象是购买主体——顾客,在大多数情况下,产品(服务)的购买者也是该产品(服务)的消费者,但也常常会有两者不一致的情况,即商品的购买者并不是该产品的消费者,而这里主要分析他们买什么,为什么买,如何买,何时买,在何处买和是否常买,所以对消费者和购买者不加严格区分,把他们视为一体,即使购买者不消费商品自身,但在购买过程中他们消费了该商品的外形、声誉和包装等。所有这一切与企业形象之间都在互相起着作用。

如果用孤立的观点看,企业形象的评价是企业形象工作过程中的最后一个环节,它将提示出这项工作的成效如何;如果用循环的观点看,企业形象的评价又是这一工作下个循环的前提,它起着承上启下的作用,是确定工作重点的主要依据。"反馈"这一术语早已为人们所熟悉,企业形象评价的结果在以后这项工作中的利用就是一个反馈的过程。

## 一、企业形象评价的标准和目的

确定评价准则是一般评价环节的第一步,企业形象的基本评价准则是这项工作的全过程是否有助于企业目标的达成,即对企业当前的经营收入和今后企业的发展所起的作用如何。企业不同于一般社会组织,它要求以自身的收入抵偿支出并获得相应的经营利润,以此为基础赢得企业界的生存和发展,企业的一切行为都应该服从于企业的这一根本目的,为此作出贡献。就企业形象而言,可以从以下四方面来具体考察它对企业目标的贡献:

1. 有效性

有效性,即在既定的时间内将企业界的真实形象传播到有关的公众中,收到期望的效果。所谓效果是同各类企业形象的不同对象相对应的,其基本表现为消除对企业的陌生、冷漠或歧视,使企业得到公众的了解和理解,并在此基础上接收企业形象。有效性是企业形象工作的最基本要求,这当然要有良好的企业及企业活动为其前提条件,但这项工作本身的绩效如何也可以通过这一评价准则得到真实的反映。

2. 经济性

经济性,即利用有限的预算金额达到企业形象工作的最优化。任何一个企业在形象上的预算都是有一定限度的,这取决于企业的经营状况、企业的工作重心和企业主管的主观认识。同样的金钱支出,在企业形象工作的目标、对象和手段等方面的不同选择下,可以产生不同的绩效。经济性

---

[①] 本文节选自浙江人民出版社1989年2月出版的《企业公共关系学》。

1989 年举办《中国企业管理现代化》鉴定会，与会专家合影

必须与有效性结合起来考察，它实际上就是效果和预算金额的对比关系（即：效果/金额），如果不花一分钱可以收到效果（哪怕是极细微的），经济性就是无穷大；反之，如果花费了金钱（哪怕是一分钱）而没有丝毫效果，经济性就为零。因此可以这样认为，企业形象工作也是一个投入与产出的经济过程。

3. 持久性

持久性，即企业形象效果在时间上的延续。人的心理现象中有记忆过程，同时也存在着逆向过程——遗忘，良好的企业形象应该可以给人以深刻难忘的印象，并在较长时期内对人们的行为产生引导作用，通过重复形象信息刺激、增加新的形象刺激能够达到形象的持久性目的。当然，在企业形象进行转换时，持久性的作用是相反的。

4. 独特性

独特性，即本企业形象与他企业形象的差异程度。在企业林立、企业界信息泛滥的现代社会中，企业形象的独特性能够产生重要的作用，它使人们易于从众多的企业中识别本企业，而这又是企业形象具有吸引力的前提。

以上企业形象评价的四项标准之间是互相影响的，应该将它们综合起来进行评价，但就各类企业形象而言，评价时有各自的侧重，因为它们的作用显然是有区别的。

## 二、企业形象评价的对象与过程

企业形象效果是建立在形象工作的基础上的，因此对企业形象的评价不仅包括对其结果的评价，同时也包括对企业形象工作过程的评价。

尽管如此，企业形象工作结果还是最主要的评价对象，对企业形象效果的测定和评价是阶段性进行的，一般只是形象工作规划最后总结性的步骤，以评定这一工作规划的成效。评价主要依据上述四项基本准则,搜集、利用已经发生的结论性资料,譬如:执行工作规划的全部支出金额,短期内顾客的增加幅度,企业知名度和信誉的提高程度等数量化或非数量化的资料,在此基础上进行比较分析。最后的评价结论直接有关企业形象自身,可以表示出经过一个阶段的工作企业形象各方面的现实状况。

企业形象工作过程的评价则更为复杂,它在工作全过程中持续地进行,主要考察整个企业形象工作是否在有效地运行,并不断将评价结论反馈到这一工作过程中去,随时随地引导各项形象工作。过程评价的主要内容包括:企业形象工作规划评价——结构和重心是否合理;企业形象工作人员评价——有没有更好的人选;企业形象信息评价——能否真实表现出企业形象;企业形象传播手段评价——能否按时按地顺利传播;结果评价方式的评价——评价项目是否反映真实情况。过程评价的结论经常不如结果评价结论那样明确,具有说服力,其正确性如何还是由结果评价来最后证实,因为它只是在企业形象工作过程中得出的。大概由于这个原因,过程评价往往被忽视,人们总想以最后结果来说明问题,但是一旦结果出现了,上一阶段的一切工作就成为了过去的事实,已不可更改,如果造成不良影响就悔之晚矣。所以,企业形象工作过程的评价也是十分重要的,它可以防患于未然。

结果评价和过程评价可以起到相互保证的作用,这是整个企业形象工作评价中不可偏废的两个方面。显然,它们各自的侧重不同,但在评价过程和评价方式等具体做法上有很多相似的地方。

和对企业其他工作的评价一样,形象工作的评价过程中包含着逻辑性的五个阶段:

1. 确定目标

通常企业形象工作的目标同时也就是评价目标,但就一个既定的工作阶段而言,这两者之间还有所区别。评价时可以选择有代表性的目标,并且由于评价中资料搜集的可能性问题,不必在一次过程中对全部目标都一一进行评价。

2. 测定目标

每一个目标都表示着形象工作所期望得到的效果,为了判定是否达到了预期效果,在选定所需评价的目标后就必须以某种方法测定或观察各个目标是否完成。为了便于进行测定,在确定目标时就必须考虑到它的现实可测性。测定目标在更大程度上是一项技术性工作。

3. 收集和分析资料

在整个评价过程中,这是一个基础性的工作。由于企业形象是面对全社会的,因此收集资料和分析资料只能是抽样性的,不可能也不必进行全部对象调查。然而样本的选取必须能够保证反映总体的基本特征,否则可能使评价失实而无法达到评价的目的,并且会殃及下一阶段的形象工作。

4. 报告结果

评价的结果要以明确易懂的语言文字表示出来。报告结果不仅是为了使企业主管了解形象工作的成败,同时也可以为全体形象工作人员提供信息反馈。报告结果时应该强调企业形象工作目标完成的程度和今后的努力方向,对企业高层领导的报告,还应包括解释企业形象工作对企业总目标达成的作用和这项工作所需要的支持。

5. 改进形象工作

除非评价结果得到运用,否则企业形象的评价就毫无价值。它应该成为形象工作规划的重要依据之一,这就是所谓"反馈"。无论是过程评价还是结果评价都可以为以后的企业形象工作提供改进的思想,使企业形象更具吸引力。

这五个评价阶段是连续性的,不可缺其一,这样才构成评价过程的整体。

## 三、企业形象评价的方法

企业形象评价的方法不外乎定量分析和定性分析两种,它们都有各自的特点,两种方法的综合使用可以起到取长补短的作用。一般而言,数量方法更客观也易于分析,所得出的结论明确,又便于进行横向和纵向的比较研究。然而,它比较单一,有时可能流于形式。相对而言,质量方法更详细,常常可以用来说明比较复杂的问题,而且它所需花费的成本较低,但可能需要更多的时间,在信息的储存和比较上也存在着相当的困难。数量方法和质量方法在一定程度上可以互换,很多质量性指标可以利用打分的方法予以数量化,在数据不全的情况下也可以用质量方法来分析。从趋势看,这两种方法都在发展中,还不会出现一者排斥另一者的情况。

评价可以通过内部调查研究完成,也可以以外向调查的形式进行。以企业现有的资料为基础,并且在企业各层次职工中调查他们对企业形象的认识和他们所了解的外界对此的看法,利用定性分析和定量分析方法进行研究评价工作。这种以企业本身为界的做法就是内部调查,它最大的好处就是省时、省力、省钱,但难以做到全面和客观。外向调查主要以企业所面对的公众为调查对象,直接从他们那里获取企业形象工作的效果信息,这样可以对形象工作作出公正全面的评价。这种调研工作的难度较大,专业性强,往往不是依靠企业自身就能单独完成的,需要外界专业人员的帮助,并且要对被调查对象有所报告,花费的时间和经费都比较可观,因此,外向调研不能像内部调研那样经常进行。由于这些特点,在过程评价中主要是进行内部调研,外向调研主要运用于结果评价。当然,在企业形象工作的整个评价中,这两种做法可以有所交叉,也结合在一起进行。

综合对企业形象的论述可以看到,对它的研究分析所涉猎的学科知识纷繁复杂,包括公共关系学、心理学、消费行为学、传播学、广告学、市场学和管理学等,我们研究学习这方面知识的最终目的是为了在现代社会中树立起有吸引力的企业形象,使乡镇企业在国内外树立起良好的形象。

# 乡镇企业家的期望研究(1989)[①]

## 一、乡镇企业家的期望值

（一）企业家在乡镇企业中的地位

企业家是商品经济发展到一定阶段的产物。企业家与商品经济是互为条件，互相依存的。一方面，没有商品经济，没有市场，就没有企业家；另一方面，企业家是推动现代商品经济发展的原动力。企业家在乡镇企业的生产经营活动中处于举足轻重的地位。

(1) 乡镇企业的发展必须依赖企业家的能动作用。乡镇企业是集体所有的合作经济，生产经营活动一般不纳入国家计划，也不受国家的直接干预，具有较大的自主性。乡镇企业中的大多数规模较小，机构简单，生产经营手段灵活，对市场反应灵敏，具有较大的灵活性。从某种意义上说，乡镇企业经营的成败，相当程度上取决于企业家的素质与努力程度。事实正是如此，许多乡镇企业家行千里路，说万句话，走南闯北沟通信息渠道和供销渠道，使企业经营获得成功。

(2) 企业家是乡镇经济运行的主体。乡镇企业家最显著的特点是，不按长官的意志办事，而是按照商品经济的客观规律自主决策，构成乡镇商品经济运行的主体。他们竞争意识强，具有冒险精神，讲实际，少浮夸。造就千千万万个锐意改革、不断进取的企业家是尽快提高乡镇企业经营管理水平的前提。

（二）期望的概念与心理特征

按照行为科学的观点，期望是指一个人凭借经验在一定的时间内希望达到目标或满足的一种心理活动。这种心理活动的产生和形成是有条件的，它的变化是有规律的。

一个人总有多种多样的需要。由于受到主客观条件的限制，他只能通过自己的活动逐步满足需求。当条件不具备时，某种需要处于潜伏状态转入萌发状态；当这种内在的需要化为具体的目标，并且根据他以往的经验，对实现目标的可能性和目标的价值经过分析、估计之后，这种需要便会从萌发状态转入现实状态，并且对这个人产生一种内在的激励力量，从而导致积极的行为。举例来说，某大学需定制一批课桌椅，经测算提出参考价格，向乡镇企业招标。甲、乙两家具厂闻讯同时赶到。甲厂根据本厂的木材供货价格、技术条件和生产效率，认为该价格难以接受。乙厂代表认为，目前家具市场竞争激烈，销路欠佳，生产时断时续，按此价格生产，虽然利润极低，但可分摊一部分固定成本，从而减少亏损。如果调动企业的一切积极因素，加强管理，则还有希望消化一部分原材

---

[①] 本文节选自浙江大学出版社1989年2月出版的《乡镇经济学》。

料提价的影响。通过分析,甲厂代表对实现利润目标缺乏信心,期望心理不久便自行消失。而乙厂代表对生产经营前景表示乐观,期望心理得到强化,以后在经营实践中也确实表现出积极的行为。这就是期望的作用。

期望心理的形成,需要经历分析—比较—判断—选择这样一个逻辑思维过程。环境和目标是形成期望心理的外在因素。一个人的知识、能力、经验则是形成心理的内在因素。首先,外在因素作用于人脑,而后内在因素经过综合并与外在因素相比较,当出现能力、经验等主观要求时,期望心理自然形成。

期望心理不仅具备普通心理的共性,而且具有自身固有的个性。从期望心理的形成要素和功能分析看,期望心理具有以下特点:

(1) 表现为一定的期望概率。期望心理活动最终归结为期望概率。这一概率是行为人的知识、能力、经验共同作用的结果。需要指出,期望概率与人的经验丰富程度不成正比,经验丰富的人期望概率主要表现在准确上面。

(2) 表现为一定的价值判断。期望心理的产生和形成离不开目标的作用,对目标的价值判断是期望心理的另一个侧面。人们由于所处的经济地位、需要层次、动机程度以及文化价值观的差别,对同一目标的价值估计往往差距很大。例如,市长与优秀乡镇企业家合影。对这件事两位厂长作出相反的价值判断。甲厂厂长认为这种奖励不实惠,不如发点奖金实在。而乙厂厂长则十分珍惜这幅照片,认为这幅照片非金钱可比,意义很大,引以为豪。这种认识上的差距主要是两者文化价值观的差别造成的。

(3) 表现为一定的激励效应。期望心理必然导致行为的产生。期望值越高,目标效应越大,对人的激励效应也越显著,人的行动越积极;反之,期望值越低,目标价值越小,对人的激励效应越微弱。

(4) 期望心理的时空限制。期望心理是内外因素综合作用的结果,因而当环境、目标不变时,期望心理表现为比较稳定。由于时过境迁,环境、目标发生明显变化时,期望心理就会随着发生变化。就是说,期望心理是与特定的时空条件相联系的。例如,某乡办企业建造职工集体宿舍,把地基定在与厂区一河之隔的旱地上。附近河上又没有架桥,绝大部分职工并不打算住在那里。厂领导分析了职工的心理,重新设计宿舍图纸,扩大了房间面积,提高住房造价标准,并且在短时间内架起一座水泥拱桥。职工群众大都居住了。

### (三) 期望理论及其发展

1. 期望公式

期望的概念最早见于美国心理学家佛罗姆于1964年出版的《工作与激励》一书。他认为,对人的行为的激励力量的大小主要取决于两个因素:其一是目标对行为人的吸引力;其二是行为人对成功地达到目标的可能性的估计。

佛罗姆指出,期望理论可以采用一个简单的公式来表示:

$$激励力量 = 效价 \times 期望$$

其中,效价是指人们的行动将要取得效果(目标)以及他对这一成果的价值评价。期望是指一个人凭经验判断其行为导致某一目标的可能性的大小,或者是他对于该特定行为可能导致目标的信念。

根据这一公式,当一个人对某一目标的价值估价很高,同时判断自己达到目标的可能性很大(可能性 $P$ 是一个从 0—1 的值,$0<P<1$)时,则这一目标对行为人具有较大的激发力量,从而可极大地调动其实施行为和积极性。

2. 期望理论的新发展

自佛罗姆以来,期望理论在下列方面获得了发展:

(1) 区别了两种效价。把工资、提升等外在效价和成就、个人发展等内在效价区别开来,因而得到进一步扩充。外在效价是由个人绩效从他人那里得到奖酬的结果;内在效价主要来自工作本身。

(2) 区别了两种期望值。指出第一种期望值是关于付出的努力和第一阶段工作结果(如绩效和工作目标的完成)之间的关系;第二种期望是关于第一阶段工作结果(如工作绩效)和第二层次工作结果(如工资或成就)之间的关联性。

(3) 考虑其他与工作有关的变量对本理论主要变量可能有影响。这些影响主要包括:在期望认知形成个性变量(如自尊和自信)的可能影响;过去经验对期望发展的影响;角色认知和环境条件对激励和实际绩效相互关系的可能影响。

(4) 包括与工作有关的满足变量。按照新的模式把满足看作是实际绩效和来自这一绩效真正报酬的函数。

期望理论研究表明,从努力到绩效和从绩效到报酬的期望值方面,总的看与个人绩效和满足的结果有肯定性的联系;个性变量对个人的期望和效价认知有影响;在期望值和效价相结合时,期望理论模式对绩效和满足的预测能力并没有重大变化。

(四) 期望理论的应用

期望理论运用在企业管理上具有明显的实用效果。在所有的激励理论中,期望理论的实用价值是显而易见的。具体表现在以下几个方面:

第一,企业家可对自己工作的努力程度及其工作成果(如工作绩效、目标的实现)和由于绩效而带来的结果(报酬)进行自我反省、合理评价,为下阶段加倍努力做好心理准备,或者可正确对待报酬提高满足感,减轻心理压力。

第二,企业家可以帮助职工树立正确的目标,诱发和引导职工为争取绩效而努力的期望。

第三,职工报酬必须以促进企业发展和提高企业效益的行为为主要依据,企业的奖惩制度必须与职工个人的工作绩效紧密联系。

第四,由于职工需要层次的差别,他们对报酬的评价是不同的,有的看重物质、金钱利益,而有的人喜欢接受挑战性的工作,企业家在实施奖励办法时务必与职工个人的愿望相符合,充分发挥奖励的作用。

企业家运用期望理论调动积极性是一项关键性的工作。例如,某乡手套厂为提高产品质量,采取一条管理措施,即由各班组职工群众轮流担任质量值勤员。值勤员佩戴红色袖章从事质量监督。并事先规定,对认真执勤、成绩突出的值勤员给予提职该班组的奖金分配系数。事实证明,这个既包含物质利益又包含精神鼓励的目标,极大地鼓励了全厂职工为提高产品合格率而努力。半年之后,这个厂的手套合格率由原来的 84% 提高到 98%,经济效益显著增加。

确立目标激发职工的期望心理是一项十分重要的工作。一方面,目标应该与职工群众的利益相衔接,使职工理解目标的价值;另一方面,职工个人目标要有利于企业整体目标的实现。

目标是引导职工努力工作的诱因。设置目标要注意适度。目标过高,大大超越可能,令人望而却步,失去了设置目标的意义;目标过低,大大低于职工的能力,轻而易举,也不能激发职工的积极性。一般地说,目标应该略高于职工的能力。

目标的实现是一个不断克服困难的过程,作为企业领导应该积极为职工实现目标创造条件,使职工坚定实现目标的信心。

第一,引导期望指向,增加满足感。

由于职工的需要、动机和思想觉悟的差异,加上历史和社会的原因,一些职工的期望目标脱离实际,甚至偏离正常轨道。因此,通过采用谈心、说理等疏导的方式,引导职工的期望指向,纠正偏差,保证职工行为的合理化是十分必要的。例如,某地乡办化纤厂招收了一批新工人。这些青年人进厂后都希望分配到"理想"的岗位上工作,如电工、汽车司机等,好多人通过各种渠道递条子、走后门,向领导说情。这个厂的领导经过研究,提出按工厂需要分配到各岗位上试用半年,半年以后经过文化、技术考试,结合公开评议给予分配适当的工作。这样,新工人深受教育,从实践中接受了只有通过努力工作才能争取自身发展的道理,同时增强了对工作的责任心和满足感,后来绝大部分青年都热爱本职工作。

第二,提高期望值,激发进取心。

高期望必然会产生好表现,提高期望值必然会激发职工努力工作的积极性。提高期望值需要内部条件和外部条件的配合。从外因方面考虑主要有:上级领导的信任和支持,职工人员对行为人的理解,社会对其工作绩效的公正评价。从内因方面考虑主要有:树立远大理想,强化职工的事业心和主人翁意识,鼓励职工锐意改革,勇于创新,执着追求,不断进取。

期望毕竟不是现实。期望与现实的关系不外乎以下三种:期望高于现实,令人大失所望,积极性受到挫伤;期望等于现实,使人产生不出所料的心理,积极性得以维持;期望低于现实,人产生出乎意料的心理,表现为大喜过望,积极性更为增强。

可见,提高期望值有利于促进职工为实现目标而努力。但是当期望脱离实际,目标无法实现时会造成精神沮丧,影响下阶段的工作。

## 二、乡镇企业家的价值观

价值观是人的期望心理基础,研究价值观对调动职工的积极性是非常重要的。

### (一) 什么是价值观

1. 价值观的含义

价值观是一个人对周围的是非、善恶和重要性的评判和排列在观念形态上的反映。人们对各种事物的评价,如自由、诚实、服从、平等等,在心目中自有轻重主次之分。这种主次排列,形成一个序列,构成了个人的心理基础。在同一环境里,具有不同的价值观的人会产生不同的行为。比如在同一乡镇企业里,有的人看重权力,有的人重视金钱,有的则注重工作成就,这就是价值观不同的所致。

2. 价值观的形成

人的价值观源于世界观。一个人从出生起,就会受到社会、家庭的熏陶,开始了人的社会过程。在生活中他接触父母、老师、同学、朋友、电视、报纸、书刊等。天长地久,耳濡目染,便形成了价值观。个人的价值观和价值体系会随着生活的变迁而发生变化。但是有一些基本的观念往往是相对稳定的,它们对人的行为长期起指导作用。这一特点很重要。例如,一个企业中的成员都有各自的经历,他们的价值观往往形形色色。企业领导者要能解释他们的行为,必须了解他们的价值观,并作为思想工作的依据。

### (二) 价值观的作用

价值观不仅影响个人行为,还影响群体行为组织行为。

在相同条件下,对于同一事物,由于人们的价值观不同,就会产生不同的行为。比如对同一个规章制度,由于价值观的差异,两个人可能采取截然相反的态度。认为制度合理的人就会认真执行;认为制度不合理的人就会抵制。这两个人的行为,将对组织目标的实现起完全相反的作用。这给企业领导提供了某种启示:在选择企业整体目标时,必须充分考虑企业内部每个职工和各个群体的价值观,然后在平衡各方面关系的基础上才能选定合理的组织目标。比如,职工要求增加盈利,国家要求企业创造出更多的税利,我们在选择企业目标时,就要兼顾各方面的利益,而不能只顾一头。

一个成功的企业家必须十分重视职工的价值观的作用。一方面要使企业的决策能适应人们普遍存在的价值观,使领导的决策容易被职工理解和接受;另一方面还要树立和增值新的价值观,使职工接受新观念,以利推动企业的发展。例如,深圳所流行的"时间就是金钱""效率就是生命""信息就是资源"这些价值观念大大推动了企业的经营管理工作。

### (三) 经营管理价值观

经营管理价值观是对经营者管理好坏的总看法和总评价。西方行为学家认为,企业经营管理价值观主要有最大利润价值观、委托管理价值观和生活-质量价值观三种。最大利润价值观是一种古老的价值观念。企业全部管理和决策行为都必须以最大利润作为检验好坏的唯一标准。这种观念盛行于18世纪、19世纪和20世纪初的工业发达国家,当代美国的多数企业和其他西方国家的企业仍然恪守和奉行这个准则。从20世纪20年代开始,由于股份制的出现,管理者受投资者的委托负责经营管理而形成委托管理价值观,它修正和补充了最大利润价值观。由于投资者的利润愿望。比如,一个企业既要考虑职工的基本生活需要,又要考虑消费者的购买力水平,还要及时上缴税收。假如只管投资者的最大利润而不顾其他方面的要求,这种利润是不能持久的。生活-质量价值观是20世纪70年代兴起的一种最新的价值观。它倾向于企业确定利润水平时,不仅要考虑企业所有者的利益,还要考虑防止污染等,自觉承担社会责任。

我国的经济体制改革实践推出了许多值得重视的新价值观念,突破了自然经济意识和生产企业管理观念的束缚。

为了实现企业管理现代化,从微观角度考虑,企业必须树立以下经营观念:

(1) 系统观念。系统是由相互作用和相互依赖的若干部分组成的有确定功能的有机整体。对企业家来说,就是把企业看成一个整体的动态系统,从相互联系、相互制约的关系中达到最佳引导。

(2) 时效观念。时间就是效益,效益就是生命。从投入—产出的观点看,时间也是一种投入,浪费时间就等于浪费资源;效率是企业经营成果的综合表现。企业家要抓住一切机会,着眼于提高企业的生产效率,提高企业的经济效益。

(3) 开发观念。开发主要是指人才开发和技术开发。人才是知识的载体,在当前技术迅猛发展的时代,一切竞争是知识的竞争、人才的竞争。企业家的首要任务是发现人才并善于使用人才,把人才摆到最合适的岗位上去,做到人尽其才。其次要努力开发新技术,积极采用新技术,加速产品的更新换代,以满足市场需要。

(4) 质量观念。质量是企业的生命,它关系到企业的存亡。企业家必须牢固树立"以质量求生存,以品种求发展"的观念,充分利用企业智力和物力资源,在质量上狠下功夫,以优质名牌取得消费者的信任。

(5) 信息观念。在当今"信息爆炸"的时代,信息已经成为企业的宝贵财富。有人认为,衡量一个国家和社会的进步程度的一个重要标志是信息的传播和利用速度。企业家要充分运用经济信息,跟踪新的科学技术和市场动向,以求抓住时机,作出正确决策。

(6) 服务观念。树立"服务第一"的观点,努力搞好售前、售中、售后服务,对用户热情周到,有求必应,讲究职业道德,是扩大产品销售,把握经营的主动权的一个不可忽视的环节。

(7) 民主观念。人是活的生产力。人是社会主义企业经营管理的出发点和归宿点。企业家要树立"以人为中心管理"的思想,激发职工的主人翁责任感,把职工群众的积极性吸引到企业管理方面来,最大限度地发掘群众的积极性和创造性。

从宏观角度考虑,企业家应该重视培养自己的商品经济意识,适应价值规律的要求。具体有以下几个方面的要求:

(1) 战略意识。在科学技术高度发达的今天,市场需要瞬息万变。它要求企业在作出一项决策时,必须先判断它的前景及可能带来的后果,高瞻远瞩,灵敏地反映市场的变化,并且从企业整体角度考虑,制定相应的经营战略,以利在市场竞争中取得主动权。

(2) 市场意识。乡镇企业的经营管理和市场联系紧密,因此从多方面预测和观察市场的发展趋势,了解社会需求的变化,对搞好经营管理是十分有益的。首先要考虑与预测潜在市场的发展变化,要研究经济发展趋势,考虑能源、物资的供应情况及其价格上波动的影响;其次要注意有关领域采用新技术的快慢及其世界经济的影响。

(3) 竞争意识。社会主义竞争是推动社会生产力的杠杆。竞争可以锻炼人才,提高生产效率,可以让"八仙过海,各显神通"。没有竞争,将会死水一潭。

(4) 开放意识。从封闭到开放,从民族走向世界,这是当代社会发展的必然趋势。事实证明,只有打开门窗,走向世界,才能加快社会主义现代化建设的步伐,才能尽快缩短我国与发达国家在经济技术方面的差距。只有开放,才是社会主义胜利的必由之路。

# 现代企业家的特征辨析(1989)[①]

现代的企业家不仅仅是实践家,而且还应该是思想家和理论家;不仅仅是硬技术方面的专家,而且还应是软技术方面的专家。他们时刻注意把人类最新的科学成就和有关知识武装自己的头脑,并在实践中加以创造性地运用。

现代企业家的含义是什么?具有哪些特征?弄清这些问题,有助于我们认识在创建具有中国特色的充满生机和活力的社会主义企业同时,必须造就千千万万个现代企业家。没有他们,我国的商品经济就不会充分发展;没有他们,现代化建设就缺乏强有力的经营者和最有成效的组织家;没有他们,就会贻误我国四化建设的大业。

## 一、现代企业家的含义

1. 企业家

所谓企业家,简而言之就是自主地作出经营决策并承担经营风险的人。理论上第一个对企业家进行论述的是法国经济学家萨伊,他在 1903 年的代表作《政治经济学概论》一书中这样定义:企业家"应用既得的知识去创造供人类消费的产品,并承担一定程度的风险"。随着社会的不断发展,企业家的概念所包含的内涵和外延也随之丰富起来。日本著名经济学家池本正纯在他的新著《企业家的秘密》一书中,对当代有关企业家的各种理论作了系统比较和分析后提出:"所谓企业家,就是统筹、调整市场交易中已经发挥作用的领域之间的关系。企业家就是通常所说的'市场调节人'。"其实企业家是一种具有高度创造力的职业,是一个事业成功者的社会职称。他需要哲学家的思维、经济学家的头脑、政治家的气魄、外交家的才智、军事家的果断、战略家的眼光;他的功能是开拓创新;他的职责是保证企业资产的增值;他鱼跃的海洋是市场。

企业家的功能是开拓创新。彼得·德鲁克(Peter F. Drucker)在《革新与企业家精神》一书中指出:不是任何一个冒险搞小买卖的都能称为企业家的,也不是创办一种全新的事业就能戴上企业家的桂冠。企业家的开拓创新就是要有能力发现创新的机会,在竞争中取胜。

企业家的职责是保证企业资产的增值,即努力提高企业和社会的经济效益。在股份企业中,董事会代表了企业资产的利益,企业家对董事会负责,并努力使企业增值。

企业家鱼跃的海洋是市场。如果不能从市场上购买各种生产要素,而依赖于行政分配,那就不是企业家。市场是集结企业家活力的场所,企业家是市场的主体。企业家的命运很大程度取决于

---

[①] 本文节选自江西人民出版社 1989 年 4 月出版的《现代企业家手册》第一章。

企业家利用市场的能力。企业家在市场正常的情况下固然可以发挥作用,在市场不正常的情况下更要发挥作用。企业的兴旺发达靠企业家,市场的建立和发展也要靠企业家。

2. 现代企业家

辩证唯物主义要求我们一切以时间、地点、条件为转移。历史已翻到 20 世纪 80 年代的后半叶,世界新技术革命的蓬勃发展正促使企业经营方式的转变和企业家思想观念的革新。作为现代企业家,要树立效率是生命、时间是金钱、信息是财富、人才是关键的观念。在经营管理的具体过程中,既要发展生产,又要加强经营,既要重视计划,又要注意市场,创造最佳效益,使之达到或接近国际先进水平。

3. 中国现代企业家

作为中国现代企业家,他们能从中国国情出发,按社会主义的经济规律,不仅着眼于企业的近期目标,而且考虑企业的长远发展方向;处处把国家利益放在首位,坚持改革,知难而上,开拓创新,使企业达到或接近国际先进水平,创造最佳经济效益。同时,要培养出整套适应时代要求的人才群,并且使企业的文明建设获得满意的效果,人际关系和谐,群情昂扬,企业整体充满生机和活力。在我国现任的厂长经理中,以及广阔的社会各领域中,有相当一批具有企业家精神和素质的能人,由于在旧的管理体制和旧的观念下,他们的才华不能充分地施展。中华的振兴,我国要尽快地屹立于世界经济强国之林,需要千千万万的中国现代的企业家。一切有志于成为企业家的人,应当肩负起时代的重任,不要光在那里抱怨、观望、等待,要勇敢地面对现实、改变现实、创造现实,去跻身于世界强人之列!

## 二、现代企业家的时代特征

企业家所代表的是一个从事生产经营活动的有组织的群体。他的才华施展,需要一个充分活动的舞台。这个舞台就是企业家们所处的客观社会环境。企业家只有掌握这个舞台的时代特征,才能当好企业行为的编导和灵魂。这个时代的特征,概括起来是高效化、科学化、电子化和专业化。

1. 高效化

为适应现代化大生产和市场动态瞬息万变的需要,管理组织必须高效化。小生产的自然经济通常是按常规办事,几十年、几百年内变化极其缓慢,而社会大生产就不同了,往往在较短的时间里发生较大的变化,有时甚至瞬息万变,例如市场的需求、新技术的言辞、潜在的危险……均会通过情报部门、统计部门,源源不断把大量信息反馈到企业家眼前,这就要企业家树立效率是生命的观念,根据集权和分权相结合,统一性和灵活性相结合的原则,建立高效的管理体制和管理机构,克服官僚主义,提高工作效率。这样,才能对市场信息反应灵敏,才能根据市场的变化,对生产、技术、经营等一系列问题作出果断决策,获取最优的经济效益。

2. 科学化

就是要有一套适合现代化大生产要求的科学办法。小生产是一种自给自足的自然经济,也是一种封闭式的经济,环境对它影响不大。而大生产把整个社会的各方面千丝万缕地联系和交织在一起,你中有我,我中有你,牵一发而动全身,一个部门管理不当而引起失误,会引起一连串连锁反应。社会化大生产的时代特征是全局性、系统性、客观性和战略性,它要求每个企业家必须建立相应的管理思想,并且使各项经济工作做到标准化、系统化、准确化、文明化和最优化。要事事有标准,人人讲标准,有章可循,照章办事;要在科学预测的基础上制定企业的目标,并对实行这一目标的有关因素和内在的联系,进行定性和定量相结合的系统分析;要掌握充分准确的数据,凭数据说话,而不能靠直观判断,凭经验办事。建设一个项目、设计某一产品或处理某一重大管理问题要拟定多方案,进行技术经济分析,从中选择一个最优方案。

3. 电子化

实际上即管理计算机化。随着现代化生产的发展,经济活动信息量急剧增加,由各种各样的资料、情报、报告汇总表、总结等形成的信息流,使管理人员的工作量大大增加。为了完善生产管理和节约管理劳动,就需把计算机应用于管理,发挥计算机准确计算,快速储存,综合分析和自动控制等功能,实现生产过程的自动监督和最优控制。

4. 专业化

就是现代化大生产需要各方面的专家来管理。现代企业规模庞大,分工细密,技术要求严格,因素众多,这是过去小生产自然经济所无法比拟的。现代化工业生产,产品系列化、性能多样化、元件标准化、生产专业化,在一个企业和部门中,从设计、工艺、设备、质量管理、供销、经济核算等都已发展成为一门独立的学科,并开创了许多专业性的技术和方法,这种管理工作的专门化,必然在客观上要求企业建立一个统一的、强有力的、高效率的生产指挥系统和经营管理系统,因此企业家需要树立人才是关键的观念,选好能加强企业技术管理,推动技术进步的总工程师,能加强企业经营、提高经济效益的总经济师,能严格维护财经纪律,开辟新财源的总会计师,从而使一个企业形成一支结构合理、配套的管理和技术队伍,适应现代化企业发展的需要。

## 三、现代企业家的个性特征

企业家虽然具有各不相同的个体类型,但在一个人的气质、能力、性格等方面都有着共同的特征,概括起来主要包括:

(1) 讲究效率。企业家的信条是:效率是生命,时间是金钱。他们办事从不拖拉,今天做事决不拖到明天。

(2) 勇于创新。这是企业家的座右铭。他们在黄金时代居安思危,又要在逆境中积极进取,掌握最新动态,左右未来市场。

(3) 敏锐观察。企业家能敏锐地预测未来的潜在市场,能不断发现人们的潜在需要和能力,巧妙地运用这些潜在需要和能力,推动企业前进。

(4) 立体思维。作为企业家,不仅要在直观思维、理性思维和数学思维方面出类拔萃,而且还必须有令人折服的立体思维能力。企业家不仅要立足于"横"的方面即从同行乃至全国、全球范围考虑经营策略,还必须从"纵"的方面即未来的几十年乃至上百年来制定长期战略规划,以期赢得企业的不断进步。

(5) 独立见解。企业家要善于独立行事,对现成的事从不盲从,不轻附众议,极少人云亦云,勤于思考,大胆发问。

(6) 富有自信。企业家必须对企业未来充满信心,深信自己所从事事业的价值,即使遭到挫折和阻挠,也勇往直前,以实现自己的理想和企业的预期目的。

(7) 情操高尚。作为企业家,一定要为人正直,与人为善,品德高尚,情操优美,热爱职工,倾听职工的呼声,能帮助职工排难解忧,并且待人心胸宽阔,经受得住闲言碎语,还要经受得住主管的暂时不信任。

(8) 果断拍板。企业家最忌讳的是拖拖拉拉,优柔寡断,贻误时机。企业家在周密的调查研究和慎重思考后,就应高屋建瓴,当机立断。

(9) 冒险精神。企业家改革新产品,开拓新市场。必须不惜承担风险,面对常人无法忍受的困境,要拿出勇气,全力以赴。

(10) 知人善任。企业家必须具有求才若渴的美德,善用各类人才,心中有一本企业的"人才账",对各类人才的专长、爱好、优缺点等,了如指掌,真正做到知人善任,使人才各得其所、扬长避短,能最大限度地发挥"人才效益"。

## 四、现代企业家的心理特征

现代企业家应具备的心理特征是:

### 1. 心理行为上的主导型

按照人与人之间心理行为的传递,接收和相互影响来分,主要有主导型和依附型。凡主导型人才,思维能力强,勇于创新开拓,善于学习,办法见解多,在人的群体中往往是举足轻重的角色,也是角色的传递者。而依附型人才属于角色的接收者,这种人表现的是一种顺势的行为。企业家的心理行为应以主导型为特征。如果企业家是依附型人才,唯唯诺诺的顺势者,这个企业就不会有生气,开拓不了新局面。

### 2. 人格心理上的外向型

人格的心理特征,不外乎内向型、外向型、中间型。典型的内向型者爱沉思,喜独处,轻交往,对外界回避介入。典型的外向型者则开朗乐观,善交际,愿冒险,喜变化。一般人总是二者兼有,只是侧重不同。企业家的人格心理特征应以外向型为特征的领导者。大家知道企业仅仅是庞大社会的一个"细胞",在外界环境的挑战下,适应者则存,不适应者则淘汰。所以企业家必须以绝大部分精力,应付挑战。外向型的企业家在处理每件事,能专注于客观环境的变化,能着眼于未来的挑战;能尊重客观,使组织内部结构适应客观环境的变化,外向型的企业家是动态信息的捕捉者,能准确地判断信息对企业生产的影响,时时调整目标的策略,使企业在社会的激烈竞争中立于不败之地。

### 3. 心理素质上的果断顽强型

企业家的首要任务是决策,从决策者的心理特征分析,其素质类型大致有果断顽强型和多虑型两种。这里所说的果断顽强,是指把经过深思熟虑的选择,能迅速、明确地表达出来,并且为了实现既定的目标,会鼓起勇气。动员其全部心理力量和全身的力量,保持坚定性。多虑型决策者的特征除了具有深思熟虑的沉着稳健的优点外,还有优柔寡断犹豫不决,容易丧失良机,特别在十分紧要时刻容易遭到失败的弱点,企业家的心理素质应以果断顽强型为主要特征。这还因为在商品经济竞争十分激烈的条件下,既要求企业家要随机应变,当企业产品敌不过同类产品时,就是善于更新产品;又要求企业家在风险决策时果断稳定,在决策前,多方征询,博采众长,决策后,一旦遇风浪,要置个人得失于不顾,勇往直前,与下属同舟共济。

# 中国企业管理现代化的战略目标和进程(1989)[①]

中国企业管理现代化是为建设有中国特色的、充满生机和活力的社会主义经济体制奠定基础的,是加快中国社会主义现代化建设的重要内容之一,是有计划发展社会主义商品经济的客观要求,是中国人民面前的一项艰巨而紧迫的战略任务。

## 一、中国企业管理现代化的实质和实验阶段

1978年中国共产党的十一届三中全会以来,我国实行对内搞活经济、对外开放的一系列方针政策,使企业的社会环境和经济环境发生了巨大的变化。社会主义企业必须从旧的经济体制所形成的僵化模式中解放出来,按照现代管理的思想原则对传统的管理进行改革和提高,形成自主经营、自我发展的能力,使之能适应社会主义有计划的商品经济。

我国目前已有不少企业拥有比较先进的技术装备,但是由于管理不善,没有发挥其应有的作用,经济效益不高。其主要表现有以下五个方面:(1)企业领导人经营管理思想落后于经济形势的发展;(2)企业产品结构与消费结构不相适应;(3)企业组织机构未能与企业的具体经营管理特点相结合;(4)企业未能将现代化的管理方法和手段与企业现有较先进的技术配合;(5)企业管理人才的素质尚不能达到企业发展的需求。面对这一严峻的局面,人们清楚地认识到,尽快在企业经营管理人才、思想、组织、方法和手段等方面实现现代化是十分必要的,而且也是可能的。在我国实现企业管理现代化的实质是要从根本上改变我国企业素质低、产品质量差、物资消耗高的落后状况,使管理与现代化大生产相适应,充分发挥企业生产力,适应国际市场的激烈竞争和世界新技术革命的严重挑战。

中国企业管理现代化的实验是在1982年全面整顿企业的过程中开始的。这个实验是由中国国家经济委员会领导的,至今有五年的时间。实验主要从两个方面进行:一是开展企业管理现代化学术理论的研究和探讨;二是在一些先进企业中进行管理现代化的试点。实验的目的就是要从理论与实践两个方面提出中国企业管理现代化模式,认证实现中国企业管理现代化的规划步骤。这五年的实践取得了一系列极有价值的成果。这些成果每年从国家经济委员会组织召开的企业管理现代化座谈会上总结出来。

1983年在北京召开第一次企业管理现代化座谈会,与会专家、学者和企业领导人员针对当时情况,提出了如何对待外国企业管理经验以及我国企业管理理论的发展方向的"十六字"方针,即:

---

[①] 本文节选自上海人民出版社1989年4月出版的《中国企业管理现代化》,该书获得上海市社科优秀成果特等奖。

苏东水教授参加中日联合召开的"企业管理国际学术座谈会"

"以我为主,博采众长、融合提炼、自成一家"。这为我国企业管理现代化指明了道路。

1984年第二次企业管理现代化座谈会,就中国企业管理现代化的概念、内容和模式开展了热烈的讨论,我们所提出的以管理思想、管理组织、管理方法、管理手段和管理人才现代化的基本内容的中国企业管理现代化模式受到会议的肯定。这次会议还确定在全国24个重点企业进行企业管理现代化试点;提出了拟在全国范围内推行的18个现代化管理项目:经济责任制、全面计划管理、全面质量管理、全面经济核算、全面设备管理、统筹法、优选法、系统工程、价值工程、市场预测、决策技术、滚动计划、ABC管理、线性规划、成组技术、看板管理、量本利分析、微型电子计算机应用等。

1985年第三次企业管理现代化座谈会,就"中国社会主义现代化企业管理的特色"作为一个专题进行重点讨论研究。会议初步归纳为五点:(1)在生产资料公有制为主体、多种经济形式并存的条件下,企业经营方式灵活多样;(2)国家计划指导与企业自主经营相结合;(3)集中领导与民主管理相结合;(4)实行责、权、利相结合,国家、企业和职工个人三者利益相统一的经济责任制;(5)坚持思想政治教育和按劳分配相结合。会议还总结前两年企业管理现代化的实践经验,指出在推行企业管理现代化同时必须提高各级领导和企业人员的思想认识;企业管理现代化必须与经济体制改革、培训人才、技术进步相结合。据1985年18个省市统计,全国有117个企业推广管理现代化,初步形成一定体系的有54个企业,占全部试点企业的30%,取得一定成绩的有105个企业,占59.9%。全国重点抓的试点企业,由1984年的20个增加到36个;地区、部门、行业抓的试点企业,据不完全统计,已由1984年的117个增加到400多个。这说明推行企业管理现代化已有一个比较扎实的基础。

1986年年初在北京召开的全国经济工作会议以及同年4月召开的企业管理现代化第四次座谈会上,讨论了《企业管理现代化纲要》。这个纲要是全国各个方面集思广益,研究与探讨的结晶,也是近年来对企业管理现代化实验的总结。《纲要》共计十三章四十条,是我国"七五"计划期间推行企业管理现代化的指导性文件。《纲要》提出我国推行企业管理现代化总的指导思想是:第一,坚持走社会主义道路;第二,坚持实事求是;第三,要发扬创新精神;第四,要有经营战略思想;第五,树立市场竞争观念;第六,要坚持群众路线。《纲要》还提出要按照我国社会主义制度、民族传统、政治经济文化特点,坚持"古为今用""洋为中用"的方针,逐步确立符合我国社会主义经济发展规律的现代化管理体系。《纲要》从六方面勾画出我国企业管理现代化的蓝图。它阐述了我国为什么要推行企业管理现代化?什么是企业管理现代化?实行什么样的管理现代化?如何实现企业管理现代化等一系列问题,基本上描述了我国企业管理现代化的模式和规划。

## 二、中国企业管理现代化的体系和内容

### (一)中国企业管理现代化的各种看法

如何理解企业管理现代化是关系到我国企业究竟走什么样的企业现代化道路,究竟从哪几个方面进行管理现代化,究竟怎样实现企业管理现代化的重大问题。对此,我国管理理论界以及企业界人士广泛展开研究和探讨。理论界对中国企业管理现代化所包含内容内容提出了多种看法,主要有:(1)是"一制四全"观点,即以经济责任制为中心,全面计划管理、全面质量管理、全面经济核算、全面人事管理为主要方面和内容的模式。(2)是以"包、保、核"为中心的经济责任制为主的模式。(3)是以现代管理八个方面为主要内容的八大管理模式。(4)是我们提出的以建立具有中国特色的社会主义企业管理现代化体系为目标,以管理思想、管理组织、管理方法、管理手段、管理人才五个方面现代化为基本内容的模式。我们提出的这个模式在理论界引起了很大的反响,并得到了许多学者、专家和企业界人士的理解和支持。

### (二)企业管理现代化的基本内容

建立中国企业管理现代化模式首先必须确定中国企业管理现代化的道路,这就是将中国社会主义特点、民族特点和我国目前企业具体特点相结合的企业管理现代化的道路。要确定这样一条道路又必须建立具有中国特色的企业管理理论体系,这个理论体系不仅要吸收国外现代管理理论的科学部分,更要吸取和提炼中国古代思想家丰富的管理思想和中国优秀管理实践家的成功经验。

其次,建立中国企业管理现代化模式应该确定企业从哪些方面着手实施。从根本上来说,企业管理现代化的内容包括合理地组织企业生产力和正确地调整企业生产关系。具体地说,体现在以下五个方面:

第一,管理思想现代化。即要确立现代企业经营管理思想,包括战略观念、市场观念、金融观念、竞争观念、服务观念、质量观念、信息观念、人才观念、时间观念、效益观念等。

第二,管理组织现代化。就是企业要根据生产关系适应生产力、上层建筑适应经济基础的原理,考虑企业自身的经营战略、生产技术、企业规模等特点,遵循现代企业管理组织的原则,建立和完善企业管理体制,设置和选择管理组织机构,确定生产组织和管理组织的内部构成,克服官僚主义,提高工作效率,促进生产力的不断发展。

第三,管理方法现代化。就是企业要根据自身的技术水平,选用一系列与其相适应的现代企业管理方法,如现代经营决策方法、现代计划管理方法、现代理财方法、现代物资管理方法、现代企业生产管理方法、现代思想政治工作方法等。

第四,管理手段现代化。即运用一系列企业现代管理必需的管理工具,如先进的监控手段、电子计算机、管理信息系统等等。

第五,管理人才现代化。人才现代化是企业管理现代化实现的根本,企业一切先进的管理方法、手段都要在人的使用下才能发挥作用。企业管理人才现代化就是培养和造就一大批掌握现代领导艺术,具有指挥才能,参谋才能,监督、执行才能和各种专业知识的现代管理人才。

以上五个方面的内容是相辅相成、互相衔接而成为一个体系的,其中,管理思想是基础,管理组织是保证,管理人才是条件,管理方法与手段是途径,这构成了中国企业管理现代化模式的主要内容。

## 三、中国经济体制改革和企业管理现代化的关系

### (一) 企业管理现代化是经济体制改革的一项重要内容

中国共产党十二届三中全会通过的《关于经济体制改革的决定》的发表,是中国经济体制改革的重要转折点。社会主义有计划商品经济的提出,是马克思列宁主义与中国革命实践相结合的又一产物。由于这个理论的提出,中国的工业企业就顺理成章地成为相对独立的商品生产者和商品经营者。企业必须在新的经济环境中增强自身经营发展能力,才能在商品生产中竞争中保持胜利。

改革是要改革生产关系和上层建筑中不适应生产力发展的一系列相互联系的环节和方面,目的在于发展社会生产力。国家对企业的管理也要从过去直接插手企业生产经营管理转变为用间接办法即用经济的和法律的手段来管理企业。而推行企业管理现代化,也是为了调整生产关系,使之更好地组织生产力,适应生产力的发展,提高企业素质,提高经济效益。改革、搞活企业与推行以至实现企业管理现代化的目的是一致的,企业管理现代化就是我国经济体制改革的一项重要内容。

"七五"期间经济体制改革主要有三个方面的内容:(1)进一步增强企业特别是全民所有制大中型企业的活力,使它们真正成为相对独立的经济实体,成为自主经营、自负盈亏的社会主义商品经济生产者和经营者。(2)进一步发展社会主义的商品市场,逐步完善市场体系。(3)国家对企业的管理逐步由直接控制为主转向间接控制为主,建立新的社会主义宏观经济管理制度。经济体制改革的这三个方面的内容基本决定了中国企业管理现代化的战略目标与规划步骤。

### (二) 中国企业管理现代化的战略目标与规划步骤

中国企业管理现代化的战略目标是根据中国企业的实际情况,按照系统的观念,从管理思想、管理人才、管理组织以至管理方法和管理手段等方面实现现代化,并把它们同各项管理功能有机地结合起来,形成具有中国特色的社会主义的现代化企业管理体系。从几年已试行的企业管理现代化的经验看来,我国企业管理现代化整体水平难以提高,根本的原因在于管理思想、组织、人才与管理方法、手段不配套,因此,就全国而言,在"七五"期间或更长时期里,推行企业管理现代化的重点应当是管理思想、组织、人才三方面首先现代化,其理由如下:

第一,管理思想、组织、人才现代化是企业管理现代化的基础和主动因素。现代经营管理思想是企业生产经营的指导思想,思想对头,企业管理现代化才有保证。此外,管理思想又是寓于组织与人才之中,它通过现代管理人才的活动与企业组织管理体制的改革体现出来。因此,只有组织与人才实行了现代化,才谈得上现代经营管理思想的现代化。

第二,管理组织、思想、人才落后是我国长期以来企业管理水平提不高的根本原因。我国企业长期处于单一计划的产品经济环境中,小生产方式的组织管理体制和思想,以及不重视现代经营管理人才的观念已根深蒂固。因此,一下子要转变,难度很大,任务也很艰巨,尤其是人才。如果我们

不在管理组织、思想、人才三方面现代化上下功夫,那么企业管理现代化就很难实现。

第三,管理思想、组织、人才现代化必须领先。改革企业的领导体制、组织机构、规章制度,势必要触动某些人的陈规旧律和切身利益,引起抵触或感到不适应,这就需要有一段适应时期;灌输和培植现代经营管理思想,并把这些观念融合于企业的文化意识之中,这也需要一段接受时期;培养和造就一大批现代经营管理人才,同样也需要一段学习时期。因此,管理组织、思想、人才现代化要作为重点,尽早抓起,才能为现代管理方法和手段的实际应用创造良好的前提。

中国企业管理现代化的原则是：

(1) 坚持四项基本原则,坚决贯彻党的十一届三中全会以来的路线、方针、政策。

(2) 坚持按照马列主义、毛泽东思想的立场、观点和方法,运用系统论、信息论和控制论等现代科学理论来指导企业管理现代化实践。

(3) 贯彻"七五"计划战略方针,坚持把改革放在首位,正确处理管理现代化与经济体制改革、与技术进步的关系。

(4) 坚持"两个文明"一起抓,使社会主义的物质文明建设和精神文明建设同时并进。

(5) 坚持"以我为主、博采众长、融合提炼、自成一家"的方针。在汲取中华民族的文化精华、认真总结新中国成立以来企业管理经验的基础上,借鉴外国先进的管理经验。

(6) 坚持讲求实效,防止形式主义。

根据上述战略目标和指导原则,我国"七五"期间推行企业管理现代化的规划是：

(1) 技术水平和管理水平目前已经在全国同行业中处于领先地位的企业,特别是其中的大中型企业,在 1990 年以前,要率先实现管理现代化。它们的现代化管理体系要建立得比较完善,具有较强的自我改造、自我发展的能力;有出口任务的企业还要有较强的自我改造、自我发展的能力;有出口任务的企业还要有较强的创汇能力,主要产品质量、物资消耗等主要经济技术指标达到 20 世纪 70 年代末 80 年代初的国际先进水平,有的要达到当时的国际先进水平,有的要达到当时的国际先进水平。

(2) 技术水平和管理水平目前在本省、自治区、直辖市处于领先地位的企业,到 1990 年,要基本形成现代化管理体系,具有一定的自我改造、自我发展的能力;主要产品质量、物资消耗等主要经济技术指标要达到全国同行业 1985 年的先进水平,主要产品具有较强的竞争能力。

(3) 对一些基础比较薄弱的企业,必须积极做好管理现代化的起步工作,主要是切实加强各项管理的基础工作,努力学习掌握现代化管理知识和技能,在一定范围内推广应用现代管理方法和手段;到 1990 年,主要产品质量、物资消耗等主要经济技术指标要达到和超过本省、自治区、直辖市1985 年的先进水平。

为了保证实现战略目标和战略规划,国家准备采取以下几个措施：

——加强企业管理现代化的研究工作和咨询工作;

——普及企业管理现代化知识,对管理人员进行培训、考核;

——有领导、有步骤、有组织地考核评选企业管理现代化先进企业;

——建立企业管理现代化的成果奖励制度。

### (三) 中国企业管理现代化的发展

随着我国经济体制改革的深入发展,我国企业管理现代化的发展,可以用十大转变来表述。一是企业从过去高度集中的旧体制下形成的封闭式的单纯生产型管理,逐步转变为开放式的生产经营型管理;二是企业的计划管理由过去的指令型逐步转变为指导型、市场型、决策型;三是国家对企业管理由直接控制为主,逐步转变为间接控制为主;四是企业的所有制由过去单一全民所有制形式为主,逐步转变为多种所有制形式并存的局面;五是企业领导制度由过去党委集体领导,逐步转变为厂长(经理)负责统一指挥;六是企业的领导阶层由过去重资历,转变为重领导阶层的革命化、知识化、专业化和年轻化;七是企业的目标由过去重产量、产值,转变为重质量、重经济效益;八是企业的产销组织由过去大批量、少品种,转变为小批量、多品种和横向经济联合;九是企业的组织机构由过去一刀切的僵化模式,转变为适应企业生产经营特点的弹性组织机构;十是企业的职工行为素质由过去的体力型、纪律型,转变为脑力型、智能型和现代型。

中国企业管理现代化的前途是光明的,未来是美好的。我们坚信在不久的将来,中国企业的现代技术和现代管理上将出现一个新的飞跃。

# 管理心理学和人为学的关系(1992)[①]

《管理心理学》一书自1987年出版迄今,五年来仍是同类著作中的畅销书。在学术专著出版不景气的时节里它重印了八次,发行近20万册,并获日本赤羽优秀学术著作奖,受到海内外有关专家、读者的关注;收到近百封来信,有赞誉之辞,也有对本书再版提出修改意见者。一位曾经留学美国获博士学位、现负责海外一家国际公司的总经理特地从中国新华社买了本书,读后来信云:"对于作者精研此门学问深感敬佩,特别是在海外不易见到有关马列在这方面的思想,亦能收入您的大作,使我们可以从另一个角度了解《管理心理学》。"一位台湾的大学著名的心理学教授在获览本书后,特远道光临复旦园,访问作者,这位年事已高对心理学有研究威望的教授及其夫人说:我们拜读了您的书,特地慕名造访合作出书,本以为作者是位白发苍苍的老学者,想不到竟是一位头发黑黝、精力充沛、富有研究成果的中年人。海峡两岸的学者通过深切交流,畅谈此门学科的发展与成就及其对人类进步的作用,使我对从事此学科研究的志趣尤深。社会广泛读者对本书作者的高度评价,也是一种强大的激励动力和鞭策,坚定了我修改本著作的决心。我谨此感谢读者朋友们的关心鼓励。本书第二版修订,原体系保留,内容作了补充和修改,同时,在序言中论述了我提出的"人为学"的主要思想,诚希读者指正。

我原来多年从事经济管理学科的研究,1980年始从阅读过的中国古、近代和西方现代的经济管理文献中,加上大量的理论和社会现象,触动了我对研究"人"学问的兴趣。十多年来我从探索中国古代行为学说起,到现代西方行为科学以及中外管理思想精华之中,逐渐形成自己设想建立的一门学科——"人为学",即研究人的心理行为的科学。我的《管理心理学》,其实是一部"人为学"的著作,也是我创作"人本论"的基础。我认为要建立有中国特色的管理心理学科体系,或者说创立"人为学"体系,首先要了解什么是管理的本质和"人为学"的性质。按照马克思在《资本论》中的说法:管理有两重性;西方管理学家一般说法管理是一种组织行为。在中国历史上,各学派对管理本质的看法则有各自独到的见解。在儒家看来,管理是"修己—安人"的行为;法家看来,则是一种功利的行为;在道家看来,是一种"效法自然"的行为;在墨家看来,是利他行为;在《易经》看来,是一种"人道行为";而就宋明理学来说,管理则是一种"循理行为"。这些对于管理本质和管理中人的行为的见解各有根据,亦各有所长。我认为中外历史传统论述的管理的本质可以用最简洁的方式概括为:"人为为人"。每个人首先要注重自身的行为修养,"正人必先正己",然后从"为人"的角度出发,来从事、控制和调整自己的行为,创造一种良好的人际关系和激励环境,使人们能够持久地处于激发状态下工作,主观能动性得到充分的发挥。"人为"与"为人"两者具有辩证关系、互相联系并且可以

---

[①] 本文节选自复旦大学出版社1992年出版的《管理心理学》的再版序言。

转化。对任何管理者或被管理者,都有一个从个人行为逐步向为他人服务转变的过程,即从"人为"向"为人"转变的过程。这一过程体现在家庭、行业、国家一切方面的管理之中,管理者与被管理者越是注意自身行为的素质,其"为人"即管理的效果就越好。在当今整个世界政治经济错综复杂、瞬息万变的格局中,以人为中心的管理思想,正在全世界范围内引起越来越多的重视,人们普遍重视人的管理问题,认为在管理的诸方面中,人的管理是最重要的方面。而我国古代思想家也早就提出过这一问题。《孙子兵法》便曰:"人情之理,不可不察。"《荀子·天论》中也说:"天有其时,地有其财,人有其治。"这些论述都提出了研究和重视人的因素的重要性。1990年和1991年我曾在全国古代管理思想研讨会和国际经济管理研究会上作了有关学术报告。我认为人的积极性是现代经济起飞的原动力,因此围绕着"人为为人"这一人为学的中心思想来创建中国式管理体系是有一定意义的。也可以充分反映出中国传统管理文化的特征,有助于我们从研究人本身出发来思考现代管理所面临的各种问题。历史在发展,时代在进步,我们今天应该以马克思主义立场、观点和方法,博览众长,取长补短,融会贯通,根据新的社会发展特征进一步建立完善的中国管理心理学学科体系,以便更好地为祖国现代化的宏伟事业服务。

# 弘扬东方管理文化,建立中国管理体系(1992)[①]

在当前世界政治、经济错综复杂、瞬息万变的格局中,古老的东方文化,尤其是博大精深的中国传统文化,正在全世界范围内引起越来越多的重视。世界各国的企业家,尤其是分布于世界90多个国家的华人企业家,更是珍视中国传统管理思想这一宝贵遗产,将其付诸企业管理实践,帮助自己的事业腾飞,其中不少收到了良好效果。这一事实说明,吸取中国传统思想精华,建立富有特色的中国管理体系,已经时机成熟。国际国内瞩目于以中国传统思想为主的东方文化,促使我们有必要对中国管理体系的若干问题加以认真的思考。

## 一、中国管理的传统意义

管理也是一种艺术文化。作为一种解决现实世界中各种矛盾、各种问题的方法和手段,管理思想和方式深刻地反映出社会所赖以生存的文化渊源。现代管理科学者都注意到各国的管理思想和方式具有不同的特点,而且往往表现十分强烈。之所以会产生这种情况,关键之处是因为各国所处的文化背景不同,思维方式、行为方式、人际交往方式皆有所不同,因而管理思想、管理手段也就各有差异。文化有其不可隔断的继承性和延续性,国家不论发达与否,其当代社会文化都是本国传统文化的继承和创新,因此作为解决现实问题的当代管理方式,同样受其社会传统和习俗的支配。美国管理学家杜鲁克曾经说过:"管理上越是能够利用一个社会的传统、价值和信念,则管理的成效便越大。"为了适应中国四个现代化建设的需要,加快改革开放的步伐,现代管理中如何有效地利用传统文化遗产,建立起富有特色的中国管理体系,是摆在我们面前的迫切任务。

要建立有特色的中国管理体系,首先要认清什么是中国传统文化的核心。尽管现在学术界对中国传统文化的核心问题仍有分歧,然而无论从历史事实或长远影响来看,儒家思想毫无疑问是中国历史传统文化的主干。绵延两千多年的儒家思想,虽然在历史长河中几经变化和更新,其影响却是中国任何其他文化所无法相比的,它对几千年的中国文明社会具有广泛和强烈的渗透力,千千万万中国人从思想观念、伦理道德乃至行为方式,无不深深浸染着儒家文化的痕迹。

就管理思想而言,儒家的管理思想内含十分丰富,妙言迭出、警句纷呈,涉及行政管理、经济管理、军事管理、文化管理等诸方面。然而若从其管理过程加以分类,则可以划分为"修己"和"安人",即自我管理和社会管理两大部分。儒家管理方式的逻辑发展是以"修己"即自我管理为起点,以"安人"即理想化的社会管理,最终达到天下大同为归宿。其管理活动始于"修己"功夫,终于"安人"的

---

[①] 本文刊载于《复旦学报》1992年第3期,并作为作者1994年出席在美国达拉斯召开的IFSAM第二届世界管理大会的学术报告。

行为。从以孔子为代表的原始儒学直至以朱熹、王阳明为代表的宋明理学的一系列论述来看,儒学管理思想的具体运作路线是:格物—致知—正心—诚意—修身—齐家—立业—治国—平天下,即从管理者本人自我修养的角度出发,首先通过观察和认识事物,来获取广泛的知识,同时注重精神的锻炼以提高自身素质,使得管理者本人无论在道德修养、行为规范等方面都达到较高境界,实现自我管理的目标,然后便推己及人,实行社会管理的操作过程:第一步先从周围做起,对家庭、家族行使有效的管理,然后由家扩大到国,实现对国家的治理。在儒家看来,国是家的扩大,家和国在管理上只有地域和人口的不同,而管理方法没有实质性的区别。对家庭、家族的管理方法同样可以有效地用来管理国家。当国家治理有了成效后,儒家管理的最高境界便是求天下于一统,用儒家思想来管理和统率整个世界。

儒家管理思想有其内在的哲学基础。在儒家看来,人的最高理想和追求就是所谓"内圣外王"。在自我修养、自我管理方面,力求达到一种"圣人"的境界,见闻力求其广,知识力求其博,"一物不知,深以为耻",而这种无所不知、无所不晓的圣人,在个人行为方面又要力求完美,做到"非礼勿视、非礼勿言、非礼勿动",不能留下让人指责的话柄。孔子曾给人生的每一阶段设立了目标,亦即是儒家自我管理上的阶段性目标:"三十而立,四十而不惑,五十而知天命,六十而耳顺,七十而从心所欲不踰矩。"由此可见,在儒家看来,由于具有广博的知识和丰富的见闻,从事管理职能并被人当作偶像崇拜和仿效的"圣人",通过自身修养和自我管理能从必然王国到自由王国,达到至善至美的境界,而为了实现儒家治国平天下的大业,还有一个从"修己"到"安人"的过程,即从完善的自我管理向社会管理发展,用儒家思想去引导和教化民众。中国管理的传统意义,便包括在这样一个"修己"—"安人"的过程之中。

至于如何从修己推广到安人,实现社会管理,儒家也有其独到之处。以孔孟为代表的儒家认为:人心本来是善良无邪的,因此管理者所采用的管理手段,主要应该是"感应"和"教化",用现代语言来说,就是正面教育和启发引导,使被管理者在良好道德和引导下,通过自我修养和自我约束,服从于统一的思想意识和行为规范,这样天下便可趋于大同,儒家所要达到的管理目的也大功告成。

## 二、西方管理理论对中国管理的影响

西方管理理论虽然历史不长,但由于近代以来西方社会经济的迅速发展,其管理理论在这样一种社会背景的支撑下,也显示出强大的力量,使包括中国在内的其他国家兴起了学习西方管理思想的热潮,希望通过引进西方管理理论和方法使本国迅速走上致富求强之路。

自我国近代著名实业家穆藕初先生首次翻译泰罗的《科学管理》一书,把泰罗的"科学管理"理论介绍进我国之后,西方管理思想对我国产生了重大影响。近代以来,无论政治家、军事家、经济学家,都在不同程度上把西方管理思想运用于具体实践,收到了一定效果。由于历史背景和社会基础的不同,西方管理思想无论在理论的着眼点或是实践的方法上,都与中国传统管理思想有较大区别。主要有以下几点:

(1) 西方管理思想大都主张管理与伦理脱离关系。在实施管理的过程中,西方某些管理学派不很重视依靠人与人之间的伦理关系或道德维系来加以实施;而是主张不论亲疏、不分远近,一律统一于整齐划一的组织制度和纪律。理性管理在其管理理论中占据绝对主要的地位。中国人比较喜欢讲人情。企业对职工的各方面相对考虑较多,直至如今,中国"企业办社会",把职工的饮食起居、生老病死一概包揽下来的做法依然非常突出。而西方一些企业,对于职工是一种交易的关系,雇主提供给职工薪水与福利,由职工加于评估,合则留,不合则去,重新挑选另外的工作,一般不带任何人情上的关系。

(2) 西方管理思想不很重视"修己"。它们不把管理者自身的道德修养放在重要位置,对管理者本人的行为没有比对一般人员更严格的要求,而是强调用统一的行动规范来约束人的行为,以使组织能够有效地运转。西方管理思想特别重视"安人",在客观上如何对人的行为,对组织运转的环节实施有效管理方面动了不少脑筋,对管理者本身自我约束后所形成的人格力量的影响则不多考虑。而中国传统管理思想首先是主张"修己",通过管理者的自我修养、自我约束来对被管理者产生一种人格影响力,促使被管理者也从主观上对自己加以管理,而外部的监督机制、管理机制只是一种辅助力量。而且即使是外部管理机制也只是以正面教育,"感应"为主,惩罚与处分为辅。

(3) 西方管理理论不相信"感应"的力量。它们总的倾向认为管理手段主要依靠统一而严明的纪律以及积极有效的激励方法,不重视正面教育和引导。而在中国管理思想中,更为重视管理中的"软约束",主张以情动人。

(4) 重视企业管理在整个西方管理思想发展史中占据了很重要的地位。尤其是近百年来,西方很多重要的管理思想都是围绕企业管理来展开的,许多管理思想如"科学管理"等,都是先从企业管理的角度加以设计和实践,然后再推而广之,用于社会其他部门。而中国传统管理思想"修身、齐家、治国、平天下"的历程,则更多的是偏重于行政管理的角度。如果说西方管理思想的产生与发展过程是从经济管理向行政管理发展,那么中国管理思想的历程则是从行政管理向经济管理延伸。

综上所述,西方管理与中国传统管理思想存在着较大的区别。而当西方管理思想传入中国后,对中国的管理思想和行为也发生相当的影响,它使中国的管理行为逐渐与伦理脱离关系,现代中国的经济管理、企业管理已很少再靠传统的伦理道德来加以维系。它使中国管理也从重视"修己"向重视"安人"发展。注意研究管理技术,注重对被管理者实施管理后的结果,注重群体的行为。它使企业管理在中国管理中所占比重上升,无论是理论工作者或是实际工作者,都更为重视通过企业管理来提高企业效益,为社会服务。

## 三、建立有中国特色的管理学体系

建立有中国特色的管理学体系,首先要了解管理的本质是什么,按照马克思在《资本论》中的说法:管理有两重性;西方管理学家一般说法:管理是一种组织行为。在中国历史上,各学派对管理本质的看法则有各自独到的见解。在儒家看来,管理是"修己—安人"的行为;在法家看来,是一种功利的行为;在道家看来,是一种"效法自然"的行为;在墨家看来,是利他的行为;在《易经》的观点看来,是一种"人道行为";而就宋明理学来说,管理则是一种"循理行为"。这些对于管理的见解各有根据,亦各有所长。

我认为中国历史传统论述的管理本质,可以用最简洁的方式概括为"人为,为人"。每一个人首先要注重自身的行为修养,"正人必先正己",然后从"为人"的角度出发,来从事、控制和调整自己的行为,创造一种良好的人际关系和激励环境,使人们能够持久地处于激发状态下工作,主观能动性得到充分的发挥。"人为"与"为人"二者具有辩证关系,互相联系并且可以转化。对任何管理者或被管理者,都有一个从个人行为逐步向为他人服务转变的过程,即从"人为"向"为人"转变的过程。这一过程体现在家庭、行业、国家一切方面的管理之中,管理者与被管理者越是注重自身行为的素质,其"为人"即管理的效果就越快。当今世界,人们普遍重视人的管理问题。认为在管理的诸方面中，人的管理是最重要的方面。而我国古代思想家也早就提出过这一问题。《孙子兵法》便曰："人情之理，不可不察。"《荀子·天论》中也说："天有其时，地有其财，人有其治。"这些论述都指出了研究和重视人的因素的重要性。本人自著的《管理心理学》（复旦出版社1999年八版）一书其实是一部"人为学"，即研究人的行为的著作。我在本书的前言中曾提出：要建立中国特色的社会主义经济体制，应该重视研究人的行为问题、企业本身行为和国家对企业管理行为问题。这是经济起飞发展的三个车轮。我认为人的积极性是经济起飞的原动力，因此围绕着"人为、为人"这一"行为学"的中心思想来构建中国式管理体系是有一定意义的，也可以充分反映出中国传统文化注重伦理性、注重正面引导的特征，有助于我们从研究人本身出发，来思考现代管理所面临的各种问题。

历史在发展、时代在进步，我们今天应该以马克思主义的立场、观点和方法，博览众长、取长补短、融会贯通，根据新的社会发展特征，建立中国管理体系。在构建中国式管理体系时，还面临一个管理现代化的问题。管理现代化包括思想、组织、方法、手段、人才和行为等各种管理的现代化，这一问题在本人主编的《中国企业管理现代化研究》（上海人民出版社1988年出版）一书中有较详细的论述，现在有人认为这是中国管理"现代化"学派的确立的标志。建立有中国特色的现代化管理体系，还要注意以下几个问题：

(1) 充分认识"修己"与"安人"，"人为"与"为人"的意义。一个组织或一个企业，如果人人都重视自我修养和自我行为的约束，管理成效无疑会得到提高。而大家都推己及人，以正当的行为来参与或从事管理，这样的管理活动自然成功，才能实现真正的"人性管理"。

(2) 管理的根本精神在于"中道"，即中庸之道。中庸之道的实质是讲求合理和适度。任何事情都要注意一个合理的范围，不偏不倚。而管理的目的本来就是力求使事物处于合理的最佳状态，以发挥出最佳效益。这种追求事物的合理性，也就是中道，是管理的标准之一。

(3) 管理的最佳原则是"情、理、法"三者有机结合。在管理过程中，首先要动之以情，用感情、语言去打动对方，如若不行，则要严肃地晓之以理，向对方把道理说透，再不行，则决不姑息手软，要毫不留情地依照规章制度加以处理。合情、合理、合法是管理者必须遵循的原则。

(4) 管理的最高境界是"无为而治"，即自动化管理。一个企业或组织中的成员都能自发地按照规范和要求办事，力所能及地发挥自己的力量，维护组织的宗旨和荣誉，这就是管理的最高境界，亦即是孔子所说的"从心所欲不逾矩"。

作为一种文化的管理，必然反映出其所处的特定的时间和地域。处于强烈传统文化氛围下的中国，有着与西方截然不同的文化背景和社会制度。只有根据中国的特定情况，建设有中国特色的管理体系，才能发展我国的管理科学，更好地为四个现代化的宏伟事业服务。

# 中国管理哲学若干问题探讨(1993)

## 一、中国传统管理文化的核心

要建立有特色的中国管理哲学体系,首先要认清什么是中国传统文化的核心。尽管现在学术界对中国传统文化的核心问题仍有分歧,然而无论从历史事实或长远影响来看,儒家思想毫无疑问是中国历史传统文化的主干。

绵延两千多年的儒家思想,虽然在历史长河中几经变化和更新,其影响却是中国任何其他文化所无法相比的,它对几千年的中国文明社会具有广泛和强烈的渗透力,千千万万中国人从思想观念、伦理道德乃至行为方式,无不深深浸染着儒家文化的痕迹。

在中国历史上,各学派对管理本质的看法都有各自独到的见解。在儒家看来,管理是"修己—安人"的行为;在法家看来,是一种功利的行为;在道家看来,是一种"效法自然"的行为;在墨家看来,是利他的行为;在《易经》的观点看来,是一种"人道行为";而就宋明理学来说,管理则是一种"循理行为"。这些对于管理的见解各有根据,亦各有所长。

我认为中国历史传统论述的管理哲学本质,可以用最简洁的方式概括为"人为为人"。

## 二、中国传统管理哲学的主要观点

就管理思想而言,儒家的管理哲学思想内容十分丰富,妙言迭出、警句纷呈,涉及行政管理、经济管理、军事管理、文化管理等诸方面。然而,若从其管理过程加以分类,则可以划分为"修己"和"安人",即自我管理和社会管理两大部分。儒家管理方式的逻辑发展是以"修己"即自我管理为起点,以"安人"即理想化的社会管理,最终达到天下大同为归宿。其管理活动始于"修己"功夫,终于"安人"的行为。从以孔子为代表的原始儒学直至以朱熹、王阳明为代表的宋明理学的一系列论述来看,儒学管理思想的具体运作路线是:

格物—致知—正心—诚意—修身—齐家—立业—治国—平天下

即从管理者本人自我修养的角度出发,首先通过观察和认识事物,来获取广泛的知识,同时注重精神的锻炼以提高自身素质,使管理者本人无论在道德修养、行为规范等方面都达到较高境界,实现自我管理的目标,然后便推己及人,实行社会管理的操作过程:第一步先从周围做起,对家庭、家族行使有效的管理,然后由家扩大到国,实现对国家的治理。在儒家看来,国是家的扩大,家和国

---

① 本文是作者1993年12月在复旦大学经济管理研究所举办的"中国国民经济发展与展望"上的发言稿,根据录音整理。

在管理上只有地域和人口的不同,而管理方法没有实质性的区别,对家庭、家族的管理方法同样可以有效地用来管理国家。当国家治理有了成效后,儒家管理的最高境界便是求天下于一统,用儒家思想来管理和统率整个世界。

儒家管理思想有其内在的哲学基础。在儒家看来,人的最高理想和追求就是所谓"内圣外王"。在自我修养、自我管理方面,力求达到一种"圣人"的境界,见闻力求其广,知识力求其博,"一物不知,深以为耻",而这种无所不知、无所不晓的圣人,在个人行为方面又要力求完美,做到"非礼勿视,非礼勿言,非礼勿动",不能留下让人指责的话柄。孔子曾给人生的每一阶段设立了目标,亦即是儒家自我管理上的阶段性目标:"三十而立,四十而不惑,五十而知天命,六十而耳顺,七十而从心所欲不逾矩。"由此可见,在儒家看来,由于具有广博的知识和丰富的见闻,从事管理职能并被人当作偶像崇拜和仿效的"圣人",通过自身修养和自我管理能从必然王国到自由王国,达到至善至美的境界;而为了实现儒家治国平天下的大业,还有一个从"修己"到"安人"的过程,即从完善的自我管理向社会管理发展,用儒家思想去引导和教化民众。中国管理的传统意义,便包括在这样一个"修己"—"安人"的过程中。

至于如何从修己推广到安人,实现社会管理,儒家也有独到之处。以孔孟为代表的儒家认为:人心本来是善良无邪的,因此管理者所采用的管理手段,主要应该是"感应"和"教化",用现代语言来说,就是正面教育和启发引导,使被管理者在良好道德和引导下,通过自我修养和自我约束,服从于统一的思想意识和行为规范,这样天下便可趋于大同,儒家所要达到的管理目的也大功告成。

## 三、现代"人为学"的研究

### (一)人的本质

探讨人的本质,是我们研究管理哲学的出发点。对于什么是人,在历史上有不同看法。马克思首先提出"人是社会关系的总和"的观点。

"人"这个字眼,看起来似乎很简单,其实不知包含着多少深刻的含义。在很久以前,人们就开始探索,企图揭开这个谜的谜底了。古希腊的哲学家巴门尼德认为,人是从土中生出来的。德谟克利特认为,人是从地里出来的,就和虫豸之类产生的方式一样。由此看来,人和动物的界限,他们还不能分出来,并且对于人的产生的看法也是非科学的。

一些学者力图把人和动物区分开来。比如古希腊哲学家亚里士多德把人定义为"陆栖两脚的动物"。中国古代也有类似的说法。《列子·黄帝》指出:"有七尺之骸,手足之异,戴发含齿,倚而食者,谓之人。"他们虽然看到人的身长、体形特征、居住和饮食方式不同于动物,但也没有把人和动物真正区分开来。

近代资产阶级及其学者对人作了系统和富有成果的研究。他们用人权反对封建主义的神权,引起了对人的研究的普遍兴趣。他们反对把人归结为上帝,主张还其自然,认为人是有血有肉的,有着各种欲望并应得到各种享受的。但具体的说法又各不相同。

英国哲学家培根说:"人不过是自然的仆役和翻译员。"法国哲学家拉美特利说:"人是一架复杂的机器。"他还以"人是机器"为题目写了一本书。

德国哲学家路德维希·费尔巴哈是近代资产阶级学者中,对人的研究最富有理论成果的学者。费尔巴哈反对用神学的观点来解释人,认为人不是上帝的作品而是自然界的产物,人的本质不是上帝而是他自身。"理性、爱、意志力"等就是人的本质。费尔巴哈从人是自然界的产物去考察人的本性,这无疑是反对宗教神学的一颗有力炮弹。

但他考察的仅仅是"人自身",而不是现实的历史的人,是抽象的人,而不是处在一定社会关系中的人,因而他所理解的人的本质,正如马克思指出的,只是"理解为'类',理解为一种内在的、无声的、把许多个人纯粹自然地联系起来的共同性"。

中国民主革命的先行者孙中山也指出:"依余所见,古人固已有言:'人为万物之灵',然则万物之灵者,即为人之定义。"

从上可见,人的整个本质是有别于动物的。不思维的人当然不是人,但是这并不是因为思维是人的本质的缘故。

### (二) 现代"人为学"

#### 1. 人类行为的概念

简言之,行为是人类日常生活所表现的一切动作。关于人类行为的定义,心理学家克特·勒温曾写成如下公式:$B=f(P,E)$,式中:$B$——行为,$P$——个人——内在心理因,$E$——环境——外界环境的影响(自然、社会)。

上式表示行为($B$)是个人($P$)与环境($E$)交互作用的函数或结果从心理学的角度讲,人的行为起源于脑神经的辐射,形成意识;由意识表现之于动作时,便形成了行为,而意识本身则成为一种内在行为。

人类行为具有共同的特征,表现在以下几个方面:

第一,行为的自发性——指人的行为是自动自发产生的而不是被动的。外力可能影响他的行为,但无法引发其行为。

第二,行为的可归因性——指任何一种行为的产生都是有其起因的。遗传与环境可能是影响行为的因素,同时外在条件亦可影响其内在的动机。

第三,行为的目的性——指人类的行为不是盲目的,它不但有起因而且是有目标的。有时候在旁观者看来毫不合理的行为,对行为者本人来说却是合乎目标的。

第四,行为的持久性——指行为指向目标,目标没有达成之前,行为是不会终止的。也许他会改变行为的方式,或由外显行为转为潜在行为,但还是继续不断地往目标进行的。

第五,行为的可改变性——指人类为了谋求目标的达成,不但常变换其手段,而且其行为是可以经过学习或训练而改变的。这与其他受本能支配的动物行为不同,它是具有可塑性的。

研究人行为的共同特征,对探索动机的规律,管理心理活动的规律,是有很大帮助的。管理工作的重要任务之一,就是要了解、预测与控制一个人在什么时候可能产生什么动作;同时要了解动机或需要如何唤起某个动作。

#### 2. 研究人行为的目的

研究人的行为规律的科学,实际上是用心理学、社会学、生理学、伦理学等科学原理,以研究人的行为和人群关系、人的积极性为对象的一门综合性的学科。人为学主要是研究人的行为激励问题,提供激励行为的各种途径和技巧。

人为学研究的主要内容和目的,有如下几个方面:

第一,研究人类行为产生的原因,目的在于激发动机,推动行为;

第二,研究人类行为的控制与改造,目的在于保持正确的行为;

第三,研究人与物的配合,如人机工程,目的在于提高劳动生产率和经济效益;

第四,研究人与人的协调,如人际关系,目的在于创造一种良好的激励环境,使人们能够持久地在激发状态下工作,保持高涨的情绪、饱满的兴致、十足的干劲、舒畅的心情,主观能动性得到充分发挥。

总之,研究人为学的目的在于调动人的积极性。

## 四、人为学说对建立中国特色现代管理体系的意义

"人为为人"是中国古代管理哲学的核心,也是中国"人为学"的本质概括,对建立中国式管理体系具有重要意义。

所谓"人为为人"是指:每一个人首先要注重自身的行为修养,"正人必先正己",然后从"为人"的角度出发,来从事、控制和调整自己的行为,创造一种良好的人际关系和激励环境,使人们能够持久地处于激发状态下工作,主观能动性得到充分发挥。"人为"与"为人"二者具有辩证关系,互相联系并且可以转化。对任何管理者或被管理者,都有一个从个人行为逐步向为他人服务转变的过程,即从"人为"向"为人"转变的过程。这一过程体现在家庭、行业、国家一切方面的管理之中,管理者与被管理者越是注重自身行为的素质,其"为人"即管理的效果就越好。当今世界,人们普遍重视人的管理问题。认为在管理的诸方面中,人的管理是最重要的方面。而我国古代思想家也早就提出过这个问题。《孙子兵法》便曰:"人情之理,不可不察。"《荀子·天论》中也说:"天有其时,地有其财,人有其治。"这些论述都指出了研究和重视人的因素的重要性。本人自著的《管理心理学》(复旦大学出版社出版1990年八版)一书其实是一部"人为学",即研究人的行为的著作。我在本书的前言中曾提出:要建立中国特色的社会主义经济体制,应该重视研究人的行为问题,企业本身行为和国家对企业管理行为问题。这是经济起飞发展的三个车轮。我认为人的积极性是经济起飞的原动力,因此围绕着"人为、为人"这一"人为学"的中心思想来构建中国式管理体系是有一定意义的,也可以充分反映出中国传统文化注重伦理性、注重正面引导的特征,有助于我们从研究人本身出发,来思考现代管理所面临的各种问题。

历史在发展、时代在进步,我们今天应该以科学的立场、观点和方法,博览众长、取长补短、融会贯通,根据新的社会发展特征,建立中国管理体系。在构建中国式管理体系时,还面临一个管理现代化的问题。管理现代化包括思想、组织、方法、手段、人才和行为等各种管理的现代化,这一问题在本人主编的《中国企业管理现代化》(上海人民出版社1988年出版)一书中有较详细的论述。建立有中国特色的现代化管理体系,还要注意以下几个问题:

(1) 充分认识"修己"与"安人","人为"与"为人"的意义。一个组织或一个企业,如果人人都重视自我修养和自我行为约束,管理成效无疑会得到提高。而大家都推己及人,以正当的行为来参与或从事管理,这样的管理活动自然成功,才能实现真正的"人性管理"。

(2) 管理的根本精神在于"中道",即中庸之道。中庸之道的实质是讲求合理和适度。任何事情都要注意一个合理的范围,不偏不倚。而管理的目的本来就是力求使事物处于合理的最佳状态,以发挥出最佳效益。这种追求事物的合理性,也就是中道,是管理的标准之一。

(3) 管理的最佳原则是"情、理、法"三者有机结合。在管理过程中,首先要动之以情,用感情、言语去打动对方,如若不行,则要严肃地晓之以理,向对方把道理说透,再不行,则决不姑息手软,要毫不留情地按规章制度处理。合情、合理、合法是管理者必须遵循的原则。

(4) 管理的最高境界是"无为而治",即自动化管理。一个企业或组织中的成员都能自发地按照规范和要求办事,力所能及地发挥自己的力量,维护组织的宗旨和荣誉,这就是管理的最高境界,

亦即孔子所说的"从心所欲不踰矩"。

作为一种文化的管理,必然反映出其所处的特定的时间和地域。处于强烈传统文化氛围下的中国,有着与西方截然不同的文化背景和社会制度。只有根据中国的特定情况,建设有中国特色的管理体系,才能发展我国的管理科学,更好地为中国四个现代化的宏伟事业服务。

## 五、人为学对研究企业管理问题的现实性

在当前整个世界政治经济错综复杂、瞬息万变的格局中,古老的东方文化,尤其是博大精深的中国传统文化,正在全世界范围内引起越来越多的重视。世界各国企业家,尤其是分布于世界90多个国家的华人企业家,更是珍视中国传统管理哲学思想这一宝贵遗产,将其付诸企业管理实践,帮助自己的事业腾飞,其中不少收到了良好效果。这一事实说明,吸取中国传统思想精华,不仅对建立富有特色的中国管理体系,提高企业管理水平,而且对调动人的积极性,促进一国经济起飞有着重要的现实意义。当今国际国内瞩目于以中国传统思想为主的东方文化,促使我们有必要对中国管理体系的若干问题加以认真思考。

二战以来,世界进入了一个空前的全球规模的经济和科技激烈竞争的时代。竞争的主要焦点,已不再是传统的经济因素如原材料的多寡等,而是一国管理水平及人力资源的质量。世界一切竞争已集中体现为人的竞争。在现代化大生产的条件下,虽然先进的科学技术与现代化的技术设备将在企业的经营管理中发挥重要作用,但是,这些先进技术设备所以能正常运转,归根结底,还在于掌握先进科学技术的人,人的行为在现代化大生产的过程中仍然占有主导地位,现代化的管理必须是以人为中心的管理,必须重视挖掘人的潜力和人力资源的有效利用。人的积极性是一国经济发展的原动力,这已是被实践反复证明的真理。

国家经济要发展不仅有赖于政府科学的宏观管理和正确的战略决策,还必须靠具体企业的贯彻,最后落实到人的执行来实现的,没有国家的统筹规划,一切经济活动将成无头乱麻,缺乏企业经营管理的承上启下,任何经济发展也是不可能。三者相辅相成,可以形象地说,人、企业和政府行为三者是一国经济腾飞的飞轮。

管理也是一种艺术文化。作为一种解决现实世界中各种矛盾、各种问题的方法和手段,管理思想和方式深刻地反映出社会所赖以生存的文化渊源。现代管理科学者都注意到各国的管理思想和方式具有不同的特点,而且往往表现十分强烈。之所以会产生这样的情况,关键之处是因为各国所处的文化背景不同,思维方式、行为方式、人际交往方式皆有所不同,因而管理思想、管理手段也就各有差异。文化有其不可隔断的继承性和延续性,国家不论发达与否,其当代社会文化都是本国传统文化的继承和创新,因此作为解决现实问题的当代管理方式,同样受其社会传统和习俗的支配。美国管理学家杜鲁克曾经说过:"管理上越是能够利用一个社会的传统、价值和信念,则管理的成效便越大。"为了适应中国四个现代化建设的需要,加快改革开放的步伐,现代管理中如何有效地利用传统文化遗产,建立起富有中国特色的管理系统,是摆在我们面前的迫切任务。

# 东方管理文化的探索(1996)

世界管理学界正在兴起一股"东方热"。以中国儒家思想为内涵的日本式管理和新加坡式管理日益成为世界管理学界关注的焦点。作者参加的历次有关管理的国际会议、世界华商会上,与会的很多学者、专家提倡建立管理的"东方学派"。大家一致认为:弘扬中国传统文化,探索东方管理文化的渊源、应用、体系,建立中国式管理模式,将是21世纪世界管理主流之一。世界各国的企业家,尤其是分布于世界90多个国家的华人企业家,更是珍视中华传统管理思想这一宝贵遗产,并将其付诸企业管理实践,形成有自己特色的企业形象、企业文化、企业精神,帮助自己的事业腾飞,其中不少取得良好的效果。这一事实说明,吸取东方管理文化的源头——中国传统文化思想精华,建立中国式管理体系,探索东方管理文化科学体系,时机已经成熟。

## 一、东方管理文化的渊源

自有人类文明以来,人们在共同劳动中就产生了管理。中华民族的几千年历史形成具有特色的光辉灿烂的管理文化,为人类文明的发展做出了伟大的贡献。

要弘扬东方管理文化,建立有中国特色的中国管理体系,首先要认清什么是东方管理文化的基本精神,什么是中国传统文化的核心。目前,海内外的研究有不同说法,但从实质上看,东方管理文化的基本精神是"人乃天"和"事人如天"。儒家思想是中国历史传统文化的主干,也是中国管理的渊源之一。绵延两千多年的儒家思想,虽然在历史长河中几经变化和更新,其影响却是中国任何其他文化所无法比拟的,它对几千年的中国文明社会具有广泛和强烈的渗透力,千千万万中国人从思想观念、伦理道德乃至行为方式,无不深深浸染着儒家文化的痕迹。

就管理思想而言,儒家的管理思想内含十分丰富,妙言迭出,警句纷呈,涉及行政管理、经济管理、军事管理、文化管理等诸方面。然而若从其管理过程加以分类,则可以划分为"修己"和"安人",即自我管理和社会管理两大部分。儒家思想方式的逻辑发展是以"修己"即自我管理为起点。以"安人"即理想社会的社会管理,最终达到天下大同为归宿。其管理活动始于"修己"功夫,终于"安人"的行为。从以孔子为代表的原始儒学直至以朱熹、王阳明为代表的宋明理学的一系列论述来看,儒家管理思想的具体运作路线是:格物—正心—诚意—修身—齐家—立业—治国—平天下。即从管理者本人自我修养的角度出发,首先通过观察和认识事物,来获取广泛的知识,同时注重精神的锻炼以提高自身素质,使得管理者本人无论在道德修养、行为规范等方面都达到较高境界,实

---

① 本文刊载于《当代财经》1996年第2期。

现自身管理的目标,然后推己及人,实行社会管理的操作过程。在儒家看来,国是家的扩大,家和国在管理上只有地域和人口的不同,而管理方式没有实质性的区别。对家庭、家族的管理方法同样可以有效地用来管理国家。当国家治理有了成效后,儒家思想的最高境界便是求天下一统,用儒家思想来管理和统率整个国家。

儒家管理思想有其内在的哲学基础。在儒家看来,"民心即天心","顺天者昌,逆天者亡";他们认为,人的最高理想和追求就是所谓的"内圣外王"。在自我修养、自我管理方面,力求达到一种"圣人"的境界,即无所不知、无所不晓的圣人;在个人行为方面又要力求完美。孔子曾给人生的每一阶段设立了目标,亦即儒家自我管理上的阶段性目标:"三十而立,四十而不惑,五十而知天命,六十而耳顺,七十而从心所欲不踰矩。"由此可见,在儒家看来,由于具有广博的知识和丰富的见闻,从事管理职能并被人当作偶像崇拜和仿效的"圣人",通过自身修养和自我管理能从必然王国到自由王国,达到至善至美的境界。而为了实现儒家治国平天下的大业,还有一个从"修己"到"安人"的过程,即从完善的自我管理向社会管理发展,用儒家思想去引导和教化民众。东方管理文化的传统意义,便包括在这样一个"修己"—"安人"的过程之中。

至于如何从修己推广到安人,实现社会管理,儒家也有其独到之处。以孔孟为代表的儒家认为:人心本来就是善良无邪的,因此管理者所采用的管理手段,主要应该是"感应"和"教化"。用现代语言来说,就是正面教育和启发引导,使被管理者在良好道德的引导下,通过自身修养和自我约束,服从于统一的思想意识和行为规范,这样天下便可趋于大同,这是儒家所要达到的管理目的。

## 二、东方管理文化的古为今用

以中国传统文化为代表的管理思想是在一定经济条件下社会生产关系的反映,同时也是社会生产发展的管理规律的结晶。发展研究我国古代管理思想,对进一步探讨现代管理学中的古为今用,建立中国特色的管理科学,具有一定的现实意义。

马克思在《资本论》中多次谈到管理二重性的问题,一是组织生产力的自然属性,表现着管理的共性;二是改善生产关系的社会属性,表现着管理的个性。马克思的管理二重性理论对研究当代管理思想具有重大的指导意义。在现代管理科学中有关时间与效益的观念和有关经营战略、经营决策、市场竞争、组织原则、行为科学、选才用才之道等等,几乎都可以从我国古代管理思想宝库中直接或间接找到类似的内容,这说明古为今用的管理具有一个共性问题。但是,在研究和学习过程中,还要考虑到它的个性,有些管理思想、方法在一定的时代可用,在另一时代就不可用,这就是个性。用二重性的理论观点来研究东方古代管理思想,就能分清是非,避免生搬硬套。

现代管理学中的古为今用究竟有哪些内容?我以为主要有以下几个方面:

### (一) 关于人为学说,即行为管理的思想

现代管理中很注意研究管理哲学,强调以人为中心的管理,调动人的积极性。西方现代行为科学很重视对人的"激励"的研究。其实,早在两千多年之前我国古代思想家开始对人类行为进行研究。现在我把我国古代行为学说可供现代管理借鉴的归纳为十个方面:(1)人的行为规律的研究。韩非提出"天有大命、人有大命"。其意是,天有天的规律,人有人的规律。孙武提出"人情之理,不可不察"。这说明在管理中,要重视研究人的规律,要根据一定的规律去满足人的欲望,办事情才能符合客观实际。(2)关于研究发挥人的主观能动性。荀况提出:"天有其时,地有其财,人有其治"的

观点,说明了人有掌握天时、使用地利的办法,如果放弃人的努力,期望天地的恩赐,那就太糊涂了。(3) 关于"人的本性"的问题的研究。如荀子的性恶论、孟子的性善论;还有清代王夫子提出的人性"日生日成"的学说,也说明人的本性不是天生而成的,而是在新故相推的环境中变化发展的。(4) 关于人的欲望和人的需要问题的研究。如《荀子·礼论》中指出:"人生而有欲,欲而不得,则不能无求。"荀况把人的各种需求分成几个层次,就类似西方行为科学中提出的人的需要层次理论。(5) 关于奖励和惩罚问题的研究。如《荀子·富国》中指出:"赏不行,则贤者不可得而进也;罚不利,则不肖者不得而退也。"这就是说要用赏赐去鼓励人们不怕牺牲,为国立功;用刑罚使干坏事的人害怕,并受到约束。(6) 关于"人和"的思想。在日本很讲究"人和",把它作为一个宝。认为只有"人和、气顺",企业才能发展。"人和"就是我国《论语》中提出的"和为贵"。《荀子·王霸》中也提出:"上不失天时,下不失地利,中得人和,则百事不废。"孟子也提出:"天时不如地利,地利不如人和。"最后还是"人和"第一。(7) 关于群体行为和组织行为的思想。《荀子·富国》中提出:"人之生不能无群,群而无分则争,争则乱,乱则穷。"这里,荀子提倡的就是集体行为,他认为群体是人类本性之一,人为了生存不能没有组织。(8) 关于用人问题的研究。如《荀子·王制》中提出:"贤能不待次而举,罢不能不待顷而废",这就是说,对贤德有才的人,要破格提拔,疲沓无用的人要立即免职,诸如此类的内容,在我国古代思想家、政治家著作中屡见论述。(9) 关于领导行为的研究。如荀子提出"篡伦公察""赏克罚偷""兼听则明""度己以绳""必先修正"等,都告诉人们怎样做一个有效的领导者。(10) 关于怎样运用权力问题的研究。《荀子·富国》中指出:"威有三:有道德之威者,有暴察之威者。"他很强调领导者必须具有道德的威力,认为道德的威力的结果是国家巩固和强盛;而强权的威力,其结果是国家必然灭亡。

(二) 关于经营思想

中国古代思想中有许多值得探讨的经营学问,如《孙子兵法》这部不朽的军事名著可供现代企业经营管理借鉴的内容是十分丰富的。这里仅介绍其中的一些观点与方法:第一是经营战略思想。现代经营战略强调:目标、能力和环境要素。在《孙子兵法·计篇》中所说的"道",就似现代企业经营战略强调的目标管理,"天"和"地"似时机和环境,"将"指要有能力的干部,"法"则似企业内部的制度、纪律、组织,"将"和"法"即是经营学中的经营能力。第二是经营预测思想。《孙子兵法》中的"知己知彼"和较量"七计",就是从敌我比较预测战争胜负的思想方法。其一,"主孰有道",是比较"谁得民心",现代管理科学提倡的"目标管理"就是实现这一目的的一种想法;其二,"将孰有能",即比较谁的将帅有才能,相当于现代经营学中强调企业经营成效取决于厂长(经理)素质的观点;其三,"天地孰得",即比较谁得天时地利的有利条件,就如现代管理所强调的企业界必须能动地理解和运用"天时地利"的内外环境;其四,"法令孰得",即比较谁认真执行法令,西方企业的"工作职责条例",我国实行的经济责任制,都是"法令孰得"的体现;其五,"兵将孰强",即比较谁的部队强大,就似现代企业强调职工队伍的素质和人才开发的重要性;其六,"士卒孰练",即比较谁的士兵有训练,这是强调培训对提高职工队伍素质的重要性;其七,"赏罚孰明",赏罚是否分明是强调企业与职工积极性、影响士气的一个重要影响。第三是经营对策思想。如《孙子兵法》中"应敌而变"的对策思想,就像现代企业制定计划要求树立随机应变,以需定产的思想等等。这说明《孙子兵法》的观点对现代企业经营具有参考价值和意义。

(三) 关于时效观念,即时间与效率的问题

现代管理科学中很讲究时间和效益。泰勒强调采取强制和经济办法,把人当作经济人来看待。

翻开《红楼梦》这部古典文学名著,我们可以看到王熙凤的一套管理手段也很讲究时效。王熙凤一上任就采取三个步骤和措施:第一是理出头绪,树立威信。第二是建立岗位责任制,把任务落实到人。第三是加强监督检查,讲究时效。王熙凤通过严密的布置、严格的要求和严肃的处理三者有机结合的管理术,扭转宁府那种"软、懒、散"的局面,变乱为治。其管理方式就像泰勒的管理方法和现代美国管理学家麦格雷戈提出的"X理论"的典型。他们都同样把管理职能着重放在控制、监督以及惩罚上。王熙凤为维持其统治和剥夺财富的目的,还采取一些诸如"打""榨""抢""杀"的毒辣手段。这说明其管理思想方法也具有二重性,有不足的一面,也有可供借鉴的一面。

### (四)关于管理技巧

寻求中国古代管理中可供借鉴的内容,除了对其管理思想、理论、观念进行讲究,还应包括当时付诸实施的管理规范和管理效应的管理实践,即管理的制度、方法、技巧手段和社会效应的研究。我国史籍中涉及管理规范的典章制度和法律条文相当丰富。如《管子·轻重篇》所载齐国"券契之齿"向民间定货,可说是承包合同的创举;《秦律》有"上计制度"和丰富的经济法规;秦始皇颁发有标准化管理的诏书和法令;诸葛亮亲自制定的兵器质量管理《作斧教》《作刚铠教》;《资治通鉴》载有唐代(刘晏)创设的历史上第一个商业情报网和独立的审计机构;北宋由国家颁布的建筑工程法令《营造法式》;元代以中央政府名义颁布的农田技术文件《农桑辑要》;等等,举不胜举。研究中国古代管理,不仅可以看到一些类似现代管理科学的理论和方法的雏形。如初级形态的经济信息体系的建立,统计法则和标准化规则的制度,系统工程在水利规划中的运用,运筹学在建筑施工管理上的运用,概率论在人口理论中的运用等等。

中国古代管理的研究,不应限于古代管理思想的研究,还应包括古代管理的理论、规范、时间和效应的整个内容。因此,应该把编撰好一部中国古代管理"通鉴"作为中国古代管理研究的目标。

## 三、东方管理文化的体系、要素和本质

### (一)体系

以中国传统文化为代表的东方管理文化是一门具有中国特色的学科体系。纵观其发展历史,东方管理文化学可包括三部分:一是治国学;二是治生学;三是治身学或称人为学[①]。从传统观点而论,治国学主要是对社会人口、田制、生产、市场、财赋、漕运、人事、行政和军事等方面的管理的学问;治生学主要是对管理农副业、工业、运输业、建筑工程、市场经营等方面的学问;人为学主要是研究谋略、人为、为人、选才、激励、修身、攻关、博弈、奖罚、沟通等方面的学问。

### (二)要素

作者认为,以上这三大系统及其子系统积累的实践经验与学问极其浩瀚,形成了东方独特的管理文化,形成了自己的管理传统学科体系。这个传统学科要素,就管理哲学思想而论,包含有:道,变,人,威,实,和,器,法,信,筹,谋,术,效,勒,圆等十五个方面。

(1) 所谓"道",即指治国之道的客观规律;(2) 所谓"变",即指应变,要根据事物发展规律随机应变,采取灵活战术;(3) 所谓"人",是指做任何事要以人为本,研究如何取得人心,得人才,用人

---

[①] 以后经过研究,增加了治家学,合称为"四治"。——编者注。

才;(4)所谓"威",是管理的基础,它要求管理者要像"飞龙乘云"一样具有权威,问题要靠权威来解决;(5)所谓"实",是指办事要从实际出发,实事求是;(6)所谓"和",指以人为贵,事物成功要靠天时、地利、人和;(7)所谓"器",是指重器,"工欲善其事,必先利其器",重器已成为我国历史上国家管理的一项传统职能;(8)所谓"法",被认为是治国之本,包含有公开性的"明法"、统一性的"一法"、稳定性的"常法";(9)所谓"信",是指守信、诚实,强调治理国家要取信于民;(10)所谓"筹",指要善于运筹帷幄,认为治国、治生、治军、办任何事,都要有运筹思想,制定全面性的战略;(11)所谓"谋",指"凡事预则立",做任何事都要有预见性,预谋乃预测、决策之核心;(12)所谓"术",即运术,指管理者要讲究策略方法,认为治国有术、治生有术、治军有术而能成事,正确运术制定策略能转弱为强、克敌制胜、化不利为有利;(13)所谓"效",指办事注意于提高效率和效益,治国要有一套廉洁而效率高的班子,治生要"用财少而为利多"(《墨子·节用》),即以较少的人力物力消耗取得较多的劳动产品和利润;(14)所谓"勤",指勤俭,此乃"治生之正道也"(司马迁语),民生在勤,节俭是企业家的精神,是致富的要素;(15)所谓"圆",指"圆满",中国传统管理的目的是力求使事物处于合理、最佳的圆满状态。

### (三) 本质

要建立有中国特色的现代管理学体系,还需要了解管理的本质是什么?在中国历史上,各学派对管理本质的看法有各自独到的见解。在儒家看来,管理是"修己—安人"的行为;在法家看来,是一种功利的行为;在道家看来,是一种"效法自然"的行为;在墨家看来,是利他的行为;在《易经》的观点看来,是一种"人道行为",而就宋明理学来说,管理则是一种"循理行为"。这些对于管理的见解各有根据,亦各有所长。

作者认为东方历史传统论述的管理本质,可以用最简洁的方式概括为"人为、为人"。每一个人首先要注意自身的行为修养,"正人必先正己",然后从"为人"的角度出发,来从事、控制和调整自己的行为,创造一种良好的人际关系和激励环境,使人们能够持久地处于激发状态下工作,主观能动性得到充分的发挥。"人为"与"为人"二者具有辩证关系,互相联系并且可以转化。对任何管理者或被管理者,都有一个从个人行为逐步向为他人服务转变的过程,即从"人为"向"为人"转变的过程。这一过程体现在家庭、行业、国家一切方面的管理之中,管理者和被管理者越是注重自身行为的素质,其"为人"即管理的效果就越好。当今世界,人们普遍重视人的管理问题,认为在管理的诸方面中,人的管理是最重要的方面。而我国古代思想家也早就提出过这一问题。《孙子兵法》便曰:"人情之理,不可不察。"《荀子·天论》中也说:"天有其时,地有其财,人有其治。"这些论述都指出了研究和重视人的因素的重要性。本人自著的《管理心理学》(复旦出版社1990年八版)一书其实是一部"人为学",即研究人的行为的著作。我在此书的前言中曾提出:要建立中国特色的社会主义经济体制,应该重视研究人的行为问题,企业本身行为和国家对企业管理行为问题。这是经济起飞发展的三个车轮。我认为人的积极性是经济起飞的原动力,因此围绕着"人为、为人"这一"行为学"的中心思想来构建中国式管理体系是有一定意义的,也可以充分反映出中国传统文化注重伦理性、注重正面引导的特征,有助于我们从研究人本身出发,来思考现代管理所面临的各种问题。

## 四、中国式现代管理的探讨

历史在发展、时代在进步,我们今天应该博览众长、取长补短、融会贯通,根据新的社会发展特征,建立中国现代管理文化体系。在构建中国管理体系时,面临一个管理现代化的问题。

中国式管理现代化模式应该体现中国社会主义的特点、民族特点,又必须与当前国情相结合,还应该具有中国特色的管理理论体系。这个理论体系不仅要吸收国外现代管理理论的科学部分,更要吸取和提炼中国古代思想家丰富的管理思想和中国优秀管理实践家的成功经验。从根本上来说,中国式的管理现代化的内容包括合理地组织生产力和正确地调整生产关系。具体地说,体现在以下五个方面:

第一,管理思想现代化。就是从我国实际出发,不断建立管理思想的科学化、民主化、高效化、系统化和确立现代企业经营管理思想,包括战略、市场、金融、竞争、服务、质量、信息、人才、时间、效益等观念。

第二,管理组织现代化。是指国家对企业的管理由直接管理转化为间接管理,建立一个高效、科学的管理职能机构;企业要根据生产关系适应生产力、上层建筑适应经济基础的原则,实行企业改造、科学管理,逐步建立现代企业制度、现代组织制度、现代生产管理制度,实现企业现代法人化、技术现代化、管理科学化、经营市场化、保障社会化,以提高效率和效益。

第三,管理方法现代化。就是指企业要根据自身的技术水平,选用一系列与其相适应的现代管理方法,如现代化经营决策方法、现代化计划管理方法、现代化理财方法、现代化物资管理方法、现代化思想政治工作方法等。

第四,管理手段现代化。即运用一系列的现代管理手段,如计划手段、市场手段、金融手段、行政手段、法律手段和先进的监控手段、电子计算机、管理信息系统等。

第五,管理人才现代化。就是指要培养和造就一大批掌握现代化领导艺术,具有指挥、参谋、监督、执行才能和各种专业知识的现代管理人才。

以上五个方面是相辅相成的,管理思想是基础,管理组织是体系,管理人才是核心,管理方法是途径,管理手段是条件。我们认为,这也是中国式管理体系的主要内容。

关于这一问题,在本人主编的《中国企业管理现代化研究》(上海人民出版社1988年出版)一书中有较详细的论述,现在有人认为这是中国管理"现代化"学派的确立的标志。作者认为,建立中国式现代化管理要重视以下几个问题:

(1) 管理的核心在于"人",要充分认识"修己"与"安人","人为"与"为人"的意义。一个组织或一个企业,如果人人都重视自我修养和自我行为的约束,管理成效无疑会得到提高,而大家推己及人,以正当的行为来参与或从事管理,这样的管理活动自然成功,才能实现真正的"人性管理"。

(2) 管理的精神在于"中道",即中庸之道。中庸之道的实质是讲求合理与适度。任何事情都要注意一个合理的范围,不偏不倚。而管理的目的本来就是力求使事物处于合理的最佳状态,以发挥出最佳效益。这种追求事物合理性,也就是中道,是管理的标准之一。

(3) 管理的最佳原则是"情、理、法"三者的有机结合。在管理过程中,首先要动之以情,用感情、语言去打动对方,如若不行,则要严肃地晓之以理,向对方把道理说透,再不行,则决不姑息手软,要毫不留情地依照规章制度加以处理。合情、合理、合法是管理者必须遵循的原则。

(4) 管理的最高境界是"无为而治",即自动化管理。一个企业或组织中的成员都能自发地按照规范和要求办事,力所能及地发挥自己的力量,维护组织的宗旨和荣誉,这就是管理的最高境界,亦即是孔子所说的"从心所欲不逾矩。"

(5) 管理的基础是权威。权威是权力和威信的函数,古往今来,权威是普遍存在的。在人类相互依赖的联合活动中,没有权威就无法组织起来,现代管理者如果没有权威,就无法完成历史使命。

作为一种文化的管理，必然反映出其所处的特定的时间和地域。处于强烈传统文化氛围下的中国，有着与西方截然不同的文化背景和社会制度。只有根据中国的特定情况，建设中国式管理，才能更好地为四个现代化的宏伟事业服务。

# 论无形资产的管理(1996)[①]

随着21世纪的临近,世界经济发展更加迅猛,科学技术日新月异,"信息高速公路"之热席卷全球。即将在法国巴黎举办的以"无形资产管理"为主题的世界管理大会,显示世界各国对无形资产管理在经济发展中的地位认识加深,对人在管理科学中所起的决定性作用更加重视。这一切预示着世界无形资产管理的高潮已经来临。

中国从1978年至今的体制改革成绩辉煌,党的十四届五中全会通过"九五"计划和2010年远景目标中,又提出实现体制改革从传统的计划经济体制向社会主义市场经济体制转变,经济增长方式从粗放型向集约型转变。集约型增长方式,即以提高内涵来得到经济增长。低投入、高产出、使经济增长呈良性循环的集约型增长,说到底就是提高企业资产管理中无形资产管理的比例,将无形资产管理提高到国家发展目标之列,可见其意义深刻。

## 一、无形资产管理在现代经济中的现实意义

何谓无形资产管理?无形资产这个概念最早出现在罗默、卢斯卡、斯科特提出的新增长理论中。新增长理论认为,知识和专业化的人力资本才是经济增长的因素。无形资产包括人的知识、技术、才智、专利以及企业的声誉形象、品牌、知名度、技术诀窍以及企业的传统行为、组织构架、人际关系、财务制度等,无形资产管理就是要对这些无形的企业财富进行计划、组织、指导、控制,使之发挥出最大的经济效益,如我们常提到的企业形象(CI)设计(包括广告)、创品牌、企业公共关系、人力资源开发、财务管理等等。无形资产是相对于有形资产而言,在一定条件下,二者可以互相转化。如通过广告等无形资产管理活动,产品得以销售,企业获得赢利,可以扩大生产、购置厂房。

(1) 当今世界经济发展提高了无形资产在国际贸易中的地位。世界经济的发展趋势使国际贸易格局发生了明显变化,原来由有形商品贸易所垄断的状况逐渐被无形商品贸易、有形商品贸易相得益彰的局面所代替。

(2) 科学技术的不断进步使无形资产受到重视。人类社会的前进与科学技术的不断发展密不可分,正是由于第一、第二次工业技术革命,才使人类社会由落后的自然经济转移到社会化机器大生产阶段,社会生产力获得极大解放和发展。实证分析表明,科学技术的进步呈加速发展趋势。在18、19世纪,技术的更新需要20—50年,现在仅需要5—10年甚至更短。技术显然是无形的,但它又是如此重要,以至于每个国家都把加快科技进步、重视保护技术、加强无形资产管理放在国民经

---

[①] 本文刊载于《复旦学报》1996年第4期,与何志毅合作。

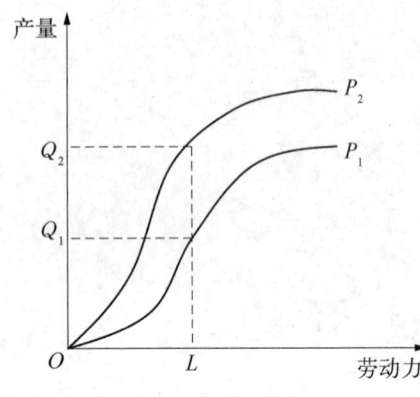

济发展的重要位置。

(3) 无形资产是企业提高国际竞争力的有力武器。在古典经济学家的眼中,企业是一个生产函数 $P=F(L,C,I)$(其中 $L$ 为土地, $C$ 为资本, $I$ 为劳动力),它实际上就是以技术为主的无形资产外在体现。技术条件不同,企业生产要素的组合也不同,这影响着企业的效率。在劳动力不变时,改变无形资产组合,生产函数改变为 $P_2$,产出由原来的 $Q_1$ 增加为 $Q_2$,企业的劳动生产力增加了。商标、信誉也是企业竞争力的组成部分。西方发达国家的大企业之所以在世界市场上颇有竞争力,这与他们重视无形资产的管理是分不开的。

(4) 在我国,重视无形资产管理更为迫切。传统体制使企业(不是严格意义上的企业概念)不关心利润指标,不重视资产管理。它们只能听从上级部门的命令,机械地输入原材料,输出产品,至于产品是否符合需要,是否有效率,无人真正负责。随着经济体制改革的推进,这种局面有所好转,但资产管理仍是一个薄弱的环节。这不仅表现在国有实物资产的大量流失,而且也突出地表现为忽视无形资产管理。在与外商合资过程中,国有资产的评估对象只有厂房、机械设备。辛辛苦苦创的名牌,建立的销售网络却被忽视,造成很大的损失。

## 二、无形资产的分类及管理

无形资产一般分为三大类:知识权利类、关系类、内涵类。这种划分有利于对无形资产分别进行管理。知识权利类,这是与人类的智慧、脑力劳动有关的资产权利,如版权、专利、商标等,这类无形资产在企业管理中占据重要位置,拥有这类无形资产,无论是自己使用,还是有偿转让都会给企业带来收益。

关系类,这是企业以自己独立身份从事民事活动过程中所建立起来的有利于自身发展的一种"关系",与不具备这种关系的人或企业相比,具有某种优势,如企业享有的政府优惠政策,银行低息贷款,畅通的销售渠道,占有的有利地理位置等。

内涵类,这是企业经过一段时间的发展所形成的"自我内涵",如企业形象、企业精神、管理风格、员工凝聚力等。企业的历史越悠久,发展越稳定,这种内涵类的无形资产就越多,其作用也越明显。

在明确无形资产的重要性及其分类以后,企业就要采取措施加强对无形资产的管理,以保护好这种无形的财富。由于无形资产的内容相当多,且各有不同特点,不可能一一详述,本文仅就其中主要的方面予以阐述。

1. 专利管理

当今世界范围内正在进行这一场激烈的专利"战争",企业为了保护自己的专利技术免受别人的侵犯,同时尽可能地增加收益,应该采取适当的管理策略:

(1) 专利进攻策略。这是企业积极主动地申请专利并获得专利权,它可以使企业掌握市场竞争的主动权,避免受制于人。日本和欧美的许多大型跨国公司每年的专利申请量少则上千件,多则上万件,这是他们得以称霸国际市场的秘密和原因所在。

专利组合  专利技术分为核心技术和基础研究成果为内容的基本专利和以由核心技术延伸出来的应用技术为内容的外围专利。企业对某项技术申请专利后,再将许多辅助性的技术申请专利,将能最大限度地保护自身利益。一些企业虽然不具备基本专利,但是利用外围技术也可以与基本专利权人进行竞争。日本二战后,基础研究落后于美国,但是它积极地开发外围应用型专利,也取得显著成果。

专利出售　实力雄厚的大企业在研究开发方面具有中小型企业无法比拟的优势,通过将某些专利出售既可以降低专利技术的商品化的风险和成本,又可以获得可观的收益。

专利购买　也就是通过把竞争对手的专利全部收买过来,自己使用,或者再以专利权人身份出售专利获取垄断利润。

专利与产品、商标搭配,再许可　其他企业使用本企业专利权时,要求对方同时购买自己的产品,或者使用自己的商标,以此来扩大产品销售量,提高商标的影响力。

专利返销　即先引进别人专利,通过消化、吸收、创新、改进原有技术,在申请到专利权后,返销给原来技术出口方。

(2) 专利防御策略。这是当受到其他企业专利进攻或因专利纠纷而威胁到本企业利益时,为保护自身利益,减少损失所采取的一种策略。

取消对方专利　这是排除竞争者对本企业专利威胁的一种最有效的方式,主要是利用对方专利存在漏洞、缺陷或不符合专利条例的情况,运用法律手段指控对方专利无效。

技术公开　当认为某项技术没有取得专利权的必要,而又担心其他企业取得这一技术的专利权后给自己带来不利影响,就公开这一技术的内容,使别的企业的企图不能实现。

交叉承认　企业和企业为了防止可能发生的侵权行为,互相认可对方的专利,这往往当双方专利技术比较接近时采取的措施。

2. 商标管理

商标表面上看仅仅是一个图案或一组文字,但它所代表的是企业信誉、产品质量以及由此产生的巨大利润。对商标的管理是无形资产管理的一个重要内容,它包括以下几种方法:

及早注册　商标只有在注册并得到当地政府的同意后,才可能受到法律的保护,尤其是当企业要开拓国际市场时,必须及时在当地国注册,以免发生不必要的麻烦。中国的"青岛"啤酒、"阿诗玛"香烟等名牌产品,由于别国企业抢先注册而丧失了开拓当地市场的机会。

商标监视　企业应该密切注视市场动态,调查市场上是否有与自己商品相同或类似的商品出现,其商标与己是否类似。如果有,则要通过法律程序予以解决。同时,企业还要注意积累使用商标的产品销售状况(包括销售地区、时间、数量、利润等),以便一旦发现自己商标被侵犯即可以作为提出索赔的依据。

广告宣传　通过广告宣传可以加深消费者的印象,增强他们对商标及产品的信任,同时也给其他企业一个信息:本商标已注册,受法律保护,严禁假冒。

商标档案　它记载着本企业的商标从设计、修改、注册到使用的经过,同时还保存着使用的商标标签、单据、通信以及有关的侵权商标的包装、广告等资料。同时要记录商标的使用效果(产品销售情况、利润),这样当发生商标纠纷时,就有了充分的证据和索赔依据。

3. 企业形象管理

企业形象管理是企业的重要无形资产,良好的形象给社会公众留下美好印象,为大众接受和支持,有利于企业经营活动的展开。在内部,还可以形成凝聚力,使全体员工为了组织目标而努力工作,这种无形资产的作用有时远远超过有形资产,其管理策略如下:

导入CIS(企业识别系统)　CIS包括三个方面,即观念识别(如经营理念、管理风格),行为识别

(如员工的行为方式、服务态度、工作环境的营造),视觉识别(如企业名称、名牌标志、建筑物等)。通过对以上几方面进行全面的设计、组织、运用,将企业文化通过行为方式反映出来,并由视觉识别系统传媒出来,塑造良好组织形象,以求得公众的认同。

**开展公关** 公共关系是企业为了树立组织形象,通过有效传媒与周围公众(居民、消费者、政府)沟通信息的过程。开展公关活动,可以及时收集信息,做出科学预测,使企业对环境变化保持敏锐的反应。一旦与外界发生冲突,可以迅速地解决,避免造成更大的损失。

**树立名牌** 名牌产品是企业形象的基础,因为只有产品质量高、信誉好,消费者才能予以接受并且对企业产生信任感。世界上的著名企业都以其名牌产品给人留下深刻的印象。

### 4. 企业无形资产的整体评估

每种无形资产对企业的生产经营活动都具有获得利润的可能性,但并不能保证企业肯定能获利,这还取决于其他因素。因此,不仅要评估单项无形资产的价值,也要对企业整体无形资产的价值进行评估(本文研究后者)。当发生企业兼并、收购等产权变动情况时,对企业整体无形资产进行评估更为重要。

我们知道,企业资产由有形资产和无形资产组成。有形资产是企业经营的基础,无形资产的存在使企业能获得比不具备这种财产(或较少具备)的企业更多的利润。因此说,只有当企业能够获得超过行业平均水平的利润(也可以是同类企业平均利润)时,其无形资产的价值才能体现出来。根据这一思路,我们认为无形资产价值的计算公式为:

无形资产=有形资产账面价值×(本企业利润率－本行业平均利润率)÷本行业平均利润率

其中,有形资产账面价值是固定资产、流动资产、其他资产的总和,利润率为税前投资利润率。

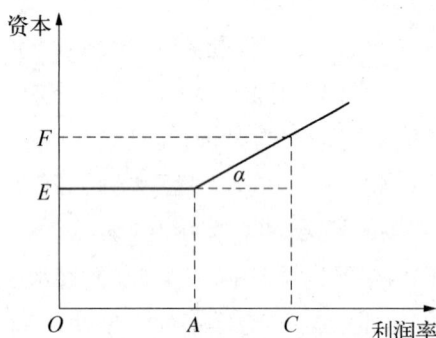

如图所示,$OA$ 为行业平均利润率,$OC$ 为企业利润率,$OE$ 为有形资产,$EF$ 即为无形资产。

当有形资产一定时,企业盈利能力越大,无形资产价值也越大($\alpha$ 角越大);当企业利润率等于行业利润率时,其无形资产总值为零;当企业利润率低于平均利润率时,无形资产价值为负,有形资产价值也相应降低,这样的企业在充分竞争的市场环境中面临着被收购兼并的厄运。

应当指出的是,无形资产的管理主体不仅是企业,政府在其中也起重要作用。比如在专利管理中,企业固然可以采取种种策略实现资产保护的目的,但这离不开政府对市场秩序的规范管理,法律的完善。

## 三、中国无形资产管理存在问题、原因及改进措施

从前面的阐述可以看出,无形资产管理的目的和核心在于保护无形资产,使之免受侵犯。为保护资产所有者的利益,就必须要确立产权,也就是使资产所有者使用资产获得利益的权利得到法律的保护。只有当产权主体明确,产权边界清晰,法律健全的情况下,资产才能得到最有效的保护。无形资产由于其独特性,如无形、价值不易确定等,其权益更易受到侵犯,对它的保护和管理也更困难。

中国是一个发展中国家,正在进行着一场由传统的计划经济体制向社会主义市场经济体制转变的经济大改革。随着市场经济体制的不断完善,对无形资产的保护、使用、管理都有了很大进展。

就政府来说,先后颁布了《专利法》《商标法》《反不正当竞争法》等多部旨在保护无形资产的法律。现在兴起"企业形象设计""名牌战略"都说明无形资产的概念已深入人心,但是我们也看到,无形资产的使用、管理上还存在许多问题,主要有:

(1) 无形资产形象受到玷污。无形资产是一种有益于企业经营的资产,不少企业已经意识到其重要性,但是他们不是依靠正当手段,如通过增加投入、开发技术、提高质量、降低成本等来获得和积累有利于竞争的无形资产,而是通过采用其他不正当的手段骗取无形资产。例如大做虚假广告,或是利用金钱买个评比会的金牌,目的在于建立知名度和美誉度,得到无形资产的"标签"。由于消费者不了解真实情况,往往会被企业的这种无形资产所迷惑。

(2) 假冒伪劣产品频频出现。在市场上,尤其是消费品市场上,假冒伪劣商品大量存在,有时连专业的技术监督人员都难以鉴定商标的真假。1995 年 4 月 20 日召开的中国商标工作会议上透露:1991 年工商行政管理部门查处假冒商标侵权 1.6 万起,销毁违法商标标志 2 亿多套。有的地方甚至出现了专门仿制别人商标的地下工厂,还有专门的市场交易假冒商标,只要出钱,什么样的名牌商标都能买到。

(3) 无形资产的产权法律意识淡漠。对无形资产,尤其是专利、商标等知识产权类的无形资产,应该树立法律意识,加强保护工作。但中国在这方面的起步较晚,很多企业对知识产权等无形资产保护的意义认识不足,保护意识不强,很多为中国所独有的技术未申请专利就公之于众(如中国发明的一种生产维生素 C 技术,许多外国企业愿意高价购买,结果一个技术人员竟将该技术作为学术论文公开发表),丧失了获得巨大收益的机会;在与外方合资时,对专利技术不了解,外商高估价值,造成中方的经济损失。企业加强产权法律意识的一个重要表现是将自己开发的技术及时申报专利,中国《专利法》颁布以来十年里,专利申请累计 37 万多件,其中外国申请 5 万多件,这对中国 12 亿人口,十几万企业来说数目太小了。

(4) 国有无形资产流失严重。国有无形资产与有形资产一样是国家财产的重要组成部分,中国的无形资产管理出现了许多问题,突出地表现在国有无形资产的流失上:一些地区为吸引外商、外资,低价批租土地;在中外企业合资合作过程中,只计算固定资产和流动资产、土地使用权,而专利技术和商标、商誉则没有估价;科技成果的转让,只以成本价或基本成本价作为交易价格,不计算无形资产本身创造的价值;在资产评估中,对无形资产评估方法和影响评估价值因素研究不够,造成资产评估过程中的流失。

造成这些问题的原因主要是以下三点:

(1) 政府对无形资产管理的宏观调控措施的软弱。由于经济体制方面的原因,国有企业资产流失,技术落后,产品质量低,并未有人真正负责。在经济转轨时期,原来计划体制下的行政管理减弱,新的市场约束未建立起来,法律体系又不健全,企业不良行为往往得不到及时制止。尤其是对于非公有制经济,政府允许其存在并鼓励其发展,但是放松了某些方面的限制和管理。允许什么、禁止什么、鼓励什么、限制什么,要么缺乏操作性强的政策规定,要么规定的政策边界不清,当其非法生产经营时也少见有效的行政管理措施和硬的制裁手段,久而久之形成对无形资产管理的软约束。

(2) 法律体系不健全,为侵犯者提供了机会。旧的行政约束失去效力,新的法规又未成熟,许多投资者觉得有机可乘。有的国家工作人员的违法腐败行为,更助长了无形资产侵权行为的发生。

(3) 企业的素质低下,无形资产管理达不到较高的水平。在一些企业中,无论是厂长经理,还是工人,他们的文化素质、技术水平与发达国家相比存在着很大差距。由于素质不高,他们无法利用科学知识有效地管理和使用无形资产,也造成了国有无形资产的大量流失。

无形资产的管理是一项系统工程,不仅需要企业参与,而且需要政府参与建立完善的外在环境,具体来讲,为改进无形资产管理可以采取以下措施。

(1) 转变资产管理的思想观念,重视对无形资产的管理。长期以来,人们只注重固定资产、流动资产的管理,而缺乏无形资产管理意识。现在只有极少数企业对本企业的无形资产进行系统的管理、检查、记录,并责成专业人员去管理。由于思想落后,管理薄弱,才使不法之徒有机可乘。如果再不转变思想,就无法进入国际市场,参与国际竞争,我国提出的加入国际经济体系、增强经济竞争力的目标就可能落空。

(2) 树立良好的企业形象,建立无形资产创新机制。企业形象是企业无形资产的集中体现,以树立良好形象为指导思想,协调企业内全体人员的行动,加快技术研究和技术进步,提高产品质量,加强售后服务,协调公共关系。这其实就是企业无形资产的积累和创造过程。目前,增强产品竞争力,树立企业良好形象,名牌战略不仅对企业生存发展很重要,对我国的经济增长方式由粗放型向集约型的转变也有重要作用。

(3) 健全法律体系,确保无形资产产权得到保护。自1979年以来,经国务院批准公布的技术监督行政法规、法规性文件,以及技术监督部门发出的法规性规章、文件,已有135个。全国人大常委会又通过了《企业法》《计量法》《标准化法》等,都是有利于保护无形资产的法律。主要问题是有法不依、执法不严。由于执法部门的效率低下,对侵权者处罚较轻,无形资产的侵权行为并未得到根本遏制。我们应该借鉴西方的经验,加强执法力度和办案效率,使法律体系不仅完善,而且更能起到威慑作用。

(4) 加强对无形资产评估的管理,防止国有无形资产流失。资产评估在中国开展的时间不长,无形资产评估还不成熟,对此应该采取有效手段加强管理,主要包括:制定规范化操作的无形资产评估方法,并根据不同行业特点,建立无形资产评估指标体系;建立一支业务熟练、操作规范、信誉良好的无形资产评估队伍;对实行股份制改造的企业,有无形资产的必须进行无形资产评估;等等。

无形资产管理这个来自西方的概念,在对"人"的管理上,与集中国传统古代文化于一体的"人为学"殊途同归。"人为学"认为:管理是"修己—安人"的行为,只有提高自身修养,才能使他人信服。只有人人为人民服务,才能发挥大家的主观能动性,创造可观的社会效益。

以人为中心的管理是无形资产管理的精髓。"天有其时、地有其财、人有其治"。中国古代文化是研究无形资产管理的丰富源泉,重新认识和重视无形资产管理在科学管理中的作用,抓住其内在本质东西,完成从粗放型向集约型的转化,顺应国际管理潮流,是中国管理界目前的首要任务。

# 东西方管理文化的比较研究(1996)[①]

当又一个千年逐渐迫近的时候,学界有关新世纪的管理发展的议论在全球各个角落纷然杂陈。中国,是人口众多,拥有五千年悠久文化与文明的国度,在摆脱了近百年的梦魇之后,重新地崛起。但它面临的管理问题,是任何一个国家在发展进程中不可比拟的。管理发展的动力与压力如此巨大,致使学者们从哲学、历史学、经济学、教育学、政治学、国际关系学、全球学、社会学、文化学、科学学、心理学和管理学等各个角度对跨世纪的管理发展课题进行了研究,从社会科学的综合比较来看,管理文化尤其是东方管理文化更是成为理论界的热点。对于东西方管理文化与当代经济、社会、文化及法律问题的关系,不揣浅陋,准备分三部分加以表述。

## 一、东西方管理文化特征比较

东方管理文化,为了研究方便,还是以具有世界影响的中华文化为例加以说明;西方管理文化主要以古希腊、古罗马到中世纪再到近代英、美为代表的西方文化为例加以说明。首先何谓管理文化?管理文化是管理生活中群体性的观念模式和行为模式的总称。这一个定义可以为管理对象的研究探索新的思路,以使我们更全面、深刻地认识管理对象。管理文化既是一种观念,也是一种制度,更是一种行为模式,观念是文化的核心,也是管理文化的核心。阿伦·肯尼迪和特伦斯·迪尔所著《公司文化》中指出的,公司文化就是在(公司)层次的管理文化,它包含有它的价值观、英雄和制度(理解、仪式和联系),无疑除公司企业的层次之外,还有全球层次、国家层次、地方层次、家庭层次和个人层次等,所以管理文化具有层级性。同时管理文化是人类团体中普遍存在的人为现象,是人类为了求生存和发展以生物的和地理的因素为根据,在团体生活和心理互动的过程中创造出来的人为环境和生活方式。管理文化被创造之后,由于人类的心理影响,它又继续存在、继续增加,因而在时间、空间及内容上有其差异倾向。所以管理文化有其普遍性、继续性、累积性和变异性。世界管理文化从原始社会经奴隶社会、封建社会跨入了资本主义社会和社会主义社会。由于自然的、社会的综合作用,到近代(19世纪)以前,世界管理文化形成了东西方的分野,既有文化发展的共性,也有各自鲜明的特征,而各具特色。概而言之,可以归纳如下几个方面:

第一,东方管理文化主张顺"道",而西方管理文化主张顺"神"。中国历史上所讲的"道"有多种含义,客观管理上所讲的主观范畴的"道"是指治国方略,而指客观范畴的"道"则是指自然规律。

《管子·治国》论"道":"凡治国之道,必先富民";《管子·形势》指出:"天不变其常,地不易其

---

[①] 本文是作者提交1996年东方管理文化科学研讨会暨中国管理研究中心报告会的论文。

则,春秋冬夏,不更其节。"强调遵循自然和社会的运动规律;史学家司马迁在《史记》中特列《货殖列传》更是把社会经济活动视为由各个个人为了满足自身的欲望而进行的自然过程,有力论证了经济法则的作用,论证了人类追求财富的合理性,所谓"天下熙熙,皆为利来;天下攘攘,皆为利往"。"贤人深谋于廊庙,论议朝廷,守信死节隐居岩穴之士设为名高者安归乎?归于富厚也。是以廉吏久,久更富,廉贾归富。"患贫、思富、求利是当时人们的共同社会心理,由此而形成的自发营利活动是任何力量都不能阻止的客观现象。管理唯有因势利导,教育善化,方为上策。所谓"善者因之"道乃治国之善政。

而西方管理文化,不论是古希腊、罗马时期,还是黑暗的中世纪,不管是国家生活还是社会生活,其管理的价值观,制度都是神话了的。所谓人、国家、社会都是依照神祇的意识管理和生活,离开了神的规定性,是无法谈论管理文化的。马克斯·韦伯曾经探讨新教伦理对近代西方资本主义的兴起、发展的重要作用,从一个角度正说明了这一点。

第二,东方管理文化重人不重物,而西方管理文化则是重物不重人。当然,重物、重人都只是相对而言。东方更重视人而西方更重视物。中国文化是一个早熟的文化,非常注重人的内省、修炼,所谓修身养性,格物致知,修身、齐家、治国、平天下。这成为一种先是向内,而后向外的一种管理文化。而西方管理文化,更多的是见物不见人,尤其是到古代后期,科学越发达,发明越多,物质主义的倾向就益发明显。很明显西方管理文化重物,造就了科学技术的发达。而早熟的中国文化则在科技上曾领先世界,但旋即久被西方世界远远抛在后面,这与过分重视人而不重视物是有一定关系的。古道学家,大都重道轻物。

中国古代管理文化之重人,从宏观上说重视人心向背,从微观上重视人才归附。要夺取天下,治好国家,办好事业,人是第一位的,故我国历来讲究得人之道,用人之道。儒家就主张"行仁德之政","国民之所利而利之"(《论语·尧曰》),"修文德以来之"(《论语·季氏》),使"天下之民归心","近者悦,远者来"(《论语·尧曰》),"天下大悦而将归己"(《孟子·离娄上》)。《管子·牧民》篇中也指出:"政之所兴,在顺民心;政之所废,在逆民心。"这些都是说得人是为政之本。得人才又是得人的核心。刘备用诸葛亮是千古佳话,诸葛亮在《前出师表》中总结汉代兴衰的经验说:"亲贤臣,远小人,此先汉之所以兴隆也;亲小人,远贤臣,此后汉所以倾颓也。"

第三,重人使中国之治国学发达,重物使西方有日新月异的物质文化,对于后世都具有重大影响。

东方管理文化重视"人和"而西方管理文化则重视"人离"。"和"就是调整人际关系,讲团结,上下和睦,左右和睦。宏观地说,和以兴邦;微观地说,和气生财。我国古代军事管理中把天时、地利、人和当作战争胜利的三要素。战国时将相和故事,齐桓公用管仲,唐太宗李世民用魏征,说明当权者求人和,广泛团结人才,形成一个效能很高的人才群体结构,当权者的管理成功才能有组织上的保证。日本经济起飞的重要经验就是培养整个产、学、研的和气以及企业内部"像家模式"的和气。

西方管理文化则似乎并不那么关心人和,但是西方管理文化关心独立的个体,我称之为"人离的状态"。讲求个体、个性、个人奋斗。探险是西方的性格,当初对爱琴海的探险,对新大陆的探险,对亚非拉殖民地的探险,则是与"人离"状态下的人的探索未知的精神状态有关的。相比较而言,西方的管理文化较利于探险,而东方管理文化,因人和提高了生活质量,却放缓了探索自然界的节奏。

第四,东方重"人治",西方重"法治"。

总体上说,东方国家更重"人治"而西方国家更重"法治",人治的最重要特征是个人意志与法律冲突时,个人意志总会超过法律。中国几千年的专治统治都是"人治",君主的意志是最终的法律,刑法发达而民法不发达也主要是因为君主需要以强力维护统治,通过繁荣社会经济,促进民法发达始终不是主流,而在西方凡有城市文明的地方,就有市民社会的生长,市民社会的生长,就会带来商业的发达,民法就生长,发达起来。东方君主开明时也会有法治,但主要一种君主的意志在理智状态下实施法律管理,这种状况不同于西方的"法治"有民意基础。但东方"人治"也有西方法治不可企及的优点,就是"人治"比"法治"更灵活,更讲人情,更重伦理道德,人治不是退出历史舞台,而是以一种法化人治的姿态出现在新时代。

第五,东方管理文化讲"天人合一",西方管理文化讲究"人合于神"。

中国古代的"天人合一"讲的是人与大自然合于一的关系状态。如《周易·乾卦》文言说:"夫人者与天地合其德,与日月合其明,与四时合其序,与鬼神合吉凶,先天而天弗违,后天而奉天时。"子思在《中庸》中说:"能尽人之性,则能尽物之性,则可以赞天地之化育,则可以与天地参矣。"孟子在《孟子·尽心上》说:"尽其心者,知其性也;知其性则知天矣。"到了汉代,汉武帝独尊儒术。当时儒家思想代表董仲舒就提出了"天人之际,合而为一"的思想。董仲舒在《春秋繁露·人副天数》中说:"人有三百六十节,偶天之数也,形体骨肉,偶地之数也;上有耳目聪明,日月之象也;体有空窍里买,谷川之象也。"在《阴阳仪》篇中说:"天亦有喜怒之气,哀乐之心,与人相副,以类合之,无人一也。"宋代张载也继承了"天人合一"的管理文化命题,在其《近思录拾遗》说:"为天地立心,为生民立命,为往圣继绝学,为万世开太平。""天地合一"的思想,在我国道家思想中就再明显过来了,老子说:"人法地,地法天,道法自然。"据我所知印度古代也主张"梵我合一"的,"梵我"就是"天人"之意。

西方管理文化中把人和大自然的关系分为两个互不联系的方面,一方面是对自然的开发、掠夺,另一方面则把人的灵魂交给上帝,人们对大自然造成的破坏理应引起人们的灵魂的不安,但既然灵魂问题已有上帝解决了,人们可以放肆地去征服自然。大家都看得到,西方人贯彻了征服自然的方针,后果惨重,在西方管理文化的影响下、主宰下,生态平衡遭到破坏,酸雨到处横行,淡水资源匮乏,大气污染,臭氧洞,江海河湖洋的污染,生物灭种加速,新疾病层出不穷,原子弹、核武器,以及克隆人等无一不威胁人类的未来发展和生存。

在人与大自然关系,东西方管理文化存在着尖锐的矛盾和重大的差异。

第六,东方管理文化重"利器",而西方管理文化重"利己"。

这一点是在器物层面的比较,在器物层面上,中国古代文化是非常重利器的,只是"利器"的目标在于人事。孔子《论语·卫灵公》说"工欲善其事,必先利其器"。我国古代人拒绝把人本身作为"器"。古代中国也有过四大发明,古代地方官也曾出面相邀和主持纺车和纺技的推广工作,但是,利器的管理文化已成文中国民间文化的主流,而西方管理文化中,无论是民间,还是国家都是"重器"的,而且也不回避把人本身作为神意志体现的工具。古希腊时人们的体育运动,中世纪后的人们的经济行为,都被看成是神化的人的行为,这一方面,体现在人事方面,东方管理文化更多地把人看作目的,在此基础上,重视"利器",西方管理文化在物化分析思维基础上,却不拒绝人本身也成为器。从而使人在利己的路上越走越远。从社会、民间的角度来看,这一方面东西方的差异并不像"天人"关系方面差别那么大。

第七,东方管理文化重农,西方管理文化重商。

这方面主要是产业政策方面的客观比较。诚然,在重农抑商方面,东方国家尤其是中国,国家(君主)一般都极力主张重农抑商,"重农抑商"与中国古代的地理环境,早熟的文化以及专制统治相适应,国家力量总是在各个方面超过民间的力量。西方管理文化"重商"未必抑农,雅典城邦向海外殖民时,"母邦"和"子邦"的关系是靠商贸联系完成的。中世纪后期,农民之外自由民正是借商贸带动了个人主义的兴起,从而击穿了封建神学的藩篱,重新唤起了市民社会的兴起。为了保证商业交易,因而民法重新发达起来。封建主所重视的农业也并未说是有明确的政策上的抑制,客观上形成抑制而后促进农业的发展,情况也是存在的。同时也说明在这个比较上,国家的作用是不同的。

第八,国家干预是东方管理文化的传统,而自由放任是西方管理文化的传统。

自从国家出现,它作为社会最高权力体现者,在对社会进行的宏观管理和微观管理中就开始发挥重要作用,但是东西方国家干预是有差别的。相比而言,东方尤其是中国,国家对社会经济的干预是强有力的,国家会规定一些强制规定,或直接参与经营(盐铁官营)以及成为社会经济尤其是农业的发展(水利的兴修)配备促进和引导的政策。西周,在土地制度方面,实行全国土地归国王所有,即所谓"普天之下,莫非王土"。周王分封诸侯,诸侯再分为卿大夫,分封的土地划分为"井"字形,历史上称为井田制。而在基层社会,则实际上仍由家族公社分配给各户耕种。在赋税制度方面,《周礼·地官·载师》记载:"凡任土,国宅无征,园廛二十而一,近郊十一,远郊二十而三,甸、稍、县、都皆无过十二,唯漆林之征二十而已。"在矿冶方面,矿产只许国家开采,严禁私人采冶的官营制度。到初秋时,齐国"相地衰征",按土地好坏登记征收赋税,鲁国实行"初税亩",即履亩而税,按田亩征税,不分公田、私田,凡占有土地者均按土地面积纳税,税率为产量的10%。郑国"作封洫","作丘赋",丈量土地,划分疆界,编制田亩,沟通水利渠道,承认土地私有权,并对私田实行征税。汉代实行抑商政策,《汉书·食货志》中记载"重税以困辱之"。国家直接介入某些工商业,实行盐铁官营,置"均输官"和"平准官",直接经营商业,并通过对某些商品的收购与抛售以平抑市场物价,到唐宋明清,更是过之。

而在西方,古代城邦制度和海外殖民主要是靠自由贸易,维持母邦和子邦的关系,市民社会较东方农业社会要发达,是以中世纪稀疏的资本主义萌芽开始产生后,借助于文艺复兴运动,市民社会相对于国家就有了长足的发展,各种交易制度,法律制度,海外贸易都依次而展开。我们今天称之为市场经济,其本质是在社会之上"自然生长"的,所以在西方社会,欧洲各国普遍采纳重商主义和自由放任主义,虽然在此前,也会有一些国家的干预,但其规模和重要性、积极主动性也远不如东方社会,而且远不是西方管理文化主流。

第九,东方重人文化和宗教,而西方重神化的宗教。

如果说,各个社会都存在一些心灵生活和行为的信条的话,那么东方的(中国)更是人文化和伦理性的宗教,而西方的则主要是神性十足的宗教,前者以中国儒家为代表,后者以基督教文化为代表。东方的人文宗教和西方的神化宗教作用环境和机理都是有差别的。人文宗教可以帮助日本经济和东亚"四小龙"经济高速发展,新教也能在某种程度上帮助人们勇敢地去追求财富,这不是简单的经济决定论所能解释的,这恰是文化的作用。

第十,东方管理文化是以家庭学为本的家国一体文化,而西方管理文化是以个人为本的集团本位的文化。

东方管理文化不能简单地说以家庭为本位,西方管理文化也不能简单地说是个人本位。因为东西方人们都是社会的动物,都处在一定环境之中,都要过群体生活,东西方的组织行为模式之差在于东方(如中国)是以家庭为本的国家一体,而西方则是以个人为本的集团本位,前者更多地与血缘相关,后者会较少与血缘相关,而体现出某种权力利益之相关性。前者基础上发展起来的信用制度是伦理化的,可以无中生有,海外华侨在这方面是很成功的,而在后者基础上产生的信用制度,则利于有中生无,便于划分利益,共同开拓,这种特征各自同当时的环境相适应。

第十一,东方管理文化重综合,西方管理文化重分析。

这是两大文化体系思维方式上的根本区别。西方说"一分为二",而东方则是"合二为一"。就像西医"头痛医头,脚痛医脚","只见树木,不见森林"。抽象说来,东方管理文化的综合思维模式的特点是整体观念,普遍联系;而西方分析思维模式则相反。前面曾提到,西方文化曾使工业文明发展,也是这种文化导致了目前的全球的环境遭难。

第十二,东方管理文化是人为生态文化,西方管理文化则是生长非生态的文化。

中国文化很早熟,成为一种内省外放的文化,宏观管理,微观管理,各个方面都能体现人为生态的精神,重视身心的和谐,重视人际的和谐,也重视大自然与人类的和谐共处。"天人合一""世界大同"越来越成为这个世界遥不可及的理想。为什么?乃是因为西方管理文化从总体上说是自然生长的非生态文化,它从一开始就割裂人的身心关系,人与人关系,人类与大自然关系割裂之害。现在缺乏人文生态精神的西方文明在生长期之后西方文化同自然对立的后果已逐渐显现,逐渐进入衰落、解体消亡的过程。

总结东西方管理文化的特质,我认为西方文化见物不见人,而东方管理文化则重在见人,东方管理文化的本质就是"人为为人",即人为学,正如我在《管理心理学》中指出:"中外历史传统论述的管理的本质可以用最简洁的方式概括为:'人为为人'。每个人要注重自身的行为修养,'正人必先正己',然后从'为人'的角度出发,来从事、控制和调整自己的行为,创造一种良好的人际关系和激励环境,使人们能够持久地处于激发状态下工作,主观能动性得到充分发挥。""对任何管理者和被管理者,都有一个从个人行为逐步向为他人服务转变的过程,即从'人为'向'为人'转变的过程。""人为学"可以充分反映以上东方管理文化诸方面,可以克服西方管理文化之弊端,以"人为学"为代表的体现东方管理文化精神的现代管理文化正生逢其时。

## 二、东西方管理文化的趋同

造成几千年来东西方管理文化分野的原因当然主要要从经济的原因中去找,东方脆弱的小农经济应是东方管理文化形成的主要原因。在借鉴西方管理文化的基础上,东方管理文化则日见其优势。东西方管理文化内在趋同和外在趋同可以归纳为以下几个方面。

第一,无论过去国家干不干预现在都走上了市场经济条件下的国家干预之路,市场经济自由放任的失败正是现代国家干预产生的原因。市场调节是一种事后调节,且带有很大的盲目性,一旦通过价格涨落发现供求不平衡时,可能已经造成了社会劳动的极大浪费,市场调节的事后性、分散性和盲目性特点,决定了单一的市场调节不可能维持经济的总体平衡,必须求助于超市场因素的力量。古已有之的国家干预理论在市场经济条件下发挥越来越大的作用,西方国家干预理论的凯恩斯为代表。东方社会(如中国)快速迈向市场化,使其固有的国家干预能力更能有效发挥。

第二,个人在管理中的地位日渐重要而团体的合作甚至是全球的合作也越发显示出了生命力。无论以家庭为本,家国一体的东方管理文化,还是以个人为本,集团生活的西方管理文化,都开始重视个人的作用,家庭的作用,集团的作用和国家的作用,更简洁地说无论东西方管理文化都十分重视人的作用。即使是西方也早已从"人是机器"的古老偏见中走出来,讲求个人积极性的发挥,讲求团体的协作。这在美国的现代管理和东亚日本、"四小龙"的经济起飞中得到启示。全世界的环境问题已使全世界在"人文生态"观念上得到统一。

第三,分析思维向综合思维的趋同。多学科研究应用于管理是西方式分析思维趋同于东方式的综合思维的明证。系统论、控制论、信息论等都大大得益于东方综合思维。解决西方文化指导下所产生的各种环境灾难,正是东方思维发挥所长之时。

第四,东西方管理文化都倾注极大热情关注文化对管理的作用。人是文化的载体和创造者、传播者,又是管理的主题和对象,人在东方、西方的管理发展中具有极其重要的作用。"人是机器"西方管理文化日渐被充满人文气息的东方和谐"人"所取代。马克思和恩格斯完成了理论上人的全面发展从空想到科学的转变。但他们那时没有充分地研究东方文化,因而不能发现这种人的全面发展的雏形就在东方。

以上是东西方管理文化的内在趋同,除内在趋同外,现代全球村落化的浪潮正是内在趋同的外在动力。

第五,世界经济的全球化,尤其是二战以后的南北国家之间的工农业垂直分工的完善,商品资本和货币资本运动的迅速扩张,跨国公司的巨大作用,科技的高度发展(如克隆人的出现已是可能的事),极其发达的通讯和交通,发达国家和发展中国家以及不发达国家和地区,当代经济关系一往无前地扩展,整个人类日益紧密地联系在一起,生存呼吸在一起。曾经把人类各个社会割裂开来的山河、江、海、洋,再也不能像过去那样阻碍各民族之间的联系。人类在此基础上就类似于传统社会中的村落,我们称之为全球村落,全球村落的形成意味着一种新的村落文化——国际管理文化的形成。

第六,世界经济的信息化。信息化包括电脑等信息技术的广泛使用,信息革命、信息网络成为新的资源,发达的智力产业(第四产业)信息时代的到来,各国不遗余力的"信息高速公路",南德集团等民营企业家认为智慧文明的时代,一切都对西方的传统管理造成挑战促使管理文化从眼前考虑转变为长远考虑,从集权到分权,从代议民生制到参与民生制,从"金字塔型组织"到扁平的网络型横向管理,从受制于技术的管理转向离技术离情感平衡的管理,从依赖他们的管理到自助自立自为自律的管理,一句话"人为为人"的人为学管理。

第七,世界经济的市场化,内涵日益丰富。贸易从有形商品到无形商品。贸易形式更是从单证贸易到无纸贸易。贸易形态是海、陆、空立体发展,世界市场范围空前扩大,市场区域化。跨国公司地位、作用举足轻重,同时国际资本流动开始超过商品流,信息的发展造就市场的完善的精神中枢。可以预见随着市场化的加速、市场组织的程度会进一步提高,国际管理文化的作用也就愈来愈大,也就是"人为为人"为本质的东方管理文化也会有越来越广阔的市场。

第八,世界经济的一体化,区域化的自由经济圈不断涌现。在冷战后淡化意识形态的基础上发达国家与不发达国家进一步加深共处,形成各种自由贸易区,其广度、深度,外延、内涵上都不断发展,一个以发达国家为中心以不发达国家为外围的中心—外围结构被完整地组织起来。在这个结构中,企业兼并浪潮风起云涌,这是一种全新的国际企业管理文化。

第九,世界经济发展法制化、程序化。中心—外围结构的明证是世界贸易组织的建立以及世界上多数国家都是其成员,它和世界银行集团、国际复兴开发银行构成世界经济的三大支柱,它是经济的"联合国",涵盖了极其广泛的内容,强化了世界贸易争端解决机制。这是世界经济走向稳定和法制的信号。

第十,世界经济中心转向亚太和东方文化的复兴。西方文化在前三个世纪以其技术上的优势给人们带来了福利,促进了社会的发展,那时的文明是在生长期,随着时间的推移,西方文化中的某些不适时代的东西逐渐显现。东西文化主张"天人合一"、"和谐"人文生态"梵我一如"的精神正可以帮助克服西方文化之弊。当代西方学者正花大力气研究华人经济圈,也是与世界经济中心移向亚太有关的。正当经济中心移向亚太,中国大陆经济改革开放已早有成效,在东方文化的本土实践东方管理哲学,正值中国从计划经济走向市场经济从而走出近千年的封闭,以千年的眼光看待千年的机遇——管理文化当思"天时不如地利,地利不如人和",而中国目前政通人和,那么"事在人为为人"了。

## 三、东方管理文化的现代运用——现代管理文化的构想

前已证明,以"人为学"为代表的体现东方管理文化精神的现代管理文化生逢其时,从根本上说是时代的需要决定了东方管理文化的复兴,这种复兴已不是原来的文化的简单位移。以"人为学说"为代表的现代国际管理文化是在借鉴西方管理文化的基础上形成的具有东方传统文化精神的新型管理文化,因为新,所以只能设想一个应用研究的提纲。

第一,现代管理文化的基本精神的研究。它大致应包含整体和谐系统原理,人文伦理生态原理,法律管理的原理和经济效益的管理,基本精神是管理文化最核心的观念。

第二,现代管理文化的英雄人物,即指现代管理文化的主要创造者,是现代管理文化的实质体现,从一个国际型企业来说新时代企业的领导人,即所谓"策略与文化合金",应具有六项基本技能:创造性的洞察力、敏感力、远视力、应变力、集中力、忍耐力。

第三,现代管理文化的构成。管理价值是管理的基本思想和信念,它们本身就形成了管理文化的核心;管理制度则主要指管理的惯例和常规以及行为模式,制度还是管理组织内部的正式沟通联系手段;管理人物是管理中最大的资源。有效的管理都是通过文化的微妙暗示,成功的管理者就应该根据管理所处的环境,提出明确价值观,为全体人员提供制度规范,并借制度强化这种价值观。管理网络主要是组织内部和组织与环境之间的非正式联系手段,这是管理价值观和管理人物的"运载工具"。

第四,管理文化与现时代。前已说明当代全球性问题与西方管理文化有关,世界经济发展的主要趋势和跨国公司的全球发展的现实造就了对东方管理文化的需求。可以预测,21世纪是以"人为学"为代表的现代管理文化的世纪。但这种文化与现时代的关系的具体研究还需要结合管理环境充分展开。

第五,人的积极性、创造性的研究,这是"人为学"的核心内容,也是现代管理文化的核心内容。依照苏东水先生在其巨著《管理心理学》研究人为学说的十个方面,兹摘录如下:(1)关于人的行为规律的研究;(2)关于发挥人的主观能动性的研究;(3)关于"人的本性"的研究;(4)关于人的欲望和人的需要问题的研究;(5)关于奖励和惩罚问题的研究;(6)关于"人和"思想的研究;(7)关于人群行为和组织行为的研究;(8)关于用人问题的研究;(9)关于领导行为的研究;(10)关于怎样运用权力的研究。这十个方面苏教授用于考察中国古代管理文化,而我们同时也使用于现代管理文化的研究。举例说国有企业的改革如何与现代管理文化(人为学)相结合。在用人问题上是否有全面的用才观、敏锐的识才观、紧迫的惜才观、科学的育才观、宽容的容才观和严厉的管理观,这就是国有企业改革的着眼点。再如说奖励问题,国企改革曾大量运用名誉、职称、金钱的奖励,可否探讨一种把职位作为奖励的内容,更准确地作为激励的内容。

第六,现代管理文化或"人为学"亦不能避免讨论国家干预现象和规律。国家干预是现代经济的通例。何谓适度的干预,财政、金融、价格、会计、审计、行政和法律干预的"度"又在哪里,这个度主要把握的要害在于激发人的积极性而又不妨碍人的积极性的发挥。从国际经济的层面来说,国家、企业、个人如何合作,如何实施联合国家干预,都是人为学有待突破的地方。

第七,"人为学"还要面对全球性问题,如和平与发展问题,环球污染、人口爆炸、高科技诸如克隆人问题。如何能解决环球的生态问题,实现可持续发展战略。"人为学"为代表的现代管理文化有广阔的运用前景。

第八,"人为学"从国有企业的角度而言,可以中国国企改革以及跨国兼并浪潮为实施的切入口。"人为为人"的"人"的问题,是心理问题、社会问题、文化问题和全球性问题。当然全世界海外华人经济的发达是我们展开这方面研究的范例。

第九,"人为学"与法律管理。随着东西方在市场经济体制上的接轨,东方的"人为为人"的管理文化也要与市场经济体制配套,在中国日益法制化的市场经济如何体现"人为为人"的精神和"人为为人"的精神化,现代市场经济条件下如何体现法律管理的精神是跨世纪管理发展的巨大双向课题。

第十,"人为学"管理文化的跨世纪发展趋势,要面对人的内心的变化和21世纪新型文化人格的形成。塑造未来的管理英雄,则是当前教育有必要认真探讨、详细分析的。培养管理英雄是完成管理文化的跨世界转换,更是学界和教育责无旁贷的,管理和教育的密切结合,是管理文化发展的重要趋势。

东西方管理文化都是极深奥的,极广博的,在本文的比较研究中只能握住一些基本要素,在谈到"人为学"的运用时也只能是浮光掠影,企图能有个总体把握,对区区一人来说,实在是个梦想而已,以梦想求教于专家,或许有些助益。

# 《中国管理通鉴》的编纂意义(1996)[①]

中国管理思想与实践是中华文化也是世界文化之瑰宝,它是人类不可多得的精神财富,历史悠久,源远流长。在中华文化的各个组成部分中,都含有丰富的管理哲学思想,涉及管的著作言论,以及许多生动的管理事例,更涌现出许多著名的思想家和实践家。目前,美日及东南亚各国,都有不少人士对中国传统管理思想及实践表现出浓厚的兴趣,而散居于世界90多个国家的华人,更是希望了解中国传统的管理思想和方法,以优秀的华夏文化来促进自己事业的发展。鉴于海内外还没有一部系统全面、能够涵盖中国历史上各时期管理思想与管理实践精华的大型研究性工具书,因此,我们深感能编写一部《中国管理通鉴》,系统地对中国文化中有关管理各方面各部分进行发掘、整理、研究,这对弘扬中华文化,扩大国际文化交流,建立中国特色的管理体系,促进经济发展,提高中华民族在世界上的地位,是具有重大意义的。

**1996年举办《中国管理通鉴》研讨会,与会专家合影**

时代发展的潮流,中华优秀文化的激励,触动了本书主编研究中国传统管理思想与实践的兴趣。成就不忘支持人。在这30多年的探索过程中,最受感动和启发的是,1984—1992年间得到了国务院发展研究中心马洪同志、中国企协会长袁宝华同志的鼓励和中国国民经济管理学会等各方面专家的支持。在此期间,同样值得提及的是,1984年12月国家经委领导在北京西山组织召开"中

---

[①] 本文节选自《中国管理通鉴》,浙江人民出版社1996年版。

国古代管理思想研讨会"上,本人就多年的探索的"《红楼梦》管理思想"作了发言,引起与会代表的兴趣。这次会议代表畅所欲言,受益匪浅。1986年5月,本人在东京参加现代化国际研讨会上,介绍了我国现代化管理中古为今用的事例,使到会的日本专家、学者、官员、企业家引为重视,提出要与我们共同合作研究,建立"管理的东方学派";当年7月本人于《文汇报》发表了《现代管理学中古为今用》一文,受到社会各界广泛的欢迎,并建议编纂中国古代管理的《通鉴》,也受启示。之后,我在1990年日本东京国际学术交流会上发表《中国古代行为学说研究》的学术报告;1992年我又在日、美、法召开的历届"世界管理大会"发表《弘扬东方管理文化,建立中国特色的管理体系》《东方管理文化的探索》《中华文化与管理科学》等学术报告,受到高度评价与重视。在'97世界管理大会上作了《21世纪东西方管理文化》主题报告,使世界学术界更重视以中华文化为核心的东方管理文化魅力,称赞《中国管理通鉴》的贡献,国内外有50多家新闻单位、电视台报道大会盛况,称赞为"东方管理文化在世界叫响"。

海内外学者朋友们的鞭策和激励更增加了本人从事这门学科研究和主持编纂《通鉴》的决心。这样,我们于1992年初组织了有关专家、学者通力合作研究,编写出中国第一部这方面的著作《中国管理通鉴》,我们并将在此基础上继续努力组织编纂《东方管理学派精典》丛书。

《中国管理通鉴》全书编写指导思想是力求忠实于历史,全面反映中国历史上各时期的管理遗产;应用于现实,用传统文化精华来促进当代中国经济发展;着眼于未来,从哲学的高度去发掘中国管理宝库,探索融合中国传统文化精华与现代管理理论于一体的新管理模式和中国特色的管理体系,使本书具有长久的生命力。

《通鉴》全书具体编写方针是:全面系统、尊重历史、科学论述、语言典雅。编写中力求贯彻科学性、知识性、理论性、实用性、可读性等原则。

《通鉴》全书由中国国民经济管理学会会长、复旦大学经济管理研究所所长、博士生导师苏东水教授主编,特聘袁宝华等领导同志任名誉顾问,同时成立了编委会,主持全书编写工作。

《中国管理通鉴》全书现由四卷组成:

第一卷:中国管理通鉴——人物卷。本卷按历史顺序,大致以1949年为限,介绍我国历史上各时期在管理思想和管理实践方面作出重大贡献的历史人物约200名,包括生平事迹、著作、在管理思想或实践方面的重要贡献、影响等。

第二卷:中国管理通鉴——要著卷。介绍中国历史上各时期在管理诸方面有影响的200部(篇)著作,包括作者、写作背景、出版或发表日期、刊物、主要观点、地位影响、目前通行版本等。

第三卷:中国管理通鉴——名言卷。本卷收录中国历史著作中有关管理的名言、佳句2 000条,按分类编排,每条包括原文、出处、解释、点评等。

第四卷:中国管理通鉴——技巧卷。本卷按照"古为今用"的原则,从治国、战略、预测、信息、经营、博弈、公关、时效、修己、人为、人才等各方面,通过对历史上大量事例的叙述,分析其中成功的管理技巧。

我们还准备续篇第五卷:中国管理通鉴——海外卷。本卷分人物、著作、格言、事例、传播等五篇,介绍海外华人管理思想家、实践家,以及他们的著作、格言、成功的事例、中国传统管理思想对外国企业界等方面的影响。本卷独立成书。

《通鉴》全书编写历时两年。参加编写者有中国国民经济管理学会、上海管理教育学会、复旦大学等,及北京、上海、福建各地有关高等学院、科研单位与实际部门的教授、专家、博士、硕士、经理等。

《通鉴》全书由苏东水教授主编、总纂定稿。由苏勇、王龙宝、袁闯、芮明杰等任各分卷主编。由于本书仅是一部初探的著作，且内容涉及面广、年代长，加以编时短、水平有限，难免有失误之处，诚希指正。在此，我们要特别感谢袁宝华、马洪等教授为本书作序、任顾问，给予热情鼓励；感谢各界领导、专家给予很高的评奖。同时还对浙江人民出版社蔡玲珑平等同志为出书付出辛勤的劳动，对浙江省出版局将此书作为重点专著出版，深表谢意。为我们共结的果实问世并报佳音而高兴。人生征途漫漫，其修远兮，吾等将既往上下而求索也。

# 世纪之交的管理文化变革(1997)[①]

管理从来就是文化的产物,两千年来中华大地百家争鸣,涌现出灿烂的管理文化。一个多世纪前诞生的科学管理理论与文化尽管标上了泰罗的大名,但其实为西方文明及美国文化当时的产物。当梅奥等人精心准备"霍桑试验",以至后来形成了"人际关系学派"且轰动工商界,其背后恰恰是美国文化中的"人本复归"的导向。

当世人瞩目于日本经济的奇迹,瞩目于日本企业在世界上到处成功之时,均认为是日本式管理的成功。的确如此,但有谁想到,日本式管理的三大支柱"年功序列、终身雇用、从业者主权"的兴盛,恰恰是融合了中国儒家传统文化内核的日本文化的功劳。

今天,许多人为中国经济增长迅速而惊叹,许多人为中国经济的特殊规则,如人情、关系、沟通、信义等而不解,华人企业家们则取得一个又一个巨大的成功,形成了独到的华人企业管理模式。究其根源,也在于源远流长的中国优秀的传统文化的功劳。

21世纪的管理肯定与今天的管理不同,从而给予我们以巨大的挑战的话,那么,有一点是肯定的,这就是把握了文化,把握了人类世界优秀的文化与发展,也就把握了未来的管理,21世纪的管理。

当今世界有三个影响文化及管理的因素。

首先,我们将面对世界经济发展中心的改变。从全球观点考虑,这并不奇怪亦不足为忧,虽然它意味着某些国家和地区的相对衰弱和另一些国家和地区经济地位的相对上升。事实上,现代管理的发展是与世界经济发展中心从欧洲向美国的转移密切相关的。美国真正可能被认为是世界经济发展的中心不过是最近几十年的事,而这种经济中心的转移过程则在上一个世纪之交甚至更早就已经出现了。而到今天,世界经济发展的中心则移向亚洲。亚洲国家和地区的全面经济上升速度是世界上任何一个地区都不可比拟的。而尤为重要的是,中国这个世界人口最多的国家也进入了经济高速增长的国家的行列。美国至今仍然是世界上经济最发达的国家,但是亚洲地区的发展速度远远超过了美国。从历史的经验看,管理学最有希望、最有创造性的地方正是这些经济迅速起飞的国家和地区。

其次,现代科学技术的发展已经进入了一个新的阶段。由于科学对世界复杂性和不确定性的认识逐渐深入,新的科学领域如混沌学、协同学、模糊数学与模糊逻辑、灰色系统理论等正在重新检讨在经济学、管理学等领域所使用的传统科学方法的适用性与局限。与此同时,信息技术正在最大限度地改变人们了解世界的方式和相互联系的方式。由此所造成的在生产领域以及其他经济领域

---

[①] 本文刊载于1998年第一届世界管理大会论文集《世界管理论坛1998》(《世界经济文汇》1998年特刊)序言。

的活动过程的分散与集中并存、小型生产规模与巨型化结合,导致人们重新思考现代管理行为的规范化、最优化和数量化的适用范围与合理性。

最后,以要求可持续性发展为中心的新发展观正成为全世界的共识。可持续性发展要求对环境、资源等加以限制的、高效的利用,同时对之合理重建。显然,可持续性发展对管理提出了更高的要求,而它同时也创造了新的管理发展的契机。

面对如此令人兴奋的世纪之交,还有许多令人兴奋的变化。面对如此迅速而又巨大的变化,在东方的土壤上孕育出一种融合了传统与现代、东方与西方、科学与人文的新的管理思想和管理文化。

近年来经济迅速起飞的国家和地区,包括亚洲的"四小龙",以及正在进一步崛起的中国大陆,多数受到中华传统文化的深刻影响,属于中华文化圈的世界华商范围。已经有许多学者提出了"后儒教伦理""后儒家文化""新儒商"等概念,试图理解这种经济发展的奇迹。东亚的经济发展显然是多重因素共同作用的结果,儒家文化未必是解释这种经济发展的最好原因,但其影响绝不可低估。尤其是当经济发展的其他重要条件已经完全或基本具备的情况下更是如此。在这种情况下,东方管理文化主要是中华管理文化的魅力正在更加完美地表现出来,西方管理思想向东方靠拢正是一个必然的趋势。

东方管理文化是积两千年思想、理论和经验所创造的,它造成了维持达两千年之久的中华统一的国家。这样一种管理文化是值得重视的。而在很长一个时期里,由于中国经济的衰弱和西方经济的迅速发展,这种极有特色的管理文化几乎被完全忽视和大大误解了。这是管理学学术研究的失误。如今,随着学术研究方向的拨正,随着因改革开放而带来的中国经济的迅速发展,以最大限度的热情和期望来研究东方管理文化已成为迫在眉睫的事。

东方管理文化的主体是儒家文化,但又不完全是儒家文化。中国在公元前770年到公元前221年的春秋战国时期,就管理行为而论,有以孔子为代表的儒家的"修己安人""移民为本";周易的"刚柔相推、崇德广业";还有以老子为代表的道家的"道法自然、无为而治";以墨子为代表的墨家的"兼爱""利人";以韩非为代表的法家的"唯法为治";以孙武为代表的兵家的"运筹定计、知人善用、应敌而变";以及农家、阴阳家等等。甚至还有过以《管子》为代表的经济管理学派称为"轻重学派";南北朝以后还在传入佛教的基础上形成了中国佛教的"以人为善"。这种百家争鸣的局面,使得中国传统文化有机会充分演练、全面整合,充分展现出自己的多重特性。这些管理理论和管理思想的相互融合,形成了东方管理文化的精华。

面对如此丰富的东方管理文化,现代管理可以吸收些什么精华呢?我以为可以简要地归结为以下三条,这三条也是东方管理文化的本质属性。

一曰"以人为本"。

这里的"人",首先是处于管理系统之中的人,即所谓"民"。中国传统文献中对"民"的重要性的论述极其丰富,择其要者如"民惟邦本,本固邦宁"(《尚书·五子之歌》),"民为贵,社稷次之,君为轻"(《孟子·尽心下》),"天之生民,非为君也,天之立君,以为民也"(《荀子·大略》),"闻之于政也,民无不为本也"(《贾谊新书·大政上》),"民者国之本也"(《淮南子·主术训》)等等。中国传统管理哲学是以人为核心的。孔子的主要思想之一是"仁","仁"尤其是其伦理思想的主体,按照《礼记·中庸》的记述,孔子回答什么是"仁者爱人"(《论语·八佾》)。所谓"爱人",无非是人际关系的协调中的一种理想状态。西方管理从霍桑实验之后开始重视仁的作用。但直到近年来,人本管理才成为与科学管理并驾齐驱的两条路线。

二曰"以德为先"。

东方管理文化强调道德伦理的作用。《大学》中说："是故君子先慎乎德。有德此有人、有人此有土、有土此有财、有财此有用。德者本也,财者末也。"儒家管理思想的逻辑起点是"修己"即自我管理,而以"安人"即理想化的社会管理及最终达到天下大同为归宿。所谓"恭己正南面而已"(《论语·卫灵公》),就是孔子所理解的管理方式。"恭己正"并非只是作为一种姿态,而是要通过长期的修养才能达到的个人的良好道德状态。"修己安人"包含了带根本性管理方法。"修己"就是让管理者作出道德示范,在无形中影响受管理者的行为,从而达到"安人"的目的。古代讲究"南面而治""垂裳而治",其中有着深刻的自然"无为"的思想,这种管理讲究的是管理者并不提出具体管理请求,而被管理者在管理者的道德威望下自然达到良好的状态。

不仅如此,东方管理文化还讲究人际间的良好关系,借此来维护稳定的组织秩序。这种人际关系以道德伦理来维系。但是此处的道德伦理并非抽象的、一般化的,而是与个人在组织中的地位密切相关。这种因人而异的道德伦理,固然有其与现代社会并不适合的部分,但更深入的研究也会发现其中包含着某些重要的合理方面。事实上,每个个人在组织中的地位和作用的确是不相同的。对他的具体要求,包括工作要求和道德规范要求,也可以和应当是不完全相同的。

三曰"人为为人"。

本文认为东方传统文化论述的管理本质可以用简洁的方式概括为"人为为人"。

"人为为人"其实是两个有分有合的命题。"人为"的根本问题是发挥人的积极性。与西方管理相比较,也可以部分地归纳为激励问题。人本主义的管理问题在根本上就是发挥人的积极性。中国古代的人性论,无论强调"性善"还是"性恶",一般都认为人是可以重新塑造的。"三字经"中说:"人之初,性本善,性相近,习相远";荀子说:"人之性善,其善者伪也",这个"伪"不是假装,而是"人为"即人的努力。通过努力,恶也可以转变为善。人性论的问题仍是可以研究的问题。而中国特色的人性的可塑论则提供了人的自我发展的可能性。在东方管理文化中,"人为"思想贯穿始终而形成了颇具特色的"人为学",包括了十个方面,主要有关于人的行为规律的研究,关于人的欲望和人的需要问题的研究,关于奖励和惩罚的研究,关于"人和"的思想,关于群体行为和组织行为的思想,关于用人问题的研究,关于领导行为的研究,关于如何运用权力问题的研究,以及前述的关于发挥人的主观能动性研究和关于人的本性的研究等。

但是,"人为为人"是相互联系的两个方面。"人为"的根本目的是"为人",或者说管理的根本目的是"为人"。这种为人的思想,在现代企业管理中已经化为诸如"顾客是上帝"之类的格言。另一方面,管理也体现为从"人为"到"为人"的过程,对任何管理者和被管理者,都有一个从个体行为逐步向为他人提供服务转变的过程。这一过程体现在家庭、行业、国家一切方面的管理之中。管理者与被管理者越是注重自身行为的素质,其"为人"即管理的效果就越快。(以上论述"人本主义"主要观点及其应用请参考拙作《东方管理文化的探索》,《当代财经》1996年第2期或《管理心理学》,复旦大学出版社1992年版)

除了这三条之外,与西方现代管理之追求规范化、最优化和数理化的倾向相对,东方管理的方法论具有"混沌管理""集成管理""人为管理"的特点,强调自然、强调稳定、强调权威、强调得体、强调信义。这次大会的论文中已经包括了这方面的研究。

东方管理思想中还有大量具体的经营思想和经营方法,特别是在《孙子兵法》等著作中。对于这些著作,人们往往更多地注意了其中介绍了管理方法和技巧,而忽视了其中蕴含的东方管理文化的本质。我认为,以人为本、以德为先、人为为人,才是东方管理文化的本质,是东方管理文化中最华彩的部分,是值得在世纪之交的管理文化的变革中吸取的东西。

现代管理发展到今日,西方管理与东方管理间的界限已经不是那样绝对了。事实上,现代管理对人本管理的提倡已经在很大程度上实现了自身在管理价值观和管理方法论上的回归。这为东西方管理文化的相互吸引融合提供了现实的基础。

面对管理理论和管理实践在世纪之交的重大变革关头,我们应当为之作出充分的努力。

就管理学的研究和建设而言,更多地研究东方管理文化的精华内容,应是一个突出的重点。除了我已经讲过的那些之外,东方管理文化还有着更广泛的内容。例如在对待自然环境和资源的认识上,在对管理环境的认识上,在管理变化因素上,在管理的时效问题、管理的战略决策和技巧方法上,东方管理文化都有其非常成熟的、高明的论述以及大量的管理案例。在这方面,我们已经做过了一些初步的工作(参看我任总编的《中国管理通鉴》,浙江人民出版社,1996)。但在这些方面还有着极其大量的工作要做。为了使东西方的管理文化能够在理性的基础上相互融合,这些研究是完全必要的。

就管理教育而言,关于东方管理思想和文化的内容依然几乎是空白。甚至在中国,东方管理文化的研究也只是在少数学者中进行,而广大学生则与之无缘。这是一种极其不正常的现象。中国在改革开放后,大量吸收了西方现代管理的经验和方法。现代管理学的活力极大地促进了中国的经济发展。但是,中国又是一个有着强大的文化传统的国家。一切外来的东西必将经过这种传统的筛选和改造,有意识地在教育中贯注东方管理文化的精华,显然有助于中国式管理理论模式和文化的建立,有助于促进管理改革过程的完成。

管理实践仍然是管理理论的用武之地和检验标准。无论是宏观管理还是微观管理,对人的进一步重视,对人的潜能要更深入的开发,无疑会造成管理效能的继续提高。但管理变革所要求的观念变革显然包含着使管理从纯粹提高组织效能脱身而瞄准更广泛的更全面的组织目标。东方管理文化在企业管理上的作用已经由许多大企业的经营管理实践得到了证明。对东方管理文化的更深入的理解,将帮助更多的企业取得经济、社会和文化的更大的综合效益。

创新和发展是我们这个时代的特征。在21世纪行将到来之际,这个特征已变得更加明显和深刻。管理理论和管理文化必须跟上这一时代特征。既然科学技术的发展和经济的发展已经把我们东方和西方的人们联结在一起了,那么,我们就更有理由使我们各自的传统和现实相互融合在一起,创造出一种崭新的东西方结合的管理文化,让我们在上海召开的'97世界管理大会和即将举行的"世界管理论坛"上为新世纪的经济发展作出贡献。

# 管理行为之本质(1998)[①]

在这十年里,为了写作"人本论""人为学",研究人的心理行为的学问,我一直从事于东方管理文化探索。在诸位知心同心门生鼎力协助下,完成了200多万字的《中国管理通鉴》。通观古今中外管理之历史,博采百家以求管理文化之精神。纵览我中华春秋战国、盛唐气象以及当今发展之势、全球华人企业之发达,无不有中华灿烂文化的影响,无不重视人的心理行为的研究。文化激荡、管理创新、激励行为,乃世界进化之动力。我从此得出结论:以人为本、以德为先、人为为人乃管理行为之本质。世界管理文化在激荡、冲突和融合。尽管有争议有分歧。但皆围绕"人为为人"而论证,为"道法自然",为谋求管理之真谛、科学之知识,谋求管理教育之发展。在我组织的"'97世界管理大会"的开幕式上所作的题为"面向21世纪的东西方管理文化"的主题报告中指出:"21世纪的管理面临三大挑战,亦即三大影响文化及人本管理的因素",它们是:

(1) 世界经济发展中心可能移向亚洲。

(2) 现代科学技术的发展已经进入了一个新的阶段,由此导致了人们重新思考现代管理行为的规范化、最优化和数量化的适用范围与合理性。

(3) 以要求可持续发展为中心的新发展观正成为全世界的共识。

对此三大因素,以中华管理文化为核心的东方管理文化的魅力正在更加完美地表现出来,东西方管理文化的进一步相互激荡、渗透、融合,是必然的趋势。这种整合的趋势表现为:对人才管理的重视,对新企业文化的兴起和伦理道德的关注。

东方管理文化是积累两千多年思想、理论和经验创造的。中国改革开放进一步向深度、广度推进,以最大限度的热情和期望研究东方管理文化已迫在眉睫,此间以研究人为中心的管理心理学,也成了热门。

东方管理文化认为管理之关键在人,在于人的心理及行为。东方管理文化的本质就是"以人为本、以德为先、人为为人"。

随着世界经济的全球化、信息化、市场化和一体化,东西方管理学界都倾注极大热情关注文化对管理的作用,而人在管理中的地位日渐重要,团体的合作甚至是全球合作也越发显示出强大的生命力。在此基础上,东西方管理文化将进一步融合、转换、创新,生成一种崭新的管理文化。21世纪即将到来,管理的创新和发展、东西方管理文化互相取长补短,东方管理学派和东方管理学科的创建,必将对世界管理理论研究和实践作出重要贡献。

---

① 本文节选自《管理心理学》第三版的序言。

# 管理的全球视野
## ——21世纪企业管理发展趋势(1999)[①]

根据国际管理学界学者所提出的观点,对今后管理学研究的发展趋势可概括为以下几点:

## 一、全球化背景下的企业管理走向

第一,信息技术在管理中的角色。由于资源有限,只有极少数的公司有足够资源形成自己的价值链,而全球网络的形成,为公司间进行全球范围的交流提供了工具,排除了时间和地理障碍,使一些独立的公司进行劳动分工,让每个公司开发他们独特的优势,彼此间建立长期的合作联系。因此,交流系统的成员之间,通过 EDI 系统共享数据,计算机使需求变化反映更加迅速。

第二,全球化背景下国家竞争策略。许多国家面对经济全球化,采取优惠政策、措施鼓励国外直接投资,吸取外国先进技术,采用以下措施:保护本国工业,利用提高关税等政策限制进口;出口本国产品,鼓励产品出口补偿本国失去的市场;购买比国内便宜的国外物品;降低成本,利用国外便宜的生产要素进行生产,并返销国内市场;全球化,在国外直接投资并在当地销售。

第三,产品策略。面对全球化,许多企业通过改善产品来创造竞争优势,使产品更具实用性和多功能,耐用性好,设计或功能的独特性适合不同顾客的需要。另外,企业活动呈现全球一体化,实现产品的规模经济。

第四,管理方式的变化。强调管理变政府干预为市场干预,充分发挥市场经济的能动性;由关心产品生产到运用有效的管理,实现管理出效益;由产品管理模式转化为人力资源管理模式,认为职工是财富创造者,只有激发他们的积极性,企业才能盈利;由单纯追求利润发展为树立良好的企业形象,得到顾客的信任;从企业制定短期战略改变为制定长期战略;产品所占领的部分市场向世界范围市场扩展,使企业走向全球化,参与全球竞争;由组织中的个人决策改变为群体决策,发挥集体的力量。

第五,全球化下的管理者。高技术者在公司中享有相当的战略重要性,这些人适应特殊的环境和竞争性变化的能力较强,因此要通过正式或非正式训练提高人员技能。全球化下的管理者具有一定特点:开放变化,适应性,流动性。

---

[①] 本文刊载于《国际市场》1999年第2期。

## 二、新世纪人力资源管理展望

全球化改变了各个领域的管理哲学和管理实践,其中人力资源管理首当其冲。人力资源管理是现代管理理论的新趋势,传统的人力资源管理受到挑战,对于新时期人力资源管理发展趋势和特点有以下观点:

第一,具有弹性和适应性成为生存的基本条件。大多数公司运用参与系统从事雇佣,发展适合的管理形态,领导风格和雇佣态度;建立功能团队,超越传统的"任务强制力""目标团队"或"质量循环",认识到初始阶段团队在公司的位置;运用自我评价,参考优秀的企业管理模式。例如欧洲基金会的质量管理模式,克服合作惰性和自我满足,建立充分的内部交流和综合反馈机制;扩大技能,超越狭隘的功能界限,发展管理能力和技术。

第二,组织的限制变得越来越少,雇佣方式成为公司竞争优势的一个来源。传统的人际关系消失,它使组织成员为一项任务而结合起来变得更复杂;组织的官僚结构变得扁平,中层管理者减少,工作群体和团队变得越来越重要;高质量雇员数量增加,社会越来越需要组织的社会责任和伦理行为。

第三,全球化下具有的竞争优势便是知识(人力资源)。知识被管理者看作一种战略性能力,只要被运用于实践,鼓励发展、收集知识,就可使公司设计一个其他竞争者无法模仿的操作程序。组织学习蓝图的构造在个人竞争中产生力量是人力资源管理的任务,因此组织学习可被理解为集体的现象,把个人学习作为基本出发点。通过收集经验和通过实验方式学习,产生独特竞争力,通过增加、联合、更新知识产生新的知识并运用于实践,用开放的态度吸取经验,抓住面对失败和错误并从中吸取教训的机会。

第四,人力资源管理应集中于激励,提高积极性和创造性,集中于增加人们的活力,充分发挥每个人的才能,做到"人尽其才",从而加强企业竞争力,树立良好的企业形象。

## 三、知识管理的执行战略

怎样才能建立一个完善的知识组织并实施知识管理,或者说如何通过组织再造就一个完善的知识组织,西班牙 Alcala 大学 Cantero 教授和 Zabala 教授在《知识管理的执行战略》提出:在一个普通组织的基础上造就一个完善的知识组织,意味着应从人的智力资本来理解所有关于人力资源的传统政策。这时候,训练、学习和职业计划都被认为使个体价值增值、组织财富增加成为可能,或者是组织所具智力资本的增加。再造过程存在着文化性和技术性两方面的问题需要解决。所谓文化性问题,则是由旧系统旧文化所引起,由于知识组织要求人们用合作代替组织内部竞争,并将此作为新的组织模式,这与过去过分强调竞争的看法相比较,将是一个人的思想变革。所谓技术性问题,则是因为知识管理不能没有信息技术的支持因而为了确保有效的知识共享,不断进行信息技术的投资就成为重要的决策。事实上,从长远发展来看,人们单靠那些用文字写下来的书面知识已远远不够了。

再造过程要求我们重新认识各种传统观念,大多数老观念在新背景下得到改变,不适合的管理者必须从岗位上离开。整个合作管理意味着信任,人与人之间的信任必须成为一种管理者的新作风得到发展,知识共享的管理作为一种管理者的新作风得到发展,这意味着人与人之间所存在的害怕与威胁行为将会消失。于是,如果我们想要在组织中发展合作文化,那么,信任将不再是被迫,而应是一种自觉行为。面向知识经济、知识社会的管理再造,将成为未来组织(企业)管理成败的关键。

## 四、文化特性对管理行为的影响

不同的文化产生不同的管理行为,文化的差异使不同国家管理者行为各异,跨国公司使管理者走向全球化,因此不同的文化对管理行为的影响引起了广泛的重视:

第一,填补组织行为学动机理论有关文化影响的空白。文化的特性怎样影响个体目标定向的讨论,提出了文化因素通过对个体性格作用的影响:一是改变个体的性情且决定表达这些性情的方式;二是个性和内部动机借助分层次(等级)的目标结合起来,个人与更高层次的目标——价值观相联系,以影响个体的动机。有关文化影响的目标理论,已认识到目标定向对个体取得成功的重要性,并发展了一套有关文化特性影响个人目标定向的假设。目标定向是内在动机的一种表现形式,它描绘了个体所寻找的成功位置的基础目标,这些目标可能发生的行为及结果预示了方向。人们已认识到目标定向的两种方式:学习和执行的目标定向。

第二,在全球背景下,不同地区的管理者带有深沉的文化烙印。例如欧洲文化下的管理强调团队精神,在严格的纪律下,要求管理者服从,具有合作精神,能容忍冲突,彼此间依靠性强,集体决策;而美国文化下的管理强调个体的冒险,自我独立意识,不服从他人,进行合理争论,通过权力影响他人,提倡个体快速决策。

第三,通过对7个国家管理行为的研究,学者提出不同文化下的组织设计和组织解决问题的方式的不同。由于文化的感性差异经常由个体解决问题的方式反映出来,因此通过对新西兰、澳大利亚、美国等15种不同伦理和语言的管理者行为的研究可以知道,不同国家间某点相似的文化特性可能导致一些相似的管理行为,不同文化特性可能导致不同的管理行为,也就是说,文化的属性已自觉或不自觉地反映在管理者的管理方式上。

# 东方管理文化的精髓(1999)[①]

东方管理文化是积两千多年思想理论和经验所创造的。如今,随着学术研究方向的拨正,随着改革开放带来中国经济的迅速发展,以最大限度的热情和期望来研究东方管理文化已成为迫在眉睫的事。

面对丰富的东方管理文化,现代管理可以吸收些什么精华呢?我以为可以把中国传统管理文化简要地归结为"三、六、九"。"三"即"以人为本、为德为先、以人为人",这三条也是东方管理文化的本质属性。

1999年复旦大学东方管理研究中心、管理心理实验室成立仪式暨学术研讨会

一曰"以人为本"。这里的"人",首先是处在管理系统之中的人,即所谓"民"。中国传统文献中对"民"的重要性的论述极其丰富,如《孟子》的"民为贵"等等,中国传统管理哲学是以人为核心的。孔子的主要思想之一是"仁",孔子归结"仁"为"仁者,人也"。西方管理从霍桑实验之后开始重视人的作用。但直到近年来,人本管理才成为与科学管理并驾齐驱的两条线路。

二曰"以德为先"。东方管理文化强调道德伦理的作用。《大学》中说:"德者,本也。"儒家管理思想的逻辑起点是"修己"即自我管理,"修己安人"包涵了带根本性的管理方法。"修己"就是让管理者作出道德示范,在无形中影响被管理者的行为,从而达到"安人"的目的。

三曰"人为为人"。"人为为人"其实是两个有分有合的命题。"人为"的根本问题是发挥人的积极性。与西方管理相比较,也可以部分地归结为激励问题。荀子说:"人之性恶,其善者伪也。"这个"伪"不是假装,而是"人为",即人的努力。在东方管理文化中"人为"思想贯穿始终而形成了颇具特色的"人为学"。

"人为为人"是相互联系的两个方面。"人为"的根本目的是"为人"。管理也体现为从"人为"到"为人"的过程。这一过程体现在家庭、行业、国家的一切方面的管理之中。以上,我概括的三方面的主要管理及应用,在我撰写的《东方管理文化的探索》《管理心理学》《现代管理学中古为今用》等

---

[①] 本文节选自《现代领导》1999年第4期《汲取东方管理文化的精华》。

论著中,均有详细的论述。

"六"指六家学说。东方管理文化的主体是儒家管理文化,但又不完全是儒家管理文化。中国传统文化就管理行为而论有以下几点:(1)以孔子为代表的儒家的"修己安人""以民为本";(2)《周易》的"刚柔相推、崇德广业";(3)以老子为代表的道家的"道法自然,无为而治";(4)以墨翟为代表的墨家的"兼爱""利人";(5)以韩非为代表的法家"唯法为治";(6)以孙武为代表的兵家的"运筹定计、知人善用、应敌而变";此外,还有以《管子》为代表的经济管理学派称为"轻重学派";南北朝以后传入的佛教的"与人为善"。这些管理理论和管理思想的互相融合,形成了东方管理文化的精华。

"九"指九部传统管理要著,即《周易》《老子》《论语》《荀子》《孙子兵法》《盐铁论》《富国策》《营造法式》《生财有大道》。

东方管理思想中还有大量具体的经营思想和经营方法,特别是在《孙子兵法》等著作中。我认为以人为本、以德为先、人为为人,才是东方管理文化的本质,是东方管理文化汇总的华彩部分,是值得在世纪之交的管理思想的变革中吸取的东西。

# 把握历史机遇,复兴东方管理文化(1999)[①]

## 一、管理文化与东方管理文化

管理作为人类社会的一种重要活动形式,总是受到一定社会文化的影响,反过来,管理又为社会文化增添新的内容。优秀文化是一切组织持续成功的精神支柱和驱动力。一方面,管理首先是文化的产物,任何一种管理理论与政策的提出都离不开特定的文化背景。在中国,自汉代董仲舒"罢黜百家、独尊儒术"以来,儒家思想即成为中国封建社会的主流思想,儒家思想是中国传统文化的内核和中国传统管理思想的重要渊源之一,同时也是中国封建社会各层次管理实践的指导思想,并且渗透到管理人才培养的各类教科书中。另一方面,管理本身就是一种文化形式,管理不只是一门学问,还应是一种文化,它有自己的价值观、信仰、工具和语言。任何一种管理知识和管理实践,都是管理者的文化创造,为当时的社会文化增添了新的内容。

我们对东方管理文化的研究就是为了培养和建立一种同时具有历史连续性、内在一致性、普遍适用性和强大辐射力的管理文化,指导国家治理、企业经营、家庭生活和个人修养。因此东方管理学的管理文化覆盖治国、治生、治家、治身等多个层次,其研究的"组织"包括国家(政府和其他非营利组织)、企业、家庭和人本身。而西方的组织文化只是针对企业和少数非营利组织,对于国家层面的管理和家庭管理很少涉及,对于治身或个人修炼的研究,虽然西方管理学界著作颇多,但并没有被纳入统一的管理文化理论体系。

直到现在,一些学者和企业家对管理的理解还仅仅停留在现实操作的层面,我认为更应该从文化层面即管理文化的角度来透视和理解管理的实质。因此,东方管理学派对管理的研究不仅仅停留在知识的层次上,还进一步深入到形成和影响管理的文化背景之中,挖掘其背后的哲学内涵。20世纪90年代初阐述以中国传统管理文化为核心的东方管理学理论时,我不仅提出东方管理学理论的知识基础——"三、六、九构成说"[②],还把蕴涵在这些著作中的管理文化归纳为东方管理哲学"十五要素说"[③],并进而提炼出以人为本、以德为先、人为为人的"三为"东方管理文化。

## 二、把握历史机遇,复兴东方管理文化

20世纪90年代美国经济持续十年的增长创造了"两高一低"的新经济神话,以信息技术和生

---

① 本文是作者1999年在第二届世界管理论坛暨世界华商管理大会上的发言稿,原题《论东方管理与中国文化的复兴》。
② "三、六、九"即以人为本、以德为先,人为为人的"三为"思想,儒、易、道、墨、法、兵六家学说,《周易》《老子》《论语》《荀子》《孙子兵法》《盐铁论》《富国策》《营造法式》《生财有大道》九部传统管理著作。
③ "十五要素说"是指东方管理哲学包含"道、变、人、威、实、和、器、法、信、离、谋、术、效、勤、圆"十五个方面。

命科学为先导的知识经济迅速波及全球,中国经济也迎来了跨越式发展的历史机遇。知识经济不仅带来了物质生活水平的提高,也在潜移默化地改变着管理模式。从只关照股东利益最大化到全面考虑企业社会责任的利益相关者理论;从强调垂直领导的科层制到不断扁平化的组织架构;从目标设定简单划一的绩效管理到更考虑员工个性、更富有弹性的柔性管理,一种全新的管理文化在兴起。我们虽然不能宣言这种新的管理文化就是东方管理文化,但却可以肯定地讲,其中蕴涵大量与东方管理文化相契合的成分。

20世纪中叶以来,主要管理学思想和著名的管理学家大都来自美国,根本原因是美国经济和美国企业拥有世界主导地位。中国改革开放20多年来,经济腾飞,社会进步,正在成为全球经济发展的引擎之一,中国各个层面的管理实践都在成为全球关注的新焦点。中国传统文化也开始吸引更多外国人的兴趣。1988年1月,西方75位诺贝尔奖得主在法国巴黎集会,他们在宣言中向世界呼吁:"如果人类要在21世纪生存下去,必须回到2 500年前去汲取孔子的智慧。"①

面临这样一种难得的历史机遇,东方管理学派的学者们有义务会同国内外同行,努力实现东方管理文化的伟大复兴。下一步,我们有三项重要工作:首先,要坚定不移地完成《东方管理学派著系》(经典与案例丛书),包括"三学""四治""八论"共十五部著作,使对东方管理文化的研究更加深化和细化,形成更为系统和精深的管理理论;第二,要大力发展东方管理教育,2005年复旦大学东方管理研究中心将招收第一批东方管理学博士研究生和硕士研究生,在今年的歌德堡世界管理大会上,我介绍了东方管理学硕士点的OMBA(东方工商管理硕士)和OMPA(东方公共管理硕士)项目,国外学校很感兴趣,已有多家联系合作事宜;第三,我们将在IFSAM及其中国委员会的领导下,下大力气筹备2008年的第九届世界管理大会,把大会办成推进东西方管理融合发展的盛会,将博大精深的东方管理文化推向世界。

"千里之行,始于足下",我们的东方管理文化研究已经取得了一些开拓性的成果,虽然未来的任务仍然非常艰巨,但我和我的同事们有信心把这项工作做好。衷心希望有兴趣的学者参与我们的事业,为繁荣世界管理学丛林做出中国学者应有的贡献。

---

① 这句话出自1988年1月24日澳大利亚《堪培拉时报》发自巴黎的报道《诺贝尔奖获得者说要汲取孔子的智慧》。有学者考证,那次集会未做公开宣言,学习孔子智慧的说法应该是与会的汉内斯·阿尔文博士(Dr Hannes Alrven,1970年诺贝尔物理学奖获得者)提出的,并得到多数代表肯定的一个讨论结果(见李存山"孔子的智慧",《中国社会科学院院报》2003)。

# 战略管理与中国企业(1999)①

"战略"一词来源于希腊语的"Strategos",最先作为一种军事术语,意为"将军",表示指挥军队的学问和艺术,后引申为对战争全局的策划和指导。随着人类利益对抗活动范围的扩展,"战略"一词被广泛用于政治、经济、外交等领域。

在中国,早在两千多年前,便有哲人提出有关战略的思想和观念。其中,最具影响力和最具代表性的是军事思想家孙子。其代表作《孙子兵法》的开篇就指出:"夫未战而庙算胜者,得算多也;夫战而庙算不胜者,得算少也。"这里的"庙算"是我们通常所说的"运筹帷幄"也就是进行战略安排、战略设计的意思。

## 一、战略管理理论的演进与两大流派

最先将"战略"一词用于企业经营活动的是美国著名的管理理论家和实践家巴纳德(Barnard),1938年,巴纳德在《经理人员的职能》一书中,将组织理论从管理理论和战略中分离出来,认为管理和战略主要是与领导人有关的工作;管理科学的重点在于创造组织的效率,其他的管理工作则应注重组织的效能,即如何使组织与环境相适应。这种有关组织与环境"匹配"的主张成为现代战略分析方法的基础。1962年,哈佛大学历史学家钱德勒(Alfred Chandler)在《战略与结构》一书中指出,企业的经营战略要适应环境的变化,而组织结构则随企业战略的变化而变化。根据这一观点,哈佛商学院的安德鲁斯(Andrews)于1965年对战略进行了四个方面的界定,将战略划分成四个构成要素,即市场机会、公司实力、个人价值观和渴望、社会责任,并进一步发展出经典的SWOT战略分析模型。同一时期,美国学者安索夫(Ansoff)对战略的基本构成进行了概括,提出著名的"战略四要素"和具有广泛影响的"产品-市场"矩阵。安索夫认为,战略性行为就是组织通过改变内部的资源配置和行为方针,使之与环境相协调的过程,并认为这一点由于环境变化而显得格外重要。迈尔斯(R. E. Miles)和斯诺(C. C. Snow)对"组织-战略-环境"三者关系进行了进一步的研究,并于1978年出版名著《组织结构、战略和程序》。他们以组织改变其产品和市场的程度为基础,将组织划为成四种战略类型和相应的组织结构,即:防守型战略(Defenders)、进攻型战略(Prospectors)、分析型战略(Analyzers)和反应战略(Reactors)。

20世纪80年代以来,企业战略管理理论蓬勃发展,并逐渐形成两大学派:市场结构学派和资源配置学派。

---

① 本文是作者1999年在第二届世界管理理论坛暨世界华商管理大会的发言稿。

## (一) 市场结构学派

该学派是以哈佛大学商学院的迈克尔·波特(Michael E. Porter)教授为代表的一个学派。波特于20世纪80年代先后推出《竞争战略》《竞争优势》和《国家竞争优势》"三部曲"轰动了整个管理学界,并引发了长久的争论和广泛深层的思考。波特开创性地将产业经济学引入企业战略管理理论。他认为,战略管理的一项首要任务就是进行产业选择,找出具有潜在高利润的行业。围绕这一命题,他提出了著名的"五种竞争作用力"模型,认为进入威胁、替代威胁、买方议价能力、供方议价能力和现有竞争对手的竞争这五种竞争作用力共同决定着一个产业的竞争强度和最终利润潜力,而最强的一种或几种作用力占据着统治地位,并且从战略形成的观点来看起着关键作用。企业需要考虑的第二个战略任务就是如何在已选定的行业中进行定位,以获得相对竞争优势,企业的定位决定了其盈利能力是高于还是低于行业平均水平。波特认为,企业对影响产业竞争的作用力加以深层分析后,当务之急就是利用自身相对于产业环境所具备的强项与弱项,并"采取进攻性或防守性行动。在产业中建立起进退有据的地位,从而在产业中胜过竞争对手"。在这里,波特提出了三种竞争的一般战略(generic strategies):(1) 总成本领先战略。企业要积极地建立起有效的规模经济和严格的成本管理,以便总成本低于竞争对手。(2) 差异化战略。企业在其提供的产品或服务上别具一格,形成一些在整个产业范围内具有独特性的东西,从而赢得相对垄断的市场局面。(3) 目标集聚战略。主攻某特定的顾客群、某产品系列的一个细分区间,或某一个地区市场。也就是说,企业能够以更高的效率为某一狭窄的战略对象服务,从而超过在更广阔范围内竞争的对手。

波特深入分析了行业及其周围的竞争作用力结构,从而为理解企业行为和指导竞争行动提供了基本方法与结构性的框架。其理论无疑取得了巨大的成功,但并非说就毫无局限:

(1) "企业黑匣论"。波特认为竞争战略的实质就是"企业与其环境建立联系",企业成功的关键在于其对外部影响的应变能力。因此,波特从产业结构入手对企业所处的产业和竞争环境作了透彻分析,相较而言在企业的内部分析方面却语焉不详,这显然是一种缺憾。

(2) 波特竞争战略之首要任务就是进行产业结构分析。然而我们如今正面临越来越多的"无特定结构"领域。波特关于产业的定义"实质上就是划定已立足竞争者与替代品的界限,现有公司与潜在进入公司的界限,以及现有公司的供方,买方公司的界限"。有些产业确实"结构化"程度较高,运营规则明确,产品概念清楚,产业界线稳定,技术变化的可预见性较强,客户的需求也能比较准确地把握。但面临像"数字业"和基因工程这样的新商机领域,我们几乎无法进行以上的划分和界定。

(3) 波特给出的竞争的一般战略中的问题:① 成本领先战略奏效的前提是面对具有价格敏感性的顾客群和稳定的市场环境(产品或服务较好的标准化且不易变化,以利于改进流程降低成本;如果说产品处于极快的更新变化之中,讨论成本最优便显得毫无意义)。这无疑决定了这一战略的应用范围有限。另外,如果说该产业存在着明显的经验曲线或规模经济只有在取得显著的市场份额之后才能获得,这时如果同时有多家企业在寻求低成本地位,便极有可能爆发大规模的价格战(如我国彩电业)。② 成本领先战略与差异化战略并非如波特所说的相互排斥、非此即彼。相反,如果对成本成因有透彻的认识,往往可以找到高效利用成本获得产品差异化优势的途径。例如,一些高效自动化流水线在提高质量的同时又降低了产品的单位成本。

## (二) 资源配置学派

资源配置学派的基本观点是:与企业的外部环境相比,企业的内部条件对于企业占据市场竞争优势具有决定性作用;企业内部能力和资源、知识的积累是解释企业获得超额收益和保持企业竞争优势的关键性概念。这一学派的代表人物有:加里·哈梅尔(Gary Hamel)、C·K 普拉哈拉德(C. K. Prahalad)、申德尔(Schendel)、D·福克纳、C·鲍曼等。

资源配置学派强调主要从企业的资源出发而不是从市场位势出发来理解企业的竞争优势,其经营战略观念蕴涵以下三层深刻含义:

(1) 坚持一贯的以"资源"为核心的企业概念认识。企业在本质上永远是一个资源(能力)体系。

(2) 合理配置资源开拓产品市场是企业长期竞争优势的决定性因素。

(3) 企业内部的资源储备参与决定企业的经营范围。特别是企业多元化经营的广度和深度。

进入 20 世纪 90 年代以来,越来越多的研究人员和实践工作者发现,在资源配置过程中最重要的是培育核心能力。企业能够取得竞争优势的关键在于培育出自己的核心能力。

目前最流行的核心能力定义是由普拉哈拉德和哈梅尔于 1990 年提出的,即核心能力是"组织中的积累性学识。特别是关于如何协调不同的生产技能和有机结合多种技术流派的学识"。按照 D·福克纳和 C·鲍曼的观点,核心能力主要包括运行能力和制度能力。运行能力专指企业的"技术"能力,制度能力则包括企业的管理体制、企业文化和价值观等。

企业核心能力有三个特征:(1) 用户价值。核心能力必须特别有助于实现用户看重的价值。那些能够使企业为用户提供根本性好处的技能,才能称得上核心能力。(2) 独特性。如果某种专长为整个行业普遍掌握,就不能称之为核心能力。(3) 延展性。核心能力必须能够成为企业开拓新市场的基础。

资源配置学派成功地将企业的内部分析与外部的环境分析结合起来,从而巩固了安德鲁斯早期所建立的 SWOT 经典分析范式。它一方面弥补了波特理论的局限,另一方面又实现了古典战略的回归。从这种意义上说,资源配置学派是对现有战略管理理论的一次集大成。当然,作为一门发展中的理论,其本身也并非无懈可击:

首先,资源配置学派指出,为了成为持续竞争优势的源泉,资源(或核心能力)必须具有价值性和独特性。从这个观点出发,人们不禁会问:从最成功的企业确立的影响因素抽象出的成功标准,究竟是成功的充分条件,还是必要条件?

其次,资源配置学派在论述资源配置决策时,没有考虑决策的社会背景(比如:企业传统、网络关系、管制压力等),以及这些背景因素如何影响到企业间的长期差异。

## 二、中国企业战略管理现状及建议

### (一) 中国企业应用战略管理的现状及原因分析

近年来,随着外国公司及产品大举进入中国市场,我国许多大企业面对国外公司及品牌咄咄逼人的竞争势头,开始确立并实施以寻求竞争优势为主导的战略管理,取得了很好的业绩。例如,海尔集团通过发展技术和服务这一核心能力,1995 年至今始终坚持名牌经营战略,坚持以名牌产品为龙头发展企业的规模经济,带动集团整体素质的提高,在快速发展中显示了"海尔"名牌的优势和延伸效应;联想集团通过分析国际国内计算机行业的结构特点,将自己的战略方针定位于"做国外有实力的大公司所不能或不愿做的事,做国内小公司或短视公司做不了的事",从而实现了国产品牌计算机国内市场占有率最高的骄人业绩;邯钢则坚持成本最低化战略,以其严格的成本管理在行业中取得了竞争优势,为国有大企业如何面对市场机制下的激烈竞争做出了榜样。

虽然战略管理的应用在中国取得了初步进展,但还有待推广和深化。事实上,在中国大多数企业尚处于无战略状态。有不少企业自认为有战略,而实际上这些所谓的战略不过是一些笼而统之的目标和空洞的口号,既没有切合实际的内容,也没有一套行之有效的战略实施方案。就总体而言,中国企业还处于一种"当一天和尚撞一天钟",战略观念淡薄、战略规划能力缺乏,靠经验和感觉打天下的幼稚状态。

中国企业在战略管理方面的不成熟,与其所处的发展阶段和成长环境有直接关系。在高度集权的计划经济体制下,中国国有企业长期与市场处于隔绝状态,企业彼此间没有竞争,市场竞争意识自然无从谈起。改革开放以来,国有企业被逐渐推向市场,开始感受到竞争压力,但其观念和意识的转变远远落后于经济体制改革的进程,对战略问题并未给予足够的重视;加之国有企业的产权问题没有得到很好解决,企业内部经营机制尚不完善等等,这些都限制了国有企业对战略管理的有效实施。民营企业尽管与市场有着天然的联系,但由于早期的市场发育程度较低,不少民营企业凭借机制灵活的优势,采取东吃一口西吃一口的方式,稀里糊涂赚了大钱,至于战略问题,他们似乎没有必要去加以关心。同时,由于民营企业一般规模较小,以及普遍存在的"家族式"管理作风和人才危机,他们往往也没有能力去实施有效的战略管理。

随着我国社会主义市场经济体制的逐步建立和完善,我国企业必然面临复杂而又多变的经营环境,从而客观上要求我国企业必须在搞好日常经营管理的基础上,实现向战略管理的转变。其原因有三:

(1)在市场经济条件下,国家主要靠一些导向性的政策来宏观引导企业发展的方向。在这种情况下。企业如果没有一个切实的发展战略,就很难较好适应国家的宏观政策。此外,国家已出台了到2010年的远景规划,这也为企业实施战略管理创造了很好的条件。

(2)市场经济的突出特性之一就是竞争性。如果没有明确的经营战略或未能实施有效的战略管理,就很有可能在市场竞争的海洋中迷失方向。正像美国著名未来学家托夫勒在《企业必须面向未来》一书中描述的那样:"如果对于将来没有一个长期明确的方向,对本企业的未来形式没有一个指导方针,不管企业的规模多大,地位多稳定,都将在这场革命性的技术和经济的大变革中失去其生存条件。"

(3)相较于计划经济体制下企业所处的简单、固定的经营环境,市场经济条件下企业面临的经营环境不但复杂而且多变。随着我国加入世贸组织(WTO)的实现,这种情形无疑会愈演愈烈。市场是变幻莫测的,而战略管理的重点正是组织和环境的关系研究,有效的战略管理无疑有助于企业充分了解市场,研究市场,并寻求到应付市场变化的有效对策。

(二)对我国企业实施战略管理的几点建议

实施战略管理是我国企业管理发展的必然趋势,也是在市场经济环境下某种意义上的管理创新。笔者认为,我国企业在实施战略管理过程中,应注意以下几个问题。

(1)将市场结构学派和资源配置学派两种理论结合起来进行考虑,而不能顾此失彼。市场结构学派认为获取竞争优势的首要任务是进行产业选择和市场定位,资源配置学派则强调企业内部资源的实力及配置方式,特别是核心能力的培育。两种学派尽管各有侧重,但对企业的战略选择都有重要的指导意义,偏废哪一方都可能造成应用上的失误。企业应依据行业特点,结合自身的情况,制定出切合实际的竞争战略。例如,联想的市场定位和海尔的"名牌战略",就分别在依据这两种不同学派理论的基础上取得了成功。

（2）要注意将推行战略管理与转换企业经营机制结合起来。推行战略管理与企业转换经营机制建立现代企业制度是相辅相成的。现代企业制度的建立提高了企业的内部效率，从而有利于战略管理的顺利开展；而战略管理的实施则提供了企业的变革的动力，因而促进了现代企业制度的建立。

（3）战略管理的重要之处不仅仅在于成文的决策本身，而更在于这一决策的过程。在这里，充分的对话和沟通比一份装帧精美的战略管理文件本身更为重要。通过对战略决策的参与，企业员工能够了解企业面临的竞争环境和企业自身的优劣势并加强对企业的责任感——这无疑是企业的巨大财富。

# 东方管理的现实基础(1999)[①]

20世纪即将过去,21世纪信步向我们走来。我们回首20世纪的人类历史,人类经历了战争与和平、萧条与繁荣、野蛮与文明、物质与精神、西方与东方、南方与北方、多极与一极的折冲樽俎。我们深刻地反思20世纪东方社会的巨变,中国从受凌辱走向富强。西方管理理性之弊已使无数的东西方管理学人走向了东方,走向了博大精深的东方管理文化,发现了人类的家园。以下各种情形,都对我们作出明确的昭示:

1. 经济的全球化是发展东方管理的大前提

经济全球化是当今世界的大势。在国际贸易、金融、投资自由化全面展开的背景下,生产要素以空前的速度和规模在全球范围内流动,整个世界各国经济相互依赖、相互渗透。全球大市场正在当今世界形成,商品、资本、服务及信息在全球范围内流动加速,并以空前的规模迅速发展。世界贸易增长速度大大超过世界经济增长速度,国际直接投资以快于世界贸易发展的速度增加,而世界金融市场更是急剧膨胀,不仅交易额巨大,而且资金传递速度惊人。全世界近4万家的跨国公司,拥有27万家以上的海外子公司,渗透到世界各国几乎所有的经济领域,控制着40%的世界生产、60%以上的资金,以及90%的国际直接投资。跨国公司依靠其雄厚的资金、先进的技术和管理优势,实行全球投资战略,进行跨国、跨地区、跨行业的生产和经营,推动全球资源的优化配置,使整个世界经济日益连为一体。同时,越来越多的国家为了共同的利益,以不同的方式结成各种区域集团,进行广泛的经济合作。欧洲联盟取代了欧共体,美、加、墨组成了北美自由贸易区,亚洲也有亚太经合组织。据统计,全世界有100多个区域经合集团,其中60%以上建立于20世纪90年代。在区域集团化趋势蓬勃发展的同时,各区域集团间相互开放、合作,乃至融合的趋势也不断地加强,涌动的经济潮流造成了当今世界性的三大国际经济组织,全球网络社会亦在经济全球化基础上形成其雏形。

2. 科技的人文化是东方管理复兴的策动力

科技,从广义来说,属于文化经济的范畴,科技是一种在历史上起推动作用的最高意义上的革命力量。科学技术不仅是推动人类社会物质文明建设的强大力量,而且是推进人类社会精神文明的建设的重要动力。20世纪以来,现代科学在各个领域取得了重大进展,并呈现加速化、综合化、整体化、社会化特点。科技的作用,使人的主体因素在现代世界中的作用大大提高。这体现在人对自然的关系由解释过渡到控制;由分析物质结构和自然过程,过渡到有目的地合成物质结构和影响自然过程,甚至合成生命和影响生命过程。同时还体现人在生产中地位的变化,人们从直接加入生

---

[①] 本文节选自《走向辉煌的东方管理》,刊载于1999年第二届世界管理论坛暨世界管理大会论文集《世界管理论坛1999》(《世界经济文汇》1999年特刊),与朱国华合作。

产过程作为主要当事者,转变为作为监督者调节者控制整个生产过程。在物质、能源、信息生产的相互关系上,则表现为信息作用的加强,信息将成为主要战略物资,社会的大多数人将从事信息工作,而不是进行物质和能量的生产,价值的增加主要依靠信息。有系统地进行信息生产,不断扩大人们的智力,已成为决定生产力、竞争力和经济增长的关键因素。如果说,古代各种手工工具的创造标志着人类突破自身生理限制的一次大解放,近代科学技术的发展完成了人依托于自然物质能源,突破自身体力限制的一次力量的解放;现代科技导致人们突破自身脑力限制而得到的空前大解放,就是一次真正的名副其实的人化的革命。人类主体作用的大大提高和人类劳动的智能革命的实践,使脑力劳动者的比重大大增加,体力劳动者的比重大大减少。体力劳动与脑力劳动的差别日益缩小,还能部分代替一些乏味的脑力劳动,让更多的人有更多的时间去从事创造性的工作。如何提高人们的科学文化素养,提高人的创造能力,弘扬科学的文化精神和人文功能,加快探索新型管理文化,已越来越受业内人士的关注。

3. 管理的人性化体现了东方管理的精髓

近代产业革命以来,主流的管理文化是物化的管理,其假设前提是理性人(经济人),人是作为物加入到生产过程,跟机器一样发生作用,所以产业文明时代的管理是物化的管理,以物为中心,追求利润最大化,人也是利润极大化制度安排的一个组成部分,并不比其他更为重要。进入全球化时代以来,管理革命风潮迭起,提出了知识管理、网络管理、创新管理、集成管理、柔性管理、合作竞争管理、后发展管理、团队管理、中层革命、战略联盟、跨文化管理、未来管理、适时管理、全面质量管理、生态管理、混沌管理、人本管理、全球管理等一系列新的理念,这些理念都充分注意到文化的因素,文化就是"人化","人化"就是"人性化",这与我们古代中国"天人合一"的观念下的"人"的理解是一致的。管理的人性化总体反映了人们对西方技术理性的反思和管理文化向东方古典精神复归的趋势。

4. 中国的富强和东亚的繁荣是复兴东方管理的物质基础和实验场

中国改革开放20年,以平均不低于8%的速度高速、持续、稳定增长,以其良好的国际信誉,在抵御东南亚金融危机中,为中流砥柱,为世界垂范。东亚地区保持了经济的持续繁荣。日本和东亚的四小龙以儒家资本主义实现了现代化,中国大陆地区,在中华文化的基础上,实施社会主义制度,亦实现了提前翻两番的目标。这里面不得不提到祖国的传统管理文化的作用。中国共产党人的"以大局为重"、"身先士卒"、"以身作则"、牺牲精神、集体主义、强大的政府作用关心群众疾苦、批评与自我批评、共产党员的修养观念,均折射着东方管理文化的熠熠光辉。中国的管理文化对于20年的贡献不必细说。

5. 全球华商群起是东方管理成功应用的范例

李嘉诚、霍英东、包玉刚、蔡万霖、李兆基、张宏伟、李晓华、王永庆、曾宪梓、杨致远,一系列响亮的名字,让人不禁回想起我国的盛唐时代,激起胸中豪情。华商以"五缘"为基、家族式经营、网络化的营生、自然而然的管理价值、市场化和国际化的经营模式,不是东方管理魅力的伟大的证明,又会是什么呢?

6. 文化传播手段的现代化推动东方管理的传递

传统农业社会的文化传播主要靠口耳相传,故可称为口耳相传的管理文化。现代传播手段如无线通讯、移动通讯、光纤通讯、数据通讯、图式通讯等组成的信息高速公路,互联网等将促进社会经济的全面发展,使企业管理全面实现计算机化和企业运行信息化,从而大幅度提高企业的劳动生产率,大大增加国家的国民经济收入,传播手段的现代化将极大地影响人们的工作方式和生活方式,集中的同步的工作方式将被分散的、不强求同步的方式所替代。因特网上空间是人类真正民主自由的空间,与因特网为代表的现代文化相适应的管理文化,不再是局部的,口耳相传的文化,它是全球一体、整体互动、晶亮透明、直接人心的管理文化。

7. 文明的整合推动东西方管理文化融为一体

20世纪是文明整合的世纪。20世纪是理性的世纪,也是人类理性带来无穷灾难的世纪,人们若不走出理性的误区,那么21世纪的文明只会是生态环境更加恶化、人类心态进一步失调、民族和宗教冲突导致社会大混乱和人与人之间的矛盾日益突出。可以看出,西方文明带来的有可能是跨世纪悲剧。文明发展到今天,将何去何从,人类正走在十字路口。答案就在于:人类,管好你自己。文明、文化向东方的整体回归是人的"类"需求和"本"需求。

8. 东方管理学派是东方管理研究的组织基础

改革开放前,我们就在各种场合提出要重视东方管理学的研究,东方管理学有无穷的魅力,这也是现代高科技的需求,也是为现代全球网络经济所证明。我们作了不遗余力的努力。我们举办了'97世界管理大会,到会学者有国内外专家300多人,论文300余篇,并形成了近百万字的世界管理大会论文集,大会使东方管理文化在世界叫响。我们组织国内学者编著了近300万字的中国管理通鉴,是国内第一部系统的东方管理文化的专著,填补了国内空白。

我著的《管理心理学》是国内第一部管理心理学著作,以"人为学"为主线,探讨了东方管理心理和行为,已发行近50万册,是东方管理学的心理学著作。

我们20年来所做的东方管理学研究总字数在1 000万字以上。在海内外都有一定影响。1998年10月,正式成立了以复旦大学经济管理研究所为主体的东方管理学派,它是我们研究东方管理学的重要的组织基础。

# 人为为人与无为而治(1999)[①]

1. 以人为本

所谓"人",就是处于管理系统中的人,即中国古代所谓的"民"。中国传统管理哲学是以"人"为核心的。孔子曰:"仁者,人也。""仁者,爱人。""夫仁者,己欲立而立人,己欲达而达人。"墨子曰:"君,臣萌通约也。"也是说君主是由臣民约定而产生的。孟子说:"民为贵",又说:"天时不如地利,地利不如人和。"可见,为了"安人",必须先"修己"。古代贤哲们的人本思想比西方自梅奥(Mayor)的霍桑实验后重视人的作用要早出两千年。中国哲学重视人际关系的协调,强调关心他人,爱护他人,帮助他人成就事业。这就要求管理者以他人为本,设身处地为他人着想。这样的管理系统自然能处于很融洽的状态。用物理学的语言讲就是这一管理系统类似处于"稳定平衡状态"。

2. 以德为先

儒家提出了著名的"修身、齐家、治国、平天下"命题。可以看出,中国管理思想的逻辑起点是"修身",亦即"修己",也就是自我管理,连自己都管理不好,怎么可能去管理别人呢?这一"正本清源"的命题是将管理学建立在牢不可破的根基之上。《大学》中说"德者本也",可谓是对管理学之哲学基础的界定。"齐家、治国、平天下"之实质即为"安人",这是理想化社会的管理方法。"修己"与"安人"是一种人性化的、根本性的管理方法,也是建立在牢固的哲学基础之上的治理方法。儒家强调通过管理者道德威望的感召与示范,在无形中来影响被管理者,通过提升道德伦理力量来"安人",从而使社会与人际关系处于最佳状态,以达到大同社会的理想境界。

3. 人为为人

"人为为人"是揭示管理学之本质的核心命题。它是由"人为"与"为人"两个命题所组成的综合命题。"人为"就是"人的行为、作为",中国哲学重视人的道德和行为的可塑性,这为人的发展提供了广阔的可能性。"为人"是"人为"的所要达到的目的,也是"人为"所考虑的角度、所瞄准的方向、所遵循的规范。意思是说,管理活动始终要兼顾到管理对象,不要主观肆意妄为。"人为为人"也蕴含了比较深刻的管理民主化的思想。

"人为"要适应"为人"这一客观环境要求,亦即管理主体要不断调整自己使之与管理客体、管理环境处于最佳的融合状态,这里也可以看到管理主体必须与管理客体进行适当的协调。"人为为人"的含义是"管理者的行为与活动是为管理客体服务的"。"人为为人"首先要求注重管理者自身的行为修养,即"正人必先正己",只有提高自身道德水平与综合素质,才能更好地"为人",从而促进

---

[①] 本文节选自《东方管理文化的伟大复兴》,刊载于1999年第二届世界管理论坛暨世界华商管理大会论文集《世界管理论坛1999》(《世界经济文汇》1999年特刊),与博士后徐希燕合作。

社会的进步。

"人为为人"与儒家的"内圣外王"理想是完全一致的。"内圣"就是先做好"人为","外王"就是将自己的学识、本领用于"为人"。儒家强调"用贤则治,不用贤则亡。"墨家的"尚贤"思想就是强调选用最优秀的贤人来从事管理。因为只有这样,才能更好地进行管理。此可谓启用一贤人,则众贤聚;误用一愚人,则群愚至。

中国古代哲学家说:"间于天地之间,莫贵于人也。"马克思主义也认为,人是生产力中最活跃、最进步的因素。所以管理活动是从人出发,再回归到人的。"人为为人"揭示了管理主体与管理客体之间的辩证关系。只有管理者完善自我、进业修德,才能更好地为他人工作、为他人服务。如果"人为"未做好,则"为人"也难以实现;"人为"是"为人"的前提,"为人"是"人为"的结果;管理主体的"人为"直接影响到管理客体的"人为",而管理客体的"人为",又会反过来影响管理主体的"人为";"人为为人"是一个完整的管理过程,是一个辩证发展的过程,是一个螺旋式上升的过程。管理主体与管理客体之间的良性互动,将会使管理系统处于最佳运作状态,从而大大提高管理的绩效。

"人为为人"之所以成为一个极为重要的管理学命题,其原因有三:一是它顺应了人的行为规律,比如:学习规律、竞争规律、强化规律等。二是它顺应了时代发展的趋势,比如:西方哲学向东方哲学的回归,西方科学管理向人本管理的回归等,注重感情等心理层面的因素比单方面注重物质刺激要有效得多。三是它要求管理者以身作则、关心他人,提高自身的能力素质,这对于管理者本身也提出了更高的要求,这有利于整个组织向良好的方向发展。

那么,管理主体怎样才能真正做好"为人"呢?那就首先需要了解他人。马斯洛将人的需要划分为生理、安全、社交、尊重与自我实现五个层次,这为管理者提供了一个"为人"的具体范畴。比如,为了满足被管理者的"生理"需要,管理者应该关心被管理者是否已经成家;为了满足被管理者的"安全"需要,应该避免轻易解雇员工;为了满足被管理者的"社交"需要,应该经常举办一些文体活动,并且经常与员工谈话沟通;为了满足被管理者的"尊重"的需要,应该时时刻刻尊重员工的人格,不要随便伤害员工的自尊心;为了满足被管理者的"自我实现"的需要,应该给予员工均等的被提拔的机会。而所有的这一切,完全取决于管理者的"人为"。被管理者的需要满足了,就会产生更高的工作热情与创新精神,从而以最优异的绩效回报管理者。

管理者的"为人"做好了,就会对管理客体产生表率、示范作用,管理客体也会自觉地做好"为人",于是整个组织成员的素质处于不断提高的过程中,从而形成良好的个体人格与管理系统的整体形象。"人为为人"无疑会缩小管理者与被管理者心理上、感情上的距离,于是管理者的目标更易于实现。

"人为为人"也是对"人为损人""人为害人"这些反面命题的彻底否定。人的行为不能损人利己、不能害人益己,而只能为人助己。可见,"人为为人"既是一个重要的管理学命题,也是一个重要的伦理学命题,因此具有重大理论价值。所以说"人为为人"这一命题魅力无穷,是东方管理学的要旨所在。

### 4. 无为而治

《道德经》曰:"道常无为而无不为。侯王若能守之……天下将自定。"意思是说,道总是顺其自然、无所作为的,但又没有一件事不是它所为的。诸侯、帝王如果能遵循它,……天下也就会自然安定。这里阐述了一个极其重要的管理思想,就是要遵循自然规律,做到不要有所作为,而又能将什么事都做好,用这样的方法管理社会,社会也将自然安定。这就是"无为而治"。

"无为而治"的基础是把握自然规律,对管理而言就是"人为为人"的管理规律,一个组织如果遵循管理规律并以最佳秩序运作,那么管理者就不必再施加任何人为的主观影响,就不必再发号施令,就不必再有其他多余的动作,而是听任组织顺应自然地运作;如果组织内出了什么问题,那就"无不为",就事事都能管好,就能将组织内的偏差调整好,让它再顺应自然规律。在这里,管理者完成了一个辩证的螺旋式的上升,即从"无"到"有"、再从"有"到"无"的过程。管理者如果能够这样顺应规律,那么组织将会运作得很好。

"无为而治"是管理的最高境界,是一种自动化的管理。一个企业或组织中的成员都能自发地按照规范与要求活动,发挥每一个成员的最大能量,维护组织的最大利益,保持组织运作的高度和谐,这就是管理的最高境界。这也就是孔子所说的"从心所欲而不踰距"。

"无为而治"的意义在于它是对古典与现代管理科学所有规律的提升与概括,它能展示最大的灵活性与创造性,它能最大限度地保持组织的有序与稳定,它也能最大限度地让组织的成员发挥作用。

总之,"以人为本""以德为先""人为为人""无为而治"是东方管理的核心与精华之所在,它们组成了一个符合逻辑的链条:管理的对象是人,管理的哲学基础是"德",管理的起点是"人为",管理的目的是"为人",管理的最高境界是"无为"。

# 迎接21世纪世界管理新主流
## ——复兴东方管理文化(1999)[①]

**记者：** "东方管理学派"是在什么样的背景下提出的？

**苏东水：** 由于亚洲经济长期衰弱，东方管理文化几乎被世人忽视了。随着亚洲地区经济的崛起和华人企业的发展，世界管理学界正在兴起一股"东方热"。无论是中国改革开放后巨大经济潜力的释放，还是散布90多个国家的世界华商的经济起飞，背后都有着中华传统管理文化的支撑。日本式、新加坡式管理也恰恰是中国传统文化精髓与该国文化融合的结晶。近年来，进入中国的国际大型跨国公司获得巨大效益，其成功之道也是实现了一种适应中国文化背景的管理。这几年，我多次参加管理国际会议和世界华商会。大家渐趋认同：弘扬中国传统文化，探索东方管理文化的渊源、应用、体系，建立中国式管理模式，将是21世纪世界管理主流之一。去年，上海成功举办了有30多个国家和地区学者参加的'97世界管理大会。很多学者说，这次大会是东方管理文化复兴的"燃点"，是东方管理文化在向世界叫响。因此，我们提出了管理的"东方学派"。

**记者：** 东方管理文化的本质是什么？

**苏：** 东方管理文化源远流长，是积两千多年思想、理论和经验创造的。我认为它的本质特征有三条，这也是现代管理文化转变中最有价值的观念。

一曰：以人为本。"仁者爱人"，东方管理文化高度重视人在管理系统中的作用。日本和"四小龙"讲求团队精神和人际协作，就是这一观念的例证。西方管理一向认为"人是机器"，直到近年来才有了与科学管理并驾齐驱的人本管理。

二曰：以德为先。"修己以安人"是带有根本性的管理方法。管理者通过自己道德修养的提高，使属下在道德威望的影响下自然达到管理的良好状态。同时，人际关系也通过人的道德伦理来加以调解。

三曰：人为为人。"人为"是发挥人的积极性。东方管理文化重视人的道德和行为的可塑性，从而为人的发展提供了可能性。另一方面，"人为"的根本目的是"为人"。管理也体现为从"人为"到"为人"的过程；现代企业以服务为宗旨的管理观念，就是为了实现"为人"的管理目的。

**记者：** 在世界经济日趋一体化的今天，东方管理文化的这些特征又将如何与西方管理相互融合，以发挥更大的现实作用？

**苏：** 全球经济一体化促使东西方管理文化趋于整合。其特点是重视人在管理中的作用、文化对管理的作用和综合思维能力的培养。如一大批在华著名跨国公司的高级管理者，往往是外籍华

---

[①] 本文是作者接受记者采访的节选，刊载于《四川政报》1999年第1期。

人,他们提出把跨国文化管理作为企业管理之道。世界各地华人企业家的成就也是结合当地国情、弘扬中华传统优秀文化,创造出一种现代化的经营理念和策略。

**记者:**"东方管理学派"作为目前国内一个管理学术流派,您和您的同道正在做哪些工作?

**苏:**这个学派的成员以复旦大学毕业的从事管理研究的学者为主,同时也有市长、局长等政府官员以及国内、外资企业的厂长经理。我想,学者和实践者结合起来,可以形成更多有实际价值的成果。现在,我们正在着手编辑一套《东方管理学派精典丛书》。其他还包括国家自然科学基金资助的《著名跨国公司在华竞争战略研究》《东方管理学思想研究》等课题。我们还拟在明年举行以东方管理文化为主题的"世界华商管理大会"。学派的形成是学术繁荣的标志,我们的工作仅是一个良好的开端。

# 管理的挑战(2000)

"入世"在即,我们面临着很多挑战,各行各业都须应对"入世"对本行业提出的挑战。除此之外,普遍而言还存在着一个对管理的挑战问题。

新时代对管理的挑战表现在什么地方?从当前的管理水平来看,从当前管理学理论的发展来看,从管理学教育来看,我感到当前的管理存在着三个主要问题。第一,管理学的课程如何转变为现代化的管理学课程?第二,管理学如何从前一个时期的西化转变为中西融合化?第三,我们的管理学教育如何走向高级化?我们目前的管理水平和管理学教育与西方相比,还存在着较大的差距。在迈向新经济时代,我们的管理如何提高到先进的水平,是一个重大的课题。特别是管理学思想观念的研究,还需要进一步加强。管理学的思想如何从西化逐渐转变为中西融合化?从我多年的探索经验看,管理思想在三个方面表现出从中方到西方,再从西方到中方的回归:其一是大家所公认的"人在管理过程中的作用";其二是文化对管理发展的作用;其三是东西方管理思想的融合。

第一,关于人本管理思想的回归。人本管理,经历了一个从中国古代形成,然后流传到西方,在西方得以发展形成学派,后又传回中国的过程。第二,人德管理思想的回归。中国上古时代提出了"德为贵"的思想,强调伦理道德的重要性。在市场经济日益建立的今天,越发有必要完善伦理道德以促进市场经济更深入的发展。西方也普遍认识到了这种重要性,在其MBA课程中也加设了"管理伦理"的课程。第三,人为管理思想的回归。在探讨这种管理思想回归前,我们必须先研究管理的本质是什么?古今中外各学派的看法、观点不尽相同。孔子认为管理的本质是"修己安人";在道家的"无为"思想中,强调人要有所为,有所不为;荀子在《性恶篇》中也提到"人本性恶,使之善者伪也"的观点,指一个人要有由恶变善的行为。荀子对人的行为的观点与西方近代管理学家的观点有相似之处。我们在研究行为科学时,可以发现我国传统的管理思想中存在"行为科学"的雏形。中国近代的文学巨著《红楼梦》中也包括管理学思想。翻阅《红楼梦》第14回、第155回,可以发现王熙凤在管理贾府时的一套管理方法。这部文学作品体现出的管理思想与西方的"管理学之父"泰罗的观点有许多相似之处,我称之为西方管理思想的祖母。我们在对待管理的中西方融合问题上,要在借鉴的同时保持一种民族自尊心和自信心,汲取我国传统的、古代的、近代的管理经验和思想。

这种回归在东西方管理学界中也取得共识。从国际管理学者学会联盟十几年来对管理学研究的发展来看,大家都有一个共识,就是探讨东西方管理文化怎么融合。1992年在日本召开的第一届世界管理大会的主题是:"管理与高科技的关系"。进入新时代,科学技术要依赖管理的发展。1994年在美国召开的第二届世界管理大会强调了"世界管理学者要联合起来进行交流",管理学有

---

① 本文刊载于《南方日报》2000年7月31日。

一个国际化的过程,包括东西方融合的过程。我们提交大会的论文《怎样弘扬中国文化,建立有中国特色的管理学体系》,得到了大会的认同。1996年在巴黎召开的第三届世界管理大会,提出了一个很有意义的主题:新经济时代,什么问题最重要?管理学应探讨什么问题?会议提出在全球经济信息化的过程中应该着重研究无形资产的问题。我们提交的《中国无形资产管理的现状、问题、对策》论文,引起了大家的重视。文章讲到了人力资源、人力资本、知识资本形成以后,怎样使世界的资本家转化为"知本家",这是当前我们探讨的问题。在管理过程中,人的素质、人的智能、人的知识、环境的影响,是决定一个社会发展的主要因素。1998年在西班牙召开的第四届世界管理大会的主题是:全球化对管理学教育、研究、实践的冲击。与会者都有一个共识,认为东西方管理文化是可以融合的。我们在会上提出东方管理文化的复兴,引起大家重视。所以从近十多年来世界管理学界的探讨来看,我感到这种思想回归是有一定根据的。

其次,从中国管理学界来看,这个回归也很明显。我觉得历年来国外对中国的管理学,特别是东方管理文化与它在管理学中的影响,都不够了解。我将东方管理文化本质概括为12个字:以人为本,以德为先,人为为人。这是对管理学精华的一种概括。

再次,从世界华商管理实践来看。在去年由复旦大学经济管理研究所、上海管理教育学会、东亚管理学院与IFSAM中国委员会联合在上海召开的"'99世界华商管理大会"上,与会者的共识是:人本、人德、人为是华商成功之道。对于华商管理的研究,我们是比较落后的。美国名校沃顿商学院1997年成立的"全球华人企业研究中心"掀起了美国企业界、工商管理界研究华人的新潮流。管理大师彼得·德拉克在探讨华商问题时,认为"华商是世界上最伟大的企业家"。研究华商问题是21世纪的重要课题。正如日本成功地将现代企业变成一个家庭,海外华人成功地将家庭变成一个现代大企业,我们将看到一种大企业管理的新形式随着华人经济力量的崛起而产生。美国有一个预测学者认为,华商的管理模式将替代日本的管理模式成为世界管理研究领域的主要方向。据我们的研究,华商的经营思想是和气生财,从家族管理到如今的股份分散制,他们利用"五缘"的关系来建立经济的网络。"五缘"是本人在1986年探讨海峡经济文化时首次提出的,它是指:血缘、乡缘、文缘、商缘和神缘。他们的目的是达到管理本土化,怎样进一步通过和气生财来为自己的家乡、自己的事业服务。大部分华商对祖国是有归属感和责任感的,这种可贵的精神,是华商的品质和华商经营的目的。有一个老资格的华商提出日本的企业管理靠两样东西,一是管理文化本土化;二是爱国主义精神。华商将在新世纪发挥重大作用。华商应用中国传统优秀文化将管理本土化并形成自己的管理特色,我感到这是很有用的。

我们有优秀的传统文化,有改革开放的良好条件,如何建立有中国特色的管理体系?可以概括为:一、探讨管理的本质,探讨管理"主体人"的概念。上海出现了一个"易通经营模式",提出人人都是经营者,把所有资产定量化,把每个人看作市场的买卖者,有自己的特色,既管人同时也被人管。二、要研究管理的要素。包括文化要素、权力要素、组织要素、心理要素等。三、当代管理的发展应重视研究创新和创业,研究知识管理,研究怎样从人力资本到知识资本到形成知本家等。最后,要探讨管理思想的回归:以人为本,以德为先,人为为人。调动个人的积极性,提高个人素质,以更好地为社会、为事业、为消费者服务。

# 网络社会的东方管理
## ——韩国管理文化的历史演进与发展趋势(2000)[①]

韩国是亚洲一个资源禀赋极不充裕的国家,原来以儒家管理文化为其基本的管理价值观,在引进西方市场经济制度的基础上充分发挥传统管理价值观的优势,实现了韩国经济的现代化。在经受了东南亚金融危机的严峻考验之后,韩国经济率先实现了复苏,韩国政府和人民一秉传统的优秀管理文化,以韩国人永不言败的精神,开始了对东方管理文化网络化的新探索。

## 一、引言:网络经济时代的文化生态价值观

在人类历史上,每当发明一种新的交往工具,便会编织起具有鲜明时代特色的管理文化。在农业时代,带着乡土色彩的口语与面对面的交往方式,伴随着各种礼仪风俗,编织了各种乡土型管理文化;书面语言的发展和印刷术的发明,逐渐酿造由各种文艺作品、正式的法律规章和科学著作所编织的"翰墨型管理文化";而当今社会的信息化,将给人们提供全新的社会交往工具与方式,正在形成网络经济,编织出"网络化管理文化"。

网络管理文化具有如下重要特征:

第一,互联网将培育人们在讨论管理问题时的"平等"价值观,由此培养出平等的管理文化。在互联网上,各个网友之间是完全平等的,身份和地位不再是影响上网讨论的因素。由此,可以塑造出组织内只注重人们发表的意见本身,而淡化讨论者身份的平等交往观念。

第二,网络管理文化是注重个性选择和个性创造基础上的一种新型管理文化。在以往的交往形式下,为了应付现实生活的需要,组织或个人必须充分利用生理大脑进行大量的记忆与演算。而实现信息化网络化后,组织就把相当大的记忆和演算功能转让给电脑代劳,组织内的个体和组织本身主要把精力用于创造性思维活动,以及对越来越纷繁复杂的信息资源的选择活动,于是创新力成为人们最珍视的核心竞争能力,在未来的网络社会里,最稀缺的不是信息资源,而是如何对纷繁复杂的信息进行敏锐准确的选择,并在此基础上进行创造,生产出受网络社会欢迎的产品和服务的能力。所以,网络管理文化是个性化的新型管理文化。

第三,网络管理文化的发展将使社会组织的权力分散,创造出人们通过自主交往来提高人们之间、组织之间的社会自我管理能力,横向自主联系将取代过去对中间管理层次的依赖,扁平的社会管理结构将取代层次繁多的金字塔社会结构。这种管理文化可称为是一种权力分散型的自我管理

---

[①] 本文刊载于《当代财经》2000年第10期,与朱国华合作。

文化。

第四,一种普遍主义整合特殊主义的新型管理文化。全球发达的网络冲淡了空间距离造成的地域聚居的群体观念,创造出一种超地域的"虚拟社区文化"。这是一种普遍主义管理文化对旧的传统的地域型的特殊主义的管理文化的超越。

第五,一种无中生有的创新型管理文化。网络具有一种虚拟现实的功能,能够培养出一代又一代热衷于精神创造活动的新人类,形成一种创新型管理文化。这如同东方管理重视"无"与"有"的关系一样。计算机网络将人类天生就拥有用自己大脑构想现实、虚拟现实、规划现实的能力充分地展示出来。信息技术使头脑里朦胧的想象变成鲜明逼真的多媒体界面,并且利用软件提供的强大能力,为从事现实活动提供了预先构想的优选方案,从而大大节约资源消耗,提高了现实管理、经营的成功率,而且其本身也成为人类精神生活的重要内容。

第六,新型管理文化是一个文化生态体系。人们需要不断地学习才能适应不断提升的竞争需要,人们需要不断地创新、节约时间,才能取得竞争优势。日渐增大的数字鸿沟、暴力色情以及呼之欲出的新的网络霸权,从而形成一种新兴不平等文化,形成一个文化生态体系。

综上所述,新型管理文化是一种多元、整合、创新的文化生态体系。在新型管理文化的基础上,各国管理文化将充分展示其独特魅力。利益和不利益、平等和不平等、数字贵族和数字平民、分散与集中、个性化与社群化、普遍主义与特殊主义,一幅全新的文化生态图景将展示在我们面前。网络经济条件下的新型管理文化对各国来说既是机遇也是挑战。韩国管理文化也将在充分展示其传统管理文化魅力的基础上,逐步实现韩国式新型管理文化。

## 二、传统韩国管理文化的内容与特征

### (一)传统韩国管理文化的内容

在韩国,以儒家管理文化为代表的是传统韩国管理文化的核心,经过韩国人民的长期"内化"与"外化",形成了基于儒家传统的彻底的和平主义和以"仁"为代表的共同体主义(也称"社群主义"),这种民族精神是韩国实现现代化的一种富有活力、独创性的原动力。

(1)政治管理上的中央集权主义。李朝时代,作为一元化的儒学,几乎控制了文化的所有方面。为此,他们建立了地方官相避制和地方官任期制。前者是指地方官绝对不能任用本地出生者;后者指的是地方官必须有一定的任期限制。中央集权制集中地反映了儒家的贤者为治的思想。

(2)社会管理上的集团主义原理。由于儒家思想的长期浸润,儒家管理文化使韩国形成了以社团为本位的集团主义。儒家传统所讲的"礼"表面看来是社会的礼制和规范,实质代表的是社团。儒家认为,当个人的利益、欲望和社团利益有所矛盾和冲突时,解决的办法就是"克制自己,顺从社团"。儒家还强调"忠孝"的道德观念,所突出的仍是一种以社团为本位的价值观。儒家所讲社团包含了小到乡党、大至国家,所谓"修齐治平"启示人们必须生活于人群之中、国家之中乃至世界之中。

(3)管理主体上的人本主义。以人为本,是儒家管理文化最鲜明、也是最重要的特色和标志。"天地之性为人贵""民为贵,社稷次之,君为轻""不以人政,不能平治天下",说明了人在国家管理中的作用。儒家强调仁爱的双向流动,减少管理者和被管理者之间的隔膜,有利于形成组织的凝聚力,调动群体的积极性。

(4)经济管理上的分配主义。传统儒家管理文化重视维系整个伦理社会的价值平衡。为了避免富者越富,穷者越穷的局面发生,设计了经济管理上的分配主义,即所谓不患寡但患不均。坚持传统伦理社会的分配正义,使整个社会得以维持和延续。儒家管理文化主张"博施于民而能济众",民富先于国富,把国富的基础建立在民富的基础上。

在韩国,儒家思想对韩国管理文化影响之深,可从韩国高丽大学教材《朝鲜文化大系》中有关文字找到间接证据:"儒家文化在朝鲜盛行了千年,它对朝鲜民族的影响不可低估,它已深深地扎根于朝鲜民族的思想意识中了。"①朝鲜民族的许多特点如民族自尊心强、注重教育、注重礼仪道德、尊敬师长、讲究孝道、家族主义、人际关系都与儒家管理文化的长期积淀有很大关系,至今还影响着朝鲜人民的生活。在战后的西洋化浪潮中,韩国仍是一个父系家长制、血缘主义最强的社会。韩国人所具备的纯韩国人式的性格、致思途径、行为规范仍以此为准绳。

### (二)传统韩国管理文化的特征

传统韩国管理文化是儒家管理文化为主体的朝鲜民族文化,它是一种与小农经济相适应的管理文化,是一种具有管理伦理规范性质的和谐的管理文化。这既是推动韩国现代化的精神支柱,也是韩国人民迈向网络时代、显示韩国文化独特魅力的原动力。

(1) 一种管理伦理规范。韩国管理文化,从本质上说,是朝鲜人民从上至下的一种规范体系,这种规范体系具有传统的伦理性质。长幼有序,上尊下卑,所谓"君君臣臣、父父子子"乃至天下大同。传统韩国管理文化强调"仁",并强调分配上的绝对平均主义,观念上的平等主义,以及社群主义的团队管理,都说明韩国管理文化具有明显的管理伦理的规范性质。

(2) 一种与小农经济相适应的管理文化。朝鲜民族文化讲求人本,重视人口数量和一定的人口质量,生产中需要家庭协力同心,分配上要绝对人人有份,能够保持种的繁衍。所以,传统韩国管理文化是一种与小农经济相适应的管理文化。

(3) 和谐的管理文化。韩国管理文化讲求从国家到社会的基于伦理关系上的和谐。这种和谐虽然是基于传统农业经济之上,以人为中心,以群体为纽带,形成一种管理文化上的组织和谐。这种组织和谐证明传统韩国管理文化是一个和谐的文化生态体系,随着现代化和网络化的浪潮的到来,正经历着体系的演进过程。

### (三)传统韩国管理文化的不足

(1) 伦理规范不能适应现代业绩主义的需求。绝对平均主义妨碍了组织效率的提高,较低层次的以人为本不能孕育大规模工业化所需要的大量专业人才。伦理规范也不能充分替代工作规范。

(2) 传统管理文化不能充分适应市场经济。韩国传统管理文化是一种以身份为代表的等级制的管理文化,而市场经济需要的是平等的以契约为代表的非等级的管理文化。所以,韩国传统管理文化有一个从身份到契约的演进过程。

## 三、20世纪韩国管理文化的演进

### (一)韩国管理文化演进的历史条件

(1) 殖民地经历的影响。在1945年"8·15"之前,韩国遭受日本帝国主义的殖民统治长达36

---

① 张敏:《儒学在朝鲜的传播与发展》,《孔子研究》1991年第3期。

年之久。在文化上,日本殖民当局推行愚民政策和同化政策。他们不允许韩国人掌握稍高层次的科学技术,禁止韩国人学习和使用本民族的语言,禁止发行韩文报纸,剥夺韩国人的宗教信仰,甚至在教科书上篡改韩国史。

(2) 受美国军事援助形成的经济依赖过程。"8·15"后美国占领军在汉城(今首尔)设立军政厅,实行军政统治。在过渡时期,为了克服社会经济空前混乱的局面,军政当局提供了大量的救护援助,无偿提供粮食、被服、农用物资、工业原料等物资,以稳定社会秩序。1953年至1961年,美国及联合国为韩国提供了合计达23亿美元的无偿经济援助,扶持韩国恢复和发展经济。韩国接受美国援助形成了一个经济依赖过程,进入以美国为代表的世界体系。

(3) 靠贷款发展的经济开发过程。20世纪60年代以后,韩国的利率政策就是低利率政策,由政府直接规定银行等金融机构的贷款利率。据统计,自1963年至1985年,韩国企业投资平均每年高达40 039亿韩元,其中23 428亿韩元来自企业外部;而企业外部资金中的58.7%,则是通过金融机构筹措的国内资金[1]。更有特色的是韩国的政策金融,在资金需求大于供给的情况下,政府为了扶持特定经济部门的发展,令金融机构将有限的资金贷款给政府指定的特定经济部门,并在贷款担保、利率、偿还期等贷款条件上给以特殊优待。以重化工业为例,由于得到政策金融的有力支持,再加上税收减免、关税减免、价格补贴以及国内销售保护,所以获得了极其迅速的发展,在短短的十几年里,成长为韩国经济的支柱产业,从而改变了韩国的产业结构,使之实现高度化[2]。从某种意义上说,韩国经济的现代化过程是一个靠贷款发展的经济开发过程。

(4) 市场经济制度的全面引进。市场经济是一个系统,是由交易观念决定的平等的交易精神和交易关系的统一体,是指现代化的生产力和发达的交易关系的统一,核心是指观念层次。一般理解,市场经济理性至少表现为平等性、利益性、竞争性、协调性和长远性。第二次世界大战后,韩国全面进入市场经济体系,开始全面引入市场经济理性,形成市场经济体制。思想上的个人主义、观念上的自由主义、经济上的生产主义和社会上的绩能主义在韩国的经济社会生活中生根。

(5) 西方业绩主义管理文化的输入。近现代,西方管理文化的精神都可以归纳为业绩主义。通常情况是,在一个巨大的金字塔似的组织里,作业人员和管理者进行分工协调,而整个组织只服从一个业绩目标。韩国在实现赶超型的现代化过程中,充分引入了西方业绩主义的管理文化,财阀们组建大企业,较为注意引进相应的管理制度和管理方法,在一定程度上与西方业绩主义管理文化相结合。

(二) 战后韩国管理文化的基本特点

(1) 政府主导市场经济模式。在市场经济条件下,政府全面介入经济生活是韩国管理文化的最大特点。韩国政府主导的市场经济体制具有几个重要特点:第一表现在多种所有制并存;第二表现在资源配置以市场机制为主,计划机制为辅;第三表现在社会动员的手段上,物质激励和精神激励并重,奖励和惩罚结合,既鼓励竞争更强调合作和官民协调;第四表现在决策文化上,宏观决策高度集权化,企业微观决策相对分散化;第五表现在管理信息沟通上,市场信息和计划信息并重。韩国政府主导的市场经济模式实质是国家垄断资本主义,是一种短时间的集权主义推进了韩国的现代化,也加深了两极分化,造成了整个管理文化生态体系的严重不平衡,严重妨碍了民众创意民

---

[1] 陈龙山:《韩国经济发展论》,中国社会科学文献出版社1997年12月版,第309—313页,第313—316页,第203—214页。
[2] 同上。

主的发挥。

(2) 家族主义的大企业经营模式。韩国管理文化讲求家族主义的经营方式,表现为大量的家族企业存在,家族的影响十分巨大,不仅中小企业为家族和个人所有,而且许多超大规模的财团也常由某一家族通过事实上的直接占有或与间接控制相结合形式对企业行使支配权,许多家族领袖身兼总经理和董事长二职。家族控股是韩国财阀不同于其他国家企业集团的明显特征,是财阀家族统治的基石。家族式的管理使员工有强烈的"归属意识",使集团容易产生协调一致的"集团意识",可以形成不顾个人眼前得失的"长远、整体意识",大大节省了组织成本和交易费用。

(3) 生产重于分配的经济管理。韩国传统管理文化是分配重于生产,而在其现代化过程中,逐渐体现了生产重于分配的倾向。韩国中央政府在领导韩国实现现代化的进程中,通过独特的计划、官民协调、官治金融、技术立国、藏富于民,努力提高韩国企业的生产能力、市场开拓能力。

(4) 勤俭聚财的资金管理。资本对于工业经济时代来说是命脉,而韩国人民传统上勤俭聚财的资金管理文化对于解决资金匮乏问题起了很大作用。韩国政府采取了高储蓄、加速资金积累的政策,更是强化了勤俭聚财的资金管理文化。1965—1972 年,韩国的储蓄率是 4.9%,到了 1973—1978 年,韩国的储蓄率上升到 24.9%。①

(5) 教育先行的智力发展管理。受到几千年东方文化浸润的韩国人民具有强烈的教育意识。韩国政府设立了教育部、长期教育审议会等教育机构,每个五年计划中都有教育计划,还特别制定了《1979—1991 年长期综合教育计划》。除政府预算外,政府还通过税收和借贷以增加教育投资。教育先行的智力发展管理使韩国教育步入快速发展的轨道。曾有一段时期,平均每个月就新建一所大学。

(6) 道德内约的内部管理。韩国推崇"内在控制"为主的软管理,是因为韩国有着深厚的儒家管理文化传统,儒家的"德主刑辅"的管理文化,就是这一"内在控制"思想的渊源和理论基础。这种管理模式有两大特征:一是强调管理者自身的道德修养及其内在道德感化力,而不注重企业家的外在权威;二是讲求自律高于他律,要求管理者通过严格的自我管理而达到管理他人的目的,从而把外在的"他律"变成内在的"自律"。韩国企业十分重视培植"爱社如家"的思想感情,提倡个人服从家庭,个体利益服从群体利益,推崇"家和万事兴"。

(7) 技术模仿的学习管理。韩国取得快速的现代化发展,很大程度上起源于模仿。韩国的模仿有一个从复制性模仿到创造性模仿的发展过程,在 20 世纪 80 年代以前,韩国的技术学习大部分是与复制性模仿相联系的。20 世纪 80 年代后,韩国的技术学习多数与创造性模仿相联系。在韩国的工业化过程中,技术学习的一个重要特点是有一个强有力的政府起到统筹安排作用,大型企业是技术学习强劲的发动机。

(8) "藏富于民"的自由主义。1953 年韩战结束后实行了相对自由放任的经济政策。在 20 世纪 80 年代后,开始探索民间主导的管理模式,更体现经济自由主义之精神。同时推行国有企业民营化政策,在限制私人垄断的同时鼓励私人中小企业的发展。韩国私营经济一直是促进经济增长的重要力量和源泉,1987 年韩国 100 多万家企业中 99% 是私营。有不少中小资本也逐步由劳动密集型转向资本密集型②。

诚然,我们充分肯定韩国管理文化的积极作用,但我们应该看到战后韩国管理文化是一种紧张

---

① 马涛:《儒家传统与现代市场经济》,复旦大学出版社 2000 年 3 月版,第 171—172 页。
② 张志超主编:《韩国市场经济体制》,兰州大学出版社 1993 年版,第 235—236 页。

的并不那么和谐的管理文化,人本精神发扬不够,技术学习与创新不够,国家与社会的平衡不够。它具体表现在以下几个方面:① 自由市场经济的企业文化和经济文化尚待建立;② 集体主义与个人主义尚存对立;③ 自由与和平的观念相冲突;④ 生产与分配之间的经济对立;⑤ 能力和需要之间的严重社会冲突。由于这五大矛盾在东南亚金融危机前同时暴露出来,从而成为整体危机的重要因素。也正是由于危机,韩国管理文化的内在矛盾的解决才有了新的契机,预示了韩国管理文化的网络化发展方向。

### (三)东南亚金融危机对韩国管理文化建设的启示及韩国管理文化的发展趋势

全球网络经济的发展造成了新的经济格局,民族国家的管理文化正变得越来越脆弱,更加充分的信息合作正变得越来越重要。市场化的制度不到位时,东亚传统管理文化中的金字塔式的纵式结构不能充分适应网络经济迅速发展的结构扁平化要求,裙带关系或任人唯亲较多,市场不透明和不彻底影响金融的稳定,韩国与发达国家的信息差也是一个值得注意的问题。从韩国危机的情况来看,韩国管理文化的网络化必须提上议事日程。韩国管理文化的网络化,其要点如下:

(1) 政府并非永远的高效率统筹安排者。在追赶型经济时代,政府统筹安排全国的资源配置,尽一切努力支援财阀,一直到20世纪70年代中期,政府的成效比较大。在成熟和稳定的环境中,它处在驾驶员的有利位置上,政府官员有能力识别优胜者,并分配必要的资源完成雄心勃勃的目标。在20世纪90年代后瞬息万变的全球网络经济条件下,政府的作用大大减少了。国家在了解和对市场信息动态及时作出反应方面不如私营部门处于有利地位,过去金字塔机构底下绝对的权力造成绝对的腐败。由于僵化的官僚主义阻碍了经济对环境变化作出创造性的反应,因此,它成为一种负担①。

(2) 财团并不是永远的财富。国家有意识地培养和创造他们,并把他们培育成为经济迅速发展的发动机。财团在模仿性的技术创新中也发挥过重大作用,但是财团取得成功的背后是市场和中小企业的严重损失,同官场的勾结造成的结果是资源分配不当,在宏观上效益不高,微观上产生了物资匮乏、哄抬物价等一些垄断行为,以及在受保护的国内市场的破坏性行为,妨碍了中小企业的健康发展,妨碍了产业技术创新。所以,大财团并非是永远的财富。在网络时代,如果不进行卓有成效的改革,它同样是负担②。

(3) 教育管理从推动力到瓶颈。韩国在开始工业化以前均衡地扩展了各个层次的教育机构,后来正式教育扩大产生了大量人力资源。这些人力资源加上企业家、竞争能力、勤奋工作和决心,使得韩国在非常恶劣的环境里兴旺起来。然而研究型大学的稀少也使得其难以出现技术性的小企业。显然,在网络经济时代,韩国教育已成为瓶颈。

(4) 韩国管理文化仍是韩国人民克服危机的法宝。韩国传统儒家管理文化强调教育、家庭、和谐的人际关系、行动和纪律。韩国人民在殖民地经历中养成了坚持不懈的精神,在严酷的竞争环境中有干劲、守纪律的工作习惯。东南亚危机破坏了僵硬的金字塔结构,有助于韩国建立灵活社会的新秩序,韩国管理文化仍将有助于迎战未来网络经济时代。

(5) 网络经济有助于改善韩国管理文化发展中的内在矛盾。在网络经济条件下,集体主义与个人主义的矛盾、生产与分配的纠葛、能力与需要的对立,都将因各经济主体比较优势的发挥而迎

---

① [韩]金麟洙:《从模仿到创新——韩国技术学习的动力》,新华出版社1998年8月版,第219—220页,第220—222页,第222—223页。
② 同上。

刃而解,管理文化的紧张态势将得到有效缓解。

## 四、简短结语:韩国文化与东方管理

### (一)韩国管理文化体现东方管理文化的精髓

(1)"以人为本"。韩国管理文化高度重视人在管理系统中的作用,注意把"仁者爱人"的精神灌注到日常管理中,作为他们的"社训"。随着网络经济的发展,这种"以人为本"更会得到深化。韩国式的集体主义、平等主义、集团主义的巨大价值将进一步被发现。

(2)"以德为先"。事实证明,市场经济并不排斥道德的作用,相反,真正的市场经济理性包含着管理伦理价值。韩国管理强调道德教化就是基于传统管理伦理所发挥的巨大作用上。东方管理思想的逻辑起点就是"修己安人","修己"就是自我管理,而自我管理是未来网络社会管理之总纲。

(3)"人为为人"。韩国管理文化也体现"人为为人"的集体主义精神。"人为"是指每个人首先要注意自身的行为修养,"正人必先正己",然后从"为人"的角度出发,来从事、控制和调整自己的行为,创造一种良好的人际关系环境,使人们能够长久地处于激励状态下工作,主观能动性得到充分的发挥。"人为"与"为人"二者具有辩证关系,互相联系并且可以相互转化。对任何管理者与被管理者,都有一个从"人为"向"为人"转变的过程。韩国管理文化中管理者与员工的良性互动即说明了这一点。

(4)"无为而治"。管理的最高境界是"无为而治",即自我、自觉管理。一个企业或组织中的成员都能自发、自觉地按照规范和目标行事,力所能及地发挥自己的潜能,维护组织的宗旨、目标、过程的整体和谐,就达到了管理的"无为而治"的境界。在韩国现代化过程中,组织内的高度默契在一定程度上说明了这一点。韩国管理文化的网络化更使韩国管理臻于"无为而治"的境地。

### (二)韩国管理文化的演进对发展东方管理的启示

(1)管理文化资源是一国经济发展的重要资源。韩国在实现现代化的过程中发挥了本土管理文化的优势,这反过来增进了经济和社会的现代化。东南亚金融危机后,网络经济在全球兴起,各国要在网络经济世界中获得竞争优势,就必须发挥个性的管理文化的比较优势。所以管理文化确实是一个国家经济发展的重要资源。

(2)管理文化的网络化发展是对东方管理本质的肯定。在现代化的过程中,西方化的管理文化曾给韩国管理文化造成了深刻的内在冲突,而网络化的浪潮解决了这种冲突,能够缓解的理由是网络化的管理文化是对东方管理文化内在本质的肯定。

(3)发展东方管理正逢其时。

# 新经济时代东方管理理论的创新与发展(2000)[①]

诞生于20世纪80年代后期的新经济是相对于以实物、资本等为主的旧经济而言的一种经济形态,它的出现深刻地改变着当前和未来的经济运行状态。例如:知识加工、知识资本、知识型服务产业等在经济发展和运行中的作用越来越大;而无库存生产、虚拟化工厂、电子商务、供应链管理、需求链管理等将成为企业管理的基本内容。因此,可以说在新经济时代,一切都处在变革之中,创新与发展是时代赋予我们的主旋律。

东方管理是以中华传统管理文化为主要内涵的一种博大精深的管理理论,它的创建与发展,从某种意义上讲,是一种理论创新。复旦大学东方管理研究中心的一批专家、学者,在多年引进、研究西方管理理论的基础上,长期以来,一直致力于积极探索建立有中国特色、东方特色的管理理论,以增强管理理论解决中国实际问题的能力。而且,为了适应新经济发展的要求,努力探索,锐意创新,不断开创东方管理理论研究的新局面。

## 一、东方管理理论创建与发展的历史回顾

我们对于东方管理理论的研究并非始自今日。长期以来,为了创建东方管理的理论体系,并使之不断发展和完善;同时,将东方管理的思想、理念和方法介绍到国外,使之走向国际,我们走过了一段十分艰辛的历程。值得欣慰的是,在我们不懈的努力下,东方管理作为一种新的理论体系,已在全世界范围内得到管理学界的普遍承认和认可。回顾这段历程,对我们了解东方管理理论的创建与形成,总结已取得的研究成果,是很有帮助的。

1. 参加国际管理学者协会联盟,加强国际间的交流与合作

创建于20世纪90年代初的国际管理学者协会联盟(IFSAM),是由全世界33个国家中最有权威的管理学者协会组成的,是专门研究和促进管理学科发展的组织。迄今为止,它已成功组织了数次全球性的世界管理大会,成为各国管理学者展示和交流各自最新研究成果的重要场所。1992年,IFSAM在日本东京召开了第一届世界管理大会,会议的主题是"高科技与管理"。笔者作为中国管理学者的代表,应邀出席了此次世界盛会,并向大会提交了论文《中国工业化过程中的环境问题》;而且,还向与会者介绍了中国管理学界开展相关研究的概况。会后,大会建议由本人牵头组建"中国管理学者协会"。

2. 率先倡导建立有中国特色的管理学科,引起国际管理学者的强烈关注

1994年,笔者应邀出席了IFSAM在美国达拉斯召开的第二届世界管理大会,大会的主题是

---

[①] 本文刊载于2000年第四届世界管理论坛暨东方管理论坛论文集《世界管理论坛2000》(《世界经济文汇》2000年特刊)。

"联合遍及世界的管理学者"。大会认为,要促进管理的国际化,首先要促进各国管理学者交往和信息沟通的国际化。因此,大会的宗旨是促进世界各国管理学者的联合。此次会议达成共识是:管理越来越趋向于国际化;应该加强各国管理学者的交往与合作;促进管理学科的研究与发展。在向大会上提交的《弘扬中华传统文化,建立中国特色的管理科学》的论文中,笔者率先倡导建立有中国特色的管理科学,引起了与会国际管理学者的强烈关注。

3. 首次提出东方管理文化概念,展示东方管理研究的初步成果

1996年,IFSAM在法国巴黎举行了第三届世界管理大会,会议的主题是:"无形资产管理",并设五个专题:信息系统、跨文化管理、无形资产管理与评估、知识经济与投资、网络经济等。在此次会议上,本人提交了两篇论文,分别是《中国无形资产管理的现状、问题及对策》和《东方管理文化的探索》。同时指出,"以人为中心的管理是无形资产管理的精髓……中国古代文化是研究无形资产管理的丰富的源泉"。后来,该论文在《复旦学报》上发表,并被《新华文摘》全文转摘。在《东方管理文化的探索》的论文中,笔者提出,"以中国传统文化为代表的东方管理文化是一门具有特色的学科体系。综观其发展历史,东方管理文化这一学科体系可包括三个部分:一是治国学,二是治生学,三是治身学或人为学"。同时指出,东方管理学要素就其管理哲学思想而论,包含有道、变、人、威、实、和、器、法、信、筹、谋、术、效、勤、圆等15个方面。而且认为,东方管理文化的本质可以用"以人为本""以德为先""人为为人"这三句话来高度概括。由此可见,这是东方管理的研究成果在国际舞台上的一次重要展示。

4. 阐释东方管理文化的本质,倡导东西方管理文化的融合

1997年,IFSAM在上海召开了'97世界管理大会暨第一届世界管理论坛。这是首次由中国学者组织的第一次在中国召开的世界级管理学者的盛会。大会主题是:"面向二十一世纪的东西方管理文化"。30多个国家的管理学者与会,国内外50多家新闻媒体作了相关宣传报道。大会的主题报告是,"面向二十一世纪的东西方管理文化",向世界管理学者重点阐释东方管理文化的本质是"以人为本""以德为先""人为为人";会议倡议东西方管理文化加强融合,发展东西方管理文化;重点突出研究东方管理文化、发展东方管理教育、建立东方管理研究基地、并加强东方管理创新。会议成果涉及5个方面,即东方传统文化与现代管理、东西方管理比较、21世纪管理学发展趋势、当代企业管理、现代经济与管理等。会后,在IFSAM理事会的倡议下,由该组织的历届主席与中国管理学者共同成立了国际管理学者协会联盟中国委员会,本人被大家一致推荐,出任中国委员会主席。中国委员会职责是,专门从事东方管理学的学术研究与交流,及时沟通国内外管理研究的最新信息。

5. 强调东方管理文化的作用,推动东方管理文化的传播

1998年,IFSAM在西班牙马德里召开了第四届世界管理大会。本人率领中国代表团参加会议。会议的主题是:全球化:对管理、教育、研究和实践的冲击。这些冲击主要体现在以下17个方面:(1)环境的变化和公司改革对管理的冲击;(2)全球化经济中的核心能力对管理的冲击;(3)私有化和公司发展对管理的冲击;(4)价值链的全球化及其改造;(5)跨

1998年率团出席在西班牙马德里召开的IFSAM第四届世界管理大会

国企业的逻辑学与公司的基础结构；(6) 全球新兴市场；(7) 商业的多文化因素；(8) 全球化企业的管理与组织；(9) 商业战略和竞争全球化；(10) 21世纪的人力资源管理者：新要求和新原则；(11) 全球化的社会因素；(12) 全球化的行政培训和教育；(13) 全球化的会计和税务；(14) 全球金融市场；(15) 跨国商业伦理；(16) 全球化商业中的信息技术；(17) 全球经济联盟。笔者作为中国代表团团长在大会上发表了论文《东方管理文化的复兴》，论文中指出，在全球化进程中，东方管理文化正迎来伟大的复兴，这是因为随着中国经济的迅速发展以及经济全球化进程的加快，中国本土的管理文化正在得到进一步升华。本人的这一观点受到各国管理学家的普遍关注。

6. 总结世界华商管理的成就，创建东方管理的理论体系

1999年，由本人发起，在中国上海召开了首届世界华商管理大会暨第二届世界管理论坛。国内外华商管理专家300多人聚集上海西郊宾馆。大会主题是：弘扬东方管理文化，促进经济发展。大会分5个方面研讨华商管理：(1) 华商管理为世界经济发展作出巨大贡献；(2) 华人企业管理的特点；(3) 华人企业家具有相当的成功之道；(4) 华商如何迎接世纪的挑战；(5) 人为为人是华商管理成功的关键所在。笔者在大会上发表主题演讲——"走向世界的东方管理"，演讲分为三个部分，第一部分是东方管理在全球化进程中具有重要的地位；第二部分是东方管理具有自己的核心体系；第三部分是东方管理具有极其重要的现实意义。

7. 探索东方管理文化的现代价值，促进中国经济的发展

2000年4月，由本人发起，在安徽黄山和涡阳召开了第三届东方管理国际学术研讨会，会议主题是：东方管理文化与当代经济发展，分为4个方面进行研讨：(1) 徽商管理文化；(2) 道家管理思想及其现代价值；(3) 东方管理文化精华与体系；(4) 东方管理与经济全球化。这次管理盛会是对东方管理理论由面到点、由一般理论研究到实证研究的深化。大会对徽商等古老管理文化所具有的现代价值具有高度的认同。认为，福建商帮、宁波商帮、洞庭商帮的管理文化及温州商帮的管理文化和新兴家族管理文化在全球化、个性化的新经济时代将会熠熠生辉。笔者在大会上发表了主题演讲——"东方管理文化与当代经济发展"。报告分为四个部分：(1) 东方管理研究的回顾；(2) 东方管理的研究状况；(3) 东方管理文化与当代经济发展；(4) 供大家进一步研讨的问题。本人在演讲中特别指出，"要促成个人的发展，这方面至少要注意三点，即重视人的作用、重视文化的功能、重视东方思维带给人类的超越，这是人本主义的三大趋势"。在考察安徽的建设后，本人为安徽经济发展提出了"打黄山牌，作徽文章；扬老子故居，促两化实现"（"两化"专指南部旅游国际化和北部农业产业化）的发展战略建议，受到安徽省委、省政府的高度重视。大会表明，东方管理研究已经蔚然成风，已经有自己的研究对象、研究群体、研究基地和研究方法，东方管理15部经典著作正在紧锣密鼓地写作之中。这十五部经典著作分别是：《东方管理学》《中国管理学》《华商管理学》《治国学》《治生学》《治家学》《人本学》《人道学》《人心学》《人为学》《人才学》《人德学》《人谋学》《人缘学》以及《东方管理案例》等。

8. 提出东方管理研究的新课题，迎接新世纪的挑战

2000年7月，第五届世界管理大会在加拿大蒙特利尔召开。本人率领中国代表团与会。参加会议的有30多个国家的200多个大学的860多代表，提交的论文有660篇。大会的主题是：20世纪管理的回顾和对21世纪的管理作出展望。大会从17个方面展开了讨论：(1) 金融；(2) 管理科学；(3) 营销；(4) 信息系统；(5) 组织行为学；(6) 战略管理；(7) 生产与运营管理；(8) 国际商务；(9) 人力资源管理；(10) 管理教育；(11) 管理女性；(12) 企业家；(13) 组织理论；(14) 旅游和医院管理；(15) 商业史；(16) 技术与创新管理；(17) 案例回顾。大会在诸多方面形成了共识：

(1)我们要用发展的眼光来看待理论范例和实践范例;(2)无论是哪种管理模式,欧洲管理模式、美国管理模式或日本管理模式都有其优点和缺点,只要善于吸取其优点,克服其缺点,并和具体实践相结合就能取得很好的管理效果;(3)面对迅速变化的环境,动态战略比静态战略更能使管理者取得成功和保持长期竞争优势;(4)风险只要善加管理就会成为机会;(5)如果一个人善于管理角色冲突并适应角色转换需求,他将更容易成功;(6)虽然信息技术给我们造成了很多负面影响,但我们仍然可以从中学到很多东西;(7)全球化的进程应该得到管理和控制,使它为人类带来更大的好处;(8)发展中国家的最佳发展模式是经济与社会平衡发展模式;(9)在新经济和全球化条件下,市场营销显得更加重要,更应引起高度的重视;(10)"人为为人"的互动管理模式在世界管理理论和实践中将发挥越来越大的作用。笔者在会上作了"走向二十一世纪的东方管理"的重要演讲,重述了新经济、新管理中东方管理文化回归的特质和新经济时代管理教育和管理学科建设的重大方向是网络互动、人为为人。

## 二、新经济时代东方管理理论面临新的挑战

1. 实践对东方管理提出了更高的要求

中国企业的管理水平借助发展新经济的机遇,得到了迅速提高,快速逼近世界发达国家的管理水平。同时,由于互联网技术的发展,国外先进的管理理论、管理知识和管理信息很快就能传入国内,在一些经济相对发达的地区如北京、上海、深圳等地,企业家已经是言必称"网络""学习型组织""无为而治"等等。管理水平提高了,管理主体的总体素质增强了,从而对东方管理的要求也进一步提高了。

2. 东西方管理更加融合

随着新经济时代的到来,世界经济的全球化、信息化、一体化进程不断加快。跨国公司的蓬勃兴起,通讯、交通事业的日趋发达,使整个世界的经济逐渐融为一体,也使整个人类的生活日益紧密地联系在一起。这就导致了东方管理文化与西方管理文化相互取长补短、交融汇合,以及导致了东西方管理文化更加趋同、融合。例如,目前东西方管理学界都倾注极大的热情关注文化对管理的作用,诸如以组织的宗旨、目标、价值概念和管理哲学等为核心的管理文化对管理的作用,已经日益为东西方管理学界和企业家所高度重视。这就要求我们在研究东方管理的同时,必须密切注意西方管理的最新发展,将其合理的成分吸收进来,为我所用。

3. 新经济的发展不断提出新的课题

新经济与旧经济的不同点,首先是企业组织的扁平化,经营管理的网络化,市场竞争的全球化;其次是技术、资金、人才等流动大大加快,企业发展历程在时间和空间上大大缩短;再次是生产效率大大提高,成本大大降低,资源被充分利用。新经济的发展使得知识加工、知识资本、知识型服务产业等在经济发展和运行中的作用中越来越大;而无库存生产、虚拟化工厂、电子商务、供应链管理、需求链管理等越来越成为企业管理的基本内容。这就给我们东方管理的研究提出许多新的研究课题,例如,在新的经济运行状态下,如何做好知识管理、柔性管理以及个性化管理等等。新经济时代所带来的管理变革是我们面临的跨世纪的重大课题,东方管理学派的同仁们应努力面对。

## 三、新经济时代东方管理理论创新成果概述

21世纪是新经济的世纪。在新经济时代,经济全球化将达到一个新阶段,我国经济也将实现

第三步战略目标。为适应新经济的要求和我国加入 WTO 后的市场竞争环境需要,东方管理学派经过近十年的艰苦探索,对如何构建新经济时代的管理学,形成了一些最新的研究成果,大致包括以下五个方面:

1. 建设东西方融合的管理理论体系

新型管理理论体系包含东方管理、西方管理和华商管理三个部分。西方管理学是一个讲求精致的分析的科学体系;东方管理学是一个包含治国学、治生学和人为学的学科体系;华商管理学则是融合了东西方管理文化精髓、适应全球化时代正在日益兴隆的学科体系。因此,可以说新管理学科体系正是融合了东西方管理文化精华的、适应新经济时代新管理需求的学科体系。

2. 探索新管理成功的要素

东方管理学派认为新管理学中管理成功的要素包括管理主体、管理权力、管理组织、管理文化和管理心理等五个方面。管理主体是管理的出发点和归宿,管理主体通常在组织内扮演人际沟通、信息传播以及决策制定等多方面的角色;管理权力就是管理主体在组织范围内为实施组织目标时对人们施加影响力的艺术或过程之凭借,管理权力包含职位权力和非职位权力;管理组织是管理主体有意识地加以协调两个或两个以上的人的活动或力量的协作系统,管理组织有正式组织和非正式组织之分;管理文化是一个组织体内管理主体的管理心态、管理意识、管理制度和行为方式的总和;管理心理主要是指管理主体的心理行为过程。这五个方面构成了管理成功的要素。

3. 研究管理效率的行为过程

东方管理学派认为管理效率的行为过程包含目标、决策、指挥、监督、激励、效率等六个方面。目标是组织欲达成的未来的一种状态、一种结果;决策则是组织为实现一定的目标,在两个以上的备选方案中选择一个方案的分析判断过程;指挥就是管理主体实施决策,号令一致的过程;监督是对前主体决策行为的偏差的纠正过程;激励就是管理主体为了特定目的而去影响人们的内在需要或动机,从而强化、引导或改变人们行为的反复的互动过程;效率是指组织的投入与产出比,是组织体制运行的实际经济效果。

4. 探讨管理发展的新趋势

东方管理学派认为管理发展的新趋势体现在创业管理、知识管理、管理反馈、流程再造、组织修炼、组织学习、网络化组织、未来管理等方面,但依据东西方管理文化融合的原理,这些新管理模式、方式、方法都可归入人为管理的理论体系。

5. 探寻管理行为的新思路

其实,东西方管理文化之所以融合在"人为为人"这一东方管理文化的精髓之中是有其道理的。这既是当代管理行为的新思路,更是古老的东方复兴管理思维在网络时代的完美展现。所谓"人为为人"指的是每一个人首先要注意自身的行为修养,"正人必先正己",然后从"为人"的角度出发,来从事、控制和调整自己的行为,创造一种良好的人际关系和激励环境,使人们能够长久地处于激发状态下工作,主观能动性得到充分的发挥。"人为"与"为人"二者具有辩证关系,互相联系并且互相转化。对任何管理者或被管理者,都有一个从个人行为逐步向他人服务转变的过程,即从"人为"向"为人"转化的过程。互动的精神是人类管理价值的永恒追求。

# 21世纪世界管理的发展趋势(2000)[①]

人类进入21世纪,管理学的理论与实践也进入了一个全新的发展阶段。西方管理学正经历着向东方管理思想的历史回归,东方管理文化的伟大复兴将在新世纪实现。为了迎接新世纪的挑战,我们必须把握住新世纪世界管理的发展趋势,大力弘扬东方管理文化,促进中华民族的复兴,促进世界经济的繁荣。

## 一、新世纪对管理的挑战

新世纪是新经济和经济全球化的世纪。基于信息革命的经济全球化是当今世界最令人瞩目的发展趋势。世界各国都将面对世界经济全球化对本国经济增长带来的影响。中国加入WTO之后,将更为广泛地与世界融合。在经济融合的同时,必将导致文化的冲突与融合。从新世纪经济形态看,如果说旧的工业经济是一种低增长、高通胀、高失业、高波动和非人本的经济,那么以知识为经济增长主要推动力的新经济则是一种高增长、低通胀、低失业、低波动和人本回归的经济,从本质上来说,它是网络经济、知识经济、速度经济以及人本经济。新世纪的到来给我们的生活带来巨大的挑战,管理生活也不例外,新世纪正在对管理者、管理教育、管理理念带来前所未有的挑战。

1. 对管理者的挑战

对管理者的挑战来自新世纪组织的变革和组织所处外部环境的变化。管理者必须用在能力、经营理念和管理原则上的变化来应对挑战。

在新世纪新经济条件下,新的管理主体具有新的素质、新的组织形态和新的管理模式:

(1) 新的管理主体具有高速度、高知识型和高度创新型的素质,没有高速度不能适应速度经济,没有高知识不能适应知识经济,没有创新就会被淘汰。

(2) 新管理主体的新组织形态的特质是主体的高度分散和技术上的高度联结,主要形态有网络化组织、虚拟组织、流程式组织。网络化组织是指这样一种组织,它以信息为基础,在组织上分散而又被技术紧密连接,有快速应变能力,既有创造性又有团队合作精神,员工中有各种智慧型人才,建立在明晰、有利的共同行为准则,良好的相互信任的基础上的自我管理;虚拟组织是指有多个次一级组织,各自专门负责一个子任务块,在自己的优势领域独立运作,并通过彼此间的协调与合作,达到整个组织目标的实现;流程式组织是利用组织之间的有机联系,整个组织所做的工作仅仅是其他组织全球流程体系的一个环节。

---

[①] 本文是作者2000年在复旦大学举办的第四届世界管理论坛暨东方管理论坛上的发言稿。

(3) 新的管理主体具有适应新经济条件、新的组织形态的新的管理模式,与传统模式相比,其变化特点是:

A. 从等级制的命令到人格化的协调;

B. 从职位的权威到知识的权威;

C. 工作从按部就班到同时进行;

D. 管理沟通从纵向联系到横向沟通;

E. 人际关系从盲目服从到相互依赖。

面对新世纪新经济时代所产生的新型管理主体,管理者必须注重能力的培养,在管理过程中要把握全新的经营管理理念,坚持正确的管理原则。只有这样才可以说已经面对挑战做好了充分的准备,也才能在新形势下带领新型的管理主体不断发展壮大。

### 2. 对管理教育的挑战

中国管理教育的发展历史可以划分为四个阶段:

第一阶段,新中国成立以前。在长期的封建时代管理教育偏向中国传统伦理的教化。

第二阶段,新中国成立初期。引进苏联的一整套企业管理制度和方法,全面学习苏联的管理经验。

第三阶段,改革开放后至 20 世纪 90 年代。管理教育偏重于引进西方管理理论、先进管理经验。管理的重要性受到政府、管理学者和企业的高度重视,管理教育发展到前所未有的高度。

第四阶段,20 世纪 90 年代以来。中国部分管理学者致力于弘扬东方传统管理文化,努力建立融合东西方管理文化的管理理论体系,在管理教育上我们东方管理学派的成长填补了我国管理教育在东方管理文化和思想内容上的空白。

新世纪新经济时代对中国管理的挑战,促使中国的管理学从西化转化为中西融合。然而从中国管理教育现状看,还存在着许多的不足,主要表现在:(1) 网络的发展对现有的管理学教学体制和师资队伍提出了挑战,需要加强师资队伍的建设;(2) 管理学的教学滞后于经济发展的进程,人才培养的规格和数量都不能适应新时期中国经济发展对管理人才的需求;(3) 从管理学教材看,缺乏融合东西方管理文化精神的教材,教材的缺乏也反映了真正适合新经济时代中国管理的思想的缺乏;等等。为了适应时代的需要,为了实现管理教育的高级化,我们还有许多工作要做。

### 3. 对管理理念的挑战

新世纪对管理的挑战还体现在对管理理念的巨大挑战上。传统管理理念已不能适应新经济时代的企业所处的环境,进行管理理念的创新是企业生存和发展的关键。新经济时代在管理过程中物质与人的地位发生了的重大的转变:物质地位下降、人力资本的地位上升。企业管理理念变革的中心是围绕着由物转移到人这一知识载体展开。企业管理理念创新的内容表现在服务、团队、学习的理念上。

(1) 服务理念。在新经济时代管理者的职责由对员工在生产过程中严格的控制转变为为企业员工提供完成工作任务所需的各种资源。

(2) 团队理念。新经济时代企业的竞争是集体智慧的竞争,"管理是团队的游戏",一个成功的管理者应该是能够与人合作的人。具有一种扁平化组织结构的团队能够有效地适应市场的变化,机构精简、效率提高。

(3) 学习理念。新经济时代的企业组织是学习型组织。一个优秀的管理者应当能够通过学习型管理,使员工成为生产中的最佳资源。

## 二、新世纪东方管理的发展趋势

东方管理是以中华传统管理文化为主要内涵的一种博大精深的管理理论。在新世纪它将表现出更强的生命力,在与西方管理理论的互补融合中,在管理学的世纪回归中复兴。

1. 东方管理原创的现代价值

东方管理理论具有包容性、人本性、系统性、创新性、柔和性、服务性等特点。它是在总结中华管理实践与理论探索的基础上形成的一整套理论体系。其理论渊源来自中国古代《周易》、儒家、道家、墨家、法家、兵家以及于南北朝时期传入中国的佛教等众家学说。通过对中国古代众家学说思想的扬弃,提炼出具有现代价值的管理思想,形成东方管理学理论体系。这些思想包括以孔子为代表的儒家的"修己安人""以民为本";以《周易》为代表的"刚柔相济""崇德广业";以老子为代表的道家的"道法自然""无为而治";以墨翟为代表的墨家的"兼爱""利人";以韩非子为代表的法家的"唯法为治";以孙武为代表的兵家的"运筹计计""知人善任""应敌而变";以释迦牟尼为代表的佛教的"以善为本"等。

东方管理原创的思想在今天仍然具有很高的价值。其现代价值主要体现在:

(1)东方管理思想正在对整个世界的发展做出贡献。二战以来西方管理界一直在加紧吸收东方管理的智慧。生态管理、绿色管理、可持续发展管理是现代人对古老东方"天人合一"思想的回归。创新管理、集成管理、知识管理、柔性管理、网络管理、合作竞争管理、后发展管理、跨文化管理等,其实质就是"以人为本、以德为先、人为为人"的网络生态管理。

(2)东方管理可以提升产业竞争力,增强综合国力。日本、韩国、新加坡等国和我国台湾、香港地区经济成功的经验表明,东方管理提升了它们的产业竞争力。东方管理也是我国改革开放、进行现代化建设的有力手段之一。

(3)东方管理代表了企业管理人本化的发展方向。东方管理强化了企业管理的人性、整体、共生、人为为人的管理价值,企业管理正进一步走向整合化、柔性化和人性化。东方管理还是企业无形资产管理的精髓。无形资产管理在对"人"的管理上,与东方管理的人为为人学说殊途同归。

(4)东方管理为现代家庭注入新的活力。无论过去、现在和未来,家庭都是未来社会培育新型管理主体的重要场所。东方管理为现代化家庭教育、家庭理财和家庭和谐提供了要旨。

(5)东方管理思想可以避免个人主义、人类中心主义失误。发展中国家的发展之道必然经历人身、体制和心灵等三次解放,而东方管理思想可能在第三次解放中发挥重大作用。东方管理文化倡导人生健康、成功、自在,实现身与心、人与人、人与组织、人与环境的和谐统一,是对东西方文化整合的促进。

新世纪是一个文明大融合的世纪,中国人民将向世界各国文化学习更多,获益更多;同时,中华文明及古老东方管理思想的价值也将被世界上越来越多的人所认识,中国将由此对人类、对世界做出更大的贡献。

2. 东方管理文化的复兴

(1)东方管理文化复兴的前提。东方管理文化复兴的前提是管理学的世纪回归。管理学从西方向东方的回归是当今管理学发展的必然趋势。

首先,从哲学思想的发展轨迹看,在西方哲学的发展历程中哲人们对世界的观察是建立在人与自然相对立的基础上,而中国的先哲们对世界的观察是建立在"天人合一",即人与自然相和谐的基础上。中国哲学的整体思维方式,注重统一、强调和谐,认为对立面是互补的、互相依存的。西方哲学主客两分的特点,给西方带来了科学的发展和物质的繁荣,但造成了人际关系和人与自然关系的紧张,使西方哲学家逐渐领悟到中国哲学"天人合一"的思想。因此,顺应理论思维的逻辑发展,西方哲学正历史性地向东方哲学回归。

其次,从西方管理学的发展历程看,从以泰罗为代表的科学管理到以梅奥、麦戈雷格、马斯洛为代表的行为科学,再到多种管理学派并存的柔性管理,西方管理思想走出从漠视人到重视人,逐步向人本管理思想发展的轨迹。从经济人、社会人到管理人等人性假设,逐步确立人在管理过程中的主导地位,继而围绕调动人的主动性、积极性、创造性去展开一切管理活动。西方管理理论"人本化"的倾向与东方人本管理思想是完全一致的。由此可见,西方管理学向东方管理学的回归是一种历史的必然。

管理理论的发展轨迹经历了由"中"到"西"再到"中西融合"的转化,使管理思想更重视"人"的作用,更重视文化的作用,更重视东西方管理思想的融合。对于东方管理思想的西传东归,我认为可以从三个方面来表述:

一是人本管理文化的世纪回归。从"人为政本"到"以人为本"。中国古代思想家强调"人为政本",所谓"水能载舟、亦能覆舟"。那时所讲的"人本"主要是从政府与官员的角度探讨,但带有强烈的为国忧民的色彩。在观念层面上与当今新经济时代所倡导的"人本主义"本质上是相同的。在新经济时代人本管理受到异乎寻常的关注,因为它能够调动全体员工的积极性,能够创造企业和员工的最大价值。在管理实践中又重新坚持了人本精神。

二是人德管理文化的世纪回归。从"家国伦理"到"以德为先"。中国古代家国同构,统治者或思想家都引天然的家庭伦理进入国家的治理,家庭的礼俗秩序被扩大为国家的统治秩序,因此十分强调一种自然而然的伦理。西方经济发展到今天的网络经济,也意识到没有发达的网络道德保障网络的安全,是不会有发达的网络经济。在新经济时代,"以德为先"正是适应了新管理的需求。

三是人为管理文化的世纪回归。从"社会责任"到"人为为人"。这是管理学世纪回归的核心。一个人的成长是一个"人为"的过程,也是获得人们认同的过程,等到认同后,更是一个"为人"的过程。这对任何组织也都一样。管理学从注重组织和人的社会责任,发展到人为为人的境界。

(2) 东方管理文化复兴的形式和内容。推动东方管理文化复兴,我们有许多工作要做。首先,一个重要的形式和内容是建立东方管理理论体系。我认为东方管理理论体系由治国学、治生学、治身学、治家学四大部分组成。其管理的哲学要素可以简练地概括为15个字,即道、变、人、威、实、和、器、法、信、筹、谋、术、效、勤、圆。这15个要素可以分别简要解释为:治国之道、随机应变、以人为本、运用权威、实事求是、以和为贵、重器利器、依法治理、取信于民、运筹帷幄、谋划决策、巧妙运术、高效廉洁、勤俭致富、圆满合理。东方管理文化精髓或本质为"以人为本、以德为先、人为为人"。通过东方管理文化精髓的应用,推动东方管理的现代化,从而建立适应新世纪的新的管理模式。

其次,要不遗余力地进行复兴东方管理文化的实践。就我本人来说,集40余年对东方管理文化进行研究,并在国内外的学术交流中大力传播东方管理思想,并创建东方管理学派,极大地推动了东方管理文化的伟大复兴。

再次,编写东方管理学著作。我们正在编写东方管理学经典著作共计15部,包括《东方管理学》《中国管理学》《华商管理学》《治国学》《治生学》《治家学》《人本学》《人道学》《人德学》《人才学》《人心学》《人为学》《人谋学》《人缘学》《东方管理言行录》,并以此创立东方管理理论体系。

## 三、西方管理的发展趋势

1. 西方管理原创的现代价值

从西方管理理论的发展历程看可划分为四个阶段,即古典管理、行为科学、现代管理、管理理论的新发展。

第一阶段:19世纪末、20世纪初以泰罗、法约尔、韦伯等人为代表完成了从经验管理向科学管理的转变,以"经济人"为人性假设,建立了古典管理理论。主要理论包括泰罗的科学管理理论、法约尔的管理秩序理论、韦伯的行政组织理论等。

第二阶段:20世纪20年代以后,以梅奥、马斯洛、勒温、麦克利兰等人为代表,以"社会人"为人性假设,建立了行为科学理论,包括人际关系理论、个体行为理论、团体行为理论、组织行为理论等不同方面和不同层次的研究。

第三阶段:第二次世界大战以后,西方管理理论发展到现代阶段,形成了不同管理学派林立的局面。其中包括以孔茨等人为代表的管理过程学派、以麦戈雷戈等人为代表的人性行为学派、以巴纳德等人为代表的社会系统学派、以金布尔等人为代表的管理科学学派、以西蒙等人为代表的决策理论学派、以卡斯特等人为代表的系统管理学派、以德鲁克等人为代表的经验主义学派、以卢桑斯等人为代表的权变理论学派等等。这一阶段的管理理论具有运用现代科学研究成果使管理思想和观念进一步现代化、运用高科技成果使管理方法和手段进一步现代化、管理理论向综合和软化发展等特点。

第四阶段:20世纪80年代以来,西方管理理论的新发展主要表现在以下七个方面:A. 比较管理理论的发展;B. 企业文化理论的发展;C. 非理性主义思潮;D. 学习型组织;E. 虚拟企业、动态协作团队和知识联盟;F. 知识型企业;G. 知识管理理论。其中的主线是有关企业文化、以人为本与知识管理的发展。

纵观西方管理学理论的发展历史,西方管理理论经历了"对工作与组织的研究→对人与组织的研究→对生产与营运过程的研究→对企业文化的研究→以人为本的研究→对以人力资本为依托的知识管理的研究"的过程。在这个发展过程中新的发展是旧的理论的修正,是对旧的理论的继承和发扬。西方管理原创在今天仍极具现代价值,主要表现在:

(1) 西方管理原创建立一整套管理科学的理论框架和概念,使管理学成一门科学,并成为今天管理发展的基础。法约尔的《工业管理与一般管理》的著名论著使其成为第一位管理大师;泰罗的《科学管理原理》成为管理学发展史上具有划时代意义的里程碑。无论管理学如何发展,都抛弃不了它的基本框架体系和概念范畴,以及一些根本性的管理学理念和思维方式。古人云:以铜为鉴,可以正衣冠;以史为鉴,可以知兴替;以人为鉴,可以知得失。今天,以西方为鉴,可以导改革。

(2) 西方管理原创的理论代表当时时代的需要,然而科学的发展从来都是具有继承性的,原创的管理理论经过现代管理学者的修正,便产生了管理学理论的创新。今天我们学习西方管理原创的著作,就是要合理地继承他们的理论,并研究现实问题,最后提出适应于现代社会的管理理论、理念和方法。

(3) 以泰罗等人为代表的西方科学管理理论具有合理的内核,是今天倡导管理人本化、柔性化的重要的补充。泰罗的科学管理在今天看来由于将理论建立在"经济人"的假设之上,因此具有很大的局限性,不适应当今新经济时代。但其具有合理的科学成分仍具有现代价值。在今天强调以人为本,人本化趋势日益突出的时候,我们仍然要寻求人本化与科学化的统一。

(4) 西方管理原创与东方管理文化具有互补性,吸收他们的合理内核可以推动东方管理的现代化。东方管理具有很大的包容性。而且经济全球化思潮影响到地球的各个角落。东西方管理文化的融合和发展已成为必然趋势。东方管理的人本思想与西方管理的科学思想互补互融是推动管理学创新和发展的正确途径。

2. 西方管理面临的挑战

面对新世纪、新经济时代的挑战,西方管理理论面临挑战,突出表现在西方管理理论的局限性上。

(1) 从古典管理理论看,其局限性主要表现为该理论建立在对人性的"经济人"假设之上,只追求物质利益,而忽视了人的社会属性;在研究方法上只运用观察、实验等研究方法,而尚未使用心理学、社会学等科学原理和方法。

(2) 从行为科学理论看,其局限性表现在仅关注对人和组织管理的研究,而忽视了对工作管理的研究与对生产及营运过程管理的研究;在人性假设上强调了"社会人""复杂人"的概念,却忽视了"经济人"这一假设的合理部分;而在研究方法上虽然运用了心理实验方法,但尚未能运用信息论、控制论、系统论等原理和方法,研究成果也仅限于如何对人和组织的管理上。

(3) 从管理学派的林立的现代管理理论看,虽然各学派各有侧重、各有独到之处,但都摆脱不了自身所存在的一定程度的偏颇和局限性。如以孔茨等人为代表的管理过程学派虽然其理论具有综合性和实用性等特点,但在管理理论的研究与发展上,缺乏原创性,它只是把已有的管理理论方面的各项研究成果纳入各管理职能的框架内;以巴纳德等人为代表的社会系统学派的局限性表现为在组织成员对于诱因的评价上带有明显的主观色彩和随意性,而且没有充分地分析组织可能产生的冲突。正是这些局限性推动了西方管理理论的发展。

总之,在我们的管理实践中要吸收西方管理学中具有现代价值的合理的部分,在弥补其理论上的局限性基础上,促进东西方管理文化的融合,建立具有中国特色的管理理论体系。这是在新世纪进行管理创新的关键。

3. 西方管理理念的新发展及启示

近20年来西方管理在不断地创新,管理理念呈现新的发展趋势,其内容主要表现在以下方面:

(1) 重视比较管理研究的理念。西方比较管理的研究兴起于20世纪70年代末、80年代初。通过比较管理研究在管理理论方面有了新的认识,那就是普遍认识到一国文化传统对于管理方式的形成和运用具有很大影响,从而在寻求管理的普遍规律以及管理方式、方法的移植方面向前迈进了一步。同时,更加认识到管理中"软因素"的重要性。所谓软因素简单地说是指强调管理中人的因素,特别是强调人的精神因素和主观能动因素。

(2) 重视企业文化的理念。企业文化热是20世纪80年代以后西方管理理念发展的一个重要特点。西方管理学家从国际竞争角度观察,在对日本的比较研究中认识到管理的差异主要在于文化。为了提高本国的管理水平,在国际竞争中立于不败之地,必须加强对企业文化的研究。管理学者普遍认为企业文化是现代企业生存与发展、成功与失败的关键。

(3) 非理性主义思潮的人本理念。20世纪80年代初以彼得斯等人为代表分析批判了过去管理理论的缺陷,认为过去的管理理论过分拘泥于以理性主义为基石的科学管理,实际上是一种见物不见人、甚至是与人为敌的管理。因此他们认为必须进行一场"管理革命",使管理"回到基点",即以人为核心,发掘出一种新的以活生生的人为重点的带有感情色彩的管理模式。这一非理性主义思潮对于西方管理理念的发展产生重大影响。

（4）建立学习型组织的理念。彼得·圣吉首次提出了建立学习型组织的管理理念。学习型组织被认为是新经济时代的组织形式。彼得·圣吉的一个重要观点就是："未来唯一持久的优势是有能力比你的竞争对手学习得更快，未来真正出色的企业，将是能够设法使各阶层人员全心投入，并有能力不断学习的学习型组织。"在《第五项修炼》一书中他提出要在学习型组织中进行五项修炼，即自我超越、改善心智模式、建立共同愿景、团体学习、系统思考。

（5）建立虚拟企业、动态协作团队和知识联盟的理念。查尔斯·M·萨维奇在其著名的《第五代管理》中明确提出了"通过建立虚拟企业、动态协作团队和知识联盟来共同创造财富"的理念。所谓虚拟企业就是不仅把公司成员，而且把供应商、公司顾客以及顾客的顾客都看成是一个共同体，充分调动内外各种资源。其实质上是以人为本精神的体现。在书中还提出了未来管理模式要在以下五个方面发生转变，即：A. 从工业时代向知识时代的转变；B. 从例行程序向复杂性程序的转变；C. 从序列活动向并行活动的转变；D. 从工业时代的概念性原则向知识时代概念性原则的转变；E. 管理在结构、控制、权力、交流等方面将发展变化。

（6）建立知识型企业的理念。1998年美国著名经济学家达尔·尼夫在其主编的《知识经济》一书中，基于"下一波经济增长将来自知识型企业"的重要观点提出了建立知识型企业的管理理念。作者认为：以向顾客提供信息为基础的企业将胜于那些没有这样做的企业，知道如何把信息转变成知识的企业将会是最成功的企业。作者还指出：灵活性、适应性、反应能力和快速革新能力，它们正日益被看作是知识经济中最佳的组织结构要素。

（7）重视知识管理的理念。知识管理被看作管理学理论新发展的突出特点，也是西方管理的最新理念之一。在知识经济时代，知识是企业最重要的资源，企业最有价值的资产已不再是物质资本，而是知识资本。知识管理主要说明如何对知识资本进行管理。而在知识资本中人力资本是最关键的部分，是知识企业价值实现与价值增值的重要基础。企业对知识资本的管理应在人力资本、结构性资本和顾客资本这三个环节上体现出来，应注重创造性思维的培养与利用。知识经济对企业管理方式的重大影响之一是要求企业建立知识密集型组织。而知识经济时代企业组织管理的特点是：要善于利用知识创新与知识资本带来的优势，与之相适应，在管理方式上有利于员工之间开展思想交流与知识创新活动。

从以上西方近20年来管理理念的新发展至少给予我们下面几点启示：

（1）在管理中要重视人的作用。在西方管理理念的新发展中无论是非理性主义思潮，还是学习型组织、虚拟组织、知识型组织等理念都高度强调人在管理中的重要作用。标志着西方管理又重新回归到以人为本的轨道上来，因为人毕竟是管理的关键要素，而管理的根本目的是为人的利益服务。这与东方管理文化强调的"以人为本"的思想是相吻合的。

（2）在管理中极为重视文化的作用。无论从西方比较管理研究，还是从企业文化研究都可以看出西方最新的管理理念极为重视管理文化对管理的巨大影响。根植于企业文化的软约束在管理中作用并不比来自企业制度的硬约束小。企业文化往往成为一个企业的无形资产，并使其他企业难以模仿。从更大的层面看，不同国家或地区长期形成的文化对管理的影响。西方在对日本企业管理的研究中认识到东方古老的儒家思想在企业成功中所起的重要作用。

（3）在管理中更加重视文化的融合。正是基于对文化在管理中重要作用的认识，西方最新管理理念中出现了重视文化融合的趋势。东西方管理文化的融合越来越受到重视。特别是日本、韩国、东南亚国家或地区经济腾飞，以及中国改革开放带来经济高速发展之后，更为突出，这也是西方产生比较管理理论的原因。东方管理文化对西方管理学者也产生了巨大的吸引力。例如彼得·圣吉提出建立学习型组织的理念就深受东方哲学思想的影响。从西方管理理念新发展我们也可以得出新世纪是东方管理文化复兴的世纪的结论。东西方管理文化的融合发展是新世纪管理学发展的主流。

## 四、华商管理的发展趋势

华商管理是中国传统管理文化与西方管理文化以及华商足迹所至的土著管理文化相融合的成功典范。回顾华商的发迹史,其间经历的艰难困苦令人震惊。然而,华商总能以一种异乎寻常的毅力与智慧,克服重重困难,不断取得成功。

1. 世界华人的创业特点

世界华人在异国他乡艰苦创业,如今取得了巨大的成功。概括总结世界华人创业特点,我认为有以下几点:

(1) 家族式创业。世界华人深受中国传统文化的影响。中国人历来都十分重视家族血缘的关系。所谓"打虎亲兄弟、上阵父子兵"。因为血缘关系,同一家庭的人,天生就有一种互相亲近和彼此信任的感情,所以,华商在创业时,首选的合作伙伴大都是家庭的成员。这就是海外华商企业大部分是一些家族型企业。华人企业犹如一个大家庭,人人都生活在这张关系网中,克勤克俭,严于自律。经营者实施着对家族制企业的全面控制。

(2) 利用"五缘"进行网络化经营。华商网络是指海外华商在非政治的、形态不拘的联系中,凭借"五缘"纽带,基于经济利益而形成的泛商业网。它在卓有成效的海外华商经营中影响深远。这里所指"五缘"包括亲缘、地缘、文缘、商缘、神缘。所谓亲缘就是宗族亲戚关系;所谓地缘就是邻里乡党关系;所谓文缘就是文化关系;所谓商缘就是因物品的交易而发生的关系;所谓神缘就是供奉之神祇宗教关系。由于"五缘"网络的存在,使一个个相对封闭的家族企业与外部世界保持着密切的信息、技术、资本、商品等交流,保证了企业在一定范围的发展与进步。有人把世界华商网络形象地比喻为"互联式电脑网络",其成员可以无限制增加,不影响成员的独立创业,网络没有统一的控制中枢,从任何一点开始联结都可以进入,既便于协作,又强调独立奋斗。

(3) 足下生财、勤劳致富。综观华商的家庭出身,多半是生活窘迫的农民和小商人等下层劳动者。他们抱着白手起家的志向,前往海外创业。因此,足下生财这个说法,生动地说明了华商的成功是靠自己的勤劳、靠自己的血汗换来的。海外华人并非天生就是企业家,他们移居一个新的国家,特殊的经历使他们具有一种创业文化。这种创业文化加强了他们不满足现状的价值观念,这种创业文化也保持并发扬了他们的民族共性、自豪感、自尊心、同舟共济的团结精神,从而形成并壮大了海外华人的社会资本。

以上特点在老一辈华人创业中表现得尤为突出。然而,新一代华人正在继承和发扬老一辈传统的同时,更加注重依靠知识和信息致富,如创办雅虎的杨志远就是一个典型的例子。

2. 世界华人的贡献

世界华人的贡献表现在:(1) 促进了其所在国的经济发展;(2) 促进了祖国的繁荣昌盛;(3) 促进世界经济发展;(4) 为东西方管理文化融合发展提供了典范。下面列举几个世界华人的代表人物。

陈嘉庚是新加坡华侨的典型代表。他于1890年7月弃学从商到新加坡替父经营"顺安"米店,先是代父还债,两年后赢利。后又经营橡胶园,到 1925 年 43 年中资产增长了 150 倍。他之所以能够成功,其原因在于他:(1) 凡事亲力亲为,为属下树立楷模;(2) 素具慧眼,亲自挑选和大胆使用突出人才;(3) 降低成本,提高效率;(4) 健全行政组织和管理机构,提高管理效率;(5) "好运"在成功中扮演着微妙的角色。陈嘉庚先生的贡献在于:(1) 热爱中国共产党,是爱国主义的硬骨头;(2) 发展家乡的教育事业,捐资建立集美学校和厦门大学;(3) 提供了一套成功经营理念和方法。

以黄怡瓶为代表的印尼华人做出的贡献也很突出。印尼是海外华人最多的国家,共有华人 700 多万,占印尼人口总数的 3.5%,但华人经济却占印尼经济的 60%。黄先生本人非常关心家乡的建设,曾捐资建立了泉州华侨中学和南安中学。20 世纪 80 年代以来印尼华人企业呈现出三个突出的特点:(1) 华人企业集团的崛起。目前约有企业集团 160 余家,其中最大的 40 家,共拥有企业约 1 990 家,总资产达 110 亿美元,其中林绍良的"沙林集团"排第一位;黄奕聪的"金光集团"第二位;彭云鹏的"巴里托-太平洋集团"排第三;李文正的"力宝集团"居第四。(2) 从传统商业向多元化产业发展。如林绍良经过 30 多年的经营,目前经营的企业数达到 350 多家,职工人数达到 20 余万,经营领域涉及商业、贸易、房地产、水泥、食品、纺织、汽车、航运、种植、木材等。(3) 华人企业与印尼原住民合作经营。早在苏哈托执政时期,印尼华商就已通过"阿里巴巴"合作经营发展和保护自己的经济利益。"阿里"是指原住民;"巴巴"指华商。

以李嘉诚为代表的世界华商对世界经济发展做出了贡献。香港首富李嘉诚个人资产有多少?没有一个准确的数字,美国的《财富》将其列为全球十大富商之一,被人们称为"李超人"。李嘉诚生于广东潮州,11 岁到香港求学,仅读到 14 岁就进入了"社会大学"。当过塑料玩具厂的推销员,自学完成了初中学业。李嘉诚的成功与他的坚韧性格和独到的经营有很大关系:(1) 自我创业的勇气;(2) 经营地产业独具慧眼;(3) 果断地并购扩张企业;(4) 国际化经营,保持利益的选择等等。改革开放以后,李嘉诚在国内的投资有相当大的数量。关心家乡建设,捐资购地 900 多亩建立了汕头大学,并提供办学经费。

当代世界华人为祖国的繁荣、所在国的经济发展和世界经济繁荣做出了巨大贡献。世界华人的经济实力不断增强。华人经济的成功证明了东西方管理文化融合是经济走向成功的正确途径。

3. 世界华人的成功之道

世界华人的成功之道是什么?国内外的许多管理学者探讨这个问题。我认为世界华人成功之道在于世界华人对以中华优秀文化为核心的东方管理文化的成功运用。具体地说,包括以下三个方面:

(1) 运用"人缘"文化——强调"以人为本"的观念。世界华人利用华商之间形成的网络进行经营,即运用"人缘"文化,强调"以人为本"的观念。华商网络以包括亲缘、地缘、文缘、商缘、神缘在内的"五缘"为纽带,是基于经济利益而形成的泛商业网。这"五缘"的本质就是具有东方特质的关系。通过"五缘"形成的华商网络是一种社会网络,它可以提供情感、服务、伙伴关系、经济等多方面的支持。世界华人的成功是因为华商网络发挥了重要的作用。这也是"以人为本"观念的体现。

(2) 遵奉"人德"文化——具有"以德为先"的素质。世界华人成功的另一个原因是遵奉"人德"文化,极为重视商德。其内涵可概括"诚"(以诚相待)、"信"(以信为上)、"和"(以和为贵)。

"诚"是儒家最基本的道德规范,也是华商处理社会人际关系的道德规范。秉承中国优良文化传统的海外华商,都把"诚"字奉为自己人生处世的信条,以"诚"待人,以"诚"处事。不仅对自己的属下讲"诚",而且在其他人的经济往来中也是如此。所以,华商又有"诚商"的美誉。"诚"与"信",相伴而生,华商深谙此理,正因为华商以"诚"在先,所以才有了信誉在后。

"信"也是儒家的基本道德规范。在儒家学说的"五常"中,"信"字也被恭列其中。一个人要在社会上立得住脚,并且有所作为,就必须为人诚实,讲究信誉。在华商企业中人际信誉有时甚至取代法律强制的作用。华商众多的东南亚各地,法律体系尚不健全,市场规范尚未发育,而华商在这种环境下已习以为常,他们在资金运用、企业管理、风险回避等方面已自成一套手段,并行之有效。有时,华商强调人情而轻于合同,注重情感而疏于法制。人际信誉成为华人商业信誉的重要基础和依据,诚信实际上成为一种资产,一种保障,道德约束成为法律强制之外的又一重要商业机制。正因为商业网络是华人赖以合作经营、共同发展的天地,人际信誉也就愈显重要。如果缺乏基于诚信的人际信誉,这种网络也将难以维系。

"和"体现了儒家学说中"和合"的思想。"和"即调和、和谐与协调。孔子说"礼之用,和为贵。"孟子更是将"人和"置于"天时"和"地利"之上。"和为贵"便成为儒家思想的著名格言。深受中国传统文化影响,信奉"和为贵"处世哲学的华商们,都很善于处理令许多西方老板很感棘手的雇主与员工关系。从新加坡华侨代表陈嘉庚先生的亲力亲为到马来西亚"种植大王"李莱生汗流浃背地与工人们一起干活,都体现了华商极为"人和"。华商的成功与华商奉行"和为贵"的思想是分不开的。

(3) 坚持"人为"文化——体现"人为为人"的影响。世界华人在其创业过程中坚持"人为"文化思想,充分体现了"人为为人"的深刻影响。在华商管理中的"人为"文化具体表现在"俭""搏""善",即勤俭、拼搏、慈善。其中勤俭和拼搏体现了华商的人为,慈善体现了华商的为人。

"俭"。华商以"俭"为美。这是墨子提出的一种经世思想,也是中国社会几千年来所推崇的美德。华商移居他乡,谋生不易。所以,他们更珍惜点滴所得,在日常生活中严格奉行勤俭的原则。这种以勤俭为原则的生活习惯,也被他们带到企业管理中,使他们在企业生产和管理的每一个环节上,都做到精打细算,厉行节约,以尽量降低成本,增加效益,获得更高的利润。例如,"船王"包玉刚在企业管理中特别重视控制成本和费用开支。他的原则是"能省则省"。印尼木材大王黄双安把公司院子里工人丢弃的各种小木块逐一捡起来,准备留作他用。

"搏"。拼搏是华商艰苦创业的真实写照。华商创业成功克服了令人难以想象的困难。从华商的家庭出身看,多半是生活窘迫的农民和小商人等下层劳动者。他们多数在生活极为艰难时前往海外,开始充满荆棘的异国生涯。他们缺少资金,没有退路,只有拼搏,白手起家。可以说,华商的成功是靠勤劳、拼搏和血汗换来的。

"善"。华商成功后非常注重慈善。他们的慷慨与勤俭形成鲜明的对照。例如,李嘉诚对国内教育、福利事业捐赠,已超过 10 亿元人民币,其中最出名的是在广东的汕头捐建了汕头大学。邵逸夫为祖国的教育事业的捐献也超过 10 亿元人民币。另外还有陈嘉庚、黄怡瓶、王克昌等众多的华人关心祖国的教育事业。

## 五、国际管理学者的共识

管理学发展到今天尽管在许多问题上还存在着争论,但是在某些重大的观念上已形成了较为一致的看法。近 20 年来,我本人在各种场合传播东方管理文化,在一系列的学术活动中与国内外管理学者进行广泛学术交流。我认为,国际管理学者中已经在"人为管理"观念、"管理文化"的意义和"融合发展"必然性等方面形成了共识。

1. 对"人为管理"观念的共识

管理学者们普遍认为:

(1)"人为管理"是建立在东方管理文化的"以人为本、以德为先、人为为人"核心思想基础之上的新型管理模式;

(2)"人为管理"观念不仅与中国传统文化有着深厚的渊源,而且随着人类文明的发展,赋予了它更广泛的内涵和外延;

(3)"人为管理"代表了管理人本化和柔性化发展方向,强调人的作用、文化的作用和东西方管理文化的融合发展;

(4)"人为管理"顺应了人的行为规律,成为学习型组织、知识型组织、知识管理等可供实践的管理模式;

(5)"人为管理"注重个人综合能力的提高,并致力于创造良好的人际关系和激励环境,是促进东西方管理文化融合的新型管理模式。

2. 对"管理文化"意义的共识

管理学者们普遍认为:

(1)"管理本身就是一种文化","管理文化"对于管理方式的形成和运用具有很大影响;

(2)"管理文化"可以成为企业的一种"软约束",一个企业的管理文化有可能成为企业的竞争优势;

(3)企业的管理文化是现代企业生存与发展、成功与失败的关键;

(4)融合多种文化之后发展起来的"管理文化"比单一的"管理文化"具有更强的生命力,必须以学习的态度,促进"管理文化"的融合发展。

3. 对"融合发展"必然性的共识

管理学者们普遍认为:

(1)东西方管理文化的"融合发展"具有必然性,尤其是在经济全球化思潮开始影响地球的每一个角落的时候,文明的冲突、交流与合作,成为全球化进程中永恒的主题和旋律,不同价值取向的文化间的沟通对话和谐发展,成为一种必然发展趋势;

(2)在不同文化之间要互相补充,吸取各自管理文化的合理内核,西方管理学需要吸收东方人本管理思想,而东方管理学更应当学习西方管理理论,使东方管理学更加科学化、客观化;

(3)未来管理学发展的主要取向应以东方管理文化为核心,吸收西方管理文化的科学成果,以丰富管理科学的理论宝库,从而促进东西方管理文化的大融合。

19世纪看英国,20世纪看美国,21世纪要看我们中国了。中华民族的复兴是以优秀的中华传统文化为背景,又是以优秀的中华传统文化的复兴为基础的。东方管理文化的复兴是大势所趋,是不可阻挡的历史潮流。放眼未来,我们肩负着复兴东方管理文化的历史使命。

# 管理学的世纪回归(2001)[①]

中国有着悠久的管理实践的历史,我国的管理实践、管理教育的发展历程与西方有许多差异。在新世纪,管理学面对着新经济、经济全球化、WTO等条件下的许多新挑战,东西方管理文化将出现相互融合、共同发展的趋势。在发展管理学上,我们应该处理好国际化与本土化的关系。

## 一、中国管理学的实践及发展

(一) 管理学在中国的实践

1. 管理实践的悠久历史

人类的管理实践和其历史一样悠久,至少可以追溯到几千年以前。在中国,三千多年前的商代,国王已经统辖、指挥几十万军队作战,管理上百万分工不同的奴隶进行生产劳动。朝廷中的管理机构已相当复杂,设有百官辅佐国王进行统治。到了公元前11纪的周朝,政府管理制度更加完备。中央设有行总管之职的"三公",分管政务、宗族谱系、起草文书、编写史书等的"六卿"以及分别掌管土地、军赋、工程、刑罚等的"五官"。同时,周朝还制定了许多管理国家的典章制度,提出了"明德慎罚"的管理思想。纵观中国长城、秦兵马俑等需要组织、指挥、调度、协调数十万人的宏伟古建筑,我们不能不为古人的管理能力所叹服。

2. 中国管理实践的现状与特点

管理实践的历史虽然悠久,但在过去几千年中管理始终只是一种零散的经验和某种思想的闪光。只是到了工业革命以后,随着现代工业技术的广泛应用和工商企业的大量发展,管理才得到了系统的研究和普遍的重视。而世界性的管理发展热潮是在第二次世界大战后形成的。在我国直至20世纪70年代末,改革开放政策的实施在全国掀起了一阵加强管理的热潮,特别是20世纪90年代以来,各种类型的企业登上中国经济发展的大舞台,形形色色的案例既体现着中国管理实践者的思想理念也给理论界以一定的启迪。当前,中国的管理实践进入了一个新的发展阶段,体现出以下一些特点:

(1) 成功与失败同样令人深思。回顾改革开放以来的企业发展案例,既有成功如春兰公司、海尔公司之类,亦有失败如巨人公司、三株公司者。成功者或者目前比较成功的自然有许多可资借鉴的经验,如春兰的企业文化建设、邯钢的成本控制模式,以及青岛双星以人为本的管理理念,但从失败者身上我们也许会发现更多值得总结、借鉴的教训。可以说我国这一阶段的企业发展(特别是民

---

[①] 本文收入东方出版中心2001年出版的《管理学》第18章。

营企业)历程呈现如此特点：诞生—迅速成长—成熟—迅速垮台。企业生命周期短得惊人。

巨人集团的创始人史玉柱,一个大学刚毕业的硕士研究生,1989年(27岁)从4 000元资本起步,一年成为百万富翁,三年成为亿万富翁。1995年巨人集团发展到在全国拥有28个子公司,涉足电脑、生物工程、房地产等许多行业,从业员工达到2 000多人。在技术创新、产品开发、市场开拓、营销策略等方面创造了许多令人瞠目的辉煌业绩。然而"巨人"的衰落同其崛起一样迅猛,短短两三年内就一落千丈。巨人集团通过扎扎实实的技术创新、管理创新、出奇制胜的经营战略获得迅速的发展,同时又由于企业发展战略决策、资本运营、财务监控、组织设置、用人制度、激励方法等管理的基本问题没有解决好,导致1995年爆发严重的债务危机、销售危机、财务危机和管理危机,直至最终陷入困境难以自拔。巨人集团惨痛的失败教训和成功辉煌的经验同样值得人们深思。

(2) 由经验管理向科学管理转变。中国管理发展的背景极其复杂,既有数千年历史文化的影响,又有几十年革命战争和毛泽东思想以及历次群众运动的影响,也有学习苏联管理模式的影响。企业管理问题一直缺乏一种持续、稳定、统一的说法,管理者的指导思想并不十分清楚,往往只能遵照各个时期的"红头文件"的精神,基本上处于经验管理阶段。近几十年来的改革开放政策使企业有可能系统学习借鉴国外先进的科学管理经验。无论是企业界还是理论研究界都不遗余力地介绍推广现代化管理理论和方法。不少企业在学习借鉴国外管理经验的同时,结合本国本厂的实际,总结历史经验,创造出了许多有效的管理方法,邯钢的成本控制模式就是典型的例子。

邯钢从1991年元月在企业内部推行"模拟市场核算,成本否决"的经营机制,这一经营机制的基本模式是：市场—倒推—否决—全员。"市场"是指企业主动走向市场,内部实行模拟市场机制,把市场机制引入企业内部经营管理,内部核算的计划价一律改为市场价,根据市场产品售价以及原材料采购价来计算目标成本和利润。同时,将过去从前向后逐道工序核定成本的传统做法改为"倒推"法。即从产品在市场上的售价开始,逐个工序倒推着剖析其潜在价值,从后向前核算,直至原材料采购。如果完不成成本指标,别的工作干得再好,也要否决全部奖金；连续完不成,否决内部升级。最后,降低成本是企业上至厂长下至每一个员工的事,每个人都要分担成本指标或费用指标,实行全员、全过程的成本管理。

(3) 东西方管理文化的交融。目前,我国企业界创新活动空前活跃,各种管理思想互相影响、相互交融,形成颇具中国特色的管理文化。纵观西方管理学的发展历史,可以看出西方管理思想与东方管理思想日趋融合。中国企业在吸收引进西方管理的精髓时同样也继承了博大精深的中国传统管理文化遗产,形成各种各样自己的管理文化。比如青岛双星"以人为本"的管理理念。青岛双星针对制鞋业劳动密集型、手工操作的特点,提出"人是兴厂之本,管理以人为主",坚持管理以人为本,创造了一整套自己的管理理论和管理哲学,提炼出物质文明与精神文明相互促进的"双星九九管理法"。在人的管理上,双星人要达到"三环""三轮"原则。他们继承传统的、借鉴国外的以创造自己的,以此"三环"来刻意求新；他们把思想教育当前轮,经济手段、行政手段作后轮,同步运行,共同提高效能。在生产经营上,双星人要实行三分、三联、三开发。他们分级管理、分层承包、分开算账,以此增加了企业的活力；他们搞加工联产、销售联营、股份联合,进一步扩大了企业的实力；他们进行人才、技术产品和市场的全方位开发,使双星在市场上提高了竞争力。双星人在实施"九九管理法"的纵横交叉中,终于找到了把人与物管理相结合的最佳组合点。

(4) 本土发展与国际化拓展并进。当前中国企业的管理实践不仅在广阔的中国大陆上蓬勃开展,而且扩展到港、澳、台以及其他国家和地区,一些企业已经涉足跨国经营并取得了不菲的成绩。其中以青岛海尔的多元化跨国经营为典型代表。海尔集团是我国家电行业的特大型企业,拥有职工两万人,产品有电冰箱、空调器、洗衣机、电视机、电脑、电冰柜、多用展示柜、微波炉、厨房用具及保健药品等26个门类7 000多个规格,品牌价值77.36亿元。十几年来,海尔集团走的是高速高效的持续发展道路。海尔以匠心独运的管理制度,称雄于中国家电市场,成为中国民族工业的一面旗帜。在国内市场享有"中国家电大王"的美誉,同时跨国经营也做得有声有色,海尔和它的当家人张瑞敏在国际市场上享有较高的声誉。

管理学在中国的实践表明,在中国这片古老的土地上,成功的管理实践离不开对中国传统文化的理解、熟悉现代管理方法,以及适应中国国情等。

### (二) 中国管理教育的发展

可以说,中国管理存在的历史有多长,中国管理教育的历史也有多长。早在孔子周游列国实践自己管理理念的同时,就注意不断教育门人弟子,传播其管理思想。从历史沿革来看,中国管理教育大致历经以下几个阶段:

**1. 在封建社会,管理教育偏向中国传统伦理的教化,注重著书立说**

不少统治者广开门路广招门人,希望通过门人弟子的言行宣传自己的思想。此时各家管理教育的侧重点不同,但都着重于对"以人为本、以德为先、人为为人"这三条中国传统管理文化精髓的阐述。这些管理理论和管理思想的相互融合,形成了东方管理文化精华,也成为封建社会中国管理教育的重点与中心。

**2. 在新中国成立初期,全面向苏联学习**

1953年起,我国进入了大规模的、有计划的社会主义经济建设时期,开始了发展国民经济的第一个五年计划。这个时期企业经营主要是引进苏联的整套企业管理制度和方法;与此相应,管理教育主要是全面学习苏联的管理经验。在这一阶段中,我国企业通过全面的学习,普遍建立了生产技术财务计划、生产技术准备计划和生产作业计划,实行了计划管理,组织了有节奏的均衡生产,建立了生产责任制度、原始记录和统计工作,确立了正常的生产秩序;制定了技术标准、工艺规程、劳动定额,建立了设备计划预修制度和技术检查制度,建立了技术工作的秩序;建立了经济核算制度和"各尽所能、按劳分配"的等级工资制度,建立与健全了企业的管理机构。这套管理制度为新中国成立初期的经济发展作出了很大贡献。

**3. 在20世纪70年代末期,中国掀起加强管理的热潮**

1978年邓小平访问美国时,亲自向当时的美国总统卡特提出,由美国派遣管理教育专家来华培训中国企业管理干部。邓小平的建议得到卡特及其继任者里根、布什等人的积极响应。大连理工大学被选为中美合作进行高级管理培训的单位,于1980年成立了"中国工业科技管理大连培训中心",并被指定为引进美国管理理论、技术及教育制度的正式窗口。在20世纪80年代,管理教育的中心在引进西方发达国家的管理理论、先进管理经验。全国和各省、市都纷纷成立了企业管理协会,全国有120多所大学先后设置了管理学专业,许多省市和经济管理部门都组建了专门培训经济管理干部的经济管理干部学院或培训中心。

1982年,苏东水等人创立中国国民经济管理学会,中共中央组织部、中共中央宣传部和国家经委在中南海召开会议,指定苏东水主编的《国民经济管理学》为全国党、政经济管理干部和大学通用教材。同年,国家经委出资420万元委托苏东水任所长的复旦大学经济管理研究所主办工业经济研究班。1990年10月,在全国数十所院校开始试点培养工商管理硕士(MBA)。1994年清华大学经济管理学院院长朱镕基在给清华大学经管学院成立十周年的贺信中说:"建设有中国特色的社会主义,需要一大批掌握市场经济的一般规律、熟悉其运行规则而又了解中国企业实情的经济管理人才。"1996年朱镕基又在自然科学基金管理学部成立大会上呼吁"管理教育、兴国之道"。在全国迫切需要管理人才的背景下,1997年全国MBA试点学院增至56所。1998年国家经贸委又制定了对全国国有企业管理干部开展大规模工商管理课程培训的计划,并把通过系统培训提高企业管理素质作为加速国有企业改革、提高企业管理水平、增强企业活力的重要措施。这一切说明最近二十年来,中国政府、中国管理学者和企业通过实践更加迫切、更加深刻地认识到加强管理的重要性。管理教育也被提高到前所未有的高度。

4. 从20世纪90年代开始,中国部分学者致力于弘扬优秀传统管理文化

近年来,以苏东水领衔的东方管理学派获得了迅速的发展和长足的进步。该学派以东方管理思想为研究重心,努力建立有中国特色的东方管理学体系。就管理教育而言,关于东方管理文化和思想的内容依然几乎是空白。甚至对中国东方管理文化的研究也只是在少数学者中进行。在西方发达国家开始注重对东方管理文化的研究的时候,作为东方管理文化发源地的中国,这方面的研究、教育和学习却是不够的,我们认为东方管理文化方面的课程在东方国家应该作为管理学专业的必修课程,在大学里形成注重东方管理文化的学习、研究的氛围。东方管理学派的成长与不断繁荣将填补我国管理教育的一个空白,也为中国自己管理学的发展找到方向。1997年由苏东水在上海主持召开的世界管理大会,使东方管理文化得到了有效的传播。

(三)东西方管理教育文化比较

第一,内容上,东方管理教育偏重宏观性、综合性,而西方管理教育更重微观性、技术性。东方管理教育不仅重视管理的效率、成果,同时也追求个体与环境的相互交融,以"天人合一"为最高境界。仅以对中华文明影响最大的儒家思想为例:其管理思想可以划分为"修己"和"安人"即自我管理和社会管理两大部分。儒家思想方式的逻辑发展是以"修己"即自我管理为起点,以"安人"即社会管理,最终达到天下大同为归宿。其管理活动始于"修己"功夫,终于"安人"的行为。同时,东方管理的思想涉及多个方面,包括政治、经济、社会、文化、军事等等。因此,东方管理教育的内容博大而精深。与东方管理教育相比,西方管理教育的内容更多集中于微观的企业管理而少见于国家社会的宏观管理。

第二,方式上,东方管理教育着重于思想修炼、理论阐述。从上至孔、孟一类先贤到目前的管理学者,大多以理论推演为主而少有实践检验。在实际的教学过程中基本是通过课堂传授为主,由老师将书本理论灌输给学生。这种模式在产生了大量的理论著述的同时也在一定程度上造成学生缺乏独立思考、解决实际问题的能力。而西方管理教育则更多以案例说明问题。比如MBA的教学方式就带有鲜明的西方教育理念特点。这种管理教育方式增强了学生身临其境的感受,在实践中培养相应的管理能力,抓住了管理学作为一门实践性学科的特点。

第三,教育导向上,东方管理教育讲求德才兼备,强调"以人为本、以德为先、人为为人",即要求每个管理者首先要注意自身的道德修养,"正人必先正己",然后从"为人"的角度出发,来控制和调整自己的行为,创造良好的人际关系和激励环境,使管理者和被管理者都能够持久地处于激发状态下工作,主观能动性得到充分的发挥。这样才能使管理取得良好的效果。西方管理教育更注重管理者技能的培养,包括战略设计、营销规划、财务分析、人力资源培训等各个方面。可以说,这方面东方管理教育的导向更值得提倡。在现代竞争日趋激烈的社会生活中,如何保证经理人员的道德操守,为企业股东更尽心地服务是令每一个企业股东头疼的问题。"百年老店"巴林银行的倒闭仅

仅因为区区一个新加坡支行职员里森的私利行为,令人深思。因此,有必要大力提倡东方管理教育"德才兼备"的思想,提高管理人员的素质。

## 二、20 世纪管理学界的成就

### (一) 国际管理学者联盟的形成与发展

世界管理学者联盟,简称 IFSAM(International Fedaration of Scholarly Association of Management),是一个世界性的经营管理学者的组织,其目的主要是在目前管理越来越趋于国际化的环境中,加强各国学者协会之间的交流与合作,使管理学成为一门全球统一的科学以促进其在世界所有国家的研究、教学和发展。这个目的以下面四种方式来实现:

(1) 定期组织召开国际会议;

(2) 出版管理研究刊物,包括刊登全球各地学者的研究成果;

(3) 提供其他手段在全球各地学者协会中交换管理研究的教学信息;

(4) 鼓励建立各国的管理学者协会。

IFSAM 于 1990 年 6 月创建于德国法兰克福,目前有 33 个成员国,分别为:澳大利亚、德国、瑞士、比利时、荷兰、加拿大、智利、丹麦、芬兰、法国、意大利、日本、挪威、中国、西班牙、瑞典、美国及南非等国。各国均以本国最有影响力的、全国性的学者经营管理学会或协会加盟 IFSAM。中国国民经济管理学会自 1992 年起成为 IFSAM 的成员之一,会长苏东水教授是历届的理事,并率团参加了历届大会、理事会。IFSAM 的第一任主席是德国 WZB 的 Horst. Albach 教授,第二任主席是日本创价大学的野口佑教授,第三任主席是美国得州大学的 Janin M. Beyer 教授,第四任主席是法国巴黎 Val. de. Marne 大学的 Alain Burland 教授,现任主席是西班牙的 Santiage Garcia Echevarria 教授。

IFSAM 组织每两年召开一次"世界管理大会",每一年召开一次理事会。第一届世界大会于 1992 年 9 月 7 日在日本东京举行,主题是"高科技与管理";第二届世界大会于 1994 年 8 月 1 日在美国达拉斯举行,主题是"联合遍及世界的管理学者";第三届于 1996 年 7 月 8 日在法国巴黎召开,大会的主题是"无形资产管理";第四届大会 1997 年 7 月在上海召开,主题是"面向 21 世纪的东西方管理文化";1998 年在西班牙召开第五届世界管理大会,主题是"管理全球化";2000 年在加拿大召开了第六届世界管理大会,大会的主题为"管理学的世纪回归与展望"。

### (二) 东方管理学派的形成与发展

东方管理学派的奠基人苏东水早年就读于厦门大学企业管理系,毕业后,他先后到国家重工业部任调研员,在上海社会科学院、上海财经大学等单位任教、从事科研工作。自 1972 年 1 月起,到复旦大学工作。

苏东水学术研究范围包括:哲学、经济学、管理学、心理学和伦理学等。他不仅是一位著名的专家,而且还是一位知名的社会活动家和经济管理咨询的实干家。他著书 80 余部,共计千余万字,在管理学、经济学、心理学等学科上作出了杰出的贡献。他通过十多年研究,融古今中外学说,自成一学术体系,将东方管理文化的精华概括为"以人为本,以德为先,人为为人",创建了东方管理学派。

1986 年,苏东水首开先河,在《文汇报》上发表《现代管理学中的古为今用》一文,引起社会极大反响。同年,他在日本参加的现代化国际研讨会上,专门介绍了中国现代化管理中古为今用的事例,引起与会专家、学者、企业家高度重视。他们提出了要与先生共同合作研究,建立"管理的东方学派"。1990年,他在日本东京国际学术交流会上发表《中国古代行为学派研究》的演讲。之后,在日本、美国、法国、西班牙等国家召开的历届"世界管理大会"上,他先后发表了《弘扬东方管理文化,建立中国特色的管理体系》《东方管理文化的探索》《中华文化与管理科学》《无形资产管理》和《东方管理文化的复兴》等学术演讲。他历时三年多时间主编的《中国管理通鉴》(四卷,280万余字)1996年出版。该书是中国第一部有关这方面的著作。《通鉴》在广泛搜集经、史、子、集等中国传统文化典籍中的管理思想的基础上,对中国传统管理思想进行了一番精心细致的梳理、提炼;内容涉及儒、墨、道、法、兵、纵横、阴阳、杂、农、技等百家流派、人物、思想;《通鉴》对中国传统管理的理论、实践、效应等进行全方位的探索和研究。他将这一理论体系概括为治国学、治生学、治身学或称人为学。他在"1997世界管理大会"上所作的"面向21世纪的东西方管理文化"主题报告,使国内外学术界更重视以中华文化为核心的东方管理文化,国内外有50多家新闻媒体报道了此次大会的盛况,国内一家颇有影响的媒体作出了高度的评价,认为这次盛会标志着"东方管理文化在世界叫响"。

苏东水所著的《管理心理学》形成了以人为学为基础的管理心理学科理论体系。他认为,管理本质可以概括为"人为为人"。它的要旨是把伦理与管理结合起来,把合乎规范的"领"与合乎情理的"导"结合起来,把领导者的行为与被领导者的行为结合起来,并从中寻求中正、中和、中庸、中行的途径以达成群体目标。他指出,要建立中国特色的社会主义经济体制,应该重视研究人的行为、企业本身的行为和国家对企业管理的行为,这是经济起飞发展的三个车轮。基于人为学思想,他在《管理心理学》中对人的个性、人的需要、人的期望、人的挫折、人性管理、激励行为、决策行为、领导行为、组织行为、创造行为、劳动者心理、消费者心理、青年人心理、群体心理、心理测量等内涵进行了深入、广泛的研究。

苏东水为继续弘扬中华优秀文化,近期在组建、主编"东方管理学派经典"15部,包括:《东方管理学》《中国管理学》《华商管理学》《治国学》《治生学》《治家学》《人本学》《人道学》《人德学》《人才学》《人心学》《人为学》《人谋学》《人缘学》《东方管理言行录》,并以此创立有中国特色的东方管理理论体系。

### (三)世界华商管理实践研究的兴起

1. 世界华商组织的兴起与特征

(1)背景。现代世界华人经济网络和世界华商组织的兴起是在世界资本主义发展、许多国家的经济网络扩展到全球各地的背景下,由中国移民在中国境外建立起来的。如今,华人经济网络通行国内外,世界华商将他们的组织网络扩展到全世界。19世纪中叶以后,被资本主义洪流卷到世界各地的中国移民,规模巨大,足迹遍及五大洲数十个国家和地区。中国移民以地缘、血缘为纽带建立起了同乡会和宗亲会组织。各地华人会馆作为华商集会的重要场所,成为世界华商组织的萌芽。从1904年起,各地开始建立"中华商会"之类组织,作为联系和协调各组织关系的机构。随着世界华人经济的发展,近30年来,东南亚、港澳地区,先后出现了60多个世界性的地缘、血缘、商缘和其他类型的华人社团。华商组织成为华人与世界各国经济进行交往的主要渠道和重要基础。

(2)世界华商的主要组织。世界华商组织在世界范围得到不断的发展,主要组织有:纽约香港旅美华人总会,成立于1997年11月20日,该会的宗旨是:联络和团结旅美香港华人,特别是工商界人士,交流讯息,聚集资源,适应东方的机遇,沟通朝野,融洽上下,协和中外,排难解纷,关心祖国、香港以及侨社的繁荣稳定,共同致力于创造华裔辉煌21世纪。美国俄勒冈州华商总会,作为波特兰地区最年轻的一个华人团体,积极求新,一是成立国际性组织,如中国贸易制造商协会、中国贸易服务行业协会;二是发展本地组织,如餐馆协会、杂货供应商协会、华人旅游代办商协会。西班牙华侨华人国际商业贸易联合会于1997年11月19日成立,进一步活跃了旅西华人社会和企业的发展,推动中西两国的商贸发展。第四届罗马华侨华人联合总会于1998年1月29日成立,这次与以往侨团组织工作有所不同,体现了几个明显的特点:首先是各方侨领以大局为重,摒弃了地方观念和门户之见;第二是具有广泛的代表性,实现了跨地区、跨侨团、跨行业的全面大联合;第三是发扬风格,主动让贤,在选举的过程中,一部分原先呼声较高的侨领都先后主动放弃竞争会长职位,把机会让给更适合的人选。此外,意大利华商总会、芝加哥华人各界联席会、菲律宾华商联合总会、法国华侨华人会等华商组织都在中外商贸交流以及世界华人社团的发展事务中发挥着重要的作用。

(3) 世界华商组织的特征。第一,世界性的华人社团联谊会召开的频率高、参与者众。据不完全统计,近20年来有接近100次的世界性社团召开联谊会,这些社团包括血缘、地缘和商缘等各类团体。这些聚会的地点遍及亚洲、欧洲、北美洲,但多数集中在新加坡和香港,反映了这两个世界级城市优良的地理位置和交通环境以及以华人为主体的人文特色。另外,最近几年来,越来越多的社团开始在侨乡举办世界性的联谊会。

第二,这些联谊会的组织者和支持者大多是著名的跨国华人企业家,同时也得到多数当地政治家的支持。例如国际福州联谊会的领导层包括马来西亚木材大王张晓卿、香港华人企业家郭鹤年、印尼哈拉班集团主席陈子兴以及印尼木材大王黄双安。

第三,国际性的协调与联系机制的建立。通常在各次世界联谊会之后都随之成立永久性的秘书处。例如,世界福清联谊会的总部设于新加坡,其目的在于为世界各地的福清社团提供"计划、组织与领导"。

第四,这些世界性社团联谊会和永久性协调组织的参与者都积极地参与到建立与维系国际性的华人商业与文化网络这一大潮流中。这些活动包括两个庞大的层面:海外华人之间、海外华人与中国尤其是侨乡之间。

2. 历届世界华商大会的举办与特色

第一届世界华商大会于1991年8月10日至12日在新加坡文华大酒店举行。来自30多个国家和地区、70多个城市的800多名商界代表,踊跃地出席了这次盛会。首届世界华商大会由新加坡中华总商会主办,协办单位有新加坡经济发展局、新加坡贸易发展局、新加坡旅游促进局、新加坡宗乡会馆联合总会、新加坡国立大学及南洋理工学院。新加坡内阁资政、前总理李光耀应邀为这个世界华人企业家的第一次盛会主持开幕仪式。他在致辞中表示:中华文化的核心价值观,也就是节俭、刻苦耐劳、重视教育、社团的信任和互相支持使华商取得了成功。

第二届世界华商大会于1993年11月22日至24日,在香港会议展览中心举行。有来自世界22个国家和地区、84个城市的华商代表近千人出席了该次大会。这次大会由香港中华总商会主办。国际知名华人政要及企业家李光耀、王光英、李兆基、李嘉诚、周南、林思齐等被提名为大会名誉顾问并为大会剪彩。本届大会的主题是:加强华商的交流和联系,以"华商遍四海,五洲创繁荣"为口号,与会者共同探讨华商在现代经济潮流下所扮演的角色,促进世界华商在经济、文化方面的合作。

第三届世界华商大会于1995年12月2日至5日在泰国首都曼谷举行。出席这届大会的人数1 500人,与会者分别代表58个团体,来自24个国家和地区。本次世界华商大会的主题是"加强世界华商联系,共谋经济发展繁荣"。大会由泰国中华总商会主办,大会期间,适逢该会成立85周年。

大会地点设在诗丽吉国家会议中心和新落成的中华总商会大厦礼堂的光华堂。中国代表团由中国国际贸易促进会和全国工商联合会组成。中国国际贸易促进委员会会长郭东坡表示：相信广大华商敬业进取、繁荣经济的努力，一定会继续取得可观的成绩，并对世界经济的发展产生更积极的影响。

第四届世界华商大会于1997年8月25日至28日在加拿大温哥华市举行。本届世界华商大会的主办单位是加拿大中华总商会，1 400多名来自世界23个国家和地区的华商、学者、专业人士、民间领袖、新闻记者参加了这次盛会。本届世界华商大会的主题为："电子通讯与资讯新技术对环球市场的影响"。口号是："华粹展北美，商网结全球。"华商大会的宗旨是连接世界各地的华商，向全球各地的公司提供交往的机会。

第五届世界华商大会将于2001年在中国南京举行。

从1990年起，世界华商大会迄今举办了四届，一届比一届办得成功，一届比一届办得精彩。地点从传统华人聚集的东南亚地区发展到北美的加拿大，表明华人遍及四海，为世界经济的繁荣贡献着华人的力量；与会人员与日俱增，大会规模不断扩大；大会主题也由促进华商交流到"华商遍四海，五洲创繁荣"，体现了世界华商为发展本国乃至世界经济所承担的责任以及以天下为己任的豪情壮志。世界华商大会必将秉承华人艰苦奋斗的精神，为华人的发展作出不断的贡献。

3. 首届世界华商管理大会

首届世界华商管理大会暨第二届"世界管理论坛"于1999年11月27—29日在上海西郊宾馆隆重召开。来自世界30多个国家和地区的150名正式代表参加了此次盛会，应邀出席大会的各界代表有70多人，列席、旁听大会的学者、企业家有80多人。总计，包括正式代表在内共有320人参加了大会开幕式。在大会期间，重要政府官员、著名企业家和专家学者共22人作了大会发言，另共有51名代表在各分会讨论中作了主题发言。同时，此次大会也引起了新闻界的广泛关注和重视，中央电视台、上海电视台、上海东方电视台、上海教育电视台、人民日报、文汇报、解放日报、香港文汇报、香港大公报等30多家新闻单位的记者对大会进行了全方位、详尽、深入的采访和报道。

大会主席苏东水指出，希望通过此次盛会广泛联系海内外华人企业家和华人学者，促进学术交流，推进经济发展，为建立具有中国特色的管理理论作出贡献。他将本次盛会的宗旨概括为：弘扬东方管理文化，促进华商及世界经济发展。世界华商协进总会执行主席廖俊侨先生首先列举了有关华商研究方面的历史、理念、文化、企业、品牌、资本、发展与未来等31个课题，然后对全世界有关华商的会议的特征进行了总结，认为：新加坡发起、创办的世界华商大会，权威性、网络性强；台湾发起、创办的世界华商经贸大会商务性、系统性强；复旦大学东方管理研究中心等单位发起、创办的世界华商管理大会学术性、研究性、应用性、前瞻性强。

会议主题是"新世纪华商管理与发展"，这是国内首次将"华商管理"这个在世界经济发展进程中富有特色的现象作为国际性学术研讨会的主题，也是国际学术界、经济界首次就此召开的盛会。经过大会学术委员会的严格审核，从前期提交给大会的来自海内外的近300篇论文中，精选出105篇较为优秀的论文汇编成50多万字的《'99世界华商管理大会暨第二届"世界管理论坛"文集》，并作为国家经济类核心期刊《世界经济文汇》的'99特刊正式出版发行。《文集》共设五个栏目，即综合论述、东方管理文化、华商管理、企业管理以及经济管理。各栏目所收录的论文都具有一定的创新性和研究深度，分别从不同侧面、不同角度推进了东方管理文化、华商管理、企业管理以及经济管理方面的理论研究。总之，大会对促进经济管理理论研究与实践的作用是非常巨大的，主要体现为：(1) 此次大会是世界性有关华商研究的重要会议之一，因此具有世界意义；(2) 此次大会从管理角度开创华商研究的新局面;(3)此次大会使东方管理学的研究得到了进一步深化。

2000年底在上海举办了第四届东方管理论坛。论坛的主题是"新理念、新国企、新规则"。马洪等著名经济学家出席了本次活动。

## 三、管理学的世纪回归

西方管理思想的精神实质是主张物我二分。尽管给西方带来了科学发达与物质繁荣,但是,它将人的本质抽象化,压制了有血肉感情的个体性;将主体与客体对立,造成了人际关系、人与自然关系的紧张;而东方管理思想则与此迥然不同,它建立在中国哲学"天人合一"的基础上,认为对立面是互补的、互相依存的,二者的融合以及整体的和谐至关重要。西方管理学者对自身思想的不断反思和对东方管理特质的深入思考使得西方管理学界掀起一阵阵人性革命浪潮,人本管理、柔性管理、学习的革命无不体现着新世纪中管理学的世纪回归。

### (一)"人本"管理的世纪回归

纵观西方管理学发展的历史,可以看出西方管理思想与东方管理的人本管理思想日趋融合。在传统西方经济学中,人作为劳动力而与资本并列为物化的两大生产要素。管理学理论最初在相当长的时间内漠视人在管理系统中的特殊地位和重要作用,而将人与其他物理性要素等同,抹杀人的一切积极性与创造性,把人当作"工具人"。其管理方式也就是我们所谓的"X理论"。管理学之父泰罗倡导科学管理理论,开始认识到工人生产积极性对劳动生产率的影响,从而形成了人是"经济人"的假设。他认为科学化管理之原则可用于任何人类活动,而科学管理,不是一套效率机构,不是一套计件给酬的新制度,也不是一套奖金制度和红利制度的科学管理,而是工作于某一机构或某一产业的员工的一种"完全的心理革命"。他超越了以往对时间和动作的研究,系统地阐述了对机械、工作理念和科学管理的理论,提出了"科学管理"的思想原则,其实质是利用经济手段来调动工人的劳动积极性,提高劳动生产率。直到20世纪30年代,行为科学学派梅奥等人的霍桑实验发现,人并非仅仅是"经济人",也不是任由管理者使用的"会说话的工具",而是有着诸多欲望的"社会人"。相应的管理方法则偏重于沟通、引导和激励,并允许职工参与决策。至此,西方管理理论开始逐步显示出"人本化"的倾向,无论是所谓的"管理人"思想,还是基于马斯洛"需要层次理论"而诞生的种种管理方法,都呈现了西方管理思想向人本管理思想发展的轨迹;其理论实质在于,确立人在管理过程中的主导地位,继而围绕调动人的主动性、积极性、创造性去展开一切管理活动。这一趋向与东方人本管理思想是完全一致的。

早在两千多年前,我国先哲已明确强调管理之本在"人"。所谓"人",就是处于管理系统中的人,即中国古代所谓的"民"。中国传统管理哲学是以"人"为核心的,对此,诸子百家均有精辟的论述。中国的传统管理模式是建立在对人性的认识和传统哲学的基础上的。在传统哲学的基础上,各派提出了各自的管理模式:一是儒家的"德治"。儒家从人性善、性纯出发,同时目睹当时各国政治纷乱、不恤民情的状况,极力提倡道德管理。二是法家的"法治"。法家以性恶为出发点,认为德治、礼治难以适应社会的需要,提出法治。主张"无功不赏,无罪不罚""因能授官,量功授爵"等等。以法治国当然优于以人治国。从这个意义上讲,是法家的贡献。三是老庄道家的"无为而治"。无为的学说,发自老子。他主张清静无为,反对人为有为。一方面,他从人性纯朴、人的本质是自然物出发,认为应让宇宙万物顺乎自然,按自己的规律运行而不去干涉它们。另一方面,他深深懂得"物极必反"的道理,指出一切事物发展到了极致就会转变为相反的形态。其结论是"无为,则无不治"。

从以上的观点可以看出,从西方古典管理理论到现代管理理论对人的假定由"工具人"到"经济人"再到"社会人"乃至于"复杂人"的过程都体现了对中国传统"以人为本"的思想的回归,西方"人本管理"的思想向东方管理"以人为本"理论的回归。

### (二)"人德"管理的世纪回归

随着科学技术、管理方式的不断发展,个人拥有了越来越大的能力,在组织中也发挥着越来越大的作用。对于组织的发展而言,这种现象无异于一把双刃剑:个人能力的突出可以使员工独当一面,承担更多更复杂的任务,可以为组织贡献更多的力量;同时也增加了组织对个体的监控难度。如何在此背景下充分发挥员工的潜力又避免舞弊行为的产生,减少其对组织带来的危害成为当今管理学界研究的一个重要课题。

仅仅在 20 年前,西方管理学界尚未涉足管理道德的领域。然而到今天,管理道德却成为一个热点。主要原因是管理者道德标准的滑坡以及公众对企业的社会期望提高了。美国管理学家斯蒂芬·罗宾斯在其著作《管理学》第四版中专门对管理道德进行了详细的阐述:提出了三种不同的道德观,即功利观、权力观和公正观;界定了道德发展的阶段,影响道德行为的因素以及如何改善道德行为。其中心思想是发掘道德的工具价值,即道德对于管理来说,不仅是提供价值指导和行为规范,不仅是培养管理者和管理对象的道德品质,而且也具有直接的管理功能。这一点与中国传统管理强调"德治德化"的特点不谋而合,体现了西方现代管理理论对东方"人德管理"的回归。

东方哲学各派中儒家提出了著名的"修身、齐家、治国、平天下"命题。可以看出,中国管理思想的逻辑起点是"修身",亦即"修己",也就是自我管理,连自己都管理不好,怎么可能去管理别人呢?这一"正本清源"的命题是将管理学建立在牢不可破的根基上。《大学》中说"德者本也",可谓是对管理学之哲学基础的界定。"齐家、治国、平天下"之实质即为"安人",这是理想化社会的管理方法。"修己"与"安人"是一种人性化的、根本性的管理方法,也是建立在牢固的哲学基础之上的治理方法。儒家强调通过管理者道德威望的感召与示范,在无形中来影响被管理者,通过提升道德伦理力量来"安人",从而使社会与人际关系处于最佳状态,以达到大同社会的理想境界。具体而言:首先,道德参与管理理念的形成,通过形成合理有效的理念来影响与获得管理的成功。其次,人性假定是管理理论建立的基础,而说到底人性假定就是一个伦理问题,不仅要解决"人性是什么"的问题,还要回答"人性应当怎样"。前者代表着对人性的依循,后者代表着道德对管理过程重任性的改造和提升。第三,道德通过对管理者道德品质、管理过程中的伦理关系、管理的伦理资源以及企业伦理资本和道德形象的影响,体现人的管理的实际价值。

### (三)"人为"管理的世纪回归

人为管理也就是人为学说,即行为管理的思想。现代管理中很注意研究管理哲学,强调以人为中心的管理,调动人的积极性。西方现代行为科学很重视对人的"激励"的研究。激励的过程就是激发员工内在的动力和要求,激发他们奋发努力工作去实现组织既定的目标和任务。其中比较有影响的有:马斯洛的"需要层次"论、赫兹伯格的双因素理论、期望理论、权衡理论、强化理论等。其实,早在两千多年之前我国古代思想家就开始对人类行为进行了研究。西方现代行为科学的研究很大程度上体现了其对东方"人为管理"的回归。

把我国古代行为学说可供现代管理借鉴的内容归纳为十个方面:

1. 关于人的行为规律的研究

韩非提出"天有大命、人有大命"。其意是,天有天的规律,人有人的规律。孙子提出"人情之理,不可不察"。这说明在管理中要重视研究人的规律。要根据一定的规律去满足人的欲望,办事情才能符合客观实际。这要比马斯洛的"需要层次"论对人性满足的关注要早得多。

2. 关于研究发挥人的主观能动性

荀子提出"天有其时,地有其财,人有其治"的观点,说明了人有掌握天时、使用地利的办法,如果放弃人的努力,期望天地的恩赐,那就太糊涂了。

3. 关于"人的本性"的问题的研究

如荀子的性恶论、孟子的性善论,还有清代王夫之提出的人性"日生日成"的学说,也说明人的本性不是天生而成的,而是在新故相推的环境中变化发展的。

4. 关于人的欲望和人的需要问题的研究

如《荀子·礼论》中提出:"人生而有欲,欲而不得,则不能无求。"荀况把人的各种需求分成几个层次,就类似西方行为科学中提出的人的需要层次理论。

5. 关于奖励和惩罚问题的研究

如《荀子·富国》中指出:"赏不行,则贤者不可得而进也;罚不利,则不肖者不得而退也。"这就是说要用赏赐去鼓励人们不怕牺牲,为国立功,用刑罚使干坏事的人害怕,并得到约束。

6. 关于"人和"的思想

日本很讲究"人和",把它作为一个宝。他们认为只有"人和、气顺",企业才能发展。"人和"就是我国《论语》中提出的"和为贵"。《荀子·王霸》中也提出:"上不失天时,下不失地利,中得人和,则百事不废。"孟子也提出:"天时不如地利,地利不如人和。"最后还是"人和"第一。

7. 关于群体行为和组织行为的思想

《荀子·富国》中指出,"人之生不能无群,群而无分则争,争则乱,乱则穷"。意思是,人们要生存就不能分散而居,不相互依赖;但若成群居住,没有区别,就会发生争夺,争夺就成为灾祸,则会让人穷困。这里荀子提倡的就是集体行为,他认为群体是人类本性之一,人为了生存不能没有组织。

8. 关于用人问题的研究

如《荀子·工制》中提出:"贤能不待次而举,罢不能不待顷而废",这就是说,对有贤德有才能的人,要破格提拔,疲沓无用的人要立即免职,诸如此类的内容,在我国古代思想家、政治家著作中屡见论述。

9. 关于领导行为的研究

如荀子提出"篡伦公察""赏克罚偷""兼听则明""度己以绳""必先修正"等,都告诉人们怎样做一个有效的领导者。

10. 关于怎样运用权力问题的研究

《荀子·富国》中指出:"威有二:有道德之威者,有暴察之威者。"他很强调领导者必须具有道德的威力,认为道德的威力的结果是国家巩固和强盛;而强权的威力,其结果是国家必然灭亡。

## 小　结

当人类进入 21 世纪伊始,管理学的理论和实践发展也进入一个全新的阶段。西方管理学者们正逐渐把对"物"的重视转向对"人"的关注;西方管理学正经历着向东方管理思想的历史回归。

管理实践在中国历史悠久,目前体现出以下一些特点:由经验管理向科学管理转变;东西方管理文化的交融;本土化开发与国际化拓展并进。

管理学在中国的实践表明,在中国这片古老的土地上,成功的管理实践离不开三样基本要素:对中国传统的深刻理解,现代管理方法的掌握以及适应中国当前的国情。同管理实践一样,中国管理教育历史悠久,早至孔、孟时代即受到高度的重视。现在,我国的管理教育正向融合古今、沟通中西的方向发展。

海外华商作为东方管理的主要载体,近年来的成功体现了东方管理的巨大魅力。四届世界华商大会的胜利召开也进一步推动了东方管理的繁荣。华商管理集中体现了东方管理"以人为本"的基本特征,体现了管理学和管理理论在新的时代背景下向"人本管理""人德管理""人为管理"的世纪回归。

# 东方管理学研究的宗旨和现实意义(2001)[①]

东方管理学派认为,东方管理学是研究东方国家古今管理文化的理论与实践及其运行规律的现代科学。相对于西方管理学而言,它是一门根植于东方管理文化,汇集了东方各族人民智慧的学科。其研究范围覆盖渊源于亚洲黄河、长江流域、印度恒河、印度河流域和两河流域,以及非洲尼罗河流域的一切人类管理活动的精华。它是东方各民族在漫长的生产和生活实践活动过程中创造并积累下来的。作为这些民族改造自然活动的物质和精神成果,它曾经极大地推动了整个人类文明的不断向前发展。

以崇尚科学、理性为特征的西方管理学,侧重对外在对象的客观描述与分析,因为它逻辑体系严密、效果"立竿见影",从而在机器化大生产条件下成为管理的主流。目前在西方管理学界掀起的柔性管理、学习型组织、可持续性发展理论、跨文化管理、生态管理、合作竞争战略理论等,正是东方管理理论侧重研究的内容。因此,倡导和推进东方管理学的研究和普及,将是对世界管理学发展的一项重大贡献。

1. 提炼和总结东方管理文化中的精髓

早在1699年,德国哲学家莱布尼兹便在其著作《中国最新事物》中指出:中国的治国之道强于西方,而西方对自然的知识强于中国。如果我们不拘泥于文字的话,莱布尼兹所谓的治国之道,其实就是中国古代的管理理论,因为囿于当时的生产力发展水平,我们的祖先过去只重视国家和城邦的管理和统辖,是不足为怪的。这在中国古代大量的有关治国之道的文牍和亚当·斯密的《国富论》等文献中均有所反映。提炼和总结东方人传统的管理智慧是东方管理学发展的必要前提。

首先,东方管理文化注重辩证、系统和综合。正如美国理论物理学家卡普拉(F. Capra)在其著名的《物理学之"道"——近代物理学与东方神秘主义》一书中所描述的:"我发现中国的词语,阴和阳,对于描写这种文化上的失衡非常有用。我们的文化总是偏爱阳,或男性的价值观和态度,却忽视与其互补的阴,或女性的对应物。我们看重坚持己见,甚于归纳各方面的意见;看重分析,甚于综合;看重理性知识,甚于直观的智慧;看重科学,甚于宗教;看重竞争,甚于合作;看重扩张,甚于保守;诸如此类。这种单方面的发展,已经到了产生社会、经济、道德和精神方面的危机,令人极为担忧的阶段。"[②]他经过研究发现,近几十年近代物理学所发生的变化,似乎全都朝着与东方神秘主义(指印度教、佛教和道教的宗教哲学)者所持的宇宙观非常类似的观念方向发展。"近代物理学的概念往往显得与远东宗教哲学中表达的惊人地相似。虽然尚未对这些相似性进行过广泛地讨论,但

---

[①] 本文节选自《复旦学报》2001年第6期《论东方管理文化复兴的现代意义》,与赵晓康合作。
[②] 卡普拉:《物理学之"道"——近代物理学与东方神秘主义》,北京出版社1999年版,第2页。

是本世纪一些伟大的物理学家们到印度、中国和日本游历讲学,接触到远东的文化时,已经注意到了这一点。"① 其次,东方管理文化强调流动和变化。老子说:"反者'道'之动。"②意思是说,自然界的一切发展,包括物质世界和人的发展都会呈现来和往、膨胀和收缩的循环模式。所以也才有"人为"和"为人"的互动。再次,东方管理文化还提倡关心社会集体生活、道德标准和人际关系。尤其是中国的儒家思想,更是为中国社会提供了伦理道德、教育体制和社会礼节等方面的严格规范。从某种程度上说,这些思想对人们潜移默化的约束和影响往往比任何管理法规和条文都要有效得多。

中国自改革开放以来,国民经济保持着较快的增长速度,随着中国加入 WTO 步伐的不断加快,中国可以凭借其与世界各国深入而广泛的技术和经贸合作,利用国内巨大的市场潜力和劳动力资源,逐步成为新世纪世界经济发展的中心。新的发展需要新的管理理论作指导,中国管理学者不仅要学习和借鉴西方管理学先进科学的部分,更要顺应世界管理学发展的潮流,努力提炼和总结东方管理文化中的精髓,为管理学向"以人为本、以德为先、人为为人"的世纪回归作出贡献。

2. 不断完善和发展东方管理学的理论体系

20 世纪 80 年代前后,日本和亚洲四小龙经济的迅速崛起,使这些国家和地区中一些行之有效的管理理论和方法手段,成为人们广泛关注的焦点。但出于文化差异的缘故,也由于缺乏一个完整的东方管理学理论体系的指导,许多学者常常很难准确把握东方管理学理论的全貌,断章取义、以偏概全的情况时有发生。因此,客观上需要有一个东方管理学理论体系作为统领,这样既有利于东西方学者以此为基础开展讨论和研究,同时也有利于东方管理学自身的推广、普及和发展。

从 20 世纪 70 年代以来,以复旦大学苏东水教授为代表的东方管理学派,经过多年研究,开创性地提出了概括东方管理文化本质特征的"以人为本、以德为先、人为为人"的理念,并系统形成了以治国论、治生论、治家论和治身论或人为论为核心的东方管理学理论体系(见图 1)。东方管理学派还从管理主体、管理权力、管理组织、管理文化和管理心理等五方面,归结出管理成功的基本要素:以管理主体为出发点,凭借职位权力和非职位权力施加影响力,依靠管理组织去协调人们的活动,通过管理文化规范管理主体的心态、意识和行为方式等,从而使组织目标顺利实施。贯穿于这个过程的是管理主体的心理行为过程。因此管理主体也成为管理的归宿。就其管理哲学思想而言,东方管理学的要素可以概括为"道、变、人、威、实、和、器、法、信、筹、谋、术、效、勤、圆"等十五个方面。东方管理学的理论体系可以通过图来列示(见图 1)。

3. 促进东西方管理文化的交流与融合

整个世界文明的发展和进步,是建立在东西方文明的不断碰撞、交流和相互融合的基础之上的。管理学的发展,同样也离不开东西方学者的共同交流和促进。就当今世界管理学发展过程中东西方管理融合的趋势看,主要表现为以下几个特点:(1) 科技进步与人本管理的回归。现代信息和生物技术的突飞猛进,给人们带来方便的同时,也使得知识和技术滥用给社会的危害性更甚,所以管理学要强调"以人为本",注重人的道德培养。(2) 可持续发展与人为管理的回归。东方管理主张人与自然、与社会的"和合统一",反对人类中心主义,尤其反对为了满足人类无限膨胀的私欲,置周围的生物和环境发展于不顾,巧取豪夺,破坏生态。(3) 民主化浪潮与人德管理的回归。西方企业近年来虽然也采取了"工人自治""自我管理"等民主化措施,实际仍没有打破管理者与被管理者的高低贵贱之分,而东方管理主张人德管理,它不但重视纪律与法规,更强调以道德软约束的方式,

---

① 卡普拉:《物理学之"道"——近代物理学与东方神秘主义》,北京出版社 1999 年版,第 3—4 页。
② 《老子》第四十章。

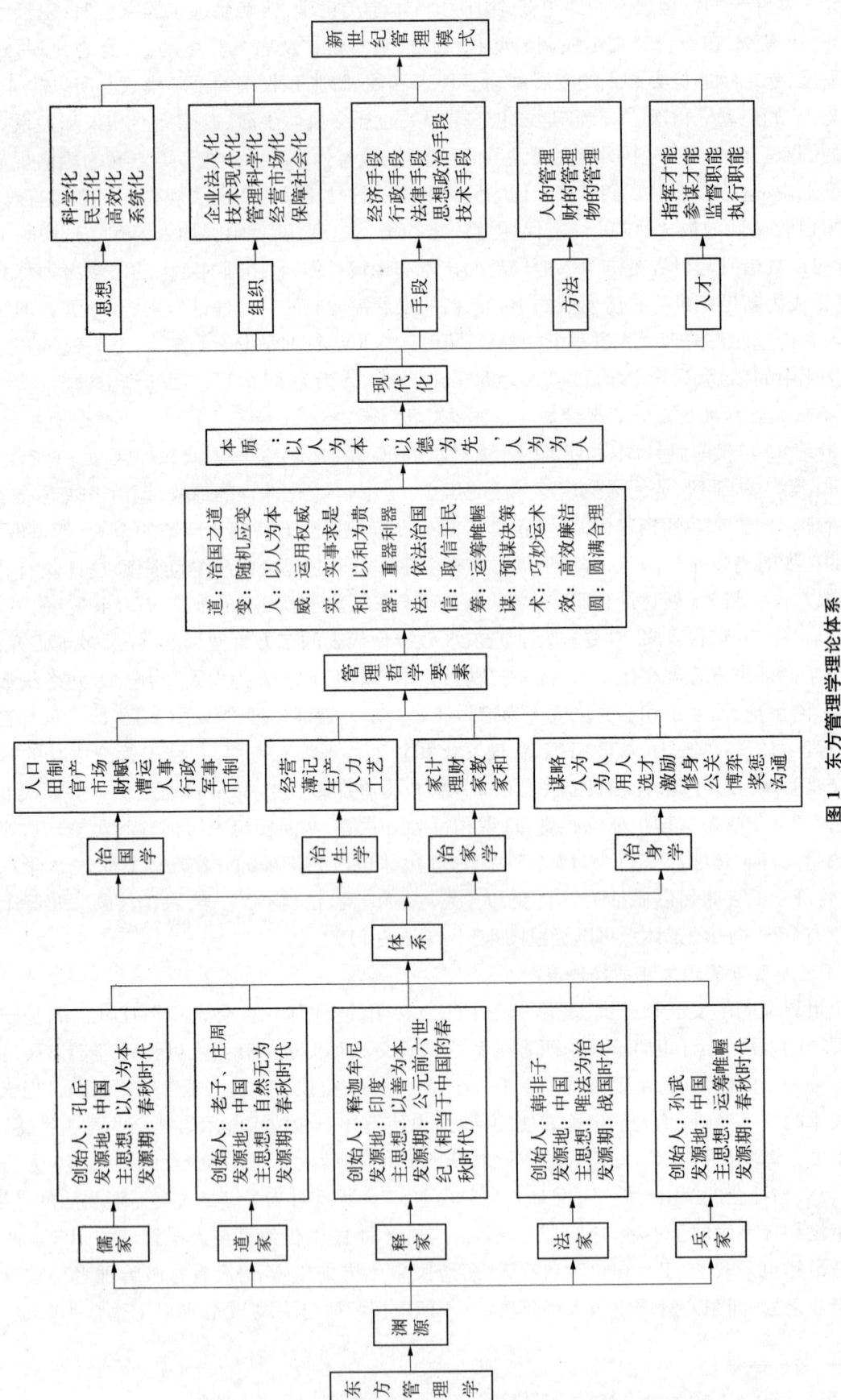

图 1　东方管理学理论体系

来规范员工及管理者的行为。管理者通过"修己",作出道德示范,在无形中影响被管理者的行为,从而达到"安人"的目的。

4. 推进东方管理学的教育普及和在实践中的应用

目前,就我国各高校的管理教育来看,几乎清一色的是美国"本土化"的 MBA 教育,关于东方管理文化和思想的内容几乎是空白。在国内,东方管理理论与方法的研究,除了以复旦大学为中心的东方管理学派以外,也只是在极少数学者中间进行,根本无法形成相应的学术讨论气氛,广大的学生则无缘与之接触,从而造成东方管理学的研究成果得不到普及传播,更别说是应用了。要打破东方管理这种"养在深闺人未识"的局面,就要求热心支持东方管理学发展的专家学者、政府官员和企业精英,共同努力营造一种百家争鸣、百花齐放的学术讨论氛围,尤其是要尽快将一部分已经完成的研究成果出版发行,供大家讨论和补充,并尽可能付诸实践,总结经验从而促进理论发展。

东方管理学的探索将促进治国、治生、治家、治身思想与理论的升华和创新。东方管理学的学科体系所包含的治国学、治生学、治家学以及治身学(人为学)等,凝聚着中国古代众多的学者和实干家的亲身经历和深入思索的成果。其中治国学主要是对社会人口、土地、官产、市场、财政税收、交通通信、人事行政和军事等方面管理的学问;治生学主要是对市场营销、财务会计、生产制造、技术创新等方面进行管理的学问;治家学主要是对家庭计划、家庭教育、家庭理财与家庭和谐等方面管理的学问;治身学和人为学主要是研究谋略、人为、为人、用人、选才、激励、修身、公关、博弈、奖惩、沟通等方面的学问。中国古代思想家和实干家在上述四方面都有大量的论述和实践的案例。

东方管理学派的东方管理理论体系,从哲学思想、方法论,到具体的管理手段和方法,都进行了科学的界定,这必将为现代管理从治国、治生、治家、治身等方面,寻找到创新的突破口打下基础。

# 推进经济管理人才的培养方式创新(2001)[①]

根据国家教育部育人司〔1995〕83号文件、〔1997〕521号文件以及〔1999〕4号文件中关于高级研究修班是"高校师资培训的新形式"、是实现"高层次人才立足国内培养的又一重要途径"的精神,复旦大学经济管理研究自1997年开始与东华国际人才学院先后三次联办了经中华人民共和国教育部批准的高级研修班。回顾三次高级研修班,主要有以下几个方面的特点和经验。

## 一、前沿的研讨会主题

为使学院迅速了解和掌握应用经济学的最新学术动态、拓宽知识面、进一步提高学术水平,三次高级研修班均以探讨应用经济学的学科为切入点,不断丰富和完善应用经济学的学科体系。如第一期研修班以"现代国际经济管理"为主题,深入研讨了"东方传统文化与现代管理""二十一世纪管理学发展趋势""中国社会主义市场经济理论与实践""中国经济发展预测与数理经济学的应用"等前沿课题;第二期研修班除对"产业经济学""企业创新"等问题作继续深入的探讨外,还密切关注国际、国内经济环境的变化,探讨了知识经济、中国对外直接投资、高科技企业的管理和企业文化等前沿问题,对现实经济问题不仅作了理论上的解释,而且还对经济实践起到指导、规范和预警的作用;第三期研修班深入探讨的经济学的核心问题、经济全球化条件下的金融环境问题、可持续发展问题等构成了研讨主题的宏观层面,企业创新问题、企业家精神问题、企业理念问题、跨文化冲突问题、传统文化对国有企业改革的影响问题以及企业经营者的绩效评估等问题构成了研讨主题的微观问题。

此外,考虑到应用经济学作为一级学科虽然已经建立起来,但就整个体系框架和内容而言,仍有待完善和发展,同时应用经济学同理论经济学、工商管理学等一级学科的区别和联系也没有形成共识和明确的结论,因此,从第二期高级研修班开始,我们对有关经济学体系范畴的理论问题进行了深入的探讨。

## 二、富有号召力的主办单位

研修班的主办单位复旦大学经济管理研究所是国家级的重点学科研究机构,自成立10多年

---

① 本文刊载于2001年第五届世界管理论坛暨东方管理论坛论文集《世界管理论坛2001》(《世界经济文汇》2001年特刊),原题《关注学术前沿 创建名牌课程——复旦大学经济管理研究所高级研修班评述》。

来,已培养 200 多名硕士毕业生、已毕业和在读的博士生 60 多名、博士后 20 多名。这些高学历的毕业生活跃在国内乃至世界范围经济管理理论研究和实践的各个领域,很多人获得了突出的成就,其中,10 余名毕业的博士、博士后已成为教授、博士生导师,有的还当选为部长、市长、厅局长,成为社会的栋梁。

1997 年 7 月,复旦大学经济管理研究所以"面向 21 世纪的东西方管理文化"为主题在上海成功地联办了"IFSAM 97 世界管理大会"。30 多个国家的著名教授、专家和学者代表出席了大会,与会的国内外学者一致称赞这次大会是一次影响力广泛的国际管理学界的盛会,是东方管理文化复兴的燃点。1999 年 11 月,研究所在上海成功联办了"'99 世界华商管理大会暨第二届世界管理论坛",来自美国、新加坡以及我国香港、台湾、澳门和大陆地区的 300 多名著名学者、企业家和政府官员参加了此次大会。大会广泛探讨了 21 世纪经济、信息全球化背景下经济发展、管理变革、华商企业发展的战略对策以及华商企业在国内外市场激励竞争中立于不败之地的成功经验等有关问题。这次华商管理大会是第一次在中国大陆召开的、从管理的角度研究华商问题的成功大会。世界华商协进总会执行主席廖俊侨先生指出,比起以往在新加坡和我国台湾等地召开的历次世界华商问题的成功大会,'99 世界华商管理大会具有"学术性、研究性、应用性和前瞻性"等四个显著特性。2000 年 12 月,研究所以"新理念、新国企、新规则"为主题在东方管理学派的首倡地复旦大学联办了第四届东方管理论坛。80 高龄的国务院发展研究中心名誉主任马洪教授全程参加了会议并在开幕式上作了精彩的演讲。马老对复旦大学经济管理研究所的研究成果以及为"走向世界"所做的努力给予了极大的肯定与鼓励。他特别指出,"苏东水教授首创学派并创造性地提出的东方管理'以人为本、以德为先、人为为人'的核心思想,是将东方管理推向世界的意义深远的探索"。

作为复旦大学经济管理研究所的所长、复旦大学东方管理研究中心的主任、复旦大学应用经济学博士点和企业管理博士点的首席教授,苏东水教授始终不辞辛劳地担任了三次高级研修班的主持教授。苏教授不仅是一位著名的经济管理理论专家,还是一位国内外知名的社会活动家和从事经济管理的实干家。他的主要学术贡献包括创建东方管理学派、创立国民经济管理学科理论体系、创立以人为学为基础的管理心理学学科体系、创立中国沿海区域经济发展理论、建立中国乡镇企业经济学科、建立经济监督学新学科等等。他目前担任的主要职务除前文所述外,还包括国务院学术委员会评议组成员、全国博士后管理委员会专家评议组成员、中国国民经济管理学会会长、世界管理学家协会联盟中国委员会主席等等。

## 三、高水准的主讲专家

根据国家教育部有关文件的精神,高级研修班所聘请的主讲专家、教授基本是国内外著名的专家、博导,以及既有扎实的理论功底又有丰富实践经验的著名跨国公司高层管理人士和来自宏观经济管理部门的学者型政府官员,应邀成为三次高级研修班主讲专家的著名经济管理学专家、政府官员以及跨国公司的高级管理人员有黄达(中国人民大学原校长,教授、博士生导师)、蒋学模(复旦大学经济学院教授,博士生导师)、乌家培(国家信息中心主任,教授,博士生导师)、喻晓(国务院发展研究中心区域经济研究中心副主任)、张熏华(中国资本论研究会副会长,教授,博士生导师)、洪远朋(中国资本论研究会副会长,教授,博士生导师)、李京文(中国社会科学院数量经济研究所所长,教授,博士生导师)、杨公仆(上海财经大学教授,博士生导师)、甘当善(复旦大学世界经济研究所所长,教授,博士生导师)、孟宪忠(吉林大学企业家学院院长,教授,博士生导师)、王家瑞(中共中央对外联络部常务副部长,教授,博士生导师)、朱永新(苏州市副市长,教授,博士生导师)、罗致道(美国瑞侃达中国地区总裁)、刘季宁(美国惠普中国第一任总裁)、野口佑(IFSAM 第二任主席,日本创价大学教授)、艾彻瓦利亚(IFSAM 第三任主席,西班牙阿卡拉大学教授)、帕特西·保罗(法国巴黎大学教授)、Daniel Z. Ding(香港城市大学管理学院副教授)等。实践证明,这种主讲专家、教授的组合模式是一种非常有利于研修班学员获得全面提高的组合模式。

## 四、广泛的学员来源

高级研修班的招生过程中,坚持以下四条标准:第一,全国高校应用经济及相关学科学术带头人的后备力量或学科骨干,一般以具有高级职务的中青年教师和具有硕士或博士学位的青年教师为主;第二,全国各科学研究机构相关专业的研究人员;第三,全国范围内各类企业的高级管理人员;第四,全国各高等院校应用经济及相关学科在校就读的博士研究生和博士后。

根据以上标准,我们对报名参加研修班的学院进行了严格的资格审查,从中确定正式学员。从结构上看,来自高等院校的从事经济、管理专业教学和研究的学者,来自企业界的高层管理人员和在读的博士后、博士生差不多各占 1/3,这种学院结构形成高级研修班的一显著特色。

## 五、创造性的培养方式

三次高级研修班主要采取教授专题讲座和学院课堂讨论、企业和社会调研、提交课后小结和学术论文相结合的学习方式。具体为:每期研修班邀请 5 名以上的专职和兼职教授给学员作相关主题的讲座和报告;每次专题讲座和报告后,主讲教授将组织学员展开有关内容的讨论;讨论结束后,学员要将自己的感受和观点总结成小论文(1 000 字以上)提交主讲教授;除课堂学习和讨论外,研修班还组织学员进行相关的学术讨论和参观活动;研修课程结束后,学员利用 3 个月的实践撰写同研修班研讨会主题相关的学术论文。

为了使学员获得尽可能多的学术信息和学术交流机会,我们还开创性地将研修班与本所承办的大型国际学术会议——"'97 世界管理大会""'99 世界华商管理大会""第五届东方管理论坛"等有机结合起来,并将研修班分两个阶段:第一阶段邀请全体学员参加学术会议,第二阶段邀请专家学者作学术报告并组织学员讨论。

## 六、富有成效的培养效果

为了能始终有效致力于为学员提供高层次、理论与实践结合的学习机会,我们在主讲专家、教授的选聘、研讨主题的安排、学习成果的交流、社会活动的组织以及后勤服务等方面一直在不断创新,特别是将应用经济学高级研修班与国际学术会议结合起来,使学员不仅开拓了学术视野,还与到会的国内外专家、学者、外商建立了密切的联系,充分体现了本所承办应用经济学高级研修班"将理论与实践相结合"的办班宗旨。

事实证明,我们的努力是富有成效的。在每次研修班结业仪式上,主讲专家、教授和学员们争相发言,高度称赞本次研修班不仅立意高远、课程结构全面合理,而且后勤服务也非常周到。一位连续三次参加研修班的老学员当即表示,如本所再次承办应用经济学高级研修班,他将再次报名参加。

在世界经济一体化浪潮之下,我们将更加关注加入 WTO 之后中国所面临的机遇与挑战,对国内外经济管理学的前沿理论问题和实践问题进行探讨、研究,使学员迅速了解和掌握最新的学术动态,拓宽知识面,进一步提高学术水平,达到加速培养高校经济管理学科学术带头人和企业高级管理人员的目的。我们将在前三次的基础上,从 2001 年秋季即将举办的第四期应用经济学高级研修班开始,吸取哈佛大学"高级管理课程(AMP)"及"企业所有人/最高负责人管理课程(OPM)"的成功经验,并结合中国的经济管理现状,扬长避短、兼收并蓄、面向未来,致力于创建中国自己的名牌经济管理课程:AMP(Fudan)和 OPM(Fudan)课程。

# 东方管理文化与华商的成功实践(2002)[①]

人类进入 21 世纪,管理学的理论与实践也进入了一个全新的发展阶段。西方管理学正经历着向东方管理思想的历史回归,东方管理文化的伟大复兴将在新世纪实现。为了迎接新世纪的挑战,我们必须把握住新世纪世界管理的发展趋势,大力弘扬东方管理文化,促进中华民族的复兴,促进世界经济的繁荣。

## 一、新世纪东方管理的发展趋势

东方管理是以中华传统管理文化为主要内涵的一种博大精深的管理理论。在新世纪它将表现出更强的生命力,在与西方管理理论的互补融合中,在管理学的世纪回归中复兴。

1. 东方管理原创的现代价值

东方管理理论具有包容性、人本性、系统性、创新性、柔和性、服务性等特点。它是在总结中华管理实践与理论探索的基础上形成的一整套理论体系。其理论渊源来自中国古代《周易》、儒家、道家、墨家、法家、兵家以及于南北朝时期传入中国的佛教等众家学说。通过对中国古代众家学说思想的扬弃,提炼出具有现代价值的管理思想,形成东方管理学理论体系。这些思想包括以孔子为代表的儒家的"修己安人""以民为本";以《周易》为代表的"刚柔相济""崇德广业";以老子为代表的道家的"道法自然""无为而治";以墨翟为代表的墨家的"兼爱""利人";以韩非子为代表的法家的"唯法为治";以孙武为代表的兵家的"运筹定计""知人善任""应敌而变";以释迦牟尼为代表的佛教的"以善为本"等。

东方管理原创的思想在今天仍然具有很高的价值,其现代价值主要体现在:

(1)东方管理思想正在对整个世界的发展做出贡献。二战以来西方管理界一直在加紧吸收东方管理的智慧。生态管理、绿色管理、可持续发展管理是现代人对古老东方"天人合一"思想的回归。创新管理、集成管理、知识管理、柔性管理、网络管理、合作竞争管理、后发展管理、跨文化管理等,其实质就是"以人为本、以德为先、人为为人"的网络生态管理。

(2)东方管理可以提升产业竞争力,增强综合国力。日本、韩国、新加坡等国和我国台湾、香港地区经济成功的经验表明,东方管理提升了它们的产业竞争力,东方管理也是我国改革开放、进行现代化建设的有力手段之一。

(3)东方管理代表了企业管理人本化的发展方向。东方管理强化了企业管理的人性、整体、共

---

[①] 本文刊载于《福建通讯》2002 年第 5 期。

生、人为为人的管理价值,企业管理正进一步走向整合化、柔性化和人性化。东方管理还是企业无形资产管理的精髓。无形资产管理在对"人"的管理上,与东方管理的人为为人学说殊途同归。

(4)东方管理思想可以避免个人主义、人类中心主义失误。发展中国家的发展之道必然经历人身、体制和心灵等三次解放,而东方管理思想可以在第三次解放中发挥重大作用。东方管理文化倡导人生健康、成功、自在,实现身与心、人与人、人与组织、人与环境的和谐统一,是对东西方文化整合的促进。

2. 东方管理文化的复兴

首先,从哲学思想的发展轨迹看,在西方哲学的发展历程中哲人们对世界的观察是建立在人与自然相对立的基础上,而中国的先哲们对世界的观察是建立在"天人合一",即人与自然相和谐的基础上。中国哲学的整体思维方式,注重统一、强调和谐,认为对立面是互补的、互相依存的。西方哲学主客两分的特点,给西方带来了科学的发展和物质的繁荣,但造成了人际关系和人与自然关系的紧张,使西方哲学家逐渐领悟到中国哲学"天人合一"的思想。因此顺应理论思维的逻辑发展,西方哲学正历史性地向东方哲学回归。

其次,从西方管理学的发展历程看,从以泰罗为代表的科学管理到以梅奥、麦戈雷格、马斯洛为代表的行为科学,再到多种管理学派并存的柔性管理,西方管理思想走出从漠视人到重视人,逐步向人本管理思想发展的轨迹。从经济人、社会人到管理人等人性假设,逐步确立人在管理过程中的主导地位,继而围绕调动人的主动性、积极性、创造性去展开一切管理活动。西方管理理论"人本化"的倾向与东方人本管理思想是完全一致的。由此可见,西方管理学向东方管理学的回归是一种历史的必然。

管理理论的发展轨迹经历了由"中"到"西"再到"中西融合"的转化,使管理思想更重视"人"的作用,更重视文化的作用,更重视东西方管理思想的融合。

3. 东方管理理念的创新

东方古代管理思想并不是都适用于当今世界。必须结合新世纪新经济时代的特点,对古代东方管理思想进行扬弃,从古为今用出发,进行东方管理理念的创新。

(1)以人为本。所谓"人",就是处于管理系统中的人,即中国古代所谓的"民"。中国传统管理哲学是以"人"为核心的。早在两千年前,我国古代先哲们就提出了人本思想。这些思想当今仍具有现实意义。从管理学角度来说,中国古代的人本思想就是要求管理者要为他人着想,要重视人际关系的协调,关心他人,爱护他人,帮助他人成就事业。

(2)以德为先。儒家提出了著名的"修身、齐家、治国、平天下"命题。从这一命题可以看出,中国古代管理思想的逻辑起点是"修身",即从自我管理开始。通过这一命题,将管理行为建立在牢不可破的根基之上。《大学》中有"德者本也"之说,它可谓是对管理学哲学基础的界定。"齐家、治国、平天下"的实质是"安人"。"修己"才能"安人"是一种人性化的、根本性的管理方法,也是建立在牢固的哲学基础之上的治理方法。"修己"与"安人"就是强调通过管理者道德威望的感召和示范,在无形中影响被管理者,从而使社会与人际关系处于最佳状态,达到最佳的管理绩效。

(3)人为为人。"人为为人"是揭示管理学本质的核心命题。"人为"就是"人的行为、作为",中国哲学重视人的道德和行为的可塑性,为人的发展提供了广阔的可能性。"为人"是"人为"要达到的目的。就管理行为而言,管理活动要始终兼顾到被管理者。"人为为人"作为东方管理文化的本质特征,它揭示了管理主体与管理客体之间的辩证关系。可以说,人为为人是对古今中外管理行为本质的高度概括,是"激励与服务"积极行为的综合体现,强调人自身行为的激励与修养。我认为,每一个管理者首先要注意自身的行为修养,"正人必先正己",然后从"为人"的角度出发,来控制和调整自己的行为,创造良好的人际关系和激励环境,使管理者和被管理者都能够持久地处于激发状态下工作,主观能动性得到充分的发挥。人为与为人互相联系,并且可以转化,对任何管理者和被管理者都有一个从个人行为逐步向他人服务转化的过程,即从"人为"向"为人"转变的过程。这一过程体现在家庭、行业、国家一切方面的管理之中,管理者和被管理者越是注重自身行为的素质,其"为人"即管理的效果就越好。因此,我们认为无论是建立大同世界的理想,还是现代企业以服务为宗旨的管理理念,都体现了"为人"的管理目的。

## 二、华商管理的发展趋势

华商管理是中国传统管理文化与西方管理文化以及华商足迹所至的土著管理文化相融合的成功典范。回顾华商的发迹史,其间经历的艰难困苦令人震惊。然而,华商总能以一种异乎寻常的毅力与智慧,克服重重困难,不断取得成功。

1. 世界华人的创业特点

世界华人在异国他乡艰苦创业,如今取得了巨大的成功。概括总结世界华人创业特点,我认为有以下几点:

(1) 家族式创业。世界华人深受中国传统文化的影响。中国人历来都十分重视家族血缘的关系。所谓"打虎亲兄弟、上阵父子兵"。因为血缘关系,同一家庭的人,天生就有一种互相亲近和彼此信任的感情,所以,华商在创业时,首先的合作伙伴大都是家庭的成员。这就是海外华商企业大部分是一些家族型企业。华人企业犹如一个大家庭,人人都生活在这张关系网中,克勤克俭,严于自律。经营者实施着对家族制企业的全面控制。

(2) 利用"五缘"进行网络化经营。华商网络是指海外华商在非政治的、形态不拘的联系中,凭借"五缘"纽带,基于经济利益而形成的泛商业网。它在卓有成效的海外华商经营中影响深远。这里所指"五缘"包括亲缘、地缘、文缘、商缘、神缘。所谓亲缘就是宗族亲戚关系;所谓地缘就是邻里乡党关系;所谓文缘就是文化关系;所谓商缘就是因物品的交易而发生的关系;所谓神缘就是供奉之神祇宗教关系。由于"五缘"网络的存在,使一个个相对封闭的家族企业与外部世界保持着密切的信息、技术、资本、商品等交流,保证了企业在一定范围的发展与进步。有人把世界华商网络形象地比喻为"互联式电脑网络",其成员可以无限制增加,不影响成员的独立创业,网络没有统一的控制中枢,从任何一点开始联结都可以进入,既便于协作,又强调独立奋斗。

(3) 足下生财、勤劳致富。综观华商的家庭出身,多半是生活窘迫的农民和小商人等下层劳动者。他们抱着白手起家的志向,前往海外创业,因此,足下生财这个说法,生动地说明了华商的成功是靠自己的勤劳、靠自己的血汗换来的。海外华人并非天生就是企业家,他们移居一个新的国家,特殊的经历使他们具有一种创业文化。这种创业文化加强了他们不满足现状的价值观念,这种创业文化也保持并发扬了他们的民族共性、自豪感、自尊心、同舟共济的团结精神,从而形成并壮大了海外华人的社会资本。

以上特点在老一辈华人创业中表现得尤为突出。然而,新一代华人正在继承和发扬老一辈传统的同时,更加注重依靠知识和信息致富,如创办雅虎的杨志远就是一个典型的例子。

2. 世界华人的成功之道

(1) 运用"人缘"文化——强调"以人为本"的观念。世界华人利用华商之间形成的网络进行经营,即运用"人缘"文化,强调"以人为本"的观念。通过"五缘"形成的华商网络是一种社会网络,它可以提供情感、服务、伙伴关系、经济等多方面的支持。世界华人的成功是因为华商网络发挥了重要的作用。这也是"以人为本"观念的体现。

(2) 遵奉"人德"文化——具有"以德为先"的素质。世界华人成功的另一个原因是遵奉"人德"文化,极为重视商德。其内涵可概括为"诚"(以诚相待)、"信"(以信为上)、"和"(以和为贵)。

"诚"是儒家最基本的道德规范。也是华商处理社会人际关系的道德规范。秉承中国优良文化传统的海外华商,都把"诚"字奉为自己人生处世的信条,以"诚"待人,以"诚"处事:不仅对自己的下属讲"诚",而且在与其他人的经济往来中也是如此,所以,华商又有"诚商"的美誉。"诚"与"信"相伴而生,华商深谙此理,正因为华商以"诚"在先,所以才有了信誉在后。

"信"也是儒家的基本道德规范。在儒家学说的"五常"中,"信"字也被恭列其中。一个人要在社会上立得住脚,并且有所作为,就必须为人诚实,讲究信誉。在华商企业中人际信誉有时甚至取代法律强制的作用。华商众多的东南亚各地,法律体系尚不健全,市场规范尚未发育,而华商在这种环境下已习以为常,他们在资金运用、企业管理、风险回避等方面已自成一套手段,并行之有效。正因为商业网络是华人赖以合作经营、共同发展的天地,人际信誉也就愈显重要。如果缺乏基于诚信的人际信誉,这种网络也将难以维系。

"和"体现了儒家学说中"和合"的思想。"和"即调和、和谐与协调。孔子说:"礼之用,和为贵。"孟子更是将"人和"置于"天时"和"地利"之上。"和为贵"便成为儒家思想的著名格言深受中国传统文化影响,信奉"和为贵"处世哲学的华商们,都很善于处理令许多西方老板很感棘手的雇主与员工关系。从新加坡华侨代表陈嘉庚先生的亲力亲为到马来西亚"种植大王"李莱生汗流浃背地与工人们一起干活,都体现了华商极为"人和"。华商的成功与华商奉行"和为贵"的思想是分不开的。

(3) 坚持"人为"文化——体现"人为为人"的影响。世界华人在其创业过程中坚持"人为"文化思想,充分体现了"人为为人"的深刻影响。在华商管理中的"人为"文化具体表现在"俭""搏""善",即勤俭、拼搏、慈善。其中勤俭和拼搏体现了华商的人为,慈善体现了华商的为人。

"俭"。华商以"俭"为美。这是墨子提出的一种经世思想,也是中国社会几千年来所推崇的美德。华商移居他乡,谋生不易。所以,他们更珍惜点滴所得,在日常生活中严格奉行勤俭的原则。这种以勤俭为原则的生活习惯,也被他们带到企业管理中,使他们在企业生产和管理的每一个环节上,都做到精打细算,厉行节约,以尽量降低成本,增加效益,获得更高的利润。例如,"船王"包玉刚在企业管理中特别重视控制成本和费用开支。他的原则是"能省则省"。印尼木材大王黄双安把公司院子里工人丢弃的各种小木块逐一捡起来,准备留作他用。

"搏"。拼搏是华商艰苦创业的真实写照。华商创业成功克服了令人难以想象的困难。从华商的家庭出身看,多半是生活窘迫的农民和小商人等下层劳动者。他们多数在生活极为艰难时前往海外,开始充满荆棘的异国生涯。他们缺少资金,没有退路,只有拼搏,白手起家。可以说,华商的成功是靠勤劳、拼搏和血汗换来的。

"善"。华商成功后非常注重慈善。他们的慷慨与勤俭形成鲜明的对照。例如,李嘉诚对国内教育、福利事业捐赠,已超过 10 亿元人民币,其中最出名的是在广东的汕头捐建了汕头大学。邵逸夫为祖国的教育事业的捐献也超过 10 亿元人民币。另外还有陈嘉庚、黄怡瓶、王克昌等众多的华人关心祖国的教育事业。

## 三、国际管理学者的共识

管理学者们普遍认为:

(1) 东西方管理文化的"融合发展"具有必然性,尤其是在经济全球化思潮开始影响地球的每一个角落的时候,文明的冲突、交流与合作,成为全球化进程中永恒的主题和旋律,不同价值取向的文化间的沟通对话和谐发展,成为一种必然发展趋势;

(2) 在不同文化之间要互相补充,吸取各自管理文化的合理内核。西方管理学需要吸收东方人本管理思想,而东方管理学更应当学习西方管理理论,使东方管理学更加科学化、客观化;

(3) 未来管理学发展的主要取向应以东方管理文化为核心,吸收西方管理文化的科学成果,以丰富管理科学的理论宝库,从而促进东西方管理文化的大融合。

19世纪看英国,20世纪看美国,21世纪要看我们中国了。中华民族的复兴是以优秀的中华传统文化为背景,又是以优秀的中华传统文化的复兴为基础的。

# 东方管理研究的出发点(2002)[①]

经过40余年的管理学和经济学教学、科研工作,我愈来愈意识到创建东方管理学,弘扬东方管理文化的重要意义。使命感、责任感驱使我们克服种种困难,通过发表论文、出版专著、举办学术研讨会等形式不遗余力地扩大东方管理学在世界的影响。令人欣慰的是,我们的努力获得了越来越多的有识之士的理解、认同、支持和响应,东方管理学也日益呈现出欣欣向荣的发展态势。

我认为,东方管理学是研究如何融合西方管理文化领域中人的心理行为与有效运行规律的现代科学,东方管理文化的精髓是"以人为本,以德为先,人为为人"。其中,"以人为本"是东方管理研究的出发点;"以德为先"是实施有效管理的保障;"人为为人"是管理的本质特征与根本目标。东方管理文化具有开放与融合的显著特点。目前,它正在充分借鉴古今中外管理思想的基础上,不断地创新和发展。

东方管理学认为,人是管理要素中最关键、最基本的要素。中国古代管理思想中一直十分重视人在管理中的地位问题,倡导以民为本、以人为本。作者早在1986年出版《管理心理学》一书中就提出:"研究'人'是一个新课题、新领域,也是本学科的出发点和关键。"

先秦儒家代表人物之一的孟轲,提出了著名的"民贵君轻"的思想,他认为百姓、国家、君主三者之间的关系应该是:"民为贵,社稷次之,君为轻。"他明确指出了统治者如果要稳固地掌握政权,真正治理好国家,就必须充分重视人民的作用,把人民放在头等重要的位置来对待。此后,许多儒家学者继承这一思想,提出了类似的看法,比如汉朝贾思勰在《齐民要术》一书中也说到:"食者民之本,民者国之本,国者君之本。"古代思想家们还在有关政府的职能、统治者的义务的论述中阐发他们的"民本"主张。东方传统文化自始至终都以人的管理为中心,强调人的中心作用。古代先哲们的人本思想历久而弥新,在现代社会中也同样有适应其蓬勃生长的肥沃土壤。

"以人为本",也就是在管理活动中要一切以人的管理为中心,以人的权利为本,强调人的主观能动作用,力求实现人的全面、自由、普遍发展。这一价值取向与现代社会资源共享,网络依存与创新发展的特征相适应,也正是东方网络社会存在的前提条件。而纵观西方管理学发展的历史,也可以看出其与东方管理的人本管理思想日趋融合的趋势。无论是行为管理理论,还是当前西方管理学中最新发展的企业教练、神经语言程序学等管理新思维,都立足于人本思想。

在经济发展的历史长河中,我们也不难发现,人力资源的重要性日显突出。新技术、新产品、新的管理思想层出不穷,从中可以清楚地看到人的智慧与人的创造性的激发是经济与社会发展的不竭动力。人的管理问题应该始终是管理学的核心问题。全球化和新经济的到来,改变了各个领域

---

[①] 本文节选自《管理心理学》第四版代序《东方管理研究的出发点和本质特征》。

的管理哲学和管理实践,也给传统的人力资源管理带来了挑战。新时期人力资源管理发展趋势和特点将呈现出以下特点:

(1) 具有弹性和适应性成为企业生存的基本条件,建立"以人为本"的柔性化组织成为趋势。越来越多的公司将在管理中运用参与系统,发展适合的管理形态、领导风格和雇佣态度;建立功能团队,超越传统的"目标团队";克服组织合作惰性和自我满足,建立充分的内部交流和综合反馈机制;扩大组织技能超越狭隘的功能界限。

(2) 组织的限制变得越来越少,组织结构变得扁平,工作群体和团队变得越来越重要,高质量雇员数量日益增加,社会越来越需要组织的社会责任和伦理行为。

(3) 企业的知识与能力是企业长期竞争优势的重要源泉。个人学习是组织学习的基本出发点,在此基础上如何产生组织的能力是人力资源管理的任务。通过增加、联合、更新知识并运用于实践,用开放的态度吸取经验,可以产生独特竞争力。

(4) 人力资源管理应集中于激励,提高积极性和创造性,集中于增加人们的活力,充分发挥每个人的才能,做到"人尽其才"。

因此,现代组织的领导者必须"以人为本",把人作为管理的出发点,重视人在管理中的基础性、根本性作用,充分考虑到员工独立完整的个性和人格,尊重、关心和爱护职工,在企业中营造一种"平等、友爱、互助"的氛围。正如孔子在《礼记·中庸》中所说的"为政在人",一个国家治理成败的关键在于人,同样地,对于任何一个组织来说,经营成败的关键也在于选拔和任用人才,如何调动员工的工作积极性。

# 弘扬东方管理文化,发展现代管理学科(2002)[①]

中国虽然已经"入世",但是我们面临着很多挑战,各行各业都须应对"入世"对本行业提出的挑战。除此之外,还存在着一个对管理的挑战问题。今天,我结合我们探索东方管理文化的过程,谈以下几个问题。

## 一、挑战与回归

新时代对管理的挑战表现在什么地方?从当前的管理水平来看,从当前管理学理论的发展来看,从管理学教育来看,我感到当前的管理存在着三个主要问题。第一,管理学的课程如何转变为现代化的管理学课程?第二,管理学如何从前一个时期的西化转变为中西融合化?第三,我们的管理学教育如何走向高级化?我们目前的管理水平和管理学教育与西方相比,还存在着较大的差距。在迈向新经济时代,我们的管理如何提高到先进的水平,是一个重大的课题。特别是管理学思想观念的研究,还需要进一步加强。

管理学的思想如何从西化逐渐转变为中西融合化?从我多年的探索经验看,管理思想在三个方面表现出从中方到西方,再从西方到中方的回归:其一是大家所公认的"人在管理过程中的作用",其二是文化对管理发展的作用,其三是东西方管理思想的融合。具体表现为人本、人德、人为的"三为"管理思想的回归。

第一,关于人本管理思想的回归。人本管理,经历了一个从中国古代形成,然后流传到西方,在西方得以发展形成学派,后又传回中国的过程。以人为本体现在中国传统中的管理哲学是以人为核心的尊重人、爱护人、关心人,主要强调人的心灵解放,鼓励创新,重视人的生理价值和精神价值。

第二,人德管理思想的回归。中国上古时代提出了"德为贵"的思想,强调伦理道德的重要性。以德为先即强调伦理道德的作用。儒家管理思想的逻辑起点是"修己",即自我管理;其归宿是"安人",即理想化的社会管理及最终的天下大同。"修己安人"包含了带根本性的个人修炼与管理方法。"修己"就是让管理者作出道德示范,在无形中影响被管理者的行为,从而达到"安人"的目的。市场经济体制更加需要提倡诚实守信、意志坚强、艰苦奋斗的精神。在市场经济日益建立的今天,越发有必要完善伦理道德以促进市场经济更深入的发展。西方也普遍认识到了这种重要性,在其MBA课程中也加设了"管理伦理"的课程。我们东方管理学派提出了"以德为先"观念,强调在市场经济下,企业把道德行为放在首位,遵行"德法兼容"。2001年4月16日在北京给中国最受尊敬的

---

[①] 本文节选自2002年作者在上海交通大学东方管理研究中心成立大会上的发言稿。

企业排名揭晓。我们认为,在很大程度上,讲诚信的企业是最受尊敬的企业。

第三,人为管理思想的回归。在探讨这种管理思想回归前,我们必须先研究管理的本质是什么?古今中外各学派的看法、观点不尽相同。孔子认为管理的本质是"修己安人";在道家的"无为"思想中,强调人要有所为,有所不为;荀子在《性恶篇》中也提到"人本性恶,使之善者伪也"的观点,指一个人要有由恶变善的行为。荀子对人的行为的观点与西方近代管理学家的观点有相似之处。我们在研究行为科学时,可以发现我国传统的管理思想中存在"行为科学"的雏形。中国古典文学巨著《红楼梦》中也包括管理学思想。翻阅《红楼梦》第14回、第155回,可以发现王熙凤在管理贾府时的一套管理方法。这部文学作品体现出的管理思想与西方的"管理学之父"泰罗的观点有许多相似之处,我称之为西方管理思想的先祖。如从西方行为科学角度探讨,所谓"行为"——研究人的心理行为的原理,在千年以前,荀子的观点还是先于西方的理论的,所以,我们在对待管理的中西方融合问题上,要在借鉴的同时保持一种民族自尊心和自信心,汲取我国历代的管理经验和思想。"人为为人"从哲学观点看,是人的心理、行为、方法的统一,既是权力与道德、利己利他、激励与服务,心理特征、心理行为为特征,即是管理学本质的核心问题。是对古今中外管理思想精华的概括,也是我48年来学习、钻研、实践心得提炼的观点。我认为每个人首先要注意自身的行为修养,"正人必先正己";然后从"为人"的角度出发,从事、控制和调整自己的行为,创造一种良好的人际关系和激励环境,使人们能够持久地处于激发状态下从事工作,并使其主观能动性得到充分的发挥。信息时代强调双赢竞争、超越竞争,也是人为为人思想的体现。

## 二、回顾与共识

(一)这种回归在东西方管理学界中也已取得共识。从国际管理协会联盟十几年来对管理学研究的发展来看,大家都有一个共识,就是探讨东西方管理文化怎么融合。1992在日本召开的第一届世界管理大会的主题是:"管理与高科技的关系"。进入新时代,科学技术要依赖管理主体人的创新与发展,强调人在高科技发展中的作用。1994年在美国召开的第二届世界管理大会强调了"世界管理学者要联合起来进行交流",管理学有一个国际化的过程,包括东西方融合的过程。我们提交大会的论文《怎样弘扬中国文化,建立有中国特色的管理学体系》,得到了大会的认同。1996年在巴黎召开的第三届世界管理大会,提出了一个很有意义的主题:新经济时代,什么问题最重要?管理学应探讨什么问题?会议提出在全球经济信息化的过程中应该着重研究无形资产的问题。我们提交的《中国无形资产管理的现状、问题、对策》论文,引起了大家的重视。文章讲到了人力资源、人力资本、知识资本形成以后,怎样使世界的资本家转化为"知本家",这是当前我们探讨的问题。在管理过程中,人的素质、人的智能、人的知识、环境的影响,是决定一个社会发展的主要因素。1998年在西班牙召开的第四届世界管理大会的主题是:全球化对管理学教育、研究、实践的冲击。与会者都有一个共识,认为东西方管理文化是可以融合的。我们在会上提出东方管理文化的复兴,引起大家重视。2000年在加拿大蒙特利召开的世界管理大会,大会主题为"回顾",我在大会做"走向21世纪的东方管理"的发言,我提出:管理应由"人为政本"转到"以人为本",由"家庭伦理"发展到"以德为先",从"强调社会责任"转到"人为为人",阐述"人为为人"是回归管理的真谛——所以从近十多年来世界管理学界的探讨来看,我感到这种思想回归是有一定根据的。

(二)从中国管理学界来看,这个回归也很明显。我觉得历年来国外对中国的管理学,特别是东方管理文化与它在管理学中的影响,都不够了解。我将东方管理文化本质概括为12个字:以人为本,以德为先,人为为人。这是对管理学精华的一种概括。

(三) 从世界华商管理实践来看,回归也是相当明显的。在由复旦大学经济管理研究所、上海管理教育学会、东亚管理学院与 IFSAM 中国委员会联合在上海召开的"'99 世界华商管理大会"上,与会者的共识是:人本、人德、人为是华商成功之道。对于华商管理的研究,我们是比较落后的。美国名校沃顿商学院 1997 年成立的"全球华人企业研究中心"掀起了美国企业界、工商管理界研究华人的新潮流。管理大师彼得·德拉克在探讨华商问题时,认为"华商是世界上最伟大的企业家"。研究华商问题是 21 世纪的重要课题。正如日本成功地将现代企业变成一个家庭,海外华人成功地将家庭变成一个现代大企业,我们将看到一种大企业管理的新形式随着华人经济力量的崛起而产生。美国有一个预测学者认为,华商的管理模式将替代日本的管理模式成为世界管理研究领域的主要方向。据我们的研究,华商的经营思想是和气生财,从家族管理到如今的股份分散制,他们利用"五缘"的关系来建立经济的网络。"五缘"是笔者在 1986 年探讨海峡经济文化时首次提出的,它是指:血缘、乡缘、文缘、商缘和神缘。他们的目的是达到管理本土化,怎样进一步通过和气生财来为自己的家乡、自己的事业服务。大部分华商对祖国是有归属感和责任感的,这种可贵的精神,是华商的品质和华商经营的目的。有一个老资格的华商提出日本的企业管理靠两样东西:一是管理文化本土化;二是爱国主义精神。华商将在新世纪发挥重大作用。华商应用中国传统优秀文化将管理本土化并形成自己的管理特色,我感到这是很有用的。

中国管理文化最初引起世人瞩目的还是从海外华侨开始的。海外华人管理文化是真正依托了中国民间管理文化,以"五缘"为基,结成网络并实现了国际化和当地化,形成海外华人主要的管理文化。

(1) "五缘"为基。华人社会企业的管理主要得益于"五缘",即亲缘、地缘、文缘、商缘、神缘。

(2) 网络营生。海外华人用"五缘"结成网络,网络与网络互联,成为具有中国味的人际互联网。

(3) 传统价值观。如爱国爱乡、重教育、重亲情、重和谐等。

(4) 市场化和国际化经营。

海外华人把中国的管理文化在海外进行了成功的试验,实践中形成的海外华人管理文化对中国本土管理文化的现代化建设必将有很大助益。

(四) 20 世纪末,在经过各自的长期发展之后,东西方管理文化也已出现了整合趋势。具体可以归纳为以下几个方面:

(1) 人在管理中的地位日渐重要,而团体的合作也越发显示出生命力。与以家庭为本"家国一体"的东方管理文化一样,以个人为主、融集团生活为一体的西方管理文化,开始了重视个人、家庭、集团的作用。更简洁地说,无论东西方管理文化都十分重视人的作用。西方从"人是机器"的观念过渡到重视人的作用,日本和"四小龙"由于讲求团队精神,讲求人际协作导致经济起飞,均可作为明证。

(2) 东西方管理学界都倾注极大热情关注文化对管理的作用,诸如组织的宗旨、目标、价值观念和管理哲学等为核心的管理文化对管理的作用,已经日益为东西方管理学界和企业家所高度重视。近年来企业文化在中国广为传播,但其内涵、核心精神、观念早已在中华大地上生根。

(3) 世界经济的全球化、信息化、一体化、跨国公司的蓬勃兴起,通讯、交通的发展,使整个世界经济发展融为一体,也使整个人类日益紧密地联系在一起。这导致了东方管理文化与西方管理文化相互取长补短、交融汇合,亦即导致了东西方管理文化的趋同。

其中在人本管理思想上的趋同是最大的表现。它表明，在不同文化背景下成长起来的人类的不同分支，最终都认识到了人本身在管理中的很重要地位，而不再单纯关注"物"（包括资本、设备、原材料等）的管理，把人看作是依附于这些实物而存在的一种生产要素，这不仅是一种很大的认识上的进步，而且代表了21世纪世界范围内主流管理思想的汇合与交融。

西方人本思想的发展主要经历了以下几个阶段：(1) 19世纪末泰勒的"科学管理理论"，仅把人——劳动者当作机器的附属物和纯粹的"经济人"，当作生产过程中一种不可缺少的要素而已。(2) "二战"以后出现的"行为科学"，则进一步将人看作是有多种需要尤其需要他人尊重的社会地位的"社会人"，这种看法再加上战后工会组织力量的壮大和促成，开始注重解决人的需要，研究如何激励劳动者的行为以提高士气，但其出发点仍把劳动者当作管理的客体。(3) 20世纪70年代以后人们通过对日本成功企业的经验剖析，才更进一步认识到人——劳动者在企业经营活动中的重要作用，逐渐形成了以人为中心的管理思想原理，即人本原理。

可以从以下三个方面探讨东方管理思想对现代西方管理思想的影响。从中可以看到，东方管理思想以西往东归，符合历史潮流的大势所趋。

(1) "以人为本"与"人为根本"。从观念层面看，当今西方管理学所发扬的"人本管理"思想与中国古代思想家所推崇的"人为根本"其本质是相同的。很多著名西方公司的做法都洋溢着东方人本管理的温馨：惠普公司的人本管理经验一直为学界所称道，惠普公司经常到名牌大学招收"尖子"学生，经过严格挑选，一经录用，就给以良好的培训，同时决不轻易解雇。惠普员工要辞职，老总一定要找他谈一谈，了解他为什么要走，希望他提出一些好的建议，真诚地挽留员工，并真诚地欢迎辞职出去的人才再回到公司。惠普公司真正信任人，关心人。领导者总是同自己的下属打成一片，使员工们感到自己的工作成绩得到了承认，自己受到了重视。同时也教育员工不要只关心向上爬，更要注重提升自己的业绩。诺基亚公司更是提出了响亮的"诺基亚高科技，以人为本"口号。人本管理在新经济时代受到异乎寻常的关注，乃是因为它能调动员工的积极性，能够创造企业和员工的最大价值，这又与网络经济的"自由平等、共同繁荣、共同精彩"的精神是一致的。

(2) "以德为先"与"家国伦理"。中国古代家国同构，统治者或思想家都引天然的家庭伦理进入国家的治理。家庭的礼俗秩序被扩大为国家的统治秩序，总之，十分强调一种自然而然的伦理。西方经济发展到今天的新经济，他们也意识到没有发达的网络道德保证网络的安全，是不会有发达的新经济的。斯密著有《国富论》和《道德情操论》，其主要思想"看不到的手"理论即是建立在完善的道德假定基础上的。新经济时代复兴了自由主义，若不能有完善的道德，恐经济自由亦有夭折之虞。是以当代管理学人呼吁"以德为先"正适应了新管理的需求。

(3) "人为为人"与"村落沟通"。中国古代日出而作日落而息，活动一般以村落为主，在一个村落里，人们彼此知根知底，沟通的范围就局限在小小的村落内，一个村落就是一个组织、一个社会单位。当今新经济时代，有人把地球称作"地球村"因为有了互联网，通讯极为便利，一个人的成长是一个"人为"的过程，也是一个在全球范围内应获得人们认同的过程，等到认识之后，更是一个"为人"的过程。这对任何一个组织都是一样的。既然都是村落的，那么从"人为"到"为人"的过程、道理都是一样的。这难道不也是东方管理文化的西传东归么？

以上分析可以看出，东方管理文化是在对中国古代管理思想有效继承与扬弃基础上，立足于管理现状，是有良好前瞻性与追踪性的管理理论；它以中国主流官方大文化传统为主要研究着眼点，又十分重视民间文化传统的重要性；既考察管理文化的可察方面，又强调无形资产、家庭、人际关系等不可察管理文化的意义；还充分包容南北、海内外华人管理实践的优秀管理经验。

（五）建立有中国特色的管理体系已成为历史使命。我们有优秀的传统文化，有改革开放的良好条件，如何建立有中国特色的管理体系？可以概括为：(1)探讨管理的本质"人为为人"，探讨管理"主体人"的概念，探讨管理的原理是东西方、华商管理的融合体。(2)要研究管理的要素。包括文化要素、权力要素、组织要素、心理要素及过程等。(3)当代管理的发展应重视研究创新和创业，研究知识管理，研究怎样从人力资本到知识资本到形成知本家等。最后，要探讨管理思想的回归：以人为本，以德为先，人为为人。调动个人的积极性，提高个人素质，以更好地为社会、为事业、为消费者服务。最近，我主编的《管理学》由东方出版中心出版，这本书是东方管理学派在探索多年的基础上形成的具有融合古今中外管理学说的研究成果之一，本书包括总论、原理、要素、过程、发展五个部分，内容有机地整合了古今中外主要的管理理论、方法、技巧，阐释了各种管理理论的形成、发展、展望以及带给我们的启示。辟专门章节研究东方管理的原理，探讨东方管理的治国、治生、治家、人本的理论及其现代价值；华商管理中的创业、经营、创新及其国际意义。提出管理学的本质是"以人为本、以德为先、人为为人"，并且深入阐述了新时期的管理学新体系。

今天，在交通大学成立东方管理研究中心，体现了上海交通大学各位领导对东方管理研究的热情支持，也是各位领导、学者为东方管理文化发展而共同努力的良好开端，感谢大家为弘扬中华优秀管理文化、建立有中国特色管理科学所作出的贡献。

# 在融合与创新中复兴东方管理思想(2002)[①]

人类进入21世纪,管理学的理论与实践也进入了一个全新的发展阶段。中国加入WTO之后,将更为广泛地与世界融合,经济的融合必将导致管理文化的冲突与融合。西方管理学正经历着向东方管理思想的历史回归,东方管理文化的伟大复兴将在新世纪实现。迎接新世纪的挑战,我们必须把握住新世纪世界管理的发展趋势,大力弘扬东方管理文化,促进中华民族的复兴,促进世界经济的繁荣。

## 一、在融合与回归中复兴的东方管理思想

东方管理是以中华传统管理文化为主要内涵的一种博大精深的管理理论。在新世纪它将表现出更强的生命力,在与西方管理理论的互补融合中,在管理学的世纪回归中复兴。

1. 东方管理原创的现代价值

东方管理理论具有包容性、人本性、系统性、创新性、柔和性、服务性等特点。它是在总结中华管理实践与理论探索的基础上形成的一整套理论体系。其理论渊源来自中国古代《周易》、儒家、道家、墨家、法家、兵家以及于南北朝时期传入中国的佛教等众家学说。通过对中国古代众家学说思想的扬弃,提炼出具有现代价值的管理思想,形成东方管理学理论体系。这些思想包括以孔子为代表的儒家的"修己安人""人民为本";以《周易》为代表的"刚柔相济""崇德广业";以老子为代表的道家的"道法自然""无为而治";以墨翟为代表的墨家的"兼爱""利人";以韩非子为代表的法家的"唯法为治";以孙武为代表的兵家的"运筹定计""知人善任""应敌而变";以释迦牟尼为代表的佛教的"以善为本"等。

东方管理原创的思想在今天仍然具有很高的价值。其现代价值主要体现在:

(1) 东方管理思想正在对整个世界的发展做出贡献。二战以来西方管理界一直在加紧吸收东方管理的智慧,生态管理、绿色管理、可持续发展管理是现代人对古老东方"天人合一"思想的回归。创新管理、集成管理、知识管理、柔性管理、网络管理、合作竞争管理、后发展管理、跨文化管理等,其实质就是"以人为本、以德为先、人为为人"的网络生态管理。

(2) 东方管理可以提升产业竞争力,增强综合国力。日本、韩国、新加坡等国和我国台湾、香港地区经济成功的经验表明,东方管理提升了它们的产业竞争力。东方管理也是我国改革开放、进行现代化建设的有力手段之一。

---

① 本文节选自《学术研究》2002年第5期《论东西方管理的融合与创新》。

(3) 东方管理代表了企业管理人本化的发展方向。东方管理强化了企业管理的人性、整体、共生、人为为人的管理价值,企业管理正进一步走向整合化、柔性化和人性化。东方管理还是企业无形资产管理的精髓。无形资产管理在对"人"的管理上,与东方管理的人为为人学说殊途同归。

(4) 东方管理为现代家庭注入新的活力。无论过去、现在,还是未来,家庭都是社会培育新型管理主体的重要场所。东方管理为现代化家庭教育、家庭理财和家庭和谐提供了要旨。

(5) 东方管理思想可以避免个人主义、人类中心主义失误。发展中国家的发展之道必然经历人身、体制和心灵等三次解放,而东方管理思想可能在第三次解放中发挥重大作用。东方管理文化倡导人生健康、成功、自在,实现身与心、人与人、人与组织、人与环境的和谐统一,是对东西方文化整合的促进。

新世纪是一个文明大融合的世纪,中国人民将向世界各国文化学习更多,获益更多;同时,中华文明及古老东方管理思想的价值也将被世界上越来越多的人所认识,中国将由此对人类、对世界做出更大的贡献。

2. 东方管理思想的西传东归

管理理论的发展轨迹经历了由"中"到"西"再到"中西融合"的转化,使管理思想更重视"人"的作用,更重视文化的作用,更重视东西方管理思想的融合。对于东方管理思想的西传东归,我认为可以从三个方面来表述:

一是人本管理文化的世纪回归。从"人为政本"到"以人为本"。中国古代思想家强调"人为政本",所谓"水能载舟,亦能覆舟"。那时所讲的"人本"主要是从政府与官员的角度探讨,但带有强烈的忧国忧民的色彩。在观念层面上与当今新经济时代所倡导的"人本主义"本质上相通。在新经济时代人本管理受到异乎寻常的关注,因为它能够调动全体员工的积极性,能够创造企业和员工的最大价值。在管理实践中又重新坚持了人本精神。

二是人德管理文化的世纪回归。从"家国伦理"到"以德为先"。中国古代家国同构,统治者或思想家都引天然的家庭伦理进入国家的治理,家庭的礼俗秩序被扩大为国家的统治秩序,因此十分强调一种自然而然的伦理。西方经济发展到今天的网络经济,也意识到没有发达的网络道德保障网络的安全,是不会有发达的网络经济。在新经济时代,"以德为先"正是适应了新管理的需求。

三是人为管理文化的世纪回归。从"社会责任"到"人为为人"。这是管理学世纪回归的核心。一个人的成长是一个"人为"的过程,也是获得人们认同的过程,等到认同后,更是一个"为人"的过程。这对任何组织也都一样。管理学从注重组织和人的社会责任,发展到人为为人的境界。

建立东方管理理论体系为推动东方管理现代化所必需。我认为东方管理理论体系由治国学、治生学、治身学、治家学四大部分组成。其管理的哲学要素可以简练地概括为 15 个字,即道、变、人、威、实、和、器、法、信、筹、谋、术、效、勤、圆。这 15 个要素可以分别简要解释为:治国之道、随机应变、以人为本、运用权威、实事求是、以和为贵、重器利器、依法治理、取信于民、运筹帷幄、谋划决策、巧妙运术、高效廉洁、勤俭致富、圆满合理。东方管理文化精髓或本质为"以人为本、以德为先、人为为人"。通过东方管理文化的精髓的应用,推动东方管理的现代化,从而建立适应新世纪的新的管理模式。

3. 东方管理理念的创新

东方古代管理思想并非都适用于当今世界。必须结合新世纪新经济时代的特点,对古代东方管理思想进行扬弃,从古为今用出发,进行东方管理理念的创新。我认为这种创新突出体现在"三为"上,即"以人为本、以德为先、人为为人"。

(1) 以人为本。所谓"人",就是处于管理系统中的人,即中国古代所谓的"民"。中国传统管理哲学是以"人"为核心的。孔子曰:"仁者,人也。""仁者,爱人。""夫仁者,已欲立而立人,已欲达而达人。"墨子曰:"君,臣萌通约也。"孟子说:"民为贵",又说:"天时不如地利,地利不如人和。"由此可见,早在两千年前,我国古代先哲们就提出了人本思想。这些思想当今仍具有现实意义。从管理学角度说,中国古代的人本思想就是要求管理者要为他人着想,要重视人际关系的协调,关心爱护他人,帮助他人成就事业。

(2) 以德为先。儒家提出了著名的"修身、齐家、治国、平天下"命题。从这一命题可以看出,中国古代管理思想的逻辑起点是"修身",即从自我管理开始。通过这一命题,将管理行为建立在牢不可破的根基之上。《大学》中有"德者本也"之说,可谓对管理学哲学基础的界定。"齐家、治国、平天下"的实质是"安人"。"修己"才能"安人"是一种人性化的、根本性的管理方法,也是建立在牢固的哲学基础之上的治理方法。"修己"与"安人"就是强调通过管理者道德威望的感召和示范,在无形中影响被管理者,从而使社会与人际关系处于最佳状态,达到最佳的管理绩效。

(3) 人为为人。这是揭示管理学本质的核心命题。"人为"就是"人的行为、作为",中国哲学重视人的道德和行为的可塑性,为人的发展提供了广阔的可能性。"为人"是"人为"要达到的目的。就管理行为而言,管理活动要始终兼顾到被管理者。"人为为人"作为东方管理文化的本质特征,揭示了管理主体与管理客体之间的辩证关系。可以说,人为为人是对古今中外管理行为本质的高度概括,是"激励与服务"积极行为的综合体现,强调人自身行为的激励与修养。我认为,每一个管理者首先要注意自身的行为修养,"正人必先正己",然后从"为人"的角度出发,来控制和调整自己的行为,创造良好的人际关系和激励环境,使管理者和被管理者都能够持久地处于激发状态下工作,主观能动性得到充分的发挥。人为与为人互相联系,并且可以转化,对任何管理者和被管理者都有一个从个人行为逐步向为他人服务转化的过程,即从"人为"向"为人"转变的过程。这一过程体现在家庭、行业、国家一切方面的管理之中,管理者和被管理者越是注重自身行为的素质,其"为人"即管理的效果就越好。因此,我们认为无论是建立大同世界的理想,还是现代企业以服务为宗旨的管理理念,都体现了"为人"的管理目的。

## 二、西方管理理论的创新与发展

1. 西方管理原创的现代价值

纵观西方管理学理论的发展历史,西方管理理论经历了"对工作与组织的研究→对人与组织的研究→对生产与营运过程的研究→对企业文化的研究→以人为本的研究→对以人力资本为依托的知识管理的研究"的过程。在这一过程中,新的发展是旧的理论的修正,是对旧的理论的继承和发扬。西方管理原创在今天仍极具现代价值,主要表现在:

(1) 西方管理原创建立一整套管理科学的理论框架和概念,使管理学成为一门科学,并成为今天管理发展的基础。法约尔的《工业管理与一般管理》的著名论著使其成为第一位管理大师;泰罗的《科学管理原则》成为管理学发展史上具有划时代意义的里程碑。无论管理学如何发展,都抛弃不了它的基本框架体系和概念范畴,以及一些根本性的管理学理念和思维方式。古人云:以铜为鉴,可以正衣冠;以史为鉴,可以知兴替;以人为鉴,可以知得失。今天,以西方为鉴,可以导改革。

(2) 西方管理原创的理论代表当时时代的需要,然而科学的发展从来都是具有继承性的,原创的管理理论经过现代管理学者的修正,产生了管理学理论的创新。今天我们学习西方管理原创的著作,就是要合理地继承他们的理论,并研究现实问题,最后提出适于现代社会的管理理论、理念和方法。

(3) 以泰罗等人为代表的西方科学管理理论具有合理的内核,是今天倡导管理人本化、柔性化的重要的补充。泰罗的科学管理在今天看来由于将理论建立在"经济人"的假设之上,因此具有很大的局限性,不适应当今新经济时代。但其中合理的科学成分却仍具现代价值。在今天强调以人为本,人本化趋势日益突出的时候,我们仍需寻求人本化与科学化的统一。

(4) 西方管理原创与东方管理文化具有互补性,吸收他们的合理内核可以推动东方管理的现代化。经济全球化思潮正影响到地球的各个角落。东方管理具有很大的包容性。东西方管理文化的融合和发展已成必然趋势。东方管理的人本思想与西方管理的科学思想互补互融是推动管理学创新和发展的正确途径。

总之,在管理实践中吸收西方管理学中具有现代价值的合理部分,在弥补其理论上的局限的基础上,促进东西方管理文化的融合,建立具有中国特色的管理理论体系,是我们当今管理创新的关键。

2. 西方管理理念的新发展及启示

近20年来西方管理在不断地创新,管理理念正呈现新的发展趋势,其内容主要表现在以下方面:

(1) 重视比较管理研究的理念。西方比较管理的研究兴起于20世纪70年代末80年代初。通过比较管理研究,管理理论有了新的认识,那就是普遍认识到一国文化传统对于管理方式的形成和运用具有很大影响,从而在寻求管理的普遍规律以及管理方式、方法的移植方面向前迈进了一大步。同时,更加认识到管理中"软因素"的重要性。所谓软因素简单地说就是强调管理中人的因素,特别是强调人的精神因素和主观能动因素。

(2) 重视企业文化的理念。企业文化热是20世纪80年代以后西方管理理念发展的一个重要特点。西方管理学家从国际竞争角度,在对日本的比较研究中认识到管理的差异主要在于文化。为提高本国的管理水平,在国际竞争中立于不败之地,必须加强对企业文化的研究。管理学者普遍认为企业文化是现代企业生存与发展、成功与失败的关键。

(3) 非理性主义思潮的人本理念。20世纪80年代初以彼得斯等人为代表分析批判了过去管理理论的缺陷,认为过去的管理理论过分拘泥于以理性主义为基石的科学管理,实际上是一种见物不见人,甚至是与人为敌的管理。因此他们认为必须进行一场"管理革命",使管理"回到基点",即以人为核心,"发掘出一种新的以活生生的人为重点"的带有感情色彩的管理模式。这一非理性主义思潮对于西方管理理念的发展产生重大影响。

(4) 建立学习型组织的理念。彼得·圣吉首次提出了建立学习型组织的管理理念,这种组织被认为是新经济时代的组织形式。彼得·圣吉的一个重要观点是:"未来唯一持久的优势是有能力比你的竞争对手学习得更快,未来真正出色的企业,将是能够设法使各阶层人员全心投入,并有能力不断学习的学习型组织。"在《第五项修炼》书中他提出要在学习型组织中进行五项修炼,即自我超越、改善心智模式、建立共同愿景、团体学习、系统思考。

(5) 建立虚拟企业、动态协作团队和知识联盟的理念。查尔斯·M·萨维奇在其著名的《第五代管理》中明确提出了"通过建立虚拟企业、动态协作团队和知识联盟来共同创造财富"的理念。所谓虚拟企业就是不仅把公司成员,而且把供应商、公司顾客以及顾客的顾客都看成是一个共同体,充分调动内外各种资源。其实质上是以人为本精神的体现。书中还提出了未来管理模式要在五个方面发生转变,即从工业时代向知识时代转变,从例行程序向复杂性程序转变,从序列活动向并行活动转变,从工业时代的概念性原则向知识时代概念性原则转变,管理在结构、控制、权力、交流等方面将发展变化。

(6) 建立知识型企业的理念。1998年美国著名经济学家达尔·尼夫在其主编的《知识经济》一书中,基于"下一波经济增长将来自知识型企业"的重要观点,提出了建立知识型企业的管理理念。作者认为,以向顾客提供信息为基础的企业将胜于那些没有这样做的企业,把信息转变成知识的企业将会是最成功的企业。并指出,灵活性、适应性、反应能力和快速革新能力,正日益被看作为知识经济中最佳的组织结构要素。

(7) 重视知识管理的理念。知识管理被看作管理学理论新发展的突出点,也是西方管理的最新理念之一。在知识经济时代,知识是企业最重要的资源,企业最有价值的资源已不再是物质资本,而是知识资本。知识管理主要说明如何对知识资本进行管理。而在知识资本中人力资本是最关键的部分,是知识企业价值实现与价值增值的重要基础。企业对知识资本的管理应在人力资本、结构性资本和顾客资本这三个环节上体现出来,应注重创造性思维的培养与利用。知识经济对企业管理方式的重大影响之一是要求企业建立知识密集型组织。而知识经济时代企业组织管理的特点是:善于利用知识创新与知识资本带来的优势,同时在管理方式上有利于员工之间开展思想交流与知识创新活动。

以上西方近20年来管理理念的新发展,至少给我们下面几点启示:

(1) 在管理中要重视人的作用。在西方管理理念的新发展中,无论是非理性主义思潮,还是学习型组织、虚拟组织、知识型组织等理念都高度强调人在管理中的重要作用。这标志着西方管理又重新回归到以人为本的轨道上来,因为人毕竟是管理的关键,而管理的根本目的是为人的利益服务。这与东方管理文化强调的"以人为本"思想是相吻合的。

(2) 在管理中极为重视文化的作用。无论从西方比较管理研究,还是从企业文化研究都可以看出西方最新的管理理念极为重视管理文化对管理的巨大影响。根植于企业文化的软约束在管理中作用并不比来自企业制度的硬约束小。企业文化往往成为一个企业的无形资产,并使其他企业难以模仿。从更大的层面看是不同国家或地区长期形成的文化对管理的影响。西方在对日本企业管理的研究中认识到东方古老的儒家思想在企业成功中所起的重要作用。

(3) 在管理中更加重视文化的融合。正是基于对文化在管理中重要作用的认识,西方最新管理理念中出现了重视文化融合的趋势。东西方管理文化的融合越来越受到重视。特别是日本、韩国、东南亚国家或地区经济腾飞,以及中国改革开放带来经济高速发展之后,更为突出,这也是西方产生比较管理理论的原因。东方管理文化对西方管理学者也产生了巨大的吸引力。例如彼得·圣吉提出建立学习型组织的理念就深受东方哲学思想的影响。从西方管理理念的新发展,我们也可以得出新世纪是东方管理文化复兴的世纪的结论。东西方管理文化的融合发展是新世纪管理学发展的主流。

## 三、华商管理:东方管理文化的成功运用

华商管理是中国传统管理文化与西方管理文化以及华商足迹所至的土著管理文化相融合的成功典范。回顾华商的发迹史,其间经历的艰难困苦令人震惊。然而,华商总能以一种异乎寻常的毅力与智慧,克服重重困难,不断取得成功。

1. 世界华人的创业特点

世界华人在异国他乡艰苦创业,如今取得了巨大的成功。概括其创业特点,我认为有以下几点:

(1) 家族式创业。世界华人深受中国传统文化的影响。中国人历来重视家族血缘关系。所谓"打虎亲兄弟、上阵父子兵"。因为血缘关系,同一家族的人,天生就有一种互相亲近和彼此信任的感情,所以,华商在创业时,首选的合作伙伴大都是家庭的成员。这是海外华商企业大部分为家族型企业一个主要原因。华人企业犹如一个大家庭,人人都生活在这张关系网中,克勤克俭,严于自律。经营者实施着对家族制企业的全面控制。

(2) 利用"五缘"进行网络化经营。华商网络是指海外华商在非政治的、形态不拘的联系中,凭借"五缘"纽带,基于经济利益而形成的泛商业网。它在卓有成效的海外华商经营中影响深远。"五缘"包括亲缘、地缘、文缘、商缘、神缘。所谓亲缘就是宗族亲戚关系,所谓地缘就是邻里乡党关系,所谓文缘就是文化关系,所谓商缘就是因物品的交易而发生的关系,所谓神缘就是供奉之神祇宗教关系。由于"五缘"网络的存在,使一个个相对封闭的家族企业与外部世界保持着密切的信息、技术、资本、商品等交流,保证了企业在一定范围的发展与进步。有人把世界华商网络形象地比喻为网络没有统一的控制中枢,从任何一点开始联结都可以进入,既便于协作,又强调独立奋斗。

(3) 足下生财、勤劳致富。综观华商的家庭出身,多半是生活窘迫的农民和小商人等下层劳动者。他们抱着白手起家的志向,前往海外创业。足下生财这个说法,生动地说明了华商的成功是靠自己的勤劳、靠自己的血汗换来的。海外华人并非天生就是企业家,他们移居一个新的国家,特殊的经历使他们具有一种创业文化。这种创业文化既强化了他们不满足现状的价值观念,也保持并发扬了他们的民族共性、自豪感、自尊心、同舟共济的团结精神,从而形成并壮大了海外华人的社会资本。

以上特点在老一辈华人创业中表现得尤为突出。而新一代华人在继承和发扬老一辈的传统的同时,更加注重依靠知识和信息致富,如创办雅虎的杨志远就是一个典型的例子。

2. 东方管理文化在华商中的成功运用

世界华人的成功之道是什么?国内外的许多管理学者都在探讨这个问题。我认为是世界华人对以中华优秀文化为核心的东方管理文化的成功运用。这包括三个方面:

(1) 运用"人缘"文化,强调"以人为本"的观念。世界华人利用华商之间形成的网络进行经营,即运用"人缘"文化,强调"以人为本"的观念。华商网络以亲缘、地缘、文缘、商缘、神缘为纽带,这"五缘"的本质体现在具有东方特质的关系。通过"五缘"形成的华商网络是一种社会网络,它可以提供情感、服务、伙伴关系、经济等多方面的支持。世界华人的成功是因为华商网络发挥了重要的作用。这也是"以人为本"观念的体现。

(2) 遵奉"人德"文化,具有"以德为先"的素质。世界华人成功的另一个原因是遵奉"人德"文化,极为重视商德。其内涵可概括"诚"(以诚相待)、"信"(以信为上)、"和"(以和为贵)。

"诚"是儒家最基本的道德规范,也是华商处理社会人际关系的道德规范。秉承中国优良传统的海外华商,把"诚"字奉为自己人生处世的信条,以"诚"待人,以"诚"处事。不仅对自己的下属讲"诚",而且在与其他人的经济往来中也是如此。所以,华商又有"诚商"的美誉。"诚"与"信"相伴而生,华商深谙此理,正因为华商以"诚"在先,所以才有了信誉在后。

"信"也是儒家的基本道德规范。在儒家学说的"五常"中,"信"字被恭列其中。一个人要在社会上立得住脚,并且有所作为,就必须为人诚实,讲究信誉。在华商企业中人际信誉有时甚至取代法律的强制作用。华商众多的东南亚各地,法律体系尚不健全,市场规范尚未发育,而华商在这种环境下已习以为常,他们在资金运用、企业管理、风险回避等方面自成一套手段,并行之有效。有时,华商强调人情,注重情感而疏于法制。人际信誉成为华人商业信誉的重要基础和依据,诚信实际上成为一种资产,一种保障,道德约束成为法律强制之外的又一重要商业机制。正因为商业网络是华人赖以合作经营、共同发展的天地,人际信誉也就愈显重要。如果缺乏基于诚信的人际信誉,这种网络也将难以维系。

"和"体现了儒家学说中的"和合"思想。"和"即调和、和谐与协调。孔子说:"礼之用,和为贵。"孟子更是将"人和"置于"天时"和"地利"之上。"和为贵"为儒家思想的著名格言。深受中国传统文化影响,信奉"和为贵"处世哲学的华商们,都很善于处理令许多西方老板很感棘手的雇主与员工关系。从新加坡华侨代表陈嘉庚先生的亲力亲为到马来西亚"种植大工"李莱生汗流浃背地与工人们一起干活,都体现了华商极为"人和"。华商的成功与华商奉行"和为贵"的思想是分不开的。

(3) 坚持"人为"文化,体现"人为为人"的影响。世界华人在其创业过程中坚持"人为"文化思想,充分体现了"人为为人"的深刻影响。华商管理中的"人为"文化具体表现在"俭""搏""善",即勤俭、拼搏、慈善上。勤俭和拼搏体现了华商的人为,慈善体现了华商的为人。

"俭":华商以"俭"为美。这是墨子提出的一种经世思想,也是中国社会几千年来所推崇的美德。华商移居他乡,谋生不易,更珍惜点滴所得,在日常生活中严格奉行勤俭的原则。这种以勤俭为原则的生活习惯,也被他们带到企业管理中,使他们在企业生产和管理的每一个环节上,都做到精打细算,厉行节约,以尽量降低成本,增加效益,获得更高的利润。例如,"船王"包玉刚在企业管理中特别重视控制成本和费用开支,他的原则是"能省则省"。印尼木材大王黄双安把公司院子里工人丢弃的各种小木块逐一捡起来,准备留作他用。

"搏":拼搏是华商艰苦创业的真实写照。华商创业的成功,需克服诸多令人难以想象的困难。从华商的家庭出身看,多半是生活窘迫的农民和小商人等下层劳动者。他们多数在生活极为艰难时前往海外,开始充满荆棘的异国生涯。他们缺少资金,没有退路,只有拼搏,白手起家。可以说,华商的成功是靠勤劳、拼搏和血汗换来的。

"善":华商成功后非常注重慈善,他们的慷慨与勤俭形成鲜明的对照。例如,李嘉诚对国内教育、福利事业捐赠,已超过10亿元人民币,其中最出名的是在广东汕头捐建了汕头大学。邵逸夫为祖国的教育事业的捐献也超过10亿元人民币。另外还有陈嘉庚、黄怡瓶、王克昌等众多的华人关心祖国的教育事业。

# 诚信：民企核心竞争力（2002）[①]

诚信是社会发展的道德基础，现在世界各地包括中国在内，都在大力倡导诚信。许多国家政府为不断取信于民，提高政府形象，都在致力于建设"诚信新时代"。在我国几个民营经济发达的地区，都在讨论如何建立诚信体系、诚信经营、诚信社会。诚信对一个国家、社会、企业乃至个人的成长与发展是十分重要的，诚信是社会政治经济发展的基石，不仅是一般的思想道德建设问题。

诚信对企业的发展有重要的作用，是企业发展的支柱。许多知名跨国集团，能不断保持良好发展势头和市场竞争力，其发展壮大的核心之一就是诚信。美国通用电气公司在总结近百年的发展时，就把诚信作为企业的核心竞争力。诚信不仅是思想教育问题，还是生产力，是竞争力的核心。从企业内部建立各层次的诚信观念、诚信体系，是企业立于市场不败的基础。

诚信是衡量人的价值取向和人的诚实信用的尺度。社会上还时常出现不诚信、造假、卖假现象。要建立一个诚信经营的社会，对企业家而言，关键要做到"不造假、不欺骗、不赖账"，相互之间要诚实守信。

诚信是信用、信任、信誉三者的总和，是千年文明优秀文化思想的结晶，是我国古代传统文化的瑰宝。企业要建立诚信体系，要正确处理好以下几方面关系：正确处理企业与消费者之间的关系，以质取信，利益并顾；正确处理企业与银行之间的关系，恪守信用，借贷两清；正确处理企业与企业之间的关系，诚实守信，执行合同；正确处理企业与政府之间的关系，诚实纳税，取信于民；正确处理企业内部人与人之间的关系，以和求信，赤诚相见。

诚信为本，诚信是企业发展中立足市场的核心，在努力建设企业诚信经营体系的过程中，更要始终坚持诚信观念。坚持诚信，必须做到以人为本，以德为先，立足人本思想，不违背"人为为人"的主观性和客观性；整个社会要宣扬互守信用的良好风气，为官要有官德，为商要有商德，为民要有民德；人贵为人，做到利己与利他的合理统一，做到诚信、互信、有信、自信，形成良好的"诚、信、和"的社会风貌。

---

[①] 本文刊载于《人民日报》2002年9月20日。

# 诚信之道与诚信社会(2003)[①]

## 一、诚信的社会失常现象

社会道德水平的滑坡影响着社会秩序和生活秩序。不诚信的企业、经济体系绝难在全球市场上立足;缺乏关怀、失去信念的生活决不会"小康"。看不到当前道德建设问题的严重性和紧迫性,丧失警惕,对于民族复兴大业来说,是十分危险的。政治领域、经济领域的失信情况,人际交往中的相互不信任都强烈地预示着社会诚信意识的弱化和丧失。之所以有如此现象,我们认为,原因主要有以下三方面:

(1) 市场经济带来的一些负面影响常常表现为对诚信意识的背离。一方面,市场经济的发展极大地调动了人民群众的积极性、创造性;另一方面也诱发了人们的求利心理。市场经济发展的一个基本前提就是假设绝大多数人都会在社会给定的条件下追求自己的利益最大化。当人们长期受限制的求利心理渐渐被"正名"而得到认可,并被看作是社会发展的原动力后,一些人便置良心与道德于不顾,堂而皇之地采用各种的手段最大限度地追求自身的利益。经济生活中的欺骗现象、不诚信现象便渐渐向社会生活的其他领域蔓延,这是导致人们对诚信意识背离的一个重要原因。

(2) 封建专制长期压抑对诚信意识的扭曲。诚信的基本要求是真实,没有真实也就没有了诚信。然而,中国长达两千多年的封建社会中,民众的命运随时会因为统治者一时的喜怒哀乐而改变。人们面临着各种各样险恶的生存环境,不仅人们的欲望不能真实地表达,人们的思想也受到种种限制。说谎献媚往往可以给人带来好处,真诚信实却常常吃亏遭殃。"逢人只说三分话,未可全抛一片心","见什么人说什么话",这种根深蒂固的文化意识扭曲着人们的诚信意识,是社会诚信意识缺失的内在原因。

(3) 道德教育的简单化。道德是做人的基本要求,道德教育的目的是让人们了解并掌握基本的为人之道。长期以来,我们的教育体制中对德育非常重视,但往往简单化,只重形式不重内容,以书本和条条来代替亲身实践和感受,结果往往容易忽视个人道德的完善。

凡此种种,信用和道德的沦丧将影响经济的发展,社会的进步。诚信是一切道德的基础和根本,是人之为人的最重要的品德,是一个社会赖以生存和发展的基石。一个信用缺失,道德沦丧的国度,必然影响经济社会的快速、持续发展。

---

[①] 本文刊载于《当代财经》2003 年第 1 期,与苏江明、苏宗伟合作。

## 二、什么是"诚信"

在这里,我们以为尽管"诚信""信用""信任""信誉"都有信字的含义,但诚信却是"信用""信任""信誉"的总和,是一个总的概念。即可以表示为:诚信=信用+信任+信誉。作为一种美德,诚信必须提倡和宣传。作为现代社会科学的研究对象,诚信却并非现代的事情,而是有非常漫长的历史,可以追寻到每一支伟大文明的源头。在具有悠久文明历史的中国,"诚信"一直是传统文化的基本观念之一。

所谓"诚"是指真心、诚意、诚实、实在。所谓"信"是指诚实、不欺骗、信用、信任,认为可靠。关于诚,《说文》里有"诚,信也";"修辞立其诚"(《易·乾》)是从真心实意来解说"诚";《韩非子·显学》里有:"尧舜不复生,将准使定儒,墨之诚科乎?"说明"诚"贵在真实性;而《孟子》更是一言指出:"诚者,天之道也;思诚者,人之道也",以表达自然界、人、社会的道德范畴立言;《中庸》:"诚者自诚也,而道自道也,诚者物之终始,不诚无物",用以表达"诚"这一精神实体所起的化生万物的作用;《张子正蒙注·天道篇》:"诚,以言其实有",可解释为真心实意、开诚布公。

关于"信",《说文》中指出:"信,诚也",可见"诚""信"互证;"与朋友交,言而有信"(《论语·学而》),意在说明人与人之间的充分互信;《论语·子张》中:"君子信而后劳其民;未信,则以为厉己也"说明信任很重要;《论语·子路》"上好信,则民莫敢不用情",是说管理者必先以信律己,才能号召他人。"吾日三省吾身——为人谋而不忠乎?与朋友交而不信乎?传不习乎?"(《论语·学而》);"老者安之,朋友信之,少者怀之。"(《论语·公冶长》);"子贡问政。子曰:'足食,足兵,民信之矣。'子贡曰:'必不得已而去,于斯三者何先?'曰:'去兵。'子贡曰:'必不得已而去,于斯二者何先?'曰:'去食。自古皆有死,民无信不立。'"(《论语·颜渊》)。

诚信是指一个人的诚实性和信用程度,它既体现一个人的个性、价值取向,又与企业的既定商誉价值观紧密相关,又与一个国家的信誉程度相关。诚信作为一种个性化品格,是抄袭模仿不来的,它需要通过长期默默地执着奉献才能铸就。它对喜好沽名钓誉者不啻是良药苦口。你如果想要做到诚信,就必须拒绝热闹喧哗的诱惑,忍受远离光环的寂寞。但是,你会与真实的自己更加接近。

## 三、如何坚持诚信

以中国儒家文化为主要内容的东方管理文化,蕴涵了诚信管理的全部。我们经多年研究,提出了东方管理本质属性的"三为"即"以人为本、以德为先、人为为人",包含了东方儒家文化中"诚、信、和"的实质内涵。它核心是:"人为为人"。它揭示的是人与人、人与社会、人与自然之间实现和谐的管理,是一种经济可持续发展的管理。

(1) 从"以人为本"到"人本管理"再到"诚信为本"都要讲诚信,取信于民。以诚信图创业,诚信立业,依靠诚信正确处理人与人、人与自然、人与社会的关系,经日积月累,获得诚信的高认同度,则事业兴。

(2) 从"以德为贵"到"以德为先"再到"人德管理",皆十分强调道德的作用。要讲求新"三德",即官德、商德、民德。孔子曰:"道千乘之国,敬事而信,节用而爱人,使民以时。"(《论语·学而》)各级领导首先要做讲诚信的领导,正人先正己。

(3) 从"修己安人"到"人为为人"再到"人为管理"也讲诚信。人为为人是解决人的心理行为矛盾的统一。它是：① 利己与利他的统一。"人为"的目的是"为人"即利他，一旦人人皆"为人"，则我之"人为"的最后结果必利我。故利他亦会利己，但离开了诚信，你做我不做，且没有约束机制，人人都将丧失积极性，则一切将成为空谈。② "激励与服务"。积极行为的综合体现，"人为为人"强调人自身行为的激励与修养。我们认为，每一个管理者首先要注意自身的行为修养，"正人必先正己"，然后从"为人"的角度出发，来控制和调整自己的行为，创造良好的人际关系和激励环境，使管理者和被管理者都能够持久地处于激发状态下工作，主观能动性得到充分的发挥。人为与为人互相联系，并且可以转化，对任何管理者和被管理者都有一个从个人行为逐步向他人服务转化的过程，即从"人为"向"为人"转变的过程。

## 四、诚信，华人成功之道

华商企业的发展和成就有目共睹，也为世人所瞩目。对于华人企业的成功之道，总结起来主要是以下三方面：

(1) 运用"人缘"文化——强调"以人为本""诚信为本"的观念。所谓"五缘"包括亲缘、地缘、文缘、商缘、神缘。他们在运用"五缘"网络的运行都是以"诚信"为基础的。通过"五缘"形成的华商网络是一种社会网络，它可以提供情感、服务、伙伴关系、经济等多方面的支持。世界华人的成功是华商网络发挥了重要的作用。这是"以人为本""诚信为本"观念的体现。

(2) 遵奉"人德"文化——具有"以德为先""以诚相待"的素质。世界华人成功的另一个原因是遵奉"人德"文化，极为重视商德。其内涵可概括"诚"（以诚相待）、"信"（以信为上）、"和"（和为贵）。"诚"是华商处理社会人际关系的道德规范，以"诚"待人，以"诚"处事。不仅对自己的下属讲"诚"，而且在与其他人的经济往来中也是如此。所以，华商又有"诚商"的美誉。"诚"与"信"相伴而生，华商深谙此理，正因为华商以"诚"在先，所以才有了信誉在后。

(3) 坚持"人为"文化——体现"人为为人""取信于人"的影响。世界华人在其创业过程中坚持"人为"文化思想，充分体现了"人为为人""取信于人"的深刻影响。在华商管理中的"人为"文化具体表现在"俭""搏""善"，即勤俭、拼搏、慈善。其中勤俭和拼搏体现了华商的"人为"，慈善体现了华商的"为人"。"俭"，华商以"俭"为美。华商移居他乡，谋生不易。所以，他们更珍惜点滴所得，在日常生活中严格奉行勤俭的原则。"搏"，拼搏是华商艰苦创业的真实写照。华商创业成功克服了令人难以想象的困难。"善"，华商成功后非常注重慈善。他们的慷慨与勤俭形成鲜明的对照。例如，李嘉诚、邵逸夫对国内教育及福利事业捐赠等。

华商"人为为人"的"俭""搏""善"，其结果使华商能取信于人，促进企业发展。

## 五、如何建立诚信社会

诚信不是天生的，也不是上天赐予的，其生成有一定的现实要求和社会条件。一是信息对称。二是利益互补，合作不是施舍，只有共赢才会成功。三是情感回应，即因为人是感情动物，因为有感情就不会计较一时的得失，从而能长期交换和合作，因为感情回应，就能降低信息对称的要求从而减少交易成本。

只有形成信息对称、利益互补和情感回应，交换和合作才能构成一种基本平衡，平衡才有诚信。

"人为为人"思想是建立一个诚信社会的指导思想之一。全社会上的人都身体力行这种思想,经济就能发展。如何建立诚信社会,需做八方面工作。

(1) 自律与互动。从自身做起,通过自己的诚信感化、教化不守诚信之人。特别是各级领导首先要做讲诚信的领导。教育者首先要受教育,这是一个普遍的原则。诚信作为一种道德要求,不能只停留在口头上,而必须落实到行动中。诚信教育不只是对百姓进行教育的问题,更重要的是领导者要率先垂范,做好表率。只有这样,政府才不会失信于民,政令才能顺利推行,才能在全社会形成讲诚信的风气。

(2) 互信与互律。互信是建立在对方自律较强的基础之上的,而互律是建立在对方自律精神不强的基础上的。互信与互律是统一的,要相信对方会严守协议,践行合约,也要对对方的行为建立一定的监督和控制。互信互律结合会使诚信得到提升。

(3) 行业规范。行业规范对企业的产品和服务将产生约束,从而体现诚信,同时行业规范较强的行业又会自觉提升整个行业的信用度,从而增强竞争力。

(4) 社会舆论。诚信是道德的基础,也是最基本的道德要求。要开展相应的宣传教育活动,使全社会的人们都认识到诚信的重要性,强化诚信光荣、不诚信可耻的观念,形成诚信者受尊重,不诚信者遭鄙视的社会氛围,对那些不讲诚信的人进行道德鞭挞,舆论谴责,渐渐确立人人讲诚信的良好社会风气。

(5) 激励与约束。建立相应的约束惩罚机制。要建立个人和企业的信誉档案,对企业的纳税状况、守法状况、财务管理状况等进行严格的登记,守信者受鼓励,不守信者受惩罚。鼓励媒介披露不讲诚信的人和事,严禁有不诚信记录者担任政府机关和企事业单位的领导、管理人员,对不守信用而造成严重后果者,不仅要在经济上追究其责任,还应追究其法律责任。

(6) 法律制裁与预防。我国已颁布实施了《公民道德建设实施纲要》,在全社会倡导包括"明礼诚信"在内的公民基本道德规范,必将有效地促进"诚信危机"的消除。同时通过法律有效打击欺诈行为,将有利于推动社会诚信的建立。

(7) 实施诚信工程的建设。① 强化现代信用观念;② 健全现代信用关系;③ 构建现代信用机制;④ 完善现代信用体制;⑤ 实行诚信测验。

(8) 投资"诚信"人才的培养。GE 每年花在员工培训的费用达 10 亿美元,培训的第一项内容就是"诚信"。GE 凭此"诚信"成为早期道·琼斯股票中唯一屹立不倒的国际性企业。可见"诚信"投资,收益无比丰厚。

物物经济、货币经济,再到信用经济,是经济社会发展的三个重要阶段。推广诚信建设,是个人、企业更是全社会的当务之急。

# 以人为本与东方管理文化(2003)[①]

管理的本质是什么？古今中外各学派的看法、观点不尽相同。孔子认为管理的本质是"修己安人"；在道家的"无为"思想中，强调人要有所为，有所不为；荀子在《性恶篇》中也提到"人本性恶，使之善者伪也"的观点，指一个人要有由恶变善的行为。荀子对人的行为的观点与西方近代管理学家的观点有相似之处。我们在研究行为科学时，可以发现我国传统的思想中存在"行为科学"的雏形。中国古典文学巨著《红楼梦》中也有管理学思想，而且这部文学作品体现出的管理思想与西方的"管理学之父"泰罗的观点有许多相似之处。

2003年应邀访问台湾中华大学并做《21世纪世界管理发展趋势》专题演讲

1998年西班牙召开的第四届世界管理大会的主题是：全球化对管理学教育、研究、实践的冲击。与会者都有一个共识，认为东西方管理文化是可以融合的。东方管理文化的本质可概括为12个字：以人为本，以德为先，人为为人。美国名校沃顿商学院1997年成立的"全球华人企业研究中心"掀起了美国企业界、工商管理界研究华人的新潮流。管理大师彼得·德拉克在探讨华商问题时，认为"华商是世界上最伟大的企业家"，研究华商问题是21世纪的重要课题。美国有一个预测学者认为，华商的管理模式将替代日本的管理模式称为世界管理研究领域的主要方向。

华商的经营思想是和气生财，从家族管理到如今的股份制，他们利用"五缘"的关系来建立经济的网络。"五缘"是指：血缘、乡缘、文缘、商缘和神缘。他们的目的是达到管理本土化，通过和气生财来为自己的家乡、自己的事业服务，华商应用中国传统优秀文化将管理本土化并形成了自己的管理特色。

东方管理思想对现代西方管理思想的影响表现在以下三个方面。首先，"以人为本"与"人为根本"。从观念层面看，当今西方管理学发扬的"人本管理"思想与中国古代思想家所推崇的"人为根本"其本质是相同的。很多著名西方公司的做法都洋溢着东方人本管理的温馨：惠普公司的人本管理经验一直为学界所称道，惠普公司经常到名牌大学招收"尖子"学生，经过严格挑选，一经录用，

---

[①] 本文刊载于《中华读书报》2003年3月19日。

就给以良好的培训,同时决不轻易解雇。惠普员工要辞职,老总一定要找他谈一谈,了解他为什么要走,希望他提一些好的建议,真诚地挽留员工,并真诚地欢迎辞职出去的人才再回到公司。诺基亚公司更是提出了响亮的"诺基亚高科技,以人为本"口号。人本管理在新经济时代受到异乎寻常的关注,乃是因为它能调动员工的积极性,能够创造企业和员工的最大价值。其次,"以德为先"与"家国论题"。中国古代家国同构,统治者和思想家都引天然的家庭伦理进入国家的治理。家庭的礼俗秩序被扩大为国家的统治秩序。西方经济发展到今天的新经济,他们也意识到没有发达的网络道德保证网络的安全,是不会有发达的新经济的。第三,"人为为人"与"村落沟通"。中国古代日出而作日落而息,活动一般以村落为主,在一个村落里,人们彼此知根知底,沟通的范围就局限在小小的村落内,一个村落就是一个组织、一个社会单位。当今新经济时代,有人把地球称为"地球村",因为有了互联网,通讯极为便利。一个人成长是一个"人为"的过程,也是一个在全球范围内应获得人们认同的过程,等到认识之后,更是一个"为人"的过程,这对任何一个组织都是一样的。

  20世纪末,在经过各自的长期发展之后,东西方管理文化出现了整合趋势,人在管理中的地位日渐重要,而团体的合作也越发显示出生命力。与以家庭为本"家国一体"的东方管理文化一样,以个人为主、融集团生活为一体的西方管理文化,开始了重视个人、家庭、集团的作用。更简洁地说,无论东西方管理文化都十分重视人的作用。西方从"人是机器"的观念过渡到重视人的作用,日本和"四小龙"由于讲求团队精神,讲求人际协作导致经济起飞。同时,东西方管理学界都倾注极大热情关注文化对管理的作用,其中在人本管理思想上的趋同是最大表象,都最终认识到了人本身在管理中的重要地位,而不再单纯关注"物"(包括资本、设备、原材料等)的管理,这代表了21世纪世界范围内主流管理思想的汇合与交融。

# 东方管理文化的发展与应用(2004)[①]

## 一、管理文化与东方管理文化

管理作为人类社会的一种重要活动形式,总是受到一定社会文化的影响,反过来,管理又为社会文化增添新的内容。优秀文化是一切组织持续成功的精神支柱和驱动力。

一方面,管理首先是文化的产物,任何一种管理理论与政策的提出都离不开特定的文化背景。在中国,自汉代董仲舒"罢黜百家、独尊儒术"以来,儒家思想即成为中国封建社会的主流思想,儒家思想是中国传统文化的内核和中国传统管理思想的重要渊源之一,同时也是中国封建社会各层次管理实践的指导思想,并且渗透到管理人才培养的各类教科书中。另一方面,管理本身就是一种文化形式。德鲁克指出:"管理不只是一门学问,还应是一种文化,它有自己的价值观、信仰、工具和语言。""管理不能脱离文化传统,也就是说,它是世界本质的一部分。管理是一种社会职能,因此它既是社会发展的结果,又是文化发展的结果。"[②]任何一种管理知识和管理实践,都是管理者的文化创造,为当时的社会文化增添了新的内容。

我们对东方管理文化的研究就是为了培养和建立一种同时具有历史连续性、内在一致性、普遍适用性和强大辐射力的管理文化,指导国家治理、企业经营、家庭生活和个人修养。因此东方管理学的管理文化覆盖治国、治生、治家、治身等多个层次,其研究的"组织"包括国家(政府和其他非营利组织)、企业、家庭和人本身。而西方的组织文化只是针对企业和少数非营利组织,对于国家层面的管理和家庭管理很少涉及,对于治身或个人修炼的研究,虽然西方管理学界著作颇多,但并没有被纳入统一的管理文化理论体系。

直到现在,一些学者和企业家对管理的理解还仅仅停留在现实操作的层面,我认为更应该从文化层面即管理文化的角度来透视和理解管理的实质。因此,东方管理学派对管理的研究不仅仅停留在知识的层次上,还进一步深入到形成和影响管理的文化背景之中,挖掘其背后的哲学内涵。20世纪90年代初阐述以中国传统管理文化为核心的东方管理学理论时,我不仅提出东方管理学理论的知识基础——"三、六、九构成说"[③],还把蕴涵在这些著作中的管理文化归纳为东方管理哲学"十五要素说"[④],并进而提炼出"以人为本、以德为先、人为为人"的"三为"东方管理文化。

---

[①] 本文刊载于2005年第九届世界管理论坛暨东方管理论坛论文集《世界管理论坛2005》(《人口与经济》2005年特刊)。
[②] 德鲁克:《管理——任务、责任和实践》,中国社会科学出版社1987年版,第30页。
[③] "三、六、九"即以人为本、以德为先、人为为人的"三为"思想,儒、易、道、墨、法、兵六家学说,《周易》《老子》《论语》《荀子》《孙子兵法》《盐铁论》《富国策》《营造法式》《生财有大道》九部传统管理著作。
[④] "十五要素说"是指东方管理哲学包含"道、变、人、威、实、和、器、法、信、离、谋、术、效、勤、圆"十五个方面。

## 二、东方管理文化的实践与运用

中国传统的治国、治生、治家、治身思想丰富而深刻,历史上的圣人学者、明君贤臣、成功商贾都在实践这些理论并不断丰富这些思想,管理学是一门实践的科学,任何一种管理学理论,如果不能走出书斋,不能切实指导经济、社会发展,就毫无意义可言。我长年致力于研究和推广东方管理文化,作为学者和教师,我的影响力主要在书斋和讲台,我最大的希望就是东方管理文化能够走出象牙塔,真正对国内外的工商管理实践和公共管理实践有所助益。近年来,我欣喜地看到,国内外专家、学者、政治家、企业家开始重视对东方管理文化的学习、研究与运用,东方管理文化在微观、宏观各领域都发挥着越来越多的作用。

1. 再造企业文化

东方管理文化的微观价值首先体现在华商管理,华商管理是中国传统管理文化与西方管理文化以及华商足迹所至的土著管理文化相融合的成功典范。前些年,我们国内的许多企业热衷于学习模仿欧美国家的管理理论和经验。我认为组织架构、财务管理学西方问题不大,人力资源管理和营销模仿西方的做法就有问题了,因为我们的员工和顾客和他们根本具有不同的文化属性,至于组织文化,就更不可能照搬了。

知识经济背景下,企业知识密集程度和信息化程度不断提高,组织结构不断扁平化和虚拟化,国际市场环境变化莫测,各类企业尤其需要处乱不惊,以静制动,在这方面,强调"以人为本、以德为先、人为为人"的东方管理文化开始显示出强大的功效。近年来,我注意到,许多企业开始自觉培育东方特色的管理文化。青岛的双星集团是运用东方管理文化非常成功的国有企业之一,双星总裁汪海充分借鉴我国传统文化中丰富而深刻的企业管理思想,特别是以伦理为本位,强调社会需求和集体利益,讲求道德诚信、崇尚美德的思想,开创了一套以"实事求是、行善积德"为核心的、颇具东方特色的管理文化。他们用佛教文化所倡导的"行善积德"来感召员工的质量观念;通过弘扬"孝文化"培育员工对企业的忠诚度;发挥"中和"思想,"允执其中",促进企业生产和管理要素优化组合;运用"和为贵"的思想,德法并施,为企业成长创造和谐的内外环境,实践证明,这些举措都取得了良好的效果。不仅双星这样的传统国有企业通过运用东方管理文化焕发出新的生机,民营高科技企业复星公司的企业理念就来自中国传统知识分子的理想追求"修身、齐家、治国、平天下",叫作"修身、齐家、立业、助天下",充满儒家文化色彩。复星员工的晨课词是"对人感恩,对己克制,对事尽力,对物珍惜",又充满佛家文化色彩。国外许多企业也开始借鉴东方管理文化智慧,诺基亚的口号就是"科技以人为本",关爱员工、服务客户,短短几年从一个不起眼的北欧小企业崛起为全球最大的移动通讯设备生产商。

2. 建设政治文明

众所周知,20世纪80年代亚洲"四小龙"的崛起与东方管理文化的运用密不可分,尤其是新加坡原总理李光耀将儒家思想和市场经济紧密结合,推行儒家资本主义,使新加坡成长为文明、廉洁、富裕的国度,其治国方略成为东亚各国学习的对象,我国中央和地方政府的公务员海外培训很多都选择到新加坡去。

进入新世纪以来,我们党和国家的路线、方针、政策也越来越多地蕴涵着东方管理文化。2001年1月,在全国宣传部长会议上,江泽民同志明确提出了"把依法治国与以德治国紧密结合起来"的治国方略,这是我党借鉴中国历代治国之道,吸取国外国家事务管理中的经验教训,在新的历史条件下,对如何管理国家事务,如何教育引导人民崇尚高尚的精神生活思考的结晶。我早在20世纪80年代提出的"以德为先"思想①与以德治国方略是内在统一的,要实现中国的繁荣昌盛,必须做到德以贯法,法以扬德,德治与法治相结合。十六大以后,"以人为本"的执政理念始终贯穿于新一届中央领导集体的言行中,也具体落实到各部门、各地方广大党员干部的行动上,胡锦涛总书记反复强调"权为民所用,情为民所系,利为民所谋"。2003年中央经济工作会议进一步明确提出要"坚持以人为本,树立全面、协调、可持续发展观",同时指出"要坚持立党为公、执政为民,树立正确的政绩观"。这些都表明,一种新型社会主义政治文明正在形成。

在国际关系领域,中央提出了"与邻为善、以邻为伴"的外交方针。2003年10月温家宝总理出席东盟商业与投资峰会并发表演讲时提出了"睦邻、安邻、富邻"的六字方针,创造和谐、稳定、发展的东亚。两个月后温总理在哈佛发表演讲时,又借用了中国古代思想家"和而不同,以和为贵"的观点。这些外交政策塑造了中国"和平崛起"的形象,有力回击了所谓的"中国威胁论",为中国的长期稳定发展营造了良好的国际环境。王部长是这方面的专家,下面他会做这方面的精彩发言。

3. 促进经济发展

中国自改革开放以来,1978—2003年,按可比价格计算GDP年均增长速度接近9.5%,根据国家统计局2004年10月份的报告,2004年年前三季度GDP同比增长更是超过了9.5%,综合国力大大提升,人民生活水平明显改善,申奥成功、申博成功,这都是东方管理文化现代价值的有力例证。

党的十六届三中全会通过的《中共中央关于完善社会主义市场经济体制若干问题的决定》中提出,科学发展观的核心是"以人为本"。"以人为本"首先就要求我们在经济发展中统筹人与自然的和谐发展,贯彻"天人合一"的东方管理智慧,使经济发展与资源、环境相适应,在经济发展和自然环境的维护发生矛盾时,要着眼于长远,着眼于子孙后代,不做那些得益于现在而不利于长远的急功近利的事情,更多地考虑一些有利于可持续发展的路子。要努力转变经济增长的方式,合理开发和合理使用各种自然资源,努力建设一个耗费资源低、排污少、可循环、可持续的国民经济和节约型社会。近一年来,经济学界讨论最多的名词之一就是"绿色GDP"。虽然对"绿色GDP"指标的讨论还存在许多争议,我本人一直认为简单地以GDP来衡量经济发展是有问题的,的确有必要根据科学发展观的要求设定一种更科学的方法,推进我国经济增长方式的根本转变,促进社会、经济的持续、健康、稳定发展。现在,许多地方已经绕开对"绿色GDP"的争论,研究如何从"资源→产品→污染排放"单向流动的线性经济转变为"资源→产品→再生资源"的循环经济。这是一种科学的选择,虽然东方管理文化中有许多这方面的指导性思想,但讲到具体的施行:欧美、日本等发达国家已经走在我们前面,需要向他们虚心学习。

另外,东方管理文化中,"无为而治"思想。与当前我国国有资产管理体制改革中提出的"抓大放小""有所为有所不为"的改革原则也可谓"不谋而合"。

4. 推动社会进步

十六大明确了全面建设小康社会的奋斗目标,小康社会是"经济更加发展、民主更加健全、科教更加进步、文化更加繁荣、社会更加和谐、人民生活更加殷实"的社会,而不仅仅是经济发达。

改革开放以来,我国经济增长很快,但由于一些配套的改革措施没有到位,使得社会发展出现了一些不协调的音符,比较严重的一个问题是贫富差距和城乡差距的扩大,我国的基尼系数即使保守估计也在警戒线内。当然不能再回过头去实行绝对平均主义,我们在早些年已经吃过这方面的

---

① 东方管理文化的"以德为先"思想包括官德、商德、民德三个层次。

亏了,但《论语》里讲"不患寡而患不均",贫富差距的扩大会带来许多社会问题,"拉美陷阱"就是一个惨痛的教训①。此外,我国社会还存在其他一些不可忽视的社会问题,如婚姻、养老、青少年教育等。近些年来,党和政府已经采取一系列措施解决这些问题。12月5日刚刚结束的中央经济工作会议一再强调社会的稳定和谐,在明年经济工作八个重点的第七项指出,"坚持以人为本,做好关系人民群众利益的各项工作,维护社会稳定",在明年经济工作的六项任务中的第六项提出:"坚持以人为本,努力构建社会主义和谐社会"。一再强调"以人为本"的原则,足以显示东方管理文化的意义。

运用东方管理文化推动社会文明进步,一方面要依靠文化和道德的潜移默化作用,另一方面也要用制度来保证,以家庭管理为例,传统中国管理文化中蕴涵着丰富的治家思想,但面对"空巢家庭"和"丁克家庭"等新现象,仅仅依靠"百善孝为先""老吾老以及人之老,幼吾幼以及人之幼"的自觉性是不够的,还要辅以"老有所终,壮有所用,鳏寡孤疾,皆有所养"②这样一种科学规划或保障制度。

## 三、把握历史机遇,复兴东方管理文化

20世纪90年代美国经济持续十年的增长创造了"两高一低"的新经济神话,以信息技术和生命科学为先导的知识经济迅速波及全球,中国经济也迎来了跨越式发展的历史机遇。知识经济不仅带来了物质生活水平的提高,也在潜移默化地改变着管理模式。从只关照股东利益最大化到全面考虑企业社会责任的利益相关者理论,从强调垂直领导的科层制到不断扁平化的组织架构,从目标设定简单划一的绩效管理到更考虑员工个性、更富有弹性的柔性管理,一种全新的管理文化在兴起。我们虽然不能宣言这种新的管理文化就是东方管理文化,但却可以肯定地讲,其中蕴涵大量与东方管理文化相契合的成分。

20世纪中叶以来,主要管理学思想和著名的管理学家大都来自美国,根本原因是美国经济和美国企业拥有世界主导地位。中国改革开放20多年来,经济腾飞,社会进步,正在成为全球经济发展的引擎之一,中国各个层面的管理实践都在成为全球关注的新焦点。中国传统文化也开始吸引更多外国人的兴趣。1988年1月,西方75位诺贝尔奖得主在法国巴黎集会,他们在宣言中向世界呼吁:"如果人类要在21世纪生存下去,必须回到2 500年前去汲取孔子的智慧。"③

面临这样一种难得的历史机遇,东方管理学派的学者们有义务会同国内外同行,努力实现东方管理文化的伟大复兴。下一步,我们有三项重要工作:首先,要坚定不移地完成《东方管理学派著系》(经典与案例丛书),包括"三学""四治""八论"共十五部著作,使对东方管理文化的研究更加深化和细化,形成更为系统和精深地管理理论;第二,要大力发展东方管理教育,2005年复旦大学东方管理研究中心将招收第一批东方管理学博士研究生和硕士研究生,在今年的歌德堡世界管理大会上,我介绍了东方管理学硕士点的OMBA(东方工商管理硕士)和OMPA(东方公共管理硕士)项目,国外学校很感兴趣,已有多家联系合作事宜;第三,我们将在IFSAM及其中国委员会的领导下,

---

① "拉美陷阱"是指巴西等拉美发展中国家普遍存在的实现现代化却导致部分人更加贫困,有增长,无发展,大多数人享受不到现代化成果的经济社会现象。
② 语自《孔子家语》卷七,礼运第三十二。
③ 这句话出自1988年1月24日澳大利亚《堪培拉时报》发自巴黎的报道《诺贝尔奖获得者说要汲取孔子的智慧》。有学者考证,那次集会未做公开宣言,学习孔子智慧的说法应该是与会的汉内斯·阿尔文博士(Dr Hannes Alrven,1970年诺贝尔物理学奖获得者)提出的,并得到多数代表肯定的一个讨论结果(见李存山"孔子的智慧",《中国社会科学院院报》2003)。

下大力气筹备2008年的第九届世界管理大会,把大会办成推进东西方管理融合发展的盛会,将博大精深的东方管理文化推向世界。

"千里之行,始于足下",我们的东方管理文化研究已经取得了一些开拓性的成果,虽然未来的任务仍然非常艰巨,但我和我的同事们有信心把这项工作做好。衷心希望有兴趣的学者参与我们的事业,为繁荣世界管理学丛林做出中国学者应有的贡献。

# "人为为人"与东方管理思想(2004)

管理学是一门实践性的科学,任何管理学理论,如果不能切实指导经济与社会发展,就毫无意义可言。中国是一个具有深刻文化底蕴和丰富历史内涵的国度,当然并不缺乏管理思想。

东方管理思想的本质是"人为为人"。"人为"与"为人"二者具有辩证关系,互相联系并且可以转化。这一转化过程体现在家庭、行业、国家一切方面的管理之中,管理者和被管理者越是注重自身行为的素质,其"为人"即管理的效果就越好。儒家思想是以中国传统文化为主要支撑的东方管理思想的核心。从大处说,东方管理思想提倡的"以德为先"思想与"以德治国"方略内在统一;从小处看,东方文化倡导"和为贵""人为为人"思想有利于增强企业凝聚力和家庭、社会的稳定与和谐,从古至今,东方管理文化有力促进了经济的发展和社会的进步。

东方管理学理论的发展成熟必然导致管理思想为西方"一统天下"的局面被打破。这种变化具体表现为"以人为本、以德为先、人为为人"的"三为"管理思想的回归。

中国上古时代提出了"德为贵"的思想,强调伦理道德的重要性。以德为先即强调伦理道德的作用。儒家管理思想的逻辑起点是"修己",即自我管理;其归宿是"安人",即理想化的社会管理和最终的天下大同。"修己安人"包含了根本性的个人修炼与管理方法。市场经济体制更加需要提倡诚实守信、意志坚强、艰苦奋斗的精神。西方也普遍认识到了这种重要性,在 MBA 课程中也加设了"管理伦理"的课程,东方管理强调在市场经济条件下,企业应把道德行为放在首位,遵循"德法兼容"。

在探讨关于"人为"管理思想时,首先涉及了管理的本质是什么。孔子认为,管理的本质是"修己安人";道家强调人要有所为,有所不为;荀子在《性恶篇》中也提到"人之性恶,其善者伪也"的观点。荀子的观点与西方近代管理学的观点有相似之处。我们在研究行为科学时,可以发现我国传统的管理思想中存在"行为科学"的雏形。"人为为人",从哲学观点看是义与利、激励与惩罚、人为与为人的统一,是人的心理、行为、方法的统一,是管理学本质的核心问题。每个人首先要注意自身的行为修养,"正人必先正己",然后从"为人"的角度出发,控制和调整自己的行为,创造一种良好的人际关系和激励环境,使人们能够持久地处于激励状态下从事工作,并使其主观能动性得到充分发挥。

信息时代强调双赢竞争、超越竞争,也是"人为为人"思想的体现。管理产生于共同劳动活动中。历史表明,最有希望、最有创造性的管理理论往往产生于经济迅速起飞的国家和地区。目前,东方管理理论正面临着这样一个前所未有的机遇。特别是随着中国经济的持续发展,以及儒教文化圈和海外华商的迅速崛起,东方管理学理论迎来了前所未有的发展机遇。我们不能妄自菲薄,把视界老停留在外国的月亮上。

---

① 本文刊载于《证券日报》2004 年 1 月 11 日。

# 东方管理学精要(2005)[①]

| **东方管理** | 创新学派 | 研究卅载 | 十国演说 | 十届论坛 | 学友三千 |
| 著文千篇 | 纵观古今 | 横跨中外 | 融合精华 | 独树一帜 | 声誉四海 |
| **"三学"为基** | **中国管理** | 阴阳五行 | 无为而治 | 仁义智信 | 慈善正己 |
| 知人善用 | 崇尚法规 | **西方管理** | 泰罗**先行** | 行为科学 | 西蒙决策 |
| 现代丛林 | 学派芬芳 | 以柔代刚 | **华商管理** | 艰苦创业 | 根植本土 |
| "五缘"网络 | 勤俭持业 | 家族经营 | 义**利**社会 | 千年之史 | 管理学说 |
| 集众精髓 | 十五要素 | 人为科学 | **"三为"原理** | **以人为本** | 人为主体 |
| 天下为公 | 上善若水 | 民惟邦本 | 人本管理 | 天人合一 | **以德为先** |
| 倡新三德 | 官德廉洁 | 商德诚信 | 民德和谐 | 德行教化 | 以德治国 |
| **人为为人** | 人为激励 | 人为决策 | 人为价值 | 为人服务 | 双为互动 |
| 共创多赢 | **"四治"体系** | **治国理念** | 居安思危 | 礼法并举 | 强根固本 |
| 集分适当 | 开拓创新 | 德治兴邦 | **治生理念** | 辛勤致富 | 诚实经营 |
| 崇尚规律 | 乐观时变 | 抓住机遇 | 持续发展 | **治家理念** | 尊长爱幼 |
| 和睦相处 | 规范家教 | 开源节流 | 立志创业 | 家兴国强 | **治身理念** |
| 身体力行 | 修己安人 | 虚心学习 | 内省改过 | 道德践行 | 志在天下 |
| **"五行"管理** | **人道行为** | 人行正道 | 道法自然 | 道介人心 | 道化矛盾 |
| 道赢民心 | 道能兴国 | **人心行为** | 人性多端 | 欲在需要 | 志在期望 |
| 人生得失 | 重在调适 | 促进成就 | **人缘行为** | 亲缘同兴 | 地缘和邻 |
| 文缘共振 | 商缘共利 | 神缘共奉 | 重在沟通 | **人谋行为** | 凡事成功 |
| 实事求是 | 善于预测 | 重在谋略 | 决策有方 | 利器运术 | **人才行为** |
| 常春之根 | 强国之本 | 德才兼备 | 贵在适用 | 重在激励 | 人尽其才 |
| **"三和"思想** | 人和为贵 | **和合事兴** | 和而不同 | 弘扬三为 | **世界和谐** |

---

[①] 撰写于 2005 年 5 月 28 日,全文 132 句 528 字。

# 东方管理的核心命题(2005)[①]

## 一、东方管理思想的理论渊源

首先,要澄清一个误解,有人讲东方管理思想就是中国古代管理思想,都是一些从故纸堆里翻出来的旧东西。这种理解是不对的:第一,现代东方管理思想是融合古今中外管理思想精髓的,不仅有中国的,还有东亚其他国家的,对于欧美学者的科学理论与方法广泛借鉴,但中国古代管理智慧是现代东方管理思想的内核;第二,既然中国古代管理思想是内核,为什么不叫中国管理思想或中国管理学,这是因为中华传统文化是东方(尤其是东亚国家)文化的渊源,整个东方文化具有历史传承性和广泛一致性,这一点西方学者也承认,中华传统文化对东方管理思想的价值观念、伦理道德和行为模式具有深远影响。因此,东方管理思想是一种以中华优秀传统智慧为内核的、博采古今中外管理思想精华的开放的管理理论。

以东方管理思想为研究对象的东方管理学是一门探究东方国家古今管理的理论与实践及其运行规律的现代科学,它是一门相对于西方管理学而言,汇集了东方各族人民管理智慧的学科。东方管理学根植于东方管理文化,东方管理文化是聚居在亚洲黄河长江流域、印度恒河印度河流域与西亚两河流域以及非洲古埃及尼罗河流域的东方各族人民,共同在长期生产经营实践发展过程中逐步形成的、独特的价值观,以及以此为核心发展起来的行为规范、道德标准、群体意识、风俗习惯等。因此"东方管理"四个字,既是一个理论范畴,同时也是一个地域范畴。

如上文所言,东方管理思想的理论渊源并非来自一门一派,而是提炼和整合东方各国优秀的管理文化中的精华汇聚而成。其中的主体部分主要包括:(1) 以老子、庄周为代表的道家的"道法自然、自然无为";(2)《周易》中所蕴含的"刚柔并济、崇德广业";(3) 以孔子、孟子为代表的儒家的"修己安人、以民为本";(4) 以韩非为代表的法家的"崇法尚术、唯法为治";(5) 以墨子为代表的墨家的"兼爱、利人";(6) 以孙子为代表的兵家的"运筹帷幄、知人善用、随机应变";(7) 佛教的"与人为善";(8) 伊斯兰教的"公平守信";等等。

相比较而言,在东方管理思想众多的理论渊源之中,《周易》和道家、佛教的管理思想更多地带有一些哲学的意味和价值,特别是其中对于自然、社会和人生现象背后的所以然的探究,更是确立了东方管理理论体系中世界观的雏形。儒家和法家、墨家、兵家以及伊斯兰教等虽然也有其各自对于客观世界的认识,然而他们对于东方管理的贡献更多的是集中在方法论的层面。

这其中,《周易》有着特殊的地位,毕业于哈佛大学的夏威夷大学教授成中英认为:金、木、水、

---

[①] 本文节选自2005年第九届世界管理论坛暨东方管理论坛上的发言稿,原题《东方管理思想:理论与实践》。

火、土五行的界限不是绝对的,它们相生相克,在一定条件下相互转化,阴阳五行中蕴涵着深刻的管理思想,与五行对应的法、墨、兵、儒、道五家管理学说也是既相对独立,又相互交融,共同构成看似松散,却暗含潜在线索的中国传统管理理论。

金主控制,以法家思想为代表,崇尚法制;

木主创造,以墨家思想为代表,崇爱贤能;

水主权变,以兵家思想为代表,随机应变;

火主协调,以儒家思想为代表,中庸之道;

土主决策,以道家思想为代表,天人合一。

这些重要的思想和理论主要集中在《周易》《道德经》《论语》《荀子》《韩非子》《孙子兵法》《盐铁论》《富国策》《营造法式》《生财有大道》《古兰经》等著作和文献中。在这些著作中,《孙子兵法》堪称世界上第一部战略管理著作,《孙子兵法·计篇》中的"道"类似现代企业经营中的战略目标管理,"天"和"地"类似时机与环境,"将"指有能力的管理者。"法"类似企业内部的规章制度,"将"和"法"共同构成企业竞争力,再如《孙子兵法》中的"知己知彼"和较量"七计",所谓"主孰有道"(目标管理)、"将孰有能"(人力资源管理)、"天地孰得"(决策分析)、"法令孰得"(组织架构与规则制定)、"兵将孰练"(管理沟通)、"赏罚孰明"(激励与约束)都渗透着深刻的管理智慧。

《盐铁论》是西汉人桓宽根据汉昭帝时召开的盐铁会议的发言记录增补而成的一部著作,共六十篇,它详细记录了盐铁会议上的论辩双方在国家行政管理、国民经济管理、财政管理乃至人才管理等诸方面的分歧,为我们提供了了解西汉中期政治、经济、军事、思想文化等方面情况的宝贵史料。

《富国策》是宋朝李觏的代表性经济著作,全书共十篇,主要提出"强本节用上下有余、限制工商驱民归田、安民富民鼓励通商"等观点,并全面论述了封建国家关于土地、工商、贸易、税收等方面的管理问题。

《营造法式》则是宋朝李诫奉旨编写的,反映当时中国工程管理与实践成果的著作。全书共有三十六卷,除序目外,今存三十四卷,内容分总释、总例、各种制度、功限、料例和图样等,对工程质量管理和成本核算与控制进行了详细的阐述。

《生财有大道》是明朝海瑞借儒家经典《大学》第十章中的同名语,阐发其富民、富国思想的一部著作,海瑞在书中主要论述了治国的生财之道、理财之方以及君须恤民的思想。

所以,从理论渊源来看,东方管理的历史相比较西方管理要长得多。在西方,把管理作为一门学科进行系统研究,只不过是最近100多年的事情。而在中国,有史料可查的管理典籍可以上溯到两千多年前的《周易》《尚书》《周礼》,当时并没有形成一个符合现代西方标准的,能够体现各行各业各种管理工作共同特点的管理学,但史料中所记载的东方管理的组织设计、典章制度构建、信息沟通、物流管理及工程建设等许多方面都令现代人啧啧称奇。按照文化的传承性来看,这些具体的管理人物和管理事件,都必然会在其后的管理实践中留下一定的痕迹,构成东方悠久的管理历史中的重要一环。从内容来看,东方管理要比西方管理丰富得多。东方管理除了涵盖了西方管理学科体系中的国家行政管理、企业管理、教育管理、工业管理、农业管理、科技管理、财政管理、城市管理等等以外,还包括治家管理、治身管理等关乎人的生命存在质量的内容。

## 二、东方管理思想的核心命题

经过近50年的学习、科研、实践,本人把东方管理的精髓提炼成"人为为人"四个字,"人为为人"的文化基础与保证条件是"以人为本""以德为先",这是在古今中外学者研究基础上融合发展形成的新学说。

以人为本:即一切以人为核心,实现人的全面、自由、普遍发展。

以德为先:即强调道德伦理的作用,管理者先"修己"做出道德示范,在无形中影响被管理者的行为,从而达到"安人",并实现共同发展的目的。

人为为人:管理者必须首先重视自己的行为和修养,"正人必先正己",然后从为人的角度出发,来从事、控制和调整自己的行为,创造一种良好的人际关系和激发环境,使人们能够持久地处于激发状态下工作,使人的能动性、积极性得到充分的发挥,为人类社会更好的服务。

## (一)以人为本是东方管理思想的立足点

"以人为本"是当今媒体中使用频率极高的一个词,这说明很多人都认识到了在新的世纪中作为知识载体的人的重要作用。然而,许多人仅仅是将"以人为本"理解为发挥人的积极性、主动性和创造性,给人们一个充分施展才华的空间,却只是理解了"以人为本"的浅表内涵。事实上,"以人为本"包含着两层含义:一是将人视为管理的首要因素,一切管理工作都围绕着如何调动人的积极性、主动性和创造性来展开,这是它的浅表内涵;二是通过给人们提供充分施展才华的空间,不断地运用挑战来锻炼人的智力、体力乃至意志品质,并在此全面发展的基础上,努力实现摆脱自然束缚的自由发展,提高人的生命存在质量。这才是"以人为本"的深层内涵。

"以人为本"一词最初出自《管子·霸言》:"夫霸王之所始也,以人为本。本理则国固,本乱则国危。"这里所说的"以人为本",是指建立霸业的一种重要手段。管子提出的"以人为本"的人本观,还不同于孟子主张的"民为贵,社稷次之,君为轻"的民本观,更不同于近现代意义上的人本主义。后来,在漫长的历史文化积淀中,这两种思想进一步合流,形成了"国以人为本,人以衣食为本"(吴兢:《贞观政要·务农》),以及"国以民为本,民以谷为命"(范晔:《后汉书·张奋传》)、"国以民为本,社稷亦为民而立"(朱熹:《四书集注·孟子·尽心下》)的民本思想。

现代人力资源理论的创新点也逐步转移到把人视作是企业的资源,是一种资本而非成本。1979年诺贝尔奖获得者舒尔茨认为:人力资本体现在人身上,是人的能力素质的总和;人力资本的投资收益率要远远高于物资资本的投资收益率。人力资本论与传统的东方管理思想尽管有着不同的出发点,在某些方面却是不谋而合的。

要理解什么是以人为本?为什么要以人为本?我们应该从以下几个方面来认识:

"人"首先是处在管理系统之中的人,即东方传统文化所谓"民"。中国传统文献中对"民"的重要性的论述极其丰富,"民惟邦本,本固邦宁""民为贵,社稷次之,君为轻""天之生民,非为君也,天之立君,以为民也""闻之于政,民无不为本也""民者国之本也"等等。中国传统管理哲学是以人为核心的。孔子的主要思想之一是"仁",按《礼记·中庸》的记述,孔子回答什么是"仁"的问题时,直截了当地归结为"仁者,人也"。另外,孔子还提出了"仁者,爱人",所谓"爱人"无非是人际关系协调中的一种理想状态。同样,《管子》的"人本论"与其他先秦诸子的"民本"思想也有着许多相似之处,主要表现在对管理建立在人的基础上的认可。"夫霸王之所始也,以人为本","政之所兴,在顺民心;政之所废,在逆民心"。

总之,东方管理思想的核心是人,人是管理的对象和基石。

由于20世纪七八十年代日本经济的崛起,劳动生产率的大幅提高,国民生产总值迅速攀升至世界的第二位,震惊了整个世界。许多美国经济学家在对美国和日本的经济进行比较时,指出美国的管理方法落后于日本。相对而言,美国管理者更重视"硬件"因素,而日本管理者更重视"软件"因素,即更重视人员的管理,把人而不是物当作企业最重要的资源,正如日本索尼公司的总裁盛田昭夫在他的《日本造》一书中写道:"日本公司的成功之道并无任何秘诀和不要与外人言传的公式。不是理论,不是计划,也不是政府改革,而是人,只有人才能使企业获得成功。"

在改革开放以前的几十年间,实施计划经济模式和以阶级斗争为纲的政治路线在一定程度上破坏了中国一脉相承的管理文化。尤其是过分强调集体主义,抹杀了个人的独立价值,"人乃天""事人如天""以人为本"的基本精神被有意无意地遗弃。20世纪80年代时,曾经有不少学者反思这个问题,但他们倚重的理论主要是西欧文艺复兴以来发展起来的"人文主义""人本主义"。西方的"人本主义""人文主义"本身很有进步意义,但后来在资本主义经济不断膨胀的过程中逐渐蜕变成了"个人主义"和"人类中心主义",西方国家的社会危机以及工业文明对环境的破坏都可以说明这一点。所以,不加区别地借用"人文主义""人本主义"和其他学说,并没有使得中国真正走上"以人为本"的发展道路。相反,改革开放的前十几年,我们的经济建设和企业管理倒是在许多方面重复西方国家的错误。学习和借鉴西方的理论和经验是非常必要的,但首先要取精华、去糟粕,然后还要考察哪些精华是不是适合中国的国情,怎样调整才能适合中国的国情。因此我坚持认为,从中国传统智慧中发掘资源,古为今用,培养和创建适用于现代中国乃至中国文化圈中其他国家的东方管理文化是一种更可取的做法。

讲到以人为本,还有人性假设问题。人性,即人的本性,指人所具有的正常的情感和理性。任何成熟的管理理论都是以一定的人性假设为前提的,人性既有共性即相通性,又有个性即每个人所具有的不同的本性,这里侧重于研究人的共性。不同管理理论人性假设的差异,导致了管理方法、过程和目标的不同。从西方管理理论的发展历程我们不难发现,泰罗的"科学管理"之所以研究标准化的工作规程,要求工人严格按照设定的规程执行,就是从"性本恶"的人性假设出发。道格拉斯·麦格雷戈的X-Y理论就是从人性的两面性假设来研究管理方法。X理论强调人性消极的一面,它假设人缺乏自我管理能力,不喜欢工作,不愿意承担责任,只有通过外界强制性的、严格规范的监督管理才能有效工作;Y理论则倾向于人积极的一面,它假设人具有自我管理的能力,有自我奋斗、自我实现的意愿,有强烈的工作热情,愿意承担责任。

而东方管理思想在其形成过程中则历来十分重视人性的假设。孔子的德治理论就隐含着"性本善"的人性假设。孟子更是直接提出了"性本善"的人性观,目的是为他的"仁政"服务。荀子则提出"人之性恶,其为善者伪也",他认为人生来好利多欲,为了满足人固有的利欲心,人与人之间必然会为了自身的利益发生冲突。正因为如此,荀子强调要"降礼重法""求治去乱"。

"内圣外王、天人合一、道德主体"构成了东方传统文化中的人性论。东方传统文化的特点在于:注重人的道德主体价值和道德修养,热衷对人的本性的探讨和对人际关系的协调。而这一特点铸成的东方人性观又对东亚经济的发展,起到了一定的促进作用。无论是日本,还是东亚"四小龙",它们的经济腾飞与现代化进程,的确是有着某种内在的传统文化因子在起作用,东方某些传统的价值观、伦理观对已积淀为东亚地区各国的道德规范和心理结构起着某种作用。

以人为本就是要充分关注人的需求和欲望,以满足和实现人的正当、合理的需求和欲望,发展人的能力,提高人的满意度为管理目标。传统的管理理论只是把企业内部的员工作为管理的对象,然而,从今天企业的使命与生存的基础来看,企业内部的股东、外部的顾客和供应商等这些在企业活动圈内的相关人员,都应视作企业管理的对象,尤其是企业的顾客。换一个角度,企业的员工也可以被看作是企业的内部顾客。一种新的利润链思想认为,企业的利润来自顾客的满意度,而顾客的满意度取决于员工的工作和服务,员工的工作服务水平相应地又取决于员工自身的满意度,这种满意度水平的高低同企业提供给员工的激励方案休戚相关。向员工提供适当的、有效的激励机制正是人本管理的一个重要方面。至于针对客户的人本管理,则不但要求企业以顾客为导向,致力于满足顾客的需求,而且强调企业要充分重视顾客作为"人"的需要(这种需要应当是不断发展和提高的),提供人性化设计的产品和富有人情味的服务。

因此,我们提出了东方管理的"主体人"假设,"主体人"假设认为:简单的善与恶不是评判人性的合理标准,人不仅是其自身的生命主体、道德主体、精神主体,也是管理主体,组织中每个人的个性和人格是独立、完整和平等的,人在组织中无论分工的差别、无论职位的差别,在管理中都一律平等地处于主体地位,不存在谁依附谁、谁掌控谁的关系。在主体人理论中,人不再是管理的工具和手段,人和人之间也不再是管理和被管理的关系,而是为了实现组织的目标所进行的平等的互相协同、互相支持、互相服务、互相配合的关系,也就是说是平等的互动关系。

"主体人"假设呼唤以人为本的管理理念。善与恶不是评判人性的一个合理标准,不同文化、不同背景、不同立场的人对善恶的认知并不完全相同,有时甚至是截然不同的。一个社会的基本结构,说到底,就是处于互相交织着的层面上有着不同价值取向的人类个体的总和。人在做出决定或制定决策时绝对离不开这些价值取向。由于生存和生活是每个人最根本的需要,我们便可以把经济利益上的价值取向看作一个基本层面。除此之外,还有社会价值的取向,它既有其自身的目标,又为获取经济利益提供了一个总体的、有效的基础。东亚社会如新加坡、韩国以及我国香港、台湾地区的工业化发展和经济成功,究其根源,无不体现了东方传统管理文化中的价值观和伦理观对东亚经济的高速发展所起的促进作用。因此,从某种角度讲,组成人类社会的基本因素不是简单的经济因素,而是社会经济因素。

## (二)以德为先是东方管理思想的指南针

中国伦理道德学说,源远流长,博大精深,内容丰富,蕴义深刻。简单地说,有三点要求:爱人修己、明辨义利、分清理欲。

在我国创建社会主义市场经济的过程中,常常遇到类似"斯密难题"的难题。即经济与道德相互关系,包括利己与利他、富民与富国、竞争与合作等相互关系的难题。在改革开放带来的深刻而复杂的社会变革面前,传统的社会道德观念发生了很大变化,腐败现象滋生,大量假冒伪劣、坑蒙拐骗充斥社会。每种经济体制,都需要有与之相适应的道德机制加以维护。当道德机制与经济体制相一致时,经济与道德之间会体现相辅相成、相互促进的关系。在传统的道德机制与新的经济体制发生冲突时,经济和道德之间才是相互排斥、相互对立的。因此,市场经济排斥的只是与它的经济原则相悖的道德观念和破坏市场经济发展的道德败坏的行为,而不排斥与它的经济原则相适应的道德规范,在旧道德失落和新道德萌生之际,出现的道德空缺和道德失控局面,已经向人们提出了创建市场经济的道德文化和道德机制的重任。在这方面,东方管理思想提出了建设新"三德"的理论。

### 1. 官德——富民与富国的统一

市场经济创造了通过等价交换、平等竞争使每个经济主体走向富裕的环境,使每个经济主体通过合法经营而致富,又有效地实现社会效益使整个国民经济走向繁荣,二者统一于市场经济的运行之中。这种在实现个人富裕的同时增进社会利益的经济结构,呼唤的是富民与富国统一的道德准则。在计划经济的道德观念中,富民与富国常常是相互对立的,个人的劳动致富仅被认为是非道德的,社会财富及分配几乎都集中在国家手中,常常形成富民与富国之间的利益分配互相消长的关系。因此,由于传统的计划经济体制中缺少作为经济发展动力的富民的利益机制,其结果不仅人民普遍贫穷,国家的富强亦受影响。而市场经济的发展则是通过富民实现富国的过程。国民越富裕,其国家税收越充足,国家亦越富强。因此,市场经济中富民与富国之间是利益机制相一致的关系。人们直接地为国家的富强努力固然是一种高尚的道德,但同时人们为提高自身的业务能力、为合法致富所进行的努力也是高尚的道德体现,因为千百万人的致富努力和国民的普遍富裕是国家富强的源泉。在实现国家富强的途径上,市场经济的富民富国有着统一的道德准则。一方面,鼓励国民为直接增加国家和社会财富而生产,另一方面每个经济主体追求自身富裕付出的持久不懈的努力,则是现阶段实现国家富裕的更有效的途径。因为这种方式更能充分地发挥经济主体的能量,从而在实现富民的同时,通过国家的税收机制更快速稳定地增强国家的实力,这已被部分人、部分地区先富及国民共同富裕的思想为指导的中国社会主义市场经济蓬勃发展的实践所证实。历史经验和经济发展的事实证明,一个国家的富裕和强盛往往取决于国民的富裕程度、创造财富的能力和国民的市场经济的道德素质。

2. 商德——经济利己心与道德利他心的统一

在市场经济中,生产者和经营者追求的是物质价值利益和价值的增值,市场经济奉行的资本增值的盈利原则,即市场经济主体首先是利己的。而实现这一目的的途径必须是为其他的经济主体提供所需要的商品和劳务,从这个意义上市场经济又是为他人服务的经济。市场经济既是一种利己经济,又是一种利他经济,二者统一于市场经济的运行之中。与此相适应的道德准则便是人的经济行为动机的利己心与利他心的统一,是物质文明与精神文明的统一。

市场经济中人的经济行为的利己心与利他心统一的道德准则,是现代人的一种复杂的社会经济生活和精神状态的体现。为了实现利己的目的,人们能够真诚地发自内心地努力工作,为他人服务,而使人本身成为经济和道德的主体和主宰者。在这里,利己心代表经济发展的原动力和价值增值源头,利他心则代表实现价值增值的手段,代表市场经济所需要的一切道德品质:强烈的社会责任感,克勤克俭的作风,契约神圣的观念,竞争与合作的意识,真诚地为他人服务的品格,对自由的崇尚,等等。需要指出的是,在利己心与利他心统一的道德准则中,与利他心相联系的利己心,同自私自利、损人利己、损公肥私及不付等价物的占有等毫无共同之处。前者是一种受到利他活动制约的利己心,是通过为他人、为社会提供可靠的信誉、一流的服务才能实现的利己心;后者则是一种丑陋的导致道德败坏、阻碍市场经济的发展、侵蚀社会机体的自私之心。同样,在利己心与利他心统一的道德准则中,与利己心相联系的利他心,同"乌托邦"的经济思想和封建的超经济强制的供奉有本质区别。前者是一种受到利己目的制约的利他心,是能够把人健康的自我表现和利益追求加以充分肯定的利他心;后者则是具有空想因素以及丧失经济发展内在力的利他心。当然,这种与利己心相联系的利他心,是指市场经济中人的一般经济活动的心理素质和道德素质。它不仅不否定在特定情况下和非经济领域中不追求任何个人得失的牺牲精神,而且提供为事业奋斗、进取、创新和献身的精神。

市场经济中人的经济行为的利己心与利他心统一的道德准则,最大价值在于对社会的协调发展和经济繁荣的促进作用。首先,这种道德准则从经济利己和道德利他的结合上,产生了一种经济和道德的社会制约力和推动力。道德机制促进经济的发展,而经济的繁荣则对道德心理方面产生巨大的良好的影响,从而使精神文明和物质文明进入相互促进、和谐发展的良性循环轨道。其次,这种道德素质在某种意义上有更重要的意义,它能够使人的智力和体力在生产中加倍发挥作用,从而使道德因素直接在人的身上转化成为巨大的物质力量,超越于人的智力和体力的素质。因为这种同市场经济相适应的道德素质存在于成熟的市场经济中,只有具备了市场经济的道德素质的人和民族,才能达到高水平的经营管理同市场经济的道德素质相统一,才能完成从精神到物质的转化。

3. 民德——竞争与合作的统一

在成熟的市场经济中,竞争与合作是相辅相成协调发展的。过度的竞争会引起生产过剩的资源浪费,而没有竞争的合作会导致过度的垄断,从而使经济因缺少竞争而走向衰落。市场经济既是一种经济主体之间相互竞争,优胜劣汰的竞争经济,又是一种互利互惠、互通有无的合作经济,二者统一于市场经济的运行之中。现代市场经济呼唤经营者的竞争意识与合作意识并存的道德理念,首先,市场是竞争的同义语,没有竞争就没有真正意义的市场。有效的适度竞争会实现资源的合理配置和市场机制作用的发挥,使资本和劳动合理地流向最有效的行业、地区和国家;在微观上,对每个经济主体既提供市场盈利的动力,又完成优胜劣汰的过程。不断地积极进取的精神、高度的责任感和强烈的竞争意识,是市场经济中必须具备的最基本的道德品质。其次,市场经济是建立在信用与合作基础上的,这就要求市场经济的参与者必须具有契约神圣、信誉第一和真诚合作的精神。随着社会分工的深化,经济主体的经济活动乃至每个国家的对外经贸往来,都越来越需要得到来自各个方面的合作。经济主体之间的援助与合作主要是通过契约交换取得的,从经济伦理意义上考察,市场经济中的买卖、借贷、租赁、交换等活动实质上是人与人之间互利、互惠、互助的合作行为。从竞争与合作相统一的角度上看,经济主体之间的合作有利于自身竞争力的提高,而竞争力的提高也离不开相互间的合作。一个经济主体强大的市场竞争力,总是同其良好的信誉和互助合作的精神联系在一起的。那种非法侵害其他竞争者,或损害社会及消费者利益的不良竞争者将被市场所淘汰。而竞争与合作统一的道德则是维护市场公平竞争、抑制不良竞争发生的重要的道德力量。

### (三) 人为为人是东方管理的本质特征

"人为为人"是揭示东方管理本质的核心命题。所谓"人为为人"指的是每一个人首先要注意自身的行为修养,"正人必先正己",然后从"为人"的角度出发,来从事、控制和调整自己的行为,创造一种良好的人际关系和激励环境,使人们能够长久地处于激发状态下工作,主观能动性得到充分的发挥。"人为"与"为人"两者具有辩证关系,相互联系并且相互转化。对任何管理者或被管理者,都有一个从个人行为逐步向他人服务转变的过程,即从"人为"向"为人"转化的过程。

"人为"就是"人的行为、作为",中国哲学重视人的道德和行为的可塑性,为人的发展提供了广阔的可能性。"为人"是人为要达到的目的。就管理行为而言,管理活动要始终兼顾到被管理者。"人为为人"作为东方管理文化的本质特征,它揭示了管理主体与管理客体之间的辩证关系。可以说,人为为人是对古今中外管理行为本质的高度概括,是"激励与服务"积极行为的综合体现,它强调人自身行为的激励与修养。每一个管理者必须首先注意自身的行为修养,"正人必先正己",然后从"为人"的角度出发,来控制和调整自己的行为,创造良好的人际关系和激励环境,使管理者和被管理者都能够持久地处于激发状态下工作,主观能动性得到充分的发挥。人为与为人互相联系,并且可以转化,对任何管理者和被管理者都有一个从个人行为逐步向他人服务转化的过程,即从"人为"向"为人"转变的过程。这一过程体现在家庭、行业、国家一切方面的管理之中,管理者和被管理者越是注重自身行为的素质,其"为人"即管理的效果就越好。因此,无论是建立大同世界的理想,还是现代企业以服务为宗旨的管理理念,都体现了"为人"的管理目的。

"人为为人"和"以人为本""以德为先"相辅相成,相互支持:

(1) "以人为本""以德为先"是"人为为人"的前提。"以人为本"强调管理活动中人的极端重要性,任何管理行为的出发点是人,最终归宿也是提高人的生活质量,促进人类社会的发展进步。"以德为先"突出了德治和软约束的作用,只有法治是不够的,必须注重道德教化和道德约束的作用。"以人为本"限定了"人为为人"的基本前提,而"以德为先"规定了"人为为人"的立足点是一种基于关系型的管理行为。

(2) "人为为人"是东方管理思想的核心。东方管理的核心思想体现为"人为为人"。中国传统管理思想十分丰富,其鲜明特点表现为重视人及人与人之间的关系的和谐,强调仁爱,关注行为的导向示范作用,这正是"人为为人"的内核。其基本逻辑是:如果我们希望别人头脑清晰行动敏捷,我们就要提供行为的榜样,并有足够的耐心和信任培育这种优良品质;如果我们希望别人诚实可靠善良,我们就应该以这种方式对待别人。

贯彻"人为为人"的理念,需要做到以下四点:

(1) 建设创造型企业文化。"人为为人"要求企业文化倡导认真倾听、积极思考、快速响应、不断革新的工作氛围,而不是所谓命令加训斥的严厉的工作环境。员工的自我意识被充分尊重,有更多的工作弹性,自我监控是控制的主要手段;管理者和被管理者的工作作风趋同,宽容并乐于接受新生事物;具有良好的沟通网络,信息传递速度加快,信息的作用得到充分发挥。

(2) 倡导自我管理。自我管理的员工不再是某一个岗位上被动接受工作指令的"单元",而是能够自我判断、适度范围内自我决策的真正意义上的人。管理者从"人为为人"出发,必须行动示范并给下属恰当授权;被管理者能够觉察到示范者的引导,结合自我工作任务积极参与管理。权力释放但不导致组织失控的原因在于具有共同的目标,因为自我管理绝不是"各顾各"的管理,而是相互协作、积极配合、有共同利益的管理。

(3) 关心员工的心理健康。影响"人为为人"互动效果的一个重要因素是员工的心理健康状况。这里包含两层含义:一是没有心理疾病,二是具有合理的工作期望,能够理解组织的工作目标和工作方式。作为管理者,应该在满足员工物质要求的同时,关注更多的心理需求。要教会员工常见的心理保健方法,提高面对挫折时的应对能力;激发员工的成就动机,加大员工对工作的投入程度。

(4) 应对知识经济对管理的挑战。"人为为人"的一个重要作用在于为知识经济时代的企业管理提供一系列管理的原则。随着经济全球化和我国加入WTO,中国经济将不可避免地融入全球新经济浪潮中。作为提升公司竞争力的强大武器,智力资本管理备受瞩目。管理知识员工的一个前提是公司的主管必须放弃过去那种经理人可以代替任何人决策,下属的任务只是执行的狭隘观点,必须"人为为人":① 自我示范,激发员工新知识的产生和应用;② 充分信任员工,给员工更大的工作发挥的空间;③ 管理比自己更有知识的员工,管理者应是"人为为人"者的角色,充分放权,为员工服务;④ 员工对知识的学习和共享也要"人为为人",倡导团队学习和集体讨论;⑤ 组织扁平化、模糊化,员工个人身份淡化,岗位交流成为新的时尚;⑥ 管理者能够与下属及时协商沟通,没有必要甚至在某些情况下也不可能代替下属考虑问题,要把思考的权力交还给别人。

# 全球化背景下东方管理思想的应用(2005)[①]

## 一、经济全球化需要东方管理文化的教育

随着全球化竞争的深化,中国经济的不断发展,中国的经济与管理面临着严峻的挑战,这些挑战反映到我们的研究生教育实践中,突出表现为三个问题:一是中国如何走有自己特色的管理教育,使目前西化的教育走向中西融合化;二是如何形成自己有特色的教材体系,从现在的西化教材为主转向融合古今中外管理精华的特色学科教材系列;三是如何使管理教育形成有特色的教育体系、方法,使现在的西化教育为主转变为古今中西结合的教育。这些都是我们需要探讨的问题。

今年10月11日的《中国企业报》有一篇头版报道,题为"我国泛MBA教育模式面临绝境",认为目前国内MBA教育在师资、教材和案例建设以及选拔机制上有七个问题。今后MBA的培养趋势是向专业化、能力化发展。现在MBA毕业时就面临就业难的问题比较普遍。一方面,企业急需人才,找不到合适的MBA人才;另一方面,MBA学生学习花费巨大,但找不到理想工作。中国的MBA到底出了什么问题?中国MBA教育如何发展?企业到底需要什么样的MBA人才?这涉及如何培养适应实际需要,适应产业发展与企业成长的人才,是个大问题。要培养能从事中国产业发展与企业成长的人才,就需要有相当的教室、教师和教材。

20年来,我多次出访和参加多次国际管理会议、国内外学术交流,目前世界管理学界达成一些共识,认为要研究三个问题:(1)人在管理中的作用;(2)文化对管理发展的作用;(3)东西方管理思想融合的必然性。有鉴于此,我们多年来探索以中国优秀文化为基础,以"三为"思想为核心的东方管理文化,探索建设东方管理学科。

但目前有些人对此学科建设还不理解,存在三种看法:一是东方管理学科是什么样的一门学科?二是这门学科是不是只谈中国传统文化?三是这门学科的实用价值怎么样?最近复旦大学出版社出版了一套由我总主编的"东方管理学派著系"十五部,首部是《东方管理学》,可以回答这些问题。

## 二、东方管理学的"五字经"在全球化背景下的运用

东方管理学的"五字经"是指"学、为、治、行、和",在全球化的背景下,"五字经"可以在诸多领域获得广泛的运用。

---

① 本文节选自2005年第九届世界管理论坛暨东方管理论坛上的发言稿,原题《全球化背景下东方管理文化》。

以下以学科建设、学术交流、治国方略等三个方面为例,进行简单的介绍。

1. 在学科建设中的应用

(1) 在建设"产业经济学"国家重点学科中的应用。复旦大学产业经济学于1986年被批准为博士点,1988年被国家教委批准为全国重点学科,是复旦大学应用经济学一级学科博士点授权单位的重要学科。在该重点学科建设过程中,我们始终坚持将东方管理的最新研究成果应用于中国产业发展研究之中,以求能够探索建立有中国特色的东方产业发展理论,其主要特色在于创新性与本土化研究的结合上,目的是能够引导中国产业的健康发展。

在复旦大学建设国家重点学科产业经济学,培养产业经济学高级人才的过程中,《产业经济学》一书提供了重要的学术支撑,发挥了重要的作用。该书作为教育部面向21世纪课程教材,自2000年2月出版以来,重印达六次,今年8月出版了第二版。该书立足东方管理文化和中国产业经济理论,融合西方最新的产业组织理论精华,放眼21世纪产业发展大趋势,联系中国产业发展实际,全面地阐述了产业经济学的基本体系,系统地论述了东方管理思想对产业经济的巨大推动作用,从产业经济的视角肯定了东方管理思想的现代价值,并初步形成了独具特色的东方产业管理模式,提出了具有创新性的基于东方管理"人为学"的产业经济学体系,在研究对象、研究方法、分析工具等方面,都体现了产业经济理论的东方特色。

(2) 在建设"国民经济管理学"中的应用。1998年,由我主编的、发行量高达300余万册的《中国国民经济管理学》再版,新的《中国国民经济管理学》中大量运用了十年来我研究东方管理思想和人为科学的成果,把东方管理思想融入宏观经济管理领域,受到学界同行的一致好评。

(3) 在建设"管理心理学"中的应用。东方管理学的本质是"人为为人"。"人为"即每个人必须首先注意自身的行为和修养,"正人必先正己",然后从为人的角度出发,来从事、控制和调整自己的行为,创造良好的人际关系和激励环境,使管理者和被管理者都能够持久地在激发状态下工作,主观能动性得到充分发挥,为人类社会更好地服务。"人为"和"为人"二者具有辩证关系,相互联系并可以相互转化。这一思想最初渗透在1987年出版的《管理心理学》(第一版)中,提出了管理要以人为中心的观点,并成为我独创的"人为科学"的理论基础。"人为为人"的东方管理理论充满生命力,在以复旦大学学者群为代表的国内外学者的共同努力下,对东方管理思想的研究不断深入。时至2002年,《管理心理学》已出第四版,发行量逾百万册,该书的每一次更新都从一个侧面反映了东方管理思想研究的最新进展。

(4) 在建设"企业管理学"中的应用。东方管理学思想在建设企业管理学学科中也发挥了重要作用。今年年初,我主编的《应用经济学》由复旦大学出版社出版,该书的"企业篇"以"三为"思想为主线,探讨了企业的本质、企业的产权、企业的行为、企业的生命力和企业文化等问题,阐述了企业的发展规律和运行机制。在我的指导下,我的学生苏勇教授的博士论文《中国企业文化的系统研究》、张阳教授的博士论文《管理文化视角的企业战略》和徐希燕博士的博士后研究成果《墨学研究》等著作先后由复旦大学出版社和商务印书馆出版,在学界颇有影响。

(5) 在建设"区域经济"中的应用。我从20世纪80年代初开始,以泉州的发展过程入手,经过多年深入的调查研究,开创性地提出了发展经济的"泉州模式":股份制的经济形式;外向型的市场经济;侨洋式的生产条件;灵活的经营管理;国际化的发展道路;地、亲、文、商、神"五缘"经济网络关系等。以大量的材料和数据证明,"泉州模式"的成功是基于"以人为本、以德为先、人为为人"的"三为"思想为核心的东方管理思想的。此后,我应邀参加在日本召开的"东亚地区经济发展协力国际研讨会议",以东方管理思想为指导,发表了题为《90年代中国经济发展与东亚经济合作》的学术报告,引起了与会各国代表的共鸣。1991年4月8日,复旦大学经济管理研究所与中国国民经济管理学会、《文汇报》、《解放日报》等6家单位在上海联合举办了"东亚-中国沿海经济发展国际研讨会",我结合东方管理思想做了《我们对90年代中国沿海经济发展战略的基本设想》的主题报告,提出了中国沿海经济发展"以上海为中心,南北两翼齐飞,以沿海地区为轴心,内外联动"的观点,引起了各界的重视,《文汇报》《解放日报》《上海社会科学报》《中国科学报》等对其进行了报道,产生了巨大的反响。

(6) 在经济管理实践中的运用。一直以来,我主持的复旦大学产业经济学国家重点学科博士点和博士后流动站的博士和博士后先后将东方管理学的有关理论运用于实践当中,研究了中国的产业政策、产业集群及煤炭产业、航天产业、建筑产业、水利产业、风险投资产业、金融产业、网络产业、海运产业、机电产业、医药产业、汽车产业、传媒产业、旅游产业、体育产业、科技产业、电信产业、文化产业、学业产业与高等教育产业等18个产业的战略组织与发展。在上述研究教学过程中间,我们积累了丰富的实践经验,并进一步发展了有关理论。

2. 在国内外学术交流中的传播

(1) 世界管理大会。从1992年开始,我连续率团参加IFSAM举办的世界管理大会,先后提交了《弘扬东方管理文化,建设中国特色的管理体系》《中华优秀文化与管理科学》《面向21世纪的东西方管理文化》《东方管理文化的复兴》等多篇关于东方管理文化的论文,从一个侧面反映了我们对东方管理思想研究的进展,引起了国际管理学界对东方管理思想的极大兴趣。在第三届世界管理大会提交的论文《东方管理文化的探索》中,我第一次提出了东方管理文化的基本精神是"人乃天"和"事人如天",这其实也是对"三为"东方管理文化中"以人为本"思想的深入阐述。

(2) 东方精英大讲堂。今年7月至11月,我们以"领先与创新"为主题,开设了十场共20个专题的"东方精英大讲堂",大讲堂以东方管理学思想为学术支撑,融会贯通古今中外管理学说精华,紧扣人本化、本土化、国际化的全球管理新趋势,即重视东方管理的沟通艺术、孙子兵法谋略等中国式管理智慧的传授,更充分关注企业竞争力与创新、跨文化管理、企业理财等管理热点问题。如国家行政学院博导、中国管理科学院领导科学研究所所长刘峰教授做了"东方管理与领导力"的报告,北京大学管理案例研究中心主任何志毅教授做的"孙子兵法与企业战略"的报告,这些报告引起了与会学员的高度兴趣,引发了热烈的讨论。

(3) 世界管理论坛暨第四届中国管理咨询高峰会。2005年9月17至18日,中国企业联合会、国际管理咨询协会理事会联合在上海主办了世界管理论坛暨第四届中国管理咨询高峰会,探索中国环境下的未来管理之道,梳理全球背景下的中国式管理科学。我作为东方管理学派的创建人以及中国管理咨询专家,受邀在17日上午的主论坛上作了"东方管理学思想的兴起"的主题发言,引起了强烈的反响。

(4) 中国管理哲学研讨会。2005年9月24日,由上海理工大学和日本经营哲学学会共同举办了中国管理哲学研讨会,我受邀在会上作了"东方管理哲学几个问题的探讨"的主题报告,引起了日本学者的极大兴趣,会后他们强烈要求与我们进行东方管理学研究和教学的合作。

3. 在和谐社会建设中的应用

在执政理念层面,进入新世纪以来,我们党和国家的路线、方针、政策也越来越多地蕴涵东方管理思想。

(1) 江泽民的"以德治国"思想和东方管理。以江泽民同志为核心的党的第三代领导集体,非常重视东方管理在治理国家上的运用。江泽民同志在《中国传统道德》一书的题词中指出:"弘扬中国古代优良道德传统和革命道德传统,吸取人类一切优秀道德成就,努力创建人类先进的精神文明。"

2001年1月,在全国宣传部长会议上,江泽民同志明确提出了"把依法治国与以德治国紧密结合起来"的治国方略,这是我党立足中国国情、借鉴中国古代治国之道、吸取国外国家事务管理的经验教训所做的英明决策。我早在20世纪80年代提出的"以德为先"思想与以德治国方略是内在统一的,要实现中国的繁荣昌盛,必须做到德以贯法,法以扬德,德治与法治相结合。

(2) 胡锦涛的"以人为本""和谐社会"的思想和东方管理。十六大以后,"以人为本"的执政理念始终贯穿于新一届中央领导集体的言行中,也具体落实到各部门、各地方广大党员干部的行动上。胡锦涛总书记反复强调"权为民所用,情为民所系,利为民所谋",指出"坚持以人为本,就是要以实现人的发展为目标,从人民群众的根本利益出发谋发展、促发展,不断满足人民群众日益增长的物质文化需求,切实保障人民群众的经济、政治和文化权益,让发展的成果惠及全体人民"。2003年中央经济工作会议进一步明确提出要"坚持以人为本,树立全面、协调、可持续发展观",同时指出"要坚持立党为公、执政为民,树立正确的政绩观"。这些都表明,一种新型社会主义政治文明正在形成。

自十六届四中全会以来,中央关于建立和谐社会的新执政理念已经在国人中取得广泛共识。胡锦涛总书记指出,构建社会主义和谐社会,是我们党从全面建设小康社会全局出发提出的一项重大战略任务,体现了广大人民群众的根本利益和愿望。必须从确保党和人民事业顺利发展和国家长治久安的战略高度,扎扎实实推进和谐社会建设,切实做好关心群众生产生活的工作,加强社会建设和管理,正确处理人民内部矛盾,维护群众正当权益,维护社会安定团结。他还指出,建设社会主义和谐社会,根本目的就是要为中国经济社会发展、群众安居乐业、国家长治久安创造良好的社会环境。

(3) 温家宝的"以德为先"思想与东方管理。温家宝总理在今年教师节援引了唐朝韩愈的《师说》,说:"师者,传道授业解惑也。"而做好这三点,一定要以德为先。同时,温家宝总理说,作为一名教师,首先要有爱心。对孩子、对学生要关爱,要宽容,要耐心,这样才能体贴入微,把他们教育好。做到这一点,就要求老师必须有崇高的道德。这与我早先提出的"以德为先"不谋而合。

(4) 在国际关系上"与邻为善""以和为贵""和而不同"和东方管理。中国的亚洲外交方针是"与邻为善,以邻为伴",实行"睦邻、安邻、富邻"的政策,目标是维护和平与稳定,加强交流与合作,追求繁荣与发展,实现互利与共赢,充分体现了东方管理思想的智慧。50年来,中国的这一亚洲外交方针取得了丰硕成果。

2003年12月温总理在哈佛发表演讲时,又借用了中国古代思想家"和而不同""以和为贵"的观点。这些外交政策塑造了中国"和平崛起"的形象,有力回击了所谓的"中国威胁论",为中国的长期稳定发展营造了良好的国际环境。

现在,中国已同大部分周边国家妥善解决了历史遗留下来的边界问题,同少量国家的个别问题,也正在通过和平谈判解决。温家宝总理4月上旬访问印度时,双方签署了解决两国边境问题的政治指导原则。这是1982年中印边界谈判开始以来的第一个政治指导性文件,标志着两国边境谈判进入了一个新阶段。

特别是在2002年的世界管理论坛上,中共中央外联部部长王家瑞教授做了《弘扬东方管理,促进世界文明》的主题发言,指出东方管理是治国方略的源泉,是经济发展的动力,是社会发展的通途。东亚、东南亚国家的工业化、现代化进程,既促进了东方管理思想精髓与现代世界经济体系的结合，也反映了东方管理的强大生命力。在经济全球化背景下，东方管理在与西方管理及人类其他管理文化的优秀成果的交融中不断提升自身的内涵，并因具有适应人本思想精华，崇尚人自身价值、兼顾公平和效率等知识经济管理模式的显著特征，必将在全新的视野下，对世界政治、经济、社会以及人类自身的发展提供无穷无尽的养分，对世界文明的进程产生深远的影响。

历史一再证明，最有希望、最有创造性的管理理论往往产生于经济迅速起飞的国家与地区，随着中国改革开放伟大实践的深入推进，以及儒教文化圈和海外华商的迅速崛起，随着中国加入WTO、申奥成功、申博成功，东方管理学理论迎来了前所未有的发展机遇。遥想2008，同样在浦江之滨，又将有一场世界管理盛会。

# 闽台文化融合与发展(2005)[①]

自古以来,福建与台湾一衣带水,语言相通,习俗类同,骨肉相亲。福建、台湾的文化彼此间不断交融、演化,被誉为闽台文化。具体说来,就是指生活在闽台两地人民所共同创造的,以闽方言为主要载体的区域文化。它具有汉民族文化普遍的本质属性,又拥有闽台地区自己的特殊品格。它不是福建、台湾两省文化的简单相加,而是闽台文化范围的人民在"亲缘""地缘""文缘""商缘"以及"神缘"等方面所具有"五缘"文化特质。

## 一、闽台文化的历史融合

闽、台之间源远流长的文化联系,其实一直可以追溯到原始社会时期。古代地质学早就证明,福建、台湾都属于亚洲大陆板块,而更新世的早、中期,台湾海峡多为陆地,福建、台湾不止一次地连成一体。考古学上曾经提到台湾最早的古人类"左镇人"和"长滨人"都是从福建进入台湾的,一直到更新世的晚期,气候转暖,冰川融化,海平面上升,台湾才被海隔开,成为岛屿。虽然在地理上台湾和福建分离,可是两地之间的文化交流却从来没有中断过,大量的考古资料和研究表明,台湾新石器时代的大岔坑文化、凤鼻头文化遗址的中下层与同时期的福建壳丘头文化、昙石山文化遗址的中下层遗物有极大的相似之处。到了青铜器时代,福建、台湾之间的文化联系更加密切,考古研究发现,两地同时期的文物都属于同类型的文化遗址。

春秋战国时期,福建境内的闽越族就已经东渡台湾,西汉时期汉武帝(公元前140—前88年)曾经出兵攻打闽越,一部分闽越人则乘船过海,迁居台湾,成为台湾的古闽越族。宋元时期,闽台的关系更加密切,根据考古发现,当时两地已开始有贸易往来。明代闽、台的文化往来关系比元代又前进一步,尤其是明中期以后,闽南话已经成为台湾岛内的主要方言。同时福建的风俗习惯也开始在岛内盛行,比如正月十五元宵节和八月十五中秋节,而闽南人祭祀的一些神祇如妈祖等也已经传入岛内。郑成功家族统治台湾期间,更是将大陆文化传统移入台湾,并且初步确立了中华文化体制,不仅建立了完整的行政管理制度、军事制度和地方保甲制度,连福建当时的文化教育制度也被搬到台湾,并在台湾正式开科取士。一直到清朝康熙年间(公元1622—1722年)统一台湾之后,中央政权专门设立台湾府,隶属福建省,使得闽、台两地的文化交融更为密切,到后来台湾府的知府、通判以及各县的知县都是从福建内地选派轮流到任。而在文化教育方面,更是全盘照搬福建的体制,台湾各府县与福建内地各府县一样,普遍设立府学、县学。府、县学的教授、教谕、训导全部都是由福

---

[①] 本文节选自2005年5月在福州举行的海峡两岸经济区建设与闽台区域合作研讨会的发言稿。

建内地选派充任。同时福建十分盛行的书院制度也移植到了台湾,闽台两地的书院保持着密切的关系。台湾当地各类学校的教材与福建所用完全一样,采用四书五经和各种艺文。各类学校颁布的学生规则,更是照抄闽学创始人朱熹制定的白鹿洞书院和福州鳌峰书院的学规。

近代以来特别是日据时期,日本殖民者为了消灭台湾的中华文化,切断闽台文化联系,强制推行日本文化,在台湾禁止学习汉语,不准讲闽南话,废除报纸的汉文版,禁止奉祀从福建传到台湾的民间神,并将各种神像收集焚毁。他们妄图割断闽台的文化联系,将台湾人变成"畸形的日本人"。日本殖民者的倒行逆施遭到了台湾人民强烈反抗,他们抵制学习日本话,坚持讲闽南话,千方百计地保持与福建同根同源的文化,表现出维护中华传统百折不挠的精神。

改革开放后,祖国大陆经济和文化蓬勃发展,使台胞感到高兴和自豪,他们对祖国的认同感和归属感与日俱增,加上党和政府和平统一中国大政方针的施行,海峡坚冰逐渐解冻,两岸间经济和文化交流日益发展并呈现不可逆转的趋势。据《台湾工作通讯》《福建旅游》等统计,截至 2001 年 8 月,前来祖国大陆探亲、旅游和文化交流的台胞已首次超过 300 万人次,历年累计已达 2 000 万人次;大陆居民赴台探亲和从事各项交流活动则达 10 多万人次,历年共达 48.5 万人次。这些双向交流团组的数量与规模历年均有新的增长,拓宽了两岸民间交流合作的良好格局。特别是,福建省提出了建设海峡西岸经济区的战略构想后,两岸的交流更是得到了进一步升温,闽台官方和民间文化交流都趋于活跃。

总的说来,闽台文化在漫长的交融过程中,逐步形成了既有许多共同文化特征,又有若干差异的地域性文化,表现出自己的独特特征,可以看出闽台文化特别富有开拓进取精神,还特别有反抗外来侵略和殖民者的注重民族气节的爱国主义精神,而且闽台文化不断地吸收其他文化的长处,具有兼容并包的精神,因此显得特别活跃和朝气蓬勃。这种刚健有为、自强不息、重节气操守、开放意识较强的地域文化,继承了中华文化的特质,成为中华灿烂文化的一个优秀的组成部分。诚然,台湾文化在其长期发展过程中形成了独特的文化特质,但是由于台湾文化是随同大陆汉民族移民台湾植根于台湾社会的中华文化,因此台湾文化不是游离于中华文化之外独立的台湾文化。随着台湾社会经济制度和政治制度的变迁,建筑在中华文化基础上的台湾文化呈现出发展的阶段性,这也是中华文化多元一体所致,台湾文化的本土化并不意味着台湾文化由中华民族文化脱离,而要把当前的台湾文化当作是中国传统文化与现代文化在台湾的一种继承融合和发展。总之,台湾文化源于中华文化,是中华传统文化和现代文化的有机统一。

## 二、闽台文化在长期的交流中形成了共同的文化特性

一般说来,移民社会具有明显的两重性,它既要适应新住地的自然、历史和社会环境以尽快取得生存的权利和资源,又会本能地保持原居地的文化传统以免造成移民群体的离心和瓦解。这两种倾向的长期互动和调适,使闽台两地逐步成为"五缘"文化(亲缘、地缘、商缘、神缘和文缘)发达的地区。

1. 亲缘文化

在社会生活上表现为聚族而居,在文化意识上显示为修谱续牒,在组织载体上则表现为海内外的各姓氏宗亲联谊会。闽台这种亲缘文化的色彩是在长期的历史过程中形成的。西晋时期,面对不同宗族的北方移民在争夺生存空间和政治经济利益中的冲突,入闽后的汉族大多聚族而居,依赖家族的力量来求得生存和发展。宋朝以后,福建一直保持聚族而居的传统,家族制度也较中原地区更为完善和严密。在台湾垦拓过程中,入台的闽人因争地、争水而引起不同族群之间的分类械斗常

常发生,所以族群意识在台湾是根深蒂固的。这种现象仍然一直延续到今天,表现为形形色色的姓氏宗亲会以及当地十分盛行的家族经营制度。据有关族谱宗亲资料统计,永春颜氏家族从商者约占总数40%,其家族成员都往南洋槟榔屿从商等。在台湾南部,家庭式经营更为普遍,父业子承,形成风尚。亲缘文化有助于保持和发展宗族的向心力、凝聚力以便争取更好的生存、发展的条件,是闽台文化的重要特色。

2. 地缘文化

在社会生活上表现为闽台两地隔海移居而形成的特别亲近的关系,以及闽台两地与华侨华人主要移居地同样也是隔海比邻的东南亚所形成的亲近关系。其社会组织载体,则表现为遍布海内外的同乡会或乡亲联谊会。根据历史资料显示,闽人入台后,虽然在台湾建家立业,但对故土对祖国怀着深深的眷恋,并且世代相传,逐渐沉淀为强烈的祖根意识。历史上的闽籍移民在各姓氏宗族所修建的祠堂内,大多是奉祀"唐山祖"和"开台始祖"。此后,随着大量闽人入台,台湾开始出现"泉州厝""长泰厝"等以福建地名命名的村庄。台湾文化的祖根意识还可以从台湾同胞到福建寻根谒祖的热点上得到体现,1991年仅到漳州市、县寻根谒祖的台胞团组就达200多个,台胞近1万人次。同年,台湾9家旅行社联合组团考察了客家祖地宁化;台湾十多个姓氏的客家后裔,也陆续组团赴宁化寻根。最典型的例子是学甲慈济宫自明末以来,除了直接上福建龙海慈济宫祖庙进香外,每年都要举行"上白礁谒祖祭典",十分隆重,至今从未间断,且规模越来越大。这种地缘文化更是表现为世界各地的闽商团体和台商协会。通过这些协会和老乡会,同乡之间互相提携,共同发展,构成了今天世界华商团体的一支重要力量。

3. 商缘文化

也称业缘文化,表现在以相同的职业特点为纽带的积极沟通。由于自然条件的相似性,闽台人民从事渔业、商业的特别多,经商的传统更蓬勃发展到整个东南亚乃至其他地区的华侨华人社会。同族同乡加上同业的沟通,在业务的联系和拓展上,自然更有优势。我曾在闽商大会上,提出闽商以"五缘"结成商业网络,"五缘"促进了闽商网络的进一步拓展和互动。以商缘为例,闽商会在国内已经占有重要席位,如上海福建商会、泉州侨乡开发协会等就是其中杰出代表。在国外以闽商为主体的商会也数以千计。我认为闽台这种商缘文化得益于其特殊的地理位置。闽省地处东南沿海,有海上交通之便;而八山一水一分田的格局,又使大部分地区地少且瘠,难以自给自足。故以手工劳作或交通商贩补贴家用直到专以手工、商贩为生,成为生存压力下的必然选择,而民间对工商业,也多取宽容而不予卑视。宋元两朝泉州一跃成为万商云集的东方第一大港,泉州市舶司的海关税收曾高达100万缗,约占南宋朝廷年财政收入的六分之一。巨大的外贸规模刺激了闽省的手工业、商业和交通运输业的发展,也促进了社会心理的转变,有别于中原文化"重农桑"传统的"重工商"的文化心态,逐步形成。明代大思想家李贽一反轻贱商人的传统习气,提出"天下尽市道之交也"的观点,认为一切社会关系无非都是商品交换关系的表现或扩大。除李贽外,主张废除海禁、重工商甚至主张儒者为贾、妇女经商的,还有王慎中、何乔远、李光缙等名宦名士。可以说,正是唐宋以来数百年的工商经营积淀下来的文化氛围,成为他们重工商思想的酵母。闽南人这些重工商的思想在他们离开家乡后,便演绎成浓烈的商缘文化。所以,闽南人在海外经济力量壮大,台湾的闽南人也创造了经济奇迹,今日闽南漳泉厦金三角是大陆经济较活跃的地区。各地的闽南人能够发展经济,商缘文化因素起了关键作用。

4. 神缘文化

主要表现为共同的宗教和民间信仰上。闽台两地人民除了与其他地区人民一样信仰佛教、道教之外,特别突出地形成富有地域特色和海洋文化特征的民间信仰。"天上圣母"自不必说,早已成为全中国乃至整个东南亚华侨华人社会的普遍信仰,就是保生大帝、清水祖师、广泽尊王、开漳圣王等原来地域色彩很浓的神祇,其传播范围也有日益扩大之势。共同的信仰,进一步强化了人们的血缘、地缘、业缘联系。据研究考证,台湾目前有1 500多座神庙,供奉各种神明300余种,80%的信仰都是福建先民开台时带去的。尤其是宋元时期产生的妈祖信仰通过数次移民在海峡两岸及周边地区已经形成了一个妈祖信仰圈,目前两岸妈祖信众已达2亿人,从福建传播至台湾、东南亚等地的妈祖宫庙也有数百座。今年是海上和平女神妈祖诞辰1 045周年。今年年初以来,台湾彰化南瑶宫千人进香团前来湄洲岛朝圣;金门300余信众直航湄洲岛祭拜,以及莆田湄洲妈祖祖庙向金门赠送妈祖石雕像等,海峡两岸的妈祖信众在福建和台湾等地纷纷举行了各种纪念活动。就连中国国民党主席连战大陆行在南京时,也特意到郑和下西洋归来后祈福的当地天妃宫参观,并偕同夫人一起撞响了寄寓海峡两岸和平的世纪之钟。这些相承的民间信仰体现了闽台渊源相通的生活方式、风俗习惯和区域特色,蕴涵了同根同源的传统文化因子,也反映了两岸乡亲对共同民族文化的认同。

5. 文缘文化

主要表现在共同的语言,相似的文艺创作倾向和审美心理和相通的地方民俗上。语言作为人类社会交际的最重要的工具,也是社会文化活动的媒介,在闽台文化交流中扮演了最为重要的角色。可以这样说,主体文化的共同基础就在于语言相通,具体表现就是方言相通。福建人民在长期移民台湾的历史过程中,形成了接近、通用的闽台方言。福建省现在共有7种主要方言,其中的闽南方言则是闽方言中分布最广、使用人口最多的一种,随着闽南人民向外移居,闽南方言播散于东南沿海的五个省和东南亚许多国家,就发音而言,大体分为泉州腔、漳州腔、厦门腔和龙岩腔。闽南方言流传到台湾是与闽南人大量移居台湾联系在一起的。从郑成功父子收复台湾,开垦经营台湾起,先后几次移民潮,形成了台湾人口以闽南人为主的状况,也因此闽南方言成为台湾省内的主要方言。闽南方言能长期以来在台湾保存发展,很重要的一点是闽台文化有一种特别强烈的乡族故土观念。深厚的乡族故土观念是求同性文化的一个表现,而保持乡音又是此种观念的重要表现。许多从闽南迁台或到东南亚的姓氏家族,总要顽强地保留自己的母语。虽然已经传了十几代数百年,但移民的子孙仍旧在语言中保存了本土乡音和祖籍地俚语汇。这种顽强保留母语的力量来自对故土的眷恋,对乡情的珍惜,以及对祖先的爱戴和对祖先所创造的文化的自豪感。同时,也由于漂流在外的移民们艰辛苦难,共同的方言成为沟通感情、协同团结甚至身份认同的重要工具。闽台的文缘还体现在两岸的习俗相通上。《台湾通史》作者、史学家连横曾说过"台与漳泉同俗",包括漳州、泉州在内的福建许多地方和台湾当地的很多民俗民风都有相通之处。除夕合家"围炉"祭祖谒长,同吃"长生菜"、跳火囤讨吉利等,都和闽南风俗相近。此外,以在民众文艺活动中占有重要地位和广泛影响的戏曲论,台湾的戏曲大部分由大陆移民带入而落地生根。如被称为台湾"土生土长"的歌仔戏,其渊源的锦歌、车鼓、采茶也从福建传来,而又反馈漳州成为芗剧。至于南音这一中原唐音遗响,也从泉州传遍台湾和东南亚,其特有的委婉清幽的曲调和四管谐和的韵味所勾起的悠远的家国之思和微妙的审美愉悦,更是使多少游子在文化心理和审美倾向上,一下就回归故国故土之根。

## 三、闽台文化的现代价值

1. 经济价值

作为中华文化的重要组成部分,闽台文化有着自己的独特内涵和历史诠释。历史上闽南人大多为生活所迫,在迫不得已时才漂洋过海,到异国他乡求生存谋发展。因此,他们大多靠白手起家,"赤脚打天下",克服了种种难以想象的困难,不仅在居住地站稳了脚跟,有的甚至发展成为世界知名的企业家,构成了海内外华商发展一道亮丽的风景。闽南人在海外的迅速崛起和取得的巨大成功,除了秉承了中华民族的勤奋和节俭持家的优良传统美德外,闽南文化的鲜明特性以及在商业领域所表现出的理财观、致富观、经商道德和创业精神,对海内外华商的财富积累和企业发展发挥着不可低估的作用。据有关资料统计,1995年世界华商资产在1亿美元以上的有386人,其中属于闽台文化圈的就有215人,人数比例占到2/3。另据2001年《国际华商500家》的资料统计,仅在印尼、马来西亚、新加坡和菲律宾等东南亚四国,闽籍华人企业就占到85家,其中属闽台文化圈的占了大部分。中新社2005年12月7日以"中国闽南帮再次崛起:成长速度惊人,实力壮大"为标题,发布了最新的闽商数据,再次显示了闽台文化的巨大经济价值。根据报道,目前在世界4 000多万海外华人中,闽籍人士有1 000多万,遍布世界160多个国家和地区。闽籍港澳同胞有120万人,而闽籍台湾同胞有900多万人,资产存量估计超过3 000多亿美元。在近20年来,这些闽籍人士很多人都到福建来投资,帮助了本土闽商迅速完成资本积累,使得闽商在全国甚至全世界迅速崛起,目前到省外投资的本土闽商已达250万人,单是在北京注册的闽籍商人的企业就有5 000多家。因此,深入地研究闽台文化的特性及其对华资企业经营的影响,具有重要的经济意义。

2. 社会价值

闽台民众的海洋性格,使他们较少受到政治权威和传统礼法观念的束缚,但这绝不意味着他们抛弃所有的政治权威和礼法观念而为所欲为。他们的蔑视政治权威,往往是冲破那些不符合经济社会发展要求的禁令而非一味的反政府;他们的罔顾礼法观念,主要也是反对那些背离社会进步和个性解放要求的不合理的清规戒律而非一味的非圣无法。从深处看,这只是闽台民众根据自己的海洋性生存条件的需要,对以农耕文明为根基的中原华夏文明有所选择、有所取舍而已。他们敢于干犯政治权威但强烈爱国,敢于冲破礼法但最重大信大义。毋宁说,这样的价值取向不但不违背华夏文明的核心价值,反倒有助于其因应世变而发展。闽台人民有突出的爱国热忱和维护民族文化的崇高信念。在明末清军征服全国过程中,抵抗最烈、坚持最久的就是闽台人民,而他们对抗清驱荷、坚持民族大义的延平郡王郑成功的崇敬,数百年来有增无减。在近代壮烈残酷的反侵略斗争特别是台湾人民反抗日本帝国主义的血腥侵略和统治的斗争中,闽台人民表现了极其伟大壮烈的爱国精神,不论是在福建还是台湾,在海内还是海外,可谓前仆后继,惊天地而泣鬼神,涌现出像林则徐、陈化成、丘逢甲、陈嘉庚等一大批民族英雄。在民间的社会交流中,闽台民众最注重信义。历史悠久的繁盛商业活动,天然地培育强化着信义伦理使之深入人心。商业交往的频繁必然要求有越来越广泛的主客信用关系,以方便交换行为并降低交易成本;而民间活跃的创业冲动和海事、商业活动的风险性则催化着亲朋好友间互相帮助、患难相扶的"义"的发展。在福建城乡经常可以看到这种情况:丈夫"走南洋"而妻子在家奉养公婆教养子女;丈夫在外"打拼"赚钱按期寄来"批银",妻子则数年甚至数十年如一日地苦苦相守,盼望着丈夫的归期。石狮"姑嫂塔"的如泣如诉的传说,就是这种伦理心态的真实反映。在这里支撑夫妇双方的精神力量,绝不单是"夫唱妇随"的伦理或缠绵的夫妻之爱,还有更广泛深邃的"一诺千金"的信义意识。在闽台两地,民众极为崇敬以大信大义昭著于世的关羽,关帝庙遍布于两地城乡,单台湾一地就有356座,在民间信仰中仅次于妈祖宫观。而改革开放后晋江人在归纳"晋江精神"时,把"诚信"列在第一位,正是继承了昭信义的传统。上述闽台文化的精髓所在在今天仍然具有重要的社会价值。

3. 政治价值

闽台文化所具有的政治价值就在于其能为促进闽台文化交流和祖国统一大业服务。江泽民同志指出:"中华文化是国家统一的重要基础,是维系两岸人民的精神纽带。"两岸民间信仰及其民俗文物是中华文化的重要组成部分,是全体中华儿女共同的宝贵财富。两岸同胞血脉相连,源自一体,都是中华文化发展的缔造者。加强闽台文化工作对于拓展对台文化交流活动具有重要的现实意义,必须加以重视,同时还必须客观看待民间信仰在促进两岸和平统一进程中的地位和作用。第一,是加深两岸同胞血脉亲情,广泛团结台湾同胞的重要渠道。两岸同胞共同继承和发扬中华文化的优秀传统,有利于促进祖国的和平统一。两岸同族同根,"五缘"文化优势是祖国统一的有力武器,是推进两岸文化交流与合作的重要内容。中华文化源远流长,博大精深,加强闽台文化工作有利于让台胞正确地了解历史,正视自己文化的根。第二,要充分发挥闽南文化糅合共济的相容性和在对台工作中的积极作用,深入研究、挖掘闽台文化的共性和其他契合点,尤其是中华文化与闽台社会变迁的关系,加强闽台的科技和文化交流,促进两岸交流和社会经济的发展,为早日实现两岸的和平统一服务。第三,两岸民间信仰以贴近民间、深入生活、富于乡土气息和人情味而保持其旺盛的生命力。台湾民间信仰蕴涵着中华民族传统文化之积淀,寄托着大陆移民及其后裔对故土延绵不绝的缅怀和眷恋,这是台胞血缘宗乡情结的自然流露,也是维系他们同祖国大陆血肉联系的牢固基础。应该加强两岸之间的多种形式的民间往来活动,为推进祖国统一做出贡献。

4. 人文价值

台湾民间诸神根植于闽南这块丰厚的文化沃土,带有浓厚的家乡色彩,保存了中国传统文化的原汁原味,在今天仍然富有其丰富的人文价值。上述妈祖、保生大帝、开漳圣王、开台圣王、广泽尊王、阿里山神等民间诸神,基本上都来自福建土生土长的神格化的历史人物,即林默、吴夲、陈元光、郑成功、郭忠福、吴凤等。移民移神抵台,既是移垦者对先贤荣誉的珍惜,又是中华文化从大陆向台湾的传播和延伸。这种闽台神缘本源关系的人文资源,既成为台胞心中至高无上的保佑神明,融入了闽台人民不可分割的血脉关系;又成为维系国家与民族形成感情的牢固根基和坚强柱石,体现了中华民族融合的演变历史。福建与台湾在姓氏、地名、语言、民情、风俗、衣着、礼仪以及民间艺术、宗教信仰等方面都有共同之处,特别是闽南地区,展现两岸民间信仰根系相连的文物景点星罗棋布,成为闽台民俗文化交流的桥梁和纽带。

5. 国际影响价值

闽台文化有着较强的延伸性,是团结广大闽商为我国和国际社会做出贡献的基础,也是联系东南亚地区和世界华人地区的重要文化利器,具有国际联络的重大影响价值。大家知道,中华文化之所以博大精深,就在于她的"有容乃大",因此具有"化合四海"的永久生命力;而闽台文化在不断地磨合、扬弃和锤炼的发展过程中,也形成了一些兼备南北、糅合汉回越各族的人文化特征。此外,海洋文明的熏陶,尤其是阿拉伯人经商传统对泉州和台湾商人的影响,也铸造了闽台人以世界性的眼光,以"兼容并蓄"的博大胸怀,巧借外力来发展和提高自己。因此,要充分发挥闽台文化糅合共济的相容性在邦交外事工作中的积极作用,深入研究、挖掘闽台文化和邻邦华人社会的共性和其他契合点,尤其是中华文化与邻邦社会变迁的关系,加强与东南亚地区和华人社会的科技和文化交流,促进华人社会交流和经济的发展,为我国做好周边地区和世界华人圈的外交工作服务。此外,要发挥闽台文化的开放性特点,大力引进资金、技术和智力资源,为周边地区的安宁和睦创造和谐的文化基础,为世界和平发展作出贡献。

# 创建中国管理学新体系(2006)[①]

《中国管理学》是我从事经济与管理教学科研50年来探索研究成果之一,是自20世纪80年代以来承接国家重点学科教材建设《产业经济学》和《中国国民经济管理学》、国务院全国重点学科重点科研课题《中国外向经济发展战略研究》、国家自然科学基金《东方管理学思想研究》、上海市高校重点科研教材《中国管理研究》延伸研究的成果,亦是"东方管理学派著系"的一部重要著作。

《中国管理研究》与《中国管理通鉴》,自1986年先后作为复旦大学经济管理研究所研究生主要课程以来,曾获教育部全国人文科学优秀成果奖和上海哲学社会科学优秀著作一等奖。在教研的过程中,于1997年起结合东方管理文化和中国管理实践,融合古今中外管理精华,在十届世界管理论坛与东方管理论坛专家研究论文的基础上形成《中国管理学》。最近三年,参加本书提纲和内容讨论编撰的有复旦大学东方管理学派、经济管理研究所和东方管理科学研究院的部分博士生导师、教授、讲师、研究员、博士后、博士等20余人。主要作者有:苏东水、彭贺、付春、苏宗伟、徐新华、邓晓辉、陈静、陆开锦、杨庆、马彦、周桐宇、吴从环等。在对各章节提纲与内容反复讨论修改的基础上,由苏东水、彭贺等补充、统稿,苏东水教授主编定稿。

要创建一门学科是非常艰辛的事,从1997年起本书的体系内容五易其稿,是众多智慧的结晶。写作本书是为弘扬中华优秀文化、为发展中国管理教育,受到东方管理"三为"理念的驱动。记得20世纪90年代中有位德国著名出版商到中国访问,指出中国管理教育教材以仿西方原著译本为主,缺少有中国特色的著作,他们向复旦出版社的刘子馨教授提议出版一套独具中国特色的管理新教材,并希望能推向世界管理界。东方管理学派以此为实际行动,由复旦大学出版社出版"东方管理学派著系"的《东方管理学》《中国管理学》《华商管理学》为主干的"三学""四治""八论"等十五部书。在初次讨论《中国管理学》编写时,王家瑞教授提出《中国管理学》要结合中国改革开放以来,经济发展的新成就、管理理论新发展和世界管理新进展进行比较研究;要在20世纪80年代起首创中国国民经济管理学的基础上,从宏观、中观、微观、自观理论实践的基础上,形成一部创新领先的《中国管理学》。

经过8年多探索研究,本书在苏东水教授主持创意以"三为",即"以人为本,以德为先,人为为人"思想为核心,以治国、治生、治家、治身为基本框架,创建《中国管理学》新体系,共五篇十八章。第一篇导论,论述中国管理学的研究体系对象、发展历史和融合创新;第二篇治国学,论述立国之本、治国之道、兴国之要以及邦交之策;第三篇治生学,论述德正生厚、商邦之道、应变管理以及网络经营;第四篇治家学,论述治家基础、家业管理、家族企业以及家国和谐;第五篇治身学,论述修身之

---

[①] 本文是复旦大学出版社2006年出版的《中国管理学》的前言。

道、待人之道以及成事之道。

历史一再证明,最有生命力、最有创造性管理理论往往产生于经济迅速起飞的国家与地区,随着中国改革开放的伟大实践的深入推进,中国管理越来越引起国内外管理学者、人士高度关注与应用。近据《环球时报》2006年8月11日"热门话题"报道:"中国管理学"成为德国各大学竞相开设的"新奇"专业之一,以吸引学生的眼球。这对一向以严谨、保守著称的德国高校来说无疑是一次不小的变动,也填补了世界管理学领域的空白。德国高校联合会负责人提特茨博士说:"推出新专业,就是德国高校适应社会发展所做调整。"德国大学曾以"学术严谨""学位含金量高"著称于世。但这几年来,德国大学却因僵硬、死板的教育体制渐渐被各国学子"遗忘"。为重振昔日辉煌,德国大学正不断改革创新。德国的遭遇与唤醒,德国顺应中国发展,填补市场空白,在德国大学创新专业,注入中国因素,新设"中国管理学"的全新"教育产品",不能不引起我们深思!

20多年来,上海管理教育学会各界曾领先开展管理教育,贡献非凡,以东方管理科学为基础的"中国管理学"必将随着时代发展走向世界。世界在不断变化,人类在进步,要编好一部适应新时代发展的新书是非易之事,需要有社会责任心、民族感和毅力。在今年高温暑假时节,年华已迈,汗流浃背,虽尽力修改书稿,但尚未尽如意,诚希各界指导!

# 和谐社会建设与东方管理理论应用(2006)

中共中央十六届六中全会近日胜利闭幕,该会以研究如何建设社会主义和谐社会为主旨,审议《中共中央关于构建社会主义和谐社会若干重大问题的决定》,这说明我们国家已经把十六届四中全会提出的建设社会主义和谐社会的目标推向具体的实施过程,这是中国在推动经济高速增长,基本解决13亿国民的温饱问题之后,为增进全民福祉,建设公平公正的社会,实现经济社会的可持续发展而采取的重大战略举措。我在学习十六届六中全会精神之后有几点启示,和大家交流,希望大家指正。

## 一、建设和谐社会,难在执行

在我国古代,和谐社会也是历代君王追求的目标,后来一些农民起义的领袖也追求和谐社会,并以此聚拢人心。然而,从历史上来看,真正实现和谐社会的情况罕见,即便实现所谓的盛世,也并非真正和谐。

历史经验表明,和谐社会建设的难点主要在于执行,执行难主要在于以下三个原因:

1. 对人的地位的认识不正确——缺乏真正的人本观

和谐总是和"人"联系在一起的。我国古代先贤虽然提出了"以人为本""以民为贵"等思想,但缺乏真正的人本观,基本上是将人视为工具,而并非主体来看待。我们东方管理学派提出,真正的"以人为本"必须将现代人作为社会的"主体人"。

我们认为,和谐的产生离不开人的参与。和谐社会的建设绝不能忽略人的因素,人与自然、人与人、人与社会以及人自身的和谐问题,都是和谐范畴的重要组成部分。和谐社会的建设要求真正的以人为本,若做不到,和谐社会无法成功。比如,秦朝秦始皇统一中国后,设郡县、统一货币、收缴民间的兵器、焚书坑儒等行为,都可视为构建和谐社会的重大战略举措。然而,他想永久和平下去的愿望并没有实现,秦王朝传到他儿子的时候就灭亡了。主要原因就在于秦始皇所力图构建的是缺乏真正人本观的专制集权社会,他并没有把握和谐社会的主旨。

中国历史上第一个比较和谐的社会之所以出现在西汉的"文景之治",主要也在于汉朝初期汉高祖采取休养生息的政策,实施无为而治的策略。后来,汉文帝、汉景帝又继续汉高祖的这种无为而治策略,国家渐渐恢复生机。到了汉武帝的时候,国家已经比较强盛了。汉武帝执政后,继续实施中央集权,同时在经济、政治、军事、文化上进行了一系列变革。比如,在经济上,兴修水利,统一

---

① 本文是作者2006年10月在复旦大学"学习十六届六中全会精神"座谈会上的发言。

盐铁税收；在政治上，实施举贤良的制度，公开选拔人才，给读书人以希望；在军事上，打通西域之道，开创丝绸之路；在文化上，独尊儒术。这一系列的措施将西汉社会推向了和谐发展的最高峰。然而，"文景之治"时期的统治者虽然考虑到人民的利益，但并没有做到真正的"以人为本"，因此这样的和谐社会也没有维持多久。在汉武帝常年穷兵黩武之后，社会就慢慢陷入萧条。

2. 对和谐的理解不当——缺乏真正的和谐观

《中庸》云："和也者，天下之达道也"。"和谐"两个字按照字典的解释是：配合得当与匀称。但这样的一个解释仅仅是一种描述，而并没有给出"和谐"的内涵。我们认为，和谐是事物之间联系的一种特定存在状态。它体现的是一种均衡、平衡、配合、相生相胜、相反相成。然而，和谐也是主体从价值论角度出发对事物特定存在状态的主观感受。"和谐"反映的不仅是事物的存在状态本身，而且也是主体对事物特定存在状态的价值认同，它反映了主体的价值目标和价值追求。《中庸》说："万物并育而不相害，道并行而不相悖，……此天地之所必为大也。"这说明，和谐并不是要消除差别，消除冲突，消灭矛盾。现在的地球上，许多生物被消灭了，而人类自己亦处于危难的边缘。如何保持生态平衡，如何可持续发展，已成为一个迫切的问题。正是在这个意义上，"万物并育而不相害，道并行而不相悖"，应是人类所追求的理想境界。因此，和谐就是要研究相互联系、相互作用诸要素之间的相生相胜、相反相成的关系问题。总之，和谐社会是一项系统工程，而不是某几个指标的问题。和谐社会也并不是要抹杀差别，而是重视差别，让社会各要素之间处于一个比较合理的配比关系。对和谐含义的理解不当，是历史上和谐社会建设不成功的重要原因。

3. 对发展的认识不正确——缺乏科学的发展观

以人为本、和谐社会和科学发展观是紧密联系在一起的。和谐社会不仅涉及人与人、人与社会的和谐，更涉及人与自然的和谐。人与自然的和谐意味着我们在发展经济的时候，得有通盘的考虑，必须考虑到可持续发展，而不能急功近利。缺乏科学的发展观也是历史上建设和谐社会不成功的原因。现在，我们国家提出要落实科学发展观，确实具有极大的现实意义。

## 二、建设和谐社会，贵在为人

1996年，我在西班牙参加世界管理大会时，提交了一篇题为《东方管理文化复兴》的论文，其中就提到管理学研究的目标是要为实现社会和谐而努力。1997年，我承接国家自然科学基金项目东方管理思想研究，提出十五要素论和东方管理学理论体系框架，我们认为东方管理学的最终目标就是要通过"三为"（以人为本、以德为先、人为为人）来实现"三和"（"和贵"、"和合"、"中和（和谐社会）"）。现在，这些看法逐渐得到大家的认可。而中央提出构建社会主义和谐社会，更是说明我们的理论具有重要的现实价值。

按照东方管理学的观点，构建和谐社会主要是要有一种"为人"的理念：以人为本、以德为先、人为为人。

"为人"的理念体现在我国建设社会主义和谐社会中，主要包括这么几个方面的问题：(1) 身心和谐，即人自身组成部分间的关系问题，它寻求的是一种心气平和。(2) 人际和谐，即研究人与人之间的关系问题。人际和谐不仅有情感需求的基础，更有利益的基础。关于利益基础，长期重复博弈论以及社会资本理论已经做了深入研究和解释。(3) 群己和谐，即研究个人与社会、群体、团队的和谐。(4) 家庭和谐，家庭作为社会组织的基本单元，是个体活动的主要场所，应该研究如何构建一个和谐的家庭。(5) 校园和谐，学校和谐问题也已经成为一个重要的话题。(6) 国家和谐，研究的是国家内部各种结构的和谐,比如各个阶层之间的关系、各个地区之间的关系、各个民族之间、各个部门之间的关系等等,主要探讨何种社会结构、区域结构、城乡结构、部门结构有利于国家的稳定、发展。(7) 世界和谐,强调以和作为基本原则来处理国际关系与事务问题,为国家的发展营造一个良好的国际环境。(8) 人与自然和谐,研究的是人与自然之间的关系,在这类关系中,人类社会的可持续发展成为关注重点。

我们认为,要实现这些方面的和谐,必须在四个方面做好文章:治国、治生、治家、治身。治身首先要处理的是人的身心和谐问题,这是一切和谐的根基。其次,治身要处理群己和谐、人际和谐问题。治家则要解决的是家庭和谐,扩展到我们学校的话,就是要搞好校园和谐。治生要解决人与自然的和谐问题。治国则主要解决国家和谐、世界和谐等等。我们东方管理在如何治国、治生、治家、治身方面已经形成了一套系统的理论体系,各位可以看看我去年在复旦大学出版社出版的《东方管理学》一书。我们的理论能为如何建立和谐社会提供一系列具体的措施建议。

## 三、建设和谐社会,重在人为

尽管和谐社会的建立难度很大,然而只要我们肯下功夫,肯坚持不懈地进行制度建设,就肯定能取得成功。在我看来,和谐社会建构的本质是有效处理矛盾关系,而以下三对基本矛盾则是我们应该重点解决的矛盾:

(1) 义与利的关系问题,我们主张以义取利;

(2) 激励与服务的关系问题,管理既是激励,更是服务;

(3) "人为"与"为人"的关系问题,个体必须从利他的角度出发,来实现利己的目的。对任何人,都有一个从个人行为逐步向为他人服务转变的过程。

"人为为人"事实上代表了一种高度的道德境界——有理性的利他行为。这样的人具有比较稳定的道德准则,其行为以是否服务于别人并提高整个社会的绩效为依据。"人为为人"的个性模式表现为自我导向和他人导向的高度融合和有机统一:作为生活在复杂社会关系中的个体,既要按照自身的价值准则行事,不为外在的力量所左右,同时又能够迅速适应环境的变化,对所在群体或组织的需求作出迅速响应,而不是墨守成规。

建设和谐社会与东方管理学科紧密相关。我作为东方管理的首创者和研究者,深感身上的使命和责任。我们东方管理研究中心在成立前后,自1997年起已举办了十届世界管理论坛和东方管理论坛大会,编撰了一系列具有重要影响的著作,传播我们的理论观点,在国内外产生了重要影响。

现在,东方管理学科的教学、科研各项事业蒸蒸日上、蓬勃发展,但依然面临各种各样的挑战和考验。从外部环境来看,国内外许多大学竞相研究以中华文化为基础的东方管理学说。德国大学竞相开设以东方智慧为基础的中国管理学专业,北京大学、清华大学已开设这方面的课程、讲座,上海交通大学、华侨大学、贵州大学等高等院校也纷纷成立东方管理研究中心和东方管理研究院。这不仅在国内形成一股东方管理研究热潮,也给复旦大学东方管理学科建设提出了挑战。如果我校不尽快在学科建设上重点投入,尽早拿出更有影响的研究成果,建设更强的学术梯队,则复旦大学东方管理学科的中心和领先地位有可能受到严重影响。

就目前复旦大学东方管理学科建设来看,存在三个发展瓶颈,迫切需要解决:(1) 缺乏资金资助;(2) 人才梯队不完备;(3) 学生人数招生过少。因此,希望学校能在资金投入、梯队建设、学生培养等方面给予大力支持。我们也会竭尽全力,在学术上和社会声誉上努力扩大复旦大学东方管理学科的影响,使其成为复旦大学争创世界一流大学中的一个亮点和重要的特色学科,为复旦大学早日成为世界一流大学作出我们的努力。

最后,我坚信,只要我们的社会能真正做到"以人为本、以德为先、人为为人",则和谐社会将指日可待。谢谢!

# 构建和谐社会重在新"三观"(2006)[①]

要构建和谐社会,我们要做到四个事情:

要"学",要学习古今中外。

要"为","以人为本""以德为先""人为为人"。

要"治",治国、治生、治家、治身,这是在和谐社会本身必须要治理的问题。

要"行",从管理角度来讲,是人道的行为、人性的行为、人言的行为、人才的行为等都要有效。

现在中央提出构建和谐社会,就是树立了"三观"。

新的人本观,人本观主要是树立执行一个真正人人为人的观念,以人为本,不能把人作为工具。从现代的观念来讲,现代人在现社会中间,应该做一个主体人。

真正的和谐观,从管理的角度来讲要处理八个方面的和谐,即:人心的和谐,心理要健康;人际的和谐,人际关系是一门重要的学问,人与人之间的关系处理得好,必能促进生产力和社会的发展;家庭的和谐,因为家庭是社会的单位;人群的和谐,人跟一个群体怎么处理好关系;校园的和谐,校园是教育人的基地,校园不和谐能算是和谐社会吗?国家的和谐,国家社会结构、阶层结构、社会团体之间的结构,他们之间的整合力是一个国家能够安居乐业的一个根本条件;世界的和谐,现在是一个战争的世界,怎样化战争为和平?天人之间的和谐,是人与自然的和谐,破坏自然界,破坏土地,让某些人发财,后代还有没有啊?急功近利。

新的发展观,发展一定是要有质量的发展。发展观跟和谐社会、以人为本是联系的,这三者辩证统一、相互促进。

构建和谐社会难在什么地方?第一难在"执行",第二贵在"为人",第三重在"人为"。

构建和谐社会主要解决三个问题、三对矛盾:第一就是义与利的矛盾;第二解决激励与服务的关系;第三是人为与为人的关系。

---

[①] 本文节选自作者在第十届世界管理论坛东方管理国际学术研讨会暨上海管理教育学会创立 25 周年大会上的发言。

# 上海管理教育学会的过去、现在和未来(2006)[①]

## 一、学会的概况

上海管理教育学会是在改革开放之初,由原上海市企业管理协会企业管理教育研究会基础上,为适应社会主义现代化建设,加强企业管理、探索管理科学、发展管理教育的需要,于1981年筹建,1982年7月经中共上海市委宣传部正式批准的学术性社会团体,会员来自大学院系领导、教授、博导、博士、政府官员和企业家等团体会员和个人会员200多人。会长为复旦大学首席教授、博导苏东水。学会宗旨:以人为本、以德为先、人为为人;坚持改革创新,面向企业,管理教育,服务社会;坚持理论联系实际,提高经济管理水平,创立中国特色的东方管理理论体系;为建设具有中国特色社会主义事业服务。学会业务范围:学术研究,编写著作,人才培训,企业咨询,管理教育和国际交流。

学会自1981年以来,今年正好历经25年,峥嵘岁月、光阴荏苒,过去是骄人业绩,令人难忘;现在是继往开来,成果斐然;未来将是登高望远,灿烂光芒。

## 二、学会的过去(前15年)

学会成立的前后,主要是积极开展企业管理、企业教育。通过宣传媒体与电视台和电台举办企业管理现代化的普及系列讲座。从1979年开始就开全国之先河,率先在上海电视台举办了企业管理电视教育讲座,与上海人事局联合举办经济管理基础理论电视教育讲座,与中国国民经济管理学会联合在中央广播电视艺术大学举办"国民经济管理学电视讲座",与上海电视台联合开设《企业管理学》《国民经济管理学》和《管理心理学》等电视系列教育讲座。据不完全统计,听众多达300多万。同时,还组织了各类管理教育培训班,研究班100多个。如受国家经委和上海市经委等单位的委托举办了"经济管理干部培训班""企业管理干部进修班"和"企业家研究班"以及"企业厂长、经理、总裁提高班"等,从而不断提高国家经济管理干部和企业管理部门的管理水平,受到社会各界和企业家们的欢迎。如今许多学员走上了高级领导岗位或杰出的企业家。

同时,会长苏教授开始了对东方管理学的探索和研究,在20世纪七八十年代先后在报刊上发表了多篇颇具影响的论文,如《〈红楼梦〉中的经济管理思想》《中国古代行为学说研究》《现代管理学中的古为今用》等,并一直致力于现代管理学的教育和普及工作。学会积极开展了大量的学术活

---

[①] 本文刊载于第十届世界管理论坛暨东方管理论坛论文集《世界管理论坛2006》(《世界经济文汇》2006年专辑)。

动,与复旦大学经济管理研究所等单位合作承担了上海市社科"六五""七五""八五""九五"和"十五"等一系列重大社科课题,如中国企业管理现代化研究、中国乡镇企业经济比较研究、三资企业研究、中国沿海经济发展战略研究、海峡两岸经济文化发展战略研究和泉州经济发展战略研究等。收到了较好的社会效益和经济价值效果,有的成果在国内外具有一定的影响,对发展经济管理科学作出了重要贡献,特别是开创了系统研究中国乡镇经济管理之先河,开创了12门新学科,如"国民经济管理学""风险管理学""外商经济学""企业行政管理学""城市经济管理学"和"经济监督学"等,有些成果还荣获全国或上海市科研成果奖。

学会还积极组织编辑和出版经济管理与企业管理的著作与教材,如在改革开放之初,在国内首次出版的企业经济管理教材丛书18部等。后来又先后出版著作50多部,其中荣获国家、省、市一级和行业多项特等奖、一等奖的6部,如《国民经济管理学》获中国"国家图书奖";《中国企业管理现代化研究》《管理心理学》和《中国管理通鉴》分别荣获上海市哲学社会科学成果奖的特等奖和一等奖;《中国管理通鉴》在2003年还获得上海汽车工业教育基金会10年重大成果奖。

学会还与上海泉州侨乡开发协会,于1991年联合创办了一所以培养外向型人才为中心的"东华国际人才学院",10多年来为社会培养了高、中级外语等各类人才2 000多人,其中被推荐申请硕士学位的有500多人,并有多人考上复旦大学、上海财经大学博士,充分发挥了社会效益与经济效益的作用。

## 三、学会的现在(近10年)

进入20世纪90年代中期以来,学会主要是:

(一) 积极响应市委宣传部和社联举办的"东方论坛"社科知识普及讲座、义务咨询和专业培训。如先后参加社联组织的"东方论坛"的社科知识普及讲座4次12讲,精英大讲堂20个专题、20讲,讲座内容紧扣本土化、人本化、国际化之全球化管理之新趋势,既展示东方管理沟通艺术,孙子兵法之策略等中国式管理智慧的传授,更充分重视企业竞争与创新、市场博弈技巧、企业跨国经营、企业理财策略和企业家营销策略等热点问题。主讲者为学会的知名学者和企业界领导,富于实践经验的真知灼见,实用性、启发性、哲理性并重,受到企业家、政府官员和企业管理干部的欢迎和好评。参加马路、街道、乡镇、公园义务咨询4次,受到咨询人数近100人,其他专业培训5次,参加人数约500人,社会办学2个班,学员近100人,向上海和外省市党和政府及有关方面的决策咨询和社会各界智力支持12次。

(二) 学会主要是举办学术研讨会,每年举办中小型学术研讨会1—2次,出席人数30—50人,据不完全统计,先后举办近30多次,出席人数约为2 000多人,座谈会10次,参加人数为1 000多人。以学会为平台,联合复旦大学经济管理研究所和东方管理研究中心等单位,从1997年至2006年先后举办世界管理论坛暨东方管理论坛学术研讨会10次,其主题为东方管理核心"以人为本、以德为先、人为为人",弘扬中华民族优秀文化,研究完善与发展东方管理科学的一整套理论体系,包括西方管理与东方管理的比较,提炼精髓,概括特点,以糅合融合东西方管理文化、管理思想,为建设有特色的社会主义服务。同时,加强东方管理文化的教育、普及和提高,不断熔铸和整合东方管理各国优秀管理文化,使东方管理科学发扬光大,巍然屹立在世界管理之林。经过近30年的艰辛努力,在会长苏东水的领导下,已经形成一支德才兼备,术有专攻的学术力量。东方管理学派已然崛起,它肩负着传承中华优秀管理文化精髓之大任,传布东方管理学之重担,特别是如何弘扬东方管理学,丰富和发展东方管理学,扩大东方管理学的影响。

（三）学术成果。每次大中小型学术研讨会,还荟萃了学会许多会员东方管理科学实践成果,并依托《世界经济文汇》《世界经济研究》《当代财经》和《人口与经济》等国家经济核心刊物,从1997年至2006年先后出版了"世界管理论坛暨东方管理论坛"学术研讨会论文专辑10大部,每部约100万字,共为1000万字。这个时期学会出版的著作和教材有20多部,如《管理学——东方管理学派的探索》《产业经济学》《应用经济学》《中国管理》《华商管理》《中国管理学》以及《泉州发展战略研究》等,受到国内专家学者的高度评价。

（四）在国内有了一定学术基础和影响之后,学会还走出国门,积极参加国家和地区管理学界的学术研讨与交流。自1992年以来,会长苏东水率团先后前往日本、美国、法国、加拿大、西班牙、澳大利亚、德国和瑞典等国家,参加由世界管理协会联盟(IFSAM)举办的历届世界管理大会,并多次在大会上作专题发言,扩大了东方管理学在世界上的影响,因会长苏东水在学术上的杰出贡献,被推选为IFSAM中国委员会主席,并应IFSAM的要求,学会还和复旦大学经济管理研究所等单位联合主办"'97上海世界管理大会"和"'99上海世界华商管理大会",会长苏东水作了"面向21世纪的东西方文化"和"中华民族优秀传统文化的复兴"的主旨报告,号召国内外学术界更加重视以中华文化为核心的东方管理文化,国内外有50多家媒体报道了此次盛会,《人民日报》提出这次大会象征着"东方管理文化在世界叫响"。此后,外界开始称呼以苏东水教授为首的致力于东方管理研究的学者群为东方管理学派。在2004年瑞典的哥德堡的IFSAM理事会上,经过苏会长为首的中国代表团的努力争取,中国力克南非等竞争对手,赢得第九届世界管理大会的主办权,这届大会将于2008年7月在上海召开,必将进一步推动中国的管理学说走向世界。苏会长还多次率团参加韩国、越南等国和我国香港、台湾地区的企业管理、经济管理学术研讨会。

（五）会长苏东水教授在复旦大学创立了国内第一个东方管理研究中心,如今上海交通大学、福建华侨大学、江西财经大学、贵州大学和上海外国语大学等高校陆续建立了9个东方管理研究机构,这些机构都聘请苏会长担任名誉主任。为了推动东方管理从理论走向实践,苏会长还创设了东方管理学的实践基地——东亚管理学院、国际化的东方管理科学院和培养国际经营管理人才的东华国际人才学院。

（六）评价。在会长苏教授的努力下,东方管理学说越来越多地受到宣传媒体、国内学术界和企业界的肯定和赞赏。在宣传媒体从中央到地方,包括电台、电视台、报刊、报纸的采访报道有20多次,少则几家,多则30多家,独家采访报道的约10次,"社联通讯"几乎年年有报道。2002年12月,《人民日报》全文刊载了苏会长的论文《伟大时代的新学说——东方管理学的兴起》。2003年11月又以"让管理学向东方回归"对苏会长进行了半个版面的专访报道。2004年12月,"海峡摄影时报"把苏会长作为封面人物刊载,并专门刊登题为"弘扬中华优秀传统文化复兴的资深学者"的长篇报道。2005年9月,会长苏教授应邀参加中国企业联合会在上海主办的"世界管理论坛暨第四届中国管理咨询高峰会",并作为中方唯一学术代表在论坛会上作主旨发言。2006年4月又应泉州市政府邀请在庆祝地改市20周年的大会上作"再创'泉州模式'"的主旨发言。2006年9月又应邀在国家和福建省主办,厦门市政府承办的第二届海峡旅游博览会上作"海峡两岸经济圈战略构想"的主旨演讲。因为在经济学、管理学等领域的教学、科研方面的杰出业绩,会长苏教授被国务院表彰为"发展祖国高等教育事业有突出贡献专家",2004年12月教育部为苏教授执教50年发来贺电中,称他"探索创立了独具特色的东方管理学派,为中国管理科学走向世界做出了重要贡献"。

总之,东方管理学派的崛起、成熟和兴盛,受到了国内外学术界、媒体的热烈反响和高度赞扬。

从 20 世纪 90 年代后期开始,苏教授成功地把《东方管理学》《管理心理学》等著作的东方管理思想嵌入宏观经济管理,中观产业政策和区域经济管理、微观企业经营等领域中,受到了学术界同行的一致好评。也扩大了东方管理思想"三为"宗旨在国际管理学界的影响。如今国外学者将"三为"思想——"以人为本、以德为先、人为为人"称为管理学的 S(SU)理论或 O(ORIENTAL)理论,从一个侧面说明了东方管理学说的学术地位和国际影响。随着东方管理学理论的影响日益扩大,东方管理学派已不再限于复旦大学,越来越多的高等院校和志同道合的各界人士加入其中,学派呈现出一派欣欣向荣的景象。熟悉东方管理学派的人们无不为东方管理学派近几年来的蓬勃发展感到欢欣鼓舞。2003 年,正式设立东方管理学博士点、硕士点;2004 年赢得 2008 年第九届世界管理大会主办权;2005 年第一届东方管理学博士生、硕士生入学;2005 年深受各界瞩目的"东方精英大讲堂"在上海图书馆开讲。总之,东方管理学理论正在逐渐走向实践中,当前我国治国方略和各项具体政策越来越多地闪烁着东方管理智慧的灵光,东方管理和"中国式管理"也越来越多地受到企业家和政府官员的青睐,并受到有关领导的肯定和赞扬。

## 四、学会的未来

学会过去和现在虽然取得了一定业绩,但学会和东方管理学派的学者始终保持着清醒的头脑和理性的思考。为了使东方管理更好地成为促进经济社会协调发展的动力,必须加强东方管理理论可持性的研究与探索,解决东方管理理论的应用与普及问题,特别是要结合中国改革开放近 30 年来的实践,加强对中国和东方各国社会文化背景下的管理案例的剖析。为此:

(一)高举邓小平理论的伟大旗帜和"三个代表"重要思想,全面贯彻落实科学发展观,继续与时俱进,解放思想,改革创新,坚持理论联系实际,深入研究我国建设小康社会、和谐社会和上海率先基本实现现代化过程中重大问题和实践问题以及上海"十一五"规划要求,积极探索中国特色社会主义经济、政治、文化、社会发展规律,推动理论创新,为党和政府决策服务,为社会主义物质文明、精神文明、政治文明、社会文明建设服务,并提供智力支持。进一步探索东方管理文化在中国经济发展过程中的作用规律,倡导经济社会和文化的全面协调可持续发展。

(二)加强东方管理学理论建设,使东方管理理论更加细化和深化形成更为系统和精深的科学管理理论,从而进一步丰富和发展东方管理学理论,为完成这一艰巨任务,已计划出版东方管理学派著系 15 部,包括东方管理集治国、治家、治生、治身为一体的"治国学""治家学""治生学""治身学"的"四治"以及与此相关之"人为学""人本学""人生学""人缘学""人谋学""人心学""人道学"与"人才学"的"八论",还有和合、人和、和贵、中和、和谐的"五和"等。

(三)继续开好中小型学术研讨会,继续联合复旦大学东方管理研究中心等办好每年一届的"世界管理论坛暨东方管理论坛"大型学术研讨会。

(四)作为东道主,与其他单位联合开好上海第九届世界管理大会,届时,世界各国管理学者、专家、教授和企业家将聚集一堂,就世界面临的如何借鉴与融合东西方管理精华,促进我国社会主义建设问题进行广泛的交流。同时,继续争取走出去参加世界管理协会联盟主办的每两年一届的世界管理大会。此外,还将继续参加东南亚、东北亚和我国港澳台等地区的学术研讨会。

(五)继续联合社会力量,如上海泉州侨乡开发协会、东华国际人才学院、东亚管理学院和东方管理科学研究院等单位,深入探讨和解决东方管理理论的应用和普及问题,同时继续办好类似"东方精英大讲堂"的专题讲座。

（六）积极参加由上海市社联组织和部署的社会科学学术活动，特别是东方讲坛的社科知识普及和义务咨询等活动。继续为党和政府以及各界公众提供政策咨询和智力支持。

最后，会长苏教授作为东方管理学派的创始人，为完善与发展东方管理理论体系，迈出了重要的一步，东方管理学派的崛起仅是个良好的开端，但"任重道远"，今后的担子更重，肩负的责任感与使命感，催促着我们学会要不断开拓创新，不畏艰难，坚韧不拔，长期不竭的努力，让以我国优秀传统文化为核心的东方管理学派为世界管理理论与实践作出更大的贡献。

# "东学"五字经(2007)[①]

今天非常感谢台湾中华大学校长与杨总的邀请,参加以"管理与教育"为主题的讨论会,并令我作"东方管理学"的发言。

今天主要介绍东方管理学派的"五字经"。"东学"即东方管理学的简称,是探索研究古今中外管理精华的管理新学科,是经历了30年的三个阶段的探索的成果,是目前国内外唯一的独树一帜的东方管理学派构建的管理学的新学科。

## 一、东方管理学派体系

其体系概括为"五字经"——学、为、治、行、和。

### (一)"学"

"学"是介绍本学科的形成的理论基础。

"东学"是融合中外历史的学派思想而形成的。

1. 东方管理学

学习东方优秀文化:① 学"易经"的"变";② 学"四书五经"的"仁";③ 学道家"道德经"的"道";④ 学"佛经"的"善";⑤ 学"兵家"的"术";⑥ 学"法家"的"崇法";⑦ 学"墨家"的"利他"等家思想而形成的;也是学习:⑧ 西方"圣经"的"爱"及"古兰经"的"正";⑨ "伊斯兰"的顺从、人主合一。

2. 西方管理学

西方现代的十个主要学派:① 管理过程学派;② 社会系统学派;③ 决策管理学派;④ 系统管理学派;⑤ 经验主义学派;⑥ 权变理论学派;⑦ 管理数学学派;⑧ 战略管理学派;⑨ 行为科学学派;⑩ 古典管理学派的主要观点融合的管理精华形成的"东学"。

西方十个管理学派的主要观点:

(1) 古典管理学派(经济人)——(美)泰罗:科学管理方法与制度

(2) 行为科学学派(关系人)——(美)梅奥:人际关系理论

个体行为理论——马斯洛:人类需要层次理论

团体行为、组织行为、激励行为

---

[①] 本文是作者2007年5月22日应邀出席台湾中华大学"2007管理与教育"论坛的演讲提纲。

(3) 现代管理学派：共八个学派

——管理过程学派(管理职能学派)(过程人)：孔茨认为管理科学是一门管理人类活动规律的科学。

——社会系统学派(社会人)：巴纳德把社会学运用到组织管理。

——决策管理学派(决策人)：美国的赫伯特·西蒙，获得诺贝尔奖，提出"管理就是决策"的新概念，决策人，满意标准。

——系统管理学派(系统人)：美国华盛顿大学的卡斯特，罗森茨韦克运用系统观点决定企业管理。

——经验主义学派(经验人)：彼得·德鲁克，彼得斯，案例分析，目标管理，强调理论的实用性。

——权变理论学派(权变人)：英国的伯恩斯，美国的劳伦斯，《组织与环境》，根据环境变化进行管理。

——管理数学学派，又称管理数量学派(理性人)：——运筹学，作业研究，管理就是制定和应用数学模式的系统。

——战略管理学派(实用人)：美国安索夫，"企业战略管理在于选择行业和市场定位"。

3. 华商管理学

由本人历经多年"学""华商"的人缘思想、"五缘"运用所形成的。从而形成管理哲学"十五要素说""三为""四治""五行""三和"的"东学"体系。这门学科的创新点主要是：① 从中国传统→西方管理→"东学"；② 中国哲学→西方哲学→"东学"十五要素而形成的新学科。

近百年来，中国大地随着经济政治的起落发展，出现过"国学""儒学""救中国"学潮，是目前的学习热点，但"东学"的形成是不同于它们的，是在中国经济起飞中，综合各家、各学、各派观点，形成的新学科。

对人的管理：中西均是管理的人：① 西方："十种人"；② 东方管理学派研究的是主体人、道德人、社会人。

## (二) "为"字的创新

中国古代行为学说(人的十种行为)→建立学派、管理文化、管理哲学、人为科学体系→西方管理行为(人为科学)→东方管理学派人为科学的"三为"：以人为本、以德为先、人为为人的创新。

东方的十五说：① 民本民生(儒)；② 和合(儒)；③ 仁爱(儒)；④ 无为(道)；⑤ 正道(佛)；⑥ 五行(易)；⑦ 刚柔(周易)；⑧ 崇法(法)；⑨ 应变(兵)；⑩ 公正(伊斯兰)、顺从(穆斯林)；⑪ 利他(墨家)；⑫ 中庸(儒)；⑬ 人性(各家)；⑭ 人心(各家)；⑮ 和谐。

## (三) "治"字的创新

① 从传统的"治理"→② 西方管理→③ 东学的"四治"："治国、治生、治家、治身"的管理体系。

## (四) "行"字的创新

从中国传统"五行"(金、木、水、火、土)→西方管理的行为(行为科学的五层次论：生理、安全、社会、尊重、自我实现)→"东学"的人的"五行"管理：人道、人心、人缘、人谋、人才等五行管理所铸造的"人为科学"。

## （五）"和"字的创新

从中国传统的"三和"（和贵、中和、和合）→现代管理和谐→社会和谐→世界和谐

"东学"研究的对象是人，是：主体人、道德人、满意人的心理运行规律性的学科。

# 二、东学教育——东方管理教育新发展

## （一）中国传统的管理教育

过去是：① 以"儒家"的"四书五经"为教本的教育是过去几千年之前的教育教材；② 新中国成立后是以马克思主义与苏联为教材的管理教育；③ 改革开放初是以欧美日教材为主的管理教育。鉴于以上水土不服，与现实脱节，因此，我们改变补充形成了"东方管理学派"的"东方管理教育新体系"。

## （二）东方管理学派教育的基础

有三：① 管理文化；② 管理哲学；③ "三为""人为行为学说"的教育。

## （三）东方管理教育的新发展

首先表现为5个方面：

——复旦率先开设东方管理学专业博士点、硕士点。

——从1977—2007年30年间已经形成东方管理研究群(200多专家)，18个研究中心(院)，同时，北大、清华以及德国高校等国内外大学已经开设东方管理学专业，设立高级研修班。

——出版东方管理学派著系，15年来形成了"三学""四治""八论"及案例和两本专业杂志：《世界管理论坛》与《东方管理评论》。

——主办东方管理国际学术论坛十一届，出版10卷论文集，论文千篇；开设东方精英大讲堂。

——2008年主办世界管理大会，开设以东方管理为主的主题论坛，18个专业论坛、博硕论坛。

# 三、东方管理实践应用（案例）

## （一）对构建和谐社会的应用

从中央→地方→企业→教学单位→家庭→社区家庭的应用

(1) 提倡建立"以人为本"的社会和谐、"以人为本"的科学发展观、"以人为本"的民生观。

(2) 提倡建立"以德治国"的治国理念。

(3) 提倡重视"以德为先"的五德：人德、官德、商德、公德、民德。

(4) 提倡重视"三为"应用：重人为、人心、人谋、为人、功效。

(5) 提倡构建和谐社会的新三观：新的人本观、和谐观、发展观。

## （二）企业应用案例

(1) 漕河泾开发区：提倡人为为人的投资、服务、创新的开发投资观念，倡导和崇尚"四手"服务理念："无事不插手、有事不撒手、好事不伸手、难事伸援手"。经济产值超过100亿，是全国第43位。

(2) 上海建工集团：运用东方管理文化人谋观实现"跨国经营"的跨越式发展的"四知"：① 知

情,② 知性,③ 知差异,④ 知机遇的超越发展观念。童继生副总裁先后在 30 多个国家、地区做过 95 个海外项目,实现对外经营值 28.7 亿美元(210 亿人民币)。

(3) 上海复星集团:民营管理模式:"修身、齐家、立业、助天下",提倡"对人感恩、对己克制、对事尽力、对事珍惜"。

(4) 青岛双星集团:开创一套以"实事求是、行善积德"为核心的企业文化。

(5) 上海航天集团:提倡"以德为先"发展中国航空技术。

### (三) 中国十大商帮的应用

(1) 山西晋商:首创票号,"诚实守信"讲信用。

(2) 安徽徽商:商儒结合。

(3) 浙江新浙商:务实团结。

(4) 上海新沪商:包容创新。

(5) 江苏新苏商:稳中求胜。

(6) 福建新闽商:"五缘"为基。

(7) 广东新粤商:敢为人先。

(8) 山东新鲁商:以义取利,"官商结合"。

(9) 台湾新台商:意合共存、全球抵进、善找生机、龙凤飞舞。

(10) 新华商:多元经营、世界扩大。

# 中国管理的本质(2007)[①]

自有人类文明史以来,人们在共同劳动中就产生了管理。中华民族的几千年历史形成了具有特色的光辉灿烂的管理文化,为人类文明的发展作出了伟大的贡献。

在当前整个世界政治、经济错综复杂、瞬息万变的格局中,古老的东方文化,尤其是博大精深的中国传统管理文化,正在全世界范围内引起越来越多的重视。世界各国的企业家,尤其是分布于世界90多个国家的华人企业家,更是珍视中国传统管理思想这一宝贵遗产,将其付诸企业管理实践,帮助自己的事业腾飞,其中不少收到了良好效果。这一事实说明,吸取中国传统思想精华,建立富有特色的中国管理体系,已经时机成熟。

要建立有中国特色的现代管理学体系,首先要了解管理的本质是什么,按照马克思在《资本论》中的说法:管理有两重性;西方管理学家一般说法:管理是一种组织行为。在中国历史上,各学派对管理本质的看法则有各自独到的见解。在儒家看来,管理是"修己—安人"的行为;在法家看来,是一种功利的行为;在道家看来,是一种"效法自然"的行为;在墨家看来,是利他的行为;在《易经》的观点看来,是一种"人道行为";而就宋明理学来说,管理则是一种"循理行为"。这些对于管理的见解各有根据,亦各有所长。

我认为中国历史传统论述的管理本质,可以用最简洁的方式概括为"人为、为人"。每一个人首先要注重自身的行为修养,"正人必先正",然后从"为人"的角度出发,来从事、控制和调整自己的行为,创造一种良好的人际关系和激励环境,使人们能够持久地处于激发状态下工作,主观能动性得到充分的发挥。"人为"与"为人"二者具有辩证关系,互相联系并且可以转化。对任何管理者或被管理者,都有一个从个人行为逐步向为他人服务转变的过程,即从"人为"向"为人"转变的过程。这一过程体现在家庭、行业、国家一切方面的管理之中,管理者与被管理者越是注重自身行为的素质,其"为人"即管理的效果就越快。当今世界,人们普遍重视人的管理问题。认为在管理的诸方面中,人的管理是最重要的方面。而我国古代思想家也早就提出过这一问题。《孙子兵法》便曰:"人情之理,不可不察。"《荀子·天论》中也说:"天有其时,地有其财,人有其治。"这些论述都指出了研究和重视人的因素的重要性。本人著的《管理心理学》(复旦出版社1990年八版)一书其实是一部"人为学",即研究人的行为的著作。我在本书的前言中曾提出:要建立中国特色的社会主义经济体制,应该重视研究人的行为问题,企业本身行为和国家对企业管理行为问题。这是经济起飞发展的三个车轮。我认为人的积极性是经济起飞的原动力,因此围绕着"人为、为人"这一"行为学"的中心思想来构建中国式管理体系是有一定意义的,也可以充分反映出中国传统文化注重伦理性、注重正面引导的特征,有助于我们从研究人本身出发,来思考现代管理所面临的各种问题。

---

[①] 本文节选自作者2007年在北京大学召开的第十一届世界管理论坛东方管理国际学术研讨会上的发言。

# 东西方管理融合的必然性(2008)

随着全球经济一体化的进程不断加快,国际文化交流向纵深发展,东西方管理文化融合与发展越来越成为当今管理理论与实践发展的重要趋势。

## 一、东西方管理文化融合的必然性

东西方管理文化融合有其深刻的时代背景,以经济发展为根本动因,以文化交流为主要形式,当前东西方管理文化融合有其历史必然性,主要体现在以下五个方面:

1. 经济全球化为动因

20世纪90年代以来,以信息技术革命为中心的高新技术迅猛发展,不仅冲破了国界,而且缩小了各国和各地的距离,使世界经济越来越融为整体。在世界范围内,各国、各地区的经济相互交织、相互影响、相互融合成统一整体,即形成"全球统一市场";另一方面,在世界范围内建立了规范经济行为的全球规则,并以此为基础建立了经济运行的全球机制。在这个过程中,市场经济一统天下,生产要素在全球范围内自由流动和优化配置。目前,经济全球化已显示出强大的生命力,并对世界各国经济、政治、军事、社会、文化等所有方面,甚至包括思维方式等,都造成了巨大的冲击。这是一场深刻的革命,任何国家也无法回避,唯一的办法是如何去适应它,积极参与经济全球化,在历史大潮中接受检验。管理文化在这一历史大潮中也要经受住规模空前的洗礼,而管理理论与实践要发展,东西方管理要对话,它们之间的交流是不可避免的。在这一时代大背景下,东西方管理文化不断走向融合与发展成为一种历史的选择。

2. 国际文化交流的影响

文化交流是人类交往的产物,是文化发展的重要途径。文化的个性、特殊性决定着文化交流的必要性;文化的共性、普遍性提供了文化交流的可能性。任何国家和民族的文化都是一定社会实践的产物,有其长处,也有其局限。一国只有向其他国家的文化吸收营养,才能永葆青春,永具活力,管理文化亦是如此。管理文化交流是管理文化发展的内在要求,是由管理文化的普遍性和特殊性的矛盾决定的,不同民族的管理文化既有特殊性又有普遍性,是个性和共性的统一。无论从西方比较管理研究,还是从企业文化研究都可以看出西方最新的管理理念极为重视管理文化对管理的巨大影响。根植于企业文化的软约束在管理中作用并不比来自企业制度的硬约束小。企业文化往往成为一个企业的无形资产,并使其他企业难以模仿。东西方管理学者们都认识到交流的必要性,唯

---

① 本文节选自《21世纪东西方管理融合与发展的趋势》,刊载于《上海管理科学》2008年第5期。

有相互交流才有可能创新出符合世界潮流又能立足于本国实际的管理理论。东西方管理文化的交流随着东西方管理融合这一大趋势而不断得到发展,东西方管理文化的交流和融合越来越受到重视。

3. 追求社会和谐的需要

中国文化,历来追求人和社会的和谐、人与自然的和谐。中国古代学者和政治家,视民不相争、夜不闭门、路不拾遗为中国社会最理想的状态。他们大力追捧这一理想社会。中国的古代哲学家老子,则倡导遵循世界的法规(道),达到人与自然的和谐。而西方对和谐社会的看法则略有不同,西方人认为:好的社会,并不是简单地推行和谐,简单地要牺牲"小我"来成全"大局";好的社会,在于最大限度地保障个人的政治、经济、社会权利。这些不同并不会给东西方的交流带来阻碍,相反它们能从各自的优劣势中汲取经验和教训。人与自然和谐相处,就是生产发展,生活富裕,生态良好。追求社会和谐就体现在人与人、人与社会和人与自然的关系上,这是和谐社会在人与自然关系上的延伸。从根本上来讲,不管是东方,还是西方,和谐社会都是人类共同向往的生活状态。

4. 管理研究的进展

随着管理研究的推进,管理文化在三个方面表现出从中方到西方,再从西方到中方的回归:其一是大家所公认的"人在管理过程中的作用",其二是文化对管理发展的作用,其三是东西方管理文化的融合。而第三点东西方管理文化的融合正在成为管理理论与实践发展的最近趋势,今后管理研究的技术和方法,研究的思路和视角,研究的领域和热点,都将更多地从东西方管理文化融合的背景下做深入探讨。未来东西方管理学者需要进一步挖掘、利用、融合东西方管理理论和研究方法中各自可以互补的精华与优势,从而推动管理理论与实践的进一步发展。

5. 中华优秀文化传播

泱泱中华五千年文明史,其光辉璀璨、熠熠生辉,无与伦比。随着中国经济的飞速发展,中国在世界的影响力越来越大,在世界政治、经济等领域扮演了越来越重要的角色。在文化领域,中国传统的优秀文化也开始走出国门,走向世界。从《道德经》到《论语》再到《孙子兵法》,这些古代中华优秀文化的典范已成为世界各国耳熟能详的经典大作。它们成为中华文化的象征,成为世界各国人民了解中华文化的重要通途。与此同时,这些传统经典中所包含的管理文化也逐渐向世界传播开来,为西方人士所了解。随着中国的和平崛起,中华优秀文化对外传播成为不可阻挡的时代潮流,东西方管理文化势必在这一潮流中互动、互补、共融、共进。

## 二、管理科学的走向

当前东西方管理融合与发展的新趋势必然影响到对管理科学认识的变化。

### (一) 从狭义到广义的认识

对什么是管理科学,引起了很大的争议。对什么是管理科学的问题存在很多不同看法,如:有的人把它等同于西方"管理科学"学派的内容;有的人仅把它理解为现代管理的方法;有的人则认为管理科学就是电子计算机+数学;还有人认为管理科学是研究以最佳的投入产出关系组织经济和社会活动,使系统良性运行,并使各利益主体需求获得相对满足的一门独立的应用性学科;等等。我认为广义的管理科学可以包括政治、经济、科技等方面的管理。经济管理科学则包括:工厂企业的管理、部门经济的管理、国民经济的管理和世界经济的管理等。管理科学并不是一门单纯属于计算机的学科,它是一门具有多功能、多层次、多属性等特点的学科,是一种综合地研究生产力、生产关系和上层建筑的科学体系。管理科学是介于自然科学与社会科学两者之间的一门新兴的学科。

## (二) 从个性到"三性"

管理科学源于西方盛于西方,其研究重点,经历了由古典管理理论阶段的生产管理和组织管理,到行为科学理论阶段的人和组织行为的管理,再到现代管理理论"丛林"阶段的众多理论流派的转变。其研究重点就要在于对单一理论与现象的解释,注重管理中的个性研究。我认为对管理科学这一概念的认识要从"三性",即管理科学的规律性、管理科学的二重性、管理科学的融合性三个方面进行本质的探讨。

### 1. 管理科学的规律性

对管理科学进行研究,就是要研究和掌握管理的规律性,提高生产技术和经营管理水平。其目的是为了按照生产力、生产关系和上层建筑发展运动的客观规律来管理企业,提高社会经济效益,为此,管理科学应该研究以下三个方面的规律性。

第一,按照生产关系运动规律的要求进行管理。生产关系运动的规律,即政治经济学所揭示的社会经济规律。

第二,按照生产力发展规律进行管理。

第三,按照上层建筑方面的规律进行管理。

### 2. 管理的两重性

所谓管理的两重性,是指管理所具有的自然属性和社会属性。前者是管理所具有的组织、指挥和协调生产的特性,它反映了现代社会化大生产过程中协作劳动本身的要求,是各种不同的社会生产方式都可以共有的一系列科学方法的总结;后者是管理所具有的监督职能,它反映了生产资料占有者或统治阶级的意志,是为一定社会历史条件下的生产关系服务的,受到一定经济基础的影响和制约。马克思有关管理两重性的论述,体现了生产力和生产关系之间的辩证关系,表明管理这门综合性学科既有生产力范畴的内容,又有生产关系方面的内容。

从管理作为一门独立的科学来看,应当有所侧重,而且侧重点主要应当是生产关系。

### 3. 管理科学的融合性

管理科学这三方面通过管理的具体工作融合为一个管理的总体,又通过管理的具体工作得以存在和表现。它可以归纳为三种形式:

第一,三个方面的内容分别表现为三种不同的管理工作。

第二,三个方面的内容共同表现为一种管理工作。有些企业管理工作是由多种因素共同引起和决定的,既具有合理组织生产力的内容,又有完善生产关系和上层建筑的内容。

第三,两个方面的内容共同表现为一种管理工作。

管理工作这三个方面的矛盾和统一,就融合为管理科学的总体。我们要从总体上对这三个方面同时进行研究。管理科学既然要研究生产力、生产关系和上层建筑三方面的问题,研究经济规律和生产力规律(包括自然规律),就必然同许多学科如政治经济学、国民经济管理学、企业管理学、工业经济学、行为科学、数学以及各种技术科学等发生紧密的联系。因此,管理科学具有介于社会科学和技术科学之间的综合性特点,科学体系也应该按其研究对象的内容来建立。

以上可见,管理科学具有两重性和融合性,具有发展生产力的共性,同时还具有完善生产关系与推动上层建筑发展的特性。

### (三) 研究对象的变化

我认为,管理科学是为人类的管理实践服务的。管理活动是人类的一项基本实践活动。因为任何有组织的活动都程度不同地需要管理,所以自从有组织的活动产生以来,就有了人类的管理活动。管理科学是一门综合性的科学。管理的实质是经济意义上的管理,是用以知道人们如何有效地管理社会生产、交换、分配、消费诸过程的一切活动的。所谓管理,就是对社会总过程各环节的活动进行决策、计划、指挥、监督、组织、核算和调节。管理科学是从管理实践中形成和发展起来的,由一系列的管理理论、职能、原则、形式、方法和制度等组成的科学体系;是由社会科学、自然科学和技术科学相互渗透综合而成的。因此,管理科学的研究对象就不能仅局限于企业管理领域,而应该有较为宽泛的研究对象,主要包括:政治、经济、科技等方面的管理。同时必须注意到管理是一门综合地研究生产力、生产关系和上层建筑的科学体系,它的研究对象应该涉猎自然科学与社会科学之间的各个学科。

# 中国"东学"三十年的探索(2008)[①]

历史一再证明,最有生命力、最有创造性的管理理论往往产生于经济迅速起飞的国家与地区。随着中国改革开放伟大实践的深入推进,中国式管理得到越来越多的管理学者、实践者的高度关注。然而,目前的许多研究不能从纷繁复杂的历史典籍、独具特色的中国管理实践之中提炼出一条脉络清晰的主线。显然,这些研究的视角、方法与框架均不利于中国式管理理论的总结和提炼。东方管理学派从一开始就主张从东方管理文化入手,从现代的、发展的、全球的眼光,去观察、发现、体会中国管理实践以及华商管理实践中的现象与问题,系统地总结、提炼中国古代管理思想、精华,融合东西方管理精髓。苏东水教授自1976年在复旦大学开设红楼梦经济管理讲座以来,经过30年的潜心研究,终于创立了一整套以"以人为本、以德为先、人为为人"为本质属性的东方管理理论体系,形成了中国式管理的新学科——东方管理学,铸造了东方管理学派,在国际管理丛林中独树一帜,自成一家,走向世界,在国内外产生了重要影响。本文将对中国"东学"——东方管理学的创建过程、理论渊源、精髓以及框架进行系统而简要的介绍。

## 一、中国"东学"的创建历程:三十年磨一剑

中国"东学"——东方管理学是以苏东水教授为首的东方管理学派开创的新兴综合性学科,其创建历程跨度达30余年。纵观整个探索过程,这既是一条从追问、反思到原创的探索历程,也是一条从最初被研究同行质疑到逐渐被认同、接受的学术影响历程。东方管理学的探索最初源于对西方管理的话语霸权反思,对当代中国经济管理实践的呼应。东方管理学30年来的探索过程可以划分为三个阶段:(1) 古为今用、融合提炼;(2) 自成一家、走向世界;(3) 形成学派、影响扩大。

### (一) 古为今用、融合提炼

这个阶段主要归纳、提炼我国古代、近代的管理精髓,并在现代经济环境中对其进行创造性转换和应用。苏东水教授从20世纪70年代中期就开始研究中国古代管理的相关著作,从古代原典中提炼出管理精华,并应用于现代管理学科的建设中,发表了如《〈红楼梦〉经济管理思想研究》《中国古代经营管理思想——孙子经营和领导思想方法》《现代管理学中的古为今用》《中国古代行为学说研究》《试论管理科学的对象与性质》等文章。其中,《中国古代行为学说》将中国古代管理行为学说分为十类,是对东方管理中的行为模式最早的研究之一。在此阶段,逐步形成了以人为中心,以

---

[①] 本文是作者提交在上海举办的IFSAM2008年世界管理大会的会议论文。

人为本的管理理念。

### (二) 自成一家、走向世界

这个阶段主要是基于我国经济管理理论与实践,融合东西方管理精华,逐步提出具有中国特色、全球视野的东方管理理论。经过长期探索,苏东水教授将管理的本质概括为"人为为人",并逐步走出国门。苏东水教授与中国学者代表团于 20 世纪 90 年代初加入全球最活跃的管理学术组织——世界管理协会联盟(IFSAM),参加了历届世界管理大会和国际论坛,赴日本、美国、法国、西班牙、加拿大、澳大利亚、瑞典、德国、韩国、越南等国讲学,力图在与世界一流学者和企业家的交流中把握国际管理发展趋势,将东方管理推向世界。苏东水教授在世界管理协会联盟(IFSAM)举办的世界管理大会上连续发表《弘扬东方管理文化,建立中国特色的管理体系》《东方管理文化的探索》《东方管理文化的复兴》等主题演讲。

苏东水教授在此阶段连续出版了系列专著:《管理心理学》从"人为为人"的角度阐释了管理领域中人的心理行为运动规律,倡导建立人为科学;《中国管理通鉴》对中国浩如烟海的传统管理文献进行梳理、提炼,为东方管理思想的研究奠定了坚实的文献基础;《管理学:东方管理学派的探索》一书突破西方管理过程学派的束缚,专辟章节阐述治国、治生、治家、治身;2005 年苏东水教授出版的《东方管理学》则是系统阐述东方管理学派理论与实践的原创性著作,他以"三学"(中国管理学、西方管理学、华商管理学)、"四治"(治国学、治生学、治家学、治身学)、"五行"(人道行为、人心行为、人缘行为、人谋行为、人才行为)为主线,全面阐述了东方管理学的完整理论体系。

苏东水教授谦虚地将自己的理论称为"一家之言",然而正如教育部 2004 年在其执教五十年发来的贺信中所说:"他潜心钻研,成果丰硕,并积极将自己的研究与我国现代化建设的实际紧密结合,探索创立了独具特色的东方管理学派,为中国管理科学走向世界做出了重要贡献。"东方管理学在国际管理理论丛林中独树一帜。

### (三) 形成学派、影响扩大

1997 年 IFSAM 世界管理大会在复旦大学召开,IFSAM 理事会成立中国委员会,苏东水教授被推选为中国委员会主席,同时召开东方管理学派大会,苏东水教授作为大会主席成功做了"面向 21 世纪的东西方管理文化"的主题报告,东方管理得到了国内外学术界的充分关注和肯定。国内外 50 多家新闻媒体对此次大会进行报道,并称"东方管理文化在世界叫响"。1999 年世界华商管理大会召开,同时举行了东方管理学派成立大会,东方管理学派作为一个管理学术流派正式被外界认可。

提出一个理论也许对于一位学者而言并不算什么难事,然而要想开创一个学派,则绝非想象的那么容易。一个学派至少要有一个宗旨、一个组织、一个平台,更重要的则要有一个领军人物。苏东水教授作为东方管理学派的创立者,率领众多学者共同将东方管理理论付诸实践,不断完善理论体系。一方面,不断拓展东方管理学理

第九届 IFSAM 主席苏东水教授与 IFSAM 第七届、第八届、第十届世界管理大会主席及河海大学商学院院长张阳教授在一起

论的深度和广度。在苏东水教授承担国家自然科学基金项目"东方管理学思想研究"期间,东方管理思想和框架得到了更细致的提炼和完善。该项目的研究成果在绩效总评中被评为优等,得到了国内学者的充分认同。在苏东水教授主持编著的《中国国民经济管理学》《产业经济学》《应用经济学》等著作中,成功地将东方管理思想嵌入宏观经济管理、中观产业政策、微观企业经营中,扩大了东方管理思想的影响。目前,苏东水教授正组织东方管理学派的众多学者,编著《东方管理学派著系(经典与案例)》十五部:"三学"(《东方管理学》《中国管理学》《华商管理学》)、"四治"(《治国学》《治生学》《治家学》《治身学》)、"八论"(《人本论》《人德论》《人为论》《人道论》《人心论》《人缘论》《人谋论》和《人才论》)。另一方面,不断扩大东方管理学研究团队,建设一个长效的学术平台,使得东方管理的国内外影响日益深化。比如,复旦大学、上海交通大学、华侨大学、江西财经大学、贵州大学、上海外国语大学等海内外高校纷纷成立东方管理研究中心、东方管理科学研究院以及华商研究中心;上海管理教育学会与东华国际人才学院举办的东方精英大讲堂也已连续开讲两年;同时东方管理学派继续积极开展各种国际学术交流,自1997年起已连续十年举办了十届世界管理论坛暨东方管理论坛,影响深远;2008年第九届世界管理大会将在上海召开,这将使东方管理学进一步传播于世界管理学界。应着重提及的是,2004年复旦大学在全国率先设立东方管理学专业博士点、硕士点,这是东方管理学科发展的新里程碑。

## 二、中国"东学"的渊源:三大理论与实践基础

有些人对东方管理学存在误解,以为是专门研究古代典籍中的管理思想。其实,东方管理学是一门现代的管理学科,它是在融合中外古今管理思想、方法的基础上而形成的一门新兴的管理体系。东方管理学并不是要回到故纸堆,专门研究我国古代典籍中的管理思想。中国管理、西方管理以及华商管理的理论与实践是东方管理学的三大理论渊源。

### (一)中国管理理论与实践

东方管理学根植于东方管理文化,光辉璀璨的中国管理是东方管理学的一个重要的理论渊源。易经的阴阳学说、道家的无为学说、儒家的仁爱学说、佛家的慈善学说、兵家的用人学说、法家的崇法学说等等,都是我们深入总结、提炼和进行现代化的创造性转换的基础。脱离了这些基于中国传统文化的管理思想的所谓中国式管理理论将是无源之水、无本之木。在进入近代的很长的一个时期内,由于中国经济的衰弱和西方经济的发展,这种长达两千多年的极有特色的中国管理理论与实践却几乎被完全忽视和大大误解,这是管理学学术研究的失误。值得庆幸的是,这一时代已经随中国经济的重新崛起而最终成为了历史。我们也只有从中西方管理的比较才能发现祖先给我们留下了多大的一笔财富,而在很长的一段时间里后人却忘记了对这笔财富的继承与发扬。从时间跨度来看,中国管理的历史远比西方长得多。在西方,把管理作为一门学科进行系统研究,只不过是最近一百多年的事情;而在中国,有史料可查的管理典籍可以上溯到两千多年前的《尚书》《周礼》,虽然当时并没有形成一个符合现代西方标准的,能够体现各行各业各种管理工作共同特点的管理学,但史料中所记载的中国管理的组织设计、典章制度构建、信息沟通、物流管理及工程建设等许多方面都令现代人啧啧称奇。按照文化的传承性来看,这些具体的管理人物和管理事件,都必然会在其后的管理实践中留下一定的痕迹,构成东方悠久的管理历史中的重要一环。从内容来看,中国管理也要比西方管理丰富得多。中国管理除了涵盖西方管理学科体系中的国家行政管理、企业管理、教

育管理、工业管理、农业管理、科技管理、财政管理、城市管理等以外,还包括治家管理、治身管理等关乎人的生命存在质量的内容。从目标来看,中国管理比西方管理更注重实现人与自然、人与社会、人与人的关系的和谐发展,即人的成长、成熟与生存质量。一般而言,西方管理强调完成的目标通常是企业利润最大化、股东利益最大化等,只是在近几十年才开始意识到:即便组织的目标是好的,也会在一定程度上损害他人和社会的利益,或者实现目标的方式方法也可能会违背一定社会人群的行为规范。这种意识的萌发实际上正是西方管理向东方管理回归的表现之一。由此可见,中国管理对于什么是管理这个基本命题的认识,与西方管理有着本质上的不同。在中国管理看来,管理就是因循事物发展的客观规律,合理地发挥人与其他物质资源的综合效率,以有效地实现人与自然、人与社会、人与人关系的和谐统一,达到逐步提高人的生命存在质量这一目标的过程。

### (二)西方管理理论与实践

东方管理从来就不否定西方管理,也不主张将东西方管理对立起来。我们不认为未来东方管理就必然取代西方管理,或者会与西方管理融合为同一种管理学。东方管理与西方管理应是一种共同发展、相互补充的关系。单纯的东方无法得到自我的认同,它必须在一个参照系的基础上来完成自我的建构。没有与西方的关系,也就无所谓东方。因此,东方管理的研究决不能将视野仅仅局限于东方文化情境,相反会积极跟踪西方管理研究,在把握吃透西方管理精髓的前提下才能进行研究。只有在深刻理解东西方文化传统的基础上,才能在东西方文化中进行东方文化的定位。那种片面将东方管理与西方管理割裂开来的观点是不正确的。

由于中西方文化上的差异,传统的中西方管理理论与实践各自具有不同的优势和劣势。比如,西方管理重分析、重理性、重科学、重法制,却不注重伦理道德的修养,不注重人与自然、人与社会、人与人关系的和谐,更不注重以情感人的管理教育;而中国管理却恰恰相反,它重综合、重感化、重和谐、重仁爱,却不太注意营造法制意识和科学精神。其实,这两个方面偏重任何一个方面而走向极致都是不可取的。历史上,商鞅和韩非等人曾经根本否定道德观念对人的管理的制约作用,韩非甚至把所有人与人之间的关系,都归结为利害关系,只相信赏罚政策的作用。他们主张"为治者,不务德而务法",即从事管理的人主要依靠法制而不能依靠道德。其结果是他们辅佐的秦国逐渐富国强兵,灭六国而统一中国,取得了巨大的成功,然而,却又是严政酷律,无视社会思想道德对管理的积极作用,最终导致了秦王朝的迅速土崩瓦解,正所谓"灭秦者,秦也,非六国也"。同样,如果片面强调思想道德意识形态的东西,排斥科学、排斥理性,也会损害经济的增长和发展,造成百业萧条,民不聊生。因此,西方管理理论与实践同样是东方管理学的重要渊源之一。在新经济环境下,只有充分发挥中西方管理理论与实践的各自优势,取长补短,才能更好地体现东方管理学科学性和艺术性协调统一的特点。

### (三)华商管理理论与实践

华商管理是中国传统管理文化与西方管理文化以及华商足迹所至的土著管理文化相融合的成功典范。海外华商取得成功的根本原因,就是在多元文化环境中的适应性与创造性。东西方文化具有巨大的互补性,而二者的融合使海外华商具备了独特的经营智慧,从本质上来看这就是一种融合创新。在东西方智慧的交汇点上,海外华人企业家们自觉地博取两种经营智慧的长处,并创造、提炼、淬取出一种全新的管理范式,促生了一大批精于经营管理同时具有强烈社会责任感的海外华商巨富。中国式管理最迫切需要具备的素质就是适应多元文化结构的管理智慧,因此华商管理的理论与实践是东方管理学的重要渊源之一,对华商管理的研究构成了东方管理学的一个重要组成部分。提倡以华人企业为师的美国未来学家约翰·奈斯比特曾预测,华人商业网络将取代日本成为新世纪亚洲的主要商业理念。这也说明对包括华商管理模式在内的东方管理学思想的研究既是创建"中国式管理"的现实要求,更是对未来管理之道的探索。

## 三、中国"东学"的精髓:"三为"原理

东方管理学的精髓是"以人为本,以德为先,人为为人"。它是对中国管理、西方管理以及华商管理等理论与实践融合、提炼、萃取的结果,是东方管理文化的本质特征,是贯穿东方管理学的主线,也是东方管理学派的宗旨。

### (一) 以人为本

东方管理学高度重视人在管理系统中的作用。作为中国传统道德基础的"仁",其根本含义即是"人"。"仁者人也"(《礼记·中庸》)。《周易》作为中国传统文化思想流派的渊源之一,书中已含有丰富的人本思想。"以人为本"一词的完整提法最早就出自《管子·霸言》,虽然管子的"人本"思想还停留在工具论的层面上,但此后孟子的"民贵"论等就已接近现代人本管理哲学的思想。

苏东水教授在1979年任上海管理教育学会会长时,组建了中国第一个行为科学研究组织,倡导开展中国式人为科学和"以人为本"管理的研究,在国内率先提出企业要树立以人为中心和以人为本的管理理念。迄今,"以人为本"业已成为当今媒体、学界使用频率极高的一个词。然而,许多人仅仅是将"以人为本"理解为发挥人的积极性、主动性和创造性,给人们一个充分施展才华的空间,这只是理解了"以人为本"的浅表内涵。所谓的将人视为企业最重要的资源,其逻辑仍是工具价值论。与基于工具理性的人本观不同,东方管理学的"以人为本"包含着两层含义:一是将人视为管理的首要因素,一切管理工作都围绕着如何调动人的积极性、主动性和创造性来展开,这是它的浅表内涵;二是通过给人们提供充分施展才华的空间,不断地运用挑战来锻炼人的智力、体力乃至意志品质,并在此全面发展的基础上,努力实现摆脱自然束缚的自由发展,提高人的生命存在质量。这才是"以人为本"的深层内涵。

可见,现代东方管理强调"以人为本"的本质是把人作为管理活动的目的而非工具,这首先要求消解传统意义上管理者与被管理者的对立。为此,提出了东方管理的"主体人"假设。"主体人"假设认为:简单的善与恶不是评判人性的合理标准,人不仅是其自身的生命主体、道德主体、精神主体,也是管理主体,组织中每个人的个性和人格是独立、完整和平等的,人在组织中有分工的差别和职位的差别,但在管理中都一律平等地处于主体地位,不存在谁依附谁、谁掌控谁的关系。在主体人理论中,人不再是管理的工具和手段,人和人之间也不再是管理和被管理的关系,而是为了实现组织的目标所进行的平等的互相协同、互相支持、互相服务、互相配合的关系。

### (二) 以德为先

"以德为先"是苏东水教授1997年在组织东方管理学派研讨东方管理学科时融合古今中外管理提出的概念。"以德为先"即强调道德伦理在管理中的作用。作为一条基本原则,其不仅可运用于治国实践中,而且贯穿于治生、治家、治身实践。对于管理者而言,高水平的道德修养是必备条件之一。正所谓:"德者,才之帅也;才者,德之资也。"在组织管理中,管理者经常要运用权威来指挥和

影响组织成员,其中有些权威是制度所赋予的,另一些则有赖于管理者的个人魅力和其他优秀品质,东方管理学更推崇后者。管理者要通过"修己"树立道德之威,在无形中影响被管理者,被管理者也要通过"修己"实施自我管理,遵守职业道德,以求更好地胜任本职工作。"君子之德风,小人之德草。草上之风,必偃。"(《论语·颜渊》)"为政以德,譬如北辰居其所而众星共之。"(《论语·为政》)对于经济活动而言,为保证经济活动的有序运行,任何市场参与者的经济行为必须符合一定的道德规范,唯利是图不道德的经营者,直接制约着市场经济的健康发展。对于企业管理而言,除加强内功修炼,形成良好的企业文化和商业信誉外,还得在质量道德、竞争道德与经营管理道德方面加强引导和教育。在国家治理方面,改革开放给中国带来了深刻而复杂的社会变革,传统的社会道德观念已发生重大变化,建立新的思想指导与行为准则已成为一个重要的社会问题。在现阶段,主要是要建设"三德"(官德、商德、民德),处理好富民与富国、经济利己与道德利他、竞争与合作等之间的相互关系问题(苏东水,2003)。

### (三) 人为为人

"人为为人"是苏东水教授基于20世纪80年代、90年代的管理实践和理论研究,提出的关于管理本质的新概念。"人为为人"是指"每个人首先要注重自身的行为修养,'正人必先正己',然后从'为人'的角度出发,来从事、控制和调整自身的行为,创造一种良好的人际关系和激励环境,使人们能够持久地处于激发状态下工作,主观能动性得到充分发挥。"(苏东水,2002)"人为为人"从管理行为的主体、客体以及主体与客体的关系的角度揭示了古今中外一切管理行为的本质。"人为"是一种自我导向的个体心理行为。在强调个体内部指向的心理行为的同时,它强调主体人心理行为的可塑性。"为人"则是指一种他人导向的服务行为,是个体对外部对象的心理激励行为,强调自身心理行为的可塑性的同时,客观上产生服务他人的效果。"人为为人"则强调个体心理行为与外部对象心理激励的互动性,"人为"与"为人"互相联系并且互相转化。具体说来,"人为为人"概括了管理过程中的三对矛盾的统一运动:(1) 义与利的关系问题,我们主张以义取利;(2) 激励与服务的关系问题,管理既是激励,更是服务;(3) "人为"与"为人"的关系问题,个体必须从利他的角度出发,来实现利己的目的。对任何管理者或被管理者,都有一个从个人行为逐步向他人服务转变的过程。"人为为人"事实上代表了一种高度的道德境界——有理性的利他行为。这样的人具有比较稳定的道德准则,其行为以是否服务于别人并提高整个组织的工作绩效为依据。

## 四、中国"东学"的理论体系:"五字经"

在2005年由复旦大学出版的《东方管理学》中,苏东水教授用五个字来概括东方管理学的理论体系:"学""为""治""行""和"。"学"是指中国管理、西方管理、华商管理等"三学"。在这三大理论与实践的基础上,东方管理学提炼出了"道、变、人、威、实、和、器、法、信、筹、谋、术、效、勤、圆"等十五个哲学要素(苏东水,2003),萃取出"以人为本、以德为先、人为为人"的"三为"原理,形成了治国、治生、治家和治身的"四治"体系,构建了以人本论、人德论、人为论为核心,包括人道、人心、人缘、人谋、人才的"五行"管理理论,并提出东方管理学的管理目标是构建和谐社会的和贵、中和与和合(苏东水,2005)。东方管理学的理论体系附图1。由于前文已经详细论述"学"与"为",下面将着重介绍"治""行""和"。

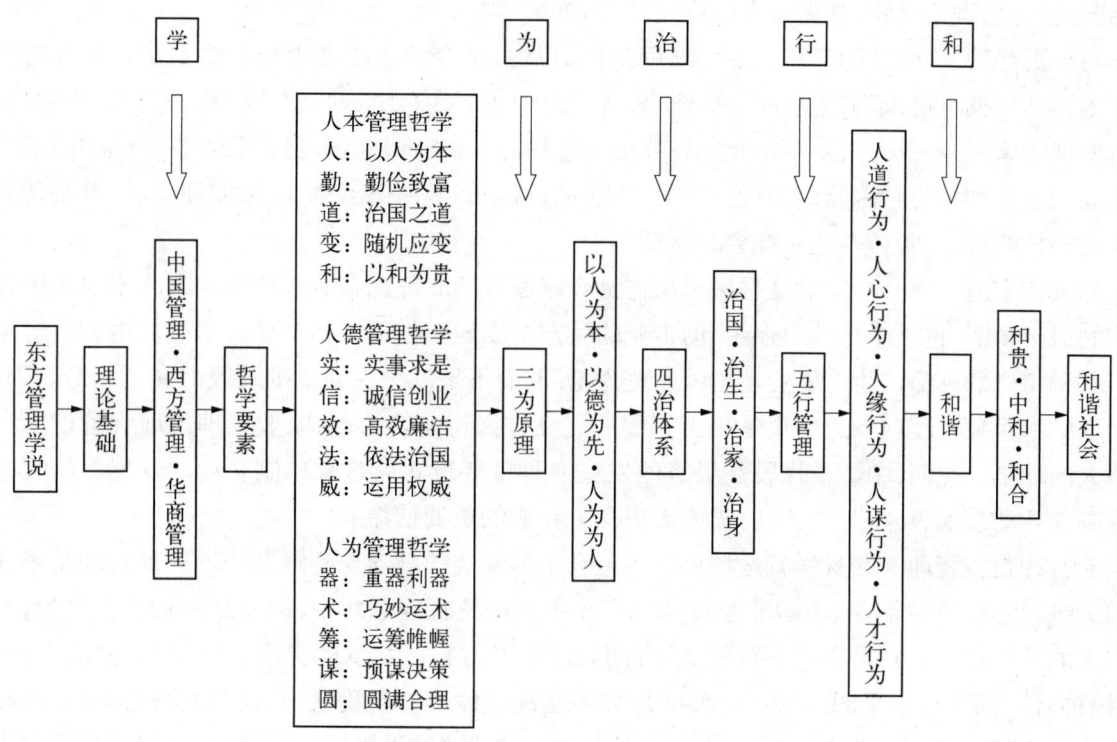

**图 1　东方管理学的理论体系——"五字经"**

## （一）四治体系

四治体系是苏东水教授基于古今中外管理实践而提出的管理范畴论。苏东水教授认为，东方管理学的主要内容包括四个方面：治国学、治生学、治家学和治身学。它不仅涵盖了管理实践中的各个层面，而且也符合中国儒家"修身、齐家、治国、平天下"的推演逻辑。这与目前一些研究者仅关注企业管理层面的中国式管理研究不同，我们认为中国式管理不仅包括微观个体层面、企业层面，而且包括中观层面的产业、区域，包括宏观层面的国家治理，更应包括管理文化的融合与创造性转换。整个的中国经济实践是一个整体，我们研究中国式管理，必须采取一种系统观。否则，讨论无法深入，也无法触及一些本质性的元素。

这样的一种处理方式其实与西方一些学者的看法也有共通之处的。事实上，一些西方学者就主张不能将管理局限为"企业管理"。比如，巴纳德(Barnard)认为，企业管理只是一般管理理论的一个分支，基本上与管理其他组织没有什么分别。科学管理之父泰勒在1912年国会作证时，也并没有举某家企业来说明科学管理，而是提到了一家非营利性机构——梅奥诊所。管理大师德鲁克更是认为"管理是所有组织所特有的和独具特色的工具"。纵观德鲁克一生对管理的研究和总结，基本也是围绕个人的管理、组织的管理和社会的管理三个层面展开。德鲁克的这种思路与东方管理学所讲的修身、齐家、立业、治国思想是相当吻合的。

治国学就是探讨从古至今治国的理念与实践精华。中华民族数千年来经历了无数次的改朝换代和多种外来文化的渗透，积累了丰富而深邃的治国理念、治国法则和治国方法。就治国理念而言，最具代表性的有：道法自然、济世兴邦、礼法并举、以民为本等。就治国法则而言，代表性的有：为政以德、人治与法治相结合、强根固本、居安思危、保民而王、集分适当、开放创新等。就治国手段而言，有无为而治、唯法为治、以德治国等等。改革开放以来，中国经济取得了巨大的成就。所有这些治国的实践、理论、经验都需要去提炼、梳理和总结。

治生是经营、谋生计的意思。治生学就是探讨从古至今治生的理念与实践精华。东方管理的治生论,是以"德本财末"道德观和"诚、信、义、仁"伦理思想为哲学核心,并以"积著之理"为中心,依循所发现的客观经济规律,以及由此所发展出来的预测、战略计划、市场营销、人事管理和质量管理等方面的方法和技巧。因此,东方管理的治生之道,特别强调以德治生、以义取利,以仁德观建立企业经营的核心理念,强调企业对社会的责任。

治家指家庭管理。治学学就是探讨从古至今家庭管理的理念与实践精华。家庭不仅是个体社会化的最早场所,也是个体外出谋生、创事业的后方根据地。俗语说:"家和万事兴。"中国人对家庭有着一种特殊的感情,"生产事业也是以家庭为基础,而不是以个人为基础"(殷海光,2002)。因此,将家庭纳入企业管理范围之中也是相当必要的。没有探讨家庭管理、家业管理是现代管理学中一个很大的缺陷。然而,中国当代民营经济的发展一种重要形式就是家族制企业的发展。研究中国家族制企业的发展、转型与传承,已成为历史交给我们的重要使命。

治身即自我管理。治身学就是探讨从古至今个体修炼的理念与实践精华。自我管理是个体成功的关键,也是治家、治生、治国的逻辑基础。在中国传统管理思想中,治身是一种体验之学,是一种个人的修养功夫。它是一个不断积功累行的过程,是对自己私欲的克服,也是对自身的身体、心灵、精神、情感、智慧水平的改善。其关键是必须通过主体人的自我认识、自我判断、自我选择和自我努力来实现。当一个人能够自觉、有意识地经过自我思考和选择,依据客观规律确定自己的人生价值和方向时,他也就开始成为自己命运的建筑师——造命人。自我管理理论是中国式管理的重要内容,也是区别于西方管理的一个重要特色。

### (二) 五行管理

"五行管理"是苏东水教授在多年探讨人的有效心理行为过程中提出的新概念。"五行"管理是指对管理过程中运行的五种行为,即人道行为、人心行为、人缘行为、人谋行为以及人才行为进行管理。"五行管理"是"三为""四治"理论在实践环节中的具体表现,并分别与现代西方管理学科体系中的管理哲学、管理心理、管理沟通、战略管理以及人力资源管理等相对应。应说明的是,这种对应关系仅仅是指它们所研究的对象类似。从学科的内涵以及其所采用的概念体系来看,它们之间是不同的。事实上,如果采取西方的概念、逻辑和框架来诠释中国管理实践,其认识是比较肤浅的。

人道管理,类似管理哲学,强调的是在管理过程中必须"得道遵道",管理者与被管理者之间要形成一种良性互动,管理者必须尊重个体的主观能动性,效法自然,实行无为而治,引导被管理者修心养性,进而赢取民心,化解矛盾。

人心管理,类似管理心理,任何管理过程最终的实现都必须通过心理认知环节。在管理实践中,管理者个人对人性的认识、假定决定了其管理方法、哲学。东方管理学认为过往的人性假设都失之偏颇,因而提出了"主体人"之假定。在管理心理领域,有两大主题是无可回避的,那就是激励与挫折。人为激励理论是我们在这一领域的最新成果。

人缘管理,类似管理沟通。东方文化特别注重关系互动,"GUANXI"也已经为西方学者所关注。东方管理学派基于对传统文化以及华商管理实践的考察,提出了东方"五缘"网络体系(即亲缘、地缘、文缘、商缘、神缘)。这"五缘"网络不仅构成了人际互动的切入点,而且也是一种极有价值的社会资本。诚信是东方人缘沟通的基石,而和合则是东方人缘沟通的目标。

人谋管理,类似战略管理。中国兵家学说中蕴涵着璀璨的谋略思想,这比西方《战争论》中开始涉及战略这一主题早上了几千年。东方管理学派在这一领域的最新研究成果是人为决策理论。人为决策谋略在企业管理中的各个层次都有运用：在公司层面,有企业战略;在事业部层面,有产品战略;在职能部门层面,有企业发展战略、企业营销战略、企业人力资源战略、企业财务战略等等。我国古代的决策谋略思想可以在现代企业管理中得到充分而有效的运用。

人才管理,类似人力资源管理。东方管理学在这一领域的最新研究成果是人为价值论。东方管理学派认为,人才之所以成为人才,是因为社会行为主体在正确的价值观指导下的能动性的行为达到符合社会行为客体心理价值认知,并起到激发社会行为客体心理与行为的客观效果。人才已成为第一资源：对于企业而言,人才是基业长青之根;对于国家而言,人才则是强国之本。我国古代关于识才、选才、育才、用才有大量的论述,值得细细归纳、提炼。

### (三) 和谐目标

"和"是东方管理的主旋律。在东方管理"三为""四治"和"五行"的创新运用过程中,均存在各种矛盾的和谐问题。"和谐管理"一直是东方管理研究的重要主题。东方管理中的"和"重点关注"人和""和贵""中和""和合""和谐"。"天时不如地利,地利不如人和""以和为贵"以及"执中以致和"的中庸观更是成为中国人奉行的行事准则。"和合"则强调了事物不同因素之间的相互冲突以及相互融合。东方和谐观强调的是和而不同,和而不流。"和实生物,同则不继。以他平他谓之和,故能丰长而物归之;若以同裨同,尽乃弃矣。"(《国语·郑语》)这种和合思想体现在现代企业之间关系上,就是企业与企业之间不仅存在竞争,更有合作。现代战略联盟组织的出现正是这种竞合关系存在的明证。

和谐观不仅在治生、治家以及治身中得到广泛应用,在治国领域也能得到广泛应用。"人为为人"管理的目标就是构建和谐社会。"构造和谐社会的理想,还是现代企业以服务为宗旨的管理观念,都体现了'为人'的管理目的。"当前,我国提出构建和谐社会,提炼我国古代传统的和谐管理思想,已成为一个重要的课题。

## 五、结论：中国"东学"走向世界

东方管理研究虽然已取得了一些成就,然而,东方管理学毕竟是一个新兴学科,还需要继续努力。进一步细化研究对象、创新研究方法、提升学科国际影响力将是未来学科发展的重点。纵观国际管理发展趋势,人们日益达成三点共识：第一,越来越重视人在管理中的核心地位;第二,文化越来越成为各种管理活动中不可忽略的要素;第三,东西方管理思想的融合创新是管理学研究的必然选择。中国"东学"——东方管理学从现代的、发展的、全球的眼光,去观察、发现、体会中国管理实践以及华商管理实践中的现象与问题,系统地总结、提炼中国古代管理思想精华,融合东西方管理文化精髓,提出了一整套以"以人为本、以德为先、人为为人"为本质属性的东方管理理论框架,适应了新经济时代对新管理理论的需求。东方管理的复兴正在对整个世界的发展作出贡献。二战以来西方管理学界正在加紧吸收东方的管理智慧。生态管理、绿色管理、可持续发展管理是现代人对古老东方"天人合一"思想的回应,而系统思考、组织学习、柔性管理则是对我国古代整体思维观的回归。因此,东方管理学将以其独特的优势,博大精深的内涵,为深化和发展管理理论,丰富管理实践做出更大的贡献。它必将走向世界,为世界管理研究的发展作出自己的贡献。

# 东方管理文化的当代价值和实践典范(2008)[①]

## 一、东西方管理文化的融合是大趋势

人类进入21世纪后,随着经济全球化进程的加速发展,管理学的理论和实践也进入了一个全新的阶段,经济的融合必然导致管理文化的冲突与融合。东西方管理文化的融合已成为当代管理的一个新趋势,这主要是由于:

(1) 文化的交流与沟通已成为当今管理研究的重要内容。文明的冲突、交流与合作,成为全球化进程中永恒的主题和旋律。不同价值取向的文化间沟通对话与和谐发展,已成为一种必然趋势。经济活动中文化差异问题的处理已成为管理中,特别是跨国管理中经常面临的问题。如何理解文化差异、尊重文化差异、协调文化差异已成为人们关注的重点。跨文化管理研究在西方学界日趋兴盛。

(2) 管理理论的文化嵌入性要求管理研究必须加入文化变量。任何管理研究均基于一定的文化情境。在一种文化背景下发展出的管理理论应用到其他国家时,容易因为制度环境、价值要素等差异而无法解释实际情况。因此发展文化情境依赖型的理论已得到众多研究者的呼吁和支持。

(3) 民族文化并无好坏之分,都具有合理内核和各自对管理的独特解读视角。东方管理与西方管理各有擅长,它们之间是一种相互补充的关系。比如,西方管理应该加入东方管理中的人本要素,而东方管理必须加入西方管理中的科学性和客观理性。

## 二、东方管理智慧的现代价值

1. 传统管理智慧的现代价值

尽管长期以来没有形成学科化的发展道路,但东方各国自古以来就有丰富的管理智慧。尤以中国古代《周易》、儒家、道家、墨家、法家、兵家以及于南北朝时期传入中国的佛教等众家学说的思想最为兴盛。比如以孔子为代表的儒家的"修己安人""人民为本";以《周易》为代表的"刚柔相济""崇德广业";以老子为代表的道家的"道法自然""无为而治";以墨翟为代表的墨家的"兼家""利人";以韩非子为代表的法家的"唯法为治";以孙武为代表的兵家的"运筹定计""知人善任"和"应敌而变";以释迦牟尼为代表的佛家的"以善为本"等。这些原创性的思想智慧在今天仍然具有很高的

---

① 本文节选自2008年在上海举行的IFSAM第九届世界管理大会暨第十二届世界管理论坛—东方管理论坛的大会论文《当代中国的东方管理科学》。

价值。主要体现在:

(1) 东方管理智慧正在对整个世界的发展做出贡献。二战以来西方管理界一直在不断吸收东方管理智慧,生态管理、绿色管理、可持续发展管理是现代人对古老东方"天人合一"思想的回归。知识管理、柔性管理、网络管理、合作竞争管理等,其实质就是东方人最为擅长的网络生态管理。和谐社会、科学发展观等都能在我国古代智慧中寻找到丰富的思想资源。

(2) 东方管理智慧启迪了企业管理人本化的发展方向。东方管理强化了企业管理的人性、整体、共生、人为为人的管理价值,企业管理正进一步走向整合化、柔性化和人性化。东方管理智慧对企业无形资产管理具有重要指导价值。无形资产管理在对"人"的管理上,与东方管理智慧对人的强调殊途同归。

(3) 东方管理智慧可以避免个人主义、人类中心主义失误。发展中国家的发展之道必然经历人身、体制和心灵等三次解放,而东方管理智慧可能在第三次解放中发挥大作用。东方管理文化倡导人生健康、成功、自在,实现身与心、人与人、人与组织、人与环境的和谐统一,是对东西方文化整合的促进。

*2. 近现代中国管理智慧的价值*

不仅中国古代管理智慧是当代管理实践的重要思想资源。中国近现代企业经营管理实践中的累积的一些原创性经验、智慧也值得细细总结。尤其是近 30 年来中国企业在飞速发展过程中所累积下的思想智慧、经验教训需要系统梳理。这不仅对我们国家未来的管理具有重要价值,而且对我们探索新兴市场地区的转型管理具有重要借鉴意义,甚至对世界管理知识的累积也具有非常重要的意义。

## 三、东西方管理文化融合发展的实践典范

### (一) 在华跨国经理人的东方实践

一些西方企业在开办企业来到中国之后,也进行了本土化。本土化的一个很重要方面就是在管理实践中充分考虑到中国人本土心理行为特征,在管理策略上也吸收了一些东方管理的方法和工具。在华跨国经理人从与中国文化绝缘走向了解中国文化,进而认同中国文化,协调管理过程中的文化冲突,取得了不错的效果。比如,艾默生电气早先在苏州设厂时没有考虑到中西文化的差异,因而在经营过程中产生了种种问题,经营绩效一直不佳。而后更换领导人的艾默生电气(苏州)公司认识到文化差异所导致的冲突才是经营绩效一直不善的真正原因,并进而采取措施来尊重文化差异、理解文化差异、协调文化差异,从而大大提升了公司绩效。

### (二) 中国经理人国际化过程中的海外实践

很多中国企业正在积极运用东方管理理论进行管理实践,取得了很好的绩效。比如上海漕河泾高新技术开发区、上海建工集团、海南航空、青岛三星等单位积极采纳东方管理的方法对企业进行管理。中国企业的海外运营经验普遍不足,这已成为制约目前中国企业国际化进程的一个重要因素。但国际化过程中有一条基本原则是肯定成立的,那就是:坚持东方管理思想的指导,再结合东道国文化、制度情境进行有效管理创新,从而达致合作双方、交易双方"人为为人"的最佳经营状态。

一些中国的企业在海外的运营过程中,已确实在东西方管理文化融合方面积累了宝贵经验。

比如海尔总部有两条著名的管理手段,那就是绩效差的员工必须站在公司门口两个"脚印"上来反思自己的行为,同时在厂区以笑脸符号标识每个人的绩效。然而,当海尔在美国设厂时,美国员工无法接受这点。于是美国分公司就开始采取让最优秀的员工站在脚印上来分享自己成功的经验,并以送熊、猪玩具来替代笑脸标识。之后,美国分公司的这种做法又传回海尔总部。现在,在海尔总部,也可看到优秀员工站在脚印上分享经验。海尔公司这两条管理手段的变迁就体现出公司在国际化过程中,如何应对文化冲突,进而利用文化创新管理体系的高超技巧。

随着全球化进程的深入,世界越来越"平"。人类交往的广度和深度的发展,文化交流的规模越来越大,速度越来越快,层次越来越深,东西方管理融合的趋势也愈发明显。东方管理科学正是在这样的背景之下,融合了东西方管理精华的结果。我们概括的"以人为本、以德为先、人为为人"可视为未来全球经理人在全球化背景之下经营管理的基本原则。

# 二十一世纪东西方管理融合与发展趋势(2008)[①]

**编者按**：中国复旦大学东方管理学派历经30多年的探索和实践，融合古今中外管理精华，创新现代管理理论，建立有中国特色的管理科学，在国内外产生广泛的影响。本杂志访研团就"二十一世纪东西方管理融合与发展"为主题，与苏东水教授进行访研。就东西方管理融合与发展的新趋势，以当代管理科学的走向、东方管理科学的创新与发展、东方管理的核心价值、华商的成功实践等问题进行了探讨和交流。

## 第一部分  东西方管理融合当代趋势

**本刊访研团**：随着全球经济一体化的进程不断加快，国际文化交流向纵深发展，东西方管理文化融合与发展越来越成为当今管理理论与实践发展的重要趋势。在历届世界管理大会和世界管理论坛暨东方管理论坛上，您连续发表《弘扬东方管理文化，发展现代管理学科》《东方管理文化的伟大复兴》《面向21世纪的东西方管理文化》等文章，阐述您对当代管理理论发展及管理文化发展态势的一些看法。为什么您认为当代东西方管理文化必然走向融合与发展，这种趋势不可阻挡？

**苏东水**：我着重从东西方管理文化融合与发展趋势的五大特点来阐述。

第一方面，东西方管理文化融合的必然性。

东西方管理文化融合有其深刻的时代背景，以经济发展为根本动因，以文化交流为主要形式，当前东西方管理文化融合有其历史必然性，主要体现在以下五个方面：

第一，经济全球化为动因。20世纪90年代以来，以信息技术革命为中心的高新技术迅猛发展，不仅冲破了国界，而且缩小了各国和各地的距离，

应IFSAM第一届世界管理大会主席、日本管理学家野口佑的邀请，在日本东京做中国经济问题专题学术报告

---

[①] 本文节选自2008年6月20日《管理观察》访研团的访谈稿，刊载于《管理观察》2008年第8期，访研团成员有：李树林、邹晓光、宋秀真。

使世界经济越来越融为整体。在世界范围内,各国、各地区的经济相互交织、相互影响、相互融合成统一整体,即形成"全球统一市场";另一方面,在世界范围内建立了规范经济行为的全球规则,并以此为基础建立了经济运行的全球机制。在这个过程中,市场经济一统天下,生产要素在全球范围内自由流动和优化配置。目前,经济全球化已显示出强大的生命力,并对世界各国经济、政治、军事、社会、文化等所有方面,甚至包括思维方式等,都造成了巨大的冲击。这是一场深刻的革命,任何国家也无法回避,唯一的办法是如何去适应它,积极参与经济全球化,在历史大潮中接受检验。管理文化在这一历史大潮中也要经受住规模空前的洗礼,而管理理论与实践要发展,东西方管理要对话,它们之间的交流是不可避免的。在这一时代大背景下,东西方管理文化不断走向融合与发展成为一种历史的选择。

第二,国际文化交流的影响。文化交流是人类交往的产物,是文化发展的重要途径。文化的个性、特殊性决定着文化交流的必要性;文化的共性、普遍性提供了文化交流的可能性。任何国家和民族的文化都是一定社会实践的产物,有其长处,也有其局限。一国只有向其他国家的文化吸收营养,才能永葆青春,永具活力,管理文化亦是如此。管理文化交流是管理文化发展的内在要求,是由管理文化的普遍性和特殊性的矛盾决定的,不同民族的管理文化既有特殊性又有普遍性,是个性和共性的统一。无论从西方比较管理研究,还是从企业文化研究都可以看出西方最新的管理理念极为重视管理文化对管理的巨大影响。根植于企业文化的软约束在管理中作用并不比来自企业制度的硬约束小。企业文化往往成为一个企业的无形资产,并使其他企业难以模仿。东西方管理学者们都认识到交流的必要性,唯有相互交流才有可能创新出符合世界潮流又能立足于本国实际的管理理论。东西方管理文化的交流随着东西方管理融合这一大趋势而不断得到发展,东西方管理文化的交流和融合越来越受到重视。

第三,追求社会和谐的需要。中国文化,历来追求人和社会的和谐、人与自然的和谐。中国古代学者和政治家,视民不相争、夜不闭门、路不拾遗为中国社会最理想的状态。他们大力追捧这一理想社会。中国的古代哲学家老子,则倡导遵循世界的法规(道),达到人与自然的和谐。而西方对和谐社会的看法则略有不同,西方人认为:好的社会,并不是简单地推行和谐,简单地要牺牲"小我"来成全"大局";好的社会,在于最大限度地保障个人的政治、经济、社会权利。这些不同并不会给东西方的交流带来阻碍,相反它们能从各自的优劣势中汲取经验和教训。人与自然和谐相处,就是生产发展,生活富裕,生态良好。追求社会和谐就体现在人与人、人与社会和人与自然的关系上,这是和谐社会在人与自然关系上的延伸。从根本上来讲,不管是东方,还是西方,和谐社会都是人类共同向往的生活状态。

第四,管理研究的进展。随着管理研究的推进,管理文化在三个方面表现出从中方到西方,再从西方到中方的回归:其一是大家所公认的"人在管理过程中的作用",其二是文化对管理发展的作用,其三是东西方管理文化的融合。而第三点东西方管理文化的融合正在成为管理理论与实践发展的最新趋势,今后管理研究的技术和方法,研究的思路和视角,研究的领域和热点,都将更多的从东西方管理文化融合的背景下做深入探讨。未来东西方管理学者需要进一步挖掘、利用、融合东西方管理理论和研究方法中各自可以互补的精华与优势,从而推动管理理论与实践的进一步发展。

第五,中华优秀文化传播。泱泱中华五千年文明史,其光辉璀璨、熠熠生辉,无与伦比。随着中国经济的飞速发展,中国在世界的影响力越来越大,在世界政治、经济等领域扮演了越来越重要的角色。在文化领域,中国传统的优秀文化也开始走出国门,走向世界。从《道德经》到《论语》再到《孙子兵法》,这些古代中华优秀文化的典范已成为世界各国耳熟能详的经典大作。它们成为中华文化的象征,成为世界各国人民了解中华文化的重要通途。与此同时,这些传统经典中所包含的管理文化也逐渐向世界传播开来,为西方人士所了解。随着中国的和平崛起,中华优秀文化对外传播成为不可阻挡的时代潮流,东西方管理文化势必在这一潮流中互动、互补、共融、共进。

**本刊访研团**:您从东西方管理文化融合的五大特点来阐明了这种必然性,那么对这种必然性带来的新趋势您是怎样看的?

**苏东水**:这种新的趋势它主要体现在五大方面。

东西方管理文化融合与发展越来越成为当今管理理论与实践发展的重要趋势,主要体现在以下五大方面:

第一,人本管理文化的回归。中国古代思想家强调"人为政本",所谓"水能载舟、亦能覆舟"。那时所讲的"人本"主要是从政府与官员的角度探讨,但带有强烈的为国忧民的色彩。在观念层面上与当今新经济时代所倡导的"人本主义"本质上是相同的。从西方管理学的发展历程看,从以泰罗为代表的科学管理到以梅奥、麦戈雷格、马斯洛为代表的行为科学,再到多种管理学派并存的柔性管理,西方管理思想走出从漠视人到重视人,逐步向人本管理思想发展的轨迹。西方管理理论"人本化"的倾向与东方人本管理思想是完全一致的。由此可见,西方管理学向东方管理学的回归是一种历史的必然。

第二,人德管理文化的回归。对伦理道德的强调是东方管理智慧的重要特质之一。西方经济发展到今年的网络经济,也意识到没有发达的网络道德保障网络的安全,是不会有发达的网络经济。在新经济时代,"以德为先"正是适应了新管理的需求。西方越来越强调的社会责任体现了这种向中国人德文化的回归趋向。

第三,人为管理文化的回归。东方管理智慧历来强调合作共存。万物共存而不相悖。成就他人的过程也就是成就自己的过程。西方管理理论近期对"竞合"(co-opitition)的研究可以说是对中国传统这种和谐观念的回归。

第四,人和管理成为东西方的共识。人和管理,即管理要"以和为贵"。管理的终极目标是人的发展,"和"是实现终极目标之前的中间目标和协调手段。在竞争和对抗的管理活动中,"人和"乃制胜法宝;在个人和组织的发展中,"和"也具有重要的调节作用。历史证明,"以人为本"作为终极目标很容易走向极端,即个人主义、各种利益集团的本位主义以及人类中心主义,欧美国家自文艺复兴以来很重视以人为本,但为什么还会一度出现比前代更加严重的社会危机?这些危机小到家庭破裂、劳资紧张,大到战争和环境污染,但都有一个共同病灶,就是忽略了"和"这个中间目标的调节。目前,西方社会开始意识到"和"的重要性,尤其是"人和"管理的重要性。中国的领导层很重视"和":在国内强调和睦安定,建设和谐社会;在国际交往中,提出了"与邻为善、以邻为伴";在"天人"关系方面,实践科学发展观。显然,这三个层面的"和"也同样适用于其他组织的管理。所以,"和"的要素是蕴含在管理之中,是管理的应有之义,只有做到"和",以人为本的终极目标才能够不偏不倚地实现。就"和"的意识和人和管理而言,东西方不约而同朝人和管理的方向努力,在人和管理方面已形成共识。

第五,人道哲学的融合。"道"是一个内涵很丰富的词,人道的内涵,主要指尧舜孔子的仁义之道。"人道"是指人、人的价值、伦理道德、人的认识(包括自然、社会、人生、思维规律)以及历史观点等,包括客体、主体以及主体对客体的认知。关于人道的学问可称为人生哲学,即关于人生意义、人生理想、人类生活的基本准则的学说,也就是道德学说。"人道"的本旨就在于"使人成为人",它把人本身的发展、完善、自我实现视为最高价值,把"使人成为人"奉为道德原则的思想体系。"人道"要求在管理过程中必须尊重个人的价值。"人道"要求在管理中必须尊重个人的价值。目前西方兴起的人本主义经济学正与"人道"管理思想相吻合,可以说东西方在人道哲学方面逐渐呈现融合的态势。

以上五大方面的特点表现出管理文化从中方到西方,再从西方到中方的回归历程,展示了东西方管理文化从最初彼此对立到互相学习、互相借鉴,再到不断融合的历史过程,这一历史进程也深刻揭示了东西方管理文化融合的必然性、可能性及不可阻挡的趋势。

## 第二部分 东方管理的创新

**本刊访研团**:东西方管理文化的融合,东方管理的发展必然离不开创新,没有创新就没有发展。您认为东方管理都有哪些方面的创新?

**苏东水**:中国"东学",即中国的东方管理科学,自 20 世纪 70 年代中起,经复旦大学东方管理学派的探索与研究,迄今已 30 多年了。在历史长河中,30 年不算长,但是其学说的源头,也是东方管理之水的源头则有三千多年的历史。《周易》、道家、儒家、佛家等传统管理文化的智慧是其思维创新的结晶,也是我们东方管理学说智慧的源头活水。如,"上善若水"之说中的"水",形容管理之水变化多端,是永恒而没有终结的,其利害之处、哲理之深那就丰富了。三千年如水的源头的中国东方管理学说,比起近百年西方管理学科的历史,那早三千多年了。本人纵观宇宙事物的运行规律,可以说,管理的本质是"人为为人",集中一个字是"变",像水一样的变动发展乃至无穷。管理若水,有永恒之道,乃以人为本、以德为先、人为为人,造福人间万物,川流不息。

第一方面,东学"五字经"及其创新特点。

东方管理科学是在中国创新、融合古今中外管理精华、东西方管理融合发展的基础上,在文化、哲学、人本、道德、技术(方法)五个层面融合的基础上,以及在管理文化、管理教育、管理交流需求的基础上建立的。东方管理科学的创新主要体现在五个字,也即东学"五字经":"学"(三学)、"为"(三为)、"治"(四治)、"行"(五行)、"和"(三和)。东方管理学以体现东方管理文化本质特征的"以人为本、以德为先、人为为人"的"三为"原理,在中国管理、西方管理和华商管理的基础上形成了治国、治生、治家和治身的"四治"体系;以人本论、人德论、人为论为核心,包括人道、人心、人缘、人谋、人才"五行"管理的东方管理理论体系,并提出其管理目标是构建和谐社会的和贵、和合、和谐。它具有以下三个显著的特点:

第一,研究"宏观、中观、微观"三个层面。东方管理学包涵"四治"的运用,即:治国、治生、治家、治身的思想、原则、价值与运用。"四治"涵盖了宏观、中观与微观的三个层面,其中治国就是在宏观层面上的管理,治生着重从中观的行业经营展开,同时也包含了微观层面的企业运营管理,而治家与治身重在从微观层面探讨家庭管理与自我管理。可以说,东方管理学构筑了宏大的管理体系,涵盖了宏、中、微观三大层面,是融合东西方管理精华的创新型管理理论体系。

第二,集东西方优秀文化精华融合而成。东方管理学根植于东方管理文化,光辉璀璨的中国管理是东方管理学的一个重要的理论基础。易经的阴阳学说、道家的无为学说、儒家的仁爱学说、佛家的慈善学说、兵家的用人学说、法家的崇法学说等等,都是我们深入总结、提炼和进行现代化的创造性转换的基础。脱离了这些基于中国传统文化的管理思想的所谓中国式管理理论将是无源之水、无本之木。由于中西方文化上的差异,传统的中西方管理理论具有各自不同的优势和劣势。西方管理重分析、重理性、重科学、重法制,却不注重伦理道德的修养,不注重人与自然、人与社会、人与人关系的和谐,更不注重以情感人的管理教育;而中国管理却恰恰相反,它重综合、重感化、重和谐、重仁爱,却不太注意营造法制意识和科学精神。其实,这两个方面偏重任何一个方面而走向极端都是不可取的。如果片面强调思想道德等意识形态的东西,排斥科学、排斥理性,也会损害经济的增长和发展,造成百业萧条,民不聊生。因此,西方管理理论同样是东方管理学的重要基础之一。在新经济环境下,只有充分发挥中西方管理理论各自的优势,取长补短,才能更好地体现东方管理学科学性和艺术性协调统一的特点。

第三,对东西方优秀管理理论与教材的融合与提炼。东方管理的"五行"学说,主要论述东方管理行为,即:人道、人心、人缘、人谋、人才。这五种行为学说的概括与提炼是在融合东西方优秀管理教材的基础上形成的。人道行为学说是在融合中国传统哲学与西方管理哲学的基础上形成的,人心行为学说可以说是对中国传统人性研究与西方管理心理学的总结与提炼,人缘行为学说是针对中国人际关系特性与西方关系管理理论的提升与总结,人谋行为学说是综合了中国传统兵家学说与西方战略管理的精华凝炼而成,人才行为学说则是中华五千年用人学说与现代西方人力资源管理理论的东西合璧。可以说,东方管理学是在对东西方管理理论的提炼与总结的基础上而形成的独具特色的创新性理论体系。

第二方面,东西方管理精华融合过程之典范:东方管理学形成历程。

在东方管理学的创新与发展过程中,我们经历了三个阶段:从20世纪80年代的探索阶段,到20世纪90年代的创新阶段,再到1997年以后的发展阶段。这三个阶段分别是:(1) 20世纪80年代:古为今用、洋为中用阶段;(2) 20世纪90年代:理论创新、创立学派阶段;(3) 1997年至今:走向世界、影响扩大阶段[①]。

今年7月份由中国国民经济管理学会等机构联合申请在上海复旦大学召开的IFSAM第九届世界管理大会,提出了东西方管理融合与发展的主题,具有现实和深远意义。这是中国管理界有史以来第一次真正意义上具有国际性的世界管理大会,是盛世之会,也为东方管理文化、东方管理学进一步走向世界提供了广阔的平台。一个有着优秀文化传统的东方古国,一个处于经济蓬勃发展时期的伟大民族,需要有自己的管理文化、自己的管理学说。东方管理文化不仅能在"世界叫响",东方管理学说必将长成参天大树,枝繁叶茂,巍然屹立于世界管理理论之林。

## 第三部分　管理的核心价值

**本刊访研团**:东方管理有了新的发展,极大地丰富了东西方管理的理论宝库,在管理理论体系中最核心的价值是什么?

**苏东水**:早在世纪之交,我就写了《世纪之交的管理文化变革》等文章,阐述了东西方管理文化的融合态势,提出管理的核心价值就是"以人为本、以德为先和人为为人"。我认为管理的本质、核心及最有价值的精华所在就是"人为为人"。

第一,"以人为本"。"以人为本"一词的完整提法最早出自《管子·霸言》:"夫霸王之所始也,以人为本。本理则国固,本乱则国危。"这里所说的"以人为本",是指建立霸业的一种手段,显然管子的"人本"还停留在工具论的层面上。作为中国传统道德基础的"仁",其根本含义即是"人"。孔子的主要思想之一是"仁",孔子归结"仁"为"仁者,人也"(《礼记·中庸》)。这里的"人",首先是处在管理系统之中的人,即所谓"民"。中国传统文献中对"民"的重要性的论述极其丰富,如《孟子》的

---

① 详见东方管理科学研究院编写组:《中国"东学"三十年:东方管理学的创新与发展》,刊载于2006年第十届世界管理论坛暨东方管理论坛论文集《世界管理论坛2006》(《世界经济文汇》2006年专辑)。

"民为贵"等。中国传统管理哲学是以人为核心的,但是上述的"人本"思想还停留在工具论的层面上,离近现代的人本管理哲学还有一定的距离。

东方管理学的"以人为本"包含着两层含义:一是将人视为管理的首要因素,一切管理工作都围绕着如何调动人的积极性、主动性和创造性来展开,这是它的浅表内涵;二是通过给人们提供充分施展才华的空间,不断地运用挑战来锻炼人的智力、体力乃至意志品质,并在此全面发展的基础上,努力实现摆脱自然束缚的自由发展,提高人的生命存在质量,这才是"以人为本"的深层内涵。

以人为本作为科学发展观的核心,得到了普世的认同,以人为本在不同的时代背景下不断得到升华。东西方管理、理念和做法有很多不同,但是也有不少人类共同的东西,如对"人本精神"的追求。2008年5月22日的环球时报上有文详撰"以人为本拉近中国与西方的距离",可说这是"以人为本"在新时代的升华,也充分显示了东西方在人本理念上的融合。以人为本上升到国策的层面是对社会主义核心价值的升华,彰显了新时代背景下"人本"观念的深入人心。

第二,"以德为先"。东方管理文化强调道德伦理的作用。《大学》中说:"德者,本也。"儒家管理思想的逻辑起点是"修己"即自我管理,"修己安人"包涵了带根本性的管理方法。"修己"就是让管理者作出道德示范,在无形中影响受管理者的行为,从而达到"安人"的目的。"以德为先"即强调道德伦理在管理中的作用。对于管理者而言,高水平的道德修养是必备条件之一。正所谓"德者,才之帅也;才者,德之资也。""君子之德风,小人之德草。草上之风,必偃。"(《论语·颜渊》)"为政以德,譬如北辰居其所而众星共之。"(《论语·为政》)在管理中,管理者经常要运用权威来指挥和影响组织成员,其中有些权威是制度所赋予的,另一些则有赖于管理者的个人魅力和其他优秀品质,东方管理学更推崇后者。管理者要通过"修己"树立道德之威,在无形中影响被管理者,被管理者也要通过"修己"实施自我管理,遵守职业道德,以求更好地胜任本职工作。

第三,"人为为人"。"人为为人"其实是两个有分有合的命题。"人为"的根本问题是发挥人的积极性。与西方管理相比较,也可以部分地归结为激励问题。荀子说:"人之性恶,其善者伪也。"这个"伪"不是假装,而是"人为",即人的努力。在东方管理文化中"人为"思想贯穿始终而形成了颇具特色的"人为学"。东方管理学的精髓是"以人为本,以德为先,人为为人"。它是对中国管理、西方管理以及华商管理等理论与实践融合、提炼、萃取的结果,是东方管理文化的本质特征,是贯穿东方管理学的主线,也是东方管理学派的宗旨。"人为为人"是指"每个人首先要注重自身的行为修养,'正人必先正己',然后从'为人'的角度出发,来从事、控制和调整自身的行为,创造一种良好的人际关系和激励环境,使人们能够持久地处于激发状态下工作,主观能动性得到充分发挥。""人为为人"从管理行为的主体、客体以及相互关系的角度揭示了古今中外一切管理行为的本质。"人为"是一种自我导向的个体心理行为。在强调个体内部指向的心理行为的同时,强调"主体人"心理行为的可塑性。"为人"则是指一种他人导向的服务行为,是个体对外部对象的心理激励行为。在强调自身心理行为的可塑性的同时,客观上产生服务他人的效果。"人为为人"则强调个体心理行为与外部对象心理激励的互动性,"人为"与"为人"互相联系并且互相转化。

随着全球化进程的深入,世界越来越"平",人类交往的广度和深度的发展,文化交流的规模越来越大,速度越来越快,层次越来越深,东西方管理融合的趋势也愈发明显。东方管理科学正是在这样的背景之下,融合了东西方管理精华的结果。东方管理"以人为本、以德为先、人为为人"的"三为"精髓与理念可视为未来全球化背景下东西方管理运营的基本原则,它将以其独特的优势,博大精深的内涵,为深化和发展管理理论,丰富管理实践做出更大的贡献。它必然走向世界,为世界管理研究和实践的发展作出自己的贡献!

# 论东方管理的人道哲学(2010)[①]

"道"始于《老子》,是道家哲学的最高范畴,也是中国古代哲学中最重要的范畴之一。春秋战国时期,"道"就开始分成"天道"和"人道","天道"是指客观世界的存在形式和规律;"人道"则是指人、人的价值、伦理道德、人的认识等。"人道"其实就是关于主体人的人生管理的哲学,亦可称作人生哲学,强调的是在管理过程中必须"得道遵道",管理者与被管理者之间要形成一种良性互动,管理者在管理中要尊重个人的价值,要效法自然、无为而治、顺应民心,进行创新并做到和合共赢,进而引导被管理者修心养性,最终实现人的全面发展和全面解放。

## 一、"道"与东方管理"人道"的含义

"道"是道家哲学的最高范畴,构成了其哲学体系的核心。在东方管理科学领域是如何定义"道"的涵义呢,人道与道的关系是什么?下面将进行一定探讨。

### (一) 道的含义

老子指出,"道可道,非常道。名可名,非恒名也。"关于"道"这一个字,殷周之际的金文中已经出现。但作为中国古代哲学中最重要的范畴之一的"道",目前普遍认为其最早源于《老子》,其含义博大精深。就其原义而言,道指道路,是指行进的线路。人们行走的线路谓之道路,物体运行的线路谓之轨道。总起来说,它们都是"道"。比如,《易经·履》说:"履道坦坦。"其中的"道"就是指人行之路,意思是行走的大路平坦坦。后来,道的内涵由具体向抽象的方向延伸,逐渐普遍化、一般化,引申出法则、规律、方法等。如《易经》中"道"字四见,都是指道路而言;今文《尚书》言"道",又拓展为言说、方法。当"道"从金文、《易经》的道路之"道",向《尚书》《诗经》的规律、方法之"道"过渡的时候,意味着道的本身也是一个动态的变化过程,也预示着道必然要一分为二,从而演变成为中国古代哲学的重大问题——天人之辨。

事实上,中国古代的先秦诸子百家,都将自己的理论和方法称之为"道",儒家、墨家、道家、阴阳家以及佛教等,都曾自命或自称"道教"。但作为中国古代哲学中最重要的范畴之一的"道",目前普遍认为其最早源于《老子》,其含义博大精深。关于道的解释归纳起来可以有以下几个层面。

道的第一层含义是"道路"。"道"原指人走的道路。古代的字书《说文解字》注释道字,说:"所行道也,一之谓道。"意思说道本来是指人所走的路。路有许多种,有分岔的路,有四通八达的路。

---

[①] 本文刊载于《上海管理科学》2010年第5期,与余自武合作。

《易经》中"道"字四见,都是指道路而言;如《易经·履》说:"履道坦坦。"其中的"道"就是指人行之路,意思是行走的大路平坦坦。后来,道的内涵由具体向抽象的方向延伸,逐渐普遍化、一般化,引申出法则、规律、方法等。

道的第二层含义是"无"。老子第四十章中指出:"天下万物生于有,有生于无。"第十四章指出:"其上不皦,其下不昧,绳绳不可名,复归于无物。是谓无状之状,无物之象。"在老子看来,"无"比"有"更根本,"无"是天下万物的最后根源,这里的"无"就是一种"道"。因为"道"是"无",所以它是人们根本无法感触到的,它没有任何物质的内容和属性,只是一种纯粹的抽象的东西。道是看不见、听不见、也摸不到的,"道"完全是人的感官不能感触到的虚无缥缈的东西,这样的"道"等于无,没有任何物质属性和形象,超越于物质世界之上,成为物质世界的源泉。

道的第三层含义是本原。道是天地万物之母,无和有都来自"道",是道的不同角度的名称。这是最为玄妙和深奥的,道是万物的本体和来源。天地万物都是由道演化而来。道作为本原,是浑然一体的东西。老子指出,"无名,天地之始,有名万物之母","玄之又玄,众妙之门","玄牝之门,是谓天地根","天下有始,以为天下母"。就是说,道是天下万物的本原,这里"始""母""根""门"等都含有本原的意思,但是,它们有层次的区别。作为本原,它具有唯一性,它无前无后,无上无下,"吾不知谁之子,象帝之先",它像是在天帝的前边,然而在它之前却没有什么存在。"有物混成,先天地生",在没有天地之前,它就存在了。作为本原,它是物质的东西,"道之为物,惟恍惟惚,其中有物,其中有精"。

道的第四层含义是规律。道是物质运动的规律,道是天地万物变化的终极原因。老子指出,"道者万物之奥",就是说,道是万事万物运动的规律。道是普遍存在的,"大道泛兮",道存在于一切事物之中,贯穿于一切事物发展过程的始终,万物从道起源,又回归于道,"各复归其根,归根曰静,复命曰常",返回本性是事物发展的永恒规律。道的规律是不可抗拒的,不能违反的。因此,老子把道视为必须遵循的法则,他说,"故从事于道者,道者同于道",他要求人们要坚持,遵循道的法则。又说,"执古之道,以御今之有,以知古始,是谓道纪",意思是要遵循古代的法则,驾驭现实的实有,以认识历史的规律,这就是遵循道的法则的具体表现。废弃了这一原则,有了仁义,"大道废,有仁义"。老子主张"唯道是从""贵食母",即是要坚持道的法则,按道的法则做事。道也是观察事物的永恒法则。"自古及今,其名不去,以阅众甫,吾何以知众甫之然哉,以此。"就是说老子自己就是用道的法则观察万事万物的,给人们作出了榜样。老子认为,坚持道的原则,天下和平安定,放弃道的原则,则会陷于兵荒马乱之中。按道的法则去做,道会成全你的,"同于道者,道亦乐得之"。因此,道的原则是最高原则,而且有很高的价值,"天之道,利而不害"。

从上面可以看出,道的含义有不同的层面,也经历了一个漫长的发展演变过程,"道"从开始的有形道路,逐渐演变为无形的道理、方法等意思。这样"道"的含义就越来越丰富,有道路、途径、方法、思路、准则、规律、述说等意义,但现在一般把"道"看做是一种规律和规则,它是自然界的根本总规律。作为规律的道,是解释事物之间必然联系的本质东西,是一种无形的、不变的、不可名的恒道。作为规则,要求人们必须要遵守坚持。笔者认为,在现代管理中所讲的"道"是指一种经营哲学、规律、准则和法则等。只有遵循"道"的规律,才能把事情办好。否则,"物壮则老,是谓不道,不道早已"。

(二) 东方管理的"人道"含义

中国古代哲学史上,最早将"道"这一哲学范畴分成天道和人道的是春秋时期郑国的子产。据

《左传》昭公十七、十八年记载,郑国星占家裨灶预言郑将发生大火,人们劝子产按照裨灶的话,用玉器禳祭,以避免火灾。子产回答说:"天道远,人道迩,非所及也。何以知之?"子产把天道和人道区别开来,天道是指自然现象,人道是指人事现象,可以理解为我们今天所说的客体和主体。孟子在《孟子·离娄上》中谈及天道与人道时指出:"诚者,天之道;思诚者,人之道也。"唐代柳宗元也曾把道分为"天道"和"人道",他认为人道是指尧舜禹孔子的仁义之道,天道指自然界及其规律。宋代王安石也把"道"分为天道和人道,他认为天道是无言无为的,而人道是有言有为的。佛教中也讲天道和人道,但它们是作为佛教所说的六道之一来说的。

事实上,"道"系统是由天道和人道所构成的一个多层次、多结构的整体系统。天道蕴含"道"的客体方面,即自然观、宇宙观;人道蕴含着"道"的主体方面,或称之为"观"的认识,如世界观、人生观、伦理观、历史观等。按照我们东方管理学和人为科学的理解,天道应该是指客观世界的存在及其规律、存在的形式等,而人道是指人、人的价值、伦理道德、人的认识(包括自然、社会、人生、思维规律)以及历史观点等,包括客体、主体以及主体对客体的认知等。

本文认为,所谓人道,是相对于天道而言,它涵盖自然、社会与精神;人道存在于社会人事之中,是人们必须遵守的共同的思想行为准则;它是人之所以为人的根据和原则,包括人的自然本性和道德伦理规范,以及社会群体的典章制度、组织、原则等。从管理的角度来看,人道其实就是主体人的人生哲学,即关于人生意义、人生理想、人类生活的基本准则和规律的学说。在现代管理过程中人道就是要尊重人的终极目标,必须尊重个人的价值,遵循人生发展的准则和规律,从而实现全人类的"人生价值"。

(三) 东方管理的"人道"与西方人道主义

"人道"是相对于"天道"来说的,"天道"是指世界的存在及其存在形式,在管理实践中,天道就是要求必须遵循客观规律;"人道"则是指人、人的价值、伦理道德、人的认识(包括自然社会、人生、思维规律)等,包括客体、主体以及主体对客体的认知,在管理过程中,人道则要求必须尊重个人的价值。西方所兴起的人道主义与东方管理中的"人道"管理思想虽不尽相同,但在其关于"人"这一管理的根本前提和出发点上却是相辅相成、互相吻合的。

人道主义(humanism),是关于人的本质、使命、地位、价值和个性发展等的思潮和理论,它是一个发展变化的哲学范畴。人道主义思想是随着人类进入文明时期萌发的,但人道主义作为一种时代的思潮和理论,则是在15世纪以后逐渐形成的,最初表现在文学艺术方面,后来逐渐渗透到其他领域。在现代西方哲学中,人道主义仍占有十分重要的地位。现代西方哲学中的许多流派,如存在主义、新托马斯主义、人格主义、实用主义、法兰克福学派等等,往往自命要褒扬人的价值,捍卫人的尊严,提高人的地位,以现代眼光研究人的状况、特点、前途和利益。这些流派的代表人物尽管在一些重大问题上立场相忤,却大多称自己是人道主义者,至少是人道主义的拥护者。他们共同关心的问题主要有:人的本质、人格、人与科学技术以及实现人道的设想等等。如萨特把超越性和主观性视作实现人道的手段。在他看来,人要成为人,需要超出自身,寻求人生的更高目的,马里旦试图以神道作为实现人道的手段,并用灵性的东西和宗教信仰鼓动人们创造人道化的社会环境。他指出,基督教的人生哲学指导着基督徒的社会,这是一个享有人的权利和人的尊严的社会,在此社会中,不同种族、不同文化传统的人同心协力,以完成人世间的人道事业。法兰克福学派的思想家们大多把爱当作实现人道的杠杆。弗罗姆认为,人的苦难是由于缺乏爱引起的。施密特认为,借助爱就能实现人道化。因为,爱是幸福的状态,而获得这种状态又依赖于对某人或某物的爱。而且,爱能改善人的状况,提供人生的意义,使人充分发展。

事实上,东方管理的人道原则分为广义和狭义两种。广义的人道原则是指"把人当人看",一方面人道原则认为将人自身视为最高价值,另一方面主张将一切人都当做人来善待的思想体系。

总之,"人道主义便是视人本身为最高价值从而主张善待一切人、爱一切人、把一切人都当做人来看待的思想体系,简言之,便是视人本身为最高价值从而主张把人当人看的思想体系"。狭义的人道原则是指"使人成为人",它把人本身的发展、完善、自我实现看作是最高价值,从而把人本身的发展、完善、自我实现奉为道德原则的思想体系;也就是认为人本身的自我实现是最高价值,从而把人自我实现而成为可能成为的完善的人奉为道德原则的思想体系。简而言之,管理的人道原则就是视人本身的自我实现是最高价值从而使人成为人奉为道德原则的思想体系。这里,从广义和狭义两方面在本质上揭示了人道原则的基本内涵。管理在本质上其实就是"人为为人"。管理的特性决定了东方管理的人道原则在管理活动中的地位。从东西方人道主义的分析中可以看出,东方管理的人道原则是当代管理的必然趋势,管理活动在资本主义国家经历了从非人道向人道的转化过程,经历了从虚伪的人道向真正的人道的转化过程。现代管理学家已经将视角转向人,向着东方管理所一贯强调的真实的人道管理的方向迈进,尊重人的价值并最终实现人的自身价值。

### (四)人道与人道行为

"道"含有规律、道理、道术等多重意义。虽然各家各派对"道"字的理解有所不同,但"道"作为一种至高无上的代表普遍规律的东西,运用于无形之中,成为万事万物产生和发展的支配力量。

在"道"的基础上,天、地、人成为统一的整体。"人道"是人道行为的指导原则,是指导人实现人生终极目标的人生哲学和在人生实践中遵循人之所以为人的"人生规律"。因此,人道行为就是作为主体人、道德人的主体在管理实践和人生实践中要循道而为,要求我们遵循"人道"即人生哲学、人生管理的哲学、人生管理的基本准则和规律等,人道行为有助于把握整个人生,把握整个事物发展的全部和全过程。

为什么要遵循"人道",人道有什么功用?这些问题其实是实行人道行为的基础。中国人经过长期的实践和探索,对此取得了明确的认识。那就是在管理和人生实践的基础上,相信天下有大道,有制约人生发展的根本规律;在行为和结果方面,要循道而为,相信只有循道而为,才能事半功倍,获得成功。

总之,随着时间的流逝和现代文明的发展,特别是市场经济的崛起,在全球化的时代,社会的物质文明的提高和人们群体道德水平下降的矛盾日益突出。在现代社会中,利欲熏心、权钱交易、道德虚伪、心理失衡、精神失落、人际关系紧张等,正影响着当代人的和谐生活。东方管理的"人道"所反映的一些人生哲学智慧及其所包含的真理颗粒,可以使人们从思维方式和人生艺术上对现代文明进行深刻反思,通过在人生和管理实践中实践这种"人道",进而起到救弊补偏的作用,从而推动人性在更高层次的返璞归真。

## 二、东方管理的人道行为哲学

人道是作为主体人的人、人的价值、伦理道德、人的认识等的哲学思想体系,是关于人生意义、人生理想和人类生活的基本准则的人生哲学学说。作为一门融合古今中外管理精华的现代管理新科学——人为科学,其核心理念是"以人为本、以德为先、人为为人"的三为管理思想,事实上东方管理的哲学思想也是融合了古今中外管理哲学思想的精华,目前在世界管理学界已有广泛的影响。东方管理学人道行为的理论基础是中国古代管理哲学、西方古典管理哲学、西方现代管理哲学和华商管理哲学。东方管理的人性化管理与西方的理性化管理的融合、行为科学与人为科学的融合,是现代管理发展的重要趋势。东方管理的管理哲学——人道理论也正是在融合古今中外管理哲学思想的基础上所形成的引领未来管理发展趋势的新的管理哲学。"以人为本,以德为先,人为为人"是东方管理学的核心思想,也是东方管理哲学的精髓,东方管理的人道行为就是在遵循这"三为"哲学思想的指导下的人生管理哲学基础之上的管理实践。

### (一) 人本管理之道

人本管理哲学是奉行东方管理的"主体人"哲学思想。"主体人"思想认为,"简单的善与恶不是评判人性的合理标准,人不仅是其自身的生命主体、道德主体、精神主体,也是管理主体,组织中每个人的个性和人格都是独立、完整和平等的,人在组织中有分工的差别和职位的差别,但在管理中都一律平等地处于主体地位而不存在谁依附谁、谁掌控谁的关系"。因此,在这种"主体人"哲学中,人不再是管理的工具和手段,人和人之间不再是管理和被管理的关系,而是为了实现组织的目标所进行的平等的互相协同、互相支持、互相服务、互相配合的关系。以人为本,是以现实的人为本,不是以个人为本,而是以社会为本位的"以人为本",是以广大人民群众的根本利益为本。以人为本包含着两个层面:"理想层面是以解放全人类为目标,实现人的自由发展,使每个人得到全面发展;现实层面就是要坚持立党为公、执政为民、为人民服务的宗旨;企业层面就是要坚持以人为中心的管理,现实主体人、自我管理等目标。"在这种哲学思想指导下的管理需要遵循"人本管理"的行为。即要把人作为管理活动的核心和组织最重要的资源,把组织内全体成员作为管理的主体,围绕如何充分利用和开发组织的人力资源,服务于组织内外的利益相关者,从而实现组织目标和组织成员个人目标;要尊重人、关心人、激发人的热情,满足人的需要,追求人的全面发展。

### (二) 人德管理之道

《论语·为政》指出:"为政以德,譬如北辰,居其所而众星拱之。"中国在世界上被誉为文明古国、礼仪之邦,在管理中一直要求奉行一定的道德准则,将道德在管理中的作用提高到一定的层次,遵循"以德为先"的管理哲学。东方管理扎根于中国优秀传统文化的情境之中,而中国深受儒家思想的熏陶,在中国几千年的历史长河中,非常强调"道德"的力量,用道德感召力来调动和团结全体群众,达到管理的目的。虽然在中国有道家的"无为而治"、法家的"峻法严刑"等,但以人道、仁义和群体为中心,以感情为纽带,以情动人、以理感人的"德治"方式始终处于主导地位。这正是东方管理"以德为先"哲学思想的重要思想渊源。现代企业是社会的一部分,企业的发展离不开社会的良性发展。企业要在日益激烈的市场竞争中立于不败之地,不仅要有先进的技术、雄厚的资源和灵活的经营机制,还要有良好的企业道德,那种违背商业伦理、没有社会责任感、不择手段的竞争,终将无法在市场大潮中立足。作为管理者和被管理者的"主体人"就要在"以德为先"的哲学思想指导下,"修己安人""明辨义利""分清理欲"等。正如孔子所说:"古之欲明明德与天下者,先治其国;欲治其国者,先齐其家;欲齐其家者,先修其身;欲修其身者,先正其心;欲正其心者,先诚其意;欲诚其意者,先致其知;致知格物。"作为管理者要身体力行成为道德准则的实践者和楷模,能给下属起到表率作用,知人善任、严于律己、关心爱护下属,满足下属的生存和发展,充分调动和激发他们的积极性、主动性和创造性。同时要诚实守信,上下级之间、同事之间要诚实无欺,对待客户和对待社会要勇于承担一定的社会责任。正如 GE 前总裁杰克·韦尔奇所说:"我们公司和员工最关心就是诚信。""我们在诚信上不可有任何的松懈,诚信不仅仅是法律术语,更是广泛的原则,它是指导我们行为的一套价值观,指导我们去做正确的事情,而不仅仅是合法的事情。"这是我们人道行为的立足之本,也是以人为本哲学思想的基础和重要补充。

### (三) 人为管理之道

东方管理的"人为为人"管理哲学思想是指:"每个人首先要注重自身的行为修养——人为,正人必先正己,然后从为人的角度出发,来从事、控制和调整自身的行为,创造一种良好的人际关系和激励环境,使人们能够持久地处于激发状态下工作,主观能动性得到充分发挥。""人为为人"哲学思想事实上代表了一种高度的道德境界——有理性的利他行为,这样的人往往具有"内圣外王"的人格,并具有比较稳定的道德准则,其行为以是否服务于别人并提高整个组织的工作绩效或社会效益为依据。对任何管理者或被管理者,都有一个从个人行为逐步向他人服务转变的过程。复旦大学首席教授苏东水先生长期以来一直致力于研究具有东方文化特色的经济管理理论。倾其毕生精力、30 年磨一剑,创立了一门融合古今中外管理精华的现代管理新科学——东方管理学,为中国经济管理领域的研究乃至国际管理学界做出了巨大贡献,正是"人为为人"管理哲学思想在苏先生身上得到身体力行的具体体现。另外,"人为为人"哲学思想的个性表现模式体现在"利己"与"利他"的平衡与统一,是自我导向和他人导向的高度融合和有机统一。作为生活在复杂社会关系中的主体人,既要有自身的价值判断和按照自身价值准则行事,不为外力所左右,还要能迅速适应环境的变化,对所在群体或组织的要求做出迅速响应,从而使个体心理行为的塑造能够在正确价值观指导下与外界环境发生良性互动,实现服务他人的目的。因此,在"人为为人"管理哲学思想的指导下,就要身体力行、以身作则、正人先正己;要权力下放、下属参与;要因人而异、有效激励,将注重发挥个体潜能的自我管理与他人管理有效结合起来,从而实现主体人的全面自由和全面发展,实现社会的和谐。

## 三、人道哲学在管理实践中的运用

任何一种理论,必须与实践相结合并运用到实践中去,才能显现它的生命力和价值,否则,再好的思想理论也是没有意义的。管理之道就是人道,在漫漫历史长河中,人道与人道行为在管理实践中体现出具体的管理措施并不断发展,如人本管理等,在现代管理中深刻、广泛、持久地影响着思想、哲学和实践。人道行为是我们在人生和管理实践中遵循"人道"即人生哲学、人生管理的哲学、管理之道等所采取的具体行为和举措。人道行为有助于把握整个人生,把握整个事物发展的全部和全过程。这种"人道"内在要求着人们在实践中要坚持以人为本的"人本管理"。所谓人本管理,不同于"见物不见人"或把人作为管理的工具和手段的传统管理模式,而是在深刻认识人在社会经济活动与组织中的主体作用的基础上,突出人在管理中的地位,对人生的管理是将人作为主体人,放在组织中来考虑的,实现以人为中心的管理。具体如:肯定人的价值,一切以人为中心,依靠人;开发人的潜能,坚持一切为了人而管理的目标;坚持"人本管理",尊重每个人等。在现代管理实践中,人道哲学要求人道行为必须能够修心养性、顺应民心、效法自然、无为而治、有无相生及和合共赢等。

# 论中国管理科学的发展(2011)[①]

从历史经验来看,管理学最有希望、最有创造性的地方正是经济迅速起飞的国家和地区。目前,世界经济发展中心逐步由美国移向亚洲,中国的富强和东亚的繁荣为我们发展中国管理科学提供了物质基础和实验场所。在新中国成立60多年来尤其是改革开放30多年来,中国作为发展中的大国、亚洲的中心,GDP保持了持续、快速、健康发展,在国际舞台上发挥着越来越重要作用。中国举办'97世界管理大会后,加拿大管理科学学会主席I·R·苏克莱博士指出:"在中国召开世界管理大会不仅说明了中国的管理文化源远流长,也说明中国的经济发展受到世界的重视。中国经济的迅速发展再一次验证了中国文化的魅力。同时也向世人展示了中国管理科学发展的新的前景。"日本千叶大学村山元英教授甚至表示:"我不仅要在日本研究中国管理文化,而且希望参加中国的有关学术团体如中国国民经济管理学会,从而有机会与中国的学者一起研究和推广中国的管理思想、理论和方法。"

中国的强大和崛起正是以东方优秀传统文化为核心、以改革开放为背景,研究中国管理科学的发展将使中国优秀的管理思想与文化和中国的经济与政治对世界的影响同样强大。中国管理科学是在全球经济发展的新形势下,在东西方管理文化融合与发展的基础上创建的,是从教学、原创到实践的探索而形成的一门融合"古今中外"管理思想精华,系统梳理,提炼中国古代、近代以及现当代经济与管理实践的经验与教训,特别是融合了中国改革开放30多年来的经济、管理实践,紧密结合中国共产党领导下的社会主义事业,所归纳出的具有中国特色、全球视野的现代管理模式的一门现代管理新科学。中国管理科学的发展历经原创、实践和发展三个重要阶段。

## 一、中国管理科学的原创

创建一门学科是非常艰辛的事情,从20世纪70年代起,我们就从事中国社会主义的经济与管理方面的教学和研究。1980年以来,承接了国家重点学科教材建设《产业经济学》和《中国国民经济管理学》、国务院全国重点学科重点科研课题《中国外向经济发展战略研究》。自1985年起,开始对管理学科属性与功能进行研究,发表了《论管理科学的对象与性质》等文章,承接了国家自然科学基金《东方管理学思想研究》以及上海市高校重点科研教材《中国管理研究》等。自1997年起,结合东方管理文化和中国管理实践,融合古今中外管理精华,在十余届世界管理论坛与东方管理论坛专家研究论文,形成了首部创新领先的独具中国特色的研究著作《中国管理科学》,中国管理科学的原创性历程经历了"古为今用""洋为中用""创新发展"三个阶段。

---

[①] 本文刊载于2011年第十五届世界管理论坛暨东方管理论坛论文集《世界管理论坛2011》(《经济管理》2011年特刊)。

### 1. 古为今用阶段

从1976年开始,我们研究中国古代管理思想,从中国古代原典中提炼出管理精华,并应用于现代管理学科的建设中,研究古典文献的启示发表了如《红楼梦经济管理思想研究》《中国古代行为学说研究》;对孙子兵法与经营管理的研究发表了《中国古代经营管理思想——孙子经营和领导思想方法》;古为今用的研究发表了《现代管理学中的古为今用》。《中国古代行为学说研究》一文将中国古代行为学说分为十类,是对中国管理中的行为模式最早的研究。发表的《中国企业管理现代化研究》等文章,首次提出"思想、组织、人才、方法、手段"五个管理现代化模式;1982年编写中国第一部社会主义《国民经济管理学》;提出了"以人为本、人为为人"的观点和"道、变、人、威、实、和、器、法、信、筹、谋、术、效、勤、圆"等管理哲学15要素。在随后的中国管理科学研究中比较突出的有《中国管理通鉴》(四卷)(苏东水,1996)、《东西方文化与现代管理》(赵曙明,1995)、《中国古代思想与管理现代化》(潘承烈,1985)、《传统文化与现代管理》(潘承烈,1994)、《中国传统管理思想的新探索》(虞祖尧、沈恒泽,1988)、把孔子思想中精华部分嫁接到管理领域(杨先举,2002)等。

原国家经委、中国企业管理协会、上海企业管理协会和上海管理教育学会的企业家、学者等也积极进行中国企业管理理论的探索和实践。1982年,中国国民经济管理学会开展了国民经济管理、企业管理、经济管理、管理心理学等大型电视讲座,听众逾千万人次;1984年,袁宝华召集了20多位学者教授探讨中国传统管理思想研究工作的必要性与可能性。

### 2. 洋为中用阶段

作为西方管理科学学派的"管理科学"最早是一种学派,长期以来,西方人对管理科学的认识大都将"管理科学"与管理科学学派相等同,中国有些学者也将二者混淆。所谓管理科学学派,其实就是管理学中的数量学派,也称运筹学,这个学派认为,解决复杂系统的管理决策问题,可以用电子计算机作为工具,用数学的定量方法,寻求最佳计划方案,以达到企业的目标。管理科学其实是管理中的数量分析方法。我们认为管理科学学派的适用范围非常有限,并不是所有管理问题都是能够定量的,要充分认识到它是一种重要的管理技术和方法,而起决定作用的还是人。从1982年起,在原国家经委的组织下,我们最早应用西方的管理数学和运用西方管理科学的分析方法,分析了西方管理科学的三个阶段,从而形成了中国特色的管理行为科学"人为学",也叫"人为科学",出版了以人为学为基础的《管理心理学》,发行近200万册。

从1992年开始,我们组团参加了在日本、美国、法国、西班牙、加拿大、澳大利亚、瑞典、德国、中国等召开的世界管理协会联盟(IFSAM)历届世界管理大会,并参加东亚管理学会联盟历届大会,在会上连续发表了《弘扬东方管理文化,建立中国特色的管理体系》《东方管理文化的探索》《东方管理文化的复兴》等主题演讲。迄今举办了15届世界管理论坛暨东方管理论坛、'97世界管理大会、2008IFSAM第九届世界管理大会、'99世界华商管理大会等,不断向世界经济管理学界宣传中国管理文化,同时也通过与国际管理学界的交流,深化和完善了中国管理科学的思想和理论体系。

华商管理是洋为中用的典范,它是华商基于中国传统管理文化与西方管理文化以及华商足迹所至的所在国管理文化相融合而形成的华人文化的管理与实践活动。华商管理中蕴含着浓厚的中国传统文化色彩,这是华商企业之所以能在海外激烈的商战中取胜,不断发展壮大的主要原因。所在国文化对华商管理影响的一个重要结果是使华商管理更具兼容性、适应性,从而使华商在异域他乡不断得以发展。我们通过对海外华商的研究,更是丰富了中国特色的管理理论,形成了独具特色"五缘"(亲缘、地缘、文缘、商缘、神缘)管理理论。"五缘"网络是海外华裔在非政治的、形态不拘的联系中,凭借"五缘"纽带,基于经济利益而形成的泛商业网,它在卓有成效的海外华商经营中的影响突出,日益引人注目,是对华商发展网络关系的高度提炼。"五缘"包括亲缘、地缘、文缘、商缘、神缘。亲缘,就是宗族亲戚关系;地缘,就是邻里乡党关系;文缘,就是文化关系,通过它可组合起有共同文化渊源、有切磋与交流需要和愿望的人群;商缘,就是因物品(如土、特、名、优等等)的交易而发生的关系;神缘,就是供奉之神祇宗教关系。亲缘同兴、地缘和邻、文缘共振、商缘共利、神缘共奉,正是由于强大的"五缘"网络的存在,使一个个相对封闭的家族企业与外部世界保持密切的信息、技术、资本、商品等的交流,保证了其一定范围的发展和进步。

中西方管理的研究,由于双方文化上的差异,其结果会存在很大的不同。传统的东西方管理研究各自具有不同的优势和劣势。中国管理科学的研究注重充分发挥中西方管理研究的各自优势,优势互补、取长补短,体现现代管理科学性和艺术性协调统一的特点,为现代管理学理论体系的创立和发展作出贡献。

3. 创新发展阶段

中华人民共和国成立和中国共产党先后学习借鉴苏联、东欧各国的管理经验,总体上没有形成符合中国国情的具有中国特色的管理学理论。毛泽东同志提出了一些富有创造性的"治国、治身、治家、治生"理念和思想,包括以《论十大关系》《正确处理人民内部矛盾》等。当时也出现了一些管理思想,如创造性提出"鞍钢宪法"与"两参一改三结合"管理模式("两参",工人参加管理,干部参加劳动;"一改",改革企业不合理的规章制度,以适应生产发展的需要;"三结合",技术工人、工人、干部三结合)。根据中国国情毛泽东同志还提出了团结一切可以团结的力量、从中国实际出发,提出要走农村包围城市之路、狠抓思想政治工作,建立合格的具有铁的纪律的人民军队,提出了战略上藐视敌人,战术上重视敌人和二万五千里长征的战略大转移等举措,创造了世界军事管理史上以弱胜强的神话,并最终赢得中国革命的胜利。

在中国,管理科学这个概念首次在中国共产党第十二次全国代表大会报告中提出,该报告指出:"现代化的关键是科学技术的现代化,必须加强应用科学的研究,重视基础科学的研究,并组织各方面的力量对关键性的科研项目进行'攻关';必须加强经济科学和管理科学的研究和应用,不断提高国民经济的计划、管理水平和企业事业的经营管理水平;必须大力普及初等教育,加强中等职业教育和高等教育;必须加强社会主义的管理科学的研究和应用,对于加速实现经济建设的战略目标、战略重点、战略步骤具有重要意义"。

十一届三中全会后,邓小平同志提出了以经济建设为中心的"一个中心、两个基本点"管理思想,提出了"三个有利于标准"等。实行改革开放,为我国社会主义经济建设开拓了前所未有的新局面。可以说,正是由于邓小平同志采取了正确的管理思想,我们才能在实践中成功地探索出一条建设有中国特色的社会主义道路,开创了中国特色社会主义建设新局面。以江泽民同志为核心的第三代中央领导集体,提出了立党为公、执政为民的管理思想和"三个代表"重要思想;同时继承和创新了中国古代儒家德治思想,提出以德治国的方略、"依法治国与以德治国"相结合的管理思想。中国共产党十六大后把"构建和谐社会"作为全面建设小康社会的重要目标,并强调必须要深入贯彻落实科学发展观,切实考虑到社会民生问题,并提出了"德才兼备、以德为先"的干部选拔标准等,并强调国学管理思想,彰显出中国新一代领导集体的管理思想与智慧。

目前,中国管理科学越来越得到学界、政界、商界等相关人士的高度关注。然而,对什么是管理科学,引起很大争议,对什么是管理科学的问题也存在很多不同看法,有的人把它等同于西方"管理科学"学派的内容,有的人仅理解为现代管理的方法,有的人则认为管理科学就是"电子计算机+数学",还有人认为管理科学是研究以最佳的投入产出关系组织经济和社会活动,使系统良性运行,并使各利益需求获得相对满足的一门独立的应用性学科等,我们认为对管理科学的认识要从"三性"(规律性、二重性、融合性)来研究。从 20 世纪 80 年代开始,我们从宏观角度探索中国式国民经济管理学、从中观角度探索中国式产业经济学与应用经济学、从微观角度探索中国式管理学、管理心理学、从文化角度探索东方管理学等,创造性地首发了有中国特色的人为学——《管理心理学》《中国企业管理现代化研究》《产业经济学》《中国国民经济管理学》《中国管理通鉴》《东方管理》与《东方管理学》《中国管理科学》以及《应用经济学》等研究中国管理科学的著作;并将中国管理科学的本质概括为"以人为本、以德为先、人为为人"。

## 二、中国管理科学的实践

管理学是一门实践性、应用性很强的学科,既有科学的规律可循,又有艺术的运用之妙。中国的管理实践扎根于中国特色的管理实践中,积极应对管理实践中遇到的新课题,在与其他学科的相互融合及渗透中不断发展,充分发挥管理实践创新的潜能。中华人民共和国成立 60 年尤其是改革开放 30 年,是我国管理实践最为丰富的时期,也是管理需求最大的时期,更是管理学学科体系形成、管理学快速发展的时期,是新中国成立以来管理学取得根本性突破与辉煌成就的 30 年;这 30 年是中国特色社会主义市场经济形成和发展的 30 年,是我国在各个方面都在不断探索和前进的 30 年;这 30 年中,中国经济走过了一条前所未有而又不可复制的转轨道路,我国的各领域经历了全方位的改革,作为经济细胞的企业始终处于改革的核心。经过 30 年的改革与发展,中国企业从经营理念到经营体制、从产权结构到治理方式都发生了根本性的转变。经过这 30 年管理实践的不断探索,我国在管理实践的各个方面都取得了巨大的成就,综合国力也走在了世界的前列。

回顾中国的管理实践,先后经历了全面学习和实施苏联的中央集权计划经济体制阶段;不断地在探索适合自己的管理思想与方式方法阶段,如"鞍钢宪法"等;引进西方国家的现代管理理论与方法,并尝试与中国国情相结合阶段,如"海尔日清日高管理模式"等。实践中我们一方面不断学习国外先进的管理方式,认真总结自己的经验教训;一方面我们也在积极挖掘我国传统管理思想中的精华,涌现出一批具有中国特色的企业管理模式,如宝钢的文化建设、邯钢的模拟市场、海尔文化和双星管理模式等。2009 年《中欧商业评论》和网易共同发起"寻找中国管理未来——60 年·中国管理 20 人"评选活动,以关键管理实践、管理理念梳理为主线,以关键代表人物为呈现方式,按不同时代对企业管理产生重大贡献和影响力的思想、理念和方法进行评选和评估,力图体现既代表历史,又超越历史,展现中国企业在企业实践和管理理念探索的时代路径,以及直到如今其影响力仍然获得肯定或仍被企业广泛沿用的企业管理实践,寻觅中国式管理进化的不变基因,检省中国管理与国际管理的差异,以此促进中国企业管理实践的再进步。

在这种背景下,中国经济管理学界担负推进中国管理实践创新的重任,我们从 1976 年开始的中国特色的东方管理文化的研究,将管理实践活动概括为"治国(国家管理)、治生(经营管理)、治家(家庭管理)、治身(自我管理)"的"四治",对管理实践活动中的五种行为进行管理,这五种行为是"人道(管理哲学)行为、人心行为(管理心理)、人缘行为(管理沟通)、人谋行为(谋略管理)和人才行为(人才管理)"的"五行",并在实践中遵循"以和为贵的人和思想、和合共赢的竞合思想以及实现和谐的思想"等,从而形成独具中国特色的管理实践。

## 三、中国管理科学的创新

改革开放 30 多年来,我国对西方管理引进甚多,目前的管理理论体系也是以西方为主,然而事实已经证明,西方管理理论正受到质疑与挑战。中国经济社会的快速发展需要有中国特色的管理学理论和思想,国家也在倡导基于中国文化情境的管理理论创新。2010 年国家自然科学基金委管理科学部已经明确提出将中国特色管理理论创新作为重点资助方向;国家社会科学基金委也明确提出东方管理与中国特色管理理论的研究课题。21 世纪伊始,75 位诺贝尔奖获得者在法国巴黎聚会,他们向世界呼吁:"如果人类要在 21 世纪生存下去,必须回到两千五百年前去汲取孔子的智慧。"如何结合中国本土文化,构建中国特色的管理理论体系已经成为目前中国管理科学界的首要问题。我们在 30 年前就已经洞察到结合中国本土文化情境展开管理研究的重要性,并"三十年磨一剑",创建出具有完整架构体系的中国东方管理理论。2010 年我们在江苏省社会科学界联合会年会上做有关东方管理创新、发展与运用的报告后,一些与会专家高度认同,并提出"21 世纪将是中国管理科学的世纪","东方管理学就是现代的中国管理科学"。

在长期对中国管理、东方管理和华商管理研究的基础上,出版了独具中国特色的《东方管理》《东方管理学》《中国管理科学》和《华商管理学》等。2003 年 1 月 56 万字的《东方管理》这部鸿篇巨著,以道家、儒家、释家、法家、兵家、墨家文化等为主的东方管理文化为基点,融合提炼出以人为本、以德为先、人为为人"三为"核心思想,并就中国东方管理"三为"思想的理论实质和实践指导意义展开深入讨论,详细阐述了"人本论""人德论"和"人为论";该书不仅能融合古代东方管理文化的精神实质,归纳总结与提升了东方各民族优秀文化中有关管理思想方面带有普遍性的内容,更能够追踪研究当今西方管理理论界的学科前沿,取其精华、洋为中用,深入剖析了西方管理的"失灵",鞭辟入里;因其封面为红色设计,当时被媒体报道为"红色管理风暴"。2005 年 9 月,作为中国东方管理学说著系 15 部的第一部的《东方管理学》由复旦大学出版社正式出版,该著作与《东方管理》一脉相承,在"以人为本、以德为先、人为为人"的"三为"思想指导下展开,在现代管理学"人本复归"的大前提下,以"学、为、治、行、和"的"五字经"的原创内容对中国管理科学体系加以论述,提出了中国管理科学的目标是构建"人和、和合、和谐"的和谐社会。

东方管理学派有关中国管理科学和东方管理学的研究,突出体现了中国管理科学与东方管理学的五大原创性思想:一是提出管理的哲学要素为"道、变、人、威、实、和、器、法、信、筹、谋、术、效、勤、圆"等十五个观点;二是提出管理的精髓即"以人为本、以德为先、人为为人"的"三为"思想;三是提出管理的内容为"三学"(中国管理、西方管理、华商管理)、"四治"("治国、治生、治家、治身")、"五行"("人道、人心、人缘、人谋、人才");四是融合古今中外管理精髓,创新了中国管理科学理论体系为"学"、"为"、"治"、"行"、"和"的"五字经";五是提出中国管理科学的主旋律及其目标是实现"人和、和合、和谐",构建"和谐社会"。

我们在中国管理科学领域的创新理论与思想体系,具有重要理论与实践价值:

在理论上不仅填补了中国管理领域的一项研究空白,它对管理学研究也带来了启发性思考,显示了东方管理思想的巨大魅力。通过"三学""三为""四治""五行""三和"以及"十五哲学要素",原创性地构建了现代中国管理科学理论体系与一套融合古今中外的现代管理科学新教材;首提"人为为人"这一东西方管理的本质命题;首次将管理哲学概括为"十五"要素;创立了以人为学为基础的管理心理学科新体系和中国国民经济管理学科新体系;系统诠释了东方管理思想的当代意义,在国内外影响深刻,成不易之论,为"管理学向东方回归"做出了巨大贡献;在复旦大学创建国内外第一个东方管理学博士点、硕士点等。

在实践中,这些关于中国管理的原创性观点对推动我国社会经济发展产生了重大影响。所提出的"三为"思想等一系列原创性观点已得到广泛认同,应用到政府管理、企业管理等层面,与社会主义核心价值观、科学发展观完全一致;是对中国改革开放30多年来成功经验在管理上进行的高度概括、提炼与升华;对于我国管理教育、公共管理和企业管理等极具指导意义;受惠于东方管理的教育并不断实践的各界领导干部和企业经营者不在少数,已将中国东方管理的"三为"思想成功运用于政府管理、航空航天事业管理、高等教育管理、政党外交领域以及区域经济发展等,产生了良好效果。

## 四、结　　论

管理学是一门年轻的学科,至今不过100年的时间,已经形成了比较完整的理论体系;管理学又是一门应用性极强的学科,发展非常快,对国家的经济建设、企业发展有着非常重要的作用;目前管理学的主体理论与方法是以美国为代表的管理理论与方法,虽然有其科学性的一面,但在应用于东方国家特别是中国时遇到了许多问题与障碍,因为东方国家特别是中国的人文社会环境与西方有很大的差异。因此,迫切需要建立东方人文情境下的中国管理科学理论与方法,以指导中国经济与企业的发展与管理的实践。

我们所构建的有中国特色的管理理论体系具有原创性、思想性、科学性、前瞻性、实践性,在国际管理丛林中独树一帜。表现为四个率先:率先运用辩证唯物主义和历史唯物主义观点,对中国两千多年的传统文化作系统梳理,对其在当代中国的传承和弘扬作了创新性阐述;率先融合中国管理、西方管理、华商管理理论,提炼创新,自成一家,创立中国特色管理学说,提出"以人为本、以德为先、人为为人",对当代中国管理实践具有重要理论价值,开中国特色管理学说先河;率先将发展中的中国管理科学理论付诸生气勃勃的中国改革开放实践,取得丰硕成果,在国内外产生重大影响,得到广泛认同和推崇;率先用东方特色管理理论解密中国改革开放30年取得重大成就的管理学原因,深入探讨如何用中国管理理论指导转型中的中国企业实践,对中国和平崛起、中国社会文化、经济可持续发展有重大影响。

# 《论持久战》与人本管理(2011)①

《论持久战》是毛泽东于1938年5月26日至6月3日在延安抗日战争研究会上的演讲稿。这是一部伟大的马列主义经典军事理论著作,被誉为世界十大军事名著之一。《论持久战》写了21个问题,前9个问题为第一部分,主要说明抗日战争为什么是持久战,为什么最后胜利是中国的,批判了亡国论和速胜论;后12个问题为第二部分,主要说明怎样进行持久战和怎样争取最后胜利,着重论述了人民战争及其战略战术。《论持久战》提出了"兵民是胜利之本"的伟大思想,指出:"战争的伟力之最深厚的根源,存在于民众之中。"

人本管理就是在管理中以人为中心,也就是说人是管理的主要对象,在管理中要根据人的思想、行为规律,运用各种手段,充分调动和发挥人的主动性、积极性、创造性,以实现组织的发展目标。管理理论的发展,在经过三个阶段之后已出现了第四阶段,即对人的认识有了升华,人是最重要的资源和最宝贵的财富②。而《论持久战》蕴涵丰富的人本观念,对于组织的人本管理具有很高的借鉴价值。

## 一、"兵民是胜利之本"——管理的"以人为本"

"战争的伟力之最深厚的根源,存在于民众之中。"③毛泽东在《论持久战》中可谓是一针见血地指出,"兵民是胜利之本","动员全军全民参加统一战线,才是发起抗日民族统一战线的根本目的"④,"动员了全国的老百姓,就造成了陷敌于灭顶之灾的汪洋大海,造成了弥补武器等等缺陷的补救条件,造成了克服一切战争困难的前提"。⑤而抗日战争的历史进程和最后结果,也证实了毛泽东的观点是完全正确的。在《论持久战》中我们不难看出,毛泽东将兵民对于取得抗日战争的胜利之因素,摆在了一个非常重要的地位,而"兵民是胜利之本"这一论断中所蕴含的丰富内容,对于当代企业的人本管理、如何赢得"商战"的胜利有诸多值得借鉴之处。

"以人为本"的思想早在春秋战国时期就被君王所重视,《尚书·五子之歌》有"民惟邦本,本固邦宁"的观点,在《管子》一书中,"以人为本"更是被提升到了治国政治思想的地位,受到高度重视,如《管子·霸言》中有"夫霸王之所使也,以人为本。本治则国固,本乱则国危",《管子·小匡》中有

---

① 本文刊载于《学习与探索》2011年第4期,与苏宗伟、杨恺钧合作。
② 张今声:《论人本管理》,载《江西财经大学学报》2000年1期。
③ 毛泽东:《毛泽东选集》第2卷,人民出版社1952年版,第478页。
④ 同上书,第480页。
⑤ 同上书,第448页。

"士、农、工、商四民者,国之石民也",这里所谓的石民,即是基础,根基之民。毛泽东提出的"兵民是胜利之本"的观点,是对中国古代民本主义思想的继承、创新与发展。

前面已经提到,"战争的伟力之最深厚的根源,存在于民众之中","争天下者,必先争人",争人的关键是争得人心,"得众而不得其心,则与独行者同实",警告君主如得不到民心的拥护,那将成为孤家寡人。毛泽东强调战争要以兵民为本,"一树百获者,人也",有了人才会有一切;顺民者昌,逆民者亡。有了民众的响应,军队就会源源不断地得到补充,抗日的财源也就得到了解决,军队和民众团结一心,会使军队在民众眼中看成是自己的军队,这个军队便无敌于天下,强大的日本帝国主义军队也就不足为惧。争取民心、处理好官兵关系与军民关系的关键在于"尊重士兵和尊重人民"[①],毛泽东认为这是根本态度(或根本宗旨)问题。当然,"以人为本"并不意味着组织无纪律、散漫的状态,《易经》的"师"卦就道出无纪律的害处,"师"卦初六:师出以律,否臧凶。象曰:师出以律,失律凶也。意思是说军队初出必须纪律严明,如果带兵纪律不明,将遭遇凶险。《论持久战》中的"兵民是胜利之本"思想为东方管理学"以人为本"思想以及组织管理中"主体人"假设的提出奠定了坚实基础。

笔者在1979年任上海管理教育学会会长时,组建了中国第一个行为科学研究组织,倡导开展中国式人为科学和"以人为本"管理的研究,在国内率先提出了企业要树立以人为中心和以人为本的管理理念。经过不断探索,在21世纪初又提出了东方管理学的"主体人"假设。"主体人"假设认为,简单的善与恶不是评判人性的合理标准,人不仅是其自身的生命主体、道德主体、精神主体,也是管理主体。组织中每个人的个性和人格是独立、完整和平等的,人在组织中有分工和职位的差别,但在管理中都一律平等地处于主体地位,不存在谁依附谁、谁掌控谁的关系。

## 二、"中国战争的正义性"——管理者的道德自律

毛泽东在《论持久战》中对战争进行了划分:"历史上的战争分为两类,一类是正义的,一类是非正义的。一切进步的战争都是正义的,一切阻碍进步的战争都是非正义的。我们共产党人反对一切阻碍进步的非正义的战争,但是不反对进步的正义的战争。对于后一类战争,我们共产党人不但不反对,而且积极地参加。"[②]毛泽东强调战争正义性的作用:"虽然日本的军力、经济力和政治组织力在东方是一等的,但日本战争的退步性和野蛮性是日本战争必然失败的主要根据。"[③]"中国的战争是进步的,从这种进步性,就产生了中国战争的正义性。因为这个战争是正义的,就能唤起全国的团结,激起敌国人民的同情,争取世界多数国家的援助。"[④]所谓"得道多助,失道寡助"就是这个道理。"凡属正义的革命的战争,其力量是很大的,它能改造很多事物,或为改造事物开辟道路。"[⑤]

企业间竞争与敌我战争有相似性,都存在利益的争夺,企业想在市场竞争中获胜,就必须注重市场竞争的正义性——伦理道德的问题。"以德为先"是笔者于1997年在组织东方管理学派研讨东方管理学科时,融合古今中外管理理论与实践提出的概念。作为一条基本原则,其不仅可运用于治国实践中,而且贯穿于治生、治家、治身实践。对于管理者而言,高水平的道德修养是必备条件之

---

① 毛泽东:《毛泽东选集》第2卷,人民出版社1952年版,第479页。
② 同上书,第443页。
③ 同上书,第415页。
④ 同上书,第417页。
⑤ 同上书,第425页。

一。任何市场竞争的参与者其行为必须符合一定的道德规范,唯利是图、不道德的经营者,最终将被淘汰。东方管理学提出的"以德为先"思想提倡管理者要通过"修己"树立道德之威,在无形中影响被管理者,被管理者也要通过"修己"实施自我管理;同时,提倡公平正义,倡导治国、治生要公平和效率兼顾,符合公平正义的制度建设与管理者的"修己"并举,这体现了东方管理学的形成和发展是东西方管理思想融合的特点。

## 三、"抗日战争是持久战"——管理者的理性与冷静

毋庸置疑,领导者的素质是决定战争成败的一个重要因素。毛泽东在《论持久战》中指出:"战争就是两军指挥员以军力财力等项物质基础作地盘,互争优势和主动的主观能力的竞赛。竞赛结果,有胜有败,除了客观物质条件的比较外,胜者必由于主观指挥的正确,败者必由于主观指挥的错误。"在我国著名的"兵学圣典"——《孙子兵法》中,孙武也十分看重将领的素质,提出"将者,智、信、仁、勇、严也"的论断,在这里,孙武在第一位所强调的"智",不单纯指的是机智,更是指将领要在波诡云谲、变化多端的战争环境中,要保持理智、冷静。故而毛泽东提出,在战争中,于决策层面而言,领导者要注意保持冷静、清醒的头脑,客观分析战争的性质、形势及主要矛盾,破除"速胜论"和"亡国论"的论调,"动员全国民众,齐心一致,绝不动摇地坚持战争,把统一战线扩大和巩固起来,排除一切悲观主义和妥协论,提倡艰苦斗争,实行新的战时政策,熬过这一段艰难的路程"①;于指挥层面而言,"指导战争的人们不能超越客观条件许可的限度期求战争的胜利,然而可以而且必须在客观条件的限度之内,能动地争取战争的胜利","在既定的客观物质的基础之上,抗日战争的指挥员就要发挥他们的威力"②。《论持久战》也强调指挥员在进行重大决策时不能情绪化和过于随意,"执行有利决战,避免不利决战"的原则,直至打到鸭绿江边,都是如此。

商场如战场,形势瞬息万变,在激烈的市场竞争环境中,一个组织若想实现良性发展,在竞争中立于不败之地,管理者就要有必备的理性思维和冷静品质。美国著名管理学家德鲁克曾提出,"管理工作主要是种'将未来投影到现在'的工作"。管理者的工作更多涉及现在对企业面临的未来问题做出决策。作为理性的领导者,要对企业的各方面客观条件有全面的认识,关注的不只是企业暂时的收益,而要从更高层次、更长远的角度上,也就是为企业的持久发展作出决策。在重大决策时,管理者要具有处事冷静的特点,要善于考虑事情的多个方面或问题涉及的各利害关系方,切忌情绪化和冲动行事,要"合于利而动,不合于利而止"。对于组织管理者而言,虽然处事冷静,但不能优柔寡断,在周密思考后应果断作出决定,这才是"理性"品质的真正所在。

## 四、"主动性、灵活性、计划性"——管理者谋略

毛泽东认为中国在这场持久战的最终胜利离不开指挥者的主动性、灵活性、计划性的发挥,这也是强调军事指挥者谋略的重要性。好的战术谋略往往能够最大限度运用精神力量和物质力量实现预期目的,达到出奇制胜、以弱胜强的效果。抗日战争中,相对于日本,中国不论在军力、经济力和政治组织力上,都处于劣势和被动的地位,毛泽东提出:"我之相对的战略劣势和战略被动地位,

---

① 毛泽东:《毛泽东选集》第 2 卷,人民出版社 1952 年版,第 433 页。
② 同上书,第 446 页。

依靠主观上正确指导,是可以胜出的。"①他还强调:"主观指导的正确与否,影响到优势劣势和主动被动的变化,观于强大之军打败仗、弱小之军打胜仗的历史事实而益信。"随后,毛泽东列举了晋楚城濮之战、楚汉成皋之战、韩信破赵之战、袁曹官渡之战、吴魏赤壁之战等战役。在中日这场持久战中,中国要"先以自己局部的优势和主动,向着敌人局部的劣势和被动,一战而胜,再及其余,各个击破,全局因而转成了优势,转成了主动",由此可知,"战争力量的优劣本身,固然是决定主动或被动的客观基础,但还不是主动或被动的现实事物,必待经过斗争,经过主观能力竞赛,方才出现事实上的主动或被动"②。这和《孙子兵法》的思想是相通的。孙武提出:"昔之善战者,先为不可胜,以待敌之可胜。不可胜在己,可胜在敌。故善战者,能为不可胜,不能使敌之必可胜。故曰:胜可知而不可为。"这里孙武强调善于作战的人先要做到不会被敌战胜,然后待机战胜敌人。不会被敌人战胜的主动权在于自己,能否战胜敌人则取决于是否有机可乘。所以,善于作战的人,能够为自己创造不被敌人战胜的条件,但却不可能做到使敌人必定被我所战胜。因此,胜利可以预见,但胜利不可苛求,更不能为苛求胜利而妄动。

毛泽东说:"有计划地造成敌人的错觉,给以不意的攻击,是造成优势和夺取主动的方法,而且是重要的方法。"③这也与《孙子兵法》的思想一脉相承,孙武曰:"兵者,诡道也。故能而示之不能,用而示之不用,近而示之远,远而示之近。"万里长征中打破敌人以十倍兵力对我军围追堵截的著名的"四渡赤水",是毛泽东运用示形动敌战略战术的神来之笔,用制造假象以迷惑和调动敌人,声东击西以打击敌人,从而胜利突围的得意之作。"避其锐气,击其惰归""避实击虚""避众而击寡"以及"蓄盈待竭,避其锋势"等等,都是毛泽东所主张的出奇制胜、以少胜多的战略。同样道理,于企业的竞争中亦是如此。企业在经营管理中,尤其是那些实力相对弱小的企业,应该根据自身的实际,制定适合的竞争战略。"敌之优点可因我之努力而使之削弱,其缺点亦可因我之努力而使之扩大。我方反是,我之优点可因我之努力而加强,缺点则因我之努力而克服。"④作为管理者,找出与竞争对手相比的优劣势,加以分析比较,在乱局之中辨明方向,以逸待劳,发挥优势,从而将自身劣势转化为优势,取得主动权。当然,我们此处所讲的谋略是建立在合法原则之上的,如果组织管理者只强调"诡"而使用了非法的手段,那么谋略就成了一种"骗局"或者说"阴谋",不是我们所提倡的。

当然,要做出细致全面的谋划离不开开战前领导者对各方面的周密分析。组织内部能够在做出谋划前实事求是地了解事态发展的动向,掌握丰富的信息,才能发挥领导者以及下属的智慧,这其实体现了现代商业的"信息观",组织领导者要通过各种途径全面掌握竞争对手的信息,才能在与竞争对手的竞争中不致处于被动。孙武强调"知己知彼,百战不殆;不知彼而知己,一胜一负;不知彼不知己,每战必败"就是这个意思。毛泽东非常认同这个观点,指出:"孙子的规律,'知己知彼,百战不殆',仍是科学的真理。错误由于对彼己的无知,战争的性质也使人们在许多的场合无法全知彼己,因此产生了战争情况和战争行动的不确定性,产生了错误和失败。然而不管怎样的战争情况和战争行动,知其大略,知其要点,是可能的,先之以各种侦查手段,继之以指挥员的聪明的推断和判断,减少失误,实现一般的正确指导,是做得到的。"⑤新中国成立初期,毛泽东专门为中央军委题词:"知己知彼,百战百胜",可见毛泽东对其重视程度。

---

① 毛泽东:《毛泽东选集》第2卷,人民出版社1952年版,第457页。
② 同上书,第458页。
③ 同上书,第459页。
④ 同上书,第427页。
⑤ 同上书,第458页。

毛泽东重视军事指挥者决策的计划性,"凡事预则立,不预则废",没有事先的计划和准备,就不能获得战争的胜利。战争没有绝对的确实性,但不是没有某种程度的相对的确实性。但计划性不等于完全的固化,要将计划性与灵活性有机结合起来。"战略计划,是基于战争双方总的情况而来的,有更大的固定的程度,但也只在一定的战略阶段内适用,战争向着新的阶段推移,战略计划便须改变。战术、战役和战略计划之各依其范围和情况确定而改变。"①孙武曰:"水因地而制流,兵因敌而制胜。故兵无常势,水无常形;能因敌变化而取胜者,谓之神。""利而诱之,乱而取之";"十而围之,五而攻之";"战胜不复,而应形于无穷";"动而不速,举而无穷"。毛泽东这样说:"灵活,是聪明的指挥员,基于客观情况,'审时度势'(这个势,包括敌势、我势、地势等项)而采取及时的和恰当的处置方法的一种才能,即是所谓'运用之妙'。"②美国波士顿大学教授弗莱伯格曾指出:"西方只把主动用于进攻,而在中国传统中在防御时也能采取主动。这就要靠灵活多变的指挥了。"《论持久战》中,毛泽东提出要根据不同战争时期、不同战略阶段的敌我力量对比和我军作战能力、任务,适时进行军事战略调整,不但使用战术,还须变换战术,甚至在必要的时候,要用土地换时间,以取得战争主动权。对于组织发展过程而言,制定一个长期的相对固定的战略计划是必不可少的,但是也要注意根据市场环境的发展情况作出灵活的调整,避免因"机械主义"而导致的困境。

经过多年的研究,笔者提出管理本质是"人为为人"。"人为为人"是指"每个人首先要注重自身的行为修养,'正人必先正己',然后从'为人'的角度出发,来从事、控制和调整自身的行为,创造一种良好的人际关系和激励环境,使人们能够持久地处于激发状态下工作,主观能动性得到充分发挥。""人为为人"从管理行为的主体、客体以及相互关系的角度揭示了古今中外一切管理行为的本质。"人为"既强调管理者的道德修养,也包括管理决策要具备主动性、灵活性、计划性,但"人为"的根本目的不是在于战胜对手,而是在于"为人",即更高层次的人的全面发展,更大范围内组织和社会福祉增加,真正意义上的人与人、人与自然的和谐,动态意义上的组织内外各方利益的最大包容和组织良性发展。因此,"人为为人"思想是以中华优秀传统文化为基础、融合古今中外管理思想精华的管理理念,是包含组织竞争但又超越竞争的更为博大、更为先进的新管理理念。

## 五、"抗日统一战线"——团队建设

毛泽东十分注重内部团结的重要性,在《论持久战》中反复强调:"争取抗战胜利的中心关键,在使已经发动的抗战发展为全面的全民族的抗战。只有这种全面的全民族的抗战,才能使抗战得到最后的胜利。"③毛泽东认为中国能战胜并消灭日本帝国主义要有三个条件:"第一是中国抗日统一战线的完成,第二是国际抗日统一战线的完成,第三是日本国内人民和日本殖民地人民的革命运动的兴起。就中国人民的立场来说,三个条件中,中国人民的大联合是主要的。"④

注重组织内部的团结很重要,这就要从组织内部合理的组织安排入手。从哲学角度来说,要着眼于整体功能状态的优化,做到从整体出发,统筹全局,寻求最优目标,实现整体功能大于部分功能之和的目的。孙武也曾说过:"法者,曲制、官道、主用也","凡治众如治寡,分数是也",都是说要有合理的组织安排。毛泽东所提倡的游击战考虑了人员编配等问题,为保持灵活机动性,人数受到限

---

① 毛泽东:《毛泽东选集》第2卷,人民出版社1952年版,第463页。
② 同上书,第462页。
③ 同上书,第481页。
④ 同上书,第411页。

制,在人员配置上以及数量质量上都具有高效的作用,使参战人员能够保持高度的警惕性。在现代企业管理中,必须充分考虑到组织内部的管理工作,优化企业内部结构,调配人员,控制人员的质量与数量都能促进组织效率的提高,这也是一种很好的所有权优势。

毛泽东在强调内部团结的同时也重视外援的作用,"然而单只自己的力量还是不够的,还须依靠国际力量和敌国内部变化的援助,否则是不能胜利的"。外部的援助有时候也可以从某一方面改变局势,当"鹬蚌相争"时,第三方力量倾向谁就显得很重要了。企业和相关组织要获得政府和社会的援助,就必须考虑好他们的利益所在,以达到双赢的目的。在残酷的商战中,应该正确面对援助,不能盲目依赖,但也不能全部抛弃,"物尽其用"才是最好的方式,完全依靠国家政策支持与资金支持的国有企业注定是难以长久存在的。援助也是相对的。在接受别人的援助时也应考虑什么时候能给予对方援助,中国人讲究"礼尚往来",相互帮助之后能争取更多信任也更容易形成攻守同盟,这些不管对己对他都是比较有利的。

## 六、"日本必败,中国必胜"—— 目标指引与士气激励

《论持久战》不仅给全国人民指明了坚持持久战的长期目标,并且还根据对战争双方力量的对比,将持久战分为具体三个阶段:战略防御、战略相持、战略反攻,在不同的阶段又提出了不同的任务,可谓具体而微。毛泽东说:"给战争趋势描画一个轮廓,却为战略指导所必须。"①对于一个组织而言,制定一个长远的发展目标是必不可少的,但同时也要做好阶段目标的划分,做到目标的具体可行,切不可好高骛远,同时,做好组织内部员工的个人职业发展规划也是十分必要的。

毛泽东很注重军队的士气,在分析日军整体状况的时候,毛泽东提到:"在无数战争的消磨中,敌军士气的颓靡将是一个很重要的战争因素,力量对比不但是军力和经济力的对比,而且是人力和人心的对比。军力和经济力是要靠人去掌握的。"②作为企业管理者,激励员工士气,发挥人员的积极性和创造性,对企业的发展来说,显得尤为重要。20世纪80年代,笔者总结"泉州模式"中特别提出"爱拼才会赢"是泉州商业成功的重要精神动力。当然,随着时代的发展,余总结的新"泉州模式"已从"爱拼才会赢"发展至"会拼才会赢",但敢拼意识、士气激励仍然是组织成功不可或缺的重要因素。

---

① 毛泽东:《毛泽东选集》第2卷,人民出版社1952年版,第430页。
② 同上书,第481页。

# 管理创新的魅力(2011)[①]

在中国改革开放的浪潮中,国有企业改革历经多个发展阶段,但似乎一直没有找到有效的突破口。长期以来在我国经济发展中担当主力军角色的国有企业,在现代市场经济的冲击下,表现得缺乏活力,而且部分企业由于历史包袱重、技术更新慢,再加上部分优秀人才流失等诸多原因,一度曾经缺乏竞争力,失去了昔日的风采。

国有企业有着长期的发展历史和宝贵经验,在多年发展中也集聚了一大批优秀人才,同时更有着良好的市场信誉。如何在社会主义市场经济体制下,在新一轮企业竞争中,使国有企业发挥自身优势,充分利用所拥有的各项资源,搞活机制,重新焕发出青春活力,是每一个有责任心的国企领导人一直在苦苦思索和实践的问题。许多企业领导人为了达到这一目的,都在自己的管理实践中进行有益的探索,涌现出很多成功的案例,获得了许多宝贵的经验。上海汽车变速器有限公司是一家老牌国有企业,所有中国国有企业在改革中所面临的困难和问题,它全部都遇到过,也曾经困惑过、彷徨过。但是以杨春保总经理为首的上汽变速器领导班子,并没有在迷茫中失去方向,而是敢于面对困难,正视问题,他们针对企业所遇到的各种难点,带领全体员工群策群力,向管理要效益,以创新求发展,在国有企业体制未变的前提下,在企业内部大胆实行市场化运作,根据企业自身实际情况,破除各项阻力,进行积极的管理创新,独创了富有特色的"五大中心"管理模式,在国有企业管理创新上进行了极为重要的探索。

"五大中心"管理模式,并非限于一种组织结构体系"硬件"上的创新,而是从观念转变着手,以提高企业市场竞争力为总纲,纲举目张,将"五大中心"体系为管理的五个切入点、五个抓手,通过这五条线,把上汽变速器从上到下、从人到物、从内到外所有工作统领起来,把员工理念、管理制度、工作行为、产品技术等全方位激发出来,使全公司上下紧紧围绕这"五大中心"管理模式来明确各自职责,激发工作潜力,健全规章制度,自觉调整行为,为企业在激烈的市场竞争中占据了有利的竞争优势,取得了良好的市场表现。

应该看到,上海汽车变速器有限公司"五大中心"管理模式的提出和有效实践,是和以杨春保总经理为首的公司领导班子自身具有前瞻性意识和高度责任心,对于企业管理有着敏锐的洞察力是密切相关的。著名的管理学大师彼得·德鲁克说过:"在每个企业中,管理者都是赋予企业生命、注入活力的要素。如果没有管理者的领导,'生产资源'始终只是资源,永远不会转化为产品。在竞争激烈的经济体系中,企业能否成功、是否长存,完全要视管理者的素质与绩效而定,因为管理者的素

---

[①] 本文是作者为杨春保、苏勇著《顺势应变的管理创新(上海汽车变速器有限公司五大中心管理模式)》(上海社会科学院出版社2011年版)写的序言。

质与绩效是企业唯一拥有的有效优势。""五大中心"管理模式的提出无疑具有很高的创新性,首先,需要管理者对于企业管理者全局有深刻的了解和把握,其次,这一管理模式要获得成功,更在于有效的实践。管理的重点不在于知、而在于行。如果仅是提出一个模式、做些锦上添花的工作,并不能为企业带来真正的效益。而上汽变速器十年来始终不渝地在公司各层面对"五大中心"管理模式进行有效的实践,并且在新形势下以有效的党建工作对此加以保障,以先进的信息系统加以支撑,使这一管理模式在企业具体运行中落到实处,为企业获得了实实在在的经济效益。

"世界没有两片相同的树叶",同样也没有两个完全相同的企业,每一个企业的成功都需要企业家带领全体员工,运用国内外先进的管理学理论和其他企业的成功经验,不断探索,勇于实践,去战胜一个又一个艰难险阻,实现真正的管理创新,为企业提升竞争力作出艰苦卓绝的努力。

管理只有恒久的问题,没有终结的答案。我们也期待上汽变速器的"五大中心"管理模式随着企业的不断发展而持续创新,不断注入新的内容,赋予新的内涵,为我国国有企业的管理创新探索出一条新路!

# 神经行为学与东方管理思想相吻合(2011)①

长期以来,西方经济学的重要理论前提是"利己",即人类具有为个人谋利的本能,并在此基础上建立起经济和社会制度,其行为也受"利己"导向的影响。但自20世纪30年代以来世界范围内发生的多次经济危机,尤其是2008年在看似一切都很完好的态势下爆发的全球性金融危机,引发了学术界对建立在私有制和私人利益导向的西方企业制度进行深刻反思,Cary教授的《大脑与市场的科学协调》一书即是这一努力的重要体现。

Cary教授的这本著作从神经行为学视角展开分析,通过对大脑神经回路的研究,探究人类行为机制中自我(利己)和移情(利他)两种行为的来源,指出人类行为及社会制度不是简单地建立在利己或利他基础之上的,而是受到自我(Ego)和移情(Empathy)这两种动机的相互影响和作用。

与西方强调利己思想的主流经济学者不同,Cary教授从进化神经生理学的角度指出,从人类大脑的进化过程来看,除了利己,人类同时还具有利他、移情(Empathy)的本能,人类行为处于这两种体系的冲突协调之中。Cary教授建立了冲突体系的神经行为学模型(CSN),并从这一新的视角对西方政治体制、经济运行、社会交换和社会结构加以阐释,其新颖的研究方法和研究结论受到学术界和企业界人士的广泛关注,对中国学者做类似研究也有众多启示。

在本书中,Cary教授横跨人类学、社会学、经济学、政治学科和道德规范等多种研究领域,多视角地展开分析,从原始人家族式分享,到人类学中的礼物经济,从交易经济学到企业的战略联盟行为,并展开了目前社会阶层化、政治选择及全球贸易等议题,表现出作者广博的知识结构和独特的分析能力。

Cary教授强调移情(Empathy)的研究与东方管理学的"三为"思想是相吻合的。东方管理学派倡导的价值观核心是"三为",即"以人为本、以德为先、人为为人",其精神内核即为"利他"。这是我们在多年的探讨过程中得出来的一个管理的核心问题。无论是东方管理学还是西方管理学,管理本质都是一样的,都是"人为为人"。Cary教授对大脑神经回路研究强调了移情(Empathy)对人类行为的重要性,证明"移情"即"利他"在人类经济、政治行为、社会结构等广泛领域的重要作用,从神经行为学视角对"三为"思想提供了有力佐证。同时也使西方研究者意识到,以中华优秀文化为基础的东方管理学研究与西方管理学研究本质上的相通的,其结论可以相互印证。

目前,东西方管理的融合正在成为管理理论与实践发展的最近趋势,今后管理研究的技术和方法,研究的思路和视角,研究的领域和热点,都可以更多地从东西方管理融合的背景下做深入探讨。未来东西方管理学者可以进一步挖掘、利用、融合东西方管理理论和研究方法中各自可以互补的精

---

① 本文是作者2011年3月29日为美国Cary教授的著作《大脑与市场的科学协调》(复旦大学出版社2011年版)所作的序言。

华与优势,从而推动管理理论与实践的进一步发展。

随着中国经济的飞速发展,中国在世界的影响力越来越大,在世界政治、经济等领域扮演了越来越重要的角色。在经济和管理领域,东西方管理理念和研究势必在这一潮流中互动、互补、共融、共进。

《大脑与市场的科学协调》是一部特色鲜明的著作,它是作者在多年脑科学研究和企业管理经验的基础上,融合多门学科进行认真探讨、潜心研究的优秀成果。本书中文版的问世,将对我国管理学界和企业界对西方企业制度进行更加深入的研究产生很好的启迪作用。

# 东方商道的普世价值(2011)[①]

在地理位置上,东方是指亚洲的一部分地区,包括印度、中国内地及港台地区、日本、韩国、泰国、菲律宾、关岛等,而华人则是这些国家和地区最大、经济上最成功的群体。可以说,除印度米塔尔家族和日本丰田家族外,这些国家和地区的首富基本都是华商,如马来西亚的郭鹤年家族、菲律宾的陈永栽家族、泰国的正大家族、新加坡的黄廷方家族、中国台湾的王永庆家族、中国香港的李嘉诚家族和中国内地的荣智健家族等,都是东方华人企业的杰出代表。

据了解,《东方商道——亚洲商界巨子的钱权博弈》作者董文海先生最初收集了东南亚各国近50个家族和海外华人首富企业的详细材料,但经过细致认真研究后,最终选择了亚洲12位首富家族企业作为考察对象,原因在于这些东方家族的立身之本、经营之术、商战之道已成为全球商界学习的楷模和典范。特别是他们追求财富,创造财富,而又超越财富的传奇商业历程,在商业史上留下了浓重一笔。

如《东方商道——亚洲商界巨子的钱权博弈》中展现的马来西亚首富郭鹤年、新加坡远东机构的黄廷方、菲律宾首富陈永栽、韩国现代的郑周永、泰国正大的谢国民、中国台湾台塑的王永庆、中国香港长江实业的李嘉诚和荣氏家族的荣智健,这些家族领导人都是不同国家和地区的首富,在十几年前乃至几十年前就成为东南亚甚至全球举足轻重的商界领袖。本书通过第一手材料分析他们在创业过程中遇到的种种问题和如何管理庞大的商业帝国,来讲述他们在一个风云时代发展成雄霸商界的种种经历。

《东方商道——亚洲商界巨子的钱权博弈》中所分析的亚洲财富家族大致可分为两种类型:一是白手起家型,如陈永栽、郑周永、李嘉诚、王永庆、黄廷方、林绍良等;二是继承发展型,如马来西亚的郭鹤年、泰国正大的谢国民等。当然,他们还有虽出身官商世家,但却不愿意受家族的荫庇,另起炉灶,走白手起家之路,如荣智健家族。

条条大路通罗马。他们创业技法虽各不相同,但他们撞开财富之门的智慧、执着、胆识和胸襟都基本相同。还有一点共同的是,这些家族企业的创始人大都生于国难、长于国难时期,幼年生活艰苦,但在艰苦的环境中,这些家族企业领导人凭着个人力量,白手起家,最终成为所在国家和地区的经济巨擘和世界级富豪。

另外,这些财富家族除了节俭勤劳,聚沙成塔外,他们还"君臣有义,朋友有信";他们尊重知识、重用人才。当然,在变化多端的环境中,要取得成功,还须具备独立精神和强烈的冒险欲望及行动。那就是他们精明练达,绝不会放过任何一个开创事业的机会;他们善于发现未来机遇,洞察规律和

---

[①] 本文是作者为董文海著《东方商道——亚洲商界巨子的钱权博弈》(上海财经大学出版社2012年版)所作的序言。

整合资源；他们在商场中高瞻远瞩，举重若轻，运筹帷幄。为了弥补自己在知识、管理经验和资金方面的不足，他们中大部分人最初都与别人合伙开办企业。在管理风格上，他们中西合璧，通过亲身体验和学习，在实践中形成独特的管理风格。在用人艺术上，他们又是融东西方于一体，既有西方人科学的求实精神，又有东方人的和谐情趣。他们善于将家族优秀基因与现代企业最成功的管理有机结合起来，形成中西合璧、应对市场变化的极其灵活的企业形式，不仅保持了企业自身的长盛不衰，而且还为世界提供了一种全新的、东方化的企业管理模式。总之，他们倚仗家族，而又突破家族。正是这些要素的完美结合，才衍生出被称为世界三大经商术之一的"东方商道"。

《东方商道——亚洲商界巨子的钱权博弈》中的这些企业，虽然没有现代商道的厚利文化，但他们"深藏若虚"和"智、利、信"，体现了现代商道的普世价值。他们超凡脱俗的生活理念、深奥的领导管理艺术影响着一代又一代人。特别是他们严格教育子女、培养后代刻苦精神和实现家业长盛不衰的做法，值得正在发展中的国内家族企业学习。

总之，在市场经济大潮中，财富家族的崛起是一种必然现象，而中国财富家族在走过一段创业繁荣之后，如何进行第二次、第三次创业，如何让企业成为百年老店，如何让家族的继承人超越前代人，已成为当代财富家族面前的新课题。

"凡善贾者，其识必广，善取利者，其智必高，商以智为本，智以人为枢"，《东方商道——亚洲商界巨子的钱权博弈》中的这些企业，在商界竞争中求超越而非破坏，体现出高深的东方商业智慧。

# 东方管理思想创新

## ——未来中国管理模式的思考与展望(2012)[①]

中国经过改革开放 30 年所取得的伟大成就已经引起了全世界的普遍关注,以中国实践为土壤的中国管理模式的研究、总结、提升与传播,无疑对世界产生了广泛而深远的影响。随着世界各国间的政治、经济、文化交流不断深入,人们在探讨中国发展的原因的同时,更多的发展中国家希望能从中国的发展历程中得出有益于其本国发展的启示。

何谓中国管理模式?在中国管理模式中所包含的政治、经济、企业以及社会等不同的管理对象,以何种姿态既互补又独立地在运作呢?其拥有的功能特点又是什么?

## 一、未来十年中国管理模式发展的基础

改革开放 30 年是中国近代历史中的重要事件,在这一举世瞩目的实践中,中国的改革实践者和理论工作者从不同的视角对 30 年的得和失进行了总结。东方管理理论梳理了"五字经"的模式体系以及在"三学"理论基础上的"三为"特征,提出了完整的"四治"模式管理理论、"五行"模式的管理行为和"三和"模式主导思想目标,为过去和未来的中国管理模式研究提供了系统的理论框架。

1. 中国社会改革实践的总结和升华

在展望未来十年中国管理模式的今天,有必要回顾总结形成中国管理模式的各种要素互相作用的内在逻辑关系,这些要素的作用有些是人为的安排,有些是按规律运作,有些则是无心插柳,这些要素的综合作用在促进社会进步和人民生活水准提高的同时,又引发了诸多人和人的不和谐关系以及激化了人与自然、人与社会之间的矛盾和对立,唤起了人类之间以及人类与自然和谐相处的天人合一思想之间的再思考。

在过去的 30 年间,以追求效率为中心的西方管理思想结合了中国传统管理思想精华(洋为中用、古为今用),通过在中国的实践应用,取得了显著的成就。融合古今中外管理思想精华为一体的东方管理理论将马克思主义唯物辩证法与中国实践相结合,提出了以"三学"为理论基础、以"三为""四治""五行""三和"为理论框架的原创性的现代管理理论,为中国管理实践奠定了重要的理论基础。

实践是理论的最主要源泉,也是理论发展的最重要推动力。按照经济发展的潜在能力测算,到 2030 年,中国的 GDP 总量将有可能超过美国,快速发展的中国经济为管理理论的发展提供了最丰

---

[①] 本文刊载于《经济管理》2012 年特刊,与苏宗伟、孟勇合作。

富的土壤,更需要有世界视野的管理理论对中国管理实践作出前瞻性的科学指导。

未来的中国管理模式,应该是一个基于我国经济管理实践经验,凝练古今中外管理思想精华而形成的具有中国特色、全球视野的现代管理模式。

2. 东方管理理论的创新与完善

东方管理学是在全球经济发展的新形势下,在东西方管理文化融合与发展的基础上创建的,是从教学、原创到实践的探索而形成的一门融合"古今中外"管理思想精华,系统梳理,提炼中国古代、近代以及现当代经济与管理实践的经验与教训,特别是融合了中国改革开放30余年来的经济、管理实践,所归纳出的具有中国特色、全球视野的现代管理模式的一门现代管理新科学。

从20世纪70年代起至今,东方管理学派结合东方管理文化和中国管理实践,融合古今中外管理精华,通过东西方管理理论的融合研究,提出了"以人为本,以德为先,人为为人"的东方管理理论的精髓和理念。创建现代东方管理学的"五字经"理论体系:"学""为""治""行""和",即"以人为本,以德为先,人为为人""三为"核心原理,"三学"为理论基础,"四治""五行"为管理行为,"三和"为管理目标。

3. 东西方管理理论的交流与融合

东方管理学理论体系具有原创性、思想性、科学性、前瞻性、实践性,在国际管理丛林中独树一帜。表现为四个率先:第一,率先运用辩证唯物主义和历史唯物主义观点,对中国两千多年的传统文化作系统梳理,对其在当代中国的传承和弘扬作了创新性阐述;第二,率先融合中国管理、西方管理、华商管理理论,提炼创新,自成一家,创立东方管理学说,提出"以人为本、以德为先、人为为人",对当代中国管理实践具有重要理论价值,开中国特色管理学说先河;第三,率先将发展中的东方管理学理论付诸生气勃勃的中国改革开放实践,取得丰硕成果,在国内外产生重大影响,得到广泛认同和推崇;第四,率先应用东方管理理论分析中国改革开放30年取得重大成就的管理学原因,深入探讨如何用东方管理理论指导转型中的中国企业实践,对中国和平崛起、中国社会文化、经济可持续发展有重大影响。

为此伴随着中国管理模式形成和发展,东方管理理论也在不断地完善和扩大国际影响,在东方管理以往研究成果的基础上,拟出版的中英文对照专著《东方管理精要》,重点介绍东方管理的思想、体系和方法等,从而让国际学术界和企业界了解中国管理的思想精髓和行为特征等。

同时在众多国际论坛中,邀请国内外管理学术精英,共同分享和探讨东方管理研究的最新成果,以期为东方管理学术体系的进一步完善做出贡献,也因此进一步提高在国际学术界或企业界的影响力。

站在全球管理的最前沿,结合东方管理研究的思想宝库,以国际通用的学术语言,将东西方管理的理论、体系乃至方法整合起来,从而实现东西方管理的对话和融合。

迄今举办了十五届世界管理论坛暨东方管理论坛、'97世界管理大会、2008IFSAM第九届世界管理大会、'99世界华商管理大会等,不断向世界经济管理学界宣传中国管理文化,同时也通过与国际管理学界的交流,深化和完善了中国管理科学的思想和理论体系。

通过对海外华商的研究,更是丰富了中国特色的管理理论,形成了独具特色的"五缘"(亲缘、地缘、文缘、商缘、神缘)管理理论。东方管理学派与时俱进,具备了对西方管理理论研究的深厚积淀、形成了独特的东方管理理论体系和长期追踪中国经济现实问题的三点优势,为未来十年中国管理模式的研究奠定了扎实理论基础。

## 二、未来中国管理模式发展的特性

未来十年是中国管理模式逐渐走向成熟的过程,因此在此过程中,中国管理模式也将在政治、经济(企业)、社会、文化以及环境反映与时代发展趋势相对应的理念和功能。东方管理理论意在通过中国管理模式研究,打造东方管理思想的宝库,引领 21 世纪中国管理学发展的主流学派,打造中国本土化管理人才培养的重要基地以及打造中国政府公共政策决策与企业管理咨询的重要基地。

1. 未来中国管理模式的主要特征

未来十年的中国管理模式将逐渐体现东方管理学的"三为思想"。东方管理学的"以人为本、以德为先、人为为人"的"三为思想",是东方管理学的核心思想和理论基础,是管理的本质,是最有价值的精华所在。基于东方管理思想的创新发展下的中国管理模式,其理论价值将逐渐显现。

过去 30 年来的经济发展使中国经济规模走在了世界的前列,但是当今呈现在我们面前的仍然有许多需待解决的管理问题,包括社会的贫富差距、社会资源的分配不公、企业的社会责任缺失等因素所导致的社会诚信、个人信仰、环境污染等危机。

"三为思想"的现实意义和作用便在于提出了社会趋于公平和正义,使人民的生存和生活更具尊严所需的管理理念;"三为思想"提出的实现人与人、人与社会、人与自然的和谐共生的发展目标是全人类的共同目标。

现代社会,人才作为企业中最宝贵、最稀缺的资源的理念已成为东西方管理界人士的共识。对人的进一步重视和对人的潜能的更深入的发现并利用,无疑会更进一步提高管理的效能。

"三为思想"在企业管理上的作用,已经在越来越多的企业经营管理实践中得到了体现。"以人为本"的理念满足了现代管理要求强化人性、整体、共生等管理价值的需要,推动其进一步走向整合化、柔性化和人性化。"以德为先"对管理提出的品德和能力的优先顺序,从管理者的品德为先作的示范,来影响他人的行为;"人为为人"是一种管理者和被管理者互为激励的管理机制,在"自利利他"的理念中实现组织的目标。未来的管理将更加关注其各个环节上人的需要、尊严和价值的实现,管理将更显人性化、人本化。

在人类社会发展的同时,要求对环境、资源等加以有限制的、高效的利用,同时对之合理重建。作为全世界共识的可持续发展理念对经济管理、社会管理、人类的自我意识、自我调整和自觉发展提出了融合发展的要求,而它同时也要求新的管理发展的模式。"三为思想"的可持续发展的理念,针对为经济的发展而不顾周围的生态环境恶化,因贪图利益而损害他人利益的不可持续行为,提出了人与人、人与社会、人与自然的和谐共处的理念和方法。

2. 中国管理模式的融合性

中国管理模式是在中国实践中提炼而形成的。在中国的管理实践中,以中国民营企业、国营企业、合资企业、外资企业为主要研究对象,抽取企业的管理特征构建的中国企业管理模式,形成的中国管理模式特征融合了多元管理思想和文化的企业形态。

以"以人为本、以德为先、人为为人"为管理理念,以五行管理"人道行为""人心行为""人缘行为""人谋行为""人才行为"和西方科学管理理论与商道的结合,将理性管理与人性管理相融合,人为与为人、利己与利他的结合,通过中国具体国情实践形成了中国管理模式的现代特征。

融合中国管理、西方管理及华商管理理论为理论基础,结合中国的具体国情形成的东方管理理论,深层次揭示了中国管理哲学在中国管理模式形成与演化过程中的特殊地位和作用,为中国管理模式的融合性提供了理论基础。

3. 中国管理模式的普世性

世界各国的管理模式研究基本上是从人类文化学者开始,这些从长期的特定区域人们生活环境、行为、思想提炼出一种具有共性意义的行为规范和准则而形成的某种模式,为管理模式和经济模式的研究奠定了基础。

过去30年间中国管理模式是在一个特定的时期,以赶超为目的而形成的发展模式。在这一模式的形成中,以西方管理思想和理论通过结合中国各发展要素,造就了中国30年的辉煌。与此同时,全球经济一体化所形成的新的成长环境与中国的发展实际更需要可持续的和谐发展理念,由此十年后的中国管理模式在全世界所展现的将是东方管理理论的应用过程。

世界经济的发展依附于经济发展的潜在能力,而管理在提升经济发展过程中的效率的作用愈发明显,未来的社会、企业将更加关注人的需要、尊严和价值的实现,管理将更加人性化、人本化。

东方管理理论的核心思想"以人为本、以德为先、人为为人"价值理念将在未来十年的中国管理模式中得到普遍认同与运用。与此同时,基于东方管理理论基础上的"三为"思想的中国管理模式将成为具有普世价值意义的管理模式。

4. 中国管理模式的可持续性

东方管理理论从管理的规律性和文化的多元性出发,前瞻性地研究总结和整理管理理论的方法论。从宏观角度探索中国管理模式、从中观角度探索中国产业经济模式、从微观角度探索中国企业管理模式,由此探讨中国管理模式的规律性,同时从文化角度探索管理对象的不同特点,特别是利用中国传统管理思想中的易经的阴阳学说、道家的无为学说、儒家的仁爱学说、墨家的兼爱利人学说、佛家的慈善学说、兵家的用人学说、法家的崇法学说等人类智慧,构建有中国特色的中国管理学理论体系。

任何国家的企业体制都包含有其国家文化、人文的特点,是动态的,并非一成不变,而是随着环境和时代的变迁而不断改进的。基于东方管理理论的中国管理模式在实践中从宏观、中观、微观、自观层面在治国、治生、治家、治身等"四治"的应用,在管理的规律性和中国文化的特殊性结合的基础上,动态地形成具有可持续发展的中国管理模式。

## 三、未来中国管理模式的研究成果与展望

中国管理模式研究和东方管理理论的发展意义在于:一方面,中国企业管理实践中大量的管理实际问题不断出现,需要在管理学理论和方法指导下通过企业管理创新实践来解决;另一方面,丰富的企业管理实践经验还需要中国的管理学者继续进行系统总结、归纳和升华,以形成有中国特色的管理理论、方法和学科体系,促进中国管理学的进一步发展。

展望未来,中国管理模式的研究在理论层面,将进一步加强东西方管理理论的融合与发展,创建中国特色的适合"中国情境"的管理理论,创造融合古今中外管理精华的新的现代管理新学科;在经济层面,世界经济格局变化、中国的崛起要求深入研究中国管理,国内经济社会发展的现实要求进行中国管理模式研究,研究中国管理模式是研究中国管理实践与经验的需要,为中国经济的未来发展进一步提供理论指导,并进一步提升国家的国际地位;在企业层面,总结、提炼中国管理理论与方法在企业管理实践中的运用,促进更多企业取得经济、社会、文化上的综合效益。通过中国管理模式的历史研究,使中国企业了解中国管理学理论与实践发展的历史,从而为它们未来参与国际化

竞争提供理论依据;在管理教育层面,研究中国管理模式是管理教育与研究的需要,是传播中国管理理论与思想,加强与国际管理学界的交流与合作,培养具有国际化理念的多层次、多领域国际管理人才的基础。

东方管理学强调的"以人为本"的发展观、"以德为先"的价值观和"人为为人"的经营观,进一步在治国、治生、治家和治身各层面得以广泛运用,从而完善和形成贡献于世界的中国管理理论体系。

# 《管理心理学》第五版序言(2013)

吾著《管理心理学》在第四版重印26次发行50多万册及之前发行累计100多万册基础上修订发行第五版,总体体系不变,比第四版有三新:新特点、新内容、新思路。

其一,增加了部分行之有效的案例,使本书更具有可读性、可行性、实践性。

其二,增加了东方管理学发展的新观点,"以人为本、以德为先、人为为人"为原理的"五字经":学、为、治、行、和,使本书更具科学性、创新性、创造性。

其三,增加了东西方融合研究成果和观点,使本学科更具先进性、理论性、国际性。

其四,增加了中国当代人文科学的哲学观点与研究方法,使本学科更具有哲学理论基础和研究方法。

其五,增加了中国传统管理的新观点,使本学科更有中国特色。

本书第五版修改补充,承刘子馨、赵勃、苏宗伟等教授协助,特此感谢。在今夏百年不遇的炎炎之天,余又辛苦做了近两个月的修正写作,以尽六十年科研教学社会责任一点心愿。

本书获得百万读者厚爱,博学支持,深感五内,路漫漫其修远兮,吾将上下再求索。

# 理论创新和东方管理学的体系结构(2014)①

创新和发展是我们这个时代的特征,我从20世纪70年代开始,致力于中国特色的管理学、经济学等领域研究,融合古今中外管理思想精华,创造性地提出了东方管理的"以人为本、以德为先、人为为人"核心思想,构建了"学、为、治、行、和"的东方管理理论体系,并将东方管理的核心思想应用于国民经济学、管理心理学、产业经济学等领域的研究,取得了一些成果。

自从20世纪70年代,我在复旦大学开始东方管理的研究以来,经过多年研究,汲取中国管理文化中道家、儒家、法家、释家、兵家、墨家以及伊斯兰教和西方管理、华商管理等派别主干思想的合理养分,终于开创性地提出了概括东方管理文化本质特征的"以人为本、以德为先、人为为人"的"三为"原理,在此基础上形成了治国、治生、治家和治身的"四治"管理,以人本论、人德论、人为论为核心,包括人道、人心、人缘、人谋、人才"五行"经验的东方管理理论体系,并提出东方管理学的管理目标是和贵、和合、和谐。这样,我创立的东方管理学的体系可以总结为五个字:"学"(三学)、"为"(三为)、"治"(四治)、"行"(五行)、"和"(三和)。东方管理学还从管理主体、管理权力、管理组织、管理文化和管理心理等五方面,归结出管理成功的基本要素:以管理主体为出发点,凭借职位权力和非职位权力施加影响力,依靠管理组织去协调人们的活动,通过管理文化规范管理主体的心态、意识和行为方式等,从而使组织目标顺利实施。

回顾60年来对国民经济学、产业经济学、管理学和东方管理学等学科领域的研究,本人主要提出了五个方面的原创性观点:一是东方管理的哲学要素为"道、变、人、威、实、和、器、法、信、筹、谋、术、效、勤、圆"等十五个观点;二是东方管理的精髓为"以人为本、以德为先、人为为人"的"三为"思想;三是东方管理的内容为"三学"(中国管理、西方管理、华商管理)、"四治"("治国、治生、治家、治身")、"五行"("人道、人心、人缘、人谋、人才");四是融合古今中外管理精髓,创新了东方管理理论体系为"学""为""治""行""和"的"五字经";五是提出东方管理的主旋律及其目标是实现"人和、和合、和谐",构建"和谐社会"。《中国管理通鉴》《东方管理》《东方管理学》《管理心理学》《产业经济学》等100余部著作,是我历经30多年研究,全面系统阐述中国特色经济与管理思想的学术专著,其中原创性思想、观点,对现代经济与管理科学发展,对建立中国特色管理学科具有重要价值和现实意义。

---

① 本文节选自《东方管理学说的创新与实践》,刊载于《广西经济管理干部学院学报》2014年第1期。

# 第二卷 经 济 篇

# 从《红楼梦》看"康雍乾盛世"经济特征(1976)①

从《红楼梦》(以下简称《红》)作者身世及作品具体内容观察"康雍乾盛世",可窥见当时社会经济特征。封建地主阶级统治全国经济,统治阶级内外矛盾重重,国门逐渐打开,经济上出现明显的资本主义萌芽。

## 一、当时土地和财产集中和垄断在地主阶级手里

从曹雪芹祖先的发展,清晰可见地主贵族阶级发家史和财富积累。18世纪的清代历史,充满了中小地主和自耕农土地,大地主激烈兼并土地和农民反抗的事迹的血腥记录,是尽人皆知的事。如清代初年的圈地运动,占去了大量肥沃的土地,乾隆年代出现新的土地兼并风浪。不仅汉族农民纷纷失地,连八旗壮丁圈占的土地也"大半典卖"了。乾隆十三年的奏疏中说:"一邑之中,有田者什一,无田者什九",农民"日给之外,已无余粒"。这证明当时的兼并土地是十分剧烈的,兼并的结果,是土地大量集中到大地主手里。

当时,一家大地主就可能占地 100 万亩(即 1 万顷,1 顷 = 100 亩),照全国耕地 600—700 万顷计,如果有 600—700 个这样的大地主,就把全国的耕地都占完了,这时,土地的集中程度更高,农民和地主阶级分化也必然更加尖锐化了。

曹家约从雪芹的四世祖曹锡运始编在汉军正白旗。他家是今河北省丰润县。其子历任"江宁织造",表面是监造各种衣料及皇家丝帛用品,实际上兼有特务的性质。从雪芹曾祖父入官开始到曹家被抄,历时 59 年,赚取银两数,折合下来,比洛克菲勒家族 110 年资本积累还多 20%。洛克菲勒家族 110 年总额近 47 亿美元,平均每年纯收入 427 万美元。曹家被抄时(雍正六年,即 1728 年),隋赫德查抄记的奏本上所记载的查抄内容,与《红》第 105 回的套抄贴相比,就显得曹家的被抄规模很小。

《红》集中反映了当时这种土地集中情况,建立在对农民的残酷榨取上。《红》第 53 回写道,宁国府交乌进孝掌管的就有八九个庄子,荣国府交给乌进孝的弟弟掌管的也有八处庄地,还有东省的屯不算。《红》中第 88 回,老管家周瑞说:"奴才在这里经营地租庄子,地租收入每年也有三五十万两",合 80 万美元。

乌进孝处地租每年就有 2 500 银子。贾家被抄时,仅管家婆王熙凤的体己钱,就以七万金计。她从 1729—1736 年,即 19—27 岁的 9 年间,积累的财富达 1 360 万美元。

---

① 本文是作者 1976 年开始在复旦大学讲授《红楼梦与经济管理》讲稿的摘录。

## 二、当时的社会阶级斗争情况复杂

封建阶级内部的斗争,是又斗争又勾结。皇室之间的斗争也是如此,比如雍正(即胤禛)的谋位,在雍正四年时,还把两个弟兄改名阿其那(满语意猪)、塞思黑(满语意狗)。封建阶级内部勾结是暂时,斗争是绝对的、长期的。

康熙与曹家三代长期勾结,给曹家"织造"肥缺,使他既官且贵,为自己服务。命曹雪芹祖父曹寅和李煦郎舅俩包办盐政,使生利机关与规查机关联结在一起。认为曹寅接驾有功,赏了他一个正三品的通政使司通政使。到曹寅死时(1712年),他们亏空54万9千6万两之多,康熙却无微不至地关怀曹家。统治阶级共同剥削、控制被统治阶级,最高统治者并不反对自己手下作为"工具"的臣子的贪污行为,甚至还要加以鼓励。例如,雍正元年,云南巡抚杨名时,奏请裁除规礼五万余两,而被雍正所批驳一阵,说什么"督抚羡余","犒赏之需","封疆之体","乃朕之所愿"。①

官僚、地主、放高利贷者、商人"四合一",是封建大官僚,是兼并大量土地的大地主,是大高利贷者,是大商人。从《红》第四回,那位小和尚出身的门子说出了金陵的贾、史、王、薛四大家族的关系,他们是:"联络有亲,一损俱损,一荣俱荣"。所谓"贾不假,白玉为堂金作马,阿房宫,三百里,住不下金陵一个史,东海缺少白玉床,龙王请来金陵王,丰年好大雪,珍珠如土金如铁",概括了"四大家族"的有钱有势,侵霸一方。但是,阶级内部的斗争也很尖锐,《红》中"大有大的难处",一语道破贾府的没落态势。《红》第21回,古董商冷子兴道:荣宁二府外强中干,"如今外面的架子虽未甚倒,内囊却也尽上来了"。

这个时代这种土地集中与垄断,对农民的剥削加剧,使农民与地主的矛盾更加激化。

那时,佃户每年除交租外,还要向地主馈送很多东西,如鸡鸭、布匹等。由于统治阶级残酷的经济剥削,农民只有起义一途。从元末一直到明亡,农民运动是不断发展的,规模越来越大。明朝唐赛儿领导的农民起义就震动一时,而明邓茂七自称"铲平王"要铲平不平等不公平,反对压迫和剥削。明末的李自成、张献忠领导的起义,规模很大。当时人们很拥护李自成,参加李的队伍,人们歌唱"迎闯王,不纳粮,闯王仁义通四方"体现了人们的心声。

不仅是农民,就连市民也在统治阶级的残酷剥削下揭竿而起。明末城市中手工业者活不下去,只好起来反抗封建地主剥削。著名的有武昌人民反陈奉的斗争、苏州纺织工人反抗孙隆税监的斗争。这些事例也佐证了:"中国封建社会内的商品经济的发展,已经孕育着资本主义的萌芽,如果没有外国资本主义的干预,中国必将缓慢地发展到资本主义社会"。②

## 三、社会财产重新分配和经济危机、社会危机

封建集团内部的财产面临不断的重新分配。暗地通过权力争夺、重新分配来体现,明里通过弹劾、抄家来体现。比如雍正年间,对曹家的抄家财产就分配给了隋赫德。这种风气更导致封建统治阶级对人民的剥削加剧,财富集中,贪污成风,乾隆晚年便出现清朝第一个大贪官和珅,查抄和珅住宅花园的清单共值银2亿2389万5161两。老百姓则被物价上涨所困扰,整个清朝的两百多年米

---

① 《大清世宗宪皇帝实录》卷二。
② 《毛泽东选集》第2卷,人民出版社1991年版,第626页。

价上涨五倍,雍正期间米价每石 0.87 两,乾隆期间达到 1.48 两,涨近一倍。

清朝廷面临财政危机。前期尚富余,后期已渐捉襟见肘。据乾隆宰相阿桂的奏章,康熙六十一年(1722 年)余银 800 余万两;雍正时,余银 6 000 余万两;乾隆初年 2 400 万两;乾隆末年 7 000 万两;嘉庆年间则用尽。其间镇压"白莲教之乱",费 2 万万两;黄河多次缺口,损失巨大;而皇室费用膨胀等因素都造成赤字的原因。老百姓是经济危机的直接受害者。币值下跌,物价疯涨,苛捐杂税多如牛毛。清时每五年调查人口,确认丁数,据以决定征课丁银。雍正皇帝也承认,满洲人不事生产,只知消费。汉人则生活困难,就是"殷富之家",每天吃肉的也很少。贫乏的则"孳孳谋食,仅堪糊口"。有些农民常靠卖田度日。所以一般人认为的太平盛世的清初,也是表面的繁荣,实际的衰落。嘉庆年初(1799 年),政府岁入是 7 000 万两,而和珅做了二十年宰相,私财就有几万万两,平均每年所得为 4 000 万两,占全国岁入一半以上。这就是说,人民的租税大部分流入和珅的私囊,而贪污的又何止和珅一人。

白莲教、八卦教、新疆伊斯兰教反抗、太平天国运动等,都是出现于此时。正是尖锐的阶级矛盾和经济窘境的产物。《红》中也论及当时"盗贼群起"。

市民阶级也在社会和经济的冲撞中形成,并在此基础上形成不同于其他阶级的叛逆思想。曹雪芹《红楼梦》里体现了与李贽相类似的思想。他们这种思想,主张自由平等,反对封建道学,具有一定的时代背景、阶级基础。

## 四、资本主义经济萌芽

高尔基在《年青的文学和它的任务》一文中说过:"马克思承认在巴尔扎克的作品里面学习了很多东西。依据左拉的小说,我们可以研究整个的时代。"我们从《红》里面,同样看出了当时中国的社会状况和它的发展脉络。

清中叶国门逐渐打开,外国商品涌入,传教士也很多,在中国设教堂、买土地、做生意。这些对当时社会经济和思想也发生了相当的影响。王熙凤就曾夸耀"凡有外国人来,都是我们家养活,奥、闽、滇,所有的洋货物,都是我们家的"。薛宝琴自称"我八岁时节,跟我父亲到西海沿子上买洋货"。《红》中提到许多外国的洋货物,王熙凤家就兼管通外货的,包括洋布、洋金表、洋挂饰、西洋镜、玻璃灯、西洋珐琅、洋烟、西洋葡萄酒、上头痛的药膏"依弗哪"等品种繁多的洋货。

在这"忽喇喇如大厦倾,昏惨惨如灯将尽"封建地主阶级统治的经济体系内,逐渐产生资本主义萌芽。以往对资本主义萌芽产生时间有不少不同观点:有的认为在唐宋;个别认为在鸦片战争1840 年外国入侵发生后;多数认为在明代,其中大多认为在明中叶。从对《红楼梦》的研究,仿佛更可推断明显的资本主义萌芽发生在"康雍乾"。《红楼梦》这部作品反映的社会历史背景是清代的康熙、雍正、乾隆三朝,主要是十八世纪的上半期,1700—1750 年。当时封建会主阶级占统治地位,出现小农业和家庭手工业分工的新生经济,同时孕育着资本主义的萌芽。

从《红楼梦》中王熙凤的管理手段来看,就显现出典型的"泰罗制"特点。从《红》的第 14 回看,可见她有 8 条手段:第一是管,称要"依着我行""点卯理事";第二是卡,要"俱有钟表""领牌回事",类似于测时制、泰罗制;第三点是压,"乱了算账""正法正治";第四是罚,是"少了分赔""扣发月钱";第五是打,"清白处治""二十大板";第六是榨,她挪用月钱,敲诈勒索;第七是抢,从贾琏处抢走几百两银子;第八是杀,明杀暗杀,逼死几条人命,焦大就大胆说她"爱财如命明抢暗偷,白刀进去红刀出来"。

# 经济管理学的内容体系(1978)[①]

## 一、什么是经济管理学?

经济管理学是一门综合性的学科,是用以指导人们如何有效地管理社会生产、交换、分配、消费诸过程所有一切活动的。所谓经济管理,就是对社会生产总过程各环节的运动进行决策、指挥、监督、组织、核算和调节。

经济管理学是从管理实践中形成和发展起来的,是由一系列管理的理论、职能、原则、形式、方法和制度等组成的科学体系。这门学科是由社会学科学、自然科学和技术科学相互渗透综合而成的。

从广义上来讲,经济管理学是属于现代管理科学的一大分支,从内容上来讲,这门学科包括:工厂企业的管理、部门经济的管理、国民经济的管理和世界经济的管理等。

经济管理学是一门具有多功能、多层次、多属性这样一些特点的学科,是一种综合地研究生产力、生产关系和上层建筑的科学体系。

## 二、为什么要加强经济管理?

学习经济管理的理论,首先要明确加强经济管理的必要性。我们从历史实践中得到启示和证实:加强经济管理,对于一个国家经济的成长,对于一个部门和企业的发展,都有极其重要的意义。

马克思在《资本论》中告诉我们,管理是社会生产所引起的。随着社会生产水平的提高,管理也不断有相应的发展,并且决定了管理的实质就是经济意义上的管理。就社会生产过程来说,加强经济管理的必要性,是由以下几个主要因素决定的:

首先,管理是进行社会生产所必须的。凡是许多人在一起共同劳动,都必须有管理。这种管理就表现为计划生产、组织劳动、指挥和协调各个生产环节的活动等一系列的职能。马克思说:"一切规模较大的直接社会劳动或共同劳动,都或多或少地需要指挥,以协调个人的活动,并执行生产总体的运动——不同于这一总体独立器官的运动——所产生的一般职能。一个单独的提琴手是自己指挥自己,一个乐队就需要一个乐队指挥。"[②]

其次,管理是由于劳动分工和协作发展的需要而产生并发展的。共同劳动的规模越大,劳动分

---

[①] 本文节选自《经济管理导论》。该文是1978年复旦大学首届经济管理干部培训班、全国国民经济管理师师资班《经济管理学》讲义,也是1982年上海人事局主办系列电视讲座《经济管理概论》的第一讲,后收入由上海人民出版社出版的《经济管理概论》第一章。

[②] 马克思、恩格斯:《马克思恩格斯全集》第23卷,人民出版社1975年版,第367页。

工和协作越精细、复杂,管理工作也就越精细、复杂和重要。在手工业企业里,分工协作的共同劳动,已经使企业管理成为进行生产所不可缺少的条件。但是,一般说来,手工业企业的生产规模比较小,生产技术和劳动分工也比较简单。因此,管理工作也是比较简单的。而现代工业的生产,情况就大不相同了。现代工业运用机器和机器体系,不仅生产技术复杂,企业内部分工精细,而且社会化程度高,社会联系更加广泛。因此,现代化工业的管理比手工业的管理更加复杂,更加重要。

再次,管理是由现代科学和生产技术的发展所决定的。自第二次世界大战以后,科学技术的突飞猛进,社会生产的跳跃式发展,企业规模的不断扩大和生产协作关系的错综复杂,都使得加强管理更为必要。其主要表现在这样几个方面:第一,生产技术越来越复杂。以产品的结构为例,四十年代生产的自行车、收音机,它们的零部件数量在二百左右;五十年代的电视机,零部件约为一千,小型计算机的零部件约为一万;六十年代生产的大型喷气式客机和大型计算系统,零部件在十万左右,而导弹系统的组件达百万之多。第二,新产品和新工艺的升级换代不断加速,在 20 世纪初,一种产品可以生产几十年,而现在平均只有 6—8 年;对电子产品来说,只有 2—3 年,现代工业提供的消费品,有百分之九十在 20 世纪初是没有的。新工艺的寿命也大为缩短,平均七年左右就要被淘汰,为更新的工艺所取代。第三,企业与社会的联系更加广泛。由于生产规模的扩大,为了解决生产所需要的人力、原料、运输、动力和市场等问题,与社会要发生多方面的联系。近 20 年来,由于生产过程造成的"三废",多次酿成了严重的社会问题。

这些新出现的情况,对管理提出了一系列的新问题。譬如,由于生产力的发展,不断突破原有的行业、技术和地区的界限,如果在管理组织上不作相应的改变,就会影响甚至阻碍生产力的发展,就以电子计算机的生产来说,现在的电子计算机都是由主机、外部设备和数据传送设备而组成的一个系统,但生产主机的是电子工业,不少外部设备要靠机械制造部门生产,而数据传送设备则由邮电部门生产,如果不打破这三种行业的界线,就不可能生产出先进的计算机系统。再如,由于产品和工艺变化很快,要办好一个企业,就必须"向前看",要对下一步所能发生的变化作出科学的预测,若等到产生结果再发现问题就要吃苦头甚至被淘汰。又如,设计和建造一座综合性大型化工厂,大概要 10—15 年时间,而新工艺平均只有 7 年寿命,如果不作周密的考虑和科学的预测,等到工厂建成才发现落后就悔之已晚了。其余还如,一个企业不仅要考虑产量、质量、产值等指标,还要考虑所引起的"三废"、就业等社会后果。总之,原来那种只局限本企业生产的科学管理,已不适应现代化生产的发展了。因此,运用现代管理理论对现代社会经济活动进行科学的管理,无疑就更为重要了。

最后,加强经济管理是实现提高社会经济效益这一目的的重要途径。管理的产生和发展,已经明确表现了它的实质就是经济的管理。管理,无论是作为一种观念,还是一门学科,从它本身的形成起,动因和目的就是为了提高一个企业,一个部门,乃至一个国家的国民经济的经济效益。不加强管理,企业、部门或者整个社会的生产和经营活动就会像乐队失去了指挥那样,一切都变得杂乱无章,连最起码的经济效益也会失去,更谈不上提高经济效益了。随着科学和生产技术的不断发展,生产社会化程度日益提高,加强经济管理就不仅是提高一个企业或一个部门经济效益的基本条件,而且是提高社会经济效益的基本条件了。

## 三、经济管理学的内容体系

社会主义经济管理学是一门新兴的不成熟的学科,需要我们共同在理论上学习和研究,在实践中摸索和探讨,使之迅速发展完善而成为系统的科学体系。这是一门综合性的学科,要研究和探讨的内容十分丰富,范围极其广阔,就这门学科形成的系统来说,一般应包括以下五方面内容。

一是经济管理理论基础知识。主要研究经济管理理论的形成和发展的历史,包括:经济管理学对象、职能和方法;马克思主义经济管理理论的形成和发展;资本主义经济管理理论的形成和发展,以及现代资本主义经济管理理论的科学内容、特征和发展趋势;苏联、东欧国家经济管理的实践和现状,中国经济管理的形成和发展过程,以及四个现代化对经济管理现代化的要求;社会主义经济管理理论的新内容和新发展;等等。

二是国民经济管理基础知识。包括:国民经济的管理原则、目标、方法、决策、计划、指挥、监督、信息传递等过程和职能;国家对人力、物力、财力资源,对部门、地区、企业及涉外经济的管理;国民经济管理组织的方法;提高整个社会经济效益的途径;等等。

三是部门经济管理基础知识。包括工、农、商等部门的经济管理。详如,工业经济管理学中有工业发展史、工业现代化、工业管理体制、工业经济结构、工业计划、工业分布技术基础、工业组织形式、工业资源、工业劳动力、工业环境保护、工业基本建设、工业资金管理、劳动工资管理、工业物资管理、工业经济效果等。

四是企业经济管理基础知识。包括工、农、商各部门企业的经济管理的理论和方法。详如,工业企业经济管理学:管理组织、领导制度、经营决策、计划管理、生产管理、市场经营、物资管理、劳动管理、行为科学、技术管理、价值工程、财务管理、管理会计等。

五是经济管理现代化。包括管理思想现代化、管理组织高效化、管理方法科学化、管理技术电子化、管理人员专业化、管理方式的民主化等。其中管理思想是核心,管理组织是保证,管理方法是手段,管理人员是条件,管理技术是工具,管理方式是前提。

# 加强经济监督工作(1978)[①]

监督,是经济管理的重要内容,是管理的一个重要职能。经济监督的含义很丰富,它涉及国民经济各个部门,社会总生产过程,企业生产经营活动的各个方面。这一职能发挥得充分与否,对一个国家的经济,对一个部门和企业的生产发展有着直接的影响。加强经济监督,对于巩固无产阶级事业的经济基础,对于提高经济管理水平,对于发挥社会经济效益,对于发展社会生产力,对于增加社会主义财富积累,对于发扬党的优良传统和作风都有重要作用。在加速社会主义现代化建设,调整国民经济的工作中,在当前打击经济领域里的严重犯罪活动的斗争中,加强社会主义经济监督,抓好社会主义生产、流通、分配和消费的各环节,强调财政、预算、税收、银行、信贷、财务会计等经济监督,具有更加重要的现实意义。

## 一、什么是经济监督

这个题目可以从三个方面来讲:经济监督的定义、经济监督的内容和经济监督的过程。

### (一) 经济监督的定义

要了解经济监督的定义,首先要知道什么是"监督"。"监督",是一种管理职能,是一种意识形态,是属于上层建筑的东西。"监督"作为一种管理职能,是人类社会生产和经济发展的产物,它在不同的社会制度下,有不同的性质,执行这种职能的人不同,其含义和内容也不同。

马克思在《资本论》中指出,凡是直接生产过程具有社会结合过程的形态,都必然会产生监督劳动和指挥劳动。马克思把"监督"作为社会生产管理的职能,同时又阐述了监督对社会生产过程的必要性,认为它是对社会总产品分配和再分配的监督。

列宁在《国家与革命》一文中进一步指出了社会主义生产方式中,监督的性质和必要性,他明确地提出了监督的三层内涵:一是"社会和国家对劳动标准和消费标准实行极严格的监督";二是社会主义社会"所有的人"都自己来管理社会生产、"自己来进行统计";三是"对寄生虫,老爷,骗子手等等,资本主义传统的保护者实行监督"。(《国家与革命》第90—91页)

最近出版的一本《社会主义生产管理理论与实践问题》著作中,对"监督"也下了定义,认为"监督"是一种管理职能,是查明"偏差""干扰"的一种控制手段,是依据高级管理机关的指示、法令、国

---

[①] 本文是1978年在复旦大学首届经济管理干部培训班、全国国民经济管理师师资班讲学讲义,也是1982年上海人事局主办经济管理电视讲座的讲稿,后收入人民出版社1986年出版的《经济管理讲义》。

民经济计划,各种定额(包括劳动和物质的消耗定额,固定资产作业定额,财务标准等)中规定的各项标准和限额,来查明距离管理目标的偏差。

现在,有些企业管理著述和教材,把"监督"也称为控制,认为"监督"是检查企业生产经营活动的实际进行情况,考察实际情况与原定计划决策的差异,并分析其原因,从而争取必要的对策和控制的整个过程。

有的管理学家还认为,"监督"是掌握各种情况和各种过程的动态平衡的意思。它是确定、分析、纠正社会发展进程中,各领域相对一定的准则所出现的偏差、偏离、干扰和干扰因素,以期达到正常的目的。

上述介绍,可以这样归纳,社会主义监督,是全社会所有的人对整个社会的政治、经济以及生活在时的一切活动过程,进行全面的检查、考察、控制和纠偏,以达到最好的社会经济效益。那么,这种"监督"与经济管理的关系又是如何呢?实际上也就是说,什么是经济监督。

经济监督,就是运用监督这一管理功能来检查、考察和控制社会的生产、流通、分配和消费的经济活动中的目标偏离,并加以纠正,从而达到最大经济效益的过程。

我国社会主义经济监督,是在中国共产党各级机构的领导下,在全国人民代表大会各级常务机构和检查机关进行工作的。它还通过各级财政、银行、税务、工商管理等部门进行日常的检查、考察和督促。经济监督主要是检查督促各级国家计划、财政收支、预算投资、纳税计划;建设速度等的实际执行情况。经济监督的功能,在消极方面是为了防止贪污、盗窃、铺张浪费;在积极方面,则是为了厉行节约、增进财源,更有效地生财、聚财和用财。

### (二) 经济监督的内容

对经济监督的内容,可以从经济监督的种类、形式、特点三个方面分述:

1. 经济监督的种类

为了有效地、全面地监督社会主义经济管理活动,经济监督相应于经济管理活动的复杂性,而分成多样种类。一般来说,有如下几种分类。

(1) 按监督的对象可分为一般监督和专门监督。一般监督涉及被监督对象活动的一切方面,而专门监督涉及被监督对象活动的某一个方面,如财务活动、遵守劳动法的情况、报表数据的可靠性等。

(2) 按被监督对象活动的阶段,监督可分为预先监督、日常监督和事后监督。在对某个问题采取最后决策之前,为了防止作出不可靠的或没有根据的决策,就要进行预先监督。在执行决策过程中,当还没有达到预定结果时,实行日常监督。它的作用是及时查明妨碍在规定期限内圆满地执行决策的缺陷和偏差,它与经营管理的联系最为密切,它可以随时就地考察计划实施的成效,并给予制止或纠正。而事后监督,主要是检查是否正确地执行了决策,查明是否出现了偏差,分析出现偏差的原因及肇事者,以及决策本身的依据可靠性如何。事后监督的目的,也是为了取得有关资料,以便消除那些影响执行决策质量和成效的各种因素,并根据这些资料,完善管理方法和程序,管理结构和法规等。

(3) 按监督的组织关系可分为自我监督、内部监督和外部监督。自我监督,是依赖于人的自我检查、约束、规范而对自己在生产、交换、分配和消费各种活动中的行为进行是否符合总体目标的纠偏和克制,以保证实现总体的目标。所谓内部监督,是指执行监督的单位与被监督的对象都是属一系统内的组织。而外部监督,则是指专门的国家和机关组织,对组织关系上不属于它们的对象所实行的监督。

（4）按监督的组织形式又可分为党的监督、国家监督、社会监督和人民监督。党的监督在各种形式的监督中，占有首要的特殊重要的地位，在社会主义社会条件下，党的监督贯穿于全部国家组织和社会组织的一切活动中。国家监督，是指以国家名义利用国家权力实行的监督。社会监督，是以社会组织的名义实行的监督，其监督权力通常不具有法律权威性。人民监督，是指国家监督、社会监督同劳动者直接参加监督的结合。

（5）按国家监督机关性质可分为立法监督、司法监督和行政监督。立法机关对预算的议定和对决算的审查谓之立法监督。司法机关对于会计出纳人员的核算，以及对各级各类经济工作人员加以检查并判断其责任，是为司法监督，行政部门对会计出纳，以及其他经济工作人员的工作加以督促和管理，则是行政监督。

（6）按经济监督的活动形式又可分为预算监督、纳税监督、信贷监督、财务监督和会计监督等。这些都是经济领域活动中实质性的监督，以下将着重讲解这几个实质性的监督形式的内容。

2. 经济监督的形式

经济监督主要是在资金的积累和分配过程中，同生产流通、分配、消费等各个环节密切结合进行的。它和经济管理的目的是一致的，是为了按照党的路线、方针、政策和有关法令、制度，有计划、高速度地组织财政收入，有计划、高效能地安排支出，以保证社会主义现代化的加速实现。因此，经济监督应同包括国家预算收支、预算外收支、银行信贷收支和企事业部门财务收支在内的综合财政计划相适应，其主要内容也就必然包括：预算监督、纳税监督、信贷监督、财务监督和会计监督等各个方面。它们之间既有区别又有相互联系。

（1）预算监督。国家预算是社会主义国家为实现其职能的需要，有计划地筹集和分配由国家集中掌握的财政资金的一个重要工具，是国家的基本财政计划，是国民经济计划在财力上的主要反映，是实现国民经济计划的有力保证，是社会主义财政体系中的有力环节。在综合财政计划中，大部分资金是通过国家预算来分配的。

作为经济监督的主体的预算监督就是社会主义国家对于社会产品的生产，分配和使用进行监督的一个重要方面。它是通过预算资金的集中、分配和使用的监督来实现的。预算监督的主要内容是：

第一，监督国家预算的编制和执行是否符合党和国家的方针、政策，并检查其实际效果。

第二，监督和检查所属财政部门和预算单位贯彻执行各项经济事业计划和预算收支任务的情况，检查其进度和效果，以保证党和国家在各个时期的财政经济任务以及财政经济方针、政策、计划和制度的切实贯彻执行。

第三，监督预算收入及时、足额地上交预算，并且帮助各收入机关通过组织收入工作，促进企业加强经济核算，挖掘潜力，降低成本，增产节约，增产增收，扭转企业亏损，提高盈利水平，以增加财政积累，完成和超额完成预算收入计划。

第四，通过预算支出计划的编报和拨款、报账工作，监督企事业单位和机关团体贯彻勤俭建国、厉行节约的方针，按国家计划的规定，少花钱，多办事，节约使用预算资金，发挥资金的最大经济效益。

第五，向违反财经纪律和财政制度的行为做斗争，向贪污盗窃、铺张浪费以及化大公为小公等一切行为做斗争。

第六，通过预算监督和检查工作，了解各方面的情况，总结经验教训，改进工作方法，堵塞制度漏洞,提高预算管理水平。

(2) 纳税监督。纳税监督是财政税务部门根据党和国家的政策、法令,对纳税单位和纳税人履行纳税义务的真实情况进行的审查和监督。它是落实党的税收政策,严肃财经纪律,制止漏税欠税行为,树立正常的纳税秩序,保证国家财政收入的一项重要措施。同时也是财政税务部门利用税收这个工具,在经济领域里打击投机倒把、反对贪污盗窃,堵塞漏洞,促进企业提高管理水平的一个重要手段。纳税监督的意义是:充分发挥税收的经济杠杆作用;落实税收政策,保证国家财政收入;促进企业加强经营管理,厉行增产节约,有助于财政税务部门加强征税管理。它的具体内容是:

第一,正确执行国家税收政策法令,监督税收单位和纳税个人及时地足额地交纳各项税收。

第二,监督和促进税制改革工作。使税收在更广泛的领域内发挥更大的作用。

第三,对税收管理体制的贯彻执行情况的监督检查,特别是要严格控制减税、免税问题。

第四,对税务机关内部执行的税收政策完成税收任务,做好各项工作等方面的检查监督。

(3) 财务监督。财务监督是企事业单位对日常工作和业务活动所发生的各种经济关系及财务收支中背离社会主义方向,违反党的方针、政策,财经纪律和财务制度等行为和倾向,借助于检查、核算、分析、反映等手段进行监察揭露和督促纠正所实行的监督,它是企业财务的一个重要组成部分,它有利于保证社会主义的财务计划的正确实现,财务管理的逐步加强,财务分析水平的日益提高,支持并为各企业的迅速发展服务。

由于我国的社会主义财务有农业财务、企业财务、基建财务和事业财务,因而相应地也就有:农业财务监督、企业财务监督、基建财务监督和事业财务监督,在这里主要就企业财务监督加以论述。

企业的财务监督是通过企业财务活动来进行的,企业财务监督的主要内容有:

第一,生产基金使用效果的监督。它主要是:通过对流动资金周转天数,每百元产值占用流动资金数的考核和对超定额流动资金占用合理性的分析等方面,来监督流动资金使用效果,通过对固定资金产值率、设备利用率的考核和对固定资产结构的分析等方面,来监督固定资金的使用效果。

第二,产品成本降低任务完成情况的监督。产品成本降低任务是国家赋予企业的重大责任,只有在不断降低产品成本的前提条件下,才能使企业的盈利水平健康地成长。对产品成本完成情况的监督,不仅要考核可比产品的实际成本降低额和降低率,而且要分析完成成本降低任务的主客观原因和组成产品成本各因素的增减变动情况,以便得出完成成本降低任务的全面估计。

第三,企业纯收入分配的监督。企业纯收入的分配直接关系到财政收入任务的完成,因此国家对企业纯收入的分配有明确的规定,不允许政出多门,任意改变分配比例。

第四,企业专项基金筹集和使用情况的监督。企业专项基金在整个财政专项基金中,占较大的比重,也是财务监督的重要内容。对专项基金的监督,应主要注意两方面的问题:一是有否不按照规定,擅自扩大提取范围,化预算内为预算外的;二是在专项基金的使用方面是否逐级汇总上报。综合平衡,纳入了计划管理的轨道。对事业单位的专项基金的监督,还要注意有否提高收费标准和扩大收费范围等问题,如发现有用影响人民生活的做法,来取得不合理的收入等情况,应坚决纠正过来。

(4) 信贷监督。信贷监督的任务和范围是:在信贷资金管理上为国家守计划、把口子,监督企业合理地节约使用资金,贯彻勤俭建国的方针,通过对资金的监督,来监督企业的生产和商品流通,保证国家计划任务的完成和超额完成。

在上述范围内,信贷监督的内容有如下两个方面:

第一,根据党和国家的政策,国民经济计划以及有关的经济、财政和金融制度,对企业与事业单位的经济活动进行日常的监督。

对企业生产经营活动的监督,就是对供应、生产、销售等业务活动的监督。银行对企业的信贷监督必须紧紧围绕企业的生产经营来进行。凡有利于企业生产发展的资金需要,就应当积极支持,并通过信用杠杆积极促进企业完成销售任务;反之,对不利于企业生产发展的资金需要,就应当予以抵制,并且用各种措施制约企业生产质次价高或难以符合市场需要的产品。它有如下的具体内容:一是监督企业按国家的统一计划进行生产,及时、全面地完成国家的计划任务;二是在保证按时、按质、按量完成国家计划任务的前提下,积极促进企业增产节约,努力减少生产耗费,降低成本,增加盈利。

第二,在调查研究和经济活动分析的基础上,对企业和国民经济情况进行综合反映,充分发挥银行这个国民经济综合部门的作用。

在社会主义条件下,由于银行信贷工作的高度集中,所以银行信贷监督具有对国民经济情况进行综合反映和综合监督的作用。它的基本任务:一是向党和国家领导及时综合地反映国民经济情况,向各级党政领导及主管部门综合反映本地区、本部门经济发展和完成任务情况,为党和国家领导制定或修改政策、计划、制度提供参考资料,为各部门确定、修改计划任务及管理制度提供参考资料。二是及时反映国民经济发展中和企业经营管理中存在的带有普遍性和关键性的问题,发出讯号,及时组织力量解决。三是沟通国民经济各部门、各企业、各地区之间的关系,加强联系与协作,促进国民经济综合平衡的发展。四是全面检查与综合反映国民经济中信贷、结算和货币流通的情况与问题,企业和整个国民经济中的资金周转使用的情况与问题,并积极设法解决,保证信贷收支平衡,保持货币流通稳定,充分发挥企业与整个国民经济中的资金的使用效果,正确处理财政同信贷的关系,实现财政、信贷与物资的综合平衡。

综合反映或综合监督的任务决定着综合反映或综合监督的内容,一般来说有这样几种内容:一是全面综合地反映一个企业,一个部门的生产或流通、财务管理和物资管理等情况以及相互间适应的状况,找出其具有关键性的重大问题,并协助与督促企业积极加以解决,促进生产发展和流通的扩大,全面改善和提高经营管理水平。二是综合地反映一个地区以至全国的国民经济发展情况,反映工业同农业、生产同流通、资金同物资、货币流通同商品流通、市场商品供应同需求等之间相互适应的情况以及存在的问题,反映财政与信贷情况及其存在的问题,为党和国家提供经济情报,作党和国家的耳目。三是综合反映一个部门,一个地区或全国经济发展中及经济管理中的特殊重要情况和重大问题。如综合反映一个地区的企业生产储存情况、积压物资处理情况、盈利和亏损情况、资金占用余缺情况、工农关系、工商关系等。综合反映这些情况,可以便于党政领导和经济主管部门抓关键,解决国民经济发展中和经济管理中的具有普遍性和关键性的问题。

(5)会计监督。社会主义会计是经济管理的一个重要工具。它主要是对企事业单位的财产、物资、货币的收支及使用进行计算、反映和监督,是以货币为主要的计量单位,连续地系统地进行记录、反映、计算、分析、考核企事业单位经济活动过程的资金来源、资金运动及其财务成果的一种科学方法;而会计监督,就是对企事业单位的各种凭证、账目、报表以及财产物资、各项基金、债权债务、拨款、利润分配等是否符合客观实际情况,是否符合政策、法令、财经制度的规定,运用会计本身的连续性和系统性,来进行检查,审核,查证企事业单位的各项经济业务活动。以保证会计核算资料的真实可靠,及时反映上报,起到保护国家财产的完整,节约使用资金,严肃国家经济计划,维护国家财经制度和纪律的作用。它有这样几个具体内容:

第一,对会计纪律的检查与监督。

第二,对会计人员的考核与监督。

第三,对现金管理制度执行情况的检查与监督。现金管理是国家重要的财经制度之一,因而它是会计监督的主要内容之一。对违反国家规定的行为,要予以坚决抵制,情节严重的要严肃处理。

3. 经济监督的特点

经济监督不仅有多种形式和种类,而且社会主义经济监督还有其本身的特点,归纳起来表现为这样几方面特点:

第一,社会主义经济监督的广泛性。由于社会主义经济具有严格的计划性,国民经济各部门,各种不同的所有制,都相互有密切的联系,因此,社会主义经济监督同社会生产、分配、交换、流通、消费等交织在一起,不仅对国民经济各部门进行监督,而且对国民经济各个环节也无处不监督。它要求国民经济各个环节加强经济核算,提高劳动生产率,挖掘各种潜力以促进国民经济有计划按比例地发展。

第二,社会主义经济监督的经常性和及时性。社会的生产是每天每时都在进行的,经济活动也是每时每刻在发生变化的,为了使社会主义的一切经济活动都能够按照经济规律办事,就有必要对经济活动进行经常且又及时的经济监督。同时,国家资金积累、支出拨款也经常地随时发生,这也决定了经济监督的经常性和及时性的特点。

第三,社会主义经济监督的综合性和概括性。经济监督执行其自身的职能的一个重要手段,就是货币监督,即利用货币形式进行其监督职能。由于货币具有价值尺度的职能,社会各方面的经济活动,尽管它们的实物表现和存在形式不同,但是通过价值指标,便都能综合地、概括地反映出来,从而就能对社会各方面的经济活动进行比较全面的监督和检查。这也就体现了社会主义经济监督的综合性和概括性。

第四,社会主义经济监督的群众性。社会主义经济监督要在符合党的方针政策前提下实现其本身的最终目的——极大地提高整个社会的经济效益,就必须要通过检查、分析各部门、各企业的经济活动,深入基层,同直接创造财富的职工群众形成群众性的监督,特别是通过企业开展群众性经济核算、经济活动分析所形成的群众管理相结合。这就使社会主义经济监督具有广泛的群众基础。

### (三) 经济监督的过程

要了解社会主义经济监督的过程,首先要懂得经济监督的目的和职能。

社会主义经济监督的目的是在于有助于保障经济秩序的纪律,遵守党的方针、政策,国家法令,社会主义道德和公正原则所规定的制度,遵守地方和部门各级系统通过的各种规范,按照社会主义客观经济规律,运用其特有的作用,保障、预防和排除任何失调、偏差和偏离,并在所采取的控制价值尺度内,保持实现决议的进程。

经济监督应证实每一个社会经济活动参与者良好完成其所承担的职能和任务的情况相同,恰如其分地评价作出的贡献,严惩任何对规章制度的践踏和背离及玩忽职守的行为。

通过以上经济监督工作,使经济监督有助于丰富经济工作的经验,有助于预防和克服缺点和错误,发挥潜力,通过正反两个方面吸取全部教训,极大地提高社会经济效益。

经济监督的目的决定了经济监督必定具有如下职能:

(1) 预防性职能——提前排除问题和潜在的紧急情况,以便防止在社会经济机构运转中和在实现目标的过程中出现的困难和缺点。

(2) 补救性职能——排除存在的缺陷产生的因素和弥补其后果。

(3) 完善性职能——发现和利用现有潜力,保障对不断改善整个社会经济活动作出积极的贡献。

(4) 解决和参与性职能——领导和群众对经济活动过程的进展直到问题的最终解决的积极贡献,保障克服任何危急情况,彻底消除任何缺陷和困难。

(5) 评价和促进性职能——证实和适当估价取得的成果,奖励或者惩罚。

(6) 情报性职能——经常向所有决策者提供从监督中获得的、制定新决议需要的一切总结性情报。

(7) 教育性职能——推广正面的经验以及在完成目标和任务中得到的教训。

显然,所有这些职能应该全部体现在整个监督工作中,构成保障监督的经济效果和实现其在科学的经济管理过程中的作用的一个整体。

懂得了经济监督的目的和职能,就能了解和认识监督的全过程了。监督过程的基本原则,是在其参数限度内来保障获得计划效果过程的进行。根据可能,或者在单位系统,或者视情况,领导系统用适当改变有关参考成分的方法来加速这一进程。监督过程包括五个主要阶段:计划(开始阶段)、观察、评价、纠正(监督本身的展开阶段)、教训(综合、推广经济阶段)。现分述如下:

第一,制订监督计划。为了制订监督计划,一旦决议作出之后,作决议者应答复下列问题,监督什么,由谁监督?何时何地监督?怎样监督和监督的目的是什么?实现通过的决议和确定的计划的方式是什么?

制订监督计划的第一阶段,是对监督什么和由谁监督这一问题的答复,是确定效果因素。这一阶段适当的工作至少要求有这些:确定领导任务以保障执行者的自我监督系统;根据合理执行计划指标的要求,对子系统和对每个子系统的输入—输出确定适当关系;准确地指明每个子系统和下属系统中具有决定性影响的输入—输出的参数的因素分析;确定需要观察的效果因素的条件;在有益的效果因素对所获得成果没有重大影响的限度内确定公差,即允许的正负值。

制订监督计划的第二阶段,是回答在什么时候,在什么地方实行监督这一问题。

制订监督计划的第三阶段,是确定监督方式,即怎样,通过什么途径,以什么形式来实现监督,并用前面确定的成分来加强这些途径、形式和方法。这里还要确定,特别是在推广经验方面和在取得过渡到新的决议周期所需要的情报方面,利用监督效果的可以预测的方式。

第二,观察。作为监督过程阶段的观察,其对象是研究最重要的和最具有特色的事实和现象,以便从关键地点和时间取得最能说明问题的情报,从而在尽可能短的时间内对其作出评价。这样,观察系统将具有许多关于所注意的系统及其活动的情报输入;在输出时将提供关于完成决议的最重要参数,即效果因素方面的筛选过的、适用的和准确的情报。因此,同这一阶段相适应的环节将是一连串的行动,这些行动将把事实、现象和在系统中发生的实际过程,导向有生气的,尽可能真实的模式。

第三,评价。作为监督过程的阶段,评价的目的是确定效果因素对计划或规定的水准上的偏差和偏离,根据计划的目标、指标和定额确定其意义和动态,以便能够提供最适当的纠正行动所需要的根据。这样,社会主义经济单位系统中存在的生动现实将构成评价系统中的输入,效果因素的实际数值对标准数值显示的和潜在的偏差、偏离在预测前和预测后的动态模型代表输出。

评价效果因素的主要阶段将相应包括:上述模型同决议、措施行动纲领,以及计划等提供的模型进行比较,指明偏差和偏离及其大小;确定偏差和偏离道路公差范围或者具有这一倾向的程度;确定原因(干扰和干扰因素)及其倾向性(诊断分析);确定偏差和偏离,干扰和干扰因素分别的和累计的影响;根据在规定期限内获得效果过程的正常进展情况确定方向、程度、意义和重要性;确定偏差、偏离、干扰和干扰因素所产生的明显后果的时间,以及对其采取有效行动拥有的最长时间。

为了实现能为制定有效纠正措施提供充分依据的分析,需要考虑一系列因素和前提,具体有如下几点:发现正在或已经影响了偏离的实际因素;分析其倾向,并通过运算这种研究方法建立一个模型,从而引出解释影响上述因素,实现调节(分析的诊断性质)的可能的方式;时间因素的含义,指证实—估价效果的时刻和贯彻纠正决定的时间之间的差别,原来确认的条件可能改变时间差别。

第四,纠正。作为监督过程阶段的纠正,要求在分析偏差、偏离、干扰和干扰因素的基础上制定,并对效果因素失调参数中的每一个参数实行必要的纠正措施。

为此,首先需要确定在有效时间内能够采取有效行动的措施。然后需要确定与纠正对象(决议、计划、结构、系统、即输入状态、输出)密切联系的行动方式以及纠正行动的价值,即纠正措施的范围、方向、内容,包括执行的时间。重要的是在这方面也要有相互关系的最优标准的确切性。

从动态意义上理解的监督过程,归根结底是把提出纠正决议作反观察和实现调整任务全过程的行动。这种决议是调整在决议发出单位和接收单位之间通信过程中情报相应变化的比率(速度、比例、关系、价值)。同时监督机构对"常规"决议也可以在自己的职权范围内采取行动,这是指预先认识以及可以预测的问题。关于这些问题,领导机构(决议制定者)在考虑所有偏差和可能的原因的情况下,提前就行动的适当方式作出决定。因此,纠偏决议实质上已在监督规章中早有规定,因为它只是执行明文规定的内容而已(当然要适当考虑偏差的大小和需要采取的纠偏决议的范围大小)。这种决议可以包括在一般叫做计划前的决议中(有时叫做惯例图表),它在很大程度上加速了监督周期,并确保对不能拖延的问题所必需的时效。

第五,教训。利用监督的教训,是监督过程的最后一个阶段,并且是十分重要的阶段。

首先,通过对效果的评价,监督还要完成干部和劳动集体所做贡献加以测定和评判的职能,为完成主管机关在领导过程中实施提出论证和刺激的职能提供必要的情报。

其次,采取纠偏决议和纠偏行动顺利结束后就可以认为监督过程的周期已经完毕,从技术的、实用的、狭隘的观点看,实际上也是如此。在我们社会主义社会中,其每一个组成部分都是自我适应系统并进行着自我完善;自我完善这个方面作为监督的结果和其自然延伸可能是整个监督活动的最重要的方面。在任何情况下,如果不给领导改进其掌握的情报的可能性,监督就会徒劳无益和半途而废,也不会为今后的行动作出有根据的决定。

## 二、为什么要加强经济监督

为什么要加强经济监督呢?这里要从巩固和发展社会主义经济的要求,从提高经济管理效益的要求,从当前经济领域客观存在的问题来认识加强经济监督的必要性。

### (一)从巩固和发展社会主义经济的要求看加强经济监督的必要性

无产阶级革命领袖总是把经济监督看作是具有决定意义的事情。马克思、恩格斯在《共产党宣言》《反杜林论》等经典著作中,对于社会主义财政的分配和监督及其同社会主义革命与社会主义建设事业的关系作过原则性、纲领性的论述,指出无产阶级在夺取政权后,社会主义经济监督是巩固无产阶级专政的一个工具。他们把经济监督作为无产阶级建立"自己的政治统治"和"对所有权和资产阶级生产关系实行强制性的干涉"的重要措施,并预见到经济监督严格按照客观经济规律和国家计划节约使用资金发展社会主义经济的重要性。列宁和斯大林在俄国建立了第一个社会主义国家,他们十分强调对社会产品的生产和分配上实行全民的(国家的)计算与监督,列宁在《国家与革命》一书中指出:"统计和监督是把共产主义社会第一阶段'安排好',并使它能正确地进行工作所必需的主要条件。"他还在《苏维埃政权的当前任务》一文中论述了建立全民统计和监督的重要意义,他说:"如果对于产品的生产与分配不实行全面的国家统计与监督,那末劳动者的政权,劳动者的自由,就不能维持下去,资本主义的压迫制度的复辟就不可避免。"在这里,列宁是把监督的意义提升到巩固和发展无产阶级专政,防止资本主义复辟的高度来认识的。在列宁的领导下组织起工农检查院,对国家机关,对财经政策的执行情况等方面实行监督,有力地粉碎了帝国主义要把苏维埃政权扼杀在摇篮之中的企图,使革命秩序很快稳定,新经济政策得以顺利进行。列宁所说的监督主要是指经济监督,这种监督在整个社会主义历史阶段是不可缺少的,是十分必要的。这是因为:

第一,在社会主义阶段,社会产品不能按需要进行分配,而只能按各人劳动数量与质量进行分配。正如列宁所指出的:"在共产主义的'高级'阶段到来以前。社会主义者在要求社会和国家对劳动量和消费量实行极严格的监督。"(《国家与革命》)作为社会主义监督体系中重要组成部分——经济监督的必要性也导源于此。

第二,由于社会主义阶段商品生产的存在,价值规律在新的条件和起点上作为客观经济规律仍然在起作用,货币仍成为国民经济计划的工具,成为核算与监督(劳动量与消费量、产品生产与分配)的工具。因此,经济监督的客观必然性与必要性也就存在。

第三,由于社会主义国家具有组织社会经济的重要职能,而国家管理经济的基本方法就是行政方法与经济方法相结合,按照客观经济规律,制定有关的方针政策,主要措施则是用经济方法,如加强企业经济核算,用计划调节和市场调节相结合,贯彻按劳分配,扩大企业人、财、物的相对自主权,加强财政、财务的管理与检查,也就体现为必须要有经济监督。

第四,经济监督是经济部门和企业事业单位全面完成国家计划本身所必不可少的工作。通过经济的监督职能来促进国民经济有计划按比例的发展。监督各个经济单位全面完成国家计划的情况下,国家预算才能得到实现,财政工作才算完成了任务。

第五,为了维护社会秩序:生产秩序和工作秩序,严肃社会主义法纪,巩固无产阶级专政,发展社会主义经济,实现"四化"并提高人民物质文化生活水平,就需要通过人民检察和经济监督同各种破坏活动和违法乱纪行为作坚决的斗争。否则,国家政权,人民利益就会受到损害,所以,列宁曾经批判的那种,在产品的组织与分配上不报告、不监督的情况是"断送刚开始的社会主义事业",是"盗窃国库"。他要求精打细算节省开支,不偷懒,不盗公肥私,遵守最严格的劳动纪律,加强管理,提高劳动生产率等。这些正是列宁对经济监督工作的要求和内容。

我国在新民主主义革命和社会主义革命、社会主义建设中,强调了加强对财政经济的监督检察工作的重要性,在中华人民共和国成立以后,从中央到地方建立了国家各级监察机关(包括财政监督机关在内),党中央明确规定国家监察机关的任务就是监督各级行政机关和财经部门及其工作人员忠实地履行职责,积极地完成国家所赋予的任务。监察机关应以主要力量监督发展以重工业为中心的工业建设工作;同时监督农、林、牧、副、渔、交通运输、商业以及文教、卫生等方面的工作,着重地反对保守主义、本位主义和分散主义,反对各种浪费现象,反对官僚主义和不负责任的工作态度,以及其他各种违法乱纪的行为,提高工作人员的社会主义觉悟,发扬积极创造精神,充分挖掘潜力,加快建设进度,提高产品质量和工作质量,厉行精简节约,以保证政府决议、命令的正确执行。全面地提前和超额完成国家计划。仅1955年这一年中,各种监察机关检查国务院的决议、命令和国民经济计划的执行情况达 24 291 次,受理了公民控诉 120 000 余件,惩办了违法失职干部 17 800 余人,在国家的社会主义事业中作出了重大的贡献。

### (二) 从提高经济管理效益的要求看加强经济监督的必要性

经济监督对多快好省地发展社会主义经济建设和科技文化教育事业,促进企业加强经济核算,提高管理水平和经济效益,坚持社会主义道路等方面,起着极为重要的作用。

首先,经济监督发挥保证实现国民经济计划的有力工具的作用。经济监督保证国民经济有计划按比例地发展,保证财政收支基本平衡,按照政策、计划和制度的规定,把该收的钱及时足额地收起来,该拨付的钱按规定的用途及时地拨下去,对违犯国家政策和规定的现象,坚决制止。实践证明,经济监督在实现增加收入,合理支出,支持经济建设,发展生产,改善人民的物质和文化生活等方面起到了应有的作用。

其次,经济监督发挥促进企业事业加强经济核算的工具作用。通过经济监督对企业的经济活动进行考察分析,帮助企业事业单位发现问题,克服企业事业内部经营管理和财务工作的紊乱状态,促使企业事业贯彻勤俭建国的方针,不断改善经营管理,加强经济核算,提高管理水平。

再次,经济监督发挥了坚持党的领导和社会主义道路,为巩固社会主义的政治与经济服务的作用。通过经济监督,对打击阶级敌人的破坏活动,反对贪污盗窃、投机倒把,反对官僚主义、命令主义和违法乱纪行为,建立健全规章制度,堵塞漏洞,严肃财经纪律等方面都起了一定作用。

最后,经济监督对落实党的国民经济调整、改革、整顿、提高的方针,保证财政收支平衡起了很大作用。

实践证明,在经济管理中必须充分地发挥经济监督的作用。由于我们党强调并加强了纪律检查和监察、监督工作,坚决同违法乱纪和各种不良倾向作斗争,对许多重大事件进行了严肃处理,使我们党更加赢得了全国人民的衷心爱戴,党的路线、方针、政策,得到坚决的正确的贯彻执行,广大党员和人民群众的革命积极性空前高涨。

总之,经济监督对于实现"四化",具有十分重要的作用,主要表现在:

第一,坚持社会主义方向,贯彻党的方针政策。

第二,纠正不正之风,严肃财经纪律。

第三,制止乱收乱支,建立正常的财务秩序。

第四,实事求是地反映情况,揭露矛盾,解决问题。

第五,保证和提高各类资金以至人力物力的使用效果。

发挥财政、银行、信贷对各项经济活动的促进和监督作用,可以使各经济单位提高经营管理水平,讲求经济效益,为国家多积累资金。

### (三) 从当前经济领域存在的问题看加强经济监督的必要性

当前,我们的国家正处于一个新的时期,在党的十一届三中全会路线指引下,国民经济正在健康地稳步地调整,经济体制正在逐步地改革,经济建设正在有计划地进行,社会经济效益的提高有了显著的成效。

既然我们当前的经济工作已经取得了显著的成效,那么为什么还要提出加强经济监督呢?这是因为在我们国家的国民经济管理中,经济监督还是一个薄弱环节,监督机构还缺乏权威性,监督的制度还不健全,监督的观念还没有被广泛地接受,从当前经济形势来看,有这样三个具体原因,要求我们加强经济监督。

首先,当前打击经济领域中犯罪活动要求必须加强经济监督。"四人帮"破坏财经纪律的流毒和影响还没有完全肃清,有些地区、部门和企业还存在着严重的破坏和违反财经制度、法令的现象。无视国家财政、税收政策的规定,任意侵占、截留、挪用国家资金,已成为一个突出的问题。1980年据十四省市财经纪律大检查的不完全统计,应该上缴而没有及时足额上缴的国家资金竟达四十亿元;根据1981年5月财政部,税务总局关于清查偷税欠税的通知,全国进行了一次严肃的大检查,据不完全统计,偷漏国家税收也高达13亿元;再例如济南石油化工厂会计部门,仅1980年用各种方法乱摊乱挤成本,直接截留应上缴财政资金达450余万元,占当年上缴利润的百分之十二点五。

其余如贪污盗窃、投机倒把对社会主义经济的危害也是一个不能忽视的严重问题。如攀枝花冶金矿山公司三井巷工程公司会计员,多年来利用涂改账目、伪造凭证等手法作案二百六十余次,贪污了26万元的巨款;山东定陶县四个农业银行营业所的会计员、出纳员与社会上的不法分子内外勾结,骗取国库款项高达24万元;再如四川德昌县人民银行副行长高宗斌玩忽职守,被罪犯牟明新盗窃国库现款13万元。这些触目惊心的事例,充分说明在国民经济管理中,经济监督仍是个薄弱环节,破坏财经纪律乃至违法犯罪的现象是大量存在的。这种现象的存在给国家在经济上政治上造成了严重的破坏性和危害性。它破坏国家经济计划,影响财政收入,不利于党的调整国民经济的战略部署的实现,妨碍经济建设的顺利进行。实践一再证明,在国民经济管理中,决不能削弱和放弃经济监督。

其次,恢复和发扬党的艰苦奋斗的优良传统,搞好党风,同样需要加强经济监督。十年动乱使党的优良传统和作风遭到了严重的破坏。三中全会以来,在党中央的正确领导下,党风有了较大的好转。但是仍然存在着不少问题,讲排场,摆阔气,用公款请客送礼,大吃大喝,挥霍浪费,有些领导干部甚至假公济私,化公为私,搞特殊化追求个人享受,严重破坏了财经纪律,助长了经济领域中的不正之风,损害了党的形象,败坏了党的优良传统和作风。因此,必须加强经济监督,以搞好党风,恢复和发扬党的优良传统和作风,与人民群众同甘共苦,为振兴中华而奋斗。

最后,在当前要贯彻落实党的各项经济政策和措施,保持社会主义计划经济的性质,就必须加强经济监督。目前我们党的经济政策主要是实行以社会主义计划经济为主,市场调节为辅的方针。在此原则基础上实行对外经济有限制的开放,对内多种经济成分同时并存的政策,相应地在经济体制上实行两级财政制度,推行经济责任制,贯彻经济核算制以扩大企业自主权等措施。很显然,这些方针、政策和措施调整了我国国民经济结构,整顿了社会经济秩序,摆脱了"四人帮"造成的国民经济濒临崩溃的困境而逐步走上了稳定发展的道路。但我们也必须清醒地看到,分散主义和自由化的倾向,削弱和摆脱国家统一的经济计划,干扰和分裂社会主义的统一的市场,化国家利益为集体或小团体利益,甚至个人私利。不顾国家整体利益和长远利益,截留国家财政收入,搞计划外基本建设,盲目生产冲击国家计划和市场供应等,这些不利于我国经济发展的因素,都需要通过加强社会主义经济监督来加以克服。只有如此才能使我国的社会主义经济能够有计划按比例地持久地高速发展,从而加速"四化"建设的进程。

## 三、如何搞好经济监督工作

随着社会主义经济、文化建设的迅速发展,对经济管理工作,包括对经济监督工作势必提出新的更高的要求。从新形势的需要和经济管理的现状出发,对经济监督必须进行三个建设(思想建设、制度建设和组织建设),抓好四个环节(计划、核算、分析、检查),采取三种形式(事前监督、执行中监督和事后监督)。

### (一) 进行三个建设

第一,经济监督必须同思想建设紧密结合。社会主义经济监督的基本理论是马克思列宁主义的经济思想,它是在我国的社会主义革命和社会主义建设过程中形成和完善起来的,它带有明显的思想性,是为无产阶级的根本利益服务的,因此,一切执行经济监督职能的机构和人员,必须与党的思想建设密切结合,以不断提高马列主义思想水平,增强执行经济监督职能的实际能力,发扬实事求是的工作作风。只有这样,在经济监督工作中才会有勇气正视和揭露我们的具体政策、规章制度、工作方法、思想观念中那些同实现"四化"的要求不相适应的东西,才会有魄力去坚定而又妥善地改革上层建筑和生产关系中同生产力发展不相适应的部分,才能对违法乱纪等不正之风做到既敢于刚正不阿地斗争,又讲究方法策略,从而收到应有的效果并扩大影响。一句话,经济监督只有同党的思想建设紧密结合才有做好的可能。

第二,经济监督必须同制度建设紧密结合。这是因为没有法制的保障,就没有民主,社会主义经济监督就失去了坚实的群众基础,所以,经济监督的原则章程和决议必须制度化、法律化,并使这些制度和法律具有稳定性、连续性和极大的权威,才能真正在经济监督工作中做到"有法可依,有法必依,执法必严,违法必究",保证经济监督的切实效果。现在,不仅国家大法和各项法制日益完善,就是党和国家的政治生活准则,一直到领导干部生活待遇标准都有了明确的法制和规定,这对经济监督工作的开展提供了极为良好的条件。不过为了教育广大干部和群众提高对经济监督的法制观念,克服经济监督中的现存薄弱环节,必须进一步加强经济立法,健全财经制度和纪律,以及一切经济监督有关的制度,把经济监督的内容和原则条例化、制度化,使之成为人人通晓的法律规定,干部和群众就有了指导自己言行的准绳和向破坏社会主义经济的违法乱纪行为作斗争的武器。

第三,经济监督工作还必须同有关的组织建设结合起来,这不仅是加强党对经济监督工作的领导,而且应该采取有力的组织措施,充实财政、税务、会计人员,健全机构编制,如单独设置财政、税收和财务、会计机构,确立名额编制并按编制配备胜任税收、财政、会计工作的人员,尤其是领导骨干。这在当前不仅是当务之急,同时也是一个大难题,非下大措施,花大力气不行。因为现在面临财政、税务、会计工作人员队伍削弱,很不适应工作需要,补充有困难,有后继无人的危险。据财政部门统计,"文革"前全国工业企业约 16 万个,现增加到约 37 万个,增加了一倍多,而财政干部人数却没有相应的增加。又如现在全国企业单位,基本建设单位、事业、行政单位(不包括农村社队和部队)的财会人员约有 108 万人,同 1962 年相比,全国财会人员的总人数量虽然增加了,但财会人员总数占职工总人数的比重却由 1962 年的 1.8% 降低到 1.55%,辽宁省调查了 50 个大型工业企业,职工总数 1977 年比 1965 年增加了 50%,而财会人员却减少了 9%;上海市 18 个大型工业企业的职工总数 1977 年比 1965 年增加了 37%,而财会人员却下降了 11%。其次从业务水平来看,总的来说,财政和财会部门固然有一些经过长期锻炼,水平较高的骨干,但半数以上近几年补充的青年或由其他工作转过来的,业务不太熟悉,有些干部不能适应当前工作的需要。据各地最近对 1 200 个大中型工业企业的调查,财会人员中从高等财经院校毕业的占 7%,中等财会学校毕业的占 15%,经过短期培训的占 30%,没有专门学过财会业务的 48%。这些情况表明,比较熟悉业务的只是少数,而这部分人中,大多数是年过半百,虽然是现在的骨干,但工作的精力已不如过去。同时,随着现代化建设的发展,还有一个重新学习和提高的问题。此外,群众性的经济核算和经济监督组织,亟待恢复和发展,这些都表明,只有同组织建设结合起来,真正做到组织落实,才能充分发挥经济监督的应有作用。

### (二) 抓好四个环节

监督是管理的职能之一,是经济工作的重要组成部分。经济监督,主要是由经济机关和企事业单位的财务部门和财会人员根据有关职权条例规定,依据国家法令负责监督,检查本单位的经济活动和财务工作。在明确职责、提高认识的同时,还必须解决经济监督的方法问题,这是实际工作中尚未完全解决的问题。过去和目前进行经济监督的一般方法很多,初步加以归纳,主要有抓好四个环节,现分述如下:

(1) 抓计划。我国是一个社会主义计划经济的国家,目前及今后相当长的一个历史时期内,我们的主要任务就是有计划、有系统地进行社会主义现代化建设,社会主义计划经济要求财政、税收和企事业单位财务必须以国家预算为主体同各方面发生经济关系。因此,经济监督不论从保证国家预算的实现来看,还是从进行经济监督的依据来看,都必须抓住计划(预算)。一方面检查计划(预算为主体)编制、执行的情况和问题,尤其是有否该收不收,该支不支,不该收多收,不该支滥支,铺张浪费,挥霍国家资财不讲究节约的现象;另一方面,把决策与计划(预算为主体)作为经济监督进行检查比较,衡量是非对错的依据,这样把计划管理和经济监督密切结合起来,如果不抓住计划进行经济监督,计划管理就不可能真正贯彻并有实效,反之,如果经济监督脱离了计划,必然缺乏衡量、检查和比较的依据。

(2) 抓核算。意思是指经济监督必须借助于会计核算、统计核算、业务核算才能有效地进行。革命导师列宁总是把经济监督同统计监督联结在一起加以强调,绝不是偶然的。核算为监督提供及时、正确、全面地反映经济和业务活动的数据资料,使监督事出有因,查有实据,说服力强。监督反过来促进核算工作的展开和加强。例如:通过监督揭露某些不重视原始记录、削弱核算力量、核算倒轧账等不正常现象。因此,监督离不开核算,也促进了核算,监督与核算的结合,既发挥了作为正确处理经济关系的经济监督的作用,又促进了核算水平的不断提高。

(3) 抓分析。分析的方法就是辩证的方法,是认识事物的重要手段。经济活动的内容是复杂多样的,要进行经济监督就必须坚持马克思主义的对具体情况进行具体分析的基本原则,单凭主观臆断是不能奏效的。因此,要实行经济监督就必须要有分析,没有分析的监督是盲目的监督。分析本身就是监督的一种形式,进行经济活动分析的过程也就是进行经济监督的过程。经济活动分析是社会主义经济核算的继续和深化。经济核算把各级经济机构和企事业单位进行经济和业务活动的过程和结果加以记录,并把它们结合成指标体系,为分析和监督提供比较全面、连续和系统的资料。而经济分析则不单能做到了解情况,而且,还能做到"去伪存真,去粗取精,由此及彼,由表及里",了解取得成绩和存在问题的原因,有的放矢地进行经济监督,发挥经济监督的更大作用。

(4) 抓检查。所谓检查就是开展检查验证。开展经济活动检查,是进行经济监督的有效方法之一。经济监督中通常进行的检查主要是:① 政策检查。在设计收入方面有否违反党的方针、政策,侵犯群众利益和发掘潜力不足,偏于保守的问题;在执行支出方面有否违反财经纪律和财务制度、国家税务制度等,以及掌握节约原则不强,集中运用资金不够,存在着分散和浪费资金的现象等。② 现场检查。根据人民群众的揭发和反映,对重大问题组织力量,深入现场,进行检查、校对,弄清事实真相。③ 账物检查。对账务物资,财产资金进行有重点地或全面地定期和不定期的检查。通过检查使经济监督发挥其应有的作用。

### (三) 抓好三种形式

要充分有效地发挥经济监督的作用,还必须在落实三个建设,强调四个环节的基础上,进一步抓好三种经济监督的形式。

(1) 事前监督原意是对在支付货币、实物或者进行某种足以引起日后支出行为时,事前进行的监督。广义地说,这种监督包括在经济活动发生之前的一切预测、审计、分析和计划工作。具体如对年度预算和季度拨款计划的审查,在企事业内部财务部门对于对外合同和费用支出的审查,均属于事前监督。进行事前监督可以防止违反计划,不符合财经纪律和制度,非法滥用货币与物资等不利于社会主义经济的因素出现,相应地抑止其危害性。

(2) 执行中监督系指在各项经济业务进行过程中加以监督。具体如对于企事业单位财务机构或会计在支付货币,拨发原材料与成品进行结算时加以审核监督,对于财政机关的收入与拨款过程的监督,均是执行中监督的形式。这样做一方面有利于充分动员一切经济资源,另一方面随时发现违反有关经济政策、法令、制度的现象,及时予以纠正。

(3) 事后监督是指经济业务活动过程结束后的复审性监督。它有利于验证该项经济业务活动是否合理合法,是否达到了预期的效果,有无遗留待决的问题。具体方法一般是采取检查财会、统计等经济范围内的报表。但仅仅于此还不充分,还必须注意各级经济活动的核算记录、会计账册、统计资料、业务核算情况,以提供可靠的依据,保证事后监督的时效性。

通过以上几个方面,我们对经济监督可以有一个概略的了解。必须强调的是,社会主义经济监督绝不能仅仅依靠经济手段来实现其监督职能,作为根本的是必须在无产阶级政党的领导下,依据党在各个不同的历史时期的方针、政策和主要任务,才能建立起统一的、完整的经济监督体系,社会主义的经济监督也才有可能在理论上形成一门社会科学范畴内的学科。在我国,几十年的社会主义革命和建设实践已经产生了各种有效的监督机构和监督手段,如各级的党的纪律检察委员会、人民法院和检察院、财政监察机构、税务监督部门,以及银行信贷、企事业单位财务等等,尽管这些机构和手段在形式上是有相对独立性的,但是它们在履行社会主义经济监督的职能时,都统一地接受党的领导,受到党的各项方针、政策的指导,受到国家法律制度的约束,为了统一的社会主义经济建设目标而行使经济监督的职权,从而形成了相互影响、相互联系、相互制约的一个经济监督整体。可以预见,我国社会主义经济监督中的薄弱环节一定会在党的领导下,在群众监督的促进下,通过实践而被迅速克服,一个完整的、统一的、科学的经济监督体系必定会在我国的"四化"建设中发挥极其重大的促进作用。

# 经济监督的特点和过程(1978)[①]

## 一、经济监督的发展历史与研究对象

监督,是经济管理的重要内容,是管理的一个重要职能。经济监督的含义很广,它涉及国民经济各个部门,社会总生产过程,企业生产经营活动的各个方面。这一职能发挥的充分与否,对一个国家的经济,对一个部门和企业的生产发展有着直接的影响。加强经济监督,对于巩固无产阶级事业的经济基础,对于提高经济管理水平,对于提高社会经济效益,对于发展社会生产力,对于增加社会主义财富积累,对于发扬党的优良传统和作风都有重要作用。在加速社会主义现代化建设、调整国民经济的工作中,在当前打击经济领域里的严重犯罪活动的斗争中,加强社会主义经济监督,抓好社会主义生产、流通、分配和消费各环节,强调财政、预算,税收、银行、信贷、财务、会计,统计等经济监督,具有更加重要的现实意义。

### (一)经济监督的产生与发展

经济监督是人类社会经济发展到一定历史阶段,当人类分裂为敌对阶级、出现国家以后的产物。它是经济范畴,也是历史范畴。

在原始社会里,社会生产力水平极低,人们只有共同劳动,平均分配产品才能生存。这时,没有剩余产品,没有私有制,没有人剥削人的现象,也没有任何阶级的存在,从而也就没有维护统治阶级利益的国家。原始社会末期,由于生产力和社会分工的发展,开始出现了剩余产品,提供了剥削的可能性,逐渐出现了私有制,随之人类分裂为奴隶主和奴隶两大对立阶级。奴隶主不仅占有生产资料,而且占有奴隶生产者本身。在经济上占统治地位的奴隶主阶级,为了维护本阶级的利益,强迫奴隶服从其统治,镇压奴隶的反抗,就需要有一系列的暴力机构,如军队、警察、监狱等和为阶级统治服务的专职人员——官吏,组成一个政权机构。于是,便产生了国家。

国家是一个阶级压迫另一个阶级的工具。掌握了国家政权的统治阶级,为了行使其国家的职能,就需要耗费一部分物质资料。要取得物质资料,国家就必须依靠其权力参与社会产品的分配,强制地、无偿地取得一部分社会产品。从此,产生了经济监督,这就是对物质资料的再生产过程的监督,包括生产、分配、交换和消费四个环节的监督。

统治阶级为了维持它的存在和行使它的职能,为了保障国家机器的物质需要,就必须依靠国家

---

[①] 本文是1978年在复旦大学首届经济管理干部培训班、全国国民经济管理师师资班讲学讲义,也是1982年上海人事局主办经济管理电视讲座的讲稿,后收入山东人民出版社1986年出版的《经济管理学》。

的权力,强制地参与社会产品的分配,因而就会产生财政的动员、集中、分配、使用的监督职能。正如恩格斯所说:"为了维持这种公共权力,就需要公民缴纳费用——捐税。捐税是以前的民族社会完全没有的。但是现在我们却十分熟悉它了。"①

在奴隶社会,奴隶主国家的经济监督主要是迫使奴隶进行强制劳动和向被征服的民族部落索取贡赋。在封建社会,封建大地主国家的经济监督主要是以直接的实物税和劳役的形式来掠夺和剥削广大的农民。在资本主义社会,资产阶级国家机器得到充分发展;商品货币经济深入到各个领域,形成了一套税收、公债、预算等完整的制度,因而资本主义国家的经济监督具有和资本主义以前的组织监督截然不同的形式。资本主义以前的经济监督直接和国家监督合二而一。例如:奴隶主专政国家的经济监督,就是赤裸裸的对奴隶的一种超经济的剥削和奴役的国家监督,或者说对奴隶的一种专政。

封建地主专政国家的经济监督,就是赤裸裸的对农民的奴役和实物掠夺的国家监督,或者说对农民的一种专政。而资产阶级专政国家的经济监督,则以"自由平等"为幌子,随着经济形态的变化和经济范畴的进一步完整,经济监督成为国家监督的一个组成部分而自成一套体系。通过财政经济监督,对广大无产阶级和劳动人民的剥削就更加广泛,剥削形式就更加隐蔽。由于资本主义经济监督涂上了民主和法制的色彩,因而其欺骗性和虚伪性也就更大。在美国竟然发生卖血妇女被控瞒税的罕见官司。例如在迈阿密地方一个名叫多瑙菲·嘉巴的妇人,她因出售她的罕有血型的血液获得可观的经济收入,1970年间她卖血赚得约28万美元,而向税局只报赚二万美元,被税务官起诉并被判入狱18个月。多瑙菲·嘉巴被判罪后不服,进行上诉,这几年来一直在缠讼着。这场官司的争论点是:一个人出售血液或身体器官而获利后是否应该被征税?它反映了资本主义经济监督的一个侧面。

不同社会制度下的经济监督的职能,是由不同社会制度的经济关系的本质所决定的。我国社会主义经济的本质,决定了它具有有计划地分配社会产品的职能,积累建设资金的职能,保证国民收入中消费基金同积累基金之间的最优比例的经济杠杆的职能,监督分配过程的职能等。就是说社会主义经济一般均具有分配和监督两大职能。我国社会主义经济监督在国民经济管理中,现阶段在进行社会主义现代化建设中所起的作用,是通过对社会产品进行有计划的分配与再分配并对其进行监督来实现的。随着社会主义经济的发展壮大,通过财政分配的社会产品日益增多,经济监督的性质、范围、内容、方法也随之变化,但是,经济监督的职能仍然是客观存在的,十分明显而且是非常重要的。社会主义经济客观存在着经济监督的职能,主要是由于:第一,国家既然通过财政来动员与集中建设资金,同时也就可以和必须对企事业等有关单位和个人是否很好地履行向国家缴纳税金的义务进行监督。第二,国家既然通过财政来供应资金,同时也就可以和必须对这些资金的分配和使用是否合理、适当进行监督。第三,国家既然通过财政来制定和执行财政制度和财经纪律,同时也就可以和必须对贪污、盗窃、铺张浪费、营私舞弊、化公为私等违法乱纪行为进行监督。第四,最重要的是实行经济监督要求全体国家工作人员,全国人民,遵守国家法纪,努力增产节约并爱护国家公共财物。

除上所述,社会主义的经济监督职能,是和分配职能互相配合不可分割、相辅相成的。国家财政资金是劳动人民创造的物质财富,是属于全体人民的财产,是我们国家富强和人民丰衣足食的源泉,是完成经济建设计划,逐步实现社会主义现代化的重要财力保证,只有充分发挥财政的分配和

---

① 马克思、恩格斯:《马克思恩格斯选集》第4卷,人民出版社1972年版,第167页。

监督作用,才能促进人们去努力生产、挖掘潜力、厉行节约,堵塞各种浪费的漏洞,更好地增收、节支、发展社会生产力,提高社会经济效益,满足社会成员日益增长的物质和文化生活的需要。

## (二) 经济监督学的对象与指导思想

经济监督是一门新的学科,它是在政治经济学的基本理论和财政体系的理论与实践的基础上分离出来而成为特殊的独立的社会科学的。

社会主义国民经济管理的财政、预算、税收、银行、财务与会计、统计、审计、海关和市场等学科都有独立研究的对象,它们各有活动领域与运动规律。但是,它们也具有共性,其主要表现有以下方面:

第一,它们都是建立在社会主义生产资料公有制的基础上,由党和国家所掌有;它们都在党与国家的路线、方针、政策和计划指导下进行活动,为发展社会主义经济服务的。

第二,由于社会主义仍然存在商品生产和商品流通,就必然存在商品货币关系。资金是物资的货币表现。社会主义再生产的过程就是物资运动与资金运动的过程。它们都是国家为发展国民经济而筹集资金分配资金与管理社会资金的分配关系的体现。

第三,在国民经济管理中,它们对社会生产过程和社会总产品分配和再分配都具有监督的主要职能。国家运用它们的监督职能来反映、控制、检查、纠正社会再生产活动的目标偏差、偏离、干扰,以达到最佳的经济效益。

由此可见,在国民经济管理中它们各有特殊的管理活动领域与运动规律,又有共同监督社会生产流通、分配和消费的职能。根据它们的特性与共性,我们把它们各自的特性分开来编写,然后把它们的共性综合研究构成整体的教材。这本教材是以社会主义的经济发展规律为目标以国家为发展国民经济筹集、分配、管理社会资金过程中的动态平衡为线索。因此,经济监督的研究对象是社会的生产、流通、分配、消费过程中的动态平衡。我们研究它,就是揭示与阐明社会主义经济监督的性质及其特殊的与共同的发展规律。由于经济监督受社会主义生产资料公有制和国家的性质与职能的制约并为其服务,因而它们反映着党和国家的方针、政策、法规和计划以及国民经济各部门经济活动中所出现的偏差、偏离、破坏现象,也反映着社会上的矛盾与斗争。因此,我们研究经济监督,必须从生产关系角度去研究社会资金的分配与资金运动规律,同时还必须联系上层建筑与经济监督之间的辩证关系。

我们研究它的目的,就是运用它的理论指导经济生活的实践,提高经济管理工作的理论水平和业务水平,使我们的一切经济工作都能重视提高最佳的社会经济效益这个核心问题。更加自觉地为社会主义现代化服务。

经济监督是受国家性质与职能所制约的,并为其服务的。它是经济管理的有力工具。它既反映国家政策法令,也反映社会上的矛盾和斗争,因而它是一门具有鲜明阶级性的学科,它是保证国家经济建设方针、政策的贯彻,正确执行计划经济为主,市场调节为辅原则的重要手段之一。同时,在社会主义经济发展中,人民群众的根本利益是一致的,但涉及部门、企业以及劳动者个人的切身利益时,也还存在着这样或那样的矛盾。因此,在研究经济监督问题上必须把牢固树立坚持社会主义道路,坚持无产阶级专政,坚持马克思列宁主义、毛泽东思想,坚持党的领导这四项基本原则作为指导思想,运用理论联系实际的方法,发扬一切从实际出发,实事求是的优良作风。只有这样,才能做好经济监督工作,发挥它的工具作用,从而促进国民经济迅速的发展,为社会主义现代化建设而服务。

## 二、经济监督的定义与分类

### （一）经济监督的定义

论述了运用监督这一管理职能来检查、考察和控制社会的生产、流通、分配和消费的经济活动中的目标偏离，并加以纠正，从而追求最大经济效益的学科理论。

我国社会主义经济监督，是在中国共产党各级机构的领导下，由人民代表大会各级常务机构和检查机关进行工作的。它还通过各级财政、银行、税务、工商管理等部门进行日常的检查和考察、督促。经济监督主要是检查督促国家计划、财政收支、预算投资、税收计划、建设速度等等的实际执行情况。经济监督，在消极方面是为了防止贪污、盗窃、铺张浪费；在积极方面，则是为了厉行节约、增进财源，更有效地生财、聚财和用财。

### （二）经济监督的分类

经济监督可因不同标准而进行不同的分类，一般有如下几种分类：

（1）按监督的对象可分为一般监督和专门监督。一般监督涉及被监督对象活动的一切方面；而专门监督仅涉及被监督对象活动的某一个方面，如财务活动、遵守劳动法的情况、报表数据的可靠性等。

（2）按被监督对象的阶段，监督可分为事先监督、日常监督和事后监督。在对某个问题采取最后决策之前，为了防止作出不可靠的或没有根据的决策，就要进行事先监督。在执行决策过程中，当还没有达到预定结果时，就实行日常监督。它的作用是及时查明妨碍在规定期限内圆满地执行决策的缺陷和偏差。它与经营管理的联系最为密切。它可以随时就地考查计划实施的成效，并给予制止或纠正。而事后监督主要是检查是否正确地执行了决策，查明是否出现了偏差，分析出现偏差的原因及肇事者，以及决策本身的依据可靠性如何。事后监督的目的，也是为了取得有关资料，以便消除那些影响执行决策质量和成效的各种因素，并据这些资料，完善管理方法和程序管理结构和法规等。

（3）按监督的组织关系可分为自我监督、内部监督和外部监督。自我监督是依赖于人的自我检查约束，是对自己在生产、交换、分配和消费各种活动中的行为进行纠偏和克制，以保证实现总体的目标。所谓内部监督，是指执行监督的单位与被监督的对象都是属于同一系统内的组织所进行的监督。而外部监督，则是指专门的国家机关对组织关系上不属于它们的对象所实行的监督。

（4）按监督的组织形式又可分为党的监督、国家监督、社会监督和人民监督。党的监督在各种形式的监督中，占有首要的特殊重要的地位。在社会主义条件下，党的监督贯穿于全部国家组织和社会组织的一切活动中。国家监督是指以国家名义利用国家权力实行的监督。社会监督，是以社会组织的名义实行的监督，其监督权力通常不具有法律权威性。人民监督是指国家监督、社会监督同劳动者直接参加监督的结合。

（5）按国家监督机关性质可分为立法监督、司法监督与行政监督。立法机关对预算的议定和对决算的审查谓之立法监督。司法机关对于会计出纳人员的计算以及各级各类经济工作人员加以检查并判断其责任，是为司法监督。行政部门对会计出纳以及其他经济工作人员的工作加以督促和管理，才是行政监督。

（6）按经济监督的活动形式又可分为财政预算监督、税收监督、银行监督、财务监督、会计监督和统计监督等。这些都是经济领域活动中实质性的监督。经济监督主要是在资金的积累和分配过程中,同生产、流通、分配、消费等环节密切结合下进行的。它和经济管理的目的是一致的,是为了按照党的路线、方针、政策和有关法令、制度,有计划地组织财政收入,有计划高效能地安排支出,以保证社会主义现代化的迅速实现。因此,经济监督同包括国家预算收支、预算外收支、银行信贷收支和企事业单位财政收支的综合财政计划相适应,其主要内容也就必须包括:预算监督、税收监督、信贷监督、财务监督和会计监督等方面。它们之间既有区别又有联系。

### (三) 经济监督的特点

社会主义经济监督不仅有多种形式,而且有其独具的特点,归纳起来有以下几方面:

(1) 社会主义经济监督的广泛性。由于社会主义经济具有严格的计划性,国民经济各部门,各种不同的所有制,都相互有密切的联系,因此,社会主义经济监督同社会生产、分配、流通、消费等交织在一起,不仅对国民经济各部门进行监督,而且对国民经济各个环节也无处不监督。它要求国民经济各个环节加强经济核算,提高劳动生产率,挖掘各种潜力以促进国民经济有计划按比例地发展。

(2) 社会主义经济监督的经常性和及时性。社会主义大生产是每天每时都在进行的,经济活动也是每时每刻在发生变化的。为了使社会主义的一切经济活动都能够按照经济规律办事,就有必要对经济活动进行经常且又及时的经济监督。同时,国家资金积累、支出拨款也经常地发生,这也决定了经济监督的经常性和及时性的特点。

(3) 社会主义经济监督的综合性和概括性。经济监督执行其自身的职能的一个重要手段,就是货币监督,即利用货币形式进行其监督职能。由于货币具有价值尺度的职能,社会各方面的经济活动,尽管它们的实物表现和存在形式不同,但是通过价值指标便都能综合地、概括地反映出来,从而就能对社会各方面的经济活动进行比较全面的监督和检查。这也就体现了社会主义经济监督的综合性和概括性。

(4) 社会主义经济监督的群众性。社会主义经济监督要在符合党的方针政策前提下实现其本身的最终目的——极大地提高整个社会的经济效益,就必须通过检查、分析各部门,各企业的经济活动,深入基层同直接创造财富的职工群众形成群众性的监督。特别是通过企业开展群众性经济核算、经济活动分析所形成的群众管理相结合。这就使社会主义经济监督具有广泛的群众基础。

## 三、经济监督的目的、职能和过程

### (一) 经济监督的目的

要了解社会主义经济监督的过程,首先要懂得经济监督的目的和职能。

社会主义经济监督的目的是在于保障良好的经济秩序和严明的财经纪律,遵守党的方针、政策、国家法令、社会主义道德和公正原则所规定的制度,遵守地方和部门各级各系统通过的各种规范,按照社会主义客观经济规律,运用其特有的作用,保障、预防和纠正任何失调、偏差和偏离,并在采取的控制价值尺度内,保持实现决议的进程。经济监督应证实每一个社会经济活动参与者良好完成其所承担的职能和任务的情况,恰如其分地评价其作出的贡献,责罚任何对规章制度的践踏和背离以及玩忽职守的行为。

通过以上经济监督工作,使经济监督有助于丰富经济工作的经验,有助于预防和克服缺点和错误,发掘潜力,有助于从正反两个方面吸取教训,极大地提高社会经济效益。

## （二）经济监督的职能

经济监督的目的决定了经济监督必定具有如下职能：

(1) 预防性职能——提前排除问题和潜在的紧急情况及其原因，以便防止在社会经济机构运转中和在实现目标的过程中出现的困难和缺点。

(2) 补救性职能——排除存在的缺陷产生的因素和弥补其后果。

(3) 完善性职能——发现和利用现有潜力，对不断改善整个社会经济活动作出积极的贡献。

(4) 解决和参与性职能——领导和群众对经济活动过程的进展直到问题的最终解决作出的积极贡献，克服危急情况，彻底消除缺陷和困难。

(5) 评价和促进性职能——证实和适当估价取得的成果，奖励或者惩罚。

(6) 情报性职能——经常向有关决策机构提供从监督中获得的、制定新决议需要的一切总结性情报。

(7) 教育性职能——推广正面的经验以及在完成目标和任务中得到的教训。

显然，所有这些职能应该全部体现在整个监督工作中，构成保障监督经济效益和实现其在科学的经济管理过程中的作用的一个整体。

## 三、经济监督的过程

懂得了经济监督的目的和职能，就能了解和认识经济监督的全过程了，监督过程包括：计划（开始阶段）、观察、评价、纠正（监督本身的展开阶段）、教训（综合、推广经验阶段）五个主要阶段。兹分述如下。

(1) 计划。为了制订监督计划，一旦决议作出之后，作决议者就应答复下列问题：监督什么？由谁监督？在什么时候、什么地方进行监督？怎样监督和监督的目的是什么？实现通过的决议和确定的计划的方式是什么？

制订监督计划的第一阶段，是对监督什么和由谁监督这一问题的答复，是确定效果因素。这一阶段适当的工作至少要求有这些：确定领导任务以保障执行者的自我监督系统；根据合理执行计划指标的要求，对于系统和对每个子系统的输入—输出确定适当关系；准确地指明每个子系统和下属系统中具有决定性影响的输入和输出的参数的因素分析；确定需要观察的效果因素的条件；在有益的效果因素对所获得成果没有重大影响的限度内确定公差，即允许的正负值。

制订监督计划的第二阶段，是回答在什么时候，什么地方实行监督这一问题。

制订监督计划的第三阶段，是确定监督方式，即怎样、通过什么途径，以什么形式来实现监督，并用前面确定的成分来加强这些途径、形式和方法。这里还要确定，特别是在推广经验方面和在取得过渡到新的决议周期所需要的情报方面，利用监督效果的可以预测的方式。

(2) 观察。作为监督过程阶段的观察，其对象是研究最重要的和最具有特色的事实和现象，以便从关键地点和时间取得最能说明问题的情报，从而在尽可能短的时间内对其作出评价。这样，观察系统将具有许多关于所注意的系统及其活动的情报输入，在输出时将提供关于完成决议的最重要参数，即效果因素方面的筛选过的、适用的和准确的情报。因此，同这一阶段相适应的环节将是一连串的行动，这些行动将把事实、现象和在系统中发生的实际过程，连接成尽可能真实的模式。

(3) 评价。作为监督过程的阶段，评价的目的是确定效果因素对计划或规定的水准上的偏差和偏离,根据计划的目标、指标和定额确定其意义和动态,以便能够提供最适当的纠正行动所需要的根据。这样,社会主义经济单位系统中存在的生动现实将构成评价系统中的输入,效果因素的实际数值对标准数值显示的和潜在的偏差偏离在预测前和预测后的动态模型代表输出。

评价效果因素的主要阶段将相应包括:上述模型同决议、措施、行动纲领以及计划等提供的模型进行比较,指明偏差和偏离及其大小,确定偏差和偏离超出公差范围或者具有这一倾向的程度,确定原因(干扰和干扰因素)及其倾向性(诊断分析);确定偏差和偏离、干扰和干扰因素分别的和累计的影响;根据在规定期限内获得效果过程的正常进展情况确定方向、程度、意义和重要性;确定偏差和偏离、干扰和干扰因素所产生的明显后果的时间,以及对采取有效行动拥有的最长时间。

为了实现能为制定有效纠正措施提供充分依据的分析,需要考虑一系列因素和前提,具体有如下几点:发现正在或已经影响了偏离的实际因素;分析其倾向,并通过运算这种研究方法建立一个模型,从而引出解释影响上述因素,实现调节(分析的诊断性质)的可能的方式:时间因素的含义,指证实—估价效果的时刻和贯彻纠正决定的时间之间的差别,原来确认的条件可能改变时间差别。

(4) 纠正。作为监督过程阶段的纠正,要求在分析偏差、偏离、干扰和干扰因素的基础上制定,并对效果因素失调参数中的每一个参数实行必要的纠正措施。为此,首先需要确定在有效时间内能够采取有效行动的措施。然后需要确定与纠正对象(决议、计划、结构、系统,即输入状态、输出)密切联系的行动方式以及纠正行动的价值,即纠正措施的范围、方向、内容,包括执行的时间。重要的是在这方面也要有相互关系的最优标准的确切性。

从动态意义上理解的监督过程,归根结底是把提出纠正决议作反观察和实现调整任务全过程的行动。这种决议是调整在决议发出单位和接收单位之间通信过程中情报相应变化的比率(速度、比例、关系、价值)。同时监督机构对"常规"决议也可以在自己的职权范围内采取行动,这是指预先认识以及可以预测的问题。关于这些问题,领导机构(决议制定者)在考虑所有偏差和可能的原因的情况下,提前就行动的适当方式作出决定。因此,纠偏决议实质上已在监督规章中早有规定,因为它只是执行明文规定的内容而已(当然要适当考虑偏差的大小和需要采取的纠偏决议的范围大小)。这种决议可以包括在一般叫做计划前的决议中(有时叫做惯例图表),它在很大程度上加速了监督周期,并确保对不能拖延的问题所必需的时效。

(5) 教训。利用监督的教训,是监督过程的最后一个阶段,并且是十分重要的阶段。

首先,通过对效果的评价,监督还要完成干部和劳动集体所做贡献加以测定和评判的职能,为完成主管机关在领导过程中实施提出论证和刺激的职能提供必要的情报。

其次,采取纠偏决议和纠偏行动顺利结束后就可以认为监督过程的周期已经完毕,从技术的、实用的、狭隘的观点看,实际上也是如此。在我们社会主义社会中,每一个组成部分都是自我适应系统并进行着自我完善,自我完善这个方面作为监督的结果和其自然延伸可能是整个监督活动的最重要的方面。在任何情况下,如果不给领导改进其掌握的情报的可能性,监督就会徒劳无益和半途而废,也不会为今后的行动作出有根据的决定。

## 四、经济监督的必要性和作用

为什么要加强经济监督呢?这里要从巩固和发展社会主义经济的要求,从提高经济管理效益的要求,从当前经济领域客观存在的问题来认识加强经济监督的必要性。

## (一) 从巩固和发展社会主义经济的要求看加强经济监督的必要性

无产阶级革命领袖总是把经济监督看作是具有决定意义的事情。马克思、恩格斯在《共产党宣言》《反杜林论》等经典著作中,对于社会主义财政的分配和监督及其同社会主义革命与社会主义建设事业的关系作过原则性、纲领性的论述,指出无产阶级在夺取政权后,社会主义经济监督是巩固无产阶级专政的一个工具。他们把经济监督作为无产阶级建立"自己的政治统治"和"对所有权和资产阶级生产关系实行强制性的干涉"的重要措施,并预见到经济监督对严格按照客观经济规律和国家计划节约使用资金发展社会主义经济的重要性。列宁和斯大林在俄国建立了第一个社会主义国家,他们十分强调对社会产品的生产和分配实行全民的(国家的)计算与监督。列宁在《国家与革命》一书中指出:"计算和监督是把共产主义社会第一阶段'调整好',使它能正确地进行工作所必需的主要条件。"[①]他还在《苏维埃政权的当前任务》一文中论述了建立全民统计和监督的重要意义,他说:"如果对于产品的生产和分配不实行全面的国家监督,那末劳动者的政权,劳动者的自由,就不能维持下去,资本主义压迫制度的复辟,就不可避免。"[②]在这里,列宁是把监督的意义提升到巩固和发展无产阶级专政,防止资本主义复辟的高度来认识的。在列宁的领导下组织起工农检查院,对国家机关,对财经政策的执行情况等方面实行监督,有力地粉碎了帝国主义要把苏维埃政权扼杀在摇篮之中的企图,使革命秩序很快稳定,新经济政策得以顺利进行。列宁所说的监督主要是指经济监督,这种监督在整个社会主义历史阶段是不可缺少的,是十分必要的。这是因为:

(1) 在社会主义阶段,社会产品不能按需要进行分配,而只能按各人劳动数量与质量进行分配。正如列宁所指出的:"在共产主义的'高级'阶段到来以前;社会主义者在要求社会和国家对劳动标准和消费标准实行极严格的监督。"[③]作为社会主义监督体系中重要组成部分——经济监督的必要性也导源于此。

(2) 由于社会主义阶级商品生产的存在,价值规律在新的条件和起点上作为客观经济规律仍然在起作用,货币仍然成为国民经济计划的工具,成为核算与监督(劳动量与消费量、产品生产与分配)的工具。因此,经济监督的客观必然性与必要性也就存在。

(3) 由于社会主义国家具有组织社会经济的重要职能,而国家管理经济的基本方法就是行政方法与经济方法相结合,按照客观经济规律,制定有关的方针政策,主要的措施则是用经济方法,如加强企业经济核算,用计划调节和市场调节相结合,贯彻按劳分配,扩大企业人、财、物的相对自主权,加强财政、财务的管理与检查也就体现为必须有经济监督。

(4) 经济监督是经济部门和企业事业单位全面完成。国家计划本身所必不可少的工作。通过经济的监督职能来促进国民经济有计划按比例地发展,只有监督各个经济单位在全面完成国家计划的情况下,国家预算才能得到实现,财政工作才算完成了任务。

(5) 为了维护社会秩序,生产秩序和工作秩序,严肃社会主义法纪,巩固人民民主专政,发展社会主义经济,实现"四化"并提高人民物质文化生活水平,就需要通过人民检察和经济监督同各种破坏活动和违法乱纪行为作坚决的斗争。否则,国家政权,人民利益就会受到损害,所以列宁曾经批判的那种在产品的生产与分配上不报告、不监督的情况是"断送刚开始的社会主义事业",是"盗窃国库"。他要求精打细算节省开支,不偷懒,不盗公肥私,要遵守最严格的劳动纪律,加强管理,提高

---

① 列宁:《列宁选集》第3卷,人民出版社1972年版,第258页。
② 同上书,第506—507页。
③ 同上书,第254页。

劳动生产率等等。① 这些正是列宁对监督工作所提出的要求和内容。

我国在新民主主义革命和社会主义革命、社会主义建设中,强调了加强对财政经济的监督检察工作的重要性。在中华人民共和国成立以后,从中央到地方建立了国家各级监察机关(包括财政监督机关在内),党中央明确规定国家监察机关的任务就是监督各级行政机关和财经部门及其工作人员忠实地履行职责,积极地完成国家所赋予的任务。监察机关应以主要力量监督以发展重工业为中心的工业建设工作,同时监督农、林、牧、副、渔、交通运输、商业以及文教、卫生等方面的工作,着重地反对保守主义、本位主义和分散主义,反对各种浪费现象,反对官僚主义和不负责任的工作态度,以及其他各种违法乱纪的行为,提高工作人员的社会主义觉悟,发扬积极创造精神,充分挖掘潜力,加快建设进度,提高产品质量和工作质量,厉行精简节约,以保证政府决议、命令的正确执行,全面地提前和超额完成国家计划。仅1955年这一年中,各种监察机关检查国务院的决议、命令和国民经济计划的执行情况达24 291次,受理了公民控诉120 000余件,惩办了违法失职干部17 800余人,在国家的社会主义事业中作出了重大的贡献。

(二) 从提高经济管理效益的要求看加强经济监督的必要性

经济监督对多快好省地发展社会主义经济建设和科技文化教育事业,促进企业加强经济核算,提高管理水平和经济效益,坚持社会主义道路等方面,起着极为重要的作用。

(1) 经济监督发挥保证实现国民经济计划的有力工具的作用。经济监督保证国民经济有计划按比例地发展,保证财政收支基本平衡,按照政策、计划和制度的规定,把该收的钱及时足额地收起来,该拨付的钱按规定的用途及时地拨下去,对违反国家政策和规定的现象,坚决制止。实践证明,经济监督在实现增加收入,合理支出,支持经济建设,发展生产,改善人民的物质和文化生活等方面起到了应有的作用。

(2) 经济监督发挥促进企业事业加强经济核算的工具作用。通过经济监督对企业的经济活动进行考察分析,帮助企业事业单位发现问题,克服企业事业内部经营管理和财务工作的紊乱状态,促使企业事业贯彻勤俭建国的方针,不断改善经营管理,加强经济核算,提高管理水平。

(3) 经济监督发挥了坚持党的领导和社会主义道路,为巩固社会主义的政治与经济服务的作用。通过经济监督,对打击经济犯罪的破坏活动,反对贪污盗窃、投机倒把,反对官僚主义、命令主义和违法乱纪行为,建立健全规章制度,堵塞漏洞,严肃财经纪律等方面都起了一定作用。

(4) 经济监督对落实党的经济体制改革和对外开放的基本国策,保证财政收支平衡起了很大作用。实践证明,在经济管理中必须充分发挥经济监督的作用。由于我们党强调并加强了纪律检查和监察、监督工作,坚决同违法乱纪和各种不良倾向作斗争,对许多重大事件进行了严肃处理,因而使我们党更加赢得了全国人民的衷心爱戴,党的路线、方针、政策,得到坚决的正确的贯彻执行,广大党员和人民群众的革命积极性空前高涨。

总之,经济监督对于实现"四化",具有十分重要的作用,主要表现在:

第一,坚持社会主义方向,贯彻党的方针政策。

第二,纠正不正之风,严肃财经纪律。

第三,制止乱收乱支,建立正常的财务秩序。

第四,实事求是地反映情况,揭露矛盾,解决问题。

---

① 列宁:《列宁选集》第3卷,人民出版社1972年版,第506—512页。

第五,保证和提高各类资金以至人力物力的使用效果。

发挥财政、银行、信贷对各项经济活动的促进和监督作用,可以使各经济单位提高经营管理水平,讲求经济效益,为国家多积累资金。

### (三) 从当前经济领域存在的问题看加强经济监督的必要性

当前,我们的国家正处于一个新的时期,在党的十一届三中全会和十二大路线指引下,国民经济正在健康地稳步地调整,经济体制正在逐步地改革,经济建设正在有计划地进行,社会经济效益的提高有了显著的成效。

既然我们当前的经济工作已经取得了显著的成效,那么为什么还要提出加强经济监督呢?这是因为在我们国家的国民经济管理中,经济监督还是一个薄弱环节,监督机构还缺乏权威性,监督的制度还不健全,监督的观念还没有被广泛地接受,从当前经济形势来看,有如下三个具体原因,要求我们加强经济监督。

(1) 当前打击经济领域中犯罪活动要求必须加强经济监督。"四人帮"破坏财经纪律的流毒和影响还没有完全肃清,有些地区、部门和企业还存在着严重的破坏和违犯财经制度、法规的现象。无视国家财政、税收政策的规定,任意侵占、截留、挪用国家资金,已成为一个突出的问题。据1980年十四省市财经纪律大检查的不完全统计,应该上缴而没有及时足额上缴的国家资金竟达40亿元;根据1981年5月财政部、税务总局关于清查偷税欠税的通知,全国进行了一次严肃的大检查,据不完全统计,偷漏国家税收也高达13亿元;再如济南石油化工厂会计部门,仅1980年用各种方法乱摊乱挤成本,直接截留应上缴财政资金达四百五十余万元,占当年上缴利润的百分之十二点五;再者,贪污盗窃、投机倒把对社会主义经济的危害也是一个不能忽视的严重问题;如攀枝花冶金矿山公司三井巷工程公司会计员,多年来利用涂改账目、伪造凭证等手法作案260余次,贪污了26万元的巨款;山东定陶县四个农业银行营业所的会计员、出纳员与社会上的不法分子内外勾结,骗取国库款项高达24万元;再如四川德昌县人民银行副行长高宗斌玩忽职守,被罪犯牟明新盗窃国库现款13万元。这些触目惊心的事例,充分说明在国民经济管理中,经济监督仍是个薄弱环节,破坏财经纪律乃至违法犯罪的现象是大量存在的。这些现象的存在给国家在经济上和政治上造成的破坏性和危害性是极严重的。它破坏国家经济计划,影响财政收入,不利于党的调整国民经济的战略部署的实现,妨碍经济建设的顺利进行,实践一再证明,在国民经济管理中,绝不能削弱和放弃经济监督。

(2) 恢复和发扬党的艰苦奋斗的优良传统,搞好党风,同样需要加强经济监督。十年动乱使党的优良传统和作风遭到了严重的破坏。十一届三中全会以来,在党中央的正确领导下,党风有了较大的好转,但是仍然存在着不少问题,例如讲排场,摆阔气,用公款请客送礼大吃大喝,挥霍浪费,有些领导干部甚至假公济私,化公为私,搞特殊化追求个人享受,严重破坏了财经纪律,助长了经济领域中的不正之风,损害了党的形象,败坏了党的优良传统和作风。因此,必须加强经济监督,以搞好党风,恢复和发扬党的优良传统和作风,与人民群众同甘共苦,为振兴中华而奋斗。

(3) 在当前要贯彻落实党的各项经济政策和措施,保持社会主义计划经济的性质,就必须加强经济监督。目前我们党的经济政策主要是实行以社会主义计划经济为主、市场调节为辅的方针。在此原则基础上实行对外经济有限制的开放,对内多种经济成分同时并存的政策,相应地在经济体制上实行两级财政制度,推行经济责任制,贯彻经济核算制以扩大企业自主权等措施。很显然,这些方针、政策和措施调整了我国国民经济结构,整顿了社会经济秩序,摆脱了"四人帮"造成的国民经济濒临崩溃的困境而逐步走上了稳定发展的道路。但我们也必须清醒地看到,分散主义和自由化的倾向,削弱和摆脱国家统一的经济计划,干扰和分裂社会主义的统一的市场,化国家利益为集体或小团体甚至个人的私利,不顾国家整体利益和长远利益,截留国家财政收入,搞计划外基本建设,盲目生产冲击国家计划和市场供应等等,这些不利于我国经济发展的因素,都需要通过加强社会主义经济监督来加以克服。只有这样,才能使我国的社会主义经济有计划按比例地持久地高速发展,从而加速"四化"建设的进程。

## 五、经济监督的机构与职责

加强社会主义民主与法制,实行民主集中制原则,对于改革和完善我国的经济制度和政治制度,顺利地进行"四化"建设具有十分重要的意义。

社会主义监督必须依靠和发动人民群众进行有效的监督。我们国家的政权是由人民掌握的。人民通过各种途径和形式,管理国家事务,管理经济和文化事业,管理社会事务。人民享有监督权力,实行高度民主基础上的高度集中,真正掌握国家和民族自己的命运。为了有效地进行监督,我国设立了各种监督组织机构和专门监督机构,而且明确了职责。

### (一)我国的最高监督机关

我国的最高监督机关是全国人民代表大会和它的常设机关——全国人民代表大会常务委员会。它行使国家立法权,制定法律和法令。

全国人民代表大会和它的常务委员会通过的除了法律以外的决定、决议统称法令,法令具有同法律同等的约束力。

全国人民代表大会行使的监督职权主要是:修改国家宪法;制定和修改刑事、民事、国家机构的和其他的基本法律;审查和批准国民经济和社会发展计划和计划执行情况的报告;审查和批准国家的预算和预算执行情况的报告。

全国人民代表大会有权罢免下列人员:国家主席、副主席;国务院总理、副总理、国务委员、各部部长、各委员会主任、审计长、国务院秘书长;中央军事委员会主席和中央军事委员会其他组成人员;最高人民法院院长;最高人民检察院检察长。

全国人民代表大会常务委员会行使监督的职权主要是:解释宪法,监督宪法的实施;制定和修改除应由全国人民代表大会制定的法律以外的其他法律;在全国人民代表大会闭会期间,对全国人民代表大会制定的基本法律,进行部分的修改和补充;解释法律和法令,在全国人民代表大会闭会期间,审查和批准国民经济和社会发展计划、国家预算在执行过程中所必需的调整方案,监督国务院、中央军事委员会、最高人民法院和最高人民检察院的工作;撤销国务院制定的同宪法、法律和法令相抵触的行政法规、决议和命令;撤销省、自治区、直辖市国家权力机关制定的同宪法、法律、法令、行政法规相抵触的地方性法规和决议;在全国人民代表大会闭会期间,根据国务院总理、中央军事委员会主席的提名,决定任免事项。

根据我国宪法规定,全国人民代表大会代表和全国人民代表大会常务委员会委员,有权依照法律规定的程序提出属于全国人民代表大会和全国人大常委会职权范围内的立法提议案,并在开会期间,有权依照法律规定的程序,向国务院以及所属各部、最高人民法院、最高人民检察院、各委员提出质询案。受质询的机关必须负责答复。宪法也规定,全国人民代表大会代表受原选举单位的监督。

地方监督权力机关是地方各级人民代表大会。县级以上的地方各级人民代表大会设立常务委员会。

地方各级人民代表大会和它们的常务委员会在本行政区域内,保证宪法、法律、法令、行政法规的遵守和执行;依照法律规定的权限,通过和发布决议,审查和决定地方的经济建设、文化建设和公共事业建设的计划。

县级以上的地方各级人民代表大会审查和批准本行政区域内的国民经济和社会发展计划、地方预算以及它们的执行情况;监督本级人民政府、人民法院和人民检察院的工作;撤销本级人民政府和下一级人民代表大会不适当的命令和决议。

### (二) 我国的法律监督机关是人民检察院

人民检察院依照法律规定独立行使检察权,不受行政机关、社会团体和个人的干涉。根据宪法规定:中华人民共和国设立最高人民检察院、地方各级人民检察院和专门人民检察院。最高人民检察院是最高检察机关。最高人民检察院领导地方各级人民检察院和专门人民检察院的工作,上级人民检察院领导下级人民检察院的工作。最高人民检察院对全国人民代表大会和全国人民代表大会常务委员会负责。地方各级人民检察院对本级国家权力机关和上级人民检察院负责。

### (三) 人民法院是国家审判机关

我国设立最高人民法院、地方各级人民法院和专门人民法院。

人民法院依照法律规定独立行使审判权,不受行政机关、团体和个人的干涉。

最高人民法院是最高审判机关。最高人民法院监督地方各级人民法院和专门人民法院的审判工作,上级人民法院监督下级人民法院的审判工作。最高人民法院对全国人民代表大会和全国人民代表大会常务委员会负责。地方各级人民法院对产生它的国家权力机关负责。

人民检察院、人民法院和公安机关办理刑事案件,分工负责、互相配合、互相制约,以保证准确有效地执行法律。

### (四) 国务院设立审计机关

国务院设立审计机关对各级政府和它们所属的财政金融机构,企事业组织的财政、财务收支活动进行审计监督。

审计机关依照法律规定独立行使审计监督权,不受其他行政机关、社会团体和个人的干涉。

县级以上的地方各级人民政府设立审计机关。地方各级审计机关依照法律规定独立行使审计监督权,向本级人民政府和上一级审计机关负责。

### (五) 财政机构

国家各级财政部门,是按照客观经济规律与党的路线、方针、政策以及国家计划,主办财政税收工作的职能部门。它是国家政权中的重要机构,执行财政职能,为实现建设社会主义"四化"和巩固人民民主专政服务。我国宪法规定,国家政权机关分为三级。因此,财政机构也按三级设立。国务院下设财政部,省、自治区、直辖市人民政府下设财政厅(局),县(市)人民政府下设财政局(科),分别主办全国或同级的财政工作,实行管理监督。

财政部是在国务院直接领导下专管全国财政工作的最高机构。财政部除下设税务总局负责国家税收管理与监督企业税收利润缴纳工作外,还有预算司、财政监察司、工交商财务司、农业财务司、文教行政财务司、国防财务司、外事财务司、会计制度司。此外,中国人民建设银行总行由财政部和国家基本建设委员会代管,以财政部为主。

财政部负责领导全国国家预算的编制、执行与决算的工作,负责全国财政、财务管理体制的制定与执行,组织收入,安排支出,调节收支平衡,实行管理监督,对工业、交通、商业、农业、文教、行政、国防、外事等进行财务管理监督以及制定会计制度等工作,这些事项由分管的司局负责。

各省、自治区、直辖市、县(市)的财政税务部门在各该级人民政府领导下,根据工作需要,设有若干业务部门分管各项业务。县(市)财政部门也设有相应的业务科(股)。

各级财政部门,负责领导本级预算的编制、执行与决算的工作,负责本级财政收支、财务管理、调节收支平衡与管理监督等工作。

国家财政预算的出纳部门是国家金库(包括中央金库和地方金库)。中央金库在全国各地设有分支机构,负责办理中央预算的出纳工作,并实行预算监督。地方金库分为省、自治区、直辖市和县(市)金库,在负责同级预算的出纳工作的同时,实行预算监督。各级金库均由中国人民银行代理。

财政机构是专门负责检查监督财政、税收的机构。

国家赋予财政部门监督的职责,财政部门应当严肃、认真地执行财政监督。为了做好这项工作,除了财政机关的各业务机构在日常工作中进行经常性的监督外,还进行定期或不定期的检查监督及专业性检查和群众性的税收、财务大检查。税收大检查一般是采取企事业单位自查,组织行业系统内互查,财税部门复查或重点单位的重点问题检查的办法进行的。

为了确保以城市为重点的全面经济体制改革的顺利进行,发挥税收的经济杠杆作用,公平税负,保护合法经营,限制无证经营,打击非法经营活动,财税部门还专门建立税务稽查机构。下设稽查队,加强对车站、码头、市场等的监督检查。

财政税务机构对各该级的一切部门——行政、事业、企业都有进行检查的权力,并且检查的面很广,从财政法令制度的贯彻,到预算的具体执行以及财政管理的好坏,财务、会计人员的工作成绩和存在的问题等。

财政税务机构,在执行职务时,可行使各种职权,有调阅账务表册、单据、文书案卷及各项实物之权,在检查中遇有怀疑的问题,有要求被检查单位说明之权,遇有违反财政制度问题时,检查人员有权予以纠正,或责成被检查单位注意纠正。违反财政纪律的典型案件经过处理之后,财政税务机关可直接发出通报,引起各部门注意。各级财政税务人员,对于财政监督权的行使,必须抱有坚决的立场和负责的态度,对于被检查单位所采取的各种措施,尤其是应当掌握原则,依据法规,审慎处理。有了财政税务机构和人员进行严肃认真的检查,就大大加强了财政监督。

现在,各企事业单位和行政机关的财务部门和财会人员,根据《会计人员职权条例》规定,有权依据法规,负责监督检查本单位财务活动和经济活动。

应该强调指出:财政监督财务检查工作必须依靠社会团体和广大人民群众来参加,包括民主党派和社会团体的成员、机关工作人员、企业的职工以及人民群众。他们对一切违反财政纪律和浪费国家资金的现象都有监督的责任和权利。许多损害国家和集体利益的不良事例,往往首先是由群众揭发的;财政时务工作中的许多改进,也往往是采纳群众建议的结果。这是财政监督和财务检查的最基本的力量。

### (六) 工商行政管理机构

工商行政管理部门是国家的经济行政管理机关。属于上层建筑,是为经济基础服务的。具体地说,就是为发展社会主义生产和促进流通而服务的。因此必须充分发挥工商行政管理部门的职能作用,加强对工商企业的管理和监督。

各级工商行政管理部门对工商企业进行监督检查的主要任务是:加强市场管理,督促企业办理筹建登记、开业登记、变更登记以及歇业注销手续;监督企业认真执行国家的有关政策、法令;检查企业是否按照核定的登记事项从事生产经营;查处企业违犯《工商管理条例》的行为。兹将其职责分述如下:

(1) 加强市场管理。加强市场管理工作,要坚决贯彻执行计划经济为主、市场调节为辅的方针,促进生产的发展和流通的活跃,把市场搞活管好,做到活而不乱,管而不死。因此应认真总结历史的经验和教训,在市场管理的思想上,肃清"左"的思想影响,树立以计划经济为主、市场调节为辅的思想。在社会主义公有制的基础上实行计划经济。有计划地生产和流通是我国国民经济的主体。只有坚持社会主义计划经济,才能保证社会主义方向;但是,由于目前我国生产力的发展水平总的来说还比较低,它和人民多方面的需要存在矛盾,还必须发挥市场的调节作用,利用价值规律来进行调节生产和流通,实行国营经济、集体经济和个体经济等多种经济形式同时并存的政策,发展多条商品流通渠道,只有这样,才能搞活市场,繁荣社会主义城乡经济。因此,市场管理的具体任务是:① 保证国家收购计划任务的实现。市场管理是整个社会主义市场的管理,计划渠道是社会主义统一市场的主要渠道,主要渠道的畅通是搞好经济的首要问题,从而保证国家计划任务的完成。② 管好城乡集市贸易。凡是国家政策规定的可以上市的商品,一定要准许上市;集市贸易的价格,在国家政策法令允许的范围内,由买卖双方议定,可以挂参考价格牌,但不搞限价。③ 配合物价局加强对市场物价的监督。凡是国家规定或核准的价格,不许擅自调价或变相的调价。

(2) 督促企业按照《工商企业登记管理条例》办理登记。工商企业的生产经营范围和生产经营方式是工商行政管理进行监督检查的重要依据。因此必须把好企业登记关和验照复查工作。对申请登记的企业要重点审查企业生产经营是否适合需要、是否具备开业的条件与经济性质、生产经营范围和生产经营方式等;对验照复查单位,重点是认真地审核和确定企业的生产经营范围。

(3) 经济合同管理。经济合同是保护经济合同当事人的合法权益,保证国家计划的执行,维护社会经济秩序,促进专业化协作,加强企业经济核算和提高经济效益的有效手段。经济合同履行情况的好坏,直接影响国家和企业的利益,因此必须加强经济合同管理。各业务主管部门和工商行政管理部门应建立必要的管理制度,对有关的经济合同进行监督检查。工商行政管理部门管理经济合同,主要管四条:一是监督与检查合同的执行;二是对无效合同的否认;三是调解和仲裁合同纠纷;四是查处利用经济合同进行违法的行为。

(4) 商标管理。《中华人民共和国商标法》已公布,这是我国商标工作的法律依据。贯彻执行商标法的规定,不仅是各主管部门、各企业的事情,而且也是工商行政管理部门的职责。

商标管理工作包括商标注册和商标监督管理两个方面。商标注册由国务院工商行政管理部门统一办理,商标的管理监督工作主要由各级工商行政管理局负责,管理主要内容是:监督企业正确地使用商标,通过商标管理,监督企业产品的质量;保护商标专利权,调查处理商标侵权案件,处理冒用、滥印商标和倒卖商标等违法行为。

(5) 加强广告的管理监督。广告是工商业经营的一种手段,而且也是文化艺术活动在一定意识形态上的一种反映。工商行政管理部门加强广告管理监督的目的是为了发挥广告应有的作用,使它更好地为社会主义的物质文明和精神文明服务。

国务院的《广告管理暂行条例》已经公布了,工商行政管理部门也相应地将实施细则发给各地认真地执行。当前,经营广告的单位和个人,有些是无证的。因此必须加强整顿广告业务中的无政府状态,抓好工商登记审查工作和验照复查工作,使广告更好地为社会主义经济服务。

(6) 打击投机倒把犯罪活动。为了巩固人民民主专政,维护社会主义市场的良好秩序,必须保护个体经济的合法权益,因为个体经济是发展公有制经济的必要的、有益的补充。这是工商行政管理部门的职责。但是打击投机倒把犯罪活动也是工商行政管理部门的职责,而且是长期的任务。

除了上述各种监督机构发挥各自的经济监督职能作用外,国家计划委员会、国家经济委员会、国家建设委员会、国家劳动局以及各级地方人民政府相应的有关职能部门,各企业事业单位的主管部门,在国民经济管理中都发挥一定的经济监督作用,为维护社会主义的经济秩序,促进社会主义经济发展服务。

## 六、经济监督的国家性与民主性

### (一) 经济监督的国家性

企业管理具有两重性:就生产力的组织方面来说,社会主义企业与资本主义企业之间,没有什么本质的区别,因此,资本主义企业在生产力组织这方面积累的许多好的经验,是我们应加以借鉴和吸取的;就生产关系的组织方面来说,社会主义企业与资本主义企业存在着根本的区别,社会主义的优越性是远远胜过资本主义的。企业管理的国家性和民主性是社会主义企业管理的特征。我们应当运用这些特征,发挥我们所具有的优越性。

社会主义工业企业是在国家统一领导下进行独立经营、独立核算的经济单位。它应有一定的自主权,并在履行对国家的经济义务后实行自负盈亏。企业既有独立的权利,又有明确的义务。国家对企业,不但保护它的合法权益,而且给予指导和必要的资助。因此,企业只能在国家统一的政策、法令规定的范围内,在国家经济计划的指导下,充分发挥自己的主观能动性,不断改善自己的经营管理,以提高企业的经济效益为目标,取得企业经济的更大发展。企业的内部管理和国家的统一管理是紧密联系而又相辅相成的。

实践经验表明,对一个现代化企业进行有效的管理,企业内部的领导职能,必须有三个方面:决策、指挥和监督。决策就是对企业生产经营方针、方向以及重大措施的决定权;指挥就是对企业日常生产经营活动的行政领导;监督就是从企业的权、责、利出发,对企业的决策者和指挥者进行全面监督。

### (二) 经济监督的民主性

社会主义生产资料公有制的建立,劳动人民成为国家和企业的主人,为保障和维护人民的利益,必须实行真正的民主管理和监督。只有这样,才能维护企业的社会主义性质,才能保证企业在经营管理上坚持社会主义原则,贯彻执行国家统一的经济计划和经济政策、法令。特别是在经济体制改革中,更应当注意正确处理国家、集体、个人三者利益的关系。劳动成果和职工福利相联系的经济责任制,扩大了企业的自主权,更有必要加强对企业管理的全面监督。

1. 职工代表大会是民主管理和监督的有效的组织形式

新中国成立以来,在党的领导下,广大职工群众树立了主人翁的光荣感和责任感,在实践中继承和发扬了民主管理的传统,取得了有效的经验——就是在党的领导下实行厂长负责制和职工代表大会制。

职工代表大会制度是我国创举的企业民主管理的好形式。企业的全体职工,通过民主选举的职工代表大会及其常设机构,行使企业的决策权和监督权。

2. 职工代表大会全面体现职工群众当家做主的权利

通过职工代表大会定期讨论和审议企业的生产计划、经营管理、劳动组织,财务收支、生活福利等重大问题,监督、评论企业基层领导人员。企业厂长要执行职工代表大会的决议,在日常的生产经营管理上,执行集中统一的指挥权,但必须接受党委和职代会的监督。

3. 职工代表大会的性质和职权

关于职工代表大会的性质问题,根据党和国家有关文件的精神和实践,概括地说:党委领导下的职工代表大会制度,是社会主义企业的一项基本制度,是企业民主管理的基本形式,是职工群众管理企业,监督行政,行使政治民主、生产技术民主、经济民主和生活民主的权力机关。

关于职工代表大会的职权问题。在党委领导下,随着经济体制的改革,扩大了企业自主权,职工代表大会的具体职权,有以下几条:① 听取并审议企业行政的工作报告,评价企业的工作,并作出相应的决议。② 审议企业的发展规划、生产计划和以提高企业的经济效益为目标的增产节约计划、挖潜、革新、改造的方案以及劳动竞赛方案等,并发动全体职工努力贯彻实施。③ 审议并通过企业的预决算和各种经费分配使用办法,谈论决定企业税后利润中集体福利基金、奖励基金和劳动保护基金的使用方案。④ 监督企业各级领导干部正确执行党和国家的方针、政策、法令、自觉地遵守财经纪律,提高经济效益,正确处理国家、企业、职工三者利益的关系。⑤ 对成绩显著的领导干部给予表扬、奖励或建议上级机关予以晋级;对严重失职、作风恶劣的干部,有权作出处分或罢免的决定,并提请上级批准。

党委领导下的职工代表大会制为我国社会主义企业建立民主集中制的管理体制开题了道路。正如列宁在十月革命胜利后所指出的:"我们目前的任务就是要在经济方面实行民主集中制……"①民主集中制的组织原则是工人阶级在长期革命斗争中的经验总结,它对工人阶级进行生产斗争和经济管理是同样适用的。因此社会主义经济管理和监督的民主性,还必须与社会主义经济管理和监督的群众性结合起来,使民主管理具有广泛而扎实的群众基础,保证社会主义企业的全面管理和监督。

4. 社会主义企业群众管理和监督是民主管理的基础

社会主义企业民主管理和监督与群众管理和监督是有很大的联系的,但是从它们的性质和内容来看是有区别的。

企业实行民主管理,是让广大的职工当家做主,成为企业真正的主人,这主要表现在企业的领导体制上。上面所说的党委领导下的职工代表大会制,就是使广大职工有权决定企业在生产经营管理等方面的重大问题,这发挥了民主管理的重要作用,并在实现过程中发挥监督职能作用。群众管理和监督是指吸引和依靠全体职工,积极参与企业的各项管理工作并实现自我监督,使企业管理建立在广泛的群众基础上。

---

① 列宁:《列宁全集》第27卷,人民出版社1958年版,第190页。

由于社会主义企业在党的领导和监督下,实行民主集中的管理体制,广大职工群众是企业的主人,职工的个人利益不仅和个人的劳动贡献大小相联系,而且和企业集体的生产经营成果相联系,这必然会引导职工群众关心企业的经营管理,自觉地参与管理,为提高企业的生产经营成果而共同努力。

职工群众直接参加企业管理和监督,是现代化管理的客观要求,也是提高经济效益所必需的根本力量。

为了达到提高经济效益的目的,不仅要求企业各个部门、车间、班组的职工,从不同的岗位上共同关心管理目标而发挥作用,而且还要求全体职工对企业生产和经营全过程进行监督,对影响生产和经营效果的各种因素,进行综合的分析与处理。因此全员的管理必然又是全员的监督。

群众性的全员监督是多方面的,包括对生产的监督、质量的监督、库存财产物资的监督、成本的监督和财务监督等。要充分发挥监督的作用和效果,必须严格遵守党和国家的方针、政策、法令,按照经济法规办事,还必须有明确、完整的计划和目标,要有严格的规章制度,明确的工作岗位责任制,完备的各种标准与定额,以便使监督具有充分的客观依据。监督主要是检查企业各方面工作是否与原定的标准或定额、计划和目标相符,检查分析计划的执行情况,及时发现问题,采取措施予以纠正,以使企业的人力、物力、财力能最有效地充分运用,取得尽可能良好的经济效益。只有依靠群众的监督并相互配合,才能取得最好的监督成效。

新中国成立以来,我国广大职工创造了丰富的群众管理经验,特别是群众的班组管理已经具有比较完整的经验,成为我国企业管理的基础。在经济管理上,群众性的班组经济核算、经济活动分析、经济监督岗等形式已在企业中广泛实行,取得了显著成效。在质量管理上,群众性的质量信得过活动,道道把关,人人把关,质量攻关等,成为我国全面质量管理的特色。

社会主义经济监督必须同群众性的教育和自我教育相结合。要不断提高职工的社会主义觉悟,自觉按照规定的目标积极劳动和工作。要根据职工实现目标的程度进行必要的鼓励,既要有精神鼓励,又要有物质鼓励,同时还要有必要的批评和惩处。有奖有惩,赏罚分明,以便进一步调动职工的积极性。

5. 建立民主管理体系,加强民主监督

中共中央、国务院批转的《国营工业企业职工代表大会暂行条例》公布以后,全国各地普遍进行总结有关民主管理的经验,逐步建立和健全了职工代表大会制度,为加强民主管理而建立了一整套民主管理的体系,并使管理工作制度化、经常化,从而进一步调动了广大职工当家做主的积极性,有力地促进了生产的发展,提高了经济效益,正确处理了国家、集体、职工个人三者利益的关系,使企业和职工在责、权、利三方面更好地结合起来。

(1)建立厂、车间和班组民主管理和监督体系。企业党委重视并切实加强对职工代表大会的领导,职工代表大会就能行使审议权、监督权、建议权和选举权,使职代会真正成为职工群众参加管理企业、决策和监督实际的权力机构,而不是停留在"党委发号召、厂长做报告、代表举举手、工会跑龙套"那种形式主义。

职工代表大会所产生的主席团虽不是职代会的常设权力机构,但是主席团的成员必须是能坚持四项基本原则,能掌握党和国家的方针政策,熟悉生产经营业务,有一定的组织能力和分析水平,作风正派办事公道,威信较高的职工代表。主席团实行不脱产的常任制,它的主要职责是领导和主持开好大会,闭会期间,监督和检查行政落实和执行决议的情况并督促有关部门贯彻执行,提出改进工作的意见和建议。

职工代表按车间组成代表大组,按班组组成小组。职工代表大组和职工代表小组应当是职工代表大会的参加单位,而且应当是车间、班组的民主管理机构。其职责是:贯彻职代会的决议的事项;监督、评议干部执行决议的情况;向上级代表提出表彰奖励或批评处分的建议;等等。

(2) 加强民主监督,发挥职工代表的检查、督促作用。职工代表大会所作出的决议是反映了职工群众办好社会主义企业的意志,是落实和贯彻国家的方针政策、计划以及经济责任制的反映,一定要认真贯彻执行以便取信于民。有组织地开展各种检查活动,发挥职工代表的监督作用,为保证职工代表大会决议的实现,必须组织职工代表通过以下三个途径进行检查监督:① 会议检查监督。每次职工代表大会召开之前,组织职工代表全面地检查上一次职代会决议的执行结果,并在大会上表扬或批评,或者开展民主质询活动,揭露矛盾,提出建议,采取措施。② 专题检查监督。对决议中比较突出的、职工普遍关心的问题,列出专题,组织有关专业小组或部门委员会进行检查监督,开展调查研究,写出有根据有说服力的调查报告,由主席团临时召开会议讨论决定以推动决议的落实。③ 中途检查监督。在贯彻执行职代会的决议过程中。由职工代表大组长或小组长组织职工代表进行检查监督行政干部执行情况,提出建议,落实措施,以推动决议的全面落实。

上述表明,各级党委认真按照职工代表大会暂行条例的规定,切实加强职代会的领导,充分发挥职代会的作用。职工代表大会制度一定会出现一个崭新的局面,企业民主管理也必将提高到一个新的水平,民主监督企业将大大加强。

# 我国工业的形成和发展(1982)[①]

## 一、工业的性质和作用

（一）工业的形成和作用

工业是采掘天然物质财富和对原材料进行加工的独立的社会物质生产部门,也是国民经济的主导部门。它包括：劳动工具的生产、工业原料和农业原料的加工、金属和非金属矿物的开采,以及自然生长的植物和动物原料的取得等。

工业的种类,按其生产活动的不同,可分为采掘工业和加工工业;按其在再生产过程中的作用,可分为生产生产资料的工业和生产消费资料的工业,或者分为重工业和轻工业,等等。

近代工业是从手工业发展来的。在前资本主义社会,手工业有两种基本形式：一种是作为农民自然经济的副业而存在的家庭手工业;一种是由独立的个体手工业者所从事的手工业小商品生产。后来,由于小商品生产的发展和分化,逐渐产生了资本主义生产关系：一部分手工业者因破产丧失了生产资料,只有依靠出卖劳动力为生,而成为雇佣劳动者;另一部分手工业者上升为作坊主,依靠剥削雇佣劳动者的剩余价值而发财致富。在资本主义生产关系的推动下,经过第一次产业革命,手工业才发展成为近代的大机器工业,并使工业最终成为独立的社会物质生产部门。

马克思在《资本论》第一卷中,曾对资本主义工业的产生和发展进行过分析。列宁在分析俄国资本主义的发展时,也曾经将资本主义工业的发展明确地划分为三个阶段：第一阶段,是资本主义的简单协作,指的是刚从小商品生产分化中产生的一种资本主义手工业作坊;第二阶段,是从简单协作发展成为工场手工业,它的特点是,已经开始有了较多的劳动分工,但仍以手工技术为基础;第三阶段,是从工场手工业进一步发展成为大机器工业。

马克思和恩格斯在《共产党宣言》中曾肯定了资本主义在其上升时期曾促进了近代大机器工业的产生,极大地发展了社会生产力,这是它的历史贡献。

（二）工业的性质

工业是个历史范畴,在不同的社会经济形态下,工业的性质是不同的。

资本主义工业是建立在生产资料私有制的基础上的,它的生产活动的目的是资本家为了要榨取最大限度的利润,反映了资本主义社会生产的社会性和私人占有性之间的矛盾。这个基本矛盾表现为个别资本主义工业企业生产的有组织性和整个资本主义工业生产的无组织性之间的矛盾。

---

① 本文收入国家经委1982年组织编写的《工业经济管理》第一章《工业的形成和发展》,上海人民出版社1983年版。

这个矛盾的阶级表现就是资产阶级和无产阶级之间的对抗性的矛盾。

社会主义工业与资本主义工业根本不同。它是建立在生产资料公有制的基础上,是按计划组成的社会物质生产部门。它的生产活动的目的在于满足整个社会及其成员经常增长的物质和文化的需要。

社会主义工业的优越性主要表现为如下几方面:

(1) 由于工人阶级成为生产的主人,根本改变了雇佣性质的劳动,这就可能激发起广大劳动群众的积极性和创造性,有力地保证了社会主义工业的高速度发展。

(2) 由于生产资料的公有制,使社会主义工业的一切部门有可能而且必须有计划地进行建设,并按照民主集中制原则,通过国家统一计划实现社会主义工业按比例协调地发展。

(3) 由于社会主义基本经济规律的作用,使工业部门有更大可能来实现技术进步和采用先进的科学技术成果,达到减轻劳动强度,提高技术水平,改善产品质量,保证劳动生产率的不断增长,产品成本的不断降低和积累的不断增加。

总之,由于社会主义工业是在工人阶级政党的领导下,因此,就有可能进行有效的管理,取得更快速度的发展。

### (三) 工业的作用

第一,社会主义工业是国民经济各部门进行技术改造的物质基础。它能够不断地以先进技术装备国民经济各部门,保证各部门的生产能在先进技术的基础上普遍高涨,不断提高劳动生产率。社会主义工业的发展,可以使我们的国家由落后的农业国变为先进的工业国。

第二,社会主义工业是不断满足社会所需要的生产和消费资料的重要保证。我国是一个地大物博、人口众多的国家,为了改变国民经济长期落后的状态,就必须建立起自己的独立完整的工业体系,使之既能够生产各种机器设备和原材料,以满足扩大再生产和国民经济技术改造的需要,也能够生产各种消费品,以满足人民生活水平不断提高的需要。

第三,社会主义工业是加强国防力量的必要条件。现代国防要求有高度发达和技术上先进的工业,如冶金工业、机器制造工业、化学工业、燃料动力工业及其他有关工业部门。尤其是在自动化、电子控制的时代,更需要有现代化的工业来从事国防装备的生产。

第四,社会主义工业对逐步缩小三大差别起着重要作用。工业的迅速发展,就有可能在全国建立起比较完整的工业体系(包括在城市和农村普遍建立各种工业),同时,也促使农业实现技术改造,大大提高农业生产力。这样就能逐步缩小以至消灭工农间、城乡间的重大差别,进一步巩固工农联盟。此外,工业的发展,可以促使工农业劳动生产率不断增长和新技术的广泛采用,经济和文化的普遍高涨,从而为缩小和消灭脑力劳动和体力劳动间的差别创造了物质前提。

第五,社会主义工业是改变少数民族地区的经济落后和实现党的民族政策的重要条件。在各个少数民族地区发展工业和建立工业基地,能促进这些地区经济的高涨,不断培养各民族自己的科学技术文化干部,并提高全体劳动人民的政治和文化水平,从而为巩固各民族的平等互助和加强各民族的友好团结提供物质条件。

第六,社会主义工业是增加国民经济积累的重要源泉。工业的迅速发展,就能为国家不断增加新的积累,对生产的不断扩大以及人民物质文化生活水平的不断提高,提供了可靠的保证。

由此可见,在社会主义条件下,工业是主导的物质生产部门,它不仅能推动国民经济各部门的发展,促进国民经济各部门中社会主义生产关系的不断完善,而且对提高人民群众的物质文化生活水平的提高都有极大的作用。

## 二、中国近代工业的概况和特点

我国是一个文明古国,在中世纪以前生产技术还处在世界领先地位。造纸、印刷、火药和指南针这四大发明就曾对世界文明的发展起过重大作用。但是,由于在我国封建制度的长期统治下,社会经济的发展十分缓慢,直到1840年鸦片战争以后,才开始有了近代工业。

(一) 旧中国工业的概况

旧中国近代工业的发展大体经历如下阶段:

(1) 从1840—1894年,即鸦片战争到甲午战争时期建立的工业。这一时期是中国近代工业的产生。其一,是帝国主义国家建立的工业,如1843年英国在上海开设墨海书馆,1845年在广州黄埔建立柯拜船坞,1858年在厦门建立厦门船厂等。它是为帝国主义的侵略政策服务的。其二,是封建官僚统治阶级建立的工业,如1862年在安庆建立的军械所,在上海设立的制炮局。其三,是民族资本家建立的工业,中国的民族资本主义工业是在帝国主义者、封建官僚兴办工业之后才缓慢地发展起来的。其四,是爱国华侨建立的工业,如1872年在广东南海县简村堡创办的继昌缫丝厂。

(2) 从1895—1911年,即甲午战争到辛亥革命时期建立的工业。这一时期,因甲午战争中国失败,清政府"官办"政策受到挫败,民族资本主义工业开始得到初步发展。1894年中国民族资本工矿企业仅有80家,从1895年到1911年,新开设工矿企业490多家,包括采矿、缫丝、纺织、机器修造、印刷、面粉、火柴等。

(3) 从1914—1927年,即第一次世界大战到第一次国内革命战争结束时期建立的工业。这一时期,由于在国际上欧美帝国主义国家之间发生战争;在国内自辛亥革命后,群众革命斗争日益高涨,如1915年掀起了反对日本帝国主义强迫中国签订卖国的二十一条和抵制日货运动,1919年发生了"五四运动",这些都给民族资本主义工业的发展提供了机会。这一时期,民族工业以纺织业和面粉业发展较快。例如:从1914年到1922年,中国资本的纱厂由16家增至49家,纱锭从48万增至150多万,面粉厂增加了100家。其他如丝织、火柴、钢、水泥等也都有了发展。但好景不长,日本帝国主义趁欧美帝国主义无暇东顾之机,加强了对中国的侵略。第一次世界大战结束后,欧美帝国主义卷土重来,给本来就十分孱弱的中国民族资本主义工业以更加严重的打击。

(4) 从1927—1937年,即第二次国内革命战争到抗日战争发生时期建立的工业。这一时期的特点是帝国主义和官僚资本加紧对民族资本的吞并,特别是1931年"九·一八"事变以后,东北地区的工业开始殖民地化。中国民族资本主义的发展道路已愈来愈窄了。

(5) 从1937—1945年,即抗日战争开始到抗日战争胜利时期建立的工业。这一时期中国近代工业的发展错综复杂。在沦陷区,日本帝国主义者在东北、华北采取"以战养战"的政策,因而为日本侵略战争服务的军事工业得到了很大的发展。如东北的钢铁工业在1943年达到92.3万吨,是旧中国的历史最高产量。在国民党统治区,以蒋、宋、孔、陈四大家族为代表的官僚资本主义工业趁民族危机,对民族资本和广大人民极尽压榨和剥削。民族资本主义工业在四大家族的压迫下,加上人民购买力日趋下降,已处于奄奄一息,濒于全面破产的境地。在解放区,普遍建立了一些主要为革命战争服务的新型的小工厂。

(6) 从1946—1949年,即抗战胜利到中华人民共和国成立时期建立的工业。这一时期,以四大家族为代表的官僚资产阶级"劫收"了日本帝国主义及汉奸的企业,取得了垄断地位;美帝国主义则取代了日本帝国主义,扩张其侵略势力,向我国大量倾销商品,加上国民党政府恶性通货膨胀,使得民族资本主义工业陷于全面破产的境地。例如:在美国卷烟倾销下,广州有80多家卷烟工厂倒闭,上海有73家卷烟厂也陷入困境;由于美国毛织品的大量倾销,西北有80家毛纺织厂先后倒闭。

综上所述,中国近代工业的产生具有明显的半殖民地半封建的性质,最早是帝国主义兴办的工业,其次是中国的官僚资本,最后才是中国的民族资本。而中国民族资本主义工业,先天不足,七十余载,惨淡经营,其间虽有短暂的活跃,但始终没有发展成为国民经济的主要部门。中国的官僚资本,始于清政府中的洋务派,到了国民党四大家族手里,发展到最高峰,垄断了全国经济命脉。

### (二) 旧中国工业的特点

旧中国工业的产生和发展,基本上是由封建社会变为半殖民地、半封建社会的过程。由此也就决定了旧中国工业的若干基本特点:

(1) 帝国主义资本的控制。英、俄、日、美、德、法诸帝国主义依靠在华的各种特权,通过与国内官僚资本和封建势力的勾结,形成了帝国主义对中国工业的控制和垄断。1936年在现代工业和运输业中,外国资本超过70%。外国资本的侵入是先航运交通,后工业。外国资本在华的经济势力是交替式地发展变化的。第一次世界大战前,英帝国主义占据首要地位;第一次世界大战期间,英、美帝国主义放松了对中国的掠夺,日本帝国主义趁机而入,到1931年"九·一八"后,压倒英帝国主义而居首位;抗日战争胜利后,美帝国主义取代了日本帝国主义而霸占了中国的经济命脉。

(2) 官僚资本的垄断。以蒋、宋、孔、陈四大家族为首的官僚资本是帝国主义经济的附庸,是国民党反动派剥削人民和镇压革命的经济基础。中国官僚资本形成垄断资本的过程,不同于一般资本主义国家的垄断资本。它一开始便依靠国家政权的直接干预,利用政府机器强制掠夺的方法,形成国家垄断资本主义。它具有深刻的买办性、封建性和军事性,并控制了国家的国民经济命脉。据1947年统计,属于官僚资本的资源委员会经营的工业,按产量计算,占全国的比重是:电力63%、煤33%、钢铁90%、水泥45%、面粉90%。加上其他官僚资本企业,其垄断的范围很广,程度很深。

(3) 工业生产水平很低。据统计,抗日战争前中国现代工业产值只占国民经济总产值的10%左右;生产资料的产值又仅占工业总产值的28%,其中机器制造业在工业总产值中只占2.2%。直到解放前夕,钢产量只有15.8万吨,煤只有3200万吨,机器制造业只能修修配配。在消费资料的生产中,主要是一些纺纱、织布、卷烟、面粉以及一些日用品等,而且,许多原料、机器设备,都要依赖国外进口。工业生产水平之低,还表现在工厂规模小,设备简陋,生产技术落后,生产效率很低。

(4) 工业畸形发展和工业布局极不合理。在帝国主义和官僚资本统治下的旧中国工业,不仅基础极为薄弱,而且结构畸形,生产能力严重不平衡,特别是缺乏重工业基础,造成严重的对外依赖性。如抗战前机器设备的76%、车辆船舶的80%以上都从国外输入;上海纺织工业所用的原棉80%也依靠进口;钢铁工业中,采矿能力大于炼铁能力,炼铁能力又大于炼钢能力,因此,一方面将大量的铁矿石运往外国,另一方面又有95%的钢材却从国外进口。旧中国的工业在分布上也极不合理,大部分工业偏集沿海少数城市而远离原料产地和消费地区。约有70%的轻工业和重工业集中在沿海省、市。工业的这种畸形发展和分布,充分说明了旧中国工业的殖民地、半殖民地性质。

(5) 工人阶级遭受着残酷的剥削。旧中国三座大山对工人的压迫和剥削,对工人的专制管理主要表现在:工人的劳动时间长,劳动强度大,劳动条件恶劣,安全设施极坏,工资十分低微;工人在政治上毫无民主权利,工人运动屡遭血腥镇压。因此,也就决定了中国工人阶级的彻底革命性。

## 三、我国社会主义工业的建立和发展

(一) 革命根据地和解放区的工业

(1) 第二次国内革命战争时期创建的工业。在第二次国内革命战争时期,江西革命根据地为了保证革命战争的供给,改善根据地和解放区人民的生活,巩固革命政权,党就注意发展各种手工业,建立了一部分公营工业。革命根据地的经济是由国营经济、合作经济和私人经济三个部分组成。党的政策是:"尽可能地发展国营经济和大规模地发展合作社经济"[①],"对于私人经济,只要不出于政府法律范围之外,不但不加阻止,而且加以提倡和奖励"[②],"争取国营经济对私人经济的领导,造成将来发展到社会主义的前提"[③]。在这种经济政策指导下,从1932年至1933年,恢复和创立了许多手工业和小型轻重工业,如烟、纸、钨砂、樟脑、农具、肥料和石灰等。在闽浙赣边区,有些当地从来就缺乏的工业,如造币、织布、制糖等也发展起来了。

(2) 抗日战争时期的工业。1939年,面对着日本帝国主义的进攻和国民党反动派对解放区的经济封锁,毛泽东同志提出要"自己动手""自力更生",动员广大军民开展大生产从事经济自给的群众运动,从而大大促进了解放区公营和民营工业的发展。当时,陕甘宁边区政府积极建立公营工矿企业,并鼓励建立工业生产合作社。1940年在"半自给"的政策指导下,积极发展了轻工业。银行还主动对工厂贷款,扩大工厂资金。许多机关、学校、部队也都积极筹办工厂。1941年,党中央进一步提出"由半自给过渡到全自给"的政策,促使工业蓬勃地发展。1942年在巩固已有公营工厂的同时,毛泽东同志又提出了"发展经济,保障供给"的财政经济工作总方针。根据当时的战争环境和解放区分散的特点,对公营工业规定了"集中领导,分散经营""公私兼顾""军民兼顾"的原则;强调加强计划管理和经济核算,实行生产与节约并重的原则。到1942年底,由于贯彻执行了党的一系列方针原则,生产自给的基础巩固地建立了,陕甘宁边区的公营工业已有纺织、被服、造币、印刷、化学、工具、煤炭等七类工业,共有工厂62个,职工3 991人。陕甘宁边区除大力发展公营工厂外,还积极鼓励合作社工业和私营工业的发展。

(3) 解放战争时期的工业。1946年,蒋介石反动集团发动内战,中国人民在党和毛泽东同志的领导下,进行了伟大的人民解放战争。随着解放战争的节节胜利,许多工业城市相继得到解放。在新解放区,由于执行了毛泽东同志提出的新民主主义革命的三大经济纲领(没收封建地主阶级的土地,没收官僚资本,保护民族工商业)和"发展生产,繁荣经济,公私兼顾,劳资两利"的国民经济指导方针,使工业生产获得迅速的恢复和发展。如东北煤炭的产量,1947年为300万—400万吨,到1949年增加到1 000万—1 100万吨;哈尔滨全市工业企业,1947年仅有2 785户,到1948年增加到12 630户。

(二) 国民经济恢复时期和第一个五年计划时期的工业

我国社会主义工业主要是在1949年全国解放后,通过没收官僚资本和对民族资本主义工业的改造以及在第一个五年计划时期中大规模地发展起来的。

---

[①] 毛泽东:《毛泽东选集》第1卷,人民出版社1966年版,第120页。
[②] 同上书,第119页。
[③] 同上书,第116页。

1. 通过没收官僚资本工业改变为社会主义国营工业

旧中国的官僚资本垄断了全国的经济命脉。因此,无产阶级夺取政权之后,随即没收全部官僚资本,变为社会主义公有制经济的国营工业。

1949年4月,毛泽东同志代表党中央起草的《中国人民解放军布告》中,关于没收官僚资本问题作了如下规定:"凡属国民党反动政府和大官僚分子所经营的工厂、商店、银行、仓库、船舶、码头、铁路、邮政、电报、电灯、电话、自来水和农场、牧场等,均由人民政府接管。其中,如有民族工商农牧业家私人股份经调查属实者,当承认其所有权。"①根据这个规定,1949年国家没收的官僚资本主义企业,共有2858家,拥有工人75万多人,即没收了占旧中国现代工业80%的全部官僚资本。1951年1月,人民政府公布了《企业中公股公产清理办法》,对隐匿在一般私营企业中的官僚资本股份,进行了广泛的清理工作。由于没收了官僚资本,使社会主义国营经济的领导力量空前壮大。

2. 通过社会主义改造方式建立的工业

(1) 改造民族资本主义工业为公私合营工业。1952年,党中央根据毛泽东同志的建议,提出了过渡时期的总路线,即要在一个相当长的时期内,逐步实现国家的社会主义工业化,并逐步实现国家对农业、手工业和资本主义工商业的社会主义改造。我们党对民族资产阶级采取了民主的方法和赎买的政策,逐步引导他们走上接受社会主义改造的道路,逐步实现改造直至消灭这个阶级的目的。

党对资本主义工商业采取"利用、限制、改造"的政策,通过委托加工、计划订货、统购包销、委托经销代销、个别企业的公私合营和全行业的公私合营等形式,逐步地将私人资本主义所有制改变为社会主义全民所有制。党对民族资产阶级采取赎买的政策,即实行"四马分肥"、定息和保持资本家原有的高薪等赎买方法;同时采取说服教育的方法,组织他们学习政治,改造思想,并且安排他们参加工作和劳动,逐步地把他们改造成为自食其力的劳动者。到1956年,全国绝大部分地区基本上完成了对民族资本主义工业改造的任务。

(2) 改造个体手工业为社会主义集体所有制工业。个体手工业经营分散,劳动生产率低,生产不稳定,通过合作化道路把它们逐步改造成为社会主义集体经济,是社会主义改造的任务之一。我国手工业的合作化进展也很快。1952年参加合作社的手工业者还只占手工业者总人数的3%,1956年迅速发展到占91.7%。手工业实现了合作化,促进了生产的机械化和劳动生产率的提高;但是,由于对个体手工业的改造速度过快,合并过多,造成产品品种大大减少,有些小产品停止生产,或者丧失了原来的特点,满足不了人民多种多样的需要。

3. 通过新建形成的社会主义工业

在国民经济恢复时期和第一个五年计划建设时期内,由于党和政府在全国范围实行经济财政工作的统一领导和统一管理,实现了财政收支平衡和物价稳定。在进行对农业、手工业和资本主义工商业的社会主义改造的同时,依靠自己努力,加上苏联和其他友好国家的帮助,集中了大量的人力、财力和物力,兴建了以156项重点工程为中心的694个大中型建设项目,并带动了其他经济事业的迅速发展。到1957年底,超额完成了第一个五年计划的任务,工业总产值超过原定计划21%,比1952年增长141%,工业每年平均增长速度为18%。钢产量由1952年的134.9万吨增长到535万吨,钢材品种已达到4000种,钢材的自给率达到86%,并形成了包括飞机、汽车制造、重型和精密机器制造、发电设备等许多新的工业部门,生产了许多我国从来没有生产过的新的工业产品,诸

---

① 毛泽东:《毛泽东选集》第4卷,人民出版社1966年版,第1346—1347页。

如高级合金钢、飞机、载重汽车、化学纤维、各种抗生素等。从地区看,以鞍钢为中心的东北工业基地已经基本形成,上海和其他沿海城市的工业基础大为加强,华北、西南地区以及河南、湖北等省也建立了一批新的大型工业企业。这样,就为实现我国的社会主义工业化打下了初步基础。

(三) 第二个五年计划时期和国民经济调整时期的工业

这一时期正处在我国开始全面建设社会主义的期间。1958年,党的八大二次会议通过了社会主义建设总路线。这条路线及其基本点,其正确的一面是反映了广大人民群众迫切要求改变我国经济文化落后状况的普遍愿望,其错误的一面是忽视了客观的经济规律。它表现在:社会主义建设总路线发表前后,全党同志和全国各族人民在生产建设中发挥了高度的社会主义积极性和创造精神,并取得了一定的成果,许多新的工业基地、工业部门和工业技术得到了发展。但是,由于对社会主义建设经验不足,对经济发展规律和中国经济基本情况认识不足,再由于有些领导同志在胜利面前滋长了骄傲自满情绪,急于求成,夸大了主观意志和主观努力的作用,没有经过认真的调查研究和试点,就在总路线提出后轻率地发动了"大跃进"运动和农村人民公社化运动,使得以高指标、瞎指挥、浮夸风和"共产风"为主要标志的"左"倾错误严重地泛滥开来。从而导致我国国民经济在1959年到1961年发生严重困难,国家和人民遭到重大损失。

1960年冬,党中央和毛泽东同志决定对国民经济实行"调整、巩固、充实、提高"的方针,制定和执行了一系列正确的政策和果断的措施,初步总结了"大跃进"中的经验教训,开展了批评和自我批评。由于这些经济和政治的措施,从1962年到1966年国民经济得到了比较顺利的恢复和发展。

在三年"大跃进"和五年调整中,农业、轻工业、重工业比例关系发生如下的变化(按当年价格计算):

经过几年调整,到1965年钢产量才达到第二个五年计划建议所规定的1 200万吨指标。以1966年同1956年相比,全国工业固定资产按原值计算,增长了3倍。棉纱、纸、糖、塑料制品、原煤、发电量、原油、钢和机械设备等主要工业产品的产量,都有巨大的增长。从1965年起实现了石油全部自给。电子工业、石油化工等一批新兴的工业部门建设了起来。工业布局有了改善。全国农业用拖拉机和化肥施用量都增长6倍以上,农村用电增长70倍。高等学校的毕业生为前七年的4.9倍,教育质量得到显著提高,科学技术工作也有比较突出的成果。

这个时期中经过吸取正反两方面的经验,丰富和发展了管理社会主义工业的一系列的理论,制定了正确的方针、政策。这对于我们今天探讨如何开创社会主义现代化建设的新局面也都有现实的指导意义。

(四) "文化大革命"时期的工业

这是指1966年至1976年三五、四五计划时期的工业状况。由于"文化大革命"的严重错误,特别是林彪、江青反革命集团的蓄意破坏,大批工业领导干部受到批判和斗争,许多工厂停工停产,一些行之有效的规章制度被废除,企业管理混乱,工业生产发展速度大大下降,经济效益很差,国民经济比例关系严重失调。但由于全党和广大干部、群众和知识分子的共同艰苦斗争,我国国民经济虽然遭到巨大损失,但仍取得了进展。工业交通、基本建设和科学技术方面取得了一批重要成就,特别是1972年和1975年,工业生产有明显好转。其中包括一些新铁路和南京长江大桥的建成,一些技术先进的大型企业的投产,氢弹试验和人造卫星发射回收的成功,以及石油、煤炭、电力、水泥、合成氨、棉纱等重要产品的生产能力有了不同程度的提高。

### (五) 第五个五年计划时期以来的工业

1976年10月粉碎江青反革命集团的胜利,使我国进入了一个新的历史发展时期。从这时开始到十一届三中全会之前的两年中,广大干部和群众以极大的热忱投入到各项生产建设和改革工作里,工农业生产得到了较快的恢复。1977年和1978年工业总产值平均每年增长13.9%,能源生产总量增长24.7%,化肥产量增长65.8%,化学纤维产量增长94.8%。但由于当时中央主要领导同志"左"的指导思想,在经济工作中急于求成,追求高指标、高速度,因而基建规模过大,积累过高,人民生活水平不能提高,国民经济比例关系也更不协调。

1978年12月召开了党的十一届三中全会,这是新中国成立以来我党历史上具有深远意义的伟大转折。它结束了1976年10月以来党的工作在徘徊中前进的局面,开始全面地认真地纠正"文化大革命"中及其以前的"左"倾错误。三中全会果断地停止使用"以阶级斗争为纲"这个不适用社会主义社会的口号,作出了把工作重点转移到社会主义现代化建设上来的战略决策,提出了要注意解决好国民经济重大比例严重失调的要求。

党在1979年4月召开的中央工作会议上又及时地提出对整个国民经济实行"调整、改革、整顿、提高"的方针,坚决纠正前两年经济工作中的失误,认真清理过去在这方面长期存在的"左"倾错误影响。党指出经济建设必须适合我国国情,符合经济规律和自然规律;必须量力而行,循序渐进,经过论证,讲究实效,使生产的发展同人民生活的改善密切结合;必须在坚持独立自主、自力更生的基础上,积极开展对外经济合作和技术交流。在这些方针指导下,改善了农、轻、重的比例关系,在加快农业发展的同时,轻工业也得到了较快的发展。1979年和1980年,轻工业每年增长14%,轻工业产值在工业总产值中的比重,由1978年的43%提高到1980年的46.9%。重工业也调整了产品结构和服务方向。人民的生活也得到了较快的改善。工业的管理体制也进行了一些改革,扩大了企业自主权,恢复了职工代表大会制,加强了企业的民主管理。按专业化协作原则改组工业企业,实行经济技术联合。初步整顿了一批企业,调动了各方面的积极性,搞活了经济,促进了工业的发展。

从1981年开始,我国开始实行第六个五年计划。1982年9月,中国共产党召开了第十二次代表大会,提出了要以经济建设为中心,全面开创社会主义现代化建设的新局面。从1981年到本世纪末的2000年,我国经济建设总的奋斗目标是:在不断提高经济效益的前提下,力争使全国工农业的年总产值翻两番,即由1980年的7 100亿元增加到2000年的28 000亿元左右。实现了这个目标,我国国民收入总额和主要工农业产品的产量将居于世界前列,整个国民经济的现代化过程将取得重大进展,城乡人民的收入将成倍增长,人民的物质文化生活可以达到小康水平。

为了实现上述目标,最重要的是要解决好农业问题,能源、交通运输问题和教育、科学问题。工业的发展同其他经济部门一样,在战略部署上要分两步走:前十年主要是打好基础,积蓄力量,创造条件,后十年要进入一个新的经济振兴时期。

## 四、我国社会主义工业建设的成就

新中国成立30多年来,我国工业建设虽几经挫折,但总的看来,在党的领导下,经过全国人民的艰苦奋斗,我国的工业还是获得了巨大的发展,取得了伟大成就。我们已建立了一个独立的比较完整的社会主义工业体系,为实现四个现代化奠定了比较雄厚的物质基础,创立了可以依靠的前进阵地。

第一,工业已经具有相当规模。由于工业生产的迅速发展,工业总产值占工农业总产值的比重,已经从1949年的30%提高到1981年的69.1%。从工业企业的数量来看,到1981年底,全国工业企业约有38万多个,其中大中型企业5 000个。工业企业总数比1949年增加了两倍多。国营工业企业的固定资产,从1952年的107.2亿元增加到1980年的3 465.2亿元。现有工业企业,按所有制划分,全民所有制8.42万个,集体所有制29.5万多个。工业企业遍布全国城乡,这对于开发和利用我国丰富的自然资源和劳动资源,对于支援农业和促进各地区经济、文化事业的发展,都具有重要意义。从主要工业产品的生产能力来看,许多产品过去是空白,有些产品即使能够生产,能力也很小,而现在的生产规模已经几倍、几十倍甚至上百倍地超过解放初期的水平。

第二,工业门类比较齐全。旧中国长期处于半封建、半殖民地的地位,工业基础十分薄弱,工业部门残缺不全。重工业主要是一些采掘工业;机械工业几乎没有制造能力,只能搞一些修理和装配。现在,情况发生了根本变化。钢铁、电力、石油、煤炭、化工、机械、建材、轻纺等工业部门逐步发展,一些新的工业部门,如航空工业、汽车工业、电子工业、有机合成化学工业等等,都从无到有、从小到大地发展起来。随着原有工业部门的不断加强,新的工业部门的迅速形成,填补了我国工业的许多缺门和空白,使我们能够主要依靠自己的力量来建设我们的国家。

第三,工业生产发展比较快,一些产品的产量居于世界前列。从1949年到1980年,我国工业发展尽管有过几次起落,平均每年的增长速度仍然达到13.3%。从几种主要产品产量来看:原煤,1980年达到6.2亿吨,比1949年增长18倍,从世界的第9位上升到第3位;原油,1980年达到1.06亿吨,居于世界的第9位,而1949年只有12万吨;发电量,1980年达到3 006亿度,比1949年增长69倍,从世界的第24位上升到第5位;钢1980年达到3 712万吨,比1949年增长234倍,从世界的第25位上升到第5位;棉纱,1980年达到293万吨,比1949年增长8倍,由世界的第5位上升到第1位;自行车,1980年达到1 302万辆,居于世界第1位,而1949年只有1.4万辆。

第四,工业技术水平有所提高。据1980年的统计,全国取得重大科学技术研究成果2 600多项,其中用于工业生产方面的有50%。现在,我们已经能够生产石油产品900多种,钢1 200多种,钢材20 000多种;能够制造相当于国外六十年代中期水平的电子计算机和大型冶金、矿山、发电等成套设备。原子能、自动控制、激光、射流等先进科学技术已在工业生产中应用。核试验的成功,人造地球卫星的发射和准确收回,运载火箭全程飞行试验成功等,都标志着我国的科学研究和生产技术在某些方面达到了较高的水平。现在,我国工业的技术水平同世界工业先进国家相比,虽然差距还很大,但是我们毕竟依靠自己的努力,开拓了一些新的领域,突破了一系列尖端技术,取得了不少重要的科研成果。

第五,交通运输和邮电事业发展比较迅速。新中国成立以来,共新建铁路3万多公里,1980年全国通车里程已达5.19万公里,比1949年的2.2万公里增长1.36倍,改变了旧中国铁路支离破碎、偏集东部的状况。全国公路通车里程达88.82万公里,比1949年的8.07万公里增长10倍。内河通航里程达到10.8万公里,比1949年的7.36万公里增长46%。沿海港口的货物吞吐量达到2.17亿吨,而解放初期不到500万吨。民用航空,共有航线180条,按不重复的通航里程计算,航线总长为19.16万公里。其中国内航线159条,11万公里;国际航线21条,8万多公里。邮电通信事业方面,到1981年底,全国邮路总长度达466万公里,比1949年增长88.3%。长途电话达2万多路,微波、中同轴电缆、通信卫星、海底电缆等现代通信手段已经开始使用。

第六,工业布局有所改善。过去我国的工业偏集在沿海少数省市,内地几乎没有什么工业。随着经济建设的发展,工业的地区布局有了变化。在充分利用和改建、扩建原有沿海工业的基础上,内地工业得到了迅速发展。30年来,内地工业产值增加40多倍,在全国工业总产值中的比重,由解放初期的28%提高到36%,相当于1949年全国工业总产值的10倍多。据1978年统计,同1952年相比,内地全民所有制工业企业拥有的固定资产占全国的比重,由27.1%提高到53.6%。少数民族地区的经济也有了较快的发展。现在,除西藏外,全国各省、市、自治区都有了大中型的钢铁厂、发电厂、机械厂和棉纺厂。西藏也有了小发电厂、化肥厂和毛纺厂。

第七,工矿产品出口增长较快。解放初期,我国出口商品主要是农副产品及其加工品,重工业品和矿产品所占比重很小。随着工业生产的发展,我国出口商品的构成发生了显著变化。1980年,工矿产品出口额为94.6亿美元,而1950年只有0.51亿美元,在出口商品总额中所占的比重,由1950年的9.3%上升到51.8%。近几年,我国的机床、汽车、船舶、电动机、汽车零件等,开始向一些国家出口,初步打开了局面。

第八,积累了企业管理经验,培养出一大批干部。建国30多年来,我们在实践中逐步总结和推行了适合我国情况的管理现代工业的制度和方法。主要是:实行党委领导、职工民主管理、厂长行政指挥,把党委领导下的厂长负责制和党委领导下的职工代表大会制作为我国工业企业的基本制度;贯彻群众路线,依靠职工群众管理企业,实行"两参一改三结合";建立以岗位责任制为中心的各项管理制度,开展全面经济核算、全面质量管理和全员培训工作;坚持思想领先的原则,注意思想政治工作,不断加强领导班子和职工队伍的革命化建设。同时,我们还培养和建立了具有一定数量和水平的工程技术和经济管理干部队伍。

新中国成立30多年来,我国的工业建设的成绩是很大的。我国的工业建设,是在极端落后的基础上起步的,现在已经为实现社会主义现代化奠定了坚实的物质技术基础。这是社会主义生产关系优越性得以发挥的结果,证明社会主义制度的建立,是我国工业进步和发展的基础。但是,同世界工业先进国家相比,还有很大差距。突出的问题是:生产水平低、技术水平和管理水平低,国民收入的增长幅度比工农业总产值的增长幅度低得多,而人民生活水平提高的幅度又大大低于国民收入增长的幅度,我国经济建设的效益很不理想,人民生活的改善同人民付出的劳动不相适应。我们必须通过经济管理体制的改革,通过实现工业的现代化,争取在20世纪末把我国工业发展到一个新的更高的水平。

# 我国工业生产资料所有制结构及其发展(1982)[①]

## 一、我国工业生产资料所有制结构的演变和特点

(一)我国工业生产资料所有制结构的演变

工业生产资料所有制结构,是工业经济结构中的一个重要方面,它表明一定时期内,工业系统中各种所有制形式在整个国民经济中所占的地位、作用及其相互关系。

一定社会历史阶段中的工业生产资料所有制结构,是由这一阶段的社会生产力状况决定的。衡量一种所有制结构是否优越,就看它能否促进现实生产力的发展。

无产阶级在一个经济、文化落后的国家夺取政权并进行了生产资料所有制方面的社会主义改造以后,应当采取怎样的所有制结构,这需要有一个不断实践和认识的过程。

我国现阶段工业系统中出现的多种经济形式的所有制结构,就是在社会主义建设的实践中演变形成的。

从1949年中华人民共和国成立到1956年,我们党领导全国各族人民有步骤地实现了从新民主主义到社会主义的转变,迅速恢复了国民经济并开展了有计划的经济建设,在全国绝大部分地区基本上完成了对生产资料私有制的社会主义改造,形成了由全民所有制和集体所有制两种公有制形式为基本形式的社会主义公有制结构。

从1958年"大跃进"到1976年的一个较长的历史阶段中,我国曾有几次生产关系方面的一些变革。但由于在越大越公越好的思想影响下,要求过急,改变过快,片面地认为"小集体"不如"大集体","大集体"不如"全民",不顾生产力的落后状况,过分强调所有制升级,在一定程度上违背了生产关系一定要适合生产力状况的规律,给经济的发展造成了损失。诸如,1958年的"快马加鞭、跑步进入共产主义",在城市里许多集体企业"升级"为地方国营;在"文化大革命"期间,又搞所谓"割私有制的尾巴";等等。这是一个严重的教训。

从1978年12月召开的党的十一届三中全会以后,由于逐步肃清"左"倾错误的影响,并按照客观规律的要求对所有制结构进行调整,开始形成我国现阶段公有制为基础的多种经济形式并存的所有制结构特点。现阶段我国的经济形式,主要有国营经济即全民所有制经济、劳动群众集体所有制经济和城乡劳动者的个体经济。就工业系统来看,多种经济形式,是指我国目前存在的全民所有制工业和集体所有制工业,还有个体手工业以及中外合资经营、华侨或港澳工商业者经营、外资经营等经济形式。

---

[①] 本文收入国家经委1982年组织编写的《工业经济管理》第五章《工业生产资料所有制结构》,上海人民出版社1983年版。

## (二) 中国工业生产资料所有制多种形式并存的必要性

我国现阶段的全民所有制工业和集体所有制工业是社会主义公有制工业的基本形式,个体手工业是公有制工业的补充。《中国共产党中央委员会关于建国以来党的若干历史问题的决议》指出:"社会主义生产关系的变革和完善必须适应于生产力的状况,有利于生产的发展。""社会主义生产关系的发展并不存在一套固定的模式,我们的任务是要根据我国生产力发展的要求,在每一个阶段上创造出与之相适应和便于继续前进的生产关系的具体形式。"它体现了马克思主义的基本原理,阐明了工业系统中多种经济形式并存的客观必然性。

在社会主义初级阶段,生产力水平较低,在这样的基础上建立起来的生产关系,必然是多种经济成分和多种经济形式并存。马克思曾指出:"不论是社会或以社会为基础而建立起来的所有制,归根结底都归结为劳动主体一定发展阶段的生产力。与劳动主体底生产力阶段相适应,有一定的劳动者间的相互关系和他们对自然的关系。"[①]我国经济不发达,各地区、各部门生产力的发展水平又极不平衡,只有实行以国营经济为主导地位,包括集体经济等多种经济形式并存的所有制结构,才能适应并促进生产力的发展。

在工业中采取多种经济形式经营,是为了把社会经济搞活,满足人民多方面的需要。我国人口众多,地域宽广,对生活资料的需要量极大,而且因人而异,多种多样,生产消费的需要复杂繁多。在现有生产力条件下,完全依靠国营经济和集体经济两种形式是不能满足这方面要求的。为了更好地满足社会生产和人民生活方面的需要,必须采取多种经济形式,以补充公有制经济的不足,调动各方面的积极性,把经济搞活。

工业系统中多种经济形式并存,对于解决就业问题也是一个必要的途径。我国人口众多,底子薄,就业问题是一个长期存在的问题。如果单纯靠发展国营工业达到充分就业是困难的。在很长时期内,大力发展城乡集体工业,是劳动就业的主要出路。此外,允许个体手工业的适当发展,对于解决就业问题也是十分必要的。

# 二、全民所有制工业

## (一) 全民所有制工业的产生和发展

民主革命时期各解放区为支持革命战争和改善人民生活建立的公营工业企业。这些公营工业企业虽然数量不多,一般规模也较小,而且大多是手工业,但却是我国最早的带社会主义性质的工业。

没收的官僚资本主义的工业企业归国家所有。这批企业规模都比较大,资本雄厚,技术装备水平都比较高,是最初全民所有制工业的主要组成部分。1949年,没收的官僚资本占全国资本主义工业和交通运输业的固定资本的80%。但这些企业的管理制度十分混乱,存在许多极其落后的东西,如封建把头统治等。经过民主改革等一系列的整顿,逐渐得到了改造。

赎买的民族资本主义工业企业。这些企业为数众多,大小都有。经过社会主义改造,实行了公私合营,对许多小厂合并调整,逐步得到了新的发展,最后过渡到全民所有制。

少数规模较大、技术水平较高的集体所有制企业,根据需要过渡为全民所有制。

---

① 马克思:《政治经济学批判大纲》第三分册,人民出版社1963年版,第113页。

用国民经济积累新建起来的工业。如第一个五年计划中苏联援建的156项工程。这是我国全民所有制工业中的骨干部分。随着社会主义建设的发展，这一部分越来越多。1952年至1980年，工业投资累计达3 955.19亿元，工业新增固定资产达到2 734.5亿元。

1981年，我国全民所有制工业已拥有固定资产4 000多亿元，占全部工业固定资产的四分之三以上；产值为4 000多亿元，约占全部工业总产值的78.3%。全民所有制工业拥有我国所有的大型工业企业以及绝大部分最好的技术装备，生产大部分重要的工业产品，给集体所有制和国民经济各部门提供丰富的物质资料和技术装备，是推动集体所有制工业和国民经济各部门技术改造的主要力量。因此，它在社会主义工业以及整个国民经济中都处于领导地位，起着主导作用。

（二）现阶段我国全民所有制工业采取国家所有制形式的必要性

我国全民所有制工业，现在采取的是国家所有制形式，即全民所有的生产资料由国家代表全体劳动人民来占有，国家对全民所有制企业的经营直接进行管理。因此，全民所有制工业又叫国营工业。

按其归属于中央或地方的不同，又有中央各工业部管理的直属的国营企业和地方国营企业之别。地方国营企业又有省、自治区及直辖市所属的企业和其下的区、县所属国营企业之别。全民所有制工业所以要采取国家所有制形式，是因为：

（1）社会生产力发展的客观要求。由于生产社会化程度的提高，同整个国民经济有着密切联系的国营工业，只有国家才能承担领导和组织生产的任务。同时，国营工业对于巩固我国的人民民主专政也具有十分重要的意义。

（2）实行社会主义计划经济的需要。计划经济是社会主义经济的基本特征，国家只有掌握了足以左右经济发展的物力和财力，才能保证国家计划的实现。国营工业企业所拥有的固定资产和产值在全国工业中既已占有极大的比重，这是实行计划经济的雄厚的物质基础，国家可以运用它来调节和协调整个经济的发展，保证整个国民经济沿着社会主义计划经济的轨道发展。

（3）保证整个国民经济的发展符合劳动人民利益的决定性条件。社会主义国家同时兼有政权职能和组织领导经济的职能。它能运用经济手段和行政手段，调节国家、集体和劳动者三者的物质利益关系。国营经济是国家的经济命脉，它对其他经济形式起领导作用，这是保证集体所有制经济沿着社会主义方向前进，保证个体经济为满足社会需要服务，保证整个国民经济的发展符合劳动人民利益的决定性条件。

（三）全民所有制工业的主要特征

（1）生产资料归全体人民所有，人民是生产资料的主人。这就保证了劳动者和生产资料在全国范围内的直接结合。国家以全体人民的代表者的身份，掌握着属于全民所有的工业生产资料，并且为了全体人民的共同利益，在全社会范围内组织工业经济活动。

（2）国营工业企业的主要领导干部的任免和调动，由国家有关部门商定。目前部分企业试行由全体职工或职工代表民主选举产生，报上级主管部门审批，这是体制改革中的一大进展。国营工业企业的领导干部接受国家和人民的委托，在党的领导和职工的监督、支持下，行使生产经营管理权，负有完成国家各项计划指标的经济责任。

（3）国营工业企业的生产和经营是有计划地进行的，企业要保证完成国家所规定的各项任务。目前实行的各种形式的生产经营责任制，也是体制改革中的一个重要进展。

(4) 实行各尽所能、按劳分配的原则,利润的分配要兼顾国家、企业、职工三者利益。在国家和企业对利润的分配上,要推行以税代利。

(5) 国家对工业企业的管理采取"统一领导、分级管理"的原则。目前我国的国家所有制还不十分完善,比如,管理权力过分集中、政企不分、分配方面吃"大锅饭"等,需要积极地进行改革,以进一步完善社会主义国家所有制。

## 三、集体所有制工业

集体所有制工业是我国社会主义公有制经济的重要组成部分,它经历了一个曲折的过程,从无到有,从小到大,是逐步形成和发展起来的。

### (一) 集体所有制工业的产生

我国集体所有制工业远在抗日战争时期即已诞生。当时在解放区的城镇和少数大城市,在中国共产党的领导和支持下,由手工业劳动者组织起来的手工业生产合作社,生产某些军用物资和人民生活必需品,直接支援了抗日战争和解放战争。这些手工业生产合作组织的户数虽然较少,力量单薄,却是我党在经济战线上团结人民、打击敌人的一项重要措施。这可以说是我国集体所有制工业的雏形和示范。

全国解放以后,我国集体所有制工业的筹组和发展,大致有以下几种途径:

(1) 个体手工业组成的合作企业(组)。主要是指在个体手工业实行社会主义改造基础上形成的生产合作组织。建国初期的手工业是建立在生产资料个体劳动者所有制基础上的小商品经济。个体手工业在我国城镇为数很多。据1954年统计,全国独立的个体手工业者约800万人,农村中从事兼业性手工业生产的1 200万人,手工业产值104.6亿元,占当年全国工农业总产值的10%,占工业总产值的20%。个体手工业是以生产资料个体所有制和个体劳动为基础的,规模狭小,经营分散。它既有生产经营灵活,方便消费者的一面;但也存在生产技术落后,不利于生产的进一步发展的一面。通过合作化道路,按照自愿互利的原则,采取手工业合作社和合作工厂形式逐步组织起来的集体合作企业。

(2) 城镇居民筹办的街道工厂和生产组。主要指城镇居民自筹资金和生产资料兴办的街道工厂和生产组。随着社会主义建设事业的发展,1958年为了解决城镇家庭妇女和动员社会闲散劳动力参加社会主义建设,广大职工家属纷纷组织起来举办街道工厂和生产组,实行独立核算、自负盈亏,一般由街道办事处或居民委员会领导和管理。以后经过多次调整改组,许多街道工厂在街道或区的范围内实行统负盈亏,就是通常所说的街道工业企业。这些企业或生产组,大都没有国家投资,是由群众自筹资金,自力更生,艰苦奋斗办起来的。开办之后,靠自己的劳动积累资金。大都设备简陋,缺乏技术,生产分散,规模小。

(3) 农村社队工业。农村社队工业是农村人民公社和生产大队兴办的集体所有制的工业企业。它包括农副产品加工业、采矿、机械制造、农机修造等。1958年,人民公社化高潮中,各地办起了一些社队工业。1960年至1969年,基本处于停滞状态。进入70年代以后,社队工业在一些地方开始有所发展。特别是党的十一届三中全会以来,社队工业迅速发展。1981年,全国人民公社社队工业企业已达72.5万个,1 980.8万人,总产值562多亿元。社队工业的发展对增加社员收入,壮大集体经济,加快农业机械化和农业基本建设步伐,逐步缩小城乡差别,都具有重要意义。但社队工业一般规模小而分散,经营管理水平低,发展中有一定的盲目性。

(4) 机关企事业筹办的生产组(厂)。主要指机关、学校、部队、工厂举办的家属生产组(厂)。自1966年以来,许多机关、学校、工厂、部队举办了独立核算、自负盈亏的家属生产组(社、厂)。

(5) 待业青年就业新成立的集体企业。主要指以知识青年为主体组织起来的生产合作组织。粉碎"四人帮"以来,为了切实解决城镇知识青年的就业问题,组织待业青年参加社会主义建设,全国许多城镇以知识青年为主体,组成了各种形式的生产合作组织。这对搞活经济,发展生产,改善群众生活,安排青年就业,加强对青年的教育,起了积极作用。

我国集体所有制工业从对个体手工业改造以来,经过了20多年的发展,已经发生了很大的变化,表现在:生产规模日益扩大,生产资料公有化程度相应提高;机械化程度和劳动生产率也有提高;职工技术文化水平有了一定提高,工人阶级队伍日益壮大;城镇集体工业企业与国营企业在生产结合上出现了一些新的形式,如联合生产经营等。

### (二) 集体所有制工业的作用

(1) 在担负生产日用品和满足广大城乡人民物质文化生活需要方面起着重要作用。我国集体工业生产着成千上万的日用工业品,如五金制品、塑料制品、皮革制品、服装鞋帽、文教体育用品、家具、竹藤棕草制品、日用杂品、工艺美术品等,绝大多数都是集体工业生产的。这些产品与人们的生活息息相关,产品品种繁多,全民所有制的现代化大工业不可能全部代替。而且,集体工业"船小掉头快",容易适应生产和人民生活的需要。

近几年来,我国二轻工业总产值中,为人民生活服务的比重大体占40%,其中大部分是集体工业生产的。集体工业生产的日用工业品,在全国日用百货品种中也占很大的比重,仅全国二轻工业系统的集体工业生产的日用工业品就有将近两万种。

(2) 在为大工业协作配套和实现专业化分工中起着重要作用。一般说来,现代国营工业的生产比较先进,劳动生产率高,经济效益好,而以手工业为主的集体工业生产效率较低。但是,大生产具有优越性的规律,也并不像人们有时所想象的那样绝对,那样简单。在某些具体条件下,如批量小而且必须经常交替生产的产品,资源分散只能小量就地加工制造的产品,基本上利用原料的自然形态因陋就简加工的产品,以参差不齐的边角废料为主要原料生产的产品等,依靠以手工业生产为主、机械化程度低的集体工业企业来生产要比大机器生产更经济。同时,它在为大工业协作配套,为大工业承担零部件加工和设备维修,促进社会主义工业的专业化协作起着很好作用。

(3) 对支援和促进农业生产有重大作用。新中国成立以来,我国农业生产有了很大的发展,农业的技术改造和机械化水平都有很大提高。但是,从现阶段我国底子薄的实际情况出发,要将幅员广大、地形复杂、土质多样和生产习惯各异的农业生产全部以大型农业机械来代替中小农具,是不可能的。当前,我国农业生产基本上还是以半机械化和手工操作为主。同这种生产状况相适应,中小农具还有普遍的重要意义,而中小农具的生产一般是由集体所有制企业承担的。据统计,1978年全国的中小农具工业产值为17.44亿元,其中铁制小农具4.12亿件,木制农具0.7亿件,竹制农具近0.8亿件。所有这些,对促进农业的技术改造,发展农业生产,巩固农村集体经济都发挥更积极作用。

农村社队工业的发展,使农村剩余劳动力找到了出路,增加了农业收入,促进了农村经济的发展;社队还用工业生产的积累购置农机、农药和化肥,搞了一批农田水利基本建设,有力地促进了农业生产的发展。

(4) 集体工业是积累社会主义建设资金的一个重要方面。集体所有制工业通过交纳工商税、所得税、商业利润等为国家积累建设资金。1980年,以集体所有制为主体的二轻工业为国家提供的税收和积累共达60.7亿元。

集体工业本身具有投资少、上马快、适应性强、生产经营门路多、耗能少、收效大的特点。如上海市手工业局系统平均每个职工装备的固定资产只有3 200多元,每百元固定资产实现的税收和利润达170多元。

(5) 在扩大出口换取外汇中起着积极作用。以集体工业为主生产的日用工业品和工艺美术品在对外贸易中占着重要的地位。它们门类多、换汇率高,在国外有传统的销售市场。1980年,二轻工业出口产品换汇31.66亿美元,为全国出口产品换汇总额的17.5%,为轻工业系统出口换汇总额的71.6%。它提供的出口产品如:服装、玩具、皮革制品、日用五金制品、日用小百货等,深受国外人民的欢迎。特别是工艺美术品,历史悠久、技艺高超、绚丽多姿,它不仅有很大的经济价值,而且有很高的艺术价值。例如:玉石象牙雕刻、漆器、地毯、花边、刺绣等,在国外享有很高的声誉。

此外,许多集体工业还可以通过来料加工、来样加工、来件装配等形式,充分利用我国的人力资源,发挥企业现有潜力,为国家多创外汇,加快社会主义现代化建设的步伐。

(6) 在扩大劳动就业、吸收待业人员和培养建设人才中也起着重要的作用。我们搞社会主义建设不能不考虑既要提高劳动生产率,又要安排好劳动就业问题,两者必须兼顾。就业问题解决得好一些,有利于发展安定团结的政治局面,保证广大人民群众在正常的社会秩序、生产秩序和工作秩序中,同心协力向自然界开战,向四个现代化进军。

当前,妥善安排城镇青年就业有多种途径。根据国家的需要与可能,可以安排一部分青年到全民所有制的企事业单位,但这方面可吸收的人员目前还不可能很多。而城镇集体工业同全民所有制大工业比较,在扩大社会就业方面,有许多有利条件:

第一,它不一定要花很多投资建大厂房、买新设备,只要国家加以扶持,群众就可以通过集体经济的组织形式,因陋就简地搞起来。

第二,有的技术要求不是很高,就业青年学习和掌握起来比较容易。

第三,它的行业多、门路广,有的可以搞产品制造,有的可以搞修理服务。经营方式多种多样,有的可以固定设点,有的可以走街串巷,上门服务。

第四,集体工业由于技术构成低,每百元固定资产能吸收的就业人数比全民所有制工业要高得多,多数是劳动密集型企业。

近年来,全国的各个大中小城市和集镇都因地制宜地分别成立了大量以待业青年为主体的集体所有制组织形式,如木工组、机绣站、房建队等,面向生产,面向生活,小型多样,灵活方便,深受群众欢迎,也为青年就业广开了门路。1980年,在新增的就业人员中,被各种类型的集体经济吸收的占43%,仅轻工集体企业就安排劳动就业40万人。

(三) 集体所有制工业的管理

1. 集体所有制工业的特点

集体所有制工业相对于全民所有制工业来说,有以下五个特点:

第一,生产资料归集体所有,它是适应较低的生产社会化水平的一种社会主义公有制;

第二,集体所有制工业企业数众多,规模一般较小,职工队伍庞大,产品品种数以万计,计划管理的形式以实行指导性计划为主,国家只下达少量指令性计划,相当数量的产品实行市场调节;

第三,实行独立核算,自负盈亏,企业拥有较大的独立经营管理自主权;

第四，税后利润用于公积金、公益金和劳动分红；

第五，实行民主管理，强调由全体劳动者选举和罢免管理人员，决定企业经营管理的重大问题。

2. 加强对集体所有制工业的管理

第一，集体所有制工业也要贯彻计划经济为主，市场调节为辅的原则，做到"统而不死，活而不乱"。集体所有制工业生产的产品种类繁多，既有大产品，也有小产品，国家计划不可能包罗万象。且是同国计民生关系密切的产品、全国调拨产品、大宗出口产品，应当分别纳入中央和地方计划轨道，并按照分级管理原则，一般实行指导性计划，有的实行指令性计划。对那些地产地销产品和商业带料加工的产品，可采取由工业和商业共同安排，定期衔接产销计划，订立产销合同。对那些地域性大，时间性强，社会需要变化快，经营又比较分散的产品，可以由企业根据市场供需情况，灵活安排生产。

第二，要坚持独立核算、自负盈亏和按劳分配、多劳多得的原则。集体所有制工业企业有不少是从过去的手工业合作社改组发展起来的；即使是新建的，也具有手工业合作社的性质。合作社就其性质来说，既然属于集体所有，应该实行独立核算、自负盈亏。但过去由于受"左"的错误影响，实际上实行的是统负盈亏的管理制度。实行独立核算、自负盈亏，可有不同的管理方法。少数规模较大的集体企业，凡是适合分级核算的要分级核算，并把盈亏责任落实到车间、班组和个人，以调动企业和职工生产经营的责任感和积极性。集体所有制企业应根据自己的特点，采用合适的工资形式。职工的工资收入，随企业经营效果和个人劳动成果的大小而浮动，在国家多收、企业多留的前提下，个人可以适当多得。反对平均主义，反对分光吃光。

第三，坚持民主管理和勤俭办企业的方针。这是集体所有制企业多年来曾经行之有效的优良传统，这一传统应当发扬光大。集体所有制企业由"官办"恢复为"民办"，是一项重大改革。企业的发展规划、生产经营、人员增减、收益分配、职工奖惩等重大问题，都要经过适当的民主形式讨论决定。企业的各级领导干部要经过民主选举产生。集体所有制企业要坚持自力更生、勤俭节约的精神，围绕提高经济效益，加强经济核算和财务检查，改善经营管理，建立和健全各项经济责任制，不断提高生产、技术和经营管理水平。

第四，加强组织领导，从理论和实践上研究解决集体所有制工业发展中的问题。随着党的十二大精神的贯彻，经济工作中"左"的错误思想的进一步肃清，集体所有制工业必将较前更加蓬勃地发展。为了适应新的形势的要求，必须加强对集体所有制工业的领导和管理。轻工业部已恢复了全国手工业合作总社，增设了手工业合作指导局，它对内是部的职能单位，对外是全国手工业合作总社的办事机构。各省、自治区、直辖市党委和人民政府对于发展集体所有制工业也很重视，不仅从经济、政策上积极支持，而且从组织上加强领导。如不少地区建立了有利于集体所有制工业发展的管理体制，制定了鼓励和扶持集体所有制工业发展的一系列政策和办法等。

## 四、工业的其他所有制形式

现阶段，我国工业除全民所有制和集体所有制这两种基本经济形式外，还有一定范围的城乡劳动者个体经济和中外合资经济等形式。

### （一）个体手工业

个体手工业是一种历史悠久的经济形式。它以生产资料个体所有制为基础，主要依靠自己劳动,自食其力,从事独立的生产经营活动。目前我国个体手工业从属于社会主义公有制经济,作为公有制经济的必要补充。

首先,个体手工业弥补了国营、集体商业网点不足,为群众生活提供了方便。如修鞋、补锅、裁剪缝纫等,既灵活设摊,又串街走巷,上门服务,方便居民,使"修理难""做衣难"等问题有所缓和。

其次,个体手工业发挥了"拾遗补缺"作用,满足了群众某些特殊的需要。如有些少数民族地区,银器是传统装饰品,但银器的洗旧翻新、加工制作的个体劳动在十年动乱中被取缔,而国营、集体企业又很少经营,少数民族群众很有意见。近几年又逐步恢复银器修理、制作等个体手工业,他们高兴地说:"党的民族政策又回来了。"

再次,个体手工业的发展,既能发挥个体劳动者的各种技术专长,又能广开就业门路,有利于安定团结。据1981年统计,全国城镇就业人数中,个体劳动占了3.9%。

最后,个体手工业的发展,增加了国家的财政收入,有利于四个现代化建设。个体手工业由群众自办,不增加国家的负担,而且国家可以通过对个体户的征税,增加了国家的财政收入。据天津市对1 810个个体劳动者的调查,1981年的营业额超过300万元,上缴税收10万多元。

党的十一届三中全会以来,个体手工业在一定范围内得到了恢复和发展。1981年,全国城镇个体开业人员共113万人,其中个体手工业者占有很大的比重。个体手工业对社会生产和人民生活多方面起了社会主义公有制经济的补充作用。但个体手工业在发展过程中还需要解决若干政策和管理问题。如个体手工业者所需的原材料往往得不到供应,或供应的原材料质次价高,对个体户的自由采购又进行种种限制,这给个体户的生产经营造成一定困难。国家商业、供销、物资、粮食等部门在原材料供应方面应给予大力支持。国家已明确规定,个体户可享受批发价格,对某些紧俏物资应给予一定照顾。另外,在不影响市容、不妨碍交通的情况下,在经营场地方面给个体户提供方便。

有些地区个体户除按规定纳税外,还要交地皮费、治安费、卫生费等,费用负担过重直接影响个体手工业者的积极性。根据国家规定,对个体手工业者收费及收费标准一律由省级人民政府决定或批准,任何单位或部门不得向个体户擅自收费或任意摊派费用。为了帮助个体手工业者提高产品质量、降低产品成本,工商行政管理部门应会同有关部门举办专业训练班,帮助手工业者掌握一定的生产技术和经营管理知识。

### (二) 中外合资经济

我国实行对外开放政策以来,在平等互利的基础上,同世界各国发展了多种经济形式的经济交往和合作,中外合资兴办企业就是其中一种形式。《中华人民共和国宪法》从我国实现社会主义现代化的战略目标出发,明确规定:"中华人民共和国允许外国的企业和其他经济组织或者个人依照中华人民共和国法律的规定在中国投资,同中国的企业或者其他经济组织进行各种形式的经济合作。"中外合资企业是属于社会主义国家管理下的国家资本主义。它的经营方向、经营期限、生产供销、劳动工资、利润分配和税收等方面,都要按合同办事,服从国家的统一领导,遵守国家的政策法令。兴办中外合资企业,有利于我国利用外资,有利于引进先进的技术和设备,也有利于学习国外先进的企业管理经验。

综上所述,我国工业的所有制结构,是以国营经济为主导,包括劳动群众集体所有制、城乡劳动者个体所有制,以及一部分中外合资企业在内的多种所有制并存的经济结构。这种经济结构将在相当长的时期内存在下去。它将随着我国经济结构、经济体制的改革而不断完善。

# 国民经济管理学的研究对象和体系(1982)[①]

## 一、国民经济管理学研究对象与内容

国民经济管理学是一门新兴的学科,正在研究探索之中,有些问题还不太成熟。国民经济管理学的研究对象究竟是什么?有人有不同的看法。第一种认为,国民经济管理学是研究整个社会经济活动过程中的管理规律性问题。经济活动包含着生产、流通、分配、消费过程,因此国民经济管理学是研究这四个领域中管理的规律性方面的问题,研究经济活动过程中这些领域之间如何衔接、配合,达到最优,从而取得最大社会经济效益,这是一种观点。第二种观点认为,国民经济管理学是从国家整体的角度来研究合理组织生产力和完善生产关系以及改善上层建筑的问题。意思就是说,国民经济管理学研究整个国民经济活动中合理组织生产力、完善生产关系和上层建筑的问题,首先就是要研究生产关系中的各种所有制问题,研究国民经济采取什么样的所有制结构,是单一的全民所有制结构?还是全民、集体、个体多层次所有制结构?如何使所有制结构适合生产力水平,以取得最好的经济效果?其次要研究国民经济活动中分配问题。分配问题包括整个国家经济财政怎样合理分配,如何合理分配国家、集体与个人的利益,正确处理这些问题,目的是要使国民经济内部在人、财、物之间取得符合客观规律的分配比例,并使人、财、物资源在国民经济各环节、各部门有一个合理的流向。再次,研究生产关系方面问题中人与人的关系。生产关系就是人所在生产活动中产生的人与人之间的各种关系,这些关系按照国民经济领域来分,包括部门关系,国家、部门、企业之间的关系,各部门领导与被领导的关系,内外协作关系等。此外,就是要研究合理组织生产力和国民经济各部门专业化协作规律等问题。最后,还要研究上层建筑方面的问题,政治思想工作、计划制度、领导体制等问题。第三种观点,认为国民经济管理学主要是研究生产关系方面问题,即国民经济管理学应既区别于政治经济学和企业经营管理学,又区别于部门经济管理学和企业经营管理学,它是着重从客观角度来研究国民经济活动过程的,这个过程包括国民经济预测、决策、计划、监督等环节。从这个意义上来说,国民经济管理学是研究管理职能、管理过程为主的一门科学。这三种观点都有其道理的一面,但又觉得都似乎缺少点什么。

我们认为国民经济管理学的研究对象与内容是与国民经济的特点分不开的,是由国民经济的特性所决定的。在给定国民经济管理学研究对象与内容时,必须首先了解国民经济基本特征。

国民经济是一国范围内全部经济活动的总和,是物质生产部门与非物质生产部门相互交织的

---

[①] 本文是1982年复旦大学国民经济管理学师资班讲学讲义,1985年收入中国国民经济管理学会组织编写、作者主编的《国民经济管理学讲义》一书。该书曾作为中组部、中宣部和国家经委指定全国党政经济管理干部教材,发行逾300多万册,荣获国家、省部级、国际学会多次的一等奖。

社会经济综合体。其基本特征如下：

(1) 国民经济是多部门、多行业的综合体。它包括工业、农业、建筑业、交通运输、邮电、商业、物资、金融、服务业、科学、教育、文化、卫生、社会保险、环境保护等许多部门和许多行业。其中，物质生产部门的劳动是人类生存和社会发展的基础，也是国民经济活动的核心，非物质生产部门则直接或间接地为生产或为人民生活服务，也是国民经济不可缺少的组成部分。

(2) 国民经济结构是多层次的经济网络结构。它是由各部门、各地区和再生产各环节相互交叉的许多层次所组成的。这种层次结构从纵向来看，国民经济首先包括许多部门，每一部门又包括许多行业，每一行业又可细分为许多企业，各层次之间相互交织、相互影响、相互制约地形成经济网络。这个经济网络，从纵向来看是中央到各部门、各省市，到各省市相应主管部门，再到公司、企业，这样来组织国民经济活动。从横向来看，国民经济活动是在一定空间中进行，即分布于各个地区之中。地区有经济区和行政区，如上海经济区就包括上海市、江苏、浙江、安徽、江西省；按行政区可分省、市、县区等各不同层次，每个层次都有自己的经济活动。国民经济就是这样纵横交错的经济网络。国民经济活动，如生产、流通、分配、消费等环节的活动就是在这样一个网络中进行的。

(3) 国民经济是各部分经济活动相互交织的有机整体，每一个部门、每一地区、都有自己的活动范围和特点，又是国民经济有机整体的组成部分。每一个企业、每一个基层单位既是分散的相对独立经营单位，又是国民经济机体中的细胞。各部门之间、各地区之间、各企业之间，存在着盘根错节、千丝万缕的分工协作关系，彼此相互依需，互相为条件，形成了国民经济大系统。

(4) 国民经济始终处于不断发展变化之中，是一个动态系统。国民经济的动态性是由再生产的连续性所决定的。国民经济运动过程，实际上就是以持续的生产经过流通与分配而进入不断消费的过程，它是奔流不息，永不停止以"任何一个民族如果停止劳动，不用说一年，就是几个星期，也要灭亡，这是每一个小孩都知道的"。① 国民经济运动不是简单的循环，而是一个由低级到高级的不断发展、进步的过程。科学技术的进步对整个社会经济生活产生了极其深刻的影响，使整个经济运动处于迅速变化之中。不仅如此，国民经济的运动还要受种种内部因素和外部因素的影响和制约。内部因素如：经济体制、自然资源、人力、物力、财力、质量与数量、开展能力、国民创造力和组织管理能力等。外部因素如：社会环境(民风、士气、民族进取精神等)、政治环境(安定的政治局面等)、自然环境(自然条件、生态环境)、国际环境等。国民经济的发展变化，与这些因素的共同作用是分不开的。

(5) 国民经济活动是在一定社会经济制度下进行的。社会经济制度的性质，决定了国民经济的性质。社会主义的国民经济，是以生产资料公有制为基础的经济，是有计划的商品经济，这一本质特征决定了社会主义生产的根本目的是为了满足社会全体成员的需要，决定了国民经济发展的计划性，决定了劳动者在国民经济生活中的地位及其互助合作的关系。以上国民经济的五个基本特征就决定了国民经济管理学的研究对象与内容。

我们认为国民经济管理学的研究对象是从国家总体的角度出发研究对整个国民经济活动进行管理的规律问题，并在此研究中必须以生产力、生产关系和上层建筑运动的客观规律为指导，同时负有完善生产关系和上层建筑以适应生产力发展和合理组织的使命。国民经济管理学研究内容就必然包括：综合运用社会科学、自然科学和技术科学的原理和方法探讨从国民经济角度合理组织生产力、完善生产关系、协调社会生产各要素的一般规律；研究生产力、生产关系和上层建筑诸方面

---

① 马克思、恩格斯：《马克思恩格斯选集》第4卷，人民出版社1972年版，第368页。

的问题以及它们之间的相互影响,互相制约的关系;研究国家对国民经济的人力资源、物力资源、财力资源和科学技术管理的一般规律;研究国家对国民经济的目标、预测与决策、计划、监督和信息管理的一般规律;研究国民经济管理的各种具体管理方法,包括经济方法、行政方法、思想政治方法、法律方法及数学方法等,从而确定国家对国民经济管理的基本原则、职能、体制和方法,以指导国民经济管理活动,提高管理的科学水平和社会经济效益,促进社会主义经济事业的发展。

## 二、国民经济管理学体系

国民经济管理学是门多属性、多层次、多种内容的学科。作为一门学科要成为科学体系,一般来说有三个方面的要求:① 科学性,即这门学科应该是从实践中来,所形成的理论必须经得起实践的检验,并且能对今后的实践起重大指导作用;② 逻辑性,即这门学科必须有内在的逻辑性,不能前后脱节,牛头不对马嘴,相互矛盾,应该具有一种逻辑美;③ 完备性,即这门学科应该完整,能够自圆其说,整个理论体系是严谨的,经得起考验的。

从这三个方面来考察国民经济管理学,可以发现,由于国民经济管理学是门新兴的正在探索的学科,它虽有一定的科学性、逻辑性、完备性,但还远不是令人满意的,我们还需进一步努力探索,力图让国民经济管理学尽善尽美。尽管如此我们为了便于进一步研究,初步设想了一个国民经济管理学体系结构表。

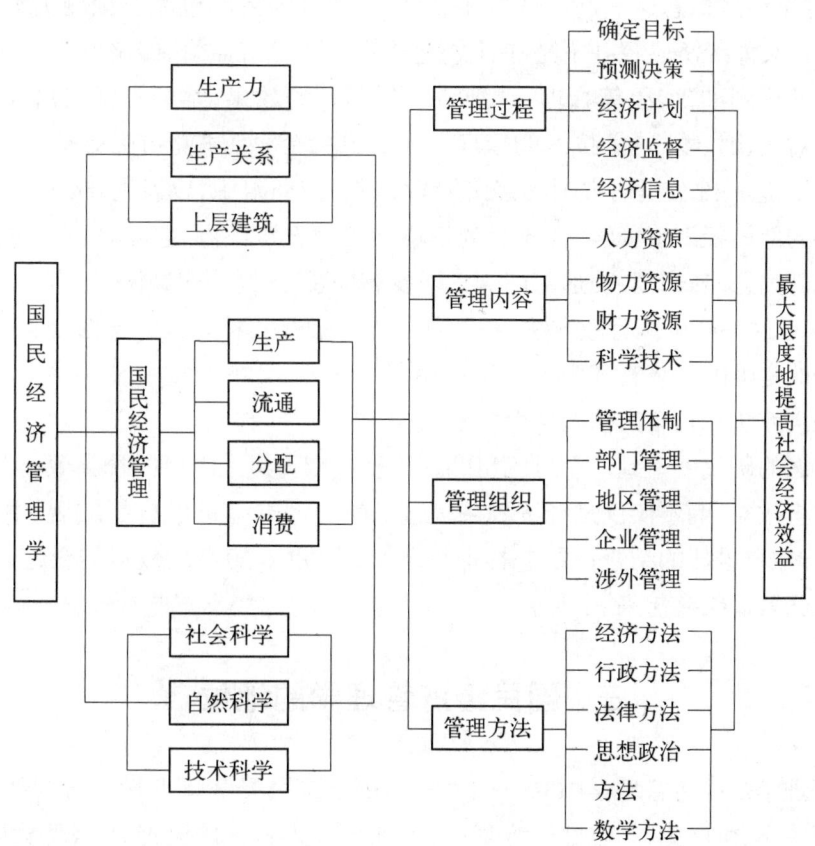

这个表说明了几个问题:第一说明了国民经济管理学是经济管理科学的重要分支,而经济管理学是属于管理科学的一个重要组成部分。这里简单介绍一下什么是管理科学,过去有两种看法:一种认为是西方管理科学学派的含义,主要研究用数学模式来解决管理问题,这种看法是狭义的,

因为这仅是一种学派,它没有也不可能包括所有管理问题。另一种看法是认为管理科学应该从广义上来理解,它应该包括政治、经济、科学、文化、教育、城市、医院等方面的管理。我们认为这个看法是可取的。

管理科学是一门新兴的学科,是与自然科学、社会科学、技术科学同等地位的学科。为什么呢?要从三个方面来看:① 这门学科是研究管理的一般规律问题,是各具体管理科学的理论基础和方法论基础;② 它是综合运用社会科学、自然科学、技术科学有关原理与方法形成的一门学科;③ 这门学科范围广泛,它可以包括政治管理、经济管理、科学管理、文化卫生管理、教育管理、城市管理、人的行为的管理等。胡耀邦同志在党的十二大报告中第一次在党的文件中提出管理科学。该报告关于管理科学主要有三个观点:① 必须加强研究运用经济科学和管理科学,这里明确地把管理科学作为独立的学科来对待;② 必须提高国民经济计划与管理水平;③ 必须提高企事业经营管理水平,这个报告明确地提出我们的管理科学包含对国民经济的管理,整个企业经营的管理。值得一提的是过去有人把经济管理等同于国民经济管理,这是不对的,实际上经济管理不仅包含对国民经济管理,而且还包括对整个部门、企业的管理。

第二,国民经济管理是结合生产力、生产关系、上层建筑方面的客观规律,综合了社会科学、自然科学、技术科学的有关原理方法来对国民经济的生产、流通、分配、消费诸环节进行管理,探讨国民经济管理的性质、任务,以及基本原则。

第三,国民经济管理学体系是从四个方面加以安排的。① 管理过程。确定目标、预测决策、经济计划、经济监督至经济信息这一过程是循环反复的,如确定目标也需要预测决策,目标确定之后又需要预测决策。又如经济监督并不是在计划之后才需要经济监督,经济监督有事前、事中、事后的监督问题。要使预测准确,决策合理,计划能起到预计的效果,都要加强经济监督。② 管理内容。管理是直接对人、财、物、科学技术的管理,因为国民经济管理说到底就是如何对这些进行管理。③ 管理组织。这一部分是研究国民经济管理体制、管理组织,以及对部门、企业的管理,但这些研究的出发点与部门经济管理学、企业经营管理学的出发点不同,它是从国家总体的角度出发。本书由于对农业部门、文教部门、交通部门的管理没有提及,这是一个缺陷,还有待于今后进一步补充。④ 管理方法。这一部分从行政方法、经济方法、法律方法、思想政治方法、数学方法来安排的。但我们必须强调的是国民经济管理中必须综合运用这些方法,不能重视某一种方法而偏废另一种方法。特别是经济方法和行政方法的结合问题,还有待进一步探讨。

上述四个方面的研究要达到一个总的目的,就是要"取得最大限度的社会效益",社会效益按现在来讲就是取得全效益,而不仅仅是经济效益。这里就要考虑:① 怎样把宏观、中观、微观经济效益结合起来,怎样取得最佳的结合;② 怎样把长期的、中期的、短期的效益结合起来;③ 怎么把经济效益与其他社会效益结合起来。

## 三、国民经济管理学的地位

国民经济管理学是经济管理学中的一门学科。由于国民经济管理学是宏观经济管理学,又由于它也研究生产关系、生产力、上层建筑等规律,因此很多人就把国民经济管理学混同于马克思主义政治经济学。的确,马克思主义政治经济学尤其是它的社会主义部分,是国民经济管理学的重要理论基础。国民经济管理学的实践和理论的发展,又不断地为政治经济学提出新的课题,不断地丰富和发展政治经济学的内容。我国目前正在进行的经济体制改革,正是给了政治经济学带来了新的课题,而关于社会主义经济是有计划的商品经济这一政治经济学命题,又给国民经济管理学带来了新思想、新要求。但国民经济管理学与政治经济学又存在着一系列的区别,主要区别如下：

第一,研究对象不同。社会主义政治经济学主要是研究社会主义生产关系的运动及其发展规律;国民经济管理学则是综合研究生产力、生产关系和上层建筑以及它们相互之间的关系,即它不仅研究国民经济管理过程中人与人之间的关系,而且还研究物与物之间的关系和人与物之间的关系。

第二,研究目的不同。社会主义政治经济学研究社会主义生产关系的发展规律,其目的在于论证社会主义经济形态怎样产生、发展和在全世界取得胜利并过渡到共产主义的规律;国民经济管理学是研究社会主义国家管理国民经济的一般规律,其目的在于充分发挥各种管理职能的作用,具体组织协调国民经济各项活动,以较小的社会劳动消耗取得最大的社会经济效益。

第三,两者所属的范畴不同。政治经济学属于社会科学的范畴;国民经济管理学则属于由社会科学、自然科学和技术科学互相渗透而成的管理科学的范畴。

第四,抽象化程度不同。社会主义政治经济学是一门偏重于理论研究的基础科学,国民经济管理学则是一门有较强实践性的应用科学。

从以上区别中我们可以发现国民经济管理学在整个科学体系中的独立地位。它不是政治经济学的所属部分,它是属于与社会科学、自然科学、技术科学并驾齐驱的管理科学范畴。作为一门独立的学科它必然对我国社会主义建设起着重要的作用。

## 四、学习国民经济管理学的意义与方法

党的十二届三中全会关于城市经济体制改革的决定,揭开了城市经济体制改革的序幕。经济体制是国民经济管理学研究内容之一,因此学习好国民经济管理学对推动经济体制改革,搞好经济体制改革都有重要意义。我们首先可以从为什么要加强国民经济管理来看学习国民经济管理学的意义。当前之所以要加强国民经济管理,主要由于以下几个原因：

第一,加强国民经济管理是现代化生产分工和协作的客观要求。在生产力迅速发展的基础上,劳动分工和协作更加精细,经济活动的社会联系更加广泛、复杂。随着国民经济规模的扩大,国民经济结构以及部门之间的联系越来越复杂,要达到预期的国民经济管理目标,国家就需要对整个社会经济生活实行统一管理。

第二,加强国民经济管理是现代科学技术的发展所决定的。第二次世界大战后,科学技术突飞猛进,作为生产力的科学技术已在国民经济中占有举足轻重的地位：它一方面向政治、经济、工业、农业、国防、生活等领域不断渗透;另一方面又在社会中形成一个独立的重要部门。科学技术的发展表现在：(1) 现代科学技术发展已成为规模庞大的、独立的国民经济部门；(2) 科学→技术→生产的周期越来越短,新技术、新产品更替的速度越来越快。因此,需要国家从社会经济总体角度来统筹规划、协调和管理。

第三,加强国民经济管理是社会主义经济规律的要求,是提高社会经济效益的需要。生产资料的社会主义公有制,为国民经济的统一计划管理提供了前提条件。为了使社会主义经济有计划、按比例地发展,提高社会经济效益,建立雄厚的物质基础,不断满足人民日益增长的物质和文化需要,协调各地区、各部门和各企业的工作,正确处理社会经济生活的各种矛盾,力求从国民经济的角度最有效地配置和利用人力、物力、财力、技术手段,为社会主义经济规律发挥积极作用创造有利条

件,促进社会主义经济事业的巩固和发展。

第四,加强国民经济管理是实现社会主义国家主要职能的需要。无产阶级政党执政后的一个重要任务,就是领导全体人民,从本国的实际出发,按照客观规律的要求,有效地组织社会经济生活,发展社会主义经济,为党的任务的完成创造物质条件。国民经济管理就是根据客观经济规律和各个时期的经济现状,通过计划的编制和对各经济部门和地区的组织、指挥,把构成和影响整个国民经济各方面、各因素、各环节都协调起来,在不断发展的动态中实现国家的经济职能。

国民经济管理学是研究如何对国民经济管理的,要加强对国民经济管理就必须努力学习掌握国民经济管理学的原理、原则、方法、手段等。

1982年7月,中国国民经济管理研究会部分教授、专家、理事在泉州作乡镇企业、市场经济调查期间于清源山留影,第二排左一为苏东水教授

# 国民经济管理学的研究重点(1982)[①]

中国的经济体制改革正在朝着建立社会主义市场经济体制的方向迈进。随着这场改革的深入,中国的经济关系,国家对整个社会经济生活的组织和管理方式,都在发生着深刻的变化。以建立现代企业制度为主要内容的企业改革,使企业日益成为自主决策、自负盈亏的市场主体;随着政企分开,政府的管理职能和管理方式正在调整和转变;与此同时,市场体系不断得到发育,市场机制逐步健全和完善。在此新形势下,为适应社会主义市场经济体制下国家组织和管理社会经济生活的需要,国民经济管理学的理论体系正在不断发展。

## 一、国民经济管理学的研究重点

我们认为,国民经济管理学是从国家总体的角度出发,研究对整个国民经济活动进行管理的过程和行为问题。因此,国民经济管理学的研究对象必须与国民经济发展的实践活动,与国家管理国民经济的实际过程相联系,应以研究社会的供给与需求的矛盾运动规律作为基本点。

其一,国民经济管理的目标是保持国民经济持续、快速、健康发展,要达到这一目标,首先要使国民经济全面而平衡地发展。这项管理工作千头万绪,而国家对国民经济的实际管理和调控往往不可能面面俱到,只能着眼于主要方面,其中最主要的方面是社会总体的供求关系,即我们通常所说的社会总供给和社会总需求的关系。所谓社会总供给,就是国家经济在一定时期内(通常是一年)能够为社会提供的全部商品和劳务的总量;社会总需求,就是整个社会生产需求和消费需求的总和,表现为社会总购买力。对于整个国民经济的平衡来说,社会总供给和总需求能否保持平衡,具有至关重要的意义。当社会总供给远大于社会总需求时,相当一部分产品就会出现积压,表现为产品过剩状况,造成社会资源的浪费;反之,当社会总需求远大于社会总供给时,则会因为市场供应匮乏而造成物价全面上涨,引起社会经济生活的震荡甚至危机。可见,无论是社会总供给远大于总需求,还是社会总需求远大于总供给,都不利于国民经济的健康发展,当然也就不可能有国民经济持续和快速的发展了。因此,要使国民经济持续、快速、健康地发展,就必须首先努力保持社会总供给和总需求的平衡。当然,我们这里所说的平衡,是指"大体上平衡",因为在现实的经济生活中,绝对的平衡是不存在的。国民经济管理和调控的任务是保持社会总供给和社会总需求的"大体上平衡",供给略大于需求或者需求略大于供给,只要在许可的范围内,都可看作"大体上平衡"的状态,

---

[①] 本文是1982年复旦大学国民经济管理学师资班讲学讲义,后经过修改收入山东人民出版社1998年7月出版、作者主编的《中国国民经济管理学》一书。

但是要防止这种略微不平衡的扩大,防止发展为严重的不平衡。

其二,供给和需求的矛盾是有史以来一切经济的基本矛盾,人的生存和发展首先需要物质资料和劳务,为了满足这一需要,人类就用生产来产生供给。因此,在合乎逻辑的经济社会里,需要的结构和数量决定了生产和供给的结构和规模。反之,生产的结构和规模又决定着满足需要的程度和方式。原有的需要满足了,又会产生新的更高级更大量的需要,这就产生了供需矛盾,于是人们就会创造更高水平的生产结构和更大规模的生产能力去产生新的供给,来满足人们新一轮的需要。人们就是这样不断地推动着经济和社会的发展的。

供给和需求的矛盾在不同的经济形态下有着不同的表现形式。在自然经济时代,以家庭为单位的生产的基本目的是为了满足自身的消费需求,此时的供需关系主要表现为自给自足。在商品经济条件下,特别是以货币为媒介的交换占据了主导地位之后,整个经济社会充斥着商品货币关系。生产和需要的联系是通过市场交换来实现的。生产的目的不再是为了自给自足,而是为了形成市场"供给",即将产品拿到市场上去交换,换得货币,而人们的需要则表现为有货币支付能力的市场"需求",这就形成了供给和需求之间的矛盾关系。从国民经济的角度看,这种供给和需求之间的矛盾不是局部的,而是社会总供给和社会总需求之间的矛盾。国民经济管理学研究的就是社会总供给和社会总需求的变化规律,研究供给和需求的形成过程和影响因素,研究的重点是国民经济管理的主体,即政府调节社会总供给和社会总需求的矛盾,使其保持大体平衡的过程与方法。

社会总供给和总需求的平衡,包含着相互联系、相互制约的两个方面,即总量的平衡和结构的平衡。总量平衡是结构平衡的前提,结构平衡是总量平衡的基础。在经济总量严重失衡情况下,结构不仅肯定不能保持平衡,而且结构的调整和合理化也会因此而失去条件。在供求总量严重失衡条件下,由于货币贬值和物资短缺的干扰,国家优先发展和重点建设的投资政策往往难以取得较好的效果。只有在社会供求总量大体平衡条件下,才能形成合理的价格体系,从而真正发挥促进技术进步和产业结构合理化的作用。在另一方面,社会供求总量的平衡总是表现为一定的结构状态下的平衡。结构不合理状态下即使有总量的大体平衡,但这样的总量平衡不仅不能促进经济的良性循环,而且其本身的平衡也难以维持,必然会被结构不合理的发展所打破。因此,在国民经济管理过程中,不能把总量调节和结构调整割裂开来,而必须把保持总量的大体平衡同促进经济结构的优化结合起来。在具体管理过程中,是通过科学的确定各个具体时期的调控重点来解决的。一般地,当总量失衡有可能危及经济全局的稳定时,必须将恢复总量平衡作为调控的重点目标;由于结构严重不合理产生的若干"瓶颈"产业制约着整个经济的进一步发展时,则应当优先调整结构,以克服"瓶颈"为重点。

其三,社会总供给和社会总需求的平衡历来是国民经济管理理论的核心。马克思的社会再生产理论就是以社会总产品的实现为前提的。马克思认为,社会总产品的实现即社会总供给和社会总需求的平衡,是社会再生产顺利进行的关键。马克思将社会生产作了高度抽象,按产品的实际用途划分为两大部类,即生产资料生产和消费资料生产。因而,社会总供给就包括了生产资料供给和消费资料供给,社会总需求就包括了生产资料需求和消费资料需求。在马克思看来,扩大再生产得以实现的条件就是社会总供给和社会总需求的平衡,为了实现这样一种平衡,两大部类必须按比例地协调发展。可见在马克思的经济学说中,实际上已经把社会总供给和社会总需求的平衡与不平衡作为国民经济管理的基本矛盾,并且已经明确地提出了调节的基本原则,即实现总量的平衡和两大部类的结构平衡。

马克思的时代是整个资本主义世界信奉自由经济制度,迷信于"看不见的手"的自发调节的时代。20世纪20年代末30年代初的世界经济大危机之后出现的以凯恩斯为代表的西方宏观经济理论,提出了以国家干预经济代替传统的"自由放任"的经济管理政策主张。他提出的基本理论主张国家干预经济,调节社会总供给和总需求的矛盾。凯恩斯认为,生产停滞、萎缩和失业较多等经济运行不顺的根源在于有效需求不足,即由消费(对消费资料的需求)不足和投资(扩大生产对生产资料的需求)不足共同作用造成的,主张由政府运用财政政策和货币政策干预调节国民经济,以扩大有效需求。

社会主义市场经济条件下,整个国民经济充满生机活力,纷繁复杂,以使国民经济持续、快速、健康发展为最终目标的国民经济管理工作千头万绪,其中最关键的是要研究社会总供给和社会总需求的矛盾运动的规律,设计调节总量和结构大体平衡的政策和方法,消除经常性的不平衡因素,促使整个国民经济体系更有效率的运转。

## 二、国民经济管理学的研究内容

国民经济管理的实际过程和关键环节,决定了国民经济管理学的研究内容应当围绕着调节社会总供给和总需求的需要而展开。因此,国民经济管理学的研究内容可概括为以下几个方面:

(1) 研究社会总供给和总需求矛盾运动的规律以及国家对其调节控制的主要目标、基本环节和具体方法。为了调节和实现社会总供求的大体平衡,首先要研究社会总供给和总需求的变化趋势和运动规律。社会总供求有一般的变化趋势和运动规律,也有在不同时期、不同经济领域的具体变化趋势和运动规律。国民经济管理学要花大力气研究社会总供求的一般规律,也要针对具体时期、具体对象,研究其具体规律,才能作出切合实际的理论分析,科学地指导对社会总供求的管理与调控。其次,要研究调节控制社会总供求的主要目标。就总体而言,这些目标是:经济稳定增长、重大经济结构优化、物价总水平基本稳定、充分就业、公正的收入分配、国际收支平衡等。在不同的时期,调控目标的侧重面应有所不同。第三,要研究调节控制社会总供求的基本环节和具体方法。实现社会总供求的平衡,重要的是要抓住两个基本环节:一是确定并保持一个快速而适当的发展速度,对我国这样一个发展中的社会主义国家,没有较快的经济发展速度是不行的。但是,不能片面追求高速度,而应当是"适当"的高速度。这种"适当"是指如何将速度保持在可获得资源允许的范围内,速度如何与效益相统一,在经济发展速度加快的同时,结构能否相应地保持平衡等。二是合理地调整和优化产业结构,我们知道,国民经济的健康发展,不仅需要总量上的平衡,而且需要结构上的平衡,而这种平衡是动态的,即社会商品和劳务的供应结构必须与社会需求结构相适应。对人类来说,原有的需求满足之后,就会有新的需求产生,因而,相对于产业结构而言,需求结构的变动一般具有超前性,社会供求结构的平衡过程也就是产业结构不断地适应市场需求结构的过程。至于调节的主要方法,在社会主义市场经济中,应以经济政策和经济法规为主,配合必要的行政方法。

(2) 要研究政府的经济管理职能。要按照发展社会主义市场经济的要求,转变政府职能,实行政企分开,在此前提下,研究政府从事经济管理的职能范围与行为规范。这方面涉及的主要问题有:① 政府的经济管理职能的总体定位问题。市场经济要有效地运行,不能没有政府,但是政府力量的过分扩展,又有可能导致市场机制作用被替代。所以,如何在发挥国家宏观调控作用的同时有效地规范政府的管理行为,这也是实行市场经济国家共同面临的问题。② 调整和撤销直接管理经济的专业部门,加强宏观调控综合管理部门。综合管理部门如何从烦琐业务中解脱出来,主要转向制定发展战略与规划、产业政策以及协调各种经济手段的配合运用上去。③ 如何强化金融、财政部门的宏观调控职能,如何将财政政策与货币政策搭配使用。④ 加强经济监督部门的力量,建立灵敏有效的信息系统等。

(3) 要研究国家经济管理权限的划分与全国统一市场的形成问题。在社会主义市场经济条件下国家对经济的管理与传统的计划经济体制下不同,不能采用下达直接指令的管理方式,这是因为:第一,市场经济条件下的现代经济是一个复杂系统,不同地区、不同部门的经济运行具有不同的特点,采取高度集中的经济管理模式将扼杀经济发展的活力;第二,我国幅员辽阔,人口众多,经济发展在地区间的差异很大,单纯划一的管理模式显然与之不相适应。考虑到上述基本因素,我国国家经济管理权限不应当完全集中在中央,而应当在中央与地方之间实行适当分权的模式。

在中央与地方分权的经济管理模式下,将不可避免地产生中央与地方之间、地方与地方之间的利益矛盾,甚至产生设置围墙、割裂经济的状况。在这方面,如何保持国民经济管理的层次性与统一性,使中央管理与地方的管理有机地结合起来,是一个关键问题。这里,主要有两个问题值得研究:① 中央与地方经济管理权限的合理划分,在这个问题上,中央的管理应当处于主导地位,这已经形成共识。在这个前提下,中央管理的主要内容和地方管理的主要内容应包括哪些方面,中央与地方的管理权限如何科学划分,都是应当加以研究的。② 分权管理模式与全国统一市场形成的关系问题,市场经济的发展需要有一个全国统一的市场,国民经济宏观调控的效率也以全国统一市场的形成为前提,对此,实行市场经济的国家都有清醒的认识。例如在美国,任何一个州的立法若有碍于统一市场,都会因违宪而被宣布无效。在我国,如何使地区经济发展与全国总体经济发展目标相衔接,如何通过立法和必要的行政干预,打破地区封锁,促进全国统一市场的形成与发展,如何在中央主导下,协调地区之间的经济管理与共同发展,这些问题都是应当深入研究和探讨的。

(4) 要研究社会主义市场经济条件下微观经济活动的主体的行为规律和行为方式。在市场经济条件下,企业和消费者是两类基本的微观经济活动主体:企业追求利润最大化,其活动形成产品和服务的供给;消费者追求效用的最大化,其活动体现为对产品和服务的需求。企业为了追求利润最大化愿意生产和提供什么,消费者为了实现效用最大化需要购买和消费什么,在不同的经济发展阶段和不同时期都是不一样的,而且在动态地变化着。因此,认识和把握微观经济活动主体的行为规律,是科学地制定国民经济决策,有效地调节社会总供求的基本前提。此外,市场经济又是法制经济,企业、消费者的经济活动和市场行为必须符合国家法律和政策。企业可以生产什么,销售什么,应当如何生产与销售,同行企业之间应有怎么样的有效竞争;消费者应当有什么样的消费行为,哪些东西不能消费等,都要从理论上加以概括,以便制定一些基本的行为规范,使微观主体的经济活动健康地发展。

## 三、国民经济管理学的理论体系

国民经济管理学是门多属性、多层次、多种内容的学科。作为一门学科要成为科学体系,一般来说有三个方面的要求:(1) 科学性,即这门学科应该是从实践中来,所形成的理论必须经得起实践的检验,并且能对今后的实践起重大指导作用。(2) 逻辑性,即这门学科必须有内在的逻辑性,不能前后脱节,相互矛盾,应该具有一种逻辑美。(3) 完备性,即这门学科应该完整,能够自圆其说,整个理论体系是严谨的、经得起考验的。

## (一)国民经济管理学是管理科学体系的重要组成部分

国民经济管理学是经济管理科学的重要分支,而经济管理学是属于管理科学的一个重要组成部分。这里简单介绍一下什么是管理科学,过去有两种看法,一种把管理科学完全等同于西方管理科学学派,即主要研究用数学模式来解决管理问题,这种看法是狭义的,它没有也不可能包括所有管理问题。另一种看法是本书主编最早在 1985 年发表的《试论管理科学的性质与对象》一文中首次提出的观点,认为管理科学应该从广义上来理解,它应该包括政治、经济、科技、文化、教育、城市、医院等方面的管理。我们认为这个看法是可取的。

我们认为,管理科学是一门新兴的学科,是与自然科学、社会科学、技术科学同等地位的学科。为什么呢?要从三个方面来看:① 这门学科是研究管理的一般规律问题,是各具体管理科学的理论基础和方法论基础;② 它是综合运用社会科学、自然科学、技术科学有关原理与方法形成的一门学科;③ 这门学科范围广泛,它可以包括政治管理、经济管理、科学管理、文化卫生管理、教育管理、城市管理、人的行为管理等。

中国共产党十二大报告中第一次提出了管理科学的观点,主要是:必须加强研究运用经济科学和管理科学,必须提高国民经济计划与管理水平,必须提高企事业经营管理水平。这里明确地把管理科学作为独立的学科来对待;提出管理科学包含对国民经济管理,对整个企业经营的管理。由上可见,经济管理不仅包含对国民经济管理,而且还包括对企业等的管理。

## (二)国民经济管理学是一门综合性的应用经济学科

国民经济管理学是结合运用生产力、生产关系和上层建筑方面的客观规律,综合社会科学、自然科学、技术科学的有关原理方法来对国民经济的生产、流通、分配、消费诸环节进行管理,探讨国民经济管理的性质、任务以及基本原则。

我们认为国民经济管理学是具有二重性的一门学科。这一学科的二重性是通过两种管理职能来表现的,即通过"指挥劳动"和"监督劳动"来分别表现管理的自然属性和社会属性。"指挥劳动"是一种生产劳动,它是进行社会化生产所必需的,是执行着组织和协调企业生产、技术、经营等整体活动的一般职能。"监督劳动",则是指在一定的生产资料所有制方式下,社会劳动过程的一种特殊职能。

从这里可以看出,在不同的社会生产方式下,管理二重性具有不同的特点,它包括两个内容:其一,是它的永久性(或称为共性、继承性或连续性)。马克思在《资本论》中,已清楚地说明了,一切规模较大的直接社会劳动或共同劳动,都需要指挥和监督,以便协调各个劳动者的活动,达到预期的结果。这是任何有社会共同劳动地方所共有的性质,是不以社会制度性质的变化为转移的,只要是协作劳动,就需要管理,一万年也永久不变。因此在管理中有关合理组织社会化大生产的一些形式、方法,虽然是在一定的生产关系下产生的,但并不是为某种生产方式所特有,只要对社会化大生产都是适用的。可以认为按大生产客观规律要求组织管理是一切实行大生产的社会中管理的共性。从而一切国家和民族的管理思想和经验只要是反映大生产的客观规律,而不是由其特有的社会制度所决定的,就都可以继承,相互吸收。其二,作为管理二重性特点的另一个内容,是它的特殊性(或称为易变性、个性或暂时性)。管理作为实现生产目的的一种手段,执行着维护生产关系的基本职能,则表现了劳动过程所采取的特殊的历史的方式。劳动的社会结合方式不同,管理的特点和性质也就不同。生产关系的性质发生变化,管理的社会属性也要随之而相应地变化。因此,在管理中有关维护某种生产关系的原则,措施就只能适应该种生产关系的需要,为实现其特定的生产目的服务,一般都具有历史的暂时性,并不为各种社会生产方式所共有。我们所说的管理性质的变化,主要指管理二重性中社会性质的变化。

根据以上的分析,我们可以得出结论:社会主义企业管理以及国民经济管理都具有二重性。

国民经济管理的二重性同样一重是自然属性,一重是社会属性。国民经济管理的自然属性就是社会化大生产的对国民经济管理的客观要求,体现在国家组织、指挥、协调整个国民经济活动的科学方法、手段等上。国民经济管理的社会属性是社会主义生产关系对国民经济管理的特殊要求,体现在国家对整个国民经济各层次、产业、部门、地区、环节的经济活动进行监督、控制的方针、政策、原则上。

学习和运用国民经济管理的二重性理论有其极为重要的现实指导意义。第一,就其自然属性来说,既然不同的社会经济制度之间在合理组织生产力方面区别不大,因而社会主义国家可以借鉴国外经济管理中一切先进的管理理论和管理经验,并结合本国的情况加以消化、运用;第二,就其社会属性来说,因为社会主义经济管理与资本主义经济管理有着本质的区别,所以我们决不能把资本主义经济管理的理论和方法一概照抄。所以,我们既要反对全部否定国外经济管理理论和方法的观点,又要反对不加分析照抄照搬的观点,逐步建立和完善我国社会主义经济管理理论的方法,保证和促进我国社会主义经济有计划、按比例、高速度、高效益地发展,迅速实现四个现代化宏伟目标。

因此,在学习国民经济管理学的过程中,还要研究学习新兴的现代的应用经济学,学习当代有关的财政学、税收学、金融学、保险学、产业经济学、区域经济学、国际贸易学、劳动经济学、应用统计学、企业管理学、市场营销学及人口、资源与环境经济学等学科。

### (三)国民经济管理学科的体系结构

国民经济管理学体系是从五个方面加以安排的:① 总论。探讨中国国民经济管理学的研究对象、体系与特征。② 主体。政府是国民经济管理的主体,这部分分别论述了主体管理模式、主体经济政策以及主体领导行为,阐明了政府确定有中国特色的管理模式,综合运用多种经济政策,以有效的领导行为对国民经济进行管理。③ 过程。国民经济管理始于制定发展战略,而后要拟定计划,在实施过程中运用各种指挥手段,并对执行结果进行监督和调控,以求国民经济总量与社会总供求关系的平衡,达到国民经济的协调发展。④ 行为。国民经济是个多部门、多层次的复杂而庞大的体系,其子系统(构成要素)包括各部门、各地区和各种经济活动。在这部分里,分别对产业经济及其部门的管理、区域经济管理、资源经济管理、人力资源管理、市场管理行为、国际经济管理、企业经济管理、国有资产管理和劳动与分配问题进行了论述。⑤ 发展。发展,即社会经济的持续发展。

# 中国国民经济管理的转型特征(1982)[①]

随着经济体制改革的深入发展,自然就提出了如何在社会主义市场经济下进行国民经济管理的问题。我国传统经济体制下形成的国民经济管理,在新的体制条件下面临着转型的问题。这是历史发展的必然,是实践与认识发展的结果。

## 一、经济体制改革与国民经济管理的转型

1. 我国传统的国民经济管理的弊端

我国传统的国民经济管理是在当时特殊的国际国内条件影响下建立起来的,其主要特点是:

(1) 高度集中的决策体制。国家通过制定和负责实施计划的方式集中掌握和支配着社会的资源配置。决策权力的分配采取行政性的方式,形成金字塔形的等级结构,以政府的行政系统为载体,决策权层层分割,分级实施,企业按隶属关系服从上级单位领导,国家直接控制着一些大型企业。

(2) 简单划一的调控机制。经济活动主要由国家通过自上而下地编制计划来实施管理,通过下达具有强制命令性质的计划指标要求下级和企业执行。虽然也有税收、价格等经济杠杆,但这些杠杆被固定化了,失去了应有的调节作用。在这种调控机制下,地区与企业之间的横向和自然的经济联系被阻断了,所有企业都在"条条"和"块块"的关系中被固定于某一行政系统。

(3) 行政监督式动力结构。由于决策权力的高度集中,决策制定者与执行者是分离的,执行者所执行的决策并不是由他根据自身利益作出的。这就是说,执行者没有明确的自身利益追求。因而,决策的执行需要依靠决策制定者的人为推动,实际经济生活中,这种推动往往采取行政监督的方式。

这种传统的国民经济管理体制在我国当时经济规模较小,经济结构简单,人民生活水平较低的情况下,还是比较适应的。这种体制有利于集中使用有限的人力、物力和财力,实现比较集中的发展目标,迅速建立初步的工业基础。但是,随着我国经济的进一步发展,这种管理体制的弊端也日益暴露出来了。其突出表现是:单纯的行政性管理方式排斥了市场机制,缩小了市场机制的调节作用;纵向型计划管理切断了地区与企业的横向经济联系,资源配置效率低下;微观经济主体无自主权;企业无活力,成为行政机关的附属物,消费者在供给短缺依靠配给情况下缺乏选择权;在中央

---

[①] 本文是1982年复旦大学国民经济管理学师资班讲学讲义,后经过修改收入山东人民出版社1998年7月出版、作者主编的《中国国民经济管理学》一书。

与地方的关系上,中央包揽过多,统得过死,影响了地方的积极性。因此,传统的国民经济管理需要改革,这是势所必然的。

2. 我国国民经济管理的转型

从 20 世纪 50 年代末到 70 年代末的 20 年间,我国也曾对传统的国民经济管理进行过几次改革,但都没有触及资源配置这个问题,只是在计划经济的框架里做一些修补工作,在中央与地方的权力分配上收收放放,没有跳出行政管理的老圈子。

我国传统国民经济管理的根本改革起于对市场认识上的理论突破。这一过程,可分为三个阶段:第一阶段从 20 世纪 70 年代末至 1984 年 10 月党的十二届三中全会前,这一阶段是贯彻计划经济为主,市场调节为辅的原则的阶段。早在 1979 年 11 月 26 日邓小平同志在会见美国《不列颠百科全书》副总编辑弗·吉布尼时指出:"说市场经济只限于资本主义社会、资本主义的市场经济,这肯定是不正确的。社会主义为什么不可以搞市场经济,这个不能说是资本主义。"[1]邓小平的上述谈话第一次打破了社会主义必须严格限制市场的范围与作用的理论禁区。在邓小平同志上述思想指导下,1981 年 6 月的《中共中央关于建国以来党的若干历史问题的决议》中指出:"必须在公有制基础上实行计划经济,同时发挥市场调节的辅助作用。"1982 年 9 月的党的十二大报告进一步明确提出了"贯彻计划经济为主、市场调节为辅的原则"。这对冲破传统的高度集中的计划经济体制,强调市场调节的作用,推动市场经济的发展起到了积极的作用。第二阶段是实行"有计划的商品经济"的阶段,从 1984 年 10 月党的十二届三中全会至 1992 年初。党的十二届三中全会上通过的《中共中央关于经济体制改革的决定》明确指出:"社会主义计划经济必须依据和运用价值规律,是在公有制基础上的有计划的商品经济。"这突破了将计划经济同商品经济对立起来的传统观念,比"计划经济为主、市场调节为辅"的认识又前进了一大步,而且这一认识随着改革的深入又有深化。在党的十三大上提出"计划与市场的作用范围都是覆盖全社会的",并指出:"社会主义有计划商品经济的体制,应该是计划与市场的内在统一的体制。"根据认识的新的发展,第三个阶段是确立建立社会主义市场经济体制的阶段,从 1992 年初至今。1992 年 1—2 月间,邓小平同志在南方谈话中指出:"计划多一点还是市场多一点,不是社会主义与资本主义的基本区别。计划经济不等于社会主义,资本主义也有计划,市场经济不等于资本主义,社会主义也有市场,计划和市场都是经济手段。"[2]这一著名论断,从根本上破除了把计划经济和市场经济看成是社会基本制度的传统观念,随后,在党的十四大上将建立社会主义市场经济体制确认为我国经济体制改革的目标。在这以后,我国国民经济管理出现了很大的变化,如企业产权结构的多元化、企业活动的市场化、各类市场的发育与发展、政府宏观调控的间接化等。

## 二、我国国民经济管理转型的条件

构成我国国民经济管理转型的基本条件有:

(1) 发展与完善市场体系。市场经济条件下进行国民经济管理的一个重要条件是市场体系的形成和不断完善。市场体系是由一系列具体市场形成的整体,按市场交易对象分,可以分为商品市场、要素市场等;按交易方式分,又可分成现货市场、期货市场等。一个完善的市场体系应当是全国

---

[1] 邓小平:《邓小平关于建设有中国特色社会主义的论述专题摘编》,中央文献出版社 1992 年版,第 95 页。
[2] 同上书,第 98 页。

统一的,并且与国际市场接轨的大市场,应当具有完整的组织体制与法规制度。

(2) 塑造市场主体。市场主体指在市场上从事交易活动的组织和个人。通常情况下,市场主体包括企业、居民以及其他一些机构。具有明确的产权关系,通过一定制度组织起来的企业占有与使用着生产要素,担负着为社会提供商品和劳务的功能。居民一方面提供劳动力、资本等生产要素;另一方面又是商品和劳务的最终消费者。医院、学校等一些机构以某种方式向社会提供服务,同时又是商品和劳务的购买和消费者。市场经济条件下进行国民经济管理应当保障各类市场主体的主权地位,使它们有权根据自己的利益作出判断与决策,调整自己的市场行为。

(3) 转换管理主体的职能。国民经济管理的主体是政府,这是由政府的职能决定的。政府作为社会共同利益的集中代表,组织和调节市场,维护整个国民经济的正常运行,是其重要的责任和功能。市场经济要有效地运行,没有政府不行;但是,政府的作用也不是万能的,滥用了反而会导致市场机制的失灵。在传统经济体制下,我国实行指令性计划管理,政府采用行政手段控制整个经济的运行过程。事实说明,这种按传统计划经济要求建立起来的政府部门及其功能是不符合市场经济要求的,必须进行政府职能的转换。政府应当把主要精力集中到提出和制定总体发展规划,调节社会总供求平衡,完善市场体系,维持市场秩序,加强其服务、协调和监督的功能上来。

(4) 建立多层次的社会保障体系。社会保障是依据一定的法律和规定,为保证社会成员的基本生活权利而提供的救助和补贴等。从广泛的角度看,社会保障体系包括社会救助、社会保障、社会福利和社会优化,也包括社会互助和个人储蓄积累保障等在内的多层次系统。完善的社会保障体系是现代市场经济的重要特征,是市场经济运行的社会保护系统和进行国民经济管理的前提条件之一。

## 三、社会主义市场经济体制下我国国民经济管理的基本特征

我国的社会主义市场经济体制尚在建立与完善过程中,根据我国改革开放以来的历程与巨大变化,以及西方市场经济国家的经验,我们可以对市场经济体制下我国国民经济管理的基本特征作一个大概的描述:

(1) 国民经济管理方式的间接化。在传统的计划经济体制下,国民经济管理主要采用直接管理的方法,政府通过下达各项计划指标,规定企业的经营范围,对企业的人财物、产供销实行直接管理。在社会主义市场经济体制下,国民经济管理则主要采用间接管理的方法,政府将主要运用经济手段,调节价值形态的经济变量,并通过市场机制作用于企业,从而引导企业,使企业的活动大体上符合宏观经济发展的目标。凡是在市场的基础性作用下能够解决的事情,政府就不再进行直接干预。

(2) 国民经济管理手段的多样化。在社会主义市场经济体制下,国民经济管理需要多种手段的配合使用,才能达到管理目标,这些手段主要是政策管理手段、法律管理手段和行政管理手段。经济政策是政府指导和影响经济活动所规定并付诸实施的准则和措施。政府制定经济政策之后,便可选择与价值范畴相联系的经济参数,通过市场作用于各类经济实体,使其贯彻政府的政策。经济法规也是国民经济管理必不可少的手段,完善市场体系,规范市场秩序,协调市场主体之间的经济关系,都需要依靠强有力的法律手段的作用。必要的行政管理是政府凭借政权力量对经济活动进行的直接干预,在特定领域和非常时期,还必须依靠行政管理手段的强制性,以便立即起到其他手段不能实现的效果。

(3) 国民经济管理体系的高效化。我国原有的经济管理体系的基本框架,是在传统的计划经济体制的条件下逐步形成的,机构庞大,政企不分,同社会主义市场经济发展的要求相差很远。我国正在按照发展社会主义市场经济的要求,改革政府机构,转变政府职能,实现政企分开,调整和撤销直接管理经济的专业部门,加强宏观调控和执法监督部门,目标是建立办事高效、运转协调、行为规范的管理体系,以适应市场经济体制下国民经济管理的需要。

## 四、国民经济管理的任务与原则

国民经济管理的总任务是根据客观规律的要求和国民经济发展各个阶段的特点,不断调整和完善生产关系,改革上层建筑,科学地组织社会生产力,高效率地组织和协调社会经济活动,以达到最大社会效益。国民经济管理的总任务是高度概括的。具体来说它包括这么几个方面的任务:

(1) 根据客观规律的要求,根据我国的国情和经济状况,在科学预测的基础上,正确确定不同发展时期的经济战略目标和重大战略决策,保证国民经济沿正确的方向和途径,持续快速、健康地发展。

(2) 制定和组织执行国民经济发展规划和计划,组织人力、物力、财力资源和科学技术的开发和利用,做好财政、信贷、外汇、物资、市场和劳力的平衡,并综合运用管理国民经济的各种监督和调节手段,对各项经济活动进行有力的控制和指导。

(3) 不断改革国民经济管理体制,完善管理组织体系,增强管理功能,调动各方面积极性,保证各项管理活动和经济活动高效率地进行。

社会主义经济制度的建立为生产力的发展创造了前提条件。但是,社会主义经济制度对生产力发展的促进作用却不是自发地产生的,它是通过一系列的经济管理活动而实现的。社会主义国家只有通过对国民经济的管理,正确处理社会经济生活的各种关系,才能促进社会生产力的发展,使人民的生活水平不断提高,充分发挥社会主义制度优越性。

在明确国民经济管理的任务之后,要搞好国民经济管理,必须坚持唯物论,尊重辩证法,从实际出发按客观规律办事,遵循以下原则。

第一,获取最佳社会经济效益原则。它体现了国民经济管理目的,是社会主义扩大再生产正常进行的重要条件。它要求:国民经济管理的各部门、各地区、各单位所采取的方针、政策、措施,都必须充分考虑到不断降低耗费,获取最佳社会经济效益。为达到这一目的,就必须:① 在全面系统地分析经济效益影响因素的基础上,科学合理地作出决策;② 使国民经济各环节相互协调;③ 局部利益服从整体利益;④ 充分发挥各级组织和每个成员的作用。上述四个方面要达到一个总的目的,就是要"取得最大限度的社会效益",社会效益按现在来讲就是取得全效益,而不仅仅是经济效益。这就要考虑:一是怎样把宏观、中观、微观经济效益结合起来,怎样取得最佳的结合;二是怎样把长期的、中期的、短期的效益结合起来;三是怎么把经济效益与其他社会效益结合起来。

第二,民主集中制原则。它是保证社会主义经济的统一性和充分调动、发挥各方面积极性的重要原则。它要求在国民经济管理中,既要有民主又要有集中,两者不可偏废。实行民主管理,将充分发挥广大人民群众的主动性、积极性、创造性,有助于克服官僚主义;实行集中领导,能在充分发挥每个劳动者积极性的基础上,建立一个有着统一的意志,严明的纪律的管理制度和管理方法,适应社会化大生产的要求。我们只有遵循民主集中制原则,才能对复杂多变的社会主义市场经济实施有效的管理。

第三,正确处理国家、企业和劳动者个人之间关系的原则。它是国民经济管理的重要内容。它的核心是解决责任、权力和利益的问题。在社会主义制度下,国家、企业和劳动者个人的物质利益在根本上是一致的,但在具体分配上又会有矛盾。这就要求我们,一方面要考虑到个人、企业的物质利益;另一方面要保证国家的全面的、长远的利益,既要调动一切积极因素,又要坚持社会主义经济的发展方向。

以上各项基本原则是互相联系、互相影响、互为条件的,只有全面贯彻各项基本原则,才有可能做到国民经济管理的方向性、科学性和有效性。

# 国民经济管理的性质和任务(1982)[①]

加深对国民经济管理的性质、任务和原则的理解,对我们如何搞好国民经济管理,提高社会效益是极有帮助的。

## 一、什么是国民经济管理?它有何意义?

在了解国民经济管理概念之前,我们首先必须把管理这个概念搞清楚。我们经常讲管理,但究竟什么是管理,管理的本质是什么?这最基本的东西如果没有弄清,那么对进行国民经济管理以及其他方面,如部门经济管理、企业经营管理都是有妨碍的。管理究竟是什么,学者专家的看法不同。

第一种看法认为管理就是组织,管理就是组织企业、部门中人、财、物的合理运用。认为管理是组织这个看法是从西方来的,有些西方管理学家持这个观点,不过目前呼声不高了。

第二种看法认为管理就是决策,这是美国著名管理学家,诺贝尔奖奖金获得者西蒙提出的。在当代竞争力强,市场多变的情况下,管理的成功很大程度上取决于各级领导阶层的决策,决策成败对一个企业、部门、国家的发展起了决定的作用,管理必须研究和重视决策问题。西蒙提出了一整套决策理论,为决策的科学化作出了重要贡献,西蒙之所以获得诺贝尔经济学奖,其中重要原因之一就是他在管理决策科学化上的贡献。

第三种看法是认为管理是一种资源。科学技术能够发展生产力,而管理本身就是生产力,这种资源比人力资源、财力资源的量和作用还来得大,它是一种开发人、财、物资源,运用资源的一种很重要的手段。

第四种看法是认为管理就是研究系统问题。苏联一些管理学家就提出,管理包含三层意思。第一层是研究一个系统内在因素;第二层意思,是研究系统之间的关系;第三层意思,是研究一个系统怎样正常、顺利地运转,以达到预期的效益,预期的目标。它把管理分成对社会的管理、对经济的管理、对物资的管理;从状态上看又可把管理分成动态管理、静态管理。他们认为这样分,便于研究管理的各种因素。所谓动态管理是指对生产力进行组织,静态管理是指规章、制度这些方面。

第五种看法是认为管理是职能,是计划、组织、指挥、控制、协调、监督等职能。我们从具体的管理活动中抽象出来,管理是具有计划、组织、指挥、控制、协调、监督等职能,这是一种看法。

第六种看法是把管理看作是治理,就是由工人来自治,来治理。一些管理学者认为管理应该叫

---

[①] 本文是1982年复旦大学国民经济管理学师资班讲学讲义,1985年收入中国国民经济管理学会组织编写、作者主编的《国民经济管理学讲义》一书。

治理才对,它包含着人民群众对各方面进行管辖。

以上这些看法都各自有自己的道理,但都有欠缺的地方,至少说是不全面。例如:管理是组织,对生产过程进行组织,但对生产过程以前的那些要不要进行管理;管理是决策,一般说决策仅仅是生产的前奏;把管理作为资源,仅仅限于生产力的角度,它如何研究生产关系、上层建筑呢?那么究竟什么是管理呢?马克思在《资本论》中对管理作了说明。马克思说:"一切规模较大的直接社会劳动或共同劳动,都或多或少地需要指挥,以协调个人的活动,并执行生产总体的运动——不同于这一总体独立器官的运动——所产生的一般职能。一个单独的提琴手是自己指挥自己,一个乐队就需要一个乐队指挥。"①马克思这段话我们今天看来,实质就在说明管理。这段话包含三层意思:第一层意思,他认为凡是社会化大生产,共同劳动就必须进行管理,这是因每个人的活动必须加以指挥与协调才能更好地达到共同目标。第二层意思,他认为管理包含着两个主要的职能:第一个职能是指挥劳动的职能;第二个职能是监督劳动的职能。第三层意思,他认为管理是一种活动,这种活动并不是可有可无的,而是必不可少的。根据马克思的论述,我们可以发现管理是一种活动:第一它是由共同劳动所产生的;第二它包含两个内容——监督劳动和指挥劳动;第三管理的目的是,协调各方面的活动。以取得最好的总体效益。简练地说,管理是由共同劳动所产生的,具有计划、组织、指挥、协调、控制、监督等职能,将有限的人、财、物资源合理组织安排、利用,从而获得最好总体效益的一种活动。

我们了解了管理的概念,就可以给国民经济管理下个定义。概括地说,国民经济管理是为了达到国民经济发展的总目标,而协调和组织整个国家范围内的一切经济活动的各种方式、方法、手段的总和。它包含下面三个含义:

(1) 任何管理都有其目的性。国民经济管理就其直接的目的来说就是合理利用资源,以取得最好的社会效益。广义地说,国民经济管理的目的是与国民经济发展总目标是一致的。

(2) 管理是一种综合性的活动,国民经济管理也不例外,它是为了达到国民经济发展总目标而对国民经济各部门、各环节、各大中小企业等施加影响,其中包括计划、组织、指挥、控制、监督、协调等种种职能活动和经济手段、行政手段、法律手段等种种手段。

(3) 国民经济管理是社会化大生产和专业化分工的客观要求。随着社会大生产越来越复杂,社会分工不断深化,经济活动规模不断扩大,各部门之间联系日益密切和复杂化,对国民经济管理的要求也愈来愈高。

国民经济管理概念对我们进一步学习国民经济管理学是很有帮助的。在我国开展对国民经济的管理意义是重大的,我们可以从两个方面来看:

第一,对社会主义国民经济进行管理之所以必要,是由社会主义生产资料公有制与高度发展的社会化生产相结合所决定的。生产资料公有制的建立,从国家全民的角度上看,原来被割裂的许多企业和部门在经济上连结成为真正统一的整体,这就客观上需要我们在全社会范围自觉地组织社会经济生活,对国民经济系统进行总体协调和总体规划。这一点在资本主义国家是办不到的。在西方,由于私有制生产从总的看是社会化的,但部门之间、企业之间的经济联系都是割裂的,这产生了社会大生产与生产资料私有制的根本矛盾,是资本主义国家无力解决的。而社会主义则不同,我们有可能也能够建立强大的社会经济管理中心,有可能在根本利益一致的基础上对整个国民经济活动进行统一的计划调节和管理。

---

① 马克思、恩格斯:《马克思恩格斯全集》第23卷,人民出版社1975年版,第367页。

第二,我国现在正面临着实现四个现代化宏伟任务,特别迫切需要迅速提高国民经济管理水平。日本一些管理学家和企业家把先进的科学技术与科学的管理,比喻为推动现代化建设事业前进的两个车轮,甚至认为现代化事业成功是七分靠管理三分靠技术,这些论点还是有一定道理的。对我国来说,不仅科学技术比较落后,管理水平也比较落后,国民经济管理体制也不完善。改革经济体制就是要提高经济效益,而其中没有科学技术水平的提高和管理水平的提高是不行的。当然我们这里指提高管理水平是包括提高宏观的管理即国民经济管理水平和微观的管理即企业管理水平。但是没有科学的国民经济管理,就不可能有力地把企业积极性引导到正确的轨道上来,就不能使各方面力量凝聚成一股合力,使亿万人民的行动协调一致,从而无法实现四个现代化宏伟目标。进行国民经济管理,是实现这一宏观目标的重要保证。

## 二、国民经济管理具有二重性吗?

在探讨这个问题时,我们必须首先搞清管理的二重性。管理的二重性具有自然属性和社会属性。管理的自然属性,是管理所具有的组织、指挥和协调生产的特性,它反映了现代社会主义大生产过程中协作劳动本身的要求,是各种不同社会生产方式都可以共有的一系列科学方法的总结;而管理的社会属性,是管理所具有的监督职能,它反映了生产资料占有者或统治阶级的意志,受到一定生产关系的影响和制约,是为一定的经济基础服务的。

马克思在《资本论》中,就提出资本主义企业管理二重性的理论。马克思认为:"凡是直接生产过程具有社会结合过程的形态,而不是表现为独立生产者的孤立劳动的地方,都必然会产生监督劳动和指挥劳动。不过它具有二重性。一方面,凡是有许多人进行协作的劳动,过程的联系和统一都必然要表现在一个指挥的意志上,表现在各种与局部劳动无关而与工场全部活动有关的职能上,就像一个乐队要有一个指挥一样。这是一种生产劳动,是每一种结合的生产方式中必须进行的劳动。另一方面——完全撇开商业部门不说——凡是建立在作为直接生产者的劳动者和生产资料所有者之间的对立上的生产方式中,都必然会产生这种监督劳动。这种对立越严重,这种监督劳动所起的作用也就越大。"[①]

从以上马克思所记述的管理二重性的理论中,我们可以认识这样两层内涵:其一,管理的二重性是通过两种管理职能来表现的,即通过"指挥劳动"和"监督劳动"来分别表现管理的自然属性和社会属性。"指挥劳动"是一种生产劳动,它是进行社会化生产所必需的,是执行着组织和协调企业生产、技术、经营等整体活动的一般职能;"监督劳动",则是指在一定的生产资料公有制方式下,社会劳动过程的一种特殊职能。其二,管理的二重性是由商品生产的二重性所决定的。资本主义商品生产过程一方面是制造商品的社会劳动过程,另一方面是资本增值过程。制造商品的社会劳动过程反映在企业管理方面,是作为对生产使用价值的社会劳动过程的管理,在这上面体现出对生产管理的一整套科学的方法、技术、手段。反映了社会化大生产的一般要求,这就决定企业管理的自然属性。资本增值过程是资本主义商品生产过程特有的一面,这个过程反映在企业管理方面,是作为对资本增值过程的管理,它表现了资本主义生产关系的剥削实质,同时又在不断地再生产出资本主义生产关系。这就是决定了企业管理的社会属性。然而,企业管理为什么具有二重性?为什么要通过管理的两种职能来表现?这是因为社会的生产过程是由生产力和生产关系这两个方面组成

---

[①] 马克思、恩格斯:《马克思恩格斯全集》第25卷,人民出版社1974年版,第431页。

的,是由组织生产和维护生产关系这样两种基本职能结合而发生作用的过程。所以,管理的二重性就是由组成企业生产过程的两种因素所决定的,是通过两种基本职能在这企业生产过程中的作用表现出来的。

社会主义企业管理是否同样具有二重性呢?学术界有两种观点。第一种观点,认为社会主义企业管理仍具有管理的二重性,这是因为社会主义产品生产仍然是社会化大生产,一方面是产品生产过程,一方面是资金积累的过程。为了完成国家全民的整体利益仍需要进行监督控制。持有这种观点的人占大多数。另一种观点是认为社会主义企业管理不是有二重性,只有一种属性,即自然属性,这是因为社会主义社会是生产资料公有制管理者与被管理者处于同等地位,不存在监督问题,且社会主义经济是计划经济。持有这种观点的人占少数。那么社会主义企业管理是否有二重性呢?我们认为是有的。党的十二届三中全会关于经济体制改革的决定中,提出社会主义经济是有计划的商品经济,这就为二重性问题指点了途径。社会主义商品生产过程仍然有二重性,一是产品生产的社会劳动过程,一是社会性问题指社会主义资金积累,社会主义生产关系再生产的过程。前一过程反映在企业管理上呈现为它的自然属性,后一过程反映在企业管理上呈现为它的社会属性。值得注意是管理的二重性并不是管理的可分离的两个方面,二重性是在管理中同时显现出来的。

管理的二重性决定了在不同的社会生产方式下,管理具有两个重要特点。管理不仅要适应现代化大生产的要求,还要体现一定的生产关系的要求,并同上层建筑有密切的联系。它是由占有生产资料的那个阶级来实行的,服从那个阶级的意志和利益。因此,资本主义企业管理的二重性,表现为资本主义剥削关系同社会化大生产的要求相结合的基础上的管理特点,而社会主义企业的管理二重性,则表现为社会主义生产关系同社会化大生产的要求相结合的基础上的管理特点。从这里可以看出,在不同的社会生产方式下,管理二重性是有不同的特点,它包括两个内容:其一,是它的永久性(或称为共性、继承性或连续性)。马克思在《资本论》中,已清楚地说明了,一切规模较大的直接社会劳动或共同劳动,都需要指挥和监督,以便协调各个劳动者的活动,达到预期的结果。这是任何有社会共同劳动地方所共有的性质,是不以社会制度性质的变化为转移的,只要是协作劳动,就需要管理,一万年也永久不变。因此在管理中有关合理组织社会化大生产的一些形式、方法,虽然是在一定的生产关系下产生的,但并不是为某种生产方式所特有,只要对社会化大生产都是适用的。可以认为按大生产客观规律要求组织管理是一切实行大生产的社会中管理的共性。从而一切国家和民族的管理思想和经验只要是反映大生产的客观规律,而不是由其特有的社会制度所决定的,就都可以继承,相互吸收。其二,作为管理二重性特点的另一个内容,是它的特殊性(或称为易变性、个性或暂时性)。管理作为实现生产目的的一种手段,执行着维护生产关系的基本职能,则表现了劳动过程所采取的特殊的历史的方式。劳动的社会结合方式不同,管理的特点和性质也就不同。生产关系的性质发生变化,管理的社会属性也要随之而相应地变化。因此,在管理中有关维护某种生产关系的原则,措施就只能适应该种生产关系的需要,为实现其特定的生产目的服务,一般都具有历史的暂时性,也不为各种社会生产方式所共有。我们所说的管理性质的变化,主要指管理二重性中社会性质的变化。

根据以上的分析,我们可以得出结论:社会主义企业管理以及国民经济管理都具有二重性。

国民经济管理的二重性同样一重是自然属性,一重是社会属性。国民经济管理的自然属性就是社会化大生产对国民经济管理的客观要求,体现在国家组织、指挥、协调整个国民经济活动的科学方法、手段等上。国民经济管理的社会属性是社会主义生产关系对国民经济管理的特殊要求,体现在国家对整个国民经济各层次、部门、环节的经济活动的监督、控制等方针、政策、原则等上。

学习和运用国民经济管理的二重性理论有其极为重要的现实指导意义。① 就其自然属性来说，既然不同的社会经济制度之间在合理组织生产力方面区别不大，因而社会主义国家可以借鉴国外经济管理中一切先进的管理理论和管理经验，并结合本国的情况加以消化、运用；② 就其社会属性来说，因为社会主义经济管理与资本主义经济管理有着本质的区别，所以我们绝不能把资本主义经济管理的理论和方法一概照抄，还必须对其中的腐朽堕落的资本主义思想进行批判、抵制。所以，我们既要反对全部否定国外经济管理理论和方法的观点，又要反对不加分析照抄照搬的观点，逐步建立和完善我国社会主义经济管理理论的方法，保证和促进我国社会主义经济有计划、按比例、高速度、高效益地发展，迅速实现四个现代化宏伟目标。

## 三、国民经济管理的科学基础是什么？

要搞好国民经济管理，就必须使国民经济管理建立在科学的基础上。国民经济管理的科学理论基础来源于三个方面：

第一个方面，来源于马克思列宁主义的管理理论。

我们在学习中感到，在马克思、恩格斯、列宁、斯大林、毛泽东的著作中有比较丰富的管理思想，有待我们进一步去发掘。如《资本论》《反杜林论》《国家与革命》《苏联社会主义经济问题》《论十大关系》《正确处理人民内部矛盾》等，这些著作中都有丰富的管理的科学思想。如毛主席的《正确处理人民内部矛盾》中有五十多处谈到正确处理各方面的关系，《论十大关系》更是对进行国民经济管理，有重大理论指导意义。马克思主义的管理思想，一般来说表现在七个观点上：

第一个观点，社会主义经济是计划经济，必须进行计划管理。马克思把计划作为一个最高规律，马克思在《致库尔曼》这封信中讲到：要取得社会的产品，必须付出一定比例的社会劳动。其实他讲的计划是一种比例关系。后来列宁对马克思关于计划管理的理论有所发展。列宁在一篇文章中谈到，所谓计划性，就是指自觉地经常地保持平衡。你要搞好计划，要靠人的自觉，也要有一定物质保证。平衡是从人、财、物、时间来考虑。后来毛主席把关于管理的理论又进一步发展，发展到说计划是一个上层建筑。毛主席在《人的正确思想从哪里来的》这篇文章中，他说计划是从物质到精神，精神到物质的飞跃。

第二个观点，社会主义大生产必须进行管理。这个观点在《资本论》中再三强调，任何社会，凡是大生产的社会、工厂、企业都要进行管理。过去认为社会主义有高度的计划性，不需要进行管理，这个理解是错误的。

第三个观点，社会主义经济管理（包括国民经济管理、部门经济管理、企业管理等）是有一定目的性的。目的性在《资本论》中是说节省时间，讲时效、讲工效。这一点对我们来讲很重要。现在我们时间观念比较差。马克思很早就把节省时间当作最高规律。现在资本主义不是讲时间就是金钱吗？我们有的企业在把时间白白地浪费掉。现在有人专门写一本书，叫《工效学》，讲怎样节省时间。日本一个代表团到上海访问，他说好像你们工人坐的凳子与工作台不成比例，凳子高、台子低，这样效率不高，他说资本主义不是这样，它是一切从工作效率出发的。

第四个观点，社会主义管理必须有权威。恩格斯在《论权威》里讲就是要有权威，权威不是说一个领导者说了要算数，而是讲要有威信，管理者必须要有权威。

第五个观点，社会主义制度下必须要有簿记。强调簿记的重要性，会计、监督。列宁在《帝国主义是资本主义最高阶段》中也提到这个问题。

第六个观点,要节约社会劳动。整个社会,不是个别企业,都要节约。这对社会主义经济管理是有意义的,现在我们社会劳动很多浪费了。

第七个观点,关于按劳动分配的思想。这个思想大家很熟悉我们不多说了。

第二个方面,列宁关于经济管理的理论。

列宁在他的著作中多次谈到经济管理的问题,有以下几个方面:

第一,列宁谈到,社会主义经济管理的重要性,这是针对十月革命后,认为社会主义是计划的经济,不需要管理这种观点。第二,列宁还提出了一个十分重要的观点,向资产阶级学习管理的必要性,这是针对十月革命后,有人认为资产阶级被打倒了,不行了,资产阶级的一切对社会主义都是无用的。列宁认为,管理有二重性,要向资产阶级学习有用的东西。第三,社会主义民主管理,劳动纪律。列宁在《国家与革命》第五章专门讲全社会的管理、全民的管理这种观点。第四,关于提高劳动生产率与进行经济核算。第五,关于培养管理人才的重要性。第六,关于实行政治领导与经济领导统一的问题。第七,对劳动成员的物质关心和精神方面的关心,即物质和精神结合起来的观点。

毛主席有些管理理论,现在大家在探讨、研究。他认为管理包含以下几个方面。第一,依靠工人阶级办好社会主义企业。这个工人阶级范围比较广泛,包括知识分子。第二,提出两参一改三结合,实行干部参加劳动,工人参加管理,改革不合理的规章制度和实现三结合。这个思想,在国外,比如日本是从我们这里引去的。当然性质不同。第三,提出企业经营的目标。资本主义国家经营与合作社经营部都要有相当周密的计划,任何企业都要强调计划管理。第四,即价值规律的应用。第五,勤俭办厂,建立经济核算制度,使一个工厂实行企业化。第六,按照按劳分配的原则把物质鼓励与精神鼓励结合起来。第七,政治思想工作问题。第八,实行政治与经济的统一、政治与技术的统一,又红又专等。这些思想是很丰富的,还有其他一些观点。这是讲第二个方面科学基础来源于中国的实践。

第三个方面,是西方的管理理论。

西方的管理理论,分为西方的古典管理和现代管理。这些理论是综合各个国家的理论形成的。西方的管理理论来自各方面,一部分来自空想社会主义。传统管理,强调对人的管理。对人的管理,空想社会主义者圣西门早就提出来了。他认为对人的投资比对物的投资,收获还高,且投资少。对于西方这些传统管理,现在有些同志讲,还是有些可取的。像西方古典管理,综合成为十二条。只要能做到这十二条,管理的效果还是可以提高的。比如,一条强调经营管理者要有高尚的目的;另一条,企业管理者要有丰富的知识。同时,一个经济部门要有合格的顾问,还要有严格的纪律,还要进行公平交易。还要强调原始记录要有完善的计划,要力求标准化,要制订日程进度表,要有标准的工作环境,要有标准的指导,要进行有效的奖励。西方传统管理理论当然有其缺陷,它是以个人动向,个人意愿,由经理管理,不太科学。西方自泰罗以后产生了科学管理。台湾有一本管理书,把泰罗的理论思想高度概括,用中国话概括,对我们还具有一定意义的。它强调要注意七个要素,通过四个办法,达到四个目的。四个办法是:① 一切工作制度化,把人、财、物都条理化,一体化;② 一切工作简单化,工作布置,方法、操作要简化,节省时间,达到省工、省时、省料的目的;③ 效率化,以最小的人财物,取得最大的工效;④ 标准化,把一切复杂的事物化简,制定标准,可以检查。通过四个办法,达到四个目的:① 人尽其才,才尽其用;② 物无浪费,没有虚耗;③ 递进效率,降低成本;④ 分层负责,上下结合,也就是我们现在讲的责任制。强调管理要抓住七个方面:财务、计划、设备、生活等方面的管理。

关于西方国家的行为科学。行为科学的内容很丰富。不仅仅是研究人的行为,有一定的科学,有些东西不能用,有些经过批判的可以用。行为科学有四个观点对我们有一定参考价值。

第一,把以事为中心的管理发展为以人为中心的管理。泰罗那套是以事为中心,以物为中心进行管理,用金钱激励。行为科学强调以人为中心的管理。很多管理学家到中国访问,说以人为中心的管理是我们中国的管理特色,但是现在我们是想以事为中心进行管理。根据考查,我们生产效率低,主要在于人的积极性没有被调动起来。管理办法是需要的,但更要强调以人为中心管理。许多管理学家提了这个意见。从大量事实中可以看到,怎样对人的管理,怎么提高人的工效,是个很重要的问题。行为科学就要通过人的行为研究怎么调动人的积极性。当然其目的与我们不一样,但他们的科学性的一面我们是可以学习的。

第二,由原来对纪律的研究发展到对行为的研究。资本主义国家把资本主义管理分成三阶段,被管理者看成是布谷鸟。第一个阶段,布谷鸟不叫,工人不干,我就把你杀掉,开除厂籍。这是奴隶制度的办法,开除出社会,成为社会负担,后来感到这样不行了。发展到泰罗这个阶段,叫"你不叫,我硬要你叫,强迫你叫"。采取流水线生产,进行动作研究。你不干就拿不到奖金,没有饭吃。第三个阶段,感到泰罗这个办法不行了。行为科学是等着你叫,引诱你叫,采取各种办法,引导你,调动你干,行为科学专门研究人的行为,人的动机,人的需要(各种需要、社会需要)。行为科学提出五个层次需要。观点、方法、目的不同,但人生活在世上,就有物质需要、精神需要、求得最高需要。资本主义讲的是自我需要,我们讲的是整个社会的需要。如果大家把这种思想研究一下,用社会主义基本经济规律进行对照。按照斯大林讲,是在高度技术上,不断提高社会物质需要。我们现在根本没法最大限度,但这是社会主义基本经济规律的需要。行为科学研究各自的动机。以我们现在讲,有的人要求入团入党,作为领导者就要关心他,培养他,这是精神方面的需要。行为科学是专门研究人的行为运动规律的,对象是人。方法、技巧可以参考,但资本主义这一套不是都能用,有的要批判。

第三,由原来实行监督的管理发展到人的激发的管理。

第四,由原来独裁式的管理发展到参与管理,工人参加管理,其实是中国的特色。对人的管理,人的积极性的调动,以人为中心的管理。这些都是我们中国固有的管理,固有的经验、管理的特色。西方一些管理思想是有其科学的一面,也有其糟粕的一面,我们认为科学的一面就可以作为我们国民经济管理的科学基础之一,因为它有助于国民经济管理建立在科学之上。例如:投入产出分析、线性规划、系统工程、经济控制论、经济数学模型等这些现代管理方法完全可以运用到国民经济管理中来,实际上我们也应该运用这些现代管理方法来对国民经济管理,而不管他们原来是西方管理理论。

## 四、国民经济管理的任务和原则

首先我们先讨论国民经济管理的任务。国民经济管理的任务是什么?这不是凭空设想的,任务是由社会主义基本经济规律以及党的经济发展的总目标与阶段目标所决定的。斯大林指出:"保证最大限度地满足整个社会经常增长的物质和文化的需要,就是社会主义生产的目的,在高度技术基础上使社会主义生产不断增长和不断完善,就是达到这一目的的手段。"[①]为了达到社会主义生产

---

① 斯大林:《斯大林选集》下卷,人民出版社1979年版,第568页。

目的,就产生了国民经济管理必须完成的任务。同样党和国家提出的经济发展的总目标与阶段目标就是根据社会主义基本经济规律而来的,这些目标决定了各个时期的国民经济管理任务有所侧重。目前来说国民经济管理要配合经济体制改革,以早日实现四个现代化。

国民经济管理的总任务是根据客观规律的要求和国民经济发展各个阶段的特点,不断调整和完善生产关系,改革上层建筑,科学地组织社会生产力,高效率地组织和协调社会经济活动,以达到最大社会效益。国民经济管理的总任务是高度概括的,具体来说它包括这么几个方面的任务。

(1) 根据客观规律的要求,根据我国的国情和经济状况在科学预测的基础上,正确确定不同的发展时期的经济战略目标和重大战略决策,保证国民经济沿正确的方向和途径,有计划、按比例的发展。

(2) 制定和组织执行国民经济发展规划和计划,组织人力、物力、财力资源进行科学技术的开发和利用,做好财政、信贷、外汇、物资、市场和劳力的平衡,并综合运用管理国民经济的各种监督和调节手段,对各项经济活动进行有力的控制和指导。

(3) 不断改革国民经济管理体制,完善管理组织体系,增强管理功能,调动各方面积极性,保证各项管理活动和经济活动高效率地进行。

社会主义经济制度的建立为生产力的发展创造了前提条件。但是,社会主义经济制度对生产力发展的促进作用却不是自发地产生的,它是通过一系列的经济管理活动而实现的。社会主义国家只有通过对国民经济的管理,正确处理社会经济生活的各种关系,才能促进社会生产力的发展,使人民的生活水平不断提高,充分发挥社会主义制度优越性。

在明确国民经济管理的任务之后,要搞好国民经济管理,必须坚持唯物论,尊重辩证法,从实际出发按客观规律办事,必须遵循三个原则、四个观点。

三个原则是:

(1) 获取最佳社会经济效益原则。它体现了国民经济管理目的,是社会主义扩大再生产正常进行的重要条件。它要求:国民经济管理的各部门、各地区、各单位所采取的方针、政策、措施,都必须充分考虑到不断降低耗费,获取最佳社会经济效益。为达到这一目的,就必须:① 在全面系统地分析经济效益影响因素的基础上,科学合理地作出决策;② 使国民经济各环节相互协调;③ 局部利益服从整体利益;④ 充分发挥各级组织和每个成员的作用。

(2) 民主集中制原则。它是保证社会主义经济的统一性和充分调动、发挥各方面积极性的重要原则。它要求:在国民经济管理中,既要有民主又要有集中,两者不可偏废。实行民主管理,将充分发挥广大人民群众的主动性、积极性、创造性,有助于克服官僚主义;实行集中领导,能在充分发挥打个劳动者积极性的基础上,建立一个有着统一的意志、严明的纪律的管理制度和管理方法,适应社会化大生产的要求。我们只有遵循民主集中制原则,才能对复杂多变的社会主义经济实施有效的管理。

(3) 正确处理国家、企业和劳动者个人之间关系的原则。它是国民经济管理的重要内容。它的核心是解决责任、权力和利益的问题。在社会主义制度下,国家、企业和劳动者个人的物质利益在根本上是一致的,但在具体分配上又会有矛盾。这就要求我们,一方面要考虑到个人、企业的物质利益,另一方面要保证国家的全面的、长远的利益,即既要调动一切积极因素,又要坚持社会主义经济的发展方向。

以上各项基本原则是互相联系、互相影响、互为条件的,只有全面贯彻各项基本原则,才有可能做到国民经济管理的方向性、科学性和有效性。

四个观点是:

(1) 系统观点。系统的观点,即国民经济全局观点。国民经济系统是由许多要素和子系统所组成的,但它不是孤立的各要素的简单相加,而是通过系统要素的特殊结合,达到新的,更加完备的特性。系统的各要素,是系统的有机组成部分,离开了系统整体,它的功能和作用也将失去意义。例如:国民经济可分为农、工、商、运输、建筑等许多部门,每一部门都有自己的功能,但只有它们的步调一致,才能发挥作用。但系统的观点并不否认局部的作用,每一个要素和子系统都有自己的功能,都必须保持功能的完好,问题在于如何与整体协调一致。国民经济管理必须有系统的观点,以整体效益最优为最优。

(2) 权变观点。国民经济系统是一个开放的系统,它是在一定的社会政治环境、自然环境、国际环境等环境中生存发展的。环境既为国民经济发展提供有利条件,同时又限制着它的发展。国民经济管理必须有权变的思想,要善于利用有利环境条件来促进国民经济发展,同时要避开不利因素,当环境变化时要提高国民经济的应变能力。

(3) 经济效益观点。国民经济管理要强调经济效益,但是国民经济管理并不追求局部的最优经济效益,而是强调全体的、全社会的最优效益。例如:为了整个国民经济效益的最优,可以牺牲某个单位的局部效益。

(4) 战略观点。从事如此复杂的国民经济管理,如果没有战略眼光,纵观全局,高瞻远瞩,面对环境,向着未来,在深刻认识国情和世界的基础上,抓住根本性、方向性的问题进行战略决策和统一部署,想开创新的大好局面是不行的。树立战略观点,这是现代化大生产的必然要求,这方面我们有过沉痛的教训。

1983 年在泉州创办现代经济管理讲习班,学员合影

# 关于间接控制的若干问题(1986)[①]

为了建立新型的社会主义经济体制,必须增强企业活力,完善市场体系,搞好间接控制。这三方面的工作相互联系,缺一不可。这里仅就国家对企业的管理逐步由直接控制为主转向间接控制为主的有关问题,谈几点个人的看法。

## 一、什么是直接控制与间接控制?

从广义来说,直接控制也可以理解为对宏观经济的直接管理,间接控制可以理解为间接管理。这两者在管理和控制的内容、机制、形式和措施等方面有不同的特点。

(1) 从管理和控制的内容与范围来看:直接管理和控制的重点是"供给"。在新的体制下,间接管理和控制的重点是"需求",即既包括投资管理,也包括收入分配调节和消费指导等。我们目前则正处在从前者向后者的过渡之中。

(2) 从管理和控制的形态与性质来看:社会经济的运行主要有两种形式:一是实物运动;二是价值运动。直接管理和直接控制着眼于实物的运动,也叫实物管理。其局限性很大,很难进行总体的平衡和控制。虽然可以借助于价格,用统一的价值单位度量,但它对实物管理意义不大,也不如货币管理那样灵活有效。所以,在新体制下的间接管理和控制则着眼于货币的运动,因而可称为货币管理。货币管理包括预算管理、信贷管理和外汇管理。最近,我国在做好预算资金管理的同时,重点要加强信贷资金和外汇管理。这是消除失控现象、实现宏观平衡的关键环节。目前正处在从实物管理向货币管理的转变之中。

(3) 从管理和控制的机制与方式来看:直接管理和直接控制主要依靠计划指令和行政手段,由国家直接规定各种生产的规模和速度,直接控制各个经济主体的活动。在新的体制下,间接管理和间接控制主要是通过政策手段的刺激和奖惩作用,影响经济主体的决策和活动方向,达到控制和调节的目的。间接管理如果运用得当,效果显著,可以避免直接管理的一些弊端。但在目前情况下,一部分行之有效的直接管理和直接控制办法还要适当运用,不能随便丢弃。我们应促使直接管理向间接管理转变,加强对间接管理办法的学习、研究和设计,要注意把两者结合起来。

(4) 从管理和控制的机构与措施来看:在直接管理的情况下,国家对经济的管理是由计划与各经济主管部门按照生产计划进行的;在间接管理的情况下,则是由计划、财政、银行等部门运用财

---

[①] 本文是1986年1月9日中共上海市委研究室组织座谈会上的发言稿,并由研究室编成《关于间接控制问题座谈会材料之十》,发表在《复旦学报》1986年第2期。

政、货币政策以及投资和收入分配政策来管理的。因此,发挥财政,特别是银行的作用,加强对财政货币政策的研究和运用尤其重要。应当改变银行与财政耦合太紧的现象,使银行适当独立,摆脱地方行政部门的直接干预,实现企业化,成为独立的经营实体。这有利于发挥间接管理和控制的作用。

由此可见,间接管理和间接控制,既不同于以指令性计划指标为特征的直接控制和管理,也不等于市场调节,它有自身的特点,主要表现为:

第一,具有宏观性与广泛性的特点。它只需对市场机制施加作用,改变市场环境,就能够对所有的经济活动产生预期的影响。它比直接控制和管理,更宏观、广泛和复杂,通过市场能够间接控制和管理任何一种经济活动。

第二,具有全面性与概括性的特点。由于间接控制和管理要达到的目的,需要对计划中需要解决的问题和实现目标进行全面和概括的控制,这就可以避免对地方和企业活动进行过于琐碎的干涉,从而有利于发挥它们的积极性和主动性。

第三,具有灵活性与间接性的特点。间接性表现在国家与经济组织之间的联系是通过市场发生的,国家不再是直接面对几十万个企业,而是利用各种经济手段来改造市场和环境,从而影响分散的决策人,使企业能够沿着国家通过市场作用所指出的方向前进,与国家所要达到的经济政策目标一致。这样,企业能充满活力,面向市场和消费者。所谓灵活性,是指间接控制所侧重的是行动方向而不是具体指标,其手段是经济杠杆而不是行政命令,因而它具有一定的灵活性与适应性,使企业能依据当时所掌握的信息和资料,及时地调整计划。

总之,间接控制的实质是为了达到一定的目标而对各种经济杠杆的主动运用。与直接控制的根本区别在于,它不是直接干涉企业具体的生产活动,而是控制那些其自身就是动力的自动调节机制。

## 二、如何实行以间接控制为主的经济管理?

实行间接控制和管理,涉及一个核心问题,即能否有效地运用经济杠杆。如果这一问题解决不好,改革就难以取得效果。那么,在实行间接控制和管理中如何运用经济杠杆呢?

### (一)应着眼于激发企业活力与加强宏观控制的结合

这就是说,运用经济杠杆调节经济,不是以强制的直接干预方式,而是以激励、推动、引导等方式间接影响经济发展。

(1)运用经济杠杆,为宏观经济提供更为有效的控制手段,对增强宏观调节和控制功能具有重要意义。这里所说的宏观调节和控制,显然不是过去那种把一切都统起来的传统办法,而是指通过改革所形成的新的调节与控制体系。从内容上说,它不是直接控制企业的供、产、销和直接组织每一个产品的具体平衡,而主要是控制关系全局的重大宏观经济活动和搞好构成整个经济活动框架的总体平衡;从方式上说,它不只是消极的限制和简单的行政干预,而是更重视对生动活泼的经济活动进行积极指导和增强各级经济组织的自我调节功能,做到统而不死,活而有序。这一宏观调节与控制体系,正是以经济杠杆的运用为核心的。通过经济杠杆的运用以及与其他手段的配合,可以对总供给和总需求等重大比例关系、经济结构、布局、对外经济往来以及人、财、物的流向等重大宏观经济活动进行有效的调节,使国民经济大体按比例发展。

(2) 在改革实践中,人们十分重视把微观经济搞活,这是完全正确的。但与此同时,绝不能放松宏观调节与控制。问题在于怎么管,如何迅速建立新的控制方式去代替旧的控制办法。如果新旧体制的交替出现了脱节,搞活了企业而放松了宏观控制,减少了行政干预和指令性指标而没有代之以有效的经济手段,必然会出现管理上的"真空"。这正是当前某些宏观失控现象产生的主要原因。我们应全面估量各项改革可能产生的一系列影响,力求改革措施协调配套,力求宏观体制改革跟上微观经济搞活的要求,尽量减少出现脱节现象。

(3) 改革的最大难点不在于如何把企业搞活,也不在于如何把宏观活动管住,而在于如何把微观经济的活力与宏观经济的协调力、凝聚力恰当地结合起来。这种结合是经济活动本身的内在要求,也是体制改革成败的关键。因为要促进社会主义经济生机勃勃地向前发展,应同时解决好两方面的问题:其一,必须使构成国民经济基本单位的每一个经济细胞都充满活力;其二,又必须把千千万万个经济细胞凝聚为一个互相衔接的有机整体,把各项经济活动纳入健康的协调发展的轨道之中。我们所进行的体制改革,归根到底,就是要形成一套能有效地推动社会主义经济运行的管理机制。这既要以增强企业活力为中心,又要使每一企业具有一种向心力,从而把分散的企业的活力变成整个社会主义经济的巨大活力。如果不能同时解决好这两个方面问题,改革过程中必然出现波动、反复甚至失误。这已为国外的经验所充分证明,是很值得注意的。

## (二) 为正确运用经济杠杆实现间接控制创造条件

(1) 经济杠杆的科学运用,是以对价值规律的深刻认识为基础的。离开价值规律的作用,就谈不上经济杠杆的有效性。所以,绝不能认为以经济手段管理经济,就一定符合客观规律。与行政手段一样,运用经济杠杆也有一个是科学运用还是瞎指挥的问题,是符合还是违背客观规律的问题。众所周知,我国目前由于价格体系不合理,在许多方面不反映价值规律的要求,从而使价格杠杆难以发挥作用,甚至起"逆调节"的作用。工资杠杆也存在着类似的情况。通过体制改革,逐步调整不合理的价格和工资制度,才能为这些杠杆充分发挥作用创造条件。所以,我们必须正确估量价格、税收、工资等目前还正在改革之中,其作用还受到很大限制这一实际情况,不能估计过高。完善经济杠杆体系,需要有一个过程,学会和熟练地掌握经济杠杆,也需要有一个过程。

(2) 经济杠杆的运用,是以企业一定的独立权益为前提的。因为价值规律是商品经济运动的规律,只有每个企业成为相对独立的自主经营、自负盈亏的商品生产者和经营者,才能运用经济杠杆推动它们关心自己的经济利益和事业的发展。目前的情况是,许多企业既有了一定的自主权,原来的"大锅饭"又尚未完全打破,这是造成有些单位不惜损害国家利益和自身事业发展,竞相滥发资金的重要原因之一。所以,应当尽快改变这种状况,使企业真正成为自负盈亏、独立核算的经济实体。

(3) 宏观经济的平衡协调,既是宏观调节的要求,也是经济杠杆正常发挥作用的必要条件。宏观经济的平衡,包括供、需总量的平衡和构成的平衡。我认为,其中最重要的是总供给量和总需求量的平衡。因为如果总需求大大超过总供给,则会带来物价总水平的上涨,并且由于严重的物资短缺而使企业丧失开展正常竞争的环境,从而也减弱了经济杠杆的作用。当前,如果控制不住总需求的过分膨胀,价格是难以控制的。

(4) 正确运用经济杠杆,又必须以一定的管理基础和经济基础为条件。管理基础是指一定的管理水平,如人员素质、建立经济核算制和经济责任制的状况、信息工作水平等。从一定意义上说,改革就是为了完善管理机制,增强管理功能,从而更科学、更有效地进行管理。只有把改革与提高管理的科学化水平结合起来,才能更有成效。就总体来说,我们的广大干部还没有学会运用经济杠杆的本领,这是需要尽快解决的。但是,如何把改革与提高管理人员的素质、提高管理的科学化水平结合起来,这一问题还没有受到应有的重视。

经济基础是指经济发展状况与承受能力。如前所述,发挥经济杠杆的作用,必须对价格、工资等进行调整。但工资调整会引起消费需求的增长,物价的调整也会引起一定时期物价水平的上升,价格放活在总需求膨胀的情况下,也可能使价格上涨,国家不仅要为工资、价格合理的调整付出代价,而且还要为可能出现的失控现象付出代价。所以,这种调整就不能不考虑现实经济的承受能力。

(5) 要创造一定的经济环境和条件,如:要对银行、税务等职能部门进行改革,要有大量准确的信息和快速传递的手段,还要提高熟练掌握和运用各种经济杠杆的能力。

## (三) 综合运用各种经济杠杆,形成同向的合力

(1) 以经济手段调节经济活动,需要使用价格、税收、信贷、利率、汇率、工资、奖金以及财政补贴等种种杠杆。只有这些杠杆形成一股同向的合力时,才能发挥其最大效能。之所以必须强调各种经济杠杆的综合运用和互相配合,首先是由于每种杠杆都有其自身的特殊功能和局限性,只用一种杠杆难以实现调节经济的多方面要求。例如,对烟、酒实行高价政策是为了限制消费,但这样一来可能使生产烟、酒的企业获得高额利润。为了做到既限制消费又避免盲目生产,就必须同时实行高税政策。其次,必须综合考虑各种杠杆间的互相制约、互相影响。例如,工资、利率、税率的变动,都会影响生产成本和价格,而价格变动,又会影响人民的实际消费,所以必须统筹考虑工资的相应调整。再次,各种经济杠杆有着共同的目的和共同的调节客体,它们是从不同角度对同一经济过程施加影响,从而客观上要求它们必须协同动作,有机配合,几管齐下,形成合力。否则,就会使力量互相抵销,失去应有的作用。

(2) 要形成合力,必须有同一的着力点。我认为,着力点应当是国家社会主义现代化建设的战略目标和体现这一目标的计划,即以计划为轴心形成各种经济杠杆紧密衔接的调节体系。经济杠杆是实现计划任务的有力工具,无论是指令性计划还是指导性计划都离不开经济杠杆的作用去实现。指导性计划的有效性,取决于经济杠杆的有效性,没有经济杠杆的正确运用,指导性计划就会成为可有可无的计划,失去其指导意义。此外,对完全由市场调节的那一部分经济活动,也要运用经济杠杆施加影响和进行一定的指导。总之,以计划为轴心形成经济杠杆的合力,就必须把经济杠杆的运用贯穿于编制计划与执行计划的全过程之中。在编制计划的同时,要提出与计划任务要求相一致的调整价格、税率、利率、汇率、贷款方向、贷款条件等一整套调节措施,明确表明支持什么,鼓励什么,发展什么,限制什么。在执行计划的过程中,对偏离正常运行轨道的经济行为和出现的种种问题,也必须及时运用各种杠杆施加影响,以保证经济系统的正常运行。

(3) 要形成经济杠杆的合力,还必须建立统筹协调各种杠杆作用的综合性组织机构。因为按照目前的体制,它们分属于不同业务部门,如税收归财税部门,信贷归银行,价格归物价部门,工资归人事劳动部门等。这就很容易形成令出多门,各行其是,互相脱节,甚至互相抵触。为了改变这种状况,必须建立专门协调机构,及时协调各种杠杆之间以及杠杆与计划任务之间的脱节现象。这种综合调节机构应是多层次的。各地区、各城市都应有一定的调节权,因而也需要建立相应的机构。

(4) 要综合运用各种管理手段。经济杠杆尽管是有效的调节手段,但它不是万能的、完美无缺的,它也有其自身的局限性。单纯运用经济手段,往往使人只看到局部利益和眼前利益,看不到全

局利益和长远利益,或者只追求经济效益,而忽视社会效益。同时,经济手段的调节作用往往具有滞后性,并且难以事先准确地估量调节的可能结果。因此,在重视经济杠杆作用的同时,还必须使之与行政手段、法律手段、思想政治工作相配合,形成以经济手段为主,综合运用多种手段的调节体系。

经济活动是人的有意识的活动,是以人为主体的活动。人从事经济活动,有两种基本的追求,即物质的追求和精神的追求,从而形成经济活动的两种内在的动力,即物质利益的动力和精神的动力。经济利益的追求和对物质的需要,固然是重要的内在动力,但它不能取代精神动力,不能取代人们的信念、意志、归属感、价值观、对理想的追求和对事业的热爱。对一个国家来说,人民的精神状态、民族意识、群体观念、伦理道德、社会风尚、对目标的向心力和凝聚力等,更是经济振兴极其重要的因素。所以,我们不能只从经济角度研究经济调节的问题,还应高度重视社会因素和精神因素对经济活动的影响。当前党风不正对改革的严重干扰,更从反面加深了我们对这个问题的认识。

行政手段和法律手段,是一种外在的强制力和约束力,但它们在一定范围内的应用,却是组织社会化生产和国民经济按比例发展的内在要求。问题在于如何反映这种客观要求,科学地运用行政手段与法律手段。总之,为了把千千万万充满活力的局部经济活动,汇合为生机勃勃协调发展的整个国民经济活动,应当把推动和支配经济运行的各种力量融为一体,综合运用。

## 三、怎样提高间接管理和运用经济杠杆的工作水平?

在运用经济杠杆实行间接管理的过程中,涉及多方面的经济关系。正确处理这些经济关系,寻求它们合理结合的"度"和合理的数量界限,是提高间接管理和运用经济杠杆工作水平的一个重要方面,这是一个很复杂的问题,需要在实践中逐步探索,这里只能就几个主要问题简单谈几点看法。

(1) 稳定性与灵活性相结合的问题。调节措施应保持一定的稳定性和连续性。但连续性是以合理性为基础的,如果调节机制不合理,条件又有了变化,仍以不变应万变,那就会失去调节手段应有的作用。由于历史上的折腾,人民怕"政策变"的心情是可以理解的。但是,在具体调节机制方面,如价格、税率、利率等,几十年处于僵化状态,正是这些调节机制失灵的重要原因。可以想象,如果对不合理的价格体系经过调整以后就再停滞下来,那么不要几年,价格杠杆又会失去作用。所以,我们讲稳定性,主要指大政方针,但具体调节措施可以灵活一些。在这方面,要使农民和经济组织逐步适应商品经济活动的环境,把为了适应市场需求的新变化而采取的新调节措施看作是正常的事。从经济工作本身来说,则应加强对市场需求和经济发展动向的预测,力求使每项调节措施的时效更长一些,减少运用经济杠杆过程中的盲目性。

(2) 自觉运用经济杠杆与市场机制自发作用的关系问题。经济杠杆作为一种调节工具,为国家各级机构所掌握,是社会主义国家自觉运用价值规律的重要体现。但是,除此之外,在社会主义经济活动中,还有价值规律自发发生作用的领域,这主要包括三个方面:① 指令性计划与指导性计划之外的完全由市场调节的那部分生产经营活动,是受价值规律的自发支配的;② 实行指令性计划与指导性计划的企业,允许其自销和自己经营的部分,也在相当大的程度上受价值规律自发作用所支配;③ 当经济杠杆的规定严重违背价值规律的时候,客观存在的价值规律便会自动地对这种经济活动给以"惩罚"。从一定意义上,这也可以说是价值规律自发作用对我们运用经济杠杆工作的矫正。总之,这里要研究的问题有:如何对上述第一、第二两部分活动给以必要的指导,避免干扰正常经济秩序的现象发生;如何从中获得必要的反馈信息,作为修正调节措施的重要依据和参数。应当看到,在全部经济活动中价值规律自发起作用的部分,虽然比重不大,但它是重要的活水源头,对搞活整个经济的意义是很大的。其中许多经营者对市场和信息的研究,超过了某些国营企业。所以,我们也应当研究这部分经济活动,要善于从中获取信息,用以指导经济工作。

(3) 国家、地方、企业、个人四者利益合理分配的数量界限。经济杠杆就其实质来说,是以经济利益作为动力机,推动国民经济机体的有效运转。各种经济杠杆,都联系着并调节着特定的经济利益。它正是通过调节四者之间以及各部门、各产品生产者之间的利益,去调动各方面积极性,并指导人们的行动方向的。如果分配不当,只强调一方面而忽视另一方面,就会产生不利的影响。近几年的情况是,新增长的收入主要为企业和个人所得,国家所得甚少,而且消费基金急剧膨胀的趋势,过分的透支和预支,使国家和企业都得付出极大的代价。所以,经济杠杆的有效运用,一个最重要的标准,应是四者利益的合理分配。从当前实际情况出发,我认为:① 要研究如何尽快消除由于外部条件(价格、资源条件等)造成的各单位的苦乐不均,使企业经营成果能比较准确地反映本身努力程度;② 通过行政、法律、经济等多种手段,尽快消除企业追求非法收入的外部环境;③ 工资与效益直接挂钩,不能理解为只和产值或与纯收入挂钩,还应与上交国家的税收直接挂钩,与体现对企业发展全面要求的主要指标体系挂钩,把个人收入与企业对国家的贡献直接联系起来;④ 尽快实现企业的自主经营和自负盈亏,这是防止滥发资金的重要条件;⑤ 在实际工作中,由于"一刀切"地规定基数,出现了"鞭打快牛"的现象,有些单位则由于潜力很大、基数很低而大获其利。所以,如何科学地确定基数并根据条件变化及时修改,也是一个值得研究的问题。

(4) 调节力的大小与调节所要达到的目标之间的数量关系。经济杠杆作为纠正失控现象以及达到所追求的目标的调节器,其调节力、刺激力的大小,与所要达到的目标之间有一定的数量关系。如果调节力过小,可能达不到目标;过大,则可能会使经济活动超出预定的合理要求。这两种情况都需要经过再调节才能使之回到预定目标。以价格为例,我们要刺激某一种农产品生产,假如要使这种农产品增长10%,那么价格应提高多少呢?这是很值得研究的。这里也有一个类似于价格需求弹性的弹性系数。研究这种数量关系,还应注意到:① 要联系各种产品比价进行综合研究。如果这一农产品的价格提高了20%,其他农产品价格也相应提高了,那么这种农产品价格就起不到多大刺激作用了。② 要研究可能引起的连锁反应,即对其他产品生产和消费的影响。③ 还要研究这一措施所产生的惯性运动的作用。并非达到了预期目标,这一调节措施的作用也自动消失了,它可能还在持续地发生作用和产生影响。因此,我们既要在事先充分估计这种惯性作用,又要在事后及时修正调节措施。

# 试论"泉州模式"的经济特点及其意义(1987)[①]

泉州是举世闻名的文化古城,著名侨乡,宗教圣地,人文荟萃,古人盛赞它"山川之美,为东南之最",是"市井十洲人"的都会。

不久前,中国国民经济管理研究会华东管理学会在泉州举行年会,探讨了利用"侨、优、特"发展乡镇企业的"泉州模式"。作者出于对侨乡的热爱,三年来曾八次到该地区进行访问、考察。本文着重就"泉州模式"的经济特点及其意义谈谈自己的看法。

同苏南、温州模式一样,"泉州模式"也是建立在社会主义商品经济的基础上,因地制宜,充分利用本地资源,发展"小""专""活"和多种经济形式的基础上的,但又有自身的特点:泉州乡镇经济发展模式是以股份制为主的外向型的市场经济,具有侨、洋式的生产条件和灵活性的经营管理。

## 一、股份制的经济形式

泉州一共有乡镇企业 23 350 家,451 000 个劳动力,总收入为 66 000 万元,其中股份制企业分别占 50%、62% 和 60%,而鲤城区股份制企业则分别占该区企业数的 65.5% 和总收入的 58% 以上。股份制企业在其生产、流通等各个领域和生产要素之间形成了适应社会主义商品经济的运行机制,具有独特的创造力。

泉州乡镇企业由自发到自觉地发展以股份制为主的经济形式,大体上经历了三个阶段。

初始阶段:十一届三中全会后,群众经营乡镇企业的观念复苏,大家开始集资合股,特别是集合侨资合股办企业。其中晋江县到 1985 年为止总投资额达 5 820 多万,其中侨资占 4 200 多万。合股的形式也多种多样,有资金入股,也有实物入股,还有技术入股、劳力入股等。

竞争阶段:当乡镇企业遍地开花以后,就出现了竞争局面。雄厚的资金、先进的设备、技术及管理则是企业在竞争中取胜的关键,而这些又都是一家一厂难以办到的。因此就出现了合股经营和吸收外资的形式,以增强竞争力。有些原合股企业由于各种原因,重新组合,甚至进行全行业的合股或多种体制混合合股,使竞争能力大大提高。

发展阶段:自 1985 年以来,泉州市又出现了一些新的经济横向联合的形式,其中不少是通过股份制形式进行联合的。同时,中外合股经营企业也不断增加,仅晋江县中外合股企业就由 1984 年的 17 家增至 1985 年的 50 家。合股形式越来越多,终于形成了一种颇有生命力的经济模式。

从泉州鲤城区看,目前股份企业已成为该区乡镇企业的主体,对经济发展起着积极作用。全区

---

[①] 本文最早提出"泉州模式",刊载于《复旦学报》(社会科学版)1987 年第 2 期。

**1986 年举办"泉州鲤城开发"研讨会,与会专家学者合影**

乡镇企业 1 700 家,1986 年总收入为 1.9 亿元,其中 1 096 家股份企业总收入高达 11 020 万元,占 69.17%。鲤城区实行股份制,有以下两个特点:

其一,广集资。1985 年底乡镇企业有固定资产 2 338 万元,流动资产 2 572 万元,共 4 910 万元,其中来自股份的资金近 4 000 万元,占 80%。这些资金既有侨资、三胞资金,也有侨属和群众手中的游资。在华侨和港澳台胞中,有许多是经济实力雄厚的实业家,平均每年汇入该区的侨汇就有 900 多万元,加上菲律宾、印尼以及中国香港和台湾等地的一些游资正在寻找出路,为该区利用、吸收外资,发展乡镇经济,建立股份制企业提供了有利条件。目前,吸收侨资、三资发展乡镇企业的方式有以下几种:一是与华侨和港澳台胞合资办厂;二是发展"三来一补"业务,引进先进设备,加工产品外销;三是华侨、港澳台胞向大陆亲属赠送小型先进设备;四是把侨属手中的余资汇集起来,开办股份企业。群众中游资多,1985 年底,城乡居民储蓄存款 2.5 亿,社会资金充足。

其二,多形式。鲤城区股份企业有多种形式和多种层次。大体可分为以下几种:

(1) 中外合资。目前,该区乡镇企业、街道企业和华侨、港澳台胞共办合资合作企业 27 家,注册资本 4 193 万元,利用外资 1 001 万美元。

(2) 企业招股。一般是乡镇企业为了扩大再生产向企业中的工人或社会上招股。如浮桥儿童用品厂 1984 年为扩大再生产,向企业中的工人和社会上招股 30 万元,使企业 1985 年产值比上年增长 1 倍。

(3) 群众集资。由群众(包括侨眷、侨属)合股创办的企业,这种形式占多数。东海乡的临海冷冻厂,1983 年集资 23 股,每股 1 万元,目前已拥有固定资产 60—70 万元,其中银行贷款 20 万元。

(4) 多层股份。群众原来合股创办的企业,再与乡、村企业,或与另一个(或几个)合股企业联合成新的股份企业或企业群体。如建德机械公司有三个股份层次:一是鲤中办事处几个人合股创办建德机械等 2 个工厂,凤山村的群众合股创办凤山机械等 3 个工厂;二是上述五家厂以股份形式联合起来组成建德公司;三是向外吸收三资入股,办成合资企业。此外还有横向联合、个人合作等股份制企业经济形式。

鲤城区股份制企业的分配形式也是多种多样的。目前分配形式主要有两种：第一，风险共担，利益均沾。这种形式占多数，一般按股份多少分红。第二，不参与经营，不承担风险，只拿利息，但利率比银行略高。乡镇企业中，招股一般采用这种形式，如浮桥儿童用品厂，股东不参与分红，一年还本付息，月息1分。股份制企业的分配形式由于能体现参股者的切身利益和企业经营效益，因此促使企业上下关心企业发展，有利于发展生产。

泉州地区以股份制形式为主办乡镇企业的经验，为发展乡镇经济、脱贫致富提供了借鉴。

## 二、"外向型"的市场经济

泉州乡镇企业经营的一个特点是面向世界、面向国际、面向全国市场，形成了泉州鲤城、晋江石狮等几个商品市场网络的局面。这也是国内乡镇企业少见的。被称为"瑞士式"的仑苍家庭水暖器材公司，以全镇325个家庭工厂为基础，形成了一个水暖器材生产的大公司，又以遍布全国各地的4 000多个供销人员为骨干，形成了一个水暖器材供销、信息、装饰网络。对产、供、销实行"六统一"，变原来"四无"（无图纸、无检验、无商标、无合格证）为"四有"，使企业的应变能力和产品的标准化水平大大提高，从而占有了全国市场。石狮镇524家乡镇企业，生产以服装为主的一千多种产品，款式新颖，物美价廉。不少产品为誉为"国产洋货"，畅销国内外。如"爱花牌"胸罩荣获全国"金鸡杯奖""国际博览会荣誉奖"、国家外贸出国产品产品荣誉证书，成为法国市场"贵夫人"的热门货；羽绒帽被意大利列为正式注册名牌产品；"生日牌"工艺蜡烛成为美国"虎目牌"专利品，畅销于欧美市场。石狮以这些"小洋货"招来的全国各地顾客、侨客日达三万多人次，仅开往各地的公交车和班车日均936班次，每天商品营业额达40多万元，1985年全镇外贸出口额达779.51万元。安溪安星藤器企业有限公司生产经营各类藤制工艺品和藤木、藤竹家俱产品，发挥本地优势，瞄准国际市场，产品不断创新，在一年多的时间里，先后有10大类500多个品种的产品销往美国、西欧等15个国家和地区，产品出现了供不应求的现象，外销品占93%，为国家创收大量外汇。该公司生产面向全国，还与35个地区的竹藤企业建立横向经济联系。再如晋江的联丰企业有限公司，可生产世界4大鞋类，以优质产品打入国际市场。泉州人造花厂有限公司以其造型逼真、形态优美、色泽鲜艳、水淋日晒不褪色、揉搓轻压不变形而饮誉国内外。鲤城华侨大厦夜市吸引着国内外众多的游客，为泉州增加了夜光。

以上可见，泉州乡镇企业经济形式，是我国封闭型经济转向外向型经济的一个很好的尝试。从"泉州模式"出口商品中我们可得到启示：① 要扩大出口，就要大抓生产，建立出口基地；② 要大抓"三来一补"，搞好来料加工、来样加工和来件装配，这实质上是劳务出口，唯不同的是人在国内而已；③ 要发挥地方优势，因地制宜，就地取材，组织生产国际市场需要的"小、土、洋"商品。由于我国技术状况等原因，要发展机械、电子等整机出口，还是有困难的，不如来个"避难就易""化整为零"地出口，只要国际市场上需要的零部件，我们就出口零部件。今日世界，生产走向社会化和国际化，要求专业化生产，分工合作，有些先进的整机，往往是几个国家几十个工厂甚至几百个工厂集体创作。所以说，提倡零部件和"小、土、洋"商品出口，既符合世界潮流，又能促进本地发展经济。这是"泉州模式"的优势之一。

## 三、"侨、洋式"的生产条件

一个经济模式的形成，不仅是建立在一定社会经济基础之上的，而且也是建立在较优越的生产力结构和生产条件的基础之上的。"泉州模式"就是在发挥自己的经济、社会、技术和资源优势和特点的基础上而形成、发展起来的。从目前来说,"泉州模式"同其他乡镇模式相比,其特色在于"侨"、"洋"两字。这两方面的特点和长处,具体表现在发展生产力的三个因素:

首先是发挥乡镇生产力中人的因素。"泉州模式"最大特点是"侨",即它是我国著名侨乡。据统计,泉州在世界各国的华人、华侨有 320 多万,占福建一半以上,占全国的十分之一,并有港澳同胞 40 万,台湾泉籍同胞 800 万。他们中有不少拥有亿元以上的大资产,有深刻的"归属感"的人文观念,有浓厚的爱国之心和乡土之情,有强烈的向家乡投资和建设家乡的愿望。泉州不仅有许多乡镇企业是依靠侨属侨资建立和发展起来的,而且还从国外请来一批专家传授技术和经营管理。泉州坚持对外开放政策,把华侨爱国热情和投资积极性充分调动起来,形成了发展外向型乡镇经济的重要力量。在这方面,是"苏南模式"和"温州模式"不可相比的。

近年来,泉州在侨属、侨胞、港澳同胞的支持下,1985 年全市乡镇企业比 1978 年增加四倍多;产值占全市工农业产值的 57%,比 1978 年翻三番多。据五年来统计,泉州乡镇企业为农村增加社会产值 10 亿多元,晋江县还涌现了陈埭、石狮、磁灶三个亿元镇,人们的收入已离 20 世纪末达到 800 多美元的小康水平不远了。它们利用泉州的"三闲",即"闲人"(有许多靠侨汇生活、不参加劳动的侨眷)、"闲钱"(有为数可观的富余侨汇)、"闲房"(有多余面积的侨房),集资联户办企业,走出一条新的农村致富的道路。

其次是开发乡镇生产力中技术设备潜力。"泉州模式"的另一个特点是"洋",就是在发展乡镇企业中积极引进国外的设备、技术、样品。近年来,仅引进的各种设备就达 15 000 多台。因此,泉州产品富有"洋"特色,产品设计随着国际市场需求而更新换代,在国际市场能充分利用侨胞多、销售渠道多的优势,以发展能出口创汇的企业为主。

泉州在海外的侨胞中,虽说也有世界上大的金融家,但绝大部分是科技人员、职员、小商小贩和"打工仔"。过去我们是"捡了西瓜,丢了芝麻",现在应该同时着眼于这部分中、小侨资外资,引进小项目,来个"芝麻西瓜一起抓"。由于泉州乡镇企业的人、物、财生产要素要比其他地方优越得多,引进技术、设备、资金的条件好,因而有利于创办比较现代化的中小企业。坚持内外结合,工产上马快,产品质量好,且海外信息灵通,还可以利用侨商原来的市场,产品打入国际市场也容易得多。泉州乡镇企业依靠这"侨""洋"两个特点,迅速建立和发展外向型乡镇企业,基础较好,这也是以集体经济为主的"苏南模式"和以家庭经济为主的"温州模式"所能相比的。

## 四、灵活的经营管理

泉州股份制乡镇企业,所以能发展,是由于具有一套灵活性、综合性的经营管理,建立了董事会的厂长负责制,实行所有权与经营权的分离。

泉州乡镇企业经营方式是"小、专、活、广"。这种综合取胜之道是乡镇企业经营上的新突破。

其一,"小"为主导。办的是小企业、小集体;生产的是以小商品为主,引进的是小项目,从"三来一补"起家,逐步建立了自己的出口生产基地。"小",就是以轻型小企业为主,发展小商品生产,"小题大做"。企业资产大多百万元,主要生产大工厂所不生产的"配角产品"和生活中所需的日用小商品,抓住小商品,创造大产值,开拓大市场。产品薄利多销,为国营企业起到拾遗补缺、加工配套的重要作用。如鲤城区办的汽车配件企业 191 家,生产国营企业不生产的小轴、活塞销、板簧销、轮鼓、螺钉、制动片等 500 多种小配件,每件价格少则几分钱,多的 40 余元,1985 年总收入却达 5 500

万元,占全区乡镇企业总收入的36%。

其二,"专"就是专业化生产、专业化市场。全市多数乡镇采用一业为主、配套协作的生产方式,基本形成了专业化和区域化的格局。全市分布城乡的大小专业市场197个,其中小商品市场3个,乡镇企业的供销人员达到5万人,石狮镇的服装、陈埭镇的制鞋业、仑苍镇的水暖器材、东石镇的纺织业、青阳镇的食品加工业,都已形成了初具规模的专门工业区和专业市场。特别是素有闽南"瓷都"之称的磁灶镇的陶瓷业,规模宏大,仅装饰面砖一年就能生产700多万平方米,超过全国五大面砖生产基地的总和,产品销售全国各地,形成了一个面向全国的建筑陶瓷产品专业市场。

其三,是"活",即先找市场,以贸开路,以销定产,搞活销售,有一批自己的推销员和业务员,形成各自的信息网和销售网。前述"瑞士式"的仑苍家庭水暖器材工业生产,就是靠全镇325个家庭工产、4 000多个供销人员创业而闻名的。泉州乡镇企业经营方式灵活,突破了"三就地"的局限,走"市场—技术—原料"之路。

其四,是"广",就是生产门类广,经济形式多种多样。乡镇工业企业有机械、冶金、建材、食品、缝纫等14个行业、98类产品。经济形式多种多样。以群众集资联合办(即外引内联、互助合作型)的股份制为主,约占60%。目前,一个以沿海四县(区)为主,逐步扩散带动山区三个县,乡镇企业百花争艳的新局面正在形成。

"综合管理"是泉州乡镇企业管理的重要特色。

泉州乡镇企业由来自世界各国的华侨、侨胞投资,接触面广、信息灵,经常有各方面的国内外经营专家、学者、企业家来泉州讲学和传授经营经验,使该地区的乡镇企业在管理上能运用具有美国、日本、东南亚和中国本地特色的综合性的管理制度、方法。其综合管理的特点体现在以下几方面:

其一,实行董事会下的经理负责制。泉州合营股份企业本着遵守所在地的国家法令、法律的前提下,学习国内外的先进企业管理,以董事会为最高权力机构,实行总经理负责制,做到企业自己管,盈亏自己负,职员自己选,工人自己招,工资自己定等原则;职务无终身制,工资又无"大锅饭",员工的职务实行岗位责任制,量才定职,层层有权择优录用或辞退,月薪均按劳分配,按完成各项指标的效益,浮动定薪,从而调动了员工的积极性。

其二,实行"以法治厂"。企业的纪律制度是办事效率的保证。有的乡镇企业员工都有"职工手册",人人必学、必守,违者必罚、必究,职工已初步形成以理服人谁也不敢以身试法的自觉性。与此同时,企业加强政治思想工作,提倡"五讲、四美、三热爱",定期学习生产操作技术工艺标准,并进行考试,努力提高全员政治思想素质、技术知识和操作工艺。

其三,搞活经营。坚持发展多渠道的对外贸易是泉州乡镇股份制企业的宗旨。在有些合资股份企业中也有来料加工、补偿贸易、委托外贸代理出口、自营出口等外销渠道。面对瞬息万变的国际市场,坚持薄利多销,信守合同的原则。如鲤城海皮厂以香港为贸易中心,逐步扩大到日本、新加坡、中东、欧洲等10多个国家和地区,买家由七八个专业公司,扩充到现在的20多家专业公司,年出口劳动手套由20万打,增至去年100多万打。贸易合同有经销、代销、赊销。贷款结算方式有L/C通过银行支付,D/P即期至30天,光票托收,对方收货后电汇,通过深圳"本票"托收等。还有灵活的报价方法:允许交易按客户的资信好坏、批量大小、买货长短、交易快慢、销售能力等不同条件实行不同价格,上下浮动5%成交。购销合同以四种货币结算,由买商自由选择。经营的灵活带来产品的畅销,企业年年订货饱和,产品100%外销,年剩余外汇达200万美元之多。该厂还树立服务至上的思想,方便外商,每月均派交易员到深圳特区与外商签订卖货合同和商讨市场信息等,对"信得过"的买卖也可电话、电报交易,取代合同。对货急、抢时间、抢市场的产品,可以做到三天、五天、十天交货到香港仓库。货品的装运任其选择,集装箱、散装陆运一天直达香港,或海运直达远洋。总之,尽力满足客户要求,只要有求,必有努力开拓。

其四,实行岗位责任制和经济合同制。泉州有些乡镇企业生产管理在"以法治厂"的原则下,各项生产线都实行岗位责任制和经济合同制,对投产每种产品都有具体指标数量、货期、料耗、质标、工资等,如有违章均受处罚或赔偿,做到月月保证成本计划的兑现。如海皮厂生产线具备一支主力军500人,在公司内部和近郊农村一支后备军近千人,形成了适应对外贸易近可攻、退可守的生产基地。在保证"质标"的基础上,实现原辅料国产化,从而形成立足于本地区供、产、技术自给化的"一条龙"。每一种新产品投产前,先有一份操作工艺标准给生产线学习、测试,及格者进入车间。同时,加强全面质量管理,在质量检验上设四道防线:① 生产线互相检验;② 车间技术员抽验挂牌示众(牌子分质优、质好、质差),做到现场奖罚;③ 生产线设有专职检验员;④ 产品入库前由技术股长抽检。

泉州合资股份企业是国家实行对外开放的新生企业,但如何适应国际性的经营管理准则,目前正在进一步探索之中。

## 五、发展乡镇企业的战略意义

首先,泉州是著名侨乡和台湾汉族同胞的主要祖籍地,又是全国首批公布的24个历史文化名城之一。它具有"侨、台、文、山、海、热(亚热带)"的优势。改革开放以来,泉州企业发展速度之快,效益之高,出人意料。1985年全市乡镇企业比1978年增加四倍多;安排的劳动力达45万人(不包括5万人的供销队伍),占全市农村总劳动力的23%,相当于1985年全市经委系统国营企业职工总数的9.3倍;产值达16.5亿元,占全市工农业总产值的57%,税金、出口交货总值也有大幅度增长。1986年泉州市乡镇企业总收入19亿元,占全市工农业总产值的62%,比1985年增长11.6%。乡镇企业不仅是侨乡农村经济的主体,而且是泉州市国民经济的重要支柱。泉州乡镇企业的发展具有国际影响。

其次,最近国务院颁布《关于鼓励外商投资的规定》的二十二条,使泉州有充分利用亚太地区的外资和侨资的机会。只要泉州创造良好的投资环境,就有可能吸收更多的外资、侨资。当然,泉州乡镇企业刚刚起步,起点还比较低,但只要认真作好规划,注意引进先进的和高技术的项目,注意企业技术改进和发展外资出口企业,就不仅能促进外向型乡镇经济的进一步发展,而且能使泉州的乡镇企业有强大的后劲。

再次,"泉州模式"对我国实行开放、改革政策具有积极的影响。根据国内国际的经济环境,泉州乡镇经济必须树立三个基本观念:

一是树立经济生活的国际化观念。当代世界各国的生产和消费都处在相互联系和相互制约之中,这是基本事实。没有这种国际化的思想,发展泉州外向型的乡镇经济是不可能的。

二是树立全国的整体观念。泉州经济是全国经济的组成部分,要立足本地,面向全国,积极开展外引内联,发展同东南沿海地区乃至全国各地的横向联合,发挥对外开放的先导和前沿阵地的作用。

三是树立商品经济观念。发展社会主义商品经济和社会生产力,建设有中国特色的社会主义,是我国的根本任务。泉州有发展商品经济的传统和基础,现在流通搞得也比较活,只要从上至下进一步树立社会主义商品经济观念,瞄准国际市场,一个外向型的泉州乡镇经济就会在改革和开放中进一步得到发展。

大力发展乡镇经济,是使我国八亿农民共同富裕起来的有效途径。就这点而言,"泉州模式"同样是有启发意义的。

# 中国国民经济管理学研究(1988)[①]

《中国国民经济管理学研究》系本人近十年合作研究主编的成果,是我国第一部关于社会主义经济宏观管理专著,该研究成果还包括本人专著《经济管理导论》,国家教委委托本人主编《国民经济管理学》文科教材、《国民经济管理学讲义》、《国民经济管理500题》等及论文十二篇。该著作于1986—1988年分别获全国十大优秀畅销书之一,国家教委全国高等学校优秀教材一等奖,上海市哲学社会科学优秀著作奖,迄今该书发行达300万册。

本专著出版,受到党和国家有关部门肯定和重视。马洪同志在给本人送审书稿回信中指出该书:"主要是形成了一个体系,有一定的逻辑性,这是很好的",又说:"它为我国的经济管理理论填补了一项空白"。中央组织部、中央宣传部、国家经委及原教育部在中南海专门召开联席会议,肯定该书作为全国党、政、经济管理干部、高校的教材,王惠德副部长在会上指出:"这本书很重要,这在我国是新建立起来的一个理论体系,是一项基本建设","国民经济管理形成了这样一个理论体系是一个创举,这对我国经济管理理论的配套成龙是一个贡献"。会议认为这本书同国家经济管理体制的改革关系十分密切,十分重要,也很及时,在国内外已有相当影响。

本科研成果,主要是通过对国家经济生活的各部门、各组织、各环节、各领域,比较系统全面地论述了国民经济管理的目标、过程、内容、组织、方法和效益,对我国经济管理体制的改革、完善,提高我国经济管理水平,促进国民经济管理学科建立,理论的教学、研究,均具有重大意义。有许多创新内容:一是在我国首创了比较完善的、合理的国民经济管理学科理论体系;二是在理论上有所突破,为建立中国特点的国民经济管理理论开拓了一条新路;三是把传统与现代化管理学科联系起来;四是重视如何提高社会;五是在此研究基础建立几个分支新学科,如:经济监督学,涉及行为经济学、经济决策学、城市经济学等。

---

[①] 本文节选自1991年作者申报国务院学位委员会第三届学科评议组成员的申报报告。

# 中国企业管理现代化研究(1989)[①]

本专著《中国企业管理现代化研究》是上海市"六五"重点科研项目的成果。1986年底完成,1989年正式由上海人民出版社出版。社会反响很好,有较高的评价。本课题在本人的主持主编下,获如下显著成果:一是,在我国首次提出比较完整的中国企业管理现代化体系、内容,即思想、组织、人才、方法、手段现代化,并得到国家经委的认可,写入"企业管理现代化纲要";二是,就管理思想、组织、方法、手段、人才现代化展开系统研究,提出中国企业管理的理论及有关新颖观点;三是,在比较国外企业管理现代化过程和经验的前提下,提出了中国企业管理现代化模式及展望;四是,研究现代管理中古为今用、洋为中用的问题;五是,还有本人主编了《现代管理学》一书,《企业管理》杂志主讲、连载《企业管理现代化讲座》。本人在日本讲演本课题观点,取得好评,日本学者建议以此建立东方管理学派理论。

本专著是我国第一本系统论述中国企业管理现代化的著作,具有较高学术价值和应用价值。本课题组于1989年12月27日,经复旦大学及有关部门组织《中国企业管理现代化研究》科研成果鉴定会,由上海社会科学院原院长李培南主持的十三名专家学者和业务部门代表参加鉴定组,鉴定组成员的意见,综合说:对该科研项目给予高度评价,认为是一部以马列主义理论作为指导的研究专著;复旦大学教授张熏华说:"这是一项开拓性科研工作,是一项优秀的成果";上海社科院李剑华教授说:"它填补了我国管理科学中的空白点,具有高度的学术水平",上海财大屠修德教授说:"它在理论上和实践上都具有重要意义",李儒训教授说:"是一本成功的专著,填补了我国经济管理学术领域中的空白",李葆坤教授说:"对社会主义建设的实践有着较高的指导意义",张今声、王其藩教授说:"这是一项具有较高科学水平和实用价值的开拓性的科研成果","系统性和科学性都十分强,经得起我国十年经济体制改革实践的检验","是部好书"。

---

① 本文节选自1991年作者申报国务院学位委员会第三届学科评议组成员的申报报告。

# 中国沿海经济发展战略研究(1990)[①]

本课题"中国沿海经济发展战略研究"是国家博士点科研项目,1987年10月由作者申请承担研究。三年来主要科研成果及社会评价:

一、关于《泉州市2000年经济社会科技发展战略》的研究与制定。主要是通过近两年的现场调研,对泉州市经济、社会、科技现状,尤其是它的侨、文、山、海及旅游的独特性,撰写出32个专题,进行了定量和定性的综合研究。首创指出:"试论泉州模式"的理论观点(复旦学报发表),在国内外有较大影响,作为福建省地区开发重要参考。福建省委书记陈光毅认为:"这是对福建作出一项重要贡献。"在此基础上,受市政府邀请,研究制定《泉州建设发展战略——泉州市2000年经济社会科技发展战略纲要》。经泉州市政府于1989年组织全国专家学者近百人讨论论证鉴定,认为本人执笔的"《方略》的整个理论体系是科学的,有创新的,与泉州地区的现状和经济发展规律相结合的,在区域经济发展战略理论上有很大突破,对我国区域经济发展理论做出了贡献","对泉州的建设和发展起着指导作用"。

二、通过研究,撰写了《中国沿海经济发展研究》专著,目前正在完善修改。该专著以马克思区域经济理论为指导,分为五部分:理论研究、战略研究、区域研究、对策研究。还在本人指导下撰写出《工业外向发展理论与对策》博士论文。均经审议,得到好评,认为是开创这个领域的论著。

三、通过研究,撰写了三篇论文:①《中国经济改革、发展与东亚地区协作研究》,在日本东亚开发协作国际研讨会发表,获得了多个国家或地区专家的重视;②《中国沿海地区经济发展的总体构想及对策》;③《九十年代中国沿海经济发展战略的基本设想》,在"东亚—中国沿海经济发展国际研讨会"发表报告,受到与会专家好评。1991年4月份《文汇报》《解放报》《中国经济报》等作了重要的报道。

---

[①] 本文节选自1991年作者申报国务院学位委员会第三届学科评议组成员的申报报告。

# 中国乡镇经济的发展历史(1990)[①]

我国乡镇经济的发展源远流长、几经沧桑,有着几千年的历史。但我国乡镇经济的真正起步是在党的十一届三中全会以后几年的时间里,成千上万个乡镇相继发展,乡镇经济空前活跃。我国乡镇经济的发展有其自身的历史、特点和道路,对乡镇经济管理的出发点就是要根据乡镇经济的发展趋势和具体特点来进行,使我国乡镇经济的发展顺应我国国民经济的发展和为实现四个现代化服务。

我国乡镇经济的历史是与乡镇发展的历史、商品经济的历史分不开的,有其独特的发展过程。

## 一、乡镇经济的含义及其范畴

乡镇是一个区域的概念,它既不同于城市又不同于农村,它是指与镇有内在联系的区域。这个区域一般以农业为主,但又不仅如此。它有一定的经济、文化、教育、科技、卫生等设施实体,这些实体的建设又主要集中在乡村集镇或镇上。这里的乡不是一般的行政概念,作为行政机构的乡,它虽然有政治、经济和文化教育等事业的领导职能,但它所领导的区域未必能包含镇。乡是一个区域,而镇则是一个乡或几个乡范围里的政治、经济、文化的中心,是与周围乡村的资源、经济、劳动力以及各种建设条件有着密切联系的生活区,是一个人口相对集聚、生产较为集中,具有多种经济活动内容的社会有机整体。既然乡镇是一个区域的概念,那么乡镇经济就是指乡镇这个区域内多种经济活动交织而成的经济有机体。作为这样一个有机体,乡镇经济包括农业经济、工业经济、商业经济、交通运输、服务业等,与此相关又有金融信贷、科技文化和教育等一系列事业。乡镇经济是一个独特的范畴,这可以从以下几个方面来看:

(1) 乡镇经济不同于城市经济和农村经济。城市具有独立于农业之外的经济功能,它在自身的发展中逐渐与乡村相分离,并在与乡村的对立中发展自身。城市经济固然要受到农业生产力的制约和影响,但根本的是它有独立于农业之外的经济功能。而乡镇经济虽然也有不同于农村经济的经济功能,但它的这种功能是完全建立在周围农村经济的基础之上,是离不开农业的。对镇来说它具有发展为城市的可能,但这对我们研究乡镇经济与城市经济的区别是没有影响的。农村经济是比较单一的农业经济,它与乡镇经济的区别就在于它的单一性上。可以这样认为,我国国民经济是由城市经济、乡镇经济和农村经济三级经济网络上下左右有机地衔接而成,乡镇经济是城市经济和农村经济之间的经济纽带。

---

[①] 本文收入作者主编的《中国乡镇经济管理学》第二章,山东人民出版社1990年6月出版。

1986年在泉州举办"乡镇企业发展"研讨会，专家学者合影

（2）乡镇经济是区域经济。既然乡镇是一个区域的概念，那么乡镇经济也就必然是区域经济。这个区域经济类似于城市经济区域，也是以一个中心点为依托，以中心点至辐射点为半径所构成的网络面。所不同的是乡镇经济的中心是镇，辐射点是周围的村，在这范围内的各种经济关系就形成了乡镇经济的经济网络。

（3）乡镇经济是横向经济。乡镇经济是乡镇区域内多种经济活动交织而成的经济有机体，因此它就要涉及对多种经济部门和多种经济成分的横向组合。但是乡镇经济的区域比较小，受所在区域的历史、地理、文化和自然资源影响较大，所以就单个乡镇经济来说，它不可能无所不包。乡镇经济具有一定的社会性质。社会制度的不同、国情的不同、乡镇所处地理区域的不同，都会使乡镇经济的横向组合和发展道路有所不同。

（4）乡镇经济建立在周围乡村的农业经济的基础之上。乡镇经济的最大特点是它建立在周围乡村的农业经济的基础上。作为乡镇经济的中心集镇，它的形成与周围乡村农业经济的特点和兴衰有密切的关系。发展乡镇经济的根本目的之一就是要带动乡村的农业发展，走出一条具有社会主义特色的乡镇农村经济发展道路。

## 二、乡镇经济的形成和发展简史

我国乡镇经济的形成和发展是与集镇的发展、商品经济的发展分不开的，因此追溯乡镇经济的历史必须从集镇和商品经济的形成和发展开始。

（1）古代乡镇经济的形成和发展。古代集镇的形成与发展不同于古代城镇的形成与发展。古代城镇的起源一方面是因为商业同农业、手工业分离的社会大分工;另一方面是为了保护本部落的财富和人身安全而筑垒设防以免遭受敌人的侵略。镇自汉朝以来多是军事成所,设官将驻防者谓之镇,是镇守之意。镇建制的设置始于北魏。北魏设镇有二类:一类设于尚未有州、郡之地,由镇将兼理军民政务,另一类设于州、郡治内,与州、郡同设一地,镇将管理军务,刺史、太守管理民政。晚唐五代时期,由于藩镇割据,往往在要冲地点设镇,派心腹主持镇务,插手地方政治,从事商业经营,此军镇具有两重性。这些城镇的设立本来出于政治和军事的目的,城镇建立之后,随着城镇内居民的生活需要,商业活动随之发展,最终城镇的政治军事性质逐渐为经济性质所代替。

古代集镇的兴起却不源于政治与军事的目的,而是与集市、商品交换地的固定化分不开的。最早的乡村集市,没有围墙,没有市门,也不具备房屋店舍,定期举行,有的三天一集或五天一集,还有的一年一场或数次。每当集市时间,各地乡民纷纷将自产物品带来集市,相互交换,一时热闹非凡。这种集市在北方叫做集,南方叫做墟、场、会。这种集市早在春秋时期,已具有相当规模。秦汉以来,集市贸易日趋繁荣,集市日趋增多。到唐宋,我国南方集市已经相当盛行。为了方便各地村民来往方便,集市多设在区域中心、交通方便的地方。随着集市规模的扩大,为了方便交易者的食宿,有人便在集市开设酒店、饭馆、客栈等饮食服务业,兴建遮蔽风雨的建筑等等。随着人口的集聚,手工业者、商人逐渐集聚,集市就逐步发展为具有多种经济活动内容的集镇。例如宋初虽然尚保存不少军事意义的镇,但以后逐渐淘汰,而那些人口众多,商业繁荣的镇却得以保持,这些乡镇逐渐发展为农村商品经济活动的枢纽,成为农村经济和文化发展的中心。如我国古代四大名镇:河南朱仙镇、江西景德镇、广东佛山镇、湖北夏口镇保持了千年的兴旺,这与它们周围的农村经济的经久不衰有密切的联系。

(2) 近代乡镇经济的兴衰。我国资本主义的萌芽开始出现在明清时期的手工业部门,缓慢地通过多种多样的形式渗透到乡镇经济中去。生产力的发展,为近代乡镇经济的兴起提供了首要的前提。近代乡镇经济的繁荣主要是以两种形式出现的,一种形式是原有集镇的扩大,一种形式是专业性乡镇经济的产生。明清时期,由于生产力的进步,全国各地乡镇普遍兴起,苏南地区,户数在万家以上的乡镇有黎里、木渎、乌青、南浔、新塍等6个,在千家至五千家以上的乡镇有平望、王店、王江泾、枫泾、双林、陈市、获港、唐栖、埭头等12个。至于千家以下的小镇更是不胜枚举。有的大集镇其规模已经接近城市的规模,集镇规模的扩大,其根源在于商品经济的兴旺发达。一些专业性乡镇经济不断产生,如明清时代,江南苏州府的震泽、平望、盛泽等镇;嘉兴府的濮院、王江泾镇,湖州府的双林镇等就已经成为丝织业较发达的专业镇。从全国来看,各地都有专业性乡镇经济涌现。如苏、杭的丝织业,松江的棉纺织业,景德镇的陶瓷业,佛山的制铁业,山东济宁、江西瑞金、广西平南的制烟业,福建武夷、瓯宁和云南普洱的制茶业等,都是当时有名的专业乡镇经济。当时在福建的瓯宁,茶厂已有上千个,大厂工人百余人,小厂也有数十人,可见当时集镇手工业已有相当规模。

近代乡镇经济的兴衰是与社会分工和商品经济的发展分不开的。特别是鸦片战争后,帝国主义大举入侵中国,打破了我国乡镇经济的独特发展道路,也使我国乡镇经济的发展更为不平衡。一方面在沿海地区、交通发达地区和靠近城市地区,乡镇经济开始有了进一步的发展,而另一方面,由于帝国主义对我国的资本输出和对原料的掠夺,大批农民和手工业者惨遭破产,使内地、边疆、少数民族地区的乡镇经济遭到严重打击。蒋家王朝时期,军阀混战,加之日本帝国主义的侵略,使得当时的农村经济陷于全面崩溃,据当时中央农业实验所1935年22个省、1 001个县调查:全家离村的农户有192万余户,占总农户的4.8%,其中到城市去做工和谋生的占36.7%,到城市或别村去逃难的占21.9%,到别村去种田或开垦的占21.8%,其他占19.6%。农村经济的破产,必然导致当时乡镇经济的萎缩和衰落。例如江苏高邮县的八桥镇，过去是泰州、高邮之间的商业重镇，日寇入侵后，遭到严重破坏，镇上的对合子街，原有房屋700间，大部被烧，所存只有20多间，损失惨重。居民半数逃离外乡，集镇人烟稀少，市面冷落。也有一些集镇，由于遭受战乱和地主官僚的压迫剥削，百业萧条，而完全演化为地主、官僚的寄生场所。无锡县墙门镇新中国成立前仅130户人家，而烟馆多达20家，茶馆兼赌场也有六七家。这种畸形的现象，大体反映了新中国成立前旧中国乡镇经济的一般状况。

## 三、乡镇经济兴衰的历史原因

我国古代和近代乡镇经济的形成与发展过程，虽然不能说完全反映了乡镇经济的发展规律，但我们可以从中窥探到一些乡镇经济兴衰的历史原因。

(1) 手工业和商业的发展与衰落是乡镇经济兴衰的主要原因。乡镇经济的兴旺发达多与商品生产的发展、乡镇手工业的兴旺有关。由于商业和手工业的发展，一部分农民离开土地，集中在镇上从事工商业，使得乡镇经济繁荣起来。而某些乡镇手工业和商业的发展与其所在地的自然资源有关，如东台县的张港镇，濒临黄海，为江苏省著名渔镇。历史上，这个镇的居民利用沿海资源，从事捕鱼和近海小取，并就地加工鱼货，同时在镇上集散外运，经济逐步繁荣起来。又如南通县的骑岸镇，濒临大海，在北宋时为煮盐之场，到康定年间（公元1040年），随着修筑捍海堰扩大了盐业生产，于是商贾云集。而很多古代、近代集镇的衰败，又是由于种种社会历史因素使这些乡镇的手工业、商业衰退，如高邮县的八桥镇等。

(2) 乡镇交通状况的改变是乡镇经济兴衰的又一原因。我国古近代许多集镇是利用交通便利的优势，成为商品交换的集散中心，从而使经济繁荣起来的。如吴江县的莘塔镇，地处河道交叉之处，历史上是苏南水上运输必经之地，到康熙年间已成为繁华的集镇，河道两岸建了各式跨街楼，楼上住人，楼下店铺，行人晴天晒不到太阳，下雨不会淋湿衣裳。又如太仓县的浏河镇，位于浏河入长江处，是通江出海航行的重要港口。早在元代，就发展成为对外通商的重要口岸，号称"六国码头"。明朝航海家郑和曾从这里七次下西洋。总之这些依附交通要道发展起来的集镇，常常会因地形、地势、河流的变化，造成道路和航道的改线，引起衰落。如陕西省勉县的长林镇，过去是由汉中过褒河去甘肃、四川的必经之路，过往客商川流不息，十分繁华。后来由于道路改线，集镇衰落下去。

(3) 乡镇周围农村经济的状况是乡镇经济兴衰的重要原因之一。西汉之前我国农村经济在北方有较大的发展，经济状况较好，所以那时经济中心是在北方，商业中心也在北方，其中黄河中下游地区和淮河流域城市和集镇发展最为迅速，出现了一系列历史上有名的大镇。西汉之后，随着江南农村生产力的进一步发展，以及人口三次大量南迁，全国的经济中心逐步向南移，江南乡镇便迅速发展起来，当时的扬州、苏州、杭州等都是极为繁华的大镇。乡镇经济的繁荣与乡镇周围农村经济的繁荣有很大关系。农村生产力的提高一方面为乡镇手工业、商业发展提供了物质基础，另一方面提供了非农业化人口增加的可能性。

(4) 社会生产力和社会政治力量是乡镇经济兴衰的根本原因。乡镇经济的兴衰虽然有其自然的、经济的原因，但根本原因，取决于社会生产力的发展，取决于社会政治力量时而促进时而破坏的作用，我国近代乡镇经济由于社会生产力的发展，已经开始孕育资本主义萌芽，乡镇经济内部专业化分工和商品经济的发达已有一定规模，手工业作坊规模也很大，但是由于中国封建社会政治力量的殊死抵抗，严重阻碍了旧中国由封建主义社会向资本主义社会的过渡，阻碍了城市、乡镇和农村经济的迅速发展。特别是帝国主义的入侵和蒋家王朝的腐败,使乡镇经济遭到严重破坏。

纵观我国乡镇经济的形成发展史,有一点可以肯定,这就是乡镇经济的形成与发展,是社会生产力发展的客观标志之一,是整个国民经济形成与发展的重要组成部分。

# 让开放度与经济成长水平相协调(1991)[①]

改变经济基础与开放度逆向发展的现状,求得两者协调平衡,是我对中国 90 年代沿海经济发展总体战略思考的一个基本思想。可以把这一战略概括为:以上海为中心,南北两翼齐飞;以沿海为轴心,内外市场联动。

1988 年在举办"泉州市 2000 年经济社会发展战略"研讨会,专家学者合影

可以将整个沿海地区划分成五个特区为主的南部、以上海浦东为主的中部和以天津、大连为主的北部,其中以上海浦东新区开发作为整个沿海地带开放和发展的中心,以南部和北部两个地区为重点推动整个沿海的发展。90 年代沿海经济必须以国际市场为主导,并以中国中部的重庆成都地

---

① 1991 年 4 月,复旦大学经济管理研究所、中国国民经济管理研究会、711 所等单位与文汇报联合举办"东亚—中国沿海经济管理研讨会"研讨会,作者作主题报告"90 年代中国沿海经济发展战略的基本设想",引起很大反响,上海《文汇报》《社会科学报》《中国科学报》及《解放日报》专门刊发了报告要点。本文为 1991 年 4 月 18 日《社会科学报》刊发的要点。

区、兰州西安地区、武汉合肥地区、北京长春地区作为向内地市场辐射的纽带,既发挥外向导向作用,又起到带动中、西部繁荣的促进作用。

从20世纪80年代形成格局看,在经济发展程度上,整个沿海地带呈现中间高、两头低,即北部低,南部更低的抛物线状,而在开放程度上,却又呈现由南向北的倾斜直线状。这种开放度与经济发展的不适应尽管有其产生的客观性,但毕竟不尽合理。从理论上说,经济势能高的地区如果开放度高,相比较而言则所获经济和社会收益就越高。因此,选择投资报酬高的地区作为开放开发中心,对国民经济健康发展更有利。

要着眼在带动内地的普遍繁荣,甚至将广阔的内地市场的兴旺作为最终目的。没有内地巨大市场的吸纳,沿海走向外向型经济是难以想象的。正如沿海在参与国际分工时要逐步从劳动密集型产业向技术密集型产业过渡那样,内地在参与国内分工时也需建立与沿海发展结构相适应的互补性结构。这样,就有了统一市场,沿海就能以参与国际经济循环带动东、中、西部的国内循环。

为实施沿海发展总体战略,注意提高对外开放质量,要求以第三产业发展为先导,首先促使产业结构的合理化。

依据国际标准发展模型,当一国人均国民生产总值为600美元左右时,一、二、三次产业结构比一般为17.1∶39.5∶43.1,而我国沿海地带人均国民生产总值已有574美元,产业结构比却是25.9∶50.1∶24,显然第三产业比重过小,结构与内地相类似,需尽快改变。而全力发展第三产业,又以金融、保险、旅游、运输、通信等方面至为关键。

# 中国沿海经济发展的战略布局(1991)[①]

自1978年中国奉行"改革开放"方针以来,中国沿海地区以其特有的潜力与优势使经济得到很大的发展,引起了世人瞩目,一方面为其经济的迅速发展感到兴奋,另一方面又对其今后的发展方向不甚明了感到担忧,为此我们在1986年申报了"中国沿海经济发展战略研究"课题,试图对中国沿海经济在20世纪90年代发展的总体方向及对策作出解答。中华人民共和国国家教育委员会批准了这一课题,并将其列为全国重点博士点科研项目,给予一定资助。经过近四年的努力,终于完成了这一研究,成果在社会上引起了较大的反响,现将其简要介绍如下。

## 一、中国沿海地区经济发展基本情况

中国沿海地区是指处于沿海这一特殊地理位置的区域,它有如下特点:

中国沿海地区地域宽广。其海岸线总长度为18 200公里,沿海11省市陆地面积为127.1万平方公里,占中国陆地总面积的13.24%,相当于3.4个日本的国土面积。(表1)

人口密集。1990年中国沿海11省市总人口为4亿5千7百万,为全国总人口的40.1%,但其分布的范围仅占国土面积的13.24%。(表2)

经济发展水平总体较高。1989年沿海11省市人均GNP为2 145.8元,是全国平均水平1 423元的1.5倍,人均国民收入1 808.8元,为全国平均水平的1.53倍,沿海地区经济发展水平已大大超过全国平均水平。

技术力量相对雄厚。1988年沿海11省市全民所有制企事业单位自然科学技术人员数为3 958 192人,为全国同期9 661 466人的40.9%,在校大专学生数为885 136人,是全国在校大专学生数2 065 923人的42.8%。可见,沿海地区技术力量和后备力量是较强的,其中又以上海、天津、辽宁、江苏、河北为突出。(表3)

基础设施相对良好。以邮电通讯为例,1988年底沿海11省市长途电话电路总数为45 081路,为全国同期68 460路的65.85%,电报电路总数为4 641路,是全国同期11764路的39.4%,其他基础设施如公路、铁路、供电、供水等都较全国平均水平为高。(表4)

## 二、中国沿海经济发展的态势

1990年,中国沿海地区人均GNP只有约600美元,远低于发达国家,且这11省市发展也不平

---

[①] 1986年作者主持了国家教委全国重点学科博士点课题《中国沿海地区外向型经济发展的研究》,本文是该课题成果的节选。

衡。(表5)上海为广西的6.5倍,是广东,江苏,浙江1 900—2 000元的2.7倍。其经济态势总结起来,有如下几点:

**1991年在复旦大学举办"东亚—中国沿海经济发展"研讨会**

三次产业结构不合理。沿海地区三次产业结构与全国相似,其一、二、三次产业比例为26.1∶48.4∶25.5,按钱纳里的标准来看,当人均GNP值达600美元时,三次产业结构比例一般为17.1∶39.5∶43.1,显然中国沿海地区第三次产业发展滞后,(表6)

区域分工初露端倪1990年,辽宁轻重工业产值比例约为1∶2,天津、河北、山东、上海、江苏、广西的轻重工业产值比例接近1,而浙江、福建、广东、海南则接近2,辽宁为重型结构,浙江等为轻型结构,其余处于中间状态,地域分工已成一定格局。(表7)

制造业结构同构现象严重。沿海地区前8位支柱工业产值比重与全国水平一致,各大工业部门产值占工业总产值的比重也大致相同。又如,电视机从1975年起,全国26个省市同时生产,其时上海所占份额为50.9%,江苏15.2%,天津9.1%,到1987年,分别下降为21.48%、2.47%、5.17%,电冰箱也如此,这样还产生了规模不经济和重复建设等问题。(表8)

沿海地区经济外向化。1988年沿海11省市利用外资总额达42.68亿美元,占全国同期102.26美元的41.7%,其中广东达24.15美元,位居第一。1990年仅上海出口贸易额便超过50亿美元。但出口商品结构还不理想,以初级产品及纺织服装为主,附加值不高。

劳动生产率差距较大。沿海地区投资报酬率高于中、西部地区,但其内部也不平衡。以1988年全员劳动生产率为例(表9),可见上海、天津、广东为最高,其中辽宁、河北、广西、福建、海南甚至低于全国平均水平。

以上的分析可以发现:第一,中国沿海经济发展不平衡,个别地区甚至低于全国平均水平,这一事实表明那种笼统地说沿海地区经济发展的重点发展已够了的观点是缺乏依据的。第二,沿海地区的三次产业构成同全国一样,相对来说第三次产业的滞后更严重,进一步考虑,虽然沿海地区地域分工迹象存在,但有进一步结构同构化趋势。第三,沿海地区在发展外向型经济中由于优惠政策在不同地区实行的效益所导致的不公平和摩擦现象,导致了生产要素的非规范性区际流动,这对享受优惠政策少的地区来说利益损失大,故区际间的封锁,市场的割裂现象趋同,而且从整体上来看,沿海地区出口产业规模小,档次低。第四,11省市投资报酬率不平衡现象也很严重,然而近几年沿海一些省市全社会固定资产投资的快速增长,已为未来发展埋下了伏笔。

## 三、中国沿海经济发展战略的思路

相对于内地而言,沿海经济发展具有相当大的比较优势。第一,其地理位置优越,交通运输条件较好,而且毗邻东亚地区中的发达地域;第二,沿海现在享受的一系列优惠政策对外商投资的吸引力增加,此即政策优势;第三,沿海原有的工业、技术、科研力量、劳动力、管理水平等,使得投资报酬率较高;第四,沿海地区现有的通信、金融、商业网络、科技水平、人才拥有量等都比内地优越。但也有不利条件,最重要的有两点:一为人口密度极高,这在经济势能吸引下,内地人口将是朝沿海地区流动,增加其就业压力;二为沿海资源相对不足,特别在内地省份发展自身加工工业时,使沿海资源日趋紧张。

因而,我们认为中国沿海地区20世纪90年代经济发展的总体战略的思路应为:以上海为中心,南北两翼齐飞;以沿海地区为轴心,国内外市场联动。其理由有两点:第一,沿海地区经济发展不平衡已构成了沿海地区发展的众多层次。从地域上看,上海处于第一层次;天津、大连处于第二个层次;南部地域除广东外,基本上处于第三个层次,即从经济发展的基础来看,整个沿海开放带呈现中间高,两头低,即北部低,南部更低的抛物线状。但是,从沿海地区已成形的特区—开放城市—开放地区—其他地区的开放格局来看,恰恰是南部沿海地区开放度属第一层次,上海次之,北部沿海地区又次之,即整个开放格局呈现由南向北的倾斜直线状。这种经济基础与开放度的逆向发展正是20世纪80年代沿海经济发展的现状,然而,这种现状有它的客观性,但不尽合理,从理论上来讲,经济势能高的地区如果开放度高,相比较而言则所获得的经济和社会效益就愈高,对地区和全国经济发展就愈有利,因此,开放度应与经济基础层次相适应,这无疑会带来经济的健康发展。沿海地区由于技术基础、工业基础、交通运输、劳动力素质、管理水平等一系列原因,投资报酬率是高于中部和西部地区的,因此,选择像上海那样投资报酬率高的地区作为开发、开放的中心和重点,所得的社会经济效益及对全国经济的影响更大。第二,沿海经济还必须带动内地经济发展,为此就必须采取"以沿海地区为轴心,国内外市场联动"的战略。因为:1.沿海地区的基础优势和地理位置,决定了沿海地区必须以外向型发展为主导,从出口产品的结构来看,内地仍然是单一的出口初级产品,而沿海地区的出口产品中的技术产品比重远远高于内地,这种外资的引进以及产品的出口结构,表明了沿海在发展外向型经济中更具优势。2.沿海经济的外向型发展,又离不开内地经济的发展,甚至将内地市场的发展作为最终目的。一方面,巨大的内地市场是沿海地区发展中产业结构调整,产品结构调整的基础,没有内地市场的吸纳,沿海地区在参与外向型经济中的产业结构调整和产品结构调整是难以想象的;另一方面,沿海地区和内地省份和地区各具优势,也各具劣势,但两者有互补性,沿海地区除了在地理位置、基础条件、技术力量等方面具有优势外,也存在不足,因此,正如沿海地区在参与国际分工时要逐步从劳动密集型向技术密集型产业发展一样,内地经济在参与国内分工时也应建立与沿海经济发展相适应的互补性产业结构,只有这样,才能建立统一市场,而这些对沿海地区来说,在20世纪90年代就必须以内外市场联动来参与国际分工和带动内地经济的发展,并以参与国际经济循环来带动东、中、西部的国内循环,因此,应有如下的对策:

扶植出口替代产业,实行进口替代到出口替代的战略转变,具体指那些已有基础的产业,地区实行出口替代政策,如上海,对有希望成为出口支柱产业仍实行出口扶持政策;对仍需进一步实施进口替代的产业,地区仍实行进口替代政策,如小轿车、汽车、家电工业等。其关键是国家有关税收、出口补贴、外贸自主权、关税等政策的变更与有效操作。

以第三次产业发展为先导,促进三次产业结构趋于合理。沿海第三次产业发展滞后,因此必须大力发展,其中又与金融、保险、旅游、运输、通信等最为重要。

调整工业结构,确定90年代的主导产业和支柱产业。从全国比较优势来看,沿海地区必须把眼光放在技术密集型产业上,其中有与汽车、造船、计算机、新材料、精密机械为主。而诸如家电、纺织服装、日用轻工、食品、石油化工则作为支柱性产业,前者目前可实行进口替代政策,后者可实行出口导向政策。

形成沿海地区区域分工体系,优化资源配置。根据沿海地区现有的经济联系,可将其分为五大经济区域:① 黄渤海经济区,这一区域以大连、天津、保定、秦皇岛、烟台、青岛为中心的狭长地带;这一区域应以发展冶金、电力、煤、石油、化工、造船、机械电子、轻纺工业为主,加强与日本、朝鲜半岛、独联体诸国、北美的经济联系。② 东海,长江经济区,这一区域是以南通、连云港、上海、宁波、温州及苏锡常为中心的地带,应以发展汽车、飞机、造船、精密机械、新型材料、集成电路、石油化工、电子计算机家用电器、轻纺服装工业为主,加强与日本、港澳、欧美的经济联系。③ 闽南沿海经济区,这一区域以福州、泉州、厦门、漳州为中心的地带,这一区域以发展电子、食品加工、塑料、轻纺、机械工业为主,加强与东南亚各国以我国港澳台地区的经济联系。④ 华南沿海经济区,这一区域主要以广州、湛江、北海为中心的地带,应以发展电子计算机、家用电器、汽车、石油制品、精细化工、食品、服装工业为主,加强与港澳、东南亚诸国的联系。⑤ 经济特区,这主要由深圳、厦门、汕头、珠海、海南构成,经济特区着重发展出口创汇产业、先进技术型产业,成为外向型经济发展的样板。

进一步改革开放,建立统一市场。要按经济势能高开放度高的原则作梯度开放,层次推进,打破日趋严重的地方市场封锁格局,建立统一市场,以发挥市场机制在资源配置上的作用,更好地使沿海经济能量辐射到内地。

允许原材料,能源双向吸取。沿海地区应从国内和国外两个方向引入所需原材料、能源,以解决原材料、能源不足问题,它们可以按市场价格购买,也可以采取投资参股控制股权的方法来保证供应。

建立若干个金融中心,发展金融市场。可设想在上海、天津、广州、深圳建立较大规模的金融市场,解决资金不足及资金利用效率不高的问题。这一金融市场网络可以上海为核心向南北两翼展开的战略相配合。

培训人才,提高管理水平,要在教育和人才培训上重点投资,进一步提高管理水平。

20世纪90年代中国要进一步大胆地改革开放,上海浦东的开发也在积极进行之中。中国沿海地区的经济发展势必更上一个台阶,将中国的经济和社会发展全面地推向前进。

**附表:**

表1 中国沿海地区海岸线长度(公里)和陆地面积(万平方公里)

| | 辽宁 | 天津 | 河北 | 山东 | 江苏 | 上海 | 浙江 | 福建 | 广东 | 广西 | 海南 |
|---|---|---|---|---|---|---|---|---|---|---|---|
| 海岸线 | 2 100 | 100 | 500 | 3 000 | 1 000 | 200 | 2 200 | 3 300 | 3 000 | 1 500 | 1 300 |
| 面 积 | 15 | 1.1 | 19 | 15 | 10 | 0.58 | 10 | 12 | 18 | 23 | 3.39 |

### 表2　1990年沿海各省人口数(百万)

| 辽宁 | 天津 | 河北 | 山东 | 江苏 | 上海 | 浙江 | 福建 | 广东 | 广西 | 海南 |
|---|---|---|---|---|---|---|---|---|---|---|
| 39.45 | 8.78 | 61.08 | 84.38 | 67.05 | 13.34 | 41.44 | 30.05 | 62.82 | 42.25 | 6.55 |

### 表3　中国沿海各省市1988年科技人员数和在校大学生数

| 辽宁 | 天津 | 河北 | 山东 | 江苏 | 上海 | 浙江 | 福建 | 广东 | 广西 | 海南 |
|---|---|---|---|---|---|---|---|---|---|---|
| 全民所有制科技人员数(万)： | | | | | | | | | | |
| 62.6 | 23.6 | 44.1 | 53.2 | 52.8 | 42.9 | 26.7 | 20.4 | 38.7 | 26.4 | 4.4 |
| 大学在校人数(万)： | | | | | | | | | | |
| 12.1 | 5.3 | 7.3 | 10.1 | 14.8 | 12.8 | 6.0 | 5.7 | 9.7 | 3.8 | 0.9 |

### 表4　中国沿海各省市1988年长话与电报电路数

| 辽宁 | 天津 | 河北 | 山东 | 江苏 | 上海 | 浙江 | 福建 | 广东 | 广西 | 海南 |
|---|---|---|---|---|---|---|---|---|---|---|
| 长话电路数(路)： | | | | | | | | | | |
| 4 746 | 1 845 | 3 699 | 4 392 | 5 813 | 4 934 | 4 609 | 2 842 | 10 211 | 1 511 | 497 |
| 电报电路数(路)： | | | | | | | | | | |
| 352 | 101 | 636 | 482 | 672 | 223 | 739 | 426 | 576 | 352 | 82 |

### 表5　中国沿海各省市1989年人均GNP(人民币元)

| 辽宁 | 天津 | 河北 | 山东 | 江苏 | 上海 | 浙江 | 福建 | 广东 | 广西 | 海南 |
|---|---|---|---|---|---|---|---|---|---|---|
| 2 364 | 3 353 | 1 283 | 1 742 | 1 894 | 5 489 | 1 885 | 1 453 | 2 191 | 845 | 1 372 |

### 表6　中国沿海地区1990年三次产业结构与全国的比较

(占1990年GNP的%)

| | 第一次产业 | 第二次产业 | 第三次产业 |
|---|---|---|---|
| 全国平均水平 | 27.5 | 45.3 | 27.2 |
| 沿海地区 | 26.1 | 48.4 | 25.5 |

### 表7　中国沿海各省市1990年轻重工业比重(以工业产值计100%)

| 辽宁 | 天津 | 河北 | 山东 | 江苏 | 上海 | 浙江 | 福建 | 广东 | 广西 | 海南 |
|---|---|---|---|---|---|---|---|---|---|---|
| 轻工业： | | | | | | | | | | |
| 33.75 | 53.49 | 46.13 | 51.65 | 53.46 | 52.41 | 63.75 | 61.17 | 65.56 | 54.89 | 62.46 |
| 重工业： | | | | | | | | | | |
| 66.25 | 46.51 | 53.87 | 48.35 | 46.54 | 47.59 | 36.25 | 38.83 | 34.44 | 45.11 | 37.54 |

表 8　中国沿海各省市 1988 年主要产业产值比重与全国比较

| | 纺织 | 机械 | 食品 | 化学 | 钢铁 | 石油 | 建材 | 电气设备 | 电子 | 运输 |
|---|---|---|---|---|---|---|---|---|---|---|
| 沿海地区 | 11.9 | 9.3 | 7.0 | 5.7 | 5.4 | 4.8 | 4.1 | 4.0 | 3.8 | 2.8 |
| 全国平均 | 8.6 | 8.2 | 7.8 | 5.5 | 5.2 | 4.6 | 4.8 | 3.8 | 3.2 | 2.6 |

表 9　中国沿海地区 1988 年全员劳动率(元/年/人)

| 全国 | 辽宁 | 天津 | 河北 | 山东 | 江苏 | 上海 | 浙江 | 福建 | 广东 | 广西 | 海南 |
|---|---|---|---|---|---|---|---|---|---|---|---|
| 15 835 | 14 930 | 23 854 | 13 325 | 18 006 | 19 003 | 28 115 | 17 490 | 15 699 | 21 104 | 14 569 | 13 705 |

# 中国沿海经济发展的历史(1991)[①]

沿海地区是按照濒临海洋这个共同的地理特征所划定的区域。在中国历史上,这个地理区域在封建经济中并不占据十分突出的地位,从未被视为一个独立的经济区域,而是从属于不同的农业经济区。但沿海地区与商品经济有千丝万缕的联系。它凭借优越的地理环境和运输条件,在封建商品经济的发展中始终处于前列,并首先在封建社会内部萌发出资本主义生产关系。

鸦片战争后,沿海地区正常的经济发展过程被打断,沦落为西方资本主义侵略中国的通商口岸基地。外国资本主义生产方式被直接嫁接到这块土地上。官僚资本主义和民族资本主义也相继在此萌生。新式的贸易、金融、工矿等行业畸形发展起来。随之,中国经济重心迅速东移,沿海和内地经济形成强烈反差,演变为典型的二元结构。

新中国成立后,在平衡发展合理布局的原则指导下,沿海和内地经济协调并进,关系日臻完善。但在当今世界经济交往的大潮中,沿海地区仍为中国与世界各地进行经济合作与竞争的前沿阵地,肩负特殊使命。

## 一、中国古代沿海地区经济发展的基本进程

(1) 传统经济区域的演进与沿海经济的发展。中国是传统的农业大国。当西方侵略者凭借鸦片和洋枪洋炮打开清王朝锈蚀的国门时,中国还没有迈出农业文明的圈子。世界历史表明,农业文明大多起源于大河流两岸的冲积平原上。中华文化的历史也证实了这一点。因此,沿海地区的早期开发主要取决于农业经济区域的形成和发展。

约在八千年前,中国古人就在黄河中下游两岸狭长而肥沃的冲积平原上繁衍生息,创造了辉煌灿烂的农业文明。这就是中国历史上的第一个经济区域,史称"三河地带"。此后,它长期成为"土地小狭民人众,都国诸侯所聚会"的全国政治经济中心。从地理位置上看,它包括今山东、河北、天津等沿海的广大平原地区。因此,黄海北部和渤海西部沿岸地区是中国历史上最早得到开发的农业经济区。当然,这种开发从属于黄河文明,与海洋没有直接关联。从西周初年开始,中国经济重心西移,在泾河和渭河两岸的八百里秦川上形成了新的农业经济区。这个经济区远离沿海。原黄河下游沿海地区的农业继续发展,但地位已退居关中地区之后。

西汉初年,江南沿海地区还处于火耕水耨的原始落后状态,树茂林密,毒蛇猛兽出入其中。但

---

[①] 本文是作者主持国家教委全国重点学科博士点课题《中国沿海地区外向型经济发展的研究》成果之一,收入1993年7月复旦大学出版社出版、作者主编的《中国沿海经济研究》一书。

不久,由于北方数次社会动荡,大量灾民逃往江南,为江南沿海农业经济的开发揭开了序幕。西汉时期,江南经济虽然还不能与北方相伯仲,但确有相当程度的发展。南粮北漕制度的创设即为明证。江东大都市吴(今苏州)和外贸中心广州等经济中心的出现也是显著标志。在汉武帝时代,全国已形成四个经济区域:① 山西(今秦川平原);② 山东(今黄河中下游平原);③ 江南;④ 龙门碣石(今洛阳一带)。

三国时期,孙权拥据江南。吴国军队在战争中大量掳掠北方人口,加速了长江下游和珠江流域广大沿海地区的经济开发。原经济基础雄厚的黄渤海沿岸地区受魏国控制,不断遭受战争和水灾的破坏,渐趋衰败。中国经济重心出现南移的倾向,经魏晋、南北朝时期的加速发展后,至唐初,已经初步奠定了江南经济重心的历史地位。从此,江南地区基本改变了那种"渔猎山伐""饭稻羹鱼"的落后面貌,并开始由粗放型的开发转向集约型的发展。长江三角洲成为成熟的农业经济区。

唐朝经数百年的休养生息与和平局面,全国经济呈现出一片富庶的景象,南北经济都得到了恢复和发展,尤其是江南沿海地区,形成了两个著名的经济中心。一个是位于长江和运河交汇点的扬州。它是全国经济最繁庶的地方,"雄富冠天下",人烟浩繁,商旅辐辏,居住在这里的外商人就达数千之众。另一个是广州,它继续保持着外贸中心的地位,南方的各种特产都在这里集散。每年有千余艘外国商船进港,侨居的外商数以万计。由于外贸的显著发展,唐朝还在广州、泉州、明州(今宁波)、扬州等沿海城市设置了外贸管理机构"市舶使"。宋朝时期,北方经济再次遭受破坏。南方偏安,新的移民浪潮带来了北方较先进的生产技术,粮食产量大幅度提高。宋室南渡后,临安(今杭州)发展为全国的政治经济中心,手工业尤为发达。在南宋、元时,泉州则是中国最繁盛的海外贸易中心。

元明清三朝继续保持北方作为政治中心、南方作为经济中心的传统格局,沿海地区的经济优势初步显现。黄渤海沿岸地区是政治中心,人口密集,商业发达,形成了许多著名的都市,江南沿海地区不仅是全国最重要的粮食生产基地,而且手工业、商业的发展在封建经济范围内也达到了登峰造极的地步。长江三角洲的棉纺织业、丝织业、粮食市场,闽粤沿海地区的对外贸易、经济作物的栽培等,在全国经济中都占据显要地位。由于政治原因,封建政府设置了许多阻碍外贸发展的障碍,但民间贸易还是欣欣向荣,迫使政府不得不开放海禁。因此,鸦片战争前夕,沿海地区的经济发展已经表现出咄咄逼人的气势,全国的经济重心正在逐渐东移。但这种发展基本上还没有突破封建经济的范畴,仍在封建轨道上运行。

(2) 中国古代沿海经济的基本结构。从性质上说,鸦片战争前的沿海经济还是典型的自然经济。农业是最基本的国民经济部门,土地是最重要的生产资料,封建土地占有制是整个经济关系的基础。这种经济的基本结构就是男耕女织,手工业和商业则作为一种补充或延伸,在整个经济中不起决定作用。基本经济单位是家庭。最主要的生产品就是粮食和布匹。在维持温饱的消费水平下,广大农民过着自给自足的生活。

例如,在直隶,"耕嫁纺织,比屋皆然","妇勤纺织,中夜不辍。夏秋禾熟时,妇则从事陇亩,佐夫收获"。[①] 在江苏松江,"乡村纺织,尤尚精敏,农暇之时,所出布匹日以万计。以织助耕,女红有力焉"[②]。常熟一带的妇女也是"农时具在田首,冬月则相从夜织"[③]。这些都是对鸦片战争前沿海地区自然经济面貌的最好描述。

---

[①] 李文治:《中国近代农业史资料》第一辑,三联书店 1957 年版,第 101—102 页。
[②] 同上。
[③] 同上。

尽管如此,封建社会内部的商品经济还是有着缓慢的发展。而沿海地区正是这种发展的先导。鸦片战争前,由于生产的集约化、人口的稠密、运输条件的便利等因素,致使沿海地区相当一部分人口被游离出来,专门从事商品生产。例如,在江苏苏州、常州,浙江杭州、湖州、嘉兴等地的丝织业中,普遍出现了以家庭副业和个体手工业者作坊为形式的小商品生产经营。江苏松江、无锡成为全国手工棉纺织业商品生产基地。广东佛山成为铸造铁锅、铁钉、铁线等小五金的商品生产基地。手工业商品生产的发展,又促进了作为手工业原料的农产品的商品化。江苏"各厅州县农田计之,每村庄知务本种稻者不过十之二三,图利种花者则有十之七八"①。松江附近地区的"东南高地,棉七稻三"②。北方直隶地区也植棉甚广,致粮食不能自给。随着商品经济的发展,一些由定期集市发展起来的小市镇在沿海地区如雨后春笋般普遍兴起。这些市镇就像网络上的结,把分散的自给自足的自然经济联结为一个市场整体。封建金融机构的应运而生和大量设立,是沿海地区商品经济发达的另一个重要标志。北京、上海和广州等沿海大城市是票号、钱庄和银号的活动中心。据统计,从1776年至1796年,上海的钱庄共有106家,并成立了钱业公所。这些封建金融机构在促进地区物资交流和扩大国内市场方面曾起过一定作用。

封建商品经济的产生与发展,是萌发资本主义生产关系的前提。沿海地区是中国封建社会内部最早出现资本主义萌芽的地方。早在明代广州苏州的丝织业中,就已存在"机户出资,机工出力"的雇佣关系。并且这种雇佣关系已达到相当规模,"染坊罢而染工散者数千人,机房罢而织工散者又数千人"③。那些"计日受值"的被雇佣者每日聚集在固定的地点,等待受雇。鸦片战争前的上海沙船业已具相当规模,有船只千余条,也有明显的资本主义倾向。因此,正如毛泽东同志所指出的,如果没有外国资本主义的侵略,中国也将缓慢地发展到资本主义。鸦片战争前的沿海地区的确已表现出这种发展趋势。

## 二、中国近代沿海地区经济结构的演变

(1)第一次鸦片战争后外国资本主义的经济入侵与沿海地区自然经济结构的顽强抵抗。工业革命后,西方资本主义的经济发展要求越出国界,寻求更广阔的市场。近代西方国家对中国的通商要求正是在这种背景下发生的。但由于清政府实行闭关锁国政策,从1757年至鸦片战争爆发,一直把通商口岸严格限制在广州一口,使西方国家的通商要求受挫。尽管如此,中外贸易并未间断,中国始终处于有利的出超地位,白银大量流入。英国输入中国的机器制成品几乎都是亏本生产,没能打开中国市场。为了改变这种局面,英国资产阶级悍然把鸦片作为打开中国市场的武器,从而开始了罪恶的鸦片贸易。中英贸易关系从此发生根本转变,致使中国出现银荒局面。1838—1839年,输入中国的鸦片已达35 500箱。鸦片毒害了中国人的体质,阻碍了中国经济的正常发展。沿海地区受害最烈,仅苏州一府,吸食者就达几十万,耗银不计其数。以林则徐为代表的爱国官员极力主张禁烟。虎门焚烟后,英国以此为借口发动了侵华战争。

第一次鸦片战争后,签订了《南京条约》。条约规定,开放广州、福州、厦门、宁波、上海为通商口岸,取消公行制度,实行协定关税。英商在通商口岸无论与何商交易,均听其便。从此,中国门户洞开,东南沿海地区首先成为外国侵略者进行经济掠夺的对象。他们在这里走私鸦片,掠卖华工,无

---

① 李文治:《中国近代农业史资料》第一辑,三联书店1957年版,第83页。
② 同上。
③ 《明实录·神宗万历实录》卷361,万历二十九年七月丁未。

恶不作。最令他们欣喜不已的还是中国这个广阔的市场。他们盲目乐观地认为,"只消中国人每人需用一顶棉织睡帽,不必更多,那英格兰现有的工厂就已经供给不上了"[1]。于是,英商和各国商人带着发财的憧憬,争先恐后涌向中国沿海的通商口岸,开行设栈,准备大做买卖。1844年,在上海设立的洋行有11家,至1854年,骤增十倍。输入通商口岸的货值也急剧上升。以英国为例,输入中国的商品总值为969 381镑,1845年增加了140%。从此,东南沿海地区洋货充斥,外商云集,首先开始步入半殖民地半封建的深渊。

然而,事情的发展与外国侵略者的主观愿望相背驰。开辟通商口岸十多年的结果,只是把外贸中心由广州转移到上海,机器工业的销售并没有扩大多少。并且,从1846年开始,上海的进口货值已呈现下降趋势。

究其原因,主要在于沿海地区自然经济结构的顽强抵抗。前文已述,以织助耕是鸦片战争前夕沿海地区的基本经济结构。这种结构使广大农民不依赖于市场而存在,有着顽强的坚韧性。尽管西方的机器工业品价廉物美,但中国农村的手工纺织业凭借大量充裕的劳动力几乎没有任何成本限制,利用农闲进行副业生产,既不需额外追加劳力,也不费特别的时间,所以能够较长时期地抵制机器工业品。其次,鸦片走私吮吸了中国人民仅有的一点购买力。中国是自然经济社会,货币购买力极有限,经鸦片吮吸后,留给机器工业品的就微乎其微了。

因此,第一次鸦片战争后,除江苏松江、太仓等地的手工纺织业因特殊原因而遭受局部冲击外,五口通商的开辟并没有给东南沿海地区的自然经济造成太大的影响。其经济发展依然沿着鸦片战争前的旧轨迹缓慢运行。

(2) 第二次鸦片战争后外国资本主义的经济入侵与沿海地区自然经济结构的初步解体。早在1845年,英国资本家就对他们的机器产品在中国的销售状态感到愤愤不平,把取得扩大沿海开放范围和进一步深入中国内地的权力作为解救之道。1856年,英国制造"亚罗船"事件,再次挑起侵华战争,最后以《天津条约》和《北京条约》的签订而告终。条约增开了十个通商口岸,除汉口和九江外,牛庄、登州、台南、淡水、潮州、琼州、南京、镇江等都位于沿海地区,从而使侵略者的掠夺基地从东南沿海扩展到北部沿海地区和长江流域。条约还确定了值百抽五的关税和2.5%的子口半税,夺取了海关行政管理权,鸦片贸易被合法化。

通过这些新获取的特权,外国侵略者加紧了对沿海地区的商品倾销。从1864—1894年,中国的进出口贸易总值有了显著增长。其中1864—1875年,各年贸易总额为1—1.4亿海关两,1876—1887年,增加到1.4—1.9亿海关两,1888—1894年,再增为2.2—2.9亿海关两[2]。进口商品的结构也开始发生变化。1842年,鸦片居首位,占55.2%;棉花其次,占20%;棉织品又其次,仅占8.4%。至1885年,棉制品已跃居首位,占35.7%,鸦片退居第二位,占28.8%[3]。其他如钢铁、煤油、火柴,洋糖等商品的销量都显著上升。这说明,西方的机器产品已初步打进中国沿海地区的商品市场。同时,中国农产品和各种工业原料的出口也呈递增趋势,其中茶叶和生丝所占比重最大,其次为豆类、甘蔗、花生等。这又说明,沿海地区已初步沦落为西方侵略者的原料产地。因此,第二次鸦片战争后,整个沿海地区经济正日益被卷入世界资本主义的经济漩涡中。

沿海地区的自然经济结构曾对外国资本主义的商品侵略进行顽强抵抗,但从19世纪60年代始,这种力量悬殊的抵抗开始节节败退,逐步走上了分解的道路。这种解体表现为两个方面:一是

---

[1] 彭泽益:《中国近代手工业史资料》第1卷,三联书店1957年版,第497页。
[2] 转引自魏永理:《中国近代经济史纲》上册,甘肃人民出版社1983年版,第17页。
[3] 严中平:《中国棉纺织史稿》,科学出版社1955年版,第8—9页。

外国机器产品推销使中国的传统手工业陷于破产;尤其棉纺织业的大量输入,迫使中国城乡的家庭手工棉纺织业解体。二是外国侵略者掠夺中国农产品和工业原料,使农业生产的商品化有所发展。因沿海地区首当其冲,故解体也最快。内地和偏远地区则解体较慢或仍保持原样。

手工棉纺织业的解体经历了两个阶段。第一阶段是洋纱代替土纱,使纺和织相分离。手工纺纱业首先被解体的原因在于机器纺纱的效率远比手工纺纱的效率高,因此洋纱价格十分低廉,轻而易举就可击败土纱的竞争。从 1872—1890 年,进口洋纱增加了 2 604%。沿海地区的手工纺纱几乎完全歇业,手工纺织业者被迫改用洋纱,织成土布后再与洋布比试高低。第二阶段为洋布代替土布,使织与耕相分离。中国土布原来质地较厚,耐磨耐穿,价格亦廉。但外国侵略者凭借关税特权和机器生产的高效率,不断降低洋布的生产运销成本,压低价格,实行倾销政策,完全占领市场,最终也把中国土布逼上了绝途。从 19 世纪 70 年代起,沿海地区贫苦的中国人开始购买便宜但并不耐穿的洋布,上层社会的中国人也逐渐改变了对土布的偏爱而转用洋布。至 90 年代,沿海各通商大埠,"衣土布者十之二三,衣洋布者十之七八"①。经过这两个阶段的解体,沿海地区自然经济结构中最坚固的结合已被打破。

农产品的商品化则使之雪上加霜。广大沿海农民为谋生计,不得不接受国际市场的支配来安排农业生产品种,从而沦落为世界资本主义的经济附庸。商品化发展较快的农产品有蚕桑、棉花、烟叶、罂粟、粮食等。北方的直隶和山东遍地植桑。苏北广大沿海地区"一望皆种棉花,并无杂树"②。苏南江阴"素业织土布。自洋布盛行,其利已薄。光绪中,西人始至内地市茧,⋯⋯乡人获利,育蚕者骤增。不数年,境内每年售茧所获逾百万金,且递增不已"③。广东和福建沿海地区则广泛种植甘蔗和茶叶,自产米不足自给,不得不从东南亚诸国进口大米。

3. 甲午战争后沿海地区自然经济结构的加速解体和农村经济的崩溃

甲午战争后,帝国主义在沿海地区攫取了更多的特权,诸如开矿权、筑路权、设厂权等,资本主义列强纷纷在此建立自己的势力范围。沿海地区进入全面开放时期,进一步沦落为外国侵略者的农产原料产地和工业品的倾销场所。其经济发展已演变为典型的半殖民地经济。商品输出继续增长。1895—1926 年,中国的进出口贸易总值由 3 亿两白银猛增到 21 亿两白银,其中进口商品增加 8 倍,出口商品增加 6 倍。进口商品的 70%—90% 是消费资料。出口商品的大宗仍然是棉花、茶、丝、花生等,但种类明显增多,如桐油、蛋黄、皮革、木材等。

这段时期,帝国主义在沿海地区的资本输出成为一种重要的侵略方式。它在更大程度更深层次上摧垮了沿海地区的自然经济结构。一方面,帝国主义投资修建铁路,降低了商品运输成本,把洋货的销售扩大到穷乡僻壤;另一方面,帝国主义在中国大量投资建立工厂,利用中国廉价的劳动力和原料,就地生产就地销售,从而更沉重地打击了沿海手工业。日本帝国主义尤为狂妄,公然宣扬"工业日本,农业中国"的殖民思想,其资本输出极力扶植东北的矿冶业和华北的植棉业,企图完全把中国变成它的原料产地。

经过这一场浩劫,沿海农村手工业几近覆灭。麻纺织、丝织、缫丝、榨油、土烟加工等行业都加速从农业中分离出来。手工纺织业已奄奄一息。上海、宁波、广州等地区,"纺织之户,十停八九","巡行百里,不闻机声"④。而农产品的商品化却加速发展。一般经济作物的商品率明显提高,商品

---

① 彭泽益:《中国近代手工业史资料》第 2 卷,三联书店 1957 年版,第 224 页。
② 李文治:《中国近代农业史资料》第 1 辑,三联书店 1957 年版,第 418 页。
③ 同上书,第 428 页。
④ 李文治:《中国近代农业史资料选辑》,三联书店 1957 年版,第 328 页。

性作物的播种面积显著扩大。例如,产棉区原先主要分布在江苏、浙江、福建、广东等东南沿海地区。但这个时期,在日本殖民政策的推动和扶持下,华北沿海地区已发展成为重要的产棉区。粮食作物的商品化发展也很快。经济作物的扩播必然要排挤粮食生产,促进粮食生产的商品化,例如,上海附近棉花和小麦排挤水稻,东北大豆排挤高粱。这样,粮食不敷口食时就必须与外地的产粮区相交换。此外,农业生产的商品化还表现为农业专门化区域的形成。例如,江苏、山东、河北等广大农村发展为植棉专门化区域。其中江苏通州(包括南通、崇明和海门)的植棉之地占全州土地面积的十分之六七,集中程度为全国之冠。

随着自然经济结构的解体,沿海农民对市场的依赖程度已越来越高。据调查,1921—1925 年,农村家庭的全部生活资料约有三分之一是购买的,全部农产品约有半数是出售的。并且,农户家庭收支中,现金约占一半,少数通商口岸地区甚至占到百分之七十以上。从此,沿海地区广大农民被投入到世界资本主义的海洋中颠波逐浪。

1929—1933 年,世界资本主义发生全面危机,中国农业迅即成为牺牲品。在此期间,帝国主义国家借援助之名,把 100 万—1 000 万公担"过剩"的棉花、糖、米、麦、面粉等输入到中国,占当年中国进口总值的 22.26%[①]。大量外国农产品的倾销,使沿海农村经济遭受致命摧残。与此同时,帝国主义国家乘机压低价格,收购中国农产原料,把广大农民的劳动成果席卷而去。农村社会一片恐慌呼声,完全陷入了崩溃的境地。

## 三、近代沿海地区资本主义经济成分的成长

(1) 沿海三种资本主义成分的初步形成。外国资本主义的入侵,一方面打断了中国封建社会内部资本主义萌芽的正常发展过程;另一方面又刺激了中国沿海地区资本主义的迅速成长。1840—1894 年,沿海地区近代企业的创建标志着中国资本主义生产方式的初步确立和近代化经济发展的开始。由于中国资本主义的产生和生存环境是半殖民地半封建社会,所以其发展极为艰难,起伏较大,成分复杂。

应该说,沿海地区最早的资本主义生产方式是由外国侵略者直接引入的。五口通商后,外商蜂拥而至,在各通商口岸广设洋行。至 1893 年,已达 580 家。为配合商品输出,还投资于制造业、航运业、金融业等。这些由外国侵略者直接投资兴办的工商企业,构成了沿海资本主义的第一种成分。

船舶修造业是最早在沿海地区设立的外国资本主义工业企业。早在 1845 年,英国人柯拜就在广州创办了柯拜船坞,雇佣中国工人修理船舶。至甲午战争前,上海的祥生船厂、耶松船厂和香港黄埔船坞公司成为三家最大的船舶修造工业企业。农产原料加工企业也是外商早期投资的工业企业。主要有砖茶厂、缫丝厂和制糖厂。上海是缫丝厂的集中地区,雇佣中国工人五六千,其中多半是女工。租界内的公用事业是另一类外商投资企业。1864 年,英商集股在上海公共租界建立大英自来火(煤气)房。此后,又建立了上海自来水公司、新申电气公司。上海的租界公用事业发展最快,天津次之。此外,外商还在上海等地建立了几家小规模的轻工企业,如饮食、酿酒、制药、印刷等。

银行业是外国资本投资的重要构成部分。外资在华的第一家银行是丽如银行,于 1845 年设分

---

① 严中平:《中国近代经济史资料选辑》,科学出版社 1955 年版,第 74—76 页。

行于广州和香港,1847年设分理处于上海。至1894年,英法德日四国先后在香港和上海设立银行14家,倒闭歇业6家,其余8家地点均在上海。这些银行的主要业务是经营国际汇兑为商品输出入服务,吸收存款支持外国在华企业,给清政府借债索取利息,发行钞票掠夺中国人民。

官僚资本是沿海资本主义经济的第二种成分。这种资本主义发轫于晚清洋务派所举办的军事工业。洋务派以器可变而道不变为原则,以求强和维护清政府统治为宗旨,从19世纪60年代开始创办军用工业。至1894年,共创办军工厂和船厂24家,耗资6 000余万元。其中最著名的四家均在沿海地区,即1865年曾国藩和李鸿章在上海创办的江南制造总局,同年,李鸿章在南京创办的金陵机器局;1866年左宗棠在福建创办的福州船政局,1867年崇厚在天津创办的天津机器局。从70年代起,洋务派还以官办、官督商办等形式创办采矿、冶炼、纺织、轮船、电信等民用企业,如李鸿章创办的轮船招商局。至1894年,共有22家,投资额2 790余万元。

洋务派创办的这些早期军工企业和民用企业,多少还带有一定的封建性质,但其根本性质却导向了国家资本主义。甲午战争的失败标志着洋务运动的破产,但后来,北洋军阀政府和南京国民政府都先后继承并扩大了这种官僚资本形式。

19世纪60年代末,中国商人、地主、华侨等也开始投资于近代企业,中国民族资本主义应运而生。是为沿海资本主义经济的第三种成分。最早的民族资本主义企业是1869年创办于上海的发昌机器厂和1872年创办于广州的继昌隆缫丝厂。至1894年,共创办制造业160家,投资额约460万元,主要分布在缫丝、棉纺、火柴等行业。采矿业20家,投资额约260万元,主要是煤矿。早期的民族资本企业规模都很小,资本量不足,根本无法与外国资本和官僚资本相抗争。其资本原始积累主要是地主的社会活动所得、商人的高利贷资本和买办包销洋货的货币积累。

(2) 沿海资本主义经济的成长。甲午战争前,沿海地区已经形成三重结构的半殖民地化的资本主义发展道路。此后,沿海资本主义的发展随着国际形势的风云变幻和国内局势的演进而沉浮不定。从1895年至1949年,大致经历了以下几个鲜明的阶段。

1895年到1913年是沿海资本主义的初步繁荣期。甲午战争的失败举国震动,实业救国的呼声响彻寰宇。中国资产阶级第二次登上了政治舞台,发动了戊戌政变。尽管失败,但迫使清政府放宽了对民间投资的控制。紧接着,抵制美货、抵制日货、收回矿权路权等运动,掀起了中国资本的第一次投资高潮。据统计,在这19年间,中国资本新开设的资本额在万元以上的工矿企业有549家,资本额共达12 029余万元,平均每年增设28.9家,新投资本633万元[①]。在这些投资中,民族资本远远超过官僚资本,逐渐成为沿海工业资本的主体。因此,自由资本主义的迅速成长是本时期沿海资本主义发展的基本方向。

但是,发展最快的还是外国资本,这是由半殖民地经济性质所决定的。《马关条约》的签订,掀起了世界列强在中国争夺利权瓜分中国的新浪潮。尤其是设厂权的获得,更刺激了外国资本的在华投资欲望。据统计,1895—1913年,外国资本在中国设立的资本额在十万元以上的企业有136家,资本额总计10 315余万元。平均每年增设10.5家,新投资793万元。1913年,外国在华资本额已达154 095.6万元,而中国官僚资本和民族资本分别只有14 887.5万元和15 498.7万元。外国资本约为中国资本的四倍。

1914年至1920年是中国资本主义进一步繁荣时期。这几年正值第一次世界大战,各主要资本

---

[①] 上述引用的数字是指全中国资本主义发展状况。由于当时,资本主义萌芽大都集中在沿海地区,故大致能够反映沿海地区当时的状况。

主义国家都忙于应付战争,暂时放松了对中国的压迫。中国民族资本在这个偶然出现的喘息机会中,以更快的速度朝前发展。在这六年中,中国资本新增厂矿379家,资本额达8 580万元,平均每年增设63家,新投资本1 430万元。发展较快的工业行业有卷烟、面粉、棉纺、火柴、电力等,年平均增长率在10%以上,其中卷烟业因基数低,年增长率达到了36.7%。沿海各通商大埠已经基本资本主义化。有些农村地区还出现了一些资本主义性质的垦殖公司和农场。

这时期,除日本资本增长较快外,其他外国资本的增长都很有限。官僚资本几乎陷于停滞状态。1920年,在华外国资本为166 745.8万元,官僚资本和民族资本分别为27 091.8万元和42 987.4万元。民族资本已明显地超过官僚资本而成为本国资本的主体。外国资本仍然占着绝对优势。

1921—1936年,中国经历了许多重大的历史事件。沿海资本主义的发展颇为艰难曲折,但总体上还是有了显著的进步。尤其值得一提的是,1929—1933年发生了世界范围资本主义经济危机,中国资本不但未受波动,反而因刺激而出现繁荣局面。1931年后,主要资本主义国家相继放弃金本位制。美国的购银法案致使中国出现通货紧缩型经济危机,沿海经济遭受严重打击。1935年,国民党政府实行法币改革后,通货贬值,物价回升,沿海资本主义经济再次恢复活力。因此,从1921—1936年,中国工业资本增长一倍多。并且,资本主义经济范围在地域上显著扩大,资本家和产业工人数都有较大幅度的增长。沿海民族资本的发展达到了历史的顶峰。据权威人士估计,1936年外国在华产业资本为643 400万元,官僚资本和民族资本分别为44 100万元和133 500万元。

1937—1949年是沿海资本主义走向破产的时期。抗日战争爆发后,沿海地区相继被日本帝国主义所占领。集中了中国80%以上工商业和金融业的沿海经济遭受毁灭性摧残。除少量工厂迁徙到大后方外,大量工厂在炮火中化为灰烬。但上海租界内的"孤岛"经济仍呈现繁荣景象,大量民族资本避逃于此。日本为实现其殖民经济的美梦,也曾在占领区投资建设过一些工矿企业,但为数不多。其他外资因战争都遭受巨大损失。当然,最悲惨的莫过于民族资本,而国民党的官僚资本却大发国难财,利用其所控制的金融网络,垄断了全国的财政经济命脉。抗战胜利后,占外国资本87%的日本资本被国民党官僚资本所接收,使官僚资本急剧膨胀起来。这本是一个大力发展国民经济的好时机,但国民党政府却走向反动而终至覆灭。详细内容见表1。

表1 中国资本主义三种资本成分的增长比较

| 年 代 | 合计(万元) | 民族资本 | | 官僚资本 | | 外国资本 | |
| --- | --- | --- | --- | --- | --- | --- | --- |
| | | 万元 | % | 万元 | % | 万元 | % |
| 1894 | 8 952.6 | 722.5 | 8.07 | 2 796.6 | 31.24 | 5 433.5 | 60.69 |
| 1913 | 154 095.6 | 15 498.7 | 10.06 | 14 887.5 | 9.66 | 123 709.4 | 80.28 |
| 1920 | 236 825.0 | 42 987.4 | 18.15 | 27 091.8 | 11.44 | 166 745.8 | 70.41 |
| 1936 | 821 000.0 | 133 500.0 | 16.26 | 44 100.0 | 5.37 | 643 400.0 | 78.87 |

注:1936年的数字不包括东北在内。

(3) 沿海资本主义发展水平的估计。沿海资本主义经济的发展道路尽管很曲折,但还是一步一步地朝前迈进,经过一百余年的漫长历程后,在国民经济中的地位已显著提高。但总量还是微小的,仍然没有成为中国社会的主要生产形式。沿海地区资本主义化程度最高,资本主义企业集中最多,其发展水平显然要比全国平均水平高许多。由于缺乏统计资料,难以作出必要的说明。但从下列这张全国资本主义发展水平的表格中仍可窥见一斑。具体内容见表2。

表2 中国资本主义发展的水平

| 年 份 | 近代工业在工农业总产值所占比重(%) | 近代工业和工场手工业在工农业总产值所占比重(%) | 近代交通运输业在交通运输总收入中所占比重(%) |
|---|---|---|---|
| 1920 | 4.9 | 10.8 | 45.6 |
| 1936 | 10.8 | 20.5 | 51.0 |
| 1949 | 17.00 | 23.1 | ? |

从企业规模、生产技术、资本有机构成、组织管理等方面看,沿海资本主义经济水平还是很落后的。1933年的调查表明,上海雇佣职工在30人以上的民族资本企业,平均每家的资本登记额只有13.7万元,使用马力151匹,每个工人平均只使用0.55匹。资本最大的棉纺工业,每个工人平均使用的马力也只有10.2匹。大量的小型企业都是在受市场刺激后才建立起来的,因此,资本十分薄弱,生产分散且规模极小,技术水平低下。1953年上海43家私营轧钢厂中,只有2名工程师。在管理方面往往带有严重的封建性和家族性,没有一套完整系统的管理制度。

## 四、近代沿海地区经济格局的基本特点

近代沿海地区的经济格局完全是半殖民地化的经济格局:主要表现在,外国资本在经济中占据绝对垄断地位,产业过分集中在几个沿海通商口岸,工业部门构成以轻工业为主,金融业畸形发展,商业尤为发达等。

(1)外国资本在沿海经济的发展中完全居于垄断地位是其特征之一。先看进出口贸易。帝国主义在旧中国始终没有脱离以商业性掠夺为主的投资形态,进出口业务与商品倾销相关的运输、银行、保险等投资,1914年占在华资本总额的41%,1930年占50%,1936年仍占50%左右。因此,外国资本几乎控制了沿海通商口岸进出口贸易的命脉。并且,进出口贸易的构成也表现出典型的半殖民地经济的特点,即在进口商品中,以消费资料为主,生产资料只占很小的一部分。在出口商品中,以农产原料为主,机器产品则仅占极小部分。这样,广大沿海地区就成了帝国主义倾销工业产品和掠夺原料的半殖民地。

再看资本输出。帝国主义的资本投资与沿海地区的本国投资相比,始终占着绝对优势,因而控制着整个沿海地区的经济命脉。第一,完全垄断了重工业。在半殖民地化的沿海地区,重工业本来就微乎其微,但几乎完全被外国资本所控制。东北的钢铁工业向来被日本所控制。1931—1936年,上海电力工业的90%左右被美国资本所控制。这就不能不使民族资本工业受其钳制。第二,基本上垄断控制了轻工业。沿海地区的主要工业部门是轻工业,如棉纺织、缫丝、火柴等,其中棉纺织业最为重要。从厂数和纱锭数看,华资企业略多于外资企业。但外资企业资金雄厚,设备先进,规模庞大,效率远比华资企业高。因此,在竞争中,华资企业不得不受外资企业的垄断控制。第三,基本独占了交通运输业。在轮船航运业中,进出通商口岸的轮船吨位数,外国远比中国高。在铁路运输业中,沿海地区的京奉、津浦、沪宁、广九等路权全被外国资本所控制,从而垄断了沿海地区的交通运输业。此外,外国资本通过控制中国的财政经济命脉和货币,在沿海经济中兴风作浪,为所欲为。

再看外国资本的特点,也反映了对沿海经济的垄断和控制。第一,直接投资所占的比重特别高。1914年的直接投资占66.3%,1930年上升为72.9%,1936年再升为90.4%。第二,外国资本

的地域集中性强。外国企业主要集中在上海和天津等少数沿海口岸城市,从而造成地区经济的不平衡和城乡关系的对立。第三,外国资本集中于少数垄断集团。这些大的集团公司的资产和职工人数往往超过该行业的一半,从而形成垄断和控制。

(2) 产业过分集中在几个通商口岸,是沿海地区基本经济格局的特征之二。这一特征根源在于中国近代产业的发展没有独立自主的政治权力作保障,而是依附于帝国主义经济,因而不可能形成独立平衡发展的产业格局。民族工业所需技术、资金、原料,无不大量地依赖外国资本;加之沿海城市与国内外的交通都很便利,人口密集,政治重心也在这一地区,因而,产业的80%以上都集中到了东北和关内沿海六省地区。而沿海地区的产业又集中在上海、天津和广州三大城市,尤其是上海,将近占全国产业的半数。参见表3。

表3 中国资本主义工业的地区集中

| 年份＼项目 | 上海 | 天津 | 广州 | 占全国的比重(%) |
| --- | --- | --- | --- | --- |
| 1933年全国性调查: | | | | |
| 占工人总数 | 31.30 | 4.42 | 4.09 | 39.81 |
| 占资本额 | 39.62 | 5.02 | 6.67 | 51.31 |
| 占生产总值 | 50.01 | 5.12 | 6.97 | 62.10 |
| 1933年12个城市调查: | | | | |
| 占工厂总数 | 36.01 | 12.65 | 11.41 | 60.07 |
| 占工人总数 | 53.27 | 7.53 | 6.96 | 67.76 |
| 1947年12个城市调查: | | | | |
| 占工厂总数 | 59.99 | 9.39 | 3.67 | 73.05 |
| 占工人总数 | 60.80 | 9.54 | 4.15 | 74.49 |

吴承明:《中国资本主义与国内市场》,中国社会科学出版社1985年版,第73页。

抗日战争前,沿海三大城市(主要是上海)的工人数占全国的40%左右,资本额占50%左右,产值则高达60%多。抗战胜利后,这一比重还有明显上升。新中国建立初期,这种极不平衡的地区经济格局依然保持。

产业在地区分布上的不平衡性还可以通过主要工业部门反映出来。1921年,全国纱锭的41%集中在上海,11%集中在天津。1936年,全国纱锭的54%集中上海、天津、无锡、青岛四地,其中上海占40%。而这些地区都不是原棉产区。上海附近不产小麦,上海市民不以面食为主,但中国的面粉工业主要集中在上海,其生产能力超过了当地需求量的四至五倍。其他工业也莫不如此。

产业分布的不均衡,造成原料产地和工业基地的严重脱节。这就势必加重中国产品的成本和采用外国原料,加深中国工业的半殖民地化。尽管中国民族资本家为此作出过种种努力,把工厂开设到靠近原料产地的中小城市,但由于中国政局不稳、军阀混战和封建割据,最后还是不得不托庇于外国租界而集中于沿海大城市。

(3) 工业部门结构的不合理是沿海地区经济格局的基本特征之三。沿海地区没有重工业基础,基本上都是轻工业。为数不多的重工业几乎都由帝国主义所控制。1927年以前,除上海有几家小型的机器修配厂外,民族工业完全没有机器工业,所需生产资料主要依靠进口。抗战前,中国每年所需用的机器中,76%依赖进口,车辆船舶83%依赖进口,钢铁95%依赖进口。从中国产业资本的使用情况来看,抗战前,制造工业资本用于生产资料生产的仅占 20%,用于生活资料生产的占 80%。抗日期间,由于军事工业的需要,重工业有所发展,但工业结构仍无根本变化。1948 年,制造工业资本用于生产资料生产的约占 22%,以官僚资本为主;用于生活资料生产的约占 78%。这样的工业部门结构必然使中国工业失去独立性,不能形成健全的工业发展体系。

就中国轻工业本身而言,其结构也是支离破碎、不成体系的,主要集中在纺织和食品两大行业。据调查估计,1933 年在雇佣职工 30 人以上的企业中,纺织工业占全部职工人数的 51%,占全部生产总值的 41.4%,食品工业占全部职工人数的 6.7%,占全部生产总值的 24.6%。

(4) 金融业的畸形发展是沿海地区经济格局的特征之四。近代金融业是外国侵略者为配合商品输出而首先引入中国的。1894 年前,外资银行几乎全部集中在上海。随着清政府的财政日益拮据和近代工业的产生和发展,中国自己的新式银行也应运而生。1897 年总行设于上海的"中国通商银行"正式开业。至清末,全国共设立了官办、商业银行 17 家,地点几乎都在沿海地区,上海成为全国金融中心。从 1912—1927 年,全国又设立了 186 家银行,资本总额也由 1912 年的 3 625 万元增加到 1925 年的 15 800 万元,远远超过了官僚资本中的工业资本。并且,在沿海地区形成了以银行业为中心的三大财阀集团系统。华北财团由政府系、北四行系、直鲁系诸银行构成,江浙财团由南四行系、宁波系、安徽系诸银行构成,华南财团由港粤系、福建系诸银行构成,分别以京津、上海和港穗为中心。其中以上海为中心的江浙财阀最具实力。1927 年后,国民党四大家族官僚资本恶性膨胀,建立了以四行(中央、中国、交通、农民)二局(中央信托、邮政储金汇业)为基础的官僚金融垄断体系,其中心建立在上海和南京①。

但是,沿海地区金融业的畸形发展,主要不是为中国工商业的发展提供金融服务,而是从事投机活动。例如,一向以援助民族工业自居的中国银行,1930 年总放款中对工业的放款仅占 6.5%。因此,它与正常的工商业发展水平完全相脱节,银行繁荣之时往往是工商业萧条乃至破产的时期。

(5) 商业发达也是近代沿海地区经济格局的特征之五。帝国主义的商业资本主要集中在沿海通商口岸固不必说,就是民族商业资本也主要集中在沿海地区。近代发展起来的民族商业资本主要是买办性质的商业资本,经营对象主要是进出口物资和工业原料,如国际贸易、华洋百货、西药、呢绒、五金等行业。因此,这些商业资本一般较为集中,以批发业务为主,且多汇集于沿海通商口岸。上海是以外国洋行为中心发展起来的全国最大的商业中心,聚集在这里的民族资本的批发商有 21 个行业,仅出口行业就组织了 9 个行业公会,拥有 1 400 多商户。沿海地区的这种商业优势一直延续到新中国成立以后。1950 年,上海、天津、广州三大沿海城市的私营商业,约占全国私营商业国内市场销货总额的三分之一,占全国私营商业批发总额的 36% 左右。至 1954 年,尽管上海、天津、广州等地的私营商业的资本额已比 1949 年前减少了 30% 左右,但河北、山东、江苏、浙江、福建、广东六个沿海省和上海、天津两个沿海直辖市的私营商业,仍占全国私营商业总户数的 48%,从业人员总数的 49.9%,销售总额的 54.9%,批发总额的 61.5%,资本总额的 56.1%,雇佣劳动总人数的 62.9%,收益总额的 63.7%。

(6) 近代沿海地区经济发展的启示。纵观上述内容可知,近代沿海地区经济发展的历史就是一部中国近代史,一部中国资本主义经济在帝国主义压迫和封建制度羁绊下艰难成长而终归失败的历史。当近代沿海地区在帝国主义炮火和铁蹄下走上资本主义发展道路时,这里面不知包含了多少屈辱与不幸。重温这段经济历史,不能不使我们痛心疾首。落后就要挨打,这是我们时刻不能

---

① 张郁兰:《中国银行业发展史》,上海人民出版社 1957 年版,第 41、51 页。

忘却的真理。但我们同样应该记住的另一条真理是：闭关自守是没有前途的。

闭关自守是小农经济的产物,是自给自足经济条件下所允许采用的一条政策。而沿海地区的经济发展历史与商品经济有着不可分割的关联。可以说,沿海地区一直主导着中国商品经济的发展方向,代表着中国商品经济发展的最高水准。这正是沿海经济的独特优势。而商品经济天然地要求扩大交换和合理分工。只有在符合这一条件的情况下,商品经济才能繁荣昌盛。也就是说,沿海经济的繁荣有赖于广阔市场的存在和全社会的合理分工。如果走自给自足的道路,便将失去其优势。这实际上也是一种闭关自守的表现,是没有前途的。

在旧中国,沿海经济完全被卷入到世界资本主义经济旋涡中,金融、贸易、轻工等行业畸形发展。这固然是帝国主义侵略后所形成的半殖民地化的经济结构和产业布局,是中国经济发展没有主权作保障而不能形成独立完善的经济系统的表现。但从经济区域理论来看,这种经济结构和产业布局又有其合理的一面,即符合沿海地区作为联结世界市场和内地市场纽带的分工要求,符合沿海地区自身经济特点的要求。当然,在半殖民地的旧中国,这种分工成为帝国主义操纵中国财政经济命脉和掠夺中国人民的法宝,成为中国人民独立发展民族经济的桎梏。然而,在中国人民自己掌握主权后,在民族经济体系形成后,我们就没有理由再一味地强调自给自足和"大而全""小而全"的地区发展战略。而应该积极利用这种合理的分工,充分发挥沿海地区的经济优势。

# 中国沿海经济发展的理论基础(1993)[①]

中国沿海经济是一种大范围的区域经济,既有别于一个国家的整体经济,也有别于企业、部门经济及个体经济。区域性经济发展有其自身的特点和要求,需要有一整套理论作为实践的指导。中国沿海经济发展既要有马克思主义的区域经济思想为指导,也要有符合我国社会主义国情的区域经济理论,因此对中国沿海地区经济发展作总体构思前,结合我国40年区域发展正反两个方面经验,探讨沿海经济发展的理论基础是十分必要的。

## 一、马克思的区域经济思想

马克思、恩格斯毕生致力于对资本主义经济、社会制度的批判,在他们浩瀚的著述中,也包含着大量的有关区域经济问题的论述。这些论述,无疑对社会主义国家区域经济的发展产生了重大影响。

### (一)马克思的区域经济思想的构成

马克思、恩格斯的区域经济思想分散于他们的大量著作当中,归纳起来,其构成主要有:

(1)马克思的社会劳动地域分工理论。马克思和恩格斯专门研究了资本主义商品经济的发展对社会劳动地域分工影响,如资本主义生产方式对农业地区的侵入和瓦解作用;工业在地域空间的集聚和扩散;交通和流通条件改善使大工业中心的市场地域空间半径扩大;生产地与消费地之间的空间距离,由于运输和流通时间缩短而相对接近。从而揭示了社会劳动地域分工的意义和作用,并设想在社会主义统一计划下,工业按照最适合于它自己的发展和其他生产要素的保持或发展的原则分布于全国。

(2)马克思的相互依赖理论。马克思和恩格斯在《共产党宣言》中明确提出并分析了资产阶级开拓的世界市场,把世界上一切国家、一切民族联结成为一个相互依赖的世界性经济体系。任何一个国家、民族,都不可能处于孤立的状态。社会主义国家出现后,尽管它同资本主义经济体系和经济制度是完全对立的,但不能因此就割断两大经济体系之间的经济联系。马克思的相互依赖理论同样适用于一国范围内的区域间的联合与协作。

(3)马克思的再生产理论。马克思关于社会再生产过程中必须保持物质补偿与价值补偿间平衡的再生产理论,经过长期实践,作为社会主义国家指导区域发展的基本理论依据,已被深化为资

---

[①] 本文是作者主持国家教委全国重点学科博士点课题《中国沿海地区外向型经济发展的研究》成果之一,收入1993年7月复旦大学出版社出版、作者主编的《中国沿海经济研究》一书。

金、物资及一定时空范围内进行统筹兼顾、综合平衡的原则和方法。

马克思的社会劳动地域分工理论、相互依赖理论以及社会再生产理论,构成了马克思的区域经济思想体系。这三个理论是密切相关的,其中,马克思的社会劳动地域分工理论是马克思区域经济思想的核心部分。

### (二) 马克思的劳动地域分工理论

劳动地域分工是区域经济赖以存在和发展的客观基础,因此,系统地认识和阐明劳动地域分工的一般原理,是任何一种理性的区域经济研究的基础。为适应资本主义自由贸易的需要,资产阶级古典经济学亚当·斯密很早就提出了"绝对成本"学说。大卫·李嘉图提出了"相对成本"学说,修正了亚当·斯密理论的缺陷。以后又有赫克歇尔、俄林、琼斯等人进一步发展了比较成本学说,将国际分工与生产要素的禀赋差异联系起来,提出了"区域比较利益论"等。

马克思在研究社会一般分工的基础上,吸取了比较成本学说的合理成分,形成了自己的社会劳动地域分工理论,其基本点有:

(1) 阐明了劳动地域分工是社会生产发展的产物,并随着社会生产的发展而发展。这在理论上纠正了斯密的利己心引起交换,交换引起分工的错误观点。人类最早是以年龄、性别为基础的自然分工。随着生产的发展,人类开始了社会分工。原始社会后期和奴隶社会初期,实现了三次社会大分工,从而形成了农业、畜牧业、手工业以及商业诸部门,并在手工业和商业比较集中的地方,出现了早期的城市。各地域的条件客观上存在着差异,为发展不同的部门提供了相应的物质基础,而地域又是一切经济活动必不可少的空间场所,从而使各个部门必然与具体地域相结合,并成为地域上经济活动的实体。这样,就出现了早期的地域分工,开始了早期的地域之间的产品交换。随着生产力的不断发展,地域分工也不断发展和深化。到了资本主义社会,产业革命使地域分工达到了世界规模,扩展为国际分工和国际交换。社会主义时期,随着社会主义商品经济的发展,其劳动地域分工也在不断发展,并具有一些新的特点。

(2) 揭示了劳动地域分工的性质及进步意义。地域分工是生产力发展的表现和结果。但生产力总是在一定的生产关系下发展的,因而劳动地域分工的性质必然受生产关系的制约。在资本主义条件下形成的地域分工,必然带有强制性、畸形性和剥削性的特点。从而纠正了比较成本学说把国际分工同生产方式割裂开来的缺陷。明确了地域分工是一个社会经济范畴,而不是一个超时间的自然范畴。但揭示这种社会属性并不因此而否定劳动地域分工的进步意义,即劳动地域分工是不断推动社会劳动生产率提高的强大杠杆。地域间的合理分工与联系,是合理地利用各种资源,最大限度地发挥各个地区优势和节约社会劳动,从而不断地提高社会劳动生产率的有效途径。正因为如此,马克思、恩格斯在《费尔巴哈》一文中精辟地指出:"一个民族的生产力的发展水平,最明显地表现在该民族分工的发展程度上。任何新的生产力,只要它不仅仅是现有生产力的量的扩大(例如开垦新的土地),都会引起分工的进一步发展。"[①]因而在社会主义国家,遵循劳动地域分工规律,正确地进行劳动部门分工与合理地进行地域分工,也是一种历史必然趋势。

(3) 全面地、动态地分析了劳动地域分工赖以存在的条件与因素。概括起来,这些因素包括:自然条件与自然资源、人口与劳动力资源、位置与交通、信息条件以及社会经济因素等四个方面,四者共同作用于劳动地域分工,但四者的作用是各不相同的。

---

① 马克思、恩格斯:《马克思恩格斯选集》,第1卷,人民出版社1972年版,第25页。

自然条件与自然资源是劳动地域分工的自然物质基础。没有直接的劳动对象,就失去了劳动地域分工的物质源泉。早期的劳动地域分工可以说完全是在自然条件、自然资源地域差异的基础上形成的。现在,虽然自然条件、自然资源对劳动地域分工的作用有所变化,但是就全世界范围看,大宗物资的地域分工仍然是以工业自然资源和农业自然资源的地域差异为前提的。自然条件与自然资源直接影响劳动地域分工的类型及部门分工的形式和特点。

人口与劳动力资源是劳动地域分工的主体。人口的增长、人口构成以及人口移动等对劳动地域分工有着重要影响。工业化以来,人口与劳动力的质量对劳动地域分工的影响愈来愈大,到了未来的智能社会,它对劳动地域分工的作用甚至将是决定性的。

位置与交通信息条件是劳动地域分工的纽带和桥梁,是实现与发展劳动地域分工的保障。劳动地域分工的发展与位置交通条件的不断改善是相辅相成的。有利的位置、交通信息条件成为工业聚集、知识信息以及资金集聚的重要因素,为发展加工业提供了有利条件,从而对劳动地域分工的内容形式和特点有着重要影响。从这个意义讲,位置与交通信息条件也是一种重要的社会经济资源。

社会经济因素包括的范围很广,如已有的社会经济基础、管理体制、法律、政策、关税、国际环境等。显然,这些因素对劳动地域分工(包括国际分工)均有着重要影响,有时甚至是决定性的影响。

上述条件因素对劳动地域分工的影响,不是单因素孤立地起作用,而是多因素综合地共同起作用。但是,第一,各地区生产要素禀赋的差异能不能得到合理的利用,真正形成区域的比较优势,取得比较利益,以及能不能在一国范围内通过各地区禀赋不同的生产要素的流动、组合,发挥组合效应,以形成更大的综合优势,取得全面的社会劳动节约,归根到底,还是取决于社会生产方式。第二,各地区生产要素禀赋是可变的,即使是自然条件方面的禀赋,其作用也是随着生产方式的变革而有很大的不同。因此,具有比较优势、比较利益的产业,也不是一成不变的。

根据马克思的劳动地域分工理论,我们可以导出动态的比较优势原理。也就是在国际交往和国内区际交往中,不仅要分析本国(地区)的静态比较优势,而且要分析动态的比较优势。从动态上看,地区经济发展所处的不同阶段的产业优势会有所变化,从而地区经济结构也会随着发生变化。在同一地区,有些产业尽管当时在地区经济中不占显著地位,但由于它符合经济和科技进步的趋势,或有较大的衍生带动作用,经过一段时间,即成长为地区经济未来的主导产业。而当前地区经济中的某些主导产业,尽管在地区经济中占有重要地位,随着岁月的流逝,或由于技术(产品)的老化和市场的萎缩,或由于所依托的资源枯竭,会逐步沦为衰退产业。因此,在制定地区发展规划中,要动态地从比较优势转移的分析中来运用比较优势原理,确定自己的优势产业,从而在国际分工或国内地域分工中,处于更有利的地位。

长期以来,在我国,产品经济论、自然经济论占统治地位,而商品经济、地域分工的观念极其淡薄,对现代区域经济运动的一般规律缺乏认识。在经济管理体制、计划体制上,习惯于按行政区划、用行政手段来管理经济、编制计划,使得各地区的优势不能得到有效的发挥。改革、开放,就是要冲破产品经济论、自然经济论的陈旧观念,冲破条块分割的管理体制,按照商品经济和现代化大生产发展的客观要求来组织区域经济和整个国民经济活动。因此,加深对马克思的相互依赖理论、劳动地域分工理论以及社会再生产理论的认识、研究,变革不适应于区域经济发展的思想观念,具有重要的现实意义。

## 二、改革开放前我国的区域经济思想

我国幅员辽阔、人口众多,地区间的经济发展水平又极不平衡。因此,无论是改革开放以前,还是改革开放以后,地区经济的协调发展一直是受到关注的重要领域。只不过在不同的历史时期用以指导区域经济发展的理论、方法与手段不同而已。

### (一)改革开放前的区域经济思想及其渊源

1978年以前,由于我国实行高度集中的指令性计划管理体制,财政统收统支、物资统一分配,产品统购统销,地区经济的发展和安排缺乏应有的主动性和相对独立性。因此,这一时期我国的区域经济理论主要体现在宏观的地区生产力布局的理论与实践中。

那时候我国的区域经济研究在思想方法上的特征是"生产关系决定论",即否定生产布局中的生产力因素的作用,强调生产关系因素的决定性作用。根据这种思想,生产方式决定生产分布,不同生产方式下的基本经济规律及其派生的主要经济规律制约着生产分布规律,不同生产方式的生产分布规律是根本不同的。在资本主义条件下,资本主义剩余价值规律作用的结果,必然导致区域经济发展的不平衡以及区域生产的片面专业化。社会主义的生产目的是不断满足全社会和全体劳动人民日益增长的物质文化需要,这就决定了在社会主义条件下,区域的经济发展必须是平衡、综合发展的。因此,社会主义国家生产布局的基本原则就是平衡地配置区际生产力,综合地发展各地区经济。毛泽东同志曾指出:"我国工业过去集中在沿海。……全部轻工业和重工业,都有约70%在沿海,只有30%在内地。这是历史上形成的一种不合理状况。沿海的工业基地必须充分利用,但是,为了平衡工业发展的布局,内地工业必须大力发展。"[1]"地方应该想办法建立独立的工业体系,首先是协作区,然后是许多省,只要有条件,都应建立比较独立的但是情况不同的工业体系。"[2]这样,平衡布局原则和建立相对完整的各区经济体系,构成了这一时期我国区域经济理论结构的支柱。

生产关系决定论渗透到我国的区域经济研究中,主要是受苏联的生产配置理论的影响。苏联的生产配置理论力图遵循马克思主义政治经济学的基本原理,依据社会主义与资本主义的基本经济规律,探索社会主义与资本主义的生产布局规律,揭示不同生产方式下生产分布的不同性质,进而指示社会主义生产分布的优越性和资本主义生产分布的局限性。从而,为认识世界各国各地区生产的发展与生产分布的特点,为社会主义生产配置理论的形成和发展,做出了一定的贡献。

但是,苏联的生产配置理论具有很大的片面性,受形而上学的束缚很严重。主要表现在:把生产方式决定生产分布片面理解为生产关系或社会经济制度决定生产分布;忽视或者否认生产力的发展对生产分布发展变化的决定作用;只强调生产分布的特有规律,忽视或者否认生产分布共有的规律,甚至混淆两种规律,把共有规律误认为是特有规律。这样,就不可能全面地、正确地揭示生产分布的客观过程,也必然造成思想理论上的混乱。

这种理论,不仅在理论上是片面的,形而上学的,而且在实践中也是有害的,不符合客观实际。它束缚了人们的思想,在对生产分布研究中,不对具体问题进行具体分析,不深入研究生产分布发展变化的新情况,分析新问题,丰富新理论,而是用生产分布的"平衡""不平衡""合理""不合理"的公式,去套生产分布的新情况,新问题。事实上,生产分布是一个很复杂的物质过程,它既包括生产力,也包括生产关系,而且与自然、技术联系密切。因而,不可能用以研究生产关系为对象的政治经济学的一两个原理来解释生产分布的全过程。

改革开放以前,我国的经济管理体制沿袭了苏联的高度集中的指令性计划体制,因而,苏联的

---

[1] 毛泽东:《毛泽东选集》第5卷,人民出版社1977年版,第269页。
[2] 转引自:《毛主席在天津》,载1958年3月7日《人民日报》。

生产布局理论也随之传入我国的区域经济领域。

### (二)改革开放前的区域经济理论在实践中的运用

平衡布局原则和区域自成体系理论对我国区域经济的实践所产生的影响,主要表现在以下几个方面:

(1) 沿海与内地之间的关系问题。在我国,沿海与内地的关系问题,实质是先进地区与落后地区的关系问题,是生产力在地区间的不平衡发展问题,是地区经济的比例问题。由于地区之间经济发展的不平衡是一个世界性的问题,所以,世界各国都十分重视协调先进地区与落后地区的关系。综观国内外的实践经验,在处理这个问题时,应注意:① 必须重视落后地区的开发。② 要重视和发挥先进地区前沿阵地的作用。③ 不断提高开发落后地区的经济效益。以上三点是密切相关的,不能忽视任何一点。

旧中国是经济发展水平地区差异极大的半殖民地半封建国家,70%以上的工业集中在沿海少数城市,内地人口占全国 60%,土地占 80%,少数民族聚居,资源丰富,而经济落后。新中国成立后,我国政府十分重视内地的开发,内地建设取得了巨大进展,初步改变了旧中国工业布局的不合理状况。按现行行政区划和 1970 年不变价格计算,1949 年全国各省市工业产值超过 10 亿元的只有上海市和江苏省,而且全在沿海地区。现在工业产值超过 100 亿元的就有 18 个省市(不包括台湾省),其中分布在内地的占 44.4%。按城市分,工业产值超过 30 亿元的有 26 个,其中位于内地的占 38.5%。可见,沿海与内地的差距是缩小了。

在处理沿海与内地的关系中,主要问题是急于实现全国平衡布局,偏重于内地建设,铺新摊子,工业向内地推进的步子跨得过大,内地的工业建设的规模超过了当地的客观条件,其中又主要是主体工程的建设,基础结构设施建设和辅助工程建设没有跟上,从而影响了内地的投资效果。同时,相对忽视了发挥沿海工业的作用,致使沿海工业老厂、老设备未能进行及时的技术改造和更新,影响了沿海工业经济效益的提高。新中国成立三十年,内地投资累计等于沿海一倍半,内地新增的工业产值只有沿海三分之二;西南、西北工业占用资金等于上海市的三倍,提供的利润和税金却不到上海的二分之一。

(2) 企业布置集中与分散的关系。企业布置的集中与分散,同地区间的经济发展的比例有着直接的联系。企业布置的畸形集中,必然造成和加剧地区间经济发展的不平衡。但两者所要解决的生产布局问题又有所区别。前者主要是解决在各地区间按什么样的比例进行分配的问题,后者主要是解决企业的内部和外部的规模经济问题,解决工业区域、城市规模问题。企业布置的集中与分散的程度,受多种因素的制约,这些因素包括:社会生产单位的大小、全国的生产建设规模、企业的特点以及地区的具体条件和环境容量等。就生产方式的作用而言,企业的畸形集中,城市的庞大化,过密与过疏并存是资本主义企业布置的主导方面。社会主义国家在布置工业企业时,只能走适当分散和适当集中相结合的道路。

第一个五年计划期间,我国工业企业的布置较好地处理了集中与分散的关系,既注意适当分散,又有相对集中。以"156"项为中心的 674 项重点建设项目,主要布置在沿海地区的辽、冀和内地的川、陕、晋、豫、鄂、吉、黑、内蒙古,在这些省区内又相对集中在若干工业区。因而取得了比较好的效果,既加强了沿海老工业基地,又开辟了一批新基地,总的发展速度也较快。

20 世纪 60 年代初期在建设三线地区时提出了"山、散、洞"方针,片面强调分散。当时从战备需要出发,根据战略位置不同,将全国各地区分为一、二、三线。三线地区是全国的战略大后方。三线建设虽然加速了落后地区和少数民族聚居地区的发展,改变了我国生产力布局的面貌。但由于片面强调高度分散,在企业布置上,大搞遍地开花,星罗棋布,新铺的大中小摊子数以万计,结果是大批工程项目由于建设条件不具备,不得不中途下马,许多已花了大量投资的半拉子工程完全报废,设备器材大量被破坏和丢失;勉强搞起来的,也大量亏损,靠财政补贴维持生产,最后还不得不关停并转,造成了人、财、物的巨大浪费。

(3) 地区专门化与地区工业多样化发展的结合问题。地区专门化是生产集中在空间上的特殊表现形式,或者说是社会分工的空间表现,也就是地域分工的主要形式。列宁曾把地域分工定义为:"各个地区专门生产某种产品,有时是某一类产品甚至是产品的某一部分。"①换言之,地域分工是在广阔的区域内,按商品分工实现生产的专门化。在资本主义条件下,地区专门化达到了很大的规模和很高的水平,但地区的综合发展却往往被忽视,表现为地区经济的单一化和片面化。一个区域的经济增长,如果只依赖于少数专业化程度很高的行业,那就会不可避免地引起该地区经济的不稳定。社会主义要消除资本主义地域分工的片面性和不合理状况。但作为一个客观的经济过程,社会主义仍然需要发展地域分工和地区专门化。社会主义国家在建立地区专门化时,能够把地区专门化与地区综合发展结合起来,把发展地区专门化同建立合理的地区产业结构有机结合起来。

新中国成立以来,我国在地区经济的综合发展方面,出现了急于求成的倾向,片面地把地区专门化与地区综合发展对立起来,违背劳动地域分工规律,不讲条件,追求"大而全""小而全",万事不求人,急于建立各地区独立的经济体系。1958年提出了建立大经济协作区的独立经济体系和省的独立经济体系。第三个五年计划和第四个五年计划期间提出的工业省,实质是建设省的独立工业体系。当时要求"钢铁、燃料和一般机械工业品大区全部或大部自给","一般日用轻工业产品省、区自给"。还要求建立包括小钢铁、小煤炭、小机械、小化肥、小水泥的"五小"工业体系。建设"五小"工业体系时,特别是小钢铁、小化肥的建设违反了规模经济要求,曾经造成连年巨额亏损。

## 三、改革开放以来我国的区域经济理论

改革开放以来,随着经济体制改革的深入,区域经济问题越来越显得突出,我国的区域经济研究发展势头较大,理论界对我国区域经济问题展开了广泛深入的讨论。但总的说来,我国区域经济学方面积累的理论与实践经验还未形成系统的具有中国特色的区域经济学理论体系。

### (一) 区域经济发展观念的变革

1978年以来,我国经济体制和经济发展战略开始双重转轨。理论界和实际工作部门在实践是检验真理的唯一标准的思想方法指引下,对过去的经验教训进行了总结,否定了生产关系决定论,批判了以牺牲效率目标为代价的绝对平衡观,并重新探讨了社会主义生产布局原则体系,把效率原则或效率目标放在优先地位,从而确立了生产力因素在生产布局中的主导地位。

在否定生产关系决定论,确立生产力主导地位的基础上,人们根据效益型经济社会发展战略的要求和国内外的经验教训,开始致力于重构政府进行生产布局的新规则。这个时期,许多理论工作者从各自的角度提出了各具特色的理论和主张,但其主要特征有两点:一是强调自觉地运用区域间经济发展不平衡的客观规律,在生产布局中贯彻和执行不平衡原则。人们认识到平衡只是相对

---

① 列宁:《列宁全集》第3卷,人民出版社1972年版,第389页。

的,不平衡才是绝对的,而且,平衡目标只有通过不平衡途径即非均衡发展才能实现。二是强调遵循社会生产区域分工的客观经济规律,在国家统一计划和综合平衡指导下,充分发挥各区域优势,相互取长补短,建立与生产力发展水平相适应的区域分工协作体系。人们普遍认为,建立区域独立的经济体系主张,是与社会主义统一计划和社会化大生产背道而驰的,生产布局必须适应统一计划和社会化大生产的要求,发展区域分工与协作关系。因此,与改革开放前形成鲜明对立的是,不平衡发展和"扬长避短,发挥优势"、开展区域分工与协作成为这一时期我国区域经济理论的两大支柱。

## (二) 区域经济发展的不同理论和主张

在不平衡发展观的影响下,我国理论界对宏观区域经济发展战略展开了深入讨论,提出了很多理论和主张,其中,影响最大并引起学术界长期争论的首推"地带梯度推移理论",或称地带选择战略理论,即以我国三大地带为框架来研究投资的地区倾斜与时序上的选择。此外,还有从空间组织形式的角度来研究区域开发战略的"增长极理论""点轴开发理论"和"优区位开发理论"等。

### 1. 地带梯度推移理论

梯度理论被引入我国总体布局与区域经济研究中,主要是针对我国经济布局的不平衡性,运用这个理论探讨开拓重点的空间转移,调整空间结构的途径。梯度推移理论的基本点是:无论是在世界范围内,还是在一国范围内,区域经济发展是一个不平衡的历史过程。从经济技术水平的区域分布来看,我国客观上存在着东、中、西部三级梯度差。有梯度就有空间推移,生产力的空间推移,要从梯度的实际情况出发,首先让有条件的高梯度地区(东部地区),引进掌握先进技术,重点发展技术密集型和知识密集型产业,然后逐步向处于二级梯度的中部地区、三级梯度的西部地区转移。随着经济的发展,推移的速度加快,就可以逐渐缩小地区间的差距,实现经济分布的相对平衡。

梯度推移理论的提出,对我国区域经济理论与实践产生了重大影响。首先,它强调区域经济的不平衡发展和区域间的分工与协作,无疑是对我国传统区域发展观念的批判和否定,有利于把我国的区域经济研究引向深入。其次,从技术的总体水平来说,三大地带的划分大体上反映了我国的经济技术水平梯度差,梯度理论强调按东、中、西顺序安排国家投资和项目分配,在一定程度上反映了效益原则,因此,梯度推移战略有助于我国经济发展战略由速度型向效益型的转化。但是,梯度理论并非是一个十分成熟的理论,随着我国区域经济发展和区域经济研究的深化,一些学者指出了梯度理论在理论上的粗略和不足。

首先,三大地带的划分过于粗略。梯度理论是以三大地带为地域单元,以综合技术水平为指标来划分技术的地域梯度的。但是,如果以省、城市为地域单元,或者以某些单项技术水平为指标,划分的技术地域梯度显然是不同的。从总体水平看,东部技术水平高于中、西部,但中、西部的某些单项技术水平可能要高于东部,甚至西部的某些省、区、城市的综合技术水平也要高于东部某些省、区、城市。

其次,梯度理论把技术梯度作为决定投资的地区倾斜和重点开发地区的时序选择的唯一因素。而事实上,无论是发达国家还是发展中国家,重点开发地区的时序选择都受着多种因素的影响和制约。梯度理论提出后,学术界围绕这一点展开了一场关于我国宏观区域发展战略的争论。有的学者提出了"反梯度理论",这种理论认为,现有生产力水平的梯度顺序,不一定就是引进采用先进技术和经济开发的顺序;后一顺序只能由经济发展的需要和可能决定。只要经济发展需要,且又具有条件,就可以引进先进技术,进行大规模开发,而不管这个地区处于哪个梯度。落后的低梯度地区,也可以直接引进采用世界最新技术,发展自己的高技术,实行超越发展,然后向二级梯度、一级梯度地区进行反推移;梯度推移论,必然阻碍落后地区的开发建设,使落后地区永远赶不上先进地区,这同社会主义经济布局的基本要求是矛盾的,也同世界新技术革命给落后国家、落后地区带来的超越发展机会不相适应。

再次,梯度理论之不成熟,还在于设想技术转移能按梯度方向进行并借以缩小地区之间的差异。这种想法过于简单,在理论上和实践上都缺乏足够证据。对技术发展史的研究表明,随着历史的进展,技术转移扩散的总趋势呈现出一种加速运动状态。然而,这种加速的技术转移绝大部分是在发达国家或地区之间进行的。也就是说,随着经济的发展,技术转移将会加速,但这并不能充分保证技术转移的绝大部分在发达地区与落后地区之间按梯度方向进行。即使技术转移全部按梯度方向进行,地区之间的差距也并非一定就会缩小。因为,地区差异的变动受着扩散效应和极化效应两种力量的作用,如果技术梯度转移产生的扩散效应在力量上弱于极化效应,地区间的差距将不是缩小而是扩大。

最后,在如何处理国内区域分工与国际分工的关系上,梯度推移理论没有能够自圆其说。国际经验表明,制造业产品的生命周期与国际分工存在着密切联系。一般来讲,在国际分工中,资本丰富、技术力量雄厚的发达国家的制造业处于产品生命周期的投入期和成长期,而劳动力丰富、资本和技术相对不足的发展中国家的制造业则处于产品生命周期的成熟期和衰退期。我国是具有劳动力无限供给的典型的发展中国家,这就决定了我国在国际市场上具有竞争优势的产品主要是劳动密集型的轻纺工业品。然而,梯度推移战略一方面要求经济技术水平高的东部地区适应对外开放的要求,面向国际市场,把传统产品的生产能力和市场让渡给中、西部地区;另一方面又要求东部地区重点发展技术密集和知识密集型的新兴产业。这就陷入了两难境地:如果要求东部主要面向国际市场,就必须重点发展我国目前阶段在国际市场上具有竞争优势的传统产业,因而不可能把传统产业的生产能力转移给中、西部,不可能重点发展技术和知识密集型产业;反过来,如果要求东部地区把传统产业转移给中、西部,重点发展技术、知识密集型产业,那就不可能重点面向国际市场。这是目前中、西部的一些省、区感到缺乏发展机会的重要原因。

2. 空间形式与区域开发战略

从空间形式的角度提出的区域开发战略理论,主要有增长极理论、点轴开发理论、区域开发阶段论和优区位开发理论。

(1) 增长极理论。"增长极"的概念和理论是法国发展经济学家弗朗索瓦·佩鲁于1955年提出来的,目前在我国仍处于借鉴阶段,在理论上还缺乏较深入的研究。这一理论的核心是,在经济增长中,由于某些主导部门或有创新能力的企业或行业在一些地区或大城市的聚集,形成一种资本与技术高度集中,具有规模经济效益、自身增长迅速并能对邻近地区产生强大辐射作用的"增长极",通过具有"增长极"的地区的优先增长,可以带动相邻地区的共同发展。"增长极"的形成有两种途径:一是由市场机制的自发调节引导企业和行业在某些大城市与发达地区聚集发展而自动产生"增长极"。另一种是由政府通过经济计划和重点投资主动建立"增长极"。这些政策主张对发展中国家产生了很大的影响和吸引力,不少国家依据这一理论来制定经济发展规划、安排投资布局和工业分布、建立经济区域等。

增长极理论作为开发落后地区规划的政策工具,在欧洲工业发达国家曾取得了较大成功。我国的一些学者对这一理论模式在发展中国家的适用性提出了疑问,主要是强调发达国家与发展中国家落后地区环境条件的悬殊差异,使得这一模式的作用发挥在发展中国家受到限制,甚至可能导致失败。

(2) 点轴开发理论。点轴开发理论从经济增长与平衡发展间的倒"U"字形相关规律出发,认为我国目前仍处于不平衡发展阶段,而点轴开发是现阶段最有效的空间组织形式。即在全国或地区范围内,确定若干具有有利发展条件的大区间、省区间及地市间线状基础设施轴线,对轴线地带的若干点予以重点发展。这样,随着经济实力的不断增强,经济开放的注意力愈来愈多地放在较低级别的发展轴和发展中心,与此同时,发展轴线逐步向较不发达地区延伸,将以往作为发展中心的点确定为较低级别的发展中心。该理论主张以沿海地带轴和长江沿岸轴作为全国一级重点开发轴线,即采取"T"字形开发战略。

(3) 区域开发阶段论。该理论在增长极理论和点轴开发理论的基础上,考虑到区域发展的阶段性和产业类型对空间发展型演变的重要影响,指出了区域开发是一个动态的过程,处于不同阶段的不同区域应采取不同的组织形式。落后地区采取的是增长极点开发;发展中地区采取的是点轴开发,而较发达地区采取的是网络开发。任何一个地区的开发,总是最先从一些点开始,然后沿着一定轴线在空间上延伸。点与点之间的经济联系及其相互作用,其结果往往在空间上沿着交通线联结成轴线,轴线的经纬交织形成经济网络。

(4) 优区位开发理论。该理论从"区位"与"非区位"的概念出发,主张中国工业布局应实行集中与分散相结合的"区位"开发战略,即现代工业应首先在若干"区位"集中优先发展。这些"区位"依据社会综合效益原则不均匀地全布于全国各个区域之中,随着工业化进程,"区位"数目逐渐增加,同时现代经济逐渐从"区位"向"非区位"扩散,并最终全面完成全国经济的工业化。

上述种种理论和主张,各有其合理的部分,也有一些偏颇之处。但通过深入探讨,博采众家之长,对于形成符合中国国情的区域经济发展理论,从而有效地指导我国区域经济实践,将起很大的推动作用。

### (三) 我国区域经济合作的发展

改革前30年我国实行高度集中、条块分割的计划体制,这种体制限制了地方的积极性,使企业失去了活力,人为地抹杀了区域间、企业间的经济技术联系,区域经济合作的优越性难以发挥。尽管早在50、60年代,我国组织过地区经济协作,支援内地建设,但规模有限,而且单靠行政命令,因而效果不理想。为组织地区经济协作而划分的六大经济协作区和国家计划委员会统筹全国地区协作的地区局,也没有真正有效地发挥其职能,前者名存实亡,后者被撤销。

随着"对外开放,对内搞活经济"方针的贯彻执行,促进了商品经济的发展,我国区域经济合作进入了一个新阶段。最初是以地区间的物资交流为主要内容,具有自发性和探索性的特点。这种交流起到了打开局面,疏通渠道,建立联系,奠定基础的作用。1979年,中央提出了"扬长避短,发挥优势,保护竞争,促进联合"的方针,为区域经济合作的发展指明了方向。区域合作也就从小到大,从单一的合作扩展到多方面的合作。1981年,华北地区首先在呼和浩特市召开了经济技术协作会议,对全国的影响很大。接着,上海经济区、山西能源基地规划办公室(现改为国务院能源基地规划办公室)和东北能源、交通规划办公室(现改为东北经济区)相继成立,从而扩大了区域经济合作的范围,丰富了合作的内容。1984年,《中共中央关于经济体制改革的决定》指出:"国内各地区之间更要互相开放。经济比较发达地区和比较不发达地区,沿海、内地和边境,城市和乡村,以及各行业各企业之间,都要打破封锁,打开门户,按照扬长避短,形式多样,互惠互利、共同发展的原则,大力促进横向经济联系。"这个决定有力地推动了我国的区域经济合作,使其生气勃勃地在全国范围内展开。1986年,国务院又正式发布了《关于进一步推动横向经济联合若干问题的规定》。就横向联合的原则、目标,改进计划管理和统计方法,促进物资的横向流通,加强生产与科技的结合,发展资金的横向融通,调整征税办法,保障经济联合的合法权益等问题,一一作了明确规定,我国横向联合又向前迈出了一步。

到目前为止,以大城市为中心的不同层次、规模、各有特色的经济区域网络先后建立,企业协作进一步发展为区域联合,其中有不少是跨地区、跨行业和省际的,如华北经济技术协作会、东北地区经济技术协作会、西南五省六方(桂、黔、川、滇藏、渝)经济协调会、晋冀鲁豫四省接壤区技术经济协作会、环渤海地区经济联合市长(专员)联席会等。跨度更大的沪宁汉渝等23个大中城市的横向经济网络,陇海—兰新铁路沿线10省区的经济联合的出现,更展示了区域联合的新格局。

上述发展过程表明,我国的区域联合范围不断扩展,内容不断丰富,形式逐渐增多。在物资串换、资金融通、经济技术协作、共同开发资源、合资兴办企事业,以及人才、信息交流方面正在发挥着积极作用,显示了区域合作的优越性。但是,我们应该清醒地认识到,我国的区域经济合作尚处于初级阶段,按照有计划的商品经济发展的要求,区域经济合作无论就其深度和广度都有广阔的发展前景。但是在当前,还存在着许多制约着我国区域经济合作向广度和深度发展的因素,归纳起来,主要有:

(1) 管理体制的不完善。由于旧体制的惯性及改革不配套,条块分割,地区封锁依然存在。目前,权力下放、财政分灶吃饭、外贸包干等改革措施尚不完善,而且税收、价格、金融体制等还未理顺,国家计划对区域经济合作的参与程度有限,地方保护主义有所抬头。在这种状况下,区域经济合作的自发性和短期行为难以避免,给深化区域经济合作造成较大困难。

(2) 有关政策、法规与规划不完善。目前有关区域合作的政策体系不完善,有些也难以兑现。例如,在区域壁垒高筑、市场疲软、物资专控、商品专营的情况下,一些区域合作优惠政策很难贯彻实施。另外,缺乏全面系统的可操作性规划,对各地区的资源、市场等缺乏了解,区域经济合作带有一定盲目性。

(3) 理论研究满足不了实践发展的需要。目前,对区域经济合作的运行规律缺乏系统的理论研究,对其性质功能、组织形式、调控机制、发展趋势亦缺乏科学论证。若理论长期落后,区域经济合作就很难健康发展,其随意性就在所难免,认识的偏差就会扩大。

(4) 对合作事业缺乏全面科学的认识。由于存在种种误解与偏见,合作各方往往在认识上难以统一,动力不一,期望不同,甚至相互提防,相互掣肘,致使许多区域合作项目不能科学决策、顺利实施,有一部分区域经济组织联系松散,甚至名存实亡。

总之,我国区域经济合作已初步展开,并显示出强大的生命力。同时也出现了不少急待解决的问题。当前我国经济体制的改革正在步步深入,商品经济正在蓬勃发展,因此区域经济合作的内容和形式也会从初级到高级,从简单到复杂,不断地向纵深发展。在这种情况下,对我国现阶段区域经济合作问题,从理论与实际相结合上进行系统的研究,是一项紧迫的任务。

## 四、沿海经济发展应处理好的十大关系

综上分析,我们认为中国沿海经济发展应处理好以下十大关系:

### (一) 国际经济循环与国内经济循环关系

国际经济循环要以国内经济循环为主,外向型经济尽管可以"两头在外",但这并不意味着一点都不靠国内的投入。假如国内的电力、交通运输和通信等基础设施薄弱,就没有一个良好的投资环

境,外向型经济就缺乏坚实的基础,况且我国有着 10 亿人口的国内市场,外国企业家尚且兴趣盎然,我们自己更没有理由轻视。其实目前世界上只有少数几个国家和地区(如亚洲四小龙)出口占生产总值的比重超过 40%,即便像美国,其出口贸易不过占其国内生产总值的 10% 多一点。沿海地区要参与国际经济大循环,并不是要求沿海地区放弃国内市场而将所有的力量都倾注到国际市场上,事实上这也是不可能的。

### (二) 出口导向与进口替代的关系

出口导向与进口替代应该并举。首先应该通过进口替代,节约外汇支出和发展出口部门;其次通过进口替代部门的发展,提高制造技术,将有助于增强产品的出口竞争力,为向出口部门转变创造条件;再次配合出口加工业的发展相应地建立零部件和原材料替代部门,才能逐步提高出口产品零部件和原材料的自给率,从根本上保证外汇收支的平衡。总而言之,进口替代是一种必要的手段,而不是根本的目的,假如不及时向出口导向转变,进口替代的路会越走越窄。

### (三) 经济平衡增长与不平衡增长的关系

经济平衡增长与不平衡增长并存是所有二元经济结构的特点,是一种普遍规律。旧的平衡刚刚建立,又被新的不平衡因素所打破,在此基础上再实现新的平衡,这种普遍规律在实施沿海发展战略中也体现出来。沿海地区生产力发展的水平是不平衡的,呈现出经济特区—开放城市—经济腹地的扇形特征。经济中心和经济腹地之间的发展水平差异较大,这就要求我们不能平均使用力量,而应充分发挥经济中心的功能,并通过中心城市的辐射功能带动经济腹地的发展。

### (四) 发展出口生产与建立对外销售网络及售后服务的关系

沿海地区发展外向型经济,不仅要注意生产环节,而且要加强薄弱的流通环节和售后服务。在现代商品经济社会里,没有一个信息灵通的销售网络,就无法及时地了解市场需求信息的变化,只能永远跟在需求的后面,而无法去预测。即便是正常的推销产品,假如没有一个发达的销售网络,就很难进入国际市场。同样售后服务的质量也直接影响到国外消费者对产品的钟爱程度和对生产厂家的信任程度。过去我们从产品经济的角度出发,重生产,轻销售,现在要到完全靠市场调节的国际市场上去竞争,就必须遵从商品经济的客观规律,大力发展对外销售网络和售后服务。

### (五) 沿海发展劳动密集型产业与资本密集型、技术密集型的关系

我国劳动力资源丰富,价格低廉,因此发展劳动密集型产业是我们的优势,但我们也要看到,随着发达国家贸易保护主义的抬头,随着科学技术的进步,随着亚洲劳动力价格更低廉的国家的出现,劳动密集型产品的出口将会受到许多制约,而且如果只发展劳动密集型产品,就将永远跟在别人的后面。因此在大力发展密集型产业时,必须提高生产技术,结合发展一些技术密集型产业。应当积极地在沿海大中城市和部分乡镇企业发展劳动与知识结合的技术密集型产业,在有条件的沿海和内地城市也应发展一些资本密集型产品。

### (六) 劳动力成本与劳动力素质的关系

沿海地区发展劳动密集型产业,就势必要正确认识我们的劳动力优势,如果单从劳动力的成本出发,我们国家的劳动力要比亚洲"四小龙"的劳动力便宜得多,但如果考虑到劳动力的素质的话,

我们就不能那么乐观了。按照西方经济学家舒尔茨的人力资本学说,劳动力的素质与劳动生产率的关系极为密切,而劳动力素质的提高有赖于教育、培训等人力资本的投资。我国沿海地区劳动力素质总的来说还是很低的,在农村尤其如此,尚有大量的文盲和半文盲,这一切都制约着劳动密集型产业的发展。因此我们要舍得对劳动力的投资,逐步提高劳动力的素质。

### (七)沿海与内地的关系

沿海地区发展外向型经济,势必在政策上对沿海地区利用外资和发展"三来一补"企业给予更多的优惠,但我们也要看到,离开内地的发展,沿海的外向型经济即便取得一些成绩,也只能是孤军深入。离开内地的支持,沿海地区发展外向型经济便失去了依托,而且不仅沿海地区要重点发展外向型经济,内地有条件的地方(如长江沿岸的许多城市)也应当发展外向型的部门和企业,同时也不是沿海所有地区的所有企业都搞产品出口,相当一部分企业的将面向国内市场,因此沿海和内地企业仍应加强协作,进一步发展横向联系。

### (八)沿海城市大中型企业与乡镇企业的关系

沿海地区有着星罗棋布的乡镇企业,这些乡镇企业规模小,经营灵活,"船小好掉头",是一支不可忽视的出口创汇的生力军。但它们大多缺少技术力量和管理人才,更缺乏外贸人才,信息也比较闭塞,而沿海的大中城市在这些方面就具有优势,因此在发展外向型经济和出口创汇中更应发挥其骨干作用。乡镇企业可以成为城市大中型企业的协作厂,在大厂的指导下生产技术比较复杂的某些零部件或配件;也可以独立生产技术要求较低的劳动密集型出口产品。

### (九)扩大开放与深化改革的关系

沿海地区实施外向型的发展战略,不能简单地认为就是要采取一些出口鼓励政策,其实质是要建立一个既不歧视进口,又不歧视出口的对外贸易体制。现行体制(包括外贸体制)严重束缚了生产企业和外贸公司的积极性,因此要深化企业体制和外贸体制的改革,要进一步扩大企业的经营自主权,使它们能够依据国际经济环境和市场的变化,及时作出适当的经营决策。同时要打破外贸上的"大锅饭",全面推行外贸承包经营责任制,海关、税务、外汇管理的体制也必须进行相应的改革。

### (十)沿海经济发展中的特殊性及一体性的关系

沿海地区从整体上来说是我国三大经济地带中最发达的地区,又都处在东部沿海,其发展战略应是全国发展战略中的有机部分。沿海各地区的发展战略部署服从全国发展战略,在对外贸易中也理应携起手来,一致对外。任何一个地区取得的带有普遍意义的做法,都值得在其他沿海地区推广,而不应受地方保护主义的影响。当然也应该正视不同地区之间的客观差异,制定政策都应该因时间、地点而转移,而不能盲目效仿国外或沿海其他地区的做法。

# 中国沿海经济发展战略的总体构想(1993)[①]

中国沿海地区指处于沿海这一特殊地理位置的区域,这一区域的大小有各种不同的确定法。一种是从目前的行政区划出发,将中国分东、中、西三大经济地带,其中东部地区,即为沿海地区,它包括辽宁、河北、天津、山东、江苏、上海、浙江、福建、广东、广西、海南等十一省市。一种是以经济区划出发,将沿海地区界定为四个经济特区、海南岛及沿海十四个开放城市及其所辖经济联系密切区域;四个经济特区为深圳、汕头、珠海、厦门;海南岛;十四个开放城市为:上海、天津、大连、秦皇岛、烟台、青岛、连云港、南通、宁波、温州、福州、广州、湛江、北海。无论何种划分,中国沿海地区幅员极其广阔,其经济发展状况如何将极大地影响中国国民经济整体发展水平。在中国走向现代化,走向21世纪的过程中,中国沿海地区将扮演极为重要的角色。因此,从整体上研究中国沿海地区经济发展的战略、途径、对策以及前景,无论从哪个方面来说都是极富挑战性,具有重要的理论意义和现实意义。

## 一、中国沿海地区经济发展状况的估计

沿海地区经济在我国20世纪80年代发展中,越来越显现出独立的区域发展特征,具体来说表现为:第一,沿海地区经济发展显著增长。1989年沿海十一省市工农业总产值达14 011.1亿元,占全国同年度工农业总产值28 551.7亿元的49.1%,其中工业产值为11 961.7亿元,占全国同年度工业总产值22 017亿元的54.3%,1988年人均国民生产总值达到2 125.6元,是全国平均水平1 205元的1.65倍,可见沿海地区经济占了中国经济的一半,并且发展速度大大超过全国平均速度。显示出了在全国经济中的重要战略地位,但是中国沿海地区十一省市经济发展不平衡,个别地区甚至低于全国水平,1988年上海市人均国民生产总值已达5 162元,雄居全国之冠,而同属沿海地区的广西却只有737元,甚至低于西部地区,其原因尽管是多方面的,但这一事实表明笼统地说沿海地区经济发展的重点考虑已经够了的观点是缺乏依据的。第二、第三次产业发展滞后更为严重。从产业结构来看,沿海地区三次产业结构基本上与全国三次产业结构相似,从1988年三次产业占国民生产总值的百分比来看,全国一、二、三次产业分别占27.3%∶47.0%∶25.7%,而沿海地区分别为25.9%∶50.1%∶24.0%,但是,如果考虑到经济发展水平因素,沿海地区第三次产业滞后更突出,因为沿海地区人均国民生产总值已达574美元(高于全国的人均GNP 410美元),而根据国际标准发展模型,当人均国民生产总值为600美元左右时,一般国家或地区的第一、二、三次产

---

① 本文是作者主持国家教委全国重点学科博士点课题《中国沿海地区外向型经济发展的研究》成果之一,收入1993年7月复旦大学出版社出版、作者主编的《中国沿海经济研究》一书。

业结构比为：17.1%：39.5%：43.1%，所以沿海地区产业结构存在着第二次产业比重过大，第三次产业比重过小，这种状况不仅未有改善，而且在目前的情况下有同构化发展的趋向。第三，沿海地区发展外向型经济总体质量与效益不高。由于 20 世纪 80 年代的对外开放的优惠政策倾斜不是根据总体基础优势，而是根据某些局部地理优势（如与港澳毗邻）来实施的，因此这种不同优惠政策在不同地区实行的效应导致了不公平现象和摩擦现象，导致了生产要素的非规范性国际流动，这些流动对不享受政策优惠条件的地区来说利益损失大，所以区间的封锁、市场的割裂现象趋同，而且从整体上来看，沿海地区出口产业规模仍小，档次仍低。第四，沿海地区投资报酬率不平衡。沿海地区投资报酬率虽然大大高于中、西部地区，但是沿海地区十一省市投资报酬并不一致，据 1988 年统计，以全部独立核算工业企业人均年全员劳动生产率为例，上海为 28 115 元，天津为 23 854 元，广东为 21 104 元，江苏为 19 003 元，山东为 18 006 元，福建、广西、海南等均在 15 000 元以下，低于全国 15 835 元的平均水平。

## 二、中国沿海经济发展的总体战略设想

我们认为，90 年代中国沿海地区的经济发展的总体战略可概括为以上海为中心，南北两翼齐飞；沿海地区为轴心，内外市场联动。即就沿海地区自身而言，可将整个沿海地区划分成：以五个特区为主的南部、以上海浦东为主的中部和以大连天津为主的北部。其中以上海浦东新区开发作为整个沿海地区对外开放和经济发展的中心，并以南部和北部两个地区为重点的推动整个沿海地区发展，并以此作为 90 年代沿海经济发展的战略格局，同时就沿海地区对内对外的联系来看，90 年代的沿海经济发展必须强调以国际市场为主导，并以中国中部地区的重庆成都地区、兰州西安地区、武汉合肥地区、北京长春地区作为沿海地区向内地市场辐射的纽带，使沿海地区的经济发展既发挥外向发展的导向作用，同时又起到了带动中国中、西部地区发展、进而推动整个国民经济发展的重要作用。

之所以以上海为中心，南北两翼齐飞为战略其理由是：第一，沿海地区经济发展与开放度的不平衡。沿海地区的经济发展不平衡已构成了沿海地区发展的众多层次，从地域上看，上海处于第一层次，天津大连的北部地域处于第二层次，南部地域除广东外，基本上处在第三层次，即从经济发展的基础来看，整个沿海开放带呈现中间高、两头低，即北部低，南部更低的抛物线状。但是从沿海地区已形成的特区—开放城市—开放地区—其他地区的开放格局来看，恰恰是南部沿海地区开放度属第一层次，上海次之，北部沿海地区又次之，即整个开放格局呈现出由南向北的倾斜直线状。这种经济基础与开放度的逆向发展正是 80 年代沿海发展的现状。这种现状尽管有它存在的客观性，但毕竟不尽合理。从理论上说，经济势能高的地区如果开放度高，相比较而言则所获经济和社会收益就愈高，对地区和全国经济发展就愈有利。因此，上海的开放度若与其经济基础层次相适应，这无疑会带来经济的更健康发展。第二，上海投资报酬率较高。由于技术基础、工业基础、交通运输、劳动力素质、管理水平等一系列原因，上海投资报酬率不仅远远高于中部和西部地区，而且在沿海地区十一省市之间，其投资报酬率也是最高的。因此，选择投资报酬高的地区作为开放开发中心和重点，所得的社会经济效益对全国经济影响会更大。第三，中央业已确定的 90 年代重点开发上海浦东的战略，其实际上是恢复上海历史上在沿海乃至全国的经济中心地位而已。如果说历史上上海中心地位的确立主要依赖于其在全国的相对雄厚的工业基础和技术基础，那么今天的上海之所以能成为中心是依靠其所拥有的独特的金融业优势，因为在现代区域经济发展中，货币商品的融通

较之工业产品的流通对经济的影响更具有辐射力,金融业的发展与发达已成为经济中心形成的基本条件。再者,上海特有的地理位置、基础条件,将使沿海的对外开放不仅面向港澳台地区,而且是更广泛地面向东亚地区、面向亚太地区、面向世界,这一点已越来越成为海内外人士的共识。另外,上海的科技优势、人才优势也是举世瞩目的。

之所以以沿海地区为轴心、内外市场联动为战略,其理由是:第一,沿海地区的基础优势和地理位置,决定了沿海地区必须以外向型发展为主导,1988年全国利用外资额为102.26亿美元,而1988年沿海十一省市利用外资额达42.68亿美元,为全国的41.7%,其中广东位居全国第一,达24.15亿美元,占20%以上;上海名列全国第三,为4.4亿美元;辽宁、福建分别为第四、五名。从出口产品的结构看,内地仍是单一的出口初级产品,而沿海地区的出口产品中的技术产品比重远远高于内地,这种外资的引进以及产品的出口结构,表明了沿海地区在全国发展外向型经济中处于率先地位。第二,沿海经济的外向型发展,又离不开内地经济的发展,甚至应将内地市场的发展作为最终目的。一方面巨大的内地市场是沿海地区发展中产业结构调整、产品结构调整的基础,没有内地市场的吸纳,沿海地区在参与外向型经济中的产业结构调整、产品结构调整是难以想象的;另一方面沿海地区与内地各省和地区各具优势、也各显劣势,但两者是互补性的。沿海地区除了人们已注意到的在地理位置、基础条件、技术力量等方面具有优势外,也存在着易被忽视的不足:第一,沿海地区的人口密度极高,在不到全国1/4的疆土上,人口占全国的60%,如果内地经济在90年代不能相应发展,大量内地人口的倒流将加剧沿海地区的压力;第二,沿海地区发展所需的资源大部分要靠内地各省供给。然而在改革之后,内地各省出于自身利益的考虑,大力发展本地区的加工工业,不再自愿向沿海省市提供资源,尽管他们加工产品质量未必好,但可以利用市场保护来维持其生存。因此正如沿海地区在参与国际分工时要逐步从劳动密集型产业向技术密集型产业发展一样,内地经济在参与国内分工时也应建立与沿海经济发展相适应的互补性产业结构,只有这样才能建立统一市场。而这些对沿海地区来说,在90年代就必须以内外市场联动来参与国际分工和带动内地经济的发展,并以参与国际经济循环来带动东、中、西部的国内循环。

## 三、实现战略设想的基本条件

实现以上海为中心、南北两翼齐飞,以沿海地区为轴心、内外市场联动的战略的基本条件。除了采取出口替代对策、资源筹措对策、产业发展对策、体制改革对策外,更主要的基本条件是:一、必须充分利用市场竞争机制。凡是具有竞争力的企业或产品能够进入国外市场的,就不应有任何人为的或体制方面的障碍。应当认识到即使有一部分企业或产品由于种种原因,部分地或全部地退出国外市场,回到国内市场,然而在竞争中,也必然会有另一部分企业或产品进入国外市场,这样在国外市场竞争的企业或产品因有进也有退而不会引起很大的波动。相反国内市场的广阔,为我国企业或产品参与国际分工、介入国外市场,提供了一个巨大的蓄水池,并且以此使国内市场与国外市场相连接,实现国内资源与国外资源的有效结合与合理配置。二、必须借助适度有效的宏观调控。在沿海地区的外向型发展中,既不能实行高度集权,也不能过分地依赖市场调节,根据东亚一些国家和地区在工业化发展的过程中所采取的措施来看,借助适度有效的政策调节和管制是有必要的。问题是要使这种调节和管制是科学的、有效的、灵活的。从这一点来看,在90年代制定规划,进行预测调节的措施中,政府的调控作用不是一个要不要的问题,而是一个如何适度有效实施的问题。

# 中国沿海地区经济发展的思路和重点(1993)[①]

中国沿海地区经济发展是中国经济发展中的重要组成部分,20世纪90年代中国国民经济和社会发展战略目标及规划必将对沿海地区经济发展提出更高的要求。

## 一、沿海地区经济发展的思路

基于沿海地区特殊的地理位置,较齐全的产业体系,对外经济联系较密切等条件,沿海地区必须进一步大力发展外向型经济,介入国际分工体系;基于沿海地区经济发展的资源支撑重点仍在广大内地以及内地经济发展的要求,沿海地区又必须向内地辐射经济能量,带动内地经济发展。我们认为:20世纪90年代中国沿海地区的经济发展的总体战略是,以上海为中心,南北两翼齐飞;以沿海地区为纵轴,内外市场联动。即就沿海地区自身而言,可将整个沿海地区划分成以五个特区为主的南部,以上海浦东新区为主的中部和以大连、天津为主的北部,其中以上海浦东新区开发作为整个沿海地区对外开放和经济发展的中心,并以南部和北部两个地区为重点推动整个沿海地区发展的九十年代沿海经济发展的战略格局;同时,就沿海地区对内外的联系来看,20世纪90年代的沿海经济发展,必须强调以国际市场为主导,并以中国中部地区的重庆成都地区、兰州西安地区、武汉合肥地区、北京长春地区作为沿海地区向内地市场辐射的纽带,使沿海地区的经济发展既发挥了外向发展的导向作用,同时又起到了带动中西部地区发展,进而推动整个国民经济发展的重要作用。其主要策略如下:

(一)扶植出口替代产业,实行进口替代到出口替代的战略转变

近年来,沿海地区在党的改革开放方针指引下,外向型经济有了较大的发展,但是真正能够在出口贸易中占较大比重的优势出口产业并未形成,不仅初级产品生产产业没有,而且即便纺织、服装产业方面也未形成优势,不用说其他机电产品。除了其他原因之外,最重要的原因是我国几十年实行的是进口替代产业发展模式,这是适合内向型经济发展要求的。然而并不适应开放型经济发展要求。我国近年来虽然在外贸体制,鼓励出口方面有一些变化,但仍不足以有力扶植出口替代优势产业成长,也未从根本上改变沿海地区进口替代的总格局。

说实行进口替代到出口替代的战略转变,并不是指沿海地区所有产业部门,所有省市都要进行

---

[①] 本文是作者主持国家教委全国重点学科博士点课题《中国沿海地区外向型经济发展的研究》成果之一,收入1993年7月复旦大学出版社出版、作者主编的《中国沿海经济研究》一书。

这样的转变,而是指对那些已有基础的产业、地区实行出口替代政策,如上海,对那些有希望成为出口支柱产业或地区实行出口扶植政策,对那些仍需发展有必要进一步实施进口替代的产业,地区仍实行进口替代政策,如小轿车工业、汽车工业、家电工业等。从进口替代到出口替代的转变,关键是国家有关税收、出口补贴、外贸自主权、关税等政策的变更与有效操作。

### (二)以第三次产业发展为先导,促进三次产业结构趋于合理

如前文分析,沿海地区的三次产业结构同全国类似,第三次产业发展严重滞后。第三次产业发展的滞后,不仅将影响整个经济发展的协调性,不利于其他产业发展和人民生活,而且减少了大量的就业机会。因为从世界各国来看,第三次产业是吸收大量劳动力特别是从农业中释放出来的劳动力的重要场所,沿海地区人口密集,劳动力资源极为富裕,尽管大力发展劳动密集型产业是一条出路,但毕竟有限,因为劳动密集型产业的发展规模受到国际、国内市场双重约束,如近年我国沿海地区制鞋业发展过猛,1990年年产已达一千亿双,而世界市场容量才只有七百亿双。因此,大力发展第三次产业,其中又以发展金融、保险、旅游、运输、通讯等最为重要,这既可以改善经济发展环境,活跃经济,又可以吸取大量劳动力,直接获取经济收益。

### (三)调整工业结构,确定90年代的主导产业和支柱产业

沿海地区要不要发展劳动密集型产业,这是一个很值得探讨的问题。有些学者提出沿海经济发展战略时,把大进大出和发展外向型劳动密集产业作为战略核心,其依据是国际上正发生劳动密集产业的第二次区域性大转移,而我国沿海地区恰有劳动力成本低的优势。其设想无疑是有启发意义的,但是从产业结构发展趋势来看,在一定时期后,这种产业依然要向其他地区转移,否则沿海地区产业结构就只能处于低级水平。而从全国目前的产业分布、科技力量等方面来看,沿海地区又最具条件直接发展技术密集、知识密集产业,因此,从沿海地区经济发展总体上来看,并不能把发展劳动密集型产业作为产业发展重点,而必须把眼光放在技术密集产业之上,从现在起大力扶植。如果说,目前发展外向型劳动密集产业是谋求现时比较利益的话,那么扶植技术密集产业则是为谋求未来比较利益,并为变更产业结构打下基础。

根据地区性产业选择的准则:① 市场条件;② 建立在特殊有利的地区条件基础上;③ 综合连锁效应强;④ 对区域经济增长的作用率高。我们倾向于沿海地区在20世纪90年代的主导产业应选择:汽车工业、造船工业、计算机工业、新型材料工业、精密机械工业。而诸如家用电器、纺织服装、日用轻工、食品、石油化工则可作为90年代沿海地区经济发展的支柱产业。前者显然是技术密集产业,后者则是劳动密集产业。前者可主要实施进口替代政策,后者主要可实施出口导向政策。前者产业关联性强,市场条件良好,而沿海地区已有相当的基础,如大连、上海的造船业,上海、天津、广东的汽车工业,江苏、上海、广东的计算机工业,上海的精密机械工业等。这些产业如能在90年代形成规模,必将有效地促进沿海地区经济发展。

### (四)形成沿海地区内区域分工体系,优化资源配置

如前文所分析的那样,沿海十一个省市有一定的区域分工格局,但近年来产业结构同样化趋势有所强化,这对发挥各地比较优势,合理有效配置资源不利,对沿海地区全国经济的发展也不利。根据沿海各省市现有经济基础、产业体系、科技力量、资源条件,以及现有的经济联系,可将沿海地区划分为五大经济区域:① 黄渤海经济区域,这一区域是以大连、天津、秦皇岛、烟台、青岛为中心

的狭长沿海地带,这一区域应以发展冶金、电力、煤、石油、化工、造船、机械、电子、轻纺工业为主,加强同日本、朝鲜半岛、俄罗斯、北美的经济联系。② 东海、长江经济区域,这一区域是以南通、连云港、上海、宁波、温州及苏锡常为中心的地带,这一区域应以发展汽车、造船、精密机械、新型材料、石油化工、电子计算机、家用电器、轻纺服装工业为主,加强同日本、欧洲、北美、大洋洲以中国港澳台地区的经济联系。③ 闽南沿海经济区,这一区域以福州、泉州、厦门、漳州为中心的地带,这一区域以发展电子、食品加工、塑料、轻纺、机械工业为主,加强同日本、东南亚等国家与中国港澳台地区经济联系。④ 华南沿海经济区,这一区域主要以广州、湛江、北海为中心的地带,这一地带主要应发展电子计算机、家用电器、汽车、石油化工、食品、轻纺服装为主,加强同新加坡及东南亚、港澳地区的经济联系。④ 经济特区,这主要以深圳、厦门、汕头、珠海、海南构成,经济特区应根据特区优惠政策着重发展出口创汇产业,引进先进技术型产业,成为外向型经济发展的样板。

### (五)梯度发展,层次推进

沿海地区经济发展不平衡这是正常的,这种不平衡实际上已经构成了沿海地区经济发展的众多层次,从地域上看,上海处于第一层次,上海的北面沿海地域已处第二层次,南面地域除广东外,基本处于第三层次,但从沿海地区已形成特区—开放城市—开放地区—其他地区的梯度开放格局来看,恰恰是南部沿海地区开放度属第一层次,上海次之,北部沿海地区又次之。从理论上说,经济势能高的地区如果开放度高,相比较而言则所获经济和社会效益就愈高,对地区和全国经济发展愈有利。因此,20世纪90年代若以上海浦东开发、开放为突破口,以南、北沿海地区为两翼,扩大开放度,深化改革,将更好地推动沿海地区经济发展。

若从全国角度来看,沿海地区经济发展水平最高,因此考虑如何有效利用沿海地区经济能量的扩散,带动内地经济发展是很重要的,为此需要确定地处中部地带的"经济二传手"。根据中部地带各省市、地区经济发展现状、科技力量、产业体系资源条件等状况,可选择重庆、成都、兰州、西安、武汉、太原、北京、长春等为中心经济区域作为经济发展二传手,接受沿海地区经济能量,并增长自身的经济势能然后向其他边疆、内地辐射经济能量,带动广大西部地区的经济发展。仅仅口头抱怨中西部地区发展与沿海地区差距拉大,而不想方设法利用沿海地区经济能量带动本地区经济发展是无甚意义的。其中关键在于利用中西部地区资源优势,发展沿海与中西地区的相互投资,互相持股;而不是封锁地区市场,发展自己的替代产业(替代沿海地区的产业)。

### (六)深化经济体制改革,建立计划与市场相结合的宏观调控机制

在沿海地区尽管经济体制改革步伐较快,但并未从根本上完全改变传统体制,也未完全建立符合社会主义有计划商品经济发展要求的新型体制,目前仍处于新旧体制交替的双轨体制影响之下。由于双轨体制有两套不同的信号系统,分配方式,运行机制,调控方式手段,以及改革体系,故沿海地区企业及其产品或劳务分别受两套不同体制的控制或影响,其结果必然使这些企业经济行为的双重分裂,例如在获取资源时希望指令性计划内容越多越好,而在出售产品时则希望市场销售份额越多越好,指令性计划调拨越少越好,在市场不景气时则希望指令性计划调拨越多越好,反之,则反之等。除此之外,双轨体制两套不同体制之间的摩擦,以及同种产品不同的价格表现等,都给沿海地区经济的有秩序发展带来了极大的影响。沿海地区经济在90年代要有较大的发展,必须深化经济体制改革。其目标应与全国体制改革目标保持一致,即在90年代要建立起符合社会主义有计划商品经济发展要求的新型体制,建立计划经济与市场调节相结合的经济运行机制。从沿海地区现

状看,近期应推出的改革主要有:价格改革,企业制度改革,使企业成为真正自主经营、自负盈亏的商品主产者经营者,进行金融体制改革,建立金融中心和市场体系;进行税制改革,推出分税制,进行劳动就业社会保障及工资体系改革等。

## 二、沿海地区经济发展的目标、重点及步骤

根据中央关于20世纪90年代经济与社会发展十年规划的部署,20世纪90年代是实行现代化建设的第三步战略目标的时期。其战略目标是:GNP按不变价格计算到2000年要比1980年翻两番;年均GNP增长速度约6%左右,人民生活从温饱型达到小康型,生活资料更加丰裕,居住条件明显改善;科技进步、教育事业发展,提高经济管理水平,建立有计划商品经济的计划与市场相结合经济体制和运行机制,社会主义精神文明,民主法制进一步发展完善。由于这一战略目标是对全国国民经济和社会发展总体而言,而作为全国地区经济发达程度较高的沿海地区其经济发展目标应有更高的要求。

沿海地区经济发展目标从人均GNP值来看,到2000年平均应达1 000美元(按1980年汇率计)。从三次产业结构来看:一、二、三次产业的GNP在GNP总额中所占比重大致应18%:45%:37%左右,即第三次产业要有较大发展,工业结构较为合理优化,即前面所定沿海地区工业发展的主导工业已成长为沿海地区经济发展中的支柱产业,新一代替代工业已有相当发展。从外向型经济发展来看,出口总值在GNP值中的比重有较大提高,约为20%左右;新一代出口替代产业已经形成;出口导向战略正在实施。从地区分工来看:合理的地域分工体系已形成,即五大沿海地区的区域生产综合体已形成。从人民生活水平来看,其主要标志应看恩格尔系数有所下降,即从目前的50%左右下降至35%左右,消费结构合理居住条件好转,生活设施便利。

上述发展目标的达成,我们以为是完全可能的。理由简述如下:① 沿海地区前几年全社会固定资产投资的高速增长为20世纪90年代经济增长打下了良好的基础,使沿海地区在90年代有一定的发展后劲。② 沿海地区人均GNP值平均已处全国三大地带中最高;1988年已达570美元左右,12年中欲达1 000美元,人均GNP年均增长只需达5%—6%左右,从沿海地区经济增长的趋势来看,这一增长速度是可能达到的,问题是在90年代应继续严格控制人口自然增长率。③ 党中央对沿海地区外向经济发展战略仍然给予支持,并且又批准开发、开放浦东——这一被世界上称为最雄伟的开发计划。这对20世纪90年代沿海地区经济发展目标的实现有重大支持意义和作用。④ 沿海地区人文荟萃,科技力量雄厚,对外经济联系广泛,地理条件优越,产业体系完整,比较起来更有可能超前实现全国总体经济发展目标而领先一步。

地区经济发展重点的确定有各种观点,有的主张将瓶颈产业作为发展重点,有的主张将符合地区利益的产业作为发展重点,有的主张将主导产业、支柱产业作为发展重点,这些观点各有理由,但都有相当的片面性。地区经济是整个国民经济大系统中的一个分系统,其发展重点应从系统的两个层次来考虑,即既符合国家产业政策支持的重点又符合地区生产综合体形成要求的重点,才能作为本地区经济发展的重点。从地区生产综合体形成,产业结构优化的长远来看,我们倾向于把主导产业作为发展重点,而瓶颈产业作为次重点,地区支柱产业只作为一般发展对象。瓶颈产业虽然对当前经济发展有很大的制约作用,但作为重点来看,缺乏对产业结构引向高级化的内在素质,故只能作为次重点。根据上述推论,90年代沿海地区经济发展的重点主要是:汽车工业、造船工业、电子计算机工业、新型材料工业、精密机械与仪表工业,次重点为交通运输、信息通信、金融保险、电力

业,科技教育。从外向型经济发展来看,侧重发展出口替代产业,创汇农业等外向型产业。

沿海地区经济在90年代的发展可分两个阶段:第一阶段从1991年到1995年末,为"八·五"计划时期,在这一阶段中,沿海地区应理顺区域分工格局,实现由进口替代到出口替代的战略转变,形成家用电器、轻纺服装、日用工业品、造船、机械、食品等出口优势产业,发展第二轮出口替代产业如汽车、计算机、精密机械仪表、新型材料等。改革双轨体制,改革企业体制,进一步搞活国营大中型企业。建立初步的统一市场和计划与市场相结合的宏观调控机械。第二阶段1996年到2000年末为"九五"计划时期;在这一时期,沿海地区形成能充分发挥地区比较优势的地域生产综合体,外向型经济有更进一步发展,第二轮出口替代产业已初具规模并进入国际市场;强化与国际、国内的双向经济联系;产业结构较大转变,其中第三次产业比重上升,高技术产业有所发展。通过体制改革,初步建立与社会主义有计划商品经济发展相符合的新型经济体制,统一市场形成,企业产权制度规范化,全面实现沿海地区经济发展目标。

沿海地区经济发展目标,重点及步骤将受到国际国内环境的双重约束。从国际环境来看,海湾战争的结束以及战后科威特、伊拉克等国的重建,可以预计将触发国际经济复苏,投资增长加速,导致世界经济趋向看好,在这样的状况下,沿海地区如何利用这一机会,积极介入中东地区经济开发,是值得深思和尽快决策的。从国内环境来看,1989年开始的市场疲软至今历时两年,从发展趋势来看虽有复苏兆头但迹象不大,估计到1992年,经济才可能全面复苏,此沿海地区经济发展的转机尚有一段时间;目前应抓紧调整现有资产存量,调整产业结构和产品结构是关键一招,为转机到来后的较大发展奠定基础。

# 中国沿海地区产业发展政策研究(1993)[①]

中国沿海地区经济发展战略中的重要方面是产业发展,尽管国家已制定了全国性的产业政策以规划产业的未来的发展,但是由于沿海地区的特殊条件,仍需要地区性的产业发展政策,一方面作为全国性产业政策在地区的具体延伸;另一方面作为本地区特殊条件下的相应政策。探讨并制定地区性产业政策,显然是沿海地区经济发展所必须。

## 一、沿海地区产业政策体系

作为国民经济整体的一个有机组成部分,沿海地区的产业政策体系无疑是国家产业政策的一个子系统,它必须在母系统的约束下运行。但沿海地区经济发展战略目标是要把沿海地区推向国际市场,参与国际交换和竞争,发展外向型经济,并以此带动中西部地区经济的发展。这就决定了沿海地区产业政策体系必须是一个开放的系统。它不可能是母系统的翻版或简单的缩减,而应当有其自身的特点。正是基于这样的认识,我们构造了沿海地区产业政策体系,其包括:沿海地区产业政策体系建立的基础目标、内容和运行条件。

### (一)沿海地区产业政策体系建立的基础

(1)理论基础。毋庸置疑,马克思主义经济学说,尤其是关于社会再生产理论和劳动区域分工理论,是沿海地区经济发展的指导思想,当然也是建立沿海地区产业政策体系的理论依据。这里主要从技术经济角度探讨其理论基础,这就是新兴的产业经济学。它由三方面理论构成:产业结构理论、产业关联理论和产业组织理论。产业结构理论从资源分配角度研究产业之间的比例关系,分析产业结构随经济发展而演变的原因,并总结其规律。产业关联理论主要运用投入产出分析法,研究产业之间在生产和成长过程中技术经济关系和相互作用。产业组织理论则是以市场上的各类企业组织及其相互关系为研究对象,从机制上寻求使产业内各种经济资源合理配置和有效使用的方法和措施。它把公平的市场竞争条件和企业规模经济作为保证产业经济顺利发展的两个重要前提。

(2)现实基础。沿海地区产业政策体系是用以调控该区域产业经济运行的系统。它在一定的经济理论指导下,作用于现实的经济活动。因此,在政策制定、实施和改进等系统运行全过程中都离不开具体的经济环境和经济活动。目前,这个基础主要有以下三方面。第一,《国务院关于当前产业政

---

① 本文是作者主持国家教委全国重点学科博士点课题《中国沿海地区外向型经济发展的研究》成果之一,收入1993年7月复旦大学出版社出版、作者主编的《中国沿海经济研究》一书。

策要点的决定》是我国制定"八五"计划的重要依据,它从宏观上确定了"八五"期间的产业发展格局,沿海地区的区域产业政策只有建立在此基础上才能和国家的产业政策方向保持一致,从中得到政策性鼓励。第二,沿海地区经济发展战略。产业政策作为实现经济发展战略的重要政策体系,必须依据战略目标、阶段部署和发展计划来设计自己的目标、内容和运行机制,以便与其他政策手段协调一致,为实现沿海地区经济发展的总体战略服务。第三,沿海地区经济现状和发展趋势。这是沿海地区产业政策体系直接作用的对象,该政策系统的效果也正是通过沿海地区产业结构、产业组织和产业技术的进步程度得以反映的。目前沿海地区各省市的经济格局是在长期的历史演变和中央政府多年高度集中的管理体制下形成的。国家没有建立起对沿海地区经济进行有效调控的间接管理机制,也就无法把沿海各省市的经济活动统一到实现沿海经济发展战略上来。基于此,中央政府有必要建立独特的沿海地区产业政策体系,通过该体系的运行来组织协调沿海地区各省市的经济活动。

### (二)沿海地区产业政策体系的内容

任何一个系统都必须有其明确的目标和相应的内容。根据沿海地区产业政策制定的基础及经济发展战略方向,其产业政策体系的目标应该是建立以市场为导向,以符合客观经济要求的产业组织政策和产业技术政策为保障的合理的产业结构,使之不断向高度化发展,以此促进沿海地区开放型经济格局的形成,并带动中西部经济一起持续高效地增长。根据系统的观点,沿海地区产业政策体系内容应包括其产业经济活动的全过程。我们从三个不同方面来划分沿海地区产业政策体系的内容。

(1)按社会再生产领域划分,可分为生产、基本建设、技术改造和对外贸易四大领域。产业政策主要根据社会再生产的各方面宏观关系确定上述每个领域中应当鼓励或限制的产业,《国务院关于当前产业政策要点的决定》就是以此划分产业政策内容的。

(2)按经济因素划分可分为产业结构政策、产业组织政策和产业技术政策。在沿海地区,影响产业发展的经济因素很多。各产业的现状、发展趋势和投资规模,产业的区域分布、企业规模、组织形式、技术水平、消费结构等,一般地把这些因素归结为结构、组织和技术三方面。这样划分可以根据不同产业的共性和个性制定出相应的产业行业政策,使产业政策围绕上面三个经济因素,更具针对性。

(3)按生产要素划分,可分为产业资源政策、产业资本政策和产业劳动力政策。这种划分侧重从投入的角度来确定生产要素在产业之间和产业内部的合理配置。和前两种划分相比,这种注重微观效果的划分是为了使产业政策的目标更具体地贯彻到各产业主体中去。

### (三)沿海地区产业政策体系的运行条件

任何一个系统都必须按既定的目标,在一定的条件和机制下运行。沿海地区经济发展战略和产业政策目标决定了其产业政策体系必须按市场机制运行、以经济手段为主进行操作,政府应采取以下政策措施,为沿海地区产业政策体系的运行创造必要的条件。

第一,逐步取消高度集中体制下的各类供应票证,如肥皂票、糖票、盐票、油票、粮票、肉票等。这种用行政配额限制消费和干预市场的行为,既扼杀了竞争,抑制了生产和产业进步,也限制了消费需求。沿海地区各省市计划控制程度有较大差别。天津、上海等中心城市较高,粮、油、盐、糖,各种票证深入到居民的日常生活中,而深圳、厦门等经济特区则几乎没什么票证,这种计划体制上的差异,将给沿海地区统一市场的形成带来很大困难。

第二,在沿海地区率先改组作为国家直接干预企业的工具的工业厅局和行政性公司。国内外多年的实践表明,行政机构的干预是企业丧失活力的根源之一。沿海地区可在改组、撤销一些工业主管局后设立综合的工业委员会,其职能类似于日本的通产省,负责产业政策的制定和实施。通过建立行业管理协会充当政府与企业联系的桥梁,帮助企业更好地按产业政策进行生产经营活动。

第三,选择适当的经济调节手段,如政府政策性投资、补助、信贷、税收、利率、贸易配额等,通过这些经济手段的综合运用来调控市场、引导企业。这里要特别指出的是价格不应作为政府调节经济活动的手段,任何直接规定市场价格的行为都会扼杀竞争、抑制市场活力。

第四,建立和完善经济法律制度,逐步用规范的相对稳定的法律取代现行的各类行政命令,依法维护经济秩序。沿海地区在国家法律政策允许范围内,制定一些必要的区域性法规,如反垄断法令、公平竞争条例、产业振兴条例等,这些地方经济法规条例应尽可能符合国际惯例,便于国内外企业家理解和执行。

## 二、沿海地区产业结构政策

产业结构无论在宏观上还是微观上都对整个国家的经济形态和经济发展有着至关重要的作用。从宏观上看,它决定经济结构的主要方面,如市场供求结构、就业结构、技术结构、投资结构等。从微观上看,产业结构决定了企业的规模、技术水平和经营方向。沿海地区产业结构在国家总体产业结构中处于更高的水平,在参与国际经济分工中起着重要的衔接和转移作用。

### (一)沿海地区产业结构现状分析

沿海地区各产业在国民经济中处于什么位置,其结构有何特点,产业的区域分布怎样,等等,这些是我们在制定沿海地区产业结构政策时首先要碰到的问题。因此,我们的研究就从沿海地区产业结构的现状开始。

(1) 我国工业布局的演变。1952年,沿海地区工业总产值为238.1亿元,占全国的69.4%,到1987年,沿海地区工业总产值为7 792.4亿元,占全国的56.4%。由此可见,新中国成立以来我国工业布局发生了很大变化,东部沿海地区的比重下降了13%,这是国家投资政策长期扶植内地的结果。从50年代起,国家就通过156项重点工程的引进和持续十几年的三线建设,大大增强了中西部地区的经济基础,促进了占人口65%,占土地85%以上的内地经济发展。国家在内地建立了一大批农业、采掘业、原材料和能源工业基地,不仅在很大程度上扭转了沿海地区和内地的生产力布局差距,还为各区域经济协调发展,特别是为沿海地区发展外向型经济创造了物质条件。

(2) 沿海地区三次产业的横向比较。产业结构的第一层分类就是三次产业的结构,它决定了产业结构的框架。为了加深对沿海地区产业结构的认识,我们进行一些国际比较,以日本、韩国和印尼分别代表发达国家、新兴工业国和发展中国家,见表1。

**表1 三次产业结构比较表(%)**

| 范围 \ 产业比重 | 第一次产业 | 第二次产业 | 第三次产业 |
| --- | --- | --- | --- |
| 日本 | 2.9 | 40.7 | 56.4 |
| 韩国 | 12.3 | 42.3 | 45.4 |
| 印度尼西亚 | 25.8 | 38.8 | 35.4 |
| 中国 | 28.8 | 45.7 | 25.5 |
| 中国沿海地区 | 23.8 | 47.6 | 28.6 |

资料来源:《中国统计年鉴》1986年。

当今世界发达国家第一次产业比重小于5%,第三次产业比重超过55%;中等发达国家第一次产业比重在5%—20%之间,第三次产业比重超过45%;发展中国家第一次产业比重高于20%,但第三次产业比重一般不低于35%。而我国由于长期忽视了第三次产业的发展,其比重明显偏低,沿海地区不超过30%,三次产业结构从比例上看只相当于美国20世纪初的水平。这种不正常现象在产业结构调整和产业发展中应引起高度重视。

(3) 工业结构的同构化。工业内部结构决定了一个国家或地区的产业结构水平。到1987年为止沿海地区前八位支柱产业的排名次序几乎和全国平均水平一致,且各大工业部门产值的比重也大体相同,由此可见我国地区工业结构同构化现象十分突出。同构化现象出现的主要原因是行政力量的作用,只不过由以前的中央高度集中控制变为现在的各省市分散使用。其结果是工业结构,尤其是新兴消费品工业在很短时间内实现了分散布局,没能依据地区优势形成良好的规模经济。具体可见表2。

表2　1987年沿海地区主要工业结构比较表(%)

| 产业比重<br>范围 | 纺织工业 | 机械工业 | 食品工业 | 化学工业 | 钢铁工业 |
|---|---|---|---|---|---|
| 沿海地区 | 11.9 | 9.3 | 7.0 | 5.7 | 5.4 |
| 全　国 | 8.5 | 8.2 | 7.8 | 5.5 | 5.2 |
| 产业比重<br>范围 | 石油工业 | 建材工业 | 电气设备制造业 | 电子工业 | 运输设备制造业 |
| 沿海地区 | 4.8 | 4.1 | 4.0 | 3.8 | 2.8 |
| 全　国 | 4.6 | 4.8 | 3.8 | 3.2 | 2.6 |

(4) 沿海地区工业结构的类型。我们将沿海地区九省市大致分为三种结构类型:轻型、重型和平衡型。广东、浙江、福建的轻工业比重超过或接近60%,呈明显的轻型结构;江苏、上海、天津、河北和山东五省市轻工业比重在47%—54%之间,轻重工业同时发展,结构比较平衡,其中苏、沪、津工业结构为偏轻型,豫、鲁则为偏重型;辽宁的工业结构呈强烈的重型,重工业比例高达67.6%。上述分类并不能判断孰优孰劣,对其中一个或几个省市采用一般的产业结构准则(针对一国的)来衡量是不科学的。沿海地区产业结构政策研究的任务就是从该区域实际出发,探索其产业结构合理化的评价标准,以此确定产业发展序列和演变方向。具体数据可见表3。

表3　沿海地区各省市轻重工业比例表(%)

| 地区<br>工业部门 | 天津 | 河北 | 辽宁 | 上海 | 江苏 | 浙江 | 福建 | 山东 | 广东 |
|---|---|---|---|---|---|---|---|---|---|
| 轻工业 | 51.6 | 47.1 | 32.4 | 52.3 | 54.0 | 63.1 | 59.4 | 48.8 | 65.4 |
| 重工业 | 48.4 | 52.9 | 67.6 | 47.7 | 46.0 | 36.9 | 40.6 | 51.2 | 34.6 |

(二) 沿海地区的产业发展对策

《国务院关于当前产业政策要点的决定》确定了全国的产业发展序列,上海浦东地区产业政策中规定了地方性的产业发展序列。由此可见,产业发展计划实际上已在全国范围内进入了实施阶段。然而,这些政策出台时并没有阐述其依据。因此在实施时人们往往知其然而不知其所以然,这样不利于执行者对政策的深入理解。有鉴于此,沿海地区产业结构选择和转换应有一般原则以及主导产业的选择标准。

1. 确定沿海地区产业结构的若干原则

第一,地区优势原则。确定沿海地区的产业结构,首先要从该区域产业现状出发,明确优势,扬长避短。沿海地区优势既包括地理、人文、经济政策、投资条件、产业结构水平等宏观优势,也包括劳动力、资金、技术和自然资源等微观要素优势。不仅要与内地比较,也要与国际上发达国家和发展中国家比较。有些在国内是优势,放到世界范围内就不一定是优势了。例如地理条件、投资环境等,沿海地区无疑比内地有大得多的优势,而这些和工业发达国家比则不成其为优势,又如自然资源,总的来说沿海不如内地丰富,但比起某些工业发达国家还是具有一定优势的。我们强调沿海地区产业发展要有鲜明的区域特点,要充分发挥地区优势,这是改变我国地区产业结构同构化所要求的,也是沿海地区产业结构政策的前提所在。否则制定这样的区域政策就没有什么价值了。

第二,市场导向原则。沿海地区的产业发展和产业结构的调整应当符合市场供求关系的变化。这里有必要将市场分为国际和国内两方面。这是两个差异很大的市场,其供求状况、市场条件和变化趋势都不相同,沿海地区外向型经济发展战略要求其产业结构必须有利于参与国际大循环,大量生产出口产品去开拓国际市场。但是,由于我国市场长期处于供不应求状态,国内需求仍很大。作为国内市场的最重要的供给者,沿海地区的大多数产业又必须立足于国内。从市场供需这两方面来看,由于产业部门的形成和市场需求的满足之间有一个时间差,尽管供给可以激发需求,但这种作用是建立在一定需求欲望、心理和购买力基础之上的,所以产业选择和发展应当符合需求趋势。日本经济学家筱原二代平提出了产业选择两基准,即国民收入弹性基准和生产率上升基准,分别从市场需求和供给两方面确定了产业选择的依据。实践证明,这两条市场经济原则对各国都有借鉴价值。

第三,综合经济效益原则。沿海地区产业结构的确立,必须以整个区域的经济为系统进行考虑,不能只追求个别省市、个别产量部门的经济效益。综合经济效益是检验沿海地区产业结构是否合理的重要标准,其含义就是优化的产业结构能够通过有限的经济资源的合理配置,使沿海地区的产业经济得到最大的发展,取得最大的效益。它注重产业部门间的关联性,追求整体而非单个量优,我国经济面临的两大难题是资金不足和结构性矛盾突出,沿海地区也不例外。这就要求沿海地区的产业部门结构和地区布局的设计应当把各省市的优势集中起来进行分析比较,防止新的一轮产业同构化和投资分散化所造成的非规模经济损失。就全国范围而言,综合经济效益原则主要指沿海地区与内地经济发展中相互利益和效益关系。它要求投资方向要向产业倾斜而非向某个地区倾斜,要求沿海地区与内地产业结构相互协调,沿海地区产业的技术和结构效益能够迅速向内地扩散,带动内地经济的发展。

2. 沿海地区产业发展序列

产业发展序列是沿海地区产业政策的基本体现,它为该区域的产业发展规定了方向和重点,是国家在投资、税收等方面进行扶植的重要依据。首先要说明的是农业,作为国民经济基础的农业理所当然应成为产业中优先考虑的对象。此外,交通运输、邮电通信等沿海地区比较薄弱的第三产业部门也应得到大力扶植。由于我们的研究侧重于对工业产业的研究,因此上述产业将不展开讨论。对于促进这些产业进步的机械设备和技术则分别归类于机械制造业、电子工业和生物工程等工业部门中。根据前面的理论对现状和产业发展的若干原则加以探讨、分析,我们分四类列出沿海地区产业发展序列。

(1) 基础工业类。沿海地区要重点发展能源工业中的电力、石油,原材料工业中的钢铁、基本化工原料。

(2) 一般制造业。主要是机械工业和电子工业,重点发展以进口替代为主的大型机电成套设备、机电仪器一体化产品、国家定点的车辆、船舶、家电和附加价值较高的出口创汇机电产品。

(3) 轻工业。重点支持建材工业中的高标号水泥、优质玻璃、耐火材料和建筑装饰品,纺织业中的丝绸、纱、布,食品工业中的盐、添加剂和出口导向的服装、农副产品深加工。

(4) 高技术产业。目前着重于已有一定基础的新材料、新能源和生物工程的技术开发及产业化,计算机和电子技术在改造传统机械制造业中的应用,以及航空航天技术的民用开发。

以上所列的产业是对整个沿海地区而言的。沿海各省市根据产业发展序列选择具有其地区优势的产业重点发展,要防止全面开花所带来的新的产业同构化现象出现。例如石油工业,山东和辽宁有丰富的石油资源,发展石油开采和加工很有前途,上海、江苏、广东等地尽管石油资源较贫乏,但有先进的石油加工设备和技术条件,则应把重点放在石油的深加工和综合利用上。而福建、浙江等省既无石油资源又无技术优势,就不宜发展石油工业。总之,沿海地区各省市要因地制宜,在区域产业政策的指导下进行合理的区域分工协作,以取得最佳的综合经济效益。

3. 沿海地区主导产业的选择

主导产业是指在产业结构乃至整个国民经济中起引导、带动和提高作用的产业部门。产业结构政策是产业政策的核心内容,而主导产业的选择又是产业结构政策的核心。因此,能否正确选择主导产业便成为产业政策成败的关键。对沿海地区而言,主导产业的选择必须符合以下四条标准:

(1) 有良好的市场前景,国民收入弹性大。

(2) 建立在特殊有利的地区条件上。

(3) 综合连锁效应强,能有效地刺激和带动一系列相关产业的发展。

(4) 对区域经济增长的作用率高。

我们提出这四条标准,是基于对沿海地区主导产业政策目标的认识,即:沿海地区的主导产业以牵动、引导该区域经济向开放型发展,逐步赶超世界先进水平为目标。在主导产业选择上,日本的经验值得我们借鉴。二次大战后,日本用短短几年时间便恢复了经济,从1955年起经济进入了长达30年的高速增长期。在此期间,电力、钢铁、机械,石油、造船和汽车工业先后成为日本的主导产业。我们所提出的沿海地区主导产业选择四条标准中,有两条与筱原二代平的收入弹性基准和生产率上升基准相吻合。日本主导产业的几次选择和转换,都符合这两条基准。当然,我国沿海地区主导产业的选择不能照搬日本的模式,沿海地区主导产业要根据自己的目标,抓住这样两点。一是作为区域主导产业必须符合国家主导产业所规定的方向,同时又要保持鲜明的区域特点,不一定和国家主导产业完全相同。二是目前国际经济环境正在发生巨变,世界进入了产业转移和再次大分工时期,各国都在这次浪潮中调整经济结构,适应新的环境,这给沿海地区主导产业的选择和发展带来了机遇。

(三) 沿海地区产业结构的转换

我国沿海地区现行的产业结构存在两个重大缺陷。一是长期以来封闭式的经济体制使得产业结构面向国内需求,不适应变化的国际市场;二是产业结构高度不够,传统的轻纺工业仍居支柱地位,重工业和其他深加工业的技术水平落后。这样的产业结构与沿海地区经济发展战略的要求差距很大,和发达国家的差距就更大了。从总体而言,当前我国沿海地区产业结构水平与日本50年代末大体接近,而日本正是从这样的起点开始实施产业结构的高度化转换政策的。

在工业化过程中,产业结构由轻纺为主向重化工业,再向高技术产业转换,这是世界经济发展的一般规律。目前沿海地区应当围绕汽车工业、造船工业、钢铁工业、机械和电子工业,建立以此为主干的沿海地区产业结构,实现由轻纺工业向重化工业为主深度加工的结构转换。在此过程中,产业布局应充分重视地区优势,产业的发展应当是进口替代和出口导向并举。这是因为沿海地区经济在整个国民经济中具有两方面功能,它一方面担负着发展工业技术和装备自身及中西部地区的产业部门,以发展生产满足国内需求的重任;另一方面又是国家出口创汇的最主要区域。这种双重功能决定了现阶段沿海地区的产业结构既不能片面强调出口导向,又不能局限于进口替代,而是要在产业结构中正确划出进口替代的产业群和出口导向产业群。在近期,沿海地区劳动密集型产业无论在资源还是市场方面都有相当的优势,将纺织、造船和建材等工业发展成出口导向型产业是可行的,也是必要的。目前,我国出口产品结构还比较落后,初级品占 33.5%,制成品中纺织品占 23.8%,重化工业品仅占 15%。出口产品附加价值低。但是,沿海地区要加速外向型经济的步伐,其产业结构的转换就应当努力提高出口产业结构水平。近期努力的方向便是通过发展上述出口导向型产业,尤其是作为主导产业的造船业,扩大工业制成品的出口比重,同时对围绕主导产业的钢铁、机械和电子工业则通过引进先进技术工艺、改进产业组织等方法加以更新、改造和提高,努力在大型机电设备、优质钢材、电子器件等方面实现进口替代。产业结构中长期的转换目标应当是通过主导产业群的更新提高产业结构的整体水平,实现重化工业的出口导向,使之成为出口支柱产业。由于我国国内市场容量很大,要等所有的工业领域都完成进口替代后再实施出口导向战略,这是不现实的。因此,在产业结构转换过程中要不失时机地把具备条件的产业由进口替代转向出口导向型。

## 三、沿海地区产业组织政策

在任何形态的社会里,生产力总是决定生产关系的。这一社会经济准则在产业经济实践中被广泛印证,这也是我们制定沿海地区产业组织政策的理论依据。沿海地区的经济基础,发展水平和经济效益都比中西部地区有较大的先进性,这就要求我们要从沿海地区产业组织现状分析入手,探索沿海地区更加开放的产业组织的改革途径,包括市场机制、产业组织管理方式和企业规模经济等政策内容。

### (一)沿海地区产业组织的现状

经过 10 年的改革开放,我国经济体制和产业组织面貌有了很大改善。首先,中央政府改变了高度集中的计划经济模式,给地方,尤其是沿海地区以很大的经济自主权。1989 年底,国家计委控制的基建投资下降到仅占全国预算总投资的 1/3,地方则占 2/3。其次,实行了政企分开、两权分离。企业,尤其是中小企业获得了很大的经营自主权,成为相对独立的法人。再次,各类市场也逐步得以恢复,在调节经济活动中发挥了一定的作用。以产值计算,1989 年,我国 70%以上的产品在市场调节下进行生产和交易。这些改革,有力地促进了国民经济的发展。但是,和生产力发展的客观要求比,作为国民经济主角,沿海地区的产业组织还有许多需要改进的地方。在经济发展过程中,很多痼疾并未得到根治,又出现了新的阻碍生产力进步的管理因素。沿海地区产业组织存在以下三个比较突出的问题。

(1)生长迟缓的市场和迅猛发展的商品经济相比,沿海地区的市场成长则显得步履蹒跚。相对而言,商品市场恢复得最早、发展也最快,为消费者提供的商品在数量和质量上都有较大提高。但与同期经济增长相比,商品市场发展仍显得滞后。1987年沿海地区社会总产值比上年增加16.7%,而商业产值只增加14.7%,慢了两个百分点。关键问题并不在这些市场指标上,我国长期以来行政力量对市场的强有力干预,从总体上限制了市场机制的正常运转。不同规模,不同所有制的企业在不平等的条件下在市场上进行竞争。从区域角度来看,市场被各个行政省市所分割,地方贸易保护主义倾向严重。尤其是在目前市场疲软的形势下,各省市纷纷采取各种强制措施,阻挠商品跨地区销售,以保护本地区利益。地区封锁的结果给本地那些质次价高的产品找到了虚假的销路,实际上保护了落后。类似现象不仅表现在消费品上,原材料、能源、生产设备等几乎所有商品的市场都深受其害,甚至在对外贸易中也出现了各地竞相压价倾销的不正常现象。在能源、原材料紧张的时候,各地不但限制外地产品进入,同时也严禁本地电农副产品和工业原材料外运。近年来"羊毛大战""蚕茧大战"等人为封锁现象频频出现。

上述现象说明我国沿海与内地、沿海地区各省市之间还没有形成真正统一的商品市场。如果说我国沿海地区的商品市场还在地区分割、有效竞争不足的环境下艰难成长的话,那么生产要素,诸如资金、劳动力和技术市场才刚刚起步,要形成真正意义上的生产要素市场还有相当长的一段路要走。

(2) 缺乏活力的产业主体。作为产业主体的企业,在传统的计划体制下一直被政府行政部门所控制,企业越大,管得越死。产业主体的僵化,严重束缚了经济的活力。早在八十年代,我国就开始在沿海地区建立经济特区,后又开辟了14个沿海开放城市和一批经济技术开发区,希望以此吸引外资和先进技术,推动沿海地区经济外向发展。尔后,又开始进行企业承包、租赁和股份制试点等一系列的探索。但是,这些努力没有能从根本上激发产业主体的活力。究其原因,最关键的是在产业结构中居主导、支配地位的全民大中型企业改革进程相当缓慢,其行政式管理方式至今没有转变。大中型企业缺乏活力有内外两方面原因。外因是政府的行政控制,一方面使大中型企业丧失了经营自主权,束缚了企业的活力;另一方面垄断的市场又掩盖了这些企业在生产和经营上的种种弊端,保护了落后,使之丧失了竞争的动力。内因则是大中型企业机制转换缓慢组织机构臃肿,社会化功能繁多,如某钢铁公司,其生产水平远低于规模经济要求,职工却有三万之众,处室40多个,干部八千余人。企业人浮于事,互相扯皮现象严重,内耗很大。上述内外因素交织在一起,严重束缚了企业的活力。

(3) 企业的非规模经济。企业经济规模,一般指使企业生产经营长期成本最低的规模。规模经济是社会大生产的客观要求,在世界工业化进程中,企业规模演变的趋势是集中和分散同时进行。即企业向大型、超大型和小型、微型两个不同方向发展。如1981年美国资产在10亿美元以上的大公司,其资产总额占制造业公司资产总额的64.8%,日本资产在10亿日元以上的大公司资产总额占全国总资产的62%,工业发达国家大公司资产总额占国家总资产的比重均超过50%,产值则在70%以上。而1987年,我国沿海地区大企业产值占工业总产值比重仅有23.8%,中等企业占16.1%,小企业所占比重高达60.1%。这表明沿海地区企业规模以小型化占优势。据统计,钢铁、水泥、汽车等20种主要工业产品,沿海地区各省市都有生产,但没有一家达到经济技术所要求的规模经济。

企业的非规模经济造成的直接后果就是产品单位成本高、劳动生产率低,这在很大程度上冲掉了沿海地区劳动力费用低等国际优势。著名的丰田轿车在国际市场售价仅1万美元左右,约合人民币6万元,而上海的桑塔纳轿车,性能质量并不比丰田高,但在国内售价却高达16万元。非规模经济是沿海地区经济的普遍现象,其消极作用和造成的损失已日益为企业界所认识。但是,由于至今尚无强有力的产业组织管理措施进行协调,使之得以长期存在。如何消除企业非规模经济,是摆在沿海地区产业组织政策面前的一项重要任务。

### (二)沿海地区产业组织的改革

前面我们已经分析了沿海地区产业组织的现状,概括地说就是产业主体不活,产业宏观调控不力。因此,沿海地区产业组织的改革应从两方面着手,即从微观上搞活企业,从宏观上改革调控方式。

(1)产业主体——企业的改组。自20世纪80年代中期,我国经济体制改革以搞活企业为中心以来,一系列的改革措施都围绕着两权分离、利益分配展开,很少触及企业组织和功能。尽管用了5年多的时间,效果并不理想,企业的效益仍在滑坡。改革的实践进一步暴露了企业组织存在的弊端,这已日益成为压制企业活力和效益的主要原因。因此,我们把企业的改组放在沿海地区产业组织改革的重要位置,并确立了以下两个目标。

第一,改善企业的组织结构,提高管理效率。管理效率近年来似乎被经济界淡忘了。对于一个正常运行的企业,效率就是利润。沿海地区企业要在国内外日益激烈的市场竞争中取胜,就必须从以下三个方面入手,花大力气改变臃肿僵化的组织。

——改变企业职能。主要是免除企业的社会化功能,撤销企业非经济管理职能的机构,加强其生产经营、技术开发和自我扩展的能力。

——治理企业管理机构设置上千篇一律的同构病。尤其是大中型企业要因事设人,根据自身的功能、规模和经营特点来设置组织机构。

——精减管理机构中的冗员。如果充分认识到减少工作中互相扯皮、不负责的现象对提高工作效率的作用,企业家就应下决心裁减,对多余的人员,通过设立社会待业保险基金等办法让他们自谋出路。

第二,调整企业的规模结构,实现企业的规模经济。企业的规模经济水平随所从事的产业不同而不同,如钢铁工业的最小经济规模是年产300万吨钢,而汽车工业则是年产30—60万辆。从产业整体来看,衡量一个产业规模经济水平的组织指标是:某产业部门产值中来自MES[①]企业的产值(产量)÷该产业部门总产值(产量),比值越高,其产业规模经济水平越高。如美国,70%的工业产值来自MES企业,日本也接近这个比值。而我国沿海地区工业总产值中大企业所占份额仅23.8%,企业规模经济水平显然很低。对当前沿海地区企业规模结构的调整,我们设想从两方面同时进行。一方面通过组建紧密型的企业集团,使现有大中型企业可控的生产要素倍增,实现经济资源的合理配置,还可增强中心城市的辐射力,形成区域性的专业化分工与协作,从整体上提高沿海地区产业的规模经济水平;另一方面,大力扶植和鼓励各种所有制形式的小企业的建立和发展,以保持市场竞争,防止垄断,同时为社会提供更多的就业机会,也为新的企业集团提供合作对象。

(2)政府经济管理职能的转变。产业组织的改革不仅是企业组织的问题,更重要的还是政府经济管理职能的改革。政府经济管理职能不改变,企业的组织结构和规模结构也难以顺利调整。对沿海地区而言,产业组织的改革和产业组织政策的实施需要中央政府的大力支持和充分放权。行业管理在世界范围的工业化进程中被公认为是政府指导经济活动的有效途径,其作用表现在这

---

① MES企业指处于最小最佳经济规模的企业。

样三个方面。

——通过对国内外信息的全面了解,结合全行业的生产经营状况,向企业提供整体的信息,避免行业内无谓的内耗。

——有利于产业政策的顺利实施,尤其在产业结构调整时,可及时发展新兴产业、改造传统产业。

——有助于打破条块分割,行业管理可以通过相应的组织形式协调跨地区、跨部门的本行业企业之间的专业化分工和协作,加速企业与行政部门脱钩。沿海地区可以首先试行行业管理,为改变政府对企业的直接干预,实现宏观间接调控探索出一条新路。

要在沿海地区实行有效的行业管理,首先必须打破行政部门界限和地区界限,建立区域性的行业管理组织,如行业协会,它既不同于政府的行政管理部门,也不同于一般的经济实体,而是由沿海地区同一行业内的企业自愿组织起来,以本行业内信誉卓著的大企业为龙头,推举行业内经验丰富、德高望重的人为协会主席。日美等国的行业协会发展经验证明这种自愿组合的民间组织对成员企业的影响很大,通过行业协会制定的技术质量标准、生产规程和行业发展规划,实施起来比纯粹的行政命令更有效。

## 四、沿海地区产业技术政策

产业技术政策指政府为促进技术和研究与产业相结合,使之产品化、实用化和市场化而采取的一系列政策、条例和措施。技术从根本上决定了沿海地区的产业结构水平和经济增长潜力。

### (一)沿海地区产业技术现状分析

(1) 完整而落后的产业技术体系。沿海地区经过40多年的恢复和建设,建立了以40个主要工业部门为骨干的部类齐全的产业经济体系。这个体系是由产业长期外延式扩张所形成的;到70年代末、80年代初基本成型。在此过程中,作为内涵要素的技术大部分还停留在企业初创阶段。我们从下面的统计数据中可见一斑。我国最大的工业城市上海,1985年主要产业部门的设备技术达80年代初国际水平的,冶金工业为0.47%,机电工业为1%,化学工业为4.6%,纺织工业为14.5%,仪表制造业为15.2%,轻工业为27.49%。福建省大中型企业的生产技术设备,属80年代初水平的仅占9.7%,小型企业的就更低。从沿海地区整体来看,产业技术水平严重落后于国际先进水平,重化工业差距更大,这种现状不改变,势必影响沿海地区企业在国际市场的竞争力。

(2) 技术设备引进迅速,但效果不佳。改革开放以来,国家对沿海地区实行特殊的优惠政策,加快了沿海地区引进技术的步伐。仅沿海十四个开放城市引进的技术,就占全国的近60%,"六五"期间共用汇50亿美元,但技术引进主要用于基础工业和新兴消费品生产上,技术专利引进占设备技术引进的比例很小,对沿海地区产业结构的调整和主导产业群技术水平提高的效果不理想。在引进过程中,忽视了技术消化和扩散等后续工作,导致很多关键设备、零部件长期依赖进口,如上海桑塔纳轿车国产化率还不到50%,沿海地区几十条彩电生产线每年得花大量外汇进口电子元器件维持生产。据国家科委组织的测评结果,沿海地区技术设备引进工作中,存在较严重问题的占65%。

(3) 企业缺乏技术进步的动力和能力。发达国家经济增长的促进要素中,技术进步所占份额越来越大,已取代传统的资本、土地和劳动力等生产要素而居主要地位。而我国沿海地区技术进步在经济增长中还没有发挥其应有的作用,发展最快的广东、江苏等省技术进步的贡献率也不过30%。究其原因,最直接的是企业缺乏技术进步的动力和能力。第一,管理体制上的束缚。企业进行技术引进或改造,要经过政府有关部门的层层审批,而各审批机关往往从各自不同的角度和利益出发,工作中相互扯皮,贻误了企业进行技术引进和改造的时机。第二,科研与生产严重脱离。企业自身的技术开发、引进吸收的能力较差,技术信息不灵。第三,比较利益的影响。一个企业,只有当它追求长期利润最大化时,才会对技术进步有强烈的要求。而沿海地区目前实行的企业承包制期限较短,且缺少技术进步方面的硬指标。因此,企业领导人热衷于搞投资少、见效快的项目,忽视了企业的技术进步。

### (二)沿海地区产业技术的选择原则

产业技术选择原则,是沿海地区产业技术政策的基础。沿海地区产业需要什么样的技术,技术开发、引进和应用的重点是什么等,一系列问题归根到底就是技术选择。在过去10年,我国的技术引进之所以效果不佳,科技政策、计划经常与产业经济发展相脱节,一个重要的原因就是缺乏合理的技术选择准则。因此,沿海地区的产业技术选择(包括技术引进、技术改造和技术创新等)应从其产业技术现状出发,结合产业政策要求,按一定的原则进行。

(1)产业技术进步原则。产业技术进步在经济增长中的作用越来越大。据国外研究表明,近20年发达国家经济增长中技术进步的作用高达60%以上,而我国沿海地区技术进步的贡献率不过30%,与国际水平相比还有很大距离。因此,沿海地区产业技术选择必须把促进产业进步放在战略位置,以此作为一条重要的宏观原则来指导产业的技术引进、技术改造和技术革新活动。在这里,产业技术进步包括两层含义。一是根据沿海地区产业政策选择适当的技术,对该区域现有企业进行有重点、有顺序的技术改造,尤其要提高主导产业群的技术装备水平和人员素质,二是根据产业结构演变和产业整体发展的需要,沿海地区的技术选择必须有一个与之相适应的中长期规划,其主要目的就是促进沿海地区产业结构高度化。

(2)市场导向原则。由于科技体制上的原因,我国的科研和技术开发项目基本上是由政府直接拨款或资助的,高校和研究院所集中了绝大多数优秀的人才和设备。但是,这种近乎闭门造车的模式使得科研长期与生产和市场相脱离。一方面大量的技术成果被束之高阁,难以有效地转化为生产力;另一方面企业的生产技术、工艺和设备日益陈旧又得不到及时的更新和改造。在技术选择这个关键问题上,企业行为、科研方向和政府政策只有通过市场这个中介才能趋于一致。企业只有通过市场才能实现商品价值,赢得利润,这无疑是企业技术进步的一大动力;消费者只有通过市场才能得到自己所需的商品和服务,这时技术选择和技术进步的社会效益才得以实现。

(3)外向发展原则。沿海地区经济外向发展战略要求其产业技术结构必须符合世界经济发展的趋势,企业必须树立面向国际市场的经营思想,更积极地参与国际竞争。在今后一个时期,沿海地区经济外向发展的一个重要目标就是努力提高工业制成品的进口替代能力、增加出口。在产业的技术选择上,坚持外向发展原则,主要就是通过扶持一批企业围绕进口替代或出口导向,有计划有步骤地进行技术引进和技术改造,以此改变沿海地区的进出口商品结构,促进工业制成品,尤其是附加价值高的重化工业和机电一体化产品的出口,以技术进步推动沿海地区经济向外向型转变。

### (三)沿海地区产业技术进步的鼓励政策

沿海地区产业技术进步关键在克服产业主体技术进步的需求不足和能力贫乏。企业技术进步内在需求不足主要来自经济管理体制和企业家经营思想两方面,而缺乏技术进步能力的原因则是多方面的。从资金来源分析,既有国家投入不足、企业自有资金少,又有技术贷款障碍;从技术来源分析,主要是现行科技体制存在的种种弊端。为此,我们从经济体制、科技管理体制、政府和企业行为等几个方面提出沿海地区产业技术进步的鼓励政策。

(1) 深化经济体制改革。近期主要通过完善经营责任制对企业经营者设立有约束力的技术进步考核指标和企业资产增值指标,促使企业家在经营思想上把企业技术进步放在重要位置上。积极推行股份制,明确产权关系和利益分配,从根本上解决企业技术进步动力问题。

(2) 建立企业技术进步的奖励制度。目前我国的各项技术进步奖主要奖励取得重大科研和发明成果的研究者,对把科技成果转化为直接生产力的企业和企业家缺乏有力的激励措施。因此,每年在沿海地区乃至全国范围内评选一次企业技术进步奖,使之具有相当的荣誉度,对企业的技术进步将起更大的推动作用。

(3) 增加企业用于技术进步的自留资金。主要通过提高固定资产的折旧率、缩短折旧年限等办法使企业得以获得更多的折旧基金用于技术改造,同时适当提高大修理基金的年率,保证企业正常的设备维修资金来源。对重点扶植的产业部门还可通过减免税收增加企业的自留资金。

(4) 改革科技管理体制。首先要加速技术市场的发育,在沿海地区科技发达的中心城市。如大连、天津、上海、广州等地建立若干具有固定场所、较大规模的技术市场,通过先进的计算机网络系统及时交流各地及国外的技术信息,使企业和科研单位通过技术市场紧密结合起来。其次,把各部委在沿海地区的科研院所以及沿海地区各省市所属的科研单位划归对口的企业集团,增强沿海地区大企业自身的技术开发能力、消化吸收能力和技术扩散能力,使科研直接和企业生产结合起来。

(5) 加强技术引进的管理。政府技术监督部门和计划部门会向产业行业协会一起及时了解企业的技术需求和国内外技术信息,为企业的技术引进提供服务,并根据沿海地区产业政策和技术选择原则督导企业的技术引进工作。通过行业协会制定行业的技术引进规划,选择沿海地区若干科技力量雄厚的大企业作为重点基地,对关系到整个行业的引进技术加以消化和改造,使之能够迅速在全行业推广。

(6) 发展高技术产业政策。新技术革命的兴起对世界经济发展产生了巨大的推动力。目前工业发达国家和新兴工业国的产业结构正处于向高技术产业主导型转换时期。为了紧跟世界新技术革命潮流,带动全国经济的发展,沿海地区从现在起就必须确定优先发展的高技术产业范围和发展序列,制定一整套扶植高技术产业的政策和法规,在投资、税收和信贷等方面给予特别的优惠。在沿海有条件的中心城市设立属不同领域的高技术开发区,促进高技术产业的形成,逐步加强高技术产业在今后十年产业结构演变中的作用,争取到下世纪初成为沿海地区新的主导产业。

# 长江三角洲经济发展构想(1993)[①]

## 一、长江三角洲经济现状分析

以上海为中心的长江三角洲地区,包括沪、苏、皖、浙、赣五省市,是全国的精华之地,对我国经济的发展有着举足轻重的作用。它们在历史上就存在着千丝万缕的经济联系,如何能充分地、有效地发展这种联系,加强其广度和深度,这对加快长江三角洲的经济发展,从而促进全国经济发展至关重要。

（一）长江三角洲概述

长江三角洲地区土地面积约51.6万余平方公里,人口约两亿(其中沿海地区约有6千万人);包括32个省辖市,17个地区,16个地辖市,285个县。

长江三角洲地区十个中心城市,上海、常州、无锡、苏州、南通、杭州、宁波、嘉兴、湖州、绍兴的主要情况(1983年年底数据)分别为：土地面积5 100平方公里,占全国的0.8%;耕地面积3 946万亩,不到全国的2%;总人口5 093万,占全国的5%;工农业总产值1 398亿元,占全国的15.5%;其中：工业总产值1 174亿元,占全国的19%;农业总产值224亿元,占全国的7.8%;地方财政预算内收入225亿元,占全国的18%;国民收入598亿元,占全国的12.8%;人均国民收入1 174元,等于全国人均222%;独立核算工业企业每百元资金实现利税50元,等于全国平均的219%。

（二）长江三角洲经济条件分析

(1) 长江三角洲的有利条件。长江三角洲地区具有许多独特的发展经济的优势。它拥有全国大约两亿沿海地区人口中的6千万人口,它拥有我国最大的经济中心、工业基地和重要外贸口岸——上海市和经济发达的大、中、小城市群,它拥有我国最大的经济开发区——上海浦东,它拥有丰富的地表资源。长江三角洲是全国最大的经济开放地区,全国14个对外开放的沿海城市中有5个是属于这个地区的,并拥有由沿海港口和沿长江港口构成的优良港口群,吞吐能力占全国首位。区域内江、河、湖、海相连,铁路、公路纵横交错,交通四通八达。这里有广泛的国际国内经济联系,商品经济发达,对外贸易活跃,国内市场繁荣。

---

[①] 本文是作者主持国家教委全国重点学科博士点课题《中国沿海地区外向型经济发展的研究》成果之一,收入1993年7月复旦大学出版社出版、作者主编的《中国沿海经济研究》一书。

这里的工业配套能力强,技术水平高,经营管理经验丰富,经济效益较好,轻工、纺织、机械、冶金、电子、造船、化工、石化、医药、食品等工业在全国都处于领先地位。这里是全国农业经济发达的地区,是重要的农业商品基地。这里科学技术先进,文教事业发达,信息灵通,人民文化水平较高,智力资源丰富。

上海是长江三角洲的经济中心,正是在这个意义上,上海的优势反映了整个长江三角洲的有利条件:

① 上海是全国最大的港口城市,也是世界上吞吐量在亿吨以上的十大港口城市之一。它具有成为全国最大的对外开放城市的种种优势,并同长江三角洲各个港口城市紧密结合起来,形成港口城市群体优势。

② 上海是全国商品经济最发达的地区。

③ 上海是全国最大的商品供应基地和国内贸易基地。

④ 上海江河湖海相连,水陆空运衔接,是交通运输最发达、最方便的地区。

⑤ 上海工业经济发达,配套能力强,管理水平高,经济效益好,是全国最大的工业基地。

⑥ 上海拥有经过长期锻炼的强有力的对外经济贸易机构,以及大量人才和丰富经验,有着广泛的国际经济贸易联系和众多客户。

⑦ 上海科学技术先进,文化教育事业发达,智力资源丰富,各类人才齐而全。

⑧ 上海有全国的经济支援,与国内各地区有着广泛的千丝万缕的经济联系。

⑨ 上海信息灵通,咨询服务发达。

⑩ 上海有丰富而优越的旅游资源。

⑪ 这里第三产业经验多、能力强、潜力大。

⑫ 这里经济实力雄厚,地理位置优越,气候条件好。

上海这12个优势,也是以上海为中心的长江三角洲的优势。除了优势,还存在若干不利的条件和劣势。

(2) 长江三角洲不利条件。长江三角洲地区也存在着若干不利条件,比如人口多、耕地少、城市基础设施欠账多、能源和原材料紧缺、交通运输跟不上经济发展的需要、经济关系还没有理顺等,这些都要通过改革、开放和发展,逐步地加以克服和转化。

由于国际国内政治、经济形势发生变化,20世纪90年代的上海经济发展,将面临国内外一系列的挑战。

国际环境。世界经济的区域化、集团化发展趋势加剧,国际资本流动更具竞争性和选择性,使上海参与国际分工面临着更为艰难的选择。当前,跨国银行的空前发展,投资主体趋于多元化,国际间的直接投资日趋活跃,金融活动在很大程度上左右着世界经济的发展。业已形成或正在形成的欧洲、北美、亚太三个巨型经济圈,特别是美加自由贸易协定的生效,欧洲统一大市场前景日趋明朗,以及在拉丁美洲、非洲不断涌现的地区性集团,对内经济联合,对外壁垒高筑,导致贸易保护主义倾向日趋严重,初级产品价格持续下跌,对我国发展外向型经济造成严重障碍。当前,上海所处的亚太地区、各国都在致力于改革和开放,日本在货币升值压力下被迫加快海外投资步伐,但投资主体基本上是与欧美等发达国家的对流式投资,以参与北美市场和欧共体市场的瓜分,而海外在亚太地区的投资,"四小龙"及"新四小龙"是强有力的竞争对手。同时,东欧六国也急剧转向市场经济制度。受世界政治形势演变及区域化、集团化趋势的影响,国际资本出现了向原苏联、东欧和东盟国家"南北"分流的明显趋势,随之而来的国际贸易和商品市场的连锁变动,使一般发展中国家吸引直接投资将面临更为激烈的竞争。

国内环境。国内产业结构趋同、市场疲软的经济态势，有可能进一步削弱上海正在滑坡的工业优势。主要体现在四个方面：

一是在全国市场疲软态势下，各地行政性保护措施趋烈，省市间市场分割加剧，上海产品的国内市场销售条件恶化。

二是国内市场疲软和汇率调整的双牵引，诱导各地扩大出口，新的一轮多口岸压价竞销状况有可能日趋激烈，导致上海产品的国际市场销售条件恶化，出口收益下降。

三是上海产品的国内市场和本市市场占有率优势，受到沿海开放城市和地区的跨越式引进战略的巨大冲击。在过去的五年中，上海借以支撑财政收入和创汇的大量名牌产品市场，被沿海各地的"三资"企业产品所挤占，这种现象在20世纪90年代仍将持续。

四是80年代上海国营企业受到异军突起的乡镇企业有力挑战，目前邻近地区组建大型企业集团的步伐快于上海，对于上海企业来说，正面临着新的一轮"强强"竞争，可以预计在90年代，上海的工业优势将在国内受到全方位的威胁。

本市环境。上海自身面临着结构失衡、城市老化、新旧体制摩擦、对外开放不足及财政负担沉重等深层次矛盾的严重困扰。

产业结构失衡。上海经济的结构性矛盾，最突出的是三种产业之间的大结构失衡，第三产业长期萎缩，尤其是包括金融、商业、信息、技术和房地产等严重落后。同时，作为目前经济主体的工业结构也很不协调，加工工业粗放经营、轻重不当，各行各业齐头并进。90年代的结构调整无法回避的两个问题是：上海的主导产业究竟如何选择？结构调整过程中大量的破产企业和结构性失业如何解决？

城市改造滞后。上海市城区狭小、交通拥挤、人口稠密、住房紧缺、环境污染等等。虽然这些问题80年代已引起重视并正在逐步得到改善，但城市建设欠账过多，致使上海城市综合功能无法充分发挥，城市规模经济的边际效益不断递减。因而，老区再开发和老城的改造复兴，将是90年代上海面临的重要任务。

新旧体制严重摩擦。上海由于全民经济比重大、大中型企业多，曾经是计划经济最集中的地方。虽然10年改革，旧体制已局部冲破，但从整体上看，新体制的框架尚未建立起来，在稳定的旧体制巨大惯性下，随着90年代上海改革的不断深化，特别是浦东的开发和开放，新旧体制将不可避免地产生严重摩擦。

开放度不足。10年开放，上海在吸收外资、引进技术、建设三个开发区和扩大外贸等方面取得了一定的进步。但是，出口导向性的外向型经济进展缓慢。90年代要基本建成外向型经济，走通"两头在外"、走大进口替代、走出老企业利用外资"嫁接"改造等路子，面临着竞争条件不均等、开放度不足的挑战。

财政负担沉重。一方面，上海继续承担着繁重的财政、外汇上缴任务，要为国家多作贡献；另一方面，新区开放、老城改造、结构调整，以及继续改善人民生活将带来一系列新的财政约束，背负着十分沉重的财政包袱。

## 二、长江三角洲经济发展战略目标

(一) 战略地位

长江三角洲在全国的经济发展和对外开放中，处于极其重要的战略地位，负有极其重要的战略任务。

无论是以上海来说,或是以包括上海在内的整个长江三角洲来说,不管在全国经济发展和对外开放的总体态势上,还是在全国经济发展的具体进行步骤和具体发展过程上,在经济发展的全局中,它们都处于举足轻重的极其重要的战略地位。这是由四个基本条件决定的:

(1) 上海是全国最大的经济中心,也是历来全国最大的对外经济贸易中心。尽管上海的对外经济贸易在闭关自守、地区分割和经营分散的影响下,发展缓慢,相对萎缩了,但总的经济条件决定了上海必须承担全国最大的对外经济贸易中心的战略任务和历史任务。

(2) 长江三角洲的广大县城、集镇和农村,是全国最大的对外开放地带。这里由沿海港口城市和沿长江港口城市组成了丁字形港口城市群体,是"外引内移"和"内联外挤"的枢纽和传送带,并且将是城市功能最多样、经济最发达的经济带。这个开放城市群体、开放地带和丁字形港口城市群体的成败,对整个长江三角洲及至全国经济发展和对外开放的成败,都具有决定性的影响。

(3) 长江三角洲的广大腹地,有丰富的农业、矿产、出口资源,将在"外引内移"和"内联外挤"方面发挥巨大的作用。

(4) 长江三角洲,在太平洋经济区处于极其重要的地理位置。太平洋地区将要成为世界经济重心之一,中国应当在太平洋经济区争得主要的地位。长江三角洲处于中国和太平洋地区结合部中心位置,它们在争取中国成为太平洋经济区第一流发达国家地位的努力中,将历史地承担尖兵、突击队、桥头堡的战略任务。

### (二) 战略作用与功能

上海应当最大限度地利用众多优势,展开两个扇面,起到三个作用和发挥九个中心功能。

所谓展开两个扇面是:对外开放,对内开放。

三个作用是:先锋作用——全国社会主义现代化建设的开路先锋;桥梁作用——开展国际经济技术合作和交流的桥梁;基地作用——全国工业、贸易等经济基地、四化基地。上海的三大战略作用,正是长江三角洲的三大战略作用的缩影。

九个中心功能是:① 对外经济贸易中心;② 国内贸易中心;③ 工业经济中心;④ 交通运输枢纽和集散中心;⑤ 国际金融中心;⑥ 国内金融中心;⑦ 科学技术中心(包括经营管理);⑧ 信息交流和咨询服务中心;⑨ 智力开发、人才交流中心。这九个中心功能在不同程度上体现了长江三角洲其他大中城市的中心功能。

### (三) 战略目标和重点

长江三角洲到本世纪末的主要战略目标是:形成具有中国特色的社会主义区域经济新体制;科技水平力求在若干具有关键意义的新技术领域取得突破性进展,使百分之五十以上的重要机、电、仪、化产品的性能和质量,达到发达国家 90 年代初、中期的水平,其中一部分要赶上当时的国际先进水平;外贸出口创汇力争达到每年 220 到 250 亿美元;经济效益大部分地区力求达到上海市 80 年代中期或末期的水平;努力使城乡人民的实际消费水平每年递增百分之五以上,使人民的生活质量、生活环境和居住条件都有明显改善。

实现上述战略目标,必须抓住下面七个战略重点。

(1) 坚持对外开放,发展对外贸易,把长江三角洲地区建设成为全国最大的出口创汇基地。

(2) 科学技术也是第一生产力,加速科学技术进步,用先进技术改造国民经济各部门,把长江三角洲建设成为全国最大的科技基地和新技术新产业基地。

（3）优先发展交通和通信事业。交通要统筹安排，合理布局，逐步形成水、公（路）、铁（路）、空（空运）综合运输网络。邮电通信要扩大电话能力，积极采用程控交换、数字微波、光导通信等先进技术，建立通信网络。

（4）积极开发能源和原材料工业。长江三角洲能源供应将长期紧缺，必须开源节流。要大力发展火电、水电、核电、坑口电站，加强电网建设，加速长江三角洲内的煤炭、油气资源的开发，积极发展节能型产品，逐步形成节能型产业结构体系。充分发挥长江三角洲地区原材料资源和加工技术的优势，积极增产短线和缺门产品，增加品种，提高质量，搞好综合利用。

（5）建设现代化大农业，全面发展农村经济。必须把发展农村经济和扩大出口创汇紧密结合起来，坚持以农业为基础的方针，实行农村牧副渔全面发展，开展农、工、商、运、建综合经营；继续完善和发展家庭联产承包责任制。逐步实现农村经济的商品化、专业化、现代化。

（6）搞好主要水系、水域的综合开发和治理。它关系到防洪、防旱、农业、水产、工业、城建、航运、环保、生态等各个方面，是发展区域经济的重要环节，应当在搞好国土规划的基础上，统筹兼顾，合理安排。要牢固树立科学的系统的大水利观念。努力实现经有关省市协商通过的太湖流域综合治理方案。

（7）积极开发智力和培训人才。把区域内各大专院校、科研机构和其他各方面的力量充分调动起来，有领导、有计划、多层次、多渠道地培训各类专门人才。要十分重视和普遍开展职业教育，努力提高劳动者的职业道德、业务素质和科技水平。大胆启用德才智兼备的各种能人，把他们推上科技、生产和经营管理第一线。重视从国外引进人才。在大、中城市和开放地带，尽快推行和普及九年制义务教育，为培养各种专业人才打好扎实基础。面对激烈的国际竞争，长江三角洲要加紧建设一批第一流的高等院校和科研机构，为"技术立区"和经济起飞造就高级人才。

上海经济发展战略目标，根据国内外经济发展的基本趋向和约束条件，可以分两步走：第一步，20世纪90年代基本建成全国最大的经济中心。这是一个总体目标，包括贸易中心、金融中心、科技中心和信息中心等，实际上是人流、物流、资金流和信息流的交汇点，是各种生产要素、商品和劳务的集散地。20世纪90年代如果能恢复确立全国的经济中心地位，那么就可以走第二步，到下世纪初，争取把上海建成太平洋西岸最大的经济贸易中心之一，这样在亚太地区就能与"四小龙"和"新四小龙"，一争高低，并成为我国最大的城市带和世界级巨型城市带，成为亚太地区最具活力的经济区域。

## 三、长江三角洲经济发展对策

为实现本世纪末和下世纪初的长江三角洲经济发展目标，我们认为可以提出以下几项战略对策。

### （一）对外开放战略

长江三角洲地区拥有较强的引进消化能力，外贸经营能力和出口生产能力，应当调动各方面的积极因素，利用一切可以利用的条件，发展对外经济技术的合作和交流，使长江三角洲成为我国最大"外引内移"和"内联外挤"基地，加速经济发展。

（1）认真研究和制定外贸出口发展战略，突破外贸体制和经营管理上的束缚和障碍，解决资源上、质量上和效益上存在的问题。

要切实解决外贸出口存在的六大问题。第一,坚决制止和改变多头对外,互相争夺、低价竞销、内耗严重、肥水外流的状况。第二,适当解决内销和外销之间的矛盾。第三,切实解决许多商品外销不如内销盈利多的问题。第四,坚决改变出口商品档次低、质量差、品种陈旧、卖价低、创汇效益差的状况。第五,坚决改变地区之间,部门之间,贸、工、农、技之间互相分割,互相脱节的状况,充分发挥以上海为中心的外贸出口综合优势。第六,改变国际信息不畅,对外推销不力,经营不灵活,服务不周的状况。

(2) 建立强有力的出口创汇体系。建立多种类型、各具特色的出口生产基地和出口专业厂;提高轻纺产品质量和档次;积极扩大机电产品出口的比重,积极发展附加价值高、创汇效益好的创汇农业,逐步实现以出口初级、粗加工制成品为主向以出口精加工制成品为主的转变,实行以进养出,扩大出口生产。

(3) 坚持统一对外、联合对外方针,形成和完善出口商品流通体系。逐步建立跨地区的多层次、多形式的贸、工、农、技结合的出口联营公司,贸、工、农、技之间实行"四联合、两公开"原则:联合安排计划,联合洽谈成交,联合履约交货,联合出国考察,外贸对工、农、技公开出口成交价格,工、农、技对外贸公开生产成本,扩大代理制,加强出口管理,建立出口质量许可证制度,改善外贸经营管理。

(4) 机动灵活地开拓国际市场,建立健全在国外的推销系统、商情网络和服务网络。

(5) 采取一系列相互配套的政策措施,形成保护鼓励出口的政策体系。对凡是有利于提高经济效益和扩大出口创汇的生产和流通,必须实行一系列优先保证和优惠保证政策;严格执行和不断改进外汇分成制度;实行出口鼓励政策,建立发展出口鼓励基金,合理调低人民币对外汇率;制定经济法规,调整贸、工、农、技同外商之间关系,保障各方面的合法权益。

(6) 通过多种形式、多种渠道利用外资,引进外资。

(二) 经济联合战略

长江三角洲的经济发展是一项巨大的系统工程。上海与长江三角洲,长江三角洲和全国各地区,沿海和内地,城市和农村,以及各行业各企业之间,都要打破封锁,打开门户,按照扬长避短、形式多样、互利互惠、共同发展的原则,大力发展横向经济联系,发展专业化协作,促进人才、资源、资金、设备、技术和商品购销的合理交流,发展多种经济技术合作,促进经济结构和地区布局的合理化。在实行经济联合战略时,必须考虑以下几个层次的联合关系。

(1) 上海浦东、浦西经济发展的联合关系。中央关于浦东开发、开放的战略决策,为90年代上海经济发展提供了崭新的政策环境。由于体制政策的落差,浦东开发必将对浦西带来巨大的冲击,新、旧体制的摩擦和政策落差带来的"东西"利益冲突有可能成为困扰上海90年代经济发展的主要矛盾。为此,上海一方面扩大浦东的开放度,另一方面加快浦西新旧体制转换的过程,以期形成有层次的改革、开放格局,逐步建立外接国际市场、内连长江流域和整个国内市场的新的经济发展模式。

(2) 上海与长江三角洲的经济联合关系。改善、巩固、发展上海与长江三角洲地区的横向经济联合,打破"诸侯经济"的格局。在当前国内市场疲软、行政分割加剧的情况下,拟采取选择重点地区,向选点地区批量转移传统工业并要求选点地区向上海回供原料、开放市场的一揽子方案。积极推动长江三角洲与长江流域经济的一体化进程。为此要做到以下三点:一是争取国家对长江三角洲地区实行统一的国民生产总值考核指标和财政体制，以促进区域间生产要素合理流动；二是协力改善长江流域的交通条件；三是提高长江三角洲港口与欧亚大陆桥之间的转运能力，使长江三角洲的外向型经济与西部开放构成环流。

(3) 长江三角洲与全国的经济联合。长江三角洲地区要积极发展同中部、西部以及三线地区的经济联合。三线地区在许多方面拥有技术优势和资源优势，长江三角洲引进的先进技术，只有同三线地区联合起来，才能更好地吸收、消化、创新和转移。长江三角洲地区要利用自己的优势，从资金、技术、管理经验和人才等方面帮助其他地区开发各种资源，同时在有条件的地方帮助开发知识密集型产业和新兴产业，在对外开放方面，加强同其他地区的联合，发挥"内联外挤"的综合优势，扩大出口创汇；发挥"外引内移"的综合优势，加快科技进步，并以最快的速度向中、西部地区传递国内经济技术信息。

(4) 长江三角洲地区与国际经济的联合。

## (三)"技术基地"战略

科学技术是第一生产力，实现科技现代化是实现四个现代化的关键。长江三角洲地区应当发展成为我国新技术新产业的基地。按照高起点、高效益、系列化的原则，有计划、有步骤、有重点地引进国外先进技术和关键设备，发展和开创国内先进技术，建立各种形式的科研、教育、生产联合体，加速发展高技术产业。有计划、有步骤地发展微电子、生物工程、光导纤维、激光、新材料、海洋工程、机器人、航天等新兴产业，并把先进科技应用于各个领域。先进的科学技术同哪里结合得最好，哪里就必然出现经济的新高涨，引起科学技术的新发展，产生科技和经济互相助长的良性循环。另外，要重视引进国外先进技术和关键设备，把引进和创新紧密结合起来。要大力培训人才，形成一支强大的科技队伍。用先进的科学技术开发丰富的智力资源。

## (四)"以点带面"战略

现代经济发展的内涵和外延都十分丰富，整个经济的重心在城市，城市化既是工业化过程的重要特征，又是工业化过程的必然结果。工业化之所以伴随城市化，其根本原因在于城市化使得众多的工业部门集聚在一个相对窄小的空间，信息传递快，交通运输方便，因而能产生一种"集聚效应"，节约了整个经济的交易费用，大大减少了经济总体运动的成本。

现代化商品经济，特别是国际商品经济的发展，要求在商品生产上有更大规模的分工和合作，在流通上有更大范围的周转和交换，在消费上有更广阔的国际、国内市场，从而获得最好的经济效益。所以，现代商品经济的活动领域，不能限于一个城市，因为即使是特大城市也是不能容纳得了的。它需要一个以城市为中心的经济网络，这是现代商品经济发展的客观要求。

城市，特别是沿海沿江城市，是先进生产力的代表，经济、贸易、科技比较发达，要使以城市为中心的经济网络得以形成。必须做到，第一，实现政企职责分开，简政放权，企业所有权和经营权适当分开，扩大企业自主权，增强企业活力；第二，充分发挥城市多功能作用，促进多层次经济网络的形成和发展，包括城市之间特别是大中城市之间有机结合的城市群体，城市同农村有机结合的城乡体系。

上海不仅是长江三角洲的最大经济中心，也是全国最大的经济中心。上海必须紧密联结其他城市和广大农村，发挥中心城市的主导作用。上海工业基础雄厚，是全国最大的工商城市和港口城市，还有一支宏大的科技队伍。长期以来，上海正是凭借自己经济上、科技上、地理上的种种优势，同各地建立起千丝万缕的经济联系。但在条块分割、地区封锁的情况下,这种横向经济联系受到很多限制,既阻碍了上海的经济的发展和提高,也影响着周围区域经济的开发和繁荣。长江三角洲地区的共同繁荣和联合起飞,在很大程度上取决于上海能否充分发挥经济中心的多功能作用。

南京、杭州、合肥、南昌等省会城市以及其他大中小城市,都是各自联系周围一定地区的,具有不同规模的经济中心,都应树立区域经济的观点,从各自特点和优势出发,在不同区域内发挥中心城市的多功能作用。要逐步改变各城市产业雷同、优势不显、特色模糊、一个面孔的状况,要形成各具特色、分工合理、优势突出、效益显著的有机城市群体。长江三角洲各省都应以各类经济中心城市的依托,组织各具特色、规模不等的经济区,形成上下衔接、左右贯通的,开放式、跨地区、多层次的经济区网络。

发挥多层次中心城市的作用,要同有计划地发展小城镇和新兴城市结合起来。随着农村体制改革的深入,农业经济向商品化、专业化、社会化发展,农村多余劳动力已向并将继续向非农业转化,农村将不断出现许多新兴城镇。顺应这个趋势,要依靠地方和农民的力量,加强小城镇的改造和建设,引导非农化的农民以小城镇为基地,发展乡镇工业,兴办第三产业,直接为农村提供社会化服务。农村这类群岛式的小城镇的兴起,将会进一步促进农村的专业化分工的发展,促进农村各业首先是种植业劳动生产率的大幅度提高,使以大中城市为依托、小城镇为纽带、广大农村为基础的网络化经济具有更加旺盛的生命力。

### (五)人才开发战略

经济的竞争,说到底是人的素质的竞争。新技术革命,首先是教育革命。面对20世纪90年代世界新技术革命浪潮及国内全面改革开放及浦东开发,对人才的需求显得越来越重要与迫切。虽然,长江三角洲地区的教育与人才总体水平高于全国平均水平,但是,城市经济体制改革的进程缓慢,使仅存的人才优势与经济、社会需求之间不相适应的矛盾日益突出。如不及时从战略高度寻找新的人才发展、改革思路,长江三角洲的经济发展战略目标就难以实现。

面对90年代和下世纪初长江三角洲的人才开发战略,应在坚持社会主义方向的前提下,以深化改革、转换机制总揽全局,为长江三角洲的经济发展提供保证。根据长江三角洲地区的经济、技术与人才需求特点,人才开发战略应根据建设需要,从质量、数量、效益及结构诸方面综合考虑。着重调整人才的布局和结构,提高人才的素质和效益,逐步形成人才管理的新体制,即建立以双向选择为主的、计划调配和市场调节相结合的人才管理模式。

树立新的育才观念。要摒弃传统的封闭的育才观念,形成学习、教育、训练三位一体的教育、人才观念,把人力资源的开发与发展实践紧密结合起来,要破除一切将人才视为"单位部门所有"的传统陋习,造成"国家调节需求,需求引导竞争,竞争选择人才"的大环境,让人才在国内、国际上进行大流动,树立竞争、市场和外向的观念。

建立开放的、多元模式的人才培养体系。根据区域内各地区经济、社会发展的要求,调整教育体系中学科、专业的布局设置,使人才的培养和使用紧密结合起来,建立和完善学校与社会之间的适应和调节机制。逐步建立政府宏观调控和学校自主办学相互协调;相互促进的教育管理体制,实现教育机制与办学模式的双重转换。

对高级专业技术和管理人才,通过到国外参加短期考察或在国内举办高级研修班,使他们适应外向型经济的发展需要。对中级人才,由各系统、各单位组织培训,重点在于提高他们与经济发展相适应的素质。对急需的各类专业技术人才,结合人才布局结构的调整,组织专业培训。

全方位引进人才。在经济发展过程中,要把有计划地从国内外引进急需人才放到应有的重要地位。要适当地从外省市引进本地区急需而一时又难以满足的中高级人才。对地处郊区的重点工程、重点项目,更应放宽政策,吸引确有专长的各类专业技术人员去那里工作。

建立外向型人才培养基地。除了办好已有的各类大专院校以外,同时,还可制定外资办学条例,吸引外国友好人士,海外侨胞、港澳同胞来华合办学校,建立若干与国外联合培养博士、硕士研究生和人才的开放型教学科研基地,拓宽国际交流的渠道,建立对外交流、合作的骨干学校,在上海、南京、杭州等地建立教育人才总体改革的实验基地。

### (六)浦东开发战略

1990年4月,党中央、国务院作出了开放浦东、开发浦东的重大决策,这是一件具有划时代意义的大事。

(1)开发浦东是上海城市发展的一个重要里程碑。由于黄浦江的天然屏障,有史以来,城市活动区域集中在黄浦江以西,大大限制了上海功能的完善和经济的发展。世界许多大城市的发展,如纽约、伦敦、巴黎、莫斯科、布达佩斯等,都是沿河两岸发展,成为跨河型的国际性都市。作为上海城市重要组成部分的浦东地区,特别是规划开发的浦东新区,大部分处于距市中心15公里半径范围以内,有较好的建港、水运条件,基础设施也有一定基础,大规模开发的基本条件已经具备。随着浦东逐步开发,将使上海进入跨河型城市行列,黄浦江成为上海的内河,浦东与浦西珠联璧合,上海将建设成21世纪太平洋西岸最大的经济、贸易中心。

(2)开发浦东是进一步树立对外开放形象,推动长江流域经济发展的重大战略决策。上海是长江三角洲地区中心城市,并处于长江产业密集带与沿海东部开放带的交汇处。开发浦东,不仅可以振兴上海经济,而且可以带动长江三角洲地区,乃至整个长江流域经济的共同繁荣。也是进一步树立上海和我国对外开放的形象,加速我国东部沿海地区外向型经济发展的一项重大战略措施。

(3)全国改革、开放的战略重点正逐步向长江流域推进。20世纪90年代,我国改革、开放在区域上的重点,将从广东、福建逐步向国有经济比重大、大中型企业多、生产力水平高的长江流域推进。全国"八五"计划把开发浦东列为国家重点,以浦东为"龙头",带动整个长江三角洲和长江流域的开放,使长江流域发展成中国90年代对外开放,特别是吸收外资的重点地区,以突出中国改革、开放的新态势。

(4)浦东新区特点。作为一项跨世纪的工程,在党中央、国务院的直接领导下,在国内外专家长期研究的基础上,正式制定了浦东新区开发的规划设想和优惠政策。同国内现有的一些开发区相比,浦东新区具有以下四个特点:

一是开发规模大。规划开发的浦东新区,其范围是指黄浦江以东,川扬河以北,紧靠市区的一块三角地区,面积约350平方公里。目前,国内的经济技术开发区,大多只有1—2平方公里,截至1989年底,全国14个开发区完成开发面积为28.56平方公里,规划开发的浦东新区,比全国14个开发区累计完成的开发总面积大11倍。

二是发展要求高。按照"面向世界、面向21世纪、面向现代化"的战略思想,借鉴国内外城市新区开发的成功经验,设想经过几十年的努力,把浦东开发区建设成为具有合理的发展布局、先进的综合交通网络、完善的城市基础设施、便捷的通信信息系统以及良好的自然生态环境,具有世界一流水平的现代化新区。

三是建设任务重。根据规划设想,以市中心区的浦东部分28平方公里为中心,来取中心向外开敞式的布局,规划形成外高桥——高桥、庆宁寺——金桥、陆家嘴——花木、周家渡——六里、北蔡——张江等5个各有侧重,相对独立的综合分区。区内要建设由地铁、高架和地面干道组成的,人车分流、快慢分流、客货分流的立体化交通网络;要建设拥有约40个万吨级泊位的现代化新港区,要建设军民两用机场和上海第二国际航空港,要建设现代化的邮电通信、供排水、电力、煤气等市政公用设施;建设10万吨等级的船台,最终形成年产上百万吨能力的造船、修船基地;要建设5—10平方公里的发展出口加工和转口贸易的保税区,要建设上千个平方米的现代化住宅区和配套的商业网点及文化娱乐设施,建设的任务十分繁重。

四是资金投入多。按照国内现有开发区建设费用计算,加上开发区内原有1 900多家工业企业的改造和大批新企业的发展,开发浦东需要有巨额的资金投入。初步测算,仅20世纪90年代就需要投入资金数百亿元,相当于深圳自开发以来累计资金投入的数倍。

要开发建设规模巨大、现代化要求高的浦东新区,在具体实施中,大体分为三步:

第一步,"八五"期间为开发起步阶段。主要是编制规划,整治环境,积极为吸引外资创造条件,并逐步建成总面积5—10平方公里的保税区。

第二步,"九五"期间为重点开发阶段。在这五年里,要使外高桥地区综合开发见成效,并继续建设区内骨干道路和市政公用设施,初步形成基础设施配套的浦东新区的大格局,为以后发展打下基础。

第三步,2000年后的二三十年或更长一些时间,为全面建设阶段,使浦东成为21世纪上海现代化的象征,成为适应国际性城市及外向型经济发展需要的世界一流水平的新区。

20世纪90年代是开发浦东的关键时期,肩负着打基础,作准备,重点建设必要的基础设施、保税区,有计划地疏散浦西地区一部分工厂和人口。经过两个五年计划的开发,逐步形成浦东新区的大框架;基本建成能适应大规模开发和发展外向型经济需要的、配套的基础设施,基本形成同市中心区浦东部分呈敞开式布局结构的五个综合分区,其中以金融、贸易、商业、对外服务、房地产和信息、咨询等现代化服务产业为主体的陆家嘴—花木综合分区;基本建成同外滩隔江相望的现代化新区,随着外高桥大型现代化港区和出口加工区、外商投资区的逐步建立,外高桥地区将基本建成为投资环境优越、外商投资活跃,初具规模的出口工业基地和上海及长江流域与海内外紧密联系的桥梁,浦东新区的国民经济有了飞跃发展,衡量地区综合经济实力的国民生产总值,10年内将增长数倍,成为上海实现国民生产总值再翻一番的重要支柱。

(5) 浦东开发的战略设想。浦东开发是个跨世纪的工程,也是我国在本世纪末和下世纪初一个重点改革、开放、开发区,开发浦东必须认真吸取其他开发区和经济特区改革开放的成功经验,克服其不足之处,在此基础上跨出更大的步伐。开发浦东必须按照"特区特办、特区先办"的原则,在体制上和政策上有超前改革的意识和系统改革的设想,为我国今后的改革,开放提供有效的经验。为此提出以下几条思路。

① 改革所有制形式,大力推行股份制经济,实现政企分开,企业所有权和经营权分开,扩大企业自主权,增强企业的活力。

② 建立平等竞争的市场机制。对企业实行税利分流,税后还贷,税后承包,适当降低税赋和提高折旧率。增加企业经营自主权,改善宏观管理,使企业获得平等竞争的条件和环境。

③ 改革劳动人事制度,大力推行全员劳动合同制、聘用制,打破铁饭碗、大锅饭。允许人才合理流动,允许双向选择,建立健全社会保障体系。

④ 改革金融体制,健全强劲有力的金融体系。有步骤地开放外资银行,鼓励中资金融机构进

入,扩大间接融资的信贷市场,强化银行以存贷款方式进行资金融通的职能,建立直接融资的证券市场,强化供求双方直接以证券买卖方式进行资金融通的职能,组建保险公司、融资公司、资信评估公司、证券公司、财务公司、信托投资公司、租赁公司和基金会等非银行金融机构,运用利率杠杆进行调控;通过中央银行(中国人民银行上海市分行)的管理,大金融机制要求中央银行只直接控制狭义货币或基础货币(现金加货币准备金存款),广义货币或货币信贷的总规模由金融市场自行确定;重建财政与银行的关系,从"大财政、小银行"逐步向建立"大金融、小财政"机制过渡。

通过市场融资方式使产业资本与金融资本紧密配合,使上海率先成为市场化资金融通中心,并逐步向多元化、证券化、国际化方向发展。

⑤ 改革土地管理制度,积极推行土地有偿使用,实行土地成片批租和土地级差地租,拓展房地产市场。改革住房制度,推行公积金、提租给补贴、配房买债券、出售廉价房、建立房委会。逐步实行住房商品化。

⑥ 改革价格制度,逐步理顺价格体系,减少财政补贴,逐步取消"双轨制",最后达到彻底放开价格,按价值规律办事。

⑦ 改革社会保障制度,要按照政企分开、各司其职的原则,理顺社会保障管理体系。设立社会保障的宏观规划协调机构、监督机构,负责制定政策、法规和依法监督;设立社会保险事业局从事社会保险费用的筹集和管理,设立社会保险基金会,负责基金的保值和增值。

⑧ 组建具有实力雄厚、多元化经营的、能参与国际竞争的、在国际市场有知名度的企业集团,增强上海企业在国内外市场的规模竞争力。重建或改组现有的企业集团,调整组织结构,组建数十家骨干企业集团作为领头企业,让它们与行政主管部门脱钩,实行计划单列,资产集中管理、财政直接承包和银行统一信贷,通过合股、控股的相互参股等方式兼并整合其他企业,逐步形成资产经营一体化的独立法人公司和大型企业集团,使它们能够跨行业、部门,跨省市、地区,跨国界经营。

⑨ 改善投资环境,积极吸收外资,重点要解决政策环境和金融环境,逐步完善信息环境和法律环境。

⑩ 调整产业结构,积极发展第三产业,特别是在可控制的条件下,适度开放第三产业,允许外商经营第三产业。在第三产业收益分配和经营产业政策上要有重大突破。

# 闽粤区域经济发展构想(1993)[①]

1979年7月15日,中共中央、国务院批准广东、福建对外经济活动实行特殊政策和灵活措施。10年来,两省的经济增长之快,人民生活水平提高之显著,建设项目之多,达到了前所未有的水平,经济社会发生了深刻的变化。进入90年代以后,广东、福建两省的经济发展战略应该选择什么样的模式,采取哪些对策与措施,以便在我国对外开放中更好地发挥前沿阵地的作用,为全国四化建设作出更大贡献,这是一个很值得探讨的问题。

## 一、闽粤经济发展现状分析

区域经济发展的战略的制定,要有科学的依据,才能够对区域经济发展的实践起指导作用,这种科学的依据,包括两个方面:一是全国各区域所面临的共同性问题,这些共同性问题主要有:资本主义国家经济发展状况及其对世界市场的影响,我国社会主义现代化建设的战略部署和世界新技术革命的挑战等。另一方面是各个区域所面临的特殊性问题,如区域优势与劣势、人口以及该区域在全国战略中所处的地位等。共同性问题是全国各区域制定经济发展战略时都必须考虑的,当然也是闽粤经济区制定发展战略的重要依据。

(一)闽粤,经济区的优势和区域特征

闽、粤两省位于中国的东南沿海,地理位置优越,是我国著名的侨乡,也是经济特区、沿海开放城市、经济开放地带最为集中的省份。本区的优势和区域特征主要有以下几个方面:

(1)交通地理位置优越,面向辽阔海洋。闽粤经济区背靠中国大陆广阔富饶的腹地,东临台湾海峡,面向东南亚,南面毗邻港澳,海上交通方便,在海外通商方面具有悠久的历史。曲折绵长的海岸线上,天然良港众多,具有发展海洋运输事业,开展对外经济往来的有利条件。同时,区内京广、广九铁路纵横,两翼有鹰厦铁路和黎湛铁路同黄埔、厦门、湛江等港相通,是该区与全国各地联系的重要通道。

(2)华侨众多。广东、福建是全国著名的侨乡,两省旅外华侨约占全国华侨总数的65%以上,其中不少是科技专家、金融巨头和著名实业界人士。近年来,他们在世界各地从事工业和国际贸易等方面的人数逐渐增多,经济实力和经营管理水平不断提高。他们对所在国的经济发展起着良好

---

① 本文是作者主持国家教委全国重点学科博士点课题《中国沿海地区外向型经济发展的研究》成果之一,收入1993年7月复旦大学出版社出版、作者主编的《中国沿海经济研究》一书。

的作用。同时,他们中间从事科学技术的人数也在不断增加。华侨和外籍华人中的实业界、知识界人士都很热爱祖国,关心家乡建设。十一届三中全会以来党的方针政策得到了全中国人民,包括归侨、侨眷以及海外华人华侨的衷心拥护。落实侨务政策深得侨心,华侨华人对国内的疑虑和误解逐步消除,他们爱国爱乡的热情开始调动起来。随着祖国经济建设的发展,近年来华侨华人回国探亲、讲学、洽谈商务的人数越来越多。侨汇的数量也不断增加。这都为闽粤外向型经济的发展提供了优越的条件。

(3) 农业自然资源比较丰富。两省所处纬度较低,位于亚洲大陆东南沿海、热带、亚热带季风气候特征显著,气温高、热量丰富,雨量充沛,热带、亚热带农作物在全国占有重要地位,以蔗糖、橡胶和热带、亚热带水果等生产尤为突出。其特点之一是粮食、经济作物和热带特种作物的生产并重。粮食以水稻为主,是全国首要的水稻多熟地区。甘蔗的种植面积、总产量和单位面积产量在全国均居首位,产区集中在粤中珠江三角洲,粤东韩江流域,粤西以及福建沿海木兰溪、晋江、九龙江下游一带。桑蚕以珠江三角洲最集中,在清朝乾隆年间,在珠江三角洲曾"弃田筑塘,废稻树桑",不少地方相继变成了桑基鱼塘专业性的生产区。广东、福建还是中国热带、亚热带水果主要产区,一年四季佳果盈市。此外,比较丰富的林业、水产资源能为发展糖、纸、食品、香料等加工工业提供比较充足的原料。长期以来,轻工业(主要是农副产品加工工业),以及手工业在广东、福建两省国民经济中占有比较重要的地位,有许多土特产品和手工艺品早就远销海外。

(4) 以轻纺、食品和电子电器等轻工业为主的产业结构。广东、福建两省的产值结构中,轻工业所占比重较大,轻重工业比重明显高于全国水平。轻工业主要有纺织、食品、造纸、陶瓷等。家用机械,尤其是家用电器生产,在全国也占据重要地位,产品主要有电冰箱、电视机、收音机、洗衣机等几十个品种。产地主要集中在广州、深圳、珠海、佛山、江门、厦门、福州等地。重工业在闽粤经济区相对比较薄弱,以机械、冶金、化工、建材等发展较快,能源、原材料工业相对比较落后。

(5) 区域内各地区的社会经济发展水平和类型存在一定的差异。先看广东的情况,广东是中国甘蔗、桑蚕、淡水渔业、热带和亚热带水果,以及热带特种经济作物的重要生产基地,农业的优势地位突出。轻纺、食品、电子工业等在全国也占据一定地位。同时由于具有发展外向型经济的优越条件,外贸发达。以广州为中心,数以百计的中、小城镇星罗棋布,其中,广州是华南最大城市,是广东省政治、经济、文化、交通中心,是在外贸基础上发展起来的华南经济中心。其社会总产值、国民收入、社会商品零售额、进出口总值在全国各大城市中都居第4位,工业产值居第5位;广州还是中国旅游业发达的城市,是到中国大陆旅游客人的主要入口岸之一,有飞机、火车、气垫船直达香港。

广东境内现有三个经济特区:① 深圳特区。位于珠江口伶仃洋以东,是一个紧邻香港,倚山傍海的地区。经几年建设,经济已具有一定规模,拥有电子、石化、机械、轻工、纺织、工艺服装、建材、家用电器、食品饮料等多种工业,第三产业比较发达。② 珠海特区。地处珠海市东南面与澳门接壤的沿海地区,其经济发展以工业为重点,兼营商业、旅游、住宅,适当发展高档的花、果、菜和畜牧业,将逐步建成综合性的经济特区。③ 汕头特区依托汕头市,包括龙湖加工区、港口区、农业区和旅游区等部分,以农业最具特色,并发展高级和多层次的加工工业。

由于广东省南北跨纬度大,陆地东西狭长,境内地形复杂,其社会经济发展水平的地区差异表现为以下几个方面:

① 全省的人口密度大致从沿海向内地递减。在同纬度之中,东部的人口密度又高于西部。

② 城镇分布的临海性和沿河性。沿海地带的城镇密度远大于内地。如:珠江三角洲的城镇密度比韶关地区高,潮汕平原的城镇密度比兴梅山区高,粤西沿海的城镇密度比肇庆地区高。

③ 若以单位面积的工农业产值作为经济发展水平的标志,则经济发展水平的地区差异,也有从西部山区向南部沿海递增的趋势。

④ 工业的地区分布,表现为南部沿海实力雄厚,内地基础薄弱。全省的工业基地大部分分布在南部沿海地带。工业结构有从沿海向粤北由轻向重过渡的趋向。

⑤ 农业生产的地域差异与自然条件的关系最为密切。由于自然条件的地带性差异,导致沿海与内地、山区与平原的农业发展也有明显的不同。

与广东东北毗邻的福建省,地理上具有本身的独特性。境内山峦起伏,气候暖热,河网发达,富裕的水力资源,既是中国茶叶、甘蔗、水果的主要产区之一,又是东南沿海森林资源最丰富的省份。但福建的工业基础至今尚较薄弱。解放初,福建"手无寸铁"(没有一寸铁路,不能生产一斤钢铁)。经过 40 年来的经济建设,已初步建立起有一定规模的工业体系,取得很大成就,但经济发展水平仍落后于其他沿海省市。这里有工作上的问题,也有历史的原因,福建地处前线,过去一段时间里没有条件进行大规模的经济建设。"一五"期间全国重点建设项目福建没有安排。"六五"期间全国重点技术改造项目 3 000 个福建只有青州造纸厂一项。1950—1983 年福建的基本建设投资为 142.7 亿元,仅占全国同期总投资的 1.6%,位于全国 29 个省市的倒数第 4 位。改革开放以来,中央对广东、福建在对外经济活动方面实行特殊政策、灵活措施,使福建经济在这 10 来年中迅速发展。但省内地区之间的经济发展很不平衡,沿海比较发达,山区经济落后。主要城市福州及其外港马尾,现为全省最大的工商业城市和主要港口之一。厦门为省内轻工业较发达的海港城市。国务院批准建立的厦门经济特区,旨在充分发挥厦门对外经济活动的优势,以发展出口加工工业为主,同时发展外贸、科学技术和旅游业等。

### (二) 闽粤经济区的战略地位与作用

制定区域发展战略,不能只局限于本区域的具体条件,还要把区域放在全国这个全局里来考虑,弄清本区域在全国战略中所处的方位及其应起的作用,从而为实现全国总体战略目标作出自己应有的贡献。闽粤经济区处于我国对外开放的前沿阵地,开放地区的规模和类型均居全国首位,在全国经济建设特别是对外开放经济格局中占有极其重要的地位。所以,本区所具有的功能已经远远超过其自身的范围而具有全局性的意义。

作为全国开放战略的一个重要部分,广东、福建先后兴办了深圳、珠海、汕头、厦门四个经济特区,开放了广州、湛江、福州三个沿海城市和珠江三角洲、闽南三角洲两个经济开放区。开放地带作为闽粤经济区生产力最活跃、商品经济最发达的地区,在国家开放政策下获得迅速发展。多层次、多形式、多功能开放地带的形成,从战略上起到对内对外辐射两个扇面的枢纽作用,对全国的改革开放所产生的重大意义超出了自身的发展。它促进了内外横向联系的大发展,使闽粤港澳之间开始形成贸易加工活跃的经济圈,使全国各地与开放带、港澳地区及国际间的经济联系密切起来。

作为全国改革开放的试验区,广东、福建有大量成功的经验,也有一些失败的教训。这些,都对全国改革开放起到了先行示范的作用。一个"深圳效益",推动了全国企业管理发生了质的变化,一句"时间就是金钱",冲击了人们原有的陈腐观念。这种效益,绝不是用几十亿、几百亿人民币所能评估出来的。工程招标、技术市场、物价改革、股份制企业等改革措施的出台,在全国大地上都能听到回声。

### (三) 世界经济发展的客观趋势

世界经济发展的客观趋势,对闽粤经济区发展战略的制定关系甚大。因为广东、福建是我国对外开放的前沿地带,具有发展外向型经济的特殊优势。当前国际经济环境的种种变化,既给闽粤地区发展外向经济带来机遇,同时也增加了外来压力,是一种严峻的挑战。因此,在制定闽粤经济发展战略时不能忽视这个重要因素。

当前世界经济发展的客观趋势大体上有以下几个方面:

(1) 经济生活国际化的程度日益提高。在当代世界经济中,经济生活国际化过程突出地表现在国际贸易空前发展、生产过程国际化、货币资本国际化、劳动市场国际化、科学技术国际化,以及各国间的经济协调有较大程度发展等诸方面。其发展趋势也随着科技革命和生产力的迅速发展而日益加强,程度也不断提高。国际间的分工协作和各国经济之间的相互往来达到了空前的水平。

(2) 整个世界经济处于调整和改革之中。目前,几乎世界上所有国家,无论是社会主义国家、发展中国家,还是发达的资本主义国家,都在进行调整和改革,以适应世界经济的发展变化。社会主义国家引进商品经济的机制进行经济体制的改革,发达资本主义国家和发展中国家则侧重于经济结构的调整和解决国际经济领域的重大结构失衡问题。

(3) 世界经济重心出现东移趋势。亚太地区的经济发展速度快于世界其他地区,经济适应能力不断增强,已成为世界上最富有活力的地区之一。"21世纪将是太平洋时代"的呼声日益高涨。世界经济格局将进一步朝多极化发展,某一国家或某一集团已很难垄断世界经济。在亚太地区经济重心形成中,各国舆论特别指出中国经济发展所起的重大作用。中国是一个社会主义大国,到本世纪末实现工农业总产值翻两番,在21世纪再用50年左右的时间在经济上接近发达国家的水平,不仅大大地扩大了国际市场,而且大大增强了亚太地区的经济实力。

(4) 科学技术在一些重要领域(航天、生物工程、合成材料、人工智能等)取得了突破性进展,这对世界范围的国际分工和产业结构的调整起到了加速的作用。从上述几个方面可以看到,当今世界是一个开放的世界,国际经济关系已经发展到一个新阶段。闽粤地区的经济发展必须置身于世界经济发展的总潮流中,不断适应世界经济形势的变化。

## 二、闽粤经济区发展战略模式的设想

### (一) 战略模式及其内容

闽粤经济发展战略是整个沿海经济发展战略的重要组成部分。发展模式的选择,既要从本区域的实际出发,扬长避短,发挥优势,同时也要借鉴国外的一些经验教训。由于社会制度、国情、域情不同,我们当然不能简单照搬和套用别国的做法。根据前面对闽粤经济区的优势和区域特征的分析,以及本区域在全国战略中所处的地位和当前世界经济发展的客观趋势,我们认为,闽粤区域的经济发展战略模式应选择外向型经济导向的全方位开放的经济发展战略。这个战略内容的基本点包括:第一,本区的经济发展战略是以外向型经济为导向的;第二,这种外向型经济是包括产品贸易、非产品贸易、资本流动、技术贸易和知识信息传递等方面的多层次综合性的对外开放;第三,农业、轻工业、重工业、第三产业全面发展的经济;第四,该区的经济是对内对外全面开放的,既要开拓国际市场,也要开拓国内市场,使闽粤经济区成为国际市场和国内市场的枢纽。

### (二) 战略模式选择理由

为什么闽粤经济区应选择外向型经济导向的全方位开放的经济发展战略模式呢?

首先,根据新中国成立以来40年的实践和国外经济发达国家(地区)经济发展的历史经验,应该坚定不移地走外向型经济导向的发展道路。新中国成立以来,广东、福建基本上采取的是"内向型"经济发展战略。在这种战略指导下,工业上片面强调优先发展重工业,农业上片面强调以粮为纲,片面追求高积累,只强调生产,忽视消费。在积累资金上,一方面从农业吸取资金用于工业;另一方面仅仅依靠国家拨给的一点点投资、一点点物资,小打小闹。虽然经济有很大进步,但远远没有发挥出两省的潜在优势。实践表明,采取"内向型"经济发展战略,延缓了广东、福建的经济发展。根据国外经验,二次大战以来,一些原来经济不发达的国家(地区),采取外向型导向的经济发展战略,取得了相当显著的经济效益。如日本、新加坡、韩国以及中国香港和台湾等。尤其是日本,第二次世界大战刚结束时,它还是一个农业人口占全国人口近一半的经济落后的国家。但在战后的二三十年中,日本却发展成为一个农业人口仅占全国人口13%的经济发达国家,其中最主要的成功经验,就是采取了走向国际市场、参与国际分工和国际竞争的外向型经济导向的开放战略模式。广东、福建两省的自然地理条件同这些国家(地区)具有类似性,都地处沿海,因此,完全可以利用海洋这一目前世界经济贸易的主要条件作为桥梁,直接利用外资,引进先进科学技术和管理方法,以这些国家(地区)的成功经验为借鉴,选择以外向型经济为导向的经济发展战略,发展闽粤地区的经济。

其次,闽粤地区轻工业有一定基础,劳动力资源比较丰富,但原材料、能源比较紧张。采取"外向型"经济发展战略以后,可以引进先进技术、设备,加速改造老企业的步伐,集中力量发展农业和轻工业,通过多次加工,把区域内巨大的劳动潜力追加到有限的原材料、能源上面。从而提高社会产品总值,通过扩大对外贸易,赚取更多的外汇,为四化积累更多的资金。由于轻纺工业比重工业每万元固定资产可以容纳更多的劳动力。同时,轻工业耗能比重工业少。因此,发展轻工业,扩大对外贸易,符合闽粤地区劳动力多、能源、原材料紧张的现实。

再次,坚持对外开放是我国的一项基本国策。社会主义现代化事业要求我们要利用两种资源(国内资源、国际资源),开拓两个市场(国内市场、国际市场),学会两套本领(管理国内经济和开展对外经济贸易)。如果把全国各经济区域的经济发展模式大体分为两大类:一类是以国内市场、资源和内向型经济为主,以国外市场、资源和外向型经济为辅的经济发展战略模式,这是大多数内地区域所选择的;另一类是以外向型经济为导向的国内市场、资源和国外市场、资源同时利用、开发的对内对外开放的经济发展战略模式,这主要是沿海一些有直接对外贸易条件的经济区所选择的。闽粤经济区面临南海,毗邻港澳,华侨众多,交通便利,具有发展对外经济往来的特殊优势,这就决定了该区应选择以国际市场、国际资源为重点的外向型经济导向的全方位开放的发展战略模式。

最后,闽粤经济区具备实现这一战略模式的基本条件:

(1) 在历史上,曾经形成过以省(广东)、港(香港)、澳(澳门)为中心,包括两广、两湖、江西、福建等地的"华南经济圈"。闽粤发展外向型经济的历史悠久,人才济济,经验丰富。

(2) 改革开放以来,深圳、珠海、汕头、厦门四个经济特区,广州、湛江、福州三个开放城市以及珠江三角洲、闽南三角洲两个经济开放区的经济发展迅速,为闽粤外向型经济发展准备了条件,初步积累了经验。

(3) 广东、福建的华侨遍布世界各地,与国际资本、国际市场、国际科技人员有着天然的联系。这为发展外向型经济,迅速打入国际市场提供了极为有利的国际条件。

(4) 十年来的改革、开放实践,使广东、福建两省发挥了国内市场与国际市场结合的桥梁、纽带作用,国内一些省市的产品、劳务,不少是通过闽粤的对外经济关系打入国际市场的,而国际上的一些资金、技术、产品、人才,也很多是通过闽粤的对外经产关系吸收、输送到国内市场上来的。闽粤经济的迅速发展,既要利用国内资源,开拓国内市场,也要利用国际资源,开拓国际市场。这就决定了闽粤经济是一种对内对外全方位开放的经济。

### (三) 战略模式的具体展开

虽然从总体上来讲,闽粤区域的发展战略模式是外向型经济导向的全方位开放的经济发展战略,但由于区域内各地区的社会经济发展水平和类型存在一定差异,根据各地区的实际情况,又可以具体分为三种不同的经济发展战略模式。

第一种是以外向型经济为主要目标的经济发展战略模式。主要是指深圳、珠海、汕头、厦门经济特区以及广州、福州、湛江开放城市的选择。这类地区,主要战略任务是发展外向型经济,利用国际和国内资源,开发国际市场,也兼顾国内市场。

第二种是外向型经济与内向型经济并重的经济发展战略模式。主要是指除了第一种模式的地区以外珠江三角洲、闽南三角洲经济开放区,以及广东、福建的沿海地区所选择的战略。这类地区的战略任务是大力发展外向型经济,同时重视内向型经济发展,国际市场和国内市场并重,并逐步扩展国际市场,发挥对外经济贸易的作用。

第三种是以内向型经济为主、外向型经济为辅的经济发展战略模式。主要是指广东、福建的经济发展水平较低的山区应选择的模式。山区经济的基础较差,有的地方仍处于自给自足的自然经济状态,应以沿海地区的外向型经济带动其经济发展,面向国内和国际市场,发展社会主义商品经济。

综上所述,在外向型经济发展的总体战略下,闽粤区域内经济发展水平和类型不同的各个地区、县,也要从自己的区情、县情出发,选择不同的战略和采取相应的对策,为实现总体战略目标,作出自己应有的贡献。

## 三、闽粤经济发展的约束因素

20世纪80年代以来,实行特殊政策、灵活措施的广东、福建两省的经济进入发展的黄金时代,取得了一系列可喜的成就,积极引进外资和技术,在竞争中开拓国际市场,对外贸易出现了前所未有的发展,在开放中推动了旅游、商业、交通和电信等第三产业的蓬勃发展,促进了对外开放环境的改善,经济特区等多层次开放地带的形成,使开放的内外辐射能力不断加强;经济进入历史上高速和显著增长时期,人民生活水平大幅度提高。以上这些都为实现闽粤经济发展战略打下了良好的基础。但在取得成就的同时,我们要清醒地认识到,全面实现这个发展战略是一项非常艰巨的任务,其中还会遇到许多约束因素及困难。

### (一) 闽粤的农业优势没有得到发挥

农业是国民经济的基础,在闽粤国民经济中占有重要的地位,它不仅关系到人民的吃饭问题,而且直接影响到轻工、外贸以及整个经济的发展速度。如1976年福建省农业总产值比上年减少1.58%,同年以农副产品为原料的工业产值即下降了2%;1981年农业总产值比上年增长6.75%,同年以农副产品为原料的工业产值则增长了13.3%。可见,解决好农业问题,对实行外向型经济发展战略有很大影响。

从农业生产的自然条件来讲,闽粤区域的优势为国内少有。但是,闽粤的农业发展不但没有在全国居领先地位,其发展速度反而低于全国平均水平,目前闽粤区域农业存在的问题有:农、林、牧、副、渔的结构不合理,资源利用效益低,粮食和其他一些农副产品满足不了区内的需要;同时由于忽视对农业资源的保护,不同程度上存在着水土流失、河库淤积、水质污染、物种衰竭、人增地减、洪涝威胁、病虫害加剧等农业生态环境的隐患。因此,保护农业资源,充分挖掘农业潜力,是实现闽粤经济发展战略的重要一环。

### (二) 工业行业结构不合理

对外开放以来,广东、福建的工业行业结构,虽然经过大规模地引进外资和技术而有较大的改善,但仍不适应工业外向发展的要求,其主要特征如下:

(1) 求全型。工业门类较多,追求齐全的工业体系,但优势行业不够突出。各工业部门、内部,基本上也是大而全、小而全的结构,专业协作不够发达。在广东、福建的企业中,能够成为企业骨干的大型厂矿微乎其微,大多数是小型企业,企业的生产力水平低。

(2) 传统型。若把劳动密集型、资本密集型工业称为传统型工业,则广东、福建的工业基本上是传统型的。以广东的工业基地之一的广州市来说,据1985年工业普查资料,全市劳动密集型企业占62.2%,资本密集型企业占25.4%,技术密集型占12.2%,三者的比例为5:2:1。就闽粤整个区域来说,后两者企业的比重还要低。

(3) 资源依赖型。广东、福建两省稍具规模的行业基本上是按就近原料产地原则发展起来的,而且从比较成本的角度看效益不能算好。

(4) 混合型。工业行业结构中,行业内各种不同层次的技术水平交织在一起,而且差距比较大,形成不少"技术断层"。随着技术引进的继续,这种混合型技术结构还在发展,而且各企业的生产能力普遍受到资源(能源、运输、原材料)约束,所以企业的技术改造任务十分艰巨。

(5) 复制型。现代生产按产出方式的不同,可以分为复制型与能产型两种。所谓复制型指的是企业持续地生产不变的产品(劳务)。能产型是指企业在发展生产过程中,不断开发新技术,更新原有产品以满足社会进步的需要。广东、福建的工业,很多还属于复制型。许多产品多年一贯制,用原有技术、旧观念来设计产品,对引进的技术也没有及时消化、吸收、创新,所以在通常情况下,产品难以出口,能出口的附加值也不高。

从上面的分析可以看出,闽粤区域的工业行业结构尚待调整优化。单纯依赖于引进外资和技术,以"短、平、快"产品暂时提高产品竞争能力,这样做见效快,客观上也优化了工业行业结构,但由于缺乏对优化行业结构的整体规划和措施,闽粤工业经济实力和后劲仍然不足。

### (三) 引进技术消化、创新、扩散缓慢

若从引进技术设备的数量甚至技术质量来衡量广东、福建近年来的引进工作,其成就是巨大的。1979—1988年间,仅广东就引进国外技术设备100余万台(套),生产装配线2 400多条。然而,数量如此庞大的引进中,有相当部分是属于重复引进的。广东省1985—1986年投产的778项引进项目,重复引进的就占75.6%。其中,重复引进在10次以上的项目就有化纤、西装、家具、铝型材等10多个类别,见表1。

表 1　广东省 1985—1986 年重复引进技术设备情况

| 项　　目 | 数量(项) | 重复引进所占比例(%) |
|---|---|---|
| 合　计 | 778 | 75.6 |
| 轻　工 | 434 | 79.7 |
| 防　治 | 93 | 0.24 |
| 机　电 | 97 | 1.77 |
| 原材料 | 118 | 1.09 |
| 能源交通邮电 | 36 | 91.4 |

资料来源：根据广东省统计局、外经贸委有关资料整理。

重复引进的原因是消化、创新、扩散能力低下，一个企业、一个地区引进后，别的企业、地区不得不再次引进。当然，一些企业和地区出于短期内快盈利的考虑，热衷于引进也是主要原因。由于消化吸收能力差，许多生产企业根据消费需求的变化需要开发新产品，机械制造业无法提供技术设备。一些国内可以提供的设备，质量又往往比不上发达国家的产品，即使国内设备质量过关，还有一个交货期长、善后服务差的问题。

这些年来，广东、福建两省无论是利用外资还是使用留成外汇购置国外技术设备，基本上都集中在消费品生产领域。生产资料生产部门在引进中远远滞后于消费品生产部门。这样，从表面上看，工业技术水平会随着大量技术设备的流进而大为提高。但事实上，技术设备引进越多，生产资料生产部门和消费品生产部门的技术水平差距就越大，国民经济运行系统始终处于"造血功能低下"的状态。这一问题的形成不是偶然的，由于客观上我国机械行业创汇能力低下，自身没有还汇能力，再加上受速度、短期效益等因素的影响，使得生产资料生产部门难以筹集到外汇资金加快改造步伐。而生产资料生产部门的技术水平低下，又直接影响了引进技术的消化、创新和扩散。

引进技术的消化、创新、扩散慢，连同上述的工业行业结构不合理以及农业发展问题，虽然给闽粤经济的发展带来困扰，但并未对国民经济的进程造成很大的威胁。其原因是改革开放政策使广东、福建的经济潜能大量释放。大量外资的流入，促进了大规模技术设备引进的热潮，而引进设备生产的各种产品，一部分返销国际市场赚取外汇，一部分可迅速在国内市场转化为货币资金，并通过各种途径再引入一部分外省的外汇。以上这些因素的综合作用，强有力地支撑着闽粤地区经济在 20 世纪 90 年代的迅速发展。但从长远来看，上述三大问题将给闽粤经济的稳定发展产生重大影响。

## 四、闽粤经济发展战略的具体对策

实施闽粤经济发展战略，既有很多有利条件，也存在不少困难。而且在实施这一战略过程中，还会出现一些新的问题和矛盾。为此，我们必须未雨绸缪，及早研究，拿出对策。

### (一) 进一步解放思想、更新观念、大胆改革

这是实施闽粤经济发展战略的首要问题。社会存在决定社会意识，一种新的社会观念的形成，首先是建立在生产力发展的基础上，它不可能太超前于现有的经济基础。但反过来，崭新的社会观念又能促进生产的发展和社会的进步。改革开放以来，广东、福建的经济发展以及人民生活水平的提高，无疑促进了社会观念的变革，而解放思想、更新观念，又成了进一步改革开放的先导，对经济

发展的推动作用是非常巨大的。如"时间就是金钱,效益就是生命"的价值观念,曾对全国的经济产生了难以估量的巨大效益。当前,我国经济正处于治理整顿时期,经济体制改革遇到了一些困难和问题,使一些同志感到改革步伐难以进行,产生了畏缩松动情绪。实际上,现在正是我们进行深层饮的经济体制改革的时候,改革的任务更加艰巨。改革是新与旧的斗争,改革中遇到的问题只能用改革的方法加以解决。广东、福建是实行特殊政策、灵活措施的省份,我们要克服优柔寡断、畏缩不前、怕担风险的思想状况,在中央规定的政策范围内,积极主动地进行改革;在改革上力争比广大内地省份先走一步,真正成为"改革的排头兵"。

### (二)加强区域之间以及区域内各地区之间的经济合作

首先,要加强闽粤区域与内地之间的区域经济合作。闽粤经济的外向型发展战略并不意味着闽粤经济将与内地脱钩,恰恰相反,战略的实施要求进一步加强闽粤与内地之间的经济联系。从闽粤与内地的关系来看,两者之间有着合作的客观基础:互异的资源禀赋及互补的产业结构。因此,开展多种形式的经济横向联合,实现优势互补,共同繁荣,是闽粤区域与内地经济发展的共同要求。当前,区域间经济合作的主要障碍是区域利益的不协调,西欧各国为了共同利益况且可以实现区域联合,那么我国各地之间实现区域联合,就更不应谈有什么不可逾越的障碍了。横向联合的具体形式可以采取以名优产品和大中型骨干企业为龙头,按照专业化协作原则,组建发展外向型经济的企业集团,组织沿海企业在内地投资,共同开发内地资源,双方科研生产单位联合进行科研攻关,开展技术协作,开发新技术,发展新兴产业和高技术产业,联合开发国家急需的重大技术装备,发展"进口替代"产品,促进机电产品国产化,内地的"三线"企业也可以在沿海开放城市、特区开辟"窗口",间接发展外向型经济等。

其次,正确处理闽粤区域内部沿海同山区、经济发达地区同经济不发达地区和"老少边"地区、老工业区同新工业区之间的相互关系,也是实施经济发展战略的重要方面之一。客观上,闽粤区域内部各地区的经济社会发展水平可以划分为多个层次:一是四个经济特区,二是沿海开放城市,三是珠江三角洲、闽南三角洲地区,四是沿海开放地带,五是内地山区。一般说来,前者的经济发展较快,条件较好,要更多地支援后者。但是各类地区的经济发展又是不平衡的,有某些沿海县的经济发展水平还不如山区县的,因而支援和被支援的关系不能凝固化。在财力、物力严重不足的情况下,确定建设项目要从全局出发,因地制宜,扬长避短,发挥各个地区的优势,把有限的资源用到社会生产和人民生活迫切需要且又最易见效益的地区和项目上。此外,要把帮助经济落后的"老少边"地区"脱贫致富"作为一项战略任务,因为后进地区的经济发展将在很大程度上改变整个区域的经济面貌。当然,帮助落后地区发展经济并不仅仅是给这些地区一些钱和物,而要系统地制定相应的战略任务、重点、步骤,采取有力用外资的措施和对策。从引进的地区分布来看,目前广东、福建两省利用引进技术大多集中在广州、福州、佛山、江门、深圳、珠海、厦门等经济发达地区,而其他地区就比较少,这种比例结构显然同整个区域的经济平衡发展是不协调的,今后应在扩大利用外资引进技术总量的同时,要尽力增大其他地区的比例,以加速其经济发展。

### (三)依靠群体优势,充分发挥中、小企业的作用

在广东、福建的企业规模结构中,小型企业和乡镇企业占有相当大的比重。尤其是 80 年代乡镇企业的迅猛发展,使出口创汇在闽粤地区出口创汇总额中所占比重直线上升,在外向型经济方面发挥了生力军的作用。闽粤经济发展战略的实施,必须发挥城市大中型企业和乡镇企业两方面的

积极性,一方面利用乡镇企业劳动力便宜、机制灵活、应变力强的优势,大力发展劳动密集型产品出口;另一方面,充分利用城市大中型企业基础较好、技术力量雄厚、销售渠道和国际市场的信息比较灵通、具有规模经营的综合优势,发展劳动密集型、技术密集型、知识密集型相结合的产品出口。今后,乡镇企业的发展除了要进一步发挥自己的优势以外,亟待解决的问题有:

(1) 乡镇企业走向国际市场。目前,乡镇企业的产品出口基本上都由外贸部门包办,这就导致了大多数乡镇企业对本厂产品的外销价格、国际市场上同类产品的价格、同类产品的工艺状况、生产数量以及本厂产品在国际市场上的占有率等重要的国际市场信息了解甚少,从而也就无法采取相应对策以提高自己产品的竞争力。因此,如何用适当形式将乡镇企业与外贸公司的优势结合起来,达到沟通信息、共同经营、共担风险,是一个值得探讨的问题。

(2) 加快乡镇企业的科技进步。乡镇企业近些年来总体上还是以外延扩大再生产为主。但要在国际竞争中求生存,要生产出高质量的产品,从长远看,单靠廉价劳动力和陈旧设备是行不通的。因此,有必要用先进技术装备和管理方法改造一批生产出口产品的乡镇企业,增强乡镇企业的发展后劲。在具体实施过程中,可利用出口产品的更新换代来带动乡镇企业生产工艺、设备的更新。

(3) 加强乡镇企业与城市大中型企业之间以及乡镇企业与乡镇企业之间的分工协作。

目前许多乡镇企业还处于"小而全"状态,规模的不经济部分抵消了产品生产中劳动力价廉的优势。其解决的途径,一是乡镇企业和城市大企业进行分工协作,组成企业集团,即由一个城市大企业带动许多乡镇企业和城市小企业。大企业负责组织管理订货、进料、设计、运输及销售、出口,乡镇企业专为大企业生产半成品、零部件或某道工序。乡镇企业成为大企业不用投资的生产车间,同时,乡镇企业可以节省投资和精力,又能减少风险,两者共同享受专业化分工协作带来的好处。二是乡镇企业之间形成串联式结构,联合组成一个成龙配套的生产流水线,一个乡镇企业负责某一生产工序或生产某一类产品,由商业企业或外贸企业负责生产过程终结后的产品的销售、出口。

(四) 调整产业结构,坚持因地制宜

受传统的经济增长模式和追求近期利益的影响,使我国的产业结构显露出十分明显的趋同性,从而诱发了各地之间为争夺同一种资源而相互碰撞,经济效益极其低下。闽粤经济虽然经过了80年代的快速发展,但迄今为止尚未形成能够发挥自己优势的重点产业。为此,在实施战略的过程中,应根据国内外市场需求结构的不断变化,适时调整产业结构,产品结构,建立起能够发挥本区域资源经济优势的产业结构。产业结构的调整可通过引进先进技术和开展横向经济联合等途径,加快传统产业的改造,搞好拳头产品生产,大力发展劳动密集型产业,并根据需要和可能,有选择地发展新兴高技术产业。从闽粤各方面的条件出发,今后产业的发展方向应是建立以电子、家用电器、化工、轻工业、食品工业、创汇农业为主体的产业群体。

(五) 增加智力投资,大力开发人才资源

有人把当代国际竞争的实质归结为人才的竞争,这是很有道理的。在生产力的三要素中,人是最活跃、最重要的因素。在一定的条件下,劳动力对生产发展起着决定作用。从国外发达国家的经验来看,近代生产力的高速发展,主要是靠科学技术的进步。而劳动者掌握科学技术的水平,对生产力水平的提高,起着决定性的作用。苏联有关部门对不同文化教育水平的劳动者,所能提高的劳动效能曾作过这样的估算:小学毕业的,可提高劳动效能43%,中学程度的,可提高108%,大学程度的,可提高300%,接受普通中学教育每增加一年,掌握新工种的技能可提高50%。其他国家也有类似的实例。因此,增加智力投资,大力开发人才资源,对闽粤经济的长远发展具有战略意义。

人力资源的开发,一方面要用好现有人才,挖掘内部潜力,充分调动现有人才的积极性;另一方面,要积极引进人才,加速人才培养。采取有力措施从国内外引进紧缺的高级经济技术人才,在工作环境、生活环境和待遇等方面给予优惠,挖掘各级大中专院校的潜力,举办各种培训班。高等院校要适应外向型经济发展战略的需要,调整相应的专业,培养对口人才。此外,在当前教育经费严重不足的情况下,应该多鼓励个人进行智力投资,以提高自己的技术水平和劳动技能。

# 中国经济改革、发展与东亚的合作(1993)[①]

## 一、中国经济的改革与开放

1978 年开始的中国经济改革是从以下三个领域顺序展开的(表1)。

**表1 中国经济改革的内容和成就**

| 领　域 | 改革内容、目标 | 成　就 |
|---|---|---|
| 农村 | 家庭承包制,土地分配给农民;人民公社解体;鼓励乡镇企业;个体经济的发展 | 1978—1983 年农业生产大幅度提高,年增长率 6%。其后,农业生产稳定,1990 年大丰收,乡镇企业的产出,利润占全国的近一半左右 |
| 城市 | 企业"下放权力、利润留成";承包制;经营责任制企业合并、分解、集团化;个体产品经济的发展设立经济特区、开放区、开放城市 | 全国 450 个城市的经济水平显著提高;其中 25 个城市 GNP 突破百亿元;工业产出和生产能力提高;对外贸易年增长率达 13.5%;外资企业 21781 个;中国经济由封闭型向开放型转变 |
| 中央与地方的关系 | 权力下放、财政、税收的承包制 | 单一的国家所有制向多元化所有制转变 |

中国经济开放的具体数字参见表 2。

**表2 中国经济成长的主要指标**

| 指　标 | 单位 | 1952 | 1978 | 1989 | 1952—1989 年平均增长率% |
|---|---|---|---|---|---|
| 一、人口年底总人口数 | 万人 | 57 982 | 96 259 | 111 191 | 1.8 |
| 二、国民生产总值 | 亿元 | 679 | 3 588 | 156 677 | 8.9 |
| 三、工农业生产总值 | 亿元 | 810 | 5 634 | 28 430 | 10.3 |
| 四、对外贸易进出口总额 | 亿美元 | 19.4 | 206.4 | 1 116 | 11.6 |
| 出口额 | 亿美元 | 0.2 | 97.5 | 525 | 11.9 |
| 进口额 | 亿美元 | 11.2 | 108.9 | 591 | 11.3 |

---

[①] 本文是作者主持国家教委全国重点学科博士点课题《中国沿海地区外向型经济发展的研究》成果之一,收入 1993 年 7 月复旦大学出版社出版、作者主编的《中国沿海经济研究》一书。

## 二、中国与东亚的合作

中国和东亚各国(地区)的合作关系,具有"天时、地利、人和"的特征。

目前,中国内地对外贸易的最大贸易伙伴几乎都集中在这同一地区。以 1988 年为例,中国内地的进出口总额为 1 027.9 亿美元,其一半以上(536.8 亿美元)是同东亚各国(地区)的贸易额,见图 1。

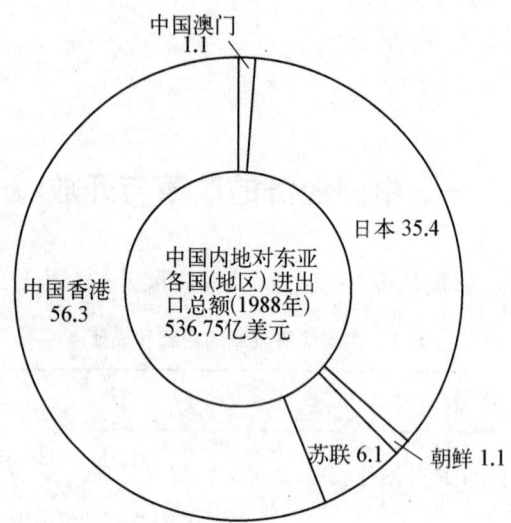

图 1　中国内地对东亚各国(地区)贸易额

中国大陆同台湾省、韩国的贸易因具有间接贸易和民间贸易的特点,中国政府的统计还未公开发表。但各种迹象表明,这种贸易正以非常快的速度增长,这将对将来中国和东亚之间的经济合作产生难以预测的巨大影响。

## 三、东亚经济发展展望

近年来,对于富有活力的东亚经济,产生了各种观点和建议。面对 21 世纪,对该地区来说有来自三个方面的挑战需要引起注意:

(1) 国际贸易地域化、集团化的挑战。美加自由贸易区,欧洲统一市场(1992 年)的建立意味着分割的排他性的经济圈的形成,对于东亚来说,则意味着更高的非关税壁垒的形成。

(2) 贸易保护主义的挑战。近年来,对亚洲技术转移的限制,亚洲各国出口商品的配额限制等越来越严重,伴随着上述地域经济集团的形成,这一限制将更趋严重。

(3) 国际实力政治时代的挑战。正像海湾危机所表明的那样,国际关系从冷战回到了实力政治时代,这种危机或许可以说东亚并没有,但有必要加以关注,并进行深刻的研究。

# 东亚经济发展走势(1995)[①]

东亚各国已经连续十多年保持增长的旺势,未来十年仍将继续增长,平均可达到 7.5%。就整体而言,东亚经济将步入一个新的发展阶段,其特点表现如下几个方面。

## 一、双循环的有序发展模式

由于中国经济的持续高涨,日本实施"重返亚洲"的新战略,东盟经济发展的带动力的加强,使东亚经济由原来的"日本—亚洲四小龙—美国"的外循环模式转变为"日本—亚洲四小龙—东盟—中国"的内循环与外循环相嵌套的双循环发展模式。

## 二、跨国集团间的竞争趋向激烈化

东亚经济的发展成就及未来前景,使各主要先进国家调整其在亚洲的战略,这种战略的调整将不仅指导和激励日、美、欧各国的跨国公司涌入亚洲,强化各自在东亚的经贸网络体系,而且使跨国集团在东亚的竞争更趋激烈,以至扩展到日、美、欧为确保自己在东亚的经济势力,而展开经济外交攻势。

## 三、产业的逐次转移与交替升级并行发展

从整体上看,东亚各国的产业结构正要重组,并交替升级,形成一种多层次竞争与互补并存的产业发展格局。这种格局的形成使日本与东亚各国产业间的垂直相交叉的复合型分工则在不断深化。产业内的水平分工表现为产业内贸易结构的趋同性,产业内的垂直分工则表现为零部件产品技术的差异性。

## 四、区域的内部化趋势增强

东亚区域内部化的发展主要表现在:一是东亚内部的贸易依存度增大。东亚各国的贸易额占其贸易总额的比重估计到 2000 年这一比率将达到 50% 左右。二是跨国投资的区域化趋势更加明显。亚洲"四小龙"作为新兴资本输出地区,其对外投资主要集中在东亚,日本对外投资亦明显向东

---

① 本文是作者在 1995 年东亚经营管理大会上的发言稿。

亚倾斜。区域的内部化密切了东亚各国的经贸关系,但东亚地区整体的经贸合作仍处于缺乏实质内涵的非组织化的形态。

## 五、东亚的次区域合作将有所发展

合作升温表现:一是以"多方共邻"为基础而形成的"成长三角"。较成熟的"成长三角"有:中国华南经济带及"新柔廖三角区"。刚起步的有"环日本海经济区"及东盟的"东三角"与"北三角"等。二是以次区域的贸易自由化为特征的东南亚联盟再获进展,将实现东盟自由贸易区的时间由原计划的15年缩短为10年。三是东亚合作框架——"东亚经济协议会"已由马来西亚倡议提出,其主要思想是以建立东盟自由贸易区为核心。再联合日本、中国等东亚各国,创建与世界经济集团化相对称的经济合作体。

## 六、发展环境改善将推动东亚市场深层开放

东亚经济的发展正面临新的机遇:一是乌拉圭回合最后协议的签署,对东亚国家总体来说是利多弊少,世界贸易组织的成立对全球贸易的推动作用将给东亚提供更多的贸易机会。二是亚太经合组织"茂物会议"的成功举行,确定亚太经济合作的长远目标,不迟于2020年在亚太地区实现自由、开放的贸易与投资。这为21世纪东亚经济的增长开辟广阔的道路。

## 七、政策宽容取向继续发挥世纪经济新的增长极

东亚各国结合日本经济结构的调整来实施自己的发展政策表现为:

一是拓宽外商投资领域(包括基础产业及国家主控产业)与放宽外汇及股权的限制;二是进一步开放金融市场,培育和发展地区性的金融中心;三是适度开放电信业,允许外商拥有一定的股份,逐步由垄断经营过渡到私营竞争。东亚国家(地区)在实行放宽限制政策上相互仿效,竞相开放,这将促进东亚市场对外开放的深度和广度,并将导致:(1)经济的发展动力将有所转变,日本和中国将依靠出口和内需的双重作用来推动经济的增长,"四小龙"及东盟将把经济增长以出口带动为主转到出口与内需并重的发展轨道上来。(2)日本与东亚各国经济进一步相融共长;日本对东亚的投资潮仍将发展,而东亚经济的增长对日本经济产生反射作用。(3)东亚经济将更具活力。

## 八、中国经济的发展动向与图们江开发

1995年中国经济政策可概括为:一是降低通胀率;二是进一步支持农业的发展;三是开始改造国有企业;四是保证适当的经济增长率;五是控制过度的消费(包括集团购买力);六是继续加强开放政策;七是加强中央的宏观控制力。

中国尽管自1993年中期采取了宏观控制措施,但迄今仍处于通胀与失业的两难局面,如果不能及时处理好这些重要问题,出现滞胀的可能是存在的。鉴于近年香港、台湾与内地的投资和贸易比重日增,中国经济的升降必将影响港台。

继中国南方,上海一带的开放开发之后,图们江下游三角洲的国际合作与开发为世界所关注,

因而该地区的合作将采取一种什么样的战略,成为人们关注的焦点。我们认为,图们江下游三角洲的开发战略应以优势互补的合作为内涵,包括主要生产要素的互补,产业结构调整中的互补,也包括贸易互惠等,而且应从耗资少、建设时间短项目入手,在开发方案应以"共同开发,统一管理"为最佳,即在自主、平等、互利,政治与经济分野原则下进行合作开发,以建立地方性的多国一制的一体化的经济共同体。

东亚经济发展面临着机遇和挑战,也不能忽视存在不稳定因素;需要有关各国根据公认的国际关系准则,采取"共同参与,共同发展,共同繁荣"的东亚模式。

# 经济增长的重要因素(1995)[①]

重视无形资产的研究和管理至少有以下几个方面的重大意义：

一、无形资产拓宽了管理学的研究领域。国际上对无形资产研究和管理非常重视。在1996年将要在巴黎召开的世界管理大会把无形资产管理作为一项重要议程。无形资产的正确评估是一个国家经济增长的很重要因素。在国际上无形资产包括14个方面：财务制度、商标、企业形象、品牌、商誉、公共关系、组织行为、会计等等，这些都是无形资产要研究探讨的问题。对这些问题的研究是一个国家资产增长的很重要内容。

二、无形资产能使一个国家贸易量增长。根据统计：世界上先进国家在国际贸易总量中无形资产就占40%。由此可见，评估无形资产很有意义。

三、无形资产是国际竞争中的一种强有力的武器。国际上大企业往往通过无形资产评估提高国际竞争力。无形资产对企业整个资产增长的作用非常大。无形资产扩充到市场，在市场竞争中是有力武器。

四、从无形资产的概念内涵来看，按照国际上新经济学派观点，无形资产最重要的一点是人的问题，包括人的知识、专利、技术、服务。从这一角度看，要重视人力资源的开发、人才的培养，要提倡在无形资产管理中重视以人为本的管理。

五、要发展集约型经济，找到新的经济增长点，从目前来看，关键在于怎样对无形资产进行评估及如何促进使其发展与增长。当前要使无形资产评估科学化、合理化，主要从三个方面来考虑：一是从人才的角度来考虑；二是从企业的角度来考虑；三是从全社会的角度来考虑。这后一点是最重要的。要搞好这一点，政府就要制定出保护无形资产的法律。

---

[①] 本文发表于《解放日报》1995年12月6日。

# 应重视虹桥涉外贸易中心开发的质量(1996)[①]

建设了十年的虹桥取得了举世瞩目的成就：虹桥目前是上海现代新建筑群最集中的地方,是社会主义改革开放时期万国建筑博览会;是上海外商企业、外籍人员和外籍中小学生最集中的地方;是上海商品展览展示设施最集中的地方;是目前上海外商机构和外事机构最集中的地方;是上海城市绿化环境最好的地方;是现代高级住宅最集中的地方;是上海现代文化设施和城市景观最集中的地区之一。在虹桥涉外贸易中心形态、功能、产业的进一步开拓中,做好以下工作:

一是要从完善虹桥经济技术开发区功能的角度考虑,扩大周边的开发建设,从而弥补虹桥开发区本身占地的限制;

二是强化和明确上海重点发展地区的功能、产业分工,根据该地区优势和建设实际,可考虑把上海外贸集中在虹桥涉外贸易中心内,使各个地区发展各有特色,避免功能和产业雷同;

三是重视虹桥涉外贸易中心的开发质量,完善周边的功能配套,明确地区的功能分工,使已经进入产出期的虹桥,能获得最大的开发效益;

四是注重虹桥涉外贸易中心的管理,在人的管理、机构管理、交通管理、环境管理、区政管理等方面下功夫,使初步建设成的虹桥通过管理出效益。

---

① 本文是作者参加上海长宁虹桥涉外贸易中心发展战略专家咨询会的论文摘要,刊载于《解放日报》1996年10月26日。

# 对著名跨国公司在华经营战略的思考（1997）[①]

## 一、跨国公司已成为当代经济竞争的主要形式

根据联合国贸发会议 1997 年 9 月 21 日在日内瓦发表的《1997 年世界投资报告》统计，在当代全球的跨国公司约有 4.4 万家。[②] 它们的 28 万个子公司遍布世界各地，营业总额达 6 万亿美元。其生产总值已占工业国家总产值的 40%，并拥有世界贸易总额的 50%。譬如，世界上最大的十家汽车公司生产全球 80% 的汽车，美国的通用、福特、克莱斯勒三家公司生产美国 90% 的汽车。跨国公司还控制着国际技术转让的 75%，及对发展中国家贸易的 90%。跨国公司对世界的经济格局和经济发展有着极为重要的影响。美国通用汽车公司、埃克森石油公司和福特汽车公司的年销售额分别在 1 000 亿美元以上，竟相当于一个中等规模国家一年的国民生产总值。据预测，到 2000 年仅 300 家国际最大的跨国公司的销售额就会占整个西方世界国内生产总值的 3/4。

根据美国《幸福》杂志的最新排行榜，依然是美国、日本、德国、英国和法国的跨国公司约占全球 500 家最大工业公司的 75%。目前全球最大跨国公司的前十名是壳牌石油公司、福特、通用电气、埃克森、通用汽车、大众、IBM、丰田、雀巢和三菱。

跨国公司拥有雄厚的实力、巨大的规模、高新技术的绝对优势[③]和遍布各地的销售网络，再加之以先进的管理体系，这使得跨国公司犹如纵横驰骋的远征军，日益成为当代经济竞争的主要形式。

## 二、20 世纪 90 年代以来的新趋势

近 20 年以来，跨国公司有着迅猛的发展，自 20 世纪 90 年代以来又有许多新的趋势。

a. 从 1993 年开始，世界投资已走出低谷，增长迅速。1993 年为 1 930 亿美元，1994 年为 2 040 亿美元，1995 年接近 3 200 亿美元，1996 年则达到 3 490 亿美元。

b. 发展中国家的东道国地位呈上升态势，亚太地区备受青睐。根据《世界投资报告》统计，从 1991 至 1994 年吸引投资总额分别为 401 亿美元、550 亿美元、730 亿美元和 800 亿美元，1996 年为 1 290 亿美元。中国 1996 年吸引外资为 423 亿美元，居世界第二位。

c. 发展中国家的海外投资在全球投资总额的比例中有着明显增加。1992 年为 190 亿美元，占当年全球总额的 10%；1994 年为 340 亿美元，占当年全球总额的 15%；1996 年为 510 亿美元，仍接

---

[①] 本文刊载于《世界经济文汇》1997 年第 6 期，与徐培华、孙遇春合作。
[②] 根据《世界投资报告》的统计，1993 年为 3.7 万家，1995 年约 4 万家。
[③] 1990 年通用的科研费超过 50 亿美元，IBM 达 49 亿美元之巨。

近 15%。

d. 企业兼并盛行全球,20 世纪 80 年代的兼并要少得多,1989 年日本三菱不动产收购美国洛克菲勒中心大厦,被称为"日本人买走了美国的灵魂"。而 1997 年上半年仅欧盟企业的兼并已达 1 051 起,交易额高达 460 多亿美元。"微软"欲兼并"苹果",算是"大鱼吃小鱼",而位居美国长途电话公司中第四名的"世界通讯"出资 360 亿美元兼并美国第二大长途电话公司"MCI",这又是一种"小鱼吃大鱼"的兼并形式。

e. 服务行业的比重增加。20 世纪 70 年代初期世界直接投资存量中的 25% 投放在服务业。20 世纪 90 年代这一比重增加到约 55%,金融、保险、咨询、房地产、运输、通信、饮食、旅游等服务行业的投资比例大幅度增加。①

跨国公司的新趋势加深了国际经济一体化的程度,而从动力学的角度来看又有着多元化的特点。国际经济一体化的错缩复杂的交织,带来了更多的机遇,也带来了更多的挑战。

## 三、改革开放的巨大价值

根据最新统计资料,中国到目前已吸收外资 1979 亿美元,已批准约 30 万家三资企业,全国约有 1 700 万人在三资企业工作。1996 年底,中国的外汇储备达到 1 050 亿美元,居世界第二位。中国的出口额达到 1 511 亿美元,居世界第十一位。对外开放给中国在资金、技术、管理与出口等方面带来了巨大的价值。

自改革开放以来,东部沿海地区一直是吸引外资的热土。上海吸引外资的数额虽然较高,但是比广东省还是相差很多(1996 年上海吸引外资 39.41 亿美元,而广东省为 116 亿美元②),所以上海大致可以作为一个中间偏上的样本。上海至 1997 年 6 月底,已批准外资项目 16 580 个,吸引协议外资超过 450 亿美元。全球 500 家最大企业中的近 200 家已在沪立项,超过 1 000 万美元的大项目有 1 350 个。1996 年上海涉外税收占全国的比重达 25.52%,列全国第一,1997 年上半年的涉外税收已达 105.66 亿元。

1997 年 8 月 26 日发布的上海市统计局作出的展示,1996 上海企业统计资料——上海销售收入前 500 家工业企业,这其中三资企业占了很大比重。在头 100 名中,有大众、贝尔、三菱、易初、申美、夏普、利华、日立、施贵宝、联合利华、西门子、庄臣、花王、耀华皮尔金顿、百事可乐、飞利浦、施乐等著名企业;上海大众汽车有限公司以 243 亿元的销售额雄居第一位。1997 年 8 月 25 日《解放日报》的文章《源源外资为我所用》指出:"随着一大批技术含量高、市场容量大的大项目的引进,上海在汽车、通信、大规模集成电路、空调压缩机、精细化工等行业的技术水平已跨入世界先进行列,上海用几年时间走过了发达国家曾用几十年走过的技术创新之路。"上述事实充分证明了对外开放对我国的经济发展有着巨大的推动作用。保罗·A·萨缪尔逊认为,外向性战略发展是发展中国家取得成功的关键因素。③

1997 年 9 月,美、英、日、德、法等十几个国家的驻沪领事与外商驻沪代表参观浦东之后,认为浦东的发展速度超过了世界上的任何国家与地区。全球 500 家最大企业中已有 70 多家在浦东落户,外资金融机构已发展到 38 家。浦东新区在汽车工业方面,有通用、福特及世界最大的汽车零部件

---

① 1993 年《世界投资报告》。
② 《中国投资与建设》1997 年第 8 期。
③ 保罗·A·萨缪尔逊:《经济学》,胡代光等译,北京经济学院出版社 1996 年版,第 1302 页。

厂家德尔福、博世等公司；计算机行业有英特尔、IBM、惠普等公司；电子通信行业有摩托罗拉、西门子、贝尔等公司；制药业有罗氏、美敦力、史克等公司。在进入21世纪之前，浦东新区将会成为中国与亚太地区支柱产业的重要基地。

## 四、跨国公司的两刃剑问题

论到跨国公司负面影响，在这里可以举几个典型例子：① 日本学者林升一教授回顾了IBM战胜法国计算机行业的过程：当时的总统戴高乐采取各种各样的形式来支援BULW与IBM对抗。但即使BULW受到政府的支持，结果还是惨败，1964年它倒闭了。[①] ② 在当代"公司犯罪"已成为经济犯罪热点之一，[②]20世纪80年代初期，美国证券与交易委员会经过3年调查，发现美国某一著名银行长期以来逃避外国税法和货币法，在1973—1980年，至少有4 600万美元的利润不适当地从高税率的欧洲银行分行转移到低利润税的分行。[③] ③ 索罗斯给英国和东南亚的金融带来巨大冲击。马来西总理马哈蒂尔指出，我们努力了三四十年发展自己的国家才达到今天的水平，然而有人突然挟着数10亿美元大搞投机，在短短的数周之内摧毁了我们的成果。

下列的表格更有助于从统计学的角度分析跨国公司利润情况：

**美国巨型公司的特征**[④]

| 项 目 | 企业类型 | | |
|---|---|---|---|
| | 国内企业 | 跨国企业 | 多国企业 |
| 案例企业教 | 125 | 194 | 172 |
| 研究与开发支出占销售额的% | 0.6 | 1.6 | 2.6 |
| 广告支出占销售额的% | 1.7 | 1.9 | 2.5 |
| 投资资本的净利润率(1960—1964年)% | 6.7 | 7.3 | 8.9 |
| 平均销售额(百万美元) | 160 | 200 | 460 |

**世界10家最大跨国公司内外销售、利润比例**[⑤]

| 名次 | 公司/国家 | 总销售(百万美元) | 国外销售占总销售百分比(%) | 国外利润占总销售百分比(%) |
|---|---|---|---|---|
| 1 | 通用汽车公司/美国 | 126 947 | 18.6 | 68.7 |
| 2 | 福特汽车公司/美国 | 96 933 | 15.4 | 57.6 |
| 3 | 艾克森石油/美国 | 86 565 | 74.7 | 85.6 |
| 4 | 英荷壳牌石油/英国 | 85 528 | 47.6 | 61.3 |
| 5 | IBM/美国 | 63 438 | 58.9 | 109.3 |
| 6 | 丰田汽车/日本 | 6 044 | 38.8 | — |
| 7 | 通用电器/美国 | 55 264 | 25.5 | 71.1 |

---

① 林升一：《国际经营的战略行动》，狄小光等译，复旦大学出版社1992年版，第91、92页。
② 李卫红：《经济犯罪热点问题研究》，北京大学出版社1996年版，第12页。
③ 陈建梁：《跨国公司投资管理》，复旦大学出版社1995年版，第9页。
④ 尼尔·胡德：《跨国企业经济学》，叶刚等译，经济科学出版社1992年版，第80页。
⑤ 梁能：《跨国经营概论》，上海市人民出版社1995年版，第120页。

续表

| 名次 | 公司/国家 | 总销售(百万美元) | 国外销售占总销售百分比(%) | 国外利润占总销售百分比(%) |
|---|---|---|---|---|
| 8 | 莫比尔石油/美国 | 50 976 | 66.1 | 68.6 |
| 9 | 日立电器/日本 | 50 894 | 22.9 | — |
| 10 | 大英石油/英国 | 49 484 | 65.0 | 73.6 |

资料来源：Czinkota《国际商务》，1991年。

以上资料可以反映出跨国公司，尤其是巨型跨国公司的利润都高于国内业务，通用、福特和IBM的情况尤为突出，IBM在1990年的利润全部来自海外(109%)。

论到跨国公司在华的负面影响，这里也有一些典型例子：

贸易部信息中心上海市商业分中心统计的1997年8月份的食品销售排行榜显示出外资产品的市场占有率相当高，冷饮部分几乎是一统天下。

| 类别 | 排序 | 品牌 | 销售额份额(%) | 类别 | 排序 | 品牌 | 销售额份额(%) | 类别 | 排序 | 品牌 | 销售额份额(%) |
|---|---|---|---|---|---|---|---|---|---|---|---|
| 啤酒 | 1 | 青岛 | 25.1 | 瓶装水 | 1 | 农夫山泉 | 31.9 | 冷饮 | 1 | 蔓登琳 | 56.9 |
| | 2 | 百威 | 19.2 | | 2 | 斯柏克林 | 31.7 | | 2 | 和路雪 | 19.9 |
| | 3 | 贝克 | 15.4 | | 3 | 碧纯 | 24.6 | | 3 | 圣麦乐 | 5.6 |
| | 4 | 力波·虎牌 | 14.8 | | 4 | 俊仕 | 8.1 | | 4 | 雪克 | 4.7 |
| | 5 | 嘉士伯 | 7.6 | | 5 | 延中 | 7.7 | | 5 | 思诺贝 | 3.9 |

1997年7月22日《中国经营报》记者黄霁先生的文章《可口可乐水淹国货七军，健力宝、华邦成败亦英雄》，可以视为当前国内市场的一个缩影，家电、计算机、电子通信、汽车制造等许多领域都面临着严峻的挑战。

从上述例子以及从国际垄断法的角度来看，外商在市场、品牌和技术方面已对我国经济带来了很大的冲击。在跨国公司的负面影响方面，弗兰克、森克乐和山多斯等人的中心—外围理论已有论述。诺贝尔经济学奖获奖者刘易斯在他的名著《经济增长理论》中也指出："区分引起垄断地位的外国投资与不引起垄断地位的外国投资也是非常重要的。"[①]

## 五、研究跨国公司在华经营战略展的意义

迈克尔·波特指出："竞争战略是经理们关心的首要问题，它需要有对产业和竞争者的精微理解。然而战略领域却没有提供多少获得这种理解的分析技巧。"[②]西方世界尤其是美国二战后的综合国力远远超过日本，其跨国公司的历史也更为悠久，但是在对日本的经济竞争中由于缺乏全球战略意识而失掉了大块的领地。中国当代的一些品牌，如海尔、小天鹅、雅戈尔等，其厂家创业时的条件决非优越，与此相反的是中国一大批多年的品牌却在萎缩以致消失。因素固然是多方面的，可是缺乏全球战略意识无疑是重要因素之一。梁能先生在论述跨国公司的理论流派时，别具一格地提

---

① W·阿瑟·刘易斯：《经济增长理论》，梁小民译，上海人民出版社1994年版，第325页。
② 迈克尔·波特：《竞争战略》，陈小悦译，华夏出版社1997年版，第2页。

到一种"眼界开阔论",①实际上这种简洁的表达也就是指全球战略意识。

随着国际经济一体化程度的加深,随着跨国公司在华规模的扩大,展开对跨国公司全球战略研究是一项迫切的重要任务,对全球战略的每一个子系统都要下很大的功夫。譬如有人将外商在沪投资的动机列为 16 项:① 大陆市场潜力大;② 上海工人工资水平低;③ 上海工人技术水平高;④ 上海科学技术力量强;⑤ 投资回报期短;⑥ 自己为上海籍,回报故乡;⑦ 交通方便;⑧ 信息灵通;⑨ 原材料价格低;⑩ 上海经营法规、政策较健全……②这是比较细致的,当然还可以加上一系列因素,例如尼尔·胡德指出,向发展中国家出口环境污染行业是日本海外制造业投资的三种类型之一。③ 再譬如在人力资源方面,也存在着严重问题,在当代最根本的竞争是人才的竞争。美国是吸收移民最多的国家,美国的诺贝尔获奖者30%以上是移民学者,美籍华人中就有 5 人获得诺贝尔奖。可是美国科学基金会却预测,到了 2006 年时美国将缺少 675 万科学家和工程师。相比之下,中国自 80 年代以来就有大批人才流往海外,随后跨国公司又在中国的名牌大学中吸收优秀学生,这使中国的人力资源问题更加严重。

对跨国公司在华经营战略展开研究有一系列重要的理论意义与现实意义:

(1) 对于跨国公司展开研究不仅是世界经济研究的重要组成部分,而且对当代的项目引起研究亦十分重要。尽管目前已有跨国公司理论的十几种流派,但是正如保罗·A·萨缪尔逊在他第十四版的《经济学》前言中指出的:"决未过时的东西则是对于事实和对于有说服力的分析与推理的方法的尊重。"(着重号为原著者所加)中国为研究跨国公司对发展中国家的影响提供了空前辽阔的园地,这其中无疑会有很多重要的新问题。

(2) 可以为我国跨国公司的海外经营提供成功的经验。新加坡政府发现,在新加坡的西方独资失败率为6%,港台独资失败率13%,而新加坡自己的公司失败率高达38%。但一旦与外商合资后,新加坡与西方合资公司失败率降到7%,与港台合资失败率降到17%。新加坡省悟到向跨国公司学习代价最低。新加坡政府宣称,用 20 年时间将使海外的经济规模相当于国内生产总值的25%—30%。④ 哈佛大学教授刘易斯·威尔逊认为,发展中国家的跨国公司与发达国家的跨国公司虽然有明显区别,但是基本理论仍可通用。

(3) 对我国的企业改革和企业管理有借鉴意义。在当代经济改革的巨变中,部分国有企业能够脱颖而出,可是还有相当部分国有企业却依然步履艰难。与此同时,许多著名跨国公司在华的子公司却取得了显著的业绩,其奥秘何在?同样是在中国这块土地上,外国公司的成功将对我国国有企业的改革和企业管理提供有示范意义的借鉴和启发。

(4) 著名跨国公司一般都注重企业文化,哈佛商学经典著作《企业文化与经营业绩》指出,企业文化在下一个 10 年内很可能成为决定企业兴衰的关键因素。⑤ 中共中央政策研究室文化组在《关于我国企业文化建设情况的研究报告》中指出,凡是重视企业文化的行业与企业,在增强企业凝聚力、塑造企业形象、增强企业生存竞争能力等方面大都取得了良好的效果。但从全国范围来看,企业文化建设尚属初创阶段,西方企业文化建设的有益经验对我们有参考借鉴价值。⑥

(5) 可以为准备向中国投资的跨国公司提供先例。

---

① 梁能:《跨国经营概论》,上海市人民出版社 1995 年版,第 120 页。
② 苏东水:《中国三资企业研究》,复旦大学出版社 1997 年版,第 88 页。
③ 尼尔·胡德:《跨国企业经济学》,叶刚等译,经济科学出版社 1992 年版,第 38 页。
④ 朱荣林:《跨国经营——中国经济发展新的增长点》,上海远东出版社 1999 年版,第 12—13 页。
⑤ 约翰·科特:《企业文化与经营业绩》,曾申等译,华夏出版社 1997 年版,第 13 页。
⑥ 陆云:《建设社会主义企业文化》,今日中国出版社 1995 年版,第 4、9 页。

(6) 有利于加强学科建设。

(7) 可以为政府有关部门的研究提供借鉴。

## 六、关于方法论问题

(1) 需要将系统的理论研究和深入的实际考察结合起来。自南开大学滕维藻先生的力作《跨国公司概论》问世以来，有关跨国公司的书籍已出版了几十本。大致可分三类：一类是概论性质的，一类是关于中国的跨国公司，再一类是西方人写的母公司的成长史，如《惠普之道》《可口可乐家族》等等。至于建立在案例基础之上的著作还不多见。《著名跨国公司在中国的投资》（王志乐主编，中国经济出版社 1996 年版）由学者与官员合著，视野开阔，资料翔实，可是其重点在投资方面。哈佛大学教授刘易斯·威尔逊的《第三世界跨国企业》写作时采访了 150 位经理，香港大学管理学院院长高伟定教授的《海外华人企业家的管理思想》写作前与 72 位经理进行了讨论。看来这类著作还比较缺乏。几年以来因为多种课题任务，我们采访过几十家著名跨国公司，包括与复旦大学有合作关系的联合利华、摩托罗拉、瑞侃等公司，明显感受到其基本战略尽管有很大的共性，可是其个性又是极为丰富的。正如哲学家莱布尼茨所讲的，世界上没有两片绝对相同的树叶。同时我们也深切地感受到，"白袍骑士"与"黑袍骑士"，①在中国的跨国公司中也是大量存在的。看来建立在坚实的案例基础之上的著作将会特别有参考价值。

(2) 与比较经济学研究、与现代化研究结合起来。有的研究者指出，亚洲"四小龙"和日本对于中国固然有借鉴意义，但是中国作为一个大国，美国、苏联、印度、巴西等大国在现代化道路上的正反经验可能更有比较意义。此外，现代化的过程还不仅仅是经济问题，厉以宁教授作过深刻的论述："……韦伯的这些论述不仅表明了比较经济史研究对于现代化研究的意义，而且也表明对现代化问题的深入研究要求在社会、文化、伦理等领域内广泛开展研究……"②

(3) 与可持续发展研究结合起来。种种数据表明，中国在环境与资源方面的问题，应引起人们的高度重视。跨国公司在华的投资，其地区分布与行业结构尚存在着一些问题，很有必要将这一课题与可持续发展的研究结合起来。

我们诚挚地期望，将会有建立在坚实的案例基础之上并且结合着理论经济学、应用经济学研究的有关著作在近期问世。

---

① 在兼并理论中，往往将比较公平、比较慷慨的企业称之为白袍骑士；反之则称为黑袍骑士。
② 厉以宁：《经济、文化与发展》，北京三联出版社 1995 年版，第 217，219 页。

# 《满江红》——泉州十年巨变感怀(1997)[①]

余自1983年经三载调研,于1986年在泉州主持召开的中国国民经济管理学会"全国乡镇经济发展比较研讨会"上,首次提出了"泉州模式",该论文试论"泉州模式"的经济特点及其意义,于当年由《复旦学报》发表,并在1987年起主持制定《泉州发展战略》,迄今10余年了。在此期间,正是祖国改革开放发展辉煌的10年,同时也是泉州经济大发展、大变样的10年。这10年,正是"泉州模式"付诸再实践,检验其真理的可行性的10年。

1997年本人任会长的上海泉州侨乡开发协会成立十周年庆典

回顾10年历程,海内外泉州人团结一致,发挥优势,齐心合力,共图发展。泉州所取得的业绩,凝聚着所有关心和支持泉州的人们的心血和汗水。"泉州模式"是海内外千万泉州人努力奋斗的结晶,是泉州人智慧的创造,是泉州人的骄傲。"泉州模式"已扬名四海。

"泉州模式"所提出的发展观点:股份制的经济形式,外向型的市场经济,侨洋式的生产条件,灵活的经营管理,发展乡镇企业的战略意义,以及树立经济生活国际化理念、全国的整体观点、社会

---

[①] 本文收入《泉州发展战略研究》,复旦大学出版社1999年出版。

主义市场经济观点,在这 10 多年中已陆续得到了实践的验证。其所起的作用非凡。

泉州 10 年的巨变体现在:1996 年比 10 年前(1986 年)的国内生产总值增加了 10 倍,达 629 亿元,居全省第一;社会商品零售总额增加了 11 倍,达 215 亿元,居全省第一;新批三资企业增加了 41 倍,现有外资企业 6 005 家,引进外资增加 162 倍,居全省第一;工业总产值增加 25 倍,达 919 亿元,居全省第一;乡镇企业总产值增加 60 倍,达 1 030 亿元,居全省第一;接待国际旅游人数达 40 万人次,占全省近一半;城市居民人均生活费增加 5.8 倍,达 6 457 元;财政总收入增加 12 倍,达 31 亿元。

今在上海泉州侨乡开发协会成立 10 周年之际,主持编写出版《泉州发展战略研究》一书,有所感怀,即兴赋词:

### 《满江红》

岁首年终,晋水红,今昔不同。

泉州人,遍数佳绩,心潮涌动。

十年巨变业绩丰,侨乡处处腾蛟龙。

欢声处,"市井十洲人",喜庆功。

遇险阻,协力冲,为桑梓,图兴隆。

敢拼才会赢,破浪驾风!

"泉州模式"放异彩,环球乡亲齐心攻。

再奋斗,振兴建新功,真英雄!

苏东水

1997 年春

于泉州庐山觉居屋

# 经济发展与中小企业(1998)[①]

无论是在发达国家还是在发展中国家,中小企业都大量存在着,并在经济发展过程中起着越来越重要的作用。它们是一国国民经济的重要组成部分,是推动一国经济发展的重要力量;它们比大型企业吸收了更多的劳动力;它们为繁荣市场、改善人民生活水平作出了重大的贡献;它们是革新之源,是开发新技术和新产品的重要力量;它们增强了一国的创汇能力;它们是经济波动的调节器;它们的激烈竞争给整个国民经济带来了活力和效率;它们大大地促进了地方经济的发展,缓解了地区经济发展的不平衡;它们还增加了国家的财税收入,提高了个人的收入水平,维护了社会稳定。在中国,中小型企业在现阶段还在优化国有资产结构、调整国有经济布局等多方面起着不可低估的作用。虽然大型企业在经济发展中占据着垄断和主导作用,但是中小企业仍然扮演着非常重要的角色。大型企业与中小企业并存,形成了"双重企业结构"。

中小企业之所以能够在激烈的市场竞争中生存和发展,是因为它们都具有规模小、投资少、转产快、成本低、效率高、专业性强、适应性强、经营灵活、组织形式简单、劳资矛盾小、创建速度高等特点。这些特点和优势弥补了大型企业的不足,取得了发展的空间和机会。同时,为了适应生存和发展的需要,不同国家的中小企业又形成了各自不同的发展特点、企业体制、分工特征、创新特征、宏观管理、扶持政策。

每年有成千上万的新企业诞生,又有无数企业关门或破产。新企业倒闭的主要原因有:企业人能力不足,又缺乏经验;开业的准备工作没有做好;没有产品策略或营销策略;企业人对市场规模过分乐观;低估企业起步阶段时间;缺乏足够的流动资金;起步成本过高;将现金误认为利润;企业地址选择不当;挑选和管理雇员失误;账目混乱或没有账目管理;关键员工的失职;弄虚作假违反有关法律。其实,这些大多也是许多已度过幼年期老企业倒闭的主要原因。

外国中小企业普遍面临的问题包括:激烈的竞争、人才、经营管理、技术创新和产品开发、资金不足、投资决策、经营环境、环境保护、家庭成员接班等等。中国许多中小企业也多少会碰到同样或类似问题。由于国情不同,中国中小企业存在以上相同或类似问题,还存在其他一些特殊的问题和挑战,包括:中国中小企业平均规模小,结构分散,难于形成规模经济;经营管理人员的素质普遍偏低;技术落后;经营机制滞后,企业活力不足;经营环境较差;产品结构趋同严重;资产质量差;企业亏损面广,且呈上升趋势。中国中小企业存在这些问题的原因很多,有来自中小企业自身固有特点的,有来自宏观层面的,有来自中观层面的,有更多的是来自微观层面的。

---

[①] 节选自《论中国中小企业的发展现状、政策和前景》,该文是1998年10月参加在越南河内举行的"98东亚经营管理协会年会"论文,与钟杏云合作。

企业的成长一般要经过几个阶段。根据美国组织学家格雷纳的研究,企业成长经历了创新、指导、授权、协调、合作等五个成长阶段。每一阶段都有各自不同的发展特点。企业自身要根据自己不同阶段的不同发展特点采取不同发展战略,进行不同的经营和管理。政府要根据不同企业所处不同阶段的特点给予不同的法律指导、政策扶持和行政协调。

政府在促进中小企业快速发展过程中扮演着重要角色。要促进中国中小企业快速发展,中国的各级政府要根据中国的国情和各地的地情对中小企业的发展给予积极的扶持、指导和协调,包括:设立专门的行政管理机构和其他协调、指导机构;建立完善的法律联系,保障小型企业健康发展;制定各种优惠政策,扶植小型企业顺利发展;制定年度计划白皮书,指导小型企业朝正确的方向发展。

# 《泉州发展战略研究》序言(1999)[①]

泉州发展战略的研究成果,其作用与产生的效益给侨乡地方经济的发展留下了长远的、深刻的影响。10多年前的1986年,正值改革开放之初,通过3年实地调查,能从理论上提出"泉州模式"并论证当今时兴的"股份制经济形式""外向型市场经济""国际化经营道路""地、亲、文、商、神'五缘'经济网络关系"等观点,形成发展区域经济的新体系,是难能可贵的,也是我国理论界开启先河之举。这不是凭空构想,而是在此之前进行民间经济实践的结晶,是一种超前的经济行为的升华。

历史的价值在于真正反映事物客观规律的运行。老子《道德经》云"道可道非常道",这是一句引人深思的话。其中之"道"是唤醒人们要按客观规律行事,即能成器。泉州市,特别是晋江所走过的民间乡镇经济发展之路是不平凡的,历史地、公正地肯定其所走的道路是符合当今国情、侨情、乡情的;其拼搏而得出的结论,昭示了凡"以民为本""以德为先""人为为人""道法自然""无为而治",即有成功之希望。

《泉州发展战略研究》是一部历史性的专著,突出体现了泉州人固有的开放、开拓、宽容、信义的性格和"爱拼才会赢,赢了还要拼"的精神,从现今看仍有其一定的社会意义。本书稿过去虽然在内部发表过,现在仍有出版的价值。今承复旦大学出版社刘子馨等同志的热忱支持和泉州市人民政府驻沪联络处主任倪子泽同志的无私帮助,他们协力对原稿作了认真的校核、修改,仍按原貌正式出版,同时新增一篇"巨变的十年"短文,以供正在前进中的人们参考。鉴往知来,出版本书是为了让中国了解闽南的首府泉州,让世界了解泉州的发展。

1987年,在上海泉州侨乡开发协会成立之际,协会名誉会长、国际杰出的作家巴金,中国科学院院士谢希德等老一辈贤达,都对泉州的发展寄予殷切的期望。我们提出并进行设计泉州发展战略,万众一心,设想把泉州、厦门、漳州闽南沿海三角地区以其独特的侨、台、文、山、海、热的区域优势和海外地、亲、文、商、神"五缘"的优势结合起来,迅速发展成为与长江三角洲、珠江三角洲并驾齐驱的经济繁荣地带,成为中国经济发展最具活力的区域之一,同时辟泉厦漳为"两岸三通"试点口岸,备受世人瞩目。再回首,当年构想已成真,只在区区十余年间。如今香港已回归祖国,海峡西岸的闽南更成为各界关注的热点。展望新世纪,愿泉州走向世界,再铸"海上丝绸之路"的辉煌,成为"市井十洲人"的新型国际海滨城市。

是为序!

---

[①] 1986年作者主持国家教委全国重点学科博士点科研课题《中国沿海地区外向型经济发展战略研究》,作为其中的部分研究成果《泉州发展战略研究》由复旦大学出版社1999年11月出版。

# "泉州模式"的提出及其影响(1999)[①]

中国自 1978 年改革开放以来,沿海经济蓬勃发展,引起了世人的关注和兴趣。近年来,国内外许多专家学者对中国沿海地区外向型经济发展战略分别作了大量的调查研究,写出了不少专著。我们自 1986 年承担了国家教委全国重点学科博士点科研课题《中国沿海地区外向型经济发展战略研究》,在近 5 年的研究过程中,我们从理论、战略、对策、地区、实证等方面进行探讨,曾到过国际著名侨乡福建泉州市进行多年的重点调研,为该市制定了《泉州市 2000 年经济社会科技发展战略》。在当地政府领导下,边研究制定边实施战略要点的过程中,促使这一地区外向经济、乡镇经济以及引进外资成片开发经济的事业的进展,同时形成了一套题为"泉州发展战略研究"的材料 32 份,其战略规划及专题研究报告经过中央、省、市有关领导、专家学者的论证,得到了一致好评,并纳入福建省经济决策库。之后,我们又在上海、广州、深圳、厦门以及云南等一些城市作了广泛实证调查研究,写了大量的调查报告,同时发表了几十篇文章和专题论文以及题为《工业外向发展论》的博士论文。在 1987 年至 1990 年间,由复旦大学经济管理研究所、中国国民经济管理学会、上海管理教育学会、上海泉州侨乡开发协会在上海、泉州等地联合组织召开了 5 次研讨会,如"泉州经济发展战略研讨会""海峡两岸经济文化关系发展研讨会""中国沿海经济发展战略研讨会"等。由于我们研究的课题受到了海内外有关专家学者的关注,本书主编应邀参加了在日本召开的"东亚地区经济发展协力国际研讨会议",发表了题为《90 年代中国经济发展与东亚经济合作》的学术报告,引起了与会各国代表的共鸣。日本学者对此发表了文章,阐述类似观点,指出:如果 20 世纪 80 年代是亚洲"四小龙"的年代,那么 20 世纪 90 年代将是中国沿海的年代。有些海外学者包括日本学者来华访问,建议进一步共同探讨中国沿海经济发展的问题。1991 年 4 月 8 日,复旦大学经济管理研究所与中国国民经济管理学会、《文汇报》《解放日报》等 6 单位在上海联合举办了"东亚—中国沿海经济发展国际研讨会",本书主编作了《我们对 90 年代中国沿海经济发展战略的基本设想》主题报告,提出了中国沿海经济发展"以上海为中心,南北两翼齐飞,以沿海地区为轴心,内外联动"的观点,引起了各界的重视,上海《文汇报》《解放日报》《上海社会科学报》和《中国科学报》等对其作了报道,产生了巨大的反响。

经过 5 年的探索,我们把研究成果写成了《泉州发展战略研究》和《中国沿海经济研究》两部书。在本课题的研究过程中,得到了各方面的支持和帮助,特别是在为泉州市共同研究制定发展战略时,得到中央和福建省有关领导林一心、陈光毅、陈明义、程序、王一士、林子力、张明俊、陈荣春、石兆彬、林大穆、高厚生、郑宗杰、施永康、曾华彬等同志及泉州市各县(区、市)领导的支持和帮助,华

---

[①] 本文节选自《泉州发展战略研究》前言,复旦大学出版社 1999 年 11 月出版。

侨企业家陈守仁、施子清等特地参加了研讨会。对于热情支持我们的课题研究、提供材料、提出宝贵意见的各界领导同志和专家学者及企业家,我们谨表衷心感谢。

《泉州发展战略研究》一书,是在"泉州经济发展战略研究材料"的基础上形成的,我们现在从学术研究角度,在过去的调查研究材料和分析报告的基础上。作了修改,编写成书出版,并作为国家重点博士点科研项目"中国沿海外向经济发展战略"研究成果的一部分。献给读者,以期批评指正。泉州近几年发展已非昔日所可比拟,然而尊重事实乃科学研究之首要,所幸的是,本研究课题是在边研究边实施的过程中形成的,其中的一些设想和建议已成为激动人心的事实。关于"泉州模式"之探讨,是主编于 1986 年 10 月在主持全国乡镇经济发展模式比较研讨会上的发言,尤为福建省领导和社会各界所重视,谨列入本书。

# 泉州发展方略(1999)[①]

## 一、泉州跨世纪战略目标

### (一) 主导思想

泉州市的建设发展应以改革、开放、实施沿海经济发展战略作为主导思想。坚持政治、经济、社会的全面配套改革;实行对外整体开放,网开一面发展外向型经济;为建设社会主义新泉州,实现祖国统一,作出贡献。

### (二) 战略目标

1. 泉州市的发展战略目标

泉州的发展战略目标是建设成为经济繁荣、文化发达、环境优美、现代化的侨乡。所谓经济繁荣是指以贸工农旅为一体的经济有较快的发展;文化发达是指科技、教育、卫生、体育、文化等事业有较快的发展;环境优美是指良好的社会环境和优美的自然环境,如注意生态保护、人文景观的保护与开发,讲文明、讲卫生、讲礼貌、讲道德,以及交通便捷、信息灵通等。泉州应成为泉籍海外"三胞"和各国朋友与我国人民进行经济、科技、教育、文化、卫生、体育、宗教等交流活动和旅游的开放区。

2. 泉州市 2000 年经济、社会、科技发展战略的定量目标

(1) 经济目标。

① 国民生产总值:99.479 亿元;人均国民生产总值:1 000 美元(按 1980 年不变价计算);

② 国民收入:82.1 亿元;人均国民收入:1 279.2 元;

③ 工农业总产值:141.26 亿元,年平均增长 10.91%;

④ 工业总产值:116.75 亿元;

⑤ 农业总产值:24.51 亿元;

⑥ 实际利用外资金额:10 001.8 万美元;

⑦ 出口商品收购总值:36.39 亿元;

⑧ 外汇收入:15 376.9 万美元;

⑨ 财政收入:10.19 亿元;

---

[①] 作者自 1982 年起对泉州实地调查研究,最早提出了"泉州模式"。1986 年主持了国家教委全国重点学科博士点科研课题"中国沿海地区外向型经济发展战略研究",1987 年提出泉州发展方略,后收入 1999 年复旦大学出版社出版的《泉州发展战略研究》。本文阐述了泉州市面向 2000 年经济、社会、科技发展战略纲要。

⑩ 社会商品零售总额：88.81亿元。

(2) 社会目标。

① 人口：646万人；人口自然增长率15‰；

② 农业人均年纯收入：2 138元；

③ 城镇职工年平均工资：2 250.4元；

④ 每万人在校大学生：13.4人；

⑤ 病床总数：11 092张，每万人拥有的卫生技术人员：23人；

⑥ 旅游人数：80.1万人；旅游收汇：1.24亿元外汇人民币。

(3) 科技目标。

① 全市科技人员占总人口的比例2.5%，高级技术人员占总数比例0.5%；

② 主要行业的技术水平达到发达国家80年代水平，某些特色科技领域和优势产业的生产技术接近或达到世界先进水平；

③ 科技三项费用应逐年增加，年增长率不低于10%；

④ 各部门、各企业应按总产值的0.3%抽成，用于本部门、企业的技术开发和新产品试制。

## (三) 现状分析

(1) 泉州市自1978年以来取得令人瞩目的成就。近10年来，泉州社会总产值、工农业总产值、国民收入、外贸商品出口、财政收入都翻了一番以上，特别是三资企业、乡镇企业及来料加工发展更快。这10年是泉州历史上国民经济发展最快、人民得到实惠最多的时期。

(2) 泉州经济发展的路子。

① 运用侨资侨力，从"三来一补"起步，大办乡镇企业。主要是：采取"放、帮、促"的方针，利用"闲房、闲人、闲钱"办企业，提出走"联、扩、带"的路子，推动商品经济的发展，具有自己鲜明的特色，即以股份制经济为主，依靠"侨、洋"式的生产条件，发展外向型经济市场，实行灵活的经济管理。建成了服装、纺织、鞋帽、包袋、茶叶、食品、编织、建材、器皿、工艺美术等十大出口商品生产基地。1987年乡镇企业的出口交易总值1.58亿元，出口产品750种，远销世界54个国家和地区。

② 在大力发展乡镇企业的基础上，建设商品市场，搞活商品流通。把自发的商品生产引导到自觉的轨道上来，进一步推动了乡镇企业的发展。目前，全市乡镇一级以上的小商品市场有203个，其中大的商品市场有10个，同时形成了一支有6万人组成的、走遍全国各地的推销员、采购员、信息员队伍，做到以贸开路，以销定产，工贸结合，为发展商品经济增添了生机和活力。

③ 从现在开始，抓紧并实实在在地进行"三资企业小区"的建设。这是实施沿海发展战略的一个重要步骤，"三资企业小区"应集中在泉州市区、石狮和肖厝3个地方，分期实施开发，首期小面积起步。开发工作重点是抓紧基础设施建设和引进落实小区内的生产项目，尤其是大、中型骨干项目。

(3) 泉州经济发展的制约因素。主要有：① 投资的软硬环境不完善，特别是交通能源等建设远远适应不了经济发展的需要。② 人多地少、粮食缺口大，骨干工业少。③ 管理体制和人员素质不适应，科技人员欠缺。④ 资金缺乏。

(4) 泉州经济发展的模式。根据泉州市战略地位和优势以及上述的指导思想和战略目标，在今后十九年以至更长一段时间内，应选择外向开发型经济发展模式。

### (四) 外向开发型经济发展模式的内涵

(1) 开放、开发与外向相结合。泉州市的经济发展在今后一段时间里,首先要开放,即向国内外市场开放,实现内外两个循环。其次要开发,即要开发尚未很好利用的自然资源,开发人才资源,开发信息资源,推动国有、集体和乡镇企业向更高的层次发展,实现生产要素最佳组合,把潜在优势转换为现实的优势。

开放、开发与外向相结合就是要以外向型产业为导向,根据国际市场需要,吸引台资、侨资、外资来泉州搞开发,优先发展能够利用本地区资源"大出"或"小进大出"的产业、行业和项目。

(2) 调整结构与发展速度相结合。泉州市目前还是封闭内向型的经济体系,最终要建立外向型经济体系。从目前到最终目标之间有一个结构转换的过程,这个结构转换实际上就是产业结构不断合理化、优化,不断外向化的过程。只有不断地进行产业结构调整才能使经济发展更顺利、更有效益。考虑到泉州市经济发展现状到 2000 年要保持一个适当的发展速度。

(3) 两次转型,结合实现,逐步到位。泉州市在未来的 10 多年以至更长时间内要抓住时机,实现两次转型,使经济由内向外的转换与产业结构优化结合起来,逐步稳定、协调地进行转换,最后使泉州的经济成为优化的、高层次结构的外向型经济。

## 二、泉州经济建设战略构想

### (一) 泉州经济建设的布局

根据泉州市各县(区、市)的历史、现实与未来发展趋势,全市可划分为 3 个经济实力不等的经济层次。

(1) 以鲤城为中心,晋南(含石狮)、惠东(含肖厝)为两翼的沿海一条线为第一经济层次。这一层次包括晋江、石狮、惠安全部,南安、鲤城区(除罗、马、河)部分。这一层次经济实力最强,交通方便,具有向第二、第三经济层次辐射经济能量的功能。这一经济层内的生产分布为:鲤城以搞综合性的能耗小的加工工业为主,重点抓东海、沉洲、王宫"三资企业小区";晋江、石狮以发展纺织、服装、电子、日用品工业为主,重点抓巩固发展乡镇企业和青阳、安海、龙湖、晋南的工业的建设;惠安应以肖厝为依托,重点发展石化后继加工工业和建材、石雕等行业,并建设农副产品基地,为肖厝工业区服务。

(2) 以南安的绝大部分,鲤城的罗、马、河,安溪的小部分为一线的中间经济层。这一经济层紧靠沿海经济层,可以大量吸引其辐射而来的能量,作为经济梯度发展中的二传手。这一经济层内的生产分布为:南安规划在福厦、泉永公路两侧和县城周围建设工业区,主要发展食品、皮革、塑料、五金、纺织等行业,还要发展一些特色经济作物;罗马河形成山区技术经济开发区,建立种、养、加一体化的现代大农业,安溪的小部分可重点搞茶叶等农产品加工行业。

(3) 安溪(大部)、永春、德化为山区经济层,即第三经济层。这一经济层内的生产分布为:安溪除了主要抓乌龙茶生产及后加工外,还可发展藤器等日用品和其他一些行业;永春除主要抓芦柑等特色水果生产以及后加工外,还应大力发展乡镇企业;德化应以瓷器工业和木材加工为主,国营、乡镇企业一起上,形成企业集团。

(4) 泉州市经济发展的梯度推进。由于上述 3 个经济层次的经济实力不同,目前同等量的生产要素投放在第一经济层收益高,所以在今后一二十年的经济发展上要有所侧重,逐步由沿海向山区推进。其重点应放在鲤城,并结合肖厝、石狮发展,使鲤城逐步增强向第二、第三经济层辐射经济能量的能力。泉州市通过这样一个梯度推进,最后使经济、社会、科技发展普遍达到较高的水平,实现战略目标。

## (二) 区域规划

(1) 建设泉州新城。在办好"三资企业小区"的同时,扩建泉州新城区。新泉州城是以三点一线为布局的,即鲤城东大路—东海—后渚三点和泉秀公路一条线,使泉州市区新城形成一个点、线结合,工业发展、商业繁荣、交通便捷、旅游配套的政治、经济、科技、文化中心城市。新泉州市区的建设规划面积将达到 40 平方公里,近期开发 6.02 平方公里,人口将增加 40 万人。将逐步搬迁旧城区的劳动密集型企业,使泉州古城成为文化、旅游、商业区。要保持发挥古城中山南、中、北路和聚宝街、新桥头商业经营特色,建设具有闽南特色的商业街。要保护后城等古民屋建筑。同时,规划建设好粮食、副食品、蔬菜、创汇农业、乡镇企业、城镇建设等 6 类保护区。

(2) 开发泉州湾经济圈。设想充分利用侨、台资开发泉州湾,建设成为富有吸引力的经济贸易、居住、滨海新城区。这个经济圈西以泉州市区新城为中心点,向东经东海建桥跨过洛阳江经秀涂港直至崇武的沿海一条线港口地带;南经泉州大桥直通晋江陈埭、青阳、石狮、龙湖、金井至围头的泉、石、围一条线,形成三角地。将来并重点开发秀涂和石湖两个深水万吨港岸,作为对外通商港口。

(3) 开发肖厝港经济区。泉州肖厝港是个天然良港。要把肖厝港作为泉州新港来建设,将使泉州古城和肖厝逐渐连成一片,形成一个沿海工业带。

(4) 开发罗马河经济区。建立教育、科研、生产一体化的基地,以推动沿海和山区经济建设的发展。

## (三) 产业结构

泉州产业结构应按贸工农旅结构安排。泉州市到 2000 年经济、社会、科技发展的战略重点与行业发展是:农业(包括创汇农业)、耗能少的加工工业(包括"三资企业小区"开发)、基础设施与旅游业、科学技术和教育。

### 1. 发展农业

(1) 稳定粮食生产。应做到年产粮 20 亿斤,每年应略有增长。为此须通过稳定耕地面积和提高单位面积产量的办法,保证人均占有自产口粮不低于目前水平,同时适时地、逐步地引导土地向种田能手集中,实行适度规模经营,加强土地管理,在用地方面实行"保优利劣"。

(2) 发展经济作物。在现有的茶、果、蔗等方面主要应采取改良品种,提高品质和单产,不宜盲目扩大面积。

(3) 发展畜牧水产林业。主要发展生猪、家禽、肉牛、肉羊等的机械化饲养,开展浅海滩涂水产养殖。

(4) 对现有森林资源要加强保护和管理,合理采伐,绿化荒山。

(5) 发展创汇农业基地。创汇农业包括两个组成部分,一是直接的农产品出口部分,二是一些农产品经加工后出口部分。这两个部分的基础是这些农产品生产基地的建设和发展。建议:① 发展养殖业。在鲤城、晋江、惠安等沿海县区利用浅海滩涂建立水产养殖基地,发展对虾、鳗鱼、蟹、石斑鱼、海蛎等养殖产品;在鲤北等地建立畜牧基地、饲养基地。② 发展水果业基地。在福厦公路沿线和晋江两岸建设和完善龙眼基地;在南安、晋江等地建立香蕉基地;在惠安建立余甘基地;在南安建立杨梅基地;以永春为主建立柑橘基地。③ 发展茶叶生产基地。以安溪、永春为主建立茶叶基地。为了能够使农产品和加工后的产品出口,需改进种植技术,改良品种,采用先进的保鲜、加工等一系列技术。为此,鼓励通过各种方式引进这些技术。创汇农业应作为泉州经济的一大支柱。

2. 发展工业

泉州工业发展的选择依据是:第一,根据国际、国内市场需求;第二,根据现有工业行业发展前景;第三,比较劳动生产率和收入弹性;第四,能源资源的情况;第五,考虑对地区财政收入的贡献。为此:

(1) 应大力发展劳动密集型行业。首先应进一步发展食品、服装、鞋帽、建材与陶瓷工艺工业等劳动密集型行业,同时引进先进技术,使这些劳动密集型行业迅速提高劳动生产率,提高产品质量,增加品种规格。这方面尤其要发挥乡镇企业的作用。乡镇企业在未来一二十年中的发展,要保持特色,走联合经营,规模经营,不断提高产品质量和经营管理水平,促其更快地向外向型转轨变型。

(2) 发展能耗少的加工工业。其中包括技术密集型、资金密集型的行业,如电子、光导纤维、仪表等。这些行业产业关联性强,能够带动其他行业一起发展,是经济发展中的起飞产业,也是产业结构高层次的主要行业,具有重要意义。为了促进这些行业的发展。要制定一些地方性的差别增长、扶优限劣的扶持政策。未来泉州市的产业结构应为"轻型的高技术型"结构,即以电子、光导纤维、精密仪器等新兴工业为主导的轻型技术产业结构。

(3) 适当发展石化工业。考虑到肖厝的福建炼油厂为燃料炼油厂,难以上马较多的石油化工后继性石化工业。泉州市应重视肖厝港开发对泉州经济发展的作用,尽量争取省里安排一些石化下游工业,促进泉州经济发展。

(4) "三资企业小区"开发。应集中力量抓好崇武、泉州湾和罗马河3个开发区。崇武主要发展对台贸易,泉州湾应引进台、侨、外资,搞各种加工工业,发展"三资企业"和"三来一补";罗马河则应以"仰恩工程"为基础,建成一个生产、科研和教育一体化的基地。

总的趋势,在今后一段时期内,应着重发展石化、服装、建材、旅游、食品、房产行业。

3. 发展能源

能源应该先行,近期应做以下几方面工作。

(1) 加快本区煤炭资源勘探,努力寻找新的矿点+建设新井。继续实行国营与乡办并举的方针,稳定和巩固国有煤矿,加快建设含春、新春、山茶、东阳等后备矿区。

(2) 从技术改造、经济改革、劳动组织等方面采取有力措施,提高天湖山煤矿资源回收率,延长现有矿井寿命,抓好县办煤矿的建设,指导发展乡村小煤矿生产。

(3) 继续发展薪炭林和沼气等农村能源,以缓解农村民用能源不足问题。

(4) 发展电力要"水电、火电并举"。就目前来说,一是抓好安溪、永春、德化小水屯的联网,并与省网连接,解决山区小水电调节能力差的问题;二是在建的龙门滩引水发电一期工程,要抓紧施工,按期完成;三是在边远山区,继续鼓励群众集资开发小水电;四是配合省电厂建设,加快泉州至肖厝、井山至院前、山美至安溪等三条输变电工程的建设。有条件要鼓励集资搞地方自备电厂,解决电力不足问题。

4. 发展对外贸易

发展外向型经济,外贸是基础,要先行。在不断优化产品结构,提高外贸经济效益的前提下,力争泉州对外贸易在1987年的基础上,平均每年按17%的速度增长。到1990年翻一番,出口值达到10亿元;到1995年翻两番,达到20亿元;在此基础上再翻一番,到2000年达到40多亿元。要实现这样的目标,必须要求1987—1990年每年以25%的速度增长;1990—2009年每年以15%的速度增长。实现 2000 年的奋斗目标后,外贸出口额占工农业生产总值大致为 29%。

(1) 商品战略。根据国际商品市场的需求和泉州的实际,应努力发展下列商品扩大出口。

茶叶。1985 年国际产量为 220 多万吨,贸易量为 108 万吨。我国茶叶在世界上很有名,泉州乌龙茶在东南亚,特别在日本享有盛誉,近几年乌龙茶产量能达到 20 万担。而且,乌龙茶有铁观音、佛手、水仙、铁罗汉等佛教名称的不同品种,发展茶叶生产,不仅稳定占领日本市场,而且能开拓新市场。

瓷器。国际市场容量是 30 亿美元左右,我国出口约为 2 亿美元,其中福建为 500 多万美元,而泉州供厦门出口有 300 多万美元。泉州的瓷土资源丰富,质量上乘,应大力发展瓷器,扩大出口。

石板材。日本从世界各国进口约 30 亿美元,其中意大利为主要出口国,韩国也出口一点。我国在 1986 年出口约 100 万美元,而泉州占 70%。泉州是有名的石头城,崇武、洛阳的石雕驰名中外,发展花岗岩石板材出口是很有潜力的。

鞋类。据轻工进出口公司提供的材料,世界市场容量为 108 亿美元,我国 1986 年出口 1.48 亿美元,而泉州 1986 年出口 4 000 万双,折合金额约为 4 000 万美元。现在鞋类有市场,有客户,发展鞋类出口是大有前景的。

罐头食品。国际市场容量为 1 000 万吨,我国大约有 40 万吨,而泉州有 4 000 多吨。只要进一步开发,提高质量,可以占领和开拓市场。

包箱。国际市场容量为 30 亿美元,我国 1986 年约出口 1 亿多美元,其中泉州占几百万美元。只要进一步提高质量,可以提高市场占有率。

服装。服装的国际市场容量难以估计,受美国和欧洲共同体的配额影响较大,但由于泉州服装加工有一定基础,信息也灵通,只要不断改进款式,增加花色,提高质量,可以成为出口创汇的拳头。

(2) 市场战略。为适应对外开放和发展外向型经济的需要,市场战略既要有长期性,又要有广泛性,促进市场多元化。

有了多元化的市场,就不会因某种市场或某个时期市场变化而影响扩大出口。在这方面,需要建立专门机构,选择培训人员,采用先进手段,广泛捕捉市场信息,包括掌握各国和地区所需要的商品品种、长短期需求量、盈利潜力、国际金融、外汇、运输,以及政治、经济、法律和风俗习惯等。

(3) 销售战略。在深化外贸体制改革深化、扩大泉州外贸经营出口权的情况下,开拓销售渠道,是亟待解决的问题。泉州要发挥华侨多的优势,在世界各国和地区开辟销售渠道,建立销售网络。

5. 外向经济增长点的选择

泉州市经济、社会、科技发展要采用外向开发型经济发展模式,那么,泉州市外向型经济增长点的确定也就是由内向外转变的突破口的确定,这将有助于外向经济的发展。

根据目前已掌握的数据来看,第一轮外向型经济增长点是各类"三资企业"。因为"三资企业"目前的出口创汇能力都比较大,它有许多如国外进货、销售信息渠道等其他企业无法比拟的优越条件。第二轮外向型经济增长点才是创汇农业和乡镇企业。因为创汇农业生产基地的建成至投产需要一定时间。目前泉州市的大部分乡镇企业因受产品质量、技术水平、管理水平的制约,要马上转向出口仍有相当困难,需要一定时间。而第三轮外向型经济增长点才会历史地落在国有大中型企业身上。最后,使泉州经济完全外向化。

因此,目前来说,重点应放在"三资企业"上面,创造一切必要条件让"三资企业"产品可以"大进大出",增加外向经济成分;与此同时积极创造条件发展创汇农业生产基地,提高乡镇企业产品的质量和产品等级;对全民所有制、集体所有制企业进行改造,实行租赁、承包、拍卖、股份化,让其休养生息、变轨转型,从而让其逐步成为外向型经济增长点。

必须指出,在研究第一、二、三轮外向型经济增长点时,仅仅是依次转换地注意发展重点而已,并不是说某一轮为外向经济增长点时,其他的都不能搞外向经济。目前泉州发展外向型经济,主要搞"三资企业"和"三来一补"。

### (四)旅游交通

(1) 加强基础设施建设。泉州市的基础设施需要有大的发展。重点放在供水、供电、公路、下水道等城市基础设施的改造和建设。另外,还要争取铁道部或国外支持,尽快建成漳泉铁路,早日建设福泉厦高速公路,重点建设全市汽车分流路线,发展海运业,充分发挥泉州湾的作用。建议重点建设后渚、石湖、秀涂、祥芝港口,开展小港集群式海运业,提高后渚港配套作业能力;尽快开辟泉州至上海、香港、广州客货轮航线;改造青阳机场,争取与国内主要城市通航;在目前条件下,建立厦门机场至泉州直升飞机站。逐步做到交通便利、通信快捷、城市整洁、出入方便。

(2) 发展旅游业。泉州市应充分利用人文景观优势,加快对重点文物保护单位的修复和重点风景区的建设,争取形成各具特色的旅游线路。如清源山自然风光游览区、开元寺文物博览区、鲤城综合性游览区、城东游览区、洛阳江游览区、崇武海湾游览区、仙公山仰恩游览区、九仙山游览区、清水岩等宗教游览区、围头金门海湾游览区、海上丝绸之路游览区及仙石中云州与衙口海滨浴场等。还可建设泉州民俗馆、伊斯兰史迹馆等。这些游览区、旅游线路的规划和建设时应与旅游品工业的发展、旅游管理体制改革以及争取海外投资建设同步。未来泉州应成为一个旅游热点,使旅游业成为泉州市经济的重要支柱之一。

(3) 开辟国际性文化旅游业。

① 开辟一个巨型的"泉州历史文化名城天然博物馆"。其规模,东起"三湾十二港"(泉州湾的后渚、蚶江、洛阳、秀涂、祥芝5港;深沪湾的深沪、永宁、梅林3港;围头湾的围头、东石、安海、石井4港),西至九日山、云台山,北依洛阳桥,南凭紫帽山、华表山,以清源山风景名胜区为中轴线,并作为参观"天然博物馆"的天然路线,构成一个天然的整体。

② 成龙配套建设好清源山风景名胜区,使它成为出色的"博物馆"的"天然参观线路"。

③ 建设洛阳新城、"洛阳民俗学博物馆"。从长远看,应该在洛阳江沿两岸200米区域内,建设专供旅游、避暑、疗养三结合的别墅宾馆。

### (五)科技文教

**1. 发展科学技术**

(1) 以面向经济建设为目标,改革科技工作,促进科技与生产的有机结合。科技为农业、支柱行业或"拳头"产品提供先进技术;提高中小型企业、乡镇企业技术水平;加速科研成果转让;有条件的要组成教学、科研、生产联合体。

(2) 引进国外先进技术,对现有企业进行技术改造,在吸收、消化的基础上创造新产品、新技术、新设备、新工艺,增加出口创汇能力。

(3) 重视微电子、生物工程、海洋工程、新材料及环境综合治理等新兴技术的研究。

(4) 建立科技情报信息中心和做好科技咨询服务工作。

(5) 广泛开展国内外科技交流。

**2. 教育与人才培养**

培养造就有社会主义觉悟的、能适应国际经济技术活动要求的各级各类的专门人才。

(1) 重视智力投资、人才培养,把科技、教育、文化放在重要战略地位。增加教育投资,改善教师的生活待遇,提高教师素质,以促进教学质量的提高,使泉州成为有较高文化教育水平的地区。

(2) 坚持"三个面向"。坚持德、智、体、美全面发展的方针,办好各类学校。普及九年制义务教育,大力发展中等教育、职业技术教育和成人教育。发挥高校作用,广泛开展函授、培训和业余办学。提倡和鼓励多渠道集资办学,加速教育事业发展。

(3) 通过申请全国分配、委托培养、在职培训、选送出国进修、海外招聘、引进国内著名大学师资以及加强与泉州籍的专家学者的联系等多种途径汇集人才。做好人才需求与培养计划,率先培养目前发展急需的外贸、外语、金融、财会、三资企业管理和各种技术的专门人才。

(4) 建立人才交流管理中心,具体做好人才的选拔、招聘和使用等工作。

(5) 充分发挥现有高等院校的作用,对现有华侨大学、仰恩学院、黎明大学、师范专科学校及有关大专院校,要求调整专业结构,培养有特色的各种专门人才。

3. 文化卫生、体育事业

争取建设几个海滨游泳场;抓紧建设体育中心;建设东湖公园和临江公园;加强原有医院管理;开办文化康复事业;发展具有闽南艺术传统的梨园、高甲等剧种和南音艺术;建立国际中华文化教育中心,招收华侨子女入学学习;开展"泉州学"的国际学术活动。

## 三、战 略 措 施

### (一) 配套改革

泉州市建设要有一个重大发展,必须在经济、政治、社会方面采取有力措施,深化改革。

1. 建立新秩序的体制

要用足用好中央已给的政策。改变旧观念、旧习惯,实行政策管理经济职能的转变。为此应该抓紧石狮市政治经济综合体制超前改革试验,并把所得经验在全市范围内有计划、有步骤地推开。为适应未来进一步开放的需要,发挥侨台的优势,泉州市未来的经济和政治体制应当具有以下4个基本点:

(1) 公平竞争的开放经济;

(2) 廉洁高效的行政管理;

(3) 清晰完备的法制体系;

(4) 适合于侨台特殊地区改革开放的政治构架。

2. 经济体制改革

(1) 推行并不断完善区、县对市,乡镇对区、县的各种形式财政包干,并逐步向分税制过渡,从而最终划清区、县、乡镇责、权、利界限,调动各区、县、乡镇发展本地经济的积极性,采取必要的财政、税收政策,加快投资环境的改善。

(2) 完善生产资料、资金、技术、人才、劳务、消费品市场,建立社会主义市场经济秩序,使目前的价格双轨制逐步向单轨制过渡。消费品价格可实行"掌握时机,一次性放开"的策略,生产资料价格可实行"逐步放开"的策略。

(3) 深化国有、集体大中型企业改革,推行股份制,建立国有资产管理机构和投资公司。国有资产管理机构主要对国营企业中国有股份行使最终所有权并进行管理;投资公司从事国有资产的经营、投资开发和具有从事金融业的职能,鼓励现有企业与外商互相参股、合作经营、合资经营。小型国有、集体企业改革可采取拍卖、租赁、转让等形式,鼓励企业间的兼并,允许企业破产和重组。

(4) 加快外贸体制改革,扩大外贸经营自主权。逐步给出口创汇能力大的企业以外贸自主权,自营出口;对尚无自营出口能力的企业实行外汇留成,鼓励改革,激励企业生产出口商品的积极性。

(5) 进行科技、教育体制改革。为此,应开放技术市场和人才市场,制定优惠办法吸引人才,发挥其所长。抓紧普通教育的分配改革和管理。鼓励企业办学校、社会办学校、华侨办学校,增加教育经费。

### (二) 对外开放

**1. 充分发挥"侨""台"优势**

实现总体发展战略的关键,是要在发展进程中实施针对性比较强的有效对策。根据泉州市的情况。必须扬长避短,除了继续发挥上述的优势外,特别是充分发挥"侨、台"优势,在引进侨资、运用侨资、侨力方面,做到10个结合:一是同乡镇企业结合;二是同改革老企业结合;三是同开发本地资源结合;四是同内联结合;五是同发展旅游业结合;六是同加强城镇建设结合;七是同改善基础设施结合;八是同建设"三资企业小区"结合;九是同建立海外窗口、搞活外贸结合;十是同壮大、搞活金融事业结合。

就整个发展外向型经济的工作来说,必须认真落实省委工作会议提出的主攻方向,力争在近期做到5个突破。

(1) 引进工作要有新的突破。以开发建设"三资企业小区"为重点,吸引台、港、侨和外商以独资、合资、合作、来料加工等各种形式投资,引进更多的生产项目。这是我市贯彻实施沿海地区经济发展战略、加速外向型经济发展的一个重要战略步骤,也是推动我市经济超前发展的一个重要突破口。① 主要搞"外部发动,以外促内",采取请进来、派出去的办法,积极做好引进工作。组织有关人员到国外考察,举行商品展销会、新闻发布会,扩大对外影响。② 成立开发建设"三资企业小区"的领导小组和办事机构,实行统一领导,统一规划,统一政策,统一对外。坚持"以项目领头,以优惠政策、优质服务开路,以基础设施坐镇,合理布局,分期实施"的原则,切实抓好"三资企业小区"的开发建设工作。核心是"以项目领头,以优惠政策、优质服务开路,以基础设施坐镇"。③ 充分利用现有的基础设施,稳扎稳打,瞄着项目上,力争建成一个、投产一个,实行全面规划、小面积起步,不搞一哄而起,滚雪球式地前进。④ 对华侨的优惠政策一定要落实兑现。对台资要仿效厦门市的做法,实行更加放宽、更加优惠的政策。⑤ 为了避免矛盾、统一对外,采取定地段、定客户、定领导、定班子的做法,实行从洽谈、签约、通关到建成一条龙负责制。⑥ 外商到"三资企业小区"办企业,实行"六自主",即合作对象自择,厂址自选,设计自我,厂房建设自行招标,员工自聘,经营自主。

(2) 对台贸易要有新的突破。对台工作重点要从迎来送往转到经济交流合作上来,从开展对台贸易突破起步。一是利用现有的惠新、桐城两家对台贸易公司开展代理经营业务,只收取管理费,不提取外汇留成。二是对台小额贸易采取定点、定船、定人的办法,把渔民的自发零星经营引向有组织的经营轨道。目前,先确定惠安、梅林、鲤城作为对台贸易点,各点批准4艘船,简化手续,让县区专搞对台贸易,实行集体或合伙经营,不搞遍地开花,避免再犯过去的毛病。三是争取先在惠安、崇武划出一片地域建立对台免税贸易区,把海上贸易引到陆上来。利用台资、侨资建设商场、商店和中低档旅社,让税聚货,以货引入,带动旅游业的发展。台商可直接靠岸,独资经营或合资、合作经营,内商也可来此经营。同时,加强领导,试办渔民对台劳务出口。

(3) 出海口建设要有新的突破。要搞以后渚为中心的港口配套建设,壮大运输船队,引进集装箱,建设保税仓库,购置装卸机械,做到全市"三资企业"、来料加工和外贸的进出口物资80%以上从本市港口进出。

(4) 海外窗口的建立要有新的突破。要发展外向型经济,必须从自己的实际出发,在海外设立一些"窗口",直接参与国际贸易网络。在建好香港窗口机构的基础上,建立香港泉州同乡总会,然后向东南亚等地扩展,逐步建立一批海外窗口。为发展外向型经济提供准确、及时的信息,发挥其桥梁作用。

(5) 国有工业和乡镇企业向外向型经济转轨要有新的突破。国有企业是出口创汇的主力军,广大乡镇企业是出口创汇的生力军,实行两军并进,是发展外向型经济的重要途径。通过引进侨资。改造现有企业,选择一批有外向潜力的企业实行公开招标,吸引外商来参股、承包、租赁,进行技术改造。通过技改,以增加产品出口。带动产业结构和产品结构的调整和优化。大力发展"两头在外"的劳动密集型产品。在优化产业结构的基础上,积极发展名优产品。使之成为龙头产品,逐步建立食品、饮料、服装鞋帽、纺织等十大出口支柱产业。充分发挥乡镇企业劳动成本低、机制灵活、对外贸易适应性强的特点,吸引侨胞、台胞,用先进工艺技术加以改造,扩大出口创汇,走出一条"小洋货、大市场""小商品、大创汇",发展具有侨乡特色的外向型乡镇企业的路子。为了加快乡镇企业向外向型发展,实现"战略上大跨步,经营上大进大出,速度上快马加鞭"。当前要抓好4个环节的工作:一是以来料加工为突破,大力发展劳动密集型的产品加工业务。二是进一步发展"三资企业"。利用乡镇企业投资少、见效快、机制活的优势,争取更多侨商前来洽谈合作经营。三是加快出口商品基地建设。建立工贸联营,组成外向型企业集团。四是抓好重点行业、重点企业、重点乡镇,推行"一村一品",有计划地建立石雕、纺织、陶瓷、水暖器材等13个生产系列,形成名优产品专业村、专业片。

2. 扩大政策开放度

确定泉州今后的政策开放度,需要依靠以下4条原则:一是要同开发泉州的目标、任务、功能及其对全国的影响相适应;二是要让投资者有相当于或略高于国际投资的平均利润率;三要为贸易和资金的多渠道、经营灵活、生产方便创造良好的环境,包括有控制地开放一定的国内市场;四要与国家和地方的承受能力相适应。

根据这些原则,考虑到目前国内经济特区、经济技术开发区的优惠政策,实际上与国外一些城市和地区差距不很大,我们的重点应放在为外来资金活动创造一个良好的外部环境上,即开放政策上。其特点是放宽资金、物资、人员进出的自由度,扩大外资企业的业务范围,开放一定的市场,使外资企业有利可图,并能放开手脚干。具体体现在以下几个方面。

(1) 在外贸政策上,拟允许国外的企业可以经营进出口业务,经营国家统一经营以外的各种商品。

(2) 在金融政策上,拟允许国外各种银行和非银行的金融机构及其分支机构在泉州开业,业务范围拟扩大到各种性质的企业,并逐步开放离岸金融业务。

(3) 在投资政策方面,允许外商包括港、澳、台投资者在泉州设立的跨国公司(或分部),可以在泉州市外(上海或长江流域)举办"三资企业",也可以股份制的形式向国营、集体企业参股,或投资现有企业的技术改造,发展新的"三资企业"。

(4) 在房地产政策上,允许外商独资、中外合资、合作开发成片土地,也允许外商投资开发商品房,土地使用权出让的年限最长可以达到50年。

(5) 在人员流动政策上,首先要放宽、简化中、外人员的出入境手续,发放规定期限内多次使用的长期签证；实行市内外人员自由流动、招聘、使用的原则。

(6) 在财政政策上，实行市内财政包干，类似特区的税收优惠政策，以及工资、资金参照劳动生产率、物价指数的自主浮动政策。

(7) 在价格政策上，允许泉州按市场经济的规律，有控制地放开价格。

### (三) 筹运资源

筹运资源主要是资金筹运。解决泉州市经济、社会、科技发展资源不足，特别是资金不足的问题。至 2000 年，固定资产投资累计约需 120 亿元，其根本出路在于大力吸引侨台资。除此之外，还应做好下面一些工作。

(1) 调整产业结构，培育财源。发展能耗少的深度加工工业，适时地调整产业结构，提高企业经济效益。通过财政包干，"放水养鱼"，培育财源。在大力发展乡镇企业的同时，建立乡镇一级财政，制定乡镇企业会计制度，充实乡镇财税机构，提高财税人员的政治和业务素质，改进税收征管办法，开展审计工作。

(2) 明确划分财政资金的使用范围，节省财政支出。今后的地方财政资金，主要用于社会公共经费、支援农业和基础设施的投资，一般经营性投资所需资金，应由企业自己筹集，可以用企业自身的积累，也可以向银行贷款，向社会发行股票、债券和利用外资。

(3) 发展短期资金市场。根据泉州市的情况，今后发展短期资金市场要抓以下几个方面：

① 进一步扩大同业拆借的规模和范围。

② 普遍开展票据承兑和贴现业务。

③ 代理企业发行短期融资券。短期资金市场融通的是短期周转性资金，主要用于补充流动资金的不足。

(4) 开辟长期资金市场。泉州市货币沉淀较多，完全有条件发展长期资金市场。目前长期资金市场应主要从事：① 政府债券的贴现与转让；② 代理发行企业债券，并办理企业债券的流通业务。随着股份经济发展，长期资金市场要开展股票发行和流通业务。

(5) 实行土地批租，发展外汇调剂市场。采用优惠政策，主动出去引进台资、侨资、外资，进行土地批租。泉州现有的外汇调剂中心应进一步发展成为外汇调剂市场，从事外汇调剂和外汇的买卖交易。

(6) 增设金融机构。要搞活金融，不仅要增加金融工具，而且要增设金融机构。在省商业银行建立的同时，应在泉州建分行。已成立的投资公司还应具有金融职能。在城镇，要增设股份制的城市信用合作社；在农村，可建立财务公司。针对泉州民间资金较充裕的情况，鼓励群众储蓄、集资或独资投资生产，进一步发展民营企业。

(7) 加快专业银行企业化的步伐。要搞活金融，解决银行内部"吃大锅饭"的问题，必须加快专业银行企业化的步伐。近期也可实行承包经营责任制。

(8) 借外债和集内资。关于开发建设"三资企业小区"的资金问题，要用借外债和集内资的办法来解决。一要敢于借外债，选择贷款利率低，还贷期限长的外国银行贷款。二是广泛发动群众集资，采取发行债券、股票、带金入股、物业投资等形式。三可以搞全额或分期付款预购的办法。四可以用企业所创的外汇到银行抵押人民币贷款。

# 发挥"五缘"特殊优势创建台商贸易加工区(1999)[①]

历史文化名城泉州市地处福建东南沿海,与台湾岛隔海相望,是台湾汉族同胞的主要祖籍地。泉州与台湾地域相近、语言相同、血脉相承、民俗相似。从古到今,两地人民的往来一直十分频繁。新中国成立后,由于众所周知的原因,台湾海峡成为难以逾越的人为藩篱,隔开了两岸人员的正常往来。然而,"血毕竟浓于水","三通"呼声日高。9年来,回乡探亲、洽谈贸易的台胞络绎不绝,两地沿海小额贸易、民间贸易始终未断;台商通过香港或以"侨胞"身份到泉州投资者日增。在这样一个大趋势下,不失时机地在泉州建立一个具有类似特区政策的台商贸易加工区,大力引进台资,扩大两地贸易,这对促进福建省与泉州市的外向型经济发展,具有重大的意义,也符合两岸人民的愿望。

## 一、台商投资意向

一般而言,在本国某一地点设立出口贸易加工区,以吸引他国或地区的资金、技术,促进相互之间的进出口贸易,推动本国经济发展,这一方式已为世界上大多数发展中国家所采用。事实证明,这一设想是正确的,也是可行的,但是能否取得成功却有赖于一系列条件,其中最重要的有两类条件。

1. 加工区所在地的经济条件与投资者的经济条件具有互补性;由于这种强烈的互补性,导致投资者确实有兴趣并有实力来投资。

2. 有增进投资者兴趣的良好环境,其中尤其是能够保证投资安全的稳定合理的当地政策、法规。

在这两类条件中,前者是非加工区所在地政府直接能够左右的,例如经济上的互补这是客观存在的,且难以马上改变,后者则是当地政府可以想办法创造的。因此,在泉州建立台商贸易加工区,首先要看台商总的投资趋向以及来泉投资意愿如何。

(一) 台湾对外投资热潮正在掀起

从1986年开始,台湾对外投资热潮正在不断加温和扩大。至1987年底,其对外直接投资额累计已达3.75亿美元,1987年对外投资比上年增长83.93%,增长势头很猛,1988年台湾对泰、马、菲的投资将突破10亿美元大关。台湾对外投资的热潮并不是一时的偶发性行为,而是有着深刻的内

---

[①] 作者最早提出和倡导利用"五缘"网络发展外向型经济。本文是1986年在全国乡镇经济研讨会上的报告,提出发挥"五缘"优势创建台商贸易加工区的观点,后收入1999年复旦大学出版社出版的《泉州发展战略研究》一书。

在必然性。

(1) 1986年9月以来,台湾新台币持续升值,其升值幅度达30%,新台币的升值,导致了工资高涨,产品成本上升,使产品在国际市场上的竞争力下降,大批劳动密集型行业与企业面临破产,另一方面,为了谋求经济向更高层次发展,必须解决重化工业发展与技术进步之间的脱节,推动高技术产业的发展。出路只有一条,即进行大规模产业结构调整优化,淘汰劳动密集型行业,把资源优先分配给高技术产业。在这种情况下,台湾大量出口企业尤其是中小企业承受不了规模的技术转移,为了生存,只得寻找劳动力低廉的国家或地区,建立海外生产企业。另外,新台币的升值造成以新台币折算的股权价值提高,更有利于资本输出,结果也诱使一些企业转向对外投资。

(2) 台湾近几年一直保有700多亿美元的外汇储蓄,是由于多年对外贸易顺差所造成的,这既是好事又是坏事。因为过多的外汇储蓄放着不去投资,不仅会造成资源的滞留和浪费,而且还有可能迫使新台币进一步升值。为此,有效的办法就是取消外汇管制,鼓励对外直接投资,消散多余的外汇存底。迫于这一情况,1987年7月15日,台湾当局宣布解除执行达38年之久的外汇管制,完全取消经常账户的外汇收入款的管理,依据台中央银行颁布的办法,汇入汇款一年内累积结售金额不超过5万美元,汇出汇款一年内累积结购金额不超过500万美元,均无须核准,显然台湾对外汇管制的解冻,将直接推动台商对外投资的展开。

(3) 台湾当局除了解除了外汇管制,为了适应经济的转轨,还对原来出口导向政策作了大幅度调整。在对外贸易政策方面,台湾为了对付贸易保护主义的冲击,开始从"鼓励出口"逐步调整为"进出口并重",以免贸易顺差继续扩大。在财税改革方面,台湾当局于1987年成立了"赋税改革委员会",着手进行10多年来的第二次赋税改革。在对外投资改革方面,由原来的"不鼓励、不限制"转为积极指导,除放宽对外投资的财务标准限制,相继制定对美、对东南亚投资的工作方案外,还采取其他一系列措施,如提供融资支援、争取与外国签订投资保证及双边关税协定、在外国设立加工出口区等,以加强对外投资的规划与引导。显然,这些改革的调整,对台商的投资热潮起了推波助澜的作用。

## (二) 台商目前对外投资的投向

(1) 由于台商对外投资是因为前述原因所引起,可以大致推断台商目前与今后对外投资的投向沿两个方向前进。第一是向与台湾有着最大贸易的国家或地区直接投资,以绕开由于贸易保护主义及贸易顺差引起的摩擦。第二是向高技术国家或地区投资,以便推动台湾高技术产业发展;同时向劳动力资源丰富、价格低廉、资源丰富的国家或地区投资,以便转移劳动密集型产业。从这个方面来看,由于美国是台湾的最大贸易伙伴且台湾对美贸易顺差很大。美国一直压台湾新台币升值等,再加上美国总体技术先进,台商必然要向美直接投资,而且量不会很小。从第二个方面来看,东南亚一带经济正在发展,劳动力等资源相对丰富,劳动力价格低廉,况且又有与台湾基本一致的制度,故东南亚一带是台商投资发展劳动密集型产业的理想地区。实际上,台湾对外投资的地区投向已经显示了这个趋势。据统计,到1986年止,台湾对美国和东南亚地区的投资总额为2.33亿美元,占同期台湾对外直接投资总额的85.6%,其中美国占60.02%。

(2) 随着台湾与大陆政策上的互动,台商到大陆投资的意向也越来越高。因为东南亚国家所具有的经济条件,大陆也都具备,而且大陆政局稳定,目前政策也颇为开放,更何况大陆与台湾毕竟同文同种、一脉相传,社会、文化、生活等方面习惯相同,不像东南亚国家存在着语言、文化等方面的障碍,更何况,大陆的市场巨大,极有潜力,大陆的各种资源也是台湾所大量缺乏的。据台湾《天下》

杂志调查,在1 000家大型制造业与300家大型服务企业中,约有1/3的台湾厂商愿到大陆投资。目前我国的福建、广东两省已有100多家台资企业。以"侨胞"身份回大陆投资的更多,据了解,近年单是福建籍的"侨胞"回到泉州市的晋江、鲤城、南安;莆田市的莆田、福清等县市投资设厂的即有六七百家,主要生产成衣、鞋类、家电、机械和手工艺品,其中有46家为"台资"企业,投资金额达445万美元。

（3）台商目前向外投资除了上述大的投向之外,还有一些具体特点。第一,20世纪80年代以来,台商对外投资行业主要是制造业,尤其是对电子电器制造业的投资;1986年台湾对此行业投资高达2 531.7万美元,占同年台湾对外直接投资总额的44.5%。非制造业方面的投资,主要集中在金融保险业,以及贸易业和服务业。到1986年,上述3个行业占同期台湾对外非制造业投资总额的89.8%,其中金融保险业的投资高达1 526.7万美元。第二,台商在对外投资中主要采用合资企业的形式,因为这种形式易于避免跨国公司与当地企业之间发生紧张关系或冲突,据台湾有关部门调查,在被调查的66家对外投资企业中,独资企业占27.3%,合资企业占72.7%,其中持股在一半以下者占47%;在一半以上而少于100%的企业占25.8%。第三,目前台商对外投资规模都比较小,据统计,至1986年,台湾对外直接投资每年平均投资额仅为98.1万美元,其中,1959—1976年为29.7万美元,1977—1985年为158.6万美元,有规模增大的趋势,但总体上还是比较小的。到福建省投资的台资企业,每项平均投资额还不到100万美元,有的厂商甚至不足10万美元,其规模低于近年外商到我国投资的平均水平。

## 二、"五缘"的特殊优势

台商对大陆投资总体上说虽尚处观望阶段,但对到福建泉州投资兴趣却很高,这集中表现在1988年3月台湾"中山大学"教授魏萼先生的建议之中。魏先生认为,台湾当局和大陆政府应抛开政治上的成见,在泉、厦、漳"金三角"择一交通便利的地区,规划建设一个"闽南小台湾",即有利于台商到大陆投资,又有助于福建省的经济发展。魏先生的建议在台湾企业界引起了很大反响,许多企业界人士纷纷表示支持。应该说魏先生的看法是有远见的,因为泉、厦、漳与台湾有着深刻的内在联系,其中泉州又具有其他地区少有的吸引台商投资的特殊条件。

### （一）泉州与台湾深厚的"五缘"的人文地理经贸联系

泉州与台湾有着从地理到人文、经贸等方面的深层联系,这种联系绝不是可以用增加一两个优惠政策所能抵消的。具体来说,这些联系表现在下述5个方面。

（1）"地缘"即地理关系。泉州与台湾一衣带水,地理关系十分密切,自古以来就是大陆与台湾之间各种往来的重要交通枢纽。泉州的崇武半岛距台中港仅97海里,距基隆港和高雄港分别是178海里和194海里,是大陆与台湾相距最近的地方。福建省第一个台胞接待站和第一个台轮接待站就建在此。多年来,台湾渔民常到此修船加水、避风躲浪、寻根谒祖、探亲访友。此外,泉州市港口甚多。肖厝港为远东天然一大良港,后渚港乃是古代海上丝绸之路的起点;加上即将建成的漳泉肖铁路将把泉州与华东、华中广大地区连成一片,交通便捷;至今仍属台湾当局控制的金门岛距泉州市南安县石井淘江村仅7公里,咫尺之遥,鸡犬之声相闻,更是密不可分。

（2）"血缘"即血缘关系。台湾岛上的居民,除部分高山族同胞外,绝大部分汉族同胞均为闽粤移民的后代,其中尤以泉州籍为最多。台湾的通用方言属闽南语系,绝大多数居民讲闽南话。据有关资料表明,台湾的1 900多万人口中,祖籍闽省的占82.5%,而祖籍泉州的达44.8%,约800多万人。其中祖籍泉州安溪县的有180多万人,超过该县现有的80万人。泉州市1949年去台人员近2万人,其在大陆眷属有8万多人。台胞在泉定居的有3 000人左右。去台的2万多人中,目前近百人身居要职,地位显赫。这批人中的大部分已渐渐改变对大陆敌视的态度,有的陆续回乡探亲,兴办公益事业及办企业。事实表明,同胞的血缘关系是难以割断的。

(3)"文缘"即文化关系。台湾的文化教育原来较落后,明清以后,移居岛上的闽南人把泉南一带的文化艺术带到台湾,并得以传播和发展。台湾文化实际上是大陆文化的延续,同闽南一带的文化有着千丝万缕的联系,台湾的通用方言属闽南语系,绝大部分居民讲闽南话。台湾的戏剧艺术方面,多数居民仍推崇闽南人民所喜闻乐见的歌仔戏、高甲戏、梨园戏和提线木偶,泉州盛行的南音艺术在台湾也几乎是家喻户晓的"乡音"。泉州民间的传统工艺石雕、木雕、瓷雕、竹编、刺绣、刻纸、花灯也在台湾岛上广泛流传。

(4)"神缘"即宗教关系。由于泉州与台湾源远流长的关系,特别是众多的泉籍移民,把故乡风俗习惯与宗教信仰带到台湾岛上,至今岛上的婚丧喜庆、逢年过节仍保持着泉州故土的旧例。台湾人普遍信奉圣女海神——妈祖(即天妃林默娘),全岛500多座天妃妈祖庙,其中台北、台南、高雄、台中、新竹等主要城市的300多座妈祖庙都是从泉州市区的天妃宫分灵的。台北万化龙山寺是从晋江县安海龙山寺分灵的,历史悠长,规模宏大,由泉籍晋江、南安、惠安3县移民募捐筹建,而由此再分灵各地的龙山寺遍布台湾,有441座,如清雍正年间泉州移民公建的台南龙山寺,乾隆时建的淡山龙山寺,至今颇具规模。台湾的98座清水祖师庙,是从安溪县清水岩分炉的。此外,泉州的关圣庙、保生大帝、萧太傅等也是许多台胞崇拜的神祇,不少台胞经常返乡谒祖,参拜神灵,烧香还愿。宗教关系客观上已成为联结两岸的精神纽带之一。

(5)"商缘"即经贸关系。古往今来,泉台经济贸易来往不断,海峡两岸对峙期间,泉台民间易货贸易和小额贸易始终不停,两岸渔民通过海上捕鱼以货易货,或由台湾商人通过港澳和东南亚各国代理商进行转口贸易。这种经贸联系是难以剪断的。

泉州与台湾人文地理经贸上的深厚关系,尤其是作为家乡的凝聚力,使得泉州成为台商心目中的一块圣地,到泉州投资不仅可避免到其他国家投资必然要遇到的各种社会文化、心理方面差异所造成的摩擦,而且还可以为家乡的发展出把力;这也是许多台胞、侨胞的一大愿望。泉州与台湾人文地理经贸上的深厚关系,不仅说明两地原本同出一源,而且表明到泉州投资就像在台湾投资一样,生活等各方面如同在自己家里一样自在舒服。这种深厚的关系对台商投资意向影响是很大的,不是一两个优惠政策的作用可比拟的。

(二)泉州与台湾经济发展的互补性

泉州与台湾深厚的人文地理联系,是其他地区难以具备的,更重要的是两地经济上的互补性,它是两地合作的重要原因,也是泉州比其他地区的特殊之处。

(1)台湾因产生结构调整,加上新台币升值,一些劳动密集型企业尤其是中小企业急欲转移出岛,转向劳动力丰裕、价格低廉的国家或地区;而泉州市现有人口533万,劳动力众多,人均耕地面积不到半亩,有足够的劳动力供使用,完全符合台商投资的条件,且优于东南亚一些国家。

(2)台湾岛上资源贫乏,其工业发展主要依赖进口资源。目前台湾所需要的资源大部分是从非洲、美洲、澳洲运来的,运费很贵,这降低了台商企业的竞争能力;而这些原料大陆都有,有些泉州就有。据台商计算,从大陆取得的原料平均约较国际市场价格低15%—30%,如能在泉州取得,那么运费更便宜,对台湾经济发展有极大好处。

(3) 进入 80 年代以来,台湾农业平均年增长率仅为 1%,并先后出现两起两落。由于台湾当局推行自由化、国际化的经济政策,农业生产接二连三受到打击,新台币的升值又使农产品的购买力随而大幅增加,导致 1987 年台湾农产品进出口贸易逆差比 1985 年增加近 50%,达 13 亿美元。农业的不景气,以及生活习惯上同闽南地区的一致性,台湾人民很想尝尝来自家乡的乌龙茶、龙眼、荔枝、芦柑等农产品和特色水产品。泉州的自然地理气候正是适宜生产这些特色农产品,目前正建设和发展这些创汇农业,产品正欲进入国际市场。双方如果能在这方面合作,前景是很广阔的。

(4) 台湾岛内市场容量有限,向外出口又受到日益抬头的贸易保护主义的限制,台商要增加出口寻找市场步履维艰。而泉州本身就是一个尚待开放的大市场,更不用说整个大陆。泉州是著名侨乡,是全国有名的"藏富于民"的地方,人民生活富裕,近几年随着改革开放的不断深入,人民生活更是蒸蒸日上,消费水平提高很快,远远超出内地;然而由于工业基础相对薄弱,市场商品虽有但品种规格不多,质量尚待提高。更何况,泉州与内地市场联系紧密,如石狮的服装就进入全国各地服装市场,深受欢迎。

由于上述几个方面所阐明的泉台之间经济上的互补性,即使在过去海峡两岸严重对峙时,泉台之间海上和民间贸易往来也从未断过。台商输出商品多以轻纺原料及其制品、电子产品为主,泉州等地输往台湾的商品以中药材、名优酒、土特产和海鲜品为多,可见经济上的互补关系是吸引台商到泉投资的最主要原因。这也正是我们认为在泉州设立对台贸易加工区比较适宜的主要根据之一。

### (三) 泉州的投资环境相对良好

台商到泉州投资和到任何地方投资一样,除了要求两地具有强烈的经济互补性外,还要看所在地能否提供良好的投资环境。所谓投资环境,就是指投资成功所必要的各种条件,其中最主要的有以下几个条件。

(1) 稳定的政局和政策。稳定的政局和政策是保证投资者利益和投资安全性的重要条件,任何一国投资者到他国或地区投资都要考虑这个问题。台商也不例外,尤其几十年来两岸一直处于对峙状态,疑虑自然不可能一下子消除。但事实已证明,改革开放以来大陆的政局是稳定的,政策法规也是稳定的,政府所颁布的《台胞投资法》等法规政策相当优惠,而且具有长期性。泉州是著名侨乡,目前与外商和海外"三胞"合作投资的企业日增,并获得了很大成功,这表明,泉州在吸引外资、侨资、台资做法上是正确的,是有能力建设好对台贸易加工区的。

(2) 良好的基础设施和良好的服务。良好的基础设施是投资的硬环境,从目前来看,这一方面的工作还需地方政府不断完善,泉州市目前基础设施在整个福建省中不算差,比莆田等市要好,这对引进台资是一个有利条件。良好的服务是投资软环境中的一部分,没有良好的服务,投资者会给吓跑或气跑。目前,泉州在这方面正努力去做,如市政府为投资者排忧解难,简化投资审批手续等。

(3) 良好的经济协作网。如果认为只要划出一块地来,搞好"七通一平",加上优惠政策,台商就会蜂拥而来投资,那就大错特错,撇开政治心理上的原因不说,从经济的角度来看也是不行的,因为工业是社会化大生产,不是小农经济可以自给自足的,一个企业生产经营成功需要有一个良好的经济协作网,特别当初期投资只是些小项目时,更需要有经济协作网的支持。就像开辟一个荒岛让人去投资,尽管政策很优惠,毕竟不是中小企业有能力开发的。所以,尽管泉州市工业基础不是很理想,但毕竟还有相当门类的工业,其产值在闽南三角地区中仅次于厦门,更何况改革开放以来,泉州市乡镇企业与侨资相结合发展迅速,形成一个个独具特色的工业小群体,如石狮的服装,磁灶的建筑陶瓷,惠安的石雕、石板材,鲤城的日用小工业品等等,这些都可以成为吸引台资不可多得的经济协作网。

泉州是沿海经济开放区,享有类似经济特区的优惠政策,交通日趋便利、通讯设施完善、气候适宜、劳力资源充裕。以上分析可见,泉州市确已具备建立台商贸易加工区的条件,且又是台商投资的意愿所在,尽快建立这样一个加工区是十分必要的。

## 三、台商贸易加工区的基本构想

### (一) 台商贸易加工区地点的选择

考虑到目前台商来大陆和来泉州投资尚处小规模的阶段,且我国经济自1988年来出现了较严重的通货膨胀,宏观紧缩治理经济环境已成了当务之急,泉州市也不可能抽出大量的资金全面大兴土木,为加工区搞基础设施。因此,泉州建立台商贸易加工区,要依托现有的经济协作网络。因而选点很重要,适合的地点往往是成功的一半。我们认为,在泉州建立台商贸易加工区目前有3个地点可供选择,即崇武、石狮、鲤城,但三者各具特点,各有利弊。

(1) 崇武。崇武历来与台湾保持着贸易关系,即便是在两岸严重对峙的时期,福建省第一个台胞接待站、台轮接待站都设在崇武。从地理位置上看,它离台湾各大港口最近。因此,崇武是一个设贸易加工区可值得考虑的地方。但是崇武远离泉州、福州、厦门,交通不便,港口很小,且崇武镇工业基础薄弱,如果要在此与台湾开展大宗贸易不是理想之地,除非在交通、港口建设上有重大突破。另外,由于工业基础薄弱、基础设施较差,故设立加工区也值得推敲,更何况崇武附近除了石板材、劳动力外,别无其他资源。当然,不在崇武设贸易加工区,并不排除它仍可以与台湾进行各种贸易,也不排除零星台商到那里去投资。

(2) 石狮。石狮是全国著名的服装市场,各类服装生产企业众多,产品款式新,价格便宜,行销国内。1988年国务院批准成立石狮市,并试行政治体制改革,享有类似特区的优惠政策。一年来,石狮市市政建设、经济发展方面都有了很大的变化,许多三资企业生产经营都获得成功,应该说石狮市是一个较为理想的地点。在石狮市区附近设立一个台商贸易加工区,专门引进有关纺织、服装、皮革、鞋类等方面的台商投资,将有助于石狮市向轻纺服装等轻工专业市场发展,同时也较好地利用了石狮市目前的比较优势。

(3) 鲤城。鲤城是泉州市的市区,人口多,商业繁荣,是泉州市的工业中心,又是泉州市的政治文化中心,而且交通便利、通讯畅通、基础设施比较好,工业门类较齐全,科技力量也强,这是建立台商贸易加工区最为理想的地点。鲤城目前已有两个正在开发的"三资企业"加工区,因此利用这一已有条件,将台商贸易加工区合建一起,最能节约资源、节约资金。在此台商贸易加工区中,引进台资时可以作一定的选择,以利于目前鲤城区经济发展。在鲤城设立台商贸易加工区还有一个好处,这就是可以与鲤城新区的建设及田区的改造相结合,与鲤城区丰富的旅游资源发展相结合。

从以上的简略评估中,我们倾向于目前先在鲤城、石狮各建立一个台商贸易加工区,其规模不宜过大,可与"三资"企业的发展相结合。有人会说肖厝港也是一个很好的地点,长远来看是如此,但近期来看,由于肖厝还是一片处女地,不可能有大规模的台商来开发;也有人会说可寻一离金门岛最近的地点设加工区,这虽也不能说其没道理,但孤零零的一片农田要建成一个加工区,其投资规模目前来看是不现实的;除非有一大商家愿意成片开发,如果这样倒可让其一试。

### (二) 台商贸易加工区内实施政策要点

在台商贸易加工区内实施什么样的政策是关系到台商能否愿意来投资的重要方面。为吸引外来投资,国际上的惯例是制定优惠的政策。但政策的优惠程度又与贸易加工区的性质有关,我们认为在泉州建立的台商贸易加工区应具有类似特区的政策,也就意味着这一加工区的性质类似于深圳或类似于厦门半自由港,因此其政策要与这一性质相匹配。

#### 1. 经济方面的政策要点

(1) 贸易加工区基础设施建设资金以自筹为主,可以通过吸收土地租金、预收场地费或开发费及吸收贷款等办法筹措资金。区内投资以台资为主,在台资不足或侨资和外资愿意投资情况下,可包括侨资和外资,还有国内资金。

(2) 提供标准厂房或租金低廉的用地。建设设施完善的标准厂房,供台商根据自己的需要租用。如台商拟自建厂房,也可以,则以较优惠的租金提供用地。

(3) 税收减免优惠。根据《台胞投资法》《外商投资法》等的规定,可考虑在区内实行较优惠的政策。如区内工厂进口的机器、设备、原料、燃料及半成品一律减免征进口税和货物税。区内企业开业5年内免征企业所得税,5年后所得税的税率为20%,凡用于再投资的利润,其数额低于当年所得额的25%者,免征所得税。

(4) 外来资金及利润可汇出。工厂开工满两年后,每年可申请将投资金额的20%汇出;缴纳所得税后的净利润可全部汇出。

(5) 提供优惠贷款。投资者如欲购买或自建厂房,可按买价或建筑成本的50%向银行贷款,偿还期为8年。产品的出口可用信用证向银行取得出口信贷。

(6) 台商产品以出口为主,适当放宽内销,使台资企业产品有稳定的销路,并鼓励加速设备折旧,因加速折旧而替换下来的旧设备完税后,可就地卖给区内厂家,也可销往加工区外。

(7) 区内经营形式,可由台商自愿决定,目前为了适应台湾中小企业"整厂输出"的需要,可多发展独资形式,也可发展合资、合作生产和"三来一补"等。

#### 2. 管理方面的政策要点

(1) 区内可设一类似招商局的管理机构,全权处理区内各项管理事务;此管理机构只属市政府计经委领导,也可由外经部门全面负责。

(2) 制定严密、明确的管理规章制度。如果区内实施免征进口税,那么就要严格管理,防止走私违章;当然如果区内对进口的机器设备、原料、燃料及半成品依旧征税,那么,就可以减少这环节。

(3) 区内台商独资企业可按台湾的管理办法自主经营,合资企业一般也可以台商为主经营。在区内,台资企业可组织同业行会,进行行业管理和协调,维护行业利益。

(4) 按照来去自由的原则,台商可申请定居大陆,享受大陆公民的待遇,其企业在一定时间内仍可享受台资企业待遇,而且在区内的台商可选派代表,列席当地人大和政协的有关会议,可与当地政府磋商企业管理和生活事宜。

(5) 区内台湾企业可直接建立与国际市场的各种联系,按国际惯例开展对外经济活动。

### (三) 近期引进台资的做法与措施

目前泉州尚无可能建设台商贸易加工区,为了泉州经济的发展要大力引进台资;而泉州如果建立了台商贸易加工区,也需要有一些具体做法和措施吸引台商来区内投资。具体可采用下述做法。

(1) 以小对小,以侨引台。从前文分析可知目前台商对外投资规模不大,而且目前到大陆、泉州投资时往往以"侨胞"身份出现;因此泉州可以利用目前乡镇企业规模小、经营灵活的优势与台商合资经营;还可以利用泉州侨乡华侨、侨胞遍及世界90多个国家,港、澳同胞众多的关系,通过他们引进台资。

(2) 贸工并进、点面结合。一般来说,两地的经济往来总是先从贸易起步,当贸易发展到一定阶段,互相间的投资才可能产生,这是一个一般过程。对泉州来说,目前不能按部就班依次而进,而是应该贸工并进,相互促进。另外,泉州在引进台资时,只要台商愿意投资,只要是非污染严重的企业,都应允许引进,在对台贸易加工区没有建设前,也可以将其引进三资企业加工区,以便管理。

(3) 欢迎台商来泉投资,可不拘形式,既可独资,也可合资、合作办厂;也可与泉州市的各类企业合作,技术入股,搞"三来一补"等。

(4) 对台商来泉投资的经营范围可参照外商投资经营范围适当放宽,除工业、商业等服务业外,应允许经营农、牧、渔、水产养殖等领域,还应允许台商来泉经营旅游、交通等领域。

(5) 大力宣传已在泉州投资成功的三资企业,为那些处于观望的台商消除到大陆投资的疑虑。同时还可以利用泉州丰富的文化旅游资源,邀请台商来泉观光旅游、寻根祭祖,增进了解,这样一次两次地搞,就会促进互相了解,从而增强台商对泉投资的信心。

## 四、创建晋南侨乡加工区

晋南(即晋江县南部,包括龙湖乡、英林乡、金井镇、深沪镇)是晋江县的重要侨乡,东临台湾,南对金门,是晋江县对台工作的前哨。在党的十一届三中全会精神指引下,这个地区面貌焕然一新,成了该县乡镇企业、三资企业及"三来一补"企业发展较快较集中的地方。

为了组织实施沿海地区经济发展战略,加速晋江县外向型经济发展,我们必须抓住当前国际经济机遇,大力改善投资环境。为此,我们设想创建晋南侨乡加工区。

### (一) 创建晋南侨乡加工区的可能性

(1) 资金不成问题。华侨投资不成问题,4个乡镇几年来积蓄的资金不成问题,集结社会的闲散资金不成问题,必要时银行贷款不成问题。

(2) 交通通讯不成问题。公路交通可通过围永、大深公路通向全国各地,海运交通可通过东石、梅林码头(300—500吨级)通往香港、台湾。龙湖4 000门程控电话已开通,可直接通往世界18个国家和地区。

(3) 能源、供水不成问题。目前正在加工区北方建35 KV变电站,年底可望建成。而西南方有龙湖,龙湖是福建省两大淡水湖之一,是该地区最大的淡水湖,面积约2 700多亩,可提供加工区使用,必要时还有金鸡水通过荆山提水直通加工区。

(4) 土地征用不成问题。加工区地点系沿海滩涂地,土地利用率不高,大都是红黏土及酸性土地,不宜种植粮食,适合转让批租以便更好地发挥土地利用价值。

### (二) 开发的步骤与条件

1. 步骤

(1) 充分发挥加工区周围4个乡镇的积极性,以交叉公路为界,分4片各1平方公里,由龙湖、深沪、金井、英林筹集资金各自创建贸易加工区店面和厂房。县政府发动交通、邮电、商业各有关单位建设车站、邮电局、戏院、宾馆等公共设施,并可在建设中,边建边发挥效益。

(2) 随着生产的发展和资金的积蓄,进而开发龙湖旅游区,并扶持衙口海滨乐园的开发和发展。

(3) 开发华峰硅砂基地资源。华峰硅砂,硅砂层离地面浅便于开采,最深达 9 米厚(硅砂厚度),可兴建茶色玻璃厂。据省闽东南地质大队的初步勘探,按每年开采 30 万吨计,可开采 40 年。

(4) 开展对台贸易。到那时,晋南加工区将形成工、商、贸、旅游的综合性的开发地带,成为晋江县发展外向型经济的主要基地。

2. 筹建机构的形成

(1) 由晋江县政府牵头组织有关部门,组建晋南贸易加工区筹建办公室,负责土地征用、公共设施建设资金筹集,理顺有关部门协调关系,设立加工区统一的管理机构。

(2) 由龙湖、英林、金井、深沪分别建立加工区指挥部,负责各加工区具体筹建工程的各项事宜。

3. 加工区的优惠政策

参照广东中山县对加工区优惠条款并参照台湾高雄、台南、梓楠加工区的做法,结合晋江县县情,拟订适合对台对外而又符合国际惯例的优惠政策,创建有侨乡特色的对外加工区。这样做,既有利于集中资金加速有一定规模的建设,扩大政治影响,又便于引进竞争机制,还可节约建设用地。

# 关于开发泉州湾经济圈的建议(1999)[①]

泉州湾是我国历史上海上丝绸之路的发源地,曾是"市井十洲人"都会的进出口。为实现区域经济发展战略,振兴泉州,建设新泉州,我们对泉州湾所属的后渚港、东梅、晋江流域的东海、浔埔、仙石、法石、洛阳江流域、秀涂、崇武、蚶江、石湖、祥芝以及围头澳所形成的闽南泉州三角宝地,进行了广泛的调查研究,听取了海外"三胞",和全市有关部门领导、专家的意见,提出关于充分利用侨、港、澳、台资建设泉州湾经济区、使之形成一个侨、台经济开发区的设想。其目的在于创造一个新环境,使泉州市和闽南金三角地区的经济能较方便地和世界经济接轨,特别是为侨胞、港澳台同胞返乡建设提供一个基地,形成一个海上共同繁荣的现代新侨区经济圈,有力地促进这一地区外向型经济的发展。

## 一、泉州湾经济圈之必要

### (一) 发展外向经济的需要

泉州湾枕山面海,海岸线曲折绵长达421公里。早在公元6世纪,泉州就已是海外交通、贸易的重要天然良港,是海上丝绸之路的起点。马可·波罗在其《东方见闻录》一书中,认为它比埃及亚历山大港更为繁荣。这个被古人誉为"市井十洲人"的都会,是著名侨乡、文化历史名城,对海内外都有极大的吸引力,发展外向经济有着得天独厚的条件。

### (二) 发展闽台经济的需要

泉州是中国著名的侨区,又是台湾汉族同胞的主要祖籍地,是福建开展对台工作的重要窗口和前沿阵地。全市侨胞有500余万人,台湾汉族同胞中祖籍泉州府的占44.8%,有800余万人,抗日战争胜利前后,去台人员19万余人。近年来,在党的"和平统一、一国两制"对台方针政策影响下,泉台两地的民间"三通""四流"有了新的发展,特别是台湾当局放宽民众赴大陆探亲限制后,两地民间的交往更加频繁。开发泉州湾,有利发挥泉州湾多港口的优势,引进台资建设。

### (三) 吸引更多侨资建设家乡的需要

泉州市在海外的华侨、华裔500多万人,遍布全球90多个国家、地区,占福建省半数以上,占全

---

[①] 本文是1987年作者为上海泉州侨乡开发协会专家组撰写的给泉州市委、市政府的建议书,后收入1999年复旦大学出版社出版的《泉州发展战略研究》一书。

国 1/10。这些海外赤子之中有不少拥有亿元以上资产,有深厚"归属感"的人文观念,有赤诚的爱国之心和浓郁的乡土之情,有强烈的回乡投资和建设家乡的愿望,且海外信息灵通,还可充分利用侨商原来的市场,产品打入国际市场也容易得多,开发泉州湾可以吸引更多侨资建设家乡。

### (四) 发展加工区贸易区的需要

改革开放以来,泉州市"三资"企业发展较快。不少优质产品打入国际市场,泉州湾沿线不仅有众多的良港,而且还有许多滩涂和荒山丘陵地。开发泉州湾,为发展加工区和贸易区提供了广阔的前景。

### (五) 发展海内外文化交流的需要

泉州市人文景观绚丽多彩,集人文、古迹、名胜、宗教于一城,颇具南国古城之风采。梨园戏号称昆剧之祖,南音号称中原正音,都很好地保留了下来。宗教圣迹甚多,如佛教有闽南最大古刹开元寺、伊斯兰教在我国早期的寺院之一清净寺、道教的老君岩等。开发泉州湾,可为振兴海上丝绸之路,扩大海内外文化交流,发展旅游业,创造便利的交通条件。

## 二、自然条件和现状

### (一) 地理位置及对外交通

泉州湾位于福建省东南沿海,北邻湄洲湾,南毗厦门海湾,东与台湾岛隔海相望,晋江自西而东经泉州湾入海,门口有大、小坠岛把水道分成几条,湾内掩护条件较好。

泉州市区位于泉州湾西部晋江北岸,是依"海上丝绸"之路而兴起的古老城市,是泉州市的交通枢纽。福厦公路途经泉州市。泉州湾沿岸的各居民区均有支线公路与福厦公路相连。晋江水浅且多湾道,200 吨以下的小船可沿晋江上溯到泉州内港。

泉州市东距福州 196 公里,西距厦门 106 公里。漳泉铁路现已铺至湖头,湖头至泉州市区 97 公里的铁路计划在"八五"期内完工。届时,通过漳泉铁路,将加强闽南三角地区的陆上联系,使泉州与闽北以及浙赣等铁路相连接。泉州湾水路距马尾 157 海里,距厦门 84 海里,距香港 357 海里,距基隆 152 海里。

### (二) 自然条件

泉州湾地处亚热带,气候温和,温润的季风气候区。据晋江县气象站(118°34′E,24°49′N)1960—1985 年实测资料统计,其气候特征如下:年平均气温为 20.4℃,高温月份为 7 月,其平均气温为 28.2℃,低温月份为 1 月,平均气温为 11.8℃。历年极端最高气温为 38.7℃(发生于 1966 年 8 月 16 日),历年极端最低气温为 0.1℃。

### (三) 历史沿革

自公元 6 世纪中叶起,泉州便和亚非各国开展海上贸易,唐代为我国 4 大贸易港口之一。南宋至元代泉州以"刺桐"港成为世界最大贸易港口之一,"海上丝绸之路"的起点。明清时,由于倭寇入侵和实行海禁,更由于福州、厦门,自 1684 年相继开港,泉州港口日渐黯然。近百年来,由于帝国主义侵略,封建社会及国民党的黑暗统治,加之淤积严重,泉州港一蹶不振,走向衰落。

新中国成立后,泉州港又恢复了生机。20世纪50年代曾一度对外轮开放,但因台湾海峡两岸关系紧张,1959年封闭,仅限于地方小船沿海运输。1975年在后渚新建趸船码头2座。1978年以后,对外开放政策逐步落实。1979年后渚港对香港通航,并兴建了3 000吨线固定码头。1983年国务院正式批准泉州港恢复对外轮开放,泉州港的建设前景广阔。

### (四)泉州湾的现状

(1)泉州湾水域概述。泉州湾为一狭长海湾,隶属于鲤城区、晋江县和惠安县。岸线自晋江县祥芝至惠安县张坂长95.1公里。湾顶为洛阳江出口,湾中有晋江汇入。除9个浅段外,大部分航道水深条件良好。泉州湾是著名的避风港湾。后渚港区可停靠3 000—5 000吨线船舶。秀涂、石湖锚地可停泊万吨级船舶。

目前,泉州湾的岸线,除后渚、内港的港口岸线和养殖盐场及围垦岸线被利用外,相当部分的岸线仍未开发利用。

(2)泉州港现状。由于历史原因及淤积的影响,泉州港发展缓慢,岸线使用较为分散。进入20世纪80年代,加快了港口建设速度,现已初具规模。1987年3月后渚港区正式对外籍船舶开放。自改革开放以来,泉州港的建设速度加快,货物吞吐量也有较大的提高。

(3)养殖及围垦现状。水产养殖在泉州湾内有较长的历史。泉州湾经济水产生物丰富,可供养殖的种类较多。合理地开发利用海岸带资源,综合渔业基地建设,是泉州市经济发展的重要组成部分。

泉州湾内现有滩涂13.9万亩,浅海(0—10米水深)25.5万亩,目前主要作为福建省的蛏苗基地,并养殖海蛎、紫菜等海产品。滩涂利用情况如表1所示。

**表1 泉州湾滩涂养殖利用表**

| 项　目 | 滩涂面积(亩) | 宜养面积(亩) | 已养面积(亩) |
| --- | --- | --- | --- |
| 晋江县 | | | |
| 陈　埭 | 33 560 | 11 090 | 8 303 |
| 蚶　江 | 23 195 | 7 776 | 4 215 |
| 祥　芝 | 2 000 | 903 | 348 |
| 惠安县 | | | |
| 洛　阳 | 8 407 | 6 726 | 3 910 |
| 东　园 | 16 178 | 5 044 | 1 753 |
| 张　坂 | 4 244 | 424 | |
| 崇　武 | 7 177 | 1 073 | 105 |
| 鲤城区 | | | |
| 城　东 | 14 580 | 4 305 | 3 945 |
| 东　海 | 29 790 | 7 203 | 3 488 |
| 总　计 | 139 131 | 44 544 | 26 027 |

泉州湾内围垦面积78 755亩,对湾内纳潮有影响的垦区有:陈埭围垦13 250亩,蚶江围垦5 515亩,城东围垦7 000亩,石任军垦720亩,五一农场围垦20 400亩,以及白沙等盐场。

### (五) 存在的问题

泉州湾具有悠久的开港历史。近代以来由于各种因素影响,致使港口事业发展缓慢,作为海滨城市的泉州市,港口的功能和作用尚未发挥出来,直接影响了全市经济的发展。

泉州湾内宝贵的岸线资源缺乏合理宏观控制,盲目围垦造田严重破坏了生态环境。纳潮量减少,滩涂淤高,港区及航道严重淤积,影响了港口发展。

泉州湾内水产养殖业的发展一直比较稳定。水产养殖对泉州湾的经济有重大价值,水产资源及岸线的保护极为重要,应形成与之适应的水产加工区。

泉州港作为历史老港,存在着库场不足,装卸工艺落后,设备陈旧的问题。内港码头紧临城市道路,基本无库场,后渚依山建港,库场也显得不足。港池、航道淤积严重,影响了船舶的出入及操作安全,泊位难以发挥效益。长期以来,泉州湾的港口建设缺乏统一的规划管理。盲目建设,各成体系,造成了布局混乱,项目重复,资金浪费,有限的岸线没有得到合理利用。

## 三、众 多 优 势

### (一) 国际形势有利的机遇

当前的国际经济形势,东南亚华侨和台湾、港澳台同胞的处境和归属感,对我们引进外资开发泉州湾非常有利。随着货币汇率的新变化,经济发达国家需要进行经济结构、政策等的重大调整,大量资本需要寻找劳动力价格便宜的地方投资、加工产品,这为我们利用外资提供了极好的机会。

### (二) 有一定的工业基础

泉州的工业生产,尤其是轻工生产已初具规模,大部分分布在泉州湾沿岸,初步形成食品、服装、鞋帽、建材、陶瓷等行业,拥有啤酒、电冰箱、赖氨酸等一批具有较高生产技术水平和现代化的中型企业,其中服装、建材、陶瓷、茶叶等在闽南三市之中存有相对的优势。随着肖厝炼油厂的建成投产,今后几年泉州的化工生产可能将有较大突破,轻重结构将有较大的变化。这些都是开发泉州湾初步的工业基础。

### (三) 有一定的乡镇企业基础

近年来,随着改革开放的不断深化、发展,泉州市的乡镇企业迅速崛起,已成为泉州社会经济不可缺少的重要组成部分。初步形成了服装、鞋帽、陶瓷、建材、电子、塑料、水暖器材、茶叶加工等十几个主要生产行业,拥有一定的生产技术能力和一批先进设备。在泉州湾沿岸涌现了陈埭、仓苍、白崎、蚶江、祥芝、磁灶、石狮等专业市场,创出一大批具有国际国内先进水平的拳头产品,形成了一批多形式、多成分、多层次的企业群体。

### (四) 有一定的农业生产基地

泉州市耕地面积有 231.8 万亩。泉州湾港口多,渔场广,水产生物种类繁多,水产资源十分丰富。1986 年泉州市的水产品产量达 310.8 万担,泉州的安溪、永春、德化三县,山高雾重,气候适宜,生产茶叶传统悠久,乌龙茶中的精品"铁观音"名茶畅销各地。近年来,安溪乌龙茶以其独特的风味、功效,畅销日本和世界各国。全市共有茶园 24.38 万亩,产量达到 7 000 多吨,尚有较大发展余地。

### (五) 有一定的外资外贸条件

泉州市物产丰富,品种繁多,对外经商贸易传统悠久,历来是福建省外贸出口的主要基地之一。泉州市外贸收购总额及对外加工装配外汇均为闽南之首,泉州市利用外资工作发展较快。

### (六) 有一定的交通运输条件

泉州市的公路运输比较发达。全市公路总长 4 827 公里,福厦公路横贯全市,公路密度居全省第二,尤其是那些非交通系统及个体户的车辆,为繁荣商品经济起了较大的积极作用。泉州海岸线总长 421 公里,大小港口 30 个,吞吐能力将近 100 万吨。目前后渚港共有 5 千吨泊位 2 个,3 千吨泊位 2 个,5 百吨泊位 2 个和 1 个 5 千吨的客货码头,比过去有了较大改观。开发泉州湾,能更充分发挥泉州港口多的潜在优势,使之成为泉州市对外经贸的重要口岸。

### (七) 有较丰富的旅游资源

古城泉州是国家首批公布的 24 个历史文化名城之一,名胜古迹繁多,旅游资源极为丰富,被誉为"圣教圣地"。全市国家级重点文物保护单位有 11 处。不仅保存有开元寺、东西塔、老君岩、洛阳桥墩、清净寺、圣墓、摩尼教草庵等一大批精致的、代表各宗教派系的古建筑、古寺庙,尚拥有木偶、南音、梨园等具有晋唐传统文化的艺术瑰宝和清源山、崇武、涵口海滩等明丽的自然风光。每年前来参观旅游、探亲访友的海内外游客络绎不绝。

### (八) 有广大华侨的关心和支持

泉州是我国著名侨乡。全市共有泉州籍的海外侨胞、外籍华人 500 多万人,其中不乏经济实力强、政治影响大、学术知名度高的实业家、政治家、学者等,遍布世界 90 多个国家和地区,占全省华侨总数的 50% 以上。近年来,随着党的侨务政策的落实,华侨投资故土、报效桑梓的热情更高。华侨对家乡的贡献和作用是不可忽略的。

### (九) 有与台湾的紧密关系

自古以来,泉州和台湾之间血缘相同、语言相通、习俗相似、地域相近。崇武港和台中港相距仅 97 海里,是大陆离台湾最近的地方。近年来,通过种种渠道前来探亲旅游、经商贸易、洽谈业务、投资办厂的台胞日益增多。而当前美元贬值、台币升值,促使台商开始把注意力转移到和台湾地理位置相近、投资环境类同、劳动力资源丰富的泉州一带。泉台经济关系正面临着一个极好的发展时机。

### (十) 有一定的矿产资源

现已查明,泉州煤和铁的储量分别超过 1 亿吨和 2 千万吨,其中天湖山煤矿是福建七大煤矿之一。泉州已探明的高岭土的储量达数亿吨,它是发展陶瓷、建材的理想原料。除此之外,泉州尚有丰富的石英砂和型砂,是福建仅次于东山的主要矿点之一。石英矿是发展玻璃工业的主要原料之一。

### (十一) 有中心城市作依托

泉州素有"商业城"之称。随着改革开放的不断深入,泉州以生产小商品为主的乡镇企业的兴起,初步形成了四通八达的商业网络。泉州市的社会商品零售总额位居闽南各地、市之首。

### (十二) 有一定的政策优势

泉州市所在的闽南三角地区是我国的经济开放区,享有一定的政策优惠条件,有利于促进经济快速发展。有鉴于此,我们认为开发泉州湾的时机已经成熟,应不失时机地促其上马,使泉州湾成为东南沿海的一颗海上明珠。

## 四、"众星捧月"式规划布局

### (一) 建设规划原则

(1) 泉州湾开发应立足于充分合理利用海岸带资源,岸线规划应与闽南三角经济开发区的经济发展战略相适应。

(2) 充分利用现有能力,力求远近结合,近期适应工农业发展的需要,远期海港城市各项功能的发挥所需岸线应留有余地。

(3) 对海岸线这一宝贵资源的开发利用必须和保护自然生态平衡相结合。

(4) 本规划仅进行岸线的功能划分。岸线初步划分为:港口岸线、工业岸线、水产养殖岸线、旅游岸线及其他岸线。

### (二) 港口岸线建设规划

根据目前城市发展布局,岸线的水深条件及对外交通等外部协作条件,泉州湾今后将发展4个港区、2个港点,即内港港区、后渚港区、秀涂港区、石湖港区及崇武港点、祥芝港点。

### (三) 工业发展岸线建设规划

目前,泉州湾沿岸无大型骨干工业企业。湾内主要城市——泉州市也是以轻工业为主的消费型城市。随着对外开放政策的实行,泉州湾沿岸、特别是泉州市工业将有较大的发展,目前东海工业区正在起步,城东工业区也正在规划之中。

东海工业区由鲤城区东起,经法石直至东梅村沿海一带。目前已建成合成氨厂、味精厂、漆厂等。电冰箱厂、赖氨酸厂等也正在兴建中。东海工业区地处晋江北岸,地势平坦,紧邻城市,水陆交通方便,是发展对外加工业的良好地点。该区化工工业占有一定比例,因此应首先解决工厂污水处理。城东工业区拟建在后渚以北的仁公岭一带。目前已建有啤酒厂一座。今后将建成轻工、机械、建材等工业区。

晋江县是整个闽南地区商品经济最发达的地区之一。晋江县华侨众多,合资企业比比皆是,陈埭、石狮、祥芝等泉州湾沿岸地区已发展成具有一定规模的加工工业区。蚶江一带锦里、大厦将是晋江县的加工工业发展区。商品经济、加工工业的繁荣,必将带来其他各行各业的需求日益增长,海岸带的合理使用显得尤为重要。

惠安县目前工业尚不发达。福建省已把湄洲湾沿岸作为全省将来发展钢铁、化工等工业基地,届时将带动惠安县整个工业经济的繁荣。作为惠安县南部的秀涂等地也将利用海湾港口的优越条件,形成加工工业区。规划中初步拟定秀涂后方作为食品、轻化工业加工区。

### (四)水产养殖岸线建设规划

泉州湾内晋江、洛阳江的汇入携带了大量有机质和无机盐类。咸淡水交换频繁,为海洋渔业和水产养殖提供了丰富的饵料。泉州湾口门外有大小坠岛屏障,湾内风平浪静,潮流畅通,潮差大,滩涂发育,适宜鱼、虾、贝类及藻类的生长。长期以来,泉州湾就是福建省的蛏苗基地,并养育大量的蛏、海蛎、紫菜及各种鱼虾。

目前,湾内滩涂地养殖面积已达 26 027 亩,占宜养面积的 58%。泉州湾的开发利用必将对水产养殖产生一定的危害,因此应采取必要的保护措施,划分资源保护区,保证滩涂地的养殖需要,严格控制工厂、城市、港口在湾内的污物排放,保证海水水质。

就目前情况及对今后泉州湾开发的展望,建议在确保当前养殖面积的前提下,以提高产量,增加品种作为养殖发展方向,充分利用目前的围垦水域养殖鱼虾。对浅水养殖区的扩建应重点考虑:以保护湾内建港、通航的需要。

### (五)旅游岸线建设规划

泉州市是全国著名的历史文化古城之一,名胜古迹众多,绮丽的海滨风光每年都吸引着大批华侨、中外游客来此地观光、旅游。它也为泉州市人民休息、娱乐提供了优美的场所。

根据泉州湾的自然条件及城市规划要求,体现海外交通史特色的鲤城南区,为古城重点文物保护区。洛阳古桥一带,可开辟为洛阳江风景游览区。泉州湾南岸以石湖塔为旅游点,石湖塔以东古浮澳海滨沙质海滩宽广,水清浪静,岸滩绿树成荫,可开辟为海滨。

### (六)其他岸线建设规划

泉州湾自 20 世纪 70 年代以来,围垦造田、增建盐场等增加了很多人工建筑物。这些工程减少了泉州湾的潮量,致使湾内近年淤积严重。目前,围垦已经营多年,大多数已种植粮食、甘蔗等经济作物及养殖鱼、虾等。围垦是否打开,恢复自然状况或采取其他措施治理泉州湾,目前正在论证中,这部分岸线需要在充分论证之后才能确定。

为了目前的通航要求,交通部天津水料所正在作航道整治的前期工作,初步拟定需要建部分顺坝、丁坝。这部分岸线目前尚应保护起来。

## 五、泉州湾港口总体布局规划

### (一)规划原则

(1)根据泉州湾为区域性地方港口这一特性,港口的发展应适应地方经济的发展需要,由小到大,逐步完善。随着远期的水域开发利用,铁路通车,它将可承担部分中转任务。

(2)深水深用,浅水浅用,统筹兼顾,各得其所,远近结合,合理布局。

(3)根据侨乡对外开放政策及经济发展的需要,积极发展旅游业,逐步实现港口的现代化。

(4)港区开发与航道整治结合,尽量减少工程对自然水流的影响。

(5)码头建设分片开发,相对集中。

### (二) 港口总体布局规划

（1）内港港区。内港港区位于晋江下游新泉州大桥之下，毗邻市区，是泉州市区进出口物资的良好通道。近年来晋江两岸的水土保持屡遭破坏，晋江含沙量增大，河道严重淤积。泉州市已设立水土保持办公室，专门负责晋江两岸的治理。一旦整治奏效，晋江水体含沙量减少，沿岸的防洪与通航能有机地结合起来，晋江的水运事业仍将得以发展。其功能以满足泉州市区的日用百杂货物集疏运为主，逐步发展旅游及内河航运，并可在法石一带建设工业的专业码头。根据晋江的通航条件，宜建500吨级以下泊位。

（2）后渚港区。后渚港区距市区10公里，距新建的东海工业区仅3—5公里。该港区位置适中，交通方便。是福建省对外开放港口之一。后渚港区处于洛阳江水道两岸。20世纪60年代以前，该处水深条件良好，自然环境优越。20世纪70年代以来，洛阳江建闸及闸下大面积围垦，减少了港区以内的纳潮量，加之晋江含沙量的增加，致使后渚港区淤浅。航道通航水深减少。目前已开发利用的岸线为上游海军码头至下游海巡码头间约1 700米，共建成8个泊位，"七五"期间还将增加4个泊位。后渚港马头山前岸线比较顺直，淤泥滩发育，淤泥层下伏基岩，基岩面起伏较大，其上覆风化残积层分布范围广，厚度及高度变化也较大。现有港区的扩建方向由海巡码头向南发展。港区向南为晋江入海口，晋江以平均每年221万吨的泥沙量排入海中，晋江河口呈喇叭口状伸入泉州湾内，喇叭口上侧形成后渚港的大片滩地，并引起港池的淤积。泉州湾整治方案提出在现海巡码头以南，建一顺坝，减少晋江向湾内的输沙，在港区对岸建立六条丁坝，束水攻沙，以保证后渚港前及白崎航道水深。顺坝的建设将提供港口发展的大片陆域。建议由海巡码头以南2 400米的岸线作为港口发展岸线。该段岸线处于晋江出海喇叭口的上缘，对晋江排洪量影响不大；岸滩已形成+4米的大片浅滩，加以处理后可形成港区的大片陆域；码头沿顺坝而建，对后渚一带的流域影响不大。建设后渚港区后方纵深1公里左右的范围内，辟作港口服务区。除了仓储场地之外，配合对外贸易、对外客运及港口本身生活福利要求，建设联检、公安、宾馆、银行、邮电、职工宿舍、医院、学校等一系列服务设施，形成具有多种服务功能的港口独立区。

（3）秀涂港区。秀涂位于泉州湾内东北岸段，洛阳江水道与晋江出口的交叉处。该岸段地势平坦，水深条件较优越。秀涂距泉州市区公路里程约30余公里。若在湾内建设跨水道的大桥，则可大大缩短泉州市区、秀涂的距离，使秀涂成为距泉州市区最近的深水港区，主要发展散货、工业码头。秀涂一带海岸上部覆盖近代滨海沉积层，下部为残积层。北段岸线为淤泥质海岸，岸滩稳定，平均标高2米左右。该地区常年风向为北、东北向，港区背风而建，泊稳条件较好。秀涂水产站以北仍处于洛阳江水道中，与后渚港区同样受湾内淤积影响。为整治后渚港及白崎航道，该岸段设立了6条丁坝。为了与洛阳江水道的航道整治标准取得一致，该岸段初步确定码头岸线长2.4公里，以建设中级泊位为主，码头前沿线不得超过丁坝端部，以保证整治过水断面。水产站以南至北乌礁1公里岸线，深水区距岸边较近，是秀涂港区的最佳深水岸线。北乌礁向东，沙质海滩宽阔，经开挖治理后可形成深水港区，初步确定岸线长度为2.2公里。

目前秀涂水域已抛设了3个万吨级浮筒，供过驳作业用。在无深水泊位情况下用过驳作业解决大船到港的问题是可行的。但过驳作业压船时间长，增加了货损和装卸成本。随着经济的发展，货运量的增加，它必将由深水码头所取代。

（4）石湖港区。石湖港区位于泉州湾南岸的石湖山前，该处水深条件良好，为基岩海岸。距岸边约600米即为-10米等深线，可直接开采石湖山石料填筑港口陆域。该处接近口门，泊稳条件稍次于后渚港区。目前石湖附近尚无勘探资料,深水区已用作过驳锚地。根据当地条件及测图,初步确定石湖以建深水泊位为主,适当建设中小泊位,今后建成为综合性的商业港区。可用岸线长度初定为2.7公里。

针对上述岸段划分,考虑了两个总体布局规划方案。

方案1:

后渚港自海巡码头以下以顺坝作后方堆场的护坡线,码头建于－1米等深线附近,码头与后方堆场由120米引桥相连。码头采用桩基结构形式。2 400米岸线可建成3 000—5 000吨级泊位18—20个,达到300—400万吨吞吐能力。

该方案码头建于顺坝外－1米水深处,开挖工程量相对少些,对过水断面有一定的束窄作用,对流速有一定影响,但有利于码头前水深的维护。码头距陆上堆场较远。将增加货物周转的运输,运营不够合理。

秀涂港区采用顺岸式布置方案。北段码头前沿线以丁坝端部控制,顺岸建码头对水流影响较小。该段岸滩滩面较高,易于回填成陆,回填后对纳潮量影响较小。2 400米岸线可建中级泊位18—20个,达到300—400万吨吞吐能力。

秀涂水产站以南到北乌礁1公里岸线,岸线顺直,深水线距岸边较近,可建万吨级深水泊位5个,达到150—200万吨吞吐能力。该岸段岸边为大片荒滩地,码头采用桩基结构由引桥与堆场相连,可作为秀涂港区优先发展的码头岸线。

北乌礁以东为大片沙滩地,沙质为中粗砂,岸滩发育,水面开阔,岸滩顺应晋江泄水水势。拟定码头浅位于0米等深线顺岸发展,码头前水域要靠开挖形成。该水域中粗砂底质开挖有一定困难,开挖后淤积量的大小及维护的难易要作进一步研究。2.2公里岸线可建成万吨级泊位12—15个,达到350—450万吨吞吐能力。东端可作地方小船及游艇码头。该段岸线与湾内强风和自生波强浪向垂直,对码头作业是不利的。

秀涂、后渚两港区之间,自湾顶海军码头之下建一铁路、公路大桥相连,大桥长1.5公里。该桥增加了泉州后渚与秀涂的联系,对湾内的通航影响甚小,泉州与秀涂的陆上距离由原来的30余公里缩短为17公里。秀涂港铁路自西岸后渚铁路线引出,加强了港口与铁路的联系,减少了铁路占地面积。

石湖港区历年来水深情况良好,基本无冲淤变化,距岸边500—600米顺－10米深水线建立万吨线码头1.5公里,共可建7—8个万吨级以上泊位。港区西侧依地形建一中小泊位区,其顺东北风向,万吨级码头对其形成自然掩护。中小泊位区码头线1.2公里可建泊位10—15个,其可形成450—600万吨吞吐能力。

方案2:

后渚港区自海巡码头以下以顺坝为码头轴线,若码头采取板桩结构形式,不需要引桥与堆场联系,这在运营中减少了货物的周转路径是优越的。码头前自然水深仅0米左右,开挖工程量较大,开挖后对整个水道的水流影响不会太大。但该地地质情况不明,板桩方案是否合理尚需做进一步的工作。2 400米岸线可形成中级泊位18—20个,达到300—400万吨吞吐能力。

秀涂港采取港地、突堤码头方案,突堤宽350—400米。北段岸线形成3个港池、码头共长4.8公里,可建中级泊位35—40个,达到600—800万吨吞吐能力。秀涂水产站至北乌礁1公里岸线建设顺岸栈桥式万吨级码头5个。南岸线形成港地1个。岸线4 300米,形成20—30个泊位,达到400—500万吨能力。该方案在有限的岸段里形成了较多的码头泊位,用挖港池的泥沙回填突堤陆域,挖填可基本平衡。但港池部分水流复杂,容易产生淤积。维护工程量较大。

后渚港与秀涂港之间仍以现有公路联系。公路需进行改造。自泉州—肖厝铁路线路上分别引专用线至秀涂、后渚。铁路工程量大,占用陆上面积较大。港口与城市公路联系距离较长。

### (三) 港口发展规划

泉州港经过"六五"期间建设,已初具规模。根据泉州湾沿岸经济的发展、运量预测及自然条件,2000年以前,泉州港将以后渚港区的发展为核心,充分利用沿岸的水域交通条件,适当发展沿岸的小型码头。

(1) 后渚港扩建的必要性。后渚港有生产性泊位8个,总吞吐能力76万吨。2000年后渚港区货物吞吐达130万吨,因此,今后后渚港的扩建是非常必要的。目前,后渚港已陆续接纳了港澳货轮及客轮。这些都为后渚港区发展成以中级泊位为主的商港提供了保证。后渚港在近期建设中缺乏统一的岸线管理及长远规划。在任务紧、投资不足的情况下,往往各取所需,各自为政,形成了深水浅用,军、客、散、杂货码头间杂的局面。为了便于今后码头的扩建与管理,有必要对岸线进行统一规划。

后渚港现在已用的岸线北起海军码头,南至海巡码头。海军码头接近湾顶。目前低潮时码头前沿已露出水面,海军现已打算放弃该点。石油码头起步较早,占用了北段岸线,这在安全及防污染两方面都是不利的。按规范要求,油码头距其他码头最小安全距离为300米,在这段岸线上不宜再次安排建设项目。后渚港目前的建设集中在马头山前沿,现已占用岸线约800米,建设泊位8个,500吨浮码头2个,500吨超驳码头2个,3 000吨码头1个,5 000吨客货码头1个,5 000吨粮食码头1个,海巡码头1个。

为了合理地利用已开发的码头岸头,首先需对该岸线的功能给以划分。建议利用海军码头现有设施,改建为全港区的航修站。油码头考虑现有状况及湄洲湾炼油厂的建设,仅需对油库作适当扩建,以提高码头能力。油码头本身不宜再扩建,除海上采取安全防护措施外,陆上可植树造林,形成陆上的绿化隔离带。

油码头距下游500吨浮码头约300米,其间不宜再建泊位。根据浮码头前沿不深较浅及后方陆域狭窄的特点,建议浮码头今后改造为工作船、小船轮渡及旅游码头。现在正在建设的起驳码头,建议以杂货运输为主。目前已投入使用的3 000吨泊位作为客货码头,搞好绿化及各项服务设施。现拟建的5 000吨泊位,上邻客货码头,下靠粮食码头,应以件杂货运输为主。这样在粮食码头上游,以杂货、客运为主,配以适当的服务性泊位,合理地利用了自然条件,有利于港区环境的改善。

海巡码头因历史原因,小船占用了深水岸线,人为地分割了港区,布置不合理。建议创造条件在他址建设海巡码头,将现有码头改为杂货泊位。扩建码头宜建于海巡码头下游的规划发展区内,以建设杂货码头为主。到2000年后渚港区共有生产性泊位10个,总吞吐能力140—160万吨。建议在现海军码头附近设立1座分区车场。

(2) 改造泉州内港。泉州内港过去一直在石砌驳岸上进行作业。由顺济桥下直至目前修船厂共9个码头。现晋江内河运输基本已不复存在。泉州新大桥建成后,桥下1—5号泊位基本只能乘潮停靠民间采砂的1吨左右小船。桥下游7号泊位已改作工作船及渡江小船泊位。8号泊位于20世纪80年代改造为高桩梁板式固定码头,可停靠3艘200吨级船舶。

经过"七五"期间建设,泉州内港将有6个200—500吨级驳船泊位,吞吐能力为25万吨。在很长一段时期内可以满足泉州市区的需要。港口今后可视情况建设适当的旅游码头。为了有效地发挥现有港口的能力,对内港采取改造为主的方针,对老旧设备更新改造,扩大库场面积。建议新公路大桥以下至9号码头沿江公路迁到防洪堤内侧,防洪堤外作为港区的货物中转用地,港区后方征用1.8万平方米作为库场区。

(3) 其他码头。泉州市海岸线曲折,沿海大小村庄星罗棋布。发展地方小码头,对促进水上运输业的发展,缓解陆上交通紧张局面有积极的作用。"七五"期间,泉州湾湾口北岸崇武兴建1个千吨级码头。湾口南岸祥芝一带,地方工业比较发达,后方石狮等地是我国著名的小商品基地。祥芝湾风平浪静,是沿海渔船的避风处。1986年由地方集资兴建了一石砌引堤,可停靠300吨小船。建议建设1个千吨级泊位,以满足地方运输及扩大对台贸易的需要。

(四) 港口集疏运规划

港口集疏运条件是港口综合通过能力的有机组成部分。由于泉州港港区陆域较狭小,提高港口的集疏运能力,加快港口货物的周转显得尤为必要。

(1) 开通泉秀南路。远期泉秀路改造为1级公路,内港防洪堤以外另辟一城市交通公路,自顺济桥至9号码头防洪堤内道路均为港区道路。

(2) 漳泉铁路现已通车。随着经济区开发建设的需要及肖厝工业区的上马,铁路通车至泉州,并通至后渚港,后渚建立一分区调车场负责整个港区的车辆编组作业。远期随着秀涂码头的规模增大,铁路可通至秀涂。

(3) 福建省岸线曲折,沿岸乡村星罗棋布。随着海峡两岸关系的日趋缓和,各类形式的码头将不断出现,这不但加强了海峡两岸的联系,对于缓和省内陆上交通紧张局面,充分利用水域资源也起了很大作用。

(五) 港口公用设施规划

(1) 供电。泉州市的电力主要由闽西南、闽北电网和山美水电站通过地区电力分配中心——后茂变电站,将110千伏电压降为35千伏分送到泉州市区及邻县用电单位。目前后渚港电源由泉州东郊35/10千伏变电所引出的10千伏架空线供电。港区已有200千伏安露天杆上变压器1台。后渚地区今后可建设35千伏变电站一座。变压器容量应统一考虑后渚全港区的变配电的需要。

(2) 供水、排水。目前泉州市区已有两个水厂。西水厂规模1.5万吨/日,北水厂规模2万吨/日。后渚港以北水厂为水源,干管引到港内炮台山水池,水池容量500吨,由Dg200毫米给水管送到码头前。后渚港今后的水源仍将取自北水厂。该水厂二期工程扩大规模2万吨/日。可以满足后渚港2000年的发展需要。建议于炮台山扩建高位水池,水池容量2 000吨。后渚港目前建设已初具规模,建议今后设立消防队,以保证整个海湾和港区消防安全。目前后渚港区雨水、污水均采用向海直排形式。为保证泉州湾的水质,随着港区规模的形成,建议全港区统一建立污水处理厂。雨水可直接排净,污水需经污水处理厂处理达标后排放。

(3) 通讯。泉州湾内现有两个港区,港务局目前的生产业务靠无线电台和有线通讯联系。福建省目前已建立福州、厦门海岸电台,泉州港近期可利用福厦两电台,其信号通过福建省先进的微波电话系统传送。根据泉州港的发展,远期可建立一海岸电台。

(4) 住宅规划。泉州港现职工住宅分两处,后渚有单身宿舍楼,职工住宅楼大多在市区内。随着港口建设的发展,职工队伍的扩大,职工住宅紧张状况将十分突出。随着港口开放及对外轮业务的增加,后渚将陆续兴建联检、涉外单位、宾馆及相应服务设施。建议后渚地区自马坂山以东地域均划作港口服务小区,小区的具体规划待定。

### (六) 环境保护

目前泉州湾沿岸工业尚不发达,海湾内水质达国家水质Ⅰ级标准。晋江内水质达国家水质Ⅰ级标准。近几年工业区已相继上马,港口也陆续投入建设。如何保护泉州湾的环境应引起重视。泉州市环保局已委托中国环境科学院进行泉州湾水环境同化容量研究。本文仅就港口建设引起污染的处理意见作如下说明:泉州湾今后发展的主要方向将在后渚港区。内港陆域狭小,大部分货物为城市百杂货,且随到随卸,及时运到货主单位,其污染仅为装卸中的撒漏及机械洗污水。建议加强装卸作业中的管理,尽量减少撒漏。对于清洗机械污水,建议由城市污水处理系统一并考虑。后渚港区目前尚在建设中,根据后渚港的发展,建议今后港区设计环境监测站和统一的污水处理厂、海上污物回收船。对装卸煤、粮等引起大气、噪音污染的码头,采取有效的防护措施,港区间种植绿化隔离带,全港区加强绿化,以保证良好的环境。

## 六、重点工作和步骤

### (一) 制定相应政策和法规、条例

泉州湾的开发,对国内外投资者是否有吸引力,关键在于有一套相当开放和优惠的政策,以及能保护投资者合法利益的法律条例,诸如设立对台自由经济区等,可以保护吸引外资。

(1) 在自由经济区内设厂,原料与组件进口免税;

(2) 在自由经济区内生产的成品,免税输出国外;

(3) 有权将资金汇返母公司或世界其他地方;

(4) 在自由经济区内可拥有厂址、地皮所有权,并可获得标准厂房,维修设施、水电、通讯、污水处理等服务。

### (二) 建立筹备班子,组织可行性研究

开发泉州的大原则确定后,市政府即要着手组织筹备班子。这个班子的主要任务就是国内外的有关组织联合进行开发泉州湾的可行性研究,同时筹措前期开发基金。

### (三) 积极筹措前期开发资金

这是泉州湾开发起步的关键所在。应该从以下两个方面着手,一是与国外、国内的投资者探索各种合资、合作、独资开发的可能性,争取各种投资,尤其是要努力吸引侨资和开发泉州湾;二是向国内、外银行筹措一部分资金或比较优惠的贷款。

# 国内外产业结构变动研究(1999)[①]

地区产业结构的调整不能脱离全国产业结构的水平、布局与政策,同时也不能割裂与国外产业结构发展和阶段演进的规律性关系。本着这一思路,我们对国外产业结构的变动特点和措施,国内产业结构的水平、地区产业结构变动趋势、主导产业的发展与选择进行了研究,并以此为依据提出有关产业结构调整的若干建议。

## 一、国外产业结构的变动分析

### (一)国外产业结构的变动特点

20世纪90年代后,国外某些国家和地区在政府政策的外在推动与企业增强自身竞争能力的内在冲动下,产业结构发生着程度不等的高级化与合理化的演进,特点是:

1. 从追求传统产业优势向高新技术优势方向转变

冷战结束后综合国力的竞争取代了军事和意识形态的对峙,成为世界经济竞争的主要特征。发展高新技术是提高综合国力的最重要手段,所以,许多国家把发展高新技术产业当作最重要的国家发展战略。

2. 从信息技术研究向信息技术产业化方向转变

信息技术对社会具有极强的渗透力,它的快速发展成为经济发展和社会变革的强大推动力,同时信息高速公路和互联网的广泛应用又加速了整个信息产业的发展。

美国凭借技术优势率先进入信息社会,把"信息高速公路"作为高新技术发展的重点,通过制订计划、成立专门机构、增加专门投资,促进了信息产业的发展。

韩国1994年初成立了以国务院总理挂帅的"超高速信息网促进委员会",准备投资500多亿美元、分三个阶段实施。同时,还采取配套措施,提高信息产业的现代化水平,宣布2015年前建成信息高速公路网络。

德国早在美国提出建设信息高速公路之前就已建成了世界上最现代化的通讯基础设施,1996年又通过了题为"2000年信息——德国进入信息社会之路"的报告。政府责成经济部牵头、邮电部等各部门共同参与该行动计划,加快信息产业的发展。

3. 从传统产业量的扩张向传统产业质的提高转变

信息、生物和环保技术的快速发展,对整个产业具有巨大的示范与带动作用,给第一产业注入

---

[①] 本文刊载于《中国经贸展望》1999年第1期,与任浩教授合作。

了新鲜血液,让第二产业的传统产业得到了改造,也促使第三产业提高了产业层次与现代化水平。

英国在相当一段时间里第二产业增长乏力,新兴产业竞争力不强,工程技术人员大量外流,第三产业低水平膨胀,从而长期困扰英国经济发展。英国制定高新技术发展规划,同时加强对传统产业的改造,使传统产业得到新生。

德国进入90年代后,目标是发挥其传统产业善于把高技术与传统产品相结合的优势,扩大传统产品的市场占有率。1993年德国高新技术的出口量就占制造业产品的30%,1994年其高技术产业增加值占制造业的20%以上,德国正在重点发展微型制造技术,自动化、管理系统等对传统产业的改造,推动德国经济上升到一个新的阶段。

4. 从第二产业的发展向第三产业与第二产业并行发展转变

第二产业的技术进步周期越来越快。经济发达国家在20世纪初科技进步对经济增长的贡献率为5%—20%;在20世纪中叶上升到50%;20世纪80年代以后则上升到了60%—80%。许多国家规划大部分高新技术将在21世纪的10至20年内完成产业化;同时,需求结构的高级化的速度也在加快。高新技术的快速发展和需求结构的快速高级化推动着产业结构的快速高级化。

5. 从扩大国外市场的产业发展向内外市场联动、刺激国内需求的方向转变

世界经济形势动荡,加上各国的贸易保护主义日益加强,许多国家的出口导向型的产业发展战略遇到了严峻的挑战。要想推动经济的发展,就必须刺激国内需求、扩大内需市场。

6. 从单纯的产业转移逐步向产业转移与技术提升方向转变

产业空心化指海外直接投资的增加所引起国内生产、投资、雇佣等的减少,以美国、日本尤为严重。原因有成本因素和全球市场战略的考虑,有的是以攫取资源为目的。

日本1980年至1998年海外直接投资的年均增长率上升到34.8%,在20世纪资本输出史上是绝无仅有的。日本1985年的工资水平比1970年增长了3.25倍,加上土地等成本的上升,迫使劳动密集型工业向海外转移和工业生产和科技进步的速度放慢,产业空心化是造成日本20世纪90年代"泡沫经济"的重要原因之一。在认识到产业空心化和泡沫经济的严重危害性后,采取措施,提升产业技术,增加产业附加值,在产业转移的同时,加强本国该产业技术提升。

7. 从基础研究向基础研究与应用研究并举转变

为了争夺尖端技术的制高点,许多国家加大科技的投入。英国的基础理论研究并不落后,应用研究没有引起足够的重视,这种状况现已得到改善。日本在科学技术转化为生产力方面占有很大优势,其薄弱环节是基础研究,现正逐步把基础研究和应用研究紧密结合起来。美国更重视应用技术的研究,力图把应用研究和它的基础科学的优势紧密结合起来。

8. 从强调企业自由竞争向政府参与产业结构调整转变

政府的积极干预和参与是产业结构调整的重要的推动力。美国是最主张自由竞争的国家,但当经济发展出现问题的时候,还是毫不犹豫地摈弃过去的自由竞争政策,积极参与制定产业政策,把企业的自由竞争和政府的积极干预紧密结合起来。这种政府的干预是积极的,不是消极的,它既不是放任不管,也不是什么都管。在企业作为主体的基础上,政府发挥产业发展规划和政策的制定者的导向作用。

(二) 国外产业结构僵化的主要措施

发展高新技术是产业结构高级化、合理化的关键。美国高新技术产业的发展始于30年前,开端于1983年的"星球大战"计划。面对激烈的国际竞争,美国结构调整本质是把竞争优势从传统工

业转向高新技术产业,主要措施是:

1. 政策的扶植与推动

美国政府通过制定各种政策、法规、订立科研合同和采购合同等方式,对高技术产业给予间接扶持。(1)制定和完善政府法规,促进高技术产业健康发展,例如制定技术转移法、专利法、知识产权法等,修改反垄断法,通过国家合作研究法等。(2)建立咨询与决策机构。机构成员一般包括政府、工商界和科技教育界人士,这样既能监督计划实施,又能在某种程度上摆脱政府的干预,实现权威性与灵活性的有机结合。(3)促进大学与企业合作,加速高技术成果商品化和产业化。合作多以大学为基础,充分利用其研究潜力,调动高技术企业对研究开发的支持,这是发展高技术产业的战略核心。(4)重视科技工程教育和职业培训。为满足高技术产业对科技人才的需求,而采取多种形式的职业培训得到了私营企业的支持。(5)重视中小型高技术企业发展。美国每年约有6万多个新的小型高技术企业成立,每年获得的专利占总数的60%,人均技术创新成果为大公司的2.5倍。美国联邦政府在1973年成立了"小企业管理局",同时,还出资组建了500余家企业孵化器,帮助小企业创建和成长。

2. 促进技术转移

主要指基础科学研究成果转移为应用技术;军事技术转化为民用技术。措施是:(1)成立各种技术转移研究机构,在成果所有和应用之间架设桥梁;(2)增加技术转移投资,提供开发、创新所需的人、财、物的投入;(3)高度重视信息交流,建立规模不等的信息公司、信息中心和信息网络等。

3. 发展风险投资

风险投资是科技和金融相结合,促进高技术产业化的一种灵活的投资机制,投资者全面地考虑到风险和成功后的巨大利润,在审查了创业公司拥有的技术和产品之后,决定是否投资。灵活的风险投资机制是高技术企业起步和发展的首要条件。

4. 促进国际合作

美国IBM公司同日本东芝公司共同开发快擦存储芯片,和日立公司合作开发计算机打印机;日本索尼公司、美国苹果计算机公司和德国西门子公司共同研制多媒体系统等。高技术开发的国际合作是高技术及其产业发展的必然结果。

台湾侧重传统工业的改造升级,以此进行产业结构的调整。理念基于数十年传统工业基础上的全面升级和传统工业品质、设计、形象、国际化或营销等全方位的升级,这样,"夕阳工业也有旭日东升之时"。具体的做法是:

(1)确定"民间主导,政府辅导"的产业技术政策,以适当的奖励措施,激励传统企业从事研究开发或技术引进。

(2)科技发展经费维持一定比例增长,建立"科技研发评估制度"。

(3)政府加强研究开发项目与经费的协调与整合。

(4)成立衍生公司技术转移中心或研究开发协会,提高研究成果商业化比率。

(5)提拔相对资金奖,激励民间企业集团或中小企业集资成立扩大公司形态的科技研究开发事业。

此外,在健全人力资源、土地供给、资金取得、中小企业发展以及排除非经济因素投资障碍等方面形成共识,对促进规模小、资金少的台湾传统产业走向升级之路起到了"推波助澜"的作用。

## 二、国内产业结构的变动及其趋势

### (一) 我国所处的产业结构水准

根据工业化阶段的主要特征和国情判断,目前我国基本处于工业化中期阶段。

1. 从产业结构看

1995年全国GDP达58 260亿元。三次产业比重为20.6∶48.4∶31;其中第二产业比重达48.4%。由于我国第三产业不发达和一些工业企业兴办第三产业的产值也被统计在工业企业,所以第二产业占GNP比重大约在40%左右。

2. 从工业内部结构看

1990年,重工业和机械工业占工业总产值的比重分别为50.6%和23.6%,虽高于工业化中期国家的水平,但实际在工业化水平不是很高的情况下,是倾斜发展重工业的结果。

3. 从人均GDP看

1995年我国GDP人均4 754元,按当年汇率计算为573美元,参照钱纳里标准产业结构,我国的三次产业结构与人均GDP水平处于人均400—800美元之间的三次产业结构水平。

4. 从消费需求的发展看

轻工业已大体满足日用消费品的需要,日用工业消费品为低水平过剩,耐用消费品也向更高的方向发展,需求结构已进入追求便利和人体机能阶段,这是工业结构出现高加工度化趋势在需求结构上的根据。

5. 从资本品的供给和需求看

重工业已建立了门类比较齐全的投资品工业体系,基本能满足生产资料的需要。能源、原材料产量已居世界前列,但工业增加值却排在世界第11位,随着经济发展,对高质量的机器设备和资本含量高的原材料的需求越来越大。因此,发展资本技术密集型的机电、石化工业,实现高加工度已迫在眉睫。

我国国情与发达国家存在差别,用单一指标不可能准确反映我国经济发展的现阶段特征。综合国内需求结构、三大产业结构、就业结构、对外贸易结构、总体科学技术水平、生活质量和人均GDP水平等多方面指标,我们判断:目前已经完成工业化的前期阶段,在二元结构十分突出的情况下,开始进入全面工业产业结构高加工度化和快速信息化阶段。

### (二) 地区产业结构变动趋势

1. 五个跨省经济区域产业结构调整走向

按照市场规律和经济内在联系及自然地理特点,突破行政区划界限,在已有经济布局基础上,以中心城市和交通要道为依托,进一步形成若干个跨省的经济区域;同时,以东北、西南、西北等地区老工业基地和粮食、棉花、煤炭、石油等资源为依托,形成若干个各具特色的重点产业区,逐步实现按大经济区进行产业布局。根据"九五"计划和2010年远景目标,我国将在未来十几年内逐步形成五个大的跨省区的大经济区。

(1) 长江三角洲及沿江地区。发展方向是:以浦东开发和三峡工程兴建为契机,上海为龙头,长江干流为主轴,上海、南京、武汉、重庆等城市为支撑点,辐射广大腹地,逐步形成一条横贯东西、连接南北的综合型经济带。沿江各地区经济发展重点将向长江两岸转移,集中力量在条件较好的区段建设一批开发区,促进沿江经济走廊的形成。

(2) 环渤海地区。要加快产业结构向知识技术密集型方向的调整,积极发展汽车、电子和高技术产业,提高钢铁、石油化工、重型机械等优势产业的技术水平和开发新产品的能力,加强以煤炭和电力为中心的能源建设,加快交通、通信、水利等重要基础设施,特别是运输通道的建设步伐,严格限制高耗能、高耗水、污染严重的项目。以支柱产业发展为动力,依托沿海大中城市,形成以辽东半岛、山东半岛、北京、天津、河北为主的环渤海综合经济圈。

(3) 东南沿海地区。该地区毗邻香港、澳门和台湾,具有对外开放的特殊条件。以珠江三角洲和闽东南地区为主,要进一步扩大对外开放,积极发展创汇农业,发展电子、日用化工、高档消费品、食品和热带经济作物加工工业,发展内外贸易、旅游、信息等第三产业,并适当发展一些原材料工业和主要利用外资的重化工业,逐步建立起以资金技术密集型产业和高附加值的劳动密集型创汇产业为主的产业体系,形成外向型经济发达的经济区。

(4) 西南和华南部分省区。该地区农业将要实现粮食自给,发展经济作物,形成全国重要的热带、亚热带作物基地;大力发展交通、通信、能源、重要原材料等基础设施和基础工业,建设出海通道,加快以水电为主的能源工业和钢铁、有色金属、磷硫化工等原材料工业的发展;发挥资源优势,依托国防工业的技术力量,建成以高耗能的重化工业为主,军工、机械、轻纺、食品等工业相应发展的全国重要的工业基地;大力开发丰富多样的旅游资源,成为全国的重要旅游基地。

(5) 东北地区。加快老工业基地的改造,提高技术水平和经济规模,形成以现代化技术装备起来的,以钢铁、石油化工、矿冶机电设备、汽车制造、森林工业为主的全国重要的重化工业基地;要加强对农业的投入和技术推广,综合开发农业资源,发展深加工,走专业化、商品化、现代化的大农业道路;搞好图们江地区的开放、开发,利用有利的区位发展外向型经济,积极参与东北亚经济圈的国际合作。

2. 东中西地区产业结构变动方向

"八五"期间,东部固定资产投资占全国 67.41%,中部占 20.43%,西部仅占 12.16%。我国 GDP 年均增长 11.7%,东部在 16% 以上,中西部仅 9% 左右。我国已出现重工业化为主导的经济增长时期,各地区产业结构变动速度较快,出现了重型化的倾向。这一时期地区产业结构和地区经济发展诸种矛盾继续存在,阻碍着国民经济快速协调的发展,对地区经济发展战略的调整已势在必行。

(1) 东部地区自然资源较差,但经济基础好、生产要素充裕,是目前经济发展的重心。要积极开拓高新技术产业和大力发展外向型经济。以市场规律为基础,鼓励和促进劳动密集型产业,高耗能、高耗原材料、大运量产业向中西部转移。东部将率先提高农业生产集约化、技术集约化水平,进一步改善投资环境,注重长江三角洲、辽中南、京津唐地区等老工业基地的改造。总之,东部产业结构的调整目标在于进一步提高产业素质、经济增长质量,率先实现内涵型、节约型、科技先导型的发展模式,发挥先导作用,带动和支持中西部的发展。

(2) 中西部地区的发展虽有局限,但更具潜力和机遇。中西部地区产业结构的优化,首先将发展优势产业和产品,提高加工深度。发挥资源富集优势,加强对传统工业的技术改造:利用资源发展农林牧业及其加工业。要加强三线企业调整改造,发挥国防军工和科研力量优势,有效推进军用技术向民用工业转移。其次,强化中西部自身经济发展的基础。发展横向经济技术联系,扩大外经贸合作,引进外资。此外,在中西经济技术基础和区位条件较好的城市、地区,发展特色的加工业、知识密集型产业和新兴产业,使武汉、重庆、成都、西安、兰州等几个具有较高经济技术水平的城市发挥中西部经济中心的作用,带动整个中西部地区产业结构的优化,促进中西部把资源优势转变为经济优势。

## (三) 主导产业的发展与选择

### 1. 主导产业的5个发展阶段

任何一个国家在选择、确定和建设其主导产业时,都必须依据经济和技术乃至整个社会生产力发展的阶段性。主导产业历经五个发展阶段(见表1)。

**表1 主导产业的5个发展阶段**

| 发展阶段 | 主导产业部门 | 主 导 产 业 群 体 |
|---|---|---|
| 第一个 | 棉纺工业 | 纺织工业、冶铁工业、采煤工业、早期制造业、交通运输业 |
| 第二个 | 钢铁工业、铁路修建业 | 钢铁工业、采煤工业、制船工业、纺织工业、机器制造业、铁路运输业、轮船运输业及其他工业 |
| 第三个 | 电力、汽车、化工和钢铁工业 | 电力工业、电器工业、机械制造业、化学工业、汽车工业+第二个主导产业群各产业 |
| 第四个 | 汽车、石油、钢铁、耐用消费品工业 | 耐用消费品工业、宇航工业、计算机工业、原子能工业、合成材料工业+第三个主导产业群各产业 |
| 第五个 | 信息产品 | 新材料工业、新能源工业、生物工程、宇航工业等新兴产业+第四个主导产业群各产业 |

随着科技革命和高新技术的产业化,至20世纪末、21世纪初将形成第五个主导产业及主导产业群体,世界经济将迎来第五个周期性的增长高涨期。主导产业及其群体的历史演进是一个由低级到高级、由简单到复杂、产业总量由小到大的渐进过程。由于主体需要的满足和主体发展中不同阶段的不可逾越性,以及社会生产力发展中技术的不同阶段之间的不可间断性,决定发展中国家在选择和确定主导产业及主导产业群体、进行主导产业及主导产业群体的建设时,一方面必须循序渐进,但在子产业的某些领域可以"跳跃式"发展;另一方面可能兼收并蓄,综合几次主导产业及其群体的优势,缩短产业建设高度化的时间,在起点低、发展起步晚的情况下,用较短的时间走完产业结构高度化过程所走过的近250年左右的路程,实现主导产业及其群体的高度化和现代化。

### 2. 我国主导产业的选择

(1) 机械工业。与工业发达国家相比,中国机械工业仍然存在较大差距。振兴目标和措施是:① 调整企业组织机构,使机械工业前100家大型企业的生产集中度从目前的20%提高到2000年的25%和2010年的35%—40%。到2000年机械工业总产值要达15 000亿元。② 改变基础机械、基础零部件落后的状况,提高产品的质量和可靠性,满足重大装备配套的需要。③ 加强自主开发能力,提高对引进技术的消化吸收能力。建立技术开发中心,使新技术的来源由目前在国内占25%提高2000年的40%和2010年的50%,主要产品与世界水平差距由目前的20年缩短至10—15年,主导产品全面实现升级换代。④ 广泛地参与国际分工、国际合作和国际交换,提高中国机械工业的国际竞争力。

(2) 电子工业。振兴的目标是:① 1996—2000年,产值平均每年递增20%以上,到2000年达到7 000亿—8 000亿元,电子产品销售额进入世界前5名;出口额达到350亿美元。② 实现企业组织结构升级,规模经济明显提高。销售收入在100亿元以上的企业,其产量占全行业的60%以上。③ 提高自主开发和技术创新能力。④ 为公用信息网建设和改造传统产业服务,在14 000家大中型企业推广生产过程的计算机控制和计算器辅助管理。

主要措施是：① 加大对电子工业投资强度,比重由"八五"时期约 2.2% 提高到"九五"时期的 5.4%,投资总规模将达到 300 亿元,是"八五"时期投资额的 12 倍。② 实行扶持和发展大公司的战略。在项目安排、科技开发、技术改造、资金筹集、人才分配和股份制改造方面给予支持;在税率、贷款、进出口贸易自主权、装备采购等方面优惠扶持。③ 突出重点。重点发展大规模集成电路、新型元器件、计算机及软件、通信、有线电视及数字音响、航空与交通电子产品、节能电子产品等,实现向新一代产品过渡。④ 加强国际合作,引进技术和引进外资。⑤ 深化企业改革,逐步与国际市场接轨。

（3）石油化学工业。发展目标是：2000 年原油加工能力达 2.2 亿吨以上,2010 年达到 3 亿吨以上;乙烯年生产能力 2000 年达到 500 万—600 万吨,2010 达到 800 万—1 000 万吨。加快合成材料替代金属和天然材料的步伐,塑料与钢材的比例由目前的 1:30 提高 2010 年约 1:10;合成纤维与棉花的比例达到 1:1.5;合成橡胶与天然橡胶的比例达到 1.5:1;合成纤维差别化率达到 25%。2000 年使合成材料的进口比 1995 年减少 50%。

（4）汽车制造业。发展目标是：到 2000 年汽车产量达到 250 万辆以上,每年递增 15%;到 2010 年汽车产量达到 600 万辆。按 1990 年不变价格计算,2010 年汽车工业总产值将达到 11 000 亿,增加值 4 400 亿,占当年 GDP 的 2.5%—3.0%。在今后的 15—20 年,将实现由以载货汽车为主向以轿车为主的转变,由重复、分散的产业向大规模、专业化协作和大集团转变;由以引进技术为主向自主开发为主转变。

（5）建筑业。1978 年以来的 18 年间,是建筑业发展最快的时期。建筑业增加值"九五"期间年均增长 11%,2000 年要达到占国民生产总值 7% 以上。重点领域是：2000 年建成一大批国家重点项目;完成 80 亿平万米城乡住房和相应的配套设施;加快县及县以下小城镇建设的步伐。

根据中国经济发展的经济数据和今后的发展趋势,机械、电子、石化和汽车工业的增长率与工业增加值增长率的比例大体 1.2—1.5:1,对 2020 年中国 GDP、工业增加值和机械、电信、石化、汽车工业增长率的初步预测如表 2。

表 2　中国至 2020 年主导产业增长率预测表

| 年　　份 | GDP 增长率 | 工业增加值增长率 | 机械、电子、石化、汽车制造、建筑业增加值年均增长率 |
| --- | --- | --- | --- |
| 1996—2000 | 9 | 12 | 15—18 |
| 2001—2010 | 7.2 | 8.5 | 10—12 |
| 2011—2020 | 6.5 | 7.5 | 8.5—9 |

# 三、对上海产业结构调整的若干建议

## （一）在上海城市定位的基础上确定产业结构定位的总体思路

上海产业结构的调整必须明确上海 21 世纪的战略和产业结构的定位。21 世纪上海的战略定位是在实施"以上海为中心,南北两翼齐飞;以沿海为纵轴,东西内外联动"的沿海沿江经济发展战略的基础上,建设成为"一个龙头"（长江三角洲及沿海地区经济带中的龙头地位）和"三个中心"（国际经济、金融、贸易中心）。上海产业结构定位离不开国内外的产业结构水准与分工,总体思路是：

① 在参与国际产业结构调整中,以垂直分工为主,率先参与国际水平分工;在沿海经济区域产业结构中,立足水平分工,争取拉开垂直分工;在东中西三大经济地带产业结构中,以垂直分工为

主,扩散延伸上海产业结构。② 抓住产业国际转移的有利条件,树立上海支柱产业的竞争优势,在子产业层次有比较优势的高新技术等领域,加速基础研究与应用研究的结合,促进国际竞争力的提高。③ 大规模形成高集中度的沿海区域市场占有率。④ 在过去的基础上进行全面调节,包括产品质量、设计等全方面的提升使上海的传统产业在不断持续发展中的中西部市场中占有较大份额。

### (二) 在三个市场开拓范围内采取产业结构调整的并举方针

产业结构的合理化应采取六个并举和六个加强的调整方针:① 产业规模量的扩张与依靠技术进步实现质的飞跃并举,加强技术进步;② 技术引进与自主研究开发并举,加强自主研究开发;③ 工业化与信息化并举,加强信息化;④ 基础产业与加工工业并举,加强高加工度工业发展;⑤ 传统产业与新兴产业并举,加强新兴产业的发展;⑥ 第二产业与第三产业并举,加强重视第三产业的投入发展。

### (三) 在产业结构深层次上选择主导产业与高新技术产业

产业与社会生产力发展水平相适应的社会分工形式的表现是一个多层的经济系统,如部门、行业、亚品种等多层次子产业所形成。作为地区产业结构,特别是在主导产业与高新技术产业的选择与确定上,应立足亚品种或小类层次,这样才能真正避免同构化,发展专业化,形成规模化。

### (四) 在骨干企业,核心产品载体上培育和发展主导产业

主导产业作为国民经济"龙头"的基础和产业链的基本环节是骨干企业,而企业进入市场、与市场消费主体的联系则是核心产品。没有企业和产品,主导产业就会丧失其存在和发挥作用的基础。上海在培育和发展主导产业,为长期持续增长组建产业力量时,必须改变大产业小企业状况,把基本功下在兴办大中型骨干企业以及核心产品的开发和生产上。

### (五) 在突出发展的同时主导产业保持辅助产业的壮大

主导产业和辅助产业是共同构成社会产业结构主体的组成部分。主导产业在发展中具有一种很强的产业带动作用,是社会增长的核心力量。主导产业在发展中不可避免地会引发和牵动产前、产中、产后一系列相关产业的兴起和发展。围绕主导产业而兴起的产业所构成的社会经济结构中的产业组成部分,我们称之为辅助产业。从产业关联看,主导产业与辅助产业之间的关系是一种支配与被支配、决定与被决定的关系,主导产业的发展要求辅助产业相应发展,为其配套和服务;但辅助产业也并不是完全被动,它的发展反过来也能促进主导产业的发展,强化主导产业的拓展效应,提高主导产业的生产率。

### (六) 在培育企业家管理创新的前提下实现产业技术创新的原动力

产业结构调整应采取"企业主导、政府辅导"的原则,政府应主要通过产业规划与产业发展政策,为企业的产业结构调整起推波助澜的作用。政府的辅导作用必须建立在企业自身发展的需要基础上。① 要对主办国有企业的目的重新认识,淡化政治性、经济性目的,强化作为基础设施、高风险性的技术产业发展的财政性目的;② 不仅要给企业家对企业管理的"有职有权",也要"有利",形成企业优化结构的内在动力;③ 以企业家创新精神来带动和实施企业科研人员的技术创新。

# 努力促进我国中小企业的快速发展(1999)

我国正处在传统的计划经济向市场经济的过渡时期,旧的一套经济机制还将会在一定时期内继续发挥作用,新的一套具有中国特色的社会主义市场经济体制还不可能在短期内完善起来。在我国目前阶段,中小企业的改革问题和发展问题同样不可忽视。但要解决好发展问题就首先要解决好改革问题。改革,就是要进行从中央到地方纵向的综合配套改革,同时要进行有关中小企业发展问题的各项横向综合配套的改革。改革的目的是为了促进我国中小企业的快速发展。改革将会促进发展,发展又反过来推动改革。所以,在一定程度上,发展问题就是改革问题,改革也就是发展问题。

## 一、企业成长的一般过程

企业的成长一般要经过几个阶段,例如要经历初生期、发展期、成长期到成熟期等几个阶段。每一阶段都有各自不同的发展特点。企业自身要根据自己不同阶段的不同发展特点采取不同的发展战略,进行不同的经营和管理。政府要根据不同企业所处不同阶段的特点给予不同的法律指导、政策扶持和行政协调。根据美国组织学家格雷纳(L. E. Greiner)的研究,企业成长经历了五个阶段,它们是:

第一阶段:创新成长阶段。

创业者创办企业首先是有一个好的想法,即创新的想法,要么是技术创新、要么是制度创新,相信自己的创新产品或服务有较大的市场需求。如果创新产品或服务能够适应市场需求,企业就能成功并得到发展和壮大;如果不能适应市场需求,企业就会失败、倒闭关闭。当然,也会有企业开业之初靠抄袭别人的产品或服务,没有创新,但它们总是要有所创新的,否则,企业很快就会倒闭破产,就再也谈不上发展、壮大了。这一阶段的危机主要是领导人的危机(包括创业者)。他们虽有创造性思想,但往往管理不正规、不科学,不能有效地运行整个企业,他们被过多的行政事务和具体经营问题困扰,不能科学、合理地安排时间轻重缓急地处理各种事务。这一时期的危机是领导危机。

第二阶段:指导成长阶段。

企业闯过危机需要有一位强有力的领导来指导企业的各种经营管理活动。企业所有权人需要选择这样的领导人来带领企业闯过危机。新领导人将发挥自己的专业才能,为企业建立职能信中、等级分明、自上而下的各级组织机构,采取标准化管理,建立成本中心制,重视计划预算。新领导的

---

① 本文刊载于《福建经济》1999年第11期。

管理能够取得比较高的效率。但到了后期，企业又将会碰到新的危机。这一时期最为关键的就是发现和留住关键人员和调动他们的积极性。随着企业的继续成长和成熟，企业里的一些人对各自所从事的工作变得比他们的最高领导者更为熟悉和了解，他们很自然地希望对企业的许多重大决策诸如企业发展战略有更多的发言权。这些下属开始不是争权夺势，就是失去了工作热情或离开企业。如果能妥善化解这些危机就能有利于企业的发展。否则，它会浪费企业的大量时间和资源，甚至削弱企业的力量。这一危机被称为自治危机。

第三阶段：授权成长阶段。

自治危机的解决要通过对下属赋予更多的权力和责任来解决，这能更好地调动他们的积极性。但是，很多企业的领导人和产权所有人并不是能够很轻松地做到这一点。但企业只能通过授权才能更好地促进企业成长。随着企业继续向前发展，获得授权的各层管理班子除了要做好自己权限内的工作以外还要授权给下属，并对一些比较重要的事务进行决策。同时，企业也在不断壮大，企业组织也可能不断增加。随着时间的推移，企业最高层会发觉，企业的组织权力过于分散，在一些重大决策上出现分歧，难于统一；有些部门甚至自以为是，各自为政；他们还会发觉，企业在各种权力缺乏协调，甚至有失控的危险。这种危机是控制危机。

第四阶段：协调成长阶段。

控制危机需要通过协调来解决。这需要认真总结第二三阶段通过指导和通过授权两方面的优缺点，发挥两者的优点，采取自上而下的指导和授权以及自下而上的反馈来制定和协调企业的各种战略计划，并通过各种规章制度来协调各级管理人员的行为。这时企业需要引入战略管理、决策管理、控制理论。随着企业进一步发展，企业还将会出现新的危机。由于各种规章制度的约束，各级管理人员的行为变得规范化了，但也在一定程度上抑制了员工的想象力、创造性和积极性。企业的创新精神受到了挑战，企业的官僚主义、形式主义可能变得相当严重。这种危机叫做官僚主义危机。

第五阶段：合作成长阶段。

要避免官僚主义危机就要在企业内尽力营造一种团结与合作的气氛。这就要对企业内部的信息系统进行简化和整体化，使其变得更有利于企业各部门的协调与合作；同时，企业还要努力提倡企业的团队精神，注意塑造企业文化和企业精神。这时，企业已经发展、壮大到比较大的规模，实力也可能相当雄厚了。企业承受风险的能力也进一步增强。企业进入了一个稳定发展的成熟时期。但是，随着企业的更进一步发展，企业仍然有可能出现新的危机。这时的危机可能是企业发展的方向性问题或是战略性问题。这种危机可以说是战略危机。

企业的成长大概就是沿着这五个成长方向发展的。每个成长阶段都有不同的特点，都有不同的处理危机的方式。

## 二、企业在促进自身成长过程中应发挥的作用

企业经营管理人员既是企业管理的主体，又是企业管理的客体。他们在解决企业危机、激发企业活力、促进企业快速发展方面起着关键作用，是企业成功与失败的决定因素。所以，企业的经营管理人员不但要努力提高自身的经营管理素质，而且还要努力促使其他员工提高素质。企业的经营管理人员应该积极发挥作用的地方很多，总结起来无非两种方法，即标准化管理（也叫规范化管理）和例外管理（也包括创新管理）。企业的经营管理人员首先可以依据企业所处不同成长阶段的不同特点采取相应的经营管理方式。例如，企业在不同成长阶段会出现不同的危机，企业的经营管

理人员可以针对不同的危机及其转变思维方式,采取不同方式来加以解决。在第一阶段后期企业容易出现领导危机,企业可以采取聘请具有丰富经验和专业知识的人做企业的总经理或顾问,对企业发展的许多重大问题进行指导。企业可以采用标准化管理方式,建立等级分工、分工清楚、功能集中的组织机构,控制好成本和预算,提高企业工作效率。在第二阶段后期,企业容易出现自治危机,企业要对下属充分授权,让下属分担更多的权力和责任,并采取奖金、入股、奖励、分红奖励等措施发现和留住企业关键人员,并充分调动他们的积极性。在第三阶段的后期,企业容易出现控制危机,企业可以建立参谋职能制的企业组织机构,制定各种规章制度对各级管理人员进行协调,加强不同经营单位和不同部门的协调工作,使总部与各分部更有效地使用企业资源。第四阶段后期,企业容易出现官僚主义危机或形式主义危机,企业可以建立矩阵式的组织机构,建立精炼的集成化信息系统,提倡企业的团队和合作精神,培养企业员工的创新能力,重视员工的再教育,使企业员工既有较强的组织纪律性,又有较强的灵活性。在第五阶段的后期,企业容易出现战略危机,企业的经营管理人员就更要有全局观、长远观和社会观,更注意考虑企业发展的全局问题、长远问题和社会问题。除了要根据企业在不同成长阶段采取不同管理方式外,企业的经营管理人员在总体上还要不断提高企业在各方面的竞争能力。这就要求企业的经营管理人员不但要努力提高企业全体员工的整体素质,还要努力提高企业的经营管理水平、技术创新能力和产品质量。只有这样,我国的中小企业才能得到更快发展。

## 三、政府在促进我国中小企业快速发展过程中应该扮演的重要角色

从许多发达国家小企业的发展情况来看,例如在美国、日本、德国、意大利等国,他们的政府在扶植和促进中小企业发展方面都扮演着重要角色,发挥扶持、指导、协调等重要作用。当然,要促进我国中小企业快速发展,我国的各级政府也要根据我国的国情和各地的地情对中小企业给予积极的扶持、指导和协调。现就对我国各级政府部门应该扮演的角色进行初步探讨。

(1) 设立专门的行政管理机构和其他协调、指导机构。我国可以依照许多国家的做法,设立中小企业管理局或类似机构,归口管理全国所有有关中小企业的事务;并由各级地方政府设立相应的地方中小企业管理机构。这些机构的主要职责就是要负责向中央政府和各级地方政府对中小企业的方针、政策提出意见,反映中小企业的希望和要求;对中小企业的经营管理、资金、技术、发展方向给予指导和扶持;调整与大中型企业的合作关系;确保中小企业与大型企业在采购、招投标等方面有公平机会,调控中小企业发展方向等。

我国还可以依照许多国家的做法并结合我国国情设立各种咨询和审议机构,机构的成员可以是政府行政人员、专家学者、企业家(或中小企业的负责人)、金融机构负责人、群众团体或商会代表等组成。咨询机构的职责是为政府制定中小企业政策提供咨询,为中小企业发展提供服务。审议机构的职责是在法律规定的权限内评估有关政策的利弊,对中小企业经营稳定、产业结构调整、创业支援、现代化等问题进行调查和审议,它既是政府有关中小企业政策的顾问,又是中小企业利益的代表。

我国还可以在原有的工商协会的基础上资助设立由中小企业参与的各种群众团体。这些团体可以采取官助民办或官办民营的方法。这些团体可以协助政府促进中小企业加快科技进步和现代化步伐;可以调解中小企业间发生的矛盾和纠纷;可以为中小企业在提高经营管理水平、技术创新能力方面提供指导;可以协助中小企业获得长期低息贷款;可以为中小企业培训各种人才;可以为

中小企业提供各种情况等等。

(2) 建立完善的法律体系,保障中小企业健康发展。我国虽然已经有《反不正当竞争法》等法律保障中小企业的权利,但法律体系还未完善。我国还应加大立法力度,完善中小企业的法律体系。我国也可以参照外国的一些做法,专门制定《中小企业基本法》《中小企业振兴法》等法律,对大、中、小企业的界定,对中小企业行政管理机构及其他协调机构的设立、对中小企业发展政策的制定等许多问题在法律上加以详细规定,引导和扶植中小企业健康发展,促使中小企业为我国国民经济的快速发展作出更大贡献。

(3) 制定各种优惠政策,扶植中小企业顺利发展。在我国,自改革开放以来,党中央和国务院就一直非常重视我国中小企业的发展,制定了一系列搞活中小企业的政策。早在20世纪80年代,我国就提出中小企业可以实行承包、租赁、出售、兼并。1988年,国务院颁布了《企业承包暂行条例》和《中小企业租赁暂行条例》;1989年国家体改委又会同其他部门发布了《企业兼并暂行办法》和《出售国有小企业暂行办法》;1991年,国务院为了促进集体经济发展又发布了《城镇集体企业条例》和《乡村集体企业条例》。另外,国务院还制定了《劳动就业服务企业管理规定》,实行减税让利的扶植政策。这些政策大大促进了我国中小企业的发展,为搞活中小企业做出了贡献。但我国还可以制定更完善的扶植政策,包括中小企业振兴政策、中小企业金融政策、中小企业现代化政策、税收政策、技术政策、协作政策、国际化政策及其他政策。

(4) 制定年度计划白皮书,指导中小企业朝正确的方向发展。中小企业的发展应该纳入国家年度发展计划,应该有专门的年度计划白皮书。白皮书对中小企业的发展目标、发展方向、扶植政策、援助计划、财政预算等问题作出规划,指导中小企业朝正确方向发展。我国中小企业对国民经济的发展作出了巨大的贡献,它们的作用应引起足够重视。如果对中小企业的发展进行更加积极的规划、引导和扶植,对我国经济的快速发展就能作出更大贡献。

# 建立中国特色的产业经济学(2000)[①]

## 一、产业经济学的研究对象

### (一) 什么是产业经济学

在现实经济生活中我们经常会遇到诸如个人的消费、企业的生产、产品价格的波动、市场的均衡等经济现象,涉及生产成本、产品价格、生产要素的价格、供给、需求等经济变量,这些基本属于微观经济学的研究范畴;在现实经济生活中我们也会遇到诸如经济增长、经济周期、利税调整、财政赤字、通货膨胀或通货紧缩等经济现象,涉及国民生产总值、国民收入、总供给、总需求、货币的总发行量、经济增长率等经济变量,这些主要属于宏观经济学的研究范畴。另外我们在现实经济生活中还会遇到一些生产类似产品企业之间的竞争与合作、具有某些共同特征的经济组织集团之间的联系及其互动发展、这些经济组织集团本身的演进发展及其在各个地区的分布等经济现象,对这些经济现象及其行为规律的研究就是属于产业经济学的研究范畴。所以产业经济学是研究具有某些相同特征的经济组织集团的发展规律及其相互作用规律的学科。

产业经济学是一门新兴的应用经济学科,目前仍在发展之中。虽然其完整学科体系的基本确立的时间很短,但其思想的形成则是源远流长,甚至可以追溯到我国古代的春秋战国时代。比如战国初期的著名政治家李悝就已经提出"重农抑商"的观念,而商鞅、荀子等则更是明确提出了"农本工商末"的思想,反映了我国古代思想家对农业与工商业这两个经济组织集团之间关系的认识。现在产业经济学的各方面理论已经得到了巨大的发展,随着对其研究的不断深入,它的应用范围也在不断扩展,产业经济对经济发展的作用已越来越大,对产业经济学的研究与应用已越来越得到世界各国的重视。现在世界各国政府已越来越注重利用产业经济的手段来推动本国经济的发展,比如我国政府近年来就相继颁布了《90年代国家产业政策纲要》《汽车工业产业政策》《水利产业政策》等一系列产业政策,并明确提出机械电子、石油化工、汽车制造和建筑业等是我国的支柱产业,用以带动我国的经济发展。所以对产业经济学的研究与学习将有助于我们全面理解现实生活中的经济现象及其发展规律,有助于我们正确利用经济规律来进行经济实践。

产业经济学的研究对象顾名思义就是产业。那么什么是产业呢?

我们知道,整个国民经济是一个复杂的大系统,由许许多多的子系统组成,这些子系统就是我们所说的各种产业。根据这些经济活动集合或系统所具有的不同的同类属性,可以将它们划分为

---

[①] 本文是2000年教育部"高等教育面向21世纪教学内容和课程体系改革计划"的研究成果之一,后收入高等教育出版社2000年出版的《产业经济学》一书。

不同层次的产业。所以说,产业经济学的研究对象就是这些不同层次的具有某种同类属性的经济活动的集合或系统。

由于产业是一些具有某些相同生产技术或相同产品特征的经济活动组成的集合或系统,那么,这些经济活动和行为就既不同于单个企业的经济活动和行为,也不同于整个国民经济宏观经济的活动和行为,而是介于单个经济主体和国民经济整体的中间层次。也就是说,产业经济学所研究的,既不是属于宏观经济研究领域的国民经济总量,尽管产业经济学的研究也会涉及国民经济总量;也不是属于微观经济研究领域的单个经济主体,例如企业、家庭或个人,尽管产业经济学的研究也会涉及单个经济主体;而是介于宏观领域和微观领域的中观领域即产业。所以产业经济的发展规律就既不同于宏观经济学所揭示的宏观经济的发展规律,也不同于微观经济学揭示的单个经济主体的发展规律,而必定有其自身所特有的规律。产业经济学的研究正是从产业出发来揭示产业的发展和变化、产业内部企业之间的相互作用和产业与产业之间的相互联系等诸如此类产业本身所特有的经济规律。产业经济学通过对这些问题的研究,回答了宏观经济学和微观经济学都没有回答的问题,即在再生产过程中各产业之间中间产品的复杂交换关系等问题,从而对社会再生产过程的全貌有了一个比较完整的描述。

针对产业经济本身所具有的不同层次的具体规律,产业经济学又有不同的具体研究对象,包括产业组织、产业结构、产业关联、产业布局、产业发展、产业政策等等。产业组织是指生产同一类产品(严格地说,是生产具有密切替代关系的产品)的企业在同一市场上集合而成的同一产业内各企业之间的相互作用关系结构,该结构决定了该产业内企业规模经济效益的实现与企业竞争活力的发挥之间的平衡。产业结构是指产业与产业之间的数量关系结构及技术经济联系方式,产业结构的变化主要是由需求结构、生产结构、就业结构和贸易结构及其关联机制的变化体现出来的。产业关联是指最终产品产业与生产这些最终产品所投入的中间产品产业之间以及这些中间产品产业本身之间的技术经济和数量结构联系,是产业结构最主要的表现特征之一。产业结构的关联过程是判断产业结构和宏观经济结构均衡与否的主要观察对象。产业布局是指一国或一地区的产业生产力在一定范围内的空间分布和组合,产业布局是产业的空间结构,其合理与否将影响到该国家或地区经济优势的发挥及经济的发展速度。产业发展是指某一单个产业从诞生到被淘汰或进一步更新的全过程以及其对其他产业演变的影响过程,包括产业本身的发展规律、发展周期、产业发展的影响因素等。产业政策是指国家或地区政府为了实现一定的经济目的或社会目的,应用产业经济学的原理,以全产业为对象所实施的能够影响产业发展进程的一整套政策的总称。产业政策是产业经济学的应用及研究目的之一。

（二）产业经济学的学科领域

产业经济学从产生到现在已经得到了巨大的发展,其学科体系已经比较完善。从国内外学者对产业经济的研究来看,与产业经济学研究的各个具体对象相对应,产业经济学的学科领域一般包括以下六个方面:

（1）产业组织理论。产业组织理论的研究对象就是产业组织。这个概念大约在20世纪六七十年代逐渐得到公认,作为专指产业内部企业之间的关系范畴。这里的企业关系包括企业之间的交易关系、资源占有关系、利益关系和行为关系等,这些关系的变化与发展不仅影响企业本身的生存与发展,而且还影响着产业的生存和发展,当然也影响到该产业对国民经济发展的贡献。产业组织理论主要是为了解决所谓的"马歇尔冲突"的难题,即产业内企业的规模经济效应与企业之间的竞争活力的冲突。传统的产业组织理论体系主要是由张伯伦、梅森、贝恩、谢勒等建立的,即著名的市场结构、市场行为和市场绩效理论范式(又称 SCP 模式)。该理论认为市场结构是决定市场行为和市场绩效的基础;市场行为取决于市场结构,而市场行为又决定了市场绩效;市场绩效受市场结构和市场行为的共同制约,是反映产业资源配置优劣的最终评估标志;市场行为和市场绩效又会反作用于市场结构,影响未来的市场结构。SCP 模式奠定了产业组织理论体系的基础,以后各产业组织理论学派的发展都是建立在对 SCP 模式的继承或批判基础之上的。

(2) 产业结构理论。产业结构理论主要研究产业结构的演变及其对经济发展的影响。它主要从经济发展的角度研究产业间的资源占有关系、产业结构的层次演化,从而为制定产业结构的规划与优化的政策提供理论依据。产业结构的研究一般不涉及过于细致的产业分类及产业之间的中间产品的交换、消费、占有问题,所以可以看作产业经济学的"宏观"部分。产业结构理论一般包括：对影响和决定产业结构的因素的研究;对产业结构的演变规律的研究;对产业结构优化的研究;对战略产业的选择和产业结构政策的研究;等等。产业结构理论除了讨论上述各国产业结构演化的一般规律外,还涉及产业结构规划和产业结构调整等应用性的研究。

(3) 产业关联理论。产业关联理论又称产业联系理论,较产业结构理论而言,它更广泛细致地用精确的量化方法来研究产业之间质的联系和量的关系,属于产业经济学的"中观"部分。产业关联理论侧重于研究产业之间的中间投入和中间产出之间的关系,这些主要由里昂惕夫的投入产出方法解决。投入产出法主要运用投入产出表和投入产出数学模型,把一个国家或地区在一定时期内从事社会再生产过程的各个产业部门间,通过一定的经济技术关系所发生的投入产出关系加以量化,以此分析该国或地区在这一时期内社会再生产过程中的各种比例关系及其特性。它的特点就是能很好地反映各产业的中间投入和中间需求,这是产业关联理论区别于产业结构和产业组织的一个主要特征。产业关联理论还可以分析各相关产业的关联关系(包括前向关联和后向关联等)、产业的波及效果(包括产业感应度和影响力、生产的最终依赖度以及就业和资本需求量)等。

(4) 产业布局理论。产业布局理论主要研究一国或地区的产业布局对整个国民经济的影响。一国或地区的产业发展最终要落实到一定经济区域来进行,这样就形成了产业在不同地区的布局结构。产业布局是一国或地区经济发展规划的基础,也是其经济发展战略的重要组成部分,更是其实现国民经济持续稳定发展的前提条件。所以产业布局也是产业经济学研究的重要领域。产业布局理论主要研究影响产业布局的因素、产业布局与经济发展的关系、产业布局的基本原则、产业布局的基本原理、产业布局的一般规律、产业布局的指向性以及产业布局政策等。

(5) 产业发展理论。产业发展理论就是研究产业发展过程中的发展规律、发展周期、影响因素、产业转移、资源配置、发展政策等问题。产业发展规律主要是指一个产业的诞生、成长、扩张、衰退、淘汰的各个发展阶段需要具备一些怎样的条件和环境,从而应该采取怎样的政策措施。对产业发展规律的研究有利于决策部门根据产业发展各个不同阶段的发展规律采取不同的产业政策,也有利于企业根据这些规律采取相应的发展战略。例如,一个新兴产业的诞生往往是由某项新发明、新创造开始的,而新的发明、创造又有赖于政府和企业的支持研究和开发的政策和战略。一个产业在各个不同发展阶段都会有不同的发展规律,同时,处于同一发展阶段的不同产业也会有不同的发展规律。所以,只有深入研究产业发展规律才能增强产业发展的竞争能力,才能更好地促进产业的发展,进而促进整个国民经济的发展。

(6) 产业政策研究。产业政策的研究领域从纵向来看包括产业政策调查(事前经济分析)、产业政策制定、产业政策实施方法、产业政策效果评估、产业政策效果反馈和产业政策修正等内容;从横向来看包括产业发展政策、产业组织政策、产业结构政策、产业布局政策和产业技术政策等几个方面的内容;从其作用特征来看包括秩序型(或称制度型)产业政策以及过程型(或称行为型)产业政策。秩序型产业政策是指与产业经济行为有关的规则性产业政策,它一般通过制定规章制度、法律或者通过诱导、说服和规劝等方式对产业活动进行干预。过程型产业政策是指对产业活动的具体过程进行干预的政策,它的作用机理是对产业经济活动过程中的具体产业要素或产业关系进行定量的变更或调整,以改变具体的经济变量,从而保证产业政策目标的实现。产业政策的适用范围无论是从纵的还是从横的方面来看都是相当广阔的。例如,产业发展政策就可以包括新技术和新发明的鼓励政策和扶持政策、产业进入政策、产业退出政策、产业转移政策、产业资源配置政策、产业保护政策、产业竞争政策、产业环境政策等。

### (三)产业经济学的学科体系

我们在综合国内外学者对产业经济学研究成果的基础上,通过研究,认为有中国特色产业经济学的学科体系一般包含以下几个方面(见图1)。

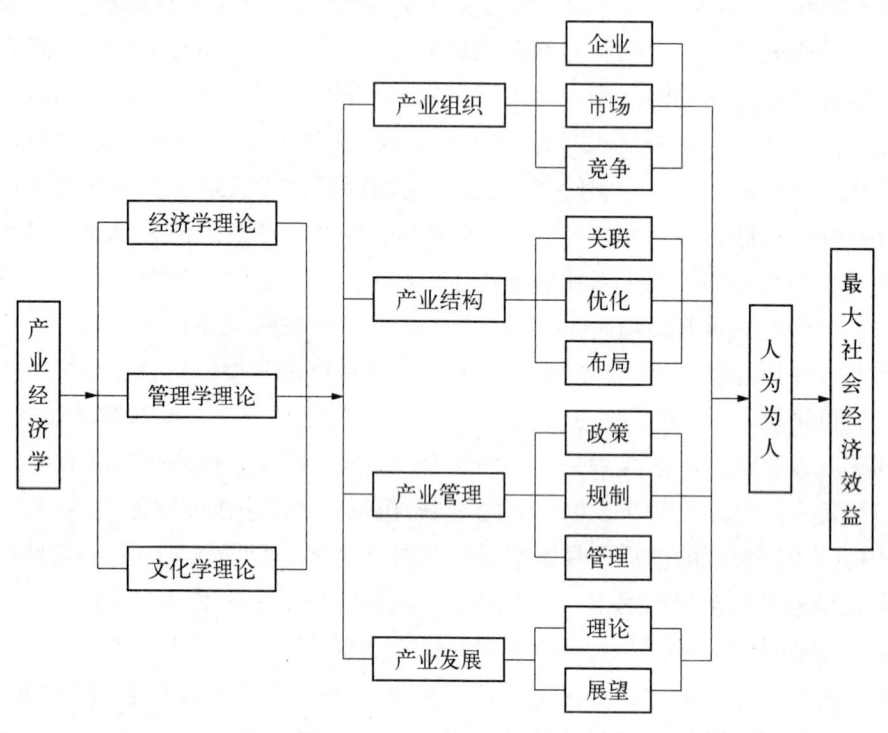

**图1 产业经济学学科体系**

第一层次,阐述产业经济学的研究对象、意义、方法、形成发展及理论基础,说明产业经济学主要是研究产业领域中有关人的经济行为的组织、结构、管理、对象、发展规律等的应用经济学,研究产业经济学在于应用对产业经济发展规律的正确认识来指导产业经济的实践,以促进经济的有效发展。

第二层次,阐述产业经济学是一门融合了经济学、管理学与文化学基本理论的应用性经济学科。就学科性质而言,它属于应用经济学的范畴。其中,经济学主要研究资源的有效配置问题以实现经济的发展,其解决方式是市场机制;管理学则主要研究如何将组织内的有限资源进行有效整合以实现既定目标,其解决方式是行政指挥。在现实经济生活中,产业经济领域里的经济管理行为,如产业组织领域中的产业规制由来已久,研究产业经济学也正是要寻找管理产业发展的良好方法,以便在更为直接的基础上,更有目的地促进经济的进步。因此,经济学和管理学是产业经济学直接的理论基础。另外,各个国家产业经济的发展规律除遵循普遍的产业经济规律外,其表现形式都是寓于特定国家或地区的特定的发展阶段之中的,必然包含着自身特有的特征,这些特征都是与该国家、地区的文化传统有着密切关系的。所以在具体研究某一国、某一时段的产业问题时必须考虑到各国自身的文化传统的特点,要将一个国家、地区的产业及产业之间的关系与该国的资源、人口、经济状况、文化传统等一系列特有的因素决定的特点相联系。比较分析各个国家之间的这种联系从而得出相关的结论和经验教训,对发展本国的产业经济是非常有益的。所以,文化学也是产业经济学的理论基础之一。

第三层次,构成本书的主体部分,包括组织、结构、管理、发展四大块。产业经济学的研究对象从总体上来看是产业,产业经济学的研究正是从产业出发来揭示产业的发展和变化、产业内部企业之间的相互作用以及产业与产业之间的相互联系等产业本身所特有的经济规律。针对产业本身所具有的不同层次的具体行为规律,产业经济学又有不同的具体研究对象,包括产业组织、产业结构、产业管理、产业发展等四个方面。

其一,产业组织包括理论演变、企业、市场、竞争四章。产业组织是指生产同一类产品的企业在同一市场上集合而成的同一产业内各企业之间的相互作用关系结构,该市场结构决定了该产业内企业规模经济效益的实现与企业竞争活力的发挥之间的平衡,产业组织内企业之间复杂的竞争、合作关系一般要用博弈论来研究。

其二,产业结构包括理论发展、关联、优化、布局四章。产业结构是指产业与产业之间的数量关系结构及技术经济联系方式,研究产业结构一般要研究产业之间的定量关联方式和产业的空间结构即产业布局。产业关联是指最终产品产业与生产这些最终产品所投入的中间产品产业之间以及这些中间产品产业本身之间的经济数量结构联系,是产业结构最主要的表现特征之一。产业布局是指一国或一地区的产业生产力在一定范围内的空间分布和组合,产业布局是产业的空间结构,其合理与否将影响到该国家或地区经济优势的发挥及经济的发展速度。产业结构优化是研究产业结构的目的。

其三,产业管理包括产业政策、政策类型、产业规制和行业管理四章。产业管理是指国家或地区政府为了实现一定的经济目的或社会目的,应用产业经济学的原理,以全产业为对象所实施的能够影响产业发展进程的一整套管理措施的总称。其包括对产业组织内部企业行为的规制,促进产业发展的政策,规范某一行业发展的办法条例等。

其四,产业发展包括产业发展理论、中国产业发展展望两章。产业发展是指某一单个产业从诞生到被淘汰或进一步更新的全过程以及其对其他产业演变的影响过程,包括产业本身的发展规律、发展周期、产业发展的影响因素等。研究产业发展要本着可持续发展的观点,对产业发展的根本内在动力作深刻探讨,根据现代经济学的研究,技术、知识是经济发展的根本动力,以知识为基础的经济是产业经济发展的基本趋势。

第四层次,阐述产业经济发展的关键在于"人为为人"。研究产业经济学,要以"人为为人"的思想为指导。一切经济行为首先是人的行为,所以对人的行为规律的研究也就成了现代经济管理中的核心问题,产业经济学也不例外。"人为学"是一门正在迅速兴起并得到广泛重视的研究经济管理中人的行为规律的科学,"人为学"的核心观点是"人为为人"。在研究任何一个产业或任何一个部门经济的发展规律时,首先要着眼于研究本产业、本部门的特殊规律,致力于怎样将本产业部门搞好,但更要研究本产业、本部门与其他产业及部门的联系,研究如何与其他产业互为支持、协同发展以使整个产业系统协调发展。在产业内部企业激烈的市场竞争中,也要遵循"人为为人"的思想,以实现有效的协作型竞争,避免恶性竞争或竞争过度,以实现经济效益最大化。所以"人为为人"是指导产业经济学研究的根本方法论和最终落脚点,是实现社会经济效益最大化这一研究产业经济学的最终目标的根本途径。

第五层次,阐述产业经济发展的目的是在于获得最大的社会经济效益。

## 二、研究产业经济学的意义

### (一) 研究产业经济学的理论意义

研究产业经济学首先是由于经济管理学科理论研究上的需要,大致有以下三个方面:

(1) 产业经济学的研究有利于统一的经济学体系的建立。我们知道,长期以来经济学就一直被人为地分为宏观经济学与微观经济学两大部分。宏观经济学主要研究宏观经济总量的变动规律及其相互作用规律,其研究的手段是总量分析的方法。这些宏观经济总量包括国民生产总值、国民收入、总投资、总消费、就业率、通胀率、储蓄率、物价水平、利息率、汇率等,宏观经济学通过对这些宏观经济总量变动情况的分析来研究其相互之间的联系及其对经济发展的作用。宏观经济学的研究主要为了解决以下几个根本问题:一是如何配置资源总量,以使经济总量保持某种平衡,达到总产出和总消费的高水平与高增长;二是如何保持高就业率;三是如何保持价格水平的稳定或低的通货膨胀率;四是如何保持经济总量的对外平衡,包括进出口平衡和稳定的汇率。微观经济学则以单个经济单位(居民、厂商以及某个产品市场)为考察对象,研究单个经济单位的经济行为及在其间表现出的经济变量的变化规律和相互联系,其研究手段为个量分析的方法。这些经济变量包括:单个商品的产量、成本、利润、供给、需求、价格等。微观经济学的研究主要是回答以下几个基本问题:第一,需求是由哪些因素决定的;第二,供给是由哪些因素决定的;第三,供给与需求的相互作用是如何决定产量和价格的;第四,价格机制是如何决定资源的有效配置的。

长期以来,宏观经济学与微观经济学的研究领域泾渭分明,似乎各司其职,配合得很好。但是经济学家并不满意这种情况,其原因大致有以下几个方面:一是在现实经济生活中还存在着"产业"这种由某种相似特征的经济活动所组成的经济集合,这种经济集合的行为变量既不是宏观经济学研究的经济总量,又不是微观经济学研究的经济个量,其行为规律既不能为宏观经济学所解释,又不能被微观经济学所解释;二是经济总量的变动规律似乎与微观经济个量的变化规律是无关的,但事实上经济总量肯定是其相应的经济个量整合而成的,那么其整合过程是怎样的呢?更严重的是某些经济总量并没有相应的经济个量,那这些经济总量是如何从经济个量的相互作用中产生的呢?宏观经济学与微观经济学对此都不能给出解释;三是宏观与微观经济学的分割造成了经济学学科体系的破碎,使得经济学本身是由宏观经济学、微观经济学这样两个互相独立的部分拼凑而成的,而不是一个内在逻辑结构一致的、完整的学科体系。这种情况在理论上是很难令人满意的,所以对产业经济的研究就因需而生。产业经济学通过分析经济个体相互之间的作用关系来研究整个产业的整体变化规律,可以较好地解决上述第一方面的问题;产业经济学通过分析研究经济个体的相互作用是怎样通过层次整合最后形成经济总量以及这些总量的相互联系、变动的规律有望回答上述第二方面的问题;最后产业经济学通过研究各个层次产业本身的经济行为及其相互之间的作用规律,将微观经济个量与宏观经济总量通过产业的各个层次联系起来,则有望填补宏观经济学与微观经济学之间的逻辑空白,为建立完整的经济学体系奠定基础。

(2) 产业经济学的研究有利于经济学和管理学的沟通。经济学与管理学长久以来一直似乎是在两条线上平行发展、各不相关,但在实践中,无论是专家学者还是实际经济管理人员都感到这两者之间应该是相通的。就学科性质而言,经济学主要研究资源的有效配置问题以实现经济的发展,其解决方式是市场机制;管理学则主要研究如何将组织内的有限资源进行有效整合以实现既定目标,其解决方式是行政指挥。所以传统的经济学应用领域一直是在企业等组织以外,把企业视为黑箱;而传统的管理学应用领域则基本局限在组织以内,组织以外的企业行为基本归于经营范畴,在严格意义上不属于管理学的研究范畴。近年来,随着新制度经济学的兴起,经济学的研究领域已逐渐扩展到企业的组织以内,但是管理学理论却始终未能系统地应用于传统的企业组织以外。然而,在现实经济生活中早已存在着许多组织以外的经济管理行为,特别是在产业经济的领域里,如产业组织领域中的产业规制由来已久,而日本、韩国等国家通过对各个产业实施有目的、有计划的扶持、保护等管理措施使得经济发展突飞猛进,更是引起了世界各国的震惊和关注。事实上,对产业经济学的广泛关注也正来源于对日本等国经济腾飞过程中的政府经济管理行为的研究。研究产业经济学的目的在很大程度上也正是为了寻找管理产业发展的良好方法,以便在更为直接的基础上,更有目的地促进经济的进步。所以,对产业经济的研究必将有利于经济学与管理学的沟通。

(3) 产业经济学的研究有利于应用经济学的学科建设。应用经济学是一门融合了经济学与管理学基本理论的应用性学科,其很大的一个组成部分就是经济管理,包含宏观的国民经济管理、微观的企业经济管理以及对产业经济的管理。宏观经济的管理原理在宏观经济学中已有较为成熟的理论,主要有财政政策、货币政策等;企业经济的管理方法也已有成型的体系,主要有财务管理、会计理论等;而对产业经济的管理则是属于产业经济学的研究领域,主要是产业政策的研究。对产业经济的管理现在已有大量的研究,但还未能达到像宏观经济管理理论或企业经济的管理方法那样得到一致公认的成熟程度,所以对产业经济学的进一步研究,有助于应用经济学学科体系的完善。

## (二) 研究产业经济学的实践意义

研究产业经济学还缘于产业政策实践的需要。研究产业经济学的最终目的在于应用对产业发展规律的正确认识来指导产业政策的制定,以促进经济的有效发展,其实践意义主要有以下三个方面:

(1) 研究产业经济学,有利于建立有效的产业组织结构。产业组织的内部结构不仅影响到产业内企业规模经济优势的发挥和竞争的活力,还会影响到整个产业整体的发展。比如我国的产业组织历来都存在着许多弊端,如企业规模整体偏小,"小而全""大而全"现象普遍,等等,严重影响了我国某些产业整体的发展,导致国际竞争力偏弱。消除这些弊端的实践需要,强烈要求到产业经济学中去寻找答案。通过对产业经济学的研究,可以比较不同市场结构、不同企业规模的优劣;探求过度竞争或有效竞争不足的形成途径及消除方式;发现规模经济的形成原因及优点等等,从而设法从中找出最有利于生产要素合理配置的市场秩序和产业组织结构,然后根据不同的产业,分别制定正确的产业组织政策。例如,鼓励企业兼并、联合,发展企业集团,实现企业组织机构合理化;扶持中小企业的发展;维护市场竞争秩序,规范市场行为,反对不正当竞争,反对抑制竞争的垄断行为等。因此,研究产业经济学有利于有效的产业组织的形成。

(2) 研究产业经济学,有利于产业结构的优化。产业结构的合理均衡是国民经济健康发展的前提,而产业结构的升级则更是国民经济迅速发展的必由之路。探索合理的产业结构的实践需要也促使了产业经济学研究的深入。寻找产业结构不合理的成因,并以此制定有效的产业结构政策、调整产业的结构,也是研究产业经济学的意义所在。进一步而言,研究产业经济学,探寻产业升级的规律和带动经济起飞的主导产业,利用合理的产业政策加以保护和扶持,便可以实现产业结构向更高的水平演进,即产业结构的高度化,以增强整体产业的国际竞争力,促进经济的发展。

(3) 研究产业经济学,有利于产业的合理布局。产业的合理布局有利于各地区充分发挥各自的经济比较优势及地域优势,从而可以最大限度地发挥整个国家的经济建设能力,实现经济的快速发展。所以,寻找产业合理布局的基本原则也是促使产业经济学研究进一步深入的动力之一。通过产业经济学的研究,可以探求产业布局的影响因素、产业布局的一般规律,并据此制定正确的产业布局政策,将产业布局与各地区的资源优势相结合、与区域分工相结合,把产业布置在最有利于发挥优势、提高经济效益的地区,实现产业布局的合理化。

所以,研究产业经济学也是产业政策实践的需要。通过对产业经济学的研究,还有利于加强产业间的联系,发挥产业的协同效益,以及有利于确定合理的产业发展战略。

### (三) 研究产业经济学的现实意义

研究产业经济学对当代中国的经济建设更有着深刻的现实意义。当代中国的经济建设正处在从计划经济向市场经济的转变以及从粗放型增长向集约型增长的转变过程中,我国也已明确提出了 2010 年的远景目标及到 21 世纪中叶达到中等发达国家水平的经济发展战略,这一切无不对产业经济的研究提出了迫切的需要。因为产业发展的规模和水平对于国家经济实力的增强、国际经济地位的提高,有着决定性的影响,特别对于我国这样一个产业发展水平比较低的发展中国家尤为关键。应该说,由于我国长期实行计划经济,我国对产业经济的研究是比较晚的,对产业经济的各种调控手段也不太熟悉,所以更有必要加强对产业经济的学习和研究。在计划经济体制下,计划包揽一切,财政收支、银行信贷、原材料分配、产品生产和分配、劳动用工等都是通过国家计划来执行的,国家利用计划对国民经济实行全面干预。生产过程中,高投入、低产出,只讲数量、不讲质量,劳动生产力低下,利用粗放经营实现经济增长。而在市场经济体制下,市场机制充分发挥作用,国家直接干预主要作用于"市场失灵"的领域,在其他领域只利用间接调控手段和工具,以市场为中介,消除单纯市场机制作用可能引起的盲目性,防止资源的浪费。生产者在市场机制的引导下,主动降低消耗、增加产出,以适销对路的高质量产品参与市场竞争,从而实现集约化经营,促进经济增长。产业政策就是一种有效的间接调控工具。产业政策作用于市场,通过市场机制的传导,影响产业的发展趋势,引导产业朝国家所希望的方向发展。产业政策要产生预期的效果,必须有科学的依据并洞悉产业的现状及发展趋势。所以,研究产业经济学,正确把握产业发展的现状、问题、成因及趋势,为产业政策的制定提供科学的理论依据,对我国经济的发展,特别是促使我国经济建设的两个转变具有特别的现实意义。

另外,由于我国长期以来一直实行计划经济以及相应的经济建设的指导思想,使得我国的产业结构、产业布局等状况一直不甚理想。产业结构不合理一直是我国经济发展的痼疾。改革开放前,我国片面发展重工业,造成重工业与轻工业、工业与农业的比例严重失调,严重制约了我国的经济发展。改革开放以来,我国一直致力于调整农、轻、重不协调的比例,进行产业结构调整、升级,并已取得较好的成绩。但我国的产业结构还存在诸多问题,例如农业基础薄弱,加工业中高水平加工能力不足,原材料等基础工业和有关的基础设施相对滞后,服务业、信息业以及一些高技术战略产业发展不足等等。这些问题都迫切需要我国产业经济学研究的进一步深入。在产业布局上,由于过去片面强调全国各地区的均衡发展以及备战的需要,使得我国的产业布局有许多不合理之处。例如"三线"工厂过于疏散,大城市工厂过于集中等等。过去产业布局失误的重要原因之一就是对产业布局的客观规律认识不足,所以要杜绝这些弊病的重演,就必须加深对产业经济学的研究和理解。由此可见,研究产业经济学也是当今中国经济建设的现实需要。

## 三、产业经济学的研究方法

从前两节的介绍中我们知道产业经济学的研究对象涉及产业结构、产业关联、产业组织等产业层次维上的对象,又涉及产业发展、产业布局、产业政策等这样一些时间、空间维上的对象,所以整个产业经济学所研究的对象是一个在抽象的高维时空中包含人在内的开放的、非线性的社会经济复杂系统。这就决定了产业经济学研究的方法不可能是某一种或某一类单独的方法,而必须是多种方法综合使用的一整套研究方法。这套研究方法必须充分考虑到产业经济的研究对象——产业,有着系统的特点、人为的特点、发展的特点,以及研究产业经济学的目的、意义等方面。下面我们从产业经济研究的方法论、具体方法和基本工具等三个方面加以介绍。

### (一) 产业经济学研究的方法论

(1) 系统分析方法论。产业是一些具有某些相同特征,彼此之间有相互联系、相互作用的经济组织和活动所组成的集合或系统。它既不同于微观经济学的研究对象——某个单独的经济主体,所以只需着眼于个量分析即可,又不同于宏观经济学的研究对象——经济总量,所以只需着眼于不同经济总量之间的关系即可。产业经济的研究对象是一个系统,因而产业经济的研究方法论首先必须着眼于系统分析的角度,既要研究组成系统的各个单元即各个单个经济主体间的相互作用关系,又要研究这些相互作用的关系结构是怎样通过各个层次的整合最后达到一个总体的结果。我们可以作一个比较:微观经济学的分析方法是利用经济个体在一定约束条件下的利润最大化或效用最大化来研究其经济行为,而产业经济学则是通过研究分析这些经济个体相互之间的作用关系来研究整个产业的整体特征;宏观经济学研究的是整个经济的总量的变动规律,而产业经济学研究的是经济个体的相互作用怎样通过层次整合最后形成这些经济总量,以及其相互联系的变化规律。所以系统论的观点是产业经济学研究方法论的基本观点之一。系统论首先强调整体的观点,所以研究产业经济要注重以产业整体最优为导向,而不是以组成整个产业中的某个部门、某个行业的最优为目的;系统论其次强调平衡的观点,所以研究产业经济要强调各个产业之间以及组成产业的各个部门之间要平衡发展,而不能是某个产业或某个部门单兵突进,造成整个产业的不平衡,导致系统崩溃;系统论还强调动态的观点,所以研究产业经济要着眼于整个产业系统的动态过程,不能局限于某时某刻的整体产业结构最优,而应着眼于整个产业变动过程中的最优;系统论最后还强调整个系统与周围环境的和谐适应,所以研究产业经济不能局限于产业内部或某一国家本身,而应将产业放在整个国际经济大环境中加以分析研究。

(2) 唯物辩证方法论。唯物辩证方法论是我们研究任何事物、任何系统的根本方法论,研究产业经济也不例外。唯物辩证法告诉我们事物是运动的,事物是普遍联系的以及事物是发展的。同样产业也是运动发展的,所以研究产业经济要从发展的角度来分析问题,这与前面系统分析论中动态分析的观点也是一致的。因此,在研究产业经济过程中,我们既要根据唯物辩证法实事求是的观点承认各国的产业分工、产业结构在某个特定的时刻确实是有差异、有静态比较优势等,又要以发展的观点、以解放思想的态度来看待这个问题,努力探求实现产业结构优化,促进本国经济增长的方法。产业的各部门之间、各个产业之间是有普遍联系的,所以在产业经济的研究中我们也要仔细研究产业之间、产业各部门之间的关联情况,不能盲目单独发展某个产业或部门,或者割裂其与其他产业、部门的联系,单独研究某一产业、部门的经济行为。唯物辩证法还告诉我们事物的运动发展是由事物的内部矛盾所推动的,事物的矛盾有主要矛盾也有次要矛盾;矛盾本身有矛盾的主要方面和矛盾的次要方面。同样,一个产业系统的发展也是由组成该系统的内部各个产业的矛盾作用所推动的。所以我们在研究整个产业系统的运动规律时,也不能对各个产业或产业的各个部门一视同仁,而应重点抓住主要产业或产业的主要部门,例如要重点发展主导产业、确保支柱产业就能推动整个产业结构的升级和经济的发展。

(3)"人为为人"方法论。一切经济行为首先是人的行为,所以对人的行为规律的研究也就成了现代经济管理中的核心问题,产业经济学也不例外。"人为学"是一门正在迅速兴起并得到广泛重视的研究经济管理中人的行为规律的科学。"人为学"的核心观点是"人为为人",即在经济管理中人的行为首先是从个人出发,要注重自身的行为修养符合经济规律,即"人为";然后从"为人"角度出发,来调整、控制自身的行为,与整个经济环境相适应,创造一个良好的人际关系和激励环境,使人们能持久地在激发状态下工作,主观能动性得到充分发挥,从而推动经济整体的发展。"人为"与"为人"两者具有辩证关系,互相联系并且可以转化。对任何管理者或被管理者而言,都有一个从个人行为逐步向为他人服务转变的过程,即从"人为"向"为人"的转变过程。这一过程体现在家庭、行业、国家一切方面的管理之中。同样在产业经济的管理行为研究中也存在着同样的规律。在研究任何一个产业或任何一个部门的发展规律时,当然要首先着眼于研究本产业、本部门的特殊规律,致力于怎样将本产业部门搞好。但如仅拘泥于本产业、本部门而不能转向研究与其他产业或部门的联系,研究如何与其他产业互为支持、协同发展或者甚至为了本产业部门的发展而不顾其他产业的利益则必将有害于整个产业系统,最终也损害了自己的发展利益,从而有违产业经济研究的初衷,无法得到正确的研究结果。实际上,"人为为人"已经成为经济管理研究中的基本方法论,产业经济学的研究也必须遵循这一方法论。

## (二)产业经济学的具体研究方法

根据上述产业经济学的研究方法论,在产业经济的研究中一般有以下的具体研究方法。

(1)实证分析与规范分析相结合的方法。实证分析是经济学研究的基本方法,当然也是产业经济学的基本分析方法。实证分析主要研究经济现象"是什么",即考察人类社会中的经济活动实际是怎样运作的,而不回答这样的运作效果是好还是坏。实证研究又分为理论研究和经验研究两部分。理论研究是通过考察实际经济运作状况,从中归纳出可能的经济运行规律,然后从一定的先验假设出发,以严密的逻辑推理演绎证明这些经济规律并推演可能有的规律。经验分析则往往是用理论分析得到的经济规律考察经济运作中的实际例子,来进一步实际验证理论分析得到的经济规律并指导实际的经济管理。如产业经济研究中往往要调查统计各种经济变量的实际数值并与理论规律比较,用理论规律加以解释以加深对实际产业运作规律的认识。实证分析往往要用到较多的数学工具,如现代产业经济研究往往要用到博弈论、代数等工具来研究产业组织、产业关联中的规律。规范分析是研究经济活动"应该是怎样的"。也就是说,在有关理论的研究分析中,其有关判断或结论的得出是以一定的经济价值标准为前提的。例如,市场充分公平的竞争、经济发展、社会福利和经济效率等都是常常被作为判定市场结构与市场行为"好""坏"的标准和依据。产业经济研究的目的是为了更好地管理好产业的发展,以带动经济发展,所以不可避免要涉及什么是"好"的标准,以及以此标准来决定怎样运用经济规律来管理经济。显然,对于各种标准主次选择的不同会形成不同价值判断,并形成不同的学说或流派。

(2) 定性分析与定量分析相结合的方法。产业是一个系统,往往涉及众多的因素、纷繁的联系、多个变量等各方面的问题。面对如此庞大而复杂的问题,要想从总体上获得最优化结果,只有尽力将系统各方面的关系数学化,用抽象的数学关系表述真实的系统关系,然后建立模型,进行计算或试验,探讨系统的规律性。例如,投入产出法就是运用投入产出表和投入产出数学模型,把一个国家在一定时间内所从事的社会再生产过程中,各个产业部门间通过一定的经济技术联系所发生的投入产出关系加以量化,以此分析该国在这一时期内社会再生产过程中的各种比例关系及其特性。所以定量分析方法是研究产业经济的重要方法。然而,虽然定量分析是很重要的研究方法,但也离不开定性分析。这是由于:第一,定性分析是定量分析的前提;第二,许多定量分析就是定性分析所得到的对于某个产业的认识的定量化;第三,定性分析往往能减少定量分析的复杂性;第四,越是复杂的系统,定量的研究越有困难。尤其是产业经济中的许多经济因素或指标还不能定量或精确定量化,这时,定性分析往往能更有效地简化分析和得到有益的思想。如产业经济研究中广泛应用的案例分析方法等就是一种定性与定量相结合的方法。

(3) 静态分析与动态分析相结合的方法。静态分析是指考察研究对象在某一时间点上的现象和规律。在计量分析中,常常将这种用于分析比较处于不同发展阶段的研究对象在同一时间点上,或研究某一对象在同一时刻内部结构的数量指标的方法称为横截面分析法。虽然在许多场合静态分析是动态分析的起点和基础,但是我们知道产业经济学研究更要着眼于动态的、发展的观点,所以动态分析是产业经济研究的更主要方法。动态分析是指研究产业随着时间的推移所显示出的各种发展、演化规律,特别是产业间的关系在经济发展中此长彼消的规律。在计量分析中,称之为时间序列分析。产业经济学中的经验性规律,大多都是综合运用动态分析与静态分析相结合的研究方法研究得到的。

(4) 统计分析与比较分析相结合的方法。产业经济学研究的是产业与产业之间的关系结构以及产业内企业之间相互作用的发展规律,而这些关系除遵循普遍的经济规律外,其表现形式都是寓于特定国家或地区的特定的发展阶段之中的,必然包含着自身特有的特征,我们不能将某一国家、某一时期的产业及产业间联系的发展演化过程,当作一切国家产业及产业间联系的必然过程。从统计学角度来看,这仅仅是某一个体系的特殊特征,所以必须选取较多地区、较多时间点上的多样本,即分析较多国家或地区的同一过程。在此基础上利用统计方法消除掉单个样本的特殊特征,总结出具有代表性的一般产业及产业间联系的发展规律,从而使结论建立在科学的基础之上。产业经济学研究中,大量的研究成果就是通过艰苦的统计分析总结出来的。统计分析工具也是实证分析的基本工具。另一方面,在具体研究某一国、某一时段的产业问题时又必须考虑到各国自身的特点,故又要运用比较分析的方法。分析一个国家的产业及产业之间的关系并将之与该国的资源、人口、经济状况、文化传统等一系列特有的决定因素的特点相联系,比较分析各个国家之间的这种联系从而得出相关的结论和经验教训,这对发展本国的产业经济是非常有益的。

(5) 博弈论的分析方法。博弈论,英文为 game theory,是研究相互依赖、相互影响的决策主体的理性决策行为以及这些决策的均衡结果的理论。一些相互依赖、相互影响的决策行为及其结果的组合称为博弈(game)。一个博弈一般由以下几个要素组成:参与人、行动、信息、策略、得益、结果、均衡等。参与人指的是博弈中选择行动以最大化自己效用的决策主体(可以是个人,也可以是团体);行动是指参与人在博弈进程中轮到自己选择时所作的某个具体决策;策略是指参与人选择行动的规则,即在博弈进程中,什么情况下选择什么行动的预先安排;信息指的是参与人在博弈中所知道的关于自己以及其他参与人的行动、策略及其得益函数等知识;得益是参与人在博弈结束后从博弈中获得的效用,一般是所有参与人的策略或行动的函数,这是每个参与人最关心的东西;均衡是所有参与人的最优策略或行动的组合;均衡结果是指博弈结束后博弈分析者感兴趣的一些要素的集合,如在各参与人的均衡策略作用下,各参与人最终的行动或效用集合。上述要素中,参与人、行动、结果统称为博弈规则,博弈分析的目的就是使用博弈规则来决定均衡。现实中各种博弈可以按不同方法进行分类。根据参与人的多少,可将博弈分为两人博弈或多人博弈;根据参与人是否合作,可将博弈分为合作博弈或非合作博弈;根据博弈结果的不同,又可分为零和博弈、常和博弈与变和博弈。而在非合作博弈中,根据博弈参与人的先后行动次序可以分为静态博弈和动态博弈;根据参与人对其他参与人的各种特征信息的获得差异来分,博弈可以分为完全博弈和不完全博弈:将上述两个角度的划分结合起来,我们就得到四种不同类型的博弈,这就是:完全信息动态博弈、完全信息静态博弈、不完全信息静态博弈和不完全信息动态博弈。在产业组织理论中,当研究寡头企业的决策行为及其相互作用规律时,往往由于企业的行为是互为因果而强相关的,故必须使用博弈论来加以研究。所以博弈论的分析方法成为产业组织理论的重要的研究方法,经常用于研究寡头垄断、不完全竞争市场的定价、企业兼并和反垄断规制等问题。

(6) 结构主义的分析方法。结构主义分析方法认为系统的行为是由系统的结构所决定的,所以从产业经济的研究初始,就十分注重研究产业与产业之间的关系结构以及产业内各企业相互作用的关系结构,并由此结构出发研究整个产业的整体行为。例如,在研究产业与产业之间的关系时,产业结构就是产业经济学中最重要的研究对象之一;而在产业组织的研究中,著名的哈佛学派所提出的市场结构决定市场行为、决定市场绩效的 SCP 模式在产业组织领域曾长期占统治地位。

(7) 案例研究方法。案例研究方法用实际发生的经济案例,定性定量相结合地分析说明某一经济规律,特别适用于无法精确定量分析的实际的复杂经济事例。案例分析还能揭示出普遍经济规律在不同的实际环境中所表现出的不同形式,能培养经济研究人员对实际经济事务中所蕴含的经济规律的敏感性,提高其实际运用经济规律的能力。在比较研究中一般要用到大量的案例分析法。

(8) 系统动力学方法。系统动力学是通过分析社会经济系统内部各变量之间的反馈结构关系来研究整个系统整体行为的理论。系统动力学认为系统的行为是由系统的结构所决定的,与产业经济学的结构主义分析方法是一致的;系统动力学更进一步指出系统的结构是动态反馈结构,从而可以用控制论的方法来研究,这又与产业经济学中各产业之间的联系和产业内各企业之间的相互作用是一致的。所以用系统动力学方法来研究产业经济是十分有效的。系统动力学尤其注重各经济变量之间的动态反馈结构,而对变量的精确数值要求不高,故特别适合像产业经济这种许多方面难以定量的复杂系统的研究。现在国内外已有许多学者用系统动力学来研究产业结构、产业布局、产业组织等诸多产业经济对象,取得了令人满意的结果。

## 四、产业经济学的理论基础

产业经济学完整的理论体系虽然形成较晚,但其思想源远流长,甚至可以追溯到中国古代的春秋战国时代。现代产业经济学的理论基础则来源广泛,遍及马克思主义经济学、西方宏微观经济学、新制度经济学等各个经济学领域。产业经济学在当代中国,在邓小平理论的指导下又有新的发展。本节将对以上内容作一简要介绍。

## (一) 中国产业经济学的思想渊源

虽然产业经济这一概念的正式出现是在20世纪50年代以后,但若从产业经济学是研究调节产业间和产业内的资源配置的经济学科这一现代角度来看,那么早在人类最古老的产业——农牧业出现和最早的国家政府建立以来,某种具有现代产业经济学特征的思想就已经出现了,从某些思想的演变和据此具体实施的经济政策来看,甚至已达到了相当成熟的地步。特别在中国,由于其中央集权的统一国家政权建立时间之早、延续时间之长在人类历史上是罕见的,故国家政府对经济发展加以控制、扶持等的各种经济思想及相应的政策是由来已久的,而这些经济思想及政策对中国特定的社会发展走向也起到了十分重大的影响。所以从现代产业经济学的角度来对这些经济思想和相应的政策加以研究、分析和重新认识是十分有意义的。

中国最早的具有产业经济思想的经济政策在春秋战国时期就已经出现,有的甚至可以追溯到商、周时期,所以有些学者甚至认为"中国产业政策实施的广度和深度甚至远远超过了以成功推行产业政策而著称的日本"。当然,制定这些政策的根本目的不可能与现代意义上的产业经济学提出的目标是完全一致的,更不可能正式提出"产业政策"这样的现代概念,但是无论是从指导这些政策制定的思想还是从具体的政策内容来看,其对各产业间和同一产业内资源配置的影响都是客观存在的,无疑已具有了现代产业经济学的根本特征。

中国的封建统治自秦汉以来一直到晚清第一次鸦片战争以前,长达两千余年,虽几经更迭,但其社会经济结构却几乎从未受到外来势力的冲击,这与中国封建统治时期与其社会经济结构特征相适应的产业思想及在此思想指导下制定的经济政策可以说不无关系。中国的传统社会特征始终表现为小农经济、家族制度、中央集权官僚体系这三者的结合与统一,而与其相互适应的经济思想及相应的政策虽反复变动,但其主要的内容却明显地表现为农本思想、工商业思想和水利基础建设思想这三个方面。

(1) 农本思想。在古代社会中,人们经济生活的物质需求主要依靠农业,统治阶级实施其政治统治的物质基础也主要产生于农业,农业是"整个古代世界的决定性的生产部门"。因此,在古代人们的思想观念上首先产生对农业的重视,这是符合人类认识发展的基本规律的。从商、周时代遗留下来的甲骨卜辞和一些文献中就已保存着不少有关农业方面的记载,反映出我国从上古时期就已开始了对农业的重视。但从另一方面的有关文献记载来看,春秋及其以前社会对当时的商业的态度也是肯定的,并无明显的重农抑商倾向,所以当时的经济思想和政策对商贾以及商业活动都没有过多的干预。而真正开始对农业的偏重是从战国初期开始的。战国初期李悝在魏国推行"尽地力之教",其理论基础就是重农思想,认为农业是财富产生的唯一根源。他从重农的角度提出"农是国之本,农伤则国贫"的观点。以后商鞅、荀况、韩非等更进一步将之推向了极端,明确提出了"农本工商末"的口号。重农轻商思想在战国时期形成,有其客观原因。战国是从春秋时的分封制经过各种形式的兼并,演进到地区性的统一及地区性的君主集权制,最后发展到全国性的统一及君主中央集权制的过渡时期,这一过程是通过激烈的军事行动才得以完成的。为了保障在兼并战争中有足够的兵员与财力,就必然要求动用国家行政的力量来最大限度地保护易于控制的小农经济,并对社会财富、包括商人的财富进行掠夺式的征调。战国时期正是中国封建经济确立时期,土地的私有化和自由买卖已经出现,这就给商业资本向土地投入开辟了途径。而商业资本向土地投资最初必然是对自耕农进行兼并,这就势必造成军事官僚实体赖以进行的军事兼并的物质基础发生动摇。因此,为了保证兼并战争的顺利进行,地主阶级政治家便在传统的重农思想的基础上发展形成了重本抑末的理论,从此偏重农业的农本政策开始确立。在其后封建时代的演进中,封建统治者不断地认识到商人资本的过度膨胀会造成农业生产的萎缩,阻碍封建经济的稳定发展,因此重农轻商思想一直受到地主阶级的重视。从西汉初的贾谊、晁错,直到唐代中叶的刘晏、杨炎,以及北宋时期的王安石,他们的经济理论都和重农轻商思想有一定的联系,而其经济活动都不同程度地涉及重本抑末政策。直到清朝中叶,封建政府仍以坚持重本抑末为治国之策,例如雍正皇帝依然明令宣布:"农为天下之本务,而工商皆其末也。"故以重农轻商思想为特色的农本政策在中国封建时期虽历经两千多年,却经久难衰,一直到晚清鸦片战争前后才受到真正的挑战。

农本政策,从现代产业经济学的角度来看,体现的是一种产业结构政策,即如何看待农业在社会产业结构中的地位以及国家应相应采取什么样的产业思想。所以中国封建时期是将农业在整个产业结构中放在一个最重要的位置,农业实际上成为了整个封建时期的"支柱产业"。农本思想的目的是维护农业的再生产,其在政策上就要保证农业有充分的劳动人手,农业人口不能随意向其他行业转移。春秋战国群雄纷争,各国推行的农战政策、农耕政策都是农本思想的具体体现。而从先秦到明清,历来的农本政策,其目标都在于如何将尽可能多的社会劳动人手固定在土地上,其进一步的政策目标是要实现劳动人手与土地资源的合理结合,故调整人、地结合的比例就成为土地政策思想的重要内容。

从为达到上述农本思想目标的具体政策来看,大致有土地政策、赋役政策和人口政策三类。

从上古时代起,封建的理想土地形式就是"井田制",即一种"有田者皆耕"或"耕者皆自有田"的理想目标。因为中国封建社会的土地所有制,从终极所有权意义上来讲,应该是封建王朝所有,所谓"普天之下,莫非王土"。故对封建政府来说,生产者与土地的直接结合,农业产品就可以只在国家与生产者之间分配,否则农产品就必定要在国家、地主、生产者三者之间进行分配和再分配。但从春秋战国时期开始,井田制作为一种理想化的土地制度已失却了它现实的可能性,封建地产制的统治已是不可避免的历史事实。于是此后历代便提出了较井田制后退一步的限田、占田、均田等抑制土地兼并的土地政策。这些政策都是将一部分土地交给农民直接耕种,以保证皇朝的收入;同时又将一部分土地以官田、职田等形式赏赐给皇室、贵族、官吏等归其占有和支配;这些人又把土地分成小块,由佃农来进行生产。所以从西汉起,抑制土地兼并即成为一项最为普遍、存在时间最长久的经济思想,其表现形式即为抑商贾、抑豪强以及提倡均田三大抑制兼并的政策。

与土地政策紧密联系的是赋役政策,它们可以被视为同一个问题的两个方面:有均田制,就有与均田制相对应的府兵制和租庸调;均田制崩坏,就有相应的两税制的兴起;等等。总之,有什么样的土地政策就有什么样的赋役政策。作为历代赋役政策思想最具共性的一点是对赋敛程度的关心,因为征收过少会难以维持国家机器,而征收过多又会阻碍社会再生产。一般说来,其主流思想大多认为"征不能废",但应"征之有度""征之有常"。

既然农本思想的目标是使劳动力与土地资源合理配置,故不可避免地相应要有人口政策。在地广人稀的古代,其根本措施就是鼓励人口增殖,企图以未来人口的增加来加快土地资源的开发,进而加强国家的经济实力。典型的如越王勾践、唐太宗等都推行过相应的鼓励政策。而当用人口增殖手段难以解决燃眉之急的当前问题时,则往往采用"移民屯边",鼓励流民复业垦荒、屯田甚至直接掠夺人口和迁民等。

总之农本思想是中国封建时期最重要的一项产业思想。封建政府根据其制定的经济政策已经是相当的完备和成熟,有各种具体的配套政策与保障措施。从现代产业经济学的观点看,这些政策就是一种产业结构政策,将农业作为"支柱产业"而加以扶持。

(2)工商业思想。从前面对农本思想的介绍可知,几乎伴随农本思想提出和依此实施政策的同时,抑商的思想和政策即已开始提出和实施。但封建政府推行抑商政策并不是说其认为工商业是"末技",是不重要的,而是在充分认识到工商、手工业力量的基础上,为维护其封建统治而推行的政策。因为商品货币关系的发展必然造成商人势力的增大,导致土地兼并加剧,从而破坏小农经济的生存基础,对封建王朝的统治构成威胁,因此重农抑商就成为各个封建王朝的基本国策。但是实际上"抑商"远不是在封建王朝商业思想中占主导地位的思想。在工商业思想中占主导地位的乃是扶持官营工商业的思想,其表现在经济政策上即是国家专营或专卖的政策。这是因为在中央集权的统治形式之下,为满足宫廷、政府和军队的需要,国家必须将有关国计民生的重要产品掌握在自己手里。因此,自秦汉以来、中央集权制形成之后,对手工业的管理和控制就成为历代王朝进行统治的一项重要内容。大致从秦汉开始,便开始了由国家垄断对盐和铁的生产和经营。其后历代,纺织、陶瓷、造纸业等行业也陆续由国家控制,这种垄断制度使重要的工商业活动都为国家所独占。它一方面在几乎一切重要的领域成功地封闭了传统工商业发展的机会和道路,另一方面表现出对民间财富极大的掠夺性。与对官营工商业极力扶持相对应的就是对民间工商业的抑制。从前面我们已经知道,中国社会自秦汉建立起封建大一统的国家体制后,中央政府无疑已成为社会的政治中心,故其决不会放任民间工商业自由成长为一支能与之抗衡的经济力量,否则对其一元化的封建专制统治是一种极大的威胁。因此,从社会再生产以及封建国家的经济、政治利益出发,民间私人工商业一方面不能没有,但另一方面又决不能让其自由成长到会影响小农经济的农业生产形式,能与中央政权相抗衡,形成潜在威胁的力量。故对封建国家来说,其理想目标就是既允许民间工商业存在,但同时又将它控制在一定的水平上,处于永远依附于国家的地位。所以从秦统一六国后,就开始运用国家政权直接对商人进行控制和打击。汉朝汉武帝开始更是开始大规模实施抑商政策,一方面运用政权力量直接对商人进行政治压迫和严厉打击,另一方面又运用封建伦理进行"贱商""轻商",致使商人处于一种被人轻视的低下社会地位,其直接影响波及整个封建时期。其主要手段有对民间工商业课以重税;利用均输、平准等手段干预市场,控制物价,对城市市场进行严格管制,防止商人从中牟利;利用行会强化对工商业活动的控制,并设立专门的机构严格控制和垄断海外贸易,甚至闭关锁国、实行海禁等。

(3)水利基础设施建设思想。在一个以农为本、以农业为主要生产部门的社会里,人们的安居、迁徙、生产无不与水利息息相关,水利是农业社会中的基础产业。但在中国古代封建王朝有意维护的小农经济状态下,其分散孤立的状态和低下的生产能力,排斥了分工以及由此产生的社会经济联系,使得一切公共工程及设施的建设只能由中央集权的政府来组织完成。故从上古的夏、商、周起,历代国家政权及地方政府无不知水利为命脉,其对水利事业在社会经济生活中地位和作用的认识的言论在各朝各代都屡见不鲜。

水利思想以其关注的对象和具体内容而言,大致可分为以治理黄河为中心内容的治理大江大河的"河工"思想和以维护漕运水道为主要内容的漕河思想。自秦汉以来,历代都城先为关中,后移洛阳、开封、北京,多在北方之地,一切时政皆赖漕河运输接济,故对漕运水道的维护整治自然成了国家的首要政策。隋炀帝时,就开凿了迄今为止最大的运河。而治理河工则以保漕为中心的思想也日趋明显,到明清时,治理黄河的首要目标就是为了保证南北运河的畅通。

总之,为了维护封建政权财政收入的稳定,在封建小农经济无力承担大规模水利工程的情况下,水利基础产业的建设就成为了历代封建王朝尤为重视的头等大事。

综上所述,中国封建时期自秦汉封建大一统的国家政权体制建立以后,就已经具有了十分成熟的具有现代产业经济学特征的经济思想,在实践中,已开始了对社会经济各个领域的直接干涉和控制,其赖以进行的相应政策就是农本政策、工商业政策和水利建设政策。从现代的观点来看,这反映了一种产业结构政策的思想,而在工商业政策中则更闪烁着产业组织政策的思想,即扶持官商、国家垄断经营和抑制私商。可见,产业经济学的思想渊源在中国是十分久长的。

### (二) 产业经济学的理论基础

正如前面所分析的那样,由于产业经济学是研究产业、研究中间产品再生产过程的经济学科,这使得经济学的领域拓展到了一个新的更深入的层次。因为现实经济运行所遇到的问题,要求经济学不仅要回答单个经济主体在单个市场上是怎样运作的、国民收入的总需求与总供给是怎样达到均衡的,而且还要回答社会再生产过程中,产业之间的中间产品的复杂的生产、分配、流通和消费状况,从而使人们对社会经济运动有一个从个别到中间、再从中间到整体的完整的了解。由于各种经济现象本身是相互联系、相互交织在一起的,因此作为研究某一特定经济现象的某一经济理论,自然也不是完全孤立的,必然与相关的经济理论有联系。产业经济学也是这样,尽管它的研究对象既不同于政治经济学,也不同于微观经济学和宏观经济学,但无论是从它的起源,还是从它的研究方法等方面来看,其都是以这几门经济学科为基础的。

1. 马克思主义政治经济学

政治经济学是研究人类社会基本经济规律的学科,是最基础的理论经济学。它所揭示的关于人类社会的一般经济规律和基本原理,是研究其他经济学科的理论基础。特别是马克思主义政治经济学,是我们研究、建立和发展社会主义产业经济学的理论基础。马克思主义政治经济学关于社会主义生产目的的理论、关于商品经济和垄断与竞争的理论、关于社会再生产和关系的理论等,不仅是指导社会主义国家进行产业经济分析和制定产业政策的重要理论依据,而且还是构成社会主义产业经济学理论体系的重要内容。

具体地来看,首先,马克思主义经济学的两大部类再生产理论实际上就是产业关联理论中投入产出分析法的直接理论基础之一,曾经有经济学家对此作过论证。因为从投入产出分析法的创始人里昂惕夫的生平看,他本是苏联公民,曾在列宁格勒大学就读,在去德国以前曾在苏联国民计委工作,既通晓马克思主义经济学著作又熟悉苏联的经济研究文献。另外,里昂惕夫在1925年提出他的最初想法时,他还在苏联工作,所以里昂惕夫提出的投入产出分析方法从历史的角度来看,其受到马克思的再生产理论和苏联的物资平衡的做法的影响是十分自然的。事实上里昂惕夫投入产出表的横行分配方程式与马克思主义经济学的基本关系——国民经济最终产品等于国民收入——是一致的。

其次,马克思主义经济学在理论上将整个社会经济抽象地划分为两大部类的基础上,进一步认为在社会主义的实际经济生活中,社会生产是按部门来组织和管理的,因此必须进一步分析国民经济各部门的主要比例关系的理论与现代产业经济学中十分重视对产业结构的分析是完全一致的。马克思主义经济学认为国民经济各部门的比例关系首先是农业与工业的比例关系,正确处理好农业与工业之间的比例关系,不仅有利于工业和农业这两个部门的扩大再生产,而且也有利于国民经济其他部门的发展。马克思主义经济学还认为在农业和工业经济部门内部也要保持恰当的比例关系,必须强调全面发展的观念,这是保证国民经济全面增长的关键,各种产需平衡工作做得越细、调节得越合理,再生产进行得就越顺利。同时马克思主义经济学也强调工农业和交通运输业、商业等其他各个部门经济的合理的比例关系,认为各部门经济一定要按比例协调地发展。这些观点与现代产业结构理论中一再强调的第一、二、三产业结构要合理,产业结构要优化的观点更是完全一致的。

再次,马克思主义经济学也强调地区经济之间要有合理的比例关系,认为在社会分工和商品经济发展的条件下,一国内各个或大或小的经济区域都不可能孤立地发展,各地区只能根据地区的条件生产某些产品,而不可能生产本地区所需要的一切产品,它必然向其他地区购进一些本地区不能生产的产品。同时,本地区生产的产品,超出其自身需要的部分,还应该出售给其他地区。这样,地区之间就必然相互提供产品和市场,因而它们之间也必须建立一种协调的比例关系。建立地区之间合理的比例关系,要求生产力有合理的布局,要求建立工业企业时,要靠近原料、燃料产地,要靠近产品的销售市场,要注意发展边境地区的经济,等等。这些都可以看作是现代产业布局理论的理论来源之一。

另外,马克思主义经济学也十分强调社会主义国家的对外经济交往,认为它是社会化大生产的需要,是有计划、按比例地协调国民经济比例关系的需要,是利用国际分工,节约社会劳动的需要,也是促进科学技术进步的需要。这和现代的产业发展理论、产业技术进步理论等也是十分一致的。

事实上,完全可以说,正是马克思主义经济学第一次针对一个国家的全产业从理论上系统地提出了进行规划和有计划、按比例发展的必要性和具体的方法,并在实际经济生活中进行了有效的实践。所以,马克思主义经济学是产业经济学的理论基础之一。

2. 邓小平产业经济思想

邓小平理论是马克思主义普遍原理同中国国情相结合的产物,是在总结我国历史经验和当代社会主义实践的基础上逐步发展和丰富起来的优秀理论成果,是当代中国的马克思主义。其关于社会主义本质的论述,关于怎样建设社会主义的观点以及建设有中国特色社会主义市场经济的理论必然对社会主义市场经济体制下的产业经济的研究有重要的指导作用,与中国的产业政策有着清晰可辨的内在联系,是中国经济发展的理论指南,也是有中国特色产业经济学的理论基础。邓小平的产业经济思想不仅直接指导了我国最近20年的产业政策和产业经济实践,而且必将为中国21世纪产业发展的实践提供重要的理论指导。因此,我们应当高度重视邓小平产业经济思想在中国产业经济学理论中的基础地位。

邓小平产业经济思想是邓小平理论中同产业发展直接相关的部分,其内容十分丰富,它至少包括邓小平的市场经济思想、农业思想、产业布局思想、产业关联思想、产业结构思想、产业发展思想和对外开放思想等。下面,我们依据有关文献,对这部分内容作一初步的整理、归纳。

(1) 邓小平的市场经济思想。市场经济思想是邓小平对中国经济发展的重大贡献,也是我们建立社会主义市场经济体制的理论基石,它对中国产业组织和产业结构的变迁具有深刻影响。

邓小平市场经济思想的精髓之一,是他在"社会主义与市场经济的关系"方面的理论创新。他提出"社会主义同市场经济不存在根本矛盾,问题是用什么方法才能更有力地发展社会生产力。我们过去一直搞计划经济,但多年的实践证明,从某种意义上说,只搞计划经济会束缚生产力的发展。把计划经济和市场经济结合起来,就更能解放生产力,加速经济发展"[①]。1992年南方谈话更使人们茅塞顿开,"计划多一点还是市场多一点,不是社会主义和资本主义的本质区别。计划经济不等于社会主义,资本主义也有计划;市场经济不等于资本主义,社会主义也有市场。计划和市场都是

---

[①] 邓小平:《邓小平文选》第3卷,人民出版社1993年版,第148—149页。

经济手段"①。邓小平主张:"我们必须从理论上搞懂,资本主义与社会主义的区分不在于计划还是市场这样的问题……计划和市场都得要。不搞市场,连世界上的信息都不知道,是自甘落后。"②

(2) 邓小平的农业思想。正确认识农业的地位,是制定科学的农业政策的基础。邓小平从世界经济发展实践中认识到,发达的农业是发达国家的共同特征,"美国早先工业发展快,靠农业有一个强大的基础。日本二次大战后也因为先解决了农业问题,工业发展得很快。现在我们的弱点基本在农业"③。他还从中国是一个农业大国的国情出发,强调"农业是国民经济的基础""农业是根本,不要忘掉"④。他主张把农业放在全党工作的首位,要求各行各业都要为农业服务,还提出"农业的发展一靠政策,二靠科学"⑤,"要大力加强农业科学研究和人才培养,切实组织农业科学重点项目的攻关"⑥。他坚决主张运用政策充分调动农民群众的积极性,强调"我国百分之八十的人口是农民。农民没有积极性,国家就发展不起来"。

(3) 邓小平的产业布局思想。在改革开放政策的背后,我们不难透视出邓小平的产业布局思想。

在安排四个经济特区布局时,他"主要是从地理条件考虑的。深圳毗邻香港,珠海靠近澳门,汕头是因为东南亚国家潮州人多,厦门是属于知名的侨乡,同海外侨胞有广泛的血肉联系,容易吸引外资的流入。首批的四个经济特区在地理上都十分有利于通过港、澳、台发展对外经济关系"。"海南岛和台湾的面积差不多,那里有许多资源,有富铁矿,有石油天然气,还有橡胶和别的热带亚热带作物。海南岛好好发展起来,是很了不起的。"根据邓小平的设想,我国在海南设立了最大的经济特区——海南省,并计划建立以工业为主,工、农、贸、旅游并举,第三产业协调发展,实行社会主义市场经济的新型特区。1992年,邓小平在视察深圳等地时提出了特区布点应当北移的设想,主张在我国最大的工业城市——上海加快建设好长江三角洲开发区和开放的龙头——浦东新区。

邓小平明确支持首先在沿海地区发展外向型经济,再通过联营和市场的传递作用,带动内地企业的外向型发展。这一发展战略的宗旨,是利用发达国家的产业向资本密集型和技术密集型转化的机遇,充分发挥我国劳动力资源丰富的优势,首先发展劳动密集型产业,扩大国际经贸合作,加速资本积累。在此基础上,积极引进高新技术成果,实现跳跃式发展,促进沿海地区的技术进步和产业结构升级。沿海地区发展起来之后,可以通过技术、资金、人才和信息的转移,对中部和内陆地区的产业发展起示范和推动作用,从而实现全国的对外开放与共同发展⑦。他反对平均主义,主张有条件的地区经济发展可以比全国快一点,"比如广东,要上几个台阶,力争用二十年时间赶上亚洲四小龙"。

(4) 邓小平的产业结构和产业关联思想。邓小平曾经尖锐地指出,产业结构不合理是制约我国经济发展的关键因素;我们的基础工业薄弱,缺少电和原材料;对于国民经济发展中的"瓶颈"制约问题,要用快刀斩乱麻的方法解决,不能拖,当断不断要误事。他建议组织一个专门班子,研究21世纪最初50年的发展战略与规划,重点制定一个基础工业和交通运输的发展规划;要采取有力措施,实现产业结构的合理化,使我们的发展能够持久、有后劲⑧。在邓小平主持下,我国确定了调

---

① 邓小平:《邓小平文选》第3卷,人民出版社1993年版,第373页。
② 同上书,第364页。
③ 邓小平:《邓小平文选》第1卷,人民出版社1994年版,第335页。
④ 邓小平:《邓小平文选》第3卷,人民出版社1993年版,第23页。
⑤ 同上书,第17页。
⑥ 同上书,第23页。
⑦ 顾宝孚、陈自芳:《邓小平经济思想研究》,四川人民出版社1994年版。
⑧ 顾海良、张雷声:《邓小平的经济思想》,中国经济出版社1996年版。

整产业结构的基本方针是：大力加强第一产业,调整提高第二产业,积极发展第三产业。

关于产业关联,早在1975年8月,邓小平就明确指出：工业发展要"确立以农业为基础,为农业服务的思想。工业支援农业,促进农业现代化,是工业的重大任务"①。他认为,如果没有发达的农业,就没有发达的工业,没有农业的现代化,就不可能有整个国民经济的现代化。

关于经济与科技的关系,邓小平提出"要进一步解决科技与经济结合的问题……新的经济体制,应该是有利于技术进步的体制。新的科技体制,应该是有利于经济发展的体制"②。"高科技领域的一个突破,带动一批产业的发展。"③

(5) 邓小平的产业发展思想。邓小平针对中国同发达国家之间的差距,谆谆教导我们"发展是硬道理",主张抓住机遇,力争隔几年上一个新台阶,并对产业发展的任务、条件和对策提出了一系列战略构想。

产业发展需要以生产力的发展为基础,以生产力水平的提高为尺度。始终如一地强调"生产力标准",是邓小平经济思想的内核和显著特征。他明确认为,"要坚持社会主义制度,最根本的是要发展社会生产力,这个问题长期以来我们并没有解决好。社会主义的优越性最终要体现在生产力能够更好地发展上","社会主义的本质是解放生产力,发展生产力"。

邓小平尤其重视科学技术在当代经济发展中的作用,认为"科学技术的发展和作用是无穷无尽的"④,"四个现代化,关键是科学技术的现代化。没有现代科学技术,就不可能建设现代农业、现代工业、现代国防。没有科学技术的高速发展,也就不可能有国民经济的高速度发展"。"马克思说过,科学技术是生产力,事实证明这话讲得很对。依我看,科学技术是第一生产力。"⑤他强调要用先进技术和管理方法改造企业,"日本年产六百万吨钢的企业,行政人员只有六百人。鞍钢现在的年产量是六百多万吨,行政人员有两万三千人,这肯定不合理。引进先进技术设备后,一定要按照国际先进的管理方法、先进的经营方法、先进的定额来管理,也就是按照经济规律管理经济"⑥。

邓小平还强调实现四个现代化,"教育是基础"。他在1985年提出："我国的经济,到建国一百周年时,可能接近发达国家的水平。我们这样说,根据之一,就是在这段时间里,我们完全有能力把教育搞上去,提高我国的科学技术水平,培养出数以亿计的各级各类人才。""一个十亿人口的大国,教育搞上去了,人才资源的巨大优势是任何国家比不了的。"

关于改革与发展的关系,邓小平简明地概括道,"我们所有的改革都是为了一个目的,就是扫除社会生产力的障碍",改革是解放和发展生产力的必由之路。

(6) 邓小平的对外开放思想。对外开放思想是邓小平经济思想的精华部分之一,它对中国的经济发展战略、产业政策和产业发展实践都有直接而深远的影响。

邓小平关于对外开放的重要论点有"中国长期处于停滞和落后状态的一个重要原因是闭关自守。经验证明,关起门来搞建设是不能成功的"⑦,"任何一个国家要发展,孤立起来,闭关自守是不可能的,不加强国际交流,不引进发达国家的先进经验、先进科学技术和资金,是不可能的"⑧,"现在的世界是开放的世界","中国的发展离不开世界","社会主义要赢得与资本主义相比较的优势,就必

---

① 邓小平：《邓小平文选》第2卷,人民出版社1994年版,第28页。
② 邓小平：《邓小平文选》第3卷,人民出版社1993年版,第108页。
③ 同上书,第377页。
④ 同上书,第17页。
⑤ 同上书,第274页。
⑥ 邓小平：《邓小平文选》第2卷,人民出版社1994年版,第129—130页。
⑦ 邓小平：《邓小平文选》第3卷,人民出版社1993年版,第78页。
⑧ 同上书,第117页。

须大胆吸收和借鉴人类社会创造的一切文明成果,吸收和借鉴当今世界各国包括资本主义发达国家的一切反映现代社会化生产规律的先进经营方式、管理方法"①。邓小平强调要发展生产力和改善人民生活就"必须开放……拿中国来说,五十年代在技术方面与日本差距也不是那么大。但是我们封闭了二十年,没有把国际市场竞争摆在议事日程上,而日本却在这个期间变成了经济大国"②。

邓小平不仅论证了对外开放的必要性,而且还指明了开放应当是长期的全方位的。"对外经济开放这不是短期的政策,是个长期的政策。最少五十到七十年不会变。"到 21 世纪中叶基本实现现代化时,就"更不会改变了。即使是变,也只能变得更加开放"③。他的对外开放思想囊括了对世界所有类型国家的开放,"一个是对西方发达国家的开放","一个是对苏联和东欧国家的开放","还有一个是对第三世界发展中国家的开放",包括了"三个方面的开放"④。在邓小平对外开放思想的指导下,中国从创办经济特区开始,逐步推进,现已形成"经济特区——沿海城市——沿江城市——沿边城市——内陆地区"的多层次、全方位的对外开放格局。邓小平主张以多种形式扩大对外开放,在改革开放之初就提出要"大胆使用外资"⑤,以便引进国外的先进技术和设备,发展和推动我国的外贸出口,拓宽出口创汇渠道,改善我国的国际收支状况。他还积极倡导引进国外智力和管理经验,要求改变以往对外国专家客套多、宴会多,但缺乏信任、不敢委以重任的做法,尽可能为外国专家的生活、工作提供良好的条件,使他们愉快地、一心一意地投入工作。

所以,邓小平产业经济思想是当代有中国特色产业经济学的理论基础之一。

3. 西方宏微观经济学

产业经济学在其形成和发展的过程中,广泛地吸收了西方经济学的研究成果及相关理论。从产业经济学形成的历史渊源看,产业经济学的许多原理和方法都是从西方经济学中衍生出来的,尤其是产业经济学中的产业组织理论。在 20 世纪 50 年代末由美国的梅森和贝恩创立的产业组织理论体系中,市场结构理论源于微观经济学中的市场理论;市场行为理论源于微观经济学中的厂商理论和均衡价格理论;市场绩效理论综合反映了微观经济学中消费和生产的优选行为理论和分配理论等。总的来看,产业组织理论以企业与市场的关系结构为研究对象,实质上无非是微观经济学中关于价格理论、特别是垄断价格理论的深入分析和进一步发展。实际上,在现代经济学体系中,已很难明确地划分产业组织理论与微观经济学的界限,这也从一个侧面体现了产业经济学在宏微观经济学之间的桥梁作用。

在产业经济学的研究中,也广泛吸收了宏观经济学中的分析方法和理论成果。例如产业经济学中的产业关联理论,是在 20 世纪 30 年代美国经济学家里昂惕夫所建立的投入产出分析方法的基础上创立的,它填补了微观经济学和宏观经济学未能涉及的有关各产业的中间投入和中间需求变化关系的研究空白。但是,他的投入产出分析理论受启于微观经济学中瓦尔拉斯的"一般均衡理论",同时引进了宏观经济学中凯恩斯的"国民收入理论"关于最终产品总值与国民收入相等的观点,只是进一步使这种均衡关系多部门化而已。

4. 新制度经济学

产业经济学重视市场绩效的研究。而分析市场绩效一般普遍假设厂商是一个掌握完备信息的

---

① 邓小平:《邓小平文选》第 3 卷,人民出版社 1993 年版,第 373 页。
② 同上书,第 274 页。
③ 同上书,第 79 页。
④ 同上书,第 99 页。
⑤ 邓小平:《邓小平文选》第 2 卷,人民出版社 1994 年版。

"经济人",厂商的业主拥有绝对的决策权和经营权,同时对市场绩效的研究也没有重视交易成本。但是现实世界并不完全符合此种假设,一方面在寡头垄断企业的市场结构下,所有权和经营权日益分离,经理普遍进行日常决策,经理决策时无法掌握全部信息。另一方面,无论是运用市场机制还是运用组织来协调生产,都存在交易成本。获取市场信息需要支付费用,进行交易谈判、签订交易契约也要支付费用,这些都构成交易成本。而新制度经济学关于交易成本对于市场绩效的分析主要体现在威廉姆森的交易成本理论。威廉姆森指出,在交易过程中,由于经济主体和经济客体所具有的特性,交易成本无处不在,在某些情况下,还有可能因为过高的交易成本使得市场失效。而导致过高的交易成本的主要因素包括经济主体的机会主义行为,交易过程的不确定性和垄断的存在。对于垄断的存在,新制度经济学认为,如果市场是充分竞争的,交易的一方对另一方的依赖性就小,竞争的压力会较少地诱发机会主义行为。当市场处于垄断状况时,对于非垄断的一方,市场的交易成本将是高昂的。而当交易成本过高使得市场绩效很低时,就需要实施企业的纵向一体化。因此,在市场、企业、企业的纵向一体化相互替代的变更中,产业组织也将不断变化、不断更新,形成低交易成本的产业内企业间的关系,从而对于解释现实的产业组织以及制定适宜的产业政策具有重大的现实意义。

### (三)管理文化对产业经济的作用

1. 管理文化对产业经济的作用机理[①]
(1) 管理文化在产业经济中的地位。

——管理文化与产业运行的同步性。产业运行过程既是物质财富创造的过程,也是管理文化功能发挥与管理文化创造的过程。产业经济的发展,最终目的在于人的全面发展,这也是管理文化的目的。管理文化与产业经济两个系统,形成互相渗透、互相驱动的发展过程,由于作为主体发挥了必然的中介和连续功能,从而使管理文化与产业经济获得了内在的统一性。产业经济产品是人造物,凡是人造物都隐含着人的不同的管理文化需要,因而具有不同的意义和价值。人们的需求又突出地反映了管理文化模式和管理文化意识,需求既是产业(生产)的动机与目的,又是产业运行的出发点。随着时代与社会的发展,人们的管理文化需求总是由低层次向高层次发展;随着人们的协调自然、社会关系的能力增强的同时,人们的管理文化需求的内涵也越来越丰富,越来越呈现多样性,产品更需集实用性、智慧性和娱乐性于一体,从而使人们获得真善美的满足。

——管理文化对产业发展的先导性。以高新科技为代表的管理文化逐渐变成产业发展的先导,科学技术越来越成为生产力发展的基础、源泉和动力。科技的发展,不仅促进劳动生产率和产品数量的迅速增长,也促进了产品质量和功能的完善。同时科学技术的发展,促进了对传统产业的改造和新产业的兴起,使产业结构和劳动力结构发生了巨大变化。当今经济战主要是科技战,科技战对人的现代化提出了挑战。

——管理文化在产业经济中的动力性。知识经济浪潮的到来,表明智力和知识能力是产业发展首要的、能动的因素。在人的体力因素和智力因素中人并非以体力见长,而是以智力分高低。智力就是价值,有智力的人才就有产业竞争力。日本在新一轮高新技术竞争中败走麦城,美国则进一步争取了战略主动,高技术创新管理文化在产业经济中的动力性由此可见一斑。

——管理文化在产业发展中的创造性。管理文化的创造功能表现为对产业资源的组合、调节

---

[①] 参阅王恒富、石争:《文化经济论稿》,人民出版社1995年版。

和扩张作用。组合作用就是根据生产的客观要求,把分布在不同空间位置、处于不同时间序列上的可能产业要素,按一定的数量比例和质量要求、按一定的时间顺序放在一定的空间位置上,使各要素之间相互联结,组成一个具有实际效能的产业体系,把可能的产业变成现实的产业。调节作用就是在动态、变化的情况下,管理主体依据一定的标准,通过调节,使产业系统的组织状态在新的条件下和新的水平上实现,以维持产业系统中各因素相互之间质的适应性和量的均衡性、时间的有序性和空间的聚合性。在调节作用基础上,对该弱化的夕阳产业进行控制,对朝阳产业进行扩张。管理文化正是通过发挥其组合、调节、控制和扩张功能,有力地促进着产业的发展,在产业系统中发挥创造性作用。

(2) 管理文化对产业经济作用的方式。从广义上看,管理文化一般通过价值观念、技术形态、生活方式和精神的物化等几个方面,从不同层次和角度,对产业经济活动和实践的主体发挥其特有的功能作用。其作用方式归纳起来有四种:渗透式、导向式、桥梁式、转化式等。这些方式相互交叉、辐射和促进,使管理文化体现出产业经济功能。

——渗透式。人类的智力是精神生产力,这由一切能够直接或间接地物化和促进物质生产力发展的精神力量所组成。它以人脑为载体,以大脑神经细胞活动为运动机制,存在于人的大脑神经系统中,带有主观性、精神性的一面。但当它转移到语言、符号、书籍、图纸、音像制品和计算机等外在实体性的载体上时,便成为不以人的意识为转移的客观实在,并作为一种客体影响制约人们的主观意识,同人们的主体意识发生信息传递反馈联系,对产业经济主体活动发生积极或消极影响。这就是管理文化的渗透方式。

——导向式。现代管理文化对产业经济具有强烈的导向作用。这种导向包括舆论导向、政策导向和价值导向等。它可以是心理上的、意识情感上的,也可以是观念思想和行为方式上等。正确的导向,不仅具有动员、鼓舞、组织、指导和推动作用,而且在一定时期和条件下,对人们的观念和行为的改变,还具有某种决定作用。另外,管理文化的导向同样具有正负两面的双向性,它既可以使渗透方式强化、固定,也可使之扭曲或变形。因此,文化观念及观念指导或影响下的产品的导向如何,将直接影响一个国家或民族的产业运行机制。全球化时代,全球意识对产业经济的导向可以是全方位的。

——桥梁式。管理文化是人类对应自然、经济生活、发展生产力过程中适应多种需要而创造和继承下来的业绩。这种业绩的积淀、扩散或创新,又使文化成为联结不同地域、不同民族相互交往和促进的桥梁和纽带。这种桥梁式作用突出地表现在管理文化与经济贸易联姻,即通过文化活动"架桥",招商引资,经贸"唱戏",形成新的管理文化,使民族和地区的文化事业和经贸事业相得益彰,拓展广度和深度。如潍坊风筝节、淄博陶瓷琉璃艺术节、洛阳牡丹节等。管理文化的桥梁作用方式,反映了时代的特征。

——转化式。科学技术纯粹是"人造"的文化。科技的创新使经济社会面貌日新月异,但科学技术本身只有通过转移、转化、扩散到产业经济诸要素和经济活动领域中,才能发挥它的威力和功能。从某种意义上而言,加速转化与扩散比创新发明更重要。科学技术的这种转化,主要是通过科研与生产的紧密结合、科研人员与生产单位的紧密联合的方式进行,它导致了科学技术和产业部门的发展、经济效益的大幅度提高。日本第二次世界大战后通过转化、扩散科学技术,迅速实现了现代化,其管理文化对产业经济的转化作用是明显的。

2. 管理文化对产业组织的影响

以下我们从东西方比较角度探讨管理文化对产业经济的影响。

(1) 网络经济。东方社会管理文化取向是关系型的,西方管理文化本质是契约型的,前者形成网络经济,后者形成法制经济。现代管理文化特征之一就是网络经济基础上的网络管理,这也说明了西方管理文化发展的一种取向。现代网络经济与古老的东方网络经济除空间和技术手段不同外,其本质都是相同的。

——东方网络经济。东方管理文化是讲求社会关系本位的,社会关系主要可以归结为"五缘"。"五缘"就是亲缘、地缘、文缘、商缘、神缘。"五缘"的本质就是具有东方特质的关系。东方特质关系可形象地描述为,人们"日常交往的圈子就像一个用有弹性的橡皮紧密连在一起的竹竿构成的网,这个网精心保持着平衡。拼命拉出一根橡皮带,整个网就散了。每一根紧紧连在一起的竹竿就是我们生活中交往的每一个人,如抽出一根竹竿,我们就会痛苦地跌倒,整个网便立刻松弛"。[①] 由于人的需要具有多样性,多样性的需要完全靠契约经济关系是难以满足的。而且经济交往更多的是满足生理的需要,其他的各种需要更多地是以社会网络来满足的,社会网络可以为人提供各种各样其他的社会支持。这是一种总括性的资源,它源于社会网络。社会网络可以提供情感支持、服务支持、伙伴关系支持、经济支持和工作、住房信息支持。网络建立的目标可能不是追求最大化的经济利益,但最终可能有利于经济目标的实现,从而变成一种影响个人经济行为、国家经济行为及产业经济运行的一个重要因素。不但一系列的重要经济资源通过社会网络的渠道流向了个人和经济单位之手,而且社会网络被"资本化",市场经济大潮把关系纳入了经济体系,以节约交易费用,提高经济效率。东方的经济在某种意义上就是网络经济,例如日本的官产学经济、韩国的财阀经济、华商的家庭经济、温州的小企业网络以及整个东亚的儒家资本主义。

我们以亲缘企业加以说明。亲缘关系包括家庭、宗族、姻亲关系等。除正式亲缘关系以外,还存在着准亲缘关系,它实际上是血缘关系扩大了的形式,例如师生关系、同村街坊关系和朋友关系等。亲缘关系是一种多线的、具有持久特征的社会关系。与西方不同,东方的亲缘关系中各方的相互之间的权利、责任和义务确定,主要不是通过法律或明确的规章制度建立的,相互之间的信任也主要不是通过法律来保证,而是通过习惯或传统得以确定和保证的。亲缘关系和法律关系具有反向的趋势。亲缘关系在中国的农业活动中一直发挥着重要作用。中国几千年以来农业生产中的家庭经营为主的分散化经营特点一直没有变,新中国成立后实行土地公有制,到改革开放后全国农村实行了以家庭经营为主的联产承包责任制。农业中的家庭经营的重新导入引起了农业的极大发展,以此为基础,亲缘网络大范围地渗透到非农业企业之中去,对中国的经济资源配置发生深刻的影响。

依据亲缘企业中所有者的关系,亲缘企业可以分为:第一,家庭网络型。这种企业属于家庭成员共同所有,由家庭成员共同管理;第二,家族网络型。这种企业是由同一宗族不同家族合作构成的企业。构成企业基础的家庭通常由一个人在企业中作代表参与对企业的管理和控制。第三,姻亲型。这种企业建立在姻亲的基础上,由具有姻亲关系的家庭共同出资构成。第四,准亲缘网络型。这种企业是由不具有亲缘关系的家庭共同出资构成。这种企业或者是建立在业缘或者是建立在朋友的感情上的。

再以地域经济组织为例说明。地缘关系是继亲缘关系之后的另一种重要关系。它指的是由于居住在同一地域而形成的相互关系,关系涉及的对象有一定的空间界限。建立在地缘关系基础上的地域经济组织有两种类型。第一种类型是和血缘组织相分离的地域经济组织。这些组织作用的

---

① 转引自张其仔:《社会资本论:社会资本与经济增长》,社会科学文献出版社1997年版。

发挥既经常地依托于家族网络,同时又是家族功能的补充。第二种类型是和血缘重合的地域经济组织。这种组织更经常地采用非正式组织的形式。研究表明我国目前的乡镇企业大多数建立在地缘关系基础上。20世纪晚期中国社会中的很多村庄变成了较有凝聚力的共同体,不仅表现为出现了诸如由各族中最有威望的人组成的非正式委员会、宗族势力的发展、庙会村庄和宗族婚丧时的聚集等,而且还表现为村庄中共同体经济的发展和村庄中可提供公共物品的增加;使村庄不仅变为社会单位、生产单位,同时变为一个生活单位;村庄干部不仅是社会生活的组织者,同时是经济生活组织者;村级组织不仅是行政体系的一个环节,同时变成村庄共同体利益的代表。河南巩县竹林村、江苏江阴市华西村、天津市大邱庄等都是典型的例子。

——合作共赢的人为决策。东方网络社会的网络化的企业、全球化时代合作博弈的企业都需要合作竞争,求得双赢。当今企业的决策从单赢决策走向共赢决策,从刚性决策走向柔性决策,由半脑决策向全脑决策转化,由单脑决策向多脑决策转化,由经验型决策向学习型决策转化,由集中决策向分散决策转化,从孤立决策向协调决策转化,从事为决策向人为决策转变。人为决策超越了自为、事为决策的局限性,坚持兼容激励、合作竞争、超优共赢、主客体互为的原则。这是网络化企业组织的全新决策文化。

——企业追求的目标是社会效益第一、经济效益第二,这与西方企业追求利润极大的假说是有差别的。西方企业追求的目标是经济效益第一、社会效益第二,这是西方经济学的前提。企业在追求自身利益最大化的前提下,对社会稀缺资源进行配置,其产业经济效果常常是突进的而非协调的。产业经济的内部关系不协调,产业经济与宏观经济、微观经济关系均不协调。东方企业则与之相反,东方企业追求的是社会效益第一、经济效益第二,即追求自身利益的适度化。在这个前提下,对社会稀缺资源进行配置,其产业经济效果常常是协调的而非突进的。产业经济内部关系较为协调,产业经济与宏观经济、微观经济关系都较为协调。

(2) 行政经济(官文化经济)。

——官文化。在东方社会,一端是社会网络,一端是行政权力支配一切。中国官文化是在特殊历史阶段上特殊阶级的管理文化,即中国历史上存在2 000余年的官僚地主阶级利益和意识的表现。官僚地主阶级在土地国有制基础上形成这个阶级特有的管理意识,其特点是在维护个体官僚的地位、级别、权力和利益的同时强化整个阶级的统治,从而形成集权管理制。官文化的积淀,形成东方社会区别于西方社会的重要管理文化资源——以行政权力驱动经济发展。官文化的主要形式是:"人治"和"德主刑辅"相统一;官本位和官至上;"内圣"与"外王"的统一;"学而优则仕";为官有道;重农抑商。

——官文化的运用。官文化的运用主要表现是东亚国家的儒家资本主义经济。日本"企管精神"主要体现在:义利并举的经营方针;以人为中心的经营理念;家族主义的组织形式;以和为贵的人际关系;道德导向的领导方式;行政主导产业价值。新加坡的经验是:国家至上,社会为先;家庭为根,社会为本;关怀扶助,同舟共济;求同存异,协商共识;种族和谐,宗教宽容。新加坡由国家管理当局大规模地推广儒家伦理,以医治现代社会发展所带来的种种弊病。正因为如此,新加坡的经验更加具有典型意义。东亚地区经济起飞的原因,有人归结为行政主导实施儒家资本主义,有一定的道理。官文化的传统为东亚的产业现代化和全球化创造了条件。

——全球产业竞争。全球产业竞争有以下特点:① 全球产业竞争是综合实力与核心能力的竞争。核心竞争力是指企业在激烈的竞争中,具备某种根本的、关键的、决定性的特殊技能,具备某些特优的能力,如拥有其他竞争者不可匹敌的不可触摸的管理文化,或企业对某项作业的处理能够优于其他竞争者,等等。② 合作共赢的跨国购并战略联盟是全球产业竞争的重要现象。从1994年起新的一轮购并浪潮兴起,1994年美国企业购并总金额达3 360亿美元。1995年企业购并9 170起,金额达7 591亿美元。美国第一联合银行和第一忠诚银行的合并、迪斯尼公司与美国ABC广播公司购并、波音公司和麦道公司的合并都是例证。20世纪90年代美国的企业购并大多是着眼于企业的长远发展和生存,希望能够以更精干的人力、更低廉的成本,创造更大的经济利益。因此,一些企业与过去竞争对手结成战略联盟和购并的合作竞争。这种新伙伴关系,能提供必要的经济规模和市场能力,以致能与占优势的竞争者抗争,而单个企业无法向其挑战。依据各方势力的互补性,战略联盟可以分为传统的风险互补战略联盟和竞争性合作战略联盟;依据各方使用的优势力量的类型,战略联盟可分为资源推动型和能力推动型。

——中小企业如繁花盛开。不论是在契约式的西方管理文化背景下还是关系型的东方管理文化背景下,中小企业都如繁花盛开。科学技术是第一生产力,科技创新的主体又大多是中小企业。东西方国家都不约而同地整合其管理文化的优势资源并进行全球较量,这样中小企业,尤其是越来越小的星罗棋布的小企业网络日益滋生,形成全球性跨国大公司和中小企业联结而成的全球企业网络。

3. 管理文化对产业结构的影响

(1) 资本的来源与运用。

——东方社会资本来源与运用。东方社会现代化的资本来源主要是储蓄,高储蓄推动着高投资,高投资驱动着高增长,从局部来看,结构效益优化。

——西方社会资本来源与运用。西方社会资本主要来源于消费转化为投资,在以物为中心、崇拜金钱的个人主义管理文化中,以经济增长作为单一目标的前提下,总体结构效益优化。

(2) 产业资源的差异与运用。

——东方产业资源的构成与运用。东方产业资源有四要素,即政府、市场、企业和社会。其运行特征体现较多的是政府意志和社会网络特征,市场、企业相对弱化。

——西方产业资源的构成与运用。西方产业资源主要有三要素,即政府、市场和企业的资源。其运行特征体现在较强的市场、企业作用方面,而政府相对弱化。

(3) 产业关联差异及运用。

——东方产业关联及运用。东方产业关联的标准不是企业的经济效益,主要是出于关系的考虑。其主要特征是求得关系间的平衡,即以社会关系的平衡为要务,海外华商的产业关联主要一点考虑就是社会关系。

——西方产业关联及运用。西方产业关联主要是基于理性的经济效率的考虑,即对投入产出进行分析。其主要特征是纯粹经济理性。

(4) 产业布局差异及运用。

——东方产业布局及运行。东方产业布局主要考虑国家和社会的作用。国家的作用体现在产业布局的决策以政府为主导;社会的作用则主要考虑缘的社会关系。地方保护主义、产业结构趋同、官产学的密切联系、资金运用的经济效益不高都是与此有关的。但东方管理思想中的"四民分业""天人合一"等是与现代管理文化条件下产业生态布局的思想相吻合的。

——西方产业布局及运行。西方产业布局主要依从市场的力量和企业的作用。市场的力量体现在西方有发达的市场经济,"看不见的手"的作用渗入到社会经济的各个角落。企业则是在市场运作的基础上,依利润最大化目标进行经营,所以西方的产业布局是一种自组织式的产业布局。

(5) 产业结构优化动力差异及运用。

——西方产业结构优化动力及运用。西方产业结构优化的动力主要是科学技术，在当代尤其是高新技术优化的西方产业结构，形成了西方世界的全球性政治、经济、文化优势，当然也造成了全球环境污染、物种灭绝、温室效应等全球产业问题。

——东方产业结构优化动力及运用。科学技术作用为产业结构优化的动力，在古代中国作用较为明显，如四大发明大大促进了那时经济的发展。但到近现代，科技的优化动力作用未能得到充分发挥，究其原因主要是积贫积弱、长期对外封闭，不能发挥东方社会的整体创新优势所致。到了现代经济全球化、知识化时代，高新科技优化产业结构是谁也不能改变的铁律。

4. 管理文化对产业政策的影响

(1) 产业政策主导模式方面。

——东方社会的产业政策主导模式。东方社会产业政策主导模式是政府主导辅以社会配套，是一种非市场化的主导方式。如日本、韩国、新加坡和我国台湾、香港的政府主导产业政策模式。

——西方社会的产业政策主导模式。以美国为代表的产业政策主导模式主要是发挥市场的主导作用。这是一种市场化的自发的主导模式。现代市场经济是把政府和市场的作用有机结合。

(2) 产业组织政策方面。

——东方产业组织政策。东方产业组织政策官本位化，这是与东方的官文化相关的，实际上是政府决定企业的生死存亡、兴衰荣辱。另一方面，东方网络社会对其产业组织政策有质的规定性——企业组织网络化。所以政府一般采取企业网络化组织政策，适当扶持大企业，在政企关系方面形成"官、产、学"相结合的咨询体制，在产业发展目标上，政府、企业、社会达到高度的共识，而且这些产业组织政策主要不是通过法律进行的，它体现的是东方式的集体主义精神。

——西方产业组织政策。传统意义上西方产业组织政策主要体现为政府的《反垄断法》《反托拉斯法》等。对垄断大企业采取分解的办法；主要重视对中小企业的平等竞争环境的维护；任单一的企业在市场上进行殊死的竞争。这种产业组织政策主要是与其个人主义管理文化相一致的。

——全球化时代产业组织政策。全球化时代产业组织政策主要特征是大与小并行，效率为主兼及公平，企业组织网络化、柔性化，且主要以法律手段作为管理企业的方式。

(3) 产业结构政策方面。

——东方产业结构政策。东方产业结构政策历来是重农轻商的。中国在解放后，曾大力实行工业化，整个东亚地区在第二次世界大战后都实现了经济的超常发展。但是由于过去长期重农轻商，在与西方工商社会的竞争中，处于十分不利的地位，因而制定了工业化的赶超策略。在科技优化产业结构方面，有些国家如日本已与美国并驾齐驱，甚至其产业竞争力领先全球，但在集优势资源、形成高新科技的产业国际竞争力方面仍远远落后于西方。东方国家，如中国具有优越的管理文化资源、庞大的人口形成的市场优势，在一定时期内以市场换技术是改善产业结构的政策思路。当然，从长远看，我国政府还需在高新技术人才培养与文化建设上花工夫。

——西方产业结构政策。从本质上而言，西方不存在政府意义上的产业结构政策，因为政府在这方面的作用是消极的。西方社会不断地通过市场化的高科技创新调整产业结构，新的会得到发展、旧的会不断地遭到淘汰，所以能形成一种新陈代谢机制。由此可以说明西方产业结构、关联、布局为何不同于东方国家。

——全球化深化各国产业结构调整，在世界范围内形成生产体系。20世纪80年代以来亚太地区国家实现了产业结构的升级和换代，这是全球产业结构调整的缩影。随着发展中国家经济高速发展和经济全球化的发展,发达国家与发展中国家的国际分工将进一步加深,形成国际生产体系,且分工越来越细微、联系越来越紧密、协作越来越频繁,从而使各国的生产活动逐步形成一种相互依赖、互为一体、共同发展的状态,以至于曾是局部的、分散的生产被有机地组成为国际生产体系的不可或缺的部分。所以,各国产业结构政策应是适应这一趋势的。

(4) 产业技术政策方面。

——东方产业技术政策。前已说明,东方社会网络有助于节约交易费用和降低机会成本,所以在农业社会,农业作为经济增长的主导,网络促进了农业的发展;在工业社会和后工业社会,在农业技术创新方面,网络的促进作用不甚明显,但在消化吸收创新技术方面,它可以降低营销成本。这是网络营销、关系营销秘诀所在。事实上,中国政府在考虑制定技术政策时,只要增大投入资本,在营销方面不必像西方社会考虑那么大的广告、营销成本,因为传统上中国人从心底里相信关系而不相信广告。又例如日本人的民心是外国产品进入日本的最大障碍。

——西方产业技术政策。西方产业经济是三要素结构,社会网络不健全。个人主义的创新有利于新技术开发,在营销方面也与东方社会大不相同。从政府角度看,技术开发阶段恐怕投入要小一些,而在营销阶段的费用则要大大增加了,因为西方企业要销售,先要建一个适合其销售关系的小型网络,然后销售,所以西方企业营销成本高。同时西方社会对外国产品进入也主要是设置技术和法律壁垒,而东方主要是社会网络壁垒。

——全球化时代产业技术政策。科学技术是当今社会竞争的焦点。从日、美科技创新政策比较,美国政府把握了高新技术产业的战略先机。中国是发展中国家,如何借鉴日本的成功的经验与失败的教训,如何兼顾发展中国家的经济实力并形成全球化的高新技术产业政策,是一个值得研究的问题。中国的产业技术政策既要有高创新,又要有高消化,这应当是新世纪中国的追求。

(5) 产业规制方面。西方国家产业规制能充分发挥市场作用、企业作用,政府配合市场和企业作用。东方国家产业规制除了市场作用和企业作用,更突出政府和社会的规制功能。体现在政企关系方面,日本的政府主导和美国的民间主导模式形成鲜明的对照。美国的产业规制模式更加市场化,例如,本来对民用航空业有主管机构,后来放松规制,竟连这个主管机构本身都被取消了。这在东方国家是难以想像的,这本身也说明了美国产业规制中市场自律规律的发达。日本的产业规制模式的市场化特征就不如美国明显。以行业规制为例,日本行业规制更多地体现了"官僚主导、官民协调"的特色,更加突出了政府和社会的规制功能。

5. 管理文化对产业发展的影响

(1) 经济增长的社会资源基础。美国等西方发达国家的经济增长主要是依赖物的投入和个人主义的作用,社会资源相对较为薄弱,这种经济增长忽视了社会的作用,因而是片面的增长,全球问题是片面增长的结果。以中国、日本为代表的东方社会拥有丰富的网络资源,这种社会网络资源,对西方人来说是新的经济增长的动力,可是对东方人来说,是促进产业发展的固有的管理文化优势。东亚经济现代化成功地运用了儒家管理文化,而儒家管理文化就是建立在社会网络之上的。

(2) 产业可持续发展的管理文化基础。产业可持续发展是通过社会网络进行有效组织,扩展人类的选择机会和能力,以期尽可能地平等地满足当代人的需要,同时又不损害后代人的需要。产业可持续发展观是通过与社会网络相联系的方式扭转传统发展观,人们应抛弃个人利益而代之以为其所在的群体利益服务。它不仅把人类置于发展的中心位置,而且把人们之间的关系置于一切之首。它使民众参与意识增强,鼓励社会各部门的长期合作。社会网络的概念使满足后代需要的思想变得易于实现,也有利于可持续发展项目的实施。现代全球网络与传统社会的网络重叠,真正体现现代社会是高技术、重情感的社会,这种社会亦迫切需要可持续发展的管理文化。

(3) 知识作用。在东方管理文化中起主要作用的是社会性知识、人文性知识和非编码性的意会性知识,所以东方管理文化在某种意义上是低文本文化。而在西方管理文化中起重要作用的是理性知识、科学知识和编码性的可传播、可复制的知识,所以西方管理文化是高文本文化。在现代全球化的网络经济中,知识发挥着越来越大的作用。西方国家法律的作用巨大,所以其管理文化可以称为契约型管理文化。

(4) 产业发展的生态战略。西方发达国家追求片面经济增长,造成了全球问题。在全球化的今天,产业经济具有网络化、全球化、知识化和市场化的特征,东方管理文化"天人合一"的生态经济观对指导全球产业发展具有重要意义。

# 加入 WTO 对中国汽车产业的影响(2000)[①]

## 一、中国汽车产业概况

中国汽车产业在中国经济的发展中起着越来越重要的作用。据机械部预测,汽车工业正以每年14%的速度增长,仅次于电子工业15%的增长率而远远高于其他产业。1997年,汽车税收达200亿元,占全国税收总额的5.0%。在国家支柱工业中名列第二。同时,可解决7.5%的就业人数。

汽车工业反映了制造业的整体技术水平。中国汽车产业关联度与发达国家相比差距较大。美国的汽车制造、经销与零部件领域直接提供200万人的工作岗位,并使1 300万人以上的人们工作于相关产业中,美国汽车工业提供了1/7的工作岗位。中国汽车产业在中国影响系数较大的前10个部门中位居第二,中国汽车工业对其他产业发展的带动作用很强,高于全国平均水平22.8%[②]。

中国汽车产业可以粗略地分为两大体系:"纯粹"的中国汽车产业和在华的国际汽车集团。中国汽车产业主要具备以下几方面的优势:① 中国将成为21世纪最大的汽车消费国。② 建立了一个比较完整的汽车工业体系,部分产品已达到20世纪90年代的国际水平。③ 桑塔纳、捷达、奥迪、别克零部件的国产化率已达到相当的程度,显示出后发优势的作用。④ 劳动力成本低是中国在国际竞争中的比较优势。

中国汽车工业的劣势有下列几个方面:① 技术至少落后10年以上。按技术来源可分为四类:全部引进;测绘仿制;基本仿制和部分引进;参照国外车型自行设计。引进技术产品达到80年代水平的占30%;进行开发的换代产品达到20世纪80年代水平的占30%;技术落后的占40%[③]。② 开发能力差。还不具备独立的开发能力。③ 产品结构不合理。早期以发展中型载重汽车为主,"缺重少轻,轿车几乎空白",到目前轿车缺口依然很大。④ 规模经济效益低。全部产量不及通用公司的五分之一。⑤ 零部件工业发展滞后,发动机和电子件最为薄弱。

在国际汽车集团中,世界著名的整车厂和零部件厂几乎都已在华落户(包括摩托车、检测仪器和设备)。投资总额约200亿美元,轿车为重点。20世纪90年代中期,仅给大众配套的零部件厂就有170家。1998年给通用配套的零部件厂有44家,投资达22.3亿美元。以三大著名汽车公司为例(见表1)。

---

① 本文是国家自然科学基金项目"著名跨国公司在华竞争战略研究"的研究成果之一,刊载于《复旦学报》2000年第2期,与孙遇春、金麒合作。
② 国家统计局车经济平衡统计司:《投入产出宏观经济分析》,中国统计出版社1993年版,第1—59页。
③ 联合国开发计划署:《贸易自由化对中国汽车工业的影响》,联合国开发计划署援华项目CPR/91/543。

表1 对中国最有影响的三大著名汽车公司针对中国市场可能采取的策略

| | 通 用 | 丰 田 | 大 众 |
|---|---|---|---|
| 现状 | 在中国拥有最大的合资工厂,产品瞄准中国高档、商务车市场。正在逐步建立通用的分销和维修网络 | 在中国没有直属的生产企业(天津大发为间接生产企业),正在致力于建立中国的维修和进口销售网络 | 有两家合资厂,拥有中国60%的市场份额。在中档车领域已建立了无可替代的优势 |
| 战略 | 根据通用惯例按"土星"模式建立在中国的经销体系、在逐步的分销及销售工作中积累对中国销售者的认知,建立客户数据库 | 用较少的投资在中国建立起"丰田"的品牌和信誉。建立"丰田"在中国的经销维修体系 | 使用大众集团德国网络重组的经验来重组中国的经销网络。统一服务流程,突出品牌形象。通过合资以加强大众对分销网络的控制 |
| 威胁 | 在中国逐步建立并控制一个"土星"型的经销网络,将中国流通领域优秀的经销商吸引到"土星"旗下 | 在中国进入WTO后丰田可能基于对中国市场的了解,迅速建立自己的分销网络并开展进口业务 | 很可能在分销领域上,如售后、金融服务、旧车、租赁等业务对目前的传统经营产生巨大的冲击 |

资料来源:综合各轿车厂有关资料。

## 二、加入WTO后的正负影响简述

加入WTO对中国汽车产业会带来一系列的挑战和冲击:

- 2010年前整车进口关税由目前的80%—100%降低至20%—38%。
- 零部件进口关税下降到10%。
- 弱化对新的合资工业的限制,允许海外公司提供汽车工业融资。
- 降低非关税壁垒(进口限额、外汇管制、本地购买法等)。
- 提高环境保护与安全标准:"十五"期间全国要实施欧洲1号排放标准。新生产的轿车要采用电控喷射装置,并安装尾气净化装置,对技术升级提出新要求。
- 对生产效率与生产规模也提出挑战。

然而总体上机遇大于风险,加入WTO除了具有国际经济学的普遍意义之外,具体给中国汽车工业发展带来的正面影响为:

(1) 复旦大学王其藩教授曾用系统动力学方法对汽车产业做过长期预测:加入WTO后可以促使轿车市场需求高速增长期提前到来。这一预测有其合理性,入世之后的质量、价格、服务都会进一步优化。国家计委产业发展研究所根据一系列依据和模型选择了十二个重点产业,"十五"末期(2005年)在工业增加值比重排序中,汽车产业列第三位[1]。

(2) 高度贸易保护所带来的资源浪费和社会福利(social welfare)的损失相当严重。Maioh Gillis等指出:美国和加拿大为保护夕阳工业曾付出沉重代价,1983年美国的汽车、钢铁产业为保护一份工作的成本要付上六个工人的工资。引入国际竞争,使资源集中于有发展潜力的企业,并使消费者得到实惠。中国部分家电如海尔、格兰仕已能在价格和质量上与跨国公司竞争,但中国汽车产业的发展相对落后。

(3) 可以降低生产汽车的投入品价格。中国每年进口的汽车零部件达几十亿美元,把生产所

---

[1] 史清琪:《中国产业发展报告》,中国致公出版社1999年版。

需的钢材、化工材料都考虑在内,进口额还要大。

(4) 贸易自由化有利于出口贸易的发展,汽车产业的出口量目前偏少。

(5) 促进私人汽车市场的发育,私人购车者是未来中国汽车消费的主力军。1998年桑塔纳用户结构中私人消费已达30.98%。上海统计局对4 000份答卷的统计显示,55%的被调查者愿意在5年内购车。

(6) 贸易自由化有利于抑制走私活动。

加入WTO对中国汽车产业的负面影响:

(1) 日本、美国、德国、法国、意大利等国的十几家汽车跨国公司,将垄断优势、内部化优势、区位优势发挥到极致。汽车的生产能力已超过7 000万辆,至少有20%的设备闲置。过快减少对国内市场的保护,中国的汽车工业将很快被挤垮。

(2) 1992年底中国汽车工业就业人数近185万,其中大企业职工占45.2%,中小企业占54.8%。大企业利润占71.5%,1997年就业人数为258.5万人。中小企业技术和设备比较落后,如果贸易自由化的过程太快,有相当多的中小企业将面临危险。

(3) 1992年中国汽车工业产值占当年工业总产值的12%,1997年财政税收为200亿元,这还不包括价外税和进口关税,如果贸易自由化的过程太快,则会导致国产汽车销售收入和利润的急剧减少。

(4) 巨型跨国公司一旦控制销售网络后就不太想撤回。

## 三、对市场结构的影响

加入WTO之后单纯就中国汽车产业的集中度、市场容量、产品差别化而言,都会向有利的方向发展,有助于"催生"中国汽车产业大集团。最佳竞争强度理论有着相当的合理性。E. Kantxbach强调:竞争功能应使国民经济体系向着最佳组合发展,无序的多头竞争市场与封闭的高度垄断市场都不适宜;宽松的相对垄断伴之以适度的产品差异与市场透明度对于市场结构、市场行为和市场结果是适宜的[1]。目前中国轿车产量只有五六十万辆,而汽车经销商竟有几百家,市场体制混乱无序,1997年仅非法组装的假奥迪就有一万多辆[2]。

(1) 中国汽车产业的集中度分析:测量集中度的具体方法和相应指标有很多,这里选用绝对集中度(CRn)和哈菲德尔指数(HHI)作为衡量市场集中度的指标(见表2)。

CRn:某产业中规模最大的前n家企业的市场占有率之和。

HHI:某产业中每一厂商市场份额平方后的加总。例如一产业拥有三家市场份额分别为50%、30%、20%的厂商,则HHI=2500+900+400=3 800。

表2　中外汽车产业的集中度比较

|  | 中　国 | 美　国 | 日　本 | 韩　国 |
| --- | --- | --- | --- | --- |
| CR3(%) | 41.7 | 98.9 | 63.1 | 97.1 |
| HHI | 902 | 3 676 | 1 771 | 3 435 |

资料来源:世界经济年鉴编辑部:《世界经济年鉴》,1997年,第502页;世界经济年鉴编辑部:《世界经济年鉴》,1998年,第253页。

---

[1] Economics of Development, 19.4.1, 1996 by W. W. Norton & Company Inc E. Kantzbach, Die Funktionfaehigkeit des Wettbewerbe Goettingen 1967.

[2] 编辑部:中国汽车贸易年鉴(1997),中国商业出版社1998年版。

据美国颁布的《水平兼并指导原则》认为,如果兼并后行业内的HHI指数低于1 000,并不会对市场的竞争程度有太大的影响。美、日、韩等国汽车产业的HHI指数较高,是寡头垄断市场,中国汽车产业的HHI指数较低,低于1 000。中国汽车产业应当实行联盟。

(2) 中国汽车产业的规模分析(见表3)。指标说明:① MES:一家工厂的最小最优经济规模,可长期平均成本最小时的最小产出。轿车工业的最小最优经济规模(MES)为年产30万辆。② D值:达到MES的厂商的总产量占全国总产量的百分比。

表3 中外轿车产业的规模比较

| | 中 国 | 美 国 | 日 本 | 韩 国 |
|---|---|---|---|---|
| D(MES占本国市场%) | 0 | 100 | 99.61 | 97.99 |
| 产量(万辆) | 48.2 | 1 044.5 | 1 107.5 | 241.6 |

资料来源:世界经济年鉴编辑部:《世界经济年鉴》,1997年,第502页;中国汽车技术研究中心:《中国汽车市场展望》,1999年。

中国轿车产业的规模很小,年产量不及美、日的二十分之一,美、日、韩三国的D值都非常高,接近100%,而中国的D值非常低,为0,还没有一家轿车厂商达到规模化生产。所以必须扩大生产规模。

(3) 中国汽车产业的绩效分析(见表4)。指标说明:① 产出利润率:税前利润占工业产出总值的百分比。② 劳动生产率:以全年人均汽车产量来计算。③ 产值利税率:利税总额除以工业产出总值。在许多制造业部门中,利润率随着企业规模扩大而上升。

表4 汽车工业七大集团与行业平均绩效比较

| | 劳动生产率(辆/人) | 人均工业产值(万元) | 销售利润率(%) | 产值利税率(%) |
|---|---|---|---|---|
| 七大汽车集团 | 1.84 | 21.82 | 4.00 | 12.55 |
| 汽车业平均 | 1.06 | 15.55 | 2.92 | 8.52 |

(七大汽车集团:一汽、东汽、上汽、重汽、北汽、天汽。)
资料来源:SAIC内部资料。

大型汽车集团的绩效明显高于汽车行业的平均水平。大企业职工占45%,利润占70%以上。集中度分析、规模分析与绩效分析都证明组建大集团极有必要。

(4) 市场容量预测。德国大众汽车公司曾对中国汽车市场作过如下预测(见表5):

表5 2000年中国轿车产量预测(单位:万辆)

| 年 份 | 1991 | 1994 | 1996 | 2000 |
|---|---|---|---|---|
| 总 计 | 11.6 | 40.0 | 72.6 | 155.0 |

资料来源:联合国开发计划署 贸易自由化对中国汽车工业的影响[R].联合国开发计划署援华项目CPR/91/543。

国内某著名重点高校课题组预测,进入WTO后国产车市场占有率近几年将会下降7—10个百分点。

1990—1999年全国轿车销售情况的完整数据如下(见表6):

表 6　1990—1999 年全国轿车销售情况　　　　　　　　　　　　　　　（单位：万辆）

| 年　份 | 1990 年 | 1991 年 | 1992 年 | 1993 年 | 1994 年 | 1995 年 | 1996 年 | 1997 年 | 1998 年 | 1999 年 |
|---|---|---|---|---|---|---|---|---|---|---|
| 汽车进口合计 | 47 769 | 43 215 | 82 581 | 208 989 | 103 239 | 73 092 | 173 826 | 96 057 | 54 138 | 42 501 |
| 其中 正常进口 | 15 923 | 14 405 | 27 527 | 69 663 | 34 413 | 24 364 | 57 942 | 32 019 | 18 046 | 14 167 |
| 其中 走私入境 | 31 846 | 28 810 | 55 054 | 139 326 | 68 826 | 28 728 | 115 884 | 64 038 | 36 092 | 28 334 |
| 国产轿车销量 | 42 409 | 81 055 | 162 725 | 229 697 | 250 333 | 325 461 | 389 000 | 474 203 | 506 846 | 518 622 |
| 市场总需求 | 90 178 | 124 270 | 245 306 | 438 686 | 353 572 | 398 553 | 562 826 | 570 260 | 560 894 | 561 123 |

资料来源：SAIC 内部资料, 中国海关总署、中国进口汽车贸易中心。

1999 年 11 月 16 日中美签订 WTO 协议后, 11 月 17 日许多报纸(如《解放日报》《文汇报》)在第一版刊登了中国入世后 7 年就业结构的变化估计：汽车产业被认为将要减少 49.8 万人, 这一数字是值得商榷的。因为：① 上面市场容量预测给人们的是肯定的信息。福特总裁杰克·纳赛尔预测中国的汽车市场在今后几年里会有两位数字的增长。系统动力学预测 WTO 会使汽车消费高速增长提前到来。国家计委产业发展研究所与零点公司的预测支持这一判断。② 汽车的产业关联度很强, 下游产业将会更加多元化。③ 上汽集团前总经理陆吉安先生主编的《先行一步：桑塔纳轿车国产化案例集》生动地显示出, 有许多在当时相当困难的中小企业, 经过重组、调整、拼搏、追赶之后, 不仅生存下来, 不少公司还进入中国合资企业的 500 强。像纳铁福传动轴有限公司当时有职工 1 000 人, 德方认为 100 人即可；经过谈判后, 1 000 人留住了, 如今企业多次被评为上海合资企业的"双优"典型, 并进入全国合资企业 500 强。综上所述, 可见 49.8 万人的预测是值得质疑的, 并且这种可能性是可逆的；像 1998 年香港的金融风险得到了成功的控制。青岛市市长、国家经贸委原综合司司长王家瑞教授, 福建省电子工业厅厅长游宪生博士及部分学者, 大都认为 49.8 万的失业数字很难准确, 并且这种可能性是可逆的。

看来, 汽车产业的中小企业可以分为三大类：① 条件比较好的企业, 可以继续发展；② 条件比较差的企业, 部分职工可以分流到下游产业；③ 像《中国汽车工业年鉴 1997》所谈到的, 仅假奥迪就有一万多辆, 这类企业本身就不应该存在。

## 四、对市场行为的影响

论到关税问题, 国家机械局有关领导最近谈到, 将在五年内将汽车关税降低至 30%—50%。联合国开发计划署授华项目 CPR/543《贸易自由化对中国汽车工业的影响》建议将轿车的保护期定为 8 年：1995 年至 1998 年的关税每年下调 4 个百分点, 1999 年至 2002 年下调 6 个百分点。具体如下(见表 7)：

表 7　1995 年至 1998 年轿车关税率

| 年　份 | 1995 年 | 1996 年 | 1997 年 | 1998 年 | 1999 年 | 2000 年 | 2001 年 | 2002 年 |
|---|---|---|---|---|---|---|---|---|
| 关税率 | 80% | 75% | 70% | 65% | 59% | 53% | 47% | 40% |

资料来源：联合国开发计划署 贸易自由化对中国汽车工业的影响[R]. 联合国开发计划署援华项目 CPR/91/543。

SAIC 总部对现有政策和 2010 年政策规定的描述是(见表 8):

表 8　SAIC 总部对现有政策和 2010 年政策规定的描述

| 现有政策 | 对国家利益的重要程序 | 对应的压力 | | 2010 年政策规定 |
|---|---|---|---|---|
| | | 世贸组织 | 顾客 | |
| 80%关税严格限制进口 | 高 | 高 | 高 | 仍限制进口,但关税会降为 35%—50% |

因着下列前提价格必将逐步与国际接轨:① 关税逐步降低。② 需求向下倾斜规律(the law of downward-sloping demand)是不可逆的。③ 1997 年欧洲小轿车下降了 500—1 000 美元,1998 年继续下降。④ 马洪先生主编的《1999 年中国经济形势展望》也建议重点开发 8 万元以下的私人用车。⑤ 1998、1999 年中国的消费市场疲软,价格下降。⑥ Katz 认为适当的限制定价可以阻止新厂商的进入。⑦ Kotler 曾对美国一家市场占有率达 40%并受到挑战的大型企业为例,通过决策树分析了 400 种可能性,认为降价 20%在战略上最为合理。①

当然这一过程不可能是大步伐的。对汽车厂商而言,其目标也分为三个层次:生存、生期利润最大化和市场占有率最大化、长期利润最大化。这三个层次构成一个目标金字塔。最高的层次长期利润最大化是当期利润与市场占有率的最佳组合。而在实际操作中,如何考虑组合目标的最优化? 不同厂商有不同做法,但是几乎每一家厂商都愿意将当期利润和市场占有率组合起来,通过不同方案的比较,选出其净现值最大的一个组合作为最优解。

因着这一前提,Stackelbeng Model 与 Entry-limit Prieing Model 的事实情况比理论的理想状态复杂得多。斯威齐(Paul Sweezy)、荷尔(Hall)都提出扭结需求曲线的模型(kinked demand curve),用来解释寡头垄断市场上的价格刚性现象。泰勒尔把这个价格叫作"聚点价格"(focal price)pf。每个企业都有下述推测:如果它采取的价格 p>pf,它的对手不会跟着做(即仍将采取 pf,);反之,如果一个企业削价到 p≤pf,它的对手也会同样削价。关于斯威齐模型的普遍性,不少名家作过探讨。J. Stigler 曾作过深入的研究,认为只在少数情况下能够存在。J. Simon 等人于 20 世纪 70 年代提出过更多的质疑。泰勒尔则认为,由于对如何选择聚点价格的内情知之甚少,因而扭结需求曲线的故事也很少有预测能力。尽管名家们对此莫衷一是,但是在中国汽车产业价格变动中,对斯威剂模型有部分的证明。在这里谈到斯威齐模型,对于实证经济学的思考、对于未来价格的分析都是值得借鉴的。

## 五、提高汽车产业的综合竞争力是迎接挑战的根本措施

论到综合竞争力的诸多因素、组合模式、发展趋势和博弈对策,美国前中央情报局副局长克莱因认为综合竞争力由四类主要要素构成。克莱因用数学方式描述了综合竞争力的组成:综合竞争力 = (基本要素 $C$+经济实力 $E$+军事实力 $M$)×(战略目标 $S$+实现战略目标的意义 $W$) = ($C+E+M$)×($S+W$)。中国军事科学院战略部的学者参照了克莱因的竞争力战略思想,进一步将综合竞争力的 37 个自变量简化为 3 个宏观变量,即:硬变量 $H_t$:由物质形态的因素综合而成;软变量 $S_t$:由精神和智能形态的因素综合而成;协同变量 $K_t$:由政策体制与决策能力等起协调作用的因

---

① 菲利普·科特勒:《市场营销管理(亚洲版下)》,中国人民大学出版社 1998 版,第 143 页。

素综合而成。

将 $Y_t, K_t, H_t, S_t$ 之间函数关系写成水平形式如下：

$$Y_t = K_t H_t[\alpha] S_t[\beta]$$

以上思路对企业也有相当的借鉴意义，可以经过改造用于企业。既然综合国力有量化指标，世界一流大学有量化指标；企业的综合竞争力也应当有量化指标。《中国国际竞争力发展报告1999》指出，企业管理子要素综合竞争力与国家竞争力之间有相当强的正相关关系（见表9）：

表9　企业管理子要素综合竞争力与国家竞争力的相关系数

|  | 劳动生产率 | 劳动力成本 | 公司业绩 | 管理效率 | 公司文化 |
| --- | --- | --- | --- | --- | --- |
| 国家竞争力与之要素的相关系数 | 0.7282 | −0.6058 | 0.9186 | 0.7962 | 0.8405 |
| 企业管理要素与子要素的相关系数 | 0.7199 | −0.5341 | 0.8895 | 0.8875 | 0.9191 |

资料来源：中国人民大学竞争力与评价研究中心：《中国国际竞争力发展报告1999》，中国人民大学出版社2000年版，第143页。

发展综合竞争力是迎接WTO的根本措施。为此，我们提出如下建议：

（1）一个极为重要而又明了的问题是，中国应当有自己的车型，虽然在当代民族工业的概念已变得有些模糊，可是汽车产业毕竟对工业总产值、税收、产业关联度太重要了。甚至零部件厂如德尔福、博世，也都能成为著名跨国公司。十多年前有关部门对于汽车产业应否成为支柱产业、轿车应否进入家庭等战略决策不够明确，而耽延了汽车产业的发展。今天不能再有模糊。Robinson 对1209家上游产品生产企业的数据进行了分析，发现率先者市场份额为29%，早期跟随着21%，晚期进入者为15%[①]。我们是晚了，但是应当亡羊补牢。中国汽车产业的步伐落后于韩国，但是未来的十年应该有也能够有突破。

（2）《中国国际竞争力发展报告1999》揭示，科技竞争力不仅是开发问题，与企业管理要素也有较高的相关系数（见表10）：

表10　科技竞争力与企业管理要素及要素竞争力的相关系数

|  | 企业管理 | 劳动生产率 | 劳动力成本 | 公司业绩 | 管理效率 | 公司文化 |
| --- | --- | --- | --- | --- | --- | --- |
| 相关系数R | 0.7473 | 0.6826 | −0.6291 | 0.7641 | 0.5875 | 0.6599 |

资料来源：中国人民大学竞争力与评价研究中心：《中国国际竞争力发展报告1999》，中国人民大学出版社2000年版，第152页。

中国科技竞争力水平较低的重要因素之一是投入不足，汽车产业研发费用仅为1.5%，而海外汽车集团约为10%。中国的R&D支出只有0.482%（1998），日本为2.982%，美国为2.418%，印度0.77%。中国企业科技人员投入占全国科技人员比重为28.60%，美国为77.54%，日本为60.05%。

（3）汽车产业的兼并与联盟一浪高过一浪：宝马收购劳斯莱斯，奔驰与克莱斯勒结盟，福特以64.5亿美元买下沃尔沃……专家预测汽车产业的兼并与联盟还将居高不下。美国汽车集团的实力居全球领先位置，可是为了开发新一代的车辆，竟有七个联邦机构与制造商、供应商联手（partnership for a new generation of vehicles）。既然跨国公司已将垄断优势、内部化优势、区位优

---

[①] Robinson WT; Fomell C, Source of Market Pioneer advantages: the case of Industrial goods Industries, *Journal of Market Research Feb*, 1998.

势发挥到极致。过快减少对国内市场的保护,中国的汽车工业将很快被挤垮。

(4) 努力降低成本:在 80 年代我国的许多汽车企业资源消耗高于发达国家几十倍,目前情况虽有所好转,可是消耗量依然令人痛心。吉林大学孟宪忠教授于 1998 年秋天在复旦作的博士后出站报告中谈到,根据对近百家大中型企业的调查,资源消耗高于发达国家好几倍。

(5) 汽车产业下一步应展开多元化经营,新年汽车城、旧车大卖场和超级维修站是今后的方向。上海统计局对 4 000 份问卷的调查显示,品牌专卖店与大型汽车交易市场将成为购车者的首要选择。

(6) 限于篇幅,虽然没有谈到销售网络,但这一问题极为重要。中国目前的销售网络较少,与国际的先进销售模式比较,几十个指标都有着明显差距。下列问题都值得高度重视:① 网络优化;② 特许代理商基地;③ 最终用户档案的建立;④ 地域划分;⑤ 信息系统;⑥ 库存控制;⑦ 质量检验;⑧ 提高网络内部凝聚力;⑨ 降低投诉率等。对于每一个子系统都应当进行有机、深入的探讨。此外,电子商务也将成为增强综合竞争力的重要措施之一,信息化、数字化销售是今后汽车营销的重要特色。

(7) QS9000 质量体系标准,应当得到足够的重视。QS9000 是最先进的质量体系标准,也是进入世界汽车产业大家庭的通行证,对于提高质量水平、管理水平,对于"获准"进入世界汽车产业流通体系,都是非常必要和重要的。上海的汇众、纳铁福等企业已获得首批 QS9000 认证。

(8) 寻求战略伙伴,实施战略联盟(strategy alliance)。在汽车、房地产、金融等关联性较强的行业,战略联盟已被实践并颇见成效,应当进一步扩展。

(9) 跨国公司研究资料证明,世界各地的跨国公司也有大量的黑袍骑士(缺乏公平与道德),所以政府的保护工作近期内不应当过快削弱。

# 论上海科技在西部大开发中的作用与策略(2000)[①]

按照邓小平同志生前提出的"在20世纪末达到小康水平的时候"进行区域经济发展战略调整的时间表,以江泽民同志为核心的党中央自20世纪90年代初就开始注意到地区经济合理布局和健康发展的重要性。1999年春季以来,江泽民主席对西北地区一些省区进行了考察,并作出"加快发展中西部地区要作为党和国家一项重大的战略任务"的重要论断。此后,理论界关于西部的研究逐渐升温。今年的全国人大和政协两会上,西部大开发更成了代表们普遍关注的热点之一。本文认为,从根本上说,西部地区的开发首先应当是科技开发。西部地区虽然早在"三线"建设时期就发展了相当一批重化工业和军工企业,但从总体上看,其自身的科技基础、科技开发及应用能力仍然十分落后。改革开放以来,特别是浦东开发开放以来,上海经济呈快速发展的态势,其现有的科学技术能力为西部大开发奠定了较为坚实的基础。

## 一、科技在西部大开发中具有举足轻重的作用

21世纪的竞争归根到底是科学技术的竞争、劳动者素质的竞争、人才质量的竞争。有了高素质的技术人才与劳动力,才可能有高水平的管理、高效率和高质量的产品。所以,从根本上说,西部地区的开发必须依靠科技与教育,要努力提高企业生产的集约化程度,及时引进新技术、新设备、新工艺,努力提高西部地区产品的科技含量。一旦西部地区生产的产品质量全面上了档次,并且成本全面下降,那么西部经济就会取得突破性的重大发展,经济效益便会显著提高。具体来说:

(1) 发挥西部资源优势要靠科技。西部不仅是我国,而且也是世界上地形地貌、气候最为复杂的地区,这就决定了其自然资源的独特性和丰富性。从植物资源来看,在云南省,仅高等植物就在万种以上。在甘肃省,仅有一定分布面积或产量的野生药材即不下300种。在陕西秦岭,仅山阳一县就有此类野生植物111科1 000多种。此外,西部地区广袤的沙漠、高原、荒滩也生长着许多名贵或有价值的保健植物如高原红景天、雪莲花、肉苁蓉、发菜等。考虑到西部地区生态环境的脆弱性和野生物种保护的必要性,西部保健植物的开发利用必须走可持续发展之路,利用高科技进行产品规划、市场预测和人工栽培,使之发挥出巨大的经济效益。

(2) 西部生态环境的保护要靠科学技术。西部地区是我国主要的沙漠、沙漠化地带,沙漠、沙漠化总面积占我国陆地面积的16%。而且每年新增荒漠化土地竟达2 000多平方公里,相当于30个北京城。对此,中央领导同志提出了"再造山川秀美的西北地区"的伟大号召,以及"退耕还林还

---

[①] 本文是参加中国经济发展与西部大开发全国理论研讨会的论文,刊载于《重庆商学院报·中国经济发展与西部大开发全国理论研讨会论文专辑》2000年第3期,与王国进合作。

草,封山绿化,个体承包、以粮代贩"的生态环境建设重大措施。这就需要科技单位和科技人员直接加入水土流失治理与生态环境建设工程。

(3) 西部产业结构的调整要靠高科技产业的拉动。我国西部地区早在"三线"建设时期就发展了相当一批出于国防考虑的重化工业和军工企业,奠定了相对雄厚的工业基础,但由于没有利用军转民时机,大力提高技术层次,积极发展高新技术产业,所以目前整个西部的产业结构调整进展缓慢,工业效益不够理想。今后,西部地区必然要利用原有较强的技术力量和工业基础,在个别地区、个别行业集中大力发展高科技产业,使其成为带动西部地区产业结构升级换代的"龙头"。

(4) 西部的基础设施建设要靠科学技术。西部地区的资源优势由于交通不便、信息不灵而长期得不到发挥,交通、信息已成为制约西部地区经济发展的瓶颈。进行大开发,必然要有大量人流、物流和信息流进出西部地区,因而交通和信息基础设施的瓶颈必须尽快突破。而无论是现代化铁路、公路的建设,还是航空路线的开辟,抑或是信息网络的铺设等都离不开现代科学技术。

## 二、西部地区自身的科技基础相对薄弱

西部地区虽然有像酒泉、西昌卫星发射基地、西安飞机制造基地、重庆钢铁和汽车生产基地、兰州石油化工基地这样的重化工业和军工企业,但从总体上看,其自身的科技基础、科技开发及应用能力仍然十分落后。

(1) 从事科技研究与发明的科技人员少。表1是1998年全国各地国有企事业单位专业技术人员和政府部门研究人员的分布情况。从表中数据可知,西部地区国有企事业单位的技术人员数和政府部门研究人员数,无论是绝对数据,还是所占比例,都非常低下。

表1  1998年各地区国有企事业单位专业技术人员、政府部门研究人员分布情况

| 地 区 | 国有企事业单位专业技术人员数(人) | 占本地区人口总数的比例(%) | 占全国企事业单位技术人员总数的比例(%) | 政府部门研究人员数(人) | 占全国政府部门研究人员总数的比例(%) |
|---|---|---|---|---|---|
| 东部地区 | 7 903 388 | 1.56 | 45.3 | 493 819 | 52.8 |
| 中部地区 | 5 889 180 | 1.34 | 33.8 | 216 863 | 23.2 |
| 西部地区 | 3 645 667 | 1.28 | 20.9 | 224 477 | 24.0 |

资料来源:据1999年《中国科技统计年鉴》有关数据整理而成。

(2) 科技开发及应用能力低。三项专利(发明、实用新型、外观设计)的数量是科技成果研究开发与应用的综合表现,但从1998年的数据(详见表2)来看,西部地区的指标明显小于中部地区,与东部地区的差距更大。

表2  1998年各地区三项专利申请受理和批准量

| 地　区 | 三项专利受理量合计(项) | 占全国总量的比例(%) | 三项专利批准量合计(项) | 占全国总量的比例(%) |
|---|---|---|---|---|
| 东部地区 | 59 314 | 67.7 | 38 929 | 70.8 |
| 中部地区 | 18 270 | 20.6 | 10 124 | 18.4 |
| 西部地区 | 10 007 | 11.4 | 5 941 | 24.0 |

资料来源:据1999年《中国科技统计年鉴》有关数据整理而成。

(3) 高科技产业发展进展缓慢。近年来,国家在科技体制改革和高科技产业发展方面推出了一系列重要政策,前不久,党中央国务院又进一步作出了关于加强技术创新发展高科技实现产业化的重大决定。在这些决定和政策的促进下,全国各地特别是东部发达地区,在发展高科技产业方面采取了许多措施。以高等院校和科研院所为支撑的高科技公司应运而生,在股市上已形成一个令股民十分看好的高科技板块。相比之下,西部地区对这一机遇的认识和行动很缓慢,至今没有一家以高等院校和科研院所为支撑的上市公司。

(4) 科技人员的产出效率低。除陕西外,西部各省区政府科技经费支出仅相当于全国平均水平的63%—85%,万名科技人员专利批准数仅相当于全国平均水平的25%—91%,科技人员人均技术市场成交额仅相当于全国平均水平的23%—60%。甘肃和陕西万名科技人员国际论文数略高于或略低于全国平均水平,其他各省区大大低于全国平均数。

## 三、上海科技将在一定程度上弥补西部自身的科技基础薄弱问题

(1) 上海国民经济的快速发展为科技进步奠定了基础。改革开放以来,特别是浦东开发开放以来,上海经济呈快速发展的态势。1997年,上海人均GDP达2.57万元,突破人均3000美元的临界线;1998年达3720美元,全市财政收入累计完成7191亿元,是改革开放前26年总和的2.9倍。国民经济的快速发展使得科技进步和高新技术产业化呈现良好的发展势头(见表3、表4)。据测算,1999年,上海科技进步在经济增长中的贡献率达47.16%;集成电路与计算机、现代生物与医药、新材料等高新技术产业占全市工业总产值的比重提高到18.2%以上;高新技术产品出口占出口商品比例的17%;以高新技术产业化为目标的"火炬计划"新增产值43.5亿元。

表3 上海科技进步相关指标一览表

| 指　　标 | 1990年 | 1996年 | 1997年 | 1998年 | 1999年 |
|---|---|---|---|---|---|
| 科技成果总数(个) | 2 092 | 1 094 | 1 193 | 1 305 | 1 252 |
| 科技机构(个) | 1 053 | 1 018 | 1 133 | — | — |
| 专利申请总数(项) | 1 526 | 3 154 | 3 119 | 3 419 | 4 602 |
| 专利授权量(项) | 924 | 1 610 | 1 886 | 2 334 | 3 665 |
| 科技论文总数(篇) | — | 5 376 | 5 435 | 7 271 | — |
| 科学家和工程师(万人) | 12 | 13 | 13 | 13.5 | |
| 全社会P&D投入/上海市国内生产总值 | — | 1.42 | 1.48 | 1.51 | 1.538 |
| 全社会科技进步对经济增长的贡献率(%) | — | 38.71 | 41.02 | 43.87 | 47.16 |

资料来源:根据各年《上海科技统计年鉴》和《上海科技进步报告》计算、整理而成。

表4 上海高新技术产业化相关指标一览表

| 指　　标 | 1991年 | 1996年 | 1997年 | 1998年 | 1999年 |
|---|---|---|---|---|---|
| 全市高新技术产业总产值(亿元) | — | 535.2 | 526.9 | 749.7 | 1 047.7 |
| 开发区高新技术企业总产值(亿元) | — | 96.9 | 201.5 | 262.8 | 341.1 |

续表

| 指　　　标 | 1991年 | 1996年 | 1997年 | 1998年 | 1999年 |
|---|---|---|---|---|---|
| 技术市场成交额(亿元) | 9.3 | 25.6 | 28.8 | 31.41 | 36.6 |
| 高新技术企业总数(个) | 26 | 496 | 587 | 761 | 905 |
| "火炬计划"产值(个) | 3.8 | 62.6 | 118.2 | 162.18 | 206.3 |

资料来源：根据各年《上海科技统计年鉴》和《上海科技进步报告》计算、整理而成。

（2）上海科技的进步为科技转移奠定了基础。改革开放初期，上海同东部沿海其他地区一样，主要靠引进吸收国外技术发展经济。随着上海自身经济实力的加强，其科技的自主开发能力也大大提高。目前，上海在基础性研究、高新技术研究及其产业化、都市农业科技、信息化建设与信息技术应用、城市建设与管理以及医药卫生等方面都明显走在全国特别是西部地区的前列，正处于由技术引进吸收阶段进入技术扩散和技术转移的新阶段。在未来的发展中，上海为消化和转移过剩的加工能力，调整产业结构，必将在技术层次上不断地调整。这既需要进一步引进吸纳和开发储备更高层次的高新技术，也需要向境外和境内其他地区适当转移部分仍有生存空间的适用技术。目前可探索采用专项贸易、技术咨询和服务合约、技术工艺设计和管理、合作生产、直接投资、对口支援等形式向西部地区进行技术转移。

## 四、上海科技参与西部大开发的策略

### 1. 制定指导原则

上海科技参与西部大开发应遵循以下几个原则：

（1）优势互补，互惠互利。从总体上来说，西部地区缺乏成熟的技术装备和拥有成熟市场经验的人才。但是，经过新中国成立以来40多年的建设，西部地区在航空航天、电子工业、核工业、通讯设备、控制设备、激光技术、光缆传导技术、新型复合材料等高新技术领域也取得了很大的发展，具有很好的基础和明显的优势；1999年底在深圳举行的国际高科技交易会上，西藏的高科技成交约两个亿，这就是说西部地区也有一定科技优势。因此，上海与西部地区一定要本着优势互补、互惠互利的原则进行科技合作，不宜沿用过去那种单间技术输出的合作模式。

（2）注重创新，着眼发展。东部当时发展的时候，是靠生产一些科技水平较低的产品来积累资金的。现在情况发生了巨大变化，国民经济总体上供大于求。社会主义统一的大市场正在逐步建立，东部的发展模式也已经发生了很大的变化。在这样的形势下，实施西部大开发战略，加快西部发展，再沿用东部当时发展的模式就行不通了。唯一的办法只能是彻底转变因循守旧的观念，从市场现在的和潜在的需求出发，不断寻求上海与西部地区开展技术合作的新领域。

（3）因地制宜，注重实效。在上海与西部地区开展技术合作的过程中要本着因地制宜的原则确定项目的实施地点。对那些可直接利用西部地区普遍存在的资源以及廉价劳动力等的项目，最好将其安排在西部地区；对那些在上海直接开展成本更小、效益更大的项目，则在上海实施。

（4）有限目标，重点实施。考虑到西部的发展战略，可能会采取利用重点城市（西安、兰州、重庆、成都）科技优势带动周围地区发展的增长及发展战略，同时，上海本身的资金、技术、人才也毕竟有限，因而，上海科技参与西部大开发只能选择少数地区进行重点实施、深入合作，从而取得较为明显的成效。

2. 明确主要任务

根据上文拟订的四个指导原则,上海科技参与西部大开发要在以下八个方面取得重大突破。

(1) 选择高新技术产业的若干重点发展领域,谋求双赢的合作方式。信息技术、基础设施建设、现代农业、生物工程、生态环保等五个领域是这次西部大开发中需要进行深度技术开发的领域,也是上海比较发达的高新技术领域。因此将这五个领域确定为合作的重点,对上海和西部双方都是非常有利的事情。

(2) 发挥国家级技术交易所的作用,加快上海技术向西部地区的辐射。上海技术交易所成立6年来,已经为上海科技参与西部大开发作出了巨大的贡献。今后还要继续发挥这个国家级技术交易所的作用。一是以市场机制为纽带,拓展与西部地区联系的渠道,将技术交易网络向广度和深度发展。二是充分发挥电子信息网络在汇集和发散信息中的灵敏性、快捷性、经济性等优势,使上海技术交易所的互联网尽快成为异地技术交易的重要媒介。三是以西部地区的重点企业、重点技术、重点项目为基础,进行强强联合、优势互补、利益共存的务实性技术合作。

(3) 利用高科技产业发展机制和科技板的形式,吸引西部科技企业到上海上市,促进科技成果的转化。上海技术产权交易所是经上海市人民政府批准组建的具有独立法人资格的综合性产权交易所,于1999年12月28日正式开业。它的成立对促进科技与产业资本、金融资本的结合;为科技成果、科技企业、成长性企业引进战略性投资伙伴;为创业风险投资提供进入和退出机制,促进风险资本的良性循环都具有重大的作用。目前,沪深两地的二板市场正在积极酝酿之中。充分利用上海比较成熟的高科技产业发展机制和即将建立的科技板在融资、转移风险等方面的作用,可以吸引一批西部科技企业到上海上市。

(4) 利用多种形式开拓西部科技市场。充分发挥上海科技组织的每两年一次的科技博览会的作用,吸引西部到上海参与,使博览会成为一个全国性的、有影响的博览会。

(5) 组织实施一批重点技术合作项目。一是参与西部科技规划。在这方面,我们已经取得了一些比较成功的经验,今后还要继续坚持,并争取发挥更大的作用。二是坚持双向流动的科技成果转化。在科技成果转化方面,可以将西部的技术引到上海进行转化,也可以把上海比较成熟的技术搬到西部地区进行转化。

(6) 在西部重点地区共建科技设施。在重点地区建科技活动中心、科技推广中心,将市场、创新的观念带进去,在当地发挥科技成果转化为生产力的重要作用。

(7) 加大人才培养力度。一是继续坚持为西部地区代培学科带头人、高中级管理人才。培养地可选在上海也可以直接放在西部地区当地。二是采取灵活的柔性流动方式。在不带编制、不迁户口的前提下,鼓励上海的科技人才前往西部地区挂职、研究或开办科技企业;同样,也欢迎西部地区的科技人才参加上海的科技研究与开发。

(8) 参与西部国有企业的改革。东部地区国有或私营企业可以投资合营改造西部亏损国有企业。参与的办法是东部地区的企业以技术等无形资产入股,同时投入不低于无形资产价值量的资金。对西部特困国有企业以房产、土地使用权作价的,其应缴纳的房产契税、土地出让金可予以缓缴,待合营获利后再缴纳;也可考虑将西部国有企业应缴纳的土地出让金作为国有法人股,用于与东部企业合资,参与分红。对工业企业列入国家技术改造项目的,在征得有关银行同意后,可将专项贷款转为西部企业的股本,用于与东部地区的企业合资、合作,以解决技术改造项目缺地方配套资金、合资企业缺西部股本金的矛盾。

# 关于大泉州两江沿海发展的一些建议(2001)[①]

2001年4月2—4日,在泉州市政府的安排下,我们对泉州市晋江、泉州湾、洛阳江进行了踏勘,并由市水利局、港务局、航运局、规划局、计委、水产局、环保局、林业局等单位作了相关的业务介绍与座谈。我们感到,在市委、市政府的领导下,各有关部门进行了大量的工作,积累了一定的资料。同时,与会者普遍感到目前尚缺乏系统的综合规划,以及进行合理开发、综合利用的技术资料。有鉴于此,我们针对大泉州两江沿海发展的现状、存在的问题以及可能的发展方向进行了初步研讨,现向泉州市委、市政府领导汇报如下:

## 一、存在问题

泉州市的社会经济及城市建设在改革开放的20多年里取得了显著的成效,在新世纪来临进入"十五"计划的时候,更加迫切需要抓住新的产业经济与社会发展契机,利用侨乡在人文、风景旅游、历史景观资源以及自然资源等方面的优势,加快晋江母亲河、洛阳江以及泉州湾滨海发展的步伐。经过现场踏勘和对各管理机构的调查,我们认为目前的两江及沿海发展过程中需要解决以下十个方面的问题:

① 处理好沿海发展与沿江发展之间的自然因素关系;
② 处理好海江与陆地发展、围垦与增地的关系;
③ 处理好养殖、捕捞与航运安全之间的关系;
④ 处理好防洪与航运的关系;
⑤ 处理好增容与减污的关系;
⑥ 处理好河道挖沙与河道整治、开挖与吹填的关系;
⑦ 处理好河道开发中自然因素与人为因素的关系;
⑧ 处理好整治与开发,城与江、堤与路功能结合的关系;
⑨ 处理好大泉州中心区与边缘区的发展关系;
⑩ 处理好泉州湾中心港区与其他港区的关系,避免各自为政的重复建设、重复计划。

## 二、研究设想

根据泉州市社会经济发展、泉州湾港区建设以及海峡两岸社会经济交流的现状,我们建议按照

---

① 本文是2001年4月作者代表上海泉州侨乡开发协会专家组撰写的给泉州市委市政府的建议,专家组成员还包括王宝灿、浦美燕、马文军等同志。

近期、中期和远期目标相结合的方式，投资逐步到位，实现五个功能为一体的沿江沿海大道，逐步实施开发利用自然资源，建设大泉州的发展战略。

近期：结合晋江河道整治与堤坝建设，以实现堤岸综合利用、预防洪涝灾害、改善滨江地带景观为主，并为泉州湾整体发展综合规划的进行制订计划和收集基础资料，具体的行动包括：

① 拟定泉州湾整体发展综合规划，为泉州湾的整体发展制定行动纲要；

② 通过对泉州湾的潮位、潮流等自然因素的调查，建立泉州湾整体潮流模型，为协调泉州湾发展过程中必须的航道整治、水利工程、环境生态保护、滩涂养殖、排污口选址提供依据；

③ 确定泉州湾开发计划的综合协调机制，对开发中可能遇到的问题进行整体把握和协调；

④ 开展晋江口外海滨埋藏岩礁的勘探及江底探测，为晋江入海河槽选址、理顺流路、疏解晋江汛情，并为滩涂围垦的决策提供议据；

⑤ 中云洲河道疏浚，整体协调挖沙工程与整治工程；

⑥ 晋江大洲段堤外河道裁弯取直，拓宽过水断面，加固桥墩护坡，提高泄洪过水能力，降低两旁堤岸汛期压力；

⑦ 融合古今中外建筑风格，在大洲段堤内建设新的"光明之城"，并按照家乡风情民俗，设计建设两户一宅、块状联排式的新农村住宅区，成为泉州新的城市景观；

⑧ 丰洲北岸（浮桥—金鸡闸段）堤岸外移及土地开发建设；

⑨ 西街开元寺前、天后宫前改造及广场建设，并改造顺济老桥以分流桥渡压力；

⑩ 围头湾—金门民间经济交流区（暂定）建设，配合海峡两岸三通的进展，进行经济、文化等民间交流。

中期：则以泉州湾港口的建设为契机，结合进行崇武—泉州湾—围头的滨海 427 公里岸线、沙滩、旅游点及部分滩涂开发。

① 泉州湾经济圈整体开发及港区布局、码头建设；

② 泉州"海上丝绸之路"国际文化旅游区建设，从清源山而下的天然博物馆景观系列；

③ 为再现"东方大港"、形成福建特大的经贸、旅游、海港的单列城市创造条件。

远期：以提高泉州城市综合竞争力为目标，以大泉州的文化、经济区域建设为手段，实现泉州市市县区的综合发展。

① 大泉州的区域文化、经济建设；

② 大泉州金三角及环海大道的建设。包括泉州市城市综合竞争力的提高、大泉州地区市县区的体制改革，以及产业结构调整、高新技术产业发展、规划布局优化、城乡结合发展等。

## 三、计划实施

上海泉州侨乡开发协会由关注泉州家乡建设与发展的学者、企业家等组成，包括以复旦大学首席教授博士生导师苏东水、华东师范大学博士生导师王宝灿教授等国际国内知名专家，涉及城市经济发展、产业结构升级、国民经济建设、河口航道建设、城市规划与建设以及信息、生物医药产业等高新科技专业。为了促进泉州市抓住新世纪城市发展契机，协会可以组织相关领域的专家，从泉州湾经济圈建设、港区开发、河口整治、江海底探测、滩涂开发利用、城市规划设计、旅游开发策略、城市综合竞争力提升等多方面承担和参与泉州湾两江沿海整体发展综合规划的研究工作，为泉州市领导及各相关机构的决策和工作提供依据和参考。

此外,在知识经济快速发展的今天,掌握知识和技术就掌握了发展的机会,拥有人才更是获得经济超速发展的必要条件。因此,需要加强对本地人才的使用和培养,以及吸引市外人才的到来,具体可以采用选送本地各部门业务骨干进入一些国内外知名高校进修和研究生班学习、设立研究生联合培养基地及博士后流动站等方式,同时针对发展中可能出现的问题设立研究课题,由老中青结合的专家顾问团进行专项研究,以较低的费用,培养和吸引较多的人才为泉州市的社会经济发展服务。

市领导如对本初步建议赞同,协会即将成立专家委员会于今年5月中旬开始进行工作。同时,由复旦大学等配合市府有关部门开设"研究生课程班"及"博士后工作站"。

**2001年3月泉州市党政代表团赴上海参加"泉州发展战略恳谈会"**

# 世界经济"寒流"中的中国经济(2001)[①]

## 一、风雨飘摇的世界经济

目前,备受瞩目的全球经济放慢的势头比预料中还要严重。进入新世纪以来,首先是全球经济增长的三大主要力量美国、日本、欧洲同时脱离经济增长轨道,紧接着全球经济相继陷入疲软,世界各主要工业国家的经济坏消息不断;对经济增长的预测不断下调,股票市场低位徘徊,顶级跨国公司接连宣布裁员,制造业持续萎缩,石油涨价,失业增多等等。为此,据世界银行的报告预测:2001年全球经济增长率可能降低2%。

由各主要经济大国2001年上半年的统计数据可看到,目前世界经济困难重重。美国、日本、欧洲的国内生产总值(GDP)占世界GDP的近80%,世界经济的核心集中于此,这三大火车头的经济同时下滑,势必影响整个世界经济的发展进程,把世界经济带入寒流之中。

### (一)美国经济疲软持续

至今年6月底,美国经济疲软已持续整整一年,经济形势非常严峻,尤其是目前在经济基本面方面有三大失衡之处:高利率与经济不济;强势美元与贸易逆差;公共部门财政盈余与私人部门赤字。同时,美国经济增长速度下降幅度之快超出了人们原先的预期,增长速度由去年的5%下降至今年的1.5%,为10年来的最低增幅。8月8日据美国联邦储备委员会(中央银行)发表的经济调查报告所述:由于商品零售情况不佳和制造业不景气影响到其他部门,6、7月份美国经济继续处于低速增长或停滞状态。归纳追究美国经济增长放缓的主要原因:一是近年来由于美国公司对IT行业的过度投资并大量购进IT股票,造成纳斯达克股市泡沫积聚,导致IT行业阶段性供求失衡,产品过剩,出现大规模的IT行业调整和裁员,网络公司倒闭,私人投资急剧下降乃至负增长;二是公司盈利下降导致股票价格下跌,股市低迷,纳斯达克指数由最高时的5 048点下跌至1 600多点,市值由6.7万亿美元降至3万多亿美元,跌幅超过60%,使美国股民在过去一年多丧失近4万亿美元的账面资产,占GDP40%以上,从而使支撑私人消费支出的"财富"效应由正转负,消费需求大幅萎缩,消费支出减少约1 600多亿美元;三是受贸易赤字飙升,世界能源危机的影响。三大需求增长急剧下降拉动着美国经济迅速下滑。随着经济全球化进程的加快,各国和地区经济间的关联性日益密切,美国经济减速正向全球辐射。目前美国经济的主要危险变成了全球危险。

---

[①] 本文刊载于《浦江纵横》2001年第5期,与伍华佳同志合作。

## (二) 欧盟经济后劲不足

在世界经济放缓的寒流中,欧盟地区经济增长后劲不足。去年下半年欧盟经济增长率高于美国,但今年以来欧盟经济增长速度明显放缓,欧洲银行已将今年欧元区经济增长率从原来预测的2.6%至3.0%之间调低为2.2%到2.8%之间。欧洲经济增长速度放慢,既受到美国经济减速的影响,又受到欧洲经济大国德国经济增速减缓的冲击,占欧元区国内生产总值1/3的德国经济增长率据预测已从1.9%调低到1.25%。

## (三) 日本经济复苏难显

日本自1989年泡沫经济破灭以来,其经济一直在低谷徘徊,由东亚巨人变成经济病夫。虽然近年来日本政府通过采取强大的财政扩张政策,使日本经济略显复苏势头,2000年GDP呈上升趋势,但因各种拉动经济增长的因素呈交替升降之势,其经济发展中的不稳定性仍是十分明显。今年以来,受美、欧经济的联动影响,以及本国原先就存在的经济内患,使整个经济情况继续恶化,日元持续贬值,生产下降,库存增加,出口减少,失业率创近年来最高,代表经济晴雨表的日经指数已跌破12 000点大关,经济依然难逃衰退阴影,处于积重难返的困境。国际货币基金组织已将原来预测今年日本经济增长0.6%调整为负增长0.2%。由于经济处于困难的境地,日本的贸易保护主义明显抬头,已出现日中贸易摩擦。由此可见,问题严重的日本经济就目前来看,几乎没有任何改善的迹象,仍在泥沼中挣扎。

## (四) 美国经济"同步下滑"下的亚洲经济

美国和日本是亚洲国家和地区出口的最大市场,又是两个投资最多的国家。因此,亚洲国家和地区经济形势深受美日经济走势和政策调整的影响。台湾地区、韩国以及东南亚地区股市暴跌,货币汇率大幅贬值,经济出现倒退,甚至有金融动荡的危险。1999年亚洲一些国家和地区能比较快摆脱金融危机、经济迅速恢复和增长,在很大程度上就是靠美国经济高速增长、进口增加带动的。由于亚洲地区电子产品40%的出口市场在美国,为此,各国出口普遍下降,预计亚洲今年增长率将降至2%—4%。由于出口受挫,东亚国家和地区经济增长速度普遍放慢。今年,韩国经济增长率将从去年的9%降为2%,新加坡经济增长率将降到0.5%至1.5%,台湾地区经济增长率将降到1.1%。

## (五) 世界经济"寒流"对中国经济的冲击

美、日、欧经济增速放慢,导致了世界经济的减速,从而减少国际市场对我国商品的需求。而在我国的整个贸易出口中,美国一直是我国出口的第一大市场,对美国出口占我国全部出口的20%以上。美国经济减速后,对我国商品的需求锐减。据不完全统计,今年一季度来自美国市场的集装箱运输订单与去年同期相比就下降了近50%。从今年初开始,我国外贸出口呈逐月回落的态势。6月份,外贸出口出现了今年以来的首次负增长。如果我们利用近5年来有关数据作弹性分析的话就会发现,美国经济增长每下降1个百分点,世界经济增长至少将下降0.4个百分点;而世界经济增长每变动1个百分点,我国外贸出口就要同向变化10个百分点以上。依此类推,如果美国经济在今后3年内保持3%以下增速的话,对我国出口增长的间接性负面影响,至少在10个百分点左右。为此,对我国外贸出口而言,今后的形势将更严峻。

## 二、逆风飞扬的中国经济

在全球经济增长普遍放缓的情势下,唯有中国经济在承受了自亚洲金融危机以来最为严峻的外部压力,井然平稳地前行着,保持了约8%的持续快速增长,而此成绩的取得,93%得自内需的启动,7%得自外部拉动。当然,如上所述,美国经济增长放缓、贸易下滑、国际市场对我国商品的需求大幅下降,我国出口增幅大幅回落。日币持续贬值和周边多国货币贬值使我国出口竞争力受到冲击,稳定人民币汇率面对较大压力。但从总体上看,全球经济增长放缓不会对我国经济产生严重影响。我国公众仍然保持着谨慎乐观的心态。对更宽裕生活的追求使中国公众对房地产投资和以消费为中心的内需悄然启动,另外,中国经济对国际资本呈现巨大的"中国魅力"。

从总体上看,我国经济能保持持续、高速的增长似有新"三驾马车"的拉动隐现,中国经济将在7%—8%的温暖"蓝灯区"中运行。

### (一) 国际资本流动的中国魅力

在2000年第三季度以前,由于美国经济走势强劲,大量国际游资都被吸引到美国。但目前美国经济陷入困境,长期滞留在美国市场的巨额游资必然要寻找新的出路。根据亚洲开发银行2001年度亚洲发展展望的预测,在亚洲国家中,中国仍然是经济增长最为强劲和平稳的国家,再加上即将加入WTO的利好,外国资本看好中国是非常自然的事,国际资本内流可能是2001年外部需求中唯一令人鼓舞和值得欣慰的指标。今年上半年,新批外商投资企业11 973个,同比增加18.5%,合同外资金额334.1亿美元,增长28.2%,实际使用外资金额209.9亿美元,增长20.5%。据国家计委的专家估算,外商直接投资的增加可能多拉动经济增长0.51个百分点。

### (二) 内需快速增长 风景这边独好

据统计,上半年社会消费品零售总额增长10.3%,消费者信心指数保持小幅回升。从农民收入来看,目前政府正把提高农民收入作为经济工作的首要任务,将从产业化等各方面为农民收入增长创造一个较好的环境;城市居民收入也在增加,政府已经宣布增加国家机关事业单位的收入,对离退休人员的收入标准进一步提高。收入的提高使人们对购房、买车、旅游的热情有增无减,教育消费继续保持两位数增长。根据有关专家的推算,消费这辆"马车"对上半年经济增长的贡献率在55%左右。

### (三) 强劲投资增势不减

投资是拉动经济的又一辆"马车"。上半年固定资产投资增长了15.1%,增幅比2000年提高5.8个百分点,扣除价格因素后实际增长14.5%。对GDP的贡献率大约为38%左右。其中,房地产投资更为强劲,在2001年5月间,我国固定资产投资增长因住宅投资和更新改造投资的强力拉动而增长了17.6%。另外,取消固定资产投资方向调节税、实施西部大开发战略和大规模对国企技改投资进行贴息等,对今年投资增长所起的作用几乎是决定性的。

由此可见,中国经济在以上"三驾马车"的拉动下,上半年的经济得以在全球经济增长普遍放缓的情势下增长势头依然保持。从宏观经济总体趋势看,今后经济增长会在一个较高的平台上调整,基本延续7%—8%的发展格局。经济生活中的新热点将不断形成。有人预言:内需强劲将使中国成为亚洲经济增长的引擎。

## 三、问题和建议

在为中国经济一片喝彩声中,值得注意的是在未来中国经济的发展过程中还留有一些隐患没解决,并且中国经济的发展毕竟离不开世界,2000年我国外贸依存度达到44%,世界经济的沉降与否最终将传导到我国经济,特别是一旦我国进入WTO,这种传感效应将变得更为明显。在此,我们有必要对目前中国经济发展中所存在的一些问题引起沉思:

(1) 美国经济如果较长时期维持低速运行,必将对我国经济发展格局产生较为显著的影响,我国的外贸格局将发生重大变化;

(2) 日、韩等我国周边国家和地区汇率大幅度贬值,使我国传统产品在激烈的国际市场竞争中相对处于劣势;

(3) 进口增长快于出口增长将造成中国贸易顺差进一步缩小,为此势必影响我国的外汇储备量进一步下跌;

(4) 出口企业的积极性不大。目前我国外贸出口的综合退税率已达15%,进一步提高退税率空间不大,加之国家退税额度不足和退税进度迟缓等问题,导致出口企业资金紧张的问题十分突出,对促进企业积极出口产生负面作用。

针对以上我国对外经济贸易中存在的各种问题,我以为应采取以下几方面的措施:

第一,继续扩大进出口贸易。一方面要继续实行出口商品零税率政策,稳定出口退税政策,解决退税指标不足、退税滞后问题,鼓励出口,调整好出口结构,继续实行多元化战略。

第二,针对日益加剧的贸易保护主义,我们要完善反倾销的相关法规规章,进一步建立反倾销快速预警机制,积极组织反倾销应诉,以使我国的对外贸易在更完善的法治环境中进行。

第三,加强中日之间的理解与合作,力促"东盟和中国、日本、韩国形成"区域经济联盟。在全球化经济中首先发挥作用的是区域经济联盟。在此,中日两国关系的处理是一个关键因素,不彻底解决与日本的关系,要想形成一个有利的周边环境是不现实的。

第四,加快体制改革,实现体制创新,加强法制建设。中国经济面临的许多矛盾和困难均源于体制。我们应当按照加入WTO后要符合国际惯例等要求,从维护中国最终利益出发,加快各项改革。

# 我国商业银行竞争力提升的系统研究(2001)

## 一、银行竞争力的定义及作用机理分析

目前理论界对银行竞争力的确切定义尚未达成共识,专家学者们从不同的角度进行了定义,如"银行竞争力是银行综合能力的体现"(张鹏,1999)、"银行竞争力是指银行或银行家在各种环境中成功地进行设计、营销各项业务的能力,以及其金融产品比竞争对手更具有市场吸引力"(迟智广,新浪网)等。然而,现存的定义都存在不同程度的不完整性:

一是没有对竞争力与核心竞争力、竞争优势、竞争能力、综合实力等概念的关系界定清楚;二是没有讲清竞争力对企业成功运作的核心价值(或作用机理)。基于此,本文对银行竞争力的内涵界定如下:① 银行竞争力指银行获取竞争优势的能力,表现为高于行业平均水平的经济利润水平。② 银行竞争力是个复杂的系统,由其构成要素交互作用同时与外部环境相互影响而成,是个动态的、交互的、复杂的概念。同时,竞争力还包含了企业资源和能力(R&C)与竞争优势的动态转换关系。③ 银行竞争力的作用机理(对企业成功的贡献),可以用传统的战略分析框架 SWOT 来解释,只不过需要对模型进行改进,加入动态的考虑。

## 二、我国商业银行竞争力现状的实证分析

商业银行竞争力是个综合复杂的体系,本身是个难以量化的指标。根据银行主要数据获得的几项指标,可对国内各家商业银行的竞争力概况进行大体描述,并与外资银行进行比较分析,找出主要差距。

### (一) 对国内商业银行竞争力概况的分析

主要考虑如下因素:① 规模因素。规模是商业银行竞争力的基础,它在一定意义上代表了银行的实力,影响着其声誉。规模变量主要有资产、存贷款额等。② 盈利能力因素。商业银行的盈利能力是其竞争力的综合体现,它亦与资产质量息息相关,代表着竞争力的发展趋势。商业银行的盈利能力主要体现在税后利润、利润资产比例等指标上。③ 人力资源因素。高素质的人才是商业银行提高经营管理水平、开展金融创新和优质服务的根本保证。可以说,在竞争中,人是最根本的要素。具体分析如下:

---

① 本文刊载于《当代财经》2001 年第 7 期,与张向菁、金麒同志合作。

(1) 规模。国内商业银行的资产规模差别较大,因此宜采用比值进行分析(见表1)。从表1可以看出,股份制商业银行的存款/资产比值明显高于国有商业银行,表明国有商业银行的吸存能力不及股份制商业银行。

(2) 盈利能力。单从税后利润的绝对值看,股份制商业银行与国有商业银行已无太大的差距,况且这个差距是在规模比较悬殊的情况下形成的;从资产收益率(即税后利润与资产的比值)看,股份制商业银行的资产盈利能力远高于国有商业银行(见表1);从单位资产的创收能力(即营业收入与资产的比值)看,国有商业银行与股份制商业银行相差并不大,但在相同的创收能力基础上形成的盈利能力却相差很大,主要是由于在单位资产取得收益的过程中,国有商业银行付出了更大的代价。

(3) 人员素质。据有关数据分析表明,股份制商业银行的员工,其整体文化水平高于国有商业银行,而且前者的员工结构也优于后者。

表1 我国商业银行竞争力概况 (单位:亿元)

| 银行 | 资产额(1) | 存款(2) | 贷款(3) | 税后利润(4) | 营业收入(5) | (2)/(1) | (3)/(1) | (4)/(1)(%) | (5)/(1) | (4)/(5)(%) |
|---|---|---|---|---|---|---|---|---|---|---|
| 工行 | 36 295.70 | 18 126.77 | 16 522.72 | 26.15 | 7 500.09 | 0.50 | 0.46 | 0.07 | 0.21 | 0.35 |
| 农行 | 14 669.47 | 9 106.51 | 8 566.42 | 21.06 | 1 307.92 | 0.62 | 0.58 | 0.14 | 0.09 | 1.61 |
| 中行 | 21 070.40 | 4 864.01 | 4 785.37 | 52.09 | 1 405.55 | 0.23 | 0.23 | 0.25 | 0.07 | 3.71 |
| 建行 | 21 253.02 | 10 333.29 | 7 457.20 | 48.33 | 1 197.06 | 0.49 | 0.35 | 0.23 | 0.06 | 4.04 |
| 交行 | 3 987.83 | 2 296.45 | 1 546.86 | 36.21 | 291.74 | 0.58 | 0.39 | 0.91 | 0.07 | 12.41 |
| 中信 | 1 086.70 | 567.05 | 290.49 | 10.64 | 89.17 | 0.52 | 0.27 | 0.98 | 0.08 | 11.93 |
| 光大 | 470.54 | 248.76 | 159.89 | 7.03 | 40.42 | 0.53 | 0.34 | 1.49 | 0.09 | 17.39 |
| 华夏 | 226.52 | — | — | 4.14 | 12.09 | — | — | 1.83 | 0.05 | 34.24 |
| 深发 | 300.22 | 164.07 | 102.84 | 7.87 | 26.10 | 0.55 | 0.34 | 2.62 | 0.09 | 30.15 |
| 招商 | 925.77 | 521.02 | 414.00 | 16.39 | 67.60 | 0.56 | 0.45 | 1.77 | 0.07 | 24.25 |
| 浦发 | 649.69 | 371.82 | 231.22 | 8.82 | 51.69 | 0.57 | 0.36 | 1.36 | 0.08 | 17.06 |

(二) 与外资银行的比较分析

(1) 盈利能力。主要用股权收益率这个非常综合性的指标来反映商业银行的盈利能力。据有关数据表明,国有商业银行的股权收益率基本不到10%(建设银行稍好),且呈徘徊不前的趋势;而外资银行的股权收益率均超过15%,且有所上升。可见,与外资银行相比,国有银行处于竞争劣势;股份制商业银行情况较好,与外资银行基本持平。

(2) 业务能力。包括存贷款业务和表外业务。存款是商业银行营业资金的主要来源,所以存款品种是吸存的重要手段。由于监管、通讯技术运用等方面的差异,外资银行无论在存款品种的数量,还是在存款品种的"含金量"上都远远优于国内银行;贷款也是银行收入的主要来源。同样,在贷款品种上国内商业银行也不及外资银行。而且,由于信用体系等方面的问题,贷款条件高、手续复杂,使消费者选择余地很小且感到十分不方便;表外业务是金融业发展的趋势,也是金融日益自由化、国际化和电子化的结果。如今,西方商业银行业务日益表外化,中间业务的发展已成为利润增长的重要来源。相比之下,我国商业银行表外业务品种少、档次低、开办面窄,金融创新工具基本没有得到运用。

## 三、成 因 分 析

从上述分析中可以看出,我国商业银行总体竞争力水平不及外资商业银行。深入分析其原因,是多方面因素交互作用的结果,其中较为突出的是以下几点:

(1) 体制与机制原因。体制指管理权限和机构设置,如行政干预问题、组织结构不合理问题等;机制指内部运作方式,如内部制度、操作程序等。我国商业银行的经营管理易受行政干预,这使国内许多商业银行更像国家机关而非自主企业,致使资产质量问题严重,没有人真正为银行的效益负责。我国商业银行的机构设置也大多具有行政化特点,实行总分模式,内设业务部门和非业务部门两大块。业务部门之间相互交叉,多头对外,导致重复劳动、效率低下,且不利于对外形象的统一;同时又存在"无人管"地带和缺乏监督机制,不利于业务发展和风险防范。在内部运作流程上,一方面没有统一规划,存在着一些不必要的环节;另一方面没有"以客为尊"的原则进行优化,运作流程不畅、效率不高,增加了运作成本,降低了服务质量。

(2) 人力资源管理问题。国内多数商业银行在招纳人才、培养和使用人才以及留住人才方面做的都是不够的,既缺乏科学的考核体系和与绩效挂钩的激励机制,也没有完善的真正为员工的职业发展及学习成长服务的环境。

(3) 技术问题。技术是银行高效运作、新产品开发、内部沟通和对外部环境快速应变的基础。而国内商业银行由于管理层观念、资金、人才等多方面的原因,致使硬件设施落后,或是硬件设施尚可但未发挥应有的作用。

然而,从企业内部运作关系来看,以上三方面因素彼此之间亦存在互动的关系,对企业整体竞争力系统有着重要的影响。

## 四、提升商业银行竞争力的对策:系统工程

综上所述,银行竞争力是个动态复杂的系统,牵涉到多方面因素,这意味着其提升亦需从多方入手,是一个需要政府、商业银行、民间机构等多方参与的系统工程。

(1) 政府应提供自由竞争空间,并完善政策、监管和法律框架。目前我国商业银行大多面临着制度问题,这不是商业银行自身能解决的,它有赖于改革的深化和宏观经济环境的改善。对国有商业银行应进行产权制度改革,给予其真正的自主权;对股份制商业银行应促成其真正意义上的股份制公司运作机制的形成,强化民主科学的决策机制,达到现代商业银行的"四化"标准。此外,应给予银行领导"独立人格",而非通过行政任命或走"官"路。

在政策上适当对新兴商业银行进行政策扶持,促使其发展,从而为我国商业银行同多元化发展的国际商业银行抗衡提供政策基础。同时,央行应加快形成公平、合理的监管机制。

(2) 商业银行应练好内功,准确定位。目前国内商业银行提升竞争力需要首先练好内功,并在此基础上对外进行准确定位,获取竞争优势。① 真正贯彻以客户为中心的经营理念。高层管理者应对此承诺,并在实际行动中得以体现。如围绕客户需求来制定和调整计划、业务操作流程的设计以方便客户为出发点,实行以绩效为导向的考核系统等等。② 建立以客户为中心的组织结构。应进行机构改革,使组织结构更符合高效运作和风险防范的要求。如按客户分类来设置业务部门、成立专业操作中心,并按客户而非产品或地域进行垂直管理;在此基础上实行客户经理制,为同一客

户提供一揽子服务。③ 进行流程再造,对业务运作流程进行简化和优化以降低成本,提高效率;并提高为客户服务的质量和速度,同时对风险进行更好的控制。④ 改进人力资源管理。进行人事制度改革,采用公平竞争、优胜劣汰的用人机制,并对经营者实行年薪制;关心员工的职业发展,为其提供自我发展和培训学习的机会;改进绩效考核制度,实行以利润指标为核心的科学公平的考核体系;奖惩分明,实行待遇与绩效挂钩;加强企业文化建设,创造良好的工作氛围,在提高物质待遇的同时以感情留人。⑤ 改进电子化建设,并发挥其应有的作用。以此为手段促进管理会计系统的建立,从而为改进内部管理和进行科学的业绩衡量奠定基础;以此为平台可改善企业内部决策过程、信息交流和内部综合管理;在业务操作中运用电子化,以实现客户服务全面化、业务处理自动化、客户管理信息化,为金融创新提供必要的支持手段;等等。此外,应考虑通过上市、购并等方式扩充实力,为改革和进一步发展补充"底气"。同时,银行间应强强联手,共同构建一些基础设施,如金卡工程等。

在苦练"内功"的同时,银行应时刻关注和分析外在经营环境的变化,如宏观环境分析、客户需求的动态分析、竞争对手情况的分析等,在此基础上制定正确的竞争战略和发展战略,以巩固和提升自己的位势。

(3) 民间机构在商业银行竞争力提升中扮演着不可或缺的角色。我国的信用体系相对于国外还是很不完善的。从总体而言,无论是个人还是企业,其信用档案是欠缺的;而客户的信用资料对银行来说至关重要,所以社会信用体系的建立对商业银行竞争力的提升大有裨益。

中小企业贷款难一直是个问题。一方面银行由于对风险的考虑而不得不对中小企业的贷款慎而又慎,因而阻碍了其业务发展;另一方面,中小企业又筹集不到资金,只有进行高利贷性质的民间筹资,在加重了其负担的同时也阻碍了其进一步发展。而中小企业担保体系的建立,可创造性地解决这个两难的问题。目前已有不少中小企业担保基金成立,为商业银行和中小企业的进一步合作与发展解决了后顾之忧。

信用评级机构对商业银行健康、规范的发展亦起了促进作用。一方面促使商业银行进行"自省",另一方面促进了银行业的透明运作及公平竞争。

此外,个人的消费观念也与商业银行的发展息息相关。私人金融业务在银行业务中所占比重正在上升,其中增长最快的是消费信贷业务,而个人的消费观念在一定程度上决定了这项业务的发展。

# 尊敬在很大程度上等于诚信
——"2001年中国最受尊敬企业"评委苏东水专访(2001)①

记者：北大企业管理案例研究中心主任何志毅教授是您的学生，这次您受他之邀担任评委，本次评选以"最受尊敬"为切入点，您觉得这对于中国企业来说重要吗？

苏东水：对于一家企业来说，其追求的目标有三个方面：价值最大化、利润最大化和社会效益最大化。其中社会效益最大化与企业是否受尊敬是密切相关的。在我看来，尊敬在很大程度上等于诚信，而诚信对于现阶段的中国企业，是很重要的。选择这个切入点来做这个排行，可以让中国企业进一步认识到诚信对于一个企业成长发展的重要性。

记者：国外有很多类似的排行榜，如美国 FORTUNE "最受尊敬企业"排行、英国 MANAGEMENT TODAY "英国最尊敬企业"排行等等，这些排行有着很成熟的评价体系，我注意到这张排行榜评价体系虽然与前述几大排行榜的评价体系有一些相似，但仍有不同之处，请问这个评价体系是如何制定出来的？

苏东水：不同机构制定出来的体系自然会有所不同，如果这个评价体系由上海的某一个大学来做，可能就和北大有某些不同。北大的这个体系，是参照了国外的相关评价体系，再根据中国企业经营管理的特点进行调整后制定出来的。可以说，这个评价体系融合了古今中外的各种尊敬指标，包括对一个人的尊敬指标。最明显的调整是增加了针对国有企业和民营企业的国际竞争力指标，和针对外资企业的本土化指标，对中国企业来说，这是很重要的。相信根据这个评价体系评出的排行榜有相当的公正性。

记者：作为一个学者，如果不是受邀担任本次评选的评委，您通常会关注与此类似的国内外排行吗？

苏东水：知道一些，但应该说并不太关注。

记者：为什么？

苏东水：这些排行彼此都差不多，我认为并不一定很准确，所以不太关注。

记者：但您刚才说本次的评价体系评出的排行榜有相当的公正性？

苏东水：我所说的"不一定很准确"，并不是说评选过程的不公正，或评价体系有什么问题，而是作为评选方并无法保证他们得到的企业讯息是否准确。数据掺假和水分不是中国企业才有的，比如安然和安达信事件。

记者：那么，您觉得这一排行榜的价值何在？

---

① 本文是2001年在中国最受尊敬企业颁奖典礼上接受青年报记者的专访，刊载于《青年报》2002年4月14日。

苏东水：首先，它能扩大一些企业的社会影响；其次，一些企业的顾客信赖度将提高；再次，将提高一些企业的发展潜力和国际竞争力。

记者：通常，我们把一个人称为"受尊敬"的人，并不代表他事业如何成功，如何有钱，甚至有时，一个人是因为放弃了一些重大个人利益而换取这一称号的。那么对于一个企业而言，如果被评为"最受尊敬"，那是否也意味着它已经或者将要作出类似的牺牲。排名第一的"受尊敬"企业，其企业的成长度，市场竞争力会怎样呢？

苏东水：通常，一个企业在追求社会效益最大化的过程中，其行为和追求利润，提高其市场竞争力并不冲突，"受尊敬度"并非一个孤立的标准。比如企业做一个类似捐赠的行为，提升其受尊敬度的同时，也间接增强其顾客认知度，那么市场竞争力就会提升，最后导致利润或市场份额的增加。当然，一个企业必须要拥有一定资本才能对社会有贡献，这里有一个最基本的先后秩序，无源之水是长不了的。

记者：入围企业有半数是外资或合资公司，您怎么看这个现象？

苏东水：外资企业受尊敬是理所当然的事。外资企业的企业管理、规划、产品质量、创造价值的能力都比较好，当然容易给人留下好印象，国内企业在这方面还是有所差距的。

记者：我注意到中国电信、中国移动等都没有取得入围资格，被排除在最受尊敬企业之外，对此您怎么看？

苏东水：我觉得这很正常，至少从消费者的角度看是这样的。从长远看，垄断行为将会对市场和消费者带来不利因素，所以美国有反托拉斯法案，有微软的官司。从某种角度说，垄断的企业是不道德的。

记者：如果让您一个人评中国最受尊敬企业，您会选哪家企业？

苏东水：海尔。海尔给我印象很好，此外我觉得它的管理融合了古今中外的各种理念。

记者：前些时候美国 *FORTUNE* 杂志评出的最受尊敬企业，第一名是通用电气。无论这次中国最受尊敬企业是哪一家当选，您觉得它和通用电气还有什么差距？

苏东水：首先当然是创造财富的能力上的差距；此外还有世界程度上的品牌差距和领导者的能力、素质差距。

# 泉州申请世界遗产的建议及泉州市政府的回复(2002)[①]

## 泉州申请世界遗产的建议

中共泉州市委

施书记永康同志：

  喜闻荣任书记，深表祝贺，望家乡在您的领导下再造辉煌。五次电话联系未遇。今特函致敬意。对泉州之发展，余日日牵挂在心。今为泉州申请"世遗"作点建议：

  一、关于开辟洛阳湖(万安湖)的建议

  洛江区洛阳江中，原花园乌屿——娘子桥与洛阳桥的"夹镜双虹"的奇观为泉州名景，是元朝时，海外通商贸易鼎盛的著名景观，曾建有码头仓库，至今有遗迹。今如在乌屿娘子桥跨江白沙盐田东北角建一堤坝，形成"洛阳湖(万安湖)"，实是多年所望，甚有发展前景。近日，接洛江书记陈家富同志电，拟请专家对洛江乌屿筑堤建湖进行考察论证，乃是好创举。我在《泉州发展战略研究》一书(1999年复旦大学出版社·第十九章第四节)中也曾提出沿洛阳江(湖)周边"建设洛阳湖民俗国际山庄"。对此，我等当尽专功而为，经调研论证，奉告。

  二、关于增设"泉州世界宗教文化遗产"申请"世遗"的建议

  泉州申请"世遗"整治启动是家乡之大事，我们拟在上海专门做宣传，以扩大影响。今阅2002年6月11日泉州晚报报道申请"世遗"消息，确定为"五片""五点""三展示"之内容。我认为，泉州俗称"宗教圣地"。现今国际政界、经济界、学术界非常关注"世界宗教文化"研究与应用，特别是佛教、伊斯兰教、基督教三大教的影响与作用。泉州具有"八教"文化遗产，堪称国内奇迹、国际少有。我建议是否可在申报"世界文化遗产"增加一重要项目："泉州世界宗教文化遗产"。其内容重点包含：① 佛教文化，以清源山"三世佛"、开元寺为主，开元寺是仿印最成功的百柱佛殿，其文化艺术为西哈努克所称赞；② 道教文化，道教是中国国产宗教，以老君岩景区拓辟老子哲学思想《道德经》雕刻群的道教文化及关帝庙、天后宫、天公观为主；③ 儒教文化，以孔庙、仙公山(儒释道三教合一)为主；④ 摩尼教文化，以摩尼教寺为主；⑤ 伊斯兰教文化，以清真寺、圣墓与九日山石刻铭文及白崎或陈棣镇回族居住地为主；⑥ 拜物教文化，浮桥遗迹；⑦ 印度教文化，开元寺内的印度教石刻艺术是讲述悠悠逾千年的远古宗教神话，寺内后廊檐间有一对雕刻古印度教大力神克里希那故事的岩石柱；⑧ 基督教文化，有西街、南门及惠安的早期教堂为证。这证明泉州众教文化汇聚、相互融合，形成泉州世界文化融合点，是世界各地难得之宗教文化圣地。可编泉州"八教"文化历史之书，以作

---

  [①] 本文提出开辟洛阳湖(万安湖)、增设"泉州世界宗教文化遗产"申请"世遗"、南天后宫前德济门遗址的建设等建议，提交给泉州市委，并得到了市政府的部分采纳和回复。

申请"世遗"的要件。

三、关于南天后宫前德济门遗址的建设

泉州作为文化古城,其在鲤城内外的众多文化文物古迹,有不少被拆除,实在很可惜,早在三年前,我曾向有关领导建议要重建"泉州文化古城"城门旧址。我少时家住南门,常闻泉州南城门故地是在天后宫前原商会会址下,并请我的博士同济大学建筑师制定开辟规划,后未获答复。去年泉州设计开辟天后宫广场,发现古城的德济门确在其下,这是件难得的收获。但希望对古城遗址发掘修复应有整体的规划,不能随心所欲,特别对水系、道路布局、环境绿化、文化遗址安置等应有总体系统的规划。具有规划可能已有新意,余亦不宜过问。

我不是考古者,也不是泉州文化研究者,仅是对家乡的热爱,对你为泉州发展所作的贡献感动,故此于百忙之中,随意思考,略进片语,不无可取,仅作参考。

专致敬意

苏东水
2002 年 6 月 28 日

# 第二部分 附件二:开辟国际文化旅游区

## 一、可行性分析

(1) 泉州在历史上曾经是世界各国各民族物质生活的交汇之所。泉州湾曾是世界最大贸易港口之一,是我国从海路与各国通航的起点,享有"海上丝绸之路"或"茶瓷之路"的称誉,我国著名特产丝绸、茶、瓷等近百种产品,经过泉州港流向世界 100 多个国家和地区。世界各国各民族有 330 多种产品流入我国,这些特产都充实了世界人民的物质生活内容,并且成为世界人民生活不可或缺的东西。

(2) 泉州历史上曾经是世界人民精神生活的集中活动之地。远在西晋太康九年(公元 288 年),南安丰州九日山下就建有泉州最早佛教活动寺庙延福寺。南朝梁普通中(公元 520 年—527 年)印度高僧拘那罗陀即泛海来此译经传教。唐武德间,伊斯兰教徒从海路抵达泉州,进行经商和传教活动。摩尼教、古印度教、古基督教都在 1000 多年前来泉传教。泉州又是我国道教、儒家思想繁荣发展之地,历史上早有"此地古称佛国,满街都是圣人"之称。北宋石雕老君造像是道教活动的有力物证。天妃林默娘为世界航海的精神支柱,天妃宫遍布世界各国港湾码头。明初林兆恩创建的儒、道、佛合一的"三一教"也远传至东南亚诸国。著名的木偶、梨园、高甲、南音等地方戏剧歌曲,都是人类出类拔萃的精神财富。

(3) 泉州在历史上是世界各国商人集中活动的市场,同时也是我国华侨的祖家之一。至今尚存的"聚宝街",就是历史上的国际性市场。据历史学家考证,泉州海外贸易最兴盛的宋元时期,曾经驻有外商数以万计。至今晋江陈埭、惠安白崎、郭厝及泉州城区等地,尚有回民 4 万多人。远在 1000 多年前的唐朝时期,泉州人民就买舟过海,远达东南亚各国谋生,带去我国的物质和精神生活的产品。因此,当地人民素来称华侨为"唐山人"。泉州旅居世界各国华侨达 400 多万,与世界各国人民有着千丝万缕的关系。

(4) 泉州是我国历史文化名城,有别具一格的、能够反映我国民族光辉文化重要特色的风景名胜及文物古迹。有开元寺、清净寺、五里桥、郑成功墓、老君岩、天后宫、伊斯兰、洛阳桥、崇武古城、德化屈斗宫窑址、九日山等11处国家级重点文物保护单位;有弥陀岩、瑞像岩、碧霄岩、泉州孔庙、崇福寺、石笋、李卓吾故居、草庵、南天寺、西资岩、姑嫂塔、六胜塔、磁灶窑址、安溪清水岩、文庙、陀罗尼经幢等16处省级文物保护单位;列为县级保护单位的有200来处。这些风景名胜、文物古迹,都是我国劳动人民所创造的物质精神财富。

泉州海外交通史博物馆、各县文物陈列馆、郑成功纪念馆、惠安洛阳石雕陈列馆、洛阳桥蔡襄纪念馆、晋江施琅纪念馆、丁氏祠堂陈列馆、磁灶瓷器陈列馆的各种文物展品都有重要历史、科学及艺术价值。

(5) 泉州历史上是人文荟萃之地。曾是北宋著名政治家、三朝宰相韩琦的出生地,政治改革家王安石得力助手吕惠卿的故乡。泉州人才辈出,明代的李延机、黄景,清代的李光地是历朝著名的宰相。科学家如曾公亮、苏颂、丁拱辰,太守真德秀、永春陈知柔、惠安张巽,明代著名理学家李卓吾、蔡清、陈琛、张岳,清代的孙经世、陈天镛,民族英雄、军事学家俞大猷、郑成功,史学家梁克家、吕夏卿、何乔远,文学家韩偓、罗隐、秦系、欧阳詹、曾慥、王慎中、卢琦、丁炜,书法艺术家蔡襄、张瑞图,发展海交事业的王延彬、蒲寿庚,农民起义领袖林俊、邱二娘,等等,这些历史人物有的是为人民立过重要功绩的,有的是个人在学术上有重要成就的,他们都给人类留下了不可磨灭的物质和精神财富。哲学家如朱熹在此任官讲学。曾公亮、苏颂、蔡襄、朱熹、李卓吾、俞大猷、郑成功、蒲寿庚、李光地都是世界有影响的历史人物。

(6) 泉州人民的生活丰富多彩,富有浓郁的地方特色。不管是城市居民,还是农村居民的住房,都具我国南方古建筑的风格特征,一座民房本身就是一座综合性的民间工艺陈列品,如泉州池店杨亚苗民房是我国南方石雕、木雕、砖雕、泥雕及瓷雕6种工艺综合体。人民的食品也具较大特色,菜谱中的河鳗、青蛙、鳝鱼、鳖、鱼翅、燕窝、白木耳、桂花蟹、蚵仔煎、卤面、炒米粉、三合面、花生汤、绿豆汤、面线糊、脆丸、肉粽、元宵丸、深沪鱼丸、石狮甜果、安海席珍糕、崇武鱼卷、泉州冬归牛肉、福泉茂绿豆饼、清源茶饼、范志糗、泉州蜜饯、安溪铁观音茶叶、德化瓷器、永春柑橘、开元东壁龙眼、状元红荔枝等等,传统名优特产争奇斗艳。更有造型美观、形式多样、形象逼真的各种著名盆景,可供人们怡情养性,赏心悦目,大大丰富人类的精神生活。

(7) 泉州、厦门、漳州已经结成"闽南金三角地区"。厦门是特区,有国际性机场和港口,空中和海上与世界各国畅通无阻。泉州有晋江和惠安两个机场,后渚和肖厝两个海港,它们都可作为国际机场和港口的后备设施,近几年内与全国联成一体的铁路将由安溪直抵泉州。陆路交通也十分方便,只要组织好,尽可为国际性旅游服务。

泉州从历史、从现实来看,成为国际性旅游区的优势是存在的,条件也是成熟的,国内外旅客是有此要求和愿望的。但是,要把泉州这种既具历史和现实的旅游优势,系统、完整地组成一个整体,展现在游客的眼前,使他们通过一次旅游,能够获得比较深刻的宏观及微观的概念,对泉州有一种品尝生津、余音绕梁、徘徊缠绵、不忍舍去的深切感情,必须解放思想,标新立异,开辟人类物质和精神生活的新境界。

## 二、开辟历史文化名城天然博物馆

开辟一个巨型的"泉州历史文化名城天然博物馆",其规模东起"3湾12港"(泉州湾的后渚、蚶江、洛阳、秀涂、祥芝5港;深沪湾的深沪、永宁、梅林3港;围头湾的围头、东石、安海、石井4港),西至九日山、云台山,北依洛阳桥,南凭紫帽山、华表山,以清源山风景名胜区为中轴线,作为参观"天然博物馆"的天然路线,构成一个天然的整体。

泉州历史文化是我国中原文化与海洋文化交汇的产物。中原文化实际上就是黄河流域和长江流域本民族的文化,具有中华民族的传统特色;海洋文化不仅仅具有我国闽越文化的特色,而且充满海洋沿岸各国各民族文化的特色。因此,泉州历史文化的特点:既是我国历史文化的组成部分,又是世界历史文化的组成部分。"泉州历史文化名城天然博物馆"必须充分体现这一特色,使游客参观后,能够有这一亲切的感受。

"天然博物馆"的"天然展品"是泉州人民经过千百年来辛勤劳动、推陈出新、集体智慧创造的结果,是自然景观和人文景观的统一体,又都是长期固定在一个领域里不可移动的"文物"但是它们不是孤立零碎的,而是有内在的联系,而且是系统连贯的。"天然博物馆"展品的先后次序分区陈列就是按照历史发展的自然规律安排的,不以人们的主观意志为转移的。

"天然博物馆"参观线路的清源山,高498米,方圆40里,不高不大、小巧玲珑、自西东行、呈屏风形,距离市区仅3公里。登上山顶之三台,放眼四望,泉州市区历史文化名城的组织结构,一览无遗。真是巧夺天工,方能组成如此绝妙之"天然博物馆"。清源山的清源洞、南台岩、弥陀岩、望州亭、赐恩岩5个景点,与"天然博物馆"的5个部分天然展品正好巧合。泉州历史文化的发展是自西向东。清源山的走向也是自西而东。5部分天然展品,除总体部分,也是自西而东,参观线路就是遵循这一历史发展进程安排的,以清源洞为起点,赐恩岩为终点站。现将"天然博物馆"5部分结构,逐一阐述如下。

第一部分:泉州历史文化名城概貌。天然展品为"3湾12港"、洛阳桥、灵山圣墓,市区中的开元寺、清净寺、天妃宫、崇福寺、承天寺等以及九日山、丰州、清源山,这就是"天然博物馆"的全部展品。游客乘车抵达清源山,登上东台俯视四周,"博物馆"全部展品览无遗。

第二部分:中原文化第一次南移,泉州发展繁荣时期。这一部分天然展品包括晋江流域,南安郡的丰州、九日山、莲花山、云台山、葵山,泉郡最早的佛教圣地延福寺、金鸡桥(坝)、南安文庙、郑成功焚青衣处、朋山岭。游客自清源洞南下至南台岩,放眼西望,这些展品尽收眼底。

第三部分:中原文化第二次南移,泉州海交史上发展的两个重要阶段。这一部分的天然展品有唐末王氏兄弟建立的招贤院(位于招贤村,有招贤桥、招贤井遗址);清源山宋元间建立的瑞象岩、千手岩,元时建的弥陀岩,秦时的大道岩,北宋的老君岩;笋江上的石笋桥(又名浮桥,或通济桥)。自南台岩沿清源古道东下,经巢云岩至弥陀岩,此为屏山的中心点,也即天然博物馆的第三个参观站。

第四部分:中原文化第三次南移,泉州成为与世界最大贸易港口亚历山大(埃及)齐名的港口城市。这是泉州历史文化的精华部分,其内容包括整个泉州城区。天然展品有开元寺、海交馆、清净寺、孔庙、天后宫、承天寺、李卓吾和蔡清故居、石笋、聚宝街、市舶司、南外宗正司、睦宗院、威远楼、棋盘园、梨园、木偶、高甲、高音剧团社址及泉州新建大桥。自弥陀岩东行,经碧霄岩至望州亭,以望州亭为立足点,游目骋怀观览。

第五部分(结束部分):明清时期泉州的历史地位。天然展品包括灵山圣墓、晋江华表山摩尼教遗址草庵、"3湾12港"、六胜塔、姑嫂塔、江上塔(溜江塔)、南天寺、西资岩、五里桥、郑成功故乡及墓葬、古代造船坞遗址、赐恩岩、李卓吾题联、明宰相叶向高、福建按察使郭持平及清提督马负书等37方诗刻。

"泉州历史文化名城天然博物馆"是泉州人民千余年来辛勤劳动创造历史的结晶,她已经成为人类社会的天然图景。当代泉州人应为此感到骄傲和自豪,爱我名城,爱护文物,妥善管理,发扬光大。

## 三、开发清源山风景名胜区

成龙配套建设好清源山风景名胜区,使它成为奇特的巨型"博物馆"的"天然参观线路"。清源山是洛阳江与晋江之间的天然屏风,构成"泉州历史文化名城天然博物馆"的中轴线,使游客登山纵目,天然博物馆5部分展品一览无余,大长历史知识,大畅思想感情。1000多年来繁花似锦的泉州,在一日之间,就让人领略其宏观概貌,令人回肠荡气、流连忘返。因此清源山风景名胜区,是打开巨型"天然博物馆"的一把钥匙,是关键所在。必须花费必要的精力及一定的财力,在原有的基础上,把她建设好,以适应人类高级精神文明生活的需要。

### (一)环山线路

参观巨型"天然博物馆"线路起点站是清源山最高峰清源洞的3台(东、西、中),第二站是南台岩,第三站为弥陀岩,第四站望州亭,第五站为赐恩岩。现有登山公路已由山之南麓直抵清源洞,基础很好。若条件许可,路面可适当加宽,改为柏油路.或者提高保养质量,仍可长期使用。

自清源洞,经南台、弥陀岩、望州亭抵达赐恩岩线路,有两种方案可选用:沿清源古道新辟公路,或修建古道,提高其质量。因为沿清源洞而下至各点线路,所走的都是下坡路,虽较曲折迂回,但都舒缓平坦,走起来并不吃力,年纪大些的人,中途可略事休息。从望州亭至赐恩岩旧路已荒,是参观线路建设的重点,不开公路,可仿清源古道建筑,以花岗岩铺填路面。自南台至赐恩岩各点,几乎同在"屏风"一个平面,高度相差极小。赐恩岩以下仍有古道与环城公路连接。环山线路一半为公路,一半是人行古道,游客刚好在清源山走了一环,细看走一日,粗览只要半天。

### (二)建立"天然博物馆"模型陈列室

模型陈列室分为总体模型及局部模型陈列室。总体模型陈列室设置在参观起点站清源洞,其规模东起"3湾12港",西至九日山、云台山,北依洛阳江,南凭紫帽、华表山,即"天然博物馆"的整体部分。除了陈列"3湾12港"、开元寺、清净寺、清源山、九日山及洛阳桥外,中原文化3次南移及明清时期文化的各个局部的天然展品也应按其真实位置陈列展出。

局部模型陈列室分别设置在各个参观站。中原文化第一次南移的天然展品模型陈列室设在南台岩,二次的设在弥陀岩,三次的设立在望州亭,明清文化设在赐恩岩。人类认识客观事物的过程有二,一是从整体到局部,再到细部,逐步深入,二是由细部到局部,再到整体,逐步提高,把宏观世界和微观世界统一起来。

每个模型陈列室都应有自动电器设置。导游人员介绍各个天然展品时都能出现明显的标志,以加深游客的印象。如要节省开支,也可改模型为平面绘图,凭图形位置介绍,或放映录像。

### (三)增强清源洞、南台岩、弥陀岩、望州亭、赐恩岩5个参观线路站的设施

清源山所有的风景名胜、文物古迹都是泉州历史文化名城的组成部分,也是"天然博物馆"展品的有机组成。建设好5个线路站,本身就对游客具有极大的吸引力,故应建设必要的设施。

(1)维修或重建原有的文物古迹。5个线路站的基础都很好。弥陀岩经过几年的经营,面貌焕然一新。赐恩岩建筑物比较完好,唯有些梁柱被白蚂蚁破坏,应予更换。清源洞、南台岩原有

建筑破损残旧,应予修缮,已经倒毁的亭、台、楼、阁应予重建,沿途供游客休憩之亭、榭、轩、室应予增建。

(2) 增刻摩崖诗刻。凡与海外交通,各个历史时期文化上、学术上有影响的著名人物,对各个风景名胜,文化古迹题咏的诗词,尽量镌刻在该景点的岩石之上。清源洞除妥善保护蒲寿庚、蒲寿峸兄弟捐资重修清源洞记文的摩崖碑刻外,还应增刻在遵岩读书的明代著名文学家王慎中、在清源洞读书的文人李光晋、在紫泽洞读书的民族英雄俞大猷等人物的诗词题咏。南台岩必须补刻唐末著名诗人韩偓"登南台岩"七律一首。弥陀岩应镌刻王延彬咏怀诗、与徐寅对答诗。为了便于讲解"刺桐城"的特征,在望州亭岩石上,应镌刻北宋巡按使丁谓及南宋太守王大朋"咏刺桐"题诗。赐恩岩应有欧阳詹、李邴、李贽、蔡清的诗刻。把近景和远景意境,山下景和地面景紧密结合起来。

(3) 古人可以利用清源山上天然岩石,雕塑老君、弥陀、释迦等等造像,今人也可利用天然岩石,雕塑著名人物的造像,如在南台岩雕塑郑成功、清源洞遵岩雕塑王慎中、紫泽洞雕塑俞大猷、弥陀岩雕塑王廷彬、望州亭雕塑蒲寿庚、赐恩岩雕塑李卓吾等等造像。这些人物对泉州历史文化的发展曾产生一定的影响。尤其是被国内外游客所敬仰的人物,更应突出展示其丰采。

(4) 设置必要参观工具。天然展品体积的大小及距离的远近各不相同。体积大,距离近,游客目力能够到达的,物像自然清晰可观。若体积小,距离远,游客眼力不易到达的,就必须借助工具,始能达到参观目的。因此参观线路的各站,应该设置大、中、小型望远镜。如要观察"3湾12港"的态势,就必须借助大型望远镜。泉州市区各个文物点,洛阳桥、招贤院就须依靠中型望远镜。参观站附近风景名胜,文物古迹可用或不用小型望远镜。借助现代化工具,自然比目力观赏先进得多。望远镜可用出租形式为旅客提供方便。

清源山风景名胜区,若配套安排各项设施,就能充分发挥她屏风式的"天然参观线路"的作用,就能取得泉州历史文化名城中轴线的地位,为人类享受高级精神文明生活做出合乎时代要求的贡献。

组织"4点1线"的参观。所谓"4点"就是指市区、后渚、洛阳桥、九日山4个景点。"1线"就是从泉州出发,经过晋江的草庵、龙山寺、五里桥,抵南安石井郑成功故乡、纪念馆及其墓葬,然后返回泉州;或自五里桥转东石南天寺、金井西资岩、石狮姑嫂塔、六胜塔回泉州。自从泉州作为对外开放城市以来的几年中,泉州的导游者,都是如此安排的。

市区供游客参观的有开元寺、海交馆、清净寺、伊斯兰圣墓、孔庙、天后宫、李贽故居、崇福寺、石笋、承天寺、少林寺、民间工艺、地方戏剧、南音及其他异彩纷呈,别具一格。后渚港参观比较集中,但法石的真武庙是海交史上祭海的地方,应联成一体。洛阳桥、蔡襄祠及石雕厂都是参观点,圣墓与洛阳桥结成一点也可以。九日山的祈风石刻、金鸡水坝(桥)、延福寺遗址、晋墓、丰州文庙、郑成功焚青衣处可成一参观线路,途中还可看看招贤院遗迹。"一线"的参观景点具体明确,不用赘述。

## 四、建设洛阳湖民俗文化国际山庄

从长远看,应该在洛阳江沿江两岸200米内地区建设专供旅游、避暑、疗养三结合的宾馆,因为洛阳江沿岸是泉州市特殊的地区,自然景观和人文景观都比较理想。

(1) 洛阳江不仅是条江,也是个湖,又是一个港湾,出港湾汇入大海。在湖里可以划桨泛游,在港湾可以乘坐小汽艇飞驰,在海洋则可乘轮船。由后渚港出发,南下出泉州湾,游深沪、围头湾,考察"3湾12港",登石井参观郑成功故乡及纪念馆,抵达特区厦门;北上出秀涂港,游崇武古城,了解明代抗倭历史,再北上参观肖厝港,登眉洲岛,瞻仰海神之故居妈祖庙。

洛阳江四周重峦叠嶂,小者小巧玲珑,大者连绵起伏,自西迤逦而来,气势磅礴,"环山倒影"系洛阳著名8景之一。

(2) 环江遍布名胜古迹。洛阳桥是世界最早的梁式石桥,桥南有蔡襄祠,宋代大书法家亲笔书写的"万安桥记"碑刻尚存。桥北有建桥僧人义波主办民工伙食遗迹昭惠庙。离庙西行不到一里,便是饮誉中外的洛阳石雕厂,巧夺天工的石雕工艺充分体现了我国石雕艺人的聪明才智,引起国内外游客的巨大兴趣。沿江上行,至陈三坝,南宋太守留元刚创建的"留公陂"至今尚存。转南岸,是唐朝福建观察使柳冕设置万安监,管理此地畜牧场,山名万安山,渡曰万安渡,在渡上建桥,曰万安桥(即洛阳桥)。沿江东行,有江中花园岛屿。元时海外通商贸易鼎盛时,曾建有码头、仓库,至今尚留遗迹,跨在屿上的娘子桥,与洛阳桥构成8景之一"夹镜双虹"的奇观。再东行就是历史上世界最大贸易港口后渚港。

(3) 气候适宜、空气清新。全年平均温度在20℃之间,"四序有花长见雨,一冬无雪却闻雷"(韩偓诗)。夏季温度一般在32℃,冬季在0℃之上,属海洋性气候,冷热变化不大,宜于避暑疗养,且水、陆、空没有什么环境污染之患,再加绿化、美化、香化,环境幽雅之至,县距市区不远,车行只要十几分钟即可抵达。修建公路可以直通清源山,参观"泉州历史文化名城天然博物馆"。

宾馆建筑形式,应该采用我国传统民族形式,具有我国南方古建筑的特色。一座宾馆,一种样式,有多少座,就有多少种样式,不可重复雷同。泉州各县采用完了,可采纳全省各地古建筑样式,还可扩及全国。经过一定时间的建设,将形成一巨大的中华古代建筑群,成为洛阳江畔的壮丽最观。

宾馆内部的设置:厅堂的中案桌、八仙桌、琴椅、太师椅、各种仿古形状的凳子,房间里的床铺、橱、桌、面盆架、椅等家具,应与房屋格调和谐,如宾馆样式是采用晋江县的,全套家具就应是晋江县民间传统家具;房屋样式是莆田的,家具就应用莆田的,以此类推。

若独具我国民间古建筑的宾馆在沿江两岸建成,室内布置、一应家具及生活方式都充满浓厚的民族色彩、地方风格,那么就可形成一座规模较大的"泉州洛阳民俗学博物馆",与"泉州历史文化天然博物馆"争相媲美,交相辉映,清源山风景名胜区成为中轴线就显得更为突出。

要建成"洛阳民俗学博物馆",应长打算,短安排,细水长流,一年建一点,10年20年便成气候。第一步由政府出面,征用沿江两岸200米之间的土地;第二步在200米土地之中,修建一条20多米宽的高级公路;第三步在公路两旁,搞绿化、园林化(小公园);第四步每250米建一座宾馆(原有乡村保存作为一个人文景观),小公园与宾馆融成一体。

建宾馆的资金,可多种渠道筹集,国家投资一点,省里投资一点,各县投资一点,各企事业投资一点(建一座)。也可鼓励私人投资。特别欢迎一位华侨建一座,可规定在10年或20年之内,谁投资、谁经营管理、谁受益,充分调动各方面积极性。那么,建成"洛阳民俗学博物馆"的时间,一定可以大大缩短。

"上有天堂,下有苏杭""三秋桂子,十里荷花"的杭州,在北宋时已经繁花似锦,历经千百年来劳动人民的辛勤劳动,才创造出今天的辉煌。开发洛阳江,绝不是一朝一夕之事,故应从长计议,从现在做起。

泉州既有巨型的"天然博物馆",又有新辟的"民俗学博物馆",组成一个具有中华民族光辉特色的国际性旅游区是毫无愧色的。她将成为东海之滨一颗璀璨的明珠,为海内外所瞩目。

## 第三部分　泉州市政府办公室对开辟洛江湖建议的回函

苏东水教授：

　　您于上月 28 日和 7 月 22 日两次给市委施永康书记来函，对开辟洛江湖一事提出很好的建议。施书记对您的建议给予高度评价，认为"立意很好"；指示有关前期工作由洛江区负责，市直有关部门积极配合；并批请常务副市长何锦龙关注此事。

　　根据施书记和市政府领导的批示，市政府黄亚泉副秘书长于 7 月 25 日在洛江区政府主持召开了有关县(区)和市直有关部门领导参加的协调会，就建设洛江湖一事初步征询各方面的意见。与会者一致认为，关于开辟洛江湖的建议，充分体现了您对家乡建设事业的关心和支持，对我市申报"海丝"和建设生态旅游文明城市都很有意义。同时与会者也建议，建设洛江湖是一个庞大复杂的工程，应持十分慎重的态度，应作充分的科学论证。

　　苏教授，您为了建设洛江湖的家乡事业，多方联络贤才，并亲自挂帅出征，冒着大暑天实地踏勘，这种精神着实令人钦佩。现在，以洛江区为主，市直有关部门配合，正根据您提供的《洛阳江河口段开发与整治工程预可研大纲》作论证工作，有关前期工作经费将由市、区两级筹措落实。特此函告。

　　此致

敬礼！

泉州市人民政府办公室<br>
2002 年 8 月 30 日

# "东亚模式"的再思考(2004)[①]

2004年9月16、17日东亚管理者协会联盟在日本东京召开,与会的有中国、日本、韩国、俄罗斯、越南、蒙古等国家的经济管理学家。大会围绕"世界经济中的东亚企业管理"的主题,旨在探讨下面三个问题:① 全面反映东亚各国经济发展和历史现实问题;② 深入分析企业改革,特别是正在进行的东亚部分国家国企改革中存在的问题;③ 研究企业家精神在企业管理中的重要价值。我作为常务理事出席了本次盛会,并作为会议分专题"各国管理模式的比较分析"的主持人,在大会上作了总结性发言,引起了东亚各国学者的热烈讨论。现将我出席本次会议的发言报告总结如下,希望能引起国内更多学者的进一步研究。

## 一、"东亚"新概念

《辞海》中"东亚"一词意指"亚洲东部地区。包括中国、朝鲜、韩国、蒙古和日本等国,面积约1170万平方公里,人口约14.28亿(1935年)"。"东亚"一词是近代日本在试图重构亚洲国际关系的"新秩序"的过程中创造和使用的新词汇。并且,它与"东亚共同体""大东亚共荣圈"等词的表述一起肩负着日本向亚洲扩张这一"国策"的"重任"。因此,在战后的一段时期里,亚洲各国对"东亚"一词仍存戒心。但自20世纪70年代中日邦交恢复以来,随着日本与亚洲各国在政治、经济、文化上往来关系的密切以及"区域合作"呼声的不断高涨,"东亚"一词在概念上获得重构。

所谓"东亚",从地理上看,有狭义与广义两种。狭义的东亚指中国、朝鲜半岛、日本列岛等地;广义的东亚除上述地区外还指东南亚、马里群岛诸国以及新加坡等受汉字文化影响的国家与地区。从历史上看,所谓"东亚"是指以中华帝国为中心的华夏文明所覆盖的中心地带以及这一文明所能够辐射到的周边地带。它是由以儒学价值观为核心的文化结构、以朝贡贸易为特征的经济结构、以册封体制为前提的政治结构所构成的一个统一的东亚世界体系,这个体系在2000余年的时间里决定了东亚国际关系的主要格局(唐朝与明朝是这一体系的鼎盛时期)。

今天所说的"东亚",既有一定的地理范围和历史延续性,但同时也是一个超时空的概念。首先,它是区域内各国在基于平等意识、共同的政治、经济利益以及共同的文化认知基础上所形成的一个区域性的政治概念与地理概念。东亚概念的重构,是东亚社会经济发展的需要,是东亚主体意识发展的表现。同时,它也是西方中心论结构的产物。"东亚"概念的重构既是东亚各国自身发展的需要,也是东亚各国对自身历史、文化以及现实的认真思考。

---

[①] 本文是作者参加2004年9月在日本东京召开的东亚管理者协会联盟会议后,根据大会研讨情况和体会撰写的总结报告。

## 二、"东亚模式"的基本特征

鉴于东亚在战后几十年里经济的持续快速发展,世界银行于1993年10月发表了一篇题为《东亚奇迹》的长篇调查报告,首次提出了"东亚模式"的概念。对"东亚模式",中外学者仁者见仁,智者见智。以彼特·伯格为代表的"文化学派"的学者认为,东亚独特的儒家文化促进了东亚的快速发展;以安妮·克鲁格为首的新古典经济主义学者却认为,东亚的自由市场和自由贸易制度促成了东亚的快速发展,国家只制定有利于自由市场的经济政策,基本上不起作用;而以罗伯特·韦德为代表的"制度学派"的学者认为,东亚正是由于独特的国家制度和企业制度的结合才实现了快速发展。三派各有分歧,但有一点是相同的,那就是西方学术界开始出现对东亚模式的质疑和否定倾向。我认为,在新世纪世界经济一体化的条件下,全面地肯定和否定东亚模式都是不正确的,更为重要的任务就在于深入研究东亚模式的基本特征,并从中汲取有益的元素,努力发展本国经济。

我所理解的"东亚模式"不同于严格意义上的经济发展模式,也不同于制度模式,而是为了与通常所说的拉美模式、欧美模式相比较,对一组互相邻近的国家和地区经济发展的共性的抽象。它强调东亚各国(地区)经济发展过程中的共性,但不否认东亚各国(地区)各具特色的经济发展模式,并以动态发展的眼光看待东亚模式。因此,"东亚模式"是一种根据客观现实,不断加以调整、变革的模式,它在经济、文化、管理方面具有显著的特征。

### (一)经济特征

(1) 倡导经济优先主义与经济立国。"经济立国"或"经济优先主义",即以经济建设及追赶欧美为国家战略的中心任务。西方由于是"内源性现代化",其现代化的启动是靠自下而上的自发性,一般以商业和工业革命为先导,逐步缓慢实现现代化。东亚地区则是后现代化,有其独特的外部条件,即所谓"迟发展效应",欲想实现现代化必须动员国内一切力量全力以赴,即以经济建设为中心任务,赶超发达国家早已实现了的目标。东亚成功关键的一条就在于此。从亚洲四小龙到东盟各国都意识到经济发展是立国之本,而中国在改革开放后坚决贯彻"以经济建设为中心",成为近年来经济增长最快的国家之一。经济优先主义在理论上近乎常识,但真正将其作为国家最高行动准则却非易事,东亚国家和地区,大都经历过沉痛甚至是血的教训才换来这条准则。

(2) 外向型经济发展战略。外向型经济发展战略,又称出口工业化战略。这种战略与西方发达国家的非联系性自主发展战略显然不同。其内容是按照国际比较优势的原则,在政府产业政策的具体支持下,通过积极引进外国资本和技术,面向国际市场组织生产,并通过扩大出口,带动经济增长,缓和国际收支压力。这种战略被看作是东亚模式的本质特征,东亚国家为什么采取外向型经济发展战略呢?我认为外向型经济战略主要是通过发挥市场机制的创设功能,对东亚地区的技术和制度学习进行强有力的刺激和诱导,对有利于创新的国家体系的形成和演化都做出了关键性的贡献。这主要表现在:第一,使东亚地区企业不得不暴露于激烈竞争的国际环境之中,强化了东亚企业的竞争压力。第二,由于出口导向,与外国顾客更密切的交互作用,强化了国内R&D、生产和营销之间的密切联系。第三,由于出口导向与外部世界的更密切接触,不仅扩大了制度选择的集合,而且使制度学习过程更迅速、更有效。第四,出口导向战略比进口替代战略大大拓宽了获取外国技术的途径。

我认为东亚的外向型经济存在着以日本为代表的"外贸主导型"和以东盟国家为代表的"外资

主导型"两种形式。这两者虽然有区别,但都具有较强的外部依赖性。这表现为:① 对外部市场的依赖。例如,1997 年日本的 GDP 增长率为－0.7％,其中内需的贡献为－2.2 个百分点,外需的贡献则为＋1.5 个百分点;韩国的对外依存度高达 40％。② 对外资的依赖。这主要是指"外资导向型"的国家而言。以泰国为例,1987—1990 年被称为泰国经济"新的腾飞期"。此间,在泰国的外国直接投资年均递增高达 74.6％,外国其他投资年均递增更高达 122.6％。规模庞大的外资维持着泰国每年 40％以上的投资率,也支撑着其高估的汇率和股市、房地产的高价位。③ 对国外先进技术和设备的依赖,而自身技术创新能力弱,这使得几乎所有东亚发展中国家都有着巨额对日贸易逆差。1996 年韩国因技术设备进口而带来的对日贸易逆差高达 150 亿美元。自 20 世纪 80 年代以来,我国也加入了东亚出口导向战略的行列。世界银行有关研究报告显示,我国 1997 年对外贸易依存度为 36％,2001 年上升为 44％,其中出口依存度为 23％。1998 年至 2001 年,每年吸收外商直接投资在全社会固定资产投资中的比重均在 11％以上。

(3) 政府主导下的市场经济。以前谈这个问题的时候人们只注意到"政府主导"这一特点,而对于政府主导是建立在什么样的制度基础上的问题则注意不够。实际上东亚模式是一种"强政府＋市场"式的体制,这种独特"政府主导"型的体制是介于计划体制与自由放任的市场体制之间的一种体制,它是对前面两者的综合。它一方面有可能避免计划经济体制的僵硬和低效率,另一方面也在很大程度上克服了自由放任带来的诸多负面影响。东亚模式的精髓就在于:市场竞争是充分的,政府的势力是强大的,政府力量与市场力量在东亚模式中取得了某种意义上的均衡。东亚经济的发展在很大程度上得益于政府的强制性制度安排,但这种发展的结果却又要求更深刻的和全面的市场经济。政府在完成启动、培育市场和把本国经济推入快车道的使命之后,要及时地让位于逐渐壮大起来的市场机制。正如世行《1997 年世界发展报告》所指出,"绝大多数成功的发展范例,无论是近期的还是历史上的,都是政府和市场形成合作关系从而纠正市场失灵,而不是取代市场"。

(4) 高经济增长率。这是东亚模式的最终表现结果,同时也是该模式的最主要标志之一。西方工业化国家从 18 世纪后期至 19 世纪初,经济增长仅在英国出现,人均国民生产总值年均增长 1％已是历史创新。战后某些西方国家增长率达到 3％—5％,被看作是"经济奇迹"。但真正的奇迹却是在东亚,这里年均增长率已提高到 7％—8％,甚至更高。从亚洲金融危机阴影中逐渐走出的东亚经济又进入新一轮的高速增长。亚洲开发银行 2004 年 7 月 29 日公布的"亚洲经济检测报告"报告说,工业国家,特别是美国和日本的经济状况好转、区域间贸易势头良好以及本地区各国国内需要继续保持旺盛势头使东亚地区经济今年预计增长 7.3％。报告说,随着主要工业国家和中国的经济增长放缓,处于更加可持续发展的水平,东亚经济增长预计明年也将放缓,但仍达到 6.5％的高增长速度。

(5) 国有企业民营化。国有民营化方向在 20 世纪以撒切尔夫人对英国铁路等国有企业改革为标志,从此许多国家国企改革开始选择这条路。东亚国家在探索国有企业改革上也走出了自己的道路。越南国企有近 5％被转卖。当前民营化亦成为中国国企改制一种重要的改制方式。

我本人早在 1987 年的日本学术会议中就提出了国有企业民营化的思路,该观点引起了当时日本媒体的重视。我认为东亚模式的很重要特征就在于国企改革的民营化道路,国有民营化成为解决国企退出的重要路径。

### (二) 文化特征

东亚各国在企业管理、家庭生活、制度建设、饮食文化等方面上受到儒家文化的影响,这也是东亚模式的共同文化特征。由我创立的东方管理学派强调东方管理中的"三为"思想体系,即以人为本、以德为先、人为为人思想,该体系可用来分析东亚模式的文化特征。

(1) 以人为本。在东方管理学派看来,管理就是因循事物发展的客观规律,合理地发挥人与其他物质资源的综合效率,以有效地实现人与自然、人与社会、人与人的关系和谐统一,达到逐步提高人的生命存在质量这一目标的过程,"以人为本"是通过给人们提供充分施展才华的空间,不断地运用挑战来锻炼人的智力、体力乃至意志品质,并在此全面发展的基础之上,努力实现摆脱自然束缚的自由发展,提高人的生命存在质量。东亚模式很重要文化特征就在于东亚企业内部都十分强调对员工的尊重和激励,企业经营管理中处处体现出以人为本的思想。如日本的终身雇用制,加强员工自主学习等诸多激励员工参与管理的措施。

(2) 以德为先。"以德为先"作为古代社会与现代社会人的行为与处事原则,它的思想渊源最早产生于孔子《论语》中的仁德思想。儒学认为,人之所以为人,在于其道德。而人伦道德的标准就是:仁、义、礼、智、信。有道德者被称为"君子",无道德者被称为"小人"。二者的区别在于:"君子喻于义,小人喻于利","君子成人之美,不成人之恶,小人则反之"。在这里,道德与现实利益被对立起来,现实利益的合理性被否定,宋明理学更有"存天理,灭人欲"之说。以德为先的应用十分广泛,在个人、企业、市场、国家、国际交往上都有重大意义,是调节经济全球化新形势下从微观到宏观相互关系的理想理论工具。东亚各国特别强调道德操守,即使是"日本财界之王"涩泽荣一在强调追求经济效益时不忘提出"论语加算盘"的观点。涩泽荣一比喻道:打算盘是求盈利发财,学《论语》是讲道德仁义。但在他看来衡量一个员工的标准最终应该以道德为先。

(3) 人为为人。东方管理学派率先提出的"人为为人"思想是建立在以人为本、以德为先思想上的新的管理理念,它要求每一个人首先要注意自身的行为修养,"正人必先正己",然后从"为人"的角度开发,来从事、控制和调控自己的行为,创造一种良好的人际关系和激励环境,使人民能够持久地在积极状态下工作,主观能动性得到充分的发挥。人为为人要求处理好三个方面的矛盾:① 义与利;② 激励与服务;③ 人为与为人。

(4) 集体主义。"社会、国家比个人重要","国家之本在于家庭"。这是东亚价值观的一个重要方面,它表明了东亚社会注重集体的价值导向。东亚价值观中之所以存在着泛道德倾向,说到底,还是因为重视"集体"的缘故。东亚人共同的价值是什么,李光耀用一句话高度概括说:"社会第一,个人第二",用五句话概括说:"一、社会国家比个人重要;二、国之本在家;三、国家和社会要尊重个人;四、和谐比冲突更能维护社会秩序;五、宗教与宗教之间不仅应和平共处,而且应互补"。集体主义被认为是创造东亚奇迹的一大重要武器。集体主义是东亚国家普遍的价值观念。

(5) 和合——和而不同的观点。"中庸""和谐"是儒家学者追求的最高价值原则。自秦汉以来,中国文化就倡导"和合"精神。"天地合而万物生,阴阳接而变化起",万物之所以能够生成,就在于天地的和合。和合就能达到和谐,和谐就能达到团结。"君子和而不同","和合"强调的是多元性、多样性。它主张人与自然之间的和谐相处、人与人之间的和睦友爱。和合不仅是中国文化思想的普遍性原理,也是韩、朝与日本文化思想的普遍性原理之一。伴随着改革开放进一步深入、人们交往日益密切,探索融合东西方思想、具有中国特色的管理体系,成为当前的一个重要课题。

### (三) 管理特征

东亚模式的管理特征就是要正确处理好以下几个关系:

(1) 高科技与管理结合关系。面对通货紧缩和复苏滞缓的困境,日本提出了结构改革为先导,以创建高科技社会和文化智慧型社会取代传统工业化社会的发展战略,设想在未来的10年内,以知识、信息、技术为经济增长动力,以高科技产业作为经济增长的新亮点。创新的目标锁定在信息技术、纳米技术、生物技术与环境技术四大领域。日本等东亚国家发展战略的调整充分说明当前的经济推动力主要以高科技生产力为主,因而在进行高科技创造活动中需要强化管理在其中的作用。由于高科技产业相对传统产业的特殊性,所以研究高科技企业的管理问题也就成为了新时期管理学的重要课题。

(2) 技术、产业、企业与市场关系。知识经济中人类社会发展日新月异,层出不穷的新技术促进新产业的形成,高新技术和生物技术的发展,淘汰了许多传统产业。企业必须根据市场和需求的变化进行变革,固守传统模式必将被淘汰。《福布斯》调查结果显示:标准普尔于1957年评出的世界前500名企业。在不足40年的时间里,500家企业中只有74家还存在,而剩下的426家企业都已走向了失败,占80%。而在74家企业中,只有12家企业的经营还有市场竞争力,仅占总数2.4%。

(3) 产业发展与结构性调整关系——产业集群的形成。集群即指在某一特定区域下的一个特别领域,存在着一群相互关联的公司、供应商,管理产业和专门化的制度和协会。产业集群不仅降低交易成本,提高效率,而且改进激励方式,创造出信息、专业化制度、名声等集体财富。所以在产业发展过程中一定能够要强化产业内部的结构性调整,以便形成新的产业集群。

(4) 企业改革与创新关系。激烈变化的世界唯一不变的就是变化,企业持续生存的必要条件就是不断创新。根据新的市场机遇和各种社会条件的变化而寻找适合企业自身发展的管理模式。

(5) 经济改革与政治改革结合的关系。经济体制改革带动政治体制改革,同时政治体制改革保证经济体制改革的顺利进行。改革开放以来的社会主义市场经济的探索形成了中国特有的两种体制改革相辅相成的特色。

(6) 管理多元化文化与综合创新的关系:东西方管理文化融合。世界多元文明带来多元管理文化,管理愈是能运用一个社会的传统、价值观和信念,它就愈能取得成就。东方管理立足于对中国传统管理文化的扬弃,结合西方现代管理理论进行创新,最终的目标是走向东西方管理理念的融合。

(7) 人与企业共同发展的关系。"以人为本"强调个人与企业的同步发展,人只有在组织中才能发挥自己的潜力和作用,而企业的成功发展是为个人发展提供良好环境的保障。正确处理个体与企业的发展关系,是实现"以人为本"的关键。

(8) 联合与竞争的关系。随着专业化分工的细化,合作型竞争成为企业发展的方向。不同于过去企业竞争中的零和博弈,现代企业竞争强调双赢战略,在竞争中互利互惠又能共同成长。

## 三、"东亚模式"的新现象和新问题

东亚模式是个动态的过程,随着中国经济实力的增强,东亚经济模式格局也在慢慢改变,出现了许多新现象和新问题。

### (一) 新现象

(1) 中国经济的崛起,走出了市场开拓的新道路。改革开放20多年来中国年均经济增长速度超过10%。中国高速经济增长在东亚地区一枝独秀,被亚行专家誉为世界奇迹。中国的经济崛起成了东亚地区的新现象,也引起了越来越多的国外专家开始关注中国经济的崛起。但我认为,中国模式并不是其他国家可以复制的,中国经济的快速增长是建构在东方文化的特有土壤上的。

(2) 当前日本经济的复兴。经历了长时间的泡沫经济的日本,日本经济从 2002 年下半年开始出现经济回升,2002 年下半年日本经济出现了一些转机,该年度实现了 1.6% 的正增长。进入 2003 年以后日本经济继续保持正增长。2003 年前三个季度,日本实现 GDP 增长率分别为 0.3%、0.9% 和 0.6%,换算为年率分别为 1.2%、3.5% 和 2.2%。到 2003 年第三个季度为止,日本的世纪 GDP 连续 7 个季度正增长。这说明日本经济的恢复过程正在持续。在未来两三年之内,日本经济可望真正进入自律性复苏的轨道。日本经济的复苏还可以从它 GDP 占世界 1/3,以及近期企业增加和它与东亚各国经济合作加强等诸多现象看出。

(3) 经济实力增强和地缘政治的加强。地缘政治的特点是政治组织和政治关系完全以地域关系为基础。中国最大的国家利益是和平发展,我们主张和平崛起,需要在世界政治格局中做到:在大国之间寻求平衡,稳定周边国家关系,开拓东南海上通道。为此处理东亚各国关系时应采取参与建立信任措施、广泛对话和交流、适度参与预防性外交、研究与加强危机控制和有选择有限度增加军事透明度等措施。

## (二) 问题

(1) 腐败问题。经济增长与政治改革是两个相对独立的发展目标,彼此之间并不存在决定性关系,但有一定的关联和相互影响。经济学上把这种腐败问题归结为"寻租",我认为欲求政治举措与经济政策彼此促进、相得益彰,绝非易事;但二者相互干扰、政治腐化与经济失策恶性循环,却是司空见惯的。当前腐败问题已成为影响东亚社会稳定和经济发展的重要因素,各级政府需要加强治理腐败措施。

(2) 监控问题。不受制约的权力是产生腐败的根源,因此对经济改革汇总各相关利益主体的行为和权力的监督成为完善市场经济体制的主要措施。为此,东亚各国已经开始重视到对权力监管的重要性。中国也成立了各种监管委员会,覆盖各个领域,为形成公平的市场竞争环境和保护广大纳税人的合法权益做了很多工作。但我们也应该看到,监管体制中还存在着很多问题,需要进一步的完善和加强。

(3) 国有资产流失问题。企业改制中争论最多的就是资产流失问题,当前主要有以下几种流失渠道:决策失误导致流失;在破产中、改制中、中外合资合作中流失;由于经营不善、财政性蚕食造成流失以及无形资产、土地不入账造成流失。因为国有资产流失而质疑中国国有企业产权改革是否正确的主要问题。如何既保持改革的健康发展同时又能防治国有资产流失是关系中国国有企业发展的重要问题。围绕此问题直接质疑中国正在进行的国有企业市场化改革方向,引发了国内诸多经济学家对国企改革的讨论,上述学术争论要求我们注意加强对国有资产流失问题的研究。

# 由"爱拼"到"会拼"(2004)[①]

## 一、企业家要懂得"为人"

记:泉州是一个民营经济相当发达的城市,您的东方管理学理念能给泉州发展带来什么?

苏:泉州这个城市有其很独特的特点,我甚至认为,泉州就是东方管理文化很好的代表。泉州上千年来能融合这么多的宗教相安无事,本身就体现了东方管理学理念中"和为贵"的思想。

说到泉州民营企业的特点,我总结了三个字。一个是"拼",就是拼搏,泉州人"爱拼才会赢"的拼搏精神给世人留下了很深的印象。二是"善",就是慈善,泉州的民营企业家往往也乐于做善事。还有一个是"勤",不只是勤,而且"勤俭"。这三个特点都反映了一个"人本"的核心。归根到底,要将他们发扬光大,还是东方管理学理念中的"人为为人"。

记:您认为泉州企业家要求发展该从哪些方面着手呢?

苏:泉州企业家发展应有三个"要点"。一是"激励",这包括两个方面:一个要懂得如何去激励员工和被管理者,调动起大家的积极性;另一方面是要激励自己,要有良好的心态。这种心态是一种"服务"的心态,体现在企业经营者的心理行为上。要考虑到自己的产品怎样更好地为社会负责。

二要讲究"义与利的结合"。泉州人都很讲义气,讲义气的同时也要争利。义与利要有效结合。举个例子,企业家做善事,是"义",但这样的义,往往能带来更多隐性的利。而"重利轻义"者,却往往会连"利"都失去。

三是"人为为人",这也是我讲的东方管理学说的核心观点,"为己"和"为他"要结合起来。这是古今中外无论是政治领域还是经济领域成功者的要诀。

## 二、要发展大区域经济

记:您一直倡导泉州的行政中心东迁,您对家乡发展有何建策呢?

苏:泉州要发展,中心城市一定要做大。大泉州,细的来说就是"大经济、大城市、大文化"。做大才有大的容量。

现在泉州有一种"诸侯经济",各自发展,两个县区之间买卖都不方便,资源也不能共享,如何发展得起来呢。所以我认为一定要搞大泉州的区域经济。这个区域经济是梯队发展的经济,沿海一

---

[①] 本文是作者应邀参加泉州市鲤城区政府举办"中国市场经济新趋势与企业竞争力"的专题报告会期间,接受记者早颜鹏江、海苹专访,刊载于《东南早报》2004年6月7日。

线,鲤城、丰泽、晋江、石狮还有南安、惠安的一部分是第一梯队;罗溪、马甲以及南安的一部分是第二梯队;最后是安溪、永春、德化。他们有各自的特点,如茶、水果、瓷器等,可以说这里发展县域经济是很有发展前途的。要把沿海这一片形成大泉州的中心区,而辐射其他地区,形成一个经济链,大泉州的区域经济与县域经济是不矛盾的。关键是要形成资源共享,对泉州各个区域都有利。而中心城市扩大,泉州才可以成为省内的经济中心。

同时,泉州也应该重视产业的调整和资源优化配置。泉州现在发展第三产业要有第二产业来支持。

## 三、注重学习才是"会拼"

记:以前都说"爱拼才会赢",现在说要"会拼才会赢"。您认为泉州民营企业家应提升哪方面素质才真正做到了"会拼"呢?

苏:"爱拼才会赢"是泉州企业家发展的一个理念,特别是在资本积累初期,都要拼搏。但现在社会的竞争有所不同了,现代的拼,拼的是知识。想赢,就是要学习新的知识。现在是一个知识的时代,企业家们要不断提高自身的素质,只有在知识上拼,企业战略上拼,才能真正地赢。

泉州企业家们应该提升以下几方面素质:要能激励自己,不断进步;要有诚信的危机感,还要以人为本,以善为本。善不是做点好事花一点钱就行了,要做到对人的善,对社会的善,对消费者的善。还有,现代企业应把"知识生产"放在第一位,多去研究怎么将新的知识转化为生产力。要想成为一个成功的企业家,一定要有远大的战略眼光,能够把握市场动向,同时有回报社会的一种观念。企业家们要能多走出去学习,多学一些大城市的先进管理经验。

# 发展闽商新优势(2005)[①]

历史上很早就有闽商的提法,明清时期,就是中国十大商帮之一,与晋商、徽商、粤商、宁波商等商帮齐名。

与其他商帮相比,闽商具有七大优势:世界多元文化的新优势;世界华人商缘、亲缘、文缘、地缘、种缘"五缘"关系的新优势,沿海大通道交通的新优势;海峡两岸经济发展的新优势;闽籍华商发展的新优势;福州、厦门、泉州三大中心城市经济崛起的新优势;海洋经济发展的新优势。闽商发展应该好好利用这七大优势,这也是福建在新世纪发展的七大优势。

但要发展闽商新优势就应该采取一定的措施,主要有五个方面。

## 一、创新闽商模式

狭义上的闽商模式就是指体现在闽商身上的经营理念和经营模式。为创新闽商模式在当前就必须做到:① 拓展发展路径,稳健地推进跨国经营,寻找新的发展空间。② 不断地调整产业结构,提高创新能力,真正做强做大强项产业。既要避免力量的分散化,又要把握好世界产业发展的脉搏,及时抢占发展先机。③ 促进家族资本与社会资本融合。重点是结合家族企业组织优势,进行制度创新,保持和扩充自身优势。④ 增强闽商网络的开放性。闽商经济网络发展受血缘等因素限制,容易产生排外行为,不利于保护闽商利益及其事业的发展。历史上,东南亚国家多次出现了排华情绪和现象,充分说明闽商网络开放的重要性。

## 二、进行制度变革

主要是针对闽商家族企业经营模式的缺陷进行制度变革。闽公司转变走出家族制管理向现代转变,实现这一"蜕变",闽商企业就必须做出相应的对策选择:① 突破"家"的狭隘观念,树立企业长远发展理念。首先,要树立企业社会化的观念,引进外部股东,使企业的股权分属于不同的所有者。企业作为一个法人独立于家族。其次,突破子承父业的观念。② 适应管理现代化的要求,实行委托代理制,建立现代企业制度,这是有一定规模民营企业的必然选择。委托代理制的特点是用人唯贤,而不是用人唯亲。企业应当择贤聘用家族之外的管理者,改变过去所有者与经营者合二为

---

[①] 本文是2004年12月19日作者在首届上海闽商发展论坛上的发言稿,刊载于《中国企业报》2006年1月11日。

一的管理模式,实行所有权与经营权的分离。重大决策由董事会集体决策,家长或其他家族成员不能越过董事会与总经理而对企业经营活动任意干预。③ 适应企业发展的需要,进行所有权结构调整。首先,明晰产权关系,在创业之初就应该在家族成员间界定产权。其次,实现企业产权结构的多元化。让企业经营管理人员、技术骨干等购买企业股份,形成一种股权激励和制衡机制。最后,实现企业资本社会化,吸纳其他股东入股或与其他企业形成企业集团,实现资本社会化。④ 适应经济全球化和WTO的要求,民营企业家应提高自身素质。

## 三、提高闽商形象

提高闽商形象关键在于提升闽商企业品牌、闽商个人的素质和保持福建社会稳定。也就是提升企业、个人和城市的形象,而核心则是要增强文化内涵。只有文化才能展示闽商的价值品位和可贵风尚。文化是闽商企业、福建城市和闽商个人的凝聚力和自信心的源泉。就闽商企业而言,今后要加强闽商企业文化建设,避免再度给外界闽商企业无文化的误解,同时要注重企业品牌建设,真正把闽商企业办成现代企业。在实际运作过程中,要始终坚持发扬福建的传统文化和现代文化优势。在闽商个人素质建设上,要把文化作为社会进步的动力,用先进文化作引导,使闽商个人认识到个人素质与企业形象息息相关。在自我教育、自我规范中增强闽商个人参与文化建设的主动性,在提高福建城市文化质量的基础上,增强全省闽商企业的综合竞争力。

## 四、强化国际交流

要强化福建与世界经济、文化等方面的交流。从经济方面来看。一方面要在全社会形成"走出去"的战略,鼓励闽商到世界投资,传播优秀的闽商文化。使之像温州文化一样在世界各地扎根和继续繁荣。同时也要实行"引进来"的战略,改变过去福建排外闭塞的现状,大力吸引外资,改善投资环境,把福建办成投资者优先投资的地方。

在文化交流上,应该发挥世界闽商的作用,争取办好各种国际会议,努力吸收各种国际人才到福建工作,使福建经济发展具有稳固的文化和人才基础。

## 五、完善服务体系

要使福建成为国际物流中心之一。服务业在国民生产总值中所占比重就要争取达到70%左右,这就要求大力完善闽商服务体系:① 大力发展闽商金融服务体系。针对闽商发展过程中融资困难等诸多问题,应该创新金融服务,促进包括私营银行在内的金融服务机构发展。② 大力开展闽商科技中介服务体系。针对闽商技术创新不足等缺陷,应该努力发展以高校为依托的科技服务机构,特别是国家技术转移中心、大学科技园、工程技术研究中心、生产力促进中心等,它们一同构筑了高校科技中介服务体系,将成为闽商提高科技含量的一条有效途径。③ 大力完善闽商投资服务环境。对于许多闽商而言,投资环境好坏是他们决定投资与否的重要因素。完善投资服务环境要求政府要减免税收、简化投资手续。

# 高新技术需要理论创新与现实突破(2005)[①]

高新技术产业化水平在相当程度上决定一国的经济增长方式、国际竞争中的地位、就业结构和收入水平,为此,各国政府都非常重视高新技术产业的发展。美国在20世纪90年代后,重点发展高新技术产业,出现了10余年"非理性"经济繁荣。据一些经济学家测算,美国、英国、日本和德国的技术进步对经济增长的贡献率几乎超过60%,法国曾经超过80%。而我国高新技术产业尚处于起步阶段,虽然每年有专利技术2万多项,省部级以上科研成果2.5万多项,但由于资金短缺因素的制约,其转化为产品并形成规模经济效应的仅为10%—15%。我国科技成果转化率、高新技术产业产值比重低的主要原因就是高新技术企业融资困难,这一问题不解决就会严重影响我国高新技术产业的发展和国际竞争力的提高。如何从根本上解决这一问题,成为经济学理论研究的迫切任务。

高新技术企业融资困难是全球高新技术产业发展中普遍存在的问题。虽然发达国家高新技术企业融资的理论研究较为成熟,其发达的金融市场、税收优惠、财政补贴、贷款援助及发达的风险投资、"二板市场"及非正式权益资本市场在很大程度上缓解了高新技术企业的融资困难,但这一问题仍没有从根本上解决。在我国,高新技术企业融资困境已逐渐得到各级政府、科研机构的高度重视。在理论界,涌现出了一些较高水平的学术研究成果。主流观点包括以下几点:大力发展风险投资,积极推进建立"二板市场",发展高新技术企业贷款担保机构,建立健全高新技术企业金融支持社会辅助体系,允许和鼓励高新技术企业以股票、债券等非信贷方式融资等。但从这些问题解决较好的发达国家的高新技术企业融资现状来看,其融资困境也一直存在。可以看出,上述思路只是对高新技术企业融资困境某些表象因素进行的分析,所采取的措施也是外生的,依靠外部的推动力量,从外部来解决高新技术企业的融资问题,并未找到高新技术企业融资困境的根本原因,因此,需要从更深的层次、更广的角度对高新技术企业融资困境的原因进行分析,找出其融资困境的根源,从而探讨有效化解高新技术企业融资困境的途径。

资本结构理论是现代金融学、企业财务理论的基石之一。企业的资本结构即在企业总资本中股权融资与债权融资的比例,又称为财务杠杆度,由于两种融资方式在发行成本、净收益、税收及债权人对企业经营的影响不同,企业如何根据自己的目标函数和成本效益原则选择,其结果构成了企业的资本结构,从而影响到企业融资策略和融资方式的选择。实际上,高新技术企业的融资问题就是其资本结构如何优化的问题。在这方面,杜兰特提出的传统资本结构理论、莫迪格利安尼和米勒提出的M-M定理及其修正理论为代表的现代资本结构理论,以詹森和麦克林的代理成本说、利

---

[①] 本文刊载于《全国商情:经济理论研究》2005年第1期。

兰和派尔的信号-激励模型、梅耶斯的新优序融资理论等所构成的新资本结构理论都对此问题有重要建树。资本结构理论认为，企业融资的优序选择模式为：首先是内部融资，其次是借款、发行债券、可转换债券，最后是发行新股融资，外部融资的首选方式是举债。但是，资本结构理论的融资优序策略选择观点是建立在严格的假设条件基础之上得出的，这些假设条件包括市场是有效的、风险等级一致性和信息对称等，这些条件与高新技术企业的特质存在巨大的差异。

通过对高新技术企业发展规律和融资特征的分析，笔者认为高新技术企业融资困境的根源是其存在严重的信息非均衡、风险等级不一致的特殊性质。信息非均衡主要来自于技术创新者和风险投资者、其他投资者（股权人、债权人）、经营者之间的信息非均衡，其深层次原因在于高新技术项目未来盈利的不确定性。技术创新者往往较为了解自身开发的项目的发展前景、收益及其可行性的私人信息，而外部投资者往往不了解。这种信息的不对称性，导致面对一些较好的、风险较低的投资项目，技术创新者会倾向于内部融资；而一些风险较高的投资项目则倾向于风险投资或其他融资方式。作为技术创新者博弈对象的投资者则会认为技术创新者要求外部融资的风险项目一般风险较高，因此，倾向于不向这类投资项目投资，导致高新技术企业融资的困难，甚至失败。风险等级的不一致性实质上主要来源于信息非均衡。高新技术企业风险等级的不一致包括两个层面：第一层面，当高新技术企业同一般企业相比较时，将表现出不同于一般企业的融资策略，如高新技术企业面临较大的财务风险和市场风险等。这一层面的风险主要来源于信息的不完善性，未来高度的不确定性导致技术创新者、外部投资者谁都无法控制这一风险的发生。通常情况是，不同发展阶段的风险等级不一致，一般在高新技术企业的初创期，企业的风险较大，进入企业发展的稳定期后，其风险等级会接近或小于传统企业的风险等级。第二层面，不同的高新技术企业由于严重的信息非均衡，也将有不同的风险等级，投资者（风险投资者、债权人等）一般对这一风险等级并不完全了解，同时由于上述提到的高新技术企业的风险—收益关系并不对称，也加重了信息不对称程度。

高新技术企业上述特质的存在使得确定其资本结构的前提条件发生根本性的变化，也就等于进一步放宽了 M-M 定理等资本结构理论的前提条件，使其融资优序策略的选择与传统企业存在明显的不同，解决高新技术企业融资难问题的关键是，根据高新技术企业的特质，采取不同于一般企业的融资策略。因此，沿 M-M 定理逻辑建立起来的资本结构理论不得不重新修正：一是高新技术企业优先选择股权融资策略。资本结构理论将债权融资放在优先位置的理论基础是债权融资可以产生节税效应，从而可以提高公司的价值。但是，高新技术企业成长初期高度的企业风险导致的极大的破产成本及其代理成本可能大于债权融资所带来的节税收益以及风险等级的不一致使得债权融资决策将不被优先考虑，取而代之的是将股权融资放在首选位置。二是高新技术企业融资手段的创新与多样化。高新技术企业的高度风险性迫使其要在市场上生存，就必须对传统的融资方式进行创新，由此产生风险投资、非正式金融等融资策略。高新技术企业的风险等级不一致、信息不对称的特质要求其融资策略不能仅仅将融资方式简单地划分为内部融资（留存盈利）、债权融资和股权融资，而应采取创新的融资方式，满足中小型高新技术企业成长规律和融资特征。用信息经济学理论、资本结构理论对高新技术企业的融资策略及资本结构进行系统研究本身就是一全新的角度。

# 基于东方管理"人为学"的产业经济学体系(2005)[①]

《产业经济学》一书作为教育部面向 21 世纪课程教材,自 2000 年 2 月出版以来,重印达六次。本书作为众多高等院校经济学、管理学专业的主要教材,在多年的使用过程中,其特色、贡献和成就已经广为认可,并受到广大读者的广泛欢迎和好评。同时,在复旦大学建设国家重点学科——产业经济学,培养产业经济学高级人才的过程中,本书也提供了重要的学术支撑,发挥了重要的作用。

本书立足东方管理文化和中国产业经济理论,融合西方最新的产业组织理论精华,放眼 21 世纪产业发展大趋势,联系中国产业发展实际,系统、全面地阐述了产业经济学的基本体系,提出了具有创新性的基于东方管理"人为学"的产业经济学体系,在研究对象、研究方法、分析工具等方面,都体现了产业经济理论的东方特色。根据大量使用者的反馈,我们发现,本书以下三个特点已经获得广泛的认同:

(1) 本书研究的产业经济学是属于中观的应用经济学。目前,从西方引进的产业经济学实际上是属于微观经济学领域的产业组织学,侧重于从企业角度出发研究企业之间的竞争与合作行为。就西方的经济学理论体系来看,宏观经济学和微观经济学之间缺乏一个中观经济学层次,这导致了二者之间不能很好地衔接。本书研究的产业经济学是具有中国特色的有效结合宏观经济与微观经济的中观经济学,是连接宏观经济学和微观经济学的桥梁,它进一步完善了经济学的理论体系,这在国内属于首创。

(2) 本书融合了古今中外产业经济学理论与文化。虽然本书的内容偏重于现代西方产业经济学理论的介绍,但同时总结提炼了古今中外产业经济学理论思想和实践经验,做到既有西方的理论,又有东方的思想,克服了理论介绍的片面性,使读者能够对产业经济学有一个比较全面的了解。

(3) 本书整合了经济学、管理学和文化学的内容。一直以来,经济学都是以宏观经济总体为研究对象,而管理学以微观行为主体为研究对象,二者之间存在着一道难以消弭的鸿沟。本书通过中观的产业经济学层次,上接经济学,下连管理学,实现了经济学和管理学的接轨。同时,中国的历史发展、社会背景和习俗传统与西方国家有着极大的不同,东方管理文化和东方管理思想对中国产业经济的实践发展和理论研究产生了巨大的影响,而这不是照搬照抄西方的理论可以解决的。因此本书立足于中国具体的国情,将东方管理思想和产业经济理论结合起来进行研究,建立起具有东方特色的产业经济学理论体系。

在过去的五年中,本书作者及同仁们一方面在产业经济学理论领域进一步深化研究,另一方面在实践中积极应用并检验有关理论,先后承担了十几个与产业经济发展有关的课题研究。在本人

---

[①] 本文节选自高等教育出版社出版、作者主编《产业经济学》(第二版)前言。

的主持下,复旦大学产业经济学国家重点学科博士点和博士后流动站的博士和博士后还先后将本书的有关理论运用于实践当中,并研究了中国的产业政策、产业集群及煤炭产业、航天产业、建筑产业、水利产业、风险投资产业、金融产业、网络产业、海运产业、机电产业、医药产业、汽车产业、传媒产业、旅游产业、体育产业、科技产业、电信产业、文化产业与高等教育产业等18个产业的战略组织与发展。在上述研究、教学过程中间,我们积累了丰富的实践经验,并进一步发展了有关理论,充实了本书的内容。

随着中国成为WTO成员,国民经济进一步崛起,产业经济不断发展,产业组织、产业结构、产业布局和产业管理、产业政策等面临着新情况、新挑战。为了适应新时代、新世纪、新形势和教学的需要,我们根据各方的建议,结合多年来研究与实践的成果,对原教材进行修订,以使本书更具新时代气息,力使本书内容有所更新,更加完善,更具有适用性,进一步突出东西方结合、文化与经济结合、条理清晰、结构明快、逻辑性强、概括性强、内容丰富的特点。

在上述原则的指导下,我们对部分章节进行了必要的调整,如对总论部分进行了浓缩,由原来的三章精练为一章,对书中部分有重复的内容进行了删减和调整,将原来的第七章博弈重写后放在了第一章的研究方法中进行阐述,并在各章结合具体内容进行运用。在内容上,我们结合近几年来中国产业经济理论和实践发展的情况,做了较多的修改和补充。在理论研究方面,我们吸收了国内外的一些研究成果,在产业经济学的理论基础中增加了新制度经济学的内容,在产业组织理论发展部分介绍了新奥地利学派,使产业经济学理论发展的体系更加完整。

2001年3月15日第九届全国人民代表大会第四次会议批准通过了《中华人民共和国国民经济和社会发展第十个五年计划纲要》(以下简称《"十五"纲要》)。《"十五"纲要》指出未来五到十年,是我国经济和社会发展极为重要的时期。世界新科技革命迅猛发展,经济全球化趋势增强,许多国家积极推进产业结构调整,周边国家正在加快发展。国际环境既对我们提出了严峻挑战,也为我们提供了迎头赶上、实现跨越式发展的历史性机遇。为了保持我国经济持续、快速、健康发展,国家和各级政府先后出台了一系列的产业政策。为了及时反映我国产业政策的发展,我们增加了有关的政策性报告内容,包括中国"十五"期间(2001—2005年)的产业结构政策、产业布局政策、产业技术政策等。

从产业结构政策来看,我国政策的着眼点在于巩固和加强农业基础地位;发展高新技术产业,以信息化带动工业化;用高新技术和先进应用技术改造提升传统产业;加强水利、交通、能源等基础设施建设,高度重视资源战略问题以及加快发展服务业等。

从产业布局政策来看,"十五"期间的产业布局政策的目标在于:要遵循新科学发展观,加快建设全国统一市场,在入世的背景下将产业结构政策和地区布局政策统筹规划,将产业集聚和产业转移统筹规划,实现区域协调发展和产业结构优化,促进经济和社会可持续发展。因此既要保持东部地区优势,进一步提升东部地区发展水平,又要整体推进西部大开发战略,同时实施振兴东北老工业基地战略。

进入21世纪,经济全球化进程明显加快,科学技术发展迅猛,科技创新能力已成为国际竞争的主导因素。而高技术产业的发展水平更是成为决定国际竞争力的重要因素,也决定着一个国家在世界经济中的分工地位。"十五"期间,我国制定了《国民经济和社会发展第十个五年计划——科技发展规划》以及《国民经济和社会发展第十个五年计划——高技术产业发展规划》,涉及产业技术政策的内容较多。归纳起来,主要有加快产业技术升级,为经济结构战略性调整提供支撑;加大力度鼓励促进可持续发展的技术创新;推动高技术产业优惠政策由区域政策向产业政策转变;发展创业投资,培育创业投资机制;紧紧围绕国家战略需求和国际科学前沿,集中力量支持国民经济、社会发展和国家安全中重大科学问题的研究,加强应用基础研究;深化科技体制改革,建设国家创新体系,等等。

新世纪,世界产业发展也呈现出了新的现象,如各有特色的产业集群在世界陆续得到发展;跨越产业界限的集团兼并层出不穷;循环经济、清洁生产也逐渐被重视等。我们在研究的基础上总结了产业集聚化、产业融合化、产业生态化等未来产业发展趋势,并对产业发展展望的相关内容进行了较大的改动,提出了产业发展中存在的一些问题,如新的重化工业阶段特征初步显现,产业结构失衡问题短期尤为突出;体制缺陷导致盲目投资和低水平扩张等。

# 建立有中国特色的应用经济学(2005)①

20多年来,我国改革开放和社会主义现代化建设取得了举世瞩目的成就。从实际出发,系统地总结我国改革开放和现代化建设的宝贵经验,科学地分析和解决经济管理实践中出现的新情况和新问题,是新世纪全面建设小康社会,实现中华民族复兴的客观需要,也是完善经济学学科体系、丰富和发展经济理论、完善高等院校经济学教育的客观需要。创立有中国特色的应用经济学,就是要紧紧把握住社会主义初级阶段这一基本国情,着眼于对我国改革开放和社会主义现代化建设实际问题的理论思考,着眼于新的实践和新的发展,揭示我国国民经济具体部门和具体环节的运行规律及其运行机制。创立有中国特色的应用经济学,具有十分重要的理论意义和现实意义。

首先,建立有中国特色应用经济学,有利于深化经济体制改革,促进社会主义经济的持续、快速、健康发展。我国是一个发展中国家,面临的发展问题不同于发达国家,既有二元经济结构转化问题,也有二元社会结构转化问题,还有经济体制改革问题。这个任务,不是仅仅依靠理论经济学所能完成的。例如,二元经济结构转化、二元社会结构调整、产业结构优化和升级、产业组织的优化和规制、区域经济布局的调整、资源的开发与管理等等,都是一般理论经济学研究不够深入的问题。建立有中国特色应用经济学,就是要从我国的国情出发,运用马克思主义立场、观点和方法,借鉴西方经济学合理成分,吸收管理学的精华,研究新情况、总结新经验、探索新规律、解决新问题,促进我国经济的持续、快速、健康发展。从经济体制改革方面看,我国已经初步建立起了现代企业制度、市场体系、按劳分配和按生产要素相结合的分配体制。社会保障体系和宏观调控体系,社会主义市场经济体制的基本框架已经形成。但是,完善社会主义经济体制的任务更加艰巨,困难更多,因为我国渐进式的改革是由易到难逐步推进的,下一步的任务往往更艰巨。一是风险大,如金融保险体制改革;二是成本大,如社会保障体制和劳动就业体制的完善;三是阻力大,如国有企业改革、政府机构改革和职能转变;四是操作难,如农业和农村经济体制改革。这些问题在很大程度上已经超出了理论经济学研究范围,需要通过对国民经济各个具体环节的经济活动更深入的研究,正确认识其发展规律和运行机制,才能有利于在实践中进一步推进经济体制改革的顺利进行。

其次,建立有中国特色应用经济学,有利于完善经济学的学科体系。长期以来,"经济学"经常被等同于"理论经济学",似乎经济学就是理论经济学。在西方,理论经济学的教科书就直接取名为《经济学》,并一直被分为宏观经济学与微观经济学两大部分。宏观经济学是以国民经济总过程的活动为研究对象,着重考察和说明国民收入、就业水平、价格水平等经济总量是如何决定的、如何波动的,因此又被称为总量分析或总量经济学。宏观经济学研究的一个中心问题是国民收入水平是

---

① 本文节选自东方出版中心2005年出版、作者主编的《应用经济学》前言。

如何决定的。宏观经济学认为,国民收入水平,反映着整个社会生产与就业的水平。具体地说,包括如何配置资源以保持总供给和总需求的平衡,如何保持高就业率和稳定的价格水平,如何保持经济总量的对外平衡和汇率的稳定等问题。宏观经济学还认为,政府应该而且也能够运用财政政策、货币政策等手段,对总需求进行调节,平抑周期性经济波动,既克服经济衰退,又避免通货膨胀,以实现"充分就业均衡"或"没有通货膨胀的充分就业"。微观经济学通过对单个经济主体的经济行为的研究来说明现代经济中市场机制的运行和作用以及改善这种运行的途径,其中心理论为"看不见的手"的价格机制。微观经济学在人是理性的、信息是完全的这两个基本假设前提下,从三个层次来研究微观经济问题:一是分析单个消费者如何作出最优的决策以取得最大效用,单个生产者如何以最优决策取得最大利润;二是分析单个市场的价格和产量的决定;三是分析所有单个市场的价格和产量的决定。长期以来,宏观经济学与微观经济学的研究领域泾渭分明,似乎各司其职,配合得很好。但是,经济学的这种体系并不一定适应现代社会经济发展的实际情况。第一,在现实经济生活中,在宏观经济和微观经济之间还存在着像"产业"这样的中间层次,这些中间层次是由某种相似特征的经济活动所组成的经济集合,既不是宏观经济学研究的经济总量,又不是微观经济学研究的经济个量。这也使得宏观经济学和微观经济学无法解释现实经济生活中的许多经济现象,原本属于"经国济民""经邦济世"的经济学与实际相脱离,以至于有学者怀疑经济学到底是不是一门科学。二是国民经济各部门、各环节都有其特殊的发展规律,而这些规律往往是宏观经济学和微观经济学所无法顾及的。过去,我们根据不同的部门建立不同的经济学,如农业经济学、农村经济学、工业经济学、商业经济学、旅游经济学等。当然,这是研究具体部门经济发展规律的一种有效途经。但是,这也使经济学的学科体系变得支离破碎,并随着社会生产力的发展和社会分工的深化而使部门经济学无止境地细分下去。由于国民经济各部门之间、各个环节之间是互相联系、不可分割的体系,孤立地研究某一部门经济,容易产生"见树不见林"现象。建立有中国特色应用经济学,则有利于克服经济学体系的以上缺点。首先,可以弥补宏观经济学和微观经济学所不能顾及的介于经济总量和经济个量之间的中间层次问题,使经济学的体系能够涵盖国民经济的主要方面、主要环节。其次,可以系统、完整地研究和揭示国民经济各个具体环节经济活动的运行规律,而又不会使经济学的学科体系变得支离破碎。

  再次,建立有中国特色应用经济学,有利于经济学和管理学的有机结合。按照西方传统的学科分工,经济学主要研究组织外的资源市场配置问题,管理学则主要研究组织内资源的计划(行政)配置问题。所以,传统的西方经济学应用领域一直是在企业等组织以外,而不研究企业内部管理问题;传统的西方管理学应用领域则局限在组织内部,组织以外的企业行为归于经营范畴,在严格意义上不属于管理学的研究范畴。近年来,随着新制度经济学的兴起,经济学的研究领域已逐渐扩展到企业等组织内部,而管理学仍旧未能系统地应用于企业等组织以外。然而,在现实经济生活中,就企业而言,企业外部的经营行为和企业内部的管理行为是交织在一起的;就国民经济运行而言,20世纪40年代以来,企业以外的经济管理行为始终存在,如国民经济管理、产业结构管理、产业组织管理等,都属于企业以外的经济管理行为。因此,经济学与管理学是相通的,难以被分割开来的。建立有中国特色应用经济学,就是要打破传统经济学和管理学的严格界限,把经济学与管理学结合起来,在更加宽广的范围内研究经济发展和运行问题。

  最后,建立有中国特色应用经济学,有利于高等院校经济学教育和人才培养。为了适应我国社会主义市场经济体制和改革开放的需要,适应现代社会、经济、科技、文化及教育的发展趋势,改变高等学校存在的本科专业划分过细、专业范围过窄的状况,1998年教育部(原国家教育委员会)颁布了新的《普通高等学校本科专业目录》,在经济类专业中,把原来的经济学、国民经济管理、农业经济、工业经济、贸易经济、运输经济、劳动经济、国际经济、国际贸易、国际商务、工业外贸、财政学、税务、货币银行学、国际金融、保险、投资经济等专业,合并和调整为经济学、国际经济与贸易、财政学、金融学等4个专业。对研究生的专业目录也作了合并和调整,经济类专业分为理论经济学和应用经济学两个一级学科,理论经济学划分为政治经济学、经济思想史、经济史、西方经济学、世界经济及人口、资源与环境经济学等6个专业,应用经济学分为国民经济学、区域经济学、财政学、金融学、产业经济学、国际贸易学、劳动经济学、统计学、数量经济学、国防经济等10个专业,同时增设管理学学科门类,下设工商管理学等一级学科。专业目录调整后,课程体系如何设置成为各个高等院校一个需要继续探讨的问题。多数高校经济类专业的课程体系对国民经济的一些具体行业和具体环节的经济问题涉及不多,对管理类的知识也涉及不多,使学生对国民经济某些具体环节的运行规律和运行机制缺乏必要的知识,对管理学的基本知识和基本技能缺乏必要的掌握。而管理学类专业的课程体系,对经济理论的教学显得不足,对国民经济具体行业和具体环节的经济问题几乎不涉及,使学生缺乏分析宏观经济变化和产业经济、区域经济发展问题的能力。这样,就容易出现学生"高分低能""理论与实际相脱离"的现象,难以适应市场经济发展的需要。如何使学生既能够掌握经济学的基本理论和基本分析方法,又能够掌握国民经济各个具体环节的基本知识、管理学的基本知识和基本技能,是经济学和管理学专业课程体系设计的一个重要问题。例如,产业经济学专业包含了原来的农业经济、工业经济、商业经济等部门经济学专业,克服了我国原来按行政管理权限设置部门经济学、割裂了部门经济学之间内在联系的局限,但也存在对国民经济各个具体环节的运行规律和运行机制难以深入了解的局限性,产生了"产业经济学研究生不懂产业经济"的现象。建立有中国特色应用经济学,把经济学和管理学的基本原理结合起来,研究和分析我国国民经济各个具体环节的运行规律和运行机制,使学生既能够掌握经济学的基本理论和基本分析方法,又能够掌握国民经济各个具体环节的基本知识、管理学的基本知识和基本技能,使经济学和管理学类本科和研究生的课程体系既符合了"厚基础、宽口径"的要求,又不脱离国民经济实际的发展,适应社会主义市场经济体制和现代化建设的需要。

正是基于这些考虑,这几年来我一直在思考和探索如何建立有中国特色的应用经济学问题,并初步构思了本书的体系。在体系上,本书除导论外,分企业、市场、政府和社会等4篇。导论阐述有中国特色应用经济学的研究对象、目的、体系、方法、意义和理论基础;企业篇分析企业的本质、企业的产权、企业的行为、企业的生命力、企业的文化等问题,阐述企业发展规律和运行机制;市场篇分析了市场结构、商品市场、要素市场、市场管理、市场开放等问题,阐述了市场的发展和运行机制;政府篇分析了政府组织、政府职能、政府决策、政府政策、政府协调、产业管理、区域经济管理、资源管理等问题,阐述了政府管理经济的过程和机制;社会篇分析了社会结构、社会就业、社会保障、国家创新、社会发展等问题,阐述了经济发展与社会发展的内在联系。

贯穿于全书的主线是"人为为人"。根据历史唯物主义原理,生产过程就是劳动者的劳动、劳动资料和劳动对象这三要素结合在一起发生作用的过程。在这个过程中,劳动者是生产上的主观因素,起着主导作用;劳动资料和劳动对象是客观因素,是进行生产必须具备的物质条件。因此,经济发展首先是"人为"的过程,也就是说,经济发展是以人为主体、以人的需要为出发点和根本目的、通过人的管理而进行的过程。正是由于经济发展首先是"人为"的过程,因此管理首先也是对人的管理。是一个以人为本的发展的过程。企业内部管理首先是激励和约束人的行为,调动人的积极性和创造性,合理开发和有效利用人力资源;市场管理首先是制定科学的市场规则,调节人的行为,规范市场秩序;政府的经济管理首先是通过管理者的科学决策,通过调节企业和消费者的行为,来达到优化经济结构、规范经济秩序的目的。这些管理过程实际上是"为人"的过程。因此,应用经济学的核心问题是"人为为人",要重视对人的行为规律的研究。"人为为人"与"以人为本""以德为先"又是辩证统一的。[①] "以人为本"是"人为为人"的出发点和归宿点,"以德为先"是"人为"的前提,是"为人"的根本途径。

---

① 苏东水:《东方管理》,山西经济出版社 2002 年版,第 13 页。

# 应用经济学的研究对象和体系(2005)[①]

20多年来,我国改革开放和社会主义现代化建设已取得举世瞩目的成就。理论源于实践。建立有中国特色的应用经济学,就是要以马克思主义经济理论为指导,以我国改革开放和现代化建设的成功经验为基础,吸收西方经济学和管理学的合理成分,着眼于解决我国改革开放和现代化建设过程中出现的新问题和新情况,认识经济规律,大胆进行经济理论创新,完善我国经济学学科体系,促进社会主义现代化建设的发展,全面建设小康社会。

## 一、什么是应用经济学

本节主要说明有中国特色的应用经济学的研究对象是什么,为什么要研究有中国特色的应用经济学,应用经济学的理论体系是什么,贯穿于理论体系中的主线是什么,从而阐述有中国特色的应用经济学的学科性质。

### (一)应用经济学的研究对象

应用经济学是以社会生产和再生产的各个具体部门和具体环节的经济活动为研究对象的一门科学。应用经济学和理论经济学的研究对象是有区别的。理论经济学是从社会生产和再生产的总体或总和的角度来研究经济活动的,而应用经济学则是从社会生产和再生产的各个具体部门和具体环节来研究经济活动的。从应用经济学涉及的经济活动主体或资源配置的机制而言,主要包括:企业经济活动、市场机制、政府管理机制、社会对资源配置的影响等。从应用经济学涉及的经济活动范围而言,主要包括以下几个方面:一是国民经济个别部门的经济活动,如农业、建筑业、工业、运输业、商业、金融保险业、社会服务业等部门;二是国民经济管理中各个职能部门的经济活动,如计划经济、财政经济、货币经济、劳动与社会保障等经济管理活动;三是地区性经济活动,如城市经济、农村经济、区域经济布局等;四是国际间的经济活动,如国际贸易、国际金融、国际投资等;五是企业经营管理活动,如企业管理、企业财务、企业会计、市场营销等;六是运用经济学的原理和方法分析社会与生态环境发展中的问题,如人口经济学、教育经济学、生态经济学、环境经济学、国土经济学或资源经济学等。各个部门经济、各个地区性经济、国际间的经济活动,以及经济与社会、生态环境的协调发展,都要通过企业、市场、政府和社会的活动而形成,并因此而联结成一个整体。因此,企业、市场、政府和社会的经济活动是贯穿于国民经济各个部门、各个地区、国际间交流与合作,

---

[①] 本文节选自东方出版中心2005年出版、作者主编《应用经济学》导论。

以及经济与社会、生态环境的协调发展的各个方面、每个过程。但是,本书不是把国民经济各个部门经济活动、各个地区性经济活动、国际间的经济活动,以及经济与社会、生态环境的协调发展的每个具体方面都纳入研究对象,一一加以分析,因为一些具体的部门经济学已经对此做了大量工作。本书也不是从一般意义上来研究社会生产和再生产的各个具体部门和具体环节的经济活动,而是从我国国情出发,以 20 多年来我国改革开放和社会主义现代化建设为重点,研究贯穿于我国国民经济各个部门经济活动、各个地区性经济活动、国际间的经济活动,以及经济与社会、生态环境的协调发展过程中的企业、市场、政府和社会的作用和运行机制,也就是研究在我国特定环境和制度下企业是怎样进行运行的,市场是怎样配置资源的,政府是怎样管理经济的,社会是怎样影响资源配置的。因此,我们所要研究的应用经济学,应当是从我国实际出发,以中国特定经济问题为研究对象的有中国特色的应用经济学。

理论经济学和应用经济学虽然在研究对象和研究领域上有区别,但两者又是经济学体系中紧密联系、不可分割的两个学科。理论经济学的原理是反映整个国民经济的总体活动,对应用经济学的发展具有指导作用,是应用经济学发展的基础。离开了理论经济学的指导,应用经济学的发展就会成为"见树不见林"。应用经济学的原理反映的是国民经济各环节的局部活动,对理论经济学的发展具有推动作用。离开了应用经济学的发展,理论经济学就会成为"无源之水"。同样的,有中国特色的应用经济学也离不开中国理论经济学的指导。

有中国特色应用经济学是研究在我国特定环境和制度下企业是怎样进行运行的,市场是怎样配置资源的,政府是怎样管理经济的,社会是怎样影响资源配置的,这些问题与管理学也是联系在一起的。因此,研究有中国特色应用经济学还要以中国优秀管理文化为基础,吸收西方管理理论的合理成分。

### (二) 应用经济学的研究目的

建立有中国特色的应用经济学,目的是从我国实际出发,总结我国社会主义现代化建设的经验教训,分析改革开放和社会主义现代化建设过程中出现的新问题和新情况,揭示和运用我国国民经济具体部门和具体环节的运行规律及其运行机制,为社会主义现代化建设服务,提高社会经济效益。

人们在生产、分配、交换、消费过程中,发生各种经济现象,各种经济现象都有其内在的、本质的联系和必然趋势。这些经济现象之间的内在的、本质的、必然的联系,就是经济规律。这里所说的经济现象,不是指偶然发生的或个别的经济现象,而是指那些经常性地重复发生的经济现象。某种经济现象是一定经济规律的表现形式,而一定经济规律又往往通过某种经济现象表现出来并发生作用。经济规律客观存在,不以人们的意志为转移。这种客观性首先表现在:经济规律是在一定的经济条件下产生并发生作用的。如果经济条件改变了或消失了,经济规律的作用也会改变或消失;如果产生了新的经济条件,新的经济规律就会产生并发生作用。第二不论人们对经济规律认识还是不认识,它都会按其本身的要求起作用。第三人们不能按照自己的主观意志去废除某种经济规律,也不能按照自己的意志去创造或改造某种经济规律。最后当人们在工作中违背了客观经济规律的要求时,社会经济就会遭到破坏,人们就会受到客观经济规律的惩罚。人们可以在实践中不断总结经验,认识经济规律,利用经济规律,以达到改造自然、发展生产的目的,但不能创造和消灭经济规律。认识经济规律,就是要认识它的客观要求以及它发生作用的范围和方式;利用经济规律,就是人们在经济活动中,采取一些符合经济规律要求的措施,使经济规律的作用得以实现,促进社会主义现代化建设的顺利发展,少走弯路,减少损失,提高社会经济效应。要正确地认识和利用经济规律,是一件很不容易的事情。既要正确掌握有关经济规律的理性知识,还要在不断反复的实践中总结本国和国际的发展教训,使认识逐步深入。正确认识经济规律和正确利用经济规律都要有一个发展过程。我们在进行改革开放和社会主义经济建设的过程中,要不断加强理论学习,从实际出发,深入调查研究,不断总结经验,逐步深化对经济规律的认识,按照经济规律的客观要求来进行工作,促进改革开放和经济建设的顺利发展。

大体说来,经济规律有两种类型:一是反映社会生产和再生产活动整体或总和关系的一般规律。例如,生产关系一定要适合生产力状况的规律,反映人类社会经济活动最本质、最基本的关系,在人类各个社会经济形态中都普遍存在,推动人类社会由低级到高级逐步发展;又如,价值规律是商品经济活动中生产、交换、分配和消费的基本关系,只要是商品经济,价值规律对生产、交换、分配和消费都必然要发生作用;再如,剩余价值规律反映的是资本主义社会最基本、最本质的关系,贯穿在资本主义社会经济活动的各个环节和各个方面。二是反映社会生产和再生产的各个具体部门的特殊规律,以及贯穿于其中的企业、市场、政府和社会的运行规律。在农业、工业、建筑业、商业、运输业、服务业等不同部门,以及在这些不同部门中的企业行为、市场机制、政府管理行为、社会的作用等不同环节,都存在着不同的经济规律,在不同的范围内起着不同的作用。例如,农业经济学揭示出来的土地报酬变化规律,二元经济结构转化规律,二元经济结构转化对二元社会结构转化的作用规律。认识和运用第一层次的经济规律是理论经济学的任务,认识和运用第二层次的经济规律则是应用经济学的任务。

这些经济规律是相互联系、相互制约的,共同构成社会经济规律体系。有的经济规律由于其他经济规律的影响使其作用得到更加充分的发挥,而有的经济规律由于其他经济规律的作用而相互抵消,以致减弱甚至消失其作用。因此,研究经济规律的作用范围和影响程度,不能仅仅孤立地研究某一经济规律,而应把它放在该社会经济规律体系中作全面系统的综合辩证考察,才能对它有切合实际的理解和认识。从这个意义上说,我们不能孤立地研究应用经济学,必须从国民经济发展整体的角度,从各个部门和各个环节的互相联系的角度,来研究中国改革开放和现代化建设的规律问题,才能使有中国特色应用经济学研究具有客观性、科学性。

(三)应用经济学的理论体系

根据上面研究对象和研究目的的界定,有中国特色的应用经济学的理论体系包含以下几个层次(见图1)。

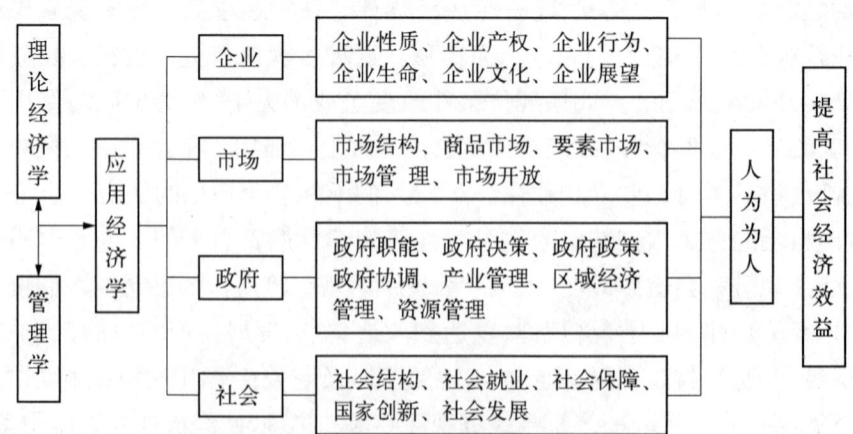

**图1 有中国特色的应用经济学的理论体系**

第一层次,阐述有中国特色应用经济学的研究对象、目的、体系、方法、意义和理论基础,说明应用经济学以社会生产各个具体环节的经济活动为研究对象,目的是揭示社会生产和再生产过程各个具体环节的运行规律和运行机制,为社会主义现代化建设服务,提高社会经济效益。应用经济学的理论基础是理论经济学和管理学。在理论经济学方面,要以马克思主义经济理论及其在中国的发展为理论基础,同时要吸收西方经济学的合理成分;在管理学方面,要继承和发扬光大东方优秀管理文化,吸收西方管理思想的合理成分。

第二层次,是有中国特色应用经济学的主体,分为四个部分,即企业、市场、政府、社会。企业篇从经济学和管理学结合的角度,分析企业的本质、企业的产权、企业的行为、企业的生命力、企业的文化等问题,阐述企业发展规律和运行机制;市场篇分别分析了市场结构、商品市场、要素市场、隐性市场、市场管理、市场开放等问题,阐述了市场的发展和运行机制;政府篇分析了政府组织、政府职能、政府决策、政府政策、政府协调、产业管理、区域经济管理、资源管理等问题,阐述了政府管理经济的过程和机制;社会篇则是从经济与社会的关系角度,分析了社会稳定、社会结构、社会就业、社会保障、国家创新、社会文化、社会发展、小康社会等问题,阐述了经济发展与社会发展、社会稳定的内在联系。

贯穿于有中国特色应用经济学理论体系的主线是"人为为人"。根据历史唯物主义原理,不管在任何社会形态里,在任何社会发展阶段上,生产过程就是劳动者的劳动、劳动资料和劳动对象这三要素结合在一起发生作用的过程,就是劳动者通过有目的的活动,借助于劳动资料,使劳动对象发生预定变化的过程。在这个过程中,劳动者是生产上的主观因素,起着主导作用。如果没有一定的生产经验和劳动技能的人来进行劳动,劳动资料就不会被使用起来,劳动对象就不可能被加工,也就不可能生产出任何产品。在这个生产过程中,劳动资料和劳动对象是客观因素,是进行生产必须具备的物质条件。在社会主义社会,人是生产过程的主体,社会生产的出发点和根本目的是满足人的需要。现代经济都离不开管理,那种完全自发的市场经济已经成为过去。无论是企业内部,还是整个国民经济,资源的配置和整合,都离不开管理机制。因此,经济发展首先是"人为"的过程,也就是说,经济发展是以人为主体、以人的需要为出发点和根本目的、通过人的管理而进行的过程。另一方面,从管理的角度看,正是由于经济发展首先是"人为"的过程,因此,管理首先也是对人的管理。企业内部管理首先是激励和约束人的行为,调动人的积极性和创造性,合理开发和有效利用人力资源;市场管理首先是制定科学的市场规则,调节人的行为,规范市场秩序;政府的经济管理首先是通过管理者的科学决策,通过调节企业和消费者的行为,来达到优化经济结构、规范经济秩序的目的。这些管理过程实际上是"为人"的过程。因此,应用经济学的核心问题是"人为为人",要重视对人的行为规律的研究。因为经济发展过程首先是"人为"的过程,而经济管理又是"为人"的过程,人的行为规律与经济规律是联系在一起的,要对人的行为规律的研究来揭示经济规律,这是辩证统一的。"人为为人"与"以人为本"、"以德为先"又是联系在一起的[①]。"以人为本"是"人为为人"的出发点和归宿点,"以德为先"是"人为"的前提,是"为人"的根本途径。正因为"人为为人"是应用经济学的核心,因此本书把"人为为人"的思想贯穿在各个篇章内容中。

有中国特色应用经济学的理论体系,不是把西方经济学的原理与国民经济具体的活动进行简单的"拼盘",也不是把马克思主义经济理论经典作家的某些论断在社会主义经济活动中的简单的套用,更不是把管理学的某些原理直接搬用过来。有中国特色的应用经济学应当是以马克思主义

---

① 苏东水等:《东方管理》,山西经济出版社2002年版,第13页。

经济理论的基本观点、基本方法为指导,从中国的实际出发,把理论经济学和管理学有机结合起来,吸收西方经济学和管理学的合理成分,以我国改革开放和现代化建设的实际问题,以我们正在做的事情为中心,着眼于我国改革开放和现代化建设经验的总结,着眼于对实际问题的理论思考,着眼于新的实践和新的发展,大胆进行理论创新,是有中国特色的应用经济学发展的方向和生命力之所在。

## 二、应用经济学的理论基础

本节主要阐述有中国特色应用经济学的理论基础。有中国特色的应用经济学要以马克思主义经济理论为指导,继承和发扬光大东方优秀管理文化,吸收西方经济学和管理学的科学成分。

### (一)马克思主义经济理论及其在中国的发展

研究有中国特色应用经济学,无疑要以马克思主义经济学为指导,因为马克思主义经济学不仅揭示了人类社会经济制度发展、市场经济发展的一般规律,也揭示了资本主义制度的特有规律,还提供了经济学研究的科学方法。马克思主义经济学的许多原理、观点、方法过去是科学,现在依然是科学,这些科学的成分作为经济学的基本内容至今仍具有生命力和指导作用。更何况马克思主义经济学在马克思之后,已经随着实践的发展而有了新的发展。另一方面,马克思主义经济学既包括理论经济学的内容,也包含应用经济学的基本内容,对农业、工业和商业,以及其他一系列经济部门和领域的发展规律,都进行了科学的分析,特别是在其伟大巨著《资本论》中,马克思深入地分析了机器大工业的发展和管理、工农业关系、商业发展和管理、服务业发展、产业结构发展等一系列应用经济学的基本问题。撇开资本主义性质,马克思的这些分析也反映了市场经济条件下农业、工业、商业和其他经济部门发展的一般规律,对我们今天研究有中国特色应用经济学具有重要的指导作用。因此,研究应用经济学必须以马克思主义经济理论为理论基础,并根据我国的国情和社会主义经济建设的经验教训加以丰富和发展。

### (二)西方经济学的科学成分

西方经济学的主要特点是,认为资本主义是一部可以自发调节的机器,能够自行解决它的种种矛盾。西方传统经济学受财富观指导,研究国民经济和一般经济活动,研究个人消费的满足和市场。20世纪以来,西方经济学的发展主线,基本上是以新古典主义经济学为主流。凯恩斯主义经济学兴起后,新古典主义经济学称为传统经济学,但凯恩斯经济学仍被多数学者划归新古典经济学。这时传统经济学、凯恩斯经济学与新自由主义经济学并存。在这里,一个很重要的转折点是,基于20世纪30年代资本主义重大经济危机的教训和经验,1936年英国经济学家凯恩斯(John Maynard Keynes)发表《就业、利息和货币通论》,抨击"供给创造自己的需求"的萨伊定律和新古典经济学的一些观点,改变了传统经济学对经济过程的考察多半采用微观经济分析方法、只从资源供应方面寻找出路的思路和做法,着重探讨宏观经济和宏观经济调节问题,把确保有效需求的问题放在研究的首位,首创了一套完整的国家干预理论,被称为"凯恩斯革命"。凯恩斯的理论很快成为世界上多数发达资本主义国家政府的经济政策的基础。20世纪中后期,凯恩斯的追随者依据新的时代需求,综合吸收其他学派的某些理论成果,形成动态性的后凯恩斯主义。但是,随着垄断资本主义固有矛盾的激化,国家干预经济不断引起一系列的新问题,特别是20世纪70年代以来出现了经济停滞和通货膨胀同时并存的"滞胀"局面,使凯恩斯主义的理论和政策陷入困境,而此时新自由主义经济思潮逐步兴起。各种色彩的新经济自由主义具有各自的论点和论证方法,但是,反对国家干预经济,鼓吹恢复和加强自由市场机制的自动调节作用,是其共同立场。随着现代经济的发展,西方经济学家所面临的问题愈来愈复杂,所研究的范围也愈来愈广泛。不同的流派出于维护资本主义制度的存在及其有效运行的共同目的,既有一致性,又有差别性,既相互交叉地研究同一课题,又各有侧重地研究不同的经济领域。因而,不仅在理论上彼此有争论,而且还出现了门类繁多的"经济学科"。

西方经济学总结了资本主义社会化大生产的经验,在许多领域特别是在对市场经济运行和发展的研究方面也提供了一些科学的方法,得出了一些比较符合实际的结论。但是,由于阶级的、认识的、方法的某些局限性,西方经济学包含了许多非科学的成分;由于西方经济学主要是以发达国家的经济体制和经验为背景,对许多发展中国家并不适用。因此,我们在研究有中国特色应用经济学时,要辩证地对待西方经济学,不能盲目地崇拜,不能产生新的教条主义。西方经济学中那些反映现代化大生产和现代市场经济的经验和规律、在实践中行之有效的东西,我们要大胆地加以吸取和借鉴;对那些不科学的成分和不适合我国国情的理论观点,我们要加以剔除。邓小平同志曾经指出:"我们要有计划、有选择地引进资本主义国家的先进技术和其他对我们有益的东西,但是我们决不学习和引进资本主义制度,决不学习和引进各种丑恶和颓废的东西。"[1]既不全面肯定,也不全面否定,要像马克思对古典学派那样采取批判地吸收,这才是真正的科学态度。

### (三) 东方优秀管理文化

广义地说,东方管理文化是东方各族人民,共同在长期生产经营实践发展过程中逐步形成的独特的价值观,以及以此为核心发展起来的行为规范、道德标准、群体意识、风俗习惯等。狭义地说,东方管理文化是以中华民族优秀管理文化为思想渊源,既包含着《周易》、儒家、道家、墨家、法家和兵家等传统优秀管理文化,同时也吸收了佛教、伊斯兰教管理文化中的合理成分。以海内外成功的华人、华裔企业家为代表的华商管理文化,是继承和发扬光大中华民族优秀管理文化,同时吸纳了西方管理文化中科学性、制度性的内容,是东方管理文化的重要组成部分。

东方管理文化的学科体系主要由四个部分组成:一是治国学,二是治生学,三是治家学,四是治身学或人为学。治国学主要是对社会人口、田制、生产、市场、财赋、漕运、人事、行政和军事等方面的管理的学问;治生学主要是对管理农副业、工业、运输业、建筑工程、市场经营等方面的学问;治家学主要是对家庭计划、家庭理财、家庭教育与家庭和谐等方面管理的学问;治身学或人为学主要是研究谋略、人为、为人、用人、选才、激励、修身、公关、博弈、奖惩、沟通等方面的学问。以上各门学科还可以具体分化出行政管理、军事管理、教育管理、金融管理、工商业管理、人本管理、人德管理、人为管理、人缘管理等具体的分支,从而构成一个完整的东方管理的理论体系[2]。

东方管理要素就管理哲学思想而论,包含有道、变、人、威、实、和、器、法、信、筹、谋、术、效、勤、圆等15个方面。"道"是指治理国家的客观规律;"变"是应变,也就是要根据事物发展规律随机应变,采取灵活战术的意思;"人"是指以人为本,取人心、得人才、用人才;"威"是指权威,是管理的基础,许多现实问题的解决都要靠权威;"实"是指办事要从实际出发,实事求是;"和"是指和为贵,说明一切问题的成功解决,都要建立在天时、地利、人和的基础上;"器"也就是工具,"工欲善其事,必

---

[1] 邓小平:《邓小平文选》,第 2 卷,人民出版社 1983 年版,第 168 页。
[2] 苏东水等:《东方管理》,山西经济出版社 2002 年版,第 42 页。

先利其器";"法"乃治国之本,也就是要求依法管理;"信"是指讲求信用,诚实为重;"筹"是指运筹帷幄,制定全面性的战略;"谋"就是计划、规划,做任何事都要有预见;"术"则要求管理者正确地运用方式、方法和策略,因势利导,化不利为有利,克敌制胜;"效"是指高效,也就是说办事必须注意提高效率和效益;"勤"是提倡勤俭节约,主张民生在勤;"圆"是指圆满,也就是力求使事物处于合理、最佳的圆满状态①。

对于东方管理的本质,历史上各学派有各自独到的见解。在儒家看来,管理是"修己安人"的行为;在法家看来,是一种功利的行为;在道家看来,是一种"效法自然"的行为;在墨家看来,是利他的行为;在《易经》的观点看来,是一种"人道行为限"。这些对于管理的见解各有根据,亦各有所长。苏东水认为,东方管理的本质可以概括为:"以人为本,以德为先,人为为人"②。"以人为本",即一切以人为核心,实现人的全面、自由、普遍发展;"以德为先"强调道德伦理的作用,管理者先"修己"以做出道德示范,在无形中影响被管理者的行为,从而达到"安人"的目的;"人为为人"要求每一个管理者首先要注意自身的行为和修养,"正人必先正己",然后从"为人"的角度出发,控制和调整自己的行为,创造一种良好的人际关系和激励环境,使人们能够持久地处于激发状态下工作,并使其主观能动性得到充分的发挥。

东方管理文化是长期历史的积淀,是中华民族生产和劳动实践的宝贵经验的结晶,博大精深。即使是现代西方的许多管理者,也将目光投向东方文化,认为以儒学文化为代表的东方管理文化,其中的德治、人本、人际关系等思想,代表了社会进步与发展的最终趋势。他们用儒学思想改进自己的管理意识与手段,认为它完全可以创造一个能使员工奋发学习、不断进步、携手努力、克尽己责的组织。这样的组织不仅创造财富,而且培养人才,向社会弘扬一种精神道德——将企业员工生存质量的改善,扩大到社会环境的改善、社会中人的行为能力和自觉意识的提高以及人与人亲和互助关系的加强。特别是 20 世纪 80 年代以来,由于日本及"亚洲四小龙"经济的飞速发展,中国传统的管理思想更是外国管理学者讨论的热点之一。日本著名管理学家伊藤肇认为:"日本实业家能够各据一方,使战败后的日本经济迅速复兴,中国经典的影响力,功应居首。"③许多学者研究后发现,中国传统管理思想的长处往往正是西方管理中所欠缺的地方。美国著名管理学家威廉·大内(William Ouchi)在考察了日本管理的成功之处后,认为对于这种源于中国文化的管理,"我们一旦理解了它,就能够将它与我们自己的组织形式进行对比,并了解我们的环境内还欠缺什么东西"④。今天,我们在社会主义经济建设过程中,更应当弘扬自己民族优秀的管理文化。

同样,在研究有中国特色应用经济学中,也离不开我们民族在长期的生产和劳动实践中形成的管理文化。现代管理学之父德鲁克(Peter F. Drucker)认为:对于传统文化,可以利用它而不要改变它。在人类社会发展的过程中,不论什么民族,也不论在什么时候,人们总是不断地吸取传统文化中的有利因素,并融入自己的自主性和创造性。我们在研究有中国特色应用经济学时,也同样要把优秀的传统管理文化作为一个重要的理论来源,吸取其中的有益成分,并发扬光大。这是因为,一方面,对传统的东西,不可能割断它,也不可能跨越它,去作空白地上的建设与创新;另一方面,弘扬东方管理文化也要适应现代经济发展的客观要求。例如,中国传统管理文化中的"以人为本"的思想,"夫民者,万世之本也",不仅被现代企业管理实践证明是有效的,也符合"知识经济"发展的大

---

① 苏东水等:《东方管理》,山西经济出版社 2002 年版,第 13 页。
② 同上。
③ 伊藤肇:《东方人的经营管理》,光明日报出版社 1987 年版,第 1 页。
④ 威廉·大内:《Z 理论》,中国社会科学出版社 1984 年版,第 3 页。

趋势和基本特征。相对于传统物本经济而言,知识经济是人力资本起主导作用的经济,是高度人本化的经济。只有以人为本,重视人力资本的投资,重视人力资本的作用,充分调动人的积极性和创造性,才能适应知识经济时代的挑战。又如,强调社会责任的道德观和价值观,也是符合现代企业和社会发展的趋势。孟子云:"独乐乐,与人乐乐,孰乐?曰:不若与人……与少乐乐,与众乐乐,孰乐?曰:不若与众"。这种"与人乐乐""与众乐乐"的社会责任道德观和价值观,已经成为现代企业文化追求和树立的信条,正如杜邦公司说的"化学工业使你的生活更美好!"劳茨公司承诺"为人们创造最佳环境"。在现代社会,企业的生产经营活动必须在承担社会责任、符合社会公众利益的前提下,才能保持可持续发展。

### (四)西方管理理论的精华

西方管理思想渊源于古希腊文化传统,它在近代资本主义的条件下演变为具有一定科学形态的管理理论,从 20 世纪初泰勒(Frederick Winslow Taylor)《科学管理原理》开始发展成为科学化的理论体系以来,对现代人类的经济社会发展产生了重大影响。至今,西方管理理论的发展经历了三个阶段。

西方第一代管理理论,是以"经济人"假设为基础和前提的物本管理。当时的管理学家认为,资本家是为了获得最大利润才开办工厂,工人是为了挣更多的钱才来工作,只要满足人对金钱和物质的需求,就能调动其积极性。基于这种认识,管理所遵循的是以事、物为中心,见物不见人,重物不重人;人被当作机器附属物,要人去适应机器;对人主要实行物质激励和金钱激励。即使是被誉为"科学管理之父"的泰勒,也只是把人当做物和工具来管理,没有严格区分对物的管理和对人的管理。

西方第二代管理理论,是以"社会人"假设为基础和前提的人本管理。20 世纪 20 年代前后,一方面,工人日益觉醒,工人阶级反对资产阶级剥削压迫的斗争日益高涨;另一方面,经济的发展和周期性危机的加剧,使得西方资产阶级感到,再依靠传统的管理理论和方法,将不适应新的生产环境的要求,社会化大生产的发展,需要与之相适应的新的管理理论。于是,各种各样的管理理论、管理方法相继出现。这些理论和方法在不同程度上都对物本管理提出了批判。其中,影响最大的是 20 世纪 30 年代前后出现的以"社会人"假设为基础和前提的人本管理理论。这种管理理论有三种表现形式:人际关系学(也称人群关系学)、行为科学、以人为本理论。人际关系学派的倡导者是澳大利亚管理学家梅奥(George Elton Myao)等人。他们认为:影响工人积极性的还是工人的心理因素和社会因素,工人获得集体的承认和安全比物质刺激更为重要,由此提出的管理措施是:提倡劳资结合、利润分享,以谋求良好的人际关系等。行为科学是 20 个世纪 40 年代末基于梅奥的"人际关系学说"而提出的。行为科学主张创造出一个最优工作环境,以便每个人既能为实现组织目标,又能为实现个人目标有效地做出贡献。其进步之处在于重视激发人的内在动力,促进人们自觉自愿发挥出力量来达到组织目标,重视人的因素以及人和社会的关系,重视人的外在关系行为等。以人为本的理论是源于日本企业的实践。20 世纪 80 年代,美日经济发展不平衡,引起了美国各界人士的关注和不安,因而产生了美日比较管理研究的热潮。日本管理的理论基点是以人为本,重视人性;以"和"为基础,以忠诚为先;奉行集体主义,重视培育团队精神等。从日本管理经验中可见,企业不再单纯是一种经济组织,人不单纯是创造财富的工具,人是企业最大的财富、资本和资源,是企业的主体。人的积极性和创造性的充分发挥,是现代管理活动成功的保证。因此,一切管理工作均应以调动人的积极性、做好人的工作为根本,对物的管理要通过对人的管理来实现。

21世纪是知识经济的世纪。知识经济的灵魂是创新,人的智力和创造能力将在经济发展中起主导作用。与此相适应,西方管理理论发展的新趋势是以"能力人"假设为基础和前提的能本管理,这是西方管理理论发展的第三代。在现代西方社会,随社会生产力和高新技术的发展,作为人最高需要的自我实现(按照人的兴趣、能力从工作中取得的成就),正成为西方人追求的重要目标。面对西方发达工业社会的面临寻求经济新的发展的沉重负担,许多思想家从文化价值观和人性上探讨如何实现"人的革命",以适应高新技术的发展和需求结构的发展,也就是挖掘人的潜力,发挥人的创造能力和智力,把人塑造成"能力人"。因此,能本管理的主要特点是加大人力资本的投入力度,大力开发人力资源;管理方式强调用柔的方法,通过激励人、关心人、尊重人的价值和能力,以感情联络来调动人的积极性、主动性和创造性[①]。

## 三、应用经济学的研究方法

本节主要阐述有中国特色应用经济学的方法论问题。唯物辩证法是马克思主义经济学的基本方法,也是有中国特色应用经济学的基本方法。有中国特色应用经济学具体的研究方法,必须把实证分析法与规范分析法结合起来,定性分析法与定量分析法结合起来,静态分析法与动态分析法结合起来,综合运用比较分析法。

### (一)研究应用经济学的基本方法

普遍联系和发展的观点、质量互变规律、对立统一规律、否定之否定规律,是唯物辩证法的主要规律,它们既是自然界事物发展规律在哲学上的反映,也是人类社会经济发展规律在哲学上的反映,同时又被人们用来作为研究自然界事物和社会经济发展时的基本方法。

国民经济各部门之间、各个环节之间是具有普遍联系的整体。在有中国特色应用经济学研究中,我们要从普遍联系的总体上把握国民经济各个环节的内在规律,不能孤立地研究某个部门、某个环节的经济活动。同时,国民经济各部门、各个环节的经济活动总是不断发展变化的,有中国特色应用经济学的研究也要与时俱进,用发展和变化的态度,不断总结实践经验,研究改革开放和经济建设过程中出现的新情况和新问题,而不能以"本本主义""教条主义"的态度来对待改革开放和经济建设问题,防止形而上学。

一切事物都是质和量的统一体,国民经济及其各部门、各个环节的经济活动也是质和量的统一体。国民经济及其各部门、各个环节的经济活动的发展,首先是量的变化,这种量变,是局部变化,由局部的部分量变引起局部的部分质变,当这种变化积累到一定程度,对某个部门、某个环节的经济活动发生根本性影响时,就会引起全部质变。应用经济学要运用量变和质变的规律来研究国民经济及其各部门、各个环节的经济活动,要研究特定的社会发展阶段上,有哪些部门、环节的经济活动发生量变及量变的程度,这些量变是由什么因素、什么条件引起的,在经济上出现什么新特征,对经济的整体发生怎样的影响;在量变发展为部分质变时,这些特征和影响会发生怎样的变化;在什么情况下由量变、部分质变,才会引起整个经济的质变。对量变和质变规律的研究,就是要探索国民经济及其各部门、各个环节的经济活动变化过程的规律性,以及促使这些规律运动变化的客观经济条件及其发生的作用和影响。

---

[①] 吴之明:《谈谈西方企业管理理论发展的趋势》,《企业文化纵横》,2002年第2期。

国民经济各部门之间、各个环节之间,以及它们内部都是对立统一体。这种对立统一关系推动了国民经济以及各部门、各个环节经济活动不断地向前发展。在这些对立统一关系中,存在着主要矛盾和非主要矛盾、矛盾的主要方面和非主要方面。有中国特色应用经济学研究一定历史阶段的各种经济现象时,就要研究这些经济现象当中所包含的矛盾,研究这些矛盾的运动如何推动国民经济及其各部门、各个环节的经济活动向前发展,研究哪些是主要矛盾、哪些是次要矛盾、哪些是矛盾的主要方面、哪些是矛盾的次要方面,才能真正通过经济现象揭示经济规律,真正认识国民经济及其各部门、各个环节经济活动的内在动力,以便进一步研究解决这些矛盾的途径和方法。总之,矛盾分析方法是唯物辩证法的根本方法,具体问题具体分析是马克思主义的活的灵魂。

否定之否定规律揭示了事物发展的方向和道路。和自然界其他事物的发展一样,国民经济及其各部门、各个环节的经济活动的发展,都是由低级向高级阶段发展的。有中国特色应用经济学要运用否定之否定规律,揭示国民经济及其各部门、各个环节的经济活动如何从低级阶段向高级阶段发展过渡,在经济发展的新的阶段又出现了哪些新的内容,具备哪些新的特征。通过否定之否定规律的揭示,不仅可以深刻认识国民经济及其各部门、各个环节的经济活动的本质特征,而且可以从内部的、本质的、必然的联系来研究它们的运行和发展。

唯物辩证法是马克思主义经济学研究的基本方法,学习马克思主义的立场、观点、方法,就要学习马克思主义的唯物史观和唯物辩证法。其他如抽象法、归纳和演绎法、分析和综合法、逻辑和历史法,都是具体的方法,都是唯物辩证法这个基本方法的具体运用。

### (二) 研究应用经济学的具体方法

(1) 实证分析与规范分析相结合的方法。实证分析与规范分析是经济分析的重要方法。所谓规范分析方法,是指从一定的价值判断出发,提出一系列衡量经济活动的标准,据以研究经济活动怎样才能符合这些标准的分析方法。规范分析力求回答的是"应该是什么"或"不应该是什么","应该做什么"或"不应该做什么","应该怎样"或"不应该怎样"这类的问题。所谓实证分析方法,就是指从某个可以证实的假设前提出发来分析人们的经济活动,并预测经济活动的结果的方法。这种分析方法试图超越一切价值判断来分析社会经济是如何运行的、是怎样运行的,以及它为什么是这样运行的。它不把价值判断作为基础,而只考虑经济事物之间的关系,分析和预测人类经济行为的后果。实证分析力求回答的是经济现象"是什么"或"不是什么"这类问题,而不回答"好"或"坏"的问题。实证分析又分为理论研究和经验研究两部分。理论研究是通过考察实际经济运作状况,从中归纳出可能的经济运行规律,然后从一定的先验假设出发,以严密的逻辑推理演绎证明这些经济规律并推演可能有的规律。经验分析则往往是用理论分析得到的经济规律考察经济运作中的实际例子,来进一步实际验证理论分析得到的经济规律并指导实际的经济管理。在实际运用过程中,实证分析与规范分析这两种方法又是互相联系的,实证分析中往往包含一些价值判断,而规范分析又是建立在对实际运行过程了解的基础上的。因此,两种方法很难严格加以分开,只是在具体运用过程中有所侧重。正确的选择应当是通过对现实问题的具体研究,在回答"是什么"或"不是什么"的基础上,提出"该怎样"或"不该怎样"的对策建议。

(2) 定性分析与定量分析相结合的方法。长期以来,我国在经济学的教学和研究中,往往注意对经济本质的研究,但对定量分析注意得很不够。量是事物存在和发展的规模、程度、速度、水平等可以用数量来表示的规定性。定量分析是对经济活动进行数量分析的方法总称,是对经济活动描述的量化和精确化。在研究社会经济现象时,不仅要研究其质的变化,而且也要研究其量的变化,研究其量变如何引起部分质变以至全部质变的发展过程,才能正确揭示经济发展的客观规律。当然,如果只重视定量分析,不重视定性分析,甚至陷入数学的泥潭中去,也是错误的。这是因为定性分析是定量分析的前提,定性分析能减少定量分析的复杂性。因此,在有中国特色应用经济学研究中,要善于把定性分析与定量分析有机地结合起来。

(3)静态分析与动态分析相结合的方法。静态分析是以承认事物的相对稳定性为前提的,是指考察研究对象在某一时间点上的现象和规律,又称为横截面分析法。动态分析是以承认事物的发展变化为前提的,是指考察研究对象随着时间的推移所显示出的各种发展、演化规律,又称之为时间序列分析。根据唯物辩证法的原理,任何事物都是静态和动态的统一。因此,我们研究有中国特色应用经济学,必须把静态分析法和动态分析法结合起来,互为补充,互相验证。要运用静态分析法考察某一经济现象的规模、结构、平均水平等,又要运用动态分析法考察该经济现象的发展速度、趋势和特点等。

(4)综合运用比较分析法。各个国家、各个民族的传统文化不同,自然资源、经济资源和社会资源存在着差异,所处的经济发展阶段不同,因此各个国家、各个民族的经济发展道路、制度和方式也不同。但是,各个国家、各个民族的经济发展总是朝着商品化、社会化和现代化的方向发展,存在着相同的规律,具有共同的地方。因此,在具体研究某一国、某一时段的经济发展问题时经常综合运用比较分析的方法,从而得出相关的结论和经验教训。在研究有中国特色的应用经济学时,既要从我国的传统文化、制度特点、生产力状况出发,又要积极借鉴其他国家和民族经济发展的有益经验。这就要综合运用比较分析法。

# 提升泉州鞋业集群竞争力
——兼谈晋江如何做大鞋业产业经济组团(2005)[①]

## 一、产业集群及其特点

产业集群,是指相同的产业以及支持该产业的相关企业,高度集中于某个特定地区的一种产业成长现象,阿尔弗雷德·韦伯、克鲁格曼、宾治、迈克尔·波特都对产业集群进行了深入研究。产业集群在产业区域竞争优势的培养中具有不可替代的重要作用。当产业集群形成时,该地区无论在最终产品、生产设备、上游供应及售后服务等方面都会有国际竞争的实力。产业集群竞争力,不仅体现在市场占有率上,而且体现在增长速度、生产率、结构转化和创新能力上。具体来讲,产业集群具有如下几个特点:① 积聚经济。它包括两方面,一是协同经济。如共同使用各种基础设施、服务设施、公共信息网络,共同使用某些辅助企业,包括提供零配件、中间产品、简单加工等。这种协同能够降低生产成本。二是信誉经济,产业集群内部的各个企业可以经常面对面交谈,从而增进了解和信任,并可以互通信息,减少信息搜寻成本和交易成本,发现更多发展机会。② 专业化分包。积聚经济从外部概括了产业集群的特征,专业化分包体现的是产业集群内部的有机联系。在一个产业集群里,往往有80%的企业为另外20%企业承担原材料、零配件、中间产品的供应。③ 创新环境。产业集中可以激发创新。企业比邻密集,正式往来和非正式往来共存,产生知识综合积聚效应,相互之间得以交流、沟通、碰撞,激发新的火花和创意。新观念、新技术、新知识相互扩散形成知识的"溢出效应"。④ 合作竞争。集群外部的企业更多的是竞争,集群内部的企业是合作与竞争并存。在集群内部,面临相同的市场,企业之间不可避免相互竞争,竞争推动创新;但为了共同的利益,集群内部的企业又相互发展合作,特别是研究开发方案。合作可以降低风险,降低成本,提高效率,提高效益。⑤ 路径依赖,产业集群在发展初期由于形成了一定的竞争优势,将促使各种要素进一步向此集群积聚,产业集群进一步强化。

我国是世界鞋业大国。从生产能力和生产数量上看,我国制鞋企业约有2万多家,从业人员22万多人。2003年生产各种鞋类约70亿双,占全球鞋类生产总量的50%以上,从出口数量和创汇能力上看,2003年我国鞋类出口约50亿双,占世界鞋类贸易的60%;出口创汇约125亿美元,占全球鞋类贸易额的25%。我国鞋业已初显强国迹象。就晋江市而言,目前从事生产和经营鞋业的企业有3 000多家,年产各类鞋5亿多双,其中年产值超千万的有100多家,占该市工业总产值的20%。在中央电视台体育频道打广告的晋江品牌2003年已经达到344个,中国运动鞋类销量排行前十位

---

① 本文是2005年4月20日作者在第7届晋江鞋博会上主题演讲的发言稿。

的企业中超过半数在晋江。晋江鞋业是一种典型的产业集群现象,就是一个乡镇,一个地区或几个乡镇集中生产同一类产品,在专业镇、专业乡、专业村存在一群高度关联的生产企业群体、供应商群体、销售商群体在行业协会。

## 二、提高资源整合力

产业集群竞争力可以看作是一种综合能力,既包括经营管理也包括技术水平,既包括资本实力也包括人才实力,既包括先进的设备也包括过去的经验。它们的总和,可以看作是一种资源,这些资源存在于集群内部,在未被整合前其状态还是分散的,只能算是"潜在资源",因而提升产业集群竞争力,就要整合各种资源,主要有知识资源、专利资源、名牌资源和其他要素资源等。

(1) 知识资源整合。彼得·德鲁克提出,企业所具有的且唯一独特的资源是知识,其他资源比如资金和设备,就企业资源而言,并不具有任何特殊性。事实上,现代企业集群在实现良好的资源集成和利用后,知识,作为一种企业资源,而且是更高级别上的企业资源,对其进行有效的管理、计划和应用已成为了现代企业集群新的核心竞争力。知识的发现、认知、共享及创新的过程也将是现代企业集群行为的主要过程。这样在集群内构建一个创新性的"知识资源计划"就显得十分必要。针对晋江鞋业集群而言,我认为制定知识资源共享计划关键是要建立一套有利于当地知识资源整合的鞋业知识库系统、企业信息化管理系统和建立一个基于知识管理的企业管理平台。鞋业知识库系统应该包括制鞋流程的所有基础工艺和材料等必备知识。它是鞋业集群发展的知识储备。企业信息化管理系统包括CAD、智能排料系统、鞋类市场分析系统等,该系统通过知识软件化使得集群内的信息流动畅通,实现知识共享。知识管理平台则是说集群内的企业要像管理其有形资产一样来对其知识资产进行管理。该平台一旦建立,晋江集群内的企业将拥有一个自主的、拥有知识产权的和不断丰富的知识资源库。

(2) 专利资源整合。英国威德克博士在分析未来10年产业发展的驱动力时,概括了四个要素:全球化趋势、消费大众的需求、零售业发展和科技提供的机会。这其中,未来鞋业发展的焦点是企业的产品开发能力,最终体现为设计师水平的较量。可见,鞋业研发和专利资源整合之于鞋业集群意义重大。分析中国鞋业研发水平,可以发现我国鞋业集群在产品研发和专利资源整合方面与意大利有着巨大的差距。意大利不仅是世界鞋业生产和贸易中心,而且是世界鞋业研发和设计中心。而中国鞋业的企业集群所生产的鞋类产品多是附加值较低的,缺乏自己的品牌,在设计上无法引导潮流。分析其原因主要有两个:一是企业的弱小和创新能力的不足。集群中的中小企业多是民营企业,缺乏外部资金的供给和人才,缺乏技术创新的能力,基本停留在简单技术模仿的水平,很少有企业进行鞋业工艺的研发和设计。二是搭便车行为和创新动力的侵蚀。由于在区域内,企业间的联系更为密切,而鞋业的技术相对于重化工业和电子产业而言较为简单,技术的传播容易和频繁,易被模仿,这就使得最先花费大量成本进行工艺改造和设计的企业失去了研发和创新的动力。然而,鞋业的国际竞争力不仅体现在价格,更高层次的竞争是品牌、技术等的竞争。创新体系的缺乏会阻碍我国鞋业集群的发展。因而提升鞋业集群的竞争力的措施之一就是保护专利资源。这点应该摆上晋江市制鞋产业发展的重要议事日程。为此,一要加大有关专利保护的宣传力度;二要严格执法程序,坚决打击各种假冒伪劣商品和侵犯专利的行为,构筑知识产权保护网。

(3) 品牌资源整合。耐克和阿迪达斯是世界著名的运动鞋生产厂商,他们的成功经验值得晋江运动鞋企业的借鉴。耐克和阿迪达斯自己都不从事生产制造,他们通过整合外部资源,把生产外包给劳动力廉价的生产商,而自己则集中所有的资源专门从事产品的研发、设计、营销,从而用卓越的研发、设计、营销等综合能力撑起强大的品牌。而晋江运动鞋企业在研发方面几乎是一片空白,在设计上的做法则是高价买来耐克等公司的新款样品,然后召集外地经销商,讨论一下消费者可能会喜欢哪一款运动鞋,选定后略加修改,马上投入大批量生产。可见晋江运动鞋企业设计能力的现状:模仿、抄袭国外产品。从企业长远发展看,这无疑是企业致命的缺陷。没有强大的研发和设计能力,企业就失去了创建品牌的基础。晋江运动鞋企业逐渐意识到这个问题,2002年安踏公司投入1 000万元搞研发,并请来了韩国设计师。同时公司又采取了另一项重要的行动:实行"产销分离"——安踏自己的工厂,要跟其他为安踏做订单的工厂竞争。安踏总经理丁志忠说:"安踏要做一个品牌,不能跟工厂做在一起。"很显然,安踏在创建品牌的过程中已经逐渐的从生产加工型企业转向作品牌的企业,要专注于创建品牌的核心能力的培养。此外,在名牌整合上也要讲究品牌差别度,克服当前晋江许多运动鞋品牌在性能、包装和广告方式大同小异的做法。同时在品牌整合中也要加大对一些拥有自己专利的中低档鞋的扶持力度,争取占领更多的市场份额,扩大品牌知名度。

(4) 流动要素整合。近年来,泉州企业开始在全国范围内整合生产资源。很多泉州企业改变只是给外国企业做贴牌工厂的做法,反过来让许多外省企业在给泉州企业做贴牌生产,有的干脆已经被泉州企业并购了,除了整合各地的生产企业的土地、劳动力等流动要素外,当前泉州鞋业集群竞争力提升碰到的最大问题就是人才这一流动要素的匮乏。从厦门大学国际贸易系课题小组的调查中得知,晋江制鞋企业生产工人初中及初中以下文化程度的占整个员工总数的70.69%,高中文化程度的占22.41%,高中以上的仅占6.9%。中层管理人员和高层管理人员大多数为高中文化水平,受过高等教育的仅占1/3。除了文化程度不高这一障碍外,晋江鞋业人才还存在人员流动大、员工凝聚力不强、研发成果类似等问题。人力管理资源难以提升与优化限制了晋江制鞋企业的发展。这充分说明加快流动要素整合之于产业集群竞争力提升的重要性。

## 三、提升产业聚合力

(1) 科学规划。福建省和泉州市政府都十分重视鞋业产业集群的规划问题。福建省省委、省政府出台了《关于加快产业集聚培育产业集群的若干意见(试行)》(闽委发〔2004〕13号)。根据该精神,福建省发改委在"十一五"规划的前期调研中提出,运动鞋生产企业主要向泉州晋江、莆田集中,皮鞋、休闲鞋企业主要向石狮集中,将晋江作为鞋业产业集群发展的核心区域,建成有影响的国际性鞋业市场交易中心。泉州计划部门在2004年底也提出了鞋业产业集群的科学规划,即以运动鞋、旅游鞋为重点,注重建设鞋业研发中心、鞋业技术工人培训学校以及完善营销网络,加大品牌创新的工作力度,建立符合国际环保要求的质量保证体系。运动鞋生产企业主要向晋江(陈埭)集中,皮鞋、休闲鞋企业主要向石狮(宝盖)、惠立(百崎)集中。把晋江作为鞋业产业集群发展的核心区块,培育集皮鞋、鞋材、化工原料、鞋机及数字制模等相配套的企业集中区,并在晋江建立国际性鞋业市场交易中心。上述规划,立足于有效整合鞋业资源,提升产业竞争力,按照该规划,将逐步形成科学可行、协调完善的全市鞋业集群。

(2) 连片整合。泉州的制鞋产业资源集中在晋江陈埭、西滨、池店和石狮宝盖、惠安百崎等五镇,我认为泉州应该突破行政区划界限,把地理位置相邻、各有优势和特色的五镇整合为一个统一的"泉州湾鞋产业区",并引导鞋业企业向园区集中,形成以陈埭鞋业产业聚集区为龙头,以池店和百崎、西滨、宝盖为两翼,沿泉州湾向脚边辐射的鞋业发展态势,促进泉州鞋业进一步聚集发展,增强竞争优势,并为吸引国际知名鞋业集团落户泉州创造条件。新的产业园区的形成,要创新管理体制,在创建初期,应以行业协会为依托,以产业链为纽带,组建松散型的"鞋业联盟体",实行"飞地政策",由市政府赋予市鞋业商会一定的职能,协调产业区事务;待条件成熟时,设立市属泉州湾鞋业基地管理委员会,赋予管委会县级经济管理职能。

(3) 优化布局。对于泉州鞋业发展布局,早在2003年,泉州市委政研室、市委督查室、市体改办、市政府发展研究中心就组织开展了专题督察调研活动并向泉州市委、政府提交了《推进泉州湾鞋业基地建设》的报告。该报告认为,泉州市的世界制鞋基地初现端倪。就产业布局来看,泉州鞋业主要分布在中心市区、石狮、晋江、惠安、南安等地,现已形成以晋江陈埭镇、西滨镇、池店镇和中心市区为主的旅游鞋、运动鞋业生产基地,以石狮为主的皮鞋、时装鞋、休闲鞋生产基地,以南安的洪濑镇、九都镇为主的童鞋生产基地,以晋江内坑镇为主的拖鞋生产基地,区域性产品特色已经形成。我认为在布局方面还应该考虑相应配套措施,如应把晋江安海定位在福建省最大的制革基地、集控区,惠安百崎是全省主要橡胶、鞋底生产基地,陈埭鞋材市场是一个集鞋业原辅料批发,鞋机展销于一体的华东地区规模最大的鞋材市场。上述布局将有利于提升产业集群竞争力。

(4) 有序推进。我认为提升产业集群竞争力当前应该有选择性的重点突破。首先,应该努力促进鞋业生产和加工专业工业园区的形成,改变目前生产条件的落后现状;其次,通过"外引内养"政策吸引鞋业专业技术人才进入晋江,这是克服晋江鞋业发展瓶颈的要务。一方面政府在人事政策上要对外来鞋业专门人才倾斜,从政策方面吸引外来专业人才,另外一方面应该加大对专门培养鞋业人才的院校的支持。早在2004年泉州师院就开设了鞋业设计本科班,一些职业学院也在加大培养力度。政府和企业都应该努力支持这些院校的办学。在有条件的企业甚至可以仿照博士后流动站的设置方式设置专业鞋业人才流动点,以吸引高层次的鞋业研发人才加盟。

## 四、增强集群合作力和领导力

当前泉州鞋业集群在产业集群内部的合作表现欠缺,体现为:① 分工和协作欠缺。泉州鞋业企业集群中的中小企业实际上是孤立和分散的。现在中国已经加入WTO,市场开放为我国鞋业提出了挑战。而艰巨的挑战不是单个企业可以应付的,需要企业集群区中各中小企业的分工和协作。② 相关产业发展不够。一个具有较大竞争力的产业集群中,不仅是同类企业的集聚,也需要相关产业和服务组织的发展。一是中介组织机构的发展。如包括鞋类设计咨询组织、会计、法律、经营管理、市场调查、广告公司、国际贸易、职工培训等服务机构。二是相关联的上下游产业间的密切联系。机车厂、鞋类加工厂、生产厂等企业紧密联系及时交流信息,才能促进专业集群地的形成。三是基础设施的支持。包括道路、通讯等的建设和物流网络的发展。在晋江鞋业产业中,并不存在市场调研机构等中介组织,也没有健全的批发零售网络、物流机构等。这使得晋江中小企业不得不由自己进行市场调研、与国外客户联系以及产品运输等,因而无法集中自己的优势和人力物力等资源,进行专业化生产,从而无法扩大内部规模效应。③ 核心企业相对不强。在企业集群中,必须以优势产品、龙头企业为核心,加强龙头企业和中小企业的联合。龙头大企业的技术创新和产业化活动不仅能够使相关产业发生根本性变化,推进产业升级,而且其能够激活一大批中小企业,为中小企业的发展提供导向。④ 没有建立产业集群内相互依存的产业体系。晋江群内企业没有形成合理的分工合作关系,影响了技术扩散和企业创新能力的提高。针对上述不足,我认为有必要构建新合作模式。主要措施包括:强化产业关联,培育中介机构,营造企业间的协同创新网络,后者最为关键,企业关联可以推动企业间的相互学习、互补联动,而协同分工则可以创造出远高于资本成本的收益。因而,集群内的企业间应充分利用协同的四种形式,即资源或业务行为共享、营销与研发的扩散效益、企业相似性和企业形象共享,强化集群生产体系的专业化分工和配套协作,加强集群企业的协作关联意识。另外,大企业亦应根据自身发展需要和市场成长条件,从内部垂直分离出专业化衍生企业、自助机构,并积极开展与群内中小企业之间的转包合作业务,促进两类企业在群内的良性对称或非对称互惠共生模式的发展。

针对泉州特别是晋江鞋业集群当前发展现状,我认为有必要强化政府对鞋业集群的领导力,这也是贯彻中央政策和文件精神的需要。具体措施包括:

(1) 加强领导,营造合力。成立促进鞋业产业集聚工作领导小组,加强对全市鞋业产业发展工作的组织协调市委、市政府每年召开一次全市鞋业工作会议,安排部署全局性的鞋业工作,并对表现突出的有关单位进行表彰。金融、交通、环保、计划、商业等部门及有关乡镇街道要增强为鞋业服务的意识,集中力量解决阻碍鞋业发展的薄弱环节,形成共同支持鞋业产业发展的强大合力。

(2) 政策扶持,扩大影响力。建立鞋业发展基金,从 2005 年起连续 4 年由市财政每年安排 1 000 万元,专项用于推广晋江品牌、公众宣传、鞋业规划和商品研发;利用专业策划扩大晋江鞋博会的影响,努力把它办成世界上最好的鞋博会。争取创建中国鞋业展览馆,并把它作为晋江的一张名片向世界推广。

(3) 服务到位,增强服务力。要建立以公共服务为宗旨的组织机制,为集群内企业技术开发提供无偿服务,在水电、土地、财政、税收等政策方面要给予方便。要进一步强化和完善支持鞋业企业发展的信息咨询、融资、技术、人才培训等社会服务体系,充分发挥群内服务中心、行业协会等中介服务机构的整体功能,采用先进的储存、检索办法迅速及时地向广大企业提供信息资源,使企业在发展过程中从研究开发、咨询管理、到销售后勤得到一体化的服务。

(4) 技术支持,提升竞争力。政府要建立专门化的技术开发公司,通过市场竞争保持其持续创新能力。同时可以利用一部分政府技术改造资金加大对集群内较大型企业的扶持,增强其研发能力,使之成为集群新技术和经济的生长点。

(5) 八方支援,共促应变力。利用政府自身优势,创办晋江鞋业通讯等简报,为企业提供相关产业经济信息,促进鞋业企业了解更多的国内外鞋业动态;利用政府劳动部门优势为企业技术转型提供相应的技术培训;以不同渠道引入外部技术创新资源,通过区域整合,形成有效的技术创新能力。

## 五、锻造国际竞争力

目前国际上有四大产业集群代表:美国硅谷的高科技产业集群、意大利传统产业集群、日本大田湾的中小企业集群和我国台湾地区的外向型产业集群。晋江的目标就是要成为与之并列的国际性大鞋都。具体来说有下列几条路:

第一条路:制造扩张。以扩张制造力为突破意味着巨大的风险,但在风险背后往往意味着更大的机会。例如 2002 年,中国皮鞋行业的老大森达集团投资上海永旭出口制造基地,拥有 12 条引进的全套制鞋生产线,年产皮鞋 1 000 万双,被称为国内现代化程度最高的制鞋工厂。上海永旭仅一期工程的投资就花了 4 亿多元,新建的厂房设备和生产流程的布局也都是世界级水平。尽管许多人认为森达太过冒险,这样迅速扩大产能的做法似乎不太符合制鞋业低成本扩张的原则。不过结果证明了担心是多余的,来自意大利等 20 多个国家的订单,让 12 条生产线满负荷运转。今天,国际化订单已经为森达集团贡献了30%的收入。森达的实践证明在各地投资办厂是国际化的一条现实道路。晋江的鞋业也可以走这条路,甚至还可以走出国内到国外如南非等国办厂。

第二条路:市场交换。即通过国内渠道交换国外渠道,国内的另一皮鞋制造商奥康就走了这条"借船出海"道路。2003年9月11日,意大利第一皮鞋品牌GEOX公司和奥康鞋业正式启动和GEOX的战略伙伴关系。奥康负责GEOX在中国的品牌推广、产品销售和网络建设。GEOX在全球的50多家代理将在世界各地为奥康单独建立专卖店,这就是奥康在国际化模式上的"借船出海"。"双向借道"的本质是两大集团企业间的渠道资源变现,就是让自己的营销渠道在发挥应有的作用外,再利用它生成其他的利润。奥康和GEOX的合作就是典型的变现方式。虽然该道路还要等待时间检验,但无疑,这种模式对包括晋江鞋业在内的急于在国际市场上打响品牌的鞋业企业具有巨大的吸引力。

第三条路:收购兼并。著名营销大师米尔顿·科特勒访华的时候就为中国鞋业指出了这一条低成本扩张的路。现在欧美市场经济下滑,资金压力沉重,一些有着良好分销网络的知名连锁店需要资金支持。在一般情况下,中国企业在海外建立品牌投资会很大。而趁这个好机会收购连锁的零售业品牌,掌握渠道终端后把巴西鞋、墨西哥鞋、韩国鞋统统赶出去。这就能,"在最佳的时机,用最小的代价,达成最好的效果,取得最大的利益"。晋江鞋业完全可以走这条路,突破品牌和渠道瓶颈,把中国鞋的品牌打入国际。

# 升级制造业(2005)[①]
## ——中国创造系列观察之二

中国改革开放20多年来,造就了一大批具备国际规模的制造基地和生产企业。中国生产的家用电器、电脑通信、玩具、服装等产品遍布世界,产能位居世界前列。这一现象被国内外企业界人士和经济学家概括为"中国制造"和"世界工厂"的称谓。

应该说,"中国制造"现象的出现是我国改革开放和经济发展的重大成就,中国制造也是推动中国经济增长的重要力量。但是,实事求是地讲,在我国已占据国内外市场优势的产品和企业中,其优势主要集中于非核心零部件生产和产品组装这两个环节。而无论是在产品的源头——技术开发,还是终点——品牌推广这两个重要环节上中国企业基本上还处于刚刚起步阶段,在许多重大原创性核心技术的开发上可以说是一片空白。因此,中国目前还只能算是制造大国,而不是制造强国。过度强调"中国制造"的繁荣兴旺,有可能掩盖了我国自主核心技术、核心竞争力不足的弱点,而这可能会成为阻碍中国经济长期可持续发展的重大隐患。特别应该指出,当"中国制造"驰名世界之时,中国连续9年成为全球遭受反倾销调查次数最多的国家,这也反映出这种低回报的出口加工业也给中国自身经济发展带来众多结构性问题。

非常明显,"中国制造"应该走向"中国创造",努力提高其核心竞争能力。那么如何提高中国制造的核心竞争能力呢？我认为最终有赖于中国产业整体转型的政策思路,只有在产业整体转型中进行研发和创新才能提高中国制造的水平,进而顺利实现"中国创造"。

产业整体转型是指一国或地区在一定历史时期内,根据国际和国内经济、科技等发展现状和趋势,通过特定的产业、财政金融等政策措施,对其现存总体产业结构的各个方面进行直接或间接的调整。就我国当前制造业来讲,产业整体转型即指制造业从旧的产业结构布局转向以适度高新技术产业为先导、劳动密集型产业为支撑、资金密集型产业全面发展的产业新格局,更好地发挥我国各种经济优势,促进经济社会的发展。

发展中国家在高速成长阶段有可能保持一个长达几十年的持续高速增长时期,增长的潜力来自于结构的不断转换和升级。中国制造在总量规模快速扩张的同时,面临着严峻而又紧迫的产业转型任务,要通过产业整体转型发挥我国产业经济的比较优势和竞争优势,将高新技术产业发展成为经济的主导力量,使制造业产业结构趋于协调。具体来说,我认为有如下举措:

第一,采取多层次推进策略,调整和优化制造业产业结构。首先,继续发展劳动密集型产业。"中国制造"相比"世界制造"的国际比较优势就在于劳动密集型和质优价廉,因而在当前及今后一

---

① 本文刊载于2005年10月27日《21世纪经济报道》中国创造系列观察之二。

个时期内仍是制造业发展的方向。其次,积极发展资金密集型产业,用高新技术改造传统制造业。21世纪初期必须把装备工业作为工业结构升级的重点,应用微电子技术、计算机技术改造装备工业,提高基础机械、产业专用机械等技术装备制造水平,把重大建设项目设备、主要进口设备的关键零部件的国产化和机床数控化的改造升级作为切入点。再次,集中优势力量,把技术密集型产业做大、做强。

第二,积极用高新技术改造提升传统制造业。一方面可直接发展一部分高科技产业,如信息产业、生物工程产业、微电子产业、新材料产业等等。目前我国北京、上海、深圳等地高新技术企业发展已有一定的基础,也积聚了一批高素质的科技人员,因此发展高新技术产业的潜力巨大。另一方面发展高新技术产业必须同改造、提升传统制造业紧密结合起来。传统产业特别是工业制造业在我国经济中比重很大,在今后相当一个时期仍然是经济发展的主体力量。因此必须积极用高新技术对传统制造业进行改造和优化升级,尤其用现代信息技术武装重大装备生产体系、运输设备制造体系和能源与基础化学工业体系,把它发展成为现代化工业,为我国的工业化打好基础。

第三,在制造业的工业化过程中,实施循环经济发展战略。一是不断提高制造业的科技含量,建立资源节约、环保型的工业化经济体系。二是建立循环经济生产制度,促进我国工业产业制度和产业结构的变革。循环经济是21世纪全球工业经济发展呈现出的一个新态势,它以生态和环境成本最小化、资源消耗减量化、循环利用和成本内生为原则,建立工业产业生产制度。在制造业的工业化过程中,必须用绿色技术改造传统制造业,大力推行清洁产业,以减少对环境的污染。三是建立质量型低成本运行的工业化的考核体系。在对企业运行状况进行考核时,要把对资源的消耗和对环境的影响作为重要指标,严格限制能耗高、资源浪费大、污染严重的企业。对于能源使用较多的部门,要引导其将资金投向降低能源、原材料消耗的技术改造项目上,国家也应对这些技术改造项目实施必要的资金扶持,强化产业结构调整中的环境管理力度,实现经济系统与生态环境系统的协调发展。

第四,注重发挥人力资本在制造业中的作用,以人才促产业整体转型。中国要成为与美日并驾齐驱的先进工业化国家,成为真正意义上的"世界制造"强国,必须加快培养造就一支庞大的科技人员队伍和一支高素质的制造业劳动者队伍,并且要能把科技成果转化为现实生产力,转化为产品。为此,要实施人力资源开发战略的创新;通过深化教育体制改革,培养高素质人才;提高教育质量,不断提高工业劳动者素质,为新型工业化提供人力资源保障;进行分配体制和人事体制创新,为新型工业化提供人才激励机制。如,作为鞋业制造业重镇的泉州,就把大力打造"学习型职工"队伍作为"中国制造"转向"中国创造"的人才战略,使得泉州鞋业科技含量越来越高,整体研发制造水平领先于全国。

# 再论"泉州模式"(2006)

20年前,本文作者根据泉州经济发展的形式和特点,在全国率先提出"泉州模式"的概念。作为《泉州发展战略研究》一书的余墨,作者客观而全面分析了"泉州模式"的重要社会经济文化价值和与时俱进的新特点,同时也冷静而理性地分析了在科学发展观指导下,"泉州模式"所面临的一些挑战,尤其是文末的五点建议,为完善"泉州模式"提供了良策。

自1978年改革开放以来,沿海经济迅猛发展,引起了广泛的关注和讨论。这些年来国内外许多专家学者对中国沿海地区经济发展模式进行了概括和总结,比较突出的有以发达的私营经济著称的温州模式,以乡镇企业闻名的苏南模式,还有就是我在1986年在全国率先提出的"泉州模式",20年过去了,回顾20年前由我提出的"泉州模式"并进而总结这20年来泉州地区经济发展的新成就和新特点,不仅心潮澎湃,让我深感"泉州模式"在泉州乃至全国和世界上都有着极其重要的社会经济意义和深远的理论价值。

## 一、"泉州模式"的重要社会经济文化价值

20年前的1986年,正值改革开放之初,出于对家乡的热爱,通过我本人3年近8次实地调查调研和访问,以及由我任会长的中国国民经济管理学会在泉州市举行经济年会的广泛探讨,从理论上第一次在全国提出了"泉州模式"并论证了"泉州模式"是建立在社会主义市场经济、因地制宜、充分利用本地资源,发展"小""专""活"和多种经济形式的基础上的,它具有五个基本特点:"股份制的经济形式""外向型的市场经济""国际化的经营道路""侨洋式的生产条件""灵活的经济管理"和"地、亲、文、商、神'五缘'经济网络关系"。

上述观点作为论文《"泉州模式"的经济特点与意义》首先发表在1986年的《复旦学报》上,后来汇集在专著《泉州发展战略研究》一书上。作为国内首次总结泉州经济发展特点的"泉州模式"论文和首部全面研究泉州市发展战略的区域经济学著作发表后,在国内外引起了热烈反响。许多专家学者据此把"泉州模式"和苏南模式、温州模式并列称为中国沿海经济三大模式,各地政府官员也纷纷到泉州取经,取得了重大的宣传效应和经济文化价值。泉州市政府也高度重视"泉州模式",在多次场合宣传和介绍研究成果,认为这是对家乡的重大贡献。

综观这20年来泉州民营经济的大踏步发展和理论界关于区域经济和区域模式的讨论,我们当年提出的"泉州模式"在改革开放的历史检验下依旧闪耀着其特有的光芒,"泉州模式"历史地、公正

---

① 本文刊载于《福建论坛》(人文社会科学版)2006年第8期。

地肯定其所走的道路是符合当今国情、侨情、乡情的;其拼搏而得到的结论,昭示了凡"以人为本""以德为先""人为为人",即有成功希望。具体来说,"泉州模式"的社会经济文化价值体现为如下:

(1)"泉州模式"首次提出了社会主义市场经济、股份制和国际化经济等观点,开了中国改革开放理论实践的先河,具有重要的经济价值和理论内涵。早在1986年,我们就提出了"泉州乡镇企业经济形式,是我国封闭型经济转为外向型市场经济的一个很好的尝试"。尽管现在很多人都在争议市场经济是谁最先提出来的,但是我们早在1986年就在宣传泉州的这种市场经济模式,并且明确认为"发展社会主义市场经济和社会生产力,建设有中国特色的社会主义,是我国的根本任务"。泉州有发展商品经济的传统和基础,现在流通搞得比较活,只要从上至下进一步树立社会主义市场经济观念,瞄准国际市场,一个外向型的泉州乡镇市场经济就会在改革和开放中进一步得到发展。我们在1986年还首先提出乡镇企业要"树立经济生活的国际化观念",总结了泉州乡镇企业经营的一个特点就是"面向世界,面向国际、面向全国市场",这种国际化经营道路是乡镇经济的必由之路。20年来泉州经济的飞速发展充分证明了当年提出的"泉州模式"的理论科学性。"泉州模式"根植于泉州经济的土壤,反映了泉州经济的社会现实,同时这条改革开放的国际化路子也是适合全国乡镇企业的,这也正是"泉州模式"的生命力所在。

(2)"泉州模式"所提出的"五缘"网络和侨洋式的生产条件包含了祖国统一的巨大的社会文化价值。"五缘文化"是我在承接《泉州发展战略研究》这一课题时提出的,当年考虑到泉州与台湾一水相隔,相同的人文归属感促使许多台湾乡亲来泉投资,我们就把这一地缘相近、血缘相亲、文缘相承、商缘相连、神缘相系,渊源深厚的现象概括为"五缘"经济文化网络和"侨洋式的生产条件"。所谓"五缘"网络就是指通过地缘、亲缘、文缘、商缘和神缘达到促进经济社会文化的和谐发展,这也是由我开创的东方管理学派的主要内在理念之一。"五缘"文化,是植根于中华优秀传统文化基础上,汲取道家"六亲和睦"的观念,以儒家的"五伦"伦理为理论根据,结合泉州和闽南的改革开放实践,立足现实、发展地方经济的经验总结,是闽南文化的升华,也是中华文化的重要组成部分。"五缘"文化也是海峡两岸人们同根同缘、不可分割的见证,是两岸人民亲密往来的脐带和纽带,也是维系台湾与祖国不可分割的组成部分,数百年来,以"五缘"为重要特征的闽南文化作为入台的闽南移民怀念故土不忘祖先的表达方式,在台湾被完整传承和保护下来,融入了百姓日常的生活中去。通过"五缘"文化的提出,我们更加体会到保护和发展以"五缘"文化为特征的闽南文化,也是保护海峡两岸统一的根基,对于海峡两岸经济的繁荣也具有重要的历史和现实意义。实践已经证明:文化和经济之间没有不可逾越的鸿沟,在一定条件下两者可以相互转化。当"五缘"文化成为一种巨大的文化资源,就能对两岸经济的繁荣发展起积极的推动作用。因此,文化的凝聚力和经济的驱动力能够组合成一种具有爆发性的"文化力"。在发展两岸关系和促进两岸统一问题上,它将起到巨大的聚合作用。

(3)"泉州模式"提出的灵活的经济管理模式仍然在今天的企业管理中起到了重要的示范作用。泉州乡镇企业当年的起步是以"小""专""活""广"为主要特点的。"小"就是小企业、小商品、小项目,但是这却是个"大市场",可以带来"大创汇""大产值"和"大网络"。"专"是专业化生产和专业化市场。今天所谓的泉州鞋业集群等就是当年的专业化市场的产物。所以专业化带来的是大的支柱产业和泉州制造的大的名气。"活",即先找市场、以贸开路、以销定产和搞活销售。在这些灵活的管理方式中,20年来,泉州的许多品牌企业在世界各地布满了销售网络,使得泉州的运动鞋、铁观音、雨伞等产品畅销全球。"广"就是生产门类广,经济形式多种多样。这是跟泉州当时的小商品经济有关的,现在的泉州经济更多地表现为由传统的制造业和加工业逐步向船舶和化工等高技术产业的发展,因而拓宽的是门类,但是转变的是经济增长方式,"泉州模式"的这些经济管理特点在当今的许多企业管理中依然具有重要的指导意义,这也是其管理价值所在。

从以上分析,我们可以看出"泉州模式"作为泉州经济发展的理论成果不仅符合当时的经济特点,而且在今天仍然具有生命力,是泉州人坚持从实际出发、坚持按照科学发展观办事、坚持大胆创新,爱拼才会赢的成果。历史证明"泉州模式"是正确的、有效的。"泉州模式"走出了一条靠市场创造现实社会生产力的成功之路;"泉州模式"走出了一条建立城乡经济一体化的成功之路;"泉州模式"走出了一条通过外引内联,实现跨地区、跨行业、跨所有制和跨国界联合的成功之路;"泉州模式"走出了一条国富、村富、共同富裕的成功之路;"泉州模式"也将走出通过"五缘"网络实现祖国统一的成功之路。

## 二、当前"泉州模式"的新特点

20年过去了,随着时间的变化和市场环境的变化,"泉州模式"在实践中不断成熟和发展,也涌现出许多新的特点,具有显著的经济文化价值,比较突出的有以下几个方面:

(1) 发达的集群经济。产业集群,是指相同的产业以及支持该产业的相关企业,高度集中于某个特定地区的一种产业成长现象。产业集群具有如下几个特点:① 积聚经济;② 专业化分包;③ 创新环境;④ 合作竞争;⑤ 路径依赖。2005年泉州市《政府工作报告》中提出:以产业集聚为着力点,构建充满活力的民营经济跃升平台。为此,要"着手规划和培育发展2个产值超千亿元(石化、纺织服装)、2个超500亿元(鞋业、建材)和8个超100亿元(电子信息、汽车及其配件、修船造船、机械制造、工艺制品、食品饮料、五金水暖、包袋制品)产业集群"。泉州发达的产业集群,是建立在已有的专业化市场的基础上的,是这些年来"泉州模式"朝着更高起点发展的一个重要标志。目前泉州的产业集群主要表现在:① 纺织服装集群。主要分布在市区以及晋江、石狮、南安市。据有关部门统计,泉州2004年纺织服装企业达到1万多家,产值突破700亿元,约占泉州工业总产值25%,形成纺织、深染及成衣系列产业链。目前泉州年产服装高达1.8亿件,占福建省服装总量的70%,其中40%纺织服装出口到世界。② 鞋业集群。主要集中在晋江市。目前从事生产和经营鞋业的企业有3 000多家,从业人员35万人。年产各类鞋5亿多双,占全国运动旅游鞋产量近一半,占世界运动鞋、旅游鞋生产量的五分之一,皮鞋近亿双,合计产值近200亿元,成为全国三大制鞋基地。晋江市被国家有关部委联合命名为"中国鞋都(运动鞋)"。③ 建陶石材集群。共有建陶石材类企业4 000多家,其中建陶石材企业300多家,建陶机械制造企业30多家,生产加工企业2 000多家,销售企业数百家,年产值200多亿元。主要分布在晋江、南安、惠安等地。南安、惠安分别有"石材城""石雕之乡"之称。其中建筑陶瓷主要分布在晋江、南安两地,尤其晋江市磁灶镇为主产区。该镇共有建筑陶瓷企业623家,产值近50亿元,被誉为"闽南瓷都(建筑陶瓷)"。石材业中板材生产区主要分布在南安、晋江、惠安,石雕产区主要在惠安县。④ 工艺品集群。主要分布在丰泽、晋江、石狮、惠安、安溪、德化等地。主要产品有陶瓷、树脂、木业、滕草、石雕、铁件、玩具等,年产值150多亿元。目前,丰泽区已成为世界最大的树脂工艺品生产基地,全世界约有36%的树脂品来自丰泽区,世界上每三件树脂工艺品必有一件是"丰泽制造"。工艺陶瓷主要分布在德化县,该县具有千年制瓷历史,与江西景德镇、湖南醴陵并称为"中国三大瓷乡"。此外,晋江市安海镇与广东澄海、上海并称为中国三大玩具生产基地。竹藤木藤工艺主要分布在安溪县,共有企业300多家,年产值突破13亿元。⑤ 石化产业集群。主要分布泉港区,以福建炼油一体化项目为龙头,带动氯碱、乙烯、聚酯以及专业塑胶、制革等大批石炼中下游配套项目建设,形成专业化产业群。2010年目标是实现产值超千亿元。

(2) 特色的县域经济。谈到泉州下辖的各县(市、区),人们几乎都能概括出其特色经济发展特征:泉港——正在崛起的世界级石化基地;丰泽——中国树脂工艺之乡;晋江——中国鞋都;安溪——中国茶都;石狮——中国服装名城;南安——中国建材之乡;惠安——中国石雕之乡……20年来,泉州积极鼓励各县(市、区)因地制宜,挖掘潜力,寻找经济发展突破口,选准山海联动发展,强化产业分工协作,使县域经济竞相发展,成为全市经济发展的重要"增长源"。泉州是县域经济发展的代表,几年来,泉州把各具特色的县域经济作为发展大泉州经济的强大支撑点,积极实施"品牌经济""特色经济""块状经济"战略,加速推进工业化、城镇化和农业产业化进程,县域经济迅速发展壮大。目前,泉州县域经济总量占全市经济总量的80%。2003年,晋江、石狮、惠安、南安继续入选"中国最发达100名县(市、区)"。目前,全市民营企业总数已达12万家,吸纳劳动力150多万人,在全市国民经济中发挥了"五分天下有其四"的重要作用。位居全省县(市)综合经济实力榜首的晋江市,农民收入的2/3、市镇财政收入的3/4、农村社会总产值的4/5是靠民营企业提供和创造的。泉州市这种以民营经济为主的所有制格局,突破了传统计划经济体制的约束,在适应市场机制的进程上先行一步,可以毫不夸张地说,由民营企业和乡镇企业发展起来的县域经济和特色经济是构成今日泉州实力的主体力量,是泉州发展模式的精髓所在,这也正是泉州建设"海峡西岸经济区中部枢纽城市"的希望所在。

(3) 活力的品牌经济。与传统的制造业相比,当前泉州经济的重要特点是由"泉州制造"转向"泉州创造",在产品功能提升的背后是对产品的品牌营销力度的加大。在国内运动鞋市场上占有率第一的晋江安踏集团企业,其经营重心的转变耐人寻味。他们抛弃了注重产量的传统策略,许多生产功能转移到一大批设备先进、工艺过关的配套中小企业,核心经营团队的心思更多放在打造品牌上,组成了一艘以"安踏"品牌为龙头、以配套企业群为协作层的运动鞋"产销舰队"。这样的变化,反映出泉州传统产业整体转型的一种趋势——相当一批企业利用自身的品牌优势和市场网络营销优势,或组建松散型产销联合体,或委托加工生产,或通过资产重组扩大规模,实现名牌产品的低成本快速扩张,加快优良资产向名牌产品、名牌企业集中。大批中小企业通过为名牌企业的配套或加盟而重焕生机。泉州在实施品牌工程后也开始收获品牌经济带来的好处。目前,泉州的传统产业中,已有15家企业的15项产品跻身中国名牌,位居全国城市前10位、福建省首位。据不完全统计,占泉州全市企业数不足2‰的141家福建省名牌以上产品企业,创造了全市20%强的经济效益。2005年,来自泉州市工商局的消息称:前三季度,泉州3件商标被国家工商总局认定为"中国驰名商标",目前泉州驰名商标总数达13件,占全省近一半,其总数一举跃居全国地级市首位。另外,泉州还有10多家企业正在向国家工商总局申报中国驰名商标。前不久,泉州以中国名牌产品数量和中国驰名商标数量领先的优势荣膺"中国品牌经济城市"称号,成为国内获此殊荣的12个地级城市之一。由传统的重视制造转向品牌立基,这反映了泉州制造在当代的转型,这也是当前"泉州模式"的一个新特点。

(4) 发展的创新经济。"提高自主创新能力"和发展创新经济已经被列入了"十一五"规划中,这20年来泉州把自主创新作为经济发展的助推器,不断激发"创新、创业、创造"潜力,建设"活力泉州",经济发展初期缺乏技术和人才支撑的状况正在逐步转变,创新经济也得以在全市推行,主要表现在以下几个方面:① 抓企业技术创新,提高企业市场竞争力。培育典型,示范引导,如泉州市雷克微波通信有限公司,在无线通信射频技术的微型化及大功率高线性射频放大器的研制等方面积极开展技术创新,取得了多项具有自主知识产权的专利技术,其射频产品技术在国内处于领先地位;加强产学研结合,提高企业自主创新能力。② 抓产业技术创新,提升区域经济竞争力。积极运用信息技术等高新技术改造和提升传统产业,重点培育一批由技术创新突破带动的新兴产业。泉州市高度重视对利用高新技术改造传统产业,先后引进了国内外先进设备8万多台套,仅晋江市陶瓷行业就引进320余条先进辊道窑和隧道窑生产线,使传统陶瓷行业发生质的飞跃。通过对传统产业的技术改造,陶瓷行业质量和产能都得到了极大的改善,同时也达到了循环经济的要求。此外,泉州市还强化高新技术产业领域的自主创新,培育新的经济增长点。全市共有民营科技企业635家。建立了德化、惠安等2个省级民营科技园区。培育了86家拥有自主知识产权、具有竞争优势的省级高新技术企业,形成了具有泉州特色的高新技术产业群。泉州组建了17个行业技术开发中心。如福建浔兴集团公司作为全国拉链行业的龙头企业,成立了中国日用五金技术开发中心拉链专业分中心。该中心参与修订拉链行业标准,在推动拉链行业技术进步、统一行业技术标准等方面发挥了积极作用。实施重大科技计划项目,加强对产业技术创新的方向和重点的宏观指导。③ 抓科技中介服务机构建设,促进创新资源的优化配置和有效结合。目前全市共有10个县(市、区)成立了生产力促进中心。④ 抓科技人才队伍建设,为企业技术创新提供智力支撑。泉州市政府还先后与国内10多所著名大学、科研院所签订全面经济合作关系,成立泉州开发区和泉州市技术创新顾问团,建立"福建晋江高科技园区企业博士后科研工作站"和"清檬科技工业区博士后科研工作站",引进高层次科技管理人才为本地企业技术进步服务,这些年来,仅晋江市有关企业就与国内70多家高校和科研机构建立长期合作关系,合作建立"中国拉链技术开发中心""高科技陶瓷中试基地""微波通信中试基地"等研发机构,合作解决了一系列难题。

(5) 新型的文化经济。泉州是国务院首批公布的24个历史文化名城之一,海外交通、宗教、建筑和民俗是泉州的特色文化旅游资源,是构成泉州新型文化经济的重要组成部分。① 泉州是"海上丝绸之路"起点。早在宋元时期,泉州就成为了中国最大的贸易港,以"刺桐港"著称于世,在东西方海上交通以及文化交流史上有着极为重要的地位和深远的影响。泉州拥有一大批与中古时期海外交通有关的文物瑰宝,其数量之繁、种类之多和价值之高是其他地方难以比拟的,较著名的有海外交通史博物馆、九日山祈风石刻、宋代古船、六胜塔、关锁塔、市舶司遗址、天后宫。② 泉州是"世界宗教博物馆"。随着海外交通的发展,世界各大宗教也随之传入泉州。宗教间相互渗透、相互作用,创造了独特的泉州宗教文化。历史上,泉州的宗教有道教、佛教、伊斯兰教、景教、印度教、基督教、摩尼教、日本教和拜物教等,这些宗教在经历了千年的风雨之后,有些仍在泉州流传,有些已经归于寂灭或退出泉州,但它们在泉州留下了众多的遗迹、雕像、建筑。泉州素有"宗教胜地""世界宗教博物馆"之美誉,较著名的有开元寺、老君岩、清真寺、伊斯兰教圣墓、草庵、三世佛造像、龙山寺、通淮关岳庙、清水岩。③ 泉州是"全人类的文化遗产"。多种宗教、文化的撞击融合,形成了泉州独有的建筑文化。除了大量的宗教建筑外,还有许多具有闽南特色的民居和基础设施。有骑楼、土楼、手巾寮等,其中最为典型、最具历史文化内涵的是宫殿式古大厝。南安蔡资深古民居建筑群最具代表性。桥梁是泉州建筑文化的重要组成部分,洛阳桥和安平桥,都是我国古代桥梁艺术的代表作。④ 泉州是"中国音乐活化石"。泉州背山面海的地理环境和多种文化的相互交融碰撞,使泉州的民俗也有很多独具一格之处。此外,泉州传统曲艺中有不少表演形式和剧目源于宋元时代,在发展的过程中吸收、融合了其他外来文化的成分,也充分体现了兼收并蓄的特色。如来源于中原地区民间喜庆舞蹈具有武化特征的"拍胸舞",泉州人自创的充分体现其乐观向上、勇于创新、追求美好生活的"火鼎公、火鼎婆",被称为"中国音乐活化石"的让康熙皇帝拍手叫好"惊为天下绝响"的南音,被誉为我国戏曲"奇葩"的提线木偶戏,郭沫若题诗赞誉为"南海明珠"的高甲戏,它们都基本上保留了宋元南戏原貌的梨园戏等。

## 三、"泉州模式"当前的挑战与应对

在科学发展观的指引下,"泉州模式"也面临了一些挑战,主要有以下:

第一,如何应对国际性产业结构调整所带来的区域经济的梯度推移和区域之间的竞争。70年代以来,泉州因为紧紧抓住了世界劳动密集型产业(如服装、鞋业和纺织)由台湾香港向大陆转移的历史机遇,充分借助侨乡的有利条件,取得了举世瞩目的成就。但是如今泉州在长三角和珠三角两大经济圈夹击下,兼以城市定位、土地、税收等诸多因素的相对缺失,一些大型企业如菲莉集团、七匹狼集团、劲霸时装有限公司等总部纷纷外迁,使泉州区域产业经济初步呈现边缘化的潜在风险。同时,作为港商台商投资最早的热土,泉州在港台商以资本与技术密集型产业为主导的新一轮投资布局中被"冷落",台资的热点逐步向长三角、珠三角等区域转移。面对新一轮国际产业结构调整所带来的区域经济的梯度转移和区域之间的竞争,"泉州模式"如何学会同长三角和珠三角既竞争又合作,以维护并促进泉州区域经济的持续发展,让泉州企业"把根留住",这是个全新的课题。

第二,如何占据全球产业价值链分工中相对有利的位置。目前泉州区域产业价值链虽已成雏形,但大部分均处于产业价值链的底端,即加工组装环节。如我们上面所说的鞋业集群虽然已是全世界最大的中低挡鞋材供应基地,但是利润非常低,与 NIKE、锐步等国际巨头主要从事的设计和研发相比,我们从事的是最底端的 OEM 工作。因此,泉州企业要想实现产品的高附加价值,占据全球产业价值链的有利位置,就必须向上下游拓展;上游利润由低到高是零部件、材料、设计和研发,下游是销售、传播、网络和品牌。现实情况是,恒安、安踏、浔兴拼命往上冲,跨国巨头拼命往下打,泉州企业怎么接招?唯有不断加大品牌和研发投入,才能占据有利位置。

第三,如何应对企业成长所带来的老板角色转变和培养新型的企业家所带来的挑战。我们在"泉州模式"中曾经提到泉州经营管理的特点就在于灵活多样,但是还应该承认的是,我们普遍的经营问题是缺乏管理资源的引入。我们看到有些泉州老板大谈特谈其"子传孙,孙再传重孙,江山永不变色"的"独家秘方",其实这就是家族制管理所带来的问题。泉州的老板普遍文化程度不高,虽然他们具有"爱拼才会赢、输人不输阵"的勇气,但是缺乏有训练的职业管理习惯还是在企业长大后让他们苦恼不堪。在谈到晋江企业管理模式创新时,有人说:"晋江企业在发展观念上,重经营实践轻观念创新,重埋头拉车轻抬头看路;在经营战略上,重眼前功利轻长远目标,重一时利益轻百年基业;在企业制度上,重家族血缘轻制度创新,重单打独斗轻联合协作;在文化构建上,重高薪挖才轻团队文化打造,重高层管理轻基础建设;在品牌打造上,重明星效应轻品牌文化内涵,重广告包装轻品牌整体战略。"可谓一针见血。因此,泉州要重在培养新生的人才,与上海等国际大都市的专家、学者和企业家密切结合,培养新型的企业家。

第四,如何处理好城市化与工业化之间的头说辩证关系。泉州的经济总量位居福建首位,而城市竞争力较之厦门相对落后,根本性的原因在于泉州市环境指标如市政建设、人力资源等因素相对落后。现代城市之间的竞争,已不是纯粹的经济之间的竞争,而是包括企业、产业环境、市政建设和生活质量等各方面的综合竞争。如何处理好城市化与工业化之间的辩证关系(包括政府与企业之间的关系),不仅对政府、对城市、对企业,乃至对"泉州模式"的可持续发展都至关重要。

新时期我们对"泉州模式"仍然寄予厚望,建议加强以下工作:

(1) 进一步解放思想，为民营经济发展创造更加良好的环境。泉州民营经济的发展，在其发育壮大过程中可能出现一些消极因素，也带来某些社会问题，但总的来说是有益的、进步的，其对发展先进生产力的巨大历史意义不能低估。可以毫不夸张地说，如果没有民营经济的发展，就没有今天泉州经济的繁荣。目前对于民营经济意义的认识已基本形成共识，关键是要有相应的政策，特别是改革措施跟上去。因此，必须在放开市场准入、降低创业门槛、简化审批手续、杜绝随意摊派、打破特权秩序、改进政府服务等方面采取更加切实有效的措施，营造民营经济成长壮大的良好环境。

(2) 加大自主创新力度，以自主创新把握县域经济发展主导权。当务之急是把自主创新作为推动品牌战略实施的突破口，引导企业创品牌，以自主创新来把握泉州市县域经济发展的主导权。这一阶段政府要积极提供支持，加强引导。一是要形成科学的品牌发展和培育规划，实施宏观指导。这就要从泉州的产业布局、经济发展状况出发，从全局的高度，制定并落实好具有全局性、纲要性的产业发展规划和品牌产品培育规划。二是要建立自主创新工作机制，落实保障实施。也就是说，政府要进一步加强对企业创名牌工作的领导，把抓自主创新工作作为品牌战略实施的中心工作，引导企业从自身条件出发制定切实可行的具体品牌争创计划和措施，建立健全工作机制，落实扶持政策，全面实施品牌战略。三是要以自主创新确实转型传统产业。泉州的纺织、服装、鞋、建材等产业都属于传统的、劳动密集型的行业，是县域经济的支撑产业，石化、港口、船舶制造等产业尚未形成规模。如果不加快经济结构调整、产业升级，将制约我市经济的长远发展。要发挥这些产业在我市县域经济中的支撑作用，就要以自主创新作为突破口，通过提高企业自主创新能力，发展产业集群，使这些企业成为县域经济中持久的、强有力的支撑点。

(3) 努力培育新兴产业，使区域经济从单纯靠传统产业"单腿跳"变为"两条腿走路"。在新时期，泉州人已经不满足于已有的传统制造产业，而是盯上了新目标：抓住国家重大项目炼化一体化工程落户泉州的机遇，主动承接、乘势发展石化产业；利用泉州港深湾阔的有利条件，致力填补东南沿海没有大型船坞和大型船舶修理能力的空白，力争突破修造船业。同时泉州也在加紧引进一些先进的信息产业作为填补产业空洞的重要举措。上述这些新型的产业必将给泉州的新一轮产业转型带来驱动力，使泉州经济获得新一轮快速发展的产业空间。

(4) 整合资源，推进区域经济一体化。要从大泉州发展的全局出发，进一步整合各县（市、区）的区域资源，加强统筹协调，从机制、产业、市场、劳力、信息、技术、资金、资源等各方面努力构建一个大泉州发展平台，打破条块分割的"诸侯经济"，促进各种资源、各种生产要素在更大更宽的平台上自由流动、合理配置、有机整合集聚。要对接互动，推进中心城市与县域经济协调发展。应该把中心城市的体量做大，充分发挥中心城市对县域经济的带动力、辐射力、凝聚力和影响力。县域应该充分发挥各地的比较优势，接受中心城市的辐射和带动。要分类指导，推进区域经济协调发展。沿海地区与山区县的发展基础、发展条件、发展现状不同，应该采取不同的政策措施，统筹推动沿海与山区的协调发展。

(5) 发挥泉州的独特优势。20年前我们在《泉州发展战略研究》一书中曾提出城市建设的建议，今天仍具有极大的参考价值。第一，要扩大泉州中心城市建设。我们对泉州中心城市规划的设想是：以鲤城为中心，晋江、洛阳江两岸为依托，建设大内环线及沿海的外环线，立足建设三点一线：鲤城—东海—后渚三点，泉秀路一条线；以泉州湾为中轴，有步骤地向泉州湾两翼即洛阳、东园、秀涂、崇武、肖厝和石狮、石湖、祥芝等展开。使泉州中心城区成为面靠大海一条线，上接泉港、惠安、下连晋江石狮两个面，背有南安、安溪、永春、德化腹地，具有内外辐射功能的枢纽点。从而使泉州成为一个半湖型的新型海湾城市。第二，开发泉州湾经济圈。设想充分利用侨、台开发泉州湾,建设成为富有吸引力的经济贸易、居住、滨海新城区,这个经济圈以泉州市区新城为中心点,东经东海,建桥跨过洛阳江,经秀涂港直至崇武的沿海一条线港口地带;南经泉州大桥直通晋江石狮至围头,形成三角带。第三,开辟历史文化名城天然博物馆,其规模东起"3湾12港"(泉州湾的后渚、蚶江、洛阳、秀涂、祥芝5港;深沪湾的深沪、永宁、梅林3港;围头湾的围头,东石、安海、石井4港),西至九日山、云台山,北至洛阳桥,南凭紫帽山、华表山,以清源山风景名胜区为中轴线,作为参观"天然博物馆"的天然路线,构成一个天然的整体,重新再现了泉州历史上各个时期的风貌。第四,开发清源山风景名胜区。要建设完善环山线路,建立"天然博物馆"模型陈列室,增强清源洞、南台岩、弥驼岩、望州亭、赐恩岩5个参观线路站的设施。第五,开发泉州东方多元文化优势。泉州以佛教文化、道教文化、儒家文化、阿拉伯文化等为内容,形成世界多元文化的宝库。素来是东方文化的圣地。泉州现存有伊斯兰教、摩尼教、印度教、佛教、道教等各种宗教遗迹,清净寺、开元寺、灵山圣墓、老君造像等都是重要参观地。这些丰富的文化遗迹说明泉州完全有实力成为世界多元文化传媒、文明之都、光明之城。应该整合力量好好利用和宣传。

# 解读"泉州模式"(2006)[①]

回顾20年前由我提出的"泉州模式"并进行总结这20年来泉州地区经济发展的新成就和新特点,不禁心潮澎湃,让我深感"泉州模式"在泉州乃至全国和世界上都有着极其重要的社会经济意义和深远的理论价值。

1986年,从理论上第一次在全国提出了"泉州模式"并论证了"泉州模式"是建立在社会主义市场经济、因地制宜、充分利用本地资源,发展"小""专""活"和多种经济形式的基础上的,它具有五个基本特点:"股份制的经济形式""外向型的市场经济""国际化的经营道路""侨洋式的生产条件""灵活的经济管理"和"地、亲、文、商、神'五缘'经济网络关系"。许多专家学者据此把"泉州模式"和"苏南模式"、"温州模式"并称为中国沿海经济三大模式。

综观这20年来泉州民营经济的大踏步发展和理论界关于区域经济和区域模式的讨论,我们当年提出的"泉州模式"在改革开放的历史验证下依旧闪耀着其特有的光芒,"泉州模式"历史地、公正地肯定其所走的道路是符合当今国情、侨情、乡情的;其拼搏而得到的结论,昭示了凡"以人为本""以德为先""人为为人",即有成功的希望。

当前的"泉州模式"呈现出发达的集群经济、特色的县域经济、活力的品牌经济、发展的创新经济和新型的文化经济等特点。如何应对国际性产业结构调整所带来的区域经济的梯度推移和区域之间的竞争,如何占据全球产业价值链分工中相对有利的位置,如何应对企业成长所带来的老板角色转换和培养新型的企业家所带来的挑战,如何处理好城市化与工业化之间的辩证关系等等,成为当前"泉州模式"所面临的挑战。

新时期我们对"泉州模式"仍然给予厚望,建议加强一下工作:进一步解放思想,为民营经济发展创造更加良好的环境;加大自主创新力度以自主创新把握县域经济发展主导权;努力培养新兴产业,使区域经济从单纯靠传统产业"单腿跳"变为"两条腿走路"整合资源,推进区域经济一体化;发挥泉州的独特优势。

---

[①] 本文刊载于2006年4月29日《泉州晚报》,原题《再论"泉州模式"》。

# 再解读"泉州模式"(2006)[①]

**按语**:20年前,本文作者根据泉州经济发展的形式和特点,在全国率先提出"泉州模式"的概念。作为《泉州发展战略研究》一书的余墨,作者客观而全面分析了"泉州模式"的重要社会经济文化价值和与时俱进的新特点,同时也冷静而理性地分析了在科学发展观指导下,"泉州模式"所面临的一些挑战,尤其是文末的五点建议,为完善"泉州模式"提供了良策。

自1978年改革开放以来,沿海经济迅猛发展,引起了广泛的关注和讨论。这些年来,国内外许多专家学者对中国沿海地区经济发展模式进行了概括和总结,比较突出的有以发达的私营经济著称的"温州模式",以乡镇企业闻名的"苏南模式",还有就是我于1986年在全国率先提出的"泉州模式"。20年过去了,回顾20年前由我提出的"泉州模式"并进而总结这20年来泉州地区经济发展的新成就和新特点,不禁心潮澎湃,让我深感"泉州模式"在泉州乃至全国和世界上都有着极其重要的社会经济意义和深远的理论价值。

## 一、"泉州模式"的重要社会经济文化价值

20年前的1986年,正值改革开放之初,出于对家乡的热爱,通过我本人3年共8次实地调查调研和访问,以及由我任会长的中国国民经济管理学会在泉州市举行经济年会的广泛探讨,从理论上第一次在全国提出了"泉州模式",并论证了它是建立在社会主义市场经济、因地制宜、充分利用本地资源,发展"小""专""活"和多种经济形式的基础上的,其具有五个基本特点:"股份制的经济形式""外向型的市场经济""国际化的经营道路""侨洋式的生产条件""灵活的经济管理"和"地、亲、文、商、神'五缘'经济网络关系"。

上述观点作为论文《"泉州模式"的经济特点与意义》首先发表在1986年的《复旦学报》上,后来汇集在专著《泉州发展战略研究》一书上。作为国内首次总结泉州经济发展特点的"泉州模式"论文和首部全面研究泉州市发展战略的区域经济学著作问世后,在国内外引起了强烈反响。许多专家学者据此把"泉州模式"和"苏南模式"、"温州模式"并列称为中国沿海经济三大模式,各地政府官员也纷纷到泉州取经,取得了重大的宣传效应和经济文化价值。泉州市政府也高度重视"泉州模式",在多次场合宣传和介绍研究成果,认为这是对家乡的重大贡献。

综观这20年来泉州民营经济的大踏步发展和理论界关于区域经济和区域模式的讨论,我们当

---

[①] 本文刊载于《泉州企业家》2006年第6期,原题《解读"泉州模式"》。

年提出的"泉州模式"在改革开放的历史检验下依旧闪耀着其特有的光芒,"泉州模式"历史地、公正地肯定其所走的道路是符合当今国情、侨情、乡情的;其拼搏而得到的结论,昭示了凡"以人为本""以德为先",即有成功的希望。具体来说,"泉州模式"的社会经济文化价值体现为如下:

(1)"泉州模式"首次提出了社会主义市场经济、股份制和国际化经济等观点,开了中国改革开放理论实践的先河,具有重要的经济价值和理论内涵。早在1986年,我们就提出了"泉州乡镇企业经济形式,是我国封闭型经济转为外向型市场经济的一个良好的尝试"。尽管现在很多人都在争议市场经济是谁最先提出来的,但是我们早在1986年就在宣传泉州的这种市场经济模式,并且明确认为"发展社会主义市场经济和社会生产力,建设有中国特色的社会主义,是我国的根本任务"。泉州有发展商品经济的传统和基础,现在流通搞得比较活,只要从上至下进一步树立社会主义市场经济观念,瞄准国际市场,一个外向型的泉州乡镇市场经济就会在改革和开放中进一步得到发展。我们在1986年还首先提出乡镇企业要"树立经济生活的国际化观念",总结了泉州乡镇企业经营的一个特点就是"面向世界,面向全国市场",这种国际化经营道路是乡镇经济的必由之路。二十年来泉州经济的飞速发展充分证明了当年提出的"泉州模式"的理论科学性。"泉州模式"根植于泉州经济的土壤,反映了泉州经济的社会现实,同时这条改革开放的国际化路子也是适合全国乡镇企业的,这也正是"泉州模式"的生命力所在。

(2)"泉州模式"所提出的"五缘"网络和侨洋式的生产条件包含了祖国统一的巨大的社会文化价值。"五缘文化"是我在承接《泉州发展战略研究》这一课题时提出的,当年考虑到泉州与台湾一水相隔,相同的人文归属感促使许多台湾乡亲来泉投资,我们就把这一地缘相近、血缘相亲、文缘相承、商缘相连、神缘相系,渊源深厚的现象概括为"五缘"经济文化网络和"侨洋式的生产条件"。所谓"五缘"网络就是指通过地缘、亲缘、文缘、商缘和神缘达到促进经济社会文化的和谐发展,这也是由我开创的东方管理学派的主要内在理念之一。"五缘"文化,是植根于中华优秀传统文化基础上,汲取道家"六亲和睦"的观念,以儒家的"五伦"伦理为理论根据,结合泉州和闽南的改革开放实践,立足现实、发展地方经济的经验总结,是闽南文化的升华,也是中华文化的重要组成部分。"五缘"文化也是海峡两岸人们同根同缘、不可分割的见证,是两岸人民亲密往来的脐带,也是维系台湾与祖国不可分割的纽带。数百年来,以"五缘"为重要特征的闽南文化作为入台的闽南移民怀念故土不忘祖先的表达方式,在台湾被完整传承和保护下来,融入了百姓日常的生活中。通过"五缘"文化的提出,我们更加体会到保护和发展以"五缘"文化为特征的闽南文化,也是保护海峡两岸统一的根基,对于海峡两岸经济的繁荣也具有重要的历史和现实意义。实践已经证明:文化和经济之间没有不可逾越的鸿沟,在一定条件下两者可以相互转化。当"五缘"文化成为一种巨大的文化资源,就能对两岸经济的繁荣发展起积极的推动作用。因此,文化的凝聚力和经济的驱动力能够组合成一种具有爆发性的"文化力"。在发展两岸关系和促进两岸统一问题上,它将起到巨大的聚合作用。

(3)"泉州模式"提出的灵活的经济管理模式仍然在今天的企业管理中起到了重要的示范作用。泉州乡镇企业当年的起步是以"小""专""活""广"为主要特点的。"小"就是小企业、小商品、小项目,但是这却是个"大市场",可以带来"大创汇""大产值"和"大网络"。"专"是专业化生产和专业化市场。今天所谓的泉州鞋业集群等就是当年的专业化市场的产物。所以专业化带来的是大的支柱产业和泉州制造的大的名气。"活",即先找市场、以贸开路,以销定产和搞活销售。在这些灵活的管理方式中,20年来,泉州的许多品牌企业在世界各地布满了销售网络,使得泉州的运动鞋、铁观音、雨伞等产品畅销全球。"广"就是生产门类广,经济形式多种多样。这是跟泉州当时的小商品经济有关的,现在的泉州经济更多地表现为由传统的制造业和加工业逐步向船舶和化工等高技术产业的发展,因而拓宽的是门类,但是转变的是经济增长方式。"泉州模式"的这些经济管理特点在当今的许多企业管理中依然具有重要的指导意义,这也是其管理价值所在。

从以上分析,我们可以看出"泉州模式"作为泉州经济发展的理论成果不仅符合当时的经济特点,而且在今天仍然具有生命力,是泉州人坚持从实际出发,坚持按照科学发展观办事、坚持大胆创新,爱拼才会赢的成果。历史证明"泉州模式"是正确的、有效的。"泉州模式"走出了一条靠市场创造现实社会生产力的成功之路;"泉州模式"走出了一条建立城乡经济一体化的成功之路;"泉州模式"走出了一条通过外引内联,实现跨地区、跨行业、跨所有制和跨国界联合的成功之路;"泉州模式"走出了一条国富、村富、共同富裕的成功之路;"泉州模式"也将走出一条通过"五缘"网络,实现祖国统一的成功之路。

## 二、当前"泉州模式"的新特点

20年过去了,随着时间的变化和市场环境的变化,"泉州模式"在实践中不断成熟和发展,也涌现出许多新的特点,具有显著的经济文化价值,比较突出的有以下几个方面:

(1) 发达的集群经济。产业集群,是指相同的产业以及支持该产业的相关企业,高度集中于某个特定地区的一种产业成长现象。产业集群具有如下几个特点:① 积聚经济;② 专业化分包;③ 创新环境;④ 合作竞争;⑤ 路径依赖。2005年泉州市《政府工作报告》中提出:以产业集聚为着力点,构建充满活力的民营经济跃升平台。为此,要"着手规划和培育发展2个产值超千亿元(石化、纺织服装),2个超500亿元(鞋业、建材)和8个超100亿元(电子信息、汽车及其配件、修船造船、机械制造、工艺制品、食品饮料、五金水暖、包袋制品)产业集群"。泉州发达的产业集群,是建立在已有的专业化市场的基础上的,是这些年来"泉州模式"朝着更高起点发展的一个重要标志。

目前泉州的产业集群主要表现在:① 纺织服装集群。主要分布在市区以及晋江、石狮、南安市。据有关部门统计,泉州2004年纺织服装企业达到1万多家,产值突破700亿元,约占泉州工业总产值25%,形成纺织、漂染及成衣系列产业链。目前泉州年产服装高达1.8亿件,占福建省服装总量的70%,其中40%纺织服装出口到世界。② 鞋业集群。主要集中在晋江市。目前从事生产和经营鞋业的企业有3 000多家,从业人员35万人。年产各类鞋5亿多双,占全国运动旅游鞋产量近一半,占世界运动鞋、旅游鞋生产量的五分之一,皮鞋近亿双,合计产值近200亿元,成为全国三大制鞋基地。晋江市被国家有关部委联合命名为"中国鞋都(运动鞋)"。③ 建陶石材集群。共有建陶石材类企业4 000多家,其中建陶石材企业300多家,建陶机械制造企业30多家,生产加工企业2 000多家,销售企业数百家,年产值200多亿元。主要分布在晋江、南安、惠安等地。南安、惠安分别有"石材城""石雕之乡"之称。其中建筑陶瓷主要分布在晋江、南安两地,尤其晋江市磁灶镇为主产区。该镇共有建筑陶瓷企业623家,产值近50亿元,被誉为"物南瓷都(建筑陶瓷)"。石材业中板材生产区主要分布在南安、晋江、惠安,石雕产区主要在惠安县。④ 工艺品集群。主要分布在丰泽、晋江、石狮、惠安、安溪、德化等地。主要产品有陶瓷、树脂、木业、竹藤、石雕、铁件、玩具等,年产值150多亿元。目前,丰泽区已成为世界最大的树脂工艺品生产基地,全世界约有36%的树脂品来自丰泽区,世界上每三件树脂工艺品必有一件是"丰泽制造"。工艺陶瓷主要分布在德化县,该县具有千年制瓷历史,与江西景德镇、湖南醴陵并称为"中国三大瓷乡"。此外,晋江市安海镇与广东澄海、上海并称为"中国三大玩具生产基地"。竹藤木藤工艺主要分布在安溪县,共有企业300多家,年产值突破13亿元。(5) 石化产业集群。主要分布泉港区,以福建炼油一体化项目为龙头,带动氯碱、乙烯聚酯以及专业塑胶、制革等大批石炼中下游配套项目建设,形成专业化产业群。2010年目标是实现产值超千亿元。

(2) 特色的县域经济。谈到泉州下辖的各县(市、区),人们几乎都能概括出其特色经济发展特征:泉港——正在崛起的世界级石化基地;丰泽——中国树脂工艺之乡;晋江——中国鞋都;安溪——中国茶都;石狮——中国服装名城;南安——中国建材之乡;惠安——中国石雕之乡……20年来,泉州积极鼓励各县(市、区)因地制宜,挖掘潜力,寻找经济发展突破口,选准山海联动发展,强化产业分工协作,使县域经济竞相发展,成为全市经济发展的重要"增长源"。泉州是县域经济发展的代表,几年来,泉州把各具特色的县域经济作为发展大泉州经济的强大支撑点,积极实施"品牌经济""特色经济""块状经济"战略,加速推进工业化、城镇化和农业产业化进程,县域经济迅速发展壮大。目前,泉州县域经济总量占全市经济总量的80%。2003年,晋江、石狮、惠安、南安继续入选"中国最发达100名县(市、区)"。目前,全市民营企业总数已达12万家,吸纳劳动力150多万人,在全市国民经济中发挥了"五分天下有其四"的重要作用。位居全省县(市)综合经济实力榜首的晋江市,农民收入的2/3、市镇财政收入的3/4、农村社会总产值的4/5是靠民营企业提供和创造的。泉州市这种以民营经济为主的所有制格局,突破了传统计划经济体制的约束,在适应市场机制的进程上先行一步。可以毫不夸张地说,由民营企业和乡镇企业发展起来的县域经济和特色经济是构成今日泉州实力的主体力量,是"泉州模式"的精髓所在,这也正是泉州建设"海峡西岸经济区中部枢纽城市"的希望所在。

(3) 创业的名牌经济。与传统的制造业相比,当前泉州经济的重要特点是由"泉州制造"转向"泉州创造",在产品功能提升的背后是对产品的品牌营销力度的加大。在国内运动鞋市场上占有率第一的晋江安踏集团企业,其经营重心的转变耐人寻味。他们抛弃了注重产量的传统策略,许多生产功能转移到一大批设备先进、工艺过关的配套中小企业,核心经营团队的心思更多放在打造品牌上,组成了一艘以"安踏"品牌为龙头、以配套企业群为协作层的运动鞋"产销舰队"。这样的变化,反映出泉州传统产业整体转型的一种趋势——相当一批企业利用自身的品牌优势和市场网络营销优势,或组建松散型产销联合体,或委托加工生产,或通过资产重组扩大规模,实现名牌产品的低成本快速扩张,加快优良资产向名牌产品、名牌企业集中。大批中小企业通过为名牌企业的配套或加盟而重焕生机。泉州在实施品牌工程后也开始收获品牌经济带来的好处。目前,泉州的传统产业中,已有15家企业的15项产品跻身中国名牌,位居全国城市前10位、福建省首位。据不完全统计,占泉州全市企业数不足2‰的141家福建省名牌以上产品企业,创造了全市20%强的经济效益。2005年,来自泉州市工商局的消息称:前三季度,泉州3件商标被国家工商总局认定为"中国驰名商标",目前泉州驰名商标总数达13件,占全省近一半,其总数一举跃居全国地级市首位。另外,泉州还有10多家企业正在向国家工商总局申报中国驰名商标。前不久,泉州以中国名牌产品数量和中国驰名商标数量领先的优势荣膺"中国品牌经济城市"称号,成为国内获此殊荣的12个地级城市之一。由传统的重视制造转向品牌立基,这反映了泉州制造在当代的转型,这也是当前"泉州模式"的一个新特点。

(4) 自主的创新经济。"提高自主创新能力"和发展创新经济已经被列入了"十一五"规划中,20年来泉州把自主创新作为经济发展的助推器,不断激发"创新、创业、创造"潜力,建设"活力泉州",经济发展初期缺乏技术和人才支撑的状况正在逐步转变,创新经济也得以在全市推行,主要表现在以下四个方面:① 抓企业技术创新,提高企业市场竞争力。培育典型,示范引导,如泉州市雷克微波通信有限公司,在无线通信射频技术的微型化及大功率高线性射频放大器的研制等方面积极开展技术创新,取得了多项具有自主知识产权的专利技术,其射频产品技术在国内处于领先地位;加强"产学研"结合,提高企业自主创新能力。② 抓产业技术创新,提升区域经济竞争力。积极运用信息技术等高新技术改造和提升传统产业,重点培育一批由技术创新突破带动的新兴产业。泉州市高度重视利用高新技术改造传统产业,先后引进了国内外先进设备8万多台套,仅晋江市陶瓷行业就引进320余条先进辊道窑和隧道窑生产线,使传统陶瓷行业发生质的飞跃。通过对传统产业的技术改造,陶瓷行业质量和产能都得到了极大的改善,同时也达到了循环经济的要求。此外,泉州市还强化高新技术产业领域的自主创新,培育新的经济增长点。全市共有民营科技企业635家。建立了德化、惠安2个省级民营科技园区。培育了86家拥有自主知识产权、具有竞争优势的省级高新技术企业,形成了具有泉州特色的高新技术产业群。泉州组建了17个行业技术开发中心。如福建浔兴集团公司作为全国拉链行业的龙头企业,成立了中国日用五金技术开发中心拉链专业分中心。该中心参与修订拉链行业标准,在推动拉链行业技术进步、统一行业技术标准等方面发挥了积极作用。实施重大科技计划项目,加强对产业技术创新的方向和重点的宏观指导。③ 抓科技中介服务机构建设,促进创新资源的优化配置和有效结合。目前全市共有10个县(市、区)成立了生产力促进中心。④ 抓科技人才队伍建设,为企业技术创新提供智力支撑。泉州市政府还先后与国内10多所著名大学、科研院所签订全面经济合作关系,成立泉州开发区和泉州市技术创新顾问团,建立"福建晋江高科技园区企业博士后科研工作站"和"清濛科技工业区博士后科研工作站",引进高层次科技管理人才为本地企业技术进步服务,这些年来,仅晋江市有关企业就与国内70多家高校和科研机构建立长期合作关系,合作建立"中国拉链技术开发中心""高科技陶瓷中试基地""微波通信中试基地"等研发机构,合作解决了一系列难题。

(5) 新型的文化经济。泉州是国务院首批公布的24个历史文化名城之一,海外交通、宗教、建筑和民俗是泉州的特色文化旅游资源,是构成泉州新型文化经济的重要组成部分。① 泉州是"海上丝绸之路"起点。早在宋元时期,泉州就成为了中国最大的贸易港,以"刺桐港"著称于世,在东西方海上交通以及文化交流史上有着极为重要的地位和深远的影响。泉州拥有一大批与中古时期海外交通有关的文物瑰宝,其数量之繁、种类之多和价值之高是其他地方难以比拟的,较著名的有海外交通史博物馆、九日山祈风石刻、宋代古船、六胜塔、关锁塔、市舶司遗址、天后宫。② 泉州是"世界宗教博物馆"。随着海外交通的发展,世界各大宗教也随之传入泉州。宗教间相互渗透、相互作用,创造了独特的泉州宗教文化。历史上,泉州的宗教有道教、佛教、伊斯兰教、景教、印度教、基督教、摩尼教、日本教和拜物教等,这些宗教在经历了千年的风雨之后,有些仍在泉州流传,有些虽然已经归于寂灭或退出泉州,但它们在泉州留下了众多的遗迹、雕像、建筑。泉州素有"宗教胜地""世界宗教博物馆"之美誉,较著名的有开元寺、老君岩、清真寺、伊斯兰教圣墓、草庵、三世佛造像、龙山寺(通淮关岳庙、清水岩)。③ 泉州是"全人类的文化遗产"。多种宗教、文化的撞击融合,形成了泉州独有的建筑文化。除了大量的宗教建筑外,还有许多具有闽南特色的民居和基础设施。有骑楼、土楼、手巾寮等,其中最为典型、最具历史文化内涵的是宫殿式古大厝。南安蔡资深古民居建筑群最具代表性。桥梁是泉州建筑文化的重要组成部分,洛阳桥和安平桥,都是我国古代桥梁艺术的代表作。④ 泉州是"中国音乐活化石"。泉州背山面海的地理环境和多种文化的相互交融碰撞,使泉州的民俗也有很多独具一格之处。此外,泉州传统曲艺中有不少表演形式和剧目源于宋元时代,在发展的过程中吸收、融合了其他外来文化的成分,也充分体现了兼收并蓄的特色。如来源于中原地区民间喜庆舞蹈具有武化特征的"拍胸舞",泉州人自创的充分体现其乐观向上、勇于创新、追求美好生活的"火鼎公、火鼎婆",被称为"中国音乐活化石"的让康熙皇帝拍手叫好"惊为天下绝响"的南音,被誉为我国戏曲"奇葩"的提线木偶戏,郭沫若题诗赞誉为"南海明珠"的高甲戏,基本上保留了宋元南戏原貌的梨园戏等。

## 三、"泉州模式"当前的挑战与应对

在科学发展观的指引下,"泉州模式"也面临了一些挑战,主要有以下四方面:

第一,如何应对国际性产业结构调整所带来的区域经济的梯度推移和区域之间的竞争。20世纪70年代以来,泉州因为紧紧抓住了世界劳动密集型产业(如服装、鞋业和纺织)由台湾、香港向大陆转移的历史机遇,充分借助侨乡的有利条件,取得了举世瞩目的成就。但是如今泉州在长三角和珠三角两大经济圈夹击下,兼以城市定位、土地、税收等诸多因素的相对缺失,一些大型企业如菲莉集团、七匹狼集团、劲霸时装有限公司等总部纷纷外迁,使泉州区域产业经济初步呈现边缘化的潜在风险。同时,作为港商台商投资最早的热土,泉州在港台商以资本与技术密集型产业为主导的新一轮投资布局中被"冷落",台资的热点逐步向长三角、珠三角等区域转移。面对新一轮国际产业结构调整所带来的区域经济的梯度转移和区域之间的竞争,"泉州模式"如何学会同长三角和珠三角既竞争又合作,以维护并促进泉州区域经济的持续发展,让泉州企业"把根留住",这是个全新的课题。

第二,如何占据全球产业价值链分工中相对有利的位置。目前泉州区域产业价值链虽已成雏形,但大部分均处于产业价值链的底端,即加工组装环节。如我们上面所说的鞋业集群虽然已是全世界最大的中低档鞋材供应基地,但是利润非常低,与NIKE、锐步等国际巨头主要从事的设计和研发相比,我们所从事的最底端的OEM工作。因此,泉州企业要想实现产品的高附加价值,占据全球产业价值链的有利位置,就必须向上、下游拓展——上游利润由低到高是零部件、材料、设计和研发,下游是销售、传播、网络和品牌。现实情况是,恒安、安踏、浔兴拼命往上冲,跨国巨头拼命往下打,泉州企业怎么接招?唯有不断加大品牌和研发投入,才能占据有利位置。

第三,如何应对企业成长所带来的老板角色转变和培养新型的企业家所带来的挑战。我们在"泉州模式"中曾经提到泉州经营管理的特点就在于灵活多样,但是还应该承认的是,我们普遍的经营问题是缺乏管理资源的引入。我们看到有些泉州老板大谈特谈其"子传孙,孙再传重孙,江山永不变色"的"独家秘方",其实这就是家族制管理所带来的问题。泉州的普遍文化程度不高,虽然他们具有"爱拼才会赢、输人不输阵"的勇气,但是缺乏有训练的职业管理习惯还是在企业长大后让他们苦恼不堪。在谈到晋江企业管理模式创新时,有人说:"晋江企业在发展观念上,重经营实践轻观念创新,重埋头拉车轻抬头看路;在经营战略上,重眼前功利轻长远目标,重一时利益轻百年基业;在企业制度上,重家族血缘轻制度创新,重单打独斗轻联合协作;在文化构建上,重高薪挖才轻团队文化打造,重高层管理轻基础建设;在品牌打造上,重明星效应轻品牌文化内涵,重广告包装轻品牌整体战略。"可谓一针见血。因此,泉州要重在培养新生的人才,与上海等国际大都市的专家、学者和企业家密切结合,培养新型的企业家。

第四,如何处理好城市化与工业化之间的辩证关系。泉州的经济总量位居福建首位,而城市竞争力较之厦门相对落后,根本性的原因在于泉州市环境指标如市政建设、人力资源等因素相对落后。现代城市之间的竞争,已不是纯粹的经济之间的竞争,而是包括企业、产业环境、市政建设和生活质量等各方面的综合竞争。如何处理好城市化与工业化之间的辩证关系(包括政府与企业之间的关系),不仅对政府、对城市、对企业乃至对"泉州模式"的可持续发展都至关重要。

新时期我们对"泉州模式"仍然寄予厚望,建议加强以下五方面工作:

(1) 进一步解放思想,为民营经济发展创造更加良好的环境。泉州民营经济的发展,在其发育壮大过程中可能出现一些消极因素,也带来某些社会问题,但总的来说是有益的进步的,其对发展先进生产力的巨大历史意义不能低估。可以毫不夸张地说,如果没有民营经济的发展,就没有今天泉州经济的繁荣。目前对于民营经济意义的认识已基本形成共识,关键是要有相应的政策,特别是改革措施跟上去。因此,必须在放开市场准入、降低创业门槛、简化审批手续、杜绝随意摊派、打破特权秩序、改进政府服务等方面采取更加切实有效的措施,营造民营经济成长壮大的良好环境。

(2) 加大自主创新力度,以自主创新把握县域经济发展主导权。当务之急是把自主创新作为推动品牌战略实施的突破口,引导企业创品牌,以自主创新来把握泉州市县域经济发展的主导权。这一阶段政府要积极提供支持,加强引导:一是要形成科学的品牌发展和培育规划,实施宏观指导。这就要从泉州的产业布局、经济发展状况出发,从全局的高度,制定并落实好具有全局性、纲要性产业发展规划和品牌产品培育规划。二是要建立自主创新工作机制,落实保障实施。也就是说,政府要进一步加强对企业创名牌工作的领导,把抓自主创新工作作为品牌战略实施的中心工作,引导企业从自身条件出发制定切实可行的具体品牌争创计划和措施,建立健全工作机制,落实扶持政策,全面实施品牌战略。三是要以自主创新确实转型传统产业。泉州的纺织、服装、鞋、建材等产业都属于传统的、劳动密集型的行业,是县域经济的支撑产业,石化、港口、船舶制造等产业尚未形成规模。如果不加快经济结构调整、产业升级,将制约我市经济的长远发展。要发挥这些产业在我市县域经济中的支撑作用,就要以自主创新作为突破口,通过提高企业自主创新能力,发展产业集群,使这些企业成为县域经济中持久而强有力的支撑点。

(3) 努力培育新兴产业,使区域经济从单纯靠传统产业"单腿跳"变为"两条腿走路"。在新时期,泉州人已经不满足于已有的传统制造业,而是盯上了新目标:抓住国家重大项目炼化一体化工程落户泉州的机遇,主动承接、乘势发展石化产业;利用泉州港深湾阔的有利条件,致力填补东南沿海没有大型船坞和大型船舶修理能力的空白,力争突破修造船业。同时泉州也在加紧引进一些先进的信息产业作为填补产业空洞的重要举措。上述这些新型的产业必将给泉州的新一轮产业转型带来驱动力,使泉州经济获得新一轮快速发展的产业空间。

(4) 整合资源,推进区域经济一体化。要从大泉州发展的全局出发,进一步整合各县(市、区)的区域资源,加强统筹协调,从机制、产业、市场、劳力、信息、技术、资金、资源等各方面努力构建一个大泉州发展平台,打破条块分割的"诸侯经济",促进各种资源、各种生产要素在更大更宽的平台上自由流动、合理配置、有机整合集聚。要对接互动,推进中心城市与县域经济协调发展。应该把中心城市的体量做大,充分发挥中心城市对县域经济的带动力、辐射力、凝聚力和影响力。县域应该充分发挥各地的比较优势,接受中心城市的辐射和带动。要分类指导,推进区域经济协调发展。沿海地区与山区县的发展基础、发展条件、发展现状不同,应该采取不同的政策措施,统筹推动沿海与山区的协调发展。

(5) 发挥泉州的独特优势。20年前我们在《泉州发展战略研究》一书中曾提出城市建设的建议,今天仍具有极大的参考价值。第一,要扩大泉州中心城市建设。我们对泉州中心城市规划的设想是:以鲤城为中心,晋江、洛阳江两岸为依托,建设大内环线及沿海的外环线,立足建设三点一线:鲤城—东海—后渚三点,泉秀路一条线;以泉州湾为中轴,有步骤地向泉州湾两翼即洛阳、东园、秀涂、崇武、肖厝和石狮、石湖、祥芝等展开,使泉州中心城区成为面靠大海一条线,上接泉港、惠安、下连晋江、石狮两个面,背有南安、安溪、永春、德化腹地,具有内外辐射功能的枢纽点,从而使泉州成为一个半湖型的新型海湾城市。第二,开发泉州湾经济圈。设想充分利用侨、台开发泉州湾,建设成为富有吸引力的经济贸易、居住的滨海新城区,这个经济圈以泉州市区新城为中心点,东经东海,建桥跨过洛阳江,经秀涂港直至崇武的沿海一条线港口地带;南经泉州大桥直通晋江石狮至围头,形成三角带。第三,开辟历史文化名城天然博物馆,其规模东起"三湾十二港"(泉州湾的后渚、蚶江、洛阳、秀涂、祥芝五港;深沪湾的深沪、永宁、梅林三港;围头湾的围头,东石、安海、石井四港),西至九日山、云台山,北至洛阳桥,南凭紫帽山、华表山,以清源山风景名胜区为中轴线,作为参观"天然博物馆"的天然路线,构成一个天然的整体,重新再现了泉州历史上各个时期的风貌。第四,开发清源山风景名胜区。要建设完善环山线路,建立"天然博物馆"模型陈列室,增强清源洞、南台岩、弥驼岩、望州亭、赐恩岩5个参观线路站的设施。第五,开发泉州东方多元文化优势。泉州以佛教文化、道教文化、儒家文化、阿拉伯文化等为内容,形成世界多元文化的宝库。素来是东方文化的圣地,泉州现存有伊斯兰教、摩尼教、印度教、佛教、道教等各种宗教遗迹,清净寺、开元寺、灵山圣墓、老君造像等都是重要参观地。这些丰富的文化遗迹说明泉州完全有实力成为世界多元文化传媒、文明之都、光明之城,应该整合力量好好利用和宣传。

# 创新·发展·构建·和谐
## ——关于泉州发展的几点建议(2006)[①]

## 一、对泉州经济发展的点评与建议

20年间,泉州发生了翻天覆地的大变化。表现在城建规模大,经济步伐大,国际影响大,综合经济实力跃居福建首位,生产总值居全省首位11年,成为海峡西岸发展最快,最具实力的活力之地,成果辉煌。事实证明,"泉州模式"的运行是成功的,泉州市领导近年提出泉州发展的"八个思路,四个坚持,五个方面"是带有方向性、根本性的举措。泉州经济发展已形成新的五个特点:发达的集群经济、特色的县域经济、活力的品牌经济、发展的创新经济和新型文化经济。民企进入转型提升阶段,荣获中国城市品牌称号,财政收入排全省第三,83个项目带动成效显著,商业流通极具现代性,为泉州走在全省前列,全国领先,创建大都市打下好基础。泉州要再创新发展。

建议:财政收入力争全省第一,提高五大产业集群(纺织服装鞋业、建材、陶瓷石材、工艺品、石化)的质与量,优化资源配置,加强提升建设六大世界级的都市经济,提升名牌的国际品位,占领国际市场,加快发展教育事业,合力培养新型的民营企业家。泉州应该成为海峡共同市场的主要基地,积极推动两岸区域经济的整合与发展,"泉州模式"应该继续充实创新发展,成为社会主义市场经济新模式。

## 二、对泉州城市拓展的点评与建议

拓展大泉州的城市规模,是泉州作为福建三大中心城市之一,再造国际海滨大都市的关键。泉州自20世纪80年代就制定城市发展战略,其成果反映在《泉州发展战略研究》,曾指出,中心城市建设,开发泉州湾经济圈,形成"众星捧月"式规划布局,提出开发东海开发区构想,开辟国际文化旅游区,开辟历史文化名城天然博物馆,建设洛阳湖民俗文化国际山庄,着力对湄洲、肖厝港开发,创建侨台贸易区,形成大泉州规划。一年来,大泉州新一轮的城市规划,从450平方公里扩展到2777平方公里,扩大城市框架,建设桥南、城东、东海三大片区,设施配套较完善,加快推进以港兴市,促港城联动。成效十分显著,令人兴奋。

建议:泉州再制定一个20年发展战略,明确泉州城市定位和发展目标,要体现继承性、连续性、科学性、法制性、标志性等,建设内、中、外环路,扩大中心城市规模,以鲤、丰、洛、桥南、城东、东

---

[①] 本文是2006年4月28日提交泉州市委、市政府主办的"辉煌泉州·活力泉州"论坛的建议稿。

海三大片区为中心城市的内环,以二江(晋江、洛阳江)为依托,以惠安、泉港与晋江、石狮、南安南部为南北两翼齐飞,以沿海大通道为中轴,形成面向大海,内外市场滚动的国际大都市。泉州要成为国际大都市,需要有国际交流条件,关键要有全世界人才的汇聚,从现在开始,除了大力发展经济,还需要努力的是发展人文,提升城市品位,使泉州成为"市井十洲人"的国际大都市,重现东方大港的雄威。

## 三、对泉州体制创新的点评与建议

创新是民族振兴的动力与源泉,是泉州发展的生命力。随着现代化的深入推进,体制创新的重要意义和巨大作用将更加突出。科技创新要取得突破和实效必须与理论创新、体制创新相结合。近年,泉州体制创新举措频频亮点,公共服务型政府隆重登场,创业服务中心即将运行,行业协会行使管理职能,国有企业改革和民营资本运作并举,效能建设成效初显,扎实推进产权制度改革,在利用外资上,创立了项目快速落地机制,去年一年,实际利用外资 12 亿美元,其投资额之大,媒体关注度之高,备受瞩目。

建议:泉州体制创新必须以企业为主体,市场为导向,应用为目的,创新为核心,政府职能转变为关键。建立有效的投融资体制,实行产学研合作,推动科技教育与经济的结合,促进科技进步与经济增长,增强创新能力和国际竞争力。为促进泉州发展,成为国际大都市,泉州可组织创建世界泉商会。

## 四、对泉州文化建设点评与建议

泉州文化可以说是一种世界性的大文化,是东方文化的典范之地,其内涵是多样的,范围是多国广泛的,品种是多元的。它是闽南文化、海丝文化、宗教文化、华商管理文化、"五缘"经济文化的集聚地,这是世界、国内所稀见的大文化之地,这种大文化成为一种推动力、聚集力、和谐力,对中央提出的构建和谐社会、和谐世界、和谐亚洲非常重要。对泉州经济社会发展的作用非凡,是"泉州模式"的升华。泉州市近年对文化古城底蕴不断丰富,建设闽台缘博物馆,形成的西湖文化休闲带,以及提出保护闽南文化构想,是非常好的举措。同时经常通过中央电视台向全球 130 多个国家、地区直播泉州文化,让千万人了解泉州文化,影响是巨大的。

建议:为发扬大泉州文化,推动台、侨经济文化互动发展,把泉州建为国际大都市,在泉州城东地区的洛阳江建设万安湖新的文化休闲区,创建中国东方文化的研究基地、闽南文化的基地、东方管理文化科学研究院、国际商学院、国际会议中心,泉州应该成为国际"五缘"经济文化网络基地。泉州文化潜力大,是发展的一个重要突破点,应加以充分利用。

## 五、对泉州构建和谐社会的点评与建议

泉州在近年来对和谐社会发展、人民安居乐业,做了许多有益的事业,把扩大就业摆上突出的位置,城镇失业率为全省最低,社保覆盖面拓宽,在全省率先实施"五险合一,地税统征"社保管理的创新体制,创新外来工维权工作,解决看不起病的问题,是了不起的。但对构建和谐社会的愿景还需努力。

建议：和谐必须是多种水平、多个层次的和谐。要建设和谐社会，除了社会结构和谐外，还要做到：① 人自身的和谐；② 人与自然的和谐；③ 人与群体的和谐；④ 外部环境的和谐；⑤ "五缘"关系的和谐。同时，还要引导民众进行个人修养，形成一种良好的社会文化，这是整个社会和谐的基础，人的自身修养，要讲"八荣八耻"，要讲"六义"：① 与人为善；② 以义取利；③ 以诚为基；④ 以和为贵；⑤ 以乐为本；⑥ 以礼相待。倡导"泉州精神"。

以上仅供参考。

# 发挥泉州新优势(2006)[①]

各位领导、各位专家：

大家好！

我今天讲三个问题，一是再论"泉州模式"，二是发挥泉州新优势，三是泉州如何取得进一步的新突破。

第一个问题是再论"泉州模式"。

我生在泉州，长在外地，但对泉州怀有特别深厚的感情，一直以来，我认为一个人只有家乡情才有会有作为，这是一个人的德行。从1981年我第一次应邀到泉州工人文化宫作"现代企业管理讲座"起，至今近25年。在我任中国国民经济管理学会会长的1982年起，就一直关心家乡发展，深入实地调查研究。在20世纪80年代初，在泉州建设中，正遇到三个压力：一是转向市场经济发展中体制压力；二是全国闻名的"假药案"，可谓政治的压力；三是泉州民营企业迅速发展，国有企业向何处去的压力。作为泉州的子民，在家乡有关部门的支持下，1986年10月8日在泉州华侨大厦，由中国国民经济管理学会、华商管理学会联合全国各地大学、科研单位的学者约108人，举办了全国性的"泉州模式"研讨会。来自全国各地代表比较分析了"苏南模式""温州模式"，并研究了"泉州模式"。这是建立在社会主义市场经济、因地制宜、充分利用本地资源，发展"小""专""活"和多种经济形式的基础上的独特模式。它具有五个基本特征：一是"股份制的经济形式"，二是"外向型的市场经济"，三是"侨洋式的生产系统"，四是灵活性的企业管理，五是国际化的经营道路及其发展脉络，"地、亲、文、商、神"——"五缘"经济网络关系。

时任书记张明俊等市委市政府领导一直关心"泉州模式"这篇文章。我把调查研究的观点作为论文《试论"泉州模式"的经济特点及其意义》发表在《复旦学报》，并汇集出版专著《泉州发展战略研究》一书，在国内外引起了热烈反响。许多专家把"泉州模式""苏南模式"和"温州模式"并列称为中国沿海经济三大模式。

"泉州模式"总结出了中国经济发展中的主要特点，提出了泉州未来经济发展腾飞的发展战略。为泉州在以后几十年的发展指明了前进的正确方向。其中，明确指出了企业股份制改革，这在全国来说是最早的，即是在现在来看，也是相当超前的，相当有远见的。它在泉州突破也是非常成功的。文中还提出了社会主义市场经济和国际化经济等观点，开了中国改革开放理论时间的先河。

"泉州模式"在改革开放的20多年历史检验下，依旧闪耀着特有的光芒，"泉州模式"历史地、公

---

[①] 2006年4月28日，为庆祝泉州地改市20周年，泉州市委市政府举办以"辉煌泉州、活力泉州"为主题的论坛大会，本文为大会发言，根据录音整理。

正地肯定其所走的道路是符合当前国情、侨情、乡情的。

"泉州模式"是体现了"以人为本、以德为先、人为为人"的东方文化精粹,是其成功的文化根源。

"泉州模式"体现了"地、学、人、商、神"的"五缘"特点,这是泉州经济发展纽带,反映了泉州社会文化特点。

"泉州模式"走出:一是靠市场创造现实社会生产力的成功之路,二是走出一条城乡经济一体化成功之路,三是走出了一条国富、村富、共富成功之路。"泉州模式"有五性:科学性、实践性、应用性、开放性、超前性。

第二个问题是发挥泉州新优势。

纵观20多年来,泉州发展是辉煌的,要搞好泉州,使泉州走在全省发展前列,走在全国前列,走向世界。我认为要发挥泉州的五大新优势:

第一,发挥泉州是世界多元文化圣地的新优势。泉州是多元文化典范之地,有三个世界性独特文化:一是多种宗教文化,二是闽南首府文化发源地,三是海丝文化发源地,可以吸引着世界各国人民前来开展文化交流活动。

第二,发挥世界华人"五缘"关系新优势。地、亲、文、商、神"五缘",是我在1980年中主持"泉州发展战略研究"过程中在全国首次提出的,是泉州独特的人文特质,20多年来成为世界华人"五缘"经济文化关系的纽带。我们已经在上海建立"五缘"研究基地和网站,向世界都开放。旅居世界各地的泉籍华人、华侨有750.93万人,分布在90多国家。他们以"五缘"为联系纽带,扩大社会文化关系,这是泉州发展的独特新优势。

第三,是发挥泉籍华商发展的新优势。据《亚洲周刊》公布的"2003年度国际华商500强"显示,除台湾企业之外的264家华商企业中,属于闽商的有101家、资产2 560.1亿美元,分占上榜企业数和资产总额的39.9%和36.8%。2004年《新财富》推出的"华商100富人榜"中,入选人数最多的也是闽籍华商(不含台商),达28人,拥有财富总量442.9亿美元,雄居榜首。近年来,知识型海外新华商迅速崛起,是一支泉州经济发展可发挥的优势。

第四,是发挥泉州经济崛起的新优势。泉州经济走在全国首列,形成新的五个经济特点:一是发达的集群经济,形成纺织、鞋业、石材、工艺品、石化等产业集群。2010年目标是实现产业超千亿,这是泉州的优势,应如何发挥,值得探索。二是特色的县域经济,泉港的石化基地,丰泽工艺之乡,晋江的中国鞋都,安溪的中国茶都,石狮的中国服装名城,惠安的中国石雕之乡,南安的建材之乡。三是活力的品牌经济。目前,泉州的传统传产业中,已有15家企业的15项产品获得中国名牌。要由传统的重视制造转向品牌立市。四是自主创新经济,这20年来泉州把自主创新作为经济发展的助推器,不断激发"创新、创业、创造"潜力,建设"活力泉州"。五是新兴的文化经济,文化产业是黄金产业,也是泉州独有的特色。

第五,发挥泉州港口经济的新优势。福建海洋资源丰富,海岸总长3 752公里。泉州海岸线有541公里,具有发展"渔、港、景、油、能"五大资源优势,是一个巨型的"泉州历史文化名城的天然博物馆"。其东起"三湾十二港",即:泉州湾的后渚、蚶江、洛阳、秀涂、祥芝5港,深沪港的深沪、永宁、梅林3港,围头湾的围头、东石、安海、石井4港。西至九日山、云台山,北至洛阳桥,南凭紫帽山、华表山以清源山风景名胜区为中轴线,作为参观"天然博物馆"的天然路线,构成一个天然的整体,重新再现了泉州历史上各个时期的风貌。

第三个问题是泉州如何实现"走前列"新突破之题,有五点建议:

第一,扩大中心城市建设,建设新泉州。以鲤城为中心,晋江、洛阳江两岸为依托,建设大内环线及沿海的外环线,立足建设三点一线:鲤城—东海—后渚三点,泉秀路一条线;以泉州湾为中轴,有步骤地向泉州湾两翼即洛阳、东园、秀涂、崇武、肖厝和石狮、石湖、祥芝等展开,使泉州中心城区成为面靠大海一条线,上接泉港、惠安、下连晋江石狮两个面,背有南安、安溪、永春、德化腹地,具有内外辐射功能的枢纽点。从而使泉州成为一个半湖型的新型海湾城市。

第二,开发以泉州湾为中心,以晋江、洛阳江两江为依托,以南北为两翼的面向大海的城市,再铸"海上丝绸之路"的辉煌,成为"市井十洲人"的新型国际海滨城市。

第三,建议弘扬东方优秀文化圣地的国际大都市,强化国际交流。在文化交流中,应该发挥世界闽商首府的作用,争取多办、办好国际会议,形成更多的国际组织的所在地。按照国际惯例,一个开放性大都市,每年至少召开150次国际会议。泉州是东方文化圣地,建议建立东方文化研究院。

第四,提高泉州人文形象,加快培养新型、高级管理人才。建议同上海复旦大学联办东方管理科学研究院,培养本土的高级管理人才。

第五,促进制度变革,完善服务体系。要使泉州成为福建的国际物流中心重要基地。

泉州要走在全省的前列,进一步创新、创业、创造,关键在于"学、为、治、行、和""五字"经。

学:"三学"——东方管理学、中国管理学、华商管理学;

为:"三为"——以人为本、以德为先、人为为人;

治:"四治"——治国、治生、治家、治身;

行:"五行"——人道、人心、人缘、人谋、人才;

和:"三合"——和贵、和合、和谐。

# 文化理念推动泉州经济发展(2006)[①]

## 一、"我为家乡的巨变感到骄傲!"

"泉州肯定会更发展,成为世界一流城市!"昨日,应本报记者邀请,复旦大学经济学首席教授、世界管理协会联盟第九届主席苏东水教授欣然写下了对泉州未来的祝福。

作为"泉州模式"的最早提出者,苏东水在昨日论坛大会上,以专家的角度向来宾介绍了泉州二十几年来经济发展的轨迹。讲述中,这位七十多岁的老学者一直重复着一句话:"作为泉州的子民,我为家乡20年的巨变感到高兴,感到骄傲!"

## 二、"泉州模式"活力依然

"20年来泉州经济的飞速发展充分证明了'泉州模式'理论的科学性。"苏东水说。1986年,在近8次的实地调研的基础上,苏东水从理论上第一次在全国提出了"泉州模式",即"股份制的经济形式,外向型的市场经济,国际化的经营道路,侨洋式的生产条件,灵活的经济管理和'地''亲''文''商''神''五缘'经济网络关系"。

"当年的传统计划经济还占有明显的经济地位,但泉州经济发展的实际,特别是乡镇企业经济形式的活跃,客观上在呼唤一种新型的市场经济模式的出现。"20年前,出于对家乡的热爱和学者的社会责任心,苏东水认定只有"泉州模式"才能发展泉州,才能激发家乡人的创业热情。他是一个意志坚强的学者,认准的事情就会坚持做下去。20年来,虽身在外地,但却一直牵挂着家乡的发展。

现在,家乡的成就使他深感欣慰,"历史肯定了泉州所走的道路是符合当前国情、侨情和乡情的"。

## 三、文化理念推动经济发展

谈到"泉州模式",不得不提起苏东水教授的东方管理学———一门以中华优秀传统管理文化为核心,不断汲取世界各民族管理文化之精华,形成的一套开放的管理理论体系。

---

[①] 2006年4月28日,作者应邀接受《泉州晚报》记者洪佳景同志的专访。本文是专访的摘要,刊载于2006年4月29日《泉州晚报》,原题《泉州未来:20年内跻身世界大都市》。

"以人为本,以德为先,人为为人",这种东方管理学的大文化价值观,是苏东水"泉州模式"的理论基础。苏教授对于文化的重视,似乎更甚于对单纯经济学的关注。"文化和经济是相辅相成的,经济的发展一定要有文化大背景的支撑。忘记了文化,经济发展也就失去了威力。"苏教授认为,随着改革开放的深入推进,以及儒教文化圈和海外华商的迅速崛起,以大文化观促经济发展将是一个良好的机遇。

"海丝文化、闽南文化和宗教文化是泉州发展新型文化经济的宝贵遗产,她们形成的凝聚力和经济的驱动力将组合成一种具有爆发性的文化力,对"泉州模式"的提升和充实将起到积极作用。"

## 四、让泉州企业"把根留住"

"泉州的未来一定大有希望!"

20多年来,随着时间的变化和市场环境的变迁,"泉州模式"在实践中不断成熟和发展,涌现出了许多新的特点。"发达的集群经济,特色的县域经济,活力的品牌经济,发展的创新经济和新型的文化经济,这些新特点具备了显著的经济文化价值。"苏教授说,"泉州模式"如何学会同长三角和珠三角既竞争又合作,以维护并促进泉州区域经济的持续发展,让泉州企业"把根留住",是个全新的课题。

"泉州要发挥地理、人文、海外、人才和县域特色的优势,有效进行资源整合,构建一个大泉州发展平台。"苏教授心中,一个"中心城区面向大海,泉港、惠安和晋江石狮为两翼,背靠山区腹地"的大泉州构架正在逐步成形。

# 发挥"五缘"优势,促进海峡两岸合作交流(2006)[①]

## 一、海峡两岸"五缘"相连,时代传承

我在1987年就提出血缘、地缘、文缘、商缘和神缘的"五缘"文化,之后在主持召开了四次关于"五缘"文化的学术研讨会,并在主编"东方管理学派著系"中专列了《人缘论》一书。

台湾和大陆文化同根,都认同中华传统文化。中华传统文化最大的特点是以伦理为本位,以家庭为中心,由亲及疏,由近及远,由宗而同乡,不断扩展,形成广泛而复杂的社会网络,这就是"缘",并要体现为血缘、地缘、文缘、商缘和神缘。

自周秦开始,闽越族人渡过台湾海峡,披荆斩棘,开发台湾,成为原住民的重要组成部分。宋元以后,闽粤先民前仆后继,移居台湾,至清代乾隆嘉庆年间,移民活动达到高潮。移民们慎终追远、修族谱、建宗祠、寻根认祖,并以祖籍地名作为在台定居的名称,以激励子孙勿忘故土。传承数千年的文明,承载了闽台血脉亲。海峡两岸同根同宗,血脉相连,以家族、亲族、宗族关系认同而形成的血缘性关系网络十分紧密。这种关系认同的组织形式就是宗亲团体,在这些团体中既包括成员之间有血缘亲属关系的宗族团体,也包括成员之间不一定具有给予血缘的谱系关系的姓氏团体。

在历史上,第四纪更新世冰河期间,海平面下降,台湾与祖国大陆曾数度相连。冰期结束,海平面上升,重新形成台湾海峡。现在,泉州围头港距离金门最近的港口仅5.6公里,厦门市的大嶝与金门岛最近距离只有1800米。闽台两地有着密切的地缘关系,表现为以祖籍地认同而形成的地域性关系网络。这种地域性关系网络是以祖籍、地域和方言为基本组织单位的,主要组织形式是同乡会、地方性会馆之类的团体。

明末以来,当闽南百姓大批移居台湾时,也带去了家乡的风俗习惯,因为台湾和福建尤其是闽南,风俗相通、习惯相同,形成乡土感情联系的纽带。尽管岁月流转,时代变迁,但这种建立在中华民族道德思想认同基础上、根植于中华传统文化肥沃土壤中的俗缘,与有生以来的血缘一样,是难以切断的。这种对传统文化的认同,对教育、文学、艺术等认同而形成的关系网络,就是文缘。两岸之间众多的文化、文学、艺术、教育团体就是这种文缘网络的组织形式。

海峡两岸商品贸易关系十分紧密,促进了两岸物资的交流,也增强了两岸同胞之间的了解。通过这种交易活动而形成的关系网络,就是商缘。商缘关系的组织形式主要是同业公会、商会、协会之类的组织等。传统的行业组织主要特点是业缘与地缘亲缘等结合,随着社会的变迁,行业的分化,新型的商缘性网络组织更为丰富多样。改革开放以后,福建成为台资投资最密集、贸易往来最

---

[①] 本文是2006年9月提交给在厦门举行的第二届海峡旅游博览会论坛的论文。

频繁的地区之一,而厦门、泉州又是福建省台商投资最多、两岸贸易最多的地区。

闽台之间佛教同宗,道教同源,诸神同祀。福建的移民,不但给台湾带去劳动力、生产技术和文化艺术,也带去了宗教信仰。闽台宗教信仰关系的建立,是与闽粤人民移居台湾,开发建设台湾的活动交织在一起的。移民动身时,随身携带的原祖籍地供奉的神像或香火袋,随着入台后开垦成与村社的形成,便在台湾扎下了宗教信仰的根基。台湾民间供奉的各种神灵,由福建传入,其祖庙都在福建。以共同的神灵信仰认同而形成以神庙为中心的信仰关系网络,就是神缘。宗教性关系网络的主要组织形式是众多的慈善团体、祭祀团体。在"五缘"文化关系网络中,宗教性关系网络不仅历史久远,而且在两岸同胞中影响非常深刻广泛。因为宗教信仰是民主传统文化中核心和深层的部分,是体现民族特性,增强民族凝聚力,传承民族文化的重要形式。

## 二、以"五缘"关系为纽带,促进海峡经济圈的发展

如何发挥"五缘"文化优势,发展海峡两岸特别是闽台之间的经贸关系,是我长期关注的问题。1986年,我主持的原国家教委博士点基金重点项目"中国沿海外向型经济发展战略研究",在理论与实践上对海峡两岸经贸合作与交流进行研究。1987年,我主持的"泉州发展战略"课题,在国内最早提出要"发挥闽台之间的'五缘'优势,建立对台贸易特区,促进两岸关系经济一体化"的构想;1989年4月,把这一构想作为《文汇报》内参,报送中央有关部门;1991年4月,我主持召开了"东亚—中国沿海经济发展国际研讨会",提出建立以台港奥和大陆东南沿海为主体的"中国经济圈";1998年4月,我在上海主持召开"海峡经济关系发展研讨会",进一步探讨海峡两岸经贸关系。之后,我主持召开了"世界管理大会""世界华商管理大会""东方管理论坛""两岸三地中小企业发展研讨会"等学术活动,联合海内外学者,以不同的主题,对两岸经济一体化问题进行研究。在此基础上,2003年我提出了建立海峡经济圈的构想。

所谓海峡经济圈,是指以台湾海峡为纽带,以海峡两岸经济互补性、地缘临近性以及文化同源性为背景,以商品或服务自由贸易、要素充分流动、投资便利化为主要内容的区域经济一体化。海峡经济圈是一个"三层重叠"的空间结构,由福建与台湾构成的经济核心区、东南沿海地区与台湾构建成的经济紧密区、整个祖国大陆和台湾构成的辐射区等三部分组成。创建海峡经济圈,符合全球经济和区域经济发展的潮流,有利于海峡两岸优势互补,提高国际竞争力。

建设海峡经济圈,要重视亲缘、地缘、文缘、商缘和神缘等"五缘"的作用,促进海峡两岸经济合作、文化交流和亲情交流,增强海峡两岸的亲和力和吸引力。

(1) 以"五缘"关系为载体,建立更广泛的、更加开放的海峡两岸"五缘"网。海峡两岸之间各种形式的"五缘"社团正在蓬勃发展,如两岸各种形式的宗亲会、同乡会、寺庙神社等。要进一步建立一个共同的平台,把目前已经存在的各种形式的"五缘"社团联合起来,形成纵横交错的网络,并与其他海外"五缘"社团网络联系起来,构成世界华人"五缘"社团网络的一个组成部分。因此,建议建立"海峡两岸五缘网",是不同的宗亲会、同乡会、寺庙神社等彼此之间具有一个互相联系、互相交流的共同平台。

(2) 以"五缘"社团为基础,两岸携手共同开拓海外市场。海外华人"五缘"社团是随着华人海外移民的发展而逐渐形成的,遍布世界各地。二战后,特别是20世纪80年代后期和90年代以来,由于经济全球化、区域化、集团化发展的加速,海外华人"五缘"社团也打破了传统狭隘的界限,向跨区域、国际化方向发展,表现为世界性华人社团纷纷涌现。"五缘"性社团是华商网络的重要平台,

形成全球性的商业贸易网络,包括华商企业的生产网络、营销网络、资金网络、信息网络、技术网络和人力资源网络等。庞大的华商网络是华商的独特资源,海峡两岸应当携手共同参与到华商网络资源中去,借助华商网络"引进来""走出去",共同开拓海外市场。

(3) 以"五缘"关系为纽带,进一步扩大包括旅游在内的产业合作。以"五缘"关系为基础建立经济网络,是华人经济活动的重要特征。"五缘"关系可以促进彼此之间的和睦关系,相互信任,为商业上的来往关系奠定基础。对旅游业而言,"五缘"关系更为重要。旅游并不是单纯的经济活动,其背后包含着很多文化、人性、情感上的交流。两岸人民拥有共同的血脉、文化和情感,这对于旅游业的合作和交流具有重要意义。通过"五缘"的联系和相关活动。可以带动两岸旅游业的发展,吸引更多的台湾同胞,也创造条件让更多的大陆居民到宝岛观光旅游。

(4) 以"五缘"关系为桥梁,进一步扩大文化交流。要继续发挥好两岸"五缘"关系的桥梁纽带作用,扩大海峡两岸人员的往来和经济、文化等领域的交流合作。例如,开展多种形式的妈祖文化、客家文化、南音文化、闽南文化、海丝文化、民俗文化、宗教文化、饮食文化等民间民俗文化活动;通过多种渠道组织民间组织在大陆、台湾、香港、澳门多地举行学术会议;组织大专院校,学术机构和文化团体人缘的学术互访、讲学、进修以及文化研究合作;组织图书交流,出版合作,历史文化交流展览;组织书法绘画交流展览,京剧和地方戏、曲艺巡回演出。

(5) 以"五缘"关系为纽带,进一步扩大两岸人员交流。在促进两岸交流的过程中,两岸人员交流是非常重要的。80%以上的台湾同胞祖籍地在福建,福建的闽南文化、客家文化是台湾文化最直接最主要的根源。无论面对怎样的障碍,这种乡情、亲情都难以割舍。要以"五缘"关系为纽带,进一步鼓励和方便同胞探亲访友、寻根谒祖、宗教交流、民俗交流,激发亲情、乡情、民族情。

# 海峡经济圈的战略构想(2006)[①]

如何发展海峡两岸暨香港、澳门的经贸关系,是我长期关注的问题。1986年,我主持的原国家教委博士点基金重点项目"中国沿海外向型经济发展战略研究",在理论与实践上对海峡两岸经贸合作与交流进行研究。1987年,我主持的"泉州发展战略"课题,在国内最早提出要"发挥闽台之间的'五缘'优势,建立对台贸易特区、促进两岸经济一体化"的构想;1989年4月,把这一构想作为《文汇报》内参,报送中央有关部门;1991年4月18日,我主持召开了"东亚—中国沿海经济发展国际研讨会",提出建立以台港澳和大陆东南沿海为主体的"中国经济圈";1989年4月25日,我在上海主持召开"海峡经济关系发展研讨会",进一步探讨海峡两岸经贸关系。之后,我主持召开了"世界管理大会""世界华商管理大会""东方管理论坛""两岸三地中小企业发展研讨会"等学术活动,联合海内外学者,以不同的主题,对海峡两岸暨香港、澳门的经济一体化问题进行研究。在此基础上,2003年我提出了建立海峡经济圈的战略构想。现在,内地与港澳已经实施了"更紧密经贸关系安排"(CEPA),经济一体化正在加快发展,而海峡两岸经济一体化问题就更加突出。

## 一、创建海峡经济圈,促进两岸经济一体化

### (一)海峡经济圈的战略构想

海峡经济圈是指以台湾海峡为纽带,以海峡两岸经济互补性、地缘临近性以及文化同源性为背景,以商品或服务自由贸易、要素充分流动、投资便利化为主要内容的区域经济一体化。海峡经济圈是一个"三层重叠"的空间结构,由福建与台湾构成的经济核心区、东南沿海地区与台湾构成的经济紧密区、整个祖国大陆和台湾构成的辐射区等三部分组成,其边界具有过渡性和动态性的特点。

(1)经济核心区:福建与台湾。海峡经济圈的核心区包括福建与台湾。闽台作为"海峡经济圈"的核心区,具有历史的必然性和现实的发展基础。首先,从地缘关系看,福建与台湾一衣带水,尤其闽东南与台湾的地缘关系更为密切,是祖国大陆距离台湾最近的地区。厦门金门海上航线客流量突破了50万人次,已成为台湾同胞到福建探亲旅游、投资贸易的"黄金水道"。其次,从人文关系看,闽台源远流长的文化、亲缘关系,对加强区域经济合作具有强大的凝聚作用。再次,从经济条件看,闽台区域经济合作具备良好的基础。福建成为海峡两岸贸易的重要基地和台商投资大陆的重要地区。在福建,不仅有经济特区、经济技术开发区、高新技术园区、保税区、旅游度假区,还设立了台商投资区、海峡两岸农业合作试验区、海峡两岸现代林业合作试验区、台湾农产品营销中心等。

---

[①] 本文是2006年9月提交给在厦门举行的第二届海峡旅游博览会论坛的论文。

2005年全省批准合同台资达到18.3亿美元(含第三地转投),增长92.1%。全省台资项目累计8 463项,合同利用台资169.5亿美元,实际利用台资109.26亿美元(不含第三地转投)。2005年,福建对台贸易额48.79亿美元,累计对台贸易额409.45亿美元。

(2) 经济紧密区:东南沿海地区与台湾。经济紧密区包括上海、江苏、浙江、福建、广东、香港、澳门等东南沿海地区与台湾。海峡经济圈的地域扩展是与台商投资大陆的区域扩展相一致的。改革开放以来,台商对大陆投资的区位变化,大体上分为三个阶段:第一阶段是20世纪80年代以闽东南沿海及广东珠江三角洲为重心阶段,第二阶段是20世纪90年代以长江三角洲为热点并逐步确立其重要地位阶段,第三阶段是新世纪以来以闽东南、珠三角、长三角为重心,向环渤海、西部地区多元化扩张阶段。与台商投资大陆区位演变三个阶段的第二阶段相对应,海峡经济圈的"紧密区"逐步发育并最终显现出来。20世纪90年代以来,不但台商投资大陆地域范围得以拓展,而且台资企业的本土化网络快速发育,早期"两头在外"的"飞地式"经济,已逐渐向优势互补、合作双赢的一体化经济转化,早期的孤立分散投资也已向大型化、集团化发展,台商的跨海峡经营活动涵盖东南沿海各个省市区。

(3) 经济辐射区:祖国大陆与台湾。海峡经济圈的辐射区包括整个中国大陆与台湾,其基于两岸经济关系发展的现实基础,具有历史的必然性和未来的可预见性。

## (二) 创建海峡经济圈的战略意义

(1) 创建海峡经济圈,符合全球经济和区域经济发展的潮流。经济全球化是当今世界经济发展的主旋律。区域经济一体化是经济全球化过程中的产物,是实现全球化的一个必不可少的发展阶段。现在全世界已有100多个区域经济合作组织,成功和比较成功的有欧洲联盟、美加墨贸易协定和亚太经济合作组织等。这种基于地缘政治和地缘经济的合作组织,正处于迅速发展的过程中。在东亚,东盟贸易自由化提速,日本与新加坡签署双边自由贸易协定,中国—东盟自由贸易区(10+1)进入实质性工作阶段,中日韩—东盟自由贸易区(10+3)合作正在加快推进,中国内地与香港、澳门实施"更紧密经贸关系安排"。这些表明,参与各种形式、各种层次的区域经济一体化已经成为各个地区经济发展的必然趋势。海峡两岸人民都是炎黄子孙,血肉相连,文化同根,地缘相近,经济互补,因此自20世纪80年代以来两岸经贸关系迅速发展。特别是两岸各自以独立关税区加入WTO后,由于大陆关税的大幅度减让,促进了台湾商品对祖国大陆出口和投资的增加,台湾对祖国大陆的投资和贸易的依赖性日益增强。顺应国际经济潮流,加快两岸区域经济合作,促进海峡两岸经济一体化,建立海峡经济圈,是入世后两岸经济区域分工走向不断深化,并取得最优资源配置和相对竞争优势的最佳出路。

(2) 创建海峡经济圈,有利于沿海经济的整体协调发展。改革开放以来,我国沿海经济快速发展,区域布局也发生了很大变化,初步形成了具有区域经济一体化特征的环渤海地区、长江三角洲、珠江三角洲等三大经济圈。但是,福建、浙南和粤东则成为沿海区域经济一体化的断裂带。通过海峡经济圈建设,特别是海峡经济圈核心区的建设,就是要进一步整合福建、浙南、赣南和粤东等地区的资源优势、产业体系,集中力量联合开发与发展影响力大、辐射面广的优势产业,提高区域竞争力,成为和环渤海地区、长江三角洲、珠江三角洲一样重要的经济圈,北承长江三角洲经济圈,南接珠江三角洲经济圈,使我国沿海地区形成一条完整的区域经济一体化链条,加快沿海地区经济整体协调发展,辐射带动中西部地区的经济发展。

(3) 创建海峡经济圈,有利于培育沿海经济增长极。从区位地理特征看,海峡经济圈的核心区处于国内两大发达区域长三角和珠三角的结合部,是连接两大三角洲的沿海陆上通道的必经之地。在海峡经济圈内部已经形成了初步的现代交通体系的建设,使各个地区之间的经济联系日益紧密。海峡经济圈内部各个地区之间的经济发展水平和发展阶段不同,具有很强的互补性。因此,构建海峡经济圈具有可行性,对区内各个地区的经济发展都具有重要的推动作用。在未来的中国经济布局中,海峡经济圈将是和长三角、珠三角、环渤海一样重要的经济圈,成为中国经济增长的一个新增长极。

(4) 创建海峡经济圈,有利于建立中国海洋经济的战略基地。我国是陆地资源不足、人口众多的大国,海域具有丰富的物理资源、化学资源、地质资源和生物资源,是中国大陆除沿黄—陇兰经济区域带以外唯一资源替代地区,是21世纪中华民族生存和发展的主要依托,已成为一个具有战略意义的开发领域。因此,中国必须重视开发海洋,发展蓝色产业。发展海洋经济是以海洋资源为基础,以海洋产业为桥梁,以沿海区域的社会经济全面发展为目标的一项系统工程。浙江、福建、台湾、广东面对东海和南海,是我国海岸线最长、海洋产业比较发达的地区,在全国整体海洋经济产值中占有主要地位,也是今后开发东海和南海的主要通道,而台湾岛将是我国开发太平洋海底资源的主要前进基地。创建海峡经济圈,有利于打破各区域政府地域上、行政上的分割,利用各省的优势互补,从全局和整体出发,树立海洋大开发的统一战略,科学合理对海洋进行整体开发,形成有效的合作机制,实现海洋资源、环境的可持续利用和海洋事业的协调发展。

(5) 创建海峡经济圈,有利于海峡两岸优势互补,提高国际竞争力。由于海峡两岸的自然条件、资源状况、经济技术水平的差异,许多产业的关联性与互补性很强。由于福建与台湾亲缘、血缘关系密切,语言相通,习俗相近,为海峡经济圈内的经贸发展提供了天然纽带。创建海峡经济圈,可以进一步优化两岸之间的产业分工、合作与重组,把各个地区已有的相对优势进行整合,集中力量联合开发与发展影响力大、辐射面广的优势产业,逐步建立起"垂直分工与水平分工"相结合的产业分工体系,提高产业国际竞争能力。而台湾岛内产业升级、对外投资加速,为海峡两岸优势互补、产业对接,共同应对经济全球化的挑战,创造了有利时机。

(6) 创建海峡经济圈,有利于构建海峡两岸旅游区,打造世界级旅游目的地。旅游业要服从和服务于整个经济或社会的发展。通过创建海峡经济圈,加快海峡两岸区域经济一体化,既可以为建设海峡两岸旅游区奠定坚实的经济基础,也可以促进海峡两岸旅游资源整合,更加有效地吸引国内和海外旅客,打造世界级旅游目的地。海峡东岸的旅游产品开发比较成熟,在创业经验、经营理念、资金供应、市场行销、市场信息、人才资源、硬件服务和软件服务的开发等方面具有优势;海峡西岸在市场规模和潜力、经营成本等方面具有很强的优势。海峡两岸旅游业具有很大的互补性,旅游互补合作的潜力很大。

### (三) 海峡经济圈建设的着力点

海峡经济圈涉及大陆、台湾、香港和澳门四个单独关税区,海峡经济圈建设既要推进功能性经济一体化,还要推进制度性经济一体化。所谓功能性一体化,是在市场机制作用下不同地区之间商品和要素充分流动,经济活动整体联系性的增强,代表了经济一体化的实质性内容。所谓制度性一体化,是不同关税区域以一定的协定和组织形式为框架的一体化,是政府机构通过协议、条约的方式将不同地区经济联系加以巩固和经常化。功能性一体化和制度性一体化互相促进、相辅相成、缺一不可。内地与港澳已经实施了"更紧密经贸关系安排",无论是功能性经济一体化,还是制度性经济一体化,都以前所未有的速度向前发展。台湾与祖国大陆之间的功能性经济一体化,已经有了很大发展。根据台湾"经济部"公布的数据,2005年台湾对大陆出口总额为704.58亿美元,占台湾出口总额的27.27%;从大陆进口总额为217.63亿美元,占台湾进口总额的11.86%;大陆累计批准台商投资项目68 000个,合同台资金额890多亿美元,台商实际投资417亿美元。但是,由于台湾当局设置的各种障碍,海峡两岸之间的制度性经济一体化却严重滞后,特别是两岸之间存在严重的不对称经贸关系。因此,创建海峡经济圈,首先从改变现阶段两岸之间的不对称经贸关系开始,逐步从实现"贸易正常化"推进到中层次的自由贸易区(或类似内地与港澳的"更紧密经贸关系安排"),最后发展到高层次的"共同市场"。

创新海峡经济圈,需要经过一个比较长时期的努力,是一个从初级不断向中级再创高级发展的过程。就现阶段而言,要着重解决以下问题。

(1)实现两岸全面直接三通。两岸"三通"问题有进展,但进展得十分有限,两岸"三通"仍处于间接、单向、局部的状态。实现全面、直接、双向"三通",必须坚持不以政治分歧影响和干扰两岸"三通"的原则。就目前而言,可以由两岸民间行业组织协商"三通"问题,协商方式可以尽量灵活,解决办法应当简单易行,力求使技术问题单纯化、解决方式便捷化。

(2)继续推进两岸之间的功能性经济一体化。第一,推进基础设施一体化,建立方便快捷的交通、通讯网络体系。第二,进一步发展商品和服务贸易,推进市场一体化。第三,进一步吸引台商投资,推进投资便利化。第四,推进金融业、物流业、旅游业等服务贸易的发展。

(3)以若干特定行业为突破口,不断加强这些特定行业之间的交流与合作。由于传统的建立自由贸易区的做法需要很长时间,两岸自由贸易区或"更紧密经贸关系安排"可以借鉴最近一段时间新加坡的做法,选择某些行业实现贸易自由化和投资便利化。如把旅游产业作为切入点,进行自由贸易谈判,建立海峡两岸旅游经济区,率先实现旅游服务贸易自由化和投资便利化,然后再扩大到其他方面,最后再慢慢推向更多的方面,并实现全面的贸易自由化。选择旅游产业作为切入点,有以下几个优势:第一,旅游业对两岸经济发展都具有重要意义。目前,旅游产业对台湾GDP的贡献率仅有1.6%,对大陆GDP的贡献率也只有2.4%,都还有很大的成长潜力和空间。第二,虽然大陆居民赴台旅游还没有完全开放,但是闽台旅游业者联系相当密切,已经启动了居民赴金门、马祖旅游,并实现了武夷山与阿里山、大金湖与日月潭等旅游资源对接。第三,闽台具有独特的"五缘"关系,民间交往频繁,联系紧密,成为闽台之间的旅游合作和发展的文化和社会基础。

(4)以特定区域为突破口,逐步加强区域经济交流与合作。可以采用"点、线、面"结合的方式,在目前存在的台商投资区、保税区、经济特区、加工出口区的基础上,建立带有"自由港"性质的对台自由贸易区,并与台湾的加工出口区、科学园区、自由贸易港区等进行对接,赋予更加多样、更加灵活以及更加实用的功能。通过试点示范,不断扩大业务和地域范围,在两岸交流与合作条件成熟时,通过大陆与台湾商谈单独关税区之间的自由贸易区或"更紧密经贸关系安排"。局部区域先行试点,比较理想的地点是泉州、厦门和金门。这是因为:第一,"五缘"优势最明显。台湾汉族同胞多数祖籍地在闽南,两地民间的联系千丝万缕;泉州围头港是福建沿海距离金门最近的港口(仅5.6公里),厦门的大嶝与金门岛最近距离只有1 800米;历史上金门隶属泉州,渊源很深;金门与泉州、厦门之间的民间小额贸易增长很快,金门岛上居民的生活和生产资料主要依赖晋江市围头供给。往返的台湾民间船舶络绎不绝,每年都有2万名左右的台湾、金门渔民和5 000多艘台籍渔船纷纷聚集围头,进行不同规模的民间贸易。第二,厦门和泉州是台商投资最密集的地区之一,聚集了2 500多家台资企业。第三,厦门和泉州的经济基础比较好、发展快,基础设施比较完善。厦门港国际集装箱吞吐量近几年一直居于全国的前列,泉州石井港是福建对金门货运量最多、增长幅度最快的港口。第四,具有对台的政策优势,厦门和泉州是两岸定点直航的口岸,围头是福建省政府最早批准的对台民间贸易交货点,厦门大嶝对台交易市场是大陆唯一的对台小额商品交易市场,是两岸自由贸易区的一个现实的微缩版本。厦门还实现了贸易结算方式的新突破,真正实现两岸贸易"船直达、货直达、钱直达"。

(5) 要通过建立一系列的长期合作机制,来推动和保障海峡经济圈的建设,重点是建立产业合作机制、投资保护机制、劳务合作机制、争端解决机制、知识产权保护机制等。建立两岸长期合作机制,推动方式上要采取民间层次上的推动和政府层次上的推动相结合,以民间层次上的推动为主。

(6) 建立海峡经济圈论坛,在条件成熟时建立经济合作理事会。海峡经济圈论坛具有沟通、交流、建立互信的功能。论坛的参与对象可以是纯为学术界与实务界(产业界)的民间团体和人士,也可包括政党领导人、以私人身份参加的市县官员,视两岸的互动而定。论坛的形式是多元的,而且同时存在多个产业与专业论坛,讨论海峡两岸经贸关系及其相关内容。在海峡经济圈论坛发展成熟之后,可以过渡到常设的海峡经济圈合作理事会,由两岸市县地方政府或行业领导人就区域合作问题进行对话。同样的,合作理事会也是多元的,同时存在多个专业合作理事会。

## 二、提开两岸产业合作水平,转变经济增长方式

转变经济增长方式,提升两岸产业合作水平,实现两岸共同繁荣,是建设海峡经济圈的立足点。经济增长方式的转变,是一个涉及经济、技术、社会、文化等多方面体制和政策的系统工程,需要政府、企业、消费者以及社会各界共同参与、通力合作。需要从优化经济结构、促进技术进步、加强生产管理、鼓励理性消费等多方面采取综合系统的措施。就两岸经济合作而言,转变经济增长方式,就是整合资源,优势互补,合作互利,优化结构,提升经济增长质量,提升两岸产业国际竞争力。

从区位、资金、技术、人力资本、文化等方面看,海峡经济圈的核心区、经济紧密区是两岸产业合作的最佳地区。在这里,两岸分工互补性明显。除了人力、土地和市场资源外,海峡西岸在产业制造等方面有明显优势;海峡东岸,在与国际接轨、产品设计、管理模式、技术、资金等方面有优势。随着全球高新技术产业市场的回升,台湾的优势因产能不足而难以发挥,需借助大陆在制造方面的优势;面对微利时代的成本压力,台湾高新技术企业将更多的生产移到大陆,提高产业国际竞争力。两岸产业整合的好处就在于能快速形成产业链条,使上下游企业的效益最大限度地实现。借助产业链合作,台湾企业和大陆企业都可提升全球竞争力。

两岸产业如何提升合作水平、实现优势互补、构建双赢模式,是需要认真研究的问题。台商在大陆的经营策略应有所改变,与大陆企业家开展技术和资金合作。过去,台湾方面所提出的"根留台湾"已不合事宜。实践证明,台商应积极利用东南沿海的高素质而低成本人才、良好的研发基础,提升产业合作层次,从低端产业链合作向高端产业链合作发展,特别要加强信息产业、现代机械制造、精细和特色化工、现代生物技术与医药、现代物流、金融业、中介服务、旅游服务、创意产业等领域的合作。

从海峡西岸方面看,关键是进一步优化投资环境,提升两岸产业合作水平。具体地说,要采取以下措施:

一要深化农业和制造业合作领域,更要重视服务业合作。台湾经济结构日益由以制造业为中心转向以服务业为中心,服务业是今后两岸经贸合作的新领域。例如,在物流方面,发挥对台直航、保税区、出口加工区等政策优势,鼓励台湾物流企业投资,建设海峡两岸专业物流园区;争取把福

州、泉州和厦门作为台湾农产品零关税或低关税进入大陆的指定关区,建设海峡两岸农产品交易中心和集散中心。在金融方面,降低台湾金融业设立分支机构的门槛,争取两地互设办事机构;探索在福建等地设立两岸金融试验区,允许试验区内两岸经贸交易的人民币与新台币直接计价结算。

二是争取扩大台商投资区的范围,将厦门台商投资区延伸到漳州,将福州马尾台商投资区延伸到整个福州市,设立泉州台商投资区。

三是改进政府和中介机构的服务。各级投资主管部门,建立台商投资项目审批的"绿色通道",积极简化涉台项目核准、备案程序,努力推广"网上审批"。加强台商投资项目的后续服务,特别要关注台商中小企业和农民创业投资项目,帮助解决台商投资企业在生产经营过程中面临的困难。规范政府相关部门的执法行为,严禁乱检查、乱摊派、乱收费。建立健全台商投诉协调机构,及时有效解决台商生产经营等方面的困难和问题。

四是落实台商投资优惠政策。除了用好、用足、用活各级政府已出台的各类涉台经贸税费等优惠政策外,要在台资企业扩大生产规模、技术成果转化、项目用地、金融支持等方面提高支持力度。

五是加强基础设施的投资。加大基础设施建设特别是港口和码头、铁路、高速公路等交通设施建设的投资力度,把福州、泉州和厦门的海运主通道、陆路运输主枢纽、国际航空港的优势有机地结合起来,完善海、陆、空运输枢纽一体的综合性交通枢纽,为闽台经贸合作创造更好的硬件环境。

海峡缘根深,人心已思和,团圆也近时,"五同"写篇章,同根与同宗,同利与同窗,同源同辉煌!

# 海峡西岸经济区是海峡经济圈的过渡阶段(2006)[①]

## 一、海峡西岸经济区是走向海峡经济圈的过渡阶段

2004年初,福建省委、省政府以科学发展观为指导,立足服务祖国统一大业,服务全国发展大局,提出建设对外开放、协调发展,全面繁荣的海峡西岸经济区的战略构想。海峡西岸经济区,是指以福建为主体,涵盖周边区域,对应台湾海峡,具有自身特点和独特优势,自然集聚,客观存在的区域经济综合体。海峡西岸经济区战略构想的提出有利于发挥闽台之间地缘近、血缘亲、文缘深、商缘广、神缘久的优势,是探求两岸紧密经贸联系、促进祖国统一进程的重大思路,也将促进和发挥福建作为两大三角洲连接点的优势,建成中国经济的重要增长的重要举措。但是海峡西岸经济区必然是一个走向海峡经济圈的过渡,在一个中国的前提下,两岸经济必将走向有序分工和共融生长。

**1989年在上海举办"海峡两岸经济关系发展"研讨会**

---

① 本文是2006年9月提交给在厦门举行的第二届海峡旅游博览会论坛的论文。

经济圈是指区域经济发展中,若干个行政区划、行政管理相对独立,但经济和贸易关系互相关联、互相补充、互相促进的区域构成的经济区域概念。在世界区域经济一体化的发展过程中,在一个国家的不同地区也出现了以生产要素禀赋条件、经济水平的差异性、产业结构的互补性以及人缘、地缘关系等为依托的经济协作区。例如在中国大陆出现了环渤海经济圈、长江三角洲经济圈、珠江三角洲经济圈、西部经济圈等。随着大陆的改革开放和经济的发展,以及海峡两岸先后加入世贸组织,一个新的经济合作区即海峡经济圈正在显现。

所谓的海峡经济圈是指以台湾海峡为纽带、以海峡两岸的福建省和台湾省为中心,北接沪、苏、浙"长三角"地区,南连粤、港"珠三角"地区而形成的包括五省(闽、台、粤、苏、浙)一市(上海)一区(香港)在内的大陆东南沿海经济区。海峡经济圈是两岸人心求和,同根、同宗、同缘、同创、同享"五同"的必然结果。两岸的情缘是任何力量无法裂变的。海峡经济圈不同于台湾前"行政院"院长萧万长先生所提出的"两岸共同市场"。萧先生所提出的"两岸共同市场"效法欧洲的做法,强调开放式的经济整合和市场共享的经济合作,说其实就是"一个大中华市场",包括台湾、中国大陆和港澳四地。从定义中我们就可以发现二者的区别,"海峡经济圈"是大中华市场中的一个和"长三角""珠三角"同等地位的地域经济圈,而不具有"两岸共同市场"的地域跨度和经济容量。

## 二、海峡经济圈是海峡西岸经济区发展的必然结果

从区域经济整合角度看,海峡两岸生产要素和发展阶段存在较大的互补性。在生产要素的互补方面:海峡东岸有资金、技术和设备;海峡西岸则有土地、劳动力和腹地,双方合作可以发挥互补作用。在发展阶段的互补方面,台湾目前产业结构已趋高级化,其主导产业的选择正由劳动密集型为主转向资金、技术密集型为主,当前迫切需要将一些已经失去比较优势的劳动密集型产业转移到正在发展初级外向型经济的地区;而海峡西岸经济区外向型经济发展正在起步,投资环境正在日趋完善,加上地缘、血缘、文缘、商缘、神缘等"五缘"优势的文化催化,必然成为接纳海峡东岸产业转移最便利的地方。海峡西岸经济区的经济社会文化发展到一定程度,两岸差距逐步缩小,两岸的经济文化关系将逐步紧密,海峡经济圈自然不日形成。

从区域经济竞争力的角度看,当前"长三角"、"珠三角"和环渤海地区区位优势明显,区域内的分工合作体系正在逐步形成,区域竞争力大大增强,福建作为连接两个主要经济圈的地带有被边缘化的趋向,区位优势也不明显,海峡经济圈的提出将大大超越海峡西岸经济区的地位优势,使得经济圈的经济总产值和人口数量大大增加,构成我国经济发展中的又一重要增长极,显然这将构成福建发展的又一重要战略机遇。同时,对于台湾而言,在两岸经济融合中也必将寻找其定位,而海峡经济圈这一明确的经济区域的提出,也将给台湾回归祖国后带来其全新的战略地位和各种诉求。

## 三、为"海峡经济圈"建设打好基础

基于经济利益,加强两岸区域经济合作,进而迈向经济一体化,这是两岸比较容易形成的共识。而两岸经济在"海峡经济圈"这一框架下有效整合后,必将为两岸和平统一奠定坚实的基础。当前创建"海峡经济圈"构建和谐社会应该坚持以下几个基本原则:

(1) 大力发展"海峡西岸经济区",为"海峡经济圈"的真正形成打好基础。在海峡西岸经济区建设中,不能无序、盲目规划和确定中心城市,应该重点建设厦门、福州、泉州三大海峡西岸经济区

重要中心城市,应该建设好以厦门为中心的信息产业集群和物流产业集群。建设好以泉州为中心的制造业集群、旅游业集群、多元文化产业集群和沿海产业集群,主动承接台湾产业的转移,发挥泉州独特的优势,走在福建发展的前列。经济、城建、制度、文化、和谐等五方面走前列的新突破的大讨论,体现了以人为本的科学发展观,涉及产业政策完善、创新能力构建、经济增长方式转变、干部队伍建设和对台关系,必将对两岸经济发展、和谐社会构建和海峡经济圈创建起到重要作用。要进一步规范海峡西岸经济区三大城市的竞争合作关系,增强城市的环境竞争力,推动福建经济和社会的高平台上的新跨越,为早日建好"海峡经济圈"而努力。

(2) 要坚持有序推进的原则,逐步实现"海峡经济圈"的早日建设。当前,第一步,应该是实现两岸的完全"三通",尽早实现两岸信息互通有无、人员往来流畅、货物进出便利是"海峡经济圈"架构能够实现的最为基础的条件。第二步,应该是选择产业合作试点。当前可以选择的产业有旅游业、农业、物流、金融业、IT产业。这些产业在福建都有一定基础,也是台湾的优势产业,双方可以借助对方的优势,展开深入合作,为未来产业分工和融合积累经验。第三步,应该是消除双方的经济壁垒和制造标准、行为用文等差异,可以在"WTO"框架下实现经济合作,逐步消除两岸差异。第四步,是建立稳定的经济合作机制,促进两岸经济全面交流。第五步是真正建立"海峡经济圈",实现货币统一、人员流动无障碍。

(3) 争取多方面的支持,为早日建成"海峡经济圈"做好舆论准备。当前建立"海峡经济圈"已经有一定的舆论基础。胡锦涛主席与亲民党主席宋楚瑜和国民党名誉主席连战会谈后发表的公报也强调要建立两岸密切的经贸合作关系,并提出了一系列的举措,如建立两岸自由贸易区、加强两岸农业合作、建立论坛机制及台商服务机制等等。这些举措是良好的开端。当然,建立"海峡经济圈"除了政治上的推动,还要广泛动员两岸经济界实业家的参与,同时要设立专门的"海峡经济圈"的推动机构来推动这一宏伟事业的实现。

# 打造文化时尚之都,晋江有优势(2006)[①]

将文化当做一种产业来做这本身就是一种创新和创意,现在许多城市在这方面也提得比较多。晋江很有必要发展自己的文化体育产业,并且有其优势:晋江有几个优势比较明显的产业集群,经济跟文化本来就是互相渗透、互相促进的,能形成多元化的发展方式。

像做巴黎一样做晋江。其实法国巴黎就是晋江可以借鉴的一个良好模式,巴黎很重视文化和艺术的发挥,利用其固有的文化积淀,同时引进外部文化,做到兼容并包,协调发展。但发展文化产业的时候一定要注意抵制低级文化,我们要发展的是高级的文化产业。

另外,深圳的世界之窗搞得很好,他们也是下了大本钱的。规模大,突出东方的文化;引进西方的,又高雅又结合传统。同时,政府要注意引导,并且充分扶持和发挥文体经纪公司的作用。

---

[①] 本文是2006年12月26日作者参加晋江市政府专家顾问团年会期间,应邀接受记者专访的摘录,刊载于2006年12月27日《晋江经济报》。

# 泉州是海上丝绸之路的起点(2007)①

  泉州是中国的历史名城,著名的侨乡与宗教圣地,人文荟萃,被誉为古代的第一大港,以"海上丝绸之路的起点"闻名于世,是"市井十洲人""梯航万国"的大都会。

  泉州人以"地、亲、文、商、神"的"五缘"关系紧密联系、团结合作,以开拓、拼搏、敢为之精神,以"人为、人德、人本"之品质谱写了无数惊世财富传奇,孕育出灿若群星的泉州英才。上海泉州侨乡开发协会凝聚千人超群智慧,乘着改革开放的春风,历经二十年风风雨雨,首创"泉州模式",为促进闽、沪、泉、港、台、侨社会经济文化发展联络沟通、牵线搭桥,创造财富、造福于民,取得了令人瞩目的成就。身居浦江,飞舟击浪扬风采,高歌运筹建奇功。

  展望未来,泉商发展,数英雄,看今朝。《上海泉州人》腾空面世,升华境界,共创辉煌,人定胜天!

---

① 这是 2007 年 11 月 30 日作者为《上海泉州人》所作的发刊词。

# 全球化背景下的组织发展(2009)[①]

在当前的中国,全球化的进程已经使几乎所有的企业都与全球经济联系在一起。不管是具有广泛影响的大企业,还是为数众多的中小企业,它们都不得不面对全球性的竞争。因此,对于企业而言,建立和提高自身的全球竞争力是非常现实和非常迫切的要求。

在华跨国公司作为跨国公司在中国的分支机构,本身又是中国的企业公民,它们若要很好地生存发展下去,必须有能力适应中国的市场环境,同时必须与母公司的全球战略相一致。因此,其组织发展必须在各个方面适应它们所处的内部环境和外部环境,必须随着环境的发展而变革。

同时,研究在华跨国公司的组织发展,对中国的本土企业也有重要的借鉴意义。一方面,中国本土企业在中国市场上与外资企业进行竞争,则首先要了解对手的经营管理体系和方法,这会有助于中国企业提升自身的经营管理水平;另一方面,中国的本土企业正在走向国际化,在此过程中面临着非常大的压力,会遇到许多的不确定因素。但这也是中国企业做大做强的必由之路。

实际上中国最具有国际竞争能力的企业,某种意义上也是逼出来的。所以要形成一种氛围,形成一种压力,使中国企业尽快走出去。同时,也要向中国企业说明如何在变化的环境中生存和发展,如何在陌生的海外市场上进行竞争,这是对中国企业能力的很大挑战。

因此,在中国这样一个市场潜力巨大、正处于经济转轨时期的市场中,研究跨国公司的组织发展,可以深入剖析在不同经济制度环境与市场约束下的企业选择,这对于理解跨国公司的本质特征、提升我们相关企业的竞争力、加速我国市场培养以及加快融入世界经济都有着重要的理论意义和实践作用。

我们可以看到,中国的本土企业在海外的经营发展,无论是从企业数量,还是它的经营影响力,都还是刚刚开始。现在,全球化对于中国企业是个非常好的机遇,同时我们的企业也面临非常多的挑战,因为由于历史的原因,我们的企业相对于世界其他的跨国公司显得非常年轻。研究组织发展与全球竞争力,可以将企业的发展纳入一个有计划的主动变革的轨道上,有助于企业可以更好地进行规划,从而适应市场、主导变革。有鉴于此,刘爱东博士在本书中勾画出一个清晰、全面的组织发展与转型的图像,以便有助于企业能更为有效地管理变革,获取知识和技巧。

中国作为一个正在崛起的大国,不仅表现在 GDP 的持续增长、综合国力的提升和综合竞争力的提高,同时,还表现在全体中国人的民族自信心和自豪感的提升,以及中国文化和东方文化的快速复兴。

随着中国经济的蓬勃发展和综合国力的迅速提升,中国人的民族意识和文化意识得到了大力

---

[①] 本文是作者为刘爱东博士所著《在华跨国公司组织发展研究》(上海人民出版社 2009 年版)一书所作的序言。

发展,东方管理学作为根植于东方社会的管理科学,对在华跨国公司的组织发展也产生一定的影响。作为与西方管理学的对照,东方管理学的意义也日益显现出来,东方管理智慧正在发挥着越来越大的作用。在华跨国公司中,东方管理智慧表现在哪些方面呢?它对中国的员工有什么影响?对跨国公司总部的决策和组织发展会有什么样的影响?它会对在华跨国公司的企业文化建设起到什么作用呢?这些问题在本书中也有深入的思考。

组织发展作为企业管理体系中的重要一环,许多专家学者从制度层面进行过有益的探讨,但从全球竞争力的视角进行的相关研究并不多见。特别是近年来,跨国公司在中国发展得如火如荼,在理论上对其全球竞争力的关注并不是很充分。本书没有把组织发展单纯看作是企业管理中的一个环节,以至于仅仅把企业管理的理论和实践套用到组织发展的分析中,而是从发展战略、组织结构、业务流程、企业文化的角度入手,将组织发展置于一个更完整、更人性化的环境中加以理解,并且将组织层面的变革与员工层面的变革结合在一起。因此从全球竞争力的视角来研究在华跨国公司的组织发展,可以更深层次、全方位地理解跨国公司在中国的经营情况。

本书作者是我的博士后学生,就读于复旦大学与上海贝尔阿尔卡特联合博士后工作站。刘爱东博士利用身处在华跨国公司的便利,在对资料的研究整理中,结合国内外专家的最新研究成果,在更宽泛的层面上了解在华跨国公司的实际运作情况,可以深切体会到其建设全球竞争力的实践,以及对组织发展的影响,并收集大量详实的资料,使本研究更具有实践的说服力和解释力。

尽管世界正处于金融危机的泥潭中,但中国企业的全球化进程并没有停止,全球化背景下的组织发展正充分展示着自己的力量,与此同时,东方智慧和东方管理作为历久弥新的社会实践,其卓越价值将在新的历史时期得到更为清晰的显现。

# 解析企业家人力资本收益权(2009)[①]

在西方经济学家看来,企业家才能是与土地、资本和劳动力三大基本生产要素有机结合而创造财富的第四大要素,是人类社会最稀缺的资源之一。在任何一个充满活力和竞争的企业的前面都站着一位杰出的企业家,从一定程度上讲,企业的发展就是企业家人力资本作用的结果。但是,长期以来传统分配制度对企业家的报酬是作为成本项目的一种支出,并不享受企业的合作剩余。导致这种分配上的次要地位与其对经济增长的主导地位形成严重落差和矛盾的根本原因在于长期以来人们一直不承认人力资本的存在,在企业治理结构中缺乏激励与约束人力资本的制度安排。这不仅影响了企业家经营管理积极性的发挥,还造成了优秀企业家的大量流失和一系列腐败现象的滋生。本文认为一个良好的激励机制的设计首先要以承认人力资本及其产权为前提。产权是其他权利的基础,它划分了人们在经济活动中的受益和受损的权利,因此依据不同经济主体所拥有的生产要素的产权进行分配,能较好地解释和保障企业家人力资本在企业收入分配中的地位,进而有效地激励和约束企业家。

## 一、企业家人力资本产权

企业家人力资本产权是指在一定的企业契约和国家法规限制条件内,企业家由于使用其拥有的"人力资本"而引起的受益(对企业剩余索取权和剩余控制权的分享和配置)或受损(承担违约责任)的权利,体现的是企业家在权利界限范围内的行为权。企业家人力资本产权是一组权利束,包括所有权、支配权、处置权、使用权和收益权等,上述权项形成人力资本产权的权能结构。

企业家人力资本所有权是人力资本产权束中最根本的权利,是其他权能的基础。所有权体现了人力资本的终极归属,人力资本的所有者凭借所有权对人力资本进行支配,并获取收益权;支配权能贯彻人力资本所有权效益最大化的原则进行"寻租";使用权的拥有则意味着这个权利能最终给人力资本所有者带来收益;收益权是指人力资本产权主体根据其拥有的具体权能获取收益的权利。权利从来都是与利益相联系的,不存在没有收益的权利,也不存在没有权利的收益。在市场经济体制下,企业家人力资本产权的权能更多地表现为分离形式(如图1)。权能分离是指各项权能分属于不同的主体,为不同的主体行使。经过人力资本产权交易后,不同的产权权能由不同的产权主体行使,其中所有权属于载体,使用权属于他人(如企业、国家等)。人力资本所有者让渡给企业的人力资本使用权要求得到补偿,以维持人力资本的简单再生产,而人力资本所有者对投入企业的

---

[①] 本文刊载于《现代管理科学》2009年第4期,与博士生谢雅萍合作。

人力资本的所有权则要通过参与收益分配的形式得到体现。也就是说,要素所有者因将要素使用权让渡给企业而享有收益权,因对投入企业的要素拥有所有权而享有收益权。在企业家人力资本产权束中所有权是基础,收益权是核心。企业家人力资本收益权具体表现为实物的或货币收入的享有或劳务的直接享用或其他方面的满足,主要是指对剩余权利的享有,包括剩余控制权和剩余索取权。

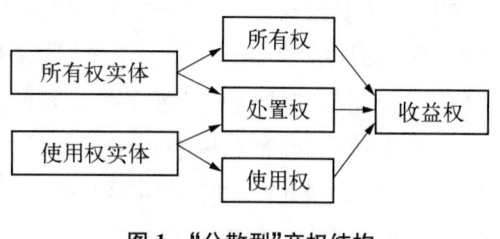

图1 "分散型"产权结构

从法律意义上讲,企业家人力资本收益权是人力资本产权的一部分,指在不损害他人的情况下享有财产收益的权利。从内涵上讲,人力资本的收益权是指人力资本的所有者在补偿了其劳动消耗,即得到了工资性收入的前提下,对于人力资源的盈余价值——税后纯收益,有参与分配的第一位的、天然的特权,并应通过法律予以保障。人力资本的自有性决定了其产权要求的合理性,而人力资本所具有的创造性和创造的无限性又决定了其产权收益的难以确定性。任何直接的契约都不完全,任何事先的直接定价都具有相当的盲目性。正如周其仁(1996)所说的,市场里的企业可以看成是人力资本与非人力资本的特别契约,它的特别之处在于,不能完全规定各要素及其所有者的权利和义务,总要有一部分留在契约中再规定。由于契约是不完全的,因此意味着谁拥有企业的控制权是很重要的。

根据现代企业理论,风险与收益的对称关系在企业中表现为剩余控制权与剩余索取权的对称性分配,谁拥有的企业控制权越大,相应的剩余索取权也就越大。企业家的异质性人力资本在现代公司治理结构和运营管理中处于举足轻重的地位。在规模不断扩大、经营多元化和股权分散化的现代企业中,企业家一般拥有对企业较大的控制权。按照剩余索取权与控制权对称性的原则,拥有企业控制权的企业家也应享有相应的剩余索取权。

实现企业家人力资本收益权与对企业家人力资本进行激励具有本质的区别。首先,前提不同。人力资本激励的前提是资本雇佣劳动,而实现人力资本收益的前提是按生产要素分配,各种要素地位平等。其次,目的不同。激励实际上是为了更好地利用人力资本使用权。在信息不对称的情况下,为了减少人力资本与物质资本的利益分歧,物质资本所有者除了加强监督力度外,通常采用激励措施将人力资本的报酬与经营成果挂钩,而不是为了实现所有者对人力资本所有权的收益权。再次,分配的内涵不同。激励实际上是对人力资本的更多使用,从而给人力资本所有者更多补偿,因此是对人力资本更多使用带来的企业"蛋糕"增量的瓜分,而实现人力资本收益权要对企业"蛋糕"本身进行分享。第四,分配方式的性质不同。激励是将劳动成果进行扣除后,按照劳动的数量和质量进行分配,属于事后分配。实现人力资本收益权是按确定的人力资本与物质资本共同参与分配,是一种事前分配的方式。

## 二、企业家人力资本收益权的实现方式

(1)股票期权是企业家人力资本产权股权化的主要制度安排。股票期权是指公司(通常是股东会或董事会领导下的专家小组)向企业家授予的按事先约定的价格(行权价)购买本公司一定数量股票的选择权。企业家可以在期权协议规定的有效期(行权期限)内选择适当时机买入股票(行权),并选择是长期持有还是转让出去,若将所持股票转让出去,就可以通过赚取股票市场价与行权

价的差额(期权收益),从中获得激励性报酬。若选择长期持有,也可以将其中含有的激励性报酬延期变现,使其继续增值。简而言之,股票期权就是给予企业家按该权力被赋予时的价格在期权到期时购买公司股票的权利。为了维护和保障人力资本的产权权益,应将人力资本所有者投到企业的人力资本转化为股权,以股权形式取得风险收益,按照股权平等的原则参与公司经营管理和利润分配。这需要在制度安排上维护和保障人力资本的权益,股票期权就是企业经营者人力资本股权化的一般形式,是对企业家人力资本的承认与肯定。一般来说,由于企业未来的剩余是一个不确定的金额,企业剩余索取权的享有者应该是企业经营风险的承担者。企业家作为企业剩余控制权的拥有者,实际上是企业经营风险的制造者,对经营风险的制造者最好的激励与约束就是让其自身承担经营风险,这是股票期权设计的初衷。股票期权制使企业家能够参与企业剩余索取权的分享,成为企业经营风险的承担者之一,进而激励和约束企业家。因此,股票期权是企业家参与企业剩余索取权分享的一种重要方式,是人力资本参与分配企业剩余的未来经济利益的要求权,体现了人力资本的权益。

(2) 人力资本出资是企业家人力资本产权完全实现的重要形式。股票期权制度授予了企业家一定程度上的剩余索取权,但是该制度并未真正理顺物质资本与人力资本的关系。随着经济、社会与科技的发展和企业制度的变革,有关分配制度的改革必然从否定人力资本的出资逐渐转向部分承认最终直接允许,从而真正确立人力资本所有者的股东地位。人力资本入股是指企业家以其人力资本折股投入企业,按投入企业的人力资本股份份额多少领取股利(在企业赢利时)并承担有限责任的一种创新的企业组织制度。人力资本出资是企业家人力资本产权完全实现的重要形式。首先,承认人力资本出资合法性,企业家享有企业管理权和收益权才具有坚实的理论基础与权利基础,才不是物质资本所有者(股东)仅仅处于激励其积极性的一种技术安排,而是基于其人力资本投入的一种当然享有的权利。其次,承认人力资本出资合法性,作为拥有异质性人力资本的企业家才能逐步改变依附于物质资本所有者的地位。在不承认人力资本出资合法性的情况下,公司制度的设计与安排实际上是"股东至上"的逻辑前提,企业家通过其经营努力而获得的股票期权等股权激励仅仅是股东以激励和约束企业家为初衷的权益与利益的一种让渡,而是否进行此种让渡以及如何让渡等完全取决于以股东意志为主的公司章程的制约。承认人力资本出资合法性,能为企业家人力资本使用提供多种选择途径,既可以让渡人力资本使用权而获取合同收益,还可以人力资本使用权作为出资方式从而获得股权收入并承担相应的风险。

## 三、企业家人力资本收益权实现的制度保障

(1) 重新构建人力资本产权制度。人力资本参与企业收益分配是人力资本产权的价值实现,因此人力资本产权地位的确立是人力资本参与企业收益分配的前提条件。笔者认为应该从以下两方面入手重构人力资本产权制度:

一是加快法律建设步伐,明确人力资本的法律地位。我国现行法律基本上是以物权法为基础的,对于非物质形态的商品在相关法律中也提出了一些原则性的规定,如我国对于专利、商标、商誉这些区别于一般物质资本的商品也提出了可以获得增值收益,可以作为股份进入企业,对知识产权也提出了保护和获得收益的规定。但是,这些规定主要是针对能够具有物质形态的,或者能够具有独立产权的商品的,对于天然与所有者不可分离的人力资本在我国还没有得到承认,对人力资本的相关保护仅仅停留在对劳动的保护上,没有专门的关于人力资本的法律,人力资本产权缺乏法律保

护。因此,政府应该根据我国经济与社会发展状况,及时修改和制定人力资本方面的法律,赋予人力资本法律地位,对人力资本实施保护。人力资本产权一旦得到法律的明确界定,人力资本产权主体与其他的产权主体将相互构成法律关系,即权利义务关系,一方在行使权利的同时必须承担义务,这将有利于在全社会树立人力资本产权保护的意识。

二是创建良好的人力资本产权交易环境。人力资本产权可交易性的重要意义在于调整人力资本产权格局既定的结构效率。也就是说初始的人力资本产权格局约束了人力资本的运行和效率的发挥,只要交易成本低于原产权格局造成的效率损失,则可以通过人力资本的交易调整。显然人力资本产权的可交易性是提高人力资本配置效率的充分条件和实现人力资本产权功能的内在条件,也是企业家人力资本得以实现其产权收益的前提。因此,我们应当建立和完善人力资本市场,确立独立的人力资本市场供给和需求主体,构建人力资本市场化定价制度,建立和完善市场中介机构,健全人力资本市场的政策法规体系,加强政府对人力资本市场的宏观调控。

(2) 加快公司化改造步伐,构建有效的公司治理结构。公司制企业是人力资本参与企业收益分配的主要企业类型,也是实现企业家人力资本收益权对企业制度的要求。

首先,改变公司治理的目标。公司治理的目标不能简单地确立为保护"股东"利益或保护"利益相关者"利益,如果将人力资本所有者与股东平等地当成是企业的所有者,则应当把公司治理目标定为"保护所有者利益"。将人力资本产权化,在制度上保证人力资本所有者作为企业所有者的地位,并在具体操作中付诸实施。其次,要相应地改变公司治理结构,改造董事会、监事会,完善、规范它们的职能和行为,实现相互间的监督和制衡。完善董事会,使董事们能够诚信勤勉地履行他们对公司的信托责任,避免董事会成员与经理人员身份重叠;完善监事会,使监事会对公司高级管理人员的监督权落到实处,通过监事会与董事会及公司其他机构的相互制衡,推动和监督经理股权激励计划的公正性、有效性;要加强企业家激励制度实施情况的信息披露,使公司的经营、财务信息能够及时送达相关者。通过这样的公司内部监督制衡机制,可以有效地避免企业家激励的制度腐败和分配不公。只有在企业治理结构有效发挥作用的情况下,企业家人力资本收益权才可能实施。

(3) 构建企业家市场——最佳的企业家人力资本评价体系。一是营造和完善企业家市场的内外部环境,即建立市场竞争制度和现代企业制度。首先,建立和完善市场体系和市场竞争规则,使各种经济成分的企业家都进入市场,自由、平等地进行竞争。企业家市场的竞争越充分,企业家人力资本越商品化,就越可以动态地评价企业家的经营决策能力,并确定绩效补偿额度。这样既可以使优秀企业家在名誉和报酬方面得到充分的补偿,也可以使无能或"败德"者在市场上"失宠"。第二,应按市场经济的要求规范政府和企业的关系,废除企业领导行政任命制,实现企业家职业化。所谓职业化,是指企业家与行政干部身份彻底脱钩,把企业家的经营管理活动作为一种特定的专业和职业,并让企业家享有其特定的社会地位和利益。这就要求实行《公司法》规定的、适合现代企业制度要求的企业家选拔聘用制度。根据企业性质、行业及大小的不同,可采用公开招聘、自荐与考核相结合、董事会任命等方法,从根本上破除官本位制,确立能力本位的价值观念。第三,制定适合企业家人才市场有效、有序运行的各种规则。各级党委和政府要通过经济、法律和必要的行政手段,对人才市场的人才流向、流速、流量等进行宏观调控。特别是要制定有关政策、法规,建立健全流动、仲裁、合同等制度,以此规范供求双方行为,保护选人主体和企业家个人的合法权益,促进人才有序流动,形成国家制定政策、政策调控市场、市场引导人才合理流动的格局。

二是建立多层次的企业家信息网络。首先,建立企业家人才库。各省可按不同行业建立不同层次的企业家社团,设立各级企业家人才库,并和国内外有关省市同类市场联网,打破国家、地区、行业界限,实现各类企业家人才资源共享和自由流动。其次,建立和完善企业家市场的中介机构,提供完善的中介服务。各地建立的人才经营管理中心要严格定位于中介机构,而不应带有任何行政色彩,其职责为集中、提供经营管理方面的人才信息,为供需双方相互选择提供服务,促进经营管理人才的流动。中介服务主要应包括企业家人才供求信息的提供和咨询,企业家资格的评价、认定,企业家经营效果的审核、评估等。与此相适应,应建立完善的社会化中介服务组织,如企业家人才信息咨询公司、企业家人才交流中心、企业家评价机构等等。

综上所述,随着人类社会真正进入到知识经济时代,人力资本产权将处于产权结构中的主导和基础地位,收入分配制度的制定和调整应该充分考虑人力资本产权因素。企业家人力资本产权的私有性决定了物质资本所有者为促使企业家让渡这种具有较强增值效用的人力资本使用权就必须让企业家人力资本充分分享其产权收益。正如Y·巴泽尔指出:"任何个人都应当放弃各种资产(或者某一资产的不同属性)的所有权,并与其他投入的所有者签订合同,以获得相应的服务,从而获得收益。"只要企业家人力资本创造收益的潜在空间存在,自由竞争和选择机制就必然促使企业家向更有效和更充分利用的市场转移,从而达到人力资本收益最大化。

# 企业家人力资本约束：自我、制度和市场(2009)①

## 一、约束与企业家人力资本约束

激励和约束是一对既对立又统一的有机体：激励意味着给予企业家以物质和精神上的满足，以刺激其努力工作，而约束则是运用一定手段使企业家对个人欲望的追求有一个边界。所谓企业家人力资本约束，就是企业家人力资本约束主体通过颁布具体的法规、设立相应的机构、签订一定的合约、营造各种舆论等手段对企业家人力资本在企业生产经营活动中的行为给予适当的限制，并视具体情况进行事前监督、事后惩罚，使其正确、有效地行使代理人权力，保证企业健康、稳定、持续发展。企业家在规定的范围内行为权利，其行为是受到鼓励的，但是如果行为逾越其权利边界，给企业造成不同程度的损失时，相应的法律法规、社会舆论、企业规章制度以及各种机构就会对企业家进行不同程度的惩罚，使其物质上受到损失，精神上产生压力，进而能够约束自己的行为，回到国家、社会和企业允许的行为轨道上来。

从现行法律上看，我国的企业家人力资本约束制度采用了大陆法系的内部约束机制，即当事人双方的约束，企业和人力资本之间的相互约束。由于国有企业经过多层委托，造成"所有者实际缺失"，此种约束是一种软约束，在这种情况下企业家人力资本约束机制不能得到有效发挥，致使约束最终失效。考察发达国家的经验，结合我国公司股权结构以及证券市场和经理市场的发展，我国既不能完全照搬英美法系国家的外部约束机制，也不能全盘否定大陆法系国家的内部约束机制。我国构建的企业家人力资本约束制度应是内外结合的，不能仅满足于传统代理理论下的委托人对代理人的单向约束，而且应根据契约理论和人力资本理论寻求回应企业家作为人力资本所有者性质，形成动态约束集，即第一层为自我约束，第二层为制度约束，第三层为市场约束。

## 二、企业家人力资本自我约束

从理论上说，出于保障和实现自身经济利益的考虑，本着对经营者地位丢失的担忧，企业家也会适当约束自己的不合理行为。自我约束集是对企业家人力资本作用最直接的约束机制，它主要通过企业家的道德观念和责任心来实现的。因此，该约束集又可细分为道德约束和责任约束两种。首先，道德约束。法约尔曾经说过，制止一个重要领导人滥用权力和其他缺点的最有效的保证是个人道德，特别是该领导人的高尚的精神道德。道德主要通过内化为个人品德而发挥作用，对人的约

---

① 本文刊载于《现代管理科学》2009年第12期，与博士生谢雅萍合作。

束是深刻而长久的。在社会公德方面,应继续鼓励企业家发扬国家利益、集体利益和个人利益相结合的社会主义精神,自觉履行对社会和国家的义务;在经济活动中要注重自己的人格和品德修养,要采取正当的手段赢利;在履行权力职责方面,切勿以权谋私、以权压人,应当利用手中的权力,勤于管理、积极进取,为国家、为企业、为广大职工谋利益。其次,责任约束。企业家拥有正常经营条件下支配企业财产权利的同时,必须承担起相应的责任。这些责任包括对投资者、债权人、职工等利益相关者负责和完成企业的各项经营目标的责任。这种责任和义务既来自社会道德的要求,也来自法律、法规要求,还有来自企业合约的规定。只有将责任要求内化到企业家的意识中,成为其自觉自愿的行为和意识,才能正在发挥责任约束的作用。因此,强化责任约束,首先要取消企业的行政级别,切断国有企业家向政府官员过渡的途径;其次要将经营企业职业化,制定详细的职业规范和资格审查制度,将那些缺乏责任意识的人驱逐出经营者行列;再次要在企业内对企业家的责任明晰化,防止因责任模糊引发约束失败;最后要制定严厉的惩罚制度,对失败、渎职行为进行严惩,甚至动用法律武器进行制裁。

与其他约束集相比,企业家人力资本自我约束集依赖企业家的自觉性,约束效度容易弱化。基于企业家经济人的人性假设,企业家人力资本自我约束效度与企业家约束收益大小直接相关,经济收益越大,企业家约束的自觉性越强,反之就越小。要使企业家人力资本通过自我约束提高履约信誉,则必须建立相应的报酬激励机制。

## 三、企业家人力资本制度约束

首先,机构约束。所谓企业家的机构约束,就是通过公司机关来监督制约公司经理,即由股东行使投票权产生公司机关,将股东对公司经理的约束转化为公司机关对公司经理的约束。企业所有者通过建立相应的机构,如股东会、董事会、监事会等来监督、控制企业家人力资本的活动。在公司内部,股东会与董事会之间是信任委托关系,董事会代表股东会参与企业重大经营决策,企业家根据董事会的决策,发挥企业家人力资本,整合企业各种资本进行生产经营,董事会对企业家生产经营情况进行监督,董事会有权对履行企业合约不当的企业家进行警告、处罚,甚至辞退。监事会与股东会之间也是信任委托关系,监事会受股东大会之托对企业家人力资本利用企业非人力资本的情况,以及企业家人力资本经营企业的效果进行监督、审察,向董事会和股东会提交审察报告,由其决定是否对企业家进行奖惩。实行企业家的机构约束最大的好处是将公司内部人对人的约束转化为机构对人的约束。人与人之间的约束容易加入个人的好恶,必然产生"人治",而机构是一个团体,组成机构的成员代表着不同的利益,具有不同的好恶,他们的好恶可以相互牵制甚至抵消,从而形成公平、公正的经理约束机制,易于形成"法治"。由代表企业非人力资本所有者的利益对企业家人力资本的活动及其效果进行监督,并直接决定企业家的去留,有利于企业家人力资本提高其履约信用。

其次,法律约束。对企业家的法律约束是指通过法律直接为企业家设定法定义务或者限制其权力范围。企业家是在股东不参与公司具体业务运营的前提下控制着公司,企业家负有对公司和公司其他参与者的诚信义务和勤勉义务。为了确保企业家的诚信义务和勤勉义务不被逃避,有必要通过法律建立一种控制机制使其得到强制履行,这种控制机制就是企业家的法律约束制度。除了《公司法》《合同法》《证券法》等一系列相关法律法规直接约束企业家的行为外,目前,较为直接且行之有效的法律约束机制是企业家与公司之间的合同约束。所谓合同约束,就是指经理人在进入某个公司时,必须与公司签订受法律保护的任职合同,这种任职合同对经理人的权利义务做出明确而严格的规定,从而成为对经理人的有效约束机制。如果把公司看成是一个契约网络,在本质上是公司参与人意思自治的产物,通过聘任合同和授权合同事先尽量将公司经理的权利与义务界定清楚,不仅能够尽可能地解决契约的不完备性问题,更重要的是对企业家形成约束机制。法律作为一种刚性的约束机制,主要表现为当企业家人力资本在履行合约、经营企业的过程中,违反其规定,致使国家、企业或他人的利益受到损害时,就会采取强制性行为使企业家人身或财产受到损失,迫使企业家回到社会允许的规范内。法律约束的前提是有法可依,在法律未涉及的范围,其约束作用不如市场约束,甚至不如自我约束。

## 四、企业家人力资本市场约束

首先,产品市场的约束。是否具备经营才能是能占据经营者位置的重要标准之一。所谓企业家经营才能,即是对付市场的不确定性,作出企业"做什么和怎么做"的经营决策,不过是企业家人力资本在企业中的运用(周其仁,1996)。从一定意义上讲,企业家经营成果的最终体现是企业产品和服务在市场上的表现,因而产品和服务的竞争力成为评价企业家经营业绩的有效尺度。企业在产品市场上的占有率是衡量一个企业家经营效率的重要依据,同时也是对企业家经营才能的重要验证。除了市场占有率,利润也是对企业家经营能力、经营效果的最终反映,也是衡量企业家业绩的重要指标。当然,企业经营包含许多不确定因素,其中大多数并非企业家所能决定或控制,因而把企业经营成果完全与企业家经营能力和经营业绩挂起钩来未免有失公允。因此,应该充分考虑市场各种不确定因素的综合影响,结合产品市场的表现来综合评价企业家的经营能力。

其次,企业家人力资本市场的约束。随着市场经济的发展和教育程度的发达,企业家人力资本供应会越来越多,职业化的企业家不断增加,企业家人力资本市场应运而生。企业家的业绩和声誉是其人力资本价值在企业家市场上升降变化的基础。企业家人力资本市场的功能就是评价、管理、提供职业化、高存量的人力资本,对企业家人力资本的约束主要在于它可以有效地评价企业家人力资本的业绩和信誉,利用其优胜劣汰的竞争机制将一些不合格、信誉较差的人力资本淘汰出市场。在现代企业,企业家职位和权利的稳定性,最终取决于企业家人力资本对公司的经营业绩和履约信誉。经营业绩和履约信誉的优劣,企业家人力资本市场会给出一个正确的价值判断。企业所有者会根据市场对企业家人力资本的价值判断来决定企业家在企业的去留。对企业家来说,只有凭借经过长期累积起来人力资本才能够与企业非人力资本所有者订立合约,获得其他类型人力资本无法得到的企业控制权和剩余索取权。一旦被企业家人力资本市场淘汰,则很难再进入这个市场,昂贵的淘汰代价使企业家不得不竭尽所能,履行承诺。

第三,资本市场的约束。资本市场的竞争在发达的市场经济中被认为是解决代理问题的另一强有力的手段。资本市场对企业家人力资本的约束是企业所有者的一种"用脚投票"方式。企业所有者(股东)尽管可以在股东会上通过"用手投票"来制裁企业家人力资本的不忠诚和怠惰行为,但如果股权分散,每个股东在企业中的股权份额较小,股东会上"用手投票"的方式就不足以形成对企业家人力资本的有效约束,然而资本市场上股票的高度流动机制弥补了"用手投票"的缺陷,并且更加有效。当股东对企业家人力资本的经营业绩、履约信誉不满意时,他可以抛售持有的该企业股票。虽然单个或少数股东抛售股票对企业家人力资本的地位不会造成什么影响,但是当多数股东都这样做时,这家企业的股票价格就会大幅度下降,不仅直接影响企业商誉、筹资、产品销售和企业家人力资本的声誉,更为重要的是为那些有势力的公司,包括"恶意收购者"提供了收购目标,使他们能以低价购进足够的股份,从而接管或控制该企业非人力资本,撕毁企业家人力资本与企业签订的合约,雇佣市场上异质性人力资本存量较高、履约信誉较好的企业家经营企业。这对企业家来说无疑是性命攸关的,因为它往往意味着企业家职业生涯的终结。因此,资本市场的约束显现出越来越强的约束效用。

## 五、结　　论

有效的约束企业家人力资本,是保证企业家行为与企业行为目标的一致性,保护各利益相关者的利益,保证企业经营的正常方向的关键。在企业家人力资本约束集中,三个层级相互联系、互为补充,构成一个不可分割的整体。企业家人力资本自我约束不能有效约束企业家时,制度约束显示出其刚性的一面,而制度约束无法解决的问题,市场机制以其特有的竞争机制给予积极的回应。三个层级一环扣一环,环环相连,疏而不漏。在三个层级中,由里向外,对企业家人力资本的约束强度越来越大。制度约束和市场约束的对企业家的惩罚,形成一种强大的震撼力,这种震撼力威慑着其他企业家,内化于企业家身上,强制其提高自觉性,达到自我约束的目的,从而使得企业家人力资本的履约信誉提高。构建合适有效的企业家人力资本约束集,并辅之相应的措施,则无论企业家人力资本如何控制企业,如何操纵董事会,如何滥用职权、营私舞弊,最终都将会受到约束机制的惩罚,从而达到保护相关者利益的目标。

# 战略性新兴产业集群与第三类金融中心的协同演进机理(2010)[①]

作为创新集群的代表,战略性新兴产业集群由于可以加速实现技术创新和技术产业化从而带动产业升级和区域创新,在主要发达国家得到快速发展。与这一现象相伴随的是,各国的金融活动也在以不同类型的金融中心的形式在快速推进,尤其是专业类金融中心发展十分迅速,对区域产业的辐射和影响也在不断加剧。让人困惑的是,战略性新兴产业集群和某些专业类金融中心不仅在地理分布上趋于一致,而且还呈现出不断强化的融合互动趋势,美国硅谷就是这一结合的典范。硅谷聚集了约 8 000 家左右的科技企业,注册的专利数年均 9 000 件。硅谷有着美国最大的半导体、信息技术和生物科技企业群落,目前正努力实现产业转型,大力发展清洁能源等战略性新兴产业。硅谷也是全世界规模最大的创业投资基金所在地,全美 600 多家创业投资公司中有一半是以硅谷为根据地的。从硅谷发展简史可以看出,硅谷既是世界上最具创新能力的战略性新兴产业集群,也是最成功的创业金融中心(也被称为第三类金融中心),两者是共生发展的过程。已有研究在分析金融和产业集群关系时,普遍认为金融资本是集群形成的一种投入要素,创业金融是创新集群成长的催化剂。[②] 但事实远不是如此,艾维尼莫勒茨(Avnimelech)对以色列的研究表明,创新集群与创业金融中心两者本身是协同演进的过程。[③] 经济学家都在追问,这种以集群形式演绎的战略性新兴产业集群和创业金融中心到底是什么关系?双方关系又是靠哪些机制来推动?为了回答上述问题,本文在介绍战略性新兴产业集群和第三类金融中心的概念及其形成条件的同时,在硅谷经验基础上概括了战略性新兴产业集群和第三类金融中心协同演进的过程及其机制,并提出了促进双群协同发展的产业升级战略。

## 一、以集群形式出现的战略性新兴产业集群和第三类金融中心

战略性新兴产业集群是指能够在未来成为主导产业或是支柱产业的新兴产业集群。相对于传统制造业集群,战略性新兴产业集群除了地理临近性特征外,还具有显著的创新驱动、知识溢出、产业放大和产业自我升级特征。从类型上看,战略性新兴产业集群既包含了同一产业链环节的新兴企业及其配套集合(即横向集群),也包含了产业链上下游的新兴企业及其配套集合(即纵向集群)。

---

① 本文刊载于《学术月刊》2010 年第 12 期,与刘志阳合作。
② 房廷汉:《发展创业金融解科技型中小企业融资之困局》,刊载于《中国科技产业》2004 年第 11 期。
③ Gil Avnimelech, Morris Teubal, "Creating Venture CapitalIndustries That Co-evolve With High Tech: Insights From An Extended Industry Life Cycle Perspective of The Israeli Experience", *Research Policy*, 2006, 35: 1477-1498.

从实质看,战略性新兴产业集群不是单纯的创业企业家个体之间的社会关系网络,不是单纯的科研机构之间的技术网络,也不是单纯的产业内部的企业间关系,而是一种涵盖了战略性技术研发、新兴技术产业化、新兴产业网络化整个过程的具有知识传播、动态循环和创新扩散的组织间关系网络。

从战略性新兴产业集群的形成模式来看可以区分为自上而下和自下而上两种模式。自上而下模式认为,新兴产业集群由于涉及多种关系主体需要大量创新资源,因而可以通过国家机构或地方主体培育来促成。从培育形式来看有开发区、孵化器、加速器、创新驿站等形式。在茨艾罗尼(Chiaroni)等人看来,该模式有利于政府产业政策的快速落地,是一种典型的政治集群。[①] 玻瑞斯纳汉(Bresnahan)等人则认为,由政府设计新兴产业集群未来发展方向的战略是不可取的,因为这些措施对创新活动的集聚效果甚微,甚至可能引起集群企业的"反生产性行为"。自下而上模式认为,新兴产业集群是由企业自发形成的,是技术自然演化和企业本地创业扩散的过程。不同的创业扩散形式造就战略性新兴产业集群不同的形成过程和集群特征。相比较而言,自下而上模式是一种符合新兴技术本身特征和创业企业生成特征的一种市场化手段。该模式基本上聚焦于培育动态的市场功能,政府在集群形成中只是扮演了促进者和调节者的角色,所以相对而言,助推性的政府政策反而有利于创新集群的发展。

金融中心是现代金融产业组织的主要形式之一。按照金融中心的服务范围和发育水平,可以划分为全球金融中心、国际金融中心、国家金融中心和区域金融中心。按照金融中心的功能又可划分为全能型金融中心和专业类金融中心。如在欧洲,伦敦作为全能型金融中心提供全方位的金融服务,其他的金融中心则形成了较为明显的分工,巴黎作为泛欧交易所总部所在地成为欧洲证券交易中心,苏黎世是欧洲及全球首屈一指的私人银行中心,卢森堡和都柏林则是欧洲最为重要的资产管理与财富管理中心。按照金融中心服务对象——产业或企业的成熟程度,也可以对金融中心作一个重新划分(见表1)。第一类金融中心作为商业金融的代表,主要是商业银行类金融中心,为处于成熟期的产业或企业提供间接融资、货币结算、传递信息等服务,目的是获取资金的时间价值之差,英国伦敦就是此类金融中心的典型代表;第二类金融中心作为投资金融的代表,主要是投资银行类金融中心,也包括证券期货交易所等非银行金融机构,为接近成熟期和成熟期的产业或企业提供资本市场直接融资、企业并购重组等服务,目的是满足投资者资金流动性、安全性和增值性要求,美国纽约就是此类金融中心的典型代表;相对于前两类金融中心,第三类金融中心作为创业金融的代表,主要是创业投资类金融中心,也包括科技银行、担保资金、项目融资机构等,为新兴产业和新创企业提供创业资本或担保贷款并参与管理服务,目的是获取高额创业利润。这类金融中心具有开发战略技术和新兴产品的持续原创力,能有效带动战略性新兴产业和金融服务业的发展,将对世界经济的未来走向产生重大的影响。第三类金融中心虽然目前尚未得到普遍认知,但是实际上已经成型。本质上讲,第三类金融中心也属于专业类金融中心,该分类更多地强调了服务战略性新兴产业和新创企业成长的需要。最典型的第三类金融中心莫过于美国硅谷。

第三类金融中心从第一和第二类金融中心中分离出来成为专业类金融中心有其客观必然性:① 第三类金融中心的产生是与战略性新兴产业集群的发展和创业体系的支撑密不可分的。现有的第三类金融中心都遵循类似的发展轨迹:某个地区由于历史地理等各种因素集聚起了大量新兴产业集群,随着集群的壮大和创业体系的完善,对资金的需求量也越来越大。在传统的金融体系无

---

① 余凌曲、张建森:《我国发展专业金融中心的必要性与可行性探讨》,刊载于《开放导报》2009年第4期。

法满足其资金需求的情况下,创业投资应运而生。随着创业投资自身规模逐渐扩大,体系不断完善,最终形成了该地区新型的金融中心。② 第三类金融中心的形成也离不开金融创新对产业转型的主动适应。关键性的技术创新可能存在,但能否为新技术的产业化提供投资则与一个国家的金融体系有着密切关系。从科技知识到产业化的这一过程的最终实现,得益于金融创新的催化作用,而创业资本作为金融创新的产物,与传统融资方式无法适应高风险和高不确定性的创业企业融资需求有极大关系。所以,不能仅仅从科技革命对创业资本的需求来解释第三类金融中心的出现,还应从金融制度创新的演变来认识第三类金融中心的形成。① ③ 第三类金融中心形成也是创业投资机构联合投资的结果。联合投资是创业投资的一种主要投资形式,同时也是一种风险分担机制。在联合投资基础上创业投资机构结成了紧密的创业投资网络,这种网络的自我强化加剧了创业资本的区域集聚过程。④ 第三类金融中心的形成本质上是金融集群优势充分发挥的结果。丰富的金融信息、完备的中介机构和人才优势、与企业接近的优势、集群的风险抵御效应和声誉效应等构成了金融集群的向心力。

表 1 三类金融中心比较

| | 市场主体 | 服务对象 | 主要功能 | 主要特点 | 具体金融产品 |
|---|---|---|---|---|---|
| 第一类金融中心 | 商业银行 | 成熟企业或资产(有抵押资产或担保人) | 商业金融的代表,为商品市场交换提供间接融资、货币结算、传递信息等服务,目的是满足投资者资金流动性、安全性和增值性要求 | 低风险、稳定收益、高流动、实体化 | 各类贷款业务、理财业务等 |
| 第二类金融中心 | 投资银行、证券期货交易所、保险公司等非银行性金融机构 | 接近成熟和成熟的企业或产业(有抵押资产或担保人) | 投资金融的代表,提供资本市场直接融资、企业并购重组等服务,目的是满足投资者资金流动性、安全性和增值性要求 | 高风险、高收益、高流动、虚拟化 | 各类投资业务及衍生产品(期权、期货、指数、证券化等)服务 |
| 第三类金融中心 | 创业投资基金、天使基金、担保基金、科技银行、项目融资等 | 新创企业和新兴产业(无抵押资产) | 创业金融的代表,直接或间接提供创业资本并参与管理服务,目的是获得高额创业利润 | 高风险、高收益、低流动、实体化 | 各类创业投资、创业贷款和资产评估业务 |

资料来源:作者根据《杨浦区建设第三类金融中心规划方案》整理。

## 二、战略性新兴产业集群与第三类金融中心的协同演进过程

借鉴系统科学有关协同演进过程的划分,可以把战略性新兴产业集群与第三类金融中心的协同演进过程看作一个复合系统。两者的动态耦合关系呈现周期性的变化,在一个演化周期内,整个系统将经历四个阶段:

在第一阶段,系统处于低级协调共生阶段,战略性新兴产业集群和第三类金融中心还处于孕育之中,两者之间的影响也很小,此时政策的重点是利用区域要素的优势加速区域新兴产业和相关金融要素的发展和集聚。在硅谷发展的初期,最重要的是斯坦福大学的人才支撑和半导体器件的军事采购。1956 年,晶体管的发明人肖克利在斯坦福大学创立肖克利半导体实验室。后来实验室的 8 位工程师在投资天使洛克的帮助下成立了仙童半导体公司,而后这几个人又陆续从仙童出走,通

---

① 刘志阳:《创业资本运动机理———一个马克思主义视角》,刊载于《南开学报》2005 年第 4 期。

过衍生创业分别成立 Intel、AMD 等当今硅谷著名企业。据统计,1967—1972 年,有大约 30 多家天使投资支持的半导体企业在硅谷成立。客观地说,天使投资作为非正式的创业资本,仅仅是作为金融要素起到了加速半导体新产品的发明和商业化的过程。硅谷半导体工业的发展主要得益于美国国防部的政府采购。①

在第二阶段,系统处于协调发展阶段。这一时期战略性新兴产业集群处于低速发展期,其发展过程渐渐催发了第三类金融中心的萌芽,两者已经开始显现出相互促进的作用,但由于第三类金融中心发展的水平还不高,两者之间的矛盾逐步显露但尚不突出。此时双群协调更多的是一种市场化的结果,政策重点是因势利导就近加快创业金融机构的发展,促使两者的互动。20 世纪 70—80 年代,硅谷半导体产业集群发展到了一定的水平,为硅谷组织化的创业资本诞生及其集聚准备了相应的条件。此时单个天使投资的资金量远远不能满足新兴产业的需求,在政府政策的支持下,1972 年硅谷最大的两家有限合伙制创业投资机构(KPCB 和红杉资本)成立,这是迄今为止硅谷最大的创业投资基金之一。相比前一时期,有限合伙制基金已成为硅谷创业资本的主要来源,以政府为投资主体的创业资本和天使投资则退居次位。在有限合伙制基金的支持下,不断地创业扩散使得由半导体引发的信息技术革命完全爆发,在半导体工业基础上形成的个人计算机企业的成功上市又给创业投资家带来了丰厚的回报,引来了又一拨创业投资热潮。

在第三阶段,系统处于极限发展阶段。这一时期原有的战略性新兴产业集群随着技术研发和产业化的不断扩张,逐渐由新兴产业成长为主导产业,产业利润率在不断下降。受到技术路线的制约,区域并没有发展出新的产业,因而随着第三类金融中心的快速推进,两者之间的矛盾日益突出,越来越多的资金追逐越来越少的优质投资项目,同时有越来越多的产品涌入日趋萎缩的市场,造成金融资本与产业资本的不协调发展。在这一阶段,系统的演进有两个方向:一是两者之间的矛盾没有被恰当调节,当战略性新兴产业集群发展的约束圈超越极限阈值时,整个系统停滞不前或出现倒退,部分创业金融机构纷纷转移到其他地区,新兴产业集群在竞争中逐渐衰落;另一方向是采取各种政策措施,来缓解两者的矛盾,力求使发展圈与约束圈之间保持一个相对最佳的距离。经过各类政策的恰当调控,以及整个系统内部诸要素的不断调整优化,两者的交互耦合关系不断向良性发展,最终达到两者的高级协调共生。同样以硅谷为例,在大量公司上市获得巨额回报的示范作用下,大量的创业投资涌入到 IT 产业引发硅谷甚至是美国的新经济狂热。硅谷的创业投资额从 1998 年的 30 亿美元迅速增加到 2000 年的 210 亿美元,增加了 6 倍。这种经济狂热到 2000 年宣告泡沫破灭。2001 年,硅谷创业投资总额出现了大幅度的下降,从 2000 年的 210 亿美元下降到 2001 年的 60 亿美元。

2007 年美国次贷危机引发的金融海啸再度使硅谷遭受波及,硅谷由此进入了所谓的"技术—经济"范式的"转折期",这期间硅谷正在经历着严峻的技术和产业转型。

在第四阶段,系统处于螺旋式上升阶段。由于产业集群的成功转型,两者的交互耦合关系重组,整个系统迈向更高的起点,达到高级协调共生的发展状态。这个时期政策重点主要是完善区域创新平台和开放区域创新网络。区域创新平台主要是创设引导双群共融的人才、信息、资金和技术交流平台等。区域创新网络重点不仅在于集成内部创新资源的协同创新,更重要的是集成全球创新资源,进一步促使自身产业转型。硅谷就是在互联网产业基础上催生出了很多新兴产业,2009 年硅谷创业投资流向显示,软件产业占了 20% 的资金比例,新能源产业占 16%,医疗器械和设备产业占 14%,生物

---

① 美国国防部向硅谷采购的半导体器件,占了当时美国半导体器件生产总值的大约 40%。

技术产业占13%,这四种产业占了63%的创业资本量。[①] 与此同时,创业资本分工越来越细,大量不同类型的创业投资基金在重新入驻硅谷的同时又从硅谷派生延伸到世界各地,进一步加剧了硅谷与世界的联系。可以说,目前的硅谷是技术多元化的经济,随着全球生产网络的进一步推进,硅谷已突破了自我驱动的发展模式,硅谷已经成为全球创新城市、新技术、新产业和新资本网络的最为核心的节点。通过吸引全球的资金和人才以及出口技术产品,形成了同全球经济高度互动的经济模式。

## 三、战略性新兴产业集群与第三类金融中心的协同演进机制

从上述协同演进过程可以看出,首先,双群协同演进是由于单个创业资本与新创企业具有天然的联系。其一,在历史上创业资本和大规模新创企业的产生具有时间的一致性,事实上新创企业正是在创业资本的孵化下产生的。[②] 其二,创业资本与新技术企业具有互补性。创业资本作为专注于研发阶段新创企业的资本,其增值自然离不开对技术的借助并必然与之结合,而新创企业在其发展阶段也需要资本的支撑。这就是创业资本与新创企业在要素层面上能够互补的原因。其三,二者都具有高风险和高回报的特征。创业投资的高度不确定性和新创企业研发过程的高度不确定性使得它们一直都处于高风险状态之中。而创业资本较之于其他资本而言,追求高额回报的动机更强,这就决定了创业投资倾向于选择带来更大回报的新技术企业。而新技术企业也由于其高风险很难从传统融资渠道获得资金,创业资本成了它们的主要融资对象。正是由于这种新创企业与创业资本具有天生的融合特征,所以新创企业的地区集中就必然表现为创业资本的区域聚集,形成明显的区域化特征。这种良性循环一旦形成,就会进入协同演进的自我加速进程。其次,双群协同演进也是利益协同的结果。创业投资机构通过技术筛选机制、孵化和增值服务机制、阶段投资与激励机制扮演了创新生态的最终治理者角色,有效促进了创新生态的自发联动。而双群之间的交叉投资、近距离投资、产业链完善、产品创新对接和知识扩散机制,则有效地促使双群利益协同和本地嵌入(见图1)。

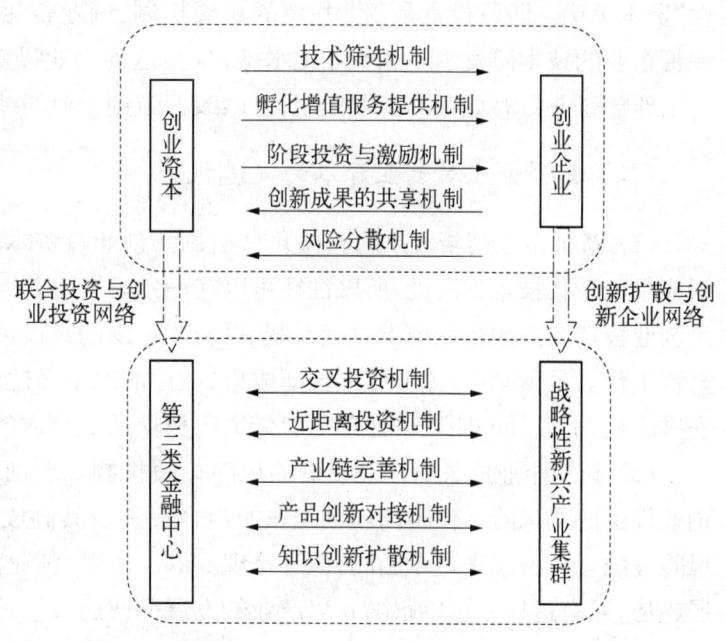

图1 战略性新兴产业集群与第三类金融中心的协同演进机制

### (一)创业资本对新创企业的促进机制

(1)创业资本对新创企业的技术筛选机制。在战略性新兴产业的发展过程中,新技术的发展

---

① 其余的资金流向包括半导体产业(12%)、媒体娱乐产业(6%)、网络设备产业(5%)、IT服务(5%)、其他产业(占4%)、通信产业(占2%)、计算机(占2%)、电子设备(占1%)。资料来源于"2010年硅谷指数",参见http://www.deanstalk.net/files/2010-index of silicon valley.pdf。
② 孟宪昌:《风险投资与高技术企业成长》,西南财经大学出版社,2003。

方向往往十分模糊,很多新创企业围绕着同一关键技术展开着"背对背"的竞赛。青木昌彦认为,新创企业由于有了创业资本的帮助,才可能把不成熟的技术加以研发和中试,从而顺利完成产业化。所以,创业资本在新兴产业发展中一旦支持了某种技术,这一技术就有可能成长为产业发展中的主导技术,因而创业资本起到了新兴技术的筛选作用。[①] 勒纳(Lerner)研究也证实,在产业投资的早期阶段,通过检查每个创业投资机构的投资意愿,创业资本可以将关联的信号汇集在一起从而筛选出更好的技术方案。

(2) 创业资本对新创企业的孵化和增值服务提供机制。与其他股权投资相比,创业投资特点就在于其不仅注入了资金,还对新创企业投入了相应的增值服务,因而创业投资往往被看作关系型投资的典型。小到人员招聘、原料采购,大到技术攻关、帮助融资、完善治理结构和辅导上市,创业投资在新创企业的不同阶段所提供的增值服务是全方位的。创业投资如此强大的孵化功能,一方面是由于领投机构本身所具有的社会资源和管理网络,另一方面,也与联合投资方式高度相关。每家创投机构各有所长,联合投资则使信息、合同以及资源的共享更加的便捷,将为新创企业带来补充的管理技能。郝茨伯格(Hochberg)等人利用美国创业投资交易数据,证实了联合投资网络对于新创企业的孵化和增值服务功能。[②]

(3) 创业资本对新创企业的阶段投资与激励机制。在创新企业创立之初,创业投资者只注入启动项目所需的少量资本,然后再视项目的进展情况分阶段增资,这被萨曼(Sahlman)称为"阶段性"资本承诺。阶段投资是创业投资的重要机制,创业企业为了获取下一阶段的资金,必然有动力完善企业的技术研发水平和产业化水平,从而达到创业投资基金的要求,在这个意义上,阶段投资对于新创企业具有显著的激励作用,可以改善新创企业的绩效。

(二) 新创企业对创业资本的促进机制

(1) 新创企业创新成果的利益共享机制。创业投资本质上是追求高额回报的,而新创企业创新成果由于其技术独占性,所以往往可以在一定时期内获得高于平均利润的创业利润,因而可以满足创业投资的高额盈利要求,从而创业投资才可以向其投资者交代,顺利完成公司旗下其他基金的筹资工作。具体来说,如何分享创新成果,往往前期是通过可转换优先股合约来规定剩余索取权的安排比例,而后期的股权转让则需要借助产权交易机构或创业板市场来实现。

(2) 新创企业成长对创业投资的风险分散机制。新创企业成长具有很大的不确定性,构成了创业投资的高风险。但不同新创企业的组合投资及其高成长性,在一定程度上也是对创业投资的风险分散。这看起来是矛盾的,但又是现实的。所以,创业投资强调筛选项目时会注意未来产业发展趋势,只有这样才可以跟随新兴产业的发展而快速成长。

(三) 战略性新兴产业集群与第三类金融中心

协同演进的促进机制前面所讲的是单个创业资本与新创企业之间的互相促进机制,下面开始分析双群协同演进的促进机制。

(1) 交叉投资机制。指战略性新兴产业集群与第三类金融中心互相投资,交叉持股现象。常见的形式是第三类金融中心直接投资于新创企业,也有第三类金融中心持股孵化器、加速器或是创

---

[①] [日]青木昌彦:《硅谷模式的信息与治理结构》,刊载于《经济社会体制比较》2000年第1期。
[②] Yael V. Hochberg, Alexander Ljungqvist and Yang Lu, "Whom You Know Matters: Venture Capital Networks And Investment Performance", Journal of Finance, 62(2007): 252-301.

业投资机构间接投资于新创企业的形式。硅谷银行至今已累计作为200多家创业投资基金的股东或合伙人间接参与新创企业的投资。另一方面,一些原来由创业投资机构孵化成功的新创企业也尝试作为"基金的基金"(FOF)投资于创业投资机构。而一些新创企业则选择科技银行作为中介,直接持股科技银行,然后再通过科技银行间接投资于战略性新兴产业集群内的新创企业。上述复杂的关系投资行为使得战略性新兴产业集群与第三类金融中心利益逐渐趋同化,也使得创新集群内信息和人才得以高度流动,进一步促进创新集群的共生和演化。

(2)近距离投资机制。社会学研究表明,形成一种社会关系的可能性是社会空间距离的递减函数,原因是关系互动的成本随距离增加而增加,这个逻辑在第三类金融中心和战略性新兴产业集群中也同样成立。第三类金融中心内部的创业投资基金由于监管和寻找联合投资伙伴的需要,往往采取就近投资方式。硅谷银行绝大多数的网点都设置于创业企业身边,就是一个显著的例证。苏仁森(Sorenson)等人数据表明,创业投资公司的本地化交易十分盛行与创业投资网络的形成具有紧密的联系,并且两者是互动累积效应。[①] 另一方面,新兴企业出于融资的需要也会选择就近第三类金融中心所在地建立总部。萨克森宁认为,相比于128公路而言,硅谷的本地化联系更为密集,空间上的接近,使得他们彼此之间经常互动和分享投资信息,促使集群网络的形成,并取得了巨大的收益。

(3)产业链完善机制。一方面指集群竞争和创新溢出,使得集群通过创业扩散和技术演化自我衍生出相关配套产品,从而丰富和完整产业链;另一方面指战略性新兴产业集群与第三类金融中心在产业链完善方面的彼此促进。某个核心技术项目在创业投资孵化并获得成功后,往往会带动创业资本进入产业链其他节点或是链条上下游其他技术创新项目,使得产业集群的链条节点不断加固,链条也不断拉长,从而使战略性新兴产业集群往横向或是纵向扩张。此外,新兴产业集群内不同阶段的新创企业所需的融资服务也是不同的,企业的现实需要也催生了第三类金融中心在金融产品研发、设计、营销,甚至是金融产品监管等方面加大了与新兴产业对接的趋势,使得第三类金融中心链条得以完善。

(4)产品创新对接机制。指技术创新产品和金融创新产品的对接和互动。项目融资是第三类金融中心的重要内容,相较于传统以企业整体资产负债表进行融资的方式,项目融资是表外融资,是以产品或是项目本身的经济性作为基础所进行融资,该融资方式更符合新创企业特点。围绕着企业不同的项目或是产品特性,项目融资也出现了一系列金融创新产品,如生产支付、杠杆租赁、知识产权质押融资等多种形式。不仅如此,实质上针对新创企业产品设计、研发、市场和销售的不同阶段,第三类金融中心内部的金融创新也在力图一一对应,如天使投资、创业投资、担保基金、科技贷款等形式。可以说,由于新创企业的多样性、复杂性和成长性引发了创业金融产品创新的密集性和对应性。

(5)知识创新扩散机制。创新集群的一个很重要的特性就在于显性知识和默会知识的充分流动,进而使得本地"创新空气"充分弥漫。在产业发展的早期阶段,特定产业的不断区域集中,有利于个体之间的互动从而促进技术和知识扩散,实现新兴技术的快速突破和竞争促进。因而,战略性新兴产业集群被认为是知识创新、技术创新和知识应用的重要平台。已有的研究也证实,官产学研结合是促进集群内部知识有效流动的方式,高度嵌入于全球生产网络则可以掌握全球新兴产业的创新知识,避免陷入锁定僵局。作为金融信息加工、处理的集聚区,第三类金融中心本身也是知识

---

① Olav Sorenson, Toby E. Stuart, "Bringing The Context Back In: Settings and The Search For Syndicate Partners in Venture Capital Investment Network", *Administrative Science Quarterly*, 2008, 53: 266-294.

传播的重要载体。而且由于第三类金融中心掌握着实体经济的多样化信息,所以同处一地的新兴产业集群可以迅速获得所有投资的信息,方便调整自身的战略方向。当然,战略性新兴产业集群与第三类金融中心这二者之间的知识创新扩散也离不开相关平台的推动。如,硅谷银行就建立了创业投资咨询顾问委员会,这些专家委员既有来自于新创企业,也有来自于高校和创投机构,以上的各种努力使得硅谷银行与创业企业、创业投资共同编织了一个关系网络,在其中可以共享信息、开展更深层的合作。所以,硅谷银行也成为连接战略性新兴产业集群与第三类金融中心的重要环节。

## 四、战略性新兴产业集群与第三类金融中心"双轮驱动"的协同战略

针对当前很多城市战略性新兴产业集群和第三类金融中心协同初期严重割裂的现实状态,地方政府可以采取如下策略:

第一,努力打造"双轮驱动"的区域创新平台,建设新兴产业集群和第三类金融中心加速平台。区域创新平台主要是指在区域创新文化和产业网络基础上,建设促进双群融合的人才流动平台、产权交易中心、信息交流平台和企业展示平台等,目的是引导创新扩散;新兴产业加速平台主要是指在培育战略性新兴产业集群中,注意打造一个新创企业的非封闭的动态的成长体系,为之提供四阶段全程服务。该成长机制集合培育初创企业使之存活的孵化器,随之有帮助成长使之较快发展的加速器,及为总部及部分产业基地提供管理服务的产业化基地,乃至为想要扩张的成熟企业规划产业"飞地"。第三类金融中心加速平台是指要组建不同阶段的创业投资基金、科技银行和担保基金等,共同支撑起第三类金融中心的大系统。

第二,积极构筑项目对接服务平台,引导双群交叉投资和产业孵化。交叉投资目的是引导双群互融。当前可以探索孵化器与社会资金共同出资成立创业投资公司为在孵企业提供创业资本的模式。此外,通过孵化器作为中介,与一家或多家创业投资机构建立良好合作关系,向创业投资机构推荐投资对象,通过创业投资机构的考察后,由创业投资机构直接投资孵化企业。除此之外,也应该积极探索新创企业直接与创业投资互动的模式,鼓励一些成功的新创企业积极参与筹建产业投资基金和创业投资基金。

第三,以共享利益为着力点,充分发挥"明星企业"的示范效应和创业投资的治理效应,引导双群自发联动,带动创新扩散和创新嵌入。集群之间的协同需要创新激励与成果共享机制这一市场化手段的诱发引导。本质上,创新成果转让所产生的高额创业利润将在创新区中起到积极的示范作用,从而引导集群之间的高度参与和互动。但创新成果的转让也离不开园区相关配套机构的设置。要以产权交易机构为基础完成新兴企业知识产权定价和交易转换,同时实现创业投资对创新成果的分享。要借鉴硅谷经验,充分发挥创业投资对新创企业的筛选和治理作用。此外,可借鉴上海杨浦经验,采取大学校区、科技园区与公共社区"三区联动"机制来推进创新集群的本地嵌入。

第四,采取"制度分割"办法,在城区中划定某一产业共融区,给予特定的财税政策倾斜,诱导新兴产业和创业投资机构在该区域集聚并协同创新。相对于传统工业产业集群,新兴产业集群往往以中小企业为主,面临外部压力大,第三类金融中心内部创业投资机构规模小、竞争力弱,所以,在双群发展初期,政府可以通过给予特殊区域范围内企业税收优惠、土地低价和财政返还等方面的优惠政策,诱导新兴产业和创业金融机构在该区域集聚。政府还应采取特殊的人才通道和专项财政补贴政策鼓励双群之间的协同发展。

# 三论"泉州模式"(2011)

**编者按**：苏东水，泉籍著名经济学家、管理学家，"泉州模式"理论首创者，复旦大学首席教授，IFSAM理事兼中国委员会主席，中国国民经济管理学会会长。

1986年，苏东水经多次调研，在国内从理论上首次提出"泉州模式"，即"股份制的经济形式，外向型的市场经济，国际化的经营道路，侨洋式的生产条件，灵活的经济管理和'五缘'经济网络关系"。

2006年，他在《再论"泉州模式"》一文中，重新总结了"泉州模式"的新特点，即发达的集群经济、特色的县域经济、活力的品牌经济、发展的创新经济和新型的文化经济。

26日，在"泉州模式"25周年发展研讨会上，该理论的创始人苏东水接受本报记者采访。他认为，泉州应以国际一流的海湾型大城市为目标，实现跨越发展。

## 一、三论"泉州模式"，剑指转变提升

历经25年风雨，"泉州模式"应注入哪些新的时代内涵？自1986年、2006年后，苏东水第3次纵论"泉州模式"，重绘家乡发展蓝图：海西现代化中心城市、发达的总部经济、繁荣的第三产业、强大的城市综合竞争力、优越的人居环境。

他说，实现这一蓝图，泉州主要应从以下几方面努力：以质取胜，加大宣传，扩大泉州品牌的国际影响力；推动更多企业上市，做大资本市场的"泉州板块"；提高社会文化水平，打造国际文化中心；加快集群经济发展。"泉州面朝大海，有丰富的岸线资源，因此还应充分利用多港口的优势，发展港口群，以此带动交通运输、国际贸易、金融服务等行业发展，复兴海丝盛景。"

## 二、"城市要内外兼修，以人为本"

"如今晋江两岸焕然一新，隐隐有上海黄浦江两岸的繁荣气象，这在3年前不可想象！"回乡后目睹巨变，苏东水既惊又喜，他希望泉州加快城市建设步伐，加速推进总部经济区、泉州湾跨海大桥等重大工程，在海西大局中昂起发展龙头。

今年是泉州的"城市建设管理年"，苏东水认为，在撑大城市体量的同时，提高城市管理水平也很重要，要善于科学制定和调整城市规划，为城市绿化和居民活动预留足够空间；要提高市民的文明素质、道德水准和现代意识，教育他们遵守法律、交通规则和文明规范；要提升社区管理水平。

---

① 本文是作者接受记者郑意凡的专访，刊载于《泉州晚报》2011年3月28日。

### 三、"爱拼未必赢,会拼才会赢"

"当下企业要发展不能光靠爱拼的血气之勇,还要会拼、善战。"苏东水说,泉州企业家要更重视学习,多读书,将中西方经营管理思想的精髓运用到企业里。在经营中,要加大自主创新力度,提高产品质量,让泉州品牌更好地走向世界;要更注重从内需角度考虑产品走向,同时,善于利用"五缘"优势,拓展多方面关系,发展外向型经济。在管理中,要以德为先,讲社会责任;以人为本,努力构建和谐的劳资关系。

"泉州是用工大市,劳动力稳定,企业才能持续运转。企业家要更加关注劳动者的生存与发展。我相信,只要做到不让任何一个来泉务工人员子女上不了学、不让任何一个来泉务工人员家属看不起病、不让任何一个劳动者拿不到应有的薪酬,泉州自然会吸引人才源源不断地汇流。"

# "泉州模式"的启示(2011)①

20多年来,泉州经济取得了突飞猛进的发展,实践证明,"泉州模式"是一种符合泉州区域具体情况的成功有效的发展模式。新时期,全球经济发展存在极大不确定性,全国经济也正处于创新驱动和转型发展过程,应该抓住时代机遇,进一步实现"泉州模式"自身的转型发展。

## 一、"泉州模式"的发展轨迹

1. "泉州模式"的初步提出(1978—1996年)

在该阶段,泉州经济主要是走"引进侨资,发展民资"的道路。改革开放初期,泉州充分利用侨乡资金充足、信息灵敏、市场广阔、引进方便等的优势,以股份合作制为"黏合剂"将侨乡的资金、技术、劳力、设备、土地等生产要素逐步优化组合,形成强大的生产力。并使原来集体经营的社队企业与新兴股份合作企业、独资企业相互补充、相互渗透,形成多元化的经营主体,为发展市场经济提供基础条件。在当时的条件下,最快捷、最现实的选择就是依托侨资、侨力,面向广阔市场,选择以乡镇企业为突破口,带动泉州农村产业结构的调整,推动非农业的兴起。1980年,晋江县共签订1万多份项目合同引进各种各样的先进设备1.5万多台件;石狮1986年全镇签订了来料加工合同123份,共引进各种设备520台件,安排劳力5 600多人,实收缴费121万美元;1988年至1991年,泉州乡镇企业每年嫁接外资均在150家以上;1992年至1993年6月,共发展中外合资企业达990家,总投资额达64.24亿元,利用外资额达8.34亿美元,分别是前10年总和的1.3倍、3.8倍和3.1倍。

"泉州模式"的第一次发展道路不仅体现在其经济发展路径上,还体现在泉州企业灵活的管理模式上。泉州乡镇企业当年的起步是以"小""专""活""广"为主要特点的。"小"就是小企业、小商品、小项目,但是这却是个"大市场",可以带来"大创汇"、"大产值"和"大网络"。"专"是专业化生产和专业化市场。今天所谓的泉州鞋业集群等就是当年的专业化市场的产物。所以专业化带来的是大的支柱产业和泉州制造大的名气。"活",即先找市场、以贸开路,以销定产和搞活销售。依靠这种灵活的管理方式,二十年来,泉州的许多品牌企业在世界各地布满了销售网络,使得泉州的运动鞋、铁观音、雨伞等产品畅销全球。"广"就是生产门类广,经济形式多种多样。这是跟泉州当时的小商品经济有关的,现在的泉州经济更多地表现为由传统的制造业和加工业逐步向船舶和化工等高技术产业的发展,因而拓宽的是门类,但是转变的是经济增长方式。1994年,在中国农村发展道

---

① 本文节选自第十五届世界管理论坛暨东方管理论坛论文集《世界管理论坛2011》(《经济管理》2011增刊),原题《"泉州模式"的转型发展》,与刘志阳、苏宗伟合作。

路(晋江)研讨会上,"泉州模式"上升为中国农村工业化的样本,与苏南、温州、珠江并称为农村发展的"四大模式"。此后,一种"以市场调节为主、以外向型经济为主、以股份合作制为主,多种经济成分共同发展"的发展道路被不断放大,泉州经济领跑全国的大幕正式拉开。

2. "泉州模式"的巩固提升阶段(1996—2011年)

这一阶段,"泉州模式"的重要特点是,大力发展集群和品牌经济。依靠侨资起家、大力发展自身中小企业的泉州经济,虽然取得了一定的发展成果,但因为各乡镇企业规模较小,所生产的产品差异化程度较低,还是无法形成较强的产业竞争力。为了形成较强的竞争力,在市场竞争中占据有利的位置,各个小型经济体渐渐汇集在一起,形成了各式各样的产业集群;为了突出自身产品与市场上其他产品的不同,增加自身产品的差异化程度,从而更好的占领市场,各企业又竞相提高产品的科技化程度,着力打造自身品牌建设。

泉州的产业集群处处可见。这些发达的产业集群,是建立在已有的专业化市场的基础上的,是这些年"泉州模式"朝着更高起点发展的一个重要标志。社会分工的不断细化,实现专业化、基地化。区域生产化,把生产基地和专业市场结合起来,通过产品、品牌产业链生产向周边辐射,加强生产要素的聚合和联合,带动区域经济发展,先后争创了"中国鞋都(晋江)""中国休闲服装名城(石狮)""中国建材之乡(南安)""中国树脂工艺之乡(丰泽)""中国石雕之乡(惠安)""中国芦柑之乡(永春)""中国乌龙茶之乡(安溪)""中国工艺陶瓷之乡(德化)"等众多国家级地区品牌。

这一时期泉州经济发展的另一特点是逐步由"泉州制造"转向"泉州创造",在产品功能提升的背后是对产品的品牌营销力度的加大。在国内运动鞋市场上占有率第一的晋江安踏集团企业,其经营重心的转变耐人寻味。他们抛弃了注重产量的传统策略,许多生产功能转移到一大批设备先进、工艺过关的配套中小企业,核心经营团队的心思更多放在打造品牌上,组成了一艘以"安踏"品牌为龙头、以配套企业群为协作层的运动鞋"产销舰队"。这样的变化,反映出泉州传统产业整体转型的一种趋势——相当一批企业利用自身的品牌优势和市场网络营销优势,或组建松散型产销联合体,或委托加工生产,或通过资产重组扩大规模,实现名牌产品的低成本快速扩张,加快优良资产向名牌产品、名牌企业集中。大批中小企业通过为名牌企业生产配套产品或者加盟名牌企业的生产而重焕生机。泉州在实施品牌工程后也开始收获品牌经济带来的好处。这一时期,泉州市拥有46个中国名牌产品、51件中国驰名商标,有16个品牌进入中国最具价值品牌榜。泉州市市级以上品牌企业数量虽只占规模以上企业数的10%,却占有全市50%以上的规模工业产值。最近5年来,泉州相继荣获"中国品牌之都"等称号。

由传统的重视制造转向品牌立基,反映了泉州制造在当代的转型,这也是这一时期"泉州模式"的一个新特点。这一转化,对于泉州经济发展来说是具有十分重要的意义的。首先,这是企业提高自身竞争力的需要,从企业自身的角度来看,建立发展自己的品牌,从根本上改变了先前企业代加工的生产模式,使之具有更高的经济效益,能够降低企业的运营成本,使相关经营者大受其益,也可以使得企业受国外需求的影响较小,同时由于品牌的差异化优势,提高了自身产品在国际上的竞争力;第二,这是实现产业结构升级的需要,品牌的建立需要相当的科技投入以及自我创新,这在一定程度上提升了产品的附加值以及市场势力,以及产业的技术结构、组织结构和管理水平,从而使产业结构的素质不断提高;第三,这是延长产业集群生命周期的需要,产业集群的发展能够提升区域的知名度和美誉度,成为某些品牌形成的基础,同时区域品牌的形成要以具有强大市场竞争力的地方产业集群为物质基础,品牌一旦形成又会成为产业品质和信誉标志,有力推动区域市场扩张和地方产业集群发展;最后,这也是促进区域经济发展的需要,品牌这一无形资产的出现有利于区域内人均资本、产出的提高,也有利于人民生活水平的提高,从而促进经济又快又好的发展。

从以上分析中可以看到"泉州模式"作为泉州经济的发展成果,不仅符合当时的经济特点,而且在今天仍然具有旺盛的生命力。这是泉州人民坚持从自身情况出发,大胆创新所走出的一条富强道路。评价任何一种发展模式,其客观标准无非就是是否能够迅速发展社会生产力。历史证明,"泉州模式"是成功的,走出了一条靠市场创造现实社会生产力的成功之路;一条建立城乡一体化经济的成功之路;一条通过外引内联,实现跨地区、跨行业、跨所有制、跨国界联合的成功之路;一条国富、村富、共同富裕的成功之路。

## 二、"泉州模式"的启示

"泉州模式"提出的 26 年来,泉州经济立足泉州自身的实际情况,遵循产业发展的客观规律,在发展过程中获取能力、总结经验,再用成功的经验指导发展,循序渐进,周而复始,不断挖掘自身发展潜力,实现经济的内生增长。泉州经济已经经历过了由发展乡镇企业向"品牌强市"的第一次转变,眼下全球经济正力图寻求一种新的发展模式走出经济危机的阴影,同时中国经济也正处于一个关键的转型时期,在世界和中国经济转型的大环境、大背景下,泉州应抓住这个前所未有的机遇,大力发展重化工业和现代服务业,逐步由发展消费资料工业转向发展资本资料工业,逐步向现代制造业要现代服务业,实现泉州经济的可持续发展。

具体地说,要运用"五字经"理论、"五缘"关系,汇集官产学研各方力量,引领泉州二次创业、转型发展,做好十篇文章。

第一,股份制经济的新形式:从单一到多样。

第二,外向型市场经济的新特点:从单一到联合。

第三,两岸侨洋生产融合的新条件:从分离到融合。

第四,企业东方管理的新体系:从西方到东方。

第五,国际"五缘"经营发展的新道路:从理论到实践。

第六,活力品牌经济的国际化:从国内到国际化。

第七,发达集群经济的规范化:从分散到规范化。

第八,特色县域(城乡)经济的现代化:从落后到现代化。

第九,新型文化(旅游)经济的产业化:从单一到产业化。

第十,推动海洋海丝经济的开放化:从保守到开放化。

"泉州模式",这种由农业发展至轻工业,再到重化工业为主的工业化,然后再向服务型经济转型的发展过程,既适用于泉州当地的经济发展情况,对于中国区域经济的发展也不失为一种可行方案。其他地区的经济发展可以借鉴"泉州模式"的发展经验,立足地区情况,批判吸收,从而实现经济腾飞。同时,引领和激发企业的内生动力,在制造经验积累和资本积累中,寻找属于自身的道路既是"泉州模式"的精髓也是"泉州模式"对于探索全国区域经济发展的时代价值。

# "泉州模式"与二次创业(2012)①

今年是"泉州模式"26周年,该理论的创始人苏东水认为,泉州应以国际一流的海湾型大城市为目标,实现跨越发展。

"'二次创业'开局良好,现在泉州要考虑的是,如何在战略纵深上,加以突破和延伸。"近日,复旦大学首席教授、泉籍著名经济学家苏东水接受商报记者专访时表示。

苏东水为记者总结了"泉州模式"的新特点,即特色的县域经济、发达的集群经济、活力的品牌经济、发展的创新经济和新型的文化经济。

历经26年风雨,"泉州模式"迎来拓展新时代内涵的契机,"我认为,现在中小民企遭遇的问题,主要是发展模式问题,在这个阶段,我们有必要回顾一下'二次创业'前,泉州的优势和资源在哪里"。苏东水告诉记者,他正以更宏大视野为泉州描绘了新蓝图:海西现代化中心城市、发达的总部经济、繁荣的第三产业、强大的城市综合竞争力、优越的人居环境。

"雄关漫道真如铁,而今迈步从头越",苏东水说,实现这一蓝图,泉州应该更加努力,用世界的眼光重新定位自己,打造全新的城市面貌。

"当地必须以质取胜,加大宣传,扩大泉州品牌的国际影响力",在他看来,推动更多企业上市,做大资本市场的"泉州板块";提高社会文化水平,打造国际文化中心;加快集群经济发展。

"泉州是福建经济发展的三大中心城市之一,有着得天独厚的岸线资源,应充分利用多港口的优势,发展港口群,以此带动交通运输、国际贸易、金融服务等行业发展,复兴海丝盛景。"苏东水毫不吝惜对于泉州在福建省的独特经济定位的赞扬,"泉州可以说是中心的中心",这里具备了资金多、"五缘"优势、产业链完整、人才优秀、品牌多等特点,"这是市场资本看好泉州的主要原因"。

他分析,在积累了大量民间资本的情况下,很多泉州的企业家从原本从事制造业转向泉州创造。他总结,泉州与海峡对岸和海外华侨华人具有独特的"五缘"优势,泉州应充分发挥这"五缘"优势,到国际上去,到长三角、珠三角争取空间,扩大影响。"有了私募股权投资基金的大力相助,泉州企业规模不断扩大,最后成功上市。我们看到,泉州的私募股权不仅在本地投资,也转向上海、深圳等地,投资领域也不仅限于鞋业、水暖器材、房地产行业,战略性新兴市场也是投资行业之一。大力发展股权投资是解决目前泉州经济发展问题的有效途径之一。"

"二次创业"语境下的泉州,还需要进一步延伸"泉州模式"的内涵,苏东水表示,当下,"泉州模式"要发展,就要将泉州打造成为泉州湾大都市,首先要重点投资现代化的港口群。另外,还需尽快发展成以海湾为中心的大城市,在东海的基础上形成四通八达的新型城市。学习上海的先进经验,

---
① 本文是作者接受记者专访,刊载于《泉州商报》2012年6月17日,原题《再提"泉州模式"》。

加快城市建设,开发晋江两岸,建设泉州的陆家嘴。利用泉州特有的优势,进一步发展海峡两岸贸易,重视对台投资,打造海西中部台商投资区。利用泉州丰富的文化资源,推进文化产业的快速发展。

"上次回乡,我看到东海和晋江沿岸如上海黄浦江两岸一样繁华,这个正在崛起的中部经济区前景一定很辉煌。"苏东水充满乐观地表示,他看好泉州,这里将很有希望成为国际型的海峡城市。

# 民企要走国际化道路(2012)[①]

面对新的环境和形势,民营企业应该走"二次创业"之路,丰富经验之路。上市企业是泉企在世界上的名片,在经济发展过程中,应转变传统的经济形态,更好地发挥上市企业的作用;其次要发挥外向型市场经济的作用,促进民企"二次创业";泉州作为侨乡,应当很好地借助独特的"五缘优势"招商引资;在"二次创业"的过程中,民营企业应当走灵活性经营管理之路、科技创新之路;在转型的过程中,还应注重思想转型,进行自我思想革命;在政策允许范围内,应给民企自主发展的机会,留足空间让企业完善管理、管理资本、提升技术,形成产业文化。

在经济发展上,泉州应该考虑更长远,以打造国际一流海湾型大城市、打造世界经济强市为目标,支持民营企业走国际化经济道路,支持泉商走向世界,使泉州成为中国在世界发展的一个亮点。

---

[①] 本文刊载于《东南早报》2012年1月31日。

# 弘扬东亚文化,做强区域经济(2013)[①]

## 一、开拓创新,再现"市井十洲人"的繁荣

"观乎人文,以化成天下。"苏东水说,文化是人类社会历史实践过程中所创造的物质财富和精神财富的总和。他认为,按照东方管理文化的角度讲,泉州文化具备诸多优势,形成十大奇观:世界宗教博物馆、"市井十洲人"的国际城市、闽南建筑艺术秀出东南、名街古巷完好保存、名刹古寺云集、海上丝绸之路起点城市、名桥云集、戏曲艺术之乡、名山胜地和美食艺术等,泉州作为东亚文化之都是当之无愧的。

泉州的宗教文化优势突出,出现佛教、基督教、伊斯兰教等多教共存的和谐景象,这情况在全球罕见。而国外一些地方,教派之间的冲突不断。苏东水认为,泉州要有更包容的胸怀吸引更多世界级企业来泉投资兴业,吸引更多世界级企业家和专家来泉发展,再现"市井十洲人"的繁荣景象。

苏东水说,国外许多国家十分注重保护和弘扬区域文化,以此来推动当地文化发展,泉州应该进一步发挥东亚文化之都的优势,推动区域经济发展。

## 二、发展文化经济,打造新"泉州模式"

20世纪80年代,泉州乡镇企业要走什么路,要怎么发展?成为困扰泉州经济社会发展的重大问题。当时苏东水提出了"泉州模式",为泉州乡镇企业发展指明了方向。最初"泉州模式"的基本特点是:股份制经济形式、外向型的市场经济、国际化的经营道路、侨洋式的生产条件和灵活的经营管理等,成为可以和"苏南模式""温州模式"相媲美的区域经济发展模式。

"'泉州模式'的根本性破解之路是乡镇企业股份制改造,当时没有人敢提。"苏东水说,当时为了推动这项工作,他还专门写了一篇文章论述泉州要建立股份制发展乡镇企业。苏东水对"泉州模式"信心源于这种模式根植于泉州经济的土壤,反映了泉州经济的社会现实,这也正是"泉州模式"的生命力所在。近30年来,泉州经济的飞速发展充分证明了当年提出的"泉州模式"的理论科学性。

苏东水认为,经过近30年的发展,泉州企业已为"泉州模式"注入新的时代内涵和价值,创新发展"泉州模式",形成了发达的集群经济、特色的县域经济、活力的品牌经济、发展的创新经济和新型的文化经济。

---

[①] 本文是作者接受记者陈智勇的采访,刊载于《泉州晚报》2013年11月24日。

## 三、建立东亚文化国际合作机构

苏东水是国内研究东方管理学、人为科学和管理心理学等学科的主要先行者,他提出的"以人为本、以德为先、人为为人"的东方管理学核心思想得到国内外学术界的广泛认同,被誉为中国管理学界的一代宗师。

11月22日,苏东水教授应邀回乡参加由泉州市侨商联合会等举办的首届"刺桐里·侨商会经济论坛",他运用东方管理文化把脉"泉州企业未来发展方向"。他说,东方管理文化历经了"古为今用""东西合璧""走向世界""形成体系""创立学派"等五个互动交叉的发展过程。闽南文化发展传播与此十分接近,特别是泉州人爱拼敢赢的精神为现代创新型企业发展提供很好的精神支柱。

苏东水建议泉州要尽早建立以泉州为中心的东亚文化国际合作机构,开展年会,加强东亚文化交流;要制定"泉州东亚文化之都"发展战略;要发展东亚文化教育,创办东亚大学;要借鉴上海等大城市的发展经验,服务泉州发展。

苏东水认为未来泉州要瞄准五大市场,进行深度开发:泉州特色的旅游市场、扩大开放的海洋市场、连接内外的"海丝"市场、历史悠久的瓷器市场、东亚水谷的资源市场等。

# 泉州未来可以瞄准五大市场(2013)[①]

作为泉州人,我对泉州有着极其深厚的感情。名街老巷、红砖古厝,记忆犹新。每次回来,只要一有机会,我都会从南安丰州沿着晋江两岸拍下与"海丝"有关的照片。

泉州被评为"东亚文化之都",这一美誉,当之无愧。泉州作为海上丝绸之路的起点,古代泉州就与韩国、日本等国家保持着经济贸易往来,文化联系频繁。泉州通过海上丝绸之路为东亚各国带去了包括茶叶、瓷器、丝绸以及航海技术等物质财富,对世界文明的贡献巨大。

我认为,可以建立东亚文化国际合作机构,开展年会,加强文化交流。同时,发展东亚文化教育,创办东亚大学。

泉州可以借助"东亚文化之都"的东风发展经济。未来泉州可以瞄准五大市场,深入开发泉州特色的旅游市场,扩大开放的海洋市场,连接海内外的海丝市场,开拓历史悠久的瓷器市场,挖掘东亚水谷的资源市场。

从东方管理文化的角度来把脉泉州企业未来发展方向,泉州企业应遵循东方管理文化中以人为本、随机应变、实事求是、诚信创业等原则,同时也应致力于泉州传统文化的传承和保护,强化自身与文明、艺术的联结,增强企业的核心竞争力。

"五缘"是企业界不可忽视的稀缺资源。而泉州拥有得天独厚的东亚"五缘"优势,相近的地缘、相融的亲缘、相连的文缘、相通的商缘、相循的神缘。泉州企业应深刻认识"五缘"的重要性,以获得更快更好的发展。

泉州除了可充分利用多港口的优势,发展港口群,带动交通运输、国际贸易、金融服务等行业发展;还可以以更包容的胸怀吸引更多世界级企业来泉投资兴业,吸引更多世界级企业家和专家来泉发展,复兴古代海丝盛景。

泉企在运营管理上,能以文化创意产业为辐射面,在相对静态的传统文化与动态的商业运营之间建立投资合作关系。如此一来,既能提升"东亚文化之都"品牌形象的知名度,又能为泉州企业谋求新的商业模式。

---

[①] 本文刊载于《泉州晚报》2013年12月27日。

# 第三卷 综合篇

一、在世界管理论坛暨东方管理论坛的发言稿和相关文献

# 引 言

本人致力于东方管理学研究30余年,1997年成立世界管理论坛,1998年创立东方管理学派,到2015年成功举办了十九届世界管理论坛暨东方管理论坛,出版了《世界管理论坛论文集》十八卷,收录学术论文1 600多篇,海内外学界、政界、商界近四千人出席了大会,在国内外产生重大影响。本卷第一部分收录了本人在历届世界管理论坛暨东方管理论坛上的部分发言稿,以及由本人执笔的会议纪要。其中,1997年在上海举办世界管理协会联盟(IFSAM)年会,即'97世界管理大会。在这次大会上成立IFSAM中国委员会,设立了世界管理论坛。2008年在上海复旦大学举办第九届世界管理协会联盟(IFSAM)年会,会上设立了分论坛,即第十二届世界管理论坛暨东方管理论坛。2010年第十届世界管理协会联盟(IFSAM)年会在法国巴黎召开,会上设立了专题论坛,即第十四届世界管理论坛暨东方管理论坛。这三届世界管理论坛暨东方管理论坛的相关发言稿收录在本卷第二部分。

历届论坛概况

| | 主 题 | 时 间 | 主办方 | 人数(人) |
|---|---|---|---|---|
| 首 届 | 面向21世纪东西方管理文化 | 1997.7.15-18 | 上海外国语大学、复旦大学 | 400 |
| 第一届 | 管理的国际化与本土化——东方管理的伟大复兴 | 1998.10.25-31 | 复旦大学 | 200 |
| 第二届 | 21世纪世界华商管理的发展 | 1999.11.27-29 | 复旦大学 | 300 |
| 第三届 | 东方管理文化与当代经济发展 | 2000.4.20-25 | 复旦大学 | 100 |
| 第四届 | 新理念、新国企、新规则 | 2000.12.23-24 | 复旦大学 | 200 |
| 第五届 | 东方管理文化的创新与发展 | 2001.10.26-28 | 复旦大学 | 300 |
| 第六届 | 东方管理与产业发展 | 2002.12.26-27 | 复旦大学 | 300 |
| 第七届 | 东方管理科学的创新与发展 | 2003.11.19-21 | 上海交通大学 | 300 |
| 第八届 | 东方管理、中国管理、华商管理 | 2004.12.26-27 | 复旦大学 | 500 |
| 第九届 | 东方管理与和谐社会——两岸东方管理学术研讨会 | 2005.12.17 | 复旦大学 | 300 |
| 第十届 | 全球化背景下的东西方管理 | 2006.12.9-10 | 上海外国语大学 | 350 |
| 第十一届 | 东方管理思想与中国管理创新 | 2007.12.8-9 | 北京大学 | 300 |
| 第十二届 | 东西方管理融合与发展 | 2008.7.26-28 | 复旦大学 | 500 |
| 第十三届 | 走向世界的东方管理 | 2009.10.31-11.1 | 河海大学 | 300 |
| 第十四届 | 正义、可持续性与人为为人 | 2010.7.8-10 | 法国国立艺术及文理学院(法国巴黎) | 200 |
| 第十五届 | 东方管理、华商管理与中国软实力 | 2011.3.26-27 | 华侨大学 | 400 |
| 第十六届 | 东方管理3 000年、30年和未来——中国管理模式创新研究 | 2012.12.15-16 | 上海工程技术大学 | 600 |
| 第十七届 | 人与人、社会(组织)、自然的和谐发展——中国管理模式的融合创新 | 2013.10.19-20 | 无锡九如城集团、复旦大学 | 200 |
| 第十八届 | 东方管理理论与实践——过去·现在·未来 | 2014.10.18-19 | 复旦大学 | 300 |
| 第十九届 | 新常态·新思维·新实践 | 2015.12.5-6 | 东华大学 | 200 |

# 1. '97世界管理大会暨首届世界管理论坛(1997)

论坛主题：面向21世纪东西方管理文化

## 主题报告：面向21世纪的东西方管理文化①

"海内存知己，天涯若比邻"，世界各地的朋友，出于对东西方管理文化的共同兴趣，今天，我们走到了一起。

岁月悠悠，一晃已经度过了几十年的学术生涯。我愿借此机会，与各位专家谈谈我在探索东西方管理文化中的一些感想。

### 一、东方管理文化魅力无穷

我原来从事多年经济管理学科的研究，对西方的管理理论接触较多，从1978年开始，我对中国传统管理文化产生兴趣。后来这方面的兴趣越来越浓，以致触动我设想建立有中国传统文化特色的东方管理理论。我在国内主持中国国民经济管理学会、上海管理教育学会、多次国际学术会议及到日本、美国、德国、法国、东南亚各国以及我国香港地区参加一些国际会议，获悉许多国外专家、学者对东方管理文化也极感兴趣，由此想建立东方管理理论的念头更加坚定。我把自己的想法付诸行动，并得到有识之士的鼓励、支持，受到社会的接纳。我以"人为学"为指导思想编写的《管理心理学》，已发行了50余万册，我主编的四卷《中国管理通鉴》，受到普遍好评。经过多年的探索，我发现东方管理文化魅力无穷，东方管理思想和管理方法值得我们花大力气研究和实践。

### 二、21世纪的管理所面临的挑战

21世纪的管理面临三大挑战，亦即三大影响文化及管理的因素。首先，世界经济发展的中心可能移向亚洲。在过去，世界经济发展中心由欧洲移向美国。而到今天，据有的专家预测，世界经济发展的中心可能移向亚洲，中国作为发展中的大国正经历着从传统封闭的农业社会向现代化的工业社会转型，从计划经济向市场经济的过渡。今日中国经济发展面临的问题非常复杂，管理实践的内容非常丰富。从历史的经验看，管理学最有希望、最有创造性的地方正是这些经济迅速起飞的国家和地区。

---

① 本文刊载于1998年第一届世界管理论坛暨东方管理学派创立学术研讨会论文集《世界管理论坛1998》《世界经济文汇》1998年特刊）。

其次,现代科学技术的发展已经进入了一个新的阶段。以电子技术为前导的信息时代的到来,知识经济、网络经济的发展将进一步加强世界经济一体化,加强经济活动与社会生活的联系,改变经济活动与社会生活的联系,改变经济活动的范围、方式乃至经济活动的性质,改变经济活动中人与人的关系,人与自然的关系。这就要求我们在全新的视野下,重新思考现代管理行为的本质、管理的内容、管理行为的规范化、最优化和数量化的适用范围与合理性。

第三,以要求可持续性发展为中心的新发展观正成为全世界的共识。可持续性发展是一个全新的概念,它要求对环境、资源等加以有限制的、高效的利用,同时对之合理重建。可持续性发展对经济管理、社会管理、人类的自我意识、自我调整和自觉发展,提出了更高的要求,而它同时也创造了新的管理发展的契机。

面对如此迅速而又巨大的变化,在东方的土壤上孕育出一种融合了传统与现代、东方与西方、科学与人文的新的管理思想和管理文化。这是东方管理文化发展的新现象。

## 三、东方管理文化的精华

近年来,随着受中华文化深刻影响的亚洲经济迅速发展,以中华管理文化为核心的东方管理文化的魅力正在更加完美地表现出来。东西方管理文化的激荡、渗透与整合,正是一个必然的趋势。

东方管理文化是积两千多年思想、理论和经验所创造的。如今,随着学术研究方向的拨正,随着改革开放带来的中国经济的迅速发展,以最大限度的热情和期望来研究东方管理文化已成为迫在眉睫的事。

面对丰富的东方管理文化,现代管理可以吸收些什么精华呢?我以为可以把中国传统管理文化简要地归结为"三、六、九"。"三"即"以人为本、以德为先、人为为人"。这三条也是东方管理文化的本质属性。

一曰"以人为本"。这里的"人"首先是处在管理系统之中的人,即所谓"民"。中国传统文献中对"民"的重要性的论述极其丰富,如《孟子》的"民为贵"等等,中国传统管理哲学是以人为核心的。孔子的主要思想之一是"仁",孔子归结"仁"为"仁者,人也"。西方管理从霍桑实验之后开始重视人的作用。但直到近年来,人本管理才成为与科学管理并驾齐驱的两条路线。

二曰"以德为先"。东方管理文化强调道德伦理的作用。《大学》中说"德者本也"。儒家管理思想的逻辑起点是"修己",即自我管理,"修己安人"包含了带根本性的管理方法。"修己"就是让管理者作出道德示范,在无形中影响受管理者的行为,从而达到"安人"的目的。

三曰"人为为人"。"人为为人"其实是两个有分有合的命题。"人为"的根本问题是发挥人的积极性。与西方管理相比较,也可以部分地归结为激励问题。荀子说:"人之性恶,其善者伪也。"这个"伪"不是假装,而是"人为",即人的努力。在东方管理文化中,"人为"思想贯穿始终而形成了颇具特色的"人为学"。人为学作为古代的行为学说,包括了十个方面,主要有关于人的行为规律的研究,关于人的欲望和人的需要问题的研究,关于奖励和惩罚的研究,关于"人和"的思想,关于群体行为和组织行为的思想,关于用人问题的研究,关于领导行为的研究,关于如何运用权力问题的研究,前述的关于发挥人的主观能动性研究和关于人的本性的研究等。"人为为人"是相互联系的两个方面。"人为"的根本目的是"为人",或者说管理的根本目的是"为人"。管理也体现为从"人为"到"为人"的过程。这一过程体现在家庭、行业、国家一切方面的管理之中。

以上,我概括的三方面的主要观点及其应用,在我撰写的《东方管理文化的探索》《管理心理学》

《现代管理学中古为今用》等论著中,均有详细的论述。

"六"指六家学说。东方管理文化的主体是儒家管理文化,但又不完全是儒家管理文化。中国传统文化就管理行为而论有以下几点:(1) 以孔子为代表的儒家的"修己安人""以民为本";(2) 周易的"刚柔相推、崇德广业";(3) 以老子为代表的道家的"道法自然,无为而治";(4) 以墨翟为代表的墨家的"兼爱""利人";(5) 以韩非为代表的法家的"唯法为治";(6) 以孙武为代表的兵家的"运筹定计、知人善用、应敌而变";此外,还有以《管子》为代表的经济管理学派称为"轻重学派";南北朝以后传入的佛教的"与人为善"。这些管理理论和管理思想的相互融合,形成了东方管理文化的精华。

"九"指九部传统管理要著,即《周易》《老子》《论语》《荀子》《孙子兵法》《盐铁论》《富国策》《营造法式》《生财有大道》。

东方管理思想中还有大量具体的经营思想和经营方法,特别是在《孙子兵法》等著作中。我认为:以人为本、以德为先、人为为人,才是东方管理文化的本质,是东方管理文化中最华彩的部分,是值得在世纪之交的管理思想的变革中吸取的东西。

## 四、东西方管理文化的整合

东西方管理文化分野的主要原因应该主要从不同的经济生活中去寻找。东方脆弱的小农经济是东方传统文化形成的主要原因,西方较早发育的市场经济和城市文明应当是西方现代管理文化形成的主要原因。东方传统管理文化以纯朴格言形式提出的"以人为本""以德为先""人为为人"等合理思想,在近代工业文明的矛盾冲突和当代社会巨变的背景下日见其可资借鉴之处。在借鉴西方管理文化的基础上,东西方文化的整合趋势日见突出。研究、把握这一趋势不但是管理文化发展的生长点,而且是从事管理实践的重要基础。

东西方管理文化的整合趋势可以归纳为以下几个方面:

(1) 人在管理中的地位日渐重要,而团体的合作也越发显示出了生命力。无论以家庭为本"家国一体"的东方管理文化,还是以个人为本、融集团生活为一体的西方管理文化都同时开始了重视个人、家庭的作用,重视集团的作用。更简洁地说,无论东西方管理文化都十分重视人的作用。西方从"人是机器"的观念过渡到重视人的作用,以及日本和"四小龙"由于讲求团队精神,讲求人际协作导致经济起飞,均可作为明证。

(2) 东西方管理学界都倾注极大热情关注文化对管理的作用,诸如组织的宗旨、目标、价值观念和管理哲学等为核心的管理文化对管理的作用,已经日益为东西方管理学界和企业家所高度重视。近年来企业文化在中国广为传播,但其内涵、核心精神、观念早已在中华大地上生根。

(3) 世界经济的全球化、信息化、一体化,跨国公司的蓬勃兴起,通信、交通的发展,使整个世界经济融为一体,也使整个人类日益紧密地联系在一起。这导致了东方管理文化与西方管理文化相互取长补短、交融汇合,亦即导致了东西方管理文化的趋同。

## 五、发展东西方管理文化的几点任务

其一,就管理学的研究和建设而言,更多地研究东方管理文化的精华内容,应是一个突出的重点。除了我已经讲过的那些之外,东方管理文化还有着更广泛的内容。例如在对待自然环境和资源的认识上,在对管理环境的认识上,在管理的变化因素上,在管理的时效问题、管理的战略决策和技巧方法上,东方管理文化都有其非常成熟的、高明的论述以及大量的管理案例。在这方面,我们已经做过一些初步的工作(参看我任总主编的《中国管理通鉴》),并要在未来作系统的研究。

其二,就管理教育而言,关于东方管文化和思想的内容依然几乎是空白。甚至在中国,东方管理文化的研究也只是在少数学者中进行,而广大学生则与之无缘,是一种极不正常的现象。东方管理文化方面的课程在东方国家就该作为管理学专业的必修课程,在发达国家也应注重东方管理文化的学习。

其三,管理实践是管理理论的用武之地和检验标准。无论是宏观管理还是微观管理,对人的进一步重视,对人的潜能的更深入的开发,无疑会造成管理效能的继续提高,东方管理文化在企业管理上的作用已经由许多企业的经营管理实践得到了证明,对东方文化的更深切的理解,将帮助更多的企业取得经济、社会和文化的更大的综合效益。我们应该更多地介入发展中国家和发达国家的管理实践,从管理实践中发现问题、解决问题,丰富和发展管理理论,发挥管理理论的作用。

其四,就东西方管理学者而言,应加强沟通和组织,交流心得,共同寻求东方管理大智慧,这是中国管理学者的任务,世界管理学者也责无旁贷。

创新和发展是我们这个时代的特征。在 21 世纪行将到来之际,这个特征已变得更加明显和深刻。这样,我们就更有理由使我们各自的传统与现实相互融合在一起,创造出崭新的东西方结合的管理文化。

"乘风破浪会有时,直挂云帆济沧海。"东西方管理文化取长补短,必将对世界的管理理论研究和管理实践作出重要的贡献。各位专家、各位朋友,我们共同努力吧!

"路漫漫其修远兮,吾将上下而求索。"祝'97 世界管理大会为新世纪的经济发展作出贡献。

1997 年在上海举办 IFSAM '97 世界管理大会,与会代表合影

# 更高、更深、更广
## ——'97 世界管理大会暨首届世界管理论坛会议综述[①]

## 一、会 议 概 况

1997 年 7 月 15 日至 18 日,在上海召开了 '97 世界管理大会,同时举行首届"世界管理论坛"。

---

① 本文刊载于 1998 年第一届世界管理论坛暨东方管理学派创立学术研讨会论文集《世界管理论坛 1998》(《世界经济文汇》1998 年特刊)。

这次大会是由国际管理学界极负盛名的世界管理协会联盟(IFSAM)、中国国民经济管理学会、上海外国语大学、复旦大学经济管理研究所等联合主办的。中国继美国、日本、法国之后被世界管理协会联盟选择为第四个世界管理大会的主办国。大会主题是"面向21世纪的东西方管理文化"。

本次大会由来自30多个国家和地区的300多位经济学、管理学专家、学者出席，与会代表递交论文300多篇，议题涉及"东方传统文化与现代管理""东西方管理比较""21世纪管理学发展趋势""当代企业管理""国际经济管理问题"五个领域，色彩纷呈。邀请出席会议并作学术报告者主要有：国务院研究中心名誉主任马洪，国家经贸委副主任陈清泰，中共中央党校副校长刘海藩教授，上海市副市长蒋以任，上海市委统战部长、政协副主席王生洪，中国企协副理事长潘承烈教授，国家经贸委企业司司长邵宁，中国国民经济管理学会副会长、青岛市市长王家瑞教授等。出席会议还有国内外高校领导：复旦大学党委书记程天权教授、副校长施岳群教授，上海外国语大学校长戴炜栋教授、副校长朱建国教授，上海财经大学校长汤云为教授、副校长夏大慰教授，江西财经大学校长史忠良教授等20多名院校长。还有国外著名管理学家S·G·艾彻瓦里亚(西班牙)、野口佑(日本)、赫斯特·阿尔巴契(德国)J·M·比耶尔(美国)、安德鲁·培蒂特(加拿大)等。

大会开拓性地成立了华商管理协会筹委会，首设世界管理论坛主供经济管理学博士群体、企业家以及有关政府官员进行学术研究和管理实践。会议结束时，鉴于中国管理学界空前未有的盛况，世界管理学者联盟(IFSAM)同意在中国成立IFSAM中国委员会，以促进IFSAM与中国同行的接触和交流。

作为世界管理大会的合理延伸，经国家教委批准(国家教委人事司〔1996〕477号文件)，在'97世界管理大会期间将由复旦大学经济管理研究所与东华国际人才学院联办"现代国际经济管理"高级研讨班，该班是为实现"高层次人才立足国内培养"的一个重要尝试，其主要目的是培养高校学术带头人的后备力量或学术骨干。学员经严格筛选、入学40人，来自全国24所高校、银行、企业，其中教授3人，博士后1人，博士9人，副教授21人，还有政府局级干部、行长经理等，该班除了旁听世界管理大会之外，还聘请国内著名教授、博士生导师如原中国人民大学校长黄达、复旦大学蒋学模、苏东水、甘当善、姜波克、中山大学毛蕴诗、吉林大学孟宪忠、中国社会科学院数理经济研究所李景文，共开设"社会主义市场经济""数理经济学""发展经济学""国际金融学""跨国公司经营学""财政金融学""银行管理学""产业经济学"和"应用经济学"共九门课程。

管理丛林激荡、冲突，东西方管理文化的整合，正是进行管理学术更高、更深、更广的研究的时候，在原有以人为学为指导的《管理心理学》《中国管理通鉴》的基础上，一套大型的十五卷本，《东方管理精典丛书》行将问世。'97世界管理大会极大地推动了中国式管理学的发展。

## 二、'97世界管理大会讨论的主要观点

'97世界管理大会的内容主要集中在五个方面。

### （一）关于东方管理文化

在会上，我提出了影响文化及管理的三大因素是：世界经济发展中心可能移向亚洲；现代科学技术的发展已经进入了一个全新的阶段；同时以要求可持续发展为中心的新发展观正成为全世界的共识。在这样的情况下，东方管理文化魅力无穷。东方管理文化的主体是儒家管理文化，同时包容其他。其本质可以归结为三条：一曰"以人为本"，二曰"以德为先"，三曰"人为为人"。在东方文

化不断展现魅力的同时,也体现了东西方管理文化整合之大势,人在管理中的地位日渐重要,管理学界都倾注极大热情关注文化对管理的作用,以努力地推动世界经济的全球化、信息化、一体化。

另外,值得一提的观点还有"理性管理"和"人性管理"融合的"C 理论",以及中国文化中的人性、关系、沟通、信义、仁爱、无为而治、文武之道均丰富了现代管理文化。

### (二)关于东西方管理文化比较

就二者特征而言,可以归纳为以下几个方面:(1)东方管理文化主张顺"道",西方管理文化主张顺"神";(2)前者重人不重物,后者重物不重人;(3)前者重"人和",后者重"人离";(4)东方重"人治"("情"或"理"治),西方重"法治";(5)前者讲"天人合一",西方讲"人合于神";(6)东方重"利器",西方重"利人";(7)东方重农,西方重商;(8)国家干预是东方传统,而自由放任是西方惯例;(9)东方重人文化的宗教,西方重神化的宗教;(10)就管理环境言东方乃是以家庭为本家国一体,西方乃是个人本位集团化;(11)东方重综合,西方重分析;(12)东方文化是人为的生态文化,西方文化则是生长的非生态文化。

### (三)21 世纪管理学发展趋势

综合起来主要有几种观点:(1)管理柔性化;(2)管理本土化;(3)管理创新主导论;(4)管理资源知识化;(5)管理组织学习化;(6)管理的快速应变论;(7)管理权力结构倒金字塔化;(8)管理文化、战略全球化;(9)管理价值综合化、"满意"论;(10)无管理之管理境界论;(11)中国企业集团化趋势。

### (四)关于现代企业管理

(1)企业再造工程论;(2)跨国企业员工流动适度控制论;(3)完善公司治理结构论;(4)管理境界提升论。

### (五)其他经济与管理问题

(1)面对新企业文化挑战、对企业放松管制论;(2)集成管理创新论;(3)股份公司代理层激励与约束论。

## 三、首届世界管理论坛主要观点

### (一)中国经济发展对管理提出新要求

世界管理论坛作为管理学博士群、企业家和政府官员共探管理学问与实践之阵地,将具有生机和活力。中国社会科学院数理经济研究所李景文研究员对 2000 年到 2050 年中国经济的发展作了乐观、中庸、保守的三个模型。在世界形势和平稳定的前提下,依照购买力平价,中国经济 GDP 总量会在 30—40 年内超过美国居世界第一,但是人均 GDP 达到美国标准约需 80—100 年。中国经济发展给管理提出了挑战:即如何利用大国优势,配置有限资源达到经济的大增长。

(1)我国有大国优势,有大市场,世界大公司如何拓展中国大市场,我国如何利用大市场的优势,利用国际市场上的资源是个崭新的课题。

(2)我国是文化大国,有历史文化几千年连续积淀,在国际上广为散播,如何利用文化力促进管理的国际化与本土化,为中国的经济增长提供强有力的文化支撑,是不容忽视的问题。

(3) 我国还是一个发展中的大国,其增长的前景会吸引越来越多的大公司从战略管理的高度,介入中国业务,做大蛋糕,既是发展中的大国,管理战略的制定,管理技术的运用都是十分慎重的事情。

(4) 中国还是一个政治大国,政治大国对经济大国的形成是非常有帮助的,如何运用政治资源,转为经济资源,成为很高的国际竞争力,对政府、企业而言都是一个不容回避的管理课题。

总之,中国的管理需要世界,世界的管理需要中国。

中国企协副理事长潘承烈着重强调东方传统文化对现代管理的作用,譬如强调家族管理,强调以我为主、博采众长、自成一家。

### (二) 新形势下对管理教育的挑战

新形势对管理的挑战直接传导至管理教育,这方面的挑战可以归纳为几个方面:

(1) 21世纪有经济一体化趋势,并存在一定的融合,东西方管理融合必然导致管理教育的东西融合、合作、沟通。

(2) 经济的发展、各产业面对着来自管理的挑战,对管理教育的精细化、系统化、科学化提出了更高的要求。

(3) 经济的发展,导致更关注人的管理,技术方面,东西方的差距越来越小,而在从人的管理中要效益,使得教育首当其冲成为管理学界关注的热点,培养什么样的管理人员是下一世纪管理的重大问题。

(4) 市场变幻神秘莫测,管理教育需要能帮助分析、把握、引导市场大趋势,整合社会智力资源,形成高效的管理智能。

(5) 对企业员工的管理,IFSAM主席艾彻瓦里亚谈到这一问题。如何提高劳动生产率、采用灵活高效的管理机制?例如对工资的管理中如何体现管理教育的激励原则,随着产业结构升级换代,员工的培训是关注企业发展的重大命运性问题。

(6) 企业管理柔性化。大企业是由无数中小企业组成或支撑的,中小企业本身也需要有效管理,这样大、中、小企业管理层、员工的素质是极关键的因素,经常的学习、终身的教育是许多大企业成功的不二法典。

### (三) 如何发展管理教育

(1) 为决策提供有效的管理理念,无论大、中、小企业各有其经营风险,甚至就一国而言,中国在世界经济中的风险也是可估量的,管理理念为克服风险之先导。

(2) 充分利用管理信息,当今市场千变万化,但总的趋势是国际化,这样对管理人员的德、才、学、识都提出了挑战,有必要建立中国管理学院网络,克服各管理学院各自为政的状况。

(3) 管理人员要适应国际化的潮流,例如能说几国语言,能有两个以上的学科的知识或经验,掌握两门以上的管理工具等。

(4) 知识将带有更大的选择性,如主辅修制、选修课制、MBA教育都是适应市场之工具。在现有的基础上,需要加强对市场分析,重新准确定位,确定新的课程体系、讲课方法,以及新的管理教育体制。

(5) 必须寻找培养创造性的方式,重新设置课程,以新的标准挑选培训者和看待、评价被培训者。

(6) 管理人员有更高的领导能力和更好的领导艺术这需要强调人本的东方管理文化,这也是我们管理教育的独特性所在。

我们要面对管理教育的深远变化,未雨绸缪。东方管理从经院走向课堂、使东方管理智慧与现代管理科学相融合,系统深入地研究现代东方管理学,形成学派,努力与海外沟通。诚哉斯言。

## 四、'97 世界管理大会对于东方管理学的意义

代表着世界管理学界最高学术水平的世界管理大会,这次能在中国举行表明了全球工商业界、管理学界对东亚经济的迅速发展尤其是我国经济高速发展的肯定,但更重要的是,它表明世界各国的管理学界的学者正在探索这后面深刻的原因。近年来,许多学者认识到,东亚"四小龙",以及正在崛起的东亚中国大陆,多数受到中华传统文化的深刻影响,属于中华文化圈的范围。国际国内许多学者已提出了"后儒教理论""儒家资本主义理论""后儒教文化""新儒商"的理论。

我和我的弟子门生进行了大量系统的工作。总数 280 万字的巨著《中国管理通鉴》(1996 年版)、《管理心理学》(1992 年版)、《东方管理文化的探索》(当代财经 1996)对东方管理文化的本质、体系及应用作了深刻的论述。本次大会也有近 40 篇论文涉及东方管理文化,并从东方管理角度探索了东亚经济成功及教训的原因。在前面的基础上,我主持的一套数百万字的《东方管理精典丛书》即将问世。这标志着东方管理学派的实际形成。正如西班牙安卡拉大学教授、IFSAM 现任主席艾彻瓦里亚本次大会指出:"本次世界管理大会不仅规模大,而且组织好,内容丰富,充分显示了中国管理的效率和水平。由于中国在管理学研究方面的杰出成绩和庞大的管理学者阵容,我们同意作为特例在中国成立 IFSAM 中国委员会。这会更有利于 IFSAM 与中国的同行接触和交流。"加拿大管理科学学会主席 L·R·苏克莱(L. R. Sooklai)博士指出:"在中国召开世界管理大会不仅说明了中国的管理文化源远流长,也说明中国的经济发展受到世界的重视。中国经济的迅速发展再一次验证了中国文化的魅力。同时也向世人展示了中国管理学发展的新的发展前景。"日本千叶大学村山元英教授甚至表示:"我不仅要在日本研究中国管理文化,而且希望参加中国的有关学术团体如中国国民经济管理学会,从而有机会与中国的学者一起研究和推广中国的管理思想、理论和方法。"美国 Penn State Harrisburg 大学 Caroly R. Dexter 教授对在上海召开的高水平的世界管理大会非常赞赏,并在 IFSAM 理事会议上对中国学者专家的研究表示了敬意。海外华人对中国学者的工作给予非常高的评价,如全美华人工商总会主席马文武先生这样评价:"你们对中华民族及祖国经济管理技术的提升和维护国际华人在管理学领域位于前沿,此贡献将永远长存于历史上,使后人对你们有崇高的敬意。"

就媒体而言,全国有人民日报、新华社、经济日报、光明日报、文汇报、解放日报、中央电视台、上海电视台、上海东方电视台等 50 多家新闻单位连篇累牍报道。美、德、日等报社专刊报道。

大会的盛况,大会的深远意义,可见一斑。

# 2. 第一届世界管理论坛暨东方管理学派创立学术研讨会(1998)

论坛主题：管理的国际化与本土化——东方管理的伟大复兴

## 主题报告：管理的国际化和本土化
### ——东方管理的伟大复兴[①]

东方巨龙正在腾飞，全球华商日趋昌盛。今天，我愿借此良机，与诸位高朋、各位专家一道探讨东方管理文化之精髓，特别是我们东方管理学派所作出的探索。我期望抛砖引玉，共同促进东方管理文化的伟大复兴。

## 一、管理学的历史性回归

首先，我想从哲学思想的发展轨迹来进行阐述。纵观西方哲学的发展历程，哲人们对世界的观察是建立在人与自然相对立的基础上的，古希腊哲学家所提出的原子论认为原子之间互不依靠；人与人之间如原子般自由、独立；人与自然也是互不依赖的。其精神实质是主张物我二分，其特点是分析思维(即形而上学)，强调对立面的斗争，斗争的极致便是分裂。而中国哲学与此迥然不同。先哲们对世界的体察建立在"天人合一"，即人与自然相融合的基础之上。其整体思维方式，注重统一、强调和谐，认为对立面是互补的、互相依存的，二者间的融合以及整体的和谐至为重要。

西方哲学主客二分的特点，给西方带来了科学发达与物质繁荣，但是，它将人的本质抽象化，压制了有血肉感情的个体性；将主体与客体对立，造成了人际关系、人与自然关系的紧张。这就使得西方哲学家终于渐悟到中国哲学的"天人合一"思想。于是反主客二分的后现代主义思潮产生了，从海德格尔、伽达默尔到德里达的哲学，都蕴含人与自然相融合的思想。可以说，顺应理论思维的逻辑发展，西方哲学正历史性地向着东方哲学回归。

其次，纵观西方管理学发展的历史，可以看出西方管理学向人本管理思想的回归。在传统西方经济学中，人，作为劳动力而与资本并列为物化的两大生产要素。管理学理论最初在相当长的时期内漠视人在管理系统中的特殊地位和重要作用，而将人与其他物理性要素等同，抹杀人的一切积极性与创造性，把人当作"工具人"，对其的管理方式也就是我们所谓的"X理论"。

---

① 本文刊载于1998年第一届世界管理论坛暨东方管理学派创立学术研讨会论文集《世界管理论坛1998》《世界经济文汇》1998年特刊)。

管理学之父泰勒(F. Taylor)倡导科学管理理论,开始认识到工人生产积极性对劳动生产率的影响,从而形成了人是"经济人"的假设。他认为科学化管理之原则可用于任何人类活动,其主要管理方法包括:科学方法、建立标准、计件工资、科学化遴选与训练、时间研究、管理者与工人合作、计划与执行划分、功能组织与管理控制等九项,其实质是利用经济手段来调动工人的劳动积极性,提高劳动生产率。

直到20世纪30年代,行为主义学派梅奥(Mayor)等人的霍桑(Hawthorne)实验发现,人并非仅仅是"经济人",也不是任由管理者使用的"会说话的工具",而是有着诸多欲望的"社会人"。相应的管理方法则偏重于沟通、引导和激励,并允许职工参与决策。

至此,西方管理理论开始逐步显示出"人本化"的倾向,无论是所谓的"管理人"思想,还是基于马斯洛"需要层次理论"而诞生的种种管理方法,都呈现了西方管理思想向人本管理思想发展的轨迹。其理论实质在于,确立人在管理过程中的主导地位,继而围绕调动人的主动性、积极性、创造性去展开一切管理活动。这一趋向与东方人本管理思想是完全一致的。可以说,西方管理学的发展是实现了向东方人本管理思想的回归。

可见,西方哲学向东方哲学的回归,西方管理学向东方管理学的回归是一种历史的必然。在此基础与前提条件下,本人综合了东西方管理理论的精华,率弟子数十人潜心探索东方管理文化,形成了东方管理学派。复旦大学东方管理研究中心的成立,便是本学派诞生的重要标志之一。下面,我简略介绍一下东方管理思想的核心内容。

## 二、东方管理文化成功的典范:华商管理

华商一词,是在华人企业参与国际竞争的过程中,由海外首先提出的。广义地讲,所谓华商,就是以中华民族的文化与血缘关系为纽带而形成的一个特殊的商人与企业家群体。这个群体在管理文化方面是以儒家"人本主义"思想为其主要特征的。

早期华商企业的经营方式主要是家族式的,即以"家庭为本",父子兄弟等共同参与管理;继而发展为以家庭成员或血缘亲缘分散持股等方式参与企业管理;近年来,华商企业中逐渐产生了许多被世人所瞩目的大型跨国企业集团。"华商崛起"的法宝何在?在于日显其魅力的东方管理文化。华商管理注重整体和谐,讲究人伦亲情,处事推己及人,注意体恤他人。这些都充分体现了东方管理文化"人为为人"的精神实质。可见,华商企业的成功证明了东方管理文化的巨大成功,崛起的华商是东方管理文化的杰出典范。

21世纪是知识经济和经济全球化的世纪,华商企业势必需要在进一步巩固华商网络关系的同时,力图不断拓展跨国经营领域,吸收西方现代管理思想的合理内核,克服企业管理上任人唯亲的缺陷,形成跨越东西方文化的管理理念,提高企业的高科技竞争力,选择具有良好发展前景的朝阳产业,依赖中国大陆安全的投资环境和共同的文化背景,建成良性循环的华商经营网络体系,以促进华商企业持久稳定的经济增长。

## 三、东方管理文化复兴的意义与展望

21世纪是知识经济、全球化经济的世纪,是东方巨龙腾飞的世纪。在这个时代,人力资本、智力资源将成为最稀缺的资源,经济发展也将主要取决于对智力资源的占有和配置。这为东方人本管理思想提供了广阔的发展空间。与此同时,经济全球化思潮开始影响地球的每一个角落,文明的冲突、交

流与合作,成为全球化进程中永恒的主题与旋律,不同价值取向的文化间的沟通对话与和谐发展,成为一种必然发展趋势。战略家认为,要赢得国际战略上的优势,占领文化制高点极为重要。由此可见,复兴东方管理文化对于华人企业意义十分重大,这将使其占据新世纪国际竞争的战略制高点。

当然,在复兴东方管理文化的过程中,也必须吸收西方管理文化的合理内核,以便使之更加科学化、客观化。未来管理学发展的主要取向应以东方管理文化为核心,吸收西方管理文化的科学成果,以丰富管理科学的理论宝库,从而促进东西方管理文化的大融合。与此同时,应该关注并加强知识管理、网络管理、本土化管理、管理伦理、管理哲学等方面的研究,以促进管理学的繁荣与发展。

全球华商已经取得了出色的业绩,应该百尺竿头,更进一步。大家经常沟通、交流、切磋、学习,共同挖掘东方悠久管理文化之宝藏,无疑将为新世纪华商之辉煌事业注入无穷的智慧和力量。

可以预见,21世纪是东方文化复兴的世纪。亚太地区是21世纪世界经济发展最具活力的地区。在西方文明经历了权威主义和个人主义的失落后,亟需儒家思想加以拯救,东方文化的人本主义必将重新焕发出更为独特、更为绚丽的魅力。

"浦江东去,嵌珠塔,云聚风流人物;华夏雄师,人道是,长啸千年沉寂。"

东方文化正待复兴;中华民族正在崛起;全球华商渐入辉煌。

让我们共同创造美好的明天,阔步迈向全新的世纪!

**1998年在上海举办的第一届世界管理论坛暨东方管理论坛**

## 管理的国际化和本土化
—— 第一届东方管理学术研讨会会议综述[①]

1998年10月25—31日上海召开了第一届东方管理学术研讨会。该会是由复旦大学、中国国

---

① 本文刊载于1999年世界华商管理大会暨第二届世界管理论坛论文集《世界管理论坛1999》《世界经济文汇》1999年特刊)。

民经济管理学会、上海管理教育学会举办的继'97世界管理大会的又一学术盛会,大会作为东方管理学派的发端,近200位学界朋友从各地远道而来,是学派凝聚力的体现、中国传统文化凝聚力的体现。在经历一天的主题报告、分组讨论,就"东方管理文化的体系、要素、本质和意义""东方管理学的宏观和微观方面""东方管理学的特点及东方管理学有待研究的问题"进行了较深入的研讨。现分三个方面择要介绍如下:

## 一、东方管理学的体系、要素、本质和意义

关于东方管理学的体系,即东方管理文化的体系,复旦大学经济管理研究所所长苏东水教授认为:"以中国传统文化为代表的东方管理文化是一门具有特色的学科体系。纵观其发展史,东方管理文化学可包括三部分,一是治国学;二是治生学;三是治身学或称人为学。从传统观点而论,治国学主要是对社会人口、田制、生产、市场、税赋、漕运、人事、行政和军事等方面的管理的学问;治生学主要是对管理农副业、工业、运输业、建筑工程、市场经营等方面的学问;人为学主要是研究谋略、人为、为人、用人、选才、激励、修身、公关、博弈、奖惩、沟通等方面的学问。"

关于东方管理文化的要素,苏东水教授概括为"道、变、人、威、实、和、器、法、信、筹、谋、术、效、勤、圆"等十五个方面,《世界经济文汇》杂志主编徐培华教授尤其推崇"圆"学,徐培华教授认为"东方管理学是一种内涵、一种意会、一种把握……中国的管理与文化的结合是创新与驾驭,中国文化的创新——中庸即圆,中庸是一种把握是一种艺术"。圆学是中国管理文化的重要方面。

关于东方管理文化的本质,苏东水教授认为:以人为本、以德为先、人为为人是东方管理的本质属性。

以人为本:苏东水认为,体现在中国传统管理哲学是以人为核心的观念之中的。孔子的主要思想之一是"仁","仁者爱人"。所谓"爱人"无非是人际关系协调中的一种理想状态。徐培华教授认为,东方管理文化的核心就是人本思想,企业经营管理有4个层次,即"有产品的企业、有形象的企业、有文化的企业和有哲学的企业","企业的4个层次说明企业管理越发展,越与文化、与哲学靠近,文化与哲学的作用就越大。而东方管理正是特别关注文化管理、哲学管理……作为东方管理文化的核心即人本思想,它强调的是一种把握、一种驾驭、一种方法"。

以德为先:苏东水认为,东方管理学强调伦理道德的作用。儒家管理思想的逻辑起点是"修己"即自我管理,而以"安人"即理想化的社会管理及最终达到天下大同的归宿。"修己安人"包含了带根本性的管理方法,"修己"就是让管理者做出道德示范,在无形中影响受管理者的行为,从而达到"安人"的目的。这种管理讲究的是管理者并不提出具体的管理要求而由被管理者在道德威望之下自然达到的良好状态。

人为为人:苏东水认为,东方管理文化的本质可以用最简洁的方式概括为"人为为人"的"人为学"。每个人首先要注意自身的行为修养。"正人必先正己",然后从"为人"的角度出发,从事、控制和调整自己的行为,创造一种良好的人际关系和激励环境,使人们能够持久地处于激发状态下工作,主观能动性得到充分的发挥。"人为"与"为人"二者具有辩证关系,互相联系并且可以得到相互转化。对任何管理者或受管理者,都有一个从个人行为逐步向为他人服务转变的过程,即从"人为"向"为人"转变的过程。"人为为人"是两个有分有合的命题,"人为"的根本目的就是"为人",或者说管理的根本目的就是"为人";"人为为人"的过程体现在家庭、行业、国家一切方面的管理之中,管理者与被管理者越是注重自身行为的素质,其"为人"即管理的效果就越好。中国国家行政学院刘峰

教授认为,"人为为人"是中国传统管理文化的精华,它是领导职能的要旨,"人为"主要是指领导者的素质和行为,"为人"主要是指领导者为被领导者着想,为被领导者服务。"人为"侧重于"领",通过领导者提高自身素养而为被领导者做出表率。"为人"侧重于"导",通过关注被领导者的情感、利益和需求来诱导、引导他们的行为,使之与领导者的行为一致,与组织群体目标相一致。"人为为人"是一种互动的过程。对领导者而言,"人为"是"为人"的前提,"为人"是"人为"的组成部分,"人为为人"是互相依存的统一体。领导者的"为人"导致了被领导者的"人为"、领导者的"为人"促进影响被领导者的"为人",如此交互运动,整个组织的行为就会一体化,从而大大提高管理的绩效。

关于东方管理学及东方管理学派创立的意义。上海市委统战部长、上海市政协副主席王生洪教授认为,"东方管理学是对世界的贡献"。上海市社科规划办主任朱敏彦教授认为,"学派的形成是学术繁荣的标志",改革开放20年以来的社会科学的繁荣,重要的一点就是学派的形成。战国时代诸子百家争鸣,五四时代东西文化相互激荡产生了诸多流派,今天东方管理学派的形成是新世纪学术的曙光……社科的巨大投入和发展之后无学派的产生,不能称为学术繁荣。复旦大学党委书记程天权教授认为,"东方管理学大有可为"。苏东水教授提出:"人的积极性是经济起飞的原动力,因此围绕着'人为、为人'这一'行为学'的中心思想来构建中国式管理体系是有一定意义的,也可以充分反映出中国传统文化注重伦理性、注重正面引导的特征,有助于我们从研究人本身出发来思想现代管理所面临的各种问题。"

## 二、东方管理学的主要内容——宏观方面与微观方面

1. 关于东方管理学的宏观方面,与会者进行了切磋

苏东水教授认为,经历东方管理文化衰落之后,迎来的复兴,世纪之交管理文化变革"以中国管理文化为代表的东方管理文化,已经成为世界众望所归的灿烂新星。无论是中国在改革开放的巨大经济潜力的释放,还是世界华裔的经济腾飞,其背后都有着中华传统管理文化的支撑。日本式、新加坡式管理也恰恰是融合了中国传统文化精髓与该文化的结晶。甚至美国管理文化的'人本复归'倾向也与东方管理文化的'以人为本'的精神归一。近来,进入中国的国际大型跨国公司获得了巨大经济效益,就其成功之道,也是实现了一种文化融合的管理,造就了一批跨文化管理人才,形成了一种适应中国文化背景'人为为人'价值观,以道德追求为核心的企业精神文化……创新和发展是我们这个时代的特征。在这一过程中,东西方文化将会有更多的相互撞击与相互交融。我们既需要现代科学技术,也需要传统文化精华;既需要经济发展和人民生活水平的不断提高,也需要对发展提出可持续性的要求。在这种情况下,传统与现代结合,科学与人文相结合,是对我们和我们后代负责的行为"。

据此,苏东水教授还认为,有必要建立融通古今、中体西用的中国式现代管理学,他认为在管理现代化过程中要做到管理思想现代化、组织现代化、管理方法现代化、管理手段现代化、管理人才现代化,并同时指出管理的核心在"人",管理的精神在于"中道"即中庸之道,管理的最高原则是"情、理、法"三者有机结合。管理的最高境界是"无为而治"即自动化管理、管理的基础是权威,东方管理学是古今中外,理论与实践的一个新探索。

山东省国际信托投资公司王小林认为,重塑的东方管理学思想与东方管理学派的成立是对西方式管理的全球风行提出的挑战和应战,"很长一个时期以来,众多致力于管理学研究的学者都秉持着'西方管理中心论'的理念精神","由于中国传统管理思想体系本身所具有的复杂性、纵深性,

也由于研究资料的分散性和多变性,也由于研究者的研究视野局限性,多年来,站在中华文化的整体背景之上,从历史和现代社会双重角度,全面整理、系统分析中国传统管理思想的基础性专著一直付之阙如"。现在,由著名管理学家苏东水教授主编的《中国管理通鉴》一书,恰恰弥补了这种遗憾……是迄今为止管理学中第一部全面分析、研究阐述中国传统管理思想的渊源、理论、规范、实际、技巧等内容的综合基础研究专著……告诉人们,不同于西方文化传统的东方文化传统同样可以孕育出较之西方管理思想存在东方管理思想。同时,东方管理思想重视人的作用,强调团队精神,追求组织和谐、注重精神激励、提倡群众参与,民主管理等内容与当代世界企业管理的发展变化相吻合,显示出东方管理思想的无穷魅力。90年代乃至21世纪,西方企业管理呈现出整合化、战略化、人本化、博弈化的发展特色,显示出与东方管理的趋同性。王小林还认为《中国管理通鉴》是探寻管理民族化道路即管理本土化道路的力作,是东方管理学走向成熟的重要阶梯。

复旦大学任浩教授认为,宏观管理与国民经济学科体系是东方管理学的重要组成部分。发行最近300万册的由苏东水教授主编《中国国民经济管理学》是东方管理学中关于社会主义宏观经济的专著,该书首创了比较完整的、合理的国民经济管理学科理论体系;在理论上有突破,为建立中国特色的国民经济管理理论开拓了一条新路;把传统管理与现代管理科学结合起来,应该如何提高社会效益,并在此基础上建立了诸如经济监督学、经济决策学等学科;最近又在集思广益基础上,结合东方管理文化精髓及国际经济管理发展趋势,形成了理论、主体、过程、行为和发展的国民经济管理学新体系。新版《中国国民经济管理学》研究了作为国民经济管理主体的政府和管理模式、经济政策及领导行为;阐述国民经济管理过程,如何有效制定发展战略,实施国民经济运行中计划、决策、监督调控,运用管理手段发展经济;探索了国民经济运行中,如何有效地对产业、区域、资源、人力、市场、企业、涉外、国有资产及劳动与分配等经济行为进行管理;社会网络协调发展中的指标系统、发展道路和人的问题。任浩教授认为苏东水教授在1985年《复旦学报》发表的《试论管理科学的性质与对象》的论文,阐明了东方管理学的综合管理论。该文以马克思管理二重性的理论为指导,在率先挖掘中国历代管理思想宝库的基础上,第一次阐述了管理科学的多功能、多层次、多属性的特点,明确提出管理科学是一个综合研究生产力、生产关系和上层建筑的科学体系;与自然、科学技术科学是有同等重要地位的论点。实践证明:这一点是有开创性的论点,为中国式的管理科学体系的建立明确了方向,奠定了坚实的基础,任浩教授还认为苏东水教授的间接控制论点是东方管理学的重要观点。1986年,在江泽民同志主持的上海市理论双月会上提出该观点,并全文印发上报中央。该观点谓:建立新型社会主义经济体制,在于增强企业活力、完善市场体系、搞好间接控制相互关联的三方面,公开提出了国家对企业的管理由直接控制改为间接控制为主的观点。

研究东方管理学,就需把握其在世界管理学中的定位,把握东西管理学差异,国家行政学院刘峰教授指出:东方重人为,西方重事为,东方注重人的生活质量,西方人看重的是事情做得漂亮;东方管理文化是互主体管理,大家都是"为人"的主体,西方文化则不是如此;东方管理适用领域广阔,企业行政、社会公共管理相互打通,行政管理影响了企业管理。西方实质是企业化的管理,企业管理影响了行政管理;东方管理是"人为为人"的艺术,品德魅力型管理;西方管理则是用权的硬管理。刘峰教授认为东方管理为企业创新打开更大的空间,东方管理更艺术,更具有挑战性。

复旦大学企业管理主任教授芮明杰博士则言简意赅地总结了东方管理思想的几个特点:不是简单地把中国的思想出口到西方,应该以东方的文化、哲学人文社会发展为背景独树一帜。认为东方管理思想是有以下特点:一、以人为本的人文精神;二、团队精神(集体主义精神);三、符合"礼""义"的安排;四、道德性质约束;五、无为而有为;六、不变而变;七、不战而胜;八、和为贵。

在东方管理学运用到应用经济管理方面,苏东水教授指出:应用经济学的研究对象就是经济运行中管理行为的规律,应用经济学应包含以东方管理学的三个方面,即治国学、治生学和人为学,要展开对应用经济学的研究有必要从研究基础、框架体系、结构市场、管理、发展、哲理和效益论诸方面展开研究,是东方管理研究的新领域。

2. 关于东方管理学的微观方面

苏东水教授认为,人为学是东方管理学之核心,既是宏观也是微观的,随着世界经济的全球化、信息化、市场化和一体化……人在管理中的地位日渐重要,团体的甚至全球合作也越发显示出强大的生命力。

复旦大学教授任浩博士认为,苏东水教授的企业家理论也是较有见地的,是人为学的重要方面,1987年苏教授主持了上海社科重点项目的现代企业家研究,发出了对敢于在市场充分开拓创新的现代新型企业家的呼唤,并在1989年出版的《现代企业家手册》一书中,首次就现代企业家的含义、特征、素质、性格、行为、环境、经营及领导艺术作了全面论述,也是东方管理学的一个重要内容。

苏东水教授认为,作为行为学的古为今用,现代管理中很注意研究管理哲学,强调以人为中心的管理,调动人的积极性。而现代行为科学很重视对人的"激励"的研究,其实在两千多年前我国古代思想家就开始对人类行为进行研究,归纳起来共有十个方面:(1)关于人的行为规律的研究;(2)关于研究发挥人的主观能动性;(3)关于"人的本性"问题的研究;(4)关于人的欲望和人的需要问题的研究;(5)关于奖励和惩罚问题的研究;(6)关于"人和"思想;(7)关于群体行为和组织行为的思想;(8)关于用人问题的研究;(9)关于领导行为研究;(10)关于怎样运用权力问题的研究。

苏东水教授指出,除了人为学说,古代经营思想也可为现代东方管理学所吸收,例如,古代的经营思想,如孙子的"道、天、地、将、法"之思想;古代的经营预测思想,例如孙子的"主孰有道、将孰有能、天地孰得、法令孰行、兵将孰强、士卒孰练、奖罚孰明"之思想;古代的经营对策思想,如孙子的"应敌而变"等,相应还应吸收中国古代的时效管理观(王熙凤就很讲究时效)以及丰富的管理技巧、制度、方法的理论。

复旦大学任浩教授特别提到东方式的管理心理学做东方管理的组成部分,销售量达50万册的由苏东水教授著的《管理心理学》受到了广大读者的欢迎。以人为学为指南,强调"人为为人"的要旨就是把伦理与管理结合起来,把合乎现实的"领"与合乎情理的"导"结合起来,把领导者的行为与被领导者的行为结合起来并从中寻求中正、中和、中庸、中行的途径以达成群体目标,要建设有中国特色的社会主义市场经济体制,应该重视研究人的行为,企业行为和国家对企业管理的行为,这是经济起飞发展的三个车轮。先生基于人为学思想,在以管理心理学中对人的个性、人的需要、人的期望、人的控制、人性管理、激励行为、决策行为、领导行为、组织行为、企业行为、劳动者心理、消费者的心理、青年人心理、群体心理、心理测量等内涵进行了深入广泛的研究。江西财经大学陆式龙教授称该书为管理心理学的东方学派之力作。

苏东水教授还把东方管理学运用于无形资产管理研究,"以人为本"是无形资产管理的精髓。并指出以人为中心的管理是无形资产管理的精髓。"天有其时,地有其财,人有其治。"中国古代文化是研究无形资产管理的丰富源泉,重新认识和重视无形资产管理在科学管理中的作用,抓住其内在的本质完成从粗放型向集约型的转化,顺应国际管理潮流,是中国管理界目前的重要任务。

青岛市市长王家瑞教授提出"人为为人、从政为民"的行政管理观点,他认为目前的"人为为人"关键在于转变政府职能,做好三方面的工作:一是进一步明确政府的职能。政府的管理经济的主要职能是,制定和执行宏观经济调控政策,搞好宏观调控,保持经济总量的基本平衡,促进经济结构的优化,搞好基础设施的建设,创造良好的经济发展环境。政府不再干预企业生产经营活动,把不应由政府行使的职能转给企业、市场和社会中介组织。二是国有资产实行国家统一、政府分级监管、企业自主经营体制。三是按照精简、统一、效能的原则,进一步改革和调整政府机构。只有做好上述工作,才能真正转变政府职能,体现人为为人的管理思想,建立起与社会主义市场经济相适应的宏观间接调控体系。

中国惠普公司副总裁李翰生博士认为,以人为本是中国惠普的成功之道,李翰生认为惠普成功的经验是:一、企业有自我革新的能力;二是企业是自我学习的企业;三、以人为本,倡导激励。所以惠普公司尊重个人、相信个人、鼓励员工的创造性、灵活性,鼓励职工高质量追求卓越和不妥协的职业道德。在日常经营中在企业的结构及决策方式上有职工的空间,授权到最底层。对员工进行合适的培训与离职恳谈,经理也支持员工的成功。李翰生认为,跨国公司进入中国,跨文化的管理经验是东西方管理文化的融合,对人的尊重和对本地文化的尊重兼顾是最重要的成功之道。中国瑞侃公司总裁罗致道博士也赞成在人本管理基础上,科技领先的企业竞争战略。

各位代表热烈讨论,还探讨了其他学术问题,提出了很有见地的观点,这里不一一赘述。

# 3. 第二届世界华商管理大会暨世界管理论坛(1999)

论坛主题:21世纪世界华商管理的发展

## 主题报告:弘扬东方管理文化,促进世界经济发展①

各位领导、各位专家、各位高朋、各位嘉宾:

今天我们聚集在东海之滨的上海,共同探讨"21世纪的华商管理与发展"。本次大会是国内首次将"华商管理"这个世界经济发展进程中富有特色的现象作为国际性学术研讨会主题的盛会;也是探讨中华企业家如何昂首迈进新世纪的国际论坛。

我出生在一个华侨家庭,从小生活在著名的侨乡泉州,成年后,又结识了众多的华侨朋友,耳闻目睹了华人企业家的杰出成就。我一直希望与广大企业家及学者专家共同探讨华商的成功之道。今天这个愿望变成了现实,此时此刻我感慨万千。下面我谈一点自己对华商管理的看法:

### 一、华商为世界经济发展作出了巨大贡献

"华商"一词是在华人企业参与国际竞争过程中由海外华人首先提出。"华商"从广义地说,是指以中华民族的血缘与文化关系为纽带而形成的一个特殊的商人企业家群体。在世界经济的发展中,分布于世界各地的华人企业家是一支不可忽视的重要力量。新加坡的华侨旗帜陈嘉庚、印尼的世界巨富林绍良、中国香港的财界猛龙李嘉诚、中国台湾的塑胶大王王永庆、菲律宾的经济要人陈永栽等百余名具有国际影响的华人企业家是华商的杰出代表,他们在世界经济发展中作出的贡献引起了西方人士的注目,改变了西方人对中国人的一些成见,为中华民族增了光。

### 二、华人企业的管理特点

"华商"这个群体在企业管理方式、管理文化方面具有共同的特征。一般认为海外华商的管理具有以下特征:所有权、控制权与家庭三者关系密切;实行家族式管理;在管理中重视人情世故;华人企业一般规模较小,组织结构相对简单;在人与人之间的关系上重视亲缘、地缘、文缘、商缘、神缘。大家努力地编织自己的关系网,重视关系营销;对成本或经济效益非常敏感;通常集中于一个产品和一个市场;一般而言企业内部等级观念较强,论资排辈现象普遍;重人治轻法治等。

---

① 本文刊载于1999年世界华商管理大会暨第二届世界管理论坛论文集《世界管理论坛1999》《世界经济文汇》1999年特刊)。

## 三、华人企业家的成功素质

华商在海外的奋斗经历不是一帆风顺的,不少人是白手起家,"足下生财"。这些人身居异国他乡能创出一番事业,主要在于他们具有一些独特的素质:勤俭节约、艰苦创业、知难而进、吃苦耐劳、权变灵活、多谋善断、居安思危、小心谨慎、诚实守信、坚韧不拔、开拓进取、善抓机遇、顺应潮流等。很多华商具有一种责任感与使命感,因而能克服重重困难,并取得成功。同时,华商还具有一种强烈的归属感,他们时刻心系祖国,关心并积极投入到家乡的建设当中,为家乡和祖国的经济发展做出了自己的贡献。

## 四、迎接新世纪的挑战

华商通过自己的艰苦奋斗取得了较大的成就,但是我们也发现在世界经济的大舞台上规模大的华人企业不多。我们认为这与中国传统文化中的一些缺陷有关,如急功近利、家族式管理、重人治轻法治等因素影响了企业的发展。在人们称为信息时代的今天,为了迎接新世纪的挑战,首先我们应该了解信息时代的特征。我们认为信息时代具有以下特征:第一,电脑科技是社会发展的核心。第二,信息、知识是最重要的资源。第三,是一个以人才为第一需要、第一财富的时代。第四,人们的学习方式、工作方式发生巨变。第五,是一个创新的时代。第六,想象力、创造力是巨大的财富。

截至 1999 年 6 月 30 日,中国上网计算机已达 146 万台,上网用户 400 万。目前中国计算机的社会拥有量已超过 1 200 多万台,全球已有 1.5 亿—2 亿台电脑联网。在今后的 5 年里,联网的电脑总数可以达到 10 亿台。王嘉廉、杨致远等华商把握住了时代的脉搏,成了世界信息产业中的精英,为华人企业家树立了成功的典范。

## 五、人为为人,促进世界经济发展

关于东方管理文化的本质,我概括为以人为本、以德为先、人为为人。我认为这也是华商成功的关键所在。"以人为本"体现在中国传统管理哲学中是以人为核心,强调"以民为贵";"以德为先",体现在"修己安人",即强调伦理道德的作用;"人为为人",是对古今中外管理行为本质的高度概括,是"激励与服务"积极行为的综合体现,强调人自身行为的激励与修养。我认为,每一个管理者首先要注意自身的行为个修养,"正人必先正己",然后从"为人"的角度出发,来控制和调整自己的行为,创造良好的人际关系和激励环境,使管理者和被管理者都能够持久地处于激励状态下工作,主观能动性得到充分的发挥。"人为"的根本问题是发挥人的积极性,"为人"是以为人类、为社会、为事业努力为目标。"人为"与"为人"之间具有辩证关系,二者互相联系,并且可以转化,对任何管理者和被管理者都有一个从个人行为逐步向为他人服务转变的过程,即从"人为"向"为人"转变的过程。这一过程体现在家庭、行业、国家一切方面的管理之中,管理者和被管理者越是注重自身行为的素质,其"为人"即管理的效果就越好。因此,我们认为无论是建立大同世界的理想,还是现代企业以服务为宗旨的管理理念,都体现了"为人"的管理目的。

根据东方管理思想的理念,我们华人企业家应该重视企业文化建设,发扬诚实守信、艰苦奋斗、讲究道义、自强不息等传统美德,树立市场观念、竞争意识,尊重科学、尊重人才。在重视内涵建设的同时,注意外延发展;在重视产品生产的同时,重视市场营销;在重视产品经营的同时,重视资本经营。扬长避短、突出特色、综合经营、促进主业、目光远大、放眼世界,并做到管理的本土化与国际化相结合。

各位领导、各位专家、各位企业家,同志们、朋友们,新世纪的钟声马上就要敲响了,在这世纪之交、千载难逢的时刻,我们豪情满怀、信心百倍地展望未来。我们相信,华商必将为世界经济的共同发展作出更加杰出的贡献!

1999年在上海举办世界华商管理大会暨第二届世界管理论坛,部分代表合影

## 首届华商管理大会会议综述[①]

'99世界华商管理大会暨"世界管理论坛"于1999年11月27日在上海西郊宾馆隆重召开,来自30多个国家和地区的320余位代表出席了此次盛会。这次会议是经国家教育部、上海市人民政府批准,由复旦大学、世界管理协会联盟、青岛市人民政府、美国全美华人工商总会等单位联合主办,福建省人民政府侨办、苏州市人民政府、中国国际商会上海徐汇商会、中国国民经济管理协会、上海市青年联合会、上海管理教育学会等单位协办,并由复旦大学经济管理研究所、复旦大学东方管理研究中心、上海泉州侨乡开发协会承办。本届大会主题为"21世纪世界华商管理的发展"。会议在各方的努力筹备和大力支持下、在与会代表的通力配合下现已达到预期效果,获得了与会各界代表的高度评价。大家普遍反映这是一次成功的学术性、研究性、应用性、前瞻性很强的国际学术会议,收益很多、收获很大。

全国政协常委、全国政协港澳台侨委员会副主任何添发教授、国务院侨办经济科技司司长许又声、青岛市市长王家瑞教授、上海市人大副主任厉无畏教授、复旦大学副校长徐明稚教授、世界华商协进总会执行主席廖俊侨、香港华侨华人总会会长古宣辉等领导以及海内外企业家、专家学者出席了此次大会。上海市市长徐匡迪委托王家瑞市长转告他对各位代表的亲切问候。

---

① 本文刊载于2000年第三届世界管理论坛暨东方管理论坛论文集《世界管理论坛2000》(《世界经济文汇》2000年特刊)。

在大会开幕式上，大会主席苏东水教授指出：希望通过此次盛会广泛联系海内外华人企业家和华人学者，促进学术交流，推进经济发展，为建立具有中国特色的管理理论做出贡献。他将本次盛会的宗旨概括为：弘扬东方管理文化，促进世界经济发展。何添发先生对海内外华人的经济实力和在经济舞台上的重要地位进行了介绍，他认为此次盛会的召开具有广泛而深远的影响，它将在华商的团结与合作中起到桥梁和纽带的作用；海外不少华人企业在异国他乡有成功的经营经验，此次交流将为国内企业走出国门、参与国际竞争提供宝贵的管理经验。尽管华人企业取得了很多成就，但以前很少有人对华商的管理思想、管理模式、管理方法等进行系统的研究与阐发。本次大会开创了华商管理研究的新局面，必将为东方管理学的发展，华人企业的管理与发展做出重要贡献。国务院侨办许又声司长在肯定华商市中国引进外资的先行者、主力军等积极作用的同时，指出了华商管理中存在的问题，即华人企业的资金数量虽然很多，但华人企业的科技含量不高；华人企业从事商业、房地产业等传统产业的较多，从事高科技产业的不多；面临信息时代的挑战，华人企业如何发展值得探讨。许先生还认为在东南亚金融危机之后召开此次华商管理大会，具有很强的现实意义及深远的历史意义。古宣辉教授声情并茂地表达了华人企业家的爱国之情，他认为祖国的强大是海外华人的靠山，召开世界华商管理大会为提升中国的民族自豪感，促进祖国统一，加速经济发展都具有推动作用。厉无畏先生表示，中国引进的外资主要是华资，目前是整合资源的好机会；中国即将加入世界贸易组织，带给中国的既有机会，更有挑战。面对竞争，有效的手段是合作，如何开展跨地区、跨行业、跨所有制的合作是当前的主要问题。

世界管理协会联盟中国委员会主席、中国国民经济管理学会会长、东方管理研究中心主任苏东水教授在主题报告中就分布于世界各地的华人企业家对世界经济发展做出的贡献给予了高度的评价，他对华人企业的管理特点，华人企业家的成功素质进行了高度的概括和总结。廖俊侨对于华商方面的会议特征进行了高度的概括和总结。廖俊侨对于华商方面的会议的特征进行了介绍，新加坡发起、创办的世界华商大会，权威性、网络性强；台湾发起、创办的世界华商经贸大会商务性、系统性强；复旦大学东方管理研究中心等单位发起、创办的世界华商管理大会学术性、研究性、应用性、前瞻性强。他还列举了有关华商研究方面的历史、理念、文化、企业、品牌、资本、发展与未来等31个课题。

本次世界管理论坛还围绕东方管理文化、华商管理、企业管理、经济管理等四个主题分组展开了热烈的讨论。同时，此次大会引起了新闻界的广泛关注和重视，中央电视台、上海电视台、上海东方电视台、上海教育电视台；人民日报、文汇报、解放报、香港文汇报、香港大公报等30多家新闻单位对大会进行了全方位、详细的采访和报道。

# 4. 第三届世界管理论坛暨东方管理论坛(2000.4)

论坛主题：东方管理文化与当代经济发展

### 主题报告：东方管理学的特定和作用[①]

各位来宾，各位领导：

大家好！

由复旦大学东方管理研究中心、IFSAM中国委员会、安徽省人民政府驻沪办、黄山市人民政府、安徽大学徽学研究中心、上海管理教育学会、东亚管理学院联合举办的第三届东方管理研讨会在黄山召开，我代表主办单位向全体到会的来宾、代表表示衷心的感谢，对安徽省各位领导、黄山市各位领导的大力支持表示衷心感谢，特别对组织承办本次研讨会的安徽省人民政府驻沪办高洪等领导为本次会议所做出的贡献深表谢意。

自20世纪70年代中期，我与我的同仁就开始探索东方管理文化问题。1976年我首开《〈红楼梦〉管理思想研究》课程，1985年在《管理世界》发表《中国古代经营管理思想》，1986年在《文汇报》发表《现代管理学的古为今用》，首次提出"以人为本、以德为先、人为为人"的东方管理理论的精髓和理念，在社会上引起广泛反响。最近几年，我们成立全国首个东方管理研究中心，出版了《中国管理通鉴》，在上海举办世界管理协会联盟'97大会，举办了三届世界管理论坛暨东方管理论坛，举办了首届世界华商管理大会，带队参加在美国达拉斯、法国巴黎、西班牙马德里召开的世界管理协会联盟大会。

经过几年探索，我们提出东方管理文化的本质，十二个字：以人为本，以德为先，人为为人。我体会，以中华优秀传统文化为核心，东方管理文化对社会经济管理具有以下特点与作用：

第一，东方管理文化是增强民族团结的凝聚力。江泽民同志在《为促进祖国统一大业的完成而继续奋斗》的著名讲话中提出："中华各族儿女共同创造的五千年灿烂文化，始终是维系全体中国人的精神纽带，也是实现和平统一的一个重要基础。"[②]中华文化是东方管理文化的基础和土壤，东方管理文化是中华文化的组成部分，也有助于强化中华民族文化的凝聚力。

第二，东方管理文化是维系中国人的精神纽带。如上所述，江泽民同志提出了"精神纽带"的概念，并高度评价了精神文化的"纽带"的作用与影响。我们在1999年召开的世界华商管理大会，研究东方管理文化，主张中华文化是维系世界华人的精神纽带。

第三，东方管理文化是当代新经济的新动力。20世纪80年代以来，面对信息技术及其产业的

---

[①] 根据作者在第三届世界管理论坛暨东方管理论坛开幕式上讲话的录音整理，标题为编者添加。
[②] 江泽民：《为促进祖国统一大业的完成而继续奋斗》，《人民日报》1995年1月31日。

飞速发展,托福勒提出了第三次浪潮。20世纪90年代初期,西方社会学界和未来学界提出了知识经济的概念,经济学界又提出了新经济概念。从时代特征看,在新经济时代,人力资本具有前所未有的决定性作用,人的主导作用以前所未有的姿态展现出来。发挥人主导作用,客观上要求"人本""人德""人为"的广泛运用。

第四,东方管理文化是近代东西方管理文化融合体。在全球化时代,各国的民族特征诸如语言、地理环境、心理素质、审美意识以及社会发展的独特历史进程和历史经验是现实存在的,文化的民族性不会被废除,不可能产生像经济全球化那样的文化全球化。但是,在全球化的进程中,随着各种文化的相互交流越来越深入和广泛,不同文化之间相互融合和互补也是基本趋势。东西方管理文化也是一样的。东方管理文化是以中国管理文化为核心,吸收西方管理文化和其他民族管理文化,是多种文化的融合体。

第五,东方管理文化是反映社会经济管理转型过程中的新型文化体系。随着市场经济发展和现代化的推进,从宏观的治国到微观的治生、治家、治身,都面临转型发展。东方管理文化提炼、吸收治国、治生、治家、治身伟大实践的新经验、新做法,成为反映社会经济管理转型实践的管理文化。

第六,东方管理文化是跨国公司本土化战略的纽带。跨国公司的本土化战略,实质是跨国公司将生产、营销、管理、人事等全方位融入东道国经济中的过程,它有利于跨国公司降低海外派遣人员和跨国经营的高昂费用,与当地社会文化融合。东方管理文化是跨国公司投资中国并实施本土化战略的文化纽带,有利于跨国公司更快地融入中国文化土壤。

第七,东方管理文化是社会主义诚信体系建设的土壤。孔子说:"人而无信,不知其可也。"几千年来,中国传统文化具有传承不衰的诚信传统。在社会主义市场经济条件下,诚实守信是基本规则,也是现代市场经济的重要基础和标志。诚信体系建设需要社会诚信文化的土壤,东方管理文化有利于诚信体系建设。

第八,东方管理文化是经济结构战略性调整的理论指导。太极图是以黑白两个鱼形纹组成的圆形图案,形象化地表达了阴阳轮转、相反相成是万物生成变化根源的哲理。它也表明,阴阳的平

**2000年5月在黄山举办第三届世界管理论坛暨东方管理论坛,部分代表在老子故里合影**

衡是一种动态的平衡,是一种处在阴阳消长转化当中的平衡。同样地,经济也要保持平衡,也是动态平衡,例如供给与需求、价值与价格等。为了实现经济平衡,就需要不断地调整,螺旋式、波浪式的增长,最终达到平衡或者基本平衡。

第九,东方管理文化对世界的贡献。在经济全球化背景下,东方管理在与西方管理及人类其他管理文化的优秀成果的交融中不断提升自身的内涵,并因具有适应人本思想精华、崇尚人自身价值、兼顾公平和效率等知识经济管理模式的显著特征,必将在全新的视野下,对世界政治、经济、社会以及人类自身的发展提供无穷无尽的养分,对世界文明的进程产生深远的影响。

第十,东方管理文化是对社会主义核心价值观的贡献。文化是民族的标志,国家的"软实力",反映着民族的内在特质和精神;没有文化复兴,就没有民族复兴的精神资源。我国的文化复兴必然是优秀民族传统文化与社会主义核心价值观的结合。优秀民族传统文化必须在社会主义伟大实践中吸取营养,赋予新内涵;社会主义核心价值观要以优秀民族传统文化为内核,扎根于民族文化中。

# 东方管理文化与当代经济发展
## ——第三届东方管理学术研讨会会议综述

## 一、会 议 概 况

由复旦大学东方管理研究中心、IFSAM中国委员会、安徽省人民政府驻沪办、黄山市人民政府、国家教育部人文社会科学重点研究基地安徽大学徽学研究中心等单位联合组织举办的"第三届东方管理学术研讨会"于4月29日至5月2日在安徽省召开,来自中国内地、日本、新加坡、马来西亚、中国香港等国家和地区的75位专家学者、政府官员和企业家参加了此次会议。

研讨会由国家管理学者联盟中国委员会主席、中国国民经济管理学会会长、复旦大学东方管理研究中心主任苏东水教授主持,安徽省人民政府副省长蒋作君博士,中共上海市委组织部原部长、上海安徽经济技术促进会会长叶尚志教授,以及复旦大学、河海大学、中山大学、山东大学、南京大学等12所高校和一些企业的知名人士,围绕"徽商管理文化""道家管理思想及其现代价值""东方管理精华与体系"以及"东方管理与经济全球化"等东方管理的前沿课题展开了热烈的讨论。

## 二、会 议 特 点

这次研讨会具有五个特点:

一是政研结合。东方管理集治国、治家、治生、治身为一体,是体现"天、地、人"和谐统一的完整体系,而其中又以治国为其最高成就。这次研讨会有政府官员结合工作实践,与理论界学者一起研讨治国理论,深化了对中国传统治国理论的认识。

二是企学结合。中国传统管理文化中,具有丰富的"治生"思想,对当代企业管理具有指导意义。企业家参与这次研讨会,与学者共同探讨中国传统的"治生"问题,对丰富企业管理理论,具有重要意义。

三是研讨与考察结合。涡阳被誉为"老子故里,天下道源",创造了不朽的历史文化,境内有道教祖庭天静宫、道源国家湿地公园等。与会代表实地考察涡阳县的文化和经济社会发展,感受东方管理文化在老子故里的当代运用。

四是多种文化结合。在研讨会上,不仅对古代不同文化进行研究,包括孔子、老子、墨子、管子、孙子等,也对现实版的区域文化进行研究,尤其是徽商文化进行深入研究。

五是经济与文化结合。这次研讨会的一个重点是研究东方管理文化对当代经济发展的作用,也包括徽商等商帮文化的探讨。

## 三、会议观点

这次会议主题是"东方管理文化与当代经济发展",研讨的第一个方面内容是东方管理文化,围绕理论体系、实践运用、研究方法等三个层面进行研究,比过去更为深刻;研讨的第二个方面的内容是徽商文化及其现代价值,围绕徽商文化内涵、道家现代价值、徽商文化与东方管理文化的关系、徽商文化与全球化发展等方面展开讨论,具有很强的现实意义。

根据与会代表的发言,大体上包括三个方面:

### (一) 关于东方管理学的体系问题

根据大家的发言和讨论,提出了以下见解:(1)关于东方管理文化的渊源、内涵和发展前景。有的专家认为,东方管理学以中国管理文化为核心,但不能局限在中国传统文化,要加强东亚、南亚、中亚等地区的东方管理文化的研究。(2)如何理解东方管理实质,即"以人为本,以德为先,人为为人",这是对东方管理文化的高度概括。(3)有的专家认为,东方管理文化是"龙"的文化,应广泛传递"龙"在世界腾飞。(4)应进一步明确,什么是东方管理学,什么是东方管理,涵盖的范围包括哪些?是不是中国传统加上现代管理,或加华商管理?(5)东方管理研究的范围是相对于西方管理,那么,西方是指那些对象(或地区)?(6)东方管理学的哲学要素包括道、变、人、威、实、和、器、法、信、筹、谋、术、效、勤、圆等十五个方面,它们是怎样的关系?如何形成一个逻辑框架。(7)有的学者提出,研究东方管理,要广泛应用案例法、实证方法。

苏东水教授经过多年的研究,将东方管理文化的本质概括为"以人为本、以德为先、人为为人"十二个字。在这次大会上,他又进一步提出并阐述了东方管理文化在新世纪具有促进爱国主义、民族团结、华人联结、经济增长、文化融合、道德伦理、产业调整、新文化、经济全球化以及管理学科发展等十个方面的作用。苏教授认为,以人为本体现在中国传统中的管理哲学是以人为核心的尊重人、爱护人、关心人,主要强调人的心灵解放,鼓励创新,重视人的生理价值和精神价值。以德为先即强调伦理道德的作用。儒家管理思想的逻辑起点是"修己",即自我管理;其归宿是"安人",即理想化的社会管理及最终的天下大同。"修己安人"包含了带根本性的管理方法。"修己"就是让管理者做出道德示范,在无形中影响被管理者的行为,从而达到"安人"的目的。市场经济体制更加需要提倡诚实守信、意志坚强、艰苦奋斗的精神。人为为人即每个人首先注意自身的行为修养,"正人必先正己";然后从"为人"的角度出发,从事、控制和调整自己的行为,创造一种良好的人际关系和激励环境,使人们能够持久地处于激发状态下工作,并使其主观能动性得到充分的发挥。信息时代强调双赢竞争、超越竞争,也是人为为人思想的体现。

中山大学毛蕴诗教授、复旦大学胡建绩教授等专家对苏东水教授创立东方管理学派的意义给予了高度的评价,他们认为,苏教授的研究对于建立有中国特色的管理科学起到了重要的表率作用。

### (二) 关于东方管理文化的现代价值

南京大学周三多教授结合对《孙子兵法》的研究,认为现代企业行为的本质特征之一,就是通过市场来实现资源的优化配置,企业在市场上的竞争,与军队在战场上的对抗有许多相似原则,研究了《孙子兵法》的九大战略原则,分析了低消耗战略、出奇制胜战略、先发制人与后发制人战略,以及竞争与联合的关系等问题。徐希燕博士认为,墨子对于管理、教育、法制、伦理等思想有非常深刻的阐述,墨子的管理思想对当今的企业管理与行政管理都具有相当的借鉴作用,包括"以人为本""尚贤使能""尚同控制""察其志功"等。《世界经济文汇》杂志主编徐培华教授认为,《周易》的"阴阳之道"是现代管理的源头与灵魂,汉代以来人们从解释《周易》经传出发所形成的一门古老学问,是一个以阴阳变易学说为核心的思想体系。企业的经营管理、发展战略、品牌策划、企业文化、市场营销的方方面面,如能运用好《周易》的"一阴一阳之谓道",一定会有成效,一定会发展壮大。从市场营销的角度来看,企业必须以市场、以顾客和客户为出发点,来积极创造和提供最符合需求的产品与服务,这也是由"阴"生"阳"的营销之道。企业现有的市场和顾客是"阳",潜在的顾客、客户是"阴"。要把潜在的市场、顾客变为企业现实的市场与顾客,这亦是由"阴"生"阳"的过程。

### (三)关于徽商文化

中共上海市委组织部原部长、上海安徽经济技术促进会会长叶尚志教授提出了徽商研究的三个问题:一是徽商为什么能够兴起?二是徽商为什么会衰落?三是徽商能不能复兴?他认为,徽商兴起,最主要的原因:一是中原人氏大量迁入,文化杂交;二是当地自古文化教相当发达,涌现了大量人才;三是当地耕地少,不少人被迫外出远行,开拓商业。徽商衰落的原因是多方面的,主要原因:一是清王朝急剧衰落,民不聊生,生意艰难;二是徽商社会文化面临新旧转型;三是帝国主义入侵之后,新兴的民族商业在夹缝中生存,难于发展。安徽大学徽学研究中心主任卞利教授认为,徽商说到底就是儒商,儒家文化中的礼让、互尊、诚实、信用、重义、守德为徽商所尊崇,徽商经营管理思想体现了儒家文化,概括起来有:小本经营,辛勤打拼;崇义尚信,以义为利;敬业执著,拼搏进取;讲求效益,加快周转;注重质量,讲求信誉;善观时变,出奇制胜;重视信息,知人善任;热心公益,树立形象。这些思想对现代企业具有借鉴意义。

### (四)关于当代经济发展问题

芮明杰教授认为,我们处在一个历史转折的关头,进入新经济时代,这是以网络为支撑的智能化大规模定制生产方式,是网络经济,是知识经济,是速度经济。适应于新经济时代的新型企业也诞生了,新企业的形态很多,是网络化的企业,是虚拟企业,是扁平化流程式构造企业。与新经济、新企业相适应的全新型管理体系与方法,新管理的核心是以人为本,新管理的基点是自我管理,新管理的伦理是和谐融洽,新管理的宗旨是效率第一。任浩教授认为,对于面临结构调整、体制转型和知识挑战的中国企业家来说,发掘东方管理文化的精华,结合现代经济特点,在实践中进行管理创新,这是全球经济一体化趋势下,谋求竞争优势的有效途径。

以上概括只是大会的部分发言,足以说明这次大会取得的丰硕成果。因为时间关系,各位专家的见解不一一加以复述。

与会代表实地考察了黄山市、合肥市、涡阳县等地区的经济发展情况以及道家创始人老子的出生地涡阳老子庙。苏东水教授在安徽"打黄山牌,做徽文章"的发展战略基础上,进一步提出"仰老子故居,促两化实现(农业产业化、旅游国际化)"的战略构想,受到当地领导的高度重视。

在安徽省、黄山市、涡阳县各级党政领导的大力支持下,在与会专家学者、政府官员、企业家的热情参与下,"第三届东方管理学术研讨会"圆满成功,取得了丰硕的成果。

# 5. 第四届世界管理论坛暨东方管理论坛(2000.12)

论坛主题：新理念、新国企、新规则

## 主题报告：东方管理文化在新世纪的使命[①]

  我从1976年开始对中国传统管理文化产生兴趣,发表研究中国古代管理思想的文章,后来倡导建立有中国优秀传统文化特色、融合东西方管理精华的东方管理理论。回首20余年的奋斗经历,感慨颇多。1997年成功组织召开"世界管理大会"后,我情不自禁地赋有《满江红》一首,词中写有"任凭风浪起,稳坐钓船中"等句子。这些年来,我和复旦大学校内外的东方管理文化的热心者、研究者,不畏艰难、奋力拼搏,我们在弘扬东方管理文化、促进中国经济发展等方面做了大量的工作,取得了许多可喜的成就。例如,承接主持国家自然科学基金项目《东方管理学思想研究》、《著名跨国公司在华竞争战略》及《管理学——东方管理学派探索》等课题;组织召开了三次东方管理学学术研讨会、一次世界管理大会和一次世界华商管理大会;主编出版了四部共280万字的《中国管理通鉴》、两部共150万字的《世界管理论坛》以及教育部审定的"面向21世纪课程教材"《产业经济学》,主编出版了《中国国民经济管理学》(新版)、《管理心理学》(新版)、《泉州发展战略研究》、《东方管理学》等著作;我们中心的教授、博士多次出席在日本、美国、法国、西班牙、加拿大、韩国召开的世界管理大会;承接国家教育部的项目,为兄弟院校培养经济管理高级人才;在研究生中首次开设《东方管理学》课程等。我们组织参加了自世界管理协会联盟成立以来的五届国际性大会,发表了《东方管理文化的探索》《现代管理中的古为今用》《弘扬东方管理文化,建立中国特色的管理学体系》《东方管理文化的伟大复兴》《二十一世纪的东西方管理文化》《东方管理走向世界》等十余篇有关东方管理文化方面的学术论文及八次演说。我们的研究成果被列入世界著名管理刊物和信息库。

  经过20余年的艰苦奋斗,东方管理文化已经在国际国内经济管理学界具有相当大影响,诚如人民日报、中央电视台和国际金融报等多家媒体所称:"东方管理文化在全世界叫响"。事实上,关于东方管理文化的研究成果,我们居于国内先进、国际前列的水平。面对取得的成绩,我们应该继续发扬自强不息、厚德载物的精神,力争在新世纪让东方管理文化发挥更大的作用。

  东方管理在新经济条件下也和西方管理一样面对着许多新的挑战。新经济的本质就是网络经济、知识经济、速度经济和人本经济。在新经济时代随着亚洲经济在世界经济中的崛起,亚洲经济对世界经济的影响将会越来越大,东方管理文化正出现世纪回归,管理论理将由"人为政本"转移到"以人为本",由"家庭伦理"发展到"以德为先",从强调"社会责任"转移到"人为为人"。20世纪管理学发

---

[①] 本文刊载于2000年第四届世界管理论坛暨东方管理论坛论文集《世界管理论坛2000》《《世界经济文汇》2000年特刊)。

展取得了许多的成就,尤其值得强调的是,管理学界在世界华商管理、东方管理文化的现代价值以及东西方管理文化融合方面的研究成果和艰苦探索对世界管理学的发展作出了重要的贡献。

我一直强调,东方管理文化的本质是"以人为本、以德为先、人为为人"。以人为本,体现在中国传统中的管理哲学是以人为核心的。例如孔子的主要思想之一是"仁","仁者爱人"。以德为先,东方管理学强调伦理道德的作用。儒家管理思想的逻辑起点是"修己",即自我管理;其归宿是"安人",即理想化的社会管理及最终的天下大同。"修己安人"包含了带根本性的管理方法。"修己"就是让管理者作出道德示范,在无形中影响被管理者的行为,从而达到"安人"的目的。人为为人,东方管理文化的本质可以用最简洁的方式概括为"人为为人"的"人为学"。每个人首先要注意自身的行为修养,"正人必先正己",然后从"为人"的角度出发,从事、控制和调整自己的行为,创造一种良好的人际关系和激励环境,使人们能够持久地处于激发状态下从事工作,并使其主观能动性得到充分的发挥。

面对新世纪新经济时代,弘扬东方管理文化是我们中国管理学者义不容辞的神圣使命。在新世纪,弘扬东方管理文化具有重要的意义:(1)有助于增强民族自信心,发扬爱国主义精神;(2)有助于增强中华民族的凝聚力;(3)有助于在新世纪利用东方管理"五缘"网络,促进华人沟通,加强精神联结;(4)有助于运用"天人合一"的东方管理思想文化,促进新经济的增长;(5)有助于建立21世纪新的文化融合体;(6)有助于构建社会转型期新的文化体系;(7)有助于促进世界第五次管理文化的飞跃,构建经济全球化的支柱;(8)有助于构建社会主义市场经济体系下的道德伦理体系;(9)有助于推动新世纪产业结构的调整;(10)有助于建立融合东西方的管理理论的管理学新体系。我们认为,新世纪管理学界面临的任务主要有探索管理成功的要素,例如主体、权力、组织、文化、心理等;探索管理效率的行为过程,例如目标、决策、指挥、监督、激励、效率等;把握管理发展的新趋势,包括创业管理、知识管理、风险管理、创新管理、未来管理以及管理思想的世纪回归。

我们举办以"以人为本、以德为先、人为为人"为宗旨的"第四届东方管理论坛",以"新理念、新国企、新规则"为主题,主要目的之一便是应用东方管理学派多年的研究成果,集思广益,探讨具有中国特色的国企改革之路。希望借助东方管理文化来探讨体制改革,防止国有资产流失,激励国有企业经营者等问题。一种新兴的管理理论,必须运用于指导管理实践才会有生命力。例如,当前国有企业改革中,广为大家关注的国有资产流失问题,我们也可以利用东方管理文化对经营者的道德

2000年12月在上海举办第四届世界管理论坛暨东方管理论坛,全体代表合影

修养的提高、管理制度的健全、激励制度的促进等方面寻找到一些答案。

新的时代需要新的管理理论,而我们正在努力弘扬的东方管理文化必将在新世纪发挥更大的作用。我们要以敏捷的思路、开阔的视野、博大的胸怀、切实的行动,走向世界,创造光辉灿烂的未来。

# 新理念、新国企、新规则
## ——第四届世界管理论坛暨东方管理论坛会议综述[①]

2000年12月23—24日,第四届东方管理论坛在东方管理学派的首倡地复旦大学胜利召开。此次大会以"新理念、新国企、新规则"为主题,其主要目的在于探讨东方管理思想在推进国企改革和产业发展中的地位、作用和意义。出席本次大会的主要领导有国务院发展研究中心名誉主任马洪教授、中共中央对外联络部常务副部长王家瑞教授、江西省副省长朱英培、上海市人大常委会副主任厉无畏教授等。来自复旦大学、人民大学、同济大学、浙江大学、厦门大学等30余所著名高校的、在学术界享有较高声誉的教授、博导出席会议或提交有较高水平的学术论文。来自成功发射"神舟号"无人驾驶宇宙飞船的我国高科技企业的杰出代表——上海航天机电集团,有100多年历史的开滦集团,上海汽车销售公司以及新兴的民营企业均瑶集团等企业界的众多代表为东方管理在国有企业的成功应用提供了生动的案例。在大会报告和分组讨论上,300多名与会代表围绕新世纪东方管理的作用与意义、新世纪国企改革的挑战与策略以及新世纪产业经济调整与发展等专题进行了深入、广泛的讨论并达成共识。大家一致认为,在社会主义市场经济日趋成熟的情况下,如何充分运用东方管理人本、人德、人为的核心理念建立国企改革和产业发展的操作平台,有效提升企业的经营绩效,全面提升中华民族的产业竞争力和综合国力,具有深远的意义。当前,世界经济全球化大潮汹涌澎湃,新经济模式方兴未艾,我国面临着加入WTO之后的更严峻挑战,在这种情况下,以"新理念、新国企、新规则"作为论坛主题无疑是非常及时和意义深远的。

八十高龄的马洪教授全程参加了大会并在开幕式上作了精彩的演讲。他首先回顾了我国国企20年来的改革发展历程,指出十五大之后国企改革"方向明了,道路宽了,只要我们坚定不移、奋勇向前,一个全新的国企形象必将鼎立于中国经济之巅"。接着,他分析了加入WTO之后,新规则带给我国的机遇与挑战,提醒要防止"经济霸权和文化霸权",不仅要在经济领域,还要"在文化领域以全新的理念,积极应对全球性的挑战"。最后,马老对复旦大学东方管理研究中心的研究成果以及为"走向世界"所做的努力给予了极大的肯定与鼓励。他特别指出,"苏东水教授首创学派并创造性地提出的东方管理'以人为本、以德为先、人为为人'的核心思想,是将东方管理推向世界中的意义深远的探索"。

为共享此次大会的学术成果,更好地繁荣学术气氛,促进相互交流,现将会议的主要成果综述如下,期望得到有益的批评与共鸣。

## 一、新世纪东方管理的意义与作用

1. 新世纪东方管理研究的重要性

东方管理学派的首倡者、复旦大学东方管理研究中心主任苏东水教授在大会上作了"东方管理

---

[①] 本文刊载于2001年第五届世界管理论坛暨东方管理论坛论文集《世界管理论坛2001》(《世界经济文汇》2001年特刊),与王国进和田超合作。

文化在新世纪的使命"的专题报告。他指出,在新经济时代,随着亚洲经济在世界经济中的崛起,亚洲经济对世界经济的影响将会越来越大,东方管理文化正出现世纪回归,管理理论将由"人为政本"转移到"以人为本",由"家庭伦理"发展到"以德为先",从强调"社会责任"转移到"人为为人"。他强调,在新世纪,弘扬东方管理文化具有十大重要意义:有助于增强民族自信心,发扬爱国主义精神;有助于增强中华民族的凝聚力;有助于在新世纪利用东方管理"五缘"网络,促进华人沟通,加强精神联结;有助于运用"天人合一"的东方管理思想文化,促进新经济的增长;有助于建立21世纪新的文化融合体;有助于构建社会转型期新的文化体系;有助于促进世界第五次管理文化的飞跃,构建经济全球化的支柱;有助于构建社会主义市场经济体系下的道德伦理体系;有助于推动新世纪产业结构的调整;有助于建立融合东西方的管理理论的管理学新体系。

复旦大学党委统战部副部长胡华忠博士从哲学、经济理论和管理实践等领域较详尽地论述了"由物及人"的东西方观念趋同性转变,并由此得出"东西方管理文化有整合的趋势"的结论,即"一种融合了传统与现代、东方与西方、科学与人文的新管理思想和管理文化正在形成"。复旦大学世界经济研究所伍华佳博士深入、透彻地分析了"知识经济时代企业管理文化的特质、东方管理文化的内涵与实质、东方管理文化与知识经济时代企业管理文化的融合",提出和论证了"无为而治"能发挥"最大的灵活性和创造性以及最大限度地保持组织的有序与稳定,同时也能最大限度地让组织成员发挥作用","企业与自然、政府之间的伦理关系的处理充分地体现了东方管理思想的精神所在天人合一"的精神,并科学地分析和论证了东方管理文化与企业管理文化的变革和创新的内在联系,揭示了东方管理文化的复兴是现代全球经济发展趋势的必然。

2. 新经济时代东方管理面临新的挑战

苏东水教授指出,中国企业的管理水平借助发展新经济的机遇,得到了迅速提高,正在快速逼近世界发达国家的管理水平,因此,实践对东方管理提出了更高的要求。随着新经济时代的到来,世界经济的全球化、信息化、一体化进程不断加快,东西方管理文化更加趋同、融合,如何做好知识管理、柔性管理以及个性化管理等管理的变革是东方管理面临的跨世纪重大课题。他进一步指出,为构建新经济时代的管理学,以复旦大学为首的东方管理学派经过近10年的艰苦探索,形成了一些最新的研究成果:一是建设了融合东西方管理文化精华的、适应新经济时代新管理要求的包括东方管理、西方管理和华商管理的新型管理理论体系;二是探索了新管理成功的要素,认为管理成功的要素包括管理主体、管理权利、管理组织、管理文化和管理心理等五个方面;三是研究了管理效率的行为过程,认为管理效率的行为过程包含目标、决策、指挥、监督、激励、效率等六个方面;四是探讨了管理发展的新趋势,认为管理发展的新趋势体现在创业管理、知识管理、管理反馈、流程再造、组织修炼、组织学习、网络化组织、未来管理等方面,根据东方管理融合的原理,它们又都可以归入人为管理的理论体系;五是探寻管理行为的新思路,认为东方管理之所以融合在"人为为人"这一东方管理的精髓之中是最有道理的,这既是当代管理的新思路,更是古老的东方人性管理思维在网络时代的完美展现。

3. 东方管理具有成功的实践基础

共青团上海市委书记陈靖博士认为,海派文化是对东方管理的成功实践。他从上海青年价值观念的四个阶段(报考高校,留学热潮,国外的艰苦奋斗,国内的群体创业)出发,论证了处于第四阶段的创业群体对中西文化融合为大势所趋,直接和间接地见证了东方管理思想的先导性及其博大精深的思想体系的科学性。

苏州大学企业管理哲学研究所所长刘云柏教授认为苏南模式是东方管理成功实践的又一典型

案例。他从"人为为人"的价值取向出发,总结出"苏南模式"下的乡镇企业改革的主旨应该是努力探索集体经济多样化的有效实现形式,为我国乡镇企业的发展提供了较为深入的理论和实证分析。他指出"以人为本"是苏南模式(以乡村工业为主,以集体经济为主,以地方政府直接推动为主)产生之源(家庭手工业和传统小工业构成了苏南乡村工业的"根"),"以德为先"是苏南模式发展之本(从市场出发,讲信誉、讲质量,一切为客户着想),"人为为人"是苏南模式扬弃之纲(突破优势弱化体制的局限性,调动人的积极性,实现共同繁荣)。

4. 东方管理对国企改革和产业发展具有重大的指导意义

上海市人大常委会副主任厉无畏教授强调,我国的国有企业是生长于中华文化沃土中的,简单照搬西方管理方法,难免出现"水土不服",因此,必须深入探讨中国传统管理文化的精华来推进国有企业的改革。

上海航天局局长金壮龙博士结合我国航天事业的发展及神州号宇宙飞船的成功试飞,对先秦"义利"思想进行了深入的探索,提出了"义以为上"的现代企业经营准则、"重义轻利"的管理者自身价值取向以及"义""利"相融的激励方式。

复旦大学管理学院的许晓明教授根据《孙子兵法》的"势论"总结出"通过竞争前的准备、竞争时机的选择和竞争策略的三方面完美结合来实现制胜的竞争优势",为我国的国企改革、产业结构优化带来了极具睿智和悬念的市场竞争谋略。

复旦大学袁闯教授则提出利用东方管理解决组织结构紊乱问题的构想。他从个人中心主义和组织的稳定性关系的角度阐述了现代企业的共性问题,即由人员的不稳定流动引发的组织结构紊乱。他认为,要解决这些问题,一是调节组织制度,适应人才流动;更重要的是从东方管理思想出发,有效解决个人与企业的共生矛盾,提倡建立一种相互依存、影响的"人本、德先、为人"制度。这不仅为企业尤其是国有企业的人员流动频率过快提供了可供参考的解决方案,还为优化产业结构的人力资源配置提供了间接的解决方案。

5. 东方管理学派的创立是对世界管理科学的重大贡献

安徽省政府驻上海办事处主任高洪博士指出,道家学说作为管理科学的新理念,尤其是将其定位在东方管理本源之一是苏东水教授对中国管理科学学科建设的一个重大贡献。苏教授创造性地提出的东方管理"以人为本,以德为先,人为为人"的核心理念,为我们深入研究道家管理思想开辟了崭新的道路。

江西财经大学副校长吴照云教授对东方管理学派的工作给予高度的评价,他认为,学派的创立是学术繁荣的标志,东方管理学派的创立及发展预示着有中国特色的管理科学已经占有世界管理科学的一席之地。苏东水教授在把东方管理思想推向世界的过程中,付出了很大的努力,并取得了很大的效果。

## 二、新世纪国有企业改革与对策

1. 准确的市场界定是新世纪国企改革的首要问题

上海市人大常委会副主任厉无畏教授指出,新世纪对于国有企业而言,机遇与挑战并存,为继续推进国有企业改革,应把握三个要点,即要从国有企业整体与市场经济有机结合上考察国有企业战略重组的方向;要正确认识与处理制度创新与管理、市场、技术的关系;要应用市场机制的办法解决国有企业改革和发展中存在的问题。

苏州大学万解秋院长首先从新的视角对补充性国有企业的定义进行了科学的界定,他认为"将国有企业整体推向市场,是导致部分国有企业改革困难的重要原因之一"。其次,从市场机制运行缺陷的角度探讨了设立国有企业的必要性,提出将我国国有企业划分为"竞争性国有企业、混合性国有企业以及补充性国有企业"。最后他提出设想认为,补充性国有企业的改革应该从"对国有企业重新进行智能定位,分离国有企业的企业行为,完善补充性国有企业运行机制"四个方面进行战略调整。

复旦大学东方管理研究中心副主任任浩教授在报告中指出,此次他提交的论文是他"论二元企业结构中的国有企业规模问题"的续篇,他认为在社会企业二元组织结构中国有企业应处在大的一级的先期结论基础上,提出了再造超大型国有企业规模结构的目标,分析了国有企业规模结构再造的途径,探讨了国有企业规模结构再造的措施。

上海外国语大学国际经贸管理学院何建民教授认为,经济全球化进程的实质就是以跨国公司为载体,在全球范围内进行的结构调整。他依据自己的长期研究成果,结合在国际会议上与国外学者的交流,提出经济全球化大潮下面,我国政府和企业应该在以下四大战略问题上作好回答:(1)选择好与跨国公司竞争的正确战略;(2)选择好创造世界名牌的正确战略;(3)正确应对美国、日本、欧洲三种管理模式,充分认识东方管理思想在新世纪的巨大作用;(4)正确选择知识经济时代的组织形式。

2. 合理的激励机制是新世纪国企改革取得较好绩效的关键

复旦大学管理学院副院长芮明杰教授指出,面对全球性的竞争激烈的市场,解决国有企业低效率的出路可从产业生命周期理论出发,探索产业重组之路,即竞争性产业权变重组、公益性产业提高绩效、战略性产业积极进入。

开滦(集团)有限公司董事长杨中博士和上海西士实业公司董事长潘克西博士认为,就我国大型、特别是内陆省份的超大型国有企业而言,实行产权制度改革在中国目前的国情和基础等条件下,将是漫长的、难以操作的。他们结合开滦集团改革的成功经验强调指出,私有化不应成为我国国有企业改革成功的前提,改革的当务之急应是着手研究、建立切实可行的国有企业经营绩效评估体系。

复旦大学徐培华教授探讨了近来在海尔集团大行其道的"市场链"概念,认为其做法可以简单概括为"整合企业外部资源,满足消费者个性化需求,变部门、员工职能为流程,变企业利润最大化为顾客满意最大化"。作为一种管理创新形式,他把"市场链"和市场网络化趋势相结合,以总成本及交易量规模为两个维度,创造性地重新对企业边界进行了界定。

上海博道基因技术有限公司博士后楼屹首先回顾了 90 年代国企改革的成就,接着分析了国有企业目前存在的四个问题,包括:国有产权分割与国有资产统一管理的矛盾,国企股权过分集中影响管理水平的提高,经济形态转换和产业结构调整对国企改革构成新挑战,国企缺乏与市场经济适应的激励机制。接着他提出了应对的策略:(1)建立国有资产统一管理的机构与制度;(2)进一步集中国有资本的战略领域;(3)进一步完善资本市场;(4)建立"年薪制+认股权制"的新型激励模式。这是新世纪国企改革的主要任务。

上海永业科技投资有限公司副总经理曹国利博士认为经营者对企业的业绩起着决定性的作用,认为建立一种有效的经营者激励和约束机制应成为现代企业制度的关键,并指出了经营者持股的效能、类型以及中国国内经营者持股的几种具体操作方式和建议。

3. 知识和理念创新是新世纪国企持续发展的动力

吉林大学企业家学院院长孟宪忠教授指出中国国有企业在从行政性公司向现代企业制度的转

变过程中特别需要进行全面的知识创新。为此,他建议:(1) 树立动态的知识观,不断缩短企业与新技术的差距;(2) 疏通企业员工自主创造知识的途径;(3) 建立企业自主创造知识的制度。

华南理工大学工商管理学院副院长陈春花教授提出了理念是企业组织核心能力的体现、企业使命是驱动企业成功的根本要素、具有活力的企业经营者是企业发展的推动要素、人先于利润的"人本"原则、"超级领导者"对发挥经营者和员工的主观能动性和自主积极性的作用等观点,为国有企业发展提供了新思路,即"国有企业唯有进行从体制到人的转换,才能真正走上持续成长之路"。

复旦大学管理学院张文贤教授用生动、形象、幽默的语言举例说明了应从人力资源的有效配置入手,提出了一种全新的理念,即人力资源的柔性流动。阐述了柔性流动的特性、模式及配套措施,以便促进人力资源的合理流动,最大限度地发挥人才优势。

上海银行公关部经理温天强调打破意识形态和非经济因素的界限是国企发展的思想"瓶颈"和应以电子商务、网络新经济的思维方式来重新思考国企改革。他指出,国企改革应关注于"不断打破意识形态和非经济因素的界限过程",在中后期则主张"以电子商务和网络新经济的思维方式来重新思考发展机会",提出和论述了打破界限的三个主题"疑问界限:永远要问为什么""连接界限""超越界限:欲上先下"。

4. 高效的国有资产监管机制是新世纪国企改革的保证

上海浦东城市建设投资发展总公司的曹益生总经理从理论与实践的角度,对我国的国有资产监管的方法及对策进行了探讨,认为有必要对近年来我国大量国有资产流失的情况进行综合分析,建立起适应我国国情的国有资产监管的动态的宏观、微观体系,同时加强对有关中介机构的管理,完善各方面对国有资产管理的认识,使国有资产进行有效运营和调整,从而使我国的国有资产保值、增值的目标得以实现。

## 三、新世纪产业经济调整与发展

1. 适应经济全球化进行结构调整是新世纪产业发展的基础

中共中央对外联络部常务副部长王家瑞教授在大会报告中指出,世界各国经济发展的实践证明,及时实施结构战略性调整是促进发展的根本保证。只有理顺我国经济结构,加快由粗放式的适应性调整向内涵式的战略性调整转变,才能真正提高经济增长的速度和质量,在 21 世纪日益激烈的国际竞争中赢得主动。他进一步提出了经济全球化时代调整我国产业结构的战略构想,即扩大引资规模,以技术创新带动产业升级;以信息化为动力,发挥后发优势。

2. 新经济与高科技产业是新世纪产业发展的牵引力

汕头大学商学院院长张耀辉教授从公共产品的确定性、诱导性和可创新性等性质分析出发,对新经济的出现提出了新的观点。他认为新经济是在公共产品创新的环境下形成的具有强烈的自我复制发展经济形态,它的最重要作用在于克服市场失效、推动了产业创新。此外,他还分析了产业创新与公共产品创新之间的关系。他的报告观点明确、题目新颖、论述充分,引起了与会者的关注,其观点对选择我国产业创新的突破口有一定的启发意义。

上海科技发展研究中心策划部部长王国进博士呼吁"发展高科技重在务实"。他在发言中首先介绍了国内外高科技产业的迅猛发展态势,接着明确指出了世界高科技产业已经出现泡沫化倾向。同时他也指出,在发展高科技产业时要注重和传统产业相结合,尊重市场规律并设法完善项目的科技、经济评估机制等。他还结合我国国情,从态度和方法两个方面对我国高科技产业的发展提出了对策性建议。

3. 金融创新是新世纪产业发展的有力保障

关于金融业的发展战略,上海汽车工业销售总公司的副总经理金麒博士结合自己的亲身经历论述了对我国金融业形式、问题及对策的看法,提出了基于客户、业务和地区三维划分的综合银行类、大型投资银行类、大型保险公司类、地区基础类和专门业务领域类等五种基本战略对策,并对各种战略的具体内涵进行剖析和实例说明。他最后指出,中国金融业应分析自身实力,选择匹配的战略对策。

关于金融环境建设,复旦大学的甘当善教授指出,中国加入WTO以后,我国的商业银行将与外国银行在市场准入与业务范围共用同样的标准,我国商业银行将面临十分严峻的竞争形势。为了有助于我国商业银行的发展,他提出了关于金融环境建设的几点建议:首先,宏观经济环境要稳定;其次,改变竞争环境;第三,改变信用环境;第四,建立良好的法制环境;第五,改变监管环境。甘教授的报告使与会者对于我国金融环境与监管问题有了深刻的认识。

关于金融产权公有制度,复旦大学应用经济学博士后李双在报告中首先分析了我国现行的金融产权公有制度及其成因在于社会主义国有企业,然后指出了这种产权制度存在的问题如易受行政干预、权责不清、资产缺乏安全性和缺乏有效的法人治理结构以及不利于市场运行等,最后提出了对国有商业银行实行股份制改造、重组、优化、循序渐进等的设想。

关于利率市场化改革,山东天福证券有限公司经理张玉明博士认为,中国长期的利率管制,导致反映资本市场供求关系的价格信息失真,影响了资本市场资源配置功能的发挥,加剧了经济波动,不利于中央银行对金融的间接调控和国有专业银行、国有企业的改革。他强调,由于中国利率市场化的条件尚不具备,应采取渐进性的方式,有计划、有步骤地进行利率市场化改革。

4. 合理开发旅游资源是新世纪西部开发取得成功的重要条件

复旦大学工商管理博士后郭英之分析了中国西部旅游产业发展的竞争优势、资源评价、组合条件、定位优势和调整方向等问题,认为交通、资金、基础设施、经营管理、地域观念等构成西部旅游产业发展的制约因素,研究了西旅游产业开发的全球、全局、超前和创新性等指导观念和可持续发展、品牌特色、市场导向、地域网络化、产业联动、超常有序等指导原则,指出了西部旅游产业在市场促销、形象定位、生态发展、绿色体系、精品示范、电子网络、脱贫致富和教育服务等方面的开发战略。

## 四、会议共识

此次会议的代表来自政府、企业、高校各个阶层,首先在宏观上从不同角度较为全面地反映了国内各界对论坛主题的看法;其次,企业界中既有早立潮头的高科技尖端国企,又有历史悠久、面临结构调整转型、作为国企改革重点的大型国企,还有目前我国大力发展的支柱产业汽车集团,以及数十家新兴的中小企业,可以说从中观和微观的层次上如实反映了国企改革的真实状态;另外,作为东方管理的首倡地,复旦大学东方管理研究中心积累的博大精深的东方管理学术成果,无疑是此次会议贯穿始终的灵魂,为新世纪国企发展与产业调整提供了重要的理论支持。本次大会的主要收获如下:

(1)复旦大学东方管理研究中心所首倡的东方管理学研究,已经在国内外引起了广泛的共鸣与认同,以马洪教授为代表的学术泰斗们非常关心东方管理学研究的进展情况,并非常支持将东方管理的研究进一步推向国外,大力弘扬中华民族优秀管理文化。苏东水教授倡导的"以人为本、以德为先、人为为人",已成为公认的东方管理的核心思想。

(2) 政府部门已经认识到东方管理在改革开放中的重要作用。只有民族的才是世界的,在加入WTO之后,我们不仅要适应国际新规则,更要积极主动参与制定新规则。在管理方式上不仅要进一步学习西方先进的管理经验,更要结合中国国情,洋为中用,古为今用,创造出适合本国人文土壤的东方管理文化。这样,才能不为经济霸权、文化霸权所左右,走出有中国特色的发展道路。

(3) 广大企业界也从改革开放初期的照搬西方的管理模式,认识到人本管理要比物本管理更有效率,在中华大地上只有西方管理工具和东方管理思想相结合,才更有文化亲和力,才能更好地激励管理本体与客体,达到卓越的管理绩效。随着东西方交流的不断加深,以及经济全球化时代的到来,东方管理思想会越来越为更多的西方学术界、企业界所认同,发挥更大的作用。

(4) 通过这次会议的胜利召开,我们认为,利用东方管理"以人为本、以德为先、人为为人"的理念,结合西方量化的管理工具,必然能使国有企业在新世纪重新焕发出勃勃生机,以新的面貌面对新的竞争规则的挑战,完成我国产业结构的跨世纪调整与优化,保持我国国民经济的长久繁荣与可持续发展。

# 6. 第五届世界管理论坛暨东方管理论坛(2001)

论坛主题：东方管理文化的创新与发展

## 主题报告：人为为人
### ——回归管理学的真谛①

经过 40 余年的管理学教学、科研工作,我愈来愈意识到创建东方管理学,弘扬东方管理文化的重要意义。使命感、责任感驱使我们克服种种困难,通过发表论文、出版专著、举办学术研讨会等形式不遗余力地扩大东方管理学在世界的影响。令人欣慰的是,我们的努力获得了越来越多的有识之士的理解、认同、支持和响应,东方管理学也日益呈现出欣欣向荣的发展态势。

我认为,东方管理文化的精髓是"以人为本,以德为先,人为为人"。其中,"以人为本"是东方管理研究的出发点；"以德为先"是实施有效管理的保障；"人为为人"是管理的本质特征与根本目标。东方管理文化具有开放与融合的显著特点。目前,它正在充分借鉴古今中外管理思想的基础上,不断地创新和发展。

## 一、东方管理研究的出发点

东方管理学认为,人是管理要素中最关键、最基本的要素。中国古代管理思想中一直十分重视人在管理中的地位问题,倡导以民为本、以人为本。

先秦儒家代表人物之一的孟轲,提出了著名的"民贵君轻"的思想,他认为百姓、国家、君主三者之间的关系应该是"民为贵,社稷次之,君为轻"。他明确指出了统治者如果要稳固地掌握政权,真正治理好国家,就必须充分重视人民的作用,把人民放在头等重要的位置来对待。此后,许多儒家学者继承这一思想,提出了类似的看法,比如汉朝贾思勰在《齐民要术》一书中也说到"食者民之本,民者国之本,国者君之本"。古代思想家们还在有关政府的职能、统治者的义务的论述中阐发他们的"民本"主张。东方传统文化自始至终都以人的管理为中心,强调人的中心作用。古代先哲们的人本思想历久而弥新,在现代社会中也同样有适应其蓬勃生长的肥沃土壤。

"以人为本",也就是在管理活动中要一切以人的管理为中心,强调人的主观能动作用,力求实现人的全面、自由、普遍发展。这一价值取向与现代社会资源共享,网络依存与创新发展的特征相适应,也正是东方网络社会存在的前提条件。而纵观西方管理学发展的历史,也可以看出其与东方

---

① 本文刊载于 2001 年第五届世界管理论坛暨东方管理论坛论文集《世界管理论坛 2001》《世界经济文汇》2001 年特刊)。

管理的人本管理思想日趋融合的趋势。无论是行为管理理论还是当前西方管理学中最新发展的企业教练、神经语言程序学等管理新思维，都立足于人本思想。

在经济发展的历史长河中，我们也不难发现，人力资源的重要性日显突出。新技术、新产品、新的管理思想层出不穷，从中我们可以清楚地看到人的智慧与人的创造性的激发是经济与社会发展的不竭动力。人的管理问题应该始终是管理学的核心问题。全球化和新经济的到来，改变了各个领域的管理哲学和管理实践，也给传统的人力资源管理带来了挑战。新时期人力资源管理发展趋势和特点将呈现出以下特点：第一，具有弹性和适应性成为企业生存的基本条件，建立"以人为本"的柔性化组织成为趋势。越来越多的公司将在管理中运用参与系统，发展适合的管理形态、领导风格和雇佣态度；建立功能团队，超越传统的"目标团队"；克服组织合作惰性和自我满足，建立充分的内部交流和综合反馈机制；扩大组织技能，超越狭隘的功能界限。第二，组织的限制变得越来越少，组织结构变得扁平，工作群体和团队变得越来越重要，高质量雇员数量日益增加，社会越来越需要组织的社会责任和伦理行为。第三，全球化中，企业的知识与能力是企业长期竞争优势的重要源泉。个人学习是组织学习的基本出发点，在此基础上如何产生组织的能力是人力资源管理的任务。通过增加、联合、更新知识并运用于实践，用开放的态度吸取经验，可以产生独特竞争力。第四，人力资源管理应集中于激励，提高积极性和创造性，集中于增加人们的活力，充分发挥每个人的才能，做到"人尽其才"。

因此，现代组织的领导者必须"以人为本"，把人作为管理的出发点，重视人在管理中的基础性、根本性作用，充分考虑到员工独立完整的个性和人格，尊重、关心和爱护职工，在企业中营造一种"平等、友爱、互助"的氛围。正如孔子在《礼记·中庸》中所说的"为政在人"，一个国家治理成败的关键在于人，同样地，对于任何一个组织来说，经营成败的关键也在于选拔和任用人才，如何调动员工的工作积极性。

## 二、东方管理的指南针

东方文化中有着大量"以德为先"的论述。《大学》倡导以德为本："德者，本也；才者，末也。"孔子希望管理者在个人品行上要"尊五美"："君子惠而不费，劳而不怨，欲而不贪，泰而不骄，威而不猛"（《论语·尧曰》）。墨子在《尚贤上》中对贤良之士的解释就是"厚乎德行，辩乎言谈，博乎道术者"，即墨子把厚德排在个人素养的第一位。

"以德为先"，强调的是道德伦理的作用。从儒家提出著名的"修身、齐家、治国、平天下"命题中可以看出中国管理文化的起点是"修身"，强调通过管理者的道德威望的感召示范，潜移默化地影响群体，在群体中形成人人自觉加强道德修养的良好氛围，促进群体社会网络的协调和睦，实现资源共享，优化组织结构。

在管理实践中，"以德为先"要求企业管理者必须有健全、良好的品格，以作为企业职工的表率。对于一个企业领导者来说，他最基本的"德"应该是带头遵守组织的规章制度。正如唐太宗李世民提醒告诫自己及后世帝王的一样："若安天下，必须先正其身，未有身正而影曲，上治而下乱者。"组织规章制度的制定是为组织成员提供一个行为规范，以便整个组织处于有序状态，保证组织顺利运行，从而保障组织目标的实现。另一方面，领导者在管理中也不能仅仅满足于监督控制，还必须讲仁爱之心，以仁爱之心对待下属，即讲"仁德"。"仁"是一种精神境界，是许多优秀的管理者的道德追求和价值追求。它要求管理者在管理中，以一颗爱心实现与员工的心灵沟通，做到以理服人，以情感人，使每一项管理措施既符合规范，又能调动员工的主动性和创造性，这也是现代管理艺术的体现。

"以德为先"不仅体现在人与人的关系中,还体现在人与组织、社会,组织之间,组织与社会,个人、组织与自然等共生、共栖的关系中。以德治国——讲求"官德"、以德治企——讲求"商德"、以德治家——讲求"家德",是实现经济社会健康发展的重要保障。

## 三、东方管理的本质特征

"人为为人"是揭示管理学本质的核心命题,是对古今中外管理思想精华的精要概括。

"人为"体现的是人自身的修炼与努力,它要求每一个人首先要注意自身的行为修养,"正人必先正己",然后从"为人"的角度出发,来从事、控制和调整自己的行为,创造良好的人际关系和激励环境,使管理者和被管理者都能够持久地处于激发状态下工作,主观能动性得到充分的发挥。"人为"与"为人"二者具有辩证关系,二者互相联系,并且可以转化,对任何管理者和被管理者都有一个从个人行为逐步向为他人服务转变的过程,即从"人为"向"为人"转变的过程。这一过程体现在家庭、行业、国家一切方面的管理之中管理者和被管理者越是注重自身行为的素质,其"为人"即管理的效果就越快越好。

"人为为人"揭示了管理的本质。从管理思想发展的历程来看,每个时代的管理思想都反映了"人为为人"的理念。如周易的阴阳运行规律;儒家修己安人,治心为上的思想;道家所提倡的"无为而治";墨家所推崇的"兼爱利人"等都闪烁着"人为为人"思想的光芒。"人为为人"也是对现代管理思想的概括。从行为科学理论、基于马斯洛"需要层次理论"而诞生的种种管理方法、西蒙的决策行为理论,到当前的知识管理、管理反馈、流程再造、组织修炼、组织学习、网络化组织等等,其核心思想都是"人为为人"的互动式管理。

我在"东方管理文化的探索""管理心理学""现代管理学中古为今用""东方管理文化的复兴""面向21世纪的东西方管理文化"等论著中对"人为为人"思想进行了探讨研究。我认为人为学可以从以下10个方面进行探讨:(1)关于人的行为规律的研究。孙武提出"人情之理,不可不察"。这说明在管理中要重视研究人的规律,要根据一定的规律去满足人的欲望,办事情才能符合客观实际。(2)关于研究发挥人的主观能动性。(3)关于人的本性问题。(4)关于人的欲望和人的需要问题的研究。(5)关于奖励和惩罚问题的研究。(6)关于"人和"的思想。(7)关于群体行为和组织行为的研究。(8)关于用人问题的研究。(9)关于领导行为研究。(10)关于怎样运用权力问题的研究。

无论从理论研究上来看,还是从指导实际的管理工作来说,我认为人为为人学说都是极其重要的思想。一言以蔽之,东方管理的内涵就是"人为为人"。

在20世纪,管理学的发展取得诸多成就。尤其值得强调的是,在广大华商的管理实践及广大学者对东方管理文化现代价值的探究中,东西方管理文化日益走向融合。这些艰苦探索与研究成果对世界管理学的发展做出了巨大的贡献。在新世纪里,东方管理也和西方管理一样面对着许多新的挑战。迫切需要人们对管理思想、管理教育、管理理念、管理方法等方面进行理论与实践的深入探索。

随着东方经济在世界经济中的崛起,东方国家对世界经济的影响将会越来越大。东方管理文化正出现世纪的回归,管理理论将由"人为政本"转移到"以人为本";由"家庭伦理"发展到"以德为先";从强调"社会责任"转移到"人为为人"。在这种环境下,弘扬东方管理文化不仅有助于增强民族自信心,发扬爱国主义精神;还有助于增强中华民族的凝聚力、促进华人沟通、促进新经济的增长、建立21世纪新的文化融合体、构建社会转型期新的文化体系、促进世界第五次管理文化飞跃、构建社会主义市场经济体系下的道德伦理体系、推动新世纪产业结构的调整以及建立融合东西方的管理理论的管理学新体系。在新的世纪里,东方管理将以其独特的优势,博大精深的内涵,为深化和发展管理理论,丰富管理实践做出更大的贡献。

2001年在上海举办第五届世界管理大会暨东方管理论坛,与会代表合影

# 东方管理文化创新与发展的历史性开篇
## ——第五届世界管理论坛暨东方管理论坛会议综述[①]

2001年10月26—27日,第五届世界管理论坛暨东方管理论坛在上海万豪虹桥大酒店隆重举行。本次大会以"以人为本,以德为先,人为为人"的东方管理核心思想为宗旨,以"东方管理文化的创新与发展"为论坛主题,主要论题包括东方管理文化的复兴、中国产业经济的发展与建设、中国当前经济管理的问题与对策、人力资源的开发与管理、金融市场的变化与发展趋势等。出席本次大会的主要领导和著名专家、学者有全国政协常委、港澳台侨委员会副主任何添发,中国社科院数量经济与技术经济研究所所长李京文,上海市委宣传部副部长郝铁川,上海市社科联党组书记施岳群,共青团上海市委书记陈靖,上海市航天局局长金壮龙,国务院地区发展研究中心副主任喻晓,复旦大学副校长郑祖康,首都经贸大学副校长郑海航,香港世界产权贸易市场总裁曾大志,美国未来趋势国际集团总裁华赞等。200余名代表围绕大会主题和主要论题进行了深入、广泛的讨论,大家一致认为,在经济全球化日趋深化的情况下,为了迎接新世纪的挑战,我们必须把握新世纪世界管理的发展趋势,大力弘扬东方管理文化,促进中华民族的复兴和世界经济的繁荣。

## 一、东方管理文化创新与发展的重大意义

### 1. 东方管理文化的地位

本次大会主席、世界管理学者协会联盟中国委员会主席、复旦大学首席教授、复旦大学东方管

---

① 本文刊载于2002年第六届世界管理论坛暨东方管理论坛论文集《世界管理论坛2002》(《世界经济研究》2002年特刊),与王国进和卢华合作。

理研究中心主任苏东水教授在大会上作了题为"21世纪世界管理的发展趋势"的主题报告。他指出,东方管理理论是在总结中华管理实践与理论探索的基础上,融合东西方管理思想精髓形成的一整套理论体系。随着人类进入21世纪,管理学的理论与实践也进入了一个全新的发展阶段。我们必须结合新世纪新经济时代的特点,对古代东方管理思想进行扬弃,从古为今用的角度出发,进行东方管理理念的创新。他强调,当前,国际管理学界尽管在许多问题上还存在着争论,但是在某些重大的观念如"人为管理""管理文化"的意义和"融合发展"必然性等方面已经达成了共识,西方管理学正经历着向东方管理思想的历史性回归,东方管理文化的伟大复兴将在新世纪实现。

全国人大常委、港澳台侨委员会副主任何添发教授指出,随着亚洲经济特别是中国经济的日益发展,亚洲经济对世界的影响会越来越大。他认为,21世纪东方管理文化的作用表现在：增强中华民族的凝聚力；解决科技过度发展所带来的负面影响；促进经济增长（"天人合一"的思想对经济的持续发展有积极的影响）；促进新型的融合东西方管理精华的管理理论形成。

上海市社联党组书记施岳群教授认为,复旦大学东方管理研究,坚持了正确的研究方向,树立了先进的管理理念,促进了管理学研究的不断深入和发展。

上海市委宣传部副部长郝铁川先生指出,东方管理学派在世界领域的学术活动,使中国管理学的研究焕发了新的光彩。"以人为本"即以人的权利为本；"以德为先"即以道德为基础,以法律为保障；"人为为人"即权利与义务的统一,利己与利他的统一。他还诚恳地建议,东方管理学的发展应注意吸收不同学科的研究成果。

国务院地区研究中心副主任喻晓认为,苏东水教授所概括出的东方管理"以人为本,以德为先,人为为人"的核心理念与今年在上海召开的APEC会议中的主要议题之一——"人力资源的开发与培养"不谋而合；中国在21世纪竞争中,人的行为、应有的精神规则、市场规范、道德建设等也与东方管理的核心理念不谋而合。他建议,东方管理应有专门的研究经费、研究课题、出版物成果、评奖等一系列支持,才能在世界管理文化中占有一席之地。这对提高中国在21世纪世界经济发展中的理论和实践地位是不可或缺的。他强调,东方管理文化应吸收中华民族的传统管理文化,同时要去其糟粕,推行"决策公开化,管理程序化、民主化"。

首都经贸大学副校长郑海航教授指出,苏东水教授在本次大会的主题报告和由他主编刚刚出版的《管理学》是东方管理已经成为独树一帜的管理学体系的重要标志。苏东水教授经过多年研究提出的东方管理、西方管理、华商管理的完整思想体系,实现了管理学界老一代学者的多年愿望。将东、西方管理相提并论,这是苏东水教授对中国管理学研究的重大贡献。复旦大学管理学院李建华博士阐述了新世纪东方管理文化的发展。他认为,在管理核心理念方面,要加强"人本"研究、"人为"研究和"人德"研究；在管理实践上要注意东方管理与新经济结合研究,东方领导行为方式研究,文化冲突研究。

2. 东方管理文化对国民经济发展的积极影响

上海理工大学商学院常务副院长李好好教授从韩国管理文化对韩国国民经济发展影响的角度分析了东方管理文化创新与发展的重大意义。他指出,韩国管理在中国儒家和美国个人主义文化的双重影响下,形成了以家庭和集体利益为出发点的东方价值观和以实用主义、经济利益为出发点的西方价值观的混合文化。此外,日本的长期侵略所带来的屈辱也深深地影响了韩国人的心理。韩国文化主要体现在强调和谐的人际关系,崇尚"人和"思想；崇尚竞争,重视发挥个人才能；"恨心理"和"能够做到"精神；"第一主义"；目标管理和责任感；勇于创新和冒险；具有顽强进取精神等方面。

河海大学工商管理学院院长张阳教授阐述了中国传统文化谐协精神对跨国公司全球战略的意

义。他指出,谐协精神是在中国传统文化中表现出来的,在对待差别与对立的事物时,崇尚和解、平衡的态度发掘事物之间可能存在的各种关系,并依此对事物进行创新性整合。在跨文化管理中,该精神体现为承认文化间的差异客观存在;寻求不同文化间的谐协统一上。在现代管理中,谐协应注意体现个人价值,避免人浮于事,克服谐协惰性。

中国人民大学法学院博士后流动站朱国华博士结合网络管理文化特征及作用,论述了东方管理文化的创新与发展。他指出,网络管理文化是网络化、全球化条件下的管理文化的总称,指的是面对网络化、全球化的形势,核心精神体现整体、全局、融合自由与关系、道德与法制、科学精神与人文精神的符合未来管理发展的"人为为人"管理文化生态体系。网络管理文化具有虚拟化、自主化、个性化、创新化、全球化、知识化、融合化、平等化、共享化、互动化及体系化的特点,对网络产业的发展具有引导、激励、约束等多种功能。

上海国有资产管理公司研究发展部副总经理杨光平博士分析了东方管理文化对经济的巨大促进作用。他认为,集体主义是促进东亚发展的核心;东西方管理文化的融合将促进经济发展;节约主义所带来的高储蓄率对东亚发展的前期和中期起到了重要作用;广泛的人际关系网将促进经济的发展。

上海海运学院赵渤博士提出了东方特色的"经济发展模式"。他强调,社会形态因素不可避免地与社会的经济发展发生互动。"东亚"模式受挫有其必然性。在经典框架下运行的市场经济体系,既与东方传统文化表现出阶段性的适应性与积极性,也不可避免地造成不可调和的各种矛盾的激化。中国的外向型经济的发展,应选择以独立的姿态发展有中国特色的社会主义参与国际分工的最佳模式。

## 二、东方管理文化的本质特征

1. 关于"以人为本"

上海漕河泾开发区副总经理陈青州先生指出,东方管理是一座宝库,并且随着时代的发展与时俱进。他指出,坚持生产力标准体现了"道法自然,无为而治"的思想;发展先进的文化,首先就是要"修己";今天我们所特别强调的管理者要亲民、爱民、为民,其本质就是"以人为本"。复旦大学管理学院苏涛博士指出,商周时代的"保民"思想,主要提倡在治理国家和管理民众时要能够体察民众的疾苦,要能够爱护、保养民众;孔子"仁义"思想要求管理者施行惠民、恤民政策来保养民众,并提出"三代之治"的保障思想;孟子提出了"民贵君轻"的民本思想,指出统治者要想巩固政权,须重视人民的作用。中国的传统文化特别强调统治者对民众的关怀,其社会保障思想带有很强的功利目的,与维护阶级统治密切相连,更多地将保障民众认为是贤明君主的道德行为。其强调的社会保障只停留在赈贫恤患的较低层次。民间力量在中国古代的社会保障活动中发挥了积极的作用。

复旦大学管理学院田超博士指出,儒家管理思想的核心内容是以人为本,在新的世纪的管理实践中,这种管理思想越来越显示其强大的生命力与超前性。

2. 关于"以德为先"

上海航天局局长金壮龙博士指出,人德管理是东方管理思想的精华之一,是人类社会对现代企业的必然要求。在企业管理中人德管理的主要对象是企业、企业管理者和企业员工,它的中心内容是要建立现代企业的价值观和企业精神。

复旦大学 MBA 中心主任苏勇教授指出,在管理过程中,无论是涉及人、财还是物,管理人员都不可能脱离对伦理准则的把握。他认为,相对于西方管理而言,东方管理文化历来更加注重道德的引导和伦理的规范作用,强调对个人进行教育以后,尽量让每个人自发地依靠伦理道德来对自我行为进行约束。

复旦大学管理学院朱焕博士指出,儒家向来注重个人的道德修养,并认为首先要修己,然后才能安人。修己安人是一种十分重要的管理思想和领导方法,在现代市场经济环境中,领导者是决定一家企业兴衰成败的关键因素,领导者要想领导好别人,首先要"修己"要全面提高自身的素质和修养。

上海理工大学商学院陆谨博士指出,信用风险是金融市场上最为古老的一种风险,随着全球金融市场及衍生金融工具市场的迅速发展,信用风险呈现出指数方式增长。伴随金融创新,信用风险发生了很大的变化,随之出现了众多用于信用风险管理的新技术、新产品。而金融市场的实际运作却越来越明显表明:有效用的信用风险管理模式的实际内核是该金融机构的信用风险文化,它是一个内化了的真正起主导作用的固有因素。有效性的衡量也同时依赖于该信用文化所体现的在其风险约束边界之内的价值准则。

3. 关于"人为为人"

复旦大学管理学院卢华博士指出,"人为为人"是一个完整的领导理念,它揭示了领导主体与客体间的辩证、互动关系。在实践中,它要求领导者首先注意加强自我管理,注意个人素质的提高和表率作用;同时以实现积极的组织目标为导向,正确地对待和使用权力。复旦大学管理学院杨凯钧博士通过比较中西管理文化的差异,并借鉴、运用苏东水先生"人为为人"的东方管理模式和方法论,提出了人为为人,持续发展的跨国公司中西文化管理模式。他认为,中西文化管理发展经历三个阶段:即中西管理文化邂逅阶段、中西管理文化整合阶段、中西管理文化和谐阶段。他认为,实现跨国公司与中西管理文化的持续发展在于管理者的"人为为人"。

复旦大学管理学院彭贺博士从《论语》入手,对孔子的自我管理思想从自我认知、自我控制、自我激励、自我发展等四个方面进行了总结归纳。他指出,自我管理思想在孔子思想中已经构成了一个完整的思想体系,这对我们现代企业的管理者如何进行自我管理具有重要的借鉴意义。

## 三、新世纪中国经济与管理领域的前沿问题探讨

1. 经济和管理发展的趋势

中国社会科学院的李京文教授对中国经济发展作了科学的预测,他强调,要正确评估"事件"的影响:一是中国加入WTO,将加强资源配置效率,增强市场的竞争性;对产业和就业结构将同时带来正负两方面的影响;对国企和政府管理的革新将面临机遇,但更面临着严峻的挑战。二是申奥成功,将有数亿资金的投入,每年拉动经济增长0.5%。三是9·11事件的影响,9·11事件给美国带来巨大的损失,推迟了美国经济好转的时间,对世界经济造成了巨大影响。中国将成为世界投资环境最好的国家。他还提出了有关政策建议:一是审时度势,抓住机遇;二是积极的财政政策与产业政策、货币政策相结合,调整国债资金使用方向;三是加快利率市场化改革,完善金融体制改革;四是努力扩大消费需求,扭转投资比率相对过高的局面。

香港世界产权贸易市场总裁曾大志先生指出,产权市场的经营模式有市场全球化;组织联盟化;管理人文化;信息电子化;交易专业化等特征。

美国未来趋势国际集团总裁华赞先生指出,全球化对经济模式和政治体制提出了新的要求。

对于未来管理模式的建立,东方管理将做出更大的贡献。中国的改革开放意味着中国全面、深入、系统地进入国际舞台。他强调,经济和企业发展将从"以大为美"向"以小为美";由统一、通化向多元化;由追求财富、利润向运用和利用财富造福人类转变。

上海交通大学孟宪忠教授认为,以加入WTO后中国企业所将面临的挑战为标准,中国企业主要缺少:在新世纪水平下的创新意识、创新制度和创新操作;21世纪的市场信誉和信誉结构;战略层面上的市场操作。

福建中福集团总裁游宪生博士指出,网络经济对于促进经济增长,促进产业结构优化升级,推动企业经营和管理的变革,诱发社会生产方式变革,推动经济学理论的发展都具有重要意义。网络经济既会因为信息技术对经济生活的广泛渗透,给企业带来大幅提高生产效率的可能;另一方面,企业竞争也依赖于信息技术。企业组织结构将由此变得扁平化,并在企业间形成灵活的合作方式。企业将体现生产自动化、柔性化;管理一体化;组织有机化。

2. 金融领域的创新

海南省委党校处长符气岗博士指出,我国证券市场的发展,是在我国市场经济体制改革初现雏形的时期发展起来的,股市十年,一方面与其发展初期相比,已经有了巨大变化,同时,也有一些深层矛盾无法回避。在中国证券市场的组织体系中,一方面各层次决策者的目标与组织目标发生背离,另一方面,目标相同而层次不同的决策者为达到目标而采取的途径和手段大相径庭,从而导致组织的破裂,甚至出现组织崩溃的危险。他认为,实现证券市场组织统一的根本手段应是尽快完善体制。

关于不同文化背景下金融业监管横向结构的选择,中国证监会南昌特派员办事处曹勇博士指出,金融业分业或混业经营并不必然地与某种分业或混业的监管模式相对应,金融业监管模式的选择,除了要适应金融业的经营模式之外,还与各国不同的文化背景经济制度积淀因素有关。

上海科技发展研究中心策划部部长王国进博士在研究中发现,海外风险资本在各国都扮演着重要的角色。他认为,当前吸引海外风险资本发展中国的风险投资业既非常必要,也相当可行。但退出机制、相关政策、外汇管制、商业模式、道德风险等因素已经成为制约中国风险投资海外融资的主要障碍。他建议,疏通中国风险投资海外融资渠道应从风险投资基金、风险企业、风险投资管理公司、海外上市、创业板市场等方面寻求解决办法。

3. 区域经济发展

复旦大学旅游系郭英之博士以经济欠发达的世界文化遗产平遥古城为例,从区位条件出发分析了作为中国欠发达的世界文化遗产平遥古城的旅游市场竞争机制,研究了平遥旅游市场的时空分布规律、旅游市场行为特征、旅游后评价及满意度等旅游需求特征,规划了平遥旅游市场的细分目标,制定了平遥古城的旅游市场开发策略,提出了平遥古城作为中国经济欠发达地区的旅游可持续发展战略。

同济大学经济与管理学院孙遇春副教授认为,跨国公司与开发区的良性互动对技术创新、产业优化、招商引资、出口创汇、加强对外开放、发展区域经济、增强综合国力等方面都具有非常重要的价值。跨国公司与开发区的互动关系也可能是双刃剑。他还借助长波理论、复杂理论等探讨了创新问题有着重要的理论和现实意义。

上海地质调查研究院院长陈文华博士以霍夫斯帝德国家文化模型为基本框架,重点讨论了区域文化对我国管理性企业文化的影响。他指出,我国属于高权力文化、高不确定性、重视集体主义、男性主义较突出、长期取向明显的国家。这些特点在我国管理性企业文化中多有反映。他强调,敏锐地感觉文化的变迁,顺势而动,才有可能建立起自己的企业管理文化,提高管理水平。

4. 上市公司与国有企业的改革与发展

复旦大学管理学院王龙宝副教授在统计分析的基础上,参照外国股利研究的一些研究方法,对我国上市公司的股利分配进行了较为详细的描述。他指出,上市公司有能力而不愿分配会损害公众股东利益,也不利于证券市场的长期发展。

上海交大昂立生物药业公司雷鹏博士指出,许多外国企业,尤其是高科技企业近年来采用股票期权计划来激励员工,作为一种激励手段,它具有激励员工、保留员工、提高企业凝聚力等多种功能。因此,借鉴国际上已有的成熟做法,探索和推行中国的股票期权方案,对建立我国公司的长期激励机制,具有重要的现实意义。

复旦大学管理学院杨文斌博士指出,我国国有企业多层次的委托代理关系是导致国有企业低效的直接原因。他认为,建立有效的激励机制并进行所有者主体再造是摆脱国有企业困境的有效手段。

深圳证券交易所博士后工作站李信民博士通过分析理性和非理性这两种企业管理模式产生与发展的演变过程,指出,从本质上讲,社会生产力的不断发展是引起企业管理模式发展演变的根本原因。

复旦大学管理学院王汇群博士以对企业的实践性参与研究为基础,提出了中国企业文化建设过程中普遍存在的现实误区,并系统阐述了企业文化的本质,以及企业文化建设在中国经济与企业发展过程中重要作用与深远影响。

苏州大学财经学院吴筠副教授指出,当前,越来越多的跨国公司采用全球本土化的经营行为,以产品本土化、广告本土化、营销渠道本土化、人才本土化以及资本运作本土化的方式,使自己在全球发展的同时,充分融入当地社会之中。面对跨国公司的本土化战略,本土公司有三条出路可以选择:开发本土技术、走全球本土化道路或并入跨国公司的全球本土化战略之中。

5. 人力资源管理

同济大学经济与管理学院副院长吴建伟教授指出,跨国公司大举进入国内市场,在推动国内经济发展的同时产生了垄断本地人力资源的负面影响。跨国公司利用国民待遇政策的软约束和人力资本产权的不完整性,对稀缺性的人力资源进行垄断,导致了人力资本低效率就业。为应对这种局面,他提出根据国民经济发展的实际需要决定引进外资的结构和数量、由政府管理部门出台规范和限制人力资本畸形流向外资企业的行为、建立人才使用的补偿机制以及营造培育和有效利用我国人力资本的良好环境,从根本上解决人力资本低效率就业问题。

厦门大学人力资源管理研究所所长廖泉文教授指出,人力资源的所有功能,可以概括为优质人力资源的获取、保留和发展,其中,人力资源的获取是首要的功能。她还从人力资源的获取方法入手,深入探讨了当今企业界相当热点的问题:企业内部竞聘上岗的原理和规程。

长沙财经学院财经研究所所长李世聪教授指出,人力资源的计量问题是人力资源管理中的关键问题,个人价值、新增价值、实物资产是构建人力资源价值计量模型的三个重要因素。他还强调要将个人价值、群体价值、效应价值、收入分配价值四者结合起来。

大会主席苏东水教授作了总结发言,他指出,本次大会具有以下五个特点:第一,集中了教授、企业家、博士、在读博士生的真知灼见;第二,经济管理与文化探讨相结合;第三,理论、实践与各位专家、学者的研究成果相结合;第四,高校、科研单位、政府官员、实际工作者共同参与,热烈探讨;第五,研究内容广泛,意义深远。总之,在新世纪开年,召开这样一次盛会既是对 20 余年东方管理研究的系统总结和梳理,又是新世纪、新经济条件下东方管理文化创新与发展的一个历史性开篇。

# 7. 第六届世界管理论坛暨东方管理论坛(2002)

论坛主题：东方管理与产业发展

## 主题报告：伟大时代的新学说
### ——东方管理学思想的兴起[①]

东方管理文化是以中华优秀传统管理文化为核心，不断吸取包括西方管理文化在内的世界各民族管理文化之精华的开放系统。经过以复旦大学学者群为主的东方管理学派多年的研究、探索和提炼，这个系统已经衍生出了具有强大影响力和感召力的东方管理学理论。随着中国改革开放伟大实践的深入推进，以及儒教文化圈和海外华商的迅速崛起，特别是中国入世成功、申奥成功、申博成功喜讯的相继到来，东方管理学理论迎来了前所未有的发展机遇。

## 一、东方管理学理论发展的历史机遇

追根溯源，管理学是产生于人类的劳动实践之中的，而它的兴盛，又总是与"盛世"和"新时代"等历史发展进程密不可分的。

通晓现代管理学的人们不难发现，现代管理学比较著名的一些管理学流派，差不多都是美国等发达国家的学者提出的。例如，管理过程学派、人际关系学派、群体行为学派、经验(或案例)学派、社会协作系统学派、社会技术系统学派、系统学派、决策理论学派、数学学派或"管理科学"学派、权变理论学派等等。实际上，这些发达国家的管理学之所以很有影响力，其主要原因就在于它们是经济强国，在经济建设和日常管理活动中，积累了许多经验。同时，要搞好企业的经营，促进经济发展，也需要有先进的管理理论给予指导，特别是需要高度重视以人的心理、激励和修炼为主要研究对象的行为管理。

中华民族在几千年的文明进程中，以博采众长的开阔胸襟，不断提炼和整合东方各国优秀的管理文化，形成了以《周易》、道家、释家、儒家、法家、墨家、兵家、佛教和伊斯兰教的有关管理思想和方法为主体的光辉灿烂的管理文化。这种管理文化曾使古代的中国由于出色的管理和能工巧匠的创造，谱写过世界文明史上极其光辉灿烂的一页。在中国唐朝初年，唐太宗李世民常以亡隋为戒，积极纳谏，招才纳贤，整顿朝廷机构，致力于恢复和发展农业，减轻租赋徭役，减少宫廷的豪华装饰和

---

[①] 本文刊载于2002年第六届世界管理论坛暨东方管理论坛论文集《世界管理论坛2002》(《世界经济研究》2002年特刊)，经删节整理后刊载于《人民日报》2003年2月10日。

外出巡行时的铺张,缓和刑罚,在政治、军事、经济、文化等方面进行了一系列改革和整顿,天下安宁,百姓安居乐业,官吏廉洁奉公。这就是历史上有名的"贞观之治"。这样一个政治修明的历史盛况,正是源于唐太宗君臣对前代灭亡教训认真反思后,而形成的诸多有效管理方法与管理策略。因此,唐太宗堪称危机管理的典范。然而,到了近代,由于清朝政府昏庸无能、夜郎自大和闭关自守,不仅将原来的领先优势丧失殆尽,而且割地赔款、丧权辱国。中国古代许多行之有效的管理制度、理论与方法也随着国力的衰败而失去发扬光大和赖以生存的土壤。民国时,胡适等一批学者曾作过振兴东方管理文化的努力,但终因各种条件不具备而搁浅。

十一届三中全会以来,中国的经济建设取得了举世瞩目的伟大成就。中国作为发展中的大国正经历着从传统封闭的农业社会向现代化的工业社会转型,从计划经济向市场经济的过渡,世界经济发展的中心也开始出现向亚洲和中国转移的迹象。走进21世纪,我们欣喜地看到中国改革开放20多年所取得的巨大成就。而刚刚闭幕的十六大明确了全面建设小康社会的奋斗目标,更令我们激情满怀。尽管世界经济低迷徘徊,但中国经济增长的势头却有增无减。据世界银行公布的数据显示,1980年到2000年期间,中国经济增长对世界GDP增长的贡献率为14%,仅次于美国,排名第二。整体来看,中国对人类再次作出较大贡献的时代已经来临。这些巨大的变化,使得今日中国经济发展的前景更加明朗,管理实践的内容也更为丰富。江泽民同志高瞻远瞩、审时度势地提出了"以德治国"伟大方略。继中国成功申办奥运会之后,十六大的胜利召开,上海申博的成功,都昭示着我们正处在一个伟大的时代。从历史的经验来看,管理理论最有希望、最有创造性的地方,正是这些经济迅速起飞的国家和地区。因此,对于东方管理理论来说,目前正面临着一个前所未有的发展机遇。

## 二、东方管理学科的创建与发展

到目前为止,所谓的管理学,在一般人心目中,就是以西方发达国家编撰的管理学著作为代表的学问。我多次指出,发达国家的学者在自己编撰的管理学著作前面没有加上"西方"二字是有失偏颇的。因为无论是管理过程学派,还是人际关系学派等等,统统都是根植于以美国为首的西方发达国家的文化背景中的。实际上,世界各国的管理实践除了以西方文化为背景外,还有很多是以东方文化为背景的。

自20世纪70年代中期开始,我就对中国传统的管理文化产生了浓厚的兴趣,并着手研究中国古代管理文化的相关著作。历经20余年的艰辛探索,东方管理研究的过程大体上可分为三个阶段。

第一阶段,从20世纪70年代中期至20世纪80年代中期,是东方管理研究的古为今用阶段。1976年以后,我开始发表研究中国古代管理思想的文章,开设《〈红楼梦〉经济管理思想》讲座,借鉴这部私有制条件下"百科全书"中丰富的经济管理思想,思考我们在经济建设中所遇到的问题。20世纪80年代初期,我开始研究中国古代的行为科学,并于1986年,发表了《中国古代行为学研究》。同年,我率先在《文汇报》发表《现代管理学中的古为今用》一文,作为这一阶段初步研究东方管理的一个总结,引起了极大的社会反响。

第二阶段,从20世纪80年代中期至20世纪90年代中期,是东方管理学说的创建阶段。由于第一阶段的积累,我在20世纪80年代中期水到渠成地提出了具有中国优秀传统文化特色、融合东西方管理精华的东方管理学理论,创造性地提出"以人为本、以德为先、人为为人"的"三为"思想,并将东方管理思想的本质概括为"人为为人"。"人为"即要求每一个人首先要注意自身的行为修养,

"正人必先正己",然后从"为人"的角度出发,来调整、控制自己的行为,创造一种良好的人际关系和激励环境,使管理者和被管理者都能够持久地处于激发状态下工作,主观能动性得到充分的发挥。"人为"与"为人"二者具有辩证关系,互相联系并且可以转化。这一转化过程体现在家庭、行业、国家一切方面的管理之中,管理者和被管理者越是注重自身行为的素质,其"为人"即管理的效果就越好。因此,无论是建立大同世界的理想,还是现代企业以服务为宗旨的管理理念,都体现了"为人"的管理目的。

第三阶段,从 20 世纪 90 年代中期到现在,东方管理学说正日益走向成熟。1996 年,在法国巴黎召开的第三届世界管理大会上,我提交的论文《东方管理文化的探索》颇受瞩目。在文中,东方管理理论体系初步形成,并深刻认识到东方管理文化的基本精神是"人乃天"和"事人如天"。同年,我任总主编的《中国管理通鉴》正式出版,这是中国首部古代管理思想集大成之作,共 280 余万字,系统地对中国古代管理著作、言论和管理技巧进行了挖掘和整理,东方管理理论也由此获得了更丰富的养料。1997 年,我们以"面向 21 世纪的东西方管理文化"为主题第一次在中国本土主持召开了世界级管理学大会——'97 世界管理大会。1998 年我在西班牙参加了第四届世界管理大会。在我向会议提交的论文《东方管理文化的复兴》中,指出中国本土的管理文化,正因为中国经济的飞速发展和全球经济一体化的加快而迎来伟大的复兴。在我们主持召开的 1999 年世界华商管理大会上,我们将华商管理成功的关键归结为"人为为人",从而大大丰富了东方管理的内容。2000 年 7 月,我参加了在加拿大举行的第五届世界管理大会,12 月,我们在上海举行了第四届东方管理论坛。这两次会议,成了我们向国内外同行展示运用东方管理理论解决实际问题的两次绝佳机会。2000 年出版的由我主编的《产业经济学》,则系统论述了东方管理文化对产业经济的巨大推动作用,从产业经济的视角肯定了东方管理文化的现代价值,并形成了独具特色的东方产业管理模式及东方企业领导人修炼模式。2001 年,我主编的《管理学》弘扬了优秀中国传统管理文化,融合了古今中外管理理论精华,并进行了东西方管理理论的对比,总结出华商管理理论。东方管理理论的学术价值和社会意义由此得到进一步证实和挖掘。同年 10 月,我们在上海主持召开了世界管理论坛暨第五届东方管理论坛。与会代表对东方管理的现代价值进行了深入的探讨。

东方管理理论本身是开放的系统,是继往开来、与时俱进的理论。作为国家自然科学基金项目"东方管理学思想研究"的成果之一,《东方管理》一书即将于 2003 年 1 月正式出版发行。它将东方管理理论进一步阐述,形成了更为完善的东方管理理论体系。《东方管理》以继承优秀的中华传统文化为主线,以汲取东方管理文化中儒家、道家、释家、兵家、法家等合理管理思想为内核,同时,结合了华商管理实践与中国改革开放的成就,融合了西方行为管理和过程管理、决策管理、权变管理和知识管理等管理理论的精华。可以说,它既是古今中外优秀管理思想的高度精练,又是顺应时代需要的应时之作;既是我在 20 余年的时间内,边研究与边教学、边出书的一部新作,又可看作东方管理学派 20 余年研究与实践结晶的一部标志性著作。

回首 20 余年的奋斗经历,感慨颇多。1997 年成功组织召开"世界管理大会"后,我曾经情不自禁地赋有《满江红》一首,词中"任凭风浪起,稳坐钓船中"等句子就是我探讨东方管理学说的一个真实写照。在新世纪、新经济条件下,东方管理学说的发展还将力求解决以下三个方面的问题:一是对东西方管理思想关系的认识。由于东方管理学派学者们的长期研究与传播,东方管理学说已经引起国际社会的广泛关注和认同。但是,目前国内仍有不少学者对管理学是否一定要有"东""西"之分抱有疑问。实际上,我们所主张的东方管理并非与"西方管理"泾渭分明的,而是不断兼收并蓄西方管理内核的开放系统,所谓"东方"更强调其文化背景。二是对东方管理学说内涵体系虚无的误解。持这种观点的人认为,所谓东方管理不过是故纸堆中的文字游戏,根本没有体系、内涵可言。需要明确指出的是这种观点与我们所主张的管理思想的"古为今用",是格格不入的。我们认为,古代的管理文化给我们带来丰富的管理思想,经过提炼加工是具有明显的现代价值的。三是对东方管理源头的探索。我们东方管理学说的源头不只是在中国,其他东方文明古国(如印度、埃及)的优秀管理文化同样为东方管理学说的建立提供了丰富的营养。

任何理论的发展都是一个长期的积累过程,这一规律同样适用于东方管理理论的发展。东方管理理论也要发扬《周易》乾卦所倡导的自强不息精神和坤卦所倡导的厚德载物精神,不断发展、丰富和完善。首先,要坚定不移地完成东方管理经典著作,包括《治国学》《治生学》《治家学》等十四部著作,使东方管理理论更加细化和深化,形成更为系统和精深的管理理论。其次,要着手研究东方管理理论的运用,增强东方管理理论的可操作性。一方面,要着手加强东方管理案例的研究,尤其要结合中国改革开放20多年的实践,进一步将东方管理理论与应用经济学融合,探索东方管理文化在中国经济发展过程中的作用规律。另一方面,重视东方管理心理的研究,在充分肯定定性研究价值的基础上,在适当领域借鉴西方有意义的定量研究。2002年诺贝尔经济学奖的获得者丹尼尔·卡尼曼主要是将心理学和经济学结合进行研究,深入分析不确定状态下的决策问题。另一名获奖者弗农·史密斯则为实验经济学研究作出了贡献。东方管理心理实验室也要在研究人本、人德、人为的过程中,批判地借鉴西方的实验心理学和实验经济学的研究成果和方法。最后,要加强东方管理文化的教育、普及和推广工作,使"人为为人"的管理理念发扬光大。

## 三、东方管理学理论的伟大实践

东方管理文化博大精深、源远流长。数千年的演进发展,有力推动了历史车轮的前进,促进了经济的发展和东方社会的进步。

东方管理在中国历史上取得的治国成就可谓星光灿烂,其中尤以前文中提出的"贞观之治"最为典型,而亚洲"四小龙"的崛起也和东方管理文化的运用密不可分。新加坡前总理李光耀倡导、力行儒家资本主义,将儒家思想和市场经济紧密结合,励精图治,使得新加坡成为文明、富足的国度。中国改革开放20多年所取得的巨大成就,也无疑与东方管理思想的恰当运用密不可分。首先,中国的治国方略贯彻了东方管理"以人为本"的思想。我们要建设的社会主义,是要使人民过上文明、健康、富足生活的社会主义;我们要实现的全面小康社会,是要满足人民物质、精神需求更高层次的社会。确立以经济建设为中心,改革开放,加入世贸组织,目的之一也是要提高人民的生活质量和水平。其次,东方管理文化倡导的"以德为先"思想与党中央确立的"以德治国"方略是内在统一的。为实现十六大提出的全面建设小康社会的目标,以及从源头上遏制腐败,我们倡导以"官德、商德、民德"的"新三德"理念,作为社会经济主体行为准则与社会活动的精神理念的思想指导。此外,在改革和发展过程中,许多社会矛盾的解决需要运用、借鉴东方管理理论。比如中国目前面临的诚信问题,需要借鉴"人为为人"的理念,每个组织、管理者要首先示之以诚,信守承诺,先"正己"给对方以信心和榜样,然后要为他人着想,调整自身的行为,达到双方利益的一致,实现双赢。

在企业管理的微观层面,东方管理学理论同样具有无穷的运用空间。东方管理的微观价值,首先体现在华商管理。由于华商企业在初创阶段都是家族式管理,家庭成员内部彼此信任、便于协调,节省信息不对称成本。再加上东方文化倡导"和为贵"思想,家庭成员和谐同心,对家族外成员也是强调礼仪协调,利用"五缘网络",这样可以大大增强企业的竞争优势。而且,许多成功的华商都是足下生财，勤俭创业。像华人首富李嘉诚、Acer 的创始人施振荣都是出身贫寒，通过自身的顽强拼搏、利用东方管理的智慧、抓住历史性的发展机遇达到了人生的辉煌，做出了突出贡献。其次，随着企业知识密集程度和信息化程度不断提高，以及企业组织结构的扁平化，"人为"管理更显重要。管理者要保持竞争优势，必须持续不断创新，而创新要求管理者首先加强自我修炼，增强创新意识，更新知识结构，做到"仕而优则学"，实现榜样激励；同时，从"为人"的角度，为员工创造良好的条件和氛围，激励员工努力积累、更新知识，更好地发挥企业的人力资源优势。此外，处理好以主体高度分散和技术上的高度连接为特征的网络化企业，虚拟企业等新的组织形态之间的伦理关系，愈发需要东方管理理论的"天人合一，不战而胜"的境界。此外，东方管理文化包含的丰富治家思想，如《孝经》《颜氏家训》《朱子家训》等，对于今天的家庭管理具有重要的借鉴意义。"百善孝为先"，"夫孝德之本也，教之所由生也"。孝的精神在治家乃至治国、治生中都有现实意义。同时，深刻体会"老吾老以及人之老，幼吾幼以及人之幼"的内涵，对于抵御西方腐朽生活方式，发扬尊老爱幼的传统美德，夫妻之间互敬互爱，和睦相处具有深远的意义。

由此可见，在人类资源配置强调市场和计划手段有机配合的趋势下，在组织结构扁平化以及管理人性化的趋势下，在组织中技术、知识密集程度以及信息化程度逐渐提高的趋势下，在全国人民团结一致迈向全面小康社会的进程中，东方管理理论将愈发显示其魅力无穷的实践价值。

2002 年在上海举办第六届世界管理论坛暨东方管理论坛，与会代表合影

## 东方管理与产业发展
——第六届世界管理论坛暨东方管理论坛会议综述[①]

2002 年 12 月 26—27 日，第六届东方管理论坛在复旦大学隆重举行。本次大会由 IFSAM 中国委员会、复旦大学东方管理研究中心、人民日报华东分社联合主办，复旦大学经济管理研究所、上海管理教育学会、上海泉州侨乡开发协会、东亚管理学院、东方管理科学研究所、江都市华通石化有限公司、上海友邦典当有限公司、上海浦源石油化工有限公司、中国石化浙江分公司等 9 家单位共同协办。

---

① 本文刊载于 2003 年第七届世界管理论坛暨东方管理论坛论文集《世界管理论坛 2003》（《当代财经》2003 年特刊），与卢华合作。

本次大会以"以人为本,以德为先,人为为人"的东方管理核心思想为宗旨,以"东方管理与产业发展"为论坛主题。出席本次大会的主要领导和著名专家、学者有中共中央对外联络部部长王家瑞、中国航天科技集团副总裁金壮龙、中国世界经济协会副会长伍贻康、上海市社科联党组书记施岳群、共青团上海市委书记陈靖、江西财经大学校长史忠良、杭州商学院院长胡祖光、复旦大学党委副书记燕爽、上海外国语大学副校长朱建国、人民日报华东分社副社长崔文玉、美国未来趋势国际集团总裁华赞等。上海市人民政府周慕尧副市长为大会发来了贺电。

200余名专家、学者和企业界的高级管理者围绕大会主题,分别就东方管理思想的兴起及其在实践中的广泛应用、中国产业发展和中国经济管理领域的前沿论题等进行了深入、广泛的讨论;20余名著名专家、学者在大会中做了学术报告。世界管理论坛编辑委员会通过认真审阅会议论文,选出了其中的146篇论文在国家经济类核心期刊《世界经济研究》中结集出版,所刊登的文章数为历届东方管理论坛之首。大会期间还举行了《东方管理》一书的首发式。这部著作既是苏东水教授关于东方管理研究的一部新著,也是东方管理学派经20余年研究与实践,集古今中外优秀管理思想之大成的标志性著作。会后,《人民日报》在2003年2月10日全版刊登了苏东水教授和王家瑞部长在此次大会中的主题报告,引起了广泛的关注和强烈的反响。

## 一、东方管理思想的兴起与发展

### (一) 东方管理学思想的兴起

本次大会主席、复旦大学东方管理研究中心主任、经济管理研究所所长苏东水教授在大会上作了题为《伟大时代的新学说——东方管理学思想的兴起》的主题报告。他指出,随着中国改革开放伟大实践的深入推进,以及儒教文化圈和海外华商的迅速崛起,特别是中国入世成功、申奥成功、十六大的胜利召开、申博成功等喜讯频传,都昭示着我们正处在一个伟大的时代。从历史的经验来看,管理理论最有希望、最有创造性的地方正是这些经济迅速起飞的国家和地区。因此,对于东方管理学理论来说,目前正面临着一个伟大时代所赋予的前所未有的发展机遇。

中共中央对外联络部常务副部长王家瑞教授作了题为《弘扬东方管理,促进世界文明》的大会报告,通过比较全球发展中国家的发展过程,他强调了民族精神对于一个国家兴衰的重要意义。他指出,东方管理是治国战略的源泉,是经济发展的动力,是人类文明的通途。在世界经济的全球化背景下,东方管理在与西方管理及人类其他管理文化的优秀成果的交融中不断提升自身的内涵,必将因其具有人本思想、兼顾公平和效率、柔性化等知识经济管理模式的显著特征,对世界政治、经济、社会以及人类自身的发展提供无穷无尽的养分,对世界文明的进程产生深远的影响。

上海市人民政府周慕尧副市长在贺电中指出,东方管理论坛是世界管理联盟组织的高级学术研讨会,其旨在弘扬中国文化和民族精神。提倡东方管理,对于东西方管理理论的结合与发展都具有重要意义。东方管理文化以中华传统文化为核心,汲取东方管理文化中儒家、道家、释家、兵家、法家等管理思想,结合华商管理实践与中国改革开放的成就,提出了"以人为本,以德为先,人为为人"的核心理念,目前已逐步形成了充分重视文化的、开放的管理理论体系。他希望东方管理论坛能够紧紧围绕党的十六大提出的宏伟目标,为进一步推进上海的经济建设和社会发展发挥积极的作用。

### (二) 东方管理学的发展

复旦大学是东方管理学派的首倡地。其东方管理学说研究历经20余年,独树一帜,已在国际国内经济管理学界具有较高的影响与地位,研究成果居于国内先进、国际前列。多年来,以复旦大学东方管理研究中心研究人员为主的200余名专家、学者在弘扬东方管理文化、促进中国经济发展等方面做了大量工作,取得丰硕的成果。复旦大学首席教授、世界管理学者协会联盟中国委员会主席苏东水教授自20世纪70年代中期以来,开始研究并发表融合中外管理文化精华的论文,主持、组织、参加了在日本东京等8个国家和地区召开的历次世界管理大会,在国际管理学术界创造性地提出并阐述了东方管理文化"以人为本,以德为先,人为为人"的核心理念,受到国内外专家学者的高度赞誉。

作为国家自然科学基金项目"东方管理学思想研究"的成果之一,《东方管理》一书于2003年1月正式出版。与会代表对该书的出版给予了高度评价,认为这部56万字的鸿篇巨制,以道家、儒家、释家、法家、兵家、墨家文化为主的东方管理文化为基点,从中提炼出作为东方管理核心内容的"三为"(以人为本、以德为先、人为为人)思想,并分别就东方管理"三为"思想的理论实质和实践指导意义展开深入的讨论。该书以大量的事实和充分的案例说明,东方管理的思想理念符合21世纪人类社会和经济发展的潮流,未来世界的发展将必然趋向东西方管理思想融合,共同促进社会经济进步。难能可贵的是,该书的著作者们不仅能够融会古代东方管理文化的精神实质,归纳总结甚至在一定程度上提升了东方各民族优秀文化中有关管理思想方面带有普遍性的内容,更能够追踪研究当今西方管理理论界的学科前沿,融合了西方行为管理、过程管理、决策管理、权变管理、知识管理等前沿管理理论的精华。在科学地界定东方管理的内涵、本质及其研究对象、研究方法,并系统完整地梳理出这门新兴的"古老"学科的整体脉络方面,《东方管理》在国内外都属于首创,这不仅填补了国内外的学术理论空白,更重要的是为下一步东西方管理思想和方法的交流打开了一条通道,建立了一个能够彼此对等交流的平台,极大地方便了东西方管理之间的融合与相互促进。同时该书站在东方人的视角基础上,突出了东方管理的实用性,对东方管理实践的理论总结和提升更贴近于现实,具有很强的可操作性。例如,该书提出的"三为"思想对于新世纪国家和社会伦理道德体系的重塑、企业文化的建立和完善、市场经济体系和诚信制度的发育与发展以及居民自身道德文化素质的提高,都具有极强的指导意义。总之,它既是古今中外优秀管理思想的高度精练,又是顺应时代需要的应时之作,是东方管理学派20余年研究与实践结晶的一部标志性著作。

东方管理理论本身是开放的系统,是继往开来,与时俱进的理论。与会代表就在新世纪、新经济条件下,东方管理学说的发展展开了热烈的探讨。

杭州商学院院长、博士生导师胡祖光教授认为中国传统文化中的许多名言警句包含着丰富的管理思想和原理,同时便于记忆、理解和传播。在管理研究中,实证研究和逻辑归纳都同样重要。

复旦大学管理学院副院长、博士生导师芮明杰教授认为,苏东水教授总结的东方管理"以人为本、以德为先、人为为人"的核心理念,体现了东方管理人文性、内敛型、利他性特征。东方管理学进一步的发展关键在于深入探寻东方管理理念指导下的管理方法和手段,应通过进一步提升研究方法,开办有关东方管理研究的英文杂志,建立以实践为基础的本土化案例库,努力使东方管理学的内容和体系走向世界。

上海交通大学管理学院常务副院长、博士生导师王方华教授认为,东方管理学研究的范围还要扩展到东方其他国家。从研究层面上来说,既要对东方管理学的哲学基础、理念和思想进行研究,也要对具体的管理实践进行探讨,同时必须重视定量研究,选择前沿性课题进行研究,以提高东方管理学的学术地位。

河海大学国际工商学院院长、博士生导师张阳教授和博士研究生施祖留对东方管理学派所提出的"以人为本、以德为先、人为为人"观点进行了管理文化的辨析。认为东方管理从"以人为本"的主体人观念出发,建立包含人决定论管理资源观和社会自组织方式为主要内容的"以德为先"管理模式,变主客二分下管理的单边控制为平等主体人之间的双向互动。"人为为人"是东方管理手段和目的的统一。

北京大学管理案例研究中心主任何志毅教授强调了案例在管理学理论中的重要作用。他指出,案例教学重在决策能力的培养,其本质是理论与实践相结合的互动式教学。随着中国经济的发展和加入 WTO 后日益融入世界经济体系,中国企业要走向世界,创造世纪名牌和世界名牌,必须有一批熟悉企业管理的职业经理人。中国是转型发展中国家,中国企业的发展规律、人文文化传统都具有中国特色。东方管理案例库的建设将为中国本土案例的积累、应用型学生的培养及企业管理水平的提高产生积极和深远的影响。

上海交通大学东方管理研究中心副教授颜世富认为,要重视东方管理学的应用研究,可以从建立东方管理咨询工具箱入手。可以先在管理咨询工作中有意识地利用东方管理学的理念、方法来进行管理咨询,通过大量的咨询实践,逐渐建立起功能强大的东方管理咨询工具箱。

苏东水教授在大会总结中指出,东方管理学的发展,目前应澄清三个方面的问题:一是对东西方管理思想关系的认识。东方管理并非与"西方管理"泾渭分明,而是不断兼收并蓄西方管理核心内核的开放系统,所谓"东方"只是更强调其文化背景。二是对东方管理学说内涵体系虚无的误解。古代的管理文化给我们带来丰富的管理思想,经过提炼加工是具有极高的现代价值的。三是对东方管理源头的探索。东方管理学说的源头不只是在中国,其他东方文明古国(如印度、埃及)的优秀管理文化同样为东方管理学说的建立提供了丰富的营养。对于东方管理学的发展有 8 个问题需要进一步探讨:(1) 东方管理、东方管理学的界定。(2) 东方管理的研究对象。我们认为东方管理的研究对象是人,是人性的人,而非西方的物化的人,东方管理的精髓是"以人为本、以德为先、人为为人"。(3) 东方管理学的性质。我们认为东方管理以中华文化为基础,融合东西方、古今中外的优秀文化,具有科学性、文化性、艺术性和前瞻性。对管理学科的发展与会者达成了以下共识:一是要重视人的研究,重视人的积极性的发挥;二是认为人是有道德基础的;三是强调文化对管理的重要作用。(4) 东方管理的研究方法。强调定性与定量研究相结合。(5) 如何发挥东方管理的名言警句在企业管理中的特殊作用。(6) 如何将东方管理理论用于实践。(7) 东方管理"三为"思想的论述。东方管理最本质、最重要的核心理念是"人为为人",其基础是"德",包括"官德、商德、民德"三德,"人为为人"能使所有人的行为实现社会、精神和经济的三方面效益,从而实现民族、国家的兴旺和发展。(8) 东方管理的研究走向。今后要更广泛地联合国内外致力于东方管理研究的学者共同参与研究工作;通过组织东方管理研究院,形成一支研究群体;进一步改善和提高研究方法,促进东方管理案例库的建设;培养具有东方管理智慧和人格的人才;加强国际交流。

## 二、东方管理在实践中的广泛应用

(一) 东方管理在中国改革与发展中的实践

与会代表普遍认为,东方管理文化博大精深,是推动历史车轮前进的重要力量,有力地促进了经济发展和东方社会的进步。中国改革开放 20 多年所取得的巨大成就也无疑与东方管理思想的恰当运用密不可分。

苏东水教授认为,首先,中国的治国方略贯彻了东方管理"以人为本"的思想。其次,东方管理文化倡导的"以德为先"思想与党中央确立的"以德治国"方略是内在统一的。此外,在改革和发展过程中,许多社会矛盾的解决需要运用、借鉴东方管理理论。

共青团上海市委书记陈靖博士认为,东方管理思想的精髓与党的十六大精神有着内在的一致性,上海市青年工作发展战略中"青年为本、以德为先、服务为主重、发展为的主题"的核心内容直接源于东方管理"以人为本、以德为先、人为为人"的思想精髓。

人民日报华东分社副社长崔文玉认为,东方管理学的研究必将为振兴民族、实现小康社会做出贡献。

复旦大学经济学院的徐培华教授强调,中国经济思想中的一个重要命题是"天子养民",养民所要达到的标准是小康。因此,将"小康"作为当今中国重要的发展目标是符合中国古代思想的。

美国未来趋势国际集团总裁华赞指出,实现十六大全面建设小康社会的目标,关键在于释放人的潜能和文化的复兴。东方管理的"以人为本"将人视为复杂、微妙、多纬度的结合体,而不仅仅只有物质需求;"以德为先"强调道德不是一种外在规范而是一种自我认知。

中共中央统战部苏涛博士认为,诚信是维持市场经济正常运行的一个重要前提和保证。在中国传统的伦理道德中,诚信是一个最基本但又是最重要的伦理范畴。缺乏诚信的问题已经严重影响中国经济的正常运行。中国新阶段经济体制改革必须以市场秩序建设和规范市场行为为主,这也就必然要求重建诚信经营伦理。

（二）东方管理在产业发展中的实践

与会代表对运用东方管理智慧促进产业发展,构建市场诚信体系,实现政府职能转变,发展行业协会等中介组织等热点问题提出了具有较高价值建议。

水利部太湖流域管理局局长刘春生认为,流域水资源管理符合"以人为本"管理的内涵,"以人为本"要求流域水资源管理必须以改善流域人民群众的生活质量为重要目标;必须强调"以德为先",使流域水资源管理在健康、公正的环境中发展;流域水资源管理者要以"人为为人"的原则实施管理。在协调水利行业部门与其他行业部门的关系上要有"包容性";在处理流域、区域、城市之间的关系上要有"系统性";在确立管理体制和管理机制上要有"创新性";在流域水资源的管理工作要突出"服务性"。同时,流域的水资源管理也应该以"诚、信、义、仁"的"治生伦理",来约束流域水资源管理中主体和客体的观念和行为。

福建师范大学校长、博士生导师李建平教授和福建师范大学经济法律学院副院长张华荣教授认为,东方管理文化中的治生论,注意与生产经营管理与产业实践相结合的。当今世界,文化与经济和政治相互交融,文化产业的发展成为一个国家经济发展水平和社会进步程度的一个重要标志。中国有着生产文化产品的悠久历史,但直到20世纪90年代以来,我国的文化生产才逐步走上市场化和产业化的道路,文化产品所固有的商品属性得到承认和张扬。文化产业的发展借助于产业机制特殊的倍增效应,可以使民族文化的凝聚力和生命力大大提高。

江西省景德市市长郭建晖结合中国陶瓷工业经济的发展阐述了东方管理思想在实践中的运用与发展。认为中国陶瓷工业在其历史发展中强调兼收并蓄,不断推进技术进步;通过分工协作,提高生产效率;建立了明确的行规制度,提高管理效率;提倡竞争,从而促进了陶瓷经济的发展,形成了中华灿烂的陶瓷文化。

江西财经大学校长史忠良教授和江西财经大学龚汝富教授指出,诚信既是一种市场主体应尽伦理道义,市场经济的基本准则和规律,又是市场经营中的稀缺资源,是市场经济主体经营立于不败之地的法宝。诚信问题一直是中国古代道德教化的重要议题。一个社会能否具有健全的信用体系,关键要看它是否建立了完整的信用监管体系。首先要建立政府的监管体系。其次要建立行业监管体系。另外要建立强有力的社会中介监管体系。

福建省旅游局副局长、复旦大学应用经济博士后流动站李毅强博士认为,加入WTO,中国政府的经济职能与经济运作方式必将面临一场深度变革。作为具有中华民族特色的东方管理文化深含于现代政府行政管理文化之中,将成为我国政府管理职能转换的新理念的有力文化支撑。在进行政府职能转换的过程中,首先必须树立"天人合一"的正确理念,政府官员应以维护国民基本价值作为制定各项经济政策和社会政策的出发点和归宿点;其次,作为政府官员应以"以人为本"为行政理念、以"社会公正"为行为宗旨;第三,在政府职能转换过程中,要进行"无为而治"的管理,以达到管理的最高境界;第四,树立"以德兴邦、德法兼容"的政府依法行政的观念。

复旦大学管理学院博士生杨恺钧认为,东方管理文化中人为为人,无为而治的管理思想,对我国入世后政府经济规制变革具有很强的借鉴和指导意义。具体应用到经济规制实践中,可形成与时俱进,无为而治的东方经济规制思想。

### (三)东方管理在企业管理中的实践

与会代表认为,在企业管理的微观层面,东方管理学理论在促进企业文化建设、提高企业核心竞争力等方面都有着广阔的运用空间。

复旦大学管理学院MBA项目主任、博士生导师苏勇教授认为,管理是文化。管理思想是文化的积累,管理理论是当代社会文化的反映。中国加入WTO以后,企业从根本上面临着一个文化转型的问题,而建立诚信原则,打造诚信企业,这是中国企业在入世后文化转型中的第一次修炼。不讲"诚信"必然导致信用缺失,大大增加了每一项社会行为的交易成本,甚至会导致交易链的中断,严重影响社会运作的效率,延缓中国社会发展的进度,给整个社会带来灾难性的后果。打造诚信企业,企业首先要确立一个良好的理念。打造诚信企业,社会要大力加强制度建设。打造诚信企业,政府要率先做出行动。

江西财经大学副校长吴照云教授等认为,以企业理念和企业价值观为核心的企业文化是企业的核心竞争力,它通过制度层这一"平台"的"支撑",最终外显为产品层中各方面的竞争力。"知识经济"时代企业的经营环境发生了巨大的变化,企业必须进行企业文化再造,重点进行速度文化、创新文化、学习文化、融合文化、诚信文化、危机文化建设,建立适应新竞争环境的新型企业文化,提升企业核心竞争力。

上海理工大学沪江商学院院长李好好教授认为,中外合资企业培育和提高核心竞争力的前提在于努力整合合资双方不同的管理文化,建设适合公司实际的管理文化。将视企业、个人视为一个紧密结合整体的"大家庭"式企业文化及其经营理念是建立在儒家思想的基础之上的。"大家庭式"管理文化体现的儒家思想主要有以下方面:一是"孝道"观;二是"义利合一"的基本原则;三是民本思想与集体参与、寻求一致的思维模式。

苏州市人民政府副市长朱永新教授等认为,中庸之道是儒家文化的核心,是中华管理智慧的精髓。他们借鉴人格心理学的研究方法,尝试运用定量研究方法测量出中庸之道的管理文化对中国员工影响的程度。通过对苏州地区企业(或单位)的员工初步测试,认为员工中庸化行为具有"协和""克己"和"圆通"三大特征。员工的中庸化程度与员工的性别、教育程度、职务水平以及所属企业的性质和企业总部所在地的差异都有着一定的联系。因此,中庸式管理应该是尊重人性、崇尚和谐的管理,应该是克己修身的管理,还应该是时刻变通和不断创新的管理。

中国航天科技集团副总裁金壮龙博士认为,中国航天企业在整体能力、人力资源、技术水平及企业文化等方面都具有一定的竞争优势。面对21世纪的挑战,中国航天企业要积极实施航天企业文化发展战略,通过弘扬"两弹一星"精神,加强东方管理在航天产业发展中的运用,创建企业文化,增强企业竞争力。

重庆大学工商管理学院张宗益教授等认为,企业劳资关系作为社会生产关系的一个具体表现形式,取决于社会生产力的发展和社会文化的形态。随着人类社会进入知识经济时代,企业迫切需要建立根本性的劳资合作关系。儒家社会文化为企业劳资关系提供了一种有异于西方管理的道德框架。其核心是将劳资关系最终建立在情感联系的基础上,构造企业与员工的一种新型的大家庭子弟性劳资关系。

复旦大学管理学院伍华佳博士认为,由于各国各民族文化存在着差异性,许多外资企业在进入中国市场进行生产经营的同时,也深为企业内部价值理念、思维方式、习惯作风的差异所产生的文化冲突所困扰。东方管理中"以和为贵""兼爱""以人为本""中庸"等思想对解决跨国企业多元文化条件下所产生的各种矛盾和冲突,促进多元文化整合具有独特的作用。

上海市漕河泾新兴技术开发区执行副总裁陈青洲博士认为,东方管理中"效"的主要含义是高效廉洁。从哲学观点来看,人进行自觉地、有目的地追求"效"的活动,不仅与人类社会共始终,而且是一个由多种因素相互作用构成的复杂的动态系统,其中还包括各种互相制约、互相交错的多层次的关系。要提高"效",就必须在理解人的活动规律的基础上,从"效"与人活动的速率、结构、组织、环境等方面加以把握和提高。要实现高效廉洁就要以廉为本,以勤为要;守法奉公,勤政为民;惩治腐败、快见实效。

复旦大学管理学院博士生李建华认为,现代联合生产的本质及现代企业。对于现阶段国有经济的发展与改革来看,着眼于发展的改革论应当是管理和产权并重,综合考虑体制、机制、人等各方面。东方管理倡导的"以人为本,以德为先,人为为人"的核心理念,有利于在国有经济的发展与改革中充分地调动员工的积极性,创造一种团结向上、发奋图强的企业精神和文化氛围。

上海建工集团海外事业部总经理童继生认为,中国传统文化中"自给自足""各人自扫门前雪""小富即安"等思想阻碍了中国经济的发展。因此,对中国文化要进行全面、发展的研究并改善中国文化流传方式,以更好地弘扬中国优秀传统文化。

山东神光咨询服务有限责任公司董事长孙成刚认为,企业的核心竞争力是异质的企业文化。建立企业文化,必须坚持以人为本的原则,满足企业员工和顾客的需要。人的需要有三类:增长财富,消除焦虑,提高认同度。以此为基础,塑造新型企业文化的关键在于:以实现销售收入的最大化为企业的最大追求;形成人力资源管理的流程,消除员工的焦虑;全员参与企业文化创建,实现最大认同度。

## 三、中国产业发展的前沿问题探讨

与会代表对中国产业结构调整、产业组织演进、金融市场的发展、风险投资等产业发展的前沿问题进行了深入的探讨。

### (一)中国的产业结构调整与产业组织演进

上海复邦管理咨询有限公司总裁潘克西博士和开滦(集团)有限责任公司副总经理李敏指出,

就我国富煤缺油少气的资源格局而言,中国的能源问题,更直接的表现为煤炭问题,其实质是经济基础、制度环境和产业组织三者的相互关系问题。在经济转型时期中国煤炭产业组织特征体现为"高度分散、低级竞争"的市场结构;公司化改制的市场行为;行业协会和企业集团逐步成为中国煤炭产业内企业利益协调的两种最主要的方式。中国煤炭产业组织发展的未来取向是建立适度集中的寡头主导型煤炭市场结构;发挥比较优势吸收外国资本和优势企业加盟;实行资源有偿开采增加煤炭产业发展资金。

复旦大学党委统战部副部长胡华忠博士认为,随着知识经济时代的来临,高科技产业日益成为经济社会发展的一支重要和先导性力量,而大学是高科技主要来源,由此以大学为背景的高科技产业也越来越重要,而且日益受到我国政府、企业和大学的关注,但中国大学高科技产业发展困难重重,面临许多制度环境的瓶颈。加快建设现代大学制度的环境、科技管理体制环境、法律和政策环境、服务和保障体系环境以及文化氛围环境显得尤为突出。

福建师范大学经济法律学院林善浪教授认为,90年代以来,在劳动力过剩条件下,制造业结构出现了重工业化和高加工度化趋势,这与一般工业化进程中的产业结构变化不一致。出现这种结构特征的根本原因是城乡分割体制。从国际竞争力的角度看,中国具有国际竞争力的仍然是轻型制造业。因此,推进我国工业化进程,应从中国的要素禀赋出发,重视轻型制造业的发展,并与城乡关系的战略性调整结合起来。

上海百年管理咨询有限公司总经理王汇群博士和复旦大学研究生院王永珍认为,改革开放以来中国企业经营面临的形势发生了五种转变,即从卖方市场向买方市场转,从散乱竞争市场向相对集中市场转化,从区域市场向国内市场、国际市场转化,从暴利市场向平均利润市场转化,从机会市场向能力市场转化。随着企业经营环境的转换,中国企业已经到了"素质决定命运,能力决定前途"的能力竞争阶段。我们的经营者与企业家必须适应中国市场的阶段性转变,完成企业经营意识的转换,并在企业意识转变的基础上,切实提升企业能力。

上海航天机电股份有限公司总经理赵斌博士指出,专业化和规模化是汽车零部件业的内在特性。通过中国汽车零部件业的横向和纵向并购,并在此基础上进行有效的研发能力整合、人力资源整合、市场的整合、企业文化以及产品和服务的整合,可以迅速实现规模经济,提高综合竞争力,是新时期中国汽车零部件业发展的重要途径。

### (二) 金融市场的发展

复旦大学世界经济研究所的博士生导师甘当善教授等认为,上海中小企业在迅速发展的同时,也遇到很多问题,其中最重要的是中小企业融资难问题。中小企业融资难根源在于银企双方的信息不对称,而信息不对称导致的各种问题和风险在处于经济转轨时期的中国显得尤为突出和严重。而信用担保体系是解决信息不对称问题的有效途径,是世界各国政府扶持中小企业发展的通行做法,是市场机制与宏观调控有机结合的典范,是变行政手段为政策引导的有效方式,是重塑银企关系、树立信用观念、化解金融风险、改善融资环境等的重要手段,也是WTO条件下保护本国经济弱势群体的重要措施。

复旦大学管理学院博士生张长起和上海市政府经济体制改革办公室陈霆博士指出,中国股票市场的风险主要表现市场价格大大背离其价值、证券市场低效率、证券价格变化趋势与整个国民经济的变化趋势不协调等三个方面。中国股市市场风险隐患主要是由制度安排缺陷所诱发市场过度投机;信用缺失所引致风险积聚以及政府政策主导股票价格变化等原因造成的。因此,必须通过改善上市公司股权结构,塑造人格化持股;形成有效的市场竞争机制;转变政府管理职能;强化中介机构的责任;加强市场经济道德重建等措施防范市场风险。天津师范大学的戴学来副教授认为,在经济、金融全球化背景下,中国证券市场开放是一个必然的选择。但当通过证券市场开放获得收益的同时,也蕴涵着巨大的金融风险。成熟与新兴证券市场开放在开放的立足点、开放的起点和汇率制度选择等方面都存在着不同。证券市场的开放策略选择主要是由各国金融业发展水平及其在国民经济中的地位所决定的。中国证券市场较小的规模、不完善的体制和机制、畸形化的市场层次和结构,使我国证券市场目前还缺乏较快对外开放的基本条件,从我国具体条件出发,应选择循序渐进的证券市场开放策略。

复旦大学管理学院博士生卢华认为,当前世界金融市场的发展趋势体现在金融创新持续高速发展;金融全球化进一步深化;加强金融监管,提高金融市场公信力这三个方面。改革开放以来,中国金融市场快速发展,但仍不成熟。借鉴世界金融市场发展的经验,中国在发展金融市场的过程中,必须注意结合自身国情,同时采取加快金融创新;积极稳妥地推进金融市场开放;加强金融政策协调,主动防范和化解金融风险等措施,促进中国金融市场健康快速发展。

山东大学管理学院教授、山东大学证券投资研究所所长张玉明博士认为,资本结构决策的核心是使企业价值最大化,由于中国资本市场不发达、市场运作效率不高、法律不健全、严重的信息不对称等原因使得中国企业最优资本结构明显不同于西方发达国家的企业的资本结构,中国企业负债率的适宜范围在30%—70%之间。

复旦大学国际金融系副教授陆前进博士认为,我国的金融体系是以银行为主体的,由于中央银行对银行体系的监督管理的不完善、信贷的过度增长和不良贷款的大幅上升等原因,加剧了我国银行体系的脆弱性。这一脆弱性对我国金融安全可能有许多不利影响。银行体系风险管理应从中央银行的金融监管和商业银行内部的风险控制两个方面着手。

海通证券公司郑木清博士指出,经济周期是机构投资者进行战略资产配置和行业资产配置的基本依据和出发点。由于所处商业周期或增长周期阶段的不同,不同行业上市公司的经营业绩存在着显著差别,从而也决定了不同行业的股票投资收益率的显著差别。机构投资者应根据所处的不同商业周期或增长周期的阶段,对其股票资产进行适时的行业轮换。适时的行业轮换比单个股票选择更具降低风险和增加收益的潜力。

(三)风险投资

复旦大学经济学院博士后流动站苏宗伟博士认为,高新技术企业是知识经济、新经济的灵魂,具有高风险、高难度、高速度、高知识、高技术、高投入、高效益、高竞争性等特征。高新技术产业发展需要政策支持、创业环境和长期规划,人力资本在高新技术产业的发展中起着决定性作用高新技术企业是风险投资的投资重点。由于这些企业前景的不确定性、资产的专用性、期限上的长期性以及无担保性,决定了风险管理是风险投资企业必备的核心能力。风险资本投入在高新技术企业运作中,必须解决好人力资本因素,即创业家的选任问题;激励机制因素,即对企业家的激励问题;资源整合因素,即资金、技术、信息和人力资源整合管理。

复旦大学管理学院博士研究生苏江明认为,风险投资是发展产业特别是高科技产业的重要支持力量,因此也是一个国家产业政策的重点内容。我国的风险投资业起步晚,资金量少、市场小、机制不完善等问题困扰着我国风险投资的进一步发展。基于对解决这些问题的考虑,按照欲求发展必先规范的思路,提出要健全中国风险资本市场,须从广开资金来源、拓宽信息渠道、建立健康的中介机构组织模式,增加政府扶持和管理力度、大力培养专业人才、完善退出机制入手进行。

与会代表还就社会中介组织的发展、产业集群、战略联盟、政府管制等产业经济中的前沿问题进行了广泛的探讨。

## 四、中国经济管理领域的前沿问题探讨

### (一) 宏观管理

上海交通大学战略管理研究所所长、博士生导师孟宪忠教授认为市场经济是一个整体文明演进过程,市场经济的发展与人的发展应是和谐的统一。中国市场经济发展需要一种经济精神,并从经济行为动因、发展经济主导取向、经济活动资本类型、经济活动中人与人的关系、经济活动中人与自然关系、怎样对待经济财富六个方面谈了市场经济对精神建设的挑战,希望中华民族在发展市场经济过程中能形成一种适应与引导市场经济的现代市场经济精神。

复旦大学旅游学系旅游管理教研室主任郭英之博士从人与自然和谐发展、经济主导与生态基础整体结合、经济有效性与生态安全兼容、经济、社会和环境效益相结合等方面论述了生态旅游管理的原则,提出生态管理应以生态保护与经济发展并存、生态环境与旅游经济协调,可持续发展为导向,并在此基础上提出了实施生态管理的措施。

中石化(集团)浙江分公司总经理助理邰展认为,中国私营经济在国民经济总量中比重不断上升,已经成为社会主义市场经济的重要组成部分。但人们对私营经济等非公有制经济仍然存有不同程度的偏见、市场准入条件不公平、融资难、私营经济自身在产权制度,管理体制上、发展产业、制度保护等方面存在的问题,都制约着私营经济持续健康发展。因此必须克服体制上和思想上的障碍,并用先进的东方管理学思想提高私营企业的管理水平,来促进我国私营经济的发展。

苏州大学财经学院胡月星教授认为,回汉各民族在商品经济活动中的行为表现及心理意识发展倾向与特征集中体现在商品经济活动的参与行为、成就动机、时间金钱观念、风险创新意识、进取效率意识、人际交往反应和交易伦理观念等各方面。正是这些深层次的经济心理因素,形成了人们在商品经济活动中的行为取向特征。通过这些特征分析,可以发现,在国家实施西部大开发浪潮中,西北地区民族经济发展以及人们的经济行为取向现代化的变革历程。

### (二) 国有企业改革

安徽省人民政府驻上海办事处主任高洪博士认为,改革开放以来,我国国有企业经过扩权让利、承包经营、改组改制、兼并联合等改革,走过了一条由低级到高级、从简单到复杂的再造轨迹。政企分开的力度不断加大,企业再造的外部环境和管理也在不断改善。但是,在企业再造的剧烈震荡的过程中,必然会出现许多矛盾和问题。不论是从总结过去企业再造的实践上看,还是从今后社会经济发展看,企业再造必须自始至终抓住"人"这条主线,从解决育人、用人、管人开始到实现为人的目标。

上海实业集团发展研究部助理总经理王国进博士认为,技术创新机制是技术创新与市场需求之间矛盾得以不断展开和解决的一系列动力、规则、程序和制度的复杂系统。大型国有企业技术相对于私营企业、中小型企业以及现代企业制度建立以前,创新机制的特点。国有企业建立现代企业制度后,有必要从大力加强政策倾斜;尽快完善市场机制;逐步推进自主创新;积极培育科技原创力等方面建立和完善技术创新机制。

复旦大学经济学院朱一平认为,国有企业改革的核心问题是出资者(或董事长)职能缺位;解决国企出资者(或董事长)职能缺位的关键所在是理顺国有资产的产权结构;理顺国有资产的产权结构必然要求政企分开,并完善相关的法律与规章;与此同时,董事会必须建立遴选人才、战略决策、资本运作等机制。

### (三)企业经营管理

同济大学经济与管理学院院长尤建新教授等认为,在激烈的市场竞争中,变化是一个不变的因素。变化的趋势揭示了如下四个恒量:永不停息的市场变动;提供参与性服务以满足人的需求;全球经济一体化的趋势;人与自然的和谐共处。作为人类经济生活的基本单位,企业应该在极速变化的环境中发现变化发展的趋势,力图抓住多变环境中的基本变化方向,并以此来指导其具体的发展战略。

中国人民大学商学院企业管理系博士生导师李宝山教授等认为,孙子关于"势"所做的精辟论述,为中国企业通过动态联盟,提高自主创新能力,再造企业竞争优势,提供了指导。中国企业通过求之于势,实施动态联盟,组建跨组织虚拟团队,以合势而制胜,是21世纪企业获取创新竞争优势的战略性选择。虚拟合作这一崭新的企业经营方式,正在为世界经济提供一个全新的、倍增的拓展空间。企业通过"顿时势、借地势、提气势、造优势",通过跨组织虚拟团队的管理创新,四势整合,再造企业技术创新优势。

上海社科院世界经济研究所陈志宏认为,要适应中国加入 WTO 后,跨国公司大举、加速进入中国的新变化,中国企业就要努力培育和构建企业的核心竞争力。影响企业核心能力的因素有目标顾客、关键环节、整合机制三方面,并提出了构建核心竞争力的途径。

### (四)人力资源管理

中共中央组织部领导干部考试与测评中心赵洪俊指出,新中国成立之后的较长时期内,我们党在领导选拔领导干部方面采取的主要方法是组织鉴定、考察、考核。改革开放以后,党在领导选拔领导干部方面进行了系列改革,领导干部考试与测评工作逐步走向科学化、规范化的道路,取得了积极成效,呈现出应用范围不断扩大;技术手段日臻完善;产业化趋势日渐明显;互补优势不断增强的发展趋势。

上海财经大学党委副书记夏健明教授等认为,企业家与员工之间有着信用的心理契约,企业家对信用契约的遵守或违背将影响着员工的信用行为。企业家不遵守信用,将促使员工重新修改信用契约,而不再遵守信用。企业家信用决定着企业组织整体信用。

复旦大学企业管理系博士生导师胡建绩教授等认为,从人力资源核心素质来进行人力资源测评,打破了以个体测评为基本方法的传统做法,强调人力资源管理必须为企业整体战略服务,强调人力资源的整体素质。可以运用整合评估法、核心项目评估法、关键流程评估法等方法进行人力资源核心素质测评。

香港城市大学应用社会科学系岳晓东博士认为,管理创新的三维结构,包括思维层面、人格层面和智慧层面。其中思维层面包括聚合思维、发散思维和辩证思维、批判思维等思维形式;人格层面包括意志力、观察力、乐观态度、独立精神、社会责任感等人格特质;智慧层面包括中庸、无为、因变、兼爱和全胜等智慧表现方式。这三维结构的关系不是平等的关系,而是渐进的关系,其中人格因素处于最底层,思维因素处于中层,智慧因素处于最顶层。人们在对管理创新的研究中,应加强对智慧因素的研究。

　　复旦大学管理学院博士生彭贺认为,21世纪的中国人力资源管理将呈现出从战术到战略,从全能到多能,从经验到专业,从无序到有序,从单一到多样,从他励到自励,从国内流动到国际流动,从保守到创新等八大特征。贯穿21世纪中国人力资源管理的核心理念将是:以人为本,顾客满意;以德为先,诚信合作;人为为人,全面激励。我国人力资源管理者在管理实践中,要坚持三为理论为指导,牢牢把握三大关系:利益关系;配套关系;投入产出关系。

　　上海万豪虹桥大酒店总经理周瑞亨指出,目前酒店业出现了人力资源短缺的现象,这是主要由于酒店业的扩张及经济的快速发展,而劳动力市场有效供应不足和在职人员流失量大两个原因所造成的。可以通过管理人才市场化选聘;提升现有管理者的素质;构建酒店内部劳动力蓄水池;建立职业见习基地和临时工、季节工就业服务机构等途径解决这一问题。

　　苏东水先生在最后的大会总结中指出,此次大会的特点是五个结合,即理论与实践的结合;文章定性与定量结合;参与学者国内与境外结合;参与代表产学研、社团、政府结合;东方管理、产业经济与经济管理多学科密切结合,具有深远的理论和实践意义。大会决定,第七届东方管理论坛将于2003年召开,主题为"东方管理的创新与发展"。

# 8. 第七届世界管理论坛暨东方管理论坛(2003)

论坛主题：东方管理科学的创新与发展

## 主题报告：论东方管理教育①

20余年来,经过以复旦大学学者群为主体的东方管理学派的专家、学者、学子和企业家200余人和衷共济、勤奋钻研,东方管理学术研究与理论体系构建已经取得了一定的成果。随着东方管理学科的不断发展与完善,作为一名教育工作者,我越来越感到在东方管理的教育领域中存在着许多问题值得深入探讨。为人师者,有"传道、授业、解惑"的责任,"教学相长"也有助于学术研究向纵深发展。而且,管理学是门实践性的科学,任何一种管理学理论,如果不能走出书斋,不能切实指导经济与社会发展,就毫无意义可言,而管理教育正是管理理论向管理实践跨越的桥梁。东方管理科学要想进一步创新与发展,就必须在前期工作的基础上,从现在开始就加强东方管理思想的教育和传播工作,通过"传道授业"的途径,实现东方管理学派"经世济民"的理想。本文拟从中国高等管理教育的历史回顾、东方管理教育体系的建立和东方管理教育的现实问题三个方面进行探讨。

### 一、中国高等管理教育的历史回顾

高等管理教育的主要目的是培养高级管理人才。中国的高等管理教育历史悠久,自古以来历朝历代都注重培养各类高级专门人才,尤其是高级管理人才。中国高等管理教育的制度、教材、方法是伴随中华民族源远流长的历史文化逐渐形成发展起来的,其影响波及许多国家。1988年1月,西方75位诺贝尔奖得主在法国巴黎集会,他们在宣言中向世界呼吁:"如果人类要在21世纪生存下去,必须回到2 500年前去汲取孔子的智慧。"②众所周知,孔子是儒家思想的创始人和中国最早的教育家,而儒家思想正是以中国传统文化为主要支撑的东方管理思想的核心,儒家经典"四书""五经"③也是中国传统管理教育的范本,西方学者对孔子智慧的重视昭示着包括东方管理思想在内的东方文化强劲的生命力及其在新世纪复兴的光明前景。

纵观中国封建社会两千余年的高等管理教育,公共事务管理人才的培养是重中之重。绝大多

---

① 本文刊载于2003年第七届世界管理论坛暨东方管理论坛论文集《世界管理论坛2003》(《当代财经》2003年特刊)。
② 这句话出自1988年1月24日澳大利亚《堪培拉时报》发自巴黎的报道《诺贝尔奖获得者说要汲取孔子的智慧》。有学者考证,那次集会未做公开宣言,学习孔子智慧的说法应该是与会的汉内斯·阿尔文博士(1970年诺贝尔物理学奖获得者)提出的,并得到多数代表肯定的一个讨论结果。(见李存山"孔子的智慧",《中国社会科学院报》2003)
③ "四书""五经"都是儒家经典著作,"四书"指《论语》《孟子》《大学》《中庸》,"五经"指《易经》《诗经》《尚书》《礼记》《春秋》。

数封建王朝建有中央和地方的公立学校,隋唐开始建立科举考试制度,儒家经典"四书""五经"逐渐成为科举考试的必读书籍,各类注疏也因此成为教育和考试的辅导教材。由于中国封建政权一直贯彻道德治国的精神,比较忽略科学技术,因此熟读"四书""五经"就基本可以"修身、齐家、治国、平天下",满足当时教育培养高级行政管理人才的需求。从唐朝开始,一些朝代在专业管理人才教育领域也做了许多有益的尝试。唐朝在中央设立了律学、医学、算学等专门学校,这些学校培养的学生许多成了政府工程、司法、医药等部门的技术官僚,同时还吸引了许多外国留学生前来学习。当然,即便是这些学校也非常重视儒家道德伦理的灌输,而且许多技术专家本身同时也是政治官僚。

这样一种以儒家思想为本位的教育模式绝非特定区域或特定历史时期的偶然事件,因为时至今日儒家思想仍有旺盛的生命力,近现代史上日本和新加坡等国家都依托以中国优秀传统文化,尤其是儒家学说为基础的东方文化(含东方管理思想)培养高级人才,实现了经济复兴和教育兴国,它们的建设成果为世界所瞩目。所以,日本学者发出的"半部论语治天下"的赞叹也就不难理解了。

新中国成立以来尤其是改革开放的20余年,我国政府对发展高等管理教育非常重视,积累了许多宝贵的经验,但也走过不少弯路。纵观近50年来的中国管理教育,20世纪50年代开始实施计划经济,以学习苏联一套为主;到"文革"期间,受到"管理也是社教"思维的影响,谈不上什么科学的高等管理教育;70年代末改革开放以来,开始了学习东欧、日本、美、英、法、澳等国的潮流;80年代开始,我国管理教育以高校和企业协会活动为主;1991年起,又引进欧美国家MBA专业学位的教育形式。一直到现在,已经基本形成了以西方文化为主要背景、主要应用西方的管理教育制度、教材和方法的管理教育体系。这样一种管理教育模式引进了西方管理理论的新概念、新思想、新方法,促进了中国管理教育的发展。但事实证明,形形色色的西方理论并没有马上给中国企业管理实践带来成功,相反,缺少合理取舍的一味吸收还引发了一系列严重的问题。当前中国高等管理教育最主要的组成部分——MBA教育在教育体制、师资品牌和学员素质等方面都存在不少问题,而且已经出现了重理论知识轻实践经验,重西方经验轻本土实际,重学历文凭轻学识能力等不良趋势。

## 二、现代东方管理教育体系的建立与发展

要全面解决中国管理教育领域存在的问题,必须从中国国情出发,建立一整套立足本土、博采众长的全新的管理教育体系。我们所理解的东方管理教育,是课程内容立足东方管理思想并融合中西管理思想精髓、教育方法充分依托中国传统"知行统一"的教育理念、全程渗透本土管理实践机会的管理教育模式。东方管理教育要努力做到理论与实践相结合、传统与现代相结合、东方与西方相结合、定性与定量相结合、案例与原理相结合。

在过去的20多年里,东方管理学派已经在这方面做了许多有益的尝试。我们早在20世纪70年代中期,就开始研究探索如何融合古今中外管理精华,如何形成以中华优秀文化为核心的东方管理学以及如何开展科学的东方管理教育。迄今为止,这一工作已经经历了三个主要阶段,并取得了初步成果。

(一)东方管理思想与东方管理教育的探索与初创阶段

1976年我开始在复旦大学开设"红楼梦经济管理思想研究"讲座,1978年推出《〈红楼梦〉的经济管理思想》,1986年首次公开发表《现代管理学中的古为今用》,20世纪90年代历时三年组织编纂出版了《中国管理通鉴》。90年代初我在国际管理学术界创造性地提出并阐述了东方管理以"以人为本,以德为先"思想为基础的"人为为人"的核心理念,并在"三为"理念的基础上,提出了东方管

理文化"三、六、九"①构成理论和"十五要素说"②,受到了国内外专家学者的高度赞誉,为开展东方管理教育打下了坚实的理论基础。

我们的管理教育活动可以追溯到1978年。当时的上海管理教育学会、中国国民经济管理学会最早在中国开办企业管理、国民经济管理、管理心理学和经济管理电视讲座,听众人数多达数百万。为培养中国厅局级高级管理人才,1982年,在改革开放的初期,我们受国家经委委托举办了"工业经济研究生班"。为了更好地开展管理教育工作,这一阶段我们出版了一系列具有中国特色的管理学教材和专著:《企业管理教材系列》《国民经济管理学》《管理心理学》《经济管理》《工业企业经营管理学》及《中国乡镇企业家系列丛书》等。

### (二) 东方管理思想走向世界与东方管理教育开始发展的阶段

1992—2000年,我连续四次参加在日本东京、美国达拉斯、法国巴黎、西班牙马德里和加拿大蒙特利尔举行的世界管理大会,提交了《中国古代管理行为学说》《弘扬中华优秀文化,建立中国特色的管理学体系》《东方管理文化的探索》《东方管理文化的复兴》及《面向21世纪的东西方管理文化》等论文,颇受与会各国代表关注。为了扩大东方管理学的影响,我们从1997年起,连续举办六届世界管理论坛暨东方管理论坛,一届华商管理大会,就东方管理教育与东方管理研究展开广泛探讨,在海内外学术界和企业界引起了巨大反响。特别是1997年在上海召开的'97世界管理大会影响深远,国内外50余家媒体到会采访。正如一家权威媒体的报道所言,这标志着"东方管理文化在世界叫响"。

随着这一阶段东方管理学术研究和理论体系构建的顺利推进,我们对东方管理教育的认识也逐步加深。尤其是通过与国内外学者的广泛交流,大家在管理教育领域达成了初步的共识,即无论东方管理教育还是西方管理教育都要重视"以人为本"思想在管理教育中的作用,都要提高文化因素在管理教育中的地位,都要充分认识到"创新"观点对管理教育的重要影响,都要走东西方融合发展的道路。

### (三) 初建东方管理学科教育体系与开始培养东方管理人才的阶段

早在20世纪90年代初,我们就开始招收东方管理、管理心理等研究方向的博士生和硕士生,在课程设置、人才培养等方面积累了丰富的经验。实践证明,这些方向的毕业生都已经成为各行各业的骨干力量,许多人担任了省部、地厅级领导干部。

90年代中期以后东方管理教育与人才培养开始进入了一个全面发展的阶段。首先,复旦大学东方管理学科的教师、研究人员和研究生研究成果层出不穷,几年来在本领域发表论文上百篇,目前已结集出版"世界管理论坛暨东方管理论坛"论文集六册,"华商管理大会"论文集一册,其中我的《伟大时代的新学说——东方管理学思想的兴起》、王家瑞教授的《弘扬东方管理,促进世界文明》等论文被《人民日报》等权威报刊刊登或转载。其次,东方管理教育的教材建设也取得了重大进展,近几年的代表作有:《中国国民经济管理学》、《管理心理学》、《管理学——东方管理学派的探索》、以东方管理文化为基础的《产业经济学》、比较全面系统的《东方管理》等,填补了东方管理教育与研究领域的多项空白。其中,《管理心理学》还多次荣获国家与上海市奖励,目前已出到第四版,印数超

---

① "三、六、九"即以人为本、以德为先、人为为人的"三为"思想,儒、易、道、墨、法、兵六家学说,《周易》《老子》《论语》《荀子》《孙子兵法》《盐铁论》《富国策》《营造法式》《生财有大道》九部传统管理著作。
② "十五要素说"是指东方管理哲学包含"道、变、人、威、实、和、器、法、信、筹、谋、术、效、勤、圆"十五个方面。

过60万册,《产业经济学》被教育部列为面向21世纪课程教材。

此外,这一阶段我们还建立了东方管理的教育、科研与实践基地——东亚管理学院,并在香港注册设立了东方管理科学研究院(香港)。除复旦大学以外,上海交通大学和华侨大学等兄弟院校都成立了东方管理研究中心,为培养高级管理人才、推动东方管理教育与科研奠定了坚实基础。

## 三、东方管理教育的现实问题

现在,东方管理学已经具备了公认的科学价值、巨大的研究空间、比较成熟的理论体系和相对独立的研究范畴,而且我们还积累了雄厚的教育科研力量,业已形成了包括博导、教授、副教授、博士在内的合理的学术梯队。大力开展东方管理教育的时机日渐成熟,与此同时,许多现实工作就显得更加迫切。为了推动东方管理教育健康、迅速发展,当前和未来几年我们将努力做好以下三个方面的工作。

第一,复旦大学经济管理研究所将在应用经济学一级学科下设置独立的东方管理学二级学科硕士点、博士点,招收硕士生和博士生。目前,我们的申请已经获得初步批准。

东方管理学硕士生的培养将突出应用型、实践型的特色,我们准备把它办成有中国特色的MBA和MPA项目,争创OMBA(Oriental Master of Business Administration)与OMPA(Oriental Master of Public Administration)品牌,培养既具有中国本土管理文化优势,又掌握东西方管理精髓的实践型高级工商管理人才与公共管理人才。除了依托现有师资力量,我们还将陆续聘请大量有高学历和丰富管理经验的企业家与政府官员参与教育活动。东方管理学博士点拟分设东方管理文化研究、东方管理心理研究、东方管理方法及世界华商管理研究等主要研究方向,培养具备渊博的传统文化知识,扎实的经济学、管理学及行为科学的理论基础,在本学科领域的一个方面有独立创新见解和开拓性学术成果的高级管理人员与高级研究人员。东方管理学博士还可以作为本学科点重要的后备师资力量。

第二,完善现有东方管理教育的学科体系和教材体系。在前期工作的基础上,我们准备集中人力、财力全心打造包括东方管理学、中国管理学、华商管理学、治国学、治家学、治生学、治身学、人本论、人德论、人为论、人缘论、人道论、人谋论、人心论、人才论的"三学、四治、八论"的东方管理学科体系和教材体系,进一步推广东方管理思想。这一套丛书也将作为东方管理学硕士点和博士点的教材和参考书。

第三,继续办好世界管理论坛暨东方管理学术研讨会,努力做好筹办2008年第九届世界管理大会的工作。世界管理论坛不仅要办成东方管理学术研究的盛会,也要办成中国高校管理院系交流管理教育经验,推动东方管理教育发展的盛会。通过举办第八届世界管理大会,可以促进东方管理研究与东方管理教育的国际交流,扩大东方管理学的国际影响,力争使东方管理学说在世界管理学丛林中独树一帜,枝繁叶茂,并通过举办世界管理大会向全球推广届时已经比较成熟完善的东方管理教育模式,为世界管理教育的发展做出我们应有的贡献。

综上所述,东方管理教育事业有着深厚的历史积淀,坚实的理论基础和良好的现实机遇。通过发展东方管理教育,一方面可以为东方管理学术研究注入新的活力,另一方面可以弘扬中华优秀管理文化,促进中国高等管理教育蓬勃发展,推动国内管理教育尽快接近和达到国际一流水平。当然,最重要的是,我们希望通过发展完善东方管理教育,广泛传播东方管理思想,让管理实践检验我们的东方管理理论,让东方管理理论能够"经世济民",为中华民族的伟大复兴服务。

"理论是灰色的,而生命之树常青",希望东方管理学派的理论工作者,能够投身东方管理教育事业,做一名培植生命之树的园丁。

2003年在上海举办第七届世界管理论坛暨东方管理论坛,与会代表合影

## 东方管理科学的创新与发展
—— 第七届世界管理论坛暨东方管理论坛会议综述[①]

由世界管理协会联盟中国委员会、上海交通大学东方管理研究中心、复旦大学东方管理研究中心、上海管理教育协会等机构主办的"第七届世界管理论坛暨东方管理学术研讨会"于2003年11月19至21日在上海交通大学管理学院隆重召开。大会收到来自日本、新加坡、中国的230余篇论文。200余位来自北京大学、中国人民大学、香港科技大学、上海交通大学、复旦大学等大学及有关政府机关、企业的专家、教授、学者、工作人员参加了会议。

中共中央对外联络部部长王家瑞教授,世界管理学顶尖杂志AMJ前主编、中国管理研究国际协会主席徐淑英教授等知名人士发来了热情洋溢的贺信贺电。中共中央对外联络部部长王家瑞教授在贺信中指出,国内外一些有识之士对东方管理学倾注着很大的热情,通过一批专家教授学者的探索、研究,东方管理学在国内外已经具有较大的影响。他认为,要进一步推动东方管理学事业的发展,还有许多工作需要努力,例如,如何让东方管理学的理论和方法与企业的改革和发展更加密切的相结合;如何解决文字方面的障碍,让东方管理思想在国外得到进一步的传播;北京大学、中国人民大学、复旦大学、上海交通大学、江西财经大学、山东大学、华侨大学、杭州商学院、香港科技大

---

① 本文刊载于2003年第七届世界管理论坛暨东方管理论坛论文集《世界管理论坛2003》(《当代财经》2003年特刊)。

学等机构的专家学者如何协作攻关,推进东方管理学研究向纵深发展。最后王部长指出,不管是东方管理学,还是西方管理学,管理学本身是一门实用性很强的学问,要能够解决现实管理生活中不断出现的新情况新问题,才能够具有生命力,才能够不断发展壮大。徐淑英教授希望全世界关注中国管理研究,东方管理研究的学者加强联系,共同为丰富和发展世界管理学作贡献。

本次大会在继承了历届论坛研讨成果的基础上,着意突出了"东方管理科学的创新与发展"的主题。

一些学者对苏东水教授提出的东方管理文化的核心理念"以人为本,以德为先,人为为人"进行了深入的探讨;中国科学院研究生院管理学院徐艳梅博士等人认为中国管理的架构是外圆内方的,同时提出了企业的五行运作论;上海交通大学管理学院院长王方华教授认为东方管理的核心理念是天人合一,以和为贵,以诚待人。

复旦大学首席教授、东方管理研究中心主任苏东水教授对东方管理的进行了系统的论述,认为为了推动东方管理教育健康、迅速发展,当前和未来几年将努力做好以下三个方面的工作:第一,复旦大学经济管理研究所将在应用经济学一级学科下设置独立的东方管理学二级学科硕士点、博士点,招收硕士生和博士生;第二,完善现有东方管理教育的学科体系和教材体系;第三,继续办好世界管理论坛暨东方管理学术研讨会,努力做好筹办 2008 年第九届世界管理大会的工作。

华人家族企业管理研究是本届大会关注的热点之一。世界范围内 80% 以上的企业属于家族企业,美国雷特林估计,世界 500 强中有 40% 由家庭所有或经营。本次大会对家族企业的现状及发展给予了极大的关注,对家族企业的产权结构、管理模式、企业伦理、激励机制、组织发展、信任扩展等深层次问题进行了深入的探讨。新加坡的陈亚玉女士对新加坡、马来西亚及印尼的华人家族企业高层管理人员进行调查后发现,37% 认为家族企业"富不过三代",另外 32% 的人认为有这种可能。家族企业特别关注所有权或产权对于企业内部的其他权力的支配能力。家族企业的关键权力均为家族组织的核心成员所把握,从而保持家族对企业的实际控制权,以此维持组织的团结与成员的忠诚。认为华人家族企业在新世纪永续发展繁衍中必须建立和采取的组织管理的新概念,新策略和新措施。来自台湾地区的叶建宏认为华人家族企业已经重视继承人的培训,培训方式有创业者亲自教导、家族由老臣组成的经营团队磨炼、安排到亲友的企业磨炼、到公司的关系企业工作、到海外磨炼等方式。来自香港科技大学的宋继文对家族企业的组织文化、员工的工作态度等进行了研究。上海理工大学商学院的李好好教授对浙商进行了认真研究,他认为浙商在经营管理方面有四个方面的特色:做精做透所从事的产业;善于选择与自己最匹配的经营管理模式;"当得老板,睡得地板"的创业精神;凝聚家族同乡,营造血缘地缘环境。

注重实证研究是本后研讨会的特色之一。北京大学案例研究中心主任何志毅博士对中国民营企业职业经理人激励要素进行了实证研究。他以浙江、广东的民营企业为主要的抽样总体,分析不同地区、不同行业 92 个民营企业职业经理人的激励状况,调查资料统计结果显示:现阶段我国民营企业的职业经理人激励机制存在重要问题,物质激励重要程度与拥有程度严重偏离,精神激励的各个项目普遍偏低,并且不同年龄、性别、职位、教育程度、加入企业的不同年限的职业经理人对各项激励的需求各不相同。认为要想更好地激励职业经理人,民营企业必须注重物质激励和因人而异的激励方式。

上海交通大学东方管理研究中心颜世富博士等人对 198 个企业人士的压力与绩效关系进行了研究,研究发现员工的工作压力对绩效有显著的负面影响,目前的变革时期上海地区国有企业员工比外资企业员工的工作压力大。

大家对《周易》《孙子兵法》及《鬼谷子》等经典著作以及墨子、诸葛亮等人的管理思想进行了进一步的挖掘。本次大会还对我国企业联盟、产业集群的成因、特点、现存问题及对策等进行了深入的探讨。

本届大会在社会上反响热烈,除了受到人民日报、解放日报、文汇报等多家传统新闻媒体的关注外,新浪网、搜狐网、网易网、Tom网、今日东方网、中国管理咨询网、中国广播网、中国高校人文社会科学信息网、东方网等网络媒体从不同的侧面对大会作了较多的报道。

# 9. 第八届世界管理论坛暨东方管理论坛(2004)

论坛主题：东方管理、中国管理、华商管理

## 主题报告：东方管理文化的发展与运用[①]

### 一、东方管理文化的渊源与内涵

管理作为人类社会的重要活动形式，总是受到一定社会文化的影响，反过来，管理又为社会文化增添新的内容。

一方面，管理首先是文化的产物，任何一种管理理论的提出都离不开特定的文化背景。在中国，自汉代"罢黜百家、独尊儒术"以来，儒家思想逐渐成为中国封建社会的主流思想和中国传统管理思想的重要来源，同时也是中国封建社会各层次管理实践的指导思想，并且渗透到管理人才培养的各类教科书中。另一方面，管理本身就是一种文化形式，它有自己的价值观、信仰、工具和语言，任何一种管理知识和管理实践，都是管理者的文化创造，为当时的社会文化增添新的内容。

严格地讲，西方主流管理学界从20世纪80年代才开始真正重视管理文化研究。然而在西方管理学文献中，管理文化和组织文化或企业文化基本是同义词。被西方管理学界誉为"文化四重奏"的《Z理论：美国企业怎样迎接日本的挑战》《日本的管理艺术》《公司文化》《追求卓越——美国杰出企业家成功的秘诀》以及后来颇具影响的《企业文化与经营绩效》的讨论范围都没有跳出组织文化(主要是营利组织的管理文化)的范畴。

本人认为，管理文化并不等于企业文化，对管理文化应作广义的理解。"所谓管理文化，是一切管理活动中群体性的观念模式和行为模式的总和。"[②]其中观念模式指特定群体所固有的价值观念和伦理道德，观念模式决定着行为模式，行为模式是价值观念和伦理道德的外在表现。因此从内涵来讲，管理文化包含三方面的内容，即价值观念、伦理道德和行为模式。中华传统文化是东方(尤其是东亚国家)文化的渊源，中华传统文化对东方管理文化的价值观念、伦理道德和行为模式具有深远影响。因此，东方管理文化是一种以中华优秀传统文化为核心的、既继承传统又广泛吸取西方管理文化精华的开放管理文化[③]。国内外学者的研究和企业家的实践都证明，良好的企业文化对企业经营绩效都有着明

---

[①] 本文刊载于2004年第八届世界管理论坛暨东方管理论坛论文集《世界管理论坛2004》(《人口与经济》2005年特刊)。
[②] 苏东水主编：《管理学》，东方出版中心2001年版，第171页。
[③] 李宗桂对"中国传统文化"的定义得到许多学者认同，"所谓中国传统文化，就是中国古代思想家所提炼出的理论化和非理论化的，并转而影响整个社会的、具有稳定结构的共同精神、心理状态、思维方式和价值取向等精神成果的总和"(见《中国文化概论》，中山大学出版社1988年版，第12页)。然而，管理是一种社会实践活动，考察管理文化，不能只是研究文化的"观念模式"，还必须研究管理活动中的"行为模式"所以我们用价值观念、伦理道德和行为模式三个要素来定义管理文化。

显的促进作用。进一步讲,优秀文化是一切组织持续成功的精神支柱和驱动力。东方管理学的管理文化覆盖治国、治生、治家、治身等多个层次,其研究的"组织"包括国家(政府和其他非营利组织)、企业、家庭和人本身。我们对东方管理文化的研究就是为了培养和建立一种同时具有历史连续性、内在一致性、普遍适用性和强大辐射力的管理文化,指导国家治理、企业经营、家庭生活和个人修养。

## 二、东方管理文化的研究历程

1976年,我给复旦中文系的工农兵学员作关于《红楼梦》经济管理思想的系列讲座。当时,我感觉王熙凤的管理方法和晚些时候西方流行的泰罗式管理有相通之处,但泰罗式管理在美国成功施行了相当长一段时间,而王熙凤的管理只在短期内奏效。虽然这只是小说中的故事,但却启发我思考其中的深层原因,思考的结果是王熙凤的失败因为她完全背离了东方管理文化的精神,她的管理方法根本不符合中国传统文化对家庭管理的要求。同时期,我还做了另一个讲座"《资本论》与管理科学"。《资本论》第三卷提到管理的两重性问题,即管理也具有社会属性和自然属性。我感到,管理的社会属性同时也是管理的文化属性。所以,在此后的研究中,我格外注意分析具体的管理方法对现实文化土壤是否适用。

20世纪80年代正值我国管理研究和教育领域开始接受西方管理理论与方法,学者和企业家越来越重视管理过程中的操作层面。我却坚持认为更应该从文化层面即管理文化的角度来透视和理解管理的实质。因此,东方管理学派对管理的研究不仅仅停留在知识的层次上,还进一步深入到形成和影响管理的文化背景之中挖掘其背后的哲学内涵。20世纪90年代初阐述以中国传统管理文化为核心的东方管理学理论时,我不仅提出东方管理学理论的知识基础——"三、六、九构成说",还把蕴涵在这些著作中的管理文化归纳为东方管理哲学"十五要素说",深化了"以人为本、以德为先、人为为人"的"三为"东方管理文化。

从1992年开始我连续参加IFSAM举办的世界管理大会,先后提交了《弘扬东方管理文化,建设中国特色的管理体系》《中华优秀文化与管理科学》《面向21世纪的东西方管理文化》《东方管理文化的复兴》等多篇关于管理文化和东方管理文化的论文,从一个侧面反映了我们对东方管理文化研究的进展。在第三届世界管理大会的论文《东方管理文化的探索》中,我第一次提出东方管理文化的基本精神是"人乃天"和"事人如天",这其实也是对"三为"东方管理文化中的"以人为本"的深入阐述。实事求是地讲,改革开放前的几十年间,实施计划经济模式和以阶级斗争为纲的政治路线在一定程度上破坏了中国一脉相承的管理文化。尤其是过分强调集体主义,抹杀了个人的独立价值,"人乃天""事人如天""以人为本"的基本精神被有意无意地遗弃。20世纪80年代时,曾经有不少学者反思这个问题,但他们倚重的理论主要是西欧文艺复兴以来发展起来的"人文主义""人本主义"。西方的"人本主义""人文主义"本身很有进步意义,但后来在资本主义经济不断膨胀的过程中逐渐蜕变成了"个人主义"和"人类中心主义",西方国家的社会危机以及工业文明对环境的破坏都可以说明这一点。所以,不加区别地借用"人文主义""人本主义"和其他学说,并没有使得中国真正走上"以人为本"的发展道路。相反,改革开放的前十几年,我们的经济建设和企业管理倒是在许多方面重复西方国家的错误。学习和借鉴西方的理论与经验是非常必要的,但首先要取精华、去糟粕,然后还要考察那些精华是不是适合中国的国情,怎样调整才能适合中国的国情。因此我坚持认为,从中国传统智慧中发掘资源,古为今用,培养和创建适用于现代中国乃至中国文化圈中其他国家的东方管理文化是一种更可取的做法。

90年代中期以后,我们对东方管理文化的研究分两个大方向进行:一方面继续研究东方管理文化的基本理论,出版了四卷本《中国管理通鉴》及《管理学》《东方管理》;另一方面,努力将东方管理文化运用到经济学和管理学的各个领域,在我编著的《中国国民经济管理学》、《产业经济学》、新版的《管理心理学》和新面世的《应用经济学》等著作中,成功地把管理文化特别是东方管理文化嵌入宏观经济管理、中观产业政策、微观企业经营和经济社会协调发展等领域,受到了学界同行的一致好评。这几年来,在管理文化领域,我的学生苏勇教授的博士论文《中国企业文化的系统研究》、张阳教授的博士论文《管理文化视角的企业战略》和徐希燕博士的博士后研究成果《墨学研究》等著作先后由复旦大学出版社和商务印书馆出版,在学界颇具影响。

我们对东方管理文化的研究已经取得了阶段性成果,作为一个学派已经创出了国际声誉,正如人民日报等媒体的报道对'97上海世界管理大会的评价——"东方管理文化在世界叫响"。但我们的理想是培养和建立一种同时具有历史连续性、内在一致性、普遍适用性和强大辐射力的东方管理文化,指导国家治理、企业经营、家庭生活和个人修养,参照这个目标,还有很远的路要走。

## 三、东方管理文化的实践与运用

中国传统的治国、治生、治家、治身思想丰富而深刻,历史上的圣人学者、明君贤臣、成功商贾都在实践这些理论并不断丰富这些思想。管理学是一门实践的科学,任何一种管理学理论,如果不能切实指导管理实践,就毫无意义可言。我长年致力于研究和推广东方管理文化,最大的希望就是东方管理文化能够走出象牙塔,真正对国内外的工商管理实践和公共管理实践有所助益。近年来,我欣喜地看到,国内外专家、学者、政治家、企业家开始重视对东方管理文化的学习、研究与运用,东方管理文化在微观、宏观各领域都发挥着越来越多的作用。

1. 再造企业文化

东方管理文化的微观价值首先体现在华商管理,华商企业管理是中国传统管理文化与西方管理文化以及华商足迹所至的土著管理文化相融合的成功典范。前些年,我们国内的许多企业模仿热衷于学习欧美国家的管理理论和经验。我认为组织架构、财务管理学西方问题不大,人力资源管理和营销模仿西方的做法就有问题了,因为我们的员工和顾客和他们具有完全不同的文化属性,至于组织文化,就更不可能照搬。

知识经济背景下,企业知识密集程度和信息化程度不断提高,组织结构不断扁平化和虚拟化,国内外市场环境变化莫测,各类企业尤其需要处乱不惊,以静制动,在这方面,强调"以人为本、以德为先、人为为人"的东方管理文化开始显示出强大的功效。近年来,许多企业开始自觉培育东方特色的管理文化。青岛双星集团是运用东方管理文化非常成功的国有企业之一,双星总裁汪海充分借鉴我国传统文化中丰富而深刻的企业管理思想,特别是以伦理为本位、强调社会需求和集体利益、讲求道德诚信、崇尚美德的思想,开创了一套以"实事求是、行善积德"为核心的、颇具东方特色的管理文化。他们用佛教文化所倡导的"行善积德"来感召员工的质量观念;通过弘扬"孝文化"培育员工对企业的忠诚度;通过发挥"中和"思想,"允执其中",促进企业生产和管理要素优化组合;运用"和为贵"的思想,德法并施,为企业成长创造和谐的内外环境。实践证明,这些举措都取得了良好的效果。不仅双星这样的传统国有企业通过运用东方管理文化焕发出新的生机,民营高科技企业复星公司的企业理念就来自中国传统知识分子的理想追求"修身、齐家、治国、平天下",叫作"修身、齐家、立业、助天下",充满儒家文化色彩。复星员工的晨课词是"对人感恩,对己克制,对事尽力,对物珍惜",又充满佛家文化色彩。国外许多企业也开始借鉴东方管理文化智慧,诺基亚的口号就是"科技以人为本",关爱员工、服务客户,短短几年从一个不起眼的北欧小企业崛起为全球最大的移动通信设备生产商。

2. 建设政治文明

众所周知,20世纪80年代亚洲"四小龙"的崛起与东方管理文化的运用密不可分,尤其是新加坡原总理李光耀将儒家思想和市场经济紧密结合推行儒家资本主义使新加坡成长为文明、廉洁、富裕的国度,其治国方略成为东亚各国学习的对象,近几年我国的公务员海外培训很多都选择到新加坡去。再如泰国泰爱泰党提出了"一切以人民为本"的"民本主义"思想,该党主席、政府总理他信认为,人民与政党之间存在着一种社会契约,因而应"以民为师""向人民学习"[①]。这些都体现了亚洲国家政治文明中的东方管理智慧。

进入新世纪以来我们党和国家的路线、方针、政策也越来越多地蕴涵东方管理文化。2001年1月,在全国宣传部长会议上,江泽民同志明确提出了"把依法治国与以德治国紧密结合起来"的治国方略,这是我党立足中国国情、借鉴中国古代治国之道、吸取国外国家事务管理的经验教训所做的英明决策。我早在20世纪80年代提出的"以德为先"思想与以德治国方略是内在统一的,要实现中国的繁荣昌盛,必须做到德以贯法,法以扬德,德治与法治相结合[②]。十六大以后,"以人为本"的执政理念始终贯穿于新一届中央领导集体的言行中,也具体落实到各部门、各地方广大党员干部的行动上。胡锦涛总书记反复强调"权为民所用,情为民所系,利为民所谋"。2003年中央经济工作会议进一步明确提出要"坚持以人为本,树立全面、协调、可持续发展观",同时指出"要坚持立党为公、执政为民,树立正确的政绩观"。这些都表明,一种新型社会主义政治文明正在形成。

在国际关系领域中央提出了"与邻为善、以邻为伴"的外交方针。2003年10月温家宝总理在东盟商业与投资峰会发表演讲时提出了"睦邻、安邻、富邻"的六字方针,创造和谐、稳定、发展的东亚。两个月后温总理在哈佛发表演讲时,又借用了中国古代思想家"和而不同、以和为贵"的观点。这些外交政策塑造了中国"和平崛起"的形象,有力回击了所谓的"中国威胁论",为中国的长期稳定发展营造了良好的国际环境。

3. 促进经济发展

中国自改革开放以来,1978—2003年,按可比价格计算GDP年均增长速度接近9.5%[③],根据国家统计局10月份的报告,今年前三季度GDP同比增长更是超过了9.5%。综合国力大大提升,人民生活水平明显改善,这都是东方管理文化现代价值的有力例证。

党的十六届三中全会通过的《中共中央关于完善社会主义市场经济体制若干问题的决定》中提出,科学发展观的核心是"以人为本"。"以人为本"首先就要求我们在经济发展中统筹人与自然的和谐发展,贯彻"事人如天"和"天人合一"的东方管理智慧,使经济发展与资源、环境相适应,在经济发展和自然环境的维护发生矛盾时,要着眼于长远,着眼于子孙后代,努力转变经济增长的方式,合理开发和合理使用各种自然资源,建设一个耗费资源低、排污少、可循环、可持续的国民经济和节约型社会。近一年来,经济学界讨论最多的名词之一就是"绿色GDP"。虽然对"绿色GDP"指标的讨论还存在许多争议,但我本人认为现在这样简单地以GDP来衡量经济发展是有问题的,的确有必

---

① 参见王家瑞教授的《国外政党的执政模式》,《解放日报》2004年12月13日。
② 东方管理文化的"以德为先"思想包括官德、商德、民德三个层次。
③ 根据《中国统计年鉴》2004数据计算。

要根据科学发展观的要求设定一种更科学的方法,推进我国经济增长方式的根本转变,促进社会、经济的持续、健康、稳定发展。现在,许多地方已经绕开对"绿色 GDP"的争论,研究如何从"资源→产品→污染排放"单向流动的线性经济转变为"资源→产品→再生资源"的循环经济。这是一种科学的选择,虽然东方管理文化中有许多这方面的指导性思想,但讲到具体的施行,欧美、日本等发达国家已经走在我们前面,需要向他们虚心学习。

另外,东方管理文化中"无为而治"思想,与当前我国国有资产管理体制改革中提出的"抓大放小""有所为有所不为"的改革原则也可谓"不谋而合"。

4. 推动社会进步

十六大明确了全面建设小康社会的奋斗目标小康社会是"经济更加发展、民主更加健全、科教更加进步、文化更加繁荣、社会更加和谐、人民生活更加殷实"的社会,而不仅仅是经济发达。东方管理"人为为人"理念本身即蕴涵着社会和谐进步的思想,"人为为人"有两个层次,较高层次为解放全人类,实现人的全面、自由发展,现实层次则是为人民服务、为人民谋幸福建设和谐进步的社会。

改革开放以来,我国经济增长很快,但由于配套改革措施不到位,使得社会发展出现了一些不和谐的音符。比较严重的一个问题是贫富差距和城乡差距的扩大,我国的基尼系数即使按保守估计也在警戒线边缘。当然不能再回过头去实行绝对平均主义,我们在早些年已经吃过这方面的亏了,但《论语》里讲"不患寡而患不均",贫富差距的扩大会带来许多社会问题,"拉美陷阱"就是一个惨痛的教训[①]。此外,我国社会还存在其他一些不可忽视的社会问题,如婚姻、养老、青少年教育等。近些年来,党和政府已经采取一系列措施解决这些问题。12 月 5 日刚刚结束的中央经济工作会议一再强调社会的稳定和谐,在明年经济工作八个重点的第七项指出,"坚持以人为本,做好关系人民群众利益的各项工作,维护社会稳定";在明年经济工作的六项任务中的第六项提出"坚持以人为本,努力构建社会主义和谐社会"。一再强调"以人为本"的原则,足以显示东方管理文化的意义。

运用东方管理文化推动社会文明进步,一方面要依靠文化和道德的潜移默化作用,另一方面也要用制度来保证。以家庭管理为例,传统中国管理文化中蕴涵着丰富的治家思想,但面对"空巢家庭"和"丁克家庭"等新现象,仅仅依靠"百善孝为先""老吾老以及人之老,幼吾幼以及人之幼"的自觉性是不够的,还要辅以"老有所终,壮有所用,鳏寡孤独,皆有所养"[②]这样一种科学规划或保障制度。

## 四、复兴中国文化,促进东方管理学派发展

20 世纪 90 年代美国经济持续 10 年的增长创造了"两高一低"的新经济神话,以信息技术和生命科学为先导的知识经济迅速波及全球,中国经济也迎来了跨越式发展的历史机遇。知识经济不仅带来了物质生活水平的提高,也在潜移默化地改变着管理模式。从只观照股东利益最大化到全面考虑企业社会责任的利益相关者理论,从强调垂直领导的科层制到不断扁平化的组织架构,从目标设定简单划一的绩效管理到更考虑员工个性、更富有弹性的柔性管理……一种全新的管理文化正在兴起。我们虽然不能直言这种新的管理文化就是东方管理文化,但却可以肯定地讲,其中蕴涵

---

① "拉美陷阱"是指巴西等拉美发展中国家普遍存在的现代化过程中部分人更加贫困,有增长、无发展,大多数人享受不到现代化成果的经济社会现象。
② 《孔子家语》,卷七,礼运,第三十二。

大量与东方管理文化相契合的成分。

20世纪中叶以来,主要管理学思想和著名的管理学家大都来自美国,根本原因是美国经济和美国企业拥有世界主导地位。中国改革开放20多年来,经济腾飞,社会进步,正在成为全球经济发展的引擎之一,中国各个层面的管理实践都在成为全球关注的新焦点。中国传统文化也开始吸引更多外国人的兴趣。1988年1月,西方75位诺贝尔奖得主在法国巴黎集会,他们在宣言中向世界呼吁:"如果人类要在21世纪生存下去,必须回到2 500年前去汲取孔子的智慧。"[①]面临这样一种难得的历史机遇,东方管理学派的学者们有义务会同国内外同行努力实现东方管理文化的伟大复兴。明年是复旦大学百年华诞,就在不久前学校决定恢复使用刘大白先生作词、丰子恺先生作曲的复旦大学老校歌歌词中有两句话"作育国士,恢廓学风"很好地概括了东方管理学派下一步要努力做好的两个工作:

第一,要大力发展东方管理教育,"作育国士",为国家培养高级管理人才。东方管理文化的核心命题是"以人为本,以德为先,人为为人",其中"以人为本"是基础,研究和实践东方管理文化关键也在人,培养一支研究和实践东方管理文化的队伍对学派的发展至关重要。东方管理学派的理想是国家富强,民族复兴,因此我在去年的论坛上号召东方管理学派的学者要"传道授业,经世济民",宣传、推广东方管理文化。其实,早在20世纪80年代中期,复旦大学经济管理系就在工业经济学科下设置了东方管理相关研究方向,20年来培养硕士、博士、博士后数百人,他们都成长为各行各业的优秀成才,许多成为著名学者、高级干部和成功的企业家。今年复旦大学将公开招收第一批东方管理学博士研究生和硕士研究生,今年我们开始面向国内外招聘师资,东方管理教育从此进入一个新的发展阶段。东方管理文化的包容性决定了东方管理教育的开放性,在去年江西财经大学50周年校庆时我做了《开放社会中的东方管理教育》的演讲,在今年的歌德堡世界管理大会上,我又向各国代表介绍东方管理教育发展和东方管理学科建设的情况以及我们准备推出的OMBA(东方工商管理硕士)和OMPA(东方公共管理硕士)项目,并征求他们的意见,欧美国家的学者都很感兴趣,认为这对于培养国际化的本土管理人才非常有意义。而且,全面开展东方管理教育,"教学相长",本身也有助于学术研究向纵深发展。

第二,要继续深入研究东方管理文化,"恢廓学风",真正创立现代管理学的东方学派。早在20世纪80年代,我在日本参加现代化国际研讨会时作了"中国古代行为学说"的报告,提出要创建管理的东方学派,创建一种融合中国文化与现实世界经济发展的独特的东方管理学。经过近20年的不懈努力,现在国内外许多学界同行都认可了东方管理学派的提法。但我本人深知,一个学派的学术地位的确立还需要更长时间的积累。为了深化和细化对东方管理文化的研究,形成更为系统和精深的管理理论,我们正在组织编写体系宏大、贯穿东方管理文化"三为"思想的《东方管理学派著系》(经典与案例丛书),包括"三学""四治""八论"共十五部著作,这是继编纂《中国管理通鉴》以来东方管理学派的又一项重大工程,对建设东方管理学科体系和教材体系具有深远意义,必将为东方管理文化研究奠定更加坚实的基础。此外,我们还将努力打造高水准的国际学术交流平台。今年,我率领中国代表团参加第七届世界管理大会,成功争取到2008年第九届世界管理大会的主办权。申办成功一方面基于东方管理学派的学术地位,另一方面也得益于中国经济的影响力、中华优秀文化的吸引力和上海这座城市的魅力。持续、健康、稳定发展的中国经济和源远流长的中华优秀文化

---

① 这句话出自1988年1月24日澳大利亚《堪培拉时报》发自巴黎的报道《诺贝尔奖获得者说要汲取孔子的智慧》。有学者考证,那次集会未做公开宣言,学习孔子智慧的说法应该是与会的汉内斯·阿尔文博士(Dr. Hannes Alfven,1970年诺贝尔物理学奖获得者)提出的,并得到多数代表肯定的一个讨论结果(见李存山《孔子的智慧》,载《中国社会科学院院报》2003年9月11日)。

是我们研究东方管理文化的基础和信心之源,同时我们也坚信东方管理学派的研究成果和东方管理文化的广泛运用一定能够为祖国的经济腾飞和文化复兴提供新的强大动力。我们将在 IFSAM 及其中国委员会的领导下把大会办成推进东西方管理融合发展的盛会,将博大精深的东方管理文化推向世界。

"千里之行,始于足下",东方管理文化的研究与实践已经取得了一些开拓性的成果,虽然未来的任务仍然非常艰巨,但我和我的同事们有信心把这项工作做好。欢迎有兴趣的学者与我们合作,为繁荣世界管理学丛林做出中国学者应有的贡献,也衷心希望各行各业的管理实践者参与我们的事业,共同努力,实现中华民族的伟大复兴。

2004 年在上海举办第八届世界管理论坛暨东方管理论坛、苏东水教授执教 50 年欢聚会,与会代表合影

## 第八届世界管理论坛暨东方管理论坛、苏东水教授执教 50 年欢聚会会议综述[①]

2004 年 12 月 26 日上午,苏东水教授执教 50 年欢聚会在上海国际会议中心黄河厅隆重召开。全国政协、全国侨联、上海市、复旦大学的领导以及各兄弟院校、各相关部门的领导和专家、苏教授的各界友好和历届学生等近 500 位嘉宾光临了此次盛会,欢聚会佳友如云,高朋满座,气氛热烈,真情洋溢。《文汇报》、《解放日报》等十余家报纸在头版报道了活动盛况。会前,中共中央政治局委员、中共上海市委书记向苏东水教授表示祝贺,国务委员陈至立同志为欢聚会发来贺信,中共上海市委副书记殷一璀同志在欢聚会召开前亲切看望了苏教授。国家教育部办公厅、中共上海科教党委、上海市教育委员会也为欢聚会发来贺信。教育部的贺信说:"苏东水教授是享有盛名的管理学家、经济学家。他热爱高等教育事业,为我国管理科学的发展和高层次人才培养作出了重要贡献。他潜心钻研,成果丰硕,并积极将自己的研究与我国现代化建设的实际紧密结合,探索创立了独具

---

① 作者:邓晓辉、郑利寅。

特色的东方管理学派,为中国管理科学走向世界做出了重要贡献。"

欢聚会还收到了北京大学、上海交通大学、浙江大学、南京大学等兄弟院校,上海市、福建省、泉州市相关政府部门的贺信贺电十余封,以及经济学家厉以宁教授、乌家培教授、华侨大学校长吴承业教授等著名学者和兄弟院校领导的贺电贺信十余封。前期收到的部分贺信、贺电、贺文被整理为《苏东水教授执教50年庆贺特刊》赠发与会嘉宾。经济学界宿耆蒋学模教授、张薰华教授、叶世昌教授等虽然年事已高,仍然亲临欢聚会现场祝贺。

桃李不言,下自成蹊。欢聚会上,各界来宾共同彰颂苏教授乐育英才、甘为人梯的师者风范和学贯中西、融通古今的学术成就。

中共上海科教党委书记李宣海同志宣读贺信,高度评价苏东水教授为高等教育事业无私奉献的精神;中共复旦大学党委书记秦绍德教授、复旦大学副校长、管理学院院长郑祖康教授代表学校、学院致贺词,高度评价苏教授的学术成就和对复旦大学及管理学院各项工作的杰出贡献;福建省人大常委会原副主任、中共泉州市委原书记张明俊同志作为家乡代表致辞,他称赞苏教授是"家乡人民的骄傲",感谢苏教授对家乡建设数十年如一日的无私帮助;全国政协常委、港澳台侨委员会副主任何添发先生作为侨界代表作了热情洋溢的讲话;中共上海市委统战部副部长周箴教授介绍了苏教授作为一位社会活动家积极参政议政的事迹,感谢他对统一战线工作的热情支持。

苏教授的学生、复旦大学芮明杰教授全面介绍了苏东水教授高尚的师德与卓越的学术成就;苏教授的学生、中共中央对外联络部部长王家瑞教授饱含深情地回顾了苏教授对自己的教诲和帮助以及东方管理思想对自己的启迪,并充满信心地描画了东方管理学派的光辉前景;苏教授的学生、共青团上海市委书记陈靖博士作了题为"世纪耕耘,一座丰碑"的发言,语言朴实无华,感情真挚动人;苏教授的学生、复旦大学姜波克教授和福建师范大学林善浪教授回忆了跟随苏教授学习和与苏教授交往过程中的点点滴滴,表达了对苏老师的感激和爱戴之情。

苏教授的好友、著名数学家、复旦大学研究生院前任院长李大潜院士介绍了苏教授对复旦大学学科建设的突出贡献以及他所理解的东方管理思想的无穷魅力,生动的讲述和幽默的语言博得了与会嘉宾阵阵会心的笑声;苏教授的中学同学、与苏教授交往五十多年的老朋友黄家顺教授,用数十个"三"概括了苏教授的生平、为人与学术成就;厦门大学人力资源研究所所长廖泉文教授作为母校代表致辞,称赞苏教授无私回馈母校的精神,感谢苏教授对母校发展的大力支持。

企业界的代表,上海贝尔阿尔卡特董事长袁欣先生,上海威达企业集团有限公司董事长、总裁周桐宇女士,上海仁虎制药公司董事长李仁发先生分别致词,讲述了东方管理智慧对企业经营和企业家伦理的启示以及自身学习、感悟、实践东方管理思想的体会,并祝愿苏教授再健康地工作、生活50年。

在各界代表发言后,苏教授起身致答谢辞。苏教授深切抒发了他对家乡泉州与工作、生活了数十年的上海和复旦大学的拳拳之情,感谢来自海内外的嘉宾参加欢聚会,他讲述了激励、支持他投身教育事业和数十年如一日苦心钻研东方管理学思想的精神力量是一个普通中国人的民族荣誉感和一个普通教师的社会责任感,深邃而广博的思想,谦虚而朴实的语言,真挚而恬淡的感情,令来宾们无不为苏教授的高尚人品和大师风范所感动和折服,全场报以长时间的热烈掌声。

为庆贺苏教授执教五十年,国家邮政局专门发行了纪念封和个性化邮票一套。上海市邮政局局长王观锠同志向来宾介绍了邮品的意义。邮票选择苏教授在书房的照片、"人为为人"的书法这两种能够分别体现苏教授学者风范和东方管理思想真谛的图像,配以象征富贵吉祥的牡丹,色泽和谐,寓意深刻。苏教授亲自为纪念封签上了刻有"人为为人"标识的邮戳,然后,在主席台就座的苏东水教授、王家瑞教授、秦绍德教授、何添发教授、张明俊先生、郑祖康教授等分别在特制的纪念封上签名留念。

此时,全场响起热烈的、持续不断的掌声,许多来宾都争相用自己相机记录这一难忘的时刻,在镁光灯的不断闪烁中欢聚会现场达到高潮。

下午,第八届世界管理论坛暨东方管理论坛在国际会议中心长江厅召开,来自国内外大学、研究机构、政府机构和企业的代表200余人参加了会议。论坛围绕"以人为本,以德为先,人为为人"的主题进行了深入而广泛的学术研讨。

大会主席苏东水教授作了《东方管理文化的发展与运用》的主题发言,高屋建瓴地阐述了弘扬东方管理文化对于完善管理学科、增强民族凝聚力、促进中国经济发展和社会进步、提高中国企业国际竞争力的重要理论价值和实践指导意义。苏教授还简单介绍了东方管理学派的发展现状。经过二十多年的发展,东方管理学科的论文和著作已经有一定的规模,复旦大学、上海交通大学、华侨大学等高校先后成立了东方管理的专门研究机构,复旦大学已经正式招收东方管理学的博士和硕士研究生。由于东方管理的研究与教育在国际上的重要影响,经过中国管理学界的共同努力,世界管理学界的"奥林区克大会"——IFSAM第九届世界管理大会2008年将在中国举行。

中共中央对外联络部部长王家瑞教授结合自己的实际工作,作了《东方"和"文化与中国和平外交》的主题发言,对"和为贵"、"和而不同"等传统管理思想与当前我国和平外交政策的关系进行了精辟论述。

随后,江西财经大学副校长吴照云教授系统介绍了苏东水教授的学术成就和自己学习东方管理思想的体会;复旦大学张薰华教授作了《试论东方管理学科的发展》的发言,从马克思主义经典理论的角度阐述了东方管理学科的发展前景;国家行政学院刘峰教授结合中央的最新政策精神作了《"人为为人"与科学发展观》的精彩发言。

会上,代表们还围绕民营企业与家族企业发展、国有企业改革、中国传统管理思想古为今用、跨文化管理的实施、塑造执政能力、建立和谐社会等热点问题进行了深入热烈的讨论。

# 10. 第九届世界管理论坛暨东方管理论坛(2005)

论坛主题：东方管理与和谐社会——两岸东方管理学术研讨会

## 主题报告：中国式管理的探索[①]

### 引　言

　　历史一再证明，最有生命力、最有创造性的管理理论往往产生于经济迅速起飞的国家与地区，随着中国改革开放伟大实践的深入推进，中国式管理越来越得到管理学者、实践人士的高度关注。然而，什么是中国式管理？中国式管理的精髓是什么？中国式管理研究状况是怎样的？未来的研究发展方向是怎样的？目前，学界对这些问题的看法还存在一定的分歧。今天，我愿与各位专家学者一起来就中国式管理进行一些讨论，期待抛砖引玉，共同促进中国式管理理论体系的完善和发展。

### 一、中国式管理研究的兴起

　　"中国式管理"并不是一个新名词，也不是最近才被提到管理学界、实践界来讨论的。事实上，自20世纪70年代以来，我任会长的中国国民经济管理学会、上海管理教育学会，以及以我为首的复旦大学东方管理学派诸多学者就开始进行中国式管理方面的研究。自1979年起，我们在全国率先连续举办《企业管理》《经济管理》《国民经济管理学》《管理心理学》等电视讲座，开始探索中国式管理的问题，节目在中央电视台、上海电视台播出，在全国引起很大的反响。1986年，我在《文汇报》上发表《现代管理学中的古为今用》一文，更是明确提出了如何运用古今中外管理思想精华探讨"中国式管理"的问题。同时，我们召开多次学术会议探讨中国式管理问题，也在一些国际研讨会上与日本学术界的朋友讨论了东方管理问题。这个时期，台湾的一些学者也召开过类似的研讨会，进行中国式管理主题的研究和讨论。

　　近来，为什么学界和实务界都掀起一股研究"中国式管理"热潮呢？这主要有以下几个原因：

　　第一，人们在理论研究和实践操作中，越来越感受到西方理论的缺陷。改革开放后，现代西方的管理理念和方法迅速涌入我国。这些理论、方法确实丰富了我们的视野，扩展了中国企业家的思路，促进了我国经济的发展。或者是由于我国与外界交流长期闭塞的缘故，或者是由于西方发达国家经济繁荣的刺激，一时国内管理学界言必称西方，商学院为MBA开设的课程基本上也是照搬国外教材、国外理论和国外的方法。然而，这种源于西方文化背景的管理理论、方法是否可以普遍适

---

[①] 本文刊载于2005年第九届世界管理论坛暨东方管理论坛论文集《世界管理论坛2005》(《当代财经》2005年特刊)。

用于其他国家文化呢？对这个问题的回答存在两种看法。看法之一是文化元影响论,这派观点主要认为管理就是管理,存在着一套放之四海而皆准的管理理论、制度和方法。看法之二是文化相对主义论,这种观点认为文化是管理的一个重要影响变量,不存在一套放之四海而皆准的管理理论、制度和方法。就如哈佛商学院坎特教授所言:"建造一个用共同的管理文化统一全世界的商业习惯做法的企业地球村的想法只是梦想而不能成为现实。"现在这种观点也越来越得到学者、实践者的支持。在理论探讨中人们发现西方的理论难以解释中国管理实践中的诸多问题。在实践探索中,人们也开始认识到西方管理理论脆弱的一面,人们崇拜西方管理的心理开始淡化,日益学会了理性思考本土管理的问题,由此促进了中国式管理理论的萌芽和成长。上海盛大网络发展有限公司总裁唐骏说:"在中国做管理,仅有一些基本的管理理念是不够的,还需要一些个性化,这源于中国文化。"TCL集商总裁李东生也说:"20年前,中国企业家不看西方管理的书籍,那是无知;20年后还在看西方管理书籍,那就是无能了。"按照华为总裁任正非的"僵化、固化、优化"说法,今天的中国已经经历了西方管理理论的僵化、固化阶段,该根据中国文化特征对引进的西方理论进行优化了。正是在这样的背景之下,人们开始积极讨论中国式管理。我认为,现在有些专家还没有意识到要去应用马克思关于管理二重性的思想来对待当前管理文化冲撞、融合的必然性。这种状况必须改变。

第二,中国经济的高速发展对创建"中国式管理"理论体系提出了新的需求。改革开放20多年以来,中国经济持续高速发展。2004年中国的国内生产总值(GDP)已达136 515亿元,同比增长9.5%。2005年1—3季度,GDP继续保持9.4%的增长速度。中国经济在世界经济总量中所占比重,已由1998年的1%左右提高到目前约4%。中国经济的迅速发展造就了一批批成功的企业和企业家。对这些成功的企业进行研究,提炼中国式管理精髓成为中国管理学者义不容辞的责任。

第三,中国经济的发展提升了中国学人探索"中国式管理"的信心。掀起一股"中国式管理"热潮另一个重要原因是中国经济的高速发展提升了中国企业家、中国学者的自信心,让大家有充足的底气来探索中国式管理。

## 二、中国式管理的精髓

### (一) 什么是中国式管理

尽管目前学界对中国式管理进行了颇多的讨论,然而比较深刻的论述少见,甚至于对中国式管理的界定都不十分明晰。

我们认为,所谓中国式管理,就是以"三学"为理论基础,以东方管理学的"三为""四治""五行""三和"为主线[①],基于我国经济管理实践经验,凝炼我国古、近、现代管理思想精华而形成的具有中国特色、全球视野的现代管理模式。

中国式管理绝不只是从中国古代管理思想研究中去寻找历史文化渊源,而且更注重对当代中国经济改革过程中的成功经验进行挖掘、归纳、梳理和提升。中国式管理也绝不只是探索中国境内的管理实践,而且也探索海外华商管理实践,更是从全球化的背景之下来探索中西方管理的比较。中国式管理不仅研究我国古、近、现代的成功管理经验,而且也研究失败的案例与教训。我们认为,中国式管理的探索涉及如何融合国际与本土经验、演绎东西方管理思想精髓、探索未来管理之道、

---

[①] "三学"是指中国管理学、西方管理学、华商管理学,"三为"是指以人为本、以德为先、人为为人,"四治"是指治国论、治生论、治家论、治身论,"五行"是指人道、人心、人谋、人缘、人才,"三和"是指和贵、和合、和谐。

服务企业管理实践和经济社会发展等多方面的内容。我们探索东方管理学思想的历程,其实就是在全球化视野下研究中国管理思想与实践的过程。我们的目的是要在管理创新与实践中取得"多赢"的结果,为中华民族的振兴,为中国管理学体系的构建做点贡献。

### (二) 中国式管理的精髓

有效的管理是个人、家庭、企业、国家成功的关键。经过多年研究,我认为管理哲学贵在人为;管理行为贵在人和;管理之道贵在效率。中国式管理的精髓就是我一再强调的"以人为本,以德为先,人为为人"。纵观古、近、现代中国管理的成功实践,都验证了这点。越来越多的研究者开始认同我这一观点。比如,2005 年 11 月 5 日,《解放日报》刊载《探寻"海派管理文化"要义》的文章中谈道:"海派管理的融合创新,其基础是中国管理文化。……中国管理文化的要义,就是复旦大学苏东水教授归纳的:以人为本、以德为先、人为为人。""以人为本"就是要求一切管理活动以人为中心,努力实现人的全面、自由、普遍发展。在中国,"以人为本"一词的完整提法最早出自《管子·霸言》,管子的"人本"思想还停留在工具论的层面上,此后又有孟子的"民贵"论等更接近现代人本管理哲学的思想。我从 20 世纪 80 年代开始陆续提出管理要以人为中心、中国式管理的基本精神是"人乃天"和"事人如天"等观点。这些观点是基于历史连续性归纳出来的,因为中国管理哲学中的确有这样的传统,但现实中的管理方法和操作可能经常与之相悖。最近几年,中国的领导层重新意识到"以人为本"的重要性,将其作为最基本的执政理念之一,这种理念很快由上至下渗透到各级政府、各类企业乃至每一个家庭和个人。

"以德为先"即强调道德伦理在管理中的作用。管理者经常要运用权威来指挥和影响组织成员,其中有些权威是制度所赋予的,另一些则有赖于管理者的个人魅力和其他优秀品质,东方管理学更推崇后者。管理者要通过"修己"树立道德之威,在无形中影响被管理者,被管理者也要通过"修己"实施自我管理,以求更好地胜任本职工作。《论语·尧曰》中讲到个人品行要"尊五美",其中的"泰而不骄""威而不猛"两项可以看作对管理中道德之威的绝佳注解。

"人为为人"要求无论管理者还是被管理者必须首先注意自己的行为和修养,然后从为人的角度出发,控制和调整自己的行为,创造一种良好的人际关系和激励环境,充分发挥人的能动性和积极性,使人们能够更好地发展自我,服务社会。"人为为人"的理念落实在实践中,是倡导以身垂范、合理授权与自我管理。清代曾国藩对军队和家庭的管理就是"人为为人"的典范。

### (三) 中国式管理的主要内容

目前,大家对中国式管理的理解还存在一种误区,即以为中国式管理仅仅研究中国成功企业的管理模式,将视角仅仅限于企业这一微观层次。我认为,这种做法相当不妥。比如,中国经济改革开放 20 多年来,宏观经济发展成就举世瞩目,难道就没有一些特别的东西值得我们提炼、总结和提升?中国的区域经济发展也是相当具有特色的,难道也不值得我们进行深入提炼?再有,中国企业的发展怎么能脱离改革开放以及全球化的背景来讨论?

经过多年探索,我以为中国式管理的主要内容包括四个方面:治国学、治生学、治家学和治身学。它不仅涵盖了管理实践中的各个层面,而且也符合中国儒家"修身、齐家、治国、平天下"的推演逻辑。这与目前一些研究者仅关注企业管理层面的中国式管理研究不同,我们认为中国式管理不仅包括微观个体层面、企业层面,而且包括中观层面的产业、区域,包括宏观层面的国家治理,更应包括管理文化的融合与创造性转换。整个的中国经济实践是一个整体,我们研究中国式管理,必须采取一种系统观。否则,讨论无法深入,也无法触及一些本质性的元素。

治国讲的是国家管理。治国理论就是探讨中国从古至今治国的理念与实践精华。中华民族数千年来经历了无数次的改朝换代和多种外来文化的渗透,积累了丰富而深邃的治国理念、治国法则和治国方法。就治国理念而言,最具代表性的有:道法自然、济世兴邦、礼法并举、以民为本等。就治国法则而言,代表性的有:为政以德、人治与法治相结合、强根固本、居安思危、保民而王、集分适当、开放创新等。就治国手段而言,有无为而治、唯法为治、以德治国等等。改革开放以来,中国经济取得了巨大的成就。所有这些治国的道理、理论、经验都需要我们去提炼、梳理和总结。

治生是经营、谋生计的意思。治生理论就是探讨中国从古至今治生的理念与实践精华。东方管理的治生论,是以"德本财末"道德观和"诚、信、义、仁"伦理思想为哲学核心,并以"积著之理"为中心,依循所发现的客观经济规律,以及由此所发展出来的预测、战略计划、市场营销、人事管理和质量管理等方面的方法和技巧。因此,东方管理的治生之道,特别强调以德治生、以义取利,以仁德观建立企业经营的核心理念,强调企业对社会的责任。另外,中国现代区域经济发展、产业政策制定、产业结构调整方面的经验、教训也期待我们去总结。

治家指家庭管理,治家理论就是探讨中国从古至今家庭管理的理念与实践精华。家庭不仅是个体社会化的最早场所,也是个体外出谋生、创事业的后方根据地。俗语说,"家和万事兴"。中国人对家庭有着一种特殊的感情,有人甚至认为中国文化就是一种"家本位"文化。因此,将家庭纳入企业管理范围之中也是相当必要的。没有探讨家庭管理、家业管理是现代管理学中一个很大的缺陷。然而,中国当代民营经济的发展一种重要形式就是家族制企业的发展。研究中国家族制企业的发展、转型与传承,已成为历史交给我们的重要使命。

治身即自我管理。治身理论就是探讨中国从古至今个体修炼的理念与实践精华。自我管理是个体成功的关键,也是治家、治生、治国的逻辑基础。在中国传统管理思想中,治身是一种体验之学,是一种个人的修养功夫。它是一个不断积功累行的过程,是对自己私欲的克服,也是对自身的身体、心灵、精神、情感、智慧水平体的改善。其关键是必须通过主体人的自我认识、自我判断、自我选择和自我努力来实现。当一个人能够自觉、有意识地经过自我思考和选择,依据客观规律确定自己的人生价值和方向时,他也就开始成为自己的命运的建筑师——造命人。自我管理理论是中国式管理的重要内容,也是区别于西方的管理一个重要特色。

## 三、中国式管理的研究历程与现代发展

有研究者认为,目前的中国式管理研究存在三股力量:研究古代管理思想现代应用的古典主义派;基于中国人文化特征诠释现代具体操作办法的现实主义派;否认中国式管理存在的批判主义派。我以为这样的分类方式固然直观,却失之于过分简化,无视中国式管理研究的动态发展过程。因此,我不主张对中国式管理进行这类横断面的分隔。相反,我主张从动态演进的观点来看待中国式管理研究。

从我们的研究过程来看,我认为中国式管理的研究包括三个阶段:(1)古为今用阶段,这个阶段主要归纳、提炼我国古代、近代的管理精髓,并在现代经济环境中对其进行创造性转换和应用;(2)融合创新阶段,这个阶段主要积极吸收西方管理的精髓,并在中国文化背景之中对其进行本土化;(3)现代发展阶段,这个阶段主要是提炼我国改革开放以来的管理理念与实践精髓,构建有中国特色、全球视野的管理模式。这三个阶段是层层递进,相辅相成的。第一个阶段做不好,第二个

阶段也难以为继,第三个阶段更是无本之木。

近30年来,我们东方管理学派的学者一步一个脚印,扎扎实实做好每个阶段的事情,现在我们也提出了自己的理论体系和框架。具体说来,我们东方管理学派的学者主要从以下五个视角对中国式管理进行了深入研究:

(一) 从东方传统文化的视角探索中国式管理

我对中国传统管理思想发生兴趣始于20世纪70年代末。"文革"刚结束,我开设了"红楼梦管理思想研究"讲座。1986年,我在日本参加的现代化国际研讨会上,专门介绍了中国现代化管理中古为今用的事例,引起到会专家、学者、企业家的高度重视和热烈讨论。当时一位日本学者提出要和我合作,共建管理的东方学派,我不同意。我想,我们中国人独自建立管理的东方学派。1990年,我在日本东京国际学术交流会上发表《中国古代行为学派研究》的演讲,引起了学者们的积极讨论。正是在对东西方管理思想的比较研究中,我越来越发现生搬硬套西方理论的不科学性和中国传统管理思想的无穷魅力。

此后,我在日本、美国、法国、西班牙、瑞典、南非等国家召开的历届世界管理大会上发表《弘扬东方管理文化,建立中国特色的管理体系》《东方管理文化的探索》《中华文化与管理科学》《无形资产管理》《东方管理文化的复兴》等学术演讲。一再强调要加强对中国传统管理文化进行研究,要做到古为今用。

我们在经过多年艰苦求索之后,于1996年主编出版《中国管理通鉴》(四卷,280万字),这是我们探索中国式管理的一个重要的阶段性成果。该也是我国第一部有关此方面的著作。在这套书中,我们对中国传统管理思想进行了精心细致的梳理、提炼,对中国传统管理的理论、实践、效应等进行全方位的探索和研究,内容涉及儒、墨、道、法、兵、纵横、阴阳、杂、农、技等百家流派、人物和思想。在这一部著作中,我逐渐概括出治国、治生、治身学的理论框架。治国学主要社会人口、田制、生产、市场、财赋、漕运、人事、行政、币制等方面管理的学问;治生学主要是农副业、工业、运输、建筑、市场经营等方面管理的学问;治身学主要研究谋略、人为、用人、造材、激励、修身、公关、博弈、奖惩、沟通等方面的学问。2001年,我出版《管理学》一书,在该书中增加了治家学这一子系统,从而将东方管理理论体系扩展为治国学、治家学、治生学、治身学四大子系统。中华儿女在这四大子系统积累的丰富实践经验与学问形成了东方独特的管理文化。基于东方管理文化,我们形成了自己的管理学科体系——东方管理学。

在2003年出版《东方管理》一书的基础上,我的专著《东方管理学》在复旦大学出版社2005年正式出版。此书围绕"以人为本,以德为先,人为为人",以学、为、治、行、和为主线,深入探讨了三为、四治、五行、和谐等问题。该书系统论述东方管理学学科的理论体系,是对以我为首的东方管理学派多年来探索的集中总结,是我国第一个中国式管理理论体系框架。

(二) 从宏观视角探讨中国式国民经济管理和经济监管

中国的改革开放之旅是创新之旅,无前人经验可供借鉴。"摸着石头过河",说的是实践;而对于理论界而言,我们迫切需要的是总结、提炼"过河"经验,为日后的实践提供理论指导。东方管理学派从来就是相当关注中国国民经济管理。

改革开放后不久,我就主持编写了《国民经济管理学》,这是我国第一部社会主义宏观经济管理专著。该书于1986—1988年分别获全国十大畅销书之一,国家教委全国高等学校优秀教材一等奖,上海市哲学社会科学优秀著作一等奖,迄今该书发行已达 300 余万册。马洪同志指出:"该书形成了一个体系,有一定的逻辑性,这是很好的。"还指出:"它为我国的经济管理理论填补了一项空白。"中宣部王惠德副部长指出:"这本书很重要,这在我国是新建立起来的一个理论体系,是一项基本建设。"这本书有许多创新内容:在我国首创了比较完整的、合理的国民经济管理学科理论体系;在理论上有所突破,为建立中国特色的国民经济管理理论开拓了一条新路;把传统与现代的管理科学结合起来;侧重如何提高社会效益;研究并建立了几个分支新学科,比如经济监督学、经济决策学和城市经济学等。我在收集多方面反馈意见之后,于 1998 年重新主编出版《中国国民经济管理学》,该书联系我国 15 年来改革开放的理论与实践、东西方管理文化的精髓以及国际经济管理发展趋势,形成了理论、主体、过程、行为的中国国民经济管理学的新体系,是我多年来探索中国式宏观经济管理的成果。

### (三)从中观视角探索中国式产业经济理论

作为复旦大学国家重点学科产业经济学建设的重要内容,我们经过十几年的研究,根据中国改革开放的实践整理、提炼形成了《应用经济学》《产业经济学》等著作,这是从中观角度对中国经济管理进行探索的重要成果。《应用经济学》是我国第一部此类著作,主要是应用东方管理"人本、人德、人为"思想研究企业、市场、政府、社会的互动关系。《产业经济学》则已被众多高等院校选为研究生教材。另外,我们还组织专家学者对十八项中国产业进行专题研究,并组织中国产业经济博士讲坛。区域经济是产业经济研究中的一个重要主题。我较早就比较关注中国的沿海区域经济发展,并试图提炼、归纳一定的发展模式。1987 年,我承接国家重点博士点科研项目"中国沿海经济发展战略研究",并于 1991 年 4 月在东亚-中国沿海经济发展国际研讨会上提出 20 世纪 90 年代"以上海为中心,南北两翼齐飞,以沿海地区为轴心,内外市场联动"的中国沿海地区经济发展模式。当时有国内外近 10 家新闻媒体报道了这一战略观点。后来,这一研究结论在《中国沿海经济研究》(1993)得到全面论述。

作为沿海地区经济发展研究的一部分,我对泉州的发展路径、战略进行了研究。最终,我提出了"泉州模式"(即侨乡模式),即股份制的经济模式、外向型的市场体系、侨洋式的生产条件、灵活的经营管理、国际化的发展道路等观点,从理论与实践上阐明了"泉州模式"的发展道路,中国的中小型企业如何走中国特色的管理之道。这一模式是我国继"苏南模式""温州模式"之后的又一个区域发展模式。这些理论观点在《泉州发展战略研究》一书中已有深入阐述。

### (四)从微观视角探索中国式现代企业管理

我除了积极探索中国式宏观经济管理、中观经济管理外,还积极探索比较微观的即企业层面的中国式管理问题。主要做了以下几个方面的工作:

1. 提出管理科学的性质与对象,建立管理科学新体系

1985 年,我在《复旦学报》上发表《试论管理科学的性质与对象》一文,该论文后来获得上海哲学社会科学论文奖。该文以马克思关于管理二重性的理论为指导,在率先挖掘中国历代管理思想宝库的基础上,第一次阐发了管理科学的多功能、多层次、多属性的特征,明确提出管理科学是一个综合性研究生产力、生产关系和上层建筑的科学体系;与自然科学、技术科学具有同等重要地位的论点。2001 年,我主编出版《管理学》(东方出版中心)一书。该书的最大特色是有机整合了古今中外主要的管理理论、方法、技巧,辟专章介绍东方管理的原理,探讨东方管理的治国、治生、治家、治

身的理论及其现代价值;华商管理的创业、经营、创新及其国际意义。

2. 建立中国工业企业管理理论

我1983年与他人合作编写《工业经济管理》,1982年出版《工业企业经营管理学》(上下册)。前者获全国经济管理干部培训教材优秀一等奖;后者是国内在该领域较早的著作,获上海市"六五"哲学社会科学著作奖。我主编和撰写的《企业经营管理教材丛书》(共计18卷),系统地论述了企业计划、生产、组织、销售等环节,成为我国最早编著发行的一套较为完整、系统的生产经营管理人员的实用工具书。这些都是结合中国文化背景,适合中国国情的企业管理著作,是我一直以来持续探索的成果,较早提出了中国式现代经营管理的产、供、销与经济问题。

3. 探索中国乡镇企业经济理论

我对中国乡镇小企业的调研始于1958年,并写了《社队工业》一书。20世纪80年代,我主持了上海市"七五"重点科研项目"中国乡镇企业模式比较研究",并于1986年率先主持了全国性的"乡镇经济模式比较"研讨会,提出把乡镇建设成"城乡融合的新型区域"的战略目标。我在中国乡镇企业方面的研究比较早。我还主编过《中国侨乡经济管理学》《中国乡镇企业家丛书》等八册,集中阐述了乡镇企业如何走中国式管理之路。

4. 提出间接控制论

1986年,我在江泽民同志主持的上海市理论双月会上提出了"间接控制论"等观念,全文被印发上报中央。我提出,建立新型的社会主义经济体制,主要就在于增强企业活力,完善市场体系和搞好间接控制这相互关联的三个方面,公开提出要实现中国式企业管理的前提条件是国家对企业的管理应由直接控制改为间接控制为主的观点。

5. 建立现代企业家理论

1987年我主持上海社科重点项目《现代企业家研究》,发出了敢于在市场充分开拓创新的现代新型企业家的呼唤。1989年,我出版《现代企业家手册》一书,首次对现代企业家的含义、特征、素质、性格、作风、行为、环境、领导艺术等进行全面论述。我们组织设计的《现代企业家仿真测评》的科研项目被社会评价为"国内领先,具有国际先进水平"。这是中国自己开发出来的较早的人才测评软件,为中国式管理人才的评价提出一套指标体系。

6. 提出中国企业管理现代化理论体系

1989年,我出版《中国企业管理现代化研究》一书,该书是上海市"六五"重点科研项目的成果,是我国第一本系统论述中国企业管理现代化的著作,荣获上海社科特等奖。在该书中,我在我国首次提出较完整的中国企业管理现代化的体系内容,即:思想、组织、人才、方法、手段现代化,并得到国家教委认可,被写入《企业管理现代化纲要》。在该书中,我在比较国外企业管理现代化的过程和经验的前提下,提出了中国企业管理现代化的模式以及展望;也研究了现代管理中的古为今用,洋为中用的问题。我还自1988年6月起在《企业管理》杂志连刊《企业管理现代化讲座》,主要介绍中国式管理形成过程与特色的问题。

(五)从人为视角探索中国式行为管理

我自1986年出版《管理心理学》一书以来,迄今已出修订四版,发行逾百万册,曾获上海市哲学社会科学著作一等奖。该书是我研究人为学(或人为科学)的基础,首次指出管理的本质就是"人为为人"。"人为"与"为人"两者具有辩证关系,互相联系并且可以相互转化。对于管理者与被管理者而言,都有一个从个体行为逐步向他人服务转变的过程,即从"人为"向"为人"转变的过程。这一过程体现在家庭、行业、国家一切方面的管理之中,管理者与被管理者越是注重自身行为的素质,其"为人"即管理效果就越快。从领导学角度看,"人为"侧重"领",通过领导者修炼自我素养而为被领导者作出表率;"为人"侧重于导,通过关注被领导者的情感、利益和需求来引导他们的行为,使之与领导者的行为一致,与组织群体的目标相一致。"人为为人"的要旨就是要把管理与伦理结合起来,把合乎规范的"领"与合乎情理的"导"结合起来,把领导者的行为与被领导者的行为结合起来,并从中寻求中正、中和、中庸、中行的途径以达成群体目标。我认为,要促进中国经济腾飞,就要重视研究中国人的行为、中国企业本身的行为以及中国政府对企业管理的行为。基于人为学基础之上的《管理心理学》是我从东方管理本质"人为为人"入手来探索中国式管理心理学理论体系的成果。

## 四、结束语:中国式管理如何走向世界

这是一个全球化的时代,也是一个中国经济迅速发展的时代,更是中国式管理走向世界的时代。中国经济的崛起、中国企业的强大、华商企业的强盛必将推动中国式管理在世界的传播。我们东方管理学派的研究探索从一开始就是开放式、全球性视野的。

我们在20世纪80年代就积极开展各种国际学术交流90年代初参加了全球最活跃的管理学术组织——世界管理协会联盟(IFSAM),力图在与世界一流学者和企业家的交流中把握国际管理发展趋势,推动中国式管理的研究。1997年世界管理大会在复旦大学召开我作为大会主席做了"面向21世纪的东西方管理文化"的主题报告,使国内外学术界更重视以中华文化为核心的东方管理文化,国内外有50多家新闻媒体报道了此次盛会。有媒体指出,这是"东方管理文化在世界叫响"。

为了建设一个长效的学术平台,自1997年起,我们从此连续八年举办了八届世界管理论坛暨东方管理论坛,影响深远。马洪同志评价说:"他们勇敢地走向世界,参加或主持了历次世界管理大会,发表论文达350余篇。最具标志性的是,苏东水教授创造性地阐述了东方管理文化'以人为本、以德为先、人为为人'的核心理念。为将东方管理文化推向世界做了意义深远的探索。我相信,只要中国的学者和企业家能够深入领会东方管理文化的精髓,并将其自觉运用于我国的经济建设和

**2005年在上海举办第九届世界管理论坛暨东方管理论坛,与会代表合影**

国企管理之中,我们的企业就一定能够在激烈的全球化竞争中不断拓展自己的生存空间。"[1]我们还与上海管理教育学会、东亚管理学院等单位一起举办了系列博士论坛和东方精英大讲坛,聘请国内外知名企业家、教授、专家学者进行关于中国式管理理论与实践的演讲。今天,高朋满座,诸位聚在这里参加第九届世界管理论坛暨东方管理论坛大会共同讨论"东方管理与和谐社会",必将对"中国式管理"的探索作出贡献。在我的率领下,中国代表团争取到了 2008 年"世界管理协会联盟(IFSAM)大会"的主办权。这次大会将是我们向国外专家展示我们中国式管理研究成果的盛会。我相信,只要我们大家齐心协力,共同来研究东方管理,东方管理学必将在世界管理丛林中一木参天、枝繁叶茂!

## 弘扬东方管理 构建和谐社会
——第九届世界管理论坛暨东方管理论坛会议综述[2]

2005 年 12 月 17 日,由世界管理协会联盟(IFSAM)中国委员会、上海管理教育学会、复旦大学东方管理研究中心、东方管理科学研究院、东亚管理学院和上海东华国际人才学院等单位联合主办的第九届世界管理论坛暨东方管理论坛在复旦大学逸夫楼隆重召开,本届论坛秉承东方管理学派"以人为本、以德为先、人为为人"的一贯宗旨,主题为"东方管理与和谐社会"。

本届论坛是一场海峡两岸管理学术交流的盛会。来自复旦大学、同济大学、上海财经大学、南京大学、江西财经大学、华侨大学、上海外国语大学、上海社会科学院、河海大学、贵州大学等大陆高校和淡江大学、中山大学、交通大学、中华大学等台湾地区高校的 30 位学者以及海峡两岸企业家共计 200 余人参加了论坛,堪称是一场两岸管理学术交流的盛会。论坛共收到海内外论文 100 多篇,80 篇优秀论文被收入《当代财经》"世界管理论坛 2005"专辑中。中共中央对外联络部部长王家瑞教授特为本世界管理论坛发表《东方智慧对构建和谐世界的启示》一文,复旦大学首席教授苏东水教授发表《中国式管理的探索》。

复旦大学副校长兼研究生院院长周鲁卫教授代表东道主复旦大学发表了热情洋溢的贺词,并兼论了东方管理智慧对高等教育管理与学科发展的启示。

IFSAM 中国委员会主席、复旦大学首席教授、上海管理教育学会会长苏东水先生作大会报告。苏教授以东方管理学"学、为、治、行、和"五字经为线索,高屋建瓴、化繁为简,深入浅出地阐述了对中国特色管理模式与构建和谐社会等重要学术问题的观点,令与会代表深受启发。

著名经济学家、复旦大学张薰华教授用马克思主义政治经济学论证了"以人为本"的东方管理学宗旨的科学性及其对构建和谐社会的重要指导意义;贵州大学副校长章迪诚教授讲解了传统中国式治理的几个主要特征及其对构建和谐社会的启示;河海大学商学院院长张阳教授做了"中国管理文化与多元战略创新"的演讲,提出中国传统文化资源是战略管理理论不可或缺的构成要素;台湾淡江大学社区发展学院院长蔡信夫教授通过自己供职于淡江大学数十年的亲身体会,讲解了如何构建和谐组织文化,提高组织绩效;台湾中山大学管理学院院长蔡敦浩教授做了"华人管理文献的回顾与反省"的演讲,对中国管理思想传统提出了独到的见解;哈佛企业管理公司董事长洪良浩博士做了"儒家思想与因材施教修正"的演讲,为构筑和谐的领导模式提供了一种颇有价值的思路;

---

[1] 马洪:《新理念·新国企·新规则》,刊载于第四届世界管理论坛暨东方管理论坛论文集《世界管理论坛 2000》《世界经济文汇》2000 年特刊。

[2] 本文刊载于 2006 年第十届世界管理论坛暨东方管理论坛论文集《世界管理论坛 2006》《世界经济文汇》2006 年特刊。

上海台湾同胞投资协会会长叶惠德先生站在实践者的立场,讲述了如何将东方管理智慧中的"和谐"思想运用于大陆台商企业。

此外,著名经济学家、中国世界经济学会副会长伍贻康教授、上海市社联原党组书记施岳群教授、中共福建省委副秘书长、福建欧美同学会副会长陆开锦博士、上海漕河泾高科技园发展有限公司董事长陈青洲博士、台湾交通大学管理学院林国雄教授、台湾淡江大学管理学院院长陈敦基教授等学者和企业家分别围绕东方管理、和谐社会、人为科学、企业发展、地区竞争力等主题做了精彩的主题报告。

通过一天的学术交流,海峡两岸学者和企业家就创造中国特色的管理理论与方法达成了广泛共识,一致认为东方管理智慧是构建和谐社会的重要思想支持,并商定了在管理教育、学科建设、企业实践等方面开展进一步合作的意向。

本届论坛是 2008 年 IFSAM 第九届世界管理大会的预备会议之一,充分展示了苏东水教授领衔的东方管理学派在 2005 年取得的新成绩。苏教授的新作《东方管理学派著系》(经典与案例丛书)的第一卷——《东方管理学》受到了与会代表的一致好评,该套丛书的其余十四卷将在 2006 年陆续出版,共同构筑"三学、四治、八论"的东方管理学体系。从 1997 年的世界管理大会上海会议起,世界管理论坛暨东方管理论坛已经连续成功召开了九届,东方管理学派在国际管理学术界也得到了越来越多的认可和赞誉。正如东方管理学派创始人苏东水教授所言,"最有希望、最有创造性的管理理论往往产生于经济迅速起飞的国家和地区",凭着这种"积跬步以至千里"的毅力,东方管理学派必将为中国管理学走向世界,为中华民族的伟大复兴做出更大的贡献。

# 11. 第十届世界管理论坛暨东方管理论坛(2006)

论坛主题：全球化背景下的东西方管理

## 主题报告：论东方管理哲学[①]

管理活动是一个开放系统，难免受到哲学、经济、政治、文化和心理学等各种因素的影响，系统总结管理实践的管理理论也因此打上了地域和民族的烙印。正是基于这个原因，我们复旦大学学者群从20世纪70年代中期就开始探索如何立足于东方文化和现实土壤，博采古今中外管理学说精髓，创建一门真正适合中国乃至中国文化圈中其他东方国家的管理学说。

在这一探索过程中，不断有境内外的同行参与交流，其中包括许多热心的国际友人和我交往甚笃，从国外翻译引进的许多著作对我们的研究也有所启发。因此，目前已成雏形的东方管理学体系是国内外众多学者齐头并进、集腋成裘的结晶。现在学术界有一种溢美之词把我们研究东方管理学的学者称作东方管理学派。我个人认为，能否称得上学派，关键看有没有相对统一的哲学基础，因为管理哲学要解决管理的价值观和方法论这些最根本的问题。

20世纪80年代到90年代，我先后提出了东方管理学"以人为本，以德为先，人为为人"的核心命题，治国、治生、治家、治身的"四治"框架以及人、勤、道、变、和、实、信、效、法、威、器、术、筹、谋、圆等十五个哲学要素。这些思想分别反映了我在不同历史阶段的思考结果，经过梳理和整合，形成了我对东方管理哲学的认识，即：东方管理哲学是以中国传统主流哲学为内核，融汇古今中外管理学说中合理的哲学成分的一种具有历史连续性、内在一致性、普遍适用性和强大辐射力的思想系统，它能够在最一般的意义上为国家治理、企业经营、家庭生活和个人修养活动提供指导和方法。

下面我综合东方管理学的"三为"核心理念与十五个哲学要素，分三个部分阐述本人对东方管理哲学的理解。因为"以人为本"是当前中国的一个热点问题，我侧重阐述人本管理哲学。

## 一、人本管理哲学

东方管理哲学的第一个层次是人本管理哲学，即管理要以人为中心，实现人的全面、自由、普遍发展。人本管理哲学可以分解为五个要素：人、勤、道、变、和。其中，"人"是人本管理哲学的出发点和终极目标，"和"是中间目标和协调手段。下面分别解释一下。

(1) 人。"人"要求以人为本，把人的价值作为管理的起点和终极目标。在中文里，"以人为本"

---

[①] 本文刊载于2006年第十届世界管理论坛暨东方管理论坛论文集《世界管理论坛2006》《世界经济文汇》2006年特刊）。

一词的完整提法最早出自《管子·霸言》:"夫霸王之所始也,以人为本。本理则国固,本乱则国危。"这里所说的"以人为本",是指建立霸业的一种手段,显然管子的"人本"还停留在工具论的层面上。此后,又有孟子的"民贵"等更接近现代人本哲学的观点。1996年,在第三届IFSAM世界管理大会(巴黎)上,我第一次提出东方管理学的基本精神是"人乃天"和"事人如天",这一精神是基于历史连续性归纳出来的,因为东方管理哲学中的确有这样的传统。现实中的管理方法和操作可能经常与之相悖。即使在东方管理哲学的策源地中国也不例外。但最近几年,中国的领导层重新意识到"以人为本"的重要性,将其作为最基本的执政理念之一,这种理念很快由上至下渗透到各级政府、各类企业乃至每一个家庭和个人。

(2) 勤和变。"勤"是对人的一种要求,在东方的传统中,不仅要求管理者勤勉为政,而且在一般民众中提倡克勤克俭的精神。勤与俭的关联也是一种东方特色的理念,勤俭立国、勤俭创业、勤俭持家的价值一直很受重视。"变"一方面也是对"人"的要求,另一方面则表现为对人的需求的满足,管理者和被管理者(自我管理者)都要随时随地根据外部变化采取变通的方法,去实现自身发展或为他人服务,在东方管理哲学中此二者是合一的。

(3) 道。"道"是一个内涵很丰富的词。西方管理学的先驱如法约尔、韦伯等都是从一般意义上理解管理的,此后工商企业管理学一枝独秀,在相当长的时间里几乎成了管理学的代名词,我们首倡的东方管理学体系从一开始就注重管理理论的内在一致性和普遍适用性,把管理活动划分为治国、治生、治家、治身四个层面。这四个层面的具体管理方法是有很大差异的,但老子说"治大国如烹小鲜",王充则讲过"贤君之治国也,犹慈父之治家",中国还有一句俗话叫"一屋不扫,何以扫天下",这些都说明不同的管理活动有相通的规律,这些规律就是东方管理哲学中的"道","道"的载体是各种管理活动中的人以及人的行为,也即东方管理学是"以人载道"的,所以我们把"道"作为人本管理哲学的要素。

(4) 和。"和"即"和为贵"。人本管理哲学的终极目标是人的发展,"和"是实现终极目标之前的中间目标和协调手段。在竞争和对抗的管理活动中,"人和"乃制胜法宝,这无须赘述;在个人和组织的发展中,"和"也具有重要的调节作用。历史证明,"以人为本"作为终极目标很容易走向极端,即个人主义、各种利益集团的本位主义以及人类中心主义,欧美国家自文艺复兴以来很重视以人为本,但为什么还会一度出现比前代更加严重的社会危机?这些危机小到家庭破裂、劳资紧张,大到战争和环境污染,但都有一个共同病灶,就是忽略了"和"这个中间目标的调节。现在,中国的领导层很重视"和":在国内强调和睦安定,建设和谐社会;在国际交往中,提出了"与邻为善、以邻为伴";在"天人"关系方面,实践科学发展观。显然,这三个层面的"和"也同样适用于其他组织的管理。所以,可以认为"和"的要素是蕴含在人本管理哲学之中的,只有做到"和",以人为本的终极目标才能够不偏不倚的实现。

## 二、人德管理哲学

东方管理哲学的第二个层次是人德管理哲学,即强调道德伦理的作用,管理者通过"修己"树道德之威,在无形中影响被管理者的行为,被管理者也要通过"修己"实施自我管理,以求更好地胜任本职工作。不同层次的管理参与者面临的道德要求是不同的,为此我们提出了三种基本道德:为官执政者要讲"官德";经商营利者要讲"商德";一般民众要讲"民德"。

人德管理哲学可以分解为五个要素:实、信、效、法、威。其中,"实""信""效"是对管理活动的参与者的基本道德要求,"法"是"德"的辅助手段,"威"则是人德管理哲学的目标。

(1) 实、信与效。"实"要求实事求是,在古今中外这都是一项"知易行难"的要求;"信"即诚实守信,《孙子兵法》中把"信"列为"将者"的五德之一;"效"本不是伦理道德层面的因素,但在东方文化中,"效"与"廉""勤"往往紧密联系,高效廉洁经常被作为对管理层的基本要求。

(2) 法。在东方管理哲学中,"法"往往作为"德"的辅助因素。一般来说,依托法规和制度来实施管理可以避免"人治"的种种随意性和独断性,但也不应过分崇尚严法酷律的威慑力,正如《汉书·礼乐志》中讲的"王者承天意以从事,故务德教而省刑罚","德法兼容"是一种务实的选择。

(3) 威。树道德之威是人德管理哲学的目标。在管理活动中,管理者经常要运用权威来指挥和影响组织成员,其中有些权威是制度所赋予的,另一些则有赖于管理者的个人魅力和其他优秀品质,东方管理哲学更推崇后者。《论语·尧曰》中讲到个人品行要"尊五美",其中的"泰而不骄""威而不猛"两项可以看作对道德之威的绝佳注解。

## 三、人为管理哲学

人为管理哲学也即"人为为人"的思想:无论管理者还是被管理者必须首先注意自己的行为和修养,然后从为人的角度出发,控制和调整自己的行为,创造一种良好的人际关系和激励环境,充分发挥人的能动性和积极性,使人们能够更好地发展自我,服务社会。人为管理哲学源于我对中国古代管理行为学说的研究,我在这方面的研究成果最早就是在日本的一次研讨会上报告的。

人类的生产行为和管理行为离不开物质技术设备和科学方法,管理行为中最重要的是决策行为(西蒙说过"管理就是决策"),同时"人为为人"讲究管理者与被管理者的互励互动,能够达到圆满合理是衡量"人为为人"实现程度的标准。所以,我把人为管理哲学也分解为五个要素:器、术、筹、谋、圆。

(1) 器、术、筹、谋。重器利器、巧妙运术本是中国早期哲学中的一个重要方面,但后来"器"和"术"被曲解为"奇技淫巧",成为主流道德哲学的对立面,其服务于人的积极一面反而被忽略了。现在就是要在"人为为人"的理念下,重新加强对"器"和"术"的学习和运用,提高管理效率和服务水平。"筹"和"谋"分别对应于战略和战术层面的规划与执行,正所谓"运筹帷幄,决胜千里",在这两个层面的决策中,都要充分发挥民主,集思广益,用"人为"的积极参与,保证"为人"的绩效。

(2) "圆"即圆满合理,这是衡量"人为为人"是否成功的标志。"人为为人"的理念落实在实践中,是倡导以身垂范、合理授权与自我管理。基于这种要求,我们提出了东方管理哲学的"主体人"命题:人在组织中有分工职位的差别,但每个人都是管理主体,个性和人格都是独立、完整和平等的,不存在谁依附谁、谁掌控谁的问题。在主体人理论中,人不再是管理的工具和手段,人和人之间也不再是狭隘的管理和被管理的关系,而是为了实现组织的目标所进行的互相协同、互相支持、互相服务的关系。只有实现这样一种关系,一个组织或者一项管理活动才称得上是圆满合理的。这当然是一项很高的要求,但应该成为每一位管理者追求的理想和目标。

人本管理哲学、人德管理哲学和人为管理哲学是东方管理哲学的三个部分,这三个部分相辅相成,而且每一部分之下的三组要素也是一个统一的体系。我坚信,我们的社会只要能够做到"三为",即"以人为本,以德为先,人为为人",坚持新"三观",即新的人本观、和谐观和发展观,则社会主义和谐社会将指日可待。

2006年在上海举办第十届世界管理论坛暨东方管理论坛,与会代表合影

## 第十届世界管理论坛东方管理国际学术研讨会暨上海管理教育学会创立25周年大会综述

第十届世界管理论坛、东方管理国际学术研讨会暨上海管理教育学会创立25周年大会于2006年12月9—10日在上海国际会议中心和上海外国语大学隆重召开。本届论坛由世界管理协会联盟中国委员会、上海外国语大学、上海管理教育学会、复旦大学管理学院等七家单位主办与协办。来自美、日、德、英、加拿大、新加坡等国和中国海峡两岸暨港澳地区近300位专家学者、政界人士、企业家、高校校长、新闻出版界人士出席了会议。

上海外国语大学副校长张曙光教授主持了开幕式,中共中央对外联络部部长王家瑞发来贺信。随后,上海市人大常委会副主任胡炜、上海外国语大学曹德明先后致辞祝贺本届研讨会召开。复旦大学首席教授、东方管理学派创始人、世界管理协会联盟中国委员会主席苏东水教授,做了题为《中国"东学"三十年》的主题演讲,他指出,东方管理是扎根于中华优秀文化,融合东西方管理精华的当代管理新理论。经过30多年的探索,已形成了独具特色的体系结构。他在简要概述东方管理学体系形成是从"古为今用、融合提炼,到自成一家、走向世界,再到形成学派、影响扩大"的三个阶段基础上,阐述了东方管理学"以人为本、以德为先、人为为人"的精髓,并详尽介绍了东方管理学"学、为、治、行、和"的体系框架。世界管理协会联盟第九届大会主席苏·布鲁琳女士,上海市管理教育学会副会长朱建国教授等也分别作了主题演讲。"上海外国语大学东方管理研究中心"也于国际会议期间揭牌成立。

本届论坛得到了社会各界积极响应和大力支持,大会共收到了论文300余篇,其中120余篇入选参加大会交流。本次学术研讨会以"以人为本、以德为先、人为为人"为宗旨,着重围绕"全球化背景下的东西方管理"这一主题,共举行了14场主题报告会、4场专题讨论会以及1场华商"五缘"发布会。

与会者分别就东方管理、中国管理、华商管理、管理比较、和谐管理等新世纪管理学所面临的难点、重点和热点问题进行了深入而广泛的探讨,并就推动东方管理学学科建设和促进全球化背景下的东西方管理的进一步融合达成了共识。

在东方管理专题研讨中,上海交通大学安泰管理学院院长王方华教授以"论中国管理思想的研究视野"为题,从东西方文化对比包括理念、思维特征、管理行为各方面上的差异来探讨中国管理思想,同时提出三个切入点来学习研究和发扬中国管理文化,包括历史的时代特征与现代社会的可比性,历史的思想文化中代表传统商业精神和智慧的精华对现实管理的借鉴以及历史上深谋远虑,进退自如的民商巨贾对现代商人的启示。南京大学的贾良定教授及周三多教授以"论企业家精神及其五项修炼——中国文化与西方理论融合的视角"为题,强调企业家必须具备两个条件:创造利润和指向未来。指出企业家精神由知识素养、熊彼特意义的创新能力和韦伯意义的指向未来三个要素构成,并提出锻炼企业家精神的五项修炼:第一项修炼是"学无涯之知",不断学习,博文广识。尽可能掌握古今中外有关的先进思想、科学理论和方法;第二项修炼是"察此彼之情",尽可能掌握全面信息,充分了解市场环境,知己知彼,有彼及此,为科学决策打好基础;第三项修炼是"悟有无之道",明察秋毫,抓住事物的本质和客观规律;第四项修炼是"善起政之谋",依乎天理以正合,不断创新以奇胜;第五项修炼是"凝经营之神",建立汇报社会的人生观、诚信勤信的职业观、克制节俭的财富观,永不懈怠,指向未来。"学知"是修炼企业家知识素养;"察情—悟道—善谋"是修炼企业家创新能力;"凝神"是修炼企业家指向未来的精神。上海外国语大学孙建副教授及陈炳亮通过对西方激励理论的回顾,发现其中存在的问题,进而指出了东方管理学派的"人为"激励理论,它能克服西方理论的某些缺陷,并得出结论:可以通过"人为"与"为人"的动态相互作用,形成一个"人为为人"型组织系统,从而实现个体与组织的良性互动,和谐发展。复旦大学的彭贺探讨了东方管理研究的历程、现状与挑战,他指出,作为我国管理学科中的一个亮点,东方管理学已经成为一个比较完整的学科体系。东方管理研究团队不断扩大、学术研讨会日渐增多、文献积累也越来越丰硕、东方管理理论日趋成熟、影响力也日益扩大。未来的东方管理研究面临三大挑战:从该理论提炼向实践运用和转化;从研究对象向研究方法的转移;从西方训练向本土训练的转向。

在中国管理的专题研讨中,上海交通大学管理学院徐飞教授指出,不管是尚待构建的中国式管理体系,还是西方既有的管理体系,都包括三个层次:科学的层次、艺术的层次和哲学的层次。他认为,构建中国式的管理体系,除了要充分吸收和借鉴西方已有的理论成果和范式,把中国传统管理理论的精要发扬光大以外,还应该剖析甄别,去伪存真,并可以从三个方面寻求突破:一是把"需体悟"的智慧变成"体系化"的知识;二是把中国传统管理的中心,从对人的关注,转向对组织、对制度和对流程的关注;三是从过多地对"崇高道德"的提倡,转向对"底线道德"的推行。复旦大学的苏勇教授及刘国华探讨了管理科学研究与实践中的伦理问题,他们认为,本质上管理科学或运筹学仍然是一种人为科学,事实上,许多管理科学家都提倡伦理主义,主张把社会的和伦理的关注纳入传统的"理性"技术和管理决策。通过联合两者进行分析,可以拉近管理科学或运筹学和商业伦理的关系。上海社科院的陈志宏教授分析了2005年有中国企业海外并购达到100多起。然而,中国企业海外并购的道路并非一帆风顺,隐藏着巨大的风险。他指出,如何提高海外并购的成功率,中国企业应解决法人治理结构、战略、人才、法律、尽职调查、企业文化、细节、模式等问题。同济大学的任浩教授及徐雪松从"自利"到"他利"角度探讨了企业慈善捐赠的十大动因,其认为,企业的慈善捐赠动机有两类:自利性动机和他利性动机。自利性动机又可以分为短期自利性动机和长期自利性动机。有些企业进行慈善捐赠是为了开拓市场空间、缓解竞争压力、响应政府号召;有些企业进行慈善捐赠是为了塑造企业形象、培育社区关系、凝聚员工认同、优化社会环境、承担社会责任;还有些企业进行慈善捐献是为了:贯彻为善理念、实现企业价值。上海交通大学的颜世富副教授及周晓君阐述了如何对待中西管理思想的问题,强调因为中西方各自的管理思想丰富且精深,不应提倡盲目排外及全盘西化。而两者又存在很大的差异,所以提出中西管理会通的概念。上海外国语大学的章玉贵副教授及王玥指出,中国管理科学的学科体系日臻成熟。但是中国管理科学的发展落后于中国经济的发展则是一个不争的事实。把我国际管理科学发展趋势和最新研究成果,深入研究中国的实际情况,对我国企业的管理实践进行案例研究,总结出中国自己的管理理论,建立有中国特色的管理科学理论体系,是中国管理学界肩负的历史使命。而在构建中国特色管理科学理论的过程中,正确处理管理科学的国际化和本土化的关系,坚持扬弃和超越的原则,是中国特色的管理科学既有国际普适性又不乏中国品格的重要前提。

在华商管理的专题研讨中,上海理工大学的李好好教授及马婷对浙商与徽商进行了比较研究。分析了两者的兴衰是由于受到了地理、人文和历史环境的影响,浙商的价值观念表现在,商本位价值观念浸透浙商心灵;官本位观念淡薄但关心政治;农本位观念相当淡薄;受到文本位观念的深刻影响。而曾经叱咤商界三百余年的徽商所源起与铸就的"新安文化"虽折射出中国传统商业文明的历史光芒,但徽商受到官本位观念和文本位观念的深刻影响,最终走向衰败。为此,他们从文化价值观念的角度对浙商和徽商进行对比分析,探究了近年来浙江与安徽经济不同表现的原因。复旦大学的伍华佳副教授及张莹颖从交易成本理论的角度分析了东南亚的华商企业的管理和文化,阐述了在家族治理模式下,华人家族企业管理和文化的特点,以及家族体制下降低和增加企业内外交易成本的各项因素,并由此引出了对东南亚华人企业关于交易成本均衡决策的几点思考。复旦大学的陆开锦探讨了泉州家族企业的继承问题,并针对泉州家族企业大多采用的血缘继承方式的文化背景、特征、存在的主要问题及相应的解决对策提出了建议。他指出,经过20多年的发展,泉州的家族企业正面临着第一代与第二代之间的交替。只有顺利解决继承问题才能保证家族企业的稳定持续发展。在民营企业高层团队和谐整合分析系统研究方面,复旦大学的李文明指出,民营企业只有建立高层团队和谐整合分析系统,才能全面及时地掌握其高层团队的和谐整合动态。为此,他提出了"环境—特征—过程"的"3C"研究范式,结合系统理论、和谐管理理论与高层梯队理论的相关内容,研究了民营企业高层团队和谐整合分析系统的构架、层析及其评价指标,为民营企业高层团队和谐整合分析工作涉及了一套可操作的评价指标体系。程万鹏在分析我国民营企业遇到的困境及其具备的比较优势的基础上,探讨了全球华商网络对我国民营企业跨国经营的积极作用。

在西方管理专题研讨中,上海外国语大学的杨力教授探讨了跨国网络银行的风险管理与监管问题。他指出,国际互联网技术的迅猛发展为网络银行国际化提供便利的同时也带来了挑战,如何加强网络银行的跨国风险管理与金融监管就成了当今各国亟待解决的主要金融安全问题之一。巴塞尔银行监管委员会和西方发达国家对跨国银行业务的风险管理与金融监管措施相对比较完善,不少经验值得我国借鉴。蒋龙杰总结和阐述了西方企业协力理论的研究成果,从协力的定义、协力与合作和协调的区别、协力形成的过程、协力形成的障碍、协力关系的审查等几个方面,勾勒出西方企业协力理论的研究框架,以期为东方管理理论的进一步发展提供良好的基础。上海外国语大学的于朝晖副教授及史学嘉从东西方文化认知差异的视角,分析了美国政府国际公关中的沟通性障碍。其以美国在911后在中东的国际公关失利为例,深入分析其失利的原因——跨文化传播战略的缺失,这对中国在对外宣传中提升文化差异意识,提高国际认同度,塑造良好的国际形象具有积极的现实意义。

在管理比较专题研讨中,复旦大学的张文贤教授对东西方企业社会责任进行了比较研究,他分析了东西方在企业社会责任的文化、理念、法规和制度方面的差异,并对我国在经济全球化的环境下加强企业社会责任的战略提出了建议。贵州大学的章迪诚教授从管理学视野的分析了中西方差异,他指出不同文化背景下的管理思想不可能截然分成东方式和西方式的两极。但是在现实世界中,不同文化背景下的管理实践则又明显地显现了各自的文化烙印,如果通过高度概括抽象为空洞化的形式,不仅会失去由不同文化展示出人类智慧,同时也会失去人类在不同人文背景体验下所形成的具体内容。从管理学视野比较中西方的差异,在管理理念、管理基点、管理方法、管理行为和管理原则等方面都存在诸多的不同。周洁如和大卫·罗宾斯以西方传统的三个伦理理论——美德、结果论、道义论为基础,利用问卷调研了东西方具有企业家倾向的管理者的伦理倾向,分析调研数据得出结论:具有企业家倾向的管理者和一般企业管理者在伦理倾向方面存在显著差异,中国和澳大利亚具有企业家倾向的管理者在伦理倾向方面也存在着显著差异。

河海大学的周海炜教授、张阳教授及张志鹏从进入动机到竞争优势的视角,探讨了东西方企业跨国战略比较,阐述了不同的文化背景条件和管理理念决定了东方企业与西方企业所采取的跨国战略必然有差异。提出了中国企业在确立跨国战略时应注意的问题。复旦大学的陈静分析了社会资本理论与五缘理论之异同,强调社会资本理论是西方学者在 20 世纪 70 年代末提出一个经济社会学理论,已经在诸多邻域产生了广泛影响;五缘理论是复旦大学苏东水教授提出的东方管理理论的一个重要组成部分。她针对这两种理论的异同进行一个简单的分析。在东西方企业管理模式比较方面,杨光平、赵志斌提出,由于东西方文化差异,造成东西企业管理模式的差异。不同的国家的企业由不同的管理模式,而且同一企业在不同时期也有不同的管理模式。他们阐述了西方管理模式的三个阶段即经验管理阶段、科学管理阶段、文化管理阶段的特点与趋势,指出了以东方文化为基础的东方管理模式,而东方管理模式的本质是以群体为本位的东方管理文化。提出了以建立科学的管理体系与群体本位价值观相结合的中国式管理来构建中国企业管理模式。

在和谐管理专题研讨中,苏州大学的王椿阳、朱永新教授等就中国传统文化中"以和为贵"思想如何在现代企业创建和谐型组织提出了几个观点,他们认为,拥有共同的价值追求、开放民主的组织气氛、科学严明的管理体制、内外兼修的诚信理念是和谐型组织的现代表征,建设和谐型组织需要从组织结构、组织管理管理制度和组织文化三个层面入手。谢军对中国传统和谐文化与企业利益相关者责任进行了阐述,他认为,构建和谐社会,企业和谐必不可少。企业的和谐其实就是企业与各类利益相关者之间的和谐,企业的利益相关者可分为内部利益相关者和外部利益相关者,而外部利益相关者又可分为直接利益相关者、公共利益相关者和环境利益相关者。和谐企业的构建,要受到中国传统和谐文化的影响,中国传统和谐文化包含身心和谐、人际和谐、群己和谐和天人和谐四个方面的内涵、企业的利益相关者与中国传统和谐的观念的完整内涵之间有一种对应关系,企业只有通过承担各种利益相关者的社会责任,才能实现企业和谐。张平探讨了东方管理哲学与和谐社会的关系,他认为,需要用东方哲学和文化思想来分析构建和谐社会的思想本质。其中重要的一条是阴阳调和的阳光哲学。孔子的仁义学说,不知是追求社会和谐的伦理思想,而且也把自然的和谐包括在内,即主张建立社会需要与自然界承受能力之间的和谐,即把世界万物包括在内的"推己及物"的泛仁义观中,因而在伦理观上,经济选择与自然选择是并重的。

以"Comparison between Oriental and Western Management Education"为讨论主题的专长讨论会为本届世界管理论坛的特色专场,并以英文为会议语言,吸引了包括知名国外管理专家在内的一些知名专家学者和企业人士的参与。参与主题讨论的嘉宾包括加拿大曼尼托巴大学教授、第九届 IFSAM 理事会当选主席 Sue Bruning 女士。杜伊斯堡-埃森大学教授 Gunter S. Heiduk 教授、印第安纳大学凯莱商学院 MBA 项目主任 Richard J. Magjuka 教授等。上海外国语大学国际工商管理学院代表以"Cultivating Innovative Capabilities Grade Entrepreneurship Education at SISU"为题详细介绍了上海外国语大学在培养具备创新精神和实践能力的国际化复合型人才方面所做系统工作和经验。

　　本届学术研讨会从弘扬东方管理文化的核心理念入手,用现代的、发展的、全球的眼光,对充满生机与活力的当代中国管理实践以及华商管理实践加以系统精辟的体会总结。会议认为,在全球化背景下,东方管理理论正在与西方管理及整个人类管理文化的精华相交融过程中不断提升自身内涵、完善自身体系。东方管理学派创立30年来独具特色的东方管理学研究在国内外管理学界的影响与学术地位越来越广泛。如今,东方管理学派的"三为"管理核心思想和"四治","八论"等学术成果与学术理念已成为包括东西方在内的世界管理学界所普遍认同和推崇。在中国经济持续繁荣,中国在世界上的经济与文化影响日趋扩大与增强的今天,作为东方文化重要精髓的东方管理学,在融合中外古今一体的基础上一定能为东西方管理学的交流,为世界管理学的发展做出更大的贡献。

# 12. 第十一届世界管理论坛暨东方管理论坛(2007)

论坛主题：东方管理思想与中国管理创新

## 主题报告：论东学与国学[①]

### 一、引　言

时下国学被炒得沸沸扬扬，不少媒体报道，国内一些大学或是研究机构成立了国学院、国学课堂、企业家国学培训班，以中国人民大学国学班、北大乾元国学教室和《光明日报》"国学"版开办为国学热的三大标志事件。以央视"百家讲坛"国学类讲座为标志和契机催生的当今中国"国学"的文化复兴和弘扬更是使传统文化的热度一再升温。学者与平民大众都越来越关心"国学"文化，出版社更是不失时机地推出易中天、于丹解读古籍经典的读物，市场销售火爆。这种兴起的"国学"热，这种学者和大众都在关注国学的文化氛围，是当今中国出现的一种文化现象。而现时将国学跟商道进行嫁接，并且像某些高校那样开出天价的各类国学培训班，国学又是何时一改"重士轻商"传统，摇身一变，穿上了商道这件新衣衫？这不得不引起我们的思考。

国学的形成应该以 1905 年由邓实任主编，章太炎、刘师培等撰稿的《国粹学报》在上海创刊为标志。非常巧合的是，100 年之后，同样是在上海，恰逢复旦大学百年校庆之际，我出版了标志着东方管理学基本成型的专著——《东方管理学》(2005)。《中国经营报》曾评价："国学的再次发展依然脱不了和上海千丝万缕的联系，20 世纪 80 年代初，苏东水教授开始探讨东方管理学。所谓东方管理学，包括中国管理、西方管理和华商管理三大部分：中国管理又包含古代、近代和现代三部分，其古代部分即是现今国学与商道中宣讲的《易经》阴阳、道家无为、儒家仁爱、佛家慈善、兵家用人、法家崇法等学说。至此，章太炎提出的'国学'正式和管理学发生交集。"[②]我于 20 世纪 70 年代中期开始研究东方管理，在长达 30 年的研究中逐渐形成了东方管理学的理论体系，提出了"以人为本、以德为先、人为为人"的"三为"管理思想。"东学"是对东方管理学的简称，它是以中华优秀传统管理文化为核心、不断汲取世界各民族管理文化之养分、融合古今中外管理精华于一体的立足于中华民族特质和管理实践的开放而不断发展的理论体系。东学与国学既联系紧密又有所区别，当前的国学热与东学的发展亦有一定的关系。国学热的原因是什么？东学与国学的"百年巧合"除了历史的偶然性之外，是否也有其历史意蕴？东学的精髓是什么，它有哪些发展？国学的内涵是什么，它的研究范畴

---

[①] 本文刊载于 2007 年第十一届世界管理论坛暨东方管理论坛论文集《世界管理论坛 2007》(《北大商业评论》2007 年特刊)。
[②] 王永强、陈伟:《国学：中国式商道"新外衣"》,《中国经营报》2006 年 8 月 21 日。

应该是什么？东学与国学间又有什么样的关系？就这些问题，我来阐述一下自己的观点。

## 二、国学热的原因与"百年巧合"的意蕴

1. 国学热的原因

单纯的国学热，是文化问题，而当国学与商道结合，在当今社会大行其道就是一个复杂的社会问题。国学究竟为何会如此受到追捧，其背后的原因究竟是什么，我认为主要有以下几点：

第一，东学以中国优秀传统管理文化为核心，它包括中国管理、西方管理和华商管理三大部分。而中国管理又包含古代、近代和现代三部分，其古代部分与现今国学与商道中所宣讲的《易经》阴阳、道家无为、儒家仁爱、佛家慈善、兵家用人、法家崇法等内容多有交叉。自1997年IFSAM世界管理大会在中国上海召开后，"东方管理文化开始在世界叫响"，此后，东方管理学派不断发展壮大，这在一定程度上推动了"国学热"。此外，受东方管理学派影响，有些人要自创学派，创建新的学术以独树一帜，而国学与商道的嫁接客观上提供了这样的机遇。

第二，管理学很重要，向西方学习有必要，但不能完全走西化道路，应该不断创新。而现今的管理学几乎清一色的西方管理学理论，当其与中国本土管理实践遭遇时，经常水土不服，从文化源头上寻求支撑国人行为准则与实践理念成为管理学研究的一种新的创新方式。

第三，社会的需求以及利益驱动。国学与商道的结合绝非偶然，企业家们渴望寻求企业规模的扩大、企业管理的日臻完善，当西方管理学在本土管理实践中遭遇不顺时，企业家们把目光转向了孕育中国国民特性与塑造泱泱中华文化传统的国学。此外，企业高管们风光和高收入的背后也隐含着巨大的心理和精神压力，他们迫切需要寻找精神的慰藉与出口。社会对国学的需求造就了国学热的巨大市场与商机，在声誉素著的北京大学、清华大学和复旦大学等名校，瞄准董事长、总经理、总裁及高管、政府部门高官的国学培训班如同十几年前的MBA招生，正如火如荼展开。毫无疑问，利益驱动对国学热起了推波助澜的作用。

2. "百年巧合"的背景及其意蕴

国学的形成应该以1905年由邓实任主编，章太炎、刘师培等撰稿的《国粹学报》在上海创刊为标志。非常巧合的是，100年之后，同样是在上海，恰逢复旦大学百年校庆之际，我出版了标志着东方管理学基本成型的专著——《东方管理学》(2005)。两者看似是巧合，其实也有其深刻的历史内涵。通过对其不同的产生背景进行分析，从历史的发展脉络中我们可以窥见其内在的意蕴。国学形成的背景在于自鸦片战争以来，西学凭借武力全面东侵，迫使中国人由"师夷长技"而"中体西用"。朝廷和士大夫对西学先进性的承认导致中国固有文化权威的动摇，"中学"日益成为"旧学"的代名词，被视为无用之物，这使很多热爱中国传统文化的人士深切地意识到危机的到来。因此，"国学"包含着在中国传统文化发生危机时一种自觉的担当。也就是说"国学"要自觉地担当起保护、弘扬中国传统文化的历史使命，也正是在传统文化发生危机时，这种自觉担当的意识更凸显出来。

近些年的"国学热"和东方管理学的兴起与发展的背景是一样的，即伟大新时代的到来——中华民族的复兴与崛起。随着中国经济的发展以及与国际社会交往的日益频繁，中国人越来越迫切需要了解自己民族的历史，越来越需要表明自己民族所具有的独特价值的精神，这就激发了中国人复兴传统文化的强烈愿望。当我们试图从传统中寻找能代表我们民族的精神和文化象征时，挖掘传统文化及儒家思想中有价值、有益的思想资源就成为很自然之事，这也正是我们这个民族文化自信和文化自觉的一种表现。

"国学热"与东学的兴盛共同凸显了新时代背景下中华民族优秀文化的伟大复兴,共同反映了中华民族的文化自觉性及强烈的本国传统文化认同感,共同体现了经济强大后国民整体意识的提高及强烈的民族自信心。"国学"的复兴与东学的兴盛看似"百年巧合",实则蕴含了中国近代历史的变迁和中国综合国力强大、国际地位提高的变化。

## 三、东学的精髓及其发展

1. 东学新学说

东方管理学是研究古今中外管理的理论与实践及其运行规律的现代管理科学的重要学派之一,它扎根于中华文化,是一门融合东西方管理思想精华的新学科。历经 30 余年的探索,东方管理学已形成了独具特色的体系结构。东方管理学的体系可以总结为五个字"学"(三学)、"为"(三为)、"治"(四治)、"行"(五行)、"和"(三和)。东方管理学以体现东方管理文化本质特征的"以人为本、以德为先、人为为人"的"三为"原理,在中国管理、西方管理和华商管理的基础上形成了治国、治生、治家和治身的"四治"体系;以人本论、人德论、人为论为核心,包括人道、人心、人缘、人谋、人才"五行"管理的东方管理理论体系,并提出其管理目标是构建和谐社会的和贵、和合、和谐[1]。

2. 东学的精髓

从古至今,对于管理的本质是什么这个问题,众多先贤给出了不同的回答,我认为管理的本质就是"人为为人",这也是东方管理学的本质与核心所在。东方管理学的精髓便是"人为为人"。它是对中国管理、西方管理以及华商管理等理论与实践融合、提炼、萃取的结果,是东方管理文化的本质特征,它以"以人为本、以德为先"核心思想为基础,是贯穿东方管理学的主线,也是东方管理学派的宗旨。

"人为为人"是指"每个人首先要注重自身的行为修养,'正人必先正己气',然后从'为人'的角度出发,来从事、控制和调整自身的行为,创造一种良好的人际关系和激励环境,使人们能够持久地处于激发状态下工作,主观能动性得到充分发挥"。"人为为人"从管理行为的主体、客体以及相互关系的角度揭示了古今中外一切管理行为的本质。"人为"是一种自我导向的个体心理行为。在强调个体内部指向的心理行为的同时,强调"主体人"心理行为的可塑性。"为人"则是指一种他人导向的服务行为,是个体对外部对象的心理激励行为。在强调自身心理行为的可塑性的同时,客观上产生服务他人的效果。"人为为人"则强调个体心理行为与外部对象心理激励的互动性,"人为"与"为人"互相联系并且互相转化。

3. 东学的发展

东方管理学的发展可以分为以下三个阶段:第一阶段是"古为今用,融合提炼"(1976—1986),这个阶段主要是归纳、提炼我国古代、近代的管理精髓,首创企业"以人为中心"、以人为本的概念,并在现代经济环境中对其进行创造性转换和应用;第二阶段是"自成一家,走向世界"(1986—1997),这个阶段主要是基于我国经济管理理论与实践,融合东西方管理精华,逐步提出具有中国特色、全球视野的东方管理理论。经过长期探索,我将管理的本质概括为"人为为人",并逐步走出国门;在中国境内首次举办 1997 年世界管理大会,首创世界管理论坛和东方管理论坛。[2] 第三阶段是"形成学派、影响扩大"(1997 至今)。1999 年,世界华商管理大会召开,同时举行东方管理学派成立

---

[1] 东方管理科学研究院编写组:《中国"东学"三十年——东方管理学的创新与发展》,《世界管理论坛 2006》(《世界经济文汇》2006 年特刊)。

[2] 同上。

大会,东方管理学派作为一个管理学术流派被外界认可。2005年我出版《东方管理学》专著,标志着东方管理学的基本形成。与此同时,复旦大学、上海交通大学、华侨大学、江西财经大学、贵州大学、上海外国语大学等高校纷纷成立东方管理研究中心、东方管理科学研究院以及华商研究中心;同时,东方管理学派继续积极开展各种国际学术交流,自1997年起已连续10年举办了十届世界管理论坛暨东方管理论坛,影响深远。2008年,IFSAM第九届世界管理大会将在上海召开,这将使东方管理学进一步传播于世界管理学界。应重点提及的是,2004年,复旦大学在全国率先设立东方管理学专业博士点、硕士点,这是东方管理学科发展的新里程碑。现在,复旦大学东方管理学专业正开设"东方管理与国学"这门课程,就什么是东方管理学、什么是国学、两者之间有什么样的关系进行课程设计,授课以师生共讲、专家点评、案例分析、讨论及研究报告相结合的方式进行。该课程主讲:东方管理与易学(《易经》选读,主谈"变"、阴阳易变);东方管理与道学(《道德经》选读,主谈"道",道法自然);东方管理与儒学(《论语》选读,主谈"仁",仁义和谐);东方管理与佛学(《禅宗》选读,主谈"善",与人为善);东方管理与兵学(《孙子兵法》选读,主谈"人"、用人之道);东方管理与唐学(《贞观政要》选读,主谈"治",治国治身);东方管理与红学(《红楼梦》选读,主谈"术",治理之术);东方管理与马学(《资本论》选读,主谈"法",研究方法)。这门课程是东学与国学互动的一种开拓性尝试,对更好的研究东学、更好的研究国学都有莫大的裨益,对中华优秀文化的传承与转生也具有很高的价值。

## 四、国学的内涵及其研究范畴

1. 国学的内涵

究竟是什么是国学?国学原指国家的最高学府:国子监、太学等。而现时的国学含义为何,各界看法不一。有的说是中国经典形态的学术体系,有的说是与国人生活密切结合的传统文化,还有的认为是上述两说的并列综合。虽说百年来不断在讨论,但是并没有大家都认同的说法。近百年来,西方文化东渐,产生了西方文化和中国本土传统文化之间的差异。最初用新学和旧学、中学和西学这样不同的名字来区别。后来又提出国学的名词,其实也就是中学,也可以说是一种旧学,因为它是国产的。在一段时间内,把中国的文化都加上"国"字,比如说中国的绘画称国画,中国的武术称国术,中国的戏剧称国剧,中医称国医。国学究竟是一门什么样的学问?现代的学科分得很细,有文学、历史、哲学、经济、法律、考古等等。哲学里面又分中国哲学、西方哲学、马克思主义哲学、伦理学、美学等等,但国学应该归哪一学科呢?国学包括了文、史、哲、政、经、法等许多内容,是个综合的学科。因此按照现代的学科分类,国学很难作为单独的学科确立它的"名分"。

王富仁教授则提出了"新国学"。在他看来,国学不只包括中国学术,还包括我们正在研究的学术。"研究李白、杜甫是国学,研究鲁迅、贾平凹也是国学,还有,中国人研究莎士比亚同样是国学。"换言之,王富仁的"新国学"可涵盖中国学术全部成果,能体现国学的独立性,也能反映整体性,是国学"有源有流"、在原有概念上的新集合。

我觉得给国学定义很难,我的理解是:国学就是研究中国的传统文化。国学应该是一个包含多学科的开放性的与中国传统文化思想特征相适应的学术体系。如果把中国所有的学问都叫作国学,那范围就太大了,应该要把国学的研究范围限制在传统文化里。

2. 国学的研究范畴

国学的内容,有狭义、广义之分。狭义的国学,应指中国学术文化的精髓,而非经史子集无所不包。章太炎发起成立的国学振起社,所发国学讲义共分诸子学、文史学、制度学、内典学、宋明理学、中国历史 6 册内容。在《国故论衡》一书中,章氏以"国故"概括国学的主要内容与文献典籍。在章氏眼中,"国学"主要是研究中国古代正统高雅文化的学术活动,有时则混同于"国粹"。若按此,国学主要指意识形态层面的传统思想文化,它是国学的核心内涵,是国学本质属性的集中体现,也是我们今天所要认识并抽象继承、积极弘扬的重点之所在。但正如王富仁所说"国粹"这个概念本身就已经包含有固定的性质判断和价值评判,无法成为研究的对象。因此,某种意义上,胡适的国学既包括"国粹"又包括"国渣"之说值得肯定。今天,更多的学人是从广义来理解国学的,认为国学就是中华民族的传统文化。季羡林先生提出"国学"应包括传统的学问、知识,也应包括传统的道德、礼仪、规范,以及所蕴含的文化价值和民族精神。张岱年则指出,国学的内容包括哲学(包括宗教)、史学、文学(包括艺术)、政治经济学(包括军事)、科学技术学(包括天文、算学、地理、医学、农学、工艺等)。人大国学院以经史子集为主体设置必修课,并开设琴棋书画、诗词歌赋一类的选修课,所持有的也应是广义的国学概念。

近现代文化史首倡"国学"的则是章太炎。章氏的"国学"包括中国古代哲学、文学、文字学、音韵学等各种学术门类,而哲学又包括中国古代儒、释、道和诸子百家的各种不同思想和学说,因此,章之"国学"实际是中国古代学术的总称。章太炎是中国历史上对中国古代文化进行系统整理的第一人。有学者认为,章既是文学家,又是革命家,在民众中影响很大,他的国学概念一提出就深入人心。在章太炎的影响下,我国学术界一直把中国古代文化研究简称为"国学"。值得注意的是,章太炎在指出先秦诸子学说是中国文化基础的同时,是以佛教文化视点进行文化整理、以佛学为基础。是他,率先把先秦诸子学说和佛学放在了一起。由此,佛学第一次成为"国学"的重要组成部分,国学儒、释、道、法、兵、阴阳六大家的雏形初具,而这也构成了时下国学热潮中的主要内容。

如果说国学是研究中国传统文化的学问,那它与东方管理学究竟有什么样的关系,它们又有着怎样的联系与区别呢?

## 五、东学与国学的关系

我认为东方管理学与国学既紧密联系又有所区别。

1. 东学与国学的联系

东方管理学扎根于中华文化,是一门融合东西方管理思想精华的新学科,而国学是一个包含多学科的开放性的与中国传统文化思想特征相适应的学术体系。从本质上来讲,它们都植根于中华传统文化,这是它们的共性。数千年来,以易道、儒学为主干的国学渗透在中国社会的每一个角落、每一个中国人的文化基因中,天人合一、中庸等理念无时无刻不在影响着国人的思维方式与价值取向。国学最大的学问就是关于人的学问,国学智慧十分重视人的道德和行为的可塑性,十分重视通过人的道德伦理来调节人际关系,从而提供了人的发展的可能性。这与东方管理学的本质"人为为人"是相通的,每个人首先要注重自身的行为修养,"正人必先正己",然后从"为人"的角度出发,来从事、控制和调整自身的行为,创造一种良好的人际关系和环境,使人们的主观能动性得到充分发挥。管理学的真正精髓就是一种文化的互动,而国学就是文化,古今能够实现交流是因为,几千年的跨度背后,人际互动的经验和道理,未必会发生什么根本性的变化。正是基于这种文化的角度,东方管理学与国学才能够互动、互补与交融、共进。

首先,从文化传承角度看,东学与国学归根到底都是在东西文化的交流和现代化的进程中来思考如何正确对待本国已有的文化传统,如何继承和发扬本国传统文化中的优秀成分,进而服务于如何建设具有本国、本民族特色的现代化国家。

其次,就二者的内容而言,作为东方管理学根基之一的中国管理学与国学的研究领域存在着很大的交集部分。东方管理学根植于东方管理文化,光辉璀璨的中国管理是东方管理学的一个重要的理论基础。易经的阴阳学说、道家的无为学说、儒家的仁爱学说、佛家的慈善学说、兵家的用人学说、法家的崇法学说等等,都是东方管理学深入总结、提炼和进行现代化的创造性转换的基础。以章太炎的"国学"概念而言,其实际是中国古代学术的总称,在章太炎的影响下,我国学术界一直把中国古代文化研究简称为"国学",儒、释、道、法、兵、阴阳六大家成为国学研究的重点,而这也构成了时下国学热潮中的主要内容。因而,二者在内容上有诸多的交叉。

再次,在研究方法、研究手段上两者也可以相互借鉴。二者都是交叉的综合性学术体系,其多学科性决定了二者在研究方法上综合采取各学科研究方法的必要性,客观上也为二者在方法的借鉴上提供了可能。

最后,东方管理学与国学都强调"德",都追求和谐。东学核心理念中包含"以德为先",《论语·为政》有"为政以德,譬如北辰居其所而众星共之",这是强调道德对治国的决定作用,主张以道德教化为治国的原则。引申到管理学中,道德是在管理实践中起主导性作用,修己安人是带有根本性的管理方法。东学和国学都强调学科的研究目标在于和谐,国学和东学是内在契合的,本质上相通的,具有相同的价值取向。

2. 东学与国学的区别

当然,东方管理学与国学的区别也是明显的。

首先,总体而言,东方管理学涵盖的范围更大一些。东方管理学以三学为基,中国管理学、西方管理学以及华商管理学是东方管理学的三大理论基础,而国学则以中国传统文化以研究基点,因此,就研究广度而言,国学比东方管理学要小些。而从时间跨度上来看,东方管理学中的中国管理学包括古代、近代及现代的管理理论与实践,而国学以中国传统作为研究基点,其研究内容的存续时间则以古代为主。就此而言,东方管理学的时间跨度更长些。

其次,东学与国学的学科性质是不一样的。严格上来讲,东学属社会学科,而国学属人文学科。学科性质的不一样,导致两者间诸多的差异:就研究目的而言,一是以指导管理实践为目的,一是以文化传承为目的;就研究导向而言,一是以指导实践为导向,一是以理论研究为导向;就研究者而言,一是以管理学者为主,一是以文化学者为主;就研究着眼点而言,一是以提升企业实践为主,一是以文化传承与发展为主;就学术素养与学科训练要求而言,一要有扎实的现代管理学基础,一要有扎实的文、史、哲基础;就研究侧重点而言,一是以文化与管理实践的嫁接为重点,一是以研究古代典籍为重点等等。

再次,最明显的区别莫过于研究视角的不同,东方管理学是研究古今中外管理的理论与实践及其运行规律的现代管理科学,其研究的着眼点在于从古今中外的管理文化中萃取出服务于现今的管理理论,而国学研究的视野囊括了中国历史上的一切文明遗产,既包括意识形态层面的官方主导的思想文化,也包括官方意识形态以外的非主流思想文化、一般知识和历史经验,这其中当然也包括了研究管理文化。从这一层面上来讲,国学的研究范畴又要远胜于东方管理学。

最后,在研究方法上,尽管二者同属交叉型的学术体系,但毕竟整体学科性质不一样,研究手段和方法亦大相径庭。国学研究以定性为主,其学科艺术性更强,而东方管理学则是科学性与艺术性并重,定性与定量研究方法相结合。东学研究方法既包括传统的随时熏习法,知类通达法,还包括西方的演绎法、归纳法、计量分析方法和博弈分析等方法。而国学的研究方法主要包括随时熏习法、知类通达法和离章辨句法,王国维的二重证据法,陈寅恪的史诗互证法,西方的演绎法、归纳法等。

## 六、东学与国学的互动及其前景

1. 东学与国学的互动

上述的区别并不妨碍我们从传统文化的角度对东方管理学和国学进行研究,两者皆扎根于中华文化,我们应该以发展的眼光来看待这两种学术体系,以求互补、共融与发展。我认为国学在相当程度上可以纳入东方管理学的研究视域,可以成为东方管理学的重要研究资源。现在复旦大学东方管理专业开设的《东方管理与国学》课程正是对东学与国学互动的一种有益尝试。东方管理学不仅研究传统国学意义上关注的古代典籍,不仅仅研究儒、释、道、法、兵、阴阳六大家,还应该对包括"唐学"、"红学"、《资本论》等在内的诸多内容进行研究。

唐朝是中国历史上最重要的朝代之一,也是公认的中国最强盛的时代之一,这一时期文化、艺术、宗教、外交空前繁荣。唐朝为中华文化做出了许多贡献,如堪称中国文学史上奇葩的唐诗,这一时期的文化对后世影响深远,后人一直对唐朝社会文化各方面进行研究与总结,乃至于产生了对唐朝时期文化、经济、艺术、宗教等社会各方面进行研究的"唐学"。"唐学"中蕴涵了大量富有远见、实用的经世济民的管理思想,尤以《贞观政要》为代表,值得我们好好总结,提炼出适应新时代的管理理论。《红楼梦》称得上是中国封建社会的百科全书,此书涵盖政治、经济、文化、艺术、文学,博大精深,在文学、伦理、民俗、宗教、经商、烹饪等各方面都有值得深入研究的地方。凡是有关《红楼梦》的学问,都可纳入红学的范畴,包括对《红楼梦》主题的研究、人物的研究,对《红楼梦》作者生平的研究,对《红楼梦》版本的研究及对《红楼梦》与其他古典名著的相互影响等等。以管理学的视角对"红学"重新审视,总结提炼出"红学"的管理方法、技巧、思想和理念,是对东方管理学理论体系的充实和发展,对新时代的管理实践也有重要的借鉴意义。《资本论》是一部伟大的科学巨著,也是马克思主义的百科全书,是包含马克思主义哲学、政治经济学和科学社会主义的经典著作,是马克思以唯物史观为指导思想来,揭示以资本为主体、以雇佣劳动为基础、以商品货币为载体、以市场为运行机制的资本主义生产方式及与之相适应的生产关系和交换关系的经济学著作,是对唯物辩证法的丰富和发展,其方法论上最大的特色就在于把逻辑、辩证法和认识论有机地结合起来,融为一体。《资本论》是一百多年前的著作,当今世界的形势已发生巨大的变化,但它的基本理论仍然是今天的人们宝贵的精神财富。马克思的思想已经获得全人类的意义,他不仅为19世纪的人类所拥有,为20世纪的人类所重视,而且,作为人类的一笔宝贵的思想遗产,在以后人类各个世纪中,它都将被继承、被发扬光大。东方管理学既立足于源远流长、博大精深的中华传统文化,又具有开阔的视野,融通古今中外之管理精华,系统地总结、梳理、提炼《资本论》中的管理思想、研究方法不仅对当前中国的管理实践有所裨益,不仅可以为不断发展的东方管理学体系添砖加瓦,亦可为完善东方管理学科体系提供坚实的方法论基础。

当前,中国的管理之道与传统文化的深切关联还没有得到真正确认,更缺乏深层解读。我们的确需要从现实出发,寻找根植于中国传统文化的管理和经营之道,总结出带有某种普遍性的中国式管理思想,但现在这一方面的总结还不够,还比较零散和表层,而国学中所蕴含的极其丰富的哲学智慧能够为东方管理学在这方面的总结和提炼奠定坚实的基础。我认为东方管理学应该从国学中深入挖掘与探索以下几个方面的内容:第一,从改造企业员工积淀已久的传统心理旧习、培养现代理想人格的角度着眼,从国学中汲取其合理思想,为管理者和企业家构建"精神家园"提供丰富的文化资源;第二,从后工业社会角度,将中国哲学所承袭并蕴含的"天人合一"思想,转换为超越西方"天人对立"的思维方式,为管理者和企业家建构起现代生态哲学;第三,站在全球化的高度,面对各种"文明冲突"和价值多元化,从传统国学特别是哲学中汲取诸如"和而不同"等文化资源,以整合、协调正处于分裂对抗的人类社会,为管理者创造一个"多元和谐"的企业环境提供理论根据;第四,人类正从西方二元对立思维方式向互动认知思维方式转变,在这一转型中,东方管理学从国学中汲取相关的哲学智慧,为企业家和管理者在东西融合的知识经济时代提供智力支持等等。

国学在今天并不仅仅是把我们传统的文化研究好就行了,它要面对西学甚至面对其他各种各样的文化,因为今天是一个全球化、文化多元化的时代,各种文化正进行着前所未有的碰撞、交流和融合。我们自己的文化发展,不能离开整个世界文化发展的潮流。国学要真正有生命力,就要借鉴和吸收古今中外文化中一切营养物质,创造出充满生机与活力的、新的、先进的文化。东方管理学作为一个以中华优秀传统管理文化为核心、不断汲取世界各民族管理文化之养分、融合古今中外管理精华于一体开放而不断发展的理论体系更应该把握中西文化融合的大趋势,在全球化的新时代有所作为,才能与国学在文化多元化的知识经济时代互动、互补、共融、共进、共创、共享。

2. 东学的前景

东学与国学的结合是一种新的文化现象。东方管理学派提出的"三为"管理思想、"十五哲学要素"、"三观"(人本观、发展观、和谐观)、东学体系的"五字真经"["学"(三学)、"为"(三为)、"治"(四治)、"行"(五行)、"和"(三和)]已被当今管理学界所认可。实践证明扎根于中华传统文化的东学具有普世性,东学不仅可以"在世界叫响",更可以走向世界,与西方管理理论一道共同为世界管理实践做出应有的贡献。21世纪是经济腾飞的伟大时代,中国的发展日新月异,而源远流长、博大精深的国学为我们应对瞬息万变的世界经济格局提供了丰富的文化资源和坚实的哲学根基。东方管理学作为科学与艺术的有机结合体,从国学中汲取精髓,与现代管理科学融会贯通,提炼管理智慧和领导之道,积淀中国管理文化底蕴与魅力,必能根深叶茂,长成参天大树,巍然屹立于世界管理理论之林。

# 弘扬中华优秀文化,发展东方管理科学
## ——第十一届世界管理论坛暨东方管理论坛会议综述

2007年12月8日以"弘扬中华优秀文化,发展东方管理科学"为主题的第十一届世界管理论坛暨东方管理论坛首次在知名学府北京大学召开。本次大会由复旦大学东方管理研究中心、IFSAM中国委员会、北京大学案例研究中心联合主办,大会秉承"以人为本、以德为先、人为为人"的指导思想。来自海内外的学者和企业界人士200余名齐集在北京大学的百年讲堂,以案例和理论等多种形式共同探讨东方管理思想与中国管理创新实践的内在联系,推动东方管理思想在企业管理实践当中的新发展,搭建东方管理思想与现代企业创新的新桥梁。

本届论坛围绕东方管理思想与企业战略管理、企业领导管理、企业联盟管理、组织管理、执行管理、人力资源管理、行销管理、企业社会责任、可持续发展、商学院中的东方管理思想教育及中国管理创新案例等专题进行深入的探讨。结合主题演讲内容和大会提交的论文,本文首先阐述大会的主题思想,然后对嘉宾的主题演讲和分论坛演讲的主要观点进行总结。

2007年在北京大学举办第十一届世界管理论坛暨东方管理论坛,部分代表合影

经过30多年的探索和研究,在复旦大学首席教授苏东水先生的带领下,创建了一门新兴的现代管理学科——东方管理学,构建了"三学、三为、四治、五行、三和"的理论体系。东方管理科学立足本土、博采众长,结合海外华商管理实践与改革开放以来国内企业管理实践,融合诸多学科领域的精华,以"三学"(中国管理学、西方管理学和华商管理学)为理论基础,形成了"三为"(以人为本、以德为先、人为为人)、"四治"(治国、治生、治家、治身)、"五行"(人道行为、人心行为、人缘行为、人谋行为、人才行为)、"三和"(人和、和合、和谐)的创新理论体系。

论坛分别由大会主席、东方管理学派创始人、复旦大学首席教授苏东水先生,上海闵行区区长陈靖博士,大会执行主席、北京大学企业管理案例研究中心主任、《北大商业评论》执行主编何志毅教授,大午集团董事长孙大午先生等知名学者及企业家作了主题演讲。

苏东水教授在主题演讲中,先系统地回顾了东方管理学发展的历程,指出了东方管理理论的核心所在是"以人为本,以德为先,人为为人",而"人为为人"的本质形成了东方管理学探讨古今中外管理精华中的精致所在。这十二个字是东方管理学研究形成的一种理念,更是这次开会的宗旨。苏教授同时阐述了东方管理学"和"的最终目的,即怎样通过综合地结合,变成和谐社会。运用东方管理思想研究在企业管理实践中的作用是非常有意义的,这也是为建设中国有特色的东方管理学科、东方管理教育服务!

何志毅教授在主题演讲中指出,作为管理学的学者,尤其是中国的管理学学者,对于总结中国管理思想或者叫做东方管理思想的紧迫感越来越强了,苏老师的难能可贵就是身体力行地来研究东方管理思想,在十年前就开始大规模地组织国内和国际学术会议,构建了一个东方管理思想交流的互相学习的平台,构建了一个与西方管理学者交流的平台,随着中国经济越来越强盛,全球的管理学者关注中国的程度也会越来越高,如果中国的经济搞不上去,那是政府官员和企业家们的羞愧;如果中国经济搞上去了,而我们却说不出个所以然,那么是我们管理学者的羞愧。就如现在有一个说法,二十年前,我们不学习西方管理的话是一种无知,但是今天如果我们只学习西方管理的话是一种无能。作为中国的管理学者我们的紧迫感越来越强。

在东方管理专题研讨中,辽宁大学张今声教授从人本管理的再思考的角度出发,首先阐述了人本管理含义、人本管理的精髓,其次他指出了在人本管理的系统工程和机制的基础上,提出学术界、企业界同仁共同努力促进这一学科发展的建议。强调应该从社会进步趋势出发,深刻认识人的价值和人的主体地位。尊重每一个人,是企业经营的最高宗旨;他最后指出,"没有管理"的管理,是管理的最高境界;全方位满意,是现代企业的最高评价标准;人的全面发展,是社会持续进步的最高目标。上海交通大学颜世富副教授、郭淞、李怡以《论心里管理》为主题,认为在管理工作中,从行为、过程和结果来看,最重要的是关系管理、心理管理、绩效管理、谋略管理、适应管理等五项内容,利用五行学说来分析,可以概括为五行管理模型。五行理论把自然、社会和人看成一个有机联系的系统。谋略管理属木,心理管理属火,关系管理属土,绩效管理属金,适应管理属水。五行之间有着复杂的生克成辱关系。而心里管理是五行管理的核心,兵家提倡在战争中要"攻心为上",运用在管理工作中,就要把调节和控制管理者本人和被管理者的心理放在首位上。西安交通大学东方管理研究院院长雷原教授以"论中庸管理学体系"为题,阐述了以中庸哲学为指导,以全球化为体,中西合璧为用,构建了一个全新的管理学体系为框架,也使管理学丛林理论囊括为一体,形成了一个"一以贯之"的系统的管理理论体系。最后在对中西管理理论分析的基础上,提出了构成中庸的系统的管理学体系的九个部分即"道"、"天"、"地"、"人"、"法"、"术"、"形"、"势"、"知",从而使中庸管理学更为具体化,也更具包容性。复旦大学彭淞博士阐述了《周易》中的"不易"对现企业管理起到重要作用,他指出随着经济全球化和网络化的加剧,世界经济呈现出多元化格局,企业所面临环境的变化速度和复杂程度远远超出了过去,我们会发现对环境的"变"得研究越多,在实践中管理成效越不明显,在不否认"变"在企业管理中重要作用的前提下,通过对中华传统文化精髓——《周易》管理思想的探究,深化对"不易"的研究,改变目前许多企业盲目求变和模式化应变的错误做法,提升管理者在现代企业管理中的"不易"境界。提出了主体人具有应对和控制变化的主观能动性,能借助不易之法保障企业的稳健和永续经营。复旦大学企业管理系主任苏勇教授、于保平在《儒家传统与家族企业成长》中,从韦伯命题出发,基于对中国家族企业群体的实证考察和调研,讨论儒家文化传统不同层面对家族企业成长阶段的影响。分析了儒家文化的特殊注意和普遍注意对家族企业创业和转型的不同影响,并提出修身、齐家、治国、平天下路径与家族企业领导力发展模式对于家族企业成长的关系。这对研究中国家族企业的发展模式有重要意义。郭焕以《我国古代兵法"军事治理"思想的公司治理启示》为题,阐述我国古代兵法中在"军队治理"中"将"先于"法",强调代理人的忠心、智能和气魄,注重委托人与代理人之间的良好关系。强调通过对"人的因素"的重视,摆脱了原有治理系统中"契约不完全"的制约,克服了"经济人假设"的不足。其中蕴涵着丰富的治理智慧,为代理问题提供了一个系统性的解决方案,同时也揭示了公司治理理论和实践的创新思路。复旦大学刘林霜博士从东方管理之治国理政观的视角上,认为中国传统文化源远流长,博大精深,经历千百年来的荡涤和演进,逐步形成群体本位、家庭中心、伦理倾向、重情重义等基本特征。与这些文化特征相适应,演化和编织出亲缘、地缘、商缘、文缘和神缘的"五缘"文化网络结构,在国家治理与社会管理中发挥着协调局部、统筹整体的功能。东方管理治国理政观正是立足于、脱胎于和超越于这一文化传统的现代政府管理理论。东方管理理论与西方管理理论互补为补充、相辅相成,必将为世界管理的发展做出贡献。上海外国语大学东方管理研究中心执行副主任苏宗伟副教授、河海大学杨恺钧、黄智丰以《关于东方管理学与国学关系的探讨》为主题,首先从国学百年后复兴与发展的时代背景入手,认为国学百年后复兴与发展、东方管理学百年后的形成实质上折射了历史的变迁和中国综合国力的上升以及国际地位的提高;其次,概要介绍了东方管理学形成与发展的三个阶段、核心思想及研究体系;概述了国学的形成、研究目标和研究主线及其研究体系;随后,着重阐述了东方管理学与国学的区别和联系;最后,对东方管理学与国学的未来作了展望,提出东方管理学与国学的互动发展有利于和谐世界的形成。南京理工大学许立帆副教授、黄智丰以《用东方管理的哲学要素剖析 SK-II 危机始末》为题,认为公共关系中的危机管理向来是组织管理活动的一个难点,而借助东方管理思想中的 15 哲学要素,则可以从理念、原则、制度及其具体程序上对组织的危机管理提供借鉴、指导。复旦大学彭贺在《论中国传统商人精神的现代性转换》中,通过对传统商人与现代企业家进行深入比较,对中国传统商人精神进行梳理,并探讨了对其进行现代转化的六条途径:从个体的创业垂统到组织的创业垂统;从家族主义到社会责任;从人际诚信到制度诚信;从积累财富到运用财富;从重教好学到组织学习。杨光平博士、杨雅菲在东方管理思想指导下对引入外资重组国有企业进行研究,提出引入外资对国有企业进行重组,国有企业依照国情,根据中国实际,在东方管理思想指导下引入西方现代的管理理念与管理手段,进行高效运作,能较快的实施国有企业的重组并促进国有企业管理的科学化。余晓飞以《东南亚华商网络重构的路径研究》为题,试图揭示隐藏东南亚华商经济迅速发展后的华商网络的发展历程,并且在总结现有华商网络种种不足的基础上,运用东方管理学"五缘"网络的理论模型,探求在新的历史条件下东南亚华商网络重构的路径,以期为华商网络进一步的研究和实践提供了些有益的借鉴。秋山史彦教授以《东方管理思想与雇用差别——探讨现代日本社会差别问题的解决方法》为主题,阐述了经过泡沫经济的结束以及受到经济全球化的影响,按照最近日本企业的业绩分析来看,近年日本经济逐渐恢复。但是,过去高度成长期的企业制度与现在的企业社会制度相比,各自具有不同的结构。应该从东方管理思想的角度来评估目前日本企业的人事制度,并希望对现代日本社会差别问题解决的路径做一定的探索。

在中国管理专题研讨中,陈钦兰在《中国民营企业经营关系的道德问题研究》中,着重研究中国民营企业内外部经营关系的道德问题和道德体系构建,运用关系研究方法,研究分析中国民营企业内部关系、与上下游关系、与竞争对手关系、与消费者关系和与媒体、政府等其他机构等的内外部经营关系的道德问题类型和成因;并从法律法规、政府管理、信用、市场、监督和奖惩及竞争环境等方面构建中国民营企业的外部系统道德体系。从生产、经营、人员和管理上构建民营企业内部系统道德体系。廖明宗、杨世芳、张当权、温源凤以《智慧资本与知识管理特征对大陆地区企业组织绩效影响之探讨》为题,以中国大陆本土企业与非台商的外资企业为对象,进行实证研究,总共取得 80 个有效样本,探讨企业内的智慧资本,知识管理特征对组织绩效影响,其中以智慧资本与知识管理特征为自变量,组织特征为中介变量,组织绩效为依变量。研究结果显示:组织特征中所有权形态与知识管理单位或制度在智慧资本的重视程度上有着显著差异,其余变项也无显著之差异。组织特征中所有权形态与知识管理单位或制度在知识管理特征的表现程度上有显著差异,其余变项也并无显著性之差异。智慧资本与知识管理特征之间具有正向影响。智慧资本与组织绩效之间具有正向影响。知识管理特征与组织绩效之间具有正向影响。上海理工大学李好好教授、戴佳妮、申正在《中国家族企业的生存与可持续发展问题研究》中,认为中国家族企业平均寿命仅有 2.9 年,至今还没有一家中国内地的家族企业能进入世界家族企业 250 强,要实现可持续发展非常艰巨,甚至存活下去都不容易。导致中国家族企业短命的因素虽然林林总总,但归根结底还是企业的管理理念有问题。中国家族企业传统的管理理念可以归纳为"家即企业+渔夫式管理",重构中国家族企业管理理念必须从文化入手。首先,破除任人唯亲,真正树立"以人为本"的观念是重构中国家族企业管理理念的根本。其次,家族企业要实现可持续发展必须重视履行社会责任,当前,最需要做:一是诚实经商,讲究信誉,重视保证和提高产品与服务质量;二是保护资源与环境。同济大学林善浪教授、林玉妹以《聚缘兴邦:新商帮的崛起》为主题,研究以福建各地商帮为案例,分析认为商帮是某一地缘或方言族群在某些行业形成商人网络,从而达到在某个行业占据主导地位。商帮的特点是缘认同和因缘而成商人网络,是基于中国人际信任和人际关系网络而形成的,是我国市场中的非正式组织,但却是很重要的市场组织形式。商帮具有"抱团"优势、专业化优势、降低交易费用。学习效应、区域性品牌优势等方面的优势,具有很强的市场竞争力。河海大学杨恺钧以《〈周易〉领导思想研究》为题,从指挥和协调两个方面对《周易》的领导思想进行提炼。首先就指挥思想而言,主要借鉴《师》卦、《噬嗑》卦,总结出所蕴含的统一指挥、纪律严明、果断谨慎的思想;其次就协调而言,主要借鉴《同人》、《比》卦总结出领导者在协调时要具有求同存异、虚怀若谷,消除派系的素质。重庆南岸区区委书记、复旦大学博士后张季基于东方管理思想的视角探讨中国土地政策创新理念和思路,首先分析了东方管理思想的深刻内涵,认为东方管理思想在本质上就是积极和谐,论证了东方管理思想不仅与人地关系、土地利用密不可分,而且与中国传统农耕文明发展、兴盛密切相关。在此基础上,阐述了东方管理思想对当代中国土地政策创新的作用,提出和探讨了当代中古土地政策创新的核心理念和"三基模式"思路。

在华商管理专题研讨中,复旦大学伍华佳副教授以合资企业的企业文化稳定性为例,探讨大陆民营企业与海外华人企业战略联盟的稳定性培育。由于近年来,日益激烈的国际竞争环境对我国民营企业走向国际化造成了巨大的压力,民营企业在国际化进程中发现其能力与目标之间存在一个"战略缺口",要在风云激荡的国际市场弥补这一"战略缺口"与深谙国际市场的海外华人企业结成战略联盟则是大陆民营企业进行跨国经营、抢占国际市场的一种重要策略和走向成功的捷径,而文化稳定性则是联盟成功的关键要素之一。为此,希望通过对大陆民营企业与国外华人企业合资联盟的文化要素的彻底解析,揭示大陆民营与海外华人企业战略联盟所具有的同质文化优势,并给予这种优势文化形成合资企业联盟的文化稳定性。复旦大学博士于杰以《晋商的人才之道——中国特色的人力资源管理研究》为主题,阐述了中国的晋商,与威尼斯、犹太商人,并列为世界三大商帮。而晋商不仅创立了中国的第一代银行,同时创立了独居中国特色的金融人才培养体系,其中包括"东伙制"是最早关于所有权和经营权分离的公司治理实践;"顶身股"成为最早的股权激励实施方案。他指出晋商留下的宝贵财富至今对中国的经营管理实践具有很强的借鉴意义。

在管理比较专题研讨中,复旦大学博士陈志英、朱闻昊在《美国家族企业与香港华人家族企业控制权演进比较——基于实例的分析》中,对美国家族企业和香港华人家族企业的控股权演进历程进行了比较研究,以探究对中国大陆家族企业的借鉴意义。通过历史实证和典型案例分析,总结了美国家族企业控制权演变的三个阶段和香港华人家族控制权演变的两个阶段。在此基础上,认为两者的重要差异在于家族企业实际控制权分布、演变的文化差异以及家族对职业经理人控制等三个方面;由于文化背景的相似性,香港华人家族企业的演化对中国大陆家族企业更具借鉴意义。上海对外贸易学院稽尚洲副教授以《东西方企业制度变迁的理论分析》为题,阐述东西方在企业制度的形成和发展过程中形成了两种不同的路径,产生差异的原因在于东西方企业在制度演讲过程中制度、产权、契约等文化背景的差异,探讨东西方企业制度现有特征的理论基础,提出值得现代企业建立制度模式时可借鉴之处。

"世界管理论坛及东方管理论坛"秉承"以人为本、以德为先、人为为人"的宗旨,先后在复旦大学、上海交通大学、上海外国语大学等国内外知名学府举办了10届论坛。每届论坛都以深刻而富有前瞻性的主题、高层次的演讲嘉宾和丰硕的会议成果在国内外赢得了业界的一致关注与认可。本届论坛研讨主题聚焦"弘扬中华优秀文化,发展东方管理科学",以中国本土的政治、经济、文化、企业以及社会为实践背景,通过东方管理"学、为、治、行、和"五字体系,以先进的管理理论、管理哲学、管理原理、管理体系、管理行为的运作达到有效和谐的目标,畅谈了基于汲取中华优秀传统文化的东方管理思想的实践成果,共同回顾与展望东方管理学的发展之路,并从多个角度深度探讨了基于东方管理学思想的中华优秀传统文化在当今管理领域发展的实践价值和意义,对弘扬中华传统文化、发展东方管理科学意义深远。

# 13. 第十二届世界管理论坛暨东方管理论坛(2008)

论坛主题：东西方管理融合与发展

## 主题报告：东西方管理融合创新及其实践
### ——东方管理学三十年的探索[①]

### 第十二届世界管理论坛暨东方管理论坛会议综述

第十二届世界管理论坛暨东方管理论坛及2008 IFSAM第九届世界管理大会于2008年7月27—28日在复旦大学成功举行，本届大会由世界管理协会联盟(IFSAM)、IFSAM中国委员会、复旦大学主办，上海工程技术大学协办，复旦大学管理学院、上海管理教育学会、上海东华国际人才学院承办。本次大会以"东西方管理融合发展"为主题，设立20个专题论坛及东方管理论坛，论坛包括管理创新、中国管理、管理文化、全球管理、管理心理、人力资源管理、组织行为管理、管理学发展、战略管理、企业家精神、技术创新、知识管理、管理咨询、国际管理、运营管理、公司治理、管理教育、财务管理、市场营销、服务管理、公共管理、东方管理、华商管理等专题展开交流讨论。

世界管理协会联盟(IFSAM)是由世界各国管理与企业经营研究组织、大学管理教育机构等形成的国际管理学者协会联盟，长期以来一直致力于管理及企业经营研究的国际交流与合作，被誉为"管理学界的奥林匹克盛会"的世界管理大会，自1992年以来，已成功地在日本的东京、美国的达拉斯、法国的巴黎、西班牙的马德里、加拿大的蒙特利尔、澳大利亚的黄金海岸、瑞典的哥德堡、德国的柏林举办了八届大会，极大促进了各国管理学界的交流。在进入21世纪之际，经济全球化的快速发展及信息技术的不断突破大大改变了企业及其管理的基本状况，本届大会的召开期望为管理学术界提供一次对多元化背景下管理融合创新的深入交流与探讨的机会。

7月27日上午9点，IFSAM第九届世界管理大会开幕仪式在复旦大学光华楼隆重举行，全国人大副委员长韩启德、全国政协副主席厉无畏、中共中央对外联络部部长王家瑞、上海市副市长艾宝俊、复旦大学党委书记秦绍德、上海外国语大学党委书记吴友富、上海工程技术大学校长汪泓等领导出席了大会开幕仪式。在大会的开幕式上，全国政协副主席厉无畏、上海市副市长艾宝俊、复旦大学党委书记秦绍德致了贺辞。大会由复旦大学管理学院院长陆雄文教授主持，中共中央对外联络部部长王家瑞做了题为"全球化趋势下的中西方管理思想融合与发展"的主题报告，IFSAM大会主席、复旦大学首席教授苏东水以"东西方管理融合创新及其实践——东方管理学三十年的探

---

[①] 见本书第389—397页，题为《中国"东学"三十年的探索》。

索"为主题,回顾了东方管理学的创建和发展,上海外国语大学党委书记吴友富教授做了"扬弃与超越:构建和发展东方管理学"主题报告,2004 IFSAM 主席 Rolf A. Lundin 教授和同华投资董事长史正富分别在大会开幕式上作了"Where is Management in the Western Countries Going?"和"合作性秩序的社会建构:中国文化对现代管理的扩展"的主题报告,拉开了本次国际会议的序幕。

本届 IFSAM 世界管理大会主席、复旦大学首席教授苏东水在接受记者采访中讲到:"本届大会是中国管理学界规模最大的一次盛会,聚集各国有代表性的学会、协会和著名管理类大学的专家和学者,是中国管理学发展史上开创性的大会,将对中国管理教育和企业发展起到促进作用。之所以将本届大会的主题定为'东西方管理融合发展',其核心概念突出'和'字,'以和为贵'、'和而不同'、'和合共赢',在'和合'的基础上寻求合作、发展,有利于中外管理学科的融合与发展,这对转变目前管理教育西化倾向,融合中外古今管理精华,建设现代管理科学将发挥积极的作用。同时,本届大会也将对弘扬中华优秀文化为核心的东方管理学派及创新的学科传播、交流、发展,对创建中国特色的管理学科走向世界起到重大推动作用。"IFSAM 第九届世界管理大会组委会副主席、复旦大学管理学院院长陆雄文教授作为此次盛会的东道主,他表示:"IFSAM 世界管理大会堪称全球管理学界的'奥林匹克大会',复旦大学管理学院非常荣幸能在 2008 年北京奥运会召开前夕承办这次管理学界的盛会。我们非常期待和三十多个 IFSAM 成员国的教授、学者及知名企业家一起共飨这次管理学界的盛宴,并向世界管理学界展示东方管理的无穷魅力! 复旦大学管理学院将持续跟踪全球商业实践最新动态,汲取世界管理理论前沿成果,密切关注中国社会经济趋势和企业改革发展进程,加快建设基于中国市场转型与进步的管理理论体系,并分享于国内外学术同行和企业同道。"

同时,作为中国本土的管理盛会——第十二届世界管理论坛暨东方管理论坛也与 7 月 27 日下午在复旦大学召开。东方管理学是由苏东水教授领衔,在 20 世纪 90 年代初,复旦大学等全国 18 所高校和 3 个学会组成的 IFSAM 中国委员会联合海内外千家机构企业,致力于东方管理学与世界管理的发展、创新和融合,学习、研讨和提炼古今中外管理学精华,创造真正适合中国乃至东方国家的管理学理论。苏东水教授在三十年的研究和探索中,创造性地提出并阐述了东方管理以"以人为本,以德为先,人为为人"的核心理念,并在"三为"理念的基础上,形成了一套"三学"(东方管理学、中国管理学、华商管理学)、"四治"(治国、治生、治家、治身)、"五行"(人道行为、人心行为、人缘行为、人谋行为、人才行为)、三和(人和、和合、和谐)的理论体系。

本届东方管理论坛由东方管理学派创始人——本届 IFSAM 大会主席、复旦大学首席教授苏东水先生首先致词。复旦大学管理学院企业管理系主任苏勇教授主持的"东方管理与企业实践"和北京大学光华管理学院教授何志毅主持的"东西方管理融合下的中国企业成功之道"两场论坛组成,汇聚了海内外著名的管理学者和企业家,两场论坛的嘉宾们联系自身的研究方向和企业实践畅所欲言:上海工程技术大学校长汪泓成功把东方管理思想运用到大学管理当中;夏威夷大学教授成中英强调天人合一、知行合一,尤其强调伦理是管理非常根本的问题;复旦大学管理学院副院长薛求知认为东方企业的竞争力决定了世界对东方管理的认可,并就东方一些国家的管理特点做了精辟的概括;中大集团董事长谈义良把"家文化"应用到家族文化的管理当中,取得了很大的成功;上海漕河泾高科技园发展有限公司董事长陈青洲以五个案例提出"以创新为魂以企业为本"的投资服务理念;美国通用电气(GE)金融中国区执行董事陈多伦(Shaun Tan)以其个人经历阐述了东西方文化之间的差距,但重要的是要关注相同之处,相互借鉴;河海大学商学院院长张阳教授认为管理学研究还处于"搅和"的阶段;阿里巴巴网络有限公司首席执行官卫哲指出中国家族企业最大的发展障碍是独生子女政策;华南理工大学经济与贸易学院副院长陈春花提出后 30 年中国企业的方向是成为"价值型企业";广州百货集团董事长荀振英阐述了"五色责任"文化,以上发言都深深吸引了参会人员,并与台上嘉宾就有关议题进行了热烈的对话和交流。著名学者、教授和企业家的参与,使本届东方管理论坛不仅为参会人员呈现了东方管理思想与中国管理的创新,深入探究了东方管理科学与教育的发展及其对世界的影响以及东方管理理论的实践运用,也引起了众多媒体的关注。

在为期两天的专题论坛中,来自世界三十多个国家的 400 多名管理学者、教授和企业家代表就东西方管理和企业经营发表了具有深刻见解的论文和彰显创新实践的案例,并就有关焦点进行了激烈的讨论。

2008 IFSAM 第九届世界管理大会第一次在中国举办就吸引了来自 23 家媒体的新闻工作者。第一财经频道、上视新闻综合频道和上海教育电视台对大会做了现场报道,新华网、文汇报、解放日报、新闻晨报、东方早报、新闻晚报、第一财经日报、上海金融报、东方企业家、北大商业评论、新浪网、中国新闻网、中国政府网、网易、海峡之声等电台、报纸、杂志和网络进行了大量的相关报道,腾讯网为本届大会设置了专栏,全程网上直播大会动向。

历时两天的 2008 IFSAM 第九届世界管理大会和第十二届世界管理论坛暨东方管理论坛在大会主席苏东水教授的致辞和上海工程技术大学汪泓校长的主持下,伴随着中外学者、教授、企业家们雷鸣般的掌声,圆满地落下帷幕。此次大会是思想与智慧融合的盛会,对中国管理科学的发展及企业创新实践产生了深远影响,也必将为中国管理科学走向世界做出卓越贡献。

**2008 年在复旦大学举办的第十二届世界管理论坛暨东方管理论坛**

# 14. 第十三届世界管理论坛暨东方管理论坛(2009)

论坛主题：走向世界的东方管理

## 主题报告：走向世界的东方管理[①]

以五千年的中华文明为核心的东方管理文化，从远古到今天，总是和周边文化处于川流不息的交汇之中，并远播世界。今天召开的第十三届世界管理论坛暨东方管理论坛的主题：走向世界的东方管理，这不仅是历史的必然和时代的要求，更是因其有着深刻的文化积淀和价值。

现在，我就50多年来从事经济管理教学研究，探索东方管理文化，创立东方管理学，形成"以人为本、以德为先、人为为人"的管理思想，建立学派，自成一家，走向世界的历程、必然、意义、贡献和路径作简要报告。

## 一、东方管理学发展历程

东方管理学的探索最初源于对西方管理话语霸权的反思，是对当代中国经济管理实践的呼应。我在探讨过程中，感到建立东方管理学，一是有利于国际交往；二是有利于发展具有中国特色的管理新学科；三是有利于纠正我们管理学严重西化的倾向，走东西融合的道路；四是有利于提高企业管理水平；五是有利于弘扬中华优秀文化，总结东方管理在中国改革开放30年来的成功范例，为治国、治家、治生和治身提供东方管理智慧。我研究的目的是：融东西管理智慧于一体，讲东方管理"三为"艺术之真谛，贯通治国、治生、治家、治身，铸造现代管理之雄才大略。东方管理学从教学、原创和实践，历经30多年的探索，走向世界，经历了以下三个阶段：

（一）古为今用，洋为中用，融合提炼（1976—1986）

这个阶段体现为归纳、提炼中国古代、近代的管理精髓，汲取西方管理精华，并在现代经济管理情景下进行创造性转换和应用，逐步形成了以人为中心的管理理念，提出了"以人为本，人为为人"的观点。这个阶段主要是学习深研马克思主义经济管理原理，从管理学、人为学、心理学三个角度，重点从《资本论》《红楼梦》《孙子兵法》三本书中的管理思想来阐述东方管理思想的精华之处，发表了《〈红楼梦〉经济管理思想研究》《中国古代经营管理思想——孙子经营和领导思想方法》《中国古代行为学说研究》《试论管理科学的对象和性质》等文章。《国民经济管理学》一书获得教育部一等

---

[①] 本文刊载于2009年第十三届世界管理论坛暨东方管理论坛论文集《世界管理论坛2009》《江海学刊》2009年特刊。

奖,发行量逾 300 万;出版中国第一本行为科学著作——《中国社会主义行为科学研究》;出版以"人为为人"思想为基础的《管理心理学》和《中国企业管理现代化研究》,分别获得上海社会科学一等奖、特等奖。改革开放之初,在中国率先举办企业管理、国民经济管理、经济管理、管理心理学的电视讲座,赢得社会广泛赞誉。

（二）理论创新,独成一家,走向世界(1987—1997)

这个阶段体现为融合东西方管理精华,基于中国经济管理理论与实践,逐步提出具有中国特色、全球视野的东方管理理论。于 1987 年 7 月 1 日在《文汇报》发表了《现代管理学古为今用》的文章,同时首次提出了"以人为本,以德为先,人为为人"的东方管理理论的精髓和理念。初步形成东方管理学派,集众多智慧,经过三年的写作,出版了《中国管理通鉴》,荣获上海哲学社会优秀著作一等奖。在 1997 年承接国家自然科学基金项目"东方管理学思想研究",出版《东方管理》一书,系统阐述了"以人为本、以德为先、人为为人"的原理和实践。在此期间,参与 1992 年在日本东京举办、1994 年在美国达拉斯举办和 1996 年在法国巴黎举办的世界管理协会联盟(IFSAM)举办的第一届、第二届和第三届世界管理大会,分别作了《弘扬中华优秀文化,建立中国特色的管理学体系》《东方管理文化的探索》等具有开创性和国际影响的学术报告。1997 年世界管理协会联盟(IFSAM)理事会决定在中国设立 IFSAM 中国委员会,推选我为中国委员会主席,并首设世界管理论坛暨东方管理论坛。1997 年在中国主持召开了 IFSAM 国际大会,我作了题为《面向 21 世纪东西方管理文化》的主题报告,传播东方管理文化。国内外 50 多家重要媒体报道称,"东方管理文化在世界叫响",它将为世界管理学科发展做出贡献。此外,开创了应用经济学、国家重点学科——产业经济学中的东方管理新学科方向。

（三）发展学派,创新体系,扩大影响(1998 年至今)

这个阶段体现为创立东方管理学派,创新东方管理学理论体系,组织参加国际会议,主办世界管理大会,将举办法国巴黎东方管理论坛。其一,不断发展,首创学派。1999 年,世界华商管理大会召开,同时举行东方管理学派创立大会,历经 12 届世界管理论坛暨东方管理论坛,参会人数总计 5 000 多人,共出版会议论文集 12 部,收录论文 1 500 多篇,国内从事东方管理学研究的学术队伍已达到 200 多人,国内目前已有 20 多个东方管理研究学院、研究院、研究中心、教学研究实践基地,纵观古今,横跨中外,融合精髓,独树一帜,东方管理学派已经成为国际管理丛林的一个重要的新学派。

其二,创新理论体系。作为东方管理学派的创始人,2005 年恰逢复旦大学百年校庆之际我出版了《东方管理学》一书,创建了现代东方管理学的"五字"理论体系:"学""为""治""行""和"。《东方管理学》是东方管理学派研究成果的代表作。东方管理学派著系经过两年多的讨论已经形成,包括"三学":东方管理学、中国管理学、华商管理学已正式出版;"四治":治国学、治生学、治家学、治身学正在组织出版;"八论":人本论、人德论、人为论、人道论、人心论、人缘论、人谋论、人才论正在编写中。

其三,组织参加国际会议。组织参加 1998 年到 2006 年的西班牙、加拿大、澳大利亚、瑞典、德国的五届世界管理大会,提出复兴东方管理文化的重要性,强调建立"以人为本"的和谐社会的观点,发表《伟大时代的新学说——东方管理学思想的兴起》《东方管理文化的复兴》《论东方管理教育》《论东方管理哲学》《试论中国管理模式》等独具东方管理特色的学术论文。在全国率先设立东方管理学博士点与硕士点,开创当代管理模式之先河,为中国管理科学走向世界做出重要贡献。

其四,主办世界管理大会。2008年IFSAM第九届世界管理大会是中国管理学界规模最大的一次会议,由复旦大学承办的这次大会是东方管理学走向世界的重要标志。我有幸作为2008年IFSAM第九届世界管理大会主席并提交论文《当代中国的管理科学——东西方管理融合与发展》,并筹建复旦大学东方管理研究院。这次大会的主题为"东西方管理融合发展",来自20多个国家的管理学学者、企业家和政府官员代表近500人出席了此次会议,收到参会论文近500篇,录用英文论文160多篇,中文论文110多篇。第九届世界管理大会对弘扬中华优秀文化,促进东方管理学的国际传播和创建中国特色的管理学科都起到重大推动作用。

其五,将举办法国巴黎东方管理论坛。由于在上海成功举办此次世界管理大会,IFSAM决定从2010年在法国巴黎举办的世界管理大会起,将设东方管理论坛专题研讨会,这是国际管理学界对东方管理学的重视和肯定。

## 二、东方管理走向世界是21世纪管理的必然要求

### (一)世界经济格局变动要求东方管理学崛起

首先,世界经济发展的中心可能移向亚洲。在过去,世界经济发展中心由欧洲移向美国,而到今天,世界政治经济结构正在发生巨大的变化,世界经济发展的中心可能移向亚洲,中国作为发展中的大国正经历着从传统封闭的农业社会向现代化的工业社会的转型。今日中国经济发展面临的问题非常复杂,管理实践的内容非常丰富。从历史的经验看,管理学最有希望、最有创造性的地方正是那些经济迅速起飞的国家和地区。可见,以中华优秀文化为核心和中国30年经济发展为背景的东方管理学的崛起是符合世界经济格局变动潮流的。

### (二)科技革命推动东方管理创新

在新的世纪,原本以钢铁工业为基础的传统产业,将会被以微电子制造为基础的信息产业和以基因生物工程为基础的生物产业所取代。微电子技术和基因生物技术将为国民经济的增长做出重要的贡献。

在信息产业加速了人们之间的沟通和联系,极大地提高了人类各项工作的效率的同时,基因生物技术正通过改变人的自身和周围各种生物,改变着人类生存的整个世界。这些技术不仅有助于从根本上防治目前尚"谈虎色变"的人类自身的某些顽疾,而且还可以帮助人们"随心所欲"地打造自身和其他生命体。人们将可能不再需要依赖农民和土地就能够衣食无忧;"度身定做"的药物和基因治疗,也将会使人们更健康、更长寿。转基因物种、试管婴儿、人体器官克隆等技术的发展,在带给人们惊喜的同时,也使人们遇到了前所未有的难题。人类生命的意义将会被重新改写。

显然,我们正处于一个巨大变革的时代。我们不仅面临着许多科学技术的重大发明和发现,而且还必须考虑如何明智和人道地利用新知识,来造福子孙后代。新的科学技术革命势必带来一些我们无法想象的问题:人类将来一旦被自己制造的电脑所控制怎么办?新的电子信息技术一旦被"希特勒之流"所掌握,是否会带来毁灭性的后果?人工克隆、转基因动植物的出现,是否意味着大自然的结束?这一切问题的背后,都与人的价值判断和人性自身的要求有关。所以,现代科技文明发展的同时,人要求自身的发展与解放的呼声也日益高涨起来,成为与生物信息技术发展同时脉动的时代强音。伴随着"科技以人为本"的号召,与工业社会(后工业社会)相适应的管理理论和手段,也将会随之发生根本性的变革。人在管理中的地位日渐重要,而团体的合作也越发显示出了生命

力。无论以家庭为本"家国一体"的东方管理文化,还是以个人为本、融集团生活为一体的西方管理文化,都同时开始重视个人、家庭的作用。一些欧美学者也不得不承认,西方社会在经历了权威主义和个人主义的失落后,现在到了用"第三种价值观"——东方管理的儒家学说,来拯救衰退中的欧美文化的时候了。

新经济时代的到来,也提高了作为知识载体的人在管理中的地位和重要性。站在以信息技术为支撑的平台上来看,新经济时代的人本管理,将是一种集东西方人本思想精华,更加尊重个人的自由、弘扬人的创造性、崇尚人的自身价值、实现人的知识潜能和注重兼顾公平和效率的管理。

从广义来说,科技属于文化经济的范畴,是一种在历史上起推动作用的最高意义上的革命力量。如何提高人们的科学文化素养,提高人的创造能力,弘扬科学的文化精神和人文功能,加快探索新型管理文化,已越来越受到业内人士的关注。这就要求我们在全新的视野下,运用东方管理观念尤其是"以人为本,以德为先,人为为人"的"三为"思想重新思考现代管理人行为的本质、管理的内容、管理行为的规范化、最优化和数量化的适用范围与合理性。

### (三) 可持续发展观呼唤东方管理

以要求可持续性发展为中心的新发展观正成为全世界的共识。可持续性发展是一个全新的概念,它要求对环境、资源等加以有限制的、高效的利用,同时对之合理重建。可持续发展对经济管理、社会管理、人类的自我意识、自我调整和自觉发展,提出了更高的要求,而它同时也创造了新的管理发展的契机。

东方管理首提和贵、和合、和谐的"三和思想"。主张人与自然、与社会的"和合统一",反对人类中心主义,尤其反对为了满足人类无限膨胀的私欲,置周围的生物和环境发展于不顾,巧取豪夺,破坏生态。本人将这种思想发展成为一种积极的"人为"学。其中涵盖了十个方面的内容,即:关于人的行为规律的研究、关于人的欲望和需要的研究、关于奖励和惩罚的研究、关于"人和"的研究、关于群体行为和组织行为的研究、关于用人的研究、关于领导行为的研究、关于权力运用的研究、关于发挥人的主观能动性的研究以及关于人的本性的研究。

东方管理理论认为,无论是一个社会,还是一个组织,都存在一个可持续发展的问题。西方管理强调和突出人的个性的自由和张扬,认为人们的一切思想和感情,都取决于人的肉体感受性,趋乐避苦、追求个人的物质利益是人的本性。其结果,必然是某人个性的充分张扬,可能会以损害他人和社会的利益为代价。东方管理则从研究人的欲望和需要出发,提出"执中求和"的主张,以便使社会上每个人都能按照群体的利益,来适当地节制自己的欲望和要求,分工协作,和谐进步。荀子认为"人之生,不能无群,群而无分则争,争则乱,乱则穷",说的就是这个道理。所以,一个组织要持续发展,关键还是在"人和",在于组织内人与人之间关系的协调发展;而一个社会的可持续发展,关键也就是在于人能否协调好与自然的和谐统一关系。

### (四) 西方"民主化浪潮"推动人德管理的回归

在 20 世纪七八十年代,西方企业中曾出现过"工人自治""自我管理""工作小组"等实践活动,许多企业还开始实施工作轮换制度、弹性工作制,实行民主管理、参与管理、建立企业恳谈会制度等,民主化的浪潮一时间甚嚣尘上。似乎管理者与被管理者的界限被打破了,工人与老板之间不再以高低贵贱相区别了。然而仔细研究一下就会发现,授予员工一定的自主权和活动空间,只不过是西方管理者应对日益高涨的人性解放呼声的一种妥协方式而已。从本质上看,管理者的统治地位是依然不可动摇的。

东方管理提出"三为"的"主体人"思想,主张人德管理,它不但重视人在社会中的主体地位,还重视纪律与法规,更强调以道德软约束的方式,来规范员工及管理者的行为。管理者和被管理者之间,只是社会分工不同,并没有高低贵贱。管理者必须通过"修己",做出道德示范,在无形中影响被管理者的行为,从而达到"安人"的目的。组织员工在自我认同的企业目标指导下,自觉、主动、创造性地开展独立或协作工作,自我控制、自我激励,并从工作中找到自己在社会中的归属。

当今世界的发展,已经将人的自由与解放,摆在了社会政治经济和科技进步的首要目标的位置。人与人之间、人与社会之间关系的和谐统一,已经成了新世纪人们不懈追求的崇高境界,反对战争、维护和平、抵制霸权,是世界上所有具有"仁德"思想的人们的共同呼声。可以预计,新世纪的管理必将在东方人德管理,以德为先的大旗下,实现新的复归,重新将人们生活的地球变成充满仁爱、宽容、信义、和谐的乐土。

## 三、东方管理走向世界的客观基础和重大意义

### (一) 东方管理走向世界的客观基础

管理的人性化从某种程度上体现了东方管理以人为本的精髓之一。进入全球化时代以来,知识管理、网络管理、创新管理等一系列新的理论,都充分注意到人的因素,这与我国古代儒家"天人合一"的理念对"人"的理解是一致的。

中国的富强和东亚的繁荣是复兴东方管理的物质基础和实验场所。中国改革开放30多年来,GDP一直保持高速、稳定增长。二战以来,日本和东亚的"四小龙"靠儒家资本主义的理念实现了现代化。这为东方管理的复兴和现代化提供了物质基础及实验场所。

文化传播手段的现代化推动了东方管理的传播。现代传播手段使企业管理全面实现计算机化和信息化,从而极大地推动了东方管理的传播。两种文明的交汇整合推动了东西方管理文化的融合。这必将促进新世纪管理学科的新发展。

### (二) 东方管理走向世界的重大意义

东方管理复兴正在对整个世界的发展做出贡献。二战以来西方管理界正加紧吸收东方的管理智慧。生态管理、绿色管理、可持续发展管理是现代人对东方"天人合一"思想的回应。创新管理、集成管理、知识管理、柔性管理、网络管理、合作竞争管理、后发展管理、跨文化管理,其实质就是"以人为本,以德为先,人为为人"的网络生态管理。

东方管理可以提升产业竞争力,增强综合国力。日本、韩国、中国台湾、中国香港现代化成功的经验表明,东方管理提升了它们的产业国际竞争力。东方管理也是我国改革开放、进行现代化建设的有力手段之一。

东方管理代表了企业管理人性化的发展方向。东方管理强化了企业管理的人性、整体、共生、人为为人的管理价值,企业管理正进一步走向整合化、柔性化和人性化。东方管理还是企业无形资产管理的精髓。无形资产管理在对"人"的管理上,与东方管理的人为为人学说殊途同归。

东方管理为现代家庭注入新的活力。无论过去、现在还是将来,家庭都是社会培育新型管理主体的前提。东方管理为现代家庭教育、家庭理财和家庭和谐提供了要旨。

东方管理文化的复兴将有助于避免个人主义、人类中心主义的失误。发展中国家的发展之道

必经人身、体制和心理等三次解放,而东方管理文化可能在第三次解放中发挥重大作用。东方管理文化倡导人生健康、成功、自在,实现身与心、人与人、人与组织、人与环境的一体,是对东方管理文化整合的促进。

### (三) 东方管理"三为原理"对世界思想贡献的意义

东方管理思想及开设的世界管理论坛与东方管理论坛已有 13 届,参与世界管理大会 10 届,参与者近万人,著文 15 部,已为世人普认,对于世界文明的发展,已有相当的思想贡献。世界金融危机开始显现的三大后果:一是地缘政治的大变局,二是世界经济格局的变化,三是经济发展基本观念发生了根本变化,人们痛定思痛,开始重视"伦理道德"这个关键问题。所以,中国人创造的东方管理学术,强调的"以人为本"的发展观,"以德为先"的经营观和"人为为人"的人生观,已被外部世界所重视,在治国、治生、治家和治身各个层面所运用,具有重大的现实意义和理论意义。

## 四、东方管理学对世界管理学的贡献

东方管理学派经过近 50 多年的艰苦探索,融合东西方管理学的最新发展趋势,形成了一些最新的研究成果:

### (一) 构建了新世纪的管理学科体系

东方管理学是在融合"三学"(中国管理学、西方管理学和华商管理学)基础之上形成的,包含"三为"(以人为本、以德为先、人为为人)、"四治"(治国学、治生学、治家学、治身学)、"五行"(人道行为、人心行为、人缘行为、人谋行为、人才行为)、"三和"(和贵、和合、和谐)的完整理论体系。因此,可以说东方管理学作为新世纪的管理科学体系,融合了东西方管理文化精华、适应了新经济时代对新管理理论的需求。可以说,东方管理学是伟大时代的新学说,是现代管理科学的发展。

### (二) 创新了管理成功要素学说

东方管理学派认为新管理学中管理成功的要素包括管理主体、管理权力、管理组织、管理文化和管理心理五个方面。管理主体是管理的出发点和归宿。管理主体通常在组织内扮演人际沟通、信息传播以及决策制定等多方面的角色;管理权力就是管理主体在组织范围内为实施组织目标,对人们施加影响力的艺术或过程之凭借,管理权力包含职位权力和非职位权力;管理组织是管理主体有意识地协调两个或两个以上的人的活动或力量的协作系统,管理组织有正式组织和非正式组织之分;管理文化是一个组织体内管理主体的管理心态、管理意识、管理制度和行为方式的总和;管理心理主要是指管理主体的心理行为过程。这五个方面构成了管理成功的要素。

### (三) 探讨了管理学前瞻性论题

东方管理学派认为,管理发展的新趋势体现在产业管理、知识管理、管理反馈、流程再造、组织修炼、组织学习、网络化组织、未来管理等方面,但依据东西方管理文化融合的原理,这些新管理模式、方式、方法都可归入人为管理的理论体系。

我们在东方管理学发展的基础上,创建国际性"人为科学",其体系结构:一是十五要素的哲学基础,二是"三为"本质思想,三是"九论"的内容(人本论,人德论,人为论,人道论,人心论,人缘论,人谋论,人才论,人和论),它对国际管理同仁是一个新贡献。

### (四)提出了"人为为人"这一东西方管理的本质命题

其实,东西方管理文化之所以融合在"人为为人"这一东方管理文化的精髓之中是有其道理的。这既是当代管理行为的新思路,更是古老的东方管理思维在网络时代的完美展现。"人为为人"是人生之命题,是管理的本质,是以人为本、以德为先的思想基础,也是企业经营成功之道。

### (五)开创管理教育之先河

笔者开创的东方管理学派以复旦大学东方管理研究中心、东华国际人才学院、东亚管理学院等为教学、实践基地,创建了东方管理学这一新学科,并从20世纪80年代开始,在复旦大学经济管理系、经济管理研究所就开始在工业经济、企业管理、产业经济学等学科下招收东方管理方向的硕士生、博士生,近几年应用经济学和工商管理的博士后流动站开始招收东方管理方向的博士后。1999年东亚管理学院在全国首先为大学生开设东方管理课程,2000年组织东方管理实践精英开设东方精英大讲堂,2006年由苏宗伟编著的《东方精英大讲堂——领先与创新专题》一书正式出版,更加扩大了东方管理思想的社会影响。

2003年,复旦大学东方管理学学科正式批准为博士点,同年招收东方管理学专业的硕士研究生和博士研究生。复旦大学东方管理学科现有由教授、研究员、讲师30余人组成的研究团队(含兼职),设东方管理理论与中国工商管理实践、东方管理思想与中国公共管理实践、华商管理与东亚模式研究、人为科学与管理心理研究四个研究方向,均为国内首创。

## 五、东方管理学走向世界之路径

### (一)发挥"五缘"网络优势,更多参与国内外相关学术会议

今后,东方管理学派,尤其是国内东方管理研究机构、东方管理教学与研究实践基地的相关专家、学者、企业家、政府官员应积极参加IFSAM举办的世界管理大会,并把握世界管理大会将设立东方管理论坛专题研讨会的重要机遇,发挥"五缘"(亲缘、地缘、文缘、商缘、神缘)网络优势,积极扩大东方管理的国际影响,更多参与管理类国际学术会议,宣传东方管理学,并相互交流,增长学识与见识,不断补充和完善东方管理学。同时,要总结新加坡等地的华裔企业以及中国新一代民营企业的成功经验,通过分析、探究它们的经营模式、管理策略和发展路径,形成更多原创性理论,更多参与国内外相关学术会议,促进东方管理思想的国际传播。

### (二)争取出版中英文对照的《东方管理学精要》,扩大国际影响

随着东方管理学被国际管理学界所认可和重视,德国等一些国家的知名大学相继开设东方管理学课程,正式出版适合东方管理教育的英文版教材已成为现实需要。近期争取出版中英文对照的《东方管理学精要》,并附加相关案例,这将有助于外国读者进一步了解东方管理思想。因此,出版中英文对照的《东方管理学精要》对于东方管理思想的国际传播和促进东方管理教育的发展意义重大。未来计划总结东方管理学的最新研究成果,再版《东方管理学》并出版英文版《东方管理学》,进一步扩大东方管理学的国际影响,相信这些善行必将对东西方管理融合研究做出贡献,一定意义上这也是促进人类文明的传播。

## （三）建立和完善东方管理学的国内外教学与研究实践基地

东方管理学博士生、硕士生和已经毕业的东方管理学专业的博士、硕士许多是社会成功人士、东方管理实践精英，这为东方管理学理论联系实际以及东方管理学与管理新实践的结合提供有力平台。现在全国已有许多东方管理教学与研究实践基地，随着中国的崛起和全球经济的一体化，可以考虑为国内外大学的本科生、硕士生和博士生提供东方管理学教育，并结合国内的东方管理教学与研究实践基地，提供个性化的东方管理学国际留学生硕士、博士教育，争取成立东方管理学会和东方管理学院，还可以考虑为对东方管理智慧有兴趣的外企人员尤其是企业高管提供东方管理讲堂和培训，促进东方管理学的传播与国际化发展。

目前，东方管理学科的教学、科研各项事业蒸蒸日上、蓬勃发展，国际影响日益扩大，但依然面临各种各样的挑战和考验。管理，产生于共同劳动活动中，历史表明最有希望、最有创造性的管理理论往往产生于经济迅速起飞的国家和地区。中国的经济社会发展正在为东方管理学科建设创造着前所未有的机遇，在社会各界同仁的支持下，东方管理学科一定能够在世界管理理论丛林中一木参天，枝繁叶茂。

**2009年在河海大学举办的第十三届世界管理论坛暨东方管理论坛，与会代表合影**

# 走向世界的东方管理
## ——第十三届世界管理论坛暨东方管理论坛会议综述

"2009'第十三届世界管理论坛暨东方管理论坛"于2009年10月30日—11月1日在南京河海大学召开，本届论坛由世界管理协会联盟（IFSAM）中国委员会、复旦大学东方管理研究中心和河海大学商学院联合主办。来自相关邻域的国内外知名学者、中国政府要员和知名企业家等200余名嘉宾参加了此次论坛。本届大会秉承"以人为本、以德为先、人为为人"的指导思想，围绕大会主题"走向世界的东方管理"，共开设8个分会场论坛进行学术研讨和交流，为管理学界提供一次深入交流与探讨的机会，对弘扬中华优秀文化为核心的东方管理学派及创新的学科传播、交流、发展，对创建中国特色的管理学科走向世界起到了重大推动作用。

开幕式由本届论坛执行主席、河海大学商学院院长张阳教授主持。出席大会的有河海大学校长王乘教授、南京市鼓楼区区委书记鲍永安、上海市闵行区区长陈靖、吉林大学副校长蔡莉教授以及大会主席复旦大学首席教授苏东水教授等来自相关领域的国内外知名学者、中国政府要员和知名企业家等200余名嘉宾。

论坛共开设八个分会场专题论坛进行学术研讨和交流,包括:"东方管理学与管理创新""东方管理学与管理实践""管理文化与企业战略""东西方管理比较与融合""东方管理与全球化""水文化与环境治理""技术创新与知识管理""东方管理与产业发展"等。

### (一) 东方管理学与管理创新

江西财经大学副校长吴照云教授、江西财经大学博士研究生邢小明以《先秦儒家、法家激励思想的比较研究》为主题,阐述了我国激励思想源远流长,先秦儒家管理思想和法家管理思想是我国古代管理思想的重要组成部分,它们在我国历代封建统治者管理实践中发挥了重要作用。通过梳理比较研究,儒家侧重于通过内在的情感激励来实现管理目标,法家则侧重于通过外在的强化激励来实现管理目标,先秦儒家、法家激励思想对于现代管理仍有深刻的借鉴意义。河海大学副教授何似龙、张阳教授以及美国加州州立大学(北岭)教授李明芳以《中国企业管理创新研究——以两类管理知识为视野》为主题,谈及与"中国为情景、西方相待管理理论为资源"的移植应用研究不同,主张开展以两类管理知识为视野的中国企业管理创新研究,并从中国企业管理创新的内在逻辑出发阐述三种管理创新知识演讲途径和相应的理性准则,提出管理创新构架研究的思路和建立框架研究法。复旦大学胡建绩教授从东方管理的"变"哲学的视角上探讨如何在变中求发展及变的发展方向。在中国哲学的整个范畴体系中,"变"是一个既能充分体现中国特色哲学,又具有最大适应性的范畴。强调东方管理理论与实践的哲学基础与核心是"变"。上海外国语大学苏宗伟副教授和上海海事大学赵渤副教授以《基于东方管理文化的中国化"人本管理"新型模式研究》为主题,从东方管理文化和知识经济社会的角度,阐述了知识经济与东方管理文化的辩证关系,提出激发人的人文价值观、传承中国传统历史优秀管理文化及以中国文化哲学指导思想来构建中国化"人本管理"新型模式。上海交通大学颜世富副教授研究适应管理,从《周易》等东方管理经典著作中挖掘和整理了丰富的适应管理思想,他强调适应管理模式是治理世界经济危机的重要良方,应吸取东方管理中关于适应管理学的精华部分,丰富和发展适应管理,为解决世界经济问题提供策略。上海漕河泾高科技园发展有限公司董事长陈青州就在科技园区践行"人本服务观"、"和谐管理观"、"科学发展观",探索东西方管理融合发展的,他从理论和实践的结合的角度论述了科技园区必须坚持"人本服务观、和谐管理观、科学发展观",提出了东西方管理要在融合中前行,科技园区要在发展中提升,要努力走出一条中国特色的融合中西方管理理论的科技园区建设、管理、发展之路。

### (二) 东方管理学与管理实践

复旦大学徐培华教授从中国传统文化与企业经营之道的角度探讨了中国传统文化中所包含的变异创新、无中生有、空生妙有和善于包容的大智慧,并提出从远古的《易》书,到道家老子的思想、儒家孔子的思想以及佛家的思想,对今天正面临金融危机打击、又力争在危机中抓住商机、并希冀能获得更大发展的中国企业来讲,有着取之不竭的思想智慧和运用价值。上海工程技术大学汪泓教授以《东方管理思想在现代教育管理中的应用——上海工程技术大学教育管理实践案例》为题,讲述了融合了东西方管思想精髓的东方管理学具有极高的社会实践价值,东方管理注重管理对象的境界提升、价值整合和文化内聚。强调高等教育管理要注重办学理念凝练,价值目标整合,将更新教育思想观念作为学校发展先导,改革战略管理模式,这样不仅可以塑造精神文化,也提升了教育管理质量。复旦大学袁闯副教授从《管子》一书中得到宏观调控的启发,《管子》对国家调控经济有着非常清晰的目标性描述。本文从调控目标、调控手段两方面归纳了管子的宏观调控思想,管子的调控思想对现在的启示:维护调控的根本目标,防范目标的异化;警惕"调控万能"的观念,从行政主导市场向市场主导转变。复旦大学祁新娥副教授、伍华佳副教授以《基于东方管理文化的中国企业文化的评价维度的构建》为题,讲述了近年来东方管理文化对中国企业文化影响的重要作用越来越突显,以东方管理文化元素为主要内容对中国企业文化的构建在中国特定的经济发展阶段也显得越来越重要。因此,以东方管理文化元素构建中国企业文化评价维度已成为刻不容缓的课题。上海工程技术大学史健勇副教授、冯洁讲师强调了和谐社会中构建现代商业诚信的重要价值,要构建现代和谐社会,必须完成从传统诚信向现代诚信的转化。继承和发扬传统的儒商精神,确立制度、契约诚信,在道德同治的和谐社会中实现社会公正。福建省晋江市高科技园区博士后工作站研究人员李龙新以《关于"以人为本"思想的溯源与解读》为题,谈及社会各界从社会、政治、哲学、管理等不同角度对"以人为本"思想的分析和阐述,李龙新试图通过对"以人为本"的本源追溯以及对各种论述进行简单回顾和比较,来探索"以人为本"的内涵,并从一个新的角度来解读"以人为本"。上海外国语大学硕士研究生寿芸吉、上海外国语大学苏宗伟副教授以《基于"三为"理论视角的国有外贸企业人力资源管理体系研究》为题,运用东方管理学的核心理论——"三为"理论,用独特的视角深入分析了国有外贸企业人力资源管理的现状和存在的问题,提出了构建"以人为本"的资源匹配体系,"以德为先"的素质甄选体系与"人为为人"的激励机制体系作为第三大国有外贸人力资源管理体系的改革措施,为我国国有外贸企业在激励的人才竞争中取得优势地位,提高人才使用效率和企业对人才的吸引力提供了新的视角与解决方案。江苏中大地产集团董事长谈义良从"和"文化和企业管理的角度出发,强调了在我国做人讲究"修身、齐家、治国、平天下"。指出了要将"和"文化引入到企业文化中,以影响企业中的人,并进而影响企业的行为。在"和"文化的引入过程中,要求做到历史和时代的融合、传统和现代的统一,以及共性和个性的和谐。

### (三)管理文化与企业战略

东华大学陈荣耀副教授以《全胜谋略与交易成本最小——呼唤"经济毛泽东时代"的到来》为题,阐述了当年毛泽东以其高超的战略思想和斗争艺术解决了中国的革命问题,而在当下,同样必须以全胜的谋略解决中国经济低度化的困惑与矛盾,以完成经济模式的转型,完成中国经济量到质的提升。他指出全胜谋略与交易成本最小法则以及路径与图谱的设计,更是中国企业家和谋略家所必须关注和学习的。河海大学张阳教授、河海大学硕士研究生殷璇、河海大学丁源讲师以《实用理性与中国企业技术战略的选择》为题,从哲学层面阐述了技术战略的实质,认为企业家的哲学思维影响了企业技术战略选择。通过分析西方和日本企业的技术战略选择,在主客观条件比较的基础上,提出了中国的中小企业宜采用模仿创新型技术战略,而大企业则选择模仿创新基础上的自主创新战略。复旦大学博士研究生余自武、上海交通大学助理研究员熊秋平从基于东方管理谋略思想的中国战略思维的视角探讨了东方管理哲学指导下的中国战略思维,在经济全球化的今天,随着世界经济格局的变化和中国改革开放30年来的再次崛起,对中国企业全面参与全球竞争中的战略创新具有重要的指导意义。

## (四)东西方管理比较与融合

复旦大学苏勇教授以《美美与共,天下大同——金融危机下东西方管理思想的融合》为题,提出了管理学界中西方崇拜现象,应客观对待管理活动中存在的文化差异,他指出管理学科的发展需要多视角的研究,在中国企业经历30年改革开放的历程,也迫切需要更加切合中国企业实际的管理学理论引领的情境下,我们应以更加科学和实事求是的态度,来认真思考和探讨中西方管理思想的融合,建构更适合中国和东方社会经济、东方企业发展的管理学体系。江西财经大学讲师钟蔚、江西财经大学教师卢润《比较管理视角的东方管理理论基本框架分析》为题,分析比较了东方管理和西方管理的思想体系和实践体系,通过东西方管理相关理论基础的比较,借助"管理基本形式—管理概念论—管理模式轮—管理任务论—管理实务论"的思路,在重新分析管理是什么的基础上,确立一个能够同时容纳东西方管理理念的超越文化情境的内涵,然后根据这个内涵,将其展开,可以得出东方管理理论的基本框架。复旦大学谢金良副教授、复旦大学本科生胡劼辰以《当代〈周易〉管理思想研究评述》为题,提出了随着近二十年来《周易》管理学逐渐兴起,古典管理学概念下的《周易》管理学理论和管理哲学对现代中国管理学的影响。河海大学商学院贺丽苛讲师、南京协鑫生活污泥发展有限公司段文飞经理就中西合璧的员工关系管理展开研究,并以南京协鑫生活污泥发电有限公司为例,阐述了单纯依靠西方现代管理理念的指引,中国企业的员工关系管理容易出现水土不服的问题,探讨了国内企业实施中西合璧员工关系管理的实践。复旦大学校医院院长、助理研究员郭伟峰在《论中国管理心理中的"人为为人"观——东西方管理心理与马克思主义融合的视角》一文中,认为中国当前的管理心理理论主要受东方管理心理思想、马克思主义理论以及西方管理心理学的影响,他指出要从以上三者融合的视角来研究东方思想中最本质的"人为为人"观,并总结了"人为为人"式管理的八个特点:示范、实效、激励、互动、统一、服务与无为,以期有利于推动东方管理学在全世界的发展。

## (五)东方管理与全球化

清华大学高旭东副教授以"以弱胜强"是国际化条件下"中国式管理"的核心问题之一为主线,以中国经济高度国际化对中国本土企业管理实践的影响力为出发点,通过科学的案例研究方法,研究了中国电信设备企业"以弱胜强"的战略,并讨论了"以弱胜强"战略对中国本土企业的普遍适用性。探索"以弱胜强"的战略、在同跨国公司的竞争中求得生存和发展,是国际化条件下"中国式管理"的核心问题。南京理工大学周小虎、刘兴国、徐光华以《全球变局下的国际品牌收购战略》为主题,认为中国企业国际品牌扩张,不仅是关系中国产品的市场销路问题,更是关系的企业整体突围的战略问题。成功的国际品牌收购战略的管理重点在于能否发现品牌的战略匹配机遇,能否构建品牌的金字塔结构,实现品牌的潜在影响力和有效收购品牌的融合。上海海事大学赵渤副教授从中国崛起中的文化识别战略任重道远的视角探讨了由"北京奥运"打出的人文效应牌折射的大国思维,指出从中国经济发展的远景规划来说,我们应该关注:北京该如何打好"人文经济"的牌。在北京流通的任何商品一旦获得北京的认同与好评,那么在世界任何地方,或者至少在东方国家都将同化并引领人文品牌的认同趋势。上海财经大学本科生杨雅菲、经济学博士杨光平以《论全球化进程中企业文化的构建》为主题,处于全球化时代的企业,面临的是全球化的市场和竞争对手,文化竞争已成为市场竞争的核心,建立起适应于全球化的企业文化具有重要意义。本文首先分析了经济全球化过程中企业文化的变化与发展,然后对各国企业文化的特点进行了比较和分析,最后提出了如何在全球化进程中构建中国企业文化;建立具有民族文化特征的企业文化、建立交融与整合的企业文化、建立创新的企业文化。

### （六）水文化与环境治理

河海大学尉天骄教授从中华文化的视角诠释谁管理中的文化概念,在中华民族的水事活动中,管水历来都既是行政行为,也是文化行为。在21世纪,水管理面临着新的形势和任务,尉天骄认为水管理工作应当树立新的水文化理念,应该合理汲取传统水文化的思想智慧,实现水管理的与时俱进。江苏教育学院王培君副教授以《先秦水文化与任势思想》为题,他认为先秦诸子以水为喻,论人性、论治国、论治人、论战争。其中蕴含了丰富的关于势的论述。势是基于形势和运动,由气和力化合而一的一种能量。指出了势是中华传统管理概念,先秦水文化倡导顺势而为、借势发力的任势思想。强调任势是基础,管理者还可以发挥主观能动性,谋势、造势。以做大做强事业。

### （七）技术创新与知识管理

河海大学杨晨教授、博士研究生施学哲以《高校科技成果转化管理机制构成要素联结模式分析》为主题,强调在认知高校科技成果转化管理机制内涵的基础上,探析高校科技成果转化管理机制的构成要素,并解释了构成要素整合联结模式,旨在明晰成果转化管理机制的内在规律,为创设成果转化管理机制的方案提供支撑,切实的提高科技成果转化的绩效。通过实证研究,结果表明新产品研发学习环境对知识过程有显著的直接正向影响,并通过知识过程对研发绩效产生显著的间接正向影响;知识过程是新产品研发的核心过程,对研发绩效产生显著的直接正向影响。河南大学黄永春、杨晨就当前爆发的金融危致使我国实体经济受到了严重冲击的现状,基于联想品牌成长的路径,研究了市场主导型企业自主知识产权名牌成长路径,以价值链理论为基础构建了企业知识产权名牌成长路径的案例分析框架,并应用于本土连线品牌的个案研究,旨在探究市场主导型企业自主知识产权名牌成长路径。

### （八）东方管理与产业发展

同济大学朱国华、谢兰在我国《反垄断法》对行业协会的规制及其完善中,认为我国《反垄断法》对行业协会的规制,一定程度上克服了《价格法》规制行业协会限制竞争行为的不足,但所确立的实体制度与程序制度仍相对简单,法律责任设置也存在缺漏或可操作性障碍。河海大学杨恺钧以东方管理科学体系中产业规制原理与实证分析框架为主线,针对具体的产业规制环境,突破政府机构作为产业规制主体研究的局限,从东方管理学的新视角应用东方管理学的核心理念和相关理论来分析规制者和被规制者行为的动机、特征、激励因素、制约因素和道德文化环境。南京理工大学许立帆、彭涛以《长三角区域旅游联合营销机制研究》为题,阐明了长三角区域旅游联合营销对促进该区域旅游产业进一步发展的重要意义,借鉴了东方管理学"人为为人"的协作互利思想,从竞合共赢、和谐环境、战略联盟、和而不同四个方面对长三角旅游联合营销的具体策略进行了探讨。河海大学唐德善、王银银从东方管理思想视角下对煤电企业及其相关政策进行分析并给出相应建议。我国煤电企业原本应该是一个和谐的产业链条,但是由于诸多原因,它们之间却一直存在有矛盾,并且迟迟未能得到有效的解决。本文结合传统文化的管理思想对煤电矛盾机器相关政策进行剖析,并给予建议,以期进一步的研究起到推动作用。北京大学研究人员许铭鉴于我国在历史、文化、社会、制度、民族和经济发展等方面的特点,我国的产业发展与西方国家有着巨大的差异,以东方管理哲学思辨我国医药产业发展尤为重要。他指出在当前国际金融危机阴影还未消除、医疗体制改革全面推进的背景下,以科学发展观为指导,运用东方管理哲学的理论武器,找出我国医药产业发展的症结并确定未来发展思路显得尤为迫切与重要。上海工程技术大学张继民、孟勇、李跃文以《基于顾客满意度理论的社区服务质量管理路径分析》为题,强调以顾客满意度理论为基础,构建社区卫生服务居民满意度指数模型,并在该模型的基础上分析了社区卫生服务的质量管理路径,以期为有效的提高社区卫生服务居民满意度、及时发现社区卫生服务运作管理中存在的问题、保证社区卫生服务可持续发展管理和决策依据。东华大学硕士研究生沈琦、北京林业大学硕士研究生姚婧婧探讨了东方管理思想在商业银行人力资源管理中的应用,就现阶段我国商业银行人力资源管理中存在的许多问题,在知识和人力资源越来越受重视的21世纪,将现代商业银行人力资源管理与东方管理理论的人本管理思想相结合进行探讨,具有重要的现实意义。

以中华优秀文化为核心、汲取西方管理精华的东方管理学,历经三十多年的探索,现已形成比较完善的理论体系和具有中国特色的管理学科体系。"世界管理论坛及东方管理论坛"秉承"以人为本、以德为先、人为为人"的宗旨,先后在复旦大学、上海交通大学、上海外国语大学、北京大学、河海大学等国内外知名学府成功举办了12届。参会人数总计5 000多人,共出版会议论文集12部,收录论文1 500多篇,国内从事东方管理学研究的学术队伍已达到200多人,国内目前已有20多个东方管理教学研究机构和教学研究实践基地,共参与十届世界管理大会,国际影响日益扩大。东方管理学派已经成为国际管理学术丛林的一个重要的新学派。本届论坛与会者认为,探讨东方管理思想在人力资源管理、行业协会的规制、企业技术创新、社区服务质量管理、旅游营销等方面发挥的重要作用,实现东方管理走向世界必须深深植根于东方管理文化,结合实践不断发展和完善。东方管理思想对弘扬中华优秀文化的重要性和现实性,对中国管理思想走向世界具有重大意义。

# 15. 第十四届世界管理论坛暨东方管理论坛(2010)

论坛主题：正义、可持续性与人为为人

## 主题报告：中国情境下的企业管理发展历程①

随着我国经济总量从世界第十一位已跃升世界第二位，中国经济发展取得了举世瞩目的成就。这三十年不仅是中国经济腾飞的30年，也是中国企业发展的30年。中国一批批企业也由小变大、由大到超大，有的还走出了国门到国外市场中进行博弈，有的更是进入了世界500强。因此30年的改革开放也是中国企业管理的一部变革史②。中国企业尤其是民营企业的不断发展壮大，为中国企业管理的理论和实践提供了宝贵的经验。回顾这30年，它是从引进与提高、模仿与变革到创新与转型的发展过程：

（一）引进与提高(1978—1991年)

这个阶段的中国企业以国有企业为主体。企业主要是以提高产品质量、企业责任和生产效益意识为核心导向，现实增收节支，提升管理意识为目标。这个时期，在国有企业实行了"扩大企业自主权、推行经济责任制和利改税"的政策及以承包制、租赁制和股份制等多种经营管理模式并举的措施。包括乡镇企业在内的民营企业得到初步的发展，到1990年乡镇集体企业利润首次超过国有企业。在管理方法上中国企业从美国、日本引进了全面质量管理。

1. 国有企业在质量管理、责任意识及生产效率方面的提升

（1）在提高产品质量管理方面，改变单纯追求产值的粗放式生产方式，对生产过程量化指标、规范管理；如北京内燃机总厂实行的"自愿建立组织，明确目标，合理计划，有成果和激励"的"北内"质量管理经验(1976—1977年)；青岛海尔提出的"日事日毕，日清日高"的"全方位优化管理法"即"OEC (Overall Every Control and Clear)"的管理方式(1990—1992年)，1990年海尔获得了"国家质量管理奖"。

（2）在推行责任意识方面，做到层层承包，责任到人；对于企业高层，运用承包制激励模式。如首都钢铁周冠五实行的"三个百分百"新管理法及"包死基数，确保上缴，超包全留，欠收自负"承包制(1982年)；浙江海盐衬衫厂步鑫生"打破大锅饭"的思想，制定"日算月结，实超实奖，实欠实赔，奖优罚劣"的考核标准；(1983—1984年)；石家庄造纸厂马胜利承包责任制(1987年)；亚细亚商场王遂舟以"微笑服务"、"顾客是上帝"等概念，树立了"别具一格"的差异化形象，形成的"品牌服务

---

① 与上海外国语大学东方管理研究中心苏宗伟教授合作。
② 吴晓波：《激荡30年——中国企业1978—2008(上)》，中信出版社2008年1月出版。

化"管理方式(1989年);扬子电冰箱厂宣光中"三三三制"管理经验(1991)。

(3) 在提高生产效率方面,以专业化分工,设备集中管理,提高设备利用,利用现有设备开发新产品及增加产品品种;努力推行"人尽其力、物尽其用、时尽其效"的原则;如石家庄第一塑料厂张兴让"满负荷"工作法(1985年);武汉钢铁创建以"质量优先为企业文化特征,以质量文化为企业发展原动力"的"质量效益型"发展道路(1991年)。

2. 乡镇(民营)企业的起步和发展

20世纪70年代,政府允许在农村兴办社队企业,为农业生产和大工业服务。此后,由于农村劳动力增长极快,各地社队企业迅速发展。到了80年代初,政府相续颁发了有关社队企业的政策规定,将包括乡办、村办、合作社及个体办在内的社队企业改名为乡镇企业,并为乡镇企业的发展提供了一系列政策上的支持。在此期间乡镇企业其经历了从初步发展、高速增长到整顿提高的过程,逐步确立了乡镇企业在农村经济和国民经济的重要地位和重要作用。乡镇企业的发展主要依靠科学技术,不断进行技术改造和新产品开发;建立了富有活力的经营机制,积极引进和培养人才,强化企业管理,努力拓展企业的生存和发展空间;形成了许多具有本土特色的管理方法和制度建设。如万向集团的"问题产品'召回'制度"(1980年)①;横店集团通过发展乡镇工业,以社团所有制为主体,以集团化形式加以组织整合的社团所有制——"全员持股"雏形(1984—1991年)②。

3. 外资企业的进入与发展

从1979年到1990年,我国颁发了有关利用外资的政策和法规,外商企业可以在规定的相关行业(如能源工业、机械制造工业、轻工业、电子工业、农牧业及服务业等)国内设立中外合资企业,并给予产品出口型企业和先进技术型企业税收优惠政策,如"三免两减半",所得税按15%征收等。外资企业的进入,给我国企业带来了全新的经营管理观念,如1980年5月1日由民航总局与香港美心集团合资成立的我国第一家中外合资企业——北京航空食品有限公司成立以来,实行"打卡上班",严格劳动纪律,提高劳动生产率,满足消费者的需求,这管理方法和制度的实施产生了很大的影响;1987年,肯德基在中国开出第一家连锁店,将工业化和标准化作业带入了中国,实现了可复制的"服务业标准化"连锁经营模式。这些标准化主要体现:食品品质标准化、服务质量标准化、就餐环境标准化、暗访制度标准化、招聘流程标准化等。从而使得肯德基的成功经验很快复制到所有的餐厅;1988年宝洁公司进入中国,将"品牌管理系统"带入了中国。宝洁公司对消费者进行了持久而深入的研究,发现细分的需求,重新定位和设计产品,给每个品牌以鲜明不同的诉求点。使宝洁在各细分市场中拥有极高的市场占有率,形成了宝洁"多品牌管理体系"。

在这个阶段的中国企业不断吸收和消化西方管理的方法,建立了许多适合当时企业发展的管理经验、方法和制度。特别是在企业管理意识上,由"产值"生产型向"效益"型生产转变,强调生产产值和管理效益的统一;由"精神"型人本管理向"物质"型人本管理转变,强调精神激励和物质激励双重作用;由"封闭"型的管理向"开发"型的管理转变,强调管理标准化、精细化和规范化,建立信息畅通、观念更新,能与国际管理接轨的开放性管理模式。

---

① 1980年,当时乡镇企业厂长的鲁冠球获悉其主要产品"万向节"出现了裂缝,他当即要求30多名业务员到全国去收回次品,当时背回了次品3万多套。鲁冠球召开报废产品现场会,以每斤6分钱的价格将次品当作废品卖掉,一下损失了43万元。这个案例比张瑞敏砸电冰箱还早4年,可以被视为我国企业家对产品质量的第一次觉醒。

② 在徐文荣的带领下,1984年成立横店工业总公司,1990年11月,横店集团公司成立。尽管横店集团资产的形成与国家、政府、集体或个人有关,但由于都已通过货币的形式予以偿还,上述各方都不对集团经营后果负责,因而其产权既不属于国家,又不属于乡镇政府,同时也不属于某个集体组织或某个个人,而是属于集团公司全体员工共同所有。横店人把这种由员工共同所有的所有制称之为社团所有制。社团所有制在民营经济中是独一无二的所有制形式。在市场竞争中的形成规模优势,实现了外向型、高科技发展战略。这种模式为日后"全员所有制"打下雏形。

## （二）模仿与变革(1992—2000 年)

这个阶段的中国市场由国有企业为主体开始转变为国有企业、民营企业和外资企业的同台竞争；企业主要是以提升品牌营销竞争力，实施兼并收购，面向国际化发展为核心导向，实现提高企业规模效益，促进企业价值最大化，增强企业国际竞争力为目标。这一时期，随着中国社会主义市场经济体制的逐步确立，中国企业开始学习西方的管理经验。国有企业改革进入了"建立现代企业制度，调整和优化产业结构，实施兼并重组"的新阶段；民营企业也进入了蓬勃发展的时期，许多机构干部和知识分子纷纷"下海"经商；跨国外资公司及侨资企业等三资企业开始全面进入中国。

1. 国有企业的改革与重组

从 1992 年政府明确了"以公有制为主体，个体经济、私营经济和外资经济为补充，多种经济成分长期共同发展"的政策，国有企业开始了重大的改革试点和破产重组。(1) 企业集团试点及国家控股公司试点。从 1991 年 12 月至 1997 年国务院分两批进行企业集团试点，其中包括一汽集团、宝钢集团、华能集团、中远集团、中粮集团、上海汽车集团、万向集团和红豆集团等 120 家企业。[①] 1994 年底，国务院批准中国航空工业总公司、中国石油化工总公司、中国有色金属工业总公司 3 家全国性行业总公司进行国有控股公司试点[②]；(2) 建立现代企业制度试点；1994 年初经国务院同意，包括北京第一轻工业集团公司、天津汽车工业公司、上海汽车工业总公司、太原钢铁(集团)公司、上海一百(集团)有限公司、江南造船厂、沈阳机床股份有限公司等 100 家国有企业进行建立现代企业制度试点，此后，各地区、各部门也各自选择了一批重点企业进行试点[③]；(3) 实行"抓大放小，建立优胜劣汰，形成兼并破产、减员增效"的机制，进行以"增资、改造、分流、破产"四种方式的企业"优化资本结构"试点。如从 1994 年至 2004 年上海纺织行业 41 家破产，销户 200 多家老企业，其中有 60 万纺织职工下岗分流[④]；(4) 采取改组、联合、兼并、股份合作制、租赁、承包经营和出售等形式，加快国有小企业改革改组步伐。如山东省诸城市(潍坊市附属县级市)对市内 210 家国有小企业进行股份制改造(1992—1993 年)[⑤]；TCL 股份制改革的"增量奖股"模式(1997—2004 年)[⑥]；美的股份制改革的"融资收购(MEBO)"模式(1992—2000 年)。[⑦]

在 21 世纪前后面对困难重重的国有企业，"国退民进"成为国有企业改革重大的调整战略，无论是外资企业和民营企业的合资和并购，还是中小型国企和乡镇企业及民营企业的管理层收购(MBO)，都成为国有企业股权改革的方法之一。同时通过国有企业的一系列体制改革，带动和促进了我国经济结构的调整，有效地带动了大批中小企业的发展，增强了国有企业的国际竞争力，对整个国民经济的运行起到了导向、协调和稳定的作用。[⑧]

2. 民营企业的兴起与发展

民营企业广义是指所有的非公有制企业均被统称为民营企业，包括个体工商户、私营企业、民营科技企业、外资企业、合作制或股份合作制企业、股份制中国家不控股的企业以及国有民营企业，或由其运营的各种组织形式的企业；1992 年在一系列宽松政策的支持下，民营企业开始迎来了一

---

[①] 中国企业史编辑委员会：《中国企业史(中册)》，企业管理出版社 2002 年 12 月出版，第 204—206 页。
[②] 同上书，第 230 页。
[③] 同上书，第 159—164 页。
[④] 吴晓波：《激荡 30 年——中国企业 1978—2008(下)》，中信出版社 2008 年 1 月出版，第 69 页。
[⑤] 中国企业史编辑委员会：《中国企业史(中册)》，企业管理出版社 2002 年 12 月出版，第 252 页。
[⑥] 潘琰：《TCL 的"增量奖股"模式》，《北大商业评论》2010 年 1 月。
[⑦] 潘琰：《股份制改革——美的攻略》，《北大商业评论》2010 年 1 月。
[⑧] 《加快民营经济健康发展研究》课题组编：《中国民营经济发展前沿问题研究》，机械工业出版社 2003 年 12 月版，第 27 页。

个高速发展的时期,当年全国乡镇企业总产值突破万亿元大关,乡镇企业的员工人数超过1亿人。在这10年间,华为、联想、海尔、阿里巴巴、百度、苏宁、沙钢集团、大连万达及三一重工等企业开始起步,并发展成为行业中的龙头企业。

这一阶段民营企业更加注重品牌竞争力的提升,并由销售管理向营销管理转变,引入公关策划、CI宣传、广告战、价格战等以前中国计划经济时代从未出现过的促销手段;[1]如沈阳飞龙的"广告—市场—效益循环营销战略模式"[2](1991—1997年);娃哈哈的明星代言模式(1996年);广东太阳神集团运用CI设计宣传,采用"广告轰炸+人海战术"营销模式(1987—1998年)、山东秦池酒厂和爱多VCD依靠央视广告标王轰炸快速扩张模式(1995—1998年);三株集团以"农村包围城市"的方式,利用报纸软广告营销模式(1994—1997年)、红桃K集团以农村为市场的"塔基营销"模式(1994年);格兰仕和长虹价格战模式(1996、1998年)等企业采用的中国特色营销方式迅速占领市场。这些企业当中,如广东太阳神集团、山东秦池酒厂和爱多VCD、郑州亚细亚及三株集团等企业,由于过分重视营销而忽视其他管理的方法,盲目求大,使他们都逃脱不了迅速衰落的命运;而类似娃哈哈、格兰仕等企业因为管理控制得当,并能及时跟踪市场发展,故能继续保持企业竞争的优势。

随着市场竞争日趋激烈,一些有市场意识较强的国有企业和民营企业,它们不仅注重企业流程改造、技术研发、降低产品成本,以提升在国内市场的竞争力,而且开始走向国际市场。如在成本管理方面有邯郸钢铁厂厂长刘汉章提出的"模拟市场"和"成本否决"为指导思想的"邯钢经验"(1992年);业务流程管理有青岛海尔"市场链"业务流程再造(1999年);技术研发方面有海信集团"技术孵化"模式(1993年);渠道管理方面有娃哈哈集团"利益共享联销体"模式(1994年);国际化经营方面有青岛海尔多元化发展经验(1992—1998年),1999年到美国设厂,确立了国际化的发展之路;以及联想集团的技工贸发展模式(1992—1998年);企业文化方面有华为公司的《华为基本法》(1997年)及华侨城宪章(1999年)。在这个阶段,民营企业较多地学习和模仿国外的先进管理制度和流程,逐渐和跨国公司的管理模式接轨,并开始探索具有自身企业特色的管理理念和方法。

3. 三资企业的合资及并购

1992年,邓小平南方谈话发表后,国务院进一步扩大开放区域和行业,极大地激发了外商及海外侨资来华投资的积极性,从而使"三资"企业发展进入了高速增长阶段。中国香港、日本、美国及德国等地区和国家的外资企业纷纷入驻中国。外资企业的合资涉及我国各个行业,较早合资的外商主要是日本三菱、松下、东芝,韩国三星,德国西门子公司、大众汽车,比利时阿尔卡特贝尔电话公司,香港中策公司,丹麦嘉士伯公司,美国的可口可乐及百事可乐等跨国企业。这些外资企业在刚进入中国时多采用合资模式,以期尽早打开中国的市场。其主要合资方式包括:

(1) 多地域合资设厂模式。如可口可乐及百事可乐从1979年和1980年进入中国,至今在北京、深圳、上海、广州等10多个城市的分别合资(或独资)设立了42家和30家工厂;德国大众从1984年和1990年分别与上海汽车和一汽汽车成立了上海大众和一汽大众两家轿车合资企业至今,先后在国内共成立了14家企业。除了生产轿车外,还向消费者和行业提供零部件和服务,逐步形成了整体轿车核心零部件的供应链配套体系。

(2) 技术化合资模式。充分利用外资企业对国内市场的发展预期,以"市场换技术"为目标,引进先进的国外市场技术,以打破长期以来国外对我国相关技术的封闭局面。如1984年由中国邮电

---

[1] 戴鑫、刘悦坦、刘超、程颖怡、赖派灿、司徒静雯、侯乐:《中国企业管理30年:往事并不如烟——中国企业管理30年发展综述》,《销售与市场》,2008年第5期。

[2] 吴晓波:《激荡30年——中国企业1978—2008(上)》,中信出版社2008年1月出版,第29页。

工业总公司与阿尔卡特比利时电子公司、比利时发展合作基金合资成立的上海贝尔电话设备制造有限公司(2009年更名为"上海贝尔股份有限公司"),在微电子领域、集成电路等方面引进了国外先进的技术,并逐步实现了80%的国产化,配套企业超过100多家,带动了国内相关产业的发展。

(3) 搁置型合资模式。外资企业为了抢占市场,有的以高价收购中方品牌,然后束之高阁,使其在中国市场逐渐消失;如韩国三星收购苏州的"香雪海"电冰箱(1996年)、联合利华的"和路雪"收购上海冰激凌名牌"蔓登琳"(1999年)、德国美洁时合资湖北的活力28(1996年),达能收购乐百氏(2000年)等诸如此类;有的外资企业还甚至通过中方原有的品牌支持,用中方品牌的利润做广告来宣传外方品牌,并扩大外方品牌产量做宣传广告。如上海利华租用中方品牌"中华"、"美加净"牙膏;①外资企业这种将中方品牌长期搁置的方式,意在搁置民族品牌,以减少其竞争对手。

(4) 区域性及行业并购模式。外资在于国内企业的发展中,除了合资和独资开办企业,还对已有的国有企业进行并购。其中印尼华侨黄鸿年控股的香港中策集团并购泉州37家国有企业"一揽子合资"收购(1992—1997年)②及美国柯达公司对中国胶卷行业的"全行业性收购"(除河北凯乐集团外)(1998年)最具区域及行业特性,同时也最具争议。

这个时期无论是国有企业,还是民营企业及外资企业都遇到了不同的困境,但它们都充分利用了政策和市场的优势,通过各种资源整合所进行的改革重组、品牌营销及兼并收购,总的来讲,促进企业的市场竞争力,实现企业的不断发展壮大。同时对我国国民经济建设的发展都起到了重要的作用。

(三) 创新与转型(2001年至今)

这个阶段是国有企业、民营企业及外资企业进入全面竞合的时期。企业以建立企业文化、实施国际化战略和承担企业社会责任为核心导向,以实现企业管理创新,战略转型及永续经营的目标。这个时期,中国企业面对加入WTO后的市场全面开发,参与了国际市场的竞争,从中不断积累经验,形成了各自特色的管理模式。

1. 企业文化的建立

2001年随着中国加入WTO以后,中国市场全面放开。企业在注重营销管理的同时,越来越多的中国企业认识到企业文化对企业管理和可持续发展的重要意义,认识到现代企业制度必须与现代的企业文化相配合,能不能从实际出发开展有实际效果的企业文化建设,这将决定企业的命运。所以各大企业注意量身打造自己的企业文化,把企业文化作为企业的核心竞争力,把企业建成学习型组织,涌现出极富个性和魅力的杰出代表,如海尔以"观念创新为先导、以战略创新为方向、以组织创新为保障、以技术创新为手段、以市场创新为目标"的企业文化;华为的"狼性文化"和"生生不息"的企业文化;联想的"服务客户、精准求实、诚信共享、创业创新"的核心价值文化;万科倡导的"阳光照亮的体制及持续的增长和领跑"企业文化理念等。

2. 国际化发展战略

在2001到2011年间,中国企业在政策的鼓励"走出去"的导向下,实施"走出去"国际化经营战略,以适应经济全球化和加入世贸组织的新形势,在更大范围、更广领域和更高层次上参与国际经济技术合作和竞争。中国民营企业海外并购及投资较为成功的企业案例,包括万向美国公司收购

---

① 中国企业史编辑委员会:《中国企业史(中册)》,企业管理出版社2002年12月出版,第346页。
② 忻文、尚列、朱文辉:《泉州国有企业与香港中策公司成建制合资的实证分析》,《管理世界》,1996年第4期。

了美国"UAI"公司,此举开创了中国乡镇企业收购海外上市公司的先河,形成了万向在并购扩张中独特的"反向 OEM 模式"(2001 年 9 月);此后中国企业开始了海外并购的步伐,联想收购 IBM PC 业务(2004 年);吉利收购沃尔沃(2010 年)等。在中国企业国际化经营发展过程中,由于种种原因导致失败的案例也不少,如 TCL 收购法国汤姆逊公司,由于在技术上缺乏市场变化,使合并后的业绩巨亏,最终导致并购失败(2003 年);由于文化整合不力而导致收购失败的上汽收购韩国双龙(2004 年),由于政治因素使中海油收购美国优尼科石油公司失利(2004 年)。

中海油通过并购成功入主印尼海上石油(2004 年);宝钢在巴西投资建设大型钢铁联合企业项目(2004 年);中国石化 24.5 亿美元收购美国 OXY 阿根廷子公司 100% 股份及其关联公司油企资产(2010 年)。

3. 互联网创新模式

2001 年历经美国纳斯达克指数科技股泡沫,中国互联网行业陷入低谷。但仅过两年,互联网开始回暖,网易通过"短信和网络游戏"重新实现盈利(2003 年);之后的几年内,中国知名互联网企业通过其成功的商业模式,纷纷海外上市:百度实行"竞价排名"搜索引擎模式(2001 年),2005 年纳斯达克上市;阿里巴巴推出"诚信通"体系,即"网上信用管理模式"(2003 年)为其开拓出了盈利模式,于 2007 年香港上市;分众传媒实行蓝海战略管理模式,创新了媒体广告盈利模式,于 2005 年 7 月纳斯达克上市。并于 2006 年 1 月出资 3.25 亿美元全资合并聚众传媒,掌握了 98% 的楼宇视频广告市场份额(2005 年);1998 年成立的腾讯,通过免费平台吸引海量用户,以付费服务满足用户的个性化需求为模式,于 2004 年在香港上市。

4. 企业的社会责任发展

2008 年的汶川地震,中国企业表现出了前所未有的社会责任感。在华各企业纷纷以捐款捐物或捐助学校等各种各样的方式向灾区人民奉献着爱心和热情,履行着作为企业所应尽到的各种社会责任。其中以国家电网公司累计捐款及捐赠物资合计超过 2.1 亿元名列榜首,广东王老吉和山东日照钢铁及台塑集团各捐款 1 亿人民币。自此"全面社会责任管理思想"成为中国企业管理的一个重要部分。许多企业在原有管理体系中,融入全面社会责任管理思想,强调消费者保护管理,强化公关和公益形象管理,引入员工人权保护管理、利益相关者沟通管理及企业公民行为管理。如国家电网社会责任管理模型(2006 年)、浙江广厦集团企业公民管理模式(2006 年)等企业。①

# 结 束 语

纵观中国 30 年来的企业管理,实际上经历了西方三百年工业化管理的历程,中国企业管理从上世纪末的"引进吸收"阶段步入到如今的"消化创新"阶段;由行政性管理向市场管理过度,由模仿学习到创新变革;在从过去的"英雄权威"开始走向"制度权威";企业运作也正在从"感性发展"走向"理性引领",从"经营导向"转向"战略导向、文化导向"。许多企业一方面在继续保持着对西方先进企业的管理理念、方法和经验的学习,另一方面开始认真思考、总结中国企业 30 多年来的成功经验和管理特色。他们不甘于照搬国外做法,逐步将眼光转向具有中国五千年历史文化中的管理智慧,并结合自身特色,探索创造适合本企业、本国特点的管理经验和管理模式。

---

① 戴鑫、刘悦坦、刘超、程颖怡、赖派灿、司徒静雯、侯乐:《中国企业管理 30 年:往事并不如烟——中国企业管理 30 年发展综述》,《销售与市场》,2008 年第 5 期。

## 第十四届世界管理论坛暨东方管理论坛会议综述

2010年7月8日，IFSAM(世界管理协会联盟)第十届世界管理大会、第十四届世界管理论坛暨东方管理论坛在法国巴黎的CNAM(法国国立艺术及文理学院)隆重召开。本次大会的主题为"全球经济中的正义与可持续性"，来自英国、法国、德国、法国、澳大利亚、芬兰、日本、韩国等400多位学者齐聚一堂。

大会首先由IFSAM现任会长Peter Dowling致辞。他简短回顾了历届世界管理大会的概况并预祝大会圆满成功。随后来自法国的著名学者Bruno Latour和来自美国的著名学者Tom Lee教授作了主题报告，与会学者就两位教授的报告内容进行了热烈的讨论。

作为本次大会的主要议程暨第十四届东方管理论坛由复旦大学、上海外国语大学、上海工程技术大学、河海大学商学院等单位共同发起，主席团成员有：河海大学商学院院长张阳教授、上海外国语大学东方管理研究中心执行副主任苏宗伟教授及中国管理科学学会陈志诚教授等。

上海外国语大学东方管理研究中心执行主任苏宗伟教授的报告题目为"中国现当代管理思想回顾与述评"，杨广平的报告题目为"全球化进程中可持续发展中国企业管理模式的构建"，河海大学唐震教授的报告题目为"技术竞争背景下巨型企业的缺陷及对策"，此外河海大学汪群教授、张阳教授，云南大学商旅学院谌兰剑教授，台湾高雄师范大学林良阳等也相继应邀在本次会议上发言。

上海工程技术大学管理学院工商管理系主任陈心德教授的报告题目为"从精益生产到精益企业"，他以丰田企业为例，从战略高度探讨了企业经营、员工培养以及管理战略发生转变的可能性与必然性，指出中国企业管理模式中存在的问题，探讨了如何保持企业现有竞争优势的未来发展趋势；孟勇讲师的报告题目为"日本经济体系和'以人为本'的制度运用"，他根据自己对日本企业多年的观察与研究，分析了日本经济体系的特点，探讨了日本以雇员为中心的日本企业管理体制的独到之处；就中国企业如何借鉴日本成功经验，促使中国企业经济模式转变，实现可持续发展提出了自己的见解；社会科学学院闫虹珏副教授的报告题目为"以德为先，德才兼备——传统人才培养任用机制的基本特点及其当代价值"，她分析了传统人才培养任用机制的理论基础以及主要特点，就中国企业如何在日益激烈的竞争中找到具有中国特色的人才培养模式提出了自己的建议。

与会学者从中国企业的经营理念、经营模式、企业文化等多个角度，就东方管理所倡导的"三为思想"如何更有效地与现代企业管理制度衔接，打造富有中国特色的企业管理模式进行了多方位立体化的探讨。

参加本次大会的还有来自中国管理科学学院，大连理工大学等学者专家，本次论坛共收到了来自全国共计120多篇论文。

# 16. 第十五届世界管理论坛暨东方管理论坛(2011)

论坛主题：东方管理、华商管理与中国软实力

## 主题报告：论中国管理科学的发展[①]

从历史经验来看,管理学最有希望、最有创造性的地方正是经济迅速起飞的国家和地区。目前,世界经济发展中心逐步向亚太转移,中国的富强和东亚的繁荣是我们发展中国管理科学的实践基础和实验场所。作为发展中的大国,新中国成立60多年来尤其是改革开放的30多年来,国民经济保持了持续、快速、健康发展,在国际舞台上发挥着越来越重要作用。中国举办'97世界管理大会后,加拿大管理科学学会主席L·R·苏克莱(L. R. Sooklai)博士指出:"在中国召开世界管理大会不仅说明了中国的管理文化源远流长,也说明中国的经济发展受到世界的重视。中国经济的迅速发展再一次验证了中国文化的魅力。同时也向世人展示了中国管理科学发展的新的发展前景。"日本千叶大学村山元英教授甚至表示:"我不仅要在日本研究中国管理文化,而且希望参加中国的有关学术团体如中国国民经济管理学会,从而有机会与中国的学者一起研究和推广中国的管理思想、理论和方法。"

中国的强大和崛起正是以东方优秀传统文化为核心、以30年的改革开放为背景,研究中国管理科学的发展将使中国优秀的管理思想与文化和中国的经济与政治对世界的影响同样强大。中国管理科学是在全球经济发展的新形势下,在东西方管理文化融合与发展的基础上创建的,是从教学、原创到实践的探索而形成的一门融合"古今中外"管理思想精华,系统梳理,提炼中国古代、近代以及现当代经济与管理实践的经验与教训,特别是融合了中国改革开放30余年来的经济、管理实践,紧密结合中国共产党领导下的社会主义事业,所归纳出的具有中国特色、全球视野的现代管理模式的一门现代管理新科学。中国管理科学的发展历经原创、实践和发展三个重要阶段。

## 一、中国管理科学的发展历程

创建一门学科是非常艰辛的事情,从20世纪70年代起,我们就从事中国社会主义的经济与管理方面的教学和研究。1980年以来,承接了国家重点学科教材建设《产业经济学》和《中国国民经济管理学》、国务院全国重点学科重点科研课题《中国外向经济发展战略研究》。自1985年起,开始对管理学科属性与功能进行研究,发表了《论管理科学的对象与性质》等文章,承接了国家自然科学基金《东方管理学思想研究》以及上海市高校重点科研教材《中国管理研究》等。自1997年起,结合

---

[①] 本文刊载于第十五届世界管理论坛暨东方管理论坛论文集《世界管理论坛2011》(《经济管理》2011年特刊)。

东方管理文化和中国管理实践,融合古今中外管理精华,在 10 余届世界管理论坛与东方管理论坛专家研究论文,形成了首部创新领先的独具中国特色的研究著作《中国管理科学》,中国管理科学的原创性历程经历了"古为今用""洋为中用""创新发展"三个阶段。

1. 古为今用阶段

从 1976 年开始,我们研究中国古代管理思想,从中国古代原典中提炼出管理精华,并应用于现代管理学科的建设中,研究古典文献的启示发表了如《〈红楼梦〉经济管理思想研究》《中国古代行为学说研究》;对孙子兵法与经营管理的研究发表了《中国古代经营管理思想——孙子经营和领导思想方法》;古为今用的研究发表了《现代管理学中的古为今用》。《中国古代行为学说研究》一文将中国古代行为学说分为十类,是对中国管理中的行为模式最早的研究。发表的《中国企业管理现代化研究》等文章,首次提出"思想、组织、人才、方法、手段"五个管理现代化模式;1982 年开始编写中国第一部社会主义《国民经济管理学》;提出了"以人为本、人为为人"的观点和"道、变、人、威、实、和、器、法、信、筹、谋、术、效、勤、圆"等管理哲学 15 要素。在随后的中国管理科学研究中比较突出的有《中国管理通鉴》(四卷)(苏东水,1996)、《东西方文化与现代管理》(赵曙明,1995)、《中国古代思想与管理现代化》(潘承烈,1985)、《传统文化与现代管理》(潘承烈,1994)、《中国传统管理思想的新探索》(虞祖尧、沈恒泽,1988),把孔子思想中精华部分嫁接到管理领域(杨先举,2002)等。

原国家经委、中国企业管理协会、上海企业管理协会和上海管理教育学会的企业家、学者等也积极进行中国企业管理理论的探索和实践。1982 年,中国国民经济管理学会开展了国民经济管理、企业管理、经济管理、管理心理学等大型电视讲座,听众逾千万人次;1984 年,袁宝华召集了 20 多位学者教授探讨中国传统管理思想研究工作。

2. 洋为中用阶段

作为西方管理科学学派的"管理科学"最早是一种学派,长期以来,西方人对管理科学的认识大都将"管理科学"与管理科学学派相等同,中国有些学者也将二者混淆。所谓管理科学学派,其实就是管理学中的数量学派,也称运筹学,这个学派认为,解决复杂系统的管理决策问题,可以用电子计算机作为工具,用数学的定量方法,寻求最佳计划方案,以达到企业的目标。管理科学其实施管理中的数量分析方法。我们认为管理科学学派的适用范围非常有限,并不是所有管理问题都是能够定量的,要充分认识到它是一种重要的管理技术和方法,而起决定作用的还是人。从 1982 年起,在原国家经委的组织下,我们最早应用西方的管理数学和运用西方管理科学的分析方法,分析了西方管理科学的三个阶段从而形成了中国特色的管理行为科学"人为学",也叫"人为科学",出版了以人为学为基础的《管理心理学》,发行近 200 万册。

从 1992 年开始我们组团参加了在日本、美国、法国、西班牙、加拿大、澳大利亚、瑞典、德国、中国等召开的世界管理协会联盟(IFSAM)历届世界管理大会,并参加东亚管理学会联盟历届大会,在会上连续发表了《弘扬东方管理文化,建立中国特色的管理体系》《东方管理文化的探索》《东方管理文化的复兴》等主题演讲。迄今举办了十五届世界管理论坛暨东方管理论坛、'97 世界管理大会、2008IFSAM 第九届世界管理大会、'99 世界华商管理大会等,不断向世界经济管理学界宣传中国管理文化,同时也通过与国际管理学界的交流,深化和完善了中国管理科学的思想和理论体系。

华商管理是洋为中用的典范,它是华商基于中国传统管理文化与西方管理文化以及华商足迹所至的所在国管理文化相融合而形成的华人文化的管理与实践活动。华商管理中蕴含着浓厚的中国传统文化色彩,这是华商企业之所以能在海外激烈的商战中取胜,不断发展壮大的主要原因。所在国文化对华商管理影响的一个重要结果是使华商管理更具兼容性、适应性,从而使华商在异域他乡不断得以发展。我们通过对海外华商的研究,更是丰富了中国特色的管理理论,形成了独具特色"五缘"(亲缘、地缘、文缘、商缘、神缘)管理理论。"五缘"网络是海外华裔在非政治的、形态不拘的联系中,凭借"五缘"纽带,基于经济利益而形成的泛商业网,它在卓有成效的海外华商经营中的影响突出,日益引人注目,是对华商发展网络关系的高度提炼。"五缘"包括亲缘、地缘、文缘、商缘、神缘。亲缘,就是宗族亲戚关系;地缘,就是邻里乡党关系;文缘,就是文化关系,通过它可组合起有共同文化渊源、有切磋与交流需要和愿望的人群;商缘,就是因物品(如土、特、名、优等等)的交易而发生的关系;神缘,就是供奉之神祇宗教关系。亲缘同兴、地缘和邻、文缘共振、商缘共利、神缘共奉,正是由于强大的"五缘"网络的存在,使一个个相对封闭的家族企业与外部世界保持密切的信息、技术、资本、商品等的交流,保证了其一定范围的发展和进步。

中西方管理的研究,由于双方文化上的差异,其结果会存在很大的不同。传统的东西方管理研究各自具有不同的优势和劣势。中国管理科学的研究注重充分发挥中西方管理研究的各自优势,优势互补、取长补短,体现现代管理科学性和艺术性协调统一的特点为现代管理学理论体系的创立和发展作出贡献。

3. 创新发展阶段

中华人民共和国成立和中国共产党先后学习借鉴苏联、东欧各国的管理经验,总体上没有形成符合中国国情的具有中国特色的管理学理论。毛泽东同志提出了些富有创造性的"治国、治身、治家、治生"理念和思想,包括《论十大关系》《正确处理人民内部矛盾》等;当时也出现了一些管理思想,如创造性提出"鞍钢宪法"与"两参一改三结合"管理模式("两参",工人参加管理,干部参加劳动;"一改",改革企业不合理的规章制度,以适应生产发展的需要;"三结合",技术工人、工人、干部三结合);根据中国国情毛泽东同志还提出了团结一切可以团结的力量、从中国实际出发,提出要走农村包围城市之路、狠抓思想政治工作,建立合格的具有铁的纪律的人民军队,提出了战略上藐视敌人,战术上重视敌人和二万五千里长征的战略大转移等举措,创造了世界军事管理史上以弱胜强的神话,并最终赢得中国革命的胜利。

在中国,管理科学这个概念首次在中国共产党第十二次全国代表大会报告中提出,该报告指出:"四个现代化的关键是科学技术的现代化。……必须加强应用科学的研究,重视基础科学的研究,并组织各方面的力量对关键性的科研项目进行'攻关';必须加强经济科学和管理科学的研究和应用,不断提高国民经济的计划、管理水平和企业事业的经营管理水平。"[①]加强社会主义的管理科学的研究和应用,对于加速实现经济建设的战略目标、战略重点、战略步骤具有重要意义。

十一届三中全会后,邓小平同志提出了以经济建设为中心的"一个中心、两个基本点"管理思想,提出了"三个有利于"标准等。实行改革开放,为我国社会主义经济建设开拓了前所未有的新局面。可以说,正是由于邓小平同志采取了正确的管理思想,我们才能在实践中成功地探索出一条建设有中国特色的社会主义道路,开创了中国特色社会主义建设新局面。以江泽民同志为核心的第三代中央领导集体,提出了立党为公、执政为民的管理思想和"三个代表"重要思想;同时继承和创新了中国古代儒家德治思想,提出以德治国的方略、"依法治国与以德治国"相结合的管理思想。中国共产党十六大后把"构建和谐社会"作为全面建设小康社会的重要目标,并强调必须要深入贯彻落实科学发展观,切实考虑到社会民生问题并提出了"德才兼备、以德为先"的干部选拔标准等,并

---

① 胡耀邦:《全面开创社会主义现代化建设的新局面——在中国共产党第十二次全国代表大会上的报告》,《人民日报》1982年9月8日。

强调国学管理思想,彰显出中国新一代领导集体的管理思想与智慧。

目前,中国管理科学越来越得到学界、政界、商界等相关人士的高度关注。然而,对什么是管理科学,引起很大争议,对什么是管理科学的问题也存在很多不同看法,有的人把它等同于西方"管理科学"学派的内容,有的人仅理解为现代管理的方法,有的人则认为管理科学就是"电子计算机＋数学",还有人认为管理科学是研究以最佳的投入产出关系组织经济和社会活动,使系统良性运行,并使各利益需求获得相对满足的一门独立的应用性学科等,我们认为对管理科学的认识要从"三性"(规律性、二重性、融合性)来研究。从 20 世纪 80 年代开始,我们从宏观角度探索中国式国民经济管理学,从中观角度探索中国式产业经济学与应用经济学,从微观角度探索中国式管理学、管理心理学,从文化角度探索东方管理学等,创造性地首发了有中国特色的人为学——《管理心理学》《中国企业管理现代化研究》《产业经济学》《中国国民经济管理学》《中国管理通鉴》《东方管理》与《东方管理学》《中国管理科学》以及《应用经济学》等研究中国管理科学的著作;并将中国管理科学的本质概括为"以人为本、以德为先、人为为人"。

## 二、中国管理科学的实践运用

管理学是一门实践性、应用性很强的学科,既有科学的规律可循,又有艺术的运用之妙。中国的管理实践扎根于中国特色的管理实践中,积极应对管理实践中遇到的新课题,在与其他学科的相互融合及渗透中不断发展,充分发挥管理实践创新的潜能。中华人民共和国成立 60 年尤其是改革开放 30 年,是我国管理实践最为丰富的时期,也是管理需求最大的时期,更是管理学体系发展形成、管理学快速发展形成的时期,是新中国成立以来管理学取得根本性突破与辉煌成就的 30 年;这 30 年是中国特色社会主义市场经济形成和发展的 30 年,是我国在各个方面都在不断探索和前进的 30 年;这 30 年中,中国经济走过了一条前所未有而又不可复制的转轨道路,我国的各领域经历了全方位的改革,作为经济细胞的企业始终处于改革的核心。经过 30 年的改革与发展,中国企业从经营理念到经营体制、从产权结构到治理方式都发生了根本性的转变。经过这 30 年管理实践的不断探索,我国在管理实践的各个方面都取得了巨大的成就,综合国力也走在了世界的前列。

回顾中国的管理实践,先后经历了全面学习和实施苏联的中央集权计划经济体制阶段;不断地在探索适合自己的管理思想与方式方法阶段,如"鞍钢宪法"等;引进西方国家的现代管理理论与方法,并尝试与中国国情相结合阶段,如"海尔日清日高管理模式"等;实践中我们一方面不断学习国外先进的管理方式,认真总结自己的经验教训,一方面我们也在积极挖掘我国传统管理思想中的精华,我国也涌现出一批具有中国特色的企业管理模式,如宝钢的文化建设、邯钢的模拟市场、海尔文化和双星管理模式等。2009 年《中欧商业评论》和网易共同发起"寻找中国管理未来——60 年·中国管理 20 人"评选活动,以关键管理实践、管理理念梳理为主线,以关键代表人物为呈现方式,按不同时代对企业管理产生重大贡献和影响力的思想、理念和方法进行评选和评估,力图体现既代表历史,又超越历史,展现中国企业在企业实践和管理理念探索的时代路径,以及直到如今其影响力仍然获得肯定或仍被企业广泛沿用的企业管理实践,寻觅中国式管理进化的不变基因,检省中国管理与国际管理的差异,以此促进中国企业管理实践的再进步。

在这种背景下,中国经济管理学界担负推进中国管理实践创新的重任,我们从 1976 年开始的中国特色的东方管理文化的研究,将管理实践活动概括为"治国(国家管理)、治生(经营管理)、治家(家庭管理)、治身(自我管理)"的"四治",对管理实践活动中的五种行为进行管理,这五种行为是

"人道(管理哲学)行为、人心行为(管理心理)、人缘行为(管理沟通)、人谋行为(谋略管理)和人才行为(人才管理)"的"五行",并在实践中遵循"以和为贵的人和思想、和合共赢的竞合思想以及实现和谐的思想"等,从而形成独具中国特色的管理实践。

## 三、中国管理科学的创新发展

改革开放30年来我国对西方管理引进甚多,目前的管理理论体系也是以西方为主,然而事实已经证明,西方管理理论正受到质疑与挑战。中国经济社会的快速发展需要有中国特色的管理学理论和思想,国家也在倡导基于中国文化情境的管理理论创新。2010年国家自然科学基金委管理科学部已经明确提出将中国特色管理理论创新作为重点资助方向;国家社会科学基金委也明确提出东方管理与中国特色管理理论的研究课题。21世纪伊始,75位诺贝尔奖获得者在法国巴黎聚会,他们向世界呼吁:"如果人类要在21世纪生存下去,必须回到2500年前去汲取孔子的智慧。"如何结合中国本土文化,构建中国特色的管理理论体系已经成为目前中国管理科学界的首要问题。我们在30年前就已经洞察到结合中国本土文化情境展开管理研究的重要性,并30年磨一剑,创建出具有完整架构体系的中国东方管理理论。2010年我们在江苏省社会科学界联合会年会上做有关东方管理创新、发展与运用的报告后,一些与会专家高度认同,并提出"21世纪将是中国管理科学的世纪""东方管理学就是现代的中国管理科学"。

在长期对中国管理、东方管理和华商管理研究的基础上,出版了独具中国特色的《东方管理》《东方管理学》《中国管理科学》和《华商管理学》等。2003年1月56万字的《东方管理》这部鸿篇巨制,以道家、儒家、释家、法家、兵家、墨家文化等为主的东方管理文化为基点,融合提炼出以人为本、以德为先、人为为人"三为"核心思想,并就中国东方管理"三为"思想的理论实质和实践指导意义展开深入讨论,详细阐述了"人本论""人德论"和"人为论";该书不仅能融合古代东方管理文化的精神实质,归纳总结与提升了东方各民族优秀文化中有关管理思想方面带有普遍性的内容,更能够追踪研究当今西方管理理论界的学科前沿,取其精华、洋为中用,深入剖析了西方管理的"失灵",鞭辟入里;因其封面为红色设计,当时被媒体报道为"红色管理风暴"。2005年9月作为中国东方管理学说著系15部的第一部的《东方管理学》由复旦大学出版社正式出版,该著作与《东方管理》一脉相承,在"以人为本、以德为先、人为为人"的"三为"思想指导下展开在现代管理学"人本复归"的大前提下,以"学、为、治、行、和"的"五字经"的原创内容对中国管理科学体系加以论述,提出了中国管理科学的目标是构建"人和、和合、和谐"的和谐社会。

东方管理学派有关中国管理科学和东方管理学的研究,突出体现了中国管理科学与东方管理学的五大原创性思想:一是提出管理的哲学要素为"道、变、人、威、实、和、器、法、信、筹、谋、术、效、勤、圆"等十五个观点;二是提出管理的精髓:"以人为本、以德为先、人为为人"的"三为"思想;三是提出管理的内容为"三学"(中国管理、西方管理、华商管理)、"四治"("治国、治生、治家、治身")、"五行"("人道、人心、人缘、人谋、人才");四是融合古今中外管理精髓,创新了中国管理科学理论体系为"学、为、治、行、和"的"五字经";五是提出中国管理科学的主旋律及其目标是实现"人和、和合、和谐",构建"和谐社会"。

我们在中国管理科学领域的创新理论与思想体系,具有重要理论与实践价值:

在理论上不仅填补了中国管理领域的一项研究空白,它对管理学研究也带来了启发性思考,显示了东方管理思想的巨大魅力。通过"三学""三为""四治""五行""三和"以及"十五哲学要素",原创性地构建了现代中国管理科学理论体系与一套融合古今中外的现代管理科学新教材;首提"人为为人"这一东西方管理的本质命题;首次将管理哲学概括为"十五要素";创立了以人为学为基础的管理心理学科新体系和中国国民经济管理学科新体系;系统诠释了东方管理思想的当代意义,在国内外影响深刻,成不易之论,为"管理学向东方回归"做出了巨大贡献;在复旦大学创建国内外第一个东方管理学博士点、硕士点等。

在实践中,这些关于中国管理的原创性观点对推动我国社会经济发展产生了重大影响。所提出的"三为"思想等一系列原创性观点已得到广泛认同,应用到政府管理、企业管理等层面,与社会主义核心价值观、科学发展观完全一致;是对中国改革开放30余年来成功经验在管理上进行的高度概括、提炼与升华;对于我国管理教育、公共管理和企业管理等极具指导意义;受惠于东方管理的教育并不断实践的各界领导干部和企业经营者不在少数,已将中国东方管理的"三为"思想成功运用于政府管理、航空航天事业管理、高等教育管理、政党外交领域以及区域经济发展等,产生了良好效果。

## 四、结 论

管理学是一门年轻的学科,至今不过100年的时间,已经形成了比较完整的理论体系;管理学又是一门应用性极强的学科,发展非常快,对国家的经济建设、企业发展有着非常重要的作用;目前管理学的主体理论与方法是以美国为代表的管理理论与方法,虽然有其科学性的一面,但在应用于东方国家特别是中国时遇到了许多问题与障碍,因为东方国家特别是中国的人文社会环境与西方有很大的差异。因此,迫切需要建立具有东方人文情景下的中国管理科学理论与方法,以指导中国经济与企业的发展与管理的实践。

我们所构建的有中国特色的管理理论体系具有原创性、思想性、科学性、前瞻性、实践性,在国际管理丛林中独树一帜。表现为四个率先:率先运用辩证唯物主义和历史唯物主义观点,对中国两千多年的传统文化作系统梳理,对其在当代中国的传承和弘扬作了创新性阐述;率先融合中国管理、西方管理、华商管理理论,提炼创新,自成一家,创立中国特色管理学说,提出"以人为本、以德为先、人为为人",对当代中国管理实践具有重要理论价值,开中国特色管理学说先河;率先将发展中

**2011年在华侨大学举办第十五届世界管理论坛暨东方管理论坛,与会代表合影**

的中国管理科学理论付诸生气勃勃的中国改革开放实践,取得丰硕成果,在国内外产生重大影响,得到广泛认同和推崇;率先用东方特色管理理论解密中国改革开放30年取得重大成就的管理学原因,深入探讨如何用中国管理理论指导转型中的中国企业实践,对中国和平崛起、中国社会文化、经济可持续发展有重大影响。

# "泉州模式"研究是一篇大文章
## ——第十五届世界管理论坛暨东方管理论坛会议综述[①]

本次会议一共收到投稿160多篇,经过专家的评审,选了将近100篇文章,出版了论文集。这些文章体现了大家在各个领域的研究成果,通过应用东方管理理论,应用中国现代管理理论,阐述自己对东方管理、中国管理的高见。王家瑞教授专门请假来参加这次会议,做了一个很深刻的学术报告,即《吸取东西方管理思想精华,提高治国理政能力》,这是各级领导最关心的课题。他为了参加这次会议,准备了三天,写了这篇文章。他从东西方管理思想互动、交融的视角出发,阐述了中国共产党在发掘、吸收、借鉴中外管理思想的基础上,形成的有关治国理政的独特理念与体制机制,并提出了进一步提高治国理政能力的有关路径。

全国人大常委、民进中央副主席朱永新,全国侨联副主席、福建省侨联主席李欲晞亲自参加了大会。这次会议还得到了泉州市委、市政府的大力支持,市委书记、市长李建国同志、市纪委书记朱淑芳同志出席了会议。市委书记作了专题报告,认为"泉州模式"离不开爱拼敢赢的人文精神。"泉州模式"的发展,也必须在工业化、城市化进程中,努力赋予爱拼敢赢精神新的时代内涵。希望大会能进一步促进理论与实践的结合,总结和探讨"泉州模式"的新发展,为泉州民营经济、县域经济的"二次创业",提供更有益的帮助。

这次会议开得很成功,体现在:

第一,层次高。很多专家学者云集于国立华侨大学,特别是经济管理方面的专家学者,都是在国内很有名气的专家学者,他们在百忙之中特意来到这里。

第二,水平高。这次会议所发表的论文,质量和水平是很高的。

第三,研究范围广。不仅包括世界管理、东方管理、中国管理,还包括"泉州模式"等很有特色的专题。

第四,特色突出。会议的主题很有特点,内容也很有特点。正是这些突出的特点吸引了大家,尤其是泉州地区的有关方面有很多人参加这个会议。

第五,内容很广泛。

在会上,大家讨论十分激烈,主要提出了四个问题:

第一个问题,认为东方管理学派的观点,尤其是"五字经"的观点很好,形成了中国体系,问题是这个有中国特色的东方管理学术体系,怎样才能进一步传播到国际上去。

第二个问题,东方管理最核心的一个问题,即"以人为本、以德为先、人为为人"的"三为"思想,怎样进一步理解并运用到实践中去。有人说,"以人为本"是苏教授最早提出来的,其实"以人为本"最早是由管子提出来的,但是可贵的是我们东方管理学派的同志,为了促进中国经济管理的发展,提出了"三为"思想,即"以人为本、以德为先、人为为人"的思想。还有,在会议中有人提出来,到底

---

[①] 根据作者在泉州华侨大学举办的第十五届世界管理论坛暨东方管理论坛闭幕式上讲话的录音整理,标题为编者添加。

什么是"以人为本","以人为本"是以谁为本,这个值得大家探讨。

第三个问题,东方管理经过研究提出的这五个字,"学""为""治""行""和",成为一个体系,这个体系怎样再进一步发展并应用到实践中去,尤其是东方管理怎么在企业的发展过程中应用。

第四个问题,就是这次很重要的一个专题论坛,"泉州模式"和"五缘网络"。大家理解了"泉州模式"的形成、发展,现在的问题是"泉州模式"怎么样提升。"泉州模式"不仅仅是泉州的问题,它带有全国性的影响,在华商世界中间也形成了很好的影响。这个模式经过了有关的学术界和政府部门的评估,认为是最有实践性,最有前瞻性的一个发展模式。"泉州模式"经过了三个大的阶段:第一个阶段,是提出"泉州模式",股份制是其基本特征;第二个阶段,特征是集群经济、品牌经济;第三个阶段,是在前两个阶段的基础上如何将泉州建成一个国际性的大都市,这关系到泉州未来的发展,怎么样发展,走什么路。泉州如何成为一个东方泉州湾的大都市,是不是有可能,是不是有潜力,是不是真的能达到这个目标,还要继续很多研究,包括城市的转化、企业的转化、产业的转化、人文思想的转化,等等。东方管理理论的实践,"泉州模式"的进一步研究,是一篇大文章,需要大家共同来做。

这次会议是在多个单位的合作下联合召开的,包括世界管理协会联盟(IFSAM)中国委员会、泉州市人民政府、国立华侨大学、复旦大学经济管理研究所、上海东华国际人才学院等联合举办。其中,华侨大学、东华国际人才学院在会议的筹备过程中付出了艰苦的努力,使得这次会议得以成功举办。

# 17. 第十六届世界管理论坛暨东方管理论坛(2012)

论坛主题：东方管理3000年、30年和未来——中国管理模式创新研究

## 开幕词：东方管理学研究的突破、创新与提升[①]

### 一、突　破

自1987年至今35年来,中国东方管理学研究发展的成就,集中体现为对世界管理学知识体系的突破和创新。具体说来,体现为五个"一"。

一是创立了一个学派。在几十年的发展中,众多学者矢志坚持东方管理研究,立足本土、博采众长、融合古今中外管理精华,进行东方管理哲学、中国式管理的理论研究与实践应用,目前已经在学术界产生了重要影响。由于研究视角的独特、研究成果丰硕、研究队伍的壮大,以复旦大学学者为主的一批国内外致力于东方管理研究的学者群已被外界称为"东方管理学派"。

二是创立了一个新体系。自20世纪90年代起,逐步提出并阐述了东方管理以"以人为本,以德为先"思想为基础的"人为为人"的核心理念,并在"三为"理念的基础上,提出了东方管理文化"三、六、九"构成理论、"十五要素说"的管理哲学观以及东方管理"五字经",即"学""为""治""行""和",东方管理理论逐步形成一个体系,这为进一步开展东方管理科研与教育打下了坚实的理论基础。

三是创设一系列论坛。1996—2012年连续召开了十六届世界管理论坛、东方管理论坛,5 000多名学者、官员、企业家参与会议,并发表论文1 700余篇,已出版东方管理文库18卷,在国内已经形成品牌效应。我们还同时开设了世界华商管理论坛、东方精英大讲堂、东方企业家论坛等系列高端论坛。不仅如此,我们在2008年主办了IFSAM第九届世界管理大会,500多位各国管理学家、学者、企业家和政府官员参加并出席大会。东方管理研究获得了国际学者的充分肯定和支持,扩大了复旦东方管理学科的国际性影响。

四是创立了一个新学科——东方管理学科。1985年起,东方管理学科是隶属于国家重点学科工业经济、产业经济学专业下的特色专业方向,现已作为工商管理一级学科下的二级学科点。经复旦大学学位委员会批准,从2004年起正式招收博士生和硕士生。东方管理学科现已发展成为全国乃至世界上独树一帜的特色现代学科。

五是涌现出了一批突出的、大有可为的学术精英,以及将东方管理思想运用于实践的政府管理者和企业经营者。已形成了多达200人的学术团队。

---

[①] 本文刊载于第十六届世界管理论坛暨东方管理论坛论文集《世界管理论坛2012》(《经济管理》2012年特刊)。

## 二、创 新

东方管理学是在东西方管理文化融合与发展的基础上创建的,发展历程至今已有 30 余载。总体说来,从学习、原创到实践的探索过程经历了三个阶段:

一是 1976 年至 1986 年,"古为今用、洋为中用、融合提炼"阶段,提出了"以人为本"的观点,创造了"以人为本"的管理学体系。

二是 1986 年至 1996 年,"理论创新、独成一家、走向世界"阶段,完整提出了"以人为本、以德为先、人为为人"的东方管理学"三为"思想,首创东方管理学派。

三是 1997 年至今的"发展学派、创新体系、扩大影响"阶段,历经"十五国"会议、16 届管理论坛、IFSAM 历届世界管理大会等,创新东学"五字经"——"学、为、治、行、和";创作出版《东方管理学派著系》的"三学、四治、八论";在全国率先设立东方管理学博士点与硕士点,开创当代管理教育之先河,为中国管理科学走向世界做出重要贡献。在 2009 年 5 月 17 日由中国矿业大学承办的全国 MBA 发展论坛上,提出了开设 OMBA、OEMBA、OMPA 等东方特色专业学位的设想。在此影响下,上海交通大学、上海外国语大学、上海工程技术大学、华侨大学、贵州大学、江西财经大学等全国各地高校以及企业、社团先后创建了 18 个东方管理学研究中心、研究院,一些高校如清华大学、北京大学、华东师范大学等在 MBA 教学中也开设东方管理、中国管理特色课程。

回顾 35 年来东方管理研究历程,复旦大学经济管理研究所、东方管理研究中心与中国国民经济管理学会、上海管理教育学会、IFSAM 中国委员会、上海泉州侨乡开发协会、东华国际人才研修学院等海内外数百家机构和国内外学界朋友,共同致力于现代管理科学与管理教育的发展,创新东方管理理论体系,得到了各级政府、复旦大学以及兄弟院校领导的支持。

复旦大学东方管理学研究也取得了很多成就,比如申请了多项国家自然科学基金,获得多项国家级和省部级以上奖项,发表了众多高质量的学术论文,东方管理研究一直是复旦大学申报应用经济学一级学科博士点与产业经济学国家重点学科的重要支撑。在 2007 年产业经济学国家重点学科的申报工作中,东方管理学又在其中起到重要作用。2011 年,通过复旦大学经济管理研究所申请到复旦大学国家建设 985 工程重点项目:"中国管理模式研究——东方管理思想的创新"。

在社会上,东方管理也日益被公众知悉。"以人为本、以德为先"得到普遍认同,并已上升到国策、外交、干部选拔等层面,成为治国的基本方略。"人为为人"管理理念也被众多学者、企业家所认同并在管理实践中积极采用。我们每次会议都受到人民日报等权威媒体的强烈关注,这说明东方管理学科的影响已经超越了学术研究,开始延伸到社会生活的其他领域,支持推动东方管理学科的进一步发展,无疑会大大提升复旦大学的社会影响力。

## 三、提 升

在过去 35 年中,东方管理学科的教学、科研各项事业蒸蒸日上,取得了一些成绩。2010 年世界管理学会联盟(IFSAM)召开的世界管理大会首设东方管理论坛,国内学者有 17 篇论文获奖;2011 年得到新加坡世界科技出版社支持并已签约出版《东方管理学教程》(英文版)和《东方管理学精要》(中英文对照版);目前正在筹备出版的专著还包括《人为科学》《治国学》《治生学》《治家学》《治身学》等。然而,我们依然面临各种各样的挑战和考验,这给复旦大学东方管理学科建设提出了更高的要求。那么下一步将如何进一步提升呢？我认为主要加强以下十个方面：

1. 深入到企业实践中去

管理理论只有在实践中才能不断获得发展。唯有深入企业实践，才能发现研究的问题，也才能更好地将东方管理思想加以运用，并在运用过程中获得启发、反思，进而得以取得理论上的突破。

2. 深入到社会生活之中去

管理实践必定是嵌入社会生活之中，因此对社会生活的研究也是相当必要的。必须深入社会实践，了解国家、民众需求，解决关系国计民生的问题，才能获得具有现实意义的研究成果。

3. 深入研究当前经济危机背景下中国企业如何提升效益

全球经济危机是近期的一个关键词。东方管理思想完全可以在当前经济情况下为中国企业面对危机、抓住机遇、化危为机做出贡献。我们有必要从中国传统思想资源中去总结危机局势下如何进行有效管理的智慧。

4. 加强国际宣传力度

我们现在更多的发展仍然在国内，但在全球化时代，要加强与国际管理学术界的交流，要积极宣传我们的研究成果。在国际学术思想的交流和碰撞中，我们能获得更多的启迪，有助于今后的研究。

5. 着力推进在 IFSAM 和国际管理界地位的提升

在国际化方面，我们已经加入 IFSAM 联盟，有一个很好的平台。下一步就是要着力提高我们在 IFSAM 组织中的地位，发挥我们的影响，更好地宣传东方管理。

6. 提高学生招收的质量和数量

研究生（尤其博士生）和博士后是重要的研究力量。2004 年复旦大学正式设立东方管理专业二级学科点以来，我们共招收东方管理专业的博士研究生 37 人和硕士研究生 10 人。但从每年招收人数上来看，近年来东方管理专业学生招收人数不仅没有扩大，反而呈逐年递减之趋势。我们迫切需要加大东方管理专业硕士、博士生以及博士后的招收力度。

7. 推进东方管理教学科研质量的提升

目前，我们已经开发了多门东方管理专业课程，但还需要从案例、实务、实践等方面开发更多的新课程。在科研方面，也迫切需要大力加强规范的、符合现代社会科学范式的研究。唯有提高我们的研究质量，才能更好地推广东方管理。

8. 推进世界管理论坛、东方管理论坛质量的提升

我们已经组织 16 届世界管理论坛和东方管理论坛，取得了不错的社会声誉。但我们还需要进一步提高会议的学术质量，加强学术交流的氛围，更好地促进学术交流平台的繁荣成长。

9. 成立东方管理学派研究院

东方管理学科目前的状态约束了东方管理的进一步发展，如果成立东方管理学派研究院，则可从体制上为进一步推进东方管理学的研究和传播提供一个更好的平台。

10. 设立"东方管理学奖"

建议在设立"东方管理学发展基金"的基础上设立"东方管理学奖"，以鼓励在东方管理学研究或实践方面有突出成就的学者、官员或企业家。

最后，我认为一个人寿命是有限的，但其思想的生命力是无限的。只要有一颗"人为为人"的真心、诚心、善心，就能发挥其潜力与智慧，为社会、为人民服务。

# 主题报告：未来中国管理模式的思考与展望[①]

中国经过改革开放30年所取得的伟大成就已经引起了全世界的普遍关注，以中国实践为土壤的中国管理模式的研究、总结、提升与传播，无疑对世界产生广泛而深远的影响。随着世界各国间的政治、经济、文化交流不断深入，人们在探讨中国发展的原因的同时，更多的发展中国家希望能从中国的发展历程中得出有益于其本国发展的启示。

何谓中国管理模式？在中国管理模式中所包含的政治、经济、企业以及社会等不同的管理对象，以何种姿态即互补又独立地在运作呢？其拥有的功能特点又是什么？

## 一、未来十年中国管理模式发展的基础

改革开放30年是中国近代历史中的重要事件，在这一举世瞩目的实践中，中国的改革实践者和理论工作者从不同的视角对30年的得和失进行了总结。东方管理理论梳理了"五字经"的模式体系以及在"三学"理论基础下的"三为"特征，提出了完整的"四治"模式管理理论、"五行"模式的管理行为和"三和"模式主导思想目标，为过去和未来的中国管理模式研究提供了系统的理论框架。

1. 中国社会改革实践的总结和升华

在展望未来10年中国管理模式的今天，有必要回顾总结形成中国管理模式的各种要素互相作用的内在逻辑关系，这些要素的作用有些是人为的安排，有些是按规律运作，有些则是无心插柳，这些要素的综合作用在促进社会进步和人民生活水准提高，同时又引发了诸多人和人的不和谐关系以及激化了人与自然、人与社会之间的矛盾和对立，同时唤起了人类之间以及人类与自然和谐相处的天人合一思想之间的再思考。

在过去的30年间，以追求效率为中心的西方管理思想结合了中国传统管理思想精华（洋为中用、古为今用）通过在中国的实践应用，取得了显著的成就。融合古今中外管理思想精华为一体的东方管理理论将马克思主义唯物辩证法与中国实践相结合，提出了以"三学"为理论基础、以"三为""四治""五行""三和"为理论框架的原创性的现代管理理论，为中国管理实践奠定了重要的理论基础。

实践是理论的最主要源泉，也是理论发展的最重要推动力。按照经济发展的潜在能力测算，到2030年，中国的GDP总量将有可能超过美国，快速发展的中国经济为管理理论的发展提供了最丰富的土壤，更需要有世界视野的管理理论对中国管理实践作出前瞻性的科学指导。

未来的中国管理模式，应该是一个基于我国经济管理实践经验，凝练古今中外管理思想精华而形成的具有中国特色、全球视野的现代管理模式。

2. 东方管理理论的创新与完善

东方管理学是在全球经济发展的新形势下，在东西方管理文化融合与发展的基础上创建的，是从教学、原创到实践的探索而形成的一门融合"古今中外"管理思想精华，系统梳理，提炼中国古代、近代以及现当代经济与管理实践的经验与教训，特别是融合了中国改革开放30余年来的经济、管

---

[①] 本文刊载于第十六届世界管理论坛暨东方管理论坛论文集《世界管理论坛 2012》(《经济管理》2012年增刊)，原名《东方管理思想创新》，与苏宗伟、孟勇合作。

理实践,所归纳出的具有中国特色、全球视野的现代管理模式的一门现代管理新科学。

从20世纪70年代起至今,东方管理学派结合东方管理文化和中国管理实践,融合古今中外管理精华,通过东西方管理理论的融合研究,提出了"以人为本,以德为先,人为为人"的东方管理理论的精髓和理念。创建现代东方管理学的"五字经"理论体系:"学""为""治""行""和",即"以人为本,以德为先,人为为人""三为"核心原理,"三学"为理论基础,"四治""五行"为管理行为,"三和"为管理目标。

3. 东西方管理理论的交流与融合

东方管理学理论体系具有原创性、思想性、科学性、前瞻性、实践性,在国际管理丛林中独树一帜。表现为四个率先:第一,率先运用辩证唯物主义和历史唯物主义观点,对中国两千多年的传统文化作系统梳理,对其在当代中国的传承和弘扬作了创新性阐述;第二,率先融合中国管理、西方管理、华商管理理论,提炼创新,自成一家,创立东方管理学说,提出"以人为本、以德为先、人为为人",对当代中国管理实践具有重要理论价值,开中国特色管理学说先河;第三,率先将发展中的东方管理学理论付诸生机勃勃的中国改革开放实践,取得丰硕成果,在国内外产生重大影响,得到广泛认同和推崇;第四,率先应用东方管理理论分析中国改革开放30年取得重大成就的管理学原因,深入探讨如何用东方管理理论指导转型中的中国企业实践,对中国和平崛起、中国社会文化、经济可持续发展有重大影响。

为此伴随着中国管理模式形成和发展,东方管理理论在不断地完善和扩大国际影响,在东方管理以往研究成果的基础上,拟出版的中英文对照专著《东方管理精要》,重点介绍东方管理的思想、体系和方法等,从而让国际学术界和企业界了解中国管理的思想精髓和行为特征等。

同时在众多国际论坛中,邀请国内外管理学术精英,共同分享和探讨东方管理研究的最新成果,以期为东方管理学术体系的进一步完善做出贡献,也因此进一步提高在国际学术界或企业界的影响力。

站在全球管理的最前沿,结合东方管理研究的思想宝库以国际通用的学术语言,将东西方管理的理论、体系乃至方法整合起来,从而实现东西方管理的对话和融合。

迄今举办了15届世界管理论坛暨东方管理论坛、'97世界管理大会、2008IFSAM第九届世界管理大会、'99世界华商管理大会等,不断向世界经济管理学界宣传中国管理文化,同时也通过与国际管理学界的交流,深化和完善了中国管理科学的思想和理论体系。

通过对海外华商的研究,更是丰富了中国特色的管理理论,形成了独具特色"五缘"(亲缘、地缘、文缘、商缘、神缘)管理理论。东方管理学派与时俱进,具备了对西方管理理论研究的深厚积淀、形成了独特的东方管理理论体系和长期追踪中国经济现实问题的三点优势,为未来10年中国管理模式的研究奠定了扎实理论基础。

## 二、未来中国管理模式发展的特性

在过去的30年间中国管理模式逐渐走向成熟的过程,因此在此过程中,中国管理模式也将在政治、经济(企业)、社会、文化,及环境反映与时代发展趋势相对应的理念和功能。东方管理理论意在通过中国管理模式研究,打造东方管理思想的宝库,引领21世纪中国管理学发展的主流学派,打造中国本土化管理人才培养的重要基地以及打造中国政府公共政策决策与企业管理咨询的重要基地。

1. 未来中国管理模式的主要特征

未来十年的中国管理模式将逐渐体现东方管理学的"三为"思想。东方管理学的"以人为本、以德为先、人为为人"的"三为"思想,是东方管理学的核心思想和理论基础,是管理的本质,是最有价值的精华所在。基于东方管理思想的创新发展下的中国管理模式,其理论价值将逐渐显现。

过去30年来的经济发展使中国经济规模走在了世界的前列,但是当今呈现在我们面前的仍然有许多需待解决的管理问题,包括社会的贫富差距、社会资源的分配不公、企业的社会责任缺失等因素所导致的社会诚信、个人信仰、环境污染等危机。

"三为"思想的现实意义和作用便在于提出了社会趋于公平和正义,使人民的生存和生活更具尊严所需的管理理念;"三为"思想提出的实现人与人、人与社会、人与自然的和谐共生的发展目标是全人类的共同目标。

现代社会,人才作为企业中最宝贵、最稀缺的资源的理念已成为东西方管理界人士的共识。对人的进一步重视和对人的潜能的更深入的发现并利用,无疑会更进一步提高管理的效能。

"三为"思想在企业管理上的作用,已经在越来越多的企业经营管理实践中得到了体现。"以人为本"的理念满足了现代管理要求强化人性、整体、共生等管理价值的需要,推动其进一步走向整合化、柔性化和人性化。"以德为先"对管理提出的品德和能力的优先顺序,从管理者的品德为先作的示范,来影响他人的行为;"人为为人"是一种管理者和被管理者互为激励的管理机制,在"自利利他"的理念中实现组织的目标。未来的管理将更加关注其各个环节上人的需要、尊严和价值的实现,管理将是更显人性化、人本化。

在人类社会发展的同时,要求对环境、资源等加以有限制的、高效的利用,同时对之合理重建。作为全世界共识的可持续发展理念对经济管理、社会管理、人类的自我意识、自我调整和自觉发展提出了融合发展的要求,而它同时也要求了新的管理发展的模式。"三为"思想的可持续发展的理念,为经济的发展而不顾周围的生态环境恶化,不能因贪图利益而损害他人利益的不可持续行为提出了人与人、人与社会、人与自然的和谐共处的理念和方法。

2. 中国管理模式的融合性

中国管理模式是在中国实践中提炼而形成的。在中国的管理实践中,以中国民营企业、国有企业、合资企业、外资企业为主要研究对象,抽取企业的管理特征构建的中国企业管理模式,形成的中国管理模式特征融合了多元管理思想和文化的企业形态。

以"以人为本、以德为先、人为为人"为管理理念,以五行管理"人道行为""人心行为""人缘行为""人才行为"和西方科学管理理论与商道的结合,将理性管理与人性管理相融合,人为与为人、利己与利他的结合,通过中国具体国情实践形成了中国管理模式的现代特征。

融合中国管理、西方管理及华商管理理论为理论基础结合中国的具体国情形成的东方管理理论,深层次揭示了中国管理哲学在中国管理模式形成与演化过程中的特殊地位和作用,为中国管理模式的融合性提供了理论基础。

3. 中国管理模式的普世性

世界各国的管理模式研究基本上是从人类文化学者开始,这些从长期的特定区域人们生活环境、行为、思想提炼出一种具有共性意义的行为规范和准则而形成的某种模式,为管理模式和经济模式的研究奠定了基础。

过去30年间中国管理模式是在一个特定的时期,以赶超为目的而形成的发展模式。在这一模式的形成中,以西方管理思想和理论通过结合中国各发展要素,造就了中国 30 年的辉煌。与此同时,全球经济一体化所形成的新的成长环境与中国的发展实际更需要可持续的和谐发展理念,由此10 年后的中国管理模式在全世界所展现的将是东方管理理论的应用过程。

世界经济的发展依附于经济发展的潜在能力,而管理在提升经济发展过程中的效率的作用愈发明显,未来的社会、企业将更加关注其人的需要、尊严和价值的实现,管理将更加人性化、人本化。

东方管理理论的核心思想"以人为本、以德为先、人为为人"价值理念将在未来十年的中国管理模式中得以普遍认同与运用。与此同时基于东方管理理论基础上的"三为"思想的中国管理模式具有普世价值意义的管理模式。

4. 中国管理模式的可持续性

东方管理理论从管理的规律性、文化的多元性出发,前瞻性地研究总结和整理管理理论的方法论。从宏观角度探索中国管理模式、从中观角度探索中国产业经济模式、从微观角度探索中国企业管理模式,由此探讨中国管理模式的规律性,同时从文化角度探索管理对象的不同特点,特别是利用中国传统管理思想中的易经的阴阳学说、道家的无为学说、儒家的仁爱学说、墨家的兼爱利人学说、佛家的慈善学说、兵家的用人学说、法家的崇法学说等人类智慧,构建有中国特色的中国管理学理论体系。

任何国家的企业体制都包含有其国家文化的特点,是动态的,并非一成不变,而是随着环境和时代的变迁而不断改进的。基于东方管理理论的中国管理模式在实践中从宏观、中观、微观、自观层面在治国、治生、治家、治身等"四治"的应用,在管理的规律性和中国文化的特殊性结合的基础上,动态地形成具有可持续发展的中国管理模式。

## 三、未来中国管理模式的研究果与展望

中国管理模式研究和东方管理理论的发展意义在于一方面中国企业管理实践中大量的管理实际问题不断出现,需要在管理学理论和方法指导下通过企业管理创新实践来解决;另一方面,丰富的企业管理实践经验还需要中国的管理学者继续进行系统总结、归纳和升华,以形成有中国特色的管理理论、方法和学科体系,促进中国管理学的进一步发展。

展望未来,中国管理模式的研究在理论层面,将进一步加强东西方管理理论的融合与发展,创建中国特色的适合"中国情境"的管理理论,创造融合古今中外管理精华的新的现代管理新学科;在经济层面,世界经济格局变化、中国的崛起要求深入研究中国管理,国内经济社会发展的现实要求进行中国管理模式研究,研究中国管理模式是研究中国管理实践与经验的需要,为中国经济的未来发展进一步提供理论指导,并进一步提升国家的国际地位;在企业层面,总结、提炼中国管理理论与方法在企业管理实践中的运用,促进更多企业取得经济、社会、文化上的综合效益,通过中国管理模式的历史研究,使中国企业了解中国管理学理论与实践发展的历史,从而为他们未来参与国际化竞争提供理论依据;在管理教育层面,研究中国管理模式是管理教育与研究的需要,是传播中国管理理论与思想,加强与国际管理学界的交流与合作,培养具有国际化理念的多层次、多领域国际管理人才的基础。

东方管理学强调的"以人为本"的发展观、"以德为先"的价值观和"人为为人"的经营观,进一步在治国、治生、治家和治身各层面得以广泛运用,从而完善和形成贡献于世界的中国管理理论体系。

2012年在上海工程技术大学举办第十六届世界管理论坛暨东方管理论坛,与会代表合影

## 中国管理模式创新研究
### ——第十六届世界管理论坛暨东方管理论坛会议综述[①]

2012年12月15—16日,世界管理协会联盟(IFSAM)中国委员会、上海工程技术大学、复旦大学经济管理研究所联合举办了"第十六届世界管理论坛暨东方管理论坛",本届论坛由上海管理教育学会、复旦大学东方管理研究中心、上海东华国际人才学院及上海外国语大学东方管理研究中心共同协办。来自日本等国家和中国香港、台湾地区及中国内地高校的专家学者、政府官员、企业家及博士生等600余人聚会上海工程技术大学,围绕"东方管理3 000年、30年和未来——中国管理模式创新研究"的主题展开研讨。结合大会提交的论文和主题演讲内容,本文首先阐述大会的主题思想,然后对嘉宾的主题演讲和分论坛演讲的主要观点进行总结。

### 一、东方管理理论的发展历程:未来中国管理模式的思考与展望

#### (一)东方管理理论的发展

中国改革开放30年来,由复旦大学等全国18所高校和3个学会联合海内外千家机构企业,致力于学习、研讨和提炼古今中外管理学精华;经过30多年的探索和研究,在复旦大学首席教授苏东水先生的带领下,创建了一门新兴的现代管理学科——东方管理学,构建了"三学、三为、四治、五行、三和"的理论体系。东方管理科学立足本土、博采众长,结合海外华商管理实践与改革开放以来国内企业管理实践,融合诸多学科领域的精华,以"三学"(中国管理学、西方管理学和华商管理学)为理论基础,形成了"三为"(以人为本、以德为先、人为为人)、"四治"(治国、治生、治家、治身)、"五行"(人道行为、人心行为、人缘行为、人谋行为、人才行为)、"三和"(人和、和合、和谐)的创新理论体系。

---

[①] 本文刊载于《经济管理》2013年第7期,与苏宗伟、孟勇合作。

从 20 世纪 80 年代以来,东方管理学的研究与探索得到了越来越多学者和学生的重视。自 1999 年 6 月复旦大学成立东方管理研究中心后,上海交通大学、上海外国语大学、华侨大学、江西财经大学、河海大学、贵州大学及上海工程技术大学等全国高校相继成立了东方管理研究中心,在国内外的学术界产生了重要影响。现在全国有东方管理研究中心和东方管理研究院、教学研究基地 20 多家,已形成了 300 多人的学术队伍。2003 年,复旦东方管理研究中心正式设立了独立的东方管理学博士点和硕士点开始招生,2009 年上海工程技术大学设置了管理科学(东方管理方向)专业,东方管理学科的人才培养开始进入一个崭新的发展阶段。

"世界管理论坛及东方管理论坛"秉承"以人为本、以德为先、人为为人"的宗旨,先后在复旦大学、上海交通大学、上海外国语大学、北京大学、河海大学、法国国立艺术及文理学院及华侨大学等国内外知名学府举办了 16 届论坛,迄今参会人数累计逾 8 000 人,发表论文近 1 700 篇,编辑大会论文集《世界管理论坛》16 部。每届论坛都以深刻而富有前瞻性的主题、高层次的演讲嘉宾和丰硕的会议成果在国内外赢得了业界的一致关注与认可。本届论坛研讨主题聚焦"中国管理模式创新研究",表明东方管理思想在国家、组织(企业)、家庭及个人管理运用中的重要性和现实性,形成了一个具有管理理论和实践创新意义的论坛。

### (二) 未来中国管理模式的思考

随着世界各国的政治、经济、文化交流的不断深入,人们在探讨改革开放 30 年中国所取得的伟大成就的同时,研究、总结、提升与传播中国管理的模式,无疑是贡献东方智慧的重要契机。

何谓中国管理模式?就是以中国本土的政治、经济、文化、企业以及社会为实践背景,通过东方管理"学、为、治、行、和"五字体系,以先进的管理理论、管理哲学、管理原理、管理体系、管理行为的运作达到有效和谐的目标。具体地讲,中国管理模式是在中国管理、西方管理、华商管理"三学"为管理理论基础上,提炼出了"道、变、人、威、实、和、器、法、信、筹、谋、术、效、勤、圆"等十五个管理哲学要素,萃取出"以人为本、以德为先、人为为人"的"三为"管理原理,形成了治国、治生、治家和治身的"四治"管理体系,构建了包括人道、人心、人缘、人谋、人才的"五行"管理行为,并提出构建和谐社会的人和、和合及和谐的"三和"管理目标。

在展望未来中国管理模式时,有必要回顾总结形成中国管理模式的各种要素互相作用的内在逻辑关系,这些要素的作用有些是人为的安排,有些是按规律运作,有些则是无心插柳,这些要素促进了社会进步和人民生活水准提高,同时又引发了诸多人和人、人与自然、人与社会之间的矛盾和对立,同时唤起了人类之间以及人类与自然和谐相处的天人合一思想之间的再思考。

### (三) 未来中国管理模式的展望

在管理的多元世界里,东方管理理论从融合的视角,前瞻性地研究总结了管理理论的方法。任何国家的企业体制都包含有其国家文化、人文的特点,是动态的,并非一成不变,而是随着环境和时代的变迁而不断改进。传承中国传统管理思想中的易经的阴阳学说、道家的无为学说、儒家的仁爱学说、墨家的兼爱利人学说、佛家的慈善学说、兵家的用人学说、法家的崇法学说等人类智慧,构建东方管理理论中的中国管理学理论,为研究未来中国管理模式奠定了良好的理论基础。

中国管理模式在实践中从宏观、中观、微观、自观层面对于治国、治生、治家、治身等"四治"的应用,即从宏观角度探索中国管理模式、从中观角度探索中国产业经济模式、从微观角度探索中国企业管理模式,由此从文化角度探索管理对象和方法的多元性,梳理中国管理模式的特征和规律,动态地展望可持续发展的中国管理模式。在此过程中,中国管理模式也将在政治、经济(企业)、社会、文化以及环境反映与时代发展趋势相对应的理念和功能。

我们举办"东方管理论坛"意在通过中国管理模式研究,挖掘东方管理思想的宝库,引领21世纪中国管理学发展的主流学派;培养具有国际视野且深谙中国管理情境的国际化管理人才;形成中国政府公共政策决策与企业管理咨询的重要基地,为东方管理思想在各个管理层面的实践提供理论支撑。

## 二、大会主题演讲的主要观点

论坛的几位主旨发言人分别从国家发展到区域规划,从政府管理到企业运营,指出了东方文化的博大精深、东方智慧的精妙深刻以及东方管理理论的强大生命力。

### (一) 东方管理学发展的"突破、创新及提升"

论坛首先由东方管理学派创始人、复旦大学苏东水教授作主旨发言,他回顾了东方管理学研究发展35年来的成就,集中体现为对世界管理学知识体系的突破和创新。具体说来,体现为五个"一":创立了一个学派——东方管理学派;一个新体系——"学""为""治""行""和"的东方管理理论体系;一系列论坛——1996—2012年连续召开了十六届世界管理论坛暨东方管理论坛;创立了一个新学科——东方管理学科;涌现出了一批突出的、大有可为的学术精英以及将东方管理思想运用于实践的政府管理者和企业经营者。在社会上,东方管理也日益被公众知悉。"以人为本、以德为先"得到普遍认同,并已上升到国策、外交、干部选拔等层面,成为治国的基本方略。但是,苏东水教授指出,我们依然面临各种各样的挑战和考验,这给东方管理学科研究提出了更高的要求。他认为必须加强几方面的工作:一是深入到社会实践中去,管理理论只有在实践中才能不断获得发展;二是深入研究当前经济危机背景下中国企业如何提升效益;三是加强国际宣传力度,提高世界管理论坛、东方管理论坛质量,提升东方管理学在IFSAM和国际管理界的地位;四是提高东方管理专业各层次学生招收的质量和数量,改进东方管理教学科研水平;五是成立东方管理学派研究院,设立"东方管理学奖",以鼓励在东方管理学研究或实践方面有突出成就的教师和学生。为进一步推进东方管理学的研究和传播提供一个更好的平台。

### (二) 东方管理理论精髓指导政府的战略管理

融合了东西方管理思想精华的东方管理学具有极高的社会实践价值。上海市宝山区区长汪泓教授总结了东方管理"三为"思想在政府战略管理中的运用:首先,"以人为本"是政府战略管理的基本原则,政府战略管理应当首先强调管理理念凝练和管理价值目标的整合,将"以人为本"的管理理念作为政府战略管理确立的先导,推动管理思想观念的更新;其次,"以德为先"是政府战略管理的基本策略,目标的全面性、决策的民主性、程序的透明性、行为的诚信性、监管的完备性是政府战略管理遵循的基本策略;最后,"人为为人"是政府战略管理的价值坐标,政府管理要注重对象境界提升、价值整合和文化内聚。

### (三) 人本导向的企业整合营销绩效管理实施

在实现客户价值过程中,整合营销和人本导向成为上海外国语大学党委书记吴友富教授发言的重点,他指出了整合营销和人本导向的重要关系,企业在整合营销过程中必须以"消费者为导向"。因为创造企业的价值,首先应该是创造顾客利益,给予顾客利益回报;其次应该是创造良好的经济价值,整合营销必须能给企业的投资者带来现实和未来的经济回报;再次应该是创造企业的社会价值。整合营销必须能有效扩大企业生产、满足社会需求。通过诚信经营,体现企业的伦理道德,以此推动社会的文明建设。

### (四)用东方智慧提高国家战略发展思辨力

上海交通大学的王方华教授通过对国际和国内经济政治环境的分析,指出目前中国管理模式面临人力资源、技术条件、资金运作以及思维模式的过去、现在和未来之间的不协调困境,这些问题需要东方智慧中的"大道至简、大智若愚、大方无隅、大象无形"的治理方式来提高战略思辨力。

### (五)企业成长和日本的长寿企业

日本信金中央金库地域·中小企业研究所所长、日本昭和女子大学理事长平尾光司教授分析了日本长寿企业发展中"不断地渐进式创新"为企业可持续成长的缘由,提出了企业发展理念和客户价值实现的重要意义,指出东方管理理论的"人为为人"思想的可操作性。

### (六)东方管理学研究的六点构想

结合从不同的视角对于中国管理模式的探讨,复旦大学苏勇教授指出,如何用东方社会文化视角分析现有的管理学理论,如何探讨现有西方管理学理论在东方社会和企业中的应用效果,如何研究东方国家企业管理活动的特点和规律,如何研究东方文化价值体系下对管理活动的认知和判断,如何研究东西方管理思想和理论的异同和融合,这些问题是创立中国管理模式的重要理论依据。

## 三、分论坛各专题的主要观点

12月15日下午举行5个分论坛学术讨论。这5个分论坛包括:"中国管理模式——构建与发展"专家分论坛、"中国企业管理模式——转型与变革"企业家分论坛、"中国管理模式的源泉""中国管理模式的兴起""中国管理模式的创新"专题分论坛,并另设有一个东方管理大学生论坛。

### (一)"中国管理模式——构建与发展"专家分论坛

同济大学的林善浪教授以《全球化新阶段与东方管理前景》为主题,谈及国际金融危机以及之后的欧债危机,标志着经济全球化发展进入新阶段。今后,伴随着经济全球化进入新阶段,全球管理文化呈现多元化并存的趋势,东方管理文化在全球的影响力必将大幅度上升。林善浪教授指出,发扬光大东方管理学派,第一,在研究领域应坚持治国、治生、治家和治身四个领域有机统一的整体性,在管理过程上坚持"三为"思想的应用性;第二,研究内容上坚持三个结合:传统经典文献的梳理、现实文化传统的描述和管理实践经验的总结;第三,研究方法上具有独特性,坚持规范研究、实证研究和应用研究相结合,理论分析和典型案例相结合,本土化和国际化相结合;第四,加强数据库建设,包括东方管理案例库、问卷调查数据库、访问调查数据库,为东方管理学研究创造良好的基础。

复旦大学徐培华教授从中国传统管理思想的视角,探讨了中国管理模式构建与发展的基础和根本在于"大道至简"。强调作为企业管理者要有一个道德心去关爱员工,为客户提供优质的产品和服务,这是企业发展的根本。

日本专修大学的宫本光晴教授通过20世纪20年代开始到21世纪现代日本企业模式形成、发展的回顾,分析了日本企业经营模式在不同产业的比较优势和劣势,指出了世界管理模式多元化的发展趋势,认为东方管理理论下的中国管理模式存在的意义。

### (二)"中国企业管理模式——转型与变革"企业家分论坛

上海家化集团公司副总经理、佰草集公司董事长王茁以《美丽出中国,风流行天下》为题,讲述了佰草集品牌实现中国品牌"世界梦"的历程。上海家化集团作为国内化妆品行业首家上市企业,是国内日化行业中少有的能与跨国公司开展全方位竞争的本土企业,拥有国际水准的研发和品牌管理能力。其佰草集品牌更是把中国文化及其伟大复兴作为品牌发展的不竭源泉,把东方智慧糅合在品牌力的构建之中,总结了品牌建设"以中定位,以西执行",体用关系"以中为体,以西为用",道术关系"以中为道,以西为术"的企业成功启示。同时把营销和创新作为品牌发展的两翼和双轮,致力于创造美丽中国配方,引领世界美丽风尚。

上海漕河泾开发区原总裁陈青洲博士在《国家级开发区的转型》主题发言中,回顾了漕河泾科技园成长到发展过程,以建设"科技、人文、生态、和谐"四位一体为理念,着重阐述了在十二五期间从"形式"到"内涵"的演变过程中,从系统的视角,在服务、资金、环境、创新中通过内外结合方式寻求突破,在世界范围内成为高科技企业园区的上海代表。

在中小企业转型发展中,中大集团的谈义良总裁结合所经营的企业经验,谈及在国家房地产宏观调控政策下,作为房地产企业的转型之路。他指出,企业应适应环境和善于发现机遇,企业转型是企业成长的需求,也是每个企业家的责任感和使命感;强调了企业转型需要公司高层的思想、理念高度,学习能力和创新思维,团队保证、人力资源的支撑以及整合公司优秀资源等方面作为保证。

DC国际建筑设计事务所总裁平刚强调了作为一个国际建筑设计公司所应具备的设计价值观,设计应承担的社会责任,需要反映的时代精神,要不断提升生活品质。指出了设计创新研究所要关注的传统与文化的融合,景观设计与城市布局的合理性,中国现代与未来可持续发展的理念。

### (三)"中国管理模式的源泉"专题分论坛

"中国管理模式的源泉"分论坛针对6篇相关论文进行深入的探讨。复旦大学袁闯教授论述了"无为而治"不仅作为一种方法论而且作为一种价值观在管理中的重要意义,这种价值观的精髓是"无为而治"中包含的对自然、社会的规律性的尊重以及对各类个体自由发展的尊重。新时代的领导价值演变应当吸收这一精髓,并且通过"节为",即领导者在管理中的自我节制,来实现"节为而治"。

上海工程技术大学彭兴伟、花艳红通过对"以人为本"的定义,进行哲学上的释义,通过哲学反思的方式具体论述和澄清了"为什么要以人为本""什么是本""以人的什么为本""人是什么""以什么人(谁)为本"等问题,总结指出以普遍意义上的人的全面自由发展为本是人们在实践中坚持"以人为本"的前提。

河海大学杨恺钧副教授和李晓宇指出中国古代传统用人思想为毛泽东军事人才管理思想的形成提供了重要的基础,使毛泽东军事人才管理思想具有鲜明的中国特色和民族风格,包括对军事人才建设的高度重视,德才兼备、又红又专的选人标准,五湖四海、任人唯贤的干部路线,以及知人善用、不拘一格的用人风格,并指出毛泽东军事人才管理思想在中国当代人才管理中的现实意义。

江西财经大学刘凯和吴照云教授针对国内外关于儒家价值观的研究,在儒家价值观所包含的仁、义、礼、智、三纲、七证和八目、五伦、中庸之道的基础上对儒家价值观的概念、结构、特征以及关于儒家价值观的各方面研究成果进行了详细的综述、评论,并指出进一步深化研究儒家价值观的结构,特别是将儒家价值观与组织公民行为、员工反生产行为的研究相结合,探讨其中的联系。

上海交通大学陈红结合王阳明"知行合一"的学习心理思想观点,对现代企业发展模式学习型组织的含义、创建学习型组织的步骤以及学习型组织与"知行合一"的关系进行了分析探讨,指出现代中国企业缺乏的并不是人员或者管理知识,而是企业中的人员在企业和工作中学习并将管理知识落实到实践的具体行为。

上海工程技术大学闫虹珏教授探讨了"诚信"在当代中国企业成长过程中的重要性,指出中国传统社会以儒家"仁爱观"为核心的传统价值取向在交往活动中起着范导作用,受此影响,传统商业诚信机制具有三个特点:诚信经营、以和为贵的经营理念;己所不欲、勿施于人的经营原则;君子爱财、取之有道的金钱观。而今天,中国企业深陷"诚信门",重建诚信机制,将道德的约束与法律手段相结合是解决"诚信"危机的根本途径。

### (四)"中国管理模式的兴起"专题分论坛

"中国管理模式的兴起"专题分论坛针对23篇论文进行了深入的讨论。其中两篇涉及东西方管理思想的比较研究。江西财经大学刘建兰、吴照云以中西管理思想融合发展的诱因、难点及相应突破点为主线,选择文化价值观差异为视角,在融合发展的动力及所面临的主要问题分析的基础上,认识到中西管理思想融合的突破点是理论上核心理念的升华及实践上的吸收和同化,同时认为应该重视精神环境的开放、包容以及自觉性的培育。上海工程技术大学的何智美副教授对东西方战略管理思想进行了比较研究,提出具有东方文化特色的谋略管理思想与西方不尽相同的战略思维特征,二者在管理哲学、思维方式、思维性质、思维目标机思维核心等方面具有明显差异。

分论坛有4篇论文从东方管理的视角对大学竞争力及公司治理进行了研究。上海工程技术大学史健勇副教授通过东方管理学理论与大学的竞争力管理逻辑上的关联,提出了基于东方管理理论的应用型大学竞争力战略模型,强调在政府规划和政策的引领下,按照市场运作的客观规律,坚持"以人为本"的办学理念、"人为决策"的办学模式、"重在谋略"的资源整合、"天人合一"的服务机制之间的互相作用,最终达到"人为为人"的东方管理的终极目标。上海工程技术大学孟勇副教授和顾倩妮对日本企业治理制度的特点进行了分析,论述了在现有的企业治理制度形成过程中,日本企业的不由股东经董事会对经营者的制衡关系,以主力银行为基础的"互持股票"和"稳定股东"的机制特点,以及以企业一般员工为主的权益制度,这几方面共同形成日本企业的"从业人员主权型"企业治理制度。上海对外贸易学院嵇尚洲教授以"五缘学说"为理论基础,选择国泰君安的中国上市公司数据库对独立董事的地缘关系对公司业绩的影响进行分析,发现独立董事的独立性受到地缘关系的影响,由于地缘关系的存在,独立性受到影响,一方面消弱了董事会的监督功能,但另一方面由于同城之谊,又使得董事会的决策效率有所提高。集美大学林纾指出作为生态主体,企业与其他要素的关系必须遵循一定的伦理规范,"德"在生态管理中发挥着引导生态要素、协调整体利益的作用,在此基础上,作者提出了企业生态管理的人德观,包括实、信、效、法、威五个方面,即实事求是的管理态度、守信的管理行为、行之有效的管理体制、宽严有度的管理制度以及适当的管理权威,并指出以德为先思想对企业生态管理的战略意义。

分论坛有3篇论文为企业研究案例。上海外国语大学苏宗伟副教授和杜娟副教授以上海漕河泾开发区发展历程为案例,描述了从20世纪80年代中期至今该开发区的战略创新和变革过程,其特征是通过理念创新、模式创新、品牌创新、服务创新、金融创新等具体做法,促进其创新服务管理的不断提升,从而形成了漕河泾"中国特色、上海特征、漕河泾特点"的可持续发展之道。日本庆应义塾大学曾广桃和中国中山大学岭南学院胡松华副教授以广汽本田为研究对象,研究了在华外企本土化战略效果评估,通过3A全球战略模型的新视角探讨企业本土化效果评估问题,尝试改进本土化实施效果评估的定量方法,开发了本土化驱动因素量表、本土化程度量表、本土化水平细分定位图及本土化纵向效果量表等,构建了纵横向相结合的评估模式,对国内外企业如何实施本土化战略均具有借鉴意义。日本鹿儿岛国际大学祖恩厚、中国台湾地区高雄应用科技大学的柯伯升副教授和台湾文藻外语学院的卢骏崴针对日本九州、冲绳观光饭店从营运管理、市场营销的视角进行了调研,得出日本九州、冲绳观光饭店重视对顾客的款待,其产品和服务的生命周期多在成长期前后与后期,重视企业的营运效率性及重视顾客的意见和抱怨对款待顾客的表现具有加分效果。

分论坛有两篇论文对东方管理的"人道"和"人谋"理论进行了实证研究。复旦大学伍华佳副教授从中国管理模式的背景入手,以中国管理模式中的"人道管理"为研究对象,通过广泛的数据收集和实证分析,论证了"人道管理"在中国管理实践中的真实性及预测与控制,从而解决已有中国管理模式理论在微观层面系统的、较长期的实证数据和综合研究严重不足的问题。复旦大学余自武和上海交通大学熊秋平探讨了东方管理人谋心理规律,指出人谋是人类相对于动物"本能"的计谋和策略性行为,是东方管理学独具特色的谋略管理行为,是管理者对战略环境和战略目标进行分析和预测,并综合运用计谋和策略等方法、手段、技巧达到预期目标的行为。人谋具有深厚的哲学基础,有独具特色的思维规律和心理活动规律。人谋心理活动经历认知选择、创造性思维、形成认识过程,最后采取人谋行为。

分论坛有4篇论文探讨了东方管理思想在金融领域中的运用。山东省国际信托有限公司党委书记王小林立足于金融企业发展实践,较为系统地探讨了东方管理学"三学""三为""四治""五行""三和"理论在塑造金融活动主体行为特征、道德情操方面的重要作用,并结合东方管理学的研究发展现状,提出应使物性和人性并重,进一步有形化东方管理智慧,以更直接、更制度化地提高我国金融企业管理水平。复旦大学的谢俏洁从东方管理"三为"思想的视角,提出金融人才是上海国际金融人才高地建设中第一资源,并从三个方面分析了上海在引进、培养、使用、服务金融人才过程中所体现的"以人为本、以德为先、人为为人"的管理思想:坚持以人为本,推进金融人才全面发展;遵奉以德为先,注重培养造就德才兼备金融人才;追求人为为人,扩大金融人才整体效应。天津外国语大学冯奇和天津城市建设学院王洪萍在分析低碳金融市场的基础上,综述了已有的低碳金融衍生品,并总结我国发展低碳金融的实践,提出我国发展低碳金融的建议。泉州黎明职业大学王中立通过对标会模型的分析和解释,提出了标会的"自然选择功能学说",并就泉州经济、金融现状,提出广泛建立"标会行",以达到利率市场化、建立发达的资本市场、资本的可自由流通的金融改革目标,以此来突破现有金融体制的约束,进行金融制度的创新,同时解决泉州中小企业融资难、融资成本高的问题,为泉州"二次创业"提供坚实的金融支持。

分论坛有8篇论文涉及企业跨国并购、人力资源管理、第三次产业革命与产业结构升级、行业协会信用制度、企业技术创新等方面的研究。上海外国语大学于朝晖教授和尚珊珊通过对企业战略传播与企业总体评价关系的实证研究,对企业跨国并购提供了新的分析视角,得出以下结论:企业境内外部战略传播与企业境内总体评价呈正相关关系;企业内部战略传播与企业境内总体评价呈正相关关系;企业境外外部战略传播与企业境外总体评价呈正相关关系;企业境内总体评价与企业境外总体评价呈正相关关系。

上海工程技术大学鄢雪皎副教授在分析可持续发展、人力资源的概念和基本理论的基础上,强调人力资源是企业最核心的经济资源,着重研究了企业可持续发展与人力资源财务管理相关性问题,并从定性与定量两个方面分析了人力资源对企业可持续发展的重要作用,为设计人力资源管理的激励与约束机制提供理论上的支持。中铁电气化局集团黄东升分析了国有企业人力资源管理的现状和存在的问题,指出了人力资源管理混乱对企业造成的严重影响,并针对我国国企人力资源管理中存在的问题,提出了对策:第一,建立适合现代企业制度的人力资源管理机制;第二,转变观念,树立科学的人才观;第三,加大对人才培训的投资力度,优化培训方法;第四,树立"以人为本"的理念;第五,建立保障机制。上海交通大学陈霜晶从胜任力角度出发,提出基于胜任力的企业文化建设实施的具体方法、技术、思路与成果,将企业文化与企业核心能力、员工胜任力紧密结合,使企业文化从无形的价值观落实到有形的员工能力提升,体现到员工与企业的绩效改进,将企业文化落到实处,从而实现通过建设企业文化来凸显企业竞争能力的根本目的。

上海外国语大学章玉贵教授强调中国面临了第三次产业革命的机遇和挑战,在主要经济大国之间的竞争越来越集中到对主导产业和战略性新兴产业控制权争夺的今天,中国要想防止在全球第三次产业革命的产业分工中被边缘化,就必须牢牢把握全球正在酝酿的跨产业革命的战略机遇,以前瞻性的技术投入和高质量的技术改造引领产业结构整体升级,率先取得先导性技术突破并将其产业化。

同济大学朱国华教授和张思池以广东省的行业协会信用公示制度建设与运行为例论述了我国行业协会信用公示制度建设的现状和经验,指出我国重点建设行业协会信用公示制度的未来发展方向:第一,建立界定数据开放范围的法规;第二,建立与界定商账追收的法规;第三,修改已有的部分授信机构的信用管理规则;第四,开放民营的和外资经营的信用管理机构。

上海工程技术大学于挺副教授以"运行主体—运行体系—运行绩效"为线索观察上海食品企业诚信体系建设现状与存在的问题,在分析原因的基础上提出相关对策:第一,在顶层设计上,将诚信这一道德概念向法律、技术、商务等层面拓展;第二,在实施时注重挖掘、调动社会各方面力量在诚信体系建设中的积极作用;第三,通过利益引导促进诚信体系建设;第四,建立有效的评价和信息披露机制。

上海外国语大学孙建副教授指出不少中国企业的"走出去"策略不成功的原因主要是所在国从政府到民众对中国企业的认知偏差,而这种偏差很大一部分源自海外媒体对中国企业的报道。通过对西方(主要为英美两国)部分主流媒体对中国企业报道的研读,在总结西方媒体对中国企业看法的基础上,作者提出了以中国传统的"天时、地利、人和"思想为核心的应对策略。

上海工程技术大学高俊芳副教授在分析企业技术创新及其特征以及我国民营企业技术创新有利因素和制约因素基础上,提出了民营企业技术创新的四大战略模式,包括技术领先战略、技术跟随战略、联合创新战略和技术孵化战略,并提出我国民营企业技术创新的关键性环节,包括充分研究顾客和竞争者,建立技术监控系统,勇于和善于抢占制高点,挑战依靠,厚积薄发。

### (五)"中国管理模式的创新"专题分论坛

"中国管理模式的创新"专题分论坛针对7篇论文进行了深入的探讨。复旦大学苏勇教授和纪文龙提出企业家的"内圣外王"侧重于在提高内在道德修养的基础上建立王道企业,并通过企业经营实现"修己安人"之道,在追求利益的同时主动承担相应的社会责任,最终通过企业这个平台实现"安人安己"的目标。企业家践行"内圣外王"理念建设王道企业需要遵循四个基本原则:好学以求内圣、重视自我管理、践行以人为本、中庸以治企。复旦大学刘秀萍博士指出佛教主张的融容于天地和谐并且尊重自然规律的最高境界是"天地与我同根,万物与我一体",即"天人合一",这正与东方管理的"和"的观点不谋而合。"和"是东方管理的内在精髓和最终目标,包括"人和"、"和贵"、"中和"、"和合"、"和谐"等理念,"人为为人"的最终管理目标就是建构和谐社会。

复旦大学李志郡研究员从社会学角度论述、分析了在全球背景下中国文化大发展大繁荣所折射出的经济繁荣与社会矛盾问题,中国要成为世界上负责任的强国,不仅要有强盛的综合国力,还要展示以"以人为本、以德为先、人为为人"思想为核心的人文精神,形成提升中国优秀传统文化的自信和自觉,实现中国优秀传统文化的再生与轮回。

复旦大学蔡胜男博士试图在评价中国文化下管理学发展的基础上对东方管理学派的理论框架进行反思,指出东方管理学虽然现阶段需要增加实证与试验的分析研究,但绝不能照搬西方的一套,而应该将研究的关注点转移到研究方法上,吸收西方研究方法的长处,发展符合东方体系中能分析隐藏在东方人管理实践中的稳定特质的独特方法。

江苏中大地产集团董事长谈义良博士阐述了知识经济的内涵,分析了知识经济与企业管理的关系,论述了知识经济时代下管理理念、管理方式、技术环境、资源环境以及市场环境方面的变化给企业管理带来的巨大影响,指出企业要想在激烈的市场竞争环境中开拓自己的生存空间,就必须进行管理创新,包括管理理念的创新、管理方式的创新以及管理制度的创新。

复旦大学陆德梅和胡建绩教授在论述管理学的"东方"情境以及东方管理学的发展和使命的基础上,分析了东方管理学面临的三大挑战,包括如何衔接传统和现代的断裂,如何沟通理论和现实的罅隙以及来自研究方法的挑战,建议采用方法论关系主义作为东方管理学未来的方法论指导,以延续东方管理学已有的研究基础并有效应对挑战。上海交通大学颜世富副教授强调后全球化时代为构建东方管理学带来了良好的时代背景,对此时代特征的认识有利于中国管理学克服自卑心理,对于基于中国企业管理实践开展研究,对于挖掘、整理、总结中国传统管理思想,构建有中国特色管理模式,丰富和发展世界管理思想,指导管理学研究与经营管理实际工作,都具有重要的意义。

## 四、总结与展望

本届论坛经过专家评审共收录论文120篇,论文发表在《经济管理》杂志12月(增)刊。另编录一本大学生论文论文集,共收录28篇大学本科生论文。论坛到会的专家学者、政府官员、企业家及学生在大会中,畅谈实践东方管理思想的成果和对中国管理模式形成的意义。与会者认为,中国管理模式研究和东方管理理论的发展意义在于:一方面,中国企业管理实践中大量的管理实际问题不断出现,需要在管理学理论和方法指导下通过企业管理创新实践来解决;另一方面,丰富的企业管理实践经验还需要中国的管理学者继续进行系统总结、归纳和升华,以形成有中国特色的管理理论、方法和学科体系,促进中国管理学的进一步发展。

展望未来,中国管理模式的研究在理论层面,将进一步加强东西方管理理论的融合与发展,创建中国特色的适合"中国情境"的管理理论,创造融合古今中外管理精华的新的现代管理新学科;在经济层面,世界经济格局变化、中国的崛起要求深入研究中国管理,国内经济社会发展的现实要求进行中国管理模式研究,研究中国管理模式是研究中国管理实践与经验的需要,为中国经济的未来发展进一步提供理论指导,并进一步提升国家的国际地位;在企业层面,总结、提炼中国管理理论与方法在企业管理实践中的运用,促进更多企业取得经济、社会、文化上的综合效益。通过中国管理模式的历史研究,使中国企业了解中国管理学理论与实践发展的历史,从而为它们未来参与国际化竞争提供理论依据；在管理教育层面，研究中国管理模式是管理教育与研究的需要，是传播中国管理理论与思想，加强与国际管理学界的交流与合作，培养具有国际化理念的多层次、多领域国际管理人才的基础。

东方管理学强调的"以人为本"的发展观、"以德为先"的价值观和"人为为人"的经营观，进一步在治国、治生、治家和治身各层面得以广泛运用，从而完善和形成贡献于世界的中国管理理论体系。

# 18. 第十七届世界管理论坛暨东方管理论坛(2013)

论坛主题：人与人、社会（组织）、自然的和谐发展
　　　　——中国管理模式的融合创新

## 主题报告：构建东方人为科学体系[①]

过去几十年以来，我一直从事探索东方管理学、人为科学等研究，主要是研究"人"的学问。在我看来，管理的本质是"人为为人"。"人为科学"就是在社会"主体人"的假设条件下研究管理领域中"人为为人"成功之道的学问。东方管理文化的核心理念是"以人为本、以德为先、人为为人"，人为科学是对东方管理文化的系统性延伸和新的实践总结。

## 一、什么是人为科学

人为科学主要是在"主体人"的条件下研究管理领域中"人为为人"成功之道的学问。所谓"主体人"假设，是指简单的善与恶不是评判人性的合理标准，人不仅是其自身的生命主体、道德主体、精神主体，也是管理主体。组织中每个人的个性和人格是独立、完整和平等的，人在组织中有分工的差别和职位的差别，但在管理中都一律平等地处于主体地位，不存在谁依附谁、谁掌控谁的关系。以主体人为前提的人为科学其目标是要通过"人为"实现"为人"，即"人为为人"，实现主体人之间的良性互动，促进人的全面发展，并最终推动和谐社会的形成。

狭义的"人为"只是指一种自我导向的个体社会行为而人为科学中的"人为"则是在"主体人"假设条件下的人为，其更强调主体人心理行为的可塑性、积极性和目标性，并在客观上产生服务他人的效果，即实现"为人"。"人为"与"为人"是辩证统一的、相互联系并且可以互相转化的，从而使"人为为人"既体现互动性、动态性，也体现互励性、递增性。

人为科学强调个体心理行为与外部对象心理激励的互动性，这种互动关系就构成了"人为为人"。"人为为人"是指每个人首先要注重自身的行为修养，"正人必先正己"，然后从"为人"的角度出发，来从事、控制和调整自身的行为，创造一种良好的人际关系和激励环境，使人们能够持久地处于激发状态下工作，主观能动性得到充分发挥。

---

[①] 本文刊载于第十七届世界管理论坛暨东方管理论坛论文集《世界管理论坛 2013》(《管理世界》2013 年增刊)，原名为《人为为人，成功之道》，由苏宗伟、王军荣整理成文。

## (一) 人为科学理论的形成过程

**1. 第一阶段——"人为为人"观点萌芽**

20世纪80年代初期,我开始研究中国古代的行为学,并于1986年发表了《中国古代行为学研究》。同年,在《管理心理学》一书中,我提出:"研究'人'是一个新课题、新领域也是本学科的出发点和关键";"研究人的行为规律的科学,实际上是用心理学、社会学、生理学、伦理学等科学原理,以研究人的行为和人群关系、人的积极性为对象的一门综合性的科学"。这可视为"人为为人"观点最初的萌芽。

**2. 第二阶段——"人为学"的提出**

1992年,本人在《管理心理学》的再版序言中,初步论述了建立"人为学"的观点,认为人为学主要是研究人的行为激励问题,提供激励行为的各种途径和技巧。提出"人为为人"其实是有两个有分有合的命题。"人为"的根本问题是发挥人的积极性。与西方管理相比较,也可以部分地归结为激励问题。荀子说:"人之性恶,其善者伪也。"①这个"伪"不是假装,而是"人为",即人的努力。在东方管理文化中,"人为"思想贯穿始终而形成了颇具特色的"人为学"。人为学作为古代的行为学说,包括了10个方面,主要有关于人的行为规律的研究,关于人的欲望和人的需要问题的研究,关于奖励和惩罚的研究,关于"人和"的思想,关于群体行为和组织行为的思想,关于用人问题的研究,关于领导行为的研究,关于如何运用权力问题的研究,关于发挥人的主观能动性研究和关于人的本性的研究等。此后,在一系列国内外重要学术会议上,本人不断深入分析"人为为人"的观点。

**3. 第三阶段——提出"人为为人"是管理的本质**

1996年,在《东方管理文化的探索》一文中,本人将东方管理文化的本质概括为"以人为本、以德为先、人为为人"。在1997年的世界管理联盟上海管理大会上,我向世界学者重点阐释东方管理文化的本质,并对"人为为人"进行了较为深入的阐述。在2000年5月的第三届东方管理学术研讨会上,我指出:"要促进个人的发展,这方面至少要注意3点,即重视人的作用、重视文化的功能、重视东方思维带给人类的超越,这是人本主义的三大趋势。"在2000年7月的蒙特利尔第五届世界管理大会上,本人做了《走向21世纪的东方管理》的演讲,论述了新经济、新管理中东方管理文化回归的特质和新经济时代管理教育和管理学科建设的重大方向是"网络互动、人为为人"。2000年,我在第四届东方管理论坛上,对"人为为人"在管理新趋势中的作用进行了论述,认为"依据东西方管理文化融合的原理,这些新的管理模式、方式、方法都可归入人为管理的理论体系";东西方管理文化融合在"人为为人"这一东方管理文化的精髓中,"人为为人"既是当代管理行为的新思路,更是古老的东方复兴管理思维在网络时代的展现。"'人为为人'揭示了管理的本质。从管理思想发展的历程来看,每个时代的管理思想都反映了'人为为人'的理念,如周易的阴阳运行规律,儒家修己安人、治心为上的思想,道家所提倡的'无为而治',墨家所推崇的'兼爱利人'等都闪烁着'人为为人'思想的光芒。'人为为人'也是对现代管理思想的概括,行为科学管理、管理反馈、流程再造、组织修炼、组织学习、网络化组织等等,其核心思想都是'人为为人'的互动式管理。""中外历史传统论述的管理的本质,可以用最简洁的方式概括为'人为为人'"。"'人为为人'是揭示管理学本质的核心命题,是对古今中外管理思想精华的精要概括。"

**4. 第四阶段——从哲学的角度剖析"人为为人"**

2000年以后,本人又从哲学的角度对"人为为人"进行剖析。认为"人为"与"为人"是高度统一

---

① 《荀子·王霸》。

的集合体。"人为"与"为人"互相联系并且相互转化。具体说来,"人为为人"概括了管理过程中的三对矛盾统一运动:(1)义与利的关系问题,我们主张以义取利;(2)激励与服务的关系问题,管理既是激励,更是服务;(3)"人为"与"为人"的关系问题,个体必须从利他的角度出发,来实现利己的目的。对任何管理者或被管理者,都有一个从个人行为逐步向为人服务转变的过程。"人为为人"事实上代表了一种高度的道德境界——有理性的利他行为。这样的人具有比较稳定的道德准则,其行为以是否服务于别人并提高整个组织的工作绩效为依据。2006年,在《论东方管理哲学》一文中,本人把人为管理哲学分解为5个要素:器、术、筹、谋、圆。(1)器、术、筹、谋。重器利器、巧妙运术本是中国早期哲学中的一个重要方面,但后来"器"和"术"被曲解为"奇技淫巧",成为主流道德哲学的对立卖弄,其服务于人的积极一面反而被忽略了。现在就是要在"人为为人"理念下,重新加强对"器"和"术"的学习和运用,提高管理效率和服务水平。"筹"和"谋"分别对应于战略和战术层面的规划与执行,正所谓"运筹帷幄,决胜千里",在这两个层面的决策中,都要充分发挥民主,集思广益,用"人为"的积极参与,保证"为人"的绩效。(2)圆。即圆满合理,这是衡量"人为为人"是否成功的标志。

5. 第五阶段——开始逐步从学科角度来探讨人为科学

2006年始,我致力于将其发展为一门学问。人为科学主要是研究管理领域中人为为人成功之道的哲学社会科学,也是研究人的心理行为的学问。人为科学以东方管理十五哲学要素为基础,以"三为"思想为本质,力图从人本、人德、人为、人道、人心、人缘、人谋、人才、人和等9个方面对"人为科学"展开探讨,以提高人的"三为"水平,并最终促进人与人、社会、自然的和谐发展。

### (二)人为科学与西方行为科学的比较

人为科学通过对人本身的重新定位与认识,形成了一套全新的理论模式,其与西方行为科学相比较,差别主要体现在文化背景、假设前提和最终目标等几个方面。

在文化背景方面,人为科学是对东方管理思想的进一步系统延伸,其具有包容性、人本性、系统性、创新性、柔和性、服务性的特点。包容性指人为科学着眼古今中外的人类活动实践,博采众长,汇纳百家学说而融为一体。人本性指把人视为主体,追求的是人的全面发展,并可以在特定条件下牺牲效率和利润来满足人的发展的需要,这完全不同于西方那种将人与土地、资本等生产要素相提并论的"工具"化、"物"化或"异"化的观点。系统性是指人为科学强调整体观念以及构成整体的各个部分之间的多个维度的相关性,而反对简单的因果对应。创新性是指人为科学是东方管理思想的延伸,它融合了多种其他学科的知识和理论,形成了自己全新的理论体系并保持开放性。柔和性是指人为科学所主张的行为方式是"以人为本"的"仁治",通过一种潜在的说服力来使人的行为得到优化,而不是采取强制的方式。服务性是指人为科学强调个体通过加强自身的修养来促进人与人之间的良性互动,并实现服务他人、服务社会的目的,不同于西方行为科学中所强调的个体意识和独立性。

在对人性的假设方面,人为科学是以"主体人"理论为前提的,是真正意义上的以人为本;而西方行为科学无论是建立在"经济人"、"社会人"或是"复杂人"的假设前提之上,都不能完整地做到从人出发回归到人,都是对人性不完整的理解。

在最终目标方面,人为科学理论研究的目标是要通过主体的行为实现人与人、人与社会、人与自然之间的良性互动,以促进人的全面发展和整个社会的和谐进步;而西方行为科学研究的目标是只为一小部分人服务的,人本身的发展并不是其最终目标,其目标往往是实现利润的最大化或是其他与此相关的物质性价值的实现。

### (三) 人为科学的哲学基础

人为科学的哲学基础是15个哲学要素:"道、变、人、威、实、和、器、法、信、筹、谋、术、效、勤、圆"。道,指治国之道;变,指随机应变;人,指以人为本;威,指运用权威;实,指实事求是;和,指以和为贵;器,指重器利器;法,指依法治国;信,指诚信创业;筹,指运筹帷幄;谋,指预谋决策;术,指巧妙运术;效,指高效廉洁;勤,指勤俭致富;圆,指圆满合理。这15个要素精要地概括了人为科学的哲学基础,是一个相互联系的有机整体,体现了东方管理文化的博大精深。作为人为科学的哲学基础,这15个要素结合起来,既是一种高度的理论总结,又具有高度的指导性和现实可操作性,同时也为人为科学的进一步深入研究指明了方向。

## 二、为什么研究人为科学

### (一) 树立以人为本的科学发展观

科学发展观是一种全面、协调、可持续的发展观,其核心是以人为本。在中国,"以人为本"一词最初出自《管子·霸言》:"夫霸王之所始也,以人为本。本理则国固,本乱则国危。"这里所说的"以人为本",是指建立霸业的一种重要手段,是从工具论出发的"人本"。本文中的"以人为本"是以现实人为本;不是以个人为本,而是以社会为本位的"以人为本",是以广大的人民群众根本利益为本。

以人为本,理想层面是以解放全人类为目标,实现人的自由发展,使每个人得到全面发展;现实层面就是要坚持立党为公,执政为民,为人民服务的宗旨;企业层面就是要坚持以人为中心的管理,实现"主体人""自我管理"的目标。要贯彻"以人为本",就必须在各类组织、各个层面实施以人为本的管理——人本管理。所谓人本管理,是一种把"人"作为管理活动的核心和组织最重要的资源,把组织内的全体员工作为管理的主体,围绕着怎样充分利用和开发组织的人力资源,服务于组织内外的利益相关者,从而实现组织目标和组织成员个人目标的管理理论和管理实践活动的总称。

人为科学的本质是"以人为本、以德为先、人为为人",通过对人为科学的研究有助于人们更好地把握"以人为本"和"人本管理"的科学内涵,从而改变原来那种在组织中重"物"轻人或重"利"轻人的狭隘的发展观,进而树立一种全新的以人为本的全面、协调、可持续的发展观,即科学发展观。

### (二) 构建和谐社会的"人和"观

在中国哲学中,"和"标志着天地的正位与阴阳的协调,以儒家为代表的中国传统文化自古便有重"和"的价值理念。孔子的学生有子认为:"礼之用,和为贵。"①孟子则认为:"天时不如地利,地利不如人和。"②"人和",是指人与人之间团结和睦,人际关系和谐。荀子分析道:"和则一,一则多力,多力则强,强则胜物。"③这里意思是说只要人们和睦相处,就能团结起来变得强大。可见自古以来人们便充分认识到了"人和"的重要价值,并在实践中追求"人和"。

在现代社会,人和的概念可以延伸并将其概括为各要素之间的和谐相处,并将其区分为5个层次。第一个层次是个体内部的平衡,即和谐的生命状态;第二个层次是个体与个体之间的相互理解和友好相处,即和谐的人际关系;第三个层次是个体与群体之间的相互认同与相互支持,并促进相

---

① 《论语·学而》。
② 《孟子·公孙丑下》。
③ 《荀子·王霸》。

互价值的实现,即和谐的人群环境;第四个层次是群体与群体之间求同存异与和谐相处,并力争通过合作来实现共同发展,即和谐的群体关系或组织关系;第五个层次是最高层次,是前4个层次在空间上和时间上的统一,即和谐社会的形成。

人为科学的终极目标就是要实现人的全面发展和促进和谐社会的形成,无论是人的全面发展还是和谐社会的形成都是"人和"观的体现。研究人为科学有助于更全面地理解和把握"人和"观,有助于在构建和谐社会的过程中在整个社会中形成一种重"和"、求"和"的"人和"观,反过来"人和"观作为一种科学的理念也有利于促进人的全面发展与和谐社会的形成。

### (三)建立"以德为先"的世界观

"以德为先"作为古代社会与现代社会人的行为与处世原则,它的思想渊源于孔子《论语》中的仁德思想。以德为先的要义包括:"爱人修己""明辨义利""分清理欲"。"爱人修己"指一个有德行的人首先必须爱人重人,而爱人重人则必须严格律己修己;"明辨义利"指有道德修养的人在对待道德行为与物质利益的态度上应"先义后利";"分清理欲"指有道德的人应志存高远、安贫乐道,"君子谋道不谋食。……君忧道不忧贫"(《论语·卫灵公》)。

到了现代社会,由于历史环境的不同,我们固然需要"独立""自由"等个体价值观,但我们更需要对国家的"忠诚"和"责任感",更需要人与人之间的"宽容""友好""和谐"。为此现代社会需要"新三德":即官德、商德、民德。官德,即富民与富国的统一;商德,即经济利己心与道德利他心的统一;民德,即竞争与合作的统一。并进一步将新时期的道德标准表述为:有利于社会生产力进步发展;有利于人、自然、社会之间和谐发展;有利于爱国主义、集体主义、社会主义健康发展;有利于道德真善美综合发展。

作为一世界观,以德为先不仅具有丰富的内涵,而且具有很强的道德教化作用。人为科学的本质是"以人为本、以德为先、人为为人",通过对人为科学的研究人们可以极大地丰富对"德"与"以德为先"的认识,然后对照自己的日常行为和观念,在对自己进行肯定及批判的基础上,逐渐建立起一种"以德为先"的世界观。这种高尚的世界观不仅会在生活中重塑自身的行为,而且会潜移默化地影响到周围的人,促进整个社会中以德为先世界观的形成,进而推动整个社会的和谐与文明进步。

### (四)树立"人为为人"的人生观

"人为为人"不仅是一种科学的管理理念,也是一种立身做人的人生观,可以统领治国、治生、治家、治身的各个方面。具体来说,"人为为人"概括了管理过程中的三对矛盾的统一运动:首先,在义与利的关系问题上,我们主张先义后利、以义取利;其二,在激励与服务的关系问题上,管理既是激励,更是服务;第三,在"人为"与"为人"的关系问题上,主张个体必须从利他的角度出发来实现利己的目的。可见作为一种管理观和人生观,"人为为人"实际上代表了一种高度的道德境界,即积极且有理性的利他行为。

通过对人为科学的研究,可以更清晰地理解人与人之间的互动过程,以及人与组织、人与社会、人与自然之间的互动过程。人为科学是研究人的心理行为规律的学科,它可以帮助人们更好地认识自己;尤其是在人生观方面,帮助人们树立"人为为人"的人生观。树立了"人为为人"的人生观,便可以在管理中和人与人之间的社会联系中实现良性的互动,实现共同的完善与发展。

将"人为为人"的人生观应用于管理实践,具体地讲,可以实现以下的价值目标:(1)科学地确立管理的终极目标;(2)建设创造型企业文化;(3)倡导自我管理;(4)促进员工的心理健康;

(5)应对知识经济对管理的挑战;(6)促进组织内部和谐与生产力的提高。可以说,"人为为人"的人生观可以帮助个人和组织在以人为本的基础上从战略的高度解决一系列现实的矛盾和问题,而这些矛盾与问题的解决也是促进人的发展与社会和谐的过程。

### (五)树立"利他兼爱"的高尚观

人为科学的本质是"以人为本、以德为先、人为为人",能以人为科学中所提出的理念作为自己行动原则的人无疑是一个高尚的人。研究人为科学的终极目标就是要提高人的"三为"水平,就是要通过自己"高尚"的行为来造福他人、造福社会,实现促进人的全面发展和社会和谐的终极目标。身处复杂而加速变化的历史时代与社会环境之中,当人们面临艰难的选择时,人为科学中所提出的理念可以指导我们的行为并帮助人们做出决策,人为科学从前提、本质和目标上保证了这种决策的结果必然是有利于他人、有利于社会和有利于自然环境的,而且从长远和广泛的意义上讲也必定是有利于个人的。一种行为的结果如果是有利于他人和社会的,那么这种行为就是高尚的,所谓的和谐社会就是所有高尚行为的共同结果。

在全球化迅速推进的今天,世界各国不同的文化相互碰撞和交流,不同文化之间的理解不断加深。作为发展中国家的中国,经过30多年的改革开放,综合国力不断增强,国际影响力迅速提升,同时也受到外部世界越来越多的关注。在这种情况下,为了向世界展示一个文明、和谐、友好的良好形象,作为中华民族的每一个成员都应该以身作则不断提高自己的"三为"水平,努力做个"高尚"的中国人。

## 三、人为科学的研究体系

从体系结构上来看,人为科学应包括:学科内涵、哲学基础、内在实质、学科内容、研究宗旨与目标等。限于篇幅,这里主要从学科内容角度,阐述介绍一下"人为科学"具体展开讨论研究的9个方面,即"九论",包括"人本论、人德论、人为论、人道论、人心论、人缘论、人谋论、人才论、人和论"。人为科学的体系结构见图1。

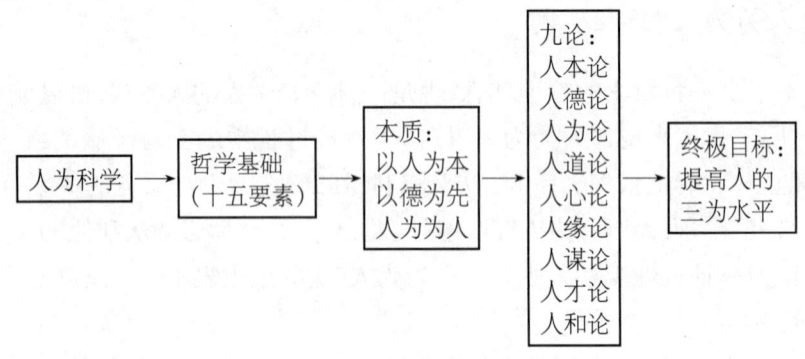

**图1 人为科学的体系结构**

### (一)人本论

人本论,即对"以人为本"理念的探讨。这里的"人"是现实的成熟的人,是一切社会关系的总和,是"主体人",是一切管理行为的起点和终极指向。"以人为本"一方面是对"物本""神本""资本"

等理念的批判与扬弃,另一方面也反对将"以人为本"推向极端而形成"个人主义""本位主义"或"人类中心主义"的狭隘理念。真正的"以人为本"是宽容性、开放性和发展性的统一,是对人的个体和整体的普遍肯定与关怀,是整个人为科学研究的基本前提。人类文明的历史进程推动"物本""资本"向"人本"的回归,这在更普遍的意义上是西方管理文化和东方管理文化的融合。

### (二) 人德论

人德论,即对"以德为先"理念的探讨。"德"不仅是一种通过行为表现出来的个体的客观品质,也是一种通过修养和学习而形成的主观态度。"德"有"官德""商德""民德","民德"还可细分为"公德""家德""师德"等等,不同的社会领域和社会角色对应有不同的"德"的范畴。虽然"德"作为主观价值标准和客观价值标准在不同的文化语境中会有差别,但这种差别并不影响对应人群对"以德为先"的判断。在处理"德"与"财","德"与"法","德"与"才"等关系的过程中,"以德为先"具有普遍的指导性,并在决策实践和价值判断中为人们的心理行为提供依据和标准。

### (三) 人为论

人为论,是对"人为为人"思想的具体阐释。"人为为人"讲究人与人之间的互励互动,能够达到圆满合理是衡量"人为为人"实现程度的标准。"人为为人"的前提是"以人为本"和"以德为先"。"以人为本"限定了"人为为人"的基本前提,而"以德为先"规定了"人为为人"的立足点是一种基于关系型的管理行为。"人为"实践行为指向"为人"的目标,最终是要实现人本身的普遍、自由、全面的发展以及推动人与人、社会、自然的和谐发展,促进和谐社会与和谐世界的形成。

### (四) 人道论

人道论,讨论基于"人道"的管理哲学。这里的"道"是对我国传统文化中"道"的哲学思想的继承和延伸。与"天道"相区别,"人道"注重的是对人的价值的肯定与尊重,与"天道"一起共同形成指导人们行为的最高哲学准则,其最高境界是"天人合一"。人道原则,"是视人本身的自我实现为最高价值从而把使人成为人奉为道德原则的思想体系。"[①]人道原则在实践中的运用就是人道行为,人道行为的要义在于效法自然,实现无为而治。人道行为在实践中的运用,在管理层面上要有利于赢得民心,在处理多方关系层面上要有利于化解矛盾,在个人修养层面上要有利于修心养性、回归自然。

### (五) 人心论

人心论,探讨如何理解人心和激励人心。人是富有感情的动物,"人心都是肉长的";同时,人的心理活动又是复杂的,不同的个体具有明显的差异性,但这种差异性又是建立在共性基础上的差异性。"人心"这种共性与差异性的存在,决定了人心激励的规律性和艺术性,成功的人心激励必然是建立在现实基础上的规律性与艺术性的统一。人为科学在"主体人"假设的基础上强调交叉研究,强调对人心全面和整体地理解,强调自我激励、道德激励、关系激励、动态激励,其所实现的不是单向工具性的激励效能,而是双向互动性的激励效能。

---

① 王海明:《公平、平等、人道》,北京大学出版社 2000 年版,第 65 页。

### (六) 人缘论

人缘论,探讨人缘行为在管理沟通中的实践价值。人缘是人类行为沟通融合过程的结晶。人缘包括亲缘、地缘、文缘、商缘、神缘,合在一起可以称其为"五缘",是本人在东方管理学中的独创性总结。人缘行为在管理中的应用就是人缘管理,它的最高目标是"和合",即人缘关系的和谐。与西方的人际关系管理相比,东方的人缘管理更注重实现人与人、人与社会、人与自然的关系的和谐发展,所强调的是一种互动性价值,而不是一种工具性价值。通过在实践中建立互动的"五缘"网络,可以大大拓展人际沟通的渠道,从而实现感情、知识、能力等各方面个体资源的分享,促进组织效能的提高和社会的和谐。

### (七) 人谋论

人谋论,探讨人谋行为在管理中的应用。人谋行为是管理者或者智囊团对战略目标进行预测和形势分析,并运用权谋和策略等智慧性技巧来达到预期目标的行为,它包括计划、决策和战略管理。由于人与人之间的关系十分复杂,既有合作又有竞争,而且处于动态的变化之中,这就决定了人谋行为具有很高的艺术性,是对管理者思维系统性、灵活性、创新性的综合考验。我国古代的人谋艺术包括:知己知彼,百战不殆;用兵之道,以计为首;合于利而动,不合于利而止;两利相权从其重,两害相衡趋其轻;谋贵众,断贵独;因利制权,诡道制胜。这些古老智慧的结晶可以给我们带来很多有益的启示,人为科学的人谋论正是在此基础上的创造性发挥和运用。

### (八) 人才论

人才论,探讨人才甄选、使用、管理的方法和原则。人才是组织的第一资源,人才更是强国之本。东方管理学派认为,"人才的本质就是人的行为必须有价值,必须符合社会客体的需要,也必须与社客体的行为匹配"。人才必须具备综合性能力,在对人才进行考核时,必须注重以下15个方面:"道""变""人""威""实""和""器""法""信""筹""谋""术""效""勤""圆"。在对这15个要素分析的基础上,区分出哪些人是专才,哪些人是通才,再通过人才行为,实现人尽其才,实现组织和人才本身的良性互动与和谐发展。

### (九) 人和论

人和论,探讨如何通过实践实现人与人之间的合作与和谐。"以和为贵"的思想是儒家人本思想的核心所在,但"人和"并不意味着盲目苟同或无原则地附和及让步,而应是内和外争与合作共赢的结合,以求实现共同的发展和相互关系的平衡与和谐。可以将人和分为3个层次:第一个层次是个体内部,即心气平和;第二个层次是个体与个体之间,即个体之间相互理解与支持;第三个层次是个体与群体之间,即个体与群体之间相互认同并互相促进彼此的发展,最终推动整个社会的和谐与进步。人和行为强调的重点是能达成人与人、社会、自然之间的和谐一致与共同发展,形成人和文化,并达成和谐一致的根基点。实践证明,将"人和"思想结合于"四治",即治国、治生、治家、治身管理之中,其思想指导意义和实践价值对国家、企业、家庭、个人都是十分巨大的。

## 四、结　　论

综上所述,东方管理人为科学研究是以东方管理学15个哲学要素"道、变、人、威、实、和、器、法、信、筹、谋、术、效、勤、圆"为基础,三为原理"以人为本、以德为先、人为为人"为本质,"人本论、人德论、人为论、人道论、人心论、人缘论、人谋论、人才论、人和论"等九论体系为研究内容;其研究的目的在于树立以人为本的科学发展观、构建和谐社会的"人和"观、建设"以德为先"的世界观、树立"人为为人"的人生观、树立"利他兼爱"的高尚观;研究人为科学的终极目标就是要提高人的"三为"水平,通过自身行为来造福他人、造福社会,与自然和谐共生。

在大时代、大变革、大发展的环境下,东方管理人为科学的研究促进人为为人的成功之道,对实现中华民族伟大复兴的"中国梦",正确处理"人与人、社会、自然的和谐发展"有着重要的理论意义和实践价值。

2013年在宜兴举办的第十七届世界管理论坛暨东方管理论坛,与会代表合影

## 中国管理模式的融合创新
——第十七届世界管理论坛暨东方管理论坛观点综述[①]

### (一)引言

改革开放30多年以来,中国经济取得了举世瞩目的成就,现今的经济总量已位居世界第二。随着我国经济国际化程度不断提高,市场竞争环境的日趋激烈,经济发展所产生的人与人、社会及自然环境的不和谐现象,已成为当今中国经济发展的现实问题。在这些背景下,如何构建具有中国特色的管理理论,为中国企业未来的可持续发展提供理论依据和实践指导,将是今后管理学界重大的研究课题。正是在这个时代的大背景下,以"人与人、社会(组织)、自然的和谐发展——中国管理模式的融合创新"为主题的第十七届世界管理论坛暨东方管理论坛于2013年10月19—20日在江苏宜兴隆重召开。来自美国、日本等国家和地区及复旦大学、北京大学及清华大学等国内30多所知名高校的专家学者、政府官员、企业家及学生等300多人参加了大会。

本届论坛由世界管理学者协会联盟(IFSAM)中国委员会、复旦大学经济管理研究所、江苏九如养老养生研究中心联合主办,无锡九如城养老产业发展有限公司和上海管理教育学会承办,《管理世界》杂志社、复旦大学东方管理研究中心、上海外国语大学东方管理研究中心及上海东华国际

---

① 本文刊载于《管理世界》2014第1期,与苏宗伟、范徵、王凤华合作。

人才学院等协办。本届论坛主题为:"人与人、社会(组织)、自然的和谐发展——中国管理模式的融合创新"。

### (二)东方管理的创新发展及其实践运用

东方管理学的创建是基于创建中国特色的适合"中国情境"的管理理论。东方管理学的研究并不是回到古代传统思想的故纸堆里,而是为了创建融合古今中外管理精华的现代管理新学科。

复旦大学首席教授苏东水系统阐释了东方管理学创新发展的5个方面:第一个是东方管理发展的5个互动交叉的过程,包括"古为今用"的过程、"东西融合"的过程、"走向世界"的过程、"形成体系"的过程以及"创建学派"的发展历程。第二个是构建了东方管理学独创的"学""为""治""行""和"的"五字经"理论体系。第三个是东方管理多年研究的主要成就,可概括为5个"一":创立了一个新学派;创立了一个新体系;创设了一系列论坛;创立了一个新学科;涌现出一大批学者。第四个是实践意义,即东方管理思想运用于实践的"五观":树立"以人为本"的发展观;建设"以德为先"的世界观;树立"人为为人"的人生观;构建"和谐社会"的人和观;宣传"利他兼爱"的高尚观。第五个是未来推动东方管理学发展的5点推进建议:深化发展东方管理学科;坚持办好东方管理论坛;建立全国东方管理研究中心联盟;扩大国际交流;参与企业案例创建。全国政协前副主席厉无畏教授指出:东方管理学的研究有力地推动了中国管理学学术思想的世界交流和东方管理思想的传播,成为一个既具有中国特色又具有世界影响力的管理学派。

东方管理思想在我国社会实践层面已日益显示出理论价值和指导意义。本次会议集中探讨了东方管理思想在家族企业管理、新型城镇化建设及领导力等方面的实践运用。无锡九如城养老产业集团董事长谈义良博士指出,未来企业之间的竞争很大程度上是企业文化的竞争,而以"三为"理念为核心的东方管理思想有利于企业文化的塑造和培养,从而帮助企业形成核心竞争力,推动企业实现长期可持续发展。上海宝山区区委书记汪泓教授提出,我国的城镇化战略设计和实施,更多应当依据东方管理思想,遵循系统性、协调性和以人为本这三条原则,构建人性化的新型城镇化发展模式;要把人本身的发展和人性全面价值需求作为城镇化战略管理出发点和立足点,要始终将"以人为本、以德为先、人为为人"的思想贯穿于规划和政策制度设计当中;东方管理思想的本质核心是"人为为人",人为为人强调了激励与服务的互动过程,这是领导者未来领导方式的大趋势。国家行政学院政治学部主任刘峰教授则重点阐述了东方管理"人为为人"思想及其在领导力发挥中的重要指导作用,他指出,"人为"首先要注重领导者自己的个人修为,在"智""仁""勇"3个方面超越自己,做到"内圣外王",然后在此基础上不断提升自己的能力;"为人",就是为人民服务,在此基础上要善于用人,让别人成长起来,使别人有权利,这样中国才有希望。

### (三)中国管理模式的内涵及研究策略

在当今全球经济发展的进程中,引发了诸多人和人、人与社会、人与自然之间的矛盾和冲突,唤起了人们对于人与人之间以及人与自然和谐相处的天人合一思想的再思考。中国管理模式的研究是基于对国家管理、社会管理、企业管理及个人管理各个层面所创建的一种新的管理发展模式。其目的是为解决现代社会因利益冲突、社会制度的缺失及不可持续行为提出的人和人、人与社会、人与自然之间和谐共生的理念和方法。

1. 何谓中国管理模式?

复旦大学管理学院芮明杰教授指出,中国式管理的研究应当关注在中国人文社会情境下管理方式方法的艺术性和道德性,要用"考古挖掘＋整理说明、理论创新＋实证检验及个案研究＋情景分析"等科学的方法进行研究,并阐明中国式管理模式是以"自我管理"与"人本管理"为载体,其特征包括人本精神、集体主义、道德软约束、礼义协调、无为而有为、不变应万变、不战而胜、和为贵等理念和思想。上海外国语大学国际工商管理学院院长范徵教授以"基于中华文明的中国管理模式冰河模型"为题,在梳理基于世界文明体系的全球管理模式的基础上,提出基于中华文明的中国管理模式的"冰河模型":显性的控制层中体现的是以精神为核心的"和谐管理"、若隐若现的组织层隐藏的是以关系为核心的"差序格局"、隐性企划层深处是整体为核心的"太极管理"。成功中国领导者的形象体现出"儒商"的人格特征。同济大学经济管理学院林善浪教授通过分析历史上世界经济重心的转移路线以及近年来中、美、欧三大政治经济实体的力量对比,说明当前世界经济的重心正在向中国转移,中国正从世界工厂向世界经济中心转变。在这个转变过程中,中国管理学应以"中国文化和价值"为管理哲学,以"中国实践和案例"为发展动力,以"中国问题和困惑"为研究取向,为构建中国管理模式提供理论基础。上海外国语大学苏宗伟副教授从理念、制度、方法3个方面对中国企业管理的百年发展进行了梳理,提出中国企业不仅要学习西方严格的质量管理、卓越的企业塑造、有效的股权结构等"器物之学",更要借鉴西方企业发展的经验和教训,吸取其与中国本土相适应的文化理念,才能寻找到全面发展和可持续发展的钥匙。

我们认为,中国管理模式是以中国本土的政治、经济、文化、企业以及社会为实践背景,通过东方管理"学、为、治、行、和"5字体系,以先进的管理理论、管理哲学、管理原理、管理体系、管理行为的运作达到有效和谐的目标。具体地讲,中国管理模式是在中国管理、西方管理、华商管理"三学"为管理理论基础上,提炼出了"道、变、人、威、实、和、器、法、信、筹、谋、术、效、勤、圆"等15个管理哲学要素,萃取出"以人为本、以德为先、人为为人"的"三为"管理原理,形成了治国、治生、治家和治身的"四治"管理体系,构建了包括人道、人心、人缘、人谋、人才的"五行"管理行为,并提出构建和谐社会的人和、和合及和谐的"三和"管理目标(苏宗伟等,2013)。

2. 中国管理模式的研究策略

与会者认为,中国管理模式的融合创新应该以东方管理思想为基础,围绕古为今用、洋为中用、实证研究及创新发展的思路进行深入的研究。

(1)"古为今用"强调了中国传统管理思想的现代性转换研究,即从治国、治生、治家、治身四治角度全面梳理儒、释、道、法等中国传统管理思想的历史局限和当代价值,进行现代性的科学总结和当代价值转换,为中国在转型期中的经济、文化、政治的软实力提升提供理论指导。复旦大学袁闯副教授指出任何时代的管理思想都与社会的综合发展相关,同时也需要做出符合现代社会实际的转化。他从儒家管理思想的角度,通过对"以人为本""以德为先"和"人为为人"3个命题的分析,从管理哲学、伦理观念和价值体系3个方面论述了这种转化的可能性和目标。复旦大学徐培华教授指出"道法自然"是东方管理文化中的大智慧,《周易》的阴阳之变,道家的"人法地,地法天,天法道",及儒家的"中庸"和佛家的"一切随缘",都是"道法自然"要求的表现,把这些东方智慧精华运用到企业管理、社会管理、国家管理的方方面面,都可以举一反三,灵活运用,得益无穷。江西财经大学吴照云教授和李劼阐述了儒家传统文化继承发展了几千年,其中蕴含的伦理管理思想哲理与现代的经营伦理理念越来越契合,基于责任和道德权利的经营伦理越来越成为企业发展的根本。论文通过文献回顾,对儒家伦理管理思想的研究现状进行了分析和总结,指出现在研究的不足之处,并为儒家伦理管理思想提出了未来可能研究的方向。

(2)"洋为中用"强调现代西方管理在中国的应用及其效果研究,即通过对西方管理理论的主要梳理,研究西方管理理论在中国应用成功的效果分析及在中国应用失败的效果分析。并基于上述研究结果,对中国企业管理如何更好的应用西方先进管理理论提供对策性建议。复旦大学彭贺副教授分析了西方管理理论在中国应用效果,提出了有些什么原因影响西方管理理论在中国的应用效果？他认为,西方管理理论在中国应用效果的主体是好的,"水土不服"只是少数现象,且造成"水土不服"现象的主要原因是应用问题,而不是理论自身问题。在中国要更好应用西方管理理论,需要理解理论自身的发展逻辑、前提条件以及时代背景。同时他提出了中国管理理论研究需要注意的3个方面：首先,与西方理论可应用于中国一样,基于中国现象发展的中国管理理论一样可应用于西方。只要是基于人类共同人性的理论,必定具有其通适性。从这个角度来说,我们不宜假定中国本土发展出来的管理理论和发现就只适用于中国这个特定情景；其次,中国管理理论研究应主要基于中国管理中出现的独特现象展开。这些独特现象最有可能成为我们进行管理理论创新的重要基点。不能说这些独特现象在西方国家一点不可能出现,但在中国情境下这些现象更为普遍,这就为我们的理论创新提供了资源；最后,他指出文化差异可以在理论建构中起到重要作用,但其重要性不宜夸大。不同文化背景下的管理,共同性是最主要的,差异性是次要的。因此,在提倡针对文化差异性展开研究外,更应该提倡的是基于共同性展开研究。

(3)"实证分析"与"实践应用"是中国管理模式的特征研究,即以中国民营企业、国营企业、合资企业的管理特征为主要分析对象,对中国管理模式特征进行理论论证和实证分析。以实证分析为研究依据,解析中国管理模式特征形成的内在机理和优劣势,创新中国管理模式,用于指导中国企业的管理实践；本届论文对"三为"理论、"人缘"理论等方面进行了实证研究,并运用案例研究的方法对服务创新、战略传播、商业模式、产业链租金等方面进行了实证研究。

在"三为"理论的实证研究方面：复旦大学的潘宇和胡建绩教授以目前在我国创业板上市的全部355家公司为研究对象,通过实证分析,探讨了"名义以人为本"与"实际以人为本"公司文化对企业业绩的影响。研究结果表明企业做到名义以人为本,有助于企业业绩的提高,而实际以人为本对企业的业绩没有明显的影响。复旦大学的先梦涵和孙婧针对当前危机干预体系中可操作性不强等缺陷,以东方管理的"三为"思想为指导,充分考虑各方面因素,构建了危机干预体系的整体架构,通过实际案例,对所提出的危机干预理论框架进行了检验。南京理工大学许立帆副教授认为东方管理"三为"理论可以作为现代企业危机管理的基本理论,并尝试通过层次分析法、专家打分等方法及现代企业危机管理水平的影响因素的分析,构建出现代企业危机管理绩效的评价指标体系,从而建立现代企业运用"三为"进行危机管理的绩效评价模型。上海工程技术大学琚海龙和孟勇副教授通过数据对比了中国和美国、日本上市公司的高管薪酬,从"人本理论"的角度分析比较了各国的薪酬制度,提出了我国国有企业在效益分配过程中所存在的一些问题,最后指出我国国有企业应当"以全体员工为本",注重效率和效益、效率和公平的结合。上海外国语大学赵衍、任嘉和苏宗伟副教授聚焦于东方管理的"三为"管理模式在中国本土互联网企业的实践,以沪江网为研究对象,系统研究了中国传统管理思想如何融入现代化的互联网公司的日常管理,表明当今互联网企业运用"三为"管理思想的理论意义和实践的可操作性。

在"人缘"理论实证研究方面：复旦大学伍华佳副教授在分析东方管理学理论在微观层面系统的、较长期的实证数据和综合研究不足这一现状的基础上,以中国管理模式中的"人缘管理"为研究对象,通过广泛的数据收集和实证分析,论证了"人缘管理"在中国管理实践中的真实性及预测和控制。河海大学陈为年阐述中国大陆的台商企业深受社会关系网络的影响,尤其是"五缘"网络文化的影响。经由量化分析证明,工作职场上的当事人具有不同的"五缘"网络关系身份时,对企业主管选才用人时的信任态度有较大影响力的关系类别为神缘和亲缘,尤其是神缘关系。企业在用人时,运用人缘管理和五缘网络机制,有利于信任机制的建立。

在相关案例研究方面:清华大学李飞教授、贾思雪、曹雯斐和胡赛全以海底捞为研究对象,采用案例研究方法,对餐饮企业的服务创新问题进行了系统的研究,包括实地访谈和二手资料收集、编码、分析等阶段,最后得出了中国餐饮企业服务创新理论模型,包括餐饮企业的服务创新驱动力、服务创新保障机制以及服务创新开发过程3个层次。这个理论模型可以为中国餐饮企业的服务创新提供很好的借鉴。上海外国语大学于朝晖教授通过吉利收购沃尔沃的案例,对中国企业跨国并购中的战略传播管理进行了探讨,并从组织内外部环境和内外部公众的两个维度,构建了以形象管理、机制管理、策略管理和绩效管理四个模块的实施领域的中国企业跨国并购战略传播罗盘模型,对企业跨国并购提供了新的分析视角。同济大学林善浪教授、张丽华和上海对外贸易大学林玉妹副教授基于实地调研资料,分析了温氏集团肉鸡养殖的产业链纵向治理结构,研究了其封闭式委托养殖模式的基本特征和运行机制。研究发现,适应农业企业所处的具体产业背景、在调动养殖户积极性的前提下,对产业链的必要控制力是温氏集团能够实现技术创新和风险控制,并获取产业链租金的关键因素。复旦大学李作良、苏勇教授及马文杰通过案例研究的方法从战略创业的视角对养老新企业商业模式进行了探讨,阐明了交易内容、结构和机制创新是商业模式创新的构成要素对新企业持续成长的积极影响,而变革心智模式、变革治理结构、构建关系网络、协调企业资源、持续模仿学习和拓展市场领地是战略创业行为的核心维度,是驱动商业模式创新的主导因素。中山大学李健睿和刘阳春副教授以苹果公司为案例从全产业链的视角对在华跨国公司企业社会责任进行了探讨,阐明了跨国公司在全球范围内配置资源的同时,应当从全产业链的角度去践行其企业社会责任,并将其相应利害相关者的权益纳入其制定跨国经营策略时考量的范畴。

其他相关理论实证研究:上海外国语大学党委书记吴友富教授对全球经济治理秩序变迁的阻力与中国话语权提升的路径进行了探讨,指出作为具有全球责任感的超级新兴经济体,中国在已启动的全球经济治理秩序变迁中能否获得与自身实力相称的话语权,某种程度上更取决于中国在这场秩序变迁中,能否提出关于国际经济与金融秩序改革的前瞻性议题设计和广为接受的制度框架建议。美国科罗拉多大学王雍智副教授、中国台湾树人医护管理专科学校的卢骏葳及日本鹿儿岛国际大学的祖恩厚以台湾地区上市科技企业为研究对象,实证了企业社会责任的履行对企业绩效及公司形象皆有显著的正向影响。阐明公司履行企业社会责任与股东财富最大化的目标并不矛盾,企业领导人可将履行企业社会责任视为社会投资与核心竞争力,提升公司形象及企业绩效。北京师范大学焦豪利用中国企业的数据对基于企业家微观特征视角的动态能力影响机制进行实证研究。阐明企业家个人层次的影响因素在总体上对动态能力有积极的显著影响,超前行动性和风险承担性与动态能力的正向相关关系得到了验证,但是创新性在统计意义上并不显著。复旦大学的许云莲和蒋青云教授从销售队伍激励及渠道治理营销的视角,构建了营销渠道"制造商总公司—分公司经理—零售商"的双层代理模型,阐明企业在营销渠道管理中需要系统考虑治理机制对内、外部各方的双重作用,并建议可借助信息系统增加制造商对零售商的直接联结,以同时降低内、外部机会主义的发生。

(4)"创新发展"是融合提炼出有中国特色的"中国管理模式"。通过对中国管理模式创新发展的环境的分析,确立需要什么样的哲学理念来指导中国管理模式的创新发展。上海海事大学赵渤副教授对东方管理创新商业模式的价值链扩展方式进行了探讨,指出中国因素正在影响世界,东方管理创新商业模式正是基于不同国家、区域以及文化圈层的文化布局特点,通过非正式组织与非制度化协调的方式,构建企业与社会人文体系之间的能量循环与互动,从而创新价值体系。中山大学管理学院毛蕴诗教授以"创新与跨产业升级——乔布斯·苹果"为题,通过乔布斯创业与创新以及苹果成功的案例,指出创业创新是苹果成功的主旋律,中国企业应当从中得到启示,应从"中国制造"转向"中国创造",实施加大创新投入、优化产业结构、提升制造能力、突破关键技术、加强海内外两个市场的互动以及收购海外战略性资产等策略,实现中国制造业的创新与跨越。浙江大学公共政策研究院院长姚先国教授对大数据时代的公共管理创新进行了探讨,指出大数据、云计算同样适用于公共管理领域,深化改革、转变发展方式、创新公共政策、实现社会和谐都需要大数据支撑,公共管理的制度创新与信息技术创新应相伴而行,相互促进。河海大学汪群教授、李卉、杨漫和田梦斯以经济全球化为时代背景,综合运用战略性国际人力资源管理(SIHRM)理论,对我国企业跨国经营中的管理人才本土化梯度建设进行了初步探讨,阐明如何在企业国际化经营初期、试探期及成熟期的不同阶段从公司战略层面、立足长远合理构建管理人才的梯度,逐步推进管理人才的本土化,并需要把握好推进人才本土化的时机、文化融合、管理人才的培养等关键因素。

### (四)人与人、社会(组织)、自然和谐发展

古往今来,无论中国还是西方国家都一直在追求和谐,可以说和谐是人类的共同理想。实现人与人、人与社会、人与自然的和谐发展是"天时、地利、人和"的体现,也是东方管理思想的终极目标。与会者从不同的研究角度对人与人、社会、自然及经济可持续发展等问题进行了探讨。

1. 人际和谐与人群和谐

北京信息科技大学崔瑜、北京师范大学焦豪和复旦大学的苏勇教授从内部营销理论的角度对员工满意度影响机制进行了实证研究,指出企业内部营销的成功与否可以通过员工对于企业的满意度来测量,其中"激励与发展""资源环境与能力匹配""企业文化及沟通""工作吸引力""管理支持""福利公平"六类因素对企业内部营销具有最为显著的影响。上海国泰君安典当有限公司徐雯静博士及华东政法大学的甄杰副教授以深圳光明新区为例,深入研究产业集群的动态化演变、集群内企业成长的阶段性以及企业员工维护自身权益积极性的深入化提高三者之间的相互作用机制。阐明了企业员工权益地位的变化趋势,说明产业集群内企业员工维权问题具有阶段性和复杂性,产业集群对于企业的发展具有较强的推动作用,尤其是在其内部企业员工维权保障方面具有内生性作用。

2. 社会和谐与世界和谐

上海市合作交流青年联合会主席彭江博士指出,新型城镇化要解决核心问题就是人的问题,关键是提高城镇化的质量,目的是造福百姓和富裕民众,从解决工作岗位(就业机会)的问题着眼,提高收入的问题着手,尊重自然、尊重人、尊重实际、尊重客观规律、结合实际考虑合理的产业与城市布局问题。上海外经集团董事长童继生博士以"中国企业'走出去'的和谐发展之路"为题,阐述了我国企业"走出去"战略的实施情况以及世界各跨国企业在"走出去"过程中的各种不和谐表现,进而提出以"三种和谐"即人与自然、人与人、人与国际社会和谐和不断创新与当地政府、百姓、企业合作模式的"三种模式"为核心的中国企业"走出去"的和谐发展之路。

3. 天人和谐

上海工程技术大学闫虹珏教授从生态文明观探讨东方管理学"三为"思想的现实意义,指出生态文明的实质就是通过可持续发展途径解决人与人、人与自然、人与社会的矛盾,实现个人自我完善、社会进步和环境保护的统一。辽宁大学张今声教授从城市生态文明建设角度,提出了强化生态

观念、建设符合生态文明要求的城市交通系统、净化空气、有效利用水资源、理性进行城市建设、建立全民参与、全民监督机制、积极推进经济发展方式转变等一系列建议,以求促进人口、经济、资源、生态相互促进的良性循环。

如何实现中国经济的可持续发展？上海同华投资集团董事长史正富教授提出了自己的观点：改革开放30多年来的中国并非是一种粗放型的经济增长,而是一种超常规的经济增长,因为中国经济在GDP增长率、消费增长率、投资效率、经济运行稳定性等指标方面都远超世界其他国家。中国经济要避免陷入"中等收入陷阱",就不能降低发展速度,而"工业化、信息化、城镇化和农业现代化"新四化加市场化战略,不足以支撑中国第二次真正意义上长周期的经济增长,必须通过技术资本筹集百万亿资金,打造一个国家发展战略性的基金体系,实施对生态资产与战略性资源以及人力资源开发的长期投资,达到充分利用土水热能资源,改变国家能源经济结构,培养产业发展的应用型人才,从而实现中国经济以内需为主的可持续性的超常增长目标。

### (五) 总结与展望

本次论坛形成的重要学术观点包括：(1)东方管理思想的实践意义体现在如何树立"以人为本"的科学发展观,建设"以德为先"的世界观,树立"人为为人"的人生观及构建和谐社会的"人和"观;(2)东方管理思想对整个政治、经济、社会和文化的发展具有一种宏观的、长期的、可持续的理论和学术上的引领作用;(3)中国管理模式的研究应当用现代科学的方法,从研究东方人文社会情景下特别的管理方式和方法,发现它的艺术性规律,以实证其绩效和资源配置效率的问题;(4)实施对生态资产、战略性资源及人力资源开发的长期投资,实现中国经济第二次的超常增加,是中国经济未来30年可持续发展的战略选择;(5)在中国要更好地应用西方管理理论,需要理解理论自身的发展逻辑、前提条件以及时代背景。与会者认为,历届东方管理论坛所积累下来的学术成果对中国管理理论和实践的发展是一笔巨大的财富,有利推动国内管理学术的交流和东方管理思想的传播;中国管理模式的形成是一个融合创新的过程,体现了东方管理与西方管理的融合发展,体现了当前中国构建和谐社会对管理理论与实践的价值导向性要求,其目标就是要不断促进人与人、社会、自然的和谐发展。

展望未来,中国管理模式的融合创新将继续深入,"以人为本、以德为先、人为为人"为核心的东方管理思想将始终是其理论灵魂和实践主线。随着中国新一轮改革的展开,中国管理模式的融合与创新将更关注中国最广大人民的生命存在质量的提升和平等、全面的发展,更体现"和"的目标引领作用以及东方管理文化的长远思想价值。东方管理学强调的"以人为本"的发展观、"以德为先"的价值观、"人为为人"的经营观以及"和合共赢"的互动观必将为我国的政治、经济和文化等不同层次的管理发挥巨大作用的同时,还必将为世界管理理论丛林做出更大的贡献。

# 19. 第十八届世界管理论坛暨东方管理论坛(2014)

论坛主题：东方管理理论与实践——过去·现在·未来

## 主题报告：东方管理学的缘起与未来[①]

中国经济近年来的迅猛发展，已使得中国企业管理得到越来越多国内外学者的关注。从纷繁复杂的历史典籍、独具特色的中国管理实践中提炼出中国管理的经验或模式，已经成为中国管理学者的必然使命。而东方管理理论的探索，最初正是源于对西方管理话语霸权的反思，对当代中国经济管理实践及其思考的呼应，对"言必称希腊"式管理研究的批评。

在众多学界同仁对"中国式管理"的探讨过程中，我提出并倡导进行东方管理研究。自1976年我在复旦大学开设《红楼梦》中的经济管理思想"讲座以来，逐渐提出了以"以人为本、以德为先、人为为人"为本质属性的东方管理理论框架。一批学界同仁也开始和我一起致力于东方管理研究与实践。这群致力于东方管理研究的学者被称为"东方管理学派"，在国内外管理学界产生了较大的影响。经过近40年的发展，东方管理理论逐步形成了自己独特的框架，也在国内第一个提出"东方管理学"这一全新的学科，招收硕士、博士研究生。虽然取得了一些成绩，但东方管理理论仍需要发展完善，尚需要各位同仁的共同努力，将其进一步推进。借此机会，对东方管理研究的过去、现在和未来作一简单的回顾与展望。

历经40多年来的努力，我用5个字来概括东方管理学的理论体系："学""为""治""行""和"。

## "三学"：东西方智慧的交汇

**在新经济环境下，只有充分发挥中西方管理理论与实践的各自优势，取长补短，才能更好地体现东方管理学科学性和艺术性协调统一的特点**

有些人对东方管理学存在误解，以为东方管理学是要回到故纸堆里，专门研究中国古代典籍中的管理思想。其实，东方管理学是一门现代的管理学科，它是在融合中外古今管理思想、方法的基础上形成的一门新兴的管理体系。中国管理、西方管理以及华商管理的理论与实践，是东方管理学的三大理论资源。

1. 中国管理理论与实践

东方管理学根植于东方管理文化。易经的"阴阳"、道家的"无为"、儒家的"仁爱"、佛家的"慈善"、兵家的"用人"、法家的"崇法"等，都是我们深入总结、提炼、进行现代化的创造性转换的基础。

---

[①] 本文刊载于《解放日报》2014年11月29日。

如果脱离了这些基于中国传统文化的管理思想，所谓中国式管理理论将是无源之水、无本之木。

在西方，把管理作为一门学科进行系统研究，只不过是最近100多年的事情；而在中国，有史料可查的管理典籍可以上溯到2000多年前的《尚书》《周礼》。虽然当时并没有形成一个符合现代西方标准的、能够体现各行各业各种管理工作共同特点的管理学，但史料中所记载的中国管理的组织设计、典章制度构建、信息沟通、物流管理及工程建设等，都令现代人啧啧称奇。

按照文化的传承性来看，这些具体的管理人物和管理事件，都必然会在其后的管理实践中留下一定的痕迹，构成东方悠久的管理历史中的重要一环。而所有这些都是我们从事东方管理理论研究的重要资源之一。

2. 西方管理理论与实践

东方管理从来就不否定西方管理，也不主张将东西方管理对立起来。东方管理与西方管理应是一种共同发展、相互补充的关系。东方管理的研究决不能将视野仅仅局限于东方文化情境；相反，会积极跟踪西方管理研究，在把握吃透西方管理精髓的前提下，才能进行研究。只有在深刻理解东西方文化传统的基础上，才能在东西方文化中进行东方文化的定位。

由于中西方文化上的差异，传统的中西方管理理论与实践各有不同的优势和劣势。比如，西方管理重分析、重理性、重科学、重法制，却不注重伦理道德的修养，不注重人与自然、人与社会、人与人关系的和谐，更不注重以情感人的管理教育；而中国管理却恰恰相反，它重综合、重感化、重和谐、重仁爱，却不太注意营造法制意识和科学精神。

其实，这两个方面偏重任何一个方面而走向极致都是不可取的。历史上，商鞅和韩非等人曾经从根本上否定道德观念对人的制约作用。韩非甚至把所有人与人之间的关系，都归结为利害关系，只相信赏罚的作用。他们主张"为治者，不务德而务法"，即从事管理的人主要依靠法制而不能依靠道德。其结果是，他们辅佐的秦国逐渐富国强兵，灭六国而统一中国，取得了巨大的成功。然而，却又是严政酷吏，无视社会思想道德对管理的积极作用，最终导致了秦王朝的迅速土崩瓦解。正所谓"灭秦者，秦也，非六国也"。

同样，如果片面强调思想道德意识形态的东西，排斥科学、排斥理性，也会损害经济的增长和发展，造成百业萧条，民不聊生。因此，西方管理理论与实践同样是东方管理学的重要渊源之一。在新经济环境下，只有充分发挥中西方管理理论与实践的各自优势，取长补短，才能更好地体现东方管理学科学性和艺术性协调统一的特点。

3. 华商管理理论与实践

海外华商取得成功的根本原因，就是在多元文化环境中的适应性与创造性。东西方文化具有巨大的互补性，而正是对二者的融合创新使海外华商具备了独特的经营智慧。

在东西方智慧的交汇点上，海外华人企业家们自觉地博取两种经营智慧的长处，并创造、提炼、萃取出一种全新的管理范式，促生了一大批在精于经营管理的同时具有强烈社会责任感的海外华商巨富。

中国式管理最迫切需要具备的素质，就是适应多元文化结构的管理智慧。因此，华商管理的理论与实践也是东方管理学的重要渊源之一。

## "三为"：管理的本质是什么

**许多人仅仅将"以人为本"理解为发挥人的积极性、主动性和创造性，给人们一个充分施展才华的空间。这只是理解了"以人为本"的浅表内涵**

在以上这三大理论与实践的基础上，我们提炼出了"道、变、人、威、实、和、器、法、信、筹、谋、术、效、勤、圆"等 15 个哲学要素,萃取出"以人为本、以德为先、人为为人"的"三为"原理。"三为"试图聚焦的是,东方管理文化的本质特征、贯穿东方管理学的主线是什么。

1. 以人为本

迄今,"以人为本"业已成为当今媒体、学界使用频率极高的一个词。然而,许多人仅仅将"以人为本"理解为发挥人的积极性、主动性和创造性,给人们一个充分施展才华的空间。这只是理解了"以人为本"的浅表内涵。所谓的将人视为企业最重要的资源,其逻辑仍是工具价值论。

与基于工具理性的人本观不同,东方管理学的"以人为本"包含着两层含义:一是将人视为管理的首要因素,一切管理工作都围绕着如何调动人的积极性、主动性和创造性来展开,这是它的浅表内涵;二是通过给人们提供充分施展才华的空间,不断地运用挑战来锻炼人的智力、体力乃至意志品质,并在此全面发展的基础上,努力实现摆脱自然束缚的自由发展,提高人的生命存在质量。这才是"以人为本"的深层内涵。

现代东方管理之所以强调"以人为本"的本质,是把人作为管理活动的目的而非工具。这首先要求消解传统意义上管理者与被管理者的对立。

2. 以德为先

作为一条基本原则,"以德为先"不仅可运用于治国实践中,而且贯穿于治生、治家、治身实践。对于管理者而言,高水平的道德修养是必备条件之一。正所谓"德者,才之帅也;才者,德之资也。"

在组织管理中,管理者经常要运用权威来指挥和影响组织成员,其中有些权威是制度所赋予的。另一些则有赖于管理者的个人魅力和其他优秀品质,东方管理学更推崇后者。

对于企业管理而言,除加强内功修炼,形成良好的企业文化和商业信誉外,还得在质量道德、竞争道德与经营管理道德方面加强引导和教育。

3. 人为为人

"人为为人"是指"每个人首先要注重自身的行为修养。"正人必先正己",然后从"为人"的角度出发,来从事、控制和调整自身的行为,创造一种良好的人际关系和激励环境,使人们能够持久地在激发状态下工作,主观能动性得到充分发挥。

具体说来,"人为为人"概括了管理过程中三对矛盾的统一运动:(1)义与利的关系问题,我们主张以义取利;(2)激励与服务的关系问题,管理既是激励,更是服务;(3)"人为"与"为人"的关系问题,个体必须从利他的角度出发,来实现利己的目的。

对任何管理者或被管理者,都有一个从个人行为逐步向为他人服务转变的过程。"人为为人"事实上代表了一种高度的道德境界——有理性的利他行为。这样的人具有比较稳定的道德准则,其行为以是否服务于别人并提高整个组织的工作绩效为依据。

## "四治":管理不只关注企业

**东方管理学的内容主要包括治国、治生、治家和治身四个方面。它不仅涵盖了管理实践的各个层面,也符合中国儒家"修身齐家治国平天下"的推演逻辑**

四治体系是我基于古今中外管理实践而提出的管理范畴论。东方管理学的内容主要包括治国、治生、治家和治身四个方面。它不仅涵盖了管理实践的各个层面,也符合中国儒家"修身齐家治国平天下"的推演逻辑。这与目前一些研究者仅关注企业管理层面的中国式管理不同。

事实上,一些西方学者也主张不能将管理局限为"企业管理"。比如,巴纳德(Barnard)认为,企业管理只是一般管理理论的一个分支,基本上与管理其他组织没有什么分别。管理大师德鲁克更是认为,"管理是所有组织所特有的和独具特色的工具"。纵观德鲁克一生对管理的研究和总结,基本也是围绕个人的管理、组织的管理和社会的管理三个层面展开。德鲁克的这种思路与东方管理学所讲的修身、齐家、立业、治国思想是相当吻合的。

中华民族数千年来经历了无数次改朝换代和多种外来文化的渗透,积累了丰富而深邃的治国理念、法则和方法。就治国理念而言,最具代表性的有:道法自然、济世兴邦、礼法并举、以民为本等。就治国手段而言,有无为而治、唯法为治、以德治国等。改革开放以来,中国经济社会建设取得了巨大的成就。所有这些治国的实践、理论、经验都需要提炼、梳理和总结。

东方管理的治生论,是以"德本财末"道德观和"诚、信、义、仁"伦理思想为哲学核心,并以"积著之理"为中心,依循所发现的客观经济规律,由此所发展出预测、战略计划、市场营销、人事管理和质量管理等方面的方法和技巧。因此,东方管理的治生之道,特别强调以德治生、以义取利,以仁德观建立企业经营的核心理念,强调企业对社会的责任。

俗语说,"家和万事兴"。家庭不仅是个体社会化的最早场所,也是个体外出谋生、创事业的后方根据地。因此,将"治家"纳入企业管理范围也是相当必要的。中国当代民营经济的发展一种重要形式就是家族制企业的发展。研究中国家族制企业的发展、转型与传承,已成为历史交给我们的重要使命。

治身即自我管理。自我管理是个体成功的关键,也是治家、治生、治国的逻辑基础。在中国传统管理思想中,治身是一个不断积功累行的过程,是对自己私欲的克服,也是对自身的身体、心灵、精神、情感、智慧水平的改善。其关键是必须通过主体人的自我认识、自我判断、自我选择和自我努力来实现。因此,治身学既是中国式管理的重要内容之一,也是区别于西方管理的一个重要特色。

## "五行":"三为""四治"的体现

**东方文化特别注重关系互动,"GUANXI"也已经为西方学者所关注。诚信是东方人缘沟通的基石,而和合则是东方人缘沟通的目标**

"五行"管理是指对管理过程中运行的五种行为即人道行为、人心行为、人缘行为、人谋行为以及人才行为进行管理。它是"三为"、"四治"理论在实践环节中的具体表现,并分别与现代西方管理学科体系中的管理哲学、管理心理、管理沟通、战略管理以及人力资源管理等相对应。应说明的是,这种对应关系仅仅是指它们所研究的对象类似。从学科的内涵及其所采用的概念体系来看,它们之间是不同的。

人道管理,强调的是在管理过程中必须"得道遵道"。管理者与被管理者之间要形成一种良性互动。管理者必须尊重个体的主观能动性。

人心管理,意指任何管理过程最终的实现都必须通过心理认知环节。在管理实践中,管理者个人对人性的认识、假定决定了其管理方法、哲学。东方管理学认为,过往的人性假设失之偏颇,因而提出了"主体人"之假定。

人缘管理,类似管理沟通。东方文化特别注重关系互动,"GUANXI"也已经为西方学者所关注。东方管理学派基于对传统文化以及华商管理实践的考察,提出了东方"五缘"网络体系(即亲缘、地缘、文缘、商缘、神缘)。这"五缘"网络不仅构成了人际互动的切入点,也是一种极有价值的社会资本。诚信是东方人缘沟通的基石,而和合则是东方人缘沟通的目标。

人谋管理,类似战略管理。中国兵家学说中蕴涵着璀璨的谋略思想,这比西方《战争论》中开始涉及战略这一主题早上了几千年。我国古代的决策谋略思想可以在现代企业管理中得到充分而有效的转化和运用。

人才管理,类似人力资源管理。人才已成为第一资源:对于企业而言,人才是基业常青之根;对于国家而言,人才则是强国之本。我国古代关于识才、选才、育才、用才有大量的论述,值得细细归纳、提炼。

## "和合":东方管理的目标

**在东方管理"三为"、"四治"和"五行"的创新运用过程中,均存在各种矛盾的和谐问题。"和谐管理"一直是东方管理研究的重要主题**

"和"为天下大道,"和"是东方管理的主旋律。在东方管理"三为"、"四治"和"五行"的创新运用过程中,均存在各种矛盾的和谐问题。"和谐管理"一直是东方管理研究的重要主题。"夫和实生物,同则不继。以他平他谓之和,故能丰长而物归之;若以同裨同,尽乃弃矣。"(《国语·郑语》)这种和合思想体现在现代企业之间关系上,就是企业与企业之间不仅存在竞争,更有合作。

和谐观不仅在治生、治家以及治身中得到广泛应用,在治国领域也能得到广泛应用。从国家管理来说,"人为为人"管理的目标就是构建和谐社会。从国际层面来说,"人为为人"管理的目标就是构建竞合有序的国际关系。

历经40年来,东方管理研究已取得了较多的成果。在社会上,东方管理也日益被公众知悉。"以人为本、以德为先、人为为人"被众多学者、企业家所认同,并在管理实践中积极采用。东方管理学科的影响已经超越了学术研究,开始延伸到社会生活的其他领域。

下一步,东方管理研究除了继续在大理论上进行讨论,建立更多小的中层理论,能否吸引、组织现在国内从事东方管理研究的学者进行合作,共同推进对一些重要问题的研究?我看这是非常迫

苏东水教授与第十八届世界管理论坛暨东方管理论坛部分与会代表合影

切的。单靠某个学者在某方面的突破,对于一些重大问题的解决可能还是有些力不从心。我认为,我们可以发挥协同力,一起就一些重大问题开展专题研讨。"管理只有永恒的问题,没有终结的答案。"东方管理研究要得到进一步的发展,还需要大家一起齐心协力,共同努力。

第十八届世界管理论坛暨东方管理论坛全体代表合影

## 大变革时代的东方管理理论发展与实践创新
——第十八届世界管理论坛暨东方管理论坛观点综述①

以"东方管理理论与实践——过去·现在·未来"为主题的第十八届世界管理论坛暨东方管理论坛于2014年10月18—19日在复旦大学隆重召开。来自美国、日本等国家及复旦大学、北京大学、上海交通大学、西安交通大学等国内30多所知名高校的专家学者、政府官员、企业家及学生等200多人参加了大会。本届论坛由世界管理学者协会联盟(IFSAM)中国委员会、复旦大学管理学院主办,复旦大学经济管理研究所、上海工程技术大学、上海管理教育学会承办,上海外国语大学东方管理研究中心、上海东华国际人才研修学院、复旦大学东方管理研究院、中国东方管理学者协会联盟、上海现代企业经营管理研究会协办。本届论坛围绕"中国'东学'四十年的探索""东方管理学的理论研究与实践探索""东方管理理论在新时代背景下的运用与创新"等专题进行深入研讨和交流。

### (一)中国"东学"四十年发展回顾

东方管理学在学界被称为"东学",至今已有40年的探索和研究,举办了十八届世界管理论坛暨东方管理论坛。40年时间,既有东西方管理思想的碰撞、交融和启示,也有管理实践的探索、总结和升华。

在大会的主旨演讲中,复旦大学首席教授、东方管理学派创始人苏东水教授系统梳理了40年来东方管理学研究、发展的历程和取得的成就。苏东水教授指出,东方管理的发展,既是理论的,也

---

① 本文刊载于《管理世界》2015年第1期,与苏宗伟、范徵、王风华合作。

是实践的;既是中国的,也是世界的;既是立足现实的,也是面向未来的;是一个不断探索、总结、实践、创新,再探索、再总结、再实践、再创新的不断上升的过程。总的说来,东方管理的研究与发展历程可以总结为"3个阶段":第一阶段从20世纪70年代中期开始到80年代中期,可以总结为"古为今用、洋为中用、融合提炼";第二阶段从20世纪80年代中期到1997年,可以总结为"理论创新、独成一家、走向世界";第三阶段从1997年至今,可以总结为"发展学派、创新体系、扩大影响"。这3个阶段,伴随中国经济的快速发展,理论与实践相互强化和交互提升,东方管理日益成熟和完善;这3个阶段,伴随经济全球化进程和中国企业、中国文化走向世界,东方管理不但贡献中国也贡献人类。

40年来,东方管理发展的主要成就可以简单地概括为"六个一":第一,创立了一个新学派——在世界独树一帜的东方管理学派,并在全国多所高校设立东方管理研究机构;第二,创建了一个新体系——东西融合的"五字经"理论体系;第三,创设了一个新学科——东方管理学二级学科,并已在多所知名高校建立从本科到硕士、博士的多层次学科与培养体系;第四,创立并举办了一系列论坛——世界管理论坛暨东方管理论坛,本次大会已是连续成功举办的第十八届论坛;第五,造就了一大批学者——这些学者以苏东水教授的学生为主体,专注于东方管理的研究与实践,是推动东方管理研究和发展的主要力量;第六,指导了社会实践——很多学者现已成长为企业、政界或教育界的领袖,他们将东方管理智慧与管理实践相结合,为中国的经济、社会、外交、教育等的发展做出了重要贡献。

全国政协副主席王家瑞教授指出,东方管理"以人为本、以德为先、人为为人"核心思想代表了东西方管理思想融合发展的趋势,其对世界文明交流互鉴具有重要价值。新形势下,东西方文明交流互鉴应坚持以习近平总书记阐述的中国文明观为指引,努力构建和谐世界,具体在实践中可展开为以下5个方面:一是"以人为本",积极探索符合本国国情和人民意愿的发展道路;二是"以德为先",努力践行和平发展理念及和平外交政策;三是"人为为人",在追逐"中国梦"的同时帮助世界人民圆梦;四是"人和管理",以和平对话、平等协商方式妥善处理问题与分歧;五是"和而不同",尊重各国人民自主选择发展道路的权利。上海宝山区委书记汪泓教授指出,加快城乡统筹发展需要进一步推进体制机制创新,东方管理学所提出的关注整体性与系统性、和谐性与协调性、人本化与生态化的战略管理思想,应成为上海构建互动和谐的城乡发展新格局发展战略设计的基本原则。中国商飞董事长金壮龙博士在分析西方管理思想在中国企业发展过程中"水土不服"现象的基础上,阐述了东方管理思想在企业管理实践中运用的重点和重要价值。他指出,东方管理的"三为"思想符合现代企业管理的本质要求,其逻辑思想是,管理的对象是人,管理的哲学基础是德,管理的起点是人为,管理的目的是为人,管理的最高境界是无为。东方管理思想在我国"大飞机"的设计和制造中得到了很好的应用。上海外国语大学原党委书记吴友富教授指出,提升中国国有企业在世界经济中的竞争实力,一是要提高国有企业全球配置的能力;二是在国际竞争挤压下中国跨国公司一定要实现快速成长;三是如何抓住机遇打造具有国际竞争力的新型产业群。作为国有企业的领导者要善于运用东方管理智慧,以人为本、以变应变,不断提升国有企业的国际化竞争力。

(二)东方管理学的现代价值

过去40年,东方管理学派的学者们以中华古典智慧为引,古为今用,古今相承;以西方管理理论为鉴,洋为中用,东西融合;以中国管理实践为例,深入挖掘,总结提炼,使东方管理学的观点、内容和体系不断丰富,日渐成熟。理论研究和实践探索是没有止境的,在本届论坛上学者们以开放的心态、创新的精神为东方管理未来的学术研究和实践发展提出了许多启发性、建设性和前瞻性的观点。

1. 东方管理理论的传统及其现代转型

东方管理学认为,要采取扬弃的态度,从中国传统管理文化中吸取精华,东方管理学是基于中国情景的本土化研究,但它不是管理文化的"复古",而是吐故纳新,是包容性的创新。应从中国管理实践应用角度出发,把中国传统管理思想总结为一系列原理及原则转换对当代管理有价值的理念和方法。复旦大学袁闯教授全面诠释了《管子》对当代中国管理发展的意义,强调将《管子》作为管理理论来看,仍然值得充分研究和借鉴。西安交通大学雷原教授和赵倩对中国传统管理思想"为天人合一、心物一体、以仁为本、中庸无为"进行了深入的阐释,对于在社会发展新形势下树立正确的个人与社会价值理念具有重要的启示作用。上海对外经贸大学谢佩洪副教授和哥本哈根商学院李平认为,中国传统哲学最为本源的基础在于道家,而不在于儒家。中国传统道家哲学以"道"、"阴阳"、"悟"为核心内容,中国本土管理研究必须深深地扎根于中国传统哲学之中。华东师范大学贾利军等依据易文化的推演法则,构建人类营销的发展进化模式,即太阴(功能营销阶段)——少阳(质量营销阶段)——太阳(心理营销阶段)——少阴(伦理营销阶段),以期在纷繁复杂的市场表象背后发现营销发展的真实脉络与运行模式,为和谐市场经济提供一个可能的理论视角。上海交通大学陈德智教授将孙子所提出的将领5个方面的素质因素(智、信、仁、勇、严)作为测量企业家素质指标,构建基于孙子兵法的企业家素质模型,并以李克特七分量表进行问卷测量,建立基于孙子兵法的企业家素质模型。研究结果表明,基于孙子兵法的企业家素质模型在理论上是合理,并具有实际可操作性,对企业家的培养与选拔具有参考价值。

2. 东方管理"三为"原理及应用

东方管理"以人为本、以德为先、人为为人"的"三为"原理强调回归人性,就是将人的自由与解放摆在了首要位置,倡导身与心、人与人、人与组织、人与环境的和谐一体。上海外国语大学苏宗伟副教授指出如何有效地将东方管理核心思想运用到中国企业管理实践中是东方管理学研究未来发展的现实问题,他提出东方管理学"三为"思想在企业中的实践运用要做到以下3个方面的结合:以人为本的发展观要注重企业能力的发展、制度的发展以及精神文化发展的结合;以德为先的价值观要注重"信德"的经营理念、"仁德"的经营目标以及"和德"的经营方式的结合;人为为人的经营观要注重"利己"与"利人"、"激励"与"服务"以及"人为"与"为人"的结合。河海大学商学院院长张阳教授和杨恺钧副教授分析了东方管理文化"走出去"战略路径的背景、意义和面临的挑战,并从政府、企业、高校、产业园4个维度解析了东方管理文化走出去的战略路径——充分发挥文化外交渠道的作用并积极开展文化年活动,大力鼓励企业网络传播并加大海外培训力度,提高高校的对外学术交流水平和大力推动留学生培养,以及推动和扩充国内外产业园区的发展。复旦大学伍华佳副教授在以东方管理文化为特质的中国企业的企业文化研究中,对中国各所有制企业的企业文化进行了实证分析,揭示了中国企业的企业文化的独特优势和特色,并对未来各所有制企业的企业文化走向进行了一定的预测。复旦大学的丁诚和薛求知教授认为在东方管理学的思想中,"以德为先"为企业家角色赋予了新的内涵,提炼出企业家作为"修行者"的角色特征,及对新的"师者"角色特征进行补充论证。并整合东西管理学派,提出"对内修己,对外安人"为内核的东方管理学背景下企业家的角色模型。上海财经大学万君宝副教授通过领导理论中的"权力—服务"机制分析,对比分析了仆从领导理论与东方管理学"三为理论"的服务哲学,揭示了东方管理学中道家仆从领导哲学的自我超越路径和儒家仆从领导哲学中的社会实践路径。针对当代中国的政治现实,提出了建立"权力—服务"和谐机制、治理权力腐败的建议。

### 3. 东方管理学的"四治"理论与实践

东西方管理的逻辑起点不同。西方管理的逻辑起点是作为"要素"的劳动者与资本的技术性匹配和控制,东方管理的逻辑起点是"人"的"修己",逻辑过程是修身—齐家—治国—平天下。据此,东方管理学划分为"四治",即治身、治家、治生、治国4个管理层次,涵盖从微观管理、中观管理到宏观管理。复旦大学苏勇教授和纪文龙从人生意义的层面,分析了企业家"治身"的内涵,提出人与动物的本质区别在于人可以用理性挣脱感性的生理束缚,并针对企业家群体的人生内容进行分析;企业家的人生意义在于通过经营企业的实践,实现自我"感性(身)"与"理性(心)"的统一。复旦大学潘宇和胡建绩教授从我国传统文化视角出发,采用质性研究的方法,发现影响现代企业文化的主要只有 4 种文化派别——儒家、墨家、法家和周易,其中儒家影响最深;企业文化类型与企业整体绩效相关程度不大,儒家型文化的企业在顾客绩效方面显著优于其他,墨家型和法家型文化的企业在市场绩效方面显著优于其他,周易型文化的企业在财务绩效方面显著优于其他。上海工程技术大学的田成宇和孟勇副教授,分析了我国家族企业持续成长中的家族企业文化的内涵特征,阐述了家族企业文化对于家族企业持续成长的双重作用,运用东方管理学治身方法,提出了构建有利于家族企业持续成长的家族企业文化的对策。上海对外贸易学院于欢以"五缘"理论为基础,考察了福建泉州商帮的发展历程,提出商帮的特点是缘认同和因缘而成商人网络,是基于中国人际信任和人际关系网络而形成的,是我国市场中的非正式组织,也是很重要的市场组织形式;商帮具有"抱团"、专业化、降低交易费用、学习效应、区域性品牌等方面的优势,具有很强的市场竞争力。河海大学毛博伟和 Abubakar Shehu 探究汽车产业发展对尼日利亚国民经济的影响,并针对尼日利亚汽车产业发展中出现的问题,结合东方管理学理论,提出了提高国民收入,增强国民购买力,明确国家汽车产业发展战略,遵循产业发展规律,促进基础工业设施建设,加强汽车产业人才的培养、教育与引进等相关政策建议。

### 4. 其他理论实证观点

与会者还就全球管理模式、国有企业治理机制及企业竞争力等方面进行了深入的探讨。上海外国语大学管理学院院长范徵教授等引入新制度主义和知识管理的新视角,开发了"基于制度与知识的冰河模型"的新分析工具,提出了"基于世界文明体系的全球管理模式"的新分析框架。上海对外贸易大学嵇尚洲副教授、张铁铸教授、冯体一从制度落差视角剖析国企跨国扩张受阻的深层次制度原因,提出国有企业可以通过董事会知识重构、机制重构和社会资本重构,发挥董事会的专业决策能力、跨界治理能力和知识融合能力,以破解国企国际化难题。上海对外经贸大学谢佩洪副教授、上海交通大学孟宪忠教授及丹麦哥本哈根李鑫指出,企业竞争力主要以效率、信誉、创新三方面要素构成,通过基因再造切实提高我国企业的创新竞争力和信誉竞争力是摆在我们面前的两个最重要的挑战。复旦大学芮明杰教授指出,"工业 4.0"即将爆发,其核心概念是智能互联生产体系,上海需要首先提高科技创新能力,其次,培育与发展上海的互联网和电子商务的领军人物和领军企业;第三,成立专门起草工业智能生产系统战略的团队,推动上海产业结构调整方向。日本山口大学孙爱淑和原口俊道教授研究了消费态度与食品购买行为之间的关系,阐明不同人群会对商品的认识过程、情感过程与意志过程中有某种程度的共同认可。

## (三) 东方管理理论在新时代背景下的运用与创新

任何管理理论的生命力在于其"从实践中来,又回到实践去",并在实践中摸索创新,使理论和实践相互丰富、交互提升。东方管理过去、现在、未来的发展,既离不开学者、思想者,也离不开身处企业管理一线的企业家、实践者。这些企业家虽然分布于不同的产业,但共同的一点是,他们都成功地在新的时代背景下将东方管理的理念和智慧运用于企业管理,在创新实践的过程中也创新和丰富了东方管理。在本次论坛上,许多知名企业家与学者分享了东方管理思想应用的新发现和新启示。

1. 东方管理理论的企业运用

华南理工大学工商管理学教授、新希望集团董事长兼首席执行官陈春花教授从道家"上善若水"思想中提出"水样组织①"的概念,强调组织柔性化管理首先需要能够实事求是的面对变化;其次,要有非常强的自我批判的能力;第三,向同行标杆企业学习的能力,使得组织的柔性更适应环境的变化。组织活力是获得组织柔性管理的条件和基础,而保持组织活力需要保有危机感、主动打破平衡、组织文化包容变革以及坚持与任性的4个核心要素。她指出,未来的组织是有组织无结构的,只有没有结构的组织,结构被打破的组织,它的柔性才是够的。上海纺织集团党委书记童继生博士指出,东方管理学注重"道",而西方管理注重"术";东方管理学的特点是定性管理,而西方管理学的特点是量化管理;东方管理注重文化和抽象性,而西方管理注重逻辑和具体性;西方管理思想和理论有其局限性,是需要东方管理思想来补充完善的。东方管理学未来的发展,要加强它的开放性,善于吸收西方管理学中的一些量化分析的工具和方法;要吸收全球化的思想,向发展中国家推广;要加强东西方管理的比较研究。同华投资集团总裁翟立指出,西方激励—绩效管理的理论和实践以人的"自利"本性为一般原则,其面临的主要困难是自利动机本质上无法克服,而东方管理所提出的"人为为人"的原则可以与市场经济中的利益实现相容,其在理论上可以消解人的自利动机对企业和个人的腐蚀性影响,在实践上可以通过建立企业财务核算和绩效管理的新方法施行,最终实现企业和个人两者利益和价值的双赢。

2. 东方管理理论的实践创新发展

上海工程技术大学副校长史健勇教授结合高校教育和管理的实践分析了东方管理学的文化价值和学科价值,建议应该整合全国各高校东方管理研究力量,形成联盟机制,建立一个从本科、硕士到博士的教学及科研的互动交流共享平台,共同繁荣东方管理学科未来的持续发展。沪江网CFO于杰博士强调,沪江网从中国的传统文化中汲取精髓,构建了一套基于东方管理思想的以人为本、以德为先、人为为人的"三为"管理体系,并成功地将以人为本的发展观、以德为先的价值观、人为为人的经营观贯彻于企业经营管理实践之中,成为中国互联网企业乃至所有高新技术企业管理模式创新的一种成功尝试。上海漕河泾开发区总顾问陈青洲博士指出,对于传统文化要有取舍,把传统和创新结合,把众法和众德相结合,充分吸收西方文明思想,融合创新东方管理,践行普世价值观。上海交通大学颜世富副教授和马喜芳指出,中国古代优秀管理思想就具有恒久的生命力,要善于把中国古代孝道等方面的管理思想和现实工作密切结合,对于我们当代的管理工作,包括对于新生代员工的管理,具有直接的指导意义,可以取得良好的绩效。上海大学管理学院院长尤建新教授指出,企业创新发展源于需求,同时也服务于需求,而企业家是创新生态的关键要素。上海家化股份有限公司原董事总经理、佰草集化妆品有限公司原董事长王茁认为,中国企业更需要企业家精神,企业家要做到自尊而不自大、自觉而不自是、自信而不自负、自强而不自霸、自律而不自固,他给出了易经的"谦卦"地中有山,强调企业家要做到低调和谦让。

---

① 水样组织,是一个有活力的组织的理想状态,水很纯净,不管有什么污染,都可以滤掉,很柔,具有无限多的可能,放在圆的器皿里就是圆的,方的器皿里就是方的,没有结构,怎样变化都可以;但是它又能够克服所有困难,滴穿顽石,磨圆棱角,包容一切。这种特征表现在一个组织里,就是每个人习惯协同,像水一样变换——在这件事情中,你可能是最普通的人,绝对服从另外一个人;在另一件事情中,你最重要,别人要服从你。

3. 东方管理未来发展的思考

东方管理经过近40年的努力探索,虽已取得丰硕的成果,但仍有巨大的发展空间。苏东水教授指出,东方管理要进一步发展,必须要有清晰的战略和明确的目标。首先,东方管理发展的宗旨是"以人为本、整体发展;立足本土、面向世界;人为为人、贡献人类"。这个宗旨的起点和中心都是一个"人"字,东方管理的发展既要培养更多的管理人才,也要依靠既有理论造诣又有实践经验的理论家和实践者,而最终目的则是要为管理中的各个层次的"人"服务,为人的全面发展和整个人类的文明发展做出贡献。在这个宗旨的指导下,要实现东方管理的发展,还必须做好两个方面的"结合":一是理论发展与实践发展的结合,二是国内发展与国际发展的结合。要通过发展学科教育,把东方管理思想一代代传播下去,培养一代代的人才;要通过推进案例研究,丰富东方管理的理论体系,缩短理论与实践的距离;要紧贴网络化、信息化、全球化时代的要求,将东方管理的思想运用于中国当前"创新驱动、转型发展"的实践;要继续深化国际交流,扩大东方管理的全球影响,为中国国际影响力的提升和发挥提供理论支撑和智慧启示。国家行政学院的刘峰教授指出,东方管理的超越和出路在于注入和构建新锐的个人领导力。管理追求秩序,领导推动变革,领导与变革是互动的。东方管理创新要由重视伦理转到重视法理,由重视守成转到重视创新,由重视约束转到重视激励,由重视组织转到重视个人。东方管理不能"自说自话",更不能固步自封;要学会善于对话,东西方管理需要进行融合,东方管理要"独立自主"的发展。复旦大学东方管理研究院院长苏勇教授提出了未来东方管理学研究的六大重点:第一,用东方社会文化的视角来分析现有的以西方为主导的管理学理论;第二,探讨现有的西方管理理论在东方社会和企业中的应用效果及其与东方管理理论的学科边界;第三,深入研究东方国家的企业管理活动当中的特点和规律;第四,研究和总结东方文化价值体系下对管理活动的认知和判断;第五,研究东西方管理思想和理论的异同与融合;第六,研究如何进一步构建和丰富东方管理学的理论体系。上海交通大学安泰经济与管理学院原院长王方华教授指出,东方管理学的形成发展首先要理清其理论来源;第二要从实践出发来创建一个东方管理学的研究范式;第三理论使用的语境要符合世界主流文化,能够被大家广泛接受;第四,理论能在实践中得到应用,这样才有学科的生命力。

(四) 总结与展望

本届论坛经过专家评审共收录论文76篇,论文出版在《管理世界》杂志10月(增)刊。论坛形成的主要学术观点包括:(1) 东方管理过去40年的发展是一个理论与实践相互促进、交互提升、不断创新的过程;(2) 东方管理当前和未来的发展既要注重理论与实践的结合,也要注重国内发展与国际传播的结合;(3) 整合全国各高校东方管理研究力量,形成联盟机制,建立一个从本科、硕士到博士的教学及科研的互动交流共享平台,来共同繁荣东方管理学科未来的持续发展;(4) 东方管理未来的研究重点要放在应用研究、量化研究、案例研究、东西方比较研究等方面,加强东方管理学的数据库建设,包括东方管理案例库、问卷调查数据库、访问调查数据库等,不断丰富东方管理理论的内容和体系;(5) 东方管理学研究要努力使用全球性研究语言,确保源自中国情景的管理理论能被世界范围内的学者所接受与认同。只有管理学者们使用全球语言与规范的方法,才有可能为东方管理研究走向国际管理学界铺平道路。与会者认为,东方管理经过40年的研究和实践,已经形成了较为完善的理论体系,在指导中国管理实践中发挥了巨大的作用,国内和国际影响力都在不断扩大,为未来的发展打下了良好的基础。

随着中国经济的迅速崛起,以及众多企业在解决实际问题中总结出创新性的实践经验,对中国情景的管理现象进行理论研究,已经获得管理学界的共识。但是,这种研究是"本土意义"取向,还是"普适价值"取向,还有很大分歧。以中国传统文化为根基的东方管理学是否具有全球普适性呢?我们认为,西方人本管理的兴起标志着管理学向东方回归。事实上,不管是法约尔的管理基本要素、明兹伯格的管理角色,还是德鲁克的目标管理,都建立了一般管理理论,即普适的管理理论。现有的西方管理理论也是起源于其文化特殊性,这表明,东方管理学发展成为一般管理理论是可能的。东方管理学将不断地探索中国本土实践中存在的管理一般规律,由个性上升到共性,特殊上升到一般,提炼出具有普适价值的新理论,既基于经验,又跨越经验。中国正在融入全球大环境、大市场,地域的边界正变得越来越模糊。本土实践与全球思维的融合将是未来管理的必然发展趋势。东方管理学研究需要全球思维,不断提炼为一般化的管理理论,提升其指导实践的范围及价值。

## 二、在 IFSAM 世界管理大会上的发言稿和相关文献

# 引 言

世界管理协会联盟(International Federation of Scholarly Associations of Management,简称IFSAM)是一个全球性学术组织,于1990年6月成立于德国法兰克福,由全球33个国家的代表性管理协会组成。IFSAM学术会议分为地区性学术会议和世界管理大会。自1992年东京第一届IFSAM世界管理大会召开以来,迄今已经成功举办了11届世界管理大会。本人担任会长的中国国民经济管理学会是中国大陆最早参加该联盟的成员,本人曾经长期担任IFSAM常务理事和中国委员会主席。1997年在复旦大学举办了IFSAM地区性学术会议,即'97世界管理大会,2008年在上海举办了IFSAM世界管理大会。本卷收录了本人出席IFSAM世界管理大会的部分发言稿和相关文献。

**历届 IFSAM 世界管理大会概况**

| 届 别 | 时 间 | 地 点 | 主 题 |
|---|---|---|---|
| 第一届 | 1992.7 | 日本东京<br>Tokyo, Japan | 高科技与管理<br>Management and High Technology |
| 第二届 | 1994.8 | 美国达拉斯<br>Dallas, USA | 全世界管理学者联合起来<br>Linking Management Scholars Worldwide |
| 第三届 | 1996.8 | 法国巴黎<br>Paris, France | 无形资产管理<br>Management of Intangibles |
| 第四届 | 1998.7 | 西班牙马德里<br>Madrid, Spain | 全球化对管理教育、研究和实践的影响<br>Globalization: Impact on Management, Education, Research and Practice |
| 第五届 | 2000.7 | 加拿大蒙特利尔<br>Montréal, Canada | 回顾<br>Taking Stock |
| 第六届 | 2002.7 | 澳大利亚昆士兰黄金海岸<br>Gold Coast, Australia | 全球化背景下的管理:展望21世纪<br>Management in a Global Context: Prospects for the 21st Century |
| 第七届 | 2004.7 | 瑞典哥德堡<br>Göteboeg, Sweden | 多元化世界与变化世界中的管理<br>Management in a World of Diversity and Change |
| 第八届 | 2006.9 | 德国柏林<br>Berlin, Germany | 促进管理对全球挑战的回应<br>Enhancing Managerial Responsiveness to Global Challenges |
| 第九届 | 2008.7 | 中国上海<br>Shanghai, China | 东西方管理融合与发展<br>Fusion and Development of East and West Management |

续表

| 届 别 | 时 间 | 地 点 | 主 题 |
|---|---|---|---|
| 第十届 | 2010 | 法国巴黎<br>Paris, France | 全球经济中的正义与可持续性<br>Justice and Sustainability in the Global Economy |
| 第十一届 | 2012.6 | 爱尔兰利墨里克<br>Limerick, Ireland | 反思管理<br>Management Re-Imagined |

## 附：IFSAM 中国委员会简介

IFSAM 中国委员会是世界管理学者协会联盟(IFSAM)的重要成员之一。中国自 1992 年起成为 IFSAM 的成员之一,由复旦大学首席教授苏东水先生任 IFSAM 历届理事。1997 年 7 月,在中国上海召开的 IFSAM'97 世界管理大会期间,IFSAM 第四届世界管理大会主席 S·G·爱彻瓦利亚主持的 IFSAM 理事会上海会议决定成立 IFSAM 中国委员会,并聘请 IFSAM 历届主席野口佑、J·M·比耶尔、阿兰·伯劳德、S·G·爱彻瓦利亚、安德鲁·培蒂特、格瑞葛·鲍默伯尔、洛尔夫·渥尔夫、沃夫冈·韦伯以及中央党校、复旦大学、北京大学、清华大学、厦门大学、上海交通大学、华东师范大学、中山大学、上海外国语大学、上海财经大学、上海社会科学院等全国 18 所高校的校长或院长担任 IFSAM 中国委员会主要顾问成员,同时确定苏东水教授为 IFSAM 中国委员会主席。为促进东西方管理文化和学术交流,IFSAM 中国委员会自成立以来,开展了一系列卓有成效的理论研究与实践活动,其中包括:组团参加了十届世界管理大会;组织举办了'97 世界管理大会、'99 世界华商管理大会、2008 IFSAM 第九届世界管理大会与第十四届世界管理论坛暨东方管理论坛;组织召开了"中国·东方管理学发展研究会";开办了"东方精英大讲堂";推动高校东方管理学的学科建设、提升政府与企业领导能力;著书立说、发文千篇,扩大了世界管理学者协会联盟在中国的影响。

# 1. 1992年IFSAM第一届世界管理大会(东京)

**按语**：中国自1992年起成为IFSAM的成员，1992年由本人组团、带队参加在东京举行的第一届IFSAM世界管理大会。本人在大会上发表了《中国工业现代化进程中的环境问题》的演讲。在会议期间，中国、俄罗斯、韩国四国发起组织东亚经营管理学会，本人应邀到日中经济协会、日本大学商学院作了学术报告。会后本人撰写了报送国家教委、复旦大学的总结报告。

## 关于参加1992年IFSAM世界管理大会的汇报

### 一、会 议 概 况

国际学者经营管理学会联盟(International Federation of Scholarly Associations of Management, 简称IFSAM)是一个世界性的经营管理学学者的组织。其目的主要是在目前经营管理越来越趋于国际化的环境中加强各国学者之间的交流与合作，促进经营管理学科的研究与发展。各国均以本国最有影响力的、全国性的学者经营管理学学会或协会参加国际联盟，目前共有17个国家参加。联盟的第一任主席是德国的赫斯特·阿尔巴哈教授，第二任主席(现任)是日本的野口佑教授，第三任主席(1993—1994)是美国的比耶尔教授，第四任主席也已选出，是法国的伯劳德教授(1995—1996)。联盟每两年举办一次国际性会议，由主席所在国负责筹办。大会最高权力机构为理事会，由28位理事组成。中国的苏东水教授为理事成员。

1992年东京大会是联盟举办的第一次国际性学术会议，会议的主题是"高技术与管理"。于1992年9月7日至10日在日本东京的京王大饭店召开。共有22个国家的近500名代表出席了大会。大会征集、筛选了116篇论文，并特约了58篇论文，共计发表了174篇论文，会议出版了论文集。

大会于9月6日召开了理事会议，听取了东京大会组织委员会关于会议的筹备情况；下一届主席比耶尔教授介绍了1994年美国德克萨斯州大会的设想；讨论了联盟的组织发展计划，成立了若干个专门委员会，如：加入者资格审查委员会、帮助第三世界国家建立全国性学者组织的委员会等等；讨论了章程修订意见；选举产生了1994—1996年的主席以及下一届的秘书长、司库财政主管。大会于9月7日举行了开幕式，开幕式后法国伯劳德教授和日本野口佑教授分别作了题为《经营管理与高技术》和《宏观高技术体系与微观高技术经营管理》的大会主题报告。尔后大会进入论文演讲及讨论阶段，共分为16个专题：(1)财务；(2)市场；(3)中小企业；(4)女性与经营管理；(5)经营战略；(6)研究与发展；(7)人事管理与劳工关系；(8)经营管理教育；(9)企业家精神与风险事业；(10) 地域开发与环境问题；(11) 社会主义的经营管理与市场经济；(12) 日本经营管理体系；(13) 组织；(14) 经营管理信息系统；(15) 生产；(16) 国际经营管理。

大会还组织了技术参观访问,分组参观了东芝、NEC、日立、丰田、本田、日产、三洋、富士通、花王等日本著名的跨国公司及一些中小企业。

国际联盟本届主席野口佑教授对中国代表团十分热情友好,对中国代表团一行作了专门的安排,在到达的第一天,就组织"野口同学会"举行了专门欢迎宴会,在会议期间组织安排了专门参观访问,并与将要担任第四届会长的法国伯劳德教授在会议期间百忙之中专门宴请了苏东水教授等中国代表,并提议由中国争取举办1998年国际大会。

在会议上,苏东水教授作为大会特邀代表作了题为《中国工业现代化进程中的环境问题》的报告,获得了会议的热烈掌声。苏东水教授还应邀到日中经济协会、日本大学商学院作了学术报告。在学术会议期间,苏东水教授与日本、美国、加拿大、法国、芬兰、俄罗斯等国的教授学者进行了广泛交流,介绍了中国改革开放的新进展、介绍了复旦大学和中国国民经济学会的有关情况,引起了各国学者的关注。在会上,俄罗斯学者提议由日本、中国、俄罗斯、韩国四国发起组织东亚经营管理学会,以便于更经常地开展活动。野口佑主席对中国国民经济学会雄厚的实力、深厚的学术基础及多年来从事经营管理研究,著作出版、教育活动等留下了深刻的印象。野口佑主席提议以上海和东京作为中心,在中国、日本分别合作成立中日、日中经营开发研究所,进行合作研究。回国前,苏东水教授举办答谢宴会,酬谢野口佑主席及东道国的有关教授,在宴会上及宴会后又对双方合作研究的有关具体事宜进行了探讨。

大会于9月10日结束。第二届大会定于1994年9月于美国达拉斯(得克萨斯州)举行,第三届大会定于1996年在巴黎举行。

## 二、大会主题报告

法国经营管理学与会计学学会主席、巴黎大学伯劳德教授在大会上作了《经营管理与高技术》的主题报告。伯劳德教授认为达·芬奇是个高技术的先驱,在16世纪后期他就发明了飞机、潜艇、工作母机。但他那时不可能建立工程与组织科学之间的联系。而今天,技术诀窍不再可能只属于一个人,而是属于一个专家群体,并且从技术到商品有一个很长的过程,还需要筹措资金等等,使得技术与经营管理产生了不可分割的联系。在高技术的今天,经营管理既是客体(高技术改进了它)也是主体(它影响了创新的过程)。

报告由三章构成：

(1) 高技术导致新型管理风格。伯劳德教授论述了经营管理和技术环境之间存在着相互矛盾的关系,一方面高技术使公司费用增加、风险增大,另一方面它又使公司享有暂时的竞争优势和一个时期的垄断地位。过去,有限的人工信息处理方式导致了假设推理的经营管理方式,今天,无数的统计方法,大量的数据采集和快速的分析得以采用归纳方法。计算机的应用又使得各种模拟、预测成为可能,计算机数据处理与生产管理之间的联系创造了适时生产系统(JUST IN TIME)发展的条件等等。高技术使管理风格发生了变化。

(2) 管理创新结构。技术与劳动力、资本一起构成生产的要素。技术的重要价值在于先于竞争对手充分应用管理的技巧快速使技术商品化。困难在于一项新的知识往往由个人发明,但在它具有经济价值之前必须先转换为集体的知识。不是发明者本人,而是经理人员必须创造一个良好的环境以实现这种转换。根据自私的来源和传递方向的明确或含糊,可以把知识转移分为四种模式。所谓明确化指可以公式化、难以交流。四种模式如下:① 来源含糊,传递方向含糊;② 来源明确,传递方向明确;③ 来源含糊,传递方向明确;④ 来源明确,传递方向含糊。①的例子是艺术,②的例子是数学,公司创新主要是③与④。一个创新公司必须融合这四种模式,一个好的经理必须创造条件使之共存,尤其是建立引导模式③和④的知识转移的结构。伯劳德教授还论述了通过比喻、类推、模棱两可和含糊不清,经营管理可以激发创新。为了对创造性有利,组织结构应为含糊的知识留下些必要的空间。这样的组织不应是一个时钟式的组织结构(一个部件的损坏就导致整个系统的破坏)而应是一个有生命的有机体,具有许多互补机制。管理不能抹杀好像是非科学的创新,如本田公司设计人员的口号是:"汽车进化论",这个比喻联系了两个矛盾的概念:机械(汽车)与生物(进化)。它引出了这样的问题:如果汽车是一种生物,它会怎样进化呢?——这种思维引出了设计新模式。佳能公司设计人员则把佳能复印机滚筒类推至一次性啤酒罐(也是一种滚筒)而发明了一次性滚筒。

(3) 科学与应用的协调。过去的经营管理学曾由一大堆规律构成,这些规律来源于"权威的实践",允许"以主观的确定性替代客观的不确定性",这充满了危险。在极端的例子中,当事实与理论不符时,有人就会说是事实本身错了,越南战争就是由这种类型的管理导致机能障碍的最好例子。经营管理也采用由科学派生的科学工具,但却被错误地冠以"科学管理",采用统计学,优化研究,线性代数,图论并不表明具有放之四海而皆准的科学性。经营管理学无法从实验证明什么等于什么,什么因导致什么果,可是经营管理学至少是一门人文科学,其目标不在于把人类行为简化为数学等式,而是通过科学途径对观察到的事实作出更好的解释。例如,是方法而不是结果使历史成为一门科学,这同样适用于经营管理学,伯劳德教授还阐述了经营管理必须容忍错误和怀疑。最后他论述了在高技术行业中,经营管理趋向于消除传统管理中高层经理决策,中层经理执行的差别,趋向于多样化。学院已经是一个任务多样化的例子,学院教授们把对时间分配为:① 行动(教学、出版、合约咨询);② 基本研究;③ 对所在组织的管理,公司发现多样化对公司有许多好处。

现任学者学会国际联盟主席,日本大学野口佑教授在会上作了题为《宏观高技术体系与微观高技术经营管理》的主题报告。野口佑教授认为,在当代管理科学中,如何处理经营管理和宏观经济系统的关系已成为中心和基本问题。迄今为止,管理科学总把宏观经济体系作为微观经营管理的环境来看待。可是自 1980 年以来,高技术的变化导致了工业体系和公司管理之间的联系越来越密切,两者之间的有机联系也越来越紧密。因此有必要分析高技术对宏观经济体系和微观经营管理的异同点。此外,竞争与合作不仅在一国范围内,也在国际范围内越来越密切相关。只用传统的竞争理论来解释已经不够充分。"企业间的竞争"和"工业间的竞争"由于高技术的变化正在迅速地改变,其复杂性、矩阵性及网络性不仅在技术地图的基础上,也在工业地图的基础上发展和进步。

野口佑教授分析了宏观高技术体系关联表和微观经营管理关联表及其二者之间的相关关系。他认为,高技术体系表的发展不仅融合了生产资料工业和消费品工业,也提高了工业的复杂程度和相互融合程度以适应市场的需求。它进一步提供了技术关联网络的基础并创造了网络工业结构。作为一种结果,生产系统也从传统的泰勒和福特系统中浮现出来,产生了多品种小规模的生产方式,它以可替换元件的生产方式为基础,形成了生产多产品的生产线以适应市场。

通过弹性劳工组织的标准化和吸收现代及传统的管理办法,丰田生产方式在看板系统(KANBAN)和适时生产系统(JIT)的基础上创造了一个纵横交织、矩阵式的生产组织。但宏观尖端技术的高级发展超越了丰田生产方式,在网络技术相关表的基础上创造了网络工业结构,并正在建立电脑集成生产系统(CIM)作为三维的网络生产。如此,弹性智能劳工结构而不是弹性劳工结构创造了网络项目组织,它在丰田生产系统的工作线上混合了"研究""设计""产出""市场",并构成了战略信息系统(SIS)的一部分。以此为例,作为按等级自主分配系统的看板系统转变为电子看板系统,进而适时生产系统不仅创造了战略信息企业和工业相关的矩阵结构,也创造了网络结构。以至于在电脑局域网络和广域网络的基础上,使跨越边界的元器件适时供应成为可能。这种分等级自主分配系统不仅与人造工程(AI)有关,也与智能制造系统(IMS)有关。

## 三、收获与建议

我们感到参加这次会议收获很大。一是通过学术交流使我们了解到了世界经济管理学科的最新成果和动向;二是结识了各国的教授学者,建立了与各国经营管理学术界交流的基础;三是宣传了中国改革开放的新形势及经营管理学术界的友谊,准备进一步建立长期合作关系。

通过参加这次会议,我们有几点建议和打算:

(1) 加强与国际经营管理学术界的交流与合作。① 应该创造条件积极参与 IFSAM 组织的国际会议和学术活动,并争取于 1998 年在中国举办 IFSAN 第四届国际大会;② 与日本、俄罗斯、韩国共同发起组织亚洲学者经营管理学会;③ 与日本合作建立中日经营管理开发研究所。

(2) 加强对国际经营管理的研究和教育。随着我国改革开放的扩大和深入,社会主义市场经济体系的形成,以及加入世界关贸总协定,将促进我国经济越来越多地参与国际竞争与合作。因此很有必要加强对国际经营管理的研究和教育。我们打算:① 尽快翻译出版本次大会论文集,向国内介绍国际经营管理的最新成果和动向;② 尽快出版《国际经营管理》教材;③ 筹备《国际经营管理》杂志。

(3) 国内管理院系应适应市场经济和国际竞争与合作的新形势进行改革。① 专业名称,目前我国的专业名称如"国民经济管理""工业经济管理""企业管理"等名称与国际不符;② 课程设置与国际有差别;③ 教学内容;④ 教学手段。

(4) 成立中国学者经营管理学会。在大会理事会上,下一任主席美国的比耶尔教授提出,目前世界上的经营管理学会、协会基本上分为两类:一类是企业经营管理者的组织,一类是学者的组织。我们这个组织是学者的组织,在进行组织发展时要注意这一点。现任主席野口佑教授也建议苏东水教授组织中国学者经营管理学会。我们认为这个建议很有意义。目前中国的经营管理社团组织基本上分为三类:一类是以政府经济管理部门为主导的如中国企业管理协会等;二是以企业管理者为主导的如中国企业家协会等;三是有各种人联合组成的如中国国民经济学会等。尚未有一个学者的组织。我们认为现在建立这样的组织时机成熟了。主要理由是:① 经过多年的发展,国内已形成了完整的经营管理学科,全国众多大专院校设立了管理院、系,已有一大批专业教授、副教授、博士、硕士队伍,有广泛的人员基础;② 学者对于经营管理学的研究有自己的特点,如程度较深入,范围较广博,分工较细致,理论性、体系性较强等等,有独立成立学会的必要性;③ 已有同属性的国际组织存在,已有中国学者成为其理事,为该门学科与国际接轨,参与国际交流与合作提供了方便性,中国目前也迫切需要加入国际学术体系;④ 学会成立有助于国内经营管理教育的发展。我们建议以中国国民经济学会中的学者为基础,吸收其他全国大专院校管理院系中的志愿者,在国际联盟的帮助下,以教授、副教授、博士为主,组建中国学者经营管理学会。聘请现任国际联盟主席野口佑教授及若干欧美知名教授作为学会顾问。学会争取于年底成立,明年暑假期间召开全国性大会。

# 2. 1994 年 IFSAM 第二届世界管理大会(达拉斯)

**按语**：IFSAM 第二届世界管理大会于 1994 年 8 月 17—20 日在美国达拉斯举行，近 20 个国家和地区的约 300 名代表参加了会议。苏东水教授在大会上发表"弘扬东方管理文化，建立中国管理体系"主题报告(报告全文见本书第 213—216 页)。

苏东水教授率团参加 IFSAM 第二届世界管理大会

# 3. 1997年IFSAM世界管理大会(上海)

**按语**：上海'97世界管理大会是1997年7月15日至18日世界管理协会联盟(IFSAM)在上海举办的地区性学术会议，由中国国民经济管理学会、上海外国语大学、复旦大学经济管理研究所等联合主办。来自30多个国家和地区的300多位专家和学者出席会议，收到参会论文300多篇。会议期间成立了IFSAM中国委员会，决定定期举办世界管理论坛。本人作为大会主席致开幕词、闭幕词，并作主题报告。

## 会议综述：21世纪管理理论发展的新趋势[①]

1997年7月15—18日，在上海召开了为期四天的'97世界管理大会。这次大会是由在全球工商管理学界极负盛名的世界管理协会联盟(IFSAM)、中国国民经济管理学会、上海外国语大学、复旦大学经济管理研究所联合主办的。中国继美国、日本、法国之后被世界管理协会联盟选择为第四个主办世界管理大会的主办国，被认为是世界工商业界对我国经济高速发展、国力不断增强的肯定，同时也表明了世界各地的经济管理学者对创造亚洲经济奇迹背后的东方管理文化的极大关注，这也正是这次大会选择'97世界管理大会的主题——"面向21世纪的东西方管理文化"的原因。正如本届大会主席、IFSAM常务理事、复旦大学经济管理研究所所长苏东水教授致开幕词所说的："面对如此令人兴奋的世纪之交，面对如此迅速而又巨大的变化，在东方的土壤上孕育出一种融合了传统与现代、东方与西方、科学与人文的新的管理思想与管理文化。在这种情况下，东方管理文化主要是中华管理文化的魅力正在更加完美地表现出来，西方管理思想与东方文化的整合是一个必然的趋势。"

本次大会由来自30个国家和地区的300多位经济学、管理学专家、学者出席了会议，与会代表以"面向21世纪的东西方管理文化"为主题进行了广泛而深入的探讨。从各国代表向大会递交的140多篇论文来看，议题涉及"东方传统文化与现代管理""东西方管理比较""21世纪管理学发展趋势""当代企业管理""其他经济与管理问题"五个领域。现分五个方面择其要点介绍如下：

### 一、东方传统文化与现代管理

关于东方管理文化的本质，本次大会主席、复旦大学经济管理研究所所长苏东水教授认为：以

---

[①] 本文刊载于1998年第一届世界管理论坛暨东方管理学派创立学术研讨会论文集《世界管理论坛1998》(《世界经济文汇》1998年特刊)。

人为本、以德为先、人为为人是东方管理文化的本质属性。以人为本,体现在中国传统管理哲学是以人为核心的观念之中的。孔子的主要思想之一是"仁","仁者爱人"。所谓"爱人",无非是人际关系的协调中的一种理想状态。以德为先,东方管理文化强调道德伦理的作用。儒家管理思想的逻辑起点是"修己"即自我管理,而以"安人"即理想化的社会管理及最终达到天下大同为归宿。人为为人:"人为"的根本问题就是发挥人的积极性。在东方管理文化中,"人为"思想贯穿而形成了颇具特色的"人为学"。"人为为人"是相互联系的两个方面。"人为"的根本目的是"为人"。或者说管理的根本目的是"为人"。另一方面,管理也体现为从"人为"到"为人"的过程,对任何管理者,都有一个以个人行为逐步向他人的提供服务的过程。这一过程体现在家庭、行业、国家一切方面的管理之中。

关于"理性管理"和"人性管理"的关系,著名美籍华裔学者、美国夏威夷大学成中英教授认为,所有类型的管理,在实践和理论上都可以归纳成两极:"理性管理"和"人性管理"。理性管理的五个特点是:抽象的、客观的、机械的、二元论的和专制的。而人性管理的五个特点是:具体的、主观的、有机的、有信仰的和尊重现实的。这两极的相融汇,我们称之为"C 理论"。评论 C 理论原则的标准就是看这两极相融合的充分程度,唯有在此基础上,理性和人性管理原则才能真正相融合并在管理实践中起作用。而在这种融合的过程中,文化价值观等起着非常重要的作用。

另外,与会代表对儒家人本论与现代管理,道家文化、《孙子兵法》、《周易》与现代管理的关系各自发表了自己的见解,认为中国文化中的人性、关系、沟通、信义、仁爱、无为而治、文武之道均包含了丰富的管理思想,这些原则的应用应是东亚经济奇迹的因素之一,非常值得把这些系统化,形成独树一帜的东方管理学派。

## 二、东西方管理比较

从技术、产业和管理的角度比较亚洲和其他西方国家,IFSAM 第二任主席、日本创价大学教授野口佑认为,亚洲传统的科技,一直是局限在各个相对独立的领域里发展,例如生物学、物理学、化学等。而未来的发展趋势,综合科学将得到大踏步的发展,由此发展出一个关系图。亚洲科技领域的合作,长期以来一直远远落后于美国和欧洲。例如,在部分基础科学领域,包括数学、空间技术、超导材料等都具有国际一流标准。但是,各领域间的合作互动却又是相当缺乏,形成了科技与产业间的"疏离现象"。

关于东西方管理哲学的比较研究,日本普鲁大学教授木规邦夫认为,当我们考虑管理文化时,我们同时也考虑管理"气候",这对管理文化的比较研究尤为重要,因为管理文化的不同是由精神上的"气候"不同造成的。在中国、韩国、日本,家庭是非常重要的"气候"因素,这形成了东方人的特殊的思考方法,因而也就形成了东西方管理文化的不同,东方管理文化更注重群体导向,而西方管理文化更注重个性化。

关于中、日、美三国企业理念比较,有的学者认为,美国是以"法"为重心的管理模式,日本是以"理"为中心的逻辑管理,而中国是以"情"为特质的管理哲理。比较这三种类型的管理,有的学者认为:以法为重心的管理,强调的是逻辑主义原则,尊重规则和秩序,强调循序渐进;追求卓越的特征使它一直处于创新管理的领先地位。其缺陷在于这种管理偏重于管理的硬件要素,偏重于管理的循序渐进,注重能力主义而忽略了管理的人和效应。以理为中心的管理却注重后来居上,漠视管理的逻辑轨迹,以功利为重心来构建管理秩序,具有战略管理特点,把兵法思想直接嫁接于管理方法上，服从于功利主义的目标。这种管理方法缺乏内在的逻辑体系，它是各种实用管理手段和艺术的组合，缺乏创新精神，但却善于对人家成功管理模式进行改进。而以"情"为特质的管理，则注重发掘人的内在价值和积极性，强调管理的"人和"效应。这种管理由于偏重于人的作用和价值实现，往往对制度管理和条例管理比较松懈，在强调人事关系方面，理性精神表现得比较充分，而在强调任务和规则方面，理性精神表现得不充分。但当其克服自身内在消极因素后，由于这种管理注重人的价值，注重内协外争效应，注重人的精神因素和物质因素同举，因而代表着管理发展的未来和方向。

## 三、21世纪管理学发展趋势

关于21世纪管理的新趋势，法国ESSEC战略管理系教授简·坦伦德认为，在管理上有如下一些变化：企业正在从国际化到全球化，从庞然大物到灵活的"羚羊"，亦即进入到"柔性"组织阶段，管理必然适应这些变化，在这种不断变化的环境中，训练和培养新型的企业家是至关重要的，这些企业家必须有不断追求卓越的精神。另外，以后决定企业的命运将由企业管理阶层的手中转到顾客手中，管理者必须考虑顾客的需求，不断更新管理方法，以促进企业的发展。

关于21世纪"中国式经营管理"模式中的三大构成因素假设，日本大学商学部的高久保丰先生认为有如下三大因素：(1) 社会主义市场经济的"共同富裕"的理想；(2) 不断追求"发展先进的技术和管理方法"的精神；(3) "民族企业文化"，中国将来的管理模式将受这三个因素影响。

关于未来世界管理变革的十大趋势，有的中国学者认为有如下趋势：(1) 创新——未来管理的主旋律；(2) 知识——最重要的资源；(3) "学习型组织"——未来成功企业的模式；(4) 快速的应变力——时代的新要求；(5) 权力结构转换——变正金字塔为倒金字塔；(6) 弹性系统——跨功能、跨企业的团队；(7) 全球战略——下一世纪企业决战成效的关键；(8) 跨文化管理——管理文化的升华；(9) 四"满意"目标（顾客满意、员工满意、投资者满意、社会满意）——企业永恒的追求；(10) "没有管理的管理"——管理的最高境界。

关于21世纪中国企业集团化的问题，有的学者认为当今中国企业集团存在着如下几个问题：(1) 其发展缺乏在一定条件下必须具有适度规模的控制；(2) 我国企业集团大多是在政府干预的情况下成立的，因而许多集团缺乏市场的合理性；(3) 我国企业集团缺乏组织创新。所以，为了在下个世纪促进中国企业集团的发展，我们应采取如下途径予以解决：(1) 在改革的过程中，强化企业的组织创新功能；(2) 运用政府的产业政策促进企业集团的发展。

## 四、关于现代企业管理问题

关于企业再造工程，美国旧金山大学教授恩茨·威瑞克认为，企业再造工程不应只停留在成本、质量、服务、速度等具体的企业运作上，还应该在人力资源系统、技术系统和各种各样管理功能的相互关系上予以考虑。通过上述考虑，他认为企业再造工程需要扩展到包括其他的管理过程，通过整合再造工程的具体过程和其他的系统过程，人们能够克服在再造工程中仅仅注意其具体方法的弱点。西班牙阿卡拉大学副教授费雷·查尔南德兹认为，过去，再造工程比较流行是由于对管理者来说，降低成本比扩大销售更容易，因为扩大销售会遇到许多外界确定或不确定的因素，所以过去的再造工程主要集中在制造业部门的降低成本上，而今天，再造工程已扩展到公司任何部门。

在讨论管理腐败与公司治理的问题时,有的代表提出,现有的管理和经济理论甚少讨论公司高层经理人员的腐败行为,但管理腐败的潜在危害不可轻视,管理腐败的盛行威胁着以所有权和管理权分离为特征的现代公司的产生和生存。传统管理机制虽能够有效地控制贪污,却对抑制回扣难以奏效,但是,以两权分离为特征的现代化大型公司的存在,尤其是在发达经济中的主导地位,表明必定有一些力量和机制可以有效地遏制收回扣的管理腐败行为。

关于 21 世纪企业管理发展趋势,有的代表提出了如何提高管理境界的问题。而提高管理境界有如下途径:提高领导素质;加强诊断管理;确定奋斗目标;扎实管理基础;改善心智模式;反省管理状况;加强企业管理人员培训;建立企业管理者俱乐部;建设企业管理者市场;建立企业管理测评体系。

## 五、其他经济与管理问题

关于新的企业文化挑战问题,西班牙卡拉大学教授、IFSAM 现任主席 S·G·艾彻瓦利亚认为,只有放松管制,才能带来企业间的竞争,新的企业诞生了,一代新的企业文化由此而确立了。新的企业文化与现有样式相比,有这样两个特点:(1)富有创造性,被要求能取得成功;(2)制订新的社会与经济规则。可见,新的企业文化应该是一种有效的工具,可以帮助个人和企业不断分析与把握社会与经济的变化趋势。新企业文化呼唤新组织的诞生,这类新组织能够应裕自如地面对社会、经济和企业间的压力,逐步走向富有弹性,以网络为导向和强有力的非中央集权化。这类新组织应该担当起新秩序推动者的使命。传统的企业文化,有一个封闭系统中以空间和市场定义为导向。这种文化的全部目标在于发展出一套工具和技术能力,用以应付僵硬的官僚体制。但它忽视了管理风格,管理风格的重要性不容忽视。由竞争带来的管理风格实质上显示了对员工个性化的尊重,个性化的员工形成了团体的文化价值观——独特鲜明的管理风格,而不仅仅是经济运行的具体事例。管理风格又是领导和团队合作这两项行为的融合。关注经济、金融和人力资源管理的企业文化,必须以领导和企业精神为基础,它应该面向与社会、经济、企业和大众相联系的所有组织,促进组织间社会的、经济的有效联动。这种联动的所有关键要素是:速度、适应性、价格,它们都取决于文化。

关于集成管理创新问题,有的代表认为,面对不断变化的外部和内部环境,对企业的管理提出了更高的要求,因而集成管理应运而生。集成管理是一种全新的管理理念及方法,其核心就是强调运用集成的思想和观念指导企业的管理行为实践,实现各种资源要素的全方位优化,激发单项优势之间的聚变放大作用,从而促进整个管理活动的效果和效率的提高。所谓集成管理,实质上就是集成思想创造性地应用于管理实践的过程,也就是说,通过科学而巧妙的创造思维,从新的角度和层面来对待各种资源要素,扩大管理视野,增强管理对象的交融度,并综合运用不同的方法、手段、促进各项要素、功能和优势之间的互补、匹配,使其产生 1+1>2 的效果,从而为企业催生出更大的竞争优势,实施集成管理必须做好下述工作方能达到好的效果:战略柔性化,市场内部化,技术群集化,组织网络化,信息高效化,文化整合化。

关于建立股份公司代理层的激励约束机制,有的代表认为,我国现阶段的企业改革,由于忽视对代理层激励、约束机制建立基础上的股份制改革,只是简单模拟了西方股份公司的财产结合形成和运行的一般规则,其结果,难以实现企业经营机制的转换和促进国有资产保值、增值的改革目标,正是从这意义上说,国有企业股份制改革成败的关键在于建立代理层的有效激励和约束机制。应通过如下手段建立起其机制:(1)实行代理人的职业化改革,建立代理者的激励机制;(2)实行代理人的市场化改革,建立代理者的竞争机制;(3)实行代理人行为规范的法制化改革,建立代理者行为的有效约束机制;(4)健全监督制度,建立代理者的监督机制。

代表着世界管理学界最高学术水平的世界管理大会,这次能够在中国举行,表明了全球工商业界、管理学界对东亚经济的迅速发展尤其是我国经济高速发展的肯定,但更重要的是,它表明世界各国的管理学界的学者想探索在这后面深刻的原因。近年来,许多学者认识到,东亚"四小龙",以及正在崛起的中国大陆,多数受到中华传统文化的深刻影响,属于中华文化圈的华商范围。已经有许多学者提出了"后儒教理论""后儒教文化""新儒商"等概念,试图理解这些国家经济发展的奇迹。东方管理文化正受到愈来愈多的重视。在目前,复旦大学经济管理研究所所长、管理学家苏东水教授和他的博士群体在东方管理文化研究上也做了大量研究工作。总数 280 万字的巨著《中国管理通鉴》(1996 年版)、《管理心理学》(1992 年版)、《东西方管理文化的探索》(《当代财经》1996)就对东方管理文化的本质,东方管理思想等做了深刻的探索,国内还有许多学者也在此领域进行了探索。本次世界管理大会也有近 40 篇论文涉及东方管理文化、东西方文化比较、东西方管理思想、方法比较的内容。这些文章从不同的侧面探索了近年来东亚、中国大陆经济迅速发展背后深刻的文化、管理方面的原因。西班牙阿卡拉大学教授、IFSAM 现任主席艾彻瓦利亚在评价本次大会时认为,融汇古今中外的管理思想、以中国特殊的文化底蕴为基础的管理学的东方管理学派正在形成。日本创价大学教授、IFSAM 第二任主席野口佑认为这次参加大会对东方文化有更深刻的认识。另外,加拿大、美国学者也有同感。可以预见,在 21 世纪的管理学界,管理理论将会得到更大的发展,而东方管理学派也必将在各种管理学派之中占有一席之地。

**1997 年在复旦大学举办的 IFSAM 世界管理大会是首次在中国召开的大会**

# 上海'97世界管理大会情况汇报①

## 一、关于联办"上海'97世界管理大会"的概况

经国家教委批准,由世界管理协会联盟、中国国民经济管理学会、复旦大学、上海外国语大学和东华国际人才学院等单位发起组织的"'97世界管理大会",于1997年7月15—18日在上海浦东新亚汤臣大酒店举行,参加会议有33个国家和国内24省市高校、政府的专家、教授、官员代表350人,收到论文300多篇,经组织国内外28名专家评选,评选150篇论文,收录到论文集,由全国权威刊物《世界经济文汇》正式发表,并在首届"世界管理论坛"发表演说。苏东水教授被选为本届大会执行主席、世界管联中国委员会主席。邀请出席会议并作学术报告者主要有:国务院研究中心名誉主任马洪、国家经贸委副主任陈清泰、中共中央党校副校长刘海藩教授、上海市副市长蒋以任、上海市委统战部部长王生洪、中国企协副理事长潘承烈、国家经贸委企业司司长邵宁、中国国民经济管理学会副会长、原国家经贸委司长王家瑞教授等,出席会议还有国内外高校领导:复旦大学党委书记程天权教授、副校长施岳群教授,上海外国语大学校长戴炜栋、副校长朱建国,上海财大校长汤云为、副校长夏大慰教授,江西财经大学校长史忠良教授等20多名院校长。会议由苏东水教授作《21世纪东西方管理文化》主题报告,受到与会代表热烈赞扬、高度评价。大会分设五个专题会场:(1)东方传统文化与现代管理;(2)东西方管理文化;(3)21世纪世界管理发展趋势;(4)当代企业管理;(5)现代国际经济管理。在国际学术研讨会和首届《世界管理论坛》发言有150多名代表。在世界管理大会闭幕式上由苏东水教授作总结发言,主要内容:一是东方传统文化对管理理论发展的影响;二是中国经济发展前景对企业管理新的要求;三是如何发展管理教育的问题。本次会议受到国际国内学者高度重视。国外许多著名学者高度赞扬本次世界会议的组织水平与学术水平,是一次世界性管理学界的高水平的奥林匹克会议,是一次非常成功世界会议。全国有人民日报、新华社、经济日报、光明日报、文汇报、解放报、新闻报、中央电视台、中央电视台海外台、中央电视台经济台、上海电视台、上海东方电视台等50多家的新闻单位发表信息,专题报道。美国、德国、日本等报社专刊新闻报道。美国著名大学特将本会议的主题演说作为档案列入当代管理学界的大事记。许多报社用头版或主要的版面报道:本次国际会议是东西方管理文化整合的升华,"东方管理文化在世界叫响""世界重视东方管理文化""中华传统文化精华受到世界关注"。中央电视台连续四天报道大会的实况,这是国际经济管理学界世界性会议少有的盛况,是一次盛世高朋满座大会,也是中国首次获得好评的世界性管理大会,影响面大,意义深远。世界管联历届主席野口佑(日本)、伯劳德(法国)、艾地瓦里亚(西班牙)等国际著名管理学家,高度评价本次会议的成就,并建议在2001年在中国再一次召开全世界各国管理协会理事会议。

## 二、关于联办国家教委"现代国际经济管理"高级研讨班的概况

经国家教委批准(国家教委人司〔1996〕477号文件),在'97世界管理大会期间由复旦大学经济管理研究所与东华国际人才学院联办"现代国际经济管理"高级研讨班,于7月14日起在上海复旦

---

① 本文是'97世界管理大会会后向国家教委和复旦大学报送的报告。

大学举行。该班是根据国家教委人司〔1995〕83号文件精神,为实现"高层次人才立足于国内培养"的一个重要尝试。本高级班主要目的是培养高校学术带头人的后备力量或学术骨干,招生对象一般为具有高级职称的中青年教师或具有博士学位的青年教师。个别是企业界、银行界领导和政府的官员、军人等。本届高级班学员,严格筛选,按学员代表作论文评选,入学学员40人,来自全国24所高校、银行、企业界。其中教授3人,博士后1人,博士9人,副教授21人,处级以上双肩挑的高校领导等8人,还有政府局级干部、行长、经理。学习分三个阶段:一是参加'97世界管理大会,听取国内外著名教授学术报告;二是由国内著名经济学、管理学家主讲,有五位是国务院学位委员会成员。其中有:中国人民大学原校长黄达教授,复旦大学教授蒋学模、苏东水;中国社会科学院数学经济研究所所长李景文教授,上海财大杨公朴教授,还有甘当善、姜波克、毛蕴诗、孟宪忠等教授。共开设:(1)《社会主义市场经济》(蒋学模);(2)《数理经济学》(李景文);(3)《发展经济学》(孟宪忠);(4)《国际金融学》(姜波克);(5)《跨国公司经营学》(毛蕴诗);(6)《财政金融学》(黄达);(7)《银行管理学》(甘当善);(8)《产业经济学》(杨公朴);(9)《应用经济学》(苏东水)。第三阶段,学员撰写结业论文,经过综合考试合格由国家教委统一发给结业证书。学员普遍反映,教师水平高,效果好,达到目的,要求再办班,国家教委拟继续委托办班。

## 三、关于组织研究华人管理文化的建议

本次国际会议实质是一次弘扬中华优秀传统文化、进一步探讨如何建立中国式管理的盛会。许多侨居国外的华人学者、企业家非常重视这次会议的召开,关心东方管理文化和华人企业的研究。认为'97世界管理大会是一次宣传爱国主义精神的聚会。正如全美华人工商总会主席马文武先生给会议主席苏东水教授的祝贺词所说:"你们对中华民族及祖国促进经济管理技术的提升,和维护国际华人在管理学领域位于前端,此贡献将永远长存在历史上,使后人对你们有崇高的敬意。"(1997年7月11日马文武先生的贺电)许多代表提出,为吸取世界华人企业管理的经验,建议组建"华人管理协会"和"华人企业研究中心",并组织编写《东方管理文化丛书》(东方修炼)。为我国东方管理教育,建立中国式管理学科,创建东方管理学派继续作贡献,建议于1998年召开"第二次世界管理论坛"国际会议,举行"世界华人管理大会"。

## 满江红——九七感怀,并贺九八元旦

岁首年终

浦江红

今夕不同

东华人

遍数佳绩

心潮涌动

侨乡十年业绩丰

世管大会聚蛟龙

霹雳处

五十家媒介赞庆功

遇险阻
协力冲
干劲足
效果隆
任凭风浪起
稳坐钓船中
管理通鉴获首魁
东方学派齐心攻
再奋斗
复兴建奇功
真英雄

# 4. 1998年IFSAM第四届世界管理大会(马德里)

**按语**：1998年7月4—6日，由本人组团、带队出席在西班牙马德里举行的IFSAM 1998年世界管理大会，代表团由来自各个高校、研究机构的16名学者组成。本人在IFSAM大会上发表了《面向21世纪的东西方管理文化》的演讲。会后撰写了报送教育部、复旦大学的总结报告。

## 关于参加1998年IFSAM世界管理大会的报告

应世界管理学会联盟(IFSAM)理事会邀请，在中国国民经济管理学会和复旦大学经济管理研究所组织下，中国代表团一行16人，参加了在西班牙马德里召开的IFSAM'98大会。结合1997年7月在上海召开的IFSAM世界管理大会和我们参加的美国管理学会97和98两届年会，现将国际管理学研究主要情况报告如下。

### 一、IFSAM98大会概况

本次会议是IFSAM于1986年在美国达拉斯成立以来的第四次世界大会，会议的主题是"全球化对管理学、教育、研究和实践的冲击"。会议于1998年7月16日在西班牙马德里阿尔加拉大学(Alcala University)召开，来自美国、加拿大、法国、澳大利亚、英国、中国、日本等世界主要国家的近40个管理学会主席和团体代表及近500名管理学者出席了大会。大会收到论文400余篇，会议选出交流论文156篇，其中中国学者论文16篇。

参加会议的中国代表团主要成员是：中国国民经济学会主席、IFSAM理事会理事、复旦大学经济管理研究所所长苏东水教授，中国国民经济管理学会副会长、IFSAM理事会理事、北京大学光华管理学院何志毅教授，江西财经大学校长史忠良教授，复旦大学企业管理系副主任芮明杰教授，厦门大学企业管理系主任廖泉文教授，河海大学国际工商学院院长张阳教授，上海中新电子技术有限公司付正建总经理，熊谷组(深圳)有限公司罗进博士，吉林大学软科学研究中心主任张今声教授，中国管理科学研究院陈志诚教授，中央党校孙钱章教授，《人民日报》社海外版范永昌主编，贵州师范大学尹秋莲副教授。

根据1997年7月IFSAM理事会上海会议决定，本次理事会确认IFSAM中国委员会组成，成员为：中国复旦大学苏东水教授(主席)、西班牙阿尔加拉大学埃切瓦利亚教授、日本创价大学野口佑教授、中国北京大学何志毅教授、中国吉林大学孟宪忠教授、中国河海大学张阳教授、中国管理科学研究院陈志诚教授、中国复旦大学王家瑞教授、中国厦门大学廖泉文教授、中国江西财经大学史忠良教授。

IFSAM 中国委员会的任务是促进管理学在中国的发展和加强中国管理学界与世界的交流。

## 二、国际管理学界主要论题

随着世界经济发展、转型及全球化,国际管理学界的研究也呈现一些新特点。例如,IFSAM '97 上海世界管理大会的主题是"面向 21 世纪的东西方管理文化"(Eastern and Western Management Culture toward 21st Century),'97 美国管理学会年会的主题是"行动号召"(Call to Action),IFSAM '98 西班牙大会的主题是"全球化对管理学、教育、研究、实践的冲击"(Globalization: Impact on Management, Education, Research and Practice),'98 美国管理学会的主题是"什么最相关?"(What Matter Most?)。围绕这些主题,国际界研讨的专题及国际最高水平管理学会杂志发表文章的题目主要有(苏东水整理):

- 环境变化与企业转型;
- 全球化经济中的核心竞争力:对管理的冲击;
- 私有化和解除管制对企业的影响;
- 全球化对企业定址的影响;
- 国际化与价值链构形;
- 国际化企业的后勤;
- 新兴市场;
- 企业文化交叉;
- 全球化企业的管理与组织;
- 企业战略与竞争全球化;
- 21 世纪的人力资源管理者:新要求和新政策;
- 全球化的社会意义;
- 针对全球化的企业主管培训与教育;
- 会计与税务协调化;
- 全球金融市场;
- 国际企业伦理;
- 全球商务中心的信息技术;
- 全球经济忠的联盟;
- 21 世纪世界管理大趋势——东西方管理文化融合;
- 21 世纪管理学发展与现代管理方法;
- 东西方管理哲学的比较;
- 西方管理学的东方转换;
- 欧洲多元化管理;
- 东亚 M-R-H 激励理论;
- 情、法、理——中、日、美三国企业理念比较;
- 经济全球化带来的企业再造工程;
- 21 世纪"中国式经营管理"模式中的三大构成因素假设;
- 儒家人本论与现代管理;

- 中庸之道与企业伦理构造；
- 混沌管理；
- 道教文化与现代管理；
- 《周易》的管理思想；
- 《孙子兵法》与现代战略管理；
- 公司中社会资本、智力资本和价值的构造；
- 资源从哪里来——一种产生资源的办法；
- 竞争战略和对待冒险的态度：一体化和模型设计；
- 经济发展中商业群体；
- 文化和知识转变：俄罗斯联邦国家的冲突；
- 工作中的结构冲突；
- 企业家研究和理论发展体系；
- 分散团队中的信息问题；
- 组织革新和战略选择：建立在知识基础上的观点；
- 组织学习和知识传递：质量提高；

尤其要指出的是，围绕主题和共同感兴趣的问题，一批国际知名企业和机构积极参加学术研讨，它们关心的主要议题有：

- 英特尔公司的发展与管理；
- 西门子公司关注经济全球化过程；
- 西班牙关注全球化；
- 全球化与将合作作为一种战略管理；
- 欣赏我们的不同；
- 如果对"管理"有共同理解，为何在"管理"中感受如此不同；
- 经济全球化过程中的欧洲；
- 面向21世纪的全球化管理：战略、人力资源、企业家；
- 企业学习过程管理；
- 构建学习型组织：企业大厦的战略基础；
- 文化、领导、组织价值及实践；
- 菲亚特企业集团的全球化过程；
- 菲利浦公司面对经济全球化：它的回答；
- 美能达公司的21世纪战略：全球化世纪。

## 三、国际管理学研究的主要观点

根据国际管理学界学者所提出的观点，对今后管理学研究的发展趋势可概括为以下几点：

1. 全球化下的企业管理走向

信息技术的高度发展，使全球化成为必然的趋势，20世纪70年代以来，越来越多的产业成为或正在成为全球性产业，而且这一重要的结构性变化似乎越来越普遍。因此，全球化下的企业管理日益成为人们关注的焦点。与会者主要探讨了企业管理中以下方面：

第一,信息技术在管理中的角色。由于资源有限,只有极少数的公司有足够的资源形成自己的价值链,而全球网络的形成,为公司间进行全球范围的交流提供了工具,排除了时间和地理障碍,使一些独立的公司进行劳动分工,让每个公司开发他们独特的优势,彼此间建立长期的合作联系。因此,交流系统的成员之间,通过 EDI 系统共享数据,计算机使需求变化反映更加迅速。同时公司间的交流使技术发展和创新更加迅速。而企业内部的网络会大大改善企业的价值链,使企业、顾客和供货商紧密联系,更容易控制企业产品进程和改善质量管理,缩短了整个过程的时间,使组织内部信息共享,改善了决策过程,信息可用更容易、更便宜的方式获得。总之,信息网络化变得可操作,信息管理创造价值。

第二,全球化下国家竞争策略。许多国家面对经济全球化,采取优惠政策、措施鼓励国外直接投资,吸取外国先进技术,一般都采用以下措施:保护本国工业,利用提高关税等政策限制进口;出口本国产品,鼓励产品出口补偿本国失去的市场;购买比国内便宜的国外物品;降低成本,利用国外便宜的生产要素进行生产,并返销国内市场;全球化,在国外直接投资并在当地销售。

第三,产品开发策略。面对全球化,许多企业通过改善产品来创造竞争优势,使产品更具实用性和多功能,耐用性好,设计或功能的独特性适合不同顾客的需要。另外,企业活动呈现全球一体化,采用产品的规模经济,如果存在超出主要国家性市场规模的产品规模经济效益,企业便通过集约化生产和全球性竞争来潜在地实现成本优势,如麦当劳的"公式化"。全球性企业可在许多国家性市场间分摊高技能、高成本的销售人员的固定成本。

第四,管理方式的变化。强调管理变政府干预为市场干预,充分发挥市场经济的能动性:由关心产品生产到运用有效的管理,实现管理出效益;由产品管理模式转化为人力资源管理模式,认为职工是财富创造者,只有激发他们的积极性,企业才能盈利;由单纯追求利润发展为树立良好的企业形象,得到顾客的信任;从企业制定短期战略改变为制定长期战略;由产品所占领的部分市场向世界范围市场扩展,使企业走向全球化,参与全球竞争;由组织中的个人决策改变为群体决策,发挥集体的力量。

第五,全球化下的管理者。高技术者在公司中享有相当的战略重要性,这些人适应特殊的环境和竞争性变化的能力较强,因此要通过正式或非正式训练提高人员技能。全球化下的管理者具有一定特点:开放变化;适应性;流动性。公司中管理者实行工作轮换制,参与实践,从其他公司的例子中学习别人的成功和失败经验,进行频繁的交流,用信息系统与世界上其他管理者互通有无,达到知识共享,在更高层次上执行适合与本公司的管理。

2. 新世纪人力资源管理展望

全球化改变了各个领域的管理哲学和管理实践,其中人力资源管理首当其冲。人力资源管理是现代管理理论的新趋势,传统的人力资源管理受到挑战,对于新时期人力资源管理发展趋势和特点有以下观点:

第一,具有弹性和适应性成为生存的基本条件。大多数公司运用参与系统从事雇用,发展适合的管理态度,领导风格和雇用态度;建立功能团队,超越传统的"任务强制力""目标团队"或"质量循环",认识到初始阶段团队在公司的位置;运用自我评价,参考优秀的企业管理模式,例如欧洲基金会的质量管理模式;克服合作惰性和自我满足,建立充分的内部交流和综合反馈模式;扩大技能,超载狭隘的功能界限,发展管理能力和技术。

第二,组织的限制变得越来越少,雇用方式成为公司竞争优势的一个来源。传统的人际关系消失,它使组织成员为一项任务而结合起来变得更加复杂;组织的官僚结构变得扁平,中层管理者减少,工作群体和团队变得越来越重要;高质量雇员数量增加,不愿意接受权威,社会越来越需要组织的社会责任和伦理行为。

第三,全球化下具有的竞争优势便是知识(人力资源)。知识被管理者看作一种战略性能力,只要被运用于实践,鼓励发展、收集知识,就可使公司设计一个其他竞争者无法模仿的操作程序。组织学习蓝图的构造在个人竞争中产生力量是人力资源管理的任务,因此组织学习可被理解为集体的现象,把个人学习作为基本出发点。通过收集经验和通过实验方式学习,产生独特竞争力,通过增加、联合、更新知识产生新的知识并运用于实践,用开放的态度吸取经验,抓住面对失败和错误并从中吸取教训的机会。因此在全球市场中组织学习的研究,是人力资源管理的一个领域。

第四,人力资源管理应集中于激励,提高积极性和创造性,集中增加人们的活力,充分发挥每个人的才能,做到"人尽其才",从而加强企业竞争力,树立良好的企业形象。另外,要培养职工适应组织和社会发展的需要,让职工能与组织同甘共苦,建立一个联系紧密的管理工作系统。

3. 知识管理的执行策略

怎样才能建立一个完善的知识组织并实施知识管理,或者说如何通过组织再造造就一个完善的知识组织,西班牙 Alcala 大学 Cantero 教授和 Zabala 教授在《知识管理的执行战略》提出:

在一个普通组织的基础上造就一个完善的知识组织,意味着应从人的智力资本来理解所有关于人力资源的传统政策。这时候,训练、学习和职业计划都被认为使个体价值增值、组织财富增加成为可能,或说是组织所具智力资本的增加。

公司要控制员工人数的增加,按员工所增价值付酬,为员工提供工作经验学习的机会,发展员工的受雇能力,增加他们的个人价值——所有与这些政策有关的内部过程必须再造,以为增加个人价值和组织财富目的服务。

再造过程存在着文化性和技术性两个方面的问题需要解决。所谓文化性问题,则是由旧系统旧文化所引起的,由于知识组织要求人们用合作代替组织内部竞争,并将此作为新的组织范式,然而要合作首先必须把人们看成自身财富的潜在来源。这与过去过分强调竞争的看法相比较,将是一个大的思想变革。所谓技术性问题,则是因为知识管理不能没有信息技术的支持,因而为了确保有效的知识共享,不断进行信息技术的投资就成为重要的决策。事实上,从长远发展来看,人们单靠那些用文字写下来的书面知识已经远远不够了。

很多人力资源软件包(如知识网络)已发展出很先进的功能,他们推动了一种由以下步骤组成的全球性咨询方法:第一步,辨识信息技术的来源,将它们同其他普遍的过程同等地作为智力资源的财产,储存在整个内部的成本系统中。第二步:建立内部辨认程序,服务于各种知识共享者,虽然这些人中存在不想合作者,但他们在知识交流中将会因逐步获得一些利益而加深理解。第三步:在学习的过程中演绎和训练上述程序,改变传统的讨论和训练形式,发展出有意义学习经验。第四步:以职业计划为基础设计知识,靠有技巧的专家来增加和发展出一套完善的知识网络结构,并辨认专家的所在。第五步:发展团队,改变人们对待合作的态度,消除人们普遍认为知识共享将会失去力量,失去竞争优势的过时的看法。第六步:广泛的合作文化的铸造,需有高级管理者来领导。

再造过程要求我们重新认识各种传统观点,大多数老观点在新背景下得到改变,不适合的管理者必须从岗位上离开。整个合作管理意味着信任,人与人之间的信任必须成为这些知识共享者们的核心态度。知识共享的管理作为一种管理者的新作风得到发展,这意味着传统的人与人之间所存在的害怕与威胁行为将会消失。于是,如果我们想要在组织中发展合作文化,那么,信任将不再是被迫,而应是一种自觉行为。

面向知识经济、知识社会的管理再造,将成为未来组织(企业)管理成败的关键。

4. 文化特性对管理行为的影响

不同的文化产生不同的管理行为,文化的差异使不同国家管理者行为各异,跨国公司使管理走向全球化,因此不同的文化对管理行为的影响引起了广泛的重视。

第一,填补组织行为学动机理论有关文化影响的空白。文化特性怎样影响个体目标定向的讨论,提出了文化因素通过对个体性格作用影响其目标定向的观点。文化特性从两个方面产生影响:一是改变个体的性情且决定表达这些性情的方式;二是个性和内部动机借助分层次(等级)的目标结合起来,个人与更高层次的目标——价值观——相联系,以影响个体的动机。有关文化影响的目标理论,已认识到目标定向对个体取得成功的重要性,并发展了一套有关文化特性影响个人目标定向的假设。目标定向是内在动机的一种表现形式,它描绘了个体所寻找的成功位置的基础目标,这些目标可能发生的行为及结果预示了方向。人们已认识到目标定向的两种方式:学习和执行的目标定向。

第二,在全球背景下,不同地区的管理者带有深深的文化烙印。例如欧洲文化下的管理强调团队精神,在严格的纪律下,要求管理者服从,具有合作精神,能容忍冲突,彼此间依靠性强,集体决策;而美国文化下的管理强调个体的冒险,自我独立意识,不服从他人,进行合理争论,通过权力影响他们,提倡个人快速决策。

第三,通过对7个国家管理行为的研究,有的学者提出不同文化下的组织设计和组织解决问题的方式迥然不同。由于文化的感性差异经常由个体解决问题的方式反映出来,因此通过对新西兰、澳大利亚、美国等15种不同伦理和语言的管理者行为的研究可以得出,不同国家间某点相似的文化特性可能导致一些相似的管理行为,不同的文化特性可能导致不同的管理行为,也就是说,文化的属性已自觉或不自觉地反映在了管理者的管理方式上。

5. 东方管理文化的精华

很多学者认为,21世纪的管理面临三大挑战:世界经济发展的中心可能移向亚洲;现代科学技术已进入新阶段;以要求可持续发展为中心的发展观正成为全世界的共识。因而面对如此迅速而又巨大的变化,在东方土壤孕育出一种融合了传统与现代、东方与西方、科学与人文的新的管理思想和管理文化,将是东方管理文化发展的新现象。

《面向21世纪的东西方管理文化》一文提出东方管理文化魅力无穷,希望人们花大力气研究和实践东方管理思想与方法。该文将东方管理文化的精华归结为"三、六、九",具体地说,即为:

"三"是指"以人为本""以德为先""人为为人"。

"六"是指六家学说。以孔子为代表的儒家的"修己安人";《周易》的"刚柔并济,崇德广业";以老子为代表的道家的"道法自然、无为而治";以墨家为代表的墨家的"兼爱""利人";以韩非为代表的法家"唯法为治";以孙武为代表的兵家的"运筹定计、知人善用、应敌而变"。此外还有以《管子》为代表的经济管理学派称为"轻重学派",南北朝以后传入的佛教的"与人为善"。

"九"是指九部传统管理要著,《周易》《老子》《论语》《荀子》《孙子兵法》《盐铁论》《富国策》《营造法式》《生财有大道》。

此外,中外学者还提出了众多观点,择要汇集如下:

第一,中国古代管理是一种具有下述本质特性的混沌管理;特殊的人本管理——组织人本主义;以组织稳定为目标;非规范化;非最优化和不确定性。认为当人们更深入地研究社会、经济、文化的变化,为寻求一体化的、可持续性的发展时,混沌和混沌管理的价值将被更多地发现。

第二,提出以儒家的中庸之道来构建企业伦理,主张从中庸中所提倡的人的本质特性入手来构建企业伦理:培养忠恕之道、强调行事中和及倡导仁义道德。

第三,弘扬道家文化,以促进现代管理。认为两千多年前老子已提出了无为而治、守柔处弱、功遂身退、以正治国、以奇用兵等观点。在当今社会管理中,应重新评价这些智慧哲理,并借此丰富和发展现代管理理论,具有重要的现实意义。提出"效法自然——现代管理的最高境界";"以人为本——现代管理的基本特性";"无为而治——现代管理的必由之路";"以奇用兵——现代管理中计谋策略"。

第四,成书于两千多年前的《周易》是中国管理思想的根底和源头。《周易》的管理思想具有强大的生命力,对当前中国与世界的管理活动乃具有重要的参考价值。提出《周易》管理思想的基本特点——平衡观、整体观、阴阳对立、阴阳转化、天命观和神秘主义;《周易》的管理策略思想——讲究智谋权术、重视攻心调心、随机应变、刚柔相济、软硬兼施、循序渐进;《周易》提出的管理者素质——自信、敢为、积极进取、谦虚谨慎、意志坚强、选贤任能、保持和增进心理健康。

第五,人治与法治的适度结合是我国现代管理思想的理性选择。以人治与法治是中西传统管理思想的分界点出发,提出人治和法治相结合是现代管理思想发展的基本趋势,因而必须认识中国国情,使人治与法治适度结合。

## 四、对我国管理学发展的几点建议

管理学在我国经历了近20年的快速发展,到目前为止,应该说整体上已达到比较高的水平,并且已有部分成果和学者进入了国际主流学术界。面对中国发展的要求和全球化趋势,我国管理学发展如何适应21世纪?这是我国管理学界必须回答的一个问题。为此,我们有以下几点建议:

第一,把握国际管理学发展趋势。从上述高层国际学术会议研讨的题目和内容可以看出,国际管理学研究最高水平总是紧紧围绕时代主题,即全球化、知识经济以及由此引发的管理变革、企业再造。尽管有些问题离我们似乎还有一段距离,但理论应该有所超前,应该为中国管理的下一步发展提供指导和理论素养。

第二,规范学科分类,与国际接轨。按国际学术界通行理解,广义"管理学"主要包括会计学(Accounting,含税务、审计)、理财学(Finance,含财务管理、金融)、市场营销(Marketing)、国际商务(International Business,有时归入市场营销)、管理科学与信息系统(Management Science and Information System)、管理学(Management,狭义),狭义"管理学"主要包括企业政策与战略管理(Business Policies and Strategic Management)、人力资源管理(Human Resources Management)、组织行为(Organization Conflict and Communication)、国际管理(International Management)。"管理"作为一门科学在我国建立比较晚,直到1997年,在国家确定的学科目录中才有独立的管理学科门类,而且其子学科分类与国际学科分类尚有不少差异,国内学术界学者对管理学的理解也不尽相同。这种情况对我国管理学的发展非常不利,必须尽快规范管理学学科分类,与国际接轨。

第三,成立"中国管理学会"。通观世界主要国家,均有代表国家最高水平的管理学学会,如美国的 Academy of Management、英国 British Academy of Management 等。当然公认国家级管理学会并不排斥区域性、专业性学会的活动。但是,像中国目前多如牛毛,各据一隅,谁也不服气谁,恐怕很难从组织上保证管理学在中国的健康发展。中国的发展和时代的变化,迫切需要尽快成立真正的"中国管理学会",必须从历史和战略的高度看待这个问题。

第四,创新东方管理文化。经济转型、社会变革、文化激荡、管理创新。在当代中国发展、变化的历史进程中,西方文明与东方文明、古代文化与现代文化、科学技术与人文精神正进行着剧烈的碰撞、交融。如何在缔造中华新文明的过程中创新东方管理文化,是中国管理学界的严肃课题,是历史赋予我们的责任,是全人类对我们的要求。我们应当大力提倡对东方管理文化的创新。

# 5. 2000年IFSAM第五届世界管理大会(蒙特利尔)

**按语**：2000年7月5—8日，由本人组团、带队出席在加拿大蒙特利尔举行的IFSAM 2000年世界管理大会。本人在大会上发表了《面向21世纪的东方管理》的演讲。会后撰写了报送教育部、复旦大学的总结报告。

## 关于参加2000年IFSAM世界管理大会汇报

### 一、会议基本情况

管理学者国际联盟(IFSAM)于2000年7月8日至11日在加拿大的蒙特利尔市的蒙特利尔大学举行了第五次大会。此次会议是与加拿大管理科学协会(ASAC)联合主办的。大会由管理学者国际联盟第五届大会主席安德鲁·培蒂特和加拿大管理学科协会第二十八届大会主席杰恩·帕斯奎罗共同主持。

参加会议的代表来自阿根廷、澳大利亚、新西兰、德国、瑞士、比利时、荷兰、中国、西班牙、法国、意大利、日本、英国、美国、加拿大等五大洲的30多个国家。大会收集了来自200多个大学860多个作者用英语、法语或西班牙语写的660多篇论文(其中约100篇为摘要)。

这些论文是由16个国家的33个专门委员会经过独立、严格的程序精选出来的。可以说，这些论文比较全面地反映了目前管理学界的看法和观点。同时，这些论文收进了16本专题论文集内，在这些专题论文集内也收进有管理学者国际联盟部分成员协会的一些最优秀的论文；另外，其他一些论文和以上论文全部都收进了CD光碟里。

### 二、大 会 主 题

大会召开于世纪之交。20世纪即将过去，21世纪即将来临。回顾过去100多年，管理学走过了光辉的历程，有许多东西值得总结和回味。展望新世纪，管理学又面对许多新挑战。所以，大会的主题定为"回顾"。大会分为主题全会、论坛、特别主题大会、专题讨论会和分组讨论会等形式，形式多样，节目丰富，内容充实。主题全会分两次举行，特别主题大会分三次进行，均由世界著名学者进行演讲。以"回顾"为主题的演讲和讨论是大会的核心和主调，包括12个著名学者的演讲。他们是：(1) 澳大利亚悉尼科技大学的斯蒂瓦特·克勒格(Stewart Clegg)所作的题为《回顾：变化中的理论和时间范例以及面向21世纪管理只是的转型》的大会主题报告；(2) 美国麻省理工学院的雷贝克·亨得森(Rebecca Henderson)所发表的《组织与技术竞争的回顾》；(3) 美国乔治州立大学的丹尼尔·罗贝(Daniel Robey)所作的《回顾：我们从信息技术对组织的冲击中学到了什么以及我们还需要学什么》的演讲；(4) 美国纽约大学的威廉·斯达伯克(William Starbuck)和法国巴黎管理学界的著名学者米舍尔·贝利(Michel Berry)两人所作的以"印刷出版业的回顾"为主题的演讲；(5) 电子商务实业界企业家胡曼·塔拉瓦蒂(Hooman Taravati)和丹尼尔·德舍斯尼斯(Daniel Deschesnes)两人发表的《电子商务的回顾》；(6) 加拿大英属哥伦比亚大学的查利斯·温伯格(Charles Winberg)所作的《展望与回顾》；(7) 来自哥伦比亚波哥大学罗森迪大学的卡洛斯·达维拉(Carlos Davila)等两人所作的《对商学院作用的回顾》的演讲；(8) 美国得克萨斯A&M大学的麦克尔·希特(Michael Hitt)等三人围绕"全球化条件下管理实践的回顾"为主题的演讲——《欧洲管理模式》《日本管理模式》和《北美管理模式》；(9) 来自英国的学者哈利迪斯·佐卡斯(Haridimos Tsoukas)所作的《组织理论的回顾》；(10) 美国科罗拉多大学的安妮·哈夫(Anne Huff)所作的《战略变化研究的回顾》；(11) 加拿大麦格尔大学亨利·明兹伯格(Henry Mintzberg)所作的大会主题演讲《管理教育的回顾》；(12) 美国伯莱汉姆·央格大学的大卫·威屯(David Whetten)等三人所作的主题为《管理科学专业学术协会的回顾》；等等。

## 三、大会讨论的主要问题

大会就管理领域的许多问题进行了讨论，涉及了管理学领域的各个方面，反映了管理学界对许多管理学问题的基本观点。

(1) 大会首先对管理理论的实践范例、组织、技术竞争、信息技术对组织的影响、印刷出版、电子商务、商学院的作用、全球化、管理实践、管理模式、组织理论、战略变化、管理教育、管理学术协会等问题进行了回顾。

(2) 召开特别专题讨论会。讨论的内容包括：① 全球化中的加拿大；② 组织生活中的角色转换：身份的影响；③ 对全球化的管理：能否给商学院带来创新？④ 组织研究中的性别化理论：边际化与排斥性组织；⑤ 加拿大及加拿大人的风险管理；⑥ 管理学发展的未来；⑦ 21世纪的全球化领导；⑧ 从数学到知识；⑨ 关于领导——150位研究人员从来自150个国家的18 000位经理人身上学到了什么？等等。

(3) 设立西班牙语的专题讨论会，共七场，讨论的主要问题包括：① 墨科索地区中小企业发展的综合战略；② 战略与组织；③ 组织行为；④ 创造性、文化与组织学习；⑤ 控制与管理效果等。

(4) 设立了共18场关于中国管理问题的专题分组讨论会，讨论的主要问题包括：① 中国的能源问题；② 中国的金融服务问题；③ 中国跨国企业的战略管理；④ 中国电信产业问题；⑤ 中国的市场营销问题；⑥ 中国企业家问题；⑦ 中国的知识经济问题；⑧ 中国如何向市场经济过渡问题；⑨ 中国金融业面临的难题；⑩ 中国管理理论的展望；⑪ 中国管理理论的古为今用；⑫ 中国企业发展战略；⑬ 中国人力资源管理发展趋势；⑭ 从学术与实践的角度看中国的技术创新；⑮ 中国管理的典型案例。

(5) 大会分16个专题举行了230多场分组讨论会。这些专题讨论会包括：关于商业史的有6场，关于企业家的有13场，关于金融的有22场，关于人力资源的有20场，关于信息系统的有17场，关于国际商务的有17场，关于管理教育的有10场，关于管理科学的有8场，关于市场营销的有13场，关于组织行为的有19场，关于组织管理的有19场，关于生产与经营管理的有9场，关于战略管理的有 25 场,关于技术创新的有 14 场,关于旅游与接待管理的有 7 场,关于管理中女性的有 14 场。

## 四、主要发言人的观点

大会以"回顾"为主题,组织了 16 个专题超过 230 场的分组研讨会。大会收到了 860 多位作者共 660 多篇论文。参加研讨会的学者约有 700 人。他们对过去 100 多年管理学的发展进行了回顾,并在回顾的基础上分析和总结了当前在新经济、经济全球化、WTO 等条件下管理学面对的许多新挑战;同时也对管理学未来的发展提出了许多见解,并对其未来的发展寄予了厚望。现就对这次大会的主要发言的观点总结如下:

(1) 在主题演讲中,澳大利亚悉尼科技大学的斯蒂瓦·克勒教授作了全会的主题演讲,题目是《回顾:变化汇总的理论和实践范例以及面向 21 世纪管理知识的转型》。他认为,回顾过去 100 多年管理理论和管理实践的发展,理论和实践都得到了很大的发展,并出现或形成了许多成功的理论范例和实践范例。实践者实践所形成的实践范例和理论家认为那些不证自明的理论范例之间存在着许多联系。其中关键的联系就是,无论是原来的理论知识还是实践经验在面对新情况、新变化时都要做出调整,才能适应新变化。在即将到来的 21 世纪,人类将面对许多新的问题、新的挑战。因此,人类的管理知识业要进行转型,适应经济全球化、适应新经济给人类带来的变化。

(2) 法国里昂大学管理大学(Ecole de Management de Lyon)的战略管理学教授罗兰·卡洛里先生(Roland Calori)、日本 Kobe 大学的 Koji Okubayashi 教授和来自美国得克萨斯 A&M 大学的麦克尔·希勒教授,围绕"全球化条件下管理实践的回顾"的主题,分别就"欧洲管理模式""日本管理模式"和"北美管理模式"为题发表了他们各自的观点。法国的罗兰教授分析了欧洲管理模式在全球化条件下的演变过程,剖析了欧洲管理模式与其他管理模式相比较所具有的优点和不足之处,并对在新的全球化浪潮下欧洲管理模式的发展方向发表了自己的看法。日本 Koji 教授在对各种人力资源管理模式进行充分比较的基础上,深入地阐述了日本与其他国家在管理知识和管理实践方面将会在国际范围内产生的互相影响。美国的麦克尔教授着重从竞争的角度分析了北美管理模式的优势与劣势,然后从战略的高度阐述了北美管理模式的发展方向。

(3) 纽约大学的威廉·斯达伯克教授对出版行业进行了回顾,就出版界存在的同行评论文章的可靠性、公正性、形式主义的评价标准、评审人的评估结果及其对后来文章叙述方面的影响等问题进行分析,并提出了自己的观点。他认为,由于形式主义所谓评价标准的影响,许多同行业的评论性文章往往带有形式主义和各种各样的偏见,因而是靠不住的。它产生的结果是,评审人对评估结果对文章的改进没有什么积极帮助。

(4) 法国巴黎大学的米舍尔·贝利教授则对学术界过于偏重北美的出版物造成学者研究方式的狭窄提出了批评。他认为,在许多国家,北美的出版物往往被许多研究人员视为至宝。这些出版物具有国际水平或国际质量,对研究人员来说也是必要的。但过去偏重这些北美出版物而忽视其他国家的出版物造成了研究人员的故步自封,不利于研究方法的扩展和研究视野的扩大。

(5) 来自美国科罗拉多大学著名学者安妮·哈夫在有关"商业史"的专题演讲中发表了题为《战略变化研究回顾》的演讲。她从战略变化的角度分析了那些付出努力不能成功的人以及他们失去竞争优势的许多原因,即他们不能根据变化了的新形势来调整他们的原有战略。竞争者要想长期保持竞争优势,要想使付出的努力得到相应的回报,就必须经常调整自己的竞争战略,使战略适应新形势的变化。这就要求企业要根据新形势、新变化来调整企业在市场中的位置,以适应新的需要。

(6) 来自加拿大政府的内阁部长助理露西·丹泽女士(Ruthe Dantzer)在有关"金融"的专题研讨中发表了《加拿大及加拿大的风险管理》的演说。她在演说中提出了对风险的看法。她认为,对风险要有正确的认识,只要对风险进行认真的分析和管理,风险完全可以防范。她说:当投资家投资股票时,当外科医生主持手术时,当企业家投身商业时,当宇航员开发太空时,当政治家竞选职位时,风险对他们每个人来说都是不可避免的。但是,他们的行动本身就表明,今天的风险是不必害怕的。这就告诉我们,只要对风险善加管理,完全可以变风险为机会,变挑战为机会。

(7) 来自美国亚利桑那州立大学的著名教授布莱克·阿师佛苏(Blake Ashfouth)在"组织行为与人力资源"的专题演讲中发表了题为《组织生活中的角色变换:身份的影响》的演说。他认为,我们所有的人都面对着管理角色需求冲突的挑战。例如,一个人如何从早上的换尿布角色转入到下午的管理一个部门的角色;一个前线的雇员如何从普通雇员角色转换到经理角色。他详细分析了不同身份带来的各种影响,并对组织生活中的各种角色转换对人的组织行为的影响作了深入的阐述。

(8) 来自美国乔治州立大学电子计算机信息系统与管理系的著名教授丹尼尔·罗贝先生在有关"信息系统"的专题演讲中发表了题为《回顾:我们从信息技术对组织的冲击中学到了什么及我们还需要学些什么》的演讲。他深入分析了信息技术对组织的各种影响、影响方式其影响原因。他非常遗憾地指出,在对信息技术对组织的冲击中我们所学到的东西很少,不能适应信息技术发展的需要,我们需要从中学习的东西还有很多。他说,许许多多关于信息技术对组织的冲击的研究结果表明,许多的发现并不一样。即信息技术对组织的影响是各式各样的,而且难于把握。对此。许多研究人员持悲观的态度,甚至感到绝望。他指出,这些研究人员其实没有必要那么悲观,而且应该迎接挑战,了解和解释这些不同的影响。

(9) 来自英国牛津大学的著名教授阿兰·格鲁曼(Alan Rugman)在有关"国际商务"的专题演讲中发表了《全球化中的加拿大》的演讲。他尖锐地指出,在经济日益全球化的今天,加拿大经济几乎是独身其外,似乎并未加入其中,而几乎完全是地区性的。加拿大经济处于全球化的边缘。他认为,加拿大的企业家们不能无动于衷,而应该从战略的高度发展加拿大的国际经济,促进加拿大经济的全球化。

(10) 来自加拿大墨格尔大学的著名组织行为学教授南希·阿德勒在有关"国际商务"的专题演讲中围绕"面向21世纪的全球领导"的主题发表了对女企业家在经济全球化中的地位和作用的看法。她认为,促使人们从一个企业转移到另一企业,从一个国家转移到另一国家,在原来其推动力几乎全部是男性。现在越来越多的女性在其中起作用。她认为,在最能发挥影响力的领导岗位上,妇女们应该发挥更大的作用,在经济日益全球化的今天为提高女性在经济界的地位做出了更大贡献。

(11) 来自中国复旦大学管理学院的著名管理学教授苏东水先生在有关"管理科学"及"中国管理"的专题讨论中发表了题为《面向21世纪的东方管理》的演讲。他在演讲中指出,东方管理在新经济条件下也和西方管理一样面对着许多新的挑战。他在深入剖析新经济对传统经济和传统管理的各种影响的基础上对新经济的本质和新企业的定义进行了高度概况。他认为,新经济的本质就是网络经济、知识经济、速度经济和人本经济。他也对新企业的本质、新企业的组织形态、新管理模式提出了自己的观点和看法。他认为,在新经济时代随着亚洲经济在世界经济中的崛起,亚洲经济对世界经济影响将会越来越大;东方管理文化正出现世纪回归,管理思想和管理文化由过去的由东向西到不久将来的由西向东的复兴。管理理论将由"人为政本"转移到"以人为本",由"家庭伦理"发展到"以德为先",从强调"社会责任"转移到"人为为人"。他在总结20世纪管理学发展所取得的成就时特别强调了管理学界在世界华商管理、东方管理文化的现代价值以及东西方管理文化融合方面的研究成果和艰苦探索,并对此给予了高度的评价。他在谈到面对新经济时代东方管理学的科学建设时指出,新世纪管理学界面对的任务包括要研究如何建设东西方融合的管理理论体系;如何探索管理成功的要素,例如主题、权力、组织、文化、心理等;如何探索管理效率的行为过程,包括目标、决策、智慧、监督、激励、效率等;如何把握管理发展的新趋势,包括创业管理、知识管理、风险管理、创新管理、未来管理等;如何探索管理行为的新理论,例如"人为为人"的管理理念在管理行为中的地位和作用等。

(12) 来自加拿大麦格尔大学的著名管理学教授亨利·明兹伯格先生在主题性全会中的发表了题为《管理教育的回顾》的主题演讲。他认为,过去那套培训经理人员的做法在几十年后的今天已经难于再起作用了;教育界和管理界都要进行认真检讨,并寻找出一条新的、能够适应新形势的教育方法和措施。

(13) 来自加拿大蒙特利尔大学的经济学教授基蒙·瓦拉基斯先生在有关"管理教育"的专题演讲中发表了题为《全球化的管理:能否给商学院带来创新?》的演讲。他说,全球化正像汹涌澎湃的海浪甚至像飓风一样席卷着我们面前的所有东西。我们是否应该做出努力,"管理"全球化的进程,或至少要"管理"好全球化的效果或影响?抑或是让全球化进程为所欲为、任其泛滥?他的观点是,全球化给人类既带来积极的影响,也带来了消极的冲突和危害。它的进程应该得到"管理",让它为人类带来好的结果,而不是消极的冲击或危害。

(14) 来自哥伦比亚波哥大罗森迪大学管理学院的卡洛斯·达维拉教授在特别主题会中围绕"回顾商学院的作用"的主题发表了演讲。他在演讲中回顾了拉丁美洲商学院的发展历程,对拉丁美洲商学院在新的形势下所面临的挑战进行剖析。他认为,过去拉丁美洲的偏重商业经济发展而社会发展不足的单向发展模式正面临着挑战。在新的经济形势下,它的发展是要找到既注重发展商业经济又注重发展社会的平衡发展模式。拉丁美洲管理学教育面对的主要课题是,不仅仅要注重商业发展的管理教育,更要注重商业与社会平衡发展的教育。

(15) 来自加拿大哥伦比亚大学的著名市场营销教授查利斯·温伯格先生在有关"市场营销"的专题演讲中发表了题为《展望与回顾》的演讲。他认为,今天由于技术的发展,技术使这个世界变得越来越复杂,全球化问题也变得越来越重要,竞争变得越来越激烈,而消费者的需求则变得越来越多样化和个性化,市场营销在创造附加价值方面的作用,无论是对商业来说,还是对非盈利部门甚至政府代理机构来说都变得越来越关键。回顾市场营销在过去所取得的光辉业绩,它在新经济和市场全球化条件下应该给予更多重视,它也必定能发挥更大的作用。

(16) 来自英国埃塞克斯(Essex)大学的组织理论教授哈利迪莫斯·佐卡斯在有关"组织"的专题演讲中发表了题为《组织理论》的演讲。他说,在过去由于组织理论的一些基本原则在广泛的实践中行之有效,为企业界带来了巨大的效益,从而管理组织的实践大大地促进了组织理论的发展。投入组织理论的研究人员不断增多,对组织理论的研究成果也越来越丰富。尽管如此,在新的形势下,组织理论同样面临新的挑战。他认为,组织理论家应当把组织当作诸多企业活动系统中的一环,在空间和实践上均要置其于重要位置。只有这样,组织理论才不会孤芳自赏或故步自封,得不到应有的发展。

(17) 来自美国麻省理工学院的管理教授雷贝克·亨得森女士在有关"技术与创新管理"的专题演讲中发表了题为《组织与技术竞争的回顾》的演讲。她说,在最近20年来,创新已由过去的黑箱操作逐步发展到今天公开的、均能为竞争各方明了的竞争。今天,管理学界非常有必要总结过去几十年来技术竞争的一些理念。在新的形势下,技术竞争理念也要有新创新,才能适应新的变化。只有这样才能加强技术的竞争力,在市场中立于不败之地。

(18) 来自美国斯坦福大学的组织行为学教授琼妮·罗町女士在有关"管理中的女性"的专题演讲中发表了题为《组织研究中的性别化理论:边际化与排斥性组织》的演讲。她说,在对组织理论的研究中女性相当缺乏;在高级管理人员当中女性也相当缺乏。这种状况不利于女性工作的开展,也不利于女性工作的研究。要改进这一点,就要改变女性处于组织边缘的不利现象,就要改进对女性具有排斥性的组织。只有从组织方面改进工作才能从根本上改变女性的地位,发挥女性应有的作用,完善女性的工作。

## 五、大会对我们的启示

受加拿大管理科学协会(ASAC)、管理学者国际联盟(IFSAM)第五届大会主席安德鲁·培蒂特(Andre Petit)的热情邀请,IFSAM中国委员会组织的中国代表团,在以中国复旦大学首席教授苏东水先生为团长的带领下,以增进中国管理学界与世界各国学术代表团之间的友谊和学术交流,加深对加拿大及世界各国学术界的了解,促进中国与加拿大人民之间的友谊为目的,出席了这次大会。代表团受到了ASAC和IFSAM第五届会议主席安德鲁·培蒂特的热烈欢迎。中国代表团积极参加了大会的各个全会、分组讨论会和专题讨论会,并在多个专题讨论会上发表了大部分的专题演讲,向与会各国代表传达了中国代表在管理学各个领域的学术见解和研究体会,参与了大会组织的各个分组讨论和交流。中国代表团达到了预期目的,增进了与各国学术界的友谊,加深了对他们的了解和认识,促进了与各国学术界之间的学术交流。会议的召开使我们受益匪浅。他们的见解和观点对我们有很大的启示,现归纳如下:

启示之一:我们要用发展的眼光来看待理论范例和实践范例。

克勒格教授的演讲——《回顾:变化中的理论和实践范例以及面向21世纪管理知识的转型》告诉我们:我们在引用和使用过去的理论范例和实践范例的时候不能照本宣科,生搬硬套,而是要用发展的眼光来看待它们。管理理论和管理实践所面对的环境都是变化着的,所以,管理知识面对21世纪新经济和经济全球化的极大影响也要进行转型,以适应新经济、经济全球化的需要。西方经典理论与典型实践对我国管理界和企业界影响深远。我国企业和研究人员在运用西方经典理论和典型案例时也要特别注意它们在中国的适应性问题,因为环境不同,实践也已经变化,运用者应该把它们置于具体的环境中并根据具体的实际来选用。我国改革开放以来许多成功的经验和失败的教训都证明了这一点。

启示之二:无论是哪种管理模式,欧洲管理模式、日本管理模式还是北美管理模式,有其优点和缺点,只要善于吸收其优点,克服其缺点,并和具体实际结合起来就能发挥较好的管理效果。

法国的卡洛里教授、日本的Koji教授和美国的希特教授分别就"欧洲管理模式""日本管理模式"和"北美管理模式"发表的演讲告诉我们,无论哪一种管理模式,它的产生和发展都是有其特殊背景的。这些管理模式是否对其他国家的国情相吻合,是否相适应,这是使用者值得深思的。其实,这三种管理模式的相互不同的特点就可以做出很好的回答。不同的管理模式可以相互借鉴,但完全照搬是相当有害的。世界上许多实践的失败案例为此提供了许多经验。中国企业界和理论界在中国的管理实践中探讨具有中国特色的管理模式。有的学者称之为东方管理模式,它的特点是"以人为本,以德为先,人为为人";有的学者称之为 C 理论,它的特点是吸收了中国古代管理思想精华。无论是东方管理模式还是 C 理论都是以中国优秀的古代文化,特别是管理文化为根基的。这就是中国特色的管理模式。当然,中国管理模式也必须借鉴其他先进的管理模式,如欧洲管理模式、日本管理模式和北美管理模式。

启示之三:学术论文的作者特别是那些初学者没有必要太计较那些评论员的评论文章或评审结果,因为评审的标准往往是形式主义,评审也是带有偏见的。

斯达伯克教授在回顾出版业的演讲中批评了评论界存在的形式主义和偏见,并指出了它们对出版业的危害。评论者所参照的标准往往缺乏科学性、公正性,从而缺乏其权威性。即使这些标准是科学、公正,也是权威的,但评审人在使用它时也未必能做到公正。因此,他们的评审结果以及他们发表的评论性文章也未必是客观的、全面的和公正的。所以,人们没有必要太计较。在我国,类似的情况当然存在。当然,进行学术性评价不能没有标准,但标准并不是绝对的,而是相对的,也是参考性的。所以,我们不能因为评价结果的不公正而阻碍了自身的发展。

启示之四:学术界对北美出版物的过于偏重确实对学术界的学术研究有负面影响,学术界有必要纠正这一点,以拓宽自己的视野,丰富自己的研究方法。

法国的贝利教授指出的学术界过于偏重北美出版物的现象在现实中确实存在。这种现象对学术界产生的负面影响也越来越多地为有识之士所认识。他的演讲告诉我们,不但要重视北美的出版物,因为它确实具有国际质量和国际学术水平,而且还要重视来自欧洲及其他国家和地区的出版物。在中国,过于偏重北美出版物的现象同样存在,而且还比较严重,它对中国学术研究的发展也造成了一些消极影响。这一现象也应引起中国学术界的注意,并采取措施,逐步纠正。

启示之五:面对变化迅速的环境,动态战略比静态战略更能使运用者取得成功并长期保持竞争优势。

哈夫教授《战略变化研究的回顾》的演讲告诉我们,面对不同的战略环境要灵活运用不同的战略。许多人面对变化了的环境还不愿调整自己原来的战略。这样,他们即使付出了相当大的努力,仍然容易遭受失败的厄运或处于竞争的劣势地位。在我们中国,"以不变应万变"是人们常采用的典型的静态战略,但它的适用也是有条件的。所以,在哪种环境中应该使用静态战略,哪种环境中应该使用动态战略,这要根据实际情况灵活选择使用。

启示之六:风险,只要善加管理是不必害怕的;同时风险往往会成为机会。

丹泽尔部长助理《加拿大及加拿大人的风险管理》的演讲告诉我们:风险是可以管理的,风险是可以给我们带来机会和利益的。社会的各个领域都会碰到各种风险。面对这些风险,我们不应该害怕它们,而应该想办法管理它们,控制它们。我们在管理风险的同时,寻找和发现机会,让风险为我们提供利益。投资风险、产品开发风险、市场风险、自然灾害风险等都可以通过管理而得到控制,并变为机会和利益。在风险投资管理日益风行的我国,管理者或投资者通过科学和合理的管理也同样可以在投资风险中得到客观的投资收益。

启示之七:如果一个人能够善于管理角色需求冲突并适应角色转换需求,他将更容易取得成功。

阿师佛苏教授的演讲《组织生活中的角色变换:身份的影响》告诉我们,我们在每一天都在面对多种角色转换,例如:父母亲的儿子、妻子的丈夫、孩子们的父亲、上司的下属、下属的上司、朋友、同学等等。这些不同的角色有各自的要求。我们在每一天都有可能反复充当这些不同的角色，并面对不同的角色需求。实践告诉我们，充当好各个角色并不是一件容易的事。如果我们能够对这些不同角色的角色需求冲突管理好、控制好，并使自己随时适应这种角色的转变，那我们无论是在工作中还是在生活中都会取得比平常人多得多的收获。

启示之八：虽然信息技术对我们的生活造成了很多负面影响，但我们完全可以从中学到很多东西。

罗贝教授《回顾：我们从信息技术对组织的冲击中学到了什么以及我们还需要学些什么？》的演讲给我们深刻启示。虽然信息技术的发展给组织带来了巨大冲击，例如企业组织变得越来越扁平，管理中间层次趋于减少，但是我们可以调整我们的组织结构、改变我们的经营理念和经营方式，可以从调整自己、适应信息技术的变化中学到很多东西。信息技术给人类生活带来的影响，人类是无法回避的。与其消极、悲观地受制于它，不如采取积极、乐观的态度迎接挑战，认识和了解它，解释和传播它，管理和控制它，使它为人类造福。

启示之九："以人为本，以德为先，人为为人"的东方管理模式在世界管理理论和管理实践中所起作用将越来越大，并将占据举足轻重的地位。

来自中国复旦大学的管理学教授苏东水先生在其《走向21世纪的东方管理》的演讲中深刻地剖析了新经济对东方管理提出的挑战。他的演讲告诉我们，随着亚洲经济在世界经济中的地位的提高，东方管理在经济管理中所起的作用越来越大，它在世界经济管理中所占据的地位也越来越高。但在另一方面，东方管理学的科学建设也还在进一步完善，还有待学术界的共同努力。

启示之十：全球化的进程应该得到管理和控制，使它为人类带来更大的好处，避免更多的危害。

瓦拉斯卡基斯教授在他《对全球化的管理：能否给商学院带来创新？》的演讲中提出了一个有趣的设想，即应该"管理"全球化的进程，一般来说，全球化进程是无法阻挡的，是不以人们的意志为转移的，也是各国经济发展的必然。他的这一设想真有点"人定胜天"的气魄。细听其演讲，对全球化进程的管理和控制真使完全可能的。它对我们的启示是，全球化的冲击中，我们可以作很多工作，可以使全球化的发展更符合人类的需要，更能为人类服务。因此，我们在全球化浪潮面前要做的不是束手无策、无动于衷、消极悲观，而是采取积极乐观的态度，想方设法寻找对策，管理和控制好它的发展进程，使它按照我们的规划的进程、目标和方式发展。

启示之十一：对于发展中国家在发展模式的选择上，最佳的发展模式似乎是经济和社会的平衡发展模式，这结论对我国的经济和社会的平衡发展具有很大的借鉴作用。

达维拉教授在其《回顾商学院的作用》的演讲中告诉我们，过去拉丁美洲偏重经济发展而忽视社会发展的同步进行。这一发展模式正受到严峻的挑战。在其他发展中国家也存在着这种现象。在我国，由于长期的政府代替社会造成社会基层建设，例如社会建设、非政府协会、俱乐部、社团等社会性质的社会基层组织建设薄弱。这造成政府与社会发展的失衡。按照宏观政治学的理论，社会稳定的基础是政治、经济和社会的平衡发展，具体表现为政治组织、经济组织和社会组织的巩固和发展。目前，国有企业经营的不景气造成大量失业和下岗工人。这些人员流入社会后处于无组织状况，这给社会稳定和安全构成了威胁。可以说，"法轮功"的出现与我国社会组织不健全、不完善有密切关系。所以，注重经济发展和社会发展的平衡有利于我国国民经济的发展和社会的稳定。

启示之十二：在新经济和市场全球化的条件下，市场营销显得更加重要，它应该引起更高度的重视。

温伯格教授《展望和回顾》的演讲告诉我们,在技术越来越发达的今天,市场营销的作用非但没有减弱,反而变得更为重要。技术在使这个世界变得更复杂的同时,也似乎变得比市场营销更重要。但现实并非如此。由于消费者的需求变得越来越多样化和个性化,而且由于经济的全球化使市场竞争变得越来越激烈,所以,市场营销在提高产品和服务的附加价值方面仍然起着重要作用,而且是越来越重要的作用。市场营销在政治竞争、政策实施、社会发展等诸方面都在发挥作用。所以,我们要更加重视市场营销。在我们中国,市场营销的作用显得尤为关键。

启示之十三:组织理论的发展有赖于组织实践的不断创新。企业的组织是企业诸多活动的重要一环,在时间和空间上均占有重要位置。

佐卡斯教授《组织理论》的演讲对我们的启示是,对企业组织理论的研究要把它和企业的其他活动紧密地结合起来,把它置于众多企业活动之中,并重视它们之间的相互作用和影响。同时,要想使组织理论的一些基本原则和实践中的应用取得更大的成效,必须把这些基本原则和变化了情况结合起来,并在实践中不断创新。组织实践的不断创新既丰富了组织理论,也为企业提高了竞争力,还可以创造可观的经济效益。

启示之十四:技术竞争的创新与企业组织创新有着紧密的联系。要促进技术竞争的不断创新,必须首先促使组织创新,使之有利于促进技术创新。

亨得森教授关于《组织与技术竞争的回顾》的演讲给我们的启示是,尽管竞争从几十年前的技术竞争发展到今天的全方位的战略竞争阶段,但是技术在竞争中仍占据于重要地位,只不过技术创新的速度大大加快了。其实,技术的竞争已经发展为创新速度的竞争。要保持技术竞争优势,最重要的就是在组织上保持创新势头,包括组织结构、组织制度、人员配置、职位设计、权责利分配等的创新,使组织的创新有利于技术的创新,同时有利于创新速度的加快。所以,要使我们的企业具有长期的技术竞争优势就首先在组织创新上下苦功夫。

# 6. 2006年IFSAM第八届世界管理大会(柏林)

**按语：** 2006年9月28—30日,本人组团、带队出席在德国柏林举行的IFSAM 2006年世界管理大会。本人在大会上发表了《新经济时代的管理变革》的主题报告。

## 主题报告：新经济时代的管理变革

我们面临着新经济给我们的生活带来的巨大挑战。新经济是一种高增长、低通胀、低失业、低波动和人本回归的经济。它大大地改写了旧经济的规律,旧经济是物质能量型经济,交易双方奉行供求关系原则,即所谓的"物以稀为贵",经济生活中价格对供求变化的刚性较大,物资匮乏常使经济发展受到梗阻。归纳起来说,旧经济是低增长、高通胀、高失业、高波动和非人本经济。近年来美国经济、瑞典经济的兴旺发达皆缘于新经济之发展。

新经济是网络经济、生物经济、新材料经济等高新技术经济。其本质是知识经济、速度经济以及人本经济。为什么是美国在线购并时代华纳而不是时代华纳购并美国在线,为什么是盈动收购香港电讯而不是香港电讯收购盈动呢,说的就是这个道理。

显而易见,新经济正给我们的管理生活带来了前所未有的挑战。

## 一、新经济时代管理面临的挑战

### 1. 新主体及新管理：定义及特征

在新经济条件下,新主题是指能够适应新经济发展,满足企业和顾客价值最大化、快速应对环境变化、具有全球化的追求和境界以及能够全面实现以人为本的管理主体。适应新经济发展是指能够适应"三低一高"的变局。满足企业和顾客的价值最大化主要是指新型管理主体在为自己创造价值的同时也要为顾客创造价值,并不是纯粹从顾客身上赚取利润,同时尽可能实现顾客价值最大化,这样才有可能吸引越来越多的顾客,从而构成自己庞大的利润之基础。快速应对环境变化是指因为新经济是高增长的经济,也就意味着高淘汰,若非反应及时,其成也快败也快。

所以,新经济条件下的新的管理主体本身就具有高速度、高知识型和高度创新型的素质。摩尔定律表明,计算机硅芯片的功能每18个月翻一番。梅特卡夫法则说明网络的价值等于网络节点数的平方。现在因特网客户每半年即翻一番即证明了梅特卡夫法则。马太效应的原理说明,若不是高速度、知识型和高度创新的话,新主体则不堪承受高度竞争的压力,出现优势方的优势愈加强化,而同时,劣势方的劣势也愈加强化,所以,新主体一定是高速度、高知识和高度创新的组织。

适应于新经济体现新主体的新的组织形式体现主体的高度分散和技术上的高度联结,主要形态有网络化企业、虚拟企业、流程式的企业。网络化组织是指这样一种组织,它以信息为基础,在组织上分散而又被技术紧密连接,有快速应变能力,既有创造力又有团队合作精神,员工中有各种智慧型人才、建立在明晰、有利的共同行为准则、良好的相互信任基础上的自我管理[①]。虚拟企业是指有多个项目小组或企业,各自专门负责整个项目的一个子任务块,在自己的优势领域独立运作,并通过彼此间的协调与合作,达到整个项目的实现,虽然没有像传统组织一样有实际或明确的表现,但却能够一样有效。所谓流程式企业利用组织之间的有机联系,整个企业所做的工作仅仅是其他组织全球流程体系的一个小的环节而已。当今很盛行的工作室、众多网站企业都是新组织形态的例子。

适应新经济和新的组织形态的新的管理模式就是新管理模式。新管理模式体现了如下趋势:从等级制的命令到人格化的协调;从职位的权威发展到知识的权威;工作从按部就班到同时进行;管理沟通从纵向联系到横向沟通;人际关系从盲目服从到相互依赖;企业价值从占山为王到"网络为王"。所以新管理模式体现在现实的管理中,就是全新的管理理念、学习型组织、团队合作、全员激励、协作型竞争或战略联盟、全球化的视野本土化的操作等管理新知。英特尔公司总裁安迪·格鲁夫说:"只有偏执狂才能生存"是很典型的新理念。汤姆·彼得斯说:"我们要学会对付一切变化,这样我们才能兴旺发展,这就是今天我们要做的,而且毫不留情……我们必须超越变化;在这一点上,我们要准备放弃一切传统律令。"[②]新经济就意味着新管理,新管理就意味着新组织、新计划、新决策、新人事、新领导、新沟通、新控制,这就意味着新管理是一个新的管理理念的体系。彼得·圣吉倡导塑造共同愿景和学习型组织,共同愿景是一种表示组织未来发展成功的目标、任务、事业或使命的景象,是组织全体成员共同发自内心的愿望或意愿,是新组织凝聚力的核心。其基本方法是从个人愿景到共同愿景;把握方向、塑造整体图像;运用使命宣言使组织成员具有使命感。基本途径是培养共同语言、开展团队学习、进行深度会谈、实现自我超越。通过共同愿景的塑造,逐渐形成一种全新的学习型组织。

新经济条件下的团队也不是过去那种固定的一成不变的团队,网络化的团队是不断变化、不断组合的。当各个职位是围绕工作来设计时,结果就形成了工作团队,工作团队有综合型工作团队和自我管理型工作团队之分。工作团队还可以分为简式团队和复式团队。在旧经济中,简式团队见得较多,在新经济中,复式团队就更受社会欢迎。在企业采取以任务为中心的复式团队时,团队需要相当的相互作用。团队的部分职责是帮助拓展企业的想象力和知识背景,而这个团队的学识就成为其他以任务为中心的团队的有价值的资产。

全员激励之道乃是要充分、长久、坚持地激励组织内员工共同关心企业、与企业一道成长、一道克服危机,真正成功的全员激励体现的一种新经济条件下的人本精神,充分开发、培养、发挥了个人的价值,满足了个人的个性化需求,无限逼近个人的完全的自我的实现,高度张扬了个性,同时达成了整体的价值。

协作型竞争或战略联盟在新经济时代都快要成为老生常谈。强强联手,既有竞争又有合作,此亦为旧经济时代的某些人士大感不解。各个汽车巨头联手建立网上销售竞争性战略联盟;美国在线并购时代华纳形成互补型战略联盟;还有更为复杂的联盟,如全世界最响亮的三个品牌麦当劳、

---

① 詹姆斯·昌佩、尼丁·诺利亚:《管理的变革——企业管理最先进观念的转变》,经济日报出版社、哈佛商学院出版社1998年8月版,第290—291页。

② 汤姆·彼得斯:《管理的革命》,光明日报出版社1998年12月版,第7页。

可口可乐和迪士尼被一张看不见的联盟网连在一起了。他们的形式多种多样：有合资企业，甚至还有连锁公司组成的家族企业比如日本的集团经营等等。对联盟的控制权在很大程度上取决于在各个国家的管理人员。三巨头并不互相持股，而且整个联盟的特点就是不正式，就连协议内容都是相当模糊的。在硅谷，联盟时分时合，其分裂的速度几乎同建立一样快。

所谓全球化的视野本土化的操作，更是全球跨国公司得意之作。麦当劳在全球连锁经营，IBM公司在全球经营过程中招募当地员工，某些大的跨国公司如微软等组建中国研究院。还有一些跨国公司把他们的部分技术开发机构都搬到中国来了。全球化的视野本土化的操作成为跨国公司不易的管理原则。

当然，只要有了新经济条件下的新主体，就会有新管理，就会有我们面临的变局。

2. 东方管理文化的世纪回归

从经济哲学的高度观之，可以帮助我们跳出狭隘的纯粹就经济论经济。新管理思想不是从天上掉下来的，它与人类古老深邃的经济文化思想鬼使神差地联系在一起，新经济的原理与古老的东方哲学真一脉相承。

新管理是对古典自由主义的张扬。在新管理，管理的一级要素是人，其他一切的要素只能是次要的，只能是一级要素的工具。处在人的控制之下，不能与人相提并论。任何一个组织都是由一定数量的人群组成，人在组织中占据最核心的地位。人不断构成组织的结构，而且操纵组织的运行；人的目标决定了组织的目标，人的行为决定了组织的目标能否达成。因此，一切管理的核心和出发点首先就是对人的管理，对个性的张扬正是我们在新管理中提高绩效的前提，新经济时代的高新技术尤其是互联网技术大大破除了旧经济时代对人的种种束缚，破除了身份的限制，将传统的高大金字塔组织结构扁平化，迎来了一个新时代。自由、平等、竞争的古典自由主义"看不见的手"的思想重放异彩。而这些古典自由主义思想主要来自东方古代大思想家孔子、老子等，孔子、司马迁等思想家主张"惠而不费""藏富于民"，老子等思想家的"道法自然"为现代新经济在两千年前奠定了基础。正好是，中国古典文化西传东归，顺乎天意，合乎否定之否定规律。

细想之，笔者认为东方管理思想的西传东归可以从三方面分述之：

第一，"人为政本"与"以人为本"。

中国古代思想家讲究"人为政本"，所谓"水能载舟亦能覆舟"，那是探讨的"人本"业主要是从政府与官方的角度讨论的，不过带着强烈的为国忧民的色彩，但从观念层面看与当今新经济时代所高扬的"人本主义"，本质是异乎寻常的相同。美国惠普公司的很多做法洋溢着东方人本管理的温馨。惠普员工要辞职，老总一定要找他谈一谈，了解他为什么要走，希望他提出一些好的建议，真诚的挽留员工，并真诚地欢迎辞职出去的人才再回到公司。惠普公司经常到名牌大学招收"尖子"学生，经过严格挑选，已经录用，就给以良好的培训，同时决不轻易解雇。惠普公司真正信任人、关心人。领导者总是同自己的下属打成一片，使员工们感到自己的工作成绩得到了承认，自己受到了重视，同时也教育员工不要只关心向上爬，更要注意提升自己的业绩。惠普公司的人本管理经验一直为管理学界所称道。新的诺基亚公司更是提出了响亮的"诺基亚高科技，以人为本"口号。人本管理在新经济时代受到异乎寻常的关注，乃是因为他能调动全体员工的积极性，能够创造企业和员工的最大价值，这又与网络经济的"自由平等、共同繁荣、共同精彩"精神是一致的。人本精神终于西传东归。

第二，"国家伦理"与"以德为先"。

中国古代家国同构，统治者或是思想家都引天然的家庭伦理进入国家的治理，家庭的礼俗秩序被扩大为国家的统治秩序,总之,十分强调一种自然而然的伦理。西方经济发展到今天的新经济,他们也意识到没有发达的网络道德保证网络的安全,是不会有发达的新经济的。斯密著有《国富论》和《道德情操论》,其主要思想"看不见的手"理论即是建立在完美的道德假定基础上的。新经济时代复兴了自由主义,若不能有完善的道德,恐经济自由主义有夭折之虞。是以当代管理学人呼吁"以德为先"正适应了新管理的需求。

第三,"村落沟通"与"人为为人"。

古代东方小农经济,日出而作日入而息,人们的活动一般以村落为主,在一个村落里,人们彼此知根知底,但沟通的范围就局限在小小的村落内,一个村落就是一个组织、一个社会单位。当今新经济时代,有人把地球称作"地球村"因为有了互联网,通讯极为便利。一个人的成长是一个"人为"的过程,也是一个在全球范围内获得人们认同的过程,等到认同之后,更是一个"为人"的过程。对任何一个组织都是一样的。既然是村落,那么从"人为"到"为人"的过程、道理都是一样的。这难道不是东方管理文化的西传东归么?

## 二、东方管理学派对管理的探索

我们对于新管理的探索并非自今日始。我们一面立足于本土的管理学的研究,同时致力于管理的国际化工作,这是一段中国管理学者走向国际的艰辛路,它代表了 20 世纪 90 年代以来我们对新管理模式的探索,是我们迎接挑战的事实依据和一定意义上的研究成就。条分缕析。大略可以分为八个方面。

1. 高科技管理的挑战与探索

20 世纪 90 年代初建立了国际管理者协会联盟(IFSAM),它是由世界 33 国最有权威的各国协会组成,是专门研究管理学科发展的组织。它至今为止组织了数次全球性的管理盛会。这些盛会是我们探讨新经济时代管理问题的指针。

1992 年,在日本东京召开了第一届世界管理大会,会议的主题是"高科技与管理",立了 16 个子课题并进行了论证,说明:高新科技导致新型管理风格;管理创新结构使技术、劳动力、资本一起构成了生产要素,形成知识资本;管理科学与应用存在谐协。大会认为管理学是一门人文科学,纠正了由科学派生出来的所谓"技术工具论""科学管理论""权威管理论"和所谓"绝对规律论",大会形成共识,纯粹科学化的管理只能是"危险"。

笔者 1992 年作为中国学者第一次参加世界管理学的盛会。在大会上,笔者提交了《中国工业化过程中的环境问题》的论文。会后,大会建议本人组建"中国学者的管理学会"。

2. 管理国际化的挑战与探索

1994 年在美国达拉斯召开了第二届世界管理大会,大会的主题是"联合遍及世界的管理学者"。大会认为要促进管理的国际化,首先要促进各国管理学者交往和信息沟通的国际化。所以,大会的宗旨是促进世界各国管理学者的联合。此次会议达成共识:管理越来越趋于国际化,应该加强各国管理学者的交往与合作,促进管理学科的研究与发展。

笔者在大会上提交了《弘扬中国传统文化,建立中国特色的管理科学》的论文,引起了国际管理学者的强烈关注。

3. 无形资产管理的挑战与探索

1996 年,在法国巴黎举行的第三届世界管理大会,会议的主题是:"无形资产管理",会议设五个专题：信息系统、跨文化管理、无形资产管理与评估、知识经济与投资、网络经济等。单单无形资产管理方面就有90篇论文。

本人提交了两篇论文，是国内学者首先在国际上提出。两篇论文是《中国无形资产管理的现状、问题及对策》和《东方管理文化的探索》。在《中国无形资产管理的现状、问题及对策》的论文中对无形资产进行了全新的定义，将无形资产划分为知识权利类、关系类和内涵类。同时指出："以人为中心的管理是无形资产管理的精髓……中国古代文化是研究无形资产管理的丰富的源泉。"[①]后来论文发表在《复旦学报》并为《新华文摘》全文转载。

在《东方管理文化的探索》的论文中提出了东方文化的古为今用。提出"以中国传统文化为代表的东方管理文化是一种具有特色的学科体系。综观其发展历史，东方管理文化学可以包括三个部分：一是治国学，二是治身学或人为学。"[②]同时指出东方管理文化学的要素包括"道、变、人、威、实、和、器、法、信、筹、谋、术、效、勤、圆等十五个方面"。作者认为东方管理文化的本质就是"以人为本""以德为先"和"人为为人"。这是东方管理学在国际舞台上的一次重要展示。

4. 东西方管理文化融合的挑战与探索

1997年，在上海召开了'97世界管理大会暨第一届世界管理论坛。这是中国学者第一次在中国召开的世界管理学者的盛会。大会主题是"面向二十一世纪的东西方管理文化"。30多个国家的管理学者与会，50多家新闻媒体报道，"东方管理文化在世界叫响"。

大会的主题报告是"面向二十一世纪的东西方管理文化"，向世界管理学者，重点阐释东方管理文化的本质"以人为本""以德为先"和"人为为人"，会议倡议东西方管理文化加强融合，发展东西方管理文化，如重点突出研究东方管理文化、发展东方管理教育、建立东方管理研究基地，并加强东方管理创新。会议成果涉及五个方面：东方传统文化与现代管理、东西方管理比较、21世纪管理学发展趋势、当代企业管理、现代新经济与管理等几个方面。会后，与会的管理学专家学者成立了国际管理学者协会联盟中国委员会，复旦大学首席教授苏东水先生任中国委员会主席。中国委员会专门从事东方管理学的学术研究与交流，沟通国内外管理学信息。

5. 全球化管理的挑战与探索

1998年在西班牙马德里召开了第四届世界管理大会。苏东水教授率领中国代表团参加会议。会议的主题是：全球化：对管理、教育、研究和实践的冲击，这些冲击只要体现在17个方面：(1) 环境的变化和公司的改革对管理的冲击；(2) 全球化经济中的核心能力对管理的冲击；(3) 私有化和公司发展对管理的冲击；(4) 价值链的全球化及其改造；(5) 跨国企业的逻辑学与公司的基础结构；(6) 全球新兴市场；(7) 商业的多元化因素；(8) 全球化企业的管理与组织；(9) 商业战略的竞争全球化；(10) 21世纪的人力资源管理者：新要求和新原则；(11) 全球化的社会因素；(12) 全球化的行政培训和教育；(13) 全球化的会计和税务；(14) 全球金融市场；(15) 跨国商业伦理；(16) 全球化商业中的信息技术；(17) 全球经济联盟。

苏东水教授作为中国代表团团长在大会上发表了《东方管理文化的复兴》。苏东水教授指出，在全球化进程中，东方管理文化正迎来了伟大的复兴，因为东方管理文化正通过新经济和网络经济西传东归。中国本土的管理文化正进一步得到升华。苏东水教授的观点收到各国管理学家的关注。

---

① 苏东水：《论无形资产管理》，《复旦学报》(哲学社会科学版)1996年第4期。
② 苏东水：《东方管理文化的探索》，《当代财经》1996年第2期。

6. 世界华商管理的成就与探索

1999年,在中国上海召开了首届世界华商管理大会暨第二届世界管理论坛。国内外华商管理专家300多人聚集上海西郊宾馆。大会主体是:弘扬东方管理文化,促进经济发展。大会研讨华商管理,5个方面:(1)华商管理为世界经济发展作出巨大贡献;(2)华人企业管理的特点;(3)华人企业家具有相当的成功之道;(4)华商如何迎接世纪的挑战;(5)人为为人是华商管理成功的关键所在。

苏东水教授在大会上发表主题演讲《走向世界的东方管理》,演讲分为三个部分,第一部分是东方管理在全球化进程中具有重要的地位;第二部分东方管理具有自己的核心体系;第三部分东方管理具有极其重要的现实意义。

7. 东方管理文化现代价值的探索

2000年5月,在安徽黄山和涡阳召开了"第三届东方管理国际学术研讨会",会议主题是"东方管理文化与当代经济发展",分为4个方面进行研讨:(1)徽商管理文化;(2)道家管理思想及其现代价值;(3)东方管理文化精华与体系;(4)东方管理与经济全球化。这次管理盛会是东方管理学派由面到点,由一般理论研究到实证研究的深化。大会对徽商等古老管理文化所具有的现代价值具有高度的价值。像福建商帮、宁波商帮、洞庭商帮的管理文化、温州商帮的管理文化和新兴家族管理文化在全球化、个性化的新经济时代将熠熠生辉。

苏东水教授在大会上发表了主题演讲《东方管理文化与当代经济发展》,报告分为四个部分:(1)东方管理研究的回顾;(2)东方管理的研究状况;(3)东方管理文化与当代经济发展;(4)供大家进一步研讨的问题。苏东水教授特别指出:"要促成个人的发展,这方面至少要注意三点:重视人的作用,重视文化的功能,重视东方思维带给人类的超越,这是人本注意的三大趋势。"考察安徽的建设后,苏东水教授为安徽经济发展提出"打黄山牌,作徽文章;扬老子故居,促两化实现"("两化"指南部旅游国际化和北部农业产业化)的发展战略建议。

大会表明,东方管理研究已经蔚然成风,已经有自己的研究对象、研究群体、研究基地和研究方法,东方管理15部经典著作正在紧锣密鼓筹办之中。这15部著作是《东方管理学》《中国管理学》《华商管理学》《治国学》《治生学》《治家学》《人本学》《人本学》《人心学》《人为学》《人才学》《人德学》《人谋学》《人缘学》以及《东方管理案例》。

8. 20世纪管理整合的成就与探索

2000年7月,第五届世界管理大会在加拿大蒙特利尔召开。苏东水教授率领中国代表团与会。参加会议的有30多个国家的200多个大学860多位代表的660篇论文。大会的主题是20世纪管理的回顾和对21世纪的管理作出展望。大会从17个方面展开了讨论:(1)金融;(2)管理科学;(3)影响;(4)信息系统;(5)组织行为学;(6)战略管理;(7)生产与运营管理;(8)国际商务;(9)人力资源管理;(10)管理教育;(11)管理女性;(12)企业家;(13)组织理论;(14)旅游和医院管理;(15)商业史;(16)技术与创新管理;(17)案例回顾。大会在诸多方面形成了启示:如(1)我们要用发展的眼光来看待理论范例和实践范例;(2)无论是哪种管理模式,欧洲管理模式、美国管理模式或日本管理模式都有其优点和缺点,只要善于吸收其优点,克服其缺点,并和具体实践相结合就能取得很好的管理效果;(3)面对迅速变化的环境,动态战略比静态战略更能是管理者取得成功和保持长期竞争优势;(4)风险只要善加管理就成为机会;(5)如果一个人善于管理角色冲突并适应角色转换需求,他将更容易成功;(6)虽然信息技术对我们造成了很多负面影响,但我们仍然可以从中学到很多东西;(7)全球化的进程应该得到管理和控制,使它为人类带来更大的好处;(8)对发展中国家的最佳发展模式是经济与社会平衡发展模式;(9)在新经济和全球化的条件下,市场营销显得更加重要,它更应引起高度的重视;(10)"为人"的互动管理模式在世界管理理论和实践中将发挥越来越大的作用。20世纪"人为为人"理论的回顾与评价,对管理作出展望。例如:新经济时代IBM等公司的资源重组与管理重组。

苏东水教授在会上做《走向21世纪的东方管理》的重要演讲。先生重述了新经济、新管理中东方管理文化回归的特质和新经济时代管理教育和管理学科建设的重大方向就是网络互动,人为为人。

## 三、新经济时代我国管理演变的趋势

新经济条件下新管理模式要求我们认真思考四个问题,即未来的经济组织是什么样子？我们如何控制管理变革的进程？我们需要什么样子的管理方法和领导技巧？管理水平、管理心态和管理教育将如何演变？即在一个管理文化深邃的国度我们应从总体上思考新经济时代我国管理应对挑战而形成的长期的演变趋势。

(1)组织结构由孤立的金字塔式的组织渐变为网络组织。传统意义上的孤立的金字塔式的组织具有指挥同意、专业化分工、书面指挥、标准化工作程序和员工职业生涯为特征,在信息化、网络化的时代,缺点一览无余,譬如它没有管理的专业化分工、组织孤立、组织和管理人员顾此失彼。由于新经济使企业面临的市场由稳定变为动态、企业的竞争规模从全国走向全球;最终是等级行政式的组织形式渐变为网络化的组织形式,我们在前面提到的网络化组织所具有的五个特征便体现了这种演变趋势。谭智入主8848,就是以专业化的管理改造8848。风险资本进入网络产业支持网络产业大肆攻城略地,传统产业趁网路产业调整之机,产业资本放胆反攻倒算。这正说明大家对组织网络化的认同,因为他们分明接受了一个被不同层次不同方面的信息所驱使的不断变动的组织。

(2)新经济条件下的新管理要求全新的决策。网络结构里的劳动不再是可分的,而是知识员工共同承担。他们既可以被看作是独立的贡献者,也可以被看成是团体中的一员。网络结构中的工作主要由一些比较固定的跨智能工作完成。具有不同专业知识的员工形成不同组合的工作组。既然知识的中心下移,那么决策的重心也就下移。所以在目前我国的许多网络企业中,即网络结构中的决策尽可能由低层作出。李泽楷并没有等着李嘉诚发出命令,若是等候的话,哪有今天的父子并驾齐驱呢？王峻涛、张朝阳若是等候指令,说不定现在还在哪个角落等着领救济金呢。

(3)新的管理必然孕育新的领导,包括新的领导观念、新的领导行为、新的领导作风和新的领导人格。新的领导面向未来,操着他们的流行语言如联盟、团队、创造空间辅助、授权,表达他们未来型的后喻式管理理念;他们认准了就快速行动,永远领先;新的领导作风果敢泼辣,雷厉风行,言即由衷。新型领导人格是:"勇敢地面对失败;强烈地求知欲;热衷与行动;冷眼对待那些自命不凡又固执守旧的家伙;勇往直前;相信富有好奇心的人;喜欢稀奇古怪;喜欢激烈的词语;热衷于变革;乐观;讨厌无精打采的作风、对其绝不宽恕。"[1]张瑞敏,就是一个以"道法自然"的心态面对未来管理的挑战的。这样新的领导是分散似的领导,领导分散的工作,从基层开始创建拥有众多领导的组织,发现内外领导者市场,建立学习型组织,寻求组织合作和知识联盟,从长远培养柔性的组织文化,最终形成员工的自我领导即"无为而治"。

---

[1] 孙涛:《知识管理》,中华工商联合出版社1999年5月版,第349—353页。

(4) 管理水平由落后变为先进。中国企业的管理水平借发展新经济之机,快速逼近世界发达国家的管理。由于互联网技术的发达,国外先进的管理理论、管理知识和管理信息很快就能传入国内,在一些经济相对发达的地区如北京、上海、深圳等地,企业家已经是言必称"网络""学习型组织""无为而治"。管理水平提高了,主体的总体素质增强了。例如,中国家电产业成为国内率先与国际接轨的产业之一,其原因就是家电产业最早引入国际化的管理。

(5) 管理心态从西化走向融合化。所谓管理心态就是管理学界前辈所讲的管理的致思途径。东方管理文化更多的讲究综合而西方管理文化更多的讲究分析,网络经济大发展以其包容万象之势,消弭过去被封为至尊的东西。在新管理中,没有传统的身份和地位的差异、没有权威,如果有权威的话,那就是知识权威。私人的知识不断地组合成为公共的知识,这都需要发挥东方综合思维的长处,发现东方综合思维的妙处。东方思维被学界称为"复性思维",它是让我们跳出传统巨型组织管理迷宫的钥匙。近年来,美国管理学界对东方管理文化进行了有力的反思,其代表作是成中英教授的C理论。成中英教授的5个C是决策(Centrality)、领导(Control)、应变(Contingency)、创新(Creativity)和人才统合(Coordination)[①]。成教授就是以《易经》的复性管理思维来解释走向融合的现代管理思维。

(6) 管理教育网络化、高知化。由于新经济动荡经常化,风险与机遇的关系因每个人的知识水平和知识的应变能力而异。所以未来管理变革和管理发展的主要动力不是资本和劳动力而是知识和革新。这样管理教育的重要性就体现出来了。从本质上说,组织结构网络化决定了管理人员要学习知识管理,要不断充电。例如:北大有人开着"林肯"读工商管理硕士;大批民营企业家到国外充电。许多上市公司也定期组织内部培训,或与大学联手办学,搞远程教育。这无疑体现了管理教育网络化、高知化的潮流。

## 四、新经济时代管理教育和学科发展新动向

新经济的发展,为中国的管理学家创造了良好的科研条件,我们需要更加理性地对待新经济,更不能对新经济盲从。新经济时代网络的发展大大地改善了管理教学的手段,有利于学生获得新知识,也有利于改善管理学落后的局面。网络的发展对现有的管理学教学体制和师资队伍提出了挑战,从我国目前的管理学教学中管理学的知识的供需是不平衡的。从需求方面看,学生迫切需求反映现代先进管理经验和经济全球化、一体化的管理学知识,并通过管理知识的多渠道传播,使学生学会对管理问题的分析、鉴别和对管理学的应用能力。在供给方面,我国管理学的教学还相当落后,目前事实上存在着西方管理学与本土管理学的分野,管理学的教学严重落后于实际经济发展的进程。网络的普及和发展将会大大改进教学手段,有利于学生获得最新的知识,也有利于改善管理学教学落后的局面。偏远地区可以利用网络搞远程管理教育,低成本地提高当地管理教育水平。同时,学生可能会有教师同样的渠道,甚至可以比教师有更多信息。这对传统管理学教学是直接的挑战,在课程设置、师资水平、教材编写方面、教学安排方面、教学体制方面、教学体制师资队伍等方面提出了挑战。

单就管理学教材而言,就缺乏融合东西方管理文化精神的教材,教材的缺乏反映了真正适合新经济时代中国管理的思想的缺乏。东方管理学派经过近十年的艰苦探索,对如何构建新经济时代

---

[①] 成中英:《C理论:中国管理哲学》,学林出版社1999年12月版,第98页。

的管理学,形成了一个初步的成果,这方面的探索大致包括以下五个方面。

1. 建设东西方融合的管理理论体系

新型管理理论体系包含东方管理、西方管理和华商管理三个部分。西方管理学是一个精致的分析的学科体系;东方管理学是一个包含治国学、治家学和人为学的学科体系;华商管理学则是融合了东西方管理文化精华、适应新经济时代新管理需求的学科体系。

2. 探索新管理成功的要素

东方管理学派认为新管理学中管理成功的要素包括管理主体、管理权利、管理组织、管理文化和管理心理等五个方面。管理主体是管理的出发点和归宿。管理主体通常在组织内扮演人际关系、信息传播以及决策指定等多方面的角色;管理权利就是管理主体在组织范围内为实施组织目标对人们施加影响力的艺术或过程之凭借。管理权利包含职位权利和非职位权利;管理组织是管理主体有意识地加以协调两个或两个以上的人的活动或力量的协作系统,管理组织有正式组织和非正式组织之分;管理文化是一个组织体内管理主体的管理心态、管理意识、管理制度和行为方式的总和;管理心理主要是指管理主体的心理行为过程。这五个方面构成了管理成功的要素。

3. 研究管理效率的行为过程

东方管理学派管理效率的行为过程包含目标、决策、指挥、监督、激励、效率等六个方面。目标是组织欲达成的未来的一种状态、一种结果;决策则是组织为实现一定的目标,在两个以上的备选方案中选择一个方案的分析判断过程;指挥就是管理主体实施决策,号令一致的过程;激励就是管理主体为了特定的目的而去影响人们的内在需要或动机,从而强化、引导或改变人们行为的反复的互动过程;效率是管理主体为组织的投入与产出比,是组织体制运行的实际经济效果。

4. 探讨管理发展的新趋势

东方管理学派认为管理发展的新趋势是创业管理、知识管理、管理返魅、流程再造、组织修炼、组织学习、网络化组织、未来管理等方面,但依据东西方管理文化融合的原理,这些新管理模式、方式、方法都可归入人为管理的理论体系。

5. 探寻管理行为的新思路

其实,东西方管理文化之所以融合在"人为为人"这一东方管理文化的精髓之中是有其道理的。这既是当代管理行为的新思路,更是古老的东方复性管理思维在网络时代的完美体现。所谓"人为为人"指的是每一个人首先要注意自身的行为修养,"正人必先正己",然后从"为人"的角度出发,来从事、控制和调整自己的行为,创造一种良好的人际关系和激励环境,使人们能够长久地处于激发状态下工作,主观能动性得到充分的发挥。"人为"与"为人"二者具有辩证的关系,互相联系并且互相转化。对任何管理者或被管理者,都有一个从个人行为逐步向他人服务转变的过程,即从"人为"向"为人"转化的过程。互动的精神是人类管理价值的永恒追求。

参加 2006 年在德国柏林举行的 IFSAM 第八届世界管理大会期间,参观宝马汽车博物展

新经济时代管理的变革是我们面临的跨世纪的重大课题,东方管理学同仁们正努力面对。

# 7. 2008年IFSAM第九届世界管理大会(上海)

**按语**：2008年7月26—28日，在上海复旦大学举办了世界管理协会联盟(IFSAM)第九届世界管理大会。大会以"东西方管理融合发展"为主题，设立20个专题论坛及东方管理论坛。这是中国管理学界举办的具有国际性的盛会之一，是中国迄今在东方管理领域最具规模的一次学术会议。来自30多个国家和地区的500多位专家和学者出席会议，收到参会论文500多篇。本人作为本届大会主席致开幕词，并作主题报告《中国"东学"三十年》。

## 主题报告：中国"东学"三十年

人类进入新时代，随着全球经济发展，多元文化的碰撞与融合，管理呈现着新趋势、新概念、新科学、新价值、新实践和新成果。中国"东学"，即中国的东方管理科学，是在全球经济发展的新形势下，在东西方管理文化融合与发展的基础上创建的。自20世纪70年代中起，经复旦大学东方管理学派的探索与研究，已30多年了。在历史长河中，30年不算长，但是其学说的源头也是东方管理之水的源头则有三千多年的历史了。

《周易》、道家、儒家、佛家、兵家的智慧是人类思想创新的结晶，也是东方管理学说智慧的源泉，如，道家"上善若水"之说中的"水"形容管理之水变化多端，利害之处，其哲理就更丰富了；再如，秉承中华优秀文化传统的"东学"在30多年前提出的"以人为本"之理念和"人为为人"这一创建性的管理本质之学说，则更具有现实意义。三千年如水源头的中国东方管理学说比近百年西方管理学科的历史，那就更早了。

中国的管理科学的探索源于对东西方管理思想融合发展的创新与反思，源于对当代中国经济管理实践的呼应及其水土不服。东方管理科学创建至今30年，是一个从学习、原创到实践的探索过程，经历了以下三个阶段，形成了开创性、国际性的研究成果。

一是1976年至1986年的"古为今用、洋为中用、融合提炼"阶段。主要是学习深研马克思主义经济管理原理，中国古代经典《红楼梦》《孙子兵法》等著作，儒、道、佛各家的学说，中国古代行为学说，西方管理学派理论，西方行为科学；对中外古今管理思想精华作了融合比较的探索，提出了管理要以人为中心，"以人为本、人为为人"的观点。在中国率先举办了企业管理、国民经济管理、经济管理、管理心理学的电视讲座、《〈红楼梦〉的经济管理思想》、《〈资本论〉与管理科学》、现代管理科学、中外行为科学等讲座，学员听众总共达千万人次。《国民经济管理学》一书获得教育部一等奖，发行量逾300万；《管理心理学》发行量亦超百万，出版管理专著教材50余部；于1982年在全国首先出版融合中外管理理论与实践的《工业企业经营管理学》，获得上海哲学社会科学优秀奖；出版《中国企业管理现代化研究》，获得上海社会科学特等奖。发表论文《试论管理科学的性质与对象》，为创建中国管理科学打下了理论基础，该论文被评为上海哲学社会科学优秀论文。

二是1986年到1996年的"理论创新、独成一家、走向世界"阶段。首编出版国内外第一部的《中国管理通鉴》（人物、要著、名言、技巧四卷200多万字），获上海哲学社会科学一等奖、中国人文科学奖，被评为上海汽车基金的十大著作之一。出版中国第一部的"人为学"——具有中国特色新体系的《管理心理学》，首先铸造"以人为本""以德为先""人为为人"的"三为"为核心的东方管理学。首创东方管理学派，历经十国会议、十届论坛，纵观古今，横跨中外，融合精髓，独树一帜，成为国际管理丛林的一个新学派。在1992年、1994年、1996年的日本、美国、法国等世界管理大会和其他诸多国际学术会议上公开发表《中国古代行为学说》《中国工业化道路的环境问题》《弘扬中华优秀文化，创建中国特色的管理科学体系》《东方管理文化的探索》《现代管理学中的古为今用》《"以人为本"是无形资产管理的精髓》等具有开创性和国际影响的学术报告。开创应用经济学、国家重点学科——产业经济学中的东方管理新学科方向。

三是从1997年至今11年的"发展学派、创新体系、扩大影响"阶段。承接国家自然科学基金项目《东方管理学思想研究》，出版东方管理原创性的专著。创作《东方管理学派著系》的"三学""四治""八论"共15部著作，获得国家"十一五"重点科研规划项目。创新东学"五字经"，即"学""为""治""行""和"的理论体系。联合中国18个东方管理研究中心（院），创建东方管理科学研究院，首设世界管理论坛、东方管理论坛、华商管理论坛。出版《世界管理论坛专辑》15期千万余字，出版《东方管理评论》刊物。在此间，主持中国首次的IFSAM '97世界管理大会，有50多家国内外新闻媒体给予了高度评价："东方管理文化在世界叫响"。同时组织参加1998年到2006年的西班牙、加拿大、澳大利亚、瑞典、德国的五届世界管理大会，提出复兴东方管理文化的重要性，强调建立"以人为本"的和谐社会的观点，发表《伟大时代的新学说——东方管理学思想的兴起》《论东方管理教育》《中国"东学"三十年》《中国式管理的探讨》《论东西方管理的融合与创新》《当代中国的东方管理科学》等学术论文。在全国率先设立东方管理学博士点与硕士点，开创当代管理教育模式之先河，为中国管理科学走向世界作了重要贡献。

经三年争取，两年辛苦筹备，继日本、美国、法国、西班牙、加拿大、澳大利亚、瑞典、德国成功举办八届世界管理大会后，IFSAM第九届世界管理大会将在今年的7月26—28日于中国上海举办。本届大会由IFSAM、IFSAM中国委员会、复旦大学等单位联合举办，同时举行第十二届世界管理论坛暨东方管理论坛，以"东西方管理融合与发展"为主题，设东方管理、西方管理、华商管理与企业家三个主论坛，二十个专题论坛，由来自20多个国家的知名学者和20多名中国大学的著名学者担任论坛主席，收到30多个国学者与企业家的参会论文近500篇，经大会专题主席专家评审，录用英文论文160多篇、中文论文110多篇。论文由中国人文社会科学核心期刊、复旦大学主办的《研究与发展管理》公开出版，由《世界管理论坛》编委会总编文集，本届大会论文质量各有千秋，体现了本届大会主题。本届大会是中国管理学界有史以来具有国际性的盛会，是中国迄今在管理学领域规模最大的一次大会，同时也是素有全球管理学界的"奥林匹克大会"之称的IFSAM世界管理大会首次在中国举办，必然促进中国企业与管理教育事业的发展，增进和加强国际管理交流。

回眸半世风光，跨亚欧拉美，港澳台侨，西北东南，星腕杰雄，上下求索。管理若水，有永恒之道，乃以人为本、以德为先、人为为人，造福人间万物，川流不息。文化激荡、管理创新，乃世事进展之动力。通鉴东西古今管理之历史，唯百家争鸣可铸管理文化之精华。观我中华历次盛世，华人之发展，无不有灿烂文化之影响。我们是为博开管理科学艺能之路，悉延古今中外百端之学，融东西管理文化之精华,努力共创和谐世界。我们的责任是重大的,我们的事业是伟大的,前途是光明的。

30余载乘改革开放东风,由我主持的中国国民经济管理学会、上海管理教育学会、上海泉州侨乡开发协会、世界管理协会联盟中国委员会、东华国际人才学院和复旦大学经济管理与东方管理研究(系所中心),联合海内外百家机构,致力于现代管理科学与管理教育的发展,建立东方管理学派,推进中国管理理论创新与实践。时至今日,学友三千,精英数百,培养博士(后)两百余名,论著数百,成果丰裕,屡获殊奖,在诸多领域皆有卓越建树!

在上海举办的2008年IFSAM第九届世界管理大会上作主题报告

自1997年在上海召开IFSAM世界管理大会,首设世界管理论坛,本人所作的主题报告《面向21世纪的东西方管理文化》,完整提出:以人为本、以德为先、人为为人的"三为"核心理念至今11年,"以人为本"得到普世认同,上升到国策层面,成为社会主义的核心价值、科学发展观的核心。"以人为本"思想拉近了中国与世界、东方与西方的距离。特别是在这次中国的抗震救灾中,"以人为本"产生的伟力是这一时代的最强音,成为凝聚中华民族的强大力量。历史见证,融合东西方管理精华概括的以"三为"为基的"以人为本"、"以德为先"思想和"人为为人"管理本质,可视为全球经理人与管理者的基本原则,若水永恒于世。

愿与中外各界管理志士共议管理科学之过去、现在与未来。祝愿大会,在贵朋高友的合力支持下,取得圆满成功!

## 《世界管理论坛 2008》前言:
## 全球管理学界的"奥林匹克大会"[①]

世界管理协会联盟(IFSAM)是全球30多国权威管理学会的联盟。自1992年以来已在日本、美国、法国、西班牙、加拿大、澳大利亚、瑞典、德国等8国成功举办八届世界管理大会,极大地推进了各国管理学界的交流与发展。世界管理协会联盟(IFSAM)第九届世界管理大会,乃盛世和谐之会,历经辛苦运筹,荣获各方支持,在2004年瑞典理事会上通过,决定于2008年在上海举行,并推选中国国民经济管理学会会长、复旦大学首席教授苏东水为本届大会主席。此次大会是中国管理界有史以来的具有国际性的世界管理大会,正如第七届管理大会的主席瑞典的伦丁教授所说:"我们极力支持你们召开这次大会,你们能比历次会议办得更大、更好、更丰富。"我们还要感谢2008年IFSAM理事会伯宁·苏教授等理事们的大力支持,对于众多国内外专家、学者、朋友的热诚支持,我们深表感谢!

本次大会由世界管理协会联盟(IFSAM)、IFSAM中国委员会、复旦大学和上海工程技术大学等诸多单位联合举办,由河海大学、上海东华国际人才学院特别协办,第十二届世界管理论坛暨东方管理论坛国际会议也同时举行,参会者近500人。大会以"东西方管理融合与发展"为主题,收有

---

① 本文刊载于IFSAM 2008年世界管理大会论文集《世界管理论坛2008》(《研究与发展管理》2008增刊),标题为编者添加。

30多国学者与企业家的参会论文近500篇,经20位中国著名专家与国外知名学者的共同评审,录用英文论文160多篇、中文论文110多篇。本届大会论文由《世界管理论坛》编委会总编,由中国人文社会科学核心期刊——复旦大学主办的《研究与发展管理》专辑特刊,分成"出版文选""中文文集"及"英文文摘",另外由中国科技部《管理观察》杂志专刊出版。论文质量各有千秋,体现了本届大会的主题"东西方管理融合与发展",大会设有20个专题论坛,东方管理论坛、东方企业家与管理学者论坛、博士专场论坛、MBA专场论坛等,会议将就管理创新、管理思想、中国管理、管理文化、全球管理、管理心理、人力资源管理、组织行为管理、管理学发展、战略管理、企业家精神、技术创新、知识管理、管理咨询、国际管理、运营管理、公司治理、管理教育、财务管理、市场营销、服务管理、公共管理、东方管理、华商管理等20多个专题展开交流讨论。本届大会将是一个充满活力、交流互动、创新成功的大会;是全球管理学界的"奥林匹克大会",其核心理念是"以和为贵"、"和而不同"、"和合共赢"。

经三年争取,两年努力筹备,今天,蒙各位领导、贤达和同仁相助,如期举办2008年第九届世界管理大会,第十二届世界管理论坛暨东方管理论坛国际学术大会,以供中外各界管理志士共议管理科学之过去、现在与未来,乃为发展国际管理理论与实践。祝愿大会,在贵朋高友的合力支持下,取得圆满成功!

**2008年IFSAM第九届世界管理大会在复旦大学召开**

# 8. 2010年IFSAM第十届世界管理论坛(巴黎)

**按语：** 2010年7月8—10日，本人组团、带队出席在法国巴黎的法国国立艺术及文理学院举行的IFSAM 2010年世界管理大会，并在大会设立分论坛"第十四届世界管理论坛暨东方管理论坛"。这是第一次在海外举办世界管理论坛暨东方管理论坛。本人在大会上发表了《东西方管理融合与发展》的主题报告。

## 主题报告：东西方管理融合与发展

自泰罗开创科学管理以来，管理学已走过了蓬勃发展的百年历史，其中经历了由古典管理理论阶段的生产管理和组织管理，到行为科学理论阶段的人和组织行为的管理，再到现代管理理论"丛林"阶段的众多理论流派的转变。人类进入21世纪后，随着经济全球化进程的加速发展，管理学的理论和实践也进入了一个全新的阶段。经济的融合必然导致管理文化的冲突与融合。东西方管理文化的融合已成为当代管理的一个新趋势。21世纪的管理将走向何方，已引起众多学者的关注。正是在这样的背景之下，我们早在20世纪70年代中期就开始了东方管理文化视角的管理研究，创新东方管理科学。

管理融合发展是一个历史必然的趋势，因此我们以东西方管理融合与发展作为第九届世界管理大会的主题。在我们的研究过程中，有些学者对什么是管理理论发展的新趋势，对什么是管理科学，什么是东方管理科学，什么是东方管理科学的价值观，以及东方管理如何在实践中应用等问题抱有浓厚的兴趣。现在从管理的新趋势、新概念、新科学、新价值、新实践讲五个方面的问题。一是探讨东西方管理融合发展的新趋势；二是谈谈对管理科学的新认识；三是介绍东方管理科学的创新与发展；四是阐述东方管理科学的核心价值；五是结合新趋势分析华商的成功之道，论述行东西管理精华融合的运筹之道是符合新趋势的新实践。

### 一、新趋势：东西方管理融合发展的趋势

随着世界经济一体化进程不断加快，全球经济正以前所未有的速度加速融合。经济的融合不可避免地带来管理文化的冲突与融合，东西方管理文化的融合业已成为当代管理的一个新趋势。

（一）管理理论的西传东归

随着管理研究推进，西方管理理论体现出了向东方回归的特征。主要表现为以下三个方面：

(1) 人本管理文化的回归。中国古代思想家强调"人为政本",所谓"水能载舟、亦能覆舟"。那时所讲的"人本"主要是从政府与官员的角度探讨,但带有强烈的为国忧民的色彩。在观念层面上与当今新经济时代所倡导的"人本主义"本质上是相同的。从西方管理学的发展历程看,从以泰罗为代表的科学管理到以梅奥、麦戈雷格、马斯洛为代表的行为科学,再到多种管理学派并存的柔性管理,西方管理思想走出从漠视人到重视人,逐步向人本管理思想发展的轨迹。西方管理理论"人本化"的倾向与东方人本管理思想是完全一致的。由此可见,西方管理学向东方管理学的回归是一种历史的必然。

(2) 人德管理文化的回归。对伦理道德的强调是东方管理智慧的重要特质之一。西方经济发展到今年的网络经济,也意识到没有发达的网络道德保障网络的安全,是不会有发达的网络经济。在新经济时代,"以德为先"正是适应了新管理的需求。西方越来越强调的社会责任体现了这种向中国人德文化的回归趋向。

(3) 人为管理文化的回归。东方管理智慧历来强调合作共存。万物共存而不相悖。成就他人的过程也就是成就自己的过程。西方管理理论近期对"竞合"(co-opitition)的研究可以说是对中国传统这种和谐观念的回归。

## (二)东西方管理融合的新趋势

东西方管理融合的新趋势体现在以下几个方面:

(1) 人在管理中的地位日益重要。尽管西方管理"以人为本"的目的是发挥人的积极性和主动性,以便使人作为资源得到充分利用,而东方管理的最终目的则是要获得人性的解放,改善人的生命质量,在特定的条件下甚至可以以牺牲效率和利润为代价。西方管理学从将人视为生产机器到重视人的主观能动性的转变,表明其已经认识到了人在管理中的重要地位,而不是把人视为附属于实物而存在的生产要素。东西方对"人"认识的趋同是两种管理文化融合的最明显的标志。

(2) 科学管理与人本管理的有机统一。管理可以归纳为科学管理与人本管理。科学管理以工作和任务为中心,建立复杂的组织机构、周密的工作计划、严格的规章制度、明确的职责分工以及采用金钱刺激和纪律强制。而人本管理则以人为中心,重视社会、心理因素的作用,注重满足员工社会和情感方面的要求,培养组织凝聚力和向心力。随着全球经济一体化以及企业间合作的实践,科学管理和人本管理在实践上开始有机融合,并形成"科学—人本"的双基础管理范式。

(3) 东西方管理对"和谐"的追求在"四个维度"上的延伸。东方管理追求以人为中心的各种关系间的"和谐",这种和谐共饱含"四个维度":人类与自然间的关系,人群或组织间的关系,个体的人与人间的关系,个体的人与自身间的关系。东西方管理的融合源自以"社会性"作为其类本质的人对"和谐"的共同追求,对"和谐"在"四个维度"上追求的延伸不仅推动了东西方管理的融合,也是东西方管理融合发展的趋势和结果。

(4) 东西方文化的互动将加速东西方管理的融合发展。任何的管理都起源于一定的文化,文化在管理中是一种巨大而无形的力量,没有对文化的理解与认同就无法理解东西方管理的不同特性及相互可以借鉴的优势。新时代背景下,东西方管理的融合发展实际上就是一个通过东西方不同文化的互动重新定位彼此历史地位和实践作用的过程。管理实践是检验管理理论的标准,正是东西方文化上的互动通过相互理解和相互借鉴加速推动着东西方管理的融合,同时也更加突显彼此在不同层面上的优势。

(5) 东西管理在互动中融合,在融合中创新。东西方管理融合发展的必然结果就是在寻求东西方可以共同接受的价值观,寻求在价值观基础上互相包容的管理创新。在价值观层面主要是在东西方共同的对人的管理主体地位的认同基础上,由西方的物本管理向东方的人本管理回归,在操作层面上则是西方的各种管理技术与东方管理的"人为为人"价值观上相互渗透。

此外,在管理文化、管理哲学、管理心理、道德伦理和技术(方法)等各个层面东西方管理也逐步展现出融合的态势。

## 二、新概念:对管理科学的新认识

自20世纪初叶以"泰罗制""一般管理理论"和"科层制"为代表的古典管理理论出现以来,至今管理科学已走过了蓬勃发展的百年历史。

### (一)西方人对管理科学的认识

作为西方管理学派的管理科学最早是一种学派。长期以来,西方人对管理科学的认识大都将管理科学与管理科学学派相等同。所谓管理科学学派,又称作管理中的数量学派,也称之为运筹学。这个学派认为,解决复杂系统的管理决策问题,可以用电子计算机作为工具,寻求最佳计划方案,以达到企业的目标。管理科学其实就是管理中的一种数量分析方法。

管理科学学派的适用范围有限,并不是所有管理问题都是能够定量的,这就影响了它的使用范围。管理科学不是万能的。我们要充分认识到它是一种重要的管理技术和方法,而起决定作用的还是人。

### (二)中国人对管理科学的认识

在中国,管理科学这个概念在中国共产党第十二次全国代表大会上的报告中被首次提出。该报告指出:"四个现代化的关键是科学技术的现代化。必须加强应用科学的研究,重视基础科学的研究,并组织各方面的力量对关键性的科研项目进行'攻关';必须加强经济科学和管理科学的研究和应用,不断提高国民经济的计划、管理水平和企业事业的经营管理水平;必须大力普及初等教育,加强中等职业教育和高等教育;必须加强社会主义的管理科学的研究和应用,对于加速实现经济建设的战略目标、战略重点、战略步骤具有重要意义。"(中国共产党第十二次全国代表大会上的报告,1982年9月8日,来源:人民网)对什么是管理科学,引起了很大的争议。对什么是管理科学的问题存在很多不同看法,如:有的人把它等同于西方"管理科学"学派的内容;有的人仅把它理解为现代管理的方法;有的人则认为管理科学就是电子计算机+数学;还有人认为管理科学是研究以最佳的投入产出关系组织经济和社会活动,使系统良性运行,并使各利益主体需求获得相对满足的一门独立的应用性学科;等等。我认为对管理科学这一概念的认识要从"三性"来深入探讨管理科学的本质特征。

### (三)东方管理学派的认识

东方管理学派认为对管理科学这一概念的理解要从"三性",即管理科学的规律性、管理科学的二重性、管理科学的融合性三个方面进行本质的探讨。早在20世纪80年代,我在《试论管理科学的性质与对象》(《复旦学报》1985年第2期)一文中就对管理科学这一概念进行过深入的探讨。

我认为管理科学是为人类的管理实践服务的。管理活动是人类的一项基本实践活动。管理科学是一门综合性的科学。管理的实质是经济意义上的管理,是用以知道人们如何有效地管理社会生产、交换、分配、消费诸过程的一切活动的。所谓管理,就是对社会总过程各环节的活动进行决策、计划、指挥、监督、组织、核算和调节。管理科学是从管理实践中形成和发展起来的,由一系列的管理理论、职能、原则、形式、方法和制度等组成的科学体系;是由社会科学、自然科学和技术科学相互渗透综合而成的。

广义的管理科学可以包括政治、经济、科技等方面的管理。经济管理科学则包括:工厂企业的管理、部门经济的管理、国民经济的管理和世界经济的管理等。管理科学并不是一门单纯属于计算机的学科,它是一门具有多功能、多层次、多属性等特点的学科,是一种综合地研究生产力、生产关系和上层建筑的科学体系。管理科学是介于自然科学与社会科学两者之间的一门新兴的学科。

1. 管理科学的规律性

对管理科学进行研究,就是要研究和掌握管理的规律性,提高生产技术和经营管理水平。其目的是为了按照生产力、生产关系和上层建筑发展运动的客观规律来管理企业,提高社会经济效益,为此,管理科学应该研究以下三个方面的规律性。

第一,按照生产关系运动规律的要求进行管理。生产关系运动的规律,即政治经济学所揭示的社会经济规律。

第二,按照生产力发展规律进行管理。

第三,按照上层建筑方面的规律进行管理。

2. 管理的两重性

所谓管理的两重性,是指管理所具有的自然属性和社会属性;前者是管理所具有的组织、指挥和协调生产的特性,它反映了现代社会化大生产过程中协作劳动本身的要求,是各种不同的社会生产方式都可以共有的一系列科学方法的总结;后者是管理所具有的监督职能,它反映了生产资料占有者或统治阶级的意志,是为一定社会历史条件下的生产关系服务的,受到一定经济基础的影响和制约。马克思有关管理两重性的论述,体现了生产力和生产关系之间的辩证关系,表明管理这门综合性学科既有生产力范畴的内容,又有生产关系方面的内容。

从管理作为一门独立的科学来看,应当有所侧重,而且侧重点主要应当是生产关系。

3. 管理科学的融合性

管理科学这三方面通过管理的具体工作融合为一个管理的总体,又通过管理独具体工作得以存在和表现。它可以归纳为三种形式:

第一,三个方面的内容分别表现为三种不同的管理工作。

第二,三个方面的内容共同表现为一种管理工作。有些企业管理工作是由多种因素共同引起和决定的,既具有合理组织生产力的内容,又具有完善生产关系和上层建筑的内容。

第三,两个方面的内容共同表现为一种管理工作。

管理工作这三个方面的矛盾和统一,就融合为管理科学的总体。我们要从总体上对这三个方面同时进行研究。管理科学既然要研究生产力、生产关系和上层建筑三方面的问题。研究经济规律和生产力规律(包括自然规律),就必然同许多学科如政治经济学、国民经济管理学、企业管理学、工业经济学、行为科学、数学以及各种技术科学等发生紧密的联系。因此,管理科学具有介于社会科学和技术科学之间的综合性特点,科学体系也应该按其研究对象的内容来建立。

以上可见,管理科学具有两重性和融合性,具有发展生产力的共性、同时还具有构建生产关系与上层建筑的特性。

## 三、新科学：新时代要求发展东方管理科学

管理科学具有二重性，管理具有自然属性和社会属性。无论是西方创建的管理科学学派，还是东方创建的管理学派，不但都具有发展生产力的共性，同时还具有完善生产关系与推动上层建筑发展的特性。

东方管理科学是在中国创新、融合古今中外管理精华、东西方管理融合发展的基础上，在文化、哲学、人本、道德、技术（方法）五个层面融合的基础上，以及在管理文化、管理教育、管理交流需求的基础上建立的。

### （一）东西方管理文化交流要求创新管理科学

文化交流是人类交往的产物，是文化发展的重要途径。文化的个性、特殊性决定着文化交流的必要性；文化的共性、普遍性提供了文化交流的可能性。任何国家和民族的文化都是一定社会实践的产物，有其长处，也有其局限。一国只有向其他国家的文化吸收营养，才能永葆青春，永具活力，管理文化亦是如此。管理文化交流是管理文化发展的内在要求，是由管理文化的普遍性和特殊性的矛盾决定的，不同民族的管理文化既有特殊性又有普遍性，是个性和共性的统一。

历史一再证明，最有希望、最有创造性的管理理论往往产生于经济迅速起飞的国家与地区，随着中国改革开放伟大实践的深入推进，以及儒教文化圈和海外华商的迅速崛起，东西方管理之间的交流必然会越来越频繁，而管理理论的自主创新也迎来了前所未有的发展机遇。面对如此迅速而又巨大的变化，在东方的土地上孕育出一种融合了传统与现代、东方与西方、科学与人文的新的管理思想和管理文化是东方管理文化发展的必然。这必然要求我们要自主创新出有中国特色，既立足于本国实际又有开放国际视野的管理科学。

### （二）当代中国管理教育发展要求创新管理科学

从中国管理教育现状看，还存在着许多的不足，主要表现在：

(1) 网络的发展对现有的管理学教学体制和师资队伍提出了挑战，需要加强师资队伍的建设；

(2) 管理学的教学滞后于经济发展的进程，人才培养的规格和数量都不能适应新时期中国经济发展对管理人才的需求；

(3) 管理教育中的西化倾向仍然严重，崇尚西方管理理论甚于从本土管理实践总结提炼有中国特色的管理理论；

(4) 从管理学教材看，缺乏融合东西方管理文化精神的教材，教材的缺乏也反映了真正适合新经济时代中国管理的思想的缺乏，等等。

上述当代中国管理教育发展过程中所面临的种种挑战恐怕不是只学西方管理理论或只立足于本土管理文化能够解决的，从长远、务实的角度来看，创新当代管理科学是历史的必然。当代管理教育应融合古今中外管理文化之精华，既"洋为中用"，又"古为今用"，时代呼唤新的管理科学。

### （三）新时代要求创新东方管理科学

东方管理学是研究古今中外管理的理论与实践及其运行规律的现代管理科学的重要学派之一，它扎根于中华文化，是一门融合东西方管理思想精华的新学科。历经30余年的探索，东方管理

学已形成了独具特色的体系结构。东方管理学的体系可以总结为五个字："学"(三学)、"为"(三为)、"治"(四治)、"行"(五行)、"和"(三和)。东方管理学以体现东方管理文化本质特征的"以人为本、以德为先、人为为人"的"三为"原理,在中国管理、西方管理和华商管理的基础上形成了治国、治生、治家和治身的"四治"体系;以人本论、人德论、人为论为核心,包括人道、人心、人缘、人谋、人才"五行"管理的东方管理理论体系,并提出其管理目标是构建和谐社会的和贵、和合、和谐(苏东水《东方管理学》2005年版)。

### (四) 东西方管理精华融合过程之典范:东方管理学形成历程

在东方管理学的创新与发展过程中,我们经历了三个阶段:从20世纪80年代的探索阶段,到90年代的创新阶段,再到1997年以后的发展阶段。这三个阶段分别是:(1) 20世纪80年代:古为今用、洋为中用阶段;(2) 20世纪90年代:理论创新、创立学派阶段;(3) 1997年至今:走向世界、影响扩大阶段[①]。

今年7月份由中国国民经济管理学会等机构联合申请在上海复旦大学召开的IFSAM第九届世界管理大会,是中国管理界有史以来第一次真正意义上具有国际性的世界管理大会,是盛世之会,也为东方管理文化、东方管理学进一步走向世界提供了广阔的平台。一个有着优秀文化传统的东方古国,一个处于经济蓬勃发展时期的伟大民族,需要有自己的管理文化、自己的管理学说。东方管理文化不仅能在"世界叫响",东方管理学说更必将长成参天大树,枝繁叶茂,巍然屹立于世界管理理论之林。

## 四、新价值:东方管理科学的核心价值

东方管理学的核心价值是"三为",即"以人为本、以德为先、人为为人"。"三为"既是精髓,也是核心价值,它是对中国管理、西方管理以及华商管理等理论与实践融合、提炼、萃取的结果,是东方管理文化的本质特征,是贯穿东方管理学的主线,也是东方管理学派的宗旨。"人、勤、道、变、和、实、信、效、法、威、器、术、筹、谋、圆"是东方管理学的十五个哲学要素。以下结合东方管理的"三为"核心理念和十五个哲学要素阐述东方管理的核心价值。

### (一) 以人为本和人本管理哲学

#### 1. "以人为本"

"以人为本"一词的完整提法最早出自《管子·霸言》:"夫霸王之所始也,以人为本。本理则国固,本乱则国危。"这里所说的"以人为本",是指建立霸业的一种手段,显然管子的"人本"还停留在工具论的层面上。作为中国传统道德基础的"仁",其根本含义即是"人"。孔子的主要思想之一是"仁",孔子归结"仁"为"仁者,人也"(《礼记·中庸》)。这里的"人",首先是处在管理系统之中的人,即所谓"民"。中国传统文献中对"民"的重要性的论述极其丰富,如《孟子》的"民为贵"等等。中国传统管理哲学是以人为核心的,但是上述的"人本"思想还停留在工具论的层面上,离近现代的人本管理哲学还有一定的距离。

---

① 详见东方管理科学研究院编写组:《中国"东学"三十年——东方管理学的创新与发展》,刊载于第十届世界管理论坛暨东方管理论坛论文集《世界管理论坛2006》(即《世界经济文汇》2006年第6期专辑)。

东方管理学的"以人为本"包含着两层含义：一是将人视为管理的首要因素，一切管理工作都围绕着如何调动人的积极性、主动性和创造性来展开，这是它的浅表内涵；二是通过给人们提供充分施展才华的空间，不断地运用挑战来锻炼人的智力、体力乃至意志品质，并在此全面发展的基础上，努力实现摆脱自然束缚的自由发展，提高人的生命存在质量，这才是"以人为本"的深层内涵。

以人为本作为科学发展观的核心，得到了普世的认同，以人为本在不同的时代背景下不断得到升华。以人为本上升到国策的层面是对社会主义核心价值的升华，彰显了新时代背景下"人本"观念的深入人心。

2. 人本管理哲学

东方管理哲学的第一个层次是人本管理哲学，即管理要以人为中心，实现人的全面、自由、普遍发展。人本管理哲学可以分解为五个要素：人、勤、道、变、和。

其中，"人"是人本管理哲学的出发点和终极目标，"和"是中间目标和协调手段。

"人"就是以人为本。"勤"是对人的一种要求，在东方的传统中，不仅要求管理者勤勉为政，而且在一般民众中提倡克勤克俭的精神。"道"是一个内涵很丰富的词，不同的管理活动有相通的规律，这些规律就是东方管理哲学中的"道"。"变"一方面也是对"人"的要求，另一方面则表现为对人的需求的满足，管理者和被管理者（自我管理者）都要随时随地根据外部变化采取变通的方法，去实现自身发展或为他人服务。"和"即"和为贵"。人本管理哲学的终极目标是人的发展，"和"是实现终极目标之前的中间目标和协调手段。"和"的要素是蕴含在人本管理哲学之中的，只有做到"和"，以人为本的终极目标才能够不偏不倚的实现。

## （二）"以德为先"和人德管理哲学

1. "以德为先"

东方管理文化强调道德伦理的作用。《大学》中说："德者，本也。"儒家管理思想的逻辑起点是"修己"即自我管理，"修己安人"包涵了带根本性的管理方法。"修己"就是让管理者作出道德示范，在无形中影响受管理者的行为，从而达到"安人"的目的。"以德为先"即强调道德伦理在管理中的作用。对于管理者而言，高水平的道德修养是必备条件之一。正所谓"德者，才之帅也；才者，德之资也。""君子之德风，小人之德草。草上之风，必偃。"（《论语·颜渊》）"为政以德，譬如北辰居其所而众星共之。"（《论语·为政》）在管理中，管理者经常要运用权威来指挥和影响组织成员，其中有些权威是制度所赋予的，另一些则有赖于管理者的个人魅力和其他优秀品质，东方管理学更推崇后者。管理者要通过"修己"树立道德之威，在无形中影响被管理者，被管理者也要通过"修己"实施自我管理，遵守职业道德，以求更好地胜任本职工作。

2. 人德管理哲学

东方管理哲学的第二个层次是人德管理哲学，即强调道德伦理的作用。

人德管理哲学可以分解为五个要素：实、信、效、法、威。其中，"实""信""效"是对管理活动的参与者的基本道德要求，"法"是"德"的辅助手段，"威"则是人德管理哲学的目标。

"实"要求实事求是，在古今中外这都是一项"知易行难"的要求。"信"即诚实守信。"效"本不是伦理道德层面的因素，但在东方文化中，"效"与"廉""勤"往往紧密联系，高效廉洁经常被作为对管理层的基本要求。"法"往往作为"德"的辅助因素。"威"，即树道德之威是人德管理哲学的目标。《论语·尧曰》中讲到个人品行要"尊五美"，其中的"泰而不骄""威而不猛"两项可以看作对道德之威的绝佳注解。

### (三)"人为为人"与人为管理哲学

1. "人为为人"

"人为为人"其实是两个有分有合的命题。"人为"的根本问题是发挥人的积极性。与西方管理相比较,也可以部分地归结为激励问题。荀子说:"人之性恶,其善者伪也。"这个"伪"不是假装,而是"人为",即人的努力。在东方管理文化中"人为"思想贯穿始终而形成了颇具特色的"人为学"。东方管理学的精髓是"以人为本,以德为先,人为为人"。它是对中国管理、西方管理以及华商管理等理论与实践融合、提炼、萃取的结果,是东方管理文化的本质特征,是贯穿东方管理学的主线,也是东方管理学派的宗旨。"人为为人"是指"每个人首先要注重自身的行为修养,'正人必先正己',然后从'为人'的角度出发,来从事、控制和调整自身的行为,创造一种良好的人际关系和激励环境,使人们能够持久地处于激发状态下工作,主观能动性得到充分发挥。""人为为人"从管理行为的主体、客体以及相互关系的角度揭示了古今中外一切管理行为的本质。"人为"是一种自我导向的个体心理行为。在强调个体内部指向的心理行为的同时,强调"主体人"心理行为的可塑性。"为人"则是指一种他人导向的服务行为,是个体对外部对象的心理激励行为。在强调自身心理行为的可塑性的同时,客观上产生服务他人的效果。"人为为人"则强调个体心理行为与外部对象心理激励的互动性,"人为"与"为人"互相联系并且互相转化。

2. 人为管理哲学

我把人为管理哲学分解为五个要素:器、术、筹、谋、圆。

器、术、筹、谋。重器利器、巧妙运术本是中国早期哲学中的一个重要方面,在"人为为人"的理念下,重新加强对"器"和"术"的学习和运用,提高管理效率和服务水平。"筹"和"谋"分别对应于战略和战术层面的规划与执行,正所谓"运筹帷幄,决胜千里",在这两个层面的决策中,都要充分发挥民主,集思广益,用"人为"的积极参与,保证"为人"的绩效。"圆"即圆满合理,这是衡量"人为为人"是否成功的标志。

## 五、新实践:融中西管理运筹之道的华商实践

华商管理是中国传统管理文化与西方管理文化以及华商足迹所至的土著管理文化相融合的成功典范。世界华人的成功之道是什么?国内外的许多管理学者都在探讨这个问题。我认为是世界华人对以中华优秀文化为核心的东方管理文化的成功运用。这包括三个方面:

1. 运用"人缘"文化——强调"以人为本"的观念

世界华人利用华商之间形成的网络进行经营,即运用"人缘"文化,强调"以人为本"的观念。华商网络以亲缘、地缘、文缘、商缘、神缘为纽带,这"五缘"的本质在具有东方特质的关系。通过"五缘"形成的华商网络是一种社会网络,它可以提供情感、服务、伙伴关系、经济等多方面的支持。世界华人的成功是因为华商网络发挥了重要的作用。这也是"以人为本"观念的体系。

2. 遵奉"人德"文化——具有"以德为先"的素质

世界华人成功的另一个原因是遵奉"人德"文化,极为重视商德。其内涵可概括"诚"(以诚相待)、"信"(以信为上)、"和"(以和为贵)。

"诚"是儒家最基本的道德规范,也是华商处理社会人际关系的道德规范。秉承中国优良传统的海外华商,把"诚"字奉为自己人生处世的信条,以"诚"待人,以"诚"处事。不仅对自己的属下讲

"诚",而且在与其他人的经济往来中也是如此。所以,华商又有"诚商"的美誉。"诚"与"信"相伴而生,华商深谙此理,正因为华商以"诚"在先,所以才有了信誉在后。

"信"也是儒家的基本道德规范。在儒家学说的"五常"中,"信"字被恭列其中。一个人要在社会上立得住脚,并且有所作为,就必须为人诚实,讲究信誉。在华商企业中人际信誉有时甚至取代法律的强制作用。华商众多的东南亚各地,法律体系尚不健全,市场规范尚未发育,而华商在这种环境下已习以为常,他们在资金运用、企业管理、风险回避等方面自成一套手段,并行之有效。有时,华商强调人情,注重情感而疏于法制。人际信誉成为华人商业信誉的重要基础和依据,诚信实际上成为一种资产,一种保障,道德约束成为法律强制之外的又一重要商业机制。正因为商业网络是华人赖以合作经营、共同发展的天地,人际信誉也就愈显重要。如果缺乏基于诚信的人际信誉,这种网络也将难以维系。

"和"体现了儒家学说中的"和合"思想。"和"即调和、和谐与协调。孔子说:"礼之用,和为贵。"孟子更是将"人和"置于"天时"和"地利"之上。"和为贵"为儒家思想的著名格言。深受中国传统文化影响,信奉"和为贵"处世哲学的华商们,都很善于处理令许多西方老板很感棘手的雇主与员工关系。从新加坡华侨代表陈嘉庚先生的亲力亲为到马来西亚"种植大王"李莱生汗流浃背地与工人们一起干活,都体现了华商极为"人和"。华商的成功与华商奉行"和为贵"的思想是分不开的。

3. 坚持"人为"文化——体现"人为为人"的影响

世界华人在其创业过程中坚持"人为"文化思想,充分体现了"人为为人"的深刻影响。华商管理中的"人为"文化具体表现在"俭""搏""善",即勤俭、拼搏、慈善上。勤俭和拼搏体现了华商的人为,慈善体现了华商的为人。

"俭"。华商以"俭"为美。这是墨子提出的一种经世思想,也是中国社会几千年来所推崇的美德。华商移居他乡,谋生不易,更珍惜点滴所得,在日常生活中严格奉行勤俭的原则。这种以勤俭为原则的生活习惯,也被他们带到企业管理中,使他们在企业生产和管理的每一个环节上,都做到精打细算,厉行节约,以尽量降低成本,增加效益,获得更高的利润。例如,"船王"包玉刚在企业管理中特别重视控制成本和费用开支,他的原则是"能省则省"。印尼木材大王黄双安把公司院子里工人丢弃的各种小木块逐一捡起来,准备留作他用。

"搏"。拼搏是华商艰苦创业的真实写照。华商创业的成功,需克服诸多令人难以想象的困难。从华商的家庭出身看,多半是生活窘迫的农民和小商人等下层劳动者。他们多数在生活极为艰难时前往海外,开始充满荆棘的异国生涯。他们缺少资金,没有退路,只有拼搏,白手起家。可以说,华商的成功是靠勤劳、拼搏和血汗换来的。

"善"。华商成功后非常注重慈善。他们的慷慨与勤俭形成鲜明的对照。例如,李嘉诚对国内教育、福利事业捐赠,已超过10亿元人民币,其中最出名的是在广东汕头捐建了汕头大学。邵逸夫为祖国的教育事业的捐献也超过10亿元人民币。另外还有陈嘉庚、黄怡瓶、王克吕等众多的华人关心祖国的教育事业。

随着全球化进程的深入,世界越来越"平",人类交往的广度和深度的发展,文化交流的规模越来越大,速度越来越快,层次越来越深,东西方管理融合的趋势也愈发明显。东方管理科学正是在这样的背景之下,融合了东西方管理精华的结果。东方管理"以人为本、以德为先、人为为人"的"三为"精髓与理念可视为未来全球化背景下东西方管理的基本原则,它将以其独特的优势,博大精深的内涵,为深化和发展管理理论,丰富管理实践做出更大的贡献。它必然走向世界,为世界管理研究和实践的发展作出自己的贡献!

## 三、在其他国内外学术会议上发言稿和相关文献

# 1. 中国国民经济管理学研究会第一次年会纪要(1983)[①]

中国国民经济管理学研究会,于 1981 年 6 月在北京大学成立筹备组,于 1983 年 2 月在中央党校正式成立。1983 年 8 月 1 日至 10 日在福建省泉州市召开了第一次年会,举行了全体会员代表大会、理事会和学术讨论会。

参加第一次年会的有从事国民经济管理学教学与研究的高等院校、党校、科研单位等系统的同志,以及经济管理部门、科研系统、文化新闻出版部门和公司企业的同志,共有 44 个单位、52 位代表。另有 20 个单位 21 位同志因事未能赴会,特来函表示对会议的关怀。

中共福建省委第一书记项南同志特来函表示对会议的关怀。

晋江地区、泉州市党政领导同志出席了开幕式,并讲了话。在会议期间,泉州市委、市府对会议给予了热情的关怀和支持。中央组织部宣教局、中央宣传部理论局、国家经委干部教育局的有关领导同志,财政部科学研究所所长许毅同志、复旦大学党委书记盛华同志和福建省社会科学院院长方晓丘等领导同志,来电来函对会议表示祝贺。福建日报、福建省广播电台和福建电视台报道了年会召开的盛况。

会议还收到了中国社会科学院院长马洪同志允诺担任中国国民经济管理学研究会名誉会长的回电,使全体代表受到了很大鼓舞。

会议着重讨论了国民经济管理学的学科建设的重要性及其研究对象、范围、内容、结构和方法,交流了开展教学、科研的经验。会议收到了部分同志提供的学术论文。有部分与会代表在泉州市科委、华侨大学、泉州市图书馆联合举办的"现代经济管理讲习班"上作了专题报告。会务组将部分会员的 24 篇论著、讲稿约 60 万字编印成《现代经济管理》四册。

会议期间,上海财经学院副院长顾理、中央党校副研究员艾绍扬等同志对国民经济管理学的学科建设作了发言。代表们对积极编写出版《国民经济管理学》也表示满意。

许多同志在小组会、全体大会上的发言中指出:新中国成立 30 多年来,我国国民经济管理有成功的经验,也有重大的失误,总的讲是在曲折中前进,取得了世界公认的巨大成就,认真总结经验,探索国民经济管理活动的规律,逐步形成具有中国特色的国民经济管理科学,是我们面临的一项重要任务。这对于提高干部管理水平,为党和国家作出有关国民经济管理的决策和计划、方针、政策和措施提供理论依据,有着重要的意义。国民经济管理学科在我国管理科学领域中是一个空白。近几年来,一些高校、党校系统的教师编写了教材,开展了一些教学科研活动,在国民经济管理学的学科建设方面迈出了可喜的第一步。这些活动,从一开始就得到了中央有关部门的领导支持

---

[①] 1983 年 8 月 1 日至 10 日在福建省泉州市召开了中国国民经济管理学研究会第一次年会,本文是会后撰写的纪要。

与帮助。但总的讲,这门学科还未引起实际部门与学术界的足够重视。

会议认为,国民经济管理学作为一门新兴学科,还在发展中,一系列问题需要探索、研究、讨论。《国民经济管理学》的编写适应了当前党政干部、经济管理干部培训,高校管理教学的急需,受到了中央有关部门领导的重视,但作为学科建设来说,还不成熟,理论性还不够强,结构上也存在不少问题,只是一些同志的初步尝试,还需要在试用中不断修改、充实。

在讨论国民经济管理学研究对象时,大家发表了各自看法,大体有四种意见:(1) 研究社会主义生产方式下国民经济的一般规律,研究社会主义经济诸要素、环节、领域方面如何最佳组合,才能以最小的社会劳动消耗取得最大的社会经济效益;(2) 研究国民经济管理活动的规律,即研究管理职能的发挥和管理方法、手段运用过程的规律;(3) 研究国民经济管理过程中管理关系的内在、本质的联系,特别是研究社会再生产各环节之间、企业之间、部门之间、地区之间、国家与企业之间、中央与地区之间的关系如何协调的规律;(4) 研究社会主义社会再生产过程运行的具体规律,这种具体规律是社会注意社会再生产一般规律和管理一般原则、方法及其共同作用的具体表现成果。这四种意见的共同点是认为国民经济管理学的研究对象是如何组织、协调国民经济管理活动,提高社会经济效益,以有效地实现国民经济和社会发展目标。

在讨论国民经济管理学体系时,会议代表提出了三种不同看法:(1) 按国民经济的管理过程、管理内容、管理组织、管理方法建立体系;(2) 按社会再生产过程的生产、分配、交换、消费四大环节为主体建立体系,采用管理基础、管理过程、管理结构三大块结构;(3) 以社会再生产过程与管理职能、方法的有机结合为体系,采用组织、计划、对四环节管理、方法四大块结构。为了尽快发展我国国民经济管理学,部分同志提议,可采取不同结构体系,从不同的角度编写各种版本的教材,通过比较、鉴别、交流来逐步形成适合我国国情的教材。

有些同志认为,国民经济管理学的研究,应以马克思列宁主义的辩证唯物主义为指导,运用系统论、控制论、信息论方法。

会议还讨论了研究会今后工作任务。具体为以下四方面:

(1) 从总结经验、研究现实问题入手,探讨国民经济管理活动的规律,逐步形成具有中国特色的国民经济管理学的科学体系。

(2) 研究如何运用系统论、控制论、信息论来管理国民经济。

(3) 从理论上论证并积极宣传全局观点、集中资金、保证重点、加强经济控制与监督等问题,为当前现实服务。

(4) 积极做好《国民经济管理学》的基本理论、基本知识的宣传、普及工作。

会议还落实了《国民经济管理学》500题的编写任务。许多同志还认报了科研题目。

会议期间召开了全体理事会,通过了会章、增补了理事和常务理事,决定了要聘请的顾问人选,发展了新会员。理事会决定,在进一步开展教学研究的基础上,适当的时候再召开第二次年会。议设北京上海联络处。

这次会议由于各方的热情支持,代表的齐心协力,加强了交流,增进了团结,圆满地完成了任务。大家高兴而来,高兴而回,寄望研讨会的事情办得兴旺发达。

# 2. 中国国民经济管理研究会的第二次年会报告(1985)[①]

各位领导、各位理事、各位代表、同志们：

中国国民经济管理研究会第二次年会今天在中央党校开幕了！

今天，我会名誉会长马洪同志，顾问罗元铮、龚士其、赵海峰等同志特地光临指导，给大家很大鼓舞。全国 22 个省市的 45 个高校与党校、30 个科研与新闻出版单位、22 个公司企业的教授、专家、领导、代表参加大会。对此，我们表示感谢。

现在我代表理事会工作汇报，请审议。

## 一、这次年会的工作

我们这次年会将以党中央关于经济体制改革的决定为指针，进行三项议程：

(1) 讨论国民经济管理学科的理论与实践问题，修改《国民经济管理学》教材；
(2) 探讨宏观控制与微观搞活的关系，新型企业家的精神素质等问题；
(3) 研究今后如何适应改革的形势，开创年会工作新局面。

我们希望通过这次年会，在大家努力下，共同促进国民经济管理学科的发展，为提高我国经济管理水平，为我国经济体制的改革，为社会主义现代化建设更好地服务。

## 二、回顾过去工作

自 1983 年 8 月泉州会议以来，在中共中央宣传部、组织部、国家经委以及中国经团联、中国企协等有关方面的关怀、领导、支持下；在马洪等中央领导同志、福建省委书记项南同志，在研究会顾问罗元铮等同志以及各地党政领导同志的热情支持与领导下，在全体会员和团体会员以及各地区的有关单位和同志们的共同努力下，我研讨会做了大量有效工作，使事业日益发展。

（一）在科研论著方面

(1) 编写出版《国民经济管理学》著作。中国国民经济管理研究会组织主编《国民经济管理学》（原称《国民经济管理概论》）一书，在马洪同志等的指导下，通过三次修改至今已经三版七次印刷，发行 230 万册。此书已被作为全国党政、经济管理干部和高等院校的教材，曾荣获优秀图书一等

---

[①] 根据 1985 年 7 月 30 日在中央党校举办的中国国民经济管理研究会的第二次年会上的讲话录音整理。

奖,得到社会上较好的评价。正如山东省委副书记陆懋曾同志在《国民经济管理学》的授奖大会上所说的:"编写出版这本书是有一定的社会影响和经济价值的,它是一部有所创见,理论与实践相结合较好的一部著作,它为我国管理科学领域填补了空白,开辟了新路,它是作者勇于探索、敢于造新的成果。"这部由山东人民出版社出版的著作现在影响广泛。我会将在今天大会上由名誉会长马洪同志向这本书的作者和参加编写工作的同志颁发奖状。为了适应改革的要求,我们在这次年会中,要组织作者、代表,对进一步修改这本书提出的初步方案,共同进行讨论。

(2) 编写出版辅助教材。为适应全国各地学员学习《国民经济管理学》的需要,我会组织了108名会员编写了《国民经济管理学五百题》,并在上海、北京、山东、辽宁等地编写出版了《国民经济管理学文选》《国民经济管理学讲义》《国民经济管理学纲要》《国民经济管理学原理》等12本有关的教材和辅导材料,约500多万字。

(3) 开展理论研究工作。我会会员近年就国民经济管理的理论、现状与实践问题进行专题研究,在各地出版的专著60多本,在学术刊物发表有关论文数百篇,其中不少著作具有较高水平,受到奖励。

(4) 编写出版管理丛书。由我研究会成员上海管理教育研究会与山东人民出版社联合组织编写出版《企业经营管理教材丛书》20种,目前已发稿、出版12本。这套丛书,是40多名教授、专家、实际部门管理干部在总结科研教学成果等基础上编写的。具有一定特点和适用性,被广泛作为教材。如《现代管理学》一书,集中了24种现代管理原理与方法。是在上海100多家单位支持下,由30多名教授、专家编写的,已被上海的有关部门作为考核经济师、厂长经理应知应会管理现代化知识的教材。

## (二) 在管理教育方面

(1) 培训经济管理教师和管理干部。据不完全统计,两年来,我研究会成员在上无资助的情况下,艰苦工作,分别为20多个省市举办了各种师资班、研究班、培训班。培训了1 000多名国民经济管理学教师,如在福建泉州举办"现代经济管理讲习班",在北京举办全国性电大《国民经济管理学》师资培训班,在上海复旦大学为华东等地区党政干校举办"国民经济管理学师资班",在泉州举办全国性"国民经济管理师资班";在山东为山东电大、烟台市委举办的培训班和读书班等,均取得各方面的好评。为全国建立一支经济管理学科的师资队伍作出了贡献。

(2) 我会会员为各地高校、党干校和电大开设《国民经济管理学》课程。例如在北京、上海、天津、山东、河北、辽宁、福建、江西、江苏、湖北、广东、浙江等地,我研究会的成员分别为当地高校、党干校、电大开设讲授《国民经济管理学》;发动各方力量对全国各地电视大学经济系七个专业近40万学员进行辅导。为使广大学员进一步学懂学好《国民经济管理学》,分别在中央电大、北京、上海、天津、山东、辽宁台等地方电台、电视台开设《国民经济管理学》讲座和辅导课。

(3) 我会还与上海管理教育研究会、上海市经委、上海企协等单位联合举办了"企业管理现代化研究班"。为推进企业管理现代化,编写企业管理现代化纲要教材,研究现代化管理科学中的"古为今用"作了一定的探索工作。

(4) 研究会成员还配合经理、厂(矿)长的国家统一考试,与有关方面合作,在全国各地举办了厂长经理辅导班,对于增强经理、厂长的素质,促进企业"转轨""变型",提高管理水平起到了一定的推动作用。

我们在进行国民经济管理教学过程中,在上海等地形成了一个国民经济管理教育中心。

## （三）在咨询服务方面

（1）筹建咨询部和技术咨询中心。这是近年来我们研究会根据经济改革实际、加强宏观管理和微观搞活企业的需要，而进行的一项工作。

（2）协助上海、泉州等地的企业实业公司开展咨询工作，取得一定经济效益。

（3）帮助一些有影响的工业公司建立联系开展技术交流。

（4）筹办新型企业联谊研讨会。这样将使我会成为一个具有研究理论，又是探索实践；既有高校科研单位，又有企业事业单位；既是研究宏观经济，又是研究微观经济的一个学术团体。

## （四）在组织建设方面

（1）积极吸收新会员。我会会员已从原来1983年成立时的66名扩大为400名，团体会员22个，在吸收会员中做到少而精原则，会员中多数是中年的教授、讲师、专家、工程师、经济师及一些部、厅、局、公司企业的领导干部。

（2）参加中国经团联组织。在马洪、罗元铮等有关同志的支持下，于1984年7月14日正式成为中国经济学团体联合会的成员团体。成为一个全国性的经济学术研究团体。

（3）增聘了顾问。由于近年来各有关领导对我会的关怀，我们增聘了国家经委副主任袁宝华、张彦宁同志，上海市人大常务委员会副主任李培南同志，安徽省副省长张大为同志，中国经团联执行主席罗元铮同志，上海财经学院院长张君一同志等为我会顾问。同时增补了新的常务理事、理事。

（4）增设秘书处及学术、联络、出版、咨询、培训教育等部门或中心，聘任有关负责人和干事，为研究会做了有效的大量工作，对促进国民经济管理研究会的发展起了一定作用。

## 三、今后工作要点

在经济体制改革深入发展的新形势下，学会的各项工作要坚决贯彻党的十二届三中全会和六届人大会议精神，把研究宏观管理与搞活企业作为学会的中心任务，用改革创新的精神，大力促进管理现代化，认真修改《国民经济管理学》一书，提高科研与管理水平，努力探索建立具有中国特色的国民经济管理学科体系。

提出以下八方面的主要工作。

（1）要加强经济管理学科的理论研究，通过调查，组织会员写出具有一定水平的国民经济的论著、文章。

（2）要加强企业经济和新型企业家精神的研究。在适当的时候建立由具有理论与实践工作者组成的新型企业家研究会。

（3）要加强对《国民经济管理学》一书修改工作。要不断提高这本著作的水平，以适应我国国民经济改革与建设的需要。

（4）要加强对各所属单位联系。在原有的基础上，加强咨询中心和教育中心工作，建立几个地区的分会，如东北、华东、西北等地区设分会，设专业研究会。

（5）要进一步开展咨询工作，协助一些乡镇企业搞好管理提供经济管理技术咨询、信息。

（6）要创造条件，联合协力出版《中国管理》（不定期），发表会员的学术论文和有关文章，进行学术交流，函授辅导。

(7) 要进一步开展培训工作,继续开展国民经济管理学师资班,现代经营管理讲习班,管理现代化研究班等。为各地开展国民经济管理教育服务。

(8) 要加强与上级领导部门联系,与国内外各学术团体联系,取得他们支持和帮助,广泛开展学术交流。

为开展学会工作,我们要建立起一支务实精干、多做好事、少说空话的工作队伍,最大限度地发挥全体会员的创造性、积极性,为促进我国管理现代化做出新的贡献,全心全意为学会服务,为社会服务。

# 3. 东亚经营学会第五次国际会议观点综述(2000)①

2000年10月10日至17日在韩国汉阳大学召开了东亚经营学会第五次国际会议,会议主题是"转型期东亚现代经营"。国际管理学者协会联盟中国委员会主席、复旦大学东方管理研究中心主任苏东水教授率领中国代表团一行20余人参加会议并做了重要的大会发言。大会围绕主题分为三个专场。第一个专场是"重建东亚";第二个专场是互联网与企业管理;第三个专场是东亚经济与商业管理。大会代表来自日本、韩国、中国、俄罗斯、蒙古、越南等十余个国家与地区,与会代表共80多人,大会获得圆满成功。下面就大会的主要观点做一简要的综述。

## 一、关于"重建东亚"的观点

东南亚金融危机之后,各国学者、官员和企业家都对危机进行了深刻的反思,本次大会也不例外。

中国著名管理学家、国际管理学者协会联盟中国委员会主席、复旦大学东方管理研究中心主任苏东水教授从管理哲学的高度发表了《新经济时代的东方管理》的精彩演讲。第一,苏东水教授谈到东方管理学研究过程与体会。主要观点是东西方管理文化可以整合成新的管理文化;这种新型管理文化的特征是"以人为本""以德为先"和"人为为人";华商管理文化是东西方管理文化融合实践的结果;经济全球化过程中各国管理学者对新型管理文化的建设都可以作出自己的贡献。第二,新经济时代管理思想的三个回归,这三个回归是,从"仁者爱人"到"以人为本"、从"修己安人"到"以德为先"、从"人为管理"到"为人管理"的管理思想回归。第三,新经济时代的华商经济发展的趋势,如从家族制到股份制、从"五缘经济"到"网络经济"和从"任人唯亲"到"知人善任"。第四,新旧文化冲突及其整合,例如,"义""利"整合、"法治""德治"整合和"和""争"整合等。整个演讲苏东水教授都以韩国管理文化的演进为例进行分析。"人为为人"的管理哲学讲得深入浅出。

中国河海大学国际工商管理学院院长张阳教授发表了《变革时代中国企业战略创新探讨》的演讲。张教授的观点是:"当前中国企业正面临着改革和激烈的市场竞争,企业战略日益受到企业的关注,但是在中国这样一个转型的社会环境中,企业战略思想究竟是什么?企业如何寻找适合于自己的企业战略?目前为止仍然缺乏应有的理论探索。""在对中国企业要面对的战略环境、历史发展和企业本身的改革分析的基础上,提出谐协创新是中国企业战略创新的主要特征,也是中国企业应

---

① 本文刊载于2000年第五届世界管理论坛暨东方管理论坛论文集《世界管理论坛2000》(《世界经济文汇》2000年特刊),原标题为《转轨期与东亚现代经营》。

当关注的重点。"

中国管理科学研究院陈志成教授发表了《新世界形势下的中国企业文化变革问题》的演讲,他说:"中国从1978年以来正在进行经济体制改革,在这一过程中许多新的主意、观念和方法论已经被介绍了。但同时,传统意识形态和风俗仍然深深植根于人们心目中。这种情况下,文化变革就成为不可避免的长期的过程。"

中国管理科学研究院孙钱章教授发表了《金融危机后中国经济结构调整与西部大开发》的演讲。"西部大开发战略作为中国扩大内需的政策措施之一受到世界的广泛关注。中国的西部大开发,绝不是独自开发。中国欢迎海内外投资者特别是外国投资者在风险共担、利益共享的基础上,参与中国的西部大开发。"

韩国汉阳大学的Ryu Tao-soo教授发表了《承包下的中小企业革新战略——以技术为基础的动态多角化战略为中心》的演讲。演讲"认识到中小企业重要性的基础上探索中小企业的长期成长策略是一个重要的课题。尤其重要的加强组装产业的竞争力及其各部分的协作关系是企业为了持续成长的战略性革新的关键"。

日本高桥贞三教授发表了《日本产学连携的现状》的演讲。演讲共分三个部分。第一部分,为什么各国产学连携?这一部分包含产业环境的变化以及对"产学连携"的期待、"产学连携"的重要地位、"产学连携"是如何形成的以及大学、文部省与企业如何对应等四个方面。第二部分,技术转移组织机构,这一部分包括机构的目的、机能、特征、机构的事业性收益和机构在全国的设置等五个方面。第三部分是日本型技术转移机构存在的问题。第四部分是描述被期待的"产学连携"的最理想的方法。

日本高崎经济大学的长谷川秀男发表了《小规模企业经营的课题——以地场产业等事例为中心》的演讲。他的演讲结合了1999年12月3日日本颁布的《新中小企业基本法》的精神,分析其不足并提出进一步完善的对策。

## 二、关于"互联网与企业管理"的观点

大会在反思东亚经济和管理的流弊基础上,认为东亚经济应加强网络化建设。

日本创价大学教授野口佑做了《电子商务模式与虚拟开放结构的结合》的主题演讲。演讲包括什么是IT、从传统的商务模式到电子商务模式、对虚拟开放结构的分析和日美电子商务模式的比较五个部分。野口教授指出,目前信息技术的具体内容仍未被世人真正理解,因此对其种类有必要予以清楚地划分;传统的商务模式与电子商务模式有哪些不同,而各种电子商务模式有哪些相同;各种电子商务模式究竟如何被整合在虚拟空间的,它在虚拟空间有何地位;结果是对日美电子商务模式分析比较的基础上总结出一般性和特殊性。

日本明海大学俞晓军博士发表《虚拟空间的跨文化交易:国际商务与管理的新挑战——中日互联网商务的可能性与问题的研究》。他认为,在美国兴起的网络商务会随着各国文化条件和技术条件的变化而派生出其他的模式,如日本模式、中国模式。当然,两国须从旧的商务模式走出来是确定无疑的,关系、人脉式的交易方式要演变成理性的柔性的交易关系。产业化、资本化和信息化逼迫中国企业立即面对变革。中日间的网络商务经历了兴起、加速和全球整合的三个阶段,这规定了中日网络商务发展的方向。

日本大学教授ICHIDA Yozi教授发表了《供应链的沟通基础设施——从增值网络到互联网》

的演讲。供应链中信息的正确快速传输是增强企业竞争力的重要资源,汽车工业中经常运用,还在此基础上对日美的供应链管理进行了比较。

中国黑龙江大学于金博士发表了《中国电子商务的现状及展望》的演讲,他定义了电子商务的概念,在分析中国互联网总体发展情况的基础上指出收费过高、速度太慢是中国互联网发展的最大问题。同时还说明中国与国外的差距,瓶颈在于社会信用体系不健全和物流基础薄弱。

中国复旦大学管理学院苏勇博士发表了《中华文化·学习型组织·21世纪管理模式》的演讲。他的演讲先对学习型组织的理论作出了总结性的分析和探讨,并发现学习型组织理论在注重整体观念、系统思考、团队精神、个人修炼、无为而治、以人为本等诸多方面与中国传统文化有着惊人的契合之处。通过融合东西方的论点,提出中国未来的管理模式是建立在中华传统文化优秀内核基础上的、理性与人性结合的、以人为本的管理模式。

俄罗斯两位教授还就《21世纪的信息技术与经理》和《俄罗斯虚拟贸易的构成》发表了演讲。

## 三、关于"东亚经济与商业管理"的观点

韩国三星经济研究所首席研究员申志镐《南北经济交流的现状及发展》的演讲。他认为:"南北实现高峰会谈最终促成南北经济交流的基本面变化,从此以后,间接的经济交流就变为直接的经济交流,政府间的合作将促进相互的商务合作,为了监督交易,一个监督机构将会建立起来。私营部门的合作也将得到鼓励。然而,除了基本面变化之外,成功的经济合作尚需很长时间。因此,有必要耐心合作并建立一个时间表,不能止于暂时和眼前的目标,必须着眼长远才会取得丰硕的成果。"

日本的 Aichigakuin 大学的 Kyoichi FUTACHIGAMI 教授发表了《朝鲜企业的移行战略》的论文。文章讨论了朝鲜社会主义企业移行的三种可能性,传统的一种仍然维持夜郎自大,刚愎自用。第二种类似于东西德国统一但难以实行;第三种是朝鲜开放市场,像中国一样加入市场经济的行列,这是一条较为现实的道路。

汉阳大学 Sung-Chull Lee 教授发表了《峰会前后的朝鲜内部关系》的论文。论文评价了峰会对朝鲜内部关系的重要意义,文章试图回答一些问题如峰会对朝鲜内部关系引起了哪些变化?如果是这样,是什么因素引起这些变化?峰会是否增进了南北关系?南北可以保持和发展合作关系吗?论文作出了特殊的分析。

中国复旦大学东方管理研究中心任浩博士发表了《知识的需求、供给和价格》的演讲。分析了影响东亚经济管理的新因素——知识。分析了知识供给和需求的特殊性,和知识价格决定的特殊性,知识对于东亚经济发展具有十分重要的意义。

日本名古屋商科大学龟仓正岩教授发表了《日本公司机构的现状以及课题》的演讲。他首先分析了日本商法中规定的公司机构如股东会、董事会、监事会的定义,然后就经营效率、监督职能方面对三个机构的地位、作用、关系进行了比较和整合;对企业经营的社会性质做了详细的考察;就三机构的构架以及现在要求的整合中为推进带有社会性的经营效率提高和监督职能的强化,对公司的结构改革进行了讨论。

复旦大学管理学院副院长芮明杰教授的论文《韩国高科技产业层次型发展中的企业重组战略的探讨》。突出了韩国高科技产业发展的三个层次产业配合、产业组织优化到企业修炼并从这三个层次提出了韩国高科技产业发展的分层次战略。中国深圳闯旗实业股份有限公司总经理钟杏云博士、复旦大学管理学院苏涛博士的论文《网络产业安全管理》也是一个独特的视角。论文描述了中

国网络经济发展现状、中国网络安全遇到的威胁、分析了不同行业不同的安全需求,提出了政府作用、行业参与、企业为主体的新设想。

复旦大学的王国进、伍华佳博士在其论文《论网上银行》中指出,"随着电子商务时代的到来,网上银行快速发展,它不但对传统银行经营方式提出了挑战,而且也将为 21 世纪的金融业带来大量的机遇"。文章分析了网上银行产生的原因,提出在技术安全、高科技渗透、金融监管方面的许多对策。

上海西士实业公司董事长潘克西博士提出了《关于构建国有企业经营绩效评估体系的思考》的论文,通过借鉴韩国国有企业经营绩效评估制度,运用治理结构的相关理论分析梳理了中国国有企业面临的问题,提出了一些基本思路和方法。

还有多位韩国学者就《日本企业制度展望——劳企关系变迁》《韩国公司治理结构改革》以及《韩国电子商务的现代趋势》发表了相当多的有分量的见解。

## 四、几点启示

几天的大会,与会的各国管理学者达成了一致的共识。

(1) 经济全球化时代高新技术发挥着越来越重要的作用。

(2) 经济发展、管理发展中文化发挥着越来越重要的作用。

(3) 东亚经济迅速走向复兴、韩国和朝鲜将会是重要的亮点。

(4) 东亚价值观仍然发挥巨大作用。

(5) 东亚管理学者的联合比以往任何时候都更重要。

(6) "人为为人"是东亚价值观的精华,是新经济时代新型管理文化的精髓。

# 4. 在第二届经纪人国际论坛上的发言(2004)[①]

各位来宾,各位同仁,女士们、先生们:

大家好!

前面几位嘉宾均做了精彩的发言,也令我大受启发。这里,我想和大家交流的主要是资产经纪人的话题。

经纪人是一个古老的职业,早在我国两汉时期,在做马匹生意的人群中出现了"驵侩""马侩",他们就是最早的经纪人;其后在唐朝时期有"牙店""牙行",明清时期有"牙人""牙行"等;而在近代则出现了"买办""华经理"。随着社会的进步和技术的发展,到了今天,经纪人这个古老的职业焕发出了青春,经纪人已渗透到整个社会生活的各个方面,我们可以在身边的各个角落看到经纪人的身影,他们在社会上扮演着越来越重要的角色,成为现代经济生活不可缺少的一部分,为经济发展和人类进步做出了积极的贡献。他们有的奔走于交易双方之间,牵线搭桥,撮合成交,收取佣金;有的受雇于大公司、接受委托,按公司的要求推销商品,招揽顾客,享受津贴;有的身穿"红马甲",在交易所内接受代客交易,收取佣金;还有的活跃于文化体育市场,顺应文体市场的发展潮流,成功地为文体明星包装推介,塑造了明星形象;等等。经纪人的活动促成了交易,活跃了市场,发展了自身,也成就了他人的事业。在知识经济浪潮的席卷下,在中国已加入WTO的大背景下,中国需要加快发展市场经济。而发展市场经济,就需要激活经纪人,壮大经纪业,需要建立符合中国国情又和国际接轨的专业性中介服务体系,这是不以人们意志为转移的客观经济规律。中国经纪人的社会地位、市场地位、法律地位,在今天已经开始发生根本性的变化,正在成为不可或缺的日趋活跃的经济生活要素。

我们面对的是一个新世纪,在这个时代里,技术空前发达,变化层出不穷,信息高度膨胀,地球也变得越来越小。经济全球化、资本国际化、贸易自由化是我们这个时代特征的真实写照。而跨国经营、跨国兼并正是这种特征的具体表现形式。在我们这个世界上每天都有产权的交易,大至跨国企业的兼并,小到专利技术的转让。2000年全球并购案将近2万起,平均每小时就有三四起并购发生,单单是通用电气这样的大企业,在实际一年的200个工作日里,就有200多起收购,平均每天收购一个公司;根据联合国贸易和发展会议的统计数字,1999年全球公司兼并金额达3.31万亿美元,2000年全球兼并金额达3.48万亿美元,其中跨国并购规模创造纪录地达到1.1万亿美元。而其他方面的产权的交易更是不计其数。显然,这是一个规模巨大且在不断成长的市场。其中有很

---

[①] 根据作者2004年4月16至18日在深圳举行的第二届经纪人国际论坛上的发言稿整理,原标题为《资产经纪人的能力结构》。该论坛由中国国际经济科技法律人才学会、庄希泉基金会、经纪人杂志社和深圳市经纪人协会主办,中国侨联原主席庄炎林为组委会主任。

多的交易就迫切需要资产经纪人的参与。

在20世纪中,资本通过股票、期货、外汇等金融市场来实现自由流动的需要,并直接促进了世界经济的发展和工业化的进程。随着新世纪的来临,越来越多的国家政府选择对其国有产业实施民营化,投资者也在寻找新的途径在一个能保证市场透明度与诚信的新市场里进行融资、产权出售或投资。因此,新型产权市场应运而生。它补充了现有资本市场体系的不足,它的出现将把资本市场提升到一个新的高度;它改变现有资本市场的运行模式并影响了整个经济运行体系。

产权市场中除了交易双方外,还迫切需要第三方的出现,就好像谈对象有时也需要介绍人一样,产权市场的出现呼唤资产经纪人的产生。作为联结交易双方的桥梁,资产经纪人,这个经纪人队伍中特殊的一群,和其他中介如审计、法律、咨询等机构一起成了服务于这个新兴资本市场的活跃成分。市场的特殊性要求资产经纪人不仅要具有完备的专业知识和经济知识,高超沟通的技巧,灵敏的嗅觉、畅通的信息渠道,还要有高超的谈判艺术,并对资本市场有深刻的理解和掌握。因此,资产经纪人应该是拥有科学家的头脑、企业家的胆识、社会活动家的能力,具有超乎常人的勤奋和毅力的特殊人群,具体地来讲,我认为资产经纪人应该具备:

一是广博的知识结构。由于产权交易涉及科技、经济、法律等许多方面,要求资产经纪人掌握多个领域的知识,首先是专业技术知识。资产经纪人不仅要掌握基本的科技常识,而且要对所经纪的特定行业的专业技术领域熟悉或精通,达到一定的专业技术水平。对技术商品的研究开发、试验、试制、规模生产的全过程,有一定程度的了解,否则就不能开展深层次的中介服务。同时,为了了解企业的需求,促进企业购买某些技术,资产经纪人还应熟悉企业将技术应用于生产的全过程,熟悉企业产品质量、工艺设计标准和企业管理状况等。第二是经济知识。经纪活动是属于经济领域的,因此,资产经纪人必须了解经济学的基本知识,掌握与自己从事业务有关的金融、财会、统计、管理等方面的经济学知识。第三是市场知识。资产经纪人是在产权市场中专门从事与产权交易相关活动的中介人,因此必须具备市场知识。资产经纪人应该能运用各种科技、经济信息,调查一些公司企业的发展动态或技术商品的社会需求,能运用各种调查、预测方法,掌握技术商品供求动态和发展趋势,跟踪企业扩大规模或战略变动的意向。第四是法律和有关的政策法规知识。市场经济从某种意义上说,就是法制经济,靠法律、法规来规范市场秩序,因此资产经纪人必须对产权交易中涉及的相关法律要了解掌握,尤其是对《合同法》及其实施条例、法规要非常精通,熟悉合同的洽谈、签约与仲裁,还要熟悉国际保护产权方面的法律和条约的相关知识等。

二是全面的能力结构。作为一个合格的资产经纪人应该具备以下几方面的工作能力:

(1) 鉴别与评估能力。一个资产经纪人首先要做的一件事就是要去伪存真,以专业的眼光沙里淘金,从众多的个案书面材料或收集的信息中鉴别出真实有用的东西并对其进行评估;所以鉴别与评估能力是作为合格资产经纪人的必备能力。

(2) 调研与预测能力。资产经纪人不仅要能在书面材料里理出具体线索,而且还要对实际情况和市场进行调研,并做出相应的预测。可见调研与预测能力对资产经纪人来讲也是必不可少的。

(3) 宣传与传播能力。在确认资料真实有效后,并对其前景有信心时,资产经纪人接下来就要对接手的项目进行大力推广,以达到撮合成交的目的,因此他应该具备宣传和传播能力。

(4) 组织与洽谈能力。交易的成功离不开接洽、撮合、谈判等过程,因此作为资产经纪人还应该具备相当的组织能力,并可以轻松地和人展开交流,交换意见、进行洽谈最终说服成交。

(5) 计划与实施能力。任何项目的成功实现都必须要有详细周密的计划,同时作为独立的操作者,资产经纪人对计划要有很好的把握并要求能按计划步骤逐步展开实施。

（6）协调与应变能力。任何交易都不会是一帆风顺的,可能有一些意外发生,甚至有不愉快的事情,所以对于资产经纪人来说具有较强的协调与应变能力也是必要的。

（7）学习与研究能力。我们生活在一个知识爆炸的时代,知识的更新速度前所未有,新知识、新技术、新手段令人目不暇接,所以资产经纪人要具备学习和研究能力,不仅对已具备的知识要适时更新,同时要积极地研究和学习新知识、认识新事物、接受新观念等等。

三是丰富的经历与经验结构。产权市场的出现是近年的事情,因此作为一项新兴职业,资产经纪人多数还存在经历和经验方面的不足。而如果要纯熟、成功地进行项目运作,资产经纪人应当具有丰富的产权交易和产权转移各个环节上的经历和经验,同时也应该有多次参加大型产权转让工作全过程的经历。

所以在进行实际操作之前,资产经纪人必须接受一定程序的严格培训,学习和掌握一些金融、法律、企管、营销方面的基础知识。同时要在产权市场中经过一定的实习磨炼,来掌握交易技巧、提高自身的业务水平和工作能力。只有在严格的培训和磨炼后,通过考核,才能培养出真正合格的资产经纪人。我认为在资产经纪人队伍建设初期,质量比数量更重要。高级资产经纪人的资格认定必须从严掌握。除了多加培训,还应具备自始至终参加大中型产权转让的经历,即要有一定业绩。对于资产经纪人的职业,在观念和法制观念也应有高水准的要求。以后,资产经纪人的资格将不会是终生的,一定会有相应的法规和年审制度,以对这支特殊队伍进行管理,保持队伍的整齐和高素质。

作为资产经纪人工作场所和大本营,产权交易所在中国,在世界上都已不算是新设机构了。我国各省市的产权交易所、技术产权交易所以及曾大志博士任总裁的世界产权交易所就是其中的一些代表。它们对于产权市场的发育,对于技术中介工作向高层次和纵深发展,起到了积极的推动作用。

就拿曾博士的世界产权交易所来讲吧,它是由全球从事产权交易的金融专家联盟组成,并建立了能及时反馈全球资产交易动态的电子公告牌系统。该系统运用了最先进的信息和互联网技术,可以即时展示全球各地的资产交易信息。同时,为了保证资产交易的标准化,交易所还与世界各地的专业律师、会计师、评估师和管理专家、技术专家们建立起广泛的合作关系。它的业务范围主要是从事三种类型的资产买卖,包括:国有资产的民营化;中小企业的产权交易与融资服务;科技型企业的产权交易与融资服务。世界产权交易所为国有资产实施民营化提供了专业化的、高透明度、有保障的国有资产的处置渠道;解决了中小企业无法通过股票市场进行融资的苦恼,为中小企业通过转让部分产权换取现金以获得发展提供了方便之门;为科技型企业把科技成果以产权的形式部分转让,换取进行产业化所需要的资本指明了一条明途。这是一项利国利人、利人利己的事业,它适应时代的发展潮流,符合大众的利益,因此必将在很长的一段时间内继续存在下去。欢迎大家积极地投入到这股刚刚涌动的洪流中,为它的发展鼓吹、呐喊,一起推动它积极、健康地向前。

# 5. 东方管理学学科建设研讨会(2006)[①]

## 东方管理学学科建设研讨会纪要

2006年4月14日,复旦大学东方管理研究中心在管理学院李达三楼召开了"东方管理学学科建设研讨会",与会的不仅包括来自管理学院的专家教授,也包括来自校内各个兄弟院、系的专家教授。各位专家教授主要围绕着东方管理学的发展历史、发展现状、面临的挑战和考验以及未来的发展规划等主题展开了热烈的讨论,为东方管理学的学科发展起到重大的作用。

与会人员(以姓氏笔画为序):马彦、王龙宝、叶世昌、付春、吕晓刚、伍华佳、刘子馨、许晓明、孙燕华、芮明杰、苏东水、苏勇、苏宗伟、何智美、张文贤、陈谦余、林尚立、胡守钧、胡建绩、袁闯、徐笑君、章玉贵、彭贺、董雪君、薛求知。

## 一、管理学院苏勇教授发言

复旦大学东方管理中心召开"东方管理学学科建设研讨会",非常感谢大家能够在百忙之中参加,首先介绍一下与会的专家和教授,复旦大学首席教授、东方管理学派创始人苏东水教授,复旦大学管理学院党委书记陈谦余教授,复旦大学管理学院副院长薛求知教授,管理学院许晓明、张文贤、胡建绩、伍华佳教授,国际关系与公共事务学院林尚立教授,哲学系胡华忠教授,社会学系胡守钧教授,复旦大学出版社刘子馨教授,复旦学报吕晓刚,经济学院叶世昌教授,哲学系袁闯教授以及复旦大学管理学院东方管理专业的硕士生、博士生和博士后。

东方管理学的建设,需要大家的集思广益,共同开展东方管理学的学科建设。现在我简要介绍一下东方管理学学科发展情况,请大家发表意见。

1. 东方管理学的发展历史

东方管理学的定位:以管理学、经济学为基础,融合哲学、社会学、心理学、政治学、伦理学、文学和历史学等诸多领域成果的新兴综合型交叉学科,是复旦大学在国内外首创、目前唯一的研究方向,是国内经济管理类新兴交叉学科的博士点、硕士点,现已发展成为全国乃至世界上独树一帜的特色专业。

东方管理学发展过程:该学科是在苏东水教授的率领下创建的。最初隶属于国家重点学科产

---

[①] 复旦大学开设了东方管理学专业的硕士点和博士点,这是全国高校中迄今唯一的。东方管理学专业的硕士点和博士点从2005年开始招生。为了加强学科建设,2006年4月14日复旦大学经济管理研究所、东方管理研究中心举办了东方管理学学科建设研讨会。

业经济学专业下的特色专业,现在作为工商管理一级学科下的二级学科点,从 2005 年起招收博士生和硕士生。东方管理学源于 20 世纪 70 年代中期,迄今已有 30 年历史。苏东水教授从 70 年代中期就开始探索如何融合古今中外管理思想的精华,创造真正适合中国乃至东方国家的管理学理论。20 世纪 90 年代初,苏东水教授在国际学术界创造性地提出并阐述了东方管理"以人为本、以德为先、人为为人"的"三为学说",并在此基础上,提出了东方管理文化"三、六、九"构成理论和"十五要素说"的管理哲学观,为东方管理科研与教育打下了坚实的基础。1999 年,复旦大学东方管理研究中心成立。苏东水教授率领复旦大学学者群联合国内外学界精英共同研究东方管理思想,群策群力,以复旦东方管理研究中心为平台,缔造了管理学的东方学派。学派立足本土、博采众长、融合古今中外管理精华,进行东方管理哲学、中国式管理的理论研究与实践应用,形成了一套"三学""四治""八论"的理论体系,出版系列著作和论文,多次荣获国家级大奖。东方管理学也一直是复旦大学申报应用经济学一级学科博士点与产业经济学国家重点学科的重要支撑。

2. 东方管理学的学科发展现状

四个专业方向,包括东方管理理论与中国工商管理实践;东方管理思想与中国公共管理实践;华商管理与东亚模式研究;人为科学与管理心理研究。目前学科共有苏东水教授、王家瑞教授、苏勇教授等三位博士生导师。2005 年,东方管理学科点共招生 10 名博士研究生(含港澳台学生),4 名硕士研究生。

主要理论成果:近年发表论文上百篇,填补国内空白。东方管理经典著系共 15 册,校内外近百名专家积极参与,部分丛书已经出版,并作为东方管理专业硕士生和博士生的教材和参考书。

学术交流活动:自 1997 年起东方管理研究中心组织召开九届世界管理论坛暨东方管理论坛,并出版九本会议论文集。权威媒体开始关注东方管理的影响,1997 年,《人民日报》报道了 1997 年世界管理大会的情况,称大会在上海召开标志着"东方管理文化在世界叫响";2003 年《人民日报》又以《让管理学向东方回归》对苏东水教授进行了专访。

国际学术交流:苏东水教授率团参加了历届 IFSAM 世界管理大会,并提交了多篇论文,2004 年 7 月,苏东水教授率领中国代表团参加了瑞典哥德堡召开的 IFSAM 第七届世界管理大会,争取到 2008 年第九届世界管理大会的主办权,同时赢得向世界管理学界展示东方管理魅力的良好机会。

3. 面临的挑战和考验

从外部环境来看,北京大学、清华大学已经开设东方管理方面的课程、讲座,上海交通大学、华侨大学等高等院校也纷纷成立东方管理研究中心。这不仅在国内形成一股东方管理研究热潮,也给复旦大学东方管理学科建设提出了挑战。如果我校不尽快在学科建设上重点投入,尽早拿出更多有影响的研究成果,加强学术梯队建设,则复旦大学东方管理学科的中心和领先地位有可能受到严重影响。

4. 近期发展设想(2006—2008)

复旦大学东方管理学科近期发展目标是:加强人才培养,构建一支结构合理、人才辈出的学术研究梯队,集聚国内外学者群,继续保持在国内外领先的地位,成为独具特色的管理学科门类,成为一个"亮点",为复旦大学建设一流大学做出贡献。

人才培养:设置合理的课程结构;优化硕士、博士培养方案;将东方管理特色课程拓展到本科阶段的课程方案中;培养全面发展的学术队伍。

学术梯队:在未来 2 年内构建一支老中青结合、搭配合理的教师队伍。

教学科研：2008年以前陆续出版《东方管理学派著系》（经典与案例丛书）共十五册；联合社会力量，举办"东方管理艺术与中国管理事件"高层管理研究班；加强东方管理心理实验室建设；创办《东方管理评论》刊物，作为研究基地；联合社会力量，创建东方管理科学院。

学术会议：定期举办学术研讨会，为国内外专家、学者提供一个交流的平台，共同将东方管理做大做强。

国际交流：继续加强国家交流，向国际管理学者推介我们的研究成果。

中国和上海的经济发展正在为东方管理学科建设创造前所未有的机遇，在社会各界的支持下，复旦大学东方管理学科一定能够在世界管理丛林中枝繁叶茂。我们将继续努力，在学术上和社会声誉上努力扩大影响，使其成为复旦大学争创世界一流大学中的亮点和重要的特色学科。

## 二、国际关系与公共事务学院林尚立教授发言

东方管理学科建设的下一步应该注重工具层面的研究，对管理进行重新理解和认识。作为外行，对东方管理了解不深，但也具备一定的优势。东方管理的发展，需要各个方面的专家、学者的支持。

中国的和平崛起，促进了东方文化的崛起。复旦大学东方管理学派要抓住先机，谁占领先地位，将会促进东方管理的发展和崛起。

本人研究政治，政治和管理是分不开的。西方人研究管理从人到物，又从物到人，落实到对人的关注，东方人以人为本对人的管理。主要包括两个方面：心智和欲求。如果进行深度挖掘，形成有中国特色的东方管理，具有国际意义。建立"以人为本、科学管理"的东方管理对世界具有重要意义。

关于东方管理学的学科发展：东方管理具有自己的核心价值，"以人为本、以德为先、人为为人"作为基本理念。复旦大学东方管理中心承载东方管理特色之处。下一步要解决另外一个层面，就是如何转化为工具层面，需要解决两个问题：第一是对管理的重新理解；第二是原则问题，东方智慧的管理基本原则，比如说拓展性，包括国家、企业、家庭和个人一级管理的统一性问题。

社会学系胡守钧教授挖掘东方原创的内涵，注重东方特色的案例研究首先是有无东方管理学的界定：两个层次，比如说有无东方的管理学，中医和西医的比较，中医治本，西医治标，各有千秋。个人认为目前存在东方管理学，管理既是科学，也是一门艺术。东西方管理具有一定的共性，但是也具有一定的特性，如何有效发挥管理的作用，需要"中西结合"进行管理。

关于两个层面：是否有无西方没有的，可以挖掘的，东方原创的内涵；表达形式问题，比如说谁先发明"胡萝卜＋大棒"，中国古代早就使用"赏罚"制度进行管理。管理的艺术特点：牵涉到跨国公司本土化，麦肯锡在国外做过很多成功的案例，但是在中国不灵了，很多公司花费大量的资金请他们做咨询，结果一无所获。东方管理具有自己的艺术性。所以呼吁保护我们的汉字文化，有时候不应该过分地简化我们的汉字，这将损害我们语言系统的完整性。

关于文化：东方管理具有独特的文化底蕴，研究东方管理，首先对文化进行研究。

东方管理研究个案：案例研究，特别是具有特色的案例研究，比如说"鞍钢宪法""大庆模式"等，我们现在不用了，但是日本等国家拿过去用了，而且用得很好，所以我们要发掘独具特色的东方案例研究。

## 三、管理学院芮明杰教授发言

我讲三个方面问题：研究对象的规定性、研究的方法论和传播空间。

目前各个学校都在进行研究东方管理，目前需要进一步的提升和发展，但是个人认为需要解决三个方面的问题。

关于研究对象的规定性：东方管理的规定性是否研究东方区域的人和组织；东方管理是否涵盖其他地区。关于规定性是否清楚，将会导致课程的差异性，西方和东方具有一定的差异。东方管理必须自己找到特定的、与西方不一样的研究对象，建立自己的学科体系。东方管理是在东方的文化理念下，具有自己独特的理念和核心价值。主要是东方文化为基础背景下对管理的看法和世界观。

关于研究的方法论：东方管理应该与世界管理学的研究方法相一致，目前主要是"考古式"阶段，挖掘古代的先哲的思想，梳理其基本的原则。我们要梳理东方管理的精髓，特别是能够进入国际主流刊物，扩大东方管理的世界影响。也可自资助部分博士进行实证研究，进行案例分析。

关于传播空间：东方管理要扩大国际影响，建立某种渠道，比如说创办刊物或者设立长期机构。《东方管理评论》可以印刷英文版，扩大国际影响和宣传。

总结一下：目前的首要问题应该是解决东方管理的规定性，研究方法由考古向现代转变，最后是扩大影响范围。

## 四、管理学院薛求知教授发言

整理实践史，并将管理运用于实践，并指导实践。

东方管理学派在苏东水教授的率领下取得很多重大的成果，目前是如何巩固成果，形成复旦大学独具特色的"亮点"。

关于形成的成果：《中国管理通鉴》等专著是古代思想精华的提炼，是一部思想史。另外是否可以整理经济发展史，比如说晋商、徽商实践案例的整理，并在此基础上进行创新，对中国人自己的思想进行提炼，比如说华商，对中国近代管理实践进行归纳，具有时代性和现实性，以及可操作性和应用性，对企业的实践具有指导作用。

关于开放性：中国、西方和华商管理的思想整理，是否将东方范围扩展，比如说日本、韩国的实践经验进行吸纳和补充。

避免庞杂，防止散化：针对特定的世界，防止过于散化和泛化，要适当地聚焦。

## 五、管理学院陈谦余书记发言

欢迎各位专家来到管理学院参加"东方管理学学科建设研讨会"，代表管理学院对各位的到来表示感谢。

主要谈一下感受，东方管理学经过30年的发展，不断得到国内外的关注和认可，成为复旦大学独具特色的学科，但是也遇到发展的困难。可以感受到生存的艰辛，同时也感到东方管理生命力的强大。正是这种生命力的强大，才促进东方管理学科的发展。

## 六、经济学院叶世昌教授发言

改革开放初期,我有幸和苏东水教授一起工作,那时候苏东水教授开始进行东方管理的研究,我由于改行,而没有参与东方管理的研究工作。目前,以苏东水为首的东方管理学派著作颇丰,影响海内外。关于东方管理学的学科建设主要谈几点想法:

了解西方:只有深入了解西方的管理学,才能更好地促进东方管理的发展,反对西方生搬硬套到中国的管理实践,要动态地看管理学的发展。

如何发展:首先研究华人管理,进行实证的分析;其次研究近代的管理实践,比如说国民党政府时期的王元武对管理的认识和评价。

考古问题:用历史的观点证明现代的情况,发掘经典管理思想,完善东方管理的系统。

存书问题:可以将社会上的关于东方管理的学科研究成果进行整理,完善东方管理的思想库和实践。

创造性问题:对目前的著作不断的修正,比如说"九"本书中的《营造法式》,这是古代关于建筑方面的学问,需要进一步的修正。

## 七、管理学院张文贤教授发言

东方管理学以及学派在国内深有影响,目前在此基础上如何进一步的发展。要举起一面旗子,组建一个班,播下一片种子等"五子登科"促进东方管理学科的发展。

关于旗子的问题:复旦大学东方管理学派是复旦大学的"亮点",成功举办世界管理大会,创办《东方管理评论》刊物,是复旦大学的一面旗子,为复旦大学创建世界一流大学做出贡献。

组建一个班子:许多专家和学者投身于东方管理学科的建设。同时应该发挥复旦大学综合优势,不同的学科的专家都参与东方管理的建设,中西结合。进一步发掘和创新,转化为物质力量,提升竞争力。

东方管理理论要指导实践,运用于实践,并通过实践活动进一步完善东方管理的理论体系。

## 八、管理学院胡建绩教授发言

本人不是从事东方管理研究,但是多次参加东方管理博士生的开题和答辩,在此过程发表过自己的看法。陪同苏东水教授申请国家重点学科的时候,苏教授治学严谨的态度和刻苦钻研的精神深深激励着我。关于东方管理学的学科建设,我有几点想法:

东方管理如何与企业管理相结合,怎么处理现代管理与企业管理的紧密联系。现代管理的理念和实践。成熟的情况下出版《东方企业管理学》《东方管理思想史》和《东方管理心理学》等系列思想方法的总结。

日本的管理具有特色,是其与实践相结合,韩国也是这样。中国也具有自己的特色,比如说华商管理、民营企业管理和国有企业管理。也可以挖掘近代的晋商、徽商的管理。整理过去、现在和将来,进一步挖掘,使东方管理学的内涵更加丰富。

## 九、哲学系袁闯教授发言

我讲三个方面：理论建设为基础、管理的哲学问题和操作方式的设计。

东方管理学派的创立和发展到学科的发展，需要进一步的深入研究，使内涵更加丰富。我谈一下自己的几点想法：

理论建设为基础：刚才芮明杰教授谈到考古式的研究，具有一定的借鉴意义，但是也有一定的局限性。比如说道家的"无为而治"是建立在自然经济的基础上，但是具有一定的现实意义。东方管理文化的研究以及人性的探讨，将有效地促进东方管理学科的发展。

管理哲学问题：哲学到管理，需要实证研究，用案例来说明，顺应市场经济发展的潮流。中国的现代经济史应该从1911年开始到现在，我们应该记录大的管理和政治事件，比如说毛泽东和蒋介石的管理手法研究，林彪的"人的因素第一"到"以人为本"的各个方面。毛泽东"人定胜天"的思想理念，提炼其中内涵。

操作方式设计：东方管理的思想和经验能够得到推广，引进科学的方法到管理的研究中。比如说"泰罗制"引入规范化训练企业的员工。东方管理应该成为管理学发展史的里程碑。

## 十、管理学院许晓明教授发言

三个深化：内涵深化、难度深化和对象深化。

东方管理学已经取得很大的发展，目前应该是进一步深化的时候，我主要谈一下三个方面的深化。

关于内涵的深化：根据东方管理学的定义，东方管理的地域文化，根植于东方管理文化，汇集东西方多个民族的智慧，其研究的领域范围主要覆盖亚洲黄河、长江流域，印度恒河、印度河流域和两河流域，以及非洲尼罗河流域的一切管理活动的精华，是东方各民族在漫长的历史生产和生活实践活动过程中创造并积累下来的。根据定义，应该反映的是华夏文化的特征。"三为""四治""五行"是否反映内涵，是否需要进一步深化。

关于研究难度深化：东方的管理实践活动大多数是失败的。比如说华夏文化的特征就是人一多，心就散。中国的海外经贸团出国访问，如果人很多，外国人就认为没有"花头"，如果两三个人，就很重视。"以人为本"是否会造成管理的随意性，朝令夕改。华人的企业，小的时候效率高，大的时候效率低，再大的时候就关门。"富不过三代"，华人企业的寿命比较短。我们是否应该总结东方管理文化，提炼其精华，摒弃糟粕。

关于研究对象的深化：目前东方管理研究四个专业方向，是否可以增加民营企业的研究，民营企业是中国企业的生力军。

## 十一、管理学院王龙宝教授发言

东方管理学派目前成为复旦大学的一面旗帜，在国内外已经初具影响力。个人有三点想法：

关于时空上的变化：从空间上来说，是否将日本、韩国和印度纳入研究范围；从时间上来说，是否将孔孟之道融入，保持与时俱进。

关于学科的应用：能否融入更多的案例，包括华商、晋商等。通过 MBA 课程和商业实践，来促进商业活动。

关于东方管理的适应性：更大的范围进行研究，东西方管理的比较和融合，适应世界经济发展的趋势，开拓学科的发展。

## 十二、复旦大学出版社刘子馨副总编发言

东方管理学和学派的区别，就像中西医一样，研究管理学也是一样。东方管理学派所提倡的"以人为本、以德为先、人为为人"的核心价值体系，要首先进行严格的界定。东方管理学派源于复旦，由苏东水教授创立。而东方管理学是否源于复旦，值得商榷，但是复旦大学保持东方管理学研究的领先地位。

东方管理著系：每次参加研讨的人比较多，而且每次的变化比较大，要解决规定性的问题，组建一个良好的团队班子。

中华文化对管理学的影响：引进西方的研究方法进行东方管理的研究，比如说案例研究，用来指导工作实践，数理研究方法来研究问题等。要下功夫进行深入研究，建立数学模型来进行实证研究，要投入很大的热情。希望在座的各位一起努力，早日将《东方管理著系》出版。

## 十三、复旦学报(哲学社会科学版)吕晓刚主任发言

复旦大学学报被新华文摘全文引用的目前只有苏东水教授和伍柏麟教授。目前复旦大学学报正在筹办英文版，立足复旦、面向全国，目前正在申请刊号。复旦大学东方管理学派作为复旦大学的特色学科，是复旦大学的亮点。如何传播，要加强英文沟通能力，促进海外传播。

## 十四、学校党委宣传部戴明朝教授发言

旗帜问题：东方管理学是复旦大学的一面旗帜，应该得到重视，重点扶持。

个人体会：中西医结合，东方管理学在整个管理体系中的地位，涉及宏观、中观和微观的管理，所以如何体现东方管理的特色。

世界管理学科正在经历一个深刻的变革，小学科也正在进行外溢。如何运用东方管理智慧解决现实中的管理问题。西方管理科学的引进，实践具有地域性，如何实现用东方管理来解读西方的管理理论和实践。

匹配性问题：从地域、时间上，管理学要匹配现实的需求。比如说目前的国企改制，大家普遍关注国有资产流失，其实国有企业管理文化的流失，也是很大的损失。

## 十五、管理学院伍华佳教授发言

从 1996 年开始读苏东水教授的博士到现在，正好 10 年，深深体会到创立学派的艰辛，不容易。我个人的体会有三点：

首先不能局限于古代思想，如何开拓创新，建立现代东方管理思想。

其次要开阔视野,包容其他方面的经验和实践,并加以学习和提炼。

最后要注重实证研究,建立研究基地并且与企业挂钩,理论落实到实践,并指导实践。

## 十六、博士和博士后发言

**付春博士后**:本人是从国关系博士毕业。然后跟随苏东水教授进行东方管理研究。目前主要负责《治国论》的写作。目前管理教育有一种西化的思潮,我们应该充实传统管理教育,避免崇洋的趋势。我们的祖先给我们留下来一大批的好东西,应该首先进行深入的挖掘,然后在此基础进行借鉴西方的优秀管理思想,进行整体创新,解决现实中的问题。只有了解传统,才能走向未来。传统是根、是本,要深入挖掘,并将之运用到实践中去。

**郝永刚博士**:欧美的管理在全球都受到普遍欢迎,欧美化变成全球化一定有其内在的原因,我们必须了解清楚其原因所在,这样才能帮助我们定好位。我谈几个问题:一是东方管理的生命力体现在何处?我认为:(1)实用。西方管理理论的生命力在于十分实用,适合其价值观。要帮助企业解决实际问题,受到企业的拥护才能有生命力;(2)西方人认同,在中西方的比较中进行研究,对西方理论的优劣十分清楚,用东方管理学来解决西方不能解决的问题。人为科学改为人为学更加合适。二是转型社会中,"中国人"是否还是"中国人"?而且,上海的中国人和北京的中国人,城市的中国人和乡村的中国人是否是一样的?在目前中国社会差异化如此显著的情况下,如何归纳共性的东西?企业管理学和政府管理学是不同的两个学科,是否可以用同样的管理思想来指导。

## 十七、复旦首席教授、东方管理学派创始人苏东水教授发言

这次东方管理学的学科建设研讨会召开得非常有意义,是促进东方管理发展的重要会议。来自各个院系的专家、教授根据自身的学科特点提出对东方管理学科建设很有见地的意见,对东方管理学的学科发展具有重要的意义。感谢各位的出席和提出的宝贵意见。

东方管理的学派不是一个人,而是众多研究者的扶持和共同努力,才能取得发展。东方管理学派的发展归功于社会上各位学者的大力支持。目前社会上对东方管理学的认识出现两种倾向:一种是不了解,认为研究东方管理就是研究老古董,最近北大、清华开展的东方管理各种学术研讨班,触动很大,东方管理发源于复旦,但是推动却是在北大、清华。北京大学的研究中心已经开始海外办班等形式,学校从物质和精神上都非常支持。但是如果这些事情在复旦程序就会比较麻烦。国关学院林尚立教授非常支持,最近国关学院准备和我们合作,共同推动东方管理的学术推广。第二种目前海外的组织,特别是台湾地区对东方管理的研究很有兴趣,并且非常重视,多次参加我们所组织的东方管理论坛。哈佛商学院的中国研究中心也派专人来与会,并将会议内容翻译成英文,有效地推动东方管理在世界的传播。

对于刚才大家的建议,深受启发,主要包括以下几点:

1. 要明确东方管理学是一门什么学问

"三学"是融合管理学、经济学、心理学等多学科的管理学新学科,不是社会上所说的针对古代的管理思想的管理学科。东方管理学包含中国管理学、华商管理学和西方管理学,也包含华商管理典范实践案例具有时代性、前瞻性和创新性的新学科,目前需要进一步深化,是古今中外的管理思想进行融合,形成一门新学科。

### 2. 三结合

东方管理学和东方管理学派：东方管理学派是以复旦大学东方管理研究中心为主，包括博士以及在社会上的企业家和专家、学者，既有理论工作者，也包含实践工作者。东方管理学是研究古今中外管理的理论与实践及其运行规律的现代管理科学。东方管理学和东方管理学派二者既有区别，又有联系。

东方管理是多种文化的结合：东方管理学是东方管理学派经过多年研究和探讨，建立的独特的学科体系，按照三个方面（中国管理学、华商管理学和西方管理学）相结合的学问。该学科是多元文化的结合，不仅指东方地区，是包括古今中外管理精华对当代有用的管理思想的提炼，也包括宗教等多种文化。

东方管理是多种学科的结合：东方管理学是以管理学、经济学为基础，融合哲学、社会学、心理学、政治学、伦理学、文学和历史学等诸多领域成果的新型综合型交叉学科。因为是一门综合学问，必然有些方面需要进一步加强。比如说实践案例、基本观念等需要进一步加强。

### 3. 三条路

第一条：《东方管理著系》，包含"三学""四治""八论"等十五本书。由于自成体系，必然存在重复的地方，以及如何提出创新性的观点，这存在一定的难度。

第二条：东方管理学派新案例（十二大典型派系）。新华商、新台商、新闽商、新沪商、新浙商、新苏商、新鲁商、新港商、新粤商、新晋商、新徽商、新豫商等，主要是改革开放以来，卓有成绩的中年企业家。

第三条：东方管理论坛和东方管理精英大讲堂。自1997年起东方管理研究中心组织召开了九届世界管理论坛暨东方管理论坛，第十届论坛将和上海外国语大学一起合作，共同举办今年的第十届论坛。2005年我们开始举办东方精英大讲堂，讲课主讲人主要是我们这里毕业出去的博士和有影响力的企业家。比如说刘峰教授、何志毅教授，讲课的陈春花教授不仅做过教授，而且还担任山东某家企业的老总，并将管理运用到实践。我们将继续参加IFSAM大会，并积极筹办2008年在上海召开的第九届世界管理大会。我们将继续努力开展各项活动。

### 4. 六"做"

第一：做实，实在案例上，做出有特色的案例来完善东方管理体系。

第二：做深，深入到企业中去，去传播、去指导实践，并通过实践活动进一步完善东方管理体系。

第三：做好，讲究方法，将现代的管理方法运用到东方管理的研究中。

第四：做广，扩大影响，通过宣传、办班以及发表文章，扩大影响，目前我们利用世界管理协会联盟，将东方管理打到国际上，扩大影响。

第五：做亮，亮点，做出品牌，亮点之所以星星之火可以燎原，归为一点。东方管理学研究人的问题，各种人的假设。东方管理的"主体人"假设，进一步做深来表述。

第六：做人，做好人，怎么做人，做好人。在法的基础上做好人，要讲求"以德为先"。厦门大学一名学者否定"以德为先""以德治国"。我的一个学生是航天科工委的领导，他的博士论文是《用"以德为先"推动祖国航天事业的发展》，将德运用到管理实践中，推动了祖国的航天事业的发展。

总结：我们要有一种民族感、历史责任感，扭转目前管理西化的局面，促进管理文化的融合。东方管理学派提出"五缘"理论用于作为对台关系的政策，目前已经开始深入人心。中央提出的"以人为本的科学发展观"，东方管理学派很早就开始探讨。希望在座的各位能够一起来推进东方管理学科的发展，专心诚意的探讨东方管理学科发展方向，为创造学科新发展做出更大的贡献。

## 十八、管理学院苏勇教授发言

各位的发言,对推动东方管理学科的发展起到重要作用。目前东方管理学派取得一定的成绩,但是仍然有很长的路要走,如何推动东方管理学科的建设,我个人认为需要解决三个问题:

第一个:是什么？主要是解决东方管理的规定性问题、边界问题。

第二个:为什么？主要是指东方管理的理论基础和依据。

第三个:怎么做？东方管理实践性很强,从理论研究上,而且给出实践性的对策,包括工具层面的问题,教学和研究当中的差异问题研究等。

东方管理研究中心过去得到各位的大力参与和支持,希望大家能够继续支持东方管理学的学科建设,努力将东方管理构造成为复旦大学的"亮点"。

谢谢大家！

## 东方管理学学科发展的历史、现状和展望[①]

### 一、东方管理学学科的发展历史

东方管理学是以管理学、经济学为基础,融合哲学、社会学、心理学、政治学、伦理学、文学和历史学等诸多领域成果的新兴综合型交叉学科,是复旦大学在国内外首创、目前唯一的研究方向,是国内经济管理类新兴交叉学科的博士点、硕士点,现已发展成为全国乃至世界上独树一帜的特色专业。

该学科是在苏东水教授的率领下创建的。它最初是隶属于国家重点学科产业经济学专业下的特色专业方向,现已作为工商管理一级学科下的二级学科点,经校学位委员会批准,从 2005 年起招收博士生和硕士生。

复旦大学东方管理学科源起于 20 世纪 70 年代中期,迄今已有 30 年的历史。苏东水教授早在 20 世纪 70 年代中期就开始研究探索如何融合古今中外管理思想精华,创造真正适合中国乃至东方国家的管理学理论。20 世纪 90 年代初,苏教授在国际管理学术界创造性地提出并阐述了东方管理以"以人为本,以德为先"思想为基础的"人为为人"的核心理念,并在"三为"理念的基础上,提出了东方管理文化"三、六、九"构成理论和"十五要素说"的管理哲学观,为开展东方管理科研与教育打下了坚实的理论基础。

1999 年,复旦大学东方管理研究中心成立。这是全国第一个专门的东方管理研究机构。同年,东方管理研究中心承担国家自然科学基金项目"东方管理学思想研究"。苏东水教授率领复旦大学学者群联合国内外学界精英共同研究东方管理思想,群策群力,以复旦东方管理研究中心为平台,缔造了管理学的东方学派。学派立足本土、博采众长、融合古今中外管理精华,进行东方管理哲学、中国式管理的理论研究与实践应用,形成了一套"三学":东方管理学、中国管理学、华商管理学;"四治":治国、治生、治家、治身;"八论":人本论、人德论、人为论、人道论、人心论、人缘论、人谋论、人才论的理论体系,出版了《中国管理通鉴》一系列研究著作和论文,多次荣获国家级重大奖项。东方管理研究也一直是复旦大学申报应用经济学一级学科博士点与产业经济学国家重点学科的重要支撑。

经过 30 年的探索与研究,目前东方管理学已经初步具备了公认的科学价值、巨大的研究空间、比较

---

① 本文是提交给 2006 年复旦大学举办的东方管理学学科建设研讨会的文章,回顾了东方管理学科建设历程,展望了未来发展目标。

成熟的理论体系、相对独立的研究范畴,并逐渐形成以复旦大学学者群为中坚的东方管理学派。建设东方管理学学科体系,加强东方管理学的研究,是进一步强化学科特色,奠定本研究领域的世界领先地位,使复旦大学早日成为世界一流大学的一项重要内容,它将成为我校学科建设与发展的一个亮点。

## 二、东方管理学学科发展现状

目前,东方管理学学科设置四个专业方向:
- 东方管理理论与中国工商管理实践;
- 东方管理思想与中国公共管理实践;
- 华商管理与东亚模式研究;
- 人为科学与管理心理研究

目前,学科共有苏东水教授、王家瑞教授、苏勇教授等三位博士生导师。2005 年,东方管理学科点共招收 10 名博士研究生(含港澳台学生)、4 名硕士研究生。东方管理学学科点为博士生、硕士生开设了专门的特色课程。

硕士生课程设置如下:

| | |
|---|---|
| 学位专业课 | 中级经济管理理论 |
| | 东方管理学 |
| | 东方管理实务研究 |
| 专业选修课 | 华商管理研究 |
| | 治国论与公共管理 |
| | 治生学与公司财务 |
| | 人德论与管理伦理 |
| | 人谋论与战略管理 |
| | 管理心理与组织行为 |
| | 人才论与人力资源管理 |
| | 东方文化与关系营销 |

博士生课程设置如下:

| | |
|---|---|
| 学位专业课 | 东方管理理论(原著选读) |
| | 高级经济管理理论 |
| 专业选修课 | 人为科学研究 |
| | 经济与管理讲座 |
| | 华商管理研究 |
| | 人德论与管理伦理 |
| | 治国论与公共管理 |
| | 治生学与公司财务 |
| | 管理文化与企业竞争 |
| | 东方文化与关系营销 |

近年以来，复旦大学东方管理学科的教师、研究人员和学生研究成果层出不穷，几年来在本领域发表论文上百篇，并推出多部填补国内空白的研究专著、教材。现在，苏东水教授、苏勇教授等正组织编著《东方管理学派著系》（经典与案例丛书）共十五册。这套丛书自1997年开始筹备，历时8年，校内外近百名专家积极参与。目前，我们已经与复旦大学出版社签订协议，丛书的部分著作已出版，并作为东方管理学专业硕士生和博士生的教材和参考书。

为扩大东方管理的社会影响，为东方管理学派学者提供一个交流、沟通的平台，自1997年起东方管理研究中心组织召开了九届世界管理论坛暨东方管理论坛，并出版九本会议论文集。

近年来，随着东方管理研究的日趋深入，东方管理学作为一个学科不仅越来越多地得到学术同仁的认可，而且通过权威媒体将东方管理学的影响传播到社会：1997年，《人民日报》报道我们主办的'97世界管理大会时，称大会在上海举行标志着"东方管理文化在世界叫响"；2003年12月《人民日报》又以《让管理学向东方回归》为题对苏东水教授做了半个版面的专访；2003年，苏东水教授的《伟大时代的新学说——东方管理学思想的兴起》、王家瑞教授的《弘扬东方管理，促进世界文明》等论文被《人民日报》等权威报刊刊登或转载；2004年，引起广泛关注的中央电视台"世界著名大学"系列专题片在介绍复旦大学时也把东方管理学作为复旦管理学科的杰出代表；2005年9月17日，苏东水教授在中国企业联合会与国际管理咨询协会理事会（ICMCI）联合举办的"世界管理论坛暨第四届（2005）中国管理咨询高峰会"上作了"东方管理学思想的兴起"的主题报告，深受各界好评，引起巨大反响。《二十一世纪经济报道》等报刊也就"东方管理"问题对苏勇教授作了专访。苏勇教授还被全国MBA教学指导委员会指定为"管理伦理学"学科负责人。

在"以人为本，以德为先，人为为人"核心思想的指导下，我们还特别注重国际学术交流。苏东水教授率团参加了历次IFSAM世界管理大会，提交了《东方管理文化的探索》《东方管理文化的复兴》等论文，颇受与会各国代表的关注，为在国际上宣传中国式管理作出了贡献。2004年7月，苏东水教授率中国代表团参加了在瑞典歌德堡召开的IFSAM第七届世界管理大会，争取到2008年第九届世界管理大会的主办权，同时也赢得了向世界管理学界展示东方管理魅力的良好机会。

目前，东方管理学科的教学、科研各项事业蒸蒸日上、蓬勃发展，但依然面临各种各样的挑战和考验。从外部环境来看，北京大学、清华大学已开设这方面的课程、讲座，上海交通大学、华侨大学等高等院校也纷纷成立东方管理研究中心。这不仅在国内形成一股东方管理研究热潮，也给复旦大学东方管理学科建设提出了挑战。如果我校不尽快在学科建设上重点投入，尽早拿出更有影响的研究成果，建设更加强的学术梯队，则复旦大学东方管理学科的中心和领先地位有可能受到严重影响。

## 三、东方管理学学科发展（2006—2008）

复旦大学东方管理学科近期发展目标是：加强人才培养，构建一支结构合理、人才辈出的学术研究梯队，集聚国内外学者群，继续保持在国内外领先的地位，成为独具特色的管理学科门类，为复旦大学建设世界一流大学作出贡献。

1. 人才培养

设置合理的课程结构；优化硕士研究生、博士研究生的培养方案；将东方管理特色课程拓展到本科阶段的课程方案之中；培养一批德智体全面发展的，既熟悉西方管理的理论体系，又精通中国管理文化的东方管理学领域处于领先地位的研究型学者和应用型高级人才。

2. 学术梯队

为保障东方管理学科点教学科研能满足未来的需求,在未来 2 年内构建一支老中青结合、搭配合理的教师队伍。

3. 教学科研

强化东方管理学科领域的教学科研活动,在教材撰写、案例编撰、学术研究等方面继续保持本学科点在国内外领先的地位。

- 在 2008 年前陆续出版《东方管理学派著系》(经典与案例丛书)共十五册,作为东方管理学专业硕士生和博士生的教材和参考书;目前,《东方管理学》《中国管理学》《华商管理学》已完成;《治国学》《治家学》《治生学》《治身学》等著作正在撰写之中。
- 联合社会力量,举办"东方管理艺术与中国管理实践"高层管理研究班。
- 加强东方管理学科点下的管理心理学实验室建设。
- 创办《东方管理评论》刊物,作为东方管理理论与研究成果的发表基地。
- 联合社会力量,创建东方管理科学院。

4. 学术会议

为扩大复旦大学东方管理学科在学术界以及社会的影响,学科点定期举办一系列学术研讨会,为国内外东方管理领域的研究专家、学者提供一个学术交流的平台,共同将东方管理学科做大做强。

5. 国际交流

东方管理学是在全球化背景下形成的独具特色的管理学科。学科点在未来将继续加强国际交流,向国际管理学者推介我们的研究成果。

中国和上海的经济社会发展正在为东方管理学科建设创造着前所未有的机遇,我们相信,在社会各界同仁的支持下,复旦大学东方管理学科一定能够在世界管理理论丛林中一木参天、枝繁叶茂。我们也会竭尽全力,在学术上和社会声誉上努力扩大复旦大学东方管理学科的影响,使其成为复旦大学争创世界一流大学中的一个亮点和重要的特色学科,为复旦大学早日成为世界一流大学作出我们的努力。

# 6. 在中国·福建非公有制经济发展论坛上的发言(2005)①

各位领导、各位嘉宾:

大家好！我今天主要讲以下五个方面的问题。

## 一、中国非公经济发展的新趋势

今年2月25日,《国务院关于鼓励支持和引导个体私营等非公有制经济发展的若干意见》正式颁发。《若干意见》从七个方面提出36条意见,这是新中国成立56年来第一次以中央政府的名义发布的鼓励、支持和引导个体私营等非公有制经济发展的政策性文件,必将促进我国个体私营等非公有制经济的新发展,推动个体私营等非公有制经济与公有制经济在市场竞争中发挥各自的优势,互相促进,共同发展,为建设全面小康社会做出新贡献。在解读之前,我想简单介绍一下《若干意见》出台的大背景。

首先,改革开放以来,个体私营等非公有制经济得到了巨大的发展。目前,其已成为社会主义市场经济的重要组成部分和促进社会生产力发展的重要力量,据统计,个体私营等非公有制在国内生产总值中所占比重已从1979年的不足1%提高到目前的1/3左右。上世纪90年代中期以来,城镇新增就业岗位的70%以上是由非公有制经济提供的,从农村转移出劳动力的70%以上也在非公有制经济就业。

其次,非公经济发展到现在,也出现了一些新的特征:(1)非公有制企业日益注重企业形象、社会责任和社区意识;(2)非公有制企业开始注重管理水平的提升,企业领导人纷纷再去高校"回炉",在经营方式上也开始谋求从粗放向集约型转变,在产业层次上也谋求区域性集群化发展;(3)随着越来越多的行业向民间资本放开,越来越多的民间资本也逐渐涌入资金密集和技术密集的重化工业、基础设施行业以及先前的一些垄断行业;(4)非公有制企业开始走向海外,寻求在国际市场上大展宏图。

第三,中共十六大和十六届三中全会对非公有制经济作了新的理论概括,将它们作为社会主义市场经济的重要组成部分,列入了社会主义初级阶段的基本经济制度,要求毫不动摇地加以鼓励、支持和引导。

---

① 本文是作者在2005年7月29日"中国·福建非公有制经济发展论坛"上的发言稿,原标题为《中国非公经济发展的新趋势与对策》。该论坛由《中国新闻周刊》、福建省经贸委、泉州市人民政府联合主办。

第四,2001年底,中国加入WTO之后,非歧视性原则和对外开放的扩大又倒逼着对国内非公有制经济的进一步开放。总的看,改革开放以来特别是十六大召开后,非公有制经济有了突飞猛进的发展,在国民经济和社会生活中发挥了重要作用。即使在国家实行宏观调控政策时,也注意了维护非公有制经济的合法权益。

第五,构建和谐社会对非公经济的发展提出了新的要求。构建和谐社会要求坚持以科学发展观统领经济社会发展全局,提高资源利用效率,切实解决经济社会发展过程中的矛盾和问题。在新的形势下,非公经济有必要从粗放型增长转变为集约型增长;切实关注企业职工的利益;关注社会责任的承担。

《若干意见》正是在上述背景之下出台的,它是对改革开放以来非公有制经济发展的理论和实践经验的总结,是贯彻落实十六大和十六届三中全会精神的具体部署,也是积极应对加入WTO后新形势的重要举措。

## 二、《若干意见》的经济学视角解读

下面,我就从经济学的角度结合中国公有制经济发展的机遇、挑战、趋势与对策,谈谈对《若干意见》的四点看法:

第一,现代应用经济学的一个重要理论观点是构建一个公平竞争的市场环境,建立一个竞合并存的社会。《若干意见》的核心内容就是公平竞争,平等待遇。这有助于建立社会主义市场经济体制。非公有制经济所受到的不公平待遇,首先或主要表现在市场准入的障碍上。《若干意见》在这方面作了重大突破,明确规定了对非公有资本的"五个允许"和"两个鼓励"。"五个允许"是:允许进入垄断行业和领域,允许进入公用事业和基础设施领域,允许进入社会事业领域,允许进入金融服务业,允许进入国防科技工业建设领域,"两个鼓励"是:鼓励非公有制经济参与国有经济结构调整和国有企业重组,鼓励和支持非公有制经济参与西部大开发、东北地区等老工业基地振兴和中部地区崛起。落实这"五个允许"和"两个鼓励",非公有制经济的舞台将更广阔。此外,公平竞争和平等待遇,还体现为财税金融支持和完善社会服务体系。《若干意见》在这两个被关注的方面,也有一系列的突破。比如,为了拓宽直接融资渠道,《若干意见》要求对非公有制企业在资本市场上市发行股票与国有企业一视同仁,允许符合条件的非公有制企业依照国家有关规定发行企业债券,等等。这些非公有制企业长期争取而得不到明确回答的问题,这次终于得到明确的回应。再如,在完善社会服务系统方面,《若干意见》对非公有制企业的创业辅导、开拓国内外市场、到境外投资创业,等等,都表示了明确的支持态度。只有真正实现了非公有制经济和公有制经济以及外资经济的平等地位,才能建立起公开、公平、公正的竞争环境,社会主义市场经济体制才能最终确立。

第二,现代经济管理主要目的是如何提高资源的优化配置效率。《若干意见》有助于优化资源配置,提高资源使用效率,提升非公有制企业的经济效益。过去20多年来,我国经济飞速发展,创造了世界奇迹,但是这种奇迹是建立在高投入高产出的基础上的,与世界发达国家相比,我们的资源利用效率还不够高,资源的配置还不够优化,这已经成为制约我国经济持续、健康、快速发展的重要因素。《若干意见》除了明确规定"五个允许"和"两个鼓励"外,还明确规定要完善对非公有制经济的社会服务,如大力发展社会中介服务。积极开展创业服务、加强科技创新服务,同时鼓励有条件的企业做强做大、推进专业化协作和产业集群发展,这些都将在推动非公有制企业发展壮大的同时,促进资源的优化配置,提高资源的使用效率,提升非公有制企业的经济效益。

第三,当代经济发展非常重视企业核心竞争力的提升,核心竞争力取决于企业的创新能力与人员素质。《若干意见》有利于促进创新,提高人力资源素质,提升非公有制企业的核心竞争能力。科技是第一生产力。知识经济时代,创新能力和高素质的人才是企业最重要的资源。《若干意见》明确规定,支持开展企业经营者和员工培训,要加大对非公有制企业科技创新活动的支持,大力培育技术市场,促进科技成果转化和技术转让,引导和支持科研院所、高等院校与非公有制企业开展多种形式的产学研联合,支持非公有资本创办科技型中小企业和科研开发机构,鼓励有专长的离退休人员为非公有制企业提供技术服务,切实保护单位和个人知识产权,等等。这些都将极大地提高非公有制企业的技术创新能力和人员素质,促进企业核心竞争能力的建立、保持和提升。

第四,21世纪世界管理发展趋势是向东方文化的回归,《若干意见》正体现了东方管理学"以人为本、以德为先、人为为人"的重要思想。《若干意见》规定,要完善私有财产保护制度,维护企业合法权益,保障非公有制企业职工合法权益,推进社会保障制度建设,建立健全企业工会组织,这些都体现了"以人为本"的精神;同时,《若干意见》规定,要加强非公有制企业的诚信建设,建立健全信用担保体系,推进企业信用制度建设,这些是"以德为先"的重要体现;此外,《若干意见》指出,要引导非公有制企业积极开展扶贫开发、社会救济和"光彩事业"等社会公益性活动,增强社会责任感,要改进政府对非公有制企业的监管,加强对发展非公有制经济的指导和政策协调,引导和监督并重,这充分反映了"人为为人"的思想。我们可以看到,此次《若干意见》的出台,很大程度上反映了东方管理学的"三为"思想。

## 三、中国非公经济发展面临的问题

为及时全面地了解《若干意见》颁布后的反应情况,全国工商联会同各地工商联、中华工商时报社和搜狐网于2005年2月25日—3月5日对非公有制经济代表人士、民营企业家及社会各界人士分别进行了不同形式的问卷调查。根据调查结果,95.2%的受访者认为《若干意见》具有重大战略意义和很有意义,认为《若干意见》出台非常及时,进一步明确了非公有制经济的平等市场主体地位,随着国家相关政策措施的支持,非公有制企业将会在社会主义市场经济中发挥重要的作用。

调查结果也反映出目前制约中国非公经济发展的一些问题。

● 体制障碍。国有企业由于是体制内企业,即便国有企业是一种"软约束",但体制内的身份仍然使得政府倾向于选择扶持国有经济。结果便是国企效率的不高,人浮于事。而另一方面,非公经济则属于体制外企业,它往往得不到政府的有力扶植。一直延续下来的许多政策、制度都是专门为国有企业作配套的,这种政策歧视的惯性阻碍了非公经济的进一步发展。非公经济往往得不到国民待遇。如果说国有企业是"家猫",非公经济则是"野猫",现在的情况是野猫不如家猫香。既然家猫、野猫都能抓老鼠。为何不能公平对待之呢?我们从以下案例中可见端倪。

案例:天津蓟县新兴水泥加工厂是一家由两兄弟(李树元和李树增)1993年创办起来的民营企业,坐落在离城区西北五六里地一个偏僻的小山坳里,不为人注目。创办之初,水泥窑径1.7米,企业各项手续齐全,有营业执照和环保审批手续。1998年,李氏兄弟得知国家将在2000年底逐渐关停窑径2.2米以下的小水泥立窑。于是当年7月,李氏兄弟向亲朋好友以月息0.01元的代价借款200万元,再加上积累下来的100多万元,共计投资300多万元扩建立窑。租赁距县城五六里远的蓟县建材局石料厂内临山的1万平方米闲置坡地,建起一座窑径2.5米的水泥立窑并可扩到2.8米。然而,这个6年前扩建的水泥项目由于没有得到当地环保部门环境影响评价的验收报告,无法办理工商营业执照,企业至今不能正常开业运作。那么,究竟是什么原因导致这么多年县环保局作不出新兴水泥加工厂的环境影响评价呢?蓟县环保局管理科副科长贾占归纳为三点:第一,新兴水泥加工厂2.5米立窑项目没有当时计委审批的立项报告,按照规定投资50万元以上的项目全部到当时的县计委立项。第二,该项目没有土地部门审批的报告,只要是盖永久性建筑就需要土地部门审批,因为首先必须要符合整个城市发展规划。第三,2000年后,国家产业政策出现重大调整,1月24日国家环保总局发布〔2000〕8号文规定,从发布当日起一律不得批准新建水泥立窑项目,由于新兴水泥加工厂所建的2.5米立窑在2000年1月24日前未能提出计委立项批文和土地部门批文,按照环保总局的规定我们不再受理此项目了。换句话说,即使新兴水泥加工厂今天补办了这两个批文,但由于错过了时间,已经没有可能再给予受理环保手续了。是不是真实情况真如贾占所言呢?蓟县环保局原党组书记安文对此加以驳斥,他说:"这个企业确实受到了不公平的对待,确切地说是受到了歧视。我们县属的飞雁水泥厂三号立窑与新兴水泥加工厂规模一样大,而且工厂位置还在城区里,但是环保局也没有跟这个企业要这个手续,要那个手续。"安文所指的飞雁水泥厂是县属国有企业,1998年与新兴水泥加工厂同期投资兴建了同样规模的立窑,其防污设施与新兴水泥加工厂为同一型号、同一标准、同一效应。享受着"父爱"的飞雁水泥厂没有受到任何制裁和处罚,新兴水泥加工厂却不断受到打击、限制和处罚。从本案看,蓟县的国有企业和民营企业有着截然不同的生存状态。李氏兄弟愤愤不平地说:"私营企业受到了极为不公的歧视待遇,这哪里是政府宣传的发展民营经济?"(案例来源:《李氏兄弟遇阻环保局》,刊载于《中国企业报》2005年7月18日)

● 融资困难。企业资金大体可分为自备金、第二方投入、银行贷款、社会融资和政府支持。对于大多数非公有制企业来说,第二方投入和社会融资的可能性几乎是零,自备金和银行贷款是他们维系生命的两大支柱。可现实情况却是,许多非公企业很难从银行得到帮助。在调查中,有58.1%的受访者认为"融资渠道"是目前非公有制企业发展面临的最大问题。"提供信贷支持"和"拓宽直接融资渠道"是民营企业认为的最主要财税金融支持因素,分别有58.4%和53.0%的受访者认为《若干意见》中上述措施对非公有制经济的支持作用最大。

● 管理落伍。非公经济一般是以小摊小贩、小作坊的方式依靠个人诚实劳动积累发展起来的,粗放式的管理特征明显。大多采用家族制管理,管理者多是"七大姑八大姨",企业员工文化层次不高,企业制度建设跟不上。业主素质、管理层的管理能力以及企业内部管理措施的落后构成了制约非公经济进一步发展的瓶颈。调查也显示:"人力资源""企业管理"和"技术创新"问题是目前非公有制企业自身需要重点解决的问题,比例分别占到49.7%、44.6%和43.1%。

● 环境不公。政府政策在执行实施过程中的"打折";对私有财产权的保护力度不够;行业准入的诸多限制,在土地征用、人才引进、信息获取、户籍管理等方面都存在对非公企业的不公待遇。这次调查表明,有40.0%和38.8%的受访者就认为"执法环境"和"行业准入"是企业发展面临的主要问题。这次调研也表明,"公用事业和基础设施领域"是非公有制企业投资意向最多的领域,占30.1%;"社会事业领域""金融服务业"和"电力电信石油等垄断行业"也有较多的投资意向;另外分别有20.4%和19.7%的民营企业正在或准备参与"国有经济结构调整和国有企业改组"和"西部大开发、东北地区等老工业基地振兴和中部地区崛起"。尽管非公有制经济具有对诸多行业投资的意向,然而许多行业仍然存在对民营经济的准入限制的。

● 配套服务跟不上。非公经济的发展也需要政府构建相应的配套服务体系,提供资金融通、信用担保、创业辅导、技术支持、管理咨询、信息服务、市场开拓、人才培训等方面的服务。此次调查中,有43.6%的受访者认为"企业开拓国内外市场"是非公有制企业最需要的社会服务,特别是开拓海外市场;"企业信用制度建设"和"科技创新服务"以43.4%和40.5%的比例也占有重要地位。所有这些都说明非公有经济尚未得到社会服务系统的有力支撑。相反,有些地方的政府部门不但不提供支撑服务,而是向民营企业"吃、卡、拿、要"。"一个崽,八个爹","有利争着管,无利没人管"的现象仍然存在。

案例:安徽宿州市赛德夫有限公司(以下简称赛德公司)是坐落在砀山县境内的一家民营企业,同时也是宿州市的出口创汇大户。2003年非典病毒的肆虐让生产消毒剂的赛德公司利润狂飙,这让砀山县的检察官兼公司副总经理赵红军非常眼红,他于是向公司董事长索要200万元。遭到拒绝后,厄运便随之降临,董事长被抓、公司全面停产、机器闲置,200多名职工全部下岗。2003年5月26日砀山县公安局以公司虚假注册为由,逮捕公司董事长张东旭。就在当天的晚上,公安局的一位副局长找张东旭谈话说:"你公司的账目已经被经侦大队查封了,你应该知道,偷税5 000元就可以判刑,你的公司随便地查一下总可以查出5 000元的问题,你给赵红军200万吧,不然的话,我们就给你治罪!"由于公安局和检察官赵红军的非法行为,最终导致赛德公司垮台,其中大部分资金和机器设备被其洗劫一空。从这个案例可以看出,在目前我国民营企业的生存状况仍然堪忧。(案例来源:《安徽砀山:民营企业的悲惨遭遇》,刊载于《中国民营科技与经济》2005年第1期)

以上调查结果基本反映出了目前我国非公经济发展面临的几个重要问题,我们也可以看出,《若干意见》真正急非公有制企业之所急,想非公有制企业之所想,必将推动我国非公有制经济的更大发展。

## 四、发展非公经济与构建和谐社会

我们党和政府如此重视个体私营等非公有制经济,是从全国人民的根本利益出发作出的重大战略决策,绝不是实用主义的权宜之计。不仅不能把贯彻落实《意见》同落实科学发展观分割对立起来,而且要自觉纳入贯彻落实科学发展观的议事日程之内。改革开放以来,邓小平同志从中国处于并将长期处于社会主义初级阶段的实际出发,提出了让一部分人先富起来的主张,制定了社会主义初级阶段的基本路线。十四届三中全会后,以江泽民同志为核心的第三代领导集体坚持与时俱进,不断创新,形成了"三个代表"的重要思想。"三个代表"的思想就包括了毫不动摇地巩固和发展公有制经济,毫不动摇地鼓励、支持和引导非公有制经济发展,使二者统于社会主义现代化建设的进程之中这个基本方针。

我们不能因为要防止贫富差距拉大而讳言支持发展非公有制经济,恰恰相反,必须通过深化改革,调动人民群众创业的积极性来缩小东中西部的地区差距,缩小城乡差距和贫富差距,实现构建"和谐社会"的目标。

建设和谐社会的中心任务是应该降低两极分化的程度,并将这种分化程度控制在一定的程度之内,而并不是消除差别。没有阶层分化,是不现实的;但阶层之间财富差距拉的太大,也会产生诸多社会问题。降低两极分化程度包括两个价值维度:一是把蛋糕做大,依靠发展来解决贫富差距;二是社会的再分配要公正合理。2005年2月19日,胡锦涛同志《在省部级主要领导干部提高构建社会主义和谐社会能力专题研讨班上的讲话》指出:"解决我国经济社会发展面临的许多矛盾和问题,包括构建社会主义和谐社会面临的许多矛盾和问题,关键还是要靠发展。只有实现又快又好的发展,我们才能更好地促进经济社会协调发展,才能形成更完善的分配关系和社会保障体系,才能创造更多就业机会,才能不断满足人民群众多方面的需求。"大力发展非公经济其实就是将蛋糕做大,同时我们认为,非公有制企业必须在职工福利、就业安全等方面做出一定的保障,切实关心职工利益,关注社会弱势群体。非公有制企业要勇于承担起拓宽就业渠道,特别为下岗职工提供就业机会等方面的责任,为和谐社会的构建作出自己的贡献。

## 五、发展非公经济的"泉州模式"

福建有着发展非公有制经济的良好传统,我在1986年就从理论上提出了"泉州模式",即"股份制的经济形式""外向型的市场经济""侨洋式的生产条件""灵活性的经营管理""国际化的发展道路"和"地、亲、文、商、神'五缘'经济网络关系"。历史证明,这个模式是正确的、有效的。

晋江是福建市场经济最活跃、经济实力最强、始终保持强劲发展势头的著名侨乡,在全国百强县市中位居第10位,连续9年居福建省经济10强县之首。晋江的崛起与三个因素息息相关:利用侨乡的独特魅力;大力加强名牌产品建设(晋江市的驰名商标数占福建省驰名商标的28.6%,"安尔乐"、"安踏"、"七匹狼"、"SBS"拉链4个中国驰名商标就在晋江);打造重点产品的产业集群与产业链。晋江走的是一条将"土产业"做"洋"、将"品牌"做成"名牌"的道路。

在中国民营经济发展较好的其他地方,我们同样可以看到"泉州模式"的影子。比如,浙江温州。在温州,民营经济占工业经济的90%以上,占GDP80%以上。温州民营经济的主要特色是形成了显著的产业集群(如占领国内60%市场的低压电器产业集群;占领国内20%市场的鞋革业产业集群;占领国内西服10%的服装产业集群;占领打火机国内市场95%、国际市场70%的打火机产业集群以及占领国内眼镜市场80%的眼镜产业集群),各种产业集中,并相互分工合理。温州的经济发展也采用了"泉州模式"中的"外向型的市场经济""灵活性的经营管理""国际化的发展道路"等经验,并形成了一条由"小企业"做"大"的道路。

其他地方,如江苏江阴通过传统产业高新技术化、高新技术产业化、市场经营国际化来促进当地非公经济的发展,它走的是一条将"老产业"做"新"的道路;广东顺德作为中国的家电王国,走的则是一条将"大产业"做"强"的道路。从这些地区的发展经验来看,"泉州模式"所概括出来的一些结论仍然具有重要意义。

我们坚信,《若干意见》的出台将推动福建和泉州的非公有制经济更快发展,迎来更大的辉煌。

谢谢大家!

# 7. 在苏州独墅湖高教区"湖畔论坛"上的演讲(2006)[①]

很高兴有机会和来自政府与企业的精英们探讨东方管理理论和实践的话题。我大学毕业后曾经在重工业部工作过3年,后来虽然一直在科研机构和高校工作,但是我的专业是经济学和管理学,与公共管理和企业管理实践关系密切。最近30年来,我一直致力于东方管理思想的研究和东方管理学理论的创立和发展,这期间更是大量吸取了管理实践中的经验和营养,所以今天虽然是作为老师站在这里讲课,但我还是非常希望能够听取在座各位管理实践者的高论。

下面我分三个主题进行介绍。

## 第一部分 为什么要研究东方管理思想?

### 一、富国安邦的需要

20世纪70年代,"文革"刚结束,百废待兴。那时中国人根本没有"管理"的概念,而不懂管理,富国安邦就是一句空话。出于为国家建设做一点贡献的想法,我和我的同事们参与到管理学科重建中来。最初几年的主要工作是"补课",即向国内引介西方的先进经验和方法。那时我已经对中国传统管理理论与方法产生了兴趣,正是在对东西方管理思想的比较研究中,我们越来越发现生搬硬套西方理论的不科学性和中国传统管理智慧的无穷魅力。基于此情,我们开始尝试创建一门适合中国乃至中国文化圈内其他东方国家的新管理学说,并把它命名为东方管理学。

我们的努力主要是在理论层面上的,其实中国政府和中国企业也一直在探索适合自己的管理模式。这其中走过一些弯路,特别是因为市场经济建设的主要经验来自西方发达国家,因此在管理理论和实践方面,难免一度出现了"全盘西化"以及由此带来的水土不服,政府寻租腐败猖獗、经济粗放型增长、企业竞争力下滑的现象在一定程度上因此而来。但是最近几年又有复归到以中国传统为基础和依托的管理方法上来的迹象,在这种背景下,研究东方管理思想的意义是显而易见的。

在执政理念层面。进入新世纪以来,我们党和国家的路线、方针、政策也越来越多地蕴涵东方管理思想。2001年1月,在全国宣传部长会议上,江泽民同志明确提出了"把依法治国与以德治国紧密结合起来"的治国方略,这是我党立足中国国情、借鉴中国古代治国之道、吸取国外国家事务管理的经验教训所做的英明决策。我早在20世纪80年代提出的"以德为先"思想与以德治国方略是

---

[①] 本文是作者在2006年6月17日苏州"湖畔论坛"上的演讲稿,原标题为《实践中的东方管理思想》。2006年4月苏州独墅湖高教区(现称独墅湖科教创新区)创设了"湖畔论坛",分设"学术百家、文化聚焦、商界纵横、政坛风云"四大系列,定期邀请诺贝尔奖得主、知名专家、行业领军人物等开设讲座。

内在统一的,要实现中国的繁荣昌盛,必须做到德以贯法,法以扬德,德治与法治相结合。十六大以后,"以人为本"的执政理念始终贯穿于新一届中央领导集体的言行中,也具体落实到各部门、各地方广大党员干部的行动上。胡锦涛总书记反复强调"权为民所用,情为民所系,利为民所谋"。2003年中央经济工作会议进一步明确提出要"坚持以人为本,树立全面、协调、可持续发展观",同时指出"要坚持立党为公、执政为民,树立正确的政绩观"。这些都表明,一种新型社会主义政治文明正在形成。

在国际关系领域。中央提出了"与邻为善、以邻为伴"的外交方针。2003年10月温家宝总理在东盟商业与投资峰会发表演讲时提出了"睦邻、安邻、富邻"的六字方针,创造和谐、稳定、发展的东亚。两个月后温总理在哈佛发表演讲时,又借用了中国古代思想家"和而不同""以和为贵"的观点。这些外交政策塑造了中国"和平崛起"的形象,有力回击了所谓的"中国威胁论",为中国的长期稳定发展营造了良好的国际环境。

在宏观经济管理方面。党的十六届三中全会通过的《中共中央关于完善社会主义市场经济体制若干问题的决定》中提出,科学发展观的核心是"以人为本"。"以人为本"首先就要求我们在经济发展中统筹人与自然的和谐发展,贯彻"事人如天"和"天人合一"的东方管理智慧,使经济发展与资源、环境相适应,在经济发展和自然环境的维护发生矛盾时,要着眼于长远,着眼于子孙后代,努力转变经济增长的方式,合理开发和合理使用各种自然资源,建设一个耗费资源低、排污少、可循环、可持续的国民经济和节约型社会。近一年来,经济学界讨论最多的名词之一就是"绿色GDP"。虽然对"绿色GDP"指标的讨论还存在许多争议,但我本人认为现在这样简单地以GDP来衡量经济发展是有问题的,的确有必要根据科学发展观的要求设定一种更科学的方法,推进我国经济增长方式的根本转变,促进社会、经济的持续、健康、稳定发展。

在社会建设方面。改革开放以来,我国经济增长很快,但由于配套改革措施不到位,使得社会发展出现了一些不和谐的音符。比较严重的一个问题是贫富差距和城乡差距的扩大,我国的基尼系数即使按保守估计也在警戒线边缘。当然不能再回过头去实行绝对平均主义,我们在早些年已经吃过这方面的亏了,但《论语》里讲"不患寡而患不均",贫富差距的扩大会带来许多社会问题,"拉美陷阱"①就是一个惨痛的教训。此外,我国社会还存在其他一些不可忽视的社会问题,如婚姻、养老、青少年教育等。近些年来,党和政府已经采取一系列措施解决这些问题。去年12月份的中央经济工作会议一再强调社会的稳定和谐,在明年经济工作八个重点的第七项指出,"坚持以人为本,做好关系人民群众利益的各项工作,维护社会稳定";在明年经济工作的六项任务中的第六项提出:"坚持以人为本,努力构建社会主义和谐社会"。一再强调"以人为本"的原则,足以显示东方管理思想的意义。

在企业管理方面。最近一段时间,企业界有一个很热门的名词,叫做"中国式管理"。虽然对于"中国式管理"的内涵众说纷纭,莫衷一是,但这已经是一个很大的进步。因为就在几年前,一讲到管理,人们还是马上会想到泰罗、法约尔或者波特、德鲁克这些名字。当然国内也有成就卓著的管理学者,但他们中的绝大多数也都在研究、教授从欧美发达国家舶来的管理学理论。我上个月参加了中国企业联合会和国际管理咨询协会联合召开的世界管理论坛,主题就是"中国式管理",其实根据我的了解,许多中国企业,不管是国有企业还是民营企业,不管是传统企业还是高科技企业都开

---

① "拉美陷阱"是指巴西等拉美发展中国家普遍存在的实现现代化却导致部分人更加贫困,有增长、无发展,大多数人享受不到现代化成果的经济社会现象。

始从东方管理智慧发掘适合指导企业发展的理论和方法。

## 二、文化交流的需要

现在各领域都很重视交流,特别是国际交流,所谓交流就是你有你的优势和长处,我又我的优势和长处,大家取长补短共同进步。鲁迅先生曾经说过"越是民族的就越是世界的",虽然这是讲文艺作品,但同样也适用于管理理论。但中国的管理学在相当长的时间里没有"民族的"东西,其实不是没有,而是我们没有去发掘。

在80年代时,在改革开放初,日本的企业家拿《孙子兵法》作为礼物赠给我们中国的企业界,我们还无所了解。有一个联合国的官员来访问中国,他说他在联合国发言时曾经引用我们中国的观点,中国有一个著名学者很早就用行为科学的概念进行表述,现代行为科学可以说是引进我们中国古代文化形成的。他说的就是刚才我提到的荀子以及他的"人之性恶,其善者伪也"的著名论断。古代的伪,是一个人字旁,一个行为的为,就是研究人的行为。西方近代形成一个重要学派,叫行为科学,研究人的行为心理。行为科学我从1980年就开始研究,并且出过专著。我把东西方关于人的行为的学说进行了对照,哎?感到非常相像。我在1984年发表了一篇题为《中国古代行为学说研究》的论文,很快引起日本学者的重视,他们当时就提出要和我合作建立一个管理学的东方学派。现在我们在管理学方面放着自己的东西不研究,老是跟着人家跑,跑来跑去发现他们那些最基本的理论原来是从我们这里贩过去的。当然,西方先进的东西我们要引进,但中国博大精深的管理思想更要加紧研究,不能总是"捧着金碗要饭"呀!

没有自己的东西,就给文化交流带来障碍。在几年前,曾经有一个很著名的德国出版社到中国来联系合作,希望把反映中国改革开放最新理论与实践的著作翻译出去,但是在经济管理领域,实践是很伟大,但是没有中国风格、中国气派的著作,更没有自成体系的理论学派,他们很失望。复旦大学出版社的领导每当说起这件事都很惭愧,我们作为学者也感到脸红。所以,现在我的年龄不小了,但是仍然在做一项很艰巨的工作,就是编著《东方管理著系》(经典与案例丛书)一共十五册,现在第一层次《东方管理学》《中国管理学》《华商管理学》已经出版,其他的还在进行中,就是要为中国管理学界争口气。管理学是实践的科学,在座各位都在实践领域有造诣,欢迎参与我们的工作。

我从20世纪80年代开始参与了比较多的国际交流,从1992年开始连续参加7届世界管理大会,每一次做发言时,我总是讲中国的东西,介绍东方管理研究的新进展,就是希望通过扩大中西文化交流,复兴中华文化。

## 三、国际竞争的需要

总部设在瑞士日内瓦的世界经济论坛每年颁布《全球竞争力报告》,中国凭借改革开放的伟大成就,一度排在了30位左右,但是最近几年名次却开始连年下挫。在2005—2006年度的报告中,名列第49位。尽管领先于印度、巴西和俄罗斯,但距离芬兰、美国等先进国家越来越远。

《全球竞争力排名》的大指标分宏观经济环境、公共机构质量和技术革新三项,虽然难免有其局限性,但总体上应该说是一个比较严谨、科学的体系。换句话说,所谓国际竞争力,其实就是综合国力,只不过综合国力没有量化,"国际竞争力"给它指标化了。当前国与国之间的竞争是综合国力的竞争,反应在管理方面,是政府管理、企业管理、社会管理、家庭管理、个人管理的综合竞争,中国需要一种科学的本土理论在指导这些管理,东方管理学的探索就是这样的尝试,刚才在富国安邦部分讲了许多,在此不展开阐述了。

# 第二部分 什么是东方管理学?

## 一、东方管理学的学科属性

东方管理学是一门融合古今中外管理思想精髓的新学说。而且东方管理学在一定程度上跳出了管理学的范畴,还融合了经济学、社会学、心理学、伦理学、哲学和历史学等诸多学科的理论和方法。

所以,东方管理思想的理论渊源并非来自一门一派,而是提炼和整合东方各国管理思想中的精华汇聚而成的。

在东方的学说中,主要包括:① 道家的"道法自然""无为而治"等思想;②《周易》中的"刚柔并济""崇德广业"等思想;③ 儒家的"修己安人""以民为本"等思想;④ 法家的"崇法尚术""唯法为治"等思想;⑤ 墨家的"兼爱""利人""非攻"等思想;⑥ 兵家的"运筹帷幄""知人善用""随机应变"等思想;⑦ 佛教的"与人为善"等思想;⑧ 伊斯兰教的"公平守信"等思想。

在西方的现代管理学说中,行为学派和决策学派对东方管理学的影响比较大。

## 二、东方管理学的研究对象

东方管理学的研究对象:以中国为代表的东方各国管理文化和当代管理实践。

以东方管理思想与实践为研究对象的东方管理学是一门探究东方国家古今管理的理论与实践及其运行规律的现代科学,它是一门相对于西方管理学而言、汇集了东方各族人民管理智慧的学问。东方管理学根植于东方管理文化,东方管理文化是聚居在亚洲黄河、长江流域,印度恒河、印度河流域,西亚两河流域以及非洲古埃及尼罗河流域的东方各族人民,在长期生产经营实践过程中逐步形成的、独特的价值观,以及以此为核心发展起来的行为规范、道德标准、群体意识、风俗习惯等。"东方管理"四个字,既是一个理论范畴,同时也是一个地域概念。

东方管理学的研究对象是全方位的,既包括官方层次的管理思想,也包括一种自发产生于民间和基层组织的"小传统",特别是普通劳动人民、小地主、小商人、中下层知识分子和基层官吏所摸索和实践的管理方法。东方管理学对大、小传统同样重视。而且东方管理学不仅研究企业管理,而是一个囊括治国、治生、治家、治身多个层次的管理学说。

而且东方管理学也非常关注当代中国管理实践中的现实问题,决不像有些人说的那样是在故纸堆里翻翻拣拣。在我们最近几年推出的《应用经济学》《产业经济学》(第二版)和即将推出的《中国管理学》中,都对现实管理问题进行了深刻的研究。

## 三、东方管理学的探索过程

(一)历史悠久,古为今用:渐进的过程

1. 50—60年代

人学思想的影响,《资本论》观点的引导。

2. 70年代

古典文学的启示,红学①管理思想研究;

对中国古代行为学说的研究;

对《孙子兵法》与经营管理的研究;

提出企业管理"以人为中心""以人为本"的理念。

3. 80年代到90年代中

古为今用的研究(《现代管理学中的古为今用》);

"行为科学"研究与人为学的建立;

对管理学科属性与功能的分析(《试论管理学科的性质和对象》);

组织编写《中国管理通鉴》等著作。

(二)交流沟通,理论创新:开放的过程

东方管理学的研究探索从一开始就是开放式的。我们早在20世纪80年代就积极开展各种国际学术交流,90年代初参加了全球最活跃的管理学术组织——世界管理协会联盟(IFSAM),力图在与世界一流学者和企业家的交流中把握管理理论的发展趋势,推动东方管理学研究。为了建设一个长效的学术平台,1997年我们在上海召开了IFSAM世界管理大会特别会议,从此连续8年举办了八届世界管理论坛暨东方管理论坛的国际性学术会议。所以,有的朋友说东方管理就是要钻到中国古典文献的故纸堆里,是一种严重的误解,现在已渐成雏形的东方管理学思想体系堪称是国内外学者齐头并进、集腋成裘的结晶。在2004年瑞典歌德堡IFSAM理事会上,我带领的中国代表团力克种种困难,赢得了2008年第九届世界管理大会的主办权。这可以看作东方管理学思想兴起并得到广泛认可的一个有力证据。

(三)知行合一,影响扩大:实践的过程

复旦东方管理学科始终密切关注管理实践中的最新动态,与各类企业和各级政府保持了良好的合作关系,参与了上海市、青岛市、泉州市等地方政府的政策课题研究,还为上百家大型企业进行了咨询服务。

从20世纪80年代开始,复旦大学经济管理系、经济管理研究所就开始在工业经济、企业管理等学科下招收东方管理方向的硕士生、博士生,近几年应用经济学和工商管理的博士后流动站开始招收东方管理方向的博士后。20年来已毕业数百人,这些学生都成为政界、学界、商界的栋梁之材,他们在学校里学习东方管理,在工作中实践"人为为人"的理念。

现在,复旦大学东方管理研究中心已经设立了东方管理学的博士点和硕士点。复旦大学已经在工商管理一级学科下设置独立的东方管理学二级学科硕士点、博士点,并招收了第一批硕士生和博士生,致力于打造工商管理教育的OMBA和ODBA品牌。同时,进一步完善现有的东方管理教育的学科体系和教材体系。在前期工作的基础上,准备集中人力、财力全心打造包括东方管理学、中国管理学、华商管理学、治国学、治家学、治生学、治身学、人本论、人德论、人为论、人缘论、人道论、人心论、人谋论、人才论的"三学、四治、八论"的东方管理学科体系和教材体系。

---

① 指对《红楼梦》的内容、作者、版本、脂砚斋评以及"佚稿"的研究。

# 第三部分 东方管理学在实践中的运用

## 一、"三学"

"三学"表明东方管理学是建立在中国管理、西方管理、华商管理的基础上的特色理论。

1. 中国管理学

中国管理思想源远流长,主要的管理思想包括易经的阴阳五行学说、道家的无为学说、儒家的仁智信义学说、佛家的慈善正己学说、兵家的善用人才学说以及法家的崇尚法规学说。

我们把中国管理学的精髓归纳为十五个哲学要素,即:道、变、人、威、实、和、器、法、信、筹、谋、术、效、勤、圆。

道:治国之道;

变:随机应变;

人:以人为本;

威:运用权威;

实:实事求是;

和:以和为贵;

器:重器利器;

法:依法治国;

信:取信于民;

筹:运筹帷幄;

谋:预谋决策;

术:巧妙运术;

效:高效廉洁;

勤:勤俭致富;

圆:圆满合理。

限于时间,我挑几个要素简单介绍一下:("人"在"三为"部分有阐述,"和"在"三和"部分有阐述,这里就不讲了)

道。"道"是一个内涵很丰富的词,在这里就不在名目上纠缠了。西方管理学的先驱如法约尔、韦伯等都是从一般意义上理解管理的,此后工商企业管理学一枝独秀,在相当长的时间里几乎成了管理学的代名词。我们首倡的东方管理学体系从一开始就注重管理理论的内在一致性和普遍适用性,把管理活动划分为治国、治生、治家、治身四个层面。这四个层面的具体管理方法是有很大差异的,但老子说"治大国如烹小鲜",王充则讲过"贤君之治国也,犹慈父之治家",中国的还有一句俗话叫"一屋不扫,何以扫天下",这些都说明不同的管理活动有相通的规律,这些规律就是东方管理哲学中的"道"。"道"的载体是各种管理活动中的人以及人的行为,也即东方管理哲学是"以人载道"的。

"勤"是对人的一种要求,在东方的传统中,不仅要求管理者勤勉为政,而且在一般民众中提倡克勤克俭的精神,勤与俭的关联也是一种东方特色的理念,勤俭立国、勤俭创业、勤俭持家的价值一直很受重视。

"变"一方面也是对"人"的要求,另一方面则表现为对人的需求的满足,管理者和被管理者(自我管理者)都要随时随地根据外部变化采取变通的方法,去实现自身发展或为他人服务,在东方管理哲学中此二者是合一的。

"实""信"与"效"。"实"要求实事求是,在古今中外这都是一项"知易行难"的要求;"信"即诚实守信,《孙子兵法》中把"信"列为"将者"的五德之一;"效"本不是伦理道德层面的因素,但在东方文化中,"效"与"廉""勤"往往紧密联系,高效廉洁经常被作为对管理层的基本要求。

"法"。在东方管理哲学中,"法"往往作为"德"的辅助因素,一般来说,依托法规和制度来实施管理可以避免"人治"的种种随意性和独断性,但也不应过分崇尚严法酷律的威慑力,正如《汉书·礼乐志》中讲的"王者承天意以从事,故务德教而省刑罚",德法兼容是一种务实的选择。

"器""术""筹""谋"。重器利器、巧妙运术本是中国早期哲学中的一个重要方面,但后来"器"和"术"被曲解为"奇技淫巧",成为主流道德哲学的对立面,其服务于人的积极一面反而被忽略了。现在就是要在"人为为人"的理念下,重新加强对"器"和"术"的学习和运用,提高管理效率和服务水平。"筹"和"谋"分别对应于战略和战术层面的规划与执行,正所谓"运筹帷幄,决胜千里",在这两个层面的决策中,都要充分发挥民主,集思广益,用"人为"的积极参与,保证"为人"的绩效。

2. 西方管理学

西方管理则主要包括以泰罗为代表的古典科学管理理论、行为科学理论、决策管理理论、作业管理理论、战略管理理论等。在西方各流派中,东方管理学从主要以西蒙为代表的决策学派、以马斯洛为代表的行为学派中吸取的合理成分比较多,我在20世纪80年代出版的《现代西方行为科学》和《管理心理学》对这两个学派中的理论进行了详尽的研究,其中后者已经推出第四版,发行量逾百万册。西方管理学理论和东方管理学理论产生的文化渊源、社会背景、现实环境都有所不同,很难一言以蔽之,在这里仅以彼得·德鲁克提出的成功管理的八要素为例,以点带面,希望能够在一定程度上说明问题。

精　　髓：管理不在知、而在行
中心思想：树立权威是成功管理的保障
长远目标：不求急功近利,但求可持续发展
当前任务：以经济成效为主
定　　义：要明确定义管理的服务对象
新 使 命：要善于管理高知识含量的人和事
新 课 题：人性管理
重 要 性：讲求管理绩效

可以看出,西方管理和东方管理有相通之处,如强调实践、权威,也重视长远的战略目标,理论简洁,可操作性比较好。但是因为对管理哲学和价值观层面的观照比较少,放到实践中往往容易走形,成为"急功近利"的代名词,特别是被非西方经济文化背景的国家整体移植后,往往贻害无穷,近几年来越来越多的人质疑MBA教育模式,可以视为这方面的表现。

3. 华商管理学

华商管理是中国传统管理文化、西方管理文化以及华商足迹所至的土著管理文化相融合的成功典范,也是迄今为止对东方管理思想与方法运用最成功的管理模式。

我们经过多年研究,发现海外华人企业家的管理经验与方法是一个可供国内管理者借鉴的样板。华商管理是中国传统管理智慧与西方管理方法以及华商经营所在地的土著管理文化相融合的成功典范。海外华商取得成功的根本原因,就是在多元文化环境中的适应性与创造性。特别是"五缘网络",地缘相近、血缘相亲、文缘相连、商缘相通、神缘相循,这是我在1986年的一次研讨会上提出的,现在已经被广泛接受。

东西方文化具有巨大的互补性,而二者的融合使海外华商具备了独特的经营智慧,从本质上来看这就是一种融合创新。在东西方智慧的交汇点上,海外华人企业家们自觉地博取两种经营智慧的长处,并创造、提炼、淬取出一种全新的管理范式,促生了一大批精于经营管理同时具有强烈社会责任感的海外华商巨富,近现代的陈嘉庚、林绍良、郭鹤年,当代的王嘉廉、杨致远是其中的佼佼者。德鲁克一向盛赞华商管理模式,称"海外华人是世界上最伟大的企业家",提倡以华人企业为师的美国未来学家约翰·奈斯比特层预测,华人商业网络将取代日本成为新世纪亚洲的主要商业理念。

## 二、"三为"

"三为"是东方管理学的精髓,即"以人为本""以德为先""人为为人",其中,核心观点是"人为为人"。

(1)"以人为本"要求一切管理活动以人为中心,努力实现人的全面、自由、普遍发展。在中文里,"以人为本"一词的完整提法最早出自《管子·霸言》,管子的"人本"思想还停留在工具论的层面上,此后又有孟子的"民贵"论等更接近现代人本管理哲学的思想。我从20世纪80年代初期开始陆续提出现代管理要以人为本的理念,企业管理要以人为中心、东方管理学的基本精神是"人乃天"和"事人如天"等观点。这些观点是基于历史连续性归纳出来的,因为东方管理哲学中的确有这样的传统,但现实中的管理方法和操作可能经常与之相悖。最近几年,中国的领导层重新意识到"以人为本"的重要性,将其作为最基本的执政理念之一,这种理念很快由上至下渗透到各级政府、各类企业乃至每一个家庭和个人。

(2)"以德为先"即强调道德伦理在管理中的作用。中国传统文化强调"道之以德""德为贵"的思想,要求"德"放在首位。管理者经常要运用权威来指挥和影响组织成员,其中有些权威是制度所赋予的,另一些则有赖于管理者的个人魅力和其他优秀品质,东方管理学更推崇后者。管理者要通过"修己"树立道德之威,在无形中影响被管理者,被管理者也要通过"修己"实施自我管理,以求更好地胜任本职工作。《论语·尧曰》中讲到个人品行要"尊五美",其中的"泰而不骄""威而不猛"两项可以看作对管理中道德之威的绝佳注解。我们从现实实践中提出"五德"观念:官德、商德、民德、师德、公德。国家要兴旺,要做到"五德",以诚为基。作为一名教师,我对此深有体会,温家宝总理在今年教师节援引了《师说》"师者,传道授业解惑也"。要做好这三点,一定要以德为先。

(3)"人为"是发挥人的积极性。东方管理文化重视人的道德和行为的可塑性,从而提供了人的发展的可能性。这种"人为"思想甚至形成了极具特色的"人为学",包括十个方面,主要有:关于人和行为规律的研究,关于人的欲望和人的需要的研究,关于奖励和惩罚的研究,关于人和的思想,关于群体行为和组织行为的思想,关于用人问题的研究,关于领导行为的研究,关于如何运用权力问题的研究,以及关于发挥人的主观能动性的研究和关于人的本性的研究等。另一方面,"人为"的根本目的是"为人"。管理也体现为从"人为"到"为人"的过程:无论是建立大同世界,构造和谐社会的理想,还是现代企业以服务为宗旨的管理观念,都体现了"为人"的管理目的。"人为为人"的理念落实在实践中,是倡导以身垂范、合理授权与自我管理。清代曾国藩对军队和家庭的管理就是"人为为人"的典范。

"三为"精神实质是"无私"和"利他"。

## 三、"四治"

目前东方管理学已经形成了"四治"的管理哲学体系,即治国、治生、治家、治身。

从治国来看,我国治国方略贯彻了东方管理"以人为本"的思想。我们要实现的全面小康社会,是满足人民物质、精神需求更高层次的社会。其次,东方管理文化倡导的"以德为先"思想,与党中央确立的"以德治国"方略是内在统一的。为实现十六大提出的全面建设小康社会的目标,以及从源头上遏制腐败,我们倡导以"官德、商德、民德"的"新三德"理念作为社会主体经济行为准则与社会活动的精神理念、思想指导。此外,在改革和发展过程中,许多社会矛盾的解决需要运用、借鉴东方管理理论。比如诚信问题,需要借鉴"人为为人"的理念,每个组织、管理者要首先示之以诚,信守承诺,先"正己"给对方以信心和榜样,然后要为他人着想,调整自身的行为,达到双方利益的一致,实现双赢。

从治生来看,在企业管理的微观层面即"治生",东方管理学理论同样具有无穷的运用空间。首先体现在华商管理。由于华商企业在初创阶段都是家族式管理,家庭成员内部彼此信任、便于协调,节省信息不对称成本。再加上东方文化倡导"和为贵"思想,家庭成员和谐同心,对家族外成员也是强调礼仪协调,利用"五缘网络",可以增强企业的竞争优势。其次,随着企业知识密集程度和信息化程度不断提高,以及企业组织结构的扁平化趋势,"人为"管理更显重要。管理者要保持竞争优势,必须持续不断创新,而创新要求管理者首先加强自我修炼,增强创新意识,更新知识结构,实现榜样激励。同时,从"为人"的角度,为员工创造良好的条件和氛围,激励员工更好地发挥优势。再次,朱镕基总理曾经谈到"中国缺少的是博古通今,既懂西方经营管理,又懂《孙子兵法》和《共产党宣言》的企业家"。我们更有必要举全社会之力,推进这样一项工作。东方管理就像一剂清新的甘露,将深入国人的心田,开启迎接国际浪潮的智慧之门。

从治家来看,东方管理对于今天的家庭管理具有重要的借鉴意义。"百善孝为先","夫孝,德之本也,教之所由生也"。孝的精神在治家乃至治国中都有现实意义。"老吾老以及人之老,幼吾幼以及人之幼"的内涵,对于发扬尊老爱幼的传统美德,具有深远意义。东方管理学思想强调社会与自然,国家与经济主体以及企业与个人整体共生的"人为为人"的管理价值观,可使得社会、企业与个人进一步走向整合化、柔性化和人性化。

从治身来看,管理的核心在于"人",必须充分认识"修己"与"安人","人为"与"为人"的意义,重视自我修养和自我行为的约束,推己及人。"以德为先"强调在如何调动人的积极性、主动性和创造性的问题上,以加强自我管理为主。也就是要求每一个人从自身的德、智、体全面发展出发,充分利用个人的道德威望、职业权威和体能素质等,无形中感召和影响周围的其他人,使社会与人际关系处于最佳状态,实现世界和合的理想境界。"以德为先"并不绝对排斥法律规范的积极作用,相反,法律规范在引导人们"以德为先"方面可以作为一个很好的辅助手段。"人为为人"揭示了东方管理本质的核心命题。所谓"人为为人"指的是每一个人首先要注意自身的行为修养,"正人必先正己",然后从"为人"的角度出发,来从事、控制和调整自己的行为,创造一种良好的人际关系和激励环境,使人们能够长久地处于激发状态下工作,主观能动性得到充分的发挥。"人为"与"为人"两者具有辩证关系,相互联系并且相互转化。对任何管理者或被管理者,都有一个从个人行为逐步向他人服务转变的过程,即从"人为"向"为人"转化的过程。

## 四、"五行"

东方管理学主要探讨了人的八种行为或"五行",即人本管理的行为、人德管理行为、人为管理行为、人道管理行为、人心管理行为、人缘管理行为、人谋管理行为和人才管理行为。

其中人道管理行为主张效法自然,无为而治,顺从天道则能够化解矛盾、赢取民心;

人心行为指出人的本性十分复杂,管理者要与人为善,应该重视人的欲望和期望,给予适当的激励,个人在面对挫折时,应能够进行正确的调适,以促进成就;

人缘行为指出人际关系重在沟通,"五缘"网络(亲缘、地缘、文缘、商缘、神缘)是独具东方特色的人缘行为,充分利用"五缘"关系才能够获得成功;

人谋行为指出战略制胜的重要性,凡事要想成功,都应该实事求是、重在谋略,要善于预测,决策有方,并能够自如地运用各种工具和管理方法;

人才行为则指出,人才是强国之本,是企业长青之基,对于人才的选拔应注重德才兼备,对于人才贵在使用,重在激励,善在管理。

## 五、"三和"

"和"是东方管理学的重要理念,在管理实践中就是要遵循和贵、和合、和谐的思想,实践党中央提出的"建设和谐社会"的目标,最后达到国际和谐。

"和"首先要做到"以和为贵",然后是"竞合共赢"的和合原则,最后是各类组织的内部和谐。

在实践中要特别注意处理好,"和"与"以人为本"的关系。人本管理哲学的终极目标是人的发展,"和"是实现终极目标之前的中间目标和协调手段。在竞争与对抗的管理活动中,"人和"乃制胜法宝,这无须赘述;在个人和组织的发展中,"和"也具有重要的调节作用。历史证明,"以人为本"作为终极目标很容易走向极端,即个人主义、各种利益集团的本位主义以及人类中心主义。欧美国家自文艺复兴以来很强调以人为本,但为什么还会一度出现比前代更加严重的社会危机?这些危机小到家庭破裂、劳资紧张,大到战争和环境污染,但都有一个共同病灶,就是忽略了"和"这个中间目标的调节。现在,中国的领导层很重视"和":在国内强调和睦安定,建设和谐社会;在国际交往中,提出了"与邻为善、以邻为伴";在"天人"关系方面,实践科学发展观。显然,这三个层面的"和"也同样适用于其他组织的管理。所以,可以认为"和"的要素是蕴含在人本管理哲学之中的,只有做到"和",以人为本的终极目标才能够不偏不倚地实现。

# 第四部分 结 束 语

1988年1月,西方75位诺贝尔奖得主在法国巴黎集会,他们在宣言中向世界呼吁:"如果人类要在21世纪生存下去,必须回到2500年前去汲取孔子的智慧。"西方学者对孔子智慧的重视昭示着包括东方管理思想在内的东方文化强劲的生命力及其在新世纪复兴的光明前景。

21世纪随着经济全球化进程不断加快,中国经济不断发展,以中华优秀文化为核心的东方管理学思想越来越受到海内外学界、商界和政界的普遍重视、广泛传播和实践应用。东方管理学说博开人文科学艺能之路,悉延中外古今百端之学,贯通治国、治生、治家、治身,铸现代管理之雄才大略。最近我们举办了以"领导与创新"为主题的"东方精英大讲堂"讲座，发挥它的社会价值，并将于2005年12月17日举办以海峡两岸暨香港为基础，以"东方管理与和谐社会"为主题的国际学术会议即第九届世界管理论坛暨东方管理论坛。

  我认为最有希望、最有创造性的管理理论往往产生于管理实践最富于挑战性和生命力的国家与地区，随着中国改革开放伟大实践的深入推进，以及儒教文化圈和海外华商的迅速崛起，随着中国加入WTO、申奥成功、申博成功，东方管理学理论迎来了前所未有的发展机遇。我们相信，东方管理学将随着中国经济改革实践的发展不断发展，成为国际丛林中的独树一帜的学派。谢谢大家！

# 8. 在中国第二届海峡旅游论坛上的主旨发言(2006)①

各位领导、各位先生、女士：

很高兴能参加中国旅游局和福建省人民政府主办的海峡旅游论坛主旨论坛的活动。会议主题是"构建海峡两岸旅游区、打造世界级旅游目的地"。作为福建人，我感到海峡两岸地区能成为世界级旅游目的地，是造福世界、造福人民、造福后代，完善和谐社会多元发展的重大举措，对此深表祝贺。

我今天的演讲题目为《海峡两岸区域经济增长方式与社会和谐发展》，主要讲三个问题：一是海峡经济圈的构想，包括对构建海峡旅游区域的几个建议；二是海峡经济增长方式，包括对经济增长方式转变与对策的看法；三是海峡社会和谐发展，包括对建设这特殊地区和谐社会的一些想法。

## 一、构建海峡经济圈的"五个有利"与"五个突破"

构建海峡经济圈的思路和发挥闽台"五利"优势，是我于1986年起承接全国重点学科博士点项目《中国沿海经济发展战略研究》，1987年主持《泉州经济发展战略》课题，1989年在全国首次召开的"海峡两岸经济总体发展研讨会"等会上提出的，建议建立海峡经济圈。1991年召开"东亚经济与中国沿海经济发展研讨会"上，我在主题报告中，针对中国沿海发展战略，提出以上海为中心，南北两翼齐飞，以沿海为中轴，内外市场联动的构想。此后，我在1997年参加世界管理大会、2000年在世界管理论坛，以及在2002年上海论坛、2003年在台湾中华大学等所作报告，都提出了建立海峡经济圈的战略构想。现在，海峡两岸已经签订和实施了CEPA，经济一体化正在加快发展，沿海经济和闽台两地经济正在蓬勃发展，海峡两岸经济一体化问题更加突出。构建海峡经济圈的条件更加成熟了，要有新的突破。

海峡经济圈从广义和狭义来说，是一个"三层重叠"的空间结构，一是由福建与台湾构成经济核心区；二是由东南沿海地区与台湾构成经济协作紧密区；三是由整个大陆和台湾构成的辐射区。其特点是，边界具有过渡性和动态性。

海峡经济圈发展总体战略，可以概括：(1)以台湾海峡为纽带、中轴；(2)以海峡两岸的"三性"为背景：即经济互补性、地缘邻近性、文化同源性为背景；(3)以商品或服务自由贸易、要素充分流动、投资便利化为主要内容的区域经济一体化；(4)以具有历史的必然性和现实的发展为基础；(5)以海西三大中心城市福州、泉州、厦门作为突破点，面向两岸共同多边发展，竞和共赢，走向世

---

① 2006年9月8日，本人应邀出席在厦门举办的第二届海峡旅游论坛。本文是根据在主旨论坛上的发言录音整理。

界市场。

海峡经济圈的建立,对民对国对企业均有重大意义,其主要有"五个有利":

一是有利于应对全球区域经济一体化的挑战,符合全球经济和区域经济发展的潮流,是取得最优资源配置和相对竞争优势的最佳出路。

二是有利于形成中国经济发展的新的增长点,成为和长三经济圈、珠三经济圈、环渤海经济圈一样重要的经济圈,使我国沿海地区形成一条完整的区域经济一体化链条。

三是有利于建立中国海洋经济的战略先机,中国是海岸线最长、海洋产业资源丰富,两岸区域海岸线最长,资源丰富。从全面和整体出发,建立大开发的统一战略,"一路一线"形成有效合作机制,是实现海洋资源、环境的可持续利用和海洋产业的协调发展的关键。

四是有利于实现祖国统一,实现国家产业安全战略,构建两岸经济区域社会和谐发展。

五是有利于构建海峡两岸旅游区,打造世界级的旅游目的地。海峡两岸地区旅游资源数量之巨、流量之高、占地之广、迷人之处、价值之大,令人瞩目,具有打造世界级旅游目的地的充分条件。

实现以上"五个有利"条件,必须要有新突破,关键在东西两岸政府、企业、民间交流有所新的突破。

其一突破:实现两岸的完全"三通",人员活动无阻。

其二突破:产业合作取得突破,为未来产业分工和融合积累经验。

其三突破:消除双方经济壁垒,消除人为设置的障碍。

其四突破:实现两岸货币兑换,建立两岸货币清算机制。

其五突破:政府领导人思维观念的转变,树立"一个中国"意识。

## 二、构建海峡两岸旅游区的"五特""五求""五同"

构建海峡两岸旅游区,打造世界级旅游目的地,"五特""五求""五同"。

1. 五特:具有发展旅游的独特优势

福建省拥有1处世界文化与自然遗产(武夷山)、1个世界地质公园(泰宁)、13个国家级风景名胜区、10个国家级自然保护区、21个国家森林公园、9个国家地质公园、4个国家历史文化名城、85个全国重点文物保护单位、2个国家旅游度假区、25个4A级旅游区、24个全国工农业旅游示范点单位,有7个中国优秀旅游城市、2个省级优秀旅游县。构建海峡两岸旅游区,具有"五特":

山:无山不奇,有八闽第一胜迹武夷山、奇特的太姥山。

水:无水不秀,有神秘的白水洋奇观、奇特的泰宁水上丹霞等。

海:滨海旅游资源丰富,被列为国家重点风景名胜区的鼓浪屿、清源山、太姥山、海坛岛和国家旅游度假区的湄洲岛以及"海上绿洲"东山岛等。

产:名优产品,旅游产品丰富。

文:多元文化重地,神奇的福建土楼,动人的惠女风情,神圣的妈祖朝觐,泉州是"海上丝绸之路起点"和"世界宗教博览城"。

2. 五求:符合世界旅游市场的需求变化

现在世界旅游市场有一个新的趋势,这个新的趋势有五点:

求新:要不断出现一个新的旅游产品。

求异:就是要新的,与众不同的。

求乐：要提供享受的快乐。

求安全：世界新的发展趋势很重视人身安全。我们怎么样保证旅游区的人身安全。

求名：我们要找到新的名胜景点。

3. 五同：构建海峡两岸旅游区的共同纽带

构建海峡两岸旅游区具有共同基础，也就是"五同"。

同文：同文化

同宗：同祖宗

同缘：同五缘

同创：同创业

同享：同享福

我们认为真正要打造世界级的旅游目的地，就要不断地完善，不断地培育、塑造，就要有一些值得观赏的旅游胜地。目前，旅游产业发展发挥四个因素：

一是技术的因素。怎么样发展旅游景点的科研。

二是人的因素。旅游业牵涉到人与人、人与自然等的关系，牵涉到富民富国。

三是文化因素。旅游业本来是一个文化产业，文化产业在我们两岸来讲，是一个多元文化的产业。

四是规律的因素。旅游发展本身就是一个规律，你不能违反规律，进行破坏。

## 三、构建海峡区域社会和谐发展的"五缘""五和"

1. 重视"五缘"作用

"五缘"是构建海峡区域社会和谐发展的优势，如何正确运用"五缘"关系，是个重要举措。如何发挥闽台之间的地缘近、血缘亲、文缘深、商缘广、神缘足的优势，是需待深化的问题，我们建议以"五缘"为纽带，构建和谐社会。依托海峡两岸"五缘"关系，有利于促进海峡两岸经济合作，文化交流和亲情交往；增强民族凝聚力；促进两岸社会和谐发展。

建立海峡经济圈，构建海峡两岸旅游区，海峡区域社会和谐发展，都应该以"五缘"作为纽带。把"五缘"作为它的纽带，作为它的基础，作为它的桥梁，作为它的动力。建议：

以"五缘"关系为载体，建立更加广泛、更加开放的海峡两岸"五缘网"。

以"五缘"社团为基础，两岸携手共同开拓海外市场，特别是庞大的华商网络是华商独特优势，海峡两岸应当携手共同参与到世界华商网络中，使华商网络"引进来""走出去"，共同开拓海外市场、中国市场。

以"五缘"关系为纽带，进一步扩大开拓旅游区内产业合作，带动两岸旅游业的发展，带动两岸旅游业的流通，吸引两岸人民互动观光旅游。

以"五缘"关系为桥梁，进一步扩大文化交流。开展海上丝绸文化、客家文化、南音文化、闽南文化、民俗文化、宗教文化、饮食文化和教育文化等民间民俗文化活动。

以"五缘"关系为网络，促进人员交流、访问。探亲访友，寻根谒祖、宗教文化交流等，激发亲情、乡情、民族情。

2. 以"五和"促进两岸社会和谐发展

"和合"是中国传统文化的核心，"五和"是发展和谐社会的特征。

和合：以和为贵
和睦：家庭和睦。
和顺：人际和顺。
和平：世界和平。
和谐：社会和谐。

海峡缘根深，人心已思"和"，团圆也近时，共写"五缘""五和""五同"篇，同文、同宗、同缘、同创、同享，同辉煌！

# 9. 在复旦管理学国际论坛上的发言(2007)[①]

各位来宾、各位同仁、各位领导：

上午好！

今天很荣幸参加复旦大学举办的国际论坛，我就我们复旦大学东方管理学派所创建的东方管理学发展的情况跟大家做一个介绍。

我是1953年从厦门大学企业管理系毕业的。当时的企业管理系有三个组成部分，一个是工程技术，一个是经济管理，一个是工商管理，培养出来的学生应用性都比较好。毕业后，我在东北工作三年的时候，经常记住我们的王亚南校长在讲《资本论》时所作的《人与艺术》的学术报告，引为深思，企业管理到底研究什么？我认为，企业管理是研究人在管理上的主体地位，同时我写了100多篇的文章，专门研究这个课题。由此，我很早就提出企业管理要以人为中心，坚持以人为本的理念。后来，有一次我到日本参加管理学的国际会议，在日本开会的时候，大会要我讲的题目叫做"中国古代管理行为学"。中国有非常优秀的管理文化，但是当时没有人很好地去挖掘，没有人从民族文化的角度、从管理的角度来阐述。我报告以后，日本有一个很著名的经营管理学家，他跟我讲："苏教授，我们来合作搞一个管理学的东方学派。"我听完以后，很受启发。我感到自己是中国人，我们应有中国人民、中华民族自己创造的管理学。为什么我们不能自己来创建与发展东方管理学派呢？

从那时开始，我积极从实践调研中、从理论研究中，也就按照古人所讲的"博开艺能之路，悉延百端之学"，探讨管理之科学。我对于中华民族优秀文化如何应用到中国的管理实践中去，把东西方管理精华融合成新时代的管理学很感兴趣。我在探讨过程中，感到建立东方管理学：一是有利于国际交往的；二是有利于发展我们管理的新学科；三是有利于纠正我们管理学西化的倾向，走东西融合的道路；四是有利于提高企业管理水平。

我研究东方管理学的目的是：融东西管理智慧于一体，讲东方管理"三为"思想之真谛，贯通治国、治生、治家、治身，铸造现代管理之雄才大略。在这方面我经历了三个阶段：

第一个阶段是"古为今用，融合提炼"。20世纪70年代中期到80年代中期，我就探讨了这个问题。研究中国传统文化有哪些可以应用到现代，有哪些可以跟西方融合的。这个时候正好开了"中国古代传统管理思想"的研究会。我就从管理学、人为学、心理学三个角度，从《资本论》《红楼梦》《孙子兵法》三本书中的管理思想来阐述东方管理理论的精华之处。同时，我从中外管理行为学说

---

[①] 本文是作者2007年7月18日在复旦大学举行的"复旦管理学国际论坛"上的发言，根据录音整理。刊载于《东方网》专栏《东方财经》，标题为《东方管理学"的精妙之处"》，报道记者为包晶晶；部分内容还刊载于《新浪网》专栏《新浪财经》，标题为《东方管理学肯定能走上世界》。该论坛由复旦管理学奖励基金会和复旦大学联合主办，复旦管理学奖励基金会长李岚清、时任中共上海市委书记习近平出席了论坛开幕式。

中融合提炼东方管理精华,建立以"人为科学"为基础的《管理心理学》。该书 1986 起至今已出 4 版,发行 100 多万册,获得上海哲学社会科学优秀著作一等奖。

第二阶段是"自成一家,走向世界"。20 世纪 80 年代中期到 90 年代中期,我通过东西方管理理论的融合研究,于 1986 年 7 月 1 号在《文汇报》发表了《现代管理学古为今用》的文章,同时首次提出了"以人为本,以德为先,人为为人"的东方管理理论的精髓和理念。并集众多智慧,经过三年的写作,出版了《中国管理通鉴》,得到上海哲学社会优秀著作一等奖。此间,我多次赴日、美、法、西等国参加 IFSAM 国际会议。并在中国主持召开了 1997 年 IFSAM 国际大会,作了《面向 21 世纪东西方管理文化》的主题报告,传播东方管理文化。国内外重要媒体报道"东方管理文化在世界叫响",它将为世界管理学科发展作出贡献。

第三阶段是"形成学派,影响扩大"。通过 1997 年 IFSAM 理事会的决定,在中国成立了 IFSAM 中国委员会,推选我为中国委员会的主席,并首设世界管理论坛暨东方管理论坛,至今已连续举办十届,出席者三千多人,出版专刊 10 部。创建了东方管理学派的著系:"三学"(东方管理学、中国管理学、华商管理学)、"四治"(治国、治生、治家、治身)、"八论"(人本论、人德论、人为论、人道论、人心论、人缘论、人谋论、人才论)。在 1997 年主持国家自然基金"东方管理学思想研究"的课题,出版《东方管理》一书,系统阐述了"以人为本、以德为先、人为为人"的原理和实践,同时在出版的《东方管理学》中,创建现代东方管理学的"五字"理论体系:"学""为""治""行""和"。这是东方管理研究成果的一部代表作。

通过我们多年的思考研究,我认为东方管理学本身就是体现中国管理特色、融合古今中外管理精华的一门现代学科,并不是有些人所讲的东方管理学和西方管理学是不联系的。东方管理学是一门综合性、多元性的学科,我认为东方管理学本身是与现代的新管理学科结合,管理本身是没有国界的。在我研究管理的 40 多年里,怎么做一个好的人?怎么管好一个单位?怎么管好一个国家?我感到只有四个字,就是"人为为人",这也是管理的本质。我看过不少书,我感到管理中间最重要、最关键的是研究人的问题,管理哲学贵在"人为"、管理行为贵在"人和"、管理之光贵在"为人"、管理之本质是"无私""利他"。

我们在研究和实践"人为为人"的管理核心理念过程中,形成了五个方面的成果。

第一方面是"管理教育——培养人才"。从 1979 年开始,我们就重视管理教育、培养人才。在上海是由我们复旦大学,由我最早主持开设经济与管理系列的电视讲座,包括企业管理基础知识、国民经济管理、管理心理学、经济管理及东方管理大讲堂等,听众达数百万,为普及管理知识和提高工商企业的管理水平做出了很大的贡献。从 1982 年起,受国家经委的委托举办中国第一个"工业经济研究生班"和"高级经济师班",创建工业经济、产业经济的国家重点学科及应用经济学、工商管理学的一级学科和博士后流动站。首设东方管理学研究方向,率先创建东方管理学的博士点和硕士点。

第二方面是"学术研究——创新理论"。我们研究了企业管理、中国管理、东方管理、应用经济、工商管理五个学科的理论基本点,探讨管理学的理论创新。1983 年,在《中国企业管理现代化研究》中首次提出"思想、组织、人才、方法、手段"五个管理现代化模式;1986 年,在《中国乡镇经济研究》中首次提出城乡融合新型区域战略观点;1986 年,首提"泉州模式",率先提出企业要走"股份制的经济形式、外向型的市场经济、侨洋式的生产条件、灵活性的经营管理、国际化的发展道路"。这些观点是具有前瞻性的,是在东方管理文化探讨中得出的成果。现在,"泉州模式"发展成为全国民营经济典型模式,已有 90 多个企业拿到名牌,也有多个企业在香港上市;1991 年,通过 8 年研究,在

《中国沿海发展战略》中,首次提出"以上海为中心,南北两翼齐飞、以沿海为中轴、内外市场联动"中国沿海发展战略的总构思;2005年,在《东方管理学》《中国管理学》《华商管理学》中,完成了东方管理学的"三学"体系。

第三方面是"重要著作——走在前列"。我们的研究是从经济管理的微观、中观、宏观和文化的角度创新理论。我们的很多著作都获得省部级特等、一等奖。这些著作主要包括:《国民经济管理学》《管理心理学》《中国企业管理现代化研究》《中国管理通鉴》《产业经济学》《东方管理学》《中国管理学》《中国沿海经济研究》《泉州发展战略研究》等。

第四方面是"构筑平台——走向世界"。为了创建和发展东方管理学,我们创建了中国国民经济管理学会和上海管理教育学会,创建复旦大学经济管理研究所和东方管理研究中心,举办了世界管理论坛暨东方管理论坛,已连续举办了十届,与会数千人,专刊十部。从1996年开始,几乎参加每届IFSAM世界管理大会,发表"东方管理文化复兴"等主题演讲,在全球传播东方管理学的理论与成果。2008年IFSAM世界管理大会即将在上海举行,我作为大会的主席,诚挚欢迎各位领导、同仁届时光临大会指导。

第五方面是"企业实践——提高效益"。30年多来,在探讨研究东方管理的理论与实践中,组织博、硕士生深入100多个企业调查研究;为地方政府、企业作有关的报告;指导200多名博、硕士生,从事18个产业和众多企业的发展战略的研究;承接50多个经济和管理项目,为企业部门提高效益作出贡献。推动东方管理在企业中的实践应用,很多企业特别是上海的企业,通过探讨东方管理的"以人为本""以德为先"的基本理念,使企业获得成功。有的企业运用"人为为人"的思想,发展跨国经营,使企业获得跨越式发展。

最后一个问题是对东方管理学未来的探讨。人民日报等媒体和世界管理大会多次发表东方管理的研究成果。有5篇文章体现了东方管理未来的发展,即《在世界叫响东方管理》(《人民日报》,2000年6月1日)、《东方管理文化的复兴》(1998年西班牙第四届世界管理大会主题报告)、《伟大时代的新学说——东方管理学思想的兴起》(《人民日报》,2003年02月10日)、《让管理科学向东方回归——访东方管理学派创始人苏东水教授》(《人民日报》,2003年12月22日)、《东方之水源源来》(《人民日报》,2004年12月24日)。

我们的研究成果和发表的文章得到社会广泛的好评,初步统计一下,有280多篇(项)。教育部有关领导肯定本人:"探索创立了独具特色的东方管理学派,为中国管理科学走向世界做出了重要贡献。"很多著名的学者都对东方管理的创建与发展作了高度的评价。其中,马洪同志在2000年12月第四届东方管理论坛的报告中评价:"最具有标志性的是,苏东水教授创造性地阐述了东方管理文化'以人为本、以德为先、人为为人'的核心理念。为将东方管理文化推向世界做了意义深远的探索。我相信,只要中国的学者和企业家能够深入领会东方管理文化的精髓,并将其自觉应用于我国的经济建设和国企管理之中,我们的企业就一定能在激烈的全球化竞争中不断扩展自己的生存空间。"

我们在管理学发展过程中所作出的努力,充分说明以中华优秀传统文化为核心,融合古今中外管理精华的东方管理学,不仅能在世界叫响,而且能成为伟大时代的新学科。东方管理智慧之水必将源源而来,东方管理肯定能够走向世界,成为世界管理丛林中独树一帜的现代管理学。东方管理学必将叩开管理学第二个百年发展之门。

当然,我们还要更加努力,为复旦大学、为自己的民族建立中国特色的管理学作出自己特殊的贡献!

谢谢大家!

# 10. 上海泉州侨乡开发协会成立20周年庆典致辞(2007)[①]

尊敬的各位领导、各位嘉宾、各位乡亲、各位协会会员：

大家早上好！

今天我们在上海青松城举行上海泉州侨乡开发协会成立20周年庆典暨第五届会员代表大会，我谨代表上海泉州侨乡开发协会2 400多名会员，对参加本次庆典的全体与会的领导和来宾表示亲切的敬意！从1982年至今，历经25年的风霜洗礼，协会从成立到茁壮成长，再到目前2 000多名会员的发展规模和所取得的丰硕成果始终离不开党和政府的领导和支持，离不开各级领导、各界人士的关心和爱护，离不开各位协会会员的辛劳和努力，在此我代表协会理事会向各位致以万分的谢意！

回忆过去20年来，在泉州市委和市政府的直接领导下，从1982年开始，我和中国国民经济管理学会的一些理事及大学的教授和泉沪专家，多次在泉州举办义务性各种形式的培训、讲座，实地进行调查、考察，并多次做专题研究，为泉州市政府制定社会经济文化发展战略提供思想基础和理论依据，并提出了经济发展的"泉州模式"，协助泉州制定1982年至2000年泉州市经济社会文化发展战略，为市委、市政府的决策服务。同时，在泉州市委、市政府的支持下，经过一段时间的酝酿，于1987年4月10日在上海召开有上海市领导和泉州市五套班子及所辖各区、市、县主要领导亲临参加的大会，正式成立上海泉州侨乡开发协会。协会由志愿为闽南泉州侨乡与上海市及周边地区的经济建设和社会事业发展服务的泉籍在沪乡亲以及各界人士组成，是迄今上海市社会团体管理部门批准登记的3家地域性社团组织中最早的一家。协会的业务主管部门为上海市人民政府合作交流办公室，挂靠单位为福建省人民政府驻上海办事处和泉州市人民政府及其驻沪联络处。协会下设分支机构，为泉州市所辖鲤城、丰泽、洛江、晋江、石狮、南安、惠安、泉港、安溪、永春、德化等各区、市、县在沪工作办公室(非法人单位)和协会所属工商企业、教育、科技、法律、医疗等5个专业工作委员会及学子联谊会。现在由我担任协会的会长，协会的永远名誉会长是已故的著名作家、全国作协主席、全国政协副主席巴金，已故的中科院院士、著名的物理学家、原复旦大学校长、原上海市政协主席谢希德，由100多位著名的专家、学者、教授、企业家等组成理事会。

上海泉州侨乡开发协会发展的核心理念是："以人为本、以德为先、人为为人"；协会工作的主要功能是：爱乡、奉献、服务；协会的宗旨是"三为"服务：一是为发展闽南、泉州侨乡和上海市及周边

---

[①] 本文是作者在上海泉州侨乡开发协会成立20周年庆典大会上的致辞，原标题为《雄关漫道真如铁，而今迈步从头越》。该协会成立于1987年4月10日，本人为会长，致力于团结和联络广大在沪泉籍乡亲，凝聚乡情，服务乡亲，主动参与家乡经济建设，推动沪泉两地经贸文化交流与合作。

地区经济、科技、教育、文化、卫生等社会事业服务,二是为加强港、澳、台同胞和海外侨胞与泉州、上海等地的各种联系服务,三是为建立中国特色的社会主义和祖国统一的大业服务。

协会凝聚千人超群智慧,现有会员2 400多人,其中处、局级以上干部和具有高级职称的专家、教授、高工等占半数以上;改革开放后在上海创业的泉籍企业家也占了相当比例,成为活跃于上海滩的一支生力军。

协会历经二十五载风风雨雨,为促进闽、沪、泉、港、澳、台、侨社会经济文化发展联络沟通、牵线搭桥,创造财富、造福于民,其成就令人瞩目。

身居浦江,飞舟击浪扬风采,高歌运筹建奇功。

据不完全统计,25年来,协会接待港澳台和海外侨胞,以及家乡代表团与乡亲干部来沪3 000多人次;接待来沪治病就医500多人次,组织名医专家到家乡义务诊病10多次;以各种形式组织商家来沪投资,商家数目多达千家,投资金额约人民币300多亿元;协办来沪举办名优特等各种产品展览、展销和招商引资活动20多次;为泉沪公益慈善事业、扶贫助学等捐资超亿元;开展各种咨询活动为3 000多人服务;协助泉州联合创办2所大学,创办上海东华国际人才学院和东亚管理学院,培训各种高级人才6 000多人;举办学术研讨和讲习班200多次;开展国际性的文化交流10多次;协会成员荣获国际、国家、省级等各种奖励500多项等等,取得了有目共睹的成绩。

这次庆典大会举办的同时,我们首设"泉商发展"论坛,探讨"泉商"这一特定商人群体,研究"泉商"企业、制度、组织、文化的转型及其企业竞争力的提升,探讨"五缘"的理论与实践。届时将开设"泉商大学堂",为泉商企业家提供学习、交流、合作的平台,共商在沪泉商企业发展大计。展望未来,泉商发展,数英雄,看今朝! 上海泉商,众志成城,精诚合作,开拓进取,升华境界,共创辉煌,人定胜天!

"雄关漫道真如铁,而今迈步从头越",协会将进一步总结经验教训,深入贯彻落实党的十七大精神和上海第九次党代会精神,一如既往地为家乡和上海的发展献计献策,尤其是面临奥运会和世博会的机会和挑战,与时俱进,提出新思路、新理念,发挥智囊作用;同时探讨泉州与沪、苏、浙、皖、鲁等周边地区的协作、交流和发展,为港、澳、台同胞、海外侨胞投资沪泉等地服务,为海西经济发展服务,为中华民族的伟大复兴、为沪泉经济再创辉煌作出更大的贡献!

最后,预祝本次庆典大会圆满成功,首届"泉商发展"论坛成功举办,祝福各位与会来宾身体健康、事业顺利、合家幸福、万事如意!

# 11. 东方管理思想的创新与运用
## ——在第十届中国 MBA 发展论坛上发言(2009)[①]

各位领导、各位朋友、各位同学：

我非常荣幸地到矿业大学参加百年校庆，参加第十届全国 MBA 论坛。我感到这次大会的主题起的非常好，是环境与经济，环境的面非常广，这是一个创造环境的重要资源。MBA 也是一样，管理生产，它本身就是围绕一个含量来创造经济的效益、管理的效益，我记得在 1992 年在世界管理学会上演讲，有 33 个国家组成的世界现代管理学会。首先，美国的朋友他说，中国是没有管理的，没有企业家，没有自己管理特色的教材。当时还没有 MBA 这个项目，但是日本对我们是比较关心和比较了解的，到中国来调查，调查结果说：中国是有管理的，日本的管理是从中国学习过去的，美国有些管理是从日本学习过去的。不是没有管理，是没有发挥。从 1997 年到现在，在经济过程中，就我们现在的 MBA 的管理项目来讲，所编出来的有意义的教材很多，在这个过程中间，我们这条路是怎么走过来的，到现在中国的经济蓬勃发展。我感觉，凡是经济发展最强的时代，最强的国家，必然有他特殊的管理，必然有他的优秀的管理性质有效的管理。中国 30 多年来的发展，本身就是一个创建管理的教育和管理成果的过程，现在，我们再回顾一下，在发展管理的教育过程中，我们这条路是怎么走的？

日前，我们在上海召开了世界管理大会，我们的管理到底处于一个什么状态，提出了一个问题，从科学管理以来的西方管理蓬勃发展的 100 年到现在，新的世界管理走向何方？我想，就这个问题跟大家作一个简单的介绍。第一个问题，新中国成立以来的 60 年，中国的管理发展怎么样，管理的创新是什么样。第三个问题在管理创新中间提出来的一些管理方法很多，在我们 30 年来在东方管理学的一些情况。我们在探讨管理中的人的问题提出了三句话：以人为本，以德为先，人为为人。为什么我们要研究东方管理？第二个问题，什么是东方管理理论体系跟他的价值前景。第三个问题，东方管理在实践中的应用。第四个问题，东方管理是东西方管理如果从管理科学的角度来说，他的比较优势怎么样。第五个问题，东方管理的发展。

上面五个问题，我三方面的感想，世界管理在 21 世纪走向何方，通过我们的研究，新世纪管理的发展的趋势，管理发展的特点有五点：

第一点，有五个新，MBA 的教育应该怎么样利用五个新来发展我们。第一个新是新的趋势：新的趋势体现在我们多次参加科技会议，我们组织 12 次世界东方管理论坛有一个共识。这个共识

---

[①] 本文是作者在 2009 年 5 月 17—18 日在中国矿业大学举办的"第十届中国 MBA 发展论坛"上的发言，根据录音整理，标题为编者添加。

世界管理五个新的趋势,这五个新的趋势的第一个,是都认为融合发展的趋势。东西方特别是中西方发展的趋势,融合发展的趋势管理东西方或者是中国管理融合的趋势,借鉴从 1992 年以前西方管理经验。去年,我们举办了第九届世界论坛,瑞典有一个著名的人,是第六届世界管理大师的主席,他发言说,东方管理中间的融合,在奥运会充分利用"和"文化。第九届世界管理大会不同的观点之中在探讨东方管理的问题,所以,这个趋势是融合,第二个趋势,但是都认识"和"的重要性。第三个都认识到一个人在感觉重要的作用关系,过去,东西方有人重视人在管理上的作用吗?有,但是一代的帝王也有重视人,他是把人作为工具,我们东方管理主张的人,是把人作为个主体人的地位。第四个趋势,道德在的作用。第五个趋势,大家在探讨人跟环境的关系。就是我们东方管理天人合一的含义。

当前世界管理趋势有新的认识,我们研究环境怎么样把这五个趋势进行发挥应用是一个重要的问题,中国经济怎么发展,肯定有他的优秀管理理论,管理学派,形成了一个东方管理学派,这是我们要讲的第一个问题。第二个问题,中国 60 年,中国成功的发展,中国勇于创新,管理的创新,大家想一想,有吗?今年的 3 月到 5 月,中国开展一次 60 年中国管理 20 个调查网上投票,我们推出的中国 60 年 53 个到 60 个从现在这些管理思想先进管理的方法,投票的结果,东方管理学也是其中的一个。中国 60 年,很多优秀的管理,有一些融合的过程,有一些创新的过程。这个过程,主要体现在几个年代里出现的一些事件。

第一个阶段是 50 年代到 60 年代这个阶段。50 年代到 60 年代这个阶段,中国正在开始进行建设,在 50 年代我们是学习苏联的管理,当时推行责任制,但是当时的毛泽东同志感到这条路是要借助党的。所以毛泽东同志 1960 年批示了"鞍钢宪法"。他参观了当时向外国学习先进的管理,到了 60 年代,回来就提出了管理的示范法。我有一本书,是讲中国管理现代发展的,提出的中国学习外国的跟中国结合的,要五化,这五化是思想组织分化手段人才的现代方法,这个是中央在组织全国学习引进国外管理经验的基础上形成的。

在 70 到 80 年代,我们通过了一段时间的研究,感觉管理最主要是人,但是都学习管理,有经济人、有权威科学的社会人、有管理社会的理想人,我们感到所有人都有他的特点,我们东方管理学派提出一个主体人的概念。

我们在研究形成的阶段有三个观点。第一个观点,东方管理的核心价值是什么?东方管理他有什么样的理论体系?我们重点研究了以后,感到东方管理学是研究人们的问题,融合古今中外在管理方面的人才。他的核心价值就是三点:以人为本,以德为先,人为为人。我们在形成东方管理的理论体系,"五字经":学、为、治、行、和。这五个字中间,是东方管理学它的来源是什么?我们感觉是三门学科,三个来源:一个是中国管理学,一是西方管理学,一是华商管理学,这三门功课融合,所以并不是所有人所认为的东方管理学是古老的、古董的,他本身是融合古今中外精华的现代管理。我们重点研究了以后,感到东方管理学是研究人们的问题,融合古今中外在管理方面的人才。它的核心价值就是三点:以人为本,以德为先,人为为人,我们取这三大部分的先进的管理思想,第一个中国管理哲学思想,我们把他归纳为十五要素,是我们考察所有对外管理思想之中的十五点,人是基础,最后要达到圆满。就西方管理来说,西方管理发展到现在,有八个要素。他的重要性是讲求管理绩效。现代的一些行政管理中存在的缺陷是要学习改变一些思想,华商的管理主要的思想是"五缘","五缘"是我们在将近十年的调查研究得出的,大陆和台湾的关系怎样进行融合发展。"五缘"本来是一种社会的资本,在研究东方管理的时候,华商企业家是世界著名的企业家。他的重要在学习过程中间,我们核心的价值是什么?是"三为":以人为本,以德为先,人为为人。有了核心思想,如何行动? 有了"四治":治国、治生、治家、治身。"五行"的新概念,现代现在的学者都在研究。"五行"本身的第一个概念就是人道行为,一个国家怎么治理好,道是要明道,要适合道的一些道,但是本身是一种发展的道路。很多社会上的道,指出现在经济危机中间现代的管理现代的管理过程,怎么样走道,值得大家探讨。

人要走正道,第二个,人心行为,人的心理是眼睛,人的追求、人的变化、人的行为、人的追求的目标,所以我们研究管理得成功之处。

第三个,是人缘行为,研究人缘。但是你在行为过程中就要牵扯到你怎么样进行正确的决策,有非常多的事例,人才是兴国之本。所以"五行"是现代新的概念。最后我们研究的目的是什么,我们东方管理的主旋律是什么? 研究了30多年,三个"和":和贵、和合、和谐。这我们研究整个理论体系的价值跟他的核心价值是三和。

这我们研究整个理论体系的价值跟他的核心价值是三和。那么东方管理理论有了,体系有了,核心价值有了,最终的目标是应用的怎么样。第一个,它在国家政策层面的运用,以人为本不是我提的,但是跟我们提出的以人为本不一样,为帝王服务的,我们是主体人的概念。归根到底研究谁对以人为本理解比较正确,现在中央在治理国家的道是思想,有些是我们在东方管理中间的所说的以德为先,以人为本的科学发展,现在党的组织提出德才兼备以德为先,三个,是人缘行为,研究人缘。但是你在行为过程中就要牵扯到你怎么样进行正确的决策,有非常多的事例,人才是兴国之本。这个是我们在学习过程中间,在国家政策指导思想方面来讲。第二个方面在国际关系中的运用。第三个,就在学习交流中的运用。一个美国的医生,他们把我们的思想跟他的双动机理论结合起来探讨,得到有效的改造人脑的一种思路。在学术上的交流方面,不同观点的人怎么能在融合的基础上面来共同探讨,30多个国家能把30多个国家集中在一起来探讨问题,这是不容易的。

还有是在产业发展中的论坛题目,产业发展中牵扯到种种问题,但是产业发展中怎么样使产业能蓬勃发展。在奥运会,在世界管理大会中间,在企业方面的应用,各方面的成功都是借用三结合。在企业中间应用很多,在教育中间应用。在发展高校的规划,上海一个大学的校长,他说我就是用三维思想来规划学校的发展,学校是培养应用性的人才。学习过程中间,要教育以德为先,他这个学校进来的是优秀的学生,学习的是优秀的理论,出去的是优秀的人才。望大家共同来推进世界管理论坛。把我们现在在中国已经成立东方管理机构联合起来进行发展,为我们的国家兴旺发达服务,谢谢大家!

# 12. "五缘"理论与海西发展
## ——在海峡西岸经济区发展高级研讨会发言(2010)[①]

"五缘"理论包括亲缘、地缘、文缘、商缘和神缘。是以五千年中华优秀传统文化为基础,吸取道家和儒家伦理思想为理论根据,结合改革开放以来的实践和华商实践,立足现实,面向海外而创立的新理论[②],是华人、华侨史的一个管理学和社会学的概括,也是沿海地区对外开放、发展地方经济的经验总结。"五缘"理论是闽台交流与合作的重要基础,也是海峡两岸和谐发展的重要支撑。目前,海峡西岸经济区得到国家层面的肯定,闽台"五缘"优势有望得到更大程度的发挥,从而大大促进两岸关系的和平发展和祖国统一大业,构建和谐社会。

## 一、"五缘"理论提出的背景

"五缘"理论是以复旦大学首席教授苏东水创建的东方管理学派基于对中国传统文化以及华商管理实践的考察,创造性地提出的东方"五缘"价值论(即亲缘、地缘、文缘、商缘、神缘)。"五缘"理论不仅构成了人际互动的切入点,而且也是一种极有价值的社会资本[③]。1986年,苏东水教授在泉州主持全国性的"乡镇经济模式比较"研讨会,首提"泉州模式"和"五缘"网络,阐述"城乡融合的新型区域"战略目标。1987年在"关于发展泉(州)台(湾)经济关系的设想"一文中,基于泉州与台湾一水相隔,相同的人文归属感促使许多台湾乡亲来泉投资这一渊源深厚现象,提出了"六缘(地缘、血缘、人缘、文缘、商缘、神缘)文化",随后在沪泉的学术界中,就此举办了多次研讨会。1987—1988年在承接"泉州发展战略研究"这一课题时,在"六缘文化"的基础上提出了亲缘相融、地缘相近、文缘相承、商缘相连、神缘相系的"五缘"经济文化网络和"侨洋式的生产条件"。1999年在《泉州发展战略研究》一书中,将"缘"的概念进一步深化,"五缘理论"的概念得到了丰富和实践的运用。

"五缘"之亲缘,就是宗族、亲戚关系,它包括了血亲、姻亲和假亲(或称契亲,如金兰结义等);地缘,就是邻里、乡党等关系,即通常所说的"小同乡"或"大同乡";文缘是指同学、同事、同行之间的关系,有共同切磋和交流的需要和愿望,由此组合而成的人群团体,其组织形式便是同学会、学会、研究会等等;商缘即经贸关系,也即以物(如土、特、名、优)为媒介而发生的利益和业务关系并集合起来的人群,如以物为对象而成立的行业协会、商会之类的组织;神缘即宗教信仰关系,就是以共同的

---

[①] 本文是2010年在北京举办的海峡西岸经济区发展高级研讨会上的发言稿,之后以《"五缘"理论在海西发展中的地位与作用》为标题,刊载于《福建师范大学学报》2011年第1期,与苏宗伟合作。
[②] 苏东水:《再论"泉州模式"》,《福建论坛》2006年第8期。
[③] 彭贺、苏宗伟:《东方管理学的创建与发展:渊源、精髓与框架》,《管理学报》2006年第1期。

宗教信仰和共奉之神祇为标识进行结合的人群,其组织形式便是神社、教会等等。正是由于强大的"五缘"网络的存在,使一个个相对封闭的企业、地区、国家与外部世界保持密切的信息、技术、资本、商品等的交流,保证了其一定范围的发展和进步。

## 二、"五缘"理论在建设海西经济区中的重要意义

"五缘"是两岸人民同根同缘的见证和亲密往来的纽带,是维系台湾与祖国不可分割的组成部分。长期以来,"五缘"理论在政治、经济、文化、企业等领域得到广泛应用,为广大老百姓所接受,对构建和谐社会具有重要意义。

### (一) 有利和平统一,促进社会和谐

从宋朝在台湾设立行政机构到1885年台湾单独建省之前,台湾一直归福建管辖,1885年台湾建省,仍称"福建台湾省",依然同福建保持着教育、行政、财政等方面的关系。"五缘"理论最早是研究泉台关系时所提出的,正是由于两岸的"五缘"关系网络,两岸人民在文化渊源、宗教信仰、语言、习惯以及思维方式等方面非常接近,因此"五缘"文化对于促进两岸更为顺畅的交流与对话,发展两岸关系,最终实现两岸的和平统一与改善国际关系具有重大历史意义与国际意义。随着两岸"三通"的实现,国家《关于支持福建省加快建设海峡西岸经济区的若干意见》的实施,各界都在进一步挖掘闽台民俗文化,通过研究和宣传"五缘"理论将两岸人民的精神和情感更加紧密地联系在一起,促进两岸社会和谐发展,推动两岸关系进一步密切,起到巨大的聚合作用。

### (二) 促进商贸往来,发展两岸经济

长期以来,"五缘"促进了两岸的商贸往来与经济合作,促进了海外华侨和华商对家乡和祖国的投资,同时也吸引了大量的海外及各省泉商、闽商回乡进行投资,对区域经济的发展与中国整体经济的发展起到了重要作用,对于海峡两岸经济的繁荣也具有重要的历史和现实意义。目前,两门(厦门—金门)、两马(福州马尾—马祖)、泉金(泉州—金门)三条直接往来航线已经成为海峡两岸最便捷的通道,台湾居民由此通道往返两岸累计超过200万人次。资料显示,截至2008年底,福建全省累计批准台资项目9 718项(不含第三地转投资),合同台资166.11亿美元,实际利用台资108.38亿美元,累计吸引台资在全国排名第三,农业利用台资居首位。福州、厦门、泉州等城市的台商投资区成了台湾产业转移的集聚区,海峡两岸农业合作试验区已扩大到福建全省。2009年福建引进台资就达25.3亿美元,累计达160亿美元;2009年对台贸易额70亿美元,累计达400亿美元。目前台湾是福建第二大外资来源地、第一大进口市场、第七大出口市场。实践已经证明:文化和经济之间没有不可逾越的鸿沟,在一定条件下两者可以相互转化、相互促进。当"五缘"文化成为一种巨大的文化资源时,就能对两岸经济的繁荣发展起积极的推动作用。因此,文化的凝聚力和经济的驱动力能够组合成一种具有爆发性的"文化力"[①]。

### (三) 传承优秀文化,保持血脉相连

党的十七大报告指出,"当今时代,文化越来越成为民族凝聚力和创造力的重要源泉,越来越成

---

① 苏东水:《再论"泉州模式"》,《福建论坛》2006年第8期。

为综合国力竞争的重要因素",并提出要"弘扬中华文化,建设中华民族共有精神家园"。正是文化这一神奇的纽带,产生了巨大的向心力和凝聚力,把情牵故土的海内外华夏子孙渴望神州一统、中华振兴的心紧紧地连接在一起。台湾80%的民众祖籍福建,现在每年有60多万台胞来闽。数百年来,以"五缘"为重要特征的闽南文化作为入台的闽南移民怀念故土不忘祖先的表达方式,在台湾被完整传承和保护下来,融入百姓日常的生活中去。他们通过修族谱、建宗祠、以祖籍地名作为在台定居的名称等方式激励子孙勿忘故土①。"五缘"文化是闽南文化的继承与发展,是中华优秀文化的重要组成部分。闽台文化一脉相承,闽南文化、客家文化、妈祖文化等在台湾有着广泛影响,每年有大批台湾同胞来闽朝拜祈福、寻根谒祖。

### (四)吸引世界华侨华商,构建亲密华人网络

早期华侨背井离乡,远涉重洋,移居南洋及世界各地谋生。到达目的地后,面对人地两生的复杂环境,寄人篱下,受人支配,尝尽人间辛酸苦辣,既得不到祖籍国政府的保护,更无法获得侨居地政府的支持。他们深切感到,为图生存须和衷共济,求发展须团结互助。基于此,他们便以相同的出生地或共同方言以及姓氏等为联系纽带,联络感情,增进友谊,自发地建立起同乡会馆和宗亲会馆,并逐步创立同业公会和商会等。东方管理学指出,海外华商的网络就是基于亲缘、地缘、文缘、商缘、神缘这"五缘"所形成的人际网络,是海外华裔在非政治的、形态不拘的联系中,凭借"五缘"纽带,基于经济利益而形成的泛商业网。它在卓有成效的海外华商经营中影响突出,日益引人注目。许多华商深受中国优秀传统文化的影响,在经过艰苦打拼并获得成功之后,仍然心系祖国发展,都有一颗"中国心"。因此,通过"五缘"文化,可以吸引世界华侨华商,跨越不同国界和地域,突破政治和经济的界限,构建亲密世界华人网络,从而汇聚经济发展所必需的大量商品、资金、信息、技术和人才。

### (五)发展海西经济区,建立新的经济增长极

海峡西岸经济区,是指以福州、厦门为中心,以闽东南地区为主体,北起浙江温州,南至广东汕头的台湾海峡西部的海域与陆地。可以预见,随着祖国的统一,在未来的中国经济区域版图中,环海峡经济圈将成为中国经济增长的一个新的增长"区域极",并形成"泛珠三角"经济区、环海峡经济区、长三角经济区三者环列于中国东南沿海,共同成为内地省、市、自治区经西太平洋通往世界的窗口这样一个大的格局。福建以及海峡西岸的浙江南部和广东东部与台湾,共同构建"环海峡经济圈"是必然的趋势。"五缘"文化力作为一种维系、凝聚世界华人尤其是闽台人民的精神纽带和情感乳胶,具有强大的凝聚力,通过"五缘"可以内在地把精神和情感紧密地联系在一起,把经贸关系紧密地联系在一起,对于促进海峡两岸越来越紧密的联系、形成环海峡经济区具有重要作用,从而使海峡两岸经济区成为经济、社会、文化紧密联系的、相互依存的命运共同体,有力地促进相互间的人流、物流、资金流、经济流、信息流的顺畅流通,有力地促进环海峡经济区的形成,进而实现合理分工、优化资源配置、提高资源使用效率,使海峡东西两岸的经济区成为统一的共同繁荣的联合体,形成中国经济发展的新的增长极。

## 三、应用"五缘"理论发展海西经济区的建议

东方管理学派所提出的"五缘"理论,是中华优秀文化的重要组成部分,是东方管理学重要理论

---

① 苏东水:《再论"泉州模式"》,《福建论坛》2006年第8期。

之一,其基础是闽南文化,"五缘"理论是闽南文化的继承与发展,是对儒家、道家和佛教等传统文化精髓的继承与发展。发展海峡西岸经济区,繁荣两岸经济,必须以"五缘"作为纽带,把"五缘"作为发展海西经济区的纽带、基础、桥梁和发展的原动力。同时,在运用"五缘"理论时,要将"五缘"理论置于东方管理五字经"学、为、治、行、和"理论框架和"三为"(以人为本、以德为先、人为为人)思想体系下来考虑发展海峡西岸经济区。

### (一)加强"五缘"文化互动,促进海峡两岸经济社会融合发展

海峡西岸经济区的理论基础是"五缘",海峡两岸的文化都是闽南文化,而"五缘"理论正是以闽南文化为主,两岸的文化具有高度统一性,两岸在语言、建筑、信仰、文艺、习惯和风俗民情等方面都非常相近。在发展海西经济区的进程中,应以"五缘"理论为指导,加强"五缘"文化的互动,促进海峡两岸经济社会融合发展。这是一个增进两岸文化交流、造福后代子孙非常有利的条件。同时我们可以创建两岸经济旅游区,促进两岸经济一体化,加快提升两岸产业的合作水平,转变经济增长方式,以"五缘"为纽带,并使"五缘"文化良性互动,促进社会的和谐发展。

### (二)以东方管理"三为"思想为核心,建设绿色海西经济区

东方管理的核心价值体系是"以人为本、以德为先、人为为人"的"三为"思想,它贯穿于东方管理学"五字经"(学、为、治、行、和)的理论体系之中。"五缘"理论是对东方管理"三学"(中国管理学、西方管理学、华商管理)、"四治"(治国、治家、治身、治生)、"五行"(人道、人心、人缘、人谋、人才)的发展,是新的"五行"理论与思想,是东方管理文化的重要组成部分,在"三和"(人和、和合、和谐)目标与东方管理主旋律的指引下,已在国际关系、政党外交、中国软实力、高校发展和企业发展等许多方面得到广泛而有效地实践运用。"五缘"是否能够做得好的关键是"三为"核心价值,我们要树立"以人为本"的科学发展观、"以德为先"的人才观与道德观、"人为为人"的经营观与人生观、"以和为贵"的目标观,坚持以"三为"思想为指导,建设绿色、科学发展的海西经济区。要结合海西经济区各城市和地区的实际情况,运用东方管理学的"三为"核心思想,发挥"五缘"优势,形成以海西为中心,长三角与珠三角南北两翼齐飞,中西部为腹地,内外市场联动的发展模式,发挥海西中心城市战略地位的优势;建立海峡两岸交流平台,充分利用世界华侨、世界华商的"五缘"网络,发挥海西"国际五缘"经济文化的优势,立足国内,走向世界;发挥海西沿海大通道的优势,建立商贸、物流、休闲、旅游中心,创建面向大海、面向国际的新经济发展中心地带,以推动海峡西岸经济区经济的可持续发展。

### (三)以和为贵,建设和谐海西经济区

东方管理的"人和""和合""和谐"的"三和"思想是东方管理的主旋律和终极目标。东方管理中的"和"重点关注"人和""和贵""中和"。"天时不如地利,地利不如人和。"同时强调"人和"是基础,"和合"是目的,"和谐"是最终的目标。即作为个人先要心平气和,提升个人修养,与人和平相处,才能和气生财;"和合"则强调了事物不同因素之间的相互冲突以及相互融合。东方和谐观强调的"和"是和而不同,和而不流。和谐观不仅在治生、治家以及治身中得到广泛应用,在治国领域也能得到广泛应用。[①] 在建设和发展海西经济区的进程中,要充分发挥"五缘"优势,坚持以"三为"思想为指导,以"人和"为基础促进两岸的经贸发展,以"和合"为目的推动两岸文化的交流和融合,以"和谐"为目标实现海峡西岸经济区的建设和发展。

---

① 彭贺、苏宗伟:《东方管理学的创建与发展:渊源、精髓与框架》,《管理学报》2006年第1期。

# 13. 金融服务领域中的东方管理思想

——在首届瑞特经济论坛上的发言(2010)[①]

尊敬的各位领导、各位嘉宾：

大家好！

很高兴能够在家乡参加本次瑞特经济论坛。海西经济在取得辉煌成就的同时，也面临着如何进一步发展的问题。随着2008年金融危机的爆发，社会各界对金融重要性有了更加清晰的认识，金融服务是经济得以取得进一步腾飞的关键因素。今天大家汇聚一堂，为泉商在新的经济环境中，如何继往开来取得发展出谋划策，金融服务这一战略性的课题这对海西经济的持续健康发展具有重大的意义。我将通过东方管理思想在这一领域中的运用，谈谈对这一战略的看法。

我于20世纪70年代中期开始研究东方管理，在长达30年的研究中逐渐形成了东方管理学的理论体系，提出了"以人为本、以德为先、人为为人"的"三为"管理思想。东方管理学是以中华优秀传统管理文化为核心、不断汲取世界各民族管理文化之养分、融合古今中外管理精华于一体的立足于中华民族特质和管理实践的开放而不断发展的理论体系。

## 一、东方管理学的"三为"思想

东方管理学的精髓是"以人为本，以德为先，人为为人"。它是对中国管理、西方管理以及华商管理等理论与实践融合、提炼、萃取的结果，是东方管理文化的本质特征，是贯穿东方管理学的主线，也是东方管理学派的宗旨。

东方管理学高度重视人在管理系统中的作用。作为中国传统道德基础的"仁"，其根本含义即是"人"。"仁者人也"（《礼记·中庸》）。《周易》作为中国传统文化思想流派的渊源之一，书中已含有丰富的人本思想。东方管理学的"以人为本"包含着两层含义：一是将人视为管理的首要因素，一切管理工作都围绕着如何调动人的积极性、主动性和创造性来展开，这是它的浅表内涵；二是通过给人们提供充分施展才华的空间，不断地运用挑战来锻炼人的智力、体力乃至意志品质，并在此全面发展的基础上，努力实现摆脱自然束缚的自由发展，提高人的生命存在质量，这才是"以人为本"的深层内涵。

"以德为先"即强调道德伦理在管理中的作用。对于管理者而言，高水平的道德修养是必备条件之一。正所谓："德者，才之帅也；才者，德之资也。"在管理中，管理者经常要运用权威来指挥和影

---

[①] 本文是作者2010年在泉州举办的首届瑞特经济论坛暨瑞特红卡品鉴会上的发言稿，标题为编者所加。

响组织成员,其中有些权威是制度所赋予的,另一些则有赖于管理者的个人魅力和其他优秀品质,东方管理学更推崇后者。管理者要通过"修己"树立道德之威,在无形中影响被管理者,被管理者也要通过"修己"实施自我管理,遵守职业道德,以求更好地胜任本职工作。"君子之德风,小人之德草。草上之风,必偃"(《论语·颜渊》),"为政以德,譬如北辰居其所而众星共之"(《论语·为政》)。

"人为为人"是指"每个人首先要注重自身的行为修养,'正人必先正己',然后从'为人'的角度出发,来从事、控制和调整自身的行为,创造一种良好的人际关系和激励环境,使人们能够持久地处于激发状态下工作,主观能动性得到充分发挥。""人为为人"从管理行为的主体、客体以及相互关系的角度揭示了古今中外一切管理行为的本质。"人为"是一种自我导向的个体心理行为。在强调个体内部指向的心理行为的同时,强调"主体人"心理行为的可塑性。"为人"则是指一种他人导向的服务行为,是个体对外部对象的心理激励行为。在强调自身心理行为的可塑性的同时,客观上产生服务他人的效果。"人为为人"则强调个体心理行为与外部对象心理激励的互动性,"人为"与"为人"互相联系并且互相转化。

## 二、"以人为本"的金融服务创新

对金融服务创新的研究目前已经十分丰富,但迄今为止,对金融创新的讨论主要还是集中在宏观层面,而金融创新对民生探讨则关注不足。从长远来看,新的金融服务的出现只是一个工具而非目的所在,最终是希望通过金融服务效率的提高,为人们生活提供更多便利民生为上的金融服务发展,要求金融服务要更多的关注"以人为本"。以人为本的金融创新才能使投资和消费模式也不断完善,最终带来普遍的福利增进。

(1) 构建面向个人消费者的金融服务体系。当前国内居民消费始终处于低水平,金融服务不足是重要原因。金融服务的创新最大作用在于能释放个人消费潜力,例如住宅、汽车能够拉动增长的主要行业,很大程度上就是因为这两个领域的金融创新较活跃,客观上拉动了个人的当前消费。银行、保险、证券、第三方支付机构等在消费领域内设计更多新的产品组合,更好地满足消费者需求,都将对促进消费有正面作用。在金融产品花样繁多,服务渠道和方式多样化的今天如何评判服务品质的优劣,最根本的就是应该站在客户的角度,去感受去评价服务的质量。以人为本,创造人性化的服务环境和服务方式,客户的满意才是服务的最高境界。客户真正的感受是什么,需要什么样的服务,才是我们应该思考的问题。

(2) 以创新来提高个人金融服务的便利。一要创新服务理念,在观念上真正做到以人为本的服务,而不仅仅是口号上的客户第一;二是金融服务机构要更好地满足消费者的需求,在金融服务流程上提供给消费者更多的便利,金融服务操作上更适合普通人,为客户提供差别化服务。金融服务的最终目的就是满足客户的需求,客户的需求是出发点和落脚点。以人为本,引导、开发客户服务需求,是创新服务产品的动力,通过服务产品的改进和创新,不断深化服务内涵,提高客户忠诚度,才能取得双赢。

(3) 创新还要体现政策性金融特征。由于金融创新特殊性,需要政府的宏观调控规范,不仅为了防止市场风险,而且也为体现金融对特定民生领域的支持。一方面金融创新要做到服务大众,为更多的民众提供便利的金融服务;另一方面,政府应该对这类金融创新给予足够的重视和鼓励,政策的扶持将鼓励更多的经济资本和智力资本积极进入,推动整个金融在各个领域的发展。

(4) 服务文化要以人为本。实现高品质服务首先要解决员工的服务心态、服务意识问题,美国花旗银行曾就"通过服务接近顾客"对一些企业进行调查研究,发现类型不同的优秀企业对待顾客的态度有着不同的观点,但共同点就是企业领导者在服务方面做出表率,建立和强化企业经营哲学,并使服务成为这种哲学最推崇的对象,把"顾客并不总是对的,但他永远是第一位的"当作服务的金科玉律,以激发员工提高服务质量,重视服务意识的热情。其次要激发员工服务内在动力,把制度化管理和人性化管理完美结合,在严格制度基础上,通过采取尊重爱护员工、关心员工成长、加强沟通和交流、倾听解决抱怨、完善激励机制、提高收入待遇、舒缓精神压力、创造和谐工作环境等办法给予员工最好的,才能反馈到客户身上最好的。

## 三、"以德为先"的金融服务创新

金融机构不断地开发并向市场推出金融创新产品,将促进金融业的发展。但是,由于金融创新的复杂性,如果没有伦理道德的先导,将对企业和社会造成极大的伤害。在金融创新产品不断推出的今天,人们在关注金融创新产品技术层面的同时,更要关注金融运作者的运营能力和社会责任问题。金融企业开发并向市场推出金融创新产品,必须对社会负责。

(1) 金融服务创新应该以道德教化为基本原则。道德是金融服务的核心。道德是非正式基本制度,德治是非正式制度安排。良好的制度规范会鼓励人民抑恶扬善,缺陷制度会为"从恶"提供方便,从而抑制"行善"的动机。中国社会形态正从封闭的自然实体社会,转变为合理化、制度化、程序化的开放的结构性社会。结构的转型要求道德起到具体的调控作用,保证人们的平等合作。金融创新作为一种新兴事物,真正能掌握其核心的人并不多,因此尤其需要道德的约束,才不会被少数人恶意操纵。

(2) 培育以德为先的金融文化。道德行为具有道德收益外溢,败德行为具有败德成本外溢的特点。制度安排就是要找到一种内化道德行为收益和败德行为成本的方法、规则,从而能够激励道德主体继续践行道德行为,警醒败德者减少实施和不再实施败德行为,从而推动整个社会的道德进步。制度环境是人选择道德还是败德的最大化行为边界。非正式制度规范人际交往的规则,保护个人的自由领域,帮衬人民避免或缓和冲突,增进劳动和知识分工。"自利"是个人的自由,通过制度给"自利"划界,达到既有自由又有约束的局面。"合利"不会自动出现,制度规范对保证"合利"十分必要。制度创新目的,就是要保证经济与道德的和谐共生,辩证统一。任何经济学的研究都离不开道德责任,非正式制度安排还必须内含经济正义的要求,非正式制度的创新,首先必须在经济正义的前提下进行。经济正义与所有权制度相联系,是指经济实践中的人的解放,其解放程度与生产力有关。社会主义制度是最正义的社会形态和制度,即符合人性、体现公平正当。为此,应该建设以德为先的金融文化。

(3) 培育科学的企业精神,促进经营目标的顺利实现。金融企业精神是金融文化建设的核心内容,它集中体现着企业和员工的群体价值观。要经营好上市金融公司,必须使员工理解并接受公司的发展目标、投资风格和经营策略,并愿为之贡献自己的聪明才智,做到团结一致、同舟共济,朝着预定的目标奋斗。要营造一种浓厚的文化氛围,使大家找到共同的语言——企业精神,形成人们认同的行为方式,以此促进企业经营管理目标的顺利实现。

(4) 塑造良好企业形象,提高金融企业社会信誉和美誉。塑造良好的金融企业形象,是金融文化建设的重要内容,是金融文化建设的一个战略性目标,是一项复杂的动态的任务。金融企业形象是指社会公众运用文化、伦理等各种评价尺度衡量对金融企业的整体印象和全面评价。一般包括信誉形象、服务形象、管理形象、机构形象、员工形象、领导形象、环境形象等内容。这些具体形象相互依赖、相互联系、相互包容,共同构成了完整的金融企业形象。良好的企业形象是企业巨大无形资产。在形象塑造过程中,必须充分考虑金融行业特色和各自公司的经营风格、特点,体现和反映出整体性、独特性、创新性和稳定性等符合实际的形象要素。

## 四、"人为为人"的金融服务创新

(1) 金融服务旨在为人服务。金融服务创新是以服务为最终目标,从而实现企业的自身价值。因此人为为人的思想在该领域显得尤为突出。通过自身的发展、技术的提升,不断践行"人为"行为;而不断为客户提供优质的金融服务,以客户的角度出发为其提供便利,则充分反映了东方管理的"为人"思想,人为和为人在金融服务中得以融合和循环,从而实现双赢的局面。

(2) 创建和谐的金融服务环境。大部分企业在企业文化战略建设过程中,重视了人的价值,却忽视了对周边环境的影响,为环境的恶化及末端治理付出了沉重的代价。经过 08 金融危机的洗礼,金融企业更应该主动营造和谐的金融服务环境,以人为为人的心态主动构建和谐的产业链和经济环境,才能更好地得到发展。金融服务是需要更多的人与人之间的信任,这个核心的内容只有在人为为人的环境中才能得以实现。

(3) 现代消费群更青睐于绿色产品,企业纷纷通过"绿色浪潮"提高产品的生态含量。金融创新的产品要符合当今的发展方向,企业要实现可持续发展,"生态化"是其必由之路,生态文化融入企业文化战略后不仅可扩大企业文化战略的外延,而且有利于企业树立良好形象。生态文化是人类文明进步的结晶,是推动社会前进的精神动力和智力支持,具有深刻的继承性和鲜明的时代性。人为为人为金融企业设计出更加符合人性、更加便利消费者的产品提供了思想上的指导,只有更多站在消费者立场上,更多的人为主义关怀,才能为消费者创造更多更好的产品。

# 14. 秉承协会宗旨，为沪泉经济建设服务
## ——在上海泉州侨乡开发协会创会25年暨第六次会员代表大会上的报告(2012)[①]

## 一、五年的工作总结

五年来，上海泉州侨乡开发协会在上海市人民政府合作交流办公室、上海市社会团体管理局的领导下，在中共泉州市委、泉州市人民政府和福建省人民政府驻上海办事处的关心支持下，始终坚持以科学发展观为指导，遵照"以人为本、以德为先、人为为人"的创会宗旨，以历届理事会工作为基础，充分发挥团队协作优势，团结和联络广大在沪泉籍乡亲，凝聚乡情，服务乡亲，主动参与家乡经济建设，致力推动沪泉两地经贸文化交流与合作，为沪泉两地经济建设和社会事业发展做出积极贡献。

五年来，本届理事会主要做了以下工作：

（一）发挥协会资源优势，为沪泉两地经济建设服务

协会积极发挥会员中的600多名国家高级人才和上千名年富力强的企业家的社会资源优势，发挥"爱拼敢赢"和"敢为天下先"的泉州精神，凭借自身的聪明才智和勤劳勇敢，开拓进取，在万商云集的上海，不断谱写奋斗华章，刷新传奇业绩，努力促进沪泉两地经济发展。据不完全统计，在沪泉籍乡亲至今在上海投资累计高达2000多亿元。

（二）组织各种学术研讨，为泉州发展战略服务

五年来，协会联合复旦大学经济管理研究所、上海管理教育学会等单位，主办、承办和协办各种学术研讨会几十场，包括"海峡两岸经济文化发展研讨会"、5届"泉商发展论坛"、"世界华商管理论坛"、"东方管理论坛暨世界管理论坛"、"五缘理论"以及2011年在国立华侨大学召开的"'泉州模式'25周年研讨会"等学术研讨。为配合沪泉两地的发展战略，协会还组织学习科学发展观，积极参加"海西发展北京座谈会"，召开"第五届泉商发展论坛"暨2010在沪泉籍乡亲联谊会。组织参加世博会的各种活动，为世博会开局献计献策。会长苏东水教授带领专家教授多次到泉州深入调研考察，并为各级干部、企业高管人才进行培训，举办了"福建省高级管理人才研修班"，为泉州市委党校举办了6期县处级干部培训班，举办了"丰泽区经营管理人才培训班"等培训，为泉州市乃至福建

---

[①] 2012年12月16日上海泉州侨乡开发协会成立25周年庆典暨第六届会员代表大会在上海光大会展中心国际大酒店举行，本文是大会报告。

省的经济发展提供智力支持。得到福建省委、省政府和泉州市委、市政府以及各界人士的高度评价。

### (三) 广泛联系港澳台侨胞,为沪泉两地招商引资服务

泉州是全国著名侨乡和台湾汉族同胞的主要祖籍地,泉州市现有人口800多万人,在海外的侨胞有600多万人,台湾汉族同胞中祖籍泉州的有900多万人。协会充分发挥泉州侨乡的优势,加强与港澳台同胞和海外侨胞的联系,积极为招商引资服务。协会和各县(区、市)工作委员会多次应邀赴菲律宾、印尼、马来西亚、新加坡、泰国等国家以及港澳台地区交流访问,开展联络活动,大力宣传国家对外经贸政策,牵线搭桥,积极协助和引进港澳台侨胞来大陆投资,为沪泉两地引进各种项目近百个。

加强对台接待工作,与泉籍在台同胞保持密切联系,努力做好台湾同胞工作,为祖国和平统一大业服务,是协会的一项重要工作。5年来,协会努力做好台胞来沪的接待工作,以沪、泉、台两岸三地为基点,广泛地建立了与台商的联络渠道。协会包括各工作委员会,累计接待台胞300多人次。协会会长苏东水和名誉顾问陈鹏生等专家,还应邀赴台访问讲学,深受台湾同胞的欢迎,为沪、泉、台两岸三地交流互动起到积极的促进作用。

### (四) 协调各方关系,为在沪泉籍企业的发展服务

根据在沪企业的发展需求,协会努力协调各方面的关系,加强与政府有关部门和行业主管部门的联系,组织在沪泉籍骨干企业,牵头研制可行方案,协助整理申报材料,先后在上海等长三角地区协助成立了"福建安溪茶叶协会上海分会""上海泉州商会""上海泉州市区商会"以及目前正在筹建的"上海长三角(惠安)商会"等商业社团组织,积极扶持泉籍企业在上海等长三角地区的转型升级,为泉籍企业的发展服务。

### (五) 努力办实事,为广大乡亲服务

五年来,协会为沪泉两地做了近千件实事好事,涉及创业发展、社会公益、"回归工程"、扶贫济困、学生就学、打工就业、看病就医、义务咨询等,深受乡亲和有关部门的好评。

(1) 创办《上海泉州人》杂志,不定期编纂出版宣传在沪乡亲的先进事迹、泉州人的风采和"爱拼敢赢"的创业精神。同时在刊物中开展"泉商发展论坛"等学术研讨,经常介绍泉州市经济发展情况以及泉州特有的人文自然景观等。此外,在协会成立20周年庆典时,还编印了协会"辉煌二十年"纪念画册和上海泉州侨乡开发协会通讯录,为在沪乡亲联络沟通提供方便。

(2) 组织在沪泉籍企业家先后到嘉定、青浦、昆山和浙江、福建等地考察,洽谈投资和项目合作,为泉籍企业拓展商机,拓宽投资渠道。

(3) 接待来沪参观、考察、旅游等的泉州乡亲和泉籍港澳台同胞、海外侨胞计3 000多人次,为港澳台侨胞和泉州来沪乡亲的出行提供帮助,深受好评。

(4) 帮助泉州乡亲联系来沪看病就医2 500多人次,并组织在沪的泉籍医生和上海名医,多次赴泉州为家乡群众义诊和巡回医疗,为乡亲解决医疗难题。

(5) 帮助在沪乡亲联系工作,解决乡亲及子女就业1 000多人次;帮助在沪、在泉乡亲子女,解决在上海的就学问题,并协助申请助学金、奖学金500多人次缓解他们的就学困难。

(6) 接待法律咨询协调和解决企业之间经济纠纷100多次,妥善处理企业间的矛盾和纠纷,努力构建和谐的上海泉州人。

(7) 发动在沪乡亲,开展"一方有难,八方支援"活动,经常为家乡及上海的公益慈善事业、自然灾害救助捐款,为修路造桥、希望小学和中学图书馆捐赠等活动。参加捐赠的在沪乡亲共3 000多人次,捐款一亿多元。

### (六) 创先争优,努力塑造泉州人的良好社会形象

按照有关部门通知和评选条件要求,坚持高标准、严要求,每两年开展一次推荐评选工作。先后推荐100多名在沪泉籍企业家,被评为"中国特色社会主义优秀建设者""先进工作者"和"先进企业"。同时,还根据上海市商会和福建省商会要求,推荐一批社团优秀工作者,先后有10多名会员被评为"优秀会长""优秀秘书长"和"先进工作者"。

去年"五四"青年节前,协会推荐上报了一批优秀青年企业家,经审核评比,有5名青年企业家被上海市政府合作交流办团委授予"五四"奖章。

今年,还参加了"上海市先进社会组织评选工作",并在上海30多家市级异地商会和促进会的大会上进行交流发言,被列入"上海市社团规范建设评估范围"。积极的"创先争优"活动,提高了在沪泉州人的知名度,扩大了泉籍企业家和企业在沪的影响力,在上海塑造了良好的社会形象。

回顾5年的历程,我们虽取得了一定的成绩,但也存在一些问题和不足:一是服务工作不够到位,服务内容不够丰富,形式比较单一,发挥会员的优势作用尚有差距;二是理事会和各专业委员会的活动比较少,没有明确的工作职责和制度作保证,发挥其应有的功能优势不够,对二级分支机构的工作联系有待加强,还需要健全规范的制度;三是会员队伍老化,年龄偏大,而发展新会员和年轻会员又不够重视,存在生气不足、活力不强的问题;四是会员联系网络不够健全,沟通不够顺畅,存在部分会员情况变化时未能更新,导致联络中断;五是活动经费没保证,协会专职工作人员少,会费收缴不到位,缺乏有效办法,制约工作开展。这些问题和不足,必须尽快努力加以克服和解决。

各位会员,上海泉州侨乡开发协会走过的25年,是服务的25年,发展的25年。在25年的风雨历程中,协会队伍日益发展壮大,现有会员近3 000人,已成为上海市特大型的一级社团组织之一。协会已成为在沪泉籍乡亲企业家以及各界朋友"友好交流的中心,信息传递的平台,联络沟通的渠道,乡情联谊的纽带",为沪泉两地经济建设和社会发展服务,为广大会员办实事,做出了积极的贡献,取得了较大的成绩!

## 二、今后的工作与任务

展望未来,面对党自十八大胜利召开之后的新形势新机遇,协会在今后的工作中,要认真学习贯彻党的十八大精神,坚持以科学发展观为指导思想,以转变发展方式为契机,以"服务创会,服务立会,服务壮会"为主线,坚持"三为"的宗旨,继续发挥"爱拼敢赢"的泉州精神,团结联合在沪乡亲,有效整合团队力量,优势互补,加强领导,强化服务功能。为实现这一目标,协会要围绕以下十个主要方面,来开展工作:

### (一) 优化组织结构,努力发展新会员

(1) 实行"老、中、青"三结合的组织结构,以中青年为主体,不断吸收新鲜血液,增强协会的生机与活力;坚持会员标准和入会条件,按照"入会自愿、退会自由"的原则,对会员进行全面摸底调查,重新登记造册;加强与老会员联系,以老会员为基础,争取吸收他们的下一代入会;要建立泉籍

新上海人的联系网络,在有关行业建立联络点,注重发展泉籍新上海人和高校学生,增强新生力量,优化组织结构。

(2) 加强内部管理。按照社团管理要求,对协会的内部治理、工作绩效、社会评价及基础条件等四个方面实行规范管理。理顺6个专业委员会和各分支机构的工作,做到职能清晰,职责分明,义务与权利明确,不断提高办事效率,使协会管理逐步走向制度化、规范化和科学化,达到社团登记管理机关评估指标,积极创造条件争取成为上海市社会组织先进单位,提高协会的社会影响力和知名度。

### (二)持续开展战略研讨,提供智力支持

继续发挥协会的智库优势,定期或不定期召开"泉州发展战略研讨会"以及其他各种学术论坛等,充分发挥智囊作用,共同探讨泉州海洋经济、口岸建设、城乡建设、文化建设、金融改革、"二次创业"以及泉州与苏浙沪等地区的横向协作、交流发展等课题,为大泉州新一轮发展献计献策。

### (三)筹建协会网站,加强信息服务

积极筹建上海侨乡开发协会网站,继续办好《上海泉州人》杂志,以网站为载体,加大力度宣传泉籍精英和沪泉两地经济建设的成果;方便乡亲及时了解泉州家乡经济建设和社会发展的新动向、新成就,及时了解协会的活动信息,加强乡亲之间的乡情交流,为乡亲服务;多形式、多层次地拓宽海内外联络渠道,增强招商引资、回乡投资项目的重点宣传,为"回归工程"提供服务。

### (四)筹措爱心经费多为在沪乡亲办实事

协会历经25周年,当年奋战在上海各系统、各战线的众多乡亲,为沪泉经济建设做出了积极的贡献,由于年龄的关系,已先后退出工作岗位,70岁以上的老乡亲日益增多。另外,还有一些各种遭遇的困难群体,他们非常需要协会的帮助和关心。为此,协会拟成立专项爱心经费,号召广大在沪乡亲弘扬慈善义举精神,奉献爱心,踊跃捐资,设立专款用于慰问病患、助医助学、帮扶孤寡、济贫救困。多为在沪乡亲办实事,做好事,帮助排忧解难,加强协会的凝聚力,把协会办成"泉州之家"。

### (五)整合优势资源助力泉籍学子在沪发展

充分利用协会在各个领域的优势资源,为泉籍学子以及在沪泉籍乡亲的子女就学、成长提供服务支持,为泉籍乡亲在沪创业发展提供资源和智力支持;帮助更多的泉籍乡亲在沪开辟崭新天地。

### (六)搭建平台,为企业发展提供服务

(1) 积极搭建信息平台,为企业提供政策导向、市场动态、投资贸易、金融服务等信息,拓宽企业投融资领域;协助提供技术、人才等方面的支持和帮助。

(2) 构建金融机构和企业之间交流合作的平台,为企业投资、融资发展提供服务,帮助企业做大做强。

(3) 帮助泉籍在沪中小企业升级、转型,开展泉籍在沪中小企业发展现状调研,为企业的科学发展出谋献策;及时为中小企业提供政策、市场、项目、投资、金融等最新信息,协助中小企业进行投资洽谈、项目谈判,为企业排忧解难,扶持中小企业健康发展;经常联系安排中小企业主学习、培训和考察,拓宽他们视野,提高管理能力和业务水平,使中小企业尽快走向市场,迈上新台阶。

（4）组织企业家参与各种形式的回乡考察，做好"回归工程"建设，为大泉州的繁荣发展贡献力量。

（5）关爱在沪泉籍员工，维护他们的正当合法权益，协助解决急、难、愁的迫切问题和实际困难。

## （七）整合科技精英资源，为侨乡经济建设提供科技服务

广泛搜集各种先进科技项目信息，供泉州市各级科技部门和相关企业参考，为泉州科技发展提供帮助；积极为泉州市各级科技部门、相关企业以及在沪泉籍企业牵线搭桥，与上海市有关部门、大专院校、科研机构开展交流合作，协助引进科技项目，并为在沪泉籍科技界青年的成长发展提供帮助。同时，运用各种媒体和协会网站、刊物，为泉籍科教精英的宣传创造机会。

## （八）组织医疗卫生资源为广大乡亲就医提供支持

（1）广泛联络在沪泉籍医疗卫生界专业人士，广交非泉籍医疗卫生精英，形成医疗卫生联系网络，为在沪乡亲提供健康医疗咨询和医疗顾问服务。

（2）不定期邀约医疗卫生精英举办与健康、保健、养生、医疗相关的专业讲座。

（3）大力弘扬人道主义精神，积极帮助来沪就医的乡亲联络医院、医生，求医治病，救死扶伤，为来沪就医的乡亲提供服务。

（4）为医疗卫生精英提供宣传平台，在协会网站开辟专栏，定期介绍医疗卫生界精英人士，同时运用各种媒体资源和协会网站、刊物，为医疗卫生界精英的宣传创造机会。

## （九）联合泉籍法律精英，为泉籍乡亲提供法律服务

广泛联络在沪泉籍法律界人士，组织建立在沪泉籍法律精英网络，为在沪泉籍乡亲和企业及其他泉籍人士提供法律咨询和法律支持服务；为泉籍企业举办有针对性的法律讲座，帮助了解投资商贸活动中的法律风险以及有效降低风险的措施；邀请律师就国家新政法规、相关案例撰写文章，刊登在协会网站和杂志；定期为泉籍企业提供最新的法律资讯为他们的经营决策提供法律资讯支持。

同时，在协会网站和杂志，开辟专栏，定期介绍法律界精英人士，并运用各种媒体资源，为泉籍法律界精英的宣传创造机会。

## （十）加强青年工作，发挥泉籍青年群体作用

青年是协会的生力军，要加强与青年的联络，积极组织业余活动，建立泉籍青年交流联谊网络，把协会办成青年的家；构建优秀青年激励机制，奖励优秀学子，表彰有突出贡献的泉籍青年，鼓励在专业领域为社会发挥特殊贡献；不定期组织青年职业沙龙，邀请泉籍前辈与青年交流，传授职业以及人生经验；组织在沪泉籍青年创业大赛，鼓励泉籍在校学生或社会青年比拼创意，发挥创业激情，为获奖项目协助筹措创业资金；关心泉籍在沪青年的就业、创业、婚姻、发展，使青年在事业、职业发展的同时，也收获友情和爱情；建立青年人才库，发挥协会社会资源优势和网络优势，将德才兼备的优秀青年，帮助推荐到沪泉两地需要的工作岗位上去。

各位会员，"岁月如歌谱华章，沪泉同心铸辉煌"，协会成立迄今已 25 年，不仅是值得深入回顾总结的历程，更将成为一个崭新的起点。新一届理事会将团结和带领全体会员，砥砺奋进，铿锵前行，为广大在沪泉籍父老乡亲服务，为沪泉两地的繁荣发展做出更大贡献！

# 15. "泉州模式"的转型发展
## ——提交"福建省民营经济发展论坛"的论文(2013)①

今年是"泉州模式"提出的26周年,早在1982年起苏东水教授带领中国国民经济管理学会经过实地调查访问以及与众学者们展开广泛调查研究,于1986年4月18日在泉州全国乡镇经济研讨会首提"泉州模式",这是从理论上第一次在全国提出并论证了"泉州模式"是建立在社会主义市场经济、因地制宜、充分利用本地资源,发展"小""专""活"和多种经济形式的基础上的区域经济发展模式。"泉州模式"具有股份制的经济形式,外向型的市场经济,侨洋式的生产条件以及灵活的经济管理和地、亲、文、商、神"五缘"经济网络关系。20多年来,泉州经济取得了突飞猛进的发展,实践证明,"泉州模式"是一种符合泉州区域具体情况的成功有效的发展模式。新时期,全球经济发展存在极大不确定性,全国经济也正处于创新驱动和转型发展过程,应该抓住时代机遇,进一步实现"泉州模式"自身的转型发展。

## 一、"泉州模式"的发展轨迹

1. "泉州模式"的初步提出(1978—1996)

在该阶段,泉州经济主要是走"引进侨资,发展民资"的道路。改革开放初期,泉州充分利用侨乡资金充足、信息灵敏、市场广阔、引进方便等优势,以股份合作制为"黏合剂"将侨乡的资金、技术、劳力、设备、土地等生产要素逐步优化组合,形成强大的生产力。并使原来集体经营的社队企业与新兴股份合作企业、独资企业相互补充、相互渗透,形成多元化的经营主体,为发展市场经济提供基础条件。在当时的条件下,最快捷、最现实的选择就是依托侨资、侨力,面向广阔市场,选择以乡镇企业为突破口,带动泉州农村产业结构的调整,推动非农业的兴起。1980年,晋江县共签订1万多份项目合同引进各种各样的先进设备1.5万多台(件);石狮1986年全镇签订了来料加工合同123份,共引进各种设备520台(件),安排劳力5600多人,实收缴费121万美元;1988年至1991年,泉州乡镇企业每年嫁接外资均在150家以上;1992年至1993年6月,共发展中外合资企业达990家,总投资额达64.24亿元,利用外资额达8.34亿美元,分别是前10年总和的1.3倍、3.8倍和3.1倍。

"泉州模式"的第一阶段不仅体现在其经济发展路径上,还体现在泉州企业灵活的管理模式上。

---

① 本文收入福建省社会科学界联合会、泉州市社会科学界联合会主编的《福建省民营经济发展论坛文集》(厦门大学出版社2013年版)。

泉州乡镇企业当年的起步是以"小""专""活""广"为主要特点的。"小"就是小企业、小商品、小项目,但是这却是个"大市场",可以带来"大创汇""大产值"和"大网络"。"专"是专业化生产和专业化市场。今天所谓的泉州鞋业集群等就是当年的专业化市场的产物,所以专业化带来的是大的支柱产业和泉州制造大的名气。"活",即先找市场、以贸开路,以销定产和搞活销售。依靠这种灵活的管理方式,20多年来,泉州的许多品牌企业在世界各地布满了销售网络,使得泉州的运动鞋、铁观音、雨伞等产品畅销全球。"广"就是生产门类广,经济形式多种多样。这是跟泉州当时的小商品经济有关的,现在的泉州经济更多地表现为由传统的制造业和加工业逐步向船舶和化工等高技术产业的发展,因而拓宽的是门类,但是转变的是经济增长方式。1994年,在中国农村发展道路(晋江)研讨会上,"泉州模式"上升为中国农村工业化的样本,与苏南、温州、珠江并称为农村发展的"四大模式"。此后,一种"以市场调节为主、以外向型经济为主、以股份合作制为主,多种经济成分共同发展"的发展道路被不断放大,泉州经济领跑全国的大幕正式拉开。

2. "泉州模式"的巩固提升阶段(1996—2011)

这一阶段,"泉州模式"的重要特点是,大力发展集群和品牌经济。依靠侨资起家、大力发展自身中小企业的泉州经济,虽然取得了一定的发展成果,但因为各乡镇企业规模较小,所生产的产品差异化程度较低,还是无法形成较强的产业竞争力。为了形成较强的竞争力,在市场竞争中占据有利的位置,各个小型经济体渐渐汇集在一起,形成了各式各样的产业集群;为了突出自身产品与市场上其他产品的不同,增加自身产品的差异化程度,从而更好地占领市场,各企业又竞相提高产品的科技化程度,着力打造自身品牌建设。

泉州的产业集群处处可见。这些发达的产业集群,是建立在已有的专业化市场的基础上的,是这些年"泉州模式"朝着更高起点发展的一个重要标志。社会分工的不断细化,实现专业化、基地化。区域生产化,把生产基地和专业市场结合起来,通过产品、品牌产业链生产向周边辐射,加强生产要素的聚合和联合,带动区域经济发展,先后争创了"中国鞋都(晋江)""中国休闲服装名城(石狮)""中国建材之乡(南安)""中国树脂工艺之乡(丰泽)""中国石雕之乡(惠安)""中国芦柑之乡(永春)""中国乌龙茶之乡(安溪)""中国工艺陶瓷之乡(德化)"等众多国家级地区品牌。

这一时期泉州经济发展的另一特点是逐步由"泉州制造"转向"泉州创造",在产品功能提升的背后是对产品的品牌营销力度的加大。在国内运动鞋市场上占有率第一的晋江安踏集团企业,其经营重心的转变耐人寻味。他们抛弃了注重产量的传统策略,许多生产功能转移到一大批设备先进、工艺过关的配套中小企业,核心经营团队的心思更多放在打造品牌上,组成了一艘以"安踏"品牌为龙头、以配套企业群为协作层的运动鞋"产销舰队"。这样的变化,反映出泉州传统产业整体转型的一种趋势——相当一批企业利用自身的品牌优势和市场网络营销优势,或组建松散型产销联合体,或委托加工生产,或通过资产重组扩大规模,实现名牌产品的低成本快速扩张,加快优良资产向名牌产品、名牌企业集中。大批中小企业通过为名牌企业生产配套产品或者加盟名牌企业的生产而重焕生机。泉州在实施品牌工程后也开始收获品牌经济带来的好处。这一时期,泉州市拥有46个中国名牌产品、51个中国驰名商标,有16个品牌进入中国最具价值品牌榜。泉州市市级以上品牌企业数量虽只占规模以上企业数的10%,却占有全市50%以上的规模工业产值。最近5年来,泉州相继荣获"中国品牌之都"等称号。

由传统的重视制造转向品牌立基,反映了泉州制造在当代的转型,这也是这一时期"泉州模式"的一个新特点。这一转化,对于泉州经济发展来说是具有十分重要的意义的。第一,这是企业提高自身竞争力的需要,从企业自身的角度来看,建立发展自己的品牌,从根本上改变了先前企业代加工的生产模式,使之具有更高的经济效益,能够降低企业的运营成本,使相关经营者大受其益,也可以使得企业受国外需求的影响降低,同时由于品牌的差异化优势,提高了自身产品在国际上的竞争力;第二,这是实现产业结构升级的需要,品牌的建立需要相当的科技投入以及自我创新,这在一定程度上提升了产品的附加值和市场势力,以及产业的技术结构、组织结构和管理水平,从而使产业结构的素质不断提高;第三,这是延长产业集群生命周期的需要,产业集群的发展能够提升区域的知名度和美誉度,成为某些品牌形成的基础,同时区域品牌的形成要以具有强大市场竞争力的地方产业集群为物质基础,品牌一旦形成又会成为产业品质和信誉标志,有力推动区域市场扩张和地方产业集群发展;第四,这也是促进区域经济发展的需要,品牌这一无形资产的出现有利于区域内人均资本、产出的提高,也有利于人民生活水平的提高,从而促进经济又快又好地发展。

从以上分析中可以看到"泉州模式"作为泉州经济的发展成果,不仅符合当时的经济特点,而且在今天仍然具有旺盛的生命力。这是泉州人民坚持从自身情况出发,大胆创新所走出的一条富强道路。评价任何一种发展模式,其客观标准无非就是是否能够迅速发展社会生产力。历史证明,"泉州模式"是成功的,走出了一条靠市场创造现实社会生产力的成功之路;一条建立城乡一体化经济的成功之路;一条通过外引内联,实现跨地区、跨行业、跨所有制、跨国界联合的成功之路;一条国富、村富、共同富裕的成功之路。

## 二、"泉州模式"的重工业突破

泉州经济经过前两个阶段的发展,在新时期已经取得了很大飞跃,获得了巨大成功。但在发展过程中,产业雷同也带来同业竞争的压力,泉州制造的利润空间也在逐步压缩,如何进一步提高产品附加值和提升已有产业结构成为摆在泉州企业家面前的现实课题。

德国经济学家霍夫曼将工业化过程划分为四个阶段,即以消费资料工业生产为主、资本资料工业规模快速发展、资本资料与消费资料工业并驾齐驱和以资本资料工业生产为主的四个阶段。根据霍夫曼定律,泉州目前还只是处于第二阶段,离完成工业化进程还有很长一段路要走。当前,泉州经济建设重点正在发生转变,即从原来发展鞋业等轻工业转向依托自身有利的地理位置,大力发展港口建设,积极推进重化工业建设,其中以中上游原料为重点的泉州湄州湾石化基地建设更是重中之重。

这里单举泉州湄州湾石化基地先导区——泉港石油化工园区为例。泉港区是海西湄州湾南岸主枢纽港,拥有国家一类口岸肖厝港。2004年,福建省政府、中石化集团、美国埃克森和沙特的阿美海外石油公司在泉港区共同投资建设"炼化一体化项目"。2010年11月,总投资385亿元的福建炼油乙烯一体化项目全面投产后,每年可生产高品质的成品油746万吨、塑料原料128万吨、化纤原料70万吨等,为其他石化企业提供了强有力的原料保障。伴随着一体化项目由250万吨级炼油向400万吨级炼油、再向1 200万吨级炼油逐级跨越挺进,越来越多的资本竞相涌入当地石化行业,石化产业集群效应正在显现。仅2011年上半年,在泉港区的福炼一体化项目的带动下,泉港区石化产业呈井喷式增长态势,实现产值295.33亿元,增长186.6%。另外,福炼一体化项目对周边地区也产生了强大的虹吸效应。在泉港以南,中化集团公司投资100多亿元在惠安县建设1 200万吨中化炼化项目,投产后将带来500亿元以上的年产值。石狮佳龙石化纺纤有限公司的60万吨/年PTA项目,上与福炼一体化项目紧密衔接,下与当地聚酯、化纤厂家配套,将周边30千米内的众多下游聚酯、化纤、织造、印染、成衣企业与大型石化项目紧密联系,形成了从炼油、化纤原料到纺织、服装的一条完整产品链。除此之外,已有超过 20 个的台商石化项目在一体化项目带动下落户泉港石化工业区,台橡公司更是计划利用福炼一体化的丁二烯原料,发展丁苯橡胶项目,在泉港建立大型橡胶生产基地。在福炼一体化项目的引领下,一个辐射半径达 30 千米,年产值至少 1 500 亿元的产业地图正在逐渐铺开。上述的实证充分地说明了,一个集石化基地、修造船集中区、纺织和轻工业集群等于一体的重点产业"巨舰"将在泉州扬帆起航。

表 1 显示了近年来泉州重化工业产值的变化情况。从中可以看出,泉州重化工行业产值 2006 年以来呈现出不断上涨的趋势。泉州重工业化的进程,实则是产业结构升级的体现,这对泉州经济的发展具有十分深远的影响。首先,这在很大程度上加快了泉州工业化进程,优化了产业结构,提高了产品科技含量、附加值及国际竞争力。其次,重工业化进程带动了大批相关产业的发展,具有显著的辐射效应与关联效应,如沿海重化工对航运、高速公路以及铁路运输等交通运输业及相关生产性服务业的发展都起到了很大的促进作用。最后,在加强重工业化建设的过程之中,势必会促进科技进步,以此产生循环效应,即科技进步反过来又促进了重工业化进程从而最终促进经济进步与城市发展。

表 1  2006 年以来泉州重化工业产值情况    单位:万元

|  | 2006 年 | 2007 年 | 2008 年 | 2009 年 |
| --- | --- | --- | --- | --- |
| 石化工业产值 | 345.14 | 383.93 | 434.82 | 594.71 |
| 增长率(%) | — | 11.5 | 15.7 | 35.4 |

资料来源:泉州市政府网。

此外,泉州重工业的规模和比重正在进一步加大,这是符合工业产业结构发展的一般规律的。但在目前和接下来相当长一段时间内,以生产消费资料为主的轻工业仍占优势。根据霍夫曼定律,我们应认清泉州工业所处的历史阶段,正确处理传统工业和新兴工业、轻工业与重工业的关系。泉州传统的工业并没有发展到成熟或衰退的程度,而是正处在发展的黄金时期,新兴重化工业虽然发展迅速,但暂时取代不了传统轻工业的支柱地位。盲目推崇重工业、抛弃轻工业、发展新兴工业、忽视传统工业的做法显然是不科学的。与重工业相比,轻工业投资少,建设周期短,见效快,吸收劳动力多,原材料可以从传统农业中以较低的价格获得,因此成为泉州区域工业化的首选产业。而重工业具有较高技术含量,较大技术创新空间,较强产业关联效应等优势。加快发展重化工业,推动轻工业的做大做强,形成轻、重工业"两轮同转"的发展格局才能符合泉州经济发展实际。

## 三、"泉州模式"的现代服务业探索

目前,泉州正处在产业结构快速调整时期,从表 2 我们可以看出泉州经济发展正朝着产业结构高度化的一般规律前进,即第一产业的比重下降,二、三产业比重上升。与此同时,表 2 还体现了虽然泉州在第二产业比重上是最高的,但第三产业增加值并不明显的问题,这充分说明泉州经济仍然没有离开"泉州制造",而如何在保持第二产业稳定发展同时做大第三产业是泉州经济发展迫切需要解决的现实问题。

表2　2007年以来泉州三次产业构成变化　　　　　　　　　　　　　　单位：%

|  | 2007年 | 2008年 | 2009年 | 2010年 |
|---|---|---|---|---|
| 第一产业比重 | 4.6 | 4.4 | 3.9 | 3.7 |
| 第二产业比重 | 59.1 | 59.4 | 59.9 | 60.2 |
| 第三产业比重 | 36.2 | 36.2 | 36.2 | 36.1 |

资料来源：泉州市政府网。

为切实解决这个问题，泉州经济在深化已有产业结构，着力发展重化工工业的同时，加快发展先进服务业，以私募股权投资基金为突破口，培育金融服务业。泉州经济在经历了30多年高速发展后，已经积累了大量的资本。据估算，泉州存在着3 000亿元左右的民间资本。同时经济发展过程中企业家也积累了丰富的管理经验。如何将民间剩余资本和企业家管理经验充分利用起来是泉州新时期发展过程中必须面对的问题之一。在此环境下，泉州企业家们勇于探索，很多原来从事制造的企业家成功由泉州制造转向私募投资。晋江红桥、泉州红桥等专业创业投资基金在泉州成立。安踏等7家企业也在泉州当地成立鞋业产业投资基金，以股权方式投资于鞋业企业。为了更好地利用资本市场，泉州市政府启动实施"121工程"，力争用3—5年，累计完成1 000家企业改制，200家企业纳入上市后备，100家企业实现境内外上市。为此，泉州市政府决定投入3 000万元创建相关创投公司，帮助后备上市企业加快上市步伐。361度、利郎、匹克、鸿星尔克等成功上市企业背后，便活跃着泉州私募股权投资基金的身影。这些案例都充分说明了，泉州私募股权投资基金对于产业发展的重要作用。事实上，泉州私募股权不仅在本地投资，它们也在转向外地，比如上海、深圳等地。其投资领域也不再局限于鞋业、水暖器材、房地产行业，战略性新兴产业也是其投资行业之一。

从中，不难体会到私募股权投资对于泉州经济转型具有重要的指引与促进作用。首先，其投资项目是由专业化的风险投资专家经过严格的筛选程序获得的，选择的投资对象是一些潜在市场规模大，成长空间足的新创事业或投资计划，往往反映了未来经济发展的方向及走势。这种以市场需求为导向进行相关行业的选择在一定程度上促进了当地产业结构的优化。其次，由于处于发展初期的小企业很难从银行等传统金融机构获得资金，私募股权对它们投入的资金是雪中送炭，使其能够购建生产所需的互补性资产，扩大自身规模，促进产业链上下游配套行业的建设，带动地方经济整体发展。最后，私募股权丰富的管理经验弥补了创业家管理经验不足，使得企业可以利用内外部有价值的信息，提高自身价值创造及价值获取能力，以提高泉州地区企业整体市场竞争力。可见，大力发展股权投资是解决目前泉州经济发展问题的另一有效途径。不仅解决了大规模资金的使用问题，而且创业投资的增值服务也将对中小企业孵化起到积极的促进作用。由泉州制造转向泉州私募股权，这体现了"泉州模式"的转型发展。下一步如何发挥创业投资基金对推动产业升级及高新技术产业发展的放大效应，是值得思考的问题。

泉州私募股权基金的发展，也是泉州发展壮大第三产业尤其是金融服务业的一个实践缩影。事实上，在私募股权基金发展的基础上，小额信贷公司、金融期货公司等企业纷纷在泉州涌现。泉州金融服务业的发展还体现在其他方面，例如银行。银行是最重要的金融机构，而其存款规模与贷款余额可以作为衡量一个地区投资储蓄关系的尺度，通常一家银行吸收的存款越多，其贷款余额也就越大，从而对经济的投资也会越多，进一步促进经济的增长，使得人均收入增加，反过来又提高了银行的存款量以及贷款余额，形成一个循环上升的良好趋势。这样无论对区域经济的增长还是人民生活水平的提高都是有益的。表3显示了2007年以来泉州金融机构吸收存款的变化情况。从中可以看出,泉州金融存款的规模,无论是城乡居民储蓄或是企业储蓄,自2007年以来都呈现出不断上升的趋势。

表3　2007年以来泉州金融机构存款情况　　　　　　　　　　　　　　　单位:亿元

|  | 2007年 | 2008年 | 2009年 | 2010年 |
|---|---|---|---|---|
| 居民储蓄存款 | 1 098.87 | 1 369.22 | 1 654.52 | 1 860.21 |
| 企业储蓄存款 | 389.64 | 431.73 | 597.44 | 693.81 |

资料来源:泉州市政府网。

如今这个"经济金融化"的时代里,金融市场已成为市场机制的主导和枢纽,以其完整且灵敏的信号系统和灵活有力的调控机制引导着经济资源向着合理的方向流动,优化资源的配置。金融服务业作为一国综合国力的重要组成部分,已经成为现代市场经济的血脉,其竞争力的高低、升降是衡量一个国家国际竞争力的重要标志之一。由此可以看出,以私募股权为突破口的泉州金融服务业建设的不断进步对于泉州产业升级、优化、转型及提高国际竞争力而言是非常重要的。

泉州经济第三产业的发展除了以金融服务业为突破口,商贸服务业也是其发展的一个重要"引擎"。商贸服务业是国民经济的先导性产业,其与金融、交通运输及仓储、旅游、房地产等传统行业,占泉州市服务业增加值的比重超过70%。随着泉州市综合经济实力的增强,城市居民生活基本步入小康,农村居民生活总体向小康迈进,全市总体消费水平位于全省前列,居民具备一定的消费实力,为泉州商贸流通业的发展提供了经济基础和理念基础。随着泉州市经济的快速发展和市场规则的逐步完善,泉州市商贸服务企业积极改善经营管理,大力组织适销对路产品,开展各种促销活动,满足了不同层次的消费需求,商品消费市场持续增长。2011年,全市实现社会消费品零售额1 424.76亿元,同比增18.4%,其中限额以上零售额494.81亿元,增长34.2%。城镇市场实现零售额1 242.25亿元,增长18.8%,乡村市场实现零售额182.25亿元,增长16%。全市实现地区生产总值4 270.89亿元,其中,第三产业增加值1 451.01亿元,增长8.2%,拉动GDP增长3.4个百分点。

泉州市商贸企业依靠资金、技术、管理水平、信息资源的优势,引领消费品市场快速发展,特别是大型商场、超级市场、购物中心等,相对较为规范的售前售后服务、舒适的购物环境和"一站式"购物的便利性、浓厚的商业氛围,在消费市场的影响力不断加大,销售业绩喜人。例如,泉州新华都购物广场有限公司近年来持续扩张,继收购惠安岛内价、漳州岛内价及莆田国货后,又全面接手泉州奇龙物流有限公司下辖的奇龙超市华大店、武夷店、汉塘店、温陵店、东街钟楼店5家终端门店,使其在泉州门店数达到19家,规模扩张带来了效益的提升。与此同时,永辉超市、沃尔玛、麦德龙等大型零售企业加快进驻泉州,这些都促进泉州商贸服务业的繁荣。

泉州市商贸服务业经过多年的培育与发展,基本形成了以新型流通业态为主导,专业批发市场为龙头,集贸市场为基础的市场体系。目前,泉州已建成服装、鞋帽、建材、陶瓷、五金、果品、茶叶、水产品、汽配、石雕、树脂等具有产业实力和竞争力的各类大型专业批发市场218个,其中,经营面积10万平方米以上的各类专业市场19个(其中,中国鞋都、石狮服装城、中国水暖城、中国粮食城、安溪茶都等已经成为全国知名的专业市场品牌),年交易额上亿元的市场28个,10亿以上交易市场10个,商品市场化程度达98%,实现了商品进入市场自由流通、公平交易、平等竞争。

加快突破第三产业发展是"二次创业"所需、现代城市所系、民生改善所急、增长潜力所在。当前,全市第三产业发展迎来了新的机遇、条件、空间和舞台,市委、市政府适时提出实施"服务业现代化工程"和"第三产业发展年"活动,第三产业的发展被摆在了更加突出的位置,现代服务业在集聚中快速提升。泉州服务业在政府的推动下,正走在一条以金融服务业为突破口,以商贸服务业为"引擎"的转型发展道路上,这一转型将强有力地带动泉州服务业的发展,进一步优化泉州的产业结构,健全泉州社会主义市场经济体系,将使泉州经济的明天充满希望。

## 四、"泉州模式"转型的启示

"泉州模式"提出的 26 年来,泉州经济立足泉州自身的实际情况,遵循产业发展的客观规律,在发展过程中获取能力、总结经验,再用成功的经验指导发展,循序渐进,周而复始,不断挖掘自身发展潜力,实现经济的内生增长。泉州经济已经经历过了由发展乡镇企业向"品牌强市"的第一次转变,眼下全球经济正力图寻求一种新的发展模式走出经济危机的阴影,同时中国经济也正处于一个关键的转型时期,在世界和中国经济转型的大环境、大背景下,泉州应抓住这个前所未有的机遇,大力发展重化工业和现代服务业,逐步由发展消费资料工业转向发展资本资料工业,实现泉州经济的可持续发展。

具体来讲,应充分运用东方管理"五缘理论(亲缘、地缘、文缘、商缘、神缘)"关系之新模式、新业态、新方式串联传统经济模式,汇集各路专家、企业家、官员、乡贤力量,广集资、广开路、广建设,形成人才库、资金库、产业链,让企业、居民"宜商、宜居、宜业",以海洋、海丝、文化旅游经济引领泉州"二次创业"、创新转型,创造"泉州模式"新辉煌,做十篇文章:

第一,股份制经济的新形式:从单一到多样;

第二,外向型市场经济的新特点:从单一到联合;

第三,两岸侨洋生产融合的新条件:从分离到融合;

第四,企业东方管理的新体系:从西方到东方;

第五,国际"五缘"经营发展的新道路:从理论到实践;

第六,活力品牌经济的国际化:从国内到国际化;

第七,发达集群经济的规范化:从分散到规范化;

第八,特色县域(城乡)经济的现代化:从落后到现代化;

第九,新型文化(旅游)经济的产业化:从单一到产业化;

第十,推动海洋海丝经济的开放化:从保守到开放化。

"泉州模式",这种由农业发展至轻工业,再到重化工业为主的工业化,然后再向服务型经济转型的发展过程,既适用于泉州当地的经济发展情况,对于中国区域经济的发展也不失为一种可行方案。其他地区的经济发展可以借鉴"泉州模式"的发展经验,立足地区情况,批判吸收,从而实现经济腾飞。同时,引领和激发企业的内生动力,在制造经验积累和资本积累中,寻找属于自身的道路既是"泉州模式"的精髓也是"泉州模式"对于探索全国区域经济发展的时代价值。

## 四、社会各界对苏东水创建东方管理学派的评论和报道

# 《人民日报》：弘扬东方管理，促进世界文明(2003)[①]

## 一、东方管理是治国方略的源泉

东方管理集治国、治家、治生、治身为一体，是体现"天、地、人"和谐统一的完整体系，而其中又以治国为其最高成就。在原发于西方社会的工业化时代，结合20世纪世界发展的现实，东方管理也进行着变革与创新，不断地与时俱进。特别是东亚、东南亚国家的工业化、现代化进程，既促进了东方管理思想精髓与现代世界经济体系的结合，也反映了东方管理的强大生命力。

具有现代意义的东方管理在国家治理方面的成功，尤以新加坡、韩国等最为典型。1959年新加坡自治后，儒家文化在新加坡伴随着工业化进程经历了由衰到盛的3个阶段，即20世纪六七十年代的遭受冷落阶段，20世纪80年代的重焕青春阶段和20世纪80年代以来被尊为"国家意识"阶段。新加坡政府为适应经济发展的需要，成功地把传统道德与科学的管理模式结合起来，成为指导和推动经济发展的理性工具。其基本做法就是剔除儒家文化中制度化、法典化、神圣化的封建礼乐传统，倡导含有爱国主义、集体精神等内容的民间习俗，使之具有保留东方传统的深层意义，凝成国民性格的重要组成部分，并把它作为新加坡国民的具体行动准则加以倡导。1990年，新加坡政府发表《共同价值观白皮书》，以国民行动准则为基础，重提五大共同价值观，对经过改造和发展的儒家文化进行了新的凝炼和表述。新加坡政府官员以儒家"正身、廉洁、勤政"为指导，讲求道德自律、廉洁奉公和勤于政务，始终保持着务实、勤政的工作作风，既保持了政府官员公正、廉洁、高效的形象，又起到了凝聚国民的作用。由于新加坡积极推行以和为贵的处事观、仁爱有序的修行观、入世有为的进取观、重知尚贤的教育观、重俭抑奢的消费观、廉洁勤政的政治观以及适应现代化的礼仪风俗，经过多年努力，儒家伦理道德的核心思想渗透到社会的各个层面，并在现代化的实践中起着卓有成效的作用。

在韩国，很多人认为，孔子的管理思想学说可以说是最好的教化方向。因为只有经由仁爱精神的发扬，德礼教化的熏陶，才能升华管理者的精神生活。只要大家能以儒家管理思想为师，实践孔子之道，必能有助于国家经济发展和促进社会繁荣，进而实现韩国经济的国际化。韩国的管理学家还指出，儒家的管理思想学说在国家和企业发展史上具有深远的影响和伟大的效用，更可以对今后的世界发挥正面的影响功能。韩国还以高丽大学为中心成立了"东方儒家管理研究开发所"，制定了结合韩国工业经济发展及本民族特点的儒家管理发展纲要。

明治维新后，日本走上了资本主义道路，但在现实生活中，儒家管理思想主要是伦理道德观念，仍有机地存在于日本的上层建筑和生产关系之中，并且对经济基础和生产力起到了巩固和推动的作用。

以江泽民同志为核心的党的第三代领导集体，非常重视东方管理在治理国家上的运用。江泽民同志在《中国传统道德》一书的题词中指出："弘扬中国古代优良道德传统和革命道德传统，吸取人类一切优秀道德成就，努力创建人类先进的精神文明。"他还在批判继承我国古代治国传

---

[①] 本文刊载于《中国企业报》2003年1月29日，《人民日报》2003年2月11日转载，作者是中共中央对外联络部部长王家瑞。

统,特别是德治传统的基础上,创造性地提出"以德治国"方略。这一方略在实践中的运用,就是强调通过启迪人们的觉悟,激励人们的道德情感,强化"仁"的道德意志,增强"仁"的荣辱观念,培养和形成古人所说的"羞恶之心",从而使人们在内心深处形成道德行为的内在动因,形成自治的动力。由此可见,"以德治国"方略是治理成本最低、效率最高的治国方略。这一方略是中国共产党在新的历史条件下,对中国传统管理文化的巨大发展,也必将大大丰富世界治国文化宝库。

## 二、东方管理是经济发展的动力

"民以食为天"是妇孺皆知的一句名言。东方管理中的很多策略和方法,就是围绕这句名言组织人民群众开展生产实践而产生和发展的。

二战后,日本管理思想界对于中国儒家管理思想的研究和应用发展到了一个新的阶段。日本企业思想家认为,企业职工具有高度的集体主义精神,对企业的忠诚心、爱社(公司)心、归属意识的表现,本质上是儒家管理思想的反映。日本企业通常用如下三句话概括他们的儒家经营方式:保障职工终身就业,按工作年限和成绩提级增薪,在企业内部设立工会。日本企业的凝聚力,或者说日本人的集体主义,正是上述特殊的儒家企业经营方式的产物。著名的日本企业经营者横山亮次说,终身就业制和年功序列制是"礼"的思想的体现,企业内工会是"和为贵"思想的体现。他自己的经营思想就是以儒家管理的"礼"和"义"为基础的。在同职工的关系上,他贯彻了"爱人者人恒爱之,敬人者人恒敬之"等儒家管理思想。除横山先生外,许多日本企业家也都以"孔孟之道"为经营指导思想。三菱综合研究所高级顾问中岛正树称"中庸之道"为企业管理最高道德标准,日立集团的创始人小平浪子把"和""诚""言行一致"列为"社(公司)训",日立电机公司的创业者立石一真主张"和为贵",建立"相爱和相互依赖"的夫妻式劳资关系。

新加坡前驻日大使、实业家黄望青先生为新加坡现代企业精神列出这样一个公式:新加坡现代企业精神＝西方电脑式的计划＋东方勤俭的美德。新加坡已故总统薛尔思博士对新加坡实现工业化、现代化的成功经验也概括成一个公式:新加坡工业化、现代化＝西方的先进技术和工艺＋日本的效率和高度的组织纪律性＋东方的价值观念和人生哲学。他们不约而同地都把"东方的价值观念""东方勤俭的美德"作为经济社会发展的重要促进力量加以肯定。

在我国台湾,深受儒家文化影响的经营实践体现着东方管理的深厚基础。著名"塑料大王"王永庆的儒家经营哲学就是成功的一例,并在整个环太平洋地区产生着深刻影响。王永庆认为,一个公司经营的成功,人的因素很大,属于人的经验、管理、智慧、品行、观念、勤奋等的无形资源比有形的更重要,这里诸多无形条件中的核心是儒家的"仁""礼""信",离开儒家管理思想,企业只能是一盘散沙。他认为,企业经营虽然以营利为目的,但一个公司如果发生物化的资源亏损,只要算得出来,并不是很严重的事;真正可怕的危险是职工管理意识的蜕变和堕落,做事敷衍搪塞,这种无形的损失远非金钱所能补救,这才是严重影响到公司存亡的大事。

在20世纪七八十年代,西方企业出现了"工人自治""自我管理""工作小组"等活动,许多企业还开始实施工作轮换制度、弹性工作制,实行民主管理、参与管理、建立企业恳谈会制度等,企业管理民主化的浪潮一度高涨。这体现了西方社会中管理者对日益高涨的人性解放呼声的一种妥协,客观上完全可以把它理解为东方管理理念在西方社会的新表现形式,也完全可以认为这正是东方管理强大生命力的现代表现。

## 三、东方管理是社会发展的通途

典型的西方公司,用发行股票的方式筹集资金,经营者对出资人负责,业绩和股票价格是经理的成绩单。其中很容易形成长期失业,相互倾轧的特定利益集团,工人中日益增长的冷漠和不信任感,上层经营者或资本家与工人或中层管理者之间的隔阂等弊端,影响社会和谐。东方管理提倡的人本精神,则是克服其缺陷的有效途径。1988年1月,75位诺贝尔奖获得者集会法国巴黎,向世界呼吁:"如果人类要在21世纪生存下去,必须回到2 500年前去汲取孔子的智慧。"人本管理思想得到广泛认同的现象表明,在不同文化背景下成长起来的人类的不同分支,最终都认识到了人本身在管理中的重要地位,而不再单纯关注"物"(包括资本、设备、原材料等)的管理,把人看做是依附于这些实物而存在的一种生产要素。

东方管理"天人合一"的宇宙观体现它对普遍和谐秩序的追求,儒家提倡"天下为公",把社会群体利益置于个人利益之上。作为一个多元民族、多元文化、多元宗教的移民国家,民族团结、社会和谐是新加坡政府追求的首要目标。为此,政府提倡以儒家"仁爱、宽容、和谐"思想为指导治理国家,把儒家的忠信观念发展成忠于国家、人民、职守,信守道义、承诺、合约的新道德,指导国民形成正确的义利观,培养国民的道德自觉,以改善社会风气。现在的新加坡,领导人重德行、国民尚操守已蔚然成风。市民评议委员会、人民协会、居民委员会等多种社会基层组织,把政府和国民紧紧连在一起,把追求和谐转化成集体精神和爱国精神加以大力宣扬。政府和企业经营者还注重营造和谐的企业内部环境及和缓的劳资关系,以增强企业的凝聚力。政府还颁布"植树节法令",在全国开展"花园城市运动"和"清洁运动",以实现人与自然的和谐。

当今世界的发展,已经将人的自由与解放,摆在了社会政治经济和科技进步的首要目标位置。人与人之间、人与社会之间关系的和谐统一,已成了新世纪人们不懈追求的崇高境界。反对战争、维护和平、抵制霸权,是世界上所有具有"仁德"思想的人们的共同呼声。东方管理倡导人生健康、成功、自在,实现身与心、人与人、人与组织、人与环境的和谐一体。"君子以自强不息",是东方管理的重要内容。东方管理主张在积极入世、有为的现实主义态度基础上,避免个人主义和人类中心主义的片面性。现代西方管理模式虽然日益强调管理伦理即管理者的职业道德修养,但维系企业有序运作的依然是纪律与规则。东方管理模式固然重视纪律规则,强调赏罚分明,但更重要的是采用道德软约束的方式来规范员工及管理者的行为。像"修己安人""诚信为本""义利合一"这样的理念,构成了东方管理所崇尚的个人发展的基本原则。

家庭是社会的细胞。它既是生产单位,又是消费单位。因此,家庭关系的协调和稳固具有十分重要的意义,也是维系社会安定、发展生产的一个重要因素。东方管理为现代化家庭教育、家庭理财和家庭和谐提供了要旨。"夫孝,德之本也,教之所由生也。"不忘先人美誉,不忘先祖的养育之恩,从而规范自己的言行,这是家庭道德教化的根本。家庭管理方面,强调以身作则;家长应以其言行风范,为子女做出榜样,使其乐于接受教育,正如《论语·子路》所说的那样,"其身正,不令而行;其身不正,虽令不从"。在亲属关系方面,强调六亲和睦的伦理观念是家庭幸福美满的基础,做到家庭成员和邻里之间互相谦让、互敬互爱,"家和万事兴"就是这个道理。家庭教育始终受到中国传统社会的高度重视。东方管理把家庭教育与国家兴衰联系起来,并提出了儒家伦理思想的一个总纲领,即"修身、齐家、治国、平天下"。在家庭消费方面,强调勤俭聚财、勤俭持家是中华民族传统美德之一。中国古人将"勤俭"二字视为"治生之道",为"发展致福之本"。随着科技革命和民主化浪潮的深入发展,以及可持续发展观念的深入人心,西方管理也日益显现出对个人及家庭地位的高度关注。东方管理在个人和家庭发展方面的深厚文化积淀,必将为西方文化背景下人类的全面发展提供充足的营养。

在经济全球化背景下,东方管理在与西方管理及人类其他管理文化的优秀成果的交融中不断提升自身的内涵,并因具有适应人本思想精华,崇尚人自身价值、兼顾公平和效率等知识经济管理模式的显著特征,必将在全新的视野下,对世界政治、经济、社会以及人类自身的发展提供无穷无尽的养分,对世界文明的进程产生深远的影响。

## 《人民日报》：让管理学向东方回归——访东方管理学派创始人苏东水教授(2003)[①]

提及管理学，人们自然而然会想起众多的欧美学者，从泰罗到法约尔、韦伯，从梅奥、德鲁克到迈克·波特。问管理学之父是谁，他们会不假思索地回答：泰罗。但是，如果问"管理学之祖母"是谁，也许没有人想到这会与曹雪芹笔下的人物有关。翻阅《红楼梦》，人们不难发现"琏二嫂子"王熙凤在管理贾府这个庞大家族时一整套井井有条的管理手段。对比研究表明，王熙凤的管理思想与泰罗有许多惊人的相似。因此，国内一些学富五车的管理学学者把王熙凤奉为"管理学之祖母"，不无道理。

复旦大学首席教授、经济管理研究所所长、东方管理学派创始人苏东水，就是一位致力于从中国深邃的历史文化传统中挖掘现代管理思想的人。

## 一、从"传道授业"到"经世济民"

"我们生长的东方，并不是一个管理思想贫瘠的土地。身处在这样一个具有深刻文化底蕴和丰富历史内涵国度的管理理论和实践工作者，应该考虑如何一方面开掘我国古代哲学中所包含的管理思想；另一方面在引进西方管理思想时，体现东方文化的特点，进而形成整合东西方思想的新的管理文化。"苏东水教授说。

1932年，苏东水教授出生于著名侨乡福建泉州的一个爱国华侨家庭，1953年厦门大学毕业后，长期致力于经济学、管理学的科研教学，如今硕果累累：出版专著近80部计千余万字。其中编著的《国民经济管理学》发行逾300万册，《管理心理学》一书已出四版，重印20多次，累计发行100多万册，编撰的《中国管理通鉴》和《东方管理》成为东方管理思想的集大成者和东方管理学派创立的标志性著作。

苏东水教授独树一帜提出东方管理思想，并不遗余力地钻研和倡导东方管理学说，最早却是从研究《红楼梦》开始。在人们把目光都聚焦在"仁者见仁，智者见智"的时候，1976年，苏东水就以经济学家的眼光开始探究《红楼梦》的经济思想。从研究《红楼梦》出发，苏东水1986年发表《现代管理学中的古为今用》，开始创造性分析古代管理思想的现代价值，同年在日本现代管理国际研讨会上发表了《中国古代行为学派研究》。

从此，挖掘和整理"东方管理思想"成为苏东水教授矢志不渝的追求：深研融合古今中外管理学精华，他提出了"人为为人"的管理理念，在此基础上创立了"人本论""人为学"为核心的管理心理学科；把"以人为本，以德为先，人为为人"概括为东方管理的核心思想，在国际管理学界首创"东方管理学派"，并响亮提出"管理学向东方回归"的口号。

"管理学是一门实践性的科学，任何管理学理论，如果不能走出书斋，不能切实指导经济与社会发展，就毫无意义可言，而管理教育正是管理理论向管理实践跨越的桥梁。"在今年召开的"第七届世界管理论坛暨东方管理论坛"发言中，苏东水教授大声疾呼。

他认为，20余年来，经过复旦大学学者群为主体的东方管理学派的专家、学者、学子和企业家

---

[①] 本文刊载于《人民日报》2003年12月22日，作者是黄敬和邓建胜。

200余人的和衷共济、勤奋钻研,东方管理学术研究与理论体系构建已经取得了一定的成果。随着东方管理学科的不断发展与完善,作为一名教育工作者,他越来越感到在东方管理的教育中存在着许多问题值得深入研究。为人师者,有"传道、授业、解惑"的责任,"教学相长"也有助于学术研究向纵深发展。东方管理科学要想进一步创新与发展,就必须在前期工作的基础上,从现在开始就加强东方管理思想的教育与传播工作,通过"传道授业"的途径,实现东方管理学派"经世济民"的理想。

## 二、从"古为今用"到"日臻成熟"

一套管理理论,或一个管理思想,既然来自又服务于一定的经济活动,无法避免地会带有特定的文化背景色彩。

东方管理思想是以中华优秀传统管理文化为核心,不断汲取包括西方管理文化在内的世界各民族管理文化之精华的开放系统。在苏东水教授眼里,儒家思想正是以中国传统文化为主要支撑的东方管理思想的核心,儒家经典"四书""五经"也是中国传统管理教育的范本。从大处说,东方管理思想提倡的"以德为先"思想与"以德治国"方略内在统一;从小处看,东方文化倡导"和为贵""人为为人"思想有利于增强企业凝聚力和家庭、社会的稳定与和谐,从古至今,东方管理文化有力促进了经济的发展和社会的进步。我国改革开放20多年所取得的成就,也与东方管理思想的恰当运用密不可分。

回顾东方管理学派的发展,苏东水教授认为其大致经历了"古为今用""科学创建"和"日臻成熟"三个阶段。20世纪70年代中期至20世纪80年代中期,是东方管理研究的古为今用阶段,代表作品有《〈红楼梦〉经济管理思想》《中国古代行为学研究》《现代管理学中的古为今用》等。

20世纪80年代中期至20世纪90年代中期,是东方管理学说的创建阶段,也是东方管理文化走向世界的开端。自1992年起,苏教授率中国管理学者首先参加世界管理学界的交流和理论创新,创造性地提出"以人为本、以德为先、人为为人"的"三为"思想,并将东方管理的本质概括为"人为为人"。"人为"与"为人"二者具有辩证关系,互相联系并且可以转化。这一转化过程体现在家庭、行业、国家一切方面的管理之中,管理者和被管理者越是注重自身行为的素质,其"为人"即管理的效果就越好。

20世纪90年代中期以来,东方管理学说日益走向成熟。作为国家自然科学基金项目"东方管理学思想研究"的成果之一,《东方管理》一书于2003年1月正式出版。东方管理理论进一步完善,并以继承优秀的中华传统文化为主,汲取东方管理文化中儒家、道家、释家、兵家、法家等诸子百家学说中的合理管理思想,结合华商管理实践与中国改革开放的成就,融合西方行为管理、过程管理、决策管理、权变管理、知识管理等管理理论的精华,形成了更为完善的东方管理理论体系。

经历25年磨一剑,铸古今中外管理精华之光,苏教授主创"东方管理学派体系(经典与案例)"的"三学"——东方管理学、中国管理学、华商管理学,"四治"——治国、治生、治家、治身,"八人"——人本、人德、人为、人道、人心、人缘、人谋、人才等15部融学、史、用于一体的专著即将问世。

"管理,产生于共同劳动活动中。历史表明,最有希望、最有创造性的管理理论往往产生于经济迅速起飞的国家和地区。目前,东方管理理论正面临着这样一个前所未有的机遇。"苏东水教授预言,"特别是随着中国改革开放伟大实践的深入推进,以及儒教文化圈和海外华商的迅速崛起,随着中国加入WTO、申奥成功、申博成功,东方管理学理论迎来了前所未有的发展机遇"。

## 三、让现代管理思想向东方回归

苏教授自言"余自知学长年短,故不敢有丝毫懈怠"。他说,东方管理学理论的发展成熟必然导致管理思想为西方"一统天下"的局面被打破。

这种回归至少从三个方面明确地表现出来:其一是大家所公认的强调人在管理过程中的作用,其二是文化对管理发展的作用,其三是东西方管理思想的融合。他认为,其具体表现为"以人为本、以德为先、人为为人"的"三为"管理思想的回归。

对于"人德"管理思想的回归,苏东水指出,中国上古时代提出了"德为贵"的思想,强调伦理道德的重要性。以德为先即强调伦理道德的作用。儒家管理思想的逻辑起点是"修己",即自我管理;其归宿是"安人",即理想化的社会管理和最终的天下大同。"修己安人"包含了根本性的个人修炼与管理方法。市场经济体制更加需要提倡诚实守信、意志坚强、艰苦奋斗的精神。西方也普遍认识到了这种重要性,在 MBA 课程中也加设了"管理伦理"的课程,东方管理学派也提出了"以德为先"的观念,强调在市场经济条件下企业要把道德行为放在首位,遵循"德法兼容"。

在探讨关于"人为"管理思想的回归时,首先涉及了管理的本质是什么。孔子认为,管理的本质是"修己安人";道家强调人要有所为,有所不为;荀子在《性恶篇》中也提到"人之性恶,其善者伪也"的观点。荀子的观点与西方近代管理学的观点有相似之处。我们在研究行为科学时,可以发现在我国传统的管理思想中存在"行为科学"的雏形。"人为为人",从哲学观点看是义与利、激励与惩罚、人为与为人的统一,是人的心理、行为、方法的统一,是管理学本质的核心问题。苏东水认为,每个人首先要注意自身的行为修养,"正人必先正己",然后从"为人"的角度出发,控制和调整自己的行为,创造一种良好的人际关系和激励环境,使人们能够持久地处于激励状态下从事工作,并使其主观能动性得到充分发挥。信息时代强调双赢竞争、超越竞争,也是"人为为人"思想的体现。

"因此,我们不能妄自菲薄,把视界老停留在外国的月亮上。中国人,有中国心,人的思想和文化如此,人的行为也如此。伴随着改革开放进一步的深入,伴随着经济全球化境遇下人们的交往日益密切的情势,探索融合东西方思想、具有中国特色的管理体系,成为当前的一个重要课题。"苏东水教授说。

## 《文汇报》:一百余名中外专家、学者聚集复旦,举行"国民经济发展与展望"研讨会(1994)[①]

中国国民经济管理学会主办的"国民经济发展与展望"国际研讨会于1993年12月27日至30日在复旦大学举行。会议由苏东水教授主持。来自美国、日本等国家和地区以及国内22个省市32所高校的120余名专家、教授出席了会议。国际管理者协会联盟主席野口先生,日本经营士会国际委员长、LCG集团公司董事长赤羽达之专程前来向大会表示祝贺,并参加了会议。大会收到国内外学者的论著、论文116部(篇)。

与会者围绕"中国国民经济发展与展望"这一中心议题进行了广泛探讨,对国民经济管理学科的发展前沿、如何创立具有中国特色的管理学派、中国经济发展趋向、现阶段国民经济宏观调控效果、社会主义市场经济的法制化管理、现代企业经营制度与资源合理配置等八大问题,展开了热烈的讨论与交流。与会者还就如何解决国民经济管理运作中的现实问题,提出了28条独有见地的可操作性建议。

会议期间,中日两国专家、学者就"如何促进中小企业发展"这一共同关心的研究课题进行了磋商,并制定了长期合作研究规划。会议最后对入选的中外学术著作、论文进行了评奖,举行了由日本LGG集团公司董事长赤羽达之先生提供资助的第二届"赤羽学术奖"颁奖仪式。

---

[①] 本文刊载于《文汇报》1994年1月16日。

## 美国《世界日报》：中国大陆知名经济管理学者访团抵埠(1994)[①]

中国大陆国民经济管理学会代表团一行13人，在参加了德州达拉斯国际经济管理学者协会联盟第二届大会之后，将于今(二十)日抵达纽约，进行为期一周的考察访问。

这个代表团以中国国民经济管理学会会长、复旦大学经济学教授苏东水为团长，中国国民经济研究所所长孙钱章和北京科技大学管理学院副院长陈志城教授为副团长，团员多为大陆知名的经济与管理学家，他们分别来自清华大学、辽宁大学、中国企业管理协会、国家自然科学基金会、鞍山钢铁公司经济研究所、北京电子工程学院等部门。

据了解，这个代表团在纽约期间，将访问纽约哥伦比亚大学和普林斯顿大学等高等院校，与美国同行举行专业座谈，代表团也计划参观访问纽约地区的一些公司企业，对美国企业的管理过程进行考察研究。

负责接待代表团的华纳技术投资有限公司定二十一日(星期日)下午五时在华埠怡东大酒楼举行"中国经济发展展望报告会"，邀请代表团的成员们就中国大陆当前的经济状况、改革趋势、面临的问题及对策，发表见解，同时向本市工商企业界介绍国内各地的投资环境及有关政策，欢迎关心中国大陆经济发展或有意前往大陆投资的各界人士前往参加，会后有酒会。

---

① 本文刊载于美国《世界日报》1994年8月20日。

## 《新闻报》：倾心经营"东方管理学派"(1997)[①]

走在复旦清静的校园内，年逾花甲的苏东水教授充满了激情："中国不是没有管理学，是没有认真研究过，在有生之年我要尽力确立东方管理学派在世界管理学界的地位。"

70年代末开始，苏东水教授多次参加国际管理学界的学术会议，大部分管理学学者都秉持着"西方管理中心论"的理念，无视、忽略甚至否定东方管理思想的存在及其内在的合理精神。苏教授经过多年潜心研究和调查，对与管理学相关的中国传统典籍进行了全面的清理，在此基础上主编出版了洋洋280万言的《中国管理通鉴》，确立了在史可证的"东方管理学思想"，并将其本质精确地概括成"人为为人"四个字。苏教授称："这也是为了弘扬我们的民族文化。"

这部著作的出版，向世界管理学界证明了，在管理学方面，中国有着悠久的历史根底，长期以来，只是因为没有幸运地接受近代产业革命的洗礼，无缘与现代市场经济结合，于是在与西方管理思想的比较中处于被动、低调的位置。

《中国管理通鉴》是"东方管理学派"的基石，同时也在呼唤当代的学者构建全新的"东方管理学"理论框架。在《通鉴》中，苏教授以史实为依据，古今贯通，叙述与评论相结合，对先秦以来的中国传统管理思想进行了悉心的梳理，全面而客观地予以介绍和评论。全书共四卷，分人物、要著、技巧、名言四个方面。以独特的研究视角，构建起了完整的中国传统管理思想的理论框架。是迄今为止管理学界第一部全面分析研究中国传统思想的渊源、理念、规范、实践、技巧的综合性专著。填补了我国在传统管理思想领域内的一项研究空白。

苏教授提出的"人为为人"的东方管理思想本质特征的学术观点，在海内外学术界引起了广泛的反响。以我看来，苏教授对管理学界最具启迪性的贡献是，他使古今对话，东西激荡，使中国传统管理和当代管理理论、东方管理思想和西方管理思想平等地交汇融合。苏教授认为："管理的基本职能是指挥与监督，以人为本，以德为先，人为为人是领导者管理文化的本质。"他兴奋地讲述中国的先哲们对管理学的贡献，引证《周易》《论语》《荀子》《孙子兵法》乃至《三国演义》《水浒》《红楼梦》，信手拈来，不禁令人相信传统文化正在放射着现代光芒。

作为一个多年致力于经济学研究的学者，苏教授具有异常敏锐的洞察力。早在1991年，小平南方视察讲话之前，他就在国际会议上，针对我国沿海地区经济发展模式，提出了全新的观点：90年代中国的基本经济局势将是以上海为中心，南北两翼齐飞，以沿海地区为轴心，内外市场联动。这一结论花了他八年心血，率领助手和弟子们在长长的沿海地区，广阔的长江流域，以及华南、华中、华北、东北地区进行实地调查，总结分析了无数个数据，以一个学者的智慧与良知诠释了中国改革开放总设计师生前的最后一个英明决断。实践证明，苏教授作为一位严谨的学者，同时对经济形势发展的分析和判断深具功力。

苏教授是福建泉州人，那一方华商聚集的水土，滋润了他另一片研究领域，有关海外华商的经商特点和成功的人际网络。苏教授运用"五缘"文化（亲缘、地缘、神缘、物缘、业缘）的观点，对华人企业经贸网络的构建做了透彻而全面的诠释。他认为："华商的这种凝聚力，不是某种政治力量可

---

[①] 本文刊载于《新闻报》1997年8月3日。

以统属的,而是在民族精神的支撑下,一种文化的整合。"关于这个领域的研究,苏教授将在他主编的《华商管理研究》一书做更深入的探讨。

7月中旬,世界管理协会联盟(IFSAM)'97世界管理大会在上海召开,苏教授担任本届大会主席,年会第一次在亚洲召开,这次能够如期在上海召开,倾注了一位学者的心血和愿望,从筹备到召开,大量的会务工作,苏教授事必躬亲,"家里的传真机一个多月来几乎没有停过",苏教授来后这样讲。他甚至将多年来的一直未动用的著书所获得的奖金也投入到会务费中,只希望能让大会与会的学者们更满意些。那笔奖金苏教授原来准备设立一个基金,赞助学生学习之用。苏教授语重心长地说:"这个大会能在浦东召开,意义十分重大,为奠定我们新型的东方管理学派确立了丰实的影响。"

早在50年代,苏教授担任中国重工业部门调查研究员时,由于工作的需要,对中国早期的经济情况就作了较全面的调查研究,那阵每天东跑西颠大量调查,收集了许多资料。"这是我进行经济管理学研究的宝贵经验。"苏教授感慨道。

坐在复旦李达三楼苏教授的办公室里,有难得的夏日凉风,苏教授从繁忙的会务工作中解脱了出来,一个学者的紧迫感油然而生:"我要赶紧写《东方管理学》,是时候了。"

苏东水,1932年10月出生于福建泉州,1953年厦门大学企业管理系毕业。现为复旦大学经济管理所所长、教授,国务院学位委员会经济学科评审组成员,国家重点学科工业经济学博士生导师,国际管理学者协会联盟(IFSAM)中国常务理事,中国国民经济管理学会会长。

# 《解放日报》：世界高度关注东方管理文化——与苏东水教授一席谈(1997)[①]

国际管理协会联盟(IFSAM)'97世界管理大会日前在沪闭幕。我国能够继日本、美国、法国之后主办IFSAM第四届年会，中国国民经济管理学会会长、复旦大学经济管理研究所所长苏东水教授出了大力。他与IFSAM主席团进行多次商谈，终于使主席团会议在多个申办国中确定了中国为主办国。

"这次会开得起来，说明东方管理文化已经引起了世界的重视。"在会议间隙记者到苏教授时，他颇为欣慰地说："会议的主题是'面向21世纪的东西方管理文化'，前来参加的有美、英、法、德、日等30多个国家和地区的著名学者，刚才休息时，有几位学者专门告诉我，他们对这题目很感兴趣。"

西方管理学者为何会对以中国为代表的东方管理文化感兴趣呢？苏教授告诉我们，原因有二。其一是中国传统文化在国际上的传播已得到共识。苏教授认为，我们常说"洋为中用"，其实在历史上"中为洋用"的事例同样很多。西方管理文化本就包含了一部分东方管理文化的精华，例如"以和为贵"强调团结、团队精神，西方认为一个企业要发展，必须靠协作，马克思也把协作作为发展生产力的因素之一。又如荀子的"性恶论"，与企业管理行为的本质是一致的，即人本来不爱劳动，通过教育和制度约束，转化为勤劳。其二，东方管理文化是积两千多年思想、理论和经验所创造的，近年来经济迅速起飞的国家和地区，包括中国和亚洲"四小龙"，多数受到中华传统文化的深刻影响；加上华商在世界各地的惊人成功，这些都吸引了西方人士探究的目光。继日本之后，在西方，中国的《孙子兵法》和儒家典籍也开始掀起一股研究热潮。

那么，面对儒、道、墨、法、兵诸子百家丰富的东方管理文化，现代管理可以吸收哪些精华呢？苏教授总结了三条本质属性。

第一，"以人为本"。这里的"人"，首先是处在管理系统之中的人，即所谓"民"。中国传统文献中对民的重要性论述极其丰富，中国传统管理哲学是以人为核心的。西方管理从霍桑实验之后开始重视人的作用，但直到近年来，人本管理才成为与科学管理并驾齐驱的两条路线。

第二，"以德为先"。东方管理文化强调道德伦理的作用，儒家管理思想的逻辑起点是"修己"即自我管理，而以"安人"即理想化的社会管理及最终达到天下大同为归宿。

第三，"人为为人"。"人为"的根本问题是发挥人的积极性，管理的根本目的是"为人"。这种为人的思想，在现代企业管理中已经化为诸如"顾客是上帝"之类的格言。

随着21世纪世界经济发展中心可能向亚洲转移，管理学最有希望、最有创造性的地方也将是亚洲，东西方管理文化的激荡、渗透与整合，是一个必然趋势。7月初，美国成立了一个全球华人企业研究中心，对于外国人研究华人的企业管理，苏教授既自豪又焦急，他表示，由他倡议的国际华人管理学者协会正在积极筹备中。

---

[①] 本文刊载于《解放日报》1997年7月29日。

# 《文汇报》：兼容并蓄，不断创新(1997)[①]

国际管理学者的盛会——'97世界管理大会于7月15日至18日在中国上海隆重召开。本次大会是由国际管理协会联盟、中国国民经济管理学会、复旦大学经济管理研究所、上海外国语大学主办的，来自中、美、英、日等80个国家和地区的管理学者和国内20多个省市的教授、专家、企业家等300余人出席了会议。与会者围绕"面向21世纪的东西方管理文化"这个主题展开了热烈研讨。现将与会者发言观点综述如下：

## 一、东方管理文化与现代化管理

有些学者认为，东方管理文化的主体是儒家文化，但又不完全是儒家文化。中国在公元前770年到公元前221年的春秋战国时期，就管理行为而论，有以孔子为代表的儒家"修己安人""以民为本"，周易的"刚柔相济、崇德广业"；还有以老子为代表的道家的"道法自然、无为而治"，以墨子为代表的墨家的"兼爱""利人"，以韩非为代表的法家的"唯法为治"；以孙武为代表的"运筹定计、知人善用、应敌而变"；以及农家、阴阳家等等，南北朝以后还有中国佛教的"与人为善"。这些管理理论和管理思想的相互融合，形成了东方管理文化的精华。

东方管理思想中还有大量具体的经营思想和经营方法，人们往往更多地注意了其中介绍的管理方法和技巧，而忽视了其中蕴涵的东方管理文化的本质。苏东水认为，以人为本、以德为先、人为为人才是东方管理文化的本质，是东方管理文化中最为华彩的部分，是值得在世纪之交的管理文化的变革中吸取的东西，在现代化管理中仍将显出其价值和魅力。

## 二、东西方管理文化的比较

发言者认为，东西方管理文化的特征比较，可以归纳为以下几个方面：第一，东方管理文化主张顺"道"，西方管理文化主张顺"神"；第二，东方管理文化重人不重物，西方管理文化重物不重人；第三，东方管理文化重视"人和"，西方管理文化重视"人离"；第四，东方重"人治"，西方重"法治"；第五，东方管理文化讲"天人合一"，西方管理文化讲"人合于神"；第六，东方管理文化重"利器"，西方管理文化重"利人"；第七，东方管理文化重农，西方管理文化重商；第八，国家干预是东方管理文化的传统，自由放任是西方管理的传统；第九，东方重人文化的宗教，西方重神化的宗教；第十，东方管理文化是以家庭为本的家国一体的文化，西方管理文化是以个人为本的集团本位的文化；第十一，东方管理文化重综合，西方管理文化重分析，这是两大文化体系的根本区别；第十二，东方文化是人为生态文化，西方文化是生长的非生态文化。

---

[①] 本文刊载于《文汇报》1997年8月11日，作者是旭光。

## 三、世界管理变革发展的趋势

与会者指出,面向未来的当今世界管理变革有十大趋势:(1)创新——未来管理的主旋律。所谓创新型管理,是指为适应科学技术、经营环境的急剧变化,不断进行战略创新、制度创新、组织创新、观念创新和市场创新,把创新渗透于整个管理过程之中。(2)知识——最重要的资源。信息社会是智能化、知识化的社会,是知识量、信息量急剧增长的社会,知识生产力已经成为社会经济发展的关键性因素。(3)"学习型组织"——未来成功企业的模式。(4)快速的应变力——时代的新要求。(5)权力结构转换——变正金字塔为倒金字塔。这不只是结构层次的转置,而且管理层次会大大减少,将大大提高组织效率。(6)弹性系统——跨功能、跨企业的团队。(7)全球战略——下一世纪企业决战成败的关键。(8)跨文化管理——管理文化的升华。在保持本土优秀文化基础上兼收并蓄,建立既有自己特色又充分吸纳人类先进文化成果的管理模式。(9)"四满意"目标——企业永恒的追求,即指顾客满意、员工满意、投资者满意和社会满意。(10)"没有管理的管理"——管理的最高境界。全员管理的境界中,人人都是管理者,又是决策者和执行者,将大大激发员工的主动精神,使企业融为体。

## 《上海经济报》：东方管理文化在世界叫响——'97世界管理大会昨在沪落幕(1997)[①]

首次以东方管理文化为主题的'97世界管理大会昨天在沪降下帷幕。中国成为继日本、美国、法国之后第四个举办IFASM世界管理大会的国家。

管理从来就是文化的产物，五千年中华文明孕育了灿烂的管理文化。举办此次大会，是为了促进中国管理学界与国际管理学界的交流和合作，让具有中国特色的东方管理文化能够在世界管理学中确立应有的地位和作出应有的贡献。

据本届大会主席、中国国民经济管理学会会长、复旦大学经济管理研究所所长苏东水教授介绍，当今世界有三大影响文化及管理的因素，这就是世界经济发展中心的改变、现代科技的发展和在经济发展中要求可持续性发展，为创造新的管理思想提供了契机。

本次世界管理大会有来自美、英、法、中、日、德、意、加、澳等30个国家和地区的国际管理学著名学者和国内20多个省市的大学校长、教授、专家等300多人出席。会议代表从不同角度与层面，共同研究了21世纪世界管理主流和中国式管理问题，以期对中华传统文化与现代企业管理的整合创新有所贡献。

---

① 本文刊载于《上海经济报》1997年7月18日，作者是林主恩。

## 《复旦报》:复旦精神的展示——我校主办 '97世界管理大会(1997)[①]

7月15日至18日,我校经济管理研究所等单位承办了一次重大的学术活动:"'97世界管理大会"。在众多复旦人的努力工作下,世界管理大会取得了圆满的成功。

新亚汤臣大酒店是浦东目前唯一的一家五星级酒店,7月15日至18日,这家酒店格外受到关注:来自美国、加拿大、日本、德国、法国等33个国家的350位管理学专家聚集在这里探讨"东西方管理文化"。

中央电视台、上海电视台、东方电视台、人民日报、解放日报、文汇报等40余家新闻机构对大会进行了多角度、多层次的报道;中央电视台、解放日报等新闻机构专门派记者跟踪采访大会。一次学术研究大会受到新闻界如此热情的报道,实属罕见。许多普通市民都通过媒体知道了复旦大学主办的"世界管理大会"。

"'97世界管理大会"执行主席、中国国民经济管理学会会长、复旦大学经济管理研究所所长苏东水教授,在多种场合都强调指出,这次会议能开得这么成功,与程天权、杨福家、施岳群等校领导的关怀、支持关系密切。程天权、施岳群在百忙之中还出席了会议。

这次会议是世界一流水平的会议,但筹备此次会议的人力、物力、财力,则很难与曾经主办过前三次世界管理大会的美国、日本、法国相比。在客观条件受限制的条件下,苏东水教授"以人为本"的东方管理发挥了作用:发挥了的积极性,充分挖掘人的潜能。苏教授自己经常凌晨两三点钟才离开复旦赶回华侨新村;任浩、伍华佳、曹国利等博士研究生不分白天黑夜地忙会务。航头集团、海运学院的朋友也加入了紧张的筹备行列帮助工作。令大家欣慰的是,大会开得隆重、热烈、圆满;大家为复旦添光彩出了力、流了汗。

世界管理协会联盟(简称IFSAM)是全球工商管理学界极负盛名的学术组织,在众多的申办国中,中国能够成为继美国、日本、法国之后的主办者,除了因为苏东水教授是国际知名的经济学家、管理学家外,东方管理文化神奇的魅力是重要的原因。正如程天权书记在大会开幕式上指出的那样:"《周易》《论语》《孙子兵法》《三十六计》《老子》等著作中的管理思想引起了西方的浓厚兴趣,中国传统文化中的重视平衡、和谐、整体等特点,受到了西方有识之士的赞赏。"

苏东水教授倡导的"以人为本、以德为先、人为为人"等东方管理思想在大会上反响热烈。东方传统文化与现代管理、东西方管理文化比较、21世纪管理学发展趋势等话题是大会讨论的焦点。

大会结束后,美国、智利等国的代表,在苏东水、蒋学模等专家的陪同下,参观复旦大学、会见程天权书记。外宾们对程书记说:复旦真不错! 夏威夷大学的成中英说,他参加的国际会议很多,但像复旦主办得这么成功的国际会议并不多。本次大会的"编剧""导演"主要是复旦人,大会的许多"演员"也令国内外同行敬佩:王其藩、叶世昌、芮明杰、徐培华等复旦教授的学术论文高水平、高质量。复旦人具有追求卓越的传统,经过努力一定能够达到卓越的境界。

---

① 本文刊载于《复旦报》1997年9月1日,作者是颜世富。

# 《复旦学报》：探寻管理的民族化道路——读苏东水主编的《中国管理通鉴》(1997)[①]

20世纪60年代以来,随着日本及东南亚新兴工业国家(地区)经济的迅速崛起和发展,学者们在探索这一经济奇迹的过程中,开始重新认识和思考寂寞已久的东方管理思想。在研究中他们发现,亚洲新兴工业国的企业家们,特别是日本的企业家们在他们的经营管理实践中,创造性地理解、吸收了中国古代管理思想中的经营智慧,并应用于企业管理的实践中,从而形成了迥异于西方企业的管理模式、方法,如终身雇佣制、家族经营、集体决策、质量圈运动、年功序列制等等,并认为,这些富于东方色彩的管理方式是东亚新兴工业国企业成功和经济腾飞的重要因素。一些学者更提出了"儒家功力说"。研究者们这种对具有独异特质的东方管理思想的深刻反省和全新认识直接引发了更多的学者对中国传统管理思想的合理价值、现代命运及其未来走向的热烈讨论,从而构成了世纪之交管理学研究的热点问题之一。

然而,由于中国传统管理思想体系本身所具有的复杂性、艰深性,也由于研究资料的分散性和多变性,更由于研究者们研究视野的局限性,多年来,站在中华传统文化的整体背景之上,从历史和现代社会的双重角度,全面整理、系统分析中国传统管理思想的基础性研究专著一直付之阙如,以至于一个时期以来关于中国古代管理思想的论著多集中于某几部单一文化典籍的领域内。由著名管理学家苏东水教授主编的200万字的《中国管理通鉴》一书恰恰弥补了这种缺憾。该书主编经历十年的研究思考,铸成自己独特的体系,采取史论结合,以史为据述评结合,以述为主的写作方法,分人物卷、要著卷、技巧卷、名言卷四部分,对先秦以来的中国传统管理思想进行了悉心的梳理、全面的介绍、客观的评述,该书坚持科学性、知识性、理论性、实用性、可读性相统一的原则,使本书既有历史的实证,又有认识的深度即有理论价值,又有很强的实践意义,是迄今为止管理学第一部全面分析、研究、阐述中国传统管理思想的渊源、理论、规范、实践、技巧等内容的综合基础性研究专著。正如作者在本书前言中写的:"本书编写的指导思想是力求忠实于历史,全面反映中国历史上各时期的管理遗产,应用于现实,用传统文化精华来促进当代中国经济的发展着眼于未来以哲学的高度去发掘中国管理思想宝库,探索中国传统文化精华与现代管理于一休的新管理模式和中国特色的管理体系,使本书其有长久的生命力。"

由于众所周知的原因,国内许多学者关于中国传统管理思想的研究直接受到日本企业家、学者对这一问题的认识和启发,往往将他们的研究视点更多地集中于诸如《孙子兵法》《三国演义》《论语》等被日本企业界、管理学界推崇备至并确实对日本企业管理产生过重大影响的某几部中国古代典籍上,试图从中寻找和概括中国传统管理思想的基本精神和全部内容,这种学术研究虽有意义,但对于博大精深的中国传统管理思想体系而言显然有失偏颇。本书编写者没有受到这种学术时尚的影响,他们从系统的历史考察入手,运用独特的研究视角,构建起完整的中国传统管理思想的理论框架,从而使本书形成了非同寻常的特色,主要体现在以下三个方面:

一、资料占有的广泛性。同西方管理思想对世界文明的贡献一样,历数千年整合百家思想而成的中国古代管理思想遗产极其丰富,有关的图书、文献可谓是汗牛充栋、卷帙浩繁。但由于中国

---

[①] 本文刊载于《复旦学报》(社会科学版)1997年第1期,作者是王小林。

古代管理思想往往与中国古代文学、历史学、哲学、行政学、自然科学等共生于一体,分散于无数的中国传统文化典籍中,这就为中国传统管理思想的发掘、整理带来一定的困难。加之,这些资料、文献有相当一部分用古汉语写成,古奥费解,由此更增加了这项工作的难度。因此,相当长一段时期内,中国传统管理思想的研究基础非常薄弱,鲜见资料占有全面的研究著作。本书编写者耗时三年多,在广泛搜集占有经、史、子、集等中国传统文化典籍中的管理思想的基础上,对中国传统管理思想遗产进行了一番精心细致的梳理、提炼,内容涉及儒、墨、道、法、兵、纵横、阴阳、杂、农、技等百家流派、人物、思想,可谓兼容并蓄。其中可见管仲的经济管理思想,范蠡的经济预测思想和管理原则,孔丘的薄赋敛思想,孟轲的分工与耕田思想,荀况的欲望论,墨家的交利论思想,商鞅的农战政策,桑弘羊的经济政策,王安石的经济改革思想等等,资料丰厚,考据翔实,为深入研究中国传统管理思想奠定了坚实可靠的基础,也为研究中国式管理的探索者们提供了一部权威的资料全书。

二、理论体系的完整性。本书作者没有仅仅停留在资料的考证、搜集、整理上,而是在此基础上,对中国传统管理的理论、规范、实践、效应等进行全方位的探索和研究,作者的这种努力旨在试图构建完整的关于中国传统管理科学的理论体系。本书主编苏东水先生将这一理论体系概括为三个方面:一是治国学,二是治生学,三是治身学或称人为学。治国学主要是社会人口、田制、生产、市场、财赋、漕运、人事、行政、币制等方面管理的学问;治生学主要是农副业、工业、运输、建筑、市场经营等方面管理的学问;治身学主要研究谋略、人为、用人、造材、激励、修身、公关、博弈、奖惩、沟通等方面的学问。这一学术成果的取得受益于编写者们对中国传统管理思想长期的学术运思和研究功力,同时也为中国传统管理思想的探索提供了一个较为成功的研究范例。

三、研究视角的独特性。本书按历史顺序介绍、评价了中国历史上各时期在管理思想和管理实践方面作出重大贡献的历史人物约 200 名,有影响的管理学著作 200 余部,收入、释评了 200 余条言简意赅、含义深刻的中国管理名言、佳句,还在技巧篇生动地描述了从治国平天下到企业家经营实业中的计谋和策略。从上述体例安排上,不难看出作者是从人物、著作、格言、技巧四个不同的研究视角切入中国传统管理思想研究的,通过不同的侧面展开中国传统管理思想的完整内容,这充分显示出作者匠心独具的学术眼光。这一研究视角的选定,不仅有利于编写者把握中国传统管理思想的内在本质和演变规律,更深刻的意义在于广大读者特别是从事企业管理工作的读者更为直接、更为容易地领悟中国传统管理思想的精髓,并进而形成现代意义的思维转化,使传统管理思想走入现代人的生活。

本书主编苏东水先生长期致力于中国传统管理思想的研究,提出了,东方管理思想以"人为为人"为本质特征的思想观点。在海内外学术界产生了广泛影响。当世界管理学界正在兴起一股"东方热"的时候,苏先生敏锐的学术眼光立即捕捉到这一关于管理学发展命运的课题。他在多种场合呼吁建立管理的"东方学派",他认为弘扬中华传统文化、探索东方管理文化的渊源、应用、体系,建立中国式管理模式,将是 21 世纪世界管理的主流之一。或许正是基于这样一种认识,苏先生主持编写了这部大书。该书的出版不仅填补了中国传统管理思想领域内的一项研究空白,更重要的意义在于它对管理学研究所带来的启发性思考:第一,不同于西方文化传统的东方文化传统同样可以孕育出较之西方管理思想毫不逊色的东方管理思想,并进而产生符合现代经济发展要求的企业管理模式。第二,从文化发生学的角度,研究文化观念与管理行为、经济发展之间的互动关系,是马克斯·韦伯在他的《新教伦理与资本主义精神》一书中形成的研究范式,运用这一范式探索东方管理思想的渊源、形成和发展,理解不同文化背景下管理的民族特色,认识到不同的文化观念、思维方式会形成不同的管理风格和管理模式,是极其有意义的。从这一范式出发,我们看到建设有中国特色的管理学必须与中华传统文化紧密地结合在一起。第三,东方管理思想中重视人的作用,强调团队精神,追求组织和谐,注意精神激励,提倡群众参与,民主管理等内容与当代世界企业管理的发展变化相吻合,显示出东方管理思想的无穷魅力。

  在21世纪向我们走来的时候,中国的经济奇迹引起世人的注目。美国著名未来学家约翰·奈斯比特在他的新著《亚洲大趋势》中预测,21世纪将回到龙的世纪,中国将作为一个世界强国,重塑世界面貌,"游戏规则"将不再由西方国家主导。中国管理学如何回应这种发展潮流,迎接中国世纪的到来,并为中国的管理创新活动,业务流程重组、管理科学的现代化找到一条可行的路径,始终是一项长期而艰巨的任务,本书的出版虽然不能结束这种探索和讨论,但它无疑能给我们提供一个有参考价值的研究借鉴。如本书顾问、著名经济学家袁宝华教授在"序言"中所认为编写本书有着十分重要的意义,它有助于在当前实际工作中做到古为今用,创造性地加以应用。

## 五位外国专家：'97世界管理大会展示了
## 中国管理的效率和水平(1997)①

加拿大管理科学学会主席、Memorial University of Newfound 教授苏克莱(L. R. Sooklai)博士指出："在中国召开世界管理大会不仅说明中国的管理文化源远流长，也说明中国的经济发展受到世界的重视。中国经济的迅速发展再一次验证了中国文化的魅力，同时也向世人展示了中国管理科学发展的新的发展前景。"

日本千叶大学的村山元英教授说："在世纪之交的上海召开世界管理大会，使世界的管理学者有机会认识中国和中国的管理文化和管理实践，这不仅有利于全球对中国管理文化的认识和学习，而且有利于东西方管理思想的交流。我不仅要在日本研究中国管理文化，而且希望参加中国的有关学术团体(如中国国民经济管理学会)，从而有机会与中国的学者一起研究和推广中国的管理思想、理论和方法。"

IFSAM 第一届主席、日本大学教授野口佑教授指出："中国将会在世界管理史上留下光辉的一页，不仅因为中国的经济突飞猛进，更因为中国有儒、法、道等丰富的管理文化渊源，也因为有像苏东水教授这样的杰出的管理理论教育家孜孜不倦地传播着中国的传统管理文化。鉴于中国具有悠久的文明历史，也鉴于中国有一大批优秀的管理学者，我认为在中国成立 IFSAM 中国委员会不仅有必要而且完全有可能。我确信 IFSAM 中国委员会在苏教授的带领下会取得成功的。"

本届 IFSAM 主席西班牙教授 Santiago Garcia Echevarria 指出："本次世界管理大会不仅规模大，而且组织好，内容丰富，充分显示了中国管理的效率和水平。由于中国在管理学研究方面的杰出成绩和庞大的管理学者阵容，我们同意作为特例在中国成立 IFSAM 中国委员会。这更有利于 IFSAM 与中国的同行接触和交流。1998年 IFSAM 年会将在西班牙召开，我们热诚地邀请中国的同行参加。"

美国 PennState Harrisburg 大学 Carolyn R. Dexter 教授对在上海召开的高水平的世界管理大会非常赞赏，并在 IFSAM 理事会议上对苏东水教授表示了敬意。

---

① 本文是1997年在上海举行 IFSAM 世界管理大会期间五位外国专家对中国管理文化和大会的评价，根据现场采访整理，标题为编者所加。

## 陈德智：苏东水与东方管理学派(1998)[①]

第一次见到苏东水教授的名字,是在复旦校报上。校报用了几乎整版的篇幅,介绍苏东水的研究成果与他倡导多年的东方管理学派。苏教授是管理学院的,我是新闻学院的,过去并不认识,读了校报的介绍后,敬佩之余,动了拜访苏教授之念,作为后学,我是仰慕学术大师的。我想,一个66岁的人,居然出了60余本书,其中的代表作《管理心理学》三次再版,发行50万册;《中国国民经济管理学》四次获国家、省市一等奖,发行300万册。取得这么显著的学术成果,该有资格领受学术大师的头衔了吧!

在见苏教授之前,我决定先访问几个苏教授的研究生。比如,苏教授是哪里人?毕业于哪所大学?有没有架子?肯不肯接待一个外系的学子?我原以为,一个著作等身的学者,少不了有留洋的背景,没想到,苏教授倒是个例外。他本是华侨富商之后,却没有借助社会关系出国深造。1953年,他从厦门大学企业管理系毕业后分配到国家重工业部做调研员,1972年才调入复旦大学任教。从1983年起,苏教授开始带研究生,已经培养出100多名硕士生,40多名博士生,6名博士后。这个纪录与出书的纪录一样,是少有人能比的。

我从研究生们的叙述中,首先建立了三点对苏教授的印象。苏教授是聪明勤奋的,几十年如一日,把全部精力都倾注到他喜爱的学术领域,所以,才有一本接一本的著作问世。苏教授是富有创新精神的,在回答现实问题时,有理论勇气。1986年,他在福建提出了以建立股份制、发展市场经济和国际化经营为内涵的"泉州模式",在上海提出了"间接控制论"的观点,主张政府不要直接管理或干预企业的生产经营活动。1991年,又提出了"九十年代中国的基本经济局势将是以上海为中心,南北两翼齐飞;以沿海地区为轴心,内外市场联动"的观点。圈内人士都知道,这些观点的出笼,是很超前的,他曾顶住了不小的压力。后来他对学生们感叹:"一个结论,八年心血,无数个数据啊!"苏教授还是一个领导艺术高超的导师。一个博士生告诉我,英国的彼得·圣吉写了一本书,叫《第五项修炼》,苏老师已到了第六项修炼,他把学习型组织运用得魔术般奇妙。不论是开展课题研究,还是社会调查,他总把每一个参与者的积极性发挥到极致,掀起头脑风暴,让大家都有成就感。布置任务时,他总爱说,这个问题大家是专家,我不懂。等到总结时,大家又往往被他高屋建瓴的归纳所折服。可惜苏教授不热心仕途,要是让他当一个什么官的话,一定会是那种懂激励、善协调、会用人、慎用权的干部。100多名弟子,出于对导师的爱戴,自发组织了"东水同学会",每年聚会一次,交流信息与感情。学生中,市长也好,总裁也好,都会设法赶来,可见苏教授是有人格魅力的。

正式与苏教授见面,是一个初冬的下午。我事先打一个电话要求约见,苏教授便答应了。他刚上好课,但并没有让我感觉他的疲倦。我猜,这不意味着苏教授精力充沛,主要还是善待后学吧,不然的话,他露着倦容,不等于是在下逐客令吗?

由于我从他的弟子们那里知道了不少关于苏教授的情况,包括他家住在华侨新村,居住面积达200平方米,儿女都已成才,生活条件远比一些教授优越很多等,这是一个谦和、率直的人,也是一

---

[①] 本文是1998年上海交通大学管理案例研究中心主任陈智德教授博士的采访稿。

个颇具风度的学者。我告诉他,我是新闻学院丁淦林的研究生,他说,他们两个都是国务院学位委员会学科评议组成员。我向他传达了我的仰慕之意后,便提出了一个我最感兴趣的问题:您是怎么想到要创立东方管理学派的?

苏教授不假思索地回答了我。显然,我不是第一好奇者。

苏教授为加深我的理解,又给我看了手头现成的一些资料。我才领悟到,苏教授正在做的,已不单单是为个人出学术成果,他想得更远,站得更高,力图为建立与西方管理体系并驾齐驱的中国式管理体系而向前开路。

苏教授告诉我,世界管理学界正在兴起一股"东方热"。以中国儒家思想为内涵的日本式管理和新加坡式管理,日益成为首届管理学界关注的焦点。从与各国的同行接触中,从与分布在世界各国的华人企业家的联系中,苏教授敏锐地发现,有一种呼声,正在由弱变强,那就是,建立中国式管理模式,将是21世纪世界管理主流之一。支持的理由有二:一是中国传统文化在国际上的传播已得到共识;二是近年来经济迅速发展的国家和地区,包括中国和亚洲"四小龙",多受中国传统文化的深刻影响,加之华裔在世界各地的惊人成功,也吸引了西方人士探究的目光。从1994年起,在多次有关管理的国际会议上,苏教授顺应时代的发展趋势,开始为"东方学派"的建立摇旗呐喊,并为东方管理学说构建了理论框架。所幸的是,苏教授的努力,得到国内外有识之士的鼓励、支持,并得到社会的接纳。

苏教授说,中国不是没有管理学,只是缺乏研究,只是没有幸运地接受近代工业革命的洗礼,无缘与现代市场经济结合,不得不长期在"西方管理中心"的影响下处于低调、被动的地位。随着21世纪世界经济发展中心可能向亚洲转移,我们从事管理学研究的学者,应该抓住历史机遇,为探索东方管理文化的渊源、应用、体系,建立中国管理模式而身体力行。

苏教授把"东方管理学派"的核心内容,简要地归结为十二个字——"以人为本,以德为先,人为为人"。若一条条展开来说,又要洋洋洒洒写一篇,还是留待有兴趣的读者,去看苏教授新近出版的巨著《中国管理通鉴》吧。

临别苏教授,我鼓了鼓勇气,问了一个有点不礼貌的问题:"听说您家境很好,又功成名就,为什么还这么刻苦地工作(指常常到校早、回家晚、中午吃盒饭)?"苏教授平和地回答:"人总是要有目标的,只要还能干,就要干下去,为社会多作贡献。"玩味着苏教授的这句豪言壮语,我告辞了,心里很庆幸,我在复旦的求学生涯中,又认识了一位值得敬仰的知名学者。

## 王生洪：东方管理学是对世界的贡献(1998)①

很高兴参加东方管理学派学术研讨会。东方管理学是对世界的贡献。去年我曾参加苏东水教授主持的"'97世界管理大会",非常成功,至今记忆犹新,纪念苏东水教授从事学术活动45周年是非常有意义的。苏东水教授是上海乃至中国经济管理学界的著名教授,著作等身,硕果累累,有200余篇论文,80多部著述。其中属国家及各部委重点课题20余项,著述量达1 000余万字,奖项20多项。苏东水教授作为复旦大学的知名教授,为四化建设培养高层次的急需人才,在教育、科学、文化等方面都做出了重大贡献。苏东水教授还是华侨,为泉州侨乡组织协会,引进资金、技术、智力以及在海外统战工作、国际学术交流方面尽心尽力。苏东水教授桃李满天下,成就卓越,这次会议是对苏东水教授的最好祝贺。贺大会圆满成功,贺苏东水教授身体健康,为上海跨世纪建设做出贡献。

---

① 本文刊载于《复旦报》1998年11月12日,作者王生洪时任上海市政协副主席、复旦大学校长。

## 《复旦报》:我校召开东方管理学派首届学术研讨会(1998)[①]

本报讯东方管理学派首届学术研讨会暨苏东水教授学术活动45周年庆典,由我校经济管理研究所隆重举办。上海市政协副主席王生洪、校党委书记程天权、青岛市市长王家瑞和上海市委宣传部、上海市社联有关领导出席研讨会及庆典系列活动并发表了热情洋溢的讲话。来自全国各地的专家、学者以及苏东水教授的学生代表150多人参加了庆典系列活动。

在东方管理学派首届学术研讨会上,我校芮明杰教授、经济学院徐培华教授、国务院发展研究中心喻晓教授、中国惠普公司总裁李汉生博士等专家、学者发表了内容丰富、生动形象的演讲,从理论、教学、实践等不同的角度介绍了苏东水教授的学术思想及其贡献,阐述了苏东水教授创建的东方管理学派东方管理文化的体系、要素和本质。苏东水教授作了简要总结,他说:东方管理学派首届学术研讨会的召开是一个良好的开端,我们要进一步吸取中华民族传统文化思想精华,借鉴西方管理文化;探索东方管理文化的渊源、应用、体系,建立中国式管理模式,将是21世纪世界管理的主流之一。东方管理学派必将进一步继承和发扬中华民族优秀传统文化,为促进中外经济合作和世界繁荣作出积极的贡献。

人民日报、光明日报、新民晚报、文汇报、新闻报、中国企业报、东方电视台等新闻媒体对这次会议作了及时报道。

---

① 本文刊载于《复旦报》1998年11月12日。

## 程天权:东方管理学大有可为(1998)①

苏东水教授从事学术活动近半个世纪,取得了丰硕的成果。苏先生在多年以前就很出名了,他在工业经济方面提出的几个模型,影响很大,为我国社会经济的发展作出了贡献。苏先生教书育人多年,桃李满天下。苏先生的弟子中,不少人发展成为市长、厅局长、总裁总经理,作教师的通过培养杰出人才为社会作贡献,这是我们这些"园丁"们的共同心愿。

苏东水先生将东方管理文化的核心概括成人为为人,这个概括很精彩。管理不是目的,为人的健康发展是为人的核心,因此管理要懂得尊重人、关心人、爱护人。许多事情需要人的努力才会得以实现,事在人为,这是人为的又一层意思。

中国有5 000年的悠久历史,有着丰富的管理思想。中国的管理思想体现在多方面,例如行政管理、军事管理、社区管理等。我们要善于扬弃,继承优秀文化财富,抛弃改造糟粕,同时要将西方的管理思想与我国的传统管理思想结合、融会起来,本土化上了水平,才会引起人家的关注、采纳。有些则是世界通则,要处理好接口问题。

我国古人提倡知行合一,对于管理科学来说,这一点更为重要。我们的管理理论必须放到实际工作中去检验、修改,然后不断发展、完善。

祝愿苏东水教授身体健康,在学术上不断放出绚丽的光彩!

---

① 本文刊载于《复旦报》1998年11月12日,作者程天权时任复旦大学党委书记。

## 刘峰：人为为人——中国式管理的精华(1998)[①]

我国著名的管理学家苏东水教授提出了"人为为人"的管理思想。"人为为人"是中国传统管理文化中的精华，它是领导职能的要旨。"人为"主要指领导者的素质和行为，"为人"主要指领导者要为被领导者着想，为被领导者服务。"人为"侧重于"领"，通过领导者提高自身素养而为被领导者作出表率，"为人"侧重于"导"，通过关注被领导者的情感、利益和需求来诱导、引导他们的行为，使之与领导者的行为一致，与组织群体目标相一致。"人为为人"是一种互动的过程。

对领导者而言，"人为"是"为人"的前提，"为人"是"人为"的组成部分，"人为为人"是互为依存的统一体。领导者的"人为"导致了被领导者的"人为"，领导者的"为人"促进、影响了被领导者的"为人"，如此交互运动，整个组织的行为就会一体化，从而大大提高管理的绩效。

---

[①] 本文刊载于《复旦报》1998年11月12日，作者刘峰是国家行政学院教授。

## 徐培华:东方管理文化的核心——人本思想(1998)[①]

从当今世界企业的发展和企业的管理来看,大致可以分成4个层次:第一个层次是有产业的企业,即做业务的企业;第二个层次是有形象的企业,即注重向社会提供优质产品和优质服务,注重企业形象和产品形象的塑造;第三个层次是有文化的企业,即形成一种拥有自我特色的企业文化,它有独创的企业精神、员工一致的行为规范和价值理念;第四个层次是有哲学的企业,从企业领导到每个员工,从企业的经营战略到策略,处处浸透着哲学理念,以哲学的方法管理企业,从而在激烈的市场竞争中不断开拓,不断发展。

企业的4个层次,说明企业管理越发展,越与文化、与哲学靠近,文化与哲学的作用就越大。而东方管理,正是特别注重文化管理、哲学管理。东方管理思想中的"以人为本""人为为人",强调的就是文化的力量,作为东方管理文化的核心,即人本思想,它强调的是一种把握,一种驾驭,一种方法。

---

[①] 本文刊载于《复旦报》1998年11月12日,作者徐培华是复旦大学经济学院教授。

## 芮明杰：东方管理思想的特点(1998)[①]

我在苏东水教授的指导下学习、工作了 15 年。15 年来，苏先生对我的成长始终给予了极大的关心和帮助，不仅教我做学问，也教我如何做人，使我受益终身。对于大会管理思想的看法，我认为不是简单地把中国的思想出口到西方，一个以东方的文化、哲学、人文社会发展为背景独树一帜。我认为东方管理思想具有以下特点：一、以人为本的人文精神；二、团队精神(集体主义精神)；三、行为符合"礼""义"安排；四、道德性软约束；五、无为而有为；六、不变而变；七、不战而胜；八、和为贵。东方管理文化的核心是以人为本。

---

① 本文刊载于《复旦报》1998 年 11 月 12 日，作者芮明杰时任复旦大学管理学院企管系主任、教授。

## 《泉州晚报》：著名经济管理学家苏东水教授巨著又获殊荣(1998)①

【本报上海讯】泉州市鲤城区籍的复旦大学教授、上海泉州侨乡开发协会会长苏东水是在我国享有盛誉、国际上颇有影响的经济管理学家。1月5日，苏东水教授任总主编的巨著《中国管理通鉴》(近300万字)被上海发展汽车工业教育基金会授予一等奖，这是在上海市颇具权威的该基金会评审委员会5年来评定出的、有影响的一等奖。

苏东水教授1953年毕业于厦门大学企业管理系，是国务院学位委员会经济学科评议组成员，全国博士后管委会专家组成员，国家重点学科工业经济学博士生导师，世界管理协会联盟常务理事、中国委员会主席，东亚国际经营学联合会常务理事，1992年被国务院表彰为发展我国高等教育事业做出突出贡献的著名教授，1993年被英国剑桥大学国际名人传记中心评为世界有突出贡献的名人；现任中国国民经济管理学会会长，华东管理学会会长，上海管理教育学会会长，复旦大学经济管理研究所所长，东华国际人才学院院长，中国企业管理协会理事，中国企业家协会理事；历任复旦大学经济管理系主任，国家经委经济高级职称评委会委员，上海市教授资格评审委员会学科评委；曾被厦门大学、中山大学、华东师范大学等多所高校聘为兼职教授，曾被泉州市人民政府聘任为经济顾问、技术创新工程专家顾问、仰恩大学校长。

苏东水教授长期潜心于经济科学、管理科学和行为科学的理论研究、教学和实践，其著述达60多部千余万字。自50年代末期起，开始探讨融马克思主义管理思想、中国古代管理实践和西方行为科学于一体的有中国特色的管理体系，创立"人本论""人为学"学说，提出了"人为为人"的管理思想。1958年起，着手系统地研究中国乡镇经济的发展道路，主编了《中国乡镇企业家丛书》计8册；主持了上海市"七五"重点科研项目"中国乡镇企业模式比较研究"，提出了把乡镇建设成"城乡融合的新型区域"的战略目标，1986年在发表乡镇经济发展的"泉州模式"论著中提出建立股份制、发展市场经济和国际化经营的观点，为泉州市制定了发展战略；1986年在江泽民同志主持的上海市理论双月会上提出了"间接控制论"等观点，发出了对敢于在市场充分开拓创新的现代新型企业家的呼唤。他主持了17次国际学术会议，召开了10余次中外管理模式比较、区域发展研究的国际学术研讨会，完成了国家重点博士点科研项目"中国沿海经济发展战略研究"，并于1991年4月在国际会议上提出90年代"以上海为中心，南北两翼齐飞，以沿海地区为轴心，内外市场联动"的中国沿海地区经济发展模式，国内外近10家新闻媒体报道了这一具有重要意义的战略观点。

15年来，苏东水教授多次获奖，其中获国际级、国家级、省部级的特等奖和一等奖有10个。1983年他主持编写的《国民经济管理学》，共发行300多万册，国外也有译本，被中组部、中宣部、国家经委选定为全国党、政干部必读书，荣获4个一等奖：国家级一等奖、国家教委优秀教材一等奖、全国优秀图书一等奖、上海哲学社会科学著作一等奖。《中国企业管理现代化研究》提出了从管理思想、组织、方法、手段到人才的现代化观点，被称为当代中国管理现代化学派的代表作，1993年1月获上海市社会科学联合会1988—1991年度优秀学术成果特等奖。1987年出版的《管理心理学》

---

① 本文刊载于《泉州晚报》1998年1月7日，作者是倪子泽。

被评为1986—1993年上海哲学社会科学优秀成果著作类一等奖。《现代企业家》获江西省哲学社会科学优秀著作一等奖。《中国沿海经济研究》获日本赤羽学术优秀著作一等奖。《东亚经济发展模式研究》获东亚经营协会国际联合会第二届学术会优秀论文一等奖。

苏东水教授领导的复旦大学经济管理研究所在1991年全国重点高校社会科学研究机构评估中获3个第一名。他在大学和中央电视台、上海电视台开设了政治经济学、工业经济学、中国管理研究、企业管理教育讲座、国民经济管理讲座、管理心理学等20余门课程,并多次应邀赴日本、美国、法国、印尼、菲律宾、香港等地的著名大学、社团讲学。近年来,苏东水教授积极参与国际学术活动,被选为国际最有学术权威的管理学会组织——世界管理协会联盟常务理事,为中国唯一的理事。他率领中国国民经济管理学会代表团参加了第一、二、三届世界管理大会。他主持了世界管理协会联盟IFSAM于1997年7月15—18日在上海召开的"'97世界管理大会",担任大会执行委员会主席,作"21世纪东西方管理文化"的主题报告,弘扬了中华优秀传统文化,为发展中国式的管理学科作了精辟的阐述,深受海内外专家学者瞩目;美、英、法、中、日、德、意、加、澳等33个成员国的500多名专家、学者、代表出席了第一次在中国举行的世界性的管理大会,盛况空前,国内外50多家新闻媒体作了报道。自1983年以来,他已培养了100多名硕士研究生,已毕业和在读的国内外博士生30名、博士后5名,其中有8名毕业博士生、博士后被评选为教授、博士生导师,有的当选为市长。在令人眼花缭乱的众多头衔中,他最珍重的是作为一名教师的荣誉。

苏东水教授年逾花甲,仍兢兢业业地为培养国际经济管理人才,加强中外经济合作,为创建东方管理学派,组织编著东方管理学派精典丛书,增进世界各地人民之间的友谊作出无私的奉献。

## 《新民晚报》：管理论坛倾听"中国音"——'99世界华商管理大会昨开幕(1999)①

华语成为世界管理论坛的最强音。为期3天的'99世界华商管理大会暨第二届管理论坛昨天起在上海西郊宾馆开幕，吸引了来自美、英、日、澳等数十个国家和地区的近300名华人企业家和经济学者。全国政协港澳台侨委会主任何添发、市人大常委会副主任厉无畏在开幕式上致辞。

此次世界华商管理大会由复旦大学、国际管理协会联盟、美国全美华人工商总会等联合主办，复旦大学经济管理研究所承办。据世界管理协会联盟中国委员会主席、复旦大学首席教授苏东水介绍，这是国际学术界、经济界首次将"华商管理与发展"这个世界经济发展过程中富有特色的现象列为研讨会重点。总结华商经营的成功之道，并探索华商在经济全球化冲击下的应对之策。大会主题为"21世纪华商管理和发展"，分华人企业家成功之道、儒商研究、全球化背景下的华商经营对策等12个议题。青岛市市长王家瑞教授、世界华商协进总会执行主席廖俊侨、香港华人华商总会会长古宣辉等先后做主题报告。据悉，目前散落在168个国家与地区的3 000多万华人华侨，所拥有的资产逾1.5万亿美元。本次世界管理论坛设东方管理文化、华商管理、企业管理、经济管理4个主题，由经济界、学术界知名人士联袂主持，成为昨日一大焦点。

---

① 本文刊载于《新民晚报》1999年11月28日，作者是秦武平。

## 《香港商报》：弘扬东方管理文化促进华商经济发展——1999年世界华商管理大会在沪举行(1999)①

本报上海讯 '99世界华商管理大会暨第二届"世界管理论坛"近日在上海圆满闭幕。海内外10多个国家和地区的300多名华人企业家、经济学家和社会知名人士参加。

本次大会组委会主席、复旦大学首席教授、世界管理协会联盟中国执行委员会主席苏东水教授等代表和专家学者先后在大会上作了精彩的报告。上海市市长徐匡迪教授委托青岛市市长王家瑞教授转达他对大会的热烈祝贺和对与会代表的亲切问候。

本次会议主题为"21世纪华商管理与发展"，着重探讨21世纪经济、信息全球化背景下经济发展、管理变革、华商企业发展的战略对策等有关问题，以及华商企业在激烈的国内外市场竞争中立于不败之地的成功经验。

---

① 本文刊载于《香港商报》1999年11月30日，作者是倪子泽。

## 《商报》：九九世界华商管理大会在沪召开(1999)[①]

商报上海专讯　记者吴逸峰报道：九九世界华商管理大会暨第二届"世界管理论坛"十一月二十七日至二十九日在上海西郊宾馆举行。这是国内首次将"华商管理"世界经济发展进程中富有特色的现象作为国际性学术研讨的主题，也是国际学术界、经济界首次就此召开的盛会。

本次会议是经教育部、上海市人民政府批准，由复旦大学、国际管理协会联盟、美国全美华人工商总会、青岛市人民政府联合主办。来自美、英、日、澳、新、菲、马、泰、香港、澳门和台湾等数十个国家和地区的华人企业家、学者、政府官员三百多人出席了大会。

---

[①] 本文刊载于《商报》1999 年 11 月 29 日，作者是吴逸峰。

## 《新闻晨报》：塑造东方管理模式(1999)[①]

东方管理研究中心和国家重点学科管理心理学实验室日前在上海成立。中心及实验室主任、世界管理学家联盟中国委员会主席苏东水教授在揭牌仪式上提出，我们在学习、引进西方管理思想的同时，也要发扬光大东方管理思想，形成东方管理模式。

的确，自泰罗开创现代意义的管理学以来，西方的管理思想，成为西方工业文明演变和社会进步的有力推动因素。而东方文化孕育的东方管理思想，由于未能受到近代产业革命的洗礼和与现代市场经济制度结合，一直处于较弱地位。

但是，一个不容忽视的现象是，东方的管理思想正在世界范围内，越来越受到重视。一股研究东方管理思想的热潮正在海内外兴起，美国、加拿大、德国等一些国家都建立了相应的研究机构。1997年在上海召开的"世界管理大会"，吸引了30多个国家和地区的数百名专家、学者和企业家参加。"东方管理文化"在这次会议上大放异彩，海内外媒体称，"东方管理文化在世界叫响"。

华商，作为活跃在世界经济舞台上的一支重要力量，其管理理念和管理行为深受东方管理文化的影响。李嘉诚、霍英东、包玉刚、曾宪梓等，他们的企业所推行的"五缘为基、家族式经营、网络化营生、自然而然的管理价值、市场化和经营模式"，正是东方管理文化成功应用的范例。

就引进西方管理而言，企业应明确的两点是：一、西方管理模式，有着它赖以发挥效用的西方的文化和制度环境。捡进篮子的未必都是菜，简单的"移植"，不一定有效，或者短期有效但长期未必有效。二、在借鉴西方管理经验的同时，重在吸收东方管理思想的精华。

---

[①] 本文刊载于《新闻晨报》1999年6月8日，作者是徐斌忠和王国进。

## 《新闻晨报》：世界华商管理大会在沪召开(1999)[①]

本报讯'99世界华商管理大会暨第二届"世界管理论坛"11月27日至29日在上海隆重召开。

此次大会是经国家教育部、上海市人民政府批准，由复旦大学、国际管理协会联盟、美国全美华人工商总会、青岛市人民政府联合主办。国务院侨务办公室、全国政协港澳台侨委员会、上海市、福建省、青岛市、苏州市、泉州市等政府的有关领导应邀出席大会。来自美、英、日、澳、新、菲、马、泰和中国香港、澳门及台湾等数十个国家和地区的著名华人企业家及有关学者和专家近300名代表参加大会，并就"21世纪华商管理与发展"这一大会主题展开了热烈而深入的讨论。

据大会的组织者复旦大学经济管理研究所所长、我国著名的经济管理学家苏东水教授介绍，此次盛会是国际学术界、经济界首次将"华商管理与发展"这个世界经济发展进程中富有特色的现象作为主题的国际性学术研讨会，对于深入总结华商经营的成功之道、探索华商在经济全球化冲击下的应对之策，有着非常重要的现实意义及历史意义。同时，对于促进海外华商与国内企业家的交流与合作、共同推进祖国经济的发展将发挥重要的作用。

---

[①] 本文刊载于《新闻晨报》1999年11月29日，作者是殷正明。

# 《复旦学报》：苏东水学术思想述要(1999)[①]

苏东水,字仲生,别号德生,福建省泉州人,汉族。1932年10月23日出生于一个爱国华侨家庭,1950年就读于厦门大学企业管理系,在校期间勤奋刻苦、博览群书,为后来的知识创新打下了厚实的基础。1953年,他从厦门大学毕业后到国家重工业部任调研员。自1956年9月起,在上海社会科学院、上海财经大学、复旦大学等单位任教、从事科研工作。苏先生学术研究范围包括哲学、经济学、管理学、心理学和伦理学等。其学术成就与思想主要如下：

## 一、创建东方管理学派

苏东水先生通过十多年研究,融合古今中外学说,自成为一学术体系,将东方管理文化的精华概括为"以人为本、以德为先、人为为人"。

中国管理思想源远流长,苏东水自1976年开始发表研究中国古代管理思想的文章,开设《〈红楼梦〉经济管理思想》讲座。1986年在《文汇报》上发表《现代管理学中的古为今用》一文,引起社会极大反响。同年,在日本参加的现代化国际研讨会上,苏东水专门介绍了中国现代化管理中古为今用的事例,引起与会专家、学者、企业家高度重视。他们提出要共同合作研究,建立"管理的东方学派"。1990年,苏东水在日本东京国际学术交流会上发表《中国古代行为学派研究》的演讲,之后在日本、美国、法国、西班牙等国家召开的历届"世界管理大会"上,发表了《弘扬东方管理文化,建立中国特色的管理体系》《东方管理文化的探索》《中华文化与管理科学》《无形资产管理》和《东方管理文化的复兴》等学术演讲。苏东水历时三年多主编的《中国管理通鉴》(四卷,280余万字)1996年出版。该书是中国第一部有关这方面的著作。《通鉴》在广泛搜集占有经、史、子、集等中国传统文化典籍中的管理思想的基础上,对中国传统管理思想进行了一番精心细致的梳理、提炼,内容涉及儒、墨、道、法、兵、纵横、阴阳、杂、农、技等百家流派、人物、思想；《通鉴》对中国传统管理的理论、实践效应等进行全方位的探索和研究。苏东水将这一理论体系概括为治国学、治生学、治身学或称人为学。治国学主要是社会人口、田制、生产、市场、财赋、漕运、人事、行政、币制等方面管理的学问；治生学主要是农副业、工业、运输、建筑、市场经营等方面管理的学问；治身学主要研究谋略、人为、用人、造材、激励、修身、公关、博弈、奖惩、沟通等方面的学问。治国学、治生学、人为学三大系统及其子系统积累的实践经验与学问形成了东方独特的管理文化,形成了自己的管理传统学科体系。这个传统学科体系就管理哲学思想而论,包含有道、变、人、威、实、和、器、法、信、筹、谋、术、效、勤、圆等十五个要素。苏东水将东方历史传统论述的管理的本质概括为人为为人,他在"'97世界管理大会"上所作的《面向21世纪的东西方管理文化》的主题报告,使国内外学术界更重视以中华文化为核心的东方管理文化,国内外有50多家新闻媒体报道了此次大会的盛况。国内一家颇有影响的媒体作出了高度的评价,认为这次盛会标志着"东方管理文化在世界叫响"。

苏东水为继续弘扬中华优秀文化,融合古今中外管理学术,近期在主编"东方管理学派经典"15

---

[①] 本文刊载于《复旦学报》(社会科学版)1999年第3期,作者是任浩和颜世富。

部,包括:东方管理学、中国管理学、华商管理学、治国学、治生学、治家学、人道学、人德学、人才学、人心学、人为学、人谋学、人缘学、东方管理言行录。

## 二、创立国民经济管理学科理论体系

苏东水先生自1982年起主持编写的《国民经济管理学》是我国第一部社会主义宏观经济管理专著,他还著有《经济管理导论》《国民经济管理学讲义》《国民经济管理500题》等。他主持编写的《国民经济管理学》受到学术界和国家有关部门的充分肯定和重视。该书主要是通过对国家经济生活的各部门、各组织、各环节、各领域,比较系统全面地论述了国民经济管理的目标、过程、内容、组织、方法和效益,对我国经济管理体制的改革、完善,提高我国经济管理水平,促进国民经济管理学科建立、教学与研究,均具有重大意义。该书有许多创新内容:第一,在我国首创了比较完整的、合理的国民经济管理学科理论体系;第二,在理论上有所突破,为建立中国特色的国民经济管理理论开拓了一条新路;第三,把传统与现代的管理科学结合起来;第四,应该如何提高社会效益;第五,在此基础上研究与建立了几个分支新学科,如:经济监督学、经济决策学和城市经济学等。苏东水在总结10余年的教学经验及收集多方面意见与建议的基础上,又于1998年主编出版了《中国国民经济管理学》。该书形成了理论、主体、过程、行为和国民经济管理学的体系。它研究了作为国民经济管理主体的政府的管理模式、经济政策及领导行为;阐述了国民经济管理过程,如何有效制定发展战略,实施国民经济计划决策、监督调控,运用管理手段、协调平衡、发展经济;探索了国民经济运行中,如何有效地对产业、区域、资源、人力、市场、企业、涉外、国有资产及劳动与分配等经济行为进行管理;最后探讨了社会经济协调发展中的指标系统、发展道路和人的问题。

## 三、创立以人为学为基础的管理心理学科理论体系

苏东水先生所著《管理心理学》已三版发行50余万册,是中国发行量最大的管理心理学著作。他认为,东方传统论述的管理本质可以概括为"人为为人"。每一个人要注意自身的行为修养,"正人必正己",然后从"为人"的角度出发,来从事、控制和调整自己的行为,创造一种良好的人际关系和激励环境,使人们能够持久地处于激发状态下工作,使能动性得到充分的发挥,"人为"与"为人"二者具有辩证关系,互相联系并且可以转化。对任何管理者或被管理者,都有一个从个人行为逐步向为他人服务转变的过程,即从"人为"向"为人"转变的过程。这一过程体现在家庭、行业、国家一切方面的管理之中,管理者与被管理者越是注重自身行为的素质,其为人即管理的效果就越快。从领导学的角度看,"人为"侧重"领",通过领导者修炼自我素养而为被领导者作出表率;"为人"侧重于"导",通过关注被领导者的情感、利益和需求来引导他们的行为,使之与领导的行为一致,与组织群体的目标相一致。"人为为人"的要旨是把伦理与管理结合起来,把合乎规范的"领"与合乎情理的"导"结合起来,把领导者的行为与被领导者的行为结合起来,并从中寻求中正、中和、中庸、中行的途径以达成群体目标。苏东水先生指出,要建立中国特色的社会主义经济体制,应该重视研究人的行为、企业本身的行为和国家对企业管理的行为,这是经济起飞发展的三个车轮。基于人为学思想,苏东水在《管理心理学》中对人的个性、人的需要、人的期望、人的挫折、人性管理、激励行为、决策行为、领导行为、组织行为、创造行为、劳动者心理、消费者心理、青年人心理、群体心理、心理测量等内容进行了深入、广泛的研究。

## 四、在应用经济学研究领域的贡献

(1) 对创立中国沿海区域经济发展理论的贡献。苏东水以马克思区域经济理论为指导,就该领域的理论、战略、区域、对策诸方面进行比较研究,并在日本"东亚地区开发协作国际研讨会"上作了题为《中国经济改革、发展与东亚地区协作关系》的学术报告,受到了与会各国代表的重视与好评。另外,他还主持召开了10余次中外管理模式比较、区域发展研究的国际学术研讨会,并于1991年4月在东亚-中国沿海经济发展国际研讨会上提出了90年代"以上海为中心,南北两翼齐飞;以沿海地区为轴心,内外市场联动"的中国沿海地区经济发展模式,国内外近10家新闻媒体报道了这一具有重要意义的战略观点。作为沿海地区经济研究的一部分,苏东水组织了对泉州市经济社会各方面的规划,并为泉州市制定了发展战略。他从1982年起通过实地调查研究,1986年发表"泉州经济发展模式",首次提出了:股份制的经济模式、外向型的市场体系、侨洋式的生产条件、灵活性的经营管理、国际化的发展道路的观点,从理论与实践上阐述并论证了市场经济发展道路。

(2) 对建立中国乡镇企业经济学科的贡献。苏东水对中国乡村小企业的调研始于1958年,并写了《社队工业》一书。80年代,他主持了上海市"七五"重点科研项目"中国乡镇企业模式比较研究",并于1986年率先主持了全国性的"乡镇经济模式比较"研讨会,提出了把乡镇建设成"城乡融合的新型区域"的战略目标;他主编的《中国侨乡经济管理学》和《中国乡镇企业家丛书》共八册,几乎涉及了乡镇企业经营管理的所有方面。全国十多家报刊专门作了介绍。

(3) 对建立经济监督学科的贡献。1986年出版的《经济监督学》是这方面的代表作,该著作研究了经济监督的对象、历史、概念、分类、目的、职能、过程、作用和体系等,提出了这门学科的理论体系和实施的框架。

## 五、对我国管理科学、企业管理理论的贡献

(1) 对建立现代管理科学体系的贡献。1985年,苏东水在《复旦学报》上发表了《试论管理科学的性质与对象》,该论文获上海哲学社会科学论文奖。他首先以马克思关于管理两重性的理论为指导,在率先挖掘中国历代管理思想宝库的基础上,第一次阐述了管理科学的多功能、多层次、多属性的特点,明确提出管理科学是一个综合性研究生产力、生产关系和上层建筑的科学体系,与自然科学、技术科学具有同等重要地位的论点。实践证明:这一具有开创性的论点,为中国式的管理科学体系的建立明确了方向,奠定了坚实的基础。

(2) 对发展我国工业经济和企业管理理论的贡献。苏东水与人合作编写的《工业经济管理》一书,获全国经济管理干部培训教材优秀一等奖。《工业企业经营管理学》(上下册)一书,是国内该领域较早的一部著作,获得上海市"六五"哲学社会科学著作奖。他主编和撰写的《企业经营管理教材丛书》(共计18卷),系统地论述了企业的计划、生产、组织、销售诸环节,成为我国最早编著发行的一套较为完整、系统的生产经营管理人员的实用工具书。

(3) 对研究间接控制论的贡献。1986年苏东水在江泽民同志主持的上海市理论双月会上提出了"间接控制论"等观点,全文被印发上报中央;他提出,建立新型的社会主义经济体制,主要在于增强企业活力、完善市场体系和搞好间接控制这相互关联的三方面,公开提出了国家对企业的管理由

直接控制改为间接控制为主的观点。

(4) 对建立现代企业家理论系统的贡献。1987年苏教授主持了上海社科重点科研项目"现代企业家研究",发出了对敢于在市场充分开拓创新的现代新型企业家的呼唤,并于1989年出版了《现代企业家手册》一书,首次就现代企业家的含义、特征、素质、性格、作风、行为、环境、经营管理及领导艺术作了全面论述。他组织指导设计的《现代企业家仿真测评》的科研项目被社会评价为"国内领先,具有国际先进水平"。

(5) 对中国企业管理现代化研究的贡献。苏东水主持的《中国企业管理现代化研究》是上海市"六五"重点科研项目的成果,1989年由上海人民出版社出版。该书荣获上海社科特等奖,获得社会广泛好评。该课题取得了如下显著成果:一是在我国首次提出较完整的中国企业管理现代化的体系内容,即:思想、组织、人才、方法、手段现代化,并得到国家经委认可,被写入《企业管理现代化纲要》;二是就管理思想、组织、方法、手段、人才现代化开展系统研究,提出中国企业管理的理论及有关新颖观点;三是在比较国外企业管理现代化过程和经验的前提下,提出了中国企业管理现代化的模式及展望;四是研究现代管理中古为今用、洋为中用的问题;五是苏东水主编的《现代管理学》一书,在《企业管理》杂志连刊《企业管理现代化讲座》。这本专著是我国第一本系统地论述中国企业管理现代化的著作,具有较高学术价值和应用价值。

## 《泉州晚报》：沪上名流谱新篇(1999)[①]

不久前，出任今年刚成立的上海东亚管理学院院长的苏东水教授来泉招生，他提出一反常规模式，以 MBA 工商管理课程内容为基础，融合东西方管理学说为教材，培养企业界、商业界"复合型""应用型"人才的观点。

苏东水，1932 年出生于泉州一个爱国华侨家庭。他的祖父早年漂洋过海，在印尼开发经营橡胶园。他的父亲乐善好施，是泉州侨乡的一代著名义医。

苏东水自幼爱好音乐、文学，并富有正义感，16 岁即参加中共地下党的爱国进步运动。1950 年，苏东水就读厦门大学企业管理系，1953 年毕业后到国家重工业部任调研员，此后，先后在上海社会科学院、上海财经大学、复旦大学等单位任教、从事科研工作，并深入到许多工矿企业和农村，调研企业管理、技术管理、技术教育，以及如何提高劳动生产率等问题，发表了 100 多篇文章。

苏东水博闻强记，知识渊博，涉猎范围广泛，对哲学、经济学、管理学、心理学和伦理学都有研究，从教 45 年，开设过的课程多达 25 门。其中成就最显著的当数管理学。他在 1976 年就发表研究中国古代管理思想的文章，开设《〈红楼梦〉经济管理思想》讲座。1986 年，他又首开先河，在《文汇报》上发表《现代管理学中的古为今用》一文，引起极大反响。1997 年，在上海举办的世界管理大会上，他略带泉州口音的讲话，激起了来自世界 30 个国家的 300 多位代表的阵阵热烈掌声。苏东水在管理文化、国民经济管理学科、管理心理学科、应用经济学等领域成就显著，曾创建"东方管理学派""创立国民经济管理学科理论体系""以人学为基础的管理心理学科理论体系"，在应用经济学研究、管理科学和企业管理理论等方面都有较大贡献。现为中国国民经济管理学会会长、复旦大学经济管理研究所所长、国务院学位委员会学科评议员、国家重点学科应用经济工商管理学博士后流动站负责人，是复旦大学首席教授和博士生导师。他主持编写的《国民经济管理学》是 1996 年至 1998 年全国十大畅销书之一，发行量高达 300 多万册。

"著作等身"这个词放在苏东水身上是最为恰当不过了。据统计，自 1978 年以来，他领衔的研究群体共出书近 70 本，与他的年龄正好相仿。记者采访时，苏教授捧出一套由他主持编撰的 280 万字的《中国管理通鉴》，供记者欣赏。此书分人物、要著、名言、技巧四卷，从管理的角度、传统的文化、现代的思维，让人看到了灿烂的东方管理正放射着现代光芒。据了解，目前他又在编著一套多达 15 本的《东方管理学派丛书》。

作为泉州市政府经济顾问，苏教授多年来积极为我市的经济发展出谋献策，也为仰恩大学、黎明大学的创办作出了很大贡献。今年，他又参与创办上海东亚管理学院，大有在晚年再谱新篇之雄心。

---

[①] 本文刊载于《泉州晚报》1999 年 10 月 11 日。

## 《国际金融报》：在全世界叫响东方管理——访东方管理学派的创导者，复旦大学首席教授、博导苏东水（2000）[①]

说起管理学，人们总是想到素有"西方管理学之父"之称的泰罗。在管理科学界，可谓是西方管理学一统天下。而复旦大学首席教授、博士生导师苏东水先生则倡导一种"东方管理学说"。在他的学说里，把我国古代文学名著《红楼梦》中的王熙凤称为管理学之"祖母"；而"以人为本、以德为先、人为为人"则是东方管理学术的理论精髓。日前，在复旦大学简陋的办公室里，记者采访了苏东水教授。

说来也是巧合，苏教授的名字就与东方有不解之缘。他给我介绍，他从事经济管理研究已有40个年头。解放初，他曾在中央重工业部搞调查研究，后又在社会科学院等部门从事教育与研究。70年代中期，他开始到中文系讲授《红楼梦》的管理思想，之后一发不可收拾。1986年，苏先生在日本的一次国际现代化研究研讨会上，发表了题为《中国古代行为学说》的演讲，受到日本专家学者的重视。此后，苏先生多次在巴黎、西班牙、香港等地举办的世界管理大会上阐述东方管理文化及东西方管理文化比较，引起了国际上的广泛重视。在1997年上海召开的'97世界管理大会上，苏先生对其东方管理思想进行了全面的阐述，当时国内几十家媒体报道的同一种声音是：让东方管理文化在世界叫响。在日前刚刚在安徽结束的第三届东方管理学派学术研讨会上，苏先生再次结合经济全球化的理论，阐述了其东方管理理论，让东西方企业界与管理学者共同认识到了"人在管理中的作用"、"东方思维、东方文化对管理学发展的作用"。

苏先生认为，21世纪的管理面临着三大挑战。首先，世界经济发展的中心可能移向亚洲。其次，现代科学技术的发展已进入了一个新的阶段，以电子技术为前导的信息时代已经到来，知识经济、网络经济的发展将进一步加强世界经济的一体化。第三，以要求可持续发展为中心的新发展观正成为全世界的共识。因此，面对如此迅速而又巨大的变化，随着受中华文化深刻影响的亚洲经济的迅速发展，以中华管理文化为核心的东方管理文化的魅力正在更加完美地表现出来。

关于东方管理文化的本质，苏教授概括为：以人为本、以德为先、人为为人。"以人为本"体现在中国传统管理哲学中是以人为核心，强调"以民为贵"；"以德为先"体现在"修己安人"，即强调伦理道德的作用；"人为为人"是对古今中外管理行为本质的高度概括，是激励与服务积极行为的综合体现，强调人自身行为的激励与修养。

在阐述中国传统的"人本"思想在管理学中的运用时，苏先生特别谈到，"人为"的根本问题是发挥人的积极性，"为人"是以为人类、为社会、为事业努力为目标。他认为，每一个管理者首先要注意自身的行为修养，"正人必先正己"，然后从"为人"的角度出发，来控制和调整自己的行为，创造良好的人际关系和激励环境，使管理者和被管理者都能够持久地在激发状态下工作，主观能动性得到充分的发挥。

苏东水现在的社会头衔很多，但每种身份都未曾脱离他管理之本行，如世界管理协会中国委员

---

[①] 本文刊载于《国际金融报》2000年6月1日，作者是何慧。

会主席、中国国民经济管理学会会长、复旦大学经济管理研究所所长等,但苏先生最珍惜的还是东水同学会会长的身份。因为,东水同学会由苏先生和他的弟子们共同组建,是专门研究东方管理学的自发组织。苏先生和他的弟子们发表的著作,包括近几届世界管理大会论文集在内,已发表1 000余万字。对于东方管理文化的发展前景,苏先生看得很远。他认为,随着中国"入世"进程的临近,将有更多的外国企业进入中国,同时国与国之间经济贸易、文化交往也将更密切,外国企业将更注重研究中国的本土文化、培养本土人才。在这样的背景下,研究东方管理思想、弘扬东方管理文化已成为一种历史使命,东方管理学术的发展壮大正是民族精神在世界范围的叫响。因此,尽管"路漫漫其修远兮",但他将始终坚持"上下而求索"。

## 《泉州晚报》:"人本"文化的世纪回归——记苏东水教授和东方管理学派(2000)[①]

21世纪是人类文明大融合的世纪,站在世纪边缘回望,博大精深的中华文化理当对文明的融合有较大的作为。从这一角度来观照,我对最近见到的苏东水教授和他的东方管理理论有了更深一层的理解。

见到苏东水教授时,是在邯郸路复旦校园管理学院他的办公室里。作为复旦大学首席教授、博士生导师,我不曾想他的办公室是那样简朴,像他的为人一样实实在在、不事雕饰。他说他每周还要有两天到这里来处理些事务,带带博士生。言谈间可以感受得到他还在为不久前刚结束的'99世界华商管理大会暨第二届"世界管理论坛"的成功举办而兴奋。

在迎接新世纪到来之际举行的这届'99世界华商管理大会暨第二届"世界管理论坛",首次将"华商管理"这个世界经济发展进程中富有特色的现象作为国际性学术研讨会主题,因此,这届盛会云集了国内外一批经济管理研究卓有成就的学者和教授。作为大会的执行主席,苏教授为这次会议如期在黄浦江畔举行付出了许多心血,大会的组织筹备工作大部分都由他的那些博士生、研究生们承担了。在大会开幕式上,他作了《华商携手迈向更辉煌的新世纪》的演讲词,在这篇致辞中,他抑制不住激动地说:"我出生在一个华侨家庭,从小生活在著名的侨乡泉州,成年后,又结识了众多的华侨朋友,耳闻目睹了华人企业家的杰出成就。我一直希望与广大企业家及学者专家共同探讨华商的成功之道。今天这个愿望变成了现实,此时此刻我感慨万千……"

苏教授怎能不感慨万端呢?在泉州这块产生华侨的故土长大,使他与海外华侨有一种天然的缘分,他不能不对华商在海外的奋斗经历予以更多的关注。作为中国国民经济管理学会会长、世界管理协会联盟中国委员会主席,他经多年对华商这一族群成功创业的研究入手,从经济全球化发展的大视野着眼,从东西方管理文化融合的角度,提出了东方管理思想的理论。如今,这一理论得到了国内外学术界的普遍关注,海内外这么多的专家学者共同来探讨这个以中华传统文化为主要内涵的管理理论,足见东方管理理论的学术价值和实证意义。

关于东方管理文化的本质,苏教授把它概括为:以人为本、以德为先、人为为人。他认为这也是华商成功关键之所在。"以人为本"体现在中国传统管理哲学中是以人为核心,强调"以民为贵","以德为先"体现在"修己安人",即强调伦理道德的作用;"人为为人"是对古今中外管理行为本质的高度概括,是激励与服务积极行为的综合体现,强调人自身行为的激励与修养。

在阐释中国传统的"人本"思想在管理学的运用时,苏教授特别谈到,"人为"的根本问题是发挥人的积极性,"为人"是以为人类、为社会、为事业努力为目标。"人为"与"为人"之间具有辩证关系,二者互相联系且又互相转化,对任何管理者和被管理者都有一个从个人行为逐步向为他人服务转变的过程,即从"人为"向"为人"转变的过程。他认为每一个管理者首先要注意自身的行为修养,"正人必先正己",然后从"为人"的角度出发,来控制和调整自己的行为,创造良好的人际关系和激励环境,使管理者和被管理者都能够持久地处于激发状态下工作,主观能动性得到充分的发挥。管

---

[①] 本文刊载于《泉州晚报》(海外版)2000年4月29日。

理者和被管理者越是注重自身行为的素质,其"为人"即管理的效果就越好。

管理的人性化体现了东方管理的精髓,根据东方管理思想的这一理念,苏教授发现并总结了在世界经济发展中崛起的"华商"现象。分布于全球各地的华人企业家在参与国际竞争中是一支不可忽视的重要力量,像中国香港的李嘉诚、中国台湾的王永庆、印尼的林绍良、菲律宾的陈永栽等具有国际影响的华人企业家都是华商的杰出代表。据美国《福布斯》杂志的一份调查发现,在全球 368 名华人富豪中,以闽南籍富豪家族最多,共 149 人,所掌握的财富总值超过 1 255 亿美元。由于海外华人保留有心归故土的文化、语言和家庭拉力,华人又成为大方的储蓄者和投资者。

或许是中华文化的特有张力难以为异质文化所同化,不论在世界的那个角落,"华商"这一群体在企业管理方式、管理文化方面都具有共同的特征:即所有权、控制权与家庭三者关系密切,实行家族式管理,网络化经营,管理中重视人情世故,企业组织结构相对简单等。华人传统的优良素质如勤俭节约、艰苦创业、吃苦耐劳、小心谨慎、诚实守信等华商都会具备,但传统文化中的一些缺陷,如急功近利、编织关系网、论资排辈、重人治轻法治等,也直接影响了他们的企业规模和市场竞争力。因此,以东方管理理念很好地总结华商的经营方式,扬长避短,突出特色,在当前是华人企业家迎接新世纪挑战所必需的。

苏东水教授现在是复旦唯一开设两个博士后流动站站长,他的社会头衔很多,但他对以复旦为基地的东方管理学派的研究却情有独钟,乐此不疲。想必是他把这作为一种使命,以十分现实的东西方管理文化的整合,来极力促进中华文明的世纪回归。

## 《社会科学报》:让东方管理思想走向世界(2000)[①]

由复旦大学首席教授、世界管理学家联盟中国委员会主席苏东水发起成立的"东方管理研究中心"日前举行了第三次"东方管理学术研讨会"。在经济日趋全球一体化的今天,中国的企业在实施国际化战略,积极对接国际惯例、学习和引进西方管理理念的同时,如何光大东方管理思想的精华,如何完善创建中的"东方管理学",是本次研讨会的焦点。

在研讨会上,苏东水教授指出,华商是世界经济舞台上一支令世人不可小视的重要力量。但由于东方管理思想未能受到近代产业革命的洗礼和与现代市场经济制度结合,一直处于较弱的地位。长期以来没有形成和西方管理学并驾齐驱的"东方管理学"。

通过多年的研究,苏东水教授把东方管理思想高度概括为:以人为本,以德为先,人为为人。目前,苏东水和他的助手已经建立了管理心理实验室,把心理实验手段应用于东方管理的研究,力图把"东方管理"引向科学化、实用化。

---

① 本文刊载于《社会科学报》2000年5月25日,作者是徐斌忠。

## 《解放日报》：洋"经书"为何"水土不服"？——专家呼吁：管理教育要走东西方融合之路(2002)[①]

目前，国内高校的管理教育国际化可谓"如火如荼"。然而，不少高校的管理学院只是简单地把洋"经书""拿来"，照搬国外教材中的管理理念、方法和案例，没有很好地将其"本土化"；一些MBA毕业生空有满腹理论，到了国内企业却发现洋"经书"在中国大地上"水土不服"。为此，在日前举行的上海交大东方管理研究中心成立大会上，许多专家呼吁：高校管理教育不能全盘"西化"，要挖掘东方管理文化中的精华，走东西方管理学科融合之路。

复旦大学教授苏东水指出，国内的管理学教育与一些发达国家相比，还有着较大差距。引进西方管理理念是一条捷径，但同时还须注重弘扬东方管理文化，将两者融会贯通。一个国家的管理学科和教育应建立在本国经济、文化发展的基础上，如果我们的高校培养出来的学生只懂西方管理学，而缺少东方管理文化的养分，这样的知识结构只能碰壁。

东方管理文化中有哪些精华值得挖掘、发扬？专家们说，首先是"人本管理"思想，重视人在管理过程中的作用，尊重人、关心人、爱护人。事实上，西方的大企业早就在借鉴东方人的管理思想。如惠普公司经严格挑选的人才一经录用，就决不轻易解雇。员工要辞职，老总一定要找他谈一谈，了解他为什么要走，并要求他留下建议。还有就是"以德为先"的思想，强调伦理道德在管理中的重要性。现在不少西方国家在管理类课程中已增设了"管理伦理"课，而国内高校却鲜见这门课。

其实，东方管理学领域有许多有价值的课题，如"华人企业凭借什么抗击全球经济波动""日本企业如何将西方先进管理经验本土化""印度软件产业何以异军突起"，等等。据悉，新成立的东方管理研究中心将针对这些课题开展系统研究，研究东方管理学的理念、方法、与西方管理如何相融等，让东方管理学研究成为世界管理学科园地中的一朵"奇葩"。

---

① 本文刊载于《解放日报》2002年4月22日，作者是徐敏。

# 《市场报》：管理思想向着东方回归(2002)①

谈到管理，人们容易想到西方管理学，从法约尔、韦伯到泰罗，从梅奥、德鲁克到迈克·波特。问管理学之父是谁？人们能够异口同声地回答：泰罗。但如果问"管理学之母"是谁？也许几乎没有人想到这会与王熙凤有关。翻阅《红楼梦》第14、155回，人们不难发现王熙凤在管理贾府这个"庞大"系统时确有一套管理方法，她的管理思想与泰罗有许多惊人的相似。因此，奉王熙凤于管理之母地位，也不是没有道理。

我们生长的东方，并不是一个管理思想贫瘠的土地；身处在这样一个具有深刻文化底蕴和丰富历史内涵国度的管理理论和实践工作者，应该考虑如何一方面开掘我国古代哲学中所包含的管理思想，另一方面在引进西方管理思想时，体现东方文化的特点，进而形成整合东西方思想的新的管理文化。

最早探索东方管理思想的学者复旦大学苏东水教授认为，管理思想在三个方面表现出从中方到西方、再从西方到中方的回归：其一是大家所公认的人在管理过程中的作用，其二是文化对管理发展的作用，其三东西方管理思想的融合。他认为，其具体表现为"以人为本、以德为先、人为为人"的"三为"管理思想的回归。

苏东水认为，人本管理，经历了一个从中国古代形成，然后流传到西方，在西方得以发展形成学派，后又传回中国的过程。以人为本体现在中国传统的管理哲学中是以人为核心的尊重人、爱护人、关心人，主要强调人的心灵解放，鼓励创新，重视人的价值。

对于"人德"管理思想的回归，苏东水指出，中国上古时代提出了"德为贵"的思想，强调伦理道德的重要性。以德为先即强调伦理道德的作用。儒家管理思想的逻辑起点是"修己"，即自我管理；其归宿是"安人"，即理想化的社会管理及最终的天下大同。"修己安人"包含了根本性的个人修炼与管理方法。市场经济体制更加需要提倡诚实守信、意志坚强、艰苦奋斗的精神。西方也普遍认识到了这种重要性，在MBA课程中也加设了"管理伦理"的课程，我们东方管理学派也提出了"以德为先"观念，强调在市场经济下企业把道德行为放在首位，遵行"德法兼容"。

在探讨关于"人为"管理思想的回归时，首先涉及了管理的本质是什么？孔子认为，管理的本质是"修己安人"；道家强调人要有所为，有所不为；荀子在《性恶篇》中也提到"人本性恶，使之善者伪也"的观点。荀子的观点与西方近代管理学的观点有相似之处。我们在研究行为科学时，可以发现我国传统的管理思想中存在"行为科学"的雏形。所以，我们在对待管理思想的中西方融合问题上，要保持一种民族自尊心和自信心，汲取我国传统的管理经验和思想。"人为为人"，从哲学观点看，是人的心理、行为、方法的统一，是管理学本质的核心问题。苏东水认为，每个人首先要注意自身的行为修养，"正人必先正己"，然后从"为人"的角度出发，控制和调整自己的行为，创造一种良好的人际关系和激励环境，使人们能够持久地处于激发状态下从事工作，并使其主观能动性得到充分的发挥。信息时代强调双赢竞争、超越竞争，也是人为为人思想的体现。

因此，我们不能妄自菲薄，也把视界停留在外国的月亮上。中国人，有中国心，人的思想、文化如斯，人的行为也如此。伴随着改革开放进一步的深入，伴随着全球化境遇下人们的交往日益密切的情势，探索融合东西方思想、具有中国特色的管理体系，成为当前的一个重要课题。

---

① 本文刊载于《市场报》2002年7月25日，作者是汪博。

## 《上海交大报》：东方管理研究中心成立——弘扬东方管理文化，发展现代管理学科(2002)[①]

本报讯(记者顾伟民)4月18日，我校在安泰大楼召开东方管理研究中心成立大会。党委书记、东方管理研究中心顾问王宗光教授宣布东方管理研究中心成立，并宣读了该研究中心组织机构人员名单。王宗光书记还与世界管理协会联盟中国委员会主席、复旦大学首席教授苏东水一起为东方管理研究中心揭牌。盛焕烨副校长在会上作了讲话。

东方管理研究中心是在我校管理学院属下的一个研究机构，是研究、弘扬东方管理文化，挖掘我国古代哲学中所包含的管理思想，在引进西方管理理论时结合东方管理文化，形成、整合成东西方思想的新的管理理论。

成立大会后，苏东水教授，我校管理学院常务副院长、东方管理研究中心主任王方华教授和东方管理研究中心常务副主任颜世富等分别作了主题报告；来自复旦、同济等高校的学者以及有关方面的领导、专家、企业界的管理者出席了成立大会。

---

[①] 本文刊载于《上海交大报》2002年4月22日，作者是顾伟民。

# 童继生：读《东方管理》有感(2003)[①]

2002年10月16日，当我从复旦院里听完讲座后，约在当晚9点，我拿到由复旦首席教授苏东水撰写的《东方管理》的样书。当即回家，就疯了似地读了通宵。

我很清醒记得，我几乎是在兴奋和激动中，读完苏老这本著作，而且写下了许许多多笔记和心得。

我总觉得，我太需要这本书了。五年前，当我刚刚从国外留学归来，领导让我负责上海建工集团整个海外业务。我都不知道该怎么管理。工作中，不断有机会出访，洽谈国际工程承包与外人老板沟通，一次又一次触动我心神：为什么外国人考虑问题会那么精细，而我们却那么粗？为什么外国公司管理企业会那么一步一步成功而我们却不行？为什么我们的"好企业"那么少，生命那么有限？外国人能讲出一套套管理思想、理论经典、名人学说，而我们怎么就没有呢？

尽管我学过历史、学过管理，也学过工程机械，但我却找不到答案。唯独当我读了《东方管理》后，似乎一下子茅塞顿开。

《东方管理》是苏老25年对东方文化尤其是中国文化研究的积淀，是在其以前《东方管理文化》《产业经济学》《东方管理心理学》《中国管理通鉴》和各种在论坛杂志上发表论文的总结和提升。她，有理论，有体系，有经典，有新内涵，绝不是一本"古董"，而是一部寓意很新的，极有现实意义和历史意义的著作。她是对东方文化历史精华的高度浓缩，是对西方文化的批判接受。在东西方浩瀚的文化长河里，能提炼出这样一本著作，没有极强的理论功底和正确的人生观、世界观是做不到。她从头到尾，贯穿了马克思的哲学思想、邓小平的实事求是精神和江泽民的与时俱进的"三个代表"思想。相信，随着时间的推移，她一定会引起各阶层、各方面的强烈关注。

以本人微薄学识之见，觉得该书的好处：

第一，成功提炼了东方管理的精魂、精髓、精华。著作通篇贯穿了"以人为本""实事求是""与时俱进"的内涵。绝不是墨守成规、唯古独尊，而是实事求是、科学分析、客观论述。本人认为东方管理的精魂就是"以人为本、实事求是、与时俱进"。精髓就是："以人为本，以和为贵，以德为先，人为为人"。精华在于："诸子百家，以民为本。古为今用，中为洋用。"

第二，及时提出了"东方管理"概念和思想。当中共十六大刚刚闭幕，号召全党全国人民建设小康社会的时刻；当西方社会惊奇中国飞速发展，"又爱又恨"中国之时；当俄罗斯叹息改革不如中国之时；当世界更多国家为中国崛起而高兴时，在中国理论界还陶醉在西方管理只字片语时，苏老敏锐地提出"东方管理"概念和思想，为世界管理学界正在掀起的"东方热"点明了主题。

第三，充分研究当今世界经济发展、管理"成功"背后的"东方"因素。全书不仅透彻研究了中国历史文化长河中的诸子百家的精华，而且还研究佛教、道教、伊斯兰教等东方教义。更细地研究20世纪80年代亚洲"四小龙"发展成功的"东方因素"，及世界华裔的"东方因素"。特别值得一提的是，苏老首次提出传统西方管理学发展"盲点"，即"物本管理""以物为本"，及西方管理新发展的"人性倾向"和"人本趋势"，提出"西学东归"现象。

第四，可以启迪中国官员和企业人。在东西方管理经典中，形成和创立"新中国管理学"。著作

---

[①] 本文刊载于《世界管理论坛论文集2003》《当代财经》2003年特刊），作者时任上海建工集团副总裁、海外部集团总裁。

好在,不枯燥、不说教,而是深入透彻阐述,让你读来有不断的启迪乃至遐想,或许灵感。我相信,中国经济社会好在至今,特别是在江泽民领导中国十三年大发展中,抵御国际风浪,成功发展经济。莘莘学子、个个经理人应该可以在认真学习研究、东西方文化中,一定会形成中国管理学中的、新兴的适合中国经济发展特点的新"诸子百家"。

## 赵晓康：博大精深、贯通古今的管理学力作——评苏东水教授新作《东方管理》(2003)[①]

最近,由我国著名的管理学家、复旦大学首席教授、博士生导师苏东水长期研究,率领一批教授、博士写作而成,由山西经济出版社出版的学术专著《东方管理》,终于将在 2003 年 1 月与广大的读者见面了。该书堪称是目前国内外研究东方管理最新发展的力作。

自古以来,在东方这片人类文明的重要发祥地上,管理思想曾如同滔滔的江水绵延不息、薪火相传。然而,自 20 世纪开始,无论是在管理教育还是管理实践中,占据支配地位的主流管理理论却一直是诞生于西方现代社会的管理学。虽然人们并没有冠之以"西方管理学"的名号,但是它自身明显的西方社会的"烙印",对任何想要利用它却又不谙个中文化底蕴、思维处事之道的人来说,总有些"消化不良""水土不服"的感觉。

西方社会的 MBA 教育并没有能够造就出像李嘉诚、比尔·盖茨这样的英才,也没能遏制其整体经济的江河日下,却反衬出了以中国为代表的东方经济,尤其是华商经济的突飞猛进。从历史上看,经济的发展总是与管理的突破和进步息息相关,经济增长最迅速,经济活动最活跃的地方,往往就是新的管理理论、方法和新的管理理念出现的地方。在这种背景条件下,以苏东水教授为首的东方管理学派。经过多年潜心研究,集多种学科和多人积累的研究成果精华,贯通古今凝聚而成的这部管理学力作,不仅从理论上对东方悠久历史文化传统下形成的管理理念、管理的方法论和管理手段进行了系统科学的梳理,而且将实践中行之有效的管理措施在深入剖析的基础上加以总结归纳,注重了理论的逻辑性、规范性、实用性及其实践上的可操作性。该书突出的特点表现在研究难度大、理论新、可读性较强、构思独特、设计新颖并具有很强的实践指导意义。

从《东方管理》总体的脉络来说,这部 56 万字的鸿篇巨制,以道家、儒家、释家、法家、兵家、墨家文化为主的东方管理文化为基点,从中提炼出作为东方管理核心内容的"三为"(以人为本、以德为先、人为为人)思想,并分别就东方管理"三为"思想的理论实质和实践指导意义展开深入的讨论。该书以大量的事实和充分的案例说明,东方管理的思想理念符合 21 世纪人类社会和经济发展的潮流,未来世界的发展将必然选择东西方管理思想融合,共同促进社会经济进步的道路前行。难能可贵的是,该书的著作者们不仅能够融会古代东方管理文化的精神实质,归纳总结甚至在一定程度上提升了东方各民族优秀文化中有关管理思想方面带有普遍性的内容,更能够追踪研究当今西方管理理论界的学科前沿,取其精华,洋为中用,并同时深入剖析西方管理的"失灵",鞭辟入里。应该说,要做到这其中的任何一个方面,都需要花费大量的时间和精力,并需要有一定的东西方管理文化研究根底的长期积淀作基础。就这一点来说,《东方管理》一书出版的背后所体现出的研究难度之大,可见一斑,这也足以显现出著作者深厚的知识和学术功底。

就理论而言,自从苏东水教授在 20 世纪 70 年代末开始研究东方管理学思想,提出振兴东方管理文化,出版《中国管理通鉴》巨著(280 万字),发行融合中外古今管理精华的著作《管理学》,并创

---

[①] 本文刊载于第七届世界管理论坛暨东方管理论坛论文集《世界管理论坛论文集 2003》(《当代财经》2003 年特刊),作者赵晓康是东华大学教授。

立以复旦大学为基地的东方管理学派作为积极的倡导和推动力量以来,国内外虽然冠以"东方管理"或者"东方管理学"的理论文章和书籍已经大量涌现,但是在科学地界定东方管理的内涵、本质及其研究对象、研究方法,并系统完整地梳理出这门新兴的"古老"学科的整体脉络方面,《东方管理》在国内都属首创,可以说是我国社会科学界具有"专利"性质的研究成果,意义重大。其重大意义不仅仅只是体现在人们通常所说的填补国内外的学术理论空白上,更重要的是为下一步东西方管理思想和方法的交流打开了一条通道,建立了一个能够彼此对等交流的平台,极大地方便了东西方管理之间的融合与相互促进。

该书的最大特点就是试图站在东方人的视角基础上,突出了东方管理的实用性,弥补了以往对东方管理的研究局限在用西方人的理论和观点来解释和论证东方管理实践的缺陷,因此就从根本上赋予了该书一个全新的平台,使得今后东方管理的理论研究和实践总结可以完全摆脱西方管理的桎梏,得到全新的发展。

可以看得出,该书的著作者们为了便利于东方管理思想与理论的普及和交流,在文字的可读性上花费了大量的心血。他们在旁征博引东方管理典籍名句的同时,以通俗易懂的语言进行了必要的解读,这对于宣传东方管理理论,引导更大的读者群来关心和研究东方管理是十分必要的。知识只有被大众掌握并自觉地运用于日常经营实践中,才能发挥其最大的作用。东方管理只有被广大的实践者自觉运用到管理实践中,才有可能得到进一步的发扬光大。

正因为如此,该书对东方管理实践的理论总结和提升才更贴近于现实,具有很强的可操作性。例如,该书提出的"三为"思想对于新世纪国家和社会伦理道德体系的重塑、企业文化的建立和完善、市场经济体系和诚信制度的发育与发展以及居民自身道德文化素质的提高,都具有极强的指导意义。另外,东方管理中"无为而治"思想,与当前我国国有资产管理体制改革中提出的"抓大放小""有所为有所不为"的改革原则也可谓"不谋而合"。国家主席江泽民在布什图书馆的演讲中用中华民族"诚、信、和"的优良传统,来倡导世界未来的多极发展与和谐统一,正是对东方管理优秀思想的肯定和发扬光大。

我们有理由相信,通过东方管理学派以及其他有识之士的不断研究与发展,未来东西方管理的发展必将会从"管理丛林"逐步繁衍成茂密的大森林,来滋养和稳固生养它的社会和芸芸众生。

# 王韧等：苏东水教授传略(2003)[①]

## 一

苏东水，字仲生，别名德生，福建泉州人，汉族，是我国享有盛名的中年经济管理学家，国家重点学科博士生导师。现任复旦大学经济管理研究所所长，中国国民经济管理学会会长，上海管理教育学会会长，上海泉州侨乡开发协会会长，中国企业管理协会理事，中国华东管理学会会长。历任复旦大学经济管理系主任，曾被聘任为福建省泉州市人民政府顾问、黎明大学副校长、仰恩大学校长等职。

1932年10月4日，苏东水教授出生于一个爱国华侨的家庭。其先祖为北宋名相苏颂。祖父原籍福建晋江，早年漂洋渡海，在印尼开发经营橡胶园。父亲义医济世，乐善好施，是侨乡泉州的一代名医。苏教授自幼爱好音乐、文学，并富有正义感，16岁即参加爱国进步运动。1950年起就读于厦门大学企业管理系，在校期间刻苦勤奋，博览群书，涉猎广泛，成绩优异。

1953年，苏东水教授从厦门大学毕业后，在国家重工业部门任调研员，他深入到许多工矿企业和农村，就企业管理、技术管理、技术教育以及如何提高劳动生产率等问题发表了一百多篇文章，并写了大量的关于新中国建设和先进人物事迹的通讯报道。

1956年起，苏教授先后在上海财经学院、上海社会科学院、复旦大学从事教学研究工作，陆续开设了：《政治经济学》《资本论》《帝国主义论》《社会主义经济论》《工业经济学》《国民经济管理学》《企业管理学》《行为科学》《管理心理学》《现代管理学》《经济管理理论》《中国经济研究》《中国管理研究》《区域经济研究》《发展战略研究》及《经济政策分析》等课程。1979年先后在中央电视台、上海电视台主讲"企业管理教育讲座""国民经济管理讲座""经济管理概论"和"管理心理学"等。苏教授还多次出国讲学，深受欢迎。

苏东水教授潜心于经济科学、管理科学和人为科学的理论研究和实践，著作甚丰，成绩斐然，近十年共编写了50多部著作，计1 000余万字。他构思独特，观点新颖，自成体系，论述周详，并敢于针对理论和实践中敏感、棘手的问题进行探索，其论著不仅深得读者好评，亦令同道赞叹。他主编的《国民经济管理学》是全国十大畅销书之一，发行近300万册之巨，被中央组织部、宣传部、国家经委选定为全国党政干部必读书。1986年该书获上海市"六五"哲学社会科学优秀著作奖、1988年获国家教委全国高校优秀教材一等奖。他撰写的《管理心理学》《企业领导学》《经济监督学》《中国乡镇经济管理学》《乡镇经济学》《中国企业管理现代化研究》《间接控制论》《企业计划管理》《企业行政管理学》《西方现代行为科学》《论管理科学的对象和性质》《现代管理中的古为今用》《中国古代行为学研究》《中国古代经营学研究》《泉州经济模式》等论著，贯通古今中外，出版后深受欢迎。苏东水教授还主编了《中国乡镇企业家丛书》(8本)、《企业经营管理教材丛书》(18本)、《中国沿海经济研究》、《泉州发展战略研究》、《现代企业家手册》等。苏教授的这些著作大多是我国理论界首先研究这些领域的专著，学术价值甚高，对我国经济管理学科的建设和乡镇经济的发展及企业管理的现代化具有广泛的指导意义，在国内外学术界有较大影响。

---

[①] 本文未公开发表，作者王韧是上海电视台高端访问节目制片人，喻文益和苏江明为复旦大学博士生。

苏东水教授性情直爽，平易近人，同时也乐于助人，善于发现别人的特长并积极扶持，不遗余力地为青年人创造条件，而不计较自己个人得失。作为一个教师，他不仅对自己的博士、硕士研究生及本科生言传身教，而且对不相识的学生也悉心指点，尽力相助。他的学生来自四面八方，有教师、工程师、医生、记者、军队干部及许多大中型企业的厂长，甚至日本一位著名大学的教授也反复来信要求做他的博士生。长期以来，苏东水教授在自己的教学和研究生涯中，为国家培养了大批企业及有关部门的领导骨干，也培养了大批学者，其中有的学者自己也已成为教授，为我国经济管理的发展作出了重大贡献，在国内外产生了深远的影响。

## 二

在长期的教学和科研中，苏东水教授的主要学术贡献可概述为以下十一个方面：

第一，对建立中国式管理科学体系的贡献。1985年，《复旦学报》发表了他的论文《试论管理科学的性质与对象》，该论文获上海市哲学社会科学论文奖。苏教授首先运用马克思关于管理两重性的理论为指导，在率先挖掘中国历代管理思想宝库的基础上，第一次指出了中国特色管理科学的体系和研究对象，确立了中国式的管理科学体系的内涵，为改革初期我国管理现代化体系的建立，奠定了坚实的基础。

第二，对创立我国国民经济管理科学的贡献。苏教授主持编写的《国民经济管理学》一书，是中国第一部社会主义宏观经济管理专著，它创立了较完整的国民经济管理科学的理论体系，论述了国民经济各部门各行业的管理目标、内容、组织、和方法，并将宏观、中观、与微观管理有机地结合起来，此项成果得到国内外专家和领导者的高度评价。

第三，对中国企业管理现代化理论体系的贡献。1983年起，苏教授主持了上海市"六五"重点科研项目"中国企业管理现代化研究"。经过反复比较，他提出了中国企业管理现代化的体系和内容，包括思想、组织、人才、方法和手段现代化五个方面，该成果反映在他主编的该领域第一部专著《中国企业管理现代化研究》上，以及在《现代管理学》和《企业管理》杂志的"企业现代化讲座"中，苏教授也被认为是我国管理"现代化学派"的代表人物。

第四，对发展我国工业经济和企业管理理论的贡献。苏教授与人合作编写的《工业经济管理》一书，获全国经济管理干部培训教材优秀一等奖，《工业企业经营管理学》（上下册）一书，是国内该领域较早的一部著作，获得上海市"六五"哲学社会科学著作奖。共计18卷的《企业经营管理教材丛书》，则系统地论述了企业的计划、生产、组织、销售诸环节，成为我国最早编著发行的一套较为完整系统的生产经营管理人员的实用工具书。

第五，对创立中国沿海区域经济发展理论的贡献。1987年苏教授承担了国家重点博士点科研项目"中国沿海经济发展战略研究"，他以马克思区域经济理论为指导，就该领域的理论、战略、区域、对策诸项进行比较研究，并在日本"东亚地区开发协力国际研讨会"上作了题为《中国经济改革、发展与东亚地区协作关系》的学术报告，受到与会各国代表的重视与好评。反映这一研究成果的《中国沿海经济研究》一书，即将由复旦大学作为重点书出版。作为沿海地区经济研究的一部分，苏教授组织了对泉州市经济社会各方面的规划，得到当地政府和理论界的好评。他提出的"泉州模式"，是我国继"苏南模式""温州模式"之后的又一个区域发展模式。其成果反映在即将出版的《泉州发展战略研究》一书中。

第六，对创立有中国特色的管理心理学的贡献。苏教授于1987年出版的力作《管理心理学》一书,强化了管理中人的心理行为的作用,反映了管理中"人为为人"的思想,首次对中国古代人类行为学说进行了总结,创立了"人为学"的观点。本书的出版在众多的管理心理学著作中独树一帜,四年来先后重印八次,发行量高达 20 万册,并获日本赤羽优秀学术著作奖。

第七,对建立中国乡镇经济学科的贡献。苏教授对中国乡村小企业的调研始于 1958 年,并写了《社队工业》一书。80 年代他主持了上海市哲学社会科学"七五"重点科研项目"中国乡镇企业模式比较研究",并于 1986 年率先主持了全国性的"乡镇经济模式比较"研讨会,他主编的《中国乡镇企业家丛书》八册,几乎涉及了乡镇企业经营管理的所有方面。全国十多家报刊专门作了介绍。

第八,对发掘中国传统管理思想宝库的贡献。苏教授自 60 年代起即开始发掘诸子百家的管理思想,70 年代开始分析《红楼梦》中的管理思想,80 年代初他发表的《中国古代行为学说》一文,系统地总结了这方面研究成果。1985 年 7 月 1 日他发表在《文汇报》上的《论现代管理的古为今用》一文,从多方面论述了古今中外管理的共性与个性。他还论证了 2 000 多年前中国已有类似于西方管理学中的 X 理论和 Y 理论。进而指出管理科学的发展是人类文明共同进步的结晶。苏教授的观点在 1986 年和 1988 年访日时受到日本学者的高度重视,日本学者还建议与苏教授一起共同创立管理学的东方学派。

第九,对建立经济监督学新学科的贡献。1986 年出版的《经济监督学》是这方面的代表作。该著作研究了经济监督的对象、历史、概念、分类、目的、职能、过程、作用和体系等,提出了这门学科的理论体系和实施的框架。

第十,对研究间接控制论的贡献。1986 年苏教授在一次理论研讨会上,就间接控制论作了专题发言。他提出,建立新型的社会主义经济体制,主要在于增强企业活力、完善市场体系和搞好间接控制这相互关联的三方面,公开提出了国家对企业的管理由直接控制改为间接控制为主的观点。

第十一,对建立现代企业家理论系统的贡献。1987 年苏教授接受上海社科重点科研项目《现代企业家研究》,并于 1989 年出版了《现代企业家手册》一书,首次就现代企业家的含义、特征、素质、性格、作风、行为、环境及经营管理、领导艺术作了全面论述。

## 三

综合苏东水教授的治学特色,可概括出如下八点:

第一,开拓性强。苏教授开创了中国管理史上的多个第一。例如第一个组织创立了"国民经济管理学"这门学科,奠定了中国国民经济宏观管理的基石。苏教授还是中国内地第一次企业管理电视教育讲座的组织者和讲解人。

第二,思路清晰。苏教授无论是教学、作学术报告还是著书立说,都极为注重内容安排的逻辑性、条理性和简洁性。他写了大量著作,但读者很少感到繁复。

第三,概念清楚。苏教授不喜欢模棱两可的说法,如他针对开放初期有人认为"管理就是计算机+数学"的观点,首次明确阐述了管理科学的多功能、多层次、多属性的特点,提出管理科学是一个综合性地研究生产力、生产关系和上层建筑的科学体系,与自然科学、社会科学、技术科学具有同等重要地位的论点。

第四,博采众长。苏教授认为:单用研究经济管理的方法来研究经济管理是走进死胡同。为此,他在上海最早组织了行为科学与管理的研究,他还融儒家、道家的修身、功利、治国观等为一体,提出了"人为为人"的管理观点。此外,苏教授同样重视西方管理名家和亚洲"四小龙"等的管理经验。

第五，实践性强。苏教授非常强调深入实际，他虽工作繁重，但仍经常深入企业，理论联系实际，调查情况并帮助解决问题，深受企业界人士的欢迎。

第六，由于苏教授具有扎实的学术功底和丰富的实践经验，因而能经常发现新事物，提出新观点、他的著作中新见迭出，这使他在中国管理界中独树一帜。

第七，组织能力强。苏教授成功地组织了各项教学和科研工作，并就国际经营管理和企业经营管理、东亚和中国的沿海经济发展战略、2000年的城市管理、中国管理教育等专题组织了国内外学者、企业家及政界人士开展了多次国际讨论，收到很好效果。

第八，刻苦严谨，以民族昌盛为己任。苏教授身为华侨后裔，外部发展环境优越，但他甘于寂寞，不计名利，自强不息。他在国际交往中不卑不亢的态度，赢得众多国际友人的敬重。

## 四

多年的辛勤耕耘，给苏教授带来了累累硕果。他的名字在海外传播甚广，在中国也形成了以苏东水教授为代表的融古今中外为一体的管理学的"现代化学派"。日本出版了《苏东水学术辑要》，日本《经营综合科学》在《中国企业经营关系文献》中还专门介绍了苏教授近年来的44部著作。日本经营士会、庆应大学和鹿儿岛经济大学等特邀苏教授赴日讲学。他应邀参加学术会议在日本所作的《中国企业管理现代化的模式和进程》《中国中小企业经营管理》《中国企业管理的过去、现在与未来》等报告，在日本企业界和学术界产生很大影响。

苏教授身兼多职，他担任八个全国性、地方性学术团体的会长和理事、五个大学的兼职校长和教授、四个公司企业的顾问、四个市县政府的经济顾问，均尽义务工作。他热心社会公益事业，为发展祖国管理教育事业，为争取海外侨胞投资建设祖国，为家乡修桥造路、创办大学，历尽辛苦，不计名利。他最珍惜作为教师的荣誉，已经培养了40多名硕士，而在读的仅博士生就有7名之多。他领导的复旦大学经济管理研究所，1991年在全国重点高校174个社会科学研究机构评估中，获经济类、综合类科研机构和人均培养研究生的三个第一名。苏教授本人还被聘为国务院学位委员会学科评审组成员、国家教委经济高级职务评委会委员、上海市教授资格评审委员会学科评议组成员。

苏东水教授精力充沛，热情旺盛，正积极投身于发掘中国管理思想、国民经济管理、区域经济发展、国际工业产业经济管理、企业管理现代化和经营管理心理学等多方面的教学和科研之中，活跃于学术界和企业界，为了中华民族的振兴，他在孜孜不倦地奋斗着。

"路漫漫其修远兮，吾将上下而求索。"这是苏东水教授经常引用的话，也是他学术生涯最生动的写照。

# 《泉州晚报》：著作等身的苏东水(2003)[①]

日前，由我市鲤城区籍的复旦大学教授苏东水任总主编的经济巨著《中国管理通鉴》被上海发展汽车工业教育基金会授予一等奖。

苏东水教授1953年毕业于厦门大学企业管理系，是国务院学位委员会经济学科评议组成员，全国博士后管委会博士生导师，世界管理协会联盟常务理事、中国委员会主席，东亚国际经营学联合会常务理事。1992年被国务院表彰为"为发展我国高等教育事业做出突出贡献的著名教授"。1993年被英国剑桥大学国际名人传记中心评为"世界有突出贡献的名人"。他现任中国国民经济管理学会会长，华东管理学会会长，上海管理教育学会会长，复旦大学经济管理研究所所长等职。他历任复旦大学经济管理系主任，国家经委经济高级职称评委会委员，上海市教授资格评审委员会学科评委，同时曾被泉州市人民政府聘任为经济顾问，技术创新工程专家顾问。

苏东水教授长期潜心于经济科学、管理科学和行为科学的理论研究、教学和实践，其著述达80多部千余万字。自50年代末起，他开始探讨融马克思列宁主义管理思想、中国古代管理实践和西方行为科学于一体的有中国特色的管理体系，创立"人本论""人为学"学说，提出了"人为为人"的管理思想。1958年起，他着手系统地研究中国乡镇经济的发展道路，主编了《中国乡镇企业家丛书》计8册，主持了上海市"七五"重点科研项目"中国乡镇企业模式比较研究"，提出了把乡镇建设成"城乡融合的新型区域"的战略目标；1986年在发表乡镇经济发展的"泉州模式"论著中提出建立股份制、发展市场经济和国际化经营的观点，为泉州市制定了发展战略；他主持的"现代企业家研究"，发出了对敢于在市场充分开拓创新的现代新型企业家的呼唤。他先后主持了17次国际学术会议，完成了国家重点博士点科研项目"中国沿海经济发展战略研究"，并于1991年4月在国际会议上提出90年代"以上海为中心，南北两翼齐飞；以沿海地区为轴心，内外市场联动"的中国沿海地区经济发展模式，国内外近10家新闻媒体报道了这一具有重要意义的战略观点。

15年来，苏东水教授多次获奖，其中获国际级、国家级、省部级的特等奖和一等奖有10个。他的《中国企业管理现代化研究》提出了从管理思想、组织、方法、手段到人才的现代化观点，被称为当代中国管理现代化学派的代表作，1993年1月获上海社会科学联合会1988—1991年度优秀学术成果特等奖。1987年出版的《管理心理学》被评为1986—1993年上海哲学社会科学优秀成果著作类一等奖，《现代企业家》获江西省哲学社会科学优秀著作一等奖，《中国沿海经济研究》获日本赤羽学术优秀著作一等奖，《东亚经济发展模式研究》获东亚经济协会国际联合会第二届学术会优秀论文一等奖。

苏东水教授领导的复旦大学经济管理研究所在1991年全国重点社会科学研究机构评估中获3个第一名。他多次应邀赴日本、美国、法国、印尼、菲律宾等国家和我国香港地区的著名大学、社团讲学。近年来，苏东水教授积极参与国际学术活动，被评为国际最有学术权威的管理学会组织——世界管理协会联盟常务理事，为中国唯一的理事。他率领中国国民经济管理学会代表团参加了第一、二、三届世界管理大会，主持了世界管理协会联盟IFSAM于1997年7月15日—18日在上海召开的"'97世界管理大会"，担任大会执行委员会主席，作《21世纪东西方管理文化》的主题报告，弘

---

[①] 本文刊载于《泉州晚报》2003年11月6日，作者是郑利寅。

扬了中华优秀传统文化,为发展中国式的管理学科做了精辟的阐述,深受海内外专家学者瞩目。美、英、法、中、日、德、意、加、澳等33个成员国的500多名专家、学者、代表出席了第一次在中国举行的世界性的管理大会,盛况空前,国内外50多家新闻媒体做了报道。自1993年以来,他已培养了100多名硕士研究生,已毕业和在读的国内博士生30名,博士后5名。在令人眼花缭乱的头衔中,苏东水最珍重的仍然是作为一名教师的荣誉。

## 《当代财经》：三个第一，三个首创——苏东水教授学术成就述要(2004)[①]

苏东水教授是国内外享有盛名的管理学家、经济学家和社会活动家。现为复旦大学经济学首席教授，经济管理研究所所长，产业经济学和东方管理学专业博士生导师，中国国民经济管理学会会长，世界管理协会联盟《IFSAM》中国委员会主席。今年是苏教授执教50周年。50年来，苏教授已培养硕士、博士、博士后300多人；主要著作80余部，近2000万字；获国际、国家级和省部级的特等奖十余项，其余奖项多不胜数，在管理学、经济学和心理学等学科领域做出了杰出的贡献。

苏教授的重大学术成就可以概括为三个第一、三个首创。三个第一：一是1982年主持编写的《国民经济管理学》一书是我国第一部社会主义宏观经济管理专著，受到学术界和国家有关部门的充分肯定和重视，发行量300余万册。二是1987年创立了符合东方人心理特征、以"人为学"为基础的管理心理学学科理论体系，并出版了我国第一部《管理心理学》，这本著作已发行三版，发行量达100余万册，是中国发行量最大的管理心理学类著作。三是出版了《中国管理通鉴》，虽然在此之前研究东方管理思想的专著也有，但苏教授的《中国管理通鉴》是第一部全面、系统研究中国古代管理思想的著作，全书四卷280万字，可以算得上是一部划时代的鸿篇巨作。苏教授2003年又出版了《东方管理》一书，是第一部体系完整、系统论述东方管理理论的奠基性力作。

三个首创：一是1986年发表了《泉州经济发展模式》一文，首次提出了股份制的经济模式、外向型的市场体系、侨洋式的生产条件、灵活性的经营管理、国际化的发展道路等观点，从理论与实践上阐述并论证了市场经济发展的道路，为改革开放后我国沿海区域经济发展模式指明了方向。二是在1991年4月的东亚-中国沿海经济发展国际研讨会上，苏教授首先提出了"以上海为中心，南北两翼齐飞，以沿海地区为轴心，内外市场联动"这一具有重要战略意义、积极推动我国改革开放进程，并至今为人称颂的中国沿海地区经济发展模式，对中国沿海区域经济发展理论的创立作出了巨大贡献。三是1986年率先主持了全国性的"乡镇经济模式比较"研讨会，并提出了把乡镇建设成"城乡融合的新型区域"，即"城乡一体化"这一现在正在施行、具有前瞻性的战略目标。苏教授以敏锐的视觉，把握时代脉息，开创性地研究经济管理的理论和实践问题，无愧为中国当代经济管理领域研究的先行者和带头人。

苏教授最伟大的事业是创立了东方管理学派。他从1976年开始，数十年如一日，潜心研究东方管理思想和理论。经过40多年的努力，苏教授终于构建了以"以人为本、以德为先、人为为人"为核心的东方管理学思想、理论体系和研究方法，得到国内外学术界的高度认同，并被誉为中国管理学界的一代宗师。

在苏教授众多的东方管理理论研究成果中，《中国管理通鉴》和《东方管理》是两本标志性的著作。1996年出版的《中国管理通鉴》是世界第一部系统、完整研究中国古代管理思想的著作。全书分四卷280万字。苏教授及其学术团队在广泛搜集研究经、史、子、集等中国传统文化典籍中的管理思想的基础上，分析儒、墨、道、法、兵、纵横、阴阳、杂、农、技等百家流派、人物的管理思想，构建了

---

[①] 本文刊载于《当代财经》2004年12期，原名《苏东水教授学术成就述要》，作者是黄中伟。

以治国学、治生学、人为学为基本内容的东方管理研究理论体系。该著作资料丰厚,考据翔实,兼容并蓄,不仅为深入研究中国传统管理思想奠定了坚实的基础,而且也为中国传统管理思想的研究提供了一个成功的研究范例。

2003年苏教授主持的国家自然科学基金项目"东方管理学思想研究"的研究成果之一《东方管理》又出版了。全书分五篇二十四章55万字。苏教授在解析《周易》、道家、儒家、佛家、兵家、墨家、伊斯兰和现代人本管理等流派的"人为"学说的基础上,提出了修己安人、德正生厚、中庸之道、德治兴邦、德法兼容、以德为先等"为人"思想和理论,并围绕"人为"学说和"为人"理论,结合现代经济管理的实践问题,构建了"人为为人"的东方管理理论应用体系、应用技术和方法。苏教授还在本书就东方管理文化的复兴、现代化及走向世界,探索了21世纪管理理论发展的趋势、变革和创新。该著作东方管理理论与现代经济管理实践交融、古代管理思想与现代管理理论汇通、东方管理理论研究与西方管理理论研究范式并举,实现了东方管理理论研究的古为今用、洋为中用。

苏教授年高不闲,壮心不已,仍以"路漫漫其修远兮,吾将上下而求索"自勉,坚守三尺讲台,笔耕不辍。他现正组织编著宏大的、共有十五册的《东方管理著系》(经典与案例丛书),要为东方管理思想走向世界,落地生根继续前行。我们相信,凭着苏教授对东方管理理论孜孜不倦的研究和推广,以及中国所有研究东方管理思想和理论学者的共同努力,不久的一天,全世界大学的商学院、工商管理学院,包括哈佛大学、牛津大学、剑桥大学、东京大学等世界著名大学在内,都会开设东方管理学课程。这就像中国大学的经济管理类学生,大家都要学习西方经济学一样。

上海市政协副主席、复旦大学校长王生洪教授称:"苏东水教授作为复旦大学的知名教授,为四化建设培养高层次的急需人才,在教育科学文化各方面都做出了重大贡献,……苏东水教授桃李满天下,成就卓越。"

值此苏教授喜迎执教50周年之际,谨以此文表达我们对先生的仰慕和崇敬之情。

## 《海峡摄影时报》：苏东水——复兴东方管理文化的长者(2004)①

苏东水教授是当代中国著名的管理学家，东方管理学派的创始人，复旦大学首席教授、经济管理研究所所长、东方管理研究中心主任、博士生导师，复旦大学唯一身兼两个博士后流动站站长，上海东亚管理学院、东方管理科学研究院院长。历任国务院学位委员会两届学科评议组成员、全国博士后管委会专家组成员、中国国民经济管理学会会长、上海管理教育学会会长、世界管理协会联盟(IFSAM)中国委员会主席。数十年来，苏教授为国家培养了大量高层次的人才，被国务院表彰为"发展中国高等教育事业有突出贡献专家"，享受国家津贴。

今年是苏东水教授执教50周年。在半个世纪的执教生涯中，苏教授首次创立改革开放之初中国的社会主义宏观经济——国民经济管理学科体系，建立以"人为学"为基础的管理心理学、产业经济学、企业管理学、区域经济学等新学科体系。50余年笔耕不辍，既灵感天成，又勤奋治学，苏教授的著作近80部，授课20门，并承接国家和各部委重点课题20余项，著述量达2 000余万字，获20多个奖项，其中10项为国际、国家和部省级特等、一等奖，创建伟大时代新学说——"以人为本，以德为先，人为为人"为核心的东方管理科学，为中华民族在国际管理学界独树一帜之学派。

## 一、著书立说复兴优秀文化

今年对于苏东水教授来说是难忘的一年。2004年12月26日这一天，苏教授的弟子们专门为苏先生自发组织了庆典活动，以表达对苏教授五十年如一日辛勤耕耘在学术界的衷心敬爱。

采访是在苏教授的家中进行的。当记者一行走进苏教授的客厅时，只见一位老者正面带笑容地站在客厅里欢迎我们。记者很难相信，眼前这位身材高挑、面容慈祥的长者，就是著名的学者苏东水教授。整个采访过程，苏教授的脸上始终挂着恬淡的微笑，语调平缓而言简意赅。

1932年苏东水教授出生于著名侨乡福建省泉州市的一个爱国华侨的家庭，父亲是一位医生。父辈济世为人的胸怀给苏东水教授以很深的影响，也为他今后的为人处事确立了一条明确的原则。

1953年苏东水教授从厦门大学毕业后，就致力于经济学、管理学的科研、教学与学术实践活动，研究覆盖哲学、心理学和伦理学等，至今从没有停止过。

采访苏教授之前，记者曾听到熟悉苏教授的人介绍过"泉州模式"。该人士在述说过程中，时不时地流露出对苏教授爱乡情结的赞赏和敬佩。

为了家乡——福建省泉州市经济的发展，苏教授费尽了心血，他先后8次对家乡进行了调研和考察，最后根据家乡的实际情况，于1986年在泉州举行的中国国民经济管理研究会华东管理学会的年会上，提出了"泉州模式"的经济，最终编写成书，即现在的《泉州发展战略研究》一书。在书中，苏教授对泉州的经济模式进行了深入浅出的分析。

80年代中期，泉州共有乡企业23 350家，451 000个劳动力，总收入为166 000万元，其中股份制企业分别占50%、62.5%和60%。股份制企业在其生产、流通等各个领域和生产要素之间形成

---
① 本文刊载于《海峡摄影时报》2004年12月24日，作者是陈长青。

了社会主义商品经济的运行机制,具有独特的创造力。

苏教授把泉州的乡镇企业由自发到自觉地发展以股份制为主的经济形式,分为三个阶段,即初始阶段、竞争阶段以及发展阶段,在对各阶段的特点进行了细致的分析后,苏教授提出了相应的对策。

苏教授在书中指出,同苏南、温州模式一样,"泉州模式"也是建立在社会主义商品经济,因地制宜,充分利用本地资源,发展"小""专""活"和多种经济形式的基础上的,但又有着自身的特点。泉州乡镇经济发展模式是以股份制为主的外向型市场经济,具有侨、洋式的生产条件和灵活性的经营管理。"泉州模式"首次提出了市场经济、股份制和国际化经济等观点,开了中国改革开放理论实践的先河。

事实上,苏教授在此前就为复兴以中华优秀文化为核心的东方管理科学进行着不懈的努力。早在20世纪80年代初,苏教授就主编了中国《国民经济管理学》,迄今发行已300万册,为同类学术书籍中的一个奇迹。他的专著《管理心理学》体系独特,畅销20余年,发行百万册,占同类学科之鳌头。历经三年编著的《中国管理同鉴》四卷280万字,为世界性先行之巨章。《产业经济学》则被选为中国高等教育面向21世纪重点教材。呕心沥血之作《东方管理》为东方管理学派之标志性名著,成为众多东方管理研究者的指导书籍,齐称该书为管理者的"红宝书";近作有《应用经济学》,探索中国应用经济发展的过去、现在和未来,这些著作致力于将中外古今管理文化融为一体,服务于当代经济管理实践。厦门大学的著名廖教授颂诗云:"先生智慧心景仰,著作等身水长流。"

苏教授在著书过程中的严谨态度是出了名的。当年曾跟随苏教授著名的一位学生回忆起当年的情景,仍是难以忘怀。

那是在1996年夏天,苏先生按照国家教委统编高校教材的计划,作为新编《中国国民经济管理学》的主编,组织和带领一大批博导、教授、博士后和博士等专家学者进行编写。当时,我国改革开放已经进入关键时刻,面临新世纪的到来,作为从事国民经济管理主体的政府,如何建立有效的管理模式和切实可行的经济政策和发展策略,提高领导素质水平,激励政府指挥管理行为,以法治国,强化人民的监督;如何在国民经济各级领域中进行更有效的决策、指挥、服务、协调;如何在国民经济的运行中起着真正高效的作用应当要"人为为人"针对这些迫切需要解决的问题,也是为了适应整个市场经济发展,建立中国式应用经济学一级学科的需要,苏先生在原主编的《国民经济学》及《中国市场经济管理学》等教材体系基础上,联系十多年改革开放的理论和实践,东西方管理文化精髓及国际经济管理发展趋势,以苏先生的思想体系为灵魂和主导,集合众多专家、学者的智慧,最终用了一年多的时间编撰成文。在编写过程中,让这位学子记忆深刻的是:有一次,苏先生曾带领20多名全国各地的专家、学者来到他当时工作的所在地——龙岩市政府,苏先生多数精心组织专家们讨论大纲,极为认真细致地修改初稿,经常忙到深夜。苏先生还十分重视政府部门的操作需要,曾多次要求该学生将有关章节在经济管理上的要求印付给当地政府的有关部门去实践、操作并修改最终形成不同的反馈意见,使得最终成稿的《中国国民经济管理学》不仅在理论上更加成熟,而且在实践上也更具有针对性和可操作性。这本教材,是当时也是现在我国经济管理学研究生、政府有关部门和企业家在经济管理上的一本十分难得的参考教材。"正是苏先生这种治学探索方面给我的影响,也使我日后做人做事养成了一个良好的'认真'习惯。"

著述之外,苏教授学术生涯还重在参与国际性活动,在中国首设"世界管理论坛""东方管理论坛""世界华商管理论坛",迄今主办7届大会,会友各路名家,为发展中国管理教学研究尽心尽力,著书立说。苏教授是中国最早,也是唯一被推选为世界管理协会联盟的代表、常务理事、中国委员会主席,特别是1997年在上海主办的"'97世界管理大会",影响巨大,有30多个国家的学者、代表到会,会议以卓越的表现证明了中国学者的学术水平和组织能力,获得各国学者的广泛赞誉,50多家新闻媒体报道了大会的盛况,成为中国首开先河的具有国际水平的管理学术盛会。作为IFSAM中国委员会主席,他发表了多篇关于东方管理的论文,向国内外学者充分展示了中国优势的传统管理文化的魅力,以"三为"为核心的东方管理文化得到了广泛的传授和认可。此外,苏教授还发表了《面向21世纪东西方管理文化》。在美国、法国、西班牙召开的国际管理学大会上,苏教授发表《东方管理文化的复兴》等学术报告。

"东方管理文化在世界叫响!"各家媒体纷纷发出这个洪亮的声音。中国管理学界真正在国际扬名增光了。为了东方管理文化的广泛传播,苏教授主持28次国际国内学术会议,应邀赴日、美、法、西、加、韩、瑞典等国家做学术演讲,传播东方管理文化,获得国际学者的好评。

## 二、呕心沥血传播管理真谛

提起"管理",人们常常联想到西方观点,可是西方管理思想在中国不断传播却不断碰壁,可谓是水土不服。近年来,以可持续发展为中心的新发展观日益崛起,中国经济的突飞猛进,令世界惊叹的华商智慧,迫使国内外企业纷纷从儒、释、道、兵、法等东方诸家处寻觅管理的真谛。

正是在这个时候,苏教授的东方管理学理论,如闪电划破长空,将古今中外的管理学精华融合、架构、斟酌理论的逻辑性、规范性、实用性及实践上的可操作性,自成一派,传播"三为"精神,又将其解释为儒家的"修己安人",即每一个管理者都要注重自身的行为修养,然后从"为人"角度出发,控制和调整自己的行动,创造良好的人际关系和激励环境,使管理者和被管理者都能持久地在激发状态下工作,充分发挥主观能动性。

苏教授说,自己是20世纪50年代对东方管理产生兴趣的。那时21岁,风华正茂,在厦门大学企管系就读,听校长讲"人与文艺的关系",感悟到文化对人的影响、对管理的影响是十分重要。

苏教授认为刚毕业那年的经历对他的一生起着最为关键的影响。系学生会主席的他带着一帮刚毕业的同学,从温暖的南方福建奔赴冰天雪地的东北,那时福建还有没火车,要到江西上饶去搭乘火车。在路途中,苏教授因为身体不适拉起了肚子。"挺一挺,也就过去了",当时的苏东水这样告诉自己。途经上海,在财经学院停了一夜,他又坚持与同学们一道向北开进。

毕业以后,苏教授在国家重工业部门任调研员,经常深入工矿企业和农村,就企业管理、技术管理、技术教育以及如何提高劳动生产率等问题发表了一百多篇文章,并写了大量关于新中国建设和先进人物事迹的通讯报道。3年后,他先后在上海财经学院、上海社科院、复旦大学从事教研工作。70年代中期,苏教授开始在复旦中文系讲授《红楼梦》管理思想。要知道《红楼梦》等名著曾在很长的一段时间里都被批作"毒草",研究它的人确实需要不小的学术勇气。苏教授不仅有勇气,而且有眼光,80年代初他就发表了《中国古代行为学说》一文,1985年又在《文汇报》上发表《论现代管理的古为今用》,创造性地分析了古代管理思想的现代价值,多方面论述古今中外管理的共性和个性,引起了社会各界的极大震动。同年在日本现代化国际研讨会上,苏教授发表了《中国古代行为学术研究》,介绍了中国现代管理古为今用的事例,提出创立根植中国文化与现实世界经济发展的独特的东方管理学,吸引了众多东方学者提议建立东方管理学派;1996年在法国巴黎第三届世界管理大会上,他的题为《东方管理文化的探索》的文章更是引起了世界各国的专家、学者的极大关注;1998年在西班牙第四届世界管理大会上发表了《东方管理文化的复兴》引起了众多国际学者的重视,东方管理被认为是新时代独树一帜的新学科。

苏教授就是这样一步一步地走过来的,在学术及实践的研究过程中,他归纳出了"以人为本,以德为先,人为为人"的管理真谛,并逐渐建立庞大而丰富的东方管理科学体系。

## 三、言传身教志在教书育人

古人云,善为师者,既美其道,又慎其行。苏教授对学生的要求既严格又关怀,深得学生敬重与爱戴。凡学生有求教,无论是学术研究,还是生活事业,苏教授都会从百忙之中挤出时间与学生悉心讨论。在学生的心目中,他不仅仅是一位博学多才的长者,更是一位对生活、对人生充满真知灼见的智者。

在苏教授朴素的办公室里,师生们经常相聚、切磋、谈笑使其倍添暖意。苏教授培养的200多名硕士、80多名博士、40多名博士后,为曾求学于苏门而感到幸运,他们自发组织"东水同学会",以此发扬老师的为人、学风和学术精华,中央对外联络部部长王家瑞教授满怀深情地倡议弟子们共同学习苏老师"人为为人"的精神,还要"苏为为人"。此外,学生还将部分东方管理学理论心得汇编成集。

苏教授常常与学生谈及人生,告诫众弟子要注意个人道德修养,以德为本,以德为先,德正生厚。他自己从来都是身体力行,尽管历经人生坎坷,却始终心胸宽广、宅心仁厚。在"文化大革命"期间,尽管苏教授遭遇冤屈,但他却一贯善良,不畏造反派的强权,本着知识分子的良知,甘冒风险,尽一切所能地帮助受到迫害的许多专家、学者和其他领导。所以,苏教授能取得今天的成就,也正是应了先生常常挂在嘴边的话"为善必昌"。

苏先生待人和善的金子般的人格令他的学生游宪生至今记忆犹新。游宪生曾经是专员、厅长,4年前,他弃"官"下海。现在的他是4家高新企业总裁兼博士后。以一个学者的眼光,洞企业之变,察经济脉络之动,成了其开辟商海试验田的初衷。想起自己的苏先生,感激与敬佩之情顿时溢于言表。以下是游宪生的自述。

那是在1997年的11月,我那时正在修博士课程的几门公共课,因为工作和家庭的原因,有几次公共课程的授课我没能参加,而这一次,学校组织全校博士生进行公共课程的考试。公共课程的试题(乃至全市)统一,考试是在校园阶梯教室进行的,因为掉了几次课,考前我心中着实底气不足,苏先生知情后,并没有责备,而是说:你平时的功底不错,只要认真应答,一定不会有问题。在考试前,苏先生一边和我聊天,一边牵着我的手,一直走到教室门外。初冬的上海,已经是寒意袭人,而我当时的心里却是非常的温暖,我认真地也是充满信心地做完了答题。两个小时后当我轻松地走出考场时,我在教室的走廊里发现我敬爱的导师——苏先生仍然站在寒风中,我心中悠然回忆起少年时代父亲接送我进出学校的考场时的情景,我的眼眶湿润了。所谓"一日为师,终身为父",这不就是老父的形象吗?

说起苏教授到底有多少学生,他自己都记不清楚了。中国改革开放伊始,苏教授任中国国民经济管理学会会长、上海管理教育学会会长时,就为全国首次开设"企业管理""国民经济管理""管理心理学""经济管理"电视讲座,听讲学员近百万人次,并受国家经贸委托举办"企业管理研究生班""工业经济研究生班",受国家教育部委托,由复旦与东华国际人才学院联办"现代国际经济管理高级研讨班""产业经济研修班"等;最早开拓高层在职人才的培养,为国家培养高级管理人才,还为复旦大学创立产业经济博士点国家重点学科、应用经济和工商管理一级学科、设立东方管理学博士点及硕士点作出不懈努力。由于有目共睹的成就,他被国务院表彰为"发展中国高等教育事业有突出贡献专家"。目前,教授仍坚持亲自指导博士生,每周都给他们上课。他不仅对自己的学生言传身教,对慕名而来的学生也悉心指点,他的学生来自四面八方,甚至有一位日本著名大学的教授也常常来信、拜访,请求做他的博士生。

苏教授的讲课过程是生动而又活泼的。他对学生并不耳提面命,只是提出问题,三言两语地点睛、诱导,让大家七嘴八舌地讨论,气氛热烈时,教授安然微笑地在笔记本上点点画画,声浪平息之后,他开始井井有条地提炼出主要理论,任何一个精彩发言都不会漏下,同时他还指出发言中论点和论据的创新和不足,点明思考的方向,令听课的学生又佩服又难以置信:教授的思路如此敏捷,思维如此活跃,青年博士倍感"虽不能至,心向往之"。

苏教授不仅在课堂上教书育人,也在社会活动中教书育人。"余自知学长年短,故不敢有丝毫懈怠。"他自幼爱好文学,富有正义感,16岁即参加爱国进步运动。大学毕业后,除致力于教学研究,还不辍社会公益、教育事业。

20世纪80年代在福建协力创办大学,并任仰恩大学校长,曾任巴金先生任名誉董事长的黎明大学副校长,在上海办了东华国际人才学院,20世纪90年代,苏教授创办东亚管理学院,作为传播东方管理思想的实践基地,累计培养各类管理人才数千人;教授还热心慈善事业,继承父亲志向,与夫人云山尽力赈济贫弱。

苏教授以弘扬中华优秀传统文化、东方管理文化为己任,如今他正组织编著《东方管理经典丛书》,为完善东方管理的"三学""四治""八论"学说而孜孜追求。

"东海辽阔出蛟龙,水泽疆域学子功"乃是赞扬一代管理学、经济学师表苏东水教授德行伟岸,行止谦谦,闻者皆共鸣也。

# 《上海国资》：东方主张崛起管理学界(2005)[①]

创造出适应变革时代的"东方管理理论"，不是将来时，而是进行时。

在当今的管理学丛林中，西方，尤其是美国依然是丛林之主。关于近现代管理学发展史的各种著作中，几乎找不到中国管理学家的名字。但西方管理学理论在中国的管理实践，经常会发生"水土不服"。

东西方的价值观与思维方式的差别是无法弥合的，西方管理学无论是在理论上还是实践中都比较强调英雄主义和个人奋斗，而东方则注重集体主义和团队协作。另一方面，现代管理学的发展尽管看起来日新月异，但管理学需要解决的核心问题似乎并没有找到最优解。泰罗的所谓科学管理思想中遗漏了最重要的因素，那就是：人！所以，英国学者 Morgen Witzel 曾指出，现代管理意义上那些貌似深邃的管理实践，其实是对"真正管理"的严重背离。各种先进的管理技术与方法都很难同步解决企业的财富增长与人性的均衡发展这样一个棘手问题。可见，技术的革新与思想的进步完全是两个不同的概念。

西方管理学界近年来也深深体会到：现代管理学必须找到一个能够指导企业永续发展和人的均衡发展的管理学之"道"，而非仅仅关注"术"的提高。因此，近年来，不少西方管理学家其中不乏一些著名的管理学家都不约而同地把目光投向东方，试图从东方管理文化(主要是中国的管理文化)中汲取营养，求解管理学的发展之道。

苏东水教授所著的《东方管理学》在一定程度上正好回答了管理学在发展过程中面临的一些棘手问题。苏东水教授认为，现代管理学有向东方回归的趋势，他指出，最有希望、最有创造性的管理理论往往产生于经济迅速起飞的国家与地区。像中国这样一个即将成为世界经济强国同时又有着深刻文化底蕴的国家，是必须诞生出一套既有国际普适性又不乏本国文化特色的管理思想理论体系的。

正如作者指出的，东方管理学并非一个封闭的自循环的体系，而是以中华优秀传统管理文化为核心，不断吸取包括西方管理科学在内的世界各民族管理文化的精华，进而形成一个开放的管理学发展体系。因此，东方管理学的着眼点并不仅仅在于发掘东方管理哲学的一些思想精华，而是针对包括西方管理学在内的现代管理学在发展过程中所出现的发展瓶颈，提出自己的理论主张。

全书的核心思想，作者将其概括为 12 个字，即："以人为本""以德为先""人为为人"。东方管理文化十分重视人在管理系统中的作用，强调管理要"以人为本"；所谓"以德为先"，就是管理者要通过自己的道德修养的提高，使民众在其道德威望影响下自然地达到管理的良好状态。同时，人际关系也通过人的道德伦理来加以调节；至于"人为为人"，在东方管理理论中居于十分重要的地位。"人为"就是要发挥人的积极性。东方管理文化重视人的道德和行为的可塑性，从而提供了人的发展的可能性，"人为"的根本目的是"为人"，管理也体现为从"人为"到"为人"的过程。无论是建立和谐社会的理想还是现代企业以服务为宗旨的管理理念，都体现了"为人"的管理目的。

可以说，这是一部讨论东方管理学理论与发展的纲领性著作。尽管提出管理学发展的东方主

---

[①] 本文刊载于《上海国资》2005 年 11 月 28 日，作者是章玉贵。

张并使这些主张能够为国际管理学界所认同并非一朝一夕所能达成,但是正如自主创新对于中国经济发展的意义远比跟踪模仿的意义大得多一样,相信更多的人读完这本书之后,会发现,东方人用自己能够经受得住时间考验的理念来融合西方的长处,创造出适应变革时代的"东方管理理论",不是将来时,而是进行时!

## 《世界管理论坛》：苏东水教授执教 50 年欢聚会——第八届世界管理论坛暨东方管理论坛隆重召开(2005)[①]

  2004 年 12 月 26 日上午，苏东水教授执教 50 年欢聚会在上海国际会议中心黄河厅隆重召开。全国政协、全国侨联、上海市、复旦大学以及各兄弟院校、各相关部门的领导和专家、苏教授的各界好友和历届学生等近 500 位嘉宾光临了此次盛会，欢聚会佳友如云，高朋满座，气氛热烈，真情洋溢。《文汇报》《解放日报》等十余家报纸在头版报道了活动盛况。会前，中共中央政治局委员、中共上海市委书记向苏东水教授表示祝贺，国务委员陈至立同志为欢聚会发来贺电，中共上海市副书记殷一璀同志在欢聚会召开前亲切看望了苏教授。国家教育部办公厅、中共上海科教党委、上海市教育委员会也为欢聚会发来贺信。教育部的贺信说："苏东水教授是享有声名的管理学家、经济学家、他热爱高等教育事业，为我国管理科学的发展和高层次人才培养作出了重要贡献。他潜心钻研，成果丰硕，并积极将自己的研究与我国现代化建设的实际紧密结合，探索创立了独具特色的东方管理学派，为中国管理科学走向世界做出了重要贡献。"

  欢聚会还收到了北京大学、上海交通大学、浙江大学、南京大学等兄弟院校，上海市、福建泉州市相关政府部门的贺信贺电十余封，以及经济学家厉以宁教授、乌家培教授、华侨大学校长吴承业教授等著名学者和兄弟院校领导的贺电贺信十余封。前期收到的部分贺信、贺电、贺文被整理为《苏东水教授执教 50 年庆贺特刊》赠发与会嘉宾。经济学界名宿蒋学模教授、张薰华教授、叶世昌教授等虽然年事已高，仍然亲临欢聚会现场祝贺。

  桃李不言，下自成蹊。欢聚会上，各界来宾共同彰颂苏教授乐育英才，甘为人梯的师者风范，贺学贯中西、融通古今的学术成就。

  中共上海科教党委书记李宣海同志宣读贺信，高度评价苏东水教授为高等教育事业无私奉献的精神；中共复旦大学党委书记秦绍德教授、复旦大学副校长、管理学院院长郑祖康教授代表学校、学院致贺词，高度评价苏教授的学术成就和对复旦大学及管理学院各项工作的杰出贡献；福建省人大常委会原副主任、中共泉州市委原书记张明俊同志作为家乡代表致辞，他称赞苏教授是"家乡人民的骄傲"，感谢苏教授对家乡建设数十年如一日的无私帮助；全国政协常委、港澳台侨委员会副主任何添发先生作为侨界代表做了热情洋溢的讲话；中共上海市委统战部副部长周箴教授介绍了苏教授作为一位社会活动家积极参政议政的事迹，感谢他对统一战线工作的热情支持。

  苏教授的学生、复旦大学芮明杰教授全面介绍了苏东水教授高尚的师德与卓越的学术成就；苏教授的学生、中共中央对外联络部部长王家瑞教授饱含深情地回顾了苏教授对自己的教诲和帮助以及东方管理思想对自己的启迪，并充满信心地描绘了东方管理学派的光辉前景；苏教授的学生、共青团上海市委书记陈靖博士作了"世纪耕耘、一座丰碑"的发言，语言朴实无华，感情真挚动人；苏教授的学生、复旦大学姜波克教授和福建师范大学林善浪教授回忆了跟随苏教授学习和苏教授交往过程中的点点滴滴，表达了对苏老师的感激和爱戴之情。

---

  [①] 本文刊载于第九届世界管理论坛暨东方管理论坛论文集《世界管理论坛论文集 2005》(《当代财经》2005 年专辑)，作者是邓晓辉和郑利寅。

苏教授的好友、著名数学家、复旦大学研究生院前任院长李大潜院士介绍了苏教授对复旦大学学科建设的突出贡献以及他所理解的东方管理思想的无穷魅力，生动的讲述和幽默的语言博得了与会嘉宾阵阵会心的笑声；苏教授的中学同学、与苏教授交往五十多年的老朋友黄家顺教授，用数十个"三"概括了苏教授的生平为人与学术成就；厦门大学人力资源研究所所长廖泉文教授作为母校代表致辞，称赞苏教授无私回馈母校的精神，感谢苏教授对母校发展的大力支持。

企业界的代表，上海贝尔卡特董事长袁欣先生，上海威达企业集团有限公司董事长、总裁周桐宇女士，上海仁虎制药公司董事长李仁发先生分别致辞，讲述了东方管理智慧对企业经营和企业家伦理的启示以及自身学习、感悟、实践东方管理思想的体会，并祝愿苏教授再健康地工作、生活50年。

在各界发表发言后，苏教授起身致答谢辞。苏教授深切抒发了他对家乡泉州与工作、生活了数十年的上海和复旦大学的拳拳之情，感谢来自海内外的嘉宾参加欢聚会，他讲述了激励、支持他投身教育事业和数十年如一日苦心钻研东方管理学思想的精神力量是一个普通中国人的民族荣誉感和一个普通教师的社会责任感，深邃而广博的思想，谦虚而朴实的语言，真挚而恬淡的感情，令来宾们无不为苏教授的高尚人品和大师风范所感动和折服，全场报以长时间的热烈掌声。

为庆贺苏教授50年，国家邮政局专门发行了纪念封和个性化邮票一套。上海市邮政局局长王观镐同志向来宾介绍了邮品的意义。邮票选择苏教授在书房的照片，展现了苏教授学者风范；"人为为人"东方管理思想真谛的图像，则配以象征富贵吉祥的牡丹，色泽和谐，寓意深刻。苏教授亲自为纪念封签上了刻有"人为为人"标识的邮戳，然后，在主席台就座的苏东水教授、王家瑞教授、秦绍德教授、何添发教授、张明俊先生、郑祖康教授等分别在特制的纪念封上签名留念。

此时，全场响起热烈的、持续不断的掌声，许多来宾们都争相用自己的相机记录这一难忘的时刻，在镁光灯的不断闪烁中欢聚会现场达到高潮。

下午，第八届世界管理论坛暨东方管理论坛在国际会议中心长江厅召开，来自国内外大学、研究机构、政府机构和企业的代表200余人参加了会议。论坛围绕"以人为本，以德为先、人为为人"的主体进行了深入而广泛的学术研究。

大会主席苏东水教授作了《东方管理文化的发展与运用》的主题发言，高屋建瓴地阐述了弘扬东方管理文化对于完善管理学科、增强民族凝聚力、促进中国经济发展和社会进步、提高中国企业国际竞争力的重要理论价值和实践指导意义。苏教授还简单介绍了东方管理学派的发展现状。经过二十多年的发展，东方管理学科的论文和著作已积累了相当的数量，复旦大学东方管理研究中心也成了国内外率先开展东方管理研究的专门机构，复旦大学已经正式招收东方管理学的博士和硕士研究生。由于东方管理的研究与教育在国际上的重要影响，经过中国管理学界的共同努力，世界管理学界的"奥林匹克大会"——IFSAM第九届世界管理大会2008年将在中国举行。

中共中央对外联络部部长王家瑞教授结合自己的实际工作，作了《东方"和"文化与中国和平外交》的主题发言，对"和为贵""和而不同"等传统管理思想与当前我国和平外交政策的关系进行了精辟论述。

随后，江西财经大学副校长吴照云教授系统介绍了苏东水教授的学术成就和自己学习东方管理思想的体会；复旦大学张薰华教授作了《试论东方管理学科的发展》的发言，从马克思主义经典理论的角度阐述了东方管理学科的发展前景；国家行政学院刘峰教授结合中央的最新政策精神作了《"人为为人"与科学发展观》的精彩发言。

会上，代表们还围绕民营企业与家族企业发展、国有企业改革、中国传统管理思想古为今用、跨文化管理的实施、塑造执政能力、建立和谐社会等热点问题进行了深入热烈的讨论。

# 《中华读书报》：东方智慧"拯救"管理学？(2005)[①]

## 一、管理学必须借助"东方智慧"？

11月，筹备八年之久的"东方管理学派著系"终于在复旦大学出版社出版了它的第一本《东方管理学》，作为该书的作者和丛书的主编之一，复旦大学首席教授、世界管理协会联盟中国委员会主席苏东水总算长舒了一口气。

虽然早在70年代中期，苏东水就着手东方管理的研究，并和一些志同道合的东方管理研究学者一起创建了东方管理学派，然而30年过去了，目前国内各高校的管理教育几乎还是清一色的"美式"MBA教育，关于东方管理文化和思想的内容几乎是空白，即是东方管理理论与方法的研究，除了以复旦大学为中心的东方管理学派外，也只是在极少数学者中间进行，无法形成相应的学术气氛，对此，苏东水进行了痛苦的反思。最后，他得出结论："虽然理论界对东方管理思想的研究已经有相当长的历史，然而迄今为止，许多研究尚不能从纷繁复杂的历史典籍中提炼出一条清晰的主线，更多的是就事论事的经验式体会，或者贴标签式的注解。"

于是，他着手组织东方管理学派的学者开始编著"东方管理学派著系"，"三学"——《东方管理学》《中国管理学》《华商管理学》，"四治"——《治国》《治生》《治家》《治身》，"八论"——《人本论》《人德论》《人为论》《人道论》《人心论》《人缘论》《人谋论》《人才论》，无疑，将给中国的管理学界带来一个强有力的冲击。

## 二、西方管理的困境

哈佛商学院列出的MBA必读的10本书中有4部来自中国：《孙子兵法》《论语》《中庸》和《道德经》；近年，许多西方学者和企业家开始对《论语》《道德经》等古典东方智慧着迷，这些现象的出现并非偶然。

"典型的美国公司是一个职能经济机构，是一个工具。"苏东水指出，美国公司随意招聘工人和解雇工人，它所需要的只是外部劳动大军的各种专门技能；它用发行股票的方式筹集资金，经理必须担心他的季度预算及近期效果对公司股票的影响。在强调完成的目标通常是企业利润最大化、股东利益最大化的西方管理机制下，目前西方企业中出现的经济停滞不前、生产率下降、敌对的特定利益集团相互倾轧、工人中日益增长的冷漠和不信任等现象也不足为奇。

苏东水分析，西方哲学主客二分的特点，给西方带来了科学发达与物质繁荣，但是，它将人的本质抽象化，压制了有血肉感情的个体性；将主体与客体对立，造成了人际关系、人与自然关系的紧张。"后来管理学之父泰勒倡导科学管理理论，开始认识到工人生产积极性对劳动生产率的影响，从而形成了人是'经济人'的假设，认为科学化管理之原则可用于任何人类活动也是片面的。"

"直到20世纪30年代，行为主义学派梅奥等人的霍桑实验才发现，人并非仅仅是'经济人'，也

---

[①] 本文刊载于《中华读书报》2005年12月21日，作者是桂琳。

不是任由管理者使用的'会说话的工具',而是有着诸多欲望的'社会人'。"苏东水表示,至此,西方管理理论才开始确立人在管理过程中的主体地位。可以说,西方管理学的发展是实现了向东方人本管理思想的回归。

## 三、东方主张崛起管理学界

70年代中期,苏东水开始系统研究中国古代管理的相关著作。30年来,在汲取中国管理文化中道家、儒家、法家、释家、兵家、墨家以及伊斯兰教和西方管理、华商管理中的经验后,他提出了概括东方管理文化本质特征的"以人为本、以德为先、人为为人"的"三为"原理,并形成治国、治生、治家、治身的"四治"体系,以人本论、人德论、人为论为核心,包括人道、人心、人缘、人谋、人才"五行"管理的东方管理体系,并提出东方管理学的管理目标是构建社会的和贵、和合、和谐。

在苏东水看来,东方管理文化十分重视人在管理系统中的作用,强调管理要"以人为本";所谓"以德为先",就是管理者要通过自己的道德修养的提高,使民众在其道德威望影响下自然地达到管理的良好状态。同时,人际关系也通过人的道德伦理来加以调节。至于"人为为人",在东方管理理论中居于十分重要的地位。"人为"就是要发挥人的积极性。东方管理文化重视人的道德和行为的可塑性,从而提供了人的发展的可能性;"人为"的根本目的是"为人",管理也体现为从"人为"到"为人"的过程。无论是建立和谐社会的理想还是现代企业以服务为宗旨的管理理念,都体现了"为人"的管理目的。

## 四、质疑"东方管理"

然而,有学者提出,20世纪90年代以来,国内学者试图从中国传统文化之中外化出中国式管理体系,但是这些努力与现代企业管理研究与实践之间的联系始终不大,根本原因在于,中国传统文化中个人道德修养知识的比例远远大于组织管理知识。在西方管理理论中,出现的多是"利润、效率、组织结构、流程"等概念,而在中国传统文化中出现的多是"修身、养性"之类的概念。

"也就是说,很多试图从中国传统文化发掘出中国式管理学的讨论者自觉不自觉地将中国传统文化中关于管理者修养、励志的个人管理思想等同于组织管理思想了。"这位学者认为,东方管理理论更多的只是属于管理哲学范畴。

## 《当代财经》：八年磨一剑，铸造新学派——苏东水教授新作《东方管理学》出版(2005)①

金秋九月，正是收获的季节。海内外管理学界翘首以盼的"东方管理学派著系"也终于结出了第一颗饱满的果实——苏东水教授的新作《东方管理学》出版了。未来一年中，复旦大学出版社将陆续推出著系的另外十四卷，共同构筑完整的东方管理学派著作体系。

说管理学界对《东方管理学》翘首以盼，一点也不为过。因为早在1997年，"东方管理学派著系"就开始酝酿了。想当年，一群意气风发的学者聚首复旦大学经济管理研究所，合力筹划推出一套以中华优秀管理文化为精神内核、同时深深根植于东方各国现实土壤的管理学著作，彻底打破西方管理理论一统天下的局面，这是何等的胆识，又是何等的远见。作为公认的东方管理学派创始人，苏东水教授把这套丛书的框架定为"三学、四治、八论"共十五卷，"三学"即东方管理学、中国管理学、华商管理学；"四治"即治国、治生、治家、治身；"八论"即人本论、人德论、人为论、人道论、人心论、人缘论、人谋论、人才论。从那时起，三、四、八这三个普通的数字在每一位编委会成员心目中被赋予了特殊的含义。

客观地讲，当时提出编撰"东方管理学派著系"不是建空中楼阁：首先，东方管理学派在核心理论上已经达成共识，这个共识就是苏东水教授经十几年研究，在20世纪90年代初提出的"以人为本，以德为先、人为为人"的东方管理学核心命题；其次，在文献的搜集整理方面已经做出了许多基础性工作，以苏教授任总主编、数十名著名学者参与编写的四卷本《中国管理通鉴》在此前已经出版，通鉴从明言、要著、人物、技巧四个层面提炼了从古到今绵延数千年的中国管理智慧；第三，东方管理学派的成果已经初步得到学界和社会各界的认可，1997年夏召开的世界管理大会上海会议更是被权威媒体誉为标志着"东方管理文化在世界叫响"。

虽然已经有一定基础，但编撰这样一套体系宏大的丛书，困难之巨亦是常人难以想象。所谓"著系"，要"著"，还要成体系，是管理学理论的体统创新。从量的方面讲，工作量远远大于提几个新概念；从质的方面讲，要求更是远远超过对既有文献的整理综述。困难还来自编著工作之外，任何一种新的理论的诞生和发展都不会一帆风顺，虽然东方管理学派的工作获得了国内外众多同行和前辈的认可，但并不是所有人都能够理解。两年后的1999年，复旦大学正式成立了东方管理研究中心，每年一届的世界管理论坛暨东方管理论坛一如既往地举行，团结了一大批对东方管理充满信心的仁人志士，苏教授本人也不顾年迈，坚持率团参加了历届世界管理大会，奔走各国，与国际一流的学者进行面对面地交流沟通。正是在他的精神感召下，一批又一批有志于东方管理研究和实践的学者、政府官员、企业家参与进来，一届又一届的博士研究生和博士后也成为著系编撰的生力军。他们的加入，造就了东方管理学派生机勃勃、欣欣向荣的新局面。

有人可能困惑，凭苏教授的学术造诣，凭如此雄厚的编写团队，写一本书还要八年的时间吗？这种困惑好像有道理，然而却在一定程度上暴露出学界乃至整个社会的浮躁气焰。"八年磨一剑"的背后是一个艰难的探索过程，反映的是东方管理学派厚积薄发、严谨求实的学术态度。

---

① 本文刊载于发表于《当代财经》2005年第12期，作者是邓晓辉。

缔造管理学的东方管理学派是苏东水教授几十年的夙愿,所以他对"东方管理学"五个字是无比珍视的,不到成熟之时,决不冠名"东方管理学"。可以说,从1997年到现在的8年间,苏教授主持的每一项研究工作都在为一本名副其实的《东方管理学》打基础、做准备。国家自然科学基金项目"东方管理学思想研究"和"著名跨国公司在华竞争战略"、四届世界管理大会发言、八届世界管理论坛暨东方管理论坛发言、1998年的《中国国民经济管理学》、2000年的《产业经济学》(第一版)、2001年的《管理学——东方管理学派的探索》、2002年的《东方管理》、2004年的《应用经济学》以及在这八年间两次修订出版的《管理心理学》第三、第四版,就像一条长长的阶梯,一直通向现在的这本《东方管理学》。

在这些研究和论著中,特别值得一提的是由山西经济出版社出版的《东方管理》,它的书名与《东方管理学》仅有一字之差。该书出版后,在社会各界引起很大反响,不仅学界(多个学科)推重,许多政府官员和企业老总还将其随身携带用来指导管理实践,堪称代表了当时东方管理研究的最高水平。然而就在出版前,苏教授却因为对书稿的一些缺憾不满意,力排众议将原定的"东方管理学"改为"东方管理",使得《东方管理学》的出版又推迟了三年时间。

正因为经过近乎苛刻的精雕细琢,这本《东方管理学》的意义早已超越了一本著作,它更像一件艺术品,虽古朴厚重,却又熠熠生辉。作为"东方管理学派系"的第一卷,《东方管理学》的第一不仅体现在出版时间早,其同时也是作为整个著系的总纲性专著推出的。通读《东方管理学》,便可管中窥豹,大致了解著系全貌。全书在苏东水教授首创的"以人为本、以德为先、人为为人"之"三为"思想指导下展开,在现代管理学"人本复归"的大前提下,以学、为、治、行、和为主线,共设计了五篇,即导论篇、三为篇、四治篇、五行篇、和谐篇,用十八章的原创内容对东方管理学体系加以论述,提出了东方管理学的目标是构建社会的"和贵、和合、和谐"。

仔细看来:"导论篇"用最精练的语言阐述了东方管理学的研究对象、产生发展和理论基础,其中理论基础又包括东方管理、西方管理和华商管理,可谓根植东土,叶纳西露;"三为篇"详细解释了以人为本、以德为先、人为为人的核心思想内涵;"四治篇"囊括了治国、治生、治家、治身四个层面最重要的管理智慧;"五行"是第一次提出的新概念,从人道(管理哲学)、人心(管理心理)、人缘(管理沟通)、人谋(战略管理)、人才(人力资源管理)五个角度具体介绍了东方管理学在这些方面的经典理论及其现代价值;"和谐篇"扩充了东方管理学"十五哲学要素"的"和",提出了"和谐"的管理目标,并为如何实现这一管理目标指明了方向。

纵观全书,可谓资料翔实,考据严密,苏教授和他的研究团队真正做到了高屋建瓴、融通古今、阐幽发微、凿穿悬隔,把佶屈聱牙的文句解读得生动活泼,无论如何玄妙深奥的管理智慧,皆从容不迫,娓娓道来,展现了一副东方管理思想的绚丽画卷,让不同层次的读者徜徉其中,流连忘返,领悟意境,品味真妙。

《东方管理学》出版的意义,不仅在于开"东方管理学派著系"之先声,它同时也是东方管理学派和复旦大学东方管理学科发展的一个缩影。苏教授是对东方管理学信心最足的人,他多次说过,"最有希望、最有创造性的管理理论往往产生于经济迅速起飞的国家和地区","随着中国改革开放伟大实践的深入推进,以及儒家文化圈和海外华商的迅速崛起,随着中国加入WTO、申奥成功、申博成功,东方管理学理论迎来了前所未有的发展机遇"。这些论断反映了苏教授的历史责任感、民族荣誉感和治学品德,也显示出他对于学科发展趋势的敏锐洞察力。事实一再应验了苏教授的论断,熟悉东方管理学派的人们无不为东方管理学派近几年的蓬勃发展感到欢欣鼓舞:2003年正式设立东方管理学博士点、硕士点;2004年力克强劲的竞争对手,赢得2008第九届世界管理大会的举办权;2005年第一届东方管理学博士生、硕士生入学;2005年,深受各界瞩目的"东方精英大讲堂"在上海图书馆开讲。东方管理学理论也逐渐走向实践,当前我国的治国方略和各项具体政策越来越多地闪烁着东方管理智慧的灵光,在企业界,东方管理和"中国式管理"也越来越多地受到企业家的接受和认同。

东方管理学派的使命是:开启人文科学艺能之路,延悉古今中外百端之学,融东西方管理之精华,扬中华民族之优秀文化。使命和理想总是高远的,然"千里之行,始于足下",《东方管理学》的出版无疑是这"千里之行"的一大步,著系共十五卷,便是十五步,东方管理学派必将"积跬步以至千里",使学派屹立于世界管理学丛林,独树一帜,枝繁叶茂。

## 《上海闽商》:"东方精英大讲堂"开讲(2005)[①]

以东方管理学思想为学术支撑,融会贯通古今中外管理学说精华的"东方精英大讲堂"7月9日在上海图书馆开讲。

东方管理学是苏东水教授70年代开始创建的一门新兴学科(苏东水教授与东方管理学,本刊2005年第1期已作了专门介绍)。东方精英大讲堂力图将东方管理智慧与中国政治、社会、经济现状结合,在公共管理与经济领域培养出一批有东方智慧、懂现代经济与企业管理的创新型领导人。为提高各行业中、高层管理者的管理能力,提供理论支撑和实践依据。

2005年度东方精英大讲堂以"领先与创新"为主题,分十场讲授,共二十个专题,每周六举行,至11月26日结束。演讲者来自复旦大学、北京大学、上海交通大学、国家行政学院等著名院校知名学者,以及大众传媒所关注的行业领先企业的创新型领导者。每场由知名学者和企业高层联袂授课,融前沿理论与高端实践于一体,以求智慧碰撞,擦出领先与创新之火花。课程内容紧扣人本化、本土化、国际化之全球管理新趋势,既重视东方管理沟通艺术、孙子兵法谋略等中国式管理智慧的传授,更充分关注企业竞争力与创新、跨文化管理、并购重组、投资融资策略、市场博弈技巧、企业跨国经营、企业理财策略和房地产营销等管理热点问题。各主题内容皆为著名学者、企业领导多年钻研实践所得的真知灼见,实用性、启发性、哲理性并重。

---

① 本文刊载于《上海闽商》2005年第4期。

## 《复旦新闻文化网》：东方智慧为改革开创新路——与东方管理学派创始人苏东水先生一席谈(2006)①

问：苏先生，作为一个长期致力于东方管理学研究的学者，您怎么理解我们当前的国家战略？比如说，中央提出的科学发展观，您怎么看？

苏：应该说，现在的中国在经济社会建设取得巨大成就的同时也积累了相当多的矛盾。科学发展观正是党中央针对这一现象，提出的关于经济建设、社会建设、文化建设等各方面综合发展的新理念。当然，作为学者，我们也必须看到，科学发展观从理论倡导到实践结果还是有一段距离的，还需要全社会共同努力。从理论的角度，也同样需要对科学发展观作出更加具体的阐述。

现在关于科学发展观的讨论中，中国的传统智慧被忽视了。实际上将中国的传统智慧加以现代化阐释是完全符合科学发展内涵要求的，比如我们提炼的"三为思想"（以人为本，以德为先，人为为人），就完全可以为进一步的改革开放提供理论武器。以人为本，在我们的传统文化当中，有着深远的影响，现在党中央在一个新的历史条件下提出以人为本，我认为是东方文化以一种新的姿态参与到祖国现代化进程中的具体表现。我们的一切工作，都应当是满足人的需要，研究人的问题，为了人的发展，并且是建立在以充分发挥人的积极性、充分尊重人的主体地位作为前提之上。离开了对人的关注，离开了每一个人的发展和幸福，一切社会的建设和发展，都是值得怀疑的。因此以人为本既是工作的出发点，也是工作的全部目标；既是一个国家强大的基础，也是富国安民的根本保障。

问：您提到东方管理智慧对科学发展观的价值和意义，对我们很有启发。我知道您在大力倡导"三为"思想的时候，也特别提出"三德"思想。最近在政协讨论会上，胡锦涛同志提出社会主义的荣辱观。您能够谈谈"三为""三德"与加强荣辱观教育的关系吗？

苏：先简单回顾一下我们提炼"三为"思想的轨迹或许有助于回答你的问题。

改革开放以来，我们是比较早提出以人为本这一思想的。早在1986年，我们就开始探讨人的心理、人的行为、人的期望、人的发展、人的需要、人的挫折并以此作为人为科学的基础，同时开始提倡建立在这一切基础之上的人性管理。从东方优秀传统文化出发，将以人为本思想纳入到中国式管理的研究体系中，并且也通过举办电视讲座、培训班等方式，传播理念和培养人才。

沿着以人为本的学理逻辑，深入到关于社会伦理道德的探讨，提出了以德为先，强调基于个人能力和职业的道德修养，是一个社会良性运作的重要前提。"以德为先"一直是中国文化最为鲜明的表达，也是中华文明在长期的历史过程中能够经历各种风云还能延续至今的根本原因。如果说，宗教曾是欧美社会最重要的整合机制和文化核心，那么，道德伦理就在中国社会传统中扮演了同样重要的角色。

但是，传统的文化智慧要对现代社会生活发生直接的影响，必须赋予其现代含义。因此，我们提出做官有"官德"，为民有"民德"，经商有"商德"，这就是"三德思想"。只有以"三德"为基础，我们才有可能建立起一个诚信友爱的和谐社会。

作为一个价值目标和实践理论，从管理心理学的角度，我们提出"人为为人"的社会价值。"人

---

① 本文刊载于《复旦新闻文化网》2006年3月22日，作者是戴明朝。

为"就是强调人要有所作为,充分调动人的积极性,提倡事在人为的行动哲学;"为人"则是提出了一个社会目标的价值归属问题。毛主席曾经提出为人民服务的共产党人的价值观,如果细化一下,与现代社会生活是可以相匹配的,官员要为老百姓服务,商家应该为消费者服务,校长应该为师生服务,企业经理人应该为企业服务。只有把"为人"和"人为"结合起来,才比较全面地解决了发展的动力机制和发展的目标追求相统一的问题。

我认为坚持"三为""三德",坚持科学发展观,致力于和谐社会诚信友爱的氛围构建,是建立社会主义荣辱观的基础和最大实践。换句话说,当各行各业的人都坚持自己的职业道德和社会公德,我们这个社会就会荣辱分明、是非明了。

问:具体地说,东方管理学可以为落实科学发展观做哪些工作呢?

苏:在这一方面,我们还有很多工作要做,比如如何以马克思主义为指导,以中华优秀文化为底蕴,建立起中国式的学科体系,来解决当前出现的一系列严重问题,这是一个关系到我们下一步改革开放以及整个现代化事业能否成功的关键性问题。我们想可以从以下几个角度做一点努力:

从宏观的角度,全面客观地总结和审视我国改革开放和现代化事业的既有进程,并进行系统客观、科学理性的总结,并将这样一种理性的认识在干部群众尤其是领导层中形成广泛共识。从宏观高度把握今后一段时期整个国家发展的全局性方向性问题,排除干扰,坚定信心。应该说这个任务在目前非常紧迫也非常重要,目前这方面总结得不够,认识得也不深,表达得也不够清晰,特别是没有将已经形成的比较客观理性的态度在全社会进行广泛而深入的研究和传播。

从中观的角度来看,我们要深入到行业和产业的发展,认真总结每一个领域每一个阶段的改革所取得的成就,也要研究改革暴露的问题,甚至是这一进程中不断涌现的新问题。只有认真总结经验,不断校正方向,用创新的方式,才能解决发展中的问题,用创新的制度来覆盖过程当中曾经疏漏忽视的问题或领域。

从微观的角度来看,我们需要把目光聚焦于企业的经营管理,尤其是从现实出发,寻找中国企业的文化之道、管理之道和经营之道,总结出带有某种普遍性的中国式管理思想。现在这一方面的总结还非常不够,迄今为止还是非常零散非常表层的。中国企业的管理之道与中国传统文化的深切关联没有得到真正的确认,更没有从深层解读。

从政府政治的角度来看,可以整合中国文化的特性,去总结党和政府治理的中国特色,特别是应该形成政府治理的独特理论和实践。

一句话,就是需要统合四个方面的总结,形成关于国家宏观管理、行业管理、企业管理和官员治理等方面的中国式管理理论,并且用它来指导下一步的改革开放。

问:但是,科学发展观是作为发展理念的系统论述。东方智慧可以为落实科学发展观提供何种思路?

苏:2004年3月10日,胡锦涛同志《在中央人口资源环境工作座谈会上的讲话》明确阐述了科学发展观的深刻内涵和基本要求:即坚持以人为本、全面发展和可持续发展。

对以人为本、全面、可持续三个关键词,我的理解是发展必须是充分考虑到人的全面发展和可持续发展的各个要素和各个环节。而从东方管理学的角度所抽象出来的"四治"和"八行"的传统智慧,完全可以为科学发展观的全面落实提供智慧。

"四治"主要是治国、治生、治家和治心,它几乎可以概括社会生活的各个领域。过去,西方管理学中探讨的内容主要还是集中在宏观经济或者微观企业的领域。但是,中国文化传统在家国一体、天人合一的总体背景下,形成了关于国家治理、宏观经济、企业管理、家庭治理和个人修养一体化的综合式表达。"修身、齐家、治国、平天下"在中国的思想体系中是一个环环相扣的系统。

当前,我们提出科学发展观就是为了纠正过去一段时间内仅仅注重经济发展和经济建设的某些不足,提出政治、经济、文化和社会建设协调发展、互相促进的系统理念。如果国家治理(治国)、生产管理(治生)、家庭建设(治家)和个人身心修养(治心)实现了总体的平衡,社会全面发展和协调发展不是也就实现了吗?

反过来说,也必须看到,当前在经济建设取得重大成就的同时也积累了很多社会矛盾。这些矛盾累积的原因是复杂的,但是最主要的一条应该还是没有实现社会、国家、集体和个人的齐头并进;没有实现人与自然、人与社会、个人身心之间的和谐;没有实现人的物质追求、精神追求和政治追求的统一。

"八行"是人本行为、人德行为、人为行为、人道行为、人心行为、人缘行为、人谋行为和人才行为。我们可以做点更为详细的阐释。"人本"也可以说就是我们今天特别提倡的以人为本。一切社会建设必须考虑到将人作为出发点,作为目的,在任何时候都不能够作为他人的手段和工具。"人德"就是指我们的工作要始终考虑符合人类社会的道德追求和道德评价,不能够仅仅考虑到经济收益和物质结果。"人为"是说我们要意识到一切工作都来自人的积极性和社会实践,事在人为。因此,我们的管理治理必须始终考虑到充分发掘和调动人的积极性、主动性和创造性。反过来说,一切不利于发挥人的积极性、主动性和创造性的管理模式、管理机制和体制都应该不断地被扬弃。"人道"指的是我们的一切行为必须始终符合人类社会的大道,也就是不能违背人类的基本信念、基本信仰和基本共识,管理模式、治理机制必须始终考虑到社会共同体的利益。"人心"是指我们从事管理治理的过程中,应当充分考虑到人的心理需要和心理特征。人不仅仅是一种物质生存、精神生存,还是一种心理生存、文化生存。人同此心应当是我们从事管理治理的认识前提,不能违反人的心理规律,始终关注人的心理健康和心理和谐。"人缘"是指人的群体需要,因为各种缘由缘分而组成我们的社会。人缘包括地缘、亲缘、血缘、业缘、际缘等"五缘"。马克思说,人的本质从其根本性来说,是一切社会关系的总和。人缘主要是从人的社会生存的角度来实现管理治理。"人谋"主要是指我们要充分意识到谋略是管理治理的重要内容,管理是一种战略,是谋略、胆略的集中体现。在管理治理中,人谋是一个组织区别于另一个组织的鲜明特征,是其创造性的关键表达。"人才"是指我们在管理治理的过程中,要特别注重对人才的发现、使用、储备、蓄养。人才是兴国之本,也是一个组织生存的保证。现代社会,谁拥有了人才谁就可以赢得未来。从对"八行"的简单描述来看,包含着我们目前所强调的和谐、创新和统筹兼顾的原则和智慧。

因此我们说,"四治""八行"统合起来,既是一个对东方智慧的总结和凝练,也完全可以与当今世界各国的先进理念进行对话与融合。充分发挥"四治""八行"的理念来推进我们的各项工作,就是一个全面落实科学发展观的过程。

不仅如此,从我担任世界管理联盟中国委员会主席所体验和观察到的情况来看,世界各国越来越重视对东方智慧的吸收和融合。世界管理大会将在2008年到上海举行年会,本身就说明我们中华智慧是完全可以与世界对话的,也能够为世界各国的发展理念和实践提供有益借鉴的。

问:作为长期研究东方文化并与西方文化保持频繁接触的学者,您能对处于全球化思潮中的年轻人谈谈您的体会吗?

苏:我想说的是,今天有很多中国青年人对祖国文化传统比较陌生,在有些方面甚至表现出崇洋的心态。应该承认,作为教育者的我们是有责任的。因为,目前社会对传统都不是很尊重,抛弃得多,继承得少,创造性转化的成果就更为稀缺了。

与世界接轨当然是好事,但是应该深刻了解我们自己的传统,只有了解传统,才能走向未来。

否则，丢了传统，也很难学到真经。当然，传统很复杂，有很多智慧，也有不少糟粕，同时即使是很多优秀的因子，也需要我们本着审慎尊重的原则，进行符合时代精神的现代阐释。但是，传统是本，传统是源，有本就不愁没有木，有源就不愁没有流。根深才能叶茂，源远才会流长。

创新与发展是我们这个时代的特征，传统与现实的融合将创造出崭新的东西方融合的知识和理念。致力于这样的融合，为新世纪的社会经济文化发展做出贡献，将是我们的重要任务。

# 《世界经济文汇》：苏东水教授与东方管理学派的崛起(2006)[①]

有效的管理是个人、家庭、企业、国家成功的关键。管理哲学贵在人为,管理行为贵在人和,管理之道贵在效率。"中国式管理"的精髓就是"以人为本,以德为先,人为为人"。

当苏东水教授提出这些观点的时候,也许并未想到直接引发了东方管理文化在世界的叫响。一个有着优秀文化传统的东方古国,一个处于经济蓬勃发展时期的伟大民族,需要有自己的管理文化,立足于中国现实文化土壤的"中国式"管理文化。

早在20世纪70年代中期,苏东水教授就凭借一个学者的敏锐洞察力开始了对东方管理学的探索和研究,经过30多年的潜心研究和身体力行,已经形成了完整的东方管理学理论体系和东方管理学派,被誉为"德艺双馨"的著名资深的经济学家和管理学家,堪称一代宗师。他被国务院表彰为"发展祖国高等教育事业有突出贡献的专家"。2004年12月,教育部在他执教50周年发来的贺电中称赞他"探索创立了独特的东方管理学派,为中国管理科学走向世界做出了重要贡献"。

"最有希望、最有创造性的管理理论往往产生于经济迅速起飞的国家和地区","随着中国改革开放伟大实践的纵深发展,儒教文化圈和海外华商的迅速崛起,随着中国加入WTO、申奥成功、申博成功,东方管理学理论迎来了前所未有的发展机遇"。敏锐的洞察力和信心是苏教授理论研究取得丰硕成果的两翼,这是他和他的东方管理学派飞向世界的两翼,也是驰载中国传统文化与现代文明结合发展走出中国特色道路的两翼。

## 一、传统文化奠定理论根基

"以人为本,以德为先,人为为人"。这是苏东水先生创建的东方管理学派的要义,也是"中国式管理"的精髓。这看似简单的十二字在中国传统文化中可以找到其全部的渊源,同时又囊括了现代管理"人本"理念的丰富内涵。

"以人为本"就是要求一切管理活动以人为中心,努力实现人的全面、自由、普遍发展。而该词的完整提法可追溯到《管子·霸言》,当时管子的"人本"思想还停留在工具论的层面上,此后又有孟子的"民贵"论等更接近现代人本管理哲学的思想。苏教授从20世纪80年代开始就陆续提出管理要以人为中心、"中国式"管理的基本精神是"人乃天"和"事人如天"等观点。最近几年,中央领导更加意识到"以人为本"的重要性,将其作为最基本的执政理念之一,这种理念很快由上至下渗透到各级政府、各行各业、各类企事业乃至每一个家庭和个人。

"以德为先"即强调道德伦理在管理中的作用。管理者经常要运用权威来指挥和影响组织成员,其中有些权威是制度所赋予的,另一些则有赖于管理者的个人魅力和其他优秀品质,东方管理学更推崇后者。管理者要通过"修己"树立道德之威,在无形中影响被管理者,被管理者也要通过"修己"实施自我管理,以求更好地胜任本职工作。《论语·尧曰》中讲到个人品行要"尊五美",其中的"泰而不骄""威而不猛"两项可以看作对管理中道德之威的绝佳注解。

---

[①] 本文刊载于《世界经济文汇》2006年第6期,作者是郑利寅和邓晓辉。

"人为为人"要求无论管理者还是被管理者必须首先注意自己的行为和修养,然后从为人的角度出发,控制和调整自己的行为,创造一种良好的人际关系和激励环境,充分发挥人的能动性和积极性,使人们能够更好地发展自我,服务社会。"人为为人"的理念落实在实践中,是倡导以身垂范、合理授权与自我管理,清代曾国藩对军队和家庭的管理就是"人为为人"的典范。"人为为人"的思想最初渗透在 1987 年出版的《管理心理学》(第一版)中,并成为苏教授独创的"人为科学"的理论基础。时至 2006 年,以"人为为人"思想为主线的《管理心理学》已出第四版,发行量逾百万册,该书的每一次更新都从一个侧面反映了东方管理学派的发展轨迹。

在苏教授寓所的大厅中挂着"人为为人"的横匾,这四个字不仅仅是他"人为科学"的理论根基,更是他的做人准则。

出身于福建泉州的一个爱国华侨家庭的他,其父为当地一代名医和慈善家,他从小受儒学熏陶,知书达礼,文化底蕴深厚。苏教授睿智过人、学识渊博,早在 20 世纪 70 年代中期,他就凭借一个学者的敏锐洞察力开始了对东方管理学的探索和研究,陆续发表了多篇颇具影响力的论文,如《〈红楼梦〉中的经济管理思想》《中国古代行为学说研究》《现代管理学中的古为今用》等。

作为东方管理学派创始人的苏教授,把东方管理学派与中国传统"人为"思想进行完美结合,他率领东方管理学派的数十名学者,编著《东方管理学派著系》(经典与案例丛书),该丛书包括东方管理学、中国管理学、华商管理学、治国、治生、治家、治身、人本论、人德论、人为论、人道论、人心论、人谋论、人缘论、人才论等十五部著作,简称"三学、四治、八论"。2005 年秋,复旦大学百年华诞前,丛书的第一部《东方管理学》出版,堪称八年磨一剑。《东方管理学》是整个著系的总纲,它充分体现了东方管理学理论更臻成熟和完善。最近,《中国管理学》《华商管理学》也已出版。经过多年探索和思考,从 2006 年开始,苏东水教授基于东方管理研究的现有成果,从"主体人"假设出发,计划编著《人为科学》一书,该书即将于 2007 年面世,并进一步夯实东方管理学的理论基础。

2005 年 11 月 5 日,《解放日报》刊载《探寻"海派管理文化"要义》的文章中谈道:"海派管理的融合创新,其基础是中国管理文化。……中国管理文化的要义,就是复旦大学苏东水教授归纳的:以人为本,以德为先,人为为人。""以人为本,以德为先,人为为人"也是东方管理学派学者从事学术研究、管理实践的行动宗旨。2003 年 11 月,《人民日报》记者以醒目的标题——《让管理学向东方回归》撰文报道了苏教授及其创建的东方管理学派:"东方管理学派创始人苏东水是一位致力于从事从中国深邃的优秀传统文化中挖掘现代管理的人。"并指出管理思想的回归主要表现在三个方面:一是强调人在管理过程中的作用;二是文化对管理发展的作用;三是东西方管理的融合。2004 年 12 月,《海峡摄影时报》把苏教授作为封面人物刊载,还专门刊载了题为《弘扬中华优秀传统文化复兴的资深学者》的长篇报道。

## 二、让东方管理文化在世界叫响

苏东水教授在 40 余年的研究中,著作等身,硕果累累。他撰写出版的专著和由他主编的著作共计 80 多部,其中荣获国家、省、市级和行业系统特等奖、一等奖的达 10 多项,比如:《国民经济管理学》荣获中国"国家图书奖";《中国企业管理现代化研究》《管理心理学》和《中国管理通鉴》分别荣获上海市哲学社会科学成果奖的特等奖和一等奖;《中国管理通鉴》在 2003 年还获得了上海汽车工业教育基金会十年重大成果奖。1991 年,苏教授担任所长的复旦大学经济管理研究所在国家教委对全国 22 所部委属高校的 147 个社会科学研究机构进行的评比中,获经济学类科研机构和综合类科研机构的第一名以及研究生培养的第一名。

在国内积累了一定学术基础和影响之后,苏教授及其研究团队开始走出国门,积极参加国际管理学界的学术研讨与交流。自 1992 年以来,苏教授率团先后前往日本、美国、法国、西班牙、加拿大、澳大利亚和瑞典等国家,参加由世界管理协会联盟(IFSAM)举办的历届世界管理大会,并多次在大会上作专题发言,扩大了东方管理学在世界上的影响。因其卓越的学术贡献,苏东水教授被推选为 IFSAM 中国委员会主席。

应 IFSAM 的要求,他领导下的复旦大学经济管理研究所和上海管理教育学会等单位在上海召开了'97 世界管理大会,苏教授被推选为大会主席,并做了《面向 21 世纪的东西方管理文化》的主题报告,号召国内外学术界更加重视以中华文化为核心的东方管理文化。国内外有 50 多家新闻媒体报道了此次盛会,《人民日报》指出这次大会象征着"东方管理文化在世界叫响"。正是此次大会之后,外界开始称呼以苏教授为首致力于东方管理研究的学者群为东方管理学派。

在 2004 年瑞典歌德堡的 IFSAM 理事会上,经过以苏东水教授为团长的中国代表的努力争取,中国力克加拿大、南非等竞争对手,赢得第九届世界管理大会的主办权,这届大会将于 2008 年 7 月在上海召开,必将进一步推动中国的管理学说走向世界。

苏东水先生还发起举办了每年一届的"世界管理论坛暨东方管理论坛",荟萃了众多国内外志同道合的学者,交流和展示东方管理学派成员的科研、实践成果。论坛至今已召开九届,每届都出版了论文专辑,合计近千万字,在国内外学术界和企业界产生了重要影响。第十届世界管理论坛暨东方管理论坛将于 2006 年 12 月在上海外国语大学召开。

1999 年,苏东水教授在复旦大学创立了国内第一个东方管理研究中心,如今上海交通大学、华侨大学、江西财经大学和贵州大学等高校陆续建立了东方管理研究机构,这些机构都聘请苏东水教授担任院长、主任或名誉主任。为了推动东方管理从理论走向实践,苏教授还创设了东方管理学的实践基地——东亚管理学院、培养国际经营管理人才的东华国际人才学院和国际化的东方管理科学院。

## 三、闪亮东方智慧的现代价值

苏教授是对东方管理学信心最足的人,他多次说过,"最有希望、最有创造性的管理理论往往产生于经济迅速起飞的国家和地区","随着中国改革开放伟大实践的纵深发展,儒教文化圈和海外华商的迅速崛起,随着中国加入 WTO、申奥成功、申博成功,东方管理学理论迎来了前所未有的发展机遇"。这些论断反映了苏教授的历史责任感、民族荣誉感和治学品德,也显示出他对于管理学科发展趋势和东方管理学派发展机遇的敏锐洞察力。

事实一再应验了苏教授的论断,回顾日本、新加坡、韩国东方新兴经济强国的发展历程,都是以东方优秀文化为依据探讨人生激励、心理满足、管理行为的真谛,造就高尚的国民素质,并运用于发展战略之中,倡导经济、社会和文化的全面协调可持续发展。在中华民族复兴的伟大时代,中国党和政府提出的"以德治国""以人为本""构建和谐社会""科学发展观"等方略都彰显着东方智慧的现代价值,东方管理理论也因此迎来了铸造辉煌的历史机遇。

熟悉东方管理学派的人们无不为东方管理学派近几年来的蓬勃发展感到欢欣鼓舞。2003 年,正式设立东方管理学博士点、硕士点;2004 年,力克强劲的竞争对手,赢得 2008 第九届世界管理大会的举办权;2005 年,第一届东方管理学博士生、硕士生入学;2005 年,深受各界瞩目的"东方精英大讲堂"在上海图书馆开讲。东方管理学理论也逐渐走向实践,当前我国的治国方略和各项具体政策越来越多地闪烁着东方管理智慧的灵光,东方管理和"中国式管理"也越来越多地受到企业家和政府官员的青睐。但东方管理学派的学者却始终保持着清醒的头脑和理性的思考。他们认为,为了使东方管理理论更好地成为促进经济社会协调发展的动力,必须加强东方管理理论可操作性的研究与探索,解决东方管理理论的应用与普及问题,尤其是要结合中国改革开放20多年来的实践,加强对中国和东方各国社会文化背景下的管理案例的剖析。

毛泽东曾经说过,"中国应该对人类做出较大贡献",以中国优秀传统文化为内核的东方管理学派也应该为世界管理理论与实践做出更大的贡献。东方管理学派的崛起还只是一个开端,我们相信,在苏东水教授等著名学者的带领下,东方管理学派和东方管理理论必将成长为枝繁叶茂的长青之树,昂然挺立于世界管理学说丛林之中。

## 《泉州晚报》：创建与弘扬东方管理学(2006)[①]

本报上海讯　在日前召开的第十届世界管理论坛与东方管理论坛国际学术研讨会暨上海管理教育学会创立25周年大会上，专家聚集一堂，就如何弘扬东方管理学进行了热烈的探讨、积极的求索。上海市人大常委会副主任胡伟高度赞扬了由苏东水教授领衔的管理学界开拓与弘扬东方管理学的成就和为世界管理学科建设所作出的贡献。

上海市哲学社会科学联合会党组书记、副主席潘世伟赞扬"学会把中国传统文化精华与西方管理学理论的要素融会为一体，创建了东方管理学派，在当代管理学的思想丛林中赢得了一席之地，显示了中国管理研究的独特魅力，在加强国际管理学界的互动中，扩大了中国管理学的国际影响"。

大会期间还与福建省政府驻沪办事处、上海市福建商会等单位联合主办国际"五缘"学说研讨会，苏东水教授作了主旨发言，阐明了"五缘学说"的起源、内容、功能、作用及其发展。上海市福建商会会长肖金通作了"创新'五缘'六求文化，凝聚长三角闽商建设海峡西岸经济区"的发言等，受到了与会者热烈的一致叫好。

本次大会共收到论文300多篇，经评选入围120多篇，通过经济核心刊物《世界经济文汇》出版论文专辑，16开本，近800页，计100多万字。

---

[①] 本文刊载于《泉州晚报》2006年12月13日，作者是郑利寅。

## 《中国经济导报》：从传统文化中吸引管理的精髓——来自第十一届世界管理论坛与东方管理论坛暨《北大商业评论》年会的报道(2007)[①]

"思想的创新只有与案例的研究相结合，是当代中国管理特色的一种措施，这种成果不仅仅将流传一个时代，流传一个学校，甚至可以流传到全世界。"东方管理学派创始人、复旦大学经济学首席教授苏东水日前在北京大学举办的第十一届世界管理论坛与东方管理论坛暨《北大商业评论》年会上表示，实践证明，古代管理文化带来的丰富管理思想，经过提炼加工是具有明显的现代价值的。

当天，来自海内外的学者和企业界人士200余名齐集在北京大学的百年讲堂，以案例和理论等多种形式共同探讨东方管理思想与中国管理创新实践的内在联系，推动东方管理思想在企业管理实践当中的新发展，搭建东方管理思想与现代企业创新的新桥梁。

### 一、东方管理不是故纸堆中的文字游戏

在演讲中，苏东水说："东方管理学理论的发展成熟必然导致管理思想为西方'一统天下'的局面被打破。表现为：一是强调人在管理过程中的作用；二是文化对管理发展的作用；三是东西方思想的融合。具体表现为'以人为本、以德为先、人为为人'的'三为'管理思想的回归。"

苏东水认为，管理的本质是"修己"即自我管理，是起点；其归宿是"安人"，即理想化的社会管理和最终的天下大同。"修己安人"包含了根本性的个人修炼与管理方法。"以德为先"，强调在市场经济条件下企业把道德行为放在首位，遵循"德法兼容"。

苏东水提出了"人为为人"的思想，他说："从哲学上看是义与利、激励与惩罚人为与为人的统一，是人的心理、行为、方法的统一，是管理学本质的核心问题。每个人首先要注意自身的行为修养，'正人必先正己'，然后从'为人'的角度出发，控制和调整自己的行为，创造一种良好的人际关系和激励环境，使人们能持久地处于激励状态下从事工作，并使其主观能动性得到充分发挥。"

苏东水说，从大处说，东方管理思想提倡的"以德为先"思想与"以德治国"方略内在统一；从小处看，东方文化倡导"和为贵""人为为人"思想有利于增强企业凝聚力和家庭、社会的稳定与和谐。

### 二、"改革开放的成就与东方管理思想的运用分不开"

苏东水认为，从古至今，东方管理文化有力促进了经济的发展和社会的进步。我国改革开放20多年所取得的成就，也与东方管理思想的恰当运用密不可分。

首先，我国治国方略贯彻了东方管理"以人为本"的思想。我们要实现的全面小康社会，是满足人民物质、精神需求更高层次的社会。其次，东方管理文化倡导的"以德为先"思想，与党中央确立的"以德治国"方略是内在统一的。为实现十六大提出的全面建设小康社会的目标，以及从源头上

---

[①] 本文刊载于《中国经济导报》2007年12月18日，作者是童海华。

遏制腐败,我们倡导以"官德、商德、民德"的"新三德"理念作为社会主体经济行为准则与社会活动的精神理念、思想指导。此外,在改革和发展过程中,许多社会矛盾的解决需要运用、借鉴东方管理理论。比如诚信问题,需要借鉴"人为为人"的理念,每个组织、管理者要首先示之以诚,信守承诺,先"正己"给对方以信心和榜样,然后要为他人着想,调整自身的行为,达到双方利益的一致,实现双赢。

在企业管理的微观层面,东方管理学理论同样具有无穷的运用空间。首先体现在华商管理。由于华商企业在初创阶段都是家族式管理,家庭成员内部彼此信任、便于协调,节省信息不对称成本。再加上东方文化倡导"和为贵"思想,家庭成员和谐同心,对家族外成员也是强调礼仪协调,利用"五缘网络",可以增强企业的竞争优势。其次,随着企业知识密集程度和信息化程度不断提高,以及企业组织结构的扁平化趋势,"人为"管理更显重要。管理者要保持竞争优势,必须持续不断创新,而创新要求管理者首先加强自我修炼,增强创新意识,更新知识结构,实现榜样激励。同时,从"为人"的角度,为员工创造良好的条件和氛围,激励员工更好地发挥优势。

东方管理文化对于今天的家庭管理具有重要的借鉴意义。"百善孝为先","夫孝,德之本也,教之所由生也"。孝的精神在治家乃至治国中都有现实意义。"老吾老以及人之老,幼吾幼以及人之幼"的内涵,对于发扬尊老爱幼的传统美德,具有深远意义。东方管理学思想强调社会与自然,国家与经济主体以及企业与个人整体共生的"人为为人"的管理价值观,可使得社会、企业与个人进一步走向整合化、柔性化和人性化。

## 三、东方管理理论与案例研究要完美结合

苏东水说,任何理论的发展都是一个长期的积累过程,东方管理理论也要不断发展、丰富和完善。

"首先,要坚定不移地完成东方管理经典著作,包括《治国学》《治生学》《治家学》等 14 部著作,使东方管理理论更加细化和深化,形成更为系统和精深的管理理论。其次,要着手研究东方管理理论的运用,增强东方管理理论的可操作性。一方面,要着手加强东方管理案例的研究,尤其要结合中国改革开放 20 多年的实践,进一步将东方管理理论与应用经济学融合,探索东方管理文化在中国经济发展过程中的作用规律。另一方面,重视东方管理心理的研究,在充分肯定定性研究价值的基础上,在适当领域借鉴西方有意义的定量研究。"苏东水表示。

北京大学管理案例研究中心主任、北京大学教授何志毅也表示:"我们案例中心也在研究东方关系思想,我们研究的方法是另外一种方法,我们从东方管理哲学、东方古代管理思想里面去提炼出一些思想来,然后看它是怎么应用的。我们基于案例研究的这种方法,大量寻找中国企业有哪些管理创新。"

"我们抓到一只麻雀,这只麻雀是中国麻雀,然后再看有没有 50、60、70 只麻雀,然后再看这几只麻雀为什么是这样的,其他麻雀不是这样的。"何志毅说。

"我们不仅是建立一个教学案例库,还要有一个商业管理案例库。"何志毅介绍说,10 年来,北京大学管理案例研究中心收录了 1 500 多个国内外企业案例,100 多个视频案例,成为中国最大的管理案例库及国内领先的管理案例研究中心。

"如果我们把这个案例健全了,我们会完整记录一群中国企业走过从无到有的历史道路,比如今天联想碰到的国际化问题,TCL 碰到的国际化问题,10 年以后对中国企业仍然有巨大的借鉴作用,而且这些东西越积累越有价值。"何志毅说。

## 《大学出版》：叩开管理学的第二个百年之门——"东方管理学派著系"出版手记(2007)[①]

与近代科学史上诸多的重大事件均与出版物密切相关类似,经典意义上的现代管理学作为一门学科的确立,亦是以美国人泰罗(Friderick Taylor, 1856—1915)于1911年公开出版《科学管理原理》(Principles of Scientific Management)一书为标志的,此书的出版宣示了管理学正式独立于学科之林,故而学界也把1911年称为现代管理学元年。在此之前的1766年,亚当·斯密(Adam Smith, 1723—1790)出版了《国富论》(The Wealth of Nations),同样也奠定了近代经济学的基础。经济学与管理学都以一些重要的经典著作的出版来标志一个学科时代的到来,我们只能从学科发展史的意义上来理解,因为无论是在1766年还是在1911年之前,人类社会的经济活动与管理活动的实践、经济思想与管理思想的探索,都可以上溯千年以上了。

管理学研究在我国的兴起,应与现代工业在我国的出现是同时的,因而管理学在众多的学科中,是最为年轻的学科之一。苏东水教授领衔主编的"东方管理学派著系",把这一年轻的学科置于中华民族数千年的传统文化之中,著系一经出版,其理论突破引起了学界的极大关注,赞同与质疑并存,争鸣鹊起。

## 一、"东方管理学派著系"选题提出的初衷

1997年夏,德国著名的施普林格出版社(Springer Verlag)总裁与中国大区代表来复旦大学出版社访问,在谈及双方的合作意向时,他们期望能找到一些以中国传统文化为底蕴并有现代意义的著作,精选精编后由他们组织翻译出版,介绍到国际的图书市场上去。Springer是一家以出版数学和医学方面的学术著作与期刊见长于世界出版业的大型跨国公司,当时复旦社在这两方面的著作并没有多大的积累,要选出精品且还要以中国传统文化为底蕴就更非易事。在一次非正式的偶谈中,笔者提及了以复旦大学文科首席教授苏东水先生领衔的团队,他们早在20世纪80年代初就开始了"东方管理学"的研究,当时Springer的代表们就表示了对此抱有的极大兴趣,初步的合作意向很快就定了下来。

现代管理学的理论基础源于18世纪英国的工业革命。到了20世纪初,历经百多年的持续发展,资本的积累无论是在规模上还是在速度上,都达到了人类社会历史上的空前水平。随着以资本积累为人类社会财富主要表征的凸显,企业在强烈的扩张期望驱使下,其规模也同样在不断的扩张之中。各类大型产业组织对目的在于提高效率的管理追寻,十分有力地推动了现代管理学的早期发展。企业在这一历史时期对效率和利润的提升欲望,既为现代管理学奠定了社会基础,同时也深深地给现代管理学的早期思想和理论打上了鲜明的时代印记。目前管理学界一般把分别以泰罗和亨利·法约尔(Henri Fayol, 1841—1925)为代表的科学管理理论和一般行政管理理论,视为早期现代管理学的主流学派,但应该说这两者之间差别少于共性,本质上有着明显的"重物不重人"印

---

[①] 本文刊载于《大学出版》2007年第1期,作者是刘子馨。

记。在更快更高的财富积累目标促动下,如何提高现存企业生产作业的效率,就成为早期现代管理学研究的起点。应该看到,从泰罗开始的早期管理学虽然有鲜明的"重物不重人"印记,但不等于说他们就忘却了人的存在、遗漏了人的作用,实际上20世纪的现代管理学学者们的思想脉搏中,还是可以理出一条清晰的十分重视人的作用的主线。由研究改善工人的工作环境到权变理论的应用,到所谓的个性企业再造乃至现今建立学习型企业组织的提倡,我们都可以看到管理学家在探究新的管理理论与方法时,对发挥人的作用探究的用心。不过这一切还是离不开为企业组织追逐财富的最大化目标服务这个根本原则,"物"与"人"之间的主次关系十分清楚,因此可以认为现代管理学或称西方管理学,因历史条件所限,不可能是以人性主张为前提的。

工业革命以来的二百多年,人类社会有了超过在此之前的全部财富积累的辉煌成就,这里先不评价这种财富积累计量的合理性和可比性,但有一个问题摆在我们面前:这样为求取效率而逐渐迷失了人性追求的思想和主张,依旧是管理学将近的下一个百年所需吗?显然,东西方的管理学者已不约而同地意识到了这个问题的时代性意义。2006年,"东方管理学派著系"(共15卷)已被列入了国家"十一五"重点学术著作的出版规划,但当时Springer的代表对还处于起步阶段的"东方管理学"研究产生如此之兴趣,不无先见之明。

## 二、管理学的东方回归是现代管理学期待突破的选择

站在长城脚下,无论你是一位有很深学术造诣的管理学专家,还是初入管理学门槛的莘莘学子,都会为中华民族的先人对世界文明所做的贡献而倾倒,在由衷自豪的同时,也会令人产生许多的疑问和困惑。万里长城始建至今已有两千多年,其间虽历经修缮加固,但从初建的秦王朝到明王朝的大规模扩建,都处于一个没有任何现代意义上的动力设备可利用的历史时期。如此浩大的工程在完全靠人力畜力的条件下施工,毫无疑问,没有精密的组织和妥善的管理是不可能完成的。那么为什么我们的先辈几乎是尽善尽美地组织了现代技术条件下人类都难以胜任的伟大工程,却没有为现代管理学留下诸如泰罗《科学管理原理》之类的经典文献呢?

现代管理学自诞生之日起,学界对这一新兴的学科一直就有其属性的科学与艺术之争。管理被作为科学强调,是因为它确实需要应用大量的数学工具和计量手段,需要借鉴其他学科如物理学、生物学乃至生命科学等研究成果与研究方法来充实自己。但我们也发现管理学的研究很难与其他理论学科一样,可找到一些公理作为自己的研究起点。即便能找到一些大家权可当作基点的"公理",例如典型的"X"人和"Y"人的假设、人的需求层次假设等,随着社会发展的进程人们很快就发现在许多情况下它们并不成立,或者成立的条件是变化的。

把管理学视为艺术,是因为任何组织要实现自己的目标,必须与人打交道,管理的对象是人,与人打交道就不可能把人全部异化成物,必须要讲艺术,用各种有效的方法来艺术地激励组织成员,以最高效的状态来完成组织的任务和实现组织的目标。把现代管理学视为科学,视为艺术,或视为科学与艺术的完美结合,在过去的近百年中,都有合理的层面,因为企业的实践证明了它们都能为实现组织的目标作出现代管理学意义上的贡献。

从这个意义上来理解万里长城为我们留下的文明,则可以理清中华民族优秀传统文化对现代管理思想和管理活动的影响机理。在中华民族的传统文化中,其内核是追寻人性的自我完善和人格的自我修养,与此相对应,再伟大的工程都是"身外之物",留下的只会是在这些工程中人们在人性和人格这两方面的总结。中华民族传承下来的伟大的精神财富,在西方工业革命和伴随而来的

市场经济制度冲击下,在巨大的物质财富所形成的强权威逼下,近百年来我们逐渐淡忘了、退缩了。当我们在经历一段快速的经济发展之后,相应的反思与奋进就不能再游离于我们社会生活的边缘了。以实现组织目标为前提的现代管理学或称西方管理学在大量的困惑面前已发现了自己的局限,开始思索从东方的传统文化中汲取理论启示,寻求自身的突破,此时,东方文明中人性完善与人格修养的主张无疑是现代管理学下一个百年探索道路上的长明灯。

## 三、东方管理学的逻辑起点——人性主张

人类社会在千百年的发展过程中所形成的东西方文化既有不同是客观存在的,由此而产生的价值标准和思维路径也同样存在无法完全融合的差别。在20世纪80年代初我们对现代管理学既是科学同时又是艺术这一认识还不能完全达成一致时,苏东水教授倡导了"东方管理学"的研究。历经近30年的努力,东方管理学在国内外已引起了一大批热心学者的关注,尤其是以苏东水教授为代表的"东方管理学派"所提出的"以人为本,以德为先,人为为人"的理论宗旨,更是唤起了对现代管理学核心理念的反思。"东方管理学派著系"15部规划选题中的三部主要著作《东方管理学》《华商管理学》《中国管理学》近期公开出版后,已被学界视为东方管理学研究重要的阶段性成果。但自东方管理学研究提出之日起,学界便有了其规定性无法准确界定的争议。因为许多学者认为,管理学就是管理学,它是科学还是艺术是研究者的评价,这与管理学自身的内涵是无关的,正如物理学我们无法将其分为西方物理学和东方物理学一样。

若是从地域文化的角度来区分东方管理学和西方管理学,那么传统的东方文化还应包括古埃及、古巴比伦、印度等文明的范畴,而不仅仅是中国传统文化中的优秀部分。这些争议对东方管理学的研究都可以认为是善意的批评而不是否认,但确实也提醒有志于东方管理学的学者,必须认真地思考东方管理学研究的逻辑起点了。

如前所述,现代管理学从学科发展史的角度来认识,界限清楚,泰罗出版的《科学管理原理》是现代管理学的元年。笔者认为,现在讨论的东方管理学,应该依旧在管理学的范畴之内。现代管理学自诞生起至今虽还不足百年,但它始终在汲取整个社会发展进程中的先进思想、技术进步、工具革新等方面的成果,不断地在丰富和充实自身的内涵。

现代管理学是基于西方工业革命及其共生的市场经济制度这样的历史变革期的产物,虽然它也经历了科学管理、行为管理乃至20世纪80年代后被学界称为管理学的东方回归等阶段的自我完善,但不变的还是组织目标的实现。对人的关怀是在追求组织目标最有效实现这一现代管理学前提下被关注的,"人"与"物"的地位与关系清晰明了,这就是现代管理学以组织目标的实现为其研究的逻辑起点。

在提出东方管理学这一研究命题之后,关于东方管方管理学与西方管理学的关系也是学界关心的话题之一。一般认为东方管理学与西方管理学之间不可能也不应该是取代关系,而应是互补的,是"道"与"术"的合璧。但笔者认为,东方管理学于西方管理学产生了近百年时被及时地提了出来,是因为西方管理学其核心的思想内涵"为实现组织的目标服务",在20世纪80年代之后遭遇了最为严峻的挑战。不论是在东方还是在西方,人类社会百年来所获得的财富已超过了文明史以来人类社会所获的总和,如此巨大的财富积累并没有把人类带到所向往的理想社会,在取得了科学、技术、财富等巨大成就的面前我们却迷失了自我。所以东方管理学仅是西方管理学逻辑起点在新时期从"实现组织目标"到"人性主张"的一种发展。东方管理学研究的逻辑起点可表述为"组织目

标是在人性主张的前提下经由人的全面发展路径而实现的"。在这一人性主张的思想构架下，东方管理学不仅要汲取中国儒家文化的思想，世界上任一地区、任一时期、任一种族所具有的以人性主张为前提的一切有益于人的全面发展的思想、文化、传统，都是东方管理学汲取、学习、借鉴的宝藏。我们以东方管理学人性主张作为逻辑起点来叩开现代管理学的下一个百年之门，要解决的和探索的问题依旧落在管理学的范畴之内。

## 四、让我们平静下来

应该承认，我国目前的经济水平和企业能力都还处在一个走向现代化的进程中，我国的经济实力无论是用传统的国民经济标准还是用可持续发展的绿色标准来评价，与西方发达国家的差距都还很大，我们现在需要的是加速发展，需要从提高效率入手使各种经济成分的企业接近西方一流企业的管理水平，需要在高速的发展中解决和熨平社会矛盾及贫富差距。在几乎所有的问题都需要"最快、最优、最有效地实现组织目标"才能解决的条件下，认认真真地学习和借鉴西方管理学的理论、方法和企业管理的宝贵经验，依然是我们现阶段学界和业界的重要任务。管理学从本质上说是显学，管理学再高再深的理论发现与理论创新，都不是管理学自身能确认的，所有的发现与创新必须经企业管理实践证明是有效的才能被承认和接受。中国现阶段并无世界一流的企业群存在，这也从实践的环节证明我国的学界还没有产生过一流的管理理论，但这并不妨碍我们对现代管理学作哲学层面的思考。限于篇幅，这里不能也不必对现代管理学自诞生以来的发展趋势再作回顾，因为研究现代管理学的人大多都同意"人"的作用在现代管理学理论中，有一个不断被强化的趋势。在这一趋势面前，提出东方管理学的逻辑起点是人性主张，并期望通过我们的努力逐步能得到国际管理学界的认同，是以中华民族的优秀传统文化为底蕴的。

东方管理学的研究自20世纪80年代初被倡导提出，目前虽已引起大批的学界贤哲关注，但其理论体系与学术规范都还仅仅处于初步的探索和形成阶段，没有必要现在就要求企业按"人性主张"的那样去设计管理方法和管理制度。但是在企业管理的成功中，学界和业界应该都看到了人性关怀所带来的巨大推动力，让我们发现了新的兴奋点。正因为我们的企业管理水平与西方发达国家存在着差距，我们应该更认真地学习西方管理学的管理思想和方法。人与物、道与术都是管理学的有机组织部分，无一可偏废。东方管理学人性主张的提出，实际上是希望我们的学者和企业家在研究和实践管理的过程中，以不同的思维方式和思维角度，在不断反复、比较的过程中，逐步引领企业持续地、平静地完成从"实现组织目标"到"实现组织目标的同时关注人（组织成员）的发展"继而再到"在实现人的全面发展中实现组织目标"的转变。

我们惊叹古人在无任何现代化动力条件下完成万里长城这样的巨大工程，更为古人在如此丰功伟绩面前所持有的平静而感慨。古人没有因万里长城的建成为我们留下任何现代管理学意义上的经典文献，却为我们留下了人性自我完善和人格自我修养的精神财富，我相信这将是管理学界取之不尽的宝藏。

让我们先平静下来，做书者亦应如此。

## 厉无畏：IFSAM 选择中国是其敏锐洞察力的表现(2008)①

尊敬的各位来宾、各位教授大家好，今天专家和企业界的朋友欢聚一堂，隆重召开第九届世界管理大会，我向此次盛会的召开表示祝贺，向来自世界各国的专家、学者、朋友们致以良好的祝愿和亲切的问候。

自 1992 年以来，已经成功地在日本、美国、法国、西班牙、加拿大、澳大利亚和瑞典、德国等举办了八届世界管理大会，促进了各国管理学界的交流，这次会议首次在中国这样一个发展中国家举行，并且是第一次在中国经济比较发展、比较迅速的长三角的中心城市上海举行，也是第一次在中国的著名高校复旦大学学府召开，意义十分重大而深远。首先，中国长三角地区，作为目前中国最为迅速的地区之一，在近几年经济成就引起越来越多国家、学者的关注，经济增长和发展的背后的东西方管理精华的创新，更成为这次大会的中心议题。改革开放 30 年来，中国的企业精英和学界的同仁，不断地学习、消化、吸收西方管理理论和方法的同时，结合东方管理文化和思想中的合理成分，努力实现企业内部的和谐，企业间的和和共处，企业和社会环境的休戚与共，创造了惊人的经济业绩。对背后隐含的东西方管理理论融合和创新的成果，进行系统的分析和研究，有助于推进管理学理论的深化和发展。其次，本届管理大会在以苏东水教授为首的东方管理学派的诞生地复旦大学召开，结合世界各国高等管理教育领域的专家学者的交流切磋，也是一次良好的促进东西方管理思想与理论观念的激荡、对撞和融合的重要契机，它必将对东西方管理教育的改革和发展提供助力和新的影响。

选择在发展中国家，尤其是社会经济高速成长的发展中国家召开世界管理大会，让与会者亲身体验并近距离地观察发展中国家经济发展的成果和发展中所遇到的新问题，交流彼此成功的管理技巧和经验，反映了 IFSAM 中国委员会高层敏锐的洞察力和决策力，同时也为世界各国管理工作者提供了一个审视东方管理的新视角和管理的平台，这为尽管使东方管理理论获得世界各国同行的理解和认同，走出去开展更多的学术交流合作，共同促进东西方管理理论的发展，必将起到应有的作用。

再次预祝大会取得成功，祝东西方管理理论和发展，共生双赢，也祝各国来宾和学者们在上海生活愉快，谢谢大家！

---

① 本文是时任全国政协副主席厉无畏同志在 2008 IFSAM 第九届世界管理大会上发言的节选，刊载于《腾讯财经》2008 年 7 月 27 日。

## 秦绍德：要成功必须让中国人对管理有话语权(2008)[①]

尊敬的韩启德副委员长、厉无畏副主席、王家瑞部长，各位来宾、各位专家早上好。经过四年的筹备和近半年的会务准备，2008年世界管理协会联盟第九届世界管理大会在复旦大学隆重开幕了，首先请允许我代表复旦大学的全体师生、代表王校长对各位嘉宾表示诚挚的欢迎，对本次大会的召开表示热烈的祝贺。

世界管理学会联盟，由全球30多个国家组成的管理机构，1992年成立以来成功地在日本、美国、法国等地举办了八届大会，这次大会是首次在中国举办，也是第一次在发展中国家举办，意义重大，影响深远。作为主办单位之一，复旦大学感到非常的荣幸。在当代中国的经济社会发展中，越来越多的人认识到，科学管理对于提高国家的核心竞争力，对于保持经济的全面、均衡可持续发展、对于建设和谐社会，都起到了至关重要的作用。需要管理学解决的问题越来越多。管理渗透到了经济与社会生活的方方面面。中国管理科学，面临着空前的机遇，正在迸发出空前的生机和活力。我们本届论坛的主题是："东西方管理融合与发展"。管理学是一门应用型、实践性很强的科学作为一门科学，它的理论和方法在世界范围有共同性。但是管理要获得成功，必须根植于一国的社会经济和文化当中，要真正解决好中国的管理问题，要让中国人对世界范围内自己的管理问题有话语权和平等的参与权，最终还是要靠中国人自己。从这个意义上说，管理科学也是一个国家软实力的重要组成部分。长期以来，复旦大学聚集了一批管理学者，与中国传统文化和东方哲学智慧为核心，不断吸收西方现代管理科学的精华，致力于解决当前中国经济社会发展中面临的管理问题，致力于保持人类与社会的和谐，广泛提倡以人为本，以德为先，人为为人的核心东方管理思想。为构建有中国特色的管理学的理论和思想进行了不懈的努力，取得了一定的成效。复旦大学的管理学科最早是在1917年成立了工商管理系，开始建设管理科学的探索的历程。1929年，复旦大学成立了当时中国的第一个商学院。在20世纪上半叶，复旦为上海的发展输送了大量的工商管理人才。1985年，复旦大学成为全国第一批恢复管理学科、组建管理学院的大学。20多年来，复旦管理学院为国家建设和上海城市的发展培养了许多优秀的毕业生，学院的教师积极服务于社会，并致力于中国管理学科的建设。我们复旦大学也非常乐意推动国内管理学科的创新和发展，促进国际的学术交流。我们希望通过世界管理学会联盟第九届管理大会的召开，促进东西方管理学的交流，为推动中国和世界经济的可持续发展贡献自己的才智，在服务社会的过程中丰富和发展管理科学。

最后，我预祝2008年世界管理学会联盟第九届世界管理大会圆满成功，祝大家在上海渡过愉快的时光，谢谢。

---

[①] 本文是时任复旦大学书记秦绍德同志在2008 IFSAM第九届世界管理大会上发言的节选，刊载于《腾讯财经》2008年7月27日。

## 《人民网》：世界管理大会今夏移师上海(2008)[①]

人民网上海3月18日电(记者姜泓冰) 由世界管理协会联盟主办的世界管理大会首次移师中国,7月26日至28日,IFSAM第九届世界管理大会将在上海举行。

世界管理协会联盟是一个世界性的经营管理学术组织,由33个国家管理协会组成,其世界管理大会旨在促进各国管理学术界交流,以往八届几乎均在欧美发达国家举办。第九届大会由中国国民经济管理学会和复旦大学主办,以"东西方管理融合发展"为主题,届时将有22位国大学教授和22位国内专家主持各专题论坛,进行有关管理创新、中国管理、管理心理等讨论。有关专家认为,经济全球化的快速发展及信息技术的不断突破,已大大改变企业及其管理的基本情况。包括中国在内的东方国家的发展,更给肇始于西方的管理学理论带来新的挑战,多元文化背景下的管理交流与融合创新正成为一种发展趋势。

---

① 本文刊载于《人民网》2008年3月18日,作者是姜泓冰。

## 《解放日报》：管理学界的奥林匹克大会(2008)[①]

本报讯（记者彭德倩） 7月27日为期两天的2008IFSAM第九届世界管理大会在复旦大学开幕。这是被称为"管理学界的奥林匹克大会"的世界管理大会第一次在中国举办。全国人大常委会副委员长韩启德、全国政协副主席厉无畏、中共中央对外联络部部长王家瑞出席开幕式。

此次大会由世界管理协会联盟（IFSAM）、IFSAM中国委员会、复旦大学主办，上海工程技术大学协办，复旦大学管理学院、上海管理教育学会等承办。大会以"东西方管理融合发展"为主题，设立20个专题论坛及东方管理论坛，为管理学界提供一次深入交流与探讨的机会。据主办方介绍，本届大会是中国管理学界规模最大的一次盛会，也是聚集各国有代表性的学会、协会和著名管理类大学数量最多的大会。来自30多个IFSAM成员国的教授、学者及知名企业家将共同探讨如何融合东西方管理学。

在7月27日的开幕式上，中共中央对外联络部部长王家瑞做了题为《全球化趋势下的中西方管理思想融合与发展》的主题报告，苏东水教授做了题为《东西方管理融合创新及其实践——东方管理学三十年的探索》的主题报告。随后，2003—2004 IFSAM主席兰汀（Lundin, Rolf A.）也就西方管理学的发展趋势展开论述。

当天下午，第十二届东方管理论坛开幕式也同时隆重举行，IFSAM第九届世界管理大会主席苏东水教授、上海工程技术大学校长汪泓等出席了开幕仪式，并作主题演讲。

---

[①] 本文刊载于《解放日报》2008年7月28日，原名《世界管理大会在沪开幕，韩启德厉无畏王家瑞出席》，作者是彭德倩。

## 《解放日报》：融合中西方管理思想：和合共赢(2008)[①]

本报讯（记者彭德倩）"以和为贵""和而不同""和合共赢"，昨天开幕的 2008 世界管理协会联盟(IFSAM)第九届世界管理大会上，与会专家不约而同指出，融合中西方管理思想，其核心概念突出"和"字，在"和合"的基础上寻求合作、发展，有利于中外管理学科的融合与发展，将对建设现代管理科学发挥积极作用。

"从根本上讲，东西方的价值观念和思维方法是很难弥合的"，上海外国语大学党委书记吴友富教授指出，两者之间存在着本质上的差别——西方的管理，具有明显的外向性、科学性，重实际的特征，有重物不重人倾向，管理的刚性特征特别明显；而东方管理思想则具有明显的柔性特征，它是一种以中华传统文化为核心，以儒家文化为背景的东亚国家和地区的管理文化，是中国传统文化精髓与管理实践相结合的产物。东方管理思想的核心是人本观，把整个管理活动视作一个统一的整体和过程，以力求达到社会与自然，管理系统和外部环境，管理组织内部各种结构和谐为目标。东方管理，还十分重视以人道仁义为中心，以心理情感为纽带，以情理渗透为原则的"德治"方式。

但他同时强调，近年来，西方管理学家在研究东方国家经济成就原因时，正越来越重视其背后的东方管理思想。管理学向东方回归，源于西方管理的局限。西方管理技术的复杂造成主观片面追求管理的模型化、计算机化，人的心理情感被忽视了，而东方管理提倡的人本精神，正可以克服其局限性。

其他专家认为，当前中西方管理思想的融合与发展，正从涓涓溪流汇聚成潮流，并在当代学者的研究和企业实践中蔚然成风。在经济全球化推动多元文化融合的背景下，中国和西方管理学界交流日益频繁，大量的中国学者去西方国家求学，越来越多的西方管理学者也到中国来研究中国传统管理思想和中国企业的管理实践。中西方两种不同的管理思想体系相互激荡，相互启迪，产生了一系列重要的研究成果。

同时，中国 30 年的改革开放过程中，很多跨国公司的管理层，在中国发展业务时，也亲身体会到中国管理思想的巨大魅力，纷纷将管理的本土化提上了议事日程，中西方管理思想的融合和发展，为中国企业和跨国公司提高管理水平和员工素质，增强企业活力，提供了新的动力。

---

[①] 本文刊载于《解放日报》2008 年 7 月 28 日，作者是彭德倩。

## 《科学时报》：东方管理学：中国本土的理论创新(2008)①

1996年，朱镕基在国家自然科学基金委员会成立10周年大会上所作的《管理科学，兴国之道》讲话中说："20世纪30年代我们的民族资本家在夹缝中求生存就值得宣传。中国古代典籍中，涉及管理思想的不少，如《尚书·禹贡》《管子·轻重》《史记·货殖列传》《汉书·食货志》《盐铁论》等。那个时代的经济思想，不一定符合现代管理思想，但是早期中国的经济管理思想还是有可以借鉴之处的。潘承烈教授研究中国古代管理思想，演绎孙子兵法，讲田忌赛马（可以说是最早的博弈论思想），在国际论坛上很受欢迎，说明其中有些观点也符合现代管理原则。总之，确有东西可以宣传。我建议，要掀起一股学习管理、加强管理、发展管理科学、加强管理培训的热潮，只有这样才能够纠正时弊。"

事实上，在中国，确实有很多人在研究属于本土的管理学思想，甚至创立了中国的管理学——东方管理学，其创始人为复旦大学苏东水教授。

早在1976年，苏东水就开设了"《红楼梦》经济管理讲座"。后经过多年的潜心研究，20世纪90年代初，苏东水在国际管理学术界首次创造性地提出并阐述了东方管理以"以人为本，以德为先"思想为基础的"人为为人"的核心理念，并在"三为"理念的基础上，形成了一套"三学"（东方管理学、中国管理学、华商管理学）、"四治"（治国、治生、治家、治身）、"八论"（人本论、人德论、人为论、人道论、人心论、人缘论、人谋论、人才论）的理论体系。从而形成了中国式管理的新学科——东方管理学，铸造了东方管理学派，在国际管理丛林中独树一帜，产生了重要影响。

1997年，在世界管理协会联盟(IFSAM)的世界管理大会上，IFSAM理事会成立中国委员会，苏东水被推选为委员会主席。同时，召开东方管理学派大会，他作为大会主席作了《面向21世纪的东西方管理文化》的主题报告，东方管理学得到国内外学术界的充分关注和肯定。国内外50多家新闻媒体对此次大会进行报道，并称"东方管理文化在世界叫响"。1999年，世界华商管理大会召开，同时举行东方管理学派成立大会，东方管理学派作为一个管理学术流派被外界认可。

而在今年7月26—28日，IFSAM第九届世界管理大会在上海举行。这也是世界管理大会第一次在中国举办，复旦大学成为此次大会的主办方之一。该会以"东西方管理融合发展"为主题，设立东方管理、西方管理、华商管理三个主题论坛，20个专题论坛及MBA和博士生论坛。

对于此次大会，作为2008年IFSAM第九届世界管理大会主席，苏东水表示，本届大会是中国管理学界规模最大的一次会议，聚集各国有代表性的学会、协会和著名管理类大学的数量最多，是中国管理学发展史上开创性的大会，将对中国管理学教育发展起到促进作用。之所以将本届大会的主题定为"东西方管理融合发展"，其核心概念突出"和"字，以和为贵，和而不同，和合共赢，在和合的基础上寻求合作、发展，有利于中外管理学科的融合与发展，这对转变目前管理教育西化倾向，融合中外古今管理精华，建设现代管理科学将发挥作用。

---

① 本文刊载于《科学时报》2008年11月4日，作者是赵鹰。

## 《第一财经日报》：领略东方管理，实现经济全球化(2008)[①]

"世界管理学界正在兴起一股'东方热'。"复旦大学首席教授、东方管理学派创始人、世界管理协会联盟中国委员会主席苏东水说。

近日在复旦大学举办的世界管理大会上，来自全球的管理学者、企业管理者一致聚焦在"东方管理"上。

在苏东水看来，东方管理植根于东方文明，但它本身又是开放的，它与西方管理能够和谐地相融合，共生长。

在企业全球化的今天，东方管理的包容性，能够帮助企业实现全球化的目标。

## 一、东方文明基础上的东方管理

"东方管理是建立在东方文明基础上的管理理论和管理实践。"复旦大学管理学院副院长薛求知教授说。

而东方管理中，以中华文明与印度文明为主线，形成了一个基础，加上后来衍生出来的日本管理、韩国管理和新加坡管理等，最终形成了"东方管理"的体系。

薛求知认为，总体来讲，"广义的东方管理有共同的哲学基础，这就是儒学和佛学，有共同的现代价值，就是对人的重视和尊重。寓人治于法治，社会集体和个人的共存"。

"东方哲学提倡社会集体的共赢。他们认为集体比个人更重要，教导人们如何促进整个社会的发展，而不是一味地满足个人疯狂的追求。"薛求知说。

社会集体的共赢，在每一个东方管理的分支下都体现明显。以印度为例。最近十年，印度企业长足发展，涌现出一批可以和欧美大公司一决高下的世界级企业。

由社会集体的共赢，到忠诚，这似乎是一个必然的结果。

在印度企业里，忠诚是一个很普遍的特点。很多印度人一辈子服务于一家公司，很少跳槽。

印度企业对员工的激励也很有特色，印度全部是固定收入，管理者从人生和事业的角度激励下属，人员共有良好的职业发展。

显然，这在崇尚自由、个性、强调"能者多劳，能者多得"、竞争激励的西方世界是不可想象的。

此外，韩国企业的管理也是东方管理的重要组成部分。

传统的儒教思想要求人们以家庭为中心。韩国企业中，企业主和最高管理者在管理下属发挥权威和权限来通知其下属，下属也期待其温情和慈爱的同时顺从他们的权威意识，在权威式的经营中形成仁学文化。这种受年龄、地位身份和权限影响的忠诚，在垂直体系中形成很强的执行力。

类似集团意识、忠诚意识、参与意识、整体主义、权威管理都是企业的家族化积极作用的具体体现。

日本也是受中华文化影响很深的国家。日本人将儒家思想的精华和西方强调个性和自主性的

---

[①] 本文刊载于《第一财经日报》2008年8月8日，作者是杨乃芬和于大为。

人文精神结合起来,把家变成了企业和组织。最近二三十年来,日本企业提出和倡导了很多现代管理理念,波及很广。

而在儒学精神发源地的中国,情况令人感到些许遗憾。当代中国式管理的思想基础是薄弱的、紊乱的,正处在一个常识性的修复过程中。从某种意义上来说,儒学思想在管理风格上的传延,中国在东方诸国当中是相对比较弱和比较不完整的。

## 二、"家文化"和家族企业

不过,虽然中国式的管理还在修复过程当中,但是将"家文化"融于企业管理实践的中国式管理方式,在东方管理中占有重要的位置。

"家文化"在中国有突出的表现。阿里巴巴网络有限公司首席执行官卫哲介绍说,家族企业的战略,不会像很多上市公司一样,受到股东、资本市场一些相对短期的影响,而是围绕客户来做长期性的战略。

在卫哲看来,家族企业的特点决定了其战略的长期性,这也是很多家族企业能够做到基业长青的重要原因。

除了战略,管理当中要解决另一个问题就是执行,执行当中碰到的最大问题是信任。

卫哲说,大公司的规章制度归根到底都是解决一个信任问题。公司大量的制度、沟通都是为了保持信任。

而家族企业天生就有一种信任。在一个家族里,人们共同创造的财富是可以分享的。"最天然的信任是家族企业的成功密码。"

家族企业具有的优秀的DNA,还不仅仅是信任。卫哲认为,如果能够总结中国家族企业基于"家文化"的优秀基因,再加上中国强大的历史文化财富积淀,能够培育出更好的家族企业来。

江苏中大集团董事长谈义良也表示,"家文化"是中国企业尤其是家族企业必需的中国式的管理智慧,在今天具有重要的意义。民营企业要把这种文化发扬光大,要让中国的"家文化"成为全球市场上最朴素的语言。

## 三、东西方管理思想的融合

在经济全球化推动多元文化融合的背景下,东西方管理学界交流日益频繁,打破了西方管理学界垄断的局面,"东方管理"思想再度受到世界范围内的认可和热捧。

早在20世纪80年代,由于日本在某些产业的崛起,预示着带有东方传统文化的管理实践向西方管理占主导地位的管理学理论的挑战。

日裔美国教授分析了日本和美国的管理方式,初步分析了日本式管理和美国式管理的差异,强调了文化对管理理论和管理实践的重要性。

不过日本管理模式并不适合全盘照搬,更进一步说,东方管理模式和西方管理模式都不适宜照搬。

西方大量的跨国公司在企业管理实践中,发现中国人的管理思想和行为方式成为在中国进行跨国经营的必然选择。很多在西方行之有效的管理思想和方法,照搬到中国来,都遇到很多的难题。

要想成功,就必须摸索中西管理融合之道。

在苏东水教授看来,东方管理思想与西方管理思想虽然看似差异不小,东方管理与西方管理并不是割裂的,但实际上它们在很多方面都有着共同融合,互为借鉴的基础。

而对于中国企业而言,在走出去的过程当中,领略东方管理的精髓,能够帮助企业稳步实现全球化的目标。

# 《上海管理科学》：不断走向成熟的东方管理学——《东方管理学》的体系、经典和贡献(2009)[①]

东方管理学萌芽于20世纪70年代末期，诞生于21世纪初期，它是复旦大学苏东水教授(以下敬称苏先生)历经三十余年、带领有志于东方管理研究的学者群体共同努力下形成的，其标志性著作即是《东方管理学》的出版；作为东方管理学的开创者和领衔者，苏先生为东方管理学的创建和发展做出了卓越的贡献。

## 一、《东方管理学》的框架体系

《东方管理学》由复旦大学出版社2005年出版，共49万字。全书共分为五篇十八章，以"学""为""治""行""和"为主线展开，全面、系统地阐述了东方管理学的研究对象、理论体系、核心思想、外延架构、具体实践及和谐追求。

第一篇是导论，论述东方管理学的形成历程、研究对象和理论基础。苏先生开篇指出，东方管理学是研究古今中外管理的理论与实践及其运行规律的现代管理科学的重要学派之一，是一门融合东西管理思想精华的新学科。东方管理学的哲学要素包括："道、变、人、威、实、和、器、法、信、筹、谋、术、效、勤、圆"。东方管理学的研究对象也规定了其理论基础，主要包括中国管理、西方管理和华商管理三个部分，这也体现出了东方管理学兼收并蓄、融合会通古今中外管理思想的特征。

第二篇是"三为"，即"以人为本""以德为先"和"人为为人"。"三为"思想是东方管理学的核心思想，也是对管理学的一次思想创新。"以人为本"是以现实人为本，以社会为本，而不是以个人为本；"以人为本"强调的是人本管理。"以德为先"作为管理的一条基本原则，贯穿于东方管理学的"四治"始终，"以德为先"强调的是人德管理。"人为为人"从管理行为的主体、客体以及主体与客体的关系的角度揭示了古今中外一切管理行为的本质，"人为"是一种自我导向的个体心理行为，它强调主体人心理行为的可塑性；"为人"是一种他人导向的服务行为，客观上产生服务他人的效果。"人为为人"是东方管理的本质，是建立在以人为本、以德为先思想上的新管理观念。

第三篇是"四治"，即治国、治生、治家、治身。"四治"思想是东方管理学外延的界定，也是中国"修身齐家治国平天下"儒家逻辑的再现。治国即国家管理，中华民族在"治国理政方面，堪称首屈一指"。治生即经营管理，侧重的是产业、企业层面的管理，相对于西方管理来说，东方管理的治生观最重要的是"以义取利"，体现出"德本财末"的义利观。治家即家业管理，侧重的是家庭管理，反映了东方文化中的家族文化特色，家庭不仅是中国社会人口再生产的基层组织，还是最基本的经济单位。治身即自我管理，侧重的是个人修炼，东方管理非常重视治身，包括"克服自己的私欲，改善自身的身体、心灵、精神情感、智慧水平"，体现出中国儒家文化中的"内圣外王"思想，即通过加强自身修养而服务于社会、他人的宗旨。

第四篇是"五行"，即人道行为、人心行为、人缘行为、人谋行为和人才行为。"五行"是管理过程

---

[①] 本文刊载于《上海管理科学》2009年第6期，作者是吴从环。

中的五种行为,是"三学""四治"理论在实践环节中的具体表现。人道行为即管理哲学,指在管理过程中要尊重人,强调"视人本身为最高价值从而主张善待一切人、爱一切人、把一切人都当人来看待"和"视人本身的自我实现是最高价值"。人心行为即管理心理。人的行为是受人心和更高层面的人性所驱使,在管理过程中有两大不可避免的人心过程,即激励与挫折,人为激励理论是东方管理学派在激励领域的最新研究成果。人缘行为即管理沟通,东方管理学在对中国传统文化和华商管理实践考察的基础上早在 20 世纪 80 年代初期就创造性地提出了"五缘"网络体系——亲缘、地缘、文缘、商缘、神缘。人谋行为即谋略管理,主要蕴含于历史上的兵家思想中,在当代主要体现为决策过程和战略把握上。人才行为即人才管理,人为价值是东方管理学派关于人才价值论的最新研究观点,人才的本质就是人的行为必须有价值,必须符合社会客体的需要,必须与社会客体的行为匹配。

第五篇是和,即和的宗旨。和谐思想是东方管理的主旋律,和谐管理是东方管理研究的重要课题,和是儒家文化追求的最高境界。"和"的思想在我国古代得到了极大的关注,"天时不如地利,地利不如人和""和气生财""家和万事兴""以和为贵"的思想在中国一直深入人心;在当代,和谐社会是我国治国理政的新追求,中国共产党在十六大上提出了构建"和谐社会",由此和谐社会成了当今出现频率最高的词之一,成为中国人民的一个奋斗目标。

## 二、东方管理学的重要经典

近代以来,国势的不断衰微和持续的救亡图存的交织演绎出连绵不绝的"文化本位主义"和"文化虚无主义"之争。《东方管理学》走出了这种非此即彼的二元观,既融汇古今、又贯通中外。《东方管理学》的公开出版对于东方管理学思想、东方管理学派乃至中国管理学界来说都是具有里程碑意义的事件,它是苏先生历经三十年磨一剑的沥血之作,也是东方管理学派的奠基之作,它标志着东方管理学逐步走向成熟。

(一)《东方管理学》是东方管理学派的沥血之作。早在 1976 年,苏先生即开设"《红楼梦》经济管理思想研究"讲座。1986 年,苏先生公开发表《现代管理学中的古为今用》,90 年代组织编写和出版了《中国管理通鉴》巨著,创造性地提出并阐述了东方管理的"以人为本、以德为先、人为为人"的"三为"理念,从而为东方管理学奠定了坚实的理论基础。1992 年开始,苏先生开始参加世界管理联盟协会,并在 1994 年美国会议上提出复兴东方管理文化、弘扬中华优秀文化的中国式的管理;1997 年,苏先生主持召开了以"面向 21 世纪东西方管理文化"为主题的 IFSAM "'97 世界管理大会",扩大了东方管理在全球的影响。在此次会议上成立了 IFSAM 中国执行委员会,苏先生任执行主席。2003 年,苏先生出版《东方管理》,初现《东方管理学》雏形。2005 年,苏先生在 30 年研究基础上率先出版了东方管理学著系的第一本——《东方管理学》。

(二)《东方管理学》是东方管理学派的开篇之作。早在 1997 年世界管理大会上,以苏先生为领衔的东方管理研究学者群体首次被媒体称为"东方管理学派"。从那时起,苏先生就开始着手组织研究团队编著"东方管理学派著系"。该著系包括"三学":《东方管理学》《中国管理学》《华商管理学》;"四治":《治国》《治生》《治家》《治身》;"八论":《人本论》《人德论》《人为论》《人道论》《人心论》《人缘论》《人谋论》《人才论》等十五部首创性专著,这也是海内外第一部系统、全面地反映中国历史上各时期管理思想和管理实践精华的大型著系,《东方管理学》的出版正是这一著系的开篇之作。在苏先生及其《东方管理学》的带领下,东方管理学派的学者们正在夜以继日地努力去完成这一大型著系。

(三)《东方管理学》是东方管理学派的奠基之作。近些年来,国际管理学者在交流中达成了三个共识:即人在管理中越来越处于重要的地位,文化在管理过程中、管理理论的形成和管理教育的过程中处于重要的位置,东西方管理随着世界经济的发展可以融合发展的必然性。在这三个共识的基础上,《东方管理学》以"学""为""治""行""和"为主线展开,对 20 世纪 70 年代以来东方管理研究思想做了一次系统、全面的总结、梳理和定位,是东方管理学的集大成。《东方管理学》系统介绍了东方管理学的研究对象、发展历程和和理论基础,全面构建了东方管理学的核心思想"三为"体系,深刻阐述了东方管理学的外延架构"四治"体系,详细展开了东方管理学的具体实践"五行"体系,集中论证了东方管理学的终极目标"和"的体系。《东方管理学》结构严谨、论证有力、浑然天成,同时也为学派内其他著作的展开提供了坚实的理论参考。

## 三、《东方管理学》的世界贡献

中国以其创造的辉煌古代文化而骄傲,以其近代的落后挨打而耻辱,以至于很多人形成了"凡是近代的就是西方的,而西方的就是重要的"思维定式。《东方管理学》的公开出版打破了管理学界的这一思维定式,它不仅有力地促进了东方管理学的自身发展,对世界管理学发展而言也是重要的贡献。

(一)弥补管理学框架内容体系。《东方管理学》创建了新世纪的管理学科体系,形成了"三为""四治""五行"的完整理论体系;创新了管理成功要素学说,形成了管理主体、管理权力、管理组织、管理文化和管理心理在内的管理要素体系;探讨了管理学前瞻性论题,包括产业管理、知识管理、管理反馈、流程再造、组织修炼、组织学习、网络化组织、未来管理等方面都可纳入人为管理的范畴;提出了"人为为人"这一东西方管理的本质命题,预示着当代管理行为的新思路;开创管理教育之先河,把东方管理学教学、研究、实践融于一体、相互促进。正如 IFSAM 第一届主席野口佑教授说:"中国将会在世界管理史上留下光辉的一页。"

(二)改变西方管理学中心主义。近代以来,在西方的碰撞中中国传统文化明显处于劣势地位。不仅中国文化如此、几乎所有的后发展国家都是这样,结果造成了事实上的西方中心主义,管理学也不例外。尽管各个国家在赶超西方发达国家、实现本国现代化过程中都在向西方学习管理,但少有成功,有限取得成功的几个国家莫不是把西方经验和本国文化相结合。"一个国家和民族的传统文化必然灌注于其管理之中。各国企业管理的模式和风格之所以不同,各具特点,其中一个重要的因素就是受其传统文化的影响。"《东方管理学》从理论上扭转了近代以来管理学的西方中心主义趋势,推动了东方管理学走向世界,加速了东西方管理学融合创新。

(三)推动东方管理学走向世界。早在 20 世纪 80 年代初期,美国企业界就逐步认识到"美国的敌人,不是日本人和德国人,而是我们企业管理'文化'的局限性",由此掀起了向日本学习的浪潮,这时日本管理得到了国际上越来越多的关注。彼时的"向日本学习"更多的是基于提高企业竞争力的思考,而非管理理念的差异,在管理背后所强调的利润最大化或成本最小化所带来的人与人之间、人与自然之间的冲突正在挑战地球的可承受力,由此可持续发展被提上了议事日程。东方管理因主张人与自然、社会的"和合统一",反对人类中心主义,尤其反对人类为了无限膨胀的私欲而置环境发展于不顾,巧取豪夺,破坏生态。《东方管理学》的出版,推动东方管理学走向世界。

## 冰凌等:让"东方管理"智慧之水复苏天下——记复旦大学首席教授苏东水(2011)[①]

提及"管理学"这一学科,在人们的思维定式中往往会认定这是一门来自西方的学科体系。泰罗、法约尔、韦伯、梅奥、德鲁克、迈克·波特等西方管理学史上的巨匠都曾为中西莘莘学子所膜拜追捧。然而就是有这样一位学者,他所作的不仅仅面向西方管理学的天空仰望繁星,而是拥抱祖国大地,从中华五千年的悠久文明中挖掘和整理"东方管理思想"。

复旦大学首席教授、经济管理研究所所长、复旦大学东方管理研究中心主任、世界管理协会联盟中国委员会主席、东方管理学派创始人苏东水,就是一位致力于从中国深邃的历史文化传统中挖掘现代管理思想的先驱。

2011年3月26日,'2011世界华商管理大会、第十五届世界管理论坛暨东方管理论坛在侨乡泉州拉开帷幕。众多海内外专家学者、商界精英齐聚华侨大学,纵论"东方管理、华商管理与中国软实力"。我有幸代表《华人》杂志应邀前往采访。

苏东水教授作为海内外享誉盛名的经济学家、管理学家,是中国东方管理学派的旗帜人物,此次能在苏教授的故乡泉州采访苏教授,是缘分更是一种荣幸。

### 一、从《红楼梦》引申出的"东方管理学说"

苏东水教授最早是作为一名经济学家而享誉盛名,1982年主持编写的《国民经济管理学》是我国第一部社会主义宏观经济管理专著,受到学术界和国家有关部门的充分肯定和重视,发行量达300余万册。从经济学领域出发,苏教授从中外经济实践中获得了关于管理学的独到心得体验。

早在1976年,苏东水教授便在复旦大学开设《红楼梦》经济管理讲座",以经济学家的眼光开始探究《红楼梦》的经济思想。在他看来,五千年的中华传统文明中包含了很多属于东方的管理智慧,以名著《红楼梦》而言便不乏对管理的真知灼见。王熙凤更被苏教授誉为东方管理学之"祖母"。从研究《红楼梦》出发,苏东水1986年发表奠基性的论文《现代管理学中的古为今用》,开始创造性分析古代管理思想的现代价值,同年在日本现代管理国际研讨会上发表相关演说,即受到国际学术界瞩目。从此,挖掘、整理并向国内外宣讲"东方管理思想"成为苏东水教授矢志不渝的追求:"我们生长的东方,并不是一个管理思想贫瘠的土地。身处在这样一个具有深刻文化底蕴和丰富历史内涵国度的管理理论和实践工作者,应该考虑如何一方面开掘我国古代哲学中所包含的管理思想。另一方面在引进西方管理思想时,体现东方文化的特点,进而形成整合东西方思想的新的管理文化。"

回顾东方管理学派成立的背景,苏教授深有感触地指出东方管理学派的成立的契机与亚洲经济的崛起密切相关:"在上个世纪六七十年代前,由于亚洲经济发展的疲软,东方管理文化几乎被世人忽视了。随着亚洲地区经济的崛起和华人企业的发展,世界管理学界正在兴起一股'东方热'。

---

[①] 作者冰凌为纽约商务传媒集团董事长,曾筱霞为纽约商务出版社副总编辑,本文是2011年3月26日两位作者参加在泉州举办的第十五世界管理论坛暨东方管理论坛期间的访谈稿。

无论是中国改革开放后巨大经济潜力的释放,还是散布 90 多个国家的世界华商的经济起飞,背后都有着中华传统管理文化的支撑。日本式、新加坡式管理也恰恰是中国传统文化精髓与该国文化融合的结晶。近年来,进入中国的国际大型跨国公司获得巨大效益,其成功之道也是实现了一种适应中国文化背景的管理。"

从亚洲经济的崛起和世界华商力量的壮大,这一大背景出发,苏教授结合自己的专业背景,开始了对东方管理思想的探索。"我是 1953 年从厦门大学最后一届企业管理系毕业的。当时的企业管理系有三个组成部分,一个是工程技术,一个是经济管理,一个是工商管理课程,培养出来的学生应用性都比较好。毕业后,我在东北工作三年的时候,经常记住我们的王亚南校长在讲《资本论》时所作的'人与艺术'的学术报告,引为深思,企业管理到底研究什么?我认为,企业管理是研究人在世界上的主体地位,同时我写了 100 多篇的文章,专门研究撰写这个课题。由此,我很早就提出企业管理要以人为中心,以人为本的观念。"

苏教授回顾自己的求学、工作生涯,发现在通向东方管理的学术道路上,国际交流开拓了自我的眼界,同时也为东方管理理论的提出奠定了契机。

曾经有美国的管理学家对苏教授说:"美国的朋友他说,中国是没有管理的,没有企业家,没有自己管理特色的教材。"这种说法深深地刺伤了苏教授的民族自尊心,从对《红楼梦》的研究苏教授得知中国不但有属于自己的管理方式,而且底蕴深厚、博大精深,只是国人还没有意识到东方管理智慧的精妙,更没有系统地将其整理发掘,并形成独立的学说。反而是日本对中华管理思想的挖掘还是比较深入的。日本管理学界的研究成果表明:"中国是有管理的,日本的管理是从中国学习过去的,美国有些管理是从日本学习过去的。不是没有管理,只是没有系统的整理。"苏教授有一次到日本参加管理学的国际会议,并在会上做了关于《中国古代管理行为学》的主题演讲。在报告中,苏教授指出,中国有非常优秀的管理文化,但是当时没有人很好地去挖掘,没有人从民族的自尊心、从民族的角度、从管理的角度来阐述。苏教授当时的报告,给了在场的专家学者很大的触动。报告以后,日本相当知名的经营管理学家主动提议:"苏教授我们来合作搞一个管理学的东方学派。"日本学者的提议给了苏教授很大的触动:"自己是中国人,中国人应有中国人民、中华民族自己创造的管理学。为什么我们不能自己来走东方管理学派的创建与发展这条路呢?"

于是,创建东方管理学派,宣扬东方管理学说成为苏教授致力追求的目标。苏教授积极从实践中、从理论研究中,"博开艺能之路,悉延百端之学",探讨东方管理之艺术。

上海成功举办了有 30 多个国家和地区学者参加的"'97 世界管理大会"。这是由世界管理协会联盟(IFSAM)和中国国民经济管理学会主办的大型国际学术会议。本次大会是一次对东方管理学的发展具有里程碑意义的会议。在会上苏教授主讲了《面向 21 世纪的东西方管理文化》的主题报告,将形成体系的中华文化为核心的东方管理文化正式推介给国内外学术界。这一理论体系受到了海内外学术同仁的高度赞赏,同时也成为海内外媒体聚焦的焦点。当时海内外共计 50 多家传播媒体进行了相关的报道。"'97 世界管理大会"标志着"东方管理体系"在海内外初露头角。沿用专家学者对本次大会的评价:"这次大会是东方管理文化复兴的'燃点',是东方管理文化在向世界叫响。"

"东方管理体系"之所以能够通过"'97 世界管理大会"一举夺得世人的赞赏与认同,这建立在苏教授和他的弟子前期艰苦卓绝的钻研论证基础之上,他们从中华传统典籍中归结整理出东方管理学派的理论框架和结构体系。

1996 年出版计 280 余万字的《中国管理通鉴》(四卷),这是苏东水教授历时 3 年多时间主编第一部东方管理学方面的权威著作。《通鉴》在广泛搜集占有经、史、子、集等中国传统文化典籍中的管理思想的基础上,对中国传统管理思想进行了一番精心细致的梳理、提炼,内容涉及儒、墨、道、法、兵、纵横、阴阳、杂、农、技等百家流派、人物、思想;"通鉴"对中国传统管理的理论、实践效应等进行全方位的探索和研究。苏东水将这一理论体系概括为"治国学""治生学""治身学"。"治国学"主要是针对社会人口、田制、生产、市场、财赋、漕运、人事、行政、币制等方面管理的学问;"治生学"则是总结农副业、工业、运输、建筑、市场经营等方面管理的学问;"治身学"(或称"人为学")主要研究谋略、人为、用人、造材、激励、修身、公关、博弈、奖惩、沟通等方面的学问。"治国学""治生学""人为学"三大系统及其子系统积累的实践经验与学问形成了东方独特的管理文化,形成了东方管理传统学科体系。东方管理学派还从管理主体、管理权力、管理组织、管理文化和管理心理等五方面,归结出管理成功的基本要素:即以管理主体为出发点,凭借职位权力和非职位权力施加影响力,依靠管理组织去协调人们的活动,通过管理文化规范管理主体的心态、意识和行为方式等,从而使组织目标顺利实施。贯穿于这个过程的是管理主体的心理行为过程。因此管理主体也成为管理的归宿。就其管理哲学思想而言,东方管理学的要素可以概括为"道、变、人、威、实、和、器、法、信、筹、谋、术、效、勤、圆"等十五个方面。

苏教授于2003年又出版了《东方管理》一书,作为2003年苏教授主持的国家自然科学基金项目"东方管理学思想研究"的研究成果之一,《东方管理》全书分五篇二十四章,共计55万字,是第一部体系完整系统论述东方管理理论的奠基性力作。苏教授在解析《周易》、道家、儒家、佛家、兵家、墨家、伊斯兰和现代人本管理等流派的学说的基础上,提出了修己安人、德正生厚、中庸之道、德治兴邦、德法兼容、以德为先等"为人"思想和理论,并围绕"人为"学说和"为人"理论结合现代经济管理的实践问题,构建了"人为为人"的东方管理理论应用体系、应用技术和方法。苏教授还在本书就东方管理文化的复兴、现代化及走向世界,探索了21世纪管理理论发展的趋势、变革和创新,该著作交融现代经济管理实践与古代管理思想将东方管理理论研究与西方管理理论研究范式并举,实现了东方管理理论研究的古为今用、洋为中用,为该学科的发展与完善奠定了坚实基础。

关于东方管理文化的本质,苏教授概括为:"以人为本""以德为先""人为为人"。"以人为本"体现在东方传统管理哲学中是以人为核心,强调"以民为贵""仁者爱人",东方管理文化高度重视人在管理系统中的作用。日本和"四小龙"讲求团队精神和人际协作,就是这一观念的例证。西方管理一向认为"人是机器",直到近年来才有了与科学管理并驾齐驱的人本管理。

"以德为先"体现在"修己安人",即强调伦理道德的作用,这是带有根本性的管理方法。管理者通过自己道德修养的提高,使属下在道德威望的影响下自然达到管理的良好状态。同时,人际关系也通过人的道德伦理来加以调解。

"人为为人"是对古今中外管理行为本质的高度概括,是激励与服务积极行为的综合体现,强调人自身行为的激励与修养。"人为"是发挥人的积极性。东方管理文化重视人的道德和行为的可塑性,从而为人的发展提供了可能性。另一方面,"人为"的根本目的是"为人"。管理也体现为从"人为"到"为人"的过程:现代企业以服务为宗旨的管理观念,就是为了实现"为人"的管理目的。

1998年,苏东水主持召开东方管理学派成立大会,东方管理学派从此作为学术流派被广泛认可。此后,东方管理学学说体系不断得到完善和发展,影响也日益扩大,从学说发展成独立的学派。

在其理论框架内,苏教授及其追随者对东方管理学的概念定义及其覆盖范围进行了明晰的界定:东方管理学是研究东方国家古今管理文化的理论与实践及其运行规律的现代科学。相对于西方管理学而言,它是一门根植于东方管理文化,汇集了东方各族人民智慧的学科。其研究范围覆盖渊源于亚洲黄河、长江流域、印度恒河、印度河流域和两河流域,以及非洲尼罗河流域的一切人类管理活动的精华。这是一个开放的,并不断完善和发展的体系。

直到今日,东方管理学研究已经走过了三十几个春秋,可谓是三十年磨一剑,这门融合古今中外管理精华的现代管理新科学——东方管理学在中国、在上海、在复旦大学诞生了,并为世界管理学界所推崇和认可。东方管理学从学习、原创到实践经历了三个阶段:一是 1976 年至 1986 年为"古为今用、洋为中用、融合提炼"阶段,创造性地提出"以人为本、人为为人"的观点;二是 1986 年至 1996 年的"理论创新、独成一家、走向世界"的阶段,孕育了东方管理学派,"以人为本、以德为先、人为为人"的"三为"思想;三是 1997 年至今,这是"发展学派、创新体系、扩大影响"的阶段,发展出《东方管理学派著系》的"三学、四治、八论"、创新东学五字经"学、为、治、行、和";在全国率先设立东方管理学博士点与硕士点,开创当代管理教育之先河,为中国管理科学走向世界做出了重要贡献。

## 二、东方管理与"人本"回归

在与西方管理理论的交流互动中,苏教授总结出东方管理学说的主要特点:(1) 科技进步与人本管理的回归。现代信息和生物技术的突飞猛进,给人们带来方便的同时,也使得知识和技术滥用给社会的危害性更甚,所以管理学要强调"以人为本",注重人的道德培养。(2) 可持续发展与人为管理的回归。东方管理主张人与自然、与社会的"和合统一",反对人类中心主义,尤其反对为了满足人类无限膨胀的私欲,致周围的生物和环境发展于不顾,巧取豪夺,破坏生态。(3) 民主化浪潮与人德管理的回归。西方企业近年来虽然也采取了"工人自治""自我管理"等民主化措施,实际仍没有打破管理者与被管理者的高低贵贱之分,而东方管理主张人德管理,它不但重视纪律与法规,更强调以道德软约束的方式,来规范员工及管理者的行为。管理者通过"修己",作出道德示范,在无形中影响被管理者的行为,从而达到"安人"的目的。

苏东水教授主张未来的世界应该是"人本"世纪的回归。苏教授看到了现代工商社会"人本"思想的遗落,也看到了西方文明所存在的扩张性、掠夺性文化因子对人性的扭曲和对自然的破坏。20 世纪的西方管理学已经在重理性,重科学的道路上走了很远,并推动了世界经济的加速发展,但与此同时,它缺少人情味的弊端也日益显现。在世界经济日趋一体化的今天,全球经济一体化促使东西方管理文化趋于整合。东方管理学派在某种程度上便是对西方管理学派的发展和补充。这一学说根植于博大精深的东方文明传统中,重视"人"在管理中的作用,通过对"人"特别是"人"的道德修养的提升来实现和谐管理的远期目标,这是天人合一的和谐思想在管理学领域的一大创新。

在阐释中国传统的"人本"思想在管理学的运用时,苏教授特别谈到,"人为"的根本问题是发挥人的积极性,"为人"是以为人类、为社会、为事业努力为目标。"人为"与"为人"之间具有辩证关系,二者互相联系且又互相转化,对任何管理者和被管理者都有一个从个人行为逐步向为他人服务转变的过程,即从"人为"向"为人"转变的过程。他认为,每一个管理者首先要注意自身的行为修养,"正人必先正己",然后从"为人"的角度出发,来控制和调整自己的行为,创造良好的人际关系和激励环境,使管理者和被管理者都能够持久地处于激发状态下工作,主观能动性得到充分的发挥。管理者和被管理者越是注重自身行为的素质,其"为人"即管理的效果就越好。

东方管理学的复兴,满足了现代管理要求强化人性、整体、共生和人为为人的管理价值的需要,推动其进一步走向整合化、柔性化和人性化。人才作为企业中最宝贵、最稀缺的资源的观念,已经广泛为东西方管理界的人士所接受。现代管理学的研究和实践表明,无论是宏观管理还是微观管理,对人的进一步重视,对人的潜能的更深入的开发,无疑会造成管理效能的继续提高。但从本质上讲,倡导以人为本历来是东方管理哲学的专利。从以物为主的管理,转变为以人为主的管理;从硬性管理,转变为柔性管理,是西方管理理论在本世纪经历了几次重大的转变后才实现的。人性化的管理,要求在企业中用富有号召力的企业价值理念,来包容员工的个人需要,创立一种人人认同并遵守的企业文化,并使员工以此为目标,自觉、主动、创造性地开展工作。从某种程度上,这正是体现了东方管理的精髓之一。可以预见,21世纪的企业将更加关注其各个环节上人的需要、尊严和价值的实现,东方管理学的人本取向将更广泛地得到中西方企业管理者的认可。东方管理学理论和方法在企业管理上的作用,已经在越来越多的企业经营管理实践中得到了证明。对东方管理文化的更深切的理解,将有助于更多的企业取得经济、社会和文化上的更大的综合效益。

自70年代以来,"以人为本"是东方管理学的灵魂精髓,这一思想如今得到了中西社会的普遍认可。特别是对于处于飞速发展阶段的中国而言,"以人为本"更应该成为中国社会主义的核心价值。东方管理学说是在国际东西方管理融合发展的基础上成立的,以人为基点涵盖了自然科学和人文科学精华的艺术与科学结晶,将中国传统文化、当代国情与全球化的发展趋势紧密地结合在一起,成为中国现代化建设中、世界管理发展历程中,重要的指导思想。

## 三、东方管理与华商崛起的不解之缘

对于东方管理学派的发展,苏教授充满信心却又有所顾虑。在苏教授看来,"东方管理学派"作为目前国内一个管理学术流派,其发展对于中国经济建设、人类的和谐发展都具有非常重要的战略意义。目前还没有得到充分地弘扬与发展。我国各高校的管理教育来看,几乎清一色的是美国"本土化"的MBA教育,关于东方管理文化和思想的内容几乎是空白。苏东水教授曾经回顾了自己在德国大学访问的经历。他看到以教育严谨著称的德国教育体系,很多学校都在争取建立东方管理的研究机构——中国管理学系。这门学科在中国却没有得到相应的重视。

在国内,东方管理理论与方法的研究,主要集中在以复旦大学为中心的东方管理学派。业界之外,东方管理学的宣传和推广范围有限,从而造成东方管理学的研究成果得不到普及传播,更别说是应用了。要打破东方管理这种"躲在深闺人未识"的局面,就要求热心支持东方管理学发展的专家学者、政府官员和企业精英,共同努力营造一种百家争鸣、百花齐放的学术讨论氛围。

对于苏东水而言,宣传东方管理学派并非是老王卖瓜式的自卖自夸,而是一种夹杂着民族自豪感、责任感、忧患意识在内的一种使命。

在泉州这块产生华侨的故土长大,使苏东水与海外华商有一种天然的缘分,他不能不对华商在海外的奋斗经历予以更多的关注。作为中国国民经济管理学会会长、世界管理协会联盟中国委员会主席,正是基于对华商群体的研究和探讨入手,苏教授寻觅东西方管理文化融合的契合点。

分布于全球各地的华人企业家在参与国际竞争中是一支不可忽视的重要力量,像中国香港的李嘉诚、中国台湾的王永庆、印尼的林绍良、菲律宾的陈永栽等具有国际影响的华人企业家都是华商的杰出代表。据美国《福布斯》杂志的一份调查发现,在全球368名华人富豪中,以闽南籍富豪家族最多,共149人,所掌握的财富总值超过1255亿美元。由于海外华人保留有心归故土的文化、语言和家庭拉力,华人又成为大方的储蓄者和投资者。美国学者德鲁克曾经指出中国华人形成的华人企业家是最伟大的企业家,将来的世界是华商企业家的世界。苏东水高度认同这一观点并进一步指出：华商是结合中华优秀文化和移居地本土政治经济文化，再加上西方的管理方法，形成的一种新的、具有开拓性的、有前瞻性的、有发展前途的管理。可以说华商是世界经济格局中举足轻重的重要力量。华商管理则具有以下几方面的共同特征：即所有权、控制权与家庭三者关系密切，实行家族式管理，网络化经营，管理中重视人情世故，企业组织结构相对简单等。华人传统的优良素质如勤俭节约、艰苦创业、吃苦耐劳、小心谨慎、诚实守信等都是华商成功的重要因素，华商发展中也存在着急功近利、编织关系网、论资排辈、重人治轻法治等缺陷。可以说"华商"往往传承的中国传统文明对管理的理解和运用，苏教授认为全球华商是实践东方管理的典范。华商管理是中国传统管理文化与西方管理文化以及华商足迹所至的土著管理文化相融合的成功典范，苏老并进一步指出世界华人对以中华优秀文化为核心的东方管理文化的成功运用。这包括三个方面：

第一，运用"人缘"文化——强调"以人为本"的观念。世界华人利用华商之间形成的网络进行经营，即运用"人缘"文化，强调"以人为本"的观念。华商网络以亲缘、地缘、文缘、商缘、神缘为纽带，这"五缘"的本质都具有东方特质的关系，通过"五缘"形成的华商网络是一种社会网络，它可以提供情感、服务、伙伴关系、经济等多方面的支持。世界华人的成功是因为华商网络发挥了重要的作用。这也是"以人为本"观念的体现。

第二，遵奉"人德"文化——具有"以德为先"的素质。世界华人成功的另一个原因是遵奉"人德"文化，极为重视商德。其内涵可概括"诚"（以诚相待）、"信"（以信为上）、"和"（以和为贵）。

"诚"是儒家最基本的道德规范，也是华商处理社会人际关系的道德规范。秉承中国优良传统的海外华商，把"诚"字奉为自己人生处世的信条，以"诚"待人，以"诚"处事。不仅对自己的属下讲"诚"，而且在与其他人的经济往来中也是如此。所以，华商又有"诚商"的美誉。"诚"与"信"相伴而生，华商深谙此理，正因为华商以"诚"在先，所以才有了信誉在后。

"信"也是儒家的基本道德规范。在儒家学说的"五常"中，"信"字被恭列其中。一个人要在社会上立得住脚，并且有所作为就必须为人诚实，讲究信誉。在华商企业中人际信誉有时甚至取代法律的强制作用。华商众多的东南亚各地，法律体系尚不健全，市场规范尚未发育，而华商在这种环境下已习以为常，他们在资金运用、企业管理、风险回避等方面自成一套手段，并行之有效。有时，华商强调人情，注重情感而疏于法制。人际信誉成为华人商业信誉的重要基础和依据，诚信实际上成为一种资产，一种保障，道德约束成为法律强制之外的又一重要商业机制。正因为商业网络是华人赖以合作经营、共同发展的天地，人际信誉也就愈显重要。如果缺乏基于诚信的人际信誉，这种网络也将难以维系。

"和"体现了儒家学说中的"和合"思想。"和"即调和、和谐与协调。孔子说："礼之用，和为贵。"孟子更是将"人和"置于"天时"和"地利"之上。"和为贵"为儒家思想的著名格言。深受中国传统文化影响，信奉"和为贵"处世哲学的华商们，都很善于处理令许多西方老板很感棘手的雇主与员工关系。从新加坡华侨代表陈嘉庚先生的亲力亲为到马来西亚"种植大王"李莱生汗流浃背地与工人们一起干活，都体现了华商极为"人和"。华商的成功与华商奉行"和为贵"的思想是分不开的。

第三，坚持"人为"文化——体现"人为为人"的影响。世界华人在其创业过程中坚持"人为"文化思想，充分体现了"人为为人"的深刻影响。华商管理中的"人为"文化具体表现在"俭""搏""善"，即勤俭、拼搏、慈善上。勤俭和拼搏体现了华商的人为，慈善体现了华商的为人。

"俭"。华商以"俭"为美。这是墨子提出的一种经世思想，也是中国社会几千年来所推崇的美德。华商移居他乡，谋生不易，更珍惜点滴所得，在日常生活中严格奉行勤俭的原则。这种以勤俭为原则的生活习惯，也被他们带到企业管理中，使他们在企业生产和管理的每一个环节上，都做到精打细算,厉行节约,以尽量降低成本,增加效益,获得更高的利润。例如,"船王"包玉刚在企业管理中特别重视控制成本和费用开支,他的原则是"能省则省"。印尼木材大王黄双安把公司院子里工人丢弃的各种小木块逐一捡起来,准备留作他用。

"搏"。拼搏是华商艰苦创业的真实写照。华商创业的成功,需克服诸多令人难以想象的困难。从华商的家庭出身看,多半是生活窘迫的农民和小商人等下层劳动者。他们多数在生活极为艰难时前往海外,开始充满荆棘的异国生涯。他们缺少资金,没有退路,只有拼搏,白手起家。可以说,华商的成功是靠勤劳、拼搏和血汗换来的。

"善"。华商成功后非常注重慈善。他们的慷慨与勤俭形成鲜明的对照。例如,李嘉诚对国内教育、福利事业捐赠,已超10亿元人民币,其中最出名的是在广东汕头捐建了汕头大学。邵逸夫为祖国的教育事业的捐献也超过10亿元人民币。另外还有陈嘉庚、黄怡瓶、王克吕等众多的华人关心祖国的教育事业。

华商群体是东方管理学说研究的对象,也作为东方管理学理论必须宣传和推广的重点群体。东方管理理念很好地总结华商的经营方式,扬长避短,突出特色,为华人企业家迎接新世纪挑战提供理论支持。

作为一门学科要得以长久永续的发展必须具备明确的发展方向和坚实的群众基础。为此苏教授指出了东方管理学发展的五大方向:第一,研究华商的实践和行为的成果。第二,研究企业的实践和奋斗案例。第三,研究国际运行。第四是教育实践。第五是社会实践和发展。其中华商研究成为对接东方管理学学科建设,衔接产学研研究,扩大群众影响的有效途径。

1999年,作为大会的执行主席苏教授将"第七届世界管理论坛暨东方管理论坛"与"第一届华商管理大会"紧密地结合在一起,以探讨"21世纪世界华商管理的发展"为主题,深入研讨华商管理模式,推动东方管理学的深入发展。这一举措在海内外学术界和企业界引起了巨大反响。更多的专家、学者、企业家通过这一渠道了解了东方管理学派,进而对东方管理智慧产生了浓厚兴趣,极为有效地宣传和推广了东方管理学派,同时也为广大华商提供了先进的管理经验和技术支持。可以说东方管理学派和世界华商大会联姻实现了彼此之间的双赢。

经过多年的发展,东方管理学派的成员以复旦大学毕业的从事管理研究的学者为主,同时也有部长、局长等政府官员以及国内、外资企业的厂长经理。社会力量的加入壮大了东方管理学派,在扩大东方管理学派的影响力的同时,也为东方管理学说的发展与完善提供了更丰富而翔实的案例。苏教授主张学术走出象牙塔,与实践结合,与社会结合,在他看来,"学者和实践者结合起来,可以形成更多有实际价值的成果"。如今,苏门弟子桃李遍天下,东方管理与华商的联姻也结出了累累硕果。苏教授以其真知灼见和长远的战略性眼光为东方管理学派铺设了通向未来的康庄大道。

## 四、"泉州模式"的首创者

"泉州模式"和"苏南模式""温州模式"并称为中国沿海区域经济三大模式,此三大区域经济模式的提出为中国民营经济总结经验教训、展望未来发展,为国民经济的高速增长提供了重要的理论支持。

作为"泉州模式"的首创者,苏教授的学术卓见在中华人民共和国改革开放历程中留下了浓墨重彩的一笔。在改革开放之际,出于对家乡泉州的热爱,通过苏教授3年8次实地调查调研和访问。苏教授在1986年在泉州举行的中国国民经济管理学会经济年会上首次正式从理论上正式公开地向全国提出了"泉州模式"。苏教授指出:"泉州模式"是建立在社会主义市场经济、因地制宜、充分利用本地资源,发展"小""专""活"和多种经济形式的基础上的,它具有五个基本特点:"股份制的经济形式""外向型的市场经济""国际化的经营道路""侨洋式的生产条件""灵活的经济管理"和"地、亲、文、商、神'五缘'经济网络关系"。苏教授将相关论点整理成《"泉州模式"的经济特点与意义》首先发表在1986年的《复旦学报》上,后来汇集在专著《泉州发展战略研究》一书中。作为国内首次总结泉州经济发展特点的"泉州模式"论文和首部全面研究泉州市发展战略的区域经济学著作发表后,在国内外引起了强烈反响。"泉州模式"这一理论也得到了学术界广泛认可。

2011年3月26日世界华商管理大会、第十五届世界管理论坛暨东方管理论坛在华侨大学隆重开幕。中共中央委员、中共中央对外联络部部长王家瑞,第十一届全国人大常委、民进中央专职副主席兼秘书长朱永新,全国侨联副主席、福建省侨联主席李欲晞,中共泉州市委书记,市长李建国,市纪委书记朱淑芳,国立华侨大学校长丘进,上海外国语大学党委书记吴友富,上海工程技术大学校长汪泓,福建匹克集团CEO许志华等有关领导嘉宾出席大会。

苏东水教授以复旦大学首席教授、IFSAM(世界管理协会联盟)理事兼中国委员会主席再度来到了泉州。25年前,他从理论上首先提出"泉州模式",在全国引起了巨大反响。这一理论在泉州25年的发展历程中不断经受实践检验、得到丰富拓展。26日,在"泉州模式"发展25周年的专题研讨会上,专家与企业家们畅谈"泉州模式"的可持续发展,苏教授对于新形势下的"泉州模式"提出了新的见解。

苏教授指出:随着时间的变化和市场环境的变化,"泉州模式"在实践中不断成熟和发展,也涌现出许多新的特点,具有显著的经济文化价值,比较突出的有以下几个方面:

第一,发达的集群经济。产业集群,是指相同的产业以及支持该产业的相关企业,高度集中于某个特定地区的一种产业成长现象。产业集群具有如下几个特点:(1)积聚经济;(2)专业化分包;(3)创新环境;(4)合作竞争;(5)路径依赖。泉州发达的产业集群,是建立在已有的专业化市场的基础上的,是这些年来"泉州模式"朝着更高起点发展的一个重要标志。

第二,特色的县域经济。20年来,泉州积极鼓励各县(市、区)因地制宜,挖掘潜力,寻找经济发展突破口,选准山海联动发展,强化产业分工协作,使县域经济竞相发展,成为全市经济发展的重要"增长源":泉港——正在崛起的世界级石化基地;丰泽——中国树脂工艺之乡;晋江——中国鞋都;安溪——中国茶都;石狮——中国服装名城;南安——中国建材之乡;惠安——中国石雕之乡。近年来,泉州把各具特色的县域经济作为发展大泉州经济的强大支撑点,积极实施"品牌经济""特色经济""块状经济"战略,加速推进工业化、城镇化和农业产业化进程,县域经济迅速发展壮大。泉州市这种以民营经济为主的所有制格局,突破了传统计划经济体制的约束,在适应市场机制的进程上先行一步,可以毫不夸张地说,由民营企业和乡镇企业发展起来的县域经济和特色经济是构成今日泉州实力的主体力量,是泉州发展模式的精髓所在,这也正是泉州建设"海峡西岸经济区中部枢纽城市"的希望所在。

第三,活力的品牌经济。与传统的制造业相比,当前泉州经济的重要特点是由"泉州制造"转向"泉州创造",在产品功能提升的背后是对产品的品牌营销力度的加大。泉州以中国名牌产品数量和中国驰名商标数量领先的优势荣膺"中国品牌经济城市"称号,成为国内获此殊荣的12个地级城市之一。由传统的重视制造转向品牌立基,这反映了泉州制造在当代的转型,这也是当前"泉州模式"的一个新特点。

第四,发展的创新经济。"提高自主创新能力"和发展创新经济已经被列入了"十一五"规划中,这 20 年来泉州把自主创新作为经济发展的助推器,不断激发"创新、创业、创造"潜力,建设"活力泉州",经济发展初期缺乏技术和人才支撑的状况正在逐步转变。

第五,新型的文化经济。泉州是国务院首批公布的 24 个历史文化名城之一,海外交通、宗教、建筑和民俗是泉州的特色文化旅游资源,是构成泉州新型文化经济的重要组成部分。泉州是"全人类的文化遗产"。多种文化的撞击融合,形成了泉州独有的宗教、建筑、音乐等文化。

苏教授还规整出"泉州模式"在发展转型中的一大特点——"私募股权"。

泉州具有资金多、"五缘"优势、产业链完整、人才优秀、品牌多等特点,这是私募股权看好泉州的主要原因。在积累了大量民间资本的情况下,很多泉州的企业家从原本从事制造企业踏出泉州制造,转向泉州私募。有了私募股权投资基金的大力相助,泉州企业规模不断扩大,最后成功上市。事实上,泉州的私募股权不仅在本地投资,也转向上海、深圳等地,投资领域也不仅限于鞋业、水暖器材、房地产行业,战略性新兴市场也是投资行业之一。大力发展股权投资是解决目前泉州经济发展问题的有效途径之一。

虽然"泉州模式"在改革开放的进程中获得了举世瞩目的成就,但面临新世纪的挑战,"泉州模式"也遭遇了以下发展的瓶颈:

第一,如何应对国际性产业结构调整所带来的区域经济的梯度推移和区域之间的竞争。70 年代以来,泉州因为紧紧抓住了世界劳动密集型产业(如服装、鞋业和纺织)由中国台湾、香港地区向大陆转移的历史机遇,充分借助侨乡的有利条件,取得了举世瞩目的成就。但是如今泉州在长三角和珠三角两大经济圈夹击下,兼以城市定位、土地、税收等诸多因素的相对缺失,一些大型企业如菲莉集团、七匹狼集团、劲霸时装有限公司等总部纷纷外迁,使泉州区域产业经济初步呈现边缘化的潜在风险。同时,作为港商台商投资最早的热土,泉州在港台商以资本与技术密集型产业为主导的新一轮投资布局中被"冷落",台资的热点逐步向长三角、珠三角等区域转移。面对新一轮国际产业结构调整所带来的区域经济的梯度转移和区域之间的竞争,"泉州模式"如何学会同长三角和珠三角既竞争又合作,以维护并促进泉州区域经济的持续发展,让泉州企业"把根留住",这是个全新的课题。

第二,如何占据全球产业价值链分工中相对有利的位置。目前泉州区域产业价值链虽已成雏形,但大部分均处于产业价值链的底端,即加工组装环节。如我们上面所说的鞋业集群虽然已是全世界最大的中低档鞋材供应基地,但是利润非常低,与 Adidas、Nike 等国际巨头主要从事的设计和研发相比,我们从事的是最底端的 OEM 工作。因此,泉州企业要想实现产品的高附加价值,占据全球产业价值链的有利位置,就必须向上下游拓展;上游利润由低到高是零部件材料、设计和研发,下游是销售、传播、网络和品牌。

第三,如何应对企业成长所带来的老板角色转变和培养新型的企业家所带来的挑战。我们在"泉州模式"中曾经提到泉州经营管理的特点就在于灵活多样,但是还应该承认的是,我们普遍的经营问题是缺乏管理资源的引入。我们看到有些泉州老板大谈特谈其"子传孙,孙再传重孙,江山永不变色"的"独家秘方",其实这就是家族制管理所带来的问题。泉州的老板普遍文化程度不高,虽然他们具有"爱拼才会赢、输人不输阵"的勇气,但是缺乏有训练的职业管理习惯还是在企业长大后让他们苦恼不堪。在谈到晋江企业管理模式创新时,有人说:"晋江企业在发展观念上,重经营实践轻观念创新,重埋头拉车轻抬头看路;在经营战略上,重眼前功利轻长远目标,重一时利益轻百年基业;在企业制度上,重家族血缘轻制度创新,重单打独斗轻联合协作;在文化构建上,重高薪挖才轻团队文化打造,重高层管理轻基础建设;在品牌打造上,重明星效应轻品牌文化内涵,重广告包装轻品牌整体战略。"可谓一针见血。因此,泉州要重在培养新生的人才,与上海等国际大都市的专家、学者和企业家密切结合,培养新型的企业家。

第四,如何处理好城市化与工业化之间的辩证关系。泉州的经济总量位居福建首位,而城市竞争力较之厦门相对落后,根本性的原因在于泉州市环境指标如市政建设、人力资源等因素相对落后。现代城市之间的竞争,已不是纯粹的经济之间的竞争,而是包括企业、产业环境、市政建设和生活质量等各方面的综合竞争。如何处理好城市化与工业化之间的辩证关系(包括政府与企业之间的关系)不仅对政府、对城市、对企业,乃至对"泉州模式"的可持续发展都至关重要。

对于泉州未来的发展,苏教授认为机遇与挑战并存,机遇大于挑战。

在苏教授看来之所以把本次大会地点设定在泉州,这是因为这一区域在新的时代变革前迎来了新契机。苏教授指出:海峡西岸经济区建设上升到国家战略,福建在海西的主体地位也得到明确。不久的将来,以长江三角洲和珠江三角洲为两翼,以中西部为依靠,海峡西岸经济区不仅有望成为面向大海、面向海上丝绸之路、面向国际的经济发展中心地带,还将是世界性的航运新中心。

在苏老看来,海峡西岸经济区得到国家层面的肯定,其意义还在于:闽台"五缘"优势有望得到更大程度的发挥,从而大大促进两岸关系的和平发展和祖国统一大业。

"海西应先行,泉州走前列。"苏老认为,在当前全球金融危机的大背景下,海西地位的明确对泉州来说,意义非同寻常。展望未来,海西发展应剑指中国乃至世界经济发展中心。在海西经济区主体的福建省中,泉州是三大中心城市之一,其发展的灿烂前景令人憧憬和期待。推动蓝图加快实现,苏老说,泉州要充分利用文化、产业、港口及人文等各方优势。作为东方文化胜地,民俗、宗教、艺术等深厚文化赋予了泉州璀璨星光;今后,借助这些宝贵财富,泉州在旅游等方面大有作为,作为闻名遐迩的"名牌之都",泉州传统产业和新兴产业交相辉映,轻重工业两手并举,形成了强大的产业集群;今后,通过不断组合提升竞争力,泉州在产业发展上可挖的潜力也十分惊人。此外,泉州还是一个滨海城市,海岸线总长逾500公里、深水良港数量众多、地理位置优越。借助这一其他城市不可比拟的优势,泉州可向上下左右国内外发展全方位立体式交通,再致力于城市平台打造,效仿上海打造具有影响力的金融中心和航运中心的梦想不再遥远。

新形势、新环境、新起点,面临更大的机遇和挑战。苏老提醒说,泉州要珍惜时机,抢抓机遇!为此苏教授进一步提出:(1)进一步解放思想,为民营经济发展创造更加良好的环境。(2)加大自主创新力度,以自主创新把握县域经济发展主导权。(3)努力培育新兴产业,使区域经济从单纯靠传统产业"单腿跳"变为"两条腿走路"。通过发展新型的产业必将给泉州的新一轮产业转型带来驱动力,使泉州经济获得新一轮快速发展的产业空间。(4)整合资源,推进区域经济一体化。(5)发挥泉州的独特优势。泉州有着极为丰富的文化遗迹,完全有实力成为世界多元文化传媒、文明之都、光明之城,应该整合力量好好利用和宣传。

"祝愿家乡更好更快发展,早日成为滨海大都市。"这是苏老面对采访时发出的一番肺腑之言。

## 五、结　　语

对于苏东水而言,推广东方管理学说、创建东方管理学派,是历史的机遇,也是民族责任感体现;首创"泉州模式"则是苏教授把脉改革开放为故乡发展开出的千金良方;充当政府、企业的顾问则代表了苏教授反馈社会的实践;桃李遍天下则是对于苏教授为人师长无言的欣慰。

2004年12月26日,复旦大学管理学院在上海国际会议中心举行苏东水教授执教50周年庆祝活动。来自复旦大学、北京大学、上海交通大学等高校和全国政协、全国侨联等单位的领导、专家、学者以及企业人士300余人参加了此次盛会。国务委员陈至立致函表示祝贺。上海市委副书记殷一璀在活动开始前看望了苏教授。国家教育部也发来了贺电。在举办苏东水教授执教50周年纪念活动的同时，召开了"第八届世界管理论坛暨东方管理大会"，纪念会还颁发了苏东水教授执教50周年首日封和纪念邮票一枚，以纪念苏教授对教育事业作出的卓越贡献。

桃李不言，下自成蹊。苏教授以其崇高的人格、卓越的成就成为凝聚东方管理学派的精神旗帜。"东水同学会"是由苏教授的学生以苏老为旗帜、弘扬东方管理学说为目的在香港注册为一个合法的组织机构。教授从教50多年，培养了300多位硕士、博士，桃李遍天下。东水同学会已经成为串联师生、同门情谊，宣扬推广东方管理学说的重要阵地。

先生素以"路漫漫其修远兮，吾将上下而求索"自勉，至今仍壮心不已，笔耕不辍。如今东方管理迄今已创作出版了《东方管理学派著系》的《中国管理通鉴》（四卷）和"三学、四治、八论"等15部著作、《世界管理论坛》(15部)、《2008IFSAM世界管理大会论文集（英文本）》等以及《世界管理说坛》、《东方管理评论》等期刊；发表学术论文2000余篇；出版《东方精英大讲堂》第一卷（《领先与创新》、《东方管理人为科学案例》、《东方管理学教程》）以及《东方管理学精要（中英对照）》等，扩大了世界管理协会联盟在中国的影响。现在，苏东水教授正组织编著宏大的《东方管理著系》（经典与案例丛书）共十五册，以及《东方管理学派精典丛书》，其他还包括国家自然科学基金资助的《著名跨国公司在华竞争战略研究》《东方管理学思想研究》等课题，丰富和发展东方管理学说。

苏教授及其弟子下一步的规划，便是成立东方管理研究院，从体制上进一步推进东方管理研究，以确保从官方正规机构上确保东方管理学科的发展；另一方面，推动成立"中国东方管理学会"，从非官方的学术组织上扩大东方管理影响。可以说，东方管理学派已经走过了20年的风雨历程，取得了令人瞩目的成就，然而其前行之路仍然任重道远，却也曙光可见！

作为中国东方管理学的旗帜人物，苏教授前瞻性地预见了以中华文明为核心的东方管理学体系，必将随着中国的崛起和华商力量的壮大在世界管理学领域绽放耀眼光芒。东方管理学派的崛起，为这门源自东方悠久传统的现代学科注入智慧活水，相信在苏教授的领导下，东方管理学派必将发扬光大，为中国经济的发展，为世界管理文化的交融和提升发挥不可替代的积极作用！

## 《管理观察》：苏东水：东方管理学派创始人（2014）[①]

1931年10月，苏东水出生于泉州市区一个华侨家庭。1953年，苏东水毕业于厦门大学企业管理系，后到复旦大学从事教学和科研工作。1976年，他在复旦开设"《红楼梦》经济管理讲座"，自此开始循序渐进地研究东方管理，汲取古今中外管理思想精华，提出"以人为本，以德为先，人为为人"的"东学"核心理念，逐渐完成了东方管理学一套完整体系。苏东水还是国家重点学科"产业经济学"和"企业管理"的学术带头人，曾被聘为国务院学位委员会学科评议组成员。

1997年，IFSAM世界管理大会在复旦大学召开，IFSAM理事会成立中国委员会，苏东水被推选为委员会主席。会议期间同时召开世界管理论坛暨东方管理论坛，苏东水作为大会主席做了《面向21世纪的东西方管理文化》的主题报告。国内外50多家新闻媒体对此次大会进行报道，并称"东方管理文化在世界叫响"。

苏东水最初提出东方管理学时，有人怀疑难道管理也有东西之分？苏教授之所以长期坚持东方管理学的研究，是因为他很早就认识到管理思想向东方回归的历史趋势，他认为"最有希望、最有创造性的管理理论往往产生于经济迅速起飞的国家与地区"，"随着中国改革开放伟大实践的深入推进，以及儒教文化圈和海外华商的迅速崛起，随着中国加入WTO、申奥成功、申博成功，东方管理学理论迎来了前所未有的发展机遇"。苏教授是一个意志坚强的学者，认准的事情就会坚持做下去，经过不懈努力，创建了东方管理研究机构，出版了相关专著并招收了学生。东方管理研究中心召开了八届世界管理论坛暨东方管理大会，在海内外产生较大影响。

东方管理学派以中华优秀传统管理文化为核心，不断汲取世界各民族管理文化之精华，形成一套开放的而不是封闭的体系，体现一种不断发展而不是僵化的思想，提出一种立足于中华民族特质和管理实践，而不是生搬硬套外国管理学的理论。经过几十年的深思熟虑，苏东水把东方管理学的本质概括为"以人为本，以德为先，人为为人"十二个字，"人为为人"的思想是东方管理学的精髓所在，在现实生活中具有实践意义。现在，他又致力于东方管理思想的教育与传播工作，设立了东方管理学的硕士点和博士点，通过"传道授业"实现东方管理学派"经世济民"的理想。

在研究理论的同时，苏东水还不断致力于东方管理思想在实践中的推广。他带领硕士生和博士生到家乡泉州进行考察和调研，总结出了中国经济发展中的"泉州模式"，提出了泉州未来经济腾飞的发展战略，为几十年的发展指明了前进的正确方向。"泉州模式"成为可以和"苏南模式""温州模式"相媲美的区域经济发展模式。该市目前生产总值列福建省第一位，苏教授功不可没。

苏东水教授历任复旦大学经济管理系主任，复旦大学经济管理研究所所长等职。现任世界管理联盟中国委员会主席。他著的《国民经济管理学》发行量已超过300万册，《管理心理学》四次再版，20多次重印，发行量超过100多万册，《中国管理通鉴》和《东方管理》成为东方管理思想的集大成者和东方管理学派创立的标志性著作。

---

[①] 本文刊载于《管理观察》2014年第19期，作者是夏玉兰。

# 五、执教五十周年纪念活动

# (一) 贺信贺电

## 陈至立贺信

尊敬的苏东水教授：

欣闻您执教 50 周年庆典活动在复旦大学隆重举行，谨向您表示热烈的祝贺！

您辛勤耕耘 50 年，硕果累累，为国家高等教育事业做出了突出贡献，也为国家培养了一批优秀人才。值此您执教 50 周年暨 2005 年新年来临之际，衷心祝愿您身体健康、生活愉快、工作顺利！

陈至立

2004 年 12 月 21 日

尊敬的苏东水教授：

欣闻您执教 50 周年庆典活动在复旦大学隆重举行，谨向您表示热烈的祝贺！

您辛勤耕耘 50 年，硕果累累，为国家高等教育事业做出了突出贡献，也为国家培养了一批优秀人才。值此您执教 50 周年暨 2005 年新年来临之际，衷心祝愿您身体健康、生活愉快、工作顺利！

陈至立

2004 年 12 月 21 日

# 教育部办公厅贺信

复旦大学：

值此苏东水教授从教 50 周年之际，谨向苏教授致以崇高的敬意和热忱的祝福！

苏东水教授是享有盛名的管理学家、经济学家。他热爱高等教育事业，为我国管理科学的发展和高层次人才培养作出了重要贡献。他潜心钻研，成果丰硕，并积极将自己的研究与我国现代化建设的实际紧密结合，探索创立了独具特色的东方管理学派，为中国管理科学走向世界作出了重要贡献。

衷心祝愿苏东水教授身体健康，在教学科研领域取得更大成就。

教育部办公厅

2004 年 12 月 15 日

## 中共上海市科技教育工作委员会、上海市教育委员会贺信

欣闻苏东水教授执教 50 年欢聚会暨第八届世界管理论坛与东方管理论坛举行。

苏东水教授是享有盛名的管理学家、经济学家和社会活动家。苏教授一直以弘扬中华优秀传统文化,探索东方管理文化的渊源、应用、体系,建立东方管理模式为己任,为中国管理学走向世界做出了贡献。

苏东水教授热爱高等教育事业,乐育英才,甘为人梯,为四化建设培养高层次的急需人才。自执教以来,已培养硕士 200 余人、博士 80 余人、博士后 20 余人,可谓桃李满天下,在教育科学文化各方面都取得卓越成就。

特此表示祝贺。祝福苏教授身体健康,预祝活动圆满成功。

中共上海市科技教育工作委员会  
上海市教育委员会  
2004 年 12 月 26 日

## 浙江大学经济学院贺信

尊敬的苏东水先生:

欣闻您从教 50 周年,我们谨代表浙江大学经济学院,向您致以热烈祝贺!

您是我国著名的管理学家,在 50 年的教学与研究中,硕果累累,桃李满天下,多位政府领导和众多高校的教学骨干都是您的学生,为中国的教育与研究事业作出重大的贡献!

祝苏老身体健康、合家幸福。

浙江大学经济学院
2004 年 12 月 21 日

## 福州大学管理学院贺信

复旦大学管理学院：

欣逢苏东水教授执教 50 周年荣庆，特致电向贵院，并通过贵院向苏教授表示热烈的祝贺！

苏教授德高学富，是国际管理学界的知名学者，为我国管理学的理论研究和人才培养作出了卓越的贡献。他创立的东方管理学说，在学术界和企业界引起了强烈反响。他的高尚的为人品质、严谨的治学态度，以及"以人为本，以德为先，人为为人"的东方管理学思想彰显出老一辈学者的大家风范，成为年轻一代同仁和学子学习的楷模，并深受社会各界和同仁广泛的敬重和爱戴。

多年来，苏教授对福州大学管理学院的学科建设和师资队伍建设给予了大力的支持和热情的帮助。借此机会，再次表示真诚的谢意和崇高的敬意。

衷心祝愿苏教授健康、长寿！

福州大学管理学院

2004 年 12 月 19 日

## 福建师范大学经济学院贺电

  复旦大学管理学院苏东水教授,长期从事管理学和产业经济学的宣传、教育和研究,奠定了东方管理学的理论基础,是国际管理学界的知名学者,培养了一大批优秀的经济学和管理学人才,创立了根植于中国传统文化与现实土壤的独特的东方管理学说,为发展中国的高等教育事业做出了卓越的贡献,是我们极为尊敬的老前辈。欣悉苏东水教授从教50周年欢聚会暨第八届世界管理论坛与东方管理论坛在沪举行,我们表示最热烈的祝贺,并衷心感谢苏东水教授对我们经济学院重点学科建设的大力支持!

  祝愿苏东水教授健康长寿!事业发达!

福建师范大学经济学院

全体师生贺

2004年12月19日

## 上海政协之友社贺信

苏东水教授执教 50 年庆典活动筹备委员会
第八届世界管理论坛暨东方管理论坛组委会：

  值此苏东水教授执教 50 年庆典活动暨第八届世界管理论坛与东方管理论坛召开之际，特致函热烈祝贺，祝苏教授健康长寿，在教学与科研岗位上再创辉煌；祝第八届世界管理论坛与东方管理论坛取得圆满成功！

上海政协之友社
2004 年 12 月 20 日

## 厦门大学上海校友会贺信

复旦大学管理学院暨苏东水教授：

欣悉贵院将于十二月二十六日举行苏东水教授从教五十周年庆典，特此表示热烈祝贺！并祝苏东水教授教学取得更大成就，健康长寿！

苏东水教授1953年毕业于厦门大学企业管理系，五十年来悉心从事教学工作，为国家培养了成千上万本科生、硕士生、博士生及博士后。他的学生遍布全国全球各地各行各业，为国家建设及世界经济发展作出了杰出贡献。苏教授的著作及他创建的东方管理学派是我国及全球企业管理界的宝贵财富！我们为苏东水教授的杰出成就感到无比自豪！并祝贺苏东水教授取得更大成就！

厦门大学上海校友会敬贺

2004年12月26日

## 全国政协常委、全国工商联副主席施子清贺信

苏东水教授执教50周年庆祝活动筹备委员会
第八届世界管理论坛暨东方管理论坛组委会　大鉴：

　　华函收悉，欣闻苏东水教授执教50周年暨第八届世界管理论坛与东方管理论坛，定于2004年12月26日，在浦东上海国际会议中心隆重举行庆祝大会。我谨以个人名义向大会表示最衷心的祝贺，祝大会取得完满成功。

　　承蒙厚爱，邀我参加，盛意隆情，至为铭感，由于公务缠身，未克参加，深感抱歉，敬请原谅。专此奉达，耑此敬颂
　　文祺

施子清谨上<br>2004年12月23日

## 泉州市人大常委会主任薛祖亮贺电

苏东水教授执教50年庆典活动筹备委员会：

喜闻苏东水教授执教50周年欢聚会暨第八届世界管理论坛与东方管理论坛即将在上海举办，我谨代表泉州市人大常委会及我本人表示热烈的祝贺！

半个世纪以来，苏先生以传统孕育创新，让学术服务社会，创立东方管理学说举世瞩目，弘扬中国传统文化独树一帜，确立"泉州发展模式"首开先河，推进沪泉两地合作功不可没，为中国高等教育事业和家乡经济社会的发展做出巨大的贡献。借此机会向苏先生表示崇高的敬意和衷心的感谢！

祝庆典活动圆满成功！

祝苏先生健康长寿，万事如意！

泉州市人大常委会主任　薛祖亮

2004年12月22日

## 著名经济学家乌家培贺信

东水吾兄：

欣悉今冬岁末在沪举办吾兄执教五十周年纪念活动，本应前往祝贺，但届时要将在中国科技大学和安徽大学讲学，已有安排，无法变动，只能提前在京遥祝吾兄五十年来取得的学术成就万世流芳。记得美籍巴勒斯坦学者爱德华·W·萨义德开创了"东方学"的研究，而今吾兄在华创立了"东方管理学"，在管理学界弘扬中华文化、光大东方文明。吾兄为人师表，桃李满天下，堪称"东方管理学派"之首领。

值此纪念吾兄执教五十周年之际，特祝愿吾兄

健康长寿，

事业永存。

乌家培

2004 年 12 月 12 日

# 南京大学商学院院长赵曙明贺信

尊敬的苏东水教授：

您好！新年临近，首先恭祝您新年快乐！身体健康！

时值除旧迎新的欢乐时刻，欣逢您执教五十周年荣庆。我因12月26日赴北京参加教育部科技委全会，不能前来参加盛会，深表遗憾。特致信向您表示最衷心的祝贺！衷心祝愿您幸福安康！健康长寿！桃李天下！

苏教授，您是我国著名的管理学专家，提出了"以人为本、以德为先，人为为人"的东方管理学说，为我国管理学科的建设和发展立下了汗马功劳，作出了不可磨灭的贡献。您不但科研成果丰硕，还悉心培养了数以百计的硕士和博士。您在教学科研中表现出来的严谨求实的作风，开拓创新的精神，永远值得我们学习。

南京大学商学院在发展的过程中，也曾得到您的大力支持、帮助和指导。在此，我谨代表南大商学院向您致以最崇高的敬意和衷心的感谢！

再次祝福您福如东海！寿比南山！学术之树常青！

南京大学商学院院长　赵曙明

2004年12月22日

## 学生朱明、曾华彬、何国栋、陈敬聪、王金定、王明权、陈麦陆贺电

复旦大学首席教授、博士生导师苏东水老师执教五十周年至庆

**春风化雨　桃李满园**

朱明、曾华彬、何国栋、陈敬聪、王金定、王明权、陈麦陆同贺

2004 年 12 月 24 日

## 学生爱新觉罗·德甄贺信

　　敬爱的恩师——苏东水教授执教满五十载,为发展中国高等教育事业呕心沥血,培养了大批高端精英人才,做出了卓越的贡献,借此年庆之机,学生向您献上最衷心的祝贺!

　　有机会成为您的学生是在下一生之大幸。在我数年的学习生活中,您不仅给我提供系统学习经济理论的机会,还给予我亲人般的关怀、指导与鼓励。您那豁达的胸怀、正直的为人、敏捷的思维、深厚的理论素养、严谨的治学态度、求实的科研作风和诲人不倦的敬业精神,令我毕生难忘。从您身上,我不仅学到了理论知识,更重要的是学到对学术研究兢兢业业,孜孜以求的不懈精神。

　　千言万语难以道尽我对恩师的感激与祝福,就让您的教诲与希冀激励和鞭策我奋发向上、不断进取!

学生:爱新觉罗·德甄<br>
2004 年 12 月 25 日

# (二) 嘉宾贺词

## 中共中央对外联络部部长王家瑞贺词

在欢庆苏老师执教50周年之际,作为苏老师的学生,我衷心地向苏老师表示祝贺,我也借此机会感谢苏老师在做学问和做人方面给我的教诲和指导,我还愿意利用这个机会,向曾经在各方面给予我关心、指导的复旦大学的各位老师,比如说在座的李大潜院士,蒋学模老师,张薰华老师,程天权老师等等,表示我的感谢,因为我的成长也离不开你们的培养和关心。

苏老师的贡献和为人,前面用了许多精彩和高度概括的语言,我都十分赞同,而且我感觉作为苏老师的学生心里有一种荣幸和自豪感,但是苏老师最大的贡献应该是他创立了东方管理学派,特别是"以人为本,以德为先,人为为人"的思想,作为东方管理学的精髓,现在已经得到认可并被推广运用,也是受东方管理学的影响,所以我在想,当很热的时候,包括情感很热的时候,应该平和,这大概也是"和"的思想,当想到从教50年的时候,还要想一想,50年过后我们还要思考些什么,当想到苏老师的时候,要想到苏老师是复旦大学的首席教授,苏老师从教50年,复旦大学迎来了她的一百年,一百年后,复旦大学还会如何,我利用五分钟的时间只能简单地讲我的想法,我觉得对苏老师最好的庆祝和纪念,莫过于把他开创的东方管理学思想加以丰富、发展、与时俱进,这既是苏老师现在身上仍然担负的一副重担,也是苏老师的众多学生,包括我在内,应该为苏老师分担的,也是复旦大学应该把苏老师作为一个开创性的学科来继续为他营造环境,我也相信会有更多的学者来丰富、发展东方管理学,因为它毕竟是中国的东西,是东方的东西。

第二,复旦大学现在在国际上很有名气,我挖苦要介绍复旦大学不用提上海,当然更不用提中国,大家都知道复旦大学是蛮有名气的一所大学,但任何一个高校,像一个事物一样,在形势不断发展变化的时候它总会面临一些挑战,我相信现在的高等教育随着我们入世一样,也会在未来面对更多的挑战,这就要求复旦大学能够不断开拓创新,既要保住自己的传统优势,使这些众多著名的学者,包括苏老师在内,也包括在座各位久负盛名的专家学者,他们的学科继续得到发展和完善,更需要开拓新的领域,作出新的贡献。未来的挑战,我相信我们秦书记会有很深的思考,因为明年的百年校庆会对复旦大学未来发展勾画出一个新的蓝图。我是搞外交的,当然这是个转行,过去搞经济,搞经济的时候,无论在上边还是在下边,在基层,我指导我们国家既有像我曾工作过的青岛那样率先发展走向富裕的地区,也有像西部地区仍然生活在贫困状态下那些没有被子盖、没有衣服穿的人呀,这就说明中国的不平衡,在这种不平衡面前,我们要思考怎样使我们的国家尽快实现全面小康,在国际上,咱们做外交的时候,我也想,我也愿意像美国一样的财大气粗呀,但是有时我这个气真是粗不了,想出口气都不容易,为什么呢,中国的财还不大,国内和国际都给我们提出了非常紧迫又需要我们去做的事情,那就是尽快把中国建设成不小康社会,在当前,我们该忍一忍,集中精力,搞好我们的经济建设,抓住战略机遇期,最关键的是什么,是人才,我们国家需要大量的人才,那么人才从哪里来?高校的培养是一个重要组成,因此我在这里愿意发出感慨,我衷心希望我作为兼职教授的复旦大学能为我们国家,为我国的人才培养,为中华民族的振兴,在新的形势下,作为新的贡献,我觉得这样才是纪念苏东水教授从教50周年真正的意义,谢谢!

2004年苏东水教授执教50周年欢聚会,中共中央对外联络部部长王家瑞等500多名嘉宾出席

# 复旦大学党委书记秦绍德贺词

尊敬的苏东水教授、各位来宾、朋友们：

今天我们欢聚一堂，庆贺苏东水教授执教50周年。执教半个世纪甚至更长时间，是每一位热爱教育事业的教育工作者梦寐以求的事情，今天苏东水教授成为我们大家羡慕的对象。在这里，我代表复旦大学向苏东水教授执教50周年表示最热烈的祝贺。向他长期以来为复旦大学的发展，为教育事业的无私奉献表示衷心的感谢。

苏东水教授是一位很有造诣的学者，他博闻强记、知识渊博，在经济学、管理学和心理学等领域都取得了重要的成果。尤其是他凭借对中华民族优秀传统文化的深厚理解，潜心研究东方管理文化，提出了一系列有独到见解的学术思想，在全国的管理科学界产生了重要影响。

苏东水教授是一位诲人不倦的好老师，他热爱教育事业，热育英才、甘为人梯，桃李满天下。他培养的学生已有不少在我国经济和社会发展的各个岗位上发挥了重要作用，成为各行各业的栋梁。

苏东水教授是一位慈祥的长者，他为人谦和、待人诚恳、和蔼可亲、平易近人，他把所有的聪明才智都倾注于钻研学问，教书育人，对学生无微不至的关怀，让学生倍感亲切和温暖。学生的爱戴是对老师最好的褒奖，今天有这么多苏老师的学生从四面八方赶来参加苏老师执教50周年的活动就是一个很好的证明。在老师面前，做学生的不论走到哪里，做出什么成绩，对老师的爱戴之情永远不会改变。苏东水教授从1972年起到复旦大学工作，至今已经整整33年。几十年来，他热爱复旦、关心复旦，全身心地投入科学研究和人才培养工作，为复旦经济管理学科的发展做出了突出的贡献。苏东水教授是复旦大学的光荣，也是复旦大学的宝贵财富。正是有一大批苏东水等德高望重的老教授长年的默默耕耘，一大批中青年专家的辛勤努力，才有今天复旦的蓬勃发展，他们的成绩值得我们永远铭记。最后衷心祝愿苏东水教授身体健康，合家幸福！衷心祝愿在苏东水教授的关心支持下，复旦大学的经济管理学科取得新的更大的突破。谢谢！

# 复旦大学教授、中国科学院院士李大潜贺词

尊敬的苏东水教授、各位领导、各位同志：

　　苏东水教授是我的老朋友，我很荣幸、也非常高兴地应邀参加他执教 50 周年的庆典活动。本来似乎有一肚子的话要讲，但是看到这么隆重的场面，听到很多同志非常精彩的发言，而且绝大多数都是拿着讲稿的，把我的话吓到不知道跑到什么地方去了。现在临时要讲话，我只能把剩下来的几句话讲出来，可能是语无伦次的，希望大家原谅。

　　苏东水教授给我印象非常深的一点，是他创立了东方管理学派，这个事情我觉得是非常了不起的，因为中国是需要学派的，需要很多学派，但中国又的确很缺学派，大量的情况下是没有学派，有些可能实际上已经是学派了，但是自己不敢讲，别人也不愿意出来捧场，一定要等到某个外国人出来说某某已经成了学派，大家才把它炒起来。苏东水教授为首创建了东方管理学派，而且在这个学派的旗帜下汇聚了这么多的精英，这么各方面的有识之士，兴旺发达得很，这本身就是一件非常了不起的事，说明了苏东水教授的胆识、勇气、智慧和个人魅力。苏教授是当之无愧的东方管理学派的掌门人，当之无愧的东方管理学派的帮主。这个帮主不是金庸小说《笑傲江湖》里篡位的东方不败，是真正的东方帮主。

　　苏东水教授不仅是掌门人，不仅是帮主，他创立这个学派是有很深的思考和非常清晰的理念的。他把"以人为本、以德为先、人为为人"这三句话非常精练的话作为他的纲领、作为他的战略指导思想写在学派的旗帜上，而且在这三句话底下有很多可以发挥、可以进一步细化、可以进一步深入的余地。他不仅是一个掌门人和帮主，而且还是这个学派的精神领袖，也就是说是东方管理学派的教主，是一代宗师。今天大家欢聚一堂，有这么多人，都是东方管理学派的成员，你们的总教主就是苏东水教授。

　　苏东水教授和我接触主要是在我担任复旦大学研究生院院长期间，相互间涉及工作上的事情比较多。当时我们学校要搞一个博士点，要建立一个博士后流动站，或者要评一个重点学科，他是评议组成员。虽然没有什么很明确的任务和硬性指标，我们都要给他提一些要求，请他帮复旦多做一点事，他每次都能够如愿以偿地得胜回朝。我有时和他同时参加各自的学科评议组，在一起开会，我看他不像有些人为了争取一个博士点而穷凶极恶、剑拔弩张的，相反，他非常平和，总是笑嘻嘻的，然而三下五除二就把这个东西弄到手了。我感到除了他的人格魅力和群众关系比较好以外，更重要的是他的东方管理思想在争博士点、争重点学科方面的成功运用，证明了"以人为本、以德为先、人为为人"的思想的确是非常有效的。苏教授成功的事情前面同志讲了很多，这说明他是一个福将。他不仅是掌门人，不仅是精神领袖，还是一个福将，就是无往而不胜的一个人。

　　今天这个会的召开，很多同志发言，说明他的这个三位一体的地位更加得以确认、得到公认。帮主的地位、教主的地位和福将的地位，一个人能够同时集于一身是非常不容易的，苏东水教授做到了，这一点也要向他表示祝贺。刚才王家瑞同志讲得很好，对苏东水教授表示祝贺的最好方式是把东方管理学派继续发扬光大，我也相信通过苏东水教授和全体成员的共同努力，东方管理学派一定能够在将来进一步发扬光大。在这个前提之下，我也相信像大家所祝愿的那样，苏东水教授一定会健康长寿、万事如意。

　　谢谢！

# 上海市教育党委书记李宣海贺词

尊敬的苏东水教授、各位老师、同学、先生们、女士们：

大家早上好！

今天我们在国际会议中心欢聚一堂，庆祝苏东水教授执教50年，请允许我代表科教党委、上海市教育委员会向苏东水教授执教50年表示热烈的祝贺。苏东水教授是国内外享有盛名的管理学家、经济学家和社会活动家，苏教授一直以探索东方管理文化渊源、弘扬中华优秀传统文化、东方管理文化为己任，如今他正组织编著《东方管理经典丛书》，为完善东方管理的"三学""四治""八论"学说而孜孜追求。归纳出"以人为本，以德为先，人为为人"，并逐渐建立庞大而丰富的东方管理科学体系。修己安人，令与他接触的人都如沐春风。执教半个世纪，首创中国的社会主义宏观经济—国民经济管理学体系，建立以"人为学"为基础的管理心理学、产业经济学、企业管理学、区域经济学等新学科体系；创建伟大时代新学说——以"以人为本、以德为先、人为为人"为核心的东方管理科学，为中华民族在国际管理学界独树一帜之东方管理学派。

祝苏教授身体健康、快乐永远相伴！

谢谢大家！

## (三) 好友祝词

### 原泉州市委书记、福建省慈善总会会长张明俊祝词

我尊敬的挚友苏东水教授,同志们,朋友们:

今天是苏东水教授执教50年的庆典日子。作为苏东水教授的老乡、老朋友,我应邀从福建赶来出席这个盛会,感到非常荣幸,也十分高兴!在这里,请允许我首先向苏东水教授执教50年桃李满天下的成就表示衷心的祝贺,并代家乡人当面问候一声:老苏,你辛苦了,家乡人民为你骄傲!

我和苏东水教授的相识,要追溯到20世纪。20世纪80年代,我从北京到泉州工作,担任地委书记(泉州地改市前为晋江行署),同泉州500万干部群众一道致力于改革开放,逐步使泉州变后进为先进,成为当时全国市场经济实践搞得比较出色的城市之一:内外贸易活跃,经济增长迅速,乡镇企业有如春暖花开遍地涌,各种经济活动进行得如火如荼。为了及时地总结和推广这些实践成果和经验,更好地将这种势头延续下去,并将它发展、推进到一个更高境界,我和当时的泉州市政府意识到,我们需要一个杰出的外脑来帮助我们共同推进这项工作。作为在外地工作泉州人的优秀代表,全国闻名的经济管理学家,苏东水教授无疑是我们的不二选择。苏东水教授虽工作在外,却心系故土,不仅每年要回老家过年,而且有一颗造福桑梓的真诚的心,由他发动和组织上千名在沪工作的泉州籍乡亲成立上海泉州侨乡开发协会,经常为家乡的发展建设出谋献策,并一直坚持到现在,他为泉州和福建的建设做了大量的实际工作,作出巨大的贡献。

那个时候,在接到我和泉州市政府的邀请,苏教授二话不说就答应了。在繁忙的教学科研空隙,他带领得力助手们,并邀得人民大学等全国十多所知名大学院校加盟,在当时泉州市政府各部门和相关企业的积极配合下,不辞辛劳,对泉州在改革开放中的市场经济活动进行了详细、科学的考察和调研。花费了大量的时间和精力,总结出了中国经济发展中的"泉州模式",提出了泉州未来经济腾飞的发展战略,为泉州在以后几十年的发展指明了前进的正确方向。我们可以自豪地说:"泉州模式"是可以和"苏南模式""温州模式"相媲美的区域经济发展模式。在这段时间辛勤工作的成果,后来就集成了苏东水教授的又一力作——《泉州社会经济发展战略》。其中明确提出了企业股份制改革的社会主义发展道路,这在全国来讲是最早的,即使是在现在看来,也是相当超前的,相当有远见的,它在泉州的实践也是非常成功的。

泉州在我任职的8年间,充分发挥侨乡优势,闯出了一条以市场经济、股份制经济和外向型经济为主的具有泉州特色的发展路子。这中间,应该说苏教授功不可没!泉州市现在生产总值列福建省第一位,它今天的发展,也证明了苏东水教授的工作是卓有成效的,他堪称新时期泉州人的楷模!他的这种"以人为本,以德为先,人为为人"的高尚品德和情操,将感染和激励一代又一代的泉

州人。所以尽管前面已经表示过，我还是要代表泉州，代表福建在这里说一声：谢谢你，苏教授，泉州和福建为你骄傲！

看到今天高朋满座，桃李天下的盛况，我为苏教授感到非常的欣慰和高兴。这是对苏教授几十年来工作成就和社会贡献的完美诠释。毛主席曾经说过："一个人做一件好事并不难，难的是一辈子做好事。"而在这里，我还想说："一个人做一篇好文章并不难，难的是一辈子做好文章；一个人教一堂好书也不难，难的是一辈子教好书。"

## 原全国政协常委、港澳台侨委员会副主任何添发贺词

各位领导、各位先生和女士们：

你们好！今天有幸应邀参加祝贺苏东水教授执教50年大会。我和苏东水教授，最早是在教育岗位上相识的。从20世纪80年代初我在上海戏剧学院，到后来上海市侨联与上海市委宣传部，再到中国侨联和全国政协，算下来已有20多年。在此期间，我们一直保持联系，并多次受苏教授邀请，参加苏教授主办的世界管理论坛暨东方管理论坛学术研讨会和华商管理大会。巧得很，我是从马来西亚回国的，苏教授则是从印尼回国的，我们都属于爱国华侨，彼此都有共识。虽然在不同的岗位上，大家却很谈得来，这或许就是我们的缘分吧！

但苏教授是一位有突出贡献的教育家、国内外著名的经济管理学家和经济学家，简单地说是一位大学者，借此召开苏东水执教50年之际，谨以全国政协侨界和个人挚友的名义向苏教授表示热烈的祝贺。

苏教授治学严谨，教书育人，桃李满天下，为祖国的四化建设培养了许多高层次的急需人才，许多学生弟子已经成为国家的栋梁。这里有教授、博导，有国家中高层干部，有大企业集团公司的老总，等等。苏教授同时又是一位大学者，积极投身于教学改革，率先开展产、学、研相结合，并在复旦首创东方管理学派，建立东方管理研究中心，提出"以人为本，以德为先，人为为人"的东方管理学说的核心，更被中国管理学界誉为一代宗师。并且把东方管理作为西方管理的回归，融合东西方管理于一体，在国际上树立与弘扬了东方管理的旗帜，为中华民族的伟大复兴做出了不可磨灭的杰出贡献。

作为大学者，不仅在理论上创立东方管理学说，并连续召开世界管理论坛暨东方管理论坛学术研讨会八次，而且还把研究成果编撰成专辑，著书立说，笔耕不辍，硕果累累，其主要著作有80多部，其中还有10多部获部省级以上一等奖。在管理学、经济学和心理学等学科做出了杰出的贡献，被誉为"德艺双馨"的资深的经济学家和管理学家。

苏教授的成就还在于是一位杰出的社会活动家。从教学、科研与国家经济建设和社会、事业的发展紧密结合在一起。把教学走出课堂，走上社会，并且通过创立中国国民经济管理学会、上海管理教育学会、东方管理科学研究院、上海泉州侨乡开发协会和东华国际人才研修院，以及东亚管理学院等社会团体和非企业民办事业等，培养了各种不同层次的复合型人才和外向型人才，以及招商引资和经济协作、信息沟通、咨询服务等等各种活动。为国家、为上海和为福建泉州的经济建设和社会事业的发展做出了卓越的贡献。

总之，苏教授的50年执教，从教育岗位走上与社会生产相结合，从理论到实践，纵古论今；从国内跑到国外，从吸取西方管理到弘扬东方管理等等，充满着朝气蓬勃，虎虎有生。苏教授执教50年，充分彰显了精彩人生的50年，也是苏教授爱国爱乡的50年，为我们树立了光辉的学习榜样，借此机会再次向苏教授成功的人生表示热烈的祝贺，祝他永葆青春，健康长寿，祝各位在座的先生、女士身体健康，新年愉快，合家欢乐。

## 上海市教委原党委副书记、上海市人大常委会
## 华侨民族宗教委员会主任委员胡绿漪贺词

各位嘉宾、校友、朋友们：

大家好！

首先，请允许我代表上海侨乡开发协会向大会表示热烈祝贺。向苏教授从教 50 周年致以衷心的祝贺和崇高的敬意。

苏教授不仅是一个久负盛名、德高望重的老专家、老学者、资深教授，同时他还是一位功勋卓著的社会活动家。在他潜心于教书育人，著书立说的同时，仍然不辞辛劳为家乡、为社会做出无私的奉献。由他倡议发起并亲自组织成立的"上海泉州侨乡开发协会"就是一个例证。

大家知道，泉州是举世闻名的历史文化名城，全国著名的侨乡，宗教圣地。它人杰地灵，被誉为古代东方第一大港，"海上丝绸之路之起点"而闻名于世。2003 年在河南召开的国际花园城市的评选中，泉州获得了"国际花园城市"的金奖。

为加强沪泉两地的相互往来，促进两地经济、文化、教育等方面的交流与合作，在上海和泉州市政府的支持下，在苏教授的倡导和率领下，1987 年上海泉州侨乡开发协会应运而生。其成员分布在上海党政工团等领域，其中有院士、科学家、教授、研究员、公务员、企业家等 1500 余人。

"协会"成立为泉州和上海之间架起了相互交往的桥梁，构建了两地合作交流的平台。在这个平台上，苏教授以他超前敏锐的思维，坚实科学的理论底蕴以及高尚的人格魅力，为发展泉州乡镇企业经济提出新理念，为制定泉州发展战略出谋划策，为发展泉州教育文化总结实践经验，为海外华人、华侨和港澳台同胞招商引资积极献言献策，为广大乡亲排忧解难，提供服务等等，贡献一个又一个"金点子"。

如：早在 1986 年，苏教授就撰文《试论"泉州模式"》，首开先河提出"泉州模式"的新观念，其内容包括泉州乡镇企业发展建立在规范的"股份制的经济基础，外向型的市场经济，侨洋式的生产条件，灵活性的经营管理，国际的发展道路"。几年来，"泉州模式"在泉州经济发展中已结出丰硕的果实，为实践所证明，为大家所赞同。

在制定泉州经济发展战略的过程中，苏教授亲临第一线调查研究，先后写出《泉州经济建设方略》《泉州中心城市规划的建议》《建立泉州、台湾贸易加工区的设想》等 38 份调查报告，并举办专题学术研讨会十余次。尤其值得一提的是，在全国首次举办"海峡两岸经济文化发展研讨会"，并通过内刊联名向中央建议在泉州建立"对台贸易加工区"等建议。据不完全统计，泉州籍的海外华侨，华人和港澳同胞有 670 多万余人，台湾同胞中，有 900 万人祖籍在泉州。可见这一建议具有重要的现实意义。

为泉州培养大批建设人才是苏教授的又一功绩。他先后协助泉州创办黎明大学、仰恩大学，在上海联合创办东华国际人才学院，并亲自担任校长。在教育的体制和机制上不断探索，为办好民办大学积累丰富经验，走出一条崭新的路子。

爱国爱乡，心系家乡父老乡亲的冷暖，是苏教授的以人为本、以德为先、人为为人理念的真实写照。在苏教授的领导下，协会十分重视为家乡办实事，做好事。仅以医务界为例，泉州在沪的众多

高级医生中,为家乡人民、港澳台同胞来沪治病就不下几百例。协会还组织医疗小组赴泉州为患者解决疑难重病,深受广大乡亲的爱戴和好评。

  同志们,讲到这里,我似乎感到意犹未尽,挂一漏万,未能充分表达苏教授的卓越与辉煌,仅此表示深深的歉意。最后,让我再一次向苏教授致以衷心的祝愿,祝愿苏教授身体健康,健康长寿,家庭幸福。谢谢大家。

# 黄家顺：东水——东方巨人

苏东水教授是我的好同学，上海社会科学院的好同事，50多年的老朋友，今天我能以好同学、好同事、好朋友的"三好"身份来参加今天的盛会，首先感谢大会组织者的盛情邀请，并允许我在这里发言。在他从教50年的欢庆日子里，请允许我以数字中的"三个最富有"即最富有生气、最富有活力、最富有希望的"三"字来赞颂他的成绩，以表我对他的崇敬之情。

苏教授的为人原则是三个字，即"求奉献"和"三个不求"，即"不求名、不求利、不求权"，这是我最了解的。这是他的崇高品质所在；这是他的巨大成就根源所在；这是他奉行不变的人生哲学所在。由于他始终不渝地执行这三条为人准则，再加上他的"三个过人"，即"过人智慧、过人勤奋、过人毅力"，因而取得了多方面的、全方位的使人惊服的成就。

苏教授的"三个热爱"是有口皆碑的，即"热爱祖国、热爱家乡、热爱教育事业"。他姐姐、弟弟、妹妹和其他亲人都在海外，都祈求他能一道在海外创业，他都没有答应，因为他热爱祖国。他有两个家乡，一个是泉州，这是他生长的地方，一个是上海，这是他创业的地方。以他为首创立并亲任会长的"上海泉州侨乡开发协会"就是他爱家乡的一个突出表现。他创立协会15年，为上海和泉州这两个地方引进了无数项投资，为乡亲办了无数次的实事。他热爱教育事业则无须我多赘述。

苏教授参与创办了三所大学，即黎明大学、仰恩大学和东亚管理学院。他亲任这三个大学的校长和院长。国家批准仰恩大学成立时，是国立的，在任命苏教授为校长的任命书上明确写明苏教授享受正厅级待遇。

苏教授联合国内外同行共同为管理学科而奋斗，他担任了三个管理学科的学术团体的会长，即世界管理协会联盟中国委员会、中国国民经济管理学会和上海管理教育学会。

苏教授是三个管理学说、管理学派和管理模式的创始人，即"以人为本、以德为先、人为为人"的"三为"管理学说、东方管理学派和"泉州模式"。

苏教授创立了三个管理论坛，即世界管理论坛、东方管理论坛和世界华商管理论坛。

苏教授创立了三个管理新学科体系，即国民经济管理学、中国特色的产业经济学和现代东方管理学。

苏教授有三部著作影响甚广，即《国民经济管理学》已发行了300多万册，《管理心理学》已发行了100多万册，《中国管理通鉴》有280多万字。

苏教授创设了复旦大学的三个博士点，即产业经济学、企业管理学、东方管理学，争取到应用经济学和工商管理学两个一级学科博士学位授予权及两个博士后流动站并担任站长。

苏教授领导的复旦大学经济管理研究所在国家教委组织的全国评比中荣获三个第一名，即经济学类科研机构、综合研究机构和人均培养研究生的第一名。

苏教授有三个方面的丰硕成果，即有近80部的专著，这是一种巨大的财富；有无数的学生，单硕士、博士、博士后就有300多人；他在电视上、讲座上和国外讲台的讲学培养了无数的受益者。

苏教授的德行横空，成为一代三杰。第一，他是一代杰出名师；第二，他是一代杰出孝子；第三，他是一代杰出名人。

苏教授是三个关系的楷模。第一,他是家庭关系的楷模,为人子是孝子,为人父是好父亲,为人兄是好兄长,为人夫是好丈夫;第二,他是师生关系的楷模,师德横溢,是位好老师;第三,他是朋友关系的楷模,是位好朋友。他完全可以称得上子子、父父、兄兄、夫夫、师师、友友。

苏教授是三个方面的著名专家,即著名教育家、著名社会活动家和著名外事活动家。

在苏教授六十大寿时,我曾写过几句藏首话颂扬他,这几句是:"东岳巍巍彩云飞,水击波涛逐浪追;名不虚传花魁占,'人为为人'放光辉。"今天我写本文虽直叙,但为服务于"三",只叙其要,非叙其全。最后,我用三个"永远",结束本文:恭祝苏东水教授永远年轻、永远健康、永远幸福。

**作者简介:**黄家顺,男,时任华东政法学院教授、高级律师、上海管理教育学会秘书长。

## 廖泉文：乡情、校情、友情——我所认识的苏教授

初识苏教授，是1991年5月份的一天，我到厦门大学担任企业管理系系主任的第二年春天。那天下着蒙蒙细雨，我到厦门大学简朴的专家楼接苏教授，苏教授是专程从上海到厦门大学来主持企管系硕士点建点后的第一次硕士学位论文答辩的。我陪着苏教授走在通往厦大经济楼的泥泞小道上（现在这条小道已不复存在，代之更加宽阔的大道了），苏教授的亲切、谦逊，对晚辈的关心、提携，第一次交谈就给我留下了深刻的印象。从那以后，作为晚辈的我，与苏教授及苏教授一家的友情持续至今，而我亲身体验到的苏教授浓浓的乡情、校情、友情令我感动不已，并成为我终生景仰、学习的榜样。

苏教授最重乡情。苏教授出生在泉州一个名门望族的大家庭里，他无论何时何地，都关心着家乡的建设和发展，关心着家乡教育事业的发展，他对泉州的仰恩大学、黎明大学，从前期的策划、规划、院系学科的设置，到师资的引进和培养等都倾注了大量的心血。苏教授带着他的博士、硕士，多次奔走在崎岖的山路，帮助和扶持这所由华侨兴办的仰恩大学，并且多年来担任名誉校长以帮助学校招揽人才。同时苏教授对地处泉州的华侨大学也倍加关心，对华侨大学的成长和发展作出了不可磨灭的贡献。苏教授对家乡的城市规划、经济发展、人才培养、文化建设、古城保护等既献策献计、又身体力行，深受家乡人们的热爱，他是在外工作的泉州籍人士智力支乡的典范。

苏教授最重校情。苏教授于50年代初期毕业于厦门大学企管系，就教于中国最著名的学府——复旦大学，他为复旦大学所作的杰出贡献举世皆知，但较少有人注意到他对母校厦门大学的关心、支持和爱护，为厦门大学，特别是为厦门大学企管系的成长和发展倾尽心力，并终于结出了丰硕的果实。继1991年苏教授亲自担任主席主持企业管理系的硕士论文答辩以来，他曾不辞辛苦，几十次的主持了企管系、经济系、财经系等多达几十场的硕士学位、博士学位论文答辩，审阅了上百篇的博士学位、硕士学位论文，帮助母校培养了几百位博士和硕士，为母校经济学、管理学的发展，为母校经济学、管理学的师资培养倾注了极大的心血，厦门大学经济学科、管理学科一级学科博士点的获审通过，凝聚了苏教授许许多多的辛劳和心血。苏教授是厦门大学企业管理系成立以来最杰出的教授，也是回馈母校、关心母校最多的教授，厦门大学企业管理系以苏教授为荣，同时永远地感激爱戴苏教授。

苏教授最重友情。90年代初，我初任系主任，在学术界寂寂无闻，1991年我完成我国第一部本土化专著《人力资源管理》时，苏教授百忙中为这本书作序，对这本书给予了很高的评价和鼓励。他在序中说"（本书）提出了富有独创性的学科体系和鲜明观点"，指出了该书具有理论性、启发性、实用性、可读性、真实性等五个特点。2003年7月，我在高等教育出版社以更具前沿和系统的理论与实践出版了《人力资源管理》，并被列入国家教育部"百门精品课程"教材，同时被业界评价为"权威、原创、实用"，这与第一本本土化教材的成功紧密相关，因此也与苏教授的支持紧密相关。我个人在人力资源领域所取得的一点点成绩应该归功于苏教授长期的支持和鼓励，归功于他对晚辈的提携和帮助。我及所有得到苏教授支持和帮助的晚辈永远感激尊敬苏教授。

苏教授作为管理学一代宗师，不仅创立了东方管理学，为国家培养了一大批优秀的企业家和各行各业的优秀人才，而且对家人、朋友、母校、家乡都充满了真挚的情谊，对家乡、母校更是作出了杰

出的贡献。在苏教授从教 50 周年纪念这样隆重的日子里,我想表达晚辈的一句话是:高山仰止,景行行止;我想表达敬意的一句话是:桃李芬芳,造福桑梓;我想表达祝贺的一句话是:瑞气盈庭,人臻五福。

最后的祝词是:德为世重,仁者无量寿;
寿以人尊,此翁最精神。

## 诗 三 首
——贺东水教授从教四十八周年

(一)

桃李满园花盛开
不辞劳苦育英才
四十八载勤耕耘
为国为乡多关怀
东方管理渊源远
宏文华章创擂台
语惊四座赞古稀
德高世重福寿来

(二)

更深挑灯读华章
先生智慧心景仰
四十八载国栋梁
著作等身水流长

(三)

东方管理赤子情
水击浪涌刺桐城
华年再设新论坛
诞生桃李满园春

廖泉文
2001 年 10 月

**作者简介**:廖泉文,时任厦门大学人力资源研究所所长、教授,并担任中国人力资源教学与实践研究会副理事长。

## 甘当善：三角梅浮想

冬日和煦的阳光洒满我家的阳台，三角梅细长的枝条开着鲜艳的紫红色花朵，在微风中摇摇晃晃，好像一群美丽的蝴蝶在飞舞。三角梅是常绿藤本灌木，藤状枝干有刺，绒毛密生，到花季枝条末端会开出似花又似叶的大红或紫红色三片叶状合成的花朵。此花原产南美巴西，在我国南方的海南、福建、两广和云贵等亚热带湿热地区都有种植。2000年初冬，我随苏东水教授赴贵阳讲学，和苏教授夫妇逛花鸟市场，看到久违了的家乡三角梅，十分喜爱，便各带了一盆回上海。我家那盆三角梅经我夫人的精心栽培，几经严寒考验，到今年秋末冬初首次长出新枝，绽开一串串紫色花朵。南国三角梅在上海生长开花，确实稀奇，令我浮想联翩。

我记得，那年苏东水教授应民营企业家邀请赴贵阳讲学，深受欢迎。他结合我国民营企业的经营管理实际，讲演东方管理理论，阐述新世纪管理学的发展趋势，提出我国民营企业改进经营管理的措施。他的话语铿锵有力，讲授方法深入浅出，做到传统和现代相结合，理论和实际相联系，给企业家莫大的启迪。我国民营企业在改革开放年代诞生，大都按传统的做法凭经验管理，缺乏理论指导，在国内外激烈的商业竞争中，深感不适，急需管理理论指导，提高经营管理水平。特别是经历了第二、第三代创业的民营企业家更感理论指导的迫切性，所以他们普遍认为苏教授的讲演非常重要，非常及时。苏教授多次在家乡福建和全国各地以讲座、报告、培训等方式，为民营企业家普及管理学理论和知识，培养既有实践工作经验又有现代管理理论的新型企业管理人才，促进民族经济发展。苏教授的东方管理学走出了书斋，总结实践经验，发扬我国传统管理思想的精华，吸收现代先进管理理论，有所创新，有所前进，形成特色，自成体系。他的东方管理理论从实践中来，又回到实践中去，坚持为实践服务。当前，我国加入WTO过渡期将结束，我国经济会进一步融入世界经济，我国企业会面临更多机遇和挑战，这迫切要求我国企业完善经营管理方法，提升经营管理水平。苏东水教授坚持理论联系实际、坚持理论为实践服务的精神值得我们学习和发扬。

苏教授的许多政策建议和理论创新对社会经济发展产生了广泛的影响，发挥了重要的作用。现在，长江三角洲经济发展的范围、功能、机制已广为人知，该理论已在实际工作中付诸实施。然而，率先提出长三角经济发展构想的人却鲜为人知。在一些重要的研讨会、报告和文章中，苏教授多次阐述长三角经济发展构想，他还形象地比喻，上海是箭头，江浙是弓，整个长江流域是箭杆，箭在弦上发射，沪、江、浙经济腾飞，带动长江流域经济发展。

今天，"以人为本"的口号已深入人心，小到社区工作要求，大到国家宏观目标，无不考虑以人为本。但是，在"阶级论""人性论"泛滥时，少有人提什么以人为本，而苏教授始终坚持"以人为本""以德为先"的传统伦理思想，并创造性地发展为"以人为本，以德为先，人为为人"的系统理论，构建现代东方管理学的精髓。苏教授的理论创新在企业管理、社会治理和国家领导人的宏观决策行为中都被应用，显示了东方管理理论的巨大生命力。

爱祖国在苏东水教授的心中不是一个抽象的概念。他常说，爱祖国和爱家乡是密不可分的，很难想象不爱家乡的人会爱祖国。苏教授孝敬父母，每年清明节都千里迢迢回归故乡泉州祭扫双亲的陵园。苏教授为家乡社会经济发展倾注了无限情思。他主持了泉州经济发展研究的重大课题，出版了《泉州发展战略研究》的著作，对我国地区经济发展具有重要的理论价值和应用意义。苏教授出身华侨家庭,早年归国,投身正义进步事业。他在教育岗位上辛勤耕耘50年,著作等身,桃李满天下,为祖国高等教育事业做出了特殊贡献,荣获国务院表彰。苏教授热爱祖国、热爱家乡的思想和行为确是年轻人的楷模。

我从事金融学和美国经济的科研和教学40年。近10年来,苏教授经常邀我参加他主持的国际和国内管理研讨会,以及他指导的博士论文评审,使我进一步了解了管理理论和东方管理思想,获益匪浅。我的研究兴趣也因此扩及经济金融管理,承担了美国金融监管课题,发表了多篇金融监管论文,日前又有拙作《商业银行经营管理》问世。正是在苏教授的引导下,我步入管理学殿堂,扩大了研究领域,取得了新的成绩。我是苏教授的老朋友和老同事,也是苏教授的新学生。

苏教授和我住在徐汇几十年,他寓华侨村,我居锦蝶苑,相距仅一条街。此时,我从阳台朝南望,仿佛看见平易近人的苏教授和和蔼可亲的苏夫人站在沐浴冬阳的阳台上,观赏他们家那盆飞舞着美丽花朵的三角梅,他俩的脸上带着甜蜜的笑容。

值此苏东水教授执教50周年之际,谨以本文致以衷心的祝贺。祈盼苏东水教授夫妇健康长寿,生活幸福,合家欢乐!

**作者简介**:甘当善,复旦大学世界经济研究所原所长、教授、博士生导师。

# (四) 学子心声

## 颜世富：苏东水教授的治学与为人[①]

苏东水先生既是温文尔雅、博学多识、才思敏捷、著作等身的学术大师，又是一个写出"任凭风浪起，稳坐钓船中"豪迈词句的英雄好汉。

### 一、山川秀美，英才荟萃

苏东水，字仲生，别号德生，福建省泉州人，汉族。1932年10月23日出生于一个爱国华侨家庭。泉州是举世闻名的文化古城、著名侨乡、宗教圣地、台湾汉族同胞主要祖籍地，古人盛赞它"山川之美，为东南之最"，是"市井十洲人"的都会。

一方水土养一方人才。泉州在历史上出现过众多著名的文学家、科学家、政治家、军事家、思想家，像宋代的苏东水先生的先祖苏颂便是世界首创钟表的科学家，又是位贤相。在近代历史上也出现过众多著名的企业家、慈善家，世界华人富翁名录中230名中有35名是泉州籍。泉州籍的海外华侨、华人和港澳同胞有670多万人，台湾同胞中有900万人祖籍泉州。据不完全统计，在上海工作的泉州籍的院士、博士生导师、教授、高级工程师、高级建筑师、高级律师、高级经济师、高级医师、高级记者及厅局级领导达500余人。其中，苏东水先生又是泉州成功人士中的佼佼者。

苏东水先生1953年毕业于厦门大学企业管理系，在校期间勤奋刻苦、博览群书，为后来的知识创新打下了厚实的基础。他毕业后在国家重工业部任调研员，曾多次深入到工矿企业和农村，就企业管理、技术管理、技术教育，以及如何提高劳动生产率等问题发表了100多篇文章，并编写了大量关于新中国建设的通讯报道。

苏东水先生后来在上海社会科学院、上海财经大学、复旦大学等单位任教、从事科研工作。1972年起到复旦大学工作，此后他的主要教学科研工作就以复旦为基地，面向全国，走向世界。苏东水先生历任复旦大学校学术委员会委员、学位委员会委员、经济管理系主任、复旦大学经济管理研究所所长、复旦大学东方管理中心主任、复旦大学工商管理博士后流动站站长和应用经济博士后流动站站长，为复旦大学创建经济管理学科、应用经济一级学科和产业经济学与企业管理学科博士点国家重点学科建设做出了杰出的贡献，被授予"复旦大学首席教授"的称号，为复旦大学国家重点

---

[①] 在本文编撰过程中，上海方策管理咨询公司苏江明，上海慧圣咨询公司刘佳，复旦大学管理学院邓晓辉、施祖留、李怡、夏雅俐提供了一些资料及帮助。

学科应用经济学学科学术带头人,博士生导师,国务院表彰为"发展中国高等教育事业有突出贡献专家",被聘任为国务院学位委员会经济学科、应用经济和工商管理学科评议组成员、全国博士后管委会专家组成员。

苏东水先生担任世界管理协会联盟中国委员会主席、中国国民经济管理学会会长、上海管理教育学会会长、世界管理论坛学术委员会主席、东方管理论坛执行主席、世界华商管理大会执行主席、历届世界管理大会中国代表团团长,并将担任 2008 年 IFSAM 世界管理大会主席。同时,他先后协助泉州创办黎明大学、仰恩大学,在上海联合创办东华国际人才学院、东亚管理学院,并担任校长,还担任着许多国内外高校的兼职教授及地方政府的决策顾问。

## 二、遍数佳绩,心潮涌动

执教近半个世纪,首次创立改革开放之初中国的社会主义宏观经济-国民经济管理学科体系,建立以"人为学"为基础的管理心理学、产业经济学、企业管理学、区域经济学等新学科体系,50 余年笔耕不辍,既灵感天成,又勤奋治学。苏教授著作近 80 余部,授课 20 余门,并承接国家和各部委重点课题 20 余项,获 20 多个奖项,其中 10 项为国际、国家和部省级特等、一等奖,创建新学说——以"以人为本,以德为先,人为为人"为核心的东方管理学,为中华民族在国际管理学界独树一帜之学派。

### (一)创立国民经济管理学科理论体系

苏东水先生自 1982 年起主持编写的《国民经济管理学》是我国第一部社会主义宏观经济管理专著,他还著有《经济管理导论》《国民经济管理学讲义》《国民经济管理 500 题》等。他主持编写的《国民经济管理学》受到学术界和中共中央组织部、宣传部、国家经委等国家有关领导的充分肯定和重视,苏东水先生曾在中南海组织对该书的评议,确定其作为全国党政经济、管理干部的教材。该书主要是通过对国家经济生活的各部门、各组织、各环节、各领域,比较系统全面地论述了国民经济管理的目标、过程、内容、组织、方法和效益,对我国经济管理体制的改革、完善,提高我国经济管理水平,促进国民经济管理学科建立、教学与研究,均具有重大意义。该书有许多创新内容:第一,在我国首创了比较完整的、合理的国民经济管理学科理论体系;第二,在理论上有所突破,为建立中国特色的国民经济管理理论开拓了一条新路;第三,把传统与现代的管理科学结合起来;第四,应该如何提高社会效益;第五,在此基础上研究与建立了几个分支新学科,如:经济监督学、经济决策学和城市经济学等。苏东水在总结 10 余年的教学经验及收集多方面意见与建议的基础上,又于 1998 年主编出版了《中国国民经济管理学》。该书形成了理论、主体、过程、行为和国民经济管理学的体系。它研究了作为国民经济管理主体的政府的管理模式、经济政策及领导行为;阐述了国民经济管理过程,如何有效制定发展战略,实施国民经济计划决策、监督调控,运用管理手段、协调平衡、发展经济;探索了国民经济运行中,如何有效地对产业、区域、资源、人力、市场、企业、涉外、国有资产及劳动与分配等经济行为进行管理;最后探讨了社会经济协调发展中的指标系统、发展道路和人的问题。该书发行 300 余万册,为国内外同类著作发行量之冠。该书获得全国优秀图书奖、国家教育委员会高等学校优秀教材一等奖、上海哲学社会科学优秀著作一等奖。

### (二)创立以人为学为基础的管理心理学科理论体系

苏东水先生是国内最早介绍、研究行为科学的学者。在 1979 年起开始在上海组织了全国第一个行为科学研究小组并任组长,在他 1981 年参加主编的《工业企业经营管理学》中第 23 章中列专章介绍了行为科学。并首先主张在复旦大学开设这门课程。他于 1986 出版了《现代西方行为科学》和《管理心理学》,也是国内最早利用行为科学理论对企业高级管理人员进行仿真测评研究的开拓者。在此基础上苏东水先生出版的以人为学为基础的《管理心理学》,对人的个性、人的需要、人的期望、人的挫折、人性管理、激励行为、决策行为、领导行为、组织行为、创造行为、劳动者心理、消费者心理、青年人心理、群体心理、心理测量等内容进行了深入、广泛的研究。该书从体系到内容,一直对中国管理心理学、组织行为学的教学科研工作发挥着重要影响。《管理心理学》已四版发行 100 余万册,是中国发行量最大的管理心理学著作。该书 1994 获得上海哲学社会科学优秀著作一等奖。

### (三) 在应用经济学研究领域的贡献

2004 年 12 月,苏东水先生在东方出版中心出版了《应用经济学》。这本书是国内出版的第一本全面研究应用经济学的著作。企业、市场、政府、社会等四篇构成了本书的研究框架和体系。本书打破了宏观经济学和微观经济学的严格界限,深入分析了我国国民经济各个具体环节的经济活动及其发展规律、运行机制,特别是涵盖了宏观经济学和微观经济学所不能顾及的介于经济总量和经济个量之间的中间层次问题,使经济学的体系能够涵盖国民经济的各个方面、各个环节,成为一个完整的学科体系。本书的另一个特点是,打破了经济学和管理学的严格界限,把组织外的资源市场配置问题和组织内资源的计划配置问题有机地结合起来,把经济学与管理学结合起来,在更加宽广的范围内研究经济发展和运行问题。既重视对国民经济活动的理论分析和实践经验的总结,又重视对人的行为规律的研究。

早在这本《应用经济学》问世之前,苏东水先生就对应用经济学的发展作出了许多贡献。

1. 对创立中国沿海区域经济发展理论的贡献

苏东水以马克思区域经济理论为指导,就该领域的理论、战略、区域、对策诸方面进行了比较研究,并于 1986 年在日本"东亚地区开发协作国际研讨会"上作了题为《中国经济改革、发展与东亚地区协作关系》的学术报告,受到了与会各国代表的重视与好评。他从 1982 年起通过实地调查研究,1986 年发表"泉州模式",首次提出了:股份制的经济模式、外向型的市场经济、侨洋式的生产条件、灵活性的经营管理、国际化的发展道路的观点,从理论与实践上阐述并论证了市场经济发展道路。1989 年在全国举办的"海峡两岸经济文化发展研讨会",苏东水建议在泉州建立"对台贸易加工区"。作为沿海地区经济研究的一部分,苏东水组织了对泉州市经济社会各方面的规划,并为泉州市制定了发展战略。另外,他还主持召开了 10 余次中外管理模式比较、区域发展研究的国际学术研讨会。

苏教授在 80 年代中接受教育部国家重点学科博士点"中国外向型经济发展"科研项目,通过多年在大江南北的实际调查研究,进行论证,于 1991 年 4 月 18 日在上海召开的"东亚—中国沿海经济发展"国际研讨会上首次提出了中国 90 年代沿海发展战略总构思:"以上海为中心,南北两翼齐飞;以沿海为中轴,内外市场联动"的中国沿海地区经济发展模式,国内外近 10 家新闻媒体报道了这一具有重要意义的战略观点。后来邓小平在 1992 年南方谈话中事实上肯定了这种观点。

2. 对建立中国乡镇企业经济学科的贡献

苏东水对中国乡村小企业的调研始于 1958 年,开始探讨社队工业。80 年代,苏东水在担任华东管理学会会长时,于 1987 年组织编写出版了《乡镇经济学》。他主持了上海市"七五"重点科研项目"中国乡镇企业模式比较研究",并于 1986 年率先主持了全国性的"乡镇经济模式比较"研讨会,提出了把乡镇建设成"城乡融合的新型区域"的战略目标;他主编的《中国侨乡经济管理学》和《中国乡镇企业家丛书》共八册,几乎涉及了乡镇企业经营管理的所有方面。全国十多家报刊专门作了介绍。

3. 对建立经济监督学科的贡献

1986 年出版的国内首部《经济监督学》是这方面的代表作。该著作研究了经济监督的对象、历史、概念、分类、目的、职能、过程、作用和体系等,提出了这门学科的理论体系和实施的框架。苏教授在担任上海市政协委员期间,根据经济监督学的基本原理和现实的情况,对政府高级管理人员如何自我监督提出了重要的提案。

### (四)对建立现代管理科学体系的贡献

苏教授在主讲和研究马列主义原著与管理学科的课程期间,探讨了这两者之之间的关系,在 80 年代中期的校学术报告会上做了《资本论》与管理科学的学术报告。在 1985 年,苏东水在《复旦学报》上发表了《试论管理科学的性质与对象》。他首先以马克思关于管理两重性的理论为指导,在率先挖掘中国历代管理思想宝库的基础上,第一次阐述了管理科学的多功能、多层次、多属性的特点,明确提出管理科学是一个综合性研究生产力、生产关系和上层建筑的科学体系;与自然科学、技术科学具有同等重要地位的论点。实践证明:这一具有开创性的论点,为中国式的管理科学体系的建立明确了方向,奠定了坚实的基础。《试论管理科学的性质与对象》获上海哲学社会科学论文奖。

### (五)对发展我国工业经济和企业管理理论的贡献

苏东水与人合作编写的《工业经济管理》一书,获全国经济管理干部培训教材优秀一等奖。《工业企业经营管理学》(上下册)一书,是国内该领域较早的一部著作,获得上海市"六五"哲学社会科学著作奖。他 1982 年主编和撰写的国内第一套《企业经营管理教材丛书》(共计 18 卷),系统地论述了企业的计划、生产、组织、销售诸环节,成为我国最早编著发行的一套较为完整、系统的生产经营管理人员的实用工具书。

### (六)对研究间接控制论的贡献

1986 年苏东水在江泽民同志主持的上海市理论双月会上提出了"间接控制论"等观点,全文被印发上报中央。苏东水提出,建立新型的社会主义经济体制,主要在于增强企业活力、完善市场体系和搞好间接控制这相互关联的三方面,公开提出了国家对企业的管理由直接控制改为间接控制为主的观点。

### (七)对建立现代企业家理论系统的贡献

1987 年苏教授主持了上海社科重点科研项目《现代企业家研究》,发出了对敢于在市场充分开拓创新的现代新型企业家的呼唤;并于 1989 年出版了《现代企业家手册》一书,首次就现代企业家的含义、特征、素质、性格、作风、行为、环境、经营管理及领导艺术作了全面论述。他组织指导设计的《现代企业家仿真测评》的科研项目被社会评价为"国内领先,具有国际先进水平"。

## （八）对中国企业管理现代化研究的贡献

苏东水主持的《中国企业管理现代化研究》是上海市"六五"重点科研项目的成果，1989年由上海人民出版社出版。该书荣获上海社科特等奖，获得社会广泛好评。该课题取得了如下显著成果：一是在我国首次提出较完整的中国企业管理现代化的体系内容，即：思想、组织、人才、方法、手段现代化，并得到国家经委认可，被写入《企业管理现代化纲要》；二是就管理思想、组织、方法、手段、人才现代化开展系统研究，提出中国企业管理的理论及有关新颖观点；三是在比较国外企业管理现代化过程和经验的前提下，提出了中国企业管理现代化的模式及展望；四是研究现代管理中古为今用、洋为中用的问题；五是苏东水主编的《现代管理学》一书，在《企业管理》杂志连刊。这本专著是我国第一本系统地论述中国企业管理现代化的著作，具有较高的学术价值和应用价值。

## （九）对创立中国产业经济学科的贡献

苏东水通过10年研究，首次建立了融中外理论为一体的中国产业经济学科，并著有《产业经济学》一书。该书被选为中国高等教育面向21世纪重点教材，由高等教育出版社2000年出版。苏东水先生主编的这本产业经济学，主要对产业结构、产业关联、产业组织、产业布局和产业政策等内容进行了深入的研究。该书被许多大学选定为教科书。苏东水先生领衔的产业经济学系国家重点学科。苏东水先生主编的《产业经济学》是在多年实际研究工作的基础上结合国内外产业经济学理论编撰而成的，苏先生负责过"著名跨国公司在华竞争战略""产业经济国际竞争""上海产业结构调整研究""晋江市产业国际竞争力研究""杨浦区区域发展战略""非公高等教育产业的研究"等产业经济方面的项目。

# 三、人为为人，创新学派

苏东水先生在学术研究上有很多贡献，但贡献最大的方面是在创建东方管理学派上。

苏东水先生在从事50余年的管理学和经济学教学、科研实践中，浏览和研究了较多的著作，发现对于管理的内涵和本质并有不同的说法。纵观各派之言，他得出一个自己认为较为准确的观点，管理学的精华是"以人为本，以德为先，人为为人"，而管理的本质、核心是"人为为人"四个字。

在苏教授众多的东方管理理论研究成果中，《中国管理通鉴》《管理学》和《东方管理》是三本标志性的著作。

《新闻报》1997年8月3日刊登了一篇王娜力的对苏东水先生的专访：《苏东水：倾心经营"东方管理学派"》。王娜力在这篇专访的前面，介绍了苏东水先生充满激情的几句话："中国不是没有管理学，是没有认真研究过，在有生之年我要尽力确立东方管理学派在世界管理学界的地位。"

现代管理学基本上以西方的理论模式为标准，言必称西方。苏东水先生早在70年代以来，就开始探讨怎样融合古今中外、植根于中国文化与现实的土壤，形成一套独特的东方管理模式。

1996年浙江人民出版社出版的《中国管理通鉴》分四卷，总计280万字，是世界上第一部全面而系统地总结、梳理、研究中国古代管理思想的著作。苏教授率领他的学术团队，在广泛搜集经、史、子、集等中国传统文化典籍中的管理言论的基础上，研究了儒、墨、道、法、兵、纵横、阴阳、杂、农、技等百家流派、人物的管理思想，构建了以治国学、治生学、治家学、治身学为基本内容的东方管理学理论体系。《中国管理通鉴》资料翔实、考据严密、兼容并蓄，不仅为进一步深入研究中国传统管理思想奠定了坚实的基础，也为中国传统管理思想研究提供了一个成功的范例。该书得到教育部高等学校人文科学成果奖、1996—1997 年上海市哲学社会科学优秀成果一等奖，上海汽车教育基金会一等奖。

苏东水在东方出版中心出版的《管理学》，是在他多年探索的基础上形成的关于管理学新体系的研究成果之一，是多年思索的结晶。他自 1976 年就开始发表研究中国古代管理思想的文章，并开设"《红楼梦》经济管理思想"等讲座。1986 年他首开先河，在《文汇报》上发表了《现代管理学中的古为今用》一文，在社会上引起极大反响。同年，他在日本参加的现代化国际研讨会上，专门介绍了中国现代化管理中古为今用的事例，引起与会专家、学者、企业家的高度重视，他们提出要与苏东水合作研究，建立管理的东方学派。苏东水主编的《管理学》具有以下特色：首先，它深入地阐述了管理学的核心："人为为人"。指出管理学主要是研究管理领域人的行为和为人的要素、过程以达到高效目的的一门学科。其二，内容融合了古今中外主要的管理理论、方法和技巧。三是深入阐述了由他多年探索、研究形成的一个管理学的最新体系。全书共分五篇：第一篇总论，主要是研究管理学的对象、本质和学科基础。第二篇原理，主要是研究东方管理的治国、治生、治家、人本的理论及其现代价值；西方管理理论从古典、行为到现代的形成、发展及启示；华商管理中的创业、经营、创新及其国际意义。第三篇要素，主要论述管理中的主体、权力、组织、文化、心理活动及对管理效益的作用和影响。第四篇过程，主要是研究管理的目标制订、计划决策、领导指挥、监督控制、激励方法及其如何提高管理的效率、效益、效果。第五篇发展，主要探讨新时代的创业管理、知识管理及管理思想的世纪回归。

2003 年，苏教授主持的国家自然科学基金项目"东方管理学思想研究"的成果之一《东方管理》又出版了。全书分五篇二十四章，共计 55 万字。苏教授在解析《周易》、道家、儒家、佛家、兵家、墨家、伊斯兰和现代人本管理等流派的"人为"学说的基础上，提出了修己安人、中庸之道、德治兴邦、德法兼容、以德为先等"为人"思想和理论，并围绕"人为"学说和"为人"理论，结合现代经济管理的实践问题，构建了"人为为人"的东方管理学理论体系和研究方法。苏教授还在《东方管理》中探讨了东方管理文化的复兴、现代化及世界影响，以及 21 世纪管理理论的融合创新等重要问题。真正做到了传统管理方法与现代管理实践交融、古代管理思想与现代管理理论交融、东方管理学研究方法与西方管理学研究范式交融，实现了东方管理学研究的古为今用、洋为中用。

苏东水先生认为，管理本质的核心可以概括为"人为为人"。每一个人要注意自身的行为修养，"正人必正己"，然后从"为人"的角度出发，来从事、控制和调整自己的行为，创造一种良好的人际关系和激励环境，使人们能够持久地处于激发状态下工作，使能动性得到充分的发挥，"人为"与"为人"二者具有辩证关系，互相联系并且可以转化。对任何管理者或被管理者，都有一个从个人行为逐步向为他人服务转变的过程，即从"人为"向"为人"转变的过程。这一过程体现在家庭、行业、国家一切方面的管理之中，管理者与被管理者越是注重自身行为的素质，其为人即管理的效果就越快。从领导学的角度看，"人为"侧重于"领"，通过领导者修炼自我素养而为被领导者作出表率；"为人"侧重于"导"，通过关注被领导者的情感、利益和需求来引导他们的行为，使之与领导的行为一致，与组织群体的目标相一致。"人为为人"的要旨是把伦理与管理结合起来，把合乎规范的"领"与合乎情理的"导"结合起来，把领导者的行为与被领导者的行为结合起来，并从中寻求中正、中和、中庸、中行的途径以达成群体目标。苏东水先生指出，要建立中国特色的社会主义经济体制，应该重视研究人的行为、企业本身的行为和国家对企业管理的行为，这是经济起飞发展的三个车轮。

"人为为人"的观点解决了人的心理行为过程的三对矛盾：一是"激励与服务"；二是"义和利"；

三是"人为和为人"。

在西方管理学占据主流、正统的时期创建东方管理学派,其间的艰辛和困苦,只有苏东水先生本人和紧紧追随他的学生才有深切的感受。一般的人,看见的多是轰轰烈烈的壮观场面,可是又有多少人明白在这些轰轰烈烈的壮观场面后面的苦心经营?渗透了多少心血?

例如影响盛大的"'97世界管理大会"。这次大会有33个国家和地区的350余位专家、学者、政府官员参加。人民日报、中国日报、大公报、中国科学报、光明日报、新华每日电讯、中华工商时报、经济日报、新闻报、解放日报、文汇报,以及中国中央电视台等40余家新闻媒体对这次会议进行了报道。其中,《新闻报》的报道最为全面。我们可以从《新闻报》1997年7月20日第2版文章大标题中看到一些会议关注的热点:《东西方管理文化的升华》《为人的管理》《走向宏观间接调控》《让管理来拥抱文化》《"爱人"的管理》《亚洲模式还缺什么》《新文化呼唤新组织》。"东方管理在世界叫响"成为共同的声音。关于这次会议,颜世富在1997年9月1日的《复旦报》上发表了一篇文章《复旦精神的展示》。颜世富在这篇文章中介绍的有关情节给一些复旦的读者留下了深刻的印象:在会议筹备过程中,苏东水老师经常深夜才从地处五角场地区的复旦大学赶回地处徐家汇地区的家里;博士生不分白天黑夜地忙会务。其实,外界人士很难想象的是:苏东水教授主持的众多国际国内学术会议,基本上一直都是他和学生们在辛苦地作大量的事务性的会务工作。

在'97世界管理大会召开前夕,苏东水先生在《'97世界管理大会文集》的"编者的话"中沉重地写道:

'97世界管理大会,是盛世高朋满座之会。历经三载辛苦运筹,一言难尽。本为世为国为人办事也非容易之举。幸得知心同仁门弟力助,荣获国家经贸委、国家教委等领导同志支持,终于开成会议,深感五内。

跟随苏东水老师的一些博士生感慨道:只要苏老师想做的事情,不管有多少艰难困阻,苏老师总会最终成功的。由于苏东水先生个人的人格魅力,他在遇到困难的时候,总有人帮助。关于影响巨大的"'97世界管理大会",新闻媒体基本上没有关注到对这次会议作出了重要贡献的上海外国语大学。从某种意义上来说,如果没有上海外国语大学领导的鼎力支持,这次盛会可能难以如期举办!

1999年6月6日,经过许多艰苦的努力,复旦大学东方管理研究中心终于举行了成立仪式,复旦大学副校长孙莱祥和当时任青岛市市长的王家瑞博士为复旦大学东方管理研究中心揭牌。揭牌后,复旦大学东方管理研究中心的牌子挂在哪里成了难题。

苏东水先生1998年元旦在《满江红》里慷慨激昂地写道:

岁首年终,浦江红,今昔不同;东华人,遍数佳绩,心潮涌动;侨乡十年业绩丰,世管大会聚蛟龙;霹雳处,五十家媒介赞庆功;遇险阻,协力冲;干劲足,效果隆;任凭风浪起,稳坐钓船中;管理通鉴获首魁。东方学派齐心攻,再奋斗,复兴建奇功,真英雄!

## 四、师高弟子强,学术得弘扬

苏东水先生自己不喜欢做官,但却培养了一大批高级管理人员。

苏东水教授热爱高等教育事业,乐育英才,甘为人梯,自执教以来,已培养硕士(含MBA)200余人、博士80余人、博士后40余人。他的许多学生都已经成为著名学者、高级党政领导干部和杰出企业家。修己安人、知行合一,苏东水先生通过培养学生在理论上、实践上来弘扬东方管理文化。跟随苏老师学习过的人,在事业、生活等方面都大有发展。许多都已成为国家栋梁,却仍为曾求学于苏门而感到幸运,他们自发组织"东水同学会",并将部分东方管理学理论心得汇编成集。

中国改革开放伊始,苏教授任中国国民经济管理学会会长和上海管理教育学会会长时,就为全国首次开设"企业管理""国民经济管理""管理心理学""经济管理"电视讲座,听讲学员近百万人次;并受国家经委委托举办"企业管理研究生班""工业经济研究生班",受国家教育部委托,由复旦与东华国际人才学院联办"现代国际经济管理高级研讨班""产业经济研修班"等,最早开拓高层在职人才的培养,为国家培养高级管理人才,还为复旦大学创立产业经济博士点国家重点学科、应用经济和工商管理一级学科、设立东方管理学博士点及硕士点作出了不懈努力。由于有目共睹的成就,他被国务院表彰为"发展中国高等教育事业有突出贡献专家"。目前苏教授仍坚持亲自指导博士生,每周都给他们上课。他不仅对自己的学生言传身教,对慕名而来的学生也悉心指点,他的学生来自四面八方,甚至有一位日本著名大学的教授也屡屡来信、拜访,请求做他的博士生。

苏教授朴素的办公室,因为有师生的相聚、切磋、谈笑而倍添暖意。他是本着弘扬复旦校训"博学而笃志,切问而近思"的精神在研究学问,并不对学生耳提面命,而是提出问题,三言两语地点睛、诱导,让大家七嘴八舌地讨论,气氛热烈之时,教授会心微笑地记录同学的发言,声浪平息之后,他便井井有条地提炼出主要理论,任何一个精彩发言都不会漏下,同时他还指出发言中论点和论据的创新和不足,点明思考的方向,真令听课的学生又佩服又难以置信:教授思路如此敏捷,思维如此活跃,青年博士倍感"虽不能至,然心向往之"。

苏教授不仅在课堂上教书育人,也在社会活动中教书育人。他自幼爱好文学,富有正义感,16岁即参加爱国进步运动。大学毕业后,除致力于教学研究,还不辍社会公益、教育事业。

苏东水先生的学生中,我们选择介绍几位有代表性的。

在党政领导干部中,我们简单介绍王家瑞、金壮龙、朱永新、陈靖。王家瑞先生曾担任国家经济贸易委员会副司长、司长。他1995年8月到山东省青岛市工作,先后担任中共青岛市委常委、青岛市人民政府副市长,中共青岛市委副书记、青岛市人民政府市长,2000年9月任中共中央对外联络部副部长。2003年3月任中共中央对外联络部部长。他是第九届全国人民代表大会代表,中国共产党第十六届中央委员会候补委员。王家瑞先生对于东方管理学的战略发展提出了相当多的建议:编写著作、开设课程、招收学生等。对于王家瑞这个学生,苏老师很感动:王家瑞先生没有因为地位的不断升迁而忽视对老师的牵挂、尊敬、爱戴。王家瑞先生担任中共中央对外联络部部长后,仍然一如既往地牵挂、尊敬、爱戴苏老师。

金壮龙先生曾担任上海航天局局长、上海航天科技研究院院长。2003年被提拔为国防科工委秘书长(副部级)。他领导上海航天人发扬"自力更生、艰苦奋斗、严谨务实、勇于攀登"的航天精神,在资金、设备、加工手段及基础工业等方面均比世界航天大国差得多的艰苦条件下,生产出了赶超世界先进水平的运载火箭、人造卫星等高科技产品,为中国航天事业作出了杰出贡献。他是把东方管理的思想运用到管理实践中卓有成效的学生之一,他发表过"以德为先,发展航天企业"的文章。

同时兼任全国政协常委、苏州市副市长的苏州大学教授、著名教育学家朱永新博士,一直致力于中国古代管理思想、管理心理学思想的研究;共青团上海市委书记陈靖博士,运用"以人为本,以德为先,人为为人"的理念,卓有成效的从事青年管理工作。

苏东水先生的学生,多数人在企业里担任高级管理人员,如福建海宏科技发展有限公司董事长游宪生、上海建工集团副总裁童继生、漕河泾高科技园区开发总公司副总裁陈青洲,他们将苏东水先生的管理思想直接运用到企业管理的实际工作之中,取得了良好的绩效。

大学是苏东水先生的学生弘扬东方管理学的主战场。江西财经大学副校长吴照云教授,对中国古代管理思想的现代应用进行了深入的研究;上海交通大学管理学院院长王方华教授,在讲授战略管理、市场营销等课程中,大量融入东方管理智慧;河海大学国际工商学院院长张阳博士在学院前面树立了高大的孔子塑像;北京大学光华管理学院院长助理何志毅博士对于中国本土企业的成功案例进行了深入的研究,在国内开展最受尊敬的企业家评比活动,影响甚大;复旦大学芮明杰教授、苏勇教授将东方管理思想融入战略管理、管理伦理学、产业经济等学科的教学科研工作之中;袁闯博士开创了混沌管理学学术;颜世富博士的博士论文就是专门研究东方管理学的。在苏东水教授、王方华教授的鼎力支持下,上海交通大学东方管理研究中心开始大力弘扬东方管理学。

通过苏东水的学生,东方管理学得到大力弘扬!

## 五、人为为人,大师风范

桃李不言,下自成蹊。关于苏东水教授的为人,我们可以从他的学生、同事、老乡等多方面人士对他的评价中进行360度的认识。

全国政协常委、苏州大学教授朱永新博士认为:"苏老师对学生非常关心,凡是能够帮忙的事情,他一定会尽力。"

福建省人大常委会原副主任、中共泉州市委原书记张明俊是苏老师老家的父母官,张明俊先生评价苏东水先生:"作为在外地工作的泉州人的优秀代表苏东水教授心系故土,不仅每年要回老家过年,而且有一颗造福桑梓的真诚的心,经常为家乡的发展建设出谋献策并一直坚持到现在,为泉州和福建的建设做了大量的实际工作,作出了巨大的贡献。"

上海市教委党委原副书记、上海市十届人大常委会华侨民族宗教委员会原主任委员胡绿漪称赞苏东水先生:"爱国爱乡,心系家乡父老乡亲的冷暖是苏教授的以人为本、以德为先、人为为人理念的真实写照。"

山东省菏泽市副市长夏鲁青作《东方之树礼赞》歌颂苏东水先生:"先生树人,泽被四方。戚戚乎爱生如子,孜孜乎诲人不倦。"

国家工商总局公平交易局副局长邰展认为:苏先生的涵宏盛大、博闻强记和才思敏捷、德艺双馨。作为教育家,苏先生热爱高等教育事业"率先垂范",以教书育人为天职,秉承"君子所泽,源远而流长"的信念,"欲栽大木柱长天",立志为国家培养经国济世之才。

福建旅游局副局长李毅强博士对苏东水教授在培养人才方面独具慧眼、不拘一格选拔人才、培养人才印象深刻。

江西财经大学副校长吴照云教授佩服苏教授年高不闲,壮心不已,仍以"路漫漫其修远兮,吾将上下而求索"自勉,坚守三尺讲台,笔耕不辍,为东方管理思想走向世界,落地生根继续努力。

上海交通大学管理学院院长王方华教授回忆恩师苏教授是具有战略思维的学术大家,以和为贵,胸怀宽广,乐于助人,平易近人,以诚待人,做人做事做学问,处处体现一个诚字。苏老师具有敏锐的洞察力,独特的人才鉴别力。

河海大学管理学院院长张阳认为苏先生博学、强闻、慎思、明辨、笃行,是一位筚路蓝缕地开创了学术和智慧新路的真学者,是一位诲人不倦地积极提携学生的真导师。先生对弟子既严格要求,又呵护有加,精心指导,言传身教,耳提面命。教学生以做人之道,传以处事之方,授以治学之法。

厦门大学人力资源研究所所长廖泉文对于苏教授的亲切、谦逊,对晚辈的关系、提携,给她留下了深刻的印象。

复旦大学世界经济研究所原所长甘当善教授称颂苏教授多次在他的家乡福建和全国各地以讲座、报告、培训等方式,为民营企业家普及管理学理论和知识,培养既有实践工作经验又有现代管理理论的新型企业管理人才,大大促进了民族经济发展。

复旦大学产业经济系主任芮明杰教授深情地感谢苏老师对他的关怀和培养:"21年过去了,我一直在老师身边学习工作,一直把老师的道德文章、处事为人、敬业精神当作自己学习的榜样,埋头于读书、写作、教学之中,时刻做到'以人为本、以德为先、人为为人'。今天想来,如果自己还有一点成绩,完全是老师教导的结果,我成长的每一步都与老师的支持和帮助分不开,所以我要感恩,我要深深的感谢老师多年来的培养与教育,没有老师也没有我的今天。"

复旦大学企业管理系主任苏勇教授认为苏老师集智者、仁者、勇者为一身。在一般人看来,具备了苏老师这样崇高的学术地位和声望,早就应该可以功成名就,坐享其成了。但是苏老师依然在诸多领域奋斗不止,不仅坚持在教学第一线,亲自指导研究生,坚持给研究生开课,而且做课题,写著作,外出讲学、组织学术会议,样样亲力亲为,即便身体有所不适也坚持工作,使作学生的自愧不如。

复旦大学王龙宝博士感叹道:苏东水老师的学术成就,尤其是他对中国管理学与东方管理学的重大贡献为世人称道,成为我们学子仰慕的大师,苏老师是一步一个脚印,踏踏实实地走出来的。

北京大学何志毅对苏老师坚强的意志留下深刻印象:从1996年马德里会议起,我们就向IFSAM理事会递交了在中国举办大会的申请。由于种种原因,从申办到批准经过了整整8年,到举办12年,没有一种信念和毅力,是很难这样坚持的。

福建师范大学经济学院林善浪教授用六个形象来概括苏东水先生的为人:苏老师的第一个形象:和蔼可亲,平易近人;第二个形象:学识渊博,才思敏捷;第三个形象:和风细雨,诲人不倦;第四个形象:高屋建瓴,厚积薄发;第五个形象:治学严谨,精益求精;第六个形象:德艺双馨,大师风范。

苏东水教授的同学,上海社会科学院的黄家顺高级律师,认为苏东水教授的为人是三个字:"求奉献"和"三个不求""三个热爱",即"不求名、不求利、不求权;热爱祖国、热爱家乡、热爱教育事业"。

东华大学赵晓康教授称赞苏东水老师具有海纳百川,不计门派前嫌的宽广胸怀。

海宏科技发展有限公司董事长游宪生博士认为苏东水先生具有待人和善的金子般的人格。

仁虎制药集团董事长李仁发和苏教授相见不到半个小时,便被苏教授的学问和为人所折服:从一个"孝"字开始认识到中华民族5 000年文化最优秀、最精髓的文化沉淀。一下子被苏老师的东方管理学,被他的"人为为人"学说震撼。从这四个字可以说涵盖了中国传统文化"忠孝仁义"的精华。

江苏中大建设集团董事长谈义良认为,学习和掌握苏教授的思维方式将使人终身受益。苏教授给我们提供的管理思维方式不是单一的,而是一个以东方智慧为底蕴、东西合璧式的"二维坐标系"。

上海贝尔阿尔卡特股份有限公司副总裁、首席战略官邸扬博士,对于苏老师爱护、关心学生的细节印象深刻:"早有耳闻苏教授学问高深却平易近人,尤其见长识才、爱才,然而百闻不如一见。我还清晰地记得,当我心怀忐忑第一次推门走进苏教授的办公室,接受面试的那一刻,他那双温暖的大手和他那一句发自内心朴素的关切话语'你真不容易啊',犹如一股暖流涌上心头,使我旋即恢复了近乎失去知觉的温暖。"

从事教学科研50年的苏东水教授,他仍然记忆准确、思维灵活、想象丰富,他还在继续积极思索、备课、教书育人;在2004年12月的中下旬,他继续穿梭于北京、上海、福州之间。他仍然激情满怀,壮心不已,志在千里。

**作者简介**:颜世富,时任上海交通大学东方管理研究中心常务副主任、副教授,曾是苏东水教授的博士研究生。

## 朱永新：我眼中的苏老师

认识苏老师，是因为先知道了他的《管理心理学》。

有一次看上海的报纸，发现了上海哲学社会科学的一个重要奖项被苏东水先生的《管理心理学》获得。我研究心理学多年，怎么没有听说过苏先生？这是哪里杀出来的一匹心理学的"黑马"？后来才知道，他就是鼎鼎大名的复旦大学首席教授、著名经济学家苏东水先生。

一个经济学家怎么会写管理心理学的著作？他的书究竟与我们心理学家的管理心理学有什么不同？我决定走进苏老师的世界。

真正走进去，才发现这是一个非常丰富的宝藏、一个非常复杂的世界。苏老师的研究领域非常广阔，从宏观的国民经济管理学，到微观的管理心理学；从西方的经济学理论，到东方的管理学思想，涉猎的学科有经济学、管理学、心理学等。同时，他还是一个热心的社会活动家，不仅为地方政府做经济发展的顾问，而且还创办了东亚管理学院等教育培训机构。他的学生也是三教九流、五湖四海，从政府高官到企业名家，从学界精英到社会名流，还有优秀的大学毕业生、研究生，几乎所有的人都以成为苏东水老师的学生而自豪，每年的东方管理学术研讨会，几乎成为苏门弟子的大聚会。以至于台湾的璩美凤也希望报考苏东水老师的门下，弄得新闻界沸沸扬扬。现在，如果到网上查一下苏东水老师的索引，几乎随时可以看到这样的消息。

苏老师是一个具有大智慧的学者。他对于学问的把握，往往是宏观的、整体的，国民经济问题，东方管理问题，一般的学者是不敢问津的，但是他做得有声有色。管理心理学这样相对微观的问题，他也是用宏观的方法去研究，所以从文化、人性的角度，使他的分析比心理学家的管理心理学就高了一个层次。

苏老师对学生非常关心。凡是能够帮助的事情，他一定会尽力。1999年，我主持的国家自然科学基金项目的成果《中华管理智慧——中国古代管理心理思想研究》即将出版，邀请苏老师为书写一篇序言。在那个炎热的夏天，苏老师及时寄来了亲笔签名的长序。他这样热情洋溢地写道："阅读此书，能够从中领略五千年管理文化的苍劲与淳朴，体验古老文明活力的悠久与蓬勃，感悟古代先贤管理智慧的深邃与高远，这对现代企业管理者和管理理论研究者都具有重要的意义。"他对我们进一步的研究充满着期待与信心。

本来，我可以把这本《中华管理智慧》作为博士后的研究成果，这样就非常轻松，与苏先生研究的方向也非常吻合。但是，就在这个时候，我担任了苏州市副市长的职务。苏老师建议我结合自己的工作重新写博士后的报告。因此，我选择了《中国开发区组织管理体制与地方政府机构改革》的课题，并且在苏老师等复旦大学教授指导下，顺利完成了论文的写作。记得苏老师对我说，你们行政管理干部的研究，不仅要有学术的意义，更应该对自己的工作具有指导意义。这对于我今后研究教育问题，也起了非常关键的作用。我现在之所以能够走出象牙塔，能够与火热的教育生活紧密地融合在一起，与第一线的老师们紧密地团结在一起，与苏老师当时的教诲是有密切的关系的。

师恩如山。我的人生中有许多让我刻骨铭心的老师。虽然每一位老师有不同的研究领域，不同的处世风格，但是他们对待学生的热情是相同的，对待人生的态度是一致的。从他们的身上，我们能够呼吸到崇高,感受到慈爱,体验到责任。从他们的身上,我们也学会了怎么去做老师,去影响自己的学生。

苏老师,祝您永远有一颗年轻的心!愿健康与快乐永远伴随着您!

**作者简介**:朱永新,时任全国政协常委、苏州市副市长,曾跟随苏东水教授从事博士后研究。

## 芮明杰：感恩

21年前的秋天，我非常荣幸地考取复旦大学产业经济专业研究生，导师是苏东水教授。那天我一早就去学校报到，然后去寻找我的宿舍。入学通知上写到，宿舍是位于国定路桥附近的复旦大学17号楼。我虽然是复旦子弟，从小在复旦教师宿舍长大，但也不知道17号楼是新建的，是当时学校的研究生宿舍。

穿过学校的"南京路"，一直向东北方向走，出了学校的边门，再过马路对面，就到了17号楼。对了，203室就是我的寝室。我们寝室住5个人，比读本科时一间屋住7个人，显得宽敞的多。毕竟是研究生，待遇就是不同，我心里想着，一边放下行李。我们几个新生开始聊了起来，原来五个人中我、杨书兵、王龙宝是一个专业，还有两位是哲学系的研究生，一位是后来也成为苏老师弟子的袁闯，另一位我记得叫熊伟。因为我到得晚，结果我只能睡在上铺，好在我在本科时也是睡上铺，比较习惯。

大家都很兴奋，就是聊天，天南海北地侃，慢慢地大家就讨论到我们的导师。导师苏东水是不是主编过《国民经济管理学》？是不是很严厉？是个什么样的学者？言语之间，大家充满了好奇，充满了敬畏，也充满了对即将开始的研究生学习生活的憧憬。是啊，在我们的眼里，老师学贯中西，才高八斗，在老师面前我们有自卑感。特别是我，我知道自己的基础。我本科学的是数学，经济与管理方面的知识都是自己学的，考上研究生实在是我的运气好。

大概是晚上十点半，我已经上了床，在床上躺着看书，忽然门外有人敲门，说："老师来了，老师来看你们了。"老师来了？ 我们大吃一惊，急忙下床开门。新同学冯正虎与其他两位同学陪着两位老师走了进来。"这是史景星老师，这是苏东水老师，他们来看望大家。"这就是我的导师苏东水？高个清瘦，精神饱满，穿着普通的衬衣，和蔼可亲。

"抱歉，我们来晚了，你们都要睡觉了吧！""没有！"我们一起说。

"你叫王龙宝，你叫芮明杰？ 你是杨书兵？"老师一个个问来，亲切自然，"住的还好吗？ 有什么问题可以找我们……"

"就要开始学习了，研究生与本科生的学习方式有所不同，自己努力是最重要的，要深入研究问题……"末了，老师还不忘叮嘱我们在学习的同时注意身体。

晚上，我难以入眠，思绪万千，心里下定决心要好好珍惜机会，努力向老师学习，将来要成为像老师一样的人。

我入学第一天就这么样的见了苏老师第一面，这一天老师的笑容和话语在我的记忆中存在了21年。

21年过去了，我一直在老师身边学习工作，一直把老师当作自己学习的榜样，埋头于读书、写书、教书之中，时刻做到"以人为本、以德为先、人为为人"。今天想来，如果自己还有一点成绩，那完全是老师教导的结果，我成长的每一步都与老师的支持和帮助分不开，所以我要感恩，我要深深地感谢老师多年来的培养与教育，没有老师也就没有我的今天。

谨以此文庆贺著名经济管理学家苏东水教授从教50周年。

**作者简介**：芮明杰，曾担任复旦大学管理学院副院长，时任复旦大学管理学院产业经济系主任、教授，曾是苏东水教授的博士研究生。

# 苏勇：仁者、智者、勇者

在苏东水教授执教五十周年纪念之际，我作为苏老师的学生，想从仁者、智者、勇者三方面来概括我对苏老师的敬佩之情，并谈谈我的由衷感受。

苏老师首先是一位仁者，这一点从我15年前第一次拜见苏老师起直至现在，始终有这种感受，并且我想每一位苏老师的弟子对此都会高度认同。回想起15年前我第一次拜见苏老师，那时我还没有成为苏老师的学生，只是久仰苏老师在管理文化方面的深厚造诣，想就企业文化的若干问题去向苏老师求教。当我坐在苏老师家的客厅中，听着苏老师深刻地阐述他对管理文化的精辟见解时，真有如沐春风之感。苏老师作为一个管理学家，不仅对管理学界的各种动态了如指掌，而且对当时还处于管理学圈子之外的我，在企业文化方面所做的一点基础研究工作也给予了很高的关注，鼓励我在这方面继续发展，给我指明了前进的方向。在与苏老师的交谈中，苏老师那种温厚敦仁的风范，深深吸引了我，使我立志要成为苏老师的学生，跟随苏老师在管理学领域中做出成绩。尤其使我感动的是，当我在深夜告辞离开时，苏老师不顾我的一再推辞，坚持把我送到楼下大门口，并目送我骑车离去，当时我的眼睛湿润了。在学术界，有学问的学者大家并不少，但具备这种仁者风范和人格魅力的大家并不多。

苏老师还是一位智者。在我追随苏老师前后十多年的研究和教学生涯中，深感苏老师对于管理学界的发展趋势有着明确的了解和把握，并且始终坚持自己的独到见解，屡屡创新，使他的学术见解独树一帜，具有很高的声誉。每次聆听教诲时，苏老师都给我们指出，学术研究要善于创新，要创出自己的特色。苏老师不仅这样教育我们，而且身体力行。众所周知，苏老师在全国率先提出"东方管理"和"东方管理学"这样一组崭新的概念，并且多年来以自己的学术研究充实、丰富和发展这一领域，使东方管理不仅成为复旦管理学院的一个亮点，而且也成为中国管理学界一个新的学术流派。这种高瞻远瞩的学术见解，不仅是一种深厚的学术积累，更充满着一种时代智慧。苏老师享有如此高的学术声望，依然创新不止，这为我们后学树立了光辉的榜样。

苏老师更是一位勇者。在苏老师50年教学和研究生涯中，真可谓勇往直前，不断开拓。在一般人看来，具备了苏老师这样崇高的学术地位和声望，早就应该可以功成名就，坐享其成了。但是苏老师依然在诸多领域奋斗不止，不仅坚持在教学第一线，亲自指导研究生，坚持给研究生开课，而且做课题，写著作，外出讲学、组织学术会议，样样亲力亲为，即便身体有所不适也坚持工作，使我们做学生的也常常自愧不如。每当我在教学研究之余，感到劳累而想稍有松懈时，眼前经常浮现出苏老师勤奋工作的身影，以此作为鞭策自己的楷模和学习的榜样，使自己不敢稍有懈怠。尽管如此，我依然常常在想，一旦我们到了苏老师这样的年纪，假如也有了一点资历，是否能够做到像苏老师一样努力进取呢？我想，这样一种奋发进取的精神，这种奋斗不止的坚强毅力，可能是更值得我们终身学习的。

"天行健，君子以自强不息"，这正是集仁者、智者、勇者于一身的苏东水教授50年辛勤耕耘的真实写照。

**作者简介**：苏勇，时任复旦大学企业管理系主任、教授，曾是苏东水教授的博士研究生。

## 吴照云：喜贺苏东水先生执教 50 春秋

光阴似箭，流年如水，不知不觉中，我们的恩师苏东水教授，今年迎来了他从事经济管理科学研究和教育事业的第 50 个年头。值此，我由衷地祝愿国际管理学界的知名学者、我国著名的经济管理学家、我们敬爱的老师苏东水先生健康长寿。

50 年来，苏老师在科研和教学上做了一般人很少能做到的两件大事。一是出版了 80 余部著作，其中有许多是开创性的和产生巨大影响的。一是培养了 300 多名硕士、博士、博士后，其中有许多已经成为硕导、博导和国家经济建设的高级管理干部。

苏老师的重大学术成就可以概括为三个第一、三个创新。三个第一：第一个第一是 1982 年主持编写的《国民经济管理学》一书是我国第一部社会主义宏观经济管理专著，受到学术界和国家有关部门的充分肯定和重视，至今发行量达 300 余万册。第二个第一是 1987 年创立了符合东方人心理特征、以"人为学"为基础的管理心理学学科理论体系，并出版了我国大陆第一部《管理心理学》，这本著作已发行三版，发行量达 100 余万册，是中国发行量最大的管理心理学类著作。第三个第一是出版了《中国管理通鉴》，虽然在此之前研究东方管理思想的专著也有，但苏老师的《中国管理通鉴》是第一部全面、系统研究中国古代管理思想的著作，全书分四卷有 280 万字，可以算得上一部划时代的鸿篇巨作。苏老师 2003 年又出版了《东方管理》一书，是第一部体系完整、系统论述东方管理理论的奠基性力作。三个首创：第一个首创是 1986 年发表了《泉州经济发展模式》一文，首次提出了股份制的经济模式、外向型的市场体系、侨洋式的生产条件、灵活性的经营管理、国际化的发展道路等观点，从理论与实践上阐述并论证了市场经济发展的道路，为改革开放后我国沿海区域经济发展模式指明了方向。第二个首创是在 1991 年 4 月的东亚-中国沿海经济发展国际研讨会上，苏先生首先提出了"以上海为中心，南北两翼齐飞；以沿海地区为轴心，内外市场联动"这一具有重要战略意义、积极推动我国改革开放进程并至今为人称颂的中国沿海地区经济发展模式，对中国沿海区域经济发展理论的创立作出了巨大贡献。第三个首创是 1986 年率先主持了全国性的"乡镇经济模式比较"研讨会，并提出了把乡镇建设成"城乡融合的新型区域"，即城乡一体化这一现在正在施行、具有前瞻性的战略目标。苏老师以敏锐的视觉，把握时代脉息，进行了开创性经济管理研究，苏老师无愧是中国当代经济管理领域研究的先行者和带头人。

苏老师不仅是卓有成就的管理经济学家，更是一位桃李满天下的教育家。苏老师执教 50 春秋，培养了 200 余名硕士、80 余名博士、20 余名博士后，培养的本科生更是难以统计。其中有很多学生已经是博导、硕导，他们又培养了更多的徒子、徒孙。我们很难统计这个数据，但我想包含这些徒子、徒孙在内肯定已经上万了。如果苏老师培养的这些学生、徒子、徒孙都从事高教第一线工作，那么我们就可以想象，苏老师培养的人才已经可以支持 10 所像江西财经大学一样规模的财经类大学。因此我们完全可以说，苏老师是我国当代经济管理教育的师祖。

苏老师最伟大的事业是创立东方管理学。他从 1976 年开始，十年如一日，潜心研究他的东方管理思想，怀胎 20 年，1996 年世界第一部系统、完整的东方管理思想著作《中国管理通鉴》诞生了。2000 年他的"东方管理学思想研究"项目获得国家自然科学基金立项，经过两年的努力，"东方管理学思想研究"项目的成果之一《东方管理》又出版了。我相信，凭着苏老师对东方管理思想孜孜不倦的研究和推广,以及我们这些东方管理学子的努力,不久的一天,全世界大学的商学院、工商管理学院,包括哈佛大学、牛津大学、剑桥大学、东京大学、新加坡大学等世界著名大学在内,都会开设东方管理学课程。这就像中国大学的经济管理类学生,大家都要学习西方经济学一样。愿苏老师的心愿、我们的理想能很快实现。

苏老师追求学问、教书育人50年,出版著作80多部,近2 000万字,培养硕士生、博士生、博士后300多人,获国际、国家级和省部级的特等奖十余项,其余奖项多不胜数,被授予"复旦大学首席教授"称号,被国务院表彰为"发展中国高等教育事业有突出贡献专家",是世界管理协会联盟(IFSAM)常务理事兼中国委员会主席。苏老师可谓功成名就,后人仰之。他完全可以寄情山水花鸟,开始过采菊东篱的悠闲生活。但苏老师仍以"路漫漫其修远兮,吾将上下而求索"自勉,壮心不已,坚守三尺讲台,笔耕不辍。苏老师正在组织编著他宏大的、共有十五册的《东方管理著系》(经典与案例丛书),要为东方管理思想走向世界,落地生根继续前行。苏老师可谓年高不闲,名重不傲,这正是他"人为为人"思想的真实写照。

"斯文有传,学者有师",我们受恩苏老师的教诲和"人为为人"思想熏陶,我们今天的成长、成才、成就离不开苏老师的教育。东方管理思想博大精深之"坚冰"已经被苏老师打破,航道已经开通,我们作为东方管理的学子应该与导师一道,努力奋斗,为东方管理文化的复兴赓续前进!

值此苏老师喜迎执教50周年之际,学生作小诗一首,以表达学生对恩师的仰慕和崇敬之情。

古为今用寻人为,
洋为中用求为人。
以人为本源东方,
先生东水德为先。
恭祝苏老师青松不老,期年茶寿!

**作者简介**:吴照云,时任江西财经大学副校长、教授,曾跟随苏东水教授从事博士后研究。

## 王方华：难忘师恩，涌泉相报

记得 20 多年前，我在复旦大学第一次听苏老师给我们上课时，只见他两手空空，健步走上讲台，然后从上衣口袋了拿出了一张小卡片。

苏老师问大家："谁是科学管理之母？"

全场茫然。泰勒是科学管理之父，大家基本上都知道，但对于"谁是科学管理之母"这个问题，大家根本就没有思考过。因此，对于苏老师的问题，大家都露出了满面的疑惑。苏老师见大家答不出来，便告诉大家答案："王熙凤是科学管理之母！"

说王熙凤是科学管理之母，开始还以为苏老师在开玩笑，但苏老师其实对《红楼梦》《三国演义》等古典名著早就有深入的研究。他见学生们神情诧异，于是就给大家讲述王熙凤的管理故事。后来我认真阅读《红楼梦》中关于王熙凤的描述，发现王熙凤确实对于分工、合作、责任、权力、考核、奖惩等科学管理思想运用得非常娴熟。我现在给管理学院博士生上课时，也常常鼓励学生去读一读《红楼梦》等古典名著，学习苏老师的治学思想和方法。

苏老师的授课就是这样妙趣横生、意味深长！

90 年代初我在复旦大学管理学院担任企业管理系系主任期间，和苏老师所在的经济管理研究所相邻，从而使我们有许多接触的机会。苏老师只要一到办公室来，便有许多人来向他请教、寻求帮助。苏老师总是和颜悦色地对待每一位来访者，包括一些不速之客，他也态度友好地接待他们。许多老师都很佩服苏老师的耐心细致，更多人则是从苏老师身上学到了做人的道理。

经过多年的学习和观察，我认为苏老师是一个足智多谋的战略大师，他对事态的预测、判断，后来发现基本上都是正确的。我们在生活上、工作上、学习上有困惑时都喜欢请他指点迷津，而苏老师总是从学生们的长远发展出发给予指点。许多人在成为苏门弟子后，事业上都有突飞猛进的发展，其中非常重要的原因是，他们认真学习和领会了苏老师的思想，或者直接咨询过苏老师，而苏老师也直接或间接地给予了帮助。

滴水之恩，当涌泉相报。许多学生都对苏老师的指点铭记在心，终生难忘。

苏老师主张以和为贵，他胸怀宽广，乐于助人，平易近人，以诚待人，做人做事做学问，处处体现一个诚字。我向苏老师学习，也在我办公室正面的墙上，挂了一个大大的"诚"字，以告诫自己，激励自己。

由于受苏老师 20 多年的教诲，我对东方管理文化产生了浓厚的兴趣。在教学科研和给一些企业提供咨询服务时，我也经常感觉到管理本土化的重要性，对西方管理学如何与中国管理实践密切结合的问题，我也进行了深刻的思考。在给来管理学院学习的董事长、总经理等高级管理人士讲课时，我经常穿插一些东方管理的内容，很受大家欢迎。后来，我组织了交大安泰管理学院一些对东方管理、中国传统管理文化感兴趣的教师成立东方管理方面的研究机构。这个想法跟苏老师一提，苏老师马上表示大力支持。在苏老师的支持下，我们在 2002 年成立了交大东方管理研究中心，苏老师兼任我们中心的名誉主任。他对我们的支持，当时受到上海交通大学原党委书记王宗光教授的高度评价，交大东方管理研究中心成立后，继续得到苏老师的指导和帮助。

几年前，苏老师提出东方管理时，有阻力、有压力，甚至有人觉得好笑："管理学也有东西之分？"

苏老师是一个意志坚强的学者,他认准的事情就会坚持下去。他不仅觉得提出东方管理学是正常的,还希望能够培养东方管理方面的研究生、本科生。在苏先生的努力下,复旦大学开始招收东方管理方面的研究生了。苏老师打算在东方管理学博士点分设东方管理文化研究、东方管理心理研究及世界华商管理研究等三个主要研究方向,培养具备渊博的传统文化知识,扎实的经济学、管理学及行为科学的理论基础,在本学科领域的一个方面有独立创新见解和开拓性学术成果的高级管理人员与高级研究人员。

经过苏老师的努力,成立东方管理研究机构,出版东方管理专著,招收东方管理方面的学生,一一变成了现实。

我自己现在也在经常思考管理学科的创新、教学方法的创新、教学管理的创新,在如何建设一流的管理学院方面进行了各种积极的探索。苏老师的敢于创新,而且能够创新取胜的表率行为时时激励着我不断变革、不断奋进!

**作者简介:** 王方华,时任上海交通大学管理学院院长、国务院学位办学科评议组成员。

## 陈靖：世纪耕耘，一面旗帜

我们尊敬的苏老师是一位学识渊博的学问家，半个多世纪以来他不为金钱所动，不为病痛所苦，不为白发所移，潜心研究、坚持不懈，创立了自成体系的东方管理学说，弘扬了民族文化，广泛运用于经济社会发展。

苏老师又是教书育人的典范，他传授给我们丰富的知识，深刻的理论，更教给我们理念、价值观、方法论。他举重若轻、旁征博引、常常顺手撷来，便能揭示其内在联系和深奥道理。他向来从容不迫，从不计较个人得失，从来没有见过他动怒，而一切困难都化解在谦逊、真诚的微笑中，这体现了一种可贵的风范，一种崇高的精神境界。苏老师作为导师，重视为我们的人生发展导航，总是善于发现每个人的闪光之处，满腔热情地鼓励我们克服困难，不断收获新的成就。以我自己为例，读博士的三年里，在艰苦的博士生课程学习和繁忙的日常工作的双重负荷下经常"三更灯火五更鸡"，脑海里确实闪过暂停学业的念头。记得那时苏老师总是热情而风趣地鼓励我："老陈，你能行。"他的话立刻给我疲惫的身躯注入强大的精神力量，使我重新鼓起干劲投入到工作和学习中。

苏老师以身作则引导我们正确对待荣誉、地位、利益，提醒我们做事要得体，教导我们志向远大一些，以赢得一双翅膀；根基扎实一些，以赢得一片天空；工作执着一些，以赢得加倍的收获；享受推迟一些，以赢得一份事业。

苏老师还是一位充满激情的实践者。他爱国爱校，一贯坚持实践"以人为本，以德为先，人为为人"的理念，组创东方管理论坛、创办东亚管理学院，组织实施众多的课题研究，从不停歇地用东方管理思想指导和丰富实践，让东方管理理论在建设和谐社会的实践中彰显其功。

作为学生，我深感幸运，在漫长的学习生活中能在复旦园碰上一位好老师。苏门是一个令人向往的精神家园，在风口浪尖拼搏的弟子们不管多远都能从这里获得心灵的慰藉和精神支撑。今天，躬逢老师从教 50 周年，真想摘漫天繁星，编织万千花环，以表达对老师师母的感激之情，并满心喜悦地呈上最美好的祝愿！

**作者简介**：陈靖，时任共青团上海市委书记，曾是苏东水教授的博士研究生。

## 游宪生：严师与慈父，金子般人格

我是在20世纪90年代中叶经一个朋友引荐有幸结识苏东水先生的。1996年在成为苏先生的弟子后，承蒙先生的精心培育和多方关照，于1999年顺利取得了产业经济学博士学位。尔后又在2002年修完了工商管理博士后，苏先生给我的教诲使我得益终生。

苏先生严谨的学风和积极探索的治学勇气是众所周知的。我记得，苏先生常常为弟子们学位论文的某一观点、某一段话，甚至是某一个句子，极为认真严谨和我们探讨、研究，并指出不足。苏先生50年的执教生涯中，出版了几十上百部的专著，在管理学、经济学等学科领域中做出了非凡的贡献。我作为一名弟子，也十分荣幸地参与了其中几部专著的整理和编写工作。那是在1996年夏天，苏先生按照国家教委统编高校教材的计划，作为新编《中国国民经济管理学》的主编，组织和带领一大批博导、教授、博士后和博士等专家学者进行编写。当时，我国改革开放已经进入关键时刻，面临新世纪的到来，作为从事国民经济主体的政府，如何建立有效的管理模式和切实可行的经济政策和发展战略，提高领导素质水平，激励政府指挥管理行为，以法治国，强化人民的监督；如何在于对国民经济各领域中进行更有效的决策、指挥、服务、协调；又如何使国民经济科的需要，苏先生在原主编的《国民经济学》及《中国市场经济管理学》等教材体系基础上，联系十多年改革开放的理论和实践，东西方管理文化精髓及国际经济管理发展趋势，以苏先生的思想体系为灵魂和主导，集合众多专家、学者的智慧，最终用了一年多的时间编纂成文。在编写过程中，我记得有一次，苏先生曾带领20多名全国各地的专家学者来到我当时工作的所在地——龙岩市政府，先生无数次精心组织专家们讨论大纲，极为认真细致地修改初稿，经常夜以继日的忙到深夜，他还十分重视政府部门的操作需要，曾经多次要我将有关章节在经济管理上的要求印付给当时我所在政府有关部门去实践、操作并修改反馈不同意见。使得最终成稿的《中国国民经济管理学》不仅在理论上更加成熟，而且在实践上具有针对性和可操作性。这本教材，是当时也是现在，我国经济管理学研究生、政府有关部门和企业家在经济管理上的一本十分难得的参考教材。正是先生这种治学探索方面给我的影响，也使我日后做人做事养成了一个良好的"认真"习惯。

而给我影响最深的还是苏先生待人和善的金子般的人格。这要从我终生难忘的一件小事说起。那是在1997年的11月，我那时正在修博士课程的几门公共课，因为工作和家庭的原因，有几次公共课程的授课我没能参加，而这一次，学校组织全校博士生进行公共课的考试。公共课程的试题是全校（乃至全市）统一，考试是在校园阶梯教室进行的。因为掉了几次课，考前我心中着实底气不足。苏先生知情后，并没有责备，而是说，你平时的功底不错，只要认真应答，一定不会有问题。在考前，苏先生一边和我聊天，一边牵着我的手，一直走以教室门外，初冬的上海，已经是寒意袭人，而我当时心里却是非常的温暖，我认真地也是充满信心地做完了答题。两个小时后当我轻松地走出考场时，我在教室的走廊里发现我敬爱的导师——苏先生仍然站在寒风中，我看到微风吹起先生的短衣，先生的脸膛两颊微红，我心中犹然回忆起少年时代父亲送我和迎我进出学校考场时的情景，我的眼眶湿润了。所谓"一日为师，终身为父"，这不就是老父的形象吗？

苏东水先生倡导的东方管理学的精髓是"以人为本,以德为先,人为为人",他自己正是这样实践的,他严师与慈父一样的金子般的人格将永远激励我人生的征途。

**作者简介**:游宪生,曾担任福建省龙岩市市长、福建省电子工业厅厅长和信息产业厅厅长,时任福建海宏科技发展有限公司总经理,曾是苏东水教授的博士研究生。

## 李仁发：祝贺苏东水先生执教五十周年

今天与大家欢聚一堂，共同庆祝苏东水老师从教50周年，可以说是我一生中最感荣幸的事。我深刻认识到，在座的每一位都是苏老师的同道和挚友，你们都是我心目中的民族英雄。你们是探索客观世界奥妙的英雄，是建设精神世界的，也是建设物质世界的英雄。苏老师就是你们中的杰出代表。

今天这里"蓬荜生辉"，是英雄使这里生辉，是英雄的德才学识使这里生辉。这是我的心里话。我相信只有有知识的人，才能成为真正高尚的人，因为他们能够做对民族、对国家有用的事，需要的事。一个人能够自觉地在为民族，在为国家做事，我坚信这个过程就是充满高尚的过程。今天，我们一起感受苏老师50年奋斗和探索的历程，感谢他50年为国家服务的精神，而这半个世纪当中一个中国知识分子所表达出来的心灵的良知和他的高尚，令我们长久地感动，足以成为我们许许多多人学习的楷模。

商场上打拼了这么多年，物质上能得到的东西我都得到了。但我总觉得在资本市场上的收益和回报，并没有能让我感到真正的快乐，说到底也只是一种小快乐，一种暂时的快乐。在这个世界上，人们对物质需求的满足感总是短暂的。而能够看到自己所做的事真正对广大老百姓，对这个民族有利，才是真正的快乐，才是最最感到欣慰的，这种感受还会持久地留在你的心里，因为是人的价值获得了真实的肯定与实现。我的这种感受也许来自家庭成长的影响，也许来自勤奋工作和开拓后的感悟，但自觉地认识到，还是在认识了苏老师，与苏老师作了深入的交流后。我在苏老师的学说中找到了我人生的印证。我想，我自己的人生不就是"人为为人"的过程吗！

我父亲的家境很富有。但是父亲按着家里延续了几代的规矩和家风，13岁便离家做学徒去了。后来我父亲又靠自己的力量，创办了两家工厂。在公私合营前他全部捐献给国家了。1955年，父亲带头自愿迁到安徽合肥，支持内地建设。到"文革"时，他用了11年的时间，把只有十几个人的小作坊式的工厂，建设成两个骨干企业。但"文革"来了，父亲受到的是非人的待遇。那种难以想象的苦难父亲却从不向人说起一个字。

父亲原来身体很好，但经过"文革"折磨，腰椎、颈椎都出了问题。他生命最后的25年，被这种病痛折磨得生不如死，却不让我们子女搀扶他一把。最后他只能坐在轮椅上。父亲一生刚硬的形象就是这样一直伴着我的成长。

我母亲则是一生平和，一生与世无争。她从没和人红过脸。在我的印象里，她的一生，自己的需求总是最低、最小的，她的奉献却是最大、最持久、最有耐力的。一生劳作，一生刻苦，一生重负的她，晚年生了重病，躺在医院的床上，她仍然没有任何要求。我母亲和天底下最伟大的母亲们一样，在最细小最琐碎的家务事中，体现出她对长辈的孝顺，对丈夫的尊重，对子女的爱护。用自己的生命来兑现承诺，用最大的付出和奉献，来维护家庭的生存和尊严，她对自己、对子女的严格和对别人的宽容，超出了人们的想象。

父亲的刚强和母亲的博大，是在他们人生最灾难的遭遇中，在一个社会、一个民族最动荡的年代里表现出来的。我的父母亲如此负重，却又永远在为他人。他们的不说、不争，也是为了子女，为了他人。尽管他们已经离开人世，他们的精神，他们做人的准则，深深刻在我心里。我的父母都是虔诚的天主教徒。在他们所处的那个年代，他们通过自己的信仰，宽容和克己与现实应对。

他们的人格令我们子女十二分地敬重他们，自然地从内心要孝顺他们。我是从这里认识到，从一个"孝"字开始认识到中华民族5 000年文化最优秀、最精髓的文化沉淀的。我也是从这个点上，一下子被苏老师的东方管理学，被他的"人为为人"学说震撼的。这四个字可以说涵盖了中国传统文化"忠孝仁义"的精华。

当我遇上苏老师，苏老师的很多话说到我心里，与我的家庭和我的生活经历非常对应。从这里面我认识了一个道理，苏老师的东方管理学说既与中国优秀的传统文化相联系，又非常扎实地植根于现实世界。"人为为人"的思想是苏老师的东方管理学的精髓所在，这四个字在现实生活中具有实践意义，它非常实际。过去的我完全是用自己的生命体验了这个思想。当一个人用自己全部的身心，不惜一切代价，去履行自己的责任，这就是我所说的用生命体验的含义。我过去做过的一切事情，包括办企业，我都是一个原则：风险由我承担，利益大家共享；而且从深层次的来考虑，我发现在我做成功的一切事情中，最强大的动力，最顽强的力量，都不是为自己，人一为自己就小了，小人怎么能把事情做大呢！

我现在办企业，可以明确地讲，是为了实现我父母的遗愿，为我们民族做点事。当然我创办"仁虎制药"也是有一个机遇，那就是我遇上了一个强大的海外华裔科学家团队，大家都希望把好的产品服务于中华民族，让逐渐富裕起来的中国人民有条件关爱生命的每一天；但办企业是要赚钱的，企业赚来的钱怎么用，是属于我个人的，全部用于慈善事业。

我经常这样想，一个企业为什么能生存于社会，社会为什么允许它的存在？不是因为它能赚钱，更因为它对社会有贡献，人们需要它。这其中的本质就是"人为为人"！

在去年SARS期间，我看到许多医务人员牺牲了。他们舍己救人，在最危险的时候，能够自然地恪守职责，站在第一线。他们是真正忘我的，真正有爱心的，真正有力量的人。他们表现得那么义无反顾，又那么悄无声息，只要电视上出现他们的照片，我就要掉眼泪。这是中国人用生命展示"人为为人"精髓的光辉乐章！

在卫生部的支持下，我捐赠了一百万元设立一个助学基金，帮助在抗击非典中牺牲的白衣天使的子女完成义务教育。

在与苏老师作了深层次的交流之后，我做慈善的设想获得了苏老师的鼓励——将来仁虎制药的慈善对象是贫困儿童，为此我专门到西北地区做过调查，仅四川一省就有10万儿童因为家庭贫困而失学。如果3 000元能够资助一个儿童上学，3 000万就能提供1万个就学机会，那么3个亿呢？就是10万！这将是仁虎企业成长最强大的，不可战胜的动力。

和苏老师在一起，我如坐春风，苏老师在发掘传播中国优秀传统文化上功德无量。现在，很多优秀的传统东西是需要人去发掘，去传播的。比如繁体字"制药"两字拆开后，"制"的上面是个"制造"的"制"，下面是个"衣服"的"衣"，"药"上面一个草字头，下面一个"快乐"的"乐"，意思是制药就是"带来快乐，留住快乐"的行业，去除人间病痛，带来百姓健康，不就是给人们带来快乐吗？原来我们每天能读到，就能提个醒，也不会忘了它。但是今天，在我们的简体字中已经没有这样的表意了，久而久之人们就忘却了它的原有的意义了。

当初我办企业，要建设一种企业文化，为的是改变别人对民营企业一贯的印象，树立民营企业崭新的形象。在我认识了苏老师之后，我瞄准的是民族文化的重建，我向往的其实是民族文化的复兴，而不仅仅着眼于企业文化。我今天满怀信心的宣告，"仁虎"的生命线就是建立在"人为为人"的东方文化上。

苏老师从教 50 年了，这 50 年是一个真正的知识分子用自己的良知，用自己的德才学识，从事学术活动的 50 年。他为社会进步、发展、和谐不断探索，他努力工作的一生，一直在课堂上注视着我们企业文化，感染了我们整个企业。我们团队的每一个员工都非常有目标，都将苏老师奉为自己的师长。

但我只是一个实践者，没有能够系统地学习。我非常羡慕在座的许多人，常年聆听和传承苏老师的教诲和学养，在这个隆重的场合，我正式向苏老师拜师，恳请苏老师接纳我这一个的学生。

我衷心希望，和在座的各位同道贤达一起将"东方管理学"，将我们民族的思想瑰宝发扬光大，为民族的事业而尽力、努力！如果能这样，这将是我们人生最持久，最巨大的快乐！就是在这个意义上，苏老师的这 50 年，既是艰苦奋斗的 50 年，不懈追求的 50 年，也是充满幸福回报的 50 年，因为他为社会做出了贡献，为我们民族的科学管理事业做出了贡献，他培养的人才和他的思想将长久地影响着我们和这个社会！

谢谢大家！

**作者简介：** 李仁发，时任上海雅虎制药股份有限公司董事长兼总经理。

## 张阳：大音希声，大象无形

苏东水先生是当代具有国际声誉的管理学家、经济学家、教育学家和社会活动家，毕生从事管理学和应用经济学的教学与研究。言其学术研究，乃笔耕不辍、创获甚丰，亲手创建为国际管理学界瞩目的东方管理学派，创立国民经济管理学科理论体系，创立以人为学为基础的管理心理学科理论体系，还对应用经济学、管理科学、企业管理等学科贡献良多。论及培植后学，先生则诲人不倦、桃李满园，迄今已培养出硕士200余人、博士90余人、博士后50余人。先生博学、强闻、慎思、明辨、笃行，是一位筚路蓝缕开创了学术与智慧新路的真学者，是一位诲人不倦积极提携学生的真导师。从先生的身上我们看到，一位卓越学者的成长过程，往往就是一个学科的发展历程。诚如先生之于东方管理学的贡献一样，正是依靠先生这样的优秀导师，植根传统、大刀阔斧，才有了"以人为本、以德为先、人为为人"的东方管理学派在世界管理学说丛林中的熠熠生辉。对于每一位先生的弟子，我们永远铭记先生从教50年来在探索具有中国特色的东方管理学理论和实践之路上探赜索隐、阐幽发微、凿穿悬隔、融通古今的开创性业绩和数十年来引领后学、孜孜不倦、深沉博大的绵延教泽。

七八年前，我考入复旦大学师从先生读博士，有幸忝列先生门墙。每每开卷阅读东方管理学派典籍，无不深为先生的学养所折服，为先生的精神所感奋。每每跟随先生出国参加国际会议或是讲学更是为先生的民族气度所打动，为先生的中国情结所叹怀。东水同学会和社会各界借此共倡庆贺先生从教50周年大典，因以谨书数言，略记先生道德文章之一二。

先生在学术上的成就林林总总，对东方管理学这个学科的创建更是呕心沥血贡献尤著，其中，给我印象最为深刻的是先生非常重视借助国际学术交往宣传和完善东方管理学，先生的许多重要著述都是在参加历次国际学术研讨会上提出的。早在改革开放之初学术交流还十分封闭的1986年，先生就在日本举办的现代化国际研讨会上，专门介绍了中国现代化管理中古为今用的事例，引起与会专家、学者、企业家高度重视。他们提出要共同合作研究，建立"管理的东方学派"。1990年，先生在日本东京国际学术交流会上发表《中国古代行为学派研究》的演讲，之后在日本、美国、法国、西班牙等国家召开的历届"世界管理大会"上，发表了《弘扬东方管理文化，建立中国特色的管理体系》《东方管理文化的探索》《中华文化与管理科学》《无形资产管理》和《东方管理文化的复兴》等学术演讲。在"'97世界管理大会"上所作的《面向21世纪的东西方管理文化》的主题报告，使国内外学术界更加重视以中华文化为核心的东方管理文化，国内媒体对此做出高度评价，认为这次盛会标志着"东方管理文化在世界叫响"。

先生不仅重视学术国际交流，更是重视利用国际会议积极争取国际管理学界对中国管理学研究的关注。先生作为国际管理学会联盟理事和中国委员会主席带领我国管理学者参加了2004年在瑞典召开的世界管理大会，我有幸陪伴先生参会，亲历先生发言这一历史性时刻。在本次盛会上，中国管理学者最为重要的任务就是争取2008世界管理大会在中国召开。本次大会除了其他一些国家提出主办申请外，我国就有多个学术组织提出承办，因而国际上对此也是踌躇难决。在关键时刻先生态度坚定的发言和以国家利益为重的包容大度，使得IFSAM理事会一致通过了中国对2008年世界管理大会承办权的申请。国外媒体认为这次大会承办权的获得标志着中国管理学研究地位获得了国际公认,是中国继2008年奥运会后又一次获得了管理学奥林匹克的承办权,其意义不言而喻。先生的大会发言充分显示了一个卓越的中华民族知识分子在维护国家对外形象上不卑不亢的沉着气度,也充分彰显了一代中国管理学大师的深切爱国胸怀。

管理学重在实践。之于此,先生非常重视管理学教育的普及和企业经理人队伍培训工作的开展,对中国MBA教育的传播和设计也是不遗余力,时刻重视中国MBA教育的本土化。早在20世纪80年代初,先生就在他的家乡泉州开办企业经营管理培训班,连续几届下来,受教人数迄今已有上千人,这在一定程度上提高了泉州民营企业家的管理素质,促进了当地经济的发展,因而先生被泉州市政府聘请为资深顾问。先生不仅在泉州也在国内各地和世界各地进行讲学,其东方管理理念作为企业经营管理的核心理念已经在世界各地的企业、政府中扎根发芽。先生在MBA教育上历来主张管理的东方特色,认为当前管理学界的一大诟病就是全盘西化,不重视中国特有的实践土壤。在先生的努力下,中国第一个东方管理学博士点和硕士点2004年被批准在复旦第一次招生,先生的宏愿得以实现,诚如先生所说"要培养具有东方特色的OMBA和OMPA"。经过数十年的努力,先生手植的东方管理学这株幼苗已经茁壮成长,结出盈枝硕果,不但成为复旦大学的特色学科之一,而且赢得了"东方管理学派"的学界赞誉。

执教50年来,先生一向以教书育人为己任,受到先生教导、熏陶的学子不胜枚举。自1980年起,先生开始招收硕士生;1987年起,又开始招收博士生,为我国培养了一大批高层次管理人才。先生对弟子既严格要求,又呵护有加,精心指导,言传身教,耳提面命。教学生以做人之道,传以处事之方,授以治学之法。受先生恩泽和影响,弟子们乘风扬帆于管理的辽阔海洋,在政府管理、企业管理和管理理论研究上,大都成为社会的中坚力量和高层领导,先生为之奋斗的东方管理事业正在社会政治、经济、教育等诸多领域启迪今人、教泽大众,先生"教育强国"的心愿已经实现。毫无疑问,先生的学术成就和实践贡献已成为我国学术思想领域和管理实践中的珍贵财富,定将长久惠泽后世。

"莫道桑榆晚,为霞尚满天",作为弟子,我衷心地祝贺先生执教50年,祝福先生身体健康,祝愿先生所倡导的东方管理事业不断壮大。

**作者简介**:张阳,时任河海大学商学院院长、教授,曾是苏东水教授的博士研究生。

# 何志毅：苏东水教授与 IFSAM

1992年我刚刚读苏老师的博士，就有机会跟随他去日本参加了 IFSAM(管理学者组织国际联盟)首届大会，并从此一直辅助他进行与 IFSAM 的联络和协调，后来张阳学弟与我分担了这个职责。我们一直有个心愿，要在中国召开一次 IFSAM 大会，由苏老师代表中国担任大会主席。经过多年的努力，终于在今年11月正式接到 IFSAM 的通知，于2008年在上海举办 IFSAM 第九届世界管理大会。这个愿望终于实现了。

由于历史的原因，我们导师一辈人的外语口语不甚流利，但这并不妨碍他们的国际学术活动。因为他们思想内涵丰富多彩、深刻动人。苏老师一直希望促进东西方管理的交流，希望将东方的管理思想介绍给西方。因此，在 IFSAM 筹备期间他就积极参与并一直组织代表团、组织文章参加 IFSAM 的历届大会(只有一次因病未参加)，并于1997年主持了 IFSAM 区域大会。屈指算来，苏老师已经带领中国代表团参加了日本东京、法国巴黎、西班牙马德里、加拿大蒙特利尔、美国亚特兰大、澳大利亚黄金海岸和瑞典歌德堡七届会议。从1996年马德里会议起，我们就向 IFSAM 理事会递交了在中国举办大会的申请。由于种种原因，从申请到批准经过了8年，到举办12年，没有一种信念和毅力，是很难这样坚持的。别的国家的代表换了一茬又一茬，苏老师算是 IFSAM 的元老级人物。在这个过程中，他既给中国学者的国际交流创造了机会，也为世界各国学者了解中国管理创造了条件。这种交流和交往使许多学者和单位都获得了不小的收益，这首先要感谢苏老师的不懈努力。

也许 IFSAM 还不是那么有名，但大名鼎鼎的美国管理学会在其中也只是普通会员之一，担任过一届主席而已。这个创意是德国、日本、法国和西班牙的管理学者组织发起的。旨在建立一个全球性的学者平等交流的平台，而不由某国占领主导地位。1992年我陪苏老师去日本，当时的日本管理学会主席、苏老师的老朋友野口佑教授担任 IFSAM 主席。为了表达对苏老师的尊重，他专门在一家五星级酒店设宴欢迎苏老师。到达宴会厅门口，两边一字排开的野口佑教授的学生齐齐鞠躬，对老师和他的贵宾朋友毕恭毕敬，那场面甚是壮观、感人至深。后来知道，那酒店老板是野口佑教授的学生之一，那晚上的欢迎酒宴是由野口佑教授的弟子组织"野口同学会"举办的。那时我就想，以后我们也可能办个"东水同学会"(这个愿望后来当然是实现了)。在晚宴前，野口佑教授致了欢迎辞，语间充满了自豪，大意是日本的管理得到了世界的欣赏，日本的管理在世界上有了地位云云。后来苏老师致了答谢辞，那是我第一次听苏老师在正式场合的演说。平时不多言语的他出口成章，字字珠玑，我想日语是翻译不出那味道和水平的。作为弟子的我，初睹了老师的演讲风采，印象非常深刻。

2006年的 IFSAM 大会在柏林，2008年在上海。我们也想学学野口同学会，以东水同学会的名义宴请一下各国贵宾，让他们看看东水弟子的阵容，让他们领略一下中国尊师重教的传统。2008并不遥远，让我们这些弟子们一起帮助苏老师把它办成 IFSAM 历史上最隆重的盛会，为实现苏老师弘扬中国文化，推介中国管理的心愿而尽一份心力。

**作者简介**：何志毅，时任北京大学光华管理学院院长助理、管理案例研究中心主任、《北大商业评论》主编，曾是苏东水教授的博士研究生。

## 邰展：中西毕贯　德艺双馨

今年恰逢一代管理学宗师苏东水先生执教 50 周年之际，群贤毕至，众星拱北。50 年风雨，苏先生厚德流光，颂声卓著，遍树口碑。作为东方管理学的创始人，在苏先生执掌教鞭的半个世纪中，先生以他博大精深的学术造诣和崇高师德，为我国管理学科的建设和发展做出了杰出的贡献。

早在进入苏门之前，我就因先生博古通今、中西毕贯的才识以及先生在我国管理学界的泰斗地位对先生景仰不已。50 载执教生涯，苏先生博览群书，悉心钻研中华优秀传统管理文化，遍读诸子百家，不断吸取包括西方管理文化在内的世界各民族管理文化之精华，同时广泛涉猎人为科学、管理心理学等学科，博观而约取，厚积而薄发，成果丰硕，发表著作 80 余部，近 2 000 万字，论文获国际、国家级和省部级的特等奖 10 余项，其余奖项多不胜数。由此，先生也获得了"复旦大学首席教授"、国家重点学科"产业经济学"的学术带头人、"发展中国高等教育事业有突出贡献专家"等众多的荣誉称号。苏先生毕其一生探索，提炼出东方管理的核心理念"以人为本，以德为先，人为为人"，得到了国内外学术界的广泛认同，被誉为中国管理学界的一代宗师。能成为苏先生的绛帐弟子，跟随先生学习，一直使我心向往之，终于，2002 年的金秋，我实现了自己梦寐以求的心愿。

在跟随苏先生学习的两年多时间里，我更加感受到了先生的涵宏盛大、博闻强记和才思敏捷、德艺双馨。作为教育家，苏先生热爱高等教育事业，"率先垂范"，以教书育人为天职，秉承"君子所泽，源远而流长"的信念，"欲栽大木拄长天"，立志为国家培养经国济世之才。而今，苏先生执教 50 载，诲人不倦，早已桃李天下。放眼四海，苏先生的学生弟子，硕士 200 余人、博士 80 余人、博士后 20 余人，南北天下，各尽其才。

古人云，善为师者，既美其道，又慎其行。苏先生对学生的要求既严格又关怀，得才兼教，深得学生敬重与爱戴。凡学生有所问，无论是学术研究，还是生活事业，苏先生都会从百忙之中挤出时间与学生悉心讨论。在学生的心目中，苏先生不仅仅是位博才多学的长者，更是一位对生活、对人生充满真知灼见的智者。

先生常常与我们谈及人生，告诫众弟子要注重个人的道德修养，以德为本，以德为先，正德厚生。先生自己也从来身体力行。先生出生于泉州爱国华侨家庭，尽管历经人间坎坷，却始终心胸宽广、宅心仁厚。在"文化大革命"期间，尽管先生本人也惨遭冤屈迫害，但先生却一贯善良，不畏造反派的强权，本着知识分子的良知，甘冒风险，尽一切所能地帮助受到红卫兵迫害的许多专家学者和其他领导。所以，先生能取得今天的成就，也正是应了先生常常挂在嘴边的话"为善必昌"。

苏先生给我的影响是深刻而长远的。先生时时叮嘱我们要做一个精神贵族，做一个心灵自由、精神崇高的人。苏先生说"人生的最高境界是心灵的自由。只有心灵的自由，才可以使我们胸怀天下事，洞察世人心"。先生的谆谆教诲给了我很多启发。我的家乡在美丽的扬州。小时候，望着天空，我觉得天边就在不远的地方，可能翻过苍翠的蜀岗就到了，为什么呢，因为无知无畏。以为天就像自己所见的这么大，所以生此想法。后来到了读中学读大学的时候，尽管离家越来越远，心里却觉得离家的路越来越近。成长，使很长的路在心里渐渐变短，天地也愈来愈开阔。在苏先生身边的日子里，仰观大宇，游目骋怀，聆听智言，我感到自己内心的世界越来越成熟和宽广，也自信先生交予了我一生最珍贵的财富。

时光荏苒,苏先生虽已霜染两鬓,仍然壮心不已,为《东方管理著系》(经典与案例丛书)的编著笔耕不辍。作为弟子,我们祝愿先生演绎的人生乐章更加雄浑豪迈,在此奉上叶剑英元帅的两句名言:"老夫喜作黄昏颂,满目青山夕照明。"

**作者简介**:邰展,时任国家工商行政管理总局公平交易局副局长,曾是苏东水教授的博士研究生。

## 李毅强：一代宗师

人生最大的幸事莫过于能得到名师的指点。2002年我有幸成为上海复旦大学首席教授苏东水老先生的博士后研究生。在此后的两年间，我近距离地接触苏东水教授，聆听他的谆谆教诲，感触颇深。他的学术思想，博大精深。理论联系实际的超前与创新精神、人格魅力，都深深地感动着我，撞击着我的心灵，启迪我的思想，激励我奋进。在苏教授执教50周年庆典来临之际，我仅以简短的文字，抒发自己崇敬与感激之情，以示庆贺。

众所周知，东水教授从教50年，著作80余部，达两千多万文字，研究的学术领域包括哲学、经济学、管理学、心理学和伦理学等。一个人在从事学术教育50年中能主讲20多门课程，在我国学术界是极为罕见，在国际学术界中也屈指可数。尤其难能可贵的是他创立了东方管理学派，重塑东方管理学思想，得到世界管理学界的广泛认可，并担任了世界管理协会（IFSAM）常务理事兼中国委员会主席，中国国民经济管理学会会长。并被聘任为国务院学位委员会第三、第四届学科评议组成员，还被聘为全国博士后管理委员会专家组成员。

东水教授将东方管理文化的精华概括为"以人为本，以德为先，人为为人"的管理理念，在东、西方管理学界传为佳话，并在实践中成为中国企业家指导实践的重要理论支撑点，他的学术内涵博大精深，为东方管理学派的后继者挖掘思想宝藏提供了永不枯竭的力量源泉。

东水教授不仅是一个大思想家、大教育家，同时又是一个理论与实践结合的勇敢实践者与创新者。早在80年代中期，我国计划经济向市场经济过渡的初始阶段，他就深入到福建的生产、工作的第一线调查研究，并提出了"以上海为中心、南北两翼齐飞；以沿海地区为中心，内外市场互动"的中国沿海地区经验发展模式。而且率先提出了福建的"泉州模式（即侨乡模式和草根工业），是我国继"苏南模式"、"温州模式"后的又一个区域发展模式。同时在全国首先提出了股份制经济模式，外向型的市场体系，侨洋式的生产条件、灵活性的经营管理、国际化的发展道路的观点。从理论与实践结合中阐述了市场经济的发展道路，深得当年福建省委书记项南同志和国务院有关领导的好评，并为沿海地区经济发展作出贡献。此类事例甚多，在此不一一赘述"。

东水教授在培养人才方面独具慧眼，不拘一格选拔人才、培养人才，得到学术界和教育界的大家们的广泛赞誉，感触最深的是与时俱进识人才。人们都知道，人才标准是一道闸门，定得过高则"门可罗雀"，如果较低，又会带来"门庭若市"的假象。而在这个问题上，东水教授分寸把握得恰到好处。他平时注重人才应有的时效性，在培养教育他的学生，是采用逆水行舟，动态管理的模式，让我们这些学子们树立破除人才终身制的过时观念，要求我们脚踏实地、持续学习和不断积累知识，让我们时刻牢记"彼时人才不一定是此时人才"的根本道理，树立一种终身学习的紧迫感和使命感。同时在选拔人才过程中，注意充分肯定人才的适用性。他选拔人才，不但注重文凭、更注重实际工作技能和经验，特别是品德方面的考量更加严格。在选拔培养人才中，勇于识别人才的区域性和差异性，注意优化人才的配置，因此，他培养的学生，无论是在校或毕业后，在各行各业都发挥了应有和突出的作用，例如有的已担任党和政府各部门的高级领导干部，有的担任了北京大学等其他名牌大学的骨干教授，有的成了优秀的企业家，在各条战线上担当起生力军的作用。

东水教授之所以在学术上有如此高的造诣，在人才培养上独具创新，其重要的潜在因素是他长期教学实践中造就的自我修养和人格魅力。古人云："德才兼备是圣人、德大于才是君子、才大于德是小人、德才全无是蠢人。"学生认为东水教授是介于圣地与君子间的一位令人尊重的师长。东水教授在与各种人类群体的交往之中，充分体现了"上善如水"的优良品德。在不同的年代，不同的工作环境，他都能在申明大义的前提下，随方就圆。根据我的观察，他无论对待任何社会群体，都是努力观察对方的优点，无论学术观点上有何差异，或受到不公正待遇，他都能求同存异，从不在人后说他人的是非。在长期的理论研讨过程中，能够博采世界各国的理论精华和学术观念，同时对自己学术上观点的偏颇都能勇于及时纠正。在待人接物方面，无论对家人，无论是对师长和学生，还是对家乡的父老乡亲，都让人每时每刻感到大家的风范和温暖。记得有次东水教授应邀到福建师范大学参加学术研讨，他自己主动要求安排在师范大学内部招待所，住在简陋的房间。我去探望他，建议他搬到条件较好的宾馆去住，他婉言谢绝，并对我说，粗茶淡饭，住行简朴，是我一贯提倡的作风。我一生到过的地方很多，从来都是这样随遇而安，你就不用客气了。还有一次，东水教授因公住在泉州祖居房里，我因在学术问题去拜访他，他与我兴致勃勃地探讨了福建与泉州的旅游。在谈到泉州旅游十八景和泉州城市历史变迁、风土人情时，他如数家珍，侃侃而言。对泉州旅游产品的了解和见地，连我这福建省旅游局副局长的学生都深叹不如。他的每句话，都倾注着对我国经济建设，特别是对上海、泉州的经济发展的深情和期望。由于时间迟了，他还亲自下厨为我们这些学生煮了一碗具有泉州浓郁特色的小吃，此情此景，让我们深受感动。谁能想到他就是复旦大学大名鼎鼎的首席教授苏东水先生。在此我们衷心祝愿东水老先生和师母健康长寿，愿我们这些东水教授的弟子们能够在东水先生在思想精神家园中攀登和追求思想和理论领域的新高峰，为祖国的强盛和繁荣发挥我们应有的作用。

**作者简介**：李毅强，时任福建省旅游局副局长，曾跟随苏东水教授从事博士后研究。

# 夏鲁青：东方之树礼赞

日出东方,灿然万里。平畴峻岭,一派澄明。八方林木,立于四季,或松或杉,葱葱郁郁。有巨木秀于林者,干挺千尺,冠盖四野,乃东方之树也。以此树喻东水先生,不亦宜乎?

树立东方,栉风沐雨。霜欺雪压,巍然屹立。先生虽命运多舛,然历坎坷而气不馁,经磨难而志弥坚。谈吐平易,波澜不惊。

树立东方,昂首天外。胸怀五洲,目及四海。处寒微而不拘,站高巅而不狷,此乃先生胸襟眼界之谓也。

树立东方,放眼世界。根植东土,叶纳西露。先生治学,信然如是。涵东方文化之营养,取西方思维之所长,中用西学,破立精进,"以人为本,人为为人",开东方管理学之先河也。先生才学过人,著作等身,八十部书、两千万字若等闲。

树立东方,荫庇稚苗。遮风挡雨,茁壮成长。先生树人,泽被四方。戚戚乎爱生如子,孜孜乎诲人不倦。执教五十载,弟子数万千。东西南北,桃李满天。

先生蔼然乐,七十正华年。

东方之树,伟乎高哉!

**作者简介**：夏鲁青,时任山东省菏泽市人民政府副市长,曾跟随苏东水教授从事博士后研究。

## 陈青洲：与苏东水先生在一起

20多年前，我从工厂考入复旦，有幸从此成为苏东水老师的学生。以后我来到作为中国改革开放后建立的首批国家级经济技术开发区之一的上海漕河泾开发区参加创业，但从未间断过在复旦的学习和科研活动，我一直与苏老师保持着联系，我们相互交流信息，理论联系实践共同研讨改革开放中的一些重大问题，在这一过程中我不断得到苏老师的启发和教诲。我结合工作实际写就的、被多家著名刊物登载的《关于知识经济理论与实践的探讨》《依托上海，面向世界》等文章都曾得到过苏老师的指教。

当得知我正在为"国内首创"的、"中英两国政府间的重要合作项目"——由英国宇航集团(BAE)、英国科技园区发展商(Arlington)同漕河泾开发区合作建立的"科技绿洲"(A Hi-Tech Oasis In China)园区项目而进行谈判，苏老师十分高兴，并在长达两年多的时间里，一直惦记在心，热情支持我为实现"园区国际化"而努力，直至项目成功。三年前，我被聘为复旦大学经济管理研究所特邀研究员，使我有机会和苏老师一起，在整合、发挥国家重点大学和国家级开发区"产、学、研"资源，丰富"应用经济学"教学内容，开展教学、培训、科研等方面共同进行了一些新的探索。近年来，漕河泾开发区经济总量快速增长，单位面积产出和人均产出均居全国开发区之前列。苏老师和我共同分析漕河泾经济增长原因时概括出四句话，即："区域功能开发的提升，利用外资质量的提高，技术创新环境的完善，土地、人文资源的集约利用"。最近，苏老师又和我共同运用东方管理学理论，围绕实践"科学发展观"这一问题，对开发区发展作了前瞻性思考。可以这样说，漕河泾开发区的发展成就中凝聚了苏老师的心血，本人的工作成绩也有苏老师的一半。

在苏老师从事教育事业50年之际，在表示衷心祝福的同时，我将继续在先生的指导下，在探索具有中国特色的市场经济运行规律以及开拓东方管理学研究新领域的事业中努力工作，多出实际成果，以此作为对老师的最好回报。

**作者简介：** 陈青洲，时任上海市漕河泾新兴技术开发区总公司执行副总裁兼上海漕河泾开发区高科技园发展有限公司董事长，曾是苏东水教授的博士研究生。

## 王龙宝：从那时起，我们成为苏老师的学生

20世纪80年代初，我们六个同学考入复旦大学读研究生，从那时起，我们有幸成为苏老师的学生，至今已经20多年了。然而每当想起与苏老师相处，得到苏老师谆谆教诲的一件件事，依然历历在目。

记得第一次跟苏老师见面时，苏老师先一一问了我们原毕业学校和所学专业。我们六个同学中，有学数学的，有学经济学的，有学宏观经济管理的，有学企业管理的，我是学机械工程的。苏老师听后很高兴，说："这才是现代管理嘛。"一句听似诙谐的话，却揭示了现代管理学多学科交叉的特点，同时也点出了学习和研究管理学的基本方法，给我们很大的启迪。从那开始，我们不仅觉得苏老师和蔼可亲，而且感受到了苏老师善于用极其通俗的语言表达深刻的道理的大师风范。

当时，我国还处于传播和普及现代管理理论的阶段。一家知名管理杂志请苏老师组织编写现代管理理论讲座材料，苏老师让我们协助此项工作，以使我们在实践中得到锻炼。当时这类文章大多是介绍国外管理理论的。苏老师除了告诉我们应博采众长，介绍哪些西方管理理论流派外，还特别指出，中国几千年的文化宝库中管理理论博大精深，应该好好发掘和宣传，于是组织我们特别编写了介绍中国传统管理理论和现代管理实践部分。记得苏老师当时在讲课时，曾特地将《红楼梦》中王熙凤的管理活动作为案例，引起大家的讨论，那时我们就感受到苏老师心怀弘扬我国管理文化的宏图大志。

苏老师的学术成就硕果累累。在我们师从苏老师读研究生期间，苏老师有两项学术成果尤其令我印象深刻。一项是宏观经济管理方面的名著《国民经济管理学》，该书紧扣社会经济效益之纲，分过程、内容、组织、方法四个部分展开，书中苏老师以研究中国宏观经济管理为宗旨，取西方诸流派之长，自成一家，因此该著作多次再版，发行数百万册也不足为奇了。另一项是《中国企业管理现代化研究》，是苏老师洋为中用，研究我国微观经济管理的成果，其获得哲学、社会科学优秀成果一等奖当之无愧。

师从苏老师十年之后，1993年，苏老师主持编著《中国管理通鉴》，这是苏老师研究中国管理和东方管理的又一个里程碑。作为总主编，苏老师呕心沥血，历时三年余，这是我们每个在苏老师主持下襄佐此项工程的学生们所亲眼目睹的。而今，东方管理学研讨会已经成功举办了八届，苏老师是东方管理研究的倡导者和旗手。

苏老师的学术成就，尤其是他对中国管理学与东方管理学研究的重大贡献为世人称道，成为我们学子仰慕的大师。苏老师是一步一个脚印踏踏实实走出来的，他的"人为为人"的格言是我们应当身体力行的为人治学之道。我们庆幸成为苏老师的学生。

**作者简介**：王龙宝，时任复旦大学管理学院财务金融系副教授，曾是苏东水教授的博士研究生。

## 赵晓康：桃李不言　下自成蹊
——为庆贺苏东水教授从教五十周年而作

毛主席曾经说过：一个人做一点好事并不难，难的是一辈子做好事。正值我们敬爱的苏老师从教50周年之际，我想用这样的语言来描绘苏老师大半生的从教和研究经历，实在是再贴切不过了。

研究东方管理，发扬光大东方各族人民悠久灿烂的管理文化，可以说是苏老师毕生的不懈追求。自从20世纪70年代在复旦大学开设"《红楼梦》经济管理思想研究"以来，苏老师对于东方管理思想的研究就始终没有放弃过。个中辛酸苦辣，恐怕是常人难以想象的。苏老师的这种执着，很多同行不理解，单位不积极支持、配合，甚至一些学生在选择研究课题时，也不免知难而退，避重就轻，为自己的生计和前途盘算过多。而此时的苏老师总是时时处处为他人着想，为弟子考虑，有时自己却落得单枪匹马，多次生病住院还念念不忘东方管理研究的进展，躺在病床上也不顾医生的反对亲自审阅书稿，让人看了不免唏嘘。

正是他这种身先垂范、执着追求的精神，才有了今天著作等身的成就，才有了东方管理学派的建立和逐步壮大，才有了东方管理理论在世界管理学界地位的蒸蒸日上。也正是从他的这种精神当中，我们领略到了一代大师不屈不挠的顽强追求，学会了书本上所没有的科学研究风范。

桃李不言，下自成蹊。时至今日，东方管理学已经形成了比较完整的学科理论体系，并在国内外具有了广泛的影响，这与苏东水教授利用自己"人为为人"式的感召力和亲和力，利用世界管理联盟(IFSAM)中国委员会主席的身份，积极宣传和推动相关研究密不可分。自1997年以来，已经连续成功举办七次的、作为东方管理研究的年会性质的世界管理论坛暨东方管理论坛，以及1997年的世界管理大会、1999年的世界华商管理大会，无不成为研究、探索和宣传东方管理的有效阵地。东方管理从无到有，研究由粗放到深入，苏老师的作用可以说是居功至伟。他不仅提出了东方管理"以人为本""以德为先""人为为人"的"三为"思想，组织弟子和有关专家编辑出版了《中国管理通鉴》巨著(280万字)，发行了融合中外古今管理精华的《管理学》，并创立以复旦大学为基地的东方管理学派作为积极的倡导和推动力量，而且创造性地提出了东方管理文化的"三、六、九构成说"和东方管理哲学"十五要素理论"等，从而为东方管理理论的发展奠定了坚实的基础。

作为东方管理学派几十年潜心研究成果的集成，苏老师领衔编著，由山西经济出版社出版并在海内外产生广泛影响的《东方管理》一经面世，更是成为许多企业老总随身携带、密切指导其实践工作的理论金宝书。该书以道家、儒家、释家、法家、兵家、墨家文化为主的东方管理文化为基点，从中提炼出作为东方管理核心内容的"三为"(以人为本、以德为先、人为为人)思想，并分别就东方管理"三为"思想的理论实质和实践指导意义展开深入的讨论。

书中以大量的事实和充分的案例说明，东方管理的思想理念符合21世纪人类社会和经济发展的潮流，未来世界的发展将必然选择东西方管理思想融合，共同促进社会经济进步的道路前行。难能可贵的是，苏门弟子们不仅能够融会古代东方管理文化的精神实质，归纳总结甚至在一定程度上提升了东方各民族优秀文化中有关管理思想方面带有普遍性的内容，更能够追踪研究当今西方管理理论界的学科前沿，取其精华，洋为中用，并同时深入剖析西方管理的"失灵"，鞭辟入里。为此，苏老师在研究中根据每个人自身的特点，充分调动其优势，并结合讨论集思广益，启发创新，作了大量的铺垫工作。

在科学地界定东方管理的内涵、本质及其研究对象、研究方法,并系统完整地梳理出这门新兴的"古老"学科的整体脉络方面,《东方管理》在国内外都属于首创,可以说是我国社会科学界具有"专利"性质的研究成果,意义重大。其重大意义不仅仅只是体现在人们通常所说的填补国内外的学术理论空白上,更重要的是为下一步东西方管理思想和方法的交流打开了一条通道,建立了一个能够彼此对等交流的平台,极大地方便了东西方管理之间的融合与相互促进。

值得一提的是,即便如此,为《东方管理》一书的书名,苏老师仍然曾经斟酌再三,最后因为对于书中的一些缺憾感到不满,坚持将书名中的"学"字拿掉。这段鲜为人知的轶事,充分反映了苏老师极为严谨的科学态度和求实作风。我们因此也可以期待,作为复旦大学百年校庆献礼丛书之一的"东方管理学派著系",将会有更精彩的研究成果呈现给大家。

可以说,以苏东水教授为首的东方管理学派的兴起,弥补了以往对东方管理的研究局限在用西方人的理论和观点来解释和论证东方管理实践的缺陷,因此就从根本上赋予了东方管理研究一个全新的平台,使得今后东方管理的理论研究和实践总结可以完全摆脱西方管理的桎梏,得到全新的发展。同时,苏老师十分注意东方管理理论的通俗化和实用性,也使得该理论更容易被大众所接受,走进寻常百姓的日常生活,为百姓所乐于接受和实践,必将有助于其成为新世纪的"显学"。例如,东方管理学提出的"三为"思想对于新世纪国家和社会伦理道德体系的重塑、企业文化的建立和完善、市场经济体系和诚信制度的发育与发展以及居民自身道德文化素质的提高,都具有极强的指导意义。另外,东方管理学中"无为而治"思想,与当前我国国有资产管理体制改革中提出的"抓大放小""有所为有所不为"的改革原则也可谓"不谋而合"。江泽民同志在布什图书馆的演讲中用中华民族"诚、信、和"的优良传统,来倡导世界未来的多极发展与和谐统一,正是对东方管理优秀思想的肯定和发扬光大。

苏老师50年从教生涯的孜孜追求,如今已经硕果累累,不仅培养出了大批优秀的博士后、博士、硕士以及各种企事业高级主管人员,而且也为复旦大学争取到了产业经济学国家重点学科和企业管理博士点、应用经济学和工商管理博士后流动站资格,为复旦大学一大批博士生导师的成长,为这些学科的发展开创了广阔的空间。要做到这些,没有海纳百川、不计门派前嫌的宽广胸怀,是根本无法完成的。我们这些做弟子的,跟随苏老师学习、研究东方管理的过程,也就是我们在苏老师身边亲身经历和体味、学习他的伟大人格魅力的过程,也就是我们人生经历的一段历练,实在是获益匪浅。

如今,作为学生,躬逢苏东水教授从教50周年,我们给他老人家最好的祝愿,莫过于将他老人家亲手开创和缔造的东方管理学研究基地继续巩固壮大下去,发扬他持之以恒的工作作风和学风,在各自的工作岗位上亲身实践和宣传东方管理理论,为东方管理学研究的繁荣和兴旺添砖加瓦。

**作者简介:**赵晓康,时任东华大学旭日工商管理学院企业管理系教授,曾跟随苏东水教授从事博士后研究。

# 林善浪：大师风范，人生楷模

苏东水教授是我国著名的经济学家、管理学家和社会活动家，著作等身，桃李满天下，在国内外经济学界和管理学界享有盛誉。2002年我有幸师从于苏老师门下，在苏老师的带领和指导下，我参与了应用经济学和东方管理学的研究，以及一系列其他科研活动。他对我的学业精心指导，对我的工作和生活热情关怀，倾注了大量的心血。每当我看到他那消瘦的脸庞，心中总不禁升腾起一股深深的感激之情。今天，借苏老师执教50周年庆祝会的这个机会，我勾勒一下我心目中苏老师的形象，以表达对苏老师的爱戴与崇高敬意。

苏老师的第一个形象：和蔼可亲，平易近人。2000年5月，我和福建其他7位青年学者受福建省人事厅的委派，到复旦大学做访问学者。在这之前，许多人知道苏老师的大名，但还从未见过。在我们的想象中，苏老师这样的大师级专家应该是八面威风的形象。在报到那天，我们乘车到复旦大学大门时，只见一位中等身材、衣着俭朴、消瘦的脸上满是笑容的老同志迎了过来，那就是我们仰慕已久的苏老师。苏老师和我们这些大龄学生一一握手，他的眼神和蔼可亲，手心温暖厚实。他的亲切平易使我们一见如故，再也没有拘束。更让我们感动的是，他亲自带着我们四处联系住宿，从南区到北区，又从北区到南区。从此，我们和苏老师结下了不解之缘。在我们面前，苏老师一双睿智的眼睛总是蕴含自信与祥和的微笑，那翩翩君子的风度更是令人高山仰止。

苏老师的第二个形象：学识渊博，才思敏捷。我每次到苏老师那里请教，发现苏老师不仅具有非常深厚的管理学功力，而且具有丰富的经济学各学科的知识，似乎无论是什么问题都能给你提出非常具有启发性的学习和研究建议。在苏老师的谈话中经常充满了哲人的智慧，特别善于从实际出发捕捉经济学和管理学研究的重大课题，又使这些研究建立在厚重的理论基础之上，并不断推动理论的创新和发展。苏老师的渊博学识和创新思维，体现在教学和科研的每一个细节上。无论在讨论课上，还是在研讨会上，苏老师总结发言之时，往往就是硕士生、博士生、访问学者和进修生最兴奋的时刻，大家无不佩服苏老师的概括、抽象能力。特别是他的观察之细，剖析之精，感悟之深，见解之独到，令人惊叹。这是源于苏老师坚实的理论素养，广博的知识，开阔的视野。苏老师经常告诫我们：无论是学习和研究经济学，还是学习和研究管理学，都要扎扎实实地打好理论基础，不要浅尝辄止，要刨根问底，不要一知半解；要立足于中国国情，古为今用，洋为中用，与时俱进，不断发展，不要把眼光老盯在外国的月亮上。

苏老师的第三个形象：和风细雨，诲人不倦。有人说，教师是红烛，照亮别人燃烧自己，用牺牲自我博取光明一片；有人说，教师是春风，唤醒万物驱赶严冬，用和风细雨滋润万物生灵。在我的心目中，苏老师就是这样的"红烛""春风""细雨"，兢兢业业，虚怀若谷，诲人不倦。在东方管理学派著系中，我和华侨大学张禹东教授负责撰写《华商管理学》。2003年12月的一天，苏老师在泉州对我们进行指导，谈古论今，纵横捭阖，耐心地讲解了《华商管理学》的创意、主题、思路，以及与《东方管理学》《中国管理学》的关系。到了晚上，苏老师应酬结束后打电话给我，让我到他下榻的地方继续讨论写作提纲。我看了一下表，那时已经快10点了。当晚，苏老师对《华商管理学》的研究对象、内容体系、章节布局都进行深入的分析，一直到晚上12点。最后确定下来的《华商管理学》的写作提纲，就是苏老师一次又一次像这样长时间、不厌其烦的指导下形成的。每当撰写《华商管理学》书稿时,我的脑海会浮现出一个年过古稀的慈祥老人的形象,油然而生崇敬之情。

苏老师的第四个形象:高屋建瓴,厚积薄发。苏老师长期致力于经济学、管理学的研究和教学,以敏锐的思想、敢于创新的勇气和胆识,一直站在经济理论和管理理论的最前沿和制高点,走出一条坚实而富有成效的治学道路。如今硕果累累,已出版专著近80部计千余万字。其中,大家熟知的《国民经济管理学》发行量已超过300万册,《管理心理学》4次再版,20多次重印,发行量超过100多万册,《中国管理通鉴》和《东方管理》成为东方管理思想的集大成者和东方管理学派创立的标志性著作。特别是苏老师不遗余力地研究和倡导的东方管理学派,在国内外管理学界独树一帜。早在20世纪70年代中期,苏老师就开始探讨《红楼梦》的管理思想,创造性研究古代管理思想的现代价值,步步深入,锲而不舍,30年磨一剑,如今已经构建了具有中国特色的、系统的、逻辑严密的理论体系,即将面世的东方管理学派15本经典著系就是一个具有历史性意义的重大成果。东方管理学派以中华优秀传统管理文化为核心,不断汲取世界各民族管理文化之精华,是一套开放而不是封闭的体系,是一套不断发展而不是僵化的思想,是一个立足于中华民族特质和管理实践而不是生搬硬套外国管理学的理论。经过几十年的深思熟虑,苏老师把东方管理学的本质概括为"以人为本,以德为先,人为为人",把东方管理要素概括为道、变、人、威、实、和、器、法、信、筹、谋、术、效、勤、圆等十五个字,把东方管理学派的理论体系划分为"三学"(即东方管理学、中国管理学和华商管理学)、"四治"(即治国学、治生学、治家学和治身学)、"八论"(即人本论、人德论、人为论、人道论、人心论、人谋论、人缘论和人才论)。这些概括和提炼,凝结了苏老师几十年的智慧,体现了深厚的造诣。现在,苏老师又致力于东方管理思想的教育与传播工作,设立了东方管理学硕士点和博士点,通过"传道授业"实现东方管理学派"经世济民"的理想。苏老师之所以长期坚持东方管理学的研究,是因为他很早就认识到管理思想向东方回归的历史趋势。他多次说过:"最有希望、最有创造性的管理理论往往产生于经济迅速起飞的国家和地区。""随着中国改革开放伟大实践的深入推进,以及儒教文化圈和海外华商的迅速崛起,随着中国加入WTO、申奥成功、申博成功,东方管理学理论迎来了前所未有的发展机遇。"苏老师对东方管理学的近30年坚持不懈的钻研,反映了一位学者敏锐的洞察力,也体现了一位学者高度的历史责任感和可贵的治学品德。

苏老师的第五个形象:治学严谨,精益求精。从2002年开始,苏老师带领我们撰写《应用经济学》。应用经济学作为经济学的一级学科,包括了11个二级学科,涵盖的内容十分广泛。一开始,我们对《应用经济学》的研究对象、内容体系都一头雾水,没有任何头绪,甚至怀疑能否写得出来。苏老师深入地分析了撰写《应用经济学》的意义和独特的研究对象。他认为,长期以来,西方经济学被分为宏观经济学与微观经济学两大部分,宏观经济学是以国民经济总量为研究对象,微观经济学以单个市场主体的经济行为为研究对象。但是,在现实经济生活中,在宏观经济和微观经济之间还存在着像"产业"这样的中间层次。过去,我们根据不同的部门建立众多的部门经济学,又使经济学的学科体系变得支离破碎。从经济学和管理学关系的角度看,按照传统的学科分工,经济学主要研究组织外的资源市场配置问题,而不研究企业内部管理问题;管理学则主要研究组织内资源的计划(行政)配置问题,而不研究组织以外的企业行为。然而,就企业的实际情况而言,企业外部的经营行为和企业内部的管理行为是交织在一起的,难以被分割开来。因此,有中国特色的应用经济学可以而且应当打破经济学和管理学、宏观经济学和微观经济学的严格界限,深入分析我国国民经济各个具体环节的经济活动及其发展规律、运行机制,特别要涵盖宏观经济学和微观经济学所不能顾及的介于经济总量和经济个量之间的中间层次问题;既要重视对国民经济活动的理论分析和实践经验的总结,又要重视对人的行为规律的研究,其核心问题就是"人为为人"。苏老师对有中国特色的应用经济学的分析和定位,使我们茅塞顿开,豁然开朗。可是,应当如何构建应用经济学的理论体系,又是一个难点。苏老师经过几年的边教学、边研究、边构思,最后形成了企业、市场、政府和社会等四篇的理论体系。初稿形成以后,苏老师从观点、方法到字词句章、标点符号都细细地改过,甚至连扉页的内容提要都亲自琢磨厘定,几易其稿,到付印时已经改得面目全非了。通过参与撰写《应用经济学》这本书,我真正理解了"大师"的分量,不仅要具备不同寻常的洞察力,能够曲径通幽,指点迷津,而且要具有精益求精的治学精神。

苏老师的第六个形象:德艺双馨,大师风范。"学高为师,身正为范。"苏老师不仅学问博大精深,堪为人师,而且为人正派、耿直、善良,对学生总是给以慈父般的关怀,对朋友真诚相待、热情帮助。在苏老师的活动中,除了精心指导硕士生、博士生、访问学者、进修生和参加国内外的学术会议外,每天还要从百忙之中抽出大量时间处理来自全国各地的各种评审、咨询、征求意见、写序言、写鉴定,或者求助、求教等繁多事务。我拜访苏老师时,敲门进去,几乎每次都有客人。这些客人中,有老有少,有男有女,身份各异,但无论是谁,都仿佛是苏老师的老熟人、老朋友一般,苏老师总是热情地接待每一位来访者,问寒问暖,关怀备至,令每个来访者倍感亲切。苏老师的夫人张云姗女士慈祥温柔,和苏老师一样具有闽南人特有的淳朴气息和热情好客的性格。"以人为本,以德为先,人为为人"是东方管理的核心,也是苏老师为人的形象概括。

我认识苏老师的时间不算长,贫乏的语言也难以准确地刻画苏老师崇高的形象,但他那渊博的学识、严谨的治学态度、勇于创新的科学精神、宽以待人的博大胸怀,给我留下深刻的印象,将是我终生的榜样,是我在崎岖的科学道路上和漫长的人生旅途中取之不尽的精神力量。

**作者简介**:林善浪,时任福建师范大学经济系主任、教授,2002年被福建省人事厅选拔跟随苏东水教授从事一年的访问学者研究。

## 罗进：苏老师的"为女者之三种境界"

前几天到上海出差，办完事便直奔中山南二路我们心目中最温暖、最有归属感的小屋，看望半年多未见面的苏老师和师母。天色几乎全黑了，苏老师全家已用过晚餐，但好客的师母还是同往常一样，不到 10 分钟，一道道做工考究、味道鲜美的福建特色佳肴便端上了桌。外面寒风冽冽，屋内热气腾腾，想起自己忙了一天还没来得及吃上一顿正餐，也便在师母的盛情邀请下半推半就地坐上了餐桌。师母不停地往我碗里夹菜，苏老师也坐过来说话："工作还忙吧？你出来孩子谁在管？""我最不放心的就是你们这些女学生……"

不知多少次，一想到在这温暖小屋以及复旦李立山楼 903 室发生的一幕幕，我常常会情不自禁地流下眼泪。这泪水交织着对苏老师学识和人格的折服与敬重，交织着作为学生对有机会受教于德高望重的导师的庆幸与感激，交织着作为知识女性能够被像导师这样的社会楷模所理解与关爱的复杂心情，以及由此而带来的个性释放与创作激情……

话又回到师母营造的颇具中国传统氛围的晚餐桌上，我们谈到 1996 年 IFSAM 巴黎会议上王家瑞师兄、何志毅师兄的精彩演讲和在罗浮宫广场与李大潜教授的邂逅，聊到 IFSAM 西班牙会议时师母和廖泉文师姑在学生公寓内组织的有趣晚餐、讲到 IFSAM 蒙特利尔会议期间中外学者济济一堂在沈荣芳教授家中的聚会，以及苏老师同张阳师兄、陈志诚教授在理事会上为争取 2008 年 IFSAM 会议于上海召开的整个过程和大家力争办好这次国际会议的信心和决心。

苏老师记忆力很好，几年前的许多细节都记得非常清楚。忽然，我脱口而出："苏老师，您到底有多少女学生？""哦，倒真没有统计过，让我来看看：伍华佳、邸阳、庄莉……"严谨的苏老师最后干脆戴起老花眼镜捧出所有的学生名册一一数了起来，"一共有 128 位！""那博士以上的呢？""博士、博士后加起来有 25 位！"苏老师无比自豪地说道。

真是可歌可贺啊！我不禁想起 1995 年我报考苏老师博士生的情景。由于求师心切又不懂规矩，我便冒昧地给苏老师写了封信，苏老师让当时在读的博士生吴清师兄给我回信。因为我的名字和笔迹都不像女性的，刚开始吴清很认真负责地告诉我应该怎么复习报考之类的细节，但当他知道我是女性时，当即变脸，冷淡而惋惜地说："放弃吧！苏老师不收女弟子！"无奈之下我四处打听，发现苏老师那么多年来确实只有一个女博士生伍华佳，她非但精通日语，还是日本中央大学的高才生。相比之下我着实自惭形秽，心凉了许久。

10 年过去了，苏老师桃李满天下的花果园中实实在在增添了许许多多风格迥异、色彩绚丽的花朵。苏老师怎么从"不收"女弟子、到"收"进而"丰收"呢？个中缘由至今仍然不得而知，有好几次话到嘴边也没敢问出。大概自觉惭愧吧，自己才疏识浅，"混"入苏门后，给苏老师教学和研究工作增添了不少麻烦。如今还好意思去问？

近年来，苏老师的研究成果更加辉煌，大量专著相继问世，东方管理研究独树一帜，在国内外学术界引起极大反响。当然，苏老师着力要研究的是国家宏观经济与产业经济的关系，是东西方管理文化与理论的系统比较，是怎样做到"人为为人"实施"修身、齐家、治国、平天下"的大学问，而偏偏这个时候，呼啦啦地眼前冒出这么多女学生，不是这个碰到问题，就是那个出现烦恼，于是导师闭门三思后，给学生们谈到了"为女者之三种境界"这么个话题。

天下成大事业、做大学问者必须首先学会做人。怎样做人呢？"以德为先，以人为本，人为为人"，苏老师早已经教导过我们。针对女性的特殊性，苏老师兴起时会脱口而出：为女者之三种境界也："衣带渐宽终不悔，为伊消得人憔悴"，此乃第一种境界；"生当作人杰，死亦为鬼雄"，此为第二种境界；"回首向来萧瑟处，归去，也无风雨也无晴"，此是第三种境界。

　　"衣带渐宽终不悔，为伊消得人憔悴"。能够心甘情愿地为自己所爱的人和事，包括自己的丈夫、儿女、父母、朋友乃至事业付出一切，这样的女人是何等伟大，又是何等美丽。只为付出，不计得失，不求回报，这是中华妇女崇尚的传统美德。苏老师常常会稍微提高声音说道：要达到这种境界，关键要做到"终不悔"，无论招受多大磨难，无论别人看来多么可怜，她们自己处之泰然、浑然不觉，可能这正是"终不悔"的女人最幸福的道理。显然，要修炼到无怨无悔、知足常乐，而又结局圆满，确实不是一件容易的事。故此为女人的第一种境界。

　　"生当作人杰，死亦为鬼雄。"女词人李清照的千古绝句道出了小女子的豪迈气概。苏老师有时也会笑呵呵地问道："你们都想做女强人？呵……"那是何等的一类女人？她们一定要鹤立鸡群、出人头地，当然首先必须是优秀的、魅力四射的、智商过人的。她们相信顶天立地者并非只是男儿，妇女也能顶半边天。也许她们是英国前首相撒切尔夫人，是惠普总裁费奥瑞纳，或者眼下众多叱咤商界的所谓"女强人"。在以男性为主流的充满激烈竞争的社会中，她们决不会儿女情长，该了则了、该断则断；她们目标坚定、自信自强；她们挥洒香泪，奋力攀登，在人类历史上留下了一道道清新亮丽的风景线。不过，或许当她们真的如愿"会当凌绝顶"时，可能又该感叹"高处不胜寒"了。但无论怎样，即便只是曾经拥有，但也属古今难求，我们被她们的精神所感动，为她们的成就而喝彩。所以说，成为"女中豪杰"乃做女人的第二种境界。

　　"回首向来萧瑟处，归去，也无风雨也无晴。"出自苏轼《定风波》中的词句，道出了一种处变不惊、安之若素的人生态度。"尤其是女同学，不要只顾事业，家庭也很重要喔！"苏老师和师母经常告诫我们。归去，既可以理解为回到家庭，也可以扩展为回到自然、回到原本、回到真我。这是一种与社会环境和谐共处的成熟心态：成功时不自满，失败时不气馁，无论功成名就还是遭遇挫折，始终保持镇静与乐观，这是何等宽广的胸怀与气度啊！潇潇洒洒，轻轻松松，既不要无为地付出，主动放弃自我；也不要剑拔弩张、永不服输。在这个纷乱复杂的社会中，只有懂得控制自己的女人，才会收放自如，不以物喜，不以己悲，任凭外面风吹浪打，永远保持内心的平静与独立。所以说，能够在学业、事业和家庭中寻求平衡的女人最懂得生活的艺术，可以在过去、现在和未来中不断进取而又保持真我的女人最具有生存的智慧。是故，"大起大落后的回归"，是做女人的第三种境界。

　　从苏老师家中出来，只见月光如水，内心更是一片清明。街灯亮了，我大步往前走去。

**作者简介**：罗进，时任深圳安远投资集团有限公司副总经理，曾是苏东水教授的博士研究生。

# 胡月星：感谢我的导师

苏东水先生是复旦大学首席教授,东方管理学派的奠基人。早年曾就读于厦门大学企业管理系,毕业后,曾在国家重工业部、上海社会科学院、上海财经大学等部门任教,从事科研工作,后来才到复旦大学管理学院任教。在我刚上大学的时候,先生就已经是高等学府的知名教授,在国内外学术界闻名遐迩。当时系里为我们开设的《管理心理学》就是苏先生撰写的,拿到书时,如获至宝,觉得先生真是了不起。因为那时候,中国心理学界还处在复苏和发展时期,我们用的心理学书多数还是从国外翻译过来的,大部分内容是沿袭前苏联时期的格调。苏东水先生的《管理心理学》一书,对中国管理心理思想的概括和系统阐述,令人耳目一新。可以说是苏先生最早将我们领入到管理心理领域,正是苏先生思想的启发引导,才使我们有幸步入东方管理的神奇殿堂。2002年当我坐在台下聆听苏先生讲授的《东方管理》时,心情非常激动,可谓感慨万千。屈指一算,时光在不知不觉当中已经整整流淌了20个年头。

我现在已经40出头,虽然年龄还不显大,但也算是一个经历比较曲折的人。从大学讲师、副教授到教授我都一步步走过了,在党政机关,我从一般秘书、主任科员到处长也都经历过,工作经历从地方部门到中央机关,从高校教师到党政机关干部也反复了几个来回,先后在陕西、宁夏、北京、苏州和上海等地方的高校、机关学习和工作过。回首往事,自己从西部地区一个默默无闻的小乡村走出来,成为国家机关干部,再发展到今天的大学教授,能够站在宽敞明亮的教室里给研究生们讲课,这是多么的不可思议！现实中的一切,绝不是凭空得来的,其间凝聚着多少老师的悉心培养,尤其是成为苏东水先生的博士生,得到东方管理思想的陶冶熏染,是我一生中的最大殊荣。

先生通达儒雅,博闻强记,阐述东方管理思想挥洒自如,对百家诸子学说,如数家珍。听先生授课,许多的疑团顿然消解,茅塞顿开。以前我们在听课或讲学的时候,总是纠缠在各种概念和理论的重复演绎中,自己越看越纳闷,越琢磨越不明白。相对于东方管理理论学说而言,刚接触的时候如坠云雾当中,但先生高屋建瓴,拨冗理繁,点明要害,娓娓道来,在我们面前展现了一幅幅东方管理思想宝库的绚丽画卷,让弟子们徜徉其中,领悟意境,流连忘返,品尝真妙。

苏先生将东方管理文化简要概括为"三、六、九"和东方管理十五个要素。其中,"三"就是"以人为本、以德为先、人为为人"。这三条是东方管理文化中最精彩的部分,也是现代管理心理研究最值得吸取的东西。我们现在也讲"以人为本",但在以人为核心,尊重人的生存价值与尊严方面做得还很不够。面对道路塌陷、拆迁纠纷和各种矿难事故的频频发生,各级政府官员还应当进一步加强"以人为本"的学习教育,牢固树立"以人为本"的执政理念,努力体现"以人为本"的原则精神。"以德为先"强调的是道德伦理的作用,要求管理者先"修己"再"安人"。而我们现在的个别领导干部是先"安人"再"修己",把人管住制服了,让下属老老实实听话,再说自己应当做的事情。有的领导在台上大讲廉洁自律,而在台下大肆收受贿赂,把这个基本原则搞颠倒了。"人为为人"与"以德为先"是相辅相成的。"正人必先正己",每一个管理者首先注意自己的行为和修养,然后从"为人"的角度出发,来从事、控制和调整自己的行为,创造一种良好的人际关系和激励环境,使人的能动性、积极性得到充分的发挥,为人类社会更好地服务。"三为理论"概括了东方管理理论的精髓,是古老的东方管理文化思想的高度提炼,对指导我们的管理实践活动具有重要的现代意义。

苏先生总结的东方管理学15个要素,更是让我们眼界大开。苏先生指出,就管理哲学思想而论,东方管理包含有道、变、人、威、实、和、器、法、信、筹、谋、术、效、勤、圆等15个方面,每一个方面都有其精妙高深之处。道,是指治理国家、政党建设的客观规律;变,是应变,就是要根据社会发展的基本规律随机应变,也就是今天我们强调的与时俱进的意思;人,就是要处处以人为本,时时要把握人心,要不遗余力地得人才,千方百计地培养人才,用好人才;威,是权威,是影响力与号召力,这是管理的基础,许多现实问题的解决都要靠权威的作用;实,指要从实际出发,实事求是;和,指和谐,以和为贵,任何疑难问题的成功解决,都要建立在天时、地利、人和的基础之上;器,就是工具,要大力发展科学技术,开发先进的生产工具,古人云:"工欲善其事,必先利其器";法,就是法则,这乃治国之本,必须维护法律的尊严,严格依法办事;信,是诚实守信,这是做人做事的起码准则;筹,是决策、规划,要懂得运筹帷幄,提升战略思维能力;谋,是思路、办法,要科学规划,讲究巧妙;术,则要求正确地运用手段、方法和策略,因势利导,有效利用各种资源,实现优势互补;效,指效益,也就是说办事必须减少成本,注重提高效率和效益;勤,提倡务实勤勉,节约民生;圆,是圆满,是管理的最高境界,也就是力求使人、财、物的使用处于合理、最佳的协调状态。

15个管理要素,凝重深厚,集东方管理文化之大成,凝聚着东方管理思想的智慧结晶,是管理大师传授的15字真言,对现实具有重要的启发借鉴意义。"道"要求我们要治理好国家,必须注重治国的客观规律。"变"要求我们要善于创新,要坚持与时俱进,决不能故步自封。如何依据"道"的原理,采取"变"的办法,其中可谓博大高深。15个要素,共同谱写成东方管理的经典乐章,跌宕起伏,气势磅礴,蕴意深刻,苏先生逐一解读,让人陶醉,联系现实,句句珠玑。每当听到苏先生的精辟讲解,犹如醍醐灌顶,酣畅淋漓,是莫大的精神享受。

先生学识渊博,为人谦和,堪称学者风范。蒙先生提携,作为东方管理学派晚辈,得以登堂入室,聆听教诲,品味观摩,获益匪浅。在东方管理理论的熏陶引导下,短短两年间,连续出版了四部领导心理、领导人才方面的专业书籍。在中国社会科学出版社出版的《现代领导心理》一书中,先生欣然作序嘉勉,拳拳之心,终生难忘。衷心感谢先生给了我们宝贵的知识,感谢先生教给了我们如何学习知识运用知识的本领和方法,更感谢先生教给我们如何做人的道理。寥寥数语,意犹未尽。借先生执教50周年和第八届东方管理论坛开幕之际,敬献拙文,以表敬意与庆贺。

祝苏先生和师母健康长寿,幸福安康!

**作者简介:** 胡月星,时任苏州大学领导科学研究所常务副所长,曾是苏东水教授的博士研究生。

# 邸杨：心声

9年前的上海深冬，远没有今天那样令人倍感"温暖"。每当用心享受这份温暖时，我都会不自觉地念起一位让我终生难忘的可敬可亲的慈祥老人，他就是我的恩师——德高望重的苏东水教授。

那年，我放弃了大学教授职位，放弃了平静安逸的生活，离开丈夫和年幼的女儿，撇下病榻上已经危在旦夕的公公，只身一人来到上海，带着已久的期盼，慕名投师苏东水教授。由于苏教授的知名度非常高，报考的学生简直可以说是门庭若市，然而录取的名额却又少得可怜，竞争态势可想而知。我不愿用"火爆"二字来形容当时的报考场面，因为对我来说，那无异于"冷凝"，从头顶凉到脚跟，加上上海冰冷的天气，更是让我感到不寒而栗。

早有耳闻苏教授学问高深却平易近人，尤其见长识才、爱才，然而百闻不如一见。我还清晰地记得，当我心怀忐忑第一次推门走进苏教授的办公室，接受面试时的那一刻，他那双温暖的大手和他那一句发自内心朴素的关切话语"你真不容易呀！"犹如一股暖流涌上心头，使我旋即恢复了近乎失去知觉的温度。之后，在他颇具韬略的引领下，我们从经济学原理谈到国家经济现象，从国家的宏观经济政策畅谈到微观经济细胞……他的眼神中始终充溢着智慧、思想，他对社会现象的富有哲理的经济学解释不断启迪着我，更令我感叹不已。我同时从他的眼中也窥视到了希望……或许由于我的经历和执着的性情感动了苏教授，也或许他发现了我谈话中流露出的可塑性，抑或两者兼而有之，总之，他最终接受了我。

我从心底里无数次地感激苏教授为我提供的深造机会，以至无以言表。因为他几乎完全改变了我的人生轨迹，包括我的职业生涯、学术境界、处世哲学乃至生活方式，使我得以叱咤国际大公司，释放更大的工作潜能。从师苏教授，我不仅学习和领悟到何谓和何以"以人为本，以德为先，人为为人"，更亲身感受了一位言传身教、严于律己的教授，是如何将潜心打造的理论体系渗透到灵魂深处的每个细胞，足见其习、德底蕴的深厚。苏老年事已高，却始终无心坐享那早就应该属于他的天伦之乐。无论躺在病榻，还是疲惫地依偎在沙发上，他都不会忘却那手头一届又一届的审阅中的博士论文。每当遇到此情此景，都会引起我阵阵心酸，我总会重复一句我多次重复过的话"还是'收山'吧，身体要紧"。而苏老每次又都是淡淡地回应一句："怎么可以？有那么多学生渴望深造呢。"我知道我们是无法撼动他放弃他从教五十载并深爱着的事业，他也不忍心将任何一个求学心切的才子拒之门外，能够尽其所能多为国家培养一个人才，似乎是他最大的希望和寄托。我为之感动，更为之无私奉献的精神和高尚的思想品质所感染。

我是幸运的，有幸成为苏老的学生；我是沉重的，良知告诉我有责任将苏老的精神传承并发扬光大。只有这样，才对得起精心栽培我们的恩师、我们的长辈。苏教授将是我们终身的楷模。

值此苏老执教50周年之际，我谨代表我的全家向苏教授深切地道一声："苏老，您多保重！"

**作者简介**：邸杨，时任上海贝尔阿尔卡特股份有限公司副总裁、首席战略官，曾是苏东水教授的博士研究生。

# 郭英之：有感于苏东水先生的东方管理学思想

2004年岁末，时值苏东水老师执教50周年之时、复旦大学百年华诞来临之际，特写一些感想，以表达充盈于内心的对国内外享有盛名的管理学家、经济学家和社会活动家、东方管理学派创始人、中国管理学界的一代宗师、复旦大学首席教授、博士生导师、苏东水老师深深的敬意和由衷的感激之情。

## 一、有幸于苏东水老师东方管理学的学习机会

当我从中国科学院地理研究所博士毕业，有幸于1999年9月进入复旦大学工商管理博士后流动站，特别是师从国内著名的产业经济学家、东方管理学思想家苏东水教授以及工商管理学著名专家芮明杰教授两位博士后合作导师时，激动和景仰之情可想而知。我是基于以下几点原因进入复旦大学工商管理博士后流动站的。

在中国科学院地理研究所博士学习期间，我在博士论文的资料收集与研究写作过程中，除了加强对地理学的理论学习外，由于论文的写作需要，还涉猎和阅读了大量的有关经济学、管理学、心理学、历史学等方面的研究资料和成果，深感学海无涯、学无止境。

尽管自己的博士学位论文答辩得到了由地理学专家组成的毕业论文答辩委员会的高度评价，包括中国科学院院士吴传钧先生，以及时任中国科学院地理科学与资源研究所所长、现中国科学院院士陆大道先生等地理学界知名专家的高度评价，成为中国科学院当年的优秀博士毕业论文之一。但在专家们的指点下，我深感两点不足：一是论文的完善实际上还需要今后更深入的研究；二是迫切感到自己还需要深入管理学相关理论的深造。

20世纪80年代中国旅游业伴随着中国改革开放和经济建设的发展而迅猛发展起来，由于中国经济发展的需要，中国许多高等院校和科研院所的地理、历史、经济、外语、管理、环境、城市规划等院系所，都陆续设置了旅游专业或方向。在我博士毕业之际的90年代末期，国务院学位委员会已正式将旅游管理专业归并到工商管理一级学科下。

当时我博士毕业之后，可以有几种选择深造的机会，包括到北京大学、南开大学、南京大学、中山大学、复旦大学等相关博士后流动站学习的机会。为了慎重起见，我特地向中国科学院院士、地理学知名专家吴传钧先生请教，吴先生特别建议我到复旦大学，认为上海是中国的经济贸易中心，而复旦大学的经济管理研究在国内非常知名。因此，在中国科学院院士李大潜先生的引荐下，我终于如愿以偿，于1999年9月进入了复旦大学工商管理学博士后流动站。

进入复旦大学工商管理博士后流动站的第二天，就得到了时任上海市党委书记、现国务院副总理黄菊的亲切接见，让我这个中国北方的学子倍感上海的亲切和温暖。在复旦大学工商管理博士后流动站两年的研究工作期间，在博士后论文的开题、中期和出站期间，我得到了工商管理博士流动站的知名专家苏东水、芮明杰、薛求知、李若山、张文贤、许晓明等教授的指点与帮助，深切体会到自身的差距与不足。

特别是博士后流动站研究期间，两位博士后合作导师苏东水教授和芮明杰教授给予的指点、帮

助与关心,更令我终生难忘。

## 二、有悟于苏东水老师东方管理学的思想真谛

几年来,我对苏老师东方管理学的学术思想有以下深刻体会,并深切感到如何将苏老师的学术思想与旅游管理学科相结合,是我今后应深入思考和研究的重要方向。

第一,深切感悟到苏老师创建的东方管理学思想的博大精深。苏老师作为东方管理学派的首倡者,为弘扬以中华优秀文化为核心的东方管理思想,自20世纪70年代中期起,经历艰苦探索,寻求古今中外管理学科之精华,首次提出了东方管理的"以人为本、以德为先、人为为人"的"三为"创新观念,并在国内外得到了广泛传播与应用。而如何将苏老师的东方管理学思想与旅游管理学科相结合,是我本人今后需要深入思考和研究的方向之一。

第二,深切感悟到苏老师创建的东方管理学思想的鲜明特色。苏老师认为,东亚和中国经济的腾飞,是以人类先进文化为动力,以树立人本、人德、人为、人和、人诚之价值观为准则,同时认为世界华商成功之道,乃以人缘、人道、人谋、人心、人才之原理,有效运用诚、信、和、俭、搏、善之管理文化。苏老师认为,东方管理思想的目的是,促进中华民族伟大复兴,发展中国产业经济,致力服务于中国市场经济,并促进社会管理和文化教育的发展。而如何将苏老师的具有鲜明特色的产业经济学思想应用于具有中国特色的旅游产业经济学,是我本人今后需要深入思考和研究的方向之二。

第三,深切感悟到苏老师创建的东方管理学思想的现实意义。东方管理思想的有效应用可以提升产业竞争力,增强综合国力,亚洲国家经济和现代化成功的经验表明,东方管理提升了这些国家产业的国际竞争力,东方管理是中国改革开放、现代化建设的有效手段之一,也是跨国企业管理本土化的有效手段之一。而如何将苏老师的具有现实意义的东方管理学思想,应用于中国旅游业的发展与实践,把中国建设成为世界旅游强国,是我本人今后需要深入思考和研究的方向之三。

第四,深切感悟到苏老师创建的东方管理学思想的巨大影响。苏老师非常热爱高等教育事业,在复旦执教期间,培养出硕士200余人、博士90余人、博士后50余人。而以复旦大学学者群为主体的东方管理学派的专家学者、学子和企业家200余人,为创建和发展苏老师的东方管理学科著书立说,并将理论应用于实践,可谓硕果累累。如何将苏老师的具有巨大影响的东方管理学思想,应用于中国旅游产业和旅游企业的实践,适应全球经济一体化下的中国旅游业发展需要,是我本人今后需要深入思考和研究的方向之四。

## 三、有叹于苏东水老师东方管理学的身体力行

从进入复旦大学工商管理博士后流动站到留校工作以后,我时时为苏老师侃侃而谈、气度不凡的大家风范而折服和倾倒,苏老师治学严谨、学识渊博,其言传身教和悉心关怀令我终生敬仰和受益。苏老师卓越不凡的组织才能、睿智博学的敏锐思维、鞠躬尽瘁的敬业精神、气度恢宏的人格魅力、德艺双馨的聪明才智、孜孜不倦的务实教诲、平易近人的大家风范、言传身教的工作作风、求实治学的研究态度、出类拔萃的表达能力、体贴入微的人情练达,更使我由衷地钦佩和赞叹。

东方管理学思想的研究本质在于应用于中国经济建设,为了将所学知识应用于旅游实践,苏老师曾力荐我到一家旅行社任总经理,这里要特别感谢苏老师的鼎力支持与理解关心。特别是这几年来,在苏老师东方管理学思想的耳濡目染下,我明白了自己今后应努力的方向,更明白了只有将

旅游学科的理论研究与实践相结合,将东方管理学和产业经济学进行有效结合,才能极大地开拓研究思路与视野。可以说,苏老师东方管理学的思想对我的研究思路和治学态度产生了重大的影响。

令我深感不安的有三点,一是自己才疏学浅,无法将苏老师的东方管理学思想和观点有效及时地应用到旅游学科的研究和实践中去;二是平时没能多与苏老师进行有效沟通,对许多问题没能及时感悟,使自己走了不少弯路;三是作为学生,我深切地感受到苏老师人格魅力的同时,也感受到距离苏老师所希望的巨大差距。

## 四、有感于苏东水老师东方管理学的同道挚友

几年来,有机会与苏老师的同道挚友以及同门学子有各种各样直接或间接的交往,深切感受到了苏老师对同道挚友的深厚情谊和对莘莘学子的殷切教诲,使我有机会在生活与学习的道路上又认识了许多良师益友,也一起共享了许多快乐时光。他们对事业的执着,常使我由衷钦佩;他们豁达的情怀,常使我感到人生的博大;他们卓越的智慧,常使我万分惊叹;他们超凡的才能,常使我自叹不如。从他们身上我常常深感惭愧但同时他们也给予了我持久的前进动力。

除了2003年由于出国做了一年的访问学者外,我有幸参加了苏老师主持的从1999年到2004年的所有世界管理论坛暨东方管理论坛,在苏老师组织与筹备管理论坛期间,有幸与苏老师的在学或毕业的硕士、博士和博士后们有了或深或浅的交往,深切体会到苏老师以此古稀高龄每年组织与筹备管理论坛的操劳、烦琐与不易。而令我深深感动的是,苏老师的同门学子在组织和筹备管理论坛时所表现出的精诚协作与团体合作精神,更重要的是,在每年的管理论坛上有机会聆听和学习苏老师及其同道挚友与同门学子对东方管理思想的真知灼见,从中受益匪浅,实乃人生一大幸事。

最值得一提的是,作为苏老师的杰出弟子同时也是我的恩师芮明杰教授,对我在学术研究道路上的帮助与关心。也正是系领导的大力支持,芮明杰教授以及现研究生院常务副院长顾云深教授的大力推荐,我才得以顺利出国进行访问研究工作。同时,也正是由于系领导的高度重视,芮明杰教授以及苏老师的另一位出色弟子,也是我的师长苏勇教授的鼎力支持和大力帮助,才使得我校旅游学系与管理学院相关学科在近三年来优势互补、整合资源,共同建设旅游管理学科,效果显著。与有着几千年悠久历史的东方管理相比,只有10多年历史的旅游管理今后还有更加漫长的求索之路。可以说,如果没有他们的鼎力支持与极大帮助,如果没有校院系领导的高度重视,我校旅游管理专业根本不可能发展到今天。

## 五、有志于苏东水老师东方管理学的应用实践

从苏老师建立的新学说——东方管理学,以及推进应用经济学发展的最终目的来看,研究学问的真谛在于,弘扬中华优秀管理文化,促进民族伟大复兴,发展中国产业经济,服务中国市场经济。随着中国加入WTO,旅游业已成为中国少数具有竞争优势的产业之一。中国旅游业在世界市场中占有极为重要的地位,中国旅游业的迅猛发展呼唤着学术界对旅游管理研究的纵深发展,呼唤着具有中国和东方特色的旅游管理学研究。

从中国旅游产业在世界的地位来看,首先,中国入境过夜旅游者人数在世界的名次持续提高,从1980年的第18位,上升到2003年的世界第7位(2002年为世界第5位)。据WTO(World Tourism Organization)预测,2020年中国入境旅游将有望取代美国,成为全球旅游的第1大旅游目

的地。其次,从中国国内旅游的世界地位来看,随着中国国民经济的发展,国民可支配收入的增加,国内旅游发展更为蓬勃,中国国内旅游人次2002年达8.78亿人次,为1985年的1.4倍。从旅游者人数来看,中国已成为世界最大的国内旅游市场。再次,从中国出境旅游的世界地位来看,2003年的中国出境旅游市场并没有受到SARS的影响,出境人数达到2 022万人次,为1993年的4.4倍,年均增长率达到20%,出境旅游人数为世界第5位。据WTO预测,2020年中国出境将达1亿人次,将成为继德国、日本和美国之后的世界第4大出境旅游国。

从旅游管理学科自身来看,旅游管理学科是工商管理一级学科下的二级学科,也是一门新兴学科,同时具有边缘学科和交叉学科的跨学科性质。随着中国旅游业在世界旅游市场的地位越来越高,如何将东方管理学思想与旅游管理学进行有效融合,建设具有中国和东方特色的旅游业;如何将产业经济学的理论卓有成效地应用于中国和世界旅游产业的实践,把中国建设成为世界旅游强国,已成为国内旅游界学者面临的重点问题,也是难点问题之一。

## 六、结　语

如果说在中国科学院,在中国知名的地理学专家引领下,我只是刚刚迈进人文地理学的门槛,并且只是懵懵地漫不经心踏上科研与教学之路的话,那么在复旦大学,我万分有幸能向中国知名的经济与管理学专家学习,尤其是成为苏老师的弟子之后,越发感到自己犹如蹒跚学步的学子,开始真正意识到在今后的科研与教学中不应有也不能有丝毫的懈怠。

光阴荏苒,雁渡寒潭。随着时间的流逝,我越来越感到,苏老师东方管理学的核心思想实在是太恢宏、太博大、太深邃了!我心中常常充满着忐忑惶恐,无法掩饰自己的学疏才浅,更惶惶于自己的资质笨拙与愚纳,只能是用今后一生的时间来不断地学习与体会了。

"以人为本,以德为先,人为为人!"

有师如此,晚辈景仰,求学何憾!

师情似海,师恩难忘,师德永存!

**作者简介**:郭英之,时任复旦大学旅游学系副教授,曾跟随苏东水教授和芮明杰教授从事博士后研究。

# 谈义良：感悟东方智慧

谈到管理，不少人马上会想到西方管理学，从法约尔、泰罗到韦伯，从梅奥、德鲁克到迈克尔·波特等等。但是，如果有缘与苏东水教授接触，你的视野可能会发生很大的变化。因为苏教授给我们提供的管理思维方式不是单一的，而是一个以东方智慧为底蕴的、东西合璧式的"二维坐标系"，学习和掌握苏教授的这种思维方式将使你终身受益。

改革开放之初，我便涉足商海，但多年的摸爬滚打，让我愈发觉得自己知识的匮乏。同现在的许多年轻人一样，事业的压力使我产生了强烈的"充电"愿望。1999年，在苏州大学攻读完硕士研究生后，我便投入苏教授门下继续攻读 MBA。现在回想起来，许多往事仍历历在目。记得第一次与苏教授见面时，我的心情忐忑不安，或者说，我的心情是既兴奋激动又惴惴不安。兴奋的是，有苏教授这样一位国内外知名教授做自己的导师，机会难得；不安的是，我是否能达到苏教授的要求，实在没有把握。但是让我感动至今的是，苏教授对像我这样来自民营企业的人给予了极大的热情。短暂的初次接触，苏教授就以他平易近人的人格魅力打消了我先前的顾虑，一下子拉近了我们之间的距离。从那以后，我便在苏教授的悉心指导下整整学习了3年。光阴荏苒，一晃五六年过去了，这些年来，每当我在工作中遇到问题和困惑时，我首先想到的总是苏教授，而苏教授也总是不厌其烦地为我指点迷津。正是在与苏教授的多年交往中，我逐步走近了苏教授，同时，也走近了苏教授创立的"东方管理学"的宏伟殿堂。

苏教授创立的东方管理学是一个庞大的理论体系。现在人们已经普遍认识到，无论怎样评价这一理论体系的学术价值与实践意义都不为过。至少从我个人来说，苏教授的东方管理理论对我改善企业管理裨益匪浅。作为苏教授的学生，我系统学习了苏教授开设的专业课程，也研读过他的不少著作和论文。按照我的理解，苏教授建立的东方管理理论具有3个方面的特色：一是强调人在管理过程中的作用；二是文化对管理发展的作用；三是强调东西方管理思想的融合。他所提出的"以人为本、以德为先、人为为人"的"三为"管理思想，既是中国管理文化精髓的凝结，又是具有普遍意义的管理准则。而且，值得注意的是，苏教授提出的"三为"假说实际上已经涉及公司治理机制的深层次问题。

我们知道，西方公司治理理论是以公司组织结构和制度机制的建设为核心的，强调制度约束在公司治理中的主导作用。这种理论传统导致在公司治理问题时对伦理机制的普遍忽视。而苏教授则是在充分肯定制度机制在公司治理中的作用的同时，又从中国古代，特别是从儒家的"德为贵"思想出发，曾多次强调指出，公司伦理作为公司基本的价值判断和价值准则，对公司所面临的社会问题、内部问题以及不完全缔约困境等具有特殊的治理效应，因而是公司治理机制的重要组成部分，这种分析是很有见地的。近年来，美国为数不少的大公司纷纷爆出代理人制造虚假财务信息误导投资人的丑闻，实际上是对现代公司治理模式的挑战。这种挑战已经暴露了现有的公司制度安排和治理机制的内在缺陷。这或许是苏教授特别强调公司伦理治理功能的一个现实依据。这样，按照苏教授的解释，完整的公司治理结构应当是一种由制度机制与伦理机制交互作用所形成的二维结构。我认为，将公司伦理作为公司治理的深层基础，不仅是对公司治理机制的进一步完善，而且，也为重新解构公司治理结构提供了新的思路。因此，东方管理理论不愧是东方文明和智慧所绽放出来的一朵奇葩。

在苏教授东方管理理论的影响下,这些年来,我在企业中不断完善公司的组织结构和制度体系的建设,同时,通过多种方式和多种渠道加强企业文化的建设,提出了"爱人立人,为人达人"以及"员工与企业一同成长,企业与社会一同进步"的管理伦理,极大地调动了员工的生产积极性、主动性和创造性,取得了良好的经济和社会效益。目前,公司已由最初的3—5人的小企业发展成为年产值超过5亿的中型企业。

师恩难忘。值此苏教授执教50周年庆典的日子,我怀着崇敬的心情撰写此文,愿老师身体健康,在理论创新的崎岖道路上再创辉煌,并为国家培养出更多更优秀的有用人才。

**作者简介**:谈义良,昆山中大企业集团董事长,高级工程师,多年来跟随苏东水教授学习东方管理。

## 楼屹：导师苏东水先生——我为你自豪和骄傲

时光如梭，屈指算来离开复旦已有3年了。

1999年，非常荣幸！我成为苏老的第一位来自医学领域的博士后研究人员。记得刚来时，课题研究很艰难，毕竟是表面上看来毫不相关的两个领域，是在苏老的热情鼓励和细心指导下，才使我有了信心，后来课题研究进展非常顺利，并在预定的时间顺利通过答辩以优异的成绩通过出站，得到评委的高度好评。苏老师不仅在工作中，也在生活方面给予我极大的帮助，令我受益无穷。在此，我要由衷地感谢苏老师对我的培养和指导，同时也感谢院系全体老师和师兄弟妹对我的热情帮助。

在复旦虽然只有短短两年时间，但每次路过邯郸路时，我都会自豪地对人说："我曾在这座楼里工作过"。睹物思人，这是让我人生中最难忘的一段经历。

我的导师苏东水教授，您作为国内外享有盛名的管理学家、经济学家和社会活动家、东方管理学派创始人、复旦大学首席教授、博士生导师，您老不仅学贯中西，而且德艺双馨，思维敏捷，博闻强记，您将自己的聪明才智倾注于教书育人和追求学问，成果丰硕。您老热爱高等教育事业，乐育英才，甘为人梯，您的宽容儒雅、大家风范和才学将是所有弟子们追求的目标和榜样。

出站后的这些年，我一直以苏老师为榜样，丝毫未敢懈怠，通过这一站博士后的研究，终于实现了跨一级学科知识的交叉复合。这是宏观思维体系与微观思维体系的结合，也是理论研究和产业发展的结合。这为我后来的工作奠定了坚实的基础。

出站3年多来，日忙夜忙天天忙，但总也不能忘怀苏老师对我的培养。在此，届您老执教五十年，在这个特别的日子里，学生楼屹祝愿敬爱的苏东水老师身心安康！万事如意！并忠心地祝愿苏老师开创的事业兴旺发达，蒸蒸日上，更加辉煌。

**作者简介**：楼屹，医学博士，先后担任上海生物芯片公司董事总经理等多家公司的领导，曾跟随苏东水教授从事博士后研究。

# (五)苏东水教授致答谢词

各位领导、各位专家学者:

今天非常高兴地参加这个盛会,在座的很多同志、专家学者都是我的老朋友,有的从国外回来,有的是我多年的资深朋友,有的是我多年的好领导,有的是我的学生,但是他们是现在的国家栋梁,他们所有的讲话,他们所有的语言都深深地感动一个人,感动了我自己。我是复旦人,我爱复旦,复旦是个好地方,复旦是我成长发展的一个基地,复旦也是我立足于上海,走向成功、走向世界的一个发源地。我想继续为我们复旦做出微薄的力量。我是福建泉州人,我要继续为我们的家乡做好事。我爱我的家乡,一个人只有爱自己的家乡才能爱国,我也是抱着这种心意来工作的。我在上海生长了这么多年。我希望上海,我为上海也作了一些微薄的力量,但是主要是在上海各级领导的关心下面来进行工作的。今天上海的各级领导、中央的有关领导给我的题词,给我的教育非常感动的人。我是一个很普通、很平淡的一个大学的普通教师。我做的一切主要是为了民族的复兴,为了学校能进入世界第一流的大学,为了我们众多的同学,为了我们众多

**苏东水教授在执教 50 周年欢聚会上致答谢词**

的东方管理学派,为我们学派创理论、创实践做出巨大的成绩。他们的光辉的形象,他们的光辉的绩效都立根于东方的土壤,立根于现实社会,都是在为自己的民族,为自己的国家。一个人的力量是很单薄的,一个人能成就不是一个人的努力,是靠众多的同志、众多的专家的鼓励跟支持下面,才能形成一种有民族力量,有国家创新力量的事业。我深深感到,我们的一生是在一个"以人为本、以德为先、人为为人"的整个一生过程中间成长发展,所以我在四五十年的学习过程中间,在四五十年的做人过程中间,在四五十年的做事过程中间,我们都应该抱着一种为复兴中国文化、为复兴我们中华民族,为复兴我们所在的单位,所做的一切事情都应该尽职尽责,尽心尽力地做好工作,这是我们作为一个普通教师应该担负的社会责任。谢谢各位专家、谢谢我的好朋友,包括我们复旦的好领导、我们中共中央联络部的王家瑞部长等领导,他是我们东方管理的一个典型代表,谢谢我们的李院士,我们的秦绍德书记,我们的管理学院的领导、我们的老前辈、我们的张薰华,还有我们最老的前辈蒋学模,还有各位来自国外、来自各地的专家学者。致以深深的感谢,祝愿大家身体健康!全家幸福!前途无量!

## 感谢信

盛世聚会　贤达五百　广蒙厚爱　深感五内
铸新学派　众志成城　传道授业　经世济民
东方管理　以人为本　以德为先　人为为人
　　路漫漫其修远兮　吾将上下而求索
　　　值　瑞雪迎春　特此敬颂
　　　　　五福临门　宏图大展

苏东水<br/>2004 年 12 月

**苏东水教授执教 50 周年邮票首日封**

**苏东水教授为邮票首日封盖印**

# (六) 媒体报道

## 《人民日报》：东方之水源源来——写在复旦大学教授苏东水从教50年之际[①]

### 桃李不言　下自成蹊

今年是复旦大学教授苏东水从教50年。50年来,他的研究贯通哲学、经济学、管理学、心理学、伦理学等领域,学术卓然,著作等身,已出版专著近80部计千余万字。所编写的《中国国民经济管理学》是我国第一部社会主义宏观经济管理专著,发行超过300万册,成为各地党政干部和高校的学习教材,影响广泛。《管理心理学》《中国企业管理现代化研究》等著作,获得了学术大奖。最新出版的280万字《中国管理通鉴》,更是受到学术界的重视。

苏东水还是一位知名的社会活动家和经济管理咨询实干家。他先后担任世界管理协会联盟中国委员会主席,中国国民经济管理学会会长,国务院第三、第四届学科评议组成员,中国博士后管委会专家组成员,复旦大学首席教授在担任这些职务的同时,苏东水以自己渊博的知识和广泛的涉猎,先后开设了中国管理研究、中国经济研究、管理心理学、现代管理学、管理哲学等20余门课程。

如此头衔在上,苏东水先生为人却和蔼可敬,一派谦谦君子之风。

### 五旬治学　卓然大家

涉猎多门学科,苏东水教授最津津乐道的,还是他通过10多年的研究,融会古今中外学说,自成一派学术体系而创建的"东方管理学派"。

苏东水教授很早就发现了东方管理学的脉络。1976年,他就开始发表研究中国古代管理思想的文章;还给北大学生等开设《〈红楼梦〉经济管理思想》讲座,讲解王熙凤的管理方式,引起学子们的浓厚兴趣。

时至今日,这更显必要。苏东水教授说,当前的学校教育,已经形成了谈管理必谈西方的风气。大学通用管理学教材都是西方的,尤其是美国的管理经验,被奉为圭臬。正因此,把多年研究而形成的"东方管理学"学科理论体系加以推广,改变管理学唯言西方的现象,成为他的目标。苏东水

---

① 本文刊载于《人民日报》2004年12月24日,作者是顾春。

说,中美国情既有共性又有个性,文化有异,制度不同,完全引进套用,必然有局限性。应该找出更切实的、对中国的经济发展有文化理论指导的管理学思想。东方有深厚的文化底蕴和丰富的历史内涵,在引进西方管理思想时,结合优秀东方文化和现实的土壤,这样的研究才能形成兼取双方优点的优秀管理文化。

东方管理文化中,哪些精华可以为现代管理所用?苏东水教授将之为"三六九"。"三"即"以人为本、以德为先、人为为人",这三条是东方管理文化的属性,也是最华彩的部分。"六"是六家学说,吸收了儒、道、释、墨、法、兵六家的管理理论和思想,再加上《周易》《老子》《孙子兵法》等9部传统要著,形成了东方管理学的基础。

## "师""范"本色　育人不倦

具有很强现实应用性的东方管理思想一出现,就受到广泛关注。苏东水领头编著的《东方管理》出版后,成为许多企业家随身携带的"法宝"。为让这门学科走出书斋,运用于世,苏东水开始培养学生。

有这样的老师,这样的学科,就不乏优秀的学生。一大批在政、商、学界有相当知名度的人士,纷纷师从苏东水研习东方管理学。

苏州市副市长朱永新,就是苏门弟子之一。他说:"苏老师对学问的把握,往往是宏观的、整体的,国民经济问题、东方管理问题,一般学者不敢问津,但他做得有声有色。"现在,苏教授的东方管理学派已经有一支200多人的队伍。

问苏教授,闲暇之余,有什么爱好?苏教授微微一顿,说,基本没有闲暇。因为有很多社会职务,总要勉力完成;主要的时间都给了学术研究,从没有间断,有时哪怕半夜忽然想到一点突破,也要立即披衣起床记录下来。感觉自己的生活一直都很忙碌。闻之令人感动。

桃李不言,下自成蹊。苏东水教授的学术思想,犹如东方之水源源而来,相信一定会为明日案头再添厚重之著。

## 《文汇报》：苏东水教授执教50周年，陈至立表示祝贺[①]

本报讯　复旦大学首席教授、东方管理学派创始人苏东水执教50周年纪念活动昨天在上海国际会议中心举行。中共中央政治局委员、上海市委书记，国务委员陈至立表示祝贺，市委副书记殷一璀在纪念活动开始前看望了苏东水教授。

苏东水在改革开放之初创立了中国社会主义国民经济管理学科体系，独树一帜地创建了以"以人为本，以德为先，人为为人"为核心的东方管理学，多项成果获国家和省部级奖励。苏东水教授为复旦大学经济管理、应用经济、产业经济、企业管理等学科建设作出了杰出贡献，已培养硕士200余人、博士80余人、博士后40余人，获"复旦大学首席教授"称号，并被国务院表彰为"发展中国高等教育有突出贡献专家"。

---

[①] 本文刊载于《文汇报》2004年12月27日，作者姜澎。

## 《解放日报》：苏东水教授执教 50 年，陈至立祝贺[①]

复旦大学首席教授、东方管理学派创始人苏东水执教 50 周年纪念活动昨天在上海国际会议中心举行。中共中央政治局委员、上海市委书记，国务委员陈至立表示祝贺，市委副书记殷一璀在纪念活动开始前看望了苏东水教授。

苏东水 1953 年从厦门大学毕业，先后在上海社会科学院、上海财经大学、复旦大学等单位从事教学科研工作 50 年。他在改革开放之初创立了中国社会主义国民经济管理学科体系，创建了以"以人为本，以德为先，人为为人"为核心的东方管理学，在国际管理学界独树一帜，多项成果获国家和省部级奖励。苏东水教授为复旦大学经济管理、应用经济、产业经济、企业管理等学科建设作出了重要贡献，已培养硕士 200 余人、博士 80 余人、博士后 40 余人，获"复旦大学首席教授"称号，并被国务院表彰为"发展中国高等教育有突出贡献专家"。

国内外专家、学者及社会各界人士 300 多人参加了纪念活动，对苏东水的成就和品格给予高度评价。同时，世界管理协会联盟中国委员会、复旦大学管理学院等还联合举办了第八届世界管理论坛暨东方管理大会。据悉，经过中国管理学界的辛勤努力，东方管理研究已在国际上产生重要影响，2008 年世界管理大会将在中国举行。

---

[①] 本文刊载于《解放日报》2004 年 12 月 27 日，作者金柯。

## 《新闻晚报》：苏东水先生执教 50 周年庆祝活动[①]

第八届世界管理论坛暨东方管理大会日前在上海国际会议中心召开。本届主题为"以人为本、以德为先、人为为人"。会议还举行了世界管理协会联盟中国委员会主席、复旦大学首席教授、东方管理学派创始人苏东水先生执教 50 周年庆祝活动。苏教授在会上透露，复旦大学已经成立东方管理的研究机构，目前已经正式招收东方管理学的博士和硕士研究生。此外，管理学界的"奥林匹克大会"——世界管理大会 2008 年将在中国举行，苏东水先生届时将担任大会主席。

---

[①] 本文刊载于《新闻晚报》2004 年 12 月 27 日，作者张骞。

## 《新民晚报》：复旦大学上午纪念苏东水执教 50 周年[①]

本报讯(记者张炯强)今天上午，复旦大学首席教授、东方管理学院奠基人苏东水教授执教 50 周年庆祝大会在上海国际会议中心举行。国务委员陈至立致函表示祝贺。上海市委副书记殷一璀在活动开始前看望了苏教授。国家教育部办公厅发来了贺电。

---

① 本文刊载于《新民晚报》2004 年 12 月 26 日，作者张炯强。

## 《上海青年报》:苏东水执教 50 周年复旦举行庆贺活动[①]

本报讯(记者王婧) 昨天,300 多位社会名流汇聚一堂,共庆复旦大学管理学院苏东水教授执教 50 周年。国务委员陈至立致函表示祝贺,上海市委副书记殷一璀在庆典开始前看望了苏教授。

苏东水教授执教 50 周年,作为"复旦大学首席教授"、国家重点学科应用经济学学科学术带头人,被国务院表彰为"发展中国高等教育事业有突出贡献专家"。

---

① 本文刊载于《上海青年报》2004 年 12 月 27 日,作者王婧。

## 《复旦校刊》：东方管理学派创始人——苏东水教授[①]

在苏东水教授执教 50 周年时，管理学院为他举行了庆祝活动。教育部也发来贺电，称赞他探索并创立了独具特色的东方管理学派，为中国管理科学走向世界作出了重要贡献。

最初，苏东水提出东方管理学时，有人怀疑难道管理也有东西之分？苏教授之所以长期坚持东方管理学的研究，是因为他很早就认识到管理思想向东方回归的历史趋势，他认为"最有希望、最有创造性的管理理论往往产生于经济迅速起飞的国家与地区"，"随着中国改革开放伟大实践的深入推进，以及儒教文化圈和海外华商的迅速崛起，随着中国加入 WTO、申奥成功、申博成功，东方管理学理论迎来了前所未有的发展机遇"。苏教授是一个意志坚强的学者，认准的事情就会坚持做下去，经过不懈努力，创建了东方管理研究机构，出版了相关专著并招收了学生。东方管理研究中心召开了八届世界管理论坛暨东方管理大会，在海内外产生较大影响。

东方管理学派以中华优秀传统管理文化为核心，不断汲取世界各民族管理文化之精华，形成一套开放的而不是封闭的体系，体现一种不断发展而不是僵化的思想，提出一种立足于中华民族特质和管理实践，而不是生搬硬套外国管理学的理论。经过几十年的深思熟虑，苏东水把东方管理学的本质概括为"以人为本，以德为先，人为为人"十二个字，"人为为人"的思想是东方管理学的精髓所在，在现实生活中具有实践意义。现在，他又致力于东方管理思想的教育与传播工作，设立了东方管理学的硕士点和博士点，通过"传道授业"实现东方管理学派"经世济民"的理想。

在研究理论的同时，苏东水还不断致力于东方管理思想在实践中的推广。他带领硕士生和博士生到家乡泉州进行考察和调研，总结出了中国经济发展中的"泉州模式"，提出了泉州未来经济腾飞的发展战略，为几十年的发展指明了前进的正确方向。"泉州模式"成为可以和"苏南模式""温州模式"相媲美的区域经济发展模式。该市目前生产总值列福建省第一位，苏教授功不可没。

苏东水教授历任复旦大学经济管理系主任，复旦大学经济管理研究所所长等职。现任世界管理联盟中国委员会主席。他著的《国民经济管理学》发行量已超过 300 万册，《管理心理学》4 次再版，20 多次重印，发行量超过 100 多万册，《中国管理通鉴》和《东方管理》成为东方管理思想的集大成者和东方管理学派创立的标志性著作。

---

[①] 本文刊载于《复旦校刊》2004 年第 642 期，作者夏玉兰。

# 《上海闽商》：苏东水——东方管理学派的创建者[①]

2004年12月26日是苏东水教授执教50周年纪念大会的日子，国务委员陈至立发来贺信："苏东水教授辛勤耕耘50年，硕果累累，培养出一大批优秀人才，为发展中国高等教育事业作出了突出贡献，表示祝贺。"教育部也在贺电中称："苏东水教授是享有盛名的管理学家、经济学家。他热爱高等教育事业，为我国管理科学的发展和高层次人才培养作出了重要贡献。他潜心钻研，成果丰硕，并积极将自己的研究与我国现代化建设的实际紧密结合，探索创立了独具特色的东方管理学派，为中国管理科学走向世界作出了重要贡献。"——这是对这位德高望重、名重士林的学术先行者执教50年成果的最好评价。

苏东水教授是国内外享誉盛名的管理学家、经济学家、教育家和社会活动家，东方管理学派的创始人。他历任复旦大学经济管理系主任、经济管理研究所所长、东方管理研究中心主任、复旦大学学术委员会委员、学位委员会委员、应用经济学博士后流动站站长和工商管理博士后流动站站长，为复旦大学创建经济管理、应用经济、产业经济与企业管理学科博士点等国家重点学科建设做出了杰出的贡献，被授予"复旦大学首席教授"荣誉称号，并被国务院表彰为"发展中国高等教育事业有突出贡献专家"，为我国管理教育事业作出了杰出的贡献。

## 一、执着教育，勤育英才

苏东水教授1932年出生于福建省泉州市一个爱国华侨家庭。1953年毕业于厦门大学。大学毕业后，曾在国家重工业部工作，任职期间，他多次深入工矿企业和农村开展调查研究。先后在上海社会科学院、上海财经大学、复旦大学等单位任教和从事实践、教学、科研工作。70年代中期，苏东水教授开风气之先，在复旦中文系讲授《红楼梦》管理思想。80年代初，他担任中国国民经济管理学会会长、上海管理教育学会会长，在全国首次开设"企业管理""国民经济管理""管理心理学""经济管理"等课程的电视讲座，听讲学员近百万人次，在全国产生广泛影响。

苏东水教授热心祖国教育事业的发展，几十年来执着于教育之振兴，是中国著名的社会活动家。20世纪80年代他在福建组织创办仰恩大学，并任仰恩大学校长。与此同时，苏东水教授还担任泉州黎明大学副校长。1991年苏东水教授在上海创办东华国际人才学院并亲任院长。1999年，发起创办了上海东亚管理学院，该学院作为复旦大学东方管理研究中心科学实验基地，现已成为传播和弘扬东方管理思想的重要实践基地，为国家和社会培养出各类现代化管理人才数千人。

苏东水教授热爱高等教育事业，乐育英才，甘为人梯。自执教以来，已培养硕士200余人、博士80余人、博士后20人，为复旦大学经济管理、应用经济、产业经济、企业管理等学科建设作出了重要贡献。他的许多学生已成为政府、高校和企业等的高层领导和在各自领域卓有建树的知名专家。

苏东水教授历任复旦大学经济管理系主任、经济管理研究所所长、东方管理研究中心主任、应

---

[①] 本文刊载于《上海闽商》2005年第1期，作者郑利寅。

用经济学博士后流动站站长和工商管理博士后流动站站长,硕果累累,成绩卓著,以其崇高人品和非凡成就被授予"复旦大学首席教授"称号。苏教授担任国务院学位委员会第三、第四届学科评议组成员,担任经济学科、应用经济学科和工商管理学科学科评议员,被聘为全国博士后管理委员会专家组成员。作为国家重点学科"产业经济学"的学术带头人,苏东水教授被国务院表彰为"发展中国高等教育事业有突出贡献专家"。苏东水教授身负东方管理文化在世界的弘扬和传播的重任,担任世界管理协会联盟(IFSAM)常务理事兼中国委员会主席,也是历届世界管理大会中国代表团团长。1992—2000年期间,连续五次率团参加分别在日本东京、美国达拉斯、法国巴黎、西班牙马德里和加拿大蒙特利尔举行的世界管理大会,并在历届大会上发表了诸多创见性的东方管理学术论文。他兼任多项学术团体重要职务,是东华国际人才专修学院院长、上海东亚管理学院院长和国内外多所学校和研究机构的兼职教授及地方政府的决策顾问。

## 二、勤奋治学,著作等身

苏东水教授博古通今,学贯中西,授课20余门,承接国家和各部委重点课题20余项,成果丰硕,曾获得20多个奖项,其中有10项为国际、国家和部省特等、一等奖。执教50年来,他始终孜孜以求,勤奋治学,笔耕不辍,著作等身。主要著作80余部近2 000万字,为中国管理学、经济学和心理学等学科领域的发展做出了杰出贡献。

1982年苏东水教授在复旦大学创立中国社会主义国民经济管理学科体系,主编《国民经济管理学》一书引起国内学术界轰动,迄今发行量高达300万册,成为同类学术书籍发行翘楚。同期发表《中国古代行为学说》,对中国古代行为学说进行了系统研究与有益的探索。1985年在《文汇报》上发表《论现代管理的古为今用》,创造性地分析古代管理思想的现代价值,多方面论述古今中外管理的共性和个性,引起了社会各界的极大震动。同年在日本现代化国际研讨会上还发表《中国古代行为学术研究》,介绍了中国现代管理古为今用的事例,提出创立根植中国文化与现实世界经济发展的独特的东方管理学。

由于思想体系独特,苏东水教授的专著《管理心理学》已连续4次出版,畅销20余年,发行过百万册,占同类学科之鳌头。1996年编著的《中国管理通鉴》四卷计280万字,历时三年而成,是第一部全面、系统研究中国古代管理思想的著作。2000年出版的《产业经济学》被选为中国高等教育面向21世纪重点教材。

1992—2000年期间,苏东水教授在参加历届世界管理大会期间,分别发表了《中国古代管理行为学说》《弘扬中华优秀文化,建立中国特色的管理学体系》《东方管理文化的探索》《东方管理文化的复兴》《面向21世纪的东西方管理文化》等多篇论文,受到国际管理学术界的广泛关注。东方管理文化逐渐引起国际学者的重视,东方管理学被国际称作是新时代独树一帜的新学科。为了更好地推进东方管理学在世界的传播,扩大东方管理学的影响,1997年起,苏东水教授先后发起举办了七届世界管理论坛暨东方管理论坛和一届华商管理大会。作为大会主席,苏教授在论坛上发表了《论东方管理教育》《东方管理文化的发展与运用》等一系列在海内外学术界和企业界引起巨大反响的学术报告。

2002年出版的《管理心理学》汲取了西方管理学和中国传统管理思想的精华,构筑了有中国特色的管理心理学内容体系。该书第一次提出"以人为本,以德为先,人为为人"的东方管理学核心思想。同年还出版了《东方管理》,这本书已经成为东方管理学派的标志性著作,被称作管理者的"红宝书",现已成为东方管理文化研究者的指导书籍。

经过多年的探索与提炼,苏东水教授创立了独树一帜的"东方管理学派",为中国管理学走向世界做出了重要贡献。他创见性地提出从东方传统文化角度研究和探讨中国企业的管理模式,系统研究东方管理学、人为科学和管理心理学等学科体系,探索东方管理文化的渊源、应用和体系,提出了"以人为本、以德为先、人为为人"的东方管理学核心思想,得到国内外学术界的广泛认同。

2004年苏东水教授编著的《应用经济学》,历时两年而成,该书深入分析我国国民经济各具体环节的运行规律,是对我国应用经济学科颇有原创性贡献的又一力作。

目前,苏东水教授正在组织编著《东方管理著系》(经典与案例丛书),该著系体系宏大,分"三学""四治""八论"共十五卷。通过对当前东方管理学思想研究进行深化和细化,该著系将成为东方管理学派系统和精深的理论丛书,为东方管理学派的确立奠定雄厚的理论基础。

正如上海市政协副主席、复旦大学校长王生洪所说:"苏东水教授作为复旦大学的知名教授,为四化建设培养高层次的急需人才,在教育、科学、文化各方面都做出了重大贡献。……苏东水教授桃李满天下,成就卓越。"

## 《泉州晚报》：苏东水执教 50 周年纪念活动[①]

上海电复旦大学首席教授、东方管理学派掌门人苏东水执教 50 周年纪念活动，日前在上海国际会议中心举行。中共中央政治局委员、上海市委书记表示祝贺，国务委员陈至立发来贺电。

致电祝贺的还有教育部办公厅、中国信息协会、泉州市人大、泉州市政协、各地大学和泉州晚报社等。

苏东水 1953 年从厦门大学毕业，先后在上海社会科学院、上海财经大学、复旦大学等单位从事教学科研工作 50 年。他在改革开放之初创立了中国社会主义国民经济管理学科体系，创建了"以人为本，以德为先，人为为人"为核心的东方管理学，在国际管理学界独树一帜，曾获"复旦大学首席教授"称号，并被国务院表彰为"发展中国高等教育有突出贡献专家"。

国内外专家、学者及社会各界人士 300 多人参加了纪念活动，对苏东水的成就和品格给予高度评价。

---

[①] 本文刊载于《泉州晚报》2004 年 12 月 30 日，作者郑利寅。

# 六、执教六十周年欢庆会

# (一) 东水同学会贺词

**苏东水教授在执教 60 周年欢庆会上致辞**

六十年前,他投身教育科研事业,把青春献给国家现代化建设;

五十年前,他历经风云激荡,迈过峥嵘岁月,坚守信仰和追求;

四十年前,他创建国民经济管理学体系,构建管理心理学理论;

三十年前,他创立东方管理学派,提出"三为"思想和东学"五字经"体系;

二十年前,他推动中国管理学走向世界,举办东方管理论坛和世界管理大会;

一十年前,他领衔创设东方管理学硕博士学位点和产业经济学国家重点学科;

……

他是复旦大学首席教授,先后担任国务院第三、第四届学科评议组成员、中国博士后管委会专家组成员、世界管理协会联盟中国委员会主席、中国国民经济管理学会会长。

他被誉为管理学界的一代宗师,入选"60 年·中国管理 20 人",被国务院表彰为发展中国高等教育事业有突出贡献的专家。

他立德律己,细雨和风润桃李,培养硕士博士研究生 300 余名,博士后 50 余名。

……

六十载风雨兼程,一甲子春华秋实。岁月如梭,弹指一挥间,他迎来了执教生涯的第六十年头。

# (二) 欢庆会现场盛况

1　全国政协副主席、中共中央对外联络部部长王家瑞教授赠送礼品

2　复旦大学管理学院院长陆雄文教授赠送礼品

3　苏东水教授夫妇与宝山区区委书记汪泓教授等学生合影

4　史健勇教授代表上海工程技术大学赠送礼品

5　中国商用大飞机有限公司董事长金壮龙博士赠送礼品

6　东水同学会赠送苏东水教授的礼品

## 附录　苏东水教授主编和撰写的著作一览表

## 苏东水教授主编和撰写的著作一览表

| 序号 | 时间 | 名称 | 出版社/刊物名称 |
|---|---|---|---|
| 1 | 2014年1月 | 《中国管理学术思想史》 | 经济管理出版社 |
| 2 | 2013年10月 | 《世界管理论坛论文集2013》 | 《管理世界》2013年增刊 |
| 3 | 2012年12月 | 《世界管理论坛论文集2012》 | 《经济管理》2012年增刊 |
| 4 | 2011年4月 | 《世界管理论坛论文集2011》 | 《经济管理》2011年增刊 |
| 5 | 2010年7月 | 《世界管理论坛论文集2010》 | 中国管理科学研究所 |
| 6 | 2009年10月 | 《世界管理论坛论文集2009》 | 《江海学刊》2009年双月刊 |
| 7 | 2008年7月 | 《世界管理论坛论文集2008》 | 《研究与发展管理增刊》2008年增刊 |
| 8 | 2007年4月 | 《开发经济条件下中国产业结构的演化研究》 | 上海财经大学出版社 |
| 9 | 2007年12月 | 《世界管理论坛论文集2007》 | 《北大商业评论》2007年12月特刊 |
| 10 | 2006年12月 | 《世界管理论坛论文集2006》 | 《世界经济文汇》2006年专辑 |
| 11 | 2006年7月 | 《华商管理学》 | 复旦大学出版社 |
| 12 | 2006年12月 | 《中国管理学》 | 复旦大学出版社 |
| 13 | 2005年12月 | 《世界管理论坛论文集2005》 | 《当代财经》2005年12月专辑 |
| 14 | 2005年9月 | 《东方管理学》 | 复旦大学出版社 |
| 15 | 2005年8月 | 《产业经济学》(第二版) | 高等教育出版社 |
| 16 | 2005年1月 | 《应用经济学》 | 东方出版中心 |
| 17 | 2004年12月 | 《世界管理论坛论文集2004》 | 《人口与经济》2005年特刊 |
| 18 | 2003年12月 | 《世界管理论坛论文集2003》 | 《当代财经》2003年特刊 |
| 19 | 2003年 | 《管理学——东方管理学派的探索》 | 东方出版中心 |
| 20 | 2003年1月 | 《东方管理》 | 山西经济出版社 |
| 21 | 2002年12月 | 《世界管理论坛论文集2002》 | 《世界经济研究》2002年特刊 |
| 22 | 2002年4月 | 《管理心理学》(第四版) | 复旦大学出版社 |
| 23 | 2001年12月 | 《世界管理论坛论文集2001》 | 《世界经济文汇》2001年特刊 |
| 24 | 2001年10月 | 《管理学》 | 东方出版中心 |
| 25 | 2000年12月 | 《世界管理论坛论文集2000》 | 《世界经济文汇》2000年 |
| 26 | 2000年 | 《产业经济学》 | 高等教育出版社教育部21世纪重点教材 |
| 27 | 2000年 | 《管理学——东方管理学派探索》 | 东方出版中心 |
| 28 | 1999年12月 | 《世界管理论坛论文集1999》 | 《世界经济文汇》1999年特刊 |
| 29 | 1999年11月 | 《泉州发展战略研究》 | 复旦大学出版社 |
| 30 | 1998年7月 | 《中国国民经济管理学》(第二版) | 山东人民出版社 |
| 31 | 1998年7月 | 《世界管理论坛论文集1998》 | 《世界经济文汇》1998年特刊 |
| 32 | 1997年12月 | 《世界管理论坛论文集1997》 | 《世界经济文汇》1997年特刊 |
| 33 | 1997年2月 | 《中国三资企业研究》 | 复旦大学出版社 |
| 34 | 1996年 | 《中国式管理研究》 | 安徽人民出版社 |
| 35 | 1996年3月 | 《中国管理通鉴》(四卷) | 浙江人民出版社 |

续 表

| 序号 | 时 间 | 名 称 | 出版社/刊物名称 |
|---|---|---|---|
| 36 | 1995年7月 | 《第二届东亚经济开发协作国际会议论文集》 | 吉林大学出版社 |
| 37 | 1993年 | 《中国沿海经济研究》 | 复旦大学出版社 |
| 38 | 1992年10月 | 《管理心理学》(修订版) | 复旦大学出版社 |
| 39 | 1990年6月 | 《中国乡镇企业管理学》 | 山东人民出版社 |
| 40 | 1989年 | 《现代企业家研究》 | 江西人民出版社 |
| 41 | 1989年2月 | 《企业公共关系学》 | 浙江人民出版社 |
| 42 | 1989年4月 | 《中国企业管理现代化研究》 | 上海人民出版社 |
| 43 | 1989年4月 | 《现代企业家手册》 | 江西人民出版社 |
| 44 | 1989年2月 | 《乡镇经济学》 | 浙江人民出版社 |
| 45 | 1989年 | 《中国乡镇企业家丛书》(计8种) | 浙江人民出版社 |
| 46 | 1989年 | 《现代管理实用手册》 | 广西人民出版社 |
| 47 | 1988年 | 《中国乡镇经济管理学》 | 山东人民出版社 |
| 48 | 1988年 | 《企业行政管理学》 | 广西人民出版社 |
| 49 | 1988年12月 | 《企业领导学》 | 浙江人民出版社 |
| 50 | 1987年8—10月 | 《现代化管理知识培训教材》(上下册) | |
| 51 | 1987年4月 | 《管理心理学》 | 复旦大学出版社 |
| 52 | 1987年3月 | 《企业现代化管理学——原理方法应用》 | 山东人民出版社 |
| 53 | 1986年12月 | 《经济监督学》 | 山东人民出版社 |
| 54 | 1986年12月 | 《现代西方行为科学》 | 山东人民出版社 |
| 55 | 1986年 | 《现代化管理知识培训教材》(上、下册) | 上海人民出版社 |
| 56 | 1986年 | 《经济管理概论》(上、中、下册) | 上海人民出版社 |
| 57 | 1986年 | 《管理心理学》 | 复旦大学出版社 |
| 58 | 1985年5月 | 《企业计划管理》 | 山东人民出版社 |
| 59 | 1985年 | 《企业经理手册》 | 山东人民出版社 |
| 60 | 1985年 | 《企业经营管理教材丛书》(1—24种) | 山东人民出版社 |
| 61 | 1985年 | 《国民经济管理学500题》 | 山东人民出版社 |
| 62 | 1984年 | 《现代经济管理》(上、中、下册) | 泉州华侨大学出版社 |
| 63 | 1983年4月 | 《国民经济管理学》(苏东水定稿) | 山东人民出版社 |
| 64 | 1983年6月 | 《工业经济管理》 | 上海人民出版社 |
| 65 | 1982年7月 | 《中国国民经济管理学》 | 山东人民出版社 |
| 66 | 1982年7月 | 《工业企业经营管理学》(上、下册) | 复旦大学出版社 |
| 67 | 1982年5月 | 《国民经济管理概论》(内部版) | 山东人民出版社 |
| 68 | 1982年6月 | 《现代企业管理实例选》 | 上海人民出版社 |
| 69 | 1973年9月 | 《〈帝国主义是资本主义的最高阶段〉解说和注释》 | 复旦大学政治理论课教研组 |
| 70 | 1958年 | 《社队工业》 | 内部出版 |

# 后 记

时光荏苒，从1948年我16岁开始参加党的地下工作活动，从1953年厦门大学毕业后我参加工作，从事管理、经济的研究与教学工作，迄今也达六十一年。六十年的沧桑岁月，不仅经历了史无前例的"文化大革命"，也见证了波澜壮阔的改革开放。无论什么时候，无论身处何地，我对知识的渴求、对学问的热爱、对真理的追求从来没有间断过，人生的价值观从来没有改变过。根据不同时期国家战略需求和学科建设需要，研究领域涵盖（自创）东方管理学、国民经济管理学、管理心理学、应用经济学、管理科学、企业管理等。本书编选的文章，是从数百篇文章中选出的部分成果，选辑成集，分成三卷。第一卷是管理篇，反映管理学方面的研究成果，第二卷是经济篇，反映应用经济学方面的研究成果，第三卷是综合篇，是在世界管理论坛暨东方管理论坛，世界管理协会联盟（IFSAM）年会和其他国内外重要学术会议上的演讲稿、论文以及为他人出版物所写序。为展现学术活动的时代背景，本书选编、节选了部分领导、同行和媒体对本人举办的学术活动和研究成果的评述。由于本书跨越近四十年，内容繁杂，限于水平，疏漏和不当之处在所难免，敬请指正。

文集是我一生心血的结晶，出版文集是一生辛苦之事，经过三年的收集整理，终于要付梓出版。如文集能成为世声，则是喜事。在此期间，我得到了众多故旧同仁、亲朋好友、门人弟子的帮助。在此我特别感谢我的妻子和家人，是他们长期陪伴着我和对我毫无怨言的奉献，使我能够专心于这项工作。同时感谢史正富教授和翟立博士的大力帮助；感谢复旦大学出版社刘子馨等同志的大力支持。林善浪、苏宗伟、刘志阳等教授，孙燕华博士和其他博士生为本书的选编和校对付出了心血，在此一并表示谢意。

苏东水

2014年6月30日初稿

2015年5月修改

图书在版编目(CIP)数据

苏东水文集/苏东水著. —上海:复旦大学出版社,2016.12
ISBN 978-7-309-11489-8

Ⅰ.苏… Ⅱ.苏… Ⅲ.①管理学-文集②经济学-文集 Ⅳ.①C93-53②F0-53

中国版本图书馆 CIP 数据核字(2015)第 112516 号

苏东水文集
苏东水 著
责任编辑/岑品杰 方毅超

复旦大学出版社有限公司出版发行
上海市国权路 579 号 邮编:200433
网址:fupnet@fudanpress.com http://www.fudanpress.com
门市零售:86-21-65642857 团体订购:86-21-65118853
外埠邮购:86-21-65109143
浙江新华数码印务有限公司

开本 890×1240 1/16 印张 88.75 字数 2210 千
2016 年 12 月第 1 版第 1 次印刷

ISBN 978-7-309-11489-8/C·301
定价:268.00 元

如有印装质量问题,请向复旦大学出版社有限公司发行部调换。
版权所有 侵权必究